MW01140432

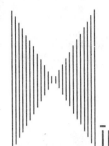

XĪNHUÁ CHÉNGYǓ CÍDIĂN

新华成语词典

商务印书馆辞书研究中心编

商务印书馆

2002年·北京

策　划　江　远　周洪波

审　订　赵克勤　张万起

主　编　许振生

编　者　(按音序排列)

　　　　何宛屏　金欣欣　王　玉

　　　　许振生　张万起　张　雁

　　　　赵克勤

责　编　许振生　王　玉

目　　录

前　言

目前,成语词典虽然已经出版了不少,但适宜于中等文化水平读者使用的、源流并重、突出实用的中型词典还较缺乏,社会上的呼声也很高。为了满足读者这一要求,商务印书馆辞书研究中心组织人力编写了这部《新华成语词典》,现奉献给广大读者。

所谓成语,是指相沿习用的固定词组或短语,能独立表意,形式短小,一般为四字格式。其特点大都是约定俗成,结构固定;意义亦往往不限于字面。另外,成语也是熟语的一种,部分成语来源于古代寓言、历史典故和古诗文;很多固定格式,虽不是成语,但在书面语言中大量使用,往往成了阅读的拦路虎。因此,本书选收条目时,以常用常见成语为主,一些格言、名句等也适当予以收录。

本词典是一部中型成语词典,收词 8000 余条。

本词典的立目,力求规范。采用两种做法:一是以规范的书写形式立条目,对个别不规范的字词写法予以指出。二是条目分正条、副条,正条立目解释,副条则用"也作"方式带出。这样做,照顾了汉语成语存在众多同义、近义、异形的客观情况,增强了本词典选词立目的科学性和实用性,可以帮助读者对汉语成语的复杂情况及总体面貌有一个全面的认识。

本词典释义力求简明、准确,做到明白易懂,针对性强。解说方式灵活,不拘于一种形式。

本词典内容丰富,材料翔实。编写之前,做了大量的资料准备工作,收集资料卡片 10 万余张。我们利用古代的资料探索成语的本源,利用近代、现代和当代的书证探索成语的流变。除个别条目没有用例外,大都做到条条有书证,体现成语的意义、用法和时代气息。

本词典采用双色套印,方便读者使用。

　　本词典在编纂过程中,汉语工具书编辑室的同志参加了资料的搜集工作,珠峰旗云、谢仁友同志参加了后期的编辑、审读工作;馆领导给予了热忱的帮助和支持,出版部的同志进行了积极的配合,为词典的顺利出版做了大量的工作,在此表示衷心的感谢。

　　书中难免会有疏漏、差错及不妥之处,敬请读者指正。

《新华成语词典》编写组

2002 年 1 月

凡　例

一、立目

本词典共收成语 8382 条,其中包括少量熟语。

二、条目安排

本词典按汉语拼音字母顺序排列。

1. 首字读音相同,按第二、第三字音序排列。

2. 首字音节相同音调不同者,按阴平、阳平、上声、去声的顺序排列。

3. 首字音同字不同者,以笔画多少为序,少者在前,多者在后;笔画数相同者,以起笔笔形一丨丿、乛顺序排列。

三、注音

本词典用汉语拼音字母标注读音。一律注普通话读音,不注连读变调。有异读的词,按照《普通话异读词审音表》的规定注音。常见的旧读音以加括号的方式标注在单字注释中。如【悲不自胜】bēi bù zì shèng 胜(旧读 shēng):禁受得住。

四、释义

1. 一般先注难懂的字、词,后释义。先本义,再列引申义。

2. 对浅显易懂的成语,直接释义。

3. 对含有褒贬色彩和特定用法的成语,释义后加以说明。

4. 对含义基本相同而结构方式不同的成语,以其中一条常用成语为主条,并加以解说,另外一条或几条做副条处理,注明"也作"。副条只出词目和注音,不释义,采用"见××××(正条)"的形式。

5. 成语中有容易读错、写错的字,用〔注意〕在书证后予以提示。辨正字的读音,有两类:一个字有多音而容易混淆的,标明这个字在这里"不读×",如【像模像样】中的"模",指出"不读 mó";一个字可能读错的,标明"不能读作×",如【挟权倚势】中的"挟",指出"不能读作 xiá"。辨正字的写法,标明"不能写作×",如【相形见绌】中的"绌",指出"不能写作'拙'"。

6. 对部分未定型的早期成语,注明×也作"×",如【滔滔不绝】……绝,也作"竭"。

五、书证

1. 出自典故的成语,文字不多,即直引原文;文字分散或引文过长者,采用叙述体说明。

2. 每条成语的每个义项一般有一至三个书证,一般以时代先后为序。

3. 现代、当代作品标注作者、书名及篇、章、卷、回等,无篇、章、卷、回者,列小标题或序号。

4. 书证引文遵照原文,一般不作文字改动。

词目首字音序表

chú

除 124
锄 124

chǔ

处 124
杵 125
础 125
楚 125

chù

怵 125
触 126

chuān

川 126
穿 126

chuán

传 127
船 127

chuàn

串 127

chuāng

创 128
疮 128
窗 128

chuáng

床 128

chuàng

创 128
怆 128

chuī

吹 128
炊 129

chuí

垂 129
捶 130
椎 130

chūn

春 130
椿 132

chún

莼 132
唇 132
鹑 133

chǔn

蠢 133

chuō

踔 133

chuò

绰 133

cí

词 133
辞 133
慈 133

cǐ

此 134

cì

刺 134

cōng

聪 134

cóng

从 135

cū

粗 136

cù

促 137
猝 137
蹴 137

cuàn

爨 137

cuī

摧 137

cún

存 137

cùn

寸 138

cuō

搓 138
蹉 139

cuò

厝 139
措 139
错 139

D

dá

达 140
答 140

dǎ

打 140

dà

大 141

dāi

呆 151

dài

代 152
待 152
戴 152

dān

丹 153
担 153
单 153
殚 153
箪 154

dǎn

胆 154

dàn

淡 155
弹 155

dāng

当 155

dǎng

党 156

dàng

荡 157

dāo

刀 157

dǎo

岛 157
倒 157
蹈 157

dào

倒 157
盗 158
道 158

dé

得 159
德 159

dēng

灯 162
登 162

děng

等 163

dī

低 164
羝 164
堤 164
滴 164

dí

涤 165

dǐ

抵 165
砥 165

dì

地 165

diān

掂 166
颠 166

diǎn

点 167

diàn

电 167

diāo

刁 167
雕 168

diào

吊 168
钓 168
调 168
掉 169

diē

跌 169

miào	mò	nán	niān	弩 508	pāo
妙 475	末 488	男 498	拈 504	nù	抛 514
miè	没 488	南 498	nián	怒 508	páo
灭 476	脉 489	难 500	年 504	O	刨 515
mín	莫 489	喃 501	niàn		庖 515
民 476	秣 490	nàn	念 505	ǒu	袍 515
míng	漠 490	难 501	niǎo	呕 510	pào
名 477	墨 491	náng	鸟 505	偶 510	炮 515
明 481	默 491	囊 501	袅 505	藕 510	péi
鸣 484	móu	nǎo	niè	P	赔 515
冥 485	谋 492	恼 501	涅 506	pāi	pēn
铭 485	mǔ	脑 502	蹑 506	拍 511	喷 515
螟 486	母 492	nè	nìng	pái	pēng
mǐng	mù	讷 502	宁 506	排 511	烹 515
酩 486	木 492	nèi	niú	pān	péng
mìng	目 493	内 502	牛 506	攀 512	朋 516
命 486	沐 496	néng	niǔ	pán	蓬 516
miù	墓 496	能 502	扭 507	盘 512	鹏 516
谬 486	幕 497	ní	nóng	pàn	pī
mō	暮 497	泥 503	浓 507	判 513	披 516
摸 486	N	nǐ	nòng	páng	被 518
mó		你 503	弄 507	龙 513	劈 518
模 487	ná	nì	nú	庞 513	pí
摩 487	拿 498	逆 503	奴 508	旁 513	皮 518
磨 488	nà	匿 504			蚍 519
	纳 498				疲 519
	nài				
	耐 498				

琵 519

pǐ

匹 519
否 519

pì

屁 519

piān

偏 520

pián

胼 520

piàn

片 520

piāo

飘 520

pín

贫 520

pǐn

品 521

pìn

牝 521

píng

平 521
评 523
凭 523
萍 523

pó

婆 523

pò

迫 524
破 524
魄 525

pōu

剖 525

póu

裒 525

pū

扑 525
铺 526

pú

璞 526

pǔ

朴 526
普 526

Q

qī

七 527
妻 529
凄 529
期 529
欺 529

漆 530

qí

齐 530
其 531
奇 531
歧 532
骑 533
棋 533
旗 533

qǐ

乞 533
岂 534
企 534
杞 534
起 534

qì

气 535
弃 536
泣 537
契 537
器 537

qiā

掐 537

qià

恰 537

qiān

千 538
牵 542
铅 543

谦 543

qián

前 543
钳 545
潜 546
黔 546

qiǎn

浅 546

qiāng

枪 546

qiáng

强 546
墙 547

qiǎng

强 547

qiāo

敲 547

qiáo

乔 547
翘 548

qiǎo

巧 548

qiē

切 548

qiè

切 549

窃 549
锲 549

qīn

亲 549

qín

秦 550
琴 550
勤 550
擒 550

qǐn

寝 550

qìn

沁 551

qīng

青 551
轻 552
倾 554
卿 555
清 555
蜻 556

qíng

情 556
晴 557

qǐng

请 557

qìng

庆 557

馨 557

qióng

穷 557
茕 560
琼 560

qiū

秋 560

qiú

求 561

qū

曲 561
屈 561
趋 562

qǔ

曲 562
取 562

qù

去 563

quán

权 563
全 563
拳 564

quǎn

犬 564

quàn

劝 564

矢 631
始 631

shì

士 631
世 632
市 632
势 633
事 634
视 635
拭 636
是 637
适 637
恃 637
室 638
舐 638
誓 639
噬 639

shōu

收 639

shǒu

手 639
守 641
首 642

shòu

寿 643
受 643
授 644
兽 644
瘦 644

shū

书 644

殊 645
菽 645
淑 645
疏 645
输 645

shú

熟 645

shǔ

暑 646
蜀 646
鼠 646
数 646

shù

束 647
述 648
树 648
恕 649
数 649

shuài

率 649

shuāng

双 650

shuǎng

爽 650

shuǐ

水 650

shuì

睡 653

shǔn

吮 653

shùn

顺 654
舜 655
瞬 655

shuō

说 655

shuò

铄 655
硕 655
搠 656
数 656

sī

司 656
丝 656
私 657
思 657
斯 657

sǐ

死 657

sì

四 659
似 661
驷 662
俟 662
肆 662

sōng

松 663

sǒng

耸 663

sòng

送 663
颂 663

sōu

搜 663

sú

俗 663

sù

夙 664
诉 664
肃 664
素 664
速 665
宿 665
溯 665

suān

酸 665

suàn

算 665

suī

虽 665

suí

随 665

suì

岁 668

sǔn

损 668

suō

缩 669

suǒ

所 669
索 670

T

tā

他 671

tài

太 671
泰 672

tān

贪 673

tán

昙 675
谈 675
弹 676
痰 676

tǎn

忐 677
坦 677

tàn

叹 677
探 677

táng

堂 678
糖 678
螳 678

tǎng

倘 679
傥 679

tāo

滔 679
韬 679

táo

逃 680
桃 680

tǎo

讨 680

tè

特 680

téng

腾 681

wèng	物 771	**xiá**	**xiāng**	**xiǎo**	星 817
	误 772				惺 817
瓮 748	雾 773	侠 781	相 789	小 798	腥 817
		狭 781	香 792	晓 801	
wō	**X**	遐 781			**xíng**
		瑕 781	**xiáng**	**xiào**	
蜗 748					行 818
	xī	**xià**	详 793	孝 801	形 819
wǒ			降 793	笑 801	
	夕 774	下 781	祥 793	效 801	**xìng**
我 748	希 774	夏 783			
	息 774		**xiǎng**	**xié**	兴 820
wò	悉 775	**xiān**			幸 821
	惜 775		响 793	协 802	性 822
卧 749	稀 775	仙 783	想 793	邪 802	
握 749	溪 775	先 783		胁 802	**xiōng**
	熙 775	纤 786	**xiàng**	挟 802	
wū	嘻 776	掀 786		携 803	凶 822
	嬉 776	鲜 786	乡 794		兄 822
乌 750			向 794	**xiè**	汹 823
污 751	**xí**	**xián**	项 794		胸 823
巫 751			相 794	泄 803	
呜 751	习 777	闲 786	象 795	卸 803	**xióng**
诬 752	席 777	贤 787	像 795	屑 803	
屋 752	袭 778	弦 787		谢 803	雄 824
		咸 787	**xiāo**	邂 803	熊 824
wú	**xǐ**	涎 787			
		衔 788	枭 796	**xīn**	**xiū**
无 752	洗 778	嫌 788	枵 796		
毋 767	喜 778		削 796	心 803	休 824
吴 767		**xiǎn**	哓 796	欣 813	修 825
梧 767	**xì**		骁 796	新 813	羞 825
		显 788	逍 796	薪 814	
wǔ	细 780	险 789	消 797	馨 814	**xiǔ**
		鲜 789	宵 797		
五 767	**xiā**		萧 797	**xìn**	朽 826
武 770		**xiàn**	销 797		
舞 770	虾 781		霄 798	信 814	**xiù**
		现 789			
wù		献 789		**xīng**	秀 826
					袖 826
勿 771				兴 815	绣 826

xū	**xué**	雅 838	杨 851	逸 899
			洋 851	意 899
虚 826	穴 831	**yān**		溢 900
嘘 828	学 831	烟 838	**yè**	毅 900
		湮 839	业 858	懿 900
xú	**xuě**	嫣 839	叶 858	
徐 828	雪 832		夜 859	**yīn**
		yán		因 900
xǔ	**xuè**	延 839	**yī**	阴 902
栩 828	血 832	严 839	一 860	音 902
		言 840	伊 886	殷 902
xù	**xūn**	炎 845	衣 887	
旭 829	熏 833	沿 845	依 888	**yín**
恤 829	薰 833	研 845		吟 903
		颜 845	**yí**	银 903
xuān	**xún**		仪 889	寅 903
轩 829	寻 834	**yǎn**	诒 889	
喧 829	循 835	奄 846	怡 889	**yǐn**
煊 829		掩 846	贻 889	引 903
	xùn	眼 846	移 890	饮 905
xuán	训 835	偃 847	遗 890	隐 905
玄 829	迅 835		颐 891	
悬 829	徇 836	**yàn**	疑 891	**yīng**
旋 830		艳 848		应 906
	Y	宴 848	**yǐ**	英 906
xuǎn		雁 848	以 891	莺 907
选 830	**yā**	燕 848	迤 895	鹦 907
癣 831	压 837		倚 895	鹰 907
	鸦 837	**yāng**		
xuàn		泱 849	**yào**	**yì**
泫 831	**yá**		乐 857	义 896
绚 831	睚 837	**yáng**	药 857	议 897
		扬 849	要 858	亦 897
xuē	**yǎ**	羊 850	耀 858	异 897
削 831	哑 837	阳 850		抑 898
			yě	易 898
			野 858	悒 899

yāo	
吆 853	
妖 853	
腰 854	
邀 854	

yáo	
尧 854	
摇 854	
遥 856	

yǎo	
杳 856	
咬 857	
窈 857	

yǐng

郢 908
景 908
影 908

yìng

应 908

yōng

庸 909
雍 909
饔 909

yǒng

永 909
勇 910

yòng

用 910

yōu

优 911
忧 911
悠 912

yóu

由 912
犹 912
油 912
游 913

yǒu

有 914
牖 918

yòu

诱 918

yū

迂 919

yú

于 919
予 919
余 919
鱼 919
瑜 920
愚 920

yǔ

与 921
羽 922
雨 922
语 922

yù

玉 922
郁 923
浴 923
欲 923
遇 924
愈 924
鹬 924

yuān

冤 925

yuán

元 925

原 925
圆 926
援 926
缘 926
源 926

yuǎn

远 926

yuàn

怨 927

yuē

约 928

yuè

月 928
跃 929
越 929
粤 929

yūn

晕 929

yún

云 929
芸 930

yǔn

允 930

yùn

运 930

Z

zā

咂 932

zá

杂 932

zài

再 932
在 933
载 933

zàn

赞 934

zāng

臧 934

záo

凿 934

zǎo

早 934

zào

造 934

zé

责 934
择 935
啧 935

zè

昃 935

zéi

贼 935

zēng

曾 936

zhài

债 936

zhān

沾 936
瞻 936

zhǎn

斩 936
展 937
崭 937
辗 937

zhàn

战 937

zhāng

张 938
獐 939
彰 939

zhǎng

掌 939

zhàng

仗 939
障 940
嶂 940

zhāo

招 940

昭 941
朝 941

zhào

照 942

zhē

遮 942

zhé

折 942
辙 943

zhēn

针 943
珍 943
真 943

zhěn

枕 944

zhèn

振 944
赈 945
震 945

zhēng

争 945
峥 946
蒸 946

zhěng

整 947

zhèng

正 947

郑 948	掷 958	**zhū**	**zhuǎn**	着 970
政 949	智 958		转 967	擢 970
	置 958	朱 964		
zhī		诛 964	**zhuāng**	**zī**
	zhōng	珠 964	装 968	孜 970
之 949		诸 965		兹 970
支 949	中 959	铢 965	**zhuàng**	趑 970
只 949	忠 960	蛛 965	壮 968	锱 970
芝 950	终 960			龇 970
枝 950	钟 961	**zhú**	**zhuī**	
知 950		竹 965	追 969	**zǐ**
	zhǒng	逐 965	锥 969	子 971
zhí	踵 961	舳 966		紫 971
执 952			**zhuì**	
直 952	**zhòng**	**zhǔ**	坠 969	**zì**
	众 961	煮 966	惴 969	自 971
zhǐ	种 963			字 977
只 953	重 963	**zhù**	**zhūn**	恣 978
纸 954		助 966	谆 969	
指 954	**zhōu**	著 966		**zōng**
咫 956	舟 963	铸 966	**zhuō**	综 978
趾 956	周 963	筑 966	拙 969	
	粥 963		捉 969	**zǒng**
zhì		**zhuā**		总 978
至 956	**zhǒu**	抓 967	**zhuó**	
志 956	肘 963		卓 969	**zòng**
炙 957		**zhuān**	斫 970	纵 978
治 957	**zhòu**	专 967		
栉 957	昼 963			

zǒu
走 979
zú
足 979
zuān
钻 980
zuì
罪 980
醉 981
zūn
尊 982
遵 982
zuǒ
左 982
zuò
作 983
坐 984
座 986
做 986

A

【哀兵必胜】 āi bīng bì shèng　哀兵：由于受压或遭受危难而处在悲愤中的军队。《老子·六十九章》："故抗兵相加，哀者胜矣。"意思是两军相遇，悲愤的一方取得胜利。后用"哀兵必胜"形容受压迫而悲愤地奋起反抗的军队一定能胜利。也形容为正义而斗争的一方必然胜利。宗璞《南渡记》："我们让人欺负够了，全国百姓谁不愿打！岂不闻哀兵必胜啊！"张恨水《啼笑因缘续集》一〇回："沈国英道：'不，哀兵必胜！不要乐，要哀。何小姐能弹《易水吟》的谱子吗？'何丽娜道：'会的。秀姑道：'好极了，我们都会唱！'于是何丽娜按着琴，大家高声唱着：'风萧萧兮易水寒，壮士一去兮不复还……'"

【哀而不伤】 āi ér bù shāng　❶形容诗歌、音乐等表现的伤感情调适度。《论语·八佾》："《关雎》，乐而不淫，哀而不伤。"明·陶宗仪《辍耕录·绿窗遗稿》："先生之诗，哀而不伤，举得性情之正，是可传也已。"❷形容感情或行为有节制，不太过分，也无不及。老舍《四世同堂》四三："她喜欢打扮，愿意有男朋友，可是这都不过是一些小小的，哀而不伤的，青春的游戏。"❸形容装出哀戚的样子，但并不真正伤心。《二刻拍案惊奇》卷二一："王爵与王惠哭做了一团，四个妇人也陪出了哀而不伤的眼泪。"

【哀感顽艳】 āi gǎn wán yàn　顽：愚钝，指愚蠢的人。艳：美好，指聪慧的人。指歌声和音乐委婉悽恻，使愚蠢的人和聪慧的人同样受到感动。三国魏·繁钦《与魏文帝笺》："咏北狄之遐征，奏胡马之长思，悽入肝脾，哀感顽艳。"也形容艳情作品的文辞绮丽、内容哀怨感人。《二十年目睹之怪现状》七一回："这封信却是骈四骊六的，足有三千多字，写得异常的哀感顽艳。"端木蕻良《科尔沁旗草原》八："想起家里传说的三仙姑哀感顽艳的故事，空气里都有一种飘逸的情感。"

【哀鸿遍野】 āi hóng biàn yě　哀鸿：哀叫着的大雁。《诗经·小雅·鸿雁》："鸿雁于飞，哀鸣嗷嗷。"嗷：同"嗷"。后用"哀鸿遍野"比喻到处都是在痛苦中呻吟的无家可归的灾民。清·汤斌《睢沐二邑秋灾情形疏》："今春卖儿卖女者，有售无受，以故哀鸿遍野，硕鼠兴歌。"刘白羽《第二个太阳》二章："这是我们的祖国，这是我们的大地，满目疮痍，哀鸿遍野呀！他的整个心一下像一坨铅块一样沉重、冰凉。"

【哀毁骨立】 āi huǐ gǔ lì　因过分悲伤而异常消瘦，身体好像只剩下一副骨架子支撑着。形容孝子在守孝期间由于过分悲哀而损伤了身体。《世说新语·德行》："和峤虽备礼，神气不损；王戎虽不备礼，而哀毁骨立。"《野叟曝言》一四一回："素臣见天子哀毁骨立，不忍言归，急入宫面奏天子，欲终丧制。"

【哀梨蒸食】 āi lí zhēng shí　哀梨：哀家梨。传说秣陵（今南京市）哀仲家梨，个大如升，味甘美。《世说新语·轻诋》："桓南郡每见人不快，辄嗔云：'君得哀家梨，当复不蒸食不？'"意指愚人不能辨别滋味，得好梨蒸熟了吃。后用"哀梨蒸食"比喻不识货，将好东西糟蹋了。也作"蒸食哀梨"。宋·陆游《齿痛有感》诗："暮年渐解人间事，蒸食哀梨亦自奇。"

【哀莫大于心死】 āi mò dà yú xīn sǐ 心死：心如死灰槁木。对周围的事无动于衷。指最悲哀的事没有比心更严重了。《庄子·田子方》："夫哀莫大于心死，而人死亦次之。"李劼人《大波》一部八章："古人说过，哀莫大于心死，又说过，陈叔宝全无心肝。假使四川股东心都死了，或者都没有心肝，那吗，尽可以回家去左顾孺人，右弄稚子……享家庭幸福罗！就莫来开会。"

【哀丝豪竹】 āi sī háo zhú 丝：指弦乐。竹：指管乐。唐·杜甫《醉为马坠诸公携酒相看》诗："酒肉如山又一时，初筵哀丝动豪竹。"后用"哀丝豪竹"指悲壮动人的音乐。宋·陆游《长歌行》："哀丝豪竹助剧饮，如钜野受黄河倾。"清·张维屏《侠客行》："哀丝豪竹，贵人不足。"

【挨家挨户】 āi jiā āi hù 见"挨门挨户"。

【挨家按户】 āi jiā àn hù 见"挨门挨户"。

【挨肩擦背】 āi jiān cā bèi 肩挨着肩，背擦着背。形容人多拥挤。《初刻拍案惊奇》卷三二："每每花朝月夕，士女喧阗，稠人广众，挨肩擦背，百挑心招，恬然不以为意。"《金瓶梅》五五回："西门庆即冠带，乘了轿来，只见乱哄哄挨肩擦背，都是大小官员来上寿的。"

【挨门挨户】 āi mén āi hù 一家紧接着一家地（做某事），表示一家也不漏掉。欧阳山《三家巷》四〇："又过了一天，风声更加紧，许多街道都挨门挨户搜查。"也作"挨家挨户"。茅盾《子夜》一四："大家分头到草棚里挨家挨户告诉她们，不要上人家的当。"也作"挨家按户"。老舍《四世同堂》七四："自从他作了副里长，随着白巡

长挨家按户的收取铜铁，他的美誉便降落了许多。"

【唉声叹气】 āi shēng tàn qì 因为痛苦、憋闷或感伤而发出叹息的声音。《二十年目睹之怪现状》九三回："苟才也无可如何，回到上房，无非是唉声叹气。"鲁迅《彷徨·孤独者》二："使人不解的倒是他的有些来客，大抵是读过《沉沦》的罢，时常自命为'不幸的青年'或是'零余者'，螃蟹一般懒散而骄傲地堆在大椅子上，一面唉声叹气，一面皱着眉头吸烟。"

【矮子观场】 ǎi zi guān chǎng 见"矮子看戏"。

【矮子看戏】 ǎi zi kàn xì 矮子挤在人群中看戏，什么也看不见，只能随着别人评论戏的好坏。比喻遇事盲从，毫无己见。《五灯会元·五祖法演禅师》："这个说话，唤作矮子看戏，随人上下。"清·赵翼《论诗》诗："矮子看戏何曾见，都是随人说长短。"也作"矮子观场"。《野叟曝言》一回："从来评诗者，偏将此二句解错，所以意味索然，何尝不众口极力铺张，却如矮子观场，痴人说梦，搔爬不着痒处，徒惹一身栗块而已。"

【爱博不专】 ài bó bù zhuān 博：广泛。专：专一。爱的对象众多，感情不专一。唐·韩愈《与陈给事书》："侍候于门墙者日益进，则爱博而情不专。"

【爱不忍释】 ài bù rěn shì 见"爱不释手"。

【爱不释手】 ài bù shì shǒu 喜爱得不愿放开手。形容十分喜爱。《儿女英雄传》三五回："他看了也知道爱不释手，不曾加得圈点，便粘了个批语。"邓友梅《记忆中的老舍先生》："我对此画爱不释手，发配到东北我还带着它，不时拿出来观看。"也作"爱不忍释"。鲁迅《华盖集续编·马上日记》："要塞进字纸篓里时，觉得有几条总还是爱不忍释，现在抄几条在这

里,马上印出,以便'有目共赏'罢。"

【爱才若渴】 ài cái ruò kě 爱慕人才就像口渴想喝水一样。形容十分重视人才。《老残游记》六回:"宫保爱才若渴,兄弟实在钦佩的。"

【爱财如命】 ài cái rú mìng 吝惜钱财就像爱惜自己的生命一样。形容非常吝啬、贪财。刘绍棠《春草》:"田连阡爱财如命,不肯出血,讨价还价,最后只答应酬谢一万大洋。"

【爱老慈幼】 ài lǎo cí yòu 慈:慈爱。爱护老人和幼儿。《红楼梦》一三回:"家中仆从老小想他素日怜贫惜贱、爱老慈幼之恩,莫不悲号痛哭。"

【爱老怜贫】 ài lǎo lián pín 爱护年老的,怜悯贫穷的。《西游记》二七回:"师父啊,我父母斋僧,还是小可;我丈夫更是个善人,一生好的是修桥补路,爱老怜贫。"

【爱毛反裘】 ài máo fǎn qiú 反:翻转。裘:皮衣。反裘:穿皮衣时将毛朝里,因古人以毛朝外为正。为了爱惜毛而将皮衣反过来穿。汉·刘向《新序·杂事二》:"魏文侯出游,见路人反裘而负刍,文侯曰:'胡为反裘而负刍?'对曰:'臣爱其毛。'文侯曰:'若不知其里尽而毛无所恃邪?'"后用"爱毛反裘"比喻本末倒置,贪小失大。《魏书·高祖纪上》:"去秋淫雨,洪水为灾,百姓嗷然,朕用嗟愍,故遣使者循方赈恤。而牧守不思利民之道,期于取办,爱毛反裘,甚无谓也。"

【爱民如子】 ài mín rú zǐ 爱护老百姓就像爱护自己的子女一样。汉·刘向《新序·杂事一》:"良君将赏善而除民患,爱民如子,盖之如天,容之若地。"《官场现形记》一五回:"蒙老父台这样,真正是爱民如子。"李劼人《大波》二部三章:"本督部堂爱民如子,疾恶如仇,从前护院的时候,并未妄杀一个人,想为尔四川百姓所共见。"

【爱莫能助】 ài mò néng zhù 虽然同情但无力帮助。《诗经·大雅·烝民》:"维仲山甫举之,爱莫助之。"宋·阳枋《上淮阃赵信庵论时政书》:"乃欲撙编中古人陈烂兵法,冒渎高明,多见其不自量,姑以致爱莫能助之意云尔。"《警世通言》卷三:"子瞻左迁黄州,乃圣上主意,老夫爱莫能助。"鲁迅《呐喊·端午节》:"那时有一个同乡来借十块钱,他其时明明已收到了衙门的领款凭单了,因为恐怕这人将来未必会还钱,便装了一副为难的神色,说衙门里既然领不到俸钱,学校里又不发薪水,实在'爱莫能助',将他空手送走了。"姚雪垠《李自成》二卷一七章:"牛启东的案情重大,山人亦有所闻,实在爱莫能助。"

【爱人以德】 ài rén yǐ dé 德:道德。用合乎道德规范的行为来爱护人。《礼记·檀弓上》:"君子之爱人也以德,细人之爱人也以姑息。"《三国演义》六一回:"丞相本兴义兵,匡扶汉室,当秉忠贞之志,守谦退之节。君子爱人以德,不宜如此。"

【爱屋及乌】 ài wū jí wū 爱人而连带爱他屋上停留的乌鸦。比喻爱一个人而连带喜爱与之有关的人或物。《尚书大传》卷三:"爱人者,兼其屋上之乌。"《孔丛子·连丛子下》:"若夫顾其遗嗣,得与群臣同受厘福,此乃陛下爱屋及乌,惠下之道。"《二十年目睹之怪现状》一四回:"子存宠上了小老婆,未免'爱屋及乌',把他也看得同上客一般。"李英儒《野火春风斗古城》三章:"苗太太接茶杯时就觉得这个客人平易可亲,及至人家给孩子服服帖帖地穿衣服,孩子又是这样亲昵地听客人的话,唤起了她爱屋及乌的心情,对杨晓冬发生了好感。"也作"屋乌推爱"。明·许自昌《水浒记·渔龟》:"蒙尊嫂留小生进里面来坐,这个都是看宋公明的份上,屋乌推爱,一时相缱绻。"〔注意〕乌,不能写作"鸟"。

【爱憎分明】 ài zēng fēn míng 喜爱什

么，憎恨什么，界限十分清楚明白。欧阳山《三家巷》一八九："你谈起胡杏的时候，立场坚定，爱憎分明，很恰当。可是你谈到周炳的时候，却不是那个样子，显得有点儿偏心了。"

【碍手碍脚】 ài shǒu ài jiǎo　妨碍别人，使人做起事来感到不方便。《红楼梦》一七回："宝钗便说：'咱们别在这里碍手碍脚，找探丫头去。'"沈从文《湘行散记·辰河小船上的水手》："有时两个年轻水手即或上岸拉船去了，船前船后又有湿淋淋的缆索牵牵绊绊，打量出去站站，也无时不显得碍手碍脚，很不方便。"

【安邦定国】 ān bāng dìng guó　使国家安定稳固。《红楼梦》九二回："那姜后脱簪待罪，齐国的无盐虽丑，能安邦定国，是后妃里头的贤能的。"李劼人《大波》三部九章："一般绅士都反对说，革命党人晓得丢炸弹，闹暴动，并不懂得安邦定国之道。"也作"定国安邦"。《说岳全传》一七回："要图定国安邦计，预备擒龙捉虎人。"

【安不忘危】 ān bù wàng wēi　太平、安定时不忘记可能出现危难。《周易·系辞下》："是故君子安而不忘危，存而不忘亡，治而不忘乱。"汉·扬雄《长杨赋》："故平不肆险，安不忘危。"《儿女英雄传》三〇回："何小姐是从苦境里过来的，如今得地身安，安不忘危，立志要成全起这分人家，立番事业。"

【安步当车】 ān bù dàng chē　安步：慢步行走。以慢步行走当作坐车。《战国策·齐策四》："晚食以当肉，安步以当车，无罪以当贵，清静贞正以自虞。"《野叟曝言》一四八回："老身自揣精力，尚不弱于诸媳，较侄女则更胜矣，区区往返数里，安步当车，可无虞也。"王志之《怀张澜、沈钧儒先生》："我们要给沈衡老雇车，他却坚决不许，要我同他一道步行回去，他说：'安步当车，我们好谈话。'"〔注意〕当，不读 dāng。

【安常处顺】 ān cháng chǔ shùn　《庄子·养生主》："适来，夫子时也；适去，夫子顺也。安时而处顺，哀乐不能入也。"意为安于通常的机遇，顺应自然的安排。后用"安常处顺"指安于正常的生活，处于顺利的景况。清·朱之瑜《大庙典礼议四款》："而且安常处顺，人所优为，至于礼之变者不可不穷而思通也。"梁启超《中国前途之希望与国民责任》："安常处顺，以为社会一健全分子，以徐徐发达，人尽之，岂待我辈!"〔注意〕处，不读 chù。

【安分守己】 ān fèn shǒu jǐ　安于本分，保守住自己的节操。指规矩老实。宋·袁文《瓮牖闲评》卷八："彼安分守己，恬于进取者，方且以道义自居，其肯如此侥幸乎?"《喻世明言》卷一："这首词，名为《西江月》，是劝人安分守己，随缘作乐，莫为'酒'、'色'、'财'、'气'四字，损却精神，亏了行止。"《红楼梦》四五回："你不安分守己，尽忠报国，孝敬主子，只怕天也不容你。"《二十年目睹之怪现状》七四回："活着倒也罢了，无论是粥是饭，有得吃吃点，安分守己也罢了。"鲁迅《呐喊·端午节》："他自己虽然不知道是因为懒，还是因为无用，总之觉得是一个不肯运动，十分安分守己的人。"

【安分守理】 ān fèn shǒu lǐ　安于本分，遵守事理。《红楼梦》九回："宝玉终是个不能安分守理的人，一味的随心所欲。"

【安家立业】 ān jiā lì yè　安置家庭，建立事业。梁斌《红旗谱》一五："在北方，那风天雪地里，我老是想着老家近邻，想着小时候在一块儿的朋友们，才跑回家来。你父子们帮助我安家立业，我一辈子也忘不了……"刘心武《钟鼓楼》六："三十多年过去，两个儿子都健壮地长大成人，并且如今都安家立业。"

【安家落户】 ān jiā luò hù　指在新的地方安置家庭，定居下来。刘绍棠《村妇》卷一："大哥，你拦住那个白毛老婆子，叫她在这片河滩上安家落户,我替你把儿子带大。"后也比喻某种动物或植物被移到新的地方后能够生长繁殖。

【安居乐业】 ān jū lè yè 安定地居住着,愉快地从事其职业。形容人民生活安乐幸福。《后汉书·仲长统传》:"安居乐业,长养子孙,天下晏然,皆归心于我矣。"《醒世恒言》卷一〇:"父子正安居乐业,不想刘公夫妇,年纪老了,筋力衰倦,患起病来。"沈从文《阿黑小史·油坊》:"且可以知道这地方的平安无警,人人安居乐业,因为地方有了警戒是不能再打油的。"也作"乐业安居"。清·夏燮《中西纪事·粤民义师》:"俾家喻户晓,益厉急公亲上之心,共享乐业安居之福。"

【安乐窝】 ān lè wō 宋朝邵雍自号安乐先生,称自己的住宅为安乐窝,宅址在今河南洛阳天津桥南。《宋史·邵雍传》及宋·马永卿《嬾真子》均有记载。后用"安乐窝"指安逸、舒适的住处和生活环境。宋·戴复古《访赵东野》诗:"四山便是清凉国,一室可为安乐窝。"

【安民告示】 ān mín gào shì 官府为安定民心而发布的文告。清·金念劬《避兵十日记》:"嘱两县速出安民告示,谕令店铺照常开张。"后比喻预先发布的有关某个问题的通知。毛泽东《党委会的工作方法》:"开会要事先通知,像出安民告示一样,让大家知道要讨论什么问题,解决什么问题,并且早作准备。"

【安内攘外】 ān nèi rǎng wài 安定国家内部,抵御外敌入侵。明·林聪《议赐也先敕书等号疏》:"其为安内攘外虑也,至矣。"刘玉民《骚动之秋》一〇章:"按照岳鹏程给他们制定的'安内攘外'的方针,对于大桑园之外的人,只要构不成'现行'行为,他们是不能显示才能的。"

【安贫乐道】 ān pín lè dào 道:道理、学说。安于贫困生活,以学习和掌握圣人之道为乐。《后汉书·杨彪传》:"安贫乐道,恬于进趣,三辅诸儒莫不慕仰之。"老舍《四世同堂》四五:"在这种时节,他居然有一点得意,而对自己说:'什么安贫乐道啊,我也得过且过的瞎混吧!'"梁实秋《雅舍小品·图章》:"安贫乐道的精神之可贵更难于用三言两语向惟功利是图的人解释清楚的了。"也作"乐道安贫"。明·施惠《幽闺记·士女随迁》:"乐道安贫巨儒,嗟怨是何如,但孜孜有志效鸿鹄。"

【安然无事】 ān rán wú shì 见"安然无恙"。

【安然无恙】 ān rán wú yàng 恙:疾病,也指灾祸。平平安安地没有遭遇任何损害。《醒世恒言》卷二九:"按院也将汪公为县令时,挟怨诬人始末,细细详详辩一本。倒下圣旨,将汪公罢官回去,按院照旧供职,陆公安然无恙。"《二十年目睹之怪现状》一八回:"我见母亲安然无恙,便上前拜见。"李劼人《大波》三部八章:"目前京师情况如何?朝廷是不是尚安然无恙?"也作"安然无事"。《红楼梦》一〇七回:"又想着二妹妹三妹妹俱是琏二叔闹的,如今他们倒安然无事,依旧夫妇完聚。"姚雪垠《李自成》二卷四九章:"眼下安然无事,那些根子粗、家事稍忙的眷属们就不会那么听话啦。"

【安如磐石】 ān rú pán shí 磐石:大石头。像磐石那样安稳。形容事物非常稳固,不可动摇。《荀子·富国》:"为名者否,为利者否,为忿者否,则国安于磐石,寿于旗翼。"《资治通鉴·秦始皇帝二十五年》:"夫如是,则国家安如磐石,炽如焱火。"梁启超《责任内阁释义》:"立宪国皇室所以安如磐石者,道皆在是也。"

【安如泰山】 ān rú tài shān 泰山:山名,五岳之首,在山东泰安北。像泰山那样安稳。形容事物非常安稳牢固,不可动摇。汉·枚乘《上书谏吴王》:"变所欲为,易于反掌,安于泰山。"汉·焦赣《易林》卷一:"安如泰山,福喜屡臻。"《三国演义》四回:"巽有一计,可使荆襄之民,安如泰山,又可保全主公名爵。"程建《三探红鱼洞》:"山洪还在随心所欲地咆哮,但是他知道,在大伙的保卫下,机台已安如泰山了。"也作"稳如泰山"。姚雪垠《李自成》三卷四九章:"只要军中有粮,军心就不会变,就可以使开封城稳如泰山。"

【安身立命】ān shēn lì mìng　安身:指得以在世上存身。立命:保存生命。指在世上求得容身而保存生命。《景德传灯录·湖南长沙景岑禅师》:"僧问:'学人不据地时如何?'师云:'汝向什么处安身立命?'"《醒世恒言》卷一七:"老奴新主人做人甚好,待我引去相见,求他带回乡里。倘有用得着你之处,就在他家安身立命,到老来还有个结果。"叶圣陶《倪焕之》四:"他们用这些字眼描绘出他们的幻梦来,那样地起劲,仿佛安身立命的根本大法就在这里了。"

【安土重迁】ān tǔ zhòng qiān　重:重视,不随便。安居故土,不愿随便迁往别处。《汉书·元帝纪》:"安土重迁,黎民之性;骨肉相附,人情所愿也。"汪曾祺《落魄》:"我们那里的人都安土重迁,出门十五里就要写家书的。"

【安闲自在】ān xián zì zài　安逸清闲,自由自在。形容清闲无事。《醒世恒言》卷一五:"我们出家人,并无闲事缠扰,又无儿女牵绊,终日诵经念佛,受用一炉香,一壶茶,倦来眠纸帐,闲暇理丝桐,好不安闲自在。"《说岳全传》一三回:"贤契们不必介怀,只恐朝廷放不下我;若能休致,老夫倒得个安闲自在。"

【安营扎寨】ān yíng zhā zhài　安置军营,建好军营周围的栅栏。指军队在某地驻扎。现也指为完成某项任务而临时在某地住下。元·无名氏《隔江斗智》二折:"这周瑜匹夫,累累兴兵来索取俺荆州地面,如今在柴桑渡口安营扎寨,其意非小。"《官场现形记》一四回:"亏得小跟班

递上老花眼镜来戴着,歪了头瞧了半天,按着周老爷的话,打什么地方进兵,打什么地方退兵,什么地方可以安营扎寨,什么地方可以埋伏,指手画脚的讲了一遍。"刘心武《栖凤楼》七三:"闪毅带领大队人马来这宾馆安营扎寨,说好先包租两个月,并预付了一个月的房钱。"

【安于现状】ān yú xiàn zhuàng　对目前的状况感到满意,不思进取。周臻《生命之箭——记中年光学家蒋筑英的开拓精神》:"科学就是开拓。开拓就是在一片荆棘中打开道路,就是在一片荒漠中建造成辉煌的殿堂,它生来就同一切因循守旧、安于现状、懒惰僵化的世界观不相容。"

【安之若素】ān zhī ruò sù　素:平常。指身处逆境、遇到困难或遭受挫折时能泰然处之,跟平常一样。《官场现形记》三八回:"第二天宝小姐酒醒,很觉得过意不去。后来彼此熟了,见瞿太太常常如此,也就安之若素了。"张恨水《啼笑因缘续集》一回:"何丽娜道:'我在乡下住了这久,关于寂寞一层,倒也安之若素了。'"

【鞍马劳顿】ān mǎ láo dùn　顿:困乏,疲惫。长时间骑马跋涉,使身体劳累困乏。元·杨显之《潇湘雨》四折:"兴儿,我一路上鞍马劳顿,我权且歇息。"《说岳全传》四二回:"恐王侄一路远来,鞍马劳顿,故令王侄回营安歇。"

【鞍前马后】ān qián mǎ hòu　在别人的马前马后奔忙。形容在主人或上司右殷勤伺候。《说岳全传》二五回:"岳爷哈哈大笑道:'你们两个,真是一对!这叫做马前张保,马后王横也。'"邓一光《我是太阳》一部二:"邵越想打仗,好几次缠着关山林要到下面去弄个连排长什么的干干,关山林鞍前马后的用应手,就不放他走。"

【岸然道貌】àn rán dào mào　见"道貌岸然"。

【按兵不动】àn bīng bù dòng 控制军队，使暂不行动，以等待时机。《宋史·范仲淹传》："鄜、延密迩灵夏，西羌必由之地也，第按兵不动，以观其衅。"《三国演义》六回："曹操来见袁绍曰：'今董贼西去，正可乘势追袭；本初按兵不动，何也？'"李英儒《野火春风斗古城》一三章："你立刻回去告诉梁队长，要他按兵不动，是长是短，等我亲自通知他。"现也指故意拖延而不立刻行动去做某事。刘玉民《骚动之秋》一四章："'坏小子'两天按兵不动，把她那颗柔嫩的心如同放进油锅里。"

【按兵束甲】àn bīng shù jiǎ 放下武器，捆束铠甲。指停止军事行动。《三国志·蜀书·诸葛亮传》："若不能当，何不案兵束甲，北面而事之？"案：通"按"。《三国演义》四三回："若能以吴、越之众，与中国抗衡，不如早与之绝；若其不能，何不从众谋士之论，按兵束甲，北面而事之？"

【按部就班】àn bù jiù bān 部：类别。班：次序。晋·陆机《文赋》："观古今于须臾，抚四海于一瞬。然后选义按部，考辞就班。"原指写文章按类别安排文义，按顺序组织文辞。后用"按部就班"指按照一定的次序或部置进行。《儿女英雄传》四〇回："他那个儿子，只按部就班的，也就作到公卿，正用不着到那等地方去名外图利。"郭沫若《屈原》二幕："南后，你用不着那么着急，事情已经有了把握，所以我才这样按部就班地告诉你。"陈忠实《白鹿原》一二章："第二天，朱先生和他的八位编辑先生按部就班在各自的屋子里做事，院子里异常静谧。"〔注意〕部，不能写作"步"。

【按迹循踪】àn jì xún zōng 循：顺着。按照事情的踪迹去寻找来龙去脉。《红楼梦》一回："其间离合悲欢，兴衰际遇，俱是按迹循踪，不敢稍加穿凿。"〔注意〕循，不能写作"寻"。

【按甲寝兵】àn jiǎ qǐn bīng 甲：铠甲，泛指武器。放下武器，停止用兵。《史记·淮阴侯列传》："方今为将军计，莫如案甲休兵。"案：通"按"。《三国演义》六六回："且宜增修文德，按甲寝兵，息军养士，待时而动。"

【按图索骥】àn tú suǒ jì 索：寻找。骥：良马。照着图像去寻找良马。《汉书·梅福传》："今不循伯者之道，乃欲以三代选举之法取当时之士，犹察伯乐之图求骐骥于市，而不可得，亦已明矣。"后用"按图索骥"比喻做事死守教条，而不懂得变通。元·袁桷《示从子瑛》诗："隔竹引龟心有想，按图索骥术难灵。"也比喻依据一定的线索去寻找事物。《野叟曝言》一二七回："贤否利弊可以按图索骥，至势恶之机械、狱讼之情伪，变诈百出，岂小儿所能穷？"刘绍棠《二度梅》七："我争取到这趟出差，按图索骥，来到府上已经一个星期了。"

【暗渡陈仓】àn dù chén cāng 渡：越过。陈仓：古县名，在今陕西宝鸡市东，是关中、汉中之间的交通要道，古代兵家必争之地。《史记·高祖本纪》载：公元前206年，刘邦入关攻下咸阳，项羽负约，自立为西楚霸王，而封刘邦为汉王，管辖巴、蜀、汉中。刘邦去汉中的途中烧绝了栈道，向项羽表示无意东归与之争夺天下。后来，刘邦用韩信计，偷偷从故道返还，在陈仓击败章邯，并东至咸阳，占领陇西、北地、上郡。后用"暗渡陈仓"指正面迷惑敌人，偷偷从侧面迂回袭击。渡，也作"度"。元·无名氏《气英布》一折："孤家用韩信之计，明修栈道，暗渡陈仓，攻定三秦，劫取五国。"《喻世明言》卷三一："某受汉王筑坛拜将之恩，使尽心机，明修栈道，暗度陈仓，与汉王定了三秦。"也指暗中进行某种活动。《野叟曝言》三三回："靳仁大喜请教，单谋附耳说了几句，靳仁拊掌称善道：'此明修栈道，暗度陈仓之计也。'连忙分付家人行事去了。"

【暗箭难防】àn jiàn nán fáng 暗箭：

暗中射出的箭。从暗中射来的箭最难防备。也比喻暗中陷害人的阴谋诡计难以提防。元·无名氏《独角牛》二折："孩儿也，一了说，明枪好躲，暗箭难防。我暗算他，搬将过来，则一拳打倒那厮，救你父亲。"刘绍棠《村妇》卷二："暗箭难防，有人陷害我父亲。"

【暗箭伤人】àn jiàn shāng rén　暗箭：暗中射出的箭。暗中放箭射伤别人。宋·刘炎《迩言》卷六："暗箭中人，其深次骨，人之怨之，亦必次骨，以其掩人所不备也。"后用"暗箭伤人"比喻暗中用阴谋诡计陷害别人。《镜花缘》五八回："有荼毒生灵的强盗，有暗箭伤人的强盗。"杨沫《青春之歌》二部三八章："无耻怯懦的家伙！有本事出来讲理，干么暗箭伤人啊?"

【暗送秋波】àn sòng qiū bō　秋波：秋天的水波，比喻美女清澈明亮的眼睛和目光。比喻美女暗中以眉目传情。宋·谢绛《夜行船·别情》词："尊前和笑不成歌，意偷转，眼波微送。"明·冯梦龙《挂枝儿·私窥》："眉儿来，眼儿去，暗送秋波。"也比喻暗中讨好别人或暗中勾搭。从维熙《远去的白帆》三："你们明着是一刀两断，实际上却是在暗送秋波。"

【暗无天日】àn wú tiān rì　天日：天空和太阳，指光明。形容社会十分黑暗。《活地狱》五回："列位看官不知，自来州县衙门，最是暗无天日。"茅盾《虹》四："锦绣之邦，天府之国，然而暗无天日！谁在这里住满一年，准是胀破了肚子的。"也形容没有亮光，十分幽暗。《聊斋志异·鸦头》："姜幽室之中，暗无天日。"刘绍棠《村妇》卷二："秋季开学，校园人多，为了防止意外，他被转移保卫处禁闭室，住一间暗无天日小黑屋。"

【暗香疏影】àn xiāng shū yǐng　宋·林逋《山园小梅二首》诗之一："疏影横斜水清浅，暗香浮动月黄昏。"疏影：指梅花稀疏的影子。暗香：指梅花清幽的香气。后用"暗香疏影"指代梅花。宋·辛弃疾《和傅岩叟梅花》诗："月淡黄昏欲雪时，小窗犹欠岁寒枝。暗香疏影无人处，唯有西湖处士知。"也作"疏影暗香"。《水浒后传》一四回："两个站在小桥上，疏影暗香，白甘清冷，屋后山冈积雪如银，背着手玩赏。"

【黯然魂销】àn rán hún xiāo　见"黯然销魂"。

【黯然神伤】àn rán shén shāng　黯然：心情沮丧的样子。形容由于心情沮丧而面带感伤的神色。清·百一居士《壶天录》："女更黯然神伤，泫然流涕。"茅盾《蚀·幻灭》一一："然而王女士却要离开汉口了；因为东方明已经住定在九江，要王女士去。离别在即，三个好朋友都黯然神伤，静女士尤甚。"

【黯然失色】àn rán shī sè　黯然：暗淡的样子。指事物失去了原有的色泽、光彩。清·冒襄《影梅庵忆语》："顿使《会真》、《长恨》等篇黯然失色。"刘白羽《第二个太阳》一章："对方渐渐受挫了，败退了，那人的眼神黯然失色。"古华《芙蓉镇》一章："自从国营饮食店来了个女经理，原先本镇群众公认的领袖人物谷燕山已经黯然失色，从此天下就要多事了似的。"也指心情沮丧，显出无精打采的样子。周而复《上海的早晨》二部一五："他这一番话说得大家脸上黯然失色。"

【黯然无色】àn rán wú sè　黯然：暗淡的样子。指事物显得暗淡而没有光彩。清·郑燮《题画》："昔东坡居士作枯木竹石，使有枯木而无竹，则黯然无色也。"邓一光《我是太阳》六部七："一支老式柯尔特手枪，撞钉外装式，22口径，五发装，它静静地躺在那里，枪体黯然无色。"

【黯然销魂】àn rán xiāo hún　黯然：心情沮丧的样子。心情沮丧得好像丢了魂一样。南朝梁·江淹《别赋》："黯然销魂者，惟别而已矣。"《野叟曝言》一四一回：

"只苦了遗珠、鸾吹两人，遗珠因老母既离，两兄俱去，固黯然销魂；鸾吹之视水夫人如亲母、素臣如亲兄，一日俱去，亦凄然欲绝。"曹禺《日出》二幕："尤其他那一对永远在做着'黯然销魂'之态的眼睛，看你又不看你，瞟人一眼又似乎怕人瞧见。那态度无论谁都要称为妩媚的。"也作"黯然魂销"。欧阳山《三家巷》一四八："他们那黯然魂销的离情别绪也在这种神秘的笑声中抒发出来了。"

【昂首阔步】 áng shǒu kuò bù　昂：抬起。抬起头大步前进。形容精神奋发，勇猛向前的样子。周而复《上海的早晨》四部五九："走在他前面的是新药商业四十个资方人员组成的军乐，吹着铜号，打着洋鼓，昂首阔步地走着。"欧阳山《三家巷》一六二："他们远远望见那无边无际的华北大平原，就像一群猛虎，从高山上奔跑下来一样，全队人个个龙马精神，昂首阔步地高声叫嚷：'咱们下山了！咱们下山了！'"

【嗷嗷待哺】 áo áo dài bǔ　嗷嗷：哀号声。哺：喂养。哀号着等待喂养。形容饥饿时渴望得到食物的情景。宋·穆修《上监判邢郎中书》："一家贫寄京师，薪米不给，老幼数口，嗷嗷待哺。"周而复《上海的早晨》三部三〇："我是五口之家的家长，一早起来，五张嘴，嗷嗷待哺，家里有点值钱的物事都送进了当铺。"魏巍《东方》四部一八章："每发下零用费，他几乎全部买了叶子烟，装在口袋里，偷偷地打在背包里面。平时不露，专门来解救那些焦躁不安，嗷嗷待哺的'烟民'。"

【傲睨自若】 ào nì zì ruò　睨：斜着眼睛看。自若：自如，镇定而不慌乱。形容非常傲慢，旁若无人。《三国演义》六五回："次日，人报刘皇叔遣幕宾简雍在城下唤门。璋令开门接入。雍坐车中，傲睨自若。"

【傲然睥睨】 ào.rán pì nì　傲然：高傲的样子。睥睨：斜着眼向旁边看。形容非常傲慢。刘玉民《骚动之秋》一〇章："赢官在小桑园干出了功业，两人绝无往来。偶尔碰面，赢官不是回避便是傲然睥睨。"

B

【八拜之交】bā bài zhī jiāo　八拜:古代世交子弟见长辈时行的礼节,旧时异姓结拜也采用这种礼节。指结拜为异姓兄弟姐妹关系。元·王实甫《西厢记》一本一折:"有一人,姓杜名确,字君实,与小生同郡同学,当初为八拜之交。"《喻世明言》卷四〇:"老夫与他八拜之交,最相契厚。"《东周列国志》八六回:"就中单说侠累,微时,与濮阳人严仲子名遂,为八拜之交。"姚雪垠《李自成》三卷二〇章:"我同你闯王原是八拜之交,后来虽然各行其是,却不曾有私人仇怨。"

【八病九痛】bā bìng jiǔ tòng　形容人身体虚弱,经常生病。《红楼梦》八九回:"代儒本来上了年纪的人,也不过伴着几个孩子解闷儿,时常也八病九痛的,乐得去一个少操一日心。"

【八斗之才】bā dǒu zhī cái　宋·无名氏《释常谈》中:"谢灵运尝云:'天下才有一石,曹子建独占八斗,我得一斗,天下共分用一斗。'"后用"八斗之才"指极高超的文才。唐·李商隐《可叹》诗:"宓妃愁坐芝田馆,用尽陈王八斗才。"

【八方呼应】bā fāng hū yìng　形容各方面互通声气,互相响应。

【八竿子打不着】bā gān zi dǎ bù zháo　形容挨不上边或拉不上关系。王蒙《狂欢的季节》一七章:"比如早晨他去看望了赵青山,他为什么那么急于告诉赵青山王模楷的事呢? 连一个与他八竿子打不着的王模楷,他也要嫉妒么?"

【八九不离十】bā jiǔ bù lí shí　形容善于根据情况进行估计,得出的结论与事实差不多。蒋子龙《阴错阳差》五:"他不会得罪任何人,造成这场变故的原因不用打听他已猜到八九不离十了:他沾了夫人的光。"也指距离所要求的标准或水平差不多。王琳《将军和诗人》:"他不屈不挠地继续学着,一跤,两跤,三跤,跌了就爬起来,再骑上去。不久,他就学得八九不离十,只差上下车不太自如了。"

【八面玲珑】bā miàn líng lóng　玲珑:通彻明亮的样子。原指四面八方通明敞亮。唐·卢纶《赋得彭祖楼送杨宗德归徐州幕》诗:"四户八窗明,玲珑逼上清。"宋·葛长庚《满江红·听陈元举琴》词:"八面玲珑光不夜,四面晃耀寒如月。"也形容物体外观挺拔秀丽。《水浒传》八五回:"四围嵯峨,八面玲珑。重重晓色映晴霞,沥沥琴声飞瀑布。"后多用来形容人处世圆滑或办事细致周到。徐福钟《从"好好先生"谈起》:"逢人说好,是一种是非不明,好坏不分,八面玲珑,到处讨好的处世哲学。"陈国凯《两情若是久长时》五:"何玉倩任何时候都是天衣无缝、八面玲珑、无懈可击的。"

【八面受敌】bā miàn shòu dí　指功力深厚,能抵挡各种情况。五代·王定保《唐摭言·海叙不遇》:"子华才力浩大,八面受敌,以八韵著称。"清·赵翼《瓯北诗话·查初白诗》:"而元微之所谓'铺陈始终,排比声韵,豪迈律切'者,往往见绌,终不足八面受敌为大家也。"

【八面威风】bā miàn wēi fēng　形容

声势逼人、气派十足的样子。《水浒传》二三回:"近看千钧势未休,远观八面威风敛。"《二十年目睹之怪现状》二四回:"臧获私逃酿出三条性命,翰林伸手装成八面威风。"李劼人《大波》三部三章:"当他坐顺水船时,嗯!真神气,大将军八面威风!做啥都是一抹不梗手。"也作"威风八面"。萧红《呼兰河传》七章:"你没四月十八去逛过庙吗?那老爷庙上的老爷,威风八面,娘娘庙上的娘娘,温柔典雅。"魏巍《地球的红飘带》四一:"然而主人想起当年任四川省主席时那种威风八面的情景,自然不禁要揾一把英雄泪了。"

【八面圆通】bā miàn yuán tōng 形容人处世圆滑,各方面都能周全地应酬。《官场现形记》三八回:"第二要嘴巴会说,见人说人话,见鬼说鬼话,见了官场说官场上的话,见了生意人说生意场中的话,真正要八面圆通,十二分周到,方能当得此任。"

【八仙过海】bā xiān guò hǎi 八仙:民间传说中的八位仙人,他们是汉钟离、张果老、韩湘子、铁拐李、吕洞宾、曹国舅、蓝采和、何仙姑。相传八仙过海时各有法术,不用舟楫。常与"各显神通"或"各显其能"连用,比喻各有各的本领,各显各的身手。《西游记》八一回:"正是八仙同过海,独自显神通!"周而复《上海的早晨》三部二三:"你们是八仙过海,各显神通。每个人的本领都很高强,小弟是五体投地佩服!"浩然《笑话》三:"青石村追在别的村庄的屁股后边,施行了'完全彻底'的分田到户的生产责任制。八仙过海,各显其能,一时间,一股子抓钱奔富的风潮,不可阻挡地首先在人们心里刮了起来。"

【八字没一撇】bā zì méi yī piě "八"字还没写一撇(丿)呢。比喻事情尚无眉目。《儿女英雄传》二九回:"不然,姐姐只想,也有个'八字没见一撇儿',我就敢冒冒失失把姐姐合他画在一幅画儿上的理吗?"浩然《艳阳天》一:"我们那会儿也没把握,八字没一撇,喧嚷出去不大好。"

【拔本塞源】bá běn sè yuán 本:树根。源:水流的源头。拔掉树根,堵住源头。比喻毁灭或背弃根本。源,也作"原"。《左传·昭公九年》:"伯父若裂冠毁冕,拔本塞原,专弃谋主,虽戎狄,其何有余一人?"《宋书·武帝纪中》:"乃者桓玄肆僭,滔天泯夏,拔本塞源,颠倒六位。"也比喻从根本上解决问题。宋·程颐《河南程氏遗书》卷二一下:"夫辟邪说以明先王之道,非拔本塞源不能也。"《野叟曝言》一回:"奸僧肆恶,总恃佛为护符,安得扫除芜秽,为拔本塞源之治哉?"郭沫若《为"五卅"惨案怒吼》:"我们现在的要求,难道不应该从拔本塞源做起吗?"

【拔刀相助】bá dāo xiāng zhù 拔出刀来帮助被人欺负的人。指主持正义、见义勇为。元·无名氏《连环计》四折:"连李肃也不忝其事,因此拔刀相助。"《警世通言》卷二一:"专好结交天下豪杰,任侠任气,路见不平,拔刀相助。"《西游记》八九回:"小孙一人敌他三个不过,所以败走祖爷处。望拔刀相助,拿那和尚报仇,庶见我祖爱孙之意也!"《二十年目睹之怪现状》:"路见不平,拔刀相助,本来是抑强扶弱,互相维持之意。"韦君宜《洗礼》二:"领导干部又怎么的?不能对人拔刀相助吗?就应该见了不平置身事外吗?"

【拔地而起】bá dì ér qǐ 从地面上突兀而起。刘醒龙《黑蝴蝶·黑蝴蝶》七:"山腰上,一朵蘑菇云拔地而起。"从维熙《临街的窗》上:"面对着一幢幢拔地而起的高楼,耳畔倾听着从哪儿飘来的法国电子音乐先驱——采尔演奏着《大海潮汐》的旋律,他那张吊床也像随着大潮起伏的一张木舟。"

【拔丁抽楔】bá dīng chōu xiē　丁:同"钉"。楔:楔子,塞在木器缝隙间使之牢固的木片。拔掉钉子和楔子。比喻解除疑难。元·无名氏《度翠柳》四折:"大众恐有不能了达,心生疑惑者,请垂下问,我与他拔丁抽楔。"

【拔来报往】bá lái fù wǎng　拔:快。报:通"赴",快速。《礼记·少仪》:"毋拔来,毋报往。"原意是快速地跑来跑去。后用"拔来报往"指往来频繁。《聊斋志异·阿纤》:"拔来报往,蹀躞甚劳。"也作"跋来报往"。《情变》一回:"一众乡人,跋来报往的来领吃。"〔注意〕报,不读bào。

【拔茅连茹】bá máo lián rú　茅:白茅,一种多年生草本植物。茹:互相牵引的样子。《周易·泰》:"拔茅茹,以其汇。"后用"拔茅连茹"比喻互相引进推荐。《野叟曝言》八四回:"如今又是赤瑛、红瑶夫妇,拔茅连茹,接踵而至。"茅盾《蚀·幻灭》一○:"铲除封建思想的呼声喊得震天价响,然而亲戚故旧还不是拔茅连茹地登库了么? 便拿她的同事而言,就很有几位是裙带关系来混一口饭的!"

【拔苗助长】bá miáo zhù zhǎng　把苗拔起来,帮助苗快长。《孟子·公孙丑上》:"宋人有闵其苗之不长而揠之者,芒芒然归,谓其人曰:'今日病矣,予助苗长矣。'其子趋而往视之,苗则槁矣。"后多用"拔苗助长"比喻违反事物的发展规律,急于求成,只能事与愿违。郭沫若《关于发展学术与文艺的问题》:"命令主义就合乎中国古代的一个寓言,叫做'拔苗助长'。结果被拔起的苗不仅不能成长,反而枯槁了。"赵红州《"少年早慧"与科学人才》:"'少年早慧'是不是'拔苗助长'? 这是一个争论已久的问题。"

【拔山超海】bá shān chāo hǎi　拔起高山,超越大海。比喻威力极大。北周·

庾信《拟连珠》:"经天纬地之才,拔山超海之力。"唐·杨炯《唐右将军魏哲神道碑》:"拔乱反正之君,资拔山超海之力。"

【拔山扛鼎】bá shān gāng dǐng　扛:两手举起。鼎:古代用来烹煮的器皿,三足两耳,多为青铜制成。《史记·项羽本纪》:"籍长八尺余,力能扛鼎。"又:"于是项王乃悲歌慷慨,自为诗曰:'力拔山兮气盖世,时不利兮骓不逝。"后用"拔山扛鼎"形容力大无穷。《儒林外史》五一回:"拔山扛鼎之义士,再显神通;深谋诡计之奸徒,急偿夙债。"也作"拔山举鼎"。《喻世明言》卷三一:"汉兵追项王于固陵,其时楚兵多,汉兵少,又项王有拔山举鼎之力,寡不敌众,弱不敌强。"〔注意〕扛,不读 káng。

【拔山举鼎】bá shān jǔ dǐng　见"拔山扛鼎"。

【拔树撼山】bá shù hàn shān　拔起大树,撼动高山。形容声势极大。明·无名氏《那吒三变》四折:"唤雨的注雨如倾,呼风的狂风乱吼,天摧地塌,拔树撼山。"

【拔树寻根】bá shù xún gēn　比喻彻底追究。元·无名氏《碧桃花》一折:"你可也休将咱盘问,则管里絮叨叨拔树寻根。"《金瓶梅》二六回:"雪娥恐怕西门庆来家拔树寻根,归罪于己,在上房打旋磨儿跪着月娘,教休题出和他嚷闹来。"

【拔犀擢象】bá xī zhuó xiàng　拔:提拔。擢:迁升。犀、象:犀牛、大象,借指杰出的人物。比喻提拔杰出人物。宋·王洋《与丞相论郑武子状》:"救局数人,其间固有拔犀擢象见称一时者,然而析理精微,旁通注意,鲜如克。"

【拔新领异】bá xīn lǐng yì　拔:抽出。创建新意,提出独特见解。《世说新语·文学》:"王逸少作会稽,初至,支道林在焉。孙兴公谓王曰:'支道林拔新领异,胸怀所及乃至佳,卿欲见不?'"宋·杨万里《石湖先生大资参政范公文集序》:"拔新领异之谈,登峰造极之理。"

【跋胡疐尾】 bá hú zhì wěi 跋:踩。胡:兽类颔下的垂肉。疐:跌倒。《诗经·豳风·狼跋》:"狼跋其胡,载疐其尾。"意思是狼往前走就踩着胡,往后退就绊着尾巴而跌倒。后用"跋胡疐尾"比喻陷入困境,进退两难。宋·李纲《谢复观文殿大学士表》:"惟信古太过,而欲为曲突徙薪之谋,故与物多违而每致跋胡疐尾之患。"也作"跋前疐后"。《续资治通鉴·宋理宗嘉熙元年》:"其稍畏名义者,则包羞闵默而有跋前疐后之忧。"清·纪昀《阅微草堂笔记·滦阳续录五》:"无事之时,望影藏匿。跋前疐后,日不聊生。"也作"跋前踬后"。唐·韩愈《进学解》:"跋前踬后,动辄得咎。"

【跋扈自恣】 bá hù zì zì 跋扈:粗暴专横。恣:放纵。形容粗暴专横,为所欲为。《明史·朵颜传》:"于是长昂益跋扈自恣,东勾土蛮,西结婚白洪大,以扰诸边。"《清史稿·袁甲三传》:"所平贼圩辄置长,收其田租。缘道设关隘,垄断公私。涡河、浍、颍之间,跋扈自恣。"

【跋来报往】 bá lái fù wǎng 见"拔来报往"。

【跋前疐后】 bá qián zhì hòu 见"跋胡疐尾"。

【跋前踬后】 bá qián zhì hòu 见"跋胡疐尾"。

【跋山涉水】 bá shān shè shuǐ 跋山:翻山越岭。涉水:趟水过河。形容旅途上艰辛劳苦。宋·王回《霍丘县驿记》:"虽跋山涉水,荒陋遐僻之城具宗庙社稷者一不敢缺焉。"李英儒《野火春风斗古城》一三章:"他跋山涉水,出生入死,对党是多么忠诚呵!"浩然《石山柏》:"我按着地图上边的路线,跋山涉水地前进了。"

【把臂入林】 bǎ bì rù lín 把臂:挽着手臂。谓与友人一同归隐。《世说新语·赏誉》:"谢公道:'豫章若遇七贤,必自把臂入林。'"唐·陈子昂《喜遇冀侍御珪崔司议泰之二使》诗序:"忽闻二星入井,四牡临亭,邀使者之车,乃故人之驾,隐几一笑,把臂入林。"清·陈廷机《〈聊斋志异〉序》:"亦以空前绝后之作,使唐人见之,自当把臂入林,后来作者,宜其搁笔耳。"

【霸道横行】 bà dào héng xíng 见"横行霸道"。

【霸王风月】 bà wáng fēng yuè 霸王:指粗暴强横的行为。风月:清风明月,借指风流幽雅之事。比喻用粗暴的行为对待幽雅之事。《镜花缘》五回:"向来俗传有'击鼓催花'之说。今主上催花,与众不同,纯用火攻,可谓'霸王风月'了。"

【白璧微瑕】 bái bì wēi xiá 璧:中心有孔的扁而圆的玉。瑕:玉上的小斑点。洁白的玉上有小的斑点。比喻人或事物虽然很好,但存在小的缺点,美中不足。南朝梁·萧统《陶渊明集序》:"故更加搜求,粗为区目;白璧微瑕者,惟在《闲情》一赋。"《群音类选〈合璧记·玉华刑耳〉》:"白璧微瑕委可羞,拚取红颜一旦休,覆水难收,试看狐能首丘。"李国文《冬天里的春天》四章:"人嘛,感情动物,来而不往非礼也,一报还一报,偶一为之,也算不得失足,白璧微瑕,愿意怎样想就怎样想吧。"

【白璧无瑕】 bái bì wú xiá 洁白的玉上没有斑点。比喻人或事物十分完美,没有丝毫缺点。唐·孟浩然《陪张丞相登荆州城楼》诗:"白璧无瑕玷,青松有岁寒。"《好逑传》七回:"虽以小姐白璧无瑕,何畏乎青蝇,然青蝇日集亦可憎耳。"刘绍棠《村妇》卷一:"那些不三不四的鸡头鱼刺,又来捣乱淘坏,都被他打得鼻青脸肿,嘴歪眼斜。秋灯平安无恙,白璧无瑕。"

【白发苍苍】bái fà cāng cāng　苍苍:灰白色。唐·韩愈《祭十二郎文》:"吾年未四十,而视茫茫,而发苍苍,而齿牙动摇。"后用"白发苍苍"形容人年老而头发花白。陈国凯《两情若是久长时》二:"从三楼窗口望下去,在屋前的草地上,白发苍苍的总机械师在舒拳动腿地玩太极拳。"

【白发苍颜】bái fà cāng yán　头发已白,面色灰暗。形容老年人苍老的样子。宋·洪迈《容斋五笔·白苏诗纪年岁》:"白发苍颜五十三,家人强遣试春衫。"

【白发红颜】bái fà hóng yán　头发白而脸色红润。形容老人身体健康、容光焕发的样子。《宣和画谱·道释四》:"[徐知常]旧尝有痼疾,遇异人得修炼之术,却药谢医,以至引年,白发红颜,真有所得。"纪希晨《老帅的期待》:"徐帅今年八十一岁高龄了。他身材魁梧,白发红颜,精神很好。"

【白虹贯日】bái hóng guàn rì　白色的长虹穿过太阳,这实际上是一种日晕现象。古人迷信,认为世上将发生非常事件,就会出现这种天象。《战国策·魏策四》:"夫专诸之刺王僚也,彗星袭月;聂政之刺韩傀也,白虹贯日。"《史记·鲁仲连邹阳列传》:"昔者荆轲慕燕丹之义,白虹贯日,太子畏之。"唐·沈彬《结客少年场行》:"重义轻生一剑知,白虹贯日报仇归。"

【白驹过隙】bái jū guò xì　白驹:白色的骏马,比喻日影。隙:缝隙。看见白驹在缝隙前飞快地驰过。形容时光过得极快。《庄子·知北游》:"人生天地之间,若白驹之过郤,忽然而已。"郤:同"隙"。《史记·留侯世家》:"人生一世间,如白驹过隙,何至自苦如此乎!"《东周列国志》三四回:"重耳曰:'人生如白驹过隙,苟

可适志,何必他求?'"邓一光《我是太阳》五部九:"他想到的是可惜他没有机会和另一位军人掰手腕了。这个念头如白驹过隙,一刹那就消失了。"

【白浪滔天】bái làng tāo tiān　滔天:波涛极大的样子。形容波浪滚滚,无边无际。《三国演义》七四回:"却说樊城周围,白浪滔天,水势益甚,城垣渐渐浸塌,男女担土搬砖,填塞不住。"李国文《冬天里的春天》四章:"不过那时他们弟兄俩和好心肠的妈,好在一条船,在白浪滔天,饿莩千里的灾区里,多少算是幸运儿。"

【白龙鱼服】bái lóng yú fú　鱼服:指化装成鱼。汉·刘向《说苑·正谏》:"昔白龙下清泠之渊,化为鱼,渔者豫且射中其目。白龙上诉天帝,天帝曰:'当是之时,若安置而形?'白龙对曰:'我下清泠之渊化为鱼。'天帝曰:'鱼固人之所射也。若是,豫且何罪夫!'"汉·张衡《东京赋》:"白龙鱼服,见困豫且。"后用"白龙鱼服"比喻改换服装,隐瞒真实身份。《京本通俗小说·拗相公》:"相公白龙鱼服,隐姓潜名。倘或途中小辈不识高低,有毁谤相公者,何以处之?"

【白眉赤脸】bái méi chì liǎn　见"白眉赤眼"。

【白眉赤眼】bái méi chì yǎn　白眉毛,红眼睛。比喻事情没来由,平白无故。《金瓶梅》五二回:"我在这里净了净手,谁往那里去来? 那里有猫来谒了他? 白眉赤眼的!"也作"白眉赤脸"。《红楼梦》六九回:"白眉赤脸,那里来的孩子? 他不过指着哄我们那个棉花耳朵的爷罢了。"

【白面书生】bái miàn shū shēng　面孔白净的读书人。指缺少实践经验只重读书的书生。多含贬义。《宋书·沈庆之传》:"陛下今欲伐国,而与白面书生辈谋之,事何由济?"《三国演义》三五回:

"若孙乾、糜竺辈,乃白面书生,非经纶济世之才也。"《喻世明言》卷二三:"两个讲欢已罢,舜美曰:'仆乃途路之人,荷承垂盼,以凡遇仙。自思白面书生,愧无纤毫奉报。'"杨沫《青春之歌》一部一二章:"有政府,有军队,我们这些白面书生赤手空拳顶什么事呢?"

【白日见鬼】bái rì jiàn guǐ 大白天见到鬼。比喻官府清闲、冷落。宋·陆游《老学庵笔记》卷六:"自元丰官制,尚书省复二十四曹,繁简绝异。在京师时,有语曰:'吏勋封考,笔头不倒。户度金仓,日夜穷忙。礼祠主膳,不识判砚。兵职驾库,典了被袴。刑都比门,总是冤魂。工屯虞水,白日见鬼。'"也用以比喻事情荒诞离奇,出乎意外。《二刻拍案惊奇》卷九:"龙香嘻的一笑道:'白日见鬼!枉着人急了这许多时。'"茅盾《锻炼》九:"我在镇里,他在乡下,河水犯不到井水,怎么一口咬定了是我指使,那不是白日见鬼么?"

【白日升天】bái rì shēng tiān 道家指白昼升入天界成仙。晋·葛洪《抱朴子·金丹》:"作此太清丹小为难合于九鼎,然是白日升天上之法也。"后比喻骤然显贵。宋·刘克庄《后村诗话》:"白日升天易,清朝取士难。"

【白日做梦】bái rì zuò mèng 大白天做梦。比喻妄想实现根本无法实现的事情。做,也作"作"。《二刻拍案惊奇》卷一九:"寄儿看见慌了手脚,擦擦眼道:'难道白日里又做梦么?'"周而复《上海的早晨》四部三八:"她想马慕韩抬她上台,那不是白日做梦吗?"贾平凹《龙卷风》三:"一仁想说:我在校数理化好,想将来做工程师。但他知道这是白日作梦了,就看着'老军需',突然流下热泪,跪下了。"

【白山黑水】bái shān hēi shuǐ 白山:长白山。黑水:黑龙江。《金史·世纪

序》:"生女直地有混同江、长白山,混同江亦号黑龙江,所谓'白山黑水'是也。"后用"白山黑水"泛指我国东北地区。清·唐孙华《鹰坊歌与夏重恺功同赋》:"白山黑水出异产,在昔辽代曾穷搜。"邓一光《我是太阳》一部一一:"老四十八团的兵都知道一个风景,那就是他们的团长骑着他那匹枣红烈马在白山黑水间风一样地呼啸狂奔。"

【白手成家】bái shǒu chéng jiā 见"白手起家"。

【白手起家】bái shǒu qǐ jiā 白手:空手。形容原来缺乏条件或基础很差而创立一番家业或事业。周而复《上海的早晨》三部一九:"利,当然越多越好,更何况他白手起家,不想一些办法怎么会发达呢?"杜鹏程《延安人》三:"老黑说:'着啊!整天吵材料,这反映了咱们国家的整个情况。咱们是白手起家啊!'"也作"白手成家"。《喻世明言》卷一○:"多少白手成家的,如今有屋住,有田种,不算没根基了,只要自去挣持。"

【白首空归】bái shǒu kōng guī 头发白了,空手而归。比喻年岁已老而学无所成。《后汉书·献帝纪》:"今者儒年逾六十,去离本土,营求粮资,不得专业。结童入学,白首空归。"

【白首穷经】bái shǒu qióng jīng 见"皓首穷经"。

【白首偕老】bái shǒu xié lǎo 见"白头偕老"。

【白说绿道】bái shuō lǜ dào 漫无边际地随意乱说。《水浒传》二一回:"那婆子吃了许多酒,口里只管夹七带八嘈,正在那里张家长、李家短,白说绿道。"

【白头到老】bái tóu dào lǎo 见"白头偕老"。

【白头如新】bái tóu rú xīn 白头:白发,指老年。互相认识很久,到了老年,

还如同刚刚认识一样。指彼此交情很浅。《史记·鲁仲连邹阳列传》:"谚曰:有白头如新,倾盖如故。何则? 知与不知也。"宋·陈亮《与应仲实》:"而八年之间,话言不接,吉凶不相问吊,反有白头如新之嫌。"

【白头偕老】bái tóu xié lǎo　偕老:一起共同到老。指夫妇感情和谐,共同生活直到老年。明·陆采《怀香记·奉冠班师》:"孩儿,我与你母亲白头偕老,富贵双全。"《孽海花》八回:"大家道:'白头偕老,金大人已经面许了,彩云你须记着!'"李劼人《大波》一部六章:"不几天就可男婚女嫁,一个娥皇,一个女英,白头偕老,子孙满堂。"也作"白头到老"。《醒世恒言》卷三:"小娘半老之际,风波历尽,刚好遇个老成的孤老,两下志同道合,收绳卷索,白头到老,这个谓之了从良。"也作"白首偕老"。李国文《冬天里的春天》三章:"机缘是莫测的,错却是经常的,以为万无一失的佳偶,会不翼而飞,预卜不会成功的一对,反倒白首偕老。"

【白屋出公卿】bái wū chū gōng qīng　白屋:用白茅草做屋顶盖成的房屋,泛指普通平民住的房屋。指公卿等高官往往出身于平民家庭,富贵并非仅依靠高贵的门第来取得。《醒世恒言》卷二〇:"緐来白屋出公卿,到底穷通未可凭。凡事但存天理在,安心自有福来临。"

【白屋寒门】bái wū hán mén　白屋:用白茅草做屋顶的房屋,泛指普通平民住的房屋。形容贫穷、低贱的处境。元·无名氏《谇范叔》三折:"未亨通,遭穷困,身居在白屋寒门。"

【白衣苍狗】bái yī cāng gǒu　苍:青色,泛指青黑色。唐·杜甫《可叹》诗:"天上浮云如白衣,斯须改变如苍狗。"意思是天上的浮云形状像白衣,一会儿又变得像黑狗。后用"白衣苍狗"比喻世事变化无常。宋·秦观《寄孙莘老少监》诗:

"白衣苍狗无常态,璞玉浑金有定姿。"《初刻拍案惊奇》卷二二:"东海扬尘犹有日,白衣苍狗刹那间。"也作"白云苍狗"。清·姚鼐《慧居寺》诗:"白云苍狗尘寰感,也到空林释子家。"茅盾《蚀·动摇》三:"自从先严弃养,接着便是戊戌政变。到现在,不知换了多少花样,真所谓白云苍狗了。"

【白衣秀士】bái yī xiù shì　指尚未取得功名官位的读书人。《醒世恒言》卷三〇:"方今杨国忠为相,卖官鬻爵,有钱的,便做大官,除了钱时,就是李太白恁样高才,也受了他的恶气,不能得中,若非辨识番书,恐此时还是个白衣秀士哩。"《西游记》九回:"龙王依奏,遂弃宝剑,也不兴云雨,出岸上,摇身一变,变作一个白衣秀士。"

【白云苍狗】bái yún cāng gǒu　见"白衣苍狗"。

【白纸黑字】bái zhǐ hēi zì　白纸上写下了黑色的字。比喻有确凿的文字证据。元·无名氏《看钱奴》二折:"不要闲说,白纸上写着黑字儿哩。若有反悔之人,罚宝钞一千贯与不悔之人使用。"孙犁《通讯六要》:"因为这究竟不同说话,是白纸黑字,有案可查。"

【百不失一】bǎi bù shī yī　失:差错,失误。绝对不会有失误。《论衡·须颂》:"从门应庭,听堂室之言,什而失九,如升堂窥室,百不失一。"《东周列国志》一五回:"鲍叔曰:'人固有遇不遇,使仲遇其时,定当百不失一矣。'"也作"百无一失"。唐·裴铏《聂隐娘》:"一年后刺猿狖百无一失。"咏簪《武昌两日记》:"凡事从谨慎方面去做,自然是百无一失。"

【百步穿杨】bǎi bù chuān yáng　杨:杨树,指杨树叶。《战国策·西周策》:"楚有养由基者,善射,去柳叶者百步而射之,百发百中。"后用"百步穿杨"形容射箭或射击技术高明。《五灯会元·乌牙彦宾禅师》：“百步穿杨中的者谁?”《水浒传》三三回：“百步穿杨神臂健,弓开秋月分明。”邓一光《我是太阳》一部二：“院子里燃起了大火,火高数丈,窗户纸全都震裂了,炮头们这才发现自己的一身本事,那些百步穿杨、十步装枪、两腿填弹、枪打过头鸟全都是狗屁,在坦克和山炮火药的巨大的威力下,他们半生练下的技艺和胆略连一粒小小的灰尘也不是。”

【百尺竿头】 bǎi chǐ gān tóu ❶高竿的顶端。古代的一种杂技,爬上高竿的顶端表演各种动作。唐•柳曾《险竿行》：“奈何平地不肯立,走上百尺高竿头……百尺高竿百度缘,一足差参一家哭。”宋•叶梦得《石林诗话》卷中：“旧中书省南厅壁间有晏元献(晏殊)《题咏上竿伎》一诗云：‘百尺竿头袅袅身,足腾跟挂骇旁人。’”❷佛教比喻道行达到极高的境界。《五灯会元•长沙景岑禅师》：“百尺竿头不动人,虽然得入未为真;百尺竿头须进步,十方世界是全身。”《西游记》六四回：“百尺竿头须进步,十方世界立行藏。”❸比喻学问、事业有很高成就。宋•朱熹《答陈同甫书》：“但鄙意更欲贤者百尺竿头进取一步,将来不作三代以下人物。”夏衍《文艺与体育的因缘》：“我希望我国的体育事业百尺竿头,日新月异。”

【百尺竿头,更进一步】 bǎi chǐ gān tóu, gèng jìn yī bù 比喻学问、事业虽然取得很大成绩,但不应满足,要争取更大进步。宋•朱熹《答巩仲至书》：“故聊复言之,恐或可以少助百尺竿头更进一步之势也。”阳翰笙《兴旺发达后继有人》：“我们要勤奋努力,百尺竿头,更进一步,不断提高剧本创作的思想水平和艺术水平。”

【百川归海】 bǎi chuān guī hǎi 《淮南子•氾论训》：“百川异源而皆归于海,百家殊业而皆务于治。”后用“百川归海”比喻分散的众多事物汇集到一处。清•毛奇龄《禹庙》诗：“一百川归海后,长留风雨在江东。”王安忆《香港的情和爱》四：“这世界上所有的礼品似乎都是为女人的,所有为女人的礼品似乎又都百川归海地归到了香港。”

【百代过客】 bǎi dài guò kè 百代：指久远的年代。过客：过路的旅客。唐•李白《春夜宴从弟桃花园序》：“夫天地者,万物之逆旅也;光阴者,百代之过客也。”后用“百代过客”比喻永远逝去的光阴。

【百代文宗】 bǎi dài wén zōng 百代：指久远的年代。文宗：文章的宗师。指长久为后世人们所景仰、学习的文章宗师。《晋书•陆机陆云传论》：“故足远超枚马,高蹑王刘。百代文宗,一人而已。”

【百读不厌】 bǎi dú bù yàn 厌：厌烦。宋•苏轼《送安惇秀才失解西归》诗：“旧书不厌百回读,熟读深思子自知。”后用“百读不厌”形容文章内容精深,引人入胜。清•施补华《岘佣说诗》一九九：“‘秦时明月’一首,‘黄河远上’一首,……皆边塞名作。意态绝健,音节高亮,情思悱恻,百读不厌也。”鲁迅《彷徨•高老夫子》：“是的,那——‘中国国粹义务论’真真要言不烦,百读不厌!”

【百端待举】 bǎi duān dài jǔ 端：项目。举：兴办。无数的事业都等待着兴办。冯立三《谈“威信”》：“威信要在埋头苦干中培养。这一点,在浩劫之后百端待举的今天,尤为重要。”

【百端待理】 bǎi duān dài lǐ 端：项目。理：办理。无数的事情等待着办理。钱钟书《围城》八：“信上说,这一月来校务纷繁,没机会与鸿渐细谈,前天刚自省城回来,百端待理,鸿渐又行色匆匆,未能饯别,抱歉之至。”

【百发百中】 bǎi fā bǎi zhòng 射箭一百次,就能射中一百次。❶形容射箭技术高明,百无一失。也指射击技术高明,弹无虚发。《战国策·西周策》:"楚有养由基者,善射,去柳叶者百步而射之,百发百中。"《三国演义》五三回:"原来黄忠能开二石力之弓,百发百中。"《官场现形记》三一回:"等到炮子到那里,却好船亦走到那里,刚刚碰上,自然是百发百中,万无一失。"马烽、西戎《吕梁英雄传》五回:"提起枪法,更是高强,山猪野羊只要叫他看见,总跑不了。一百五十步以内,说打头就是头,说打肚就是肚,真是百发百中。"❷比喻料事如神或做事有绝对把握。《红楼梦》九七回:"所以凤姐的妙计百发百中。"《老残游记》一回:"若要此病永远不发,也没有什么难处,只须依着古人方法,那是百发百中的。"

【百废待举】bǎi fèi dài jǔ　见"百废待兴"。

【百废待兴】bǎi fèi dài xīng　废:指废置的事。许多废置的事等待兴办。丁玲《沉痛地告别过去的动乱,把国家推上灭亡的边缘。留给今天的困难,更是遍地荆棘,百废待兴。"也作"百废待举"。刘绍棠《二度梅》八:"革命的路很长,个人的生命有限,拨乱反正,百废待兴,不应把有限的生命沉湎于悲怀过去,而应全力以赴,奋然前进,以加倍的工作,弥补空白,建造未来。"

【百废俱兴】bǎi fèi jù xīng　废:指废置的事。俱:全,都。许多废置的事全部兴办起来。宋·范仲淹《岳阳楼记》:"越明年,政通人和,百废具兴。"具:同"俱"。《清史稿·郎廷佐传》:"四川屡经兵燹,廷相莅任,百废俱兴,民不知扰。"欧阳山《万年春》:"自然你也清楚,现在万里长征刚刚起步,当然很难百废俱兴。"

【百感交集】bǎi gǎn jiāo jí　无数感想交织在一起。宋·陈亮《祭喻夏卿文》:"百感交集,微我有咎。"伍修权《我的历程》:"当我知道他是代表党组织来同我

们正式接关系的,正像远归游子忽见亲人似地百感交集。"也作"万感交集"。茅盾《腐蚀·十一月二十五日》:"夜半梦回,听窗外风声呜咽,便觉得万感交集,此心何尝有定向,此身何尝有着落?"李英儒《野火春风斗古城》一九章:"杨晓冬看到这般情景,一时撕心裂胆,万感交集。"

【百花齐放】bǎi huā qí fàng　各色的鲜花一齐开放。《镜花缘》三回:"百花仙子只顾在此著棋,那知下界帝王忽有御旨命他百花齐放。"李国文《冬天里的春天》三章:"'不,我们家有许多好看的菊花。'于莲说,'美不胜收,有一盆"晓雪",真正的百花齐放,开了一百二十几朵。"后多比喻文艺上不同的形式和风格自由地发展。巴金《随想录》四五:"我们文艺发展的方向当然也是百花齐放,而不是一花独放,更不是无花开放。"

【百花争妍】bǎi huā zhēng yán　妍:艳丽。各色鲜花争奇斗艳。也比喻各种美好事物竞相比美。魏巍《东方》六部三章:"会议上反映出的英雄事迹,真如百花争妍,千红万紫,比漫山遍野的繁花还要绚丽多彩。"

【百喙莫辩】bǎi huì mò biàn　见"百口莫辩"。

【百计千方】bǎi jì qiān fāng　见"千方百计"。

【百家争鸣】bǎi jiā zhēng míng　百家:指我国战国时期的各种学术流派,著名的有儒、法、墨、道、名、杂、农、纵横、阴阳等家,他们著书立说,在当世都很有名。《汉书·艺文志》:"凡诸子百八十九家……蜂出并作,各引一端,崇其所善,以此驰说,取合诸侯。"后用"百家争鸣"比喻各种学术派别竞相争辩鸣放。清·俞樾《春在堂随笔》卷三:"百家争鸣,或传或不传,而言之有故,持之成理者,屈指可尽。"徐懋庸《徐懋庸回忆录》:"讲学的内容五花八门,观点也是百家争鸣。"

【百孔千创】bǎi kǒng qiān chuāng
见"百孔千疮"。

【百孔千疮】bǎi kǒng qiān chuāng
孔:小洞。到处都是洞和疮口。比喻破损残缺非常严重。唐·韩愈《与孟尚书书》:"汉氏以来,群儒区区修补,百孔千疮,随乱随失。"莫应丰《麈山之谜》一三:"他们没有像样的窝巢,只有天生地长的树木、茅草和蔓藤为他们搭起一些百孔千疮的临时帐篷。"也指弱点、毛病极多。明·高攀龙《圣明亟垂轸恤疏》:"户、工部百孔千疮之时,决不能及此。"也作"百孔千创"。宋·周必大《跋宋运判晒奏稿》:"黎庶凋瘵,百孔千创。"也作"千疮百孔"。明·海瑞《规士文》:"某平生立志不专,向道不笃,循省过端,千疮百孔,自治不暇,何能训迪诸士!"姚雪垠《李自成》三卷四六章:"周延儒儒见皇上对自己这么倚重,心里确实感动,但时局千疮百孔,他实在无能为力。"

【百口莫辩】bǎi kǒu mò biàn　即使有一百张嘴也辩解不清。清·俞樾《右台仙馆笔记·大虹村》:"盖女虽与邻子私,是夕固独宿也,细ául幻形以挫辱之耳,然自此百口莫辩矣。"郭沫若《虎符》三幕:"你总要猜疑,我也百口莫辩。"也作"百喙莫辩"。《野叟曝言》七四回:"素臣一段议论,如老吏断狱,使刘邦百喙莫辩。"冯子英《相照集》:"这正是一种分进合击的战术;一种以少胜多的手段,众口铄金,使你百喙莫辩。"

【百里挑一】bǎi lǐ tiāo yī　从一百个里面挑出一个。形容人或事物非常优秀、突出,不可多得。《红楼梦》八四回:"都像宝丫头那样心胸儿脾气儿,真是百里挑一的。"周立波《暴风骤雨》二部三:"百里挑一的妇女,屈己待人,跟赵玉林同志一模一样。"也指严格挑选。周而复《上海的早晨》四部九:"巧珠奶奶没想到入党这么难,真是百里挑一。"汤阿英能入党,可不简单啊。"

【百里之才】bǎi lǐ zhī cái　百里:古代一县约管辖方圆百里面积,后用"百里"为县的代称。指治理一县的才能。唐·骆宾王《钱郑安阳入蜀》诗:"地是三巴俗,人非百里才。"《三国演义》五七回:"孔明笑曰:'士元非百里之才,胸中之学,胜亮十倍。亮曾有荐书在士元处,曾达主公否?'"

【百炼成钢】bǎi liàn chéng gāng　铁经过多次精炼以后成为钢。比喻人经过艰苦生活或严酷斗争的长期考验后成为杰出的人才。唐·潘存实《藏剑铭》:"动不仁,静不德,虽百炼之钢,于爱身也奚力?"李劼人《大波》四部二章:"你不知道我这一标人,是驻扎宁远一府的巡防副右路、巡防副左路,一共六营士兵改编而成。都是百炼成钢的健儿,打起仗来,真是一可敌百,十可敌千。"

【百伶百俐】bǎi líng bǎi lì　形容非常机灵聪明。《醒世恒言》卷二八:"元来贺司户没有儿子,止得这秀娥小姐。年才十五,真有沉鱼落雁之容,闭月羞花之貌。女工针指,百伶百俐,不教自能。"

【百年不遇】bǎi nián bù yù　很多年也碰不上。形容极难遇到。欧阳山《三家巷》一五一:"贫穷、落后的中国四万万人民,跟炮火精良的日本帝国主义苦苦地打了八年仗,终于迎来了这么一天:中国人民胜利了! 中国的抗战胜利了! 这真是百年不遇的盛世。"

【百年大计】bǎi nián dà jì　大计:重要的计划。宋·陈亮《上孝宗皇帝第三书》:"何忍假数百年社稷之大计,以为一日之侥幸,而徒以累陛下哉!"后用"百年大计"指关系到长远利益的重大措施或计划。白寿彝《古籍整理对建设精神文明振兴中华有重要意义》:"搞古籍整理是关系到社会主义现代化的百年大计,是一件大事,对于建设社会主义精神文明、振兴中华有重要意义。"

【百年树人】 bǎi nián shù rén 树：培育。《管子·权修》："一年之计，莫如树谷；十年之计，莫如树木；终身之计，莫如树人。"后用"百年树人"指培养人才是长远之计，需要付出艰辛。曹靖华《叹往昔，独木桥头徘徊无终期》："'百年树人'，只有党才能这样打算。"

【百年偕老】 bǎi nián xié lǎo 偕：共同，一起。指夫妻共同生活一直到老。金·元好问《烛影摇红》词："捧瑶觞、何妨屡劝。百年偕老，五福齐眉，人间稀见。"《醒世恒言》卷一三："天子体知此事，却把韩夫人嫁与于佑。夫妻百年偕老而终。"李劼人《暴风雨前》五部二："你们夫妇，到底该百年偕老。我们哩，到底是露水姻缘。"

【百年之好】 bǎi nián zhī hǎo 永远好合。指男女结为夫妻。《二刻拍案惊奇》卷九："承818玉音，多关肝鬲。仪虽薄渺，敢负深情？但肯俯通一夕之欢，必当永矢百年之好。"邓一光《我是太阳》一部七："我就想今天这个百年之好的日子里有个团圆，所以，你就让我和乌云今晚有圆圆的日子吧！"

【百世之师】 bǎi shì zhī shī 世世代代的老师。指才德高尚可以永远为人师表的人。《孟子·尽心下》："圣人百世之师也。"宋·苏轼《潮州韩文公庙碑》："匹夫而为百世师，一言而为天下法。"

【百试不爽】 bǎi shì bù shuǎng 爽：差错。经过反复试验都没有差错。吕冀平《句法分析和句法教学》："从科学研究的角度来描写一种语法现象或规则，应该细致精确到让一部电子计算机操纵起来也能辨析毫厘而且百试不爽。"

【百顺百依】 bǎi shùn bǎi yī 见"百依百顺"。

【百思不解】 bǎi sī bù jiě 反复思考也

不能理解。古华《芙蓉镇》四章："一个人的生活，有时对他本人来说都是一个谜，一个百思不解的谜。"也作"百思莫解"。蔡尚思《王船山思想体系提纲》："有人以为王船山是进步思想家，而曾国藩兄弟却是反动派，竟为搜刻《船山遗书》，对这个问题，真是百思莫解。"

【百思莫解】 bǎi sī mò jiě 见"百思不解"。

【百万雄师】 bǎi wàn xióng shī 指兵员众多，气势威武雄壮的军队。宋·张载《庆州大顺城记》："百万雄师，莫可以前。"《三国演义》四八回："今吾有百万雄师，更赖诸公用命，何患不成功耶！"毛泽东《人民解放军占领南京》诗："钟山风雨起苍黄，百万雄师过大江。"

【百闻不如一见】 bǎi wén bù rú yī jiàn 听到很多次，还不如见到一次。表示耳闻不如眼见可靠。《汉书·赵充国传》："百闻不如一见，兵难喻度，臣愿驰至金城，图上方略。"《二十年目睹之怪现状》三六回："我也久闻玄妙观是个名胜，乐得去逛一逛。谁知到得观前，大失所望，真是百闻不如一见。"刘醒龙《赤壁》："没等程汝怀介绍完，那胡高参便连呼：'好字好字！李中堂大人果然て得，真百闻不如一见，我看天下没有第二人能写得了这三个字。'"

【百无禁忌】 bǎi wú jìn jì 指没有什么忌讳。《歧路灯》六一回："若是遇见个正经朋友，山向利与不利，穴口开与不开，选择日子，便周章的百无禁忌。"夏衍《包身工》："门上，大大小小地贴着褪了色的红纸春联，中间，大都是红纸剪的元宝、如意、八卦，或者木版印的'姜太公在此，百无禁忌'的图像。"刘绍棠《村妇》卷二："牛蒡住的那间宿舍，住着六个人，日子一长也就百无禁忌。"

【百无聊赖】 bǎi wú liáo lài 聊赖：依靠，依托。精神上没有依托。形容非常无聊。汉·焦赣《易林·需》："交侵如乱，民无聊赖。"清·丁叔雅《将归岭南留别》诗："百无聊赖过零丁，遥睇中原一发青。"鲁迅《彷徨·孤独者》三："但是，虽在这一种百无聊赖的境地中，也还不给连殳安息。"周而复《上海的早晨》一部四九："他在东客厅里走过去，又走回来，百无聊赖。"

【百无一漏】bǎi wú yī lòu　一百样里没有一样漏掉的。形容一应俱全，样样都有。王安忆《香港的情和爱》四："香港的礼品是百无一漏、万无一失、天罗地网式的。"

【百无一能】bǎi wú yī néng　一百件事中没有一件是能够做的。形容什么都不会。多为自谦之词。元·魏初《沁园春·留别张周卿韵》词："自揣平生，百无一能，此心拙诚。"《野叟曝言》三二回："饮过几杯，大奶奶叩问璇姑，历算之外还精何术，璇姑谦说百无一能。"《儒林外史》一五回："我是百无一能，年纪又大了；贤弟，你少年英敏，可细听愚兄之言，图个日后宦途相见。"

【百无一失】bǎi wú yī shī　见"百不失一"。

【百无一是】bǎi wú yī shì　干一百件事，没有一件做得对。形容一无是处。宋·袁采《同居相处贵宽》："至于百无一是，且朝夕以此相临，极为难处。"

【百无一用】bǎi wú yī yòng　一百样里没有一样是有用的。形容毫无用处。清·黄景仁《杂感》诗："十有九人堪白眼，百无一用是书生。"姚雪垠《李自成》二卷四四章："可是，像这样百无一用的糊涂东西，就凭着他姓朱，是朱洪武的后代，平日骑在人民头上，作威作福。天下哪有这样的混账道理！"

【百依百顺】bǎi yī bǎi shùn　依、顺：顺从。形容事事都顺从，毫不违背。《初

刻拍案惊奇》卷一三："做爷娘的百依百顺，没一事违拗了他。"茅盾《腐蚀·同日深夜》："我像一只绵羊，百依百顺，尽量给他们满足。"也作"百顺百依"。《醒世恒言》卷二七："自此之后，焦氏将着丈夫百般殷勤趋奉。况兼正在妙龄，打扮得如花朵相似。枕席之间，曲意取媚。果然哄得李雄千欢万喜，百顺百依。"也作"百依百随"。《水浒传》二四回："娘子自从嫁得这个大郎，但是有事，百依百随。"

【百依百随】bǎi yī bǎi suí　见"百依百顺"。

【百战百胜】bǎi zhàn bǎi shèng　每次打仗都能取胜。《战国策·宋卫策》："臣有百战百胜之术，太子能听臣乎？"《三国演义》八五回："吾与汝等，共据高城，南临大江，北背山险，以逸待劳，以主制客：此乃百战百胜之势。"《东周列国志》八仈回："太子此行，将以伐韩也。臣有百战百胜之术于此，太子欲闻之否？"张恨水《啼笑因缘》一九回："有势力的人就能抓得住他爱的东西吗？那也不见得——楚霸王百战百胜，还保不住一个虞姬呢！"

【百战不殆】bǎi zhàn bù dài　殆：危险。每次打仗都不会失败。《孙子·谋攻》："知彼知己者，百战不殆；不知彼而知己，一胜一负；不知彼，不知己，每战必殆。"

【百折不回】bǎi zhé bù huí　见"百折不挠"。

【百折不挠】bǎi zhé bù náo　折：挫折。挠：弯曲。指无论受到多少挫折也不屈服。汉·蔡邕《太尉乔公碑》："其性庄，疾华尚朴，有百折而不挠、临大节而不可夺之风。"《黄绣球》一三回："若把这迷信移到做正经事，讲正经学问，便成了个百折不挠、自强独立的大丈夫、奇女子。"阳翰笙《怀念叶挺同志》："叶挺同志深知自己一手严格训练出来的部队，一

个个都是百折不挠的铁打的好汉,他们一定会想方设法完成任务,完不成任务也绝不会退却。"也作"百折不回"。《红楼梦》七四回:"谁知惜春虽然年幼,却天生成一种百折不回的廉介孤独僻性,任人怎么说,他只以为丢了他的体面,咬定牙断乎不肯。"谢觉哉《困难》:"孜孜不倦,百折不回地从实际行动中去研究,就可以找出无穷无尽的智慧和方法出来。"

【百足之虫,死而不僵】bǎi zú zhī chóng, sǐ ér bù jiāng　百足:虫名,即马陆,一寸多长,体圆而长,有很多环节,除第一至第四和末节外,每个环节都有足两对,将此虫切断后,仍能蠕动不倒。僵:倒仆。百足之虫虽然死了仍然有足支撑着不倒下。比喻某些旧势力或旧事物虽然衰亡或消失,但其影响仍然存在。三国魏·曹冏《六代论》:"故语曰:'百足之虫,至死不僵',以扶之者众也。"《红楼梦》七四回:"可知这样大族人家,若从外头杀来,一时是杀不死的,这是古人曾说的'百足之虫,死而不僵',必须先从家里自杀自灭起来,才能一败涂地。"叶君健《瑞士·隐士城——卢塞恩》:"历史就是这样,的确很难截然地把它分成阶段——'百足之虫,死而不僵'。"

【摆尾摇头】bǎi wěi yáo tóu　见"摇头摆尾"。

【败不旋踵】bài bù xuán zhǒng　旋踵:转动脚后跟,形容时间很短。指很快就要失败。唐·卢照邻《三国论》:"然而丧师失律,败不旋踵,奔波谦、瓒之间,羁旅衰、曹之手,岂拙于用武,将遇非常敌乎?"

【败鼓之皮】bài gǔ zhī pí　败:破旧。破旧的鼓皮。败鼓之皮虽为废物,古代医家用之入药。唐·韩愈《进学解》:"玉札丹砂,赤箭青芝,牛溲马勃,败鼓之皮,俱收并蓄,待用无遗者,医师之良也。"

【败国丧家】bài guó sàng jiā　使国家沦亡,家庭败落。《晋书·列女传》:"自古败国丧家,未始不由妇人者也。"明·徐祯卿《翦胜野闻·乾鳖》:"后国事既去,太祖取其臣黄蔡叶三人者,剕其肠而悬之,成枯腊,盖三人皆元戚机臣,其残膏积侈,败国丧家,帝特恶焉,故极于此典。"

【败家破业】bài jiā pò yè　使家庭衰败,家业破产。《红楼梦》六八回:"不知天有多高,地有多厚,成日家调三窝四,干出这些没脸面没王法败家破业的营生。"

【败军之将】bài jūn zhī jiàng　打了败仗的将领。也用来比喻遭到失败的人。《史记·淮阴侯列传》:"臣闻败军之将,不可以言勇;亡国之大夫,不可以图存。"《三国演义》六三回:"败军之将,荷蒙厚恩,无可以报,愿施犬马之劳。"《说岳全传》七八回:"胡说!我们堂堂大将,反怕了一个和尚,况是败军之将!"邓一光《我是太阳》二部二:"关山林听到袁正芳的话,半天,叹了口气,沉沉地说,败军之将何言勇,是我折损了九师呀!"

【败柳残花】bài liǔ cán huā　见"残花败柳"。

【败俗伤风】bài sú shāng fēng　见"伤风败俗"。

【败子回头】bài zǐ huí tóu　败家子觉悟过来改邪归正。《二刻拍案惊奇》卷二二:"贫富交情只自知,翟公何必署门楣?今朝败子回头日,便是奸徒退运时。"刘绍棠《村妇》卷一:"镖头师父跨进大门,大步走上前去,解开吊绳,把汉根坠落下来,并没有松绑,只跟那八位老人说了声:'各位老哥把心放进肚子里,三年零一节,我还你们一个败子回头金不换。'"

【拜将封侯】bài jiàng fēng hóu　拜为大将,封为侯爵。形容功成名就,做上了高官。元·无名氏《暗度陈仓》一折:"我也曾陋巷淹留,贫寒常受,红尘火,今日个拜将封侯,才得个功名成就。"

【拜相封侯】bài xiàng fēng hóu　拜为宰相,封为侯爵。形容功成名就,做上了高官。元·无名氏《东篱赏菊》一折:"我则待休休游游,他道是御酒金瓯,浅酌低讴,锦带吴钩,拜相封侯。"

【稗官野史】bài guān yě shǐ　稗官:古代专门给帝王讲述街谈巷议、风俗故事的小官,后作为小说的代称。野史:私家记载的轶闻琐事之作。后用"稗官野史"称小说及不见经传的轶闻琐事的著述。《镜花缘》五四回:"当日我在海外抄写,因白猿不时在旁观看,彼时我曾对他说过,将来如将碑记付一文人做为稗官野史,流传海内,算他一件大功。"

【班功行赏】bān gōng xíng shǎng　班:排列等级,这里指依次。根据功劳大小,依次给以赏赐。《后汉书·李云传》:"不可令此人居太尉、太傅典兵之官,举厝至重,不可不慎。班功行赏,宜应其实。"

【班荆道故】bān jīng dào gù　班:铺开。荆:荆条。《左传·襄公二十六年》:"伍举奔郑,将遂奔晋。声子将如晋,遇之于郑郊,班荆相与食,而言复故。"意思是伍举与声子在郑国的郊外相遇,在地上铺开荆条,一起坐下来吃东西,并谈论回楚国的事。后用"班荆道故"指老朋友重逢,共叙旧情。明·孙仁孺《东郭记·为人也》:"知交偶然北与南,既蒙恩先达旧友应担,班荆道故,共把青云路揽。"

【班马文章】bān mǎ wén zhāng　班:班固。马:司马迁。两人都是汉代著名史学家、文学家。指可与班固、司马迁相比美的文章。明·王世贞《鸣凤记·邹林游学》:"夔龙礼乐承先范,班马文章勘墨铅。"

【班门弄斧】bān mén nòng fǔ　班:鲁班,我国古代著名巧匠。唐·柳宗元《王氏伯仲唱和诗序》:"操斧于班、郢之门,斯强颜耳。"郢:指楚国郢都的巧匠,名石。谓在鲁班、匠石的门前舞弄大斧。后用"班门弄斧"比喻在内行面前卖弄本事。宋·欧阳修《与梅圣俞书》:"昨在真定,有诗七八首,今录去,班门弄斧,可笑可笑。"《西游记》六四回:"弟子一时失口,胡谈几字,诚所谓'班门弄斧'。"《镜花缘》七二回:"亭亭道:'没奈何,我们只好"班门弄斧"。'"魏巍《东方》三部四章:"这个年轻人,在统帅面前如此唐突,无异班门弄斧,夏文确实吃了一惊。"

【班师振旅】bān shī zhèn lǚ　班:回,还。振:整顿。把军队撤回来进行整顿。《尚书·大禹谟》:"禹拜昌言,曰:'俞。'班师振旅。"

【斑驳陆离】bān bó lù lí　斑驳:多种颜色夹杂在一起的样子。陆离:色彩繁杂、变化多端的样子。战国楚·屈原《离骚》:"纷总总其离合兮,斑陆离其上下。"后用"斑驳陆离"形容色彩错杂不一。清·朱彝尊《竹垞诗话》下:"景傅诗,如集场墟市,骨董斑驳陆离,即而视之,一钱不值。"倪振良《橱窗里的繁星》:"一晃,十年过去了,我探亲顺路来到母校,一踏进校门,只见昔日的橱窗长廊,已经变成了一片东倒西歪、斑驳陆离的大字报棚。"

【斑衣戏彩】bān yī xì cǎi　斑衣:五彩的衣服。《艺文类聚》卷二○引《列女传》载:春秋时楚国老莱子是个孝子,行年七十,犹穿五彩衣,扮成婴儿以娱其二亲。后用"斑衣戏彩"指逗父母高兴,以尽孝道。宋·杨万里《都下食笋自十一月至四月戏题》诗:"斑衣戏彩春无价,玉版谈禅佛不如。"《红楼梦》五四回:"那《二十四孝》上'斑衣戏彩',他们不能来'戏彩'引老祖宗笑一笑,我这里好容易引的老祖宗笑了一笑,多吃了一点儿东西,大家喜欢,都该谢我才是,难道反笑话我不成?"

【搬唇递舌】bān chún dì shé　指搬弄是非。元·无名氏《南珍珠马·情》套曲："平白地送暖偷寒,猛可的搬唇递舌。"也作"搬口弄舌"。《水浒传》四〇回："必然嫂嫂见我做了这些衣裳,一定背后有说话;又见我两日不回,必有人搬口弄舌,想是疑心,不做买卖。"

【搬口弄舌】bān kǒu nòng shé　见"搬唇递舌"。

【搬弄是非】bān nòng shì fēi　把别人的话传来传去,从中挑拨,制造纠纷。元·李寿卿《伍员吹箫》一折："他在平公面前,搬弄我许多的是非。"《镜花缘》一二回："古人于妇人之言,尚且如此谨慎;况三姑六婆,里外搬弄是非,何能不生事端?"李劼人《大波》二部四章："大概这个人专一说白道黑,搬弄是非,使人上了当,自己也沾不到什么便宜。"

【阪上走丸】bān shàng zǒu wán　阪:山坡。走:跑,这里指很快地滚动。丸:弹丸。比喻形势发展非常迅速。《汉书·蒯通传》："为君计者,莫若以黄屋朱轮迎范阳令,使驰骛于燕赵之郊,则边城皆将相告曰'范阳令先下而身富贵',必相率而降,犹如阪上走丸也。"唐·卢思道《后周兴亡论》："君弱臣愚,外崩内溃,周人取之犹阪上走丸也。"

【板上钉钉】bān shàng dìng dīng　比喻事情不能更改。王火《战争和人》(二)卷二:"据说'小媳娘'后来哭过几次,但她的命运已经注定,这件婚姻是板上钉钉的事了!"

【版版六十四】bān bān liù shí sì　版:铸钱的模子。宋代铸钱的模子,每版定数六十四文。后用"版版六十四"比喻刻板、不灵活。清·范寅《越谚·数目之谚》:"版版六十四,铸钱定例也,喻不活。"王安忆《绕公社一周》:"这个人版版六十四,不通人情。"

【半壁河山】bàn bì hé shān　见"半壁江山"。

【半壁江山】bàn bì jiāng shān　半壁:半边。江山:指国土。指国家遭到侵略后保存下来的部分国土。也指被敌人占领的部分国土。《说岳全传》六四回:"我父亲在牛头山保驾,朱仙镇杀退金兵,才保得这半壁江山。"也比喻一半土地。刘绍棠《蒲柳人家》一一:"二亩地给我干闺女赎身,二亩地给我干闺女陪嫁,才不过花掉我半壁江山。"也作"半壁河山"。清·钮琇《觚賸·虎林军营唱和》:"吴《怀古》四首《咏岳忠武》云:'将军野战最知名,半壁河山一力撑。'"萧三《颂"火中的凤凰"——怀念叶挺将军》:"在日寇大举进犯我国土的时刻,坚持了江南半壁河山,保存了大块干净土地,更一步步地实施了民主改革,广大地区的人民生活得以改善。"

【半部论语】bàn bù lún yǔ　论语:记载孔子以及孔子弟子言行的著作。宋·罗大经《鹤林玉露》卷七:"杜少陵诗云:'小儿学问止《论语》,大儿结束随商贾。'盖以《论语》为儿童之书也。赵普再相,人言普山东人,所读者止《论语》,盖亦少陵之说也。太宗尝以此论普,普略不隐。对曰:'臣平生所知,诚不出此。昔以其半辅太祖定天下,今欲以其半辅陛下致太平。'"后用"半部论语"指儒家经典为治国之本。严复《救亡决论》:"从此天下事来,吾以半部《论语》治之足矣,又何疑哉!又何难哉!"〔注意〕论,不读lùn。

【半筹莫展】bàn chóu mò zhǎn　筹:计谋。半点计谋也施展不出来。指毫无办法。茅盾《子夜》一六:"周仲伟听着心里就一跳。簇新的一个希望又忽然破灭了。他那颗心又僵硬了似的半筹莫展。"

【半截入土】bàn jié rù tǔ　半截身子已埋进了土里。比喻年纪已老,离死不太远了。宋·苏轼《东坡志林》卷一二："汝已半截入土,犹争高下乎?"李准《不能走那条路》:"他已经半截入土了,还不是为你们打算。"

【半斤八两】 bàn jīn bā liǎng 旧制一市斤等于十六市两,半斤就是八两。比喻两者不相上下,彼此一样。《水浒传》一〇七回:"众将看他两个本事,都是半斤八两的。"周而复《上海的早晨》四部六二:"自己业务经验和大家差不多,半斤八两,有啥本事当领导?"

【半老徐娘】 bàn lǎo xú niáng 《南史·元帝徐妃传》:"元帝徐妃,讳昭佩,……季江每叹曰:'徐娘虽老犹尚多情。'"后用"半老徐娘"指尚有风韵的中年妇女。钱钟书《围城》四:"鸿渐把杯子一顿道:'你说谁?'辛楣道:'我说唐晓芙,你的意中人,她不是黄毛丫头么?'鸿渐气得脸都发白,说苏文纨是半老徐娘。"

【半路出家】 bàn lù chū jiā 年纪大了才离家去当和尚或尼姑。后多用来比喻中途改行从事某种非本行的工作。《西游记》四九回:"八戒道:'我的儿,你真个有些灵感,怎么就晓得我是半路出家的?'"茅盾《商务印书馆编译所生活之一》:"此时的名士派头收敛了,说他曾在南菁书院(清末科举废前无锡有名的书院)中攻研八股制艺,后来从无锡美国教堂的一个牧师学英文,半路出家,底子有限。"

【半面之交】 bàn miàn zhī jiāo 见"半面之识"。

【半面之识】 bàn miàn zhī shí 《后汉书·应奉传》唐·李贤注引三国吴·谢承《后汉书》:"奉年二十时,尝诣彭城相袁贺。贺时出行闭门,造车匠于内开扇出半面视奉,奉即委去。后数十年于路见车匠,识而呼之。"后用"半面之识"指只见过一次的旧相识。形容交情很浅。

《京本通俗小说·错斩崔宁》:"小人自姓崔名宁,与那小娘子无半面之识。"也作"半面之交"。《封神演义》六二回:"我与道友未有半面之交,此语从何而来?"茅盾《子夜》一六:"我知道赵伯韬肯放款子,就可惜我这'红头火柴'徒负虚名,和这位财神爷竟没有半面之交!"

【半明不灭】 bàn míng bù miè 形容半明半暗,将要熄灭。《红楼梦》一一一回:"刚到门口,见门儿掩着,从门缝里望里看时,只见灯光半明不灭的,影影绰绰,心里害怕。"

【半生不熟】 bàn shēng bù shú 没有完全煮熟或成熟。《封神榜》九〇回:"龙筋揉透才能好,半生不熟给不的人。"钱钟书《围城》五:"门口桌子上,一叠饭碗,大碟子里几块半生不熟的肥肉,原是红烧,现在像红人倒运,又冷又黑。"也比喻不太熟悉或熟练。刘心武《钟鼓楼》四章:"说来也怪,他这种病态的羞赧心理,一到家中,一迈进门槛之内,便不复发作……但一走出家门,特别是一来到半生不熟的人们中间,总不免'故态复萌'……"古华《话说〈芙蓉镇〉》:"起初,是小时候在家乡农村半生不熟、囫囵吞枣地读过一些剑侠小说,志怪传奇,倒也庆幸没有被'武侠'引入歧途,去峨嵋山寻访异人领授异术。"

【半死不活】 bàn sǐ bù huó 处在半生半死状态。指生命垂危。《老残游记》六回:"听说停刑的头一日,即是昨日,站笼上还有几个半死不活的人,都收了监了。"老舍《四世同堂》九八:"可是他不敢跟爷爷争,因为老人已经半死不活,神志恍惚了。"也比喻没有生气,没有活力,委靡不振的样子。茅盾《子夜》三:"对于这种半死不活的所谓企业家,苏甫常常打算毫无怜悯地将他们打倒,把企业拿到他的铁腕里来。"

【半途而废】 bàn tú ér fèi 途:道路。

废:停止。半路上停下来不再前进。比喻做事有始无终,不能坚持到底。《礼记·中庸》:"君子遵道而行,半涂而废,吾弗能已矣。"涂:通"途"。《梁书·徐勉传》:"况夫名立宦成,半途而废者,亦焉可已已哉!"《西游记》二七回:"师父,我也是跟你一场,又蒙菩萨指教,今日半途而废,不曾成得功果,你请坐,受我一拜,我也去得放心。"《官场现形记》五二回:"开矿本是件顶好的事,不但替中国挽回利权,而且养活穷人不少,若是半途而废,岂不可惜!"老舍《四世同堂》一〇:"大赤包差不多像中了邪。她以为后半世的产业与享受都凭此一举,绝对不能半途而废。"也作"中途而废"。陈忠实《白鹿原》三三章:"鹿子霖对两个儿子兆鹏兆海十分看重,瞅定有实现祖宗遗愿的寄托了,不料中途而废。"

【半吐半吞】bàn tǔ bàn tūn　见"半吞半吐"。

【半推半就】bàn tuī bàn jiù　推:推辞,拒绝。就:靠近,接近。一半推辞一半接受。形容表面上假意拒绝而实际上心里愿意。元·王实甫《西厢记》四本一折:"半推半就,又惊又爱。"《野叟曝言》一四八回:"再想起屡年奇梦,乘龙奇事,好雨、好文奇名,夫妻已经天定,何妨如梦中一般,免致寂寞之况。因半推半就的应允下了。"茅盾《蚀·动摇》二:"这,果然是胡炳今天敢如此大胆调戏的原因,也是她自己竟然半推半就的原因。"

【半吞半吐】bàn tūn bàn tǔ　说一半留一半。形容说话或写文章不直截了当,含混其辞。明·汤显祖《紫钗记·婉拒强婚》:"半吞半吐话周章,定是青楼薄幸郎。"巴金《春》二:"她低着头手抓头发,一面苦恼半吞半吐地说:'我也不大清楚……大概是无可挽回的了。'"也作"半吐半吞"。《红楼梦》八九回:"宝玉近来说话半吐半吞,忽冷忽热,也不知他是什么意思。"

【半文不白】bàn wén bù bái　一半文言,一半白话。形容文白夹杂。杨沫《青春之歌》二部四三章:"他的讲话,不像是活人在传达自己的思想、见解,倒像收音机在放送一种半文不白的缺乏文采的文章。"

【半新不旧】bàn xīn bù jiù　既不新又不旧,即半新半旧。《红楼梦》六九回:"及开了箱柜,一滴无存,只有些折簪烂花并几件半新不旧的绸绢衣裳,都是尤二姐素习所穿的,不禁又伤心哭了起来。"《老残游记》一回:"前后六枝桅杆,挂着六扇旧帆,又有两枝新桅,挂着一扇簇新的帆,一扇半新不旧的帆,算来这船便有八枝桅子了。"老舍《四世同堂》一九:"他把头发梳光,换上一双新鞋,选择了一件半新不旧的绸夹袍,很用心的把袖口卷起,好露出里面的雪白的衬衣来。"

【半信半疑】bàn xìn bàn yí　一半相信,一半怀疑。表示对事情的真假不敢肯定。《醒世恒言》卷二〇:"玉姐初时见逐出廷秀,已是无限烦恼,还想望父亲原收留回来,总然不留回家,少不得嫁去成亲。后来微闻得有不好的信息,也还半信半疑。"茅盾《蚀·追求》三:"曼青半信半疑地踌躇了一会儿,慢慢也上楼去。"丁玲《太阳照在桑乾河上》三六:"杨亮这话把大家都逗乐了,有的人半信半疑。"也作"半疑半信"。《二十年目睹之怪现状》二五回:"我的心里本来是全然不信的,被述农这一说,倒闹得半疑半信起来。"

【半夜三更】bàn yè sān gēng　三更:古时将一夜划分成五更,三更约现在深夜十一时至次日一时。泛指深夜。《水浒传》二三回:"你留我在家里歇,莫不半夜三更要谋我财,害我性命,却把鸟大虫唬吓我?"老舍《二马》一:"'半夜三更鬼叫门!谁呢?'他一手支着褥子坐起来,一手把窗帘掀开一点往外看。"

【半疑半信】bàn yí bàn xìn　见"半信半疑"。

【半真半假】bàn zhēn bàn jiǎ　一半真心，一半假意。形容不是真心真意。茅盾《腐蚀·二月三日》："我笑了一笑，半真半假地说：'好罢，咱们是要好的姊弟，哪个不帮自己的。可是你别过了河，就把我忘掉了。'"刘玉民《骚动之秋》一六章："'以后你们少向我这儿介绍些没用的人来！'一次岳鹏程半真半假地对县委宣传部一位副部长说。"

【绊手绊脚】bàn shǒu bàn jiǎo　绊：被东西挡住或缠住。形容妨碍别人做事。邓一光《我是太阳》六部一："这些她都操持了二十年了，她知道什么是冷暖，何时该咸淡，用不着个外人来绊手绊脚。"

【榜上无名】bǎng shàng wú míng　旧指科举考试未被录取。《警世通言》卷一七："谁知三场得意，榜上无名。自十五岁进场，到今二十一岁，三科不中。"也比喻未中选或未获批准。周而复《上海的早晨》四部三八："信孚记花行这着棋显然也没有走对，区里增产节约委员会和市委统战部根本没有答复，这次政府批准的合营企业中榜上无名。"

【傍花随柳】bàng huā suí liǔ　傍：靠近。随：顺着。形容春游观景。宋·程颐《春日偶成》诗："云淡风轻近午天，傍花随柳过前川。"

【傍人门户】bàng rén mén hù　傍：依靠。比喻不能自立，依赖别人生活。宋·苏轼《东坡志林》卷一二："桃符仰见艾人而骂曰：'汝何等草芥，辄居我上！'艾人俯而应曰：'汝已半截入土，犹争高下乎？'桃符怒，往复纷然不已。门神解之曰：'吾辈不肖，方傍人门户，何暇争闲气耶！'"《红楼梦》一〇九回："邢姑娘是妈妈

知道的，如今在这里也很苦，娶了去虽说我家穷，究竟比他傍人门户好着多呢？"

【包办代替】bāo bàn dài tì　指办事大包大揽，代替别人。陈残云《山谷风烟》三四章："我们工作同志作好参谋，不要指手划脚，包办代替。"

【包藏祸心】bāo cáng huò xīn　心里藏着害人的主意。《左传·昭公元年》："小国无罪，恃实其罪。将恃大国之安靖己，而无乃包藏祸心以图之？"《三国演义》七三回："今操恶直丑正，实繁有徒，包藏祸心，篡盗已显。"鲁迅《且介亭杂文末编·关于太炎先生二三事》："考其生平，以大勋章作扇坠，临总统府之门，大诟袁世凯的包藏祸心者，并世无第二人。"

【包打天下】bāo dǎ tiān xià　将打天下的任务整个承担下来。比喻包揽所有的任务。

【包揽词讼】bāo lǎn cí sòng　词讼：诉讼。承揽包办别人的官司，从中谋利。《红楼梦》一〇七回："主上因御史参奏贾赦交通外官，恃强凌弱。据该御史指出平安州互相往来，贾赦包揽词讼。"丁玲《太阳照在桑乾河上》三五："钱文贵在村子上包揽词讼，出出歪主意，一定是可能的。"

【包罗万象】bāo luó wàn xiàng　包：包括。罗：网罗。万象：各种景象。形容内容非常丰富，应有尽有，无所不包。《黄帝宅经》卷上："所以包罗万象，举一千从。"唐·刘允济《天赋》："覆焘千容，包罗万象。"《野叟曝言》四七回："末二句收到落梅层次，井井包罗万象，无一毫遗漏，所以为难。"唐弢《学习社会，描写社会》："艺术创造不同与历史记载，一件艺术品不可能包罗万象，却要求它本身的完整。"

【包羞忍耻】bāo xiū rěn chǐ　包：包

藏。忍：容忍。忍受羞愧与耻辱。形容气量大。唐·杜牧《题乌江亭》诗："胜败兵家事不期，包羞忍耻是男儿。江东子弟多才俊，卷土重来未可知。"宋·吴曾《能改斋漫录·记诗》："汪革信民尝赋二绝句云：……女子能留身后名，包羞忍耻漫公卿。"

【褒善贬恶】bāo shàn biǎn è　褒：赞扬。贬：斥责。赞扬好人好事，斥责坏人坏事。《二程全书·伊川经说》："后世以史视《春秋》，谓褒善贬恶而已。"明·桑绍良《独乐园》一折："我修成这部通鉴……其中褒善贬恶，尊君抑经，内夏外夷，正名谨分，也不是等闲的文字也。"

【褒衣博带】bāo yī bó dài　褒衣：宽大的衣服。博带：大带。古代儒生的装束。《淮南子·氾论训》："古者有鍪而绻领而王天下者矣……岂必褒衣博带，句襟委章甫哉？"清·黄遵宪《续怀人诗》："褒衣博带进贤冠，礼乐乐方万国看。"

【饱经沧桑】bāo jīng cāng sāng　沧桑：沧海和桑田。沧海变桑田，泛指世事的变化。形容经历过许多次世事的变化。杨沫《青春之歌》一部一七章："这位饱经沧桑的老工友，什么样的人全见过，可是像这样的年轻人他可见的不多。"刘心武《如意》四："她花白的头发在脑后结成了一个元宝髻，淡得看不大出来的两弯眉毛下，一双挺大的眼睛先是惊疑地大睁着，随即又露出一种饱经沧桑的倦怠神情。"

【饱经风霜】bāo jīng fēng shuāng　风霜：比喻艰险苦难。形容经历很多苦难生活的磨炼。经，也作"历"。明·袁宏道《监司周公实政录叙》："公之学如良金在冶，久而弥精，又如深山松柏，饱历风霜，逾见遒古。"魏巍《地球的红飘带》二三："吴是一个饱经风霜、风度老练的军人。"也作"饱经霜雪"。清·孔尚任《桃花扇·孤吟》："鸡皮瘦损，看饱经霜雪，丝鬓如银。"

【饱经世故】bāo jīng shì gù　世故：处世经验。经历过很多世事人情，有丰富的处世经验。宋·陆游《书兴》诗："占得溪山卜数椽，饱经世故气犹全。"姚雪垠《李自成》一卷五章："愈是饱经世故，他愈是磨去棱角，将心中的狠毒与奸诈深藏不露。"周而复《上海的早晨》三部二五："他用一双饱经世故的眼睛，对朱筱堂浑身上下打量一番。"〔注意〕世，不能写作"事"。

【饱经霜雪】bāo jīng shuāng xuě　见"饱经风霜"。

【饱经忧患】bāo jīng yōu huàn　忧：忧愁之事，指苦难。患：灾祸。历经苦难与灾祸。宋·刘子翚《途中》诗："急流归亦好，忧患饱曾经。"张洁《祖母绿》五："那是一个饱经忧患，或是死而复生的人才会有的安详和成熟。"

【饱食终日】bāo shí zhōng rì　见"饱食终日，无所用心"。

【饱食终日，无所用心】　bāo shí zhōng rì, wú suǒ yòng xīn　整天吃得饱饱的，却什么事情也不考虑。《论语·阳货》："饱食终日，无所用心，难矣哉。"宋·王禹偁《进端拱箴表》："官在谏垣，未尝有一言裨补；职当史笔，未尝有一字刊修。语所谓饱食终日无所用心者，臣之谓矣。"梁实秋《雅舍小品·勤》："人而不勤，无异草木，这句话沉痛极了。过饱食终日无所用心的生活，英文叫做 vegetate，义为过植物的生活。中外的想法不谋而合。"也单作"饱食终日"。南朝梁·萧纲《答湘东王求文集及诗苑英华书》："陟龙楼而静拱，掩鹤关而高卧，与其饱食终日，宁游思于文林。"周克芹《桔香，桔香》九："那些饱食终日，生活在灯红酒绿、油光铜味之中的人，面对美好的景致，一定是感觉麻痹的。"

【饱学之士】bāo xué zhī shì　饱学：学

问渊博。指学问渊博的人。《醒世恒言》卷一〇:"刘公见说是个饱学之士,肯教刘方读书,分外欢喜。"张天翼《新生》:"那位老先生也许是个饱学之士,一笔字也写得挺好。"

【宝刀不老】bǎo dāo bù lǎo　《三国演义》七〇回:"张郃出马,见了黄忠,笑曰:'你许大年纪,犹不识羞,尚欲出阵耶?'忠怒曰:'竖子欺吾年老! 吾手中宝刀却不老!'"后用"宝刀不老"指虽年纪已老,但本领、技艺犹在。邓一光《我是太阳》六部一:"关山林就是这么主宰着这个家,在他年届七十的时候,他仍然雄心不眠,宝刀不老。"

【宝马雕车】bǎo mǎ diāo chē　见"宝马香车"。

【宝马香车】bǎo mǎ xiāng chē　形容富贵人家出行时车马的豪华。唐·沈佺期《上巳日祓禊渭滨应制》诗:"宝马香车清渭滨,红桃碧柳禊堂春。"元·王实甫《丽春堂》三折:"冷落了歌儿舞女,空闲了宝马香车。"《三国演义》一六回:"连夜具办妆奁,收拾宝马香车,令宋宪、魏续一同韩胤送女前去。"也作"香车宝马"。唐·王维《同比部杨员外十五夜游,有怀静者季》诗:"聊看侍中千宝骑,强识小妇七香车。香车宝马共喧阗,个里多情侠少年。"明·无心子《金雀记·探春》:"香车宝马争驰竞,调丝品竹声相应。"也作"宝马雕车"。宋·辛弃疾《青玉案·元夕》词:"东风夜放花千树,更吹落、星如雨。宝马雕车香满路。"

【保国安民】bǎo guó ān mín　保卫国家,使人民生活安定。《水浒传》五四回:"吾今传授与汝五雷天罡正法,依此而行,可救宋江,保国安民,替天行道。"《初刻拍案惊奇》卷七:"玄宗欲从他学隐形之术,公远不肯,道:'陛下真人降化,保国安民,万乘之尊,学此小术何用?'"

【报仇雪耻】bào chóu xuě chǐ　报冤仇以洗雪耻辱。《三国志·吴书·孙策传》南朝宋·裴松之注引《吴历》:"收合流散,东据吴会,报仇雪耻,为朝廷外藩。"《喻世明言》卷三九:"初意欲擒拿县尉,究问根由,报仇雪耻。"老舍《四世同堂》五五:"无论他怎样灰心没肺,他也受不住这么大的耻辱与打击。按照他的半流氓式的想法,他须挺起脊骨去报仇雪耻。"

【报仇雪恨】bào chóu xuě hèn　报冤仇以洗雪怨恨。《三国演义》一〇回:"陶谦只得引兵出迎,远望操军如铺霜涌雪,中军竖起白旗二面,大书'报仇雪恨'四字。"老舍《四世同堂》六三:"他的教育、历史、文化,只教他去敷衍,去低头,去毫无用处的牺牲自己,而把报仇雪恨当作太冒险,过分激烈的事。"

【报喜不报忧】bào xǐ bù bào yōu　只报告让人喜欢的事,不报告让人忧虑的事。指只报告好的不报告坏的。浩然《艳阳天》上:"会不会因为马之悦去年犯了错误,现在想要讨好,表功,故意跟自己报喜不报忧呢?"

【抱残守缺】bào cán shǒu quē　残、缺:不完整。❶固守陈旧残缺的东西不放。形容保守、不知改进。清·江藩《汉学师承记·顾炎武》:"二君以瑰异之质,负经世之才⋯⋯读书论道,重在大端,疏于末节,岂若抱残守缺之俗儒,寻章摘句之世士也哉!"张志公《在纪念〈修辞学发凡〉出版五十周年学术座谈会上的讲话》:"在一切学术领域里,都需要参考、借鉴外国的成就,抱残守缺、固步自封不行;然而都要结合自己的实际,不能照搬、照抄。"❷保存虽有残缺但仍有价值的古物。《野叟曝言·序》:"其后嗣既出其书矣,徒以兵燹剥蚀,使海内才人皆有抱残守缺之憾。"

【抱打不平】bào dǎ bù píng　见"打抱不平"。

【抱关击柝】bào guān jī tuò　关:指城

门。柝:巡夜的人所敲的木梆。看守城门,打更巡夜。借指守关巡夜的小官吏。《孟子·万章下》:"为贫者,辞尊居卑,辞富居贫。辞尊居卑,辞富居贫,恶乎宜乎? 抱关击柝。"汉·桓宽《盐铁论·错币》:"抱关击柝,皆有常秩。"也泛指卑贱的小事。元·王恽《赠田生监河之召》:"古人有志患不立,抱关击柝非所羞。"

【抱恨终天】bào hèn zhōng tiān 终天:终生。一辈子心怀怨恨。元·姚燧《中书左丞李公家庙碑》:"吾不得以时丧先公,既抱恨于终天,今复弃养太夫人,而身先朝露,……吾目不瞑泉下矣。"《三国演义》四一回:"玄德欲留徐庶。庶谢曰:'某若不还,恐惹人笑。今老母已丧,抱恨终天。身虽在彼,誓不为设一谋。……'"

【抱素怀朴】bào sù huái pǔ 素、朴:指事物的自然质朴状态。借指百姓生活安宁,风俗浑厚。《乐府诗集·汉郊祀歌》:"易乱除邪,革正异俗,兆民反本,抱素怀朴。"

【抱头大哭】bào tóu dà kū 形容彼此都很伤心,相拥大哭。《醒世恒言》卷二○:"众捕快将一应细软,都搜括出来,只拣银两衣饰,各自溜过,其余打起几个大包,连店中布匹,尽情收拾。张权夫妻抱头大哭。"也作"抱头痛哭"。《初刻拍案惊奇》卷一○:"公孙楚回家,与徐小姐抱头痛哭而行。公孙黑得意,越发耀武扬威了。"

【抱头鼠窜】bào tóu shǔ cuàn 抱着头像老鼠一样逃跑。《汉书·蒯通传》:"始常山王、成安君故相与为刎颈之交,及争张黶、陈释之事,常山王奉头鼠窜,以归汉王。"奉:同"捧"。后用"抱头鼠窜"形容遭受打击后狼狈逃窜的样子。宋·苏轼《拟作代侯公说项羽辞》:"夫陆贾,天下之辩士,吾前日遣之,智穷辞屈,抱头鼠窜,颠狈而归,仅以身免。"《三国演义》八八回:"孟获等抱头鼠窜,望本洞而去。"《儒林外史》三四回:"他便加鞭赶上,手执弹弓,好像暴雨打荷叶的一般,打的那些贼人一个个抱头鼠窜,丢了银鞘,如飞的逃命去了。"杨沫《青春之歌》二部四四章:"几个坏蛋一看情形不妙,全缩着脖子突破包围抱头鼠窜了。"

【抱头痛哭】bào tóu tòng kū 见"抱头大哭"。

【抱瓮灌园】bào wèng guàn yuán 《庄子·天地》载:孔子弟子子贡南游于楚,过汉阴时见一老人抱着瓮罐去浇菜,非常费力而收效不大。子贡建议他用机械汲水,被老人拒绝。老人认为,"有机械者必有机事,有机事者必有机心,机心存于胸中,则纯白不备。"后用"抱瓮灌园"比喻安于不用智巧的简朴生活。明·梁辰鱼《浣纱记·谈义》:"投竿垂饵,晦幽迹于渭滨,抱瓮灌园,绝机心于汉渚。"

【抱薪救火】bào xīn jiù huǒ 抱着柴草去救火。比喻采取不正确的方法去消除祸患,反而会加快祸患的蔓延。《战国策·魏策三》:"以地事秦,譬犹抱薪而救火也。"宋·王安石《上运使孙司谏书》:"常恐天下之势,积而不已,以至于此,虽力排之,已若无奈何,又从而为之辞,其与抱薪救火何异?"

【抱玉怀珠】bào yù huái zhū 见"抱玉握珠"。

【抱玉握珠】bào yù wò zhū 三国魏·曹植《与杨德祖书》:"当此之时,人人自谓握灵蛇之珠,家家自谓抱荆山之玉。"后用"抱玉握珠"比喻才华横溢、满腹经纶。《再生缘》一一回:"抱玉握珠真博学,经天纬地实奇英。"也作"抱玉怀珠"。《醒世恒言》卷四○:"当日所坐之人,与阎公对席者,乃新除洊州牧学士宇文钧,其间亦有赴任官,亦有进士刘祥道、张禹锡等。其他文词超绝、抱玉怀珠者百余人,皆是当世名儒。"

【抱子弄孙】bào zǐ nòng sūn　弄：引逗。指安享幸福的家庭生活。《晋书·石季龙载记下》："自非天崩地陷，当复何愁，但抱子弄孙，日为乐耳。"明·高明《琵琶记·义仓赈济》："上司来时，干我甚事？我自回去，抱子弄孙嬉他娘。"

【豹死留皮】bào sǐ liú pí　豹死以后皮可以留存下来。比喻人死后名声可以流传于世。《新五代史·王彦章传》："彦章武人不知书，常为俚语谓人曰：'豹死留皮，人死留名。'其于忠义，盖天性也。"

【豹头环眼】bào tóu huán yǎn　像豹子脑袋一样大的头，环形的眼睛。形容人长相威武。《水浒传》七回："那官人生的豹头环眼，燕颔虎须，八尺长短身材，三十四五年纪。"《三国演义》一回："玄德回视其人，身长八尺，豹头环眼，燕颔虎须，声若巨雷，势如奔马。"

【鲍鱼之肆】bào yú zhī sì　卖咸鱼的铺子。指腐臭污秽的低级场所。比喻恶人或小人聚集之地。《孔子家语·六本》："与恶人居，如入鲍鱼之肆，久而不闻其臭，亦与之化矣。"北齐·颜之推《颜氏家训·慕贤》："与恶人居，如入鲍鱼之肆，久而自臭也。"《明史·余珊传》："致陛下耳器目眩，忽不知其在鲍鱼之肆矣。"〔注意〕鲍，不能写作bāo。

【暴风疾雨】bào fēng jí yǔ　见"暴风骤雨"。

【暴风骤雨】bào fēng zhòu yǔ　暴：猛烈。骤：急速。来势急速而猛烈的风雨。《西游记》六九回："有雌雄二鸟，原在一处同飞，忽被暴风骤雨惊散。"刘白羽《第二个太阳》一七章："这是令人难受的季节，不像在江北那样，一下子暴风骤雨，一下子炎天酷暑。"也比喻猛烈的行动或浩大的声势。路遥《惊心动魄的一幕》一五："他躺在这里，感受着会场的暴风骤雨，内心里翻腾着惊涛骇浪……"也作

"暴风疾雨"。《儒林外史》三九回："那番子见势头勇猛，正要逃走。二百人卷地齐来，犹如暴风疾雨。"

【暴虎冯河】bào hǔ píng hé　暴虎：空手打虎。冯河：徒步涉河。《诗经·小雅·小旻》："不敢暴虎，不敢冯河；人知其一，莫知其他。"后用"暴虎冯河"比喻冒险蛮干，有勇无谋。《论语·述而》："暴虎冯河，死而无悔者，吾不与也。必也临事而惧，好谋而成者也。"《三国志·蜀书·诸葛亮传》南朝宋·裴松之注："凡为刺客，皆暴虎冯河，死而无悔者也。"元·关汉卿《鲁斋郎》四折："你休只管信口开合，絮絮聒聒。俺张孔目怎近肯缘木求鱼，鲁斋郎他可敢暴虎冯河。"也比喻果敢勇猛。北周·庾信《拟连珠》："盖闻势之所归，威之所假，必能系风捕影，暴虎冯河。"冰心《春水·赴敌》诗："家山何处？一别便成落花飞絮！等着些儿，让我写几个字儿，托一托寄书使。拜告慈亲，暴虎冯河，只为着无双誉。"〔注意〕冯，不读féng。

【暴戾恣睢】bào lì zì suī　暴：凶暴。戾：残忍。恣睢：放纵，任意胡作非为。形容凶暴残忍，横行无忌。《史记·伯夷列传》："盗蹠日杀不辜，肝人之肉，暴戾恣睢，聚党数千人横行天下。"蔡东藩、许廑父《民国通俗演义》九七回："小徐靠了老段势力，横行不法，暴戾恣睢，我若不为姑父复仇，如何对得住姻戚？"邓一光《我是太阳》四部六："失意使关山林有时心灰意懒，有时暴戾恣睢，性格反复无常。"也作"恣睢暴戾"。王火《战争和人》（一）卷一："那张脸比从前好像更冷酷、更加恣睢暴戾，更加带着一种腾腾的杀气。"〔注意〕睢，不能读作jū。

【暴露无遗】bào lù wú yí　暴露：显现出来。遗：遗漏。指完全显现出来，没有一点遗漏。周而复《上海的早晨》四部二二："现在守仁当着众人的面回到家里，

一切都暴露无遗了。她想止住，却又没法挽回，只好让徐义德问长问短。"

【暴虐无道】bào nüè wú dào　行为残暴凶狠，丧失道义。《晋书·桓彝传》："遂肆意酒色，暴虐无道，多所残害。"清·曹宗璠《荆轲客》："秦暴虐无道，故从大王，率天下诸侯灭秦。"

【暴殄轻生】bào tiǎn qīng shēng　暴：突然。殄：灭绝。轻生：不爱惜生命。指突然自杀身亡。《红楼梦》三三回："大约我近年于家务疏懒，自然执事人操克夺之权，致使生出这暴殄轻生的祸患。"〔注意〕殄，不能读作 zhēn。

【暴殄天物】bào tiǎn tiān wù　暴：残害。殄：灭绝。天物：自然界生存的万物。指任意残害各种生物。《尚书·武成》："今商王受无道，暴殄天物，害虐烝民。"唐·杜甫《又观打鱼》诗："吾徒胡为纵此乐，暴殄天物圣所哀。"也指不爱惜物品，任意挥霍浪费。《红楼梦》一〇六回："我帮夫助子，虽不能为善，亦不敢作恶。必是后辈儿孙骄侈暴侈，暴殄天物，以致合府抄检。"张贤亮《绿化树》一五："我甚至觉得有点'暴殄天物'，我的肚皮，是随便什么都可以填满的，何必要吃这么贵重的食品呢?"〔注意〕殄，不能读作 zhēn。

【暴跳如雷】bào tiào rú léi　暴跳：猛烈地跳起脚。形容盛怒时大喊大叫的样子。《野叟曝言》四四回："众人拤舌惊诧，眼睁睁地看着素臣，疑神疑鬼，鹘突不定。气得那长大汉子暴跳如雷，呆看一会，嗖哨一声，收兵疾走，霎时去尽，不留一个。"《官场现形记》五回："原想到的那一天就要接印，谁知到的晚了，已有上灯时分。把他急的暴跳如雷，恨不得立时就把印抢了过来。"严文井《春节忆父亲》："听到这情况，父亲马上暴跳如雷，抓起鸡毛掸子就满屋追着四弟打。"

【暴躁如雷】bào zào rú léi　暴躁：急躁。形容情绪急躁时大喊大叫的样子。《西游记》三四回："老魔听说，暴躁如雷道：'罢了! 罢了! 这就是孙行者假妆神仙骗去了!'那猴头神通广大，处处人熟，不知那个毛神，放他出来，骗去宝贝。'"《三侠五义》七五回："见了郭氏，暴躁如雷的道：'好呀，你这婆人，不管事轻重，竟敢擅放太守，是何道理?'"

【杯弓蛇影】bēi gōng shé yǐng　《太平御览》卷二三引汉·应劭《风俗通·怪神》："予之祖父郴为汲令，以夏至日诣见主簿杜宣，赐酒。时北壁上有悬赤弩照于杯，形如蛇。宣畏恶之，然不敢不饮。其日，便得胸腹痛切，妨损饮食，大用羸露，攻治万端不为愈。后郴因事过至宣家窥视，问其变故，云：'畏此蛇，蛇入腹中。'郴还听事，思惟良久，顾见悬弩，必是也。则使门下史将铃下侍徐扶辇载宣，于故处设酒，杯中故复有蛇，因谓宣：'此壁上弩影耳，非有他怪。'宣遂解，甚夷怿，由是瘳平。"后用"杯弓蛇影"形容疑神疑鬼，自相惊扰。清·纪昀《阅微草堂笔记·如是我闻四》："况杯弓蛇影，恍惚无凭，而点缀铺张，宛如目睹。"从维熙《临街的窗》中："儿子愣了片刻，终于悟出了爸爸的心思，解疑地笑着说：'爸爸，您看那栏杆是绿色的，不同于您……您何必'杯弓蛇影'!'"

【杯觥交错】bēi gōng jiāo cuò　觥：古代盛酒的杯子。交错：交叉，错杂。形容宴饮时相互举杯畅饮的热闹情景。《歧路灯》六回："五位客各跟家人到了，序齿而坐，潜斋、孝移相陪，杯觥交错。"王火《战争和人》（三）卷八："这种靠近火车站的旅馆，里边乱糟糟的。麻将声'噼噼啪啪'，有人在呼幺喝六，有人在杯觥交错地吃喝。"

【杯酒解怨】bēi jiǔ jiě yuàn　喝一杯酒就能够解除彼此之间的怨恨。形容性情憨直，不记旧仇。《新唐书·张延赏传》："吾武夫，虽有旧恶，杯酒间可解。儒者难犯，外睦而内含怒。今不许婚，衅未忘也。"

【杯盘狼藉】bēi pán láng jí　狼藉：杂乱的样子。桌上的杯盘放得乱七八糟。形容宴饮时或宴饮后筵席上的杂乱情景，也作"籍"。《史记·滑稽列传》："日暮酒阑，合尊促坐，男女同席，履舄交错，杯盘狼藉。"宋·苏轼《前赤壁赋》："肴核既尽，杯盘狼藉。"《醒世恒言》卷四："牡丹棚下，繁花烂熳，并无零落。草堂中杯盘狼籍，残羹淋漓。众人莫不吐吞称奇。"梁实秋《雅舍小品·喜筵》："男女分座，男的那边固然是杯盘狼藉叫嚣震天，女的那边也不示弱，另有一番热闹。"〔注意〕藉，不读 jiè。

【杯水车薪】bēi shuǐ chē xīn　用一杯水去救一车燃烧着的柴草。《孟子·告子上》："仁之胜不仁也，犹水胜火。今之为仁者，犹以一杯水救一车薪之火也。"后用"杯水车薪"比喻力量太小或东西太少，解决不了问题。明·徐光启《闻风愤激直献刍荛疏》："且寥寥数人，仅挟数器，杯水车薪，何济于事？"姚雪垠《李自成》二卷五二章："闯王问到龙门古迹的历史和近来香火情况，老和尚诉起苦来，说有些佛像受风雨剥蚀，损坏日多，虽然有檀越布施，但是杯水车薪，总不能将损坏的佛像都修补起来。"

【杯中之物】bēi zhōng zhī wù　杯中的东西。指酒。晋·陶潜《责子》诗："天运苟如此，且进杯中物。"《醒世恒言》卷二九："却说滁县知县，姓汪名岑，少年连第，贪酷无比，性复猜刻，又酷好杯中之物。"

【卑鄙无耻】bēi bǐ wú chǐ　品行低下，不知廉耻。《官场现形记》二七回："贾某总办河工，浮开报销，滥得保举。到京之后，又复花天酒地，任意招摇；并串通市侩黄某，到处钻营，卑鄙无耻。"茅盾《腐蚀·九月十五日》："他是走进我生活里的第一个卑鄙无耻的家伙，也是我和小昭分手以后所遇到的第一个懦夫，伪善者！"

【卑辞厚礼】bēi cí hòu lǐ　谦恭的言辞、丰厚的礼物。指对人谦卑恭顺。《后汉书·许劭传》："曹操微时，常卑辞厚礼求为己目。"《喻世明言》卷二一："勾践当年欲絜吴，卑辞厚礼破姑苏。"

【卑躬屈节】bēi gōng qū jié　卑躬：弯腰低头。屈节：丧失气节。形容巴结讨好别人，丧失了节操。《官场现形记》五五回："他那副卑躬屈节的样子，洋船上的人是早已看惯的了，都不以为奇。"《花月痕》五一回："贤才国家之宝，以鹰犬奴隶待之，将遁世名高；况令其卑躬屈节，启口以求一荐达？是不肖鄙夫之所为，而谓贤者为之乎！"宋云彬《朋友》："一方则满足于对方所给予的小恩小惠，又不看重自己的人格，卑躬屈节，胁肩谄笑，无所不至。"

【卑躬屈膝】bēi gōng qū xī　卑躬：弯腰低头。屈膝：下跪。形容巴结讨好，没有骨气。宋·魏了翁《江陵州丛兰精舍记》："公卿大臣皆卑躬屈膝唯后，虽谢安石之贤也，而犹不能免。"梁实秋《雅舍小品·送礼》："而送礼的人则必定是有求于人，惟恐人家不肯赏收，必定是卑躬屈膝春风满面、点头哈腰老半天，谁还狠得下心打笑脸人？"

【卑以自牧】bēi yǐ zì mù　卑：谦虚。牧：养。以谦虚的态度修养自己的身心。《周易·谦》："谦谦君子，卑以自牧也。"《史记·越王勾践世家》南朝宋·裴骃集解引虞翻曰："人道尚谦卑以自牧。"郭沫若《断断集·旋转乾坤论》："普天下的男子凡是在恋爱的时候，他的'卑以自牧'的情怀也不亚于张生。"

【悲不自胜】bēi bù zì shèng　胜(旧读 shēng)：禁受得住。悲伤得自己都禁受不住。形容非常悲痛。汉·荀悦《汉纪·平帝纪》:"太后因号泣而言,左右莫不垂涕,舜悲不自胜"。北周·庾信《哀江南赋序》:"《燕歌》远别,悲不自胜。"《二刻拍案惊奇》卷三七:"美人听罢,不觉惊叹道:'数年之好,止于此乎? 郎宜自爱,勉图后福,我不得伏侍左右了!'歔歔泣下,悲不自胜。"

【悲从中来】bēi cóng zhōng lái 中:内心。悲伤从内心发出来。《野叟曝言》一四一回:"素臣闻言,不觉悲从中来,泪随声下,诸臣亦感泣涕零,商议丧仪诸事。"欧阳山《三家巷》一四五:"何守礼在这个绝望的时刻,忽然碰到一个关心她的人,还跟她这样兜搭,这样推心置腹,不禁悲从中来,哇的一声哭了。"

【悲愤填膺】bēi fèn tián yīng 填:充满。膺:胸。悲伤与愤恨的感情充满胸中。臧克家《怎样评价人物? ——学习鲁迅的科学态度》:"闻先生,热爱祖国,同情人民,眼看民族衰败,民生涂炭,忧心忡忡,捶胸顿足,呕心痛哭,悲愤填膺。"韬奋《萍踪忆语·在柏明汉》:"他谈到这里,和他共患难的那位夫人更是追想往事,悲愤填膺,气得什么似的。"

【悲欢离合】bēi huān lí hé 悲伤和欢乐,离散与团聚。泛指人生的各种遭遇和各种心情。宋·苏轼《水调歌头·丙辰中秋兼怀子由》词:"人有悲欢离合,月有阴晴圆缺,此事古难全。"《二十年目睹之怪现状》一〇八回:"悲欢离合廿年事,隆替兴亡一梦中。"老舍《四世同堂》八三:"北平或者永久不会变,永远是那么安静美丽,像神仙似的,不大管人间的悲欢离合。"也作"离合悲欢"。《红楼梦》一回:"空空道人乃从头一看,原来就是无材补天,幻形入世,蒙茫茫大士、渺渺真人携入红尘,历尽离合悲欢炎凉世态的一段故事。"王火《战争和人》(二)卷八:"月有阴晴圆缺,人有离合悲欢。战火燃烧蔓

延,人间的生离死别就加剧了进程增大了数量。"

【悲天悯人】bēi tiān mǐn rén 天:天命,指时世。悲叹时世的艰险,同情百姓的疾苦。形容对社会腐败现象的不满和对百姓痛苦生活的同情。《老残游记》一一回:"要知这两卦的分别就在'阴''阳'二字上。坎水是阳水,所以就成个'水火既济',吉卦;兑水是阴水,所以成了个'泽火革',凶卦。坎水阳德,从悲天悯人上起的,所以成了个既济之象。"茅盾《腐蚀·十二月二十六日》:"干么要我一个人悲天悯人,哭丧着脸? 胡闹就胡闹。"杨沫《青春之歌》一部六章:"在她给余永泽和王晓燕的信中充满了悲天悯人和郁郁寡欢的情绪。"

【悲痛欲绝】bēi tòng yù jué 欲:将要。绝:气绝,指断气。悲痛得将要断气了。形容非常悲痛。欧阳山《三家巷》一五六:"胡杏心里非常明白,她往前走一步,她离开这个沉睡的婴儿就远了一步,敌人离这个沉睡的婴儿就更近了一步。这时候,她觉得依依难舍,悲痛欲绝。"朱其铠《聊斋志异》前言一:"康熙五十二年他的夫人刘氏去世,蒲松龄悲痛欲绝,亲撰《述刘氏行实》,寄托哀思。"

【悲喜交集】bēi xǐ jiāo jí 悲哀同喜悦两种感情在心中交织在一起。《晋书·王廙传》:"当大明之盛,而守局遐外,不得奉瞻大礼,闻问之日,悲喜交集。"《喻世明言》卷四〇:"到了浙江绍兴府,孟春元领了女儿孟氏,在二十里外迎接。一家骨肉重逢,悲喜交集。"《红楼梦》一一四回:"贾政有服不能远接,在外书房门口等着。那位甄老爷一见,便悲喜交集。"欧阳山《三家巷》一九六:"大家又问起周炳、胡杏两个人这十年来的经历,真是悲喜交集。"也作"悲喜交加"。刘白羽《第二个太阳》三章:"陈文洪刚从沉睡中醒来,眼光有点模糊,但一见老首长,真是

百感齐集,悲喜交加。"

【悲喜交加】bēi xǐ jiāo jiā　见"悲喜交集"。

【北门管钥】bēi mén guǎn yuè　见"北门锁钥"。

【北门锁钥】bēi mén suǒ yuè　《左传·僖公三十二年》:"郑人使我掌其北门之管,若潜师以来,国可得也。"管:类似现在的锁钥。后用"北门锁钥"比喻军事重镇。宋·王君玉《国老谈苑》卷二:"寇准镇大名府,北使道由之,谓公曰:'相公望重,何以不在中书?'准曰:'主上以朝廷无事,北门锁钥,非准不可。'"也作"北门管钥"。清·黄遵宪《冯将军歌》:"北门管钥赖将军,虎节重臣亲拜疏。"

【北面称臣】bēi miàn chēng chén　古代君主面向南而坐,臣子拜见时则面向北。因以"北面称臣"指向别人臣服。《史记·郦生陆贾列传》:"君王宜郊迎,北面称臣。"晋·孙楚《为石仲容与孙皓书》:"追慕南越,婴齐入侍,北面称臣,伏听告策。"

【北讨南征】bēi tǎo nán zhēng　形容转战各处,经历了很多次战斗。《水浒传》一〇〇回:"感得天子赦罪招安,北讨南征,建立功勋,今已姓扬名显,天下皆闻。"

【贝阙珠宫】bèi què zhū gōng　阙:宫门前两边的楼。用贝壳和珍珠装饰的宫阙。形容装饰豪华、富丽堂皇的宫殿。战国楚·屈原《九歌·河伯》:"鱼鳞屋兮龙堂,紫贝阙兮朱宫。"明·无名氏《庆长生》四折:"你看那香焚宝鼎,紫雾漾漾,玉楼金殿,贝阙珠宫,便如天宫之景也。"

【备而不用】bèi ér bù yòng　准备好了而暂时不用,以便应付紧急情况。《糊涂世界》九回:"虽说备而不用,到得那时候,听凭兵丁造一句谣言,开上几排枪,那人可就死了不少。"

【背槽抛粪】bèi cáo pāo fèn　像牲畜那样刚吃了槽里的食,就背过身拉屎。比喻以怨报德、忘恩负义。元·关汉卿《调风月》一折:"一个个背槽抛粪,一个个负义忘恩。"

【背城借一】bèi chéng jiè yī　背靠守卫的城池,凭借它与敌人决一死战。指与敌人作最后的决战。《左传·成公二年》:"请收合馀烬,背城借一。"清·纪昀《阅微草堂笔记·槐西杂志四》:"盖侵扰无已,势不得不铤而走险,背城借一。"也指作最后一次努力或拼搏。《孽海花》二四回:"辇如自以为用了背城借一的力量,必然有旋转乾坤的功劳,谁知一帖不灵,两帖更凶,到了第三日,爽性药都不能吃了。"韦君宜《牺牲者的自白》:"幸亏在万分危急之中,我的理智还不肯服输,它背城借一的坚决战斗。"

【背城一战】bèi chéng yī zhàn　背靠着守卫的城池与敌人决一死战。《左传·哀公十一年》:"一子帅师背城而战,不属者,非鲁人也。"《三国演义》一一八回:"谌叩头哭曰:'若势穷力极,祸败将及,便当父子君臣背城一战,同死社稷,以见先帝可也。奈何降乎!'"《东周列国志》七七回:"吴师犹不肯退,必欲灭郑,以报太子之仇。诸大夫请背城一战,以决存亡。"也指作最后一次努力或拼搏。茅盾《子夜》一五:"我主张今晚上拼命,拼命去发动,明天再冲厂,背城一战!即使失败了,我们也是光荣的失败!"

【背道而驰】bèi dào ér chí　背:逆着。道:道路。向着相反的道路奔驰。唐·柳宗元《杨评事文集后序》:"其余各探一隅,相与背驰于道者,其去弥远。"后用"背道而驰"比喻彼此方向目标完全相反。也比喻背离正确的目标,朝相反的方向走。宋·叶适《庄子》:"又变于俗而趋于利,故其势不得不背道而驰,则君子哀之可也。"鲁迅《坟·从胡须说到牙齿》:

"道学先生于是乎从而禁之,虽然很像背道而驰,其实倒是心心相印。"

【背恩忘义】 bèi ēn wàng yì 背弃恩德,忘了道义。《汉书·张敞传》:"背恩忘义,伤化薄俗。"《警世通言》卷三〇:"小女蒙活命之恩,岂敢背恩忘义。"也作"背义忘恩"。《西游记》附录:"我儿为功名到此,我只道他背义忘恩,那知他被人谋死!"

【背井离乡】 bèi jǐng lí xiāng 背:离开。井:古制八家为井,这里指家宅。指被迫离开家乡,到外地求生。《水浒传》三六回:"只有父亲年纪高大,我又不能尽人子之道,累被官司缠扰,背井离乡而去。"《警世通言》卷三〇:"爹娘止生得我一人,从小寸步不离,何期今日死于他乡!早知左右是死,背井离乡,着什么来!"刘绍棠《村妇》卷一:"杜大活驴傻大黑粗缺心眼儿,不是好色之徒却落了个调戏东家小姐的罪名,只有背井离乡外逃。"也作"离乡背井"。元·关汉卿《金线池》三折:"我依旧安业着家,他依旧离乡背井。"《镜花缘》四八回:"我现在离乡背井,孑然一身,将来得能附骥,考个才女,心愿足矣。"高云览《小城春秋》一五章:"工作使四敏离乡背井,到一个偏僻的乡村去当小学教员。"

【背山起楼】 bèi shān qǐ lóu 靠着山建楼房。指遮住好景致,大杀风景。唐·李商隐《杂纂》卷上:"杀风景:花下晒裈,背山起楼。"宋·胡仔《苕溪渔隐丛话前集·西昆体》:"盖以文滑稽者,其一曰杀风景,谓清泉濯足,花上晒裈、背山起楼、烧琴煮鹤、对花啜茶、松下喝道。"

【背水一战】 bèi shuǐ yī zhàn 背水:背靠河水。《史记·淮阴侯列传》载:汉将韩信率军队攻打赵国,命令背水为阵,断绝了退路,迫使将士拼死作战,结果大败赵军。后用"背水一战"指决一死战。宋·秦观《将帅》:"韩信之击赵,非素拊循

士大夫也,背水一战而擒赵王歇,斩成安君,是不在乎任之久近也。"魏巍《火凤凰》六:"他想来想去,只剩下一个办法,就是亲自找那个老家伙讲理,看看他能不能对自己的女儿放行。他明知这样未必成功,但事已至此,只有背水一战。"

【背信弃义】 bèi xìn qì yì 信:信用。义:道义。违背信用,抛弃道义。指不守信用和道义。邓一光《我是太阳》四部五:"对于那些背信弃义的家伙,你最好的办法就是对着他的屁股狠踢两脚。"王安忆《叔叔的故事》:"在他无家可归的日子里,妻子收留了他,以她的情爱哺育了他屡弱的身心。如今他健壮了,便要离家远行,这确有一股忘恩负义、背信弃义的味道。"

【背义忘恩】 bèi yì wàng ēn 见"背恩忘义"。

【倍道兼行】 bèi dào jiān xíng 道:路程。兼:加倍。一天走完两天的行程。指加倍赶路。《管子·禁藏》:"其商人通贾,倍道兼行,夜以续日,千里而不远者,利在前也。"《晋书·景帝纪》:"倍道兼行,召三方兵,大会于陈许之郊。"

【悖逆不轨】 bèi nì bù guǐ 悖逆:违背正道。不轨:不合法纪。指违背正道,不遵守法纪。汉·桓宽《盐铁论·本史》:"甚悖逆不轨,宜诛讨之日久矣。"

【悖入悖出】 bèi rù bèi chū 悖:不正当。《礼记·大学》:"是故言悖而出者,亦悖而入;货悖而入者,亦悖而出。"后用"悖入悖出"指不正当得来的财物,也会不正当地被拿走。清·杨潮观《吟风阁杂剧·汲长孺矫诏发仓》:"虽然衙门里的事,到处官清私暗,从来阳奉阴违,就是悖入悖出,也须好去好来,谁知陪着我小忠小信,不得他大慈大悲。"也指以悖乱的方式对人,必然遭到悖乱的报应。清·纪昀《阅微草堂笔记·槐西杂志四》:"神

以为悖入悖出，自作之愆；杀人人杀，相酬之道，置不为理也。”

【奔流不息】bēn liú bù xī　水流奔腾而不停止。孙犁《白洋淀纪事·碑》："他好像又看见那一小队从这铺满小麦的田地里滚过来，纵身到这奔流不息的水里。"也形容运动着的事物永不停息。王蒙《青春万岁》三〇："为什么郑波不能够静静地享受这奔流不息的生活的美妙？为什么她的心不能平静？"

【奔走呼号】bēn zǒu hū háo　一面奔跑，一面喊叫。《痛史》一七回："沿海居民，看见大队鞑船塞海而来。一时奔走呼号，哭声遍野，扶老携幼；弃业抛家，都往内地乱窜。"也形容为寻求援助而到各处奔走呼吁。周作人《雨天的书·大人之危害》及其他："然而目下那些热心的人急急皇皇奔走呼号，好像是大难临头，不知到底怕的是什么。"杨沫《青春之歌》二部四〇章："我见到我的好些学生这些天为了挽救危急的祖国，那种奔走呼号、废寝忘食的情况，真叫我这老头子忍不住流下眼泪来！"〔注意〕号，不读hào。

【奔走如市】bēn zǒu rú shì　市：集市。奔走的人多得就像赶集市一样。形容为某种目的而奔忙的人很多。《喻世明言》卷四〇："官员求富贵者，以重赂献之，拜他门下做干儿子，即得超迁显位。由是不肖之人，奔走如市，科道衙门，皆其心腹牙爪。"

【奔走相告】bēn zǒu xiāng gào　奔跑着互相转告。宋·张孝祥《寿芝颂代摠府居士上郑漕》："诏下之日，淮民欢呼，奔走相告，自州达之县，自县达之田里，自田里达之穷岩幽谷。"梁实秋《雅舍小品·洋罪》："结婚只是男女两人的事，对别人无关，而别人偏偏最感兴趣。启事一出，好事者奔走相告，更好事者议论纷纷，尤好事者拍电致贺。"周而复《上海的早晨》

四部一二："这次政府调整商业，大家听到消息，喜形于色，奔走相告。"

【奔走之友】bēn zǒu zhī yǒu　指彼此能为对方效力的朋友。《后汉书·何颙传》："袁绍慕之，私与往来，结为奔走之友。"唐·牛僧孺《玄怪录·来君绰》："炀帝尽欲诛其诸子，君绰忧惧连株，因与秀才罗巡、罗逊、李万进结为奔走之友，共亡命至海州。"

【本来面目】bēn lái miàn mù　原为佛教用语。指人本来就具有的心性。《景德传灯录·袁州蒙山道明禅师》："祖曰：'不思善，不思恶，正恁么时，阿那个是明上座本来面目。'"后指事物原来的样子或状况。宋·苏轼《老人行》："一任秋霜换鬓毛，本来面目长如故。"《喻世明言》卷二九："你要识本来面目，可去水月寺中寻玉通禅师，与你证明。"鲁迅《且介亭杂文·门外文谈》："这一润色，留传固然留传了，但可惜的是一定失去了许多本来面目。"

【本末倒置】bēn mò dào zhì　本：树根。末：树梢。比喻把事情的轻重主次颠倒了过来。宋·朱熹《答吕伯恭》："昨所献疑，本末倒置之病，明者已先悟其失。"叶文玲《藤椅》："必不可少的两张床，不能动——为了椅子竖床板，岂不本末倒置？"

【本同末异】bēn tóng mò yì　本：本源。末：末流。比喻本源相同而派生出来的末流不同。也比喻事物的开头相同而结果不同。三国魏·曹丕《典论·论文》："夫文，本同而末异。"晋·卢谌《赠刘琨书》："盖本同末异，杨朱兴哀；始素终玄，墨翟垂涕。"

【本乡本土】bēn xiāng běn tǔ　指本地或家乡。《红楼梦》一〇〇回："就是本乡本土的人，除非不做官还使得，若是做官的，谁保得住总在一处。"《儿女英雄传》二一回："从不曾听见说那里是姑娘的本乡本土,方才说要扶柩回乡,却是怎讲?"刘绍棠《京门脸子》:"有的到察哈尔贩牲口,有的到热河省种鸦片烟,比在本乡本土扛长工当佃户,收入多十倍。"

【本小利微】běn xiǎo lì wēi　本钱不多,获利微薄。毛泽东《中国社会各阶级的分析》:"小贩不论肩挑叫卖,或街畔摆售,总之本小利微,吃着不够。"

【本性难移】běn xìng nán yí　移:改变。指人原来的个性难以改变。元·尚仲贤《柳毅传书》楔子:"想他每无恩义本性难移。着我向野田衰草残红里,离凤阁,近渔矶。"施力《荣荣》:"你怎么还是毛手毛脚的毛头孩儿呐,真是本性难移。"

【笨鸟先飞】bèn niǎo xiān fēi　比喻能力差的人做事时恐怕落在后面而提早行动。元·关汉卿《陈母教子》一折:"我似那灵禽在后,你这等坌鸟先飞。"坌:同"笨"。孙新世《魂兮依我影,魂兮和我声》:"他怕辜负了党的信任和委托,常说自己要'笨鸟先飞',兢兢业业,宁肯花双倍努力,以求得到实际效果。"

【笨手笨脚】bèn shǒu bèn jiǎo　形容人动作粗笨,不灵巧。欧阳山《三家巷》一〇二:"胡杏说:'你自己又不想一想那个笨手笨脚的样子,能把一棵树种活么?'"张贤亮《邢老汉和狗》二:"一会儿,要饭的女人看出了这个老汉做饭时笨手笨脚,就小声地说:'大爷,你要不嫌弃,我来做这顿饭吧。'"

【笨嘴笨腮】bèn zuǐ bèn sāi　腮:腮帮子。形容说话能力差,没口才。《红楼梦》五四回:"凤姐笑道:'好的,幸而我们都笨嘴笨腮的,不然也就吃了猴儿尿了。'"也作"笨嘴拙腮"。刘心武《钟鼓楼》六章:"薛纪跃的大姑和詹丽颖一左一右地坐在她身边,劝慰着她。大姑笨嘴拙腮,詹丽颖粗声大气,都不得要领。"也作"拙口钝腮"。《西游记》四三回:"二

哥,你和我一般,拙口钝腮,不要惹大哥热擦。"钱钟书《围城》三:"方鸿渐平日爱唐小姐聪明,这时候只希望她拙口钝腮,不要这样咄咄逼人。"

【笨嘴笨舌】bèn zuǐ bèn shé　见"笨嘴拙舌"。

【笨嘴拙腮】bèn zuǐ zhuó sāi　见"笨嘴笨腮"。

【笨嘴拙舌】bèn zuǐ zhuó shé　形容人说话能力差,口才不好。老舍《四世同堂》八一:"她笨嘴拙舌的把这个决定首先告诉了韵梅。"也作"笨嘴笨舌"。路遥《人生》(上)一〇章:"他一进亲家的院子,看见他们家四个女人都在哭。刘立本已经不见了踪影。他的大儿子正笨嘴笨舌劝一顿丈母娘,又劝一顿小姨子。"

【逼良为娼】bī liáng wéi chāng　逼迫良家妇女当娼妓。刘绍棠《草莽》二:"'我一个子儿也不花!'桑铁瓮勃然大怒,'领走我的侄女儿,还要告你们买卖人口,逼良为娼。'"

【逼上梁山】bī shàng liáng shān　《水浒传》中英雄好汉有很多都是被逼迫而上梁山造反的。后用"逼上梁山"比喻被迫进行反抗。姚雪垠《李自成》二卷三九章:"官府豪绅必欲置我于死地,硬将我逼上梁山。"也比喻不得已而去做某事。谢冰心《谈点读书与写作的甘苦》:"我小时候看书,是逼上梁山的,哪个小孩子愿意整天坐在家里看书呢?"

【鼻青脸肿】bí qīng liǎn zhǒng　鼻子发青,脸肿起。形容脸部伤势很重。《三侠五义》四四回:"这恶雄原想着是个暗算,趁着军官作下揖去,不能防备,这一脚定然鼻青脸肿。"沈从文《湘行散记·一个戴水獭皮帽子的朋友》:"从五岁起就欢喜同人打架,为一点儿小事,不管对面的一个大过他多少,也一面辱骂一面挥拳打去。不是打得人鼻青脸肿,就是被

人打得满脸血污。"李英儒《野火春风斗古城》二一章："两人夜来跌的鼻青脸肿，加上彻夜没合眼，脸色青中套黄，实在灰溜溜的难看。"

【鼻息如雷】bí xī rú léi　鼻息:鼾声。鼾声响得像打雷。形容睡意正浓。宋·沈括《梦溪笔谈》卷九："上意乘舆方渡河，房骑充斥至于城下，人情汹汹。上使人微觇准所为，而准方酣寝于中书，鼻息如雷。"《东周列国志》四九回："二人抵体穿衣，相与入竹林中，看时，懿公正在熟睡，鼻息如雷，内侍守于左右。"钱钟书《围城》五："我昨天累了，可是你这样不饶人，天罚你将来娶一个鼻息如雷的老婆，每天晚上在你枕头边吹喇叭。"

【匕鬯不惊】bí chàng bù jīng　匕鬯:匕是古代的一种勺子，鬯是古代祭祀时用的一种酒，匕鬯指宗庙祭祀。《周易·震》："震惊百里，不丧匕鬯。"意思是军队威震四方，但宗庙祭祀活动照常进行，不受干挠。后用"匕鬯不惊"形容军队纪律严明，所到之处，社会安定，百姓不受惊扰。唐·杨炯《益州温江县令任君神道碑》："出身事主，元良永固于万邦，束发登朝，匕鬯不惊于百里。"茅盾《路》："上游到沙市，下游到武穴，节节红旗飞舞，战火弥漫。只这武阳夏数十里周围算是'匕鬯不惊'，然而有人满之患。"

【比比皆是】bǐ bǐ jiē shì　比比:到处。到处都是。形容非常多。宋·罗大经《鹤林玉露》卷一："自后世惡直好佞，以直言贾祸者比比皆是。"《红楼梦》二回："清明灵秀之气所秉者，上自朝廷，下及草野，比比皆是。"梁实秋《雅舍小品·敬老》："敬老尊贤四个字是常连用的，其实老未必皆贤，老而不死者比比皆是，贤亦未必皆老，不幸短命死矣的人亦实繁有徒，惟有老而且贤，贤而且老，才真值得受人尊敬。"

【比而不党】bǐ ér bù dǎng　比:亲近。党:偏袒。亲近而不偏袒。《国语·晋语五》："吾闻事君者，比而不党。"《东周列国志》四八回："厥既至，盾乃降席而礼之曰:'吾闻事君者，比而不党。子能执法如此，不负吾举矣。勉之!'"

【比而不周】bǐ ér bù zhōu　比:勾结。周:团结。指小人为私利而勾结在一起而不是为正义而团结在一起。《论语·为政》："君子周而不比，小人比而不周。"

【比肩而立】bǐ jiān ér lì　比肩:肩膀紧靠着肩膀。肩并肩地站在一起。比喻距离很近。《战国策·齐策三》："寡人闻之，千里而一士，是比肩而立;百世而一圣，若随踵而至。"宋·陈亮《贺周丞相启》："虽使间世而生，何异比肩而立。"

【比肩而事】bǐ jiān ér shì　比肩:肩膀靠着肩膀。事:侍奉。指共同侍奉。宋·苏轼《论项羽范增》："方羽杀卿子冠军，增与羽比肩而事义帝，君臣之分未定也。"

【比肩继踵】bǐ jiān jì zhǒng　比肩:肩并着肩。踵:脚后跟。肩并着肩，后面人的脚尖紧挨着前面人的脚跟。形容人很多，非常拥挤。《晏子春秋·杂下》："临淄三百闾，张袂成阴，挥汗成雨，比肩继踵而在，何为无人?"《艺文类聚》卷三八引汉·王粲《荆州文学记·官志》："比肩继踵，川逝泉涌。"也作"比肩接踵"。萧三《秋风秋雨话秋白》："秋白同志讲课生动活泼、深入浅出，听课的人往往屋里屋外、窗前门口比肩接踵，十分踊跃。"

【比肩接踵】bǐ jiān jiē zhǒng　见"比肩继踵"。

【比上不足，比下有余】bǐ shàng bù zú, bǐ xià yǒu yú　与高的相比显得不够，与低的相比显得有余。指处于中等地位。汉·赵岐《三辅决录》："上比崔杜不足，下方罗赵有余。"《石点头》四回:"我想爹爹虽则去世，幸喜还挣得这些田产，比上不足，比下有余，将就度日子罢了。”陈登科《赤龙与丹凤》一：“比上不足，比下有余。你倒楣，总比别人好些呵。”

【比手划脚】 bǐ shǒu huà jiǎo 见“指手画脚”。

【比屋而封】 bǐ wū ér fēng 比屋：屋子连着屋子。指贤人很多，几乎家家都可以封爵封地。形容教化遍及天下，人民淳朴贤良。汉·陆贾《新语·无为》：“尧舜之民，可比屋而封；桀纣之民，可比屋而诛者，教化使然也。”《晋书·段灼传》：“臣推此以广其义，舜弹五弦之琴，咏《南风》之诗，而天下自理，由尧人可比屋而封也。”

【比物连类】 bǐ wù lián lèi 比：比较。《韩非子·难言》：“多言繁称，连类比物。则见以为虚而无用。”后多作“比物连类”，指连缀相类的事物进行比较。《史记·鲁仲连邹阳列传论》：“邹阳辞虽不逊，然其比物连类，有足悲者，亦可谓抗直不桡矣。”

【比翼连枝】 bǐ yì lián zhī 比翼：比翼鸟，传说只有一目一翼，雌雄并在一起才能飞。连枝：连理枝，根不同而枝连生在一起的树木。唐·白居易《长恨歌》：“在天愿作比翼鸟，在地愿为连理枝。”后用“比翼连枝”比喻夫妻恩爱，形影不离。明·谢谠《四喜记·大宋毕姻》：“但愿你百岁夫妻长好，比翼共连枝，无异般。”

【比翼双飞】 bǐ yì shuāng fēi 比翼：翅膀紧挨着翅膀，这里指比翼鸟。比喻夫妻恩爱情深。晋·陆机《拟西北有高楼》诗：“不怨伫立久，但愿歌者欢；思驾归鸿羽，比翼双飞翰。”明·朱权《卓文君》四折：“不是妾身多薄幸，只因司马太风骚，效神凤，下丹霄，比翼双飞上泬寥。”邓一光《我是太阳》一部六：“你们夫妻俩比翼双飞，共同进步，这是一件大好事。”

【彼此彼此】 bǐ cǐ bǐ cǐ 指互相都一样，没有什么差别。钱钟书《围城》九：“我是靠亲戚，你呢？没有亲戚可靠，靠你的朋友，咱们俩还不是彼此彼此？”

【彼一时，此一时】 bǐ yī shí, cǐ yī shí 那是一个时候，这又是一个时候。指时间不同，情况也就不同，不能相提并论。《孟子·公孙丑下》：“彼一时，此一时也。五百年必有王者兴，其间必有名世者。”《史记·滑稽列传》：“彼一时也，此一时也，岂可同哉！”《三国演义》二回：“彼一时，此一时也。昔秦、项之际，天下大乱，民无定主，故招降赏附，以劝来耳。今海内一统，惟黄巾造反；若容其降，无以劝善。”鲁迅《准风月谈·“揩油”》：“然而彼一时，此一时，如果三等客中有时偶然缺一个铜元，你却只好在目的地以前下车，这时他就不肯通融，变成洋商的忠仆了。”李英儒《野火春风斗古城》一〇章：“彼一时，此一时，我现在顾不了那么多。”

【笔饱墨酣】 bǐ bǎo mò hān 酣：酣畅，流畅。形容文章或书法流畅雄浑，很有气势。清·陈廷焯《白雨斋词话》卷六：“张孝祥《六州歌头》一阕，淋漓痛快，笔饱墨酣，读之令人起舞。”杨静远《夏洛蒂·勃朗特小说中的爱情主题》：“作者怀着深情，笔饱墨酣地着意刻画雪莉的美。”也作“笔酣墨饱”。钱钟书《围城》六：“他写给外交部那位朋友的信，信封虽然不大，而上面开的地址‘外交部欧美司’六字，笔酣墨饱，字字端楷，文盲在黑夜里也该一目了然的。”

【笔底生花】 bǐ dǐ shēng huā 唐·冯贽《云仙杂记》卷一〇：“李太白少梦笔头生花，后天才赡逸，名闻天下。”后用“笔底生花”形容文章写得非常出色。刘绍棠《京门脸子》：“北大胸有成竹，本人笔底生花。”

【笔酣墨饱】 bǐ hān mò bǎo 见“笔饱墨酣”。

【笔力扛鼎】bǐ lì gāng dǐng　扛：举。笔下的力量能举起大鼎。形容文章雄健有力。唐·韩愈《病中赠张十八》诗："龙文百斛鼎，笔力可独扛。"〔注意〕扛，不读 káng。

【笔墨官司】bǐ mò guān sī　比喻通过写文章进行的争论。茅盾《我走过的道路》："大量的社会活动使我无暇也无意再去打这种笔墨官司。"

【笔扫千军】bǐ sǎo qiān jūn　形容文章写得好，没有敌手。元·无名氏《醉写赤壁赋》二折："他两个文施翰墨，笔扫千军，临危世乱，势尽时休。"

【笔走龙蛇】bǐ zǒu lóng shé　形容书法或文章洒脱雄健，很有气势。唐·李白《草书歌行》："恍恍如闻神鬼惊，时时只见龙蛇走。"《喻世明言》卷三〇："本贯河南太原府人氏，俗姓王，自幼聪明，笔走龙蛇，参禅访道，出家在本处沙陀寺，法名明悟。"魏巍《火凤凰》四九："他的书法一向很好，可谓笔走龙蛇，意气纵横，天虹觉得看他写字也是一种艺术享受。"

【俾昼作夜】bǐ zhòu zuò yè　俾：使。把白天当夜晚。指昼夜颠倒、生活荒唐。《诗经·大雅·荡》："式号式呼，俾昼作夜。"《文明小史》四四回："又说他每天总要睡到下午才起来，有俾昼作夜，公事废弛各等语。"

【币重言甘】bì zhòng yán gān　币：礼物。礼物丰厚，言辞美好动听。指用重礼和好听的言辞拉拢人。《左传·僖公十年》："币重而言甘，诱我也。"《晋书·王敦传》："币重言甘，古人所畏。"

【必不得已】bì bù dé yǐ　已：止。一定不能够停止。表示为形势所迫，非这样做不可。《论语·颜渊》："子贡问政。子曰：'足食、足兵、民信之矣。'子贡曰：'必不得已而去，于斯三者何先？'曰：'去兵。'"唐·权德舆《世祖封不义侯》："布之威怀，革其非心，必不得已，则仗大顺以讨之，出师以征之。"

【必恭必敬】bì gōng bì jìng　《诗经·小雅·小弁》："维桑与梓，必恭敬止。"意思是桑与梓为父母所种植，看见了桑梓而引起对父母的思念，因而一定产生恭敬之心。后用"必恭必敬"形容十分恭敬有礼貌。清·钱泳《履园丛话·朱文正公逸事》："朱文正公相业巍巍，莫不称为正人君子。待人接物必恭必敬，晚年益自刻厉，宏奖人材。后辈门生，仰之如泰山北斗。"老舍《四世同堂》六六："一群'干女儿'都必恭必敬的向她敬礼，每人都递上来一卷钞票。"赵树理《李有才板话》七："老秦舀了一碗汤面条，必恭必敬双手捧给老杨同志道：'吃吧先生！到咱穷人家吃不上什么好的，喝口汤吧！'"也作"毕恭毕敬"。周立波《暴风骤雨》一部二："他吃过饭在屯里蹓跶，对于穷人的毕恭毕敬的招呼从不理睬，而对于有钱的人，有说有笑，但也绝不吐露一句心里话。"

【必由之路】bì yóu zhī lù　由：经过。必须经过的道路或地方。《二刻拍案惊奇》卷二四："且说这条巷中间，有一个小庵，乃自实家里到缪家必由之路。"《镜花缘》一〇回："多九公道：'巫咸乃必由之路，将来林兄亦要在彼卖货，带去甚便。'"后也指事物的发展必须遵循的途径。王火《战争和人》(三)卷八："我从小爱国，这些年来忧国忧民，一直在寻找救国出路，一直在追求一种崇高的理想和信念，一直想献身于一种壮丽的事业，走历史必由之路。"

【必争之地】bì zhēng zhī dì　指敌对双方必定争夺的战略要地。《周书·王悦传》："白马要冲，是必争之地。今城守寡弱，易可图也。"宋·杨亿《论灵州事宜》："若灵武于贼有大利，即是必争之地。"

【毕恭毕敬】bì gōng bì jìng　见"必恭

必敬"。

【毕其功于一役】 bì qí gōng yú yī yì
毕:完成。一役:指一次行动。一次行动
便完成本应分期做完的事情。孙中山
《〈民报〉发刊词》:"吾国治民生主义者,
睹其祸害于未萌,诚可举政治革命、社会
革命毕其功于一役。"

【闭关锁国】 bì guān suǒ guó 关闭关
口,封锁国门。指不与外国来往。也泛
指与外界隔绝。陈翰笙《面向世界必须
了解世界》:"建国三十年来,我们的国家
还这么穷,还有许多工作没有做好,原因
固然很多,但是,没有很好的研究别国的
历史,借鉴外国的经验教训,也是一个因
素。我们闭关锁国,孤陋寡闻,重复了别
国犯过的一些错误,不免走了一些弯
路。"周扬《关于马克思主义的几个理论
问题的探讨》:"面临这种新形势和新情
况,我们不能固步自封,采取过去那种闭
关锁国的政策"。

【闭关自守】 bì guān zì shǒu 关闭关
口,防守自卫。指不与别国交往。隋·卢
思道《北齐兴亡论》:"三秦勃敌,闭关自
守。"《新编五代史平话·周史上》:"无事
则民勤于耕稼,有事则民习于
弓矢,以莅武事。此真霸王之资也。闭
关自守,又何忧乎?"也比喻与外界隔绝,
不愿接受新事物的影响。严文井《儿童
书和我的家族》:"中国的八十年代令人
眼花缭乱,闭关自守的状况开始改变,人
们的价值观念发生了很大的变化,而且
各不相同。"

【闭口无言】 bì kǒu wú yán 见"哑口
无言"。

【闭门羹】 bì mén gēng 羹:用肉或菜
熬成的带汁的食物。登门拜访遭主人拒
之门外,或主人不在未能被邀进门内,
叫做吃闭门羹。唐·冯贽《云仙杂记》卷
一:"史凤,宣城妓也。待客以等差……
下列不相见,以闭门羹待之。"《孽海花》

一三回:"尚书礼贤下士,个个接见,只有
会元公来了十多次,总以闭门羹相待。"
张恨水《啼笑因缘》六回:"何小姐家里是
很文明的,她有的是男朋友去拜访,决不
会尝闭门羹的。"

【闭门却扫】 bì mén què sǎo 却:停
止。关上大门,停止打扫。表示闭门谢
绝客人,不与亲友交往。汉·应劭《风俗
通·十反》:"蜀郡太守颍川刘胜季陵,去
官在家,闭门却扫,岁致敬郡县,答问而
已。"宋·苏轼《黄州安国寺记》:"舍馆粗
定,衣食稍给,闭门却扫,收召魂魄。"

【闭门思过】 bì mén sī guò 《汉书·韩
延寿传》:"民有昆弟相与讼田自言,延寿
大伤之,……是日移病不听事,因入卧传
舍,闭阁思过。"后用"闭门思过"指关
门来反省自己的过错。唐·徐铉《酬乔亚
元舍人长歌》:"闭门思过谢来客,知恩自
分宽离忧。"张炜《古船》二五章:"栾春记
对李玉明大骂不止,说他是老李家第一
个孬种。李玉明并不还击,躲到屋里闭
门思过。"

【闭门谢客】 bì mén xiè kè 谢:谢绝。
关上家门,谢绝客人来访。《野叟曝言》
二三回:"此事说来,表兄定不乐闻,然弟
一片痴心实是排解不去。回家即当闭门
谢客,绝意仕进,并恐不能久生人世矣!"
王火《战争和人》(二)卷三:"窃思倘能释
放回家,不胜感企,自当闭门谢客,百事
不问。"

【闭门造车】 bì mén zào chē 关起门
来造车子。宋·朱熹《〈四书〉或问》卷五:
"古语所谓'闭门造车,出门合辙',盖言
其法之同也。"意思是,由于按照同一规
格,虽然关起门来造车,但用起来必然与
道路的车辙相合。后比喻不管客观情况
如何,只凭主观愿望办事。叶圣陶《倪焕
之》九:"'什么地方学来的? 他在那里
"闭门造车"!'小胡子说着,把手里的印
刷品向桌子上用力一甩。"

【闭目塞听】bì mù sè tīng　塞：堵塞。闭着眼睛，堵住耳朵。汉·王充《论衡·自纪》："闭明塞聪，爱精自保。"聪：听力，此指耳朵。后用"闭目塞听"指不与外界接触，脱离实际。李君如《思想、冲动和感情》："冲动之害人，在于使人不能自制，丧失理智。……甚至对人们善意的批评，也'闭目塞听'。"〔注意〕塞，不读sāi。

【闭月羞花】bì yuè xiū huā　闭月：使月亮躲藏。羞花：使花儿羞愧。形容女子貌美。宋·古杭才人《宦门子弟错立身》二折："看了这妇人，有如三十三天天上女，七十二洞洞中仙，有沉鱼落雁之容，闭月羞花之貌。"《水浒传》三二回："云鬟半整，有沉鱼落雁之容；星眼含愁，有闭月羞花之貌。"《老残游记》一三回："他们不是比他西施，就是比他王嫱；不是说他沉鱼落雁，就是说他闭月羞花。"刘绍棠《村妇》卷一："侄女儿我不算沉鱼落雁，也是闭月羞花，怎能跟这个猪不吃狗不啃的夯货过一辈子？"也作"羞花闭月"。明·汤显祖《牡丹亭·惊梦》："不提防沉鱼落雁鸟惊喧，则怕的羞花闭月花愁颤。"

【荜路蓝缕】bì lù lán lǚ　见"筚路蓝缕"。

【荜门圭窦】bì mén guī dòu　见"筚门闺窦"。

【敝帚千金】bì zhǒu qiān jīn　敝帚：破旧的扫帚。《东观汉记·光武帝纪》："帝闻之，下诏让吴汉副将刘禹曰：'城降，婴儿老母，口以万数，一旦放兵纵火，闻之可谓酸鼻。家有敝帚，享之千金。禹宗室子孙，故늦更职，何忍行此！'"后用"敝帚千金"比喻对自己东西的珍视。清·陈大章《送胡卜子南归》诗："空说高台收骏骨，只应敝帚享千金。"

【敝帚自珍】bì zhǒu zì zhēn　敝帚：破旧的扫帚。家里的破扫帚也被自己珍惜。比喻自己的东西虽然不好，却非常珍爱。宋·陆游《八十三吟》："枯桐已爨宁求识，敝帚当捐却自珍。"欧阳山《三家巷》一八："何应元说道：'也不是我敝帚自珍，实不相瞒对你说，我家阿仁和你家二姑娘，倒是天生的一对！'"张恨水《啼笑因缘续集·自序》："一个著作者，无论他的技巧如何，对于他自己的著作，多少总有些爱护之志，所谓'敝帚自珍'，所谓'卖瓜的说瓜甜'。"

【筚路蓝缕】bì lù lán lǚ　筚路：柴车。蓝缕：又旧又破的衣服。《左传·宣公十二年》："筚路蓝缕，以启山林。"意思是驾着柴车穿着破旧衣服去开辟山林。后来用以形容创业的艰难与辛苦。清·徐钪《词苑丛谈》卷一："张南湖《诗馀图谱》，于词学失传之日，创为谱系，有筚路蓝缕之功。"顾诚《如何正确评价〈甲申三百年祭〉》："郭老是著名的历史学家，他用马克思列宁主义研究中国历史所作的筚路蓝缕之功是任何人都抹煞不了的。"也作"荜路蓝缕"。唐·刘轲《代荀卿与楚相春申君书》："熊绎荜路蓝缕，以启荆蛮。"孙中山《建国方略之一》："其地为蛮荒大陆，内有红番之抵拒，外有强敌之侵凌，荜路蓝缕，开始经营。"

【筚门圭窦】bì mén guī dòu　见"筚门闺窦"。

【筚门闺窦】bì mén guī dòu　筚门：柴门。闺窦：小门，上尖下方，形状像圭（圭：古代的一种玉，长形，上锐下方）。指贫苦人家。《左传·襄公十年》："筚门闺窦之人，而皆陵其上，其难为上矣。"也作"筚门圭窦"。《二十年目睹之怪现状》三四回："一席话，说得王大嫂哑口无言。我不禁暗暗称奇，不料这筚门圭窦中，有这等明理女子，真是'十步之内，必有芳草'。"也作"荜门圭窦"。《魏书·李谧传》："绳枢瓮牖之室，荜门圭窦之堂，尚不然也。"

【睥睨窥觎】bì nì kuī yú 睥睨:斜着眼睛看。窥觎:偷偷观察,伺机而动。指暗中窥测,企图乘机行事。《宣和书谱·行书一·秋月帖》:"总戎马之权,居形势之地,有睥睨窥觎之意,斯实斧钺之所宜加,人神之所同弃也。"

【碧海青天】bì hǎi qīng tiān 碧绿的海,蓝色的天。形容水天一色,旷远无边。唐·李商隐《嫦娥》诗:"嫦娥应悔偷灵药,碧海青天夜夜心。"明·顾大典《青衫记·坐湿青衫》:"碧海青天无限恨,等闲拭泪付琵琶。"

【碧落黄泉】bì luò huáng quán 碧落:天空。黄泉:地下。唐·白居易《长恨歌》:"上穷碧落下黄泉,两处茫茫皆不见。"后用"碧落黄泉"指极广的范围。清·洪昇《长生殿·重圆》:"荷君王不弃,念切思专,碧落黄泉为奴寻遍。"

【碧水青山】bì shuǐ qīng shān 碧绿的水,青翠的山。形容秀丽的山水。清·敦敏《赠曹雪芹》诗:"碧水青山曲径遐,薜萝门巷足烟霞。"

【碧血丹心】bì xuè dān xīn 碧血:化为碧玉的血。丹心:忠心。《庄子·外物》:"苌弘死于蜀,藏其血三年,化而为碧。"晋·阮籍《咏怀诗》之三一:"丹心失恩泽,重德丧所宜。"后用"碧血丹心"指为正义事业而抛洒的热血和无限忠诚的心。清·丘逢甲《和平里行》:"南来未尽支天策,碧血丹心留片石。"

【蔽聪塞明】bì cōng sè míng 见"蔽明塞聪"。

【蔽明塞聪】bì míng sè cōng 明:指眼睛。聪:指耳朵。蒙住眼睛,堵住耳朵。指对客观现实不闻不问。宋·曾巩《洪范传》:"立于无蔽之地者,其于视听如此,亦不用于小且近矣。夫然,故蔽明塞聪,而天下之情可坐而尽也。"也作

"蔽聪塞明"。鲁迅《且介亭杂文·病后杂谈》:"二是对于现实要'蔽聪塞明',麻木冷静,不受感触。"

【弊绝风清】bì jué fēng qīng 弊:弊病,弊端。风:风气。坏事绝迹,风气良好。明·汤显祖《牡丹亭·劝农》:"恭喜本府杜太爷,管治三年,慈祥端正,弊绝风清。"《二十年目睹之怪现状》六三回:"单立出这些名目来,自以为弊绝风清,中间却不知受了多少朦蔽。"胡鉴《要讲究"认真"》:"倘有些体制方面的东西不改进,要求弊绝风清也颇难!"也作"风清弊绝"。宋·周敦颐《拙赋》:"呜呼!天下拙,刑政彻;上安下顺,风清弊绝。"《荡寇志》八〇回:"到得郓城不久,便就兴利除害,风清弊绝,吏民无不欢喜。"

【弊衣箪食】bì yī dān shí 弊:破旧。箪:盛饭的容器,多用竹制成。箪食:简单的饭食。指生活俭朴。《周书·儒林传论》:"其沉默孤微者,亦笃志于章句,以先王之道,饰腐儒之姿,达则不过侍讲训胄,穷则终于弊衣箪食。"

【弊衣疏食】bì yī shū shí 弊:破旧。疏:粗疏、粗粝。疏食:粗粝的食物。指生活俭朴。《周书·柳虬传》:"虬脱略人间,不事小节,弊衣疏食,未尝改操。"

【壁垒分明】bì lěi fēn míng 壁垒:古代军营四周起防护作用的建筑物,泛指防御工事。分明:清楚,明白。比喻对立的双方界限划得很清楚。周而复《上海的早晨》四部三〇:"空气顿时紧张起来了,壁垒分明,两派意见各不相让,谁发言都要表明自己站在哪一边。"

【壁垒森严】bì lěi sēn yán 见"森严壁垒"。

【壁立千仞】bì lì qiān rèn 壁立:像墙壁一样矗立。仞:古代长度单位,七尺或八尺为一仞。形容山峰高耸。北魏·郦道元《水经注·河水一》:"其山惟石,壁立

千仞，临之目眩，欲进则投足无所下。"也形容大浪冲天而起的样子。《二十年目睹之怪现状》一六回："忽然又是轰然一声，远响四应。那江水陡然间壁立千仞。"

【避繁就简】bì fán jiù jiǎn 繁：繁杂。简：简单。避开繁杂的，选择简单的。

【避祸就福】bì huò jiù fú 避开灾祸，趋向幸福。《商君书·定分》："万民皆知所避就，避祸就福，而皆以自治也。"《云笈七签》卷五五："或示形象，倚托物类，使人思惟，自解意趣，吉凶善恶，了然知之，避祸就福，所向谐也。"

【避坑落井】bì kēng luò jǐng 坑：陷坑。汉·焦赣《易林·益》："避井入坑，忧患日生。"后用"避坑落井"比喻躲过一害却又遭受一害。《晋书·褚翜传》："今宜共勠力以备贼，幸无外难，而内自相击，是避坑落井也。"

【避人耳目】bì rén ěr mù 避开别人的耳朵和眼睛。比喻偷偷地进行，不让别人知道。王安忆《本次列车终点》四："可他这次回来，为了避人耳目，生怕节外生枝，却是不告而别。"刘心武《链中一环》四："朱德在离国赴德前就住在我祖父家中，并且为了避人耳目，还干脆让朱德住进我父亲的卧室。"

【避实击虚】bì shí jī xū 实：坚实的部分。虚：空虚的部分。指避开敌人的主力，攻击其薄弱之处。《孙子·虚实》："兵之形，避实而击虚。"宋·辛弃疾《美芹十论·详战》："臣以为天下之势，避实击虚，不过如是。"魏巍《地球的红飘带》一："打得赢就打，打不赢就走，避实击虚，积极创造机会消灭敌人。"

【避实就虚】bì shí jiù xū 实：坚实的部分。虚：空虚的部分。指避开坚实之处，攻击空虚之处。《淮南子·要略》："清静以为常，若驱群羊，此所以言兵也。"也指回避实质性问题。刘绍棠《村妇》卷二："'黄先生下一步打算怎么走？'牛荦避实就虚，不离主题。"

【避重就轻】bì zhòng jiù qīng 避开重要繁难的而选择轻松的。宋·刘挚《侍御史黄君墓志铭》："民始不以多男为患，父子始不以避重就轻相去。"邓友梅《无事忙杂记》七："多年来人们要我谈走上文学道路的经过，我都避重就轻，只说在战争时期写快板，解放后进文学讲习所进修，认真学习十八、十九世纪西方批判现实主义文学和'五四'以来新文学等等。"也指避开要害问题，只谈次要问题。李桦《被控告的人》："他虽有知悔之心，却无痛改之意，避重就轻，上推下卸，最后终于被押上了法庭的审判台。"

【髀肉复生】bì ròu fù shēng 髀：大腿。《三国志·蜀书·先主传》南朝宋·裴松之注引《九州春秋》曰："备住荆州数年，尝于表坐起至厕，见髀里肉生，慨然流涕。还坐，表怪问备，备曰：'吾常身不离鞍，髀肉皆消。今不复骑，髀里肉生。日月若驰，老将至矣，而功业不建，是以悲耳。'"后用"髀肉复生"指虚度光阴而无所作为。《野叟曝言》二〇回："连日缠绵床席，几令我有髀肉复生之叹。今日且挝一回羯鼓，以博贤妹们一笑"王火《战争和人》(三)卷四："日长无事，简直有髀肉复生之叹，趁来渝开会之便，成都有熟人邀去住几日。"

【鞭长莫及】biān cháng mò jí 莫：不。及：达到。《左传·宣公十五年》："宋人使乐婴齐告急于晋，晋侯欲救之。伯宗曰：'不可。古人有言曰："虽鞭之长，不及马腹。"天方授楚，未可与争。虽晋之强，能违天乎？'"意思是说鞭子虽然长，但不应该打到马腹上。后用"鞭长莫及"比喻力量达不到。《官场现形记》五四回："除掉腹地里几省，外国人鞭长莫及，其余的虽然没有摆在面子上瓜分，暗地里都各有了主子了。"陈忠实《白鹿原》六章:"方升说:'我为清臣,誓为朝廷尽忠。我丢掉的江山,由我收回。至于武昌湖广,那非我辖地,鞭长莫及。'"

【鞭辟入里】 biān pì rù lǐ 鞭辟:鞭策。里:内部,指深入到里层。宋·朱熹《朱子语类·论语二七》:"至之问:'学要鞭辟近里,"鞭辟"如何?'"原指学习要深入、切实。后多作"鞭辟入里",形容文章、言论深刻、透彻,能切中要害。刘白羽《第二个太阳》八章:"这是一部百科全书,他何等深刻、复杂地绘画了中国社会万象,他鞭辟入里地鞭挞着奴性,颂扬着耿耿的民族精魂。"刘心武《钟鼓楼》五章:"他的话言简意赅,鞭辟入里,虽然没有实指,却句句都有最具体的针对性。"

【变本加厉】 biàn běn jiā lì 本:本来的。加:更加。厉:猛烈。南朝梁·萧统《文选·序》:"盖踵其事而增华,变其本而加厉,物既有之,文亦宜然。"原意是指变得比原来更深一层。后用"变本加厉"指变得比原来更加严重。《孽海花》一一回:"我还听说现在广东南海县有个姓唐的,名犹辉,号叫做什么常肃,就窃取了寄坪的绪论,变本加厉,说六经全是刘歆的伪书哩。"老舍《四世同堂》二三:"学校里的同事们都不愿招惹他,而他就变本加厉的猖狂,渐渐的成了学校中的一霸。"〔注意〕厉,不能写成"励"、"历"或"利"。

【变化多端】 biàn huà duō duān 端:头绪。指变化很多,难以捉摸。《西游记》三二回:"那怪果然神通广大,变化多端。"梁实秋《雅舍小品·签字》:"我们中国的字,由仓颉起,而甲骨、而钟鼎、而篆、而隶、而行、而草、而楷,变化多端,但是那变化是经过演化而约定俗成的。"

【变化莫测】 biàn huà mò cè 唐·韩愈《殿中少监马君墓志》:"当是时,见王于北亭,犹高山深林巨谷龙虎,变化不测,

杰魁人也。"后用"变化莫测"形容变化多端,不可预测。《杨家将演义》二五回:"七十二座天门阵变化莫测,昼则凄风冷雨,夜则鬼哭神号。"欧阳山《三家巷》七八:"对于这种妇人之见,他固然嗤之以鼻,但是时局变化莫测,他也不能不恕前回广州暴动时的窘态,而不得不预先做一点打算。"

【变化无常】 biàn huà wú cháng 常:规律。变化多端,没有一定的规律,难以捉摸。《庄子·天下》:"芴漠无形,变化无常。"梁实秋《雅舍小品·天气》:"天气也真是怪,变化无常。苦了预报天气的人。"陈忠实《白鹿原》二九章:"朱先生近来常常为自己变化无常的情绪事后懊悔,然而现在又进入一种无法抑制的激昂状态中。"

【变化无穷】 biàn huà wú qióng 变化多端,没有穷尽。《鹖冠子·世兵》:"兵以势胜,时不常使,早晚绌赢,反相殖生,变化无穷,何可胜言。"《东周列国志》八七回:"二曰兵学,六韬三略,变化无穷,布阵行兵,鬼神不测。"张贤亮《灵与肉》三:"他在土堆的斜坡上躺下,仰望天空,雪白的云朵像人生变化无穷。"

【变幻莫测】 biàn huàn mò cè 变幻:没有规则地改变。变化奇特,不可预测。明·郎瑛《七修类稿·诗文九》:"池州青羊宫石刻一律,嘉靖间刘大谟所刻。其跋云:'是刻如雷电鬼神,变幻莫测,却又不失六书矩度。'"魏巍《地球的红飘带》二:"这个敌人不单顽强异常,而且变幻莫测,不要说打他,你连摸清他的踪影都很困难。"

【变幻无常】 biàn huàn wú cháng 变幻:没有规则地改变。常:规律。变化奇特,没有一定的规律可循。明·蔡羽《辽阳海神传》:"气候悉如江南二三月,琪花宝树,仙音法曲,变幻无常,耳目应接不暇。"《镜花缘》三九回:"不比两面王兄对

着人是一张脸,背着人又是一张脸,变幻无常,捉摸不定,不知着是何吉凶,令人不由不怕,只得望影而逃了。"李劼人《大波》一部五章:"不管闰月不闰月,自从入夏以来,成都天气就这么变幻无常。"欧阳山《三家巷》八:"周炳知道她的脾气变幻无常,好也好不了多久,恼也恼不了多久的。"

【变幻无穷】 biàn huàn wú qióng　变幻:没有规则地改变。变化多端,没有穷尽。张贤亮《河的子孙》一二章:"尽管确切无误地知道水往下流,奔腾不息地冲向大海,到他曾见过的水天相连的地方,但是在这一道拦障面前,水流却变幻无穷。"

【变生肘腋】 biàn shēng zhǒu yè　变:事变。肘:胳膊肘儿。腋:胳肢窝。事变发生在内部或身边。《三国志•蜀书•法正传》:"近则惧孙夫人生变于肘腋之下。"宋•辛弃疾《美芹十论》:"不幸变生肘腋,事乃大谬。"《明史•杨涟传》:"一旦变生肘腋,可为深虑。"王昆仑《爱国为民不断前进——纪念冯玉祥将军诞辰一百周年》:"滦州起义虽然失败了,但因滦州迫近京畿,变生肘腋,大大动摇了清军军心,大长南方民军士气,对于颠覆清廷是起了作用的。"

【便宜从事】 biàn yí cóng shì　见"便宜行事"。

【便宜行事】 biàn yí xíng shì　便:方便。宜:适宜。可不必请示,根据实际情况,采取适当的办法进行处理。《汉书•魏相传》:"数条汉兴已来,国家便宜行事,及贤臣贾谊、晁错、董仲舒等言,奏请施行之。"《东周列国志》三六回:"乃遣大将公孙枝屯兵河口,打探绛都消息,便宜行事。"也作"便宜从事"。《三国演义》四五回:"操曰:'汝既为水军都督,可以便宜从事,何必禀我!'"〔注意〕便,不读 pián。

【遍地开花】 biàn dì kāi huā　比喻好事情到处涌现、好措施得以普遍实行。茅盾《长春南行记》:"白手起家、遍地开花的气象,正在祖国每一角落中蓬勃发展着。"

【遍体鳞伤】 biàn tǐ lín shāng　遍体:全身。鳞伤:像鱼鳞那样多而密的伤口。形容浑身都是伤口,伤势十分严重。《野叟曝言》二九回:"可怜我这苦命女儿,大爷也忒下得这般毒手,打得他遍体鳞伤,我ману好伤心也!"欧阳山《三家巷》一一三:"她自己也在暗暗地思量,觉着胡杏虽然遍体鳞伤,然而并不是什么抗日或者反对国民党军阀的战绩,这种疤痕也并不证明它的主人有什么惊人的本事。"

【辩才无碍】 biàn cái wú ài　辩才:善于辩论的才能。本为佛家语,指菩萨说法时语言流畅、义理圆通,没有滞碍。《五灯会元•清凉泰钦禅师》:"金陵清凉泰钦法灯禅师,魏府人也。生而知道,辩才无碍。"后泛指人有口才、擅长辩论。《三国演义》六〇回:"且无论其口似悬河,辩才无碍。适修以丞相所撰《孟德新书》示之,彼观一遍,即能暗诵。"

【标同伐异】 biāo tóng fá yì　标:显扬,这里指支持、维护。维护同道,攻击异己。《世说新语•轻诋》:"谢镇西书与殷扬州,为真长求会稽,殷答曰:'真长标同伐异,侠之大者。常谓使君降阶为甚,乃复为之驱驰邪?'"

【标新立异】 biāo xīn lì yì　标:表明。异:独特,与众不同。《世说新语•文学》:"支道林在白马寺中,将冯太常共语,因及《逍遥》,支卓然标新理于二家之表,立异义于众贤之外。"原意为表明新颖的义理,提出与众不同的见解。后用"标新立异"指故意提出新奇的见解,表示自己与众不同。《隋唐演义》三一回:"但今作者,只取体艳句娇,标新立异而已,原没甚骨力规则。"鲁迅《且介亭杂文末编•答徐懋庸并关于抗日统一战线问题》:"只要'民族革命战争的大众文学'的口号不是'汉奸'的口号,那就是一种抗日的力量,为什么这是'标新立异'?"巴金《春》五:"大舅母的话也不对。若是没有人标新立异,世界上哪儿还有进步?"

【彪炳日月】biāo bǐng rì yuè　彪炳:照耀。如日月照耀。形容功业、成就光照千秋,永不泯灭。《歧路灯》八七回:"那史册彪炳日月的事业,全是这两眍子不叫人知的暗泪做出来的。"

【彪形大汉】biāo xíng dà hàn　彪:小老虎。彪形:身材像小老虎那样健壮。指结实、魁梧的男子。《水浒传》九一回:"船上望着两个为头的,前后簇拥着的,都披着金锁子号衣,一个个都是那彪形大汉。"茅盾《子夜》一:"门口马路上也有一个彪形大汉站着,背向着门,不住地左顾右盼;这是姑老爷杜竹斋随身带的保镖。"

【表里如一】biāo lǐ rú yī　表:外表。里:里面,指内心。外表与内心一样。宋·朱熹《朱子语类·中兴至今日人物下》:"王龟龄学也粗疏,只是他天资高,意思诚悫,表里如一。"李劼人《大波》一部七章:"周大人为人磊落光明,表里如一,这已为诸公所知,不用说了。"

【表里山河】biāo lǐ shān hé　表:外。里:内。外有黄河,内有高山。泛指外和内有山河为屏障,地势险要。《左传·僖公二十八年》:"战而捷,必得诸侯。若其不捷,表里山河,必无害也。"唐·杨炯《益州温江县令任君神道碑》:"况乎东西海岱,强齐九合之都;表里山河,全晋三分之国。"《东周列国志》八四回:"晋国之盛,表里山河,汾、浍、晋、绛,皆号巨川,以吾观之,永不足恃,适足速亡耳。"

【表里为奸】biāo lǐ wéi jiān　表:外部。里:内部。内外勾结干坏事。明·沈德符《万历野获编·王虎谷封事》:"弘治初,王虎谷为祠祭郎中,以太监李广交结寿宁侯,表里为奸,特疏请斩广以谢宗庙。"

【表里相济】biāo lǐ xiāng jì　表:外部。里:内部。济:帮助。内外互相帮助。晋·桓温《辞参朝政疏》:"不有行者,谁扞牧圉,表里相济,实深实重。"

【表里相应】biāo lǐ xiāng yìng　表:外面。里:里面。指内外相互应合。《汉书·燕剌王刘旦传》:"非以中外有人,表里相应故邪?"宋·文天祥《西涧书院释菜讲义》:"然则元城造成一个言行一致,表里相应,盖自五年从游之久。"

【表壮不如里壮】biāo zhuàng bù rú lǐ zhuàng　表:家外,指丈夫。里:家内,指妻子。指丈夫有才能不如妻子善于理家。《水浒传》二四回:"常言道:表壮不如里壮。嫂嫂把得家定,我哥哥烦恼做甚么?"《三侠五义》二回:"果然是'表壮不如里壮',这事多亏贤妻你巧咧。这孩子这时候管保叫虎吧嗒咧。"

【别出心裁】bié chū xīn cái　心裁:内心的决断。另外想出与众不同的办法、主意。《镜花缘》四五回:"但这保儿有三十余口之多,不知贤妹可能别出心裁,另有炮制?"叶圣陶《倪焕之》一〇:"某人能够别出心裁计划一盏新巧的什么灯,就是不经人推举,也会自告奋勇地贡献出来。"也作"独出心裁"。欧阳山《三家巷》三:"这七月初七是女儿的节日,所有的女孩子家都要独出心裁,做出一些奇妙精致的巧活儿,在七月初六晚上拿出来乞巧。"

【别鹤离鸾】bié hè lí luán　别:离别。鸾:古代传说中的一种凤凰一类的鸟。比喻离散的夫妻。清·纪昀《阅微草堂笔记·槐西杂志四》:"君百计求娶,归吾妻子,恒耿耿不忘。今君别鹤离鸾,合自为君料理。"

【别具风味】bié jù fēng wèi　见"别有

风味"。

【别具匠心】 bié jù jiàng xīn 匠心：高明而巧妙的构思。具有独特的、与众不同的巧妙构思。清·陈廷焯《白雨斋词话》卷三："《蕃锦集》运用成语，别具匠心。"薛浩《评长篇小说〈将军吟〉》："除了以上三个将军以外，作品还别具匠心写了另一个老红军、管理处长胡连生。"

【别具一格】 bié jù yī gé 格：风格。另有一种与众不同的风格。清·吕留良《与施愚山书》："咏叹赠诗，风力又别具一格。"刘心武《栖凤楼》七八："它最著名的是其后面的藏经楼建筑，据说基本上保持着明代以前的结构，在古建筑中别具一格，极具文物价值。"

【别具只眼】 bié jù zhī yǎn 眼：指眼力，见解。宋·杨万里《送彭元忠县丞北归》诗："近来别具一只眼，要踏唐人最上关。"后用"别具只眼"指具有与众不同的见解。清·陈廷焯《白雨斋词话》卷七："《玉田》《词源》二卷……下卷自音谱以至杂论，选词不多，别具只眼，洵可为后学之津梁。"茅盾《清明前后》三幕："然而陈克明教授之所以能别具只眼，最主要的原因还在黄梦英有一位'表亲'乔张。"

【别开生面】 bié kāi shēng miàn 生面：新的面貌。唐·杜甫《丹青引赠曹将军霸》诗："凌烟功臣少颜色，将军下笔开生面。"赵次公注："凌烟画像颜色已暗，而曹将军重为之画，故云开生面。"后用"别开生面"比喻另外开创新的风格、形式或局面。《红楼梦》七八回："如今若学那世俗之奠礼，断然不可；竟也还别开生面，另立排场，风流奇异，于世无涉，方不负我二人之为人。"巴金《家》二九："信里的话十分明显：'贵报言论过于偏激，对于国家社会安宁秩序大有妨碍，请即停止发行。……'措辞于严厉中带了客气。这样的封禁报纸倒是别开生面。"也作"另开生面"。《镜花缘》九一回："今日行

这酒令，已是独出心裁，另开生面。"

【别来无恙】 bié lái wú yàng 恙：疾病。分别以来身体无病？古人重新见面时的问候语。《三国演义》五〇回："操从其说，即纵马向前，欠身谓云长曰：'将军别来无恙！'云长亦欠身答曰：'关某奉军师将令，等候丞相多时。'"《说岳全传》四七回："岳元帅拍马上前道：'杨将军，别来无恙？'"也比喻情况与过去没有变化。韦君宜《露沙的路》一一："露沙只听他的话，穿着大衣向里走。真是别来无恙，原来这儿什么阅览室，现在照旧是什么阅览室。"

【别树一帜】 bié shù yī zhì 见"独树一帜"。

【别无长物】 bié wú cháng wù 长（旧读 zhàng）物：多余的物品。《世说新语·德行》："王恭从会稽还，王大看之。见其坐六尺簟，因语恭：'卿东来，故应有此物，可以一领及我。'恭无言。大去后，即举所坐者送之。既无余席，便坐荐上。后大闻之，甚惊，曰：'吾本谓卿多，故求耳。'对曰：'丈人不悉恭，恭作人无长物。'"后用"别无长物"指除此之外，再也没有多余的物品。《老残游记二集》五回："德夫人走到他屋里看看，原来不过一张炕，一个书桌，一架书而已，别无长物。"梁实秋《雅舍小品·廉》："汉末有一位翰林太守陆绩（唐陆龟蒙的远祖），罢官之后泛海归姑苏家乡，两袖清风，别无长物，惟一空舟，恐有覆舟之虞，乃载一巨石镇之。"

【别无二致】 bié wú èr zhì 二致：不一致。没有什么区别。郭沫若《海涛集·徐家埠》："江西境内的风物太平淡无奇了。这儿和长江沿岸所见到的别无二致。"

【别有洞天】 bié yǒu dòng tiān 洞天：道教所称的神仙居住的地方，泛指境界。另有一种不同于一般的境界。形容风景幽雅，引人入胜。金·元好问《济南杂诗

十首》之四："别有洞天君不见,鹊山寒食泰和年。"《镜花缘》四七回:"远远望那山峰上面,俱是琼台玉洞,金殿瑶池,那派清幽景象,竟是别有洞天。"

【别有肺肠】bié yǒu fèi cháng　肺肠:指心肠。《诗经·大雅·桑柔》:"自有肺肠,俾民卒狂。"后用"别有肺肠"指另有居心或企图。《镜花缘》二四回:"却将自己切己之事,全置度外,岂非别有肺肠么?"

【别有风味】bié yǒu fēng wèi　另有一番情趣或特色。《镜花缘》五回:"此时只觉四处焦香扑鼻,倒也别有风味。"也作"别具风味"。刘心武《钟鼓楼》五章:"当稽志满和慕樱二人先后悄悄来到她家以后,她手脚麻利地几下就开出这顿别具风味的午餐。"

【别有会心】bié yǒu huì xīn　会心:对事物的领悟。另外有一种独特的领悟。《二十年目睹之怪现状》一〇四回:"却也奇怪,他的老婆听说他要纳妾,非但并不阻挡,而且竭力怂恿。也不知他是生性不妒呢,还是自惭形秽,或是别有会心,那就不得而知了。"

【别有天地】bié yǒu tiān dì　天地:境界。另有一种与一般不同的境界。形容风景优美,引人入胜。唐·李白《山中问答》诗:"桃花流水窅然去,别有天地非人间。"《聊斋志异·贾奉雉》:"渐入深山,至一洞府。其中别有天地。"郭沫若《南京印象》一一:"一上坡,又是别有天地。原来那上面已经辟成了公园。"

【别有用心】bié yǒu yòng xīn　用心:居心,企图。另有某种不可告人的企图。《二十年目睹之怪现状》九九回:"人家都说他过于巴结了,自己公馆近在咫尺,何必如此!王太尊也是说他办事可靠,那里知道他是别有用心的呢?"王安忆《叔叔的故事》:"她其实是知道他别有用心,却只装作不知道,也不多问。"

【宾客如云】bīn kè rú yún　客人多得像天上的云彩一样。形容客人很多。《红楼梦》六四回:"是日,丧仪焜耀,宾客如云,自铁槛寺至宁府,夹路看的何止数万人。"

【宾客盈门】bīn kè yíng mén　盈:充满。客人充满门庭。指来访的客人很多。《南史·王晔传》:"时父俭方宰相,宾客盈门,见晔曰:'公才公望,复在此矣。'"

【宾至如归】bīn zhì rú guī　归:回家。客人来到这里就像回到了自己家里一样。多形容招待周到、殷勤,使客人十分满意。《左传·襄公三十一年》:"宾至如归,无宁灾患,不畏寇盗,而亦不患燥湿。"《东周列国志》七八回:"四方之客,一入鲁境,皆有常供,不至缺乏,宾至如归。"梁实秋《雅舍小品·请客》:"客人性格不一样,有人进门就选一个比较好的座位,两脚高架案上,真是宾至如归。"

【彬彬有礼】bīn bīn yǒu lǐ　彬彬:文雅的样子。文雅而有礼貌。《野叟曝言》一二一回:"冰弦、紫函辈以麟、鳌两孙为智囊,果然,麟孙不独智,且彬彬有礼也。"老舍《四世同堂》九四:"白巡长不知道怎么么是好,被瑞宣拽着朝家走。一进大门,他把杀人的念头摆在一边,恢复了彬彬有礼的态度。"臧克家《昆仑飞雪到眉梢——记叶圣陶先生》:"叶老为人敦厚诚朴,对人彬彬有礼,真是蔼蔼然长者之风。"

【冰壑玉壶】bīng hè yù hú　冰壑:山沟里像冰一样洁净的水。玉壶:玉制的壶。唐·杜甫《入奏行赠西山检察窦侍御》诗:"窦侍御,骥之子,凤之雏,年未三十忠义俱,骨鲠绝代无。炯如一段清冰出万壑,置在迎风露寒之玉壶。"后用"冰壑玉壶"比喻人的品德高尚,心地纯洁。宋·胡继宗《书言故事·颜貌类》:"一闻冰壑玉壶之韵。"

【冰壶玉尺】 bīng hú yù chǐ 冰壶：盛有清水的玉壶。玉尺：玉制的尺。比喻人纯正清白、品德高尚。《元史·黄溍传》："及升朝行，挺立无所附，足不登钜公势人之门，君子称其清风高节，如冰壶玉尺，纤尘弗污。"

【冰肌玉骨】 bīng jī yù gǔ 像冰一样的肌肤，像玉一样的骨骼。形容女子肌肤洁白润泽。五代·孟昶《避暑摩诃池上作》诗："冰肌玉骨清无汗，水殿风来暗香暖。"《水浒传》三八回："冰肌玉骨，粉面酥胸。杏脸桃腮，酝酿出十分春色。"也形容梅花、牡丹、水仙等洁净艳丽。《醒世恒言》卷四："水仙冰肌玉骨，牡丹国色天香。"

【冰清玉洁】 bīng qīng yù jié 像冰一样清净透明，像玉一样洁净。比喻人的品德高尚，行为光明磊落。晋·皇甫谧《高士传·挚峻》："伏惟伯陵材能绝人，高尚其志，以善厥身，冰清玉洁，不以细行荷累其名。"《警世通言》卷二一："赵妈妈解下女儿，儿子媳妇都来了。赵公玩其诗意，方知女儿冰清玉洁，把儿子痛骂了一顿。"也作"玉洁冰清"。蒋子龙《阴错阳差》一二："与其说他是倾倒于她那清丽的容貌，玉洁冰清的气质，不如说他折服于她那超人的精力，特有的心智和勇气。"

【冰清玉润】 bīng qīng yù rùn 冰清：像冰一样清净透明。玉润：像美玉那样润泽光滑。《晋书·卫玠传》："玠妻父乐广，有海内重名，议者以为'妇公冰清，女婿玉润'。"后用"冰清玉润"称誉岳父女婿。《再生缘》二回："淑女才郎同匹配，冰清玉润两周全。"也比喻人清正廉洁，品德高尚。明·高濂《玉簪记·诳告》："他是冰清玉润，怎便肯随波逐尘。"

【冰炭不容】 bīng tàn bù róng 见"冰炭不相容"。

【冰炭不相容】 bīng tàn bù xiāng róng 冰和炭不能互相容纳。比喻两种矛盾的事物互相对立，不能并存。《韩非子·显学》："夫冰炭不同器而久，寒暑不兼时而至。"宋·陆游《寄题李季章侍郎石林堂》诗："君不见，牛奇章与李卫公，一生冰炭不相容。"也作"冰炭不容"。伊曾《不要污染第二代》："一位有点名气的画家对孩子们讲：'希望你们都当一流画家，不当二流画家……'而且还说什么：'你们与其去当二流画家，就干脆去工厂画黑板报吧。'这就令人费解了，画黑板报和当第一流画家为什么就如此冰炭不容呢？"

【冰天雪地】 bīng tiān xuě dì 冰雪布满了天空和地面。形容天气非常寒冷。也指非常寒冷的地方。清·蒋士铨《鸡毛房》诗："冰天雪地风如虎，裸而泣者无栖所。"萧红《呼兰河传》五章："星星月亮，出满了一天，冰天雪地正是个冬天。"李劼人《大波》三部五章："何况老头子已经满六十岁的人了，何况交卸四川总督之后，还要返回打箭炉外冰天雪地，去吃酥油糌粑，去与蛮家周旋！"

【冰消瓦解】 bīng xiāo wǎ jiě 见"瓦解冰消"。

【冰雪聪明】 bīng xuě cōng míng 形容人非常聪明。唐·杜甫《送樊二十三侍御赴汉中判官》诗："冰雪净聪明，雷霆走精锐。"清·陈裴之《香畹楼忆语》："姬冰雪聪明，靡不淹悟，类多韬匿不言。"

【兵败如山倒】 bīng bài rú shān dǎo 形容军队一旦败下来就不可收拾，就像山倒塌一样。刘白羽《第二个太阳》九章："从他口中才道出个究竟，原来前几天，白崇禧队伍从武汉撤下来，兵败如山倒，一片抓人拉夫，闹得鸡犬不宁。"

【兵不血刃】 bīng bù xuè rèn 兵：兵器。兵器的刃上未沾染血迹。指未与敌兵交锋就取得了胜利。《荀子·议兵》："故近者亲其善，远方慕其德，兵不血刃，远迩来服。德盛于此,施及四极。"《三国演义》八二回:"取荆州兵不血刃,是其智也。"任大霖《大仙的宅邸》:"这一场战斗虽然'兵不血刃',但也够激烈的了。"也作"兵无血刃"。黄茂初《宋璟毁碑》:"当其时也,兵无血刃,海不扬波,百姓安居,州县晏然。"

【兵不厌诈】 bīng bù yàn zhà　厌:嫌弃,排斥。诈:欺骗。用兵打仗不嫌弃用欺诈的办法迷惑敌人。《韩非子·难一》:"战阵之间,不厌诈伪。"《三国演义》四六回:"操ündliche蔡中、蔡和诈降,刺探我军中事,公瑾将计就计,正要他通报消息。'兵不厌诈',公瑾之谋是也。"也泛指用巧妙手段欺骗人。刘绍棠《村妇》卷二:"如何把杏儿变成红痦?大头领主张威逼,巧手白三儿打算利诱,最后还是雪花银子比他们高明;兵不厌诈,只能骗取。"

【兵出无名】 bīng chū wú míng　见"师出无名"。

【兵多将广】 bīng duō jiàng guǎng　广:多。兵多将也多。形容兵力强大。《三国演义》四三回:"鲁肃谓孔明曰:'先生见孙将军,切不可实言曹操兵多将广。'"《野叟曝言》一〇四回:"前日之败止因兵少势孤,彼四面合围,以致失事,……今此输兵多将广,又据着险要,怎缩头不出,被人耻笑?"姚雪垠《李自成》二卷二七章:"咱们这儿兵多将广,连你这种有本事的人也请来做军师,能说咱老张不延揽英雄?"

【兵贵神速】 bīng guì shén sù　用兵贵在行动迅速。《三国志·魏书·郭嘉传》:"兵贵神速。今千里袭人,辎重多,难以趣利,且彼闻之,必为备;不如留辎重,轻兵兼道以出,掩其不意。"《初刻拍案惊奇》卷三一:"兵贵神速,莱阳县虽破,离青州府颇远,一日之内,消息未到。可乘此机会,连夜去袭了,权且安身。"姚雪垠《李自成》二卷三五章:"我们既然乘官军

空虚来到河南,不应该逗留在这边境地方,耽误良机。兵贵神速,一刻也不要耽误。"也泛指处理问题贵在迅速、果断。欧阳山《三家巷》三一:"你岂不知道兵贵神速?莎士比亚有许多悲剧,只是几分钟的迟误所造成的!"

【兵荒马乱】 bīng huāng mǎ luàn　形容战时社会动荡、百姓生活不能安定的景象。元·无名氏《梧桐叶》四折:"一向收留在俺府中为女,也是天数。不然,那兵荒马乱,定然遭驱被掳。"《花月痕》四九回:"这会兵荒马乱,也不是斋僧佞佛时候,我便将这担粥的法,行一个月,借此作我娘的冥福。"老舍《骆驼祥子》三:"说真的,小伙子;倒退三十年,这值三个大宝;现在的年头,又搭上兵荒马乱,我——你还是到别处吆喝吆喝去吧!"

【兵精将勇】 bīng jīng jiàng yǒng　兵士精锐,将领勇敢。形容兵力强大。《三国演义》一四回:"却说李傕、郭汜知操远来,议欲速战。贾诩谏曰:'不可。操兵精将勇,不如降之,求免本身之罪。'"

【兵精粮广】 bīng jīng liáng guǎng　见"兵精粮足"。

【兵精粮足】 bīng jīng liáng zú　兵士精锐,粮草充足。形容兵力十分强大。《三国演义》二八回:"刘景升镇守荆襄九郡,兵精粮足,宜与相约,共攻曹操。"《说岳全传》四五回:"临安南通闽、广,北近江、淮;民多鱼盐之利,足以休兵养马。待兵精粮足,然后再图恢复,方得万全。"也作"兵精粮广"。《三国演义》一五回:"孙策据长江之险,兵精粮广,未可图也。"

【兵来将挡,水来土掩】 bīng lái jiàng dǎng, shuǐ lái tǔ yǎn　挡:抵挡。掩:堵塞。比喻根据不同情况,采取不同的办法来对付。《金瓶梅》四八回:"常言兵来将挡,水来土掩,事到其间,道在人为,少不的你我打点礼物,早差人上东

京,央及老爷那里去。"李英儒《野火春风斗古城》二三章:"你放心吧! 兵来将挡,水来土掩,难道我们怕他个龟孙子? 我们有的是办法。"

【兵连祸结】bīng lián huò jié　兵:战争。祸:灾祸。结:聚集。指战争连续不断,灾祸又随之降临。《汉书·匈奴传下》:"汉武帝选将练兵,约赍轻粮,深入远戍,虽有克获之功,胡辄报之,兵连祸结三十余年,中国罢耗,匈奴亦创艾。"《警世通言》卷九:"今承平日久,无将无兵,倘干戈复动,难保必胜。兵连祸结,不知何时而止? 愿吾皇圣鉴!"

【兵临城下】bīng lín chéng xià　兵:军队。临:来到。敌军已经来到城下。形容形势十分危急。《三国演义》七回:"蔡瑁曰:'子柔之言,直沮计也。兵临城下,将至壕边,岂可束手待毙! 某虽不才,愿请军出城,以决一战。'"姚雪垠《李自成》二卷三九章:"即令咱们兵临城下,狗官还是会想办法悄悄地把大公子解往开封。"

【兵强将勇】bīng qiáng jiàng yǒng　兵:兵士。兵士强壮,将领勇猛。形容军队勇猛善战。《三国演义》四〇回:"曹公兵强将勇,足智多谋。"《说岳全传》五五回:"中原有了这岳南蛮,十分厉害,手下兵强将勇,难以取胜。"

【兵强马壮】bīng qiáng mǎ zhuàng　兵:兵士。形容军队实力雄厚,富有战斗力。《新五代史·安重荣传》:"尝谓人曰:'天子宁有种耶? 兵强马壮者为之尔。'"《三国演义》九七回:"时孔明兵强马壮,粮草丰足,所用之物,一切完备,正要出师。"《花月痕》四六回:"听说宝山营兵强马壮,便向宝山投奔。"邓友梅《那五》一二:"那五沿途过了解放军几道卡子,看到了兵势。点头说:'这话不假,那边兵强马壮,待人也和气,是要改天换地的样儿。'"

【兵戎相见】bīng róng xiāng jiàn　兵戎:武力。指发生武装冲突。王火《战争和人》(一)卷八:"对我们来说,不能不注意残酷的现实,中日以兵戎相见,实属不幸!"

【兵微将寡】bīng wēi jiàng guǎ　兵:兵士。士兵少,将领也少。形容兵力薄弱。《三国演义》一一回:"玄德曰:'备非敢推辞,奈兵微将寡,恐难轻动。'"《说岳全传》一七回:"今潞安州、两狼关,俱已失去,狼主大兵到此,谅小臣兵微将寡,怎能迎敌?"

【兵无常胜】bīng wú cháng shèng　兵:军队。行军作战不可能永远胜利。比喻办事也可能会有失误的时候。《醒世恒言》卷三四:"谁知风无常顺,兵无常胜。这番采头又轮到再旺了。照前撅了一二十次,虽则中间互有胜负,却是再旺赢得多。"

【兵无常势】bīng wú cháng shì　兵:战争。常势:长久不变的情势。指用兵作战没有固定不变的方式,应当根据敌情,采取灵活的战术。《孙子·虚实》:"夫兵形像水,水之行,避高而趋下;兵之形,避实而击虚。水因地而制流,兵因敌而制胜。故兵无常势,水无常形,能因敌变化而取胜者,谓之神。"

【兵无血刃】bīng wú xuè rèn　见"兵不血刃"。

【秉公无私】bǐng gōng wú sī　秉:掌握,主持。主持公道,没有偏私。《说岳全传》七三回:"故特请诸公到此三曹对案,以明天地鬼神,秉公无私,但有报应轻重远近之别耳。"

【秉烛待旦】bǐng zhú dài dàn　秉:拿着。拿着蜡烛等待天明。形容因心中有事而夜难成寐。《水浒传》九五回:"宋江秉烛待旦。"老舍《四世同堂》二一:"把饽饽吃了一个段落,他点上了长烟袋,挺着腰板吸着烟,他觉得自己很像秉烛待旦的关老爷。"

【秉烛夜游】 bǐng zhú yè yóu　秉:拿着。手执蜡烛,夜间游玩。指及时行乐。《古诗十九首·生年不满百》:"昼短苦夜长,何不秉烛游?"唐·李白《春夜宴从弟桃花园序》:"古人秉烛夜游,良有以也。"

【屏气敛息】 bǐng qì liǎn xī　暂时止住呼吸不敢出气。形容小心翼翼或注意力高度集中的样子。《官场现形记》三八回:"太太道:'不用你费心,我自己会收的。'瞿耐庵道:'太太说得是,说得是。'连连屏气敛息,不敢作声。"

【屏气凝神】 bǐng qì níng shén　屏气:抑止着呼吸,暂时不出气。凝神:集中注意力。形容聚精会神的样子。《老残游记》二回:"满园子的人都屏气凝神,不敢少动。"

【屏声静息】 bǐng shēng jìng xī　屏声:抑制住不出声。静息:止住呼吸。形容聚精会神或小心谨慎的样子。张贤亮《绿化树》四:"我屏声静息,听他继续往下唱。"刘绍棠《村妇》卷二:"请愿团的男男女女,一个个像风吹草低,弯腰垂手,屏声静息。"

【屏声敛气】 bǐng shēng liǎn qì　见"屏声息气"。

【屏声息气】 bǐng shēng xī qì　屏声:抑制住不出声。息气:不出气。形容小心翼翼或聚精会神的样子。《红楼梦》六七回:"只见两三个小丫头子,都在那里屏声息气齐齐的伺候着。"张贤亮《土牢情话》六章:"他站在田埂上先看看田里的草薅得干净不干净,然后在撂到田埂上的杂草堆里拣出一把,一根根地审视着。我们都屏声息气,像在听候宣判似的。"也作"屏声敛气"。邓友梅《话说陶然亭》:"将军和胡子把脸转向茶镜,屏声敛气听他吹奏。"

【禀性难移】 bǐng xìng nán yí　禀性:本性。本性难以改变。张洁《爱,是不能忘记的》:"我想这带有预言性的结论大概有很有一点科学性,因为直到如今我还依然如故,总好拿些不成问题的问题不但搅扰得自己不得安宁,也搅扰得别人不得安宁。所谓'禀性难移'吧!"

【并蒂芙蓉】 bìng dì fú róng　并蒂:并排生长在同一柄上。芙蓉:荷花。并排生长在同一柄上的两朵荷花,比喻恩爱的夫妻或情侣。唐·杜甫《进艇》诗:"俱飞蛱蝶元相逐,并蒂芙蓉本自双。"〔注意〕蒂,不能读作 tì。

【并驾齐驱】 bìng jià qí qū　并驾:几匹马并排在一起拉车。齐驱:共同快跑。比喻相互之间不相上下。南朝梁·刘勰《文心雕龙·附会》:"是以驷牡异力,而六辔如琴;并驾齐驱,而一毂统辐。"《宣和画谱·道释一》:"何长寿与范长寿同斯法,故所画多相类,然一源而异派,论者次之。至于并驾齐驱,得名则均也。"老舍《四世同堂》一○:"虽然它们不像'英国府'那么堂皇雄伟,可是至少也可以与'沙丁鱼''灰色奇酒'并驾齐驱的含有洋味。"

【并日而食】 bìng rì ér shí　两天吃一天的粮食。形容生活艰苦,吃不饱饭。《礼记·儒行》:"儒有一亩之宫,环堵之室,筚门圭窬,蓬户瓮牖,易衣而出,并日而食。"也形容非常忙碌,不能按时进食。《三国志·蜀书·诸葛亮传》南朝宋·裴松之注引《汉晋春秋》:"臣受命之日,寝不安席,食不甘味,思惟北征,宜先入南,故五月渡泸,深入不毛,并日而食。"

【并行不悖】 bìng xíng bù bèi　悖:违反,违背。《礼记·中庸》:"万物并育而不相害,道并行而不相悖。"后用"并行不悖"指同时进行而互相不违背。宋·朱熹《朱子语类·论语二四》:"问:'二条在学者则当并行不悖否?'曰:'皆当如此做。……’”《野叟曝言》一四五回："各位之不安,皆过于情者也,正当以礼节之,使本生与假合判然分途,乃得其心之所安,即有感激之念,原可默存于中,并行不悖也。"茅盾《腐蚀·十月一日》:"他俨然正色说:'排解纠纷,跟我的处世哲学原也是并行而不悖的。'"梁实秋《雅舍小品·洗澡》:"我看人的身与心应该都保持清洁,而且并行不悖。"

【病骨支离】bìng gǔ zhī lí　支离:松散。因长久生病而使骨节松散无力。形容病体十分衰弱。宋·陆游《病起书怀》诗二首之一:"病骨支离纱帽宽,孤臣万里客江干。"

【病入膏肓】bìng rù gāo huāng　膏肓:我国古代医学称心尖脂肪叫膏,将心脏与膈膜之间叫肓,认为是药力达不到的地方。《左传·成公十年》:"公疾病求医于秦,秦伯使医缓为之。未至,公梦疾为二竖子,曰:'彼良医也,惧伤我,焉逃之?'其一曰:'居肓之上,膏之下,若我何?'医至,曰:'疾不可为也,在肓之上,膏之下,攻之不可,达之不及,药不至焉,不可为也。'公曰:'良医也。'厚为之礼而归之。"后用"病入膏肓"指疾病已到了不可救治的地步。也比喻情况严重,已到了无法挽回的地步。宋·王谠《唐语林》卷五:"请足下多服续命之散,数加益智之丸,无令病入膏肓,坐亲斧锧也。"《三国演义》一〇四回:"何期病入膏肓,命垂旦夕,不及终事陛下,饮恨无穷!"李国文《冬天里的春天》四章:"你呀你呀!也算得上病入膏肓了。"〔注意〕肓,不能写作"盲";也不能读作máng。

【拨乱反正】bō luàn fǎn zhèng　拨:治理。乱:混乱。反:回到。正:正道。《公羊传·哀公十四年》:"拨乱世,反诸正,莫近诸《春秋》。"后用"拨乱反正"指治理乱世,使回归于正道。也指整顿乱局面,使恢复到正常情况。《汉书·武

帝纪赞》:"汉承百王之弊,高祖拨乱反正,文景在养民。"《喻世明言》卷三二:"今天运将转,不过数十年,真人当出,拨乱反正。"李劼人《大波》三部五章:"我现在对于革命别无要求,只希望学界先生们在担起责任后,一本以前爱国主义,好好生生把国家整顿好,尤其把地方秩序维持好,真正做到拨乱反正,庶民乐业。"

【拨云睹日】bō yún dǔ rì　见"拨云见日"。

【拨云见日】bō yún jiàn rì　拨开云雾而看见太阳。比喻见到光明,前途大有希望,或由于受到启发而思路顿开。《水浒传》一二回:"今日蒙恩相抬举,如拨云见日一般。杨志若得寸进,当效衔环背鞍之报。"《儒林外史》三九回:"萧云仙道:'晚生得蒙老先生指教,如拨云见日,感谢不尽。'"也作"拨云睹日"。元·王实甫《西厢记》二本楔子:"自别兄长台颜,一向有失听教,今得一见,如拨云睹日。"

【波谲云诡】bō jué yún guǐ　见"云谲波诡"。

【波澜老成】bō lán lǎo chéng　老成:老练成熟。形容文章、书法气势宏大,功力深厚。唐·杜甫《敬赠郑谏议十韵》诗:"毫发无遗憾,波澜独老成。"明·汪砢玉《珊瑚网·法书跋》:"文敏隶楷之妙,俊洒飘逸,盖得于《洛神》为多,此卷尤见其波澜老成。"

【波澜壮阔】bō lán zhuàng kuò　形容江河湖海等水势辽阔。比喻气势宏伟、浩大。张炜《古船》一章:"芦青河道如今又浅又窄,而过去却是波澜壮阔的。那阶梯形的老河道就记叙了一条大河坝步步消退的历史。"林雨轩《亚热带海港——北海市》:"在波澜壮阔北部湾畔,有一座风景秀丽的亚热带海港——北海市。"

【剥肤椎髓】bō fū chuí suǐ　椎:同"捶",敲击。剥人皮肤,敲碎骨头取骨

髓。比喻残酷地敲榨与掠夺。唐·韩愈《郓州溪堂诗序》:"掇拾之馀,剥肤椎髓。"明·焦竑《玉堂丛语·政事》二:"世方以阿意顺旨为贤,剥肤椎髓为能。"

【伯劳飞燕】bó láo fēi yàn　伯劳:鸟名。《乐府诗集·东飞伯劳歌》:"东飞伯劳西飞燕,黄姑织女时相见。"后用"伯劳飞燕"比喻离别的亲人或朋友。元·张可久《醉太平·春情》曲:"乌云髻松,金凤钗横,伯劳飞燕自西东,恼离愁万种。"

【伯乐一顾】bó lè yī gù　伯乐:春秋时秦人,姓孙名阳,有相马的特长,当时的人便以神话中掌管天马的星名伯乐来称他。顾:回头看。《战国策·燕策二》:"人有卖骏马者,比三旦立市,人莫之知。往见伯乐曰:'臣有骏马,欲卖之,比三旦立于市,人莫与言。愿子还而视之,去而顾之,臣请献一朝之贾。'伯乐乃还而视之,去而顾之,一旦而马价十倍。"后用"伯乐一顾"比喻受到权威人士的赏识或看重。《后汉书·隗嚣传》:"数蒙伯乐一顾之价,而苍蝇之飞,不过数步,即托骥尾,得以绝群。"宋·王观国《学林·铜斗》:"凡物不以美恶,稍为名士所称,遂以可贵……所谓伯乐一顾,其价十倍。"

【伯仲之间】bó zhòng zhī jiān　伯、仲:兄弟排行中的老大和老二。兄弟之间。比喻不相上下,优劣难分。三国魏·曹丕《典论·论文》:"文人相轻,自古而然。傅毅之于班固,伯仲之间耳。"唐·杜甫《咏怀古迹》诗:"伯仲之间见伊吕,指挥若定失萧曹。"

【勃然大怒】bó rán dà nù　勃然:因发怒而脸变色的样子。形容人大怒的样子。《三国演义》三七回:"徐母勃然大怒。"《警世通言》卷二八:"禅师勃然大怒,口中念念有词,大喝道:'揭谛何在?快与我擒青鱼怪来,和白蛇现形,听吾发落。'"茅盾《蚀·动摇》八:"胡国光看了那报告,不禁勃然大怒,心里说:'这简直就

是造反了!'"

【博采穷搜】bó cǎi qióng sōu　博采:广泛采集。穷搜:穷尽搜罗。指广泛地尽力采集寻找。马瑞芳《柳泉居士的厄运》:"在距蒲家庄三里许的煤矿医院里,有位日本医生对中国古董、特别是聊斋遗墨有特殊兴趣,博采穷搜,购于民间。"

【博大精深】bó dà jīng shēn　博大:广大。精深:精湛深刻。形容学识、思想、理论广博丰富,精湛深刻。明·姜世昌《〈逸周书〉序》:"迄今读之,若揭日月而行千载,其博大精深之旨,非晚世学者所及。"

【博古通今】bó gǔ tōng jīn　博:广博知晓。通:通晓。广博地通晓古代的事和现代的事。《晋书·石崇传》:"君侯博古通今,察远照迩,愿加三思。"《醒世恒言》卷一一:"老苏生下两个孩儿,大苏小苏。大苏名轼,字子瞻,别号东坡;小苏名辙,字子由,别号颍滨。两子都有文经武纬之才,博古通今之学,同科及第,名重朝廷,俱拜翰林学士之职。"《镜花缘》五回:"你向有才女之名,最是博古通今,可曾见过灵芝、铁树均在残冬开花?"鲁迅《准风月谈·我们怎样教育儿童的?》:"《自由谈》的投稿者,常有博古通今的人,我以为对于这工作,是很有胜任者在的。"也作"通今博古"。《水浒传》六八回:"员外力敌万人,通今博古,天下谁不望风而降。"

【博览群书】bó lǎn qún shū　览:看。群书:众多的书。广泛地阅读各种书籍。《周书·庾信传》:"信幼而俊迈,聪敏绝伦,博览群书,尤善《春秋左氏传》"《三国演义》九二回:"维自幼博览群书,兵法武艺,无所不通。"《镜花缘》二一回:"此处国人生的清俊,其天姿聪慧,博览群书,可想而知。"丁玲《太阳照在桑乾河上》一五:"他又博览群书,也喜欢同人谈论这些书籍。"

【博洽多闻】bó qià duō wén 博洽：渊博。多闻：见识多。指学问渊博，见识丰富。《后汉书·杜林传》："林从竦受学，博洽多闻，时称通儒。"

【博施济众】bó shī jì zhòng 博：广泛。施：施舍。济：救济。众：众人。《论语·雍也》："子贡曰：'如有博施于民，而能济众，何如？可谓仁乎？'"后用"博施济众"指广泛施舍，救济贫困的百姓。唐·韩愈《读墨子》："孔子泛爱亲仁，以博施济众为圣，不兼爱哉？"《水浒传》八二回："博施济众，欲与天地均同。"

【博士买驴】bó shì mǎi lǘ 博士：古代学官。比喻作文啰嗦，通篇废话，不得要领。北齐·颜之推《颜氏家训·勉学》："问一言辄酬数百，责其指归，或无要会。邺下谚云：'博士买驴，书券三纸，未有驴字。'"也作"三纸无驴"。宋·陆游《题斋壁》诗："草赋万言那直水，属文三纸尚无驴。"

【博闻强记】bó wén qiáng jì 见闻广博，记忆力强。《史记·孟子荀卿列传》："淳于髡，齐人也，博闻强记，学无所主。"《世说新语·赏誉》南朝梁·刘孝标注引《陆云别传》："儒雅有俊才，容貌瓌伟，口敏能谈，博闻强记。"《三国演义》六〇回："适修以丞相所撰《孟德新书》示之，彼观一遍，即能暗诵。如此博闻强记，世所罕有。"孙犁《谈慎——芸斋琐谈》："我常想，以先生之博闻强记，尚且有时如此，我辈庸碌，就更应该随时注意。"

【博物洽闻】bó wù qià wén 博物：能知晓很多事物。洽：广博。指人知识面广，见闻多。《汉书·楚元王传赞》："此数公者，皆博物洽闻，通达古今，其言有补于世。"明·顾起元《客座赘语·文士》："周吉甫晖，博物洽闻，恢奇奥雅，诗句之美，冠绝当时。"

【博物通达】bó wù tōng dá 博物：能知晓很多事物。通达：明白事理。形容人学问广博而又明白事理。《汉书·公孙刘田王杨蔡陈郑传赞》："桑大夫据当世，合时变，上权利之略，虽非正法，巨儒宿学不能自解，博物通达之士也。"

【博学多才】bó xué duō cái 学问渊博，有多方面的才干。《晋书·郄诜传》："诜博学多才，瓌伟倜傥，不拘细行，州郡礼命并不应。"《三国演义》二九回："肃又荐一人见孙权：此人博学多才，事母至孝；复姓诸葛，名瑾，字子瑜，琅琊南阳人也。"《说岳全传》四六回："兀术便叫：'娘子请起。我久闻你丈夫博学多才，正要请他做个参谋。'"

【博学多闻】bó xué duō wén 学识广博，见闻丰富。《淮南子·本经训》："故博学多闻，而不免于惑。"《世说新语·识鉴》南朝梁·刘孝标注引《续晋阳秋》："胤既博学多闻，又善于激赏。"也作"博学洽闻"。《晋书·荀颉传》："性至孝，总角知名，博学洽闻，理思周密。"

【博学洽闻】bó xué qià wén 见"博学多闻"。

【薄情寡义】bó qíng guǎ yì 见"薄情无义"。

【薄情无义】bó qíng wú yì 感情淡薄，没有情义。《红楼梦》一九回："宝玉听了自思道：'谁知这样一个人，这样薄情无义呢？'"也作"薄情寡义"。李国文《危楼记事》之三："若说小市民最薄情寡义，这只是指在经济利益受到触犯的时候。倘若不伤大雅，那种不提倡的人情味啦，人性论啦，在他们身上倒是经常泛滥的。"

【薄物细故】bó wù xì gù 薄：轻微。细：细小。指轻微而琐细的小事。《史记·匈奴列传》："朕追念前事，薄物细故，谋臣计失，皆不足以离昆弟之欢。"宋·王安石《上仁宗皇帝言事书》："而薄物细故,非害治之急者,为之法禁,月异而岁不同,为吏者至于不可胜记,又况能一一避之而无犯者乎?"

【补苴罅漏】 bǔ jū xià lòu 苴:弥补。罅:缝隙。漏:漏洞。指弥补学说、文章等的缺漏。也泛指弥补缺陷漏洞。唐·韩愈《进学解》:"抵排异端,攘斥佛老,补苴罅漏,张皇幽眇。"明·胡应麟《诗薮·外编一》:"区区补苴罅漏,何救齐亡?"洪深《〈戏剧导演的初步知识〉引言》:"须要有人代做这个转化工作,将剧中情事补苴罅漏地应有尽有地搬演出来。"

【补偏救弊】 bǔ piān jiù bì 偏:偏差。弊:弊病。补救偏差,纠正弊病。宋·魏了翁《直前奏六未喻及邪正二论》:"臣愿陛下以臣所陈未喻六条行之,以明白洞达为目前补偏救弊之策。"严复《原强》:"苟不自其本而图之,则亦仅能补偏救弊。"

【补阙拾遗】 bǔ quē shí yí 见"拾遗补阙"。

【补天浴日】 bǔ tiān yù rì 补天:指女娲补天的故事。《淮南子·览冥训》:"于是女娲炼五色石以补苍天。"浴日:指太阳神羲和浴日的故事。《山海经·大荒南经》:"有羲和之国,有女子名曰羲和,方日浴于甘渊。"后用"补天浴日"比喻竭力挽救危局,功劳极大。《宋史·赵鼎传》:"浚有补天浴日之功,陛下有砺山带河之势,君臣相信,古今无二,而终致物议,以被窜逐。"明·朱鼎《玉镜台记·新亭流涕》:"反听刘隗刁协之徒,窃弄威柄,将我补天浴日之功,弃而不录,思之不能无怨也。"

【捕风捉影】 bǔ fēng zhuō yǐng 《汉书·郊祀志下》:"听其言,洋洋满耳,若将可遇;求之,荡荡如系风捕景,终不可得。"系:拴。景:"影"的本字。原比喻事物像风和影子一样难以捉摸。后用"捕风捉影"比喻说话或做事以虚无缥缈的

迹象作为根据。宋·朱熹《朱子语类·学二》:"若悠悠地似做不做,如捕风捉影,有甚长进!"《喻世明言》卷一三:"童子曰:'世人论道,皆如捕风捉影,必得黄帝九鼎丹法,修炼成就,方可升天。'"《儒林外史》四五回:"礼房值日书办禀道:'他余家就有贡生,却没有个个余持。'余持又禀道:'可见这文人是个捕风捉影的了。'"钱钟书《围城》七:"方先生,我和你开玩笑——我知道这全是捕风捉影,否则我决不敢请二位到舍间来玩儿了。"也作"捉影捕风"。《西游记》二五回:"这泼猴枉自也拿他不住;就拿住他,也似抟砂弄汞,捉影捕风。"

【不白之冤】 bù bái zhī yuān 未得到昭雪或无法申诉的冤屈。《东周列国志》四二回:"呾之逃,非贪生怕死,实欲为太叔伸不白之冤耳。"鲁迅《准风月谈·电影的教训》:"但还记得有一出给了感动的戏,好像是叫作《斩木诚》。一个大官蒙了不白之冤,非被杀不可了,他家里有一个老家丁,面貌非常相像,便代他去'伏法'。"周而复《上海的早晨》一部四七:"徐义德像是蒙了不白之冤似的,急得说不出话来。"

【不败之地】 bù bài zhī dì 由于占据优势而不会陷入失败的境地。姚雪垠《李自成》二卷三六章:"咱们眼下最要紧的是收揽人心,号召饥民起义,赶快练出来一支十万精兵,立于不败之地,倒不是攻破几座城池。"

【不卑不亢】 bù bēi bù kàng 卑:低贱。亢:高傲。既不自卑,也不高傲。老舍《正红旗下》:"多老大非常满意自己这句话,不卑不亢,恰到好处。"梁实秋《雅舍小品·计程车》:"我的几句赞扬引出司机的一番不卑不亢的话:'干我们这一行的,唉,要说行车安全,其实我们只有百分之五十的把握,'说到这里话一顿,他继续说,'另外百分之五十是操在别人手

里。'"

【不辨菽麦】 bù biàn shū mài 辨:辨别。菽:豆子。分不清哪是豆子,哪是麦子。形容愚昧无知或缺乏实践经验。《左传·成公十八年》:"周子有兄而无慧,不能辨菽麦。"明·杨基《感怀十二首》诗之一:"士不遇患难,智虑何由全?……苟不辨菽麦,何足揽大权?"王西林《虚构失真,不辨菽麦》:"最近,读了新发表的一些历史题材的文艺作品,颇为欣赏,确有佳作。但也有个别作品的个别情节,虚构失真,不辨菽麦,与历史生活面貌大相径庭。"

【不辨真伪】 bù biàn zhēn wěi 辨:辨别。辨别不清真的和假的。《东周列国志》三九回:"晋文公先年过曹,曹人多有认得的,其夜仓卒不辨真伪。"

【不才之事】 bù cái zhī shì 不才:不成材。指不正当的事。《红楼梦》三二回:"如此看来,将来难免不才之事,令人可惊可畏。"

【不测之祸】 bù cè zhī huò 测:推测,估计。估计不到的灾祸。多指死亡。《资治通鉴·秦始皇帝九年》:"妾赖天而有男,则是君之子为王也,楚国尽可得,孰与身临不测之祸哉!"姚雪垠《李自成》二卷二章:"倘若皇上震怒,不惟会丢掉乌纱帽,恐怕还有不测之祸。"

【不差累黍】 bù chā lěi shǔ 累黍:我国古代两种微小的计量单位,汉代以十黍为累,十累为铢,二十四铢为一两。形容不差丝毫。《汉书·律历志上》:"权轻重者不失黍累。"清·百一居士《壶天录》卷上:"并行而上,不差累黍。"

【不茶不饭】 bù chá bù fàn 不想喝茶,也不想吃饭。形容心事重重,不思饮食。明·高濂《玉簪记·追别》:"霎时间云雨暗巫山,闷无言,不茶不饭,满口儿何处诉愁烦。"

【不成体统】 bù chéng tǐ tǒng 体统:体制、格局、规矩。指事物或人的言行违背体制、规矩,不成样子。《红楼梦》九〇回:"贾母道:'我正要告诉你们,宝丫头和林丫头是从小儿在一处的,我只说小孩子们怕什么?以后常听得林丫头忽然病,忽然好,都为有了些知觉了。所以我想他们若尽着搁在一块儿,毕竟不成体统。你们怎么说?'"茅盾《蚀·动摇》一:"王荣昌一面就坐,还摇着头说:'不成体统,不成体统。'"邓友梅《四合院》"入门儿":"大门修得再好,对面乱七八糟也不成体统,也造成不完整的艺术形象。"

【不逞之徒】 bù chěng zhī tú 不逞:不得志。因欲望未得到满足而为非作歹的人。《左传·襄公十年》:"故五族聚群不逞之人,因公子之徒以作乱。"《后汉书·史弼传》:"外聚剽轻不逞之徒,内荒酒乐,出入无常。"蒋子龙《收审记》二:"又搬出他的规矩,该审我的不审,却让这帮不逞之徒来取笑我。"

【不耻下问】 bù chǐ xià wèn 不以向学问比自己差或地位、辈分比自己低的人请教为可耻。《论语·公冶长》:"敏而好学,不耻下问。"晋·皇甫谧《高士传·挚恂》:"既通古今而性复温敏,不耻下问,故学者宗之。"《东周列国志》二九回:"仲对曰:'庶乎可矣。隰朋不耻下问,居其家不忘公门。'"鲁迅《坟·说胡须》:"他于是废然而去了,我仍旧废然而住,自愧无以对'不耻下问'的朋友们!"叶文玲《浪漫的黄昏》五:"于是,那些在这那那的工厂当厂长,在这那那的公司当经理的男人们,也都一脱平日志得意满的模样,彬彬有礼地不约而同不耻下问地向这位来去京港纵横天下的商界女杰请教。"

【不出所料】 bù chū suǒ liào 料:推测。没有超出所推测的。《孽海花》一〇回:"刚刚走到你那边,见你不在,我就猜着到这里来了，所以一直赶来，果然不出所料。"周作人《雨天的书·苦雨》："好容易到了早上五点钟，赤脚撑伞，跑到西屋一看，果然不出所料，水浸满了全屋，约有一寸深浅。"

【不揣冒昧】bù chuǎi mào mèi　揣：估量，推测。冒昧：不顾及自己的地位、能力和所处场合而轻率地说话或行动。指言行鲁莽，不自量力。多作自谦之词。《红楼梦》八四回："那王尔调又道：'晚生还有一句话，不揣冒昧，和老世翁商议。'"

【不辞而别】bù cí ér bié　辞：告辞。不告辞就离去了。老舍《骆驼祥子》一五："他不想跟她去商议，他得走；想好了主意，给她个不辞而别。"杨沫《青春之歌》二部一六章："她不喜欢汝才，当然可以不辞而别。"

【不辞劳苦】bù cí láo kǔ　辞：推辞。不推辞劳累辛苦。形容人工作勤奋，不怕吃苦。《太平广记》卷一六六引唐·牛肃《纪闻·吴保安》："使亡魂复归，死骨更肉，唯望足下平。今日之事，请不辞劳苦。"《红楼梦》九一回："我给他送东西，为大爷的事不辞劳苦，我所以敬他；又怕人说瞎话，所以问你。"李劼人《死水微澜》二部八："他不辞劳苦，挨骂受气，自己出钱，远道来此，究何所图？思之思之，哦！得之矣！传教医病，不过是个虚名！其实必是来盗宝的！"

【不打不成相识】bù dǎ bù chéng xiāng shí　不经过交手较量，相互之间就不可能深入了解，也就无法成为真正的朋友。指经过争斗、较量才能互相结识为朋友。《西游记》二六回："镇元子却又安排蔬酒，与行者结为兄弟。这才是不打不成相识，两家合了一家。"钱钟书《围城》四："辛楣惶恐道：'那许多请你别再提了！咱们不打不成相识，以后相处的日子正长，要好好的交个朋友。'"

【不打自招】bù dǎ zì zhāo　不用拷问，自己就招认了。也指无意中暴露了自己的意图。《警世通言》卷二四："刘爷看了书吏所录口词，再要拷问，三人都不打自招。"邓一光《我是太阳》一部四："白淑芬笑道，看，看，还说没什么事呢，我还没说什么，自己倒夸上了，俏妹妹夸情哥哥，这可是不打自招！"

【不到黄河心不死】bù dào huáng hé xīn bù sǐ　比喻不到走投无路时决不死心。《官场现形记》一七回："周老爷道：'这种人不到黄河心不死。现在横竖我们总不落好，索性给他一个一不做，二不休。你看如何？'"也比喻不达到目的决不罢休。穆欣《吉鸿昌将军》："虽然吉鸿昌已当面嘱咐过，她也晓得营救是无济于事的。俗话讲得好，'不到黄河心不死'，只要还有一线希望，她怎能够放开不管？"

【不得而知】bù dé ér zhī　得：能够。不可能知道。唐·韩愈《争臣论》："故虽谏且议，使人不得而知焉。"《二十年目睹之怪现状》一〇一回："何况龙光那孩子，心里我不得而知，看他外貌，不像那样人。"茅盾《蚀·幻灭》六："'意见'从何来呢？静最后的猜度是：慧的突然归家，一定和抱素有关；至于其中细情，局外人自然不得而知。"

【不得人心】bù dé rén xīn　指得不到人民的拥护和支持。《旧唐书·哥舒翰传》："先是，翰奏禄山虽窃河朔，而不得人心，请持重以弊之，彼自离心，因而翦灭之，可不伤兵擒兹寇矣。"也泛指让人讨厌。老舍《骆驼祥子》一〇："大家正说到热闹中间，门忽然开了，进来一阵冷气。大家几乎都怒目的往外看，看谁这么不得人心，把门推开。"

【不得要领】bù dé yào lǐng　要领：要点，关键。《史记·大宛列传》："骞从月氏至大夏，竟不得月氏要领。"原指没有了解到真实意图和趣向。后用"不得要领"比喻没有掌握事物的关键或要点。明·沈德符《万历野获编·岭南论囚》:"初岭外不靖,连年用兵不得要领。"茅盾《蚀·幻灭》四:"'慧!这里的菜比巴黎的如何?'他找着题目发问了。慧扑嗤地一笑。'差不远罢?'抱素不得要领地再问,更紧些握着慧的手。"刘心武《钟鼓楼》一章:"澹台智珠不得要领,只好微笑着问:'我能帮点什么忙呀?'"

【不登大雅】 bù dēng dà yǎ 见"不登大雅之堂"。

【不登大雅之堂】 bù dēng dà yǎ zhī táng 不能进入高雅的殿堂。指作品粗俗,不能放到高尚文雅的处所。也用来谦称自己的作品。《儿女英雄传》缘起首回:"这部评话,原是不登大雅之堂的一种小说,初名《金玉缘》。"高行健《法国现代派诗人普列维尔和他的〈歌词集〉》:"他发现运用这种被不少诗人认为不登大雅之堂的大白话,居然也可以构成精细入微的诗意境,值得人久久品味。"也单作"不登大雅"。杨绛《记钱钟书与〈围城〉》:"书摊上租来的《说唐》、《济公传》、《七侠五义》之类是不登大雅的,家里不藏。"

【不动声色】 bù dòng shēng sè 声:说话的声音。色:脸上的表情。既不说话,也不流露出感情。❶形容遇事沉着、镇静自如。宋·欧阳修《相州昼锦堂记》:"垂绅正笏,不动声色,而措天下于泰山之安。"《二十年目睹之怪现状》一○三回:"好鸦头!真有本事,有能耐!一切都和老爷商量好了,他却是不动声色,照常一般。"鲁迅《故事新编·采薇》四:"然而这竟是兜头一桶冷水,使两个人同时打了一个寒噤,但仍然不动声色,谢过老人,向着他所指示的路前行。"❷形容轻而易举,不费气力。《水浒传》八六回:"宋江见这三路军兵尽皆退了,大驱宋军人马,

奔来夺取幽州。不动声色,一鼓而收。"

【不二法门】 bù èr fǎ mén 佛教用语。不二:指不是两个极端。法门:修行入道的门径。《维摩诘经·入不二法门品》:"如我意者,于一切法无言无说,无示无识,离诸问答,是为入不二法门。"宋·范仲淹《十六罗汉因果识见颂序》:"立渐法序四等功德说,顿教陈不二法门。"原指直接入道,不可言传的法门。后用来比喻独一无二的途径或方法。《糊涂世界·序》:"守株待兔之举,视若不二法门;覆蕉寻鹿之徒,尊为无上妙品。"孙犁《致铁凝信》:"这是艺术唯一无二的灵魂,也是跻于艺术宫殿的不二法门。"李陀《魔界》:"熊厚良可不行。他一段时间里只能办一件事情。一心不能二用,是他做学问的不二法门。"

【不乏其人】 bù fá qí rén 乏:缺少。不缺少那样的人。意指那样的人为数并不少。清·吕留良《与陈执斋书》:"然则如今之钱侯,远近亦不乏其人。"蓉茵《为何要"对号入座"》:"其实,在我们周围,对文艺作品实行'对号入座'者也不乏其人,有时真使艺术家们狼狈不堪,哭笑不得。"

【不费吹灰之力】 bù fèi chuī huī zhī lì 形容事情很容易做,不用花费什么力气。《老残游记》一七回:"他因听见老残一封书去,抚台便这样的信从,若替他办事,自不费吹灰之力,一定妥当的,所以就迷迷价笑。"张颖《悲歌一曲动心弦——重看话剧〈风雪夜归人〉》:"他们想作一个真正的人,共同的人生理想促使他们毅然地反抗了。但是在那个时代,他们像一对可怜的小鸟,被封建时代的权势者不费吹灰之力就毁灭了。只给人留下了悲愤与同情。"

【不分彼此】 bù fēn bǐ cǐ 彼:指对方。此:指我方。不分你我。❶形容没有区别。沈从文《湘行散记·箱子岩》:"从他

们应付生存的方法与排泄感情的娱乐看上来，竟好像今古相同，不分彼此。"❷形容同样对待。柳青《创业史》一部一八章："你好！俺不好！俺是自发势力，顽固堡垒！我不分彼此，都给分，看你小伙子又怎样说？"

【不分青红皂白】bù fēn qīng hóng zào bái　皂：黑色。指不分是非曲直，不问情由。《封神榜》一四回："如何圣人不分青红皂白，正直的良言不纳，反倒听信苏妃之言，无故的绑了忠烈的直臣？"张洁《方舟》一："不知道那些不分青红皂白，只是一味劝阻别人离婚的人是怎么想的。"也单作"不分皂白"。《西游记》一四回："你怎么不分皂白，一顿打死？"

【不分皂白】bù fēn zào bái　见"不分青红皂白"。

【不孚众望】bù fú zhòng wàng　孚：令人信服。不能使群众信服。茅盾《蚀·动摇》四："他查复的公文，我也看见了，只说你'不孚众望'，其馀的事，概没提起。"

【不负众望】bù fù zhòng wàng　负：辜负。不辜负群众的期望。冰心《为河南灵宝市安家底村题词》："但愿学校里的学生们不负众望，努力前进，为本村、为国家，尽上自己全部学力。"

【不甘寂寞】bù gān jì mò　不甘心被冷落而置身事外。指要参加某一工作、活动或企图有所表现。清·吕留良《与高旦中书》："念头淡薄，自然刪落，若不甘寂寞，虽外事清高，正是以退为进。"李劼人《大波》三部九章："哦！我晓得这个人，是个有文无行，不甘寂寞的民党。"

【不甘示弱】bù gān shì ruò　不甘心表现出不如别人。刘绍棠《村妇》卷一："常三裤裆不甘示弱，另有高见：'这个孩子一根扦毛金不换，该叫金苗儿。'"叶文玲《银朵》二："后来，那两家'万元户'不甘

示弱了，如今，一家已经上了梁，另一家，砖石木料也都打点得满堂堂的了。"

【不尴不尬】bù gān bù gà　❶形容处境困难，左右为难。《醒世恒言》卷三四："看了那样光景，方懊悔前日逼勒老婆，做了这件拙事。如今又弄得不尴不尬，心下烦恼，连生意也不去做，终日东寻西觅，并无尸首下落。"❷形容态度不自然。茅盾《虹》四："梅女士抬眼看了一下，觉得那女仆的脸上带着不尴不尬的笑容。"❸形容不成样子，不正派。《红楼梦》九〇回："薛蝌始而以为金桂为薛蟠之事，或者真是不过意，备此酒果给自己道乏，也是有的。及见了宝蟾这种鬼鬼祟祟不尴不尬的光景，也觉了几分。"

【不敢告劳】bù gǎn gào láo　告：诉说。劳：劳苦。不敢诉说自己的劳苦。形容埋头苦干，不辞辛劳。《诗经·小雅·十月之交》："黾勉从事，不敢告劳。"清·刘坤一《禀张中丞》："本司不敢言病，不敢告劳，唯有得一日活，办一日事。"

【不敢越雷池一步】bù gǎn yuè léi chí yī bù　雷池：池名，在安徽望江。晋·庾亮《报温峤书》："吾忧西陲，过于历阳，足下无过雷池一步也。"意思是要温峤坚守防地，不要越过雷池到京城去。后用"不敢越雷池一步"指办事胆小怕事，不敢超越一定的范围。陈军《在笑中受益——推荐〈中国古代哲学寓言故事选〉》："他们对上级的意见，满足于照抄、照传、照搬、照套，不敢越雷池一步。"

【不攻自破】bù gōng zì pò　不用进行攻击，自己就会溃败。晋·刘粲《请杀愍帝表》："子业若死，民无所望，则不为李矩、赵固之用，不攻而自破矣。"明·张凤翼《红拂记·明良遭际》："今日之计，只合移兵先乎世洛，则唇亡齿寒，萧铣不攻自破矣。"姚雪垠《李自成》二卷一二章："只要足下放把火，余贼军心一乱，野人峪就会不攻自破。"也比喻观点、言论等经不

起批驳。《旧唐书·礼仪志六》："是有都立庙之言,不攻而自破矣。"陈国凯《摩登阿Q》："足见先生立论之大谬。先生说黄瓜文学难登大雅之堂,这类谰言已不攻自破。"

【不共戴天】 bù gòng dài tiān 戴天:用头顶着天。指不能共同在一个天底下生活。形容仇恨极深。《礼记·曲礼上》:"父之仇,弗与共戴天。"宋罗大经《鹤林玉露》卷八:"我国家之于金虏,盖百世不共戴天之仇也。"《三国演义》三九回:"不共戴天之仇,岂容不报!"《二十年目睹之怪现状》九〇回:"在老婆跟前又不便把大舅爷待自己的情形说出,更不敢露出忿恨之色,那心中却把大舅爷恨的犹如不共戴天一般。"鲁迅《故事新编·铸剑》一:"他决心要并无心事一般,倒头便睡,清晨醒来,毫不改变常态,从容地去寻找不共戴天的仇雠。"张天翼《速写三篇·包氏父子》五:"包国维像有不共戴天之仇似地跟江朴拚命,庞锡也帮着打。"

【不苟言笑】 bù gǒu yán xiào 苟:随便。《礼记·曲礼上》:"不登高,不临深,不苟訾,不苟笑。"后用"不苟言笑"形容人态度严肃、庄重,不随便说笑。《二十年目睹之怪现状》四三回:"那做房官的,我看见他,都是气象尊严,不苟言笑的,那种官派,我一见先就怕了。"杨沫《青春之歌》二部一四章:"屋里的同志都哈哈大笑起来,连不苟言笑的王先生也笑了。"

【不关痛痒】 bù guān tòng yǎng 见"无关痛痒"。

【不管三七二十一】 bù guǎn sān qī èr shí yī 不问情由,不顾一切。《警世通言》卷一七:"赵指挥是武官,不管三七二十一,便约德称在寺,投剑相见,择日请了下船同行。"《说岳全传》七九回:"牛皋大怒,也不管三七二十一,举铜乱打。"巴金《春》二九:"'那么我就到别地方去。

我不管三七二十一跑出去再说!'淑华不假思索地毅然答道。"

【不过尔尔】 bù guò ěr ěr 尔尔:如此,这样。同"尔耳"。不过这样罢了。《宋史·沈辽传》:"既至池,得九华、秋浦间,玩其林泉,喜曰:'使我自择,不过尔耳!'即筑室于齐山之上,名曰云巢。"杨绛《记钱钟书与〈围城〉》:"方鸿渐失恋后,说赵辛楣如果娶了苏小姐也不过尔尔,又说结婚后会发现娶的总不是意中人。这些话都很对。"

【不寒而栗】 bù hán ér lì 栗:战栗,发抖。天气不寒冷而身体发抖。形容非常惊恐、害怕。《史记·酷吏列传》:"是日皆报杀四百余人,其后郡中不寒而栗。"《后汉书·邓骘传》:"追观前世倾覆之诫,退自惟念,不寒而栗。"《野叟曝言》一三六回:"此时正是皇甫毓昆调任巡抚到任才及两月,各营将知其巡按辽东,在操场斩权禹的威风,不寒而栗。"茅盾《蚀·动摇》五:"即不然,而乃以为孙舞阳真好,这也适足证明了方罗兰确已着迷;想到这一点,方太太也不寒而栗了。"

【不合时宜】 bù hé shí yí 时宜:当时的需要。不符合当时的需要。《汉书·哀帝纪》:"皆违经背古,不合时宜。"《官场现形记》五六回:"他看的洋板书还是十年前编纂的,照着如今的时势是早已不合时宜了。"夏衍《〈新华日报〉及其他》:"这篇文章也引起过争论,我自己也觉得在那个乱哄哄的时代论正规化,的确也有点'不合时宜'。"

【不欢而散】 bù huān ér sàn 很不愉快地分了手。《醒世恒言》卷三二:"吕相公心知不祥之事,不肯信以为然,只怪马夫妄言,不老实,打四十棍,革去不用。众客咸不欢而散。"鲁迅《且介亭杂文末编·答徐懋庸并关于抗日统一战线问题》:"再经几度问答之后,我的回答是:证据薄弱之极,我不相信! 当时自然不欢而散,但后来也不再听人说胡风是'内奸'了。"沈从文《长河·买橘子》:"谁知长顺不识相,话不接头,引起了队长的火,弄得个不欢而散。"

【不慌不忙】bù huāng bù máng　既不慌张也不匆忙。形容从容不迫。《喻世明言》卷二二:"那妇人见了贾涉,不慌不忙,深深道个万福。"《官场现形记》四二回:"门政大爷不慌不忙,登时把一个手本,一封喜敬,摆在喜太尊面前。"茅盾《子夜》八:"何慎庵不慌不忙地回答,微微笑着。"巴金《春》六:"觉英吃完了面放下碗,不慌不忙地说:'那么你们小姐家就好意思管人家的肚子!'他噗嗤笑了起来。"

【不即不离】bù jí bù lí　即:靠近。❶佛教用语,指诸法相表面现象虽不同而本质则无不同。《圆觉经》上:"不即不离,无缚无脱。始知众生本来成佛,生死涅槃犹如昨梦。"❷指不高也不低,很适中。《官场现形记》二〇回:"诸公出去可传谕他们:直毛头细衣服价钱很贵,倘然制不起,还是以不制为是;羊皮褂子价钱不大,似乎不即不离,酌乎中道,每人不妨制办一身。"❸指既不亲近,也不疏远。老舍《四世同堂》二四:"小文夫妇没有热烈的欢迎他,也没有故意的冷淡他,还是那么不即不离的,和昨天差不多。"刘心武《钟鼓楼》五章:"她点头招呼了他。他便也点头招呼了她。他们不即不离地在广场上转了一周。"

【不急之务】bù jí zhī wù　务:事务。不必急着办理的事务。《三国志·吴书·孙和传》:"弃不急之务,以修功业之基,其于名行,岂不善哉!"茅盾《多角关系》二:"算了,你这什么诊费,到底是不急之务。"

【不计其数】bù jì qí shù　无法计算其数目。形容极多。宋·魏了翁《奏措京湖诸郡》:"或谓官民兵在城者约二十万,

而散在四郊者,不计其数。"《水浒传》二〇回:"见今山寨里聚集得七八百人,粮食不计其数。"《官场现形记》二九回:"至于褓褓孩提,预先捐个官放在那里,等候将来长大去做,却也不计其数。"鲁迅《准风月谈·新秋杂识二》:"救人也一样,兵灾、旱灾、蝗灾、水灾……灾民们不计其数,幸而暂免于灾殃的小民,又怎么能有一个救法?"萧乾《人生采访·血肉筑成的滇缅路》:"当惠通桥未修成时,每年死在渡江竹筏上的人畜不计其数。"

【不加思索】bù jiā sī suǒ　加:加以。不加以思考。形容对事情不进行认真考虑或不动脑筋。《官场现形记》四九回:"当时张太太盛怒之下,不加思索,以致有此一番举动。"老舍《四世同堂》九四:"他往小羊圈走。每条胡同里都住的有日本人。可是,他不加思索,出于习惯,走到了小羊圈。他最熟悉这里。"也形容说话办事敏捷、果断。《三侠五义》九回:"包公将轿内随行纸笔,叫包兴递与妇人另写一张,只见不加思索,援笔立就,呈上。"

【不假思索】bù jiǎ sī suǒ　假:凭借、依靠。用不着思考。形容说话办事敏捷、果断。宋·黄榦《复黄会卿》:"戒惧谨独,不待勉强,不假思索,只是一念之间,此意便在。"《警世通言》卷二七:"魏生欲观仙笔,即将文房四宝,列于几上,洞宾不假思索,信笔赋诗四首。"鲁迅《朝花夕拾·无常》:"'活'的'正人君子'们只能骗鸟,若向愚民,他就可以不假思索地回答你:公正的裁判是在阴间!"巴金《秋》四六:"他不假思索,就一口答应下来,仿佛这是他的义务。"

【不见经传】bù jiàn jīng zhuàn　经传:儒家典籍经与传,泛指经典著作。经传上没有这样的记载。指缺乏文献依据。宋·罗大经《鹤林玉露》卷六:"俗语云:'但存方寸地,留与子孙耕。'指心而言

也。三字虽不见于经传，却亦甚雅。"《醒世恒言》卷四："那九州四海之中，目所未见，耳所未闻，不载史册，不见经传，奇奇怪怪，跷跷蹊蹊的事，不知有多多少少。"也指人或事物没有名气。李国文《危楼记事》之八："比萨斜塔因伽里略而得名，至今犹为游览圣地。S市危楼因挤满了庸庸碌碌的市民阶层，而不见经传。新时期到来后，便立刻推倒重建。"

【不骄不躁】bù jiāo bù zào　不骄傲，不急躁。姚雪垠《李自成》一卷五章："愈是饱经世故，他愈是磨去棱角……能够遇事不骄不躁，深谋远虑。"

【不教而诛】bù jiào ér zhū　教：教育。诛：杀。事先不进行教育，一犯法就加以杀戮。《论语·尧曰》："不教而杀谓之虐。"《荀子·富国》："故不教而诛，则刑繁而邪不胜；教而不诛，则奸民不惩。"《官场现形记》二〇回："大人限他们三个月叫他们戒烟，宽之以期限，动之以利害，不忍不教而诛。"

【不解之缘】bù jiě zhī yuán　缘：缘分。不能分开的缘分。形容互不可分，关系密切。刘醒龙《黑蝴蝶·黑蝴蝶》一〇："这一生我算是同画画结下了不解之缘。我把它当作一种乐趣，她却一天到晚盼望我成名。"

【不矜不伐】bù jīn bù fá　矜、伐：自夸。《尚书·大禹谟》："汝惟不矜，天下莫与汝争能；汝惟不伐，天下莫与汝争功。"后用"不矜不伐"指不自夸自大，谦虚谨慎。《二程遗书》卷一八："如汤、武观舜，称其不矜不伐，与孔子言'无间然'之事，又却别有一个气象。"《杨家将演义》三三回："今卿不矜不伐，真社稷臣也。"

【不近人情】bù jìn rén qíng　指不符合人的常情。《庄子·逍遥游》："吾惊怖其言，犹河汉而无极也；大有径庭，不近人情焉。"《西游记》九六回："师父math也不从人愿！不近人情！老员外大家巨富，

许下这等斋僧之愿，今已圆满，又况留得至诚，须住年把，也不妨事；只管要去怎的?"《红楼梦》二回："其乖僻邪谬不近人情之态，又在万万人之下。"钱钟书《围城》九："总有那一天，我自己会报告。像你这种不近人情的男人，世界上我想没有第二个。"

【不经一事，不长一智】bù jīng yī shì, bù zhǎng yī zhì　不亲身经历某一件事情，就不可能增加对于这件事情的知识。《红楼梦》六〇回："他娘笑道：'小蹄子，你走罢！俗语道："不经一事，不长一智。"我如今知道了。你又该来支问着我。'"姚雪垠《李自成》二卷一四章："为人不经一事，不长一智。让他受受挫折，多磨练磨练，慢慢走上正路，不再任性胡为。"

【不经之谈】bù jīng zhī tán　经：正常。荒诞无稽的话。晋·羊祜《诫子书》："无传经之谈，无听毁誉之语。"《红楼梦》三回："这和尚疯疯癫癫说了些不经之谈，也没人理他。"

【不胫而走】bù jìng ér zǒu　胫：小腿。走：跑。没有腿而能够跑。比喻事物用不着推行就能到处流传。不，也作"无"。唐·白居易《元公墓志铭》："每一章一句出，无胫而走。"《孽海花》三回："从此，含英社稿不胫而走，风行天下，和柳屯田的词一般。"魏巍《火凤凰》一一〇："消息立刻不胫而走，很快就传遍了全县四乡八镇。"

【不咎既往】bù jiù jì wǎng　见"既往不咎"。

【不拘小节】bù jū xiǎo jié　小节：生活琐事。不拘泥于生活小事。《后汉书·虞延传》："性敦朴，不拘小节。"《二刻拍案惊奇》卷二七："秀才真宰相器量！能如此不拘小节，决非凡品。"茅盾《蚀·幻灭》一〇："她终于踏进了光明热烈的新生活。但也不是毫无遗憾，例如同事们举动之粗野幼稚，不拘小节，以及近乎疯狂的见

了单身女人就要恋爱,都使静感到不快。"李佩甫《无边无际的早晨》六:"大老王为人粗率,不拘小节,却粗中有细,能说能讲。"

【不拘一格】bù jū yī gé　格:标准,规格。不拘泥于一种方式或标准。《镜花缘》六八回:"闻得姐姐丹青甚佳,妹子要画个'长安送别图',大家或赠诗赠赋,不拘一格,姐姐可肯留点笔墨传到数万里外?"严文井《我作文的第一个引路人》:"邓先生这种不拘一格,不强求学生应该如何如何写的教学方式,使我以后更加大胆,更加不受拘束地来写我的每一篇作文。"

【不绝如缕】bù jué rú lǚ　缕:线。像一根细线那样连着,差一点儿就要断了。缕,也作"线"。❶形容形势十分危急。《公羊传·僖公四年》:"夷狄也,而亟病中国,南夷与北狄交,中国不绝若线。"唐·柳宗元《寄许京兆孟容书》:"荒陬中少士人女子,无与为婚,世亦不肯与罪大者亲昵,以是嗣续之重,不绝如缕。"❷形容声音微弱而悠长。宋·苏轼《前赤壁赋》:"余音袅袅,不绝如缕。"王火《战争和人》(二)卷二:"晚饭吃完,朱妈来将碗盘和筷子收走。听着不绝如缕的雨曲,欧阳素心忽然显得心神不宁。"

【不刊之论】bù kān zhī lùn　刊:削,修改。不可改动或不可磨灭的言论。宋·郭若虚《图画见闻志·论曹吴体法》:"况唐室以上,未立曹吴,岂显释寥章之谈,乱爱宾不刊之论。"严复《原强》:"学问之士,倡其新理,事功之士,窃之为术,而大有功焉。故曰:民智者,富强之原,此悬诸日月不刊之论也。"

【不堪回首】bù kān huí shǒu　堪:能忍受。回首:回头,指回忆过去的事。不忍回忆往事。唐·戴叔伦《哭朱放》诗:"最是不堪回首处,九泉烟冷树苍苍。"《二刻拍案惊奇》卷四〇:"一番清话又成

空,满纸离愁曲未终。情到不堪回首处,一齐分付与东风。"巴金《春》三:"我想起去年我们的聚会,真觉得往往不堪回首。"丰子恺《缘缘堂随笔·附录》:"以上我说了许多往事,似有不堪回首之悲,其实不然!"

【不堪入耳】bù kān rù ěr　堪:能够。不能够听下去。形容语言污秽,十分难听。《文明小史》一六回:"姚老夫子见他们所说的都是一派污秽之言,不堪入耳。"钱钟书《围城》九:"想不到弟媳妇背后这样槽蹋人,她们当然还有许多不堪入耳的话,自己简直不愿意知道,阿丑那句话现在知道了都懊悔。"

【不堪入目】bù kān rù mù　堪:能够。不能够看下去。形容事物十分丑恶、低劣或行为十分庸俗。《聊斋志异·锦瑟》:"见屋宇错杂,秽臭熏人。园中鬼火烛群集,皆断头缺足,不堪入目。"茅盾《腐蚀·十一月六日》:"上过燕菜以后,就有些不堪入目的动作,逐一表演出来了。"

【不堪设想】bù kān shè xiǎng　堪:能够。不能够想像会出现什么情况。形容事情发展下去后果十分严重。《孽海花》二回:"你想京都已失守了,外省又有太平军,糟得不成样子,真正不堪设想!"茅盾《虹》二:"我们走在一处,未必没有活路;我们分离在两地,前途就不堪设想!"

【不堪言状】bù kān yán zhuàng　堪:能够。状:情况。不能够叙说发生的情况。形容情况令人十分厌恶,难以对人叙说。《二十年目睹之怪现状》二二回:"做官的未必都是那一班人,然而我在南京住了几时,官场上面的举动,也见了许多,竟有不堪言状的。"

【不堪一击】bù kān yī jī　堪:经得起。经不起一打。指力量十分薄弱。姚雪垠《李自成》二卷二三章:"谈到新近的白土关大捷,有人说不是官军不堪一击,而是大帅麾下将勇兵强,故我所向无敌。"邓

一光《我是太阳》四部四："他们拿了那么多的黄金和白银去买武器,筹谋了一百个世纪,却狗屁得不堪一击,几乎在一夜之间就被人民解放军平定了。"

【不堪造就】bù kān zào jiù 堪:能够。造就:培养。不能够加以培养。指人的资质很差,无法培养成材。茅盾《蚀·追求》八："学校对于成绩太坏的学生,本有留级的处分,可是一项功课成绩不佳还不能决定他的留级的命运,何得以'不堪造就'断定了他们的终身?"

【不看僧面看佛面】bù kàn sēng miàn kàn fó miàn 不看那一方的情面,也应看这一方的情面。指看在第三者的情面上答应要求或给予宽恕。《西游记》四二回："行者道:'菩萨,你却也多疑。正是"不看僧面看佛面",千万救我师一难罢!'"《官场现形记》二四回:"我大爷那一样不如人!你叫套车,你要赶着我走!还亏是黄老爷的面子,你不看僧面看佛面;如果不是黄老爷荐的,你们这起王八羔子,没良心的东西,还要吃掉我呢!"邓友梅《那五》三:"听说那五落魄,云奶奶跟哥哥商量,要把他接来同住。她说:'不看僧面看佛面。不能让街坊邻居指咱脊梁骨,说咱不仗义。'"

【不亢不卑】bù kàng bù bēi 亢:高傲。卑:低贱。既不高傲也不自卑。《红楼梦》五六回:"他这远愁近虑,不亢不卑。"茅盾《腐蚀·二月二日深夜》:"老俍冷笑一声,看见F那样不慌不忙,不亢不卑,似乎倒没了主意,便斜着眼对猴子脸的看了一下。"从维熙《大墙下的红玉兰》六:"半明半暗的灯光,照着老犯人的脸,尽管他的脸肿得像歪嘴石榴,但那双眼里仍然闪着凶光:'有什么见教!葛处长!'他不亢不卑地说。"

【不可动摇】bù kě dòng yáo 形容非常稳固,非常坚定。鲁迅《而已集·革"首领"》:"虽然这'北京文艺界'已被徐丹甫先生在《学灯》上指定,隐隐然不可动摇了,而我对于自己的被说得有声有色的战绩,却还是莫名其妙。"

【不可多得】bù kě duō dé 稀少珍贵,难以得到。汉·孔融《荐祢衡表》:"若衡等辈,不可多得。"《官场现形记》三四回:"及试以他事,尤复刚毅果敢,不避嫌怨,实为当今不可多得之员。"魏巍《火凤凰》三六:"周天虹也心里痒痒的,认为是不可多得的良机。"

【不可告人】bù kě gào rén 不能告诉别人。指难言之隐或险恶用心不愿让人知道。清·陈梦雷《绝交书》:"其于不可告人之隐,犹未忍宣之于众也。"周而复《上海的早晨》四部六〇:"我最初也只是觉得他的形迹可疑,言语出奇,对人无缘无故亲近,而且热情过分,好像有啥不可告人的目的,一时又抓不到他的把柄。"

【不可或缺】bù kě huò quē 或:有时。一时也不能缺少。梁实秋《雅舍小品·狗》:"狗的数目日增,也许是一件好事。'狗吠深巷中,鸡鸣桑树颠',鸡犬之声相闻,是农村不可或缺的一种点缀。"刘心武《钟鼓楼》五章:"推开四合院的院门以后,是一个门洞,门洞前方,是一道不可或缺的影壁,影壁既起着遮避视线的作用,又调剂着因门洞之幽暗、单调所形成的过于低沉、郁闷的气氛。"

【不可救药】bù kě jiù yào 药:治疗。指病很重,不能抢救治疗。《诗经·大雅·板》:"多将熇熇,不可救药。"也比喻人或事情已经坏到无法挽救的地步。《宋史·钦宗纪赞》:"惜其乱势已成,不可救药。"鲁迅《华盖集·杂感》:"勇者愤怒,抽刃向更强者;怯者愤怒,却抽刃向更弱者。不可救药的民族中,一定有许多英雄,专向孩子们瞪眼。这些屠头们!"欧阳山《三家巷》一八三:"现在我才看清楚,贾宜民那样的人,简直坏透了,简直从根子烂起,不可救药了!"也作"无可救药"。老舍《四世同堂》六八："她看明白，他已无可救药了；至死，他也还是这么无聊！"

【不可开交】 bù kě kāi jiāo 开交：结束，解决。形容无法摆脱或不能了结。《官场现形记》五回："这天直把三荷包乐得不可开交，就此与王梦梅做了一个知己。"周而复《上海的早晨》三部一四："他挂上听筒，旋即伏在桌子上，在写今天的试验记录，摆出忙得不可开交的架势。"

【不可理喻】 bù kě lǐ yù 喻：使明白。不能够用道理使之明白。形容人不讲道理。钱钟书《围城》九："因为他两耳微聋，人家没气力跟他辩，他心里只听到自己说话的声音，愈加不可理喻。"李劼人《大波》一部一二章："四川绅民这种不可理喻的要挟，若不即刻采用严重手段，一定会演成危难局面，到那时，就更不容易收拾。"

【不可枚举】 bù kě méi jǔ 见"不胜枚举"。

【不可名状】 bù kě míng zhuàng 名：说出。状：描绘。不能够用语言描绘出来。晋·葛洪《神仙传·王远》："衣有文采，又非锦绮，光彩耀目，不可名状。"《西游记》八回："那厮乃花果山产的一妖猴，罪恶滔天，不可名状。"《聊斋志异·某公》："两鬼捉臂按胸，力脱之，痛苦不可名状；皮片片断裂，不得尽净。"茅盾《子夜》一："然而这些一向是快乐的人们此时却有一种不可名状的不安压住在心头。"也作"不可言状"。廖仲恺《再论钱币革命》："其结果遂致钱币之购买力锐减，受契约上一定之月给以为生活者，窘苦不可言状。"

【不可磨灭】 bù kě mó miè 磨灭：经过一定时期而逐渐消失。指功业、功绩、印象等不可能因时间的推移而消失。宋·欧阳修《记旧本韩文后》："韩氏之文，没而不见者二百年，而后大施于今，此又非特好恶之所上下，盖其久而愈明，不可磨灭，虽蔽于暂而终耀于无穷者，其道当然也。"巴金《春》一："近一年来这个公馆里面发生了许多大的变化，每一个变化都在她的心上刻划了一条不可磨灭的痕迹。"周而复《上海的早晨》一部四一："王士深讲的汉江西岸狙击战的英勇故事，在童进脑筋里留下了不可磨灭的深刻的印象。"

【不可偏废】 bù kě piān fèi 偏：着重一方面。废：抛弃不用。不可以偏重或抛弃某一方面。宋·胡仔《苕溪渔隐丛话前集·山谷下》："读《庄子》，令人意宽思大，敢作；读《左传》，便使人入法度，不敢容易。二书不可偏废也。"

【不可企及】 bù kě qǐ jí 企及：赶得上。唐·柳冕《答衢州郑使君》："即圣人道可企而及之者，文也；不可企而及之者，性也。"后用"不可企及"指不可能赶上。宋·张元干《跋苏诏君〈楚语〉后》："吾观养直所作，摅发己意，肆而不拘，凡所形容，不蕲合于屈、宋，政自超诣，不可企及。"路遥《平凡的世界》："那里对他来说，每一次都几乎是一个不可企及的伟大目标。"

【不可饶恕】 bù kě ráo shù 不能够宽恕。形容罪行或错误严重。及容《饥饿荒原》三一："那天孟满在混沌中扣动了扳机之后，当看到面前的雪地上迸溅了许多红色的斑迹时，他突然被震醒了过来。他明白自己犯下了不可饶恕的罪过。"

【不可胜计】 bù kě shèng jì 见"不可胜数"。

【不可胜记】 bù kě shèng jì 胜（旧读shēng）：尽。不可能全部记录下来。形容极多。汉·司马迁《报任少卿书》："古者富贵而名摩灭，不可胜记；唯倜傥非常之人称焉。"《红楼梦》七五回："果然贾珍煮了一口猪，烧了一腔羊，馀者桌菜及果品之类，不可胜记。"

【不可胜数】 bù kě shèng shǔ 胜（旧

读 shēng):尽。数都数不尽,形容极多。《史记·封禅书》:"驺衍以阴阳主运显诸侯,而燕齐海上之方士传其术不能通,然则怪迂阿谀苟合之徒自此兴,不可胜数也。"《三国演义》二五回:"河北兵将大惊,不战自乱。曹军乘势攻击,死者不可胜数。"《红楼梦》一回:"历来野史,或讪谤君相,或贬人妻女,好淫凶恶,不可胜数。"也作"不可胜计"。《东周列国志》二一回:"马匹器仗,牛羊帐幕之类,遗弃无算,俱为齐有。夺得燕国子女,不可胜计。"

【不可胜言】bù kě shèng yán　胜(旧读 shēng):尽。不可能说尽。形容极多。《史记·游侠列传》:"所藏活豪士以百数,其馀庸人不可胜言。"《三国演义》九回:"李傕、郭汜拔剑叱曰:'董太师何罪而见杀?'允曰:'董贼之罪,弥天亘地,不可胜言!受诛之日,长安士民,皆相庆贺,汝独不闻乎?'"

【不可收拾】bù kě shōu shí　收拾:整顿,整理。指事情坏到难以整顿的地步。唐·韩愈《送高闲上人序》:"泊与淡相遭,颓堕委靡,溃败不可收拾。"老舍《二马》四:"伊太太也忙起来,忙着为穷人募捐,好叫没饭吃的人到圣诞节也吃顿饱饭。她头上的乱棉花更乱了,大有不可收拾的趋势。"也指感情发展到无法控制的地步。《官场现形记》一八回:"赵不了顶没用,也分到一百五十两银子,比起统领顶得意的门上曹二爷虽觉不如,在他已经乐的不可收拾了。"

【不可思议】bù kě sī yì　思议:想像,理解。《五灯会元·兴善惟宽禅师》:"曰:'既非众生,莫是佛否?'师曰:'不是佛。'曰:'究竟是何物?'师曰:'亦不是物。'曰:'可见可思否?'师曰:'思之不及,议之不得,故曰不可思议。'"原为佛教用语,指道理玄妙深奥,不可能想像,不可能用言语表达。后指对事物、情况、言行

等难以想像,不能理解。叶圣陶《倪焕之》二九:"这几天里的经历,他觉得太变幻了,太不可思议了。"

【不可同日而语】bù kě tóng rì ér yǔ　《战国策·赵策二》:"夫破人之与破于人也,臣人之与臣于人也,岂可同日而言之哉?"后用"不可同日而语"指事物之间差异很大,不能相提并论。宋·胡仔《苕溪渔隐丛话前集·洪觉范》:"公痴叔诗,如食鲗鱼,惟恐遭骨刺,与岐山猪肉,不可同日而语也。"周而复《上海的早晨》四部三八:"棉纺业各厂情况不同,所走的道路不可同日而语。"

【不可向迩】bù kě xiàng ěr　迩:近。不能够接近。《尚书·盘庚上》:"若火之燎于原,不可向迩,其犹可扑灭。"宋·楼钥《宝谟阁待制赠通议大夫陈公神道碑》:"党与凶焰,不可向迩,而公独当之。"蒋光慈《野祭》:"可是这间前楼是坐东朝西的,炎热的日光实在把它熏蒸得不可向迩——这时这间房子简直不可住人。"

【不可言传】bù kě yán chuán　传:表达。不可能用言语表达。《官场现形记》五七回:"这些事只可意会,不可言传,要说一时亦说不了许多。"王火《战争和人》(三)卷七:"这种微妙的话表达的感情,只可意会,不可言传。"

【不可言状】bù kě yán zhuàng　见"不可名状"。

【不可一世】bù kě yī shì　可:认为可以,称赞。认为当代没有一个人能让自己看得上。宋·罗大经《鹤林玉露》卷五:"荆公少年,不可一世士,独怀刺候濂溪,三及门而三辞焉。"明·焦竑《玉堂丛语》卷八:"为翰林庶吉士,诗已有名,其不可一世,仅推何景明,而好薛蕙、郑善夫。"也形容高傲自大,目空一切。《孽海花》三五回:"春暖风和,常常驰骋康衢,或到白云观去比试,大有太原公子不可一世

气象。”茅盾《蚀·动摇》八：“不，我不愿见孙舞阳。我讨厌她那不可一世的神气。”

【不可逾越】 bù kě yú yuè 逾越：超过，越过。不能够越过。《左传·襄公三十一年》：“门不容车，而不可逾越。”汉·马融《长笛赋》：“故聆曲引者，观法于节奏，察变于句投，以知礼制之不可逾越焉。”峻青《秋色赋·爆破远征队》：“仅二十分钟，四十多个地雷埋成了一道不可逾越的长城。”

【不可终日】 bù kě zhōng rì 终日：过完一天。《礼记·表记》：“君子不以一日使其躬儳焉，如不终日。”儳：苟且，不严肃。后用“不可终日”形容心中惶恐不安。鲁迅《准风月谈·四库全书珍本》：“单是黄河的出轨举动，也就令人觉得岌岌乎不可终日，要做生意就得赶快。”

【不可捉摸】 bù kě zhuō mō 捉摸：预料，猜测。不能够预料或猜测。清·赵翼《瓯北诗话·韩昌黎诗》：“其实昌黎自有本色，仍在文从字顺中自然雄厚博大，不可捉摸，不专以奇险见长。”王火《战争和人》(一)卷八：“我是想秘密去上海的，结果呢？上船就碰到了谢元嵩！这个人哪，不可捉摸，还是闭口少同他谈。”也作“无可捉摸”。老舍《四世同堂》八三：“仿佛要使她带着那些柔软的影与色，渐渐变成个无可捉摸的仙女似的。”

【不愧不怍】 bù kuì bù zuò 怍：惭愧。《孟子·尽心上》：“仰不愧于天，俯不怍于人。”后用“不愧不怍”指人光明磊落，心无愧疚。清·薛雪《一瓢诗话》三四：“诗道之不幸也如此，尚欲不愧不怍，侈言于人曰：‘近体我薄为之，作诗庶几拟古。’”茅盾《蚀·动摇》五：“说起那误会，方罗兰自信不愧不怍，很对得住太太，只是太太的心胸太窄狭了些儿。”

【不愧屋漏】 bù kuì wū lòu 屋漏：屋内西北角可以施小帐的隐蔽之处。《诗经·大雅·抑》：“相在尔室，尚不愧于屋漏。”后用“不愧屋漏”比喻虽在暗中也堂堂正正，不起坏念头，不做坏事。宋·陈亮《与应仲实》：“古之贤者，其自危盖如此，此所以不愧屋漏而心广体胖也。”

【不稂不莠】 bù láng bù yǒu 稂：狼尾草。莠：狗尾草。原指经过精耕细作，没有什么杂草。《诗经·小雅·大田》：“既方既皂，既坚既好，不稂不莠。”唐·贾至《虑子贱碑颂》：“芃芃麦苗，不稂不莠。”后比喻人不成材，没出息。《红楼梦》八四回：“贾政道：‘老太太吩咐的很是。但只一件，姑娘也要好，第一要他自己学好才好，不然不稂不莠的，反倒耽误了人家的女孩儿，岂不可惜。’”〔注意〕稂，不能读作 liáng；莠，不能读作 xiù。

【不劳而获】 bù láo ér huò 自己不从事劳动而获得劳动果实。沈从文《巧秀和冬生》：“自幼即有个不劳而获的发明，且凡事作来相当顺手，长大后，自然便忘不了随事占点便宜。”刘心武《小墩子》：“人活在世上，可不能有那个不劳而获的心，人穷不能志短哪！”

【不了了之】 bù liǎo liǎo zhī 了：完结。应该做完的事情没有做完，将其搁置起来不管，拖延过去，就算完事。茅盾《腐蚀·十二月二十二日》：“别做梦罢。这样的事，照例是不了了之的。”周而复《上海的早晨》四部四：“放债的就怕拖，债户就怕不能拖，一拖，不了了之，那时再放我出去也不迟。”

【不吝珠玉】 bù lìn zhū yù 珠玉：比喻宝贵的东西。不吝惜宝贵的东西。求人拿出作品或提出意见时的客套话。《初刻拍案惊奇》卷九：“恰好听得树上黄莺巧啭，就对拜住道：‘老夫再欲求教，将《满江红》调赋“莺”一首，望不吝珠玉，意下如何？’”

【不露圭角】 bù lù guī jiǎo 圭：上尖下方的玉器。比喻不显露锋芒。露，也作“见”。宋·欧阳修《张子野墓志铭》：“遇人浑浑,不见圭角。"宋·朱熹《朱子语类·论语十一》:"如宁武子,虽冒昧向前,不露圭角。"

【不露声色】 bù lù shēng sè　声:说话的声音。色:脸上的表情。不让心里的想法从话语和表情上显露出来。清·江瘭经《虫鸣漫录》:"王爷且不露声色,尔何得尔? 设王爷知,尔死无所。"茅盾《腐蚀·一月五日》:"于是前一晚上的经验又活现在我眼前了,我这才知道那不是偶然的事,竟已成为经常;我觉得汗毛都竖起来了,但还不露声色。"周而复《上海的早晨》一部二五:"对他的话需要仔细听听,看他究竟耍的啥阴谋。他不露声色地听他说下去。"

【不伦不类】 bù lún bù lèi　伦:类。不像这一类,也不像那一类。形容不合规范,不成样子。《二十年目睹之怪现状》八一回:"成过亲之后,张百万便安心乐意做国丈,天天打算代女婿皇帝预备登极,买了些绫罗绸缎来,做了些不伦不类的龙袍。"茅盾《虹》五:"怎么提到了她呢? 太不伦不类了。独身主义是一种高尚的理想,并不是假惺惺作态。许多人都误会了。"

【不落窠臼】 bù luò kē jiù　窠臼:老套子。比喻有独创性,不落俗套。《红楼梦》七六回:"这'凸''凹'二字,历来用的人最少,如今直用作轩馆之名,更觉新鲜,不落窠臼。"黄汉生《形象思维和修辞》:"也只有深入生活,只有对生活有细密敏锐的观察、深切的感受和独到的发现,遣词用语,才可能不落窠臼,臻于上乘。"〔注意〕窠,不能写作"巢"。

【不蔓不枝】 bù màn bù zhī　蔓:细长而不能直立的茎。枝:植物主干上分出来的细茎。不生蔓,也不长枝。宋·周敦颐《爱莲说》:"中通外直,不蔓不枝。"后多用来比喻语言或文章简洁通畅,不芜杂。鲁迅《二心集·做古文和做好人的秘

诀》:"不过是'照这样'——做下去,年深月久之后,先生就不再删改你的文章了,只在篇末批些'有书有笔,不蔓不枝'之类,到这时候,即可以算作'通'。"

【不毛之地】 bù máo zhī dì　不毛:不生长庄稼。指贫瘠、荒凉的地方。《公羊传·宣公十二年》:"君如矜此丧人,锡之不毛之地。"《三国演义》八九回:"今辱弟造反,又劳丞相深入不毛之地,如此生受,孟节合该万死,故先于丞相之前请罪。"《镜花缘》九五回:"好在他自从做了这件好事,凡百事务,莫不如心,连那从不生草的不毛之地也都丰收起来,家运大转。"浩然《乐土》三六章:"一片连一片的不毛之地,赤裸裸的,如同荒凉海滩上的盐池。"

【不名一文】 bù míng yī wén　见"一文不名"。

【不明不白】 bù míng bù bái　❶不清楚,不知底细。《喻世明言》卷三:"是你没分晓,容这等不明不白的人在这里住。"茅盾《虹》四:"有过多少人说我是空疑心,我是在不明不白的冤屈里头过活。"❷不明白,糊里糊涂。《官场现形记》四七回:"司里要算是顶真的了,几次三番同他们三令五申,无奈这些人只有这个材料,总是这们不明不白的。"王火《战争和人》(二)卷四:"方丽清态度冷冰冰,讲的话不明不白,家霆问她也问不出头绪。"❸暧昧,不清白,不正派。《警世通言》卷二四:"皮氏平昔间不良的口气,已有在王婆肚里,况且今日你贪我爱,一说一上,幽期密约,一墙之隔,梯上梯下,做就了一点不明不白的事。"鲁迅《南腔北调集·为了忘却的记念》:"印书的合同,是明明白白的,但我不愿意到那些不明不白的地方去辩解。"

【不谋而合】 bù móu ér hé　谋:商量。合:相同。事先没有商量而彼此的做法或意见却相同。晋·干宝《搜神记》卷二:

"二人之言,不谋而合。"《二十年目睹之怪现状》一回:"我的别号,已是过于奇怪,不过有所感触,借此自表;不料还有人用这个名字,我与他可谓不谋而合了。"老舍《四世同堂》六〇:"他结了婚,作了事,有了自己的儿女,在多少事情上他都可以自主,不必再和父亲商议,可是他处理事情的动机与方法,还暗中与父亲不谋而合。"

【不能自拔】bù néng zì bá　拔:拔出。不能使自己从某种状态中解脱出来。《南齐书·刘善明传》:"泰始初,徐州刺史薛安都反,青州刺史沈文秀应之。时州治东阳城,善明家在郭内,不能自拔。"尹筝《自食其果》:"问题是有的人不清醒,不坚定,让私心膨胀,以致堕入泥坑,不能自拔。"

【不能自已】bù néng zì yǐ　已:停止。自己不能控制住感情。唐·卢照邻《寄裴舍人书》:"慨然而咏'富贵他人合,贫贱亲戚离',因泣下交颐,不能自已。"张洁《祖母绿》二:"对不起。我实在不能自已。我是——我是太高兴了。我不知怎么感谢你才好,你对我太好了。"〔注意〕已,不能写成"己"。

【不念旧恶】bù niàn jiù è　旧恶:过去的仇怨。不记过去的仇怨。《论语·公冶长》:"伯夷叔齐,不念旧恶,怨是用希。"《警世通言》卷二五:"古人不念旧恶,绝人不欲已甚,郎君试与令岳翁商之!"《说岳全传》六六回:"不念旧恶怨自稀,福有根源祸有基。"张闻天《论待人接物问题》:"同志们不但要善于能如'禹闻善言则拜',并要能够在一定的原则下,服膺中国古人所谓'不念旧恶',实行恕道。"

【不宁唯是】bù nìng wéi shì　宁:助词,无实义。唯:仅仅,只。是:这样。不仅如此。《左传·昭公元年》:"不宁唯是,又使围蒙其先君。"毛泽东《评国民党对战争责任问题的几种答案》:"孙科比较蒋介石'公道'一点。你看,他不是如同蒋介石那样,将战争责任一塌括子推在共产党身上,而是采取了'平均地权'的办法,将责任平分给'各方'。这里也有国民党,也有共产党,也有民主同盟,也有社会贤达。不宁唯是,而且有'全国人民',四亿七千五百万同胞一个也逃不了责任。"〔注意〕宁,不读 níng。

【不偏不倚】bù piān bù yǐ　偏、倚:不正,斜向一边。宋·朱熹《四书集注·中庸》:"中者,不偏不倚,无过不及之名。"原指儒家调和折中的"中庸之道"。后指态度公正,不偏向任何一方。老舍《四世同堂》九三:"恨和感激,这两种感情揉不到一块儿,他只好不偏不倚的同时摆在心里。"李劼人《大波》一部九章:"黄澜生笑道:'那何用说!介乎两派之间,中道而行,不偏不倚的,便是第三派的特色。'"也形容不偏斜,正中目标。《孽海花》三〇回:"不知道有心还是无意,用力太大,那圆笸子好像有眼似的滴溜溜飞出舞台,不偏不倚恰好落在彩云怀里。"张恨水《啼笑因缘》六回:"家årz"看时,只见那筷子头不偏不倚,正正当当,夹住一个小苍蝇。"

【不平则鸣】bù píng zé míng　物不平就要发出响声。指人遇到不公平的待遇就会表示不满。唐·韩愈《送孟东野序》:"大凡物不得其平则鸣。"宋·黄榦《升铭》:"凡物之理,不平则鸣,不足则嗛。"杨沫《青春之歌》二部二七章:"'不平则鸣',看看现实的情况,难怪学生们大声疾呼——革命、救国。"

【不破不立】bù pò bù lì　破:破除。立:建立。不破除旧的东西,就不可能建立新的东西。毛泽东《新民主主义论》一:"不把这种东西打倒,什么新文化都建立不起来的,不破不立,不塞不流,不止不行,它们之间的斗争是生死斗争。"

【不期而会】bù qī ér huì　期:约会。

事先没有约定却聚集到一起。《穀梁传·隐公八年》:"不期而会曰遇。"《晋书·温峤传》:"不期而会,不谋而同,不亦宜乎!"《初刻拍案惊奇》卷三四:"不想今日不期而会,得谐鱼水,正合凤愿,所以不敢推拒。"茅盾《蚀·动摇》六:"差不多党部和民众团体的重要人物都到了。各人准备了一肚子话来的,不料成了个'不期而会',弄成不便多说话。"

【不期而然】 bù qī ér rán 期:期望。然:这样。不曾期望这样而竟然这样。宋·王楙《野客丛书·杨恽有外祖风》:"恽报书,委曲敷叙,其怏怏不平之气,宛然有外祖风致。盖其平日读外祖太史公记,故发于词旨,不期而然。"老舍《四世同堂》五○:"看过了,他才能更清楚,更坚定,说不定也许不期而然的狠一下心,去参加了抗战的工作。"王安忆《香港的情和爱》六:"因此,这快乐的到来,于他们俩都是在不期而然之中,便有一种意外的惊喜。"

【不期而遇】 bù qī ér yù 期:约会。事先没有约定却意外地遇见了。梁·简文帝《湘宫寺智蒨法师墓志铭》:"伊昔倾盖,于彼朱方;不期而遇,襄水之阳。"《东周列国志》九六回:"未几,蔺氏之舍人,与廉氏之客,一日在酒肆中,不期而遇,两下争坐。"《孽海花》一八回:"其时恰好京卿俞西塘,有奉旨要查办事件;常、镇道柴韵甫,有与上海道会商件事,这两人也是一时有名人物,不期而遇都聚在一处。"老舍《四世同堂》八七:"老三扑过大哥来。'哈,不期而遇!瑞大哥!'"成仿吾《怀念郭沫若》:"一次,他同于立群同志到杭州,我同老伴儿张琳也在杭州,大家在这儿不期而遇,心里分外高兴。"

【不清不白】 bù qīng bù bái 不纯洁,有污点。《红楼梦》九○回:"不然,就是他和琴妹妹也有了什么不对的地方儿,所以设下这个毒法儿,要把我拉在浑水里,弄一个不清不白的名儿,也未可知。"也指不正派。萧红《呼兰河传》二章:"绅士是高雅的,哪能够不清不白的,哪能够不分长幼的去存心朋友的女儿,像那般下等人似的。"

【不情之请】 bù qíng zhī qǐng 不情:不合情理。不合情理的请求。常用作求助于人时的客套话。清·纪昀《阅微草堂笔记·滦阳消夏录二》:"不情之请,惟君图之。"

【不求甚解】 bù qiú shèn jiě 甚:很,极。原指读书只领会要旨,不必在一字一句上下功夫。晋·陶潜《五柳先生传》:"好读书,不求甚解,每有会意,便欣然忘食。"后指只求懂个大概,不去深入理会。《官场现形记》五四回:"这人小的时候,诸事颠颠顶顶,不求甚解。"叶圣陶《倪焕之》一九:"她淡淡地看了他一眼,那神情是不想再寻根究柢,就这样不求甚解已经可以过去了。"

【不求闻达】 bù qiú wén dá 闻:有名望。达:显贵。不追求有名声和显达。三国蜀·诸葛亮《前出师表》:"臣本布衣,躬耕于南阳,苟全性命于乱世,不求闻达于诸侯。"唐·李白《为宋中丞自荐表》:"臣伏见前翰林供奉李白,年五十有七,天宝初五府交辟,不求闻达。"王火《战争和人》(一)卷八:"怀南赋闲在家,本不求闻达,但往昔宦途周折,常有嗟叹,遭遇不公,能无怨尤?思前顾后,遂有不甘寂寞之想。"

【不屈不挠】 bù qū bù náo 屈、挠:弯曲,比喻屈服。《汉书·叙传下》:"乐昌笃实,不桡不诎。""桡:通"挠"。诎:通"屈"。后用"不屈不挠"指在压迫或困难面前不低头,不屈服。《黄绣球》二九回:"教皇捉了他问,他在堂上不屈不挠,定归开出信教自由的理数。"姚雪垠《长夜》二一:"菊生对于小姑娘的不屈不挠的态度早已怀着敬意,如今更觉得她非常可爱。"〔注意⌒挠,不能读作 ráo。

【不容分说】bù róng fēn shuō　见"不由分说"。

【不容置辩】bù róng zhì biàn　容:允许。辩:争论。不允许争辩。指理由充足,道理正确。张贤亮《河的子孙》一章:"过去,贺立德总是用不容置辩的语气对他说话。现在,贺立德的语气虽然不是那么肯定了,但好像还有不容辩驳的道理。"

【不容置疑】bù róng zhì yí　容:允许。不允许加以怀疑。指绝对真实可信。宋·陆游《严州乌龙广济庙碑》:"盖其灵响暴著,亦有不容置疑者矣。"陈忠实《白鹿原》一章:"冷先生只用一个手势就表示出不容置疑的坚决拒绝。"

【不入虎穴,焉得虎子】bù rù hǔ xué, yān dé hǔ zǐ　不进入老虎洞,怎么能捉到小老虎。《后汉书·班超传》:"不入虎穴,不得虎子。"后用"不入虎穴,焉得虎子"比喻不亲临险境就不可能取得成功。唐·皎然《诗式·取境》:"夫不入虎穴,焉得虎子?取境之时,须至难、至险,始见奇句。"《三国演义》七〇回:"刘封曰:'军士力困,可以暂歇。'忠曰:'不入虎穴,焉得虎子?'"王火《战争和人》(二)卷六:"危险当然总是有的,但'不入虎穴,焉得虎子',不冒点险,怎能飞出'孤岛'去呢?"也比喻不进行认真的实践就不可能得到真知。叶永烈《科学福尔摩斯》:"'不入虎穴,焉得虎子'? 要揭开灯塔的秘密,就必须设法进入灯塔。"

【不三不四】bù sān bù sì　❶不像这也不像那。形容不伦不类,不像样子。《水浒传》七回:"这伙人不三不四,又不肯近前来,莫不要攧洒家?"《红楼梦》二四回:"况且如今这个货也短,你就拿现银子到我们这不三不四的铺子里来买,也没有这些。"老舍《四世同堂》六三:"祁老者要先看一看租客。他小心,不肯

把屋子随便租给不三不四的人。"❷形容品行不端,不正派。《醒世恒言》卷一五:"那香公因见东院连日买办酒肉,报与静真。静真猜算空照定有些不三不四的勾当。"张洁《祖母绿》三:"就连食堂里的大师傅,也敢说些不三不四的话调笑她,戏弄她。"

【不塞不流,不止不行】bù sè bù liú, bù zhǐ bù xíng　塞:堵塞。流:流动。止:停止。行:行进。没有堵塞,就没有流动;没有停止,就没有行进。比喻不破除旧的、错误的,就不能建立新的、正确的。唐·韩愈《原道》:"不塞不流,不止不行。人其人,火其书,庐其居,明先王之道以道之。"毛泽东《新民主主义论》一一:"不把这种东西打倒,什么新文化都是建立不起来的,不破不立,不塞不流,不止不行,它们之间的斗争是生死之争。"

【不衫不履】bù shān bù lǚ　衫:上衣。履:鞋子。不穿衣,不穿鞋,衣着不整。形容人不拘小节,性情豪爽洒脱。《太平广记》卷一九三引五代·杜光庭《虬髯客传》:"既而太宗至,不衫不履,褐裘而来,神气扬扬,貌与常异。"《老残游记》九回:"这个人是个不衫不履的人,与家父最为相契。"

【不甚了了】bù shèn liǎo liǎo　了了:懂得,明白。不十分明白事理。《北齐书·永安王浚传》:"文宣末年多酒,浚谓亲近曰:'二兄旧来不甚了了,自登祚已后,识解顿进。'"也指不十分清楚。《二十年目睹之怪现状》六七回:"我回家去了三年,外面的事情,不甚了了。"钱钟书《围城》七:"鸿渐兄,你初回国教书,对于大学里的情形,不甚了了。"刘心武《钟鼓楼》一章:"他真的是向往什么外事部门吗? 其实他连哪些部门算外事部门也不甚了了。"

【不声不响】bù shēng bù xiǎng　不说

话，不出声。❶形容不声张，暗中进行。《官场现形记》一六回："为你这桩事情，每人至少也捱过二三千板子，现在真赃实犯，倒被我不声不响的放掉，我于他们脸上怎么交待得过?"李劼人《大波》二部四章："郫县城内只剩下张尊一路了。但他并不愿意不声不响地退走。"❷形容默默无闻，不为人知道。严文井《浓烟和烟囱》："烟囱从早到晚不断地排出一股股浓烟；这本来是烟囱应该做的事，所以他从来不声不响，更不为这件事自吹自擂。"莫应丰《将军吟》三一章："谁知他不声不响做了些什么特殊贡献呢? 能得到副统帅的礼物可不是简单的事情。"❸形容不发出声响。老舍《骆驼祥子》三："四外什么也看不见，就好像全世界的黑暗都在等他似的，由黑暗中迈步，再走入黑暗中；身后跟着那不声不响的骆驼。"邓一光《我是太阳》四部六："七岁的会阳令姥爷姥姥担忧心忡忡，他整天沉默寡言，行为呆钝，从早到晚都一个人待在角落里不声不响。"

【不胜枚举】bù shèng méi jǔ 胜(旧读 shēng)：尽。枚：量词，个。举：列举。不能够一个一个地全部列举出来。形容数量很多。《官场现形记》一九回："他的人虽忠厚，要钱的本事是有的。譬如钦差要这人八万；拉达传话出来，必说十万；过道台同人家讲，必说十二万；他俩已经各有二万好赚了。诸如此类，不胜枚举。"王火《战争和人》(一)卷一："现在，既已到了中惩会，中惩会其他委员将案子搁置三年两年的不胜枚举，秘书长只要将我的这件事搁一搁也就行了。"也作"不可枚举"。《醒世恒言》卷一八："这后生接引手，打开看时，分毫不动。叩头泣谢。窦公扶起，分外又赠银两而去。其他善事甚多，不可枚举。"

【不胜其烦】bù shèng qí fán 胜(旧读 shēng)：能够承受。烦：烦琐。烦琐得让

人受不了。宋·陆游《老学庵笔记》卷三："秦太师当国，有谄者尝执政矣，出为建康留守，每发一书，则书百幅，择十之一用之，于是不胜其烦，人情厌患。"郭沫若《我的童年》三："这样的事情你是不能够认真的。假使连这样的事情你也要追究，那学堂的管理人也就不胜其烦了。"

【不失时机】bù shī shí jī 时机：具有一定时间性的机会。不错过当时的机会。魏巍《火凤凰》四一："在几次工作总结合上，他还不失时机地着重指出，支队工作所以取得这些显著成就，全是由于我们的独臂将军领导有方的结果。"王火《战争和人》(三)卷五："他觉得自己必须不失时机地设法尽早脱险，飞回重庆去。"

【不时之需】bù shí zhī xū 不时：随时。随时的需要。宋·苏轼《后赤壁赋》："我有斗酒，藏之久矣，以待子不时之需。"

【不识大体】bù shí dà tǐ 大体：与大局有关的重要道理。不懂得关系到大局的重要道理。《宋书·刘义宣传》："尝献世祖酒，先自酌饮，封送所馀，其不识大体如此。"《清史稿·高宗本纪三》："夏四月壬戌朔，直隶总督方观承奏巡检张若瀛擅责内监僧人，上斥为不识大体，仍谕内监在外生事者听人责惩。"李劼人《大波》一部一章："即使具奏不及，也应该请内大臣面奏明白，这样，才叫作识大体。端午桥之所以弄到不识大体，大约就在过于趋新。"

【不识高低】bù shí gāo dī 高低：深浅。说话做事不懂得深浅、轻重。《西游记》一六回："三藏瞅了他一眼道：'谨言！莫要不识高低，冲撞人。'"

【不识好歹】bù shí hǎo dǎi 歹：坏。不知道好和坏。《醒世恒言》卷三："方才告诉我许多话，说你不识好歹，放着鹅毛不知轻，顶着磨子不知重，心下好生不

悦。"《文明小史》五二回:"你们这班牛马奴隶,真真不识好歹。"

【不识时务】 bù shí shí wù 时务:客观形势和社会潮流。没有认识当前的客观形势和社会潮流。《后汉书·张霸传》:"时皇后兄虎贲中郎将邓骘,当朝贵盛,闻霸名行,欲与为交,霸逡巡不答,众人笑其不识时务。"《三国演义》四四回:"二人互相争辩,孔明只袖手冷笑。瑜曰:'先生何故哂笑?'孔明曰:'亮不笑别人,笑子敬不识时务耳。'"《说岳全传》一回:"却有一个不识时务的团鱼精,仗着有些气力,舞着双叉,大叫道:'何方妖怪,擅敢行凶!'叫声未绝,早被大鹏一嘴啄得四脚朝天,呜呼哀哉。"鲁迅《集外集拾遗·〈解放了的堂·吉诃德〉后记》:"他们笑他本非英雄,却以英雄自命,不识时务,终于赢得颠连困苦。"

【不识抬举】 bù shí tái jǔ 抬举:称赞或提拔。指不接受或不重视别人的好意。《红楼梦》八○回:"薛蟠听了这话,又怕闹黄了宝蟾之事,忙又赶来骂香菱:'不识抬举,再不去便要打了!'"张恨水《啼笑因缘》一○回:"也不知道你的话靠得住靠不住? 若是人家真派了汽车来接,那倒是不去不成。要不,人家真说咱们不识抬举。"钱钟书《围城》五:"吃醋也轮得到你? 我要你来管? 给你点面子,你就封了王了! 不识抬举、忘恩负义的王八蛋!"

【不识一丁】 bù shí yī dīng 《旧唐书·张弘靖传》:"又雍等诟责吏卒,多以反房名之,谓军士曰:'今天下无事,汝辈挽得两石力弓,不如识一丁字。'军中以意气自负,深恨之。"后用"不识一丁"指人不认识一个字,没有文化。明·胡应麟《诗薮·六朝》:"嵇喜,叔夜之兄,吕安所为题凤,阮籍因之白眼者,疑其不识一丁。"

【不识之无】 bù shí zhī wú 唐·白居易《与元九书》:"仆始生六七月时,乳母抱弄于书屏下。有指'无'字、'之'字示仆者,仆虽口未言,心已默识,后有问此二字者,虽百十其试,而指之不差。"后用"不识之无"指人不识字,文化低。清·黄景仁《除夕述怀》诗:"有儿名一生,废学增痴憨;曾不识之无,但索梨与柑。"阿英《土山湾黑市》:"因此辈系窃偷而来,兼以不识之无,遂至无全帙者。"

【不食人间烟火】 bù shí rén jiān yān huǒ 烟火:指熟食。宋·阮阅《诗话总龟前集》卷九引《直方诗话》:"后再同东坡来,坡读其诗,叹息云:'此不是吃烟火食人道底言语。'"道教修炼主张不吃熟食。后用"不食人间烟火"比喻人有出世之意,或比喻诗画立意高超,不同凡俗。及容《饥饿荒原》二三:"苏晚晴几乎是不食人间烟火的那一类人,不会把任何人间世俗的东西掺进灵魂。"也单作"不食烟火"。《镜花缘》七○回:"我看你每每宁神养性,不食烟火,虽然有些道理;但上面事迹,你何能晓得,却要观看?"

【不食烟火】 bù shí yān huǒ 见"不食人间烟火"。

【不食周粟】 bù shí zhōu sù 《史记·伯夷列传》:"武王已平殷乱,天下宗周,而伯夷、叔齐耻之,义不食周粟,隐于首阳山,采薇而食之。"后用"不食周粟"指清白守节。老舍《四世同堂》三八:"他晓得,被日本人占据了的北平,已经没有他作事的地方,假若他一定'不食周粟'的话。"

【不世之功】 bù shì zhī gōng 不世:当代少有。指非凡的功绩。《后汉书·隗嚣传》:"足下将建伊、吕之业,弘不世之功。"《东周列国志》三回:"谁想戎主把杀幽王一件,自以为不世之功,人马盘踞京城,终日饮酒作乐,绝无还军归国之意。"

【不死不活】 bù sǐ bù huó 形容缺乏生气,精神不振。《老残游记二集》三回:"心里埋怨他:'你买东西忙什么呢? 先来给我送个信儿多不是好，叫人家盼望的不死不活的干么呢？'"鲁迅《彷徨·伤逝》："纵使不过是烧着不死不活的煤的火炉，但单是看见装着它，精神上也就总觉得有些温暖。"陈国凯《下里巴人》二："黄脸科长依然是那副不死不活的模样，好像一锥子下去也扎不出血来。"也形容处境被动、尴尬。《三侠五义》一二回："我们抢来，当初也是不从。到后来弄的不死不活，无奈顺从了，倒得好吃好喝的……"

【不速之客】bù sù zhī kè　速：邀请。没有受到邀请而自己来的客人。《周易·需》："有不速之客三人来。"宋·刘克庄《叶寺丞墓志铭》："公谦抑特甚，每曰：'后村昔吾先人执友也，今邻舍翁也，常为不速之客。'"钱钟书《围城》七："我今天闯席做不速之客，就是为了李梅亭的事，要来跟汪先生商量，不知道你们在请客。"李英儒《野火春风斗古城》一六章："会长放下电话，发现来的是位不速之客，他现出了惊异。"

【不祧之祖】bù tiāo zhī zǔ　祧：将远祖的神主依次迁入远祖的庙叫祧。只有开创基业的始祖和建立了功业、影响较大的祖宗的神主不迁入远祖的庙，叫做不祧。后用"不祧之祖"指事业的创始者或对后代有重大影响而不可废除的事物。清·吴乔《答万季野诗问》二五："至于空同，唯以高声大气为少陵；于鳞，唯以皮毛鲜润为盛唐……然在今日，遂为不祧之祖，何也？"〔注意〕祧，不能读作 tiāo。

【不通水火】bù tōng shuǐ huǒ　指不与别人交往。《汉书·孙宝传》："稺季耳目长，闻知之，杜门不通水火，穿舍后墙为小户，但持钿自治园。"

【不同凡响】bù tóng fán xiǎng　凡：普通，一般。响：指音乐。不同于普通的音乐。原指音乐非常动听。后形容人或事物非常出色，与众不同。清·袁枚《答李少鹤书》："如异乐仙音，来自海外，迥非人间凡响。"高云览《小城春秋》四章："李悦的确不同凡响，他才不过小学毕业，进《鹭江日报》学排字才不过两年，排字技术已经熟练到神速的程度。"刘绍棠《村妇》卷一："路坦剃着光头，穿一身粗紫花布裤褂和踢死牛酒鞋，连鬓胡子像根根松针，一副剽悍的绿林好汉神气，威风凛凛不同凡响。"

【不痛不痒】bù tòng bù yǎng　既不疼也不痒。比喻肤浅，未能触及要害，不能解决问题。《二十年目睹之怪现状》八二回："我听了不觉十分纳闷，怎么说了半天，都是些不痛不痒的话，内中不知到底有甚么缘故。"茅盾《虹》一〇："她使劲把报纸摔在地下，匆匆跑出去将上海大大小小各报一古脑儿买来，翻了半天，纪事是相同的，评论间或有，也是不痛不痒地只说什么法律解决，要求公道，那一类话。"也指没有知觉。鲁迅《呐喊·头发的故事》："我不知道有多少中国人只因为这不痛不痒的头发而吃苦，受难，灭亡。"

【不为已甚】bù wéi yǐ shèn　为：做。已甚：过分。不做过分的事。《孟子·离娄下》："仲尼不为已甚者。"宋·邵雍《寒夜吟》："不出既往言，不为已甚事。"〔注意〕为，不读 wèi。

【不违农时】bù wéi nóng shí　不违背农作物耕作的时间。《孟子·梁惠王上》："不违农时，谷不可胜食也。"毛泽东《减租和生产是保卫解放区的两件大事》："不违农时，减少误工，也十分重要。"

【不畏强御】bù wèi qiáng yù　强御：强暴有势力的人。指刚强正直，不怕强暴。《诗经·大雅·烝民》："不侮矜寡，不畏强御。"宋·苏轼《乞郡札子》："宣帝初知盖宽饶忠直不畏强御，自侯司马擢为太中大夫司隶校尉，不可谓不知之深矣。"

【不闻不问】 bù wén bù wèn　不打听也不过问。形容对事情毫不关心。《野叟曝言》一三五回:"文府内外男女亦俱挂孝哭临如礼,二十七日之内上下都是墨衰,文麟因在几筵前,更是白袍白经,惟素臣一人,如梦如醉,不闻不问。"茅盾《腐蚀·十月十日》:"他曾经浑浑沌沌,什么都不闻不问。"也作"不问不闻"。鲁迅《三闲集·在钟楼上——夜记之二》:"然而叫他离开饭锅去拼命,却又说不出口,因为爱而是我的极熟的熟人。于是只好袭用仙传的古法,装聋作哑,置之不问不闻之列。"

【不问不闻】 bù wèn bù wén　见"不闻不问"。

【不问青红皂白】 bù wèn qīng hóng zào bái　问:管。皂:黑色。不管是非曲直。《封神榜》一一四回:"黄飞虎听见他的妻子与他的妹妹死了,也不问青红皂白,他就连夜挑齐众多家将,来至内城禁门前。"鲁迅《准风月谈·文床秋梦》:"清朝的官员,对于原被两造,不问青红皂白,各打屁股一百或五十的事,确也偶尔会有的。"

【不无小补】 bù wú xiǎo bǔ　不是没有小的补益。指虽然不能起很大的作用,但还是有一定好处的。宋·朱熹《朱子全书·纲领》:"诸家虽或浅近,要亦不无小补,但在详择之耳。"《二十年目睹之怪现状》八五回:"没有五万银子,我便就近点到北京玩玩,顺便拿这封信出个首,也不无小补。"

【不舞之鹤】 bù wǔ zhī hè　《世说新语·排调》:"昔羊叔子有鹤善舞,尝向客称之。客试使驱来,氃氋而不肯舞。"后用"不舞之鹤"指无能的人。也用作自谦之辞。《聊斋志异·折狱》:"异史氏曰……方宰淄时,松才弱冠,过蒙器许,而驽钝不才,竟以不舞之鹤为羊公辱。"

【不务正业】 bù wù zhèng yè　务:专力从事。正业:正当的职业。不从事正当的职业。《二十年目睹之怪现状》七三回:"生下一个儿子,却是很没出息的,长大了,游手好闲,终日不务正业。"陈忠实《白鹿原》八章:"主事的家长要是个不懂种庄稼的外行,或者就是个不务正业的二流子,你还能让他主干口之家的家事吗?"也指不搞好本职工作而去干其他的事。蒋子龙《阴错阳差》一一:"看见哪个工程师为自己搞农牧副业,她就跟人家没完没了,死说硬磨,非逼人家把鸡鸭杀掉不可! 还骂人家没出息,不务正业。"

【不相上下】 bù xiāng shàng xià　分不出高低。形容彼此差不多。唐·陆龟蒙《蠹化》:"桔之蠹……翳叶仰喙,如饥蚕之速,不相上下。"《官场现形记》三八回:"女客所在也分三等,同男客不相上下。"老舍《四世同堂》九一:"他和李四爷都是小羊圈的长者。论年纪、经历和秉性,他俩都差不多。虽说不是亲戚,多年来也真跟手足不相上下。"

【不祥之兆】 bù xiáng zhī zhào　祥:吉利。兆:预兆。不吉利的预兆。《三国演义》一○六回:"有此三者,皆不祥之兆也。主公宜避凶就吉,不可轻举妄动。"《喻世明言》卷二一:"董昌心中大恶,急召罗军师商议,告知其事,问道:'主何吉凶?'罗平心知不祥之兆,不敢直言。"

【不肖子孙】 bù xiào zǐ sūn　不肖:不才,不贤。指品行不好,没有出息。不能继承祖先事业的、没有出息的子孙。宋·邵雍《盛衰吟》:"克肖子孙,振起家门,不肖子孙,破败家门。"李劼人《死水微澜》五部一三:"并且四处向人说,天成是不肖子孙,辱没了祖宗的子孙,撵出祠堂,把田屋充公,还办得轻了,应该告到官府,处以活埋之罪,才能消得祖宗的气。"〔注意〕肖,不读 xiāo。

【不屑一顾】 bù xiè yī gù　不屑:认为不值得。顾:回头看。不值得一看,表示轻视、看不起。明·方孝孺《送吏部员外郎龚彦佐序》:"夫禄之以天下而系马千驷,常人思以其身易之而不可得,而伊尹不屑一顾视焉。"《孽海花》二八回:"我的眼光是一直线,只看前面的,两旁和后方,都悍然不屑一顾了。"周而复《上海的早晨》一部四九:"早一会儿和马慕韩、韩云程一道听朱延年谈福佑药房发达的情形,当时的嫉妒现在已变为轻视,甚至是不屑一顾了。"〔注意〕屑,不能读作 xiāo。

【不省人事】bù xǐng rén shì ❶ 省:明白。人事:人的意识的对象。指失去知觉。宋·汪应辰《与朱元晦》:"问其无所苦否,则曰:'无事,无事。'寻即不省人事。"《三国演义》一〇四回:"孔明以剑指之,口中念咒,咒毕急回帐时,不省人事。"《儒林外史》二回:"不觉眼睛里一阵酸酸的,长叹一声,一头撞在号板上,直僵僵不省人事。"欧阳山《三家巷》八二:"对不省人事的胡杏念念有词地说话,好像在请求她的宽恕和原谅。"❷ 人事:人情事理。不懂得人情事理。《水浒传》五〇回:"小妹一时粗卤,年幼不省人事,误犯威颜,今者被擒,望乞将军宽恕。"鲁迅《集外集拾遗·报〈奇哉所谓……〉》:"大作又说我'大声急呼'之后,不过几年,青年就只能说外国话,我以为是不省人事之谈。"〔注意〕省,不读 shěng。

【不修边幅】bù xiū biān fú 边幅:布的边缘,比喻人的衣着、仪表。《后汉书·马援传》:"天下雌雄未定,公孙不吐哺走迎国士,与图成败,反修饰边幅,如偶人形。此子何足久稽天下士乎?"后用"不修边幅"形容不讲究穿着,不注意修整仪表。《北齐书·颜之推传》:"好饮酒,多任纵,不修边幅。"梁实秋《雅舍小品·头发》:"名士们不修边幅,怒发蓬松,其尤甚者可能被人指为当地八景之一,这都不可置评。"魏巍《火凤凰》五四:"她说的'老济公',是满城的县委书记。小学教员出身,因为爱喝酒抽烟,不修边幅,邋里邋遢,就被人送了这么个绰号。"

【不宣而战】bù xuān ér zhàn 宣:宣战。不宣战就进行战争。陈漱渝《鲁迅夫人和战友——许广平》:"1941 年 12 月 7 日,日本对美不宣而战,第二天,日军开进上海租界,上海'孤岛'时期结束。"

【不学无术】bù xué wú shù 学:学问。无:没有。术:技能。既没有学问,又没有能力。《汉书·霍光传赞》:"然光不学亡术,暗于大理。"亡,通"无"。《野叟曝言》三五回:"这女娃年尚幼稚,怎敢与皇上争辩,竟直诋为昏君?未免不学无术矣。"鲁迅《集外集拾遗·报〈奇哉所谓……〉》:"我虽不学无术,而于相传'处于才与不才之间'的不死不活或入世妙法,也还不无所知,但我不愿意照办。"谢冰心《谈点读书写作的甘苦》:"我曾经对校长同志诉过苦,说我这个人是不学无术的人,没有什么'学'可'讲'。"

【不徇私情】bù xùn sī qíng 徇:曲从。私情:私人的交情。不为了私情而做违法的事。

【不言不语】bù yán bù yǔ 沉默不语。《喻世明言》卷一〇:"因梅氏十分忍耐,凡事不言不语,所以善继虽然凶狠,也不将他母子放在心上。"《二十年目睹之怪现状》八九回:"姨妈看见这两天少奶奶不言不语,似乎有点转机了,便出来和苟太太说知,如此如此。"老舍《四世同堂》一七:"在这瘦脸上,没有苦痛,没有表情,甚至没有了病容,就那么不言不语的,闭着眼安睡。"

【不言而喻】bù yán ér yù 喻:明白。不用说什么就能明白。《孟子·尽心上》:"仁义礼智根于心,其生色也,睟然见于面,盎于背,施于四体,不言而喻。"《晋书·应贞传》:"贻宴好会,不常厥数。神心所授,不言而喻。"《醒世恒言》卷三七:"忽一日子春回来,遇着韦氏,两个俱是得道之人，自然不言而喻。"周而复《上海的早晨》四部三七："他想的真美妙，成立棉纺业增产节约委员会，不言而喻，这个委员会的主任委员当然是马慕韩。"

【不厌其烦】bù yàn qí fán 厌：嫌，憎恶。烦：烦琐。不嫌烦琐。清·陈确《与吴仲木书》："连日念尊体，复寄此字，求便邮寄慰，想不厌其烦渎也。"李英儒《野火春风斗古城》一九章："他又不厌其烦地表示：只要杨晓冬肯用一举手一投足的力量，地位是现成的，金钱是敞着口儿的。"莫应丰《黑洞》四："社会交往都是按照古老的程式进行的。人们不厌其烦，有惊人的耐性。"

【不厌其详】bù yàn qí xiáng 厌：嫌，憎恶。详：详细。不嫌详细。指愈详细愈好。梁实秋《雅舍小品·讲价》："你把货物捧在手里，不忙鉴赏，先求其疵谬之所在，不厌其详地批评一番，尽量地道出它的缺点。"王志之《忆朱自清先生》："在闲谈中，朱先生不厌其详地问及抗日同盟军的活动情况。"

【不一而足】bù yī ér zú 不是一事一物而能够使之满足的。《公羊传·文公九年》："始有大夫，则何以不氏？许夷狄者，不一而足也。"后也用来形容所说的事物或现象不止一种，而是很多，不能一一列举。《喻世明言》卷九："裴度自念功名太盛，惟恐得罪，乃口不谈朝事，终日纵情酒色，以乐馀年。四方郡牧，往往访觅歌儿舞女，献于相府，不一而足。"《老残游记》一二回："看那集上，人烟稠密，店面虽不多，两边摆地摊，售卖农家器具及乡下日用物件的，不一而足。"梁实秋《雅舍小品·老年》："至于登高腿软，久坐腰酸。睡一夜浑身关节滞涩，而且睁大眼睛等天亮，种种现象不一而足。"

【不遗余力】bù yí yú lì 遗：留下。不留下剩余的力量。指毫无保留地使出一切力量。《战国策·赵策三》："秦之攻我

也，不遗余力矣，必以倦而归也。"宋·郑兴裔《跋高宗皇帝赐世父手札》："高宗妙悟八法，留神古雅，当干戈扰攘之余，访求法书名画，不遗余力。"王火《战争和人》(三)卷二："听说邓宣德下了台并不死心，仍在重庆上下活动，攻击你不遗余力。"

【不以为然】bù yǐ wéi rán 然：对。不认为是对的。多用来表示不同意或轻视。宋·苏轼《再乞罢详定役法状》："右臣先曾奏论衙前一役，当招募，不当定差，执政不以为然。"《喻世明言》卷一二："未入境时，顾金事先去嘱托此事。陈御史口虽领命，心下不以为然。"《官场现形记》四六回："有几省督、抚奏请置办机器，试造中国洋钱。他老先生见了这个折子，老大不以为然。"鲁迅《呐喊·兔和猫》："我觉得母亲实在太修善，于是不由的就说出模棱的近乎不以为然的答话来。"巴金《秋》一七："'那么你相信五爸、五婶他们将来会明白吗？'淑华不以为然地拿话来难琴。"

【不以为意】bù yǐ wéi yì 认为不须介意。表示轻视，不放在心上。《史记·律书》："又先帝知劳民不可烦，故不以为意。"《旧唐书·李密传》："及出关外，防禁渐弛，密请市酒食，每夜宴饮，喧哗竟夕，使者不以为意。"《东周列国志》七六回："成遂将部下万人，分作三路杀入。夫概恃其屡胜，不以为意。"茅盾《子夜》八："昨晚姨太太又是到天亮才回来。这已是惯了的，冯云卿本来不以为意，但此时正因公债投机失败到破产的他，却突然满肚子不舒服了。"

【不义之财】bù yì zhī cái 用不正当手法获得的钱财或不应当属于自己的钱财。汉·刘向《列女传·齐田稷母传》："不义之财，非吾有也。"《喻世明言》卷一"婆子只为图这些不义之财，所以肯做牵头。"茅盾《腐蚀·一月二十一日》："你们

这些不义之财,我如果存心要分一点,难道还不应该?"

【不亦乐乎】bù yì lè hū 亦:也。不也是很快乐吗?❶表示十分高兴。《论语·学而》:"有朋自远方来,不亦乐乎?"❷表示情况令人满意。《三国志·蜀书·邓芝传》:"若天下太平,二主分治,不亦乐乎!"❸表示程度过甚,达到难以应付的地步。《二刻拍案惊奇》卷三一:"王俊卿性赶上,拳头脚尖一齐来。族长道:'使不得!使不得!'忙来劝时,已打得不亦乐乎了。"鲁迅《而已集·谈所谓"大内档案"》:"他知道清朝英武殿里藏过一副铜活字,后来太监们你也偷,我也偷,偷得'不亦乐乎',待到王爷们似乎要来查考的时候,就放了一把火。"魏巍《地球的红飘带》一六:"工兵们正在全镇搜集门板,你来我往,忙得不亦乐乎。"

【不易之论】bù yì zhī lùn 易:更改。论:言论。《周易·乾》:"不易乎世。"意思是不为世俗所改变。后用"不易之论"指不可更改的言论。宋·李如篪《东园丛说·诸子言性》:"其言当于理,真不易之论也。"《野叟曝言》一回评:"余于此书,屡疑屡论,屡悟屡悔,始信其言为不易之论。"梁实秋《雅舍小品·画展》:"一幅画如何标价,这虽不见于六法,确是一种艺术。估价要根据成本,此乃不易之论。"

【不翼而飞】bù yì ér fēi 不翼:没长翅膀。没有长翅膀却飞走了。形容迅速流传。冯雪峰《关于抗日统一战线与文学运动》:"最重要的,是因为这种以民族革命战争为内容的,和全国人民的热流相交流的文学,必将不翼而飞地扩大它的影响。"也比喻东西突然不见了。老舍《四世同堂》九二:"他还没明白过来是怎么回事,烧饼油条已经不翼而飞了。"邓一光《我是太阳》五部一:"她没有看见那些东西。那些可以开一家儿童食品店的糖果糕点竟都不翼而飞了。"

【不由分说】bù yóu fēn shuō 分说:分辩。不容许分辩。《东周列国志》八五回:"吏卒左牵右拽,不由分说,又推河中,逐波而去。"《儒林外史》五三回:"邹泰来道:'我和四老爷自然是对了。'陈木南道:'先生是国手,我如何下的过,只好让儿子请教罢。'聘娘坐在旁边,不由分说,替他排了七个黑子。"《红楼梦》七七回:"那几个媳妇不由分说,拉着司棋便出去了。"茅盾《腐蚀·十一月六日》:"D并不开口,只是笑,不由分说,拉了舜英便走。"也作"不容分说"。杜鹏程《初写新闻稿》:"他不容分说,就把我拉到麦场上。这种开会的方式很可笑,有点土地革命时代的味道。"

【不由自主】bù yóu zì zhǔ 自主:自己做主。由不得自己做主。指自己无法控制住自己。《官场现形记》一二回:"周老爷一见如此抬举他,又想倘若得胜回来,倒是升官的捷径。想到这里,早已心花都开,便不由自主的答应了下来。"老舍《四世同堂》八八:"菊子的一身胖肉全缩成团了。她不由自主地想跑,可是挪不动步。"

【不远千里】bù yuǎn qiān lǐ 不远:不以为远。不以千里为远。形容不怕路途遥远。《孟子·梁惠王上》:"叟,不远千里而来,亦将有以利吾国乎?"《喻世明言》卷一三:"我赵升生平不作昧心之事,今弃家人道,不远千里,来寻明师,求长生不死之路。"《官场现形记》三八回:"这个风声一出,那些愿意受戒的善男信女,果然不远千里而来。"也作"不远万里"。晋·王嘉《拾遗记》卷六:"门徒来学,不远万里。"欧阳山《三家巷》一五〇:"难道说,她何守礼不远万里,从广州跑到延安来闹革命,就是为了要跟这样一个人配对儿么?"

【不远万里】bù yuǎn wàn lǐ 见"不远千里"。

【不约而同】bù yuē ér tóng 《史记·平津侯主父列传》:"应时而皆动,不谋而俱起,不约而会合。"原意是事先没有约定而一齐前来会合。后用"不约而同"指没有事先商量约定而彼此的看法或言行相同。宋·王楙《野客丛书·随笔议论》:"后人议论,往往多与前人暗合。近时《容斋随笔》出入书史,考据甚新,然观以前杂说,不约而同者,十居二三。"《醒世恒言》卷一:"忽一年元旦,潘华和萧雅不约而同到王奉家来拜年。"鲁迅《彷徨·伤逝》:"大家不约而同地伸直了腰肢,在无言中,似乎又都感到彼此的坚忍崛强的精神,还看见从新萌芽起来的将来的希望。"

【不在其位,不谋其政】bù zài qí wèi, bù móu qí zhèng 谋:谋划、考虑。政:政事。不处于那种职位上,就不去谋划有关的事情。《论语·泰伯》:"子曰:'不在其位,不谋其政。'"《金瓶梅》七二回:"他既出了衙门,不在其位,不谋其政,他管他那銮驾库的事,管不的咱提刑所的事了。"王火《战争和人》(一)卷二:"这叫做不在其位不谋其政! 你我都不是中央委员,虽然忧国忧民,又能怎么?"

【不择手段】bù zé shǒu duàn 择:选择。指为了达到目的,任何手段都采用。《孽海花》二八回:"自杀的基本论据,始终没有变动,仅把不择手段的自杀,换个有价值的自杀,却只好等着机会,选着题目。"王火《战争和人》(三)卷七:"军统固然不说,中统已经派了许多人分赴京、沪、平、津和华中华南,明确指示:任务集中起来就是一个'抢'字! 寻找机会接收,可以不择手段。"

【不折不扣】bù zhé bù kòu 折、扣:商品照标价减去十分之几,叫几折或几扣。丝毫未打折扣。形容完全十足、没有减少或走样。老舍《四世同堂》二一:"他觉得这像说相声的医生是个不折不扣的骗子手!"刘醒民《秋风醉了》三:"他最大的缺点是不大听话,上面的指示,他总要添点什么或减点什么,不能做到百分之百和不折不扣。"

【不知不觉】bù zhī bù jué 不经意,没有感觉到。《五灯会元·临安府广福院惟尚禅师》:"须是南泉第一机,不知不觉蓦头锥。"《二刻拍案惊奇》卷三六:"元来人家要穷,是不打紧的。不消得盗劫火烧,只消有出无进,七颠八倒,做事不着,算计不就,不知不觉的,渐渐消耗了。"《儒林外史》二回:"那时弟吓了一跳,通身冷汗,醒转来,拿笔在手,不知不觉写了出来。"《红楼梦》一一六回:"贾政听了,即忙进来看视,果见宝玉苏来,便道:'没的痴儿你要唬死谁么!'说着,眼泪也知不知觉流下来了。"巴金《春》一五:"她们信步走着,不知不觉地到了晚香楼前面。"

【不知凡几】bù zhī fán jǐ 凡:总共。不知总共有多少。唐·郭受《寄杜员外》诗:"春兴不知凡几首,衡阳纸价顿能高。"后用来表示数量非常多。明·张岱《黄琢山》:"人迹不到之处,名山胜景,弃置道旁,为村人俗子所埋没者,不知凡几矣!"

【不知高低】bù zhī gāo dī ❶形容分不清尊卑、上下,言行鲁莽无礼。《西游记》二六回:"是老孙就去偷了他三个,我三兄弟吃了。那童子不知高低,贼前贼后骂个不住。"《红楼梦》三八回:"我喜欢他这样,况且他又不是那不知高低的孩子。"❷形容受到惊吓或碰到危险后不知如何是好。《水浒传》四五回:"老子摸得起来,摸了两手血迹,叫声苦,不知高低。"❸形容不明白内情,不知究竟。《喻世明言》卷一:"大郎见四下无人,便向衣袖里摸出银子,解开布包,摊在卓上道:'这一百两白银,干娘收过了,方才敢说。'婆子不知高低,那里肯受。"

【不知好歹】bù zhī hǎo dǎi 歹:坏。不懂得好坏。❶指不明事理或不了解内情。《醒世恒言》卷三八："难道恁般不知好歹，一味蛮打，没一点仁慈改悔之念不成?"《红楼梦》一〇七回："那包勇醉着不知好歹，便得意洋洋回到府中，问起同伴，知是方才见的那位大人是这府里提拔起来的。"老舍《四世同堂》五〇："不要以为他们只是些不知好歹、无足介意的小虫子，而置之不理。他们是蛆，蛆会变成苍蝇，传染恶病。"❷指不能领会别人的好意。《红楼梦》六八回："二奶奶，你怎么不知好歹没眼色。"张洁《来点儿葱，来点儿蒜，来点儿麻盐椒格里格楞》："我只是受不了他说这话的口气，好像他真给了我一个中段，而我又是挑肥拣瘦，不知好歹。"

【不知进退】bù zhī jìn tuì 不知道前进还是后退。形容言行没有分寸。宋·洪迈《容斋随笔·名将晚谬》："慕容绍宗挫败侯景，一时将帅皆莫及，而攻围颍川，不知进退，赴水而死。"《警世通言》卷二一："这厮言语不知进退，怕不是良善之人!"《野叟曝言》三二回："因遂慨然道：'愚妹有一句不知进退的话奉劝。'大奶奶不等说完，即拱手请教。"

【不知轻重】bù zhī qīng zhòng 不懂得权衡事情的重要和不重要。比喻做事没有分寸，鲁莽冒失。《吕氏春秋·本生》："今世之人，惑者多以性养物，则不知轻重也。"《红楼梦》一〇九回："婆子们不知轻重，说是这两日有些病，恐不能就好，到这里问大夫。"沈从文《牛》："牛后脚出了毛病，就因为昨天大牛伯主人，那么不知轻重在气头下一榔槌的结果。"

【不知深浅】bù zhī shēn qiǎn 不了解内情、底细或复杂程度。也比喻言行冒失，没有分寸。《西游记》四回："棒名如意，斧号宣花。他两个乍相逢，不知深浅。"《儿女英雄传》二六回："这里头万一有一半句不知深浅的话，还得求姐姐原谅妹子个胡涂。"阿来《尘埃落定》三："土

司进来了，问：'什么话不知深浅?'母亲就说：'两个孩子说闲话呢。'"

【不知死活】bù zhī sǐ huó 形容言行鲁莽冒失，不知利害。《西游记》五回："你这不知死活的弼马温! 你犯了十恶之罪，先偷桃，后偷酒，搅乱了蟠桃大会，又窃了老君仙丹，又将御酒偷来此处享乐，你罪上加罪，岂不知之?"

【不知所措】bù zhī suǒ cuò 措：处置，安排。不知道应该怎么办。《管子·七臣七主》："振主喜怒无度，严诛无赦，臣下振怒，不知所错。"错：通"措"。《三国志·吴书·诸葛恪传》："皇太子以丁酉践尊号，哀喜交并，不知所措。"《孽海花》一二回："彩云此时迷迷糊糊，如在五里雾中，弄得不知所措。"老舍《四世同堂》九八："瑞宣忽然浑身发起抖来，不知所措地颤抖着。"钱钟书《围城》四："有时理想中的自己是微笑地镇静，挑衅地多礼，对她客气招呼，她倒窘得不知所措。"

【不知所以】bù zhī suǒ yǐ 所以：情由，缘故。不知道为什么会如此。唐·何延之《兰亭记》："遽见追呼，不知所以。"《醒世恒言》卷三："美娘不知所以，尽情一呕，呕毕，还闭眼睛，讨茶嗽口。"《东周列国志》七九回："那时歌妓转娇，舞袖增艳，十队女子，更番迭进，真乃盈耳夺目，应接不暇，把鲁国君臣二人，喜得手舞足蹈，不知所以。"鲁迅《华盖集·碎话》："他走的是小弯，你走的是大弯，他在圆心里转，你却必得在圆周上转，汗流浃背而终于不知所以。"

【不知所云】bù zhī suǒ yún 云：说。不知道说的是什么。形容说话颠三倒四、语言混乱，令人莫明其妙。三国蜀·诸葛亮《前出师表》："临表涕泣，不知所云。"鲁迅《〈花边文学〉序言》："但那时可真厉害，这么说不成功，那么说又不成功，而且删掉的地方，还不许留下空隙，要接起来，使作者自己来负吞吞吐吐，不

知所云的责任。”叶圣陶《倪焕之》三：“而自己与那些小听众，简直漠不相关，喊着唱着的固然不知所云，坐着听的也无异看大猩猩指手划脚长嗥。”

【不知所终】 bù zhī suǒ zhōng 终：最后。不知道结局或下落。《后汉书·向长传》：“于是遂肆意，与同好北海禽庆俱游五岳名山，竟不知所终。”清·采蘅子《虫鸣漫录》：“余幼在湖口，有一僧持显者书，周行各郡县……后不知所终。”鲁迅《准风月谈·禁用和自造》：“一个人的生养教育，父母化去的是多少物力和气力呢，而青年男女，每每不知所终，谁也不加注意。”

【不知天高地厚】 bù zhī tiān gāo dì hòu 不了解事物的深奥和复杂。形容狂妄自大。《儿女英雄传》三四回：“如今年过知非，想起幼年这些不知天高地厚的话来，真觉愧悔。”郭沫若《武则天》二幕：“明崇俨并不是一个好人，只因他还会按摩，皇帝陛下需要他，所以经常让他在宫廷中行走。可是他越来越不知天高地厚。”

【不值一钱】 bù zhí yī qián 形容毫无价值或地位极其低下。《史记·魏其武安侯列传》：“生平毁程不识不直一钱。”直：同“值”。明·沈德符《万历野获编·御史大夫被论》：“此两公俱以直臣起家致大位，晚途遭诟，不值一钱，宪体至是扫地矣。”也作“不值一文”。《喻世明言》卷五：“此去好凭三寸舌，再来不值一文钱。”也作“一钱不值”。《官场现形记》四〇回：“其中更生出无数谣言，添了无数假话，竟把个瞿耐庵说得一钱不值。”李劼人《大波》一部三章：“我们光明正大，为国为民的行为，简直被你说得一钱不值。”也作“一文不值”。《二十年目睹之怪现状》二〇回：“只要李家把那田的水源断了，那时一文不值，不怕他不卖！”

【不值一文】 bù zhí yī wén 见“不值一钱”。

【不置可否】 bù zhì kě fǒu 置：放，搁。不说对，也不说不对。指不明确表态。《官场现形记》五六回：“温钦差听了一笑，也不置可否。你道为何？原来温钦差的为人极为诚笃，说是委了差使不去，这事便不实在，所以他不甚为然，因之没有下文。”茅盾《腐蚀·十一月十九日》：“但是事出意外，小昭静静地听完我的话，并不生气，也不置可否。”沈从文《边城》一八：“老船夫说着，二老不置可否，不动感情听下去。”

【不着边际】 bù zhuó biān jì 着：接触，挨上。挨不上边儿。❶形容挨不上边儿，没有着落。《水浒传》一九回：“天色又看看晚了，在此不着边际，怎生奈何！”钱钟书《围城》七：“像一切好学而又爱美的女人，她戴白金脚无边眼镜；无边眼镜仿佛不着边际，多少和脸蛋儿融化为一，戴了可算没戴，不比有边眼镜，界域分明，一戴上就从此挂了女学究的招牌。”❷形容空泛，不切实际。巴金《春》一五：“周氏和张氏又谈了一些不着边际的闲话。”浩然《乐土》四八章：“听了小胖墩这些几乎是漫不经心、随随便便的叙述，竟然引起我许多纷纭杂乱的联想，甚至是一些不着边际的胡思乱想。”〔注意〕着，不读 zhāo。

【不自量力】 bù zì liàng lì 量：估计。不能正确估计自己的力量。指过高估计自己。唐·玄奘《大唐西域记·摩羯陀国上》：“今诸外道不自量力，结党连群，敢声论鼓，惟愿大师摧诸异道。”《东周列国志》七九回：“为首者前致辞曰：‘吾主越王，不自量力，得罪于上国，致辱下讨。臣等不敢爱死，愿以死代越王之罪。’”鲁迅《集外集拾遗·〈解放了的堂·吉诃德〉后记》：“但我们试问：十六十七世纪时的西班牙社会上可有不平存在呢？我想，恐怕总不能不答道：有。那么，吉诃德的立志去打不平,是不能说他错误的;不自量力,也并非错误。"

【不足挂齿】 bù zú guà chǐ 足:值得。挂齿:挂在嘴上,指提起,说起。《汉书·叔孙通传》:"此特群盗鼠窃狗盗,何足置齿牙间哉?"后用"不足挂齿"形容微不足道,不值一提。《水浒传》七八回:"宋江答道:'无能小将,不足挂齿。'"欧阳山《三家巷》二六:"陈老伯,这件事交给我办吧。区区微劳,不足挂齿。"也作"无足挂齿"。姚雪垠《李自成》二卷五一章:"宋献策原是江湖术士,无足挂齿。可恨的是举人投贼,前所未闻。"

【不足为怪】 bù zú wéi guài 足:值得。怪:奇怪。不值得奇怪。指某些现象或事物很平常。《老残游记》一八回:"至于魏季花,是他乡下人没见识处,不足为怪也。'"姚雪垠《李自成》二卷一八章:"李信心思沉重地说:'弟浏览往史,像山崩地震之类灾害,在盛世也是有的,不足为怪。'"

【不足为凭】 bù zú wéi píng 足:够得上。够不上作为凭据。宋·刘安世《论蔡确行诗讪讪事第六》:"诗板是明白已验之迹,便可为据;开具乃曲苟免之词,不足为凭。"《官场现形记》五回:"他的话不足为凭。"

【不足为奇】 bù zú wéi qí 不值得奇怪。指某些现象或事物很平常,没有什么特别的。宋·毕仲游《祭范德孺文》:"人乐其大而忘其私,不然则公不足为奇。"《野叟曝言》八回:"素臣慌忙搀起,说道:'此不足为奇,只要指掌停匀,臂力相称,远近高低便能如意。'"鲁迅《坟·杂忆》:"不知道我的性质特别坏,还是脱不出往昔的环境的影响之故,我总觉得复仇是不足为奇的,虽然也并不想诬无抵抗主义者为无人格。"老舍《四世同堂》一○:"她觉得丁约翰本人与丁约翰所拿来的东西,都不足为奇,值得注意的倒是

'英国府'那三个有声势的字。"

【不足为训】 bù zú wéi xùn 足:值得。训:准则,典范。《左传·僖公二十八年》:"以臣召君,不可以训。"后用"不足为训"指不值得作为准则或典范。《孽海花》四回:"孝琪的行为,虽然不足为训,然听他的议论思想,也有独到处,这还是定庵的遗传性。"孙犁《耕堂读书记》一:"这其实是避重就轻,图省力气的一种写法,不足为训。"

【布帛菽粟】 bù bó shū sù 帛:丝织品的总称。菽:豆类的总称。粟:谷子。比喻不可缺少的东西。《宋史·程颐传》:"其言之旨,若布帛菽粟然,知德者尤尊崇之。"叶圣陶《潘先生在难中》:"子弟的教育犹如布帛菽粟,是一天一刻不可废弃的。"

【布鼓雷门】 bù gǔ léi mén 布鼓:用布蒙的发不出声音的鼓。雷门:古代会稽(今浙江绍兴)的城门名。《汉书·王尊传》:"毋持布鼓过雷门。"传说雷门有大鼓,越人击此鼓,鼓声可以传到洛阳。后用"布鼓雷门"比喻在高手面前炫耀自己的并不高明的本领。唐·李商隐《为举人献韩郎中琮启》:"捧爝火以干日御,动已光销;抱布鼓以诣雷门,忽然声寝。"宋·朱熹《次张彦辅赏梅韵》诗:"酒酣耳热莫狂歌,布鼓雷门须缩手。"

【布衣蔬食】 bù yī shū shí 蔬食:粗食。穿着布做的衣服,吃粗粝的食物。形容生活十分简朴。《汉书·王吉传》:"去位家居,亦布衣疏食。"疏:同"蔬"。《三国志·魏书·毛玠传》:"玠居显位,常布衣蔬食。"《醒世恒言》卷三:'就是小娘子自己赎身,平昔住惯了高堂大厦,享用了锦衣玉食,在小门家,如何过活?'美娘道:'布衣蔬食,死而无怨。'"《儒林外史》四四回:"不瞒表兄说,我愚弟也无甚么嗜好,夫妻们带着几个儿子,布衣蔬食,心里淡然。"

【布衣之交】bù yī zhī jiāo　布衣:布做的衣服,古代为平民所穿,故借指平民。❶指平民之间的交往。《战国策·齐策三》:"卫君与文布衣交,请具车马皮币,愿君以此从卫君游。"《史记·廉颇蔺相如列传》:"臣以为布衣之交尚不相欺,况大国乎?"❷指显贵者与平民的交往。《三国志·魏书·夏侯尚传》南朝宋·裴松之注引《魏书》:"尚有筹画智略,文帝器之,与为布衣之交。"《东周列国志》九八回:"寡人闻君之高义,愿与君为布衣之交。"

【步步为营】bù bù wéi yíng　步:古代以五尺为步。步步:形容距离近。军队每行进一步就立一个营垒。比喻防守严密,行为谨慎。《三国演义》七一回:"渊为人轻躁,恃勇少谋。可激劝士卒,拔寨前进,步步为营,诱渊来战而擒之。"《野叟曝言》三五回:"其所遁逃者,荒微绝域,则以步步为营之法穷矣。"从维熙《阴阳界》九:"在索泓一眼里,胡栓身上百无禁忌,原来这条山汉,也在前后左右步步为营。"

【步调一致】bù diào yī zhì　步调:走路时脚步的大小快慢,比喻动作行为的方式、步骤或速度等。指许多人在一起进行某项工作时行动协调统一、不各自为政。

【步履艰难】bù lǚ jiān nán　见"步履维艰"。

【步履蹒跚】bù lǚ pán shān　步履:行走。蹒跚:腿脚不灵活,行走时缓慢、摇晃的样子。指行走十分困难。《二十年目睹之怪现状》二七回:"只见一个大脚老婆子,生得又肥又矮,手里捧着一对大蜡烛,步履蹒跚的走了进来。"王安忆《流逝》四:"端丽陪着步履蹒跚的公公慢慢走出站台。"

【步履维艰】bù lǚ wéi jiān　步履:行走。维:助词。艰:困难。指行走十分困难。清·刘坤一《请假一月片》:"臣自上年秋间,时患腰痛,两腿无力,步履维艰。"梁实秋《雅舍小品·教育你的父母》:"人到七老八十,面如冻梨,痴呆黄老,步履维艰,还教他学什么?"刘醒龙《异香》六:"震颤乍起,桂儿爸桂儿妈终于面如死灰步履维艰地走到桂儿面前。"也作"步履艰难"。《三侠五义》三回:"包公却不着意,觉得两腿酸痛,步履艰难,只得一步捱一步,往前款款行走。"巴金《随想录》一○:"当他们在旧社会的荆棘丛中、泥泞路上步履艰难的时候,倘使我的作品能够做一根拐杖或一根竹竿给他们用来加一点力,那我就很满意了。"

【步人后尘】bù rén hòu chén　后尘:走路时身后扬起的尘土。跟随在别人后面走。比喻追随、模仿别人。明·屠隆《昙花记·讨贼立功》:"副帅好当前队,老夫愿步后尘。"《二十年目睹之怪现状》九四回:"其实这件事,首先是广东办开的头,其次是湖北,此刻江南也办了,职道不过步趋他人后尘罢了。"

C

【才薄智浅】cái bó zhì qiǎn 见"才疏智浅"。

【才德兼备】cái dé jiān bèi 才:才能。德:品德,特指好品德。才能和好的品德都具备。元·无名氏《娶小乔》一折:"江东有一故友,乃鲁子敬,此人才德兼备。"《英烈传》二八回:"陈元帅英武盖世,才德兼备。"杨沫《青春之歌》二部三五章:"诸位在中国素孚众望,才德兼备,本军万分希望和诸君携手共进。"也作"德才兼备"。蒋子龙《赤橙黄绿青蓝紫》二:"在他眼里,解净是个德才兼备、最标准、最理想的好姑娘。"

【才高八斗】cái gāo bā dǒu 宋·无名氏《释常谈》中:"谢灵运尝云:'天下才有一石,曹子建独占八斗,我得一斗,天下共分一斗。'"后用"才高八斗"形容人文才极高。明·陈汝元《金莲记·偕计》:"不佞姓苏,名轼,字子瞻,眉州眉山人也。学富五车,才高八斗。"李劼人《大波》四部三章:"但是,你,学富五车,才高八斗,出口成章,文不加点的大名公,我以什么来比你?"

【才高学富】cái gāo xué fù 才:才能。学:学问。富:丰富。才能高超,学识渊博。钱钟书《围城》一:"过几天,方鸿渐又收到丈人的信,说什么:'贤婿才高学富,名满五洲,本不须以博士为夸耀。然令尊大人乃前清孝廉公,贤婿他宜举洋进士,庶几克绍箕裘,后来居上,愚亦与有荣焉。'"

【才华横溢】cái huá héng yì 横溢:充分显露。指才华充分显露出来。刘绍棠《二度梅》二:"孤儿洛文,在农村念完小学,到县城念完中学,又考入北京的最高学府,成长为一个才华横溢的青年大学生,眼看就要毕业了。"张洁《从森林里来的孩子》二:"他抚摸着长笛和乐谱,感慨着这就是那个才华横溢、勤于事业、忠于理想的人留在世上的全部东西了。"

【才貌俱全】cái mào jù quán 见"才貌双全"。

【才貌双全】cái mào shuāng quán 才:才能。貌:相貌。才能高,相貌好,两者都齐全。《醒世恒言》卷七:"那山中远近人家,都晓得高家新女婿才貌双全,竞来观看。"《红楼梦》一四回:"那宝玉素日就曾听得父兄亲友等说闲话时,赞水溶是个贤王,且生得才貌双全,风流潇洒,每不以官俗国体所缚。"钱钟书《围城》三:"苏小姐,有空到舍间来玩儿啊,鸿渐常讲起你是才貌双全。"也作"才貌俱全"。《红楼梦》七九回:"又见有香菱这等一个才貌俱全的爱妾在室,越发添了'宋太祖灭南唐'之意,'卧榻之侧岂容他人酣睡'之心。"

【才气纵横】cái qì zòng héng 才气:才华。纵横:奔放自如。指人有才华而外露。《二十年目睹之怪现状》七一回:"若要和他考究经史学问,他却又样样对答得上来;有时唱和几首诗,他虽非元、白、李、杜,却也才气纵横。"

【才轻德薄】cái qīng dé bó 见"才疏德薄"。

【才疏德薄】cái shū dé bó 疏:空虚。

薄:浅薄。才识疏浅,德行不高。多用为自谦之辞。元·无名氏《东篱赏菊》三折:"小生才疏德薄,敢劳大人下降,真乃蓬荜生辉也。"也作"才轻德薄"。元·无名氏《衣锦还乡》一折:"想小官生居寒门,长在白屋,才轻德薄,智穷量浅,有劳先生不弃相探也。"

【才疏学浅】cái shū xué qiǎn　疏:空虚。浅:肤浅。才能不多,学识肤浅。多用为自谦之辞。明·柯丹邱《荆钗记·合卺》:"欲步蟾宫,奈才疏学浅,未得蜚冲。"《说岳全传》四○回:"差不多先生反被学生难倒了,只得见了太夫人说:'小子才疏学浅,做不得他的师父,只好另请高才。'"周而复《上海的早晨》四部三六:"慕韩兄给我们做哲学报告了,小弟才疏学浅,一时装不下这么多对立、统一、基础、观念等名词,弄得我头昏脑胀。"也作"学浅才疏"。《孽海花》一八回:"可惜小弟学浅才疏,不能替国家宣扬令德。"

【才疏意广】cái shū yì guǎng　疏:空虚。才能不高,志气很大。《后汉书·孔融传》:"融负其高气,志在靖难,而才疏意广,迄无成功。"宋·苏轼《孔北海赞》:"世以成败论人物,故操得在英雄之列,而公且谓'才疏意广',岂不悲哉!"

【才疏智浅】cái shū zhì qiǎn　疏:空虚。浅:肤浅。才能不多,智慧肤浅。多用为自谦之辞。《三国演义》九三回:"真奏曰:'臣才疏智浅,不堪其职。'"也作"才薄智浅"。《三国演义》九八回:"懿曰:'某才薄智浅,不称其职。'"

【才子佳人】cái zǐ jiā rén　有才学的男子和容貌美丽的女子。多指有婚姻关系或恋爱中的青年男女。宋·晁补之《鹧鸪天》词:"夕阳芳草本无恨,才子佳人空自悲。"《警世通言》卷二九:"陈公曰:'天生才子佳人,不当使之孤另,我今曲与汝等成之。'"《儒林外史》三四回:"据你的才名,又住在这样的好地方,何不娶一个标

致如君,又有才情的,才子佳人,及时行乐?"巴金《家》六:"是的,他曾做过才子佳人的好梦,他心目中也曾有过一个中意的姑娘,就是那个能够了解他、安慰他的钱家表妹。"也作"佳人才子"。《红楼梦》五四回:"这些书都是一个套子,左不过是佳人才子,最没趣儿。"

【财大气粗】cái dà qì cū　钱多气派就大。刘绍棠《草莽》二:"有几个财大气粗的看客,掏出两把铜钱天女散花,半空中钱如雨下,红杏上下翻飞左右扑跌,没有一枚铜钱落地,惹起阵阵喝彩声。"陈国凯《今晚有盛大演出》二:"别看我们公司的招牌不那么好听,但我们财大气粗,实力之雄厚,已可以和县里的一些大公司抗衡。"

【财竭力尽】cái jié lì jìn　钱财和气力都用完了。形容处境极端困难。《汉书·谷永传》:"百姓财竭力尽,愁恨感天,灾异屡降,饥馑仍臻。"宋·洪迈《容斋随笔·长庆表章》:"朝廷以诸道十五万众,裴度元臣宿望,乌重嗣、李光颜当时名将,屯守逾年,竟无成功,财竭力尽。"

【财迷心窍】cái mí xīn qiào　由于贪财而思想糊涂。刘绍棠《烟村四五家》七:"离开烟村端铁饭碗,苗小荞子就荒腔走板,结交了几个外乡的酒肉朋友,财迷心窍,昏头涨脑出外撞大运去了。"周大新《第二十幕》(下)三部九:"他已被这个想像中的场面吓得直想钻到墙缝里去。真是财迷心窍,傻到了这样的程度,做出了这样的事。"

【采兰赠芍】cǎi lán zèng sháo　兰:兰花。芍:芍药。《诗经·郑风·溱洧》:"士与女,方秉蕳兮。……维士与女,伊其相谑,赠之以芍药。"后用"采兰赠芍"指男女之间为表示爱情而互赠礼品。《儒林外史》三四回:"怪道前日老哥同老嫂在桃园大乐! 这就是你弹琴饮酒,采兰赠芍的风流了。"

【采薪之患】cǎi xīn zhī huàn　见"采薪之忧"。

【采薪之忧】cǎi xīn zhī yōu　采薪:打柴。忧:忧患。因生病不能去打柴的忧患。用作生病的婉辞。《孟子·公孙丑下》:"昔者有王命,有采薪之忧,不能造朝。"元·王实甫《西厢记》二本一折:"欲诣帐下,以叙数载间阔之情,奈至河中府普救寺,忽值采薪之忧。"《荡寇志》七八回:"实因晚生常有采薪之忧,不能侍奉左右。"也作"采薪之患"。《红楼梦》三七回:"前夕新霁,月色如洗,因惜清景难逢,讵忍就卧,时漏已三转,犹徘徊于桐槛之下,未防风露所欺,致获采薪之患。"

【彩凤随鸦】cǎi fèng suí yā　比喻女子嫁给才貌比自己差很远的男子。宋·刘将孙《沁园春》词之三:"记宰相开元,弄权疮痏,全家骆谷,追骑仓皇。彩凤随鸦,琼奴失意,可似人间白面郎?"《孽海花》一六回:"自从加克娶了姑娘,人人都道彩凤随鸦,不免纷纷议论。"

【餐风沐雨】cān fēng mù yǔ　被风吹,被雨浇。形容旅途生活的艰苦。明·张景《飞丸记·埋轮没产》:"餐风沐雨,枕寒戈边疆御戎。"

【餐风宿露】cān fēng sù lù　见"风餐露宿"。

【餐风饮露】cān fēng yǐn lù　吃的是风,喝的是露水。形容旅途生活的艰苦。明·王守仁《瘗旅文》:"餐风饮露,无尔饥兮。"王愿坚《理财》:"他们餐风饮露,茹苦含辛地坚持着,从一九三四年到一九三七年,整整坚持了三年艰苦的游击战争。"

【残暴不仁】cán bào bù rén　残暴:残忍凶狠。指残忍凶狠而不仁慈。《三国演义》五三回:"韩玄残暴不仁,轻贤慢士,当众共殛之!"

【残杯冷炙】cán bēi lěng zhì　杯:酒杯,指酒。炙:烤肉。别人喝剩的酒和冷

了的烤肉。指残剩的酒食。北齐·颜之推《颜氏家训·杂艺》:"不可令有称誉,见役勋贵,处之下坐,以取残杯冷炙之辱。"《孽海花》二〇回:"雯兄不嫌残杯冷炙,就请入座。"

【残兵败将】cán bīng bài jiàng　残兵:残存的士兵。败将:打了败仗的将领。指战败后的兵将。明·邵璨《香囊记·败兀》:"我如今连被岳家军杀败,收聚些残兵败将,济不得事,目下就要拔营回去如何?"《说岳全传》七七回:"兀术大败亏输,带领残兵败将,一路逃回。"魏巍《地球的红飘带》二三:"山下渡口处麇集的残兵败将,像蜂巢里的蜂群,乱哄哄地一齐向浮桥拥去,为了争先抢渡,人喊马嘶,乱成一团。"

【残茶剩饭】cán chá shèng fàn　指残剩的茶水和饮食。元·马致远《黄粱梦》四折:"如今天色晚了也,有甚么残茶剩饭,与俺两个孩儿些吃。"

【残冬腊月】cán dōng là yuè　残冬:冬季的末尾。腊月:十二月。指农历十二月年尽之时。也指严冬季节。《醒世恒言》卷七:"错过了吉日良时,残冬腊月,未必有好日了。"

【残羹剩饭】cán gēng shèng fàn　羹:用肉、菜调制的带汁的食品。别人吃剩下的羹和饭,指残菜剩饭。梁实秋《雅舍小品·穷》:"我们看见过富家子弟析产的时候把一张八仙桌子劈开成两半,不曾看见两个穷人抢食半盂残羹剩饭。"刘绍棠《烟村四家》九:"可惜,天时一变,红运坐了牢,他也落了价儿,残羹剩饭也没有人请他吃,八分一两的白薯酒也没有人请他喝。"

【残花败柳】cán huā bài liǔ　残花:凋谢的花朵。败柳:枯槁的柳树。比喻生活放荡或被蹂躏的女子。元·白朴《墙头马上》三折:"休把似残花败柳冤仇结,我与你生男长女填未彻,指望生则同衾,死则

共穴。"李劼人《暴风雨前》二部七:"我们哩,残花败柳,倒也不敢乱想啥子,只要大少爷不讨厌,常来走动下子,也就洪福齐天了。"刘绍棠《蒲柳人家》九:"云遮月不到三十,便是沦落风尘,又染上一口烟瘾,已经是残花败柳。"也作"败柳残花"。元·王实甫《西厢记》三本三折:"他是个女孩儿家……休猜做败柳残花。"张恨水《啼笑因缘》一七回:"凤喜听到这话,不由得吓了一吓,便道:'大爷,你这是什么话? 难道我这样败柳残花的人,你还愿意吗?'"

【残民害物】 cán mín hài wù 摧残人民,损害财物。宋·辛弃疾《淳熙己亥论盗贼札子》:"州以趣办财赋为急,县有残民害物之罪,而吏不敢问。"清·黄宗羲《诸敬槐先生八十寿序》:"而上之所用者,莫非残民害物之人矣。"

【残篇断简】 cán piān duàn jiǎn 篇:简册。简:古代用来书写的竹片,指书籍。指残缺不全的书籍或文章。明·李贽《焚书·子由〈解老〉序》:"子由乃独得微言于残篇断简之中,宜其善发《老子》之蕴,使五千馀言烂然如皎日。"也作"残章断简"。刘绍棠《村妇》卷二:"牛蒡像被装进闷葫芦,呆头愣脑瞪眼睛,憨笑着问道:'你的话就像残章断简,我读不通听不懂。'"

【残缺不全】 cán quē bù quán 残:残破。缺:短缺。指因残破短缺而不完整。魏巍《火凤凰》九一:"他的脸色由白而紫,两撇小日本胡,本来是刮脸后用毛笔涂上去的,刚才加上两口唾沫,用手绢一抹一擦,早已残缺不全,不伦不类。"王火《战争和人》(二)卷七:"但有的佛像已经残缺不全,有的缺了脑袋,有的只剩底盘。"

【残山剩水】 cán shān shèng shuǐ ❶指衰败凋零的山水景色。宋·林景熙《虚心堂记》:"而以苍颜白发,往来残山剩水间。"清·纳兰性德《好事近》词:"何路向家园,历历残山剩水。"❷指遭到入侵后的残破的国土。明·韩昂《图绘宝鉴·皇明》:"是残山剩水,宋偏安之物也。"鲁迅《且介亭杂文二集·田军作〈八月的乡村〉序》:"然而南宋的小朝廷却仍旧向残山剩水间的黎民施威,在残山剩水间行乐。"

【残汤剩饭】 cán tāng shèng fàn 指残剩的汤水和饭食。元·关汉卿《蝴蝶梦》三折:"我三个孩儿都下在死囚牢中,我叫化了些残汤剩饭,送与孩儿们吃去。"刘绍棠《黄花闺女池塘》二:"金褥子手脚不停闲,直到大晚老黑,给女房东擦净身子洗了脚,上床捶腰砸腿哄得酣睡,才能回家。一日三餐,吃的都是女房东的残汤剩饭。"

【残垣断壁】 cán yuán duàn bì 垣:墙。指残存的、倒塌了的墙壁。形容建筑物残破的衰败景象。王愿坚《三张纸条》一:"我从村东头一直走到村西头才看见一排排傍着残垣断壁搭起的竹寮子,看样子还有人住。"王火《战争和人》(二)卷三:"通过汽车纱窗帘的缝隙,一眼看得到战火留下的痕迹,有残垣断壁,有弹痕、废碍。"也作"断壁残垣"。刘绍棠《蒲柳人家》二:"小城镇的文庙十有八九坍塌破败,只剩下断壁残垣,埋没于蓬蒿荆棘之中,成为鸟兽栖聚之地。"

【残渣余孽】 cán zhā yú niè 渣:废弃物。孽:指坏人或恶势力。比喻残存的坏人。韦君宜《洗礼》三:"王辉凡五十三,那一个五十六。当然,和全干校那些'残渣余孽'比起来,他们还不算顶老,还有七十岁的。"扬帆《拨云见日慰英魂——悼念潘汉年同志》:"那时为了根除国民党遗留下来的大批残渣余孽,清洗旧社会带来的重重污泥浊水,潘汉年同志花了巨大的辛劳。"

【残章断简】 cán zhāng duàn jiǎn 见"残篇断简"。

【蚕食鲸吞】 cán shí jīng tūn 蚕食:像蚕吃桑叶那样一口一口吃掉。鲸吞:像鲸鱼吞下食物那样一口吞下。《韩非子·存韩》:"荆人不动,魏不足患也,则诸侯可蚕食而尽，赵氏可得与敌矣。"《晋书·慕容暐载记论》："宰割黎元，纵其鲸吞之势。"后用"蚕食鲸吞"比喻逐步侵占或一举并吞。清·纪昀《阅微草堂笔记·滦阳消夏录六》："汝蚕食鲸吞，几无馀沥。"姚雪垠《李自成》一卷二章："鼓舞三军，与虏决一死战，予以重创，使虏知我尚有人在，不敢再存蚕食鲸吞之心。"

【惨不忍睹】 cǎn bù rěn dǔ　睹：看。悲惨到不忍心去看的地步。李英儒《野火春风斗古城》一九章："杨晓冬翻开大体看了一下，是各色各样惨不忍睹的用刑照片。"路遥《平凡的世界》（中）二七章："徐国强老汉把猫抱在灯下，一边嘴里唠叨着埋怨老黑猫，一边细心地检查它身上的伤口。耳朵、脸、爪子都在流血；最可怕的是它的咽喉上被撕开一个致命的大口子，简直惨不忍睹。"

【惨不忍闻】 cǎn bù rěn wén　悲惨到不忍心去听的地步。《狮子吼》二回："或父呼子，或夫觅妻，呱呱之声，草畔溪间，比比皆是，惨不忍闻!"李劼人《大波》三部七章："公等肇事之初，本为捍卫桑梓，保护善良，而同胞转因此受无穷之苦，富者破家，贫者亡命，流离颠沛，惨不忍闻，仁人义士亦必有所不忍。"

【惨淡经营】 cǎn dàn jīng yíng　惨淡：费尽心力。经营：谋划安排。❶形容极端艰苦地从事诗文创作。唐·杜甫《丹青引·赠曹将军霸》诗："诏谓将军拂绢素，意匠惨淡经营中。"《二十年目睹之怪现状》七三回："那弥轩真是'利令智昏'，等官出了题目之后，他却偷了个空，惨淡经营，作了一篇文字，暗助使人传递与那肄业生。"❷形容苦心规划和开拓某项事业。叶圣陶《倪焕之》二三："血流停顿，出纳阻塞，不是死像是什么？那班吸血鬼几十年惨淡经营造成的这个有世界意义的现代都市上海，顿时变成了死的上海。"

【惨绝人寰】 cǎn jué rén huán　绝：极，

最。人寰：人世。人世间最悲惨的。形容悲惨到了极点。老舍《蜕》："这不仅是一点感触，而惨绝人寰的事实，是民族最大的耻辱，是每个人的仇恨。"王火《战争和人》（二）卷七："他不禁想：历尽艰险，千里迢迢，跑到大后方，一片热心热情换得的却是看到了这些不能忍受的惨绝人寰的黑暗景象。"

【惨无人道】 cǎn wú rén dào　惨：凶狠。凶恶残酷到了灭绝人性的地步。形容极端凶狠残酷。萧三《回忆王若飞同志》："由于多年的单人关押，出狱后，他竟不大会说话了。记得他曾把'表壳'叫成'锅盖'。反动派是多么惨无人道啊!"欧阳山《三家巷》八二："可是胡杏不止重复掉进深渊，还遭到了这么一场惨无人道的毒打!"

【灿若晨星】 càn ruò chén xīng　灿：光彩耀眼。光彩耀眼，像清晨的星星。陈忠实《白鹿原》一二章："他们全是关学派至死不渝的信奉者追求者，是分布在县内各乡灿若晨星却又自甘寂寞的名士贤达，仁人君子。"

【仓皇流离】 cāng huáng liú lí　仓皇：匆忙慌张。流离：转徙离散。形容匆忙慌张地到处转徙。《红楼梦》五八回："即值仓皇流离之日，虽连香亦无，随便有土有草，只以洁净，便可为祭，不独死者享祭，便是神鬼也来享的。"

【仓皇失措】 cāng huáng shī cuò　仓皇：匆忙慌张。措：处理，安排。由于匆忙慌张而不知道怎么办。宋·刘克庄《跋钦宗宸翰四》："一旦朝骑奄至，京城戒严，谋臣武将仓皇失措。"《三国演义》四二回："张辽、许褚赶上，扯住辔环。曹操仓皇失措。"李劼人《大波》三部五章："及闻武汉、宜昌失陷，已无退路，仓皇失措，遂不顾国家利害，惟计一己之安危，倒行逆施，莫此为甚。"

【伧夫俗吏】 cāng fū sú lì　伧：粗野。

俗:庸俗。指粗野庸俗的人和官吏。钱钟书《围城》三:"但想到唐小姐会欣赏,会了解,这谎话要博她一笑,他又欣然续写下去,里面说什么:'昨天承示扇头一诗,适意有所激,见名章隽句,竟出诸伧夫俗吏之手,惊极而恨,遂厚诬以必有蓝本,一时取快,心实未安。叨在知爱,或勿深责。'"

【苍翠欲滴】cāng cuì yù dī　苍翠:深绿色。形容繁茂的草木生机盎然,呈现出浓浓的深绿颜色,就像要滴下来一样。何为《张高谦》:"久雨初晴,白云山外露出蓝天一角,阳光穿过云层直射下来,山坡上绿茸茸的青草苍翠欲滴。"

【苍黄翻覆】cāng huáng fān fù　苍:青色。翻覆:颠来倒去地变化。《墨子·所染》:"见染丝者而叹曰:染于苍则苍,染于黄则黄。"后用"苍黄翻覆"比喻变化无常。南朝齐·孔稚圭《北山移文》:"岂期终始参差,苍黄翻覆,泪翟子之悲,恸朱公之哭。"

【沧海横流】cāng hǎi héng liú　沧海:大海。海水泛滥,到处乱流。比喻社会动荡不安,政局不稳。晋·袁宏《三国名臣序赞》:"沧海横流,玉石同碎。"《宋书·郑鲜之传》:"且夫求理当先以远大,若沧海横流,国固同其沧溺。"韦君宜《一个普通人的启示》:"我想,在沧海横流的年月,宁夏的这些同志,实在是应该表扬,而且我们应该为有他们而感到欣喜和安慰。"

【沧海桑田】cāng hǎi sāng tián　沧海:大海。桑田:种桑树的地。大海变为桑田,桑田变为大海。晋·葛洪《神仙传·王远》:"麻姑自说云:'接侍以来,已见东海三为桑田。向到蓬莱,又水浅于往日会时略半耳,岂将复为陵陆乎?'"后用"沧海桑田"比喻世事变化非常大。唐·储光羲《献八舅东归》诗:"独往不可群,沧海成桑田。"明·张景《飞丸记·梨园鼓吹》:"白衣苍狗多翻覆,沧海桑田几更改。"欧阳山《三家巷》一○二:"这有什么奇怪的?这就叫一手交钱,一手交货嘛。这就叫沧海

桑田嘛。沧海都可以变桑田,咱们这幢房子为什么不可以变成一个花园呢?"

【沧海一粟】cāng hǎi yī sù　沧海:大海。大海中的一粒小米。比喻极其渺小。宋·苏轼《前赤壁赋》:"寄蜉蝣于天地,渺沧海之一粟。"丁玲《"牛棚"小品》:"我们只是沧海一粟,不值得哀怨。"

【沧海遗珠】cāng hǎi yí zhū　沧海:大海。遗珠:遗失的珍珠;遗失珍珠。大海中被采珠人遗漏的珍珠。比喻被埋没的杰出人才或珍贵事物。《新唐书·狄仁杰传》:"为吏诬诉,黜陟使阎立本召讯,异其才,谢曰:'仲尼称观过知仁,君可谓沧海遗珠矣。'"明·施惠《幽闺记·士女随迁》:"但有个抱艺怀才,那曾见沧海遗珠。"也比喻埋没杰出人才或珍贵事物。唐·牟融《寄永平友人二首》诗之二:"青蝇点玉原非病,沧海遗珠世所嗟。"冯自由《兴中会时期之革命同志》:"右述兴中会时期中前半期之革命同志,系数自甲午冬至庚子秋止,虽其间不免有沧海遗珠之诮,然大体相差不远。"

【藏垢纳污】cáng gòu nà wū　垢、污:脏东西。纳:容纳。《左传·宣公十五年》:"高下在心,川泽纳污,山薮藏疾,瑾瑜匿瑕,国君含垢,天之道也。"疾:指有毒之物。后用"藏垢纳污"指包藏污垢。晋·郗超《奉法要》:"受辱心如地,行忍如门阃,地及门阃,盖取其藏垢纳污,终日受践也。"污:通"污"。沈从文《黄昏》:"但到了如今,南城水井从山中导来了新水源,西城多用河水,这水塘却早已成为藏垢纳污的所在地了。"也作"藏污纳垢"。蒋子龙《大周天》:"藏污纳垢的长发,肮脏而邪气的脸,虽挤在知识分子堆里也给人以小人得势和暴发户的印象。"也比喻隐藏包庇坏人坏事。《野叟曝言》二回:"俺们僧家,与你们儒家一样藏垢纳污,无物不有。"钱钟书《围城》四:"可是他对三奶奶谈话,一个字也没提起经济,他只说上海不比家乡,

是个藏垢纳污之区，……"也作"藏污纳垢"。马雨农《知春曲——陈毅同志和知识分子》："旧上海，在文化上也是藏污纳垢。"

【藏龙卧虎】cáng lóng wò hǔ 北周·庾信《同河阳公新造山池聊得寓目》诗："暗石疑藏虎，盘根似卧龙。"后用"藏龙卧虎"比喻潜藏着杰出人才。端木蕻良《科尔沁旗草原》三："唉，怪不得风水先生说，丁宅位居藏龙卧虎之格，数历千年不替，真是一字不差。"也比喻潜藏着的杰出人才。王火《战争和人》(一)卷四："我虽遭到排挤，解甲归田，坐着冷板凳蜗居在此，心里总有不甘！藏龙卧虎，应该待时而动。"

【藏器待时】cáng qì dài shí 器：用具，指才能。《周易·系辞下》："君子藏器于身，待时而动。"后用"藏器待时"指身怀才能，等待时机加以施展。《梁书·武帝纪中》："独行州闾，肥遁丘园，不求闻达，藏器待时。"《明史·袁珙传》："君五岳朝揖而气色未开，五星分明而光泽未见，宜藏器待时。"

【藏头露尾】cáng tóu lù wěi 藏着头，却露出了尾。比喻遮遮掩掩，怕暴露了真相。元·孔文卿《东窗事犯》二折："岂不闻湛湛青天不可欺，据着你这所为，来这里诓鬼瞒神，做的个藏头露尾。"《二刻拍案惊奇》卷三："我见师父藏头露尾，不肯直说出来，所以也做哑装呆，取笑一回。"《红楼梦》三四回："薛蟠本是个心直口快的人，一生见不得这样藏头露尾的事。"茅盾《虹》七："我早就看到有人在那里捣鬼！谁不知道谁！要捣鬼，挺身出来就是了，何必藏头露尾干这下流的把戏！"

【藏污纳垢】cáng wū nà gòu 见"藏垢纳污"。

【藏形匿影】cáng xíng nì yǐng 形：形体。影：身影。指隐藏行迹，不让人知道。《邓析子·无厚》："君者，藏形匿影，群下无私。"宋·刘克庄《与游丞相书》："伏念某粤从罢郡还里，自知罪名稍重，姑以藏形匿影为幸，都无复玷起废之想。"也作"匿影藏形"。毛泽东《向国民党的十点要求》："一日全国讨汪。查汪逆收集党徒，附敌叛国，订立卖国密约……若夫暗藏之汪精卫，则招摇过市，窃据要津；匿影藏形，深入社会……若无全国讨汪运动……其为害有不堪设想者。"

【藏踪蹑迹】cáng zōng niè jì 蹑：踩。迹：足迹。指隐藏踪迹，一个跟随一个地暗中行动。《水浒传》六四回："且说张横将引三二百人，从芦苇中间，藏踪蹑迹，直到寨边，拔开鹿角，径奔中军。"

【操刀必割】cāo dāo bì gē 操：拿。拿起刀来一定要宰割。比喻掌握时机，果断行事。汉·贾谊《新书·宗首》："黄帝曰：'日中必熭，操刀必割。'"

【操之过急】cāo zhī guò jí 操：办理，从事。急：急躁。办事过于急躁。《汉书·五行志中之下》："匹马觭轮无反者，操之急矣。"清·黄宗羲《南雷文案·子刘子行状上》："陛下求治之心，操之过急，不免酝酿而为功利。"姚雪垠《李自成》二卷二章："这事虽说不可操之过急，但也要在几天以内有点眉目才行。"

【草草了事】cǎo cǎo liǎo shì 草草：不认真，敷衍了事。了：结束。匆忙地、不认真地把事情结束。《红楼梦》一一〇回："虽说僧经道忏，上祭挂帐，络绎不绝，终是银钱吝啬，谁肯踊跃，不过草草了事。"冯骥才《雕花烟斗》："他还要抽时间不断地雕出一些新的来，刻得却不那么尽心了，草草了事，人家照样抢着要。"

【草间求活】cǎo jiān qiú huó 躲在草丛中以求生存。形容苟且偷生。《晋书·周颉传》："吾备位大臣，朝廷丧败，宁可复草间求活，外投胡越邪！"清·陈其元《庸闲斋随笔·张玉良》："力竭势穷，杭城必失，我军必溃，与其草间求活，孰若先死于行阵之得所哉。"

【草菅人命】 cǎo jiān rén mìng　菅:一种多年生草本植物。视人命为草芥。指当权者滥杀无辜。《大戴礼记·保傅》:"其视杀人若艾草菅然。"《初刻拍案惊奇》卷一一:"为官做吏的,千万不要草菅人命,视同儿戏!"《聊斋志异·三生》:"至阴司投状诉兴。阎罗不即拘,待其禄尽。迟之三十年,兴始至,面质之。兴以草菅人命,罚作畜。"方志敏《狱中纪实》六:"可见国民党的官僚们,漠视监狱卫生,草菅人命,罪大恶极! 因人一想起同伴们病死的惨况来,都觉得倒不如一枪一刀,死个痛快!"〔注意〕菅,不能写作"管";也不能读作 guǎn。

【草庐三顾】 cǎo lú sān gù　顾:拜访。《三国志·蜀书·诸葛亮传》:"先帝不以臣卑鄙,猥自枉屈,三顾臣于草庐之中。"刘备为请诸葛亮出山,三次到他隐居的草庐去拜访他。后用"草庐三顾"指为求贤才而谦恭自抑、礼贤下士。《晋书·庾阐传》:"夷吾相桓,汉登萧张;草庐三顾,臭若兰芳。"宋·叶梦得《石林诗话》卷下:"熙宁初,荆公以翰林学士被召,前此屡召不起,至是始受命。介以诗寄曰:'草庐三顾动幽蛰,蕙帐一空生晓寒。'"

【草莽寒门】 cǎo mǎng hán mén　草莽:民间。寒门:指微贱的家庭。民间的寒微门第。《红楼梦》一七回:"臣,草莽寒门,鸠群鸦属之中,岂意得征凤鸾之瑞。"

【草木皆兵】 cǎo mù jiē bīng　兵:兵士。《晋书·苻坚载记下》:"坚与苻融登城而望王师,见部阵齐整,将士精锐;又北望八公山上草木皆类人形,顾谓融曰:'此亦勍敌也,何谓少乎?'忱然有惧色。"后用"草木皆兵"形容人疑神疑鬼,稍有动静,就感到害怕。明·无名氏《四贤记·告贷》:"遭家不造,被寇相侵,惊心草木皆兵。"《二十年目睹之怪现状》五八回:"如火如荼,军容何盛;疑神疑鬼,草木皆兵。"李文《冬天里的春天》四章:"不适当地夸大敌情,弄得草木皆兵,疑神疑鬼,也坏了不少事。"

【草率从事】 cǎo shuài cóng shì　草率:不认真,敷衍。从事:办事。指不认真地办事。清·赵翼《廿二史札记·新唐书本纪书法》:"欧公本纪,则不免草率从事,不能为之讳也。"

【草头天子】 cǎo tóu tiān zǐ　指落草为寇、与官府为敌者的首领。《水浒传》九七回:"清溪县里,削平哨聚贼兵;帮源洞中,活捉草头天子。"

【侧目而视】 cè mù ér shì　侧目:斜着眼睛。斜着眼睛看人。形容敬畏、憎恨等神情。《战国策·秦策一》:"[苏秦]妻侧目而视,倾耳而听。"《史记·汲郑列传》:"天下谓刀笔吏不可以为公卿,果然。必汤也,令天下重足而立,侧目而视矣!"《老残游记》三回:"诸君记得当年常剥皮做兖州府的时候,何尝不是这样? 总做的人人目而视就完了。"张洁《方舟》二:"他们在很多方面不是已经令人侧目而视么?"

【恻隐之心】 cè yǐn zhī xīn　恻隐:对遭受灾祸或不幸的人产生同情。指见到遭受灾祸或不幸者产生同情之心。《孟子·公孙丑上》:"恻隐之心,仁之端也。"晋·熊远《广昌乡君丧宜废冬至小会表》:"君于卿大夫,比葬不食肉,比卒哭不举乐,恻隐之心,未忍行吉事故也。"《醒世恒言》卷二二:"元礼道:'这是你令堂恻隐之心,留我借宿。'女子道:'这叫做燕雀处堂,不知祸之将及。'"萧红《呼兰河传》一章:"至于邻人街坊们,或是过路人看见了她在庙台上哭,也会引起一点恻隐之心的。"

【参差不齐】 cēn cī bù qí　参差:高低、长短、大小不齐的样子。形容不一致、有差别。《汉书·扬雄传下》:"仲尼以来,国君将相卿士名臣参差不齐,一概诸圣。"《东周列国志》七五回:"鼓吏禀:'鸣鼓一通。'宫女或起或坐,参差不齐。"沈从文

《黄昏》："这炊烟次第而起,参差不齐,先是仿佛就不大高兴燃好,待到既已燃好,不得不勉强自烟突跃出时,一出烟突便无力上扬了。"〔注意〕参差,不读 cān chā。

【层出不穷】 céng chū bù qióng　层出:接连出现。穷:尽。接连出现,没有穷尽。清·纪昀《阅微草堂笔记·槐西杂志二》:"天下之巧,层出不穷,千变万化,岂一端所可尽乎!"鲁迅《花边文学·算账》:"证据也真够十足:解经的大作,层出不穷,小学也非常的进步。"钱钟书《围城》九:"鸿渐笑说:'你真是"千方百计",足智多谋,层出不穷。幸而他是个男人,假使他是个女人,我想不出你们更怎样吃醋?'"

【层次分明】 céng cì fēn míng　层次:排列的次序。分明:清楚。形容事物的排列次序清楚。张洁《从森林里来的孩子》一:"沉思着的森林,平川上玉带似的小溪全都显现出来,远远近近,全是令人肃穆的、层次分明的、浓浓淡淡的、深深浅浅的绿色:绿色,还是绿色。"

【层峦叠嶂】 céng luán dié zhàng　峦:山。嶂:直立的山峰。重重叠叠的山岭和山峰。形容山势险峻、山峰众多。宋·陆九渊《与王谦仲书》:"方丈檐间,层峦叠嶂,奔腾飞动,近者数十里,远者数百里,争奇竞秀。"冰心《绿的歌》:"小车在层峦叠嶂中穿行,两旁是密密层层的参天绿树。"也作"嶂叠峦层"。李英儒《野火春风斗古城》一二章:"面向西望,西面群山列队,嶂叠峦层,连绵起伏,一眼看不到边。"

【曾几何时】 céng jǐ hé shí　曾:曾经。几何:多少。唐·韩愈《东都遇春》诗:"尔来曾几时,白发忽满镜。"后用"曾几何时"指时间过去没有多久。宋·王安石《祭盛侍郎文》:"补官扬州,公得谢归。曾几何时,讣者来门。"清·周亮工《书冯幼将画竹卷后》:"曾几何时,诸君子皆化为异物,而予与幼将亦皆颓然老矣。"王火《战争和人》(二)卷六:"人生的事真难想像,舅舅

本来东躲西藏似地十分神秘,曾几何时,现在却公开以大商人的面貌出现了。"

【曾经沧海】 céng jīng cāng hǎi　见"曾经沧海难为水"。

【曾经沧海难为水】 céng jīng cāng hǎi nán wéi shuǐ　曾:曾经。经:经历。沧海:大海。《孟子·尽心上》:"故观于海者难为水,游于圣人之门者难为言。"意思是曾经见过大海的人,别的水便难于吸引他了。后用"曾经沧海难为水"比喻见识广博、经验丰富的人很难看得上一般的人或事物。唐·元稹《离思五首》诗之四:"曾经沧海难为水,除却巫山不是云。"茅盾《子夜》九:"我是亲身参加了五年前有名的五卅运动的……那时候,群众整天占据了南京路! 那才可称为示威运动! 然而今天,只是冲过! '曾经沧海难为水',我老实是觉得今天的示威运动太乏!"王火《战争和人》(一)卷二:"他觉得柳苇真是可爱的。她是一种气质的美加上容貌的自然美。见过了她,再同方丽清生活,真有一种'曾经沧海难为水'的感觉了。"也单作"曾经沧海"。《儿女英雄传》三一回:"请教,一个曾经沧海的十三妹,这些个玩意儿,可有个不在行的?"李国文《冬天里的春天》四章:"但这种曾经沧海的深沉,深谙人情的世故,决不是芦花的性格,然而奇怪,的的确确是一张芦花的脸。"

【差强人意】 chā qiáng rén yì　差:尚,稍微。强:振奋。❶还能振奋人们的意志。《后汉书·吴汉传》:"光武曰:'吴公差强人意,隐若一敌国矣!'"《宋史·刘黻传》:"比年,朋邪扇焰,缄默成风,奏事者不过袭陈言,应故事而已。幸而之纯两疏,差强人意。"❷大致上还能够令人满意。宋·朱熹《答吕子约》其六:"奉常差强人意,但觉亦欠子细商量,甚恨前此匆匆,不能甚款也。"《二十年目睹之怪现状》七六回:"我得了这一封信,似乎还差强人意,谁知偏偏把他丢了,你说可恨不可恨

呢?"茅盾《蚀·幻灭》一〇:"这是听了李克的劝告,而她自己对于这第三次工作也找出了差强人意的两点:第一是该会职员的生活费一律平等,第二是该会有事在办,并不是点缀品。"〔注意〕差,不读 chà 或 chāi。

【差之毫厘,谬以千里】chā zhī háo lí, miù yǐ qiān lǐ　差、谬:错误。毫:长度计量单位,十丝为一毫,十毫为一厘。厘:长度计量单位,十毫为一厘,十厘为一分。指开始时差错虽极微小,但结果会造成极大的错误。《礼记·经解》:"《易》曰:'君子慎始,差若豪厘,缪以千里。'此之谓也。"豪:通"毫"。缪:通"谬"。宋·陆九渊《与包详道书》:"乱真之似,失实之名,一有所蔽,而天地为之易位,差之毫厘,缪以千里。"缪:通"谬"。《野叟曝言》五六回:"汝但知见难不救,便是杨朱;可知见难必救,则为墨翟? 有同室之斗,有乡邻之斗,其间权度,差之毫厘,谬以千里。"也作"差之毫厘,失之千里"。《旧唐书·朱泚等传论》:"盖差之毫厘,失之千里,蛇蝎不能断腕,蚁穴所以坏堤。"王火《战争和人》(二)卷五:"天下事常常是差之毫厘,失之千里的呀! 如今,马上要见到尹嫂了,该多兴奋呀! 但尹嫂毁容了,怎么回事呢? 她变成了什么样子呢? 她怎么毁容了呢?"也单作"谬以千里"。鲁迅《华盖集·十四年的"读经"》:"他们的主张,其实并非那些笨牛一般的真主张,是所谓别有用意;反对者们以为他真相信读经可以救国,真是'谬以千里'了。"〔注意〕差,不读 chà。

【差之毫厘,失之千里】chā zhī háo lí, shī zhī qiān lǐ　见"差之毫厘,谬以千里"。

【插翅难飞】chā chì nán fēi　插翅:插上翅膀。即使插上翅膀,也难飞掉。比喻陷入困境,难以逃脱。《野叟曝言》七一回:"又全寻思;这样围墙,插翅难飞。"姚雪垠《李自成》三卷一一章:献忠说:'老

子将他重重包围,使他插翅难飞,不愁杀不了他。看老子亲手斩他!'"

【插翅难逃】chā chì nán táo　插翅:插上翅膀。即使插上翅膀,也难逃掉。《东周列国志》三六回:"吕大夫守住前门,郤大夫守住后门,我领家众据朝门,以遏救火之人。重耳虽插翅难逃也!"魏巍《火凤凰》三六:"从白石口下来的敌人,只要进入三岔口,也就进入了死亡之谷,插翅难逃。"

【插科打诨】chā kē dǎ hùn　科:戏曲中的动作。诨:滑稽逗笑的道白。指戏曲表演中演员插进一些引人发笑的动作和道白。也泛指插入引人发笑的动作和话语。明·高明《琵琶记·副末开场》:"休论插科打诨,也不寻宫数调,只看子孝共妻贤。"张恨水《啼笑因缘》一二回:"有碰合意的,便拉到一处坐了,碰不着合意的,又向别一对里去插科打诨。"王火《战争和人》(二)卷八:"那天匆匆遇到谢乐山时,谢乐山插科打诨似地开了一个玩笑,逗得家霆格外想念欧阳素心。"

【茶余饭后】chá yú fàn hòu　泛指闲暇的时候。古华《芙蓉镇》三章:"镇上的人们把这件事当作头条新闻,出工收工,茶余饭后,谈论了整整半个来月。"叶文玲《屏幕》:"'换我去省城当部长,我也要一想哩!',常常是朱耕茶余饭后对老婆的体己话。"

【查无实据】chá wú shí jù　查:调查。实据:确凿证据。经过调查,未发现确凿证据。《官场现形记》一九回:"等到藩台退去,副钦差便同正钦差商量,意欲开除他的名字,随便以'查无实据'四个字含混入奏。"李劼人《大波》三部二章:"部里员司都知堂官和这巡抚有宿怨,怕他投井下石。遂公议了八个字回奏。八个字是:事出有因,查无实据。"

【察察为明】chá chá wéi míng　察察:精细地考察。《旧唐书·张蕴古传》:"勿浑

浑而浊,勿皎皎而清,勿没没而暗,勿察察而明。"后用"察察为明"指专对细小问题进行考察以显示精明。明·李开先《送平冈陈大参升任云南宪长序》:"平冈素不以察察为明,赫赫炫能。"《二十年目睹之怪现状》七八回:"恰好遇了一位两江总督,最是以察察为明的,听见人说管带不懂驾驶,便要亲身去考察。"

【察见渊鱼】 chá jiàn yuān yú　渊:深水潭。《韩非子·说林上》:"古者有谚曰:知渊中之鱼者不祥。夫田子将有大事,而我示之知微,我必危矣。"后用"察见渊鱼"比喻察看到了别人的隐私。清·纪昀《阅微草堂笔记·姑妄听之二》:"察见渊鱼者不祥,又是之谓也。"

【察言辨色】 chá yán biàn sè　辨:分辨。色:脸色。揣度别人的话语,分辨别人的脸色,以摸清其真实意图。茅盾《腐蚀·同日深夜》:"察言辨色,就知道有人在背后说坏我……说我'没有办法','只会吹牛',而且'为感情所迷',以至三四天过去了,具体的成绩却一点也无。"徐孝鱼《古墓》:"余根土这人最不善于察言辨色,此刻又正在兴头上,哪里还辨得出话里夹着骨头!"

【察言观色】 chá yán guān sè　色:脸色。揣度对方的话语,观察对方的脸色,以摸清其真实的意图。《论语·颜渊》:"夫达也者,质直而好义,察言而观色,虑以下人。"《三国志·吴书·滕胤传》南朝宋·裴松之注引《吴书》:"察言观色,务尽情理。"《野叟曝言》一二八回:"老夫忝任外官垂二十年,所见折狱之才恰已不少,但都在提审时识微知著,收呈后并不留心体察……不免故意迁就,因而误事者。何况并不亲收状纸,少此察言观色之功夫乎?"老舍《四世同堂》八九:"要是他们都挺加小心,守口如瓶,不肯提老三,起码她能察言观色,看看有什么空子可钻。"

【察颜观色】 chá yán guān sè　颜、色:脸色。观察对方脸色,以摸清其真实的意图。清·唐甄《潜书·食难》:"吾老矣,岂能复俯首于他人之宇下,察颜观色,以求无拂于人,吾不能也。"老舍《四世同堂》五六:"瑞宣一向心细,善于察颜观色。"刘白羽《第二个太阳》一八章:"他们有的是小聪明,察颜观色,花言巧语……他们很会耍点小权术呢!"

【姹紫嫣红】 chà zǐ yān hóng　姹:美丽。嫣:美好。指各种颜色鲜艳的花朵。明·汤显祖《牡丹亭·惊梦》:"原来姹紫嫣红开遍,似这般都付与断井颓垣。良辰美景奈何天,赏心乐事谁家院。"钱钟书《围城》五:"那女孩子年纪虽小,打扮得脸上颜色赛过雨后虹霓、三棱镜下日光或者姹紫嫣红开遍的花园。"也比喻事物繁荣兴旺、丰富多彩。巴金《我们的文学应该站在世界的前列》:"我们这支队伍历尽了风风雨雨,在全国成千上万的作家们的共同努力下,一个姹紫嫣红的繁荣局面开始出现在大家的面前。"

【钗荆裙布】 chāi jīng qún bù　见"荆钗布裙"。

【柴米油盐】 chái mǐ yóu yán　泛指生活必需品。元·兰楚芳《粉蝶儿·思情》套曲:"若要咱称了心,则除是要要到家,学知些柴米油盐价,恁时节闷减愁消受用杀。"《说岳全传》二回:"王员外即去备办了许多柴米油盐、家伙动用之物。"钱钟书《围城》九:"老太太道:'家里没有个女主人总不行的。我要劝柔嘉别去做事了。她一个月会赚多少钱! 管管家事,这几个钱从柴米油盐上全省下来了。'"

【豺狼成性】 chái láng chéng xìng　成性:形成习性。比喻坏人形成了像豺狼那样凶残的习性。唐·骆宾王《代徐敬业传檄天下》:"加以虺蜴为心,豺狼成性,近狎邪僻,残害忠良。"《二刻拍案惊奇》卷四:"此人枭獍为心,豺狼成性,诚然王法所不容。"

【豺狼当道】 chái láng dāng dào　当道：横在路中间。豺狼横在路中间。比喻坏人掌权。《汉书·孙宝传》："豺狼当道，不宜复问狐狸。"元·宫大用《范张鸡黍》一折："男子汉非不以功名为念，那堪豺狼当道，不如只在家中侍奉尊堂兄弟。"《野叟曝言》四一回："水夫人道：'玉佳此时不知竟作何状？豺狼当道，刻刻危机，我躬不阅，遑恤我后耶！'"鲁迅《南腔北调集·经验》："我想，人们在社会里，当初是并不这样彼此漠不相关的，但因豺狼当道，事实上因此出过许多牺牲，后来就自然的都走到这条道路上去了。"

【谗言佞语】 chán yán nìng yǔ　谗言：诽谤的话语。佞语：奉承人的花言巧语。指诽谤别人和讨好别人的话语。元·关汉卿《哭存孝》三折："一个李存信，两头蛇谗言佞语。"

【馋涎欲滴】 chán xián yù dī　涎：口水。欲：将要。贪馋得连口水都要流出来了。形容非常贪吃或贪图得到某样东西。宋·苏轼《将之湖州戏赠莘老》诗："吴儿鲙缕薄欲飞，未去先说馋涎垂。"清·姬文《市声》二六："此时听得子肃说有那样好烟，不觉馋涎欲滴。"周而复《上海的早晨》四部六："冯永祥鼻子一嗅，用右手的食指在鼻尖上擦过去，眼光一个劲盯着餐厅，馋涎欲滴地说：'好香的酒！'"刘白羽《第二个太阳》一五章："这是一个非常重要的消息。它说明敌人就在面前，我们已经追到。就像一筐吃食摆在那里唾手可得，怎不令人馋涎欲滴？"〔注意〕涎，不能读作yán。

【缠绵悱恻】 chán mián fěi cè　缠绵：心情郁结，难以排解。悱恻：内心悲哀痛苦。形容心情郁闷悲苦，无法排遣。也指诗文、音乐等哀婉动人。《花月痕》三○回："秋痕道：'荷生的词，缠绵悱恻，一往情深，我每次读着，就要堕泪。你何不和他一阕？'"茅盾《蚀·动摇》六："他不是一个诗人，不能写一首缠绵悱恻的'赠别'，他只赤裸裸地感到：要和孙舞阳分别了，再不能捏她温软的手了，他就觉得胸膈闷闷的不舒服。"王火《战争和人》(一)卷一："他陪丽清在枫桥镇上徜徉，在寒山寺里徘徊，许多旧事，像钉子一样钉在心坎里，都缠绵悱恻地浮现在眼前。"

【蟾宫折桂】 chán gōng zhé guì　蟾宫：月宫，古代传说月宫中有蟾蜍，故称月宫为蟾宫。《晋书·郤诜传》："武帝于东堂会送，问诜曰：'卿自以为何如？'诜对曰：'臣举贤良对策，为天下第一，犹桂林之一枝，崑山之片玉。'"古代传说蟾宫中有桂树，古人遂将两事牵合在一起，用"蟾宫折桂"指科举应试得中。《红楼梦》七五回："想来咱们这样人家，原不比那起寒酸，定要'雪窗荧火'，一旦蟾宫折桂，方得扬眉吐气。"《镜花缘》八七回："银蟾道：'据我看来：此是师母连得贵子之兆，或主玉儿下科蟾宫折桂也未可知。'"

【谄上傲下】 chǎn shàng ào xià　谄：讨好别人。傲：傲慢。对上讨好，对下傲慢。郭沫若《孔墨的批判》三："所谓'富贵在天'便是打破地上的权威，不走谄上傲下的路去求不义的富贵。"

【长安居大不易】 cháng ān jū dà bù yì　长安：汉唐古都，在今陕西省西安市附近。五代·王定保《唐摭言·知己》："白乐天初举，名未振，以诗歌谒顾况，况谑之曰：'长安百物贵，居大不易。'"白乐天即唐代大诗人白居易。顾况原来是拿白居易的名字开玩笑，后用来指在京城或大都市里维持生活很不容易。清·宣鼎《夜雨秋灯录·记李三三逸事》："惟是长安居大不易，乃知囊中钱空，始觉旧游如梦。"

【长此以往】 cháng cǐ yǐ wǎng　长期这样下去。鲁迅《书信集·致曹聚仁》："坚卓者无不灭亡，游移者愈益堕落，长此以往，将使中国无一好人。"王火《战争和人》(一)卷七："在香港的唯一好处不过是平安和安定，像海外寓公似地不会受到空袭的威胁和伤害。是否得不偿失呢？我实际是在赋闲。长此以往，心情历落，处境尴尬，奈何？奈何？”

【长恶不悛】 cháng è bù quān 悛：悔改。长期作恶，不知悔改。《左传·隐公六年》：“善不可失，恶不可长，其陈桓公之谓乎。长恶不悛，从自及也。”宋·李纲《申省措置酌情处断招降盗贼状》：“其有久为头首，累受招安，长恶不悛，及杀人众多，情理巨蠹之人，自合依旧处死。”〔注意〕长，不读 zhǎng。悛，不能读作 jùn。

【长风破浪】 cháng fēng pò làng 长风：从远处吹来的风。《宋书·宗悫传》：“悫年少时，炳问其志，悫曰：‘愿乘长风破万里浪。’”后用“长风破浪”形容为了实现远大理想而冲破阻力，奋勇前进。唐·李白《行路难》诗：“长风破浪会有时，直挂云帆济沧海。”

【长歌当哭】 cháng gē dàng kū 长歌：放声歌咏。当：当作。用放声歌咏来代替哭泣。宋·黄庭坚《和答莘老见赠》诗：“长歌可当泣，短生等蜉蝣。”后用“长歌当哭”指用诗歌或文章来抒发心中的悲哀或愤怒。《红楼梦》八七回：“感怀触绪，聊赋四章。匪曰无故呻吟，亦长歌当哭之意耳。”刘绍棠《草莽》七：“运河滩的女人哭坟，就像一首哀歌，陶红杏长歌当哭，催人泪下。”〔注意〕当，不读 dāng。

【长江后浪催前浪】 cháng jiāng hòu làng cuī qián làng 比喻人或事物不断地新陈代谢，更新、发展。元·关汉卿《单刀会》三折：“长江，今几经战场，却正是后浪催前浪。”魏巍《东方》五部七章：“挂上耳机的时候，郭祥擦了把汗，长长吁了口气，说：‘咳！现在这个形势，真是长江后浪催前浪，稍微不注意，就落后了！’”

【长久之计】 cháng jiǔ zhī jì 计：打算，计划。指长远的打算。《醒世恒言》卷九：“娘子性烈如火。但你我相守，终非长久之计。你伏事我多年，夫妻之情，已自过分。此恩料今生不能补报，来生定有相会之日。”《红楼梦》六五回：“据我看来，这个形景恐非长策，要作长久之计方可。”杨沫《青春之歌》一部八章：“住在王晓燕家，晓燕和她的父母对她虽然很好，然而，这究竟不是长久之计。她必须要赶快解决生活问题。”

【长林丰草】 cháng lín fēng cǎo 长林：广大而幽深的树林。丰草：繁茂的野草。晋·嵇康《与山巨源绝交书》：“此由禽鹿，少见驯育，则服从教制；长而见羁，则狂顾顿缨，赴汤蹈火。虽饰以金镳，飨以嘉肴，愈思长林而志在丰草也。”后用“长林丰草”比喻隐士隐居的地方。唐·王维《与魏居士书》：“长林丰草，岂可与官署门阑有异乎？”《金史·赵质传》：“命之官，固辞曰：‘臣僻性野逸，志在长林丰草；金镳玉络，非所愿也。’”《儒林外史》八回：“所以在风尘劳攘的时候，每怀长林丰草之思，而今却可赋《遂初》了。”

【长命百岁】 cháng mìng bǎi suì 寿命很长，可达到一百岁。多用作祝福的话。元·无名氏《蓝采和》四折：“这个道七十，那个道八十，婆婆道九十，这厮淡则淡到长命百岁。”《红楼梦》四二回：“姑奶奶定要依我这名字，他必长命百岁。”邓一光《我是太阳》六部一：“然后他们就敬祝二爹（或二爷）身体健康，长命百岁。”

【长年累月】 cháng nián lěi yuè 长年：一年到头。累月：一月接一月。形容很长时间。李劼人《大波》一部三章：“而一日万机的慈禧太后哩，除了巴结洋人，请什么公使夫人、教会师母吃洋点心，请什么美国女士画像，表示她确在趋新之外，便长年累月住在颐和园里，以颐养天年。”欧阳山《三家巷》一〇五：“我一辈子省吃俭用，舍不得乱花一个小钱，长年累月才积蓄了这么一个薄薄的家底。现在眼看又要起风波了。”

【长篇大论】 cháng piān dà lùn　指篇幅很长的文章和连续不断的话语。《红楼梦》一〇七回："贾母正自长篇大论的说，只见丰儿慌慌张张的跑来回王夫人道：'今早我们奶奶听见外头的事，哭了一场，如今气接不上来。平儿叫我来回太太。'"茅盾《蚀·动摇》四："从小儿被家严逼着做诗做词，现在要我诌一首七言八句的诗，倒还勉强可以敷衍交卷，独有那长篇大论的宣言，恐怕做来不像。"

【长篇累牍】 cháng piān lěi dú　牍：古代用来写字的木简。指篇幅冗长的文章。《儒林外史》五一回："祁太爷道：'本府亲自看过，长篇累牍，后面还有你的名姓图书。现今抚院大人巡海，驻扎本府，等着要题结这一案，你还能赖么？'"

【长驱而入】 cháng qū ér rù　见"长驱直入"。

【长驱直入】 cháng qū zhí rù　长驱：远距离地向前挺进。指军队向很远的目标不可阻挡地快速挺进。《水浒传》一〇七回："自此，卢俊义等无南顾之忧，兵马长驱直入。"杜鹏程《历史的脚步声》四："我军前锋部队第五师，趁敌人土崩瓦解之际，长驱直入，取得胜利。"也作"长驱而入"。《东周列国志》八九回："朱仓闻知主帅被虏，度西河难守，弃城而遁。卫鞅长驱而入，直逼安邑。"李劼人《大波》二部六章："尹昌把眼睛一睐，颇有神气地说道：'难住季帅一点打算没有，就老老实实听凭岑云阶长驱而入么？不见得罢？'"

【长生不老】 cháng shēng bù lǎo　长期生存，永不衰老。指人长寿。《太上纯阳真经·了三得一经》："天一生水，人同自然，肾为北极之枢，精食万化，滋养百骸，赖以永年而长生不老。"《三国演义》一〇五回："朕建高台峻阁，欲与神仙往来，以求长生不老之方。"《西游记》五回："中间一千二百株，层花甘实，六千年一熟，人吃了霞举飞升，长生不老。"周作人《雨天的

书·死之默想》："即使照神话故事所讲，那种长生不老的生活我也一点儿都不喜欢。"

【长绳系日】 cháng shéng jì rì　用长绳子把太阳拴住。晋·傅玄《九曲歌》："岁暮景迈群光绝，安得长绳系白日！"后用"长绳系日"比喻珍惜光阴，不愿让它逝去。五代·王定保《唐摭言·海叙不遇》："长绳系日未是愚，有翁临镜捋白须。"〔注意〕系，不读 xì。

【长途跋涉】 cháng tú bá shè　跋涉：爬山蹚水。远距离爬山蹚水。形容长途旅行的艰辛。《说岳全传》六六回："岳夫人道：'妾身身犯国法，理所当然，怎敢劳贤姐儿长途跋涉？决难从命。'"从维熙《大墙下的红玉兰》一："葛翎本想用党的劳改政策质问这个老犯人几句，但长途跋涉的劳累，使他不愿意再说一句话。"

【长袖善舞】 cháng xiù shàn wǔ　衣服的袖子长，舞蹈就容易跳得好看。比喻条件优越就容易把事情办好。《韩非子·五蠹》："鄙谚曰：'长袖善舞，多钱善贾。'此言多资之易为工也。"郑观应《盛世危言·银行上》："泰西各国多设银行，以维持商务，长袖善舞，为百业之总枢。"也比喻手腕灵的人善于钻营。王火《战争和人》（一）卷五："他不是一个长袖善舞、善于交际或精于在政坛上翻腾跳跃的人，可是对自己的处境及地位心有不甘。"

【长吁短叹】 cháng xū duǎn tàn　吁：叹息。指时时发出叹息声。形容人十分忧愁。元·王实甫《西厢记》一本二折："少可有一万声长吁短叹，五千遍捣枕槌床。"《三国演义》八回："忽闻有人在牡丹亭畔，长吁短叹。允潜步窥之，乃府中歌伎貂蝉也。"《官场现形记》一〇回："席间陶子尧提起他'贱内已经来到'，并刚才在栈房里大闹的话，全行告诉了魏翩仞。说话之间，不免长吁短叹。"巴金《春》二二："大哥近来总是愁眉不展，整天长吁短叹。"也作

"长嘘短叹"。《红楼梦》一一三回："宝玉听得十分纳闷，想来必是被强徒抢去，这个人必不肯受，一定不屈而死。但是一无下落，心下甚不放心，每日长嘘短叹。"杜鹏程《保卫延安》二章："这位老人路过那些被敌人烧毁的村庄的时候，总要停住脚，眼珠子发直地看一阵，可是不长嘘短叹也不说话。"

【长嘘短叹】 cháng xū duǎn tàn　见"长吁短叹"。

【长夜难明】 cháng yè nán míng　比喻漫长的黑暗岁月。门吉寿《瞻仰无名烈士墓》："从红军走后一直到遵义解放，在那长夜难明、水深火热的十五年里，当地群众一直在传颂、悼念着这位无名烈士。"绍荣《珍惜用鲜血换来的真理——推荐〈星汉灿烂〉》："旧中国的天，'长夜难明'。"

【长治久安】 cháng zhì jiǔ ān　治：太平。安：安定。《汉书·贾谊传》："建久安之势，成长治之业。"后用"长治久安"指国家长期太平、安定。宋·苏舜钦《石曼卿诗序》："由是弛张其务，以足其所思，故能长治久安，弊乱无由而生。"李劼人《大波》二部五章："现在这个世道，一天不知要变多少回数，哪里去找长治久安方法！"

【肠肥脑满】 cháng féi nǎo mǎn　见"脑满肠肥"。

【常备不懈】 cháng bèi bù xiè　备：防备或准备。懈：松懈。经常防备或准备，毫不放松。

【怅然若失】 chàng rán ruò shī　怅然：失意的样子。形容心里不痛快，好像丢掉了什么东西一样。唐·李白《闻丹丘子于城北山营石门幽居……因叙旧以寄之》诗："人生信多故，世事岂惟一。念此忧如焚，怅然若有失。"《聊斋志异·牛成章》："主人视其里居、姓氏，似有所动，问所从来，忠让诉父名，主人怅然若失。"钱钟书《围城》九："鸿渐一人站着，怅然若失，望

柔嘉的背影在隔街人丛里出没，异常纤弱，不知哪儿来的怜惜和保护之心，也就赶过去。"王安忆《叔叔的故事》："当他退下责任的舞台时，他感到怅然若失，于是，他便需要在一种模拟活动中承担责任，这模拟活动便是小说。"

【畅所欲言】 chàng suǒ yù yán　畅：尽情，痛快。痛痛快快地把要说的话都说出来。明·李清《三垣笔记·崇祯》："熊司副开元请对，意在攻周辅," 延儒，故请屏人，诸臣请退，皆允之，惟延儒等请退，则谕止之，故开元不能畅所欲言。"沈从文《长河·题记》："因为还有另外各种忌讳，虽属小说游记，对当前事情亦不能畅所欲言，只好寄无限希望于未来。"

【超尘拔俗】 chāo chén bá sú　超、拔：超出。尘、俗：尘世，人间。超出世俗。形容思想或言行高于一般人。尘，也作"世"。《西湖佳话·灵隐诗迹》："自从这亭子造了，游人都要到亭子上息足片时，说些超世拔俗的话。"茅盾《虹》七："躲什么？这是空前的新事业……在明天的《新川南日刊》发表出来，让全个泸城城开开眼，知道新人物的行径是怎样的超尘拔俗，能够异想天开撺重女性的。"

【超凡入圣】 chāo fán rù shèng　❶凡：普通人。圣：圣人。指道德修养很高，超越了普通人，达到了圣人的境界。宋·朱熹《朱子语类·学二》："且看圣人是如何？常人是如何？自己因甚便不似圣人？因甚便只是常人？就此理会得透，自可超凡入圣。"❷凡：尘世。圣：神仙。指超脱凡尘，入道成仙。《警世通言》卷四○："此道不可轻传，惟丹阳黄堂者，有一女真谌母，德性纯全，汝可传之，可令谌母传授与晋代学仙童子许逊，许逊复传吴猛诸徒，渊源有自，超凡入圣者，不患无门矣。"❸凡：一般，平凡。圣：极高水平的。指超越一般水平，达到登峰造极的地步。明·胡应麟《诗薮·近体下》："少伯七言绝超凡入

圣。"王火《战争和人》(二)卷八:"那草书超凡入圣,龙飞凤舞。"

【超凡脱俗】 chāo fán tuō sú 凡:一般,普通。俗:世俗。超出一般,脱离世俗。形容与众不同,非常特别。刘心武《钟鼓楼》二章:"他们是不是太浪漫了一点呢? 是不是太超凡脱俗了一点呢? 也许,使他们这样处理个人感情的主要因素,是由于他们都读了太多的西方人文主义的文学作品吧!"莫应丰《驼背的竹乡》:"那是我第一回认真敬睹他的尊容。他可实在是有超凡脱俗的气派。"

【超前绝后】 chāo qián jué hòu 超越前人,后人也不会有与之相比的。南朝梁·沈约《齐故安陆昭王碑文》唐·李善注引《晋起居注》安帝诏:"功勋盛德,超前绝后。"《野叟曝言》六九回:"天下有这等奇烈女子,守节不变,犹人所能;至宁死而不显婆婆丈夫之失,则真可超前绝后矣。"

【超然物外】 chāo rán wù wài 超然:超脱的样子。物外:世外。超脱于尘世之外。宋·叶梦得《石林诗话》卷下:"渊明正以脱略世故、超然物外意,顾区区在位者何足累其心哉!"也指置身事外。鲁迅《而已集·谈所谓"大内档案"》:"这一种仪式既经举行,即倘有后患,各部都该负责,不能超然物外,说风凉话了。"

【超然自得】 chāo rán zì dé 超脱于事外,自己感到得意、快乐。《云笈七签》卷一三:"劝子将心舍烦事,超然自得烟霞志。"《五灯会元·二祖慧可大祖禅师》:"光自幼志气不群,博涉诗书,尤精玄理,而不事家产,好游山水,后览佛书,超然自得。"

【超轶绝尘】 chāo yì jué chén 轶:后车超过前车,泛指超过。尘:尘土。形容骏马飞奔,超群出众,足不沾尘土。《庄子·徐无鬼》:"天下马有成材,若恤若失,若丧其一,若是者,超轶绝尘,不知其所。"也形容超越一切,不同凡俗。宋·陆游《跋兰亭帖》:"兰亭刻石,虽佳本皆不免有可恨。此

唐人响拓,乃独纵横放肆,不为法度拘窘,犹可想见茧纸书之超轶绝尘也。"

【巢倾卵破】 cháo qīng luǎn pò 巢:鸟窝。倾:倾覆。《后汉书·孔融传》:"二子方弈棋,融被收而不动。左右曰:'父执而不起,何也?'答曰:'安有巢毁而卵不破乎!'"后用"巢倾卵破"比喻遭到灭门之祸,无一幸免。也比喻整体被毁,而构成整体的各个部分也不可能存在。《北齐书·高乾传》:"今日之事,想无全者,儿子既小,未有所识,亦恐巢倾卵破,夫欲何言!"

【嘲风弄月】 cháo fēng nòng yuè 见"嘲风咏月"。

【嘲风咏月】 cháo fēng yǒng yuè 风:清风。月:月色。吟咏清风和月色。指写风、月等景色的诗文以抒发情怀。《类说》卷一九引《见闻录》:"太宗幸翰苑,阅群书。后主为金吾上将军,在环卫之列,徐铉、汤悦之徒侍坐。太宗见江南臣在上而故主在下位,侍臣曰:'不能修霸业,但嘲风咏月,今日宜矣。'"金·董解元《西厢记诸宫调》一:"德行文章没包弹,绰有赋名诗价。选甚嘲风咏月,譬阮分茶。"也作"嘲风弄月"。《警世通言》卷三二:"却说他舟有一少年,……年方二十,也是南雍中朋友。生性风流,惯向青楼买笑,红粉追欢,若嘲风弄月,到是个轻薄的头儿。"

【车到山前必有路】 chē dào shān qián bì yǒu lù 比喻在前进的过程中遇到困难,一定会想出办法加以解决。魏巍《东方》三部一章:"嫂子,你别难受。用不着费那么多脑子,车到山前必有路! 什么事情到时候就有办法!"浩然《乐土》三四章:"其实,车到山前必有路。只要想得开,怎么痛快怎么活,我不信没路走。"

【车马盈门】 chē mǎ yíng mén 盈:满。车马充满了门庭。形容来的客人多。元·马致远《青衫泪》四折:"但得个车马盈门,这便是钱龙入家。"《初刻拍案惊

奇》卷二五："话说宋朝钱塘有个名妓苏盼奴，与妹苏小娟，两人俱俊丽工诗，一时齐名。富豪子弟到临安者，无不愿识其面，真个车马盈门，络绎不绝。"《二十年目睹之怪现状》八三回："侯总镇欢欢喜喜的回到公馆里，已是车马盈门了。原来当席定亲一节，早已哄传开去。"魏巍《火凤凰》一："想当年也许是车马盈门，而今除了一两户还像个样子，差不多全都败落了。"

【车水马龙】chē shuǐ mǎ lóng　车像流水，马如游龙。《后汉书·明德马皇后纪》："前过濯龙门上，见外家问起居者，车如流水，马如游龙。"后用"车水马龙"形容车马来来往往的热闹景象。《二十年目睹之怪现状》一回："争奈这些人所讲的应酬，与平常的应酬不同，所讲的不是嫖经，便是赌局，花天酒地，闹个不休，车水马龙，日无暇晷。"萧红《呼兰河传》三章："总之一到逛庙这天，各不后人，到不了半响午，就车水马龙，拥挤得气息不通了。"也作"马龙车水"。《孽海花》一回："那日走出去，看看人来人往，无非是那班肥头胖耳的洋行买办、偷天换日的新政委员……都好像没事的一般，依然叉麻雀、打野鸡，安垲第喝茶、天乐窝听唱；马龙车水，酒地花天，好一派升平景象！"

【车载斗量】chē zài dǒu liáng　用车装，用斗量。形容数量非常之多。《三国志·吴书·孙权传》南朝宋·裴松之注引《吴书》："聪明特达者八九十人，如足下之比，车载斗量，不可胜数。"《儒林外史》一二回："三先生、四先生如此好士，似小弟的车载斗量，何足为重！"张恨水《啼笑因缘》三回："不必失望，像你这样的少年英雄，婚姻问题，是最容易解决的了，像我这样的人才，可以车载斗量，留着机会望后去挑选吧。"〔注意〕载，不读 zǎi。

【扯咸呱淡】chě xián guā dàn　呱：拉呱，闲谈。指说些无关紧要的闲话。刘玉民《骚动之秋》七章："岳鹏程丝毫没有听她解释的意思，说：'既然你当婶子的下得了手，也就用不着扯咸呱淡。'"

【彻头彻尾】chè tóu chè wěi　彻：通。从头至尾，完完全全。宋·朱熹《答陈同甫书》："但古之圣贤从本根上便有惟精惟一功夫，所以能执其中，彻头彻尾，无不尽善。"张天翼《速写三篇·新生》："如今——逸漠先生认为他一眼就把老潘认识个彻头彻尾，而老潘对——逸漠先生呢——根本就一点也不了解。"李劼人《大波》四部四章："经过半天整夜的兵变与洗劫，这个在中国历史上就有富庶乐安之称的锦官城，简直彻头彻尾变了一个样子。"

【掣襟露肘】chè jīn lù zhǒu　掣：拉。襟：衣襟。肘：胳膊肘。拉动衣襟就会露出胳膊肘。形容处境窘迫狼狈。《醒世姻缘传》三五回："宗昭原是寒素之家，中了举，百务齐作的时候，去了这四十两银，弄得手里掣襟露肘了。"

【臣门如市】chén mén rú shì　市：集市。臣子家的门口就像集市一样。形容达官权贵之家宾客如云，巴结奉承者很多。《汉书·郑崇传》："崇对曰：'臣门如市，臣心如水。愿得考复。'"《官场现形记》一九回："所以这天自下午到半夜，过道台公馆里一直没有断客；而且有些人见不到，第二天起早再来的；真正合了古人一句话，叫作'臣门如市'。"《二十年目睹之怪现状》九二回："京官的俸禄有限，他便专靠这个营生，居然臣门如市起来。"

【沉李浮瓜】chén lǐ fú guā　三国魏·曹丕《与朝歌令吴质书》："浮甘瓜于清泉，沉朱李于寒水。"后用"沉李浮瓜"指冷食的瓜果，多用来形容夏日的生活情趣。《醒世恒言》卷二九："卢楠科头跣足，斜据石榻。面前放一峡古书，手中执着酒杯。傍边冰盘中，列着金桃雪藕，沉李浮瓜，又有几味案酒。"《群音类选·〈清腔类·刷子序〉》："那人在何处贪欢耍，空辜负沉李浮瓜，寂寞厌池塘闹蛙。"

【沉默寡言】 chén mò guǎ yán　沉默:
沉静,不爱说话。文静深沉,很少说话。
《旧唐书·郭子仪传》:"钊,伟姿仪,身长七
尺,方口丰下,沉默寡言。"《二十年目睹之
怪现状》二六回:"我见你向来都是沉默寡
言的,难得今天这样,你只常常如此便
好。"茅盾《虹》四:"像喝了酒似的,黄夫人
突然一反沉默寡言的常态,差不多将梅女
士怔住了。"钱钟书《围城》六:"过一天,韩
学愈来访。通名之后,方鸿渐倒窘起来,
同时快意地失望。理想中的韩学愈不知
怎样的嚣张浮滑,不料是个沉默寡言的
人。"

【沉思默想】 chén sī mò xiǎng　沉:
深。默:不说话。深深地在心中思考。梁
斌《红旗谱》一三:"又走进屋里,坐在炕沿
上,抽起烟来。抽了一袋,沉思默想了老
半天。"魏巍《火凤凰》六二:"下午,高红正
坐在监房的廊檐下沉思默想,从外面进来
一个身着黑衣黑裤的特务。"

【沉吟不决】 chén yín bù jué　沉吟:因
犹豫而自言自语,引申指犹豫,迟疑。因
犹豫迟疑而难以作出决定。三国魏·曹操
《秋胡行》:"沉吟不决,遂上升天。"巴金
《春》一二:"她觉得自己幼稚,缺点也很
多,没有资格做编辑。而且她还有一些顾
忌。她想到母亲的不赞成和亲戚的非难。
她正在沉吟不决的时候,众人已经把她的
名字通过了。"也作"沉吟未决"。茅盾《子
夜》一一:"这时冯云卿还在沉吟未决,圆
脸的男子又挤回去仰起了脸看那川流不
息地挂出来的'牌子'。"

【沉吟不语】 chén yín bù yǔ　沉吟:因
犹豫而自言自语,引申指犹豫,迟疑。因
犹豫迟疑而一言不发。《东周列国志》一
回:"伯阳父又奏曰:'天道玄远,候至日
验。一村如何关气数哉!'宣王沉吟不
语。"王火《战争和人》(二)卷八:"童霜威
沉吟不语,稍停,说:'见叶秋萍是必要的。
我本来就想见见他,看他怎么说。我等着

他来!'"

【沉吟未决】 chén yín wèi yué　见"沉
吟不决"。

【沉鱼落雁】 chén yú luò yàn　《庄子·
齐物论》:"毛嫱、丽姬,人之所美也;鱼见
之深入,鸟见之高飞,麋鹿见之决骤,四者
孰知天下之正色哉?"后用"沉鱼落雁"形
容女子容貌十分美丽。多与"羞花闭月"
连用。《水浒传》三二回:"云鬓半整,有沉
鱼落雁之容;星眼含愁,有闭月羞花之
貌。"《儒林外史》一〇回:"此时鲁小姐卸
了浓装,换几件雅淡衣服,蓬公孙举眼细
看,真有沉鱼落雁之容,闭月羞花之貌。"
刘绍棠《烟村四五家》一一:"头一位姑娘,
虽没有沉鱼落雁之容,闭月羞花之貌,却
也是柳叶眉,杏核眼,樱桃小口一点点,一
副美人胎子。"也作"落雁沉鱼"。《聊斋志
异·毛狐》:"妇曰:'吾等皆随人现化。子
且无一金之福,落雁沉鱼,何能消受?'"

【沉冤莫白】 chén yuān mò bái　沉冤:
长期得不到昭雪或难以辩白的冤屈。白:
辩白。《太平广记》卷四九二引唐·无名氏
《灵应传》:"纂绍几绝,不忍戴天。潜遁幽
岩,沉冤莫雪。"雪:昭雪。后多作"沉冤莫
白",指遭受冤屈很久而得不到昭雪。《封
神演义》九七回:"昏君受辛! 你君欺臣
妻,吾为守贞立节,坠楼而死,沉冤莫白。"

【沉渣泛起】 chén zhā fàn qǐ　渣:渣
滓。泛:浮。已经沉到水底的渣滓又漂浮
了起来。比喻已经绝迹了的腐朽、陈旧事
物又重新出现。

【陈陈相因】 chén chén xiāng yīn　陈:
旧。因:沿袭。《史记·平准书》:"太仓之
粟,陈陈相因,充溢露积于外,至腐败不可
食。"原意为仓库里陈粮上堆陈粮,逐年增
加。后用来比喻因袭老一套,没有创新。
宋·杨万里《眉山任公〈小丑集〉序》:"庆
历、元祐诸公,竞辔并路,非近世陈陈相
因,累累随行之作也。"秦牧《艺术与市侩
主义》:"清末时代,广东有居巢、居廉两个

兄弟画家,擅画山水、花卉、草虫。这两兄弟主张绘画要师法自然,不要陈陈相因,满足于临摹。"

【陈词滥调】chén cí làn diào 陈:旧。滥:空洞,不切实际。陈旧而不切实际的言词。梁实秋《雅舍小品·腌猪肉》:"他们的结婚证书很是别致,古宋体字精印精裱,其中没有'诗咏关雎,雅歌麟趾,瑞叶五世其昌,祥开二南之化……'那一套陈词滥调,代之的是若干条款,详列甲乙二方之相互的权利义务。"阿城《棋王·自序》:"大概是《棋王》里有些角色的陈词滥调吧,后来不少批评者将我的小说引向道家。"

【陈规陋习】chén guī lòu xí 陈:旧。陋:不好,丑恶。陈旧的规章制度,不好的习惯。莫应丰《麈山之谜》七:"这大概也是愚昧的祖先为后代种下了这斩不断的祸根。能够藐视祖先传下来的陈规陋习,难道就不能藐视他们种下的祸根吗?"

【晨昏定省】chén hūn dìng xǐng 见"昏定晨省"。

【晨兴夜寐】chén xīng yè mèi 见"夙兴夜寐"。

【晨钟暮鼓】chén zhōng mù gǔ ❶佛寺清晨撞钟,傍晚击鼓,用以报时。宋·欧阳修《庐山高》诗:"但见丹霞翠壁远近映楼阁,晨钟暮鼓杳霭罗幡幢。"刘醒龙《赤壁》:"显空说:'施主莫发火。这晨钟暮鼓,哪座庙里不敲? 若是嫌吵,可以到城里去找地方住嘛!'"也作"暮鼓晨钟"。周而复《上海的早晨》二部二九:"大家无声无息地蹲在家里,徐公馆变成一座古庙。这座古庙连暮鼓晨钟也听不见,死气沉沉的。"❷指时间推移。宋·陆游《短歌行》:"百年鼎鼎世共悲,晨钟暮鼓无休时。"也作"暮鼓晨钟"。元·纪君祥《赵氏孤儿》二折:"程婴,你只依着我便了,我委实的捱不彻暮鼓晨钟。"❸比喻可以使人警觉的言语。清·宣鼎《夜雨秋灯录·玉红册》:

"三复此编,可当晨钟暮鼓,唤醒众生。"也作"暮鼓晨钟"。清·颜邦成《三刻〈黄门家训〉小引》:"是深之可为格致诚正之功者,此训也;浅之可为动静语默之范者,此训也;谁不奉为暮鼓晨钟也哉?"

【称心如意】chèn xīn rú yì 称:适合。如:符合。指完全合乎心意。宋·朱敦儒《感皇恩》词:"称心如意,剩活人间几岁? 洞天谁道在,尘寰外。"《糊涂世界》五回:"但是在这个贵州,十分瘠苦,处万山之中,又是晴少雨多,吃的、用的、穿的,无一样能够称心如意。"钱钟书《围城》八:"当然娶了那种称心如意的好太太,脾气也不至于发了。"李国文《在街心公园里》:"下了班,小两口一人一辆进口摩托车,风驰电掣,好不称心如意,简直美上了天。"也作"可心如意"。《红楼梦》六五回:"这如今要办正事,不是我女孩儿没羞耻,必得我拣个素日可心如意的人,才跟他。"〔注意〕称,不读 chēng。

【趁火打劫】chèn huǒ dǎ jié 趁着人家失火时前去抢劫。比喻趁着别人遇到危难时去捞取好处。《野叟曝言》一三六回:"数日之内,把京城丛林古刹有财产金银的,自相搅乱,弄得残破零落,盗窃争夺,趁火打劫,不约而同。"茅盾《蚀·动摇》六:"当纠察队和农军闻声赶到时,那几个趁火打劫的流氓早已逃走。"欧阳山《三家巷》三一:"文娣表姐和我二哥感情破裂了,你们不但坐视不理,并且趁火打劫。这难道又是友谊、提携之道么?"

【趁热打铁】chèn rè dǎ tiě 趁着铁烧热时及时锤打。比喻抓紧时机行动,毫不拖延。周而复《上海的早晨》四部二五:"这怎么行? 万一出了事体,后悔就来不及了。守仁已经答应了,还是趁热打铁好。"古华《芙蓉镇》二章:"李国香又恢复了那一口聊察闲似的清晰悦耳的腔调,继续施行攻心战术,决定扩大缺口,趁热打铁,把这个芙蓉镇群众心目中的领袖人物彻底击败。"

【趁虚而入】 chèn xū ér rù　见"乘虚而入"。

【称孤道寡】 chēng gū dào guǎ　孤、寡:古代帝王的自称。称王称帝。指以帝王自居。《宣和遗事·前集》:"天子道:'咱八辈儿称孤道寡。'"《喻世明言》卷二一:"虽如此说,像钱王生于乱世,独霸一方,做了一十四州之王,称孤道寡,非通小可。"《说岳全传》二五回:"有个公道大王牛皋,聚众在此山中,称孤道寡,替天行道。"也比喻称霸一方。老舍《赵子曰》:"他觉得自己的势力所在,称孤道寡而有余,小小的校长,一个卖布小贩的儿子,有什么能为。"

【称王称霸】 chēng wáng chēng bà　王:帝王。霸:霸主,诸侯的首领。自称为君主或霸主。指以领袖自居。明·李贽《因记往事》:"[林道乾]称王称霸,众愿归之,不肯背离。"王火《战争和人》(二)卷七:"这个人,想在这方圆几十里地称王称霸。他,抗日也是真的,但想打江山捞一把更重要。"也比喻狂妄自大,独断专行。清·吴乔《答万季埜诗问》一二:"今人拘于宋人之说诗,而不问其与唐人违合,莫不称王称伯,狐魅后学,使尊奉己学。"伯:通"霸"。毛泽东《在陕甘宁边区参议会的演说》:"共产党员决不可自以为是,盛气凌人,以为自己是什么都好,别人是什么都不好;决不可把自己关在小房子里,自吹自擂,称王称霸。"

【称兄道弟】 chēng xiōng dào dì　互相之间以兄弟相称,表示关系亲密。《官场现形记》一二回:"见了同事周老爷一班人,格外显得殷勤,称兄道弟,好不闹热。"蒋子龙《赤橙黄绿青蓝紫》二:"平时你跟司机们称兄道弟,吃吃喝喝,什么事不管,由着大家的性子干。可在领导跟前你翻脸不认人,装模作样,这多恶心。"

【撑门抵户】 chēng mén dǐ hù　撑、抵:支撑。指支撑门户。《西游记》一八回:"止有小的个,要招个女婿,指望他与我同家过活,做个养老女婿,撑门抵户,做活当差。"

【撑天拄地】 chēng tiān zhǔ dì　撑、拄:支撑。犹顶天立地。宋·朱熹《朱子语类·学三》:"圣人只是常欲扶持这个道理,教他撑天拄地。"

【瞠乎其后】 chēng hū qí hòu　瞠:瞪着眼睛。在后面瞪着眼睛。形容落在后面追赶不上。《庄子·田子方》:"夫子步亦步,夫子趋亦趋,夫子驰亦驰,夫子奔逸绝尘,而回瞠若乎后矣!"元·王恽《创建伊洛五贤祠堂记》:"若扳援昔贤,则不肖年迫衰老,懒于笔研,又瞠乎其后。"汪绍贞《"四大家族"官僚资本》:"1928年国民党政府成立中央银行,……该行建立后,虽然凭借特殊地位与普通银行竞争营业,但其存放款等金额与实力雄厚的中国银行、交通银行比较,还是瞠乎其后。"〔注意〕瞠,不能读作 táng。

【瞠目结舌】 chēng mù jié shé　瞠目:瞪着眼睛。结舌:舌头动不了。瞪着眼睛说不出话来。形容惊讶或受窘的样子。清·和邦额《夜谭随录·秀姑》:"良久,觉腰间顿轻,用手扪扪,则腰缠尽失,瞠目结舌,手足无所措。"老舍《四世同堂》九三:"等金三爷真的以为日本人是安着好心,他们就突然追问起钱默吟,吓得金三爷瞠目结舌,没有话说。"姚雪垠《李自成》一卷二章:"性情暴躁的皇帝并没有动怒,反而被他这简短的一句话弄得瞠目结舌,没有话说。"〔注意〕瞠,不能读作 táng。

【成百上千】 chéng bǎi shàng qiān　成、上:达到。形容数量很多。王安忆《小城之恋》:"她几乎觉得自己是身轻如燕的,一连可以做成百上千个吸腿转而不停歇,直至身体终于支持不住摔倒在地上,一整个练功房的三角形的屋顶还在一扬一抑地旋转。"

【成败利钝】 chéng bài lì dùn 利:锋利,引申为顺利。钝:不锋利,引申为不顺利。指成功、失败、顺利、不顺利各种情况。三国蜀·诸葛亮《后出师表》:"臣鞠躬尽力,死而后已,至于成败利钝,非臣之明所能逆睹也。"明·焦竑《玉堂丛语·行谊》:"人之毁誉欣戚,事之成败利钝,己之死生祸福,皆所不顾也。"丁玲《回忆宣侠父烈士》:"希望您在抗战中创造出一些好的事例,只要对抗战有利,不管成败利钝,都是可以写的。"

【成家立业】 chéng jiā lì yè 成:组成。家:家庭。立:建立。业:事业。指组成家庭,从事某种事业并有所成就。《五灯会元·真州定山惟素山主》:"问:'牛头未见四祖时如何?'师曰:'成家立业。'"宋·吴自牧《梦粱录·恤贫济老》:"杭城富室多是外郡寄寓之人……四方百货,不趾而集,自此成家立业者众矣。"《二刻拍案惊奇》卷三〇:"今汝托义父恩庇,成家立业,俱在于此。"老舍《骆驼祥子》一〇:"原先,他以为拉车是他最理想的事,由拉车他可以成家立业。现在他暗暗摇了摇头了。"也指建立家业。《喻世明言》卷一:"常言'坐吃山空',我夫妻两口,也要成家立业,终不然抛了这行衣食道路?"沈从文《边城》二:"作父亲的当两个儿子很小时,就明白大儿子和自己相似,能成家立业,却稍稍见得溺爱那第二个儿子。"

【成龙配套】 chéng lóng pèi tào 龙:指完整的体系。指搭配起来构成一个完整的系统。

【成年累月】 chéng nián lěi yuè 成:达到。累:积累。年复一年,月复一月,形容时间很长。《儿女英雄传》二二回:"我那家左右没甚么可惦记的,平日的没事,还在这里成年累月的闲住着,何况来招呼姑娘呢?"夏衍《从〈包身工〉所引起的回忆》:"那时正是上海的五月黄梅天季节,包身工们是成年累月不可能洗澡、洗头和

换衣服的,请你设想一下,这是一种什么滋味!"杨沫《青春之歌》二部六章:"她就是这样风里来雨里去,成年累月地在咱农民当中工作着。"

【成千成万】 chéng qiān chéng wàn 见"成千上万"。

【成千累万】 chéng qiān lěi wàn 成:达到。累:积累。达到千,积累成万。形容数量非常多。《儿女英雄传》三〇回:"他看着那乌克斋、邓九公这班人,一帮动辄就是成千累万,未免就把世路人情看得容易了。"老舍《二马》四:"今日的中国没妇女作事的机会,因为成千累万的男人还闲着没事作呢。叫男人都有了事做,叫女人都能帮助男人料理家事!"

【成千上万】 chéng qiān shàng wàn 成、上:达到。积成千,达到万。形容数量非常多。老舍《四世同堂》一〇〇:"在战争中,无辜死去的孩子成千上万,妞子不过是其中的一个。"周而复《上海的早晨》四部五九:"是呀!成千上万的骨干分子,动口动手,日以继夜,争先恐后,简直不要命地干。"也作"成千成万"。夏衍《旧家的火葬》:"夏天的黄昏会从蛀烂了的楼板里飞出成千成万的白蚁,没人住的空房间里也会白昼走出狐狸和鼹鼠。"

【成群结党】 chéng qún jié dǎng 成、结:结成,形成。党:群。聚集到一起,形成一个群体。明·杨慎《洞天玄记》一折:"展转不常,隐显莫测,成群结党,是非万端。"茅盾《子夜》一八:"'可是你同四妹来这里也是成群结党干什么的?'吴芝生接口反问;他近来常和范博文在一处,也学会了些俏皮话了。"

【成群结队】 chéng qún jié duì 成、结:结成,形成。指聚集到一起,形成了队伍。《三国演义》九五回:"忽然山中居民,成群结队,飞奔而来,报说魏兵已到。"鲁迅《朝花夕拾·藤野先生》:"上野的樱花烂熳的时节,望去确也像绯红的轻云,但花

下也缺不了成群结队的'清国留学生'的速成班,头顶上盘着大辫子,顶得学生制帽的顶上高高耸起,形成一座富士山。"欧阳山《三家巷》一六五:"这时候,三三两两的黄牛和成群结队的山羊打大车路上面经过。"也作"成群结伙"。浩然《弯弯绕的后代》五:"低头一看摆着的肉,只见成群结伙的大头苍蝇,在发了臭的猪肉上飞舞停落。"

【成群结伙】chéng qún jié huǒ　见"成群结队"。

【成人之美】chéng rén zhī měi　成:成全。美:指好事。成全别人的好事,或帮助别人做好事。《论语·颜渊》:"子曰:'君子成人之美,不成人之恶,小人反是。'"唐·韩愈《张中丞传后叙》:"小人之好议论,不乐成人之美,如是哉!"《二十年目睹之怪现状》九二回:"这个呢,怨不得二爷动气,就是我也叫他们闹的厌烦了。但是,君子成人之美,求二爷担代点罢。"沈从文《王谢子弟》:"我是君子成人之美,七爷莫多心。"

【成仁取义】chéng rén qǔ yì　仁:仁爱。义:正义。《论语·卫灵公》:"志士仁人,无求生以害仁,有杀身以成仁。"《孟子·告子上》:"生,亦我所欲也;义,亦我所欲也,二者不可得兼,舍生而取义者也。"《宋史·文天祥传》:"天祥临刑殊从容……其衣带中有赞曰:'孔曰成仁,孟曰取义,惟其义尽,所以仁至。读圣贤书,所学何事,而今而后,庶几无愧。'"后用"成仁取义"指为正义事业而牺牲。《群音类选·〈玉玦记·自经反魂〉》:"念修短荣枯皆已定,要成仁取义,鸿毛视死何轻。"

【成事不足,败事有余】chéng shì bù zú, bài shì yǒu yú　成事:办成事情。败事:办坏事情。指不能把事情办好,反而把事情办糟。指人办事情非常无能。败,也作"坏"。《歧路灯》一〇五回:"部里书办们,成事不足,坏事有余;胜之不武,

不胜为笑。"欧阳山《三家巷》九七:"他们都是一些乱七八糟的家伙,成事不足,败事有余。"蒋子龙《赤橙黄绿青蓝紫》六:"队长老奸巨滑,保命、保权,成事不足,败事有余。除去一身官场习气,别无所长。"

【成双成对】chéng shuāng chéng duì　见"成双作对"。

【成双作对】chéng shuāng zuò duì　配成一双、作成一对。指男女结成夫妻。也指夫妻、情侣或其他成对的事物。元·曾瑞卿《留鞋记》一折:"拣什么良辰并吉日,则愿他停眠少睡,早早的成双作对。"茅盾《子夜》六:"像失落了什么似的,他在公园走着。太阳西斜,游客渐多,全是成双作对的。"钱钟书《围城》四:"方遯翁有许多临别赠言分付儿子记着,成双作对地很好听,什么'咬紧牙关,站定脚跟','可长日思家,而不可一刻恋家',等等。"也作"成双成对"。王安忆《小城之恋》:"先是大家一群一伙的走,然后便有成双成对的悄悄地分离出来,不见了。"

【成也萧何,败也萧何】chéng yě xiāo hé, bài yě xiāo hé　萧何:汉朝开国皇帝刘邦的大臣,因功拜为丞相,封为酂侯。宋·洪迈《容斋随笔·萧何给韩信》:"韩信为人告反,吕后欲召,恐其不就,乃与萧相国谋,诈令人称陈豨已破,绐信曰:'虽病强入贺。'信入,即被诛。信之为大将军,实萧何所荐,今其死也,又出其谋,故俚语有'成也萧何,败也萧何'之语。"后用"成也萧何,败也萧何"比喻事情的成功或失败、好或坏都由于同一个人或同一事物。宋·沈瀛《减字木兰花·成败》词:"祸常因酒,酒亦令人能介寿。成也萧何,败也萧何更是多。"也比喻出尔反尔,反复无常。元·无名氏《赚蒯通》一折:"这非是我成也萧何败也萧何,故恁的反复勾当。"

【成一家言】chéng yī jiā yán　成:成为。言:言论、学说。形成具有自己独特体系和风格的言论。汉·司马迁《报任少

卿书》："亦欲以究天人之际,通古今之变,成一家之言。"《新唐书·韩愈传》:"每言文章自汉司马相如、太史公、刘向、扬雄后,作者不出世,故愈深探本元,卓然树立,成一家言。"

【成竹在胸】 chéng zhú zài xiōng 成竹:完整的竹子。宋·苏轼《文与可画筼筜谷偃竹记》:"画者乃节节而为之,叶叶而累之,岂复有竹乎! 故画竹必先得成竹于胸中。"意为画竹子前必须先有完整的竹子形象在心中。后用"成竹在胸"比喻做一件事以前,心里早已有对这件事的通盘考虑。《官场现形记》一四回:"到底他是老州县,见多识广,早有成竹在胸。"郭沫若《屈原》二幕:"国王的性情和脾味我们是摸得很熟的。我自己是早有成竹在胸,不过在你这一方面,要望你把你的聪明多多发挥一下啦!"欧阳山《三家巷》一六七:"杨生明早已成竹在胸,听完了两边截然相反的意见之后,自己暂时不说话,号召大家起来议论议论。"

【诚惶诚恐】 chéng huáng chéng kǒng 诚:实在。惶、恐:害怕。谓非常惊慌害怕。臣子给帝王的奏章中常用的套语。《后汉书·杜诗传》:"诗自以无劳,不安久居大郡,求欲降避功臣,乃上疏曰:'……牧养不称,奉职无效,久窃禄位,令功臣怀愠,诚惶诚恐。'"《三国演义》一〇五回:"征西大将军、南郑侯臣魏延,诚惶诚恐,顿首上言。"也指心中惊恐不安。《儿女英雄传》八回:"安公子听了这话,惭惶满面,说道:'姑娘,你向到这里,我安骥诚惶诚恐,愧悔无地,如今真人面前讲不得假话。'"欧阳山《三家巷》一一三:"杨承荣却匆匆忙忙站了起来,诚惶诚恐地说:'这哪行啊? 这哪行啊?'"

【诚心诚意】 chéng xīn chéng yì 诚:真实,诚恳。指真挚诚恳意。《西游记》九〇回:"无虑无忧来佛界,诚心诚意上雷音。"萧红《呼兰河传》五章:"那抽帖儿的一看,这家人家真是诚心诚意,于是他就把皮耳帽子从头上摘下来了。"也作"诚心实意"。姚雪垠《李自成》二卷二八章:"李闯王从商洛山突围出来,经过白河血战,奔到这儿,诚心实意要跟你合力对付官军。"

【诚心实意】 chéng xīn shí yì 见"诚心诚意"。

【承前启后】 chéng qián qǐ hòu 承:接续。启:开创。承接前代的,开创以后的。多用于事业、学术等领域。清·薛雪《一瓢诗话》七〇:"大凡诗中好句,左瞻右顾,承前启后,不突不纤。"鲁迅《两地书》一一:"因为他们是承前启后的桥梁。国家的绝续,全在他们的肩上。"也作"承先启后"。《儿女英雄传》三六回:"且喜你我二十年教养辛勤,今日功成圆满,此后这副承先启后的千斤担儿,好不轻松爽快呀。"

【承上启下】 chéng shàng qǐ xià 承:接续。启:引出。承接上一代引出下一代。雷洁琼《充分发挥知识分子在建设精神文明中的作用》:"中年知识分子是承上启下、继往开来的一代。"也指连接上文引起下文。徐仲华《文章的结构》:"在文章采用倒叙的时候,由概说进而转为详说的时候,以及论述由分到合或由合到分的时候,通常都需要使用过渡段或过渡句。好的过渡应该有承上启下的作用。"

【承先启后】 chéng xiān qǐ hòu 见"承前启后"。

【城狐社鼠】 chéng hú shè shǔ 城:城墙。社:土地庙。城墙洞里的狐狸,土地庙中的老鼠。汉·刘向《说苑·善说》:"且夫狐者,人之所攻也;鼠者,人之所熏也;臣未见稷狐见攻,社鼠见熏,何则? 所托者然也。"后用"城狐社鼠"比喻仗势作恶的坏人。《晋书·谢鲲传》:"及[王]敦将为逆,谓鲲曰:'刘隗奸邪,将危社稷,吾欲除君侧之恶,匡主济时,何如?'对曰:'隗诚始祸,然城狐社鼠也。'"《水浒传》八二回:

"都是汝等嫉贤妒能之臣壅蔽,不使下情上达,何злы城狐社鼠也!"鲁迅《华盖集·"公理"的把戏》:"以事论,则现在的教育界中实无豺虎,但有些城狐社鼠之流,那是当然不能免的。"

【城门失火,殃及池鱼】 chéng mén shī huǒ, yāng jí chí yú　殃:灾祸。池:护城河。《太平广记》卷四六六引汉·应劭《风俗通》:"宋城门失火,人汲取池中水以沃灌之,池中空竭,鱼悉露死。"后用"城门失火,殃及池鱼"比喻无故被牵连而遭受灾祸或损失。北齐·杜弼《为东魏檄梁文》:"但恐楚国亡猿,祸延林木;城门失火,殃及池鱼。"《二十年目睹之怪现状》八九回:"你们这件事闹翻了,他们穷了,又是终年的闹饥荒,连我养老的几吊棺材本,只怕由此拉倒了,这才是'城门失火,殃及池鱼'呢!"刘绍棠《村妇》卷二:"城门失火,殃及池鱼,倒尿扔掉了花瓷盆儿,许百媚这个市井女子,给丈夫黄坎肩儿陪绑,被红卫兵小将押解回到运河滩。"

【城下之盟】 chéng xià zhī méng　盟:盟约。指敌国兵临城下时被迫签订的屈辱性的盟约。后也泛指被迫签订的带有屈辱性的条约。《左传·哀公八年》:"楚人围宋,易子而食,析骸而爨,犹无城下之盟,我未为亏,而有城下之盟,是弃国也。"《东周列国志》一八回:"孤有犬马之疾,未获奔命。君以大义责之,孤知罪矣!然城下之盟,孤实耻之!若退舍于君之境上,孤敢不捧玉帛以从。"王火《战争和人》(一)卷五:"童霜威心情激动,说:'如果明日军这么进逼,来谈和,那岂非城下之盟了?'"

【乘车戴笠】 chéng chē dài lì　乘车:比喻富贵。笠:一种用竹子、苇子等编成的帽子,也叫斗笠。戴笠:比喻贫贱。《初学记》卷一八引晋·周处《风土记》:"越俗性率朴,初与人交有礼,封土坛,祭以犬鸡,祝曰:卿虽乘车我戴笠,后日相逢下车

揖;我步行,卿乘马,后日相逢卿当下。"后用"乘车戴笠"比喻故旧之交友谊深厚,不因富贵贫贱而有所改变。唐·元稹《酬东川李相公十六韵启》:"昔楚人始交,必有乘车戴笠不忘相揖之誓,诚以为贵富不相忘之难也。"

【乘风破浪】 chéng fēng pò làng　乘:趁着。破:冲开。趁着顺风,冲开浪头。形容船行进速度很快。也比喻不怕艰难险阻,奋勇前进。《宋书·宗悫传》:"悫年少时,炳问其志,悫曰:'愿乘长风破万里浪。'"《宋史·张顺传》:"夜漏下三刻,起矴出江,以红镫为识,贵先登,顺殿之,乘风破浪,径犯重围。"茅盾《子夜》五:"吴荪甫拿着那'草案',一面在看,一面就从那纸上耸起了伟大憧憬的机构来:高大的烟囱如林,在吐着黑烟;轮船在乘风破浪,汽车在驶过原野。"王火《战争和人》(三)卷六:"童霜威点头说:'你说得对,但路子尚未畅通,顺乎自然吧。我想,到该乘风破浪的时候,我是会出洋入海的。'"

【乘坚策肥】 chéng jiān cè féi　坚:坚固的车子。策:驱赶。肥:肥壮的马。坐坚固的车子,驱赶肥壮的马。形容生活豪华奢侈。《汉书·食货志上》:"因其富厚,交通王侯,力过吏势,以利相倾;千里游敖,冠盖相望,乘坚策肥,履丝曳缟。"《东周列国志》五四回:"贪吏不可为而可为,廉吏可为而不可为。贪吏不可为者,污且卑;而可为者,子孙乘坚而策肥。"章炳麟《人无我论》:"若夫膏粱之子,生而多金,乘坚策肥,自快其意。"

【乘龙快婿】 chéng lóng kuài xù　快婿:令岳父、岳母满意的女婿。《艺文类聚》卷四○引晋·张方《楚国先贤传》:"孙俊,字文英,与李元礼俱娶太尉桓焉女。时人谓桓叔元两女俱乘龙,言得婿如龙也。"后用"乘龙快婿"指令岳父、岳母满意的女婿。明·汤显祖《紫钗记·回求仆马》:"待做这乘龙快婿,骐骥才郎,少的驷马高

车。"张恨水《啼笑因缘续集》三回:"国英对于令爱,他是十分的钦慕,很愿意两家作为秦晋之好。不过他揣想着,怕何总长早有乘龙快婿了。"

【乘其不备】 chéng qí bù bèi

乘:趁着。趁着别人没有防备时去袭击或侵害。《东周列国志》六回:"若命边人乘其不备,侵入其境,必当大获。"李劼人《大波》二部六章:"婉姑扭着两只小手,刚要叫喊,菊花业已乘其不备,从振邦手上又把荷包夺过来。"刘白羽《第二个太阳》一〇章:"不要人马未动,风声漏出。不如乘其不备,突然出现,主动权就在我了。"

【乘人之急】 chéng rén zhī jí

乘:趁着。急:紧急的事情或情况。趁着别人有紧急的事情去侵害或要挟。《二十年目睹之怪现状》一九回:"我的田又未少收过半粒租米,怎么乘人之急,希图购买,这不是'为富不仁'么!"

【乘人之危】 chéng rén zhī wēi

乘:趁着。危:危险,灾难。趁着别人有危难时去侵害或要挟。《后汉书·盖勋传》:"谋事杀良,非忠也;乘人之危,非仁也。"《东周列国志》四七回:"乘人之危,非仁也;取人之怒,非智也。"《野叟曝言》三八回:"你救命之恩本是可感,若然乘人之危,逼勒起来,真与强盗无异,还说谢礼做甚!"古华《芙蓉镇》三章:"他不独忘恩负义,还恩将仇报,过河拆桥,乘人之危到处去控诉舅舅和自己……真是一条蛇。"

【乘兴而来】 chéng xìng ér lái

乘:趁着。兴:高兴,兴致。《晋书·王徽之传》:"[王徽之]尝居山阴,夜雪初霁……忽忆戴逵,逵时在剡,便夜乘小船诣之,经宿方至,造门不前而返。人问其故,徽之曰:'本乘兴而行,兴尽而返,何必见安道邪?'"后多作"乘兴而来",指趁着一时的兴致而来。多与"败兴而返"或"败兴而归"连用。《东周列国志》一回:"各军士未及领赏,草草而散。正是:乘兴而来,败兴而返。"

【乘虚而入】 chéng xū ér rù

乘:趁着。虚:空虚。趁着对方空虚或疏于防范时进入。宋·王十朋《论用兵事宜札子》:"万一金人乘虚而入,使川、陕隔绝,则东南之势孤矣。"《三国演义》二四回:"许昌空虚,若以义兵乘虚而入,上可以保天子,下可以救万民。"《镜花缘》七四回:"即如手足一心合意,别人焉能前来欺侮;若各存意见,不能和睦,是自己先孤了,别人安得不乘虚而入。"钱钟书《围城》六:"孙小姐的课没人代,刘东方怕韩太太乘虚而入,亲自代课。"也作"趁虚而入"。刘绍棠《小荷才露尖尖角》四:"于是,杜小铁子趁虚而入,大包大揽。"

【程门立雪】 chéng mén lì xuě

程:程颐,宋代理学家。立:侍立。《二程全书·外书十二》:"[游[酢]、杨[时]初见伊川(程颐),伊川瞑目而坐,二子侍立。既觉,顾谓曰:'贤辈尚在此乎?日既晚且休矣。'及出门,门外之雪深一尺。"后用"程门立雪"指尊师重道。元·谢应芳《杨龟山祠》诗:"卓彼文靖公,早立程门雪。"

【惩恶劝善】 chéng è quàn shàn

惩:处罚。劝:勉励。惩处邪恶,劝勉向善。《左传·成公十四年》:"《春秋》之称,微而显,志而晦,婉而成章,尽而不污,惩恶而劝善,非圣人谁能修之。"唐·独孤及《重议吕谭》:"谥法亦《春秋》之微旨也,在惩恶劝善,不在哀荣;在议美恶,不在字多。"也作"劝善惩恶"。朱自清《论严肃》:"固然,小说早有劝善惩恶的话头,明朝人所谓'喻世'等等,更特别加以强调。"

【惩忿窒欲】 chéng fèn zhì yù

惩:警戒。忿:愤怒。窒:堵塞。欲:欲望。克制愤怒情绪,抑止非分的欲望。《周易·损》:"损,君子以惩忿窒欲。"《醒世恒言》卷三四:"列位看官们,各宜警醒,惩忿窒欲,且休望超凡入道,也是保身保家的正理。"

【惩前毖后】 chéng qián bì hòu

惩:警戒。毖:谨慎,小心。《诗经·周颂·小惩》:"予其惩而毖后患。"后用"惩前毖后"指将以前的错误作为教训,以后谨慎小心,避免重犯。明·张居正《答河道吴自湖计河漕》:"顷丹阳浅阻,当寿诸公毕智竭力,仅克有济,惩前毖后,预为先事之图可也。"

【惩一儆百】chéng yī jǐng bǎi　惩:处罚。儆:促使人自己觉悟而不犯错误。指惩处一人,借以促使众人觉悟而不犯错误。《官场现形记》五六回:"今天考试虽非乡、会可比,然究系奉旨之事,既然拿到了枪手,兄弟今天定要惩一儆百,让众人当面看看,好叫他们有个怕惧。"鲁迅《呐喊·阿Q正传》九章:"惩一儆百!你看,我做革命党还不上二十天,抢案就是十几件,全不破案,我的面子在那里?"

【逞强好胜】chěng qiáng hào shèng　逞:显示。好:喜欢。指显示自己能力强,处处喜欢胜过别人。周而复《上海的早晨》三部三一:"他不敢说得太肯定,那会显得他比她高明,而她是逞强好胜的人,要捧着抬着走。"

【吃糠咽菜】chī kāng yàn cài　糠:谷物子实的皮或壳。咽:吞。菜:野菜。吃谷糠,吞野菜。形容生活非常贫穷困苦。梁斌《红旗谱》五:"朱老忠摇摇头说:'不,咱有两条腿能跑踏,有两只手,能做活。有人说,吃糠咽菜是穷人的本分。依我来说,那是没出息!'"张洁《红蘑菇》:"吃糠咽菜,因陋就简,只要能在一起呆着就好。"

【吃苦耐劳】chī kǔ nài láo　能经受艰苦和劳累。萧红《呼兰河传》四章:"这孙子媳妇回了娘家,娘家的人一问她婆家怎样,她说都好都好,将来非发财不可。大伯公是怎样兢兢业业,公公是怎样的吃苦耐劳……"欧阳山《三家巷》一五八:"经过一个多月,差不多两个月的锻炼,周炳这个小分队已经变成一支钢铁的队伍。他们整齐迅速,吃苦耐劳。"

【吃里扒外】chī lǐ pá wài　见"吃里爬外"。

【吃里爬外】chī lǐ pá wài　接受这一方的好处,暗中却为那一方出力办事。老舍《四世同堂》六四:"他须也把招弟,亦陀、晓荷咬住,硬说冠家吃里爬外,要刺杀皇军的武官。"也作"吃里扒外"。杨沫《青春之歌》二部一二章:"'你说我厉害?你这吃里扒外的狗杂种!全是你把这些穷棒子们惯坏啦!'宋贵堂一肚子恼火好容易找到机会发泄起来。"邓一光《我是太阳》五部一:"她是这个家庭中的一分子,她得护卫这个家庭的利益,她不能容忍吃里扒外。"

【吃一堑,长一智】chī yī qiàn, zhǎng yī zhì　堑:壕沟,比喻挫折。经受一次挫折,就会增长一分智慧。明·王阳明《与薛尚谦》:"经一蹶者长一智,今日之失,未必不为后日之得。"姚雪垠《李自成》二卷二八章:"我们原来想同张敬轩合力抵御官军,险些儿给他吃了,这也算不上什么挫折。吃一堑,长一智嘛。"

【嗤之以鼻】chī zhī yǐ bí　嗤:讥笑。用鼻子发出笑声,表示轻蔑,不以为然。《黄绣球》七回:"其初在乡自立一学校,说于乡,乡人笑之;说于市,市人非之;请于巨绅贵族,更嗤之以鼻。"梁实秋《雅舍小品·下棋》:"如果说得不中肯,两个人要一齐嗤之以鼻,'无见识奴!'如果根本不说,憋在心里,受病。"欧阳山《三家巷》七八:"对于这种妇人之见,他固然嗤之以鼻,但是时局变化莫测,他也不能忘怀前回广州暴动时的窘态,而不得不预先做一点打算。"

【痴儿騃女】chī ér ái nǚ　騃:傻。指不懂事的男孩女孩。宋·宋自逊《贺新郎·七夕》词:"巧拙岂关今少事,奈痴儿騃女流传谬。"《老残游记·自叙》:"痴儿騃女,失果则啼,遗簪亦泣,此为无力类之哭泣。"

【痴男怨女】 chī nán yuàn nǚ　痴男：沉迷于爱情中的男子。怨女：因爱情不如愿而心怀怨恨的女子。指沉溺于爱情中不能自拔的男女。《红楼梦》五回："痴男怨女，可怜风月债难偿。"叶文玲《浪漫的黄昏》五："哦，这位差点在我记忆中退隐的老校长……看来，尹加婵和他虽非一般观念中的痴男怨女，但他们中间一定有点惹意牵魂的联系。"

【痴人说梦】 chī rén shuō mèng　痴：傻，笨。《五灯会元·乌巨道行禅师》："痴人面前不得说梦。"原指对傻人不可说梦话，怕他信以为真。后用"痴人说梦"比喻愚蠢的人说些完全不可靠或根本办不到的荒唐话。元·叶李《纪梦》诗："痴人说梦聊一快，我独知命不少惊。"《镜花缘》三五回："大约那些起课的不过信口胡谈，偏遇我们只想挽回，也不管事已八九，还要胡思乱想，可谓'痴人说梦'了。"钱钟书《围城》五："鸿渐笑道：'你真可怕！可是你讲孙小姐的话完全是痴人说梦。'"李劼人《大波》四部二章："你们那些什么回旋余地的打算，完全是镜花水月，不然，也等于痴人说梦。"

【痴心妄想】 chī xīn wàng xiǎng　痴：沉迷于某一事物。妄：荒诞，不合理。指荒诞地想去做不切实际的事。《醒世恒言》卷三八："这老儿好端端在家受用到不好，却痴心妄想，往怎样穷穴中去求仙！可不是讨死吃么？"《官场现形记》三三回："次日，王慕善还痴心妄想，当他未走，把善书装了两板箱，叫人抬着，自己跟着送到行辕里来。"张洁《方舟》二："一切都是不可追回的，她何必痴心妄想？"也指不切实际的荒诞想法。欧阳山《三家巷》二一："我曾经受过他们的欺骗，我曾经崇拜过他们，我曾经对他们存过痴心妄想，现在不了，现在，我只是痛恨他们！"

【魑魅魍魉】 chī mèi wǎng liǎng　魑魅：传说中的山精。魍魉：传说中的水怪。泛指各种各样的妖魔鬼怪。《左传·宣公三年》："螭魅罔两，莫能逢之。"螭同"魑"。罔两同"魍魉"。《西游记》六七回："八戒道：'哥呀，这个所在，岂是住场！满山多虎豹狼虫，遍地有魍魉魑魅。白日里尚且难行，黑夜里怎生敢宿？'"也指各种各样的坏人。唐·杜甫《荆南兵马使太常卿赵公大食刀歌》："贼臣恶子休干纪，魑魅魍魉徒为耳。"《二十年目睹之怪现状》二回："只因我出来应世的二十年中，回头想来，所遇见的只有三种东西：第一种是蛇虫鼠蚁；第二种是豺狼虎豹；第三种是魑魅魍魉。"杨沫《青春之歌》三部四三章："群众一旦起来了，你们看，什么样的魑魅魍魉能够不一扫而光啊？"

【池鱼笼鸟】 chí yú lóng niǎo　池中鱼，笼中鸟。比喻陷入困境、失去自由的人。晋·潘岳《秋兴赋》："譬犹池鱼笼鸟，有江湖山薮之思。"

【池鱼之祸】 chí yú zhī huò　见"池鱼之殃"。

【池鱼之殃】 chí yú zhī yāng　池：护城河。殃：灾祸。《太平广记》卷四六六引汉·应劭《风俗通》："宋城门失火，人汲取池中水以沃灌之，池中空竭，鱼悉露死。"后用"池鱼之殃"指因受牵连而遭受的灾祸。明·瞿佑等《剪灯新话·三山福地志》："汝宜择地而居，否则恐预池鱼之殃。"李劼人《大波》四部二章："我特别要目测一下远近，看看架在南门城墙上的开花炮，须用好大距离才打得中。怕的是测量得不精密，稍微差错一星半点，使你尊府受到池鱼之殃，那我如何对得住老兄。"也作"池鱼之祸"。《二刻拍案惊奇》卷二四："不出三年，世运变革，地方将有兵戈大乱，不是这光景了。你快择善地而居，免受池鱼之祸。"刘绍棠《二度梅》六："为了你一生的幸福，为了你父亲晚年的安宁，为了我免遭池鱼之祸，你跟洛文一刀两断吧！"

【池中之物】 chí zhōng zhī wù　《三国

志·吴书·周瑜传》："刘备以枭雄之姿，而有关羽张飞熊虎之将，必非久屈为人用者。……恐蛟龙得云雨，终非池中物也。"后用"池中之物"比喻处于窘迫境地而无法施展才能的人，也比喻无雄心壮志的人。《晋书·姚兴载记下》："休之既得灌鳞南翔，恐非复池中之物，可以崇礼，不宜放之。"《说岳全传》二四回："我刘豫堂堂丈夫，岂是池中之物，反受你的节制？"钱钟书《围城》三："王主任要电报看了，赞他实至名归，说点金银行是小地方，蛟龙非池中之物，还说什么三年国立大学教授就等于简任官的资格。"王火《战争和人》（三）卷一："程涛声终非池中之物，他是不会安分守己的。"

【迟疑不决】chí yí bù jué　见"迟疑未决"。

【迟疑未决】chí yí wèi jué　迟疑：犹豫。犹豫而没有作出决定。《新五代史·前蜀世家·王建传》："昭度迟疑未决，建遣军士擒昭度亲吏于军门，脔而食之。"《三国演义》三〇回："意欲弃守渡退回许昌，迟疑未决，乃作书遣人赴许昌问荀彧。"也作"迟疑不决"。老舍《四世同堂》二一："对每件东西，他都迟疑不决的看了再看，放进箱内去又拿出来，而后再放进去。"

【持平之论】chí píng zhī lùn　持平：公平，公正。指公平的议论。宋·陈亮《谢郑侍郎启》："此盖伏遇判部侍郎以独见之明，持甚平之论。"《官场现形记》三四回："此乃做书人持平之论；若是一概抹煞，便不成为恕道了。"

【持之以恒】chí zhī yǐ héng　持：保持。恒：恒心。有恒心地长期坚持下去。清·曾国藩《家训喻纪泽》："尔之短处，在言语欠钝讷，举止欠端重，看书不能深入，而作文不能峥嵘。若能从此三事上下一番苦工，进之以猛，持之以恒，不过一二年，自尔精进而不觉。"梁实秋《雅舍小品·偏方》："患痔的人很多，偏方也就不少。

有人扬言每天早起空着肚子吃两枚松花皮蛋，有意想不到之效力。可惜难得有人持之以恒，更可惜无人作实验的统计或药理的分析。"

【持之有故，言之成理】chí zhī yǒu gù，yán zhī chéng lǐ　持：见解，主张。故：缘故，这里指根据。理：道理。提出的见解都有根据，说出的言论都有道理。《荀子·非十二子》："然而其持之有故，其言之成理。"朱自清《现代人眼中的古代》："但是仔细读了郭先生的引证和解释，觉得他也是持之有故，言之成理的。"

【踟蹰不前】chí chú bù qián　踟蹰：心中犹豫，想走又不走的样子。心中犹豫不决，不敢前进。老舍《四世同堂》九三："他在小庙门外踟蹰不前的时候，有几个人在后面跟着他。"

【尺寸之功】chǐ cùn zhī gōng　尺、寸：形容非常小。微小的功劳。《战国策·燕策一》："夫民劳而实费，又无尺寸之功。"《史记·淮阴侯列传》："一日数战，无尺寸之功。"《三国演义》九六回："三军无尺寸之功，某等俱各有罪；若反受赏，乃丞相赏罚不明也。"

【尺短寸长】chǐ duǎn cùn cháng　战国楚·屈原《卜居》："夫尺有所短，寸有所长，物有所不足，智有所不明。"意为尺比寸长，但用在比它更长的地方则显得短；寸比尺短，但用在比它更短的地方则显得长。后用"尺短寸长"比喻人或事物各有所长，也各有所短。宋·苏轼《定州到任谢执政启》："燕南赵北，昔称谋帅之难；尺短寸长，今以乏人而授。"也作"寸长尺短"。宋·秦观《与苏公先生简》："比迫于衣食，强勉万一之遇，而寸长尺短，各有所施，凿圆枘方，卒以不合。"

【齿白唇红】chǐ bái chún hóng　见"唇红齿白"。

【齿若编贝】chǐ ruò biān bèi　编：排

列。贝：贝壳。牙齿雪白，像排列整齐的贝壳。若，也作"如"。《汉书·东方朔传》："朔年二十二，长九尺三寸，目若悬珠，齿若编贝。"《野叟曝言》二三回："那人三绺长须，方眉阔额，面如银盆，齿如编贝，只吃亏了一双鼠眼，正是那不谙岐黄的术士、全凭口舌的医生。"

【叱咤风云】chì zhà fēng yún　叱咤：怒喝。怒喝一声能风云兴起。《梁书·元帝纪》："叱咤则风云兴起，鼓动则嵩华倒拔。"后用"叱咤风云"形容声势或威力极大。《晋书·乞伏炽盘传赞》："炽盘叱咤风云，见机而动，牢笼俊杰，决胜多奇。"明·王錂《春芜记·说剑》："猛可的叱咤风云，蓦地里神情抖搜。"姚雪垠《李自成》一卷一二章："袁宗第，这位二十九岁，平日在战场上叱咤风云的猛将，突然像小孩子般哭了起来。"

【赤膊上阵】chì bó shàng zhèn　赤膊：裸露上身。光着上身，上阵打仗。形容不顾一切地投入战斗，或不加掩饰地做某件事。梁斌《漫谈〈红旗谱〉的创作》二："从锁井镇农民的革命斗争方式，可以明显看出一代比一代进步，朱老巩是赤膊上阵，拿起铡刀拼命。"张洁《红蘑菇》："难道一分钱、一分钱地从梦白那里往外刮吃，对一个男人来说，是一件容易的事吗？可是梦白偏偏把他逼得只好赤膊上阵。"

【赤胆忠心】chì dǎn zhōng xīn　赤：忠诚。形容十分忠诚，没有二心。《封神榜》三三回："方弼方相人两个，赤胆忠心贯日红。"周立波《暴风骤雨》一部二〇："他为穷人赤胆忠心，尽往前钻，自己是遭罪在前，享福在后，他真是咱们的好主任。"也作"忠心赤胆"。《红楼梦》六五回："那平姑娘又是个正经人，从不把一件事放在心上，也不会挑拨窝夫的，倒一味忠心赤胆伏侍他，才容下了。"

【赤地千里】chì dì qiān lǐ　赤地：寸草不生的土地。形容遭受灾荒或战乱后，大片土地寸草不生，十分荒凉。《汉书·夏侯胜传》："蝗虫大起，赤地数千里。"《新五代史·唐庄宗纪上》："克用兵大掠晋绛，至于河中，赤地千里。"《喻世明言》卷三〇："适值东京大旱，赤地千里。仁宗天子降旨，特于内庭修建七日黄罗大醮，为万民祈雨。"王火《战争和人》（二）卷七："一路上，始终没有见到过那种'哞哞'牛叫、'喔喔'鸡啼，炊烟升起的农村景象。赤地千里，一片荒原。"

【赤贫如洗】chì pín rú xǐ　赤：什么也没有。穷得什么都没有，像经过洗劫一样。《儒林外史》三一回："到而今，他老人家两个儿子，四个孙子，家里仍然赤贫如洗，小侄所以过意不去。"

【赤舌烧城】chì shé shāo chéng　赤舌：火舌，指恶毒的言语。比喻谗言造成的祸害非常严重。汉·扬雄《太玄经·干》："赤舌烧城，吐水于瓶。"林纾《祭周如皋文》："呜呼！有清之羸兮，赤舌烧城；阴霾阳湛兮，谗如沸羹。"

【赤绳系足】chì shéng jì zú　唐·李复言《续玄怪录·定婚店》："杜陵韦固，少孤，思早娶妇，多岐求婚，必无成而罢。元和二年，将游清河，旅次宋城南店，……有老人倚布囊，坐于阶上，向月检书。固步觇之，不识其字……问囊中何物，曰：'赤绳子耳。以系夫妻之足，及其生则潜用相系，虽仇敌之家，贵贱悬隔，天涯从宦，吴楚异乡，此绳一系，终不可逃。'"后用"赤绳系足"谓男女结成婚姻。明·王錂《春芜记·赐婚》："赤绳系足，朱楼合卺，不须白雪窥臣。"〔注意〕系，不读 xì。

【赤手空拳】chì shǒu kōng quán　赤手：空着手。空着两手，什么也没有拿。指进行打斗时手中没有武器。《西游记》五〇回："老魔王嘻嘻冷笑道：'那猴不要无礼！看手段！'……唿喇一下，把金箍棒收做一条，套将去了。弄得孙大圣赤手空拳，翻筋斗逃了性命。"老舍《骆驼祥子》二一："不要说是个赤手空拳的巡警，就是那满街横行的汽车，他也不怕。"李劼人《大波》二部七章："没有武器，岂不是要我们赤手空拳去打仗吗?"也比喻没有任何凭借。茅盾《虹》二："送他到悦来商场的宏源苏货铺里学生意，只想他有一口饭吃。可是他赤手空拳挣出个大场面来了。"老舍《四世同堂》五六："老二不十分同意祖父的意见，可是又明知道自己现在赤手空拳，没有恋爱的资本，只好点头答应。"

【赤县神州】chì xiàn shén zhōu　中国的别称。《史记·孟子荀卿列传》："中国名曰赤县神州。赤县神州内自有九州，禹之序九州是也，不得为州数。"明·屠隆《彩毫记·游玩月宫》："尚自隔红云帝座遥，却下见赤县神州小。"郭沫若《屈原》二幕："你陷害了的不是我，是你自己，是我们的国王，是我们的楚国，是我们整个儿的赤县神州呀!"

【赤心报国】chì xīn bào guó　赤心:忠诚的心。用一片忠诚的心报效国家。唐·刘长卿《疲兵篇》："赤心报国无片赏，白首还家有几人。"元·高文秀《渑池会》四折："孩儿，你那里知道，俺为臣者当要赤心报国，岂记私仇也呵。"

【赤子苍头】chì zǐ cāng tóu　赤子:初生的婴儿。苍头:指老年人。泛指老百姓。《红楼梦》一七回："天地启宏慈，赤子苍头同感戴，古今垂旷典，九州万国被恩荣。"

【赤子之心】chì zǐ zhī xīn　赤子:初生的婴儿。像初生婴儿那样纯洁善良的心。《孟子·离娄下》："大人者，不失其赤子之心者也。"唐·柳宗元《亡姊前京兆府参军裴君夫人墓志》："移其孝于裴氏之门，而以睦于冢妇介妇，必敬必亲，下以不失其赤子之心，姻族归厚，率由是也。"王安忆《香港的情和爱》九："老魏也不好再去揭穿他，就谈些别的，可心里却对这先生留下了印象，想他倒是有一颗赤子之心的。"

【冲锋陷阵】chōng fēng xiàn zhèn　陷:深入。向敌人冲锋，深入敌人阵地。形容作战非常勇敢。《北齐书·崔暹传》："冲锋陷阵，大有其人。"《野叟曝言》一三七回："后又传说各旗盟长大会天使于燕然，料有变局，不胜慌急，奈僧徒中可选者无非拳勇一道，并无冲锋陷阵之材。"杜鹏程《在和平的日子里》五章："你过去在战场上指挥战士们冲锋陷阵，也是这么心软?"也指勇猛、果断地去做某一件事。老舍《四世同堂》五四："明天，明天，他必须作点什么，刀山油锅都不在乎，今天他可得先好好的睡一大觉;养足了精神，明天好去冲锋陷阵! 可是，他睡不着。"周而复《上海的早晨》三部二七："他责骂儿子阅世不深，遇事都要冲锋陷阵，跑到别人的前头，弄不好，会碰得头破血流。"

【冲州撞府】chōng zhōu zhuàng fǔ　冲进州，撞进府。形容四处奔走。宋·无名氏《宦门子弟错立身·题目》："冲州撞府妆旦色，走南投北俏郎君。"《水浒传》二七回："第二等是江湖上行院妓女之人;他们冲州撞府，逢场作戏，陪了多少小心得来的钱物。"

【充耳不闻】chōng ěr bù wén　充:塞住。《诗经·邶风·旄丘》："叔兮伯兮，褎如充耳。"汉·郑玄笺："充耳，塞耳也。言卫之诸臣，颜色褎然，如见塞耳，无闻知也。"后用"充耳不闻"形容故意不听别人的话。刘绍棠《村妇》卷一："杜大傻子虽然生得猪不吃，狗不啃，姥姥不疼，舅舅不爱，对媳妇却是一心保主，甘效犬马之劳，他娘挑三窝四，说五道六，他都充耳不闻。"也形容对某些事漠不关心。李英儒《野火春风斗古城》九章："遗憾的是:不少的人抱着混事吃饭的态度，对紧张的圣战，充耳不闻。"

【重操旧业】chóng cāo jiù yè　见"重温旧业"。

【重蹈覆辙】chóng dǎo fù zhé　蹈:踏

上。覆：翻倒。辙：车轮辗过后留下的痕迹。重新走上翻过车的老路。《后汉书·窦武传》："今不虑前事之失，复循覆车之轨。"后用"重蹈覆辙"比喻不吸取失败的教训，重犯以往的错误。路遥《平凡的世界》(下)三五章："妻子说得对，上次正是那个吹牛皮的河南卖瓦罐师傅造成了他的大灾难。再要开办砖场，决不能重蹈覆辙！"张洁《鱼饵》："虽有有鱼无鱼之争，鉴于测其深度而无结果的结果，遂无人重蹈覆辙而另择易见成效之途。"〔注意〕覆，不能写作"复"。

【重规叠矩】 chóng guī dié jǔ　重：重合。规：圆规。叠：重叠。矩：曲尺。规与规、矩与矩相重叠。《三国志·蜀书·郤正传》："君臣协美于朝，黎庶欣戴于野，动若重规，静若叠矩。"后用"重规叠矩"形容上下协同一致，关系和谐。《宋书·礼志一》："此历数之序，乃上与先圣合符同契，重规叠矩者也。"也比喻因袭、重复。《宣和书谱·李磎》："如磎能破万卷之书，则其字岂可以重规叠矩之末，当以气韵得之也。"梁启超《治标财政策》："例如于民政司外，又设巡警道，此皆重规叠矩，毫无所取。"

【重见天日】 chóng jiàn tiān rì　天日：天空和太阳，比喻光明。比喻脱离苦难，重获新生。《水浒传》八二回："今喜得朝廷招安，重见天日之面。"《喻世明言》卷三〇："分明前世在孝光寺出家，为色欲堕落，今生受此苦楚。若得佛力覆庇，重见天日，当一心护法，学佛修行。"也比喻脱离黑暗环境，重新见到光明。唐弢《文学挽留不住的人》："十二月二日下午四点钟左右，在主洞偏北的下洞附近，找到了一个很完整的头盖骨。五十万年前人类祖先的头盖骨重见天日了。"

【重生父母】 chóng shēng fù mǔ　见"再生父母"。

【重生再造】 chóng shēng zài zào　重生：再次获得生命。再造：重生。指对自

己的恩德非常大。《红楼梦》四回："但事关人命，蒙皇上隆恩，起复委用，实是重生再造，正当殚心竭力图报之时，岂可因私而废法？"

【重温旧梦】 chóng wēn jiù mèng　重新经历以往的梦境。比喻重新经历或回忆以往的美好事情。茅盾《虹》四："你应该知道，'重温旧梦'是办不到的事，即使勉强办到，也没有快乐。"刘绍棠《二度梅》六："现在，在恍如隔世的二十二年后，洛文重游旧地而追忆往事，重温旧梦而怀想梅雨，似锦年华已经一去不复返了。"

【重温旧业】 chóng wēn jiù yè　指重新从事以往曾经从事过的职业。宋·陈亮《谢留丞相启》："亮青年立志，白首奋身，敢不益励初心，期在重温旧业。"也作"重操旧业"。刘绍棠《烟村四五家》九："包干到户，也算给他开了一道方便之门，他把耍儿和四亩二分地，像一团乱麻，扔给了蔡椿井，又重操旧业了。"

【重宇别院】 chóng yǔ bié yuàn　重宇：一层一层的房屋。别院：正院以外的院落。形容房舍院落很多，一栋连一栋，一层套一层。《红楼梦》一六回："特降谕诸椒房贵戚，除二六日入宫之恩外，凡有重宇别院之家，可以驻跸关防之处，不妨启请内廷鸾舆入其私第，庶可略尽骨肉私情，天伦中之至性。"〔注意〕重，不读zhòng。

【重振旗鼓】 chóng zhèn qí gǔ　见"重整旗鼓"。

【重整旗鼓】 chóng zhěng qí gǔ　旗鼓：战旗战鼓，军中发号令的用具。重新整顿战旗战鼓。比喻遭受挫折或失败后重新聚积力量，准备再干。郭沫若《我的童年》三："父亲把家业抛荒了二十年，但逼到临头，为儿女的养育计，终竟不能不重整旗鼓了。"周而复《上海的早晨》四部一六："福佑即使不能重整旗鼓，沪江大有可为，那苗头比福佑还大。"也作"重振旗

鼓"。清·萧山湘灵子《轩亭冤》卷上："嗣因两女士西游,这事就停办了。俺欲重振旗鼓,烦你拟署男女平权文,劝戒女子。"沙汀《没有演出的戏》:"在为徐雁洗尘的欢宴席上,因为这些热情的回忆,因为久别重逢的快慰以及烧酒的力量,一个重振旗鼓的提议立刻被接受了。"

【重足而立】chóng zú ér lì　重足:后脚紧挨着前脚。后脚紧挨前脚站立,不敢迈步。形容非常恐惧。《史记·秦始皇本纪》:"故使天下之士,倾耳而听,重足而立,拑口而不言。"宋·苏洵《上皇帝书》:"陛下赫然震威,诛一二人,可以使天下好吏重足而立。"〔注意〕重,不读 zhòng。

【崇论宏议】chóng lùn hóng yì　崇:高。宏:大。高超的、见识广博的言论。《史记·司马相如列传》:"必将崇论闳议,创业垂统,为万世规。"闳,同"宏"。宋·陆九渊《与符舜功书》:"下问及之,时荐其愚,非能有崇论宏议惊世骇俗之说。"《孽海花》六回:"笔管儿虽尖,终抵不过枪杆儿的凶;崇论宏议虽多,总挡不住坚船大炮的猛。"鲁迅《彷徨·高老夫子》:"但高老夫子却不很能发表什么崇论宏议。"

【崇山峻岭】chóng shān jùn lǐng　崇、峻:高大。高大的山岭。晋·王羲之《兰亭集序》:"此地有崇山峻岭,茂林修竹。"《镜花缘》六九回:"所有经过崇山峻岭,以及海外各国,处处上去游玩。"韬奋《萍踪忆语·劳工运动的先锋》:"由利诺到旧金山的一段山路,公路在崇山峻岭中盘旋而过,丛林蓊郁,清泉潺潺,风景绝佳。"路遥《早晨从中午开始》一〇:"书读得越多,你就越感到眼前是数不清的崇山峻岭。"

【崇洋媚外】chóng yáng mèi wài　崇:崇拜。媚:巴结。崇拜并巴结外国。巴金《随想录》一一〇:"这个时候我收到一封读者来信,说我的笔名要不得,是四旧,是崇洋媚外,应当'砸烂'。"严秀《我以我血荐轩辕》:"总之,在这个很小的一群人中,

爱国主义的信念是丧失了,其中的个别人或极少数人,甚至已经发展到了狂热地崇洋媚外,完全不顾人格国格的地步。"

【宠辱不惊】chǒng rǔ bù jīng　宠:宠爱。辱:侮辱。受宠爱或受侮辱都不动心。《世说新语·栖逸》:"阮光禄在东山,萧然无事,常内足于怀。有人以问王右军,右军曰:'此君近不惊宠辱。虽古之沉冥,何以过此。'"后用"宠辱不惊"指把利害得失置之度外。《新唐书·卢承庆传》:"初,承庆典选,校百官考。有坐漕舟溺者,承庆以'失所载,考中下'。以示其人,无愠也。更曰'非力所及,考中中'。亦不喜。承庆嘉之曰:'宠辱不惊,考中上。'"《杨家将演义》四八回:"吾辈持戟负戈,吃惊受恐,有甚好处。倒不如此辈,宠辱不惊,理乱不闻。"

【抽钉拔楔】chōu dīng bá xiē　楔:插在木器榫子缝里的小木橛。抽出钉子,拔去木橛。比喻解决疑难问题。《五灯会元·襄州洞山守初宗慧禅师》:"他后向无人烟处,不蓄一粒米,不种一茎菜,接待十方往来,尽与伊抽钉拔楔、拈却炙脂帽子,脱却鹘臭布衫,教伊洒洒地作个无事衲僧,岂不快哉!"元·李寿卿《度翠柳》四折:"大众恐有不能了达、心生疑惑者,请垂下问,我与他抽订拔楔。"丁:"钉"的古字。

【抽丝剥笋】chōu sī bō sǔn　一根一根地把丝抽出来,一层一层地把笋剥开。形容分析问题层次分明。沈蓥仲《简评》:"作者运用了抽丝剥笋、层层推进的议论方法,娓娓而谈,言之成理,颇能引人入胜。"

【抽薪止沸】chōu xīn zhǐ fèi　薪:柴草。沸:沸腾。抽掉灶里的柴草,让水停止沸腾。比喻从根本上消除祸患或解决问题。北齐·魏收《为侯景叛移梁朝文》:"抽薪止沸,剪草除根。"

【稠人广众】chóu rén guǎng zhòng　稠:又多又密。广:众多。形容人很多。

《史记·魏其武安侯列传》:"诸士在己之左,愈贫贱,尤益敬,与钧。稠人广众,荐宠下辈。"《官场现形记》三五回:"人家听了他,都说他是个痴子,这些话岂可在稠人广众地方说的。他并不以为意。"路遥《人生》一六章:"每逢县上有一些重大的社会活动,他胸前挂个带闪光灯的照相机,就潇洒地出没于稠人广众面前,显得特别惹眼。"

【愁肠百结】 chóu cháng bǎi jié 百结:结了许多疙瘩。形容忧愁郁结在胸中,难以排遣。《清平山堂话本·风月相思》:"愁肠百结如丝乱,珠泪千行似雨倾。"周克芹《来来》:"天性的快活,和日渐成长的青春,竟然使这两个孤儿不知忧愁,日子过得又清贫、又愉快,爱说爱笑,乐于助人,每一个有心事的、愁肠百结的庄稼人,只要见了这对小兄妹,脸上都不能不露出一点好颜色。"

【愁眉不展】 chóu méi bù zhǎn 展:张开。忧愁使双眉紧锁,舒展不开。形容心事重重。唐·姚鹄《随州献李侍御》诗之二:"旧隐每怀空竟夕,愁眉不展几经春。"《封神榜》四七回:"且说昏王一闻妲己这些言词,不由得反倒为起难来咧,立刻愁眉不展,心下不安。"《官场现形记》一六回:"且说浙江巡抚刘中丞,自从委派胡统领带了随员,统率水陆各军,前往严州剿办土匪,一心生怕土匪造反,事情越弄越大,叫他不安于位,终日愁眉不展,自怨自艾。"巴金《春》二二:"大哥近来总是愁眉不展,整天长吁短叹。"

【愁眉苦脸】 chóu méi kǔ liǎn 忧愁使得双眉紧锁,脸色悲苦。形容愁容满面。《红楼梦》六二回:"那媳妇愁眉苦脸,也不敢进厅,只到了阶下,便朝上跪下了,碰头有声。"《官场现形记》三八回:"这人痛的愁眉苦脸,流泪满面,嘴里头只是念'阿弥陀佛'、'阿弥陀佛',不敢说一声痛。"巴金《秋》三:"他每天愁眉苦脸的,没有看见他

笑过。"

【愁云惨雾】 chóu yún cǎn wù 悲愁似云,凄惨似雾。《景德传灯录·瑞峰院志端禅师》:"云愁雾惨,大众呜呼。"后用"愁云惨雾"形容极端悲愁凄惨的景象。明·谢谠《四喜记·帝阙辞荣》:"何处是家乡,时尽愁云惨雾,还隔断万峰千嶂。"张贤亮《土牢情话》三章:"晨光从喷着红红绿绿的图案的玻璃窗外一点点渗进来,但人们的脸并没有因此而开朗,一个个还是满布愁云惨雾。"

【踌躇不决】 chóu chú bù jué 踌躇:犹豫。犹豫不能作出决定。《三国演义》二二回:"四人争论未定,绍踌躇不决。"茅盾《虹》三:"她们俩的毕业就在目前,徐女士自然还要读书的,她现在踌躇不决的,就是毕业后进什么学校。"

【踌躇不前】 chóu chú bù qián 踌躇:犹豫。犹豫不敢前进。老舍《四世同堂》九〇:"他有了具体任务,不能再自惭形秽或踌躇不前了。"臧克家《信——痛悼茅盾先生》:"对您我是经常思念,恐怕打扰,我总是踌躇不前。"

【踌躇满志】 chóu chú mǎn zhì 踌躇:得意的样子。形容从容自得、心满意足。《庄子·养生主》:"提刀而立,为之四顾,为之踌躇满志。"《花月痕》三六回:"再看题的诗,是首七绝,因念道……念毕,笑道:'你好踌躇满志。'"茅盾《子夜》一二:"吴荪甫的脸上亮着胜利的红光,他踌躇满志地搓着手。"巴金《秋》三六:"他走到桌子前面,借着灯光,摇摆着头铿锵地把那两首肉麻的诗读了出来。他读完诗还踌躇满志地四顾问道:'如何?'"

【丑态百出】 chǒu tài bǎi chū 丑态:令人厌恶的举动或样子。各种各样的丑恶样子都表现了出来。《花月痕》九回:"中一席卜长俊、夏旒、胡耆三个,每人身边坐一个,毛手毛脚的,丑态百出,秽语难闻。"陈忠实《白鹿原》一七章:"冷先生喝

酒跟喝凉水的感觉和效果一样，喝任何名酒尝不出香味，喝再多也从来不见脸红脸黄更不会见醉，他看着旁人喝得那么有滋有味醉得丑态百出往往觉得莫名其妙。"

【臭不可闻】 chòu bù kě wén　臭得不能用鼻子闻。形容非常臭。《三国演义》九〇回："大半被铁炮打的头脸粉碎，皆死于谷中，臭不可闻。"也形容人名声极不好。

【臭名远扬】 chòu míng yuǎn yáng　扬：传播。坏名声传得很远。李国文《冬天里的春天》三章："石湖水上人家的名声，在四乡八邻的心目里，是不雅的……最糟糕的就是顺手牵羊式的小偷小摸，弄得臭名远扬。魏巍《火凤凰》一一九："她那个心毒手黑的哥哥凤岗，倒是臭名远扬。谁都明白，就是他下的毒手。"

【臭名昭著】 chòu míng zhāo zhù　昭著：明显。坏名声很显著，人人都知道。郭沫若《洪波曲》一〇章："他们是贺衷寒系统的人，在前方打狗吃，臭名昭著。"孟勇《红岩英魂逢春记》："小车上坐着一个马脸形的中年男人。他就是臭名昭著的特务头子——戴笠。"

【臭味相投】 chòu wèi xiāng tóu　投：迎合。比喻思想、作风、爱好等相同，互相投合。多含贬义。《官场现形记》一九回："他同刘大侉子偏偏住在一店，一问又是同乡、同班、同省。黄三溜子大喜，次日便拿了'寅乡愚弟'的帖子，到刘大侉子房间里来拜会。刘大侉子也是最爱结交朋友的，便也来回拜。自此二人臭味相投，相与很厚。"刘绍棠《蒲柳人家》一〇："麻雷子跟花鞋杜四臭味相投，狼狈为奸。"〔注意〕臭，当气味讲读 xiù。

【出尔反尔】 chū ěr fǎn ěr　尔：你。你怎样对待别人，别人也会怎样对待你。《孟子·梁惠王下》："出乎尔者，反乎尔者也。"宋·范仲淹《窦谏议录》："阴阳之理，大抵不异，为善为恶，出尔反尔，天网恢恢，疏而不漏。"后用来指言论和行动前后自相矛盾，反复无常。《老残游记》一九回："宫保说：'前日捧读大札，不料玉守残酷如此，实是兄弟之罪，将来总当设法。但目下不敢出尔反尔，似非对君父之道。'"李劼人《大波》四部二章："及至有人当面质问他，为何如此出尔反尔？他回答的是'民之所好好之，民之所恶恶之'。"

【出乖露丑】 chū guāi lù chǒu　乖：谬误。在众人面前丢人出丑。《喻世明言》卷一〇："多少人家老汉身边，有了少妇，支持不过，那少妇熬不得，走了野路，出乖露丑，为家门之玷。"《野叟曝言》一一回："不然，则遇着俊俏郎君，旧病依然复发，原少不得要做伤心之鬼，纵然遇着邪缘，毕竟担惊受怕，并致出乖露丑。"也作"出乖弄丑"。金·董解元《西厢记诸宫调》五："已恁地出乖弄丑，泼水再难收。"李劼人《大波》二部六章："她一辈子不放心的，就怕我们姊妹们做了啥子出乖弄丑的事，败了她龙家的门风。"

【出乖弄丑】 chū guāi nòng chǒu　见"出乖露丑"。

【出鬼入神】 chū guǐ rù shén　比喻变化莫测。《三国演义》三九回："操曰：'诸葛亮何人也？'庶曰：'亮字孔明，道号卧龙先生。有经天纬地之才，出鬼入神之计，真当世之奇才，非可小觑。'"

【出乎意料】 chū hū yì liào　出：超出。乎：于。意料：预先的估计。超出了预先的估计。巴金《春》一五："出乎意料之外的，她们看见有人在天井里。那是克定夫妇和喜儿三个。"丁玲《在黑暗中·梦珂》二："这天夜里却出乎意料的接到表哥的一封信，原来是为了一件朋友要紧的事不得空回来，并且也非常之挂念她。"

【出乎意外】 chū hū yì wài　出：超出。乎：于。意外：意料之外，即预先估计的情况之外。指没有想到。巴金《秋》四九："'大哥，我看你已经中了毒了，旧家庭的空气把你熏成了这个样子，觉民怜悯地说。'也许有一天我也会找到解药的'，出乎意外地觉新带着叹声答道。"郭沫若《屈原》二幕："那张仪毕竟是个聪明人，他经我那么一提，倒有点出乎意外。"

【出将入相】 chū jiàng rù xiàng 将：大将。相：宰相。出外可做大将，入朝可当宰相。指文武兼备。也指担任文武要职。《旧唐书·王珪传》："孜孜奉国，知无不为，臣不如玄龄；才兼文武，出将入相，臣不如李靖。"《醒世恒言》卷一八："后来果然出将入相，历事四朝，封为晋国公，年享上寿。"《野叟曝言》一一回："将来交了眼运，扬眉吐气，富贵俱全，一到四十以外，便该八座了。五十岁上，出将入相，荫子封妻，二十余年大运。"

【出口成章】 chū kǒu chéng zhāng 章：文章。话说出口来就能成为一篇文章。形容文思敏捷、口才好。《史记·樗里子甘茂列传》唐·司马贞索隐："滑稽，酒器，可转注吐酒不已。以言俳优之人出口成章，词不穷竭，如滑稽之吐酒不已也。"《警世通言》卷九："十岁时，便精通书史，出口成章，人都夸他锦心绣口。"《野叟曝言》三〇回："璇姑笑道：'四嫂出口成章，原来是个女才子哩！'"丁玲《太阳照在桑乾河上》三一："咱老吴肚子里多着呢，他是出口成章，比曹子建，就是那个曹操的儿子还不错呢！"

【出类拔萃】 chū lèi bá cuì 出：超出。类：同类。拔：高出。萃：指聚在一起的人或物。《孟子·公孙丑上》："圣人之于民，亦类也；出于其类，拔乎其萃。自生民以来，未有盛于孔子也。"后用"出类拔萃"指人的品德才能出众，高出同类之上。《三国志·蜀书·蒋琬传》："琬出类拔萃，处群僚之右。"《醒世恒言》卷二："既无出类拔萃之才，宜急流勇退，以避贤路。"《红楼梦》四九回："又见诸姊妹都不是那轻薄脂粉，且又和姐姐皆和契，故也不肯怠慢。

其中又见林黛玉是个出类拔萃的，便更与黛玉亲敬异常。"老舍《四世同堂》二三："老二把嫂嫂的'真的'解释成：庶务领队真乃出类拔萃。于是，有枝添叶的把事情的经过与将来的希望都又说了一遍。"

【出没无常】 chū mò wú cháng 出：出现。没：消失。常：固定不变。一会儿出现，一会儿消失，没有一定的规律。宋·王十朋《论广海二寇札子》："海寇出没无常，尤为濒海州县之患。"《野叟曝言》六六回总评："缘倭奴肆毒，出没无常，沿海州县，草木皆兵。"魏巍《火凤凰》三八："尽管你们比国民党的正规军装备差得多，但是战法确实高明，作战勇敢，而且出没无常，不知什么时候就会受到你们的袭击。"

【出谋划策】 chū móu huà cè 谋：主意。策：计策。为人出主意定计策。姚雪垠《李自成》二卷三九章："说实在的，我诚心诚意做你的军师，替你出谋划策，报答你的厚意。"魏巍《地球的红飘带》一："为什么周西城这样重视他呢？就因为王家烈颇有些胆略，而且善于出谋划策。"

【出其不意】 chū qí bù yì 不意：料想不到。在别人料想不到时行动。《孙子·计篇》："攻其无备，出其不意。"《喻世明言》卷二七："玉奴难逆丈夫之意，只得披衣，走至马门口，舒头望月，被莫稽出其不意，牵出船头，推堕江中。"茅盾《子夜》一七："吴荪甫一边笑，一边就出其不意地拦腰抱住了徐曼丽。"也指出乎人的意料。《三国演义》一二回："操遂引军径奔兖州。薛兰、李封出其不意，只得引兵出城迎战。"王安忆《香港的情和爱》六："老魏要送给逢佳一个出其不意的礼物。为了猜礼物是什么，他们足足花了几个夜晚的电话。"

【出奇制胜】 chū qí zhì shèng 奇：奇兵或奇计。制胜：取胜。《孙子·势篇》："凡战者，以正合，以奇胜。故善出奇者，无穷如天地，不竭如江河。"后用"出奇制胜"指用奇兵或奇计取得胜利。唐·陆贽《论替换李楚琳》:"楚琳率伍凡材,厮养贱品,因时扰攘,得肆猖狂,非有陷坚殪敌之雄,出奇制胜之略。"姚雪垠《李自成》一卷八章:"你们去吧。可是要切记着出奇制胜,冷不防打到敌人的致命地方。"

【出人头地】chū rén tóu dì　宋·欧阳修《与梅圣俞书》:"读轼书,不觉汗出。快哉,快哉! 老夫当避路,放他出一头地也。"意思是让苏轼高出一头。后用"出人头地"指高人一等,超过一般人。《初刻拍案惊奇》卷一三:"赵聪因为娇养,直捱到十四岁上才读完得经书,赵六老还道他出人头地,欢喜无限。"《镜花缘》三二回:"此处最好天文、卜筮、勾股算法,诸样奇巧,百般技艺,无一不精。并且彼此争强赌胜,用尽心机,苦思恶想,愈出愈奇,必要出人头地,所以邻国俱以'智佳'呼之。"梁实秋《雅舍小品·勤》:"各行各业,凡是勤奋不息者必定有所成就,出人头地。"李劼人《暴风雨前》四部八:"又因为好胜,便事事都想出人头地,便事事都要博得人家的称誉。"

【出人意表】chū rén yì biǎo　出:超出。意表:意料之外。出乎人们意料之外。指不同寻常。《南史·袁宪传》:"宪常招引诸生与之谈论,新义出人意表。"《醒世恒言》卷三:"到十二岁,琴棋书画,无所不通。若题起女工一事,飞针走线,出人意表。此乃天生伶俐,非教习之所能也。"《孽海花》三四回:"不过这个人机警得出人意表,决不是平常人,我们倒要留心访察。"丁玲《在黑暗中·梦珂》三:"正在这当儿,张寿琛太出人意表,而她又确确实实的听见他正打着上海腔问那瘦子说:'阿是? 年纪弗大,面孔生来也勿错,侬看阿好?'"

【出人意料】chū rén yì liào　出:超出。意料:预先的估计。超出了人们预先的估计。《红楼梦》五七回:"这一件事都是出

人意料之外,凭父母本人都愿意了,或是年年在一处的,以为是定了的亲事,若月下老人不用红线拴的,再不能到一处。"老舍《四世同堂》三七:"出人意料的,她恢复了前几年曾经时行的头式,而配以最新式样的服装。她非常的大胆,硬使不调和的变成调和。"路遥《平凡的世界》(中)四章:"正因为太出人意料,当这件事成为事实后,公众中引起的强烈反响就不足为奇了。"

【出人意外】chū rén yì wài　出:超出。意外:意料之外。超出人们意料之外。《二十年目睹之怪现状》二九回:"这件事说出来,真是出人意外。"李劼人《大波》三部八章:"两个旗籍大员这种出人意外的举动,感动了一些人。"夏衍《〈新华日报〉及其他》:"就在这个关键性的时刻,时局发生了出人意外的变化。"

【出神入化】chū shén rù huà　神:神妙。化:化境,即最高境界。形容技艺极其高超,达到了绝妙的境界。《野叟曝言》四七回:"这两句诗已把全唐诗人都压倒了。不料末二句更是出神入化,此所以名动公卿、而为当今一代之诗伯也。"路遥《早晨从中午开始》四二:"又一次体会,任何行业都有水平线以上的大师。眼前这位老人历经一生磨炼,在他的行道无疑已达到了出神入化的境界。"

【出生入死】chū shēng rù sǐ　从出生到死去。《老子·五十章》:"出生入死,生之徒十有三,死之徒十有三。"《韩非子·解老》:"人始于生,而卒于死,始之谓出,卒之谓入,故曰出生入死。"后用来形容冒着生命危险。宋·柳开《阙题》:"赐臣步骑数千,令臣统帅行伍,必能为陛下出生入死,破敌摧坚。"《三国演义》八三回:"吾自从孙将军平定江南,经数百战;其馀诸将,或从讨逆将军,或从当今大王,皆披坚执锐、出生入死之士。"《二十年目睹之怪现状》六○回:"我身边这几个人,是跟着我出生

入死过来的,好容易有了今天。"沈从文《大小阮》:"大阮知道这位佳在大人身边还富裕,就放心了许多。至于小阮的出生入死,种种经过,他却并不如何引起兴趣。"

【出水芙蓉】chū shuǐ fú róng 芙蓉:荷花。露出水面的荷花。多形容女子长得美丽动人。宋·洪咨夔《沁园春·用周潜夫韵》词:"濂溪家住江湄,爱出水芙蓉清绝姿。"刘心武《钟鼓楼·并非开头》:"当天她穿着一件藕丝单衫,立在晚风中,衬着碧波绿荷,恰似一朵素雅的出水芙蓉。"

【出头露面】chū tóu lù miàn ❶显露头角,出面活动。明·史可法《公恳留在朝疏》:"如陈名夏、项煜诸人,既以身受伪官,觍颜事贼,乃复具出头露面,俨列朝班。"周而复《上海的早晨》二部五七:"我们职工动员起来,打破顾虑,扯破脸皮,给徐义德这些坏家伙斗,早斗、晚上,把徐义德斗服帖了,总以为该赶走徐义德,让我们工人出头露面了。"❷指在公共场合露面。《初刻拍案惊奇》卷二○:"可怜裴兰孙是个娇滴滴的闺中处子,见了一个幕生人,也要面红耳热的,不想今日出头露面,思念父亲临死言词,不觉寸肠俱裂。"老舍《四世同堂》六四:"你要知道,招弟出头露面的登台,原是为捧你! 别忘恩负义!"

【出言不逊】chū yán bù xùn 逊:谦恭。说出话来不谦恭有礼。形容态度傲慢。《三国志·魏书·张郃传》:"郃快军败,出言不逊。"《镜花缘》四五回:"随后屠龙童儿也来岸上,向黄面道人道:'拿龙出言不逊,不肯上来。弟子本要将其屠戮,因未奉法旨,不敢擅专,特来请示。'"周而复《上海的早晨》四部二四:"一提起守仁这孩子,她总以为是个孽根,横眉竖眼,愣头愣脑,出言不逊,横行霸道,惹得左邻右舍离他远远的,闹得家宅没有一天安宁,上上下下老老小小都为他担惊受怕。"

【初出茅庐】chū chū máo lú 茅庐:草屋。东汉末,诸葛亮隐居南阳,刘备三次到茅庐拜访,诸葛亮才答应出山。当时刘备被曹操攻打,形势危急。诸葛亮设计,在博望坡用火攻曹军,取得重大胜利。《三国演义》三九回:"博望相持用火攻,指挥如意笑谈中;直须惊破曹公胆,初出茅庐第一功。"后用"初出茅庐"指刚出来做事或刚步入社会。《二十年目睹之怪现状》一○○回:"卜子修是初出茅庐的人,得了那个差使,犹如抓了印把子一般,倒也凡事必躬必亲。"周而复《上海的早晨》二部三四:"初出茅庐的小子,愣头愣脑,一点人情世故也不懂。"

【初来乍到】chū lái zhà dào 乍:刚刚。刚刚来到。夏衍《〈新华日报〉及其他》:"我初来乍到,要了解的事、要做的事很多。"叶文玲《小溪九道弯》六:"现在,葛金秋已经不像初来乍到那时那样时时牵心挂肠地思念家乡的一切了。"

【初露锋芒】chū lù fēng máng 锋芒:刀剑的尖端,比喻才能或锐气。初次显露出才能或锐气。孟勇《无名七杰》:"这一切都准备妥当之后,张露萍便开始初露锋芒了。"春山、庭昆《平衡木上"小女神"》:"一九七九年在第四届全运会上,年仅十二岁的吴佳妮,初露锋芒,获得了运动健将的称号。"

【初露头角】chū lù tóu jiǎo 头角:比喻才华。比喻青年人刚刚显露出才华。沙汀《发挥文学创作"轻骑兵"的作用》:"我们文学战线上一些初露头角的新生力量,是令人高兴的,他们在创作上正在开拓一个新的领域,已经显示出极为可喜的预兆。"

【初生牛犊不怕虎】chū shēng niú dú bù pà hǔ 犊:小牛。刚出生的小牛不惧怕老虎。比喻青年人无所畏惧,敢闯敢拼。《三国演义》七四回:"俗云:'初生之犊不惧虎。'父亲纵然斩了此人,只是西羌一小卒耳。"伍修权《征程漫漫》:"我那时才二十来岁,初生之犊不怕虎。我上去就滔滔不绝地大讲了一通。"李国文《花园街五号》:"不但扭亏为盈,而且开始挣回外汇,小金牛真有点初生牛犊不怕虎似地朝国际市场上挤。"

【樗栎庸材】 chū lì yōng cái　樗、栎:两种不能成材的树木。比喻平庸无用的人。也用作自谦之词。唐·杨炯《隰川县令李公墓志铭》:"炯樗栎庸材,瓶筲小器。"《三国演义》三六回:"庶曰:'某樗栎庸材,何敢当此重誉。'"

【除暴安良】 chú bào ān liáng　暴:暴虐的人。良:善良的人。除掉残暴的坏人,安抚善良的百姓。《镜花缘》六八回:"将来若姐姐做了国王,我们同心协力,各矢忠诚,或定礼制乐,或兴利剔弊,或除暴安良,或举贤去佞,或敬慎刑名,或留心案牍。"沈从文《黄昏》:"事情完结以后,那位骑马的押队副官,目击世界上已经少了一个'恶人','除暴安良'的责任已尽,下了一个命令,领带队伍,命令在前面一点儿的号手,吹了得胜回营的洋号缴令去了。"

【除恶务尽】 chú è wù jìn　恶:指坏人坏事。务:必须。指铲除坏人坏事必须要彻底。《野叟曝言》七四回:"唐以屡赦而成藩镇之祸,蔓草难图,除恶务尽。"陈忠实《白鹿原》一五章:"斩草除根,除恶务尽。黑娃那一伙逃了躲了贼心可没死哇!"

【除旧布新】 chú jiù bù xīn　除:清除。布:布置。清除旧的,建立新的。《左传·昭公十七年》:"冬,有星孛于大辰,西及汉。申须曰:'彗,所以除旧布新也。'"《晋书·杜轸传》:"时邓艾至成都,轸白太守曰:'今大军来征,必除旧布新,明府宜遵之,此全福之道也。'"沈从文《长河·题记》:"住处恰当水陆冲要,耳目见闻复多,湘西在战争发展中的种种变迁,以及地方问题如何由混乱中除旧布新,渐上轨道,我都有机会知道得清清楚楚。"

【除旧更新】 chú jiù gēng xīn　除:清除。更:改换。清除旧的,改换成新的。晋·竺僧朗《报南燕主慕容德》:"慧者除旧更新之象。"清·华伟生《开国奇冤·训士》:"被我又上了一个条陈,说除旧更新,人材缺乏,非开办个巡警两等学堂不可。"〔注意〕更,不读 gèng。

【锄强扶弱】 chú qiáng fú ruò　锄:铲除。强:强暴。扶:扶助。弱:弱小。铲除强暴,扶助弱小。《二刻拍案惊奇》卷一二:"此等锄强扶弱的事,不是我,谁人肯做?"张恨水《啼笑因缘》一八回:"他是相信古往今来那些侠客的。但侠客所为,是除暴安良,锄强扶弱。没有强暴之人做出不平的事来,就用不着侠客。"

【处变不惊】 chǔ biàn bù jīng　变:变乱。处在变乱之中,能沉着应付,一点儿也不惊慌。蒋子龙《阴阳交接》:"马骏心里算着账,脸上仍然善气迎人。他永远都是处变不惊。"刘绍棠《村妇》卷一:"汉根的金童跟阿大大不相同,黑更半夜,生死关头,竟满脸憨笑,咿呀哼哈,自言自语,一声也不啼哭,整个儿是一副处变不惊的大将风度。"〔注意〕处,不读 chù。

【处心积虑】 chǔ xīn jī lù　处:存。积:聚集。存着某种想法,早已有了打算。形容用尽心思地谋划。《穀梁传·隐公元年》:"何甚乎郑伯? 甚郑伯之处心积虑,成于杀也。"《官场现形记》四六回:"单说大少爷见老人家有这许多银子,自己到不了手,总觉有点难过;变尽方法,总想偷老头子一票,方才称心。如此者处心积虑,已非一日。"张恨水《啼笑因缘》二一回:"家树一想他们处心积虑,为的是和我为难,我既落到他们手心里来了,岂肯轻易放过,这也只好听天由命了。"〔注意〕处,不读 chù。

【处之泰然】 chǔ zhī tài rán　处:对待。泰然:安定自如,若无其事的样子。形容毫不在意,沉着镇定。《论语·雍也》"贤哉回也"宋·朱熹集注:"颜子之贫如此,而处之泰然，不以害其乐。故夫子再言贤哉回也，以深叹美之。"《野叟曝言》四二回："我自幼随父任，出嫁后在京在外，频年宦海，受过多少身车险厄，历过多少仕途倾轧，却自信以礼，自守以正，都觉处之泰然，从没有这番惊疑恐惧。"巴金《随想录·后记》："我想来想去，始终在似懂非懂之间。但有一点是很明确的：按原订计划我要编写五册《随想录》，现在只差最后一册，快结束了。这样一想倒又处之泰然了。"〔注意〕处，不读 chù。

【杵臼之交】chǔ jiù zhī jiāo　杵：舂米用的木棒。臼：舂米用的石臼。《后汉书·吴祐传》："时公沙穆来游太学，无资粮，乃变服客佣，为祐赁春，祐与语，大惊，遂共定交于杵臼之间。"后用"杵臼之交"指不计身分、不嫌贫贱而结成的友谊。《聊斋志异·成仙》："文登周生，与成生少共笔砚，遂共订为杵臼交。而成贫，故终岁常依周。"清·袁枚《随园诗话补遗》卷六："追忆乾隆丙辰荐鸿博入都，在赵横山阁学处见美少年张君名顾鉴者，彼此订杵臼之交。"

【础润而雨】chǔ rùn ér yǔ　础：立柱下的石头。润：潮湿。柱下石头湿润，预示天就要下雨。宋·苏洵《辨奸论》："事有必至，理有固然。惟天下之静者，乃能见微而知著。月晕而风，础润而雨，人人知之。"

【楚材晋用】chǔ cái jìn yòng　楚、晋：春秋时代诸侯国名。材：人才。《左传·襄公二十六年》："晋卿不如楚，其大夫则贤，皆卿材也。如杞梓皮革，自楚往也。虽楚有材，晋实用之。"后用"楚材晋用"比喻本国的人才被别国使用。《周书·沈重传》："建德末，重自以入朝既久，且年过时制，表请还梁。高祖优诏答之曰：'……不忘恋本，深足嘉尚。而楚材晋用，岂无先哲。……重固请，乃许焉。"《二十年目睹之怪现状》三〇回："我化了钱，教出了人，却叫外国人去用，这才是'楚材晋用'呢。"

【楚楚动人】chǔ chǔ dòng rén　楚楚：秀丽的样子。形容姿容秀丽，使人心动。清·徐瑶《太恨生传》："女虽支离憔悴，而委婉之态，楚楚动人。"周而复《上海的早晨》四部四五："这身打扮，另有一种风韵，显得楚楚动人，端庄清秀。"周克芹《来来》："她的美丽、孤凄和哀愁，是这般楚楚动人，仅仅这一点，已能使心地善良的乡下人彻底地感动了。"

【楚弓楚得】chǔ gōng chǔ dé　汉·刘向《说苑·至公》："共王出猎而遗其弓，左右请求之。共王曰：'止！楚人遗弓，楚人得之，又何求焉。'"后用"楚弓楚得"比喻失掉的利益并未外流。清·袁枚《寄庆树斋少宰》："为仆计者，将沉珠于渊耶？将买其椟而还其珠耶？抑将视作走盘之珠，仍使楚弓楚得耶？"

【楚馆秦楼】chǔ guǎn qín lóu　楚馆：楚地馆舍。秦楼：秦地楼阁。"楚馆"、"秦楼"本指歌舞场所。后用"楚馆秦楼"指妓院。《水浒传》六回："楚馆秦楼，无限风流歌妓。"《初刻拍案惊奇》卷一五："官人何不去花街柳陌，楚馆秦楼，畅饮酣歌，通宵遣兴？"

【怵目惊心】chù mù jīng xīn　怵：害怕。看到某种可怕的情况而使人震惊。周而复《上海的早晨》三部一七："路过车间大门，见工人进进出出，立刻想到'五反'的场面，怵目惊心，浑身吓丝丝的，把头一甩，迅速走进办公大楼，跨进会议室。"李劼人《大波》一部八章："他的声音是那么凄凉，而所引的又恰是那时候东亚国际间的悲剧，使得中国人怵目惊心的一种亡国悲剧。"

【怵魄动心】chù pò dòng xīn　怵：害怕。魄：魂魄。使人十分害怕和震惊。《老残游记》九回："这山不就是我们刚才来的那山吗？这月不就是刚才踏的那月吗？为何来的时候，便那样的阴森惨淡，令人怵魄动心？此刻山月依然，何以令人心旷神怡呢？"

【触景伤情】 chù jǐng shāng qíng　触：触动。被眼前景物所触动，使情绪波动而感伤。《喻世明言》卷一："光阴似箭，不觉残年将尽，家家户户，闹轰轰的暖火盆，放爆竹，吃合家欢耍子。三巧儿触景伤情，思想丈夫，这一夜好生凄楚！"陈国凯《两情若是久长时》六："刘振民别过脸去，他有点触景伤情了，一个人就这么老下去，等着进火葬场吗？"也作"睹景伤情"。明·汤显祖《还魂记·惊梦》："今日杜丽娘有些侥幸也。偶到后花园中，百花开遍，睹景伤情，没兴而回。"

【触景生情】 chù jǐng shēng qíng　触：触动。被眼前景物所触动而产生了某种感情。清·赵翼《瓯北诗话·白香山诗》："坦易者多触景生情，因事起意，眼前景，口头语，自能沁人心脾，耐人咀嚼。"老舍《四世同堂》七六："回家吧，可怕；在街上溜吧，又触景生情；他简直不知如何才好。"钱钟书《围城》四："去年战事起了不多几天，老三凤仪的老婆也养个头胎儿子，方遯翁深有感于'兵凶战危'，触景生情，叫他'阿凶'，根据《墨子·非攻篇》为他取学名'非攻'。"

【触类旁通】 chù lèi páng tōng　触：接触。通：通晓。《周易·系辞上》："引而伸之，触类而长之，天下之能事毕矣。"又《乾》："六爻发挥，旁通情也。"后用"触类旁通"谓掌握了某一事物的规律或知识，就能够以此类推，了解同类的其他事物。清·陈确《示友帖》："使吾辈举事，能事事如此，便是圣贤一路上人，要当触类旁通耳。"孙犁《写作漫谈》："你们写文章时感到困难，……那是因为你们的生活还不够丰富，不能由一点东西联想到许多东西，不能触类旁通。"

【触目皆是】 chù mù jiē shì　触目：目光接触到的。目光所接触的都是。形容非常多。鲁迅《华盖集续编·一点比喻》："北京真是人海，情形可大不相同了，单是羊负铺就触目皆是。"刘玉民《骚动之秋》五章："向阳山坡和公路两边的柳树，用花一般摇动的枝条，歌唱着北国之春的序曲。车站简陋而繁忙，触目皆是红松木垒起的山丘。"

【触目惊心】 chù mù jīng xīn　触目：目光接触到的。看到的情况，引起内心震惊。明·王世贞《鸣凤记·二臣哭夏》："李大人，闻言兴慨，触目惊心。"《花月痕》五回："那时正瑜珠西入蜀川，天寒岁暮，游子乡关之感，风人屺岵之思，麇至杳来，顿觉茅店笙声，草桥月色，触目惊心，无复曩时兴致。"周而复《上海的早晨》四部五〇："忽然沪江纱厂四个红字触目惊心地在他面前跳动。"

【川流不息】 chuān liú bù xī　川：河流。息：停止。河水一直流着，不停止。比喻事物连续不断，永不停止。多指来往的行人、车辆、船只很多。南朝梁·周兴嗣《千字文》："川流不息，渊澄取映。"《官场现形记》五八回："他是掌院，又是尚书，自然有些门生属吏，川流不息的前来瞧他。"老舍《四世同堂》三〇："她知道家中有不少像瑞丰拿来的那种礼物篮子，找出两个来，掸掸尘土就可以用——这种篮子是永远川流不息的由这一家走到那一家的。"也比喻时光永不止息地流动。宋·朱熹《答张敬夫》："夫岂别有一物拘于一时限于一处而名之哉？即夫日用之间，浑然全体，如川流之不息，天运之不穷耳。"沈从文《主妇》："她是不是也随着这川流不息的日子，变成另外一个人呢？想起时就如同站在一条广泛无涯的湖边一样，有点茫然自失。"

【穿壁引光】 chuān bì yǐn guāng　凿穿墙壁，引进亮光。晋·葛洪《西京杂记》卷二："匡衡字稚圭，勤学而无烛。邻舍有烛而不逮。衡乃穿壁引其光，以书映光而读之。"后用"穿壁引光"指勤学苦读。

【穿红戴绿】 chuān hóng dài lǜ　形容穿戴华丽。马烽、西戎《吕梁英雄传》八○回:"庙院里,人早挤满了。正殿拜麦上,坐着穿红戴绿的妇女娃娃,厢楼上,也都挤着黑压压的人头。"

【穿红着绿】 chuān hóng zhuó lǜ　着:穿。穿红衣服绿衣服。形容衣着华丽鲜艳。《红楼梦》四二回:"又有五六个老嬷嬷雁翅摆在两旁,碧纱橱后隐隐约约有许多穿红着绿戴宝簪珠的人。"〔注意〕着,不读 zháo。

【穿云裂石】 chuān yún liè shí　穿:透过。裂:裂开。透过云层,震裂石头。形容声音高亢激越。宋·苏轼《李委吹笛引》:"既奏新曲,又快作数弄,嘹然有穿云裂石之声。"《水浒传》八一回:"锦袋内擎出那管凤箫,李师师接来,口中轻轻吹动,端的穿云裂石之声。"

【穿凿附会】 chuān záo fù huì　穿凿:勉强进行解释。附会:将毫无关系的事生硬地联系在一起。指在论证中勉强解释,生硬联系。宋·朱熹《答江德功》:"自己分上更不曾实下功夫,而穷日夜之力以为穿凿附会之计,此是莫大之害。"钱钟书《围城》三:"斜川生气不好发作,板着脸说:'跟你们这种不通的人,根本不必谈诗。我这一联是用的两个典,上句梅圣俞,下句杨大眼,你们不知道出处,就不要穿凿附会。'"

【穿针引线】 chuān zhēn yǐn xiàn　比喻从中拉拢、撮合,使发生联系。《西湖二集》卷一二:"万乞吴二娘怎生做个方便,到黄府亲见小姐询其下落,做个穿针引线之人。"刘绍棠《烟村四五家》八:"过两天,蹚完了地,你骑上自行车,驮着我去给你椿井叔穿针引线。"

【传杯换盏】 chuán bēi huàn zhǎn　形容宴会上互相斟酒的欢乐情景。《儒林外史》八回:"蘧公子十分大酒量,王太守也最好饮,彼此传杯换盏,直吃到日西时分,将交代的事当面言明,王太守许完出结,作别去了。"

【传檄而定】 chuán xí ér dìng　檄:声讨敌人或叛逆者的文书。发布一道檄文就可以平定。形容声威甚大,不用武力就能将对手制服。《史记·淮阴侯列传》:"今大王举而东,三秦可传檄而定也。"《三国演义》四一回:"愿将军奋整奇兵,设于险处击之,操可获矣。获操则威震天下,中原虽广,可传檄而定。"

【传宗接代】 chuán zōng jiē dài　宗:祖宗。代:后代。承接祖宗,延续后代。《野叟曝言》一三三回:"我也是决意从死,被太夫人正论提醒,才安心守节抚孤。你母亲只生你一子,你该替他传宗接代,岂可轻生?"李劫人《大波》三部一章:"嘿嘿,生男育女,传宗接代!我根本就没有这种腐败想头!"

【船到江心补漏迟】 chuán dào jiāng xīn bǔ lòu chí　船已经驶到了江心才想起补漏洞,已经晚了。比喻不预先防范,事到临头才想法补救,无济于事。元·关汉卿《救风尘》一折:"凭时节,船到江心补漏迟,烦恼怨他谁。事要前思,免后悔。"《封神榜》一三○回:"事已到此悔无用,总然痛哭是枉然。临崖勒马收缰晚,船到江心补漏迟。"王火《战争和人》(二)卷三:"'你娘是破屋又遭连夜雨。我们这些做亲眷的也受牵连! 唉!'他长叹一声,'就怕船到江心补漏迟了!'"

【船到桥头自然直】 chuán dào qiáo tóu zì rán zhí　船到了桥头自然会放直船身过去。比喻不必多虑,事到临头自然会有解决的办法。王火《战争和人》(二)卷五:"管仲辉得意地挤眼笑笑,说:'我是不管这些的!"船到桥头自然直"嘛,哈哈!'"

【串通一气】 chuàn tōng yī qì　串通:

暗中互相勾结。指暗中互相勾结,互相配合。《官场现形记》四七回:"司里实在是为大局起见,生怕他们串通一气,设或将来造起反来,总不免'荼毒生灵'的。"刘绍棠《蒲柳人家》一〇:"你橘叔跟我变了心,你还跟他串通一气。"

【创巨痛深】 chuāng jù tòng shēn 创:创伤。痛:痛苦。创伤大,痛苦深。《世说新语·纰漏》:"司空流涕曰:'臣父遭遇无道,创巨痛深,无以仰答明诏。'"梁启超《中国积弱溯源论》:"文宗显皇帝……北狩热河,鼎湖一去,龙髯不返,此实创巨痛深,而无以复加者也。"〔注意〕创,不读chuàng。

【疮痍满目】 chuāng yí mǎn mù 见"满目疮痍"。

【窗明几净】 chuāng míng jī jìng 几:小桌子。窗户明亮,小桌干净。形容房间里非常干净。《花月痕》一回:"窗明几净,得一适情之物而情注之,酒阑灯灺,见一多情之人而情更注。"萧红《呼兰河传》一章:"一进了院,正房五间,厢房三间,一律是青红砖瓦房,窗明几净,空气特别新鲜。"刘心武《钟鼓楼》一章:"他在窗明几净的屋子里,沉着地等待有关部门给他安排工作。"也作"明窗净几"。宋·欧阳修《试笔·学书为乐》:"苏子美尝言,明窗净几,笔砚纸墨,皆极精良,亦自是人生一乐。"《野叟曝言》五五回:"素臣在书房中静候,举目四看,见明窗净几,四壁图书精雅不过。"王火《战争和人》(三)卷三:"屋内明窗净几,雅静得很,给人一种特别清洁的感觉。"〔注意〕几,不读jǐ。

【床上安床】 chuáng shàng ān chuáng 比喻事物重复。南朝陈·姚最《续画品·毛棱》:"右惠远之子,便捷有余,真巧不足,善于布置,略不烦草。若比方诸父,则床上安床。"鲁迅《热风·估〈学衡〉》:"姑且不论其'能''健''谈''称',床上安床,'抉噬之状'终于未记,而'变色'的事,但'资诹

喙',也可谓太远于事情。"

【创家立业】 chuàng jiā lì yè 创立家业。《西游记》一八回:"我得到了你家,虽是吃了些茶饭,却也不曾白吃你的;我也曾替你家扫地通沟,搬砖运瓦,筑土打墙,耕田耙地,种麦插秧,创家立业。"柳青《创业史》一部一二章:"他脑袋一热想,豁出来不创家立业了,创国家大业吧。"

【创业垂统】 chuàng yè chuí tǒng 创业:创立事业。垂统:指传给后代。创立一番事业,传给后代子孙。《孟子·梁惠王下》:"君子创业垂统,为可继也。"宋·曾巩《贺熙宁十年南郊礼毕大赦表》:"陛下抑而不图,谦以自取,以谓先后创业垂统,其功莫得而名。"

【创业维艰】 chuàng yè wéi jiān 创业:创立事业。维:语助词。艰:困难。创立一番事业是非常困难的。王火《战争和人》(一)卷四:"江怀南吁了一口气,感慨万端地吐露心曲,说:'秘书长,可惜啊可惜! 创业维艰,一番事业眼看快要兑现,一场战火,一切都成镜花水月了!'他指的当然是威南农场。"

【怆地呼天】 chuàng dì hū tiān 怆:悲伤。悲伤地呼天唤地。形容悲痛欲绝的样子。《醒世恒言》卷四:"当下只气得个秋公怆地呼天,满地乱滚。邻家听得秋公园中喧嚷,齐跑进来。看见花枝满地狼籍,众人正在行凶,邻里尽吃一惊,上前劝住。"

【吹胡子瞪眼】 chuī hú zi dèng yǎn 形容发脾气或盛怒的样子。魏巍《火凤凰》八九:"这王队长虽然平时对老百姓吹胡子瞪眼,此时却显得诡态可掬。"

【吹灰之力】 chuī huī zhī lì 指非常小的气力。《西游记》四四回:"我两个是他靠胸贴肉的徒弟,我师父却又好道爱贤,只听见说个'道'字,就也接出大门。若是我两个引进你,乃吹灰之力。"路遥《在困

难的日子里》四章:"不用说,我不用吹灰之力很快就把斧头弄好了。"

【吹毛求疵】chuī máo qiú cī 吹毛:吹开皮上的毛。求:寻找。疵:斑点,指毛病。《韩非子•大体》:"不吹毛而求小疵,不洗垢而察难知。"后用"吹毛求疵"比喻故意挑毛病,找岔子。《汉书•中山靖王刘胜传》:"有司吹毛求疵,笞辱其臣,使证其君。"《水浒传》四七回:"即目山寨人马数多,钱粮缺少,非是我等要去寻他,那厮倒来吹毛求疵,因而正好乘势去拿那厮。"《警世通言》卷一七:"却说有司官,将马给事家房产田业尽数变卖,未足其数,兀自吹毛求疵不已。"《二十年目睹之怪现状》二一回:"一心只想参了他的功名,却寻不出他的短处来,便要吹毛求疵,也无处可寻。"李劼人《大波》一部三章:"照那样吹毛求疵的批注,漫道是时下的上谕、官书,就是汉唐许多大手笔的诏诰,也无一篇无毛病。"〔注意〕疵,不能读作 cì。

【吹牛拍马】chuī niú pāi mǎ 说大话,奉承人。王火《战争和人》(三)卷三:"有的人会吹牛拍马结党营私抬轿奉迎;有的人会高唱和平卖国做汉奸。"

【炊金馔玉】chuī jīn zhuàn yù 炊:烧火做饭。馔:安排食物。形容饮食非常奢侈。唐•骆宾王《帝京篇》:"平台戚里带崇墉,炊金馔玉待钟鸣。"清•施国章《悲老牛》诗:"此邦百万多豪家,炊金馔玉纷如麻。"

【炊沙作饭】chuī shā zuò fàn 炊:烧火做饭。煮沙子作饭。比喻劳而无功,白白花费气力。唐•顾况《行路难》诗:"君不见担雪塞井空用力,炊沙作饭岂堪吃?"

【垂帘听政】chuí lián tīng zhèng 垂帘:封建时代皇后或皇太后临朝听政,殿上垂下帘子遮挡。指女后当政管理国家大事。《宣和遗事•后集》:"群臣复请元祐皇后垂帘听政。"《三国演义》二回:"让奏曰:'娘娘可临朝,垂帘听政;封皇子协为王;加国舅董重大官,掌握军权;重用臣等:大事可图矣。'"刘绍棠《村妇》卷一:"他虽身佩龙牌,不过是使唤丫头带钥匙,当家主不了事,马黑桃正是那垂帘听政的西太后。"

【垂手而得】chuí shǒu ér dé 垂手:下垂双手,即不动手做什么。形容毫不费力气就能得到。《歧路灯》三八回:"那个资性,读不上三二年,功名是可以垂手而得的。"

【垂死挣扎】chuí sǐ zhēng zhá 垂:临近。临近死亡时的最后挣扎。刘绍棠《黄花闺女池塘》一:"但是,日寇不甘心失败而垂死挣扎,每个月都兵分几路,从北运河西岸到北运河东岸烧杀抢掠。"王火《战争和人》(三)卷五:"现在,日寇正在作垂死挣扎,中国的抗战要保持今天的国际光荣地位,必须更要靠自己努力。"

【垂头丧气】chuí tóu sàng qì 丧气:丧失志气,指情绪低落。低着头,情绪低落。形容因失意而精神沮丧的样子。唐•韩愈《送穷文》:"主人于是垂头丧气,上手称谢。"《醒世恒言》卷五:"只说林公正闭着门,在家里收拾,听得敲门甚急,忙来开看,只见两乘轿子,依旧抬转,许多人从,一个个垂头丧气,都如丧家之狗。"《红楼梦》七八回:"宝玉想亦当出去候送才是,无奈不忍悲感,还是不去的是,遂又垂头丧气的回来。"老舍《骆驼祥子》六:"她刚要往下问,一看祥子垂头丧气的样子,车上拉着铺盖卷,把话咽了回去。"

【垂涎三尺】chuí xián sān chǐ 涎:口水。流出来的口水有三尺长。形容非常馋的样子。刘绍棠《村妇》卷二:"牛蒡浑身疲软,昏沉沉睡着。一觉睡到太阳落山,满屋炖鸡香气钻鼻子,令人忍不住垂涎三尺。"也形容十分贪婪,见到别人的好东西就渴望得到。欧阳山《三家巷》五三:"咱们广东是英美的势力范围,花的是英国钞票,穿的是美国棉花,吃的是法国大米，那日本人纵然垂涎三尺，却没有胆量来进犯广东。"〔注意〕涎，不能读作 yán。

【垂涎欲滴】 chuí xián yù dī　涎：口水。嘴馋得口水都快要滴下来。形容非常贪馋或羡慕。刘绍棠《烟村四五家》一一："玉藕身穿家常衣裳，但是鬓角上簪着一朵喜兴的小红花，正在冷灶上准备饭菜，饭菜的浓香被热风吹过墙来，田老调垂涎欲滴了。"路遥《人生》一〇章："对面山坡和川道里锄地的庄稼人，也都把家具撂下，来到地畔上，看村里这两个'洋人'。有羡慕的哑巴嘴的，有敲怪话的，也有撇凉腔的。正人君子探头缩脑地看；粗鲁俗人垂涎欲滴地看。"〔注意〕涎，不能读作 yán。

【捶胸顿足】 chuí xiōng dùn zú　顿：跺。捶打胸部，跺着两脚。形容非常悲伤或悔恨的样子。《三国演义》五六回："孔明说罢，触动玄德衷肠，真个捶胸顿足，放声大哭。"蒋子龙《阴阳交接》："她突然捶胸顿足号啕起来，痛哭一阵咒骂一阵忿恨一阵。呼天抢地夹着切齿咬牙还间有理智陈词。"刘绍棠《瓜棚柳巷》九："柳梢青捶胸顿足，后悔不已。"也作"顿足捶胸"。《封神榜》四九回："一个个只急的顿足捶胸，满面流泪，言言语语，慌乱无比。"

【椎心泣血】 chuí xīn qì xuè　椎：捶打。捶打胸脯，哭得眼睛流出了血。形容极度悲痛。汉·李陵《答苏武书》："何图志未立而怨已成，计未从而骨肉受刑。此陵所以仰天椎心而泣血也。"唐·李商隐《祭裴氏姊文》："椎心泣血，孰知所诉。"〔注意〕椎，不读 zhuī。

【春风得意】 chūn fēng dé yì　在春风的吹拂中感到称心如意。形容读书人考中后的得意心情。唐·孟郊《登科后》诗："春风得意马蹄疾，一日看尽长安花。"也形容获得成功或事业顺畅时心满意足、扬扬自得的样子。梁实秋《雅舍小品·退休》："从前读书人十载寒窗，所指望的就

是有一朝能春风得意，纡青拖紫。"蒋子龙《阴错阳差》六："那是在全国科学大会开过之后，布天隽得了大奖，国外捧她，我们的报纸也吹她，正是春风得意。"

【春风化雨】 chūn fēng huà yǔ　宜于万物生长的和风及适时的雨。《孟子·尽心上》："有如时雨化之者。"汉·刘向《说苑·贵德》："吾不能以春风风人，吾不能以夏雨雨人，吾穷必矣。"后用"春风化雨"比喻良好的教育。多用来称颂师长对学生及晚辈潜移默化的教诲。《品花宝鉴》四九回："老师春风化雨之中，岂生莠草?"李英儒《野火春风斗古城》一二章："满想在这春风化雨的环境里，多受一些教益，哪知道刚入党后的一点钟内，就要离开这块令人陶醉的土地，离开这些绕世界也找不到的好人。"

【春风满面】 chūn fēng mǎn miàn　春风：比喻笑容。一脸笑容。形容和蔼喜悦的面容。元·无名氏《九世同居》四折："春风满面乐陶陶，一声长笑海山高。"张恨水《啼笑因缘》一八回："心里想着事，何小姐春风满面的招待，就没有心去理会，只是含着微笑，随便去答应她的话。"欧阳山《三家巷》一三三："她不单是春风满面，并且越来越发福了。"

【春光明媚】 chūn guāng míng mèi　明媚：鲜明可爱。春天的景色艳丽多彩。《初刻拍案惊奇》卷二三："大凡好人家女眷出外稀少，到得时节头上，看见春光明媚，巴不得寻个事由，来外边散心耍子。"《说岳全传》四回："一路上春光明媚，桃李争妍，不觉欣欣喜喜。"

【春寒料峭】 chūn hán liào qiào　料峭：形容微微的寒冷。早春的气候，使人感到乍暖还寒。《五灯会元·潭州大沩佛性法泰禅师》："春寒料峭，冻杀年少。"蒋子龙《赤橙黄绿青蓝紫》一："现在还是春寒料峭，太阳还没有出来，他们支起大白伞一是为了遮挡雾气尘埃，更主要的是为

了壮壮门面,招徕顾客。"王火《战争和人》(三)卷八:"春寒料峭,昨天阴雨,地是湿的。"

【春花秋月】 chūn huā qiū yuè 春花:春天的花朵。秋月:秋夜的月色。指春秋季节的佳景。也泛指美好的时光。南唐·李煜《虞美人》词:"春花秋月何时了,往事知多少。"《警世通言》卷三四:"灯前有影相亲,帐底无人共语。每遇春花秋月,不觉梦断魂劳。捱过一年,杳无音信。"《说岳全传》六二回:"这首诗,乃是达人看破世情,劝人不必认真,乐得受用些春花秋月,消磨那些岁月光阴。"也指岁月流逝。清·孙祖德《〈小螺庵病榻忆语〉题词·哭舍妹》:"春花秋月一年年,静锁红闺镇日闲。"阿来《尘埃落定》四〇:"这样,春花秋月,日子一天一天过去了。"

【春华秋实】 chūn huá qiū shí 华:同"花",花朵。实:果实。春天开的花朵,秋天结的果实。《后汉书·崔骃传》:"春发其华,秋收其实,有始有极,爱登其质。"后用"春华秋实"比喻文采或高尚的品德节操。清·汪憘《长生殿序》:"春华秋实,未有相兼;乐旨潘辞,尤难互济。"清·龚自珍《鸿雪因缘图序》:"宦辙所至,宏奖士类,进其春华秋实之士而扬扢之。"

【春兰秋菊】 chūn lán qiū jú 春兰:春天的兰花。秋菊:秋天的菊花。战国楚·屈原《九歌·礼魂》:"春兰兮秋菊,长无绝兮终古。"后用"春兰秋菊"比喻各有特色或专长。唐·627《和主司王起》诗:"绛帐青衿同日贵,春兰秋菊异时荣。"范作文《桂花酒》:"她们长得也都很漂亮,但春兰秋菊,风度各有千秋。"伯冬《程艳秋夫人的忧虑》:"现在这两位都蜚声剧坛的演员犹如春兰秋菊,各有千秋。"

【春暖花开】 chūn nuǎn huā kāi 春天气候暖和,百花盛开。形容春天天气宜人,景色秀丽。明·朱国祯《涌幢小品·南内》:"春暖花开,命中贵陪内阁儒臣宴赏。"老舍《四世同堂》七〇:"头一天到前门车站去值班,她感到高兴。她又有了自由,又看见春暖花开的北平。"魏巍《东方》五部八章:"那还是今年春暖花开的时节,从祖国寄来了大批的'慰问袋',小杨春也理所当然地分到了一个。"

【春秋鼎盛】 chūn qiū dǐng shèng 春秋:指年龄。鼎:正当。指正处在壮年。汉·贾谊《新书·宗首》:"天子春秋鼎盛,行义未过,德泽有加焉,犹尚若此,况莫大诸侯权势十此者乎?"《东周列国志》七一回:"及入宫廷,见王春秋鼎盛,妾非敢怨王,但自叹生不及时耳!"萧三《颂"火中的凤凰"——怀念叶挺将军》:"叶挺将军春秋鼎盛,年富力强,正要为人民解放事业继续效力,全国人民也正殷切期望着他的时候,谁料竟又在黑茶山遇难。"

【春去秋来】 chūn qù qiū lái 春季过去,秋季来到。形容时光消逝。明·刘基《大堤曲》:"春去秋来年复年,生歌死哭长相守。"明·高濂《玉簪记·合庆》:"春去秋来容易过,思儿念女泪沾裳。"

【春色满园】 chūn sè mǎn yuán 春天的景色充满整个花园。形容春天万物欣欣向荣的景象。宋·叶绍翁《游园不值》诗:"春色满园关不住,一枝红杏出墙来。"

【春树暮云】 chūn shù mù yún 唐·杜甫《春日忆李白》诗:"渭北春天树,江东日暮云。何时一樽酒,重与细论文?"当时杜甫在渭北,李白在江东,见到"春天树"、"日暮云"而触景生情,更加怀念远方的友人。后用"春树暮云"表示思念远方的友人。

【春意盎然】 chūn yì àng rán 盎然:气氛、趣味等浓厚的样子。形容春天的意味十分浓厚。刘白羽《第二个太阳》三章:"四月的北方还残冬未尽,四月的南方已春意盎然。"刘绍棠《碧桃》五:"他们觉得,在这个冷清清的小院里,有个孩子叽叽喳喳叫,给他们那寂寞单调的生活,带来了春意盎然的情趣。"

【春蚓秋蛇】chūn yǐn qiū shé 《晋书·王羲之传论》："子云近出，擅名江表，然仅得成书，无丈夫之气，行行若萦春蚓，字字如绾秋蛇。"像春天的蚯蚓、秋天的蛇一样弯曲不顺畅。后用"春蚓秋蛇"比喻书法拙劣不工。宋·苏轼《和孔密州五绝·和流杯石上草书小诗》："蜂腰鹤膝嘲希逸，春蚓秋蛇病子云。"也形容草书书法神奇多变。清·顾复《平生壮观·怀素》："若怀素《论书帖》规模右军，平正也；《千文自叙》若《笋帖》，有春蚓秋蛇之意，变化不可端倪，险绝也。"

【椿萱并茂】chūn xuān bìng mào 椿：椿树。萱：萱草。《庄子·逍遥游》："上古有大椿者，以八千岁为春，八千岁为秋。"因大椿长寿，古人用以比喻父亲。《诗经·卫风·伯兮》："焉得谖草，言树之背。"谖同"萱"。"萱草"为忘忧之草，古人用以比喻母亲。后用"椿萱并茂"比喻父母都健在。《幼学琼林·祖孙父子》："父母俱存，谓之椿萱并茂。"

【莼羹鲈脍】chún gēng lú kuài 莼：一种蔬菜名。鲈：鲈鱼。脍：切得很细的鱼或肉。《晋书·张翰传》："翰因见秋风起，乃思吴中菰菜、莼羹、鲈鱼脍，曰：'人生贵得适志，何能羁宦数千里以要名爵乎！'遂命驾而归。"后用"莼羹鲈脍"指家乡美味。宋·辛弃疾《沁园春·带湖新居将成》词："意倦须还，身闲贵早，岂为莼羹鲈脍哉。"清·方文《汾湖赠祖仲美》诗："莼羹鲈脍菰米饭，至今秋气长鲜新。"

【唇齿相依】chún chǐ xiāng yī 嘴唇与牙齿互相依存。比喻关系极为密切。《三国志·魏书·鲍勋传》："王师屡征而未有所克者，盖以吴蜀唇齿相依，凭阻山水，有难拔之势故也。"《东周列国志》二五回："时有虞虢二国，乃是同姓比邻，唇齿相依，其地皆连晋界。"刘绍棠《村妇》卷二："路伯伯是我爸爸的老朋友老领导，多年生死与共，唇齿相依，谁敢在我爸爸身后动刀子，他就不答应。"

【唇红齿白】chún hóng chǐ bái 嘴唇红，牙齿白。形容容貌俊美。宋·韩驹《善相陈君持甫、子瞻手字示予，戏赠短歌》："唇红齿白痴小儿，不羞障面欺群丑。"《二刻拍案惊奇》卷五："及至见了，又是一个眉清目秀，唇红齿白，魔合罗般一个能言能语，百问百答，你道有不快活的么？"《二十年目睹之怪现状》八二回："这位侯中丞进来察看，只见那学徒生得眉清目秀，唇红齿白，不觉动了怜惜之心。"刘绍棠《村妇》卷一："单对子亲手把金榜打扮得光头净脸唇红齿白，文墨书生公子度，骑上老岳父的大走驴，一溜烟直奔河西务。"也作"齿白唇红"。《水浒传》二一回："这张文远却是宋江的同房押司，那厮唤做小张三，生得眉清目秀，齿白唇红。"

【唇焦舌敝】chún jiāo shé bì 焦：干燥。敝：破裂。嘴唇干燥，舌头破裂。形容费尽口舌。《扫迷帚》二四回："仆事与愿违，频呼将价，几经唇焦舌敝，昆山学务始稍稍可观。"刘半农《作揖主义》："这不过忙了两只手，比用尽了心思脑力唇焦舌敝的同他辩驳，不省事得许多么？"也作"舌敝唇焦"。鲁迅《彷徨·孤独者》："亲戚本家都说到舌敝唇焦，也终于阻当不住。"

【唇枪舌剑】chún qiāng shé jiàn 嘴唇像枪，舌头像剑。形容争论时言辞非常尖刻犀利。元·高文秀《渑池会》一折："凭着我唇枪舌剑定江山，见如今河清海晏，黎庶宽安。"刘白羽《第二个太阳》一章："那时，他曾经飞赴几个爆发战争的热点执行'调处'，曾经在协和医院为了一城一地的得失，为了揭露假调停、真内战的阴谋进行过唇枪舌剑、难解难分的斗争。"

【唇亡齿寒】chún wáng chǐ hán 嘴唇没有了，牙齿就会感到寒冷。比喻互相依存，关系密切。《左传·僖公五年》："晋侯复假道于虞以伐虢。宫之奇谏曰：'虢，虞之表也；虢亡，虞必从之。……'谚所谓

'辅车相依,唇亡齿寒'者,其虞虢之谓也。"《三国演义》一九回:"楷曰:'明上今不相救,恐唇亡齿寒,亦非明上之福也。'"姚雪垠《李自成》二卷二四章:"故献忠与将军,貌为敌国,实为唇齿。唇亡齿寒,此理至明,敬望将军三思,勿逼献忠太甚。"

【鹑衣百结】 chún yī bǎi jié　鹑衣:指又破又烂,补丁多得像秃尾巴鹌鹑一样的衣服。百结:指补丁很多。指衣服破烂不堪。《太平广记》卷八六引《野人闲话》:"时有一人,鹑衣百结,颜貌憔悴,亦往庙所,众人轻之。"清·程麟《此中人语·乞丐风流》:"鹑衣百结走风尘,落魄谁怜此一身?"姚雪垠《李自成》二卷一五章:"但见百姓们个个'鹑衣百结',有的骨瘦如柴,有的浑身浮肿。"

【蠢蠢欲动】 chǔn chǔn yù dòng　蠢蠢:虫子爬动的样子。形容像虫子一样缓慢行动。明·张岱《陶庵梦忆·金山竞渡》:"金山上人团簇,隔江望之、蚁附蜂屯,蠢蠢欲动。"也比喻敌人或坏分子准备进行活动。姚雪垠《李自成》二卷二章:"商洛山中,曾被李闯王义军破过的和尚未破的地主山寨,都在暗中串联,蠢蠢欲动。"王火《战争和人》(一)卷五:"现在日寇进逼南京,有人悲观动摇了!德国法西斯,正在帮日本的忙做和平使者,投降派蠢蠢欲动。"

【踔厉风发】 chuō lì fēng fā　踔厉:腾跃的样子。风发:像风吹过一样迅速。形容发表意见时见识高超、雄辩有力的样子。唐·韩愈《柳子厚墓志铭》:"议论证据今古,出入经史百子,踔厉风发,率常屈其座人。"也形容精神奋发,斗志昂扬。《明史·李文忠传》:"文忠器量沉宏,人莫测其际,临阵踔厉风发,遇大敌益壮。"

【绰绰有余】 chuò chuò yǒu yú　绰绰:宽裕。形容很宽裕,用不完。《诗经·小雅·角弓》:"此令兄弟,绰绰有裕。"裕:富足。《二十年目睹之怪现状》五〇回:"并

且继之家里钱多,就是永远没差没缺,他那候补费总是绰绰有余的。"欧阳山《三家巷》五五:"这些团丁平时鱼肉乡民,倒绰绰有余,如今要他们对付这班生龙活虎的农场工人,却不是材料。"

【绰约多姿】 chuò yuē duō zī　绰约:女子体态柔美的样子。姿:姿色。形容女子体态柔美、姿色动人。唐·蒋防《霍小玉传》:"年可四十余,绰约多姿,谈笑甚媚。"

【词不达意】 cí bù dá yì　达:表达。说话或写文章时,使用的词语不能确切表达意思。《二十年目睹之怪现状》三〇回:"大凡译技艺的书,必要是这门技艺出身的人去译,还要中西文字兼通的才行;不然,必有个词不达意的问题。"周克芹《勿忘草》四:"新的问题使他异常的烦恼,在给芳儿的信中竟然有点词不达意,也没有一句亲切的问候和安慰,甚至没有提到他的可爱的孩子。"

【词穷理屈】 cí qióng lǐ qū　见"理屈词穷"。

【辞旧迎新】 cí jiù yíng xīn　辞:辞别。辞别旧岁,迎来新年。曲波《林海雪原》二一:"杨子荣咧嘴笑道:'好饭不怕晚,年三十晚上咱们的老规矩,要等一夜连双岁的时刻吃辞旧迎新饭。'"

【辞严义正】 cí yán yì zhèng　见"义正辞严"。

【慈老爱幼】 cí lǎo ài yòu　慈:和善。对老人和善,爱护年幼的人。《红楼梦》一三回:"下一辈的想他素日慈爱,以及家中仆从老小想他素日怜贫惜贱、慈老爱幼之恩,莫不悲嚎痛哭者。"

【慈眉善目】 cí méi shàn mù　慈:和善。形容满脸和善的样子。老舍《二马》三:"李子荣出去以后,大约有十分钟,进来一个慈眉善目的老头儿。"魏巍《火凤凰》一二:"他四下一看,这个闷罐车厢里坐着五六个老百姓,就同他们攀谈起来。

得知其中一个慈眉善目的老太太是河南人，是到西安看儿子的。"

【此唱彼和】cǐ chàng bǐ hè　这个唱，那个和。形容互相呼应。清·陈田《〈明诗纪事乙签〉序》："[后七子]与前七子隔绝数十年，而此唱彼和，声应气求，若出一轨。"鲁迅《彷徨·孤独者》一："而且大家此唱彼和，七嘴八舌，使他得不到辩驳的机会。"〔注意〕和，不读 hé。

【此地无银三百两】cǐ dì wú yín sān bǎi liǎng　古代民间故事：有一人把银子埋在地下，怕人知道，就在上面竖一块木板，上面写道："此地无银三百两。"邻居阿二将银子偷走了，也怕人发觉，就在那木板上添一句道："隔壁阿二不曾偷。"后用来比喻本想掩盖事实，反而暴露了真相。《龙图耳录》四〇回："蒋平笑道：'如此一说，那明是告诉大哥，柳兄在这里了，岂不是此地无银三百两么？'"赵乃夫《初春》九："路德印当时驳斥他说：'真的一点没剩吗？你这套"此地无银三百两"的把戏，胡弄谁呀？'"

【此起彼伏】cǐ qǐ bǐ fú　这里起来，那里落下。表示频繁地出现或产生。杨沫《青春之歌》二部一二章："天气炎热，麦浪此起彼伏地也像在骄阳下喘息着。"欧阳山《三家巷》一六〇："周副主席站在煤气灯下，还没有开始讲话，突然之间，全场那雷鸣般的掌声，跟此起彼伏的欢呼声，就一起爆发出来了。"也作"此起彼落"。王安忆《小城之恋》："码头上，一日有七八条轮船靠岸，又离岸，汽笛声此起彼落，声长声短。"

【此起彼落】cǐ qǐ bǐ luò　见"此起彼伏"。

【此一时，彼一时】cǐ yī shí, bǐ yī shí　此：这。彼：那。指时间不同，情况也会不一样。元·王实甫《西厢记》五本二折："此一时，彼一时，佳人才思，俺莺莺世间无二。"《二刻拍案惊奇》卷二二："此一时，彼一

时。他如今在天上，我得收拾门下，免死沟壑，便为万幸了。"钱钟书《围城》六："并且此一时，彼一时。那时候我没有教育经验，所以说那些话。"

【刺刺不休】cì cì bù xiū　刺刺：说话唠唠叨叨的样子。休：停止。说话唠唠叨叨，没有个完。唐·韩愈《送殷员外序》："丁宁顾婢子语，刺刺不能休。"明·朱之瑜《答安东守约书三十首》："数日来刺刺不休，使不佞迤退维谷，茹吐皆难。"《聊斋志异·口技》："三人絮语间杂，刺刺不休。"茅盾《腐蚀·十月四日》："我装作专心在银幕上，只用微笑或佯嗔以回答他的刺刺不休的丑话。"刘心武《栖凤楼》二五："吉虹完全无视雍望辉的存在，仍然刺刺不休地跟闪毅胡搅蛮缠。"〔注意〕刺，不能写作"剌(là)"。

【聪明才智】cōng míng cái zhì　才：才能。智：智慧。指智慧和才干。北齐·颜之推《颜氏家训·治家》："如有聪明才智，识达古今，正当辅佐君子，助其不足。"陈残云《山谷风烟》三章："你们都是满肚墨水的人，可以尽量发挥你们的聪明才智。"

【聪明伶俐】cōng míng líng lì　伶俐：灵活。聪明灵活。《喻世明言》卷三七："这复仁终是有根脚的，聪明伶俐，一村人都晓得他是光化寺里范道化身来的，日后必然富贵。"《红楼梦》三九回："后果然又养了一个，今年才十三四岁，生的雪团儿一般，聪明伶俐非常。"陈国凯《我应该怎么办》五："孩子已经会唱歌了，聪明伶俐，像她爸爸，很招人爱。"

【聪明一世，糊涂一时】cōng míng yī shì, hú tú yī shí　一向聪明的人，一时糊涂做错了事。老舍《骆驼祥子》一四："六十九岁的人了，反倒聪明一世，胡涂一时，教一群猴儿王八蛋给吃了！"李劼人《大波》一部八章："老哥，你是明知故问吗？抑或和伯英、梓青、慕曾他们一样，真是聪明一世糊涂一时呢？"

【从长计议】 cóng cháng jì yì 多用些时间来商量、考虑。指对事情慎重处理，不急于作决定。《水浒传》八九回："省院官说道：'你且与他馆驿内权时安歇，待俺这里从长计议。'"《三国演义》五六回："鲁肃劝曰：'皇叔且休烦恼，与孔明从长计议。'"《二十年目睹之怪现状》八九回："少奶奶到了此时，真是无可如何，只得说道：'公公婆婆，且先请起，凡事都可以从长计议。'"茅盾《虹》四："还是暂且实行你的'现在主义'罢！明年暑假时我一定回川，那时我们再从长计议。"

【从宽发落】 cóng kuān fā luò 从：采取。发落：处理。采取宽大的原则处理。明·李贽《焚书·与周友山书》："想仲尼不为已甚，诸公遵守孔门家法，决知从宽发落，许其改过自新无疑。"《隋唐演义》一四回："蔡公先问罗公起居，然后说到就是仁寿二年皂角林那桩事，我也从宽发落。"也作"从轻发落"。王火《战争和人》（一）卷一："看来，这是第一步，他第二步还是要求撤销或免予惩戒或从轻发落的吧。"

【从轻发落】 cóng qīng fā luò 见"从宽发落"。

【从容不迫】 cóng róng bù pò 从容：镇定沉着。迫：慌张。镇定沉着，不慌张。宋·陈元晋《上曾知院书》："谢安固已逆轻之矣，从容不迫，使刘牢之以北府精兵迎击于前。"《孽海花》二五回："你们看本帅在湘出发时候，勇往直前，性急如火。一比从天津到这里，这三个多月的从容不迫，迟迟我行，我想一定有许多人要怀疑不解。"钱钟书《围城》五："顾先生道：'让我走个样子给你们看。'从容不迫地过了桥，站在桥堍，叫他们过来。"

【从容就义】 cóng róng jiù yì 从容：镇定沉着。就义：为正义而牺牲。为了正义事业而镇定沉着地牺牲生命。《宋史·赵卯发传》："古人谓：'慷慨杀身易，从容就义难。'"杨沫《再上雨花台》："我望着戴着铐镣、刚毅威武、从容就义的一个个栩栩如生的英雄，望着这些陌生、又似熟悉的先烈，万千思绪涌上心头。"

【从容自若】 cóng róng zì ruò 从容：镇定沉着。自若：不改变常态。镇定沉着，跟平常一样。《旧唐书·刘世龙传》："而思礼以为得计，从容自若，尝与相忤者，必引令枉诛。"欧阳山《三家巷》一〇九："陈文雄仍然从容自若地、心平气和地说道……"王火《战争和人》（三）卷六："周先生，毛先生来谈判是身入虎穴，我一直担心，总想起鸿门宴的故事。你们从容自若，真是不胜敬佩之至！"

【从容自在】 cóng róng zì zài 从容：（时间、物资）裕余充足。自在：舒适安闲。形容悠闲自得的样子。《三国演义》一〇三回："譬之治家之道，必使仆执耕，婢典爨，私业无旷，所求皆足，其家主从容自在，高枕饮食而已。"《西游记》四八回："且宁耐两日，让那厮不来寻，然后剖开，请大王上坐，众眷族列坐，吹弹歌舞，奉上大王，从容自在享用，却不好也？"

【从善如流】 cóng shàn rú liú 从：听从。善：好，指正确的意见。流：流水。采纳正确的意见，就像水向低处流那样自然。《左传·成公八年》："楚师之还也，晋侵沈，获沈子揖。初从知、范、韩也。君子曰：'从善如流，宜哉！'"宋·范仲淹《淡交若水赋》："惟君子莫不就义若渴，从善如流。"姚雪垠《李自成》三卷三一章："幸赖袁将军居心仁厚，礼贤下士，闻过则喜，从善如流，故两年来小袁营所到之处，尚能做到平买平卖，秋毫无犯。"

【从天而降】 cóng tiān ér jiàng 从天上突然降下来。形容突然出现。《太平广记》卷二四〇引唐·张鷟《朝野金载》五："唐天后内史宗楚客性诡佞，时薛师有嬖毒之宠，遂为作铜二枚，论薛师之圣，从天而降，不知何代人也。"《西游记》三一回："哥哥，你真是从天而降也。万乞救我一救!"《野叟曝言》一三六回:"那寺中僧徒与成公从人棒击棍飞,正在不得开交,忽见官兵从天而降,拥住山门,遂想突围而逃。"刘醒龙《暮时课诵》一:"说着话,楼梯一阵颤抖。小柳的爱人提着一只菜篮,一脸晦气地从天而降。"

【从头至尾】cóng tóu zhì wěi　从开头到结尾。宋·朱熹《答林正卿》:"读书之法,须是从头至尾,逐句玩味。"《水浒传》六二回:"从头至尾都说在上面,叫他两个都点画画了字;就叫四家邻舍书了名,也画了字。"《红楼梦》一回:"因毫不干涉时世,方从头至尾抄录回来,问世传奇。"张天翼《速写三篇·谭九先生的工作》:"回到了家里,他也不问有客来过没有。反正不用你开口,九嫂就会自动地从头至尾——告诉你今天来过一些什么人,她对答了一些什么话。"

【从一而终】cóng yī ér zhōng　从:从属。终:终身。指女子只能从属一个丈夫,夫死终身不得再嫁。《周易·恒》:"妇人贞吉,从一而终也。"《醒世恒言》卷一七:"妾闻妇人之义,从一而终。夫死而嫁,志者耻之。"《二十年目睹之怪现状》八九回:"媳妇从小就知妇人从一而终的大义,所以自从寡居以后,便立志守节终身。"茅盾《虹》一:"在女子只可从一而终这个意见上,她和许多反对参政权的人们实在是同志。"

【从中作梗】cóng zhōng zuò gěng　作梗:进行阻挠。从事情进行的当中进行阻挠,使不能顺利进行。张洁《方舟》二:"'戏拍得怎样?''不顺利。'……'有人从中作梗?''哦,没有,是我自己。'梁倩知道,他这几句话不过是应酬而已。"

【粗茶淡饭】cū chá dàn fàn　简单的、粗劣的饭食。形容清苦的生活。宋·杨万里《得小儿寿俊家书》诗:"径须父子早归田,粗茶淡饭终残年。"《水浒传》四回:"打坐参禅求解脱,粗茶淡饭度春秋。"老舍《四世同堂》三五:"虽然他吃的是粗茶淡饭,住的是一升火就像砖窑似的屋子,穿的是破旧的衣裳,可是他,自青年到老年,老那么活泼结实。"钱钟书《围城》四:"家里粗茶淡饭的苦生活,你也应该过过。"

【粗心大意】cū xīn dà yì　指做事马虎,不细心。《封神榜》六八回:"城上多多添兵,严加防范,不可粗心大意。"《儿女英雄传》四回:"这是我粗心大意!我若不进去,他怎得出来?"钱钟书《围城》九:"老太太说:'全家托一个用人,太粗心大意了。这个李妈靠得住靠不住?'"

【粗枝大叶】cū zhī dà yè　比喻简略、概括。宋·朱熹《朱子语类·尚书一》:"《书序》恐不是孔安国做,汉文粗枝大叶,今《书序》细腻,只似六朝时文字。"《镜花缘》一六回:"老夫于学问一道,虽未十分精通,至于眼前文义,粗枝大叶,也还略知一二。"老舍《四世同堂》八一:"粗枝大叶的把这个事说完,刘太太既没表示出自己有胆量,也没露出什么奇怪,而只那么傻乎乎的笑了笑。"也比喻做事不细致,不认真。邓友梅《无事忙杂记》七:"可恨我自小粗枝大叶,光看了封面不往里翻,误以为讲钢铁冶炼的书,就把它扔回书架上去了。"

【粗制滥造】cū zhì làn zào　粗:粗劣。滥:多而不精细。指不负责任,草率马虎,不讲求质量。鲁迅《花边文学·商贾的批评》:"为了获利较多的报酬起见,便也不得不采用'粗制滥造'的方法,再没有人殚精竭虑用苦工夫去认真创作了。"张洁《山楂树下》:"觉得那个粗制滥造地印着一位古装美人的信封,亲切得不得了。"

【粗中有细】cū zhōng yǒu xì　在粗鲁之中又有精细之处。《西游记》八二回:"二人叹服道:'好,好,好!真是粗中有细!去来!去来!'"蒋子龙《分分钟》:"他的与众不同之处就是该自卑的时候他自得。他品质粗浊,却粗中有细。"

【促膝谈心】 cù xī tán xīn　促:靠近。膝与膝靠得很近谈心。表示亲密。唐·田颖《揽云台记》:"即有友人,不过十余知音之侣,来则促膝谈心,率皆圣贤之道,不敢稍涉异言。"《喻世明言》卷一:"大郎置酒相待,促膝谈心,甚是款洽。"《野叟曝言》三四回:"天明起来,长卿向素臣取出文书,叫人到顺天府去投递,自与素臣在书房促膝谈心。"王火《战争和人》(二)卷五:"今天见到你,潇湘路夜雨,促膝谈心,真又恍然如在梦中。"

【猝不及防】 cù bù jí fáng　猝:突然。事情突然发生,来不及防备。《野叟曝言》一〇五回:"贼兵猝不及防,心慌胆战,我兵人人得势,个个拼生,开手两员战将被素臣杀死,贼人更是胆寒。"周而复《上海的早晨》二部二八:"韩云程听钟珮文这两句尖锐的对比的话,仿佛是猝不及防的一盆冰冷的水迎头泼下,使他感到突然。"张洁《方舟》七:"她感到猝不及防,没有足够的精神准备和应变的能力。"

【跼踖不安】 cù jí bù ān　跼踖:恭敬而不安的样子。《论语·乡党》:"君在,跼踖如也。"后用"跼踖不安"形容因心情紧张而局促不安。《红楼梦》七五回:"宝玉因贾政在坐,早已跼踖不安。"李劼人《大波》三部五章:"夏之时红涨了脸皮,环顾着众人,显得很为跼踖不安的样子。"

【爨桂炊玉】 cuàn guì chuī yù　爨:烧火做饭。烧柴难得如桂,米价贵如玉。形容物价昂贵,生活艰难。宋·司马光《答刘蒙书》:"光虽窃托迹于侍从之臣,月俸不过数万,爨桂炊玉,晦朔不相续。"

【摧枯拉朽】 cuī kū lā xiǔ　摧:摧毁。枯:枯草。拉:折断。朽:朽木。摧毁枯草,折断朽木。比喻轻而易举地摧毁腐朽、虚弱的势力。《晋书·甘卓传》:"将军之举武昌,若摧枯拉朽,何所顾虑乎!"《醒世恒言》卷三四:"提起升箩般拳头,拣着个精壮村夫,赶上一拳去,只望先打倒

一个硬的,其余便如摧枯拉朽了。"刘白羽《第二个太阳》二〇章:"当红油墨印的快报,传遍每一道战壕,传给每一个战士,它变成了摧枯拉朽的物质力量。"

【摧眉折腰】 cuī méi zhé yāo　摧:低。折:弯。形容低头弯腰、恭顺屈从的样子。唐·李白《梦游天姥吟留别》诗:"安能摧眉折腰事权贵,使我不得开心颜。"

【摧陷廓清】 cuī xiàn kuò qīng　摧陷:摧毁。廓清:肃清。指攻陷敌人阵地,彻底肃清敌人。也比喻彻底破除、肃清一切陈言、积弊。唐·李汉《唐吏部侍郎昌黎先生韩愈文集序》:"呜呼,先生于文,摧陷廓清之功,比于武事,可谓雄伟不常者矣!"梁启超《十种德性相反相成义》:"无如往古来今之世界,其蒙垢积污之时常多,非时时摧陷廓清之,则不足以进步。"

【存而不论】 cún ér bù lùn　存:保留。论:讨论。暂时保留下来,不加以讨论。《庄子·齐物论》:"六合之外,圣人存而不论;六合之内,圣人论而不议。"《宋史·陈恕传》:"三教之兴,其来已久,前代毁之者多矣,但存而不论可也。"鲁迅《准风月谈·答"兼士"》:"至于存而不论,那固然也可以,然而论及又有何妨呢?"

【存亡继绝】 cún wáng jì jué　存:保存。亡:灭亡了的国家。继:接续。绝:指绝世,即断绝了禄位的世家。《论语·尧曰》:"兴灭国,继绝世,举逸民,天下之民归心焉。"后用"存亡继绝"指使灭亡了的国家得以保存,使断绝了禄位的世家得以接续。《穀梁传·僖公十七年》:"桓公尝有存亡继绝之功,故君子为之讳也。"《汉书·吴王刘濞传》:"今诸王苟能存亡继绝,振弱伐暴,以安刘氏,社稷所愿也。"《东周列国志》三三回:"齐桓公主盟四十年,存亡继绝,岁有德施于天下。"

【存亡未卜】 cún wáng wèi bǔ　卜:预料。是生是死,无法预料。《初刻拍案惊奇》卷二二:"糟糠之妻,同居贫贱多时。

今遭此大难,流落他方,存亡未卜。"

【寸步不离】 cùn bù bù lí　寸步:很短的距离。一小步也不离开。形容关系非常密切。《水浒传》八一回:"他是在下同窗朋友,如今和圣上寸步不离。"钱钟书《围城》一:"晚饭后,鲍小姐和苏小姐异常亲热,勾着手寸步不离。"也指不离开某地或紧紧跟随。《水浒传》三〇回:"自从到这里住了,寸步不离,又没工夫去快活林与施恩说话。"《红楼梦》二二回:"你这个人,就该老爷每日令你寸步不离方好。"欧阳山《三家巷》四二:"陈万利眼何应元更是倚老卖老,动手动脚,极不规矩。要不是何胡氏寸步不离,严严看着,还不知闹成什么样子。"

【寸步难行】 cùn bù nán xíng　寸步:很短的距离。一步也难以行走。形容行走十分困难。《西游记》三二回:"巅峰岭上,采药人寻思怕走;削壁崖前,打柴夫寸步难行。"刘绍棠《村妇》卷一:"谁知走了一天一夜也不歇脚。她磨出两脚水泡,寸步难行,坐在路边不想动窝。"也形容陷入困难境地,无法进行活动。《醒世恒言》卷三九:"当时既是难养,索性死了,倒也干净!何苦送来做了一家货,今日教我寸步难行。"周而复《上海的早晨》一部五四:"停电断水,原料缺乏,市场困难,头寸短少,真是寸步难行。"

【寸草不留】 cùn cǎo bù liú　寸草:小草。比喻一根也不留下。《水浒传》四回:"寸草不留,六根清净。与汝剃了,免得争竞。"也比喻全部杀光或破坏殆尽。《二刻拍案惊奇》卷六:"随顺了,不去难为你合家老小,若不随顺,将他家寸草不留。"《镜花缘》五七回:"哥哥杀上长安,管教武氏寸草不留,他才知文家利害。"欧阳山《三家巷》五九:"如今只要定个日期,冲进那稽查站里面,杀他一个寸草不留,再放一把火,把那狗窝烧了了事!"

【寸草不生】 cùn cǎo bù shēng　寸草:

小草。形容土地贫瘠,什么生物也不长。《西游记》五九回:"那山离此有六十里远,正是西方必由之路,却有八百里火焰,四周围寸草不生。"

【寸草春晖】 cùn cǎo chūn huī　寸草:小草。春晖:春天的阳光。唐·孟郊《游子吟》:"慈母手中线,游子身上衣,临行密密缝,意恐迟迟归。谁言寸草心,报得三春晖?"意思是,小草的心意,报答不了春天阳光的恩惠。后用"寸草春晖"比喻子女报答不尽父母的恩情。元·叶李《得家书老母未允迎侍之请有怀所作》诗:"孤松岁晚风霜操,寸草春晖母子心。"清·丘逢甲《山中有鸟鸣,昼夜不绝,声名曰早归,以声似也,诗以寄意二首》之一:"何曾寸草报春晖,琴剑天涯负彩衣。"

【寸长尺短】 cùn cháng chǐ duǎn　见"尺短寸长"。

【寸积铢累】 cùn jī zhū lěi　铢:古代重量单位,二十铢为一两。形容由很小的数量一点一点地积累起来。宋·李纲《与右丞相条具事宜札子》:"去岁初到,升百三十;秋得一稔,升什数文。寸积铢累,以及此数,若不妄散,以渐易新。"明·朱国祯《涌幢小品·龙秋》:"既贵,自壬寅迄己卯四十余年,寸积铢累,崇圣遗墟及郡中坛宇,焕然一新。"

【寸木岑楼】 cùn mù cén lóu　岑楼:高而尖的楼。《孟子·告子下》:"不揣其本,而齐其末,方寸之木可使高于岑楼。"意思是如果不考虑基础是否一样平,只让顶端齐一,那么一寸见方的木头也可高出高而尖的楼。后用"寸木岑楼"比喻差别很大。明·胡应麟《诗薮·唐下》:"况以甲所独工,形乙所不经意,何异寸木岑楼,钩金与羽哉!"

【搓手顿足】 cuō shǒu dùn zú　搓手:两手互相摩擦。顿足:跺脚。形容焦急而不耐烦的样子。《儿女英雄传》一四回:"说着,急得搓手顿足,满面流泪。"

【蹉跎岁月】cuō tuó suì yuè 蹉跎:时光白白过去。指虚度光阴。明·张凤翼《灌园记·君后授衣》:"倘我不能报复而死,埋没了龙泉豹韬,枉蹉跎岁月一死鸿毛。"王火《战争和人》(三)卷二:"能不能通过这三关,关系到自己的前途和未来。不能让自己沉浸在一种痛苦、消沉的情绪中蹉跎岁月。"

【厝火积薪】cuò huǒ jī xīn 厝:放置。薪:柴草。把火放在堆积的柴草下面。《汉书·贾谊传》:"夫抱火厝之积薪之下而寝其上,火未及燃,因谓之安,方今之势,何以异此!"后用"厝火积薪"比喻隐藏着极大的危险。《野叟曝言》六四回:"目今时势如厝火积薪,忽然一发便有燎原之势。"

【措手不及】cuò shǒu bù jí 措手:着手处理、应付。着手处理、应付已经来不及。《水浒传》一三回:"说时迟,那时快,一箭正中周谨左肩。周谨措手不及,翻身落马。"《西游记》附录:"刘洪正在梦中,听得火炮一响,金鼓齐鸣,众兵杀进私衙,刘洪措手不及,早被擒住。"《二十年目睹之怪现状》八五回:"其实他全靠点补药在那里撑持住,一旦溃发起来,要措手不及的。"沈从文《长河·秋》:"他得把这个重要消息报告给这个一村中的头目知道,好事先准备一番,免得临时措手不及,弄得个手忙脚乱。"

【措置裕如】cuò zhì yù rú 措置:安排。裕如:从容不费力的样子。安排料理一点也不费力气。形容处理事情成竹在胸,从容不迫。清·刘坤一《提督因疾出缺请旨简放摺》:"前署苏松、福山等镇篆务措置裕如,堪以委令署理。"

【错落有致】cuò luò yǒu zhì 错落:纷杂交错。致:情趣。形容事物安排布置参差不齐而别有情趣。清·张集馨《道咸宦海见闻录》:"遍山皆青皮古松,不下数百株,太湖石亦高低错落有致,异鸟飞翔,哗音木杪,真蓬莱仙境也。"沈从文《湘行散记·一个戴水獭皮帽子的朋友》:"从汽车眺望平堤远处,薄雾里错落有致的平田、房子、树木,全如敷了一层蓝灰,一切极爽心悦目。"路遥《平凡的世界》(下)三章:"家属区相对来说是宁静的。一幢幢四层楼房排列得错落有致。"

【错综复杂】cuò zōng fù zá 错综:纵横交错。形容头绪很多,情况复杂。李英儒《野火春风斗古城》一二章:"首长们分析问题的最大特点是:站的高看的远,能从错综复杂比一团乱麻线还要多的头绪里,伸手扯出一根筋来。"

D

【达官贵人】dá guān guì rén　地位高的官吏和尊贵显要的人物。宋·魏了翁《知巴州郭君叔谊墓志铭》:"不尚苟同,虽压以达官贵人,遇所不可,慷慨论辩,不为势屈。"《孽海花》六回:"且说那年法、越和约签订以后,国人中有些明白国势的,自然要咨嗟太息,愤恨外交的受愚。但一班醉生梦死的达官贵人,却又个个兴高采烈,歌舞升平起来。"陈忠实《白鹿原》三三章:"鹿马勺扬名古城,达官贵人富商巨头每遇红白喜事,祝寿过生日或为孩子做满月宴请宾客,都以请去'天下第一勺'为荣耀。"

【答非所问】dá fēi suǒ wèn　回答的内容不是对方要问的。《儿女英雄传》三八回:"老爷正觉得他答非所问,程相公那里就开听说:'什么叫做希希罕儿?'"鲁迅《野草·死火》:"他答非所问地说,'遗弃我的早已灭亡,消尽了。'"王火《战争和人》(一)卷一:"这是官场上的一种谈话伎俩:对付无从回答的问题时,就反答为问,或答非所问,再或王顾左右而言他,让对方来谈。"

【打抱不平】dǎ bào bù píng　主动站出来帮助受欺压者说话或出力。《野叟曝言》一八回:"素娥道:'便是不知道。莫非看审的人打抱不平?'"萧红《呼兰河传》五章:"他就越说越声音大,似乎要喊了起来,好像他是专打抱不平的好汉。"刘心武《钟鼓楼》三章:"不管这传闻确否,从卢宝桑母系那儿,他确实又熏出了一种敢说敢骂、敢打抱不平的气概。"也作"抱打不平"。刘绍棠《村妇》卷一:"你爹敢卖你,我要抱打不平,两肋插刀。"

【打草惊蛇】dǎ cǎo jīng shé　打草时惊动伏在草中的蛇。宋·郑文宝《南唐近事·王鲁为当涂宰》:"王鲁为当涂宰,颇以资产为务,会部民连状诉主簿贪贿于县尹,鲁乃判曰:'汝虽打草,吾已惊蛇。'"原比喻惩此戒彼。后用"打草惊蛇"比喻因行动不谨慎而惊动了对方。《醒世恒言》卷二○:"如今若去,便是打草惊蛇,必被躲过,可不劳而无功,却又错过了会试?"《官场现形记》一七回:"偏偏又碰着这位胡统领好大喜功,定要打草惊蛇,下乡搜捕。"梁实秋《雅舍小品·讲价》:"如果偶然发现一项心爱的东西,也不可失声大叫,如获异宝,必要行若无事,淡然处之,于听许多种物价之后,随意询及之,否则你打草惊蛇,他便奇货可居了。"姚雪垠《李自成》二卷九章:"你今天明天暂不要打草惊蛇,先稳住他们的心。"

【打成一片】dǎ chéng yī piàn　指不同的部分融合成一个整体。宋·朱熹《朱子全书·存养》:"只要常自提撕,分寸积累将去,久之自然接续,打成一片耳。"后比喻紧密结合,不分彼此。明·瞿式耜《救刘湘客等五臣疏》:"以臣揆之,公论之人,即参劾之人也;而怂恿皇上行法之人,即与参疏之人打成一片者也。"浩然《乐土》二九章:"返回赵各庄煤矿之后,我很快就跟周围的小朋友打成一片,在大粪场子上如鱼得水了。"

【打恭作揖】 dǎ gōng zuò yī　见"打躬作揖"。

【打躬作揖】 dǎ gōng zuò yī　打躬：两手向上合抱。作揖：向下合手行礼。旧时的一种礼节。《儒林外史》二二回："还是坐着同老爷打躬作揖的好，还是捧茶给老爷吃，走错路，惹老爷笑的好？"也作"打恭作揖"。《红楼梦》二六回："薛蟠连忙打躬作揖陪不是。"欧阳山《三家巷》二五："他光望着我爸爸笑，又一个劲儿地打恭作揖，那嘴巴咧开，像吃了屎的一样。"

【打鸡骂狗】 dǎ jī mà gǒu　比喻借题发挥，寻衅滋事。清·无名氏《听月楼》一折："只与夫人、小姐吵闹，打鸡骂狗，闹的阖宅不安。"鲁迅《彷徨·肥皂》："你今天怎么尽闹脾气，连吃饭时候也是打鸡骂狗的。"

【打家劫舍】 dǎ jiā jié shè　强行进入人家抢夺财物。《喻世明言》卷二〇："有一强人，姓杨名广，绰号'镇山虎'，聚集五七百小喽啰，占据南林村，打家劫舍，杀人放火，百姓遭殃。"《官场现形记》一二回："且说此时浙东严州一带地方，时常有土匪作乱，抗官拒捕，打家劫舍，甚不安静。"鲁迅《南腔北调集·谈金圣叹》："宋江据有山寨，虽打家劫舍，而劫富济贫，金圣叹却道应该在童贯高俅辈的爪牙之前，一个俯首受缚，他们想不懂。"李国文《冬天里的春天》四章："现在，无论敲谁家的门，都不敢接纳收容这些打家劫舍的败类了。"〔注意〕舍，不读 shè。

【打破沙锅璺到底】 dǎ pò shā guō wèn dào dǐ　璺：陶瓷或器皿上的裂纹，与"问"谐音。璺，今多径写作"问"。比喻究根寻底。元·吴昌龄《东坡梦》四折："葛藤接断老婆禅，打破沙锅璺到底。"《儿女英雄传》二六回："就让姐姐装糊涂不言语，我可让'打破沙锅璺到底'，问明白了，我好去回我公婆的话。"周而复《上海的早晨》三部三六："不能告诉她上秦妈妈那里去了，一告诉她，她一定要打破沙锅问到底。"

【打情骂俏】 dǎ qíng mà qiào　指用轻佻的言语、动作勾引挑逗。多指男女间调情。《孽海花》三五回："随侍左右的都是些十五六岁的雏儿，打扮得花枝招展。乍一望，定要错认做成群的莺燕。高兴起来，简直不分主仆，打情骂俏的搅做一团。"周而复《上海的早晨》四部一七："其实是一帮青年男女，爱在一块打情骂俏，不好好做庄稼，凑在一起瞎胡闹。"

【打退堂鼓】 dǎ tuì táng gǔ　古时县官退堂时要击鼓，表示停止办公或审案结束。后用来比喻做事中途退却。《官场现形记》五七回："如今听说要拿他们当作出头的人，早已一大半都打了退堂鼓了。"茅盾《腐蚀·二月二日深夜》："老俵，你赶快打退堂鼓罢，别丢脸了。"

【大步流星】 dà bù liú xīng　形容脚步迈得大，走路很快。刘绍棠《村妇》卷二："月影摇曳，夜色朦胧，牛荟走在他们的前面，大步流星很像关云长单刀赴会。"叶文玲《清凉碧云山》："他弯身挑起担子来，大步流星地走了出去。"

【大材小用】 dà cái xiǎo yòng　大的材料用在小处。比喻用人不当，浪费人才。宋·陆游《送辛幼安殿撰造朝》诗："大材小用古所叹，管仲萧何实流亚。"钱钟书《围城》三："赵辛楣鉴赏着自己嘴里吐出来的烟圈道：'大材小用，可惜可惜！方先生在外国学的是什么呀？'"周而复《上海的早晨》三部四九："冯永祥老是把他放在自己的口袋，压在他手下，在区里活动，虽说可以接触中小工商业，但有点大材小用，埋没了他的才能。"

【大彻大悟】 dà chè dà wù　彻：透彻。本佛教用语，指去烦恼，悟真理，破迷妄，开真智。后指彻底醒悟或领悟。元·郑德辉《伊尹耕莘》楔子："盖凡升天之时，先参贫道,授与仙诀,大彻大悟后,方得升九天朝真而观元始。"叶圣陶《倪焕之》二五:"但是随即又大彻大悟地想,哪有这回事,自己一定在做梦了。"王安忆《叔叔的故事》:"叔叔变得越来越冷峻,不动声色,任何事物都被他看得很彻底,已经到了大彻大悟的境界。"

【大吃一惊】dà chī yī jīng　形容对发生的事没有准备,感到十分吃惊。《官场现形记》五五回:"州官梅飏仁闻报,不觉大吃一惊,马上请了师爷来商量对付的法子。"巴金《春》一二:"这是他完全想不到的事情。他大吃一惊,连忙掉开头,但无意中又碰见了另一桌上党民的眼光。"

【大处落墨】dà chù luò mò　指绘画或写文章从主要的地方下笔。比喻办事抓住关键,从大处着眼。《官场现形记》二○回:"看你不出,倒是个大处落墨的!"茅盾《蚀·动摇》九:"她见方罗兰大处落墨地尽量责备她,却不承认自己也有半分的不是。"

【大吹大擂】dà chuī dà léi　吹:吹喇叭。擂:击鼓。热热闹闹地奏乐,表示庆贺。《水浒传》三四回:"众人都让宋江在居中坐了,秦明上首,花荣肩下,三个好汉依次而坐,大吹大擂饮酒,商议打清风寨一事。"《初刻拍案惊奇》卷二○:"刘元普自回去陪宾,大吹大擂,直饮至五更而散。"《儒林外史》二○回:"到那一日,大吹大擂,匡超人纱帽圆领,金带皂靴,先拜了给谏公夫妇,一派细乐,引进洞房。"后多用来比喻大肆宣扬或吹嘘。多用于贬义。欧阳山《三家巷》六○:"他第一次给胡杏开温中、扶阳、养血、止血的黄土汤的时候,怕病家不信,就大吹大擂,说他的药方如何灵验,如何药到病除。"严文井《关于萧乾的点滴》:"这项改革并没有大吹大擂,目的却十分清楚,步子也十分坚定。"

【大醇小疵】dà chún xiǎo cī　醇:纯。疵:毛病。大体上完美,略有小毛病。唐·韩愈《读荀子》:"荀与扬,大醇而小疵。"宋·魏庆之《诗人玉屑》卷一:"名家者各有一病,大醇小疵,差可耳。"

【大慈大悲】dà cí dà bēi　佛教用语。爱一切众生为大慈,拯救一切受苦受难的众生为大悲。后多用来指人心肠好,乐善好施。《法华经·譬喻品》:"大慈大悲,常无懈惓,恒求善事,利益一切。"《初刻拍案惊奇》卷八:"弟子虔诚拜祷,伏望菩萨大慈大悲,救苦救难,广大灵感,使夫妻再得相见。"《红楼梦》一一五回:"只有个观世音菩萨大慈大悲,遇见人家有苦难的就慈心发动,设法儿救济。"茅盾《虹》二:"似乎那边树梢后的一片落日的红光就是他所托命的新而伟大的理想,似乎那边就有些大慈大悲的圣者正在扬手招呼他。"

【大错特错】dà cuò tè cuò　完全错了。茅盾《子夜》九:"被逼到简直不能转身的李玉亭只好这么说,一面虽有点抱怨赵伯韬太不肯体谅人,一面却也自感到在老赵跟前打算取巧是大错而特错。"王火《战争和人》(二)卷一:"她把钱紧紧攥着!我以前把钱全部交由她管是大错特错了!"

【大打出手】dà dǎ chū shǒu　打出手:戏曲中一种武打技术,一个角色同几个对手相互抛掷踢武器,形成种种武打场面。后用"大打出手"形容逞凶打人或相互殴斗。王火《战争和人》(二)卷一:"歹徒们冲不进去,又一窝蜂跑到《时事新报》附设的《大晚报》大打出手,捣毁了排字房。"刘绍棠《花街》六:"下锅之前讲定,他一家老小,青帮香堂要生养死葬。狗尾巴花的爹跳下油锅炸成了炭渣儿,双方又大打出手。"

【大刀阔斧】dà dāo kuò fǔ　原指两种兵器。形容军队耀武扬威,杀气腾腾。《水浒传》六三回:"犒赏三军,限日下起行,大刀阔斧,杀奔梁山泊来。"《东周列国志》五五回:"忽然呼哨一声,三百个杀手,复合为一,都跟著杜回,大刀阔斧,下砍马足,上劈甲将。"《野叟曝言》一三七回:"忽有数十僧人大刀阔斧从林中跳跃而出,横截后队,直扑文麟马头,七八把斧头砍将过来。"后比喻办事果断有魄力。《孽海花》五回:"庄寿香大刀阔斧,气象万千,将来可独当一面。"鲁迅《准风月谈·华德保粹优劣论》:"希特拉先生不许德国境内有别的党,连屈服了的国权党也难以幸存,这似乎感动了我们的有些英雄们,已在称赞其'大刀阔斧'。"刘玉民《骚动之秋》二三章:"这位新的一把手,一上任便大刀阔斧,急于改变蓬城经济上封闭、政治上保守的局面。"

【大敌当前】 dà dí dāng qián 强大的敌人就在面前。形容形势严重。欧阳山《三家巷》八三:"如今大敌当前,咱们除了团结之外,还有别的法儿么?"王火《战争和人》(三)卷六:"大敌当前,团结一致来夺取胜利是大家的心愿。"

【大动干戈】 dà dòng gān gē 干、戈:古代两种兵器。原指进行战争。后多比喻大张旗鼓地做某件事情。《镜花缘》三五回:"刚才兄弟说国王必是暂缓吉期,那知全出意料之外,并且大动干戈,用兵征剿。"路遥《平凡的世界》(中)二五章:"说实话,黄原城也太脏了,市上完全有必要这样大动干戈来改变这个城市的风貌。"

【大恩大德】 dà ēn dà dé 巨大的恩德。《醒世恒言》卷一〇:"多蒙公公夫妇厚恩,救活残喘,又搅扰半年,大恩大德,非口舌可谢。"

【大而化之】 dà ér huà zhī 《孟子·尽心下》:"充实之谓美,充实而有光辉之谓大,大而化之之谓圣。"原指光大道德并能融会贯通。后用来形容做事不细致、不谨慎。朱自清《文心序》:"这些新的又未免太无边际,大而化之了。"

【大而无当】 dà ér wú dàng 当:底。意为说话夸大得不着边际。《庄子·逍遥游》:"吾闻言于接舆,大而无当,往而不返。吾惊怖其言,犹河汉而无极也。"后多表示大而不切合实用。《花月痕》二六回:"五石之瓠,大而无当;拳曲支离之木,匠氏过而不顾。"茅盾《子夜》三:"静听着的三位,本来都以为孙吉人那样大而无当的计画未必能得吴荪甫赞成的,现在听出了相反的结果来,并且又凑着唐云山巴巴地来问,一时竟无言可答。"钱钟书《围城》三:"她眼睛并不顶大,可是灵活温柔,反衬得许多女人的大眼睛只像政治家讲的大话,大而无当。"

【大发雷霆】 dà fā léi tíng 霆:响雷。比喻大发脾气,高声训斥。《二十年目睹之怪现状》七八回:"他到了两江任上,便有一班商人具了一个禀帖,去告一个厘局委员。他接了禀帖,便大发雷霆。"郭沫若《屈原》四幕:"她跑到国王怀里去,国王也就大发雷霆,骂三闾大夫是疯子,叫令尹和上官大夫两人把他押下去,撤了他的官职。"魏巍《地球的红飘带》二六:"他有时也急躁,也会大发雷霆,但他有意说服你时,却温文尔雅,不慌不忙,那口湖南话说得铿锵有致。"

【大方之家】 dà fāng zhī jiā 大方:大道理。指见多识广、懂得大道理的人。《庄子·秋水》:"今我睹子之难穷也,吾非至于子之门则殆矣,吾长见笑于大方之家。"鲁迅《华盖集·题记》:"意见大部分还是那样,而态度却没有那么质直了,措辞也时常弯弯曲曲,议论又往往执滞在几件小事情上,很足以贻笑于大方之家。"

【大放厥词】 dà fàng jué cí 厥:其。词:或作"辞"。原指极力铺陈辞藻。唐·韩愈《祭柳子厚文》:"玉佩琼琚,大放厥辞。"清·赵翼《瓯北诗话·苏东坡诗》:"以文为诗,自昌黎始;至东坡益大放厥词,别开生面,成一代之大观。"后指夸夸其谈,大发议论。含贬义。巴金《随想录》三:"她只读了少得可怜的几本书,就大放厥词,好像整个中国只有她一个人读过西方的作品。"王火《战争和人》(二)卷三:"后来,吉野在谈话中大放厥词,谈到什么:中国对内力不能制共,对外力不能御苏,中国应当与日本提携,反共防苏,由日本代庖对付苏俄。"

【大风大浪】dà fēng dà làng 比喻艰难险阻或社会大动荡。《歧路灯》六九回:"叫他看看我每日大风大浪,却还要好过。"姚雪垠《李自成》一卷八章:"你跟着义军打了几年仗,什么大风大浪都经见过,怎么会这样沉不住气呀?"

【大腹便便】dà fù pián pián 便便:肥大的样子。《后汉书·边韶传》:"边孝先,腹便便,懒读书,但欲眠。"后用"大腹便便"形容肚子肥大凸出的样子。梁实秋《雅舍小品·暴发户》:"主人在仰着头打哈哈的时候,脖梗子上明显地露出三道厚厚的肥肉折叠起来的沟痕。大腹便便,虽不至'垂腴尺余',也够瞧老大半天。"李国文《冬天里的春天》一章:"如今他胖了,发福了,大腹便便,不是当年副瘦削的模样,所以猛乍一看都不敢认了。"〔注意〕便便,不读biànbiàn。

【大公无私】dà gōng wú sī 秉公持正,不徇私情。《二十年目睹之怪现状》六一回:"这种赌法,倒是大公无私,不能作弊的。"钱钟书《围城》六:"我用人最大公无私,舍妹也不是他私人用的,就是她丢了饭碗,我决计尽我的力来维持老早的地位。"姚雪垠《李自成》二卷一〇章:"闯王向来军令森严,大公无私;今年春天他的叔伯兄弟李鸿恩犯了法尚且不饶,李友又算得什么东西!"

【大功告成】dà gōng gào chéng 《汉书·王莽传上》:"十万众并集,平作二旬,大功毕成。"后用"大功告成"指巨大的工程或重要的任务宣告完成。《儿女英雄传》三三回:"这件事可就算大功告成了。"茅盾《蚀·动摇》七:"史俊回省那一天,陆慕游居然大功告成。"梁实秋《雅舍小品·快乐》:"在工作过程之中,有苦恼也有快乐,等到大功告成,那一份'如愿以偿'的快乐便是至高无上的幸福了。"

【大海捞针】dà hǎi lāo zhēn 比喻很难办到或无从寻觅。含有枉费力气之意。《镜花缘》八四回:"闵兰荪张口仰首,紫芝朝里望一望道:'姐姐:你的牙缝甚宽,塞的东西甚大,你拿这根小小牙签去剔,岂非大海捞针么?'"《二十年目睹之怪现状》一〇七回:"要打听前任巡检太爷家眷的下落,那真是大海捞针一般,问了半天,没有人知道的。"王火《战争和人》(三)卷八:"上海滩这么大,人又这么多! 大海捞针,是捞不着的!"也作"海底捞针"。《初刻拍案惊奇》卷二〇:"一面点起民灶,分头追捕,多应是海底捞针,那寻一个?"莫应丰《黑洞》六:"他不曾知道,汉口原是这么大,在这里找一个人,无异于海底捞针。"

【大汗淋漓】dà hàn lín lí 淋漓:汗水往下滴落的样子。形容出很多汗。老舍《四世同堂》九〇:"啃着啃着指甲,他会尖声大叫起来,一头钻到床上,拿被子把头蒙起来,能一憋多半天,大气也不敢出,捂得浑身大汗淋漓。"邓一光《我是太阳》一部一:"靳忠人驾着大车一气跑出一二十里地,跑得马大汗淋漓,直吐白沫。"

【大旱之望云霓】dà hàn zhī wàng yún ní 云霓:天将降雨的征兆。大旱之时盼望下雨。比喻盼望殷切。《孟子·梁惠王下》:"民望之,若大旱之望云霓也。"李劼人《大波》一部八章:"所以四川人民盼望大帅出来,确有大旱之望云霓的样子。"王火《战争和人》(一)卷二:"我已经恭候多时了。盼您来正如大旱之望云霓啊！"

【大呼小叫】 dà hū xiǎo jiào 高声喊叫、吵嚷。《西游记》二回："你等大呼小叫，全不像个修行的体段！"《二十年目睹之怪现状》一〇回："你知道租界的规矩么？ 在这里大呼小叫，你只怕要吃外国官司呢！"鲁迅《集外集拾遗·启事》："铁塔虽则是极有名的古迹，只可让那些督军省长去凭吊，只可让名人学士去题名；说得低些，只让那些男学生们去顶上大呼小叫，她们女人那有游览的资格？"魏巍《东方》五部六章："果然，时间不大，从山坡上下来三十几个敌人，大呼小叫地去追那几个背伤员的战士。"

【大获全胜】 dà huò quán shèng 大败敌人或对手，得到完全胜利。《东周列国志》三八回："比及赤丁大军到时，已大获全胜，车马器械，悉为所俘。"梁实秋《雅舍小品·球赛》："最近一大群英国球迷在布鲁塞尔球场上大暴动，在球赛尚未开始就挤倒一堵墙，压死好几十意大利球迷，英国方面已阵亡一人，于球迷混战之中大获全胜。"魏巍《火凤凰》一一五："如果让第三军从石家庄北上，实行两面夹击，岂不是可以大获全胜吗？"

【大祸临头】 dà huò lín tóu 大的灾祸就要降临。老舍《四世同堂》六七："高弟，你一向就别扭，到如今大祸临头还是这么别扭！"欧阳山《三家巷》一六四："不要都抖出来了，就是只拿出其中的一件、两件，那么，你就要立刻大祸临头！"也作"大难临头"。周作人《雨天的书·"大人之危害"及其他》："然而目下那些热心的人急急皇皇奔走号呼，好像是大难临头，不知到底怕的是什么。"魏巍《火凤凰》七一："他一出来，妇女们就像大难临头似的鬼哭神嚎地躲藏。"

【大惑不解】 dà huò bù jiě 《庄子·天地》："大惑者，终身不解；大愚者，终身不

灵。"后用"大惑不解"指感到非常迷惑，不能理解。《聊斋志异·土偶》："女初不言；既而腹渐大，不能隐，阴以告母。母疑涉妄；然窥女无他，大惑不解。"张恨水《啼笑因缘》四回："家树远远的看去，她好像是在那里哭，这更大惑不解了。"叶文玲《心香》："老岩唯一叫我大惑不解的怪癖就是：他很讨厌水壶，而且讨厌到了近乎憎恶的地步。"

【大吉大利】 dà jí dà lì 特别吉利。《三国演义》五四回："适间卜《易》，得一大吉大利之兆。"巴金《秋》一："批八字的说这门亲事大吉大利，所以外婆也赞成了。"古华《芙蓉镇》二章："至于今年芙蓉树春日开花和皂角树逢公年两件异事碰在一起，水火相克，或许大吉大利，或许镇上人家会有不测祸福等等。"

【大家风范】 dà jiā fēng fàn 风范：风度，气派。有地位或有学识的人家的特有气度。《三侠五义》一八回："献茶已毕，叙起话来，问答如流，气度从容，真是大家风范。"梁实秋《雅舍小品·请客》："要让主人干着急，等他一催请再催请，然后徐徐命驾，姗姗来迟，这才像是大家风范。"

【大家闺范】 dà jiā guī fàn 大家闺秀的风范。《三侠五义》七回："包公自毕姻后，见李氏小姐幽娴贞静，体态端庄，诚不失大家闺范，满心欢喜。"巴金《春》三二："如果他知道你天天跟年轻男人在一起读什么英文，他就会看轻我，说我没有家教，说你失了大家闺范。"

【大家闺秀】 dà jiā guī xiù 旧指出身于名门的优秀女子。《儿女英雄传》八回："姑娘既是位大家闺秀，怎生来得到此？"鲁迅《彷徨·高老夫子》："维新固然可以，但做诗毕竟不是大家闺秀所宜。"钱钟书《围城》二："苏小姐是最理想的女朋友，有头脑，有身分，态度相貌算得上大家闺秀，和她同上饭馆戏院并不失自

己的面子。"

【大街小巷】 dà jiē xiǎo xiàng　泛指城市里的各处街巷。《封神榜》一九六回:"只烧的,叫苦哀哉声不断,只烧的,大街小巷赤通红。"《官场现形记》二二回:"贾桌台听在肚里,亦不时换了便服,溜出衙门,在大街小巷各处察听。"老舍《四世同堂》九五:"那些雇来的人敲着铜锣,大声吆喝着走遍大街小巷。"萧红《呼兰河传》二章:"沿着河岸蹲满了人,可是从大街小巷往外出发的人仍是不绝。"

【大惊失色】 dà jīng shī sè　失色:变了脸色。大为吃惊,以至于脸色都变了。形容非常惊恐。《初刻拍案惊奇》卷七:"武家大惊失色,三藏也慌了,只有罗公远扯开口一味笑。"《野叟曝言》六三回:"秋香怪叫,躲入后房,众丫鬟俱大惊失色。"《官场现形记》五五回:"且说电报打到南京,制台一见上面叙着有三只兵船,登时大惊失色。"姚雪垠《李自成》三卷一一章:"秦良玉大惊失色,立即吩咐她的手下将领将人马撤退上山。"

【大惊小怪】 dà jīng xiǎo guài　形容对不足为奇的事过于惊诧。宋·朱熹《答林择之书》:"要须把此事来做一平常事看,朴实头做将去,久之自然见效,不必如此大惊小怪,起模画样也。"《初刻拍案惊奇》卷一七:"达生故意走进来问道:'方才赶贼,娘受惊否?'吴氏道:'贼在那里? 如此大惊小怪。'"《二十年目睹之怪现状》四一回:"因拿了鹌鹑,假意去买油炸脍,故意把鹌鹑掉在油锅里面,还做成大惊小怪的样子。"鲁迅《准风月谈·外国也有》:"即使连中国都不见了,也何必大惊小怪呢,君不闻迦勒底与马基顿乎?——外国也有的。"茅盾《腐蚀·一月二十一日》:"反正是问不明白的,何必大惊小怪,引人注意。"也指故意声张、吵闹。《喻世明言》卷四〇:"张千身边带了公文解批,和李万商议,只等开门,一拥

而入,在厅上大惊小怪,高声发话。"《野叟曝言》二五回:"只见火光不息,窗户紧闭,里面大惊小怪,唧唧哝哝,总不住声。"

【大块文章】 dà kuài wén zhāng　大块:大地。唐·李白《春夜宴从弟桃李园序》:"况阳春召我以烟景,大块假我以文章。"原指大地景物提供给人作文章的素材。后多指长篇大论内容丰富的文章。

【大快人心】 dà kuài rén xīn　指坏人坏事受到惩罚,使人们心里感到非常痛快。明·许三阶《节侠记·诛佞》:"李秦授这厮,今日圣旨杀他,大快人心。"《野叟曝言》七九回:"文爷若能治好了舍甥女的病,把这回乐府见之实事,也是一件大快人心大有功德的事。"巴金《随想录》四二:"我自己没有办到的事他们办到了,这也是一件大快人心的事吧。"杨沫《青春之歌》二部三九章:"同学们可气坏了,我们的改选就非常顺利了。老江,你多么大快人心呀!"也作"人心大快"。端木蕻良《曹雪芹》三章:"朝廷百姓人心大快,海内宾服。"

【大梦初醒】 dà mèng chū xǐng　比喻从被蒙蔽中忽然醒悟过来。《野叟曝言》三二回:"公子如大梦初醒,深悔从前,遂打算要回去道士。"鲁迅《故事新编·出关》:"大家这才如大梦初醒,虽然因为坐得太久,两腿都麻木了,一时站不起身,但心里又惊又喜,恰如遇到大赦的一样。"巴金《随想录·新记》二:"真正用自己的脑子去想,任何大小事情,一切事物、一切人在我眼前都改换了面貌,我有一种大梦初醒的感觉。"从维熙《大墙下的红玉兰》六:"马玉麟装成大梦初醒的样子,两只手抓住葛翎的胳膊。"

【大名鼎鼎】 dà míng dǐng dǐng　鼎鼎:盛大,显赫。形容名声很大。《孽海花》三二回:"这便是你从前的乡邻、现在的房客,大名鼎鼎的傅彩云。"姚雪垠《李

自成》三卷四八章:"像咱们这样的小百姓,看见芝麻子儿大的官都害怕,何况是在大名鼎鼎的李闯王面前!"也作"鼎鼎大名"。茅盾《虹》七:"本来她的名誉太好了,周围一百里内,谁不知道鼎鼎大名的——她还顾忌么?"周而复《上海的早晨》四部一:"他就是我给你说的沪江纱厂总经理徐义德,鼎鼎大名的铁算盘。"

【大谬不然】 dà miù bù rán　谬:荒谬,错误。然:这样,如此。指大错特错,与实际完全不符。汉·司马迁《报任少卿书》:"而事乃有大谬不然者。"《官场现形记》三五回:"人家都说吃烟的人心是静的,谁知他竟其大谬不然;往往问人家一句话,人才回答得一半,他已经说到别处去了。"

【大模大样】 dà mú dà yàng　形容自以为了不起,旁若无人的样子。《初刻拍案惊奇》卷一:"况且他是大模大样过来的,帮闲行里又不十分入得队。"《红楼梦》二〇回:"这会子我来了,你大模大样的躺在炕上,见我来也不理一理。"老舍《骆驼祥子》一四:"大家给他祝寿,他大模大样的承认,仿佛觉出自己是鳌里夺尊的一位老英雄。"也形容满不在乎的样子。张恨水《啼笑姻缘》一〇回:"凤喜向来见了大兵就有三分害怕,不料今天见了大兵,倒大模大样的。"〔注意〕模,不读 mó。

【大难临头】 dà nàn lín tóu　见"大祸临头"。

【大逆不道】 dà nì bù dào　逆:叛逆。旧指犯上作乱等重大罪行。《汉书·宣帝纪》:"大逆不道,要斩。"《三国演义》一一〇回:"皆入寿春城,立一坛于西,宰白马歃血为盟,宣言司马师大逆不道,今奉太后密诏,令尽起淮南军马,仗义讨贼。"巴金《随想录·新记》四:"唯有我不让人忘记过去惨痛的教训,谈十年的噩梦反反复复谈个不停,几乎成了一个大逆不道

的罪人。"刘白羽《第二个太阳》一九章:"他们总以为一切现存的就是不可移易的,如果谁要改变它,就要像从前人们对待异教徒一样被认为大逆不道,而遭受诛戮。"

【大起大落】 dà qǐ dà luò　大幅度地起落。形容变化很大。老舍《四世同堂》六:"她的喜怒哀乐都是大起大落,整出整人的。"古华《话说〈芙蓉镇〉》:"我的年纪不算大,经历中也没有什么性命攸关的大起大落,却也是从生活的春雨秋霜、运动的峡谷沟壑里走将出来的。"

【大气磅礴】 dà qì páng bó　磅礴:广大无边的样子。形容气势盛大。多用于指写作、书法等。古华《芙蓉镇》四章:"力鼎千钧、断人生死的笔啊,为什么有时大气磅礴、字走龙蛇,有时却枯竭虚弱、万分艰涩?"王火《战争和人》(二)卷二:"见桌上有一幅爸爸写好的草书放在那里,细细一看,是抄录的文天祥《正气歌》……笔走龙蛇,大气磅礴,他似乎能明白爸爸的心意。"

【大器晚成】 dà qì wǎn chéng　大的或贵重的器物需要长时间的加工才能完成。《老子·四十一章》:"大器晚成,大音希声,大象无形。"汉·王充《论衡·状留》:"大器晚成,宝贵难售。"后比喻能干大事的人才,成就较晚。《花月痕》九回:"他不合时宜,便这般沦落;我不合时宜,更不知要怎样受人蹭蹋哩。大器晚成,他后来或有出路,我后来还有什么出路?"老舍《四世同堂》四一:"最后,那驰名的'白杏'用绵纸遮护着下了市,好像大器晚成似的结束了杏的季节。"

【大千世界】 dà qiān shì jiè　佛教用语。指以须弥山为中心,以铁围山为外部,是一个小世界;一千个小世界合起来就是小千世界;一千个小千世界合起来就是中千世界;一千个中千世界合起来就是大千世界。《五灯会元·释迦牟尼

佛》:"遍观三千大千世界,觅普贤不可得见。"后用来指广阔无边的世界。唐·程太虚《洞阳峰》诗:"丈五月轮才晃曜,大千世界便辉光。"《镜花缘》一〇〇回:"小说家言,何关轻重! 消磨了三十多年层层心血,算不得大千世界小小文章。"阿城《棋王》四:"高高的一盏电灯,暗暗地照在他脸上,眼睛深陷进去,黑黑的似俯视大千世界,茫茫宇宙。"

【大巧若拙】dà qiǎo ruò zhuō　拙:笨。指真正灵巧的人表面上倒像很笨拙。《老子·四十五章》:"大直若屈,大巧若拙,大辩若讷。"《庄子·胠箧》:"毁绝钩绳而弃规矩,掘工倕之指,而天下始人有其巧矣,故曰大巧若拙。"《西游记》七八回:"大巧若拙,还知事事无为;善计非筹,必须头头放下。"郭沫若《屈原》五幕:"这是所谓'大智若愚,大巧若拙'的话啦。"

【大权独揽】dà quán dú lǎn　揽:把持。指个人把持所有重大权力。《孽海花》六回:"他却忘其所以,大权独揽,只弄些小聪明,闹些空意气。"李劼人《大波》二部六章:"为什么电文中间,就不把现任总督和另外一位会办大臣提一提? 俨然四川事情,就该他一个人大权独揽,独断独行了。"

【大权旁落】dà quán páng luò　本应自己掌握的权柄落到别人手中。宋·高斯得《轮对奏札》:"遂使众臣争衡,大权旁落,养成积轻之势。"《明史·彭时传》:"不可悉委臣下,使大权旁落。"《官场现形记》五八回:"现在京里很有人说亲家的闲话,说亲家请了一位洋人做老夫子,大权旁落,自己一点事不问。"

【大仁大义】dà rén dà yì　仁:仁爱。义:道德、行为合宜。形容为人宽怀,行事合于仁义。《三国演义》四三回:"至于刘琮降操,豫州实出不知;且又不忍乘乱夺同宗之基业,此真大仁大义也。"

【大杀风景】dà shā fēng jǐng　见"杀风景"。

【大厦将倾】dà shà jiāng qīng　高大房屋即将倒塌。《文中子·事君》:"大厦将颠,非一木所支也。"后用"大厦将倾"比喻形势危急,面临着崩溃的危险。《野叟曝言》一一七回:"万一之想,便渴望相公,而大厦将倾,恐非一木所能支。久怀此病,亦非一时所能疗。"丁玲《太阳照在桑乾河上》三七:"从去年她娘家被清算起,她就感到风暴要来,就感到大厦将倾的危机。"

【大声疾呼】dà shēng jí hū　疾:急。提高声音急切地呼喊。指呼吁别人援助或引起人们注意或警觉。唐·韩愈《后十九日复上宰相书》:"其既危且亟矣,大其声而疾呼矣,阁下其亦闻而见之矣,其将往而全之欤,抑将安而不救欤?"宋·文天祥《贺何尉书》:"某始而骇,中而疑,继而忧愤,又继而大声疾呼,以至于流涕出血。"巴金《随想录》八二:"我虽然几次大声疾呼,但我的意见不过是一家之言,我也只是以说真话为自己晚年奋斗的目标。"

【大失所望】dà shī suǒ wàng　原来的希望完全落空。指非常失望。唐·参寥子《阙史·李仆射方正》:"忽一日谨一函,以为必遂,及睹覆札,大失所望。"《东周列国志》七四回:"阖闾初闻伍员夺要离之勇,意必魁伟非常,及见离,身材仅五尺余,腰围一束,形容丑陋,大失所望,心中不悦。"老舍《四世同堂》五三:"桐芳大失所望,颇想用毒药把大赤包毒死,而后她自己也自尽。"欧阳山《三家巷》一九一:"不出三天工夫,众人原来对他抱着的,那样高的期望,都烟消云散,变成大失所望了。"

【大势所趋】dà shì suǒ qū　大势:整个局势。趋:趋向。整个局势发展的方向。宋·陈亮《上孝宗皇帝第三书》:"天下大势之所趋,非人力之所能移也。"老舍《四世同堂》九:"我这几天不断出去,真实的消息虽然很少,可是大致的我已经清楚了大势所趋。"周而复《上海的早晨》四部五八:"大势所趋,人心所向,大家都要走这一条路,我们怎么能够不走呢?"

【大势已去】 dà shì yǐ qù 大势:整个局势。指有利的局势已经丧失。形容大局已无可挽回。《新唐书·昭宗本纪》:"自古亡国,未必皆愚庸暴虐之君也。其祸乱之来有渐积,及其大势已去,适丁斯时,故虽有智勇,有不能为者矣。"《封神演义》九七回:"纣王看见,不觉大惊,知大势已去,非人力可挽。"姚雪垠《李自成》三卷四三章:"他知道大势已去,便率着自己的人马也向东南方向逃走。"

【大是大非】 dà shì dà fēi 指带有原则性的是非问题。莫应丰《将军吟》一五章:"这些错话更不同往常,都是涉及大是大非的事,战友的耐性再好,又怎能把它扭转呢?"徐迟《哥德巴赫猜想》:"一页一页的历史写出来了,大是大非,终于有了无私的公论。"

【大手大脚】 dà shǒu dà jiǎo 形容随便花钱、消费,不知节制,毫不吝惜。《红楼梦》五一回:"成年家大手大脚,替太太不知背地里赔垫了多少东西,真真的赔的是说不出来,那里又和太太算去。"萧红《呼兰河传》五章:"但是她没有想,一方面因为团圆媳妇的病也实在病得缠绵,在她身上花钱也花得大手大脚的了。另一方面就是那云游真人的来势也过于猛了点。"蒋子龙《分分钟》:"你这样大手大脚,我只担心入不敷出。"

【大书特书】 dà shū tè shū 书:写。用更多的笔墨去写。多指事情重要、有意义,值得特别着力去写。唐·韩愈《答元侍御书》:"而足下年尚强,嗣德有继,将大书特书,屡书不一书而已。"元·

李齐贤《文殊寺施藏经碑》:"将大书特书,夸耀无极。"张恨水《啼笑因缘·自序》:"我正这样想着,立刻第二个感觉告诉我,文思如放焰火一般——放过去了,回不转来的,不可间断。因此我立刻将那些女郎置之不理,又大书特书起来。"

【大庭广众】 dà tíng guǎng zhòng 庭:厅堂。指人数众多的公开场合。《新唐书·张行成传》:"左右文武诚无将相材,奥用大庭广众与之量校,损万乘之尊,与臣下争功哉?"《二十年目睹之怪现状》八六回:"这是秘密的事,他敢在大庭广众之下喧扬起来?"刘心武《栖凤楼》五〇:"康杰虽然常在影视中出现,可是他走到大庭广众之中,很少被观众认出来。"

【大同小异】 dà tóng xiǎo yì 《庄子·天下》:"大同而与小同异,此之谓小同异;万物毕同毕异,此之谓大同异。"后用"大同小异"指事物大体相同,略有差异。北魏·杨衒之《洛阳伽蓝记·闻义里》:"惠生在乌场国二年,西胡风俗,大同小异,不能具录。"《官场现形记》四〇回:"足足问了二三十起案子,其判断与头四起都大同小异。"茅盾《子夜》一八:"她当真觉得那屡次苦恼她的大同小异的许多怪梦中间有一个确不是梦,而是真实。"李佩甫《黑蜻蜓》九:"我发现乡村里的房子几乎是大同小异,并没有特别的地方。"

【大喜过望】 dà xǐ guò wàng 指结果超过了自己期望的,因此特别高兴。《史记·黥布列传》:"淮南王至,上方踞床洗,召布入见,布大怒,悔来,欲自杀。出就舍,帐御饮食从官如汉王居,布又大喜过望。"《喻世明言》卷二三:"舜美告知前事,令妻出拜公姑。张公、张母大喜过望,作宴庆贺。"《野叟曝言》二四回:"碧莲、翠莲大喜过望,慌忙下船,漾开去了。"欧阳山《三家巷》一七五:"吴生海证实自己的办法真灵,不免大喜过望,笑得连嘴都合不拢来。"

【**大显身手**】dà xiǎn shēn shǒu 身手:武艺;本领。指充分显露自己的本事。梁实秋《雅舍小品·送礼》:"如果是个什么机构之类,有人可以支使采办,倒还省事。采办的人在其中可以大显身手。"袁静、孔厥《新儿女英雄传》七回:"他原来以为这一回大显身手,立了大功,人人都得承认他是英雄好汉,把他捧上天。"

【**大显神通**】dà xiǎn shén tōng 神通:佛教用语,指无所不能的力量,现泛指高超的本领。充分显示出奇的本领。《西游记》八九回:"他三人辞了师父,在城外大显神通。"欧阳山《三家巷》六二:"陶华、马明……都脱光衣服,只穿裤衩,在水里跳进跳出,大显神通,十分活动。"

【**大相径庭**】dà xiāng jìng tíng 径:门外小路。庭:厅堂前的院子。《庄子·逍遥游》:"吾惊怖其言,犹河汉而无极也,大有径庭,不近人情焉。"后用"大相径庭"指彼此相差很远或截然不同。明·何良俊《四友斋丛说》卷二五:"南宋陈简斋、陆放翁、杨万里、周必大、范石湖诸人之诗……不专事绮缋,其与但为风云月露之形者大相径庭。"李国文《冬天里的春天》三章:"他哪里想到,在画幅上,看到了一个凋谢的春天,地下是落英缤纷,树上是残花败朵,和于莲的一贯笔法大相径庭,是一幅非常暗淡和绝望的画。"

【**大兴土木**】dà xīng tǔ mù 大规模兴建土木工程。多指盖房屋。《旧五代史·李守贞传》:"守贞因取连宅军营,以广其第,大兴土木,治之岁余,为京师之甲。"《三国演义》一〇五回:"魏主在许昌,大兴土木,建盖宫殿。"《镜花缘》三回:"武后剿灭徐敬业,惟恐城池不固,日与武氏弟兄计议,大兴土木。"姚雪垠《李自成》二卷二九章:"这座新花园已经动工了好几年,至今仍在大兴土木。"

【**大言不惭**】dà yán bù cán 说大话而不觉羞愧。《论语·宪问》:"其言之不怍,则为之也难。"宋·朱熹集注:"大言不惭,则无必为之志,而不自度其能否矣,欲践其言,岂不难哉!"《东周列国志》八七回:"墨翟辞去,径至魏国,闻庞涓自恃其能,大言不惭,知其无援引孙膑之意,乃自以野服求见魏惠王。"《镜花缘》一八回:"大约腹中并无此书,不过略略记得几种,他就大言不惭,以为吓人地步。"梁斌《红旗谱》四二:"严知孝听他这个得意的学生大言不惭地说着,脸上的愁闷就散开了。"

【**大摇大摆**】dà yáo dà bǎi 形容走路时很神气,满不在乎,大模大样。《孽海花》二〇回:"于是张夫人、彩云都避开了。金升就领着唐卿大摇大摆的进来。"老舍《四世同堂》六四:"说完,大赤包抓起提包,冷笑了两声,大摇大摆的走了出去。"魏巍《火凤凰》八九:"翌日清晨,一支催粮队就上了公路,大摇大摆地向杨各庄前进。"

【**大义凛然**】dà yì lǐn rán 凛然:令人敬畏的样子。由于维护正义而表现出的严峻不可侵犯的样子。《痛史》二二回:"因想起文丞相和谢先生,一般的大义凛然,使宋室虽亡,犹有余荣。"欧阳山《三家巷》八四:"纵然她干哥哥那大义凛然的神气叫她十分感动,她也只是默默无言地点着头。"邓一光《我是太阳》一部七:"关山林大义凛然地说,罢,罢,我知道你们,我今日就当是一场恶仗,宁可战死,也不失了半世英名气节!"

【**大义灭亲**】dà yì miè qīn 为维护正义,对犯罪亲属不徇私情,绳之以法。《左传·隐公四年》:"石碏纯臣也,恶州吁而厚与焉。大义灭亲,其是之谓乎?"《旧唐书·李建成传》:"为存社稷,大义灭亲。"《东周列国志》二二回:"臣与庆父叔牙并是桓公之孙,臣以社稷之故,酖叔牙,缢庆父,大义灭亲,诚非得已。"茅盾《子夜》一〇:"他曾经私下地怂恿杜竹斋'大义灭亲',他劝竹斋在吴荪甫头上加一点压力,庶几吴赵的妥协有实现的可能。"李劼人《大波》二部四章:"老兄这番举动,在古人就叫作大义灭亲,真值得表彰,兄弟一定要向赵季帅禀明。"

【大有可为】dà yǒu kě wéi 事情很值得做,很有发展前途。周而复《上海的早晨》三部四九:"他高兴上海工商界大有可为,这两次会一开,许多人对民建会的态度转变了。"王火《战争和人》(三)卷六:"将来胜利了,早日返回上海,一定大有可为。"

【大有作为】dà yǒu zuò wéi 作为:可以做的事。能充分发挥才能,做出重大成绩。《孟子·公孙丑下》"故将大有为之君,必有所不召之臣,欲有谋焉则就之"宋·朱熹集注:"大有为之君,大有作为,非常之君也。"明·海瑞《治安疏》:"天下忻忻然以大有作为仰;识者谓辅相得人,太平指日可期也。"魏巍《火凤凰》一九:"华北将是你们大有作为的地方!"

【大展宏图】dà zhǎn hóng tú 指放手实施宏伟的计划和设想。李国文《冬天里的春天》四章:"有那样一个靠山,女婿等于半子,将来你可以大展宏图。"也作"大展鸿图"。王火《战争和人》(三)卷六:"这一来,杜先生可以重整旗鼓,在胜利后的大上海站住脚跟重振杜门大展鸿图了!"

【大展鸿图】dà zhǎn hóng tú 见"大展宏图"。

【大张旗鼓】dà zhāng qí gǔ 张:布置。原指军队举旗击鼓,大规模地摆开阵势。后用来比喻声势和规模很大。《孽海花》三〇回:"所难的是得到自由后,他的生活该如何安顿?再嫁呢,还是住家?还是索性大张旗鼓的重理旧业?"巴金《随想录·探索集》附录:"本来作者写作品用不着到处宣传,写出就行,我大张旗鼓,制造舆论,就是希望别人不要来干扰,让我从容执笔,"刘玉民《骚动之秋》六章:"按照鲁光明的批示,报社要大张旗鼓地进行宣传,让她立即把那份材料加以充实,改写成长篇通讯。"

【大张挞伐】dà zhāng tà fá 张:施展。挞伐:征讨。使用武力,大举进行讨伐。也指对人进行攻击、声讨。清·林则徐《会奏穿鼻尖沙嘴叠次轰击夷船情形摺》:"是该夷自外生成,有心寻衅,既已大张挞伐,何难再示兵威?"李国文《冬天里的春天》五章:"怎么能那样粗暴地伤害忠心耿耿的老同志呢? 凭什么对多年来任劳任怨的老战士大张挞伐呢?"〔注意〕挞,不能读作 dá。

【大智若愚】dà zhì ruò yú 指智慧高的人不露锋芒,表面看上去好像很愚钝。若,也作"如"。宋·苏轼《贺欧阳少师致仕启》:"大勇若怯,大智如愚,至贵无轩冕而荣,至仁不导引而寿。"《野叟曝言》一三回:"大智若愚,大勇若怯。我不是要埋怨他,正深爱着他,要他藏锋敛锷,以成大器。"阿来《尘埃落定》二九:"在父亲眼里,我的形象正在改变,正从一个傻子,变成一个大智若愚的人物。"

【呆若木鸡】dāi ruò mù jī 《庄子·达生》:"鸡虽有鸣者,已无变矣,望之似木鸡矣,其德全矣,异鸡无敢应者,反走矣。"指该训练好的斗鸡,能心神安定,镇定自若,跟木雕的鸡一样。后用"呆若木鸡"形容呆笨或因惊惧、惊讶而发呆的样子。若,也作"似"。《二十年目睹之怪现状》四五回:"我提à到案不问时,那罗荣统呆似木鸡,一句话也说不出。"梁实秋《雅舍小品·客》:"有时主人方在厕上,客人已经升堂入室,回避不及,应接无术,主人鞠躬如也,客人呆若木鸡。"莫应丰《老百姓的节日》二:"人死后,她反而不知道哭泣,只是眼睛发直,呆若木鸡。"

【呆头呆脑】 dāi tóu dāi nǎo　形容人言行迟钝或不机灵、不活泼的样子。《红楼梦》八九回:"他说宝二爷怎么好,只会顽儿,全不像大人的样子,已经说亲了,还是这么呆头呆脑。"《二十年目睹之怪现状》七七回:"况且看他呆头呆脑的样子,不定我说的他果然信了,他还要赶回京里和文琴下不去,这又何苦呢。"鲁迅《准风月谈·新秋杂识》:"孩子长大,不但失掉天真,还变得呆头呆脑,是我们时时看见的。"

【代人受过】 dài rén shòu guò　代:替。替别人承担过错的责任。茅盾《腐蚀·十一月二十五日》:"哦,照你这么说,你竟是代人受过了?"刘绍棠《瓜棚柳巷》四:"吴钩虽然聪明绝顶,过目成诵,却不得不代人受过,每天满头青包,满身鞭痕,屁股肿得不敢挨一挨凳子。"

【待价而沽】 dài jià ér gū　沽:卖。《论语·子罕》:"子贡曰:'有美玉于斯,韫椟而藏诸? 求善贾而沽诸?'子曰:'沽之哉! 沽之哉! 我待贾者也。'"贾,同"价"。指等待好价钱出售。后用"待价而沽"比喻怀才待用或待时而行。宋·杨时《谢楚大夫启》:"公论一废,私谒肆行,待价而沽,顾连城而莫售。"茅盾《虹》五:"也有的是受不住男子们的纠缠,那么,独身主义成了挡箭牌;更有的人简直借此装幌子,仿佛是待价而沽!"

【待人接物】 dài rén jiē wù　物:世人。与他人交往相处。宋·朱熹《朱子语类·学七》:"其待人接物,胸中不可先分厚薄。"《水浒传》一九回:"王头领待人接物,一团和气,如何心地倒恁窄狭?"茅盾《腐蚀·一月五日》:"话已到了这个地步,再推诿也非'待人接物'之道,我只好同意。"古华《芙蓉镇》二章:"李国香这回确是身分不同,待人接物,讲话办事的水平也不同。"

【待时而动】 dài shí ér dòng　时:时机。等待有利时机然后行动。《周易·系辞下》:"君子藏器于身,待时而动,何不利之有?"《三国志·魏书·张范传》:"不若择所归附,待时而动,然后可以如志。"《东周列国志》九五回:"昭王深自韬晦,养兵恤民,待时而动。"王火《战争和人》(一)卷四:"我虽遭到排挤,解甲归田,坐着冷板凳蜗居在此,心里总有不甘! 藏龙卧虎,应该待时而动。"

【待字闺中】 dài zì guī zhōng　待字:古代女子许嫁以后才命字,因称尚未订婚的女子为"待字"。闺:旧称女子所居的内室。指女子尚未订婚。清·梁绍壬《两般秋雨盦随笔·方子云诗》:"宛如待字闺中女,知有团圞在后头。"刘绍棠《草莽》三:"云锦二十出头,还待字闺中,落得个多愁多病的身子,老爹白秀才暗暗着急。"

【戴天履地】 dài tiān lǚ dì　头顶着天,脚踏着地。《左传·僖公十五年》:"君履后土而戴皇天,皇天后土实闻君之言。"后用"戴天履地"指人活在天地之间。多含感受天地之无私而不敢逾越本分之意。《后汉书·翟酺传》:"臣荷殊绝之恩,蒙值不讳之政,岂敢雷同受宠,而以戴天履地。"宋·陈亮《谢汪侍郎启》:"戴天履地,获自附人子之中;分死得生,无非拜大贤之赐。"《红楼梦》七八回:"你我皆向蒙王恩,戴天履地,不能报其万一。"

【戴罪立功】 dài zuì lì gōng　指身负罪责争取立功以减免惩罚。《野叟曝言》八九回:"千军易得,一将难求,兼系贫僧徒弟,特来求情,贷他一死,令其戴罪立功。"马烽、西戎《吕梁英雄传》五六回:"康有富自那天看了伪军俘虏们热烈参加抗日、戴罪立功的情景以后,心上就像被刀子扎了一下,说不出的难受。"张炜《古船》九章:"你发挥了一技之长,戴罪立功,很好;如果这种发明继续下去,必定功大于罪,成为一个新人。"

【丹书铁券】 dān shū tiě quàn　帝王颁赐给功臣的世代享受免罪特权的凭证。以朱砂刻写在特制的铁板上,故名。《后汉书·祭遵传》:"死则畴其爵邑,世无绝嗣,丹书铁券,传于无穷。"《水浒传》五一回:"先朝曾敕赐丹书铁券,但有做molesti不是的人,停藏在家,无人敢搜。"〔注意〕券,不能读作 juàn。

【担惊受怕】 dān jīng shòu pà　提心吊胆,放心不下,处在恐惧之中。《水浒传》二五回:"你们若要长做夫妻,每日间一处不担惊受怕,我却有一条妙计,只是难教你。"《野叟曝言》一二回:"搅得村里大家鸡犬不宁,夜里都是担惊受怕,睡不着的。"老舍《四世同堂》九○:"哪怕是躺在棺材里,他身边也得有个伴儿,要不,就是死了,也得日日夜夜担惊受怕。"梁实秋《雅舍小品·爆竹》:"而且山臊恶鬼也蠢得很,一定要在那三元行始之日担惊受怕的挨门逐户去听那爆竹响!"

【单刀赴会】 dān dāo fù huì　单刀:单人持刀。源出三国蜀将关羽携带单刀独自去见吴将鲁肃的故事。指独自前往。《三国演义》六六回:"吾来日驾小舟,只用亲随十余人,单刀赴会,看鲁肃如何近我。"《醒世恒言》卷三:"吴八公子见了,放下面皮,气忿忿的像关云长单刀赴会,一把交椅,朝外而坐,狠仆侍立于傍。"老舍《四世同堂》五○:"我不是关公,不想唱《单刀会》;况且,关公若生在今天,也准保不敢单刀赴会。"魏巍《火凤凰》一○三:"虽然毛泽东单刀赴会似的到重庆去了,但进攻解放区的枪声却一直未停。"

【单刀直入】 dān dāo zhí rù　原为佛教用语。比喻认定目标,勇猛精进。后多比喻直截了当,不绕弯子。《五灯会元·旻德和尚》:"若是作家战将,便请单刀直入,更莫如何若何。"明·朱之瑜《答安东守约问三十四条》:"文字最难是单

刀直入,然直须要有力,一声便要喝得响亮。"老舍《四世同堂》九三:"金三爷没时间谈他的闺女和外孙子,他单刀直入,打听钱先生住在哪儿。"杨沫《青春之歌》二部七章:"她们谈了一会儿家常,道静忽然单刀直入地开了腔。"

【单枪匹马】 dān qiāng pǐ mǎ　单独一人持枪骑马上阵。形容单独行动,无人协助。五代·汪遵《乌江》诗:"兵散弓残挫虎威,单枪匹马突重围。"《三国演义》七一回:"汝岂不知吾昔在当阳长坂时,单枪匹马,觑曹兵八十三万如草芥!"后比喻孤身一人或单独行动。老舍《四世同堂》九四:"瑞宣理解白巡长的心情,劝他不必单枪匹马去杀日本人,最好是跟大家同心合力,做点地下工作。"刘绍棠《小荷才露尖尖角》二:"七七年大学招生,花街上的姑娘小伙子人人怯阵,偏是榆钱儿单枪匹马报了名。"也作"匹马单枪"。《说岳全传》一五回:"当时下城来,提着枪,翻身上马,开了城门,放下吊桥,一声炮响,匹马单枪,出到阵前。"

【殚见洽闻】 dān jiàn qià wén　殚:尽。洽:遍。见闻广博。汉·班固《西都赋》:"元元本本,殚见洽闻。"唐·刘知几《史通·采撰》:"向使专凭鲁策,独询孔氏,何以能殚见洽闻,若斯之博乎?"〔注意〕殚,不能读作 dàn。

【殚精毕力】 dān jīng bì lì　殚:竭尽。毕:用完。用尽精力。明·张居正《示季子懋修》:"甲辰下第,然后揣己量力,复寻前辙,昼作夜思,殚精毕力,幸而艺成。"〔注意〕殚,不能读作 dàn。

【殚精竭虑】 dān jīng jié lǜ　殚:竭尽。用尽精力和心思。《清史稿·陈奂传》:"奂尝言大毛公诂训传言简意赅,遂殚精竭虑,专攻《毛传》。"姚雪垠《李自成》三卷六章:"一年来殚精竭虑,惟愿早奏肤功,以纾皇上宵旰之忧。"魏巍《地球的红飘带》四:"尽管他的意见不被重视,一些

会议不让他参加，他还是殚精竭虑，力图挽救危局。"〔注意〕殚，不能读作 dàn。

【箪食壶浆】 dān sì hú jiāng 箪：盛饭的竹器。壶：盛水器。浆：米汤。指百姓犒劳欢迎军队。《孟子·梁惠王下》："箪食壶浆，以迎王师。"《西游记》九六回："行至十里长亭，又设着箪食壶浆，擎杯把盏，相饮而别。"姚雪垠《李自成》二卷三六章："义旗所指，必然望风响应，箪食壶浆相迎。"〔注意〕食，不读 shí。

【箪食瓢饮】 dān sì piáo yǐn 《论语·雍也》："一箪食，一瓢饮，在陋巷，人不堪其忧，回也不改其乐。"后用"箪食瓢饮"指清贫的生活。《南史·张邵传》："布衣韦带，弱女所安，箪食瓢饮，不觉不乐。"《儿女英雄传》三六回："一件是个竹筐儿，便是颜子当日箪食瓢饮的那个箪。"〔注意〕食，不读 shí。

【胆大包天】 dǎn dà bāo tiān 形容胆量极大。《封神榜》四七回："纣王在坐上越思越思越发气恼，心中又恨两个逆子胆大包天，擅敢持刀杀父。"刘绍棠《花街》六："叶三车虽然胆大包天，但是这突如其来的一惊，也吓得他一身冷汗。"蒋子龙《赤橙黄绿青蓝紫》一："这两个小子胆大包天，竟在工厂的大门口，扯旗放炮地干起来了。"

【胆大妄为】 dǎn dà wàng wéi 肆无忌惮地胡作非为。《官场现形记》五三回："顿时又电奏一本，说他擅卖矿产，胆大妄为，请旨拿交刑部治罪。"《孽海花》一〇回："这种人要在敝国，是早已明正典刑，那里容他们如此胆大妄为呢!"刘心武《钟鼓楼》六章："北京市能有多少胆大妄为地趁着夜深人静，潜入苗圃偷窃苗木的歹徒呢?"

【胆小如鼠】 dǎn xiǎo rú shǔ 形容胆小怕事。《孽海花》三五回："又利用那班揩鼻子的嫖客们力不胜鸡、胆小如鼠，只要略施小计，无不如愿大来。"老舍《四世

同堂》二九："老二的胆小如鼠并不是使老大看不起他的原因。"陈国凯《摩登阿Q》："阿Q 有时很革命，有时感情很脆弱；有时气壮如牛，有时胆小如鼠。"

【胆战心寒】 dǎn zhàn xīn hán 战：发抖。形容十分害怕。《封神榜》一七〇回："众位仙闻听，一个个胆战心寒，俱各默默不言。"李国文《冬天里的春天》四章："哀号声、悲鸣声、泣求声，听起来让人胆战心寒，毛骨悚然。"也作"胆颤心寒"。《水浒传》七七回："李明见先折了一个，却待也要拨回马走时，被杨志大喝一声，惊得魂消魄散，胆颤心寒，手中那条枪，不知颠倒。"

【胆战心惊】 dǎn zhàn xīn jīng 战：发抖。形容非常害怕。《敦煌变文集·维摩诘经讲经文》："闻说便胆战心惊，岂得交吾曹为使。"《西游记》三回："你看他弄神通，丢开解数，打转水晶宫里，唬得老龙王胆战心惊，小龙子魂飞魄散。"《镜花缘》一九回："二位老兄才被他们考的胆战心惊，如今怕还怕不来，那里还敢乱猜!"巴金《秋》二六："枚少爷一步一步地走到周老太太的面前，他胆战心惊地看了他的祖母一眼。"也作"胆颤心惊"。刘玉民《骚动之秋》六章："一时间，大桑园成了蓬城地面上出现的一尊令人胆颤心惊的怪物。"也作"心惊胆战"。《三国演义》一三回："四更左侧，赶到箕山下，大叫：'车驾休行! 李傕、郭汜在此!'吓得献帝心惊胆战。"李英儒《野火春风斗古城》一三章："听到这位进屋就说话的人自称是游击队政委，关敬陶一时吓得心惊胆战，头皮根子发白，后脊骨直冒冷气。"也作"心惊胆颤"。《说岳全传》四三回："兀术三人，听得战鼓齐鸣，心惊胆颤。"

【胆颤心寒】 dǎn zhàn xīn hán 见"胆战心寒"。

【胆颤心惊】 dǎn zhàn xīn jīng 见"胆

战心惊"。

【淡泊明志】dàn bó míng zhì 淡泊：不追求名利。淡，也作"澹"。三国蜀·诸葛亮《诫子书》："夫君子之行，静以修身，俭以养德，非澹泊无以明志，非宁静无以致远。"后用"淡泊明志"指甘于恬淡寡欲的生活以表明高尚的志趣。清·无名氏《杜诗言志》卷三："每自寓其天怀之乐，而澹泊明志。"王火《战争和人》(三)卷二："我到江津，不求闻达，委屈苟安，只想宁静致远、淡泊明志，可是如今你却招惹这许多麻烦使我烦心！"

【淡而无味】dàn ér wú wèi ❶事物平淡无奇，没有情趣。唐·释皎然《诗式》卷二："情者，如康乐公'池塘生春草'是也，抑由情在言外，故其辞似淡而无味。"柳青《创业史》一部二三章："冯有义和任老四，背着葛条和行李，在前边走着，交谈着山里山外气候的差别……尽管是见天都要说的闲话，听起来淡而无味，但庄稼人在走路和做活的时候，还是有必要认真地交谈交谈。"❷食物没有滋味。张天翼《速写三篇·"新生"》："厨子实在应当判他几年徒刑才对：老是那几样菜，老是那么淡而无味。"

【淡妆浓抹】dàn zhuāng nóng mǒ 淡雅和浓艳两种截然不同的妆点。宋·苏轼《饮湖上初晴后雨》诗："欲把西湖比西子，淡妆浓抹总相宜。"《金瓶梅》七三回："原来妇人还没睡，才摘去冠儿，挽着云髻，淡妆浓抹，正在房内茶烹玉蕊，香袅金炉等待。"《花月痕》三回："痴珠又瞧那泥金集句楹联云：秋月春风等闲度，淡汝浓抹总相宜。"

【弹尽粮绝】dàn jìn liáng jué 弹药用光，粮草断绝。形容处境非常困难。周大新《第二十幕》(上)三部二一："我还没有弹尽粮绝，我还有力量抵抗，可为啥让我撤呀？"路遥《早晨从中午开始》二六："当时的心情就像一名弹尽粮绝的士兵

看到了水、饼干和子弹同时被运到了战壕里。"

【弹丸之地】dàn wán zhī dì 弹丸：弹弓所用的铁丸或泥丸。比喻狭小的地方。《战国策·赵策三》："诚知秦力之不至，此弹丸之地，犹不予也，令秦来年复攻王，得无割其内而媾乎？"《三国演义》七六回："且荆州九郡，俱已属彼，止有麦城，乃弹丸之地。"路遥《平凡的世界》(下)六章："父亲正在院子外边的那块弹丸之地上漫旱烟苗。"

【弹无虚发】dàn wú xū fā 每一颗子弹都击中目标。《镜花缘》二六回："弓弦响处，那弹子如雨点一般打将出去，真是'弹无虚发'：每发一弹，岸上即倒一人。"邓一光《我是太阳》一部二："所谓两腿填弹，就是手使双枪，轮流射击，用腿弯处压子弹，要求枪声不绝，弹无虚发。"

【当断不断】dāng duàn bù duàn 该作决断的时候不能决断。形容遇事犹豫不决。《史记·春申君列传论》："语曰：'当断不断，反受其乱'。春申君失朱英之谓邪？"《晋书·羊祜传》："天下不如意，恒十居七八，故有当断不断。"《东周列国志》四回："主公岂不闻周公诛管蔡之事乎？'当断不断，反受其乱。'望早早决计。"姚雪垠《李自成》三卷四章："大帅当断不断，放虎归山。倘若采纳以显的主张，何至有今日后悔！"

【当行出色】dāng háng chū sè 做本行的事，成绩特别突出。形容精通本行。清·梁廷枏《曲话》卷二："写景、写情，当行出色，元曲中第一义也。"《儿女英雄传》三七回："越发谈得高兴了，道是今年的会墨，那篇逼真大家，那篇当行出色。"〔注意〕行，不读 xíng。

【当机立断】dāng jī lì duàn 当：面对。机：时机。断：决断。抓住有利时机立刻决断。杨沫《青春之歌》一部七章："老杨，情况需要我们当机立断！你能想

法给外面同学捎个信吗?"魏巍《地球的红飘带》二七:"鉴于这种形势,统帅部当机立断,决定停止攻击。"

【当局者迷】dāng jú zhě mí　见"当局者迷,旁观者清"。

【当局者迷,旁观者清】dāng jú zhě mí, páng guān zhě qīng　下棋的人往往容易迷惑,观棋的人却往往能看清棋路。比喻当事人往往因思虑太多而陷于主观片面,反而不如旁观者看得全面、清楚。《老残游记》一三回:"谁怪着你呢,实在说的不错,倒是没有人说过的话!可见当局者迷,旁观者清。"也单作"当局者迷"。宋·辛弃疾《恋绣衾·无题》词:"我自是笑别人底,却元来、当局者迷。"《二十年目睹之怪现状》八六回:"我们打破了这个关子,是知道他是假的;至于那当局者迷一流,他却偏要信是真的。"张恨水《啼笑因缘》六回:"你要知道天下事当局者迷,你由陪令尊上医院到现在,常有个樊少爷来往,街坊谁不知道呢?"

【当仁不让】dāng rén bù ràng　当:面对。仁:符合道义的事。《论语·卫灵公》:"当仁不让于师。"意思是面对着仁,即使是老师,自己也不谦让。后指遇到应该做的事,勇于承当,不推诿。《官场现形记》一回:"赵世兄他目前虽说是新中举,总是我们斯文一脉,将来昌明圣教,继往开来,舍我其谁,当仁不让。"刘心武《钟鼓楼》三章:"这回潘秀娅出阁,她不仅当仁不让,而且大有戏曲舞台上的名角儿出演'封箱戏'的气派。"

【当头棒喝】dāng tóu bàng hè　佛教禅宗祖师接待来学的人,常用棒对人虚击一下或大喝一声,要对方不假思索地作出反应,以考验其对佛理领悟的程度。后用"当头棒喝"比喻促使人猛醒的警告。清·梁章钜《归田琐记·楹联賸话》:"仁人之言,亦积无限阴功,便是当头棒

喝矣。"也作"当头一棒"。《镜花缘》八四回:"这个笑话虽是斗趣,若教愚而好自用的听了,却是当头一棒,真可猛然唤醒。"巴金《随想录》五:"我翻看当天的报纸,在第三版上看到当时做了'作协分会'的'头头'的两个工人作家写的文章……,真是当头一棒!"〔注意〕喝,不读hē。

【当头一棒】dāng tóu yī bàng　见"当头棒喝"。

【当务之急】dāng wù zhī jí　《孟子·尽心上》:"知者无不知也,当务之为急。"后用"当务之急"指以当前的重要任务为紧要的事。《礼记·大学六章》宋·朱熹集注:"在初学尤为当务之急,读者不可以其近而忽之也。"也指当前任务中最急需要办的事。高云览《小城春秋》三三章:"国家兴亡,匹夫有责,内除国贼,外抗强权,正是今天祖国当务之急。"

【当之无愧】dāng zhī wú kuì　当:承受。承受得起某种称号或荣誉,毫无愧色。宋·魏庆之《诗人玉屑·曾景建》:"然惟文公当之无愧,若他人则拟非其伦。"《官场现形记》三二回:"若照蒉翁的大才,这几句考语者实当之无愧。"梁实秋《雅舍小品·对联》:"担道义即是不计利害的主持正义,杀身成仁舍生取义,椒山先生当之无愧。"叶文玲《屏幕》:"朱耕的这幢屋称之为'城楼',更是当之无愧。"

【党同伐异】dǎng tóng fá yì　与自己意见相同的结为朋党,而对异己者加以攻击。《后汉书·党锢传序》:"自武帝以后,崇尚儒学,怀经协术,所在雾会,至有石渠分争之论,党同伐异之说。"宋·辛弃疾《九议》:"持天下之危事,求未尝之有大功,此搢绅之论党同伐异,一唱群和、以为不可者欤?"鲁迅《华盖集·题记》:"此后又突然遇见了一些所谓学者,文士,正人,君子等等,据说都是讲公话,谈公理,而且深不以'党同伐异'为然的。"

姚雪垠《李自成》二卷三二章："有一等人,机诈存心,不能替君父分忧,专好党同伐异,假公济私。"

【荡气回肠】dàng qì huí cháng　见"回肠荡气"。

【荡然无存】dàng rán wú cún　荡然:完全消失。原有的东西消失得一干二净,完全不复存在。《聊斋志异·王者》:"湖南巡抚某公,遣州佐押解饷金六十万赴京。途中被雨,日暮愆程,无所投宿,远见古刹,因诣栖止。天明,视所解金,荡然无存。众骇怪,莫可取咎。"叶文玲《插曲》:"现在,他心绪宽展,初进门的一切不自然的感觉荡然无存。"

【荡析离居】dàng xī lí jū　荡析:离散。因灾害而流离失所。《尚书·盘庚下》:"今我民用荡析离居,罔有定极。"清·方苞《圣主亲征漠北颂》:"诸部震恐,荡析离居,奔诉阙下。"也泛指事物流散不归其所。清·段玉裁《六书音均表》一:"韵书如陆法言虽以声为经,而同部者荡析离居矣。"

【刀耕火种】dāo gēng huǒ zhòng　古代山地人在耕种时先把草木砍倒烧成灰再行播种的方法。后泛指原始的耕作方法。宋·王禹偁《畲田词》序:"其民刀耕火种,大抵刳斫山田,虽悬崖绝岭,树木尽仆,俟其干而燥,乃行火焉。火尚炽,即以种播之。"刘白羽《第二个太阳》三章:"我们的祖先,就在这儿开始了茹毛饮血,刀耕火种。"〔注意〕种,不读 zhǒng。

【刀光剑影】dāo guāng jiàn yǐng　形容激烈的撕杀、搏斗或杀气腾腾的气势。陈国凯《摩登阿 Q》:"他们并未洞明庄学、玄学,把老庄和港台的武侠小说搅在一道,在作品中耍枪弄棍,刀光剑影,飞檐走壁,口吐白光,一片喊杀之声,连女的也用拳头代替说话。"魏巍《火凤凰》二六:"现在敌我双方的刀光剑影就在这一线对峙。"

【刀山火海】dāo shān huǒ hǎi　刀像山,火如海。形容非常危险和艰苦的地方。姚雪垠《李自成》二卷三章:"像沙里淘金淘出来的这些人,只要我的大旗往前一指,前边有刀山火海他们也敢闯。"

【岛瘦郊寒】dǎo shòu jiāo hán　岛、郊:唐代诗人贾岛和孟郊。二人诗中多凄苦之词,"岛瘦郊寒"指他们的诗歌风格。后多形容诗文类似二者的意境和风格。宋·朱熹《次韵谢刘仲行惠笋》诗之二:"君诗高处古无师,岛瘦郊寒讵足差。"也作"郊寒岛瘦"。清·郑板桥《仪真县江村茶社寄舍弟》:"郊寒岛瘦,长吉鬼语,诗非不妙,吾不愿子孙学之也。"

【倒戈卸甲】dǎo gē xiè jiǎ　倒戈:投降敌人。表示认输、投降。明·无名氏《齐天大圣》四折:"呀,杀的他忘魂丧魄怎还乡,倒戈卸甲尽来降。"《三国演义》九三回:"公可倒戈卸甲,以礼来降,不失封侯之位。"〔注意〕倒,不读 dào。

【倒海翻江】dǎo hǎi fān jiāng　见"翻江倒海"。

【蹈常袭故】dǎo cháng xí gù　蹈:踩,这里指遵循。袭:沿袭。按老规矩、旧框框办事。宋·钱时《两汉笔记》六:"蹈常袭故,安于卑陋,如之何其可革也?"清·黄宗羲《张心友诗序》:"即唐诗亦非无蹈常袭故,充其肤廓,而神理蔑如者。"

【倒背如流】dào bèi rú liú　形容书背得非常熟。周而复《上海的早晨》四部二七:"仲笙兄对共同纲领很有研究,可以倒背如流。"张贤亮《河的子孙》一二章:"魏山的对象是其中的佼佼者,人长得一般,可是个高中生,李铁梅的唱词能倒背如流。"

【倒打一耙】dào dǎ yī pá　比喻不仅不接受对方的意见,反而反咬一口,指摘对方。刘绍棠《花街》一○:"叶三车生不见人,死不见尸,你们反而找上门来倒打一把,咱们找地方说理去。"

【倒廪倾困】 dào lǐn qīng qūn　廪:谷仓。困:一种圆形谷仓。比喻倾其所有。唐·韩愈《答窦秀才书》:"虽使古之君子,积道藏德,遁其光而不曜,胶其口而不传者,遇足下之请悬悬,犹将倒廪倾困,罗列而进也。"〔注意〕倒,不读 dǎo。困,不能读作 jūn。

【倒行逆施】 dào xíng nì shī　逆:向相反的方向活动。施:施行。形容做事违反常理。多指与正义或时代发展方向相违背。《史记·伍子胥列传》:"为我谢申包胥曰:吾日莫途远,吾故倒行而逆施之。"宋·陆九渊《与陈君举书》:"此即年来避远师友,倒行逆施,极可悼念!"欧阳山《三家巷》一三三:"大家的情绪都非常愤激,说国民党这样倒行逆施,不过是想破坏团结,准备投降。"萧乾《人生采访·由伦敦到法兰克福》:"所以站在纯司法的立场,这些倒行逆施的恶徒实未犯罪,而明明白白他们犯的罪攫发难数。"

【倒悬之急】 dào xuán zhī jí　倒悬:拴住两足将人倒挂着。《孟子·公孙丑上》:"当今之世,万乘之国行仁政,民之悦之,犹解倒悬也。"后用"倒悬之急"比喻极其危急、困难的处境。《后汉书·臧洪传》:"北鄙将告倒悬之急,股肱奏乞归之记耳。"《三国演义》九三回:"盗贼蜂起,奸雄鹰扬,社稷有累卵之危,生灵有倒悬之急。"《东周列国志》七一回:"今敌国侵凌,边境骚动,吾君寝不安席,食不甘味,以三军之众,托吾两人,冀旦夕立功,以救百姓倒悬之急。"也作"倒悬之危"。元·王实甫《西厢记》二本楔子:"有游客张君瑞,奉书令小僧拜投于麾下,欲求将军以解倒悬之危。"

【倒悬之危】 dào xuán zhī wēi　见"倒悬之急"。

【盗名欺世】 dào míng qī shì　见"欺世盗名"。

【盗亦有道】 dào yì yǒu dào　强盗也有做强盗的一套道理;即强盗也有他们遵行的行为准则。《庄子·胠箧》:"故跖之徒问于跖曰:'盗亦有道乎?'跖曰:'何适而无有道耶?……'"《新唐书·王世充窦建德传赞》:"其间亦假仁义,礼贤才,因之擅王僭帝,所谓盗亦有道者。"《初刻拍案惊奇》卷四:"盗亦有盗,大曾偷习儒者虚声;师出无名,也会剽窃将家实用。"沈从文《一个农夫的故事》:"舅甥二人,其一以为国王还不知道这事,必是管库官吏怕事,不敢禀闻。其一又以为国王当已知道这事,但知盗亦有道,故不追究。"

【盗憎主人】 dào zēng zhǔ rén　比喻奸恶的人怨恨正直的人。《左传·成公十五年》:"伯宗每朝,其妻必戒之曰:'盗憎主人,民恶其上;子好直言,必及于难。'"唐·陈子昂《申宗人冤狱书》:"古人云:盗憎主人。被诛者不能无怨,顷来执法诛罪,多是国之权豪。"宋·朱熹《答程允夫》:"今乃阴窃异端之说,而公排之,以盖其迹,不亦盗憎主人之意乎!"

【道不拾遗】 dào bù shí yí　见"路不拾遗"。

【道不同不相为谋】 dào bù tóng bù xiāng wéi móu　为谋:商议事情。志向不同的人不会在一起共事。《论语·卫灵公》:"子曰:'道不同,不相为谋。'"汉·杨恽《报孙会宗书》:"明明求仁义,常恐不能化民者,卿大夫之意也;明明求财利,常恐困乏者,庶人之事也。故道不同,不相为谋。"钱钟书《围城》五:"她是外国语文系,我是政治系,将来到了学校,她是旁人的 wife,跟我道不同不相为谋。"王火《战争和人》(三)卷四:"童霜威心想:'夏虫不可与语冰',我怎么同你说呢?'道不同不相为谋',我就少说几句算了!"〔注意〕为,不读 wèi。

【道高一尺,魔高一丈】 dào gāo yī

chǐ,mó gāo yī zhàng 道:指正气。魔:指邪气。佛教用语。告诫修行者警惕外界的诱惑。意谓正气难以修得,邪气却往往高过正气,成为修行的干扰。《西游记》五〇回:"道高一尺魔高一丈,性乱情昏错认家。"也指一方的力量超过另一方。梁启超《中国积弱溯源论》:"天之生我皇也,天心之仁爱中国而欲拯其祸也。其奈道高一尺,魔高一丈,有西太后那拉氏者梗乎其间。"

【道骨仙风】dào gǔ xiān fēng 见"仙风道骨"。

【道路以目】dào lù yǐ mù 在路上只用眼睛示意,不敢交谈。形容百姓在暴政下敢怒而不敢言。《国语·周语上》:"厉王虐,国人谤王,邵公告曰:'民不堪命矣。'王怒,得卫巫,使监谤者,以告,则杀之。国人莫敢言,道路以目。"《晋书·李期传》:"期多所诛夷,籍没妇女资财以实后庭,内外凶凶,道路以目。"《三国演义》二二回:"群谏者受显诛,腹诽者蒙隐戮;百僚钳口,道路以目。"鲁迅《南腔北调集·〈萧伯纳在上海〉序》:"还有一层,是'专制使人们变成冷嘲',但这是英国的事情,古来只能'道路以目'的人们是不敢的。"

【道貌岸然】dào mào àn rán 道貌:庄严正经的外貌。岸然:严肃的样子。形容神态庄重严肃。常用来形容故作正经,表里不一的样子。《二十年目睹之怪现状》一〇四回:"因看见端甫道貌岸然,不敢造次,所以只打听忌吃什么,预备打听明白,好拿忌吃的东西给苟才吃。"梁实秋《雅舍小品·饮酒》:"酒实在是妙。几杯落肚之后就会觉得飘飘然、醺醺然。平素道貌岸然的人,也会绽出笑脸。"李国文《冬天里的春天》五章:"倘若不是浓雾,不是害怕独自从陵园经过,叶珊也许就告辞,离开这个道貌岸然的禽兽了。"也作"岸然道貌"。《二十年目睹之怪现

状》九〇回:"那位大舅爷的老子,便是伯芬的丈人,是一生讲究理学的;大舅爷虽没有老子讲的利害,却也是岸然道貌的。"

【道听途说】dào tīng tú shuō 途:道路。在路上听来的话,又在路上向人传播。指没有根据的传言。途,也作"涂"。《汉书·艺文志》:"小说家者流,盖出于稗官,街谈巷语,道听途说者之所造也。"《二十年目睹之怪现状》三〇回:"我不过道听涂说罢了,倘使他们局里的人说起来,只怕新鲜笑话多着呢。"茅盾《蚀·动摇》三:"据兄弟所闻,确不是什么道听涂说的消息,偶尔谈谈,那一类的事!"张洁《祖母绿》一:"对于她毕业后的情况,连卢北河也只能道听途说而已。"

【得不偿失】dé bù cháng shī 所得到的抵不上所失去的。宋·陆游《方德亨诗集序》:"淫于富贵,移于贫贱,得不偿失,荣不盖愧。"鲁迅《书信集·致曹靖华》:"青年思想简单,不知道环境之可怕,只要一时听得畅快,说得畅快,而实际上却是大大的得不偿失。"高云览《小城春秋》一八章:"他不赞成轻率地发动一个没有经过酝酿和计划的示威,因为那样做是得不偿失。"

【得寸进尺】dé cùn jìn chǐ 得到一寸又想再进一尺。比喻贪得无厌。清·平步青《霞外攟屑·彭尚书奏折》:"乃洋人不知恩德,得寸进尺,得尺进丈,至于今日。"刘绍棠《村妇》卷一:"黄小鳝子暗算了老庄头,在老庄户站定了脚跟,便得寸进尺,又想算倒小贝勒。"蒋子龙《收审记》二:"根本不适合做管理工作的鲁植得寸进尺,也想竞选厂长,把我当成对手。"

【得道多助,失道寡助】dé dào duō zhù,shī dào guǎ zhù 道:正义。符合道义者能得到多方面的支持与帮助,违背道义者必然受到孤立。《孟子·公孙丑

下》："得道者多助，失道者寡助。寡助之至，亲戚畔之；多助之至，天下顺之。"元·陈草庵《山坡羊》曲："劝渔家，共樵家，从今莫讲贤愚话，得道多助失道寡，贤，也在他，愚，也在他。"

【得风气之先】dé fēng qì zhī xiān 指站在时尚的前列。钱钟书《围城》七："李梅亭道：'哈，你们真是得风气之先，白天走路还要勾勾手，给学生好榜样。'"王火《战争和人》(三)卷二："不过江津太闭塞，秘书长来后，活动活动，得风气之先，在政治上找找出路也是好的。"

【得过且过】dé guò qiě guò 能过去就过去；过一天算一天。形容苟且应付，不作长远打算。元·无名氏《小孙屠》四出："孩儿，我听得道你要出外方旋，怕家中得过且过，出去做甚的？"《花月痕》二七回："痴珠默然，随说道：'我只是得过且过，得乐且乐。'"茅盾《虹》三："她对梅女士提出两项忠告：一定的目标和将来的准备。她极力批评梅女士的'现实主义'近乎'得过且过'。"王安忆《叔叔的故事》："叔叔已变得麻木不仁，并且得过且过。"

【得陇望蜀】dé lǒng wàng shǔ 陇：今甘肃东部。蜀：今四川中西部。《东观汉记·隗嚣传》："西城若下，便可将兵，南击蜀虏。人苦不知足，既平陇，复望蜀，每一发兵，头鬓为白。"后用"得陇望蜀"比喻得寸进尺，贪心不知满足。《二刻拍案惊奇》卷一一："满生思量走路，身边并无盘费，亦且受了焦大郎之恩，要去拜谢。真叫做：'人心不足，得陇望蜀。'"《红楼梦》八○回："只因薛蟠天性是'得陇望蜀'的，如今得娶了金桂，又见金桂的丫鬟宝蟾有三分姿色，举止轻浮可爱，便时常要茶要水的故意撩逗他。"邓友梅《寻访'画儿韩'》："甘子千有点厌恶地说：'别得陇望蜀了！告诉你，画儿韩已经把咱那杰作火化升天了。'"

【得其三昧】dé qí sān mèi 三昧：梵语，意为"定"，即排除杂念，心神专注，进入悟境。引申指妙义、诀窍。"得其三昧"指在某方面造诣深湛。《镜花缘》一七回："大贤天资颖悟，自能得其三昧，应如何习学可以精通之处，尚求指教。"

【得饶人处且饶人】dé ráo rén chù qiě ráo rén 谓应知迁就和宽恕，不可把事情做绝。宋·俞文豹《唾玉集·常谈出处》："蔡州褒信县有道人工棋，常饶人先，其诗曰：'……自出洞来无敌手，得饶人处且饶人。'"《说岳全传》五七回："可放手时须放手，得饶人处且饶人。"茅盾《腐蚀·九月二十二日》："我正想给她一点小小的没趣，陡一转念，觉得何苦来呢，我难道还嫌身边的敌人太少么，得饶人处且饶人。"

【得胜回朝】dé shèng huí cháo 朝：朝廷。原指作战胜利返回京城。后泛指大胜而归。元·无名氏《小尉迟》二折："若得胜回朝，圣人自有加官赐赏哩。"《醒世恒言》卷二七："终日盼望李雄得胜回朝。"也形容胜利者踌躇满志、扬扬自得的样子。魏巍《火凤凰》六○："他们颇有一点得胜回朝的气势，要将这个女县长押解回城。"

【得失相半】dé shī xiāng bàn 指利与弊、得与失同时并存，不相上下。《三国志·吴书·全琮传》："今分兵捕民，得失相半，岂得谓全哉？"宋·杨万里《乙巳轮对第一札子》："岂无闻见，轻信得失相半，或犯严忤势而以言为讳者乎？"

【得天独厚】dé tiān dú hòu 天：天然。厚：优厚。独具特别优越的天然条件。多指人的秉赋等质素特别优异或所处的环境特别优越。清·赵翼《瓯北诗话·陆放翁诗》："先生具寿者相，得天独厚，为一代传人，岂偶然哉？"梁实秋《雅舍小品·诗人》："一个人如果达到相当年龄，还不失赤子之心，经风吹雨打，方寸间还能诗意盎然,他是得天独厚,他是诗人。"周而复《上海的早晨》三部一一:"像你这样得天独厚的人物,就是在棉纺业也不多见的。"

【得心应手】 dé xīn yìng shǒu 得之于手而应之于心。称心手相应,运用自如。《庄子·天道》:"斫轮徐则甘而不固,疾则苦而不入。不徐不疾,得之于手而应于心,口不能言,有数存焉于其间。"后用"得心应手"形容技艺纯熟或做事顺手如意。宋·沈括《梦溪笔谈·书画》:"余家所藏摩诘画《袁安卧雪图》,有雪中芭蕉,此乃得心应手,意到便成。"巴金《随想录》九五:"在写作的道路上中国作家从未停止探索,总想找到一种能够更准确地表达自己思想、使它打动人心的形式,就像战士们总想找到一件得心应手的武器。"杜鹏程《保卫延安》六章:"他把指挥所组织得有条不紊,使指挥员活动时得心应手,而且他还在指挥山炮等火力。"

【得一望十】 dé yī wàng shí 得到一分,还企望能得到十分。形容贪得无厌。《醒世恒言》卷一七:"日夜思算,得一望十,得十望百,堆积上去,分文不舍得妄费。"

【得意门生】 dé yì mén shēng 门生:亲自授业的弟子。最欣赏最满意的学生。《儿女英雄传》二回:"他虽合咱们满洲汉军隔旗,却是我第一个得意门生,他待我也实在亲热,那个人将来不可限量。"郭沫若《屈原》一幕:"北方有一位学者颜渊,是孔仲尼的得意门生,我最近听到他的一句话,我觉得很有意思。"

【得意忘形】 dé yì wàng xíng ❶形:形骸。形容人因高兴而忘乎所以,失去常态。《晋书·阮籍传》:"嗜酒能啸,善弹琴,当其得意,忽忘形骸。"元·鲜于必仁《折桂令·画》曲:"手挂掌坳,得意忘形,眼兴迢遥。"鲁迅《准风月谈·序的解放》:"可是这样的玩意儿给人戳穿了又怎么

办呢?也有术的。立刻装出'可怜'相,说自己既无党派,也不借主义,又没有帮口,'向来不敢狂妄',毫没有'座谈'时候的摇头摆尾的得意忘形的气味儿了。"沈从文《丈夫》:"五多高兴到得意忘形,放下碗筷唱将起来。"❷形:形式。取其精神而舍其形式。宋·欧阳修《试笔·李邕书》:"余虽因邕书得笔法,然为字绝不相类,岂得其意而忘其形者邪?"元·丘处机《报师恩》词:"得意忘形还朴去,从教人笑不风流。"

【得意扬扬】 dé yì yáng yáng 见"得意洋洋"。

【得意洋洋】 dé yì yáng yáng 形容十分得意的样子。《说岳全传》六五回:"那冯忠得意洋洋,坐在马上。"《孽海花》五回:"听见有人交卷,抬头一看,却是庄仑樵,归着考具,得意洋洋的出去了。"鲁迅《故事新编·采薇》四:"走路的也多起来了,虽然大抵昂着头,得意洋洋的,但一看见他们,却还是照例的让路。"周而复《上海的早晨》三部四九:"唐仲笙显得比徐义德更高明,给柳惠光一支持,心里越发得意洋洋。"也作"得意扬扬"。《官场现形记》一一回:"此时戴大理一面孔的得意扬扬之色。"叶圣陶《倪焕之》二七:"他们这样历乱地走过,时时把嘴张得像鳜鱼的一样,高声呼喊,得意扬扬的脸上,都流露凶悍之气,很像一群半狂人的行列。"

【得鱼忘筌】 dé yú wàng quán 筌:竹制捕鱼器。比喻悟道者放浪于形骸之外,目的达到就忘掉是凭借什么达到的。《庄子·外物》:"筌者所以在鱼,得鱼而忘筌。"清·袁枚《随园诗话》卷二:"然而善学者,得鱼忘筌,不善学者,刻舟求剑。"也比喻达到目的后忘恩负义、背弃根本。《三侠五义》七〇回:"回转寺中,见了北侠道:'世间竟有这样得鱼忘筌、人面兽心之人,实实可恶。'"

【德薄才疏】dé bó cái shū　薄:浅。疏:空乏。德行和才干都不够。多用作谦辞。《水浒传》六八回:"小弟德薄才疏,怎敢承当此位!"

【德薄能鲜】dé bó néng xiǎn　鲜:少。德行浅薄,能力不够。宋·欧阳修《泷冈阡表》:"俾知夫小子修之德薄能鲜,遭时窃位,而幸全大节,不辱其先者,其来有自。"

【德才兼备】dé cái jiān bèi　见"才德兼备"。

【德高望重】dé gāo wàng zhòng　道德高尚,声望很大。多用于称颂年长而名望高的人。宋·司马光《辞人对小殿札子》:"臣窃惟富弼三世辅臣,德高望重。"陈国凯《两情若是久长时》六:"刘厂长,真想不到我这个工人能和你同台吃饭,举杯对饮。您德高望重,我低贱卑微。"陈忠实《白鹿原》二六章:"因为是德高望重的族长的儿子完婚,白鹿两姓几乎一户不缺都有人来帮忙。"

【德厚流光】dé hòu liú guāng　流:影响。光:通"广"。谓德泽深厚而影响久远。《榖梁传·僖公十五年》:"天子七庙,诸侯五大夫三,士二。故德厚者流光,德薄者流卑。"唐·韩愈《禘祫议》:"今国家德厚流光,创立九庙。"

【灯红酒绿】dēng hóng jiǔ lǜ　形容夜饮聚会的情景。后多用来形容寻欢作乐的腐化生活。《官场现形记》一四回:"'江山船'的窗户是可以挂起来的,十二只船统通可以望见,灯红酒绿,甚是好看。"周克芹《桔香,桔香》九:"那些饱食终日,生活在灯红酒绿、油水铜味之中的人,面对美好的景致,一定是感觉麻痹的。"

【灯火辉煌】dēng huǒ huī huáng　灯火光辉灿烂。形容夜晚一片光明热闹的景象。《初刻拍案惊奇》卷一八:"晚上归寓,灯火辉煌,赏赐无算。"李劼人《大波》一部一章:"小船上已经灯火辉煌,并且热闹得像赶场一样。"王蒙《青春万岁》二七:"天安门前灯火辉煌,人山人海。"也作"灯烛辉煌"。《醒世恒言》卷二〇:"只见堂中灯烛辉煌,摆着桌槅,夫人同小姐向前相迎。"巴金《春》一九:"这时电灯已经大亮,外面更是灯火辉煌,人声嘈杂。"

【灯烛辉煌】dēng zhú huī huáng　见"灯火辉煌"。

【登峰造极】dēng fēng zào jí　造:到达。登达山峰绝顶。比喻造诣达到最高顶峰,无以复加。泛指到了极点。《世说新语·文学》:"佛经以为祛练神明,则圣人可致。简文曰:'不知便可登峰造极不? 然陶练之功,尚不可诬。'"《官场现形记》五五回:"无奈这件公事头绪太多,他的西学尚不能登峰造极,很有些翻不出来的地方。"巴金《随想录》四九:"在那荒唐而又可怕的十年中间,说谎的艺术发展到了登峰造极的地步,谎言变成了真理,说真话倒犯了大罪。"陈国凯《今晚有盛大演出》二:"中国古文化源远流长,制作棺椁的技术曾经登峰造极,秦宫汉墓、深樟奇棺早已驰名世界,构成中国灿烂的古文化的标志之一。"

【登高一呼】dēng gāo yī hū　《荀子·劝学》:"登高而招,臂非加长也,而见者远。"后用"登高一呼"比喻有地位的人物发出倡议,会产生很大影响。王火《战争和人》(二)卷八:"我力量微薄,初到大后方尚未安身,下情难以上达。只有请你为河南灾民登高一呼了!"

【登山临水】dēng shān lín shuǐ　临:到达。形容游览山水名胜。也指长途跋涉。战国楚·宋玉《九辩》:"登山临水兮送将归。"宋·杨万里《西和州陈史君墓志铭》:"往往登山临水,吟风弄月,穷日之力,至夕忘返。"

【登山涉水】dēng shān shè shuǐ　涉:

徒步过水，泛指从水上通过。形容游览山水名胜。唐·杨炯《原州百泉县令李君神道碑》："或登山涉水，经日忘返。"也形容长途跋涉。《水浒传》二二回："途中免不得饥餐渴饮，夜住晓行，登山涉水，过府冲州。"

【登山小鲁】dēng shān xiǎo lǔ　鲁：周朝国名，在今山东。小鲁：觉得鲁国变小了。《孟子·尽心上》："孔子登东山而小鲁，登泰山而小天下。"后用"登山小鲁"比喻学问高便眼光远大，并能融会贯通。唐·岑文本《京师至德观法主孟法师碑铭序》："三皇内文，九鼎丹法，莫不究其条贯，犹登山而小鲁；践其户庭，若披云而见日。"

【登台拜将】dēng tái bài jiàng　见"登坛拜将"。

【登坛拜将】dēng tán bài jiàng　《史记·淮阴侯列传》："何曰：'王素慢无礼，今拜大将如呼小儿耳，此乃信所以去也。王必欲拜之，择良日，斋戒，设坛场。具礼，乃可耳。'王许之。"后用"登坛拜将"指任命将帅或委以重任。唐·杨炯《昭武校尉曹君神道碑》："贞观八年诏特遣代国公李靖为行军大总管，登坛拜将，授钺行师。"鲁迅《准风月谈·电影的教训》："大面和老生的争城夺地，小生和正旦的离合悲欢，全是他们的事，捏锄头柄人家的孩子，自己知道是决不会登坛拜将，或上京赴考的。"也作"登台拜将"。《说岳全传》四回："这沥泉原是神物，令郎定有登台拜将之荣。"

【登堂入室】dēng táng rù shì　堂、室：古代宫室前为堂后为室。《论语·先进》："由也升堂矣，未入于室也。"意思是说子路学孔子虽有成就，但还须更进一步。后多用"登堂入室"比喻学识由浅入深，逐步达到很高的成就。宋·吴坰《五总志》："如徐师川、余荀龙、洪玉父昆弟、欧阳元老，皆黄门登堂入室者，实自足以名

家。"清·李渔《闲情偶寄·习技》："乘其爱看之时，急觅传奇之有情节、小说之无破绽者，听其翻阅，则书非书也，不怒不威而引人登堂入室之明师也。"也作"升堂入室"。晋·潘岳《杨荆州诔》："游目坟典，纵心儒术，祁祁缙绅，升堂入室。"

【等而下之】děng ér xià zhī　等：等级。由这一等级往下。指低于某一等级标准。宋·楼钥《论役法》："乡之贫者，或不及于此，则以此法等而下之。"王火《战争和人》（三）卷四："早年参加过同盟会又办教育的人，而今来写这种拙劣的害人文章，未免太等而下了！"刘心武《钟鼓楼》五章："也有按街道胡同走向盖的，这种四合院的价值，在当年不消说要等而下之了。"

【等量齐观】děng liàng qí guān　等：同等。齐：一样。把不同的事物一律同等看待。清·况周颐《蕙风词话》卷三："或带烟月而益韵，托雨露而成润，意境可以稍变，然而乌可等量齐观也。"王火《战争和人》（一）卷一："说实话，决不可将具有武装力量的共产党军队拿来同乌合之众打家劫舍的土匪等量齐观。"

【等闲视之】děng xián shì zhī　等闲：平常。看成平常的而不加重视。多用于否定句。《三国演义》九五回："此乃大任也，何为安闲乎？汝勿以等闲视之，失吾大事。"莫应丰《将军吟》三一章："实际上，陈政委是在想，身边的这个阴谋家可不能等闲视之，可不能让他再得一逞。"

【等闲之辈】děng xián zhī bèi　等闲：平常，一般。指寻常之人。多用于否定句。《三国演义》一一五回："连年征伐，军民不宁；兼魏有邓艾，足智多谋，非等闲之辈：将军强欲行难为之事，此化所以未敢专也。"欧阳山《三家巷》七〇："周炳没见过这个人，也不知道他是干什么儿的，不过看见何守仁对他那恭谦恭劲儿，料想他也就不是什么等闲之辈。"

【低眉顺眼】dī méi shùn yǎn　低着眉头，眼中流露出顺从的神情。形容驯良、顺从的样子。周克芹《秋之惑》一章："李祥忠同平日一样，没有什么异样的举动，而且，像什么也不曾发生过一样，依然低眉顺眼地来来去去，默默地干活。"阿来《尘埃落定》五："小尔依低眉顺眼地站在一边，不说话了。"

【低眉下眼】dī méi xià yǎn　低着眉头，眼睛向下看。形容顺从的样子。《警世通言》卷一二："妇人低眉下眼，那个在意。"刘绍棠《村妇》卷一："黄狗杂儿不得不低眉下眼陪伴两名马快猜拳喝酒，奉赠两锭鞋银（跑道的钱），打躬作揖送两位上差满载而归。"

【低三下四】dī sān xià sì　指社会地位低下。也形容卑躬屈膝讨好人的样子。《红楼梦》一〇一回："我们家的事，少不得我低三下四的求你了，省的带累别人受气，背地里骂我。"《野叟曝言》七五回："我女儿点点年纪，怎般相貌，怕没有王孙公子作配，去做那低三下四的人？"柳青《创业史》一部二九章："坚强、自信、有气魄的郭振山，实在说，永远也不会向人低三下四啊！"

【低声下气】dī shēng xià qì　形容说话恭顺小心的样子。宋·朱熹《童蒙须知·语言步趋》："凡为人子弟，须是常低声下气，语言详缓，不可高言喧闹、浮言戏笑。"《孽海花》二一回："彩云接了，双手捧开帐中凑到雯青唇边，低声下气的道：'老爷，喝点热……'这话未了，不防雯青伸手一拦，彩云一个手松，连碗带茶热腾腾地全泼在褥子上。"鲁迅《呐喊·药》："花白胡子一面说，一面走到康大叔面前，低声下气的问道：'康大叔——听说结果的一个犯人，便是夏家的孩子，那是谁的孩子？究竟是什么事？'"周克芹《桔香，桔香》一〇："赵玉华平日在他面前从不低声下气，可也从未有过怒目金刚

的时候。"

【低首下心】dī shǒu xià xīn　下心：抑制住思想感情。形容屈服顺从。唐·韩愈《祭鳄鱼文》："刺史虽驽弱，亦安肯为鳄鱼低首下心，伈伈睍睍，为民吏羞，以偷活于此邪！"《花月痕》二二回："你要崛强，不肯低首下心听凭气数，这便是自寻苦恼了！"高云览《小城春秋》三七章："任何男子没有不对年轻美丽的女子低首下心的。"

【低吟浅唱】dī yín qiǎn chàng　低声吟咏，轻轻唱歌。形容安乐自适的样子。欧阳山《三家巷》四四："他还做出低吟浅唱、斟酌推敲的样子，捱磨了一阵，才提起笔来写。"也形容秋虫夜里的鸣声。王火《战争和人》（二）卷五："蛙声鼓噪，败落的花园草丛中有纺织娘 在低吟浅唱。"

【羝羊触藩】dī yáng chù fān　羝羊：公羊。藩：篱笆。公羊撞篱笆，角被缠住。形容进退两难。《周易·大壮》："羝羊触藩，羸其角。"《二刻拍案惊奇》卷二四："自实走得一个不耐烦，正所谓：羝羊触藩，进退两难。"〔注意〕羝，不能读作 dǐ。

【堤溃蚁孔】dī kuì yǐ kǒng　堤：堤岸。溃：决口。堤岸因蚁孔而决口。《韩非子·喻老》："千丈之堤，以蝼蚁之穴溃；百尺之室，以突隙之烟焚。"后用"堤溃蚁孔"比喻小的疏漏可大祸患。《后汉书·陈忠传》："臣闻轻者重之端，小者大之源，故堤溃蚁孔，气泄针芒。"〔注意〕堤，不能读作 tí。

【滴水不漏】dī shuǐ bù lòu　形容说话、办事周密谨慎，毫无漏洞。《东周列国志》八九回："公子少官率领军士，拘获车仗人等，真个是滴水不漏。"端木蕻良《科尔沁旗草原》一五："他想，少爷办事真是值得佩服，又稳又狠，滴水不漏。"贾平凹《火纸》五："阿季腰不疼，腿不困，一张嘴也能说会道，啥人啥对待，事体处理得滴水不漏。"

【滴水成冰】 dī shuǐ chéng bīng 滴下的水即刻冻成冰。形容天气严寒。《醒世恒言》卷二七："更有一节苦处,任你滴水成冰的天气,少不得向水孔中洗浣污秽衣服,还要憎嫌洗得不洁净,加一场咒骂。"杨沫《青春之歌》二部四一章:"好容易挨到天快黑了,风还在窗外咆哮——这是个滴水成冰的严寒天气。"刘白羽《第二个太阳》一五章:"那年隆冬腊月,雪暴风狂,滴水成冰,粒米无存。"

【涤瑕荡秽】 dī xiá dàng huì 涤、荡:洗,清除。瑕:美玉上的斑点,比喻缺点。秽:污秽,比喻恶习。清除缺点和坏习气。汉·班固《东都赋》:"于是百姓涤瑕荡秽,而镜至清。"《旧唐书·五行志》:"诚愿坦然更化,以身先之,端本澄源,涤瑕荡秽。"

【抵掌而谈】 dī zhǎng ér tán 抵掌:击掌,拍手。形容无拘无束地畅谈。《战国策·秦策一》:"[苏秦]见说赵王于华屋之下,抵掌而谈,赵王大悦。"《隋唐演义》三七回:"两人意气相合,抵掌而谈者三日。"韦君宜《洗礼》二:"每当刘丽文来了,他就插上门,泡上一壶茶,和她相对抵掌而谈。"

【砥节砺行】 dī jié lì xíng 砥、砺:磨刀石,引申为磨炼。磨炼节操与德行。汉·蔡邕《郭有道林宗碑》:"若乃砥节砺行,直道正辞,贞固足以干事,隐括足以矫时。"宋·张孝祥《李周翰所藏洮石铭》:"若夫砥节砺行,不见其颖,则所以表一世而无群者耶。"

【砥砺廉隅】 dī lì lián yú 砥砺:磨炼。廉隅:品行端正。磨炼节操而使品行端正。《礼记·儒行》:"近文章,砥砺廉隅。"宋·苏轼《刘有方可昭宣使依旧嘉州刺史内侍押班制》:"砥砺廉隅,有搢绅之风。"《官场现形记》四六回:"未曾动身的前头,发信给各地方大员,叫他们传谕所属,无非说'本大臣砥砺廉隅,一介不取。'"

所到之处,一概不许办差。倘敢不遵,定行参处。'"

【砥柱中流】 dī zhù zhōng liú 见"中流砥柱"。

【地大物博】 dì dà wù bó 博:多。土地广阔,物产丰富。《官场现形记》二九回:"又因江南地大物博,差使很多,大非别省可比。"鲁迅《准风月谈·黄祸》:"德皇的所谓'黄祸',我们现在是不再梦想了,连'睡狮'也不再提起,'地大物博,人口众多',文章上也不很看见。"刘玉民《骚动之秋》二三章:"蓬城的一把手却不是好干的。蓬城在全市算得上'地大物博、人口众多'的县份。"

【地动山摇】 dì dòng shān yáo 形容声势浩大。宋·吴曾《能改斋漫录·事始二》:"至酉时,鼓角大鸣,地动山摇。"《西游记》八三回:"两家斗罢多时节,地动山摇树木摧。"蒋子龙《女儿的琴声》二:"我自知不是个十分民主的家长,脾气暴躁,上来邪火地动山摇,家人惧怕。"阿城《孩子王》二:"我隔了竹笆缝望过去,那边过有一个女教师在鼓动着,学生们大约也是闷了,正好发泄,喊得地动山摇。"

【地覆天翻】 dì fù tiān fān 见"天翻地覆"。

【地广人稀】 dì guǎng rén xī 土地广阔,人烟稀少。《史记·货殖列传》:"楚越之地,地广人希。"希:同"稀"。《北齐书·魏兰根传》:"昔时初置,地广人稀。"《水浒传》八三回:"若是分兵前去,奈缘地广人稀,首尾不能救应,不如只是打他几个城池,却再商量。"赵树理《地板》:"我看我常窑那顷把地不行了,地广人稀,虽然有些新来的没地户,可是汽车路两旁的好地还长着蒿啦,谁还去种山地?"也作"地旷人稀"。梁实秋《雅舍小品·旁若无人》:"我们以农立国,乡间地旷人稀,畎亩阡陌之间,低声说一句'早安'是不济事的,必得扯长了脖子喊一声'你吃过饭啦?'"李英儒《野火春风斗古城》一章:"去东关的路近,但地旷人稀,不易掩护。"

【地久天长】dì jiǔ tiān cháng 见"天长地久"。

【地旷人稀】dì kuàng rén xī 见"地广人稀"。

【地老天荒】dì lǎo tiān huāng 见"天荒地老"。

【地利人和】dì lì rén hé 《孟子·公孙丑下》:"天时不如地利,地利不如人和。"意为在获胜的各种因素中,机会好不如地形好,地形好又不如得人心。后以"地利人和"指优越的地理条件和良好的群众关系。《三国志·吴书·董袭传》:"讨虏承基,大小用命,张昭秉众事,袭等为爪牙,此地利人和之时也,万无所忧。"《晋书·孙楚传》:"然臣之所怀,窃有未安,以为帝王之兴,莫不借地利人和以建功业,贵能以义平暴,因而抚之。"

【地裂山崩】dì liè shān bēng 见"山崩地裂"。

【地灵人杰】dì líng rén jié 见"人杰地灵"。

【地主之谊】dì zhǔ zhī yì 地主:当地的主人。谊:通"义"。当地主人对客人应尽的情义。《儒林外史》二二回:"晚生得蒙青目,一日地主之谊也不曾尽得,如何便要去?"《官场现形记》五五回:"他们是客,我们是主,这个地主之谊是要尽的。"王火《战争和人》(二)卷七:"看来你们还没有找地方住下!请光临寒舍吧!能尽点地主之谊,是最高兴的了!"

【掂斤播两】diān jīn bō liǎng 掂、播:用手估量物体的轻重。估量轻重。比喻对琐细的事情斤斤计较。元·王实甫《西厢记》一本二折:"尽着你说短论长,一任待掂斤播两。"明·陈铎《滑稽余韵·赛鸿秋·屠户》:"掂斤播两成交易,吹皮灌水

生奸计。"

【颠倒黑白】diān dǎo hēi bái 把白的说成黑的,把黑的说成白的。形容故意违背事实,混淆是非。《黑籍冤魂》七回:"公事大小,一概不问,任着幕宾胥吏,颠倒黑白。"杨沫《青春之歌》二部四三章:"校长,您是一向主张公道的,请问您给我们念这种颠倒黑白的训令是什么意思?"姚雪垠《李自成》二卷三八章:"李信看着详文中尽是颠倒黑白、捏词栽诬的话,怒不可遏。"

【颠倒是非】diān dǎo shì fēi 把是说成非,把非说成是。形容故意违反事实,混淆是非。唐·韩愈《施先生墓铭》:"古圣人言,其旨密微,笺注纷罗,颠倒是非。"《喻世明言》卷三七:"日亲不移,致景宠结,得以颠倒是非,妨于朝务,保全公族,主之力也。"巴金《随想录》九三:"颠倒是非到了这样的程度,我不能不感觉到舆论工具'威力'之大。"欧阳山《三家巷》七五:"实不相瞒对你讲,长官,我们全靠混乱真假,颠倒是非。"

【颠来倒去】diān lái dǎo qù 翻过来倒过去。形容来回重复。元·王实甫《西厢记》三本二折:"将简帖儿拈,把妆盒儿按,开拆封皮孜孜看,颠来倒去不害心烦。"《官场现形记》二二回:"何以老太太教训他的话,颠来倒去,总是这两句,从来没有换过,是个甚么缘故?"茅盾《腐蚀·十二月十日》:"我的眼光没有离开过舜英的面孔,她所说的这一番话,我好像不以耳听,而以目视;然而在我心里颠来倒去的,却只有一个萍。"

【颠沛流离】diān pèi liú lí 颠沛:跌倒,比喻困顿,受挫折。流离:流转离散。形容生活困苦,流落异乡,无安身之所。宋·楼钥《上蒋参政书》:"有人焉,业弓冶之余,而弗能修缮获之职,颠沛流离,而叫呼攀援于门下。"《说岳全传》六七回:"虽则王爷恩德,但岳雷父兄之仇未报,

母流化外,正在颠沛流离之际,怎敢私自不告而娶!"李英儒《野火春风斗古城》一二章:"几次提笔试着写父亲死后他们全家去东北那段经历,脑子不受他使唤,他也不愿描绘那段颠沛流离伶仃孤苦的生活。"也作"流离颠沛"。《醒世恒言》卷三七:"我若有了银子,尽取赎回来,不消两年,便可致富。然后兴建义庄,开辟义冢,亲戚故旧贫老的养膳他,幼弱的抚育他,孤孀的存恤他,流离颠沛的拯救他,尸骸暴露的收埋他,我于名教复圆矣。"李劼人《大波》三部七章:"公等肇事之初,本为捍卫桑梓,保护善良,而同胞转因此受无穷之苦,富者破家,贫者丧命,流离颠沛,惨不忍闻。"

【颠扑不破】diān pū bù pò 颠:跌倒。扑:扑打。指无论怎样摔打都不破。比喻理论、学说等牢不可破,无法推翻。宋·朱熹《朱子语类·孟子二》:"伊川'性即理也',横渠'心统性情',二句颠扑不破。"鲁迅《呐喊·风波》:"何况六斤比伊的曾祖,少了三斤,比伊父亲七斤,又少了一斤,这真是一条颠扑不破的实例。"欧阳山《三家巷》三〇:"这封信写得很真诚恳切,又包含了一种颠扑不破的真理。"

【颠三倒四】diān sān dǎo sì 形容说话、做事没有次序,失去常态。《好逑传》一一回:"如今也不必动大干戈,只小耍他一场,先弄得他颠三倒四,再行得他头破血出,却又没处叫屈,便也毅他的了。"老舍《四世同堂》四四:"他将喝下五成酒,好教脸上红扑扑的,而不至于说话颠三倒四。"

【点石成金】diǎn shí chéng jīn 见"点铁成金"。

【点铁成金】diǎn tiě chéng jīn 方士点铁而成黄金。比喻修改文章或应用文辞时能化腐朽为神奇。宋·黄庭坚《答洪驹父书》:"古之能为文章者,真能陶冶万物,虽取古人之陈言入于翰墨,如灵丹一粒,点铁成金也。"《警世通言》卷二六:"华安笔不停挥,真有点铁成金手段。"《二十年目睹之怪现状》四三回:"继之看过了,笑道:'真是点铁成金,会者不难,只改得二三十个字,便通篇改观了。'"也作"点石成金"。王safe忆《叔叔的故事》:"众生百态,全由他描写得淋漓尽致且游刃有余。他随心所欲,却点石成金。"

【点头哈腰】diǎn tóu hā yāo 形容恭顺迎合的样子。多用以指虚伪的客气。老舍《四世同堂》三四:"比他穷的人,知道他既是钱狠子,手脚又厉害,都只向他点头哈腰的敬而远之。"蒋子龙《赤橙黄绿青蓝紫》五:"他回去以后也许什么事都不办,但当面决不给领导难堪,好好是是,点头哈腰,满口答应,对书记恭恭敬敬。"

【电光石火】diàn guāng shí huǒ 闪电和燧石的火光。比喻事物转瞬即逝。清·洪昇《长生殿·冥追》:"只他在翠红乡欢娱事过,粉香丛冤孽债多,一霎做电光石火。"也形容速度非常快。元·姬翼《恣逍遥》词:"昨日婴孩,今朝老大,百年间电光石火。"鲁迅《呐喊·阿Q正传》六章:"王胡惊得一跳,同时电光石火似的赶快缩了头,而听的人又悚然而且欣然了。"

【电闪雷鸣】diàn shǎn léi míng 雷电交加,即将下大雨的样子。比喻声势很大。古华《芙蓉镇》三章:"可是这时电闪雷鸣,狂风大作。马上就有倾盆大雨了。"王火《战争和人》(一)卷六:"午后,日寇的大炮又轰响了,炮弹电闪雷鸣般地在播撒死亡。"

【刁钻古怪】diāo zuān gǔ guài 刁钻:奸猾狡诈。古怪:怪僻。指人性情狡猾怪僻,做事不合人情。《红楼梦》五六回:"可知你这样人家的孩子们,凭他们有什么刁钻古怪的毛病儿,见了外人,必是要还出正经礼数来的。"茅盾《虹》一

○:"梅女士已经不大记得这位才钻古怪的少年了。"贾平凹《弈人》:"不论城市乡村,常见有一职业性之人,腰带上吊一棋袋,白发长须,一脸刁钻古怪,在某处显眼地方,摆一残局。"

【雕虫小技】 diāo chóng xiǎo jì 虫:虫书。雕琢虫书之技能。比喻微不足道的技能。多指刻意雕琢词章的技能。唐·李白《与韩荆州朝宗书》:"至于制作,积成卷轴,则欲士秒视听,恐雕虫小技,不合大人。"《野叟曝言》一一回:"但此系雕虫小技,虽云无益,汝若听我良言,逃墨归儒,更有理学经济,无穷精义,益汝神智也。"邓友梅《烟壶》五:"聂师傅忙还礼说:'雕虫小技,聊换温饱而已。'"

【雕肝琢肾】 diāo gān zhuó shèn 比喻写作时绞尽脑汁,极力求工。宋·欧阳修《答圣俞莫饮酒》诗:"朝吟摇头暮蹙眉,雕肝琢肾闻退之。"明·宋濂《〈杏庭摘稿〉序》:"若秦汉以来,至于近代,其间雕肝琢肾以自驰骋于一世者,不为不多。"

【雕栏玉砌】 diāo lán yù qì 砌:台阶。雕绘的栏杆,玉石的台阶。指富丽堂皇的建筑。多指宫殿。南唐·李煜《虞美人》词:"雕栏玉砌应犹在,只是朱颜改。"《初刻拍案惊奇》卷二八:"巍巍宫殿,虬松镇碧瓦朱扉。寂寂回廊,风竹映雕栏玉砌。"〔注意〕砌,不能读作 qiè。

【雕梁画栋】 diāo liáng huà dòng 雕花、彩绘的梁栋。形容中式建筑物富丽堂皇。元·郑廷玉《看钱奴》三折:"这的是雕梁画栋圣祠堂,又不是锦帐罗帏你的卧房,怎这般厮推厮抢赶我在半壁厢。"《三国演义》一〇五回:"命博士马钧监造,极其华丽:雕梁画栋,碧瓦金砖,光辉耀日。"《红楼梦》三回:"正面五间上房,皆雕梁画栋。"贾平凹《火纸》四:"葫芦镇是大码头,栈多、店多、馆多、铺多,有钱的人房子雕梁画栋,门楼五脊六兽。"也作"画栋雕梁"。《水浒传》八九

回:"仰观四面,萧墙粉壁,画栋雕梁,金钉朱户,碧瓦重檐。"李英儒《野火春风斗古城》二四章:"奎星阁的外面画栋雕梁是够好看的,可是,你们想过在画栋雕梁的里面有多少零砖碎瓦填槽吗?"

【雕章镂句】 diāo zhāng lòu jù 镂:雕刻。比喻刻意修饰词句。唐·白居易《议文章碑碣词赋》:"今褒贬之文无核实,则惩劝之道缺矣;美刺之诗不稽政,则补察之义废矣。虽雕章镂句,将焉用之?"也作"雕章琢句"。清·赵翼《瓯北诗话·李青莲诗》一:"诗之不可及处,在乎神识超迈,飘然而来,忽然而去,不屑屑于雕章琢句。"

【雕章琢句】 diāo zhāng zhuó jù 见"雕章镂句"。

【吊古寻幽】 diào gǔ xún yōu 凭吊古迹,寻觅幽境,感怀旧事。《喻世明言》卷三〇:"游山玩水,吊古寻幽,赏月吟风,怡情遣兴,诗赋文词,山川殆遍。"

【吊民伐罪】 diào mín fá zuì 吊:慰问。慰问受苦的百姓,讨伐有罪的人。《宋书·索虏传》:"兴云散雨,慰大旱之思;吊民伐罪,积后己之情。"《东周列国志》八五回:"吾奉君命吊民伐罪,可劝汝君速降,尚可相见。"姚雪垠《李自成》三卷一八章:"李过向他们说明闯王队伍的宗旨是奉天倡义,吊民伐罪。"也作"伐罪吊民"。《梁书·袁昂传》:"吾欲任前驱,扫除京邑,方拨乱反正,伐罪吊民。"《水浒传》八二回:"就统所部军马,克日兴师,直抵巢穴,伐罪吊民,扫清边界。"

【钓名沽誉】 diào míng gū yù 见"沽名钓誉"。

【调兵遣将】 diào bīng qiǎn jiàng 调动兵马,派遣将领。也泛指安排布置人力。《水浒传》八三回:"次日,宋江升帐,传令起军,调兵遣将,都离密云县,直抵檀州来。"《说岳全传》四二回:"公子送过

文书，总兵看了，便道：'屈留公子明日起身。待本镇一面各处调兵遣将，即日来保驾便了。'"沈从文《长河·大帮船拢码头时》："老水手到了吕家坪镇上，向商会会长转达橘子园主人的话语，在会长家同样听到了下面在调兵遣将的消息。"魏巍《火凤凰》一八："这次内务比赛她们更是憋足了劲，调兵遣将整整用去了半天工夫。"

【调虎离山】diào hǔ lí shān　比喻用计使对方离开，以便乘机行事。《封神榜》一二回："小弟想了这条计，搭救列位众将军。必须得，调虎离山好行事，方能逃出是非门。"《三侠五义》一三回："苗恒义猛然想起，待客厅上还有三百两银子，连说：'不好，中了贼人调虎离山之计了。'"周而复《上海的早晨》三部二七："是他提出来，要少一点人谈话方便，我才用了调虎离山之计。"

【掉书袋】diào shū dài　指说话、写文章好引经据典，以显示渊博。宋·马令《南唐书·彭利用传》："对家人稚子，下逮奴隶，言必据书史，断章破句，以代常谈，俗谓之'掉书袋'。"宋·刘克庄《跋刘叔安感秋八词》："近岁放翁、稼轩一扫纤艳，不事斧凿，高则高矣，但时时掉书袋，要是一癖。"

【掉以轻心】diào yǐ qīng xīn　掉：抛落，指放过。轻心：轻率之心。唐·柳宗元《答韦中立论师道书》："故吾每为文章，未尝敢以轻心掉之，惧其剽而不留也。"后用"掉以轻心"指处事轻率，不重视。《清史稿·德宗纪一》："临事而惧，古有明训。切勿掉以轻心，致他日言行不相顾。"莫应丰《驼背的竹乡》："父亲听了顺德老爹的话，可不敢掉以轻心，他决心把我修炼成驼背。"

【跌宕不羁】diē dàng bù jī　跌宕：洒脱不拘束。形容人放逸不受拘束。宋·周密《齐东野语·王迈潘牥》："庭坚初名

公筠，后以诏岁乞灵南台神，梦有持方牛首与之，遂易名为牥，殿试第三人，跌宕不羁，傲侮一世。"《明史·王毓蓍传》："毓蓍，字元趾，会稽人。为诸生，跌宕不羁。"

【跌宕起伏】diē dàng qǐ fú　跌宕：富于变化，有顿挫波折。形容事物多变，不稳定。王安忆《香港的情和爱》三："像这样潮湿闷热的夜晚，你不知道有多少故事在街道上行走，走走停停，又停停走走。有的刚开个头，有的将要收尾，还有的正在中途。这便是香港的夜晚为什么总是跌宕起伏的缘故，……多少出悲欢离合同时演出。"

【跌宕昭彰】diē dàng zhāo zhāng　跌宕：不拘束。指文章气势豪放，文意显明。南朝梁·萧统《〈陶渊明集〉序》："其文章不群，词采精拔，跌宕昭彰，独超众类。"清·曾国藩《邓湘皋先生墓表》："然硐东持律矜严，体势稍褊，先生则波澜益壮，跌宕昭彰。"

【跌脚捶胸】diē jiǎo chuí xiōng　又跺脚又敲打胸脯。表示恼恨、着急、伤心的样子。元·关汉卿《五侯宴》二折："我这里牵肠割肚把你个孩儿舍，跌脚捶胸自叹嗟。"《杨家将演义》一一回："王钦叩谢，归府，跌脚捶胸，恼恨八王，思报其仇。"

【喋喋不休】dié dié bù xiū　喋喋：说话很多的样子。唠唠叨叨地说个不停。多含贬义。《聊斋志异·鸲鹆》："王命金盆贮水，开笼令浴。浴已，飞檐间，梳翎抖羽，尚与王喋喋不休。"浩然《机灵鬼》："我听他喋喋不休地说下去，心里厌烦，又无可奈何。"陈国凯《今晚有盛大演出》一："那类男女之间的事，只有那些喋喋不休的小市民才有兴趣去飞短流长，说三道四。"

【叠床架屋】dié chuáng jià wū　北齐·颜之推《颜氏家训·序致》："魏晋已来，所

著诸子,理重事复,递相模效,犹屋下架屋,床上施床尔。"后用"叠床架屋"比喻重复累赘。清·恽敬《答顾研籨》:"如敬再作,是叠床架屋,深可不必。"邹韬奋《经历·外国文和外国教师》:"讲到成语,有些人的脑子里不是没有若干成语,但是用起来,叠床架屋,拖泥带水,如由说那种语言的本国人用来,就不是这样的。"〔注意〕叠,不能写作"迭"。

【丁是丁,卯是卯】 dīng shì dīng, mǎo shì mǎo
丁:榫头。卯:卯眼。两者功用不同,不能互相替代。一有差错就接不上榫。形容做事认真,毫不马虎。《红楼梦》七三回:"你满家子算一算,谁的妈妈奶子不仗着主子哥儿多得些益,偏咱们就这样丁是丁卯是卯的,只许你们偷偷摸摸的哄骗了去。"老舍《四世同堂》二七:"他从来是个丁是丁,卯是卯的人,永远没干过这种拖泥带水的事。"邓友梅《话说陶然亭》:"他要求将军重新把已教过的两个式子丁是丁,卯是卯地再来一遍。"

【顶礼膜拜】 dǐng lǐ mó bài
顶礼:两手伏地,用头触及崇拜者的脚。膜拜:跪在地上,两手加额而拜。都是佛教徒拜佛时最尊敬的礼节。后形容对人极端崇敬。《荡寇志》一一四回:"又添一个青年女子,顶礼膜拜,行状举止,仿佛慧娘。"路遥《平凡的世界》(下)五三章:"村里照样有人来到这个破庙,向那个新塑起的偶像顶礼膜拜,以求消灾灭病。"陈国凯《摩登阿Q》:"阿Q成了当地的文学泰斗,成了许多热血沸腾昏头昏脑的文学青年顶礼膜拜的偶像。"

【顶天立地】 dǐng tiān lì dì
头顶着天,脚踩着地。形容形象高大,气势豪迈。《续传灯录·安吉州道场无庵法全禅师》:"汝等诸人,个个顶天立地。"《水浒传》二四回:"武二是个顶天立地噙齿带发男子汉,不是那等败坏风俗没人伦的猪狗!"《官场现形记》二〇回:"我们要做一个顶天立地的人,总得自己有个主意,不能随了大众,与世浮沉。"郭沫若《屈原》二幕:"子兰的父亲也时常在说,我们楚国产生了你这样一位顶天立地的人物,真真是列祖列宗的功德啊。"

【鼎鼎大名】 dǐng dǐng dà míng
见"大名鼎鼎"。

【鼎力相助】 dǐng lì xiāng zhù
鼎力:大力。大力相助。多用于求人相助时的客气话。刘玉民《骚动之秋》二五章:"'二龙戏珠'是赢官的得意之作,他自然没有不鼎力相助的理由。"王火《战争和人》(三)卷三:"翘老感慨得对,我今天来,是为了冯村的事来烦请翘老鼎力相助的。"

【鼎鱼幕燕】 dǐng yú mù yàn
鼎:古代烹调食物的炊具。幕:帐篷。南朝梁·丘迟《与陈伯之书》:"而将军鱼游于沸鼎之中,燕巢于飞幕之上,不亦惑乎?"后用"鼎鱼幕燕"比喻处于极其危险的境地而不自知。宋·王禹偁《拟侯君集平高昌纪功碑序》:"我师则奉辞伐罪,鸣鼓而前,鳞萃翼涉,然犹以矛环合,鼎鱼幕燕,孤垒于是卵危。"《元史·外夷传》:"大军已驻乎心腹,鼎鱼幕燕,亡在旦夕。"

【鼎足而立】 dǐng zú ér lì
鼎:古代烹调食物的炊具,有三足。比喻三方分立对峙。《汉书·蒯通传》:"方今为足下计,莫若两利而俱存之,参分天下,鼎足而立,其势莫敢先动。"《东周列国志》二二回:"于是季、孟、叔三家,鼎足而立,并执鲁政,谓之'三桓'。"夏衍《包身工·余话》:"在沪西白里南路,有鼎足而立的三个工厂,一个是中国人开的X新纱厂,一个是白俄开的X远板厂,另一个是日本人经营的丰田纺织会社。"

【鼎足之势】 dǐng zú zhī shì
鼎:古代烹调食物的炊具,有三足。比喻三方分立的局势。晋·孙楚《为石仲容与孙皓书》:"自谓三分鼎足之势,可与泰山共相终始也。"《三国演义》三八回:"先取荆州为家,后即取西川建基业,以成鼎足之势,然后可图中原也。"

【定国安邦】dìng guó ān bāng　见"安邦定国"。

【丢魂落魄】diū hún luò pò　见"失魂落魄"。

【丢盔弃甲】diū kuī qì jiǎ　见"丢盔卸甲"。

【丢盔卸甲】diū kuī xiè jiǎ　盔、甲:古代打仗时用来保护身体的衣帽装备。形容打败仗时的狼狈样子。也比喻一般事情的失败。元·孔文卿《东窗事犯》一折:"想十三人舞袖登城临汴梁,向青城房了上皇。诶得禁军八百万丢盔卸甲。"邓一光《我是太阳》五部五:"一个小时之前我还把对立派打得丢盔卸甲,屎滚尿流。"王火《战争和人》(一)卷四:"昨夜通宵雀战,输得丢盔卸甲。"也作"丢盔弃甲"。姚雪垠《李自成》二卷二三章:"喊杀声震动山谷,到处旌旗招展,鼓声不绝,把龟儿子们杀得尸横遍野,丢盔弃甲。"杜鹏程《在和平的日子里》三章:"暴风雨刚来的那天,他在工程队办公室里被各种意外情况搞得丢盔弃甲,狼狈不堪的样子。"

【丢人现眼】diū rén xiàn yǎn　丢脸,出丑。老舍《四世同堂》九二:"皇军为了遮丑,到夜里才敢出来;普通的日本人倒不在乎,不怕到处丢人现眼。"魏巍《火凤凰》五二:"现在又把我降为连级,这不是在大家面前,故意让我丢人现眼吗?"

【丢三落四】diū sān là sì　落:漏掉。形容因记忆力不好或粗心而忘事。《红楼梦》六七回:"咱们家没人,俗语说的'夯雀儿先飞',省得临时丢三落四的不齐全,令人笑话。"梁实秋《雅舍小品·懒》:"懒人做事,拖拖拉拉,到头来没有

不丢三落四狼狈慌张的。"也作"丢三忘四"。《红楼梦》七二回:"我如今竟糊涂了! 丢三忘四,惹人抱怨,竟大不像前了。"王火《战争和人》(三)卷二:"你看,人老了,心情不好,就这样丢三忘四的。"〔注意〕落,不读 luò。

【丢三忘四】diū sān wàng sì　见"丢三落四"。

【东奔西跑】dōng bēn xī pǎo　见"东奔西走"。

【东奔西走】dōng bēn xī zǒu　形容到处奔走或为达到某个目的而到处活动。《西游记》三五回:"被这身外法把群妖打退,止撇得老魔围困中间,赶得东奔西走,出路无门。"刘绍棠《烟村四五家》一:"一九七九年以来跑上跑下,东奔西走,只想大小找一只铁饭碗,后半辈子不再脸朝黄土背朝天。"也作"东奔西跑"。邓一光《我是太阳》一部九:"吴晋水说,念个什么劲儿,弄到身边来算了。关山林说,我倒是想,可整天这么东奔西跑的,一时顾不上。"

【东窗事发】dōng chuāng shì fā　元·刘一清《钱塘遗事》卷二载:秦桧欲杀岳飞,与妻王氏谋于东窗下。后桧游西湖,舟中得疾,见一人披发,厉声曰:"汝误国害民,我已诉于天,得请于帝矣。"桧遂死。未儿,子熺亦死。秦桧夫人思之,设醮,并派方士往阴间看望。秦桧对方士说:"可烦传语夫人,东窗事发矣!"后用来指阴谋败露或秘密被发觉。《警世通言》卷二〇:"我早见那做娘的打庆奴,晚间押番归,却打发我出门。莫是东窗事发? 若是这事走漏,须教我吃官司,如何计结?"魏巍《火凤凰》四:"天虹知道东窗事发,瞒不过去,声音不高但却很清朗地说:'我退婚去了。'"

【东床佳婿】dōng chuáng jiā xù　见"东床坦腹"。

【东床娇婿】dōng chuáng jiāo xù　见

"东床坦腹"。

【东床坦腹】 dōng chuáng tǎn fù 《世说新语·雅量》:"郗太傅在京口,遣门生与王丞相书,求女婿。丞相语郗信:'君往东厢,任意选之。'门生归白郗曰:'王家诸郎亦皆可嘉。闻来觅婿,咸自矜持;唯有一郎在东床上坦腹卧,如不闻。'郗公云:'正此好!'访之,乃是逸少,因嫁女与焉。"后用"东床坦腹"代指女婿。也作"东床娇婿"。《红楼梦》七九回:"因未有室,贾敏见是世交之孙,且人品家当都相称合,遂青目择为东床娇婿。"也作"东床佳婿"。刘绍棠《蒲柳人家》一一:"二和尚已经被他们的司令官招为东床佳婿,莲姑娘命小福薄,配不上旅长大人了。"

【东倒西歪】 dōng dǎo xī wāi ❶形容身不由己,倾斜不稳。《水浒传》四四回:"那几个帮闲的见了,却待要来动手,早被那大汉一拳一个,都打的东倒西歪。"老舍《二马》一:"小孩儿们,有的穿着满身的白羊绒,有的从头到脚一身红绒的连脚裤,都拐着胖腿东倒西歪的在草地上跑来跑去。"也作"东歪西倒"。《二十年目睹之怪现状》三九回:"及至归来沉醉矣,东歪西倒扶难起。"❷倒的倒,歪的歪。形容建筑物等不牢固。《警世通言》卷二一:"再复一下,把那四扇槅子,打个东倒西歪。"老舍《四世同堂》一五:"我自己的那几亩旱也不收,涝也不收的冤孽地,和那几间东倒西歪病病腔子的草房,都不算一回事!"也作"东歪西倒"。王火《战争和人》(二)卷六:"公墓里冷冷清清,有些十字架东歪西倒。"

【东道主】 dōng dào zhǔ 《左传·僖公三十年》:"若舍郑以为东道主,行李之往来,供其乏困,君亦无所害。"原指东路上的主人。后称款待宾客的主人。唐·李白《望九华山赠青阳韦仲堪》诗:"君为东道主,于此卧云松。"张天翼《清明时节》:"[谢老师]拿出东道主的派头来给对方倒茶。"

【东躲西藏】 dōng duǒ xī cáng 指到处躲避藏匿。《西游记》三回:"自解其索,丢开手,轮着棒,打入城中。唬得那牛头鬼东躲西藏,马面鬼南奔北跑。"邓一光《我是太阳》六部二:"天塌下来不过就是砸头的事,至于这么东躲西藏的吗?!"王火《战争和人》(二)卷六:"舅舅本来东躲西藏似地十分神秘,曾几何时,现在却公开以大商人的面貌出现了。"

【东风吹马耳】 dōng fēng chuī mǎ ěr 见"东风射马耳"。

【东风马耳】 dōng fēng mǎ ěr 见"东风射马耳"。

【东风射马耳】 dōng fēng shè mǎ ěr 射:射入;灌入。如风过马耳边。比喻充耳不闻,无动于衷。唐·李白《答王十二寒夜独酌有怀》诗:"吟诗作赋北窗里,万言不直一杯水;世人闻此皆掉头,有如东风射马耳。"也作"东风吹马耳"。《聊斋志异·仙人岛》:"冀实相爱,而君若东风之吹马耳,故唾弃不相怜。"也作"东风马耳"。元·刘敏中《自述易知己时有小言》词:"冷笑纷纷儿女语,都付东风马耳。"也作"马耳东风"。宋·苏轼《和何长官六言次韵五首》诗之五:"说向市朝公子,何殊马耳东风!"

【东海扬尘】 dōng hǎi yáng chén 晋·葛洪《神仙传·王远》:"麻姑自说云:'接待以来,已见东海三为桑田,向到蓬莱,又水浅于往日会时略半耳,岂将复为陵陆乎?'远叹曰:'圣人皆言,海中行复扬尘也。'"后用"东海扬尘"比喻世事巨变。《初刻拍案惊奇》卷二二:"东海扬尘犹有日,白衣苍狗刹那间。"

【东拉西扯】 dōng lā xī chě ❶东一句,西一句。形容无边际地随便谈话。《红楼梦》八二回:"更有一种可笑的,肚子里原没有什么,东拉西扯,弄的牛鬼蛇神，还自以为博奥。"茅盾《腐蚀·十月二日》："我一边说，一边颓然倒在床上，就东拉西扯地问她逛过什么地方，有哪几个人常往来。"蒋子龙《一个工厂秘书的日记》："她很少到厂里来，我真猜不透她坐在我对面东拉西扯不肯走，到底想什么。" ❷东拿一点，西取一点。形容到处寻找或拼凑。《孽海花》二二回："你别看永丰庄怎么大场面，一天到晚整千整万的出入，实在也不过东拉西扯，撑着个空架子罢了。"张恨水《啼笑因缘》一四回："头里两个月，让他东拉西扯，找几个钱，凑付着安了这个家。"

【东邻西舍】dōng lín xī shè 指周围的邻居。唐·戴叔伦《女耕田行》："东邻西舍花发尽，共惜余芳泪满衣。"《醒世恒言》卷二九："那些东邻西舍听得哭声，都来观看。"萧红《呼兰河传》尾声："听说有二伯死了。老厨子就是活着年纪也不小了。东邻西舍也都不知怎样了。"〔注意〕舍，不读 shě。

【东鳞西爪】dōng lín xī zhǎo 原まま画龙时，龙体被云雾遮盖，东露一鳞，西现一爪，不见全貌。比喻零碎、不全面。李英儒《野火春风斗古城》一二章："他发觉首长们听他的话有兴趣，胆量大了，东鳞西爪的，又讲了许多。"路遥《早晨从中午开始》一五："尤其是一些次要人物，如果早一点出现，你随时都可以东鳞西爪地表现他们，尽管在每个局部他们仅仅可能只闪现一下，到全书结束，他们就可能成为丰富而完整的形象。"

【东挪西凑】dōng nuó xī còu 多方设法挪借，凑集钱款。《初刻拍案惊奇》卷一三："六老只得东挪西凑，寻了几件衣饰之类，往典铺中解了四十两银子，却也不勾使用。"茅盾《子夜》一二："不过这样头痛医头，东挪西凑，总不是办法。"

【东跑西窜】dōng pǎo xī cuàn 见"东逃西窜"。

【东拼西凑】dōng pīn xī còu 这儿一点，那儿一点，零零星星地拼凑起来。《红楼梦》八回："为儿子的终身大事，说不得东拼西凑的恭恭敬敬封了二十四两贽见礼，亲自带了秦钟，来代儒家拜见了。"老舍《四世同堂》五九："四十五块而外，又东拼西凑的弄来十五块，他把六十元还给柜上。"马烽、西戎《吕梁英雄传》六二回："老百姓好容易熬到个过年，好容易东拼西凑才办下点年货，一下都被抢光了，家家气得啼啼哭哭。"

【东瞧西望】dōng qiáo xī wàng 见"东张西望"。

【东山高卧】dōng shān gāo wò 《世说新语·排调》："谢公在东山，朝命屡降而不动。后出为桓宣武司马，将发新亭，朝士咸出瞻送。高灵时为中丞，亦往相祖，先时多少饮酒，因倚як醉，戏曰：'卿屡违朝旨，高卧东山，诸人每相与言："安石不肯出，将如苍生何！"今亦苍生将如卿何？'"后多作"东山高卧"，比喻安然隐居，不肯出仕。唐·李白《梁园吟》诗："东山高卧时起来，欲济苍生未应晚。"元·郑廷玉《忍字记》四折："我赶不上庞居士海内沉舟，晋孙登苏门长啸，我可怎么谢安石东山高卧。"

【东山再起】dōng shān zài qǐ 《晋书·谢安传》载：谢安少年即有名声，屡次征辟皆不就，隐居会稽东山，年逾四十复出为桓温司马，官至中书令、司徒。后用"东山再起"指隐退后复出任职。《儿女英雄传》三九回："或者圣恩高厚，想起来，还有东山再起之日，也未可知。"魏巍《地球的红飘带》四一："这点兵力一拼掉，也就永难东山再起，甚至连粤西这点地盘也难保住。"周大新《第二十幕》（上）三部二〇："我们得到的将会很多，因为我们手中的兵没有失去，有了兵我们就可以东山再起，可以再谋另一个城市的警备司令。"

【东施效颦】 dōng shī xiào pín　颦：皱眉。《庄子·天运》："故西施病心而颦其里，其里之丑人见之而美之，归亦捧心而颦其里。其里之富人见之，坚闭门而不出；贫人见之，挈妻子而去走。彼知颦美，而不知颦之所以美。"颦：同"颦"。后人把这个效颦的丑女称作东施。用"东施效颦"比喻盲目模仿，效果适得其反。《红楼梦》三〇回："若真也葬花，可谓'东施效颦'了；不但不为新奇，而且更是可厌。"刘绍棠《村妇》卷二："后来张少帅创办东北大学，自任校长，他也不甘示弱，东施效颦，还要压过少帅一头。"

【东食西宿】 dōng shí xī sù　吃在东家，住在西家。《艺文类聚》卷四〇引汉·应劭《风俗通·两袒》："俗说，齐人有女，二人求之。东家子丑而富，西家子好而贫。父母疑不能决，问其女：'定所欲适，难指斥言者，偏袒令我知。'女便两袒。怪问其故，云：'欲东家食，西家宿。'"后用"东食西宿"比喻企图两利兼得。宋·范成大《偶书》诗："出处由人不系天，痴儿富贵更求仙。东家就食西家宿，世事何缘得两全？"《聊斋志异·黄英》："黄英笑曰：'东食西宿，廉者当不如是。'"

【东逃西窜】 dōng táo xī cuàn　到处逃跑躲避。《醒世恒言》卷三："因那年避乱南奔，被官兵冲散了女儿瑶琴，夫妻两口，凄凄惶惶，东逃西窜，胡乱的过了几年。"孙犁《白洋淀纪事·嘱咐》："这是什么太平日子呀？整天价东逃西窜。"也作"东跑西窜"。马烽、西戎《吕梁英雄传》七九回："水峪镇增援来的敌人，在骆驼岭中了民兵的埋伏，被打得分成了两三股，东跑西窜。"

【东讨西征】 dōng tǎo xī zhēng　见"东征西讨"。

【东涂西抹】 dōng tú xī mǒ　比喻随意提笔写字、画画等。宋·陆游《山房》诗："东涂西抹非无意，皱面朱铅太不宜。"《初刻拍案惊奇》卷一："连妻子也不曾娶得，终日间靠着些东涂西抹，东挨西撞，也济不得甚事。"《说岳全传》七〇回："本寺近日来了一个疯僧，最喜东涂西抹，想必是他写的。"

【东歪西倒】 dōng wāi xī dǎo　见"东倒西歪"。

【东游西荡】 dōng yóu xī dàng　四处游荡。也形容不务正业。《西游记》六回："他因没事干管理，东游西荡。"《说岳全传》五一回："岳爷就命将首级号令，便问牛皋：'一向在何处安身？'牛皋道：'东游西荡，没有定处，故此复来。'"莫应丰《黑洞》六："水中漂呈自己则一无长技，整日疯疯癫癫，东游西荡，口中念念有词。"

【东张西望】 dōng zhāng xī wàng　张：看。形容各处张望或有所期待地向四周寻找察看。《初刻拍案惊奇》卷一七："吴氏再叫丫鬟打听，说小官人已不在门口了，寂地开出外边，走到街上，东张西望，那里得有个人？"《二十年目睹之怪现状》四一回："有一天在路上遇见子英伯父，抱着一包衣服，在一家当铺门首东张西望。"茅盾《腐蚀·十一月四日》："到了桥上，他站住了，装出悠闲的态度，东张西望，却始终没有看见我。"周而复《上海的早晨》四部五九："朱瑞芳刚才看到林宛芝东张西望，看看主席台，又望望等待发言的队伍，已经猜出她的心思了。"也作"东瞧西望"。《红楼梦》二四回："二人便都诧异，将水放下，忙进房来东瞧西望，并没个别人，只有宝玉，便心中大不自在。"

【东征西讨】 dōng zhēng xī tǎo　四处出征讨伐。唐·杨炯《左武卫将军成安子崔献行状》："至如出车授钺，东征西讨，孤虚向背，则虽女子之众，可以当于丈夫。"《杨家将演义》四一回："若区区汉高皇、宋太祖等，特凡夫俗子耳，尚且东征西讨，遂成帝业。"也作"东讨西征"。元·

刘时中《代马诉冤》曲:"便休说站驿难为,则怕你东讨西征那时节悔。"

【冬裘夏葛】dōng qiú xià gě　裘:皮衣。葛:葛麻做的衣服。《公羊传·桓公七年》:"士不及兹四者,则冬不裘,夏不葛。"后用"冬裘夏葛"指高贵华丽的衣服。《列子·汤问》:"九土所资,或农或商,或田或渔;如冬裘夏葛,水舟陆车。默而得之,性而成之。"《痛史》一回:"举得起,放得下,以便冬裘夏葛的同它换衣服。"

【动人心魄】dòng rén xīn pò　形容使人感动或震惊。《儒林外史》二四回:"那秦淮到了有月色的时候,越是夜色已深,更有那细吹细唱的船来,凄清委婉,动人心魄。"萧乾《人生采访·阻力变成主力》:"我很想由他听到一些动人心魄的往事,然而他对现实牢骚太多了。"欧阳山《三家巷》二九:"他想起在省港罢工的时候,十万人在东校场集合,开那样动人心魄的示威大会。"

【动人心弦】dòng rén xīn xián　因受感动而引起内心共鸣。指激动人心。叶文玲《浪漫的黄昏》四:"果然,尹如婵早年演的那些戏,那些最动人心弦的唱段,都字字不漏的记在上边。"刘心武《钟鼓楼》一章:"但她靠着厚积的修养,在一笑一颦之间,在一歌一吟之际,却丝丝入扣、动人心弦地展现出了角色的内心。"

【动手动脚】dòng shǒu dòng jiǎo ❶ 指打人。《说岳全传》六回:"我们又没有兵器在此,倘然他动手动脚起来,将如之何?"路遥《人生》九章:"你敢动手动脚,小心公安局的法绳!"❷指对对方(多指异性)做出不庄重、不雅观的举动。《二刻拍案惊奇》卷三:"桂娘见他动手动脚,正难分解,只听得帐里老孺人开声道:'那个在此说话响?'翰林只得放了手。"鲁迅《呐喊·阿Q正传》三章:"'你怎么动手动脚……'尼姑满脸通红的说,一面赶

快走。"姚雪垠《李自成》三卷二一章:"她把胳膊一甩,怒骂道:'贼小子,休得动手动脚,对我无礼!'"

【动辄得咎】dòng zhé dé jiù　辄:就。咎:罪过。一有举动就会获罪或受到责备。唐·韩愈《进学解》:"跋前踬后,动辄得咎。"李国文《冬天里的春天》二章:"倒不是做父母的偏袒自己的儿子,在那无边无沿的专政拳头下边,动辄得咎,做个人也实在太难了。"

【动之以情,晓之以理】dòng zhī yǐ qíng,xiǎo zhī yǐ lǐ　用真情打动对方,用道理说服对方。刘绍棠《村妇》卷二:"畦儿和秀子,比狗肉将军张宗昌那些驴脾气的侉子兵更难动之以情、晓之以理。"

【栋梁之材】dòng liáng zhī cái　能做房梁的材料。比喻能担当重任的人。唐·韩愈《为人求荐书》:"伯乐遇之而不顾,然后知其非栋梁之材,超逸之足也。"李佩甫《豌豆偷树》:"我期望着能把他送出去,期望他能长成一棵大树,成为国家的栋梁之材。"杜鹏程《我的第二故乡》:"后来此处又设立了'延安保育院',很多未来的栋梁之材,是在这里哺育成长的。"

【洞察其奸】dòng chá qí jiān　洞:透彻。奸:奸诈。形容能看穿对方的阴谋诡计。《镜花缘》一二回:"倘明哲君子,洞察其奸,于家中妇女不时正言规劝,以三姑六婆视为寇仇,诸事预为防范,毋许入门,他又何所施其伎俩?"也作"洞烛其奸"。《明史·董传策传》:"嵩稔恶误国,陛下岂不洞烛其奸。"

【洞房花烛】dòng fáng huā zhú　洞房:深室,内室,指新房。花烛:有龙凤之类图案的彩烛。借指新婚之夜的景象。宋·洪迈《容斋四笔·得意失意诗》:"旧传有四句夸世人得意者云:久旱逢甘雨,他乡遇故知;洞房花烛夜,金榜挂名时。"《二刻拍案惊奇》卷六:"曾向书斋同笔

砚,故人今作新人。洞房花烛十分春,汗沾蝴蝶粉,身惹麝香尘。"《野叟曝言》四八回:"素臣这一喜,真如自己洞房花烛一般,满心快畅。"钱钟书《围城》三:"真是金榜挂名,洞房花烛,要算得双喜临门了。"

【洞鉴古今】dòng jiàn gǔ jīn 洞鉴:明察。透彻了解古今世事。《旧唐书·王及善等传论》:"苟非洞鉴古今,深识王霸,何由立其高论哉!"宋·钱世昭《钱氏私志·蔡鲁公》:"公高明远识,洞鉴古今,知国家之事,必至于斯乎?"

【洞若观火】dòng ruò guān huǒ 洞:透彻。比喻观察事物明白透彻,像看火一样。明·林潞《江陵救时之相论》:"又谕以朝意,当以某辞人告,某策善后,勇怯强弱,进退疾徐,洞若观火。"《野叟曝言》七八回:"典礼肃穆,辞命裔皇,不特正统兴亨,大义彪炳,而操、丕济恶篡夺之罪洞若观火。"杨沫《青春之歌》二部八章:"她的受尽迫害的阶级,使得她能够正视现实,使得她能够洞若观火地了解阶级的意义。"刘心武《钟鼓楼》五章:"这形势在座的每一个人一瞬间都洞若观火,哑然中都感到心脏堵到了嗓子眼儿。"

【洞天福地】dòng tiān fú dì 原为道教对神仙及道士所居住的十大洞天、三十六小洞天、七十二福地的合称。后泛指名山胜境或幽美的环境。宋·叶绍翁《四朝闻见录·阅古南园》:"疑为洞天福地之居,不类为园亭也。"《水浒传》五三回:"三岛十洲骑凤往,洞天福地抱琴游。"《西游记》四回:"你看那猴王得胜归山,那七十二洞妖王与那六弟兄,俱来贺喜。在洞天福地,饮乐无比。"沈从文《湘行散记·桃源与沅州》:"全中国的读书人,大概从唐朝以来,命运中注定了应读一篇《桃花源记》,因此把桃源当成一个洞天福地。"也作"福地洞天"。《西游记》四回:"众猴道:'来得好!来得好!大王在这福地洞天之处为王,多少尊重快乐,怎么肯与他做马夫。'"

【洞烛其奸】dòng zhú qí jiān 见"洞察其奸"。

【斗方名士】dǒu fāng míng shì 斗方:一尺见方的供写字或绘画用的单幅笺,指小幅的画页或诗稿。"斗方名士"指自命风雅的文人。含讥刺之意。《二十年目睹之怪现状》九回:"那一班斗方名士,结识了两个报馆主笔,天天弄些诗去登报,要借此博个诗翁的名色。"

【斗筲之辈】dǒu shāo zhī bèi 见"斗筲之人"。

【斗筲之人】dǒu shāo zhī rén 斗:量器。筲:竹器。斗和筲都是容量不大的器具,因以指心胸狭隘、才识短浅的人。也用为自谦之词。《论语·子路》:"[子贡]曰:'今之从政者何如?'子曰:'噫!斗筲之人,何足算也?'"《后汉书·何敞传》:"臣虽斗筲之人,诚窃怀怪,以为笃、景亲近贵臣,当为百僚表仪。"也作"斗筲之辈"。《东周列国志》七六回:"囊瓦乃斗筲之辈,贪功侥幸,今史皇小挫,未有亏损,今夜必来掩袭大寨,不可不备。"

【斗转参横】dǒu zhuǎn shēn héng 斗:北斗星。参:参宿,即猎户星座的七颗亮星。北斗转向,参星横斜。指天色将明。《宋史·乐志十六》:"斗转参横将旦,天开地辟如春。"宋·韩元吉《水龙吟·题三峰阁咏英华女子》词:"多情易老,青鸾何许,诗成谁寄?斗转参横,半帘花影,一溪寒水。"《二刻拍案惊奇》卷一九:"是日同衙门官摆着公会筵席,特贺到任。美酒嘉肴,珍羞百味,歌的歌、舞的舞,大家尽欢。直吃到斗转参横,才得散席,回转衙门里来。"〔注意〕参,不读 cān。

【斗转星移】dǒu zhuǎn xīng yí 斗:北斗星。❶表示一夜之间时间的推移。后也指岁月流逝。宋·王齐叟《失调名》词:"帘风渐冷,先自虑春宵不永。更那堪斗转星移,尚在有无之境。"魏巍《东方》一部二章:"夜静更深,斗转星移。不知熬了多长工夫,嘎子忽然惊醒,原来他也打起盹来。"刘绍棠《黄花闺女塘》五:"我父亲领东的内局关了张,到东城的一家纽扣商行帮账(助理会计),我也就斗转星移来到东城上学。"也作"星移斗转"。《西游记》三〇回:"他见那星斗移转约摸有三更时分。"❷指声势浩大,使星座移位,北斗转向。《英烈传》七三回:"真个杀得斗转星移,尸山血海。"也作"星移斗转"。《水浒传》八九回:"端的是杀得星移斗转,日月无光。"

【抖擞精神】dǒu sǒu jīng shén 抖擞:振作。振作起精神来。《水浒传》八六回:"众将扬威耀武,抖擞精神,正奔四下里厮杀。"《初刻拍案惊奇》卷一:"文若虚便自一个抖擞精神,跳上岸来。"钱钟书《围城》五:"李先生就抖擞精神,脱了眼镜,步步小心,到了那一头。"

【斗鸡走狗】dòu jī zǒu gǒu 古代以公鸡相斗、以狗相驰逐(赛狗)的一种游戏或赌博。后指游手好闲,不务正业。《史记·苏秦列传》:"临淄甚富而实,其民无不吹竽鼓瑟,弹琴击筑,斗鸡走狗,六博蹋鞠者。"《红楼梦》九回:"这薛蟠外相既美,内性又聪明,虽然应名来上学,亦不过虚掩眼目而已。仍是斗鸡走狗,赏花玩柳。"邓友梅《那五》一:"斗鸡走狗,听戏看花。"

【斗志昂扬】dòu zhì áng yáng 昂扬:情绪高涨。形容斗争的意志非常旺盛。欧阳山《三家巷》一七六:"他浑身是劲儿,举动撒脱,说话干脆,流露出一副精神抖擞,斗志昂扬的神气。"刘白羽《第二个太阳》一六章:"他精神矍烁,斗志昂扬说道:'西南角上大涧三十九,小涧六十七,这路由我做向导。'"

【豆分瓜剖】dòu fēn guā pōu 见"瓜剖豆分"。

【豆蔻年华】dòu kòu nián huá 豆蔻:一种草本植物,开淡黄色的花,常用以比喻处女。唐·杜牧《赠别》诗:"娉娉袅袅十三余,豆蔻梢头二月初。"后用"豆蔻年华"指少女十三、四岁时的青春年华。刘玉民《骚动之秋》二章:"带着豆蔻年华楚楚风采的淑贞,在河边洗完衣服正要回家,外号'小铜锤'的岳鹏程,忽然从河中冒出来似地出现在她面前。"王安忆《流逝》四:"想想自己当年,这正是最开心、最无忧虑的时候,而文影这些姑娘,却在豆蔻年华承受这么多的忧愁。"

【独步当时】dú bù dāng shí 在当时独一无二,无与伦比。《晋书·陆机等传论》:"文藻宏丽,独步当时;言论慷慨,冠乎终古。"五代·王定保《唐摭言·怨怒》:"独步当时,峻节清心,高迈流俗。"也作"独步一时"。《宣和画谱·郭熙》:"论者谓熙独步一时,虽年老落笔益壮,如随其年貌焉。"《隋唐演义》九五回:"就是那一长一技之微,若果能专心致志,亦足以轶类超群,独步一时。"

【独步天下】dú bù tiān xià 独步:独一无二。天下无与伦比。形容杰出的人才。《后汉书·戴良传》:"我若仲尼长东鲁,大禹出西羌,独步天下,谁与为偶!"

【独步一时】dú bù yī shí 见"独步当时"。

【独出心裁】dú chū xīn cái 见"别出心裁"。

【独当一面】dú dāng yī miàn 单独担当一方面的重要任务。《旧唐书·李光颜传》:"会朝廷征天下兵,环申、蔡而讨吴元济,诏光颜以本军独当一面。"《孽海花》五回:"庄寿香大刀阔斧,气象万千,将来可以独当一面,只嫌功名心重些。"丁玲《太阳照在桑乾河上》二六:"他喜欢老老实实地做一两件事,苦一点也不要紧,却怕独当一面,要自做主张。"

【独断独行】dú duàn dú xíng　见"独断专行"。

【独断专行】dú duàn zhuān xíng　做事不考虑别人的意见,只凭个人意志独自决断。姚雪垠《李自成》二卷三八章:"是谁叫你搞这面大旗?谁叫你没有我的吩咐就独断专行?"王安忆《香港的情和爱》一:"在衣着方面,她过于自信,一味独断专行,在潮流化的香港,一看便是个异乡人。"也作"独断独行"。《官场现形记》四二回:"有些事情,凡是藩司分所应为的,在别人一定还要请示督、抚,在他却不免有点独断独行,不把督、抚放在眼里。"巴金《家》二五:"我平日觉得应该不顾母亲底反对和亲戚底嘲笑、责难,一个人独断独行。"

【独夫民贼】dú fū mín zéi　独夫:指众叛亲离的统治者。民贼:指人民的敌人。指残害人民的统治者。清·谭嗣同《仁学》二:"君为独夫民贼,而犹以忠事之,是辅桀也,是助纣也。"姚雪垠《李自成》二卷四九章:"读书人受孔孟之教,被一个囫囵吞枣的'忠'字迷了心窍,也不管其所忠者是桀,是纣,是独夫民贼。"

【独具慧眼】dú jù huì yǎn　见"独具只眼"。

【独具匠心】dú jù jiàng xīn　匠心:精巧的心思。具有独到的想法或创造性。张贤亮《绿化树》三五:"我被她独具匠心的、现实的、冷静的盘算弄得晕晕乎乎的:我究竟应该遵循哪种道德规范来生活?"

【独具只眼】dú jù zhī yǎn　只眼:佛教指大自在天神的顶门眼,在双眉之上,功能卓异。指具有别人没有的眼光或见识。清·陈廷焯《白雨斋词话》卷五:"《词选》一编,宗风赖以不灭,可谓独具只眼

矣。"茅盾《无题》:"他翘起一个大拇指,既表示自己的得意,又赞许他夫人的'独具只眼'。"也作"独具慧眼"。从维熙《方太阳》二:"门警还算独具慧眼,认出这是常常出入于省委大院的名人,嘴角闪过一团笑。"〔注意〕只,不读 zhǐ。

【独来独往】dú lái dú wǎng　单独来往,没有伴侣。宋·翁卷《悼旧呈赵紫芝》诗:"忆向城南共设诗,山民与我定相随。如今独来还独往,此恨除君人不知。"柳青《创业史》一部一九章:"既然秀兰不喜欢她,她上学也不找她结伴了。她开始独来独往了。"也指独自一人来往,或我行我素,不受外界的影响。明·李贽《焚书·何心隐论》:"公独来独往,自我无前者也。"周而复《上海的早晨》二部三〇:"徐守仁在家里独来独往,横眉竖眼,见了谁都要碰一下蔵一下,表示自己有过人的本事。"也作"独往独来"。宋·陈亮《又甲辰秋书》:"亮非假人以自高者也,攀拳撑脚,独往独来于人世间,亦自伤其孤另而已。"邓一光《我是太阳》一部三:"远藤熏一平素不爱和别的教职工来往,总是独往独来,对学生十分严厉。"

【独立自主】dú lì zì zhǔ　自己作主,不依赖别人。欧阳山《三家巷》四三:"北伐并没有胜利,革命并没有成功,国家也并没有统一——岂止没有统一,连一点独立自主的影子也还没有呢。"韦君宜《飞灰》二:"我已经如你过去所希望的,名誉没有受损失,社会地位也有了一点,独立自主,一切无所缺乏。"

【独木不成林】dú mù bù chéng lín　一棵树成不了森林。比喻个人的力量有限,成不了大事。《后汉书·崔骃传》:"盖高树靡阴,独木不林,随时之宜,道贵从凡。"《说岳全传》七〇回:"王贵、张显二人悲伤过度,是夜得了一病,又不肯服药,不多几日,双病死。牛皋又哭了一场,弄得独木不成林,无可如何?"姚雪垠《李自

成》二卷三章："俗话说：独木不成林，一个蛏盖顶起不起卧单。倘若没有我的手下将士和你们大家出力，我李自成纵然有天大本领，也是孤掌难鸣。"

【独木难支】dú mù nán zhī　一根木头难以支撑将倾的大厦。比喻一个人的力量难以胜任艰巨的工作。《野叟曝言》一三回："刘兄臂膊受伤，我独木难支，便有可虑，这又是因祸得福了。"王火《战争和人》(三)卷一："可是如今，我不同流合污也不行，这叫作大厦将倾，独木难支。"也作"一木难支"。姚雪垠《李自成》一卷三章："他感觉自己在朝中孤掌难鸣，真是'一木难支大厦之将倾'。"

【独辟蹊径】dú pì xī jìng　蹊径：小路。独自开辟一条新路。比喻独创一种新的方法或风格。清·叶燮《原诗·外篇上》："抹倒体裁、声调、气象、格力诸说，独辟蹊径。"姚雪垠《李自成》三卷一五章："近世书家多受董文敏流风熏染，不能独辟蹊径。"

【独善其身】dú shàn qí shēn　《孟子·尽心上》："古之人，得志，泽加于民；不得志，修身见于世。穷则独善其身，达则兼善天下。"意思是不得志时也要注意自身的修养。后指只顾保持自身修养而不顾他人或全局。《旧唐书·牛仙客传》："仙客既居相位，独善其身，唯诺而已。"《三国演义》三七回："独善其身尽日安，何须千古名不朽!"杨沫《青春之歌》二部三六章："我和刘丽找到她，告诉她整个社会不改好，个人想独善其身是不可能的。"

【独树一帜】dú shù yī zhì　单独树起一面旗帜。比喻创造独特风格，自成一家。《孽海花》三回："拿经史百家的学问全纳入时文里面，打破有明以来江西派和云间派的门户，独树一帜。"李国文《冬天里的春天》二章："她是个出色的演员，在舞台上，即使在大场面的群舞中，她也能独树一帜地抓住观众。"陈忠实《白鹿原》二三章："唯独我们这座古城弄得干净，不响枪声，不设绞架，一律塞进枯井，在全国独树一帜，体现着我们这座十代帝王古都的文明。"也作"别树一帜"。鲁迅《集外集拾遗·〈新俄画选〉小引》："Gastev是主张善用时间、别树一帜的，本集只收了一幅。"

【独往独来】dú wǎng dú lái　见"独来独往"。

【独一无二】dú yī wú èr　只此一个，别无其他。宋·延寿《宗镜录》卷三一："独一无二，即真解脱。"《二十年目睹之怪现状》九〇回："舅太太是个妇道人家，懂得甚么，便口口声声总说姑老爷是个独一无二的好人。"茅盾《虹》六："惠师长是新派，独一无二的新派将军，总得是漂亮的新人物，奋斗过来，脱离家庭的，方才合他的脾胃呵!"贾平凹《晚唱》："说是他的这幢木楼，在这一带是独一无二的。"

【独占鳌头】dú zhàn áo tóu　科举时代考中状元者站在殿阶的浮雕巨鳌头上迎榜，因称考中状元为"独占鳌头"。后泛指占首位或居第一名。元·无名氏《陈州粜米》楔子："殿前曾献升平策，独占鳌头第一名。"《封神榜》二四回："你若是一个男子汉，一定金榜题名，独占鳌头。"刘玉民《骚动之秋》一八章："往年无论表彰或者检阅，岳鹏程和大桑园总是名列榜首、独占鳌头。"

【笃定泰山】dǔ dìng tài shān　笃定：稳定，坚定。像泰山那样稳定。比喻绝对有把握。周而复《上海的早晨》四部三九："他心里笃定泰山，念念不忘他那十万锭子的宏伟计划。"张英《老年突击队》一："怪他们养时少生一双手，如果我有两双手，这点配件就笃定泰山可以完成。"

【笃近举远】dǔ jìn jǔ yuǎn　笃：厚。举：举荐，选拔。厚待关系近的，举荐关系远的。指同等待人。唐·韩愈《原人》：
"故圣人一视而同仁,笃近而举远。"

【笃志好学】 dǔ zhì hào xué　笃:专
注。形容专心好学。《后汉书·侯霸传》：
"霸矜严有威容,家累千金,不事产业。
笃志好学,师事九江太守房元。"《南史·
王静传》："有文才,而笃志好学。"

【睹景伤情】 dǔ jǐng shāng qíng　见
"触景伤情"。

【睹微知著】 dǔ wēi zhī zhù　见"见微
知著"。

【睹物怀人】 dǔ wù huái rén　见"睹物
思人"。

【睹物伤情】 dǔ wù shāng qíng　看到
与故人有关的东西而触发感伤之情。
《喻世明言》卷二六："严氏见了画眉,大
哭了一场,睹物伤情,不在话下。"《镜花
缘》四〇回："再итель细查点唐敖包裹,所有
衣履被褥都在行囊之内,惟笔砚书不知去
向。林之洋夫妇睹物伤情,好不悲感。"
《三侠五义》七二回："且说李氏一见了莲
花,睹物伤情,复又大哭起来。"

【睹物思人】 dǔ wù sī rén　看到离去
的人所留之物而引起对他的思念。常用
于对死者的缅怀。《太平广记》卷三五〇
引唐·裴铏《传奇·曾季衡》："又抽翠玉双
凤翘一只,赠季衡曰:'望异日睹物思人,
无以幽冥为隔。'"《野叟曝言》六回："素
臣睹物思人,想着莺吹情意,平添出一种
凄其,十分怜惜。"鲁迅《且介亭杂文末
编·我的第一个师父》："和尚没有文学界
人物的清高,所以他就不免睹物思人,所
谓'时涉遐想'起来。"也作"睹物怀人"。
唐·王勃《常州刺史平原郡开国公行状》：
"皇天眷命,圣武膺图,睹物怀人,思功去
罪。"明·汤显祖《还魂记·忆女》："睹物怀
人,人去物华销尽,道的个仙果难成,名
花易殒。"

【杜门却扫】 dù mén què sǎo　关闭大
门,不再打扫庭除。指谢绝应酬,独享清
静与悠闲。《魏书·李谧传》："遂绝迹下
帏,杜门却扫,弃产营书。"宋·苏轼《《乐
全先生文集》序》："公今年八十一,杜门
却扫,终日危坐,将与造物者游于无何有
之乡。"清·钱谦益《申比部诗序》："归而
杜门却扫,不关人事。"

【杜门谢客】 dù mén xiè kè　闭门谢绝
宾客。指不与外界往来。宋·苏轼《东
园》诗："杜门谢客恐生谤,且作人间鹏鹨
游。"《孽海花》一四回："从此就杜门谢
客,左絷右铅,于俎豆折冲之中成竹素馨
香之业,在中国外交官内真要算独一的
人物了。"冰心《寄小读者》九："在天然的
禁令之中,杜门谢客,过我的清闲回忆的
光阴。"

【妒贤嫉能】 dù xián jí néng　妒嫉德
才超过自己的人。《史记·高祖本纪》：
"项羽妒贤嫉能,有功者害之,贤者疑
之。"《水浒传》八三回："都是汝等谗佞之
徒,误国之辈,妒贤嫉能,闭塞贤路,饰词
矫情,坏尽朝廷大事!"《喻世明言》卷二
一："近闻同伙兄弟钱镠出头做官,小人
特往投奔,何期他妒贤嫉能,贵而忘贱,
不相容纳,只得借白龙山权住落草。"《说
岳全传》一四回："宗泽心中大怒,暗骂:
'奸贼! 如此妒贤嫉能,天下怎得太
平?'"

【度日如年】 dù rì rú nián　过一天像
过一年那么长。形容日子过得艰难。
宋·柳永《中吕调·戚氏》词："孤馆度日如
年,风露渐变,悄悄至更阑。"《喻世明言》
卷三一："你来生仍投入汉家,立为献帝,
一生被曹操欺侮,胆战魂惊,坐卧不安,
度日如年。"《镜花缘》二四回："前岁投军
到此,虽比僮仆略好,仍是度日如年。"巴
金《随想录》七九："但当时度日如年,哪
有笑的心思?"李英儒《野火春风斗古城》
一五章："他知道他在牢狱的日子里,她
也过着度日如年的生活。"

【端人正士】duān rén zhèng shì　端庄正直的人。宋·俞文豹《吹剑录外集》："学党五十九人，无非端人正士。尽为刘珏一网。"鲁迅《书信集·致杨霁云》："可望后降清，盖亦替'天朝'扫除端人正士，使更易于长驱而入者。"

【短兵相接】duān bīng xiāng jiē　短兵：指刀剑等短兵器。比喻面对面交锋。战国楚·屈原《九歌·国殇》："操吴戈兮被犀甲，车错毂兮短兵接。"《隋书·梁士彦传》："或短兵相接，或交马出入。"邓一光《我是太阳》一部一○："双方在开阔地里短兵相接，浴血火拼，两边的士兵都像成熟的高粱秸似的成片成片倒下去。"也比喻面对面进行尖锐斗争。魏巍《东方》四部二四章："凤凰堡的阶级斗争，已经进入了短兵相接的阶段。"

【短见薄识】duān jiàn bó shí　见识短浅。元·无名氏《马陵道》楔子："此人是个短见薄识，绝恩绝义的人。"《初刻拍案惊奇》卷三五："浑家李氏，却有些短见薄识，要做些小便宜勾当。"也作"短见浅识"。钱钟书《围城》六："一千年后，这些书准像敦煌石室的卷子那样名贵，现在呢，它们古而不稀，短见浅识的藏书家还不知道收买。"

【短见浅识】duān jiàn qiǎn shí　见"短见薄识"。

【短小精悍】duān xiǎo jīng hàn　身材矮小而精明强干。《汉书·酷吏传》："延年为人短小精悍，敏捷于事。"宋·苏轼《王定国真赞》："雍容委蛇者，贵介之公子，而短小精悍者，游侠之徒也。"《野叟曝言》四四回："素臣看那人时，短小精悍，鼠目獐头，候索một一行人过完，扬鞭而去。"茅盾《蚀·幻灭》三："短小精悍的李克，每逢听完抱素炫奇似的自述他的恋爱的冒险的断片以后，总是闭目摇头。"也用来形容文艺作品简短而内容充实。魏巍《东方》五部一○章："节目都是

新编的，短小精悍，新鲜活泼。"

【断壁残垣】duàn bì cán yuán　见"残垣断壁"。

【断壁颓垣】duàn bì tuí yuán　垣：短墙。倒塌残破的墙壁。形容残破荒凉的景象。《二十年目睹之怪现状》一○八回："抬头一看，只见断壁颓垣，荒凉满目，看那光景是被火烧的。"王火《战争和人》（三）卷五："他……看到一些过去轰炸中成为断壁颓垣的墙上绘着的反对轰炸的漫画和抵抗侵略的标语。"也作"断垣残壁"。魏巍《火凤凰》四七："这一带敌人刚刚清剿过，凡稍为大一点的村庄几乎焚烧殆尽，断垣残壁，一片焦土。"

【断编残简】duàn biān cán jiǎn　编：把简穿在一起的皮条。简：古代用来书写的长条形竹片、木片。指残缺不全的书籍文献。宋·黄庭坚《读书呈几复》诗："身入群经作蠹鱼，断编残简伴闲居。"《宋史·欧阳修传》："凡周汉以降，金石遗文，断编残简，一切掇拾，研稽异同，立说于左，的的可表证，谓之《集古录》。"也作"断简残编"。宋·陆游《对酒》诗："断简残编不策勋，东皋犹得肆微勤。"《镜花缘》九五回："断简残编中虽有一二歌诀，亦不详其说。"

【断鹤续凫】duàn hè xù fú　凫：野鸭。截断鹤的长腿接到野鸭的短腿上。《庄子·骈拇》："长者不为有余，短者不为不足，是故凫胫虽短，续之者忧，鹤胫虽长，断之则悲。"后用"断鹤续凫"比喻做事违反客观规律或事物的自然本性。《聊斋志异·陆判》："断鹤续凫，矫作者妄；移花接木，创始者奇。"

【断简残编】duàn jiǎn cán biān　见"断编残简"。

【断烂朝报】duàn làn cháo bào　断烂：形容陈腐杂乱。朝报：古代皇帝诏令和官员章奏等的传抄文件。指陈腐杂

乱、缺少价值的文字材料。《宋史·王安石传》:"黜《春秋》之书,不使列于学官,至戏目为断烂朝报。"《孽海花》一八回:"弟的这书也不过断烂朝报,一篇陈账,不适用的了。"鲁迅《小说旧闻钞·杂说》:"作者见闻较近,当有所根据,惟叙次散漫,多近乎断烂朝报,不甚合章回小说体裁焉。"

【断线风筝】 duàn xiàn fēng zhēng 比喻一去不返的人或事物。断线,也作"线断"。元·石子章《竹坞听琴》三折:"他一去了恰便是线断风筝。"王火《战争和人》(三)卷八:"可是,现在,像断线风筝一散千里。她的心在哪里?她现在怎样了呢?"

【断垣残壁】 duàn yuán cán bì 见"断壁颓垣"。

【断章取义】 duàn zhāng qǔ yì 引用他人文章或谈话,只截取其中一段的意思,而不顾全文和原意。南朝梁·刘勰《文心雕龙·章句》:"寻诗人拟喻,虽断章取义,然章句在篇,如茧之抽绪,原始要终,体必鳞次。"《官场现形记》五九回:"碰巧他这位老贤甥听话也只听一半,竟是断章取义,听了老母舅临终的说话,以为是老母舅保举他堂舅爷接他的手,所以才会夸奖他能干。"巴金《随想录》七二:"他的著作被人断章取义,用来打人,他的名字给新出现的'战友'、'知己'们作为装饰品。"

【断子绝孙】 duàn zǐ jué sūn 指没有后代。多用为詈词。明·柯丹邱《荆钗记·执柯》:"你再不娶亲,我只愁你断子绝孙谁拜坟。"老舍《四世同堂》七六:"苟安,苟安,苟安的真意是杀死自己的儿女,断子绝孙!"王火《战争和人》(一)卷四:"我听到有的佃户在骂江聚贤,说江三立堂对佃户凶狠毒辣,说江聚贤断子绝孙!"

【堆积如山】 duī jī rú shān 东西堆积得像山一样。形容极多。《醒世恒言》卷四〇:"适来观上圣殿上,金钱堆积如山,何不以此还之?"《二十年目睹之怪现状》九三回:"只见河岸上的土,堆积如山,沿岸迤逦不绝。"阿来《尘埃落定》三三:"麦其家又迎来一个丰收年,玉米、麦子在晒场上堆积如山。"

【堆金积玉】 duī jīn jī yù 形容财富很多。唐·吕岩《敲爻歌》:"堆金积玉满山川,神仙冷笑应不采。"明·沈璟《义侠记·再创》:"又愿我兴家计,堆金积玉,换套穿衣。"

【堆山塞海】 duī shān sè hǎi 形容东西极多。《红楼梦》一六回:"别讲银子成了土泥,凭是世上所有的,没有不是堆山塞海的,'罪过可惜'四个字竟顾不得了。"

【对床夜雨】 duì chuáng yè yǔ 在风雨夜或风雪之夜,两人当床相对谈心。指朋友或兄弟相聚,倾心夜谈。多用于久别重逢或临别之前。宋·苏轼《东府雨中别子由》诗:"对床定悠悠,夜雨空萧瑟。"宋·苏辙《后省试初成直宿呈子瞻》诗:"射策当年偶一时,对床夜雨失前期。"也作"夜雨对床"。宋·苏辙《再祭亡兄端明文》:"昔始宦游,诵韦氏诗'夜雨对床',后勿有违。"

【对答如流】 duì dá rú liú 答话像流水一样顺畅。形容人思维敏捷,口才好。《陈书·戚衮传》:"衮时骋义,摛与往复,衮精采自若,对答如流,简文深加叹赏。"《东周列国志》八八回:"庞涓想到:'孙子既有秘授,未见吐露,必须用意探之。'遂设席请酒,酒中因谈及兵机。孙子对答如流。"《镜花缘》三一回:"大家彼此又问几句,都是对答如流。"欧阳山《三家巷》一六三:"周炳见他对答如流,心中欢喜。"也作"应答如流"。《醒世恒言》卷二八:"贺司户因自己无子,观见吴彦仪表超群,气质温雅,先有四五分欢喜。及至问些古今书史，却又应答如流。"也作"应对如流"。《三国演义》一六回："操见翊应对如流，甚爱之，欲用为谋士。"

【对酒当歌】duì jiǔ dāng gē　对：面对。汉·曹操《短歌行》："对酒当歌，人生几何！譬如朝露，去日苦多。"对着美酒应当放歌。原意是讲人生短促，应有所作为。后也指及时行乐。唐·杜牧《湖南正初招李郢秀才》诗："行乐及时情已晚，对酒当歌歌不成。"《镜花缘》七八回："游玩一事既已结过，此刻是'对酒当歌'，我们也该行个酒令饮两杯了。"欧阳山《三家巷》一四〇："表姐，像我这样混吧：人生几何，对酒当歌，逆来顺受，有乐且乐。"

【对牛弹琴】duì niú tán qín　汉·牟融《理惑论》："公明仪为牛弹清角之操，伏食如故，非牛不闻，不合其耳矣。"后用"对牛弹琴"比喻说话不看对象，对外行说内行话或对不讲理的人讲理。《五灯会元·承天惟简禅师》："师曰：'舌头无骨。'僧曰：'不会。'师曰：'对牛弹琴。'"《镜花缘》九〇回："对牛弹琴，牛不入耳，骂的狠好，咱们一总再算账！"巴金《春》一一："二姐，你不要理他，你跟他说话简直是对牛弹琴！"莫应丰《山高林密处》一三："白妮觉得，跟这个女人讲道理，简直是对牛弹琴。"

【对头冤家】duì tóu yuān jiā　仇人。《红楼梦》八四回："真真那一世的对头冤家！你何苦来还来使促狭！从前你妈要想害我，如今又来害妞儿。"王火《战争和人》(一)卷二："事情闹大以后，司法院里有褚之班的一个对头冤家，在居正面前煽风加油。"

【对症发药】duì zhèng fā yào　见"对症下药"。

【对症下药】duì zhèng xià yào　医生针对病症开方用药。比喻针对问题所在确定解决方法。症，古作"证"。宋·朱熹《朱子语类·论语二三》："'克己复礼'，便

是捉得病根，对证下药。"清·无名氏《病玉缘·闺怨》："世间无不可医之病，倘能对症下药，岂有不瘳之理。"浩然《误会》六："他从实践中摸准了那些搞不正之风者的脉窝，了解他们怕什么，于是就对症下药地采取了对付的手段。"也作"对症发药"。《野叟曝言》一二一回："当以此儿志愿告之，使其对症发药，以疗其锢疾可也。"

【顿挫抑扬】dùn cuò yì yáng　见"抑扬顿挫"。

【顿开茅塞】dùn kāi máo sè　见"茅塞顿开"。

【顿口无言】dùn kǒu wú yán　顿：停住。形容张口结舌，说不出话来。《水浒传》一〇三回："骂得王庆顿口无言，插烛也似磕头求方便。"《东周列国志》三四回："公顿口无言，似木雕泥塑一般，只多著两行珠泪。"

【顿足捶胸】dùn zú chuí xiōng　见"捶胸顿足"。

【遁迹空门】dùn jì kōng mén　见"遁入空门"。

【遁入空门】dùn rù kōng mén　遁：隐藏。避开尘世而入佛门。指出家为僧尼。《红楼梦》五回："看破的，遁入空门；痴迷的，枉送了性命。"王火《战争和人》(二)卷三："我已经心如死灰，形如槁木，不能纠缠红尘，只愿遁入空门。"也作"遁迹空门"。《孽海花》一三回："不料一年之后，那夫人倒写了一封六朝文体的绝交书，寄与所夫，也遁迹空门去了。"

【遁世离群】dùn shì lí qún　遁世：避世。避开现实，远离众人。《元史·隐逸传序》："当邦有道之时，且遁世离群，谓之隐士，世主亦苟取其名而强起之。"《红楼梦》一一八回："古圣贤原以忠孝为赤子之心，并不是遁世离群无关无系为赤

子之心。"

【多才多艺】 duō cái duō yì　具有多方面的才能和技艺。才：通"材"。《尚书·金縢》："能多材多艺,能事鬼神也。"宋·柳永《玉女摇仙佩·佳人》词："未消得、怜我多才多艺。"《喻世明言》卷一二："见说兰台宋玉,多才多艺善词赋。"沈从文《一个农夫的故事》："至于寒微微族,则本人不拘如何多才多艺,如何谨慎守职,皆无抬头希望。"

【多财善贾】 duō cái shàn gǔ　贾：做买卖。钱多好做生意。《韩非子·五蠹》："鄙谚曰:'长袖善舞,多钱善贾。'此言多资之易为工也。"后用"多财善贾"比喻条件充分事情就好办。《糊涂世界》一一回："他这次下来是越有越有,以后水大舟高,多财善贾,更是无往不利了。"〔注意〕贾,不读 jiǎ。

【多愁善感】 duō chóu shàn gǎn　善：容易,易于。形容人敏感脆弱,容易忧愁或感伤。叶圣陶《倪焕之》七："正当发育时期,又抱着永远不能磨灭的丧母的伤痛的她,多愁善感,偏于神经质,自是自然之事。"钱钟书《围城》三："但是苏小姐呢? 她就难说了;她像是多愁善感的古美人模型。"叶文玲《小溪九道弯》二："葛金秋虽不是林黛玉,可是,失去母亲的爱怜使她变得多愁善感。"

【多此一举】 duō cǐ yī jǔ　所采取的行动毫无必要,完全多余。《二十年目睹之怪现状》八九回："你给我这一张整票子,明天还是要到你那边打散,何必多此一举呢。"老舍《四世同堂》八〇："大家仿佛觉得她的道歉是多此一举,而一劲儿夸赞馒头的甜美。"

【多多益善】 duō duō yì shàn　益：更加。《史记·淮阴侯列传》："上问曰:'如我将几何?'信曰:'陛下不过能将十万。'上曰:'于君何如?'曰:'臣多多而益善耳。'上笑曰:'多多益善,何为为我禽?'"

意思是越多越好,不厌其多。原指带兵越多越能成事,即打胜仗。后泛指越多越好。《初刻拍案惊奇》卷一八："富翁道:'先得多少母银?'丹客道:'多多益善。母多丹多,省得再费手脚。'"《野叟曝言》一四回："弟虽别有挂户,亦不过三四金之事,不肯一并出卖。今吾见所需,既属多多益善,则弟不难于全弃矣。"钱钟书《围城》九："鸿渐虽非他的私人,多多益善,不妨凑个数目。所以他跟着国内新闻、国外新闻、经济新闻以及两种副刊的编辑同时提出辞职。"

【多谋善断】 duō móu shàn duàn　能多方谋划而又善于决断。姚雪垠《李自成》二卷七章："他们平日都知道刘宗敏性情粗犷,在战场上慓悍异常,却不像李自成那样细心谨慎,多谋善断。"

【多难兴邦】 duō nàn xīng bāng　《左传·昭公四年》："邻国之难,不可虞也。或多难以固其国,启其疆土;或无难以丧其国,失其守宇。"后用"多难兴邦"指多灾多难的局面有时反能使民众发愤图强,战胜困境,使国家兴盛起来。唐·陆贽《论叙迁幸之由状》："多难兴邦者,涉庶事之艰而知救慎也。"明·卢象昇《请讨贼疏》："多难兴邦,殷忧启圣,以其时考之则可矣。"

【多如牛毛】 duō rú niú máo　《北史·文苑传序》："学者如牛毛,成者如麟角。"后用"多如牛毛"形容非常之多。梁启超《论资政院之天职》："比年以来,新颁法规,多如牛毛。"姚雪垠《李自成》二卷四二章："由于年年旱灾、蝗灾、疫灾,苛捐杂派多如牛毛,加上土匪骚扰,官军残害,弄得瓷业萧条,瓷窑荒废,烧瓷工人流亡他乡。"

【多事之秋】 duō shì zhī qiū　事：指战争、灾异之事。秋：年,指时期。指事变很多的时期。唐·崔致远《前宣州当涂县令王翱摄扬子县令》："况逢多事之秋,而乃有令患风。"《说岳全传》四七回："正国家多事之秋,宜臣子枕戈待旦之日也。"《老残游记》一二回："现在国家正当多事之秋,那王公大臣只是恐怕耽处分,多一事不如少一事。"蒋子龙《一个工厂秘书的日记》:"我们这个小化工厂,又要进入多事之秋了。"

【多行不义必自毙】 duō xíng bù yì bì zì bì　毙:仆倒。谓不义的事干多了,必然会自取灭亡。《左传·隐公元年》:"多行不义必自毙,子姑待之。"王火《战争和人》(二)卷五:"我不太相信报应,但天下事每每多行不义必自毙,这又似乎很有因果关系了。"

【多一事不如少一事】 duō yī shì bù rú shǎo yī shì　指不愿多事,怕惹是非。《封神榜》一一五回:"渑池守将张奎他法术最广,我等绕城而过,多一事不如少一事。"巴金《春》二九:"我晓得你的脾气,你是多一事不如少一事,你害怕麻烦。"邓友梅《寻访"画儿韩"》:"他要是把这件事说出来,说成我甘子千有意所为,我不得脱层皮吗? 自己还正在争取入党,多一事不如少一事好吧!"

【多嘴多舌】 duō zuǐ duō shé　话多;不该说而说。常指人爱管闲事。元·杨显之《潇湘雨》三折:"你休要多嘴多舌;如今秋雨淋漓,一日难走一日,快与我行动些!"《红楼梦》二五回:"烂了舌头的混帐老婆,谁叫你来多嘴多舌的!"浩然《乐土》二三章:"我要多嘴多舌的,准会找人不待见……"

【咄咄逼人】 duō duō bī rén　咄咄:使人惊惧的声音。形容气势汹汹,盛气凌人。《世说新语·排调》:"桓南郡与殷荆州语次,……殷有一参军在坐,云:'盲人骑瞎马,夜半临深池。'殷云:'咄咄逼人。'仲堪眇目故也。"《花月痕》二一回:"秋痕也跟着,到得台阶上,只见寒芒四射,咄咄逼人,渐渐万道金蛇纵横驰骤,末后

一团雪絮上下纷飞,全不见绿袄红裳影儿。"茅盾《蚀·动摇》三:"出乎意料之外,竟很是温婉可亲的样子,并没新派女子咄咄逼人的盛棱。"蒋子龙《女儿的琴声》一:"我毫无思想准备,觉得这些学生记者比成年记者更厉害,他们没有顾虑,咄咄逼人。"

【咄咄怪事】 duō duō guài shì　咄咄:叹词,表示惊讶。指令人感到惊讶或难以理解的怪事。《世说新语·黜免》:"殷中军被废在信安,终日恒书空作字。扬州吏民寻义逐之,窃视,唯作'咄咄怪事'四字而已。"宋·杨万里《明发栖隐寺》诗:"如何今晨天地间,咄咄怪事满眼前。"《野叟曝言》三四回:"弟写书去回复了他,说侄与白生并无一面,亦未悉其名姓。那知就是吾兄,真咄咄怪事也。"刘绍棠《瓜棚柳巷》七:"这个女人生孩子像莲蓬结籽儿,生完孩子却仍然艳如桃李,真是咄咄怪事。"

【咄咄书空】 duō duō shū kōng　咄咄:叹词,表示惊讶。《世说新语·黜免》:"殷中军被废在信安,终日恒书空作字,扬州吏民寻义逐之,窃视,唯作'咄咄怪事'四字而已。"后用"咄咄书空"形容失意、懊恼之态。宋·王楙《野客丛书·殷浩失望》:"朝野于是大失所望,削爵贬窜,固其宜也,而咄咄书空,不能自遣。"《花月痕》一一回:"从此咄咄书空,忘餐废寝。不数日,又倒床大病起来。"

【夺眶而出】 duó kuàng ér chū　眼泪从眼眶中一下子涌出来。巴金《春》一四:"他渐渐地失掉了自持的力量。他的眼泪也夺眶而出了。"魏巍《火凤凰》一一三:"高红看见眼前的棺木,听了未亡人的哭诉,虽尽力镇静,眼泪早已夺眶而出。"

【度德量力】 duó dé liàng lì　度:衡量。《左传·隐公十一年》:"度德而处之,量力而行之。"后用"度德量力"指估量自己的德行和能力。汉·应劭《风俗通·皇

霸·五伯》："襄公不度德量力,慕名而不综实。"唐·陈子昂《申宗人冤狱书》："顷者至忠,而今受戮,固知不免此祸,不能度德量力。"《东周列国志》三四回："以亡国之余,不能度德量力,天象示戒,犹思图伯,五罪也。"〔注意〕度,不读 dù。

E

【阿谀逢迎】ē yú féng yíng　见"阿谀奉承"。

【阿谀奉承】ē yú fèng chéng　阿谀:为讨好而说好听的话。奉承:恭维别人。为讨好而说好听的话恭维别人。《醉醒石》八回:"他却小器易盈,况且是个小人,在人前不过一味阿谀奉承。"巴金《随想录》二二:"对于友谊各人有不同的看法。有的人认为对朋友只能讲好话,只能阿谀奉承。"也作"阿谀逢迎"。姚雪垠《李自成》一卷一一章:"他刚刚坐定,这一大群人已经跟了进来,用各种阿谀逢迎的词句称颂他神机妙算。"

【阿尊事贵】ē zūn shì guì　阿:阿谀。事:服侍,侍奉。指阿谀、趋奉权贵。《汉书·楚元王传》:"以不能阿尊事贵,孤特寡助,抑厌遂退,卒不克明。"

【讹言谎语】é yán huǎng yǔ　讹言:谣言。造谣说谎。元·无名氏《冤家债主》三折:"俺孩儿也不曾讹言谎语,又不曾方头不律。"

【讹言惑众】é yán huò zhòng　讹言:谣言。用谣言迷惑众人。《元史·世祖纪五》:"癸丑,初建东宫。甲寅,诛西京讹言惑众者。"

【峨冠博带】é guān bó dài　峨:高。博:宽大。头戴高高的帽子,腰系宽大的衣带。形容儒生或士大夫的装束。《东周列国志》六九回:"将入朝,朝门外有十余位官员,一个个峨冠博带,济济彬彬,列于两行。"《聊斋志异·萧七》:"徐踧踖

不知所对。叟即遣俾告其亲族,又传语令女郎妆束。顷之,峨冠博带者四五辈,先后并至。"鲁迅《三闲集·现今的新文学的概观》:"我想,这是因为他们的理想,是在革命以后,'重见汉官威仪',峨冠博带。"

【鹅行鸭步】é xíng yā bù　像鹅和鸭子那样走路。形容步态摇摆、缓慢。《水浒传》三二回:"你两个闲常在镇上抬轿时,只是鹅行鸭步,如今却怎地这等走得快?"叶文玲《银朵》四:"只见他倒背了两手,鹅行鸭步地荡过来,那步子不用说是一颠一颠的很有点弹性。"

【蛾眉皓齿】é méi hào chǐ　蛾眉:女子长而美的眉毛。皓:洁白,明亮。细长而弯曲的眉毛,洁白的牙齿。形容女子貌美。汉·司马相如《美人赋》:"臣之东邻,有一女子,玄发丰艳,蛾眉皓齿,颜盛色茂,景曜光起。"《宣和画谱》卷五:"至于论美女,则蛾眉皓齿如东邻之女,瑰姿艳逸如洛浦之神。"

【额手称庆】é shǒu chēng qìng　额手:把手举到额头上。把手举到额头上称说非常幸运。《东周列国志》三七回:"文公至绛,国人无不额手称庆。"《野叟曝言》五九回:"水夫人额手称庆,素臣尤跼蹐不敢当,直讲至四更将尽方睡。"鲁迅《伪自由书·"有名无实"的反驳》:"他'额手称庆',实在高兴得太快了。这是不懂命理:中国人生成是苦命的。"

【额手相庆】é shǒu xiāng qìng　额手:把手举到额头上。把手举到额头上互相

庆贺。《野叟曝言》一三一回:"这雪下得远哩,此时已有二尺余,正在势紧,大约三尺瑞雪是拿得稳的。一路所见百姓,无不额手相庆,说是丰年之兆。"

【恶贯满盈】 è guàn mǎn yíng 贯:穿钱的绳子。盈:满。《尚书·泰誓上》:"商罪贯盈,天命诛之。"汉·孔安国传:"纣之为恶,一以贯之。恶贯已满,天毕其命。"后用"恶贯满盈"形容作恶极多,已到末日。《西游记》七回:"恶贯满盈今有报,不知何日得翻身?"《野叟曝言》五回:"这是恶贯满盈,天理不容了。"鲁迅《朝花夕拾·无常》:"次日的将近天明便是这恶人的收场的时候,'恶贯满盈',阎王出票来勾摄了。"周而复《上海的早晨》四部四〇:"朱延年恶贯满盈,难怪有人主张千刀万剐。"

【恶积祸盈】 è jī huò yíng 积:积累。盈:满。形容罪恶累累,祸害盈满,已达极点。《晋书·慕容晔载记》:"逆氏僭据关陇,号同王者,恶积祸盈,自相疑戮,衅起萧墙,势分四国。"

【恶事传千里】 è shì chuán qiān lǐ 见"恶事行千里"。

【恶事行千里】 è shì xíng qiān lǐ 形容不好的事情极易传播并且传播得很远。宋·孙光宪《北梦琐言》卷六:"所谓好事不出门,恶事行千里,士君子得不戒之乎?"也作"恶事传千里"。冰心《冬儿姑娘》:"赶紧给她找个婆家罢,'恶事传千里',她的厉害名儿太出名了,将来没人敢要。"

【恶语伤人】 è yǔ shāng rén 用恶毒的言语伤害他人。《五灯会元·洪州法昌倚遇禅师》:"利刀割肉疮犹合,恶语伤人恨不销。"元·王实甫《西厢记》三本二折:"别人行甜言美语三冬暖;我根前恶语伤人六月寒。"刘绍棠《蒲柳人家》九:"他是北河两岸的活鲁班,但是从不目中无人,从不恶语伤人,更从不同行结冤,损人利己。"

【饿虎扑食】 è hǔ pū shí 像饥饿的老虎扑向食物一样。比喻向前冲、动作迅急凶猛。《封神榜》一四回:"大家一齐往上跪,犹如那饿虎扑食一般同,上前立刻齐动手,围住年老忠烈臣。"《红楼梦》一二回:"那人刚到面前,便如饿虎扑食,猫儿捕鼠的一般,抱住叫道:'亲嫂子,等死我了!'"

【饿莩遍野】 è piǎo biàn yě 莩:饿死的人。到处都是饿死的人。《孟子·梁惠王上》:"庖有肥肉,厩有肥马,民有饥色,野有饿莩。"后用"饿莩遍野"形容荒年惨景。《三国演义》一三回:"是岁大荒,百姓皆食枣菜,饿莩遍野。"莩:同"殍"。〔注意〕殍,不能读作 fú。

【遏恶扬善】 è è yáng shàn 遏:阻止。阻止坏的,发扬好的。《周易·大有》:"君子以遏恶扬善,顺天休命。"宋·陆九渊《陆象山语录》:"遏恶扬善,沮奸佑良,此天地之正理也。"

【恩将仇报】 ēn jiāng chóu bào 指受人恩惠反以仇恨相报。形容人忘恩负义。《二刻拍案惊奇》卷二四:"这等恩将仇报,其实可恨! 这样人必有天报。"《镜花缘》二五回:"如此贤德,侄儿既不知感,反去恩将仇报,仍有何颜活在人世!"周而复《上海的早晨》二部六:"好心当做驴肝肺,汤富海这老家伙恩将仇报。不是宋老爷给他田种,他能活到现在?"

【恩深义重】 ēn shēn yì zhòng 恩惠深,情义重。唐·吕颂《代郭令公谢男尚公主表》:"事出非常,荣加望外,恩深义重,何以克堪,糜躯粉骨,不知所报。"《喻世明言》卷一:"陈大郎思想蹉跎了多时行程,要得还乡。夜来与妇人说知,两下恩深义重,各不相舍。"《野叟曝言》一六回:"但文相公虽然守礼,亦是通情,你与他患难周旋,恩深义重,亦断无忍然之事。"

【恩同父母】 ēn tóng fù mǔ 恩情深厚,如同父母一样。唐·陈子昂《为张著作谢父官表》："伏惟神皇陛下,恩同父母,矜照悬诚,信其赤心,实有馨竭。"《水浒传》八三回："宋江等拜谢宋太尉道:'某等众人,正欲如此,与国家出力,建功立业,以为忠臣。今得太尉恩相力赐保奏,恩同父母。'"

【恩同再生】 ēn tóng zài shēng 见"恩同再造"。

【恩同再造】 ēn tóng zài zào 再造:再生。《宋书·王僧达传》："内虑于己,外访于亲,以为天地之仁,施不期报,再造之恩,不可妄言。"后用"恩同再造"形容恩惠之深就像使其再生一样。《镜花缘》二五回："此时难得伯伯到此,务望垂救!倘出此关,不啻恩同再造。"也作"恩同再生"。《东周列国志》五一回："众军士皆曰:'将军能救拔我等之苦,恩同再生!'"

【恩威并行】 ēn wēi bìng xíng 见"恩威并用"。

【恩威并用】 ēn wēi bìng yòng 并:一起。用恩惠进行笼络,用威势进行震慑,两种手段一起使用。宋·周密《齐东野语·文庄论安丙矫诏》："为朝廷计,宜先赦其矫诏之罪,然后赏其斩曦之功,则恩威并用,折冲万里之外矣。"周作人《雨天的书·黑背心》："但特别令我注意的是在禁教官吏所用的手段。其一是恩威并用,大略像雍正之对付曾静。"也作"恩威并行"。宋·洪迈《容斋续笔·下第再试》："孟州进士张雨光,以试不合格,纵酒大骂于街衢中,言涉指斥,上怒斩之,同保九辈永不得赴举。恩威并行,至于如此。"

【恩重如山】 ēn zhòng rú shān 恩情像高山那样重。形容恩情极大,极为深重。宋·陆游《删定官供职谢启》："拔茅以征,冒处清流之末;及瓜而往,曾无累月之淹。恩重如山,感深至骨。"《野叟曝言》一七回："恩重如山,情深似海,而心明于日,皎皎不欺。"张炜《古船》一二章:"临走时她哭了,说自己什么都是四爷爷

给的,四爷爷恩重如山,今生里一定要报答他。"

【儿女情长】 ér nǚ qíng cháng 男女之间情意缠绵。常指过分沉溺于男女之情。《野叟曝言》一四九回："初七日,设宴款别各国王、国母、国妃。阳旦儿女情长,不能遽别。"张恨水《啼笑因缘》二一回："这一晚,把个沈国英旅长,闹得未免有些儿女情长,英雄气短。"邓一光《我是太阳》一部九:"关山林深深地吸了一口气,把先前的那些儿女情长的念头全部都从脑海里赶走,赶得一丝一毫也不剩。"

【而立之年】 ér lì zhī nián 《论语·为政》："吾十有五而志于学,三十而立。"后用"而立之年"指三十岁。鲁迅《呐喊·阿Q正传》四章:"谁知道他将到'而立'之年,竟被小尼姑害得飘飘然了。"王英琦《永远的女游子》："我已近而立之年,感情开始起皱,精神世界濒临可怕的危机。"

【尔虞我诈】 ér yú wǒ zhà 尔:你。虞:欺诈。你欺骗我,我欺骗你。《左传·宣公十五年》："宋及楚平,华元为质。盟曰:'我无尔诈,尔无我虞。'"后用"尔虞我诈"形容互相欺骗。梁实秋《雅舍小品·讲价》："在尔虞我诈的情形之下,讲价便成为交易的必经阶段,反正是'漫天要价,就地还钱'。看看谁有本事谁讲便宜。"姚雪垠《李自成》三卷一四章:"献忠在刀尖上闯了十几年,什么尔虞我诈的事情都见过,自己也做过,所以他知道在危险关头必须故作不知……想办法化凶为吉。"也作"尔诈我虞"。毛泽东《反对日本进攻的方针、办法和前途》："团结要是真正的团结,尔诈我虞是不行的。"

【尔诈我虞】 ěr zhà wǒ yú 见"尔虞我诈"。

【耳鬓厮磨】 ěr bìn sī mó 鬓:面颊两旁靠近耳朵的头发。厮:互相。两人的

耳朵和鬓发相互摩擦。形容相处亲密。《封神榜》九二回:"一个是,名叫泼皮是浑楞,六三儿他也是横虫。终日陪着哪吒耍,耳鬓厮磨甚投情ƒƒ。"《镜花缘》五九回:"此女虽是乳母所生,自幼与妹子耳鬓厮磨,朝夕相聚,就如自己姊妹一般。"梁斌《红旗谱》二五:"严萍听着,笑出来说:'两个人耳鬓厮磨嘛,当然要发生感情。'"

【耳聪目明】ěr cōng mù míng　聪:听觉灵敏。明:视力好。听觉和视觉都好。形容头脑清醒,感觉灵敏。汉·焦赣《易林·临之需》:"重瞳四乳,耳聪目明。"《野叟曝言》七八回:"此时耳聪目明,精神长发,竟如没有昨日之事了。"莫应丰《屠夫皇上》:"杀猪的皇上耳聪目明胆气豪,排队买肉的队伍中间有个漂亮的姑娘,问声她要多少,要肥要瘦,远远地把肉扔给她!"

【耳根清净】ěr gēn qīng jìng　耳边听不到吵闹声。指身边安静,无人打扰。宋·贺铸《阳羡歌》:"元龙非复少时豪,耳根清净功名话。"《水浒传》七回:"智深也乘着酒兴,都到外面看时,果然绿杨树上一个老鸦巢。众人道:'把梯子上去拆了,也得耳根清净。'"《野叟曝言》三二回:"四嫂不来聒噪,耳根清净,倒也安然无事。"钱钟书《围城》六:"辛楣道:'我并没有那样气量小——这全是你不好,听了许多闲话来告诉我,否则我耳根清净,好好的不会跟人计较。'"

【耳目一新】ěr mù yī xīn　听到和看到的都变得很新鲜,与以往大不相同。《花月痕》三一回:"秋痕早把春帖子换得里外耳目一新。荷生一一瞧过,微微而笑。"李劼人《大波》三部八章:"像这样的新政府,人民耳目一新,心里也才悦服,也才可以把目前这个危机四伏的局面,收拾得好!"

【耳染目濡】ěr rǎn mù rú　见"耳濡目染"。

【耳濡目染】ěr rú mù rǎn　濡:沾染。因经常听到看到而不知不觉受到影响。宋·魏了翁《知嘉定府宋君墓志铭》:"信知师道之有益于人,如王谢家子弟,耳濡目染,气质随改。"鲁迅《坟·写在〈坟〉后面》:"曾经看过许多旧书,是的确的,为了教书,至今也还在看。因此耳濡目染,影响到所做的白话上,常不免流露出它的字句,体格来。"魏巍《地球的红飘带》七:"他的这位太太出身官宦人家,自幼耳濡目染,对于官场习尚,来往应酬之事,竟无不通达。"也作"耳染目濡"。《醒世姻缘传》二七回:"只因安享富贵的久了,后面生出来的儿孙,一来也是秉赋了那浇漓的薄气,二来又离了忠厚的祖宗,耳染目濡,习就了那轻薄的态度。"也作"目染耳濡"。《清史稿·廖寿恒传》:"伏愿皇太后崇俭黜奢,时以民生为念,俾皇上知稼穑之艰难,目染耳濡,圣功自懋。"也作"目擩耳染"。唐·韩愈《清河郡公房公墓碣铭》:"目擩耳染,不学以能。"擩:同"濡"。

【耳软心活】ěr ruǎn xīn huó　活:活动,变动。耳根软,心思易变。形容没有主见,轻信他人的话而改变主意。《镜花缘》六六回:"国主固耳软心活,连年经此大难,自知当日之失;此时若非急于要见贤婿之面,岂肯花费多金借请飞车?"

【耳食之谈】ěr shí zhī tán　耳食:指轻信传言,不动脑筋。《史记·六国年表》:"学者牵于所闻,见秦在帝位日浅,不察其终始,因举而笑之,不敢道,此与以耳食无异。"后用"耳食之谈"指听来的、没有确凿根据的话。清·阮葵生《茶馀客话》卷五:"此耳食之谈,引经断狱,当不如是。"鲁迅《朝花夕拾·无常》:"我也没有研究过小乘佛教的经典,但据耳食之谈,则在印度的佛经里,焰摩天是有的,牛首阿旁也有的,都在地狱里做主任。"

【耳熟能详】 ěr shú néng xiáng　详:详细地说出来。宋·欧阳修《泷冈阡表》:"其平居教他子弟,常用此语,吾耳熟焉,故能详也。"后用"耳熟能详"指听得多了,也就能详尽地讲述出来。李劼人《大波》三部九章:"大家耳熟能详的诗人杜甫,曾在这里陪严武泛过舟,还做过一首五言律诗。"〔注意〕熟,不读 shóu。

【耳顺之年】 ěr shùn zhī nián　《论语·为政》:"六十而耳顺。"六十岁听别人言语便可辨别真假是非。后用"耳顺之年"指六十岁。《汉书·萧望之传》:"至乎耳顺之年,履折冲之位,号至将军。"

【耳提面命】 ěr tí miàn mìng　命:教导。《诗经·大雅·抑》:"匪面命之,言提其耳。"意为不但面对面教导他,还提着他的耳朵叮嘱他。后用"耳提面命"形容严格要求,殷切教诲。元·张养浩《三事忠告》:"大抵常人之情,服其所遵,而信其所谓。非是者,虽耳提面命,则亦不足以发其良心。"《镜花缘》八四回:"姐姐主见之老,才情之高,妹子虽不能及,但果蒙不弃,收录门墙之下,不消耳提面命,不过略为跟着历练历练,只怕还要'青出于蓝'哩。"梁实秋《雅舍小品·教育你的父母》:"代沟之说,有相当的道理。不过这条沟如何沟通,只好潜移默化,子女对父母未便耳提面命。"也作"面命耳提"。

宋·朱熹《与陈丞相别纸》:"此盖家庭平日不言之教有以启之,非面命耳提之所及也。"

【耳闻目睹】 ěr wén mù dǔ　北齐·颜之推《颜氏家训·归心》:"夫信谤之征,有如影响;耳闻目见,其事已多。"后多用"耳闻目睹"指亲耳听到,亲眼看见。鲁迅《南腔北调集·世故三味》:"耳闻目睹的不算,单是看看报章,也就可以知道社会上有多少不平,人们有多少冤抑。"叶圣陶《倪焕之》二二:"几次的军阀内战引导他往实际方面去思索。最近江浙战争,又耳闻目睹了不少颠沛流离的惨事。"陈忠实《白鹿原》二章:"人们用自家的亲身经历或是耳闻目睹的许多银钱催命的事例反覆论证圣人的圣言,却没有一个人能真正身体力行。"

【二桃杀三士】 èr táo shā sān shì　《晏子春秋·内篇谏下》载:春秋时,公孙接、田开疆、古冶子三人是齐景公的臣子,勇武骄横。齐相晏婴欲除去这三人,便请景公将两个桃子赐予他们,让其论功取桃,结果三人都弃桃自杀。后用"二桃杀三士"比喻用计谋杀人。三国蜀·诸葛亮《梁甫吟》:"一朝被谗言,二桃杀三士。"《东周列国志》七一回:"一朝中阴谋,二桃杀三士! 谁能为此者? 相国齐晏子。"

F

【发奋图强】 fā fèn tú qiáng　见"发愤
图强"。

【发愤图强】 fā fèn tú qiáng　发愤:下
决心努力。图:谋求。下定决心努力谋
求富强。梁实秋《雅舍小品·窝头》:"这
个人家的子弟,个个发愤图强,皆能卓然
自立,很快的就脱了窝头的户籍。"也作
"发奋图强"。杨沫《青春之歌》二部四〇
章:"老伯这大年纪,还这样关心国事,真
是了不得。这就激励我们青年人要更加
发奋图强了。"也作"奋发图强"。《李自
成》二卷二八章:"这号人,在困难中不是
低头叹气,而是奋发图强,壮志凌云,气
吞山河。"

【发愤忘食】 fā fèn wàng shí　因努力
工作或学习,连饭也忘记了吃。形容毫
不懈怠,非常勤奋。《论语·述而》:"其为
人也,发愤忘食,乐以忘忧,不知老之将
至云尔。"《儿女英雄传》三四回:"安老爷
道:'既这样发愤忘食起来也好,就由你
去。'"

【发号施令】 fā hào shī lìng　号:命令。
施:施行。发布命令。《尚书·冏命》:"发
号施令,罔有不臧。"《淮南子·原道训》:
"未发号施令而移风易俗者,其唯心行者
乎!"《西游记》七一回:"话说那赛太岁,
紧关了前后门户,搜寻行者。直嚷到黄
昏时分,不见踪迹。坐在那剥皮亭上,点
聚群妖,发号施令。"《镜花缘》二回:"幸
而龟不能歌,蛟不能舞。若能歌舞,嫦娥
少不得又请百合、百鳞二仙发号施令。"
老舍《四世同堂》六七:"在这里,他是家

长,里长,他可以发号施令。"

【发昏章第十一】 fā hūn zhāng dì shí
yī　"发昏"的诙谐说法,"章第十一"模仿
《孝经》等古书"某某章第几"的形式。表
示某个动作引起的后果很严重。《醒世
恒言》卷二八:"夫人将前事细述。把司
户气着个发昏章第十一。"王火《战争和
人》(二)卷一:"眼看这副发昏章第十一
的模样,为了要'收收他的心',做老子和
娘的答应给他娶个小老婆。"

【发奸摘伏】 fā jiān tī fú　发:举发。
摘:揭露。伏:隐私。把隐藏的坏人坏事
揭发出来。形容吏治精明。《汉书·赵广
汉传》:"其发奸摘伏如神,皆此类也。"
《资治通鉴·后周世宗显德六年》:"又勤
于为治,百司簿籍,过目无所忘,发奸摘
伏,聪察如神。"

【发聋振聩】 fā lóng zhèn kuì　聩:耳
聋。声音很大,使耳聋的人都听得见。
比喻高超的言论能使麻木糊涂的人觉
醒。《清史稿·黄爵滋传》:"况我皇上雷
霆之威,赫然震怒,虽愚顽沉溺之久,自
足以发聋振聩。"李劼人《暴风雨前》一部
二:"朝廷提倡于上,同胞响应于下,我们
这老大帝国,决然是有救的。不过民智
不开,腐败依然,老先生,这发聋振聩的
责任,便在我辈志士的肩头上了。"也作
"振聋发聩"。刘心武《如意》八:"像上面
那些听来朴拙而内涵深刻的话语,在那
苦闷而紊乱的艰难岁月里,对我起着实
实在在的振聋发聩的启蒙作用。"

【发蒙振落】 fā méng zhèn luò　发:打

开。蒙:物体上的覆盖物。落:将落的树叶。揭去物体上的覆盖物,振下将落的枯叶。比喻不费力气,非常容易做。《史记·汲郑列传》:"好直谏,守节死义,难惑以非。至如说丞相弘,如发蒙振落耳。"清·昭梿《啸亭续录·超勇亲王》:"礼王何罪,公乃罗织至此,使宗藩斥革如发蒙振落,吾侪外臣,何足道也。"〔注意〕蒙,不读 mēng。

【发人深省】 fā rén shēn xǐng 省:醒悟。唐·杜甫《游龙门奉先寺》诗:"欲觉闻晨钟,令人发深省。"后用"发人深省"指能启发人进行深刻思索而有所醒悟。冯健男《"灵魂工程师"小议》:"为什么说'灵魂工程师'的提法道及了作家的工作的性质和特点呢? 因为创造典型形象、揭示人物灵魂,并借此激动人心、发人深省,影响人的灵魂,是作家的工作的重要职能。"〔注意〕省,不读 shěng。

【发扬踔厉】 fā yáng chuō lì 见"发扬蹈厉"。

【发扬蹈厉】 fā yáng dǎo lì 蹈:踩。厉:猛烈。原形容周初《武》乐舞蹈时动作猛烈威武,表现太公望辅佐周武王伐纣时奋勇向前的气概。《礼记·乐记》:"发扬蹈厉,太公之志也。"后用以形容昂扬振奋、意气风发。唐·权德舆《唐检校司徒中书令咸宁郡王浑瑊神道碑》:"凡王师之所以克获都邑,元老之所以发扬蹈厉,公必居其先偏而当其勋剧。"梁启超《评胡适之中国哲学史大纲》:"思想学术发扬蹈厉了几百年,有点疲倦了,自然移到休息时代。"也作"发扬踔厉"。鲁迅《坟·文化偏至论》:"人既发扬踔厉矣,则邦国亦以兴起。"

【发扬光大】 fā yáng guāng dà 发展、提倡,使更加显赫盛大。老舍《四世同堂》六四:"他知道父子的关系是生命的延续关系,最合理的孝道恐怕是继承父辈的成就,把它发扬光大,好教下一辈得

到更好的精神的与物质的遗产。"周而复《上海的早晨》四部三八:"他父亲指望他承继祖业,发扬光大,谁料到他双手捧出送人,而且是满不在乎,毫不心痛。真正是岂有此理。"

【发踪指示】 fā zōng zhǐ shì 见"发纵指示"。

【发纵指示】 fā zòng zhǐ shì 《汉书·萧何传》:"夫猎,追杀兽者,狗也;而发纵指示兽处者,人也。今诸君徒能走得兽耳,功狗也;至如萧何,发纵指示,功人也。"放出猎狗,指示野兽所在的方向令其追捕。后用来比喻指挥、调度。邹韬奋《外交途径》:"日本要使华北五省'东北化',早已明目张胆地对世界宣布过,所谓'自治运动',始终在发纵指示,未曾忘怀,早是公开的秘密。"也作"发踪指示"。踪,踪迹。《史记·萧相国世家》:"夫猎,追杀兽兔者狗也,而发踪指示兽处者人也。"宋·张孝祥《水调歌头》词:"天上掌纶手,阃外折冲才。发踪指示,平荡全楚息氛埃。"

【伐功矜能】 fá gōng jīn néng 伐:炫耀。矜:自夸。炫耀自己的功劳,夸耀自己的才能。《史记·太史公自序》:"续何相国,不变不革,黎庶攸宁。嘉参不伐功矜能。"《七国春秋平话·后集》卷中:"齐王伐功矜能,谋不逮下,废黜贤良,信任谄谀。"

【伐毛洗髓】 fá máo xǐ suǐ 伐:削掉。毛:指头发。削除毛发,洗净骨髓。《太平广记》卷六引汉·郭宪《洞冥记》:"俄而有黄眉翁,指母以语朔曰:'……三千年一返骨洗髓,二千年一剥皮伐毛。吾生来已三洗髓五伐毛矣。'"后用"伐毛洗髓"比喻涤除污秽陈腐,使焕然一新。清·章学诚《文史通义·墓铭辨例》:"如欲清真结撰,摩写传真,自当简削其辞,拟于伐毛洗髓,隐括要旨。"

【伐罪吊民】 fá zuì diào mín 见"吊民

伐罪"。

【罚不当罪】 fá bù dāng zuì　罚：惩罚。当：相当。惩罚与所犯的罪行不相当。指惩罚过轻。《荀子·正论》："夫德不称位，能不称官，赏不当功，罚不当罪，不祥莫大焉。"宋·张孝祥《徽驳成闳按劾部将奏》："然赏不当功，则不如无赏；罚不当罪，则不如无罚。"

【罚不责众】 fá bù zé zhòng　罚：惩罚。众：众人。指某些行为虽该惩罚，但当很多人都有那种行为时，就不好采用惩罚的办法来处理。《镜花缘》四回："况罚不责众，如果主意都不承旨，谅那世主亦难遽将群芳尽废。"

【罚一劝百】 fá yī quàn bǎi　劝：劝戒。用惩罚一人来劝戒众人。唐·韩愈《谁氏子》诗："罚一劝百政之经，不从而诛未晚耳。"

【法不阿贵】 fǎ bù ē guì　法：法律。阿：偏袒。法律对一切人平等，并不偏袒高贵者。《韩非子·有度》："法不阿贵，绳不绕曲。法之所加，智者弗能辞，勇者弗敢争，刑过不避大臣，赏善不遗匹夫。"〔注意〕阿，不读ā。

【法不徇情】 fǎ bù xùn qíng　法：法律。徇：曲从。情：人情。法律不曲从私情。指执法公正，不顾私情。《三国演义》七二回："居家为父子，受事为君臣，法不徇情，尔宜深戒。"

【法不责众】 fǎ bù zé zhòng　法：法律。众：众人。指某些行为虽然违法，但当很多人都有那种行为时，就不好用法律来惩处。蒋子龙《拜年》五："各个车间都差不多，到时候大家都完不成，法不责众，看你冷占国有什么咒儿念？"

【法出多门】 fǎ chū duō mén　指权力部门各自为政，法令不统一，使百姓无所依从。《新唐书·刘蒉传》："今又分外官、中官之员，立南司、北司之局，或犯禁于南则亡命于北，或正刑于外则破律于中，法出多门，人无所措，缧兵农势异，而中外法殊也。"

【幡然悔悟】 fān rán huǐ wù　见"翻然悔悟"。

【翻江倒海】 fān jiāng dǎo hǎi　比喻声势或力量巨大。《红楼梦》九〇回："且说薛姨妈家中被金桂搅得翻江倒海，看见婆子回来，述记岫烟的事，宝钗母女二人不免滴下泪来。"刘白羽《第二个太阳》一二章："他看见马灯照处，在一堆弹药箱摆成的床铺上，睡着一个小女孩，洞内外闹得如此翻江倒海，她却睡得十分香甜。"也作"倒海翻江"。《说岳全传》七五回："一个棒来心不善，一个棒去真凶狠。直杀得天昏地暗鬼神愁，倒海翻江波浪滚！"

【翻来覆去】 fān lái fù qù　❶躺在床上来回转动身体。多指睡不着觉。宋·杨万里《不寐四首》诗之二："老眼强眠终不梦，空肠暗响诉长饥。翻来覆去体都痛，乍暗忽明灯为谁？"《醒世恒言》卷一八："施复吹息灯火，上铺卧下，翻来覆去，再睡不着。"茅盾《腐蚀·十一月十八日早晨》："昨夜心境，抑悒万状，上床后翻来覆去，总不能入睡。"❷形容多变，反复无常。宋·吴潜《蝶恋花》词："世事翻来还覆去。造物儿戏，自古无凭据。"明·张凤翼《红拂记·传奇大意》："人生南北如歧路，世事悠悠等风絮，造化小儿无定据，翻来覆去，倒横直竖，眼见都如许。"❸形容某个动作多次重复地进行。宋·朱熹《朱子语类·论语三》："若每章翻来覆去看得分明，若看十章，敢道便有长进。"《西游记》五回："大圣一条如意棒，翻来覆去战天神。"

【翻然悔悟】 fān rán huǐ wù　翻然：快而彻底的样子。很快而彻底地悔悟。宋·朱熹《答袁机仲》："切想虚心平气，细考而徐思之。若能于此翻然悔悟，先取旧图分明改正。”《明史·海瑞传》：“陛下诚知斋醮无益，一旦翻然悔悟，日御正朝，……天下何忧不治，万事何忧不理。”也作“幡然悔悟”。陈忠实《白鹿原》三〇章：“鹿姓兆谦已经幡然悔悟悔过自新，祖宗宽仁厚德不记前嫌。”

【翻山越岭】 fān shān yuè lǐng 翻高山，越峻岭。形容长途跋涉的艰辛。李劼人《大波》三部二章：“只管随同钦差大人由宜昌起早，翻山越岭，避开天险三峡，打从施南、利川地界，走了十三天陆路，来到夔州府，才坐木船，改由水路西上。”刘白羽《第二个太阳》二〇章：“牟春光所在的六连，时而翻山越岭，闯路前行；时而迂回包抄，阻击敌人。”

【翻手为云，覆手为雨】 fān shǒu wéi yún，fù shǒu wéi yǔ 比喻玩弄手段，反复无常。唐·杜甫《贫交行》：“翻手作云覆手雨，纷纷轻薄何须数。”《野叟曝言》三六回：“长卿见这光景，甚是好笑，暗忖：这县官称谓过谦，支值过盛，翻手为云，覆手为雨，真是势利小人。”李劼人《大波》一部七章：“总之，周大人并不是翻手为云、覆手为雨的小人。”

【翻天覆地】 fān tiān fù dì ❶比喻发生了巨大的变化。李英儒《野火春风斗古城》一二章：“韩燕来梦幻般的在根据地住了几天。几天的生活，在他的思想领域里起着翻天覆地的变化。”周立波《暴风骤雨》一部二：“工作队的到来，确实是元茂屯翻天覆地的事情的开始。”❷比喻一次又一次，多次重复。《二十年目睹之怪现状》五一回：“偏又他两个上岸之后，约定同去打野鸭，任凭你翻天覆地去找，只是找不着。”❸比喻闹得很厉害。《二刻拍案惊奇》卷三七：“才发得声，哥子程宷隔房早已听见，不像前番随你间壁翻天覆地，总不知道的。”《红楼梦》一〇五回：“那时一屋子人拉这个，扯那个，正闹得翻天覆地。”周而复《上海的早晨》一部三三：“她肚子很痛，像是那个小东西在里面翻天覆地般的转动着，跳跃着，仿佛肚里的大肠小肠的位置都给他弄错了。”

【翻箱倒柜】 fān xiāng dǎo guì 倒：腾挪。形容仔细地搜寻东西。马烽、西戎《吕梁英雄传》四九回：“敌人进村后走了一截，见没有什么危险，这才大起胆子，逢门便捣，捣开便进，进去便翻箱倒柜，搜寻财物。”魏巍《火凤凰》四：“他想所谓解除婚约，也就是把这份喜契退还女方，把女方手中的那份拿回来。所以一早起来，他就翻箱倒柜地找那份喜契。”

【翻云覆雨】 fān yún fù yǔ 比喻玩弄权术，反复无常。宋·张抡《阮郎归·咏夏十首》词之七：“翻云覆雨百千般，几时心地闲？”《东周列国志》六三回：“翻云覆雨世情轻，霜雪方知松柏荣。三世为臣当效死，肯将晋主换栾盈？”王火《战争和人》（三）卷四：“童霜威的嘴给堵住了。是呀，官场的事，翻云覆雨，朝秦暮楚，有什么理好说呢？”也作“覆雨翻云”。明·吴伟业《银泉山》：“覆雨翻云四十年，专房共辇承恩顾。”清·顾贞观《金缕曲·寄吴汉槎宁古塔以词代书》：“魑魅择人应见惯，总输他覆雨翻云手。”〔注意〕覆，不能写作“复”。

【凡夫俗子】 fán fū sú zǐ 凡：平凡。俗：世俗。佛教指尘世中的普通人。《封神榜》九五回：“哪吒是灵珠子临凡，怎比那凡夫俗子。”也指平庸的人。叶文玲《插曲》：“我真是个凡夫俗子，我真是个大俗人……神思苦焦的陆昆，真恨不得狠捶几下自己那木然的脑瓜！”周克芹《邱家桥首户》五：“要不，就是这几天脑瓜子都被那该死的柑桔问题填满了，焦急和策划，使自己成了一个道地的凡夫俗子。”也作“庸夫俗子”。《野叟曝言》七二回：“奴欲适人，亦无可适，除是文爷天人，奴才甘心居妾媵之列，其余必须正配。庸夫俗子奴既看不入眼,英雄豪杰自必早有妻室。"

【凡事预则立,不预则废】 fán shì yù zé lì, bù yù zé fèi 预:指预先准备。立:成功。废:失败。办事情预先有准备就会成功,预先没有准备就会失败。《礼记·中庸》:"凡事豫则立,不豫则废。"豫:同"预"。毛泽东《论持久战》:"'凡事预则立,不预则废',没有事先的计划和准备,就不能获得战争的胜利。"

【烦言碎语】 fán yán suì yǔ 烦:烦杂。碎:琐细。烦杂琐细的言语。《醒世姻缘传》六五回:"这些烦言碎语,不必细叨。"

【繁花似锦】 fán huā sì jǐn 繁:繁密茂盛。锦:有彩色花纹的丝织品。繁密茂盛的花朵像锦缎一样。形容美丽的景色或美好的事物。巴金《随想录》一〇五:"我们的文学事业一定要大发展,任何干扰都阻止不了繁花似锦局面的出现。"魏巍《东方》四部六章:"至于芳草遍地,繁花似锦,不过是她献给人间的战果,却不是她开始来临的时日。"

【繁荣昌盛】 fán róng chāng shèng 蓬勃发展,兴旺发达。老舍《四世同堂》一〇〇:"又扯起家事,国事,世界大势,仿佛国家的繁荣昌盛与世界和平,全仗着他俩筹划。"李国文《冬天里的春天》五章:"生活也是同样的道理,离乱动荡,灾祸频仍的时期过后,接着就是兴旺发达、繁荣昌盛的年代。"

【繁荣富强】 fán róng fù qiáng 蓬勃发展,富足强盛。峻青《壮志录》:"我们的祖国,更加繁荣富强。"

【繁文缛节】 fán wén rù jié 文:仪式。缛:繁琐。繁琐的仪式和礼节。梁实秋《雅舍小品·礼貌》:"饮宴之礼,无论中西都有一套繁文缛节。我们现行的礼节之最令人厌烦的莫过于敬酒。"李劼人《大波》二部六章:"婚礼是前所未有的新仪

式,坐席时候,也便没有那些繁文缛节,仅止由新郎恭让两位介绍人坐到两桌的首座。"

【反败为胜】 fǎn bài wéi shèng 反:翻过来。由失败变为胜利。《三国演义》一四回:"操曰:'将军在匆忙之中,能整兵坚垒,任谤任劳,使反败为胜,虽古之名将,何以加兹!'"茅盾《子夜》一〇:"讲到公债,眼前我们算是亏了两万多块,不过,竹斋,到交割还有二十多天,我们很可以反败为胜的。"也作"转败为胜"。鲁迅《呐喊·阿Q正传》二章:"但他立刻转败为胜了。他擎起右手,用力的在自己脸上连打了两个嘴巴,热剌剌的有些痛;打完之后,便心平气和起来,似乎打的是自己,被打的是别一个自己,不久也就仿佛是自己打了别个一般。"

【反唇相讥】 fǎn chún xiāng jī 反唇:回嘴。讥:讽刺。受到指责后不服气而反过来讽刺对方。李劼人《大波》三部三章:"我记得有几处简直是反唇相讥,锋芒毕露。"古华《芙蓉镇》一章:"粮站主任竟反唇相讥:'女经理可不要听错了行情估错了价,我懂酒味,不知你趣。'"

【反唇相稽】 fǎn chún xiāng jī 反唇:回嘴。稽:计较。受到指责后不服气而反过来与对方计较。《汉书·贾谊传》:"妇姑不相说,则反唇而相稽。"《二十年目睹之怪现状》七三回:"那一年跟随他小主人入京乡试,他小主人下了第,正没好气,他却自以为本事大的了不得,便出言无状起来;小主人骂了他,他又反唇相稽。"欧阳山《三家巷》七八:"区卓哪里肯站住! 他一面推着胡松往前走,一面反唇相稽道:'你检查个屁! 日本人打到万宝山来了,你那么有本事,怎么不去打日本?'"

【反复无常】 fǎn fù wú cháng 反复:翻过来倒过去。指变化不定。复,也作"覆"。《三国演义》三三回:"谭着慌,使

辛评见操约降。操曰:'袁谭小子,反覆无常,吾难准信。汝弟辛毗,吾已重用,汝亦留此可也。'"刘白羽《第二个太阳》八章:"长江上的天气就像大海上的天空,千姿百态反复无常,原来一轮红日,晴空万里,忽然,一阵乌云掠过江面,带来一阵骤雨。"

【反戈一击】 fǎn gē yī jī 戈:古代的一种兵器。掉转兵器向自己阵营的人攻击。蒋子龙《收审记》三:"表面上她作出一副公正而客观的样子,没有跳上台去对丈夫及公婆反戈一击,私下里也没有对我们表示什么同情,似乎资本家就该受到这样的对待。"

【反攻倒算】 fǎn gōng dào suàn 指坏人得势时向人民采取打击报复的行动。欧阳山《三家巷》一九二:"万一他不这样做,倒站在地主的立场,和咱们作对,为难咱们,无理取闹,争吵不休,那他就是死心塌地,反攻倒算。"刘绍棠《村妇》卷一:"杜大活驴的胡作非为,惹得贫农团里女人不满,男人反感,工作队撤了他的差。不久,地主还乡团反攻倒算,杀害贫农团的男子,强奸贫农团的女人。"

【反躬自问】 fǎn gōng zì wèn 躬:身体。回过来责问自己。柯岩《文艺工作者的职责》:"但我们自己是不是应该反躬自问一下,这些年我们的作品真都是那么健康的吗? 都那么经得起时间与真理的检验吗?"张洁《方舟》六:"她不断地反躬自问:这是何苦呢? 四十岁的人了,为了几碗馄饨、一杯咖啡,到处去向人说明白。"

【反躬自省】 fǎn gōng zì xǐng 躬:身体。省:检查。反过来检查自己。宋·朱熹《乐记动静说》:"惟其反躬自省,念念不忘,则天理益明,存养自固,而外诱不能夺矣。"老舍《四世同堂》九〇:"有了这个发现,他反躬自省,觉得自己以前过于悲观了。"〔注意〕省,不读 shěng。

【反躬自责】 fǎn gōng zì zé 躬:身体。反过来责备自己。《元史·泰定帝纪一》:"陛下以忧天下为心,反躬自责。"鲁迅《华盖集续编·无花的蔷薇之二》:"假如当局者稍有良心,应如何反躬自责,激发一点天良?"

【反客为主】 fǎn kè wéi zhǔ 客人反过来成为主人。比喻变被动为主动。《三国演义》七一回:"张郃曰:'此乃"反客为主"之计,不可出战,战则有失。'"杨沫《青春之歌》一部二六章:"他反客为主地用手一摆让道静坐下,道静没坐,他自己欠欠身,先坐下了。"

【反目成仇】 fǎn mù chéng chóu 反目:翻脸。翻脸成为仇敌。《红楼梦》五七回:"公子王孙虽多,那一个不是三房五妾,今儿朝东,明儿朝西? 要一个天仙来,也不过三夜五夕,也丢在脖子后头了,甚至于为妾为丫头反目成仇。"李国文《老人二题》:"真怪,差不多所有离婚的夫妻,不论如何反目成仇,势不两立,但彼此之间的情况动态,互相都总是暗暗地关注。"

【反其道而行之】 fǎn qí dào ér xíng zhī 道:方法。行:做,办理。采取与对方相反的办法去做。《痛史》一四回:"只是宗兄劝你去做教习,你却去做学生,未免反其道而行了!"高行健《法国现代派人民诗人普列维尔和他的〈歌词集〉》:"他们的诗无法入歌,更无人传唱。普列维尔却反其道而行之,不仅找到了一条现代诗入歌的途径,而且,在西方,他还开拓了一条现代诗歌通向人民大众中去的道路。"

【反求诸己】 fǎn qiú zhū jǐ 求:寻找。诸:"之""于"的合音。反过来从自己身上找原因。《孟子·离娄上》:"行有不得者皆反求诸己,其身正而天下归之。"明·王守仁《传习录》卷上:"子夏笃信圣人,曾子反求诸己。"

【反裘负刍】 fǎn qiú fù chú　反裘:穿着皮衣。古人穿皮衣以毛朝外为正,反穿则毛在里,是怕损坏了皮衣上的毛。刍:柴草。反穿皮衣,背着柴。形容贫困劳苦。《晏子春秋·内篇杂上》:"晏子之晋,至中牟,睹弊冠反裘负刍息于涂侧者,以为君子也。使人问焉,曰:'子何为者也?'对曰:'我越石父者也。'晏子曰:'何为至此?'曰:'吾为人臣仆于中牟,见使将归。'晏子曰:'何为为仆?'对曰:'不免冻饿之切吾身,是以为仆也。'"也形容不知事理,本末倒置。汉·刘向《新序·杂事二》:"魏文侯出游,见路人反裘而负刍。文侯曰:'胡为反裘而负刍?'对曰:'臣爱其毛。'文侯曰:'若不知其里尽而毛无所恃耶?'"也作"反裘负薪"。《三国志·魏书·明帝纪》南朝宋·裴松之注引《魏略》:"而亮反裘负薪,里尽毛殚,刖足适履,刻肌伤骨。"

【反裘负薪】 fǎn qiú fù xīn　见"反裘负刍"。

【返本还原】 fǎn běn huán yuán　本:根。原:原来的样子。返回根本,恢复原样。《红楼梦》一二〇回:"我从前见石兄这段奇文,原说可以闻世传奇,所以曾经抄录,但未见返本还原。"《老残游记二集》九回:"折礼思道:'阁下不是发愿要游览阴界吗? 等到阁下游兴衰时,自然就返本还原了,此刻也不便深说。'"

【返老还童】 fǎn lǎo huán tóng　使老年返回到童年。原为道家传说的却老术。后形容老年人恢复了青春。《云笈七签》卷六〇:"日服千咽,不足为多,返老还童,渐从此矣。"《西游记》一七回:"万事不思全寡欲,六根清净体坚牢。返老还童容易得,超凡入圣路非遥。"《野叟曝言》一五三回:"多男之乐,近古所无,心广体胖,愈征晬盎,直如返老还童。"老舍《二马》二:"'温都太太,瞧!'马老先生把小茶壶举起多高,满脸堆着笑,说话的声

音也嫩了许多,好像颇有返老还童的希望。"

【返朴归真】 fǎn pǔ guī zhēn　朴:朴素。归:回到。真:纯真。去掉外表的装饰,返回到质朴、纯真的状态。王安忆《香港的情和爱》五:"逢佳的菜是本分的、规矩的,老老实实、表里如一的。它还是温婉贤良、生性厚道,返朴归真的。"张贤亮《绿化树》一八:"人民的创造一旦进入学院的殿堂,就会失去它纯真的朴拙,要想返朴归真,语言是无能为力的。"也作"归真返璞"。梁实秋《雅舍小品·头发》:"其实归真返璞是很崇高的理想,勘破世网尘劳,回到湛然寂静的境界,需要极度坚忍的修持功夫才能亲身体验。"

【犯上作乱】 fàn shàng zuò luàn　犯上:冒犯尊长。作乱:闹乱子。《论语·学而》:"其为人也孝弟,而好犯上者,鲜矣;不好犯上,而好作乱者,未之有也。"后用"犯上作乱"指冒犯尊长或地位高的人,搞叛逆活动。清·孔尚任《桃花扇·截矶》:"那黄得功一介武夫,还知报效,俺们倒肯犯上作乱不成?"李劼人《大波》一部八章:"他当时就不相信,他在四川多年,知道川绅大都忠君爱国,断不致有犯上作乱的举动。"

【饭囊衣架】 fàn náng yī jià　囊:口袋。装饭的口袋,挂衣服的架子。比喻无用的人。元·王子一《误入桃源》一折:"空一带江山,江山如画,止不过饭囊、饭囊衣架,塞满长安乱似麻。"《封神演义》一五回:"不是你无用,反来怨我,真是饭囊衣架,惟知饮食之徒!"

【饭糗茹草】 fàn qiǔ rú cǎo　饭、茹:吃。糗:干粮。草:野菜。吃干粮和野菜。形容生活非常清苦。《孟子·尽心下》:"舜之饭糗茹草也,若将终身焉。"清·顾炎武《日知录·饭糗茹草》:"大舜之圣也,而饭糗茹草;禹之圣也,而手足胼胝,面目黧黑,此其所以道济天下,而为

万世帝王之祖也。"

【泛泛而谈】 fàn fàn ér tán　泛泛:不深,浮浅。指浮浅地讲出看法。

【泛泛之交】 fàn fàn zhī jiāo　泛泛:普通,不深厚。普通的交情。茅盾《腐蚀·一月五日》:"F笑了笑,但随即表示了诚恳的态度说:'你跟我闹这外交辞令,太不应该了。你我又不是泛泛之交。'"周而复《上海的早晨》一部四九:"参加星期二聚餐会以后,认识了一些人,也不过泛泛之交,谈不上往来,更提不到友谊。"李国文《临街的窗》:"他这辈子还真是没交下几个能掏心窝子的朋友,全是公事公办的泛泛之交。"

【泛滥成灾】 fàn làn chéng zāi　泛滥:大水溢出。指江河湖水暴涨溢出而造成灾害。也比喻坏的事物到处流行造成毒害。瞿维《音乐艺术的社会作用》:"回想三十年代黄色音乐泛滥成灾的时候,以聂耳、冼星海为代表的革命音乐家们创作了大量鼓舞人心的抗日歌曲,并且组织了声势浩大的群众歌咏活动,顿时就以雄健的乐风取代了萎靡的乐风。"

【范张鸡黍】 fàn zhāng jī shǔ　《后汉书·范式传》:"范式字巨卿……为诸生,与汝南张劭为友。劭字元伯。二人并告归乡里。式谓元伯曰:'后二年当还,将过拜尊亲,见孺子焉。'乃共克期日。后期方至,元伯具以白母,请设馔以候之。母曰:'二年之别,千里结言,尔何相信之审邪?'对曰:'巨卿信士,必不乖违。'……至其日,巨卿果到,升堂拜饮,尽欢而别。"《论语·微子》:"止子路宿,杀鸡为黍而食之,见其二子焉。"后用"范张鸡黍"比喻朋友之间的信义和情谊。《群音类选·〈金貂记·钱居田里〉》:"良夫各天涯,怎能勾范张鸡黍重相会。"

【贩夫走卒】 fàn fū zǒu zú　贩夫:小商贩。走卒:为人奔走当差的人。泛指社会地位低下的人。《孽海花》一八回:"通

国无不识字的百姓,即贩夫走卒也都通晓天下大势。"阿英《吃茶文学论》:"若夫乡曲小子,贩夫走卒,即使在疲乏之余,也要跑进小茶馆去喝点茶。"

【方枘圆凿】 fāng ruì yuán záo　枘:榫头。凿(旧读 zuò):榫眼。方榫头插不进圆榫眼。比喻两者不相容,格格不入。《文子·上义》:"今为学者,循先袭业,握篇籍,守文法,欲以为治。非此不治,犹持方枘而内圆凿也,欲得宜适亦难矣。"唐·权德舆《唐赠兵部尚书宣公陆贽翰苑集序》:"方枘圆凿,良工无以措巧心。"清·金农《秋雨坐槐树下书怀》诗:"方枘圆凿匪所用,顾者却避多猜嫌。"

【方兴未艾】 fāng xīng wèi ài　方:正当。兴:兴旺。艾:停止。指事物正当兴旺之时,没有停止发展。宋·陈亮《戊申再上孝宗皇帝书》:"天下非有豪猾不可制之奸,虏人非有方兴未艾之势,而何必用此哉!"刘白羽《第二个太阳》一九章:"这一天,宇宙像发生了裂变,神的创世纪早已腐朽崩溃,人的创世纪正方兴未艾,人类向自由王国飞翔得更接近了。"也作"未艾方兴"。古华《芙蓉镇》四章:"人们还担心着,谈论着,极左的魔爪,会不会突然在哪个晚上冒出来掐灭这未艾方兴的蓬勃生机。"

【芳兰竟体】 fāng lán jìng tǐ　竟:充满。兰香充满全身。称赞人举止文雅风流。《南史·谢览传》:"[览]意气闲雅,视瞻聪明,武帝目送良久,谓徐勉曰:'觉此生芳兰竟体。'"《儒林外史》三四回:"这两人,面如傅粉,唇若涂朱;举止风流,芳兰竟体。"

【防不胜防】 fáng bù shèng fáng　胜(旧读 shēng):能承受。想要防备但防备不过来。《二十年目睹之怪现状》四七回:"这种小人,真是防不胜防。"茅盾《虹》七:"这一点也要怕? 请放心罢。可是人多嘴杂,防不胜防。"周而复《上海

的早晨》三部一二："林宛芝感到冯永祥对她越来越放肆了,不单单是讲话瞎七搭八,而且是动手动脚,叫她防不胜防。"

【防患未然】 fáng huàn wèi rán　患:灾祸。未然:没有这样,指没有发生。在祸患还没有发生之前就进行防备。唐·陆贽《论两河及淮西利害状》:"非止排难于变切,亦将防患于未然。"《官场现形记》五六回:"古语说得好:'君子防患未然。'我现在就打的是这个主意。"钱钟书《围城》六:"他恭维了那位视学一顿,然后说什么中西文明国家都严于男女之防,师生恋爱是有伤师道尊严的,万万不得,为防患未然起见,未结婚的先生不得做女学生的导师。"

【防微杜渐】 fáng wēi dù jiàn　微:微小,指坏事刚露头。杜:阻塞。渐:征兆,苗头。在坏事刚刚露出苗头时就加以防备和制止。晋·韦谡《启谏冉闵》:"请诛屏降胡,去单于之号以防微杜渐。"明·陆采《怀香记·鞫询香情》:"自家不能防微杜渐,却怨谁来?"茅盾《虹》六:"万料不到有这反感,李无忌的脸色变了,然而仍旧挣扎出一句话:'可是也不能不防微杜渐呀!'"

【防微虑远】 fáng wēi lǜ yuǎn　微:微小,指坏事刚露头。在坏事刚露头时就加以防备,并考虑长远的计划。唐·郑亚《唐丞相太尉卫国公李德裕会昌一品制集序》:"由是洞启宸衷,大破群议,运筹制胜,举无遗策,防微虑远,必契神机。"宋·朱熹《辞免焕章阁待制侍讲奏状二》:"至于万机之暇,博延儒臣,早夜孜孜,专意讲学,盖将求所以深得亲懂者,为建极导民之本思,所以大振朝纲者,为防微虑远之图。"

【放荡不羁】 fàng dàng bù jī　放荡:放任自己,不受约束。羁:约束。行为放纵,不受管束。《晋书·王长文传》:"少以才学知名,而放荡不羁,州府辟命皆不就。"《花月痕》一回:"即如先生所说那一班放荡不羁之士,渠起先何曾不自检束,读书想为传人,做官想为名宦?"周而复《上海的早晨》三部四:"他也曾约束了一个短短的时期,老老实实在家里待着,但过去那种放荡不羁的生活,不时又诱惑地在他脑海中出现,像个幽灵似的纠缠着他,不断地向他招唤。"陈忠实《白鹿原》一〇章:"两个孩子都是神态端庄,对一切人都彬彬有礼,不苟言笑,绝无放荡不羁的举止言语。"

【放虎归山】 fàng hǔ guī shān　比喻放走敌人或对手,留下祸根。《三国志·蜀书·刘巴传》南朝宋·裴松之注引《零陵先贤传》:"若使备讨张鲁,是放虎于山林也。"《封神榜》八三回:"若是放他归国,反勾东西二路之兵,搅乱天下,军民不安,所为放虎归山,必生后患。"赵树理《李有才板话》三:"有的说'趁此机会不治他,将来是村上的大害',有的说'能送死他自然是好事,送不死,一旦放虎归山必然要伤人',……议论纷纷,都没有主意。"路遥《惊心动魄的一幕》一六:"实际证明,你在前几天出的那个计谋,不是放线钓鱼,而是放虎归山。"也作"纵虎归山"。《三国演义》四二回:"今刘备釜中之鱼,阱中之虎;若不就此时擒捉,如放鱼入海,纵虎归山矣。"

【放浪形骸】 fàng làng xíng hái　放浪:放纵。形骸:形体。指行为放纵,不受约束。晋·王羲之《兰亭集序》:"或因寄所托,放浪形骸之外。"《旧唐书·姚崇传》:"优游园沼,放浪形骸,人生一代,斯亦足矣。"《花月痕》四一回:"无端鸿爪到花前,正是西风黯黯天。放浪形骸容我辈,平章风月亦神仙。"刘绍棠《村妇》卷一:"金榜眼虽然放浪形骸,却是为人厚道。"

【放任自流】 fàng rèn zì liú　放任:放开手不管,听其自然。自流:无人引导地自由发展。指听任事情自由发展而不管不问。路遥《早晨从中午开始》一："我知道这习惯不好，也曾好多次试图改正，但都没有达到目的。这应验了那句古老的话：积习难改。既然已经不能改正，索性也就听之任之。在某些问题上，我是一个放任自流的人。"邓一光《我是太阳》六部一："在别的方面，你该怎么管就怎么管，你想怎么管就怎么管，随你的心愿，客人房间里的事情，你就放任自流吧！"

【放下屠刀，立地成佛】 fàng xià tú dāo，lì dì chéng fó　佛家用语，意思是只要立即停止杀戮，就立刻能修成正果。《五灯会元·东山觉禅师》："广额正是个杀人不眨眼底汉，飏下屠刀，立地成佛。"后用来比喻只要能停止作恶，决心改正，就能立刻成为好人。宋·朱熹《朱子语类·论语一二》："今不必问过之大小，怒之深浅，只不迁不贰，是甚力量，便见工夫，佛家所谓放下屠刀，立地成佛。"《野叟曝言》一○八回："放下屠刀，立地成佛，如医人治病，以药物拔去病根，必以饮食培其元气，必俟元气充足，始无反复。"马烽、西戎《吕梁英雄传》五四回："大家不要害怕，人常说：放下屠刀立地成佛，只要大家改邪归正，八路军是欢迎的！"

【放言高论】 fàng yán gāo lùn　放言：放开说。高论：大发议论。放开来、毫无顾忌地大发议论。宋·苏轼《荀卿论》："尝读《孔子世家》，观其言语文章，循循莫不有规矩，不敢放言高论。"清·王韬《淞滨琐话·李延庚》："见集于都下诸名士，终日惟酒食游戏征逐，放言高论，自负不可一世。"

【飞短流长】 fēi duǎn liú cháng　飞、流：传布。短、长：是非。指搬弄是非、散布流言。《孽海花》三二回："然都中一班名流，如章直蜚、闻鼎儒辈，还在松筠庵大集议，植髭奋髯，飞短流长，攻击威毅伯，奏参他十可杀的罪状呢！"茅盾《腐蚀·十月一日》："我未及作答，他把他那油亮晶晶的圆脸凑近一些，几乎碰到我的蓬松卷发，用了恳切的声调接着说：'飞短流长，在这里是家常便饭。'"刘绍棠《蒲柳人家》一二："乡下礼数，没正式成婚拜堂的女婿，不能登丈人家的门，怕的是被人背后飞短流长，说是'先有后嫁'，名声上不好听。"

【飞蛾扑火】 fēi é pū huǒ　见"飞蛾投火"。

【飞蛾投火】 fēi é tóu huǒ　飞蛾向火里飞。比喻自寻死路。《水浒传》五八回："飞蛾投火身倾丧，蝙蝠遭竿命必伤。"《西游记》九七回："这唐僧转步回身，将财物送还员外。这一去，却似飞蛾投火，反受其殃。"《镜花缘》五七回："然既不能退，只好进了。无如彼党日渐猖獗，一经妄动，不啻飞蛾投火，以卵击石。"也作"飞蛾扑火"。元·杨显之《潇湘雨》二折："他走了，我一向寻他不着，他今日自来投到，岂不是飞蛾扑火，自讨死吃的。"叶文玲《小溪九道弯》二："谁知葛老问心慌意乱的刚走到镇街口，又碰上了'社治办'！这下可正是飞蛾扑火自投罗网，人家正在找'走资'的典型哩！"

【飞黄腾达】 fēi huáng téng dá　飞黄：传说中的神马名，也叫乘黄。腾达：上升。唐·韩愈《符读书城南》诗："飞黄腾踏去，不能顾蟾蜍。"腾踏：腾空奔驰。后用"飞黄腾达"比喻官职、地位很快上升。元·无名氏《刘弘嫁婢》三折："李春郎飞黄腾达，赖长者恩荣德化。"《醒世恒言》卷二九："卢楠只因才高学广，以为掇青紫如拾针芥；那知文福不齐，任你锦绣般文章，偏生不中试官之意，一连走上几次，不能够飞黄腾达。"《红楼梦》一二○回："适间老仙翁说'兰桂齐芳'，又道宝玉'高魁子贵'，莫非他有遗腹之子，可以飞黄腾达的么？"《官场现形记》五九回："沈中堂道：'可惜可惜！有如此才华，不

等着中举人,中进士,飞黄腾达上去,却
捐了个官到外头去混,真正可惜!'"茅盾
《腐蚀·九月二十二日》:"你这几年来,真
是飞黄腾达,一帆风顺。"

【飞来横祸】fēi lái hèng huò　横祸:意
外的灾祸。突然降临的意外灾祸。《醒
世恒言》卷三四:"欲待不去照管他,到天
明被做公的看见,却不是一场飞来横祸,
辨不清的官司。"茅盾《腐蚀·十二月十
日》:"陈胖惊讶地看我一眼,忽然高声笑
了起来,但又突然庄容说:'好心待人,就
要吃亏。眼前你就有飞来横祸……'"
〔注意〕横,不读 héng。

【飞禽走兽】fēi qín zǒu shòu　泛指鸟
类和兽类。汉·王延寿《鲁灵光殿赋》:
"飞禽走兽,因木生姿。"《初刻拍案惊奇》
卷三七:"但是一番回来,肩担背负,手提
足系,无非是些飞禽走兽,就堆了一堂屋
角。"路遥《在困难的日子里》一二章:"从
校门里望出去,只见四野里白茫茫一片,
路断人绝,看不见任何飞禽走兽。"

【飞沙走石】fēi shā zǒu shí　走:跑。
沙尘飞扬,石块滚动。形容风势非常大。
沙,也作"砂"。晋·干宝《搜神记》卷三:
"王言此树神何须损我百姓,乃以兵围,
正欲诛伐之,乃有神飞沙走石,雷电霹
雳。"唐·韩鄂《岁华纪丽·风》:"飞砂走
石,风则从箕,月离于毕。"《水浒传》一九
回:"飞沙走石,卷水摇天。黑漫漫堆起
乌云,昏邓邓催来急雨。"《西游记》三回:
"他就捻起诀来,念动咒语,向巽地上吸
一口气,呼的吹将去,便是一阵狂风,飞
沙走石,好惊人也。"萧红《呼兰河传》一
章:"人们四季里,风、霜、雨、雪的过着,
霜打了,雨淋了。大风来时是飞沙走
石。"

【飞檐走壁】fēi yán zǒu bì　檐:房檐。
在房檐上飞,在墙壁上走。形容人武艺
高强。《水浒传》四六回:"杨雄却认得这
人,姓时名迁,祖贯是高唐州人氏,流落

在此,则一地里做些飞檐走壁,跳篱骗马
的勾当。"《二十年目睹之怪现状》二六
回:"到了三更时,果然见一个贼,飞檐走
壁而来,到藩库里去了。"周而复《上海的
早晨》二部五八:"我当然懂事,我啥都
懂,飞檐走壁,打枪骑马……没有不懂
的。"梁斌《红旗谱》五〇:"据说他那些人,
能窜房越脊,飞檐走壁,都是一些古楼雕
钻儿家伙。"

【飞扬跋扈】fēi yáng bá hù　飞扬:放
纵。跋扈:强横。原意为放荡高傲,不受
约束。唐·杜甫《赠李白》诗:"痛饮狂歌
空度日,飞扬跋扈为谁雄?"后指骄横放
纵。《北史·齐本纪上》:"[侯]景专制河
南十四年矣,常有飞扬跋扈志。"《聊斋志
异·席方平》:"飞扬跋扈,狗脸生六月之
霜;朅突叫号,虎威断九衢之路。"周而复
《上海的早晨》四部六:"在民建会却是一
名新会员,……一家伙提拔的太快,说不
定会飞扬跋扈,目中无人,以后就难于领
导他了。"陈国凯《我应该怎么办》三:"两
天两夜的火车把我带到丈夫的工厂,接
见我的是一个飞扬跋扈的专案组长。"

【飞针走线】fēi zhēn zǒu xiàn　针和
线飞快地来回穿过。形容缝纫技艺高,
缝制速度快。《水浒传》四一回:"江湖上
人称第一手裁缝,端的是飞针走线,更兼
惯习枪棒,曾习薛永为师。"刘绍棠《村
妇》卷一:"他能想见,玉人儿在灯下不是
飞针走线,给他缝衣做鞋,就是哼着催眠
曲,给儿子喂奶哄睡。"

【非池中物】fēi chí zhōng wù　不是久
居池中的动物。比喻有远大抱负的英雄
豪杰。《三国志·吴书·周瑜传》:"刘备以
枭雄之姿,而有关羽、张飞熊虎之将,必
非久屈为人用者……恐蛟龙得云雨,终
非池中物也。"《三国演义》七九回:"子建
怀才抱智,终非池中物,若不早除,必为
后患。"

【非分之想】fēi fèn zhī xiǎng　非分:

不安分。不守本分的想法。叶文玲《井旁的柚子树》:"尽管他从来也不曾有过非分之想,尽管他一直是个不识一字的担水佬,但他却把这封信看得比眼珠儿还贵重,这封信成了他的'护心符'。"邓友梅《烟壶》六:"我半生以来不作非分之想,不取不义之财,有何罪过,要遭此报应呢?"

【非驴非马】fēi lǘ fēi mǎ 《汉书·西域传下》:"[龟兹王]后数来朝贺,乐汉衣服制度,归其国,治宫室,作徼道周卫,出入传呼,撞钟鼓,如汉家仪。外国胡人皆曰:'驴非驴,马非马,若龟兹王,所谓赢也。'赢(luó):即"骡"。后用"非驴非马"形容事物不伦不类。方志敏《给某夫妇的信》:"对于共产主义和苏联的书籍,应多多地而且用力地去研究一番,一切非驴非马的东西,可丢去不看。"

【非亲非故】fēi qīn fēi gù 亲:亲戚。故:故旧,老朋友。不是亲戚也不是故旧,表示彼此之间毫无关系。唐·刘肃《大唐新语·刚正》:"臣必以韦擢与盗非亲非故,故当以货求耳。"李劼人《死水微澜》三部九:"你同我非亲非故,只是邻居,为邻居的事去找她劳神,她肯吗?"刘绍棠《碧桃》五:"这是别人的孩子,一个非亲非故的男人的孩子,一个她从未见过面而又离开了人间的姐妹的孩子。"

【非同小可】fēi tóng xiǎo kě 小可:寻常,平常。表示事情不同寻常或情况非常严重,不容忽视。《水浒传》一四回:"吴用便道:'兄长这一梦不凡,非同小可,莫非北地上再有扶助的人来?'"《醒世恒言》卷一三:"太尉听说,吃那一惊不小。叫道:'怪哉!果然有这等事!你二人休得说谎,此事非同小可。'"《官场现形记》八回:"谁知接到回电,陶子尧吓了,这一惊竟非同小可。"鲁迅《且介亭杂文末编·〈出关〉的"关"》:"这一来真是非同小可,许多人都'坠入孤独和悲哀去',

前面一个老子,青牛屁股后面一个读者,还有'以及像鲁迅先生一样的作家们'……竟一窠蜂似的涌'出关'去了。"

【肥马轻裘】fēi mǎ qīng qiú 裘:皮衣。肥壮的马匹,轻暖的皮衣。《论语·雍也》:"赤之适齐也,乘肥马,衣轻裘。"后用"肥马轻裘"形容富裕阔绰的生活。《三国志·魏书·荀攸传》南朝宋·裴松之注引《汉末名士录》:"郭、贾寒窭,无他资业,而但求肥马轻裘,光耀道路。"唐·白居易《闲适》诗:"肥马轻裘还且有,粗歌薄酒亦相随。"《红楼梦》七九回:"论交之道,不在肥马轻裘,即黄金白璧,亦不当锱铢较量。"

【肥头大耳】fēi tóu dà ěr 形容肥胖的体态。《官场现形记》二二回:"至于他那个儿子,虽然肥头大耳,却甚聪明伶俐,叫他喊汤升大爷,他听说话,就喊他为大爷。"刘白羽《第二个太阳》一○章:"何昌矮墩墩,但肥头大耳,两只大眼睛灼灼发亮,一看就给人一块花岗岩的印象。"魏巍《火凤凰》六二:"他生得肥头大耳,一副蠢相,很有点小说里猪八戒的样子。"

【匪夷所思】fēi yí suǒ sī 夷:平常。不是平常人所能想像的。《周易·涣》:"元吉,涣有丘,匪夷所思。"《聊斋志异·夏雪》:"窃意数年以后,称爷者必进而老,称老爷者必进而大,但不知大上造何尊称? 匪夷所思已!"梁实秋《雅舍小品·偏方》:"有些偏方实在偏得厉害,匪夷所思。"

【斐然成章】fēi rán chéng zhāng 斐然:有文采的样子。形容富有文采而又能成章法。《论语·公冶长》:"吾党之小子狂简,斐然成章,不知所以裁之。"汉·桓宽《盐铁论·殊路》:"譬若雕朽木而砺铅刀,饰嫫母画土人也,被以五色,斐然成章,及遭行潦流波则沮矣。"也形容成绩或声名显著。梁启超《日俄战役关于国际法上中国之地位及各种问题》:"近数年来,留学欧美日本者渐多,斐然成章,指目可待。"

【**吠非其主**】fèi fēi qí zhǔ　吠:狗叫。狗专向不是它主人的人叫。《战国策·齐策六》:"跖之狗吠尧,非贵跖而贱尧也,狗固吠非其主也。"跖:传说中的大盗。后比喻人各为其主人效力。《旧唐书·李峤传》:"或请诛之,中书令张说曰:'峤虽不辨逆顺,然亦为当时之谋。吠非其主,不可追讨其罪。'"

【**吠形吠声**】fèi xíng fèi shēng　吠:狗叫。汉·王符《潜夫论·贤难》:"谚云:'一犬吠形,百犬吠声。世之疾此,固久矣哉!'"意思是,一条狗见了人便叫,很多狗听到了也跟着叫。比喻自己没有主见,只是跟在别人后面随声附和。也作"吠影吠声"。梁启超《管子传》一章:"孟子当时或亦有为而发,为此过激之言。而后之陋儒,并孟子之所以自信者而亦无之,乃反吠影吠声。撼全迂极腐之末论,以诋訾管子。"

【**吠影吠声**】fèi yǐng fèi shēng　见"吠形吠声"。

【**肺腑之言**】fèi fǔ zhī yán　肺腑:指内心。指发自内心的真实话语。《醒世恒言》卷二:"许武道:'下官此席,专屈诸乡亲下降,有句肺腑之言奉告。必须满饮三杯,方敢奉闻。'"叶圣陶《〈夏丏尊文集〉序》:"他是个非常真诚的人,心里怎么想笔就怎么写,剖析自己尤其深刻,所以读他的作品就像听一位密友倾吐他的肺腑之言。"周而复《上海的早晨》四部三六:"陈市长对我们开诚相见,把一些肺腑之言都说了出来,我们如果还要顾虑,实在太不应该了。"

【**废寝忘餐**】fèi qǐn wàng cān　见"废寝忘食"。

【**废寝忘食**】fèi qǐn wàng shí　顾不上睡觉,忘记了吃饭。形容对某事专心致志。北齐·颜之推《颜氏家训·勉学》:"元帝在江、荆间,复所习习,故置学生,亲为教授,废寝忘食,以夜继朝。"宋·司马光《乞抚纳西人札子》:"臣愚欲为国家消患于未然,诚惜此机会夙夜惶惶,废寝忘食。"夏衍《纪念潘汉年同志》:"他在这时期做了大量工作,真可以说夜以继日、废寝忘食。"杜鹏程《在和平的日子里》六章:"他们废寝忘食地进行了一天一夜的组织工作,便使各个工点和各工作部门又像平素那样紧张而有条不紊地活动起来了。"也作"废寝忘餐"。宋·赵令畤《蝶恋花·商调十二首》词之三:"废寝忘餐思想遍,赖有青鸾,不必凭鱼雁。"《水浒传》六〇回:"北京城内,黎民废寝忘餐;梁山泊中,好汉驱兵领将。"

【**沸反盈天**】fèi fǎn yíng tiān　沸:沸腾。反:翻转。盈:充满。像沸腾的水那样翻滚着,响声充满了空间。形容喧哗吵闹,一片混乱。《官场现形记》五四回:"原来此番梅飓仁来的孟浪,只听了'在教'二字,便拿定他是外洋传教的教士,并不晓得回子,倒反备了猪头三牲来上祭;岂知越发触动众回子之怒,闹了个沸反盈天!"鲁迅《彷徨·祝福》:"你自己荐她来,又合伙劫她去,闹得沸反盈天的,大家看了成个什么样子? 你拿我们家里开玩笑么?"

【**沸沸扬扬**】fèi fèi yáng yáng　沸沸:水沸腾后翻滚的样子。扬扬:扬起、升腾的样子。像沸腾的水那样翻滚升腾。形容议论纷纷、吵吵闹闹。《水浒传》一八回:"后来听得沸沸扬扬地说道:'黄泥岗上一伙贩枣子的客人,把蒙汗药麻翻了人,劫了生辰纲去。'"《东周列国志》七一回:"外边沸沸扬扬,多有疑秦女之事者。"《官场现形记》四〇回:"王柏臣接着电报十几天不报丁忧,这话早已沸沸扬扬,传的同城都已知道。"茅盾《子夜》四:

"曾沧海好像完全没有听得,郑重地捧着烟枪,用足劲儿就抽,不料里边沸沸扬扬的嚷骂声中却跳出一句又尖又响的话,直钻进了曾沧海的耳朵。"王安忆《叔叔的故事》:"当叔叔离婚的事件闹得沸沸扬扬的时候,我曾有机会亲耳聆听叔叔本人的叙述。"

【费尽心机】 fèi jìn xīn jī 心机:心思,计谋。用尽心思。形容千方百计地谋划。宋·朱熹《与杨子直书》:"而近年一种议论,乃欲周旋于二者之间,回互委曲,费尽心机。"明·高明《琵琶记·两贤相遘》:"奴家自嫁蔡伯喈之后,见他常怀忧闷,费尽心机去问他,他又不说。"《镜花缘》三六回:"一连两夜,国王费尽心机,终成画饼。"老舍《四世同堂》九〇:"桌椅板凳,当然远不如金子银子值钱,可是,不论怎么说,总还是他的东西。木头的也好,磁的也好,都是他费尽心机弄来的。"

【费力劳心】 fèi lì láo xīn 耗费气力和心思。《三国演义》六二回:"吾为汝御敌,费力劳心。汝今积财吝赏,何以使士卒效命乎?"

【费心劳神】 fèi xīn láo shén 花费心思和精神。李劼人《暴风雨前》二部五:"难为你费心劳神,真叫我们感恩不浅!"陈忠实《白鹿原》二六章:"在他看来,娶媳妇不过是完成一项程序,而订亲才是费心劳神的重要环节。"

【分班序齿】 fēn bān xù chǐ 班:次序,位次。序:按次序排列。齿:年岁。按年龄分先后次序。《西游记》二回:"那在洞众猴,都一齐簇拥同人,分班序齿,礼拜猴王。"

【分崩离析】 fēn bēng lí xī 分:分开。崩:倒塌。离析:离散。形容家庭、集团、组织或国家分裂瓦解。《论语·季氏》:"今由与求也相夫子,远人不服而不能来也,邦分崩离析而不能守也。"唐·崔祐甫

《上宰相笺》:"孔明以分崩离析之时,事要荒割据之主,尚能恢弘王度,克广德心。"李劼人《大波》三部八章:"总而言之,时势危急。川省以内,陷于分崩离析之境;川省以外,也正祸患丛生,形同鱼烂。"刘心武《钟鼓楼》六章:"但自从她十来岁以后,她那个大家庭便处于迅速地分崩离析、潦倒没落之中。"

【分道扬镳】 fēn dào yáng biāo 道:道路。镳:马嚼子。分开道路,驱马前进。指分道而行。道,也作"路"。《魏书·河间公齐传》:"高祖曰:'洛阳我之丰沛,自应分路扬镳。自今以后,可分路而行。'"王火《战争和人》(三)卷二:"他将一把好的黑洋伞递给童磬威,将另一把黄油布伞给自己用,说:'爸爸,时机紧迫,我们一同出去再分道扬镳吧。'"也作"扬镳分路"。《隋书·高祖纪上》:"已诏使人,所在赈恤,扬镳分路,将遍四海,必令为朕耳目。"也比喻因思想、志趣不同而各人干各人的事。《隋书·文学传序》:"简文、湘东,启其淫放;徐陵、庾信,分路扬镳。"莫应丰《将军吟》一八章:"他一方面感到痛快,……要说的话都说了,让他们受着吧!活该!另一方面又有点忐忑不安,心在着慌地跳着。难道当真就这样与他们分道扬镳?"也作"扬镳分路"。唐·颜师古《汉书叙例》:"六艺残缺,莫睹全文,各自名家,扬镳分路。"

【分化瓦解】 fēn huà wǎ jiě 分化:使分裂。瓦解:使崩溃。使敌对的势力或集团分裂或崩溃。秦牧《湘阴热浪记》:"对于还有摇摆犹豫的小股土匪,则以政策攻心,分化瓦解,迫使他们投降。"

【分斤掰两】 fēn jīn bāi liǎng 分:分清。掰:用手把东西分开。比喻为人小气,斤斤计较。《儿女英雄传》一五回:"不是我说句分斤掰两的话咧:舅爷有什么高亲贵友,该请到他华府上去,偏要趁这个当儿热闹我,是个甚么讲究?"

【分门别类】fēn mén bié lèi　根据事物的特点、性质将其分成各种门类。明·朱国桢《涌幢小品·志录集》:"《夷坚志》,原四百二十卷,今行者五十一卷。益病其烦芜而芟之,分门别类,非全帙也。"《孽海花》五回:"以兄弟的愚见,分门别类比较起来,挥翰临池,自然让龚和甫独步;吉金乐石,八瀛名家……"莫应丰《将军吟》一八章:"人是复杂的动物,人的思想是丰富多采的,不可能像植物学那样详细的分门别类。"

【分秒必争】fēn miǎo bì zhēng　一分一秒都必须争取。形容抓紧时间。周而复《上海的早晨》四部三四:"他从来不肯浪费,安排时间上总是分秒必争的,哪怕只有二三十分钟,也要很好利用。"严文井《关于萧乾的点滴》:"现在,萧乾已经年过八十了,只剩下一个不太健全的肾脏了,还是日日夜夜,分秒必争。"

【分庭抗礼】fēn tíng kàng lǐ　庭院。抗:对等。客人与主人分立在庭的两侧,以平等的地位相对行礼。《庄子·渔父》:"万乘之主,千乘之君,见夫子未尝不分庭伉礼。"伉:通"抗"。《史记·货殖列传》:"子贡结驷连骑,束帛之币以聘享诸侯,所至,国君无不分庭与之抗礼。"《聊斋志异·绛妃》:"余惶悚无以为地,因启曰:'草莽微贱,得辱宠召,已有馀荣。况敢分庭抗礼,益臣之罪,折臣之福。'"后用来比喻彼此地位或势力相等,平起平坐或互相对立。梁·钟嵘《诗品》中:"其源出于张华,才力苦弱,故务其清浅,殊得风流媚趣,课其实录,则豫章、仆射宜分庭抗礼。"钱钟书《围城》八:"就像辛楣罢,承他瞧得起,把自己当朋友,可是他也一步步高上去,自己要仰攀他,不比从前那样分庭抗礼了。"

【分一杯羹】fēn yī bēi gēng　羹:带汁的肉或菜。《史记·项羽本纪》:"当此时,彭越数反梁地,绝楚粮食,项王患之。为高俎,置太公其上,告汉王曰:'今不急下,吾烹太公。'汉王曰:'吾与项羽俱北面受命怀王,曰"约为兄弟",吾翁即若翁,必欲烹而翁,则幸分我一杯羹。'"后用"分一杯羹"指从别人那里分享一部分利益。王火《战争和人》(三)卷四:"将来,我们,哈哈,想做官就做官,想发财就发财!想个政党分一杯羹也不困难。要不然,怕将来很难在政界立足了!"

【纷纷扬扬】fēn fēn yáng yáng　纷纷:多而杂乱。扬扬:升腾的样子。❶形容雪、花、树叶等散乱飘洒。《儒林外史》三八回:"当夜纷纷扬扬,落下一场大雪来。"叶文玲《丹梅》:"天,渐渐地黑下来了。高庄车站通往县城的道路,已被纷纷扬扬的大雪盖满了。"王火《战争和人》(二)卷四:"心如走的当晚,家霆半夜梦醒,做的是与心如、伯良撒传单的梦,传单红的、黄的、绿的纷纷扬扬撒满天空。"❷形容议论纷纷。《二刻拍案惊奇》卷四:"去年云南这五个被害,武煞乖张了。外人纷纷扬扬,亦多晓得。"陈忠实《白鹿原》二八章:"这桩丑闻从头一天发生就传遍白鹿原的许多村庄。白鹿村是丑闻的发源地,早就纷纷扬扬了。"

【纷红骇绿】fēn hóng hài lǜ　纷:多而杂。红:红花。骇:散乱。绿:绿叶。形容花叶随风摆动。唐·柳宗元《袁家渴记》:"每风自四山而下,振动大木,掩苒众草,纷红骇绿,蓊葧香气。"《聊斋志异·绛妃》:"纷红骇绿,掩苒何穷,擘柳鸣条,萧骚无际。"

【纷至沓来】fēn zhì tà lái　纷:众多。沓:又多又重复。形容连续不断地纷纷到来。宋·楼钥《洪文安公小隐集》序:"禅位之诏,登极之赦,尊号改元等文,皆出公手,纷至沓来,从容应之,动合体制。"《花月痕》一四回:"荷生见秋痕与痴珠形影依依的光景,便念及采秋,又因痴珠今天说起红卿,便觉新愁旧怨,一刹时纷至沓来，无从排解。"叶圣陶《倪焕之》二八："为了许多的事纷至沓来，一一要解决，要应付，把新来的能力表现出来。"梁实秋《雅舍小品·送行》："他有理由期望着饯行的帖子纷至沓来，短期间家里可以不必开伙。"

【焚膏继晷】 fén gāo jì guǐ 焚:燃烧。膏:灯油。晷:日光。点燃油灯以接替日光照明。形容夜以继日地学习或工作。唐·韩愈《进学解》："焚膏油以继晷，恒兀兀以穷年。"清·纪昀《阅微草堂笔记·滦阳消夏录一》："世儒于此十三部，或焚膏继晷，钻仰终身;或锻炼苛求，百端掊击，亦各因其性识之所根耳。"李健海《"匆促"不得》："即使是应社会之急需，书的著、编、译者也该焚膏继晷，争分夺秒地工作，以化'匆促'为充裕，化'急就章'为深思篇，避免那些可以避免的错误，使书的质量更高些。"

【焚林而田】 fén lín ér tián 焚:烧。田:同"畋"，打猎。烧毁树林以猎取野兽。形容为了眼前利益而取之不留余地。《韩非子·难一》："焚林而田，偷取多兽，后必无兽;以诈遇民，偷取一时，后必无复。"《淮南子·本经》："焚林而田，竭泽而渔。"也作"焚林而畋"。宋·秦观《李训论》："焚林而畋，明年无兽;竭泽而渔，明年无鱼。"

【焚林而畋】 fén lín ér tián 见"焚林而田"。

【焚琴煮鹤】 fén qín zhǔ hè 焚:烧。宋·胡仔《苕溪渔隐丛话前集》卷二二引《西清诗话》："义山《杂纂》，品目数十，盖以文滑稽者。其一曰杀风景，谓清泉濯足，花上晒裈，背山起楼，烧琴煮鹤，对花啜茶，松下喝道。"后用"焚琴煮鹤"比喻糟踏美好事物。宋·洪适《满江红》词："吹竹弹丝谁不爱，焚琴煮鹤人何肯?"《醒世恒言》卷三："焚琴煮鹤从来有，惜玉怜香几个知!"

【焚书坑儒】 fén shū kēng rú 焚:烧。坑:挖坑活埋。焚烧书籍，活埋儒生。《史记·秦始皇本纪》载:秦始皇曾下令焚烧除秦记、医药、农事等以外的所有民间藏书;又曾坑杀诸生四百六十余人。汉·孔安国《尚书序》："及秦始皇灭先代典籍，焚书坑儒，天下学士，逃难解散，我先人用藏其家书于屋壁。"鲁迅《准风月谈·同意和解释》："中国自己的秦始皇帝焚书坑儒，……这原是国货，何苦违背着民族主义，引用外国的学说和事实——长他人威风，灭自己志气呢?"

【粉墨登场】 fěn mò dēng chǎng 粉墨:傅粉施墨，指化妆。场:戏场，舞台。化好妆登台演戏。清·梁绍壬《两般秋雨盦随笔·清勤堂随笔》："粉墨登场，所费不赀。致滋喧杂之烦，殊乏恬适之趣。"沙汀《没有演出的戏》："他才懒懒表示:只要演得成，他就决定粉墨登场，公事呢，他却绝对愿意做。"也比喻登上政治舞台。含讥讽义。老舍《四世同堂》七:"及至北平攻陷，这些地痞流氓自然没有粉墨登场的资格与本领，而日本也并未准备下多少官吏来马上发号施令。"

【粉身碎骨】 fěn shēn suì gǔ 身躯粉碎。指丧失生命。宋·苏轼《叶嘉传》:"臣山薮猥士，幸惟陛下采择至此，以利生，虽粉身碎骨，臣不辞也。"《二刻拍案惊奇》卷一一:"若得如此玉成，即粉身碎骨，难报深恩。"《红楼梦》六五回:"大哥为我操心，我今日粉身碎骨，感激不尽。"《儒林外史》三一回:"门下蒙先老太爷的恩典，粉身碎骨难报。"老舍《四世同堂》九四:"你要是让人逮住，哪怕粉身碎骨，也不能连累别人。"

【粉饰太平】 fěn shì tài píng 粉饰:粉刷涂饰。掩盖社会黑暗现象，装饰成升平和安定的景象。宋·蔡絛《铁围山丛谈》卷四:"当是时，方粉饰太平，务复古礼制。"《醒世恒言》卷三八:"后来只有秦始皇和汉武帝两个,这怎叫得有道之君。无非要粉饰太平,侈人观听。"王火《战争和人》(三)卷五:"读者还是需要的!现在再来粉饰太平,说假话,指黑为白,指鹿为马,怎么行?"

【粉妆玉琢】fěn zhuāng yù zhuó 用白粉涂饰,用白玉雕琢。形容人白净俊秀。妆,也作"装"。《红楼梦》七五回:"其中有两个十六七岁娈童以备奉酒的,都打扮的粉妆玉琢。"《花月痕》四五回:"他娘这会见个粉妆玉琢的媳妇来了,喜欢之至。"张恨水《啼笑因缘》二一回:"在一个粉装玉琢的模样之下,有了这种形相,当然是令人回肠荡气。"

【奋不顾身】fèn bù gù shēn 奋:振作。振作起来奋勇前进,不顾及生命。汉·司马迁《报任少卿书》:"常思奋不顾身,以徇国家之急。"《三国演义》六回:"今我奋不顾身,亲冒矢石,来决死战者:上为国家讨贼,下为将军家门之私。"《镜花缘》八二回:"张良于韩国已亡之后,犹且丹心耿耿,志在报仇,彼时虽未遇害,但他一片不忘君恩之心,也就是奋不顾身。"《孽海花》三三回:"虽然敌人炮火连天,我军死伤山积,义成竟奋不顾身,日夜不懈的足足帮着守御了三天。"钱钟书《围城》五:"这船的甲板比大轮船三等舱的甲板低五六尺,乘客得跳下去,水一荡漾,两船间就距离着尺把的海,像张了口等人掉进去。乘客同声骂船公司混帐,可是人人都奋不顾身地跳了,居然没出岔子。"

【奋发蹈厉】fèn fā dǎo lì 奋发:振作精神。蹈:踩、踏。厉:迅猛。振奋精神,行动迅猛。邹韬奋《萍踪寄语》八三:"工人所肯奋发蹈厉……这固由工会的倡导,但也要工人们自己知道这是共同努力于社会主义的建设。"

【奋发图强】fèn fā tú qiáng 见"发愤图强"。

【奋发有为】fèn fā yǒu wéi 奋发:振作精神。有为:有作为。振作精神,有所作为。《元史·陈祖仁传》:"孰不欲奋发有为,成不世之功。"《官场现形记》三回:"能够如此奋发有为,将来什么事不好做呢!"欧阳山《三家巷》五七:"在寂静无声的房间里,他那庄严肃穆,全神贯注的神情使他看来更加英俊,更加奋发有为,更加令人敬慕。"

【奋袂而起】fèn mèi ér qǐ 袂:衣袖。一挥袖子站起来。形容发怒或激动的样子。《东周列国志》五五回:"庄王方进午膳,闻申舟见杀,投箸于席,奋袂而起。"鲁迅《集外集拾遗补编·中国地质略论》六:"吾知豪侠之士,必有恨恨以思,奋袂而起者矣。"〔注意〕袂,不能读作 quē。

【奋起直追】fèn qǐ zhí zhuī 奋:振作起来。振作起来,紧追上去。梁信《物质生活·人的尊严及其他》:"坦率地承认自己的不足,一可提高民族威望,二可激起全民奋起直追的热情。"

【奋勇当先】fèn yǒng dāng xiān 鼓起勇气,赶在最前面。元·关汉卿《哭存孝》二折:"更有俺五百义儿家将,都要的奋勇当先,相持对垒。"《东周列国志》六回:"公子翚先到老桃地方。守将引兵出迎,被公子翚奋勇当先,只一阵,杀得宋兵弃甲曳兵,逃命不迭。"《说岳全传》一四回:"你看他吼一声,三个人奋勇当先。"

【奋勇争先】fèn yǒng zhēng xiān 鼓起勇气,争着赶在最前面。明·瞿式耜《飞报首功疏》:"时各官兵陆续奔来,奋勇争先,与贼死战。"李英儒《野火春风斗古城》一六章:"他的骑兵卫队见主将出马,也奋勇争先地追上去。"

【忿忿不平】fèn fèn bù píng 见"愤愤不平"。

【愤愤不平】fèn fèn bù píng 愤愤:很

生气的样子。心中感到不平,非常生气。《东周列国志》三二回:"众人愤愤不平,乱嚷乱骂。"《说岳全传》四九回:"四个军士,你一句,我一句,多愤愤不平。"巴金《春》一:"淑英、淑华都是愤愤不平,却也无法可想。"也作"忿忿不平"。《二刻拍案惊奇》卷二:"妙观见说写的是饶天下最高手,明是与他放对的了,情知是昨日看棋的小伙,心中好生忿忿不平。"《说岳全传》七五回:"那日和同伴中顽耍闲讲,提起岳爷父子被奸臣陷害,心中忿忿不平。"茅盾《虹》一〇:"'他们都是些军阀,我是革命军人!'徐自强定了定神,忿忿不平地说。"

【愤世嫉俗】fèn shì jí sú　愤世:愤恨黑暗社会。嫉俗:憎恨不正当的社会习俗。痛恨黑暗的社会和腐败的习俗。《二十年目睹之怪现状》一〇一回:"说起愤世嫉俗的话来,自然处处都有桌獍;但是平心而论,又何必人人都是桌獍呢?"茅盾《蚀•追求》五:"但章女士同时又戴着愤世嫉俗的颜色眼镜,所以我又敢代她声明她的意见是不免带几分病态的。"钱钟书《围城》四:"为了一个黄毛丫头,就那么愤世嫉俗,真是小题大做!"也作"疾世愤俗"。郭沫若《十批判书》八:"有的疾世愤俗,做出些狂放不检的行为。"

【丰富多彩】fēng fù duō cǎi　品类繁多而且都很出色。魏巍《火凤凰》一八:"天虹从小县城来,哪里见过这样丰富多彩的节目,真是大开眼界。"路遥《早晨从中午开始》二七:"孤独的时候,精神不会是一片纯粹的空白,它仍然是一个丰富多彩的世界。"

【丰功伟绩】fēng gōng wěi jì　丰:大。伟大的功劳和业绩。宋•包拯《天章阁对策》:"睿谋神断,丰功伟绩,历选明辟,未之前闻。"周而复《上海的早晨》四部四九:"他一口气说下去,使得徐义德没法插话,只有赏识梅佐贤的才干,钦佩梅佐

贤清估工作的丰功伟绩,感谢梅佐贤暗中帮助,赞扬梅佐贤是他的忠实助手。"

【丰取刻与】fēng qǔ kè yǔ　丰:多。刻:苛刻。与:给予。从百姓那里取的多,给予百姓的少。形容对百姓刻薄寡恩,残酷剥削。《荀子•君道》:"上好贪利,则臣下百吏乘是而后丰取刻与,以无度取于民。"

【丰神绰约】fēng shén chuò yuē　见"风姿绰约"。

【丰衣足食】fēng yī zú shí　衣服丰厚,粮食充足。形容生活富裕。唐•齐己《病中勉送小师往清凉山礼大圣》诗:"丰衣足食处莫住,圣迹灵踪好遍寻。"《水浒传》二一回:"宋江又过几日,连那婆子也有若干头面衣服,端的养的婆惜丰衣足食。"《醒世恒言》卷三三:"我女儿嫁了你,一生也指望丰衣足食,不成只是这等就罢了!"《官场现形记》三〇回:"他自己丰衣足食,乐得受用;就是家里的人,也好跟着沾点光。"老舍《四世同堂》五九:"一看到内柜,他不单想到丰衣足食,而且也想到升平盛世,连乡下聘姑娘也要用几匹绸缎。"

【丰姿绰约】fēng zī chuò yuē　见"风姿绰约"。

【风餐露宿】fēng cān lù sù　在风中吃饭,在露天住宿。形容旅途中的辛苦劳累。宋•范成大《元日》诗:"饥饭困眠全体懒,风餐露宿半生痴。"《儒林外史》三八回:"辞了众人,挑着行李衣钵,风餐露宿,一路来到四川。"李劼人《大波》四部四章:"虽然沿途无阻,可是风餐露宿,手胼脚胝,坐轿的没有什么,走路的,尤其初走长途的学生们,却够苦了。"魏巍《火凤凰》一一九:"在此期间,千军万马奔波在长途中,可谓风餐露宿,饱尝艰辛,也作"餐风宿露"。元•杨景贤《西游记》五本二〇出:"师父力多般,餐风宿露忙投窜。"明•高明《琵琶记•寺中遗像》:"儿在

程途，又怕餐风宿露，求神问卜，把归期暗数。"也作"露宿风餐"。谢逸《架桥精神》："我望着这如画的溪山，想到那露宿风餐的架桥人，如果没有他们，又哪来的这绚丽景色？"

【风尘仆仆】fēng chén pú pú　风尘：旅途上风吹尘土飞扬，比喻旅途劳累。仆仆：疲劳的样子。形容在旅途中劳累辛苦。《痛史》八回："三人拣了一家客店住下，一路上风尘仆仆，到了此时，不免早些歇息。"钱钟书《围城》五："李梅亭道：'我并不是没有新衣服，可是路上风尘仆仆，我觉得犯不着糟蹋。'"周而复《上海的早晨》三部二五："他眉目虽然清秀，可是风尘仆仆，憔悴不堪，也没有刮脸，看上去已经苍老了。"

【风驰电掣】fēng chí diàn chè　驰：奔跑。掣：一闪而过。像风那样奔跑，像电那样闪过。形容速度非常快。《六韬·王翼》："奋威四人，主择材力，论兵革，风驰电掣，不知所由。"《野叟曝言》一一四回："忙立起身，只见前面船只被这蚌风驰电掣激起大浪一齐翻转，船上兵将纷纷落水。"《二十年目睹之怪现状》六八回："这里天津的车夫，跑的如飞一般，风驰电掣，人坐在上面，倒反有点害怕。"鲁迅《准风月谈·冲》："'冲'是最爽利的战法，一队汽车，横冲直撞，使敌人死伤在车轮下，多么简截；'冲'也是最威武的行为，机关一扳，风驰电掣，使对手想回避也来不及，多么英雄。"张恨水《啼笑因缘》一〇回："风喜坐上汽车，汽车两边，一边站着一个兵，于是风驰电掣，开向尚宅来。"

【风吹草动】fēng chuī cǎo dòng　风一吹，草就摆动。比喻轻微的动荡或变故。《敦煌变文集·伍子胥变文》："偷踪窃道，饮气吞声，风吹草动，即便藏形。"《水浒传》二四回："倘有些风吹草动，武二眼里认的是嫂嫂，拳头却不认的是嫂嫂。"《二刻拍案惊奇》卷二三："虽承娘子美情，万一后边有些风吹草动，被人发觉，不要说道无颜面见令尊，传将出去，小生如何做得人成？"李劼人《大波》四部二章："郝达三父子，在前只要发现一点什么风吹草动，必要登门向这位诸葛军师请教的，也从那时候，绝了迹了。"李英儒《野火春风斗古城》三章："净恐你个该死的，他姓杨的，有个风吹草动，拿起脚来可走，我这里有家有业有户口，这不是成心惹是非？"

【风吹浪打】fēng chuī làng dǎ　指遭受狂风巨浪的冲击。也比喻遭受磨难或遇到考验。清·洪昇《长生殿·埋玉》："可怜一对鸳鸯，风吹浪打，直恁的遭强霸。"刘白羽《第二个太阳》七章："他不准警卫员给他开路，他就在人群中挤来挤去，就像扬子江中的一叶扁舟，一任风吹浪打，潇洒自如。"王英先《枫香树》："在这次斗争中，不怕风吹浪打，接受危险和艰苦的考验。"

【风吹雨打】fēng chuī yǔ dǎ　指遭受狂风大雨的袭击。唐·陆希声《阳羡杂咏·李径》："一径秾芳万蕊攒，风吹雨打未摧残。"《黄绣球》一回："连日只因舍下房屋，今年被风吹雨打，有两间像要坍塌，心中烦闷，偶然想着诸位，邀过来谈谈。"周而复《上海的早晨》二部二六："龙华寺赭色墙壁旁边有一座古老的牌楼，经过历年的风吹雨打，朱红的柱子已经变成紫黑色了，许多地方的油漆剥脱下来，露出灰色的粉底和黝黑的木料。"也比喻遭受磨难、挫折或遇到考验。元·乔吉《水仙子·赠朱翠英》曲："恐怕风吹雨打，吃惜了零落天涯。"刘心武《钟鼓楼》五章："可是这种波动也恰恰说明，原来的体制是脆弱的，经不起风吹雨打的。"

【风刀霜剑】fēng dāo shuāng jiàn　寒风如刀，严霜像剑。形容气候非常寒冷。也比喻形势、人情险恶。《红楼梦》二七回："一年三百六十日，风刀霜剑严相逼；

明媚鲜妍能几时，一朝飘泊难寻觅。"张石流《永不磨灭的光辉》："解放前的儿童剧团是在宋庆龄同志慈母般的抚育和护佑下成长起来、战斗过来的。沐浴在她整个人格的光辉中，剧团的每一个同志，尽管处在风刀霜剑的严寒政治气候下，心里却贮满春光。"

【风度翩翩】 fēng dù piān piān 风度：美好的举止姿态。翩翩：优美自然的样子。指行为举止优雅自然，不拘束。李劼人《大波》三部二章："当夜，端方便与这个风度翩翩的年轻人很亲切地谈了一会。"欧阳山《三家巷》一三八："到了五点半钟，陈文雄才穿着一身西装，风度翩翩地从外面走进来了。"

【风风火火】 fēng fēng huǒ huǒ 形容急急忙忙。《后西游记》三九回："你一路来，舟楫刚难，鞍马劳顿，又风风火火，也辛苦了，快进庵去歇息歇息。"魏巍《火凤凰》一〇〇："高红刚刚坐定，他就风风火火地跑来了。"刘心武《钟鼓楼》三章："原先请的是澹台明珠，您听说过吧？唱京剧的名角儿，可不像她这么风风火火地没个稳重劲儿。"

【风风雨雨】 fēng fēng yǔ yǔ ❶刮风下雨。元·张可久《普天乐·忆鉴湖》曲："风风雨雨清明，莺莺燕燕关情。"❷比喻困难重重。李良文《冬天里的春天》二章："于菱和那位舞蹈演员，他曾经投过反对票，但经过风风雨雨的考验，倒证实了是完美圆满的一对佳偶。"欧阳山《三家巷》一〇二："区桃死了十年那一天，咱们把这棵白兰树种上以后，真是风风雨雨地过了十年了。"❸比喻议论纷纷。路遥《人生》(上)九章："高玉德那个缺德儿子勾引我巧珍，黑地里在外面疯跑，弄得满村都风风雨雨的。"

【风骨峭峻】 fēng gǔ qiào jùn 风骨：人的品格、骨气。峭峻：山又高又陡。形容人的品格高尚，很有骨气。唐·韩愈

《感春》诗："孔丞别我适临汝，风骨峭峻遗尘埃。"

【风光旖旎】 fēng guāng yǐ nǐ 风光：风景。旖旎：柔和优美。形容景色柔和优美。张恨水《啼笑因缘》二二回："窗外天上那一轮寒月，冷清清的，孤单单的，在这样冰天雪地中，照到这样春气荡漾的屋子，有这风光旖旎的双影，也未免含着羡慕的微笑哩。"

【风和日丽】 fēng hé rì lì 微风和煦，阳光明媚。形容天气晴好。《痛史》一九回："是日风和日丽，众多官员，都来祭奠。"柳青《创业史》一部二四章："一九五三年春天，庄稼人们看做亲娘的关中平原啊，又是风和日丽，万木争荣的时节了。"韦君宜《露沙的路》五："有一天，地委召集全体干部大会，大家坐在风和日丽的大院里，听组织部长传达中央指示。"也作"日丽风和"。《孽海花》七回："这日正是清明佳节，日丽风和。"魏巍《东方》一部二章："过了没有几日，这一天日丽风和，谢家出门打猎。"

【风和日暖】 fēng hé rì nuǎn 微风和煦，阳光温暖。形容天气晴朗暖和。宋·王楙《野客丛书·陈朝二公评诗》："牡丹开时，正风和日暖，又安得有月冷风清之气象邪！"《水浒传》一三回："次日天晓，时当二月中旬，正值风和日暖。"王安忆《小鲍庄》一一："一个风和日暖的早晨，拾来挑着一副货郎挑子，上路了。"

【风花雪月】 fēng huā xuě yuè ❶指四季的自然景色。宋·邵雍《伊川击壤集序》："虽死生荣辱，转战于前，曾未入于胸中，则何异四时风花雪月一过乎眼也？"《西湖佳话·孤山隐迹》："惟以风花雪月，领湖上之四时。"❷指华丽空洞的诗文或言谈。《水浒传》八二回："说的是敲金击玉叙家风；唱的是风花雪月梨园乐。"《儒林外史》一三回："小弟每常见前辈批语，有些风花雪月的字样，被那些后

生们看见，便要想到诗词歌赋那条路上去，便要坏了心术。"李劼人《大波》一部六章："黄家同郝家一样也是那个老规矩：食不言，寝不语。万不得已在吃饭时候必要开腔的话，那也只是说些风花雪月无干得失的事情。"❸比喻男女欢爱的风流事。《喻世明言》卷一："做客的那一处没有风花雪月？只苦了家中娘子。"陈国凯《下里巴人》四："嫖客上船，船荡至江中，风花雪月过一夜，第二天荡回来。"

【风华正茂】fēng huá zhèng mào　风华：风采和才华。风采和才华正旺盛。形容年轻有为，才气横溢。刘心武《白牙》："他风华正茂，官运亨通。盛传他即将提为副局长。"李国文《冬天里的春天》一章："也许那时风华正茂，精力要旺盛些？"

【风卷残云】fēng juǎn cán yún　残云：残余的云。❶大风卷走了残余的云。唐·戎昱《霁雪》诗："风卷残云暮雪晴，江烟洗尽柳条轻。"❷比喻一下子消灭干净或击溃。元·无名氏《聚兽牌》三折："试看这威勇昆阳恶战图，觑贼兵有如无物，恰便似风卷残云，削苇芟蒲。"《封神榜》三四回："方弼、方相两个粗鲁的愣爷只顾施展一路拳头，只打的众武士四分五落，各走无门，犹如落花流水，风卷残云一般。"魏巍《地球的红飘带》一："红军由黎平进入黔境，沿着剑河、镇远、施秉、余庆和台拱、黄平、瓮安一路横扫过去，虽不能说是风卷残云，也可以说扫得颇为轻松。"❸比喻很快把东西吃干净。《水浒传》四三回："这伙男女那里顾个冷热好吃不好吃，酒肉到口，只顾吃，正如这风卷残云，落花流水，一齐上来抢着吃了。"《西游记》四四回："那一顿如流星赶月，风卷残云，吃得罄尽。"李英儒《野火春风斗古城》二二章："这时，跑堂的端上四大盘白肉青葱罩大饼，对好青酱油醋，四个人风卷残云霎时吃了个净光。"

【风口浪尖】fēng kǒu làng jiān　比喻生活最艰苦、斗争最激烈的地方。郭小川《郭小川诗选》："这风口浪尖上难道不就是我们的南征北战路？"

【风流儒雅】fēng liú rú yǎ　风流：英俊潇洒而有才学。儒雅：温和文雅。形容人英俊潇洒、温和文雅而有才学。北周·庾信《枯树赋》："殷仲文风流儒雅，海内知名，代异时移，出为东阳太守。"唐·杜甫《咏怀古迹五首》诗之二："摇落深知宋玉悲，风流儒雅亦吾师。"《镜花缘》一九回："而且无论男妇，都是满脸书卷秀气，那种风流儒雅光景，倒像都从这个黑气中透出来。"

【风流倜傥】fēng liú tì tǎng　风流：英俊而有才华。倜傥：不拘束，洒脱。指才气横溢，英俊潇洒而不拘礼法。明·许三阶《节侠记·私仰》："羡英年壮节堪多，似冰心在玉壶，散财结客，侠比三河，风流倜傥，名倾六辅。"《野叟曝言》二七回："相貌固然要好，文才也是要紧的，一有了文才便风流倜傥，不是土木偶人了。"周而复《上海的早晨》四部二九："他今天不但显得年轻，而且比过去越发英俊了，加上身藏青哔叽西装和胸前那条紫红领带，出落得潇洒不凡，风流倜傥。"张洁《方舟》二："这次也足有半年没见了。梁倩无言地打量他，依旧风流倜傥。"

【风流潇洒】fēng liú xiāo sǎ　风流：俊而有才华。潇洒：不拘束，自然大方。指英俊有才干，气度大方自然。《初刻拍案惊奇》卷三四："为他少年英俊，又且气质闲雅，风流潇洒，十分在行，朋友中没一个不爱他敬他的。"《红楼梦》一四回："那宝玉素日就曾听得父亲亲友人等说闲话时，赞水溶是个贤王，且生得才貌双全，风流潇洒，每不以官俗国体所缚。"

【风流云散】fēng liú yún sàn　像风一样流走，像云一样飘散。比喻原来聚在一起的人飘泊离散。汉·王粲《赠蔡子笃》诗:"悠悠世路,乱离多阻。济岱江行,邈焉异处。风流云散,一别如雨。"《镜花缘》六回:"此后一别,不惟天南地北,后会无期;而风流云散,绿暗红稀,回首仙山,能毋惨目!"《儒林外史》四八回:"自从虞博士去了,这些贤人君子,风流云散。"

【风流韵事】 fēng liú yùn shì 风雅而有情趣的事。《隋唐演义》七六回:"此旨一下,众朝臣纷纷议论。也有不乐的,以为亵渎朝臣;也有喜欢的,以为风流韵事。"清•陈康祺《郎潜纪闻》卷一四:"然今日之杭州,则湖山无恙,雅道寂如,'西林'一社,不可谓非风流韵事也。"也指男女私情。周而复《上海的早晨》四部一六:"他为了讨好徐义德,乐得睁一眼闭一眼,看到的听到的那些风流韵事,他藏在肚子里,从来没有告诉过姐姐。"欧阳山《三家巷》一:"人们都爱传陈家的使妈跟主人陈万利的暧昧关系,也有当风流韵事传的,也有当为非作歹传的。"

【风流蕴藉】 fēng liú yùn jiè 风流:英俊而有才华。蕴藉:含蓄不外露。指英俊有才干而不外露。《北齐书•王昕传》:"昕母清河崔氏,学识有风训,生九子,并风流蕴藉,世号王氏九龙。"《聊斋志异•念秧》:"少年风流蕴藉,遂与吴大相亲悦。"〔注意〕藉,不读 jí。

【风马牛不相及】 fēng mǎ niú bù xiāng jí 风:畜类牝牡相诱。及:碰到一块。《左传•僖公四年》:"君处北海,寡人处南海,唯是风马牛不相及也。"意思是说,楚国与齐国相距很远,即使牝牡相诱,马和牛也碰不到一起。后比喻事物之间毫无关系。宋•杨万里《新喻知县刘公墓表》:"士大夫偏爵赋禄,任民之安危福祸而漠然,塞耳关口,视若风马牛不相及。"周而复《上海的早晨》一部四九:"信老,你怎么忽然岔到英国人身上去了?这和我们的谈话内容,有点风马牛不相

及啊!"刘心武《曹叔》一二:"其实以亲戚而论,八嬢曹叔及三位表妹算我的亲戚,曹爷爷已不甚与我相干,曹叔的那位原配更与我风马牛不相及。"

【风靡一时】 fēng mǐ yī shí 靡:倒下。风靡:风一吹,就随之倒下。形容某一种事物在一个时期内非常流行。魏巍《火凤凰》一七:"这个风靡一时的《延安颂》,是朝鲜作曲家郑律成和一位女青年莫邪共同创作的。"〔注意〕靡,不读 mí。

【风平浪静】 fēng píng làng jìng 形容水面无风无浪。宋•杨万里《泊光口》诗:"风平浪静不生纹,水面浑如镜面新。"《初刻拍案惊奇》卷八:"那时已自风平浪静,拨令船头,望镇江进发。"《官场现形记》五四回:"离了上海还没有三天,这日正值风平浪静,他一人饭后无事,便踱出来到处闲逛。"叶圣陶《倪焕之》一:"手里的橹不像风平浪静时那样轻松,每一回扳动都得用一个肩头往前一掮,一条腿往下一顿,借以助势。"也比喻平静无事。宋•陆九渊《陆象山语录》卷下:"因提公昨晚所论事,只是胜心。风平浪静时,都不如此。"《二十年目睹之怪现状》一八回:"我道:'有孩儿在这里,不要怕他,包管风平浪静。'"鲁迅《且介亭杂文二集•序言》:"例如'以华制华'之说罢,我在前年的《自由谈》上发表时,曾大受傅公红蓼之流的攻击,今年才又有人提出来,却是风平浪静。"老舍《四世同堂》二七:"瑞宣晓得院中已然风平浪静,所以小姐子才开始活动。"

【风萍浪迹】 fēng píng làng jì 风萍:风浪中的浮萍。浪迹:四处漂泊,居无定处。比喻漂泊无定。柔石《二月》:"萧涧秋在这六年之中,风萍浪迹,跑过中国底大部分的疆土。"

【风起云涌】 fēng qǐ yún yǒng 大风起来,乌云翻腾。比喻事物发展迅速,声势很大。李劼人《大波》三部五章:"其后,

同志会闹得风起云涌,参加的人越来越多,一般同盟会的同志都认为民气方张,是一个很好利用的时机。"路遥《早晨从中午开始》六:"在当前各种文学思潮文学流派日新月异风起云涌的背景下,是否还能用类似《人生》式的已被宣布为过时的创作手法完成这部作品呢?"

【风清弊绝】 fēng qīng bì jué　见"弊绝风清"。

【风清气爽】 fēng qīng qì shuǎng　微风清新,天气清爽。形容气候宜人。《红楼梦》四一回:"正值风清气爽之时,那乐声穿林度水而来,自然使人心怡心旷。"

【风清月白】 fēng qīng yuè bái　见"月白风清"。

【风清月皎】 fēng qīng yuè jiǎo　微风清新,月光皎洁。形容夜景美丽宜人。唐·裴铏《传奇·薛昭》:"及夜,风清月皎,见阶前有三美女,笑语而至。"明·无名氏《紫微宫》二折:"端的是天晴日晓,更堪那风清月皎。"

【风清月朗】 fēng qīng yuè lǎng　❶微风清新,月光明朗。形容夜景美丽动人。唐·段成式《酉阳杂俎·支诺皋下》:"时春季夜间,风清月朗。"《三国演义》一○二回:"是夜初更,风清月朗。"《红楼梦》七五回:"将一更时分,真是风清月朗,上下如银。"❷比喻品性高尚清白。元·王实甫《西厢记》一本二折:"俺先人其的是浑俗和光,甃一味风清月朗。"

【风趣横生】 fēng qù héng shēng　风趣:幽默的趣味。横生:不断地表现出来。形容非常幽默、诙谐。《孽海花》三五回:"这样风趣横生的事,只有请笑庵自讲最妙。"杨沫《青春之歌》一部一九章:"罗大方从警备司令部转到法院看守所坐了三个月的牢,虽然红润的面孔瘦了些,也白了些,但是丝毫看不出有受到挫折后的萎靡和困顿,他依然风趣横生。"

生。"

【风声鹤唳】 fēng shēng hè lì　唳:鹤、鸿雁等鸣叫。《晋书·谢玄传》:"[苻]坚众奔溃,……闻风声鹤唳,皆以为王师已至。"后用来形容惊慌疑惧,自相惊扰。宋·李曾伯《醉蓬莱·癸丑寿吕马帅》词:"见说棋边,风声鹤唳,胆落胡房。"《二十年目睹之怪现状》八○回:"四川此时到处风声鹤唳,没有要紧事,宁可缓一步去罢。"欧阳山《三家巷》一○八:"除这些以外,还有更不吉祥的谣传,说日本人将从某月、某日、某个地点登陆。……这一切风声鹤唳,弄得广州市更加人心惶惶,不知如何是好。"张贤亮《河的子孙》六章:"这帮人一来就疑神疑鬼,风声鹤唳,好像到处都有'马小辫'拿着匕首躲在门头,贫下中农家也不敢住,全挤在独眼郝三留下的两间破土坯房里。"也作"鹤唳风声"。《花月痕》二七回:"鹤唳风声,天寒日短,我倒像那隋炀帝,汲汲顾景哩!"〔注意〕唳,不能读作 lèi。

【风树之感】 fēng shù zhī gǎn　《韩诗外传》卷九:"皋鱼曰:'树欲静而风不止,子欲养而亲不待也。'"后用"风树之感"比喻父母亡故,不能奉养的伤感。《南齐书·虞玩之传》:"特以丁运孤贫,养礼多阙,风树之感,夙自缠心。"

【风调雨顺】 fēng tiáo yǔ shùn　调:均匀合适。顺:顺利。形容风雨适度,有利农事。《旧唐书·礼仪志一》引《六韬》:"武王伐纣,雪深丈余,……既而克殷,风调雨顺。"《水浒传》二回:"后来哲宗天子因拜南郊,感得风调雨顺,放宽恩大赦天下。"《醒世恒言》卷三八:"故有得道的皇帝,遇着天下太平,风调雨顺,亲到泰山顶上,祭祀岳神,刻下一篇纪功德的颂,告成天地。"李国文《花园街五号》:"吕况引经据典,翻阅查检旧临江县志,凡极冷的冬季以后,来年必风调雨顺,五谷丰登。"

【风土人情】fēng tǔ rén qíng 风土：一地方的自然环境、风俗习惯。指当地的自然环境及人民的习俗。《儿女英雄传》一四回："又问了问褚一官走过几省，说了些那省的风土人情，论了些那省的山川形胜。"茅盾《虹》四："然而当那些泛泛的风土人情既已谈完，关于各人本身的话语终于转上来了。"巴金《家》七："她跟我谈了一些话，谈的只是宜宾的风土人情和她自己的近况。"

【风行草偃】fēng xíng cǎo yǎn 风行：风吹拂而过。偃：倒伏。《论语·颜渊》："君子之德风，小人之德草。草上之风，必偃。"意思是风吹在草上，草必倒伏。后用"风行草偃"比喻有德者的感化力量能使百姓顺从。《三国志·吴书·张纮传》南朝宋·裴松之注："[孙策]平定三郡，风行草偃。"唐·刘禹锡《谢马使朱郑等官表》："遂使激怒之士，希勇爵以捐躯；猖狂之徒，聆圣泽而梭性。风行草偃，其势必然。"梁启超《论中国学术思想变迁之大势》："其出人者谓之邪说异端，谓之非圣无法，风行草偃，民遂移风。"

【风行一时】fēng xíng yī shí 风行：盛行。形容在某一时期普遍流行。《孽海花》三回："不是弟妄下雌黄，只怕唐兄印行的《不息斋稿》，虽然风行一时，决不能望《五了阁稿》的项背呢！"老舍《四世同堂》九二："这种先交钱后交货的办法，在北平风行一时。"周而复《上海的早晨》一部二九："他是东华烟草公司的大老板，最近市面上风行一时的仙鹤牌香烟，就是他老兄出产的名牌货。"

【风言风语】fēng yán fēng yǔ 指毫无根据或污蔑的话。元·无名氏《度柳翠》一折："我那里听你那风言风语。"周而复《上海的早晨》四部七："汤永祥想起宋其文讲的那几句意味深长的话，也许有啥风言风语传到他的耳朵里。"欧阳山《三家巷》一六三："她热情洋溢地对周炳说道：'真急死人了！你听他们都胡扯些什么！……我一听见这些风言风语，心里直疼。'"也指私下议论或背地里散布某些传闻。《歧路灯》三七回："只因他先君有病，分明是董橘泉误投补剂，我后来用大承气汤送下不过来；不知那个狗杂种风言风语，说是我治死了。"老舍《四世同堂》五二："有了这班朋友，瑞丰在钉子碰得太疼的时候，便风言风语的示威：'别惹急了我哟！我会教你们三不知的去见阎王爷！'"古华《芙蓉镇》二章："是想向他们看齐，还是站在一旁风言风语？我觉得应当向他们看齐，应当向这对勤劳夫妇学习。"

【风雨交加】fēng yǔ jiāo jiā 交加：同时出现。风和雨一齐袭来。形容天气恶劣。清·梁章钜《浪迹丛谈·除夕元旦两诗》："冬至前后，则连日阴暗，风雨交加，逾月不止。"刘绍棠《草莽》六："桑木扁担和月圆早已从下舱走上船面，风雨交加，不能竖起船桅，扯起白帆。"莫应丰《麂山之谜》一："瞧她多么可怜！正好在风雨交加的时刻，被命运带到了由一条生命分成两条生命的交接关头。"

【风雨飘摇】fēng yǔ piāo yáo 飘摇：飘浮摇荡。《诗经·豳风·鸱鸮》："予室翘翘，风雨所漂摇。"漂：同"飘"。意思是鸟巢在风吹雨打中摇摇欲坠。后用"风雨飘摇"形容动荡不安。宋·范成大《送文处厚归蜀类试》诗："死生契阔心如铁，风雨飘摇鬓欲丝。"周而复《上海的早晨》四部三："筱堂在无锡乡下，生活在风雨飘摇之中，今天不知道明天的事。"刘白羽《第二个太阳》三章："今天，在这山河破碎、风雨飘摇、国破家亡的大灾难里，历史好像做了精心的选择，西北高原这片土地，又一次发出呼啸，拔地而起，曾经创造过一个世界的地方，再来创造一个世界。"

【风雨如晦】fēng yǔ rú huì 晦：夜晚。

风雨交加使得天色昏暗，就像在夜里一样。《诗经·郑风·风雨》:"风雨如晦，鸡鸣不已。"后比喻社会动荡不安或形势险恶。清·顾炎武《广宋遗民录序》:"古之人学焉而有所得，未尝不求同志之人，而况当沧海横流、风雨如晦之日乎?"沈承宽《呕心沥血育新人——谈鲁迅对张天翼的影响和培养》:"在三十年代那风雨如晦的战斗岁月里，年轻的文学创作者张天翼，是在鲁迅的亲切关怀、教导、培养下成长起来的。"

【风雨同舟】 fēng yǔ tóng zhōu 《孙子·九地》:"夫吴人与越人相恶也，当其同舟而济，遇风，其相救也如左右手。"后用"风雨同舟"比喻互相支持、帮助，共度患难。姚雪垠《李自成》二卷二七章:"我有想不到的地方，请你随时指点。咱弟兄们风雨同舟，齐心向前，别的话全不用讲。"路遥《平凡的世界》(中)一五章:"他们这个家也许和任何一个家庭不同。他们真正是风雨同舟从最困苦的岁月里一起熬过来的。"

【风雨无阻】 fēng yǔ wú zǔ 刮风下雨也阻挡不住，照常进行。《儒林外史》三○回:"安庆季苇萧，天长杜慎卿，择于五月初三日，莫愁湖湖亭大会。通省梨园子弟各班愿与者，书名画知，届期齐集湖亭，各演杂剧……风雨无阻，特此预传。"老舍《四世同堂》七九:"他的嗓子，因风雨无阻的吆喝了几十年，已经沙哑，所以手里打着个满是油泥的木梆子。"魏巍《火凤凰》二:"开始天虹没有注意他，几乎没有看清他的面孔。后来才发现他天天如此，几乎风雨无阻。"

【风月无边】 fēng yuè wú biān 见"无边风月"。

【风云变幻】 fēng yún biàn huàn 像风和云那样变幻不定。比喻局势动荡不定，复杂多变。《喻世明言》卷一八:"荣枯贵贱如转丸，风云变幻诚多端。"夏衍《〈新华日报〉及其他》:"跨进了一九四四年，国际国内都出现了风云变幻的局面。"王火《战争和人》(三)卷二:"时局常有风云变幻，我们必须谨慎。"

【风云际会】 fēng yún jì huì 际会:遇合，时机。《周易·乾》:"云从龙，风从虎。"像风云那样遇到机会。比喻遇到得以施展才能的好机会。唐·杜甫《夔府书怀四十韵》诗:"社稷经纶地，风云际会期。"《二刻拍案惊奇》卷四:"及至后边风云际会，超出泥涂，终日在仕宦途中、冠裳里面，驰逐富贵，奔趋利名。"《说岳全传》二三回:"兵卒疮痍血未干，金兵湖寇几时安? 奇才妙计遭湮没，方识风云际会难。"欧阳山《三家巷》四八:"杨志朴不假思索地回答道:'古人都说云从龙，风从虎，这是说他将来一定是个风云际会的龙虎人物。'"也作"际会风云"。《喻世明言》卷三九:"同时又有文武全才，出名豪侠，不得际会风云，被小人诬陷，激成大祸。"姚雪垠《李自成》二卷一七章:"他是一个喜欢纵横之术的策士派人物，自认为隐于星相卜筮，待机而动，梦想着能够'际会风云'，随着所谓'上膺天命'的真英雄干一番轰轰烈烈的事业。"

【风云人物】 fēng yún rén wù 风云:风起云涌，比喻变幻动荡的局势。指在变幻动荡的局势中能影响大局的人。也指在社会上很活跃、有影响的人物。欧阳山《三家巷》一九四:"目前看起来，我爸爸的确人不像人，鬼不像鬼。想当年，他却是当时领令的风云人物!"古华《芙蓉镇》三章:"当代的中国历史常有神来之笔出奇制胜，有时甚至开点当代风云人物的玩笑呢。"

【风云突变】 fēng yún tū biàn 风云:喻指动荡不定的局势。局势突然发生了重大变化。欧阳山《三家巷》一九八:"走了一程，他又接着说，那一年的六月，想不到风云突变。在六月二十三日沙基惨案那一天,区桃表姐不幸,牺牲在帝国主义的血腥屠杀里面。"王火《战争和人》(三)卷二:"学校里的风潮似乎要平歇了,谁知风云突变,第二天早饭后,想不到竟发生了一件绝对意想不到的大事。"

【风中之烛】 fēng zhōng zhī zhú 风中摇晃着光亮的灯烛。比喻临近死亡的人或随时可能消亡的事物。《醒世恒言》卷一〇:"老拙夫妇年近七旬,如风中之烛,早暮难保。"《镜花缘》五七回:"你看我年未五旬,须发已白,老病衰残,竟似风中之烛。"

【风烛残年】 fēng zhú cán nián 风烛:风中摇晃着光亮的灯烛。残年:残余的晚年。形容临近晚年。《儿女英雄传》二一回:"再说或生个不肖之子,慢讲得济,只这风烛残年,没的倒得'眼泪倒回去望肚子里流,胳膊折了望袖子里裉'?"老舍《四世同堂》六:"有许多像祁老者的老人,希望在太平中度过风烛残年,而被侵略者的枪炮打碎他们的希望。"刘白羽《第二个太阳》一〇章:"他那风烛残年的老母亲现在在湖荡里,母亲多么盼望见到儿子呀。"

【风姿绰约】 fēng zī chuò yuē 风姿:风度姿态。绰约:柔美的样子。形容风度姿态柔美动人。叶文玲《浪漫的黄昏》二:"忽然,门被推开了,一串很亲热的道别声响过后,一只很精巧的手提箱和一个风姿绰约的女郎横在了门口。"蒋子龙《阴错阳差》五:"女儿已经是大姑娘了,身材苗条,风姿绰约,水波似的长发顶着一个俏丽的白绒帽,滑雪衫牛仔裤,脚登一双红色长筒马靴,一身现代气息。"也作"丰姿绰约"。清·李斗《扬州画舫录·新城北录下》:"李文益丰姿绰约,冰雪聪明。"也作"丰神绰约"。《初刻拍案惊奇》卷一七:"那日观看的人,何止挨山塞海,内中有两个女子,双鬟高髻,并肩而立。丰神绰约,宛然若并蒂芙蓉。"

【封官许愿】 fēng guān xǔ yuàn 封官:给以官爵。许愿:事前答应给予某种好处。指为了使别人替自己卖力而答应给予名利地位。周而复《上海的早晨》三部四九:"他的话没说完,冯永祥就封官许愿。"

【封疆大吏】 fēng jiāng dà lì 指统治一方的大官,明清两代指巡抚、总督等。《官场现形记》四六回:"且说这位钦差姓童,表字子良,原籍山西人氏。乃是两榜出身,由部曹外放知府,一直升到封疆大吏。"《老残游记》三回:"兄弟以不学之资,圣恩叫我做这封疆大吏,别省不过尽心吏治就完了,本省更有这个河工,实在难办。"

【封疆画界】 fēng jiāng huà jiè 疆界:领土上的界线。在国土边缘设置标志以划分领土的界线。晋·崔豹《古今注》卷上:"封疆画界者,封土为台,以表识疆境也;画界者,于二封之间,墙埒,以画分界域也。"

【封妻荫子】 fēng qī yìn zǐ 荫:封建时代朝廷给予功臣子孙后代以入学或做官的权利。妻子得到封号,子孙得到世袭的官爵。均为封建时代朝廷赐给功臣的特权。《旧五代史·唐明宗纪八》:"封妻荫子,准格合得者,亦与施行。"《水浒传》一二回:"指望把一身本事,边庭上一枪一刀,博个封妻荫子,也与祖宗争口气,不想又吃这一闪!"《西游记》附录:"倘得一官半职,显亲扬名,封妻荫子,光耀门闾,乃儿之志也。"〔注意〕荫,不读 yīn。

【封豕长蛇】 fēng shǐ cháng shé 封:大。豕:猪。大猪长蛇。比喻贪婪凶残的人。《左传·定公四年》:"吴为封豕、长蛇,以荐食上国,虐始于楚。"《后汉书·张纲传》:"大将军冀,河南尹不疑……不能敷扬五教,翼赞日月,而专为封豕长蛇,肆其贪叨。"《二刻拍案惊奇》卷六:"曩者汉日将倾,楚氛甚恶。倒持太阿之柄,擅弄潢池之兵。封豕长蛇，互相吞并；雄蜂雌蝶，各自逃生。"

【峰回路转】fēng huí lù zhuǎn　回：曲折环绕。形容山峰、道路曲折环绕。宋·欧阳修《醉翁亭记》："山行六七里，渐闻水声潺潺，而泻出于两峰之间者，酿泉也。峰回路转，有亭翼然临于泉上者，醉翁亭也。"叶圣陶《从西安到兰州》："我们坐在火车里就像坐在江船里一样，峰回路转，景象刻刻变换，让你目不暇接。"也比喻事情经过挫折失败后出现新的转机。王火《〈战争和人〉后记》："在整个创作过程中，我时时刻刻感到自己好像是处在湍湍的急流中，有时峰回路转，有时险岩挡路。"

【烽火连天】fēng huǒ lián tiān　烽火：古代边境地区用以报警的烟火。连天：连续不断。形容战火到处皆是。明·汤显祖《牡丹亭·移镇》："你星霜满鬓当戎虏，似这烽火连天各路衢。"夏衍《〈新华日报〉及其他》："他放弃了一家轮船公司的优裕职务，为了话剧事业，挈妇携雏，跑到这个烽火连天的山城。"

【锋芒毕露】fēng máng bì lù　锋芒：刀和剑的尖端。毕：完全。比喻人才华外露或说话言辞犀利。夏衍《不能忘却的纪念》："当时正是大革命失败，革命的低潮时期。上海挤满了各革命地区被迫出亡的革命青年：有革命战争中的幸存者，有锋芒毕露的青年，也有从失败中吸取了教训的沉着的斗士。"邓友梅《在悬崖上》："在生活作风上，我也逐渐改变自己言过其实，锋芒毕露的毛病，同志们都说我踏实多了。"

【锋芒所向】fēng máng suǒ xiàng　锋芒：刀和剑的尖端。比喻斗争矛头指向的人或事。刘玉民《骚动之秋》三章："热潮冲击得他几乎不能自制：儿子，这是与自己血脉相通的儿子呀！然而，他很快想起了儿子的锋芒所向，心中不觉又黯

然了。"

【蜂缠蝶恋】fēng chán dié liàn　缠：纠缠。蜜蜂纠缠不休，蝴蝶依恋不舍。比喻情人之间的依恋。《红楼梦》一一六回："后来降凡历劫，还报了灌溉之恩，今返归真境。所以警幻仙子命我看管，不令蜂缠蝶恋。"

【蜂目豺声】fēng mù chái shēng　像蜂一样的眼睛，像豺狼一样的声音。形容恶人面目可憎，声音可怖。《左传·文公元年》："蜂目而豺声，忍人也。"清·洪昇《长生殿·疑谶》："见了这野心杂种牧羊的奴，料某蜂目豺声定是狡徒。"

【蜂拥而上】fēng yōng ér shàng　蜂拥：像成群的蜂那样拥挤着。形容人群挤着向前进。《红楼梦》九回："墨雨遂掇起一根门闩，扫红锄药手中都是马鞭子，蜂拥而上。"从维熙《远去的白帆》一："一群围观接见的人，蜂拥而上，一齐奔向了那个抢糖包的汉子。"

【蜂拥而至】fēng yōng ér zhì　蜂拥：像成群的蜂那样拥挤着。形容拥挤着过来。《东周列国志》七八回："于是坛下鼓声大振，莱夷三百人，杂执旍旄、羽袯、矛戟、剑楯，蜂拥而至。"《镜花缘》五〇回："忽有无数小舟蜂拥而至，把大船团团围住。"刘心武《栖凤楼》四五："恰在这时，饭馆的门被推至大开，《栖凤楼》剧组的一些人蜂拥而至。"

【逢场作戏】féng chǎng zuò xì　逢：遇到。场：场地。原指艺人遇到合适的场地进行表演。《五灯会元·江西马祖道一禅师》："邓隐峰辞师，师曰：'甚么处去？'曰：'石头去。'师曰：'石头路滑。'曰：'竿木随身，逢场作戏。'便去。"《水浒传》二七回："第二等是江湖上行院妓女之人，他们是冲州撞府，逢场作戏，陪了多少小心得来的钱物。"后也指在某些场合或碰到机会，随便玩玩，凑凑热闹。宋·苏轼《南歌子十七首》词之八："师唱谁家曲，

宗风嗣阿谁？借君拍板与门槌，我也逢场作戏莫相疑。"《二刻拍案惊奇》卷二七："今日诸君见顾，就是学生做主。逢场作戏，有何不可？"《花月痕》一回："大约此等行乐去处，只好逢场作戏，如浮云在空，今日到这里，明日到那里，说说笑笑，都无妨碍。"巴金《春》一〇："'杨奶奶，那不过是逢场作戏啊……'克定带着神秘的微笑半吞半吐地答道。"

【逢人说项】 féng rén shuō xiàng 项：指唐朝诗人项斯。《太平广记》卷二〇二引唐·李绰《尚书故实》："杨敬之爱才公正，尝知江表之士项斯。赠诗曰：'处处见诗诗总好，及观标格过于诗。平生不解藏人善，到处逢人说项斯。'因此遂登高科也。"后用"逢人说项"比喻到处说某人或某事的好处。宋·杨万里《送姜夔尧章谒石湖先生》诗："吾友夷陵萧太守，逢人说项不离口。"清·徐枋《与王生书》："若足下贸贸然逢人说项，是爱我者害我，誉我者毁我也。"

【逢凶化吉】 féng xiōng huà jí 逢：遇到。化：转化。遇到凶险能转化为吉祥。明·王玉峰《焚香记·卜筮》："喜天医相救，逢凶化吉，起死回生。"《红楼梦》四一回："日后大了，各人成家立业，或一时有不遂心的事，必然是遇难成祥，逢凶化吉，却从这'巧'字上来。"沈从文《长河·一有事总不免麻烦》："第二天早饭后，萝卜溪橘子园主人，赶来看会长，给会长道谢。因为事情全得会长出面调停，逢凶化吉。"钱钟书《围城》五："我这次出门以前，有朋友跟我排过八字，说现在正转运，一路逢凶化吉。"

【讽一劝百】 féng yī quàn bǎi 讽：含蓄地进行批评。劝：规劝。含蓄地批评一个人，能警戒众人。南朝梁·刘勰《文心雕龙·杂文》："虽始之以淫侈，而终之以居正，然讽一劝百，势不自反。"

【凤毛麟角】 fèng máo lín jiǎo 凤毛：凤凰的毛。麟角：麒麟的角。比喻珍贵而稀少的人或事物。明·汪廷讷《种玉记·尚主》："驸马是凤毛麟角，公主是玉叶金枝。"李国文《危楼记事》之八："像乔老爷急公好义者，实属凤毛麟角，倒成市民眼里的滥好人之类。"蒋子龙《阴错阳差》九："一位丹麦物理学家对她说：'学物理太难了，我们的物理学家很少，女物理学家更是凤毛麟角。'"

【凤鸣朝阳】 fèng míng zhāo yáng 凤凰在太阳刚升起时鸣叫。《诗经·大雅·卷阿》："凤皇鸣矣，于彼高岗，梧桐生矣，于彼朝阳。"皇：同"凰"。后用"凤鸣朝阳"比喻贤才遇到得以施展抱负的机会。《世说新语·赏誉》："张华见褚陶，语陆平原曰：'君兄弟龙跃云津，顾彦先凤鸣朝阳。谓东南之宝尽尽，不意复见褚生。'"《新唐书·韩瑗传》："帝造奉天宫，御史李善感始上疏极言，时人喜之，谓之'凤鸣朝阳'。"

【奉辞伐罪】 fèng cí fá zuì 奉：遵照，根据。指根据正义的理由，讨伐有罪的人。伐，也作"罚"。《尚书·大禹谟》："肆予以尔众士，奉辞罚罪。"《国语·郑语》："君若以成周之众，奉辞伐罪，无不克矣。"《南史·齐高帝纪》："公奉辞伐罪，戒旦晨征。"

【奉公守法】 fèng gōng shǒu fǎ 奉：奉行。公：公事。奉行公事，遵守法令。宋·朱熹《辞免江东提刑奏状二》："又况今来所除差遣，仍是按察官司。若复奉公守法，则恐如前所为，或至重伤朝廷事体；若但观势徇私，又恐下负夙心，上孤陛下眷知任使之意，进退维谷，无地自处。"《封神榜》八三回："臣镇山东四十载，严守边庭教化军民。奉公守法尽其臣道，忘其家事，昼夜勤劳秉忠心。"沈从文《扇陀》："凡生长到这个小国中的人民，……人人自尊自爱，奉公守法，勤俭耐劳，诚实大方。"

【奉如神明】 fèng rú shén míng　奉：信奉。神明：神。信奉某种事物犹如信奉神仙。《二十年目睹之怪现状》六八回："这件事荒唐得很！这么一条小蛇，怎么把他奉如神明起来？"也作"奉若神明"。刘绍棠《瓜棚柳巷》四："于是，当年被奉若神明的老拔贡，一下子被弃之如敝屣，打起行囊铺盖，古道西风瘦马，回北京孵豆芽儿去了。"王火《战争和人》（二）卷五："气节，我是奉若神明的！就像你舅舅提示我应当'威武不能屈，富贵不能淫'。"

【奉若神明】 fèng ruò shén míng　见"奉如神明"。

【奉为圭臬】 fèng wéi guī niè　奉：信奉，尊奉。圭臬：古代用以测日影的仪器，比喻法度或准则。指把某些事物或言论尊奉为准则。清·钱泳《履园丛话·书学·总论》："三公者，余俱尝亲炙，奉为圭臬，何敢妄生议论。"鲁迅《坟·人之历史》："适应之说，迄今日学人犹奉为圭臬。"

【奉为楷模】 fèng wéi kǎi mó　奉：尊奉。楷模：法式，模范。指将某种人或事尊奉为榜样。鲁迅《坟·论"费厄泼赖"应该缓行》："听说刚勇的拳师，决不再打那已经倒地的敌手，这实足使我们奉为楷模。"

【奉为至宝】 fèng wéi zhì bǎo　奉：尊奉。至宝：最珍贵的宝物。指把某种事物奉为最尊贵的宝物。鲁迅《坟·寡妇主义》："'正义君子'也常以这些流言作谈资，扩势力，自造的流言尚且奉为至宝，何况是真出于学校当局者之口的呢。"

【奉行故事】 fèng xíng gù shì　奉行：尊奉执行。故事：旧日的老办法或老制度。指按老办法、老制度办事。《汉书·魏相传》："相明《易经》，有师法，好观汉故事及便宜章奏，以为古今异制，方今务

在奉行故事而已。"邹韬奋《经历·押在公安局》："但是他们对职务还是不得不奉行故事的。"

【佛口蛇心】 fó kǒu shé xīn　像佛一样的嘴，像蛇一样的心。比喻人嘴里说得好听而心里十分狠毒。《五灯会元·临安府净慈混源昙密禅师》："诸佛出世，打劫杀人，祖师西来，吹风放火。古今善知识，佛口蛇心，天下衲僧，自投笼槛。"《西游记》一○回："酆都狱、拔舌狱、剥皮狱，哭哭啼啼，凄凄惨惨，只因不忠不孝伤天理，佛口蛇心堕此门。"

【佛头着粪】 fó tóu zhuó fèn　《五灯会元·东寺如会禅师》："公见鸟雀于佛头上放粪，乃问：'鸟雀还有佛性也无？'师云：'有。'公云：'为甚么向佛头上放粪？'师云：'是伊为甚么不向鹞子头上放？'"后用"佛头着粪"比喻美好的东西因加上了不好的东西而被玷污。多用作自谦语。元·刘埙《隐居通议·序书》："欧阳公作《五代史》，或作序记其前。王荆公见之曰：'佛头上岂可着粪？'"着：同"着"。《二十年目睹之怪现状》四○回："香奁体我作不来；并且有他的珠玉在前，我何敢去佛头着粪！"

【佛眼相看】 fó yǎn xiāng kàn　佛眼：佛的眼睛，比喻友善的眼光。友善相待，不加以伤害。《水浒传》六二回："如是留得卢员外性命在世，佛眼相看，不忘大德。"《儿女英雄传》一一回："我劝你把这些话收了，快把金银献出来，还有个佛眼相看；不然，太爷们就要动手了！"

【夫唱妇随】 fū chàng fù suí　《关尹子·三极》："天下之理，夫者倡，妇者随。"倡：同"唱"。后用"夫唱妇随"指丈夫说什么，妻子就附和什么。比喻夫妻行动一致，互相之间能很好配合。多形容夫妻之间感情融洽。元·无名氏《举案齐眉》三折："秀才，你怎生这般说，岂不闻夫唱妇随也呵。"《警世通言》卷二八："众

人都散了。夫妻依旧回来,不在话下。日逐盘缠,都是白娘子将出来用度。正是:夫唱妇随,朝欢暮乐。"《老残游记二集》六回:"三人出去,逸云向德夫人耳边说了个'夫唱妇随'四个字。"浩然《乐土》五章:"那时候,他们夫唱妇随,养老哺幼,男耕女织,守着一份小小的家业,过着不受风寒、不挨饥饿的温饱日子。"

【夫贵妻荣】fū guì qī róng　丈夫地位高贵,妻子也随之荣显。唐·唐正辞《太子宾客赵夫人夏侯氏墓志》:"鱼轩象服,夫贵妻荣。"元·无名氏《举案齐眉》三折:"虽不曾夫贵妻荣,我只知是男尊女卑。"刘绍棠《蒲柳人家》三:"二和尚出去已经八年了,所以望月莲还得在寒窑苦守十个春秋,就苦尽甘来,夫贵妻荣。"也作"夫荣妻贵"。《喻世明言》卷二七:"奴家亦望夫荣妻贵,何期忘恩负本,就不念结发之情,恩将仇报,将奴推堕江心。"

【夫荣妻贵】fū róng qī guì　见"夫贵妻荣"。

【肤受之言】fū shòu zhī yán　肤:肤浅。受:感受。指使人感受不深的言论。《后汉书·杨璇传论》:"风景之赏未甄,肤受之言互及。"

【敷衍了事】fū yǎn liǎo shì　敷衍:不认真,不负责,应付。了:了结,终结。不认真、不负责地应付一下就把事情办了。《官场现形记》一回:"礼生见他们参差不齐,也只好由着他们敷衍了事。"老舍《四世同堂》三:"三爷虽然并不十分讨厌大嫂,可是心中的确反对大嫂这种敷衍了事的办法。"茅盾《蚀·动摇》一一:"林子冲曾在县党部中提议要改组店员工会,并查明行凶诸人,加以惩办,但陈中恐怕激起反响,愈增纠纷,只把一纸申斥令敷衍了事。"

【敷衍塞责】fū yǎn sè zé　敷衍:不认真,不负责,应付。塞:搪塞。责:责任。

不认真不负责地应付一下来搪塞责任。清·张集馨《道咸宦海见闻录》:"委员共知其事体之难,而严令愿为恪遵,委勘儿及年余,始克竣事,半属敷衍塞责。"叶文玲《心香》:"四年前我在慌乱中敷衍塞责地送给小元的那些不成样子的素描练习,在这儿被当成了珍贵的'壁画'——一幅一幅地钉在墙上,每一幅上面都蒙上一张透明的玻璃纸。"

【凫趋雀跃】fú qū què yuè　凫:野鸭。趋:快走。像野鸭快走,像鸟雀跳跃。形容人欢欣鼓舞的样子。唐·卢照邻《穷鱼赋》:"渔者观焉,乃具笭箵、集朋党,凫趋雀跃,风驰电往,竞下任公之钓,争陈豫且之网。"唐·梁涉《长竿赋》:"闻之者凫趋雀跃,见之者足蹈手舞。"

【扶老携幼】fú lǎo xié yòu　扶:搀扶。携:用手拉着。搀扶着老人,牵着小孩。形容百姓成群结队而行。《战国策·齐策四》:"孟尝君就国于薛,未至百里,民扶老携幼,迎君道中。"《水浒传》一三回:"马头前摆着两个新参的提辖,上下肩都骑着马,头上都带着花红,迎入东郭门来。两边街道扶老携幼,都看了欢喜。"《儒林外史》三七回:"这里众位,也有坐轿的,也有走的;见两ális百姓,扶老携幼,挨挤着来看,欢声雷动。"老舍《四世同堂》三五:"顺着大道,有许多人从西北往城里走,他们都扶老携幼的,挑着或背着行李。"也作"携老扶幼"。《东周列国志》三八回:"百姓携老扶幼,填塞街市,争来识认晋侯,叹曰:'齐桓公今复出也。'"也作"携幼扶老"。《淮南子·泰族训》:"昭王奔随,百姓父兄,携幼扶老而随之。"

【扶倾济弱】fú qīng jì ruò　扶:扶助。倾:倒塌,比喻陷于困境。济:周济。扶助陷于困境的,周济弱小的。元·王子一《误入桃源》四折:"但得你天公指教,抵多少晏平仲善与人交,你若肯扶倾济弱,我可便回嗔作笑,一会价记着想着念着。"孙中山《民族主义》六讲:"我们今天在没有发达之先,立定扶倾济弱的志愿。"也作"济弱扶倾"。《初刻拍案惊奇》卷二○:"但学生自想生平虽无大德,济弱扶倾,矢心已久,不知如何罪业,遂至殄绝祖宗之祀?"《三侠五义》四五回:"花神庙之事,本阁尽知。你乃行侠尚义,济弱扶倾。"

【扶善惩恶】 fú shàn chéng è　扶:扶助。惩:惩戒。扶助善良的,惩戒邪恶的。郭沫若《文学与社会》:"我认为文学和作家可以起很深刻的教育作用——发扬人们善良的意志,使人们明确地辨别是非,把爱与憎的感情深刻化,从而加强团结的力量,而移入扶善惩恶的行动。"

【扶危济困】 fú wēi jì kùn　扶:扶助。济:周济。扶助危急的,周济困难的。《水浒传》四一回:"这黄文炜平生只是行善事,修桥补路,塑佛斋僧,扶危济困,救拔贫苦,那无为军城中都叫他黄佛子。"郭沫若《星空·孤竹君之二子》:"我们各尽所能足以滋乳生生,我们各有理性天良足以扶危济困。"也作"扶危救困"。元·无名氏《魏徵改诏》三折楔子:"今日个扶危救困休辞惮,疾便的牵战马上雕鞍。"也作"济困扶危"。《水浒传》三二回:"小弟在江湖上绿林丛中,走了数十年,闻得贤兄仗义疏财济困扶危的大名。"

【扶危救困】 fú wēi jiù kùn　见"扶危济困"。

【扶摇直上】 fú yáo zhí shàng　扶摇:自下盘旋而上的旋风。《庄子·逍遥游》:"鹏之徙于南冥也,水击三千里,抟扶摇而上者九万里。"后用"扶摇直上"指乘着风势快速上升。唐·李白《上李邕》诗:"大鹏一日同风起,扶摇直上九万里。"《西游记》七七回:"只有那第三个妖魔不伏。腾开翅,丢了方天戟,扶摇直上,轮利爪要刁捉猴王。"也比喻仕途得志或飞

快上升。《二十年目睹之怪现状》九○回:"苟才忙得又要谢委,又要拜客,又要到差,自以为从此一帆顺风,扶摇直上的了。"刘心武《钟鼓楼》二章:"他又演上了小生,因为小生演员奇缺,他在团里的地位居然扶摇直上,近来竟有两三个挑大轴的旦角约他配戏。"

【扶正黜邪】 fú zhèng chù xié　扶:扶持。黜:除去。扶持正气,除去邪恶。汉·蔡邕《对诏问灾异八事》:"圣意勤勤,欲流清荡浊,扶正黜邪。"

【拂袖而去】 fú xiù ér qù　拂:甩动。把衣袖一甩就走了。形容飘然离去。《景德传灯录·汝州宝应和尚》:"白云:'别无好物事,从许州买得一口江西剃刀来献和尚。'……师云:'侍者收取。'明拂袖而去。"《三国演义》六八回:"贫道乃魏王乡中故人,姓左,名慈,字元放,道号'乌角先生'。如你到邺郡,可说左慈申意。遂拂袖而去。"也形容因生气而离去。魏巍《火凤凰》五二:"依高红的性格,她平时要听见这样污辱革命的话,是会立刻拂袖而去的;今天她却想得更多一些。"

【浮光掠影】 fú guāng lüè yǐng　浮光:水面上的反光。掠影:一闪而过的影子。比喻因事物很快消逝而使人对它印象不深。《野叟曝言》一二二回:"若上文没有'与知与能',下文没有'造端乎夫妇'这层,岂不成释,道两家浮光掠影的提倡?"叶圣陶《倪焕之》一九:"他们愤懑,他们沉默;愤懑包蕴在沉默里,就不同于浮光掠影的忧时爱国了。"刘绍棠《村妇》卷一:"有一回,她扮王母娘娘亲赴玉皇大帝蟠桃会,只不过浮光掠影跑过圆场,戏台下的观众,竟有大多半伏地上,连碰响头。"

【浮家泛宅】 fú jiā fàn zhái　形容以船为生,随处漂泊。《新唐书·张志和传》:"居江湖,自称烟波钓徒。……颜真卿为

湖州刺史,志和来谒,真卿以舟敝漏,请更之,志和曰:'愿为浮家泛宅,往来苕霅间.'"《聊斋志异·白秋练》:"翁娶其舟,窥见秋练,心窃喜,而审诘邦族,则浮家泛宅而已."王文博《鲜花之国——荷兰》:"如今,在这些运河里浮家泛宅仍比比皆是.他们是荷兰独特风光的一个组成部分."

【浮想联翩】fú xiǎng lián piān　浮想:头脑里涌现出来的感想.联翩:连续不断.头脑里涌现的感想连续不断.陈忠实《白鹿原》二三章:"白鹿!一只雪白的小鹿在原坡支离破碎的沟壑峁梁上跃闪了一下,白灵沉浸在浮想联翩之中……"路遥《平凡的世界》(中)三七章:"现在的电影大部分是爱情故事——无论这些故事的结局是好是坏,都会让她浮想联翩而哭一鼻子."

【浮语虚辞】fú yǔ xū cí　浮夸的言语,虚伪的词句.指不切实际的空洞言辞.《东观汉记·隗嚣传》:"吾年已三十余,在兵中十岁,所更非一,厌浮语虚辞耳."

【浮云蔽日】fú yún bì rì　浮云遮住了太阳.比喻奸佞蒙蔽君主,贤人遭受排挤.也泛指小人当道,社会黑暗.《古诗十九首·行行重行行》:"浮云蔽白日,游子不顾反."唐·李白《登金陵凤凰台》诗:"总为浮云能蔽日,长安不见使人愁."

【浮云朝露】fú yún zhāo lù　飘浮的云,早晨的雾.比喻光阴易逝,人生短促.《周书·萧大圜传》:"嗟呼!人生若浮云朝露,宁俟长绳系景,实不愿之.执烛夜游,惊其迅迈."

【浮踪浪迹】fú zōng làng jì　浮:漂浮.漂浮的踪影,流浪的足迹.形容行踪不定.元·王子一《误入桃源》三折:"似恁般妄作胡为,敢欺侮咱浮踪浪迹."《玉娇梨》一五回:"我择婚数年,止有这个苏白中意,却又浮踪浪迹,无处去寻访."

【桴鼓相应】fú gǔ xiāng yìng　桴:鼓槌.应:应和.鼓槌击鼓,鼓相应和而发声.比喻互相配合紧密,感应迅速.《汉书·李寻传》:"顺之以善政,则和气可立致,犹枹鼓之相应也."枹:同"桴".邹韬奋《抗战以来·忙得一场空》:"我得到了这个电报,拍案叫绝,即在大会辩论时公开宣布,又得罗隆基诸先生等桴鼓相应,竟恢复'撤销'字样,得到大多数的通过,震动了全会场."

【福地洞天】fú dì dòng tiān　见"洞天福地".

【福如东海】fú rú dōng hǎi　福气像东海之水那样浩瀚无边.为祝人多福之辞,常与"寿比南山"连用.《敦煌变文集·长兴四年中兴殿应圣节讲经文》:"寿等松椿宜闰益,福如东海要添陪."明·柯丹邱《荆钗记·庆诞》:"齐祝赞,愿福如东海,寿比南山."邓一光《我是太阳》六部五:"一边两个小孙子早等得不耐烦了,双双端着雪碧摇晃晃抢下桌来敬爷爷,人还没走拢杯里的饮料就先洒了一半,祝辞是辜红事先就反复教过的,无非是福如东海、寿比南山之类的喜庆话."

【福寿绵绵】fú shòu mián mián　绵绵:延续不断的样子.形容福寿延不断.为祝人多福多寿之辞.元·郑廷玉《忍字记》一折:"则愿的哥哥福寿绵绵,松柏齐肩者."

【福寿双全】fú shòu shuāng quán　福气和长寿两样都齐全.《红楼梦》五二回:"老祖宗只有伶俐聪明过我十倍的,怎么如今这样福寿双全的?"

【福无双降】fú wú shuāng jiàng　见"福无双至".

【福无双至】fú wú shuāng zhì　福:幸运的事.幸运的事不会成双到来.常与"祸不单行"连用.《水浒传》三七回:"宋江听罢,扯两个公人说道:'却是苦也!正是福无双至,祸不单行!'"《二刻拍案惊奇》卷二一："福无双至犹难信,祸不单行果是真。不为弟兄多滥色,怎教双丧异乡身?"欧阳山《三家巷》二七："这才真是'福无双至,祸不单行'。头天晚上陈文婷没有践约,累他空等了一晚;第二天,周金就被捕了。"也作"福无双降"。《西游记》一五回："这才是福无双降,祸不单行。我才脱了天条死难,不上一年,在此随缘度日,又撞着这般个泼魔,他来害我。"

【福星高照】fú xīng gāo zhào　福星:岁星(木星),古人认为岁星主福,故称为福星。指有神灵保佑,命运好。欧阳山《三家巷》四九："于是他就垂下头,眼睛望着自己的心窝,十分虔诚地祷告起来道:'金端同志呀,愿你工作顺利,没灾没难! 愿你福星高照,履险如夷!'"姚雪垠《李自成》二卷三章："万历末年有一次传染瘟症,比今年还凶,许多家都死绝啦。如今多亏你闯王福星高照。"

【福至心灵】fú zhì xīn líng　福:好运气。灵:灵巧。指好运到来时,人也变得聪明了。宋·毕仲询《幕府燕闲录》："吴参政少以学究登科,复中贤良,为翰林学士。常常草制以示欧阳文忠,称之,因戏曰:'君福至心灵。'"《二十年目睹之怪现状》八二回："那朱狗真是福至心灵,听了这话,连忙扒在地下,咯嘣咯嘣的磕了三个响头,说道:'谢大人恩典!'"老舍《四世同堂》六四："同时,福至心灵的他也热心的参加文艺协会,和其他一切有关文化的集会。他变成了文化人。"

【抚躬自问】fǔ gōng zì wèn　抚:轻轻地按着。躬:自己身体。按着自己身体问自己。指自我反省。清·昭梿《啸亭杂录·朱白泉狱中上百朱二公书》："今以愚昧,于此获罪,所知为之流涕,路人为之叹息。抚躬自问,为幸多矣!"

【抚孤恤寡】fǔ gū xù guǎ　孤:孤儿。寡:寡妇。抚育孤儿,救助寡妇。明·王世贞《鸣凤记·桑林奇遇》："守经行权,各有其时;抚孤恤寡,存乎一念。若非公孙杵臼,焉得赵氏孤儿。"

【抚今思昔】fǔ jīn sī xī　见"抚今追昔"。

【抚今追昔】fǔ jīn zhuī xī　抚:抚摩,这里指接触。追:回忆。触及当前景物而回忆往昔。清·平步青《霞外攟屑》卷五："吾道洵堪千古,抚今追昔,能无黯然。"鲁迅《且介亭杂文二集·文坛三户》："然而又因此看见世态的炎凉,人生的苦乐,于是真的有些抚今追昔。"也作"抚今思昔"。明·袁宏道《书念公碑文后》："抚今思昔,泪与之俱。"王火《战争和人》(三)卷八："抚今思昔,既有痛苦,也有欢乐,更多的是激励。"

【抚心自问】fǔ xīn zì wèn　抚:按着。按着胸口自己问自己。指自我反省。鲁迅《华盖集·这回是"多数"的把戏》："假如,倘使我看了《闲话》之后,便抚心自问:'要是二百人中有一百九十九人入了女大便怎样?'"

【俯拾即是】fǔ shí jí shì　俯:向下弯腰。只要弯下腰来拾取,到处都是。形容数量非常多,到处都能得到。唐·司空图《二十四诗品·自然》："俯拾即是,不取诸邻。"鲁迅《准风月谈·"滑稽"例释》："这些名文是俯拾即是的,譬如报章上正正经经的题目,什么'中日交涉渐入佳境'呀,'中国到那里去'呀,就都是的。"周而复《上海的早晨》三部四八:"'这种例子多的很,俯拾即是。'徐义德得意地说。"

【俯首帖耳】fǔ shǒu tiē ěr　俯首:低着头。帖耳:垂着耳。低着脑袋,垂着耳朵。形容恭顺驯服的样子。唐·韩愈《应科目时与人书》："若俛首帖耳,摇尾而乞怜者,非我之志也。"俛:同"俯"。《聊斋志异·阿霞》："景俯首帖耳,口不能道一词。"周而复《上海的早晨》三部四八："他不甘心俯首帖耳地仰人鼻息,可是目前处在这狼狈的境地,又不得不依仗冯永祥的大力。"李劼人《大波》一部九章:"满心要凭三寸不烂之舌,把这头犟牛说得俯首帖耳。"

【俯首听命】fǔ shǒu tīng mìng 俯首:低着头。低着头听从命令。形容驯服地听人管教。宋·辛弃疾《美芹十论·详战》:"彼不肯俯首听命以为农夫乎,故宁婴城而守,以况王师而自为功也。"《明史·许进传》:"贡使每至关,率下马脱弓矢入馆,俯首听命,无敢哗者。"

【俯仰无愧】fǔ yǎng wú kuì 俯:低头。仰:抬头。《孟子·尽心上》:"仰不愧于天,俯不怍于人。"后用"俯仰无愧"指为人正直、高尚,无论对上对下都问心无愧。宋·陆游《贺张给事启》:"洗鄙夫患失之风,增愧类敢言之气,俯仰无愧,进退两högg。"郭沫若《创造十年续篇》一:"如果不是品行学识都俯仰无愧的智者,便是或多或少不知道惭愧的骗子。"

【俯仰由人】fǔ yǎng yóu rén 俯:低头。仰:抬头。形容一切行动都要听从别人支配。宋·袁燮《桔槔》:"往来济物非无用,俯仰由人亦可怜。"

【俯仰之间】fǔ yǎng zhī jiān 俯:低头。仰:抬头。指很短的时间。《庄子·在宥》:"其疾俛仰之间而再抚四海之外。"俛:同"俯"。晋·王羲之《兰亭集序》:"向之所欣,俯仰之间,已为陈迹。"

【釜底抽薪】fǔ dǐ chōu xīn 釜:锅。薪:柴。从锅底下抽出柴火。北齐·魏收《为侯景叛移梁朝文》:"抽薪止沸,剪草除根。"后用"釜底抽薪"比喻从根本上解决问题。《镜花缘》九五回:"如此用药,不须治症,其病自愈,这叫做'釜底抽薪'。"《孽海花》二〇回:"据此弟看来,吾兄快些发一信给许祝云,一信给薛淑云,在两国政府运动,做个釜底抽薪之法,才有用哩。"周作人《雨天的书·黑背心》:

"就是学校闹潮的时候,校长也常用些小手段,'釜底抽薪',使多数化为少数。"茅盾《腐蚀·同日深夜》:"我去'布置'什么呢? 对了,我得有点'布置',釜底抽薪,根绝了小昭这可怕的妄念。"

【釜底游鱼】fǔ dǐ yóu yú 釜:锅。在锅底游动的鱼。比喻处境危险或不能久活的人。清·洪楝园《警黄钟·宫叹》:"好似釜底游鱼,日暮途穷。"李英儒《野火春风斗古城》九章:"这人有什么不简单的人,斯城二十四个区,被德军打下了二十三个,剩下的还不是釜底游鱼瓮中之鳖。'鲁大头又提出了反驳。"

【釜中之鱼】fǔ zhōng zhī yú 釜:锅。锅里的鱼。比喻处境危险或面临死亡的人。《资治通鉴·晋海西公太和五年》:"且臣奉陛下威灵,击垂亡之虏,譬如釜中之鱼,何足虑也。"《东周列国志》六四回:"'栾孺子已过,何不追之?'魏舒曰:'彼如釜中之鱼,瓮中之鳖,自有庖人动手。'"《说岳全传》三九回:"尔君臣兵不满十余万,今被某家困住此山,量尔粮草不足,如釜中之鱼。"

【辅车相依】fǔ chē xiāng yī 辅:颊骨。车:牙床。颊骨和牙床互相依附。比喻关系密切、互相依存。《左传·僖公五年》:"谚所谓'辅车相依,唇亡齿寒'者,其虞、虢之谓也。"明·刘基《晋人挽虞公》:"辅车相依,唇亡齿寒,宫之奇言之矣。"鲁迅《二心集·〈艺术论〉译本序》:"他们这时的以辅车相依的形态,所编辑发行的报章,是 Iskra(《火花》)。"

【辅正除邪】fǔ zhèng chú xié 辅助正义,除去邪恶。《西游记》九二回:"当年我做齐天大圣,因为乱了蟠桃会,被我佛收降,如今没奈何,保唐僧取经,将功折罪。一路上辅正除邪。"

【付之东流】fù zhī dōng liú 付:交给。东流:向东流去的水。交给向东流去的水,再也回不来了。表示完全丧失或希望落空。唐·薛逢《惊秋》诗:"露竹风蝉昨夜秋,百年心事付东流。"《二刻拍案惊奇》卷二九:"他日医好复旧,万一悔却前言,小生所望,岂不付之东流?"欧阳山《三家巷》七〇:"又骂他戒备不严,竟把如许雪花白米,付之东流。"姚雪垠《长夜·致读者的一封信》四:"在上述历史气氛和生活环境中,我要实现写现代河南农村生活'三部曲'的宿愿当然只好付之东流。多么可惜。"也作"付诸东流"。周而复《上海的早晨》四部五八:"从你爷爷手里创办了这份家业,我数十年经之营之,好不容易才有今天的规模,现在可好,全付诸东流。"

【付之一炬】fù zhī yī jù　付:交给。炬:火把。唐·杜牧《阿房宫赋》:"楚人一炬,可怜焦土。"后用"付之一炬"指把东西全部烧掉。明·沈德符《万历野获编·尚衣失珠袍》:"内府盗窃,乃其来有素技,偶私攘过多,难逃大罪,则故称遗漏,付之一炬,以失误上闻,不过薄责而已。"李国文《老人二题》:"只有长门长媳奋不顾身和造反派搏斗,那些多年心血才免遭付之一炬的厄运。"

【付之一笑】fù zhī yī xiào　付:交给。用一笑来对待,表示毫不介意。宋·杨万里《答陈国材书》:"指虚廪以告饥者而曰:'此有粟,不知夫廪之自饥也,而安能饱人。'使听者探而求,求而虚仁者也。则付之一笑耳。"《醒世恒言》卷一一:"小妹才晓得那化缘的道人是秦少游假妆的,付之一笑。嘱付丫鬟们休得多口。"《官场现形记》四七回:"徐抚台听了,付之一笑。施藩台却颇洋洋自得。"老舍《四世同堂》五八:"无论从哪方面看吧,他都应该对这件事不发生兴趣,而只付之一笑。"

【付诸东流】fù zhū dōng liú　见"付之东流"。

【负荆请罪】fù jīng qǐng zuì　负:背。荆:荆条,古时用来鞭打人的刑具。《史记·廉颇蔺相如列传》载:战国时赵国大将对蔺相如被赵王拜为上卿不服气,宣言要侮辱他。蔺相如处处退让,以国家利益为重。廉颇知道后十分悔恨,"肉袒负荆,因宾客至蔺相如门谢罪"。后用"负荆请罪"表示主动向对方承认错误,请求责罚。《旧五代史·周书·刘言传》:"兼使人徐筠等进贡之时,礼仪有失,尚蒙赦宥,未置典刑,敢不投伏责躬,负荆请罪。"《水浒传》七三回:"李逵没奈何,只得同燕青回寨来负荆请罪。"《二十年目睹之怪现状》七二回:"倘使他到兄弟这里,兄弟自当力为排解,叫他到贵署去负荆请罪。"刘玉民《骚动之秋》五章:"我们是做生意的,讲的就是一个信用和情意!这两条都不讲了,都没有了,我这个书记还不该亲自登门,负荆请罪?"

【负弩前驱】fù nǔ qián qū　负:背着。弩:弩弓。背着弩弓在前面开道,表示恭顺。《史记·司马相如列传》:"拜相如为中郎将,建节往使。……至蜀,蜀太守以下郊迎,县令负弩矢前驱,蜀人以为宠。"鲁迅《伪自由书·观斗》:"但我们的斗士,只对于外敌却是两样的,近的,是'不抵抗',远的,是'负弩前驱'云。"

【负屈含冤】fù qū hán yuān　负:背着。屈:委屈。冤:冤枉。指蒙受委屈与冤枉。《老残游记》五回:"老残颇想再望下问,因那人颜色过于凄惨,知道必有一番负屈含冤的苦,不敢说出来的光景,也只好搭讪着去了。"

【负薪救火】fù xīn jiù huǒ　负:背。薪:柴。背着柴去救火。比喻用错误方法去消灭灾害,反而使灾害加剧。《韩非子·有度》:"其国乱弱矣,又皆释国法而私其外,则是负薪而救火也,乱弱甚矣。"《三国演义》四三回:"若听诸葛亮之言,妄动甲兵,此所谓负薪救火也。"

【负薪之忧】fù xīn zhī yōu　负:背。

薪:柴。背柴劳累,尚未恢复。用作有病的谦词。《礼记·曲礼下》:"君使士射,不能,则辞以疾,言曰:'某有负薪之忧。'"唐·刘禹锡《论中》:"刘子闲居,有负薪之忧,食精昼弗知其旨,血气交诊,炀然焚如。"

【负隅顽抗】fù yú wán kàng　隅:原作"嵎",山势弯曲处,指险要的地势。《孟子·尽心下》:"有众逐虎,虎负嵎,莫之敢撄。"后用"负隅顽抗"指凭借险要地势或某种条件进行拼死抵抗。含贬义。刘白羽《第二个太阳》四章:"这样,避免他们在大武汉负隅顽抗,破釜沉舟;然后,再在西面进行决战,从鄂西到湘西一线消灭敌人。"刘心武《钟鼓楼》六章:"有关部门正式找海阿姨谈话。头一个来钟头里,她怎么也绕不过弯儿来,看样子她确实不是'负隅顽抗',她是被自己心造的幻影控制住了。"〔注意〕隅,不能写作"偶";也不能读作 ǒu。

【负重致远】fù zhòng zhì yuǎn　负:背。致:到达。背着重物到达很远的地方。也比喻担当重任。《后汉书·赵憙传》:"更始笑曰:'茧栗犊,岂能负重致远乎?'"《三国志·蜀书·庞统传》:"统曰:'陆子可谓驽马有逸足之力,顾子可谓驽牛能负重致远也。'"

【妇姑勃豀】fù gū bó xī　妇:儿媳。姑:婆婆。勃豀:争吵。儿媳与婆婆争吵。比喻为了小事而争吵。《庄子·外物》:"室无空虚,则妇姑勃豀。"清·查慎行《养蜂歌》:"逆旅主人贪养蜂,木柜中结房千重……妇姑勃豀或同堂,子弟盛壮旋分封。"鲁迅《且介亭杂文末编·答徐懋庸并关于抗日统一战线问题》:"他也有不平,有反抗,有战斗,而往往不过是将败落家族的妇姑勃豀,叔嫂斗法的手段,移到文坛上,嘁嘁嚓嚓,招是生非,搬弄口舌,决不在大处着眼。"

【附庸风雅】fù yōng fēng yǎ　附庸:依附,追随。风雅:本指《诗经》中的《国风》、《大雅》、《小雅》,后泛指有关诗文方面的事。指为了假充斯文而与名士结交,从事文化活动。《情вары》八回:"那班盐商,明明是咸腌货色,却偏要附庸风雅,在扬州盖造了不少的花园。"梁实秋《雅舍小品·画展》:"有人以为画展之事是附庸风雅,无补时艰。我倒不这样想。写字、刻印以及词章考证,哪一样又有补时艰?"陈忠实《白鹿原》二章:"嘉轩每次来都禁不住想,那些字画条幅挂满墙壁的文人学士,其实多数可能都是附庸风雅的草包。"

【附赘悬疣】fù zhuì xuán yóu　赘、疣:皮肤附生的小肉瘤。比喻多余无用的东西。《庄子·骈拇》:"附赘悬疣,出乎形哉!而侈于性也。"南朝梁·刘勰《文心雕龙·镕裁》:"附赘悬疣,实侈于形。"

【赴汤蹈火】fù tāng dǎo huǒ　赴:奔向。汤:开水。蹈:踩。《荀子·议兵》:"以桀诈尧,譬之若以卵投石,以指挠沸,若赴水火,入焉焦没耳。"后用"赴汤蹈火"形容不避艰难危险,勇往直前。《三国志·魏书·刘表传》南朝宋·裴松之注引《傅子》:"今策名委质,唯将军所命,虽赴汤蹈火,死无辞也。"《水浒传》一五回:"我寻思起来,有三个人,义胆包身,武艺出众,敢赴汤蹈火,同死同生,义气最重。"《三国演义》二三回:"君臣各有定分。嵩今事将军,虽赴汤蹈火,一唯所命。"茅盾《蚀·动摇》六:"辛亥那年国光就加入革命,后来时事日非,只好韬晦待时。现在如果有机会来尽一份的力,便是赴汤蹈火,也极愿意。"

【复蹈前辙】fù dǎo qián zhé　蹈:踏。辙:车轮辗过留下的痕迹。重新走先前车轮辗过的痕迹。比喻不吸取失败的教训,重犯过去的错误。《隋唐演义》三九回:"文帝阴灵,白日显现,故此炀帝也觉寒心,不敢复蹈前辙。"

【傅粉施朱】fù fěn shī zhū　见"施朱傅粉"。

【富贵不能淫】fù guì bù néng yín　富贵：既有钱又有地位。淫：惑乱，放纵。金钱地位不能使之迷惑。《孟子·滕文公下》："富贵不能淫，贫贱不能移，威武不能屈，此之谓大丈夫。"王火《战争和人》(二)卷五："气节，我是奉若神明的！就像你舅舅提示我应当'威武不能屈，富贵不能淫'。"

【富贵骄人】fù guì jiāo rén　富贵：既有钱又有地位。骄：骄纵。有了钱和地位就盛气凌人。《陈书·鲁悉达传》："悉达虽仗气任侠，不以富贵骄人。"《东周列国志》八五回："自古以来，只有贫贱骄人，那有富贵骄人之理？"

【富贵荣华】fù guì róng huá　富贵：既有钱又有地位。荣华：草木开花，比喻兴旺、昌盛。指有钱有势，兴旺发达。汉·王符《潜夫论·论荣》："所谓贤人君子者，非必高位厚禄、富贵荣华之谓也。"《二刻拍案惊奇》卷一九："此则乃是宋朝诗僧晦庵所作《满江红》前阕，说人生富贵荣华，常防翻覆，不足凭恃。"《野叟曝言》三一回："况住在至亲家里，邻舍又多，大家帮着还你享的富贵荣华哩！"王火《战争和人》(三)卷七："我就说句吉利话，祝你们将来一路顺风，回到下江后福禄寿喜富贵荣华享用不尽。"

【富国安民】fù guó ān mín　使国家富足，使人民安定。《汉书·沟洫志》："此诚富国安民，兴利除害，支数百岁，故谓之中策。"《旧唐书·食货志上》："如裴耀卿、刘晏、李巽数君子，便时利物，富国安民，足为世法者也。"

【富国强兵】fù guó qiáng bīng　使国家富足，使军队强大。《商君书·壹言》："故治国者，其抟力也，以富国强兵也。"唐·陈子昂《上益国事》："臣闻古者富国强兵，未尝不用山泽之利。"《喻世明言》卷二二："似道又欲行富国强兵之策，御史陈尧道献计，要措办车饷，便国便民，无如限田之法。"欧阳山《三家巷》一九六："他们个个都兴奋得不得了，露出一种生龙活虎、意气风发的气概来，畅谈世界大事和中国大事，都以救国救民、富国强兵为己任。"

【富甲一方】fù jiǎ yī fāng　甲：居第一位。拥有的钱财在地方上居第一位。韦君宜《露沙的路》三："蔡家崖虽偏僻，却有一座很宽阔的宅院，宅院的主人姓刘，是富甲一方的大地主。"

【富可敌国】fù kě dí guó　敌：匹敌，相等。个人的钱财可与国家的资财相匹敌。形容非常富有。《初刻拍案惊奇》卷一八："客人道：'母银越多，丹头越精。若炼得有半合许丹头，富可敌国矣！'"《镜花缘》六四回："盖卞滨自他祖父遗下家业，到他手里，单以各处田地而论，已有一万余顷，其余可想而知，真是富可敌国。"

【富丽堂皇】fù lì táng huáng　富丽：宏伟华丽。堂皇：气势盛大。形容场面、建筑或陈设等宏伟华丽、气势盛大。《官场现形记》五九回："幸亏还豪放，将来外任还可望得意，至二世兄富丽堂皇，不用说，将来一定是玉堂人物了！"巴金《家》三○："公馆里添了许多盏电灯，到处张灯结彩，装饰得十分富丽堂皇。"欧阳山《三家巷》一三一："虽然工程质量非常简陋，这种临时建筑也有它富丽堂皇的外表，一看就知道是有钱的'下江人'所暂时居住的避难之地。"

【腹背受敌】fù bèi shòu dí　腹背：指前面和后面。前后都遭到敌人攻击。《魏书·郦范传》："腹背受敌，进退无途，虽有韩白，恐无全理。"《东周列国志》六回："若顿师坚城之下，郑伯还兵来救，我腹背受敌，是坐困耳。"姚雪垠《李自成》

二卷一〇章："知亭山已经给官军袭破，咱们在白羊店一带的大军腹背受敌，同老营断了线儿。"

【腹诽心谤】fù fěi xīn bàng 指内心不满，暗中发泄。《史记·魏其武安侯列传》："蚡所爱倡优巧匠之属，不如魏其、灌夫日夜招聚天下豪杰壮士与议论，腹诽而心谤。"《三国志·魏书·崔琰传》南朝宋·裴松之注引《魏略》："太祖以为琰腹诽心谤，乃收付狱，髡刑输徒。"也作"心谤腹诽"。《魏书·太祖纪二》："已而虑群下疑惑，心谤腹诽。丙申复诏曰：'上古之治，尚德下名，有任而无爵，易治而事序。'"

【腹心之患】fù xīn zhī huàn 见"腹心之疾"。

【腹心之疾】fù xīn zhī jí 腹心：比喻要害之处。要害之处的疾患。比喻致命的严重祸患。《左传·哀公六年》："除腹心之疾，而寘诸股肱，何益？"宋·王安石《使医》："有腹心之疾者，得吾说而思之，其庶矣。"《东周列国志》八九回："秦、魏比邻之国，秦之有魏，犹人有腹心之疾，非魏并秦，即秦并魏，其势不两存明矣。"也作"腹心之患"。《三国演义》四〇回："惇曰：'刘备如此猖狂，真腹心之患也，不可不急除。'"姚雪垠《李自成》二卷三二章："你如此诋毁练饷，试问你有何良策助朕筹饷练兵，以救目前危急？不筹饷，不练兵，罢掉杨嗣昌，派你代朕督师，你能将张献忠、李自成诸贼迅速剿灭或献俘阙下，清国家腹心之患？"

【腹有鳞甲】fù yǒu lín jiǎ 鳞甲：水族动物的鳞片和甲壳。比喻内心奸诈阴险。《三国志·蜀书·陈震传》："诸葛亮与长史蒋琬、侍中董允书曰：'孝起前临至吴，为吾说正方腹中有鳞甲，乡党以为不可近。'"

【覆巢无完卵】fù cháo wú wán luǎn 覆：翻倒。巢：鸟窝。完：完整。卵：蛋。《世说新语·言语》："孔融被收，中外惶怖。时融儿大者九岁，小者八岁，二儿故琢钉戏，了无遽容。融谓使者曰：'冀罪止于身，二儿可得全不？'儿徐进曰：'大人，岂见覆巢之下，复有完卵乎？'寻亦收至。"后用"覆巢无完卵"指翻倒的鸟窝下没有完整的卵。比喻全家遭祸，无一幸免。

【覆车之鉴】fù chē zhī jiàn 覆：翻倒。鉴：鉴戒，教训。比喻前人失败的教训。《三国志·蜀书·后主传》南朝宋·裴松之注引《蜀记》："隗嚣凭陇而亡，公孙述据蜀而灭，此皆前世覆车之鉴也。"《魏书·阳尼传》："覆车之鉴，近可信矣。"

【覆盆之冤】fù pén zhī yuān 覆盆：反扣着的盆，比喻黑暗的境地。晋·葛洪《抱朴子·辨问》："日月有所不照，圣人有所不知，岂可以圣人所不为，便云天下无仙，是责三光不照覆盆之内也。"后用"覆盆之冤"比喻无处申诉的冤枉。明·张居正《答应天张按院》："辱示运官被劫事。顷苏、松按院已直将本官论劾，若不得大疏存此说，则覆盆之冤谁与雪之？"

【覆水难收】fù shuǐ nán shōu 覆水：倒在地上的水。《后汉书·何进传》："国家之事，亦何容易，覆水不可收。宜深思之。"后用"覆水难收"比喻已成事实，难以挽回。宋·张孝祥《木兰花慢》词："念壁月长亏，玉簪中断，覆水难收！"《喻世明言》卷二七："漂母尚知怜饿士，亲妻忍得弃贫儒。早知覆水难收取，悔不当初任读书。"《初刻拍案惊奇》卷二九："如此才人，足为快婿。尔女已是覆水难收，何不宛转成就了他？"

【覆雨翻云】fù yǔ fān yún 见"翻云覆雨"。

G

【改朝换代】 gǎi cháo huàn dài　指新王朝取代旧王朝。泛指政权更替。老舍《四世同堂》三三："瑞宣以为华北政府既费了那么多的日子才产生出来，它必定有一些他所不知道的人物，好显出确有点改朝换代的样子。"刘心武《钟鼓楼》五章："他一当便是三十年，编辑部的头头换了好几茬儿，他却在历次的'改朝换代'中都被留用了下来。"

【改恶从善】 gǎi è cóng shàn　改掉邪恶的行为，向善良的方面转变。明·王守仁《告谕安义等县渔户》："务益兴行礼让，讲信修睦，以为改恶从善者之倡。"《野叟曝言》八五回："素臣道：'你肯改恶从善，便收你做长随。如有功绩，当提拔你。'"也作"改恶迁善"。《警世通言》卷四〇："观音曰：'吾此一来，别无甚事，孽龙欲与君讲和，今后改恶迁善，不知君允否？'"

【改恶迁善】 gǎi è qiān shàn　见"改恶从善"。

【改过从善】 gǎi guò cóng shàn　见"改过迁善"。

【改过迁善】 gǎi guò qiān shàn　《周易·益》："君子以见善则迁，有过则改。"后用"改过迁善"指改正过错，向好的方面转变。宋·陆九渊《与罗章夫书》："著是去非，改过迁善，此经语也。"《警世通言》卷二四："何静庵立起身来说：'三舅受了艰难苦楚，这下来改过迁善，料想要用心读书。'"也作"改过从善"。《醒世恒言》卷二七："李雄万分喜悦，想道：'不知大舅怎生劝喻，便能改过从善。如此可见好人原容易做的，只在一转念耳。'"

【改过自新】 gǎi guò zì xīn　改正邪恶或错误，自己重新做新人。《史记·吴王濞列传》："[吴王]诈称病不朝，于古法当诛，文帝弗忍，因赐几杖，德至厚，当改过自新。"《初刻拍案惊奇》卷一五："官人既能改过自新，便是家门有幸。"《三侠五义》三九回："望相爷开天地之恩，饶恕小老儿改过自新，以赎前愆。"蒋子龙《收审记》二："不是要教育犯人改过自新、重新做人吗？真正需要洗脑筋的人来了，为什么又不给洗呢？"

【改换门庭】 gǎi huàn mén tíng　改变门第出身，提高家庭的社会地位。《三侠五义》六九回："员外因一生未能读书，深以为憾，故此为国璧谆谆延师，也为改换门庭之意。"老舍《四世同堂》九四："如今长期失业在家，回英国府的希望越来越渺茫了，得早日改换门庭，另找洋主子才好。"

【改名换姓】 gǎi míng huàn xìng　改换真实的姓名。多指为了进行隐蔽活动而改用假名。宋·朱熹《答孙敬甫》之四："分明招认，着实受用，亦自有得力处，不必如此隐讳遮藏，改名换姓，欲以欺人，而人不可欺，徒以自欺而自陷于不诚之域也。"高云览《小城春秋》三八章："为着提防赵雄的眼线追寻，书茵准备一到内地就改名换姓。"也作"改名易姓"。明·余继登《典故纪闻》卷一三："其后往往私创庵院，滥将无籍之徒收充，亦有逃军囚匠改名易姓，削发顶冠，人莫之识。"

【改名易姓】gǎi míng yì xìng　见"改名换姓"。

【改天换地】gǎi tiān huàn dì　使天地改变面貌。指彻底改造大自然或社会状况，使之焕然一新。姚雪垠《李自成》二卷三章："时机来到，别说我敢把天戳几个窟窿，我还敢把天闯塌，来一个改天换地！"邓友梅《那五》一二："云奶奶说：'你看这局势，说话不就改天换地了？'"

【改头换面】gǎi tóu huàn miàn　❶原为佛教语。指众生在轮回中形变神不变。唐·寒山《寒山诗》之二一三："蚁巡环未息，六道乱纷纷。改头换面孔，不离旧时人。"❷指改变面目。《西游记》九四回："也为蟠桃会上，失手打破玻璃盏，贬在流沙河，改头换面，造孽伤生。"❸指改正错误。《野叟曝言》七〇回："倘得回心转意，改头换面，便是我报你之恩了。"❹比喻只改变形式，而内容、实质不变。杨绛《记钱钟书与〈围城〉》："因为许多所谓写实的小说，其实是改头换面地叙写自己的经历，提升或满足自己的感情。"

【改弦更张】gǎi xián gēng zhāng　改弦：改换琴弦。更张：重新上好琴弦。指重新改换琴弦，使声音和谐。《汉书·董仲舒传》："窃譬之琴瑟不调，甚者必解而更张之，乃可鼓也。"后用"改弦更张"比喻改革制度，变更方针、政策或做法等。《魏书·高谦之传》："且琴瑟不韵，知音改弦更张，骓骖未调，善御执辔成组。"李劼人《大波》三部八章："本人窃窥季帅之意，正因为现在政府不敷民望，不足以适合潮流，所以……所以才要改弦更张，另谋良策。"魏巍《火凤凰》八："天虹看了这一幅幅情景，心里很不是个滋味。不禁暗暗想道：像这样腐败的政权，如不改弦更张，怎么能顶得住强大的敌人呢！"也作"改弦易张"。《三国志·吴书·三嗣主传论》："休以旧爱宿恩，任用兴、布，不能

拔进良才，改弦易张，虽志善好学，何益救乱乎？"

【改弦易张】gǎi xián yì zhāng　见"改弦更张"。

【改弦易辙】gǎi xián yì zhé　改弦：更换琴弦。易：改变。辙：车轮压过的痕迹，指道路。比喻改变方向或做法。《续资治通鉴长编·太宗至道三年》："当此之时，若不能改弦易辙，则前日之患未艾也。"《野叟曝言》一〇六回："连城曾被臣之妾刘氏一诗所感，改恶从善，其父或为子劝谏，改弦易辙，亦未可知。"姚雪垠《李自成》二卷三三章："我只想向皇上痛陈求治之道，改弦易辙，似乎尚可收桑榆之效。"

【改邪归正】gǎi xié guī zhèng　改正错误的行为，走上正路。《说岳全传》三五回："我看你形状倒也像是一个好汉，目今用人之际，何不改邪归正，挣个功名？"周而复《上海的早晨》四部四一："她日日夜夜盼望朱延年出来，改邪归正，恢复名誉，重新做人。"李国文《冬天里的春天》三章："大约整整过了三年，于而龙，那时已是书记兼厂长，才在党委会上提出，让那个改邪归正的浪子，重新回到他原来的位置上去。"

【改辕易辙】gǎi yuán yì zhé　辕：车前驾骡马的两根直木。辙：车轮压过的痕迹，指道路。改换方向，走另一条路。比喻改变方向、目标或做法。宋·魏庆之《诗人玉屑·张秦》："二公遂舍旧而图新。其初改辕易辙，如枯弦敲钗，虽成声而跌宕不满人耳；少焉遂使师旷忘味，钟期改容也。"

【盖棺定论】gài guān dìng lùn　见"盖棺论定"。

【盖棺论定】gài guān lùn dìng　盖棺：盖上棺材盖。指人的是非功过只有到生命完结以后才能作出结论。宋·林通《省

心录》:"盖棺始能定士之贤愚,临事始能见人之操守。"元·王恽《紫山先生易直解序》:"知命随时,从容中道,盖棺论定,皆曰紫山旷达英迈士也。"巴金《随想录》七六:"然而关于马宗融大哥,大概可以盖棺论定了吧。"李国文《涅槃》:"我不知已入鬼域的C公,是否同意这样的盖棺论定。"也作"盖棺定论"。明·张煌言《甲辰九月狱中感怀三首》诗之二:"莫道古人多玉碎,盖棺定论未嫌迟。"蒋子龙《创作笔记》三:"许多问题活着无法解决,等人死了最后盖棺论定。"

【盖世无双】gài shì wú shuāng　盖世:压倒当世。无双:独一无二。形容才能技艺很高,在当代无与伦比。《说岳全传》四二回:"那张宪的枪,十分厉害;这殿下的锤,盖世无双。二人在山下大战有四十余合,张宪看看力怯,只得败回山上,来见元帅。"魏巍《东方》三部一三章:"上级专门提一些'不是东西'的人,却不提那些盖世无双的才子!"

【概莫能外】gài mò néng wài　概:一概。莫:无,没有。指全都包括在内,没有例外。《后汉书·西域传》:"然好大不经,奇谲无已,虽邹衍谈天之辩,庄周蜗角之论,尚未足以概莫能外。"张洁《红蘑菇》:"除了出身都划归在另册之外,连婚丧嫁娶也概莫能外。"

【干卿底事】gān qīng dǐ shì　见"干卿何事"。

【干卿何事】gān qīng hé shì　干:关涉。卿:旧时君对臣,长辈对晚辈或朋友间的爱称。跟你有什么相干? 指多管闲事。《南唐书·冯延巳传》:"延巳有'风乍起,吹皱一池春水'之句,元宗尝戏延巳曰:'吹皱一池春水,干卿何事?'"宋·方岳《如梦令·春思》词:"知是谁家燕子,直恁惺忪言语。深入绣帘来,无奈落花飞絮。春去,春去,且道干卿何事!"也作"干卿底事"。《花月痕》一九回:"天涯芳

草,目极伤心。干卿底事? 一往情深!"

【干霄蔽日】gān xiāo bì rì　见"干云蔽日"。

【干云蔽日】gān yún bì rì　干:触犯。高及云际,遮天蔽日。形容树木、建筑物等高大繁密。《后汉书·丁鸿传》:"干云蔽日之木,起于葱青。"《旧五代史·唐书·郭崇韬传》:"旧日大明、兴庆两宫,楼观百数,皆雕楹画棋,干云蔽日,今官家纳凉无可御者。"也作"干霄蔽日"。《花月痕》二二回:"而且天之生才,亦厄于数,有生在千人共睹的地方,雨露培成之后,干霄蔽日,便辇去为梁为栋,此是顺的。"

【甘拜下风】gān bài xià fēng　下风:风向的下方,比喻下位、劣势。《庄子·在宥》:"广成子南首而卧,黄帝顺下风膝行而进,再拜稽首而问。"后用"甘拜下风"指情愿居于劣势地位。表示诚心佩服,自认不如对方。《镜花缘》五六回:"今老师以闺臣、若花姐姐前列,我又不能不甘拜下风了。"《三侠五义》八一回:"请看艾虎如此的光景,岂是十五岁的小儿? 差不多有年纪的,也就甘拜下风!"刘绍棠《村妇》卷二:"官娘子坐在了关一品席位上,推杯换盏,喝得大昌和两位副手连声告饶,甘拜下风。"

【甘处下流】gān chǔ xià liú　下流:河流的下游,比喻卑下的地位。指甘居落后。清·俞樾《右台仙馆笔记·无锡杨氏女》:"尔为尔之官,我为我之匄,何预尔事邪? 不顾而去,此子甘处下流,真别有肺肠者。"

【甘居人后】gān jū rén hòu　甘愿处在别人的后面。《花月痕》一四回:"采秋事事要占人先,他却事事甘居人后。其实他的色艺,比采秋也差不多。"

【甘棠遗爱】gān táng yí ài　甘棠:《史记·燕召公世家》载:周武王时,召公巡行乡邑,决讼于甘棠树下,自侯伯至庶人各

得其所，无失职者。召公卒，民众缅怀他，不伐甘棠，并以《甘棠》诗咏之。遗爱：仁爱遗留于后世；仁爱的遗风。《左传·昭公二十年》："及子产卒，仲尼闻之，出涕曰：'古之遗爱也。'"后用"甘棠遗爱"称颂官吏的政绩。唐·白居易《别桥上竹》诗："我去自惭遗爱少，不教君得似甘棠。"《镜花缘》五回："这个异种，大约就是武则天留的'甘棠遗爱'。"

【甘棠之爱】gān táng zhī ài　《诗经·召南·甘棠》："蔽芾甘棠，勿剪勿伐，召伯所茇。蔽芾甘棠，勿剪勿败，召伯所憩。蔽芾甘棠，勿剪勿拜，召伯所说。"唐·孔颖达疏："谓武王之时，召公为西伯行政于南土，决讼于小棠之下，其教著明于南国，爱结于民心，故作是诗以美之。"后用"甘棠之爱"指对官吏的爱戴。《左传·襄公十四年》："武子之德在民，如周人之思召公焉，爱其甘棠，况其子乎？"也作"甘棠之惠"。汉·扬雄《甘泉赋》："函甘棠之惠，挟东征之意。"

【甘棠之惠】gān táng zhī huì　见"甘棠之爱"。

【甘心情愿】gān xīn qíng yuàn　没有一点勉强，完全愿意。多指自愿作出某种牺牲。宋·王明清《摭青杂说·项四郎》："女曰：'此事儿甘心情愿也。'遂许之。"《孽海花》三二回："他要告状，我也和他见个输赢。就算官司输了，我也不能甘心情愿输给他整个儿的丈夫。"马烽、西戎《吕梁英雄传》三回："我是抗日干部，工作搞不好，受政府的处分甘心情愿。"

【甘之如饴】gān zhī rú yí　饴：麦芽糖。像饴糖那样甜美。比喻甘愿承受艰难困苦。宋·文天祥《正气歌》："楚囚缨其冠，传车送穷北；鼎镬甘如饴，求之不可得。"金庸《鹿鼎记》："韦小宝……也不知她是什么来历，胸中热血上涌，只觉得就算为她粉身碎骨，也是甘之如饴，一拍

胸膛，站起身来。"

【肝肠寸断】gān cháng cùn duàn　《世说新语·黜免》："桓公入蜀，至三峡中。部伍中有得猿子者，其母缘岸哀号，行百余里不去；遂跳上船，至便即绝。破视其腹中，肠皆寸断。公闻之，怒，命黜其人。"后用"肝肠寸断"形容极度悲伤。《乐府诗集·华山畿二十五首》之一八：腹中如汤灌，肝肠寸断。《敦煌变文集·汉书王陵变文》："应是楚将闻者，可不肝肠寸断。"《花月痕》三九回："接着，又是阿宝醒来不见秋痕，哭得痴珠肝肠寸断，大家好容易哄住阿宝的哭，回县前街去了。"魏巍《地球的红飘带》三二："这个不幸的消息很快为王家烈的夫人所获知，她真是五内俱焚，肝肠寸断。"

【肝胆相照】gān dǎn xiāng zhào　比喻以真诚的心互相对待。宋·文天祥《与陈察院文龙书》："某此来不及侍亲，处此亦大不安，俟疏决后惟有乞身归养。所恃知己，肝胆相照，临书不惮倾倒。"张恨水《啼笑因缘》三回："人家肝胆相照的，把肺腑之言来告诉我，我岂能对人家存什么坏心眼！"巴金《随想录》一三二："我们说肝胆相照，应该互相尊重，平等相待。"

【肝胆照人】gān dǎn zhào rén　比喻用真诚的心对待别人。《儿女英雄传》一九回："你又怎保得住你那东人父子，一定也像你这等肝胆照人，一心向热的？"姚雪垠《李自成》二卷四九章："我同捷轩在军中相处数年，深知他大公无私，心口如一，肝胆照人。"

【肝脑涂地】gān nǎo tú dì　涂：涂抹。肝胆脑浆涂抹地面。❶形容惨死的情景。《汉书·蒯通传》："今刘、项分争，使人肝脑涂地，流离中野，不可胜数。"清·黄宗羲《与康明府书》："宁肯坐视宇下之小民肝脑涂地，而不为之动心乎！"梁实秋《雅舍小品·窗外》："我没有看见过一

只过街鼠，更没看见过老鼠肝脑涂地的陈尸街心。”❷表示竭尽忠诚，不惜牺牲。汉·刘向《说苑·复恩》：“臣终不敢以荫蔽之德，而不显报王也。常愿肝脑涂地，用颈血湔敌久矣。”《三国演义》二二回：“此乃忠臣肝脑涂地之秋，烈士立功之会，可不勖哉！”《野叟曝言》八八回：“臣受殿下隆礼深恩，旷古未有，虽肝脑涂地不能补报。”姚雪垠《李自成》一卷二章：“目今国危主忧，微臣敢不肝脑涂地，以报陛下？”

【赶尽杀绝】 gǎn jìn shā jué 驱逐、消灭干净。《封神榜》五七回：“两位太子无过犯，赶尽杀绝害亲生。”老舍《四世同堂》四五：“不，他们没有洗城，而要来与北平人作邻居；这使北平人头疼，恶心，烦闷，以至于盼望有朝一日把孤哀子都赶尽杀绝。”也比喻对人刻毒，不留余地。《三侠五义》三九回：“这朋友好不知进退。我让着你，不肯伤你，又何必赶尽杀绝？”孙犁《白洋淀纪事·村歌》：“‘你们不要赶尽杀绝！’老头子忽地站起来，镰刀在他手里抖颤，像受伤的鱼鳞，‘我和你们拼了。’”

【敢怒而不敢言】 gǎn nù ér bù gǎn yán 心里有怒气，但慑于威势而不敢说出来。唐·杜牧《阿房宫赋》：“使天下之人，不敢言而敢怒，独夫之心，日益骄固。”《水浒传》三二回：“王矮虎一时被宋江以礼义缚了，虽不满意，敢怒而不敢言。”《说岳全传》一二回：“话说张邦昌，听得宗爷说出那两桩故事，明知是骂他妒贤嫉能，却又自家有些心虚，发不出话来，真个是‘敢怒而不敢言’。”茅盾《虹》六：“立刻赵佩珊的脸涨得通红，局促不安地向左右狼顾，很有点敢怒而不敢言的神气。”

【敢作敢当】 gǎn zuò gǎn dāng 做事有胆量，敢于承担责任。作，也作“做”。《三侠五义》六七回：“大丈夫敢作敢当方是男子。”梁实秋《雅舍小品·好汉》：“无论就哪一个层面上讲，好汉应该是特立独行敢做敢当的顶天立地的一条汉子。”

【敢作敢为】 gǎn zuò gǎn wéi 做事有胆量，不怕风险，无所顾忌。《野叟曝言》一回：“且道素臣是苏州府那一县人？何等阀阅，有何势力如此敢作敢为？”茅盾《子夜》二：“他知道杜竹斋虽然好利，却又异常多疑，远不及吴荪甫那样敢作敢为，富于魄力。”

【感恩戴德】 gǎn ēn dài dé 戴：尊奉。《三国志·吴书·骆统传》：“令皆感恩戴义，怀欲报之心。”后多作“感恩戴德”，指感激别人施予自己的恩德和情义。元·苏天爵《元朝名臣事略·枢密赵文正公》：“今闻其父已死，诚立之为王，遣送还国，世子必感恩戴德，愿修臣职。”《野叟曝言》六回：“兼之大郎感恩戴德，说的都是些着肉痛痒之言，亦且性情洒落，议论爽快，与素臣又讲得投机。”李国文《危楼记事》之八：“老百姓最容易满足的了，S市的小市民尤甚，哪怕塞给他们一些空心汤团，永不能兑现的支票，他们也会感恩戴德。”

【感恩图报】 gǎn ēn tú bào 图：谋求。感激他人的恩惠并设法报答。明·张居正《答蓟镇巡抚周乐轩书》：“两河官军，感恩图报，当有激于衷矣。”《野叟曝言》二五回：“你们不须拜谢，也休说感恩图报的话，只我有一件紧要公事……只要你们早些带我出去，便算报了我了。”老舍《四世同堂》九二：“他不但不感恩图报，还恨我，恨我出卖了灵魂。”

【感激涕零】 gǎn jī tì líng 涕：泪。零：落。感激得流下泪来。唐·刘禹锡《平蔡州三首》诗之二：“路傍老人忆旧事，相与感激皆涕零。”宋·黄庭坚《谢黔州安置表》：“罪深责薄，感激涕零。”《镜花缘》一〇回：“蒙贤侄慷慨不弃，真令人感激涕零！”《二十年目睹之怪现状》一四回：“妾此刻说不出个谢字来，只有代先夫感激涕零的了!"莫应丰《驼背的竹乡》:"父亲感激涕零,连连称是,并请求老寿星今后多多开导。"

【感今怀昔】gǎn jīn huái xī　由当前的事物引起感触而怀念从前。晋·潘岳《为诸妇祭庾新妇文》:"仿佛未行,顾瞻弗获;伏膺饮泪,感今怀昔。"也作"感今思昔"。宋·刘琪《满江红·遥寿仲固叔谊》词:"叹离多聚少,感今思昔。"

【感今思昔】gǎn jīn sī xī　见"感今怀昔"。

【感慨万端】gǎn kǎi wàn duān　见"感慨万千"。

【感慨万千】gǎn kǎi wàn qiān　感慨:有所感触而慨叹。万千:万种千种,形容很多。感触很多而不胜慨叹。莫应丰《鹿山之谜》九:"他想起了在这里坐牢的往事,免不了感慨万千,一种莫名其妙的依恋感涌上心头。"也作"感慨万端"。魏巍《东方》六部一〇章:"郭祥走出很远,很远,回过头来,还看见他们一家站在那里,不断地向他深情地招手。郭祥想起他们的过去和现在,真是感慨万端。"

【感慨系之】gǎn kǎi xì zhī　感慨:有所感触而慨叹。系:联系。对某件事有所感触而叹息连连。形容感触很深。晋·王羲之《兰亭集序》:"当其欣于所遇,暂得于己,快然自足,不知老之将至。及其所之既倦,情随事迁,感慨系之矣!"王火《战争和人》(二)卷三:"事情过去已经四年多了,想不到今天居然会在姑苏寒山寺里重逢。童霜威不禁感慨系之。"

【感人肺腑】gǎn rén fèi fǔ　肺腑:指内心深处。唐·刘禹锡《唐故相国李公集纪》:"今考其文之论事疏,感人肺肝,毛发皆耸。"后多作"感人肺腑",形容使人内心深受感动。魏巍《地球的红飘带》三二:"他原来预料这些话不是激起爆炸的反应,就是激起感人肺腑的同情。哪知

讲完以后,两位师长反应并不强烈,只是淡淡地表示了几句同情而已。"刘白羽《第二个太阳》五章:"庆祝解放的游行行列浩浩荡荡,一下子和他们日夜盼望的解放大军汇合了。那真是催人泪下,感人肺腑的场面。"

【感天动地】gǎn tiān dòng dì　使天地为之感动。形容感人至深。《景德传灯录·庐山归宗寺义柔禅师》:"诸佛出世,说法度人,感天动地;和尚出世,有何祥瑞?"周克芹《上行车·下行车》:"寻常之辈,既无大的欢乐,也无大的悲痛;没有惊世骇俗的壮举,也没有感天动地的爱情,作家是不屑于注意的。"

【感同身受】gǎn tóng shēn shòu　内心感激如同亲身受到对方的恩惠一样。多用为代人向对方致谢的话。《轰天雷》二回:"再者北山在京,万事求二兄代为照顾,感同身受。"鲁迅《南腔北调集·偶成》:"他不能'推己及人',更不能推想一下,就'感同身受'。"周而复《上海的早晨》三部四九:"潘信诚听了这番话,心情很沉重。通达纺织公司虽然主要经营棉毛丝绸,通达纺织机械厂只占他企业中一小部分,但机器业的困难不会不影响到他头上。而工商界有困难,他都感同身受。"

【旰食宵衣】gàn shí xiāo yī　见"宵衣旰食"。

【旰食之劳】gàn shí zhī láo　旰:晚。旰食:天色已晚才吃饭。指勤于政事的劳苦。《晋书·郭璞传》:"不然,恐将来必有愍阳苦雨之灾,崩震薄蚀之变,狂狡蠢戾之妖,以益陛下旰食之劳也。"宋·王安石《乞皇帝御正殿复常膳表》:"恭惟皇帝陛下大仁博施,神智曲成,躬忘旰食之劳,坐讲日新之政。"

【刚愎自用】gāng bì zì yòng　刚:倔强。愎:固执。自用:自以为是。《吕氏春秋·诬徒》:"失之在己,不肯自非,愎过

自用,不可证移。"后用"刚愎自用"指为人固执任性,自以为是,独断专行。宋·陈抟《心相编》:"君子刚愎自用,小人行险侥幸。"巴金《春》三一:"大舅父软弱无能而刚愎自用。兄当时气极矣,伤心极矣,故送至中途即自行返家。"邓一光《我是太阳》二部二:"关山林的错误自然有刚愎自用、求战心切的成分在内,但更多的原因是他完全不了解解放战争的总体局势。"〔注意〕愎,不读fù。

【刚柔相济】gāng róu xiāng jì　为人处事强硬与柔和两种手段互相配合,使之恰到好处。汉·王粲《为刘荆州与袁尚书》:"当唯义是务,唯国是康。何者? 金木水火以刚柔相济,然后克得其和,能为民用。"《三国演义》七一回:"凡为将者,当以刚柔相济,不可徒恃其勇。"魏巍《地球的红飘带》八:"他的突出特点是作风细致,和韩洞庭的勇猛果断配合在一起,真是粗细结合,刚柔相济,天生的一对儿。"

【刚毅木讷】gāng yì mù nè　讷:迟钝。性格坚毅而又质朴不善辞令。《论语·子路》:"刚毅木讷,近仁。"宋·苏辙《〈论语〉拾遗并引》:"巧言令色,世之所说也;刚毅木讷,世之所恶也。"〔注意〕讷,不读nà。

【刚正不阿】gāng zhèng bù ē　阿:偏袒,迎合。刚强正直,不循私逢迎。《聊斋志异·一员官》:"济南同知吴公,刚正不阿。"欧阳山《三家巷》六二:"后来听见李民魁回忆起九年前在三家巷盟誓、换帖的情景,不知不觉把那刚正不阿的鼻子缩了起来,好像他闻到了什么腐烂发臭的东西一般。"〔注意〕阿,不读ā。

【纲举目张】gāng jǔ mù zhāng　纲:网上的大绳。目:网眼。撒网时举起大绳,所有的网眼就都张开了。《吕氏春秋·用民》:"用民有纪有纲,壹引其纪,万目皆起,壹引其纲,万目皆张。"后用"纲举目张"比喻抓住主要环节以带动其余,或抓住要领,条理分明。宋·张洪、齐熙《朱子读书法·虚心涵泳》:"乍看极是繁碎,久之纯熟贯通,纲举目张,有自然省力处。"清·顾炎武《日知录·里甲》:"其间大小相维,相重相制,纲举目张,周详细密,无以加矣。"韦君宜《十年之后》:"好儿家我们眼看长大的孩子上不了重点中学,因为孩子爸爸的结论没有做。连小孩们都说:'我念书有什么用? 现在爸爸是个纲,纲举目张,纲坏了目怎么张嘛。'"

【高不成,低不就】gāo bù chéng, dī bù jiù　就:迁就。高者无力得到,低者又难以就合。形容办事时的两难处境。《醒世恒言》卷一七:"过善只因是个爱女,要觅个喜嘌女婿为配,所以高不成,低不就,拣择了多少子弟,没个中意的,蹉跎至今。"张洁《红蘑菇》:"像她这种高不成低不就的大龄女,不爱吉尔冬又能爱谁?"

【高不可攀】gāo bù kě pān　汉·贾谊《陈政事疏》:"高者难攀,卑者易陵,理势然也。"后用"高不可攀"指高得无法攀登。《镜花缘》九回:"小弟撺空离地不过五六丈,此树高不可攀,何能摘他?"鲁迅《呐喊·自序》:"S会馆里有三间屋,相传是往昔曾在院子里的槐树上缢死过一个女人,现在槐树已经高不可攀了,而这屋还没有人住。"也形容很难达到。《花月痕》二六回:"读书做人都到那高不可攀的地位,除了我们,怕就没人赏识他了。"柳青《创业史》一部二一章:"在她心眼里,这个有着四十多亩稻地和旱地、一座四合院、骡子和马的堂姑父,是高不可攀的人物。"

【高才捷足】gāo cái jié zú　见"高材疾足"。

【高材疾足】gāo cái jí zú　谓才能杰出,行动敏捷。材,也作"才"。《史记·淮阴侯列传》:"秦失其鹿,天下共逐之,于是高材疾足者先得焉。"明·无名氏《暗度陈仓》一折："自因秦失其鹿，天下大乱，高才疾足者先得之。"也作"高才捷足"。清·吕留良《复高君鸿书》："延师一事，日少一日，即有一二，皆为高才捷足所取，甚难为计。"《红楼梦》三七回："有力量者，十二首都作也可；不能的，一首不成也可。高才捷足者为尊。"

【高城深池】 gāo chéng shēn chí 池：护城河。很高的城墙，很深的护城河。形容防御工事坚固。《荀子·议兵》："故坚甲利兵不足以为胜，高城深池不足以为固，严令繁刑不足以为威，由其道则行，不由其道则废。"三国魏·曹植《谏伐辽东表》："彼我之兵，连于城下，进则有高城深池，无所施其功；退则有归途不通，道路濊洳。"

【高飞远举】 gāo fēi yuǎn jǔ 举：飞走。飞得既高又远。比喻前程远大。宋·陈亮《与叶丞相书》之二："未能高飞远举，聊复尔耳，岂敢不识造物之意，而较是非利害于荣辱之场，不自省悟！"《西游记》三五回："那窝中走兽贪性命，西撞东奔；这林中飞禽惜羽毛，高飞远举。"也比喻远走他乡。《野叟曝言》二七回："或者天可怜见，哥哥一旦忽然回来，就可高飞远举，保全身命，交还文相公耳。"也作"远举高飞"。宋·吴潜《八声甘州·和魏鹤山韵》词："矫首看鸿鹄，远举高飞。"

【高飞远翔】 gāo fēi yuǎn xiáng 翔：飞翔。飞翔得既高又远。汉·刘向《说苑·尊贤》："鸿鹄高飞远翔，其所恃者六翮也。"

【高飞远走】 gāo fēi yuǎn zǒu 见"远走高飞"。

【高风峻节】 gāo fēng jùn jié 峻：高。高尚的风骨气节。宋·胡仔《苕溪渔隐丛话后集·楚汉魏六朝上》："余谓渊明高风峻节，固无愧于'四皓'，然犹仰慕之，尤见其好贤尚友之心也。"

【高风亮节】 gāo fēng liàng jié 高：高尚。亮：坚贞。高尚的风骨，坚贞的气节。形容道德、行为俱佳。明·茅僧昙《苏园翁》："亲奉了张丞相钧旨，说先生是当今一人，管、乐流亚，又道先生高风亮节，非折简所能招。"老舍《四世同堂》二三："蓝先生不佩服世界史中的任何圣哲与伟人，因而也就不去摹仿他们的高风亮节。"陈国凯《两情若是久长时》六："你们老一辈流血汗打江山，高风亮节，吃苦在前，前人种树后人凉，是为了后辈人幸福。"

【高高在上】 gāo gāo zài shàng 原指上天或人君处在极高的位置。《诗经·周颂·敬之》："无曰高高在上，陟降厥士，日监在兹。"《三国志·魏书·杨阜传》："陛下当以尧、舜、禹、汤、文、武为法则，夏桀、殷纣、楚灵、秦皇为深诫。高高在上，实监后德。"后泛指身处高位，含有脱离群众、不了解下情之意。巴金《随想录》一三三："作家并不是高高在上，像提面人似地把读者的灵魂随意提来捏去。"邓一光《我是太阳》一部一："再说，方强作为司令员，和高高在上的父母大人似的，一张口就是她了，把她定给关山林！"

【高官厚禄】 gāo guān hòu lù 高的官位，优厚的俸禄。《孔丛子·公仪》："今徒以高官厚禄钓饵君子，无信用之意。"宋·朱熹《庚子应诏封事》："陛下亦闻其说之可喜，而未究其实，往往误加奖宠，畀以事权，是以比年以来，此辈类皆高官厚禄，志荡气得。"《醒世恒言》卷一："邻县高公与君同心，愿娶孤女，上帝嘉悦，亦赐二子高官厚禄，以酬其德。"郭沫若《屈原》一幕："假使他迁就一下，周朝的人也许还会拿些高官厚禄给他。"杨沫《青春之歌》二部三八章："谁又是享着高官厚禄、鱼肉人民，而在一块块拍卖自己祖宗世世代代居住的国土？"

【高朋满座】 gāo péng mǎn zuò 高贵

的朋友坐满了席位。指宾客很多,济济一堂。唐·王勃《秋日登洪府滕王阁饯别序》:"十旬休假,胜友如云;千里逢迎,高朋满座。"《三国演义》四〇回:"[王]粲容貌瘦弱,身材短小;幼时往见中郎蔡邕,时邕高朋满座,闻粲至,倒履迎之。"李英儒《野火春风斗古城》九章:"这里整天车马盈门,高朋满座,不用说进来吃饭,只要从门前经过一下,那些梅汤汽水香槟啤酒散发出来的浓郁气味,阵阵扑人的鼻子。"

【高人一等】gāo rén yī děng 超过一般人。鲁迅《呐喊·阿Q正传》三章:"于是忽而想到赵太爷的威风,而现在是他的儿子了……这时候,他又觉得赵太爷高人一等了。"周而复《上海的早晨》四部三〇:"他深深感到自愧不如,铁算盘究竟是高人一等。"

【高山景行】gāo shān jǐng xíng 高山:比喻崇高的品德。景行(旧读 xíng):大道,比喻光明正大的行为。《诗经·小雅·车舝》:"高山仰止,景行行止。"后用"高山景行"比喻崇高的道德行为。三国魏·曹丕《与钟大理书》:"侧闻斯语,未睹厥状,虽ند非君子,义无诗人,高山景行,私所仰慕。"清·陆陇其《上巡道吴公书》:"陇其于声音之理,未能窥见万一,然仰苑洛、椒山两先生之遗风,不啻高山景行。"

【高山流水】gāo shān liú shuǐ 《列子·汤问》:"伯牙善鼓琴,钟子期善听。伯牙鼓琴,志在高山。钟子期曰:'善哉!峨峨兮若泰山!'志在流水。钟子期曰:'善哉!洋洋兮若江河!'"后用"高山流水"比喻知音难遇或乐曲高妙。唐·牟融《写意二首》诗之一:"高山流水琴三弄,明月清风酒一樽。"元·金仁杰《追韩信》一折:"叹良金美玉何人晓,恨高山流水知音少。"清·袁于令《西楼记·病晤》:"清商绕画梁,一声一字,万种悠扬,高山流水相倾赏。"《红楼梦》八六回:"书上说的师旷鼓琴能来风雷龙凤;孔圣人尚学琴于师襄,一操便知其为文王;高山流水,得遇知音。"

【高山仰止】gāo shān yǎng zhǐ 高山:比喻高尚的道德。仰:仰望。止:句末语气词。《诗经·小雅·车舝》:"高山仰止,景行行止。"意为品德崇高的人,就会有人敬仰他。后比喻对崇高品德的崇敬、仰慕。《隋书·高祖纪下》:"有功之臣,降情文艺,家门子侄,各守一经,令海内翕然,高山仰止。"宋·陆游《严州钓台买田记》:"人谒祠下,有高山仰止之叹。"姚雪垠《李自成》二卷四六章:"弟奉闯王差遣……不能在老营恭迎大驾,抱歉良深。今后得能常接辉光,时聆教益,殊慰平生'高山仰止'之情。"

【高深莫测】gāo shēn mò cè 高深的程度让人无法揣测。宋·高似孙《纬略·沃焦山》引《物类相感志》:"东海之外荒,海中有山,焦炎而峙,高深莫测。"老舍《四世同堂》九:"同时,他也纳闷祁瑞宣有什么高深莫测的办法,何以一点也不慌不忙的在家里蹲着。"路遥《早晨从中午开始》五:"赤脚行走在空寂迢遥的沙漠之中,或者四肢大展仰卧于沙丘之上眼望高深莫测的天穹,对这神圣的大自然充满虔诚的感恩之情。"

【高视阔步】gāo shì kuò bù 眼睛向上看,迈开大步走。形容态度傲慢或气度不凡。《隋书·卢思道传》:"俄而抵掌扬眉,高视阔步。"《二刻拍案惊奇》卷二二:"张三翁引了他走入中堂,只见一个人在里面,巍冠大袖,高视阔步,跷将出来。"鲁迅《呐喊·兔和猫》:"那黑猫是不能久在矮墙上高视阔步的了,我决定的想,于是又不由的一瞥那藏在书箱里的一瓶青酸钾。"钱钟书《围城》四:"鸿渐说话时的神气,就仿佛国立四大银行全在他随身口袋里,没等周经理说完,高视阔步出经理室去了。"

【高抬贵手】gāo tái guì shǒu 对方的手抬高一些就可以让人过去。表示请求宽恕、通融时的客套用语。明·施惠《幽闺记·招商谐偶》："娘子元来是宦家之女,我蒋世隆低眼觑画堂,尚然消受不起,倒与娘子同行同坐,望娘子高抬贵手,饶恕蒋世隆之罪。"《二刻拍案惊奇》卷一四:"望乞高抬贵手,饶过小子,容小子拜纳微礼,赎此罪过罢。"《镜花缘》三七回:"只求王妃高抬贵手,莫记前仇。"姚雪垠《李自成》二卷三章:"请闯王高抬贵手,饶我这条狗命。"

【高谈阔论】gāo tán kuò lùn ❶指见解高超、内容广泛地谈论。唐·吕岩《徽宗斋会》诗:"高谈阔论若无人,可惜明君不遇真。"《初刻拍案惊奇》卷一八:"富翁是做惯了的,亦且胸中原博,高谈阔论,尽中机宜。"巴金《家》二五:"这个头显得更新鲜,更可爱,而且配上倩如高谈阔论时那种飘逸的神情,显得更动人。"❷指漫无边际地聊天。《花月痕》一六回:"你们两个高谈阔论,到底是说个什么?"《三侠五义》六二回:"他两只顾高谈阔论,讲究此事。"梁实秋《雅舍小品·礼貌》:"探病不一定要面带戚容,因为探病不同于吊丧,但也不宜高谈阔论有说有笑,因为病房里究竟还是有一个病人。"❸指空泛不切实际地谈论。含贬义。宋·高斯得《转对奏札》:"夫所谓空言者,谓其高谈阔论,远于事情。"《老残游记》一回:"谁知道除那管船的人搜括众人外,又有一种人在那里高谈阔论的演说。"杨沫《青春之歌》一部一一章:"火炉早着荒了,你怎么还不做饭去?高谈阔论能当饭吃吗?"

【高文大册】gāo wén dà cè 见"高文典册"。

【高文典册】gāo wén diǎn cè 原指朝廷发布的诏令、制造等。后指经典性著述。晋·葛洪《西京杂记》卷三:"扬子云曰:'军旅之际,戎马之间,飞书驰檄,用枚皋;廊庙之下,朝廷之中,高文典册,用相如。'"柳亚子《〈二十世纪大舞台〉发刊词》:"虽然,热心之事,无所凭藉,而徒以高文典册,讽诏世俗,则权不我操。"也作"高文大册"。宋·汪藻《〈苏魏公集〉序》:"一时高文大册,悉出其手。"明·沈德符《万历野获编·御制文集》:"至若累朝列圣,俱留神翰墨,以至世宗之制礼乐,更祀典,其时高文大册,布在人间。"

【高屋建瓴】gāo wū jiàn líng 建:倾倒。瓴:水瓶。从高屋脊上往下倒瓶中的水。《史记·高祖本纪》:"[秦中]地势便利,其以下兵于诸侯,譬犹居高屋之上建瓴水也。"后用"高屋建瓴"形容居高临下,不可阻挡的形势。宋·曾极《金陵百咏·天门山》诗:"鲸翻鳌负倚江潭,天险由来客倦谈;高屋建瓴无计取,二梁刚把当崝潭。"《花月痕》四六回:"带得宣府精兵二千,……高屋建瓴,挂帆东下,克了石首,又克嘉鱼,直薄武昌城下。"古华《话说〈芙蓉镇〉》:"这些形象大都是从战争年代的叱咤风云的指挥员身上脱颖出来的,具有气壮山河的英雄气概和高屋建瓴的雄才大略。"

【高下在心】gāo xià zài xīn 原指根据当时的情况或高或下在心里裁定。《左传·宣公十五年》:"天方授楚,未可与争。虽晋之强,能违天乎?谚曰:'高下在心。'"后指随心所欲地处置事务。《三国演义》二回:"今将军仗皇威,掌兵要,龙骧虎步,高下在心;若欲诛宦官,如鼓洪炉燎毛发耳。"

【高阳酒徒】gāo yáng jiǔ tú 高阳:地名,在今河南杞县西南。《史记·郦生陆贾列传》:"初,沛公引兵过陈留,郦生踵军门上谒……使者出谢曰:'沛公敬谢先生,方以天下为事,未暇见儒人也。'郦生瞋目案剑叱使者曰:'走!复入言沛公,吾高阳酒徒也，非儒人也。'"后指好饮酒而放荡不羁的人。唐·高适《田家春望》诗："可叹无知己，高阳一酒徒。"明·李贽《复麻城人书》："今之好饮者，动以高阳酒徒自拟。"郭沫若《洪波曲》一六章："经天夫人的烹调很拿手，碰着我们这四大家族，都是饕餮大家而兼高阳酒徒，那就相得益彰了。"

【高义薄云】gāo yì bó yún 薄：迫近。原指诗文境界高妙。《宋书·谢灵运传论》："屈平、宋玉，导清源于前，贾谊、相如，振芳尘于后，英辞润金石，高义薄云天。"后用来形容人很注重义气。宋·魏了翁《回生日启》："某官淡交如水，高义薄云。"

【高瞻远瞩】gāo zhān yuǎn zhǔ 瞻：望。瞩：注视。登高望远。形容目光远大。《野叟曝言》二回："遂把这些粉白黛绿，莺声燕语，都付之不见不闻，一路高瞻远瞩，要领略湖山真景。"老舍《四世同堂》七三："他们的切身的问题，也使他们无暇去高瞻远瞩的去关心与分析世界问题。"姚雪垠《李自成》三卷一四章："大元帅做事总是高瞻远瞩，对敬轩必有妥当安置。"

【高掌远蹠】gāo zhǎng yuǎn zhí 掌：用手擘开。蹠：用脚踏开。汉·张衡《西京赋》："左有崤函重险，桃林之塞，缀以二华，巨灵赑屃，高掌远蹠，以流河曲，厥迹犹存。"意为河神手擘脚踏，将华岳一分为二。后用"高掌远蹠"比喻心怀宏伟目标并用巨大力量从事开辟或经营。清·丘逢甲《思三友行》："凤凰如猛将，当关森严立甲仗；阴那如才相，高掌远蹠抱雄想。"茅盾《子夜》五："外国的企业家果然有高掌远蹠的气魄和铁一样的手腕，却也有忠实能干的部下，这样才能应付自如，所向必利。"

【高枕而卧】gāo zhěn ér wò 枕头垫得高高地睡觉。形容无所忧虑。《战国策·齐策四》："狡兔有三窟，仅得免其死耳。今君有一窟，未得高枕而卧也。请为君复凿二窟。"《东周列国志》四一回："子玉死，余人不足虑，诸卿可高枕而卧矣。"周作人《雨天的书·苦雨》："一星期前的雨把后园的西墙淋坍，第二天就有'梁上君子'来摸索北房的铁丝窗，从次日起赶紧邀了七八位匠人，费两天工夫，从头改筑，已经成功十分八九，总算可以高枕而卧。"

【高枕无忧】gāo zhěn wú yōu 垫高枕头睡觉，无所忧虑。《旧五代史·高季兴传》："且游猎旬日不回，中外之情，其何以堪，吾高枕无忧。"《醒世恒言》卷三二："只拣相公心上第一个不快的，将此女赠之，一月之内，此人必遭其祸。相公可高枕无忧也。"《镜花缘》五五回："将来上京赴试，路上有了此人，可以'高枕无忧'了！"老舍《四世同堂》八九："比方说，派一个班，最好是一个连来，在他宅子周围站岗放哨，那他也许就可以高枕无忧了。"

【高足弟子】gāo zú dì zǐ 成绩特别优异的学生。《世说新语·文学》："郑玄在马融门下，三年不得相见，高足弟子传授而已。"明·朱国祯《涌幢小品·吴先生》："昂、鲁人、窃慕先生，不敢请，愿受高足弟子学。"《二刻拍案惊奇》卷一九："吾乃南华老仙漆园中高足弟子。"

【膏火自煎】gāo huǒ zì jiān 膏：油脂。《庄子·人间世》："山木自寇也，膏火自煎也。"意思是油脂因能照明而自己招来煎熬之苦。后用来比喻有才能或有财富而招致祸患。三国魏·阮籍《咏怀》诗之九："膏火自煎熬，多财为患害。"

【膏粱锦绣】gāo liáng jǐn xiù 膏：肥肉。粱：细粮。锦绣：精美华丽的丝织品。形容富贵人家的奢华生活。《红楼梦》四回："因此这李纨虽青春丧偶，居家处膏粱锦绣之中，竟如槁木死灰一般。"

也作"膏粱文绣"。《红楼梦》一一五回："在令侄年幼，虽不知文章为何物，然将读过的细味起来，那膏粱文绣比着令闻广誉，真是不啻百倍的了。"廖仲恺《史坚如石像开幕演讲》："史家里的进士、翰林、举人都有，实生在钟鼎荣华之家，是一个膏粱文绣的子弟。"〔注意〕粱，不能写作"梁"。

【膏粱文绣】gāo liáng wén xiù　见"膏粱锦绣"。

【膏粱子弟】gāo liáng zǐ dì　膏粱：肥肉和细粮，代指精美食品。比喻过惯奢华生活的富家子弟。唐·颜师古《〈急就篇注〉叙》："若夫缙绅秀彦、膏粱子弟，谓之鄙俚，耻于窥涉，遂使博闻之说，废而弗明。"宋·周辉《清波杂志》卷一〇："故膏粱子弟，学宜加勤，行宜加检，仅得比众人耳。"《二十年目睹之怪现状》二三回："我曾见两个换帖的，都是膏粱子弟，有一天闹翻了脸，这个便找出那份帖子来，嗤的撕破了，拿个火烧了。"〔注意〕粱，不能写作"梁"。

【槁木死灰】gǎo mù sǐ huī　槁木：干枯的树木。死灰：火灭后的冷灰。《庄子·齐物论》："形固可使如槁木，而心固可使如死灰乎？"后用"槁木死灰"比喻毫无生气或心灰意冷，对世事无动于衷。宋·朱熹《朱子语类·孟子十》："以此观之，圣人之道，不是默然无言；圣人之心，纯亦不已。虽无事时也常有个主宰在这里，固不是放肆，亦不是如槁木死灰。"《野叟曝言》四七回："异乡孤客，患难之中，死生之际，而漠然无动于其中，真可谓心如槁木死灰者矣！"也作"死灰槁木"。《西游记》五五回："一个似软玉温香，一个如死灰槁木。"

【告贷无门】gào dài wú mén　告贷：向别人借钱。指生活陷入困境，连借钱的地方都没有。清·林则徐《江苏阴雨连绵田稻歉收情形片》："小民口食无资……告贷无门，今冬情形，不但无垫米之银，更恐无可买之米。"李劼人《死水微澜》二部五："虽然事隔十余年，犹然记得很清楚……是如何告贷无门，处处受别人的嘴脸。"

【告老还乡】gào lǎo huán xiāng　告老：旧时官吏年老请求辞职。泛指年老退休，回归故乡。《初刻拍案惊奇》卷二〇："西京洛阳县有一官人，姓刘，名弘敬，字元普，曾任过青州刺史，六十岁上告老还乡，继娶夫人王氏，年尚未满四十。"杨沫《青春之歌》一部五章："我父亲在村中很有威望——他在外面做过知县，现在告老还乡，敬唐还听他的话。"

【割臂之盟】gē bì zhī méng　割臂：指刺破手臂出血。《左传·庄公三十二年》："初，公筑台临党氏，见孟任，从之，闷；而以夫人言，许之，割臂盟公，生子般焉。"后用"割臂之盟"指男女私订婚约。《镜花缘》五二回："如昭公讳孟子之姓，庄公结割臂之盟，是婚姻之礼废了，那淫僻之乱莫不从此而生。"《花月痕》五回："川岳有灵，永护同心之石；乾坤不改，终圆割臂之盟。"

【割鸡焉用牛刀】gē jī yān yòng niú dāo　割：宰杀。焉：疑问代词，怎能。杀鸡怎能用宰牛的刀。比喻做小事不必动用大的气力。《论语·阳货》："子之武城，闻弦歌之声。夫子莞尔而笑，曰：'割鸡焉用牛刀！'"元·尚仲贤《单鞭夺槊》二折："则这割鸡焉用牛刀乎，小将那消大帅收。"《三国演义》五回："吕布背后一人高声出曰：'割鸡焉用牛刀？'不劳温侯亲往。吾斩众诸侯首级，如探囊取物耳！'"

【歌功颂德】gē gōng sòng dé　《史记·周本纪》："民皆歌乐之，颂其德。"后用"歌功颂德"指歌颂功绩和恩德。宋·王灼《再次韵晁子兴》诗："歌功颂德今时事，侧听诸公出正音。"《野叟曝言》三三回："那道姑、水手感谢自不消说，合船人也都歌功颂德，赞叹不绝。"巴金《随想录》一四四："况且如今社会风气大有改变，朋友见面也并不需要交换歌功颂德的'大路货'了。"李国文《冬天里的春天》四章："原来请他去编撰县志的，偏又不肯歌功颂德，当一名乖乖的御用文人，得罪了有头有脸的人家，干脆连县志都停办了。"

【歌楼舞榭】gē lóu wǔ xiè　见"舞榭歌台"。

【歌舞升平】gē wǔ shēng píng　升平：太平。唱歌跳舞，一片太平景象。含粉饰太平之意。元·陆文圭《〈词源〉跋》："淳祐景定间，王邸侯馆，歌舞升平，居生处乐，不知老之将至。"《孽海花》八回："时局变更，沧桑屡改，朝中歌舞升平，而海外失地失藩，频年相属。"路遥《平凡的世界》(中)一章："可是话说回来，如果没有困难，此地一片歌舞升平，那要他乔伯年来干啥？"

【革故鼎新】gé gù dǐng xīn　革：除去。鼎新：立新。《周易·杂卦》："革，去故也；鼎，取新也。"后用"革故鼎新"指革除旧的，建立新的。多指改朝换代或重大变革。唐·张锐《唐中书令梁国公姚崇神道碑铭》："夫以革故鼎新，大来小往，得丧而不形于色，进退而不失其正者鲜矣！"明·海瑞《乞正赦款疏》："盖陛下有爱民无穷之念，而二三大臣不仰承善体之忠，不惟不能施恩泽于民，而且不能尽革故鼎新之美。"李劼人《大波》三部九章："今日之事，无异革故鼎新，吾人更应该提倡尚武精神。"姚雪垠《李自成》二卷四九章："处此革故鼎新之时，岂能再论旧时门第！"

【格格不入】gé gé bù rù　格格：隔阂，阻碍。有抵触，不相投合。清·袁枚《寄房师邓逊斋先生》："物换星移，三十年为一世矣，以前辈之典型，合后来之花样，自然格格不入。"巴金《随想录》五○："一些基层干部总喜欢那些'唯唯诺诺'、无所作为的人，而对我们这些'大学生'总有些格格不入。"路遥《平凡的世界》(下)一○章："他们看起来是这样格格不入。"

【格杀勿论】gé shā wù lùn　格杀：打死。勿论：不论罪。指把行凶、拒捕或违反禁令的人当场打死而不以杀人论罪。清·林则徐《恭报抵粤日期折》："无论内地何项船只，驶近夷路，概行追击，倘敢逞凶拒捕，格杀勿论。"王火《战争和人》(一)卷六："着派第七十八军负责指挥沿江宪警，严禁部队官兵私自乘船渡江，违者拘捕严办，违抗者格杀勿论。"

【格物致知】gé wù zhì zhī　格：推究。致：获得。《礼记·大学》："致知在格物，格物而后知至。"后用"格物致知"指推究事物原理而获得知识。宋·朱熹《朱子语类·大学一》："格物致知，便是要知得分明；诚意、正心、修身，便是要行得分明。"《野叟曝言》一一八回："问《大学》大旨，则云：'诚意固然吃紧，若不格物致知，则意不可得而诚。'"严复《原强》："顾彼西洋以格物致知为学问本始，中国非不尔云也，独何以民智之相越乃如此耶？"

【隔岸观火】gé àn guān huǒ　比喻置身事外、袖手旁观的态度。梁实秋《雅舍小品·幸灾乐祸》："因为蹲坐表示'悠闲'，人家有灾难，你怎可以悠闲看热闹？悠闲地看热闹便至少有隔岸观火之嫌。"巴金《随想录》一三一："我看所谓良心的责备的确是最痛苦的，即使别人忘记了你，不算旧账，你躲在一边隐姓埋名，隔岸观火，也无法得到安宁。"

【隔窗有耳】gé chuāng yǒu ěr　见"隔墙有耳"。

【隔墙有耳】gé qiáng yǒu ěr　墙外有人偷听，机密容易外泄。《管子·君臣下》："墙有耳者，微谋外泄之谓也。"元·郑廷玉《后庭花》一折："岂不闻隔墙还有耳，窗外岂无人？"《孽海花》三三回："又谁料知己倾谈,忘了隔墙有耳,全灌进了杨云衢的耳中。"从维熙《阴阳界》四:"大队部虽说是一座远离村舍的孤零院落,但也难免隔墙有耳,万一这哭泣声招来好奇的乡亲,不但索泓一难以回答,就连蔡桂凤也无自圆的解数。"也作"隔窗有耳"。《聊斋志异·胭脂》:"蝴蝶过墙,隔窗有耳也;莲花瓣卸,堕地无踪。"刘绍棠《草莽》四:"不提防隔窗有耳,白六娘子夜夜蹲在墙根下听声,她们的打算被白六娘子偷听了去。"

【隔靴搔痒】 gé xuē sāo yǎng　比喻说话、做事、写文章不中肯,没有抓住关键。宋·严羽《沧浪诗话·诗法》九:"意贵透彻,不可隔靴搔痒;语贵脱洒,不可拖泥带水。"《野叟曝言》一二一回:"他人皆不欲其隐,惟我欲其隐,而不深知隐中之趣,未免隔靴搔痒,不如身为其事,心知其意之言亲切有味,足以悟之。"张恨水《啼笑因缘》五回:"这未免隔靴搔痒,然而也用心良苦。"

【各奔前程】 gè bèn qián chéng　各走各的路。比喻各人按各人的志向发展。《二刻拍案惊奇》卷三〇:"后来工部建言,触忤了圣旨,钦降为四川泸州州判;万户升了边上参将,各奔前程去了。"《三侠五义》八八回:"既然彼此有事,莫若各奔前程,后会有期。"欧阳山《三家巷》七五:"这样,不管阮华怎样舍不得,他们终究真地分了手,各奔前程。"〔注意〕奔,不读bēn。

【各持己见】 gè chí jǐ jiàn　各自坚持自己的意见。清·黄钧宰《金壶浪墨·堪舆》:"然此辈执术疏,谋生急,信口欺诈,言人人殊,甚至徒毁其师,子讥其父,各持己见,彼此相非。"也作"各执己见"。《喻世明言》卷三〇:"两人终日谈论,依旧各执己见,不相上下。"贾平凹《弈人》:"骂臭棋,弈者不应,大将风范,应者则是别的观弈人,双方各执己见,否定,否定

之否定,最后变脸失色,口出秽言,大打出手。"

【各得其所】 gè dé qí suǒ　❶指各自得到所需要的东西。《周易·系辞下》:"日中为市,致天下之民,聚天下之货,交易而退,各得其所。"《红楼梦》五八回:"当下各得其所,就如倦鸟出笼,每日园中游戏。"茅盾《腐蚀·十月二十四日》:"可是最近几天,大大小小各项物品的囤户陆续查到了七八个,一律如法炮制,瞒上不瞒下,交易而退,各得其所。"❷指每个人或事物都得到适当的安置。《战国策·秦策三》:"富贵显荣,成理万物,万物各得其所。"《汉书·东方朔传》:"元元之民,各得其所。"萧红《呼兰河传》六章:"狗有狗窝、鸡有鸡架、鸟有鸟笼,一切各得其所。"

【各个击破】 gè gè jī pò　把对方分别逐个打败。郭沫若《屈原》四幕:"你叫我们和齐国绝交,那才好让你们来各个击破啦!"姚雪垠《李自成》一卷八章:"他们都说,只要咱弟兄俩能够携手,明朝军队虽多,就再也不会把咱们各个击破。"

【各尽所能】 gè jìn suǒ néng　各自把能量全部释放出来。指每个人都尽了自己的全力。《后汉书·曹褒传》:"汉遭秦余,礼坏乐崩,且因循故事,未可观省,有知其说者,各尽所能。"周作人《雨天的书·死之默想》:"将来如有一日,社会制度稍加改良,除施行善种的节制以外,大家不问老幼可以各尽所能,各取所需,凡平常衣食住,医药教育,均由公给。"

【各抒己见】 gè shū jǐ jiàn　抒:发表,表达。各人发表自己的见解。《镜花缘》七四回:"据我主意,何不各抒己见,出个式子,岂不新鲜些?"路遥《人生》六章:"那几个拾粪老头竟然在她前面蹲下来,像观察一头生病的牛犊一样,互相指着她的嘴巴各抒己见。"

【各为其主】 gè wèi qí zhǔ　各人效忠

于自己的主子。《三国志·蜀书·关羽传》:"彼各为其主,勿追也。"《东周列国志》三三回:"四家党羽虽众,各为其主,人心不齐,怎当得宋国大兵。"《说岳全传》五二回:"此乃各为其主,理所当然,何罪之有!"姚雪垠《李自成》二卷一五章:"两国兴兵,各为其主,恳刘爷高抬贵手,放我们回家为民。"〔注意〕为,不读wéi。

【各行其是】gè xíng qí shì 《庄子·徐无鬼》:"天下非有公是也,而各是其所是。"后用"各行其是"指各人按照自己认为正确的去做。《二刻拍案惊奇》卷九:"自古贞姬守节,侠女怜才。两者俱贤,各行其是。"茅盾《虹》四:"她想来这样也好,各行其是,将来她走的时候,更可以毫无牵挂了。"杨沫《青春之歌》一部一〇章:"我们说不到一块儿,只好各行其是!"

【各有千秋】gè yǒu qiān qiū 千秋:千年,指久远。各自有其可以长久流传的价值。清·王复《和渭川寓感原韵,即以寄怀》诗之三:"各有千秋传业在,名山到处收收藏。"也比喻各有各的优点和特色。周而复《上海的早晨》三部四九:"马慕韩听了,也认为唐仲笙不含糊,和徐义德比起来,各有千秋,不相上下。"魏巍《东方》四部二三章:"他在典型报告会上,看到这么多的英雄人物,听到这么多惊心动魄的事迹,觉得真是山外有山,天外有天,各有千秋,群星灿烂。"

【各执己见】gè zhí jǐ jiàn 见"各持己见"。

【各执一词】gè zhí yī cí 双方意见不一,各自坚持一种说法,也作"辞"。《醒世恒言》卷二九:"是已牌时分,夹到日已倒西,两下各执一词,难以定招。"《野叟曝言》一一五回:"王麟、以神、春燕、秋鸿,时正在营,太子闻病急至,未着一人通知,不及回避,便俱俯伏在地,见

太子与素臣各执一辞,久跪于地,着急非常。"欧阳山《三家巷》七三:"有人说是从小帽冈的驻军那儿来的,有人说是从仙汾市的保安队那里来的,各执一词,不相上下。"

【各自为战】gè zì wéi zhàn 各自独立作战。《史记·项羽本纪》:"君王能自陈以东傅海,尽与韩信;睢阳以北至穀城,以与彭越,使各自为战,则楚易败也。"清·魏源《圣武记》卷九:"不拘何路禽贼,即此路将帅之功,何路养贼,即此路将帅之罪,其各自为战。"姚雪垠《长夜》二四:"虽然有两三股蹚将还在拼命地抵抗,但因为红枪会攻势太猛,而他们自己又是各自为战,便很快不能支持。"

【各自为政】gè zì wéi zhèng 《左传·宣公二年》:"将战,华元杀羊食士,其御羊斟不与。及战,[羊]曰:'畴昔之羊子为政,今日之事我为政。'与入郑师,故败。"后用"各自为政"指各人按照自己的主张办事。《三国志·吴书·胡综传》:"诸将专威于外,各自为政,莫或同心。"王火《战争和人》(三)卷二:"由学校批准伙委会成员,在总务主任统筹下发挥作用,避免各自为政。"

【根深蒂固】gēn shēn dì gù 蒂:草木之根。《老子·五十九章》:"有国之母,可以长久。是谓深根固柢,长生久视之道。"后用"根深蒂固"比喻基础稳固。唐·欧阳詹《曲江池记》:"将天意尚同,根深蒂固,可与终毕者而命处乎?"《初刻拍案惊奇》卷二二:"他们做得兴头的,多是有根基,有脚力,亲戚满朝,党与四布,才能勾根深蒂固,有得钱赚,越做越高。"老舍《二马》四:"英国人的好赌和爱游戏,是和吃牛肉抽叶子烟同样根深蒂固的。"

【根深叶茂】gēn shēn yè mào 树根扎得深,树叶就长得茂盛。比喻基础深厚牢固,事业繁荣兴旺。宋·欧阳修《会圣宫颂》:"故其兢兢勤勤,不忘前人,是

以根深而叶茂，德厚而流光，子子孙孙，承之无疆。"《五灯会元·大宁道宽禅师》："问：'既是一真法界，为甚么却有千差万别？'师曰：'根深叶茂。'"王安忆《小鲍庄》引子："茅顶泥底的房子趴了，根深叶茂的大树倒了，玩意儿似的。"

【亘古未闻】 gèn gǔ wèi wén　亘古：自古以来。从古至今从未听说过。明·沈德符《万历野获编·戏物》："若解蛇语则更怪矣，此亘古未闻。"魏巍《火凤凰》九二："哪知进城后的第二天，就发现这不过是一个卑鄙的骗局。亲人们已经陷入亘古未闻的火坑中去了。"

【亘古未有】 gèn gǔ wèi yǒu　亘古：自古以来。从古到今从未有过。清·平步青《霞外攟屑·茹韵香先生》："太青晚作《嘉莲》诗，七言今体至四百余首，亘古未有。"

【更仆难数】 gēng pú nán shǔ　更：换。仆：原指替主人接待宾客的人，即傧相，后指仆人。数：说。《礼记·儒行》："遽数之不能终其物，悉数之乃留，更仆未可终也。"意为换几班侍者，有关问题仍然回答不完。后用"更仆难数"形容人或事物很多，数不过来。《宋史·镇王竑传》："其人之贤，更仆不能数。"清·孙郁《双鱼佩·巧佑》："婚姻之事……或无意中立成佳耦，或极稳处卒致落空，聚散变迁，更仆难数。"

【更深人静】 gēng shēn rén jìng　更：古代夜间计时单位，一夜分为五更，一更约为两小时。指夜已深，没有人活动，周围很静。宋·蔡绦《西清诗话》引杨鸾诗："白日苍蝇满饭盘，夜间蚊子又成团；每到更深人静后，定来头上咬杨鸾。"《说岳全传》六五回："直至更深人静，牛通钻出轿来，走至里边。"《孽海花》二三回："那时更深人静，万籁无声。"丰子恺《缘缘堂随笔·忆儿时》二："更深人静，明月底下只有我们一家的人，恰好围成一桌。"

【更深夜静】 gēng shēn yè jìng　见"夜静更深"。

【耿耿于怀】 gěng gěng yú huái　耿耿：有心事的样子。心事萦绕，不能释怀。宋·文天祥《贺前人正》："某迹縻俗驾，心绕贺星，遥指于轸中，拳拳公寿，雪立于门外，耿耿于怀。"贾平凹《祭父》："在那苦难的两年里，父亲耿耿于怀的是他蒙受的冤屈，几乎过三天五天就要我来写一份翻案材料寄出去。"

【绠短汲深】 gěng duǎn jí shēn　绠：打水用的绳子。汲：从井中打水。用短绳从深井中打水。比喻才能薄弱，不足以胜任艰巨的工作。《庄子·至乐》："昔者管子有言，丘甚善之，曰：'褚小者不可以怀大，绠短者不可以汲深。'"唐·颜真卿《〈干禄字书〉序》："绠短汲深，诚未达于涯涘；歧路多惑，庶有归于适从。"清·纳兰性德《与韩元少书》："才单力弱，绠短汲深。"

【更上一层楼】 gèng shàng yī céng lóu　唐·王之涣《登鹳雀楼》诗："欲穷千里目，更上一层楼。"原意为若想看得更远，就要登得更高。后多用来比喻在原来的基础上再提高一步。张中行《〈梁树年画集〉序》："最好是更上一层楼，自写胸中丘壑。"

【工欲善其事，必先利其器】 gōng yù shàn qí shì，bì xiān lì qí qì　器：工具。工匠要想做好活，一定先要使工具精良。《论语·卫灵公》："子贡问为仁。子曰：'工欲善其事，必先利其器。居是邦也，事其大夫之贤者，友其士之仁者。'"唐·皇甫湜《答李生书》之一："工欲善其事，必先利其器，足下方伐柯，而舍其斧，可乎哉？"《镜花缘》三六回："'工欲善其事，必先利其器'。今既一无所有，纵使大禹重生，亦当束手。"

【公报私仇】 gōng bào sī chóu　指借

公事报个人的仇怨。《警世通言》卷三："小弟初然被谪,只道荆公恨我摘其短处,公报私仇。"《三侠五义》一回:"秦凤一见,已知郭槐之计,一来要斩草除根,二来是公报私仇。"柳青《创业史》一部三章:"'咳咳!'郭振山觉得好笑,'你是怕我公报私仇?'郭世富不吭声,连头也不抬。"也作"官报私仇"。明·施惠《幽闺记·图形追捕》:"这狗骨头,我倒替你官报私仇!"《水浒传》三四回:"实被刘高这厮无中生有,官报私仇,逼迫得花荣有家难奔,有国难投,权且躲避在此。"

【公而忘私】gōng ér wàng sī　一心用在公事上,不考虑自己的私事。《儒林外史》六回:"但自古道:'公而忘私,国而忘家。'我们科场是朝廷大典,你我为朝廷办事,就是不顾私亲,也还觉得于心无愧。"李劼人《暴风雨前》四部六:"后来据田老兄等一般同学议论说,胡总理作的是大公无私,是公而忘私,是把个人利害置之度外,是令人佩服的一种侠义行为。"

【公事公办】gōng shì gōng bàn　公家的事按公家制度办理,不讲私人情面。《官场现形记》三六回:"将来都察院文书来的时候,因为要顾本衙门的声名,不能不拿你公事公办。"钱钟书《围城》五:"办事员表示同情和惋惜,可是公事公办,得照章程做,劝他们先去找。"莫应丰《老百姓的节日》二:"王作梁面无表情地说:'伯妈,对你老人家不起,我当了这个干部,左邻右舍也只好公事公办……'"

【公私兼顾】gōng sī jiān gù　公家的利益和私人的利益同时照顾到。柳青《创业史》一部一六章:"把它当成副业嘛! 不要专门谈恋爱嘛! 哎哎,不要把事情看得那么刻板吧! 我说可以公私兼顾,你说呢?"

【公诸同好】gōng zhū tóng hào　把自己喜爱的东西向有相同爱好的人公开。清·赵翼《瓯北诗话·小引》:"爱就鄙见所及,略为标准,以公诸同好焉。"《儿女英雄传》四回:"自从听了这番妙解,说书的才得明白。如今公诸同好。"〔注意〕好,不读hǎo。

【功败垂成】gōng bài chuí chéng　垂:接近,将要。事情在将要成功的时候失败了。含惋惜意。《晋书·谢安传论》:"降龄何促,功败垂成,拊其遗文,经纶远矣。"《二十年目睹之怪现状》六一回:"况且十二道金牌,他未必不知道是假的,何必就班师回去,以致功败垂成。"姚雪垠《李自成》二卷三四章:"他很生气,下旨切责陕西、三边总督郑崇俭防范不严,使围歼李自成的事'功败垂成'。"也作"事败垂成"。明·梁辰鱼《浣纱记·乞降》:"凶逆不日就诛灭了,九仞为山,功亏一篑,料想不劳而集,事败垂成!"黄兴《蝶恋花》词:"事败垂成原鼠子,英雄地下长无语。"

【功成不居】gōng chéng bù jū　居:占有。立了功而不把功劳归于自己。《老子·二章》:"生而不有,为而不恃,功成而弗居。"唐·白居易《与崇文诏》:"威力无暴,功成不居。"《清史稿·曾国藩传》:"开国以来,文臣封侯自是始。朝野称贺,而国藩功成不居,粥粥如畏。"

【功成名就】gōng chéng míng jiù　就:达到。《墨子·修身》:"名不徒生,而誉不自长,功成名遂,名誉不可虚假。"遂:成功,成就。后多作"功成名就",指功业建立了,名声也成就了。元·范康《竹叶舟》二折:"你则说做官的功成名就,我则说出家的延年益寿。"《说岳全传》七八回:"鲍方祖笑道:'你不久已功成名就,那里还用着他? 你且把那双草鞋休要遗失了。'"刘心武《松本清张一去不返》:"那个功成名就的大音乐家,就算他羞于让社会知道他的父亲是个隔离在荒岛上的麻风病人,那他也犯不上,更何忍心杀死那个当年对他们父子有救命之恩的退休警察呢?"也作"名成功就"。张洁《方舟》一:"浑身上下,恰到好处地让人感到他早已是名成功就,第一流的小提琴演奏家,而决非乐队里排在最后一、二名的小演奏员。"

【功成身退】 gōng chéng shēn tuì 成功以后就抽身回来。指功业建立起来就辞去官职。《老子·九章》:"功成,名遂,身退,天之道。"《后汉书·邓禹传》:"功成身退,让国逊位,历世外戚,无与为比。"《野叟曝言》八四回:"老妇功成身退之言,必有后验。"姚雪垠《李自成》二卷四二章:"他还想起来汤夫人一再丁宁他‘功成身退’的话,更使他的心中出现了种种疑虑。"

【功成行满】 gōng chéng xíng mǎn 行满:修行期满。旧指出家修炼成仙。元·杨景贤《西游记》六本二四出:"唐僧今日功成行满,正果朝元。"《说岳全传》二回:"何况那蛟精,在真君剑下逃出命来……满望有日功成行满,那里想到被这大鹏鸟蓦地一嘴,把这左眼啄瞎!这口气如何出得?"

【功到自然成】 gōng dào zì rán chéng 功:功夫。功夫用到了,自然会成功。指办好一件事必须下够功夫,而不能急于求成。《西游记》四三回:"这师父原来只是思乡难息!若要那三三行满,有何难哉!常言道:‘功到自然成’哩!"梁斌《红旗谱》三八:"我一天天地盼,铁打房梁磨绣针,功到自然成!"

【功德无量】 gōng dé wú liàng 功德:功业与德行。原为佛教用语。后用来称颂人的功劳、恩德非常大。《汉书·丙吉传》:"所以拥全神灵,成育圣躬,功德已亡量矣。"亡:通"无"。《景德传灯录·南阳慧忠国师》:"其金刚大士,功德无量,非口所说,非意所陈。"《喻世明言》卷三七:"伏愿陛下慈悲,救育某等苦难,陛下

功德无量。"萧乾《人生采访·血肉筑成的滇缅路》:"他在民国二十年便捐修了一座铁索桥,造福往来商旅,功德无量。"

【功德圆满】 gōng dé yuán mǎn 功德:功业与德行,指念经、拜佛等法事。原为佛教用语,指法事完满结束。隋炀帝《入朝遣使奉书》:"奉五月二日诲,用慰驰结,仰承衡岳,功德圆满,便致荆巫。"《官场现形记》三八回:"恰巧四十九天功德圆满。"后指完成某事。清·袁于令《西楼记·假诺》:"那时功德圆满,随即自尽便了。"蒋子龙《阴错阳差》一:"他甚至比布天隽更高兴,更得意,一副功德圆满、问心无愧、胜利凯旋的神态。"

【功亏一篑】 gōng kuī yī kuì 篑:盛土的筐,指一筐土。《尚书·旅獒》:"为山九仞,功亏一篑。"意为堆九仞高的土山,因只差一筐土而没有完成。后用来比喻做事情只差最后一点而前功尽弃。含惋惜意。《晋书·东海王越传赞》:"长沙奉国,始终靡贰,功亏一篑,奄罹残贼。"明·海瑞《平黎疏》:"功亏一篑,坐失事机,陛下将奚取哉!"刘白羽《第二个太阳》一二章:"他只知道他的手必须攥紧,如若稍微松一下,就意味着功亏一篑,全盘皆输。"

【攻城略地】 gōng chéng lüè dì 略:夺取。攻占城池,夺取土地。《淮南子·兵略训》:"攻城略地,莫不降下。"元·杨显之《酷寒亭》四折:"今天下事势之多,四下里竞起干戈,其大者攻城略地,小可的各有巢窠。"

【攻苦食淡】 gōng kǔ shí dàn 攻:专心做某事。做劳累辛苦的事,吃粗茶淡饭。形容不求享乐,辛勤自励。《史记·刘敬叔孙通列传》:"吕后与陛下攻苦食啖,其可背哉!"集解引徐广曰:"啖,一作‘淡’。"《宋史·徐中行传》:"熟读精思,攻苦食淡,夏不扇,冬不炉,夜不安枕者逾

年。"

【攻其不备】gōng qí bù bèi 《孙子·计篇》:"攻其无备,出其不意。"后多用"攻其不备"指趁对方没有防备时进攻。清·魏源《圣武记》卷八:"攻其不备,决可克复。"《镜花缘》一三回:"素知此处庶民,都是正人君子,所以不肯攻其不备,暗下毒手取鱼。"袁也烈《"八一"的枪声》:"出其不意,攻其不备,就可全歼敌人。"

【攻守同盟】gōng shǒu tóng méng 原指国与国之间缔结盟约,以求战时在进攻或防守方面彼此行动一致。《孽海花》一八回:"可惜后来伊藤博文到津,何太真受了北洋之命,与彼立了攻守同盟的条约。"后也用来指同伙间串通合作。茅盾《子夜》一七:"眼看着杜竹斋,忽然想得了一个好主意:在公债上拉竹斋做个'攻守同盟',那就势力更加雄厚,再不怕老赵逃到哪里去。"欧阳山《三家巷》七二:"大奶奶何胡氏跑进三姐房里,一手抢了小官出来,抱回二娘何白氏房里,两个人攻守同盟,将三姐何杜氏破口大骂。"

【攻无不克】gōng wú bù kè 没有攻占不下来的。形容百战百胜。常与"战无不胜"连用。宋·辛弃疾《美芹十论·致勇》:"有不攻矣,攻之而无不克。"《野叟曝言》一〇一回:"孤等自起兵以来,战无不胜,攻无不克,而一日之内亲军兽兵死者过半,此天亡我也。"

【供不应求】gōng bù yìng qiú 供应不能满足需求。魏巍《火凤凰》五四:"开春以后,充作军粮的小米已经供不应求,只好以马料充作军粮。"贾平凹《腊月·正月》七:"每天的产量还可以,销路也很好,有些供不应求了。"

【恭敬不如从命】gōng jìng bù rú cóng mìng 恭敬谦逊不如听从命令。用来表示客气的话。元·王实甫《西厢记》二本三折:"常言道'恭敬不如从命',休使得梅香再来请。"《野叟曝言》二〇回:"恭敬不如从命,我竟要强作主盟的了。"王火《战争和人》(三)卷六:"既如此,烦请转告德公,恭敬不如从命,我就勉为其难,答应了!"

【恭敬桑梓】gōng jìng sāng zǐ 《诗经·小雅·小弁》:"维桑与梓,必恭敬业。"宋·朱熹集注:"桑梓,二木,古者五亩之宅,树之墙下,以遗子孙,给蚕食,具器用者也。"后用"桑梓"代称家乡故里。"恭敬桑梓"即敬重故乡父老之意。明·王世贞《鸣凤记·鹤楼赴义》:"岂孩儿未曾恭敬桑梓?"

【躬逢其盛】gōng féng qí shèng 躬:亲身。指亲身参加了那个盛会。明·归有光《隆庆元年浙江程策四道》:"兹者明诏采取遗事,诸生幸得躬逢其盛。"《镜花缘》九〇回:"妹子素日虽有好茶之癖,可惜前者未得躬逢其盛,至今犹觉耿耿。"

【躬自菲薄】gōng zì fěi bó 躬:亲身。菲薄:微薄。指自身简朴。多用于身份、地位高的人。汉·张衡《东京赋》:"文又躬自菲薄,治致升平之德。"南朝宋·范泰《旱灾未已加以疾疫又上表》:"陛下昧旦临朝,无懈治道,躬自菲薄,劳心民庶。"

【觥筹交错】gōng chóu jiāo cuò 觥:酒杯。筹:行酒令所用的筹码。交错:交互错杂。酒杯和酒筹交互错杂。形容宴饮欢乐。宋·欧阳修《醉翁亭记》:"宴饮之乐,非丝非竹,射者中,奕者胜,觥筹交错,起坐而喧哗者,众宾欢也。"《东周列国志》六八回:"觥筹交错,粉香相逐,飘飘乎如入神仙洞府,迷魂夺魄,不自知其在人间矣。"《花月痕》一六回:"七人慢慢的浅斟缓酌,雄辩高谈,觥筹交错,履舄往来,极尽雅集之乐。"王安忆《香港的情和爱》九:"他眼前是觥筹交错,灯红酒绿,逢佳的那一点紫,是红里的最红,绿里的最绿。"

【拱手听命】 gōng shǒu tīng mìng　拱手:双手在胸前作揖。指听命于对方,毫无反抗。《明史·陈九畴传》:"边臣怵利害,拱手听命,致内属番人勾连接引,以至于今。"《杨家将演义》二四回:"臣有一计,可使萧后拱手听命。"

【勾心斗角】 gōu xīn dòu jiǎo　见"钩心斗角"。

【钩深致远】 gōu shēn zhì yuǎn　能钩取深处之物和招致远处之物。《周易·系辞上》:"探赜索隐,钩深致远。"后比喻探索深奥的道理或形容治学的广博精深。《世说新语·方正》:"钩深致远,盖非浅识所测。"汤用彤《汉魏两晋南北朝佛教史》二分八章:"安公穷览经典,其寻文比句功夫最深,乃能钩深致远。"

【钩心斗角】 gōu xīn dòu jiǎo　❶心:宫室的中心。角:檐角。指宫室建筑的内外结构精巧工致。唐·杜牧《阿房宫赋》:"五步一楼,十步一阁,廊腰缦回,檐牙高啄,各抱地势,钩心斗角。"❷指诗文的布局结构精巧、回环错落。清·梁绍壬《两般秋雨盦随笔·咏物诗》:"近时诗家咏物,钩心斗角,有突过前人者。"❸比喻相互之间明争暗斗。张恨水《啼笑因缘》一九回:"你还没有走入仕途,你哪里知道仕途钩心斗角的巧妙。"也作"勾心斗角"。李劼人《大波》二部六章:"两个人表面很融洽,其实彼此都在勾心斗角。"

【钩玄提要】 gōu xuán tí yào　玄:深奥的道理。要:要领。唐·韩愈《进学解》:"记事者必提其要,纂言者必钩其玄。"后用"钩玄提要"指探索深奥精微的道理,摘取其中的要领。明·邵亨贞《南村辍耕录疏》:"钩玄提要,匪按图索骥之空言;考古验今,得闭户斲轮之大意。"郭沫若《关于"接受文学遗产"》:"不求多,只求精,含英咀华,钩玄提要。"

【钩章棘句】 gōu zhāng jí jù　❶指写作时字斟句酌、费心推敲。唐·韩愈《贞曜先生墓志铭》:"及其为诗,刿目鉥心,刃迎镂解,钩章棘句,掐擢胃肾,神施鬼设,间见层出。"宋·刘克庄《徐总管雨山堂诗跋》:"他人呕心捻髭,钩章棘句,营度甚苦,而侯得手应心,易易如此。"❷形容文句艰涩不流畅。清·袁枚《小仓山房尺牍·覆家实堂》:"古文有十弊……钩章棘句,以艰深文其浅陋,十弊也。"郭绍虞《中国文学批评史》六三:"其又一派学秦汉文之钩章棘句,以诘屈聱牙为能事。"

【篝火狐鸣】 gōu huǒ hú míng　篝:竹笼。《史记·陈涉世家》:"[陈涉]又间令吴广之次所旁丛祠中,夜篝火,狐鸣呼曰:'大楚兴,陈胜王。'"意为在笼中置火,学狐狸叫声,假托鬼狐之事诱众起事。后用"篝火狐鸣"指密谋策划起事。庞树柏《谈陈涉世家》诗之二:"篝火狐鸣大泽中,沉沉夥涉志非雄。"

【苟合取容】 gōu hé qǔ róng　苟合:无原则地附合。取容:取悦于人。不讲原则地附和以讨好别人。汉·司马迁《报任少卿书》:"四者无一遂,苟合取容,无所短长之效,可见于此矣。"《汉书·诸葛丰传》:"今以四海之大,曾无伏节死谊之臣,率尽苟合取容,阿党相为,念私门之利,忘国家之政。"

【苟且偷安】 gōu qiě tōu ān　苟且:得过且过。偷安:贪图眼前安逸。指只图眼前的安逸,得过且过,不考虑将来。宋·朱熹《缴纳南康任满合奏禀事件状一》:"其幸存者,亦皆苟且偷安,不为子孙长久之虑。"李国文《冬天里的春天》四章:"她怎么能甘心过忍辱负重,苟且偷安的奴性式爱情生活? 怎么能从别人的杯子里分得一口残羹?"

【苟且偷生】 gōu qiě tōu shēng　苟且:得过且过。偷生:将就着勉强活下去。过一天算一天,不顾将来。宋·王令《与杜子长书》:"受寒饿死,惧辱先人后,以故苟且偷生。"《野叟曝言》二四回："小人等不幸为官司逼迫，陷身盗贼，止图苟且偷生，并不敢怀异志。"老舍《四世同堂》九二："他在人前挺不起腰杆，简直是个苟且偷生的可怜虫。"

【苟延残喘】gǒu yán cán chuǎn　残喘：仅存的一口气。比喻勉强维持生存。《京本通俗小说·拗相公》："老汉幸年高，得以苟延残喘；倘若少壮，也不在人世了。"《镜花缘》五七回："贤侄要知我之所以苟延残喘不肯引退者：一因主上尚未复位，二因内乱至今未平。"鲁迅《南腔北调集·谣言世家》："但宋明的末代皇帝，带着没落的阔人，和暮气一同滔滔的逃到杭州来，却是事实，苟延残喘，要大家有刚决的气魄，难不难。"老舍《四世同堂》四四："要不然他为什么不去参加抗战的工作，而只苟延残喘的在日本旗子下活着呢？"

【狗盗鸡鸣】gǒu dào jī míng　见"鸡鸣狗盗"。

【狗吠非主】gǒu fèi fēi zhǔ　狗见到不是自己主人的人便吠叫。比喻臣奴忠于自己的主人。《战国策·齐策六》："跖之狗吠尧，非贵跖而贱尧也，狗固吠其非主也。"汉·焦赣《易林·咸之泰》："狗吠非主，狼虎夜扰，惊我东西，不为家咎。"

【狗肺狼心】gǒu fèi láng xīn　见"狼心狗肺"。

【狗苟蝇营】gǒu gǒu yíng yíng　见"蝇营狗苟"。

【狗急跳墙】gǒu jí tiào qiáng　比喻走投无路时不顾一切地采取极端行动。《红楼梦》二七回："今儿我听了他的短儿，一时人急造反，狗急跳墙，不但生事，而且我还没趣。"李劼人《大波》四部一章："他们也知道向军政府告哀、说好话没有用处，遂自然而然采取了狗急跳墙、寇急斗反的方式，来向军政府示威。"

【狗尾续貂】gǒu wěi xù diāo　古代皇帝的侍从官员用貂尾装饰帽子，由于封官太多，以致貂尾不足，只好用狗尾代替。《晋书·赵王伦传》："奴卒厮役亦加以爵位，每朝会，貂蝉盈坐，时人为之谚曰：'貂不足，狗尾续。'"后用"狗尾续貂"讽刺封官太滥。宋·孙光宪《北梦琐言》卷一八："乱离以来，官爵过滥，封王作辅，狗尾续貂。"也比喻拿不好的东西补接到好的东西后面，前后不相称。清·李渔《闲情偶寄·词曲·词采》："尚有踊跃于前，懈弛于后，不得已而为狗尾续貂者亦有之。"刘绍棠《村妇》卷二："那日他走出家门，沿街溜达到府上书店，看见买书的人排成一字长蛇阵。他兴之所至，排在了队尾，自嘲是狗尾续貂，正可跟签字售书的牛荦多谈几句。"

【狗血淋头】gǒu xuè lín tóu　见"狗血喷头"。

【狗血喷头】gǒu xuè pēn tóu　古以狗血祛除不祥。因以"狗血喷头"形容骂人骂得淋漓尽致。《官场现形记》五三回："信息传到上海，有两家报馆里统通把他的事情写在报上，拿他骂了个狗血喷头。"魏巍《火凤凰》一〇〇："可是传来的消息不错，说她表现得非常坚强、非常英勇，把鬼子汉奸骂了个狗血喷头，我真暗暗佩服她，心想，这真是个女英雄！"也作"狗血淋头"。巴金《秋》三七："他们睡得正香，你敢去吵醒他们，一定要骂得你狗血淋头。"

【狗仗人势】gǒu zhàng rén shì　比喻倚仗某种权势欺压人。《红楼梦》七四回："你是什么东西，敢来拉扯我的衣裳！我不过看着太太的面上，你又有年纪，叫你一声妈妈，你就狗仗人势，天天作耗，专管生事。"老舍《四世同堂》四五："去给英国人作事并不足以使他有恃无恐，他也不愿那么狗仗人势的有恃无恐。"邓友梅《烟壶》一六："徐焕章近日也往九爷处钻营,可这人小气,不怎肯在管家戈什么身上送什包。管家也看不上他狗仗人势的下贱相。"

【狗彘不若】 gǒu zhì bù ruò　彘:猪。连猪狗都不如。形容人品行卑劣无耻。《荀子·荣辱》:"人也,下忘其身,内忘其亲,上忘其君,则是人也,而曾狗彘之不若也。"明·王玉峰《焚香记·构祸》:"逼奴改嫁,见奴死不顺从,又逼我兜笼阵马,卖俏倚门。这般所为,狗彘不若。"

【沽名钓誉】 gū míng diào yù　沽:买。钓:骗取。用某种手段骗取名誉。金·张建《高陵县张公去思碑》:"非若沽名钓誉之徒,内有所不足,急于人闻,而专苛责督察,以祈当世之知。"《二十年目睹之怪现状》一五回:"现在那一班大善士,我虽然不敢说没有从根中做起的,然而沽名钓誉的,只怕也不少。"杜鹏程《回忆雪峰同志》二:"他使我懂得文学是严肃的艰巨的事业,是需要献出毕生精力而奋斗而学习的事业;浅尝辄止和沽名钓誉的人,注定要碰得头破血流的!"也作"钓名沽誉"。《红楼梦》三六回:"或如宝钗辈有时见机导劝,反生起气来,只说:'好好的一个清净洁白女儿,也学的钓名沽誉,入了国贼禄鬼之流。'"

【孤雏腐鼠】 gū chú fǔ shǔ　比喻微贱、无足轻重的人或物。《后汉书·窦宪传》:"今贵主尚见枉夺,何况小人哉! 国家弃宪如孤雏腐鼠耳。"宋·文天祥《癸亥上皇帝书》:"夫以陛下圣明在上,孤雏腐鼠,亦何敢昼舞夜号!"清·纪昀《阅微草堂笔记·槐西杂志二》:"女子当以四十以前死,人犹悼惜,青裙白发作孤雏腐鼠,吾不愿也。"

【孤儿寡妇】 gū ér guǎ fù　死了父亲的孩子和死了丈夫的妇女。指无依无靠、没人保护的人。《后汉书·陈龟传》:"或举国掩户,尽种灰灭,孤儿寡妇,号哭空城。"《二刻拍案惊奇》卷四:"眼见得庶弟孤儿寡妇,下边没申诉处,只得在杨巡道手里告下一纸状来。"方志敏《狱中纪实》六:"他们三人,全部有妻室儿女,他们之死,要累得那伙孤儿寡妇多受罪啊!"也作"孤儿寡母"。路遥《平凡的世界》(中)四七章:"尽管他很快就遇到了世俗舆论的压力,但仍然毫不在乎地开着车来到这偏僻山庄,给生活于困境中的孤儿寡母送这送那,关怀备至……"

【孤儿寡母】 gū ér guǎ mǔ　见"孤儿寡妇"。

【孤芳自赏】 gū fāng zì shǎng　孤芳:一枝独秀的香花。比喻自命清高,自我欣赏。宋·张孝祥《念奴娇·过洞庭》词:"应念岭表经年,孤芳自赏,肝胆皆冰雪。"钱钟书《围城》一:"那女人平日就有一种孤芳自赏、落落难合的神情。"周而复《上海的早晨》一部一八:"他选中了管秀芬,做为他重点活动的对象,但管秀芬自恃年青漂亮,态度傲慢,孤芳自赏,目中无人,是一朵带刺的娇艳的蔷薇。"

【孤高自许】 gū gāo zì xǔ　孤高:骄傲而不合群。自许:自负。孤僻高傲,自命不凡。《红楼梦》五回:"而且宝钗行为豁达,随分从时,不比黛玉孤高自许,目无下尘,故比黛玉大得下人之心。"

【孤魂野鬼】 gū hún yě guǐ　比喻失去依靠、亲人,孤单无助的人。韦君宜《招魂》:"我原来还以为她同情我,人心能换人心,不对。我像一个鬼,一个孤魂野鬼,人见了都会吓跑。"王火《战争和人》(三)卷四:"我老子成了孤魂野鬼,在军委会挂了个中将参议的空名,领点吃不饱饿不死的钱来养活他们老两口。"

【孤家寡人】 gū jiā guǎ rén　古代君主自称孤或寡。后用"孤家寡人"比喻孤单、无人支援的人。《二十年目睹之怪现状》六五回:"云岫的一妻一妾,也为这件事,连带痛的死了。到了今日,云岫竟变了个孤家寡人了。"老舍《四世同堂》五

○："我不再想组织什么，而赤手空拳的独自去干。这几乎近于愚蠢，现代的事情没有孤家寡人可以成功的。"刘绍棠《烟村四五家》二："下乡十八年，眼看着人过四十天过午，已经等闲白了少年头，只落得孤家寡人，赤手握空拳。"

【孤军奋战】 gū jūn fèn zhàn 《隋书·虞庆则传》："由是长儒孤军独战，死者十八九。"后多作"孤军奋战"，指单独一支军队各力作战。也比喻独自一人进行奋斗。邓一光《我是太阳》四部六："乌云已经习惯了在这个战场上孤军奋战，她的友军只有两个乡下阿姨。"

【孤军深入】 gū jūn shēn rù 孤立无援的军队深入敌区作战。《旧唐书·裴行俭传》："比以西服未宁，遣卿总兵讨逐，孤军深入，经途万里。"邓一光《我是太阳》二部二："此番九师孤军深入，与他的主力七军相遇，算是撞到他的枪口上来了。"王火《战争和人》(三)卷五："孤军深入的日寇仓惶退走，大后方局势稍定。"

【孤苦伶仃】 gū kǔ líng dīng 伶仃：孤独。形容孤单困苦，无依无靠。伶仃，也作"零丁"。唐·白居易《祭郎中弟文》："孤苦零丁，又加衰疾，殆无生意，岂有宦情？"元·纪君祥《赵氏孤儿》二折："可怜三百口亲丁饮剑锋，刚留得孤苦伶仃一小童。"《封神榜》一○二回："姜某生来多命苦，可叹我，孤苦伶仃一个人。"袁静、孔厥《新儿女英雄传》八回："这家老大娘看小梅孤苦伶仃的一个妇女，就开了门，让进屋里，拿出饽饽给她吃。"也作"伶仃孤苦"。《初刻拍案惊奇》卷二三："此言固然有理，但我目下零丁孤苦，素少亲知。虽要逃亡，还是向那边去好？"茅盾《子夜》六："但混在人堆时时，她又觉得难堪的威胁，似乎个个人都板起了得意的脸孔在威胁她。世界上只有她一人是伶仃孤苦——她时常这么想。"

【孤立无援】 gū lì wú yuán 单独行事，得不到援助。《后汉书·班超传》："超孤立无援，而龟兹、姑墨数发兵攻疏勒。"《孽海花》三五回："皇上虽有变政的心，可惜孤立无援，偶在西后前陈说几句，没一次不碰顶子，倒弄得两宫意见越深。"杨沫《青春之歌》二部二○章："当林道静感受到她和小俞不是孤单的、孤立无援的个人行动的时候，她们的心同时被融化在一个看不见的，隔着多少层铁壁然而却紧紧结合在一起的伟大的整体中。"

【孤陋寡闻】 gū lòu guǎ wén 陋：见识短浅。形容学识浅薄，见闻不广。《礼记·学记》："独学而无友，则孤陋而寡闻。"晋·葛洪《抱朴子·自叙》："年十六，始读《孝经》、《论语》、《诗》、《易》，贫乏无以远寻师友，孤陋寡闻，明浅思短，大义多所不通。"《水浒传》七二回："宋江答道：'山僻之客，孤陋寡闻，得睹花容，生平幸甚。'"《镜花缘》一六回："不瞒二位大贤说，这叫作'临时抱佛脚'，也是我们读书人通病，何况他们孤陋寡闻的幼女哩。"巴金《随想录》一二二："我惭愧一向读书不多，孤陋寡闻，说不出这文章是谁的作品。"

【孤鸾寡鹤】 gū luán guǎ hè 比喻孤身男女。《说岳全传》六七回："孤鸾寡鹤许成双，一段姻缘自主张。"也作"寡鹤孤鸾"。明·王世贞《鸣凤记·流徙分途》："阴灵虽远，忠义在人间，只有寡鹤孤鸾苦弃捐。"

【孤身只影】 gū shēn zhī yǐng 孤零零的一个人。形容孤单无亲友。元·关汉卿《窦娥冤》三折："可怜我孤身只影无亲眷，则落的吞声忍气空嗟怨。"《初刻拍案惊奇》卷二七："去水奔流隔死生，孤身只影成漂泊。"

【孤云野鹤】 gū yún yě hè 指闲居野处，踪迹无定的隐士。也指超脱世俗的人。唐·范摅《云溪友议》卷六："娄、吕二生，孤云野鹤，不知栖宿何处。"宋·陆游

《孙余庆披戴疏》："孤云野鹤，山林自属闲身；布袜青鞋，巾褐本来外物。"《聊斋志异·成仙》："孤云野鹤，栖无定所。"

【孤掌难鸣】 gū zhǎng nán míng　一个巴掌难以拍出声音。比喻势单力薄，难以成事。元·宫大用《七里滩》三折："虽然你心明圣，若不是云台上英雄并力，你独个孤掌难鸣。"《醒世恒言》卷五："何期安禄反乱，杀到潼关，哥舒翰正值患病，抵敌不住，开关纳降。勤自励孤掌难鸣，弃其部下，只身挟剑而逃。"《野叟曝言》一〇五回："先生孤掌难鸣，与其玉石俱焚，不若早为决计。"李英儒《野火春风斗古城》一九章："他真想乘此机会杀死门卫冲出去，又怕孤掌难鸣，惹出漏子来。"

【孤注一掷】 gū zhù yī zhì　孤注：赌博时把所有的钱一次投做赌注。掷：掷骰子。比喻用尽全力冒险行事，以求侥幸成功。宋·辛弃疾《九议》："于是乎'为国生事'之说起焉，'孤注一掷'之谕出焉。"元·张宪《澶渊行》："亲征雄谋出独断，孤注一掷先得枭。"《孽海花》三三回："无如他被全台的公愤，逼迫得没有回旋余地，只好挺身而出，作孤注一掷了。"李国文《冬天里的春天》四章："现在，他决不会把命运交付给天空的雁群来决定，自然更不会孤注一掷地钻进地狱似的冰洞里去。"

【姑妄听之】 gū wàng tīng zhī　姑：姑且。妄：随便。《庄子·齐物论》："予尝为女妄言之，女以妄听之。"后用"姑妄听之"指姑且随意听听，不必认真对待。明·沈德符《万历野获编·西天功德国》："按和林为元旧都，何以改称国，必胡僧赚赏，并功德国亦伪造美名，天朝姑妄听之耳。"茅盾《腐蚀·十一月三十日》："显然他对我的话都抱了'姑妄听之'的态度，而且说不定还怀疑我是来试探他呢。"王火《战争和人》(一)卷五："童霜威

平时并不太相信算命、看相一类的事，听他们说得有趣，也就姑妄听之。"

【姑妄言之】 gū wàng yán zhī　姑：姑且。妄：随便。《庄子·齐物论》："予尝为女妄言之，女以妄听之。"后用"姑妄言之"指姑且随便说说，未必一定有理或可信。《官场现形记》五七回："这番话，他自己亦明晓得已定之案，决计加重不来；不过姑妄言之，好叫百姓说他一个'好'字。"萧红《呼兰河传》三章："她说阴间有十八关，过到狗关的时候，狗就上来咬人，用之铮铮一打，狗吃了铮铮就不咬人了。似乎是姑妄言之，姑妄听之，我没有听进去。"

【姑息养奸】 gū xī yǎng jiān　姑息：无原则地宽容。养奸：助长坏人坏事。由于无原则地宽容而助长恶人做坏事。清·昭梿《啸亭杂录·徐中丞》："守令来谒，命判试其才，教曰：'深文伤和，姑息养奸，戒之哉！'"李劼人《大波》二部四章："本县断不姑息养奸的，等把小杂种打够了，自会打你两个，你倒不要着慌！"

【古道热肠】 gǔ dào rè cháng　古道：指古代淳厚的风俗习惯。形容待人真诚、热情。《官场现形记》四四回："几个人当中，毕竟是老夫子秦梅士古道热肠。"张恨水《啼笑因缘》八回："关寿峰这人，古道热肠，是个难得的老人家。"刘心武《钟鼓楼·不是结尾》："他为人古道热肠，艺术见解却绝不墨守成规。"

【古色古香】 gǔ sè gǔ xiāng　形容艺术作品、器物等富于古朴的色彩、意趣、情调。清·黄丕烈《士礼居藏书题跋记·麈史》："是书虽非毛氏所云何元朗本及伊舅氏仲木本，然古色古香溢于楮墨，想不在二本下也。"茅盾《腐蚀·十一月六日》："我忙中失检，竟没看见客厅门口就有衣帽架，一边和松生握手，一边迈步进去，臂上还挂着我那件'古色古香'的薄呢大衣。"王蒙《青春万岁》五："许多机关

团体的门前都扎着彩牌坊，挂出古色古香的红灯笼，光明彻夜不灭。"也作"古香古色"。魏巍《火凤凰》三九："在一张红油漆的八仙桌上，摆着一把古香古色的小锡酒壶，和两个农家常用的小酒盅。"

【古往今来】 gǔ wǎng jīn lái　从古到今。晋•潘岳《西征赋》："古往今来，邈矣悠哉！"《二刻拍案惊奇》卷二四："钱财本有定数，莫要欺心胡做。试看古往今来，只是一本账簿。"《红楼梦》五一回："这两件事虽无考，古往今来，以讹传讹，好事者竟故意的弄出这古迹来以愚人。"巴金《随想录》附录："古往今来有数不清的作家，读不完的作品。"梁实秋《雅舍小品•聋》："我知道古往今来，有多少好人在和我作伴。"

【古为今用】 gǔ wéi jīn yòng　批判、继承古代文化遗产，使之为今天服务。曹禺《道路宽广大有作为》："过去曾经有过片面理解古为今用、搞影射，或者把现代思想强加于古人的现象，今天仍要引以为戒。"

【古香古色】 gǔ xiāng gǔ sè　见"古色古香"。

【谷贱伤农】 gǔ jiàn shāng nóng　粮价过低损害农民的利益。《汉书•昭帝纪》："诏曰：夫谷贱伤农，令三辅、太常谷减贱，其令以叔（菽）粟当今年赋。"唐•陆长源《上宰相书》："今岁丰年稔，谷贱伤农，诚宜出价以籴籴，实太仓之储。"梁斌《红旗谱》三一："工业品贵，农业品贱，谷贱伤农，农村经济一历历破产了！"

【股肱之臣】 gǔ gōng zhī chén　股：大腿。肱：大臂。比喻左右辅弼得力的人。《东周列国志》九二回："秦惠文王曰：'张仪吾股肱之臣，寡人宁不得地，何忍弃之？'"姚雪垠《李自成》二卷三〇章："卿不欺朕，不愧是朕的股肱之臣。"

【骨鲠在喉】 gǔ gěng zài hóu　骨鲠：鱼骨头、鱼刺。鱼刺卡在喉咙里。比喻话憋在心里，不说出来非常难受。清•袁枚《小仓山房尺牍•与金匮令》："仆明知成事不说，既往不咎，而无如闻不慊心事，如骨鲠在喉，必吐之而后快。"鲁迅《集外集拾遗•启事》："我对于这个问题，早已骨鲠在喉，不得不吐，今得痛痛快快全写出来，我才觉着心头很舒宁。"姚雪垠《李自成》二卷三三章："想到这些，他愤慨而痛心，如同骨鲠在喉，非吐不快。"

【骨立形销】 gǔ lì xíng xiāo　见"形销骨立"。

【骨肉分离】 gǔ ròu fēn lí　见"骨肉离散"。

【骨肉离散】 gǔ ròu lí sàn　骨肉：指父母兄弟子女等亲人。比喻亲人分散，不能团聚。《诗经•唐风•杕杜序》："《杕杜》，刺时也。君不能亲其宗族，骨肉离散，独居而无兄弟，将为沃所并尔。"清•无名氏《杜诗言志》卷八："'冲风夺佳气'，骨肉离散也。"也作"骨肉分离"。《红楼梦》一九回："如今无故平空留下我，于你又无益，反叫我们骨肉分离，这件事，老太太、太太断不肯行的。"

【骨肉团圆】 gǔ ròu tuán yuán　骨肉：指父母兄弟子女等亲人。比喻亲人团聚。明•柯丹邱《荆钗记•庆诞》："所喜者家庭温厚，骨肉团圆。"《镜花缘》三六回："蒙小国王念俺被难，前来送信。俺林之洋倘骨肉团圆，惟有焚香报佘大德。"

【骨肉相残】 gǔ ròu xiāng cán　骨肉：指父母兄弟子女等亲人。比喻家人自相残杀。《世说新语•政事》："仲弓曰：'盗杀财主，何如骨肉相残？'"《东周列国志》五回："家门不幸，骨肉相残，诚有愧于邻国。"

【骨肉相连】 gǔ ròu xiāng lián　像骨头和肉一样互相连着。比喻关系密切，不可分离。《北齐书•杨愔传》："常山王以砖叩头，进而言曰：'臣与陛下骨肉相连。杨彦遵等欲擅朝权，威福自己，王公以还，皆重足屏气。'"

【骨肉至亲】gǔ ròu zhì qīn　骨肉：像骨头和肉一样关系密切。比喻血缘最近的亲戚。《魏书·邢峦传》："况渊藻是萧衍兄子，骨肉至亲，若其逃亡，当无死理。"《二十年目睹之怪现状》四回："我想起继之的话，十分疑心，伯父同我骨肉至亲，那里有这等事。"

【骨软筋麻】gǔ ruǎn jīn má　见"骨软筋酥"。

【骨软筋酥】gǔ ruǎn jīn sū　形容人全身瘫软无力。《野叟曝言》二五回："鹣鹣与那女人骨软筋酥，倒卧地下，动抬不得。"《镜花缘》三四回："并且两只'金莲'，已被缠的骨软筋酥，倒像酒醉一般，毫无气力，每逢行动，总要宫娥搀扶。"也作"骨软筋麻"。《西游记》三六回："那和尚在窗眼儿里看见，就吓得骨软筋麻，慌忙往床下拱。"

【骨瘦如柴】gǔ shòu rú chái　形容人消瘦到极点。《敦煌变文集·维摩诘经讲经文》："旧日神情威似虎，今来体骨瘦如柴。"《警世通言》卷四："延及岁余，奄奄待尽，骨瘦如柴，支枕而坐。"《花月痕》三八回："虽有秋痕，秃头小心伺候，无奈饮食日减下来，直觉骨瘦如柴，身轻似叶。"沈从文《湘行散记·辰河小船上的水手》："一到街口却碰着了那两个水手，正同个骨瘦如柴的长人在一个商店门前相骂。"杨沫《青春之歌》二部二六章："对于这个骨瘦如柴的病人，她的心中滋生着一种崇高和无私的友爱。"

【蛊惑人心】gǔ huò rén xīn　蛊惑：毒害、迷惑。指用欺骗、引诱等手段迷惑人，使人上当。《元史·刑法志》："诸阴阳家者流，辄为人燃灯祭星，蛊惑人心者，禁之。"周而复《上海的早晨》四部六一："他散布谣言，蛊惑人心，说啥一九五二

年，应该改皇元，现在早已是一九五六年了，他的黄粱美梦破灭了。"陈国凯《摩登阿Q》："这些蛊惑人心的家伙，不杀几个，天下不得太平！"

【鼓唇摇舌】gǔ chún yáo shé　见"摇唇鼓舌"。

【鼓乐喧天】gǔ yuè xuān tiān　喧天：嘈杂之声振动了天。形容演奏之声嘈杂热闹。《二刻拍案惊奇》卷一一："大郎先已有人报知，是日整备迎接，鼓乐喧天，闹动了一个村坊。"《野叟曝言》四八回："见大门上结着大红全彩，里面鼓乐喧天，询之街邻，果云招赘南方先生为婿。"郭小川《厦门风姿》诗："我们城里的市声啊，烘托得有如鼓乐喧天。"

【毂击肩摩】gǔ jī jiān mó　毂：车轮中心的圆木，借指车子。《战国策·齐策一》："临淄之途，车毂击，人肩摩。"意为车碰车，肩摩肩。后用"毂击肩摩"形容行人车马来往拥挤。《官场现形记》八回："只见这弄堂里面，熙来攘往，毂击肩摩；那出进的轿子，更觉络绎不绝。"

【固步自封】gù bù zì fēng　见"故步自封"。

【固若金汤】gù ruò jīn tāng　金：金城的简称，指坚固的城墙。汤：汤池的简称，指防守严密的护城河。形容工事非常坚固，不易攻破。周大新《第二十幕》(中)二部一〇："几个月前，他相信机场的建成会使他的城防变得更加固若金汤，为此他下令强征几千民工和几百辆牛车日夜赶修。"邓一光《我是太阳》五部四："那个高地就算是打废了你也休想占领它，那个高地实际上一开始就是固若金汤的。"

【固执己见】gù zhí jǐ jiàn　坚持自己的看法，不肯改变。《宋史·陈宓传》："固执己见，动失人心。"老舍《四世同堂》一七："患难打不倒他的乐观，死亡可使他

不能再固执己见。"阿来《尘埃落定》一四:"聪明人就是这样,他们是好脾气的,又是互不相让的,随和的,又是固执己见的。"

【故步自封】gù bù zì fēng　故步:原来所走的步子。封:限制在一定的范围内。比喻因循守旧,安于现状,不求创新进取。郭沫若《屈原》三幕:"你心胸开阔,气度那么从容! 你不随波逐流,也不故步自封。"也作"固步自封"。马识途《西游散记》:"他们非常注意世界科学的新动向,紧紧跟上科学发展的步伐,决不固步自封。"

【故伎重演】gù jì chóng yǎn　伎:伎俩。老花招旧伎俩又重新施展一次。伎,也作"技"。路遥《早晨从中午开始》二一:"我刚坐下,这该死的东西便又故伎重演。"陈忠实《白鹿原》三二章:"韩裁缝故技重演,于黎明时分又和卫兵纠缠不休。"

【故弄玄虚】gù nòng xuán xū　玄虚:指迷惑人的花招。故意玩弄花招,让人捉摸不透。梁实秋《雅舍小品·诗人》:"变戏法的总要念几句咒,故弄玄虚,增加他的神秘。"刘绍棠《草莽》一:"他为人淳朴憨厚,没有沾染上老爷的江湖习气,出场不要嘴皮子,也不故弄玄虚。"

【故态复萌】gù tài fù méng　老样子又逐渐恢复。形容老毛病重犯。明·梅鼎祚《玉合记·嗣音》:"不欺师父,韩郎遣信到此,不觉故态复萌,情缘难断。"《官场现形记》一二回:"遇见抚台下来大阅,他便临期招募,暂时弥缝;只等抚台一走,依然是故态复萌。"刘绍棠《村妇》卷二:"他自己故态复萌,仍旧纸醉金迷,寻花问柳,出入舞场。"

【顾此失彼】gù cǐ shī bǐ　顾了这个,失了那个。形容不能兼顾。明·朱之瑜《答奥村德辉书九首》之四:"特以不佞年垂八十,精力日衰,记性日拙,事多遗忘,顾此失彼。"《野叟曝言》一一一回:"真个东胜止据两面之险,便有顾此失彼之虑,不若受降以三面据险,以一面御敌,操纵在我掌握,且使胡人不能入套,尤为得算。"刘绍棠《村妇》卷一:"草叶黑天守夜,白天睡觉,也就顾此失彼,不能跪佛诵经。"

【顾虑重重】gù lǜ chóng chóng　重重:一层又一层。思想顾虑很多,不敢轻易行动。周而复《上海的早晨》二部三一:"吴兰珍见姨父讲话前后矛盾,顾虑重重,态度恶劣,她生气地从双人沙发的扶手上站了起来。"欧阳山《三家巷》一八〇:"相反,没有了这种支持,那么,干起来就会患得患失,顾虑重重。"

【顾名思义】gù míng sī yì　顾:看。看到名称就想到它的含义。《三国志·魏书·王昶传》:"欲使汝曹立身行己,遵儒者之教,履道家之言,故以玄默冲虚为名,欲使汝曹顾名思义,不敢违越也。"沈从文《大小阮》:"至于'棒棒团',军人子弟居多,顾名思义,即可知其平常行径。"梁实秋《雅舍小品·爆竹》:"爆竹,顾名思义,是把一截竹竿放在火里使之发出爆声。"

【顾盼生辉】gù pàn shēng huī　见"顾盼生姿"。

【顾盼生姿】gù pàn shēng zī　顾:回头。盼:看。左右环视,神采动人。比喻眉目传神。晋·干宝《搜神记》卷一八:"华见其总角风流,洁白如玉,举动容止,顾盼生姿,雅重之。"也作"顾盼生辉"。《二刻拍案惊奇》卷二二:"一呼百诺,顾盼生辉,此送彼迎,尊荣莫并。"

【顾盼自雄】gù pàn zì xióng　顾:回头。盼:看。《宋书·范晔传》:"及在西池射堂上,跃马顾盼,自以为一世之雄。"后用"顾盼自雄"形容左顾右盼,自以为了不起的样子。《聊斋志异·仙人岛》:"王即慨然颂近体一作,顾盼自雄。"

【顾曲周郎】gù qǔ zhōu láng　周郎：指周瑜。《三国志·吴书·周瑜传》："瑜少精意于音乐，虽三爵之后，其有阙误，瑜必知之，知之必顾，故时人谣曰：'曲有误，周郎顾。'"后用"顾曲周郎"泛指精通或爱好音乐戏曲的人。宋·刘克庄《哭孙李蕃二首》诗之一："看花李益无同伴，顾曲周郎有后身。"清·丘逢甲《秋怀八首》诗之一："著书罩子原仙骨，顾曲周郎有将才。"

【顾全大局】gù quán dà jú　照顾整个局面，使不受到损害。《二十年目睹之怪现状》九一回："暂时位分所在，要顾全大局，我请媳妇你委屈一回罢。"茅盾《子夜》五："工人比你明白，工人们知道顾全大局，知道劳资协调。"周而复《上海的早晨》四部二八："我宁可自己吃不开，也要顾全大局，为工商界的利益着想。"

【顾小失大】gù xiǎo shī dà　因贪图小利而损失大利。汉·焦赣《易林·贲之蒙》："戴盆望天，不见星辰，顾小失大，福逃墙外。"

【顾影弄姿】gù yǐng nòng zī　顾：回头看。回头看看自己的身影，装出各种姿态。形容卖弄姿色。《聊斋志异·江城》："为人狡黠善辨，顾影弄姿，貌不及江城，而悍妒与埒。"茅盾《清明前后》三幕："主任的夫人，三十五、六岁，衣饰华丽，相貌其实平常，然而顾影弄姿，自以为倾国倾城。"

【顾影自怜】gù yǐng zì lián　顾：回头看。怜：怜惜。看着自己的身影，怜惜自己。形容孤独失意的情状。晋·束皙《贫家赋》："行乞贷而无处，退顾影以自怜。"《花月痕》一四回："谡如也悔先前不合教笑秋痕，以致一座不乐，又见秋痕顾影自怜那一种情态，也觉惨然难忍。"后多用来形容自我欣赏。鲁迅《且介亭杂文末编·因太炎先生而想起的二三事》："看发有长短，长看发又可打成两条细辫子，环

于顶搭之周围，顾影自怜，为美男子。"陈国凯《两情若是久长时》四："女人长得丑，不至于招蜂引蝶，将办公室变成蜂巢。而且比较有点事业心，不至于上班的时间老是顾影自怜地照镜子。"

【瓜李之嫌】guā lǐ zhī xián　瓜李："瓜田李下"的略语。比喻处于被怀疑的境地。五代·王定保《唐摭言·好及第恶登科》："是知瓜李之嫌，薏苡之谤，斯不可忘。"《野叟曝言》七四回："其令萧后入宫，不避瓜李之嫌，亦所谓坐以恶名而不辞者。"《三侠五义》五二回："此事原非相公本心，却是出于方先生之意。再者他因家下无人，男女不便，有瓜李之嫌，是以托老身多多致意。"

【瓜剖豆分】guā pōu dòu fēn　剖：破开。像瓜被剖开，豆从荚发出。比喻国土被人分割。南朝宋·鲍照《芜城赋》："出入三代，五百余载，竟瓜剖而豆分。"《南史·陈武帝纪》："自八纮九野，瓜剖豆分，窃帝偷王，连州比县。"也作"豆分瓜剖"。《宋史·王禹偁传》："自五季乱离，各据城垒，豆分瓜剖，七十余年。"

【瓜熟蒂落】guā shú dì luò　蒂：花或瓜果与枝茎相连的部分。瓜熟时瓜蒂自然脱落。比喻胎儿成熟自然会分娩。《云笈七签》卷五六："瓜熟蒂落，啐啄同时。"邓一光《我是太阳》二部一："车长一看乌云的肚子，看出她是个孕妇，且是瓜熟蒂落的样子了。"后多比喻条件或时机成熟，事情自然成功。魏巍《地球的红飘带》六一："他们的关系早已瓜熟蒂落，只是由于刘英顽强地据守着最后一道防线——不到长征胜利不结婚，两人才没有完成那人生重要的一幕。"

【瓜田李下】guā tián lǐ xià　《乐府诗集·君子行》："君子防未然，不处嫌疑间，瓜田不纳履，李下不整冠。"意为经过瓜地和李子树下时弯腰提鞋和抬手扶帽，容易被人猜疑是偷瓜偷李子。后用"瓜

田李下"比喻容易招致嫌疑的地方。晋·干宝《搜神记·贾文合》:"遇日暮,惧获瓜田李下之讥。"宋·洪迈《容斋三笔·白公夜闻歌者》:"然鄂州所见,亦一女子独处,夫不在焉。瓜田李下之疑,唐人不讥也。"《野叟曝言》四回:"此时两人宿于庙中,恩兄秉礼君子,妹子虽愚,亦知廉耻,但瓜田李下,总是嫌疑,人之多言亦可畏也。"也作"李下瓜田"。清·黄六鸿《福惠全书·莅任·申缴门簿》:"折柳樊园,良士矍矍;李下瓜田,君子所避。"

【刮垢磨光】 *guā gòu mó guāng* 刮除污垢,磨出光亮。比喻使旧事物重现光辉。也比喻发愤读书,增长才华。唐·韩愈《进学解》:"占小善者率以录,名一艺者无不庸。爬罗剔抉,刮垢磨光。盖有幸而获选,孰云多而不扬。"元·王实甫《西厢记》一本一折:"暗想小生萤窗雪案,刮垢磨光,学成满腹文章。"

【刮目相待】 *guā mù xiāng dài* 见"刮目相看"。

【刮目相看】 *guā mù xiāng kàn* 刮目:擦亮眼睛。指另眼看待,用新眼光看人。宋·杨万里《送乡僧德璘监寺缘化结夏归天童山》诗:"一别璘公十二年,故当刮目为相看。"茅盾《蚀·追求》七:"这几天来,仲昭心里很是愉快,因为金博士的论文对于他的新闻编辑方针有了拥护,所以总编辑也刮目相看。"钱钟书《围城》五:"在鹰潭这几天里,李梅亭对鸿渐刮目相看,特别殷勤。"也作"刮目相待"。《二十年目睹之怪现状》九○回:"只他这一番言语举动,便把个大舅爷骗得心花怒放,说十三日不见,当刮目相待,这句话古人真是说得不错。"

【寡不敌众】 *guǎ bù dí zhòng* 人少的一方抵挡不住人多的一方。《逸周书·芮良夫》:"民至亿兆,后一而已,寡不敌众,后其危哉!"《喻世明言》卷三一:"汉兵追项王于固陵,其时楚兵多,汉兵少,又项王有拔山举鼎之力,寡不敌众,弱不敌强。"《镜花缘》三八回:"徐敬业手下虽有兵十万,究竟寡不敌众;兼之不听魏思温之言,误从薛仲璋之计,以致大败亏输。"欧阳山《三家巷》七九:"看看寡不敌众,独力难支,胡杏就尖声叫嚷起来。"

【寡二少双】 *guǎ èr shǎo shuāng* 少有第二个,缺少成双的。《汉书·吾丘寿王传》:"子在朕前之时,知略辐凑,以为天下少双,海内寡二。"后用"寡二少双"指独一无二。《红楼梦》九七回:"更兼他那容貌才情,真是寡二少双,唯有青女素娥可以仿佛一二。"

【寡鹄孤鸾】 *guǎ hú gū luán* 见"孤鸾寡鹄"。

【寡廉鲜耻】 *guǎ lián xiǎn chǐ* 鲜:少。没有操守,不知羞耻。《史记·司马相如列传》:"寡廉鲜耻,而俗不长厚也。"《野叟曝言》一一四回:"你等如在本国而遵本国之教,已属寡廉鲜耻,与禽兽无别;今在中国,而仍遵本国之教,则廉耻全无,更不如禽兽矣。"李英儒《野火春风斗古城》一五章:"至于谈到仁义道德,谈到交情义气,我自信还不是寡廉鲜耻忘恩负义的人。"〔注意〕鲜,不读 xiān。

【寡言少语】 *guǎ yán shǎo yǔ* 形容说话很少。邓友梅《别了,濑户内海》三:"此人三十来岁,寡言少语,在华工中颇有信誉。"刘心武《贾元春之死》一:"她呀,往常还劝,单只今天,倒像心事重重似的,在一旁寡言少语的。"

【挂肚牵肠】 *guà dù qiān cháng* 见"牵肠挂肚"。

【挂羊头卖狗肉】 *guà yáng tóu mài gǒu ròu* 用好货作幌子以兜售次货。比喻假借好的名义做名不符实的事。挂,也作"悬"。《五灯会元·卫州元丰院清满禅师》:"有般名利之徒,为人天师,悬羊头卖狗肉,坏后进初机,灭先圣洪范,你等诸人闻怎么事,岂不寒心?"鲁迅《南腔北调集·祝〈涛声〉》:"这功绩的褒奖是稿费之外,还有消息奖,'挂羊头卖狗肉'也成了过去的事,现在是在'卖人肉'了。"杨沫《青春之歌》一部一四章:"你接近的那些人可靠吗?——知道他们不是挂羊头卖狗肉吗?"巴金《随想录》一四四:"我们有句话'挂羊头,卖狗肉',可见挂漂亮的招牌卖假货、劣货,古已有之。"

【挂一漏万】guà yī lòu wàn 挂:列举。形容列举不全,遗漏甚多。唐·韩愈《南山》诗:"团辞试提挈,挂一念万漏。"宋·沈括《进守令图表二》:"挂一漏万,无裨海岳之藏。"《野叟曝言》七七回:"必有附会文饰,徒干指摘,故只须举一二事为例,其余不必多于搜采,反致挂一漏万也。"李劼人《大波》一部三章:"大概我所知的,就此这些,挂一漏万,自所难免。"

【拐弯抹角】guǎi wān mò jiǎo ❶沿着弯弯曲曲的道路行进。《封神榜》八七回:"奶公低头往前走,不多时,进了陈塘一座城。拐弯抹角来的快,帅府不远在咫尺中。"马烽、西戎《吕梁英雄传》三五回:"民兵们地形熟悉,拐弯抹角,跳沟攀崖,从一条崎岖山路,上到老虎山来。"❷比喻想问题不简单化,说话、写文章不直截了当。魏巍《东方》四部一八章:"政委,你是我的老上级了,你知道我说话不会拐弯抹角。"丛维熙《方太阳》六:"他不愿意赤裸裸地为红鼻子雕像,故意在文章中拐弯抹角、闪烁其词,以求对天地良心阿Q式的安慰。"❸比喻关系远。梁实秋《雅舍小品·职业》:"记得我在抗战胜利后返回家乡,遇到一位拐弯抹角的亲戚,初次谋面不免寒暄几句。"姚雪垠《李自成》一卷九章:"如果把贺人龙麾下的老营将士几百口子人加以盘问,都可以找出来亲戚瓜葛或者是直接血亲,或者是拐弯抹角的亲戚。"〔注意〕抹,不读mǒ。

【怪诞不经】guài dàn bù jīng 见"荒诞不经"。

【怪力乱神】guài lì luàn shén 指关于怪异、暴力、悖乱、鬼神之事。《论语·述而》:"子不语怪、力、乱、神。"《晋书·艺术传赞》:"怪力乱神,诡时惑世,崇尚弗已,必致流弊。"老舍《四世同堂》三四:"他是中国的诗人,向来不信'怪力乱神',更看不起玩小把戏。"

【怪模怪样】guài mú guài yàng 形容稀奇古怪的样子。《三侠五义》五回:"正说着,只见里面走出一个妇人来,打扮的怪模怪样的。"《孽海花》五回:"雯青抬头一望,只见一个三寸丁的矮子,猢狲脸,乌油油一嘴胡子根,⋯⋯怪模怪样,不是庄寿香是谁呢?"浩然《乐土》一五章:"父亲蹲在地下,身边摆着一个怪模怪样的木头架子。"〔注意〕模,不读mó。

【关怀备至】guān huái bèi zhì 关怀得极其周到。周克芹《晚霞》:"老庄近来经常到那个破烂的晒席篷子底下去,对那几个打煤的社员关怀备至,和彭二嫂长谈如何保住并发展煤厂的问题。"刘玉民《骚动之秋》一章:"这半年,他对秋玲和秋玲一家关怀备至,却从未对她有过丝毫勉强。"

【关门闭户】guān mén bì hù 把门户关闭起来。《二刻拍案惊奇》卷四:"欲待暗地下手,怎当得这家母子关门闭户,轻易不来他家里走动。"魏巍《火凤凰》五五:"不到天黑,就家家关门闭户,提防着一切不测的事情发生。"刘绍棠《村妇》卷一:"汉根每回出外保镖,玉人儿便大门不出二门不迈,关门闭户将自己紧锁在高墙小院里。"

【关门大吉】guān mén dà jí 指工商业停业倒闭。泛指某些事业停办、机构停止办公。多含讥讽意。茅盾《子夜》五:"可是他们的企业到底是中国人的工业,现在他们维持不下,难免要弄到关门大吉,那也是中国工业的损失。"王西彦《夜宴》五:"女看护先后离开,医院也就随即关门大吉。"

【关山迢递】 guān shān tiáo dì　关山:关隘和山岭。迢递:遥远的样子。形容关隘和山岭相连,路途十分遥远。明·王世贞《鸣凤记·仙游祈梦》:"无限别情,不胜凄怆,关山迢递,后会有期。"《喻世明言》卷八:"只是关山迢递,怎得寄个信去?"

【观过知仁】 guān guò zhī rén　过:过错,过失。察看一个人所犯的过失,就可以知道他的为人。《论语·里仁》:"人之过也,各于其党,观过,斯知仁矣。"唐·刘知几《史通·论赞》:"王邵志在简直,言兼鄙野,苟得其理,遂忘其文,观过知仁,斯之谓矣。"清·赵翼《友人以家难系狱论罪悼之》诗之一:"观过知仁公论在,共怜热血郁轮囷。"

【观衅伺隙】 guān xìn sì xì　衅:事端。伺:等待。隙:破绽。察看对方情况的变化,等待时机进攻。《三国志·吴书·陆逊传》:"古之明鉴,诚宜暂息进取小规,以畜士民之力,观衅伺隙,庶无悔吝。"《三国演义》七〇回:"既定汉中,然后练兵积粟,观衅伺隙,进可讨贼,退可自守。"

【观者如堵】 guān zhě rú dǔ　堵:墙。观看的人像围墙一样。形容围观的人很多。《礼记·射义》:"孔子射于矍相之圃,盖观者如堵墙。"《世说新语·容止》:"卫玠从豫章至下都,人久闻其名,观者如堵墙。"宋·孟元老《东京梦华录》卷六:"伴射得捷,京师市井儿遮路争献口号,观者如堵。"

【观者如市】 guān zhě rú shì　市:集市,闹市。观看的人多得如闹市一样。形容观众极多。唐·牛僧孺《玄怪录·尼妙寂》:"四方辐辏,僧尼繁会,观者如市焉。"《东周列国志》一九回:"斗于门阙之

中,三日三夜,不分胜负。国人观者如市,莫敢近之。"

【官报私仇】 guān bào sī chóu　见"公报私仇"。

【官逼民反】 guān bī mín fǎn　官府压迫百姓,迫使百姓起来反抗。《官场现形记》二八回:"广西事情一半亦是官逼民反。"梁实秋《雅舍小品·好汉》:"造反不一定就是错,'官逼民反'的时候多半错在官。"姚雪垠《李自成》二卷四〇章:"官逼民反,自古皆有。没人造反,谁替小百姓申冤雪恨?"

【官官相护】 guān guān xiāng hù　当官的和当官的互相庇护。《二刻拍案惊奇》卷一七:"此间官官相护,做定了圈套陷人。"《镜花缘》四六回:"俺妹夫如成了神仙,俺甥女遇了灾难,自然该有仙人来救。俗话说的'官官相护',难道不准'仙仙相护'?"王火《战争和人》(三)卷六:"这个国家坏就坏在这里,官官相护,老虎拍不到拍苍蝇,人情大似天,坏人垮不了台。且看延安吧,能有这些丑恶的勾当?"也作"官官相为"。元·关汉卿《蝴蝶梦》二折:"你都官官相为倚亲属,更做道国戚皇族。"《醒世恒言》卷二〇:"俗语道:官官相为。见放着弟兄两个进士,莫说果然冤枉,就是真正强盗,少不得也要周旋。"也作"官官相卫"。李劼人《大波》三部二章:"事到而今,难道尚不明白我的来意? 难道还疑心我会做出官官相卫的蠢事来么?"

【官官相卫】 guān guān xiāng wèi　见"官官相护"。

【官官相为】 guān guān xiāng wèi　见"官官相护"。

【官样文章】 guān yàng wén zhāng　本指堂皇典雅的进呈文章。后转指官场上有固定格式和套语的公文。宋·李昂英《示儿用许广文韵》诗:"官样文章惟典

雅，心腔理义要深儿。"《花月痕》二〇回："销磨一代英雄尽，官样文章殿体书。"现多用来比喻徒具形式的例行公事，或做样子给人看的虚套滥调。《官场现形记》五回："这且因为就要上任，前来禀辞，乃是官样文章，不必细述。"钱钟书《围城》六："这些都是官样文章，不用说它，他还有得意之笔。"王火《战争和人》(二)卷八三："在上海时就得到一封嘉勉信了，官样文章，例行公事而已！"

【官运亨通】guān yùn hēng tōng　做官的运气好，步步高升。《官场现形记》五四回："总算他官运亨通，一选就选到江南六合县知县。"李劼人《大波》一部一章："他近年以来，官运亨通，无往不利，倒是随时随地都在兴高采烈。"

【冠盖相望】guān gài xiāng wàng　冠：古代官员的帽子。盖：车篷。官吏戴的帽子和坐的车子互相看得见。形容使者往来不断。《战国策·魏策四》："齐楚约而欲攻魏，魏使人求救于秦，冠盖相望，秦救不出。"唐·韩愈《次潼关上都统相公》诗："冠盖相望催入相，待将功绩格皇天。"郭沫若《在庆祝伊拉克共和国成立一周年大会上的讲话》："这期间两国之间的使节往还冠盖相望，行旅客商不绝于途。"

【冠盖相属】guān gài xiāng zhǔ　属：连接。官员戴的帽子和乘坐的有篷车子相连接。形容官吏往来不断。《史记·平准书》："遣使冠盖相属于道，护之，下巴蜀粟以振之。"《野叟曝言》一三九回："一入常州境内，冠盖相属，官绅等请safe送礼，更为热闹。"〔注意〕属，不读 shǔ。

【冠履倒置】guān lǚ dào zhì　冠：帽子。履：鞋子。《后汉书·杨赐传》："冠履倒易，陵谷代处也。"后多作"冠履倒置"，比喻上下颠倒。《明史·杨继盛传》："以堂堂中国，与之互市，冠履倒置。"清·赵翼《廿二史札记》卷二二："明宗之于强藩已

多所包容，不能制驭矣。至石晋尤甚，几有冠履倒置之势。"

【冠冕堂皇】guān miǎn táng huáng　冠冕：古代帝王或官员戴的礼帽。堂皇：很有气派的样子。形容庄严、有气派。《花月痕》二二回："翊甫接过，……吟道：'九华春殿语从容。'大家俱说道：'起得好，冠冕堂皇！'"后多形容表面上庄严体面，实际上并非如此。含贬义。《二十年目睹之怪现状》八四回："他自己也就把那回身就抱的旖旎风情藏起来，换一副冠冕堂皇的面目了。"鲁迅《华盖集续编·记"发薪"》："我现在只能说说较为切己的私事，至于冠冕堂皇如所谓'公理'之类，就让公理专家去消遣罢。"周而复《上海的早晨》二部四三："他要表现自己是站在人民政府这一方面，说几句冠冕堂皇的漂亮话。"

【鳏寡孤独】guān guǎ gū dú　《孟子·梁惠王下》："老而无妻曰鳏，老而无夫曰寡，老而无子曰独，幼而无父曰孤：此四者，天下之穷民而无告者。"后用"鳏寡孤独"泛指没有劳动力而无依无靠的人。《汉书·黄霸传》："鳏寡孤独有死无以葬者，乡部书言，霸具为区处。"《元史·世祖本纪》："诸路鳏寡孤独疾病不能自存者，官给庐舍、薪米。"李英儒《野火春风斗古城》二二章："抗战六年来，敌人夺走了我们多少同胞的生命，妻离子散鳏寡孤独的人，数也数不清。"

【管鲍之交】guǎn bào zhī jiāo　春秋时齐国管仲与鲍叔牙二人相交至深，后称朋友之间深厚的交谊为"管鲍之交"。唐·杜甫《贫交行》："君不见管鲍贫时交，此道今人弃如土。"宋·刘克庄《谢仁府启》："已处皋夔之任，未忘管鲍之交。"明·陈汝元《金莲记·诗案》："前与苏子瞻山河订誓，本为管鲍之交，名位相倾，顿起孙庞之隙。"也作"管鲍之谊"。《东周列国志》八九回："相国不忘风昔之好，举

齐桓故事,以衣裳易兵车,安秦魏之民,明管鲍之谊,此卬志也。"

【管鲍之谊】 guǎn bào zhī yì　见"管鲍之交"。

【管窥蠡测】 guǎn kuī lí cè　管:竹管。窥:从孔隙中看。蠡:瓠瓢。测:测量。《汉书·东方朔传》:"以管窥天,以蠡测海。"意为从竹管孔中观天,以瓢量海水。后用"管窥蠡测"比喻见识短浅、了解片面。明·张纶《林泉随笔》:"一耳目之管窥蠡测,又焉得遍观而尽识也。"《红楼梦》三六回:"我昨晚上的话竟说错了,怪道老爷说我是'管窥蠡测'。"

【管窥之见】 guǎn kuī zhī jiàn　管窥:从竹管的孔隙中看。比喻见识浅陋的言论。多用作谦辞。《魏书·魏收传》:"仰恃皇造宿眷之隆,敢陈愚昧管窥之见。"《镜花缘》九〇回:"其中奥妙,固不可知;但以管窥之见:人生在世,千谋万虑,赌胜争强,奇奇幻幻,死死生生,无非一局围棋。"

【管宁割席】 guǎn níng gē xí　《世说新语·德行》:"管宁、华歆共园中锄菜,见地有片金,管挥锄与瓦石不异,华捉而掷去之;又尝同席读书,有乘轩冕过门者,宁读如故,歆废书出看;宁割席分坐曰:'子非吾友也。'"后用"管宁割席"指与人绝交。

【管中窥豹】 guǎn zhōng kuī bào　管:竹管。从管中看豹。比喻见识狭小,看不到全面。《晋书·王献之传》:"[献之]年数岁,尝观门生樗蒲曰:'南风不竞。'门生曰:'此郎亦管中窥豹,时见一斑。'"唐·归仁《悼罗隐》诗:"管中窥豹我犹在,海上钓鳌君亦沉。"元·周德清《一枝花·遗张伯元》曲:"向管中窥豹那知外,坐井底观天又出来。"

【灌夫骂坐】 guàn fū mà zuò　《史记·魏其武安侯列传》载:西汉名将灌夫,为人刚直不阿,好侠义,常借酒使性。与丞相田蚡不和,借酒醉骂,戏侮田蚡,被劾族诛。后用"灌夫骂坐"指人借酒泄愤,或形容人耿直敢言。明·陈汝元《金莲记·郊遇》:"推门看竹,何妨王子乘舆;索酒指瓶,便仿灌夫骂坐。"康有为《广艺舟双楫·行草》:"若师《争座位》三表,则为灌夫骂坐,可永绝之。"

【光彩夺目】 guāng cǎi duó mù　夺目:耀眼。形容光彩鲜明耀眼。《云笈七签》卷一一三:"乃令左右引于宫内游观,玉台翠树,光彩夺目。"《二刻拍案惊奇》卷五:"中大人就将圣上钦赏压惊金犀及钦圣与各宫所赐之物,陈设起来,真是珠宝盈庭,光彩夺目,所直不啻巨万。"《老残游记》一〇回:"扈姑遂从襟底取出一枝角来,光彩夺目,如元宝一般,先缓缓的吹起。"巴金《家》五:"那件大事正像一个可爱的东西似的放在她面前,光彩夺目。"周克芹《笔筒的故事》:"在这尘封、零乱、寒碜的书桌上,这只青玉雕花笔筒可算得上光彩夺目了。"

【光彩照人】 guāng cǎi zhào rén　形容人或事物十分美好或艺术成就辉煌,令人注目、敬仰。"彩"也作"采"。《警世通言》卷三二:"于是脂粉香泽,用意修饰,花钿绣袄,极其华艳,香风拂拂,光采照人。"《野叟曝言》一一一回:"况我有易容丸在此,令其脸泛桃花,光彩照人,包管一些也看不出。"邓友梅《烟壶》一五:"不管多么劳累辛苦,多么担惊受怕,一下把活烧成,晶莹耀眼、光彩照人,那痛快可不是花钱能买来的!"

【光风霁月】 guāng fēng jì yuè　光风:雨过初晴时的风。霁月:雨雪停止后的明月。形容清新明净的气候和景象。也比喻人胸怀坦荡,品德高尚。宋·陈亮《贺周丞相启》:"光风霁月,足以荡漾英雄。"宋·黄庭坚《濂溪诗序》:"春陵周茂叔,人品甚高,胸中洒落,如光风霁月。"

【光复旧物】guāng fù jiù wù　光复:恢复。收复故土或恢复原有的典章、制度。宋·辛弃疾《美芹十论·自治》:"故臣愿陛下姑以光复旧物而自期,不以六朝之势而自卑。"章炳麟《与龚未生书》:"往昔所希,惟在光复旧物,政俗革新,不图废清甚易,改政易俗,竟无毫铢可望,而腐败反甚于前。"

【光怪陆离】guāng guài lù lí　光怪:光彩奇异。陆离:色彩繁杂,式样多。形容奇形怪状,五颜六色。《孽海花》二〇回:"里里外外堆满了光怪陆离的菊花山,都盛着五彩细磁古盆。"闻一多《红烛·剑匣》诗:"用我的每出的梦作蓝本,镶成各种光怪陆离的图画。"刘白羽《第二个太阳》六章五:"这是这个繁华热闹、光怪陆离的大都会最黑暗、最荒凉的一角。"

【光辉灿烂】guāng huī càn làn　形容光亮耀眼。鲁迅《且介亭杂文·序言》:"当然不敢说是诗史,其中有着时代的眉目,也决不是英雄们的八宝箱,一朝打开,便见光辉灿烂。"也比喻光明美好。陈其通《万水千山》一〇幕:"用我们的小米加步枪,打出一个光辉灿烂的新中国!"

【光芒四射】guāng máng sì shè　指强光向四处照射。也形容人或事物光辉灿烂,影响很大。《三侠五义》八一回:"周围珍珠不计其数,单有九颗大珠,晶莹焕发,光芒四射。"巴金《随想录》七〇:"《十月》杂志是很好的大型刊物。但它不是一出现就光芒四射,它是逐步改进、越办越好的。"王蒙《青春万岁》三八:"她们又骄傲地走过光芒四射的天安门,把自己的欢呼融合在向繁荣富强前进的历史的号音里。"

【光芒万丈】guāng máng wàn zhàng　强光照射得很远。形容人或事业光辉灿烂,放射异彩。宋·刘克庄《挽李秘监》:"空令蟠结千年核,难掩光芒万丈文。"清·龚自珍《金缕曲·沈虹桥广文小像题词》:"笑年来光芒万丈,被他磨尽。"

【光明磊落】guāng míng lěi luò　磊落:正大光明。形容胸怀坦荡,光明正大。宋·朱熹《朱子语类·易十》:"譬如人光明磊落底便是好人,昏味迷暗底便是不好人。"《三侠五义》五四回:"可惜我展某时乖运蹇,未能遇害于光明磊落之场,竟自葬送在山贼强徒之手,乃展某之大不幸也。"茅盾《腐蚀·十一月十日》:"既然是光明磊落,又何必自己表白呢?"郭沫若《屈原》一幕:"要把你的志向拿定,而且要抱着一个光明磊落、大公无私的心怀。"也作"磊落光明"。《明史·王恕马文升刘大夏传赞》:"绸缪庶务,数进谠言,迹其居心行己,磊落光明,刚言鲠亮,有古大臣节概。"

【光明正大】guāng míng zhèng dà　指言论明确而不偏不颇。宋·朱熹《朱子语类·易九》:"圣人所说底话,光明正大,须是先理会光明正大底纲领条目。"后指胸怀坦荡,言行正派。《西游记》五回:"大仙是个光明正大之人,就以他的诳语作真。"《镜花缘》一四回:"如果胸襟光明正大,足下自应彩云;倘或满腔奸私暗昧,足下自生黑云。"鲁迅《朝花夕拾·狗·猫·鼠》:"现在说起我仇猫的原因来,自己觉得是理由充足,而且光明正大的。"莫应丰《麂山之谜》五:"他隐隐约约地觉得,这样似乎有点儿不那么光明正大,但他的意志又无法主宰自己。"也指正式的或公开的。《二十年目睹之怪现状》八四回:"这碧莲是个大鸦头,已经十八岁了,陆观察最是宠爱他,已经和他鬼混得不少,就差没有光明正大的收房。"柳青《创业史》一部二章:"她要和他开始光明正大谈恋爱了;她要不要重新慎重考虑一下呢?"也作"正大光明"。宋·朱熹《答吕伯恭书》:"大抵圣贤之心,正大光明,洞然四达。《孽海花》二一回:"这会儿讲些门路,正大光明大道儿,自然要让连公公,那是老牌子。"巴金《春》三三:"二妹,你可以正大光明地对三姊说,你要到浙江会馆去一趟。"

【光前绝后】guāng qián jué hòu 见"绝后光前"。

【光前裕后】guāng qián yù hòu 光前:光大前人的业绩。裕后:把恩德延给后代。为祖宗增光,为后人造福。形容功劳业绩伟大。元·宫大用《范张鸡黍》三折:"似这般光前裕后,一灵儿可也知不?"《歧路灯》一〇〇回:"他们就说我王隆吉是个孝子,做下光前裕后的大事。"

【光天化日】guāng tiān huà rì 光天:阳光普照之天。化日:即治日,太平日子。原指太平盛世。清·陆陇其《答仇沧柱太史书》:"不才庸吏得于光天化日之下,效其驰驱。"后比喻清明光亮,众人看得清楚的场所。《野叟曝言》一三回:"只是你们此后那些断路的行径则索少做些,光天化日之下那里容得杀人放火!"钱钟书《围城》二:"鸿渐忽然觉得,在这种家庭空气里,战争是不可相信的事,好比光天化日之下没人想到有鬼。"萧红《呼兰河传》一章:"死猪肉终究是不新鲜的,税局子是干什么的,让大街上,在光天化日之下就卖起死猪肉来吗?"

【光阴荏苒】guāng yīn rěn rǎn 荏苒:渐渐过去。时光不知不觉地流逝。《三国演义》三七回:"玄德回新野之后,光阴荏苒,又早新春。"《花月痕》三四回:"光阴荏苒,已是灯节了。"《孽海花》二四回:"光阴荏苒,倏忽又过了几月。"路遥《平凡的世界》(上)一四章:"随着光阴荏苒,每个人都在变化。"

【光阴似箭】guāng yīn sì jiàn 唐·韦庄《关河道中》诗:"但见时光流似箭,岂知天道曲如弓。"后用"光阴似箭"形容时间过得很快。《二刻拍案惊奇》卷二三:

"今光阴似箭,已一年,我想爱子之心,人皆有之。"《官场现形记》二回:"正是光阴似箭,日月如梭,转眼间已过新年,赵温一家门便忙着料理上京会试的事情。"巴金《随想录》一三二:"光阴似箭,我绕了数不清的大弯,然后又好像回到了原处。"

【光宗耀祖】guāng zōng yào zǔ 为宗族争光,使祖先显耀。《三侠五义》二回:"这非是包山故违父命,只因见三弟一表非凡,终成大器,故此专要请一名儒教训,以为将来显亲扬名,光宗耀祖。"巴金《随想录》三七:"因为我单纯、坦白、不懂人情世故,不会讨好别人,耍不来花招,玩不来手法,走不了'光宗耀祖,青云直上'的大道。"莫应丰《黑洞》五:"像这样的性格,本是不宜经商的,他却偏要经商,总想开创一番业迹,光宗耀祖。"

【广结良缘】guǎng jié liáng yuán 佛家用语。广泛结成好因缘。指多做善事。《金瓶梅》五七回:"你又发起善念,广结良缘,岂不是俺一家儿的福份?"

【广开言路】guǎng kāi yán lù 言路:进言的途径。《后汉书·来历传》:"朝廷广开言事之路,故且一切假贷。"后用"广开言路"指尽可能创造条件,让人广泛发表意见。宋·包拯《论台官言事》:"伏自陛下临御以来,将三十载,遵守先训,广开言路,虚怀以待,犯颜必容。"《官场现形记》三六回:"现在朝廷广开言路,昨儿新下上谕,内务府人员可以保送御史。"姚雪垠《李自成》三卷五〇章:"朕已多次容忍,以示朝廷广开言路之意。"

【广土众民】guǎng tǔ zhòng mín 广阔的土地和众多的百姓。《孟子·尽心上》:"广土众民,君子欲之,所乐不存焉。"毛泽东《论持久战》:"岂有如此广土众民的国家而患财穷之理?"

【归根到底】guī gēn dào dǐ 见"归根结底"。

【归根结底】guī gēn jié dǐ 归结到根本上。常作总结用语。底，也作“柢”、“蒂”。《何典》二回：“归根结柢，把一场着水人命一盘摊归去。”鲁迅《且介亭杂文末编·因太炎先生而想起的二三事》：“我的剪辫，却并非因为我是越人，越在古昔，‘断发文身’，今特效之，以见先民仪矩，也毫不含有革命性，归根结蒂，只为了不便。”刘心武《钟鼓楼》三章：“他们之所以先进，归根结蒂是他们对自身、对社会，能作一种进入哲理状态的深入思考。”路遥《人生》一九章：“归根结底，你是咱土里长出来的一棵苗，你的根应该扎在咱的土里啊！”也作“归根到底”。钱钟书《围城》六：“归根到底，总是韩学愈那浑蛋捣的鬼，一向还以为他要结交自己，替他守秘密呢！”叶文玲《银朵》五：“哦，归根到底有多大的气？只不过是今天没有顺顺当当卖了花就是了，而且只不过是今天。”〔注意〕结，不读 jiē。

【归马放牛】guī mǎ fàng niú 《尚书·武成》：“乃偃武修文，归马于华山之阳，放牛于桃林之野，示天下弗服。”唐·孔颖达疏：“此是战时牛马，放牧之，示天下不复乘用。”后用“归马放牛”表示战事结束，不再用兵。元·辛文房《唐才子传·刘驾》：“时国家复河、湟，故地有归马放牛之象。”

【归心如箭】guī xīn rú jiàn 见“归心似箭”。

【归心似箭】guī xīn sì jiàn 归心：回家的念头。形容回家心切，恨不能像箭一样快。《三侠五义》三二回：“展爷真是归心似箭。这一日，天有二鼓，已到了武进县，以为连夜可以到家。”莫应丰《将军吟》四〇章：“赵大明归心似箭，首班公共汽车刚从停车场开出来他就第一个跳上了车。”邓一光《我是太阳》二部一：“两个人都是归心似箭，一刻也不愿耽搁，当天就离开了野战医院。”也作“归心如箭”。《警世通言》卷一一：“久别老母，未知存亡，归心已如箭矣！”《野叟曝言》一三回：“大郎归心如箭，素臣不敢率请。”

【归真返璞】guī zhēn fǎn pú 见“返朴归真”。

【龟毛兔角】guī máo tù jiǎo 乌龟身上生毛，兔子头上长角。反常的凶兆，指战事将起。晋·干宝《搜神记》卷六：“商纣之时，大龟生毛兔生角，兵甲将兴之象也。”也比喻有其名而无其实。《楞严经》卷一：“世间虚空，水陆飞行，诸所物象，名为一切，汝不著者，为在为无，无则同于龟毛兔角，云何不著？”宋·何薳《春渚纪闻》卷一〇：“但得之者，真龟毛兔角，而为之致祸者十八九也。”

【龟年鹤寿】guī nián hè shòu 龟、鹤：都是长寿的动物。比喻人长寿。唐·李商隐《祭张书记文》：“神道甚微，天理难究，桂蠹兰败，龟年鹤寿。”

【规矩绳墨】guī jǔ shéng mò 规、矩：校正圆形、方形的两种工具。绳墨：木匠画直线用的工具。比喻规矩或法度。《管子·七臣七主》：“法律政令者，吏民规矩绳墨也。”《史记·孙子吴起列传》：“妇人左右、前后、跪起皆中规矩绳墨，无敢出声。”清·薛福成《叙曾文正公幕府宾僚》：“其成之也，始之以规矩绳墨，继之以斧斤锥凿，终之以磋磨文饰。”

【规行矩步】guī xíng jǔ bù 规：校正圆形的工具。矩：校正方形的工具。比喻举止合乎法度。晋·潘尼《释奠颂》：“二学儒官，搢绅先生之徒，垂缨佩玉，规行矩步者，皆端委而陪于堂下，以待执事之命。”《隋书·卢思道传》：“在余之生，劳亦勤止，纨绮之年，伏膺教义，规行矩步，从善而登。”《二刻拍案惊奇》卷一九：“那范阳公主生得面长耳大，曼声善啸，规行矩步，颇会周旋。”也比喻墨守成规，不知变通。《晋书·张载传》：“今士循常习故，规行矩步，积阶级，累阀阅，碌碌然以取世资。”清·赵翼《瓯北诗话·七言律》:“就有唐而论:其始也,尚多习用古诗,不乐束缚于规行矩步中。”

【佹得佹失】 guǐ dé guǐ shī 佹:偶然。《列子·力命》:“佹佹成者,俏成也,初非成也;佹佹败者,俏败也,初非败也。”后用“佹得佹失”指得与失都出于偶然。清·陈康祺《郎潜纪闻二笔·金陵问答篇》:“而乃百计仰攻,佹得佹失,卒以囊底之智,受困潢池,覆辙相寻,其故安在?”

【诡计多端】 guǐ jì duō duān 诡:狡诈。端:项。狡猾的主意很多。《三国演义》一一七回:“维诡计多端,诈取雍州;绪恐雍州有失,引兵去救,维乘机走脱。”《孽海花》三二回:“李文魁不过一个直隶游匪,混在淮军里做了几年营混子。只为他诡计多端,生相凶恶,大家送他绰号,叫做‘李鬼子’。”李劼人《大波》二部五章:“不过我们这个县大老爷诡计多端,一计不行,二计又来。”杨沫《青春之歌》一部二二章:“任这个诡计多端的胖子软磨硬吓,卢嘉川却沉稳地胸有成竹地一声不响。”

【鬼斧神工】 guǐ fǔ shén gōng 《庄子·达生》:“梓庆削木为鐻,鐻成,见者惊犹鬼神。”后用“鬼斧神工”形容技艺高超神妙。《野叟曝言》七八回:“如今讲这《三国志》,除着定主为帝,定殂为崩,于二牧评内畅发帝蜀之旨,真如鬼斧神工,不能测识。”梁实秋《雅舍小品·吸烟》:“有的山水画是从透明的壶里面画的,真是鬼斧神工,不知是如何下笔的。”魏巍《地球的红飘带》三九:“上面说的这条乌龙,却既不是名艺高手,也不是鬼斧神工,而是在云南大理的地下天然长成的。”也作“神工鬼斧”。刘醒龙《黑蝴蝶·黑蝴蝶》一三:“面对这大自然的神工鬼斧,他俩目瞪口呆了半天。”

【鬼鬼祟祟】 guǐ guǐ suì suì 祟:鬼怪。形容行动诡秘,怕被人发现的样子。《红楼梦》四七回:“又不知是来作耳报神的,也不知是来作探子的,鬼鬼祟祟的,倒唬了我一跳。”《官场现形记》四九回:“必须如此,方好免得老爷瞒了我同这班人有甚么鬼鬼祟祟的事,或是私下拿银子去给他们。”鲁迅《呐喊·狂人日记》四:“他们这群人,又想吃人,又是鬼鬼祟祟,想法子遮掩,不敢直捷下手,真要令我笑死。”茅盾《子夜》五:“唐云山放低了声音,颇有几分鬼鬼祟祟的神气。”〔注意〕祟,不能写作“崇”,不能读作 chóng。

【鬼哭狼嗥】 guǐ kū láng háo 见“鬼哭狼嚎”。

【鬼哭狼嚎】 guǐ kū láng háo 形容哭叫声非常凄厉。含贬义。魏巍《东方》三部八章:“隐避在路沟里的步兵,又是一阵鬼哭狼嚎,乱跑乱钻。”李国文《冬天里的春天》五章:“他那些惊慌失措的小兄弟们,鬼哭狼嚎地奔跑着,呼叫着,贼窝变成乱糟糟的马蜂窝。”也作“鬼哭狼嗥”。魏巍《东方》四部一七章:“敌人登时乱了营,一片鬼哭狼嗥,乱跑乱窜。”

【鬼哭神号】 guǐ kū shén háo 号:大声叫。形容哭喊声非常凄惨尖厉或声音巨大,使人心惊。号,也作“嚎”。唐·吕岩《七言》诗之四:“鬼哭神号金鼎结,鸡飞犬化玉炉空。”《初刻拍案惊奇》卷二四:“只听得一阵风过处,天昏地黑,鬼哭神嚎,眼前伸手不见五指,一时晕倒了。”《喻世明言》卷一九:“那浪掀天括地,鬼哭神号,惊怕杀人。”《说岳全传》四三回:“直杀得天昏地暗无光彩,鬼哭神号黑雾迷!”马烽、西戎《吕梁英雄传》六二回:“这天村里闹的鬼哭神嚎,从早到晚没断过哭声。”

【鬼迷心窍】 guǐ mí xīn qiào 心窍:古人认为心有好几个窍,心窍不通,人就昏昧不明。比喻被某种事物所迷惑,昏了头脑。叶文玲《小溪九道弯》一:“要不是一步么?"浩然《乐土》六二章:"人家回老家了,嫁了人,他还鬼迷心窍地追了去!"路遥《平凡的世界》(下)一五章:"最使他老两口痛心的,是他们视为掌上明珠的儿子,竟然鬼迷心窍,一心要和远路上那个该死的寡妇结亲。"

【鬼神不测】guǐ shén bù cè 测:估计,预料。连鬼神也预料不到。形容极其奇妙。《三国演义》八六回:"后主听罢,又惊又喜,曰:'相父果有鬼神不测之机也!愿闻退兵之策。'"《二十年目睹之怪现状》八三回:"你道那陆观察有甚么鬼神不测之机,巧夺造化之妙?"

【鬼使神差】guǐ shǐ shén chāi 使、差:派遣,支使。比喻事出意外或行动不由自主,好像暗中有鬼神支使一般。元·关汉卿《蝴蝶梦》四折:"也不是提鱼穿柳欢心大,也不是鬼使神差。"《初刻拍案惊奇》卷三〇:"太守恨不得身子替了李参军,说着句把话,发个甚么喜欢出来便好。争奈一个似鬼使神差,一个似失魂落魄。"《红楼梦》四九回:"这是你一高兴起诗社,所以鬼使神差来了这些人。"路遥《在困难的日子里》五章:"你鬼使神差似的,我这时猛然记起了破烧砖窑里我的那点土豆和玉米棒子。"也作"神差鬼使"。路遥《平凡的世界》(中)二九章:"他从上海返回省城时,像神差鬼使似的,碰巧又在火车站遇见了金富。"

【鬼头鬼脑】guǐ tóu guǐ nǎo 形容举止诡秘、不正派的样子。《二刻拍案惊奇》卷二〇:"巢氏有兄弟巢大郎,是一个鬼头鬼脑的人,奉承着姊夫、姊姊好,陈定托他掌管家事。"《说岳全传》三一回:"杨虎这男女,自己要功劳,却鬼头鬼脑地哄我。"刘醒龙《分享艰难》:"她这次回去休假,刚好遇上东河镇的段书记鬼头鬼脑地在组织部门口转,一看就知道是上门送礼的。"

【鬼蜮伎俩】guǐ yù jì liǎng 蜮:传说中能暗中含沙射人的怪物。伎俩:手段、花招。指阴险卑劣的手段。清·梁章钜《浪迹丛谈·鸦片》:"盖匪徒之畏法,不如其弩利,揆其鬼蜮伎俩,法令亦有时而穷。"王火《战争和人》(二)卷五:"童霜威心里明白:日寇与汪逆采取这种鬼蜮伎俩,目的是用长期监禁与软化,使他的意志逐渐消沉,思想情绪发生变化,能表示忏悔而后落水附敌。"

【贵耳贱目】guì ěr jiàn mù 贵:重视。贱:轻视。重视传闻,轻视眼见。形容轻信传闻,不重事实。汉·张衡《东京赋》:"若客所谓末学肤受,贵耳而贱目者也。"北齐·颜之推《颜氏家训·慕贤》:"世人多蔽,贵耳贱目,重遥轻近。"唐·白居易《与元九书》:"夫贵耳贱目,荣古陋今,人之大情也。"

【贵人多忘】guì rén duō wàng 原指显贵的人不念旧交。五代·王定保《唐摭言·恚恨》:"倘也贵人多忘,国士难期,使仆一朝出其不意,与君并肩台阁,侧眼相视,公始悔而谢仆,仆安能有色于君乎?"后用作套语,指人健忘。元·孟汉卿《魔合罗》三折:"这些儿事务,你早不记想,早难道贵人多忘?"也作"贵人多忘事"。《红楼梦》六回:"你老是贵人多忘事了,那里还记得我们?"《三侠五义》八三回:"小人那时才十二岁,伺候了你老人家多少日子。太老爷还时常夸我很伶俐,将来必有出息。难道太老爷就忘了么?可见是贵人多忘事。"

【贵人多忘事】guì rén duō wàng shì 见"贵人多忘"。

【桂林一枝】guì lín yī zhī 《晋书·郤诜传》:"累迁雍州刺史。武帝于东堂会送,问诜曰:'卿自以为何如?'诜对曰:'臣举贤良对策,为天下第一,犹桂林之一枝,昆山之片玉。'"原为自谦之词,称自己只是群才之一。后用来比喻科举考试中出类拔萃的人。清·赵翼《黄雨歌》："桂林一枝定谁折，黄色上眉先报喜。"清·蒲松龄《与益都王禹臣亲家启》："行占桂林一枝，岂止坐僮仆之新敬。"

【滚瓜烂熟】gǔn guā làn shú　瓜藤上滚落下来的瓜，熟透了。形容读书或背书极其流利纯熟。《官场现形记》一回："这位史老先生虽说是个老贡生，下过十三场没有中举，一部'仁在堂文稿'他却是滚瓜烂熟记在肚里。"张恨水《啼笑因缘》一九回："伯和说得高兴，点了一支雪茄烟吸着，将最近时局的大势，背了一个滚瓜烂熟。"周大新《第二十幕》（上）一部一："这几段话因为每日都背，已经滚瓜烂熟，达志知道自己不会背错。"

【国步艰难】guó bù jiān nán　国步：国家的命运。国家处于困难危急之中。《旧五代史·唐书·萧顷传》："时国步艰难，连帅倔强，率多奏请，欲立家庙于本镇，顷上章论奏，乃止。"明·陶宗仪《辍耕录·越民考》："而当国步艰难之日，既不思涓埃补报之道，又不责自己贪饕之非，反以谋害忠良为先务，谓之无罪，得乎?"

【国富兵强】guó fù bīng qiáng　国家富足，兵力强盛。《韩非子·定法》："赏厚而信，刑重而必，是以其民用力劳而不休，逐敌危而不却，故其国富而兵强。"《晋书·杜预传》："陛下圣明神武，朝野清晏，国富兵强，号令如一。"《东周列国志》八六回："因齐自恃国富兵强，见吴越俱称王，使命往来，俱用王号，不甘为下，僭称齐王，是为齐威王。"

【国计民生】guó jì mín shēng　指国家经济和人民生活。宋·郑兴裔《请罢建康行宫疏》："伏望勑下留司即罢其役，国计民生幸甚!"《镜花缘》六回："所上弹章，大略言下界帝王虽有御诏，但非为国计民生起见，且系酒后戏言。"王火《战争和人》（三）卷六："不管是谁，发国难财，破坏国计民生，破坏抗战，人人得而诛之!"

【国家兴亡，匹夫有责】guó jiā xīng wáng，pǐ fū yǒu zé　匹夫：指一般的人。国家的兴盛或衰亡，就是普通人也是有责任的。欧阳山《三家巷》八七："大家都知道嘛，这叫做'国家兴亡，匹夫有责'嘛，谁跟谁都一样。他也是一个国民，我也是一个国民，大家都有权，谁都可以爱国。"王火《战争和人》（二）卷三："国家兴亡，匹夫有责! 我是中国人! 我不愿意被亡国奴，也不愿意做卖国贼。"

【国破家亡】guó pò jiā wáng　国土支离破碎，家人流离失所。晋·刘琨《答卢谌书》："国破家亡，亲友雕残。"《封神榜》一一一回："杀进内城谁堵挡，国破家亡顷刻间。"老舍《四世同堂》五："我只会在文字中寻诗，我的儿子——一个开汽车的——可是会在国破家亡的时候用鲜血去作诗!"也作"国亡家破"。《东周列国志》八〇回："今夫椒一败，遂至国亡家破，千里而作俘囚，此行有去日，无归日矣!"张恨水《啼笑因缘续集》六回："不过话又说回来了，在这个国亡家破的年头儿，当军人的，也不该想着享什么福!"

【国色天香】guó sè tiān xiāng　国色：冠绝全国的美色。天香：天然的香气。唐·李正封《咏牡丹》诗："天香夜染衣，国色朝酣酒。"后用"国色天香"指牡丹花色香不凡。后多用来形容女子美貌出众。《警世通言》卷三二："值十娘梳洗方毕，纤纤玉手，揭起舟傍短帘，自泼盂中残水，粉容微露，却被孙富窥见了，果是国色天香。"《野叟曝言》六二回："国色天香看未真，湘帘仿佛现全身。春风一阵吹开去，方识其中有玉人。"也作"天香国色"。丁玲《在黑暗中·梦珂》三："大家用'天香国色'和'闭月羞花'的词藻去捧这个始终是隐忍着的林琅——被命为空前绝后的初现银幕的女明星。"

【国色天姿】guó sè tiān zī　国色：冠绝全国的美色。天姿：天生的丽姿。形容女子非常美丽。《东周列国志》二回："凑巧褰衽门外汲水,虽然村妆野束,不掩国色天姿。"陈国凯《曹雪芹开会去了》二："频道一转,荧幕上出现了影视演员杨贵妃,……果然是天生丽质,国色天姿。"

【国泰民安】guó tài mín ān　泰:安宁。国家太平,人民安乐。形容社会安定,人民生活幸福。宋·吴自牧《梦粱录·山川神》："每岁海潮大溢,冲激州城,春秋醮祭,诏命学士院撰青词,以祈国泰民安。"《喻世明言》卷四〇："话说国朝嘉靖年间,圣人在位,风调雨顺,国泰民安。"王火《战争和人》(二)卷七:"这宇宙和大地该祈求和欠缺的只有一个愿望,这愿望就是天下太平,风调雨顺,国泰民安。"

【国亡家破】guó wáng jiā pò　见"国破家亡"。

【果不其然】guǒ bù qí rán　果然如此。指事实跟预料的一样。多用来强调不出所料。《儒林外史》三回:"我说姑老爷今非昔比,少不得有人把银子送上门来给他用,只怕姑老爷还不希罕。今日果不其然!"邓一光《我是太阳》一部一〇:"吴晋水叹道,在合江时就听说省军区的关老虎一听见打仗就犯疯,果不其然!"刘玉民《骚动之秋》二一章:"人家一听集资就皱鼻子,说早就知道你们这帮孙猴子成不了事儿,果不其然吧?"

【裹足不前】guǒ zú bù qián　脚像被缠住似的停步不前。多指因有所顾虑而不敢前行。《三国演义》一六回:"今玄德素有英雄之名,以困穷来投,若杀之,是害贤也。天下智谋之士,闻而自疑,将裹足不前,主公谁与定天下乎?"梁实秋《雅舍小品·包装》:"酱羊肉就是再好,在包装方面这样的不负责,恐怕也要令人裹足不前了。"杨沫《青春之歌》二部二九章:"我们不能做有名无实的党员,不能总在困难面前裹足不前。"

【过从甚密】guò cóng shèn mì　过从:来往;交往。相互来往频繁,关系密切。明·沈德潜《万历野获编·王师竹宫庶》:"信阳王师竹宫庶,与先人最相善,且不拘词林前后辈俗体,博洽虚心,过从甚密。"茅盾《蚀·幻灭》三:"在最近一星期中,有种种猜度和流言,这固然因为他们两个人近来过从甚密,但大半还是抱素自己对男同学泄露秘密。"

【过河拆桥】guò hé chāi qiáo　比喻达到目的后,就把帮助过自己的人抛开。元·康进之《李逵负荆》三折:"你休得顺水推船,偏不许我过河拆桥。"老舍《骆驼祥子》一四:"及至听到老头子往外赶祥子,他们又向着他了——祥子受了那么多的累,过河拆桥,老头子翻脸不认人,他们替祥子不平。"刘醒龙《秋风醉了》五:"好歹还有一个晚上,你支持我一下吧,我老石不是那种过河拆桥的人,我是滴水之恩必报。"

【过江之鲫】guò jiāng zhī jì　鲫:鲫鱼,多成群活动。东晋时,中原陷落,北方很多名士纷纷南渡来到江南。清·袁枚《小仓山房尺牍·答祈山宫保》:"且引名士鲫鱼之典。"《广注》本注引《古诗》:"过江名士鲫鱼多。"后用"过江之鲫"形容多而纷乱。叶醒文玲《插曲》:"来湖畔游玩的倩女如过江之鲫。"刘绍棠《草莽》一:"北运河是上京下卫的水路,南来北往的客运和货运大船,多得像过江之鲫。"刘心武《白牙》:"人行道上行人如过江之鲫。有时甚至不得不偏着身与人交错而过。"

【过街老鼠】guò jiē lǎo shǔ　比喻人人痛恨、厌恶的人。《禅真逸史》四回:"前村后舍,人人怨恶,故取他一个绰号,叫做过街老鼠。"王火《战争和人》(三)卷二:"窦平鼻血涂得一脸,怒目相向,蓝教官和'陈胡子'像过街老鼠,想从学生堆里钻出去逃跑。"

【过门不入】 guò mén bù rù 《孟子·离娄下》："禹稷当平世，三过其门而不入。"后用"过门不入"形容忠于职守，公而忘私。《晋书·皇甫谧传》："故尧舜之世，士或收迹林泽，或过门不敢入。"清·李渔《奈何天·计左》："古人为国忘家，曾有过门不入之事。"也泛指经过门前而不进去。《镜花缘》四二回："哥哥向日虽功名心胜，近来性情为何一变至此？岂有相离咫尺，竟过门不入？"

【过目不忘】 guò mù bù wàng 看一遍就能记住。形容人记忆力极强。《晋书·苻融载记》："耳闻则诵，过目不忘，时人拟之王粲。"《喻世明言》卷三〇："勉强送他学堂攻书，资性聪明，过目不忘，吟诗作赋，无不出人头地。"高云览《小城春秋》一二章："许多人都说他是'奇人'，说他看书的速率比普通人快八倍，说他过目不忘。"

【过目成诵】 guò mù chéng sòng 诵：背。看一遍就能背诵下来。形容记忆力极强。宋·黄庭坚《刘道原墓志铭》："道原天机迅疾，览天下记籍，文义无美恶，过目成诵。"《警世通言》卷四："他原是过目成诵极聪明的人，一路所见之诗，无字不记。"《野叟曝言》七七回："耳性以大妹为第一，可以过耳不忘；目性以红瑶为第一，几于过目成诵。"刘绍棠《瓜棚柳巷》四："吴钩虽然聪明绝顶，过目成诵，却不得不代人受过，每天满头青包，满身鞭痕，屁股肿得不敢挨一挨凳子。"

【过甚其词】 guò shèn qí cí 过甚：很过分。话说得过分，不符合实际。词，也作"辞"。茅盾《子夜》九："市面上的消息也许过甚其词。可是这次来的伤兵真不少！"钱钟书《围城》九："你总喜欢过甚其词，我前后不过给他三封信。"李国文《冬天里的春天》四章："说实在的，他那渔民的手，骑兵的手，如果形容为锉刀未免过甚其辞的话，说是鲨鱼皮是一点不过分的。"

【过屠门而大嚼】 guò tú mén ér dà jué 屠门：屠户的门口，即肉铺。嚼：指嘴里空嚼。《太平御览》卷三九一引汉·桓谭《新论·祛蔽》："关东鄙语曰：人闻长安乐，则出门西向而笑；知肉味美，则对屠门而大嚼。"比喻心中羡慕而不能如愿以偿，只好用不切实际的办法聊以自慰。三国魏·曹植《与吴季重书》："左顾右盼，谓若无人，岂非吾子壮志哉？过屠门而大嚼，虽不得肉，贵且快意。"鲁迅《二心集·译者附记》："古洋侠客往矣，只好佩服扮洋侠客的洋戏子，算是'过屠门而大嚼，虽不得肉，亦且快意'。"

【过五关斩六将】 guò wǔ guān zhǎn liù jiàng 原为《三国演义》中关羽的故事。今多用来比喻闯过重重难关。高云览《小城春秋》九章："剑平没想到前几天还在说'鲁莽寸步难行'的吴七，现在竟然想单枪匹马去过五关斩六将，话还说得那么轻便！"刘绍棠《蒲柳人家》二："跟牲口贩子借一笔驴打滚儿，也要大摆酒筵，请他的知音相好们前来聚会，听他谈讲过五关，斩六将，云山雾罩。"

【过眼烟云】 guò yǎn yān yún 从眼前飘逝而过的烟气和云雾。比喻很快消逝的事物。宋·王十朋《县学别同舍》诗："伴人灯火情犹在，过眼烟云事已非。"《红楼梦》一一八回："论起荣华富贵，原不过是过眼烟云，但自古圣贤，以人品根柢为重。"王火《战争和人》（三）卷五："人世间的名利富贵，恰如过眼烟云，而真理之光却会永远照耀着世间。"也作"过眼云烟"。《二刻拍案惊奇》卷一九："谁知过眼云烟，容易消散。宣德郎万延之死后，第三儿子补三班的也死了。"欧阳山《三家巷》一九四："这只不过是过眼烟云。一会儿烟消云散，什么痕迹也没有了。"

【过眼云烟】 guò yǎn yún yān 见"过

眼烟云"。

【过犹不及】 guò yóu bù jí　过:过分。不及:不够。事情做得过了头,就跟做得不够一样,都不合适。《论语·先进》:"子贡问:'师与商也孰贤?'子曰:'师也过,商也不及。'曰:'然则师愈与!'子曰:'过犹不及。'"唐·韩愈《改葬服议》:"俭之与奢,则俭固愈于奢矣,虽然,未若合礼之为懿也,过犹不及,其此类之谓乎。"《镜花缘》一四回:"据老夫看来:这是'过犹不及'。大约两耳过长,反觉没用。"

H

【海底捞月】 hǎi dǐ lāo yuè ❶比喻达不到目的,白费力气。郭沫若《洪波曲》九章:"前一种希望,虽然费了许多心机,耍了不少花头,却终是海底捞月。"❷形容从水底兜取东西。蒋子龙《收审记》一:"一个脖子精细老长、浑身脏稀稀的犯人,小心翼翼地先把菜汤表面那几滴可怜的油花撇到一个碗里,再用勺子海底捞月,把桶里仅有的几片菠菜叶捞到同一个碗里。"

【海底捞针】 hǎi dǐ lāo zhēn 见"大海捞针"。

【海角天涯】 hǎi jiǎo tiān yá 见"天涯海角"。

【海枯石烂】 hǎi kū shí làn 海枯:海水干涸。石烂:岩石风化成土。形容经历千年万年那么长久的时间。多用作誓词,表示即使时空改变,人的意志也绝不会改变。金·元好问《西楼曲》:"海枯石烂两鸳鸯,只合双飞便双死。"《三国演义》四七回:"汝要说我降,除非海枯石烂!"闻一多《死水·你指着太阳起誓》:"去去! 去恋着他的怀抱,跟他去讲那海枯石烂不变的贞操!"

【海阔天空】 hǎi kuò tiān kōng 形容天地辽阔,无边无际。唐·刘氏瑶《暗离别》诗:"青鸾脉脉西飞去,海阔天空不知处。"《官场现形记》三一回:"天下那里有但辨方向,不论远近,向海阔天空的地方乱开炮的道理?"比喻心胸开阔,无拘无束。茅盾《腐蚀·一月三十日》:"我想像着在我前面的海阔天空的世界,但是衷心惴惴,总觉得有什么恶煞在时时伺隙和我捣蛋。"严文井《啊,你盼望的那个原野》:"那个时候我们真是无忧无虑,只要能够行走就会感到海阔天空。"也比喻说话或想像漫无边际。巴金《随想录》二九:"我们海阔天空,无所不谈,每次见面,都是这样。"杨沫《青春之歌》一部二章:"书籍培养了她丰富的想像力和对于美好未来的憧憬,她是个喜欢海阔天空地幻想的姑娘,越读的多,也越想得多。"

【海内无双】 hǎi nèi wú shuāng 指四海之内独一无二。汉·东方朔《答客难》:"好学乐道之效明白甚矣,自以为智能海内无双,则可谓博闻。"元·胡用和《粉蝶儿·题金陵景》套数:"论富贵京都为上,数繁华海内无双,风流人物貌堂堂。"

【海市蜃楼】 hǎi shì shèn lóu 蜃:大蛤蜊。古人传说蜃能吐气形成楼台景观,叫蜃楼,也叫海市。《史记·天官书》:"海旁蜄气象楼台。"蜄:同"蜃"。宋·沈括《梦溪笔谈·异事》:"登州海中时有云气,如宫室台观城堞人物车马冠盖,历历可见,谓之海市,或曰蛟蜃之气所为,疑不然也。"《本草纲目·鳞部一》:"[蜃]能呼气成楼台城郭之状,将雨即见,名蜃楼,亦曰海市。"实际上是光线穿过大气层时,由于折射走而形成的奇幻景象,多出现在海边或沙漠地带。后用"海市蜃楼"比喻虚幻的事物。《骈字类编》卷四六引《隋唐遗事》:"张昌仪恃宠,请托如市。李湛曰:'此海市蜃楼比耳,岂长久耶?'"茅盾《子夜》七:"他在企业界中是一员猛将,他是时时刻刻向前突进的,然而在他前面,不是半浮在空中的荒唐虚无的海市蜃楼么?"王安忆《香港的情和爱》四:"老魏心里有虚浮之感,这香港成了海市蜃楼,这夜晚也成了海市蜃楼,而他这人则成了海市蜃楼中的人影儿。"

【海誓山盟】 hǎi shì shān méng 见"山盟海誓"。

【海水不可斗量】 hǎi shuǐ bù kě dǒu liáng 以斗量大海之水,是无法知道海有多大的。比喻不可看人的现状而低估他未来的发展。《西游记》六二回:"孙大圣听见了,厉声高叫道:'陛下,"人不可貌相,海水不可斗量"。若爱丰姿者,如何捉得妖贼也?'"《老残游记》一三回:"真是'人不可貌相,海水不可斗量'。做诗不过是造些谣言,这句话真被这孩子说着了呢!"

【海外奇谈】 hǎi wài qí tán 《山海经》一书记叙有海外各国的异人怪物,内容荒诞不经。后用"海外奇谈"指希奇古怪的谈论或传说。明·沈德符《万历野获编·台疏讥谑》:"[海]瑞为牍,令兵马司申于给事钟宇淳。宇淳批其牍尾曰:'海外奇谈'。"瞿秋白《论翻译》:"这明明白白的欺侮中国读者,信口开河的来乱讲海外奇谈。"

【海啸山崩】 hǎi xiào shān bēng 大海呼啸,高山崩塌。形容来势凶猛,不可阻挡。《东周列国志》五四回:"楚兵人人耀武,个个扬威,分明似海啸山崩,天摧地塌。"

【海晏河清】 hǎi yàn hé qīng 见"河清海晏"。

【海中捞月】 hǎi zhōng lāo yuè 比喻达不到目的,白费气力。《初刻拍案惊奇》卷二七:"临安府也没奈何,只得行个缉捕文书,拿拏先前的两个轿夫,却又不知姓名住址,有影无踪,海中捞月。"郭沫若《中国古代社会研究》导论二:"这点如不弄明了,简直等于是海中捞月一样了。"

【骇浪惊涛】 hài làng jīng tāo 见"惊涛骇浪"。

【骇人听闻】 hài rén tīng wén 骇:惊吓。宋·朱熹《答詹帅书》:"浙中近年怪论百出,骇人闻听,坏人心术。"后用"骇人听闻"指使人听了感到非常震惊。明·文秉《先拨志始》卷下:"奇贪异移,骇人听闻。"《聊斋志异·秦桧》:"又青州城内,旧有澹台子羽祠。当魏珰烜赫时,世家中有媚之者,割子羽毁冠去须,改作魏监。此亦骇人听闻者也。"《官场现形记》五○回:"虽说看准这买卖好做,不至于蚀到那里;然而数目太大了,大嫂虽不疑心,亦总觉得骇人听闻。"巴金《随想录》一一六:"英国人删去所谓'骇人听闻'的地方;法国人删去反对兵役的地方。"萧红《呼兰河传》五章:"而最害怕的是团圆媳妇的婆婆,吓得乱哆嗦,这是多么骇人听闻的事情,虐待媳妇世界上能有这样的事情吗?"

【害群之马】 hài qún zhī mǎ 《庄子·徐无鬼》:"夫为天下者,亦奚以异乎牧马者哉?亦去其害马者而已矣。"后用"害群之马"比喻危害集体的人。宋·刘安世《应诏言事》:"盖此等行为巇崄,若小得志,则复结朋党,恣其毁誉,如害群之马,岂宜轻议哉!"茅盾《子夜》五:"我只好把这种人的罪恶揭露出来,让工人们自己明白,自己起来对付这种害群之马!"陈忠实《白鹿原》一二章:"如果有捣蛋的害群之马,把他干脆解聘了让他另择高枝儿就是了,何必自己伤情动气辞职呢?"

【酣畅淋漓】 hān chàng lín lí 酣畅:痛快。淋漓:畅快的样子。宋·欧阳修《释秘演诗集序》:"无所放其意,则往往从布衣野老,酣嬉淋漓,颠倒而不厌。"后多作"酣畅淋漓",形容极其畅快的样子。清·

欧阳巨源《〈官场现形记〉序》："惟有以含蓄蕴酿存其忠厚,以醋畅淋漓阐其隐微,则庶几近矣。"陈忠实《白鹿原》二七章:"他醋畅淋漓地哭了一场,带着鼻洼里干涸的泪痕回到家里。"王安忆《香港的情和爱》八:"她是整个儿的一桶抱在怀里吃,醋畅淋漓,又像是对冰淇淋有仇。"

【憨态可掬】hān tài kě jū 憨:朴实,天真。掬:捧取。形容天真单纯的情态尽情流露的样子。刘绍棠《瓜棚柳巷》一〇:"又摘下一个个花面鬼脸,傻头傻脑,大肚囊儿憨态可掬,逗人喜爱的面瓜。"李国文《变异》:"尽管他太太再三像舞台提词地启发他,谁,是谁。可我这位老上级,圆张着嘴,憨态可掬地点头。表示明白了。其实他根本记不得我,只不过虚应故事。"

【邯郸学步】hán dān xué bù 邯郸:地名,战国时赵国国都。学步:学习走路。《庄子·秋水》:"且子独不闻夫寿陵余子之学行于邯郸与？未得国能,又失其故行矣,直匍匐而归耳。"后用"邯郸学步"比喻模仿不成,反而失去自己原有的长处。宋·姜夔《送项平甫倅池阳》:"论文要得文中天,邯郸学步终不然。"《歧路灯》一〇一回:"'什么古迹？'娄朴道:'学步桥。'盛希瑗道:'是邯郸学步,失其故步么？'"

【含苞待放】hán bāo dài fàng 苞:花未开时包着花骨朵的小叶片。指花朵将开而未开。巴金《秋》二:"眼前又是深绿的假山,花圃里那些含苞待放的芍药花点缀在繁茂的绿叶中间。"也用来比喻少女的青春。刘绍棠《烟村四五家》一〇:"十五年前,玉藕还是个含苞待放的二十岁姑娘,有人给她说媒,男方就是蔡椿井。"

【含垢纳污】hán gòu nà wū 垢、污:指耻辱。指有容忍耻辱的度量。宋·苏轼《辩试馆职策问劄子》之二:"退而上书数万言,大抵皆劝神宗忠恕仁厚、含垢纳污,屈己以裕人也。"清·昭梿《啸亭杂录·汪参军》:"惟知含垢纳污,以博一时虚誉。"

【含垢忍耻】hán gòu rěn chǐ 见"含垢忍辱"。

【含垢忍辱】hán gòu rěn rǔ 垢:耻辱。忍受耻辱。唐·陈子昂《谢衣表》:"实恐身死克伤,未雪国耻,所以含垢忍辱,图死阙庭。"鲁迅《南腔北调集·谚语》:"宋徽宗在位时,不可一世,而被掳后偏会含垢忍辱。"也作"含垢忍耻"。《晋书·王敦传》:"先帝含垢忍耻,容而不责,委任如旧,礼秩有加。"也作"含垢忍污"。《老残游记二集》四回:"我为三爷含垢忍污的同牛马落交,却又因亲近牛马得罪了三爷,岂不大失算吗？"也作"忍辱含垢"。郭沫若《把精神武装起来》:"十年的忍辱含垢,十年的卧薪尝胆,算结晶成为了自芦沟桥事变以来的神圣的雪耻战争。"

【含垢忍污】hán gòu rěn wū 见"含垢忍辱"。

【含糊其辞】hán hú qí cí 有意把话说得不清楚、不明确。辞,也作"词"。宋·袁燮《侍御史赠通议大夫汪公墓志铭》:"是非予夺,多含糊其辞。"《三侠五义》六〇回:"或者他不知我的心迹,今日初遇,未免含糊其词也是有的。"老舍《四世同堂》五二:"在这种时节,他总是含糊其词的敷衍两句,而后三转两转不知怎么的又把话引到别处去。"李国文《冬天里的春天》二章:"他望着那个保卫处长,要是他摇一摇头,或者含糊其辞,那他就得承担天大的干系。"

【含情脉脉】hán qíng mò mò 脉脉:默默地用眼神表达情意。指满含深情的样子。唐·李德裕《二芳丛赋》:"一则含情脉脉,如有思而不得,类西施之容冶。"张恨水《啼笑因缘》二回:"家树先见她唱大鼓的那种神气,就觉不错,现在又见她含情脉脉,不带点些儿轻狂,风尘中有这样的人物,却是不可多得。"莫应丰《麈山之谜》二:"他不时地回头望望那富有异性魅力的秀蹄黄,眼光变得十分柔和,含情脉脉。"〔注意〕脉,不读 mài。

【含沙射影】 hán shā shè yǐng 晋·干宝《搜神记》卷一二:"汉光武中平中,有物处于江水,其名曰蜮,一曰短狐,能含沙射人。所中者,则身体筋急,头痛发热,剧者至死。"后用"含沙射影"比喻暗中诽谤中伤人。唐·白居易《读史五首》诗之四:"含沙射人影,虽病人不知。巧言构人罪,至死人不疑。"宋·罗大经《鹤林玉露》卷四:"诗意言君子或死或贬,唯小人得志,深畏其含沙射影也。"鲁迅《两地书·序言》:"其间,含沙射影者都逐渐自己没入更黑暗的处所去了,而好意的朋友也已有两个不在人间,就是漱园和柔石。"刘心武《班主任》三:"他们一贯推心置腹,就是吵嘴,也从不含沙射影、指桑骂槐。"

【含笑九泉】 hán xiào jiǔ quán 九泉:人死后埋葬的地方,迷信的人指阴间。带着笑容离开人世。形容死而无憾。《镜花缘》三回:"我儿前去,得能替我出得半臂之劳,我亦含笑九泉。"刘绍棠《瓜棚柳巷》二:"三年两载,他种出的瓜都是上等成色,柳老爹见祖辈的手艺没有失传,也就闭上眼睛,撒手归西,含笑九泉了。"

【含辛茹苦】 hán xīn rú kǔ 辛:辣。茹:吃。宋·苏轼《中和胜相院记》:"其始学之,皆入山林,践荆棘蛇虺,袒裸雪霜,或刲割屠膑,燔烧烹煮,以肉饲虎豹鸟乌蚊蚋,无所不至,茹苦含辛,更百千万亿生而后成。"后多用"含辛茹苦"形容忍受种种辛苦。夏衍《〈新华日报〉及其他》:"他假如'安分守己',本可以在'十里洋场'过舒舒服服的生活,可是他就是为热爱话剧,一辈子为'剧运'而含辛茹

苦。"刘白羽《第二个太阳》一章:"一个军人之于大自然,就如同一个猎手之于大森林一样,不论怎样含辛茹苦,都已处之泰然。"

【含血喷人】 hán xuè pēn rén 比喻造谣中伤,诬陷别人。《五灯会元·临安府崇觉空禅师》:"含血噀人,先污其口;百丈野狐,失头走走;蓦地唤回,打个筋斗。"噀:喷。《孽海花》一八回:"别人家老爷总护着自己身边人,就是做了丑事,还要顾着向日恩情,一床锦被遮盖遮盖。况且没有把柄的事儿,给一个低三下四的奴才含血喷人,自己倒站着听风凉话儿。"鲁迅《伪自由书·不通两种》:"至于聚敛享乐的人们之多,更是社会上大家周知的事实,但可惜那都并不是我们。平陵先生的'听说'和'如果',都成了无的放矢,含血喷人了。"

【含饴弄孙】 hán yí nòng sūn 饴:麦芽糖。弄:逗。含着糖逗小孙子。形容老年人悠闲的家庭乐趣。《东观汉记·明德马皇后传》:"吾但当含饴弄孙,不能复知政事。"宋·王禹偁《送牛冕序》:"含饴弄孙,尽高堂之乐;腰金拖紫,居百城之长。"《歧路灯》七七回:"说齿届古稀,又有含饴弄孙之乐。"

【含英咀华】 hán yīng jǔ huá 英、华:花朵。咀:咀嚼。嘴里含着花朵,品味花的芬芳。比喻品味、体会诗文中的精华。唐·韩愈《进学解》:"沈浸酿郁,含英咀华。"宋·陆游《答建宁陈通判启》:"含英咀华,早预蓬莱道山之选。"郭沫若《今昔集·关于"接受文学遗产"》:"含英咀华,钩玄提要,我看对于接受文学的遗产上,一定会有很切实的贡献。"

【含冤负屈】 hán yuān fù qū 蒙受冤屈。元·武汉臣《生金阁》四折:"说无休诉不尽的含冤负屈情。"《水浒传》六二回:"可怜十字街心里,要杀含冤负屈人。"李国文《冬天里的春天》一章:"这种

行径,是千百年来含冤负屈而又无能为力的人,尤其是妇女,所能给予仇家的最大报复了。"

【寒耕热耘】 hán gēng rè yún　冷时耕种,热时锄草。形容农事艰辛。热,也作"暑"。《管子·臣乘马》:"彼善为国者,使农夫寒耕暑耘,力归于上。"汉·贾谊《新书·审微》:"民乎,寒耕热耘,曾不得食也。"《孔子家语·屈节》:"使人以让宓子曰:'民寒耕热耘曾不得食,岂不哀哉!'"

【寒花晚节】 hán huā wǎn jié　寒花:耐寒的花,常指菊花。晚节:晚年的节操。比喻晚节坚贞。宋·韩琦《九月水阁》诗:"虽惭老圃秋容淡,且看寒花晚节香。"

【寒来暑往】 hán lái shǔ wǎng　《周易·系辞下》:"寒往则暑来,暑往则寒来,寒暑相推,而岁成焉。"后用"寒来暑往"指四时更替。泛指时光流逝。宋·张抡《阮郎归》词:"寒来暑往几time休,光阴逐水流,浮云身世两悠悠,何劳身外求。"元·吴弘道《斗鹌鹑·紫花八序》曲:"托赖着一人有庆,五谷丰登,四海无敌,寒来暑往,兔走鸟飞,节令相催。"刘绍棠《烟村四五家》一:"寒来暑往,冬去春回,行云流水三十九年。"也作"暑往寒来"。《水浒传》三回:"暑往寒来春夏秋,夕阳西下水东流。"

【喊屈叫冤】 hǎn qū jiào yuān　见"喊冤叫屈"。

【喊冤叫屈】 hǎn yuān jiào qū　因受冤屈而喊叫。《红楼梦》八三回:"金桂将桌椅杯盏,尽行打翻,那宝蟾只管喊冤叫屈,那里理会他半点儿。"也作"喊屈叫冤"。浩然《乐土》三章:"'大嫂子,大嫂子,千万可别这么瞧我?'孙大叔喊屈叫冤,'你想想,我跟大哥是啥交情?'"

【汗流浃背】 hàn liú jiā bèi　浃:湿透。汗流得湿透了背上的衣服。形容极度惊

恐或惭愧。《后汉书·伏皇后纪》:"[曹]操出,顾左右,汗流浃背,自后不敢复朝请。"《东周列国志》二四回:"子华面皮发赤,汗流浃背,遂辞归郑。"《野叟曝言》五九回:"素臣复重跪下,汗流浃背,涕泪交颐,顿首认罪。"姚雪垠《李自成》一卷二九章:"看见檄文上痛骂朝廷,直指皇帝有罪,你就在心中转不过弯儿啦,就惶恐万分、汗流浃背啦。"也形容浑身大汗。鲁迅《花边文学·安贫乐道法》:"还有一种是极其彻底的:说是大热天气,阔人还忙于应酬,汗流浃背,穷人却挟了一条破席,铺在路上,脱去衣服,浴凉风,其乐无穷,这叫做'席卷天下'。"老舍《四世同堂》九七:"瑞宣一天到晚汗流浃背,忙着选稿,编辑、收发稿件。"

【汗马功劳】 hàn mǎ gōng láo　汗马:战马跑得出了汗。《韩非子·五蠹》:"弃私家之事,而必汗马之劳,家困而上弗论则穷矣。"《史记·萧相国世家》:"今萧何未尝有汗马之劳,徒持文墨议论,不战,顾反居臣等上,何也?"后多用"汗马功劳"指战争中立下的功绩。《喻世明言》卷三一:"三贤果是死得可怜,寡人做主,把汉家天下三分与你三人,各掌一国,报你生前汗马功劳,不许再言。"姚雪垠《李自成》二卷二六章:"趁年轻,随着闯王山南海北跑一跑,说不定你们日后会立下汗马功劳,成个气候。"也泛指工作成绩。马烽、西戎《吕梁英雄传》四三回:"人民是最通情达理的,不会因为你犯过错误,就忘了你这几年的汗马功劳。"刘绍棠《瓜棚柳巷》七:"早生贵子,她就象立下汗马功劳,骄气十足。"

【汗牛充栋】 hàn niú chōng dòng　充:装满。栋:栋宇,房屋。唐·柳宗元《陆文通先生墓表》:"其为书,处则充栋宇,出则汗牛马。"意为书多得堆满屋子,用车运时,牛马累得出汗。后用"汗牛充栋"形容藏书或著作极多。宋·陆九渊《与颜

子坚》："传注之家，汗牛充栋，譬之药笼方书，搜求储蓄，殆无遗类。"《花月痕》附录一："夫文字而仅止于怜才慕色，则世间所谓汗牛充栋者正复不少，作者亦何暇写之乎！"梁实秋《雅舍小品·书房》："汗牛充栋，未必是福。丧乱之中，牛将安觅？多少爱书的人士都把他们苦心聚集的图书抛弃了，而且再也鼓不起勇气重建一个像样的书房。"

【汗如雨下】　hàn rú yǔ xià　出汗多得像下雨一样。《镜花缘》一八回："多九公听罢，只急的汗如雨下，无言可答。"杜鹏程《我的第二故乡》："肩膀痛，两腿重，脚板发烧，每走一步都汗如雨下。"

【汗颜无地】　hàn yán wú dì　汗颜：脸上出汗。形容羞愧得无地自容。邹韬奋《经历·新闻检查》："中国人在那里发表抗敌救国的言论倒比上海自由得多。这在我们做中国人的说来虽觉汗颜无地，但却是事实。"

【旱魃为虐】　hàn bá wéi nüè　旱魃：迷信者认为能造成旱灾的鬼怪。虐：灾害。指发生严重旱灾。《诗经·大雅·云汉》："旱魃为虐，如惔如焚。"《后汉书·皇甫规传》："而地震之后，雾气白浊，日月无光，旱魃为虐，大贼纵横。"宋·陆游《严州施大斛疏》："旱魃为虐，念莫释于众忧；饭香普熏，敢恭陈于净供。"《花月痕》一回："其年夏五，旱魃为虐，赤地千里，小子奉母避灾太原，苦无生计。"

【旱苗得雨】　hàn miáo dé yǔ　久旱的禾苗喜得雨露滋润。比喻在困难的时候得到及时的援助。《水浒传》一九回："今日山寨，天幸得众多豪杰到此，相扶相助，似锦上添花，如旱苗得雨。"

【悍然不顾】　hàn rán bù gù　悍然：蛮横的样子。肆意妄为，不顾一切。明·王守仁《书石川卷》："拒人于千里之外，不知有道者从旁视之，方为之疏息汗颜，若无所容，而彼悍然不顾，略无省觉，斯亦

可哀也。"明·张岱《阮大铖传》："先帝血肉未寒，爱书凛若星日，而士英悍然不顾，请用大铖。"

【撼天动地】　hàn tiān dòng dì　见"撼天震地"。

【撼天震地】　hàn tiān zhèn dì　形容声势大，力量强。《孽海花》二三回："一语未了，不提防西边树林里，陡起了一阵撼天震地的狂风，飞沙走石，直向东边路上刮剌剌的卷去。"也作"撼天动地"。阿城《树王》六："首长坐车一阵风地来了，趋前向战士们问好，战士们撼天动地地回答。"陈忠实《白鹿原》二九章："鹿兆鹏听出朱先生的口气很强，继续吃馍吃菜喝酒，以缓慢的口吻说：'先生，你的宣言委实是撼天动地。可也是件令人悲戚的事……'"

【行行出状元】　háng háng chū zhuàng yuán　各种职业不分贵贱，都有杰出的人才。明·冯惟敏《玉抱肚·赠赵今燕》曲："琵琶轻扫动人怜，须信行行出状元。"《儿女英雄传》一一回："俗语儿说的，'行行出状元'，又说'好汉不怕出身低'，那一行没有好人哪？"

【行家里手】　háng jiā lǐ shǒu　指内行人。刘绍棠《黄花闺女塘》二："打鼓儿的老金本是行家里手，财路挺宽；怎奈他又是个馋痨酒篓，挣多少都酒肉穿肠过了。"

【沆瀣一气】　hàng xiè yī qì　宋·王谠《唐语林》卷七："崔相沆知贡举，得崔瀣。时榜中同姓，瀣最为沆知。谭者称：'座主门生，沆瀣一气。'"后用来比喻气味相投者结合在一起。《孽海花》三四回："皓东的敏锐活泼，和胜佛的豪迈灵警，两雄相遇，尤其沆瀣一气。"钱钟书《围城》三："方鸿渐出了苏家，自觉已成春天的一部分，沆瀣一气，不是两小时前的春天门外汉了。"王火《战争和人》（二）卷八："他是个会看潮流也识时务有点两面的人物，

同他见见,并非同他沉溚一气,没有什么不好。"

【蒿目时艰】hāo mù shí jiān 蒿目:极目远望。《庄子·骈拇》:"今世之仁人,蒿目而忧世之患。"后用"蒿目时艰"形容对艰难时世的忧虑不安。明·张岱《范景文传》:"景文蒿目时艰,中夜辄涕零。"《花月痕》一一回:"痴珠日手一编,虽蒿目时艰,不断新亭之泪,而潜心著作,自成茂苑之书,倒也日过一日。"李劼人《大波》三部七章:"近因乱事日亟,民不堪命,赵督帅蒿目时艰,为大局起见,与在省官绅协商,请蒲罗诸先生共图挽救之法。"

【号寒啼饥】háo hán tí jī 号:哭喊。啼:啼哭。唐·韩愈《进学解》:"冬暖而儿号寒,年丰而妻啼饥。"后用"号寒啼饥"指因寒冷饥饿而呼号。《老残游记》六回:"又见那老鸦有一阵刮刮的叫了几声,仿佛他不是号寒啼饥,却是为有言论自由的乐趣,来骄这曹州府百姓似的。"

【毫厘不爽】háo lí bù shuǎng 毫、厘:很小的长度单位。爽:差失。形容丝毫不差。《喻世明言》卷三二:"须合幽明古今而观之,方知毫厘不爽。"

【毫无二致】háo wú èr zhì 二致:不一致,两样。丝毫没有两样。形容完全相同。《官场现形记》二九回:"余道台见了这副神气,更觉得同花小红一式一样,毫无二致。"王火《战争和人》(一)卷二:"虽然方丽清到南京来了,除了办公和出外交际、应酬外,回家不那么寂寞,但方丽清是个不能谈政治的人。这点同她那两个善于做生意的哥哥毫无二致。"

【毫无疑义】háo wú yí yì 丝毫没有令人怀疑的地方。茅盾《虹》六:"名义上,她是惠师长的义女;实际上,谁晓得! 不过她是惠师长的'花鸟使'却是众口一词,毫无疑义的!"

【豪放不羁】háo fàng bù jī 羁:羁绊,拘束。形容人性情豪放不受拘束。《二刻拍案惊奇》卷二七:"如此豪放不羁,真豪杰也。"姚雪垠《李自成》一卷一六章:"方岳宗是现任松江知府方岳贡的哥哥,为人慷慨侠义,豪放不羁。"魏巍《东方》二部二章:"特别是他那豪放不羁的性格,趣事轶闻之多,几乎风传全军。"

【豪横跋扈】háo hèng bá hù 跋扈:专横暴戾。横行一方,霸道暴戾。唐·郑处诲《明皇杂录·李遵周》:"禄山豪横跋扈,远近忧之,而上意未寤,一日遵周隐去,不知所之。"〔注意〕横,不读 héng。

【豪情逸致】háo qíng yì zhì 豪迈超逸的情致。清·梁章钜《楹联丛话·戏楼旧联》:"记得丁歌甲舞,曾醉昆仑,豪情逸致,飘飘若仙。"郭沫若《革命春秋·神泉七》:"古人所遐想的诗境是具现在眼前来了,是豪情逸致吗? 不,一点也不!"

【豪情壮志】háo qíng zhuàng zhì 远大、豪迈的志向与情怀。刘白羽《第二个太阳》一七章:"欢乐固可引发人们的豪情壮志,但,痛苦却能升腾起顽强的意志。"王火《战争和人》(二)卷六:"看到江水东流,想到不久要跟爸爸坐船驶出吴淞口去到香港,家霆心里充塞了豪情壮志。"

【豪奢放逸】háo shē fàng yì 性情豪放,不受拘束。《魏书·曲阳侯素延传》:"中山平,拜幽州刺史,豪奢放逸,左迁上谷太守,后赐地曲阳侯。"

【豪言壮语】háo yán zhuàng yǔ 豪:豪迈。壮:雄壮,有力。形容充满英雄气概的语言。巴金《随想录》一二九:"这些人,他们也谈理想,也讲豪言壮语,他们说一套,做另外一套。"叶文玲《小溪九道弯》三:"十六岁的谷雨,当时瞪着眼珠说的这番豪言壮语,又一次为大家传颂了一阵。"

【濠濮间想】háo pú jiān xiǎng 濠、

濮:两条河水的名字。《庄子·秋水》:"庄子与惠子游于濠梁之上。庄子曰:'鯈鱼出游从容,是鱼之乐也。'"又:"庄子钓于濮水,楚王使大夫二人往先焉,曰:'愿以境内累矣!'庄子持竿不顾。"后用"濠濮间想"比喻超逸悠闲的情趣。《世说新语·言语》:"简文入华林园,顾谓左右曰:'会心处不必在远,翳然林水,便自有濠濮间想也……'"清·蓝瑛等《图绘宝鉴续纂·卷三晁》:"写山水得淄濑滞淺,烟霞缥缈之致,超然楮墨,才一展玩,便令人有濠濮间想。"

【好好先生】 hǎo hǎo xiān shēng 指一团和气、不敢得罪人的人。元·无名氏《水仙子·冬》曲:"只不如胡卢蹄每日相逐趁,到能够吃肥羊饮巨觥,得便宜是好好先生。"《红楼梦》一〇一回:"况且我出去了,你身上又不好,我都起来了,他们还睡觉。咱们老辈子有这个规矩么! 你如今作好好先生不管事了。"周克芹《果园的主人》:"这个五十岁、声音十分洪亮、身材相当魁梧的汉子,却是一副好好先生模样。"

【好模好样】 hǎo mú hǎo yàng ❶端正。《儒林外史》四〇回:"只是这班小孩子,一个个好模好样,也还觉得聪俊,怎得有个先生教他识字便好。"❷规规矩矩。《初刻拍案惊奇》卷一一:"我也是个故家子弟,好模好样的,不想遭这一场,反被那小人逼勒。"〔注意〕模,不读 mó。

【好事多磨】 hǎo shì duō mó 做成一件好事往往要经受许多挫折。金·董解元《西厢记诸宫调》卷一:"真所谓佳期难得,好事多磨。"《初刻拍案惊奇》卷九:"谁知好事多磨,风云不测。台谏官员看见同富贵豪宕,上本参论他赃私,奉圣旨发下西台御史勘问,免不得收下监中。"《红楼梦》九〇回:"想来宝玉和姑娘必是姻缘,人家说的'好事多磨',又说道'是姻缘棒打不回'。这样看起来,人心

天意,他们两个竟是天配的了。"钱钟书《围城》一:"过门在即,好事多磨,皆汝无福所致也。"

【好说歹说】 hǎo shuō dǎi shuō 指想尽办法去劝说别人。老舍《四世同堂》七六:"她们好说歹说的把老人劝住,老人坐在阶石上,落下泪来。"王火《战争和人》(二)卷五:"巧云好说歹说劝着方立苏喝了点酒吃了点菜。"

【好心好意】 hǎo xīn hǎo yì 心怀善意。巴金《春》五:"我好心好意地给三表妹倒茶,哪儿是跟她争茶壶?"刘白羽《第二个太阳》一一章:"那天在路上,为了好心意帮助炮兵兄弟,却闹了一肚子闷气。"刘心武《钟鼓楼》二章:"李铠同志,您误会了,我们来完全是好心好意。"

【好言好语】 hǎo yán hǎo yǔ 指出于善意的言辞。《警世通言》卷七:"你欠了女儿身价钱,没处措办时,好言好语,告个消乏,或者可怜你的,一两贯钱助了你也不见得。"浩然《乐土》四三章:"孙大叔好言好语地劝说一阵儿,便无可奈何地告辞走了。"刘玉民《骚动之秋》一八章:"在他的领地里,他的臣民们只要好言好语笑模笑样,什么事情都好商量。"也作"好言善语"。《孽海花》五回:"兄弟素性不肯特势欺人,一把把好言善语对付他,他不知好歹,倒欺上来了。"

【好言善语】 hǎo yán shàn yǔ 见"好言好语"。

【好语似珠】 hǎo yǔ sì zhū 指文章诗词中的妙语佳句很多。宋·苏轼《次韵答子由》诗:"好语似珠穿一一,妄心如膜退重重。"

【好自为之】 hǎo zì wéi zhī 自己妥善安排。多用于对人的忠告。《花月痕》二五回:"他日之完美,可偿此日之艰辛。有幸者好自为之而已。"杨沫《青春之歌》一部二二章:"戴先生,他很聪明。鹏程

万里,好自为之吧!"陈忠实《白鹿原》三一章:"道理不必解说,目下这兵荒马乱的世事我无力回天,诸位好自为之。"

【号令如山】 hào lìng rú shān 见"军令如山"。

【好吃懒做】 hào chī lǎn zuò 贪图吃喝,懒得做事。形容人又馋又懒。做,也作"作"。《初刻拍案惊奇》卷二:"这样好吃懒做的淫妇,睡到这等日高才起来!"《三侠五义》二回:"咱们庄户人总以勤俭为本,不宜游荡,将来闲的好吃懒做的如何使得?"周而复《上海的早晨》二部二五:"她每次见到人,总怕别人误会她蹲在家里好吃懒做,暗中说明自己的病。"

【好大喜功】 hào dà xǐ gōng 喜欢做大事,立大功。多形容浮夸、不切实际的行为。《新唐书·太宗纪赞》:"至其牵于多爱,复立浮图,好大喜功,勤兵于远,此中材庸主之所常为。"《官场现形记》一七回:"偏偏又碰着这位胡统领好大喜功,定要打草惊蛇,下乡搜捕;土匪没有办到一个,百姓倒大受其累。"郭沫若《屈原》二幕:"你在人前夸大嘴,说我怎样的好大喜功,变幻无常,我都可以容恕你。"

【好高骛远】 hào gāo wù yuǎn 骛:通"务",追求。《宋史·程颢传》:"病学者厌卑近而骛高远,卒无成焉。"后用"好高骛远"指不切实际地追求过高、过远的目标。《孽海花》二五回:"珏斋尤其生就一付绝顶聪明的头脑,带些好高骛远的性情。"茅盾《蚀·追求》二:"他以为与其不度德不量力地好高骛远而弄到失望以后终于一动不动,还不如把理想放得极低,却孜孜不倦地追求着,非到实现不止。"王蒙《青春万岁》九:"又有时候不知从哪儿找来一堆难题问我,我心里想,不会走就想跑,好高骛远,真啰嗦。"〔注意〕骛,不能写作"鹜"。

【好谋无断】 hào móu wú duàn 爱用计谋,但没有决断。形容人空有心计,缺

少胆略,做事犹豫不决。《三国演义》四回:"伍琼曰:'袁绍好谋无断,不足为虑;诚不若加之一郡守,以收民心。'"

【好善乐施】 hào shàn lè shī 见"乐善好施"。

【好生之德】 hào shēng zhī dé 爱惜生命、不嗜杀戮的美德。《尚书·大禹谟》:"与其杀不辜,宁失不经,好生之德,洽于民心。"《说岳全传》三一回:"我皇上体上天好生之德,决能饶汝残生。"《孽海花》二五回:"仰体天地好生之德,不愿多杀人为战功,只要有确实把握的三大捷,约毙日兵三五千人,就可借军威以行仁政,使日人不战自溃。"姚雪垠《李自成》二卷三三章:"刘宗周批评皇上经常用诏狱对待臣民,每年亲自断狱数千件,失去了'好生之德'。"

【好施乐善】 hào shī lè shàn 见"乐善好施"。

【好为人师】 hào wéi rén shī 喜欢做别人的老师。形容人不够谦虚,好以教导者自居。《孟子·离娄上》:"人之患在好为人师。"明·李贽《续焚书·答马历山》:"虽各各著书立言,欲以垂训后世,此不知正堕在好为人师之病上。"毛泽东《新民主主义论》一:"科学的态度是'实事求是','自以为是'和'好为人师'那样狂妄的态度是决不能解决问题的。"

【好问则裕】 hào wèn zé yù 勤于向别人请教,学问就会丰富。《尚书·汤诰》:"好问则裕,自用则小。"

【好学深思】 hào xué shēn sī 喜欢学习而又能深入思考。《史记·五帝本纪赞》:"《书》缺有间矣,其轶乃时时见于他说。非好学深思,心知其意,固难为浅见寡闻道也。"《聊斋志异·何仙》:"座中有与乐陵李忭相善者,李固好学深思之士,众属望之,因出其文,代为之请。"

【好逸恶劳】 hào yì wù láo 逸:安乐。

恶:讨厌。喜欢安逸,厌恶劳动。《后汉书·郭玉传》:"其为疗也,有四难焉……好逸恶劳,四难也。"巴金《秋》二〇:"好逸恶劳,喜新好奇,目无尊长,这是一般年轻子弟的通病,都是新学堂教出来的。"刘绍棠《烟村四五家》五:"染缸里扯不出白布,豆青婶拉扯大的儿子,传染上他爹的毛病,好逸恶劳,吹牛撒谎。"〔注意〕恶,不读è。

【好勇斗狠】 hào yǒng dòu hěn 狠:好斗。指人好逞强,喜欢斗殴。《孟子·离娄下》:"好勇斗很,以危父母,五不孝也。"很:"狠"的本字。《野叟曝言》一四三回:"亏妹子两题探出心事,不然焉知非好勇斗狠,轻狂无检之徒耶?"《三侠五义》九八回:"虽则是失了征战的规矩,却正是侠客的行藏,一味的巧妙灵活,绝不是卤莽灭裂、好勇斗狠那一番的行为。"

【好整以暇】 hào zhěng yǐ xiá 整:整齐。以:连词,而。暇:空闲。《左传·成公十六年》:"日臣之使于楚也,子重问晋国之勇。臣对曰:'好以众整。'曰:'又如何?'臣对曰:'好以暇。'"意为军队的勇武表现在善于整齐步伐,又善于从容不迫。后用"好整以暇"形容在纷乱繁忙中显得从容不迫。《孽海花》二五回:"在这种人心惶惶的时候,珏斋却好整以暇,大有轻裘缓带的气象,只把军队移驻山海关。"郭沫若《洪波曲》九章:"我自然在一旁洗耳恭听,在心里只希望他说快一点,少说几个'唵',然而他老是那样好整以暇地'唵'个不停。"

【浩浩荡荡】 hào hào dàng dàng 原形容水势汹涌浩大。《尚书·尧典》:"汤汤洪水方割,荡荡怀山襄陵,浩浩滔天。"唐·韩愈《宿龙宫滩》诗:"浩浩复汤汤,滩声抑更扬。"汤汤(shāng shāng):水大的样子。后用"浩浩荡荡"形容规模大,声势雄壮。五代·徐纶《阳城龙泉院记》:"浩浩荡荡,遍十万而包无大千。"《三国演

义》四〇回:"却说曹仁、曹洪引军十万为前队,前面已有许褚引三千铁甲军开路,浩浩荡荡,杀奔新野来。"《说岳全传》四八回:"三军浩浩荡荡,离了临安,望潭州而来。"鲁迅《集外集拾遗补编·我的痘》:"于是我就成了群众所推戴的领袖,率领了青年军,浩浩荡荡,奔向校医室里来。"郭沫若《屈原》五幕:"我思念那洞庭湖,我思念那长江,我思念那东海,那浩浩荡荡的无边无际的波澜呀!"

【浩然之气】 hào rán zhī qì 浩然:盛大的样子。指正大刚直的精神。《孟子·公孙丑上》:"我善养吾浩然之气。"明·汤显祖《牡丹亭·言怀》:"贫薄把人灰,且养就这浩然之气。"王火《战争和人》(二)卷三:"他觉得应当像文天祥一样大无畏,被囚土室秽气浸人二年以上,仍能养浩然之气。"

【浩如烟海】 hào rú yān hǎi 浩:广大。烟海:雾气弥漫的大海。形容事物(多指书籍、文献等)数量繁多,极其丰富。宋·司马光《进〈资治通鉴〉表》:"简牍盈积,浩如烟海,抉摘幽隐,校计毫厘。"《清史稿·戴敦元传》:"书籍浩如烟海,人生岂能尽阅。"王安忆《叔叔的故事》:"在他们跳下的那个位置上,可居高临下地看见这个城市浩如烟海的屋顶,人们在屋顶下作着各种活动。"

【皓齿蛾眉】 hào chǐ é méi 皓:白。蛾眉:女子长而美的眉毛。洁白的牙齿,修美的眉毛。形容女子貌美。也指美女。汉·枚乘《七发》:"皓齿蛾眉,命曰伐性之斧。"宋·辛弃疾《和赵国兴知录赠琴》诗:"人间皓齿蛾眉斧,筝笛纷纷君未许。"

【皓齿明眸】 hào chǐ míng móu 见"明眸皓齿"。

【皓齿朱唇】 hào chǐ zhū chún 皓:白。白齿红唇。形容人(多指女子)容貌姣好。《水浒传》九回:"马上那人生得龙眉

凤目,皓齿朱唇,三牙掩口髭须;三十四五年纪。"《金瓶梅》一二回:"打扮粉妆玉琢,皓齿朱唇。"

【皓首苍颜】hào shǒu cāng yán 皓:白。苍:灰白色。雪白的头发,苍老的面容。形容年迈的容貌。明·无名氏《午时牌》一折:"想当初太公垂钓,伊尹耕锄,垂钓的皓首苍颜安社稷,耕锄的尽心竭力定寰区。"《杨家将演义》三八回:"今日归拜慈帏,忽觉皓首苍颜,须信人生如白驹之过隙也。"

【皓首穷经】hào shǒu qióng jīng 皓:白。穷经:彻底钻研经书。钻研经籍直到人老头白。宋·徐子平《珞璐子三命消息赋注》下:"古人为道者,皓首穷经,专心致志,惟恐失于妙道。"《三国演义》四三回:"若夫小人之儒,惟务雕虫,专工翰墨;青春作赋,皓首穷经;笔下虽有千言,胸中实无一策。"也作"白首穷经"。唐·韩偓《赠易卜崔江处士》诗:"白首穷经通秘义,青山养老度危时。"《元史·张特立传》:"白首穷经,诲人不倦,无过不及,学者宗之,昔已赐嘉名,今复谕意。"

【合而为一】hé ér wéi yī 合并为一体。《史记·春申君列传》:"秦楚合而为一以临韩,韩必敛手。"《三侠五义》七八回:"白玉堂自从此拉回来说些交情话,两下里合而为一,商量商量,也就完了事了。"杨绛《记钱钟书与〈围城〉》:"不经意的读者会对他了解而同情,由同情而关切,甚至把自己和他合而为一。"

【合浦还珠】hé pǔ huán zhū 见"合浦珠还"。

【合浦珠还】hé pǔ zhū huán 合浦:汉代郡名,在今广西合浦东北。《后汉书·孟尝传》:"迁合浦太守。郡不产谷实,而海出珠宝,与交阯比境,常通商贩,贸籴粮食。先时,宰守并多贪秽,诡人采求,不知纪极,珠遂渐徙于交阯郡界。于是行旅不至,人物无资,贫者饿死于道。尝

到官,革易前敝,求民病利。曾未逾岁,去珠复还,百姓皆反其业。"后用"合浦珠还"比喻人去而复回或物失而复得。《初刻拍案惊奇》卷八:"合浦珠还自有时,惊危目下且安之。"也作"合浦还珠"。元·王举之《送友赴都》:"赋温润荆山进玉,吐宫商合浦还珠。"也作"珠还合浦"。唐·骆宾王《上兖州启》:"珠还合浦,波含远近之星。"《野叟曝言》三七回:"闻米家只有两女,其幼者已沈西湖,生死未卜,方才老伯说是两位小姐,想已珠还合浦矣。"

【合情合理】hé qíng hé lǐ 合乎情理。巴金《随想录》八四:"回顾过去,我觉得自己这样做也合情合理。"蒋子龙《阴错阳差》九:"天才必定要表现出来,如同播下种子一定会发芽一样合情合理。"

【何乐而不为】hé lè ér bù wéi 为:做。为什么不愿意做呢? 意为很愿意做。《官场现形记》六回:"横竖一样化钱,在我们一面乐得省事,在他一面又得了实惠,又得了好名声,这又何乐而不为呢。"钱钟书《围城》九:"鸿渐省得我掏腰包,我何乐而不为?"周而复《上海的早晨》三部四八:"他本来不想来,但到徐公馆吃顿饭喝点老酒,有珍馐美味,连小账也不用付,还有人两厢侍候,何乐而不为?"

【何去何从】hé qù hé cóng 去:离开。从:跟随。离开哪里,走向哪里。指在重大问题上进行选择。战国楚·屈原《卜居》:"此孰吉孰凶,何去何从?"《红楼梦》八七回:"云凭凭兮秋风酸,步中庭兮霜叶干。何去何从兮,失我故欢。"王火《战争和人》(一)卷五:"我正苦恼着不知何去何从,又记挂着军威不知在南京将来生死如何,就我这个瞎子,看他怎么说吧!"

【何足挂齿】hé zú guà chǐ 足:值得。挂齿:挂在齿间,指谈及。《史记·叔孙通

列传》："此特群盗鼠窃狗盗耳，何足置之齿牙间。"后用"何足挂齿"形容不值一提。多用于自谦。《水浒传》四回："提辖恩念，杀身难报。量些粗食薄味，何足挂齿。"《野叟曝言》三三回："小生本性挥金如土，这些小事何足挂齿。"李劼人《大波》三部一章："黄澜生一面让坐，一面阻拦道：'区区之数，何足挂齿。'"

【和蔼可亲】hé ǎi kě qīn　和蔼：和气。指说话、待人态度和气，让人容易接近。《红楼梦》七五回："因见尤氏进来不似往日和蔼可亲，只呆呆的坐着。"老舍《四世同堂》二："假若有人愿意来看他，他是个顶和蔼可亲的人。"张恨水《啼笑因缘》一七回："不料那刘将军进来，却换了一副和蔼可亲的样子。"

【和璧隋珠】hé bì suí zhū　和璧：和氏之璧。隋珠：隋侯之珠。《韩非子·解老》："和氏之璧，不饰以五采；隋侯之珠，不饰以银黄；其质至美，物不足以饰之。"后用"和璧隋珠"比喻极名贵的珠宝。唐·张庭珪《请勤政崇俭约疏》："去奇伎淫巧，损和璧隋珠，不见可欲，使心不乱，自然波清四海，尘消九域。"宋·朱熹《题祝生画》："问君何处得此奇，和璧隋珠未为敌。"

【和而不同】hé ér bù tóng　指和睦相处，不盲从苟同。《论语·子路》："君子和而不同，小人同而不和。"晋·袁宏《三国名臣赞》："和而不同，通而不杂，过醉亡辞，在醒贻答。"《旧五代史·世袭列传》："彼既人而无礼，此亦和而不同。"

【和风细雨】hé fēng xì yǔ　和：温和。温和的风，细小的雨。指宜人的风雨。宋·张先《八宝装》词："正不寒不暖，和风细雨，困人天气。"后比喻做事温和、细致，不粗暴。也比喻方式和缓。莫应丰《将军吟》二八章："继之而来的是和风细雨，像黄梅季节的天气，不冷不热，天天一样，持之以恒。"周而复《上海的早晨》四部六五："过渡时期总路线传达学习和风细雨，既不激烈也不紧张，而是令人兴奋。"

【和光同尘】hé guāng tóng chén　和光：掩抑自己的锋芒。同尘：与世俗相混同。《老子·五十六章》："和其光，同其尘。"后用"和光同尘"比喻与世俗混同，不露锋芒。多指随波逐流。《后汉书·张奂传》："吾前后仕进，十要银艾，不能和光同尘，为谗邪所忌。"《警世通言》卷二一："是一是二，说得明白，还有个商量；休要欺三瞒四，我赵某不是与你和光同尘的！"鲁迅《华盖集·并非闲话》："自己也明知道违了'和光同尘'的古训了，但我就是这样，并不想去骑墙或阴柔来买人尊敬。"

【和盘托出】hé pán tuō chū　连同盘子一起端出来。比喻把全部东西一下子都拿出来。《警世通言》卷三一："可成先还有感激之意，一年半载，理之当然，只道他还有多少私房，不肯和盘托出，终日闹吵逼他拿出来。"蒋子龙《收审记》四："我曾想把钱收下，第二天到工商局和盘托出，揭穿雷彪和严茂顺的圈套。"也比喻将事实或意见全部说出来。《官场现形记》二七回："现在除非把这事和盘托出，再添上些枝叶，或者可以激怒于他，稍助一臂之力。"姚雪垠《李自成》二卷二章："宋文富奸诈地捋须一笑，说：'刘老爷还是将文富当外人看待，并没将心里话和盘托出。'"〔注意〕和，不能写作"合"。

【和容悦色】hé róng yuè sè　见"和颜悦色"。

【和颜悦色】hé yán yuè sè　和：和蔼。颜：脸面。悦：喜悦。色：脸色。形容人态度和蔼亲切。汉·荀爽《女诫》："昏定晨省，夜卧早起，和颜悦色，事如依恃，正身洁行，称为顺妇。"《官场现形记》二〇回："署院听到这里，心中甚为高兴，面孔上渐渐的换了一副和颜悦色。"钱钟书《围城》六:"高松年看方鸿渐和颜悦色,不相信世界上会有这样脾气好或城府深的人。"杨沫《青春之歌》二部二〇章:"她把头转向道静,又和颜悦色地用同样的话向她。"也作"和容悦色"。《红楼梦》六八回:"隔上五日八日见凤姐一面,那凤姐却是和容悦色,满嘴里姐姐不离口。"

【和衷共济】hé zhōng gòng jì 衷:内心。和衷:指同心。大家同心渡过江河。比喻同心协力,渡过难关。清·林则徐《覆奏保山匪案并无劣员调处片》:"惟其于仓卒遇事之时,犹能竭力筹维,和衷共济,俾城池仓库,诸获安全。"钱钟书《围城》六:"高松年喜欢道:'同事们应该和衷共济,下学年一定聘你夫人帮忙。'"李劼人《暴风雨前》三部五:"除了鼓励佘竟成之外,还再三嘱咐谢伟颎、熊克武他们要好好同他和衷共济。"

【河东狮吼】hé dōng shī hǒu 宋·洪迈《容斋三笔·陈季常》:"陈慥字季常,公弼之子,居于黄州之岐亭,自称龙邱先生,又曰方山子,好宾客,喜畜声妓。然其妻柳氏绝凶妒,故东坡有诗云:'龙邱居士亦可怜,谈空说有夜不眠。忽闻河东狮子吼,拄杖落手心茫然。'"柳姓为河东郡望族,因以河东暗指柳氏。狮吼:佛家比喻威严。陈慥好谈佛,故东坡借佛家语戏之。后常用"河东狮吼"比喻悍妇发怒。《野叟曝言》二八回:"况且现在一妻三妾,丫头里面收过的还有许多,难道是我不贤,惯做那河东狮吼么?"王火《战争和人》(一)卷二:"前一阵在南京潇湘路见到童霜威的太太方丽清,长得像'电影皇后'胡蝶,也许是家里闻令森严怕河东狮吼?"

【河落海干】hé luò hǎi gān 比喻穷尽,一点也不剩。《红楼梦》四五回:"这会子你怕花钱挑唆他们来闹我,我乐得去吃个河落海干,我还不知道呢!"《儿女英雄传》一回:"你们就弄了这些吃的,我乐得吃个河落海干睡觉。"

【河清海晏】hé qīng hǎi yàn 河:黄河。晏:平静、安逸。黄河的水清了,大海平静了。比喻天下太平。唐·郑锡《日中有王字赋》:"河清海晏,时和岁丰。"宋·王谠《唐语林·夙慧》:"开元初,上留心理道,革去弊讹。不六七年间,天下大理,河清海晏,物殷俗阜。"元·高文秀《渑池会》一折:"凭着我唇枪舌剑定江山,见如今河清海宴,黎庶宽安。"也作"海晏河清"。唐·薛逢《九日曲池游眺》诗:"正当海晏河清日,便是修文偃武时。"《红楼梦》一一九回:"皇上又看到海疆靖寇班师善后事宜一本,奏的是海晏河清,万民乐业的事。"

【河清难俟】hé qīng nán sì 河:黄河。俟:等待。相传黄河千年一清,而人寿有限,难以等到那一天。比喻时间太久,难以等待。俟,也作"竢"。明·朱之瑜《答奥村庸礼书十二首》之一:"不佞粗中坦率,全无彼此,冀望诚深,未知得如愿否也,景迫桑榆,河清难竢,奈何!"清·陈康祺《郎潜纪闻》卷一〇:"朝殿三试,以书不入格,屡落人后,得旨归进士本班用,铨选一官,河清难俟,遂改授教职归矣。"

【河山带砺】hé shān dài lì 河:黄河。山:泰山。带:衣带。砺:磨刀石。黄河像衣带那么细,泰山像磨刀石那么小。《史记·高祖功臣侯者年表》:"封爵之誓曰:'使河如带,泰山若厉。国以永宁,爰及苗裔。'"后用"河山带砺"比喻不可能发生的事。也比喻经历的时间久远。多用为誓词。唐·陆贽《唐德宗皇帝赐李纳田悦王武俊铁券文》:"功载鼎彝,名藏王府,子孙代代,为国勋臣,河山带砺,传祚无绝。"

【涸泽而渔】hé zé ér yú 见"竭泽而渔"。

【涸辙之鲋】hé zhé zhī fù 涸:水干。

辙:车轮压出的沟痕。鲋:鲫鱼。《庄子·外物》:"庄周忿然作色曰:'周昨来,有中道而呼者,周顾视车辙中,有鲋鱼焉。周问之曰:"鲋鱼来,子何为者邪?"对曰:"我东海之波臣也。君岂有斗升之水而活我哉?"周曰:"诺。我且南游吴越之王,激西江之水而迎子,可乎?"鲋鱼忿然作色曰:"吾失我常,与我无所处,吾得斗升之水然活耳。君乃言此,曾不如早索我于枯鱼之肆!"'"后用"涸辙之鲋"比喻处在困境中急待救助的人。宋·苏轼《乞开西湖状》:"若一旦堙塞,使蛟龙鱼鳖同为涸辙之鲋,臣子坐观亦何心哉!"王火《战争和人》(一)卷六:"他们三人像'相濡以沫'的'涸辙之鲋',在潇湘路一号度过了炎热的夏天,度过了多雨的秋天。"也作"涸辙之鱼"。《歧路灯》八一回:"争乃一碗水儿生意,怎能活涸辙之鱼?"魏巍《火凤凰》五一:"周天虹和左明领导的第三游击支队,有如涸辙之鱼跃入大海,在堡垒如林的敌占区开始了新的畅游。"〔注意〕涸,不能读作 gù。

【涸辙之鱼】hé zhé zhī yú　见"涸辙之鲋"。

【荷枪实弹】hè qiāng shí dàn　荷:扛。实:装满。扛着枪,子弹上膛。形容高度戒备,准备随时战斗。魏巍《火凤凰》五八:"她望望门外,荷枪实弹的哨兵,仍在门前逡巡。"峻青《李家埠在战斗》:"一到村头,就看见围子墙上岗哨严密,青年民兵们荷枪实弹的来往巡逻着。"〔注意〕荷,不读 hé。

【赫赫炎炎】hè hè yán yán　赫赫:干旱炎热的样子。炎炎:极热。形容干旱燥热。《诗经·大雅·云汉》:"旱既大甚,则不可沮,赫赫炎炎,云我无所。"赵朴初《蝶恋花·杨花》词:"乍认是花终不是,跋扈飞扬,赫赫炎炎地。"

【赫赫扬扬】hè hè yáng yáng　赫赫:盛大显赫的样子。光明盛大的样子。也形容兴旺显赫。明·汤显祖《牡丹亭·诊崇》:"赫赫扬扬,日出东方。"《红楼梦》一三回:"如今我们家赫赫扬扬,已将百载。"

【赫赫有名】hè hè yǒu míng　赫赫:显著盛大的样子。形容名声很大。《二十年目睹之怪现状》四五回:"况且他罗家也是著名的盐商,不过近年稍为疲了点罢了,在外面还是赫赫有名的,怕没人知道么。"柳青《创业史》一部二四章:"事情的发展,竟然完全违反了赫赫有名的郭振山的估计,这还了得。"张贤亮《河的子孙》一章:"有谁能看出来他是上过报纸的人物、赫赫有名的英雄?"

【赫赫之功】hè hè zhī gōng　赫赫:显著盛大的样子。指极大的功劳。《大戴礼记·劝学》:"无绵绵之事者,无赫赫之功。"《荀子·劝学》:"无惛惛之事者,无赫赫之功。"

【褐衣疏食】hè yī shū shí　褐衣:粗布衣服。疏食:粗陋的饭食。穿粗布衣服,吃粗糙饭食。形容穷困的情景。《史记·游侠列传》:"故季次、原宪终年空室蓬户,褐衣疏食不厌。"

【鹤发鸡皮】hè fà jī pí　像白鹤羽毛那样白的头发,像鸡皮那样粗糙和发皱的皮肤。形容老年人容颜衰老的样子。北周·庾信《竹杖赋》:"噫,子老矣!鹤发鸡皮,蓬头历齿。"也作"鸡皮鹤发"。唐·梁锽《咏木老人》诗:"刻木牵丝作老翁,鸡皮鹤发与真同。"《野叟曝言》一四九回:"素臣及妻妾,见水夫人康强矍铄,比五六十岁时,更加健旺,喜极心开,个个喜气满容,无一鸡皮鹤发之状。"

【鹤发童颜】hè fà tóng yán　白鹤羽毛一样的头发,孩童般红润的面容。形容老年人气色好,精神健旺。唐·田颖《梦游罗浮》诗:"自言非神亦非仙,鹤发童颜古无比。"《封神榜》一四九回:"坐上跨定四不相,鹤发童颜配白髯。"《镜花缘》——回:"只见路旁走过两个老者,都是鹤发童颜,满面春风,举止大雅。"刘白羽《第二个太阳》一四章:"他看见这位鹤发童颜的老人精细而机敏地察看了风向和流速,解开纽扣敞开怀,露出赤铜般红的胸膛。"

【鹤立鸡群】hè lì jī qún 《世说新语·容止》:"嵇延祖卓卓如野鹤之在鸡群。"后用"鹤立鸡群"比喻超出一般,与众不同。元·无名氏《举案齐眉》二折:"这是咱逢时运,父亲呵休错认做蛙鸣井底,鹤立鸡群。"《镜花缘》三九回:"正在谈论,谁知女儿国王忽见林之洋杂在众人中,如鹤立鸡群一般,更觉白俊可爱。"路遥《平凡的世界》(上)一章:"有些这样的'洋人'就站在大众之间,如同鹤立鸡群,毫不掩饰自己的优越感。"

【鹤唳风声】hè lì fēng shēng 见"风声鹤唳"。

【黑白分明】hēi bái fēn míng ❶比喻是非、善恶界限很清楚。汉·董仲舒《春秋繁露·保位权》:"黑白分明,然后民知所去就。"《初刻拍案惊奇》卷二一:"黑白分明造化机,谁人会解劫中危? 分明指与长生路,争奈人心着处迷。"《清史稿·汤金钊传》:"朝有诤臣,使朕胸中黑白分明,无伤于政体,不胜欣悦。"王安忆《香港的情和爱》一:"这种明暗变化不是微妙的,渐进的,而是黑白分明,边界整齐。"❷黑色、白色分得清清楚楚。《三侠五义》一六回:"眼乃心之苗,不由的将二目一睁,那知云翳早退,瞳子重生,已然黑白分明,依旧的盈盈秋水了。"梁斌《红旗谱》二二:"江涛接着这封信,合紧嘴不说什么。睁着黑白分明的大眼睛,忽闪着长长的睫毛,琢磨着事情的根源和发展。"

【黑白混淆】hēi bái hùn xiáo 见"混淆黑白"。

【黑灯瞎火】hēi dēng xiā huǒ 形容漆黑一片,没有一点光亮。梁斌《红旗谱》一三:"下地干活,黑灯瞎火走回来,一进门,一有饭吃,一拎壶,有水喝。"刘白羽《第二个太阳》一章:"他跳下来,张望了一下这片黑灯瞎火的空旷之地。"

【黑天白日】hēi tiān bái rì 黑天、白天都如此。表示不分昼夜、持续不断地(做事)。梁斌《红旗谱》九:"自从开始盖房,老是从家里把饭送去。他们黑天白日不停工,没有空隙回家吃饭。"

【黑天摸地】hēi tiān mō dì 形容在黑夜中什么也看不清。《水浒传》八七回:"众军黑天摸地,不辨东西,只得下马受降。"《西游记》八四回:"那王小二听言,一毂辘爬起来,黑天摸地,又是着忙的人,捞着裤子当衫子,左穿也穿不上,右套也套不上。"

【恨入骨髓】hèn rù gǔ suǐ 恨到骨髓里。形容心里痛恨到了极点。《醒世恒言》卷二九:"钮成认做老婆是个贞节妇人,把卢才恨入骨髓,立意要赖他这项银子。"《红楼梦》一○○回:"这里金桂早已连吓带气,呆呆的瞅着薛蝌去了。怔了半天,恨了一声,自己扫兴归房,从此把香菱恨入骨髓。"姚雪垠《李自成》二卷一○章:"至于叛变敌人,我自来对这种人恨入骨髓,更要加重治罪。"

【恨铁不成钢】hèn tiě bù chéng gāng 恨铁炼不成钢。比喻因对所期望的人不争气、不成材而焦急、不满。《红楼梦》九六回:"只为宝玉不上进,所以时常恨他,也不过是恨铁不成钢的意思。"阿来《尘埃落定》二:"她很失望地苦笑,并做出一副要我感到内疚的恨铁不成钢的样子。"

【恨之入骨】hèn zhī rù gǔ 恨他恨到骨头里。形容对人痛恨到极点。晋·葛洪《抱朴子·外篇自叙》:"见侵者则恨之入骨,剧于血仇。"《东周列国志》一七回:"蔡哀侯始知中了息侯之计,恨之入骨。"

赵树理《小二黑结婚》四："大家对他两个虽是恨之入骨,可是谁也不敢说半句话,都恐怕扳不倒他们,自己吃亏。"

【恒河沙数】héng hé shā shù　恒河:南亚大河。本佛教用语,像恒河里的沙子那样难以计数。形容数量极多。《金刚经·无为福胜分》:"以七宝满尔所恒河沙数三千大千世界,以用布施。"清·纪昀《阅微草堂笔记·槐西杂志三》:"然则一家一灶神耳,又不识天下人家如恒河沙数,天下灶神亦当如恒河沙数。"《聊斋志异·凤仙》:"吾愿恒河沙数仙人,并遣娇女昏嫁人间,则贫穷海中,少觉众生矣。"

【横冲直撞】héng chōng zhí zhuàng　肆意乱冲乱撞,无人能阻拦。《水浒传》九三回:"黑旋风李逵和鲍旭引着两个牌手,在城里横冲直撞,追杀南兵。"《说岳全传》三四回:"一声炮响,四面八方,一齐杀来,横冲直撞。"鲁迅《准风月谈·冲》:"'冲'是最爽利的战法,一队汽车,横冲直撞,使敌人死伤在车轮下,多么简截。"茅盾《蚀·幻灭》七:"横冲直撞的车子,寻仇似的路人的推挤,本来是她最厌恶的。"

【横眉立目】héng méi lì mù　见"横眉怒目"。

【横眉怒目】héng méi nù mù　形容强横、愤怒、凶恶等表情。鲁迅《故事新编·非攻》三:"墨子拍着红铜的兽环,当当的敲了几下,不料开门出来的却是一个横眉怒目的门丁。"周克芹《上行车,下行车》:"旅客们焦躁地重新坐下,等待着。而有几个急需出发的鲜货贩子还在横眉怒目地咒骂着晚点的火车。"也作"横眉立目"。《三侠五义》四回:"内中有一少年公子,年纪约有三旬,横眉立目,旁若无人。"老舍《二马》一:"此外单有一群歪戴帽,横眉立目的年青小伙子,绕着这些小圈儿,说俏皮话。"也作"横眉竖眼"。萧红《呼兰河传》三章:"娘娘庙里比较的

清静,泥像也有一些个,以女子为多,多半都没有横眉竖眼。"贾平凹《火纸》四:"二娘好时百般伺候,恶时横眉竖眼,骂船夫如骂儿子。"

【横眉竖眼】héng méi shù yǎn　见"横眉怒目"。

【横七竖八】héng qī shù bā　有的横着,有的竖着。形容纵横杂乱。《水浒传》三四回:"一片瓦砾场上,横七竖八,杀死的男子妇人,不记其数。"《野叟曝言》四回:"素臣见事危急,猛然用力提刀,没头没脑横七竖八的乱砍,杀得贼人心胆俱碎。"老舍《四世同堂》一六:"小崔叹了口气,倭瓜脸上的肌肉横七竖八的乱扭动。"马烽、西戎《吕梁英雄传》一回:"借着窗口上透下来的亮光看时,人们都横七竖八的躺着。"

【横枪跃马】héng qiāng yuè mǎ　形容将士威武作战的姿态。元·陈以仁《存孝打虎》三折:"见一人雄纠纠披袍擐甲,嗔忿忿横枪跃马。"邓一光《我是太阳》五部二:"你说你是决不嫁的,要嫁你就嫁军人,你跟着他走南闯北,横枪跃马。"

【横生枝节】héng shēng zhī jié　树木从旁边生出枝杈。比喻意外地引出一些细节,使主要问题难以顺利解决。《清史稿·周德润传》:"商可通,兵可撤,犹谓守约非背约也。五条外横生枝节,若犹迁就,其何能国?"欧阳山《三家巷》一九○:"他偶然也想到,会不会出了什么毛病,又横生枝节,在什么地方卡住了?"

【横躺竖卧】héng tǎng shù wò　形容人杂乱交错地倒卧。《儿女英雄传》六回:"安公子苏醒过来,一睁眼,见自己依然绑在柱上,两个和尚反倒横躺竖卧血流满面的倒在地上丧了生。"魏巍《东方》四部一六章:"整整一面山坡和两条山腿上,布满了敌人横躺竖卧的尸体。"

【横拖倒拽】héng tuō dào zhuài　形

容粗暴地拖、拉，使人被迫改变位置。《五灯会元·杨歧方会禅师》："杨歧今日性命，在汝诸人手里，一任横拖倒拽。为甚么如此？"《水浒传》三回："不是这个人看见了，横拖倒拽将去，有分教：鲁提辖剃除头发，削去髭须，倒换过杀人姓名，薅恼杀诸佛罗汉。"《老残游记》五回："玉大人叫他们站起来。就有几个差人横拖倒拽，将他三人拉下堂去。"

【横行霸道】 *héng xíng bà dào*　任意胡为，蛮不讲理。《红楼梦》四六回："我若得脸呢，你们在外头横行霸道，自己就封自己是舅爷了。"老舍《四世同堂》三六："日本人尽管会横行霸道，可是不能拦住外孙子结婚，和生儿养女。"赵树理《小二黑结婚》一〇："区上早就说兴旺跟金旺两个人不是东西，已经把他两个人押起来了，还派助理员到咱村开大会调查他们横行霸道的证据。"也作"霸道横行"。《儿女英雄传》八回："还有等刁民恶棍，结交官府，盘剥乡愚，仗着银钱霸道横行，无恶不作。"老舍《活·武松》："解放初期，这边远的山区还不安定，土匪们烧杀抢掠，霸道横行。"

【横行天下】 *héng xíng tiān xià*　走遍天下，不受阻碍。《韩非子·十过》："故桓公之兵横行天下，为五伯长。"《三国演义》四四回："将军以神武雄才，仗父兄余业，据有江东，兵精粮足，正当横行天下，为国家残去暴，奈何降贼耶？"

【横行无忌】 *héng xíng wú jì*　到处胡作非为，无所顾忌。《三国演义》一三回："其时李傕自为大司马，郭汜自为大将军，横行无忌，朝廷无人敢言。"《月月痕》四回："于是淮海之间，大河南北，以及两湖，土匪蜂起，逆倭遂得以横行无忌。"鲁迅《准风月谈·二丑艺术》："他和小丑的不同，是不扮横行无忌的花花公子，也不扮一味仗势的宰相家丁，他所扮演的是保护公子的拳师，或是趋奉公子的清

客。"

【横征暴敛】 *héng zhēng bào liǎn*　强征捐税，残酷搜刮民财。《痛史》二四回："名目是规画钱粮，措置财赋，其实是横征暴敛，剥削脂膏。"沈从文《边城·题记》："他们受横征暴敛以及鸦片烟的毒害，变成了如何穷困与懒惰！"梁斌《红旗谱》二五："横征暴敛，苛捐杂税，你征我伐，到什么时候是个完哪？"

【轰轰烈烈】 *hōng hōng liè liè*　❶形容声势浩大。《西游记》七八回："阴风刮暗一天星，惨雾遮昏千里月。起初时，还荡荡悠悠；次后来，就轰轰烈烈。"巴金《家》九："外面的运动正闹得轰轰烈烈，我怎么能够安静地躲在家里不出去？"张恨水《啼笑因缘续集》六回："我不干则已，一干就要轰轰烈烈的惊动天下。"❷形容事业兴旺、蒸蒸日上。《镜花缘》五四回："他们原想害他，那知他在天朝倒轰轰烈烈，名登金榜。"《官场现形记》四回："家人连饭也几天没有吃，夜间也睡不着觉。心里想，好容易跟得一个主人，总要望主人轰轰烈烈的，升官发财方好。"

【哄堂大笑】 *hōng táng dà xiào*　指满屋子的人同时大笑。宋·洪迈《夷坚志·昌国商人》："始至时，岛人具酒会其邻里，呼此人入筵，烧铁箸灼其股，每顿足号呼，则哄堂大笑。"《二十年目睹之怪现状》三八回："饮酒中间，大家都往盘子里抓瓜子嗑，他也往盘子里抓，可抓的不是瓜子，抓了一手的糖黄皮蛋，闹了个哄堂大笑。"周而复《上海的早晨》四部一二："冯永祥几句京剧道白腔，说得大家哄堂大笑。"

【烘云托月】 *hōng yún tuō yuè*　烘：渲染。托：衬托。原指绘画时用水墨渲染云彩以衬托月亮。比喻写作时从侧面加以点染以烘托所描绘的事物。清·梁绍壬《两般秋雨盦随笔·诗家烘托法》："《咏方镜》诗云：'秋水一泓明见底，照来谁有

面如田',不言方而方字自见,此所谓烘云托月法也。"茅盾《无题》二:"她的'创造者'用'烘云托月'的方法,一连描写了十来个在她身旁走过的或者从后赶上前的或者迎面而来的摩登女性。"

【红男绿女】 *hóng nán lǜ nǚ* 形容衣着艳丽的男女人群。《扫迷帚》一九回:"但见红男绿女,牵手偕行;败果浊醪,设摊当路。"老舍《四世同堂》三五:"没有人这么早来逛庙,他自己也并不希望看见什么豆汁摊子,大糖葫芦,沙雁,风车与那些红男绿女。"

【红日三竿】 *hóng rì sān gān* 太阳已升上三根竹竿那么高。指时候已经不早。元·吴昌龄《东坡梦》三折:"我笑你个觯酒色的东坡,直睡到红日三竿,怎时节懂?"《红楼梦》一回:"士隐送雨村去后,回房一觉,直至红日三竿方醒。"

【红杏出墙】 *hóng xìng chū qiáng* 形容春意盎然。宋·叶绍翁《游小园不值》诗:"春色满园关不住,一枝红杏出墙来。"今多用来比喻妻子有婚外恋情。

【红袖添香】 *hóng xiù tiān xiāng* 旧指佳人伴读。《花月痕》三一回:"从此绿鬓视草,红袖添香;眷属疑仙,文章华国。"巴金《春》一〇:"没有红袖添香,读书还有什么趣味?"

【红颜薄命】 *hóng yán bó mìng* 红颜:代指美女。薄命:命运不好。旧指女子太漂亮,则大多命途多舛。元·无名氏《鸳鸯被》三折:"知他是今世是前生,总则我红颜薄命,真心儿待嫁刘彦明,偶然间却遇张瑞卿。"《野叟曝言》八四回:"所惜者闵小姐,如此才貌而生于村犷之腹,不择精婚而止逐铜臭,红颜薄命深可悼叹耳。"刘绍棠《花街》五:"玉姑虽不是千金小姐,却也算是出身于书香门第,下嫁叶三车,栖身窝棚屋,感到百般委屈,常常自叹红颜薄命。"也作"佳人薄命"。明·谢谠《四喜记·亲忆琼英》:"说什么荣

谐帝娃,端的是佳人薄命断亲缘。"

【闳中肆外】 *hóng zhōng sì wài* 闳:大。肆:恣肆,指豪放不拘。唐·韩愈《进学解》:"先生之于文,可谓闳其中而肆其外矣。"后用"闳中肆外"指诗文内容宏富而文笔奔放。宋·卫宗武《柳月涧〈吟秋后稿〉序》:"李杜以天授之才,闳中肆外,穷幽极渺。"清·章学诚《文史通义·文理》:"而于古人所谓闳中肆外,言以声其心之所得,则未之闻尔。"

【宏才大略】 *hóng cái dà lüè* 见"雄才大略"。

【宏图大略】 *hóng tú dà lüè* 宏伟的蓝图和谋略。姚雪垠《李自成》二卷三七章:"经过了十二年的武装斗争,千辛万苦,艰险备尝,……如今初来河南,开始走上顺利道路,长久来梦想中的宏图大略看来并非空想。"刘玉民《骚动之秋》二三章:"这样做,不可避免地使他建功立业的宏图大略受到影响。"

【洪福齐天】 *hóng fú qí tiān* 洪:大。形容福气极大。多用来称颂人。元·郑德辉《老君堂》四折:"皆因是圣天子洪福齐天,文武每保安社稷,皆丰稔之世也。"《二刻拍案惊奇》卷一五:"此乃恩人洪福齐天,大难得免。"《野叟曝言》二四回:"论理固是如此,但朝廷洪福齐天,你们众弟兄肯为朝廷剿除叛逆,举心动念,天地皆知,必有鬼神护佑。"鲁迅《集外集拾遗补编·我的种痘》:"我居然逃过了这一关,真是洪福齐天,就是每年开一次庆祝会也不算过分。"

【洪炉点雪】 *hóng lú diǎn xuě* 大火炉里放一点雪,马上就融化。比喻领悟极快或疑问迅速消除。宋·王质《大慧禅师正法眼藏序》:"余夜宿金山之方丈,不得寐,信手而抽几案文书,得此阅之,至洪炉点雪,恍然非平时之境。"《醒世恒言》卷一二:"他原是明悟禅师转世,根气不同,所以出儒入墨,如洪炉点雪。"

【洪水猛兽】hóng shuǐ měng shòu 比喻来势凶猛的祸害。宋·朱熹《答刘子澄》:"邪说横流,所以甚于洪水猛兽之害。"鲁迅《朝花夕拾·〈二十四孝图〉》:"妨害白话者的流毒却甚于洪水猛兽,非常广大,也非常长久。"叶圣陶《倪焕之》二〇:"崇圣卫道的老先生们翘起了胡须只是叹气,嘴里嘀咕着'洪水猛兽'等等古典的骂人话,但奈何不得青年们要求解放的精神。"

【鸿飞冥冥】hóng fēi míng míng 冥冥:指高远的天空。鸿雁飞向高远的天际。比喻摆脱羁绊,到遥远的地方避害。汉·扬雄《法言·问明》:"治则见,乱则隐;鸿飞冥冥,弋人何慕焉?"唐·薛廷珪《授刘崇彝郎官郎中制》:"儒雅之声,著于洛下,而以尔令弟,秉予大钧,鸿飞冥冥,不近贤路。"李劼人《死水微澜》五部一五:"兵丁们各发了一点小财,哨官、总爷们各吃了几顿烧猪、炖鸡,而正凶帮凶则鸿飞冥冥,连一点踪影都没有探得。"

【鸿鹄之志】hóng hú zhī zhì 鸿鹄:天鹅。比喻远大的志向。《吕氏春秋·士容》:"夫骥骜之气,鸿鹄之志,有谕乎人心者,诚也。"《史记·陈涉世家》:"陈涉太息曰:'嗟乎,燕雀安知鸿鹄之志哉!'"刘玉民《骚动之秋》六章:"伊春之行的成功,刺激了岳鹏程大展才略的鸿鹄之志。"

【鸿毛泰山】hóng máo tài shān 鸿毛:鸿雁的毛,比喻轻微的事物。汉·司马迁《报任少卿书》:"人固有一死,或重于泰山,或轻于鸿毛,用之所趋异也。"后用"鸿毛泰山"比喻人死的价值大小悬殊。章炳麟《〈敢死论〉跋语》:"若必选择死所,而谓鸿毛泰山,轻重有异,则虽值当死之事,恐亦不能死矣。"

【鸿泥雪爪】hóng ní xuě zhǎo 见"雪泥鸿爪"。

【鸿篇巨制】hóng piān jù zhì 鸿:大。篇:篇章。制:作品。指篇幅长、规模大的著作。梁启超《饮冰室诗话》一:"其鸿篇巨制,洋洋洒洒者,行将别裒录之为一集。"鲁迅《且介亭杂文》序言》:"潜心于他的鸿篇巨制,为未来的文化设想,固然是很好的。"

【鸿稀鳞绝】hóng xī lín jué 鸿:鸿雁。鳞:指鱼。《汉书·苏武传》:"[使者]言天子射上林中,得雁,足有系帛书,言武等在某泽中。"《乐府诗集·饮马长城窟行》:"客从远方来,遗我双鲤鱼,呼儿烹鲤鱼,中有尺素书。"后人遂用"鸿"、"鳞"代称书信。"鸿稀鳞绝"比喻少有音信。元·王实甫《西厢记》三本一折:"自别颜范,鸿稀鳞绝,悲怆不胜。"

【鸿爪雪泥】hóng zhǎo xuě ní 见"雪泥鸿爪"。

【侯服玉食】hóu fú yù shí 穿王侯的衣服,吃珍美的食物。形容生活豪华奢侈。《汉书·叙传下》:"靡法靡度,民肆其诈,偪上并下,荒殖其货。侯服玉食,败俗伤化。"《晋书·夏侯湛传》:"湛族为盛门,性颇豪侈,侯服玉食,穷滋极珍。"

【侯门似海】hóu mén sì hǎi 侯门:指显贵人家。唐·范摅《云溪友议·襄阳杰》载:唐朝秀才崔郊与其姑之婢女相恋,后婢女被卖与连帅,二人不得相见。一日二人路遇而不得交谈,崔郊感慨而赋诗曰:"公子王孙逐后尘,绿珠垂泪滴罗巾。侯门一入深如海,从此萧郎是路人。"后用"侯门似海"比喻旧相识因地位悬殊而疏远隔绝。《红楼梦》六回:"刘姥姥道:'嗳哟哟!可是说的'侯门似海',我是个什么东西,他家人又不认得我,我去了也是白去的。'"郁达夫《毁家诗纪》之一九:"秋意著人原瑟瑟,侯门似海故沉沉。"

【喉清韵雅】hóu qīng yùn yǎ 歌喉清亮,韵味幽雅。形容歌唱艺术很高超。《红楼梦》七五回:"便命取了一支紫竹箫来,命佩凤吹箫,文花唱曲,喉清韵雅,甚令人心动神移。"

【猴年马月】hóu nián mǎ yuè　比喻不可指望的日期。叶文玲《清凉碧云山》："若不是旺发荐他来卖这点力气，这一阵，连这一天五元的钞票也没处挣；要积万儿八千，待到猴年马月哩！"

【后出转精】hòu chū zhuǎn jīng　后产生的反而更加精细、讲究。

【后发制人】hòu fā zhì rén　发：发动。制：制服。《荀子·议兵》："后之发，先之至，此用兵之要术也。"后用"后发制人"指在双方斗争中先让一步，视其弱点，然后制服对方。陈毅《枣园曲》："深知人心有向背，敢后发制人歼强虏。"阿城《棋王》四："你小小年纪，就有这般棋道，我看了，汇通禅于一炉，神机妙算，先声有势，后发制人，遣龙治水，气贯阴阳，古今儒将，不过如此。"

【后顾之忧】hòu gù zhī yōu　顾：回头看。指来自后方的或未来的忧患。《魏书·李冲传》："朕以仁明忠雅，委以台司之寄，使我出境无后顾之忧。"《东周列国志》六二回："将军为殿，寡人无后顾之忧矣。"李劼人《大波》三部四章："与其躲避他们，不如打他们一个措手不及，把这个支队解决了，免得有后顾之忧！"

【后患无穷】hòu huàn wú qióng　患：遗留下来的祸害。以后的祸害没完没了。姚雪垠《李自成》一卷三章："皇上倒没有什么，可叹的是本兵与监军畏敌如虎，无意言战，只想委曲求全，不顾后患无穷。"刘绍棠《村妇》卷二："城里有拴着他的心的女人，不逼他跟老云儿拜了花堂锁进洞房里，便会追悔莫及、后患无穷。"

【后悔不及】hòu huǐ bù jí　见"后悔莫及"。

【后悔莫及】hòu huǐ mò jí　见"后悔莫及"。

【后悔无及】hòu huǐ wú jí　《左传·哀公六年》："国之多难，贵宠之由，尽去之而后君定。既成谋矣，盍及其未作也？先诸作而后悔，亦无及也。"后用"后悔无及"指事后懊悔已来不及了。《后汉书·皇甫嵩传》："如不早图，后悔无及。"《初刻拍案惊奇》卷一三："这真叫做禽犊之爱，适所以害之耳。养成于今日，后悔无及矣！"《镜花缘》六六回："贤甥切莫因当年小忿，一时任性，致误大事，后悔无及。"钱钟书《围城》三："一坐下去，他后悔无及，因为沈太太身上有一股味道。"也作"后悔不及"。《红楼梦》六五回："趁如今我不拿他们取乐作践准折，到那时白落个臭名，后悔不及。"也作"后悔莫及"。周大新《第二十幕》(下)一部一一："他知道母亲的脾气，万一她因此事过于激动引发了什么毛病那就后悔莫及。"

【后会无期】hòu huì wú qī　会：相会，见面。期：时间，日期。以后相会没有一定的日期。表示分别时怅惘的心情。宋·苏轼《与范梦得八首》之一："某旦夕南迁，后会无期，不能无怅惘也。"《说岳全传》四回："我与老友俱是年迈之人，后会无期。"钱钟书《围城》一："方鸿渐同舱的客人早收拾好东西，鸿渐还躺着，想跟鲍小姐后会无期，无论如何，要礼貌周到地送行。"

【后会有期】hòu huì yǒu qī　会：相会，见面。期：时间，日期。以后还有见面的时候。多用于道别时。元·乔梦符《扬州梦》三折："小官公事忙，后会有期也。"《镜花缘》四四回："此时暂且失陪，我们后会有期，大约回头岸上即可相见。"王火《战争和人》(二)卷四："家霆，我的好朋友！后会有期！我们以后一定会重相见的。"

【后继无人】hòu jì wú rén　继：继承。没有后人来继承前人的事业。邓一光《我是太阳》一部四："白淑芬说，战友怎么了,战友就不能处对象了? 要都这样,咱们革命队伍不就后继无人了?"

【后继有人】 hòu jì yǒu rén 继:继承。有后来人继承前人的事业。陈云《在中国共产党第十二次全国代表大会上的讲话》:"我相信,只要把干部队伍的交接班问题解决好,我们党的事业就一定会后继有人。"

【后来居上】 hòu lái jū shàng 居:处在。指资格浅的反而居于资格老的之上。《史记·汲郑列传》:"陛下用群臣如积薪耳,后来者居上。"清·纪昀《阅微草堂笔记·滦阳续录六》:"今老矣,久不预少年文酒之会,后来居上,又不知为谁?"后泛指后来的胜过先前的。钱钟书《围城》一:"然令尊大人乃乎前清孝廉公,贤婿似宜举洋进士,庶几克绍箕裘,后来居上,愚亦与有荣焉。"

【后起之秀】 hòu qǐ zhī xiù 《世说新语·赏誉》:"卿风流俊望,真后来之秀。"后多用"后起之秀"指后来出现的或新成长起来的优秀人物。清·盛大士《溪山卧游录》卷三:"及浪游南北,与乡里阔疏,后起之秀,乏其人。"王火《战争和人》(三)卷四:"这人叫顾孟九! 戴老板的亲信大红人,军校八期的,在局里是个后起之秀。"

【后生可畏】 hòu shēng kě wèi 后生:晚辈,年轻人。指年轻人是新生力量,很有可能超过前人,因而值得敬畏。《论语·子罕》:"子曰:'后生可畏,焉知来者之不如今也! 四十五十而无闻焉,斯亦不足畏也已。'"《醒世恒言》卷二○:"自古道:后生可畏。年纪虽小,手段却不小了。且试做了看,不要轻忽了人。"《红楼梦》八二回:"你这会儿正是'后生可畏'的时候,'有闻''不足畏'全在你自己做去了。"鲁迅《集外集拾遗补编·补救世道文件四种》:"何况'后生可畏',将见眼里西施,'以友辅仁',先出胸中岑蔚。"

【厚此薄彼】 hòu cǐ bó bǐ 厚:重视。薄:轻视。重视这个,轻视那个。形容对人、对事不同等看待。明·袁宏道《广庄·养生主》:"皆吾生即皆吾养,不宜厚此薄彼。"姚雪垠《李自成》三卷五一章:"闯王志在夺取江山,像大海一样包容百川,岂会在这些事上厚此薄彼? 何况闯、曹二营原是兄弟。"

【厚古薄今】 hòu gǔ bó jīn 重视古代的,轻视现代的。宋·米芾《蚕赋》:"由斯而言,则予之功,非欲厚古而薄今,时之异也。"梁实秋《雅舍小品·书法》:"当今四五十岁一代,书法佳妙者亦尚颇有几位,或'驰驱笔阵'、'其腕似铁',或大笔如椽,龙舞蛇飞。我都非常喜爱,雅不欲厚古薄今。"

【厚积薄发】 hòu jī bó fā 厚积:充分积累。薄发:少量地慢慢地释放。形容积累丰富的学问而不轻易表现出来。宋·苏轼《杂说·送张琥》:"博观而约取,厚积而薄发。"

【厚今薄古】 hòu jīn bó gǔ 重视现代的,轻视古代的。吴晗《灯下集·厚今薄古和古为今用》:"厚今薄古和古为今用是一句话、一件事情的两面。"

【厚颜无耻】 hòu yán wú chǐ 颜:脸面,脸皮。南朝齐·孔稚珪《北山移文》:"岂可使芳杜厚颜,薛荔无耻。"后用"厚颜无耻"形容厚着脸皮,不知羞耻。老舍《四世同堂》八九:"他所有的成就全仗着两样东西:自己的厚颜无耻与北平人的逆来顺受。"蒋子龙《收束记》二:"对付黄脸号长和犯人的这种惹不起的强硬态度,厚颜无耻是最好的和解办法,能软化他们和我的关系。"

【呼风唤雨】 hū fēng huàn yǔ 神话小说中指神仙道士能刮风下雨的法术。《水浒传》一五回:"因为学得一家道术,亦能呼风唤雨,驾雾腾云,江湖上都称贫道做入云龙。"《警世通言》卷四〇:"二龙与真君混战,未分胜败,忽翻身腾在半空,却要呼风唤雨,飞砂走石,来提真君。"后比喻能够支配自然或社会的力量。姚雪垠《李自成》三卷四五章:"如今他那些江湖上朋友,在人前骂他从了贼,在背后谁不羡慕他一朝得志,呼风唤雨!"

【呼朋引类】hū péng yǐn lèi　类:同类。宋·欧阳修《憎苍蝇赋》:"奈何引类呼朋,摇头鼓翼,聚散倏忽,往来络绎。"后用"呼朋引类"指招引气味相投的人聚在一起。多含贬义。《初刻拍案惊奇》卷一八:"丹士呼朋引类,又去约了两三个帮手来做。"梁实秋《雅舍小品·喜筵》:"事实上大批观众早已入席,有的是熟人旧识呼朋引类霸占一方,有的是各色人等杂拼硬凑。"

【呼天号地】hū tiān háo dì　号:喊叫。形容极为冤屈或悲痛。宋·周密《齐东野语·嘉定宝玺》:"若子若孙,呼天号地,此恨难磨。"刘玉民《骚动之秋》一二章:"徐夏子婶被推得一愣,就势倒在地上,抱住大勇的腿,又揪住上前解劝的小林子的衣襟,呼天号地又撕又捶。"也作"呼天唤地"。高云览《小城春秋》:"死者的亲人扑在尸体旁边,呼天唤地地大哭……"

【呼天唤地】hū tiān huàn dì　见"呼天号地"。

【呼天抢地】hū tiān qiāng dì　抢地:用头撞地。形容极度悲伤。《三侠五义》一一回:"不想桑榆暮景,竟自一病不起,服药无效,一命归西去了。展爷呼天抢地,痛哭流血。"沈从文《湘行散记·桃源与沅州》:"死去时亲人呼天抢地哭一阵,磬所有请和尚超魂念经……土里一埋也就完事了。"梁实秋《雅舍小品·乞丐》:"若是一个乞丐赶上前去,伸出胳臂,手心朝上,他能得到什么?给他一张大票,他找开吗?沿街托钵,呼天抢地也没

有用。"〔注意〕抢,不读 qiǎng。

【呼幺喝六】hū yāo hè liù　幺、六:骰子的点子。❶形容赌博掷骰子时希望得彩而高声大叫。《水浒传》一〇四回:"那些掷色的,在那里呼幺喝六。"《野叟曝言》一五回:"大相公此时正好在赌场中呼幺喝六哩!"刘绍棠《蒲柳人家》一〇:"夜晚他们便三五成群,攒拢在小黑油灯下,掷骰子,押大宝,呼幺喝六,吵蛤蟆坑。"❷形容装排场,盛气凌人。《喻世明言》卷四〇:"张千、李万初时还好言好语,过了扬子江,到徐州起旱,料得家乡已远,就做出嘴脸来,呼幺喝六,渐渐难为他夫妻两个人了。"《红楼梦》七一回:"如今贾母庆寿这样大事,干看着人家逞才卖技办事,呼幺喝六瞎手脚,心中早已不自在。"〔注意〕喝,不读 hē。

【呼之即来,挥之即去】hū zhī jí lái, huī zhī jí qù　一召唤就来,一挥手就离去。形容被任意指使。《金瓶梅》六〇回:"潘金莲房中,养着一只白狮子猫儿……呼之即至,挥之即去,妇人常叫他雪贼。"老舍《四世同堂》九三:"您以为我跟平常的中人拉纤的一样,呼之即来,挥之即去吗?"

【呼之欲出】hū zhī yù chū　宋·苏轼《郭忠恕画赞》:"恕先在焉,呼之或出。"后多用"呼之欲出"形容人像画得逼真,好像叫他一声就可以从画中走出来。也形容文学作品中人物描写十分生动。《花月痕》二九回:"荷生的诗,是此中有人,呼之欲出。"王火《战争和人》(三)卷一:"而心里酝酿着的另一本《三朝三帝论》,是想写唐朝武则天、明朝朱元璋和清朝雍正这三朝三个皇帝的特务政治的,却在心胸间跃动不已,呼之欲出。"

【忽忽不乐】hū hū bù lè　忽忽:失意的样子。心中失意而不快乐。《史记·梁孝王世家》:"三十五年冬,复朝。上疏欲留,上弗许。归国,意忽忽不乐。"《野叟

曝言》一四〇回："朕自老伴之殁，亦忽忽不乐者数日。"鲁迅《呐喊·阿Q正传》二章："很白很亮的一堆洋钱！而且是他的——现在不见了！说是算被儿子拿去了罢，总还是忽忽不乐。"

【忽冷忽热】hū lěng hū rè　形容人的情绪、态度等不稳定。《红楼梦》八九回："心里想道：'宝玉近来说话半吐半吞，忽冷忽热，也不知他是什么意思。'"鲁迅《而已集·读书杂谈》："研究是要用理智，要冷静的，而创作须情感，至少须得发点热，于是忽冷忽热，弄得头昏。"

【囫囵吞枣】hú lún tūn zǎo　囫囵：整个的。把枣整个吞下。比喻笼统地接受，不加分析、甄别，不求甚解。宋·朱熹《答许顺之书》："今动不动便先说个本末精粗无二致，正是鹘仑吞枣。"鹘仑：同"囫囵"。元·杨景贤《西游记》四本一三出："我见你须臾下礼有跷蹊，我这里囫囵吞个枣不知酸淡。"杨绛《记钱钟书与〈围城〉》："钟书在家里已开始囫囵吞枣地阅读这些小说，把'獃子'读如'豈子'，也不知《西游记》里的'獃子'就是猪八戒。"古华《话说〈芙蓉镇〉》："起初，是小时候在家乡农村半生不熟、囫囵吞枣地读过一些剑侠小说，志怪传奇。"

【狐假虎威】hú jiǎ hǔ wēi　假：凭借。《战国策·楚策一》："虎求百兽而食之，得狐。狐曰：'子无敢食我也。天帝使我长百兽，今子食我，是逆天帝命也。子以我为不信，吾为子先行，子随我后，观百兽之见我而敢不走乎！'虎以为然，故遂与之行，兽见之皆走。虎不知兽畏己而走也，以为畏狐也。"后用"狐假虎威"比喻倚仗别人的威势吓唬、欺压人。北齐·魏收《为后魏孝静帝伐元神和等诏》："谓己功名，难居物下，曾不知狐假虎威，地凭雾积。"《西游记》七四回："沙僧道：'他就是妖怪，故意狐假虎威的来报ascii，恐唬我们哩。'"《野叟曝言》二三回："你们狐假

虎威，擅封客载，混起行李，少不得告诉你本官，个个都要重处。"老舍《四世同堂》五七："他晓得日本人厉害，也晓得大赤包确是善于狐假虎威，欺压良善。"

【狐埋狐㧑】hú mái hú hú　㧑：发掘。《国语·吴语》："夫谚曰：'狐埋之而狐㧑之，是以无成功。'"意为狐狸性多疑，才埋猎物于地下，又刨开来看。后用"狐埋狐㧑"比喻人疑虑太多，不能成事。朱作霖《红楼文库·鸳鸯·晴雯·尤三姐》："若三姐固钟情于湘莲，及湘莲狐埋狐㧑，乃遂刎颈见志，是更情之至也。"

【狐朋狗党】hú péng gǒu dǎng　见"狐群狗党"。

【狐朋狗友】hú péng gǒu yǒu　游手好闲、不务正业的朋友。《红楼梦》一〇回："恼的是那群混账狐朋狗友的扯是搬非、调三惑四的那些人。"老舍《四世同堂》六七："你一天到晚吃喝玩乐，交些个狐朋狗友，一点也不问那些钱是怎么来的！"

【狐裘羔袖】hú qiú gāo xiù　裘：大衣。羔：指羊皮。狐皮大衣却以羊皮作袖。比喻大体还好，略有不足。《左传·襄公十四年》："余狐裘而羔袖。"清·黄裳《载酒园诗话·林逋》："林处士泉石自娱，笔墨得湖山之助……惜带晚唐风气，未免调卑句弱，时有狐裘羔袖之恨。"

【狐群狗党】hú qún gǒu dǎng　比喻勾结在一起为非作歹的坏人。元·无名氏《气英布》四折："咱若不是扶刘锄项，逐着那狐群狗党，兀良怎显得咱这黥面当王。"《西游记》五六回："那厮专生恶念，不务本等，专好打家截道，杀人放火！相交的都是些狐群狗党！"鲁迅《华盖集·忽然想到》："不是利用了外面正有别的学潮的时候，一些狐群狗党趁势来开除她私意所不喜的学生们么？"茅盾《腐蚀·十一月十九日》："反正他们狐群狗党，各有所谓历史关系，而我是后进去的，我是孤立的！"也作"狐朋狗党"。元·关汉卿

《单刀会》三折："他那黑暗暗的藏，我须索紧紧的防。都是狐朋狗党!"刘心武《栖凤楼》三七："这时车外那主儿的狐朋狗党已经把车围了起来。"

【狐死首丘】 hú sǐ shǒu qiū　传说狐狸将死，头必朝向狐穴所在的山丘。比喻人不忘根本。战国楚·屈原《九章·哀郢》："鸟飞反故乡兮，狐死必首丘。"《淮南子·说林训》："鸟飞反乡，兔走归窟，狐死首丘，寒将翔水，各哀其所生。"也比喻对故国、故乡的思念。汉·寇荣《上书陈情》："臣功臣苗绪，生长王国，惧独含恨以葬江鱼之腹，无以自别于世，不胜狐死首丘之情，营魂识路之怀。"《醒世恒言》卷一九："但闻越鸟南栖，狐死首丘，万里亲戚坟墓，俱在南朝，早暮思想，食不甘味。"

【狐疑不决】 hú yí bù jué　形容遇事犹疑，不能决断。《东观汉记·来歙传》："时山东略定，帝谋西收器兵，与偃伐蜀。器将王元说器，故狐疑不决。"《喻世明言》卷一八："与先年一般向被掳去的，共十三人约会，大兵到时，出首投降；又怕官军不分真假，拿去请功，狐疑不决。"

【胡搅蛮缠】 hú jiǎo mán chán　形容胡乱纠缠，蛮不讲理。清·邵振华《侠义佳人》一："胡搅蛮缠的说了这些闲篇儿，谁来听你!"马烽、西戎《吕梁英雄传》二五回："吴秀英觉得既然民兵已经放了他，那就赶快打发他走吧，省得又在这里胡搅蛮缠。"姚雪垠《李自成》二卷三二章："黄道周! 尔如此胡搅蛮缠，争辩不止，全失去臣子对君父体统，实在可恶!"

【胡说八道】 hú shuō bā dào　不负责任地乱说一气。《孽海花》三二回："子固尽在那里胡说八道，你别听他的鬼话。"鲁迅《且介亭杂文·病后杂谈》："为了造语惊人，对仗工稳识见，有些文豪们是简直不恤胡说八道的。"茅盾《虹》七："因为我们住得近，许多奇怪的探问都会跑到我面前来，每次我都是警戒他们不要胡说八道。"

【胡思乱想】 hú sī luàn xiǎng　不切实际、无事实根据地瞎想。宋·朱熹《朱子语类·朱子十》："操存只是教你收敛，教那心莫胡思乱想。"《二刻拍案惊奇》卷三："正胡思乱想，走出堂前闲步，忽然妙通师父走进门来。"《老残游记》六回："正在胡思乱想，见门外来了一乘蓝呢轿，并执事人等，知是申东造拜客回店了。"鲁迅《且介亭杂文·病后杂谈》："光是胡思乱想也不是事，不如看点不劳精神的书，要不然，也不成其为'养病'。"赵树理《福贵》二："东屋婶截住她的话道：'嫂! 不要胡思乱想吧! 哪个人吃了五谷能不生灾?'"

【胡言乱语】 hú yán luàn yǔ　随意乱说。《水浒传》三九回："我和从人来时，你便口里胡言乱语，只做失心风便好。"《醒世恒言》卷二〇："由他是强盗媳妇，木匠老婆罢了，看你甚急，胡言乱语!"《野叟曝言》八回："我正要问你，我与未小姐分属兄妹，何得胡言乱语!"张炜《古船》一章："他一张嘴就胡言乱语，吹得没有边儿。"也指无理的或无根据的话。巴金《随想录》后记："我钦佩最后那种说法。让一切胡言乱语自生自灭的确是聪明的办法。"阿来《尘埃落定》五："父亲更担心的是，那样的一来，他的继承人就要看轻他了。笑他居然听从了傻子的胡言乱语。"

【胡作非为】 hú zuò fēi wéi　任意胡来，毫无顾忌地做坏事。《镜花缘》一二回："或诬其女不听教训，或诬其儿忤逆晚娘，或诬好吃懒做，或诬胡作非为。"老舍《骆驼祥子》五五："听到捧，他开始觉得自己的确伟大；而可以放胆胡作非为了。"欧阳山《三家巷》八七："如果跟着那些流氓地痞胡作非为，那她将来就很难说了。"

【湖光山色】hú guāng shān sè　湖上的风光，山中的景物。形容美好的自然景观。宋·吴自牧《梦粱录·历代人物》："杭城湖光山色之秀，钟为人物，所以清奇杰特，为天下冠。"《儒林外史》三五回："园内轩窗四启，看着湖光山色，真如仙境。"鲁迅《坟·论雷峰塔的倒掉》："但我却见过未倒的雷峰塔，破破烂烂的映掩于湖光山色之间。"

【鹄入鸦群】hú rù yā qún　鹄：鸷鸟，猛禽。比喻勇猛无敌。《北史·齐宗室传》："思宗弟思好……本名思孝，天保五年讨蠕蠕，文宣悦其骁勇，谓曰：'尔击贼如鹄入鸦群，宜思好事。'故改名焉。"唐·韩翃《寄哥舒仆射》诗："左盘右射红尘中，鹄入鸦群有谁敌。"

【虎背熊腰】hǔ bèi xióng yāo　背宽如虎，腰粗似熊。形容人高大魁梧。《封神榜》六二回："一个个骑在马上，手拿兵器，真是虎背熊腰，骁勇雄猛。"《野叟曝言》九四回："素臣看他眉如铁帚，面若锅底，虎背熊腰，行动粗率，与药氏面目清秀、体态安舒者迥别。"从维熙《大墙下的红玉兰》一："老犯人大约有五十七八岁的样子，身材长得高大魁伟，虎背熊腰。"也作"熊腰虎背"。《三国演义》九七回："睿大喜，便召王双上殿。视之，身长九尺，面黑睛黄，熊腰虎背。"

【虎斗龙争】hǔ dòu lóng zhēng　见"龙争虎斗"。

【虎踞龙盘】hǔ jù lóng pán　见"龙盘虎踞"。

【虎踞龙蟠】hǔ jù lóng pán　见"龙盘虎踞"。

【虎口拔牙】hǔ kǒu bá yá　在老虎口中拔牙。比喻冒极大危险除掉目标。元·弘济《一山国师语录》一："苍龙头上撺折角，猛虎口中拔得牙。"

【虎口逃生】hǔ kǒu táo shēng　比喻人从危险境地中逃脱，得以侥幸活命。元·无名氏《朱砂担》一折："我如今在虎口逃生，急腾腾，再不消停。"明·许自昌《水浒记·报变》："虎口逃生，拯救求怜切切人。"

【虎口余生】hǔ kǒu yú shēng　比喻大难不死，侥幸保存下来的生命。唐·刘长卿《按覆后归睦州赠苗侍郎》诗："地远心难达，天高谤易成；羊肠留覆辙，虎口脱余生。"《镜花缘》四七回："况我本虎口余生，诸事久已看破。"

【虎落平川】hǔ luò píng chuān　平川：地势平坦的地方。老虎离开藏身的深山，落到平地里。比喻有势者一旦失势，无有作为。《说岳全传》四〇回："龙遭铁网难施掌，虎落平川被犬欺。"刘亚洲《两代风流》："大将军横刀立马，气盖万夫之敌，可到了这上不着天，下不着地的飞机中，简直是虎落平川！"李劼人《大波》三部七章："有的说，轻去成都，无异于虎落平原。"

【虎落平原】hǔ luò píng yuán　见"虎落平川"。

【虎皮羊质】hǔ pí yáng zhì　见"羊质虎皮"。

【虎入羊群】hǔ rù yáng qún　老虎冲进羊群。比喻强暴者欺凌弱小者，为所欲为。《西游记》三一回："你看他六只手，使着三根棒，一路打将去，好便似虎入羊群，鹰来鸡栅。"

【虎视眈眈】hǔ shì dān dān　眈眈：注视的样子。像老虎那样凶狠地注视着。形容心怀邪恶与欲念，伺机夺取。《周易·颐》："虎视眈眈，其欲逐逐，无咎。"《二刻拍案惊奇》卷四："我一生止存此骨血，那边大房做官的，虎视眈眈，须要小心抵对他，不可落他圈套之内。"茅盾《腐蚀·九月二十三日》："而且陈大胖子久已对我虎视眈眈，我这面也有不少困难。"

〔注意〕眈,不能写作"耽"。

【虎视鹰扬】hǔ shì yīng yáng　见"鹰扬虎视"。

【虎头虎脑】hǔ tóu hǔ nǎo　形容健康强壮、老实厚道的样子。李国文《冬天里的春天》五章:"那年轻人长得虎头虎脑,说起话来瓮声瓮气,眼睛大得吓人,尤其瞪起来的时候。"王火《战争和人》(三)卷一:"窦平是条大汉,虎头虎脑,一副固执、倔强的神气。"

【虎头蛇尾】hǔ tóu shé wěi　❶比喻言行不一致,狡诈阴险。元·康进之《李逵负荆》二折:"则为你两头白面搬兴废,转背言词说是非,这厮敢狗行狼心,虎头蛇尾。"❷比喻做事前紧后松,有始无终。《水浒传》一〇三回:"官府挨捕的事,已是虎头蛇尾,前紧后慢。"《野叟曝言》一二五回:"无外责备梁公虎头蛇尾,敬亭道:'未入正席即饮二十觥,亦不为少矣。'"鲁迅《花边文学·读几本书》:"易卜生大有出全集之意,但至今不见第三本;柴霍甫和莫泊桑的选集,也似乎走了虎头蛇尾运。"李英儒《野火春风斗古城》七章:"韩燕来是个没事不找事、有事不怕事的人,怎能虎头蛇尾有始无终呢?"

【虎尾春冰】hǔ wěi chūn bīng　春冰:春天的冰,薄而易化。踩虎尾,履春冰。《尚书·君牙》:"心之忧危,若蹈虎尾,涉于春冰。"后用"虎尾春冰"比喻处境极其危险,令人胆战心惊。宋·朱熹《择之所和生字韵,极警切,次韵谢之,兼呈伯崇》:"烦君属和增危惕,虎尾春冰寄此生。"

【虎啸风生】hǔ xiào fēng shēng　啸:拉长声音叫。猛虎大吼,威风四起。比喻英雄及时奋起。《北史·张定和等传论》:"虎啸风生,龙腾云起,英贤奋发,亦各因时。"

【虎穴龙潭】hǔ xué lóng tán　见"龙潭虎穴"。

【虎咽狼吞】hǔ yàn láng tūn　见"狼吞虎咽"。

【互通有无】hù tōng yǒu wú　互相支援,交换余缺。李英儒《野火春风斗古城》二章:"吵嘴不是为了吃饭花钱的生活问题,在这方面他们互通有无,不分彼此,过的像一家人一样。"刘玉民《骚动之秋》一六章:"按过去的观点是倒买倒卖、投机倒把;按现在的观点,是互通有无搞活经济。"

【户枢不蠹】hù shū bù dù　户:门。枢:门轴。蠹:蛀蚀。《吕氏春秋·尽数》:"流水不腐,户枢不蝼,动也。"唐·马总《意林》卷二引作"户枢不蠹"。后用"户枢不蠹"指门轴因经常转动而不会被蛀蚀。比喻经常运动的东西,不易因外物的侵蚀而损害。蠹,也作"朽"。《三国志·魏书·吴普传》:"动摇则谷气得消,血脉流通,病不得生,譬犹户枢不朽是也。"《云笈七签》卷五七:"夫肤体关节,本资于动用,经脉荣养,寰理于宣通,今既闲居,乃无运役事,须导引以致和畅,户枢不蠹,其义信然。"宋·罗大经《鹤林玉露补遗》:"是勤可以远淫辟地,户枢不蠹,流水不腐。"

【户限为穿】hù xiàn wéi chuān　户限:门槛。穿:透。门槛被踩破了。形容来往的人很多。唐·张彦远《法书要录》:"智永禅师住吴兴永欣寺,人来觅书者如市,所居户限为穿穴。"清·王韬《淞隐漫录·姚云纤》:"远近闻名求字者,几于户限为穿,而选择萋苛,低昂无所就。"

【怙恶不悛】hù è bù quān　怙:依靠,仗恃。悛:悔改。坚持作恶,不肯悔改。《宋史·王化基传》:"若授以远方牧民之官,其或怙恶不悛,恃远肆毒,小民罹殃,卒莫上诉。"《元史·周自强传》:"若迷谬怙恶不悛,然后绳之以法不少贷。"鲁迅《集外集拾遗补编·为北京女师大学生拟呈教育部文二件》："讵杨氏怙恶不悛,仍施诡计。先谋提前放假,又图停课考试。"〔注意〕悛,不能读作 jùn。

【花好月圆】 huā hǎo yuè yuán　花开正盛,月亮正圆。比喻美好圆满的家庭生活。宋·张先《木兰花》词："人意共怜花月满,花好月圆人又散。"陈国凯《我应该怎么办》一:"在一个花好月圆的夜晚,当我们身上带着机油的芳香从厂里回来时,我羞怯地向他献出了少女的心。"

【花红柳绿】 huā hóng liǔ lǜ　花木繁茂,景色明媚。形容春天艳丽的景色。唐·薛稷《钱唐永昌》诗："更思明年桃李月,花红柳绿宴浮桥。"元·无名氏《村里迓鼓》散套："丽人天气,禁烟时节,花红柳绿。"也比喻色彩艳丽。《红楼梦》七三回："只见贾母房内的小丫头子名唤傻大姐的笑嘻嘻走来,手内拿着个花红柳绿的东西,低头一壁瞧着,一壁只管走。"老舍《四世同堂》三〇:"大赤包本还是不想立起来,及至看见那个花红柳绿的礼物篮子,她不好意思不站起一下了。"也作"柳绿花红"。《五灯会元·龙华球禅师法嗣》:"聊与东风论个事,十分春色属谁家,秋至山寒水冷,春来柳绿花红。"明·刘基《春思》诗："忆昔东风入芳草,柳绿花红看总好。"

【花花公子】 huā huā gōng zǐ　指衣着华丽、不务正业、专讲吃喝玩乐的富家子弟。《儿女英雄传》三〇回:"也还仗他那点书毒,才不学那吃喝嫖赌,成一个花花公子。"鲁迅《准风月谈·二丑艺术》:"他和小丑的不同,是不扮横行无忌的花花公子。"王火《战争和人》(二)卷二:"可惜接触了几次,发现他是一个花花公子,搽香水,涂雪花膏,抹生发油,吹口哨,抽香烟,跑跳舞场,我就讨厌他了。"

【花花绿绿】 huā huā lǜ lǜ　形容花木鲜艳多彩。金·元好问《又解嘲二首》诗之一:"雁后花前日日闲,颇思尊酒慰愁颜。凭君细数东州客,谁在花花绿绿间?"也泛指颜色纷繁艳丽。《官场现形记》三三回:"整包的钞票,一叠一叠的数给人看,花花绿绿,都耀到藩台眼睛里去。"巴金《秋·尾声》:"她人长胖了,还是像祖父在日那样穿得花花绿绿,走过来就是一股香气。"杨沫《青春之歌》一部二章:"她小心翼翼地慢慢地打开它,叫道静又划了一根洋火,照出几张花花绿绿的钞票来。"

【花花世界】 huā huā shì jiè　旧指繁荣美丽的地方。今多指寻欢作乐的场所。《镜花缘》四回:"只见满园青翠萦目,红紫迎人,真是锦绣乾坤,花花世界。"《说岳全传》一五回:"每想中原花花世界,一心要夺取宋室江山。"张恨水《啼笑因缘》一二回:"年轻轻儿的,干吗不贪个花花世界?"蒋子龙《分分钟》:"他们是社会的骄子,还是像一粒尘埃在这个花花世界上随风飘荡?"

【花街柳陌】 huā jiē liǔ mò　见"花街柳巷"。

【花街柳巷】 huā jiē liǔ xiàng　旧指妓女聚居的街巷。唐·吕岩《敲爻歌》:"酒是良朋花是伴,花街柳巷觅真人。"《醒世恒言》卷一五:"遇着花街柳巷,舞榭歌台,便恋留不舍,就当做家里一般,把老大一个家业,也弄去了十之三四。"也作"花街柳陌"。《水浒传》六回:"花街柳陌,众多娇艳名姬。"《初刻拍案惊奇》卷三五:"福僧也没有一些苦楚,带着母丧,只在花街柳陌,逐日混账。"

【花前月下】 huā qián yuè xià　景色幽美的环境。也指男女谈情幽会的地方。宋·灌圃耐得翁《都城纪胜·瓦舍众伎》:"今又有'覆赚',又且变花前月下之情及铁骑之类。"梁实秋《雅舍小品·老年》:"老年人不再追求那花前月下的旖旎风光,并不是说老年人就一定如槁木死灰一般的枯寂。"陈国凯《儒士衣冠》:"我诗心未泯,每当花前月下闲愁无寄我就写诗。"也作"月下花前"。元·乔吉《两世姻缘》二折:"想着他锦衣绣腹那才能,怎教我月下花前不动情。"

【花容玉貌】huā róng yù mào 见"花容月貌"。

【花容月貌】huā róng yuè mào 形容美女容貌如花似月。《醒世恒言》卷三六:"陈小四道:'你这花容月貌,教我如何便舍得?'"《镜花缘》三八回:"任他花容月貌,俺只认作害命钢刀,若不捺了火性,那得有命回来。"老舍《四世同堂》七〇:"现在,她将她把花容月貌加上一颗铁石的心,变成比妈妈还伟大许多的女光棍。"也作"花容玉貌"。《西游记》九一回:"看不尽花容玉貌,风流豪侠,佳景无穷。"《红楼梦》六回:"刘姥姥见平儿遍身绫罗,插金带银,花容玉貌的,便当是凤姐儿了。"也作"月貌花容"。《儿女英雄传》二七回:"自己本生得一副月貌花容,一团灵心慧性。"

【花天酒地】huā tiān jiǔ dì 形容吃喝嫖赌、荒淫糜烂的生活。《二十年目睹之怪现状》二九回:"上海是个花天酒地的地方,跟着人家出来逛逛,也是有的。"钱钟书《围城》七:"他们能够独立,不在乎太太的陪嫁、丈人的靠山,宁可交女朋友,花天酒地的胡闹,反正他们有钱。"魏巍《火凤凰》九三:"但是在敌人据点里,鬼子和汉奸们却是花天酒地,终夜酗酒聚赌,吆三喝四,闹得不可开交。"

【花团锦簇】huā tuán jǐn cù 簇:聚集。像花朵、锦绣汇聚、环绕在一起。形容色彩缤纷、华丽繁盛的景象。《红楼梦》五三回:"侯贾母拈香下拜,众人方一齐跪下,将五间大厅,三间抱厦,内外廊檐,阶上阶下两丹墀内,花团锦簇,塞的无一隙空地。"张恨水《啼笑因缘》二一回:"进了大门,重重的院落和廊子都是彩纸条和灯笼。那大厅上,更是陈设得

花团锦簇。"欧阳山《三家巷》五〇:"一个一个花团锦簇、五光十色的阔太太从车上走了下来,走进金鑫里三号张公馆。"也作"锦簇花团"。《花月痕》一二回:"两廊间酒香茶沸,水榭上锦簇花团。"

【花香鸟语】huā xiāng niǎo yǔ 见"鸟语花香"。

【花言巧语】huā yán qiǎo yǔ 原指任意铺排而内容空洞的文辞或话语。宋·朱熹《朱子语类·论语三》:"据某所见,巧言即今所谓花言巧语,如今世举子弄笔端,做文字者便是。"后指虚伪动听的骗人的话。《初刻拍案惊奇》卷一八:"却是这伙里的人更有花言巧语,如此说话,说他不倒的。"《红楼梦》六九回:"休信那妒妇花言巧语,外作贤良,内藏奸妬,他发恨定要弄你一死方罢。"叶圣陶《倪焕之》四:"此外如还有什么教育的主张,教育的理论,不是花言巧语,聊资谈助,就是愚不可及,自欺欺人。"周而复《上海的早晨》二部三三:"当初在百乐门认识他,对他一点也不了解,听信他的花言巧语,把我哄的团团转。"

【花样翻新】huā yàng fān xīn 由旧的式样中变化出新的式样。清·芙蓉外史《闺律》:"杏衫蓉带,总宜花样翻新。"王火《战争和人》(一)卷二:"一年四季衣服总是花样翻新。"也指独出心裁。蒋子龙《谈"人"》八:"因此文学作品里表现人物的方法也可以是立体的……可以花样翻新,也可以返朴归真。"

【花朝月夕】huā zhāo yuè xī 有鲜花的早晨,有明月的晚上。形容良辰美景。《旧唐书·罗威传》:"每花朝月夕,与宾佐赋咏,甚有情致。"明·施惠《幽闺记·少不知愁》:"花朝月夕,丫环侍妾随,好景须欢会,四时不负佳致。"《初刻拍案惊奇》卷二五:"此后,院判同小娟花朝月夕,赓酬唱和,诗咏成帙。"

【花枝招展】huā zhī zhāo zhǎn ❶招

展:迎风舞动的样子。指花枝迎风摇摆。《红楼梦》二七回:"每一棵树头,每一枝花上,都系了这些物事。满园里绣带飘飘,花枝招展。"❷形容女子妆饰娇艳。《封神榜》一〇九回:"纣王观看贾氏跪在下面行礼,真是花枝招展。"《红楼梦》六二回:"袭人等捧过茶来,才吃了一口,平儿也打扮的花枝招展的来了。"老舍《四世同堂》六八:"一会儿她变成招弟,打扮得花枝招展的,拉着一个漂亮的男子,在公园调情散步。"

【华而不实】 huá ér bù shí 华:开花。实:结果实。❶只开花不结果。《山海经·中山经》:"又东七十里,曰半石之山,其上有草焉,生而秀,其高丈余,赤叶赤华,华而不实,其名曰嘉荣。"❷比喻外表漂亮而内容空虚。《左传·文公五年》:"天为刚德,犹不干时,况在人乎?且华而不实,怨之所聚也。"《醒世恒言》卷一一:"此必聪明才子所做。但秀气泄尽,华而不实,恐非久长之器。"张贤亮《邢老汉和狗的故事》:"他们之间不用华而不实的词藻,不用罗曼蒂克的表示,在不息的劳作中和伤病饥寒时的相互关怀中,就默默地传导了爱的搏动。"

【华屋山丘】 huá wū shān qiū 华屋:富丽堂皇的房屋。山丘:坟墓。三国魏·曹植《箜篌引》:"盛时不可再,百年忽我遒;生在华屋处,零落归山丘。"后用"华屋山丘"表示生命无常,兴亡无定,富贵者最终也会死亡。元·黄溍《感旧》诗:"华屋山丘不可期,岘山依旧绿参差。"清·赵翼《青山庄歌》:"平津厩库古曾悲,华屋山丘今莫哭。"

【哗众取宠】 huá zhòng qǔ chǒng 哗:喧哗。以浮夸的言行迎合众人,用来博得好感或拥护。《汉书·艺文志》:"然惑者既失精微,而辟者又随时抑扬,违离道本,苟以哗众取宠。"郭沫若《屈原》五幕:"他其实只会做几首谈情说爱的山歌,时

而说些哗众取宠的大话罢了,并没有什么大本领。"魏巍《火凤凰》二八:"他一生不知道哗众取宠,一句一句都是那么板上钉钉,除了老实,也就再无别的特色了。"

【化敌为友】 huà dí wéi yǒu 把原来的敌人当成朋友看待。刘绍棠《村妇》卷一:"常三裰褴大受感动,死乞白赖要跟刘二皇叔插草为香拜把子,两人化敌为友,称兄道弟。"王火《战争和人》(二)卷五:"既不宜杀,也不宜关,化敌为友是上策,驱友为敌是下策。"

【化干戈为玉帛】 huà gān gē wéi yù bó 干戈:古代兵器。玉帛:玉器和丝织品,古代诸侯会盟时带的礼物。《淮南子·原道训》:"昔者夏鲧作三仞之城,诸侯背之,海外有狡心。禹知天下之叛也,乃坏城平池,散财物,焚甲兵,施之以德,海外宾服,四夷纳职,合诸侯于涂山,执玉帛者万国。"后用"化干戈为玉帛"比喻使战争转化为和平。王火《战争和人》(二)卷一:"中日两国,渊远流长,我总是希望两国之间能化干戈为玉帛。"陈忠实《白鹿原》一二章:"他们品行端正与世无争童叟无欺,为邻里乡党排忧解难调解争执化干戈为玉帛,都是在那一方乡村的人之楷模。"

【化为乌有】 huà wéi wū yǒu 乌有:虚幻,不存在。源出汉·司马相如在《子虚赋》里虚构的"乌有先生",意为根本没有此人。指变得什么都没有。宋·苏轼《章质夫送酒六壶,书至而酒不达,戏作小诗问之》:"岂意青州六从事,化为乌有一先生。"《三侠五义》二二回:"此事幸亏和事天子,才化为乌有。"张洁《方舟》三:"魏经理随便想出一个理由,找她一个小茬儿,就能把她的一切奋斗化为乌有。"

【化险为夷】 huà xiǎn wéi yí 夷:平坦,平安。化险阻为平坦。指转危为安。《孽海花》二七回:"以后还望中堂忍辱负

重,化险为夷,两公左辅右弼,折中御侮。"姚雪垠《李自成》一卷三章:"他善于用兵,常能化险为夷,转败为胜。"从维熙《落红》四:"它脚掌上如同挂着经纬仪,眼看要从圆球上掉下来了,硬是化险为夷,转危为安。"

【化整为零】huà zhěng wéi líng 把一个整体分散为许多零散部分。高云览《小城春秋》三二章:"厦联社的小组活动已经化整为零,由各学校组织各式各样的研究会。"刘绍棠《烟村四五家》一:"二亩大的院落,一溜十二间坐北朝南的泥棚寒舍,土改时候化整为零,平分窦、苗、田、蔡四姓人家。"

【划一不二】huà yī bù èr 《汉书·曹参传》:"萧何为法,讲若画一。"后用"划一不二"指一经划定,决不两样。《官场现形记》四回:"且说这位藩台大人,自从改定章程,划一不二,却是'臣门如市',生涯十分茂盛。"鲁迅《南腔北调集·题记》:"于是文章也就不能划一不二,可说之处说一点,不能说之处便罢休。"

【画饼充饥】huà bǐng chōng jī 《三国志·魏书·卢毓传》:"选举莫取有名,名如画地作饼,不可啖也。"后用"画饼充饥"比喻徒有虚名而无实惠,于事无补。唐·冯用之《权论》:"礼义有不可施之时,刑名有不可威之时,由是济之以权也,其或不可为之,则礼义如画饼充饥矣。"也比喻以空想来聊以自慰。宋·李清照《打马赋》:"说梅止渴,稍苏奔竞之心;画饼充饥,少谢腾骧之志。"《初刻拍案惊奇》卷一五:"若得千金之资,也就勾了,却那里得这银子来?只好望梅止渴,画饼充饥!"巴金《随想录》八三:"望梅止渴、画饼充饥的年代早已过去,人们要听的是真话。"

【画地为牢】huà dì wéi láo 牢:牢狱。在地上画个圈儿,作为牢狱。比喻局限在小圈子里活动。汉·司马迁《报任少卿书》:"故有画地为牢,势不可入,削木为吏,议不可对,定计于鲜也。"《封神榜》七五回:"若遇军民身犯罪,画地为牢监禁身。"梁实秋《雅舍小品·聋》:"耳不聪目不明的人都容易吃亏,好在我早已为我自己画地为牢,某一条路以西,某一条路以北,那一带我视为禁区。"

【画栋雕梁】huà dòng diāo liáng 见"雕梁画栋"。

【画虎不成反类狗】huà hǔ bù chéng fǎn lèi gǒu 类:好像。比喻好高骛远,一无所成,反被人作为笑柄。也比喻模仿得不好,反而弄得不伦不类。《后汉书·马援传》:"效季良不得,陷为天下轻薄子,所谓画虎不成反类狗者也。"《西游记》八八回:"教便也容易,只是你等无力量,使不得我们的兵器,恐学之不精,如'画虎不成反类狗'也。"茅盾《蚀·动摇》三:"胡国光忽然怨恨起这江湖术士来。他心里想:'都是张铁嘴骗人,现在是画虎不成反类狗了。'"也作"画虎成狗"。《聊斋志异·胭脂》:"身已许君,复何吝惜?但恐'画虎成狗',致贻污谤。"方志敏《死》四:"不错,病知的话是不错的,不要弄巧成拙,画虎成狗。"

【画虎成狗】huà hǔ chéng gǒu 见"画虎不成反类狗"。

【画龙点睛】huà lóng diǎn jīng 唐·张彦远《历代名画记》卷七:"武帝崇饰佛寺,多命僧繇画之……金陵安乐寺四白龙不点眼睛,每云:'点睛即飞去。'人以为妄诞,固请点之,须臾雷电破壁,两龙乘之腾去上天,二龙未点眼者见在。"后用"画龙点睛"比喻艺术创作在关键处着墨或写作、说话时在关键处加上精辟词语,可使内容更加生动传神。明·张萧《读卓吾老子书述》:"夫一古人之书耳,有根本者下笔鉴定,则为画龙点睛;无根本者妄意标指,则为刻舟记剑。"张恨水《啼笑因缘续集》二回:"在家树今天来赴约的时候,樊、何两方的关系,已是很明白的表示出来了。现在陶太太如此一用典,倒有些'画龙点睛'之妙。"梁实秋《雅舍小品·图章》:"在字画上盖章,能使得一幅以墨色或青绿为主的作品,由于朱色印泥的衬托,而格外生动,有画龙点睛之妙。"也比喻做事在重要之处下力。《儿女英雄传》三〇回:"这早安太太吩咐他给岳父母办斋原不过说了句'好好儿的弄点儿吃的',他就这等山珍海味的小题大作起来,还可以说画龙点睛;至于又无端的弄桌果酒,便觉画蛇添足,可以不必了。"

【画蛇添足】 huà shé tiān zú 《战国策·齐策二》:"楚有祠者,赐其舍人卮酒。舍人相谓曰:'数人饮之不足,一人饮之有余,请画地为蛇,先成者饮酒。'一人蛇先成,引酒且饮之,乃左手持卮,右手画蛇曰:'吾能为之足。'未成,一人之蛇成,夺其卮曰:'蛇固无足,子安能为之足?'遂饮其酒。为蛇足者,终亡其酒。"后用"画蛇添足"比喻多此一举,弄巧成拙。添,也作"著"。唐·韩愈《感春》诗:"画蛇著足无处用,两鬓雪白趋埃尘。"《三国演义》一一〇回:"张翼谏曰:'将军功绩已成,威声大震,可以止矣。今若前进,倘不如意,正如画蛇添足也。'"老舍《四世同堂》四五:"这些,他觉得已经够对得起钱家的了,不能再画蛇添足的作些什么特别的事。"周而复《上海的早晨》四部三〇:"他想接上去说,又觉得是画蛇添足,只好惋惜地坐着没动。"

【画脂镂冰】 huà zhī lòu bīng 在凝脂上作画,在冰上雕刻,一旦融化,痕迹全无。比喻徒劳无功。汉·桓宽《盐铁论·殊路》:"故内无其质而外学其文,虽有贤师良友,若画脂镂冰,费日损功。"宋·孙觌《樵居集序》:"非若前世一偏一曲之士,画脂镂冰,角无用之空文,徒为耳目之观者也。"

【话不投机】 huà bù tóu jī 话说不到一起。形容谈话双方意见情趣不一致。元·张国宾《薛仁贵》三折:"我则怕言无关典,话不投机。"《封神榜》一一八回:"两个人在疆场话不投机,彼此动手交战。"《官场现形记》五八回:"直隶总督此来,原想预先托个人情的,后见话不投机,只好搭讪着出去。"茅盾《蚀·动摇》三:"陆慕游觉得话不投机,方罗兰对于胡国光似乎有成见,便这么岔开了话头。"

【话不虚传】 huà bù xū chuán 传说的不假,与实际相符。元·郑光祖《王粲登楼》二折:"人说此人矜骄傲慢,果然话不虚传。"《封神榜》七五回:"今日看来,果然话不虚传,胜似帝主京都,可惜可赞。"

【话中有话】 huà zhōng yǒu huà 言语中含有未明说的内容。《红楼梦》一一〇回:"邢夫人等听了话中有话,不想到自己不令凤姐便宜行事,反说凤丫头果然有些不用心。"茅盾《腐蚀·十月二日》:"我一听这话中有话,心一动,把疲倦也忘了。"王火《战争和人》(三)卷三:"笑容,很亲切,使家霆感到她话中有话,话里似乎带着一种希望,希望家霆与她的妹妹寅儿能够要好。"

【怀璧其罪】 huái bì qí zuì 身藏宝玉,因此获罪。《左传·桓公十年》:"虞叔有玉,虞公求旃。弗献,既而悔之,曰:'周谚有之:"匹夫无罪,怀璧其罪。"吾焉用此,其以贾害也。'乃献之。"后比喻因有才能而遭人嫉妒陷害。宋·张扩《谢人惠团茶》:"修贡之余远分寄,怀璧其罪渠敢当。"清·赵翼《古玉珞歌》:"地下长眠倘有知,怀璧其罪鬼应泣。"

【怀才不遇】 huái cái bù yù 胸怀才学而未逢其时。指因受冷遇而不得志。《喻世明言》卷五:"眼见别人才学万倍不如他的,一个个出身通显,享用爵禄,偏则自家怀才不遇,每日郁郁自叹道:'时也,运也,命也。'"鲁迅《彷徨·孤独者》三:"先前曾经常常围绕着忧郁慷慨的青年,怀才不遇的奇士和腌臜吵闹的孩子们的,现在却见得很闲静。"李国文《涅槃》二:"是 F 心血来潮,找到了老板,说他的才佳如何如何的出色,如何如何的怀才不遇,至今连国门都没迈出一步。"

【怀瑾握瑜】huái jǐn wò yú　瑾、瑜:美玉,比喻美德。怀里装着瑾,手里握着瑜。比喻人有高尚纯洁的品德。《史记·屈原贾生列传》:"众人皆醉,何不餔其糟而啜其醨? 何故怀瑾握瑜而自令见放为?"《梁书·豫章王综传》:"怀瑾握瑜空掷去,攀松折桂谁相许。"梁启超《国家运命论》:"夫士君子怀瑾握瑜以生浊世,所至辄见厄。"也作"握瑜怀瑾"。明·陈子龙《匡山吟寄桂灯岩子》诗:"握瑜怀瑾酬君思,勒鼎铭钟人所羡。"

【怀铅握椠】huái qiān wò qiàn　见"握椠怀铅"。

【淮橘为枳】huái jú wéi zhǐ　《周礼·考工记序》:"橘逾淮而北为枳。"后用"淮橘为枳"比喻人或事物的性质因环境的变化而改变。严复《原强》:"此中大半,皆西洋以富以强之基,而自吾人行之,则淮橘为枳,若存若亡,不能实收其效者,则又何也?"

【欢蹦乱跳】huān bèng luàn tiào　形容活泼、欢乐到极点。老舍《二马》三:"本来姑娘们的歌夏并不是为歌着;是为找个人多的地方欢蹦乱跳的闹几天。"刘玉民《骚动之秋》二五章:"虽说以前落下几种毛病,但没有一种是能够影响他欢蹦乱跳工作的。"

【欢呼雀跃】huān hū què yuè　雀跃:像麻雀一样跳跃着。形容欢乐的情景。夏衍《〈新华日报〉及其他》:"日本投降的消息一传播,《新华日报》的全体同人发疯了,……有人欢呼雀跃,有人无言流泪。"刘玉民《骚动之秋》二五章:"此时,

龙山水泥厂奠基结束,十万花炮惊天动地,数千群众欢呼雀跃。"

【欢声雷动】huān shēng léi dòng　欢呼的声音就像雷声的震动一样。形容场面非常热烈、欢快。唐·令狐楚《贺赦表》:"欢声雷动,喜气云腾。"《儒林外史》三七回:"见两边百姓,扶老携幼,挨挤着来看,欢声雷动。"欧阳山《三家巷》六八:"霎时之间,这南渡口堤岸上人头涌涌,欢声雷动。"也作"欢声如雷"。《东周列国志》一九回:"周人不顺子颓,闻王至,欢声如雷,争开城门迎接。"《说岳全传》四四回:"元帅见那些大小战船,排作长蛇阵形,有十里远近;灯球火光,照耀如同白日。军中欢声如雷。"

【欢声如雷】huān shēng rú léi　见"欢声雷动"。

【欢天喜地】huān tiān xǐ dì　形容非常高兴。《京本通俗小说·错斩崔宁》:"当下权且欢天喜地,并无他说。"《喻世明言》卷二一:"闻说钱妈妈生产,进房帮助,见养下孩儿,欢天喜地,抱去盆中洗浴。"《野叟曝言》六八回:"九姨娘谢了又谢,欢天喜地的去了。"鲁迅《呐喊·狂人日记》七:"他们没有杀人的罪名,又偿了心愿,自然都欢天喜地的发出一种呜呜咽咽的笑声。"老舍《二马》五:"回家看见马威正和温都母女谈得欢天喜地,心中有点吃醋。"

【欢喜若狂】huān xǐ ruò kuáng　形容高兴到了极点。李劼人《大波》二部七章:"岑宫保前在四川,后在广西,委实揭参过不少大帽子,还杀过一些酷吏,为百姓伸冤。所以他的电报一到,满城百姓都欢喜若狂。"姚雪垠《李自成》二卷一五章:"李自成不管全老营将士如何为胜利欢喜若狂,他自己却因义军和百姓义勇伤亡了一千多人,……一直在冷静考虑。"

【欢欣鼓舞】huān xīn gǔ wǔ　形容非

常高兴振奋。《宋史·司马光传》:"海内之民……欢欣鼓舞,甚若更生。"《官场现形记》三〇回:"大汉拿到洋钱,欢欣鼓舞的而去。"鲁迅《而已集·黄花节的杂感》:"然而革命成功的时候,革命家死掉了,却能每年给生存的大家以热闹,甚而至于欢欣鼓舞。"周而复《上海的早晨》四部三〇:"政府把一幅新中国的蓝图在我们面前打开,没有一个人看到祖国灿烂的远景不欢欣鼓舞的。"

【环肥燕瘦】huán féi yàn shòu 环:杨玉环,唐玄宗贵妃,体态丰满。燕:赵飞燕,汉成帝皇后,体态清瘦。二人同为绝色美女。比喻美女因体态、风格不同而各有风韵。清·梁绍壬《两般秋雨盦随笔·京师梨园》:"评量粉黛,环肥燕瘦之间;品藻冠裳,贾佞江忠之列。"也比喻不同类型的美女。王火《战争和人》(一)卷七:"像季尚铭这样的大富翁,环肥燕瘦,还不任他挑拣,这种事何必要我费心。"

【缓兵之计】huán bīng zhī jì 缓:延缓。延缓对方进攻的计策。《东周列国志》四回:"汝离我于秦,明欺我不能独下郑也,今又来求成,莫非缓兵之计,欲俟楚救耶?"也比喻缓和事态,然后俟机行动的策略。《老残游记》二〇回:"许大决意要杀陶三,监生恐闹出事来,原为缓兵之计,告诉他有种药水,名'千日醉',容易醉倒人的,并不害性命。"老舍《四世同堂》八九:"胖菊子见东阳果害了怕,只好揉了揉自家的脸,琢磨缓兵之计。"

【缓不济急】huán bù jì jí 济:救助。缓慢的行动无助于紧急之事。《糊涂世界》六回:"看看还差个八百多两银子,没有法子想,要变卖东西,却又缓不济急。"姚雪垠《李自成》二卷二九章:"关于清丈土地的建议,他认为是缓不济急,而且困难较多,没有多去考虑。"

【缓急相济】huán jí xiāng jì 缓急:偏指紧急,急迫。济:接济。在遇到困难或情况紧急时给予帮助。《二十年目睹之怪现状》六五回:"这个何须客气。朋友本来有通财之义,何况我们世交,这缓急相济,更是平常的事了。"

【换汤不换药】huàn tāng bù huàn yào 煎药的水换了而药方并没改变。比喻形式上虽有改变,而内容依然不变。郭沫若《为革命的民权而呼吁》:"我们不愿个别地指摘既往的错误,因为这错误实在举不胜举。举出了如只换汤不换药,依然无济于事。"梁斌《红旗谱》二二:"于是,在广大民众里,流露的一些革命热情,也就冷淡下来。人们都说,这是换汤不换药,也不过如此!"

【涣然冰释】huàn rán bīng shì 涣然:流散的样子。冰释:冰块消融。《老子·十五章》:"涣兮若冰之将释。"后用"涣然冰释"比喻疑虑、误会等一下子完全消除。晋·杜预《春秋序》:"若江海之浸,膏泽之润,涣然冰释,怡然理顺,然后为得也。"《隋书·儒林传论》:"考证亡逸,研核异同,积滞群疑,涣然冰释。"《野叟曝言》八七回:"寡人竭力深思至数年之久而钻索俱穷者,今得先生数时之教,即无不涣然冰释,先生真非常人也!"鲁迅《伪自由书·多难之月》:"不过只将这'难'字,不作国民'受难'的'难'字解,而作令人'为难'的'难'字解,则一切困难,可就涣然冰释了。"

【患得患失】huàn dé huàn shī 患:忧虑,担心。《论语·阳货》:"鄙夫可与事君也与哉? 其未得之也,患得之;既得之,患失之。苟患失之,无所不至矣。"意为未得到时,担心不能得到;既得到时,又担心失去。后用"患得患失"形容斤斤计较个人的得失利害。宋·李吕《跋晦翁游大隐屏诗》:"彼世之患得患失者,睹公之诗,能无愧乎!"《野叟曝言》一一八回:"至汝能履盛美而恐惧,乃君子之道,但一味恐惧,便将成患得患失之鄙夫。"王安忆《叔叔的故事》："他还难免会有患得患失的心理，惟恐选择的这一样东西其实并不对他合适，而旧有的已经失不再来了。"

【患难与共】huàn nàn yǔ gòng　《史记·越王勾践世家》："越王为人长颈鸟喙，可与共患难，不可与共乐。"后用"患难与共"指共同承受忧患与灾难。姚雪垠《李自成》一卷一三章："虽然他不愿多想高桂英和兰芝的生死吉凶，但高桂英毕竟是他的患难与共的结发妻子和好帮手。"刘白羽《第二个太阳》一章："他在这里和他唯一的亲人、几十年患难与共的战友丁青吾，相聚了一个多月。"

【患难之交】huàn nàn zhī jiāo　交：朋友。在一起经历过患难而有深厚交情的朋友。明·焦竑《玉堂丛语·荐举》："仲举与文贞在武昌，因患难之交，讷黑窑匠以一文，嗣初教书儒生以一诗，皆入启事，悉登台阁。"《孽海花》三回："原来雯青和曹以表号公坊的，是十年前患难之交，连着唐卿、珏斋，当时号称'海天四友'。"钱钟书《围城》三："方鸿渐和唐小姐亲密地笑着，两人已成了患难之交。"

【焕然一新】huàn rán yī xīn　焕然：光明的样子。一改旧貌，呈现全新的面貌或气象。宋·陆游《老学庵笔记》卷八："宣和末，有巨商舍三万缗，装饰泗洲普照塔，焕然一新。"《二刻拍案惊奇》卷一："盘桓了几日，等裱匠完工，果然裱得焕然一新。"《红楼梦》六五回："那尤老见二姐身上焕然一新，不是在家模样，十分得意。"老舍《四世同堂》七七："他细细的刮了脸，身上都换上干净衣裳，又跟大嫂要了点零花，而后气象焕然一新的走出家门。"

【擩甲挥戈】huàn jiǎ huī gē　擩：穿。甲：铠甲。戈：兵器。穿着铠甲，挥动戈矛。形容全副武装。《魏书·傅永传》："擩甲挥戈，单骑先入，唯有军主蔡三虎副之，余人无有及者。"

【擩甲执兵】huàn jiǎ zhí bīng　擩：穿。甲：铠甲。兵：兵器。穿着铠甲，拿着武器。形容全副武装。《左传·成公二年》："擩甲执兵，固即死也。"宋·曾巩《李德明遥郡团练使制》："擩甲执兵，人之重任，赏信而速，所以劝功。"

【荒诞不经】huāng dàn bù jīng　不经：不合常理。荒唐离奇，不合情理。《野叟曝言》四九回："卢生之事，乃小说家捏造，供人一噱者，如嫦娥窃药，织女渡河，荒诞不经，世共传说耳。"艾芜《南行记·山峡中》："我想着，这大概是我昨晚独自儿在这里过夜，做了一场荒诞不经的梦，今朝从梦中醒来，才有点感觉异常吧。"也作"怪诞不经"。《二刻拍案惊奇·序》："即如《西游》一记，怪诞不经，读者皆知其谬。"严复《原强》："不然，何所论之怪诞不经，独不虑旁观者之阔笑也？"

【荒诞无稽】huāng dàn wú jī　稽：查考。荒唐离奇，毫无根据。《东欧女豪杰》三回："那个神字，原是野蛮世界拿出来哄着愚人的话，如今科学大明，这些荒诞无稽的谬说，那里还能立足呢？"张洁《方舟》一："这理由对他们也许荒诞无稽，对你却生命攸关。"

【荒谬绝伦】huāng miù jué lún　绝伦：无可类比。荒唐错误到了无与伦比的程度。清·龚自珍《语录》二二："此等依托，乃得罪孔子之尤，荒谬绝伦之作，作者可醋也。"梁实秋《雅舍小品·梦》："有时候没有想过的，根本不曾起过念头的，而且是荒谬绝伦的事情，竟会窜入梦中。"韦君宜《洗礼》四："王辉凡不加评断，继续谈着那些荒谬绝伦的'批斗罪证'，和许多人在这场'革命'中间的表现。"

【荒无人烟】huāng wú rén yān　荒：荒凉。十分荒凉，没有人居住的痕迹。刘白羽《第二个太阳》一八章："大片树林淹没在水里,远远只看见一些模糊的轮廓,以为这里已经荒无人烟。"王愿坚《路标》:"在他眼前出现了南边那荒凉的雪山区域,还有那刚刚走过的荒无人烟的大草地。"

【荒淫无耻】 huāng yín wú chǐ　荒淫:贪恋酒色。生活糜烂,不知羞耻。巴金《随想录》一四七:"在我们的家里一些人荒淫无耻,另一些人痛苦呻吟。我还记得我大哥含着泪向我诉苦,我发誓绝不走他那样的路。"

【荒淫无度】 huāng yín wú dù　生活糜烂,没有限度。《周书·晋荡公护传》:"自即位以来,荒淫无度,昵近群小,疏忌骨肉,大臣重将,咸欲诛夷。"《喻世明言》卷三七:"后至齐主宝卷,惟喜游嬉,荒淫无度,不接朝士,亲信宦官。"

【慌不择路】 huāng bù zé lù　形容惊慌、忙乱得顾不上选择道路。《水浒传》六一回:"看看天色将晚,脚又疼,肚又饥,正是慌不择路,望山僻小径只顾走。"《说岳全传》三七回:"君臣八人,只得攀枝依树,爬出墙来,慌不择路,一跌一跌,上路逃走。"李国文《冬天里的春天》一章:"由于急于逃命,慌不择路,老江湖蹿进了长满龙须草的浅水滩上,那头发丝细的水草缠住它,弄得它寸步难行。"

【慌手慌脚】 huāng shǒu huāng jiǎo　手忙脚乱。形容慌张、忙乱的样子。《红楼梦》八五回:"这时候我看着也是吓的慌手慌脚的了。"也作"慌手忙脚"。老舍《骆驼祥子》一八:"车夫急着上雨布,铺户忙着收幌子,小贩们慌手忙脚的收拾摊子,行路的加紧往前奔。"

【慌手忙脚】 huāng shǒu máng jiǎo　见"慌手慌脚"。

【皇亲国戚】 huáng qīn guó qī　皇帝的亲戚。比喻极有权势的人。《水浒传》八六回:"不问金枝玉叶,皇亲国戚,不拣

是何军马,并听爱卿调遣。"《醒世恒言》卷二七:"那时焦氏就打张了做皇亲国戚的念头,掉过脸来,将玉英百般奉承。"《野叟曝言》一二六回:"牌上明写着逢蛟拔爪、遇虎敲牙,凭你皇亲国戚,犯了法也要敲牙拔爪,何况你这三品前程!"沈从文《一个农夫的故事》:"只因为那个国家制度过严,大凡身居上位的,全是皇亲国戚。"

【皇天后土】 huáng tiān hòu tǔ　皇天:古代称天。后土:古代称地。指天地神灵。《尚书·武成》:"厎商之罪,告于皇天后土。"《三国演义》八〇回:"惟建安二十六年四月丙午朔,越十二日丁巳,皇帝备,敢昭告于皇天后土。"郭沫若《屈原》四幕:"皇天后土,列祖列宗,我希望你总有悔悟的一天呀。"

【黄道吉日】 huáng dào jí rì　旧时迷信星命之说,认为青龙、明堂、金匮、天德、玉堂、司命等六辰是吉神,六辰当值的那一天,诸事皆宜,可以不避凶忌,称"黄道吉日"。泛指好日子。元·无名氏《连环计》四折:"今日是黄道吉日,满朝众公卿都在银台门,敦请太师入朝授禅。"《初刻拍案惊奇》卷二三:"防御就拣个黄道吉日,将庆娘与崔生合了婚。"《野叟曝言》一三回:"明日初三,是黄道吉日,你可同去,领回到家后,择日完姻便了。"钱钟书《围城》五:"这一对新人都洋气得很,反对旧式结婚的挑黄道吉日,主张挑洋日子。"叶文玲《小溪九道湾》一:"算阴历的老年人,相信这期间多是黄道吉日,相亲订约、结婚出阁的喜事特别多。"

【黄花晚节】 huáng huā wǎn jié　黄花:指菊花。因菊耐寒,常用作人有节操的象征。晚节:晚年的节操。比喻人到晚年能保持坚贞的节操。元·张伯淳《次韵完颜经历》诗:"从教苍狗浮云过,留得黄花晚节香。"

【黄卷青灯】huáng juàn qīng dēng
黄卷：指书籍。青灯：指油灯。形容在油灯下辛勤苦读的书生生活。宋·陆游《客愁》诗："苍颜白发入衰境，黄卷青灯空苦心。"明·高明《琵琶记·高堂称寿》："惟愿取黄卷青灯，及早换金章紫绶。"也作"青灯黄卷"。元·武汉臣《玉壶春》一折："赴琼林饮宴，不枉了青灯黄卷二十年。"明·崔时佩《西厢记·金兰判袂》："青灯黄卷，萤窗雪案，昔日同操笔砚。"

【黄粱一梦】huáng liáng yī mèng　黄粱：黄米饭。唐·沈既济《枕中记》载：卢生在邯郸客店遇道士吕翁，自叹穷困。吕翁取青瓷枕让卢生睡觉。这时店主正在蒸黄粱。卢生梦中享尽荣华富贵，一觉醒来，店家的黄米饭还未做熟。后用"黄粱一梦"比喻虚幻的梦境和不可实现的欲望。宋·苏轼《被命南迁，途中寄定武同僚》诗："人事千头及万头，得时何喜失时忧；只知紫绶三公贵，不觉黄粱一梦游。"元·范康《竹叶舟》一折："因应举不第，道经邯郸，得遇正阳子师父，点化黄粱一梦，遂成仙道。"《四游记·东华传道钟离》："曾见万古以来，江山有何常主，富贵有何定数！转展异形，犹之黄粱一梦耳。"〔注意〕粱，不能写作"梁"。

【黄茅白苇】huáng máo bái wěi　盐碱地带生长的茅草和不成材的芦苇。比喻清一色的平庸的人或事物。宋·陈亮《送王仲德序》："最后章，蔡诸人以王氏之说一之，而天下靡然，一望如黄茅白苇之连错矣。"柳亚子《胡寄尘诗序》："后生小子，目不见先正之典型，耳不闻大雅之绪论，氓之蚩蚩，惟扪盘逐臭者是听；而黄茅白苇之诗派，遂遍天下矣。"

【黄童白叟】huáng tóng bái sǒu　黄口小儿和白发老人。泛指老老少少。唐·韩愈《元和圣德诗》："卿士庶人，黄童白叟，踊跃欢呀，失喜噎欧。"《水浒传》六六回："黄童白叟皆惊惧，又被雄兵混杀

来。"

【黄钟大吕】huáng zhōng dà lǚ　黄钟：古乐十二律中六种阳律的第一律。大吕：六种阴律的第四律。常连用形容音乐或文辞庄严、正大、高妙、和谐。《列子·杨朱》："黄钟大吕不可从烦奏之舞。何则？其音疏也。"宋·刘克庄《瓜圃集序》："言意深浅，存人胸怀，不系体格，若气象广大，虽唐律不害为黄钟大吕。"

【黄钟毁弃，瓦釜雷鸣】huáng zhōng huǐ qì, wǎ fǔ léi míng　黄钟：黄铜铸的钟，古乐十二律之一，音调最为洪亮。瓦釜：泥土烧成的锅。黄钟被弃置一旁，瓦锅却雷鸣般地发出声响。比喻贤才不为重用而庸才却居于高位。釜，也作"缶"。战国楚·屈原《卜居》："世溷浊而不清，蝉翼为重，千钧为轻；黄钟毁弃，瓦釜雷鸣；谗人高张，贤士无名。"清·百一居士《壶天录》："黄钟毁弃，瓦缶雷鸣，蠢兹幺么，毒害乃尔！"陈国凯《儒士衣冠》："他无奈、他惶惑、他悲凉、他寂寞。对我慨叹世风日下，黄钟毁弃，瓦釜雷鸣。"

【惶惶不安】huáng huáng bù ān　见"惶恐不安"。

【惶恐不安】huáng kǒng bù ān　心中惊恐害怕，十分不安。《汉书·王莽传下》："人民正营，无所措手足"唐·颜师古注："正营，惶恐不安之意也。"钱钟书《围城》二："方鸿渐为这事整天惶恐不安，向苏小姐谢了又谢，反给她说'婆婆妈妈'。"浩然《乐土》一二章："我见母亲仍然惶恐不安地往里张望，我也跟随她往里边张望。"也作"惶惶不安"。《三国演义》三回："董卓屯兵城外，每日带铁甲马军入城，横行街市，百姓惶惶不安。"魏巍《火凤凰》一："卢沟桥事变过去了一个月，人们在惶惶不安中进入了八月。"

【恍然大悟】huǎng rán dà wù　恍然：忽然醒悟的样子。忽然间明白过来。

《初刻拍案惊奇》卷三六:"回到房中,自思无故受此惊恐,受此苦楚,必是自家有甚修不到处。……蒲团上静坐了三昼夜,坐到那心空性寂之处,恍然大悟。"《官场现形记》四五回:"钱琼光一听堂翁如此一番教训,不禁恍然大悟,生怕堂翁作起真来,于自己前程有碍。"鲁迅《呐喊·白光》:"陈士成似乎记得白天在街上也曾听得有人说这种话,他不待再听完,已经恍然大悟了。"周而复《上海的早晨》四部六五:"她恍然大悟,这才明白他刚才那一番话的意思。"

【恍如隔世】 huǎng rú gé shì 恍:仿佛。仿佛隔了一个世代。指因人事、景物变迁很大而有所感触。宋·范成大《吴船录》卷下:"平江亲戚故旧来相逢者,陆续于道,恍然如隔世焉。"清·王倬《看花述异记》:"露坐石上,忆所见闻,恍如隔世,因慨天下事,大率类是,故记之。"刘绍棠《二度梅》六:"在恍如隔世的二十二年后,洛文重游旧地而追忆往事,重温旧梦而怀想梅雨,似锦年华已经一去不复返了。"

【灰飞烟灭】 huī fēi yān miè 比喻人或事物迅即消失。宋·苏轼《念奴娇·赤壁怀古》词:"羽扇纶巾,谈笑间、强虏灰飞烟灭。"《初刻拍案惊奇》卷二二:"岂知转眼之间,灰飞烟灭,金山化作冰山,极是不难的事。"刘白羽《第二个太阳》三章:"数百万大军都已灰飞烟灭,这眼前一股子兵力,凭他三头六臂,也不过一扫而光。"

【灰心丧气】 huī xīn sàng qì 形容丧失信心、意志消沉。明·吕坤《呻吟语·建功立业》:"是以志趋不坚,人言是恤者,辄灰心丧气,竟不卒功。"老舍《四世同堂》七八:"他受尽了冷淡、污辱与饥渴,可是他并不灰心丧气。"路遥《人生》七章:"高加林由于巧珍那种令人心醉的爱情,一下子便从灰心丧气的情绪中,重新

激发起对生活的热情。"

【挥戈反日】 huī gē fǎn rì 戈:古代兵器。反:返回。《淮南子·览冥训》:"鲁阳公与韩搆难,战酣日暮,援戈而扬之,日为之反三舍。"扬:通"挥"。后用"挥戈反日"比喻力挽危局。也作"挥戈回日"。明·刘基《次韵和石抹公悲红树》诗之二:"却羡鲁阳功德盛,挥戈回日至今传。"《孽海花》二九回:"不过说到开国会、定宪法,都是些扶墙摸壁的政论,没有一个挥戈回日的奇才。"

【挥戈回日】 huī gē huí rì 见"挥戈反日"。

【挥汗成雨】 huī hàn chéng yǔ 人们用手抹汗,洒出去的汗水像下雨一样。形容人多。《战国策·齐策一》:"临淄之途,车毂击,人肩摩,连衽成帷,举袂成幕,挥汗成雨。"宋·洪迈《容斋随笔·蔡君谟帖》:"方为此官时,其门挥汗成雨,一徙他局,可张爵(雀)罗。"《孽海花》一〇回:"许多碧眼紫髯的伟男、蜷发蜂腰的仕女,正是摩肩如云、挥汗成雨的时候。"

【挥汗如雨】 huī hàn rú yǔ 挥洒的汗水像雨水那样多。形容出汗极多。《花月痕》四六回:"一日,雪里割草,剑秋瞧见他单衣来去,挥汗如雨,大相诧异。"浩然《车轮飞转》上:"他看见车间里车轮像山似的堆着,几乎给铁器零件埋起来的工人,挥汗如雨地干着活儿。"

【挥金如土】 huī jīn rú tǔ 挥霍钱财像对待泥土一样。形容人花钱慷慨或不知节制。宋·毛滂《祭郑庭诲文》:"挥金如土,结客如市。"《二刻拍案惊奇》卷一二:"同父挥金如土,毫无吝啬。妓家见他如此,百倍趋承。"《官场现形记》三〇回:"在营盘的时候,大注钱财也曾在手里经过,无奈彼时心高气傲,挥金如土,直把钱财看得不当东西。"梁实秋《雅舍小品·钱》:"至于豪富之家,挥金如土,未必是福,穷奢极欲,乐极生悲,如果我们举例说明,

则近似幸灾乐祸，不提也罢。"蒋子龙《分分钟》："对中等来宾，他像个腰缠万贯挥金如土的大亨，做出能指挥一切调度一切的气概。"

【挥洒自如】huī sǎ zì rú 挥：挥笔。洒：洒墨。指写诗作画，运笔自如，不受拘束。《孽海花》三一回："可是骥东官职虽是武夫，性情却完全文士，恃才傲物，落拓不羁。中国的诗词固然挥洒自如，法文的作品更是出色。"也指言谈举止从容不迫。《三国演义》五七回："吊君鄱阳，蒋干来说；挥洒自如，雅量高志。"蒋子龙《赤橙黄绿青蓝紫》三："尤其是叶芳那在众人面前敢于喜笑怒骂、挥洒自如的性格，更叫她羡慕。"

【恢恢有余】huī huī yǒu yú 恢恢：广大的样子。《庄子•养生主》："彼节者有间，而刀刃者无厚。以无厚入有间，恢恢乎其于游刃必有余地矣。"后用"恢恢有余"形容宽广而有余地。清•戴名世《〈蔡瞻民文集〉序》："苟其得志也，持是而往，恢恢乎有余也。"李劼人《大波》三部七章："那时节，除了对付赵季和恢恢有余外，并且还可依赖旗兵，以防治我们身边军队的异图。"

【回肠百转】huí cháng bǎi zhuǎn 好像肠子在回环旋绕。形容忧伤、悲苦的心情不得排遣。《花月痕》三四回："采秋从这日起，翠眉懒画，鸦鬟慵梳，真个一日之中，回肠百转。"欧阳予倩《梁红玉》三场："思既往想将来回肠百转，大丈夫处乱世，要力任艰难。"〔注意〕转，不读zhuàn。

【回肠荡气】huí cháng dàng qì 荡：振荡。气：心气，情绪。战国楚•宋玉《高唐赋》："感心动耳，回肠伤气。"后用"回肠荡气"形容乐曲、诗文等婉转缠绵，感人至深。清•龚自珍《己亥杂诗》："回肠荡气感精灵，座客苍凉酒半醒。"杨绛《记钱钟书与〈围城〉》："全书的气氛，正如小

说结尾所说：'包涵对人生的讽刺和感伤，深于一切语言、一切啼笑'，令人回肠荡气。"张贤亮《河的子孙》一〇章："惊涛的怒鸣，回流的轻唱，波澜的吟哦，凫鸟的哀号，组成一支雄壮而又回肠荡气的交响曲。"也作"荡气回肠"。三国魏•曹丕《大墙上蒿行》："感心动耳，荡气回肠。"清•翁方纲《石洲诗话》卷二："微婉顿挫，使人荡气回肠者，李义山也。"

【回嗔作喜】huí chēn zuò xǐ 回：回转。嗔：发怒，生气。由生气转为高兴。《敦煌变文集•捉季布传文》："皇帝登时闻此语，回嗔作喜却交存。"元•关汉卿《谢天香》四折："使老夫见贤思齐，回嗔作喜。"《三国演义》六三回："张飞见严颜声音雄壮，面不改色，乃回嗔作喜，下阶喝退左右，亲解其缚，取衣衣之，扶在正中高坐。"《野叟曝言》五九回："阿锦那时回嗔作喜，说道：'你若真有此心，我情愿死守着你一生，誓不嫁人。'"

【回光返照】huí guāng fǎn zhào 日落时光线的反射作用，使天空呈现短时的发亮。返，也作"反"。❶佛教指检查自己的身心。也泛指自我反省。《景德传灯录•云居义能禅师》："曰：'学人不会，乞师方便。'师曰：'方便呼为佛，回光反照看，身心是何物？'"宋•朱熹《朱子语类•朱子十八》："夜来诸公闲话至二更，如何如此？相聚不回光反照作自己工夫，却要闲说！"❷比喻人临死前精神忽然兴奋、神志忽然清醒。《红楼梦》九八回："此时李纨见黛玉略缓，明知是回光返照的光景。"巴金《家》三〇："她的脸上带了一点病容，但是看起来却添了一种回光返照的美。"❸比喻事物衰亡前短暂的繁荣兴旺。《镜花缘》五八回："这几年，武后气运日见消败，紫微垣已吐光芒。昨因武后回光反照，气运已衰，正好一举成功，不料起兵未久，竟致全军覆没。"张洁《方舟》七："刚才那阵回光返照

似的欢乐,顷刻之间已成过去。"

【回天之力】huí tiān zhī lì　回天:挽回难以挽回的局势。比喻有能够挽回不易挽回局势的巨大力量。《新唐书·张玄素传》:"张公论事,有回天之力,可谓仁人之言哉。"明·孙梅锡《琴心记·长门望月》:"有成都人司马相如,皇上所爱,若能求得此人作赋讽谏,或者有回天之力。"欧阳山《三家巷》一九七:"谈到时局的变化,杨老朴叹了一口气,说这也是气数。国民党的气数完了,谁也没有回天之力了。"

【回头是岸】huí tóu shì àn　佛经有"苦海无边,回头是岸"的话,意为有罪的人好像掉进无边无际的苦海里,只要觉悟回头,就能上岸得救。比喻做坏事的人,只要悔改,就有出路。元·刘君锡《来生债》一折:"兀那世间的人,那贪财好贿,'苦海无边,回头是岸',何不早结善缘也。"欧阳山《三家巷》二三:"撤他的职不过是给他点颜色看看,还算是顶客气的。如果他不懂得回头是岸,还有够他好看的呢!"

【回味无穷】huí wèi wú qióng　回味:对吃过的好食物的回忆。穷:尽。比喻事后回忆起来仍然很有意义。梁实秋《雅舍小品·讲演》:"听完之后,回味无穷,印象长留,历久弥新者,就更难得一遇了。"王火《战争和人》(一)卷四:"被江怀南那张巧嘴抚慰一番,心里变得甜丝丝的,回味无穷。"

【回心向善】huí xīn xiàng shàn　转变念头,做对人有益的事。宋·任伯雨《论章惇蔡卞》:"如下在朝,人人惴恐,不敢回心向善。"《镜花缘》一〇回:"此非'放下屠刀,立刻成佛'么! 可见上天原许众生回心向善的。"

【回心转意】huí xīn zhuǎn yì　改变原来的态度和想法。宋·朱熹《朱子语类·朱子十四》:"且人一日间,此心是起多少

私意,起多少计较,都不会略略回心转意去看。"《西游记》二三回:"你师徒们若肯回心转意,招赘在寒家,自自在在,享我荣华,却不强如往西劳碌?"《野叟曝言》三二回:"相公且免惊慌,总在妾身身上,包管他回心转意,不来降祸于你。"张恨水《啼笑因缘》一九回:"果然她回心转意了,又有了机会,我自然也愿意再引导她上正路。"老舍《骆驼祥子》一五:"一次不见,再去第二次?面子都给他,他也就不能不回心转意了。"

【悔不当初】huǐ bù dāng chū　悔:后悔。当初:开头。后悔当初没有那样做或不该这样做。唐·薛昭纬《谢银工》诗:"早知文字多辛苦,悔不当初学冶银。"元·无名氏《举案齐眉》二折:"早知如此挂人心,悔不当初莫相识。"《喻世明言》卷二七:"早知覆水难收取,悔不当初任读书。"

【悔过自新】huǐ guò zì xīn　认识并改正过错,重新做人。《新唐书·冯元常传》:"剑南有光火盗,元常喻以恩信,约悔过自新,贼相率脱甲面缚。"《东周列国志》八〇回:"诚如太宰之言,寡人目不忍见。倘彼悔过自新,亦可赦乎?"《红楼梦》六九回:"你虽悔过自新,然已将人父子兄弟致于麇聚之乱,天岂容你安生。"马烽、西戎《吕梁英雄传》四三回:"只要他悔过自新,就实行宽大。实行这样的政策,是为了瓦解敌人。"

【悔之莫及】huǐ zhī mò jí　见"悔之无及"。

【悔之晚矣】huǐ zhī wǎn yǐ　后悔也来不及了。明·沈受先《三元记·错认》:"你这样人,言清行浊,人面兽心! 好好还我,养你廉耻;若不肯,执送官司,那时悔之晚矣!"《说岳全传》三六回:"莫待打破城池,鸡犬不留,悔之晚矣!"鲁迅《三闲集·醉眼中的朦胧》:"自然,倘有远识的人,小心的人,怕事的人,投机的人,最

好是此刻豫致'革命的敬礼'。一到将来,就要'悔之晚矣'了。"

【悔之无及】 huǐ zhī wú jí 后悔也来不及了。《史记·伍子胥列传》:"愿王释齐而先越,若不然,后将悔之无及。"《东周列国志》二一回:"汝诱吾至此,我一身死不足惜,吾主臣兵到,汝君臣国亡身死,只在早晚。教你悔之无及!"《儒林外史》四六回:"至今想来,究竟还是意气用事……倒惹得同官心中不快活,却也悔之无及。"鲁迅《且介亭杂文末编·三月的租界》:"当初以为可以不触犯某一个人,后来才知道倒触犯了一个以上,真是'悔之莫及'。"也作"悔之莫及"。汉·董卓《到渑池上书请收张让等》:"及溺呼船,悔之莫及。"李国文《冬天里的春天》一章:"所有犯过自食其果的错误,大都是些充满自信的家伙,总是满不在乎地迈出第一步而悔之莫及。"

【毁家纾难】 huǐ jiā shū nàn 纾:解除。《左传·庄公三十年》:"鬬榖於菟为令尹,自毁其家,以纾楚国之难。"后用"毁家纾难"指拿出全部家产以解救国难。唐·钱珝《代史馆王相公谢令枢密使宣谕奸邪表》:"尽毁家纾难之谋,继图自忘身之策。"韦君宜《当代人的悲剧》:"后来,在抗战初期,我知道了他异常的'毁家纾难'的事迹。"

【毁于一旦】 huǐ yú yī dàn 一旦:一天之间,形容时间很短。长期劳动的成果或来之不易的东西一下子被毁掉。刘白羽《第二个太阳》一六章:"他为什么不能等几分钟时间,不那么贸然地下决心,致使千筹万措的布局毁于一旦?"魏巍《东方》二部一章:"在每一处火光里,将有多少户人家世世代代的劳动毁于一旦!"

【讳疾忌医】 huì jí jì yī 讳:有顾虑而不说出。忌:害怕。隐瞒疾病,不愿就医。比喻掩饰缺点、错误,不愿改正。宋·朱熹《与田侍郎书》:"此须究其根原,

深加保养,不可归咎求节,讳疾忌医也。"《野叟曝言》二〇回:"鸾吹道:'哥哥医学极精,岂有屡服无效之理? 只怕你讳疾忌医,致哥哥错会病原,所以不效。'"巴金《随想录》三八:"我说未治好的伤痕比所谓伤痕文学更厉害,更可怕。我们必须面对现实,不能讳疾忌医。"

【讳莫如深】 huì mò rú shēn 讳:隐瞒。深:事情重大。指事情重大,因而隐瞒不说。《榖梁传·庄公三十二年》:"公子庆父如齐。此奔也,其曰'如',何也? 讳莫如深。深则隐,苟有所见,莫如深也。"后也指隐瞒得很紧,惟恐暴露。钱钟书《围城》七:"汪家来的帖子,她讳莫如深。"姚雪垠《李自成》三卷五二章:"可是巡抚、按院和开封知府对这件事讳莫如深,坚决否认李自成曾有这封书子送进城中。"

【海人不倦】 huì rén bù juàn 海:教海,教导。教导人时很有耐心而不知疲倦。《论语·述而》:"默而识之,学而不厌,海人不倦,何有于我哉!"《野叟曝言》一二〇回:"安乐窝讲堂,则出自朕意。太夫人海人不倦,故设此以安适其体。"杨沫《青春之歌》二部二章:"这是个多么坚强、勇敢、海人不倦的人啊!"

【海淫海盗】 huì yín huì dào 海:诱导。淫:淫乱。盗:盗窃。《周易·系辞上》:"慢藏海盗;冶容海淫。"意为自己的财物不保管好,等于招惹别人偷盗;女子打扮得妖艳,等于招人调戏。即祸由自招的意思。后用"海淫海盗"指教唆、引诱人去干坏事。朱自清《论雅俗共赏》:"'海淫''海盗'只是代表统治者的利益的说话。"

【绘声绘色】 huì shēng huì sè 绘:描绘。形容描写、叙事生动逼真。清·朱庭珍《筱园诗话》卷一:"必使山情水性,因绘声绘色而曲得其真。"邓一光《我是太阳》一部四:"邵越也不拒绝,把他知道的

择一些血腥味浓的,绘声绘色讲给乌云听,让乌云听得心惊胆战又欲罢不能。"也作"绘影绘声"。清·梁廷枏《曲话》卷三:"《桃花扇》笔意疏爽,写南朝人物,字字绘影绘声。"周而复《上海的早晨》二部二一:"董素娟听了郭彩娣绘影绘声的报告,她很愤怒。"也作"绘声绘影"。清·萧山湘灵子《轩亭冤》题词:"绘声绘影样翻新,描写秋娘事事真。"李劼人《大波》三部七章:"他在新闻上,不称同志军是匪,却巧妙地报道某处县城失守时,烧了好多房子,杀死了好多平白百姓,绘声绘影地写出来,使人看后,自然而然要对同志军发生一种反感。"

【绘声绘影】 huì shēng huì yǐng　见"绘声绘色"。

【绘影绘声】 huì yǐng huì shēng　见"绘声绘色"。

【贿赂公行】 huì lù gōng xíng　公行:公开行事。公开以财货行贿受贿。《隋书·刑法志》:"有司皆临时迫胁,苟求济事,宪章遐弃,贿赂公行,穷人无告,聚为盗贼。"《二刻拍案惊奇》卷二四:"某人乃是无厌鬼王出世,地下有十个炉替他铸横财,故在世贪饕不止,贿赂公行,他日福满,当受幽囚之祸。"

【惠而不费】 huì ér bù fèi　惠:恩惠,指施恩惠。费:耗费。指施惠于人而自己又耗费不多。《论语·尧曰》:"子张曰:'何谓惠而不费?'子曰:'因民之所利而利之,斯不亦惠而不费乎?'"《官场现形记》一七回:"这是惠而不费的,我又何乐而不为呢。"钱钟书《围城》一:"苏小姐早看见这糖惠而不费,就是船上早餐喝咖啡时用的方糖。"

【蕙心兰质】 huì xīn lán zhì　见"蕙心纨质"。

【蕙心纨质】 huì xīn wán zhì　蕙:香草。纨:洁白的细绢。比喻女子纯洁、高雅。南朝宋·鲍照《芜城赋》:"东都妙姬,南国丽人,蕙心纨质,玉貌绛唇。"清·袁于令《西楼记·集艳》:"漫将佳丽推评,尽是蕙心纨质。"王火《战争和人》(二)章八:"当他写信时,欧阳素心……脱俗的容貌以及蕙心纨质、感情丰富的动态,都顿时出现在他眼前。"也作"蕙心兰质"。唐·王勃《七夕赋》:"金声玉韵,蕙心兰质。"宋·柳永《离别难》词:"有天然蕙质兰心,美韶容,何香值千金。"

【昏定晨省】 hūn dìng chén xǐng　定:请安。省:探望,问候。晚上侍候就寝,早晨省问安。旧时子女对双亲的日常礼节。《礼记·曲礼上》:"凡为人子之礼,冬温而夏清,昏定而晨省。"唐·杨炯《从弟去盈墓志铭》:"观其昏定晨省,立身扬名,怪草蔚其休征,神鱼会其冥感。"《水浒传》四二回:"因老父生育之恩难报,暂离山寨,欲往敝乡,去家中搬取老父上山,昏定晨省,以尽孝敬,以绝挂念。"也作"晨昏定省"。《红楼梦》三六回:"不但将亲戚朋友一概杜绝了,而且连家庭中晨昏定省,一发都随他的便了。"〔注意〕省,不读 shěng。

【昏昏沉沉】 hūn hūn chén chén　形容头脑迷糊,神志不清。元·王实甫《西厢记》四本三折:"准备着被儿枕儿,则索昏昏沉沉的睡"茅盾《蚀·幻灭》七:"她记得自己像酒醉般的昏昏沉沉过了一夜,平日怕想起的事,昨晚上是身不由己地做了。"萧红《呼兰河传》五章:"第二天小团圆媳妇昏昏沉沉地睡了一天,第三天,第四天,也都是昏昏沉沉地睡着。"

【昏昏欲睡】 hūn hūn yù shuì　昏昏沉沉只想睡觉。形容精神萎靡或非常疲倦。《聊斋志异·贾奉雉》:"未至终篇,昏昏欲睡,心惶惑无以自主。"王愿坚《虹》三:"萍萍嘴里含着一根野菜,却已昏昏欲睡了。"

【昏天黑地】 hūn tiān hēi dì　❶形容天

色昏暗不明。元·关汉卿《调风月》二折：
"去年时没人将我拘管收拾，打秋千，闲
斗草，直到个昏天黑地。"王火《战争和
人》(三)卷二："家霆仰面躺在竹床上，周
围是昏天黑地的夜。❷形容神志不清，
糊里糊涂。《儒林外史》八回："真乃是慌
不择路，赶了几日旱路，又搭船走，昏天
黑地，一直走到了浙江乌镇地方。"周克
芹《秋之惑》七："他一杯又一杯地喝酒，
就像一个长期饿酒的酒徒，遇上了机会
就打算喝个昏天黑地似的。"❸形容凶
猛、混乱。钱钟书《围城》一："我不懂为
什么男人全爱赌，你看咱们同船的几位，
没一个不赌得昏天黑地。"莫应丰《黑洞》
七："这回是他们双方对打，各有一帮人，
势均力敌，直打得昏天黑地，哭娘喊爷。"

【昏头昏脑】hūn tóu hūn nǎo　形容
昏沉沉、精神不振的样子。《初刻拍案惊
奇》卷四〇："世间人总是在这定数内，被他
哄得昏头昏脑的。"《镜花缘》三九回："俺
自幼年就在大洋来来往往，眼中见的风
暴也多，从未见过无早无晚，一连三日，
总不肯歇。如今弄的昏头昏脑，也不知
来到甚么地方。"鲁迅《呐喊·阿Q正传》
二章："他不知道谁和谁为什么打起架来
了。骂声打声脚步声，昏头昏脑的一大
阵，他才爬起来，赌摊不见了。"

【浑浑噩噩】hún hún è è　浑浑：浑厚
的样子。噩噩：严正的样子。汉·扬雄
《法言·问神》："虞夏之书浑浑尔，商书灏
灏尔，周书噩噩尔。"后用"浑浑噩噩"形
容淳朴天真的样子。也常用来形容糊涂
无知。清·郑燮《范县署中寄舍弟墨第三
书》："而春秋已前，皆若浑浑噩噩，荡荡
平平，殊甚可笑也。"邓友梅《双猫图》：
"这颗图章和这张图纸又暴露出这个表
面浑浑噩噩的人，自有他待人精细之
处。"

【浑金璞玉】hún jīn pú yù　未经冶炼
的金和未经琢磨的玉。比喻未加修饰的
天然美质。也比喻人的品质纯真质朴。
《晋书·王戎传》："戎有人伦鉴识，常目山
涛如浑金璞玉，人皆钦其宝，莫知名其
器。"宋·魏庆之《诗人玉屑·蔡伯衲诗
评》："韦苏州诗如浑金璞玉，不假雕琢成
妍，唐人有不能到。"也作"璞玉浑金"。
宋·秦观《贺吕相公启》："青天白日，奴隶
亦知其明，璞玉浑金，鉴识莫名其器。"

【浑然一体】hún rán yī tǐ　浑然：混同
在一起的样子。融合而成的一个整体。
明·李贽《焚书·耿楚倥先生传》："两舍则
两忘，两忘则浑然一体，无复事矣。"陈国
凯《两情若是久长时》六："东山湖公园很
美，亭台花榭，绿瓦红墙，繁花迎客，修草
迷人，碧树长天，红桥九曲，水色天光，浑
然一体。"

【浑身是胆】hún shēn shì dǎn　见"一
身是胆"。

【浑身解数】hún shēn xiè shù　解数：
武术的路数、架势。全身的本领。刘绍
棠《村妇》卷一："蒲团大娘烧香跳大神，
使出浑身解数，也不见效。"刘心武《钟鼓
楼》一章："他将施展出自己的浑身解数，
让那家人及其亲友吃得眉开眼笑！"
〔注意〕解，不读 jiě。

【浑水摸鱼】hún shuǐ mō yú　浑水：不
清的水。比喻乘乱捞取好处。老舍《四
世同堂》四五："他有真本事，那些只会浑
水摸鱼的人，摸到了鱼而不晓得怎样作
一件像样的公文。"魏巍《火凤凰》二五：
"这里有真正抗日的，也有地痞流氓，散
兵游勇，假借抗日之名浑水摸鱼。"也作
"混水摸鱼"。茅盾《腐蚀·十一月六日》：
"我所必须谨防者，乃是他们离座而来和
我'挤酒'，然后D之类又可将电门拍的
一下，来一个'混水摸鱼'。"浩然《高德孝
老头》二："若是有一个人替他开了头，他
就可以看形势，混水摸鱼，兴风作浪了。"

【浑俗和光】hún sú hé guāng　浑俗：
与世俗混同。和光：混和所有光彩。指

不露锋芒，与世无争，与世俗浑同。元·王实甫《西厢记》一本二折："俺先人甚的是浑俗和光，真一味风清月朗。"《西游记》一二回："你这小乘教法，度不得亡者超升，只可浑俗和光而已。"

【混水摸鱼】hún shuǐ mō yú　见"浑水摸鱼"。

【魂不附体】hún bù fù tǐ　迷信的人认为灵魂脱离了肉体，就无法行动。形容惊恐之极。《京本通俗小说·西山一窟鬼》："唬得两个魂不附体。"《初刻拍案惊奇》卷一七："任道元抬头起来看见，惊得目眩心花，魂不附体，那里还顾什么醮坛不醮坛，斋戒不斋戒？"《红楼梦》一一二回："邢王二夫人等在里头也听见了，都唬得魂不附体，并无一言，只有啼哭。"鲁迅《华盖集·这个与那个》："现在中西的学者们，几乎一听到'钦定四库全书'这名目就魂不附体，膝弯总要软下来似的。"

【魂不守舍】hún bù shǒu shè　舍：指人的躯体。灵魂不能与躯体同在。形容精神恍惚，心神不定。《三国志·魏书·管辂传》南朝宋·裴松之注引《管辂别传》："何〔晏〕之候色，则魂不守宅，血不华色。"《红楼梦》九八回："我看宝玉竟是魂不守舍，起动是不怕的。"《官场现形记》二三回："贾皇台见了这种女人，虽不至魂不守舍，然而坐在上头，就觉得有点摇幌起来。"叶文玲《插曲》："为什么今天又像是着了魔、中了邪，上午在湖畔一相遇，就一直魂不守舍，现在，又神魂颠倒地按着她留给的地址去找她了？"〔注意〕舍，不读 shě。

【魂飞魄散】hún fēi pò sàn　吓得魂魄都飞散了。形容惊恐万分。宋·刘宰《鸦去鹊来篇》："遂令着处听鸦鸣，魂飞魄散心如捣。"《初刻拍案惊奇》卷八："那伙人也不来和你说话，也不来害你性命，只把船中所有金银货物，尽数卷掳过船，……

满船人惊得魂飞魄散，目睁口呆。"《红楼梦》七回："众小厮听他说出这些没天日的话来，唬的魂飞魄散，也不顾别的了，便把他捆起来。"鲁迅《呐喊·阿Q正传》九章："阿Q这时很吃惊，几乎'魂飞魄散'了。"陈忠实《白鹿原》六章："此时枪声大作，爆豆似的枪声令人魂飞魄散。"也作"魂消魄散"。《水浒传》七七回："被杨志大喝一声，惊得魂消魄散，胆颤心寒，手中那条枪，不知颠倒。"也作"魄散魂飞"。《野叟曝言》九〇回："这一句话直吓得岑猛魄散魂飞，满堂男妇口呆目定。"

【魂飞天外】hún fēi tiān wài　灵魂远离躯体飞到天空以外。❶形容极度惊恐。《红楼梦》一〇五回："王邢二夫人等听得，俱魂飞天外，不知怎样才好。"《老残游记》一七回："翠环一听，魂飞天外，一面说着就去，一面拼命央告老残写信。"姚雪垠《李自成》二卷一一章："细作见李自成的军纪如此森严，正在心中惊惧，一见闯王冷眼向他一望，不觉魂飞天外。"❷形容惊喜若狂，不能自主。《二刻拍案惊奇》卷三七："程宰客中荒凉，不意得了此味，真个魂飞天外，魄散九霄，实出望外，喜之如狂。"

【魂牵梦萦】hún qiān mèng yíng　在梦魂中还牵挂萦绕着。形容思念深切，无法排遣。宋·刘过《四字令》词："思君忆君，魂牵梦萦。"李国文《冬天里的春天》三章："肯定有着一种牵系住她灵魂的什么因素，使得她魂牵梦萦，每年无论如何也要到寺院来朝拜。"

【魂消魄散】hún xiāo pò sàn　见"魂飞魄散"。

【混世魔王】hùn shì mó wáng　古小说中称呼某些扰乱世界、危害社会的恶人。《东周列国志》三〇回："穆公抬头看之，见那三百余人，一个个蓬首祖肩，脚穿草履，步行如飞，手中皆执大砍刀，腰悬弓箭,如混世魔王手下鬼兵一般。"也比喻异常恶劣、骄纵恣肆的人。《红楼梦》三回:"我有一个孽根祸胎,是家里的'混世魔王'。"莫应丰《将军吟》一五章:"我要去赎罪,要对得起人民对得起党,不能当混世魔王,不能把人民的江山拿来当钢盔,只图保住自己的脑壳不挨打。"

【混为一谈】 hùn wéi yī tán 把不同的事情混在一起,说成是同样的事情。梁启超《中国积弱溯源论》:"吾国民之大患,在于不知国家为何物,因以国家与朝廷混为一谈。"鲁迅《书信集·致台静农》:"中国人将办事和做戏太混为一谈。"萧乾《人生采访·矛盾交响曲》:"只要合同未满期,无论房子全毁或半毁,房客须照付全租。如系每周合同,自可于周末辞租,否则法律与人情绝不能混为一谈。"

【混淆黑白】 hùn xiáo hēi bái 混淆:使界限模糊。把黑的说成白的,把白的说成黑的。指颠倒是非、制造混乱。鲁迅《华盖集·并非闲话》:"宣言中所谓'若离若合,殊有混淆黑白之嫌'者,似乎也就是为此辈的手段写照。"巴金《随想录·我和文学》:"我认为打动人心的还是作品中所反映的生活和主人公的命运,这仍然是在反对那些无中生有、混淆黑白的花言巧语。"也作"黑白混淆"。《初刻拍案惊奇》卷四:"世间有考试之官,私通关节,贿赂徇私,黑白混淆,使不才侥幸。"

【混淆视听】 hùn xiáo shì tīng 视听:看到的和听到的。捏造事实,蒙蔽真相,使人难辨是非真假。姚雪垠《李自成》二卷五〇章:"方士亮不恤国步艰难,专事捕风捉影,轻信流言蜚语,对大臣肆口攻讦,混淆视听,干扰朝政,殊堪痛恨!"

【混淆是非】 hùn xiáo shì fēi 是非:正确和错误。把对的说成错的,把错的说成对的,制造混乱。清·陶曾佑《论文学之势力及其关系》:"锢蔽见闻,混淆是非。"欧阳山《三家巷》一七一:"没有那种事实的,也不要胡说八道,不要混淆是非,叫组织上弄不清问题。"

【活蹦乱跳】 huó bèng luàn tiào 活泼、生动,蹦蹦跳跳的样子。萧红《呼兰河传》五章:"怎能不心痛呢,活蹦乱跳的孩子,一会工夫就死了。"邓一光《我是太阳》五部九:"一群鱼在水盆里活蹦乱跳,把水溅得到处都是。"

【活灵活现】 huó líng huó xiàn 形容描绘得逼真、形象,让人感到跟真的一样。《初刻拍案惊奇》卷三九:"他们习着这些大言不惭的话头,见神见鬼,说得活灵活现。"《孽海花》一二回:"原来这匣内并非珠宝,也非财帛,倒是一张活灵活现的小影。"巴金《随想录》一三七:"今天还在我眼前'活灵活现'的就只有一个杨衙内,那是由于川剧名丑笑非同志精彩的演技。"欧阳山《三家巷》五六:"那些剪纸本来都异常精妙,活灵活现,有些仿佛会说话,有些仿佛会飞、会动的,可是她却不称心。"也作"活龙活现"。《喻世明言》卷一〇:"众人见大尹半日自言自语,说得活龙活现,分明是倪太守模样,都信道倪太守真个出现了。"姚雪垠《李自成》一卷一二章:"许多年后,这一带的人们还活龙活现地传说着当时刘宗敏的奋战情形,并说他简直不是武将,而是一个天神。"

【活龙活现】 huó lóng huó xiàn 见"活灵活现"。

【火急火燎】 huǒ jí huǒ liǎo 形容心情像火烧一样急迫。王火《战争和人》(一)卷六:"他用力扔出木柄手榴弹,瞄准着远处坡岗前后零落出现的日本兵,心里火急火燎。"张洁《盯梢》:"我火急火燎地喂下猪,赶紧又跑回二姐姐身边。"

【火冒三丈】 huǒ mào sān zhàng 形容十分生气。莫应丰《竹叶子》一:"张树基火冒三丈,不顾竹叶子的阻拦,立即去擂开二爹的门,非叫他说出取外号的人来不可。"王安忆《流逝》八:"多多是任性惯了的,一听气得火冒三丈,一定要找小娘娘去讲清楚。"

【火热水深】huǒ rè shuǐ shēn　见"水深火热"。

【火上加油】huǒ shàng jiā yóu　见"火上浇油"❶。

【火上浇油】huǒ shàng jiāo yóu　❶比喻激化矛盾,使人更加恼怒,或使事态更加严重。《西游记》四一回:"妖精的三昧真火,如何泼得? 好一似火上浇油,越泼越炽。"《野叟曝言》八二回:"丫鬟们都是准折抢逼来的,兼有这太太助纣为虐,火上浇油,轻则挼打,重则非刑,前后致死不计其数。"姚雪垠《李自成》二卷三三章:"你老人家这样对陛下回话,岂不是火上浇油,更激陛下之怒?"也作"火上加油"。《官场现形记》一回:"王仁听了这话,更是火上加油,拿着板子赶过来打。"萧红《呼兰河传》二章:"假若打仗的还是个年青的女子,那些讨厌的流氓们还会说着各样的俏皮话,使她火上加油,越骂就越凶猛。"❷比喻脾气暴躁。《红楼梦》四五回:"还有东府里你珍大儿的爷爷,那才是火上浇油的性子,说声恼了,什么儿子,竟是审贼!"

【火上弄冰】huǒ shàng nòng bīng　比喻非常容易成功或丧失。《西游记》三五回:"泼魔苦苦用心拿я,诚你谓水中捞月;老孙若要擒你,就好似火上弄冰。"《醒世姻缘传》八二回:"刘振白将剩的十四两银子,被原差要了二两,雇人叫招子找寻逃走的婆娘,又四散访绢那拐银的儿子,火上弄冰,不禁几日,弄得精光,连饭也没有得吃。"

【火烧火燎】huǒ shāo huǒ liáo　❶形容像火烧灼一样发热或疼痛。从维熙《远去的白帆》九:"一轮冰盘似的银月,冷却着我火烧火燎的胸膛。"魏巍《东方》一部二章:"小嘎子火烧火燎的,再也忍不住,就钻出磨房来。"❷形容心情如火烧般地着急。刘玉民《骚动之秋》二章:"大勇这时已经弄清了淑贞火烧火燎找他回来的意思。"王火《战争和人》(二)卷七:"家霆经过,忽然被宪兵盘问扣留了。童霜威和柳忠华心里火烧火燎,远远在站外找了个隐蔽处伸颈张望。"

【火烧眉毛】huǒ shāo méi máo　比喻情势非常急迫。《五灯会元·蒋山法泉禅师》:"问:'如何是急切一句?'师曰'火烧眉毛。'"叶文玲《小溪九道弯》四:"这一下,姑娘把什么脸面、赌气,船呀岸呀、藤呀树呀,全抛到脑后了,火烧眉毛,她便立时去找谷雨!"

【火树银花】huǒ shù yín huā　火树:缀满灯彩的树。银花:放射银白色光芒的灯。比喻灿烂的灯火或焰火形成的夜景。唐·苏味道《五月十五夜》诗:"火树银花合,星桥铁锁开。"《水浒传》六六回:"星桥铁锁悠悠展,火树银花处处同。"王安忆《香港的情和爱》四:"树上全布了灯,真是火树银花。"

【火眼金睛】huǒ yǎn jīn jīng　旧小说中指修炼后能识别妖魔鬼怪的眼睛。后多指人眼光敏锐,能洞察一切。《西游记》四〇回:"我老孙火眼金睛,认得好歹。"从维熙《远去的白帆》四:"'少尉'那双火眼金睛,始终在窥视我和'铁猫'之间的关系。"

【火中取栗】huǒ zhōng qǔ lì　法国寓言诗人拉·封登的寓言《猴子和猫》载:猴子骗猫取火中烤着的栗子,栗子让猴子吃了,猫却把爪上的毛烧掉了。后常用"火中取栗"比喻冒着风险替别人出力,自己却没得到一点好处。王火《战争和人》(一)卷三:"听说你在家里闭门不出,写文章准备大骂汪先生,我窃以为不可。你要慎重三思,何必为人火中取栗?"〔

意〕粟,不能写作"粟"。

【货真价实】 huò zhēn jià shí　货物不是假冒的,质量是优等的,价钱也是实在的。原为商人招揽生意的用语。《二十年目睹之怪现状》五回:"他这是招徕生意之一道呢,但不知可有'货真价实,童叟无欺'的字样没有?"梁实秋《雅舍小品·讲价》:"从前有些店铺讲究货真价实,'言不二价'、'童叟无欺'的金字招牌偶然还可以很骄傲地悬挂起来,不必大减价雇吹鼓手,主顾自然上门。"后多比喻实实在在,一点不假。周而复《上海的早晨》一部四〇:"凭公家机关送的贺幛贺匾和志愿军共同拍的照相,就可以完全说明福佑药房是金字招牌,谁会怀疑福佑药房不是货真价实呢?"

【祸不单行】 huò bù dān xíng　指不幸的事,接二连三地发生。《景德传灯录·紫桐和尚》:"师曰:祸不单行。"《西游记》九七回:"苦奈得半夜前天,又早遇强徒断路,诚所谓'祸不单行'也!"《三侠五义》八四回:"黎民遭此苦楚,连个好窝铺没有,还有水怪扰乱,可见是祸不单行。"韦君宜《露沙的路》五:"福无双至,祸不单行。在次英被抓走了之后,可怜的小夏儿又病了。"

【祸不旋踵】 huò bù xuán zhǒng　旋踵:转动脚跟,形容迅速。指灾祸马上就要临头。汉·陈蕃《上窦太后疏》:"危言极意,则群凶侧目,祸不旋踵。"宋·辛弃疾《淳熙己亥论盗贼札》:"恐言未脱口而祸不旋踵。"《镜花缘》六六回:"阿父若不振作整顿,仍复耳软心活,自必祸不旋踵,阿舅久后自见分晓。"

【祸从口出】 huò cóng kǒu chū　说话不慎会招致灾祸。《太平御览》卷三六七引晋·傅玄《口铭》:"病从口入,祸从口出。"鲁迅《华盖集续编·再来一次》:"在这样'祸从口出'之秋,给自己也辩护得周到一点罢。"

【祸从天降】 huò cóng tiān jiàng　形容意想不到的灾祸突然降临。《旧唐书·刘瞻传》:"咸云宗召荷恩之日,寸禄不沾,进药之时,又不同议,此乃祸从天降,罪匪己为。"《水浒传》四五回:"祸从天降,灾向地生。恰似破屋更遭连夜雨,漏船又遇打头风。"《封神榜》三〇回:"二位小千岁,不好了,这如今祸从天降!"姚雪垠《李自成》二卷三四章:"当皇后心中烦恼或者当什么人触犯皇后的尊严时候,谁在她的面前一不小心就会祸从天降。"

【祸福无门】 huò fú wú mén　祸与福的来临没有一定的规律。《左传·襄公二十三年》:"祸福无门,唯人所召。"晋·陶潜《荣木》诗:"繁华朝起,慨暮不存。贞脆由人,祸福无门。"元·郑德辉《老君堂》一折:"常言道祸福无门人自攀。"

【祸福相倚】 huò fú xiāng yǐ　倚:依存。《老子·五十八章》:"祸兮福所倚,福兮祸所伏。"后用"祸福相倚"指祸与福相因而生,互相转化。《旧唐书·魏征传》:"祸福相倚,吉凶同域,唯人所召,安可不思。"清·李渔《凰求凤·堕计》:"欢娱未几,被闲愁,无端侵入双眉,要起沉疴,须分宠爱,难禁祸福相倚。"

【祸国殃民】 huò guó yāng mín　使国家蒙受损害,百姓遭受灾难。清·方东树《大意尊行·立行》:"古今堕名丧节,亡身赤族,祸国殃民,无不出于有过人之才智者。"丁玲《太阳照在桑乾河上》四:"这个老秀才这次又写了黑头帖子到县上去,告村干部是'祸国殃民,阴谋不轨。'"王火《战争和人》(二)卷八:"曹锟贿选总统,祸国殃民,冯玉祥起兵讨伐曹锟、吴佩孚,任国民军总司令。"

【祸起萧墙】 huò qǐ xiāo qiáng　萧墙:古代宫室内当门的小墙,比喻内部。《论语·季氏》:"吾恐季孙之忧,不在颛臾,而在萧墙之内也。"后用"祸起萧墙"指祸害起于内部。汉·蔡邕《刘镇南碑》:"俄而汉室大乱,祸起萧墙。"宋·范仲淹《奏上时务书》:"国侵则害加黎庶,德败则祸起萧墙。"《镜花缘》六八回:"第此时臣国西宫之患虽除,无如族人甚众,良莠不齐,每每心怀异志,祸起萧墙,若稍不留神,未有不遭其害。"也作"萧墙祸起"。《水浒传》二六回:"两边众邻舍看见武松回了,都吃一惊,大家捏两把汗,暗暗地说道:'这番萧墙祸起了! 这个太岁归来,怎肯干休? 必然弄出事来!'"

【豁达大度】 huò dá dà dù　豁达:性格开朗。大度:气量大。形容性格开朗,胸襟开阔,度量大,能容人。晋·潘岳《西征赋》:"观夫汉高之兴也,非徒聪明神武,豁达大度而已也。"明·无名氏《骗英布》三折:"俺主公豁达大度,海量宽洪,纳谏如流,有尧舜禹汤之德。"姚雪垠《李自成》三卷一一章:"李闯王看来豁达大度,谦和待人,好像容易相处,但是他用心甚深,不像张帅那样露在外面,容易对付。"

【豁然贯通】 huò rán guàn tōng　豁然:开阔明亮的样子。贯:贯穿。通:通畅。一下子明白了某个道理。宋·朱熹《大学章句》五章:"是以大学始教,必使学者即凡天下之物,莫不因其已知之理而益穷之,以求至乎其极,至于用力之久,而一旦豁然贯通焉。"《野叟曝言》六二回:"今日格一物,明日格一物,久自豁然贯通。知无不致,意乃可得而诚。"〔注意〕豁,不读 huō。

【豁然开朗】 huò rán kāi lǎng　豁然:开阔明亮的样子。形容由狭窄阴暗突然变为开阔敞亮。晋·陶潜《桃花源记》:"初极狭,才通人;复行数十步,豁然开朗。"《孽海花》三三回:"过了一会儿,树林尽处,豁然开朗。"巴金《家》一〇:"他刚转了一个弯,前面豁然开朗,眼前一片浅红色。"也比喻心里突然悟出道理而感觉明朗。《红楼梦》九一回:"宝玉豁然开朗,笑道:'很是,很是。你的性灵比我竟强远了。'"欧阳山《三家巷》一三八:"一直到最后一窝伊府面端上来了,他才豁然开朗,想出一句十分有力量的绝妙好词来。"〔注意〕豁,不读 huō。

【豁然省悟】 huò rán xǐng wù　豁然:开阔敞亮的样子。一下子彻底明白了某个道理。《五灯会元·西天祖师》:"汝被我解马鸣,豁然省悟,稽首皈依,遂求剃度。"《禅真逸史》二回:"卿言深透禅机,使朕豁然省悟。"〔注意〕豁,不读 huō。

【蠖屈求伸】 huò qū qiú shēn　蠖:尺蠖,虫名,行时身体一屈一伸,像尺量物,故名。《周易·系辞下》:"尺蠖之屈,以求信也。"信:通"伸"。后用"蠖屈求伸"比喻人屈身退隐,待时而发。唐·王勃《梓州飞乌县白鹤寺碑》:"或鹏垂待运,终蛮道于中台;或蠖屈求伸,且毗风于下邑。"明·刘基《诚意伯文集》卷八:"盖闻蠖屈求伸,非终于屈;龙潜或跃,匪固于潜。"

J

【击楫中流】 jī jí zhōng liú 见"中流击楫"。

【击节称赏】 jī jié chēng shǎng 见"击节叹赏"。

【击节叹赏】 jī jié tàn shǎng 击节:打拍子。打着拍子表示十分赞赏。宋·吕本中《东莱吕紫微师友杂志》卷二一:"汪信民尝言:'人常咬得菜根,则百事可做。'胡安国康侯闻之,击节叹赏。"也作"击节称赏"。《宣和画谱·龙鱼·董羽》:"其洶涌澜翻,望之若临烟江绝岛间,虽咫尺汗漫,莫知其涯涘也。宋白为时闻人,一见击节称赏。"

【饥不择食】 jī bù zé shí 择:选择。饥饿时不挑拣食物。比喻情急或迫切需要时,顾不得细细选择。《五灯会元·神鼎洪湮法师》:"问:'学人到宝山,空手回时如何?'师曰:'腊月三十。'问:'如何是和尚家风?'师曰:'饥不择食。'"《喻世明言》卷一六:"沿路上饥不择食,寒不思衣。夜宿店舍,虽梦中亦哭。每日早起赶程,恨不得身生两翼。"《野叟曝言》四二回:"早已哄动了各府县,城市乡村,家家嫁婆,日日婚姻,真个饥不择食,寒不择衣,正不知多少美女配了丑夫,老夫招了少女。"陈忠实《白鹿原》九章:"黑娃已是饥不择食慌不择路,只要他是个人我就能受下。"

【饥肠辘辘】 jī cháng lù lù 辘辘:肠鸣声。腹中无食,辘辘作响。形容极端饥饿之状。《野叟曝言》四回:"见两边僧房数间,后面厨灶连过圆墙。觉得饥肠辘辘,因先入厨房搜寻食物。"梁实秋《雅舍小品·高尔夫》:"朋友没有食言,真个请了我吃担担面,当时饥肠辘辘,三口两口吞下肚,也不知道滋味如何。"姚雪垠《李自成》一卷六章:"李自成早就饥肠辘辘,狼吞虎咽地吃下去一个窝窝头,然后端起稀饭碗喝了几口。"魏巍《东方》四部六章:"大妈带着满头满脸的黄尘,饥肠辘辘地坐在店门外的石阶上。"

【饥寒交迫】 jī hán jiāo pò 交:一齐,同时。饥饿寒冷一齐逼来。形容无衣食,生活贫困之状。清·李中孚《与董郡伯》之二:"隆冬及春,饥寒交迫,生机穷绝。"老舍《四世同堂》八○:"他们知道,肚子空虚,再加上寒冷,他们就由饥寒交迫而走上死亡。"杨沫《青春之歌》二部三一章:"她从林红又想到了卢嘉川。于是几行小诗,就在这饥寒交迫、不能成眠的夜里,跳到了纸上。"

【机变如神】 jī biàn rú shén 机变:随机应变。机智权变,神奇莫测。形容人足智多谋,善于应变。宋·陆游《南唐书·宋齐丘传论》:"世言江南精兵十万,而长江天堑,可当十万;国老宋齐丘机变如神,可当十万。"

【机不可失】 jī bù kě shī 机:机会,时机。机会难得,不可错过。言人应抓住时机,做成事业。常和"时不再来"连用。《宋书·范晔传》:"兼云人情乐乱,机不可失,谶纬天文,并有征验。"《旧五代史·晋书·安重荣传》:"仰认睿旨,深惟匪躬,其如天道人心,至务胜残去虐,须知机不可失,时不再来。"《东周列国志》一四回:"如有间可图,称等愿效犬马,竭力推戴。称之从妹,在宫失宠衔怨,天助公孙以内应之资,机不可失。"姚雪垠《李自成》三卷一九章:"立大功,报皇恩,在此一举。两位将军,机不可失!"刘心武《钟鼓楼·不是结尾》:"他望着大街上的车水马龙,心想:时不再来,机不可失,在这人生的战场上,我要抓紧一切机会不放啊!"

【机不旋踵】jī bù xuán zhǒng　机:机会,时机。旋踵:转过脚后跟,比喻极短时间。指机会不会停留,旋踵即逝。应该抓住,不可错过。唐·皇甫枚《三水小牍·宋柔》:"机不旋踵,时不再来。必发今宵,无贻后悔。"

【机关算尽】jī guān suàn jìn　见"机关用尽"。

【机关用尽】jī guān yòng jìn　机关:周密而巧妙的计谋。周密的计谋全部施展出来了。形容费尽心机,用尽计谋。宋·黄庭坚《牧童》诗:"多少长安名利客,机关用尽不如君。"也作"机关算尽"。《红楼梦》五回:"机关算尽太聪明,反算了卿卿性命! 生前心已碎,死后性空灵。"

【机谋巧算】jī móu qiǎo suàn　机谋:机智地谋划。机智巧妙地谋划算计。形容人为争名夺利,费尽心机,钻营谋划。含贬义。《西游记》一回:"不会机谋巧算,没荣辱,恬淡延生。"

【机深智远】jī shēn zhì yuǎn　机:心机,心思。思考周密,智慧深远。形容人有才智,既善于思考问题,又目光达远。《三国演义》二三回:"操曰:'荀彧、荀攸、郭嘉、程昱,机深智远,虽萧何、陈平不及也。'"

【肌无完肤】jī wú wán fū　见"体无完肤"。

【鸡飞蛋打】jī fēi dàn dǎ　鸡飞走了,鸡蛋也打破了。比喻无所得,两头落空。老舍《骆驼祥子》一四:"'祥子你等等走!'虎妞心中打了个闪似的,看清楚:自己的计划是没多大用处了,急不如快,得赶紧抓住祥子,别鸡也飞蛋也打了!"魏巍《地球的红飘带》三二:"王家烈羞愧难当,待要发作,又恐小不忍则乱大谋,说不定两头都会鸡飞蛋打了。"刘绍棠《村妇》卷一:"我想你娶我虽没花个金山银垛,也借下一屁股两肋债,不能叫你鸡飞蛋打,人财两空。"

【鸡飞狗跳】jī fēi gǒu tiào　形容慌乱不安的情况。马识途《夜谭十记》:"这一下不是把乡下的穷苦老百姓整得鸡飞狗跳,而是把有粮的财主们整得心痛了。"及容《饥饿荒原》二二:"一个女生排分成了六个小组,从临近麦场这一排家属房一步步向南推进,这一来可是惊得鸡飞狗跳。"

【鸡零狗碎】jī líng gǒu suì　形容事物零碎琐细,不成系统。含贬义。钱钟书《围城》八:"这好像开无线电。你把针在面上转一圈,听见东一个电台半句京戏,西一个电台半句报告,忽然又是半句外国歌啦,半句昆曲啦,鸡零狗碎,凑在一起,莫名其妙。"古华《话说〈芙蓉镇〉》:"后来年事稍长,生出些新的癖好,鸡零狗碎地读着一点历史的、哲学的著作,中外人物传记,战争回忆录,世界大事纪要等。"

【鸡毛蒜皮】jī máo suàn pí　比喻细小的、不重要的事情。老舍《四世同堂》五四:"对于家中那些小小的鸡毛蒜皮的事,他都不大注意。"周立波《暴风骤雨》二部一七:"郭全海留他不走,他又舞舞爪爪说些别的鸡毛蒜皮的事,光引人发笑,不说正经话。"周而复《上海的早晨》三部一一:"勉强在会上交代了一些,大家认为是鸡毛蒜皮,很不满意。"

【鸡鸣狗盗】jī míng gǒu dào　《史记·

孟尝君列传》载:战国时,齐国孟尝君被秦国扣留,他的门客装粮夜入秦宫,窃得狐白裘,献给秦王爱妾,使孟尝君得以逃出。另一门客学鸡叫,赚开函谷关城门,终于逃回齐国。后用"鸡鸣狗盗"比喻低贱卑下的技能或行为,也指有这种技能或行为的人。《汉书·游侠传序》:"繇是列国公子,魏有信陵,赵有平原,齐有孟尝,楚有春申,皆藉王公之势,竞为游侠,鸡鸣狗盗,无不宾礼。"宋·王安石《读孟尝君传》:"嗟乎! 孟尝君特鸡鸣狗盗之雄耳,岂足以言得士?"《东周列国志》一〇〇回:"魏王忽然想著公子无忌,屡次苦苦劝我救晋鄙进兵,他手下宾客,鸡鸣狗盗者甚多,必然是他所为。"钱钟书《围城》五:"我知道这种女人路数多,有时用得着她们,这就是孟尝君结交鸡鸣狗盗的用意。"李佩甫《豌豆角树》:"我干的不光明正大。为人师表,干这些鸡鸣狗盗的事,说来叫人汗颜。"也作"狗盗鸡鸣"。《儿女英雄传》一七回:"报仇的这桩事,是桩光明磊落、见得天地鬼神的事,何须这等狗盗鸡鸣,遮遮掩掩?"

【鸡皮鹤发】 jī pí hè fà 见"鹤发鸡皮"。

【鸡犬不惊】 jī quǎn bù jīng 连鸡狗都不受惊吓。形容军队纪律严明,秋毫无犯,不骚扰百姓。《说岳全传》四八回:"一路地方官员馈送礼物,岳爷丝毫不受,鸡犬不惊。"

【鸡犬不留】 jī quǎn bù liú 连鸡狗都不留下。形容斩尽杀绝。《封神榜》八七回:"泥鳅们,快来送死,少要延迟,你爷爷心中一怒,打进宫门,杀你一个鸡犬不留!"《说岳全传》七八回:"若不早献城池,打破之时,鸡犬不留。"袁静、孔厥《新儿女英雄传》一二回:"后来郭三麻子打发人送信来说,限二十四小时全数送到,要不,就要来杀个鸡犬不留。"

【鸡犬不宁】 jī quǎn bù níng 宁:安宁。唐·柳宗元《捕蛇者说》:"悍吏之来吾乡,叫嚣乎东西,隳突乎南北,哗然而骇者,虽鸡狗不得宁焉。"后用"鸡犬不宁"形容受到骚扰,不得安宁。《二刻拍案惊奇》卷四:"更有一等狠心肠的人……把一个地方搅得荠菜不生,鸡犬不宁,人人惧惮,个个收敛。"《野叟曝言》五五回:"这样一位好老爷,却犯了欺君的罪,说是拿到省里去,问定了罪,就要砍头哩! 弄这二爷署了印,吵闹得地方上鸡犬不宁。"柳青《创业史》一部二六章:"为国事,闹得家内鸡犬不宁,在外头的共产党员,怕也不赞成吧?"汪曾祺《老鲁》:"儿子们整天为一块瓦片吵架,一家子鸡犬不宁……"

【鸡犬升天】 jī quǎn shēng tiān 汉·王充《论衡·道虚篇》:"奇方异术,莫不争出,王遂得道,举家升天,畜产皆仙,犬吠于天上,鸡鸣于云中。"此言主人得道,鸡犬也跟着升天成仙。后用"鸡犬升天"比喻一个人做了大官,和他有关系的人也跟着得势。常和"一人得道"连用。含贬义。清·蒋士铨《第二碑·上冢》:"苍苔满径,残碑一棱,漫携他鸡犬升天,作践这胭脂埋井。"梁实秋《雅舍小品·同乡》:"不过像美国卡特当政时,乔治亚帮之鸡犬升天,丑闻迭出,则又另当别论。"姚雪垠《李自成》一卷九章:"按照贺人龙的说法,这是照顾乡亲,也是打不散的子弟兵。照他手下人们说法,这就是俗话所说的:朝里有人好做官;一人得道,鸡犬升天。"

【鸡争鹅斗】 jī zhēng é dòu 形容为琐事而发生争吵。《红楼梦》二一回:"从今咱们两个人撂开手,省的鸡争鹅斗,叫别人笑话。"

【积弊如山】 jī bì rú shān 积弊:相沿已久的弊病。长久积累下来的弊端、弊病像山一样多。姚雪垠《李自成》二卷三二章:"行间每每掩败为胜,杀良冒功;到处人心涣散，不恨贼而恨兵；官以钱买，将以贿选。凡此种种，积弊如山，皇上何曾洞知？"

【积不相能】 jī bù xiāng néng 积：久。能：亲善，和睦。《左传·襄公二十一年》："栾桓子娶于范宣子，生怀子。范鞅以其亡也，怨栾氏，故与栾盈为公族大夫而不相能。"后用"积不相能"指长期不和睦。《后汉书·吴汉传》："初，其妻知光武不平之，常戒躬曰：'君与刘公积不相能，而信其虚谈，不为之备，终受制矣。'"也作"素不相能"。宋·周密《齐东野语·淮西之变》："琼与靳赛，皆故群盗，与王德素不相能。"鲁迅《呐喊·阿Q正传》七章："其实举人老爷和赵秀才素不相能，在理本不能'共患难'的情谊。"

【积草屯粮】 jī cǎo tún liáng 屯：储存，聚积。储存草料、粮食，充实军力，做好打仗准备。元·郑德辉《三战吕布》一折："如今且收兵回营，操军练士，积草屯粮，整溯人马，慢慢的再与孙坚交战。"《水浒传》一〇五回："立竖招军旗号，买马招军，积草屯粮。"姚雪垠《李自成》一卷三二章："说是从去年冬天以来，李自成就在商洛山中收集残部，招兵买马，打造武器，积草屯粮，准备大举。"

【积非成是】 jī fēi chéng shì 是：正确。谬误长期流传，会反而被误认为是正确的。鲁迅《三闲集·述香港恭祝圣诞》："群言淆乱，异说争鸣，众口铄金，积非成是。"

【积功累行】 jī gōng lěi xíng 行（旧读xìng）：品行，这里指善行。长期行善，积累功德。指佛教徒的不断修炼行为。《西游记》七八回："徒弟啊，你是一个慈悯的！我出家人，积功累行，第一要行方便。"

【积毁销骨】 jī huǐ xiāo gǔ 毁：毁谤。销：熔化。众人不断的毁谤，可以致人于死地。言毁谤可畏。《史记·张仪列传》："臣闻之，积羽沈舟，群轻折轴，众口铄金，积毁销骨，故愿大王审定计议，且赐骸骨辟魏。"宋·杨万里《答陈国材书》："一事未作，群啾至，积毁销骨，空留纸上声。"清·黄景仁《翁覃溪先生以先文节公像属题像……》："可怜一与人世事，积毁销骨忧殉身。"鲁迅《集外集拾遗·题〈呐喊〉》："弄文罹文网，抗世违世情。积毁可销骨，空留纸上声。"

【积劳成疾】 jī láo chéng jí 疾：病。因长期劳累而得病。元·张起岩《济南路大都督张公行状》："以在军旅岁久，积劳成疾，坚乞骸骨以归。"《镜花缘》五回："朕闻淮南节度史文隐，昨在剑南剿灭倭寇，颇为出力，现在积劳成疾。"姚雪垠《李自成》三卷六章："请元谋兄代我拟一奏本，向皇上奏明督师辅臣在军中尽瘁国事，积劳成疾，不幸于昨夜病故。"陈漱渝《鲁迅的夫人和战友——许广平》："1936年10月19日，鲁迅积劳成疾，与世长辞。"

【积年累岁】 jī nián lěi suì 见"积年累月"。

【积年累月】 jī nián lěi yuè 犹经年累月。形容时间长久。北齐·颜之推《颜氏家训·后娶》："况夫妇之义，晓夕移之，婢仆求容，助相说引，积年累月，安有孝心乎？"也作"积年累岁"。《二刻拍案惊奇》卷五："乃是积年累岁，遇着节令盛时，便四出剽窃，以及平时略贩子女，伤害性命，罪状山积，难以枚举，从不败露。"

【积少成多】 jī shǎo chéng duō 《汉书·董仲舒传》："聚少成多，积小致巨。"后多作"积少成多"，指一点一滴积累，可以由少变多。多用于知识、学问、财富等方面。《论语·子罕》宋·朱熹集注："盖学者自强不息，则积少成多。"《二十年目睹之怪现状》二九回："其实一个人做一把刀，一个杓子，是有限得很；然而积少成多，这笔账就难算了，何况更是历年如此呢。"叶文玲《清凉碧云山》:"多担两块青石条,就多挣块儿八角,积少成多,一日日担下去,这个工程完了,说不定还有下一个,一日日接着做,总算是个盼头哩!"

【积土成山】 jī tǔ chéng shān 积小土,成大山。比喻积少成多,集小成大。《荀子·劝学》:"积土成山,风雨兴焉;积水成渊,蛟龙生焉。"汉·王充《论衡·状留篇》:"故夫河冰结合,非一日之寒;积土成山,非斯须之作。"

【积微成著】 jī wēi chéng zhù 微:微小,不显露。著:显著,显露。《荀子·大略》:"夫尽小者大,积微者著。"后用"积微成著"指细微的事物经过长期积累就可以变得显著。南朝宋·何承天《上历新法表》:"以新故相涉,自然有毫末之差,连日累月,积微成著。"

【积习成常】 jī xí chéng cháng 习:习惯。常:常规。长期的习惯做法,会成为不变的常规。北魏·郦道元《水经注·温水》:"暑褊薄日,自使人黑,积习成常,以黑为美。"

【积习成癖】 jī xí chéng pǐ 习:习惯。癖:嗜好。习惯经历时间久了,会成为一种偏好。古华《芙蓉镇》一章:"积习成癖,她在心里暗暗嫉妒着那些有家有室的女人。"

【积习难除】 jī xí nán chú 见"积习难改"。

【积习难改】 jī xí nán gǎi 习:习惯。长期形成的某种习惯,很难改变。姚雪垠《李自成》二卷五二章:"金星自幼年读书以来积习难改,有时稍不留心,仍将黄巾起义军称做'黄巾贼'。"路遥《早晨从中午开始》一:"在我的创作生活中,几乎没有真正的早晨。我的早晨都是从中午开始的。这是多年养成的习惯。我知道这习惯不好,也曾想多次试图改正,但都没有达到目的。这应验了那句古老的

话:积习难改。"也作"积习难除"。郭沫若《序〈白毛女〉》:"我们早就呼喊着人民文艺的创造,但积习难除,一拿起笔来,总要扭怩作态的。"

【积薪厝火】 jī xīn cuò huǒ 薪:柴。厝:置。《汉书·贾谊传》:"夫抱火厝之积薪之下而寝其上,火未及燃,因谓之安,方今之势,何以异此。"后用"积薪厝火"比喻形势危险,隐伏着危机。郑观应《盛世危言·防边下》:"西藏、川滇现在安堵,积薪厝火,一发难收,未雨绸缪,是所望于深识远虑之君子。"

【积忧成疾】 jī yōu chéng jí 疾:病。因长期忧虑而得病。宋·吴曾《能改斋漫录·李逢吉裴度谏穆宗》:"自发下狱,积忧成疾。"《宋史·魏了翁传》:"宁宗崩,理宗自宗室入即位,时事忽异,了翁积忧成疾。"

【积羽沉舟】 jī yǔ chén zhōu 羽毛虽轻,积累多了,也可以把船压沉。比喻小患不及时消除,发展下去可以酿成大祸害。《战国策·魏策一》:"臣闻积羽沉舟,群轻折轴,众口铄金,故愿大王之熟计之也。"《淮南子·缪称训》:"是故积羽沉舟,群轻折轴,故君子禁于微。"元·无名氏《来生债》三折:"我则见雪浪涌似山排,可怎生又风恬水平云雾霭,难道是积羽沉舟,这金银呵反为轻载?心儿里好疑猜。"

【积重难返】 jī zhòng nán fǎn 积:积习。返:返回,回头。积习深重,难以改变。多指长期存在的恶习、弊端已经发展到了难以革除的地步。清·赵翼《廿二史札记·六朝清谈之习》:"晋人虚伪之习,依然未改,且又甚焉。风气所趋,积重难返,直至隋平陈之后,始扫除之。"李劼人《暴风雨前》一部八:"并且现在欧风美雨,相逼而来,已不是闭关自守时代,他们反对也只好在背地里说说,若果出来反对,就赏他一个阻挠新政的罪名。"

这在日本维新之初，还不是一样的？本来，人民习于偷惰，一则又皆积重难返。"

【积铢累寸】 jī zhū lěi cùn　见"铢积寸累"。

【赍志而殁】 jī zhì ér mò　赍：怀着。殁：死。南朝梁•江淹《恨赋》："赍志没地，长怀不已。"唐•颜真卿《京兆尹御史中丞杜公神道碑》："赍此志而殁地，吾道悽矣。"后用"赍志而殁"指怀着未遂之志死去。宋•楼钥《余姚县海堤记》："司谏用不尽其才，赍志而殁。"《封神演义》九九回："岂意阳运告终，赍志而殁。"也作"赍志以殁"。许寿裳《鲁迅的生活》："我正盼望这部大著能够早日观成，不料他竟赍志以殁。"

【赍志以殁】 jī zhì yǐ mò　见"赍志而殁"。

【犄角之势】 jī jiǎo zhī shì　见"掎角之势"。

【畸轻畸重】 jī qīng jī zhòng　畸：偏。有时偏轻，有时偏重。形容事物发展的不均衡状态或人对事物的偏颇态度。《歧路灯》五二回："但王法已定，势难畸轻畸重。"林默涵《要重视美育》："现在许多同志主张对这四个方面（指德、智、体、美）的教育要同等重视，这样才能使学生得到全面的发展，以免产生畸轻畸重的毛病，这是对的。"

【齑盐布帛】 jī yán bù bó　齑：调味的葱、姜、蒜等。布帛：棉织品和丝织品。指粗衣蔬食。《红楼梦》一八回："田舍之家，虽齑盐布帛，终能聚天伦之乐。"

【激昂慷慨】 jī áng kāng kǎi　见"慷慨激昂"。

【激贪厉俗】 jī tān lì sú　激：阻止，遏制。厉：同"励"；激励，勉励。打击抑制贪婪之心，支持鼓励良好社会风尚。《梁书•萧颖达传》："在于布衣，穷居介然之行，尚可以激贪厉俗，悼此薄夫。"《隋书•

炀帝纪上》："或节义可称，或操履清洁，所以激贪励俗，有益风化。"

【激浊扬清】 jī zhuó yáng qīng　激：阻止，遏制。指荡去浊水，涌起清流。《尸子•君治》："扬清激浊，荡去滓秽，义也。"后多作"激浊扬清"，比喻打击抑制坏的，鼓励发扬好的。有抑恶扬善的意思。三国魏•刘劭《人物志•利害》："其功足以激浊扬清，师范僚友。"《旧唐书•王珪传》："至如激浊扬清，嫉恶好恶，臣于数子，亦有一日之长。"《花月痕》四六回："今日之事，必先激浊扬清，如医治疾，扶正气始可御外邪。"

【及锋而试】 jí fēng ér shì　及：趁着，乘。锋：锋利。试：任用，用。《汉书•高帝纪上》："吏卒皆山东之人，日夜企而望归，及其锋而用之，可以有大功。"言要乘士气旺盛时使用军队。后用"及锋而试"比喻乘着有力量或有利时机而行动。清•梁章钜《楹联丛话续四•杂缀三五》："及锋而试，看老夫手段如何！"鲁迅《两地书》五："此后自当避免此无须必践的荆棘，养精蓄锐，以待及锋而试。"

【及瓜而代】 jí guā ér dài　及：到，等到。代：替代。《左传•庄公八年》："齐侯使连称、管至父戍葵丘，瓜时而往，曰：'及瓜而代。'期成，公问不至。"意为到明年瓜熟时派人来接替。后用"及瓜而代"指任期已满，换人接替。《东周列国志》一四回："及瓜而代，主公所亲许也，恐其忘之，不如请代。"

【及时行乐】 jí shí xíng lè　《乐府诗集•西门行》："夫为乐，为乐当及时。"《古诗十九首•生年不满百》："为乐当及时，何能待来兹。"后用"及时行乐"指抓紧时机，寻欢作乐。唐•吴兢《乐府古题要解•董桃行》："但言节物芳华，及时行乐。"明•汪廷讷《种玉记•互醋》："夫人，我和你正好向花前月底，及时行乐，相赏依违。"《儒林外史》三四回："据你的才名，又住在这样好的地方，何不娶一个标致如君，又有才情的才子佳人，及时行乐" 茅盾《子夜》九："你的危言诤论，并不能叫小杜居安思危，反使得他决心去及时行乐。"

【吉光片羽】jí guāng piàn yǔ　吉光：传说中的神兽。晋·葛洪《西京杂记》卷一载：汉武帝时，西域献吉光裘（用吉光神兽皮毛做的皮衣），此衣入水不湿。片羽：一片羽毛。后用"吉光片羽"比喻残存的艺术珍品。清·王夫之《姜斋诗话》卷三："二忠遗笔，皆传人间，自有传之者，此亦吉光片羽。"朱自清《艺文杂谈·谈书牍》："魏、晋以前，著录的书牍多为吉光片羽，言简意赅而风味隽永。"

【吉人天相】jí rén tiān xiàng　吉人：有福气的人，好人。天相：上天的帮助和保佑。有福气的人、善良的人在遭到危险或困难时，会得到上天保佑。本是迷信的话，后成为安慰或祝福语。元·无名氏《桃花女》一折："你只管依着他去做，吉人天相，到后日我同女孩儿来贺你也。"《二刻拍案惊奇》卷二二："此皆公子吉人天相，酒食之来，如有神助。"《官场现形记》四七回："大人洪福齐天，定然吉人天相，马上就会痊好的。"陈白尘《结婚进行曲》："别难过。吉人天相，说不定会有办法。"

【吉日良辰】jí rì liáng chén　吉利的日子，美好的时刻。晋·左思《蜀都赋》："终冬始春，吉日良辰，置酒高堂，以御嘉宾。"《喻世明言》卷三三："恭人见女儿肯，又见他果有十万贯钱，此必是奇异之人，无计奈何，只得成亲。拣吉日良辰，做起亲来。"刘绍棠《村妇》卷二："儒林，你找个吉日良辰，跟杜梨儿花烛成亲吧！"也作"良辰吉日"。《水浒传》五一回："今朝是个良辰吉日，贤妹与王英结为夫妇。"

【吉少凶多】jí shǎo xiōng duō　见"凶多吉少"。

【吉祥如意】jí xiáng rú yì　诸事吉利，合了自己的心愿。北齐·张成《造像题字》："为亡父母敬造观音像一区，合家大小八口人等供养，吉祥如意。"元·无名氏《赚蒯通》二折："再休想吉祥如意，多管是你恶眼临逼。"《初刻拍案惊奇》卷六："贾门信女巫氏，情愿持诵白衣观音经卷，专保早生贵子，吉祥如意者。"浩然《火车上》："吉是吉祥如意的吉，不是鸡鸭的鸡。"

【吉星高照】jí xīng gāo zhào　吉星：指福、禄、寿三星。吉祥的星高高照耀，诸事吉利顺心的预兆。也比喻交好运，吉事临门。周而复《上海的早晨》四部四〇："从福佑到利华工作，可以说是一件喜事；利华又公私合营，更是一件大喜事，这简直是双喜临门，吉星高照啊！"姚雪垠《李自成》三卷二九章："老爷，从今以后您会建大功，立大业，吉星高照，官运亨通。"刘绍棠《草莽》二："桑铁瓮没费多大力气，得来个干女儿，只觉得吉星高照，天官赐福，喝的是喜酒。"

【吉凶未卜】jí xiōng wèi bǔ　卜：预料，预测。吉利还是凶险，好运还是坏运，难以预测。多指前途不妙。《说岳全传》五九回："圣上命我进京，怎敢抗旨？但奸臣在朝，此去吉凶未卜。"邓友梅《烟壶》五："如今我在这里吉凶未卜，万一出了意外怎么办呢？"

【岌岌可危】jí jí kě wēi　岌岌：危险的样子。形容地位或状况十分危险，将要垮台或灭亡。《孽海花》二五回："起用了老敬王会办军务，添派宋钦领毅军，刘成佑领铭军、依唐阿领镇边军，都命开赴九连城，大局颇有岌岌可危的现象。"茅盾《子夜》一七："电报是说镇上同时倒闭了十来家商铺，老板在逃，亏欠各处庄款，总计有三十万之多，吴荪甫开在镇上钱庄受这拖累，因此也是岌岌可危，请求立即拨款救济。"周而复《上海的早晨》二部四五:"现在这个靠山倒了,徐义德又岌岌可危,她将来怕连个落脚的地方也没有。"姚雪垠《李自成》三卷八章:"万一房骑得逞,不惟辽东无兵固守,连关内也岌岌可危。"

【极而言之】jí ér yán zhī　极:尽头,极点。极端地说,把话说到极点。明•袁宏道《与仙人论性书》:"极而言之,亦是心形炼极所现之象。"毛泽东《坚定地相信群众的大多数》:"说这个话是极而言之,把问题讲透。"

【极乐世界】jí lè shì jiè　佛经中指阿弥陀佛所居住的国土,那里没有苦恼,只有光明、清净和快乐,被视为乐土或净土。后泛指美好、理想的地方。唐•李白《金银泥画西方净土变相赞序》:"我闻金天之西,日没之所,去中华十万亿刹,有极乐世界焉。"《水浒传》四五回:"阇黎房里,翻为快活道场;报恩寺中,反作极乐世界。"李国文《冬天里的春天》五章:"难道廖总认为西方是极乐世界,才向往而去的吗?他在外国削过土豆皮,知道那里不完全是天堂。"

【极天际地】jí tiān jì dì　极:到达。际:到,接近。上可到天,下可触地。形容极为巨大。《喻世明言》卷二五:"齐王曰:'据卿之功,极天际地,无可比者。'"《三国演义》八〇回:"魏国乾象,极天际地,言之难尽。"

【即景生情】jí jǐng shēng qíng　即:就,按照。对眼前景物或景况发生感触而产生某种情感或行为。明•郎瑛《七修续稿•碧沚诗》:"此诗流丽畅逸,而第七句关锁处,即景生情,警拔深契。"《官场现形记》一六回:"高升见问,即景生情,便一一答道……"茅盾《子夜》二:"这一句即景生情的俏皮话引得一些哭丧着脸儿的投机失败者也破声笑了。"艾芜《南行记•我的爱人》:"处在这个无聊的世界里,便简直找不出一点新鲜的有趣的故事,拿来挂在嘴上。大家只有即景生情地在对方的身上,栽诬一点令他笑也不是气也不是的趣话。"

【即小见大】jí xiǎo jiàn dà　即:就,按照。由小的事情可以看出大的方面。鲁迅《且介亭杂文•儒术》:"'儒者之泽深且远',即小见大,我们由此可以明白'儒术',知道'儒效'了。"

【佶屈聱牙】jí qū áo yá　佶屈:曲折不畅。聱牙:拗口。形容文句艰涩,读起来不顺口。唐•韩愈《进学解》:"周诰殷盘,佶屈聱牙。"韬奋《经历》四:"例如有些文字,尤其是所谓直译的文字,写得佶屈聱牙。"李国文《老人二题》:"其实发表的那些佶屈聱牙的小说,晦涩难懂的诗歌,美洲还真阅读过。"也作"诘屈聱牙"。秦牧《艺海拾贝•上味》:"但是阅读那些什么都好,文字偏偏'诘屈聱牙'的作品,却很令人头痛。"也作"诘谪聱牙"。鲁迅《译文序跋集•〈域外小说集〉序》:"我看这书的译文,不但句子生硬,诘谪聱牙,而且也有极不行的地方,委实配不上再再印。"〔注意〕佶,不能读作jié。

【诘屈聱牙】jí qū áo yá　见"佶屈聱牙"。

【诘谪聱牙】jí qū áo yá　见"佶屈聱牙"。

【急不可待】jí bù kě dài　急切得不能再等待。形容十分急迫。《聊斋志异•青娥》:"逆害饮食,但思鱼羹,而近地则无,百里外始可购致。时厮骑皆被差遣,生性纯孝,急不可待,怀资独往。"《孽海花》二五回:"珏斋可称鹜冠一时。直葊正在这里保他统率海军,不想他已急不可待了。"浩然《乐土》二三章:"母亲急不可待地盯住大伯说:'大哥,这件事人命关天,非同小可,您是兄长,您得给张罗张罗呀!'"也作"急不可耐"。《官场现形记》一四回:"六个人刚刚坐定,胡统领已急不可耐，头一个开口就说：'我们今日非往常可比，须大家尽兴一乐。'"杨沫《青春之歌》二部二二章："三点钟过了，她急不可耐地坐在桌子边，时时拿眼望望院子里。"

【急不可耐】 jí bù kě nài 见"急不可待"。

【急不择路】 jí bù zé lù 见"急不择途"。

【急不择途】 jí bù zé tú 急迫时顾不得选择路径。《聊斋志异·张鸿渐》："张是夜越莽穿榛，急不择途；及明，困殆已极。"也作"急不择路"。李英儒《野火春风斗古城》九章："两位大员急不择路，进入伙房的厕所，这里只有一个粪坑，双方急不能待，便平分秋色，对着屁股蹲下，为了行将实现的发财迷梦，双方进行着激烈的争辩。"

【急不择言】 jí bù zé yán 说话时因着急或惶迫而顾不得选择词语。鲁迅《华盖集·忽然想到》："'急不择言'的病源，并不在没有想的工夫，而在有工夫的时候没有想。"巴金《春》一五："剑云看见这个举动，知道他又快落泪了，他心里十分难过，便急不择言地说：'我决不会的，我决不会的。'"

【急风暴雨】 jí fēng bào yǔ 迅急而猛烈的风雨。比喻激烈的斗争或急猛的形势。丁玲《太阳照在桑乾河上》五〇："他们又回忆着那种不堪踩蹦只有驯服的生活，他们在急风暴雨之前又踌躇起来了。"李国文《冬天里的春天》二章："这五块珍贵的银洋，芦花一直在身边珍藏着，度过了多少急风暴雨的岁月，经历了多少艰险曲折的路程，甚至在最饥饿的情况下，也不曾舍得为她自己动用。"也作"急风骤雨"。《野叟曝言》一〇三回："梆子一响，营兵齐出如飞蝗，一员小将，两个美妇，六把刀剑，如急风骤雨直杀将来。"魏巍《东方》三部九章："随后，就是成排的坦克炮弹和榴弹炮弹急风骤雨一般猛袭过来。"

【急风骤雨】 jí fēng zhòu yǔ 见"急风暴雨"。

【急公好义】 jí gōng hào yì 急：关注，热心。热心公益，好为义举。《官场现形记》三四回："此查有南中义绅，分省补用知州阎某人，此次由上海捐集巨款，来晋赈济，急公好义，已堪嘉尚。"老舍《四世同堂》五七："他在社会上已经混了几十年，他知道好汉不吃眼前亏。他的刚强、正直、急公好义，到今天，已经都没了用。"姚雪垠《李自成》二卷三八章："兄台平日急公好义，难道眼下就不肯为拯救一城百姓着想？"〔注意〕好，不读hǎo。

【急功近利】 jí gōng jìn lì 急：急切，急于。汉·董仲舒《春秋繁露·对胶西王越大夫不得为仁》："仁人者正其道不谋其利，修其理不急其功，致无为而习俗大化，可谓仁圣矣。"后用"急功近利"指急于求成，贪图眼前功利。周克芹《果园的主人》："他不能老是压抑自己的创造性，一切都按主人的意志办，而这个主人又是如此的眼光短浅，急功近利。"李陀《魔界》："编辑部已经几次来信催这篇东西。不过他一向不理睬编辑部这种催促。他们都太功利，而且是急功近利。"

【急景流年】 jí jǐng liú nián 急：快速。景：太阳，指时光。疾速而去的光阴，如流水般易逝的年华。形容时光易逝。宋·晏殊《蝶恋花》词："急景流年都一瞬，经事前欢，未免萦方寸。"

【急来抱佛脚】 jí lái bào fó jiǎo 见"临时抱佛脚"。

【急流勇退】 jí liú yǒng tuì 在急流中果断回船退却。比喻为官得意时，当见机及时引退，以保全自己。宋·苏轼《赠善相程杰》诗："心传异学不谋身，自要清时阅搢绅。火色上腾虽有数，急流勇退岂无人!"《警世通言》卷一八:"今官至抚台,恩荣极矣。一向清勤自矢,不负朝廷。今日急流勇退,理之当然。"《儒林外史》八回:"尊大人精神正旺,何以就这般急流勇退了?"

【急脉缓灸】jí mài huǎn jiǔ　见"急脉缓受"。

【急脉缓受】jí mài huǎn shòu　脉:脉象。受:授,指医生施药调治。中医指对脉象急的病用缓和的方法治疗。比喻用缓和的办法应付急事。《儿女英雄传》二五回:"但是事情到了这个场中,断无中止的理。治病寻源,他这病源全在痛亲而不知慰亲,守志而不知继志,所以才把个见识弄左了。要不急脉缓受,且把邓翁的话撇开,先治他这个病源,只怕越说越左。"李劼人《大波》一部八章:"他毕竟能够镇定。想了想,还是使出他急脉缓受的手段来。"也作"急脉缓灸"。《红楼梦》七六回:"黛玉道:'对句不好,合掌。下句推开一步,急脉缓灸法。'"

【急起直追】jí qǐ zhí zhuī　奋发起来,努力追赶。梁启超《说国风》上:"人之有善,则急起直追之若不及。"徐迟《海疆纪行》:"落后不可怕,它可以激起我们急起直追。"

【急如星火】jí rú xīng huǒ　星火:流星的光。《三国志·蜀书·杨戏传》南朝宋·裴松之注:"诏书切峻,责臣逋慢,郡县逼迫,催促上道,州司临门,急于星火。"后用"急如星火"形容情势紧急迫切。《醒世恒言》卷二四:"凡役夫五百四十三万余人,昼夜开掘,急如星火。"《野叟曝言》一四回:"你家人拿去,急如星火,我的事还在可缓。"李国文《驳壳枪》:"但我们这些随着那支驳壳枪的指挥,闻过几天火药味的人,始终尊重他,信任他。否则也不会急如星火奔赴北京站了。"

【急于求成】jí yú qiú chéng　指做事情急于达到目的或取得成功。李英儒《野火春风斗古城》一七章:"'要是你实在走不动,把你的儿子的住处告诉我们也行。'蓝毛急于求成,他不耐烦了。"梁斌《红旗谱》五四:"他们并没有领会新的精神,没有清除那种急于求成的急躁的思想。"

【急中生智】jí zhōng shēng zhì　急:紧急,危急。智:智慧,智谋。情况紧急时,猛然想出了好主意或办法。《三侠五义》六二回:"韩爷急中生智,拣了一株大树爬将上去,隐住身形。"老舍《四世同堂》二四:"冠先生急中生智,忙向刘师傅的屋门推了两下,'不送!不送!'他的声音带出那么多的诚恳与着急,刘师傅似乎非服从不可了。"张恨水《啼笑因缘续集》四回:"这时夏夫人要相片,何太太给是不愿意,不给又抹不下情面,急中生智,突然的想起那张相片来,好在那张相片和女儿的样子差不多的,纵然给人,人家也看不出来。"

【急转直下】jí zhuǎn zhí xià　形势急剧发生变化,迅速发展。梁启超《论各国干涉中国财政之动机》:"事变之来,急转直下,其相煎迫者未知所纪极。"茅盾《子夜》一七:"伯韬!时局到底怎样,各人各看法!也许会急转直下。至于益中公司,我们局内人倒一点不担心。"韦君宜《她这一辈子》:"没有想到,熬过了抗战,又来了解放战争。形势急转直下,我们的解放大军包围了城市。"也指顺势迅速转换话题或改变态度。巴金《春天里的秋天》三:"'那么我们一块儿去看瑢吧!'我急转直下地说到本题。"周而复《上海的早晨》三部一四:"他提心吊胆地听着梅佐贤和余静对谈,不料梅佐贤急转直下表示了态度,他才放下心。"

【疾恶如仇】jí è rú chóu　疾:憎恨。憎恨坏人坏事如同憎恨仇敌一样。《后汉书·祢衡传》:"忠果正直,志怀霜雪,见善若惊,疾恶如仇。"《东周列国志》一五回:"敬仲虽疾恶如仇,然为国自贬,当不斬也。"李劼人《大波》二部三章:"本督部堂爱民如子,疾恶如仇,从前护院的时候,并未妄杀一个人,想为尔四川百姓所共见。"也作"嫉恶如仇"。贾平凹《祭父》:"父亲忠厚而严厉,胆小却嫉恶如仇。"

【疾风暴雨】jí fēng bào yǔ 疾:迅疾,急速。迅急而猛烈的风雨。《吕氏春秋·孟春》:"行秋令则民大疫,疾风暴雨数至。"《儒林外史》四三回:"若是偷着张看,被他瞧见了,就有疾风暴雨,平地水深三尺。"也比喻激烈的斗争或猛烈的形势。孙犁《白洋淀纪事·王香菊》:"这些日子,在香菊身上,表现了一连串疾风暴雨的进步。"李国文《冬天里的春天》五章:"经受了疾风暴雨的磨炼,会更坚强,更勇敢地去生活,去战斗,去迎接明天,去创造未来。"也作"疾风骤雨"。姚雪垠《李自成》一卷八章:"只听见一片震人心魄的喊杀声,疾风骤雨般的马蹄声。"

【疾风劲草】jí fēng jìng cǎo 见"疾风知劲草"。

【疾风知劲草】jí fēng zhī jìng cǎo 疾风:迅急猛烈的大风。在猛烈的大风中才能知道哪种草最强劲坚韧。比喻在危难的时刻或艰难的环境下,才能显出人的意志坚强,忠贞不渝。《东观汉记·王霸传》:"颖川从我者皆逝,而子独留,始验疾风知劲草。"《隋书·杨素传》:"古人有言曰:'疾风知劲草,世乱有诚臣。'公得之矣。"屈武《操比金石节砺冰雪》:"古语说:'疾风知劲草,烈火炼真金',这就是宋庆龄同志的最好写照。"也作"疾风劲草"。《周书·裴宽传》:"被坚执锐,或有其人,疾风劲草,岁寒方验。"

【疾风骤雨】jí fēng zhòu yǔ 见"疾风暴雨"。

【疾如旋踵】jí rú xuán zhǒng 疾:急速。旋踵:转过脚后跟,比喻极短时间。

快得像转一下脚后跟。形容事变迅速。唐·冯用之《机论》上:"一得一失,易于反掌,一兴一亡,疾如旋踵,为国家者可不务乎?"

【疾声厉色】jí shēng lì sè 见"疾言厉色"。

【疾世愤俗】jí shì fèn sú 见"愤世嫉俗"。

【疾首蹙额】jí shǒu cù é 疾首:头痛。蹙额:皱眉头。《孟子·梁惠王下》:"今王鼓乐于此,百姓闻王钟鼓之声,管籥之音,举疾首蹙额而相告曰:'吾王之好鼓乐,夫何使我至于此极也,父子不相见,兄弟妻子离散。'"后用"疾首蹙额"形容厌恶痛恨的样子。宋·陆九渊《与徐子宜》其二:"良民善士,疾首蹙额,饮恨吞声,而无所控诉。"丰子恺《缘缘堂随笔·附录》:"残生的石门湾人疾首蹙额地互相转告着:'一定是乍浦登陆了,明天还要来呢,我们逃避吧!'是日傍晚,全镇逃避一空。"

【疾言厉色】jí yán lì sè 言词激烈,神色严厉。形容人发怒的情形。《官场现形记》五四回:"说话时,那梅大老爷的脸色已经平和了许多,就是问话的声音也不像先前之疾言厉色了。"欧阳山《三家巷》五六:"这位董事长是一个年纪才二十三岁的少妇,又是一个快要毕业的文科大学生,平时懒散淡泊,只愿少一件事,不愿多一件事,却没见过她这样疾言厉色。"姚雪垠《李自成》一卷二八章:"玉峰不大处罚弟兄们,连ább疾言厉色也少有,可是在咱们老八队里,上上下下没有一个人不尊敬他。"也作"疾声厉色"。沈从文《绅士的太太·他们的家庭》:"人是读过书、很干练的人,在议会时还极其雄强,常常疾声厉色的和政敌辩论,一言不合就祭起一个墨盒飞到主席台上去。"

【集思广益】jí sī guǎng yì 集:集中。思:想法,智慧。广:扩大。益:益处,效果。《三国志·蜀书·董和传》:"夫参署者,集众思广益也。"后用"集思广益"指集中众人的智慧,可以收到更好的效果。宋·文天祥《上丞相》:"处功以不骄吝,处才开忧布公,集思广益,嘉与天才贤士大夫以为共理。"《老残游记》三回:"所以兄弟没有别的法子,但凡闻有奇才异能之士,都想请来,也是集思广益的意思。"李劼人《大波》三部八章:"今天这个会议,原本就在集思广益;况乎事到而今,还有什么可以顾虑之处? 各位先生畅所欲言可也。"

【集腋成裘】 jí yè chéng qiú　腋:胳肢窝,此指狐狸腋下的毛皮。裘:皮衣。狐狸腋下的皮虽小,但把许多块聚集起来,就可以缝制成珍贵的皮衣。《慎子·知忠》:"故廊庙之材,盖非一木之枝也;粹白之裘,盖非一狐之皮也。"后用"集腋成裘"比喻积少成多或集众力办一事。《儿女英雄传》三回:"如今弄多少是多少,也只好是集腋成裘了。"《官场现形记》一一回:"果然一齐应允,也有二百的,也有一百的,也有五十的,居然集腋成裘,立刻到捐局里填了部照出来。"

【嫉恶如仇】 jí è rú chóu　见"疾恶如仇"。

【嫉善妒能】 jí shàn dù néng　见"嫉贤妒能"。

【嫉贤妒能】 jí xián dù néng　嫉:忌妒。对品德、才能胜过自己的人心怀嫉妒和怨恨。汉·荀悦《前汉纪·高祖纪三》:"项羽嫉贤妒能,有功者害之,贤者疑之……所以失天下也。"《水浒传》三九回:"这人虽读经书,却是阿谀谄佞之徒,心地匾窄,只要嫉贤妒能。"纪希晨《老师的期待》:"对同事要讲团结,讲友爱,相互帮助,不要嫉贤妒能。"也作"嫉善妒能"。《说岳全传》七三回:"欺君罔上,擅行予夺之权;嫉善妒能,专起窜诛之典。"

【瘠己肥人】 jí jǐ féi rén　瘠:瘦。指对己严格,待人宽厚。《宋史·赵善俊传》:"僚属争言用度将不足,善俊曰:'吾将瘠己肥人。'乃省燕游车骑鼓吹之费,郡计用饶,代输民役钱。"

【几次三番】 jǐ cì sān fān　一次又一次。形容次数多。《说岳全传》五一回:"这个狗头,几次三番来哄骗我们,今日又来做什么?"老舍《骆驼祥子》一六:"祥子照常去拉车,她独自在屋中走来走去,几次三番的要穿好衣服找爸爸去,心想到而手懒得动。"周而复《上海的早晨》三部七:"几次三番交涉,徐义德才勉强答应。"

【己所不欲,勿施于人】 jǐ suǒ bù yù, wù shī yú rén　自己不愿意的,不要强加于别人。《论语·颜渊》:"仲弓问仁。子曰:'出门如见大宾,使民如承大祭。己所不欲,勿施于人。在邦无怨,在家无怨。'"元·杨梓《豫让吞炭》一折:"待驱兵领将,积草屯粮,平白地要把邻邦困,可不道'己所不欲,勿施于人'。"《野叟曝言》一四三回:"同一不知,在卑人则毫无忿怨,在郡主则视若寇仇,恐亦非'己所不欲勿施于人'之想道也。"梁斌《红旗谱》一二:"运涛说:'那个不行,大伯! 你不是说'己所不欲,勿施于人'吗? 人家不愿给就算啦!'"

【挤挤攘攘】 jǐ jǐ rǎng rǎng　攘攘:纷乱的样子。形容拥挤纷乱的样子。梁斌《红旗谱》五五:"挨到天刚薄明,墙角里还挂着黑纱,站房里来了一屋子人,挤挤攘攘,等候上车。"周克芹《果园的主人》:"小河的水从深山里流出来,清澈见底,小河对岸山峦重叠,郁郁葱葱,与河这面尘土飞扬、挤挤攘攘的县城形成鲜明的对照。"

【挤眉弄眼】 jǐ méi nòng yǎn　挤眉毛,弄眼睛。指用眉眼传情或示意。《水浒传》三○回:"武松又见这两个公人与那两个提朴刀的挤眉弄眼,打些暗号。"《儒林外史》二六回："安庆七学共考三场。见那些童生，也有代笔的，也有传递的，大家丢纸团、掠砖头，挤眉弄眼，无所不为。"茅盾《蚀·追求》三："他看见自己在一个旅馆的头等房间内，五六个妖艳的女子，从二十多岁以至十四五的，从小脚的以至天足的，排坐在他跟前，都对着他挤眉弄眼。"

【济济一堂】 jǐ jǐ yī táng 济济：众多的样子。形容许多的人聚集在一起。杨沫《青春之歌》二部四三章："今日开会，见如此众多同学济济一堂，本人高兴非常。"欧阳山《三家巷》七五："洗鉴这些人和大家一个个见过面，一时男的、女的、老的、少的，济济一堂，好不热闹。"周而复《上海的早晨》四部一二："我们民建分会真是谋臣如雨，猛将如云，济济一堂，各有千秋。"〔注意〕济，不读jì。

【掎角之势】 jǐ jiǎo zhī shì 掎：牵住，拉住。《左传·襄公十四年》："譬如捕鹿，晋人角之，诸戎掎之，与晋拾之。"像捕鹿一样，晋国抓它的角，诸戎拉住它的腿，共同把鹿放倒。后用"掎角之势"比喻战争中互相配合，对敌人形成夹击之势。《三国志·蜀书·诸葛亮传》南朝宋·裴松之注引《默记·述佐》："玄德与操，智力多少，士众寡，用兵行军之道，不可同年而语，犹能暂以取胜，是时又无大吴掎角之势……"《三国演义》二二回："徐州受敌之地，不可久居，不若分兵屯小沛，守邳城，为掎角之势，以防曹操。"也作"犄角之势"。《东周列国志》七三回："吴兵进退两难，乃分作两寨，为犄角之势，与楚相持。"

【戟指嚼舌】 jǐ zhǐ jiáo shé 戟指：指伸出食指和中指指斥人。嚼舌：咬破舌头。形容人愤怒的样子。鲁迅《华盖集·"碰壁"之余》："或则戟指嚼舌，喷血而亡。"

【计不旋踵】 jì bù xuán zhǒng 旋踵：

转过脚后跟，比喻极短时间。指在极短时间内就打定主意。《史记·司马相如列传》："夫边郡之士……触白刃，冒流矢，义不反顾，计不旋踵，人怀怒心，如报私雠。"

【计出万全】 jì chū wàn quán 万全：非常周到安全。《汉书·晁错传》："帝王之道，出于万全。"后用"计出万全"形容计策谋划周密安全，万无一失。《红楼梦》六四回："贾琏只顾贪图二姐美色，听了贾蓉一篇话，遂为计出万全，将现今身上有服，并停妻再娶，严父妒妻，种种不妥之处，皆置之度外了。"《老残游记》一六回："我也没有长策。不过这种事情，其势已迫，不能计出万全的。"姚雪垠《李自成》三卷一三章："可是，除非计出万全，我不能让敬帅以佛身入虎牢。"

【计功行赏】 jì gōng xíng shǎng 计算功劳大小多少，给予奖赏。《三国志·吴书·虞翻传》南朝宋·裴松之注引《江表传》："策既定豫章，引军还吴，飨赐将士，计功行赏。"《说岳全传》七八回："岳雷大军过了界山，收拾人马，放炮安营，计功行赏。"

【计过自讼】 jì guò zì sòng 过：错误。自讼：自己责备自己。《论语·公冶长》："吾未能见其过而内自讼也。"后用"计过自讼"指检讨自己错误而内心感到自责。《明史·舒芬传》："芬丰神玉立，负气峻厉，端居竟日无倦容，夜则计过自讼。"

【计穷力极】 jì qióng lì jí 见"计穷力竭"。

【计穷力竭】 jì qióng lì jié 计：计谋。竭：尽。计谋、办法和力量都已用尽。形容陷入绝境，没有出路。《水浒传》九六回："乔道清计穷力竭，遂同二将，驰入山岭。"《西游记》六六回："那猴儿计穷力竭，无处求人，断然是送命来也。"《孽海花》三二回："狮球岭破在旦夕了，职已计穷力竭，请大帅亲往督战罢！"也作"计穷力极"。极：尽。《野叟曝言》一〇二回："彼计穷力极，必入内峒坚守，汝等便分队攻击，以休军力。"也作"计穷力尽"。《三国演义》三一回："本初计穷力尽，何尚不思投降？"

【计穷力尽】jì qióng lì jìn 见"计穷力竭"。

【计日程功】jì rì chéng gōng 计：计算。程：估量。功：成效，功效。工作进度或功效可以按日计算。形容进度快。指日可成功。梁启超《中国法理学发达史论·法治主义之发生》："法治国虽进不必骤，而得寸进尺，计日程功。"毛泽东《在中国共产党第七届中央委员会第二次全体会议上的报告》六："中国经济建设的速度将不是很慢而可能是相当地快的，中国的兴盛是可以计日程功的。"

【计日而待】jì rì ér dài 计日：计算日程。待：等待。等待的时日很快就要到来。指为时不远。《三国志·蜀书·诸葛亮传》："侍中、尚书、长史、参军，此悉贞良死节之臣，愿陛下亲之信之，则汉室之隆，可计日而待也。"《三国演义》一〇六回："司马太尉善能用兵，临危制变，多有良谋，捉公孙渊计日而待。"也作"计日可待"。鲁迅《集外集拾遗补编·破恶声论》："倘其革新武备，振起工商，则国之富强，计日可待。"

【计日可待】jì rì kě dài 见"计日而待"。

【计上心来】jì shàng xīn lái 计谋一下子涌上心头。形容计谋来得快。常和"眉头一皱"等连用。元·马致远《汉宫秋》一折："不要倒好了他，眉头一纵，计上心来。"《喻世明言》卷四："那尼姑眉头一蹙，计上心来，道：'前日坏腹，至今未好，借解一解。'"《野叟曝言》四回："弯吹见事已急，计上心来，看供桌上一只古铜蜡台，高三尺许，顺手一推，却好隔着桌子跌向外边，正中松庵脑上，戳进了二三寸。"姚雪垠《李自成》三卷二二章："祥符知县王燮坦在李自成等仍在驻马观望，忽然计上心来，对陈永福说：'军门大人，何不趁此机会下令开炮，将闯贼一伙打死？'"

【记忆犹新】jì yì yóu xīn 过去的事情仍然留在脑海中，就像新发生的一样。夏衍《〈新华日报〉及其他》："当时沈宁十二岁，沈旦华六岁，到晚上，四个人横排着睡在一张床上，用一张条凳搁脚，这件事四十年后记忆犹新。"李劼人《大波》三部三章："七月十五前前后后的经过，我至今记忆犹新，老赵要翻脸生事，我们早已料定。"

【际会风云】jì huì fēng yún 见"风云际会"。

【季布一诺】jì bù yī nuò 季布：汉代大将，为人讲信用，重视诺言。诺：许诺。比喻说话极有信用。《史记·季布栾布列传》："楚人谚曰：'得黄金百，不如得季布一诺。'"

【季孙之忧】jì sūn zhī yōu 季孙：春秋时鲁国大夫。忧：忧患。《论语·季氏》："今由与求也，相夫子，远人不服而不能来也，邦分崩离析而不能守也，而谋动干戈于邦内。吾恐季孙之忧，不在颛臾，而在萧墙之内也。"意为季孙的忧患在内部，而不在外部。后用"季孙之忧"指内部忧患。

【济河焚舟】jì hé fén zhōu 济：渡。渡过河，就烧掉船只。形容不留退路，决心死战。《左传·文公三年》："秦伯伐晋，济河焚舟。"《世说新语·言语》："若文度来，我以偏师待之；康伯来，济河焚舟。"

【济困扶危】jì kùn fú wēi 见"扶危济困"。

【济贫拔苦】jì pín bá kǔ 济：救助。拔：使脱离。救济帮助贫苦的人。《敦煌变文集·维摩诘经讲经文》："常行慈悲，济贫拔苦。《三国演义》一一一回:"竺因此广舍家财,济贫拔苦。"

【济人利物】 jì rén lì wù 济:救助,救济。物:他人,众人。帮助别人,有利于众人。宋·朱熹《记外大父祝公遗事》:"岁大疫,亲旧有尽室病卧者,公每清旦辄携粥药造之,遍饮食之而后返,日以为常,其他济人利物之事不胜记。"《初刻拍案惊奇》卷二八:"吾意欲往震旦地方打一轮回,游戏他七八十年,做些济人利物的事,然后回来复居于此,可不好么?"《野叟曝言》三一回:"况他立心仁厚,度量宽宏,仗义扶危,济人利物,论积善馀庆之理,何至不保其身?"

【济弱锄强】 jì ruò chú qiáng 济:救助。锄:铲除。救助弱小,铲除强暴。《隋唐演义》一八回:"这不平之气,个个有的。若没个济弱除强的手段,也只干着恼一番。"

【济弱扶倾】 jì ruò fú qīng 见"扶倾济弱"。

【济世安民】 jì shì ān mín 拯救社会,安定人民。《旧唐书·太宗本纪上》:"龙凤之姿,天日之表,年将二十,必能济世安民矣。"《醒世恒言》卷三〇:"素性忠贞尚义,有经天纬地之才,济世安民之志。"《三国演义》三七回:"玄德曰:'某乃刘备也。欲访先生,求济世安民之术。'"

【济世之才】 jì shì zhī cái 济:拯救。世:社会。拯救社会、国家的人才或才能。唐·杜甫《奉待严大夫》诗:"殊方又喜故人来,重镇还须济世才。"《三国演义》四三回:"管仲相桓公,霸诸侯,一匡天下;乐毅扶持微弱之燕,下齐七十余城。此二人者,真济世之才也。"《老残游记》六回:"若真有点济世之才,竟自遁世,岂不辜负天地生才之心吗?"

【既成事实】 jì chéng shì shí 既:已。已经形成的事实。刘白羽《第二个太阳》一章:"这一刻,秦震突然担心黄参谋不照他的吩咐办,造成既成事实。于是,他匆匆向站台里走去。"

【既来之,则安之】 jì lái zhī, zé ān zhī 《论语·季氏》:"夫如是,故远人不服,则修文德以来之。既来之,则安之。"本指招徕远人,并加以安抚。后用以指已经来了,就应该安下心来。元·吴昌龄《张天师》一折:"既来之,则安之,仙子请坐,容小生递一杯酒咱。"《醒世恒言》卷三:"瑶琴既来之,则安之。住了几日,不见卜乔回信。"《二十年目睹之怪现状》一〇二回:"但既来之,则安之,姑且住下再说。姨娘倒也不能撵他,只得由他住下。"巴金《随想录》一七:"我并不悲观,'既来之则安之'。我已经在病房里住惯了。"

【既往不咎】 jì wǎng bù jiù 既往:已经过去的事情。咎:追究罪责。对经过去的错误或错责不予追究。《论语·八佾》:"成事不说,遂事不谏,既往不咎。"《警世通言》卷三一:"你平日务外,既往不咎,如今现放着许多银子,不理正事,只管哭做甚么?"《花月痕》四回:"本爵既往不咎,咸与维新。予以免死之牌,示之投生之路。"姚雪垠《李自成》二卷一一章:"倘若你们留下,过去的事既往不咎。"也作"不咎既往"。邓一光《我是太阳》一部四:"本军对于残匪,决于继续扫荡。务求彻底肃清,不留一匪一枪。如果残匪投诚,绝不咎既往。"

【继往开来】 jì wǎng kāi lái 继承前人的事业,开辟未来的道路。明·王守仁《传习录》卷上:"文公精神气魄大,是他早年合下便要继往开来。"《二十年目睹之怪现状》一回:"赵世兄他目前虽说是新中举,总是我们斯文一脉,将来昌明圣教,继往开来,舍我其谁?"王安忆《叔叔的故事》:"我只有沿了我的想像继往开来，将故事进行到底。"

【寄人篱下】 jì rén lí xià　寄：依附。篱：篱笆。《南史·张融传》："丈夫当删《诗》《书》，制礼乐，何至因循寄人篱下。"原指文章著述因袭他人，无创造性。后用"寄人篱下"指生活上依靠他人，不能独立。《红楼梦》九○回："薛蝌回到自己房中，吃了晚饭，想起那岫烟住在贾府园中，终是寄人篱下，况且又穷，日用起居，不想可知。"杨沫《青春之歌》一部八章："现成的幸福道路你不走，却喜欢这样任性胡闹，为什么一定要闹得东奔西走，寄人篱下呢？"也指依附别人，在人之下。姚雪垠《李自成》三卷一四章："我在自成这里虽称为大将军，实际上也是寄人篱下，终非长策。"严文井《关于萧乾的点滴》："他从来不喜欢寄人篱下，不见得翻过来他就喜欢显得高人一等。"

【寂静无声】 jì jìng wú shēng　见"寂然无声"。

【寂然无声】 jì rán wú shēng　寂然：寂静的样子。形容非常寂静，没有一点声音。《东周列国志》七五回："左右进退，回旋往来，皆中绳墨，毫发不差，自始至终，寂然无声。"《野叟曝言》一○四回："于二更到关，见关上寂然无声，取出明珠来四面照耀，不一会见关内林木之上飘起白绢号带……"巴金《春》二："她们穿过天井，站在桂堂前。桂堂两边房屋都是寂然无声。"也作"寂静无声"。《野叟曝言》五○回："只见那男人吓得面如土色，慌忙吹息灯火，寂静无声矣。"路遥《平凡的世界》(下)一二章："山野寂静无声，甚至能听见自己鬓角的血管在恨恨地跳动。"

【寂若无人】 jì ruò wú rén　寂：寂静。寂静得好像没有人一样。形容非常寂静，没有一点声响。《三国志·魏书·陈登传》南朝宋·裴松之注引《先贤行状》："乃闭门自守，示弱不与战，将士衔声，寂若无

人。"也作"寂无人声"。《野叟曝言》九回："等到天色将明，素臣已是上岸，吩咐文虚看船，忙忙的走到湖边，只见大郎门上一把锁锁着，寂无人声。"杨沫《青春之歌》一部一六章："中午，肚子饿极了，他听听大操场上已寂无人声，再看图书馆里也空无一人。"

【寂天寞地】 jì tiān mò dì　形容悄悄地、不声不响地。《说岳全传》二一回："半夜三更，为什么寂天寞地坐起堂来？"也形容无所作为或无声无息。明·王守仁《传习录》卷下："先生曰：'未扣时，原是惊天动地；既扣时，也只是寂天寞地。'"

【寂无人声】 jì wú rén shēng　见"寂若无人"。

【稷蜂社鼠】 jì fēng shè shǔ　稷：谷神，也指祭谷神的地方。社：土神，也指祭土神的地方。谷神庙里的蜂，土地神庙里的老鼠。比喻仗势作恶的坏人。《韩诗外传》卷八："稷蜂不攻，而社鼠不熏，非以稷蜂社鼠之神，其所托者善也。"

【加官进爵】 jiā guān jìn jué　爵：爵位。提升官职爵位。泛指官吏升迁。明·邵璨《香囊记·褒封》："荫子封妻世应稀，加官进爵人争羡。"《镜花缘》八三回："并且'加官'二字也甚吉利，把他做个话头，即或不甚发笑，就算加官进爵之兆，也未尝不妙。"王火《战争和人》(一)卷七："不禁又想：加官进爵，对于我来说，会怎么样呢？我无派系，上无扎实的后台，下无一群吹鼓手，中央那些人，好像将我忘掉了！"

【加官进禄】 jiā guān jìn lù　禄：俸禄。提升官职，增加俸禄。泛指官吏升迁。《金史·章宗元妃李氏传》："[凤凰]向里飞则加官进禄。"《红楼梦》五三回："新春大喜大福，荣贵平安，加官进禄，万事如意。"

【加人一等】 jiā rén yī děng　加：高

出,超过。高出别人一等。《礼记·檀弓上》:"夫子曰:'献子加于人一等矣。'"后用"加人一等"形容才智杰出,超过别人。清·纪昀《阅微草堂笔记·滦阳续录三》:"此老生平亦无大过,但务欲其识加人一等,故不觉至是耳,可不戒哉!"

【夹七夹八】 jiā qī jiā bā 混杂不清,没有条理。多用于指说话。《警世通言》卷三五:"支助自吃了一回,夹七夹八说了些街坊上的闲话。"《儒林外史》三回:"一顿夹七夹八,骂的范进摸门不着。"茅盾《子夜》二:"吴荪甫也好像有点改常,夹七夹八说了一大段,这才落到主要目的。"也形容混乱没秩序,没规律。多用于指行为。《水浒传》四三回:"挽了半香炉水,双手擎来,再寻旧路,夹七夹八走上岭来。"《儒林外史》二二回:"这牛浦也就有几个念herbs的人和他相与,乘着人乱,也夹七夹八的来往。"

【佳人薄命】 jiā rén bó mìng 见"红颜薄命"。

【佳人才子】 jiā rén cái zǐ 见"才子佳人"。

【佳肴美馔】 jiā yáo měi zhuàn 肴:鱼肉之类的荤菜。馔:食物。泛指好吃的饭菜。《水浒传》三一回:"两口儿自去厨下安排些佳肴美馔酒食,管待武松。"也作"嘉肴美馔"。《三国演义》八回:"允预备嘉肴美馔,候吕布至,允出门迎迓,接入后堂,延之上坐。"

【家败人亡】 jiā bài rén wáng 见"家破人亡"。

【家长礼短】 jiā cháng lǐ duǎn 见"家长里短"。

【家长里短】 jiā cháng lǐ duǎn 里:邻里。指家庭日常生活琐事。《西游记》七五回:"这一关了门,他再问我家长里短的事,我对不来,却不弄走了风,被他拿住?"老舍《四世同堂》一五:"晚饭,他到厨房去帮着烙饼,本想和祁少奶奶说些家长里短;可是,一提起家中,他就更不放心,所以并没有说得很痛快。"魏巍《东方》一部一章:"部队一驻下,他在炕头上两条腿一盘,就同老乡家长里短地扯起来。"也作"家长礼短"。《西游记》四二回:"他问我甚么家长礼短,少米无柴的话说,我也好信口捏脓,答他。"

【家常便饭】 jiā cháng biàn fàn 宋·罗大经《鹤林玉露》卷一:"范文正公云:'常调官好做,家常饭好吃。'"后多用"家常便饭"指家中日常饭食。《官场现形记》一七回:"彼此知己,只要家常便饭,本来无须客气。"周作人《雨天的书·济南道中》:"第二天早晨到了西兴,埠头的饭店主人很股勤地留客,点头说'吃了饭去',……便端出烤鲜小炒腌鸭蛋等'家常便饭'来,也有一种特别的风味。"也比喻常见的或平常的事情。茅盾《腐蚀·十月一日》:"飞短流长,在这里是家常便饭。"李英儒《野火春风斗古城》一一章:"夜过封锁沟对大家是家常便饭,对韩燕来说就新鲜透顶了。"

【家丑不可外扬】 jiā chǒu bù kě wài yáng 《五灯会元·化城鉴禅师》:"问:'如何是和尚家风?'师曰:'不欲说似人。'曰:'为甚么却如此?'师曰:'家丑不外扬。'"后多作"家丑不可外扬",指家庭里的不体面的事情,不可向外人宣扬,让外人知道。元·无名氏《争报恩》二折:"相公差矣,你的大夫人是你儿女夫妻,岂有此理。便好道家丑不可外扬,相公自己断了罢。"《二刻拍案惊奇》卷五:"宗王心里道是家丑不可外扬,恐女儿许不得人家,只得含忍过了。"欧阳山《三家巷》二:"他们大家大业的,哪会多余你这双筷子、碗? 家丑不可外扬,就顺便把你收做个二房,也是有的。"魏巍《东方》四部二四章:"俗话说,家丑不可外扬,何况我婶子是一个有名的模范,传出去对她的威信是有影响的。"

【家大业大】jiā dà yè dà　大户人家，产业多。姚雪垠《李自成》二卷二章："无奈父母下世太早，家大业大，全靠他一人照料。"

【家道消乏】jiā dào xiāo fá　家道：家计，家产。消乏：贫乏，缺少。指家里经济越来越差，日益贫穷。《初刻拍案惊奇》卷一○："那韩子文虽是满腹文章，却当不过家道消乏，在人家处馆，勉强糊口。"

【家鸡野鹜】jiā jī yě wù　鹜：鸭子。晋·何法盛《晋中兴书》载：庾翼善书法，不服王羲之，在荆州与都下人书云："小儿辈贱家鸡，爱野雉，皆学逸少书。须吾还，当比之。"信中以家鸡喻自己书法，以野雉喻王羲之书法。后用"家鸡野鹜"比喻不同的书法风格。宋·苏轼《书王子敬帖》诗："家鸡野鹜同登俎，春蚓秋蛇总入奁。"金·史肃《放言二首》诗之一："家鸡野鹜何须较，秋菊春兰各自芳。"

【家给民足】jiā jǐ mín zú　见"家给人足"。

【家给人足】jiā jǐ rén zú　给：丰足。家家户户丰衣足食。形容百姓生活安定，人民富足。《史记·商君列传》："行之十年，秦民大说，道不拾遗，山无盗贼，家给人足。"《晋书·陶侃传》："是以百姓勤于农殖，家给人足。"孙中山《同盟会宣言》："肇造社会的国家，俾家给人足，四海之内，无一夫不获其所。"也作"家给民足"。《南齐书·刘悛传》："府库已实，国用有储，乃量春禄，薄赋税，则家给民足。"〔注意〕给，不读 gěi。

【家家户户】jiā jiā hù hù　每家每户，各家各户。《喻世明言》卷三六："那时节东京扰乱，家家户户，不得太平。"萧红《呼兰河传》一章："这时候，火烧云已经完全下去了。于是家家户户都进屋去睡

觉，关起窗门来。"梁斌《红旗谱》三一："目前家家户户，街头巷尾，人们谈论的是'反割头税运动'。"

【家贫如洗】jiā pín rú xǐ　家里穷得一无所有，像水洗过一样。形容极端贫困。元·秦简夫《剪发待宾》一折："小生幼习儒业，颇读诗书，争奈家贫如洗。"《醒世恒言》卷二五："多感娘子厚意，屡相宽慰。只是家贫如洗，衣食无聊。纵然巴得日后亨通，难救目前愁困，如之奈何？"《聊斋志异·任秀》："母怜其幼，秀哀涕欲死，遂典资治任，俾老仆佐之行，半年始还。殡后，家贫如洗。"贾平凹《祭父》："在他的幼年，家贫如洗，又常常遭土匪的绑票，三个兄弟先后被绑票过三次。"

【家破人亡】jiā pò rén wáng　家庭破坏，亲人死亡。形容家庭遭到灾祸或不幸。《景德传灯录·澧州乐普山元安禅师》："师曰：'家破人亡，子归何处？'"《初刻拍案惊奇》卷一一："你自己贪他银子，便几乎害得他家破人亡，似此诡计凶谋，不知陷过多少人了。"《红楼梦》一○三回："你们不是常和姑娘说，叫他别受委屈，闹得他们家破人亡，那时将东西卷包儿一走，再配一个好姑爷。"鲁迅《南腔北调集·论"赴难"和"逃难"》："现在中国的新闻上大登'满洲国'的虐政，说是不准私藏军器，但我们大中华民国人民来藏一件护身的东西试试看，也会家破人亡。"老舍《四世同堂》七九："他们这小小的胡同里，好的歹的，该死的与不该死的，已经有好几家子家破人亡。"也作"家败人亡"。《三侠五义》三回："什么德行，不过家门不幸，生此败家子。将来但能保住不家败人亡，就是造化了。"梁斌《红旗谱》八："最主要的是根据阴阳先生推断，有那座铜钟照着，咱冯家大院要家败人亡的。"

【家徒四壁】jiā tú sì bì　徒：仅，只。《史记·司马相如列传》："文君夜亡奔相

如,相如乃与驰归成都,家居徒四壁立。"意为相如家里空空,只剩下四周矗立的墙壁。后用"家徒四壁"形容家里穷得一无所有。《梁书·陶季直传》:"及死,家徒四壁,子孙无以殡敛,闻者莫不伤其志焉。"《初刻拍案惊奇》卷三四:"有那一贫如洗,家徒四壁,似司马相如的,分定时,不要说寻媒下聘与那见面交谈,便是殊俗异类,素昧平生,意想所不到的,却成了配偶。"《聊斋志异·鸦头》:"王略无疑贰,从容曰:'室对芙蓉,家徒四壁,实难自慰,恐终见弃置。'"梁实秋《雅舍小品·搬家》:"搬家是辛苦事。除非是真的家徒四壁,任谁都会蓄积一些弃之可惜留之无用的东西,到了搬家的时候才最感觉到累赘。"

【家无担石】 jiā wú dàn shí 见"家无儋石"。

【家无儋石】 jiā wú dàn shí 儋:古代容量单位,两石为一儋。石:十斗为一石。《汉书·扬雄传上》:"家产不过十金,乏无儋石之储,晏如也。"后用"家无儋石"形容家境贫苦。《隋书·卢思道传》:"心若死灰,不营势利,家无儋石,不费囊钱。"也作"家无担石"。《北齐书·李元忠传》:"而犹家无担石,室若悬磬,岂轻财重义,奉时爱己故也?"

【家无二主】 jiā wú èr zhǔ 一家之内不能有两个当家的主人。《礼记·坊记》:"天无二日,土无二王,家无二主,尊无二上。"《西游记》三九回:"常言道:'家无二主。'你受他一拜儿不亏。"《东周列国志》一五回:"家无二主,国无二君。寡君已奉宗庙,公子纠欲行争夺,非不二之谊也。"

【家学渊源】 jiā xué yuān yuán 家学:家庭里世代相传的学问。渊源:比喻事情的本源。家世传授的学问有根源。形容人学问好,有家学根底。宋·刘克庄《送林宽夫父子》:"家学有渊源,传之于

艾轩。"《红楼梦》八七回:"众幕宾看了,便皆大赞:'小哥儿十三岁的人就如此,可知家学渊源,真不诬矣。'"钱钟书《围城》二:"董先生不愧家学渊源,更难得是文武全才。"

【家喻户晓】 jiā yù hù xiǎo 喻:知道,明白。家家户户都知道。形容人人皆知。宋·楼钥《缴郑熙等免罪》:"以言求人,曾未闻有所褒表,而遽有免罪之旨,不可以家喻户晓,必有轻议于下者。"《镜花缘》八一回:"今日之下,其所以家喻户晓,知他为忠臣烈士,名垂千古者,皆由无心而传。"戚施《钱基博之鲁迅论》:"然始之创白话文以期言文一致,家喻户晓者,不以欧化的国语文学之兴而荒其志耶?"姚雪垠《李自成》三卷二五章:"此事在西安已经传得家喻户晓,有人在汪乔年的制台衙门看到塘报,确是将李家祖坟全都掘了,撒骨扬尘!"

【葭莩之亲】 jiā fú zhī qīn 葭莩:芦苇茎中的薄膜。比喻关系疏远的亲戚。《汉书·中山靖王胜传》:"今群臣非有葭莩之亲,鸿毛之重,群居党议,朋友相为,使夫宗室摈却,骨肉冰释。"

【嘉谋善政】 jiā móu shàn zhèng 高明的谋略、计策和令人称道的好政绩。《晋书·诸葛恢传》:"及其八处国钧,未有嘉谋善政。"

【嘉耦天成】 jiā ǒu tiān chéng 嘉耦:好配偶。《左传·桓公二年》:"嘉耦曰妃,怨耦曰仇,古之命也。"天成:天然生成。好配偶就像天生的一对。赞美美好的姻缘。萧乾《终身大事》:"但是最吸引我的还是东北角上的一个小跨院,那里供着一位月下老人。少男少女只要给他用红头绳一系,就算嘉耦天成了。"

【嘉言善行】 jiā yán shàn xíng 见"嘉言懿行"。

【嘉言懿行】 jiā yán yì xíng 嘉、懿:美

好。有教育意义的、美好的言语和行为。宋·刘克庄《西山真文忠公行状》："若夫人之嘉言懿行、善政遗爱，盖有不胜书者。"冰心《六一姊》："低头疾书，追写十年前的她的嘉言懿行。"也作"嘉言善行"。宋·曾巩《新序目录·序》："古之嘉言善行，亦往往而在也。"

【嘉肴美馔】jiā yáo měi zhuàn　见"佳肴美馔"。

【戛然而止】jiá rán ér zhǐ　戛然：突然停止的样子。形容突然停止。《歧路灯》九五回："唱了几套，戛然而止。"茅盾《子夜》一："此时汽车戛然而止，老关忙即跳下车去，摸摸腰间的勃郎宁，又向四下里瞥了一眼，就过去开了车门，威风凛凛地站在旁边。"李劼人《大波》二部八章："若不是黄澜生马起面孔叫她们出去，何嫂的话匣子断不会这样就戛然而止的。"

【假公济私】jiǎ gōng jì sī　假：借。济：助。假借公家的名义谋取私利。元·无名氏《陈州粜米》一折："这是朝廷救民的德意。他假公济私，我怎肯和他干罢了也呵！"《警世通言》卷二一："你把我看做施恩望报的小辈，假公济私的奸人，是何道理？"茅盾《蚀·动摇》二："攻击我的倪甫庭，去年私卖日货，被我查出，扣留他三包糖，从此恨我，今天他假公济私，来捣乱了。"

【假门假事】jiǎ mén jiǎ shì　见"假模假式"。

【假模假式】jiǎ mó jiǎ shì　装模作样，假装做得像真的一样。李佩甫《送你一朵苦楝花》一〇："这淤积起来自生活的假模假式，来自没有真诚的符号化的行走，来自铁制面具的沉重，来自对人的世界的恐惧。"也作"假门假事"。曹禺《日出》二幕："我的女儿好咬文嚼字，信耶稣，好办个慈善事业，有点假门假事的。"

【假仁假义】jiǎ rén jiǎ yì　虚假的仁义道德，伪装成仁慈善良。明·冯梦龙《新灌园·骑劫代将》："要感动民心，似草随风，须知汤武可追踪，假仁假义成何用！"李劼人《死水微澜》二部八："又怕中国人知道了不依，因才施些假仁假义，既可掩人耳目，又可以买人心。"欧阳山《三家巷》一五〇："戳穿她的假仁假义，把她伪君子的面具打在地上，打个粉碎。"

【假手于人】jiǎ shǒu yú rén　假：借，借助。借助别人的力量做某事来达到自己的目的。《三国志·魏书·庞淯传》南朝宋·裴松之注引《列女传》："今虽三弟早死，门户泯绝，而娥亲犹在，岂可假手于人哉！"《初刻拍案惊奇》卷四〇："一生应举，真才却不能一第，直待时节到来，还要遇巧，假手于人，方得成名，可不是数已前定？"《官场现形记》二二回："且说他自从到任之后，事必亲理，轻易不肯假手于人。"

【假途灭虢】jiǎ tú miè guó　假途：借道。虢：春秋时诸侯国名。《左传·僖公五年》载：春秋时，晋国向虞国借道以灭虢。大夫宫之奇进谏，认为虞、虢二国，相互依存，虢亡，虞也会灭亡。虞公不听。晋灭虢后，果然又在归途中袭灭虞国。后用"假途灭虢"指以向对方借道为名而行消灭对方的策略。《三国演义》五六回："此乃假途灭虢之计也。虚名收川，实取荆州。"

【假戏真做】jiǎ xì zhēn zuò　戏是假的，但要演得逼真。后泛指把假的事情当作真的来做，以达到某种目的。茅盾《腐蚀·十一月十二日晚二时》："我已经不是一个人，而是一条活的软索子；然而我到底是个人，有感想，也有回忆，我也渴想见他……哼，咱们瞧罢，谁说是假戏？假戏要真做呢！"刘绍棠《村妇》卷一："送佛送到西天，假戏真做唱到收场吧！"

【假以辞色】jiǎ yǐ cí sè　假：借助，凭

借。辞色:言词神态。用好言好语、和颜悦色地对待。辞:也作"词"。明·归有光《沈贞甫墓志铭》:"贞甫为人伉厉,喜自修饰,介介自持,非其人未尝假以辞色。"《红楼梦》一〇九回:"一则宝玉负愧,欲安慰宝钗之心;二则宝钗恐宝玉思郁成疾,不如假以词色,使得稍觉亲近,以为移花接木之计。"《二十年目睹之怪现状》四六回:"不比馆子里跑堂的,还可以去上馆子,假以辞色,问他底细;这厨子是虽上他馆子,也看不见的,怎样打听呢?"

【价廉物美】 jià lián wù měi 见"物美价廉"。

【价值连城】 jià zhí lián chéng 价:价值,价格。连城:连成一片的多座城市。《史记·廉颇蔺相如列传》:"赵惠文王时,得楚和氏璧。秦昭王闻之,使人遗赵王书,愿以十五城请易璧。"后用"价值连城"形容物品珍贵,价值极高。《三侠五义》六六回:"早已闻得小丹村勾乡宦家有宝珠灯,价值连城。"邓友梅《烟壶》五:"这些器皿由皇帝赏赐亲王重臣,才又流入京师民间。一时九城哄动,价值连城,多少人试图仿制,皆因不得其要领,不得成功。"

【驾轻就熟】 jià qīng jiù shú 唐·韩愈《送石处士序》:"与之语道理,辨古今事当否,论人高下,事后当成败,若河决下流而东注,若驷马驾轻车就熟路,而王良、造父为之先后也。"后用"驾轻就熟"比喻对所做的事情熟悉,办起来容易。明·徐光启《恭承新谕陈急切事宜疏》:"经历自觉世务……俾以训齐,实有驾轻就熟之用。"《清史稿·陈宏谋传》:"此汝驾轻就熟之地,当秉公持重,毋立异端,毋沽名。能去此习,尚可造就也。"钱钟书《围城》七:"鸿渐自觉这一学期上课,驾轻就熟,渐渐得法。学生对他的印象也好像好了些。"欧阳山《三家巷》一九四:"胡杏演二妞,更是驾轻就熟,胜任愉快。"

【嫁祸于人】 jià huò yú rén 嫁:转嫁,转移。《史记·赵世家》:"韩氏所以不入于秦者,欲嫁其祸于赵也。"后用"嫁祸于人"指把自己的祸事转嫁到别人身上。《南史·阮孝绪传》:"己所不欲,岂可嫁祸于人。"叶永烈《科学福尔摩斯》:"沈修狡猾地在作案时穿了曾小清的皮鞋,以便万一她自己被捕,可以把责任推到曾小清头上,嫁祸于人。"

【嫁鸡随鸡】 jià jī suí jī 宋·欧阳修《代鸠妇言》诗:"人言嫁鸡逐鸡飞,安知嫁鸠被鸠逐。"后多用"嫁鸡随鸡"比喻女子出嫁后,不论丈夫好坏,都要服从,安于命运安排。多与"嫁狗随狗"连用。《初刻拍案惊奇》卷三八:"常言道:'嫁鸡随鸡,嫁狗随狗。'一车骨头半车肉,都属了刘家,怎么叫我做李妈妈?"《二十年目睹之怪现状》九一回:"太太吓得连忙站起来道:'老太太言重了!媳妇虽不敢说知书识礼,然而'嫁鸡随鸡,嫁狗随狗'这句俗话,是从小儿听到大的,那里有甚么叫做委屈!'"姚雪垠《李自成》三卷三七章:"俗话说嫁鸡随鸡。做妻子的顺从丈夫才算贤惠,也才算知礼。"

【稼穑艰难】 jià sè jiān nán 稼:耕种庄稼。穑:收获庄稼。稼穑泛指农业生产劳动。《尚书·无逸》:"君子所其无逸,先知稼穑之艰难,乃逸。"后用"稼穑艰难"泛指农业劳动的辛苦。《陈书·后主纪论》:"后主生深宫之中,长妇人之手,既属邦国殄瘁,不知稼穑艰难。"《二刻拍案惊奇》卷二二:"世间富贵子弟,还是等他晓得些稼穑艰难为妙。至于门下往来的人,尤不可不慎也。"

【尖酸刻薄】 jiān suān kè bó 尖酸:说话带刺,使人难受。刻薄:过分苛求,冷酷无情。形容说话或待人冷酷无情,不宽厚。《红楼梦》五五回:"分明太太是好太太,都是你们尖酸刻薄,可惜有恩无处使。"鲁迅《三闲集·我的态度气量和年纪》："即使在我以为是直道而行,他们也仍可认为'尖酸刻薄'。于是'论战'便变成'态度战','量气战','年龄战'了。"孙犁《白洋淀纪事·钟》一："人们不明白,为什么她在大土面前那么修福行善,嘴里却有这么一大堆尖酸刻薄的语言。"〔注意〕薄,不读 báo。

【尖嘴薄舌】jiān zuǐ bó shé　形容人说话尖酸刻薄。《镜花缘》三回："你既要骗我酒吃,又斗我围棋,偏有这些尖嘴薄舌的话说!"

【尖嘴猴腮】jiān zuǐ hóu sāi　猴腮:像猴一样的腮。嘴巴尖突,脸颊瘦长。形容人面部削瘦,相貌长得丑陋。《儒林外史》三回："像你这尖嘴猴腮,也该撒抛尿自己照照!不三不四,就想天鹅屁吃!"魏巍《东方》四部一〇章："郭祥的脑海里立刻浮现出那个尖嘴猴腮、脸带三分笑、经常从眼镜边上看人的丑恶的形象来。"

【坚壁清野】jiān bì qīng yě　坚壁:加固壁垒。清野:清除四野,转移人口、物资。这是对付优势敌人入侵的一种作战方法,使他们既攻不下营垒,又抢不到东西。《后汉书·荀彧传》："彼各惧而相结,共为表里,坚壁清野,以待将军,将军攻之不拔,掠之无获,不出一旬,则十万之众未战而自困矣。"《南史·宋本纪一》："超大将公孙五楼请断大岘,坚壁清野以待,超不从。"姚雪垠《李自成》一卷二章："严令畿辅州县,坚壁清野,使敌人无从得食。"

【坚不可摧】jiān bù kě cuī　非常坚固,不可摧毁。《歧路灯》八二回："二十年闺阁,养成拘墟笃时之见,牢不可破,坚不可摧。"姚雪垠《李自成》三卷一一章："虽然她口中鼓励将士们同她在此死守,却实际上打算守到黄昏撤退,估计到那时后队的营垒已经修筑得坚不可摧。"

【坚持不懈】jiān chí bù xiè　坚持进行,毫不松懈。《清史稿·刘体重传》："熙激励兵团,坚持不懈,贼穷蹙乞降,遂复濮州。"李劼人《大波》一部五章："总而言之,众志业已成城,只要大家坚持不懈,哪有感动不了圣明,废除不了条约,争讨不了路权的道理。"

【坚定不移】jiān dìng bù yí　形容人立场、观点、主张等固定专一,毫不动摇。《资治通鉴·唐文宗开成五年》："推心委任,坚定不移,则天下何忧不理哉!"周而复《上海的早晨》一部五一："他遇事总是深思熟虑,冷静地想好了才表示意见,一说出来,就坚定不移地去做,不达目的誓不罢休。"浩然《杏花雨》三:"宋春林把那句话,用坚定不移的声调重说一遍:'同志,我跟你过河去送饭!'"

【坚甲利兵】jiān jiǎ lì bīng　甲:盔甲。利:锋利。兵:兵器。坚固的盔甲,锐利的兵器。指精良的武器。也借指装备精良的军队。《荀子·议兵》："故坚甲利兵不足为胜,高城深池不足为固。"《东周列国志》七四回："令尹最好者,坚甲利兵也。"《明史·王直传》："谋臣猛将,坚甲利兵,随处充满,且耕且守,是以久安。"

【坚苦卓绝】jiān kǔ zhuó jué　见"艰苦卓绝"。

【坚强不屈】jiān qiáng bù qū　《荀子·法行》："坚刚而不屈,义也。"后用"坚强不屈"形容人坚韧刚强,不屈不挠的精神。魏巍《东方》一部五章："他坚强不屈,十分英勇。"

【坚韧不拔】jiān rèn bù bá　拔:变易,动摇。宋·苏轼《晁错论》："古之立大事者,不惟有超世之才,亦必有坚忍不拔之志。"后多作"坚韧不拔",指意志坚强、有毅力,毫不动摇。丁玲《我读〈东方〉》:"郭祥也是我们千万个钢铁般的坚韧不拔、无坚不摧、纯洁高尚的典型人物的代表。"刘白羽《第二个太阳》一六章："我们多灾多难,而又坚韧不拔的中华民族啊!你载负了多少悲愁,多少哀怨,而这一切又凝成一种多么庄严雄伟的神魄呀。"

【坚如盘石】 jiān rú pán shí　见"坚如磐石"。

【坚如磐石】 jiān rú pán shí　磐石:巨石。像巨大的石头那样坚固。形容非常坚固,不可动摇。艾青《大西洋》:"我们的意志坚如磐石:我们不要战争。"也作"坚如盘石"。叶进明《党给了我们希望和力量》:"但有了党这一中国革命坚如盘石的核心力量,分散而流动性大的煤业工人就能紧紧地团结起来。"

【坚信不移】 jiān xìn bù yí　移:改变,变化。坚决相信,毫不动摇。孙犁《白洋淀纪事·游击区生活一星期》:"对于共产党的每个号召,领导者的每张文告,也就坚信不移,兴奋地去工作着。"

【坚贞不屈】 jiān zhēn bù qū　贞:坚定,有操守。坚守节操,毫不屈服。孙犁《白洋淀纪事·三烈士事略》:"呜呼! 当其在室内,以只身抗敌伪,坚贞不屈。向敌伪汉奸叫骂时,声闻数里,风惨云变。"梁斌《漫谈〈红旗谱〉的创作》:"在法庭上,在刑场上这样悲壮的坚贞不屈的事也很多。"也作"坚贞不渝"。渝:改变。徐迟《牡丹》六:"她们不屈不挠,坚贞不渝,任何考验不足以动摇她们。"

【坚贞不渝】 jiān zhēn bù yú　见"坚贞不屈"。

【间不容发】 jiān bù róng fà　中间容不下一根头发。言空间距离极小。形容极为精密或精确。唐·李肇《唐国史补》卷下:"张登长于小赋,气宏而密,间不容发。"沈德蕴《北京武术团在美国》:"他们技巧之熟练和动作之精确,几乎达到了间不容发的程度,观众们无不为他们的精彩表演所折服。"也比喻时间紧迫,情势危急。汉·枚乘《上书谏吴王》:"系于天,不可复结;坠入深渊,难以复出。其出不出,间不容发。"《中国现在记》一

回:"这事间不容发,我明天就上个折子,一定要争回此事。"

【艰苦奋斗】 jiān kǔ fèn dòu　为达到一定目的,不畏艰难困苦,奋发努力地去做。夏衍《〈新华日报〉及其他》:"大生产运动发扬了自力更生,艰苦奋斗的传统,克服了日、伪对解放区的进攻和封锁。"巴金《随想录》二五:"当时他正在为着中日两国人民友谊的事业艰苦奋斗,他接到恐吓信,他受到歧视,他的文章找不到发表的地方……"

【艰苦朴素】 jiān kǔ pǔ sù　吃苦耐劳,勤俭节约。巴金《随想录》二七:"雪峰虽然作主人,却拿着菜单毫无办法,这说明他平日很少进馆子。他那艰苦朴素的生活作风在重庆时就传开了。"周而复《白求恩大夫》一〇:"我们首先上的一课是艰苦朴素的作风。"

【艰苦卓绝】 jiān kǔ zhuó jué　卓绝:程度达到极点,超越一切。形容极端的艰难困苦。叶圣陶《倪焕之》二四:"随后他又提出一个人来说:'王乐山,不是曾经给你谈起过么? 他可以算得艰苦卓绝富有胆力的一个。'"李佩甫《画匠王》:"他平反后艰苦卓绝地奋斗了七年,终于在胡子白了的时候杀回城里,带着一家老小吃商品粮去了。"也作"坚苦卓绝"。叶圣陶《登雁塔》:"玄奘法师那样坚苦卓绝地西行求法,那样绝对认真地搞翻译工作,永远是中国的骄傲。"

【艰难竭蹶】 jiān nán jié jué　竭蹶:力竭颠仆,形容竭尽全力。生活极其艰难困苦。毛泽东《中国社会各阶级的分析》:"此种农民,每年劳动结果,自己可得一半。不足部分,可以种杂粮、捞鱼虾、饲鸡豕,或出卖一部分劳动力勉强维持生活,于艰难竭蹶之中,存聊以卒岁之想。"

【艰难困苦】 jiān nán kùn kǔ　种种困难和艰苦生活。清·李渔《巧团圆·书

帕》:"怎奈爹爹过于详慎,定要把艰难困苦之事试过几桩,才与他完姻缔好。"周而复《上海的早晨》一部四〇:"你们在前方抗美援朝,冰天雪地里打仗,不怕任何的艰难困苦……"

【艰难曲折】jiān nán qū zhé　种种困难和周折。巴金《随想录》一一一:"当然我在短短的日记里也记录了当天发生的大事。我想几年以后自己重读它们也可以知道改造的道路是何等艰难曲折。"刘心武《钟鼓楼》五章:"不管出现多少艰难曲折,归根到底,决定历史发展趋向的,还是人心的背向。"

【艰难险阻】jiān nán xiǎn zǔ　险阻:山川险恶阻塞。《左传·僖公二十八年》:"晋侯在外十九年矣,而果得晋国,险阻艰难,备尝之矣。"后用"艰难险阻"指所遇到的困难、危险、障碍、挫折等。宋·岳珂《桯史·大散论赏书》:"先生以博大高明之学,当艰难险阻之时,凡百施设,莫非经久。"《花月痕》一五回:"况复郁郁中年,艰难险阻;曩曩迟暮,颠沛流离。"

【监守自盗】jiān shǒu zì dào　《汉书·刑法志》:"守县官财物而即盗之。"唐·颜师古注:"即今律所谓主守自盗者也。"后用"监守自盗"指看守财物的人盗窃自己经管的财物。《明史·刑法志一》:"如监守自盗,赃至四十贯,绞。"《歧路灯》九四回:"总之少了谷石,却无案卷可凭,这就是监守自盗的匮空。"《三侠五义》八四回:"马朝贤监守自盗,理应处斩。"

【兼而有之】jiān ér yǒu zhī　几种情况、几方面特点同时具有。《墨子·法仪》:"奚以知天兼而爱之,兼而利之也?以其兼而有之,兼而食之也。"北周·庾信《周车骑大将军贺娄公神道碑》:"君以才望,兼而有之。"《花月痕》二回:"祖士稚气概激昂,桓子野性情凄恻,痴珠兼而有之。"

【兼济天下】jiān jì tiān xià　见"兼善天下"。

【兼容并包】jiān róng bìng bāo　容:容纳。包:包含。指对各种不同的人、学术、思想等都能包容在内。常用来形容人办事的方针、宗旨或气度。《史记·司马相如列传》:"必将崇论闳议,创业垂统,为万世观。故驰骛乎兼容并包,而勤思乎参天贰地。"朱自清《新诗的进步》:"那么何不将诗的定义放宽些,将两类兼容并包,放弃了正统意念,省了些无效的争执呢?"

【兼弱攻昧】jiān ruò gōng mèi　兼:并。昧:昏暗。兼并弱小的,攻取政治昏暗、腐败的国家或集团。《尚书·仲虺之诰》:"兼弱攻昧,取乱侮亡。"《左传·宣公十二年》:"见可而进,知难而退,军之善政也;兼弱攻昧,武之善经也。"《三国演义》六〇回:"且兼弱攻昧,逆取顺守,汤、武之道也。"

【兼善天下】jiān shàn tiān xià　善:好。这里为使动用法,有"使之善"的意思。指使天下百姓都得到好处。《孟子·尽心上》:"穷则独善其身,达则兼善天下。"也作"兼济天下"。姚雪垠《李自成》二卷一八章:"今日不命题、不限韵,不属作诗的填词也行,可必须有所寄托,有'兼济天下'之怀。"

【兼收并蓄】jiān shōu bìng xù　并:一起。蓄:积聚,储存。对不同的人或事物都能同时容纳、保留。宋·朱熹《己酉拟上封事》:"小人进则君子必退,君子亲则小人必疏,未有可以兼收并蓄而不相害者也。"清·阮葵生《茶余客话》卷一六:"古来藏书家,亦不乏兼收并蓄。"《孽海花》三一回:"倒是骥东兼收并蓄,西食东眠,安享一年多的艳福了。"

【兼听则明】jiān tīng zé míng　听取多方面意见,全面了解情况,就能明辨是非,做出正确判断。常与"偏信则暗"或"偏听则蔽"连用。汉·王符《潜夫论·明

天下"。

暗》:"君之所以明者,兼听也;其所以暗者,偏信也。"《资治通鉴·唐太宗贞观二年》:"上问魏徵曰:'人主何为而明,何为而暗?'对曰:'兼听则明,偏信则暗。'"《三国演义》八三回:"良曰:'古云:"兼听则明,偏听则蔽。"望陛下察之。'"

【缄口不言】jiān kǒu bù yán　缄:闭。汉·蔡邕《铭论》:"周庙金人,缄口以慎。"后以"缄口不言"指人闭口不说话。形容人言语谨慎,不敢说或不愿意说。《明史·何遵传》:"正德间,给事、御史挟势凌人,趋权择便,凡朝廷大阙失,群臣大奸恶,缄口不言。"姚雪垠《李自成》二卷三二章:"因陛下天威莫测,使纲介者缄口不言。"及《饥饿荒原》二七:"她只有缄口不言,把愤怒、把委屈、把由病引起的虚弱一古脑刚肚里吞。"

【缄口结舌】jiān kǒu jié shé　缄:封闭。闭上嘴巴不敢说话。鲁迅《坟·文化偏至论》:"聪明英特之士,虽摘发新理,怀抱新见,而束于教令,胥缄口结舌而不敢言。"

【蒹葭倚玉】jiān jiā yǐ yù　蒹葭:没有长穗的芦苇。《世说新语·容止》:"魏明帝使后弟毛曾与夏侯玄共坐,时人谓蒹葭倚玉树。"后用"蒹葭倚玉"比喻两个品貌相差甚远的人在一起,极不相称。《二刻拍案惊奇》卷一七:"今幸结此良缘,蒹葭倚玉,惶恐惶恐。"《红楼梦》七七回:"偏又娶了个多情美色之妻,见他不顾身命,不知风月,一味死吃酒,便不免有蒹葭倚玉之叹。"

【拣佛烧香】jiǎn fó shāo xiāng　拣:挑选。唐·寒山《寒山诗》一五九:"拣佛烧好香,拣僧归供养。"后用"拣佛烧香"比喻待人厚薄因人而异。明·吴炳《疗妒羹·游湖》:"青娘可谓拣佛烧香矣。"《品花宝鉴》一八回:"应酬开了是不能拣佛烧香的。"

【拣精拣肥】jiǎn jīng jiǎn féi　拣:挑选。精:瘦肉。肥:肥肉。比喻于事于人,苛刻地挑选。《儒林外史》二七回:"像娘这样费心,还不讨他说个是,只要拣精拣肥,我也犯不着要效他这个劳。"

【拣衣挑食】jiǎn yī tiāo shí　拣:挑选。挑拣衣食。比喻在生活方面挑剔苛刻,贪求享乐。《红楼梦》五八回:"因文官等一干人或心性高傲,或倚势凌下,或拣衣挑食,或口角锋芒,大概不安分守理者多。"

【剪草除根】jiǎn cǎo chú gēn　见"斩草除根"。

【剪恶除奸】jiǎn è chú jiān　铲除恶势力,除去奸凶。《七侠五义》一〇〇回:"倘有事关重大的,我在其中调停,暗暗给他破法。一来与朝廷出力报效,二来为百姓剪恶除奸,岂不大妙。"

【剪烛西窗】jiǎn zhú xī chuāng　唐·李商隐《夜雨寄北》诗:"何当共剪西窗烛,却话巴山夜雨时。"意为思念远方的妻子,渴望相聚,乘烛长谈别离之情。后用"剪烛西窗"指亲友相聚畅谈。《聊斋志异·连琐》:"今视之殆如梦寐,与谈诗文,慧黠可爱。剪烛西窗,如得良友。"

【简单明了】jiǎn dān míng liǎo　说话或写文章简而明。鲁迅《书信集·致李小峰》:"昨天偶然看到一本……《近代美术史潮论》,从德国革命后直讲到现在,是一种新的试验,简单明了,殊可观。"欧阳山《三家巷》二〇〇:"胡杏简单明了地提出主张道:'我看,把咱们婚期推后三天,挪到十一月十号去举行就得了。'"

【简捷了当】jiǎn jié liǎo dàng　见"简截了当"。

【简截了当】jiǎn jié liǎo dàng　说话或文字表达简单直接,不拖沓或枝蔓。朱自清《论通俗化》:"描写差不多没有,偶然有,也只就那农村生活里取响,简截了当,可是新鲜有味。"也作"简捷了当"。

鲁迅《三闲集·书籍和财色》:"然而将麻雀牌送给世界,且以此自豪的人民,对于这样麻捷了当,没有意外之利的办法,是终于耐不下去的。"

【简明扼要】jiǎn míng è yào　扼要:抓住要点。指说话或写文章简单明了,能抓住要点。欧阳山《三家巷》一六八:"胡杏要求周炳对目前整个王庄的形势做一个简明扼要的估计。"

【见鞍思马】jiàn ān sī mǎ　见到马鞍就想起了马。比喻见物思人或伤情。《初刻拍案惊奇》卷一九:"看见旧时船中掠去锦绣衣服,宝玩器皿等物,都在申兰家里。正是见鞍思马,睹物伤情。"

【见财起意】jiàn cái qǐ yì　见到别人财物,即生歹心。《水浒传》三〇回:"这厮原是远流配军,如何不做贼,以定是一时见财起意。"《醒世恒言》卷三三:"拷讯一回,可怜崔宁和小娘子,受刑不过,只得屈招了。说是一时见财起意,杀死亲夫,劫走了十五贯钱。"《三侠五义》五回:"小人一时见财起意,又见他醉了,原要用斧子将他劈死了。"

【见多识广】jiàn duō shí guǎng　见过的事情多,知识面广博。《喻世明言》卷一:"婆子道:'还是大家宝眷,见多识广,比男子汉眼力,到胜十倍。'"《镜花缘》一六回:"大贤旅居大邦,见多识广,而且荣列胶庠,自然才贯二酉,学富五车了。"汪曾祺《鸡鸭名家》:"他年轻时在外地做过幕,走过很多地方,见多识广,什么都知道,是个百事通。"

【见风使舵】jiàn fēng shǐ duò　见"看风使舵"。

【见缝插针】jiàn fèng chā zhēn　比喻善于利用一切可能利用的时间或空间,善于利用一切机会和可能性。刘心武《栖凤楼》二九:"不过潘藩藩很忙,这边拍着《栖凤楼》,他那边又答应了在一部叫

《城市绿林》的影片里饰男一号……;他这晚来崇格饭店与雍望辉小聚,也是见缝插针之举。"浩然《乐土》一二章:"母亲被撞个趔趄,随即站稳;在波浪回荡的时候,趁机会见缝插针地钻进人圈里。"

【见怪不怪】jiàn guài bù guài　怪事见多了,不觉得奇怪了。《五灯会元·法轮齐添禅师》:"见怪不怪,其怪自坏。"《野叟曝言》六五回:"谚云:见怪不怪,其怪自败。变血本是怪事,而玉佳不以为怪,怪犹不怪矣。"巴金《随想录》三二:"事实上这样的事自古以来经常发生,人们习以为常,见怪不怪,这是为什么呢?"刘心武《栖凤楼》七五:"父子俩正顶撞着,奶奶打完电话回到客厅,倒也见怪不怪——这几乎已成他这客厅里的家常便饭了。"

【见机而行】jiàn jī ér xíng　见"见机而作"。

【见机而作】jiàn jī ér zuò　看到适当时机就立即行动。汉·蔡邕《陈留太守胡硕碑》:"爰自登朝,进退以方,见机而作,如鸿之翔。"《水浒传》九四回:"柴进道:'情愿舍此一往,有何不可!只是得燕青为伴同行最好。此人晓得诸路乡谈,更兼见机而作。'"《喻世明言》卷二二:"富子春见似道举动非常,惧祸而逃,可谓机而作者矣。"《三侠五义》一七回:"娘娘且免圣虑,微臣见机而作,务要秉正除奸,以匡国典。"茅盾《腐蚀·十一月十五日》:"过一些时候,咱们见机而作。你我都还年青,只要咱们自己好好的,未必这一生就完了罢?"也作"见机而行"。《说岳全传》五八回:"你出去,须要见机而行。"

【见机行事】jiàn jī xíng shì　见到适当的机会就行动。《红楼梦》九八回:"李纨道:'你去见机行事,得回再回方好。'"《三侠五义》五三回:"再无别的主意,只好我兄弟三人明日禀明相爷,且到茉花

村见机行事便了。"巴金《家》二三:"不过话又说回来,不能忘记'明哲保身'的古训啊。还是见机行事的好。"欧阳山《三家巷》六一:"我倒要提醒你一句:你要见机行事,切莫太过认真。"

【见景生情】 jiàn jǐng shēng qíng ❶ 随机应变,看情况行事。《东周列国志》七回:"郑庄公见景生情,将计就计,就转口曰:'寡人本迫于王命,从君讨罪,若利其土地,非义举也……'"《镜花缘》三二回:"海外卖货,怎肯预先开价,须他缺了那样,俺就那样贵。临时见景生情,却是俺们飘洋讨巧处。"老舍《四世同堂》九六:"他不光会返眼,还会见景生情,把时事材料'移挂'到相声段子里去,激发听众的爱国情怀。" ❷ 看到眼前景物而引发某种情感。元·无名氏《云窗梦》三折:"不是我酒中言,心头病,临风刻月,见景生情,想起我旧日情。"《初刻拍案惊奇》卷九:"宜微看见词翰两工,心下已喜。及读到末句,晓得是见景生情,暗藏着求婚之意。"《红楼梦》七八回:"恰好这是八月时节,园中池上芙蓉正开。这丫头便见景生情。"

【见利忘义】 jiàn lì wàng yì 指人见私利而忘记道义。《汉书·樊郦等传赞》:"当孝文时,天下以郦为卖友。夫卖友者,谓见利忘义也。"《晋书·文明王皇后传》:"会见利忘义,好为事端,宠过必乱,不可大任。"《醒世恒言》卷一八:"衣冠君子中,多有见利忘义的,不意愚夫愚妇到有这等见识。"《红楼梦》五六回:"探春笑道:'虽如此,只怕他们见利忘义。'"巴金《随想录》一二九:"又譬如说从喜欢空话、爱听假话,发展到贩卖假药、推销劣货,发展到以权谋私、见利忘义,……也不要紧,因为邪不胜正。"

【见貌辨色】 jiàn mào biàn sè 观察辨别脸色表情,了解对方心意和情况。形容人聪明伶俐,善于察颜观色,随机应变。《醒世恒言》卷一九:"玉娘是个聪明女子,见貌辨色,当下挑灯共坐,叩其不乐之道。"《官场现形记》四九回:"亏得他见貌辨色,立刻告病还乡,乐得带了妻儿老小,回家享福。"王火《战争和人》(一)卷一:"江怀南是多么精灵的人,见貌辨色,已看出变化,连声说:'是是是……'"

【见钱眼开】 jiàn qián yǎn kāi 看到钱眼睛就睁大了。形容人贪婪爱财。《金瓶梅》八○回:"院中唱的,以卖俏为活计,将脂粉作生涯,……弃旧迎新,见钱眼开,自然之理。"《官场现形记》一九回:"现在这位中丞,面子上虽然清廉,骨底子也是个见钱眼开的人。"刘绍棠《绿杨堤》五:"人活一口气,树活一层皮,你可不能见钱眼开。"

【见仁见智】 jiàn rén jiàn zhì 《周易·系辞上》:"仁者见之谓之仁,知者见之谓之知。"后用"见仁见智"指对同一问题,各人有各人的看法和道理。郭沫若《洪波曲·南京印象》:"诗是见仁见智的东西,尤其是旧诗。"

【见神见鬼】 jiàn shén jiàn guǐ 形容人疑惧的样子。唐·释慧然辑《临济慧照玄公大宗师语录》:"有一般不识好恶秃奴,便即见神见鬼,指东划西。"《红楼梦》五一回:"倘或唬醒了别人,不说咱们是顽意,倒反说袭人才去了一夜,你们就见神见鬼的。"鲁迅《且介亭杂文·运命》:"假如真有这一日,……就都让给了科学家,我们也不必整年的见神见鬼了。"

【见兔放鹰】 jiàn tù fàng yīng 看到兔子就放猎鹰去捕获。比喻看准时机有利可图,才采取行动。《五灯会元·净因继成禅师》:"老僧恁么举了,只恐你诸人见兔放鹰,刻舟求剑。"《石点头》卷一二:"当今世情,何人不趋炎附势,见兔放鹰,谁肯结交穷秀才?"

【见兔顾犬】 jiàn tù gù quǎn 顾:回头看。《战国策·楚策四》:"见兔而顾犬,未为晚也；亡羊而补牢，未为迟也。"后用"见兔顾犬"比喻事情虽紧急，及时采取措施，尚未为晚。梁启超《我政府之对俄政策》："夫见兔顾犬，或未为晚，今能议及，岂不犹愈于已。"

【见危授命】 jiàn wēi shòu mìng　授命：献出生命。指在危难关头，不惜付出自己的生命。《论语·宪问》："见利思义，见危授命，久要不忘平生之言，亦可以为成人矣。"《三国志·蜀书·姜维传》南朝宋·裴松之注："是以古之烈士，见危授命，投节如归，非不爱死也，固知命之不长，而惧不得其所也。"《东周列国志》七二回："见危授命，人臣之职。忠佞自有公论，何以冒为！"

【见微知著】 jiàn wēi zhī zhù　微：小，指事物微小的迹象。著：显明，指事物的发展。谓看到事物的苗头，就能知道它的未来发展趋势和实质。汉·班固《白虎通·情性》："智者，知也。独不见前闻，不惑于事，见微知著者也。"宋·洪迈《容斋续笔·计然意林》："少而明，学阴阳，见微知著，其志沈沈，不肯自显。"郑观应《盛世危言·弭兵》："上揆天道，下察民情，酌古准今，见微知著。"韬奋《萍踪忆语·又看到几个"大"》："美国青年心理的转变，在这种地方也很可以见微知著了。"也作"睹微知著"。《南史·荀伯玉崔祖思苏侃等传论》："高帝作牧淮究，将兴霸业，崔苏睹微知著，自同奔走。"

【见贤思齐】 jiàn xián sī qí　贤：贤人，指才德兼备的人。齐：看齐，向他学习。看见有道德、有才学的人，就想向他学习，向他看齐。《论语·里仁》："见贤思齐焉，见不贤而内自省也。"《梁书·徐勉传》："汝当自勖，见贤思齐，不宜忽略以弃日也。"清·顾炎武《井中心史歌序》："悲年运之日往，值禁罔之逾密，而见贤思齐，独力不惧，故作此歌以发挥其事云尔。"刘绍棠《村妇》卷二："三贝勒虽三十

有五，却颇有见贤思齐之古风。"

【见义勇为】 jiàn yì yǒng wéi　《论语·为政》："见义不为，无勇也。"后用"见义勇为"指看到正义的事情，就挺身而出，勇于去做。《宋史·欧阳修传》："天资刚劲，见义勇为，虽机阱在前，触发之不顾。"《东周列国志》一四回："虽然只旅未成功，王命昭昭耳目中。见义勇为真汉子，莫将成败论英雄。"老舍《四世同堂》四八："他决不幸灾乐祸，可也不便见义勇为，为别人打不平。"欧阳山《三家巷》一一七："你们也许会说，我那个时候是独来独往，横冲直撞，见义勇为，嫉恶如仇的吧。可是，结果怎么样呢？结果死了很多、很多的人……"

【见异思迁】 jiàn yì sī qiān　迁：变动，改变。看到别的事物就改变主意。《国语·齐语六》："少而习焉，其心安焉，不见异物而迁焉。"后用"见异思迁"指意志不坚定，喜爱不专一。钱钟书《围城》一："当是汝校男女同学，汝睹色起意，见异思迁；汝托词红袖，吾知汝实为怀春，难逃老夫洞鉴也。"刘绍棠《村妇》卷一："家馆开课没有多少日子，黄坎肩儿见异思迁，到通州潞河中学念洋书。"

【建功立业】 jiàn gōng lì yè　建立功勋，成就事业。多指人的抱负。宋·苏轼《上两制书》："古之圣贤建功立业，兴利捍患，至于百工小事之事，皆有可观。"《水浒传》六八回："他时归顺朝廷，建功立业，官爵升迁，能使弟兄们尽生光彩。"《醒世恒言》卷一二："那谢端卿的学问，与东坡肩上肩下，他为应举到京，指望一举成名，建功立业，如何肯做和尚。"《红楼梦》一二〇回："不是建功立业的人，即系饴口谋衣之辈，那有闲情更去和石头饶舌。"姚雪垠《李自成》一卷二六章："诸葛孔明千古人杰，如不遇刘备，不出茅庐，也不过老死隆中，既不能建功立业，亦不能流芳万世。"

【剑拔弩张】 jiàn bá nǔ zhāng 弩:古代武器,一种用机械力射箭的弓。剑出鞘,弩张开。❶形容书法或诗文雄健有力,气势豪放。南朝梁·袁昂《古今书评》:"韦诞书如龙威虎振,剑拔弩张。"清·宋长白《柳亭诗话·诗囚》:"东坡诗如其书,剑拔弩张之气,时时露诸笔端。"❷形容情绪或形势紧张,一触即发。《野叟曝言》五七回:"说到红须客、尹雄等一班豪侠之士,三人俱有剑拔弩张之概。"梁实秋《雅舍小品·下棋》:"俄而棋势吃紧,两人都站起来了,剑拔弩张,如斗鹌鹑。"

【剑胆琴心】 jiàn dǎn qín xīn 元·吴莱《寄董与几》诗:"小榻琴心展,长缨剑胆舒。"后以"剑胆琴心"比喻人既有胆识,又有柔情,刚柔相济,文武兼备。欧阳山《三家巷》二〇:"万翁,你这句话就不对了。这姓蒋的岂只有两下子而已? 说实在话,简直是出类拔萃,剑胆琴心。"

【健步如飞】 jiàn bù rú fēi 轻快有力的脚步走起来像飞一样。形容走路快。刘绍棠《瓜棚柳巷》二:"人高马大的投河女人一纵身,把他背在背上,健步如飞而去。"魏巍《火凤凰》六七:"报社距此处不过十余里,周天虹一路健步如飞,不到一小时就赶到了。"

【渐入佳境】 jiàn rù jiā jìng 《晋书·顾恺之传》:"恺之每食甘蔗,恒自尾至本,人或怪,云渐入佳境。"后用"渐入佳境"比喻兴味渐浓或情况渐好。《醒世恒言》卷二八:"贺小姐初时,还是个处子,尚是逡巡畏缩。况兼吴衙内心慌胆怯,不敢恣肆,彼此未见十分美满。两三日后,渐入佳境,姿意取乐,忘其所以。"王安忆《香港的情和爱》六:"老魏和逢佳的生活有渐入佳境之感,他们很快得心应手,有了默契。"

【鉴貌辨色】 jiàn mào biàn sè 鉴:鉴别,识别。观察辨别脸色表情,了解对方心意和情况。《敦煌变文集·伍子胥变文》:"适来鉴貌辨色,观君与凡俗不同。"《醒世恒言》卷一七:"那朱信原是过家老仆,极会鉴貌辨色,随机应变,是个伶俐人儿。当下取钱递与这乞丐,把眼观看,吃了一惊。"

【箭在弦上】 jiàn zài xián shàng 《太平御览》卷五九七引《魏书》:"太祖平邺,谓陈琳曰:'君昔为本初作檄书,但罪孤而已,何乃上及父祖乎?'琳谢曰:'矢在弦上,不得不发。'"后用"箭在弦上"比喻形势所迫,不得不做。《野叟曝言》六五回:"况玉佳志在剿逆,此日出门,如箭在弦上,剑出匣中。"鲁迅《书信集·致杨霁云》:"我觉得以文字结怨于小人,是不值得的。至于我,其实乃是箭在弦上,不得不发。"

【江河日下】 jiāng hé rì xià 长江大河的水,日夜流向下游而不止。比喻事物日趋衰落,情况一天不如一天。《野叟曝言》一回:"江河日下,教化凌夷,弟若遇时,欲复大司徒敦教之旧,以论秀书升之法得真儒。"《老残游记》八回:"再要刑法加重,于心不忍,然而人心因此江河日下。"茅盾《子夜》一七:"工业发达才是国民经济活动的正轨! 然而近来上海的工业真是江河日下。"

【江郎才尽】 jiāng láng cái jìn 江郎:指江淹。南朝文学家,少有文名,晚年文思渐衰。南朝梁·钟嵘《诗品·齐光禄江淹》:"初,淹罢宣城郡,遂宿冶亭,梦一美丈夫,自称郭璞,谓淹曰:'我有笔在卿处多年矣,可以见还。'淹探怀中,得五色笔以授之。尔后为诗,不复成语,故世传江郎才尽。"后用"江郎才尽"比喻才思衰退。《镜花缘》九一回:"如今弄了这个,还不知可能敷衍交卷。我被你闹的真是江郎才尽了。"《孽海花》八回:"作法自毙,这回可江郎才尽了。"老舍《四世同堂》五五:"不,他不能和菊子散伙。散了伙,他必感到空虚,寂寞,无聊,或者还落

个江郎才尽，连诗也写不出了。"

【江山如画】 jiāng shān rú huà　江河山川美丽如画。形容山河美好，风景如画。宋·张孝祥《水调歌头·桂林中秋》词："千里江山如画，万井笙歌不夜，扶路看遨头。"王火《战争和人》（三）卷四："谁似这川北老人风流，善工书，善将兵、善收藏图籍，放眼达观楼，更赢得江山如画。"

【江山易改，本性难移】 jiāng shān yì gǎi，běn xìng nán yí　山河大自然易发生变化，人的本性却难以改变。极言人的禀赋天性难于改造。易，也作"可"。《孽海花》二一回："若说要我改邪归正，阿呀！江山可改，本性难移。老实说，只怕你也没有叫我死心塌地守着你的本事嗄！"巴金《秋》五："琴伸起手在淑华的头上轻轻地敲了一下，又气又笑地说：'这真是江山易改，本性难移。'"张贤亮《河的子孙》四章："他经常把娃娃打发出去，关起门来用巴掌扇她。可江山易改，本性难移，女人依然故我。"也作"山河易改，本性难移"。元·无名氏《谢金吾》三折："可不的山河易改，本性难移。"

【江心补漏】 jiāng xīn bǔ lòu　船到江心才补漏洞。比喻为时已晚，于事无济。明·无名氏《七十二朝人物演义·叶公》："今为吾主计矣，必先预为准备，莫待临歧勒马，江心补漏，是臣之愿也。"

【将本求利】 jiāng běn qiú lì　用本钱做生意，赚钱谋利。茅盾《子夜》八："我要费许多周折——要请他们上茶馆，开导他们，让他们明白我只是将本求利，并非强抢他们的田。"王火《战争和人》（二）卷四："方老太太点头说：'将本求利，一本万利！生意人有机会总是应该捞钞票的！'"

【将错就错】 jiāng cuò jiù cuò　事情已经错了，索性顺着错误做下去。《联灯会要·道楷禅师》："祖师已是错传，山僧

已是错说，今日不免将错就错。"《醒世恒言》卷三一："那女子初时待要变出本相，却被郑信偷了他的神通物事，只得将错就错。"《官场现形记》三八回："虽然有些人也晓得是制台姨太太跟前用的丫环；但是制台外面总说是亡妻的干女儿，大家也不肯同他计较，乐得将错就错，顺势奉承。"老舍《四世同堂》九："他们须将错就错的继续打下去，而不能不把枪刺穿住的肥肉分给政客们与资本家们一些。"

【将功补过】 jiāng gōng bǔ guò　用功劳补偿所犯过错。《旧五代史·钱镠传》："既容能改之非，许降自新之路，将功补过，舍短从长。"姚雪垠《李自成》二卷二一章："诸君或世受国恩，或为今上所识拔，均应同心戮力，将功补过，以报陛下。"刘绍棠《烟村四五家》一一："喝得恰到好处，田老调自告奋勇，苗小莠子婆媳包在他身上，也算将功补过。"

【将功赎罪】 jiāng gōng shú zuì　用功劳来抵消或弥补罪过。《三国演义》五一回："昔吾三人结义时，誓同生死。今云长虽犯法，不忍违却前盟。望权记过，容将功赎罪。"老舍《四世同堂》六四："他必须设法获获凶手，以便将功赎罪，仍然作红人。"马烽、西戎《吕梁英雄传》六六回："这是将功赎罪的好机会，今天开枪才是对的！"也作"将功折罪"。元·无名氏《谢金吾》三折："我这两个孩儿，当日有功，今日有罪，也合将功折罪。"《初刻拍案惊奇》卷二六："林断事虽然要护他，公道上却去不得。便思量一个计较周全他，等他好将功折罪。"《野叟曝言》二四回："你兄弟们聚集此处做这劫夺之事，本属犯法凶徒，若能替朝廷暗暗出力，便可将功折罪。"

【将功折罪】 jiāng gōng zhé zuì　见"将功赎罪"。

【将计就计】 jiāng jì jiù jì　利用对方

的计策,反过来向对方施展计策。元•李文蔚《圮桥进履》三折:"若是与他交锋,我那里近得他。将计就计,不好则是说好。"《三国演义》一二回:"今只将计就计:诈言我被火伤,已经身死。布必引兵来攻。我伏兵于马陵山中,候其兵半渡而击之,布可擒矣。"《说岳全传》三〇回:"今我将计就计,二位大王保守水寨,臣领兵去劫他的旱寨,必然成功。"茅盾《腐蚀•十月二日》:"我也猛省到我这作风不合于'工作的原则',我应该将计就计,多套出她一些隐秘。"

【将勤补拙】jiāng qín bǔ zhuō　拙:愚笨。唐•白居易《仍呈吴中诸客》诗:"救烦无若静,补拙莫如勤。"后用"将勤补拙"指以勤奋努力,弥补自己笨拙。宋•范仲淹《与韩魏公书》二六:"然旨命丁宁,亦勉率成篇,并自写上呈,所谓将勤补拙,更乞斤斧,免贻众诮。"

【将心比心】jiāng xīn bǐ xīn　拿自己的心比照别人的心。指设身处地为别人着想,体会别人的用心。明•汤显祖《紫钗记•计哨讹传》:"太尉不将心比心,小子待将计就计。"巴金《随想录》四一:"我将心比心,以心换心,我对朋友们讲真话,讲心里的话。"马烽、西戎《吕梁英雄传》五五回:"我们并不是怪那老人家,人家说的也是实情话。将心比心嘛!谁没个人心,实在是我们从前做的事太对不住人了!"

【将信将疑】jiāng xìn jiāng yí　将:且,又。既有些相信,又有些怀疑,不敢轻易相信。唐•李华《吊古战场文》:"人或有言,将信将疑。"《醒世恒言》二八回:"潘郎惊醒,将信将疑。"《红楼梦》一〇二回:"众人将信将疑,且等不见响动再说。"巴金《随想录》六二:"他们拿不定主意,对信上的话将信将疑。"

【姜太公钓鱼,愿者上钩】jiāng tài gōng diào yú, yuàn zhě shàng gōu　姜太公:姜尚,字子牙。西周初年,帮助周武王伐纣的功臣。《武王伐纣平话》载:姜尚钓于渭水,直钩钓鱼,不用鱼饵,离水面三尺,自言道:"负命者上钩来!"后用"姜太公钓鱼,愿者上钩"比喻甘心情愿去做可能吃亏上当的事。明•叶良表《分金记•狂徒夺节》:"自古道得好,姜太公钓鱼,愿者上钩。不愿,怎强得也?"

【讲古论今】jiāng gǔ lùn jīn　讲述、评论古今之事。形容知识广博,话题广泛。《醒世恒言》卷七:"钱青见那先生学问常,故意谈天说地,讲古论今,惊得先生一字俱无,连称道:'奇才,奇才!'"李劼人《死水微澜》五部七:"于是谈天说地,讲古论今,连二小姐都不觉得疲倦。"

【匠心独运】jiàng xīn dú yùn　匠心:巧妙的心思。唐•王士元《孟浩然集序》:"学不考儒,务掇精华;文不按古,匠心独妙。"后用"匠心独运"形容创造性地运用精巧的心思。多指文学艺术的创作构思。清•杭士骏《秋窗随笔序》:"笔得意疾书,随则匠心独运。"梁实秋《雅舍小品•由一位厨师自杀谈起》:"同样的,品尝一味烹调的杰作,也自会想到庖丁之匠心独运。"

【降格以求】jiàng gé yǐ qiú　格:规格,标准。降低标准,以求得到。鲁迅《坟•灯下漫笔》:"于是降格以求,不讲爱国了,要向外国银行的钞票。"

【降心相从】jiàng xīn xiāng cóng　《左传•僖公二十八年》:"今天诱其衷,使皆降心以相从也。"后用"降心相从"指委屈自己的意愿,去服从别人。《三国演义》三三回:"若冀州不弟,当降心相从。待事定之后,使天下平其曲直,不亦高义耶?"

【将门出将】jiàng mén chū jiàng　《史记•孟尝君列传》:"文闻将门必有将,相门必有相。"后用"将门出将"指将门之家出将才。《东周列国志》九六回:"有子如此,可谓将门出将矣。"

【将遇良才】 jiàng yù liáng cái 善战的将领遇到了优秀的对手。指双方旗鼓相当,能人碰上能人。常与"棋逢对手"连用。才,也作"材"。《水浒传》三四回:"两个就清风山下厮杀,真乃是棋逢敌手难藏幸,将遇良才好用功。"《封神榜》一三八回:"棋逢对手难藏兴,真乃是,将遇良才有用功。"《说岳全传》五三回:"两个大战,正是棋逢敌手,将遇良材。"张洁《红蘑菇》:"可是越往后来,他越看出,这是一场棋逢对手将遇良才的交锋。"

【交杯换盏】 jiāo bēi huàn zhǎn 盏:小酒杯。形容饮宴时相互让酒的热烈气氛。刘绍棠《蒲柳人家》一一:"渡口不远处的柳荫下,花鞋杜四正跟麻雷子席地而坐,交杯换盏地喝酒。"浩然《笑话》一:"在交杯换盏、让酒布菜的热烈氛围中,那位主宾——离休的、有病的老干部,头脑特别清醒,情绪异常兴奋,同时话锋很健,侃侃而谈。"

【交口称颂】 jiāo kǒu chēng sòng 见"交口称誉"。

【交口称誉】 jiāo kǒu chēng yù 交口:众口同声。谓众人同声称赞。《元史·王利用传》:"利用幼颖悟,弱冠,与魏初同学,遂齐名,诸公交口称誉之。"也作"交口称颂"。宋·朱熹《与刘共甫书》:"政皆可观,近以事涉其境,见其土民交口称颂。"

【交浅言深】 jiāo qiǎn yán shēn 交:交情。《战国策·赵策四》:"公之客独有三罪:望我而笑,是狎也;谈语而不称师,是倍也;交浅而言深,是乱也。"后用"交浅言深"指对没有深交的人进行深谈。宋·苏轼《上神宗皇帝书》:"交浅言深,君子所戒。"《歧路灯》七一回:"就不妨在世兄前交浅言深。"

【交头接耳】 jiāo tóu jiē ěr 交头:头挨着头。头挨着头凑近耳边低声说话。《水浒传》一四回:"他那三四个交头接耳说话,正不听得说甚么。"《喻世明言》卷四〇:"又行了几日,看见两个差人,不住的交头接耳,私自商量说话。"《二十年目睹之怪现状》三二回:"说话时,那两个妓女,又在那里交头接耳。"茅盾《子夜》一一:"前面椅子里有两个小胡子,交头接耳地谈的很入神。刘玉英望过去,认识那月牙须的男子就是冯眉卿的父亲云卿。"杨沫《青春之歌》二部四章:"学生们在院子里、操场上三三两两交头接耳地谈着什么,紧张地商量着什么。"

【交相辉映】 jiāo xiāng huī yìng 各种光亮、色彩相互照耀、映射。常用于形容美好的景象。李国文《冬天里的春天》四章:"鹊山上的枫叶正红,在绿水中的倒影,也像燃起一堆火,上下交相辉映,越发衬得那慈祥的老人,红光满面,喜气盈盈。"刘玉民《骚动之秋》一二章:"海风吹亮了烟台山高傲的航灯;芝罘湾轻软缠绵的海水,染蓝了玉皇顶的红楼玉阁;夕照余晖和初上的华灯交相辉映,为小巧的港口披上了如诗如梦的暮纱。"

【郊寒岛瘦】 jiāo hán dǎo shòu 见"岛瘦郊寒"。

【娇娇滴滴】 jiāo jiāo dī dī 形容声音、姿态妩媚可爱的样子。《警世通言》卷一一:"结末又走个娇娇滴滴少年美貌的奶奶上来,徐能是个贪财好色的都头,不觉心窝发痒,眼睛里迸出火来。"

【娇生惯养】 jiāo shēng guàn yǎng 娇:宠爱。惯:姑息,纵容。从小被宠爱、被纵容。形容受到父母过分的爱护。《封神榜》四回:"老夫只有这子女,娇生惯养在家中。岂能肯,将女纳与昏君去,招惹诸侯耻在中?"《官场现形记》二四回:"贾大少爷本是个娇生惯养的人,到了此时,也只好跟在工上吃辛吃苦,亦总算难为了他了。"沈从文《三个男子和一个女人》："我们知道一切无望了，还是每天来坐到豆腐铺里，找寻方便，等候这娇生惯养的小姑娘出来来。"夏衍《〈包身工〉余话》："在别的娇生惯养的小姐们还拿看电影和写情书当做日常功课的年纪，她已经是一个坚定的、拿自己的劳力养活自己的职业战线上的斗士了。"

【娇声娇气】 jiāo shēng jiāo qì　形容说话或声音娇滴滴的样子。艾芜《南行记·山峡中》："女儿却不怕爸爸的，就把木人儿的蓝色小光头，伸向短短的络腮胡上，顽皮地乱闯着，一面努起小嘴巴，娇声娇气地说：'抱，嗯，抱，一定要抱！'"杨沫《青春之歌》二部二四章："徐辉站在屋门口外，听见屋里没声音，她就娇声娇气地喊了一句，并且开开门，从门缝里探进头来向屋里的三个人一努嘴。"

【娇声浪语】 jiāo shēng làng yǔ　声音娇滴滴，说话放浪无忌。茅盾《腐蚀·十一月二十五日》："二房东太太的痴肥使我厌恶，同院那位军官的三夫人的娇声浪语更使我生气。"

【娇小玲珑】 jiāo xiǎo líng lóng　身材小巧，伶俐可爱。《孽海花》四回："头倚绣枕，身裹锦衾，衾里面，紧贴身朝外睡着个娇小玲珑的妙人儿。"茅盾《虹》八："并非因为她对于那位娇小玲珑喜欢说话的秋女士以及她的苍老的丈夫都投契，乃是因为她看得透他们的心胸。"

【骄傲自满】 jiāo ào zì mǎn　自高自大，满足自己已有的成绩。含贬义。宋·王明清《挥麈后录》卷八："既登寅密，颇骄傲自满。"姚雪垠《李自成》二卷二三章："如今正是他骄傲自满的时候，最容易利用他疏忽大意，袭破他的老营，将他擒获。"

【骄兵必败】 jiāo bīng bì bài　《后汉书·袁绍传》："盖救乱诛暴，谓之义兵，持众凭强，谓之骄兵。义者无敌，骄者先灭。"后用"骄兵必败"指骄傲的军队必然

打败仗。《再生缘》六回："骄兵必败从来说，小视朝鲜恐损军。"曲波《林海雪原》二八："古人云：'骄兵必败。'这就是少剑波致死的原因。"

【骄奢淫逸】 jiāo shē yín yì　骄横奢侈，荒淫无度。《左传·隐公三年》："臣闻爱子，教之以义方，弗纳于邪"，骄奢淫泆，所自邪也。"泆：通"逸"。朱自清《论且顾眼前》："但是大多数在饥饿线上挣扎的人能以眼睁睁白供养着这班骄奢淫逸的人尽情的自在的享乐吗？"

【骄阳似火】 jiāo yáng sì huǒ　形容强烈的阳光像火一样灼热地照射着人们。邓友梅《烟壶》三："北京这地方，地处沙漠南缘，春天风沙蔽天，夏日骄阳似火，惟有这秋天，最是出游的好季节，所以重阳登高之风，远比游春更盛。"

【胶柱鼓瑟】 jiāo zhù gǔ sè　演奏瑟乐器时，胶住架弦调音的柱，就无法调节音的高低，变换音调。比喻拘泥固执，不知变通。《史记·廉颇蔺相如列传》："王以名使括，若胶柱而鼓瑟耳。括徒能读其父书传，不合变化也。"《警世通言》卷二一："贤妹，非是俺胶柱鼓瑟，本为义气上千里步行相送，今日若就私情，与那两个响马何异？把从前一片真心化为假意，惹天下豪杰们笑话。"《红楼梦》一二〇回："似你这样寻根究底，便是刻舟求剑，胶柱鼓瑟了。"刘心武《曹叔》："你曹叔喜欢古诗古词，有点艺术家的作派，但未免胶柱鼓瑟，给女儿取名字选字过于生僻拗口了。"

【蛟龙得水】 jiāo lóng dé shuǐ　蛟：古代传说中的无角龙。传说蛟龙能发洪水，能兴云布雨。《管子·形势》："蛟龙，水虫之神者也。乘于水，则神之！失于水，则神废……故曰，蛟龙得水，而神可立也。"后用"蛟龙得水"比喻有才能的杰出人物，得到施展抱负的机会。《魏书·杨大眼传》："吾之今日，所谓蛟龙得水之

秋,自此一举,终不复与诸君齐列矣。"

【焦虑不安】jiāo lǜ bù ān　焦急忧虑,内心不安宁。王火《战争和人》(一)卷一:"他焦虑不安地想让脑袋冷静一下,一边想,一边不禁说:'等我看看案情,我会秉公办理的。'"

【焦头烂额】jiāo tóu làn é　形容头脸被火烧伤的样子。《汉书·霍光传》:"今论功而请宾,曲突徙薪亡恩泽,燋头烂额为上客耶?"燋:同"焦"。《野叟曝言》一一三回:"火里跑出焦头烂额的宫人内侍、宿卫军兵,纷纷哭报。"也形容遭受重创或死伤惨重的样子。宋·陆游《戍卒说沉黎事有感》诗:"焦头烂额知何补,弭患从来贵未形。"《水浒传》七九回:"这梁山泊水面上,杀得尸横遍野,血溅波心,焦头烂额者不计其数。"《三国演义》四〇回:"曹仁大败,夺路而走,刘封又引一军截杀一阵。四更时分,人困马乏,军士大半焦头烂额。"也形容人狼狈和窘迫的样子。《镜花缘》一二回:"幸而官事了结,花却无穷浪费,焦头烂额,已属不堪。"钱钟书《围城》九:"假如他在上海结婚,我和娘不用说,就是你们夫妇也要忙得焦头烂额。"

【焦躁不安】jiāo zào bù ān　着急烦躁,内心不安宁。姚雪垠《李自成》一卷一〇章:"但是当闯王走过以后,隔了一阵,人们的心情又焦躁不安起来。"王安忆《雨,沙沙沙》:"他焦躁不安,当接到工矿通知后,又欣喜若狂。"也作"焦灼不安"。杨沫《青春之歌》二部三一章:"道静抬起头来,她并没有注意到许宁那种焦灼不安的神情。"

【焦灼不安】jiāo zhuó bù ān　见"焦躁不安"。

【狡兔三窟】jiǎo tù sān kū　窟:洞穴。狡猾的兔子有好几个窝。比喻预先做好藏身的地方或避祸准备。《战国策·齐策四》:"狡兔有三窟,仅得免其死耳。"《聊斋志异·邵九娘》:"汝狡兔三窟,何归为?"李劼人《大波》二部八章:"他又启齿一笑道:'也算狡兔三窟之计。太太,只好这样办罢,你看对不对?'"姚雪垠《李自成》二卷三九章:"这班富户狡兔三窟,富裕亲戚朋友众多,你就是把他们的粮食搜光,也饿不掉他们一颗大牙。"

【狡兔死,走狗烹】jiǎo tù sǐ, zǒu gǒu pēng　走狗:猎犬。烹:烧煮。《文子·上德》:"狡兔得而猎犬烹,高鸟尽而弓藏。"《史记·淮阴侯列传》:"狡兔死,良狗烹;高鸟尽,良弓藏;敌国破,谋臣亡。"后用"狡兔死,走狗烹"比喻大事成功之后,诛杀有功的人。《东周列国志》九九回:"武安君叹曰:'范蠡有言:狡兔死,走狗烹。吾为秦攻下诸侯七十余城,故当烹矣!'"王火《战争和人》(三)卷七:"政治这玩意儿,就像虎口,你看,叶秋萍都会如此下场,谁能料定这些人有朝一日不会狡兔死走狗烹呢?"也作"兔死狗烹"。《西游记》二七回:"今日昧着惺惺使糊涂,只教我回去:这才是'鸟尽弓藏,兔死狗烹'。"姚雪垠《李自成》一卷九章:"一旦义军战败,将军对朝廷已无用处,鸟尽弓藏,兔死狗烹的时候就要到来。"

【矫情镇物】jiǎo qíng zhèn wù　矫情:掩饰真实感情。物:众人。故意抑制自己情感,不露真情,使众人不测。《晋书·谢安传》:"玄等既破坚,有驿书至,安方对客围棋,看书既竟,便摄放床上,了无喜色,棋如故。客问之,徐答云:'小儿辈遂已破贼。'既罢还内,过户限,心喜甚,不觉屐齿之折。其矫情镇物如此。"宋·邵雍《意尽吟》:"意尽于物,言尽于诚。矫情镇物,非我所能。"

【矫情自饰】jiǎo qíng zì shì　矫情:掩饰真情。掩饰真实情感,粉饰保护自己。《三国志·魏书·陈思王植传》:"文帝御之以术,矫情自饰,宫人左右,并为之说,故遂定为嗣。"

【矫揉造作】jiǎo róu zào zuò　矫:使曲变直。揉:使直变曲。造作:制造。谓制作器物,须反复矫揉而成。比喻故意做作,不自然。《孟子·离娄下》宋·朱熹集注:"所谓故者,又必其自然之势,如人之善,水之下,非有所矫揉造作而然者也。"《镜花缘》三五回:"你与其矫揉造作,装作男人,你倒不如还了女装,同我享受荣华。"鲁迅《三闲集·叶永蓁作〈小小十年〉小引》:"技术,是未曾矫揉造作的。因为事情是按着叙述的,所以文章也倾泻而下,至使作者在〈后记〉里,不愿称之为小说,但也自然是小说。"梁实秋《雅舍小品·牙签》:"可见三百年前西洋的平常人是不剔牙的。藏垢纳污到了个饱和点之后也就不成问题。倒是饭后在齿颊之间横剔竖抉的人,显着矫揉造作,自命不凡。"周而复《上海的早晨》三部五:"赵得宝对梅厂长却是另一种看法,感到矫揉造作,很不自然。"

【矫若游龙】jiǎo ruò yóu lóng　矫健之姿,像游龙飞舞。《晋书·王羲之传》:"尤善隶书,为古今之冠,论者称其笔势,以为飘若浮云,矫若惊龙。"后多用"矫若游龙"形容书法笔势或舞姿。明·梅鼎祚《玉合记·义姤》:"看他矫若游龙,超逾集乌……是好舞也。"《孽海花》六回:"那时早已开演,只见一个十七八岁的女子……正在绳上忽低忽昂的走来走去,大有矫若游龙、翩若惊鸿之势。"

【矫枉过正】jiǎo wǎng guò zhèng　矫枉:矫正弯曲。《汉书·王莽传上》:"勤身极思,忧劳丰绥,故国奢则视之以俭,矫枉者过其正。"后用"矫枉过正"指纠正偏失错误,超过了应有的限度。汉·仲长统《昌言·法诫篇》:"夫乱世长大而化世短,……逮至清世,则复入于矫枉过正之检。"《隋书·酷吏传序》:"汉革其风,矫枉过正。"《官场现形记》五四回:"他见制台是如此举动,越发懊悔他自己的从前所

为,只因矫枉过正,就不免闹出笑话来了。"钱钟书《围城》六:"也许上够了演讲和宣传的当,现代人矫枉过正,以为只有不说话的人开口准说真话。"

【脚踏两只船】jiǎo tà liǎng zhī chuán　比喻两方都想沾边,都想搭上。形容摇摆不定,不专一或下不了决心。踏,也作"踩"。只,也作"家"、"条"。《歧路灯》四九回:"你休脚踩两家船,这可不是耍的事。"老舍《牛天赐传》二一:"干什么就干什么,脚踏两只船是不可能的。"老舍《四世同堂》九六:"有的偷偷把孩子送往内地,脚踩两只船,好减轻自己卖国的罪责。"王火《战争和人》(一)卷一:"这次,管仲辉偷鸡不着蚀把米,叶秋萍却是打牌九做庄来了个统吃。我幸亏脚踏两条船,未曾卷入漩涡。"

【脚踏实地】jiǎo tà shí dì　❶把脚稳稳地踩在地上。《初刻拍案惊奇》卷二四:"明日一肩行李,脚踏实地,绝早到了。若在船中,还要过龙江关盘验,许多担阁。"《三侠五义》八一回:"揭起一块,顺流而下。脚踏实地,用脚尖滑步而行,惟恐看出脚印儿来。"梁实秋《雅舍小品·梦》:"我梦飞,是脚踏实地的两腿一弯,向上一纵,就离了地面。"❷比喻做事不浮夸,认真踏实。宋·朱熹《答张敬夫书》:"自然意味平和,道理明白,脚踏实地,动有据依。"巴金《随想录》一三三:"还是多创造条件,鼓励作家们勤奋地写作,让大家团结起来,脚踏实地在创作实践上比个高低吧。"

【搅海翻江】jiǎo hǎi fān jiāng　江水翻腾,大海搅动。形容声势或力量大,也形容斗争激烈,极不平静。元·马致远《荐福碑》三折:"他那里撼岭巴山,搅海翻江,倒树摧崖。"《说岳全传》七七回:"直杀得扬尘播土日光寒,搅海翻江云色变。"王火《战争和人》(一)卷二:"童霜威闷住气不作声了,站起身来,心里搅海翻

江似地不是滋味,背着手独自踱出吃饭间通过走廊、客厅,走到阳光下的花园里去。"

【叫苦不迭】 jiào kǔ bù dié 不迭:不停止。叫苦不止,连声叫苦。《水浒传》一回:"惊得洪太尉目睁痴呆,罔知所措,面色如土,奔到廊下,只见真人向前叫苦不迭。"《东周列国志》四五回:"后面梁弘军马已到,逼得孟明等三帅叫苦不迭。"周大新《第二十幕》(下)一部一:"这具保存尚好的女尸正在血红的夕阳下迅速变形。两个文物官员见状叫苦不迭,说:'你怎敢乱挖?为什么不等等我们?'"

【叫苦连天】 jiào kǔ lián tiān 形容十分烦恼,不住地叫苦。《醒世恒言》卷三〇:"只见两个没头尸首,横在血泊里,五脏六腑,都抠在半边,首级不知去向,桌上器皿,一毫无失。一家叫苦连天,报告主簿县尉,俱吃一惊,齐来验证。"《红楼梦》一〇七回:"不言贾赦等分离悲痛。那些跟去的人谁是愿意的?不免心中抱怨,叫苦连天。"钱钟书《围城》八:"好好的文科不念,要学时髦,去念什么电机工程,念得叫苦连天。"

【教学相长】 jiào xué xiāng zhǎng 教和学双方相辅相成,互相促进。后多指老师和学生之间,互相促进,共同提高。《礼记·学记》:"是故学然后知不足,教然后知困。知不足然后能自反也,知困然后能自强也,故曰教学相长也。"钱钟书《围城》六:"他心境不好,准责备儿子从前不用功,急时抱佛脚,也许还有一堆'亡羊补牢、教学相长'的教训。"〔注意〕长,不读 cháng。

【皆大欢喜】 jiē dà huān xǐ 大家都高兴、欢喜。常用来形容圆满结局。《敦煌变文集·搜神记》:"北边坐人是北斗,南边坐人是南斗。凡人受胎生从南斗过,见一人生,无量欢喜。北斗注杀,见一人死,皆大欢喜,此之是也。"周而复《上海的早晨》四部一二:"要是政府能调整批发和厂盘差价,那么,商业同仁就皆大欢喜了。"姚雪垠《李自成》一卷九章:"收到礼物的官兵们皆大欢喜,没收到礼物的人们除羡慕外也很欢喜。"

【接二连三】 jiē èr lián sān 一个接着一个。形容接连不断。《镜花缘》二三回:"走过闹市,只听那些居民人家,接二连三,莫不书声朗朗。"茅盾《腐蚀·十月九日》:"难道因为这几天来我接二连三意外地遇到'过去'的旧伙伴,以至夜有所梦么?"巴金《家》二〇:"我刚刚看见抬伤兵进城,接二连三的,不晓得有多少。"

【接风洗尘】 jiē fēng xǐ chén 请刚从远道而来的人吃饭,表示欢迎。《封神榜》七七回:"左右,快去摆酒,先与二位贤侯接风洗尘。"陈忠实《白鹿原》六章:"张总督立即传令备置酒席,为朱先生接风洗尘压惊庆功。"王火《战争和人》(一)卷五:"童霜威一家来后,老人让冯村和女儿、女婿代他出面,在后花楼的一家大馆子里宴请了童霜威全家,作为接风洗尘。"

【接连不断】 jiē lián bù duàn 一个接着一个,连续不间断。《东周列国志》七三回:"于是被猜猊之甲三重,陈设兵卫,自王宫起,直至光家之门,街衢皆满,接连不断。"《镜花缘》八四回:"其四字之内,如有三个双声或三个叠韵一气接连不断,即将此酒请宝云姐姐出个飞觞之令,都替他飞出去。"鲁迅《花边文学·序言》:"我曾经想过:凡是我寄文稿的,只寄开初的一两期还不妨,假使接连不断,它就总归活不久。"孙犁《白洋淀纪事·种谷的人》:"两岸都是园子,白菜畦葡萄架接连不断。"

【接踵而至】 jiē zhǒng ér zhì 踵:脚后跟。脚步紧相连接到来。比喻相继不断。《新编五代史平话·唐史平话》下:"李嗣源军行五日至大梁,王瓒开门迎降。是日唐主大军接踵而至。"《东周列国志》八二回:"卫之使者接踵而至,见孔子曰:'寡君新立,敬慕夫子,敢献奇味。'"《野叟曝言》一〇五回:"熊奇已寄信山东,旦夕可到,广大将士接踵而至,可使贼党土崩,逆藩授首。"李劼人《大波》三部六章:"这把戏刚做完,道喜的亲戚朋友已经接踵而至。"也作"随踵而至"。《战国策·齐策三》:"子来,寡人闻之,千里而一士,是比肩而立,百世而一圣,若随踵而也也,今子一朝而见七士,则士不亦众乎!"

【揭竿而起】jiē gān ér qǐ　揭:高举。竿:竹竿。高举旗帜,奋起反抗。汉·贾谊《过秦论》:"率罢弊之卒,将数百之众,转而攻秦,斩木为兵,揭竿为旗。"原形容秦末陈胜、吴广率民起义的情景。后用"揭竿而起"指造反起义,武装暴动。《野叟曝言》四二回:"广收进奉,搜罗珍异,以致贿赂公行。富民重足而立,贫民揭竿而起,将来不知何所底止。"欧阳山《三家巷》五七:"外国人天天欺负咱们,军阀们天天互相残杀,谁也活不下去,正是天下英雄,纷纷揭竿而起的局面。"

【嗟来之食】jiē lái zhī shí　嗟:呼语。《礼记·檀弓下》:"齐大饥,黔敖为食于路,以待饿者而食之。有饿者蒙袂辑屦,贸贸然来。黔敖左奉食,右执饮,曰:'嗟!来食!'扬其目而视之,曰:'予唯不食嗟来之食,以至于斯也!'从而谢焉,终不食而死。"原指因怜悯人饥饿,而不客气地呼人来吃的食物。后多用来指污辱性的施舍。《后汉书·列女传》:"妾闻志士不饮盗泉之水,廉者不受嗟来之食。"《东周列国志》八五回:"志士不饮盗泉之水,廉者不受嗟来之食。"梁实秋《雅舍小品·窝头》:"北方每到严冬,就有好心的人士发起窝窝头会,是赈济穷人的慈善组织。仁者用心,有足多者。但是嗟来之食,人所难堪⋯⋯"

【街谈巷议】jiē tán xiàng yì　指人们在街头巷尾闲谈议论。汉·张衡《西京赋》:"辩论之士,街谈巷议,弹射臧否,剖析毫厘,擘肌分理。"《老残游记》二回:"一路行来,街谈巷议,大半都是这话。"欧阳山《三家巷》九一:"这件事在西门口一带登时引起了众议纷纭,街谈巷议,真可以说轰动一时。"也指街头巷尾人们的议论。《野叟曝言》一三五回:"这班僧道进京亦曾察探街谈巷议,却没有来由,也便安心住着。"茅盾《蚀·动摇》八:"这一种街谈巷议,顷刻走遍了四城门。"

【街头巷尾】jiē tóu xiàng wěi　泛指大街小巷。《五灯会元·太子道一禅师》:"曰:'如何是学人转身处?'师曰:'街头巷尾。'"《野叟曝言》一三六回:"二月望后,顺天府尹奏报顺属寺观僧道数目,除街头巷尾穷僻乡村小庙不计外,有产业有香火的僧寺共是六百四十处,道院一百四十二处,僧九千六百四十四名,道一千八百三十二名⋯⋯"鲁迅《准风月谈·新秋杂识二》:"再前几天,夜里也很热闹。街头巷尾,处处摆着桌子,上面有面食,西瓜;⋯⋯这是在放焰口,施饿鬼。"丁玲《太阳照在桑乾河上》八:"一伙一伙的人不觉的就聚在一团,白天在地里,在歇晌的时候,晚上在街头巷尾,蹲在那里歇凉的时候。"

【孑然一身】jié rán yī shēn　孑然:孤单的样子。指孤身一人。宋·周煇《清波杂志》卷八:"岁月滋久,根深蒂结,生育男女,于义有不可负者,兼业孑然一身,无所依倚,处性不能自立。"《醒世恒言》卷二七:"爷英灵不泯,公子孝行感格,天使其然。只是公子孑然一身,又没盘缠,怎能够装载回去?"《镜花缘》五三回:"现在我虽系孑然一身,若论本族,尚有可投之人,此时近在咫尺。"茅盾《腐蚀·一月十三日》:"这一封信,给了我温暖。我觉得还有什么剩下的东西是属于我的,我还是孑然一身。"

【节哀顺变】 jié āi shùn biàn　《礼记·檀弓下》:"丧礼,哀戚之至也;节哀,顺变也,君子念始之者也。"后用"节哀顺变"指节制悲哀,顺应变故。用于吊唁慰问别人丧父母之词。也用于一般丧亲。蒋子龙《阴阳交接》:"老马,你是咱们局的老人,又是处理婚丧嫁娶的专家。你代表我们先去看看,劝老桂的家人要节哀顺变。"

【节外生枝】 jié wài shēng zhī　枝节又生枝杈。比喻问题之外又生出新问题。宋·克勤说《圆悟佛果禅师语录》一:"若据本分草料,犹是节外生枝。"元·秦简夫《剪发待宾》二折:"俺那孩儿遥受玉堂金马三学士,你便斗的俺那栋梁材节外生枝。"《镜花缘》八八回:"此是'天女散花赋',并非'散风散月赋'。你只言花,何必节外生枝?"茅盾《腐蚀·二月十日》:"这一切,都要瞒过 N,甚至我的走不动也要在最后五分钟才告诉他。先给他知道了,不会有一点好处,反而会节外生枝。"梁斌《红旗谱》一:"冯兰池还是要坚持砸钟,嘴上喷着白沫,说出很多节外生枝的话。"

【节衣缩食】 jié yī suō shí　节省衣食。泛指生活节俭。宋·魏了翁《杜隐君希仲墓志铭》:"节衣缩食,以经理其生,家日以饶。"袁静、孔厥《新儿女英雄传》四回:"上级党和政府,急忙发动没受灾的地区的老百姓募捐救济;干部们节衣缩食,拨出大批公粮,开水赈。"从维熙《落红》二:"在席卷全国的饥荒的六十年代初期,我和春桃节衣缩食,过着和平民百姓差不多的生活。"也作"缩衣节食"。宋·陆游《居室记》:"少不治生事,旧食奉祠之禄以自给。秩满,因不敢复请,缩衣节食而已。"

【劫富安贫】 jié fù ān pín　见"劫富济贫"。

【劫富济贫】 jié fù jì pín　夺取富人的财产,救济贫困者。《孽海花》三五回:"老汉平生最喜欢劫富济贫,抑强扶弱,打抱不平,只要意气相投的朋友,赴汤蹈火全不顾的。"鲁迅《南腔北调集·谈金圣叹》:"宋江据有山寨,且打家劫舍,而劫富济贫。"欧阳山《三家巷》五四:"也是最年轻的胡松,对梁山泊的英雄好汉,流露出十分倾慕,十分神往的感情说:'替天行道,劫富济贫——这是多么好呀!我愿意干一辈子,永远不后悔!'"也作"劫富安贫"。老舍《四世同堂》二三:"他觉得老头子就是窦尔墩,而窦尔墩的劫富安贫是不利于他的。"

【劫后余生】 jié hòu yú shēng　经历劫难后幸存下来的生命。清·丘逢甲《寄怀许仙屏中丞四首》诗之三:"归飞越鸟恋南枝,劫后余生叹数奇。"李国文《危楼记事》之三:"现在,这些未被压死,但也像劫后余生的子民们,竟然被二马这番剖心的表白镇住,不再表示那种不共戴天的愤慨。"王火《战争和人》(二)卷五:"南京城遭大屠杀时,日本兵连狗也不放过,用枪打死不少。这一定也是条劫后余生的狗吧?"

【洁身自好】 jié shēn zì hào　保持自身的清白,不与他人同流合污。鲁迅《且介亭杂文二集·逃名》:"逃名,固然不能说是豁达,但有去就,有爱憎,究竟总不失为洁身自好之士。"张贤亮《土牢情话》六章:"现在你关在牢里,搞得家破人亡,还想洁身自好,摆出中世纪的骑士风度,不叫女士们去担风险,或是想跟人正正经经地谈恋爱,就像小说里写的那样,你能办得到吗?"

【结草衔环】 jié cǎo xián huán　《左传·宣公十五年》载:晋大夫魏颗之父死,颗将父之爱妾改嫁,并未让其殉葬。后晋与秦战,颗见有老人结草遮秦将,秦将被俘。夜梦之,曰:"余,而所嫁妇人之父也……余是以报。"《后汉书·杨震传》唐·李贤等注引《续齐谐记》载：杨宝救一黄雀，夜有黄衣童子拜宝，以白玉环四枚与宝，曰："令君子孙洁白，位登三事，当如此环矣。"后"结草衔环"成为感恩图报的典故。元·张国宾《合汗衫》一折："敢问老爹奶奶一个名姓也，等小人日后结草衔环，做个报答。"《西游记》三七回："今来志心拜恳，千乞到我国中，拿住妖魔，辨明邪正。朕当结草衔环，报酬恩师也。"《老残游记》一四回："俺田家祖上一百世的祖宗，做鬼都感激二位爷的恩典，结草衔环，一定会报答你二位的！"也作"衔环结草"。《警世通言》卷二一："妾今生不能补报大德，死当衔环结草。"

【结党营私】jié dǎng yíng sī　结成党派或小团体，谋取私利。清·纪昀《阅微草堂笔记·滦阳消夏录四》："此辈结党营私，明求进取，以同异为爱恶，以爱恶为是非。"欧阳山《三家巷》五二："要说它是想沽名钓誉，借学义敛财，培植势力，结党营私，那也未必尽然。"

【结发夫妻】jié fà fū qī　结发：古人结婚之夕，男女束发，以示正式结为夫妻。唐·杜甫《新婚别》诗："结发为妻子，席不暖君床。"后用"结发夫妻"指原配夫妻。《醒世恒言》卷九："官人，我与你结发夫妻，苦乐同受。今日官人患病，即是奴家命中所招。同生同死，有何理说！"

【结驷连骑】jié sì lián qí　驷：套四匹马的车。骑（旧读 jì）：一人一马。高车骏马，连结成队。形容高贵显赫。《史记·货殖列传》："子贡结驷连骑，束帛之币以聘享诸侯。所至，国君无不分庭与之抗礼。"

【结为秦晋】jié wéi qín jìn　春秋时，秦、晋两国君主世代结为婚姻，故后代两国或两家结亲，称作结为秦晋。钱钟书《围城》九："日记上添了精彩的一条，说他现在才明白为什么两家攀亲要叫'结为秦晋'。"

【桀骜不驯】jié ào bù xùn　桀：凶暴。骜：马不驯良。宋·陈亮《酌古论·先主》："臣恐既解之后，胜者张势，败者阻险，桀骜不逊，以拒陛下。"后多作"桀骜不驯"，指性情暴烈，不驯顺。《儿女英雄传》一八回："到了五六岁上，识字读书，聪明出众，只是生成一个桀骜不驯的性子，顽劣异常。"周而复《上海的早晨》四部一："他在民建和工商联得势之后，少不了要用许多人，徐义德虽然桀骜不驯，但毕竟是个难得的人材，以后有用的。"李国文《冬天里的春天》一章："他回忆起他怎样制伏'的卢'的办法，那匹桀骜不驯的劣马啊！"

【桀犬吠尧】jié quǎn fèi yáo　桀：相传是夏朝的暴君。尧：相传是上古的贤君。夏桀的狗向着唐尧狂叫。比喻坏人的爪牙攻击好人，也指各为其主。《史记·鲁仲连邹阳列传》："披心腹，见情素，堕肝胆，施德厚，终与之穷达，无爱于士，则桀之狗可使吠尧，而蹠之客可使刺由。"《晋书·康帝纪》："桀犬吠尧，封狐嗣乱，方诸后羿，曷若斯之甚也。"《东周列国志》三六回："当初奉献公之命，去伐蒲城，又拿惠公所差，去刺重耳，这是桀犬吠尧，各为其主。"韬奋《萍踪忆语·美国劳工运动的大势》："因为'大亨'们所牵着线的政府，根本要仰着'大亨'们的鼻息，所谓'桀犬吠尧'原是一件不足怪的现象。"

【捷足先登】jié zú xiān dēng　行动敏捷的人先达到目的或先得到所求之物。清·叶稚斐《吉庆图·会赴》："所谓秦人失鹿，捷足先登。"鲁迅《集外集·〈奔流〉编校后记》："听说照例的创造社革命文学诸公又在'批判'，有的说要鲁迅译这书是不甘'落伍'，有的画着室居然捷足先登。"魏巍《地球的红飘带》七："这时本来要由王家烈继任省长和军长，谁知事出意料,桐梓系中的另一个拜把子兄弟毛广翔却捷足先登。"

【截长补短】 jié cháng bǔ duǎn　截取有余,以补不足。也比喻用长处补其短处。宋·度正《条奏便民五事》:"旧城堙废之余,截长补短,可得十之五。"宋·朱熹《朱子语类·论治道》:"今日人材,须是得个有见识又有度量的人,便容受得今日人材,将来截长补短使。"康有为《大同书》辛部一章:"以四洲海陆截长补短计之,亚西亚东西可七千英里,南北可五千三百英里。"也作"绝长补短"。《孟子·滕文公上》:"今滕绝长补短,将五十里也,犹可以为善国。"宋·朱熹《奏救荒事宜状》:"山阴、会稽两县口数以约六县之数,则山阴、会稽丁口半于诸暨、嵊县,而比新昌、萧山相去不远,绝长补短,两县当六县四分之一。"

【截发留宾】 jié fà liú bīn　《世说新语·贤媛》载:晋陶侃少家贫。天大雪,同郡孝廉范逵往访,侃母湛氏,剪掉长发,卖以治馔,款待客人。又锉褥草,以供其马。使客人仆马无所乏。后用"截发留宾"颂扬女性待宾诚挚贤惠。《隋唐演义》四回:"若论他交结,莫说他怜悯着失路英雄,交结一时豪杰;只他母亲宁夫人,他娘子张氏,也都有截发留宾,剉荐供马的气概。"

【截然不同】 jié rán bù tóng　截然:像割断一样,形容界限分明的样子。事物之间,界限分明,全然不一样。清·黄宗羲《余姚至省下路程沿革记》:"是故吾邑风气朴略,较之三吴,截然不同,无他,地使之然也。"鲁迅《坟·题记》:"将这些体式上截然不同的东西,集了做成一本书样子的缘由,说起来是很没有什么冠冕堂皇的。"杨沫《青春之歌》一部一〇章:"经过今天一天她对待两个人截然不同的两种态度,道静似乎看透了她的爱人的真面目,心中感到说不出的失望和伤痛。"

【竭尽全力】 jié jìn quán lì　竭尽:用尽。使出全部力气。巴金《随想录》一二九:"有时我竭尽全力,向它奔去;有时我停止追求,失去一切。"姚雪垠《李自成》二卷五四章:"她情愿为保卫洛阳竭尽全力作战,直到肝脑涂地。"

【竭泽而渔】 jié zé ér yú　竭:尽。排尽湖中或池中的水捕鱼。比喻取利只顾眼前,不作长远打算。《吕氏春秋·义赏》:"竭泽而渔,岂不获得?而明年无鱼。"姚雪垠《李自成》二卷三二章:"请皇上勿再竭泽而渔,杀鸡取卵,为小民留一线生机。"周大新《第二十幕》(中)一部一〇:"资助抗日我责无旁贷,但如此竭泽而渔令我实在心慌,照这样子,也许要不了多久,我就无钱开工生产了。"也作"涸泽而渔"。《文子·七仁》:"先王之法,不涸泽而渔,不焚林而猎。"《宋书·袁淑传》:"是由涸泽而渔,焚林而狩,若浚风之儛轻鞒,杲日之拂浮霜。"

【解甲归田】 jiě jiǎ guī tián　脱去铠甲,回乡种田。指军人离开军队,回乡务农。也泛指离开官职,回家不干了。姚雪垠《李自成》一卷二七章:"倘若有朝一日,天下太平,我能够解甲归田,自耕自食,得遂平生之愿,那就好了。"邓一光《我是太阳》五部八:"他卸了职,解甲归田了。"

【解铃还须系铃人】 jiě líng hái xū xì líng rén　宋·惠洪《林间集》卷下载:法灯泰钦禅师少聪悟,未为人知,独法眼禅师深看重。一日,法眼问大家:"虎项下金铃,何人解得?"众人无以对。适泰钦至,法眼用前语问他,泰钦曰:"众人何不道:'系者解得。'"由是人人刮目相看。后用"解铃还须系铃人"比喻由谁引起的问题仍由谁去解决。须,也作"是"。《红楼梦》九〇回:"心病终须心药治,解铃还是系铃人。"钱钟书《围城》七:"这都是汪太太生出来的事,解铃还须系铃人,我明天去找他。"也作"解铃系铃"。李劼人《大波》二部六章:"我乘机劝他正本清源,解铃系铃,不如把拘捕诸人放了,或许可以早得解纷。"

【解铃系铃】jiě líng xì líng　见"解铃还须系铃人"。

【解民倒悬】jiě mín dào xuán　倒悬:头朝下悬挂着。《孟子·公孙丑上》:"当今之时,万乘之国行仁政,民之悦之,犹解倒悬也。"后用"解民倒悬"比喻解救受苦难的百姓。清·李颙《与布抚台书》:"古之良臣名佐,不惜冒矫制之罪,身家性命,以解民倒悬。"姚雪垠《李自成》三卷一二章:"李自成举杯向罗汝才和全体将领敬酒,勉励大家从今后亲如兄弟,努力作战,严整纪律,解民倒悬,共建大功。"

【解囊相助】jiě náng xiāng zhù　囊:口袋。解开口袋,拿出财物帮助别人。刘绍棠《草莽》五:"路过渡口,看见一个被卖到花船上的小姑娘,苦苦哀求两位江湖艺人替她赎身,他看着不忍,就解囊相助,把十八块大洋送给了那位卖艺的长者,向他空手而回。"莫应丰《将军吟》二六章:"然后就问起原因,大家都表示同情,解囊相助,于是,钱哪、面包啊、水果啊、巧克力糖啊、烧鸡啊、烤鸭啊、葡萄酒啊,让你吃都吃不完,真美!"

【解衣推食】jiě yī tuī shí　《史记·淮阴侯列传》:"汉王授我上将军印,予我数万众,解衣衣我,推食食我,言听计从,故吾得以至于此。"后用"解衣推食"指赠人衣食,慷慨地给人以关心和帮助。《陈书·华皎传》:"时兵荒之后,百姓饥馑,皎解衣推食,多少均心。"《二刻拍案惊奇》卷一一:"小生飘蓬浪迹,幸蒙尊一见如故,解衣推食,恩已过厚。"《二十年目睹之怪现状》四二回:"幸得遇了他,不但解衣推食,并且那一处不受他的教导,我也

应该供起继之的长生禄位了。"

【戒备森严】jiè bèi sēn yán　警戒防备十分严密。姚雪垠《李自成》三卷三三章:"去年以来,将士们因为看到行辕军容整肃,戒备森严,威风凛凛,与往年的气象大不相同,都把它戏称为元帅府。"王火《战争和人》(二)卷一:"啸天兄,你藏龙卧虎在此,戒备森严。如果不是我心中有数,准被拒之门外了。"

【戒骄戒躁】jiè jiāo jiè zào　戒:防备,防止。警惕骄傲自满,防止产生急躁情绪。夏衍《〈新华日报〉及其他》:"我们现在还没有胜利,困难还很多,敌人的力量还很强大,必须谦虚谨慎,戒骄戒躁。"张炜《古船》一四章:"我了解赵多多那里的情况,这个'企业家'干得不错。不过你还是要提醒他一下,让他戒骄戒躁……"

【借刀杀人】jiè dāo shā rén　比喻自己不出面,利用别人去害人。明·汪廷讷《三祝记·造陷》:"恩相明日奏[范]仲淹为环庆路经略招讨使,以平元昊,这所谓借刀杀人。"《官场现形记》一七回:"他二人从前在那里又同过事,交情自与别人不同,所以特地进城拜望他,同他商酌一个借刀杀人的办法。"鲁迅《三闲集·头》:"那么,这虽然并非'借刀杀人',却成了'借头示众'了。"李劼人《死水微澜》六部三:"是不是因为三道堰的案子,你便支使洋人出来指名告他,好借刀杀人?"

【借风使船】jiè fēng shǐ chuán　凭借风力行船。比喻顺势行事。《红楼梦》九一回:"那知宝蟾亦知薛蟠难以回家,正欲寻个人路,因怕金桂拿他,所以不敢透漏。今见金桂所为先已开了端了,他便乐得借风使船,先弄薛蝌到手,不怕金桂不依,所以用言挑拨。"

【借古讽今】jiè gǔ fěng jīn　假借古代的事情,影射今天的现实。古华《芙蓉镇》二章:"在田边、地头,你们多少人听

他讲那那腐朽没落、借古讽今的故事？"也作"借古喻今"。夏衍《〈新华日报〉及其他》："我当时写过两篇杂文，一篇是历史小品，一篇的题目是《口谤与腹谤》，连借古喻今的曲笔也不放过，在小样上都盖上了'免登'。"

【借古喻今】jiè gǔ yù jīn　见"借古讽今"。

【借花献佛】jiè huā xiàn fó《过去现在因果经》一："今我女弱，不能得前，请寄二花，以献于佛。"后用"借花献佛"比喻拿别人的东西做人情。元·无名氏《杀狗劝夫》楔子："既然哥有酒，我们借花献佛，与哥拜上寿咱。"《醒世恒言》卷二七："焦榕接过一只茶瓯，满斟一杯，递与承祖道：'贤甥，借花献佛，权当与你洗尘。'"《官场现形记》三三回："同寅当中多半都是好玩的，家里请酒不算数，一定要在钓鱼巷里摆酒请他们。余荩臣也乐得借花献佛，一来趁他们的心愿，二来又应酬了相好。"姚雪垠《李自成》一卷二四章："不瞒老兄说，敝军口粮欠缺，更无酒肉，今日只好用你们送来的东西款待你们，这也算借花献佛。"

【借酒浇愁】jiè jiǔ jiāo chóu《世说新语·任诞》："王孝伯问王大：'阮籍何如司马相如？'王大曰：'阮籍胸中垒块，故须酒浇之。'"宋·王千秋《水调歌头》词："座上骑鲸仙去，笑我胸中磊块，取酒为浇愁。"后用"借酒浇愁"指借用饮酒之举排除忧愁。《花月痕》三回："看花忆梦惊春过，借酒浇愁带泪倾。"刘绍棠《瓜棚柳巷》九："老爹的心，像一眼古井，不知多深，看不见底，一定是心心中哀伤，想借酒浇愁吗？"也作"借酒消愁"。巴金《随想录》七六："他关心上海的斗争，又不能回去参加；一肚皮的愤懑无处倾吐，经常借酒消愁。"

【借酒消愁】jiè jiǔ xiāo chóu　见"借酒浇愁"。

【借坡下驴】jiè pō xià lǘ　顺势推掉某事，或借因由罢手。刘心武《黑墙》："费了好大劲，额头上都挂出一溜汗珠，孙老师才开口说道：'还是，还是——赵师傅您去问问、问问吧！'其余的人也就借坡下驴地一迭声说："就赵师傅去问吧！'"也作"借坡下马"。王火《战争和人》（一）卷二："也许是家里阃令森严怕河东狮吼？就借坡下马，惶恐而奉承地说：'秘书长既这样叮嘱，自然遵办！自然遵办！'"

【借坡下马】jiè pō xià mǎ　见"借坡下驴"。

【借尸还魂】jiè shī huán hún　古人迷信，认为人死后魂灵可以借助别人的尸体而复活。元·岳伯川《铁拐李》四折："你众人听着，这的是李屠的尸首，岳寿的魂灵，我着他借尸还魂来。"《西游记》一一回："御妹偶尔寿促，少苏醒即说此言，此是刘全妻借尸还魂之事。"也用来比喻已经死亡或没落的旧势力、旧思想、旧事物借别的名义重新出现。巴金《随想录》二六："高老太爷凭什么不垮下来，一定要顽强到底呢？难道他那时就想得到若干年后他会在'四人帮'身上借尸还魂吗？"孙犁《白洋淀纪事·石猴》："兴妖作怪的不是猴儿，是我们的敌人，村里有看不见的无线电。老侯同志作风不好，叫人家借尸还魂，受点处分也不算冤枉。"

【借题发挥】jiè tí fā huī　假借某事为题目表达自己的真正意图，发表自己真正的意见或与此事无关的议论。明·王衡《郁轮袍》二折："前日悲田院听得抱琵琶的汉子，弹什么郁轮袍，一定是未入乐谱的，我随分划几划便罢，这个原是借题发挥，不什么要紧，要紧的全在我半边纽丝哩。"叶圣陶《倪焕之》二一："我们的意思，这样学，那样学，无非借题发挥，根本意义却在培养学生处理事物、应付情势的一种能力。"王火《战争和人》(三)卷一:"好像高骈叹息的只是这种炼丹修仙的事,然而从诗的题目一看,高骈是借题发挥另有所指。"也指假借某事为由,去做另外的事。《三侠五义》七九回:"如今既为此事闹到这步田地,何不借题发挥,一来与国家除害,二来剪却襄阳王的羽翼。"刘玉民《骚动之秋》二〇章:"这几天各村又是开会又是个别找,搞得他们心里扑扑腾腾不落实地。赢官觉得是个机会,便借题发挥动员起来。"

【借箸代筹】 jiè zhù dài chóu 箸:筷子。筹:筹划。《史记·留侯世家》载:秦末楚汉相争,郦食其劝刘邦立六国后代,共同攻楚。邦方食,张良入见,邦以前计告之,良以为不可,曰:"臣请借前箸为大王筹之。"后用"借箸代筹"指代人出谋划策。《老残游记》七回回目:"借箸代筹一县策,纳楹闲访百城书。"

【藉草枕块】 jiè cǎo zhěn kuài 藉:凭借,依靠。块:土块。古人居父母之丧,要睡卧在柴草上,用土块当枕头,表示极度悲痛。《荀子·礼论》:"齐衰苴杖,居庐食粥,席薪枕块,所以为至痛饰也。"讲的正是孝子居丧的情况。《红楼梦》六四回:"贾珍贾蓉此时为礼法所拘,不免在灵旁藉草枕块,恨苦居丧。"

【巾帼须眉】 jīn guó xū méi 巾帼:古时女子的头巾和发饰,借指女子。须眉:指男人。称女子中有男人气概者。《孽海花》一四回:"如今且说筱亭的夫人……容貌虽说不得美丽,却气概丰富,倜傥不群,有巾帼须眉之号。"

【巾帼英雄】 jīn guó yīng xióng 巾帼:古时女子的头巾和发饰,借指女子。女中豪杰,女性中的英雄。清·湘灵子《轩亭冤·赏花》:"新世界,旧乾坤,巾帼英雄叫九阍。"姚雪垠《李自成》二卷一章:"高夫人忍不住大笑起来,说道:'哟!真没想到,像我这么一个平常的女流之

辈,文不能提笔,武不能杀敌,倒被他们吹嘘成文武双全的巾帼英雄。'"王火《战争和人》(一)卷二:"显然,她就是仅仅为了自己的信仰去死的。她确实是一个像秋瑾那样的巾帼英雄。"

【斤斤计较】 jīn jīn jì jiào 《诗经·周颂·执竞》:"自彼成康,奄有四方,斤斤其明。"斤斤:明察的样子。歌颂周成王、康王奄有四方,明察天下。后用"斤斤计较"形容过分计较小利或琐细小事。《花月痕》四九回:"你的权重事多,这琐屑也不合大将军斤斤计较,我专派红豆办此事罢。"鲁迅《彷徨·弟兄》:"我真不解自家的弟兄何必这样斤斤计较,岂不是横竖都一样?"巴金《随想录》一三一:"据说还有不少人斤斤计较地坚持要给受害人身上留一点尾巴。"魏巍《火凤凰》一一六:"当领导干部肚子要大一些儿,下面顶撞了你,不要斤斤计较,不要记成见。"〔注意〕较,不读 jiǎo。

【今不如昔】 jīn bù rú xī 宋·吴曾《能改斋漫录·冷斋不读书》:"今既不如昔,后当不如今。"后用"今不如昔"表示现在的否定,意思是现在不如过去。李劼人《大波》一部三章:"久而久之,自己渐渐相信:生了儿女,当了妈妈,管了家务,劳了精神,自己准定有了变化,即不变丑,一定今不如昔。"

【今非昔比】 jīn fēi xī bǐ 现在不能和过去相比。形容变化大。宋·崔与之《与循州宋守书》:"循为南中佳郡,今非昔比矣。"《水浒传》七一回:"宋江对众道:'今非昔比,我有片言。今日既是天罡地曜相会,必须对天盟誓,各无异心,死生相托,吉凶相救,患难相扶,一同保国安民。'"刘心武《栖凤楼》三三:"虽然二十多年不见,而且司马山不仅发了福,身体轮廓线大变,那一身包装更是今非昔比,但是他一眼便判定:这就是今天的司马山!"

【今是昨非】 jīn shì zuó fēi 晋·陶潜
《归去来兮辞》："悟已往之不谏,知来者之可追;实迷途其未远,觉今是而昨非。"后用"今是昨非"表示悔悟之意。宋·辛弃疾《新年团拜后和主敬韵并呈雪平》诗:"今是昨非当谓梦,富妍贫丑各为容。"鲁迅《华盖集·导师》:"但我们究竟还有一点回忆,回想起来,怎样的'今是昨非'呵,怎样的'口是心非'呵,怎样的'今日之我与昨日之我战'呵。"

【金榜挂名】 jīn bǎng guà míng 见"金榜题名"。

【金榜题名】 jīn bǎng tí míng 金榜:科举时代指公布殿试入选者的榜。指科举考试时代被殿试录取。后泛指考上学校。五代·王定保《唐摭言·今年及第明年登科》:"金榜题名墨尚新,今年依旧去年春,花间每被红妆问,何事重来只一人?"《封神榜》二四回:"你若是一个男子汉,一定金榜题名,独占鳌头。"刘绍棠《花街》九:"我们伏天儿念完小学堂,他的老师还要带他进城赶考,中学堂里金榜题名。"也作"金榜挂名"。《孽海花》四回:"你不过金榜挂名是梦话,洞房花烛倒是实录。"钱钟书《围城》三:"是不是得了博士回来结婚的? 真是金榜挂名,洞房花烛,要算双喜临门了。"

【金碧辉煌】 jīn bì huī huáng 金碧:金黄色和碧绿色。形容建筑物或陈设等华丽精致,光彩夺目。《封神榜》二〇二回:"只见这座将台亭亭独立,金碧辉煌,真乃是山环水绕兴隆地,虎踞龙盘拜将台。"《镜花缘》三八回:"迎面有座冲霄牌楼,霞光四射,金碧辉煌,上有四个金字,写的是'礼维义范'。"张恨水《啼笑因缘》一三回:"由正门穿过堂屋,旁边有一挂双垂的绿幔,老妈子又引将进去,只见里面金碧辉煌,陈设得非常华丽。"欧阳山《三家巷》一九:"出了电梯,只见大厅上张灯结彩,金碧辉煌。"也作"金璧辉煌"。

《儒林外史》二九回:"又走山顶上,望着城内万家烟火,那长江如一条白练,琉璃塔金璧辉煌,照人眼目。"

【金璧辉煌】 jīn bì huī huáng 见"金碧辉煌"。

【金波玉液】 jīn bō yù yè 比喻美酒。《三国演义》三六回:"玄德请徐庶饮酒,庶曰:'今闻老母被囚,虽金波玉液不能下咽矣。'"

【金蝉脱壳】 jīn chán tuō qiào 用一物或一件事作掩护,设法逃脱。《初刻拍案惊奇》三四回:"我专心为你,岂复有他恋? 只要做得没个痕迹,如金蝉脱壳方妙。"《说岳全传》二四回:"岳爷道:'我怎样吩咐时你,却中了他金蝉脱壳之计。'"刘绍棠《村妇》卷一:"黄香粉儿拦住她打嘴巴的手,说:'你给想出个金蝉脱壳之计,我就饶了你。'"〔注意〕壳,不读 ké。

【金城汤池】 jīn chéng tāng chí 汤:开水。池:护城河。如钢铁铸造的城墙,像沸水流淌着的护城河。形容城池坚固,难于攻破。《汉书·蒯通传》:"边地之城皆将相告曰'范阳令先降而身死',必将婴城固守,皆为金城汤池,不可攻也。"《荡寇志》九二回:"真是个金城汤池,一方雄镇。"峻青《雄关赋》:"这才是真正的雄关,比什么金城汤池还要坚固的雄关!"

【金刚怒目】 jīn gāng nù mù 金刚:佛教称佛的侍从力士,因手执金刚杵而得名。寺庙中泥塑金刚总是瞪着眼,像发怒的样子。《太平广记》卷一七四引宋·庞元英《谈薮》:"隋吏部侍郎薛道衡,尝游钟山开善寺,谓小僧曰:'金刚何为努目? 菩萨何为低眉?'小僧答曰:'金刚努目,所以降伏四魔;菩萨低眉,所以慈悲六道。'道衡忻然不能对。"努目:睁大眼睛,突出眼珠。后多作"金刚怒目",形容面目威猛可畏的样子。鲁迅《且介亭杂文末编·我的第一个师父》:"不料他竟一

点不窘,立刻用'金刚怒目'式,向我大喝一声。"李国文《冬天里的春天》五章:"一想起那张灶王爷的脸——对待他的子民,永远是那金刚怒目的模样,给个饽饽也不带乐的,她心里就堵得慌。"

【金戈铁马】 jīn gē tiě mǎ 指威武雄壮的军队。也比喻战争和戎马生涯。《新五代史·唐臣·李袭吉传》:"毒手尊拳,交相于暮夜,金戈铁马,蹂践于明时。"《东周列国志》九〇回:"乃耳不闻金戈铁马之声,目不睹覆车斩将之危,安居无事,大王亦知其故乎?"《花月痕》五〇回:"于是放舟于三万六千顷之太湖,挹取其风雨波涛出没之理趣;舆轿于三十六峰之天台,七十七峰之雁荡,开豁其金戈铁马扰攘之烟尘。"魏巍《火凤凰》四四:"这里有欢乐的梦,有悲伤的梦,有金戈铁马豪壮的梦,也有孤苦无援陷于绝境的梦。"也作"铁马金戈"。《水浒传》五五回:"幼辞父母去乡邦,铁马金戈入战场。"

【金谷酒数】 jīn gǔ jiǔ shù 金谷:晋石崇所建名园。晋·石崇《金谷诗序》载:晋惠帝元康六年,石崇、苏绍等三十人,集于河南县金谷涧,游宴赋诗,"以叙中怀,或不能者,罚酒三斗"。后用"金谷酒数"指宴会上罚酒三杯。唐·李白《春夜宴从弟桃花园序》:"如诗不成,罚依金谷酒数。"

【金鸡独立】 jīn jī dú lì 指单腿站立的一种武术姿势。也泛指一只脚站立。《三侠五义》四五回:"南侠忙用了个金鸡独立回身势,用剑往旁边一削,只听当的一声,朴刀却短了一段。"周而复《燕宿崖》:"他怯痛地提起右脚,金鸡独立似的站在那儿。"

【金科玉律】 jīn kē yù lǜ 科、律:法令,法律条文。本指完善的法律条文。后用来比喻不可更改的信条。《二十年目睹之怪现状》六一回:"愚人不能看深

奥的书,见了一部小说,就是金科玉律,说起话来便是有书为证。"姚雪垠《李自成》二卷三二章:"黄道周的性格非常偏强,又自幼熟读儒家的经史书籍,他正想着做个忠臣,学古代那些敢言直谏之士,把'文死谏,武死战'的话当做了为臣的金科玉律。"

【金口玉言】 jīn kǒu yù yán 本指皇帝说的话。泛指说话有权威,不可更改。《喻世明言》卷三〇:"瑞卿生得面方耳大,丰仪出众,仁宗金口玉言,问道:'这汉子何人?'"巴金《随想录》一四〇:"任何人的'金口玉言',都不会有变人为兽的魔法。"孙犁《白洋淀纪事·村歌二篇》二:"我的意见,叫她参加,也批评教育她。我们不能把真正坏蛋的话,当成金口玉言,把自己的人推在外边。"

【金兰之契】 jīn lán zhī qì 金:金属。兰:兰草,一种香草。契:投合。《世说新语·贤媛》:"山公与嵇、阮一面,契若金兰。"后用"金兰之契"比喻情意投合的朋友。也指相互结拜为兄弟。宋·张孝祥《下定书》:"门馆游从,早托金兰之契。"也作"金兰之谊"。《三侠五义》九〇回:"老夫乃邵邦杰,与令尊有金兰之谊。"姚雪垠《李自成》三卷二〇章:"听说李闯王心胸宽大,况将军与他有金兰之谊,必然以礼相待。"

【金兰之谊】 jīn lán zhī yì 见"金兰之契"。

【金马玉堂】 jīn mǎ yù táng 本指汉代的金马门和玉堂殿。后借指翰林院和翰林学士。宋·欧阳修《会老堂致语》:"金马玉堂三学士,清风明月两闲人。"《孽海花》五回:"但屡踏槐黄,时嗟落叶,知道自己不是金马玉堂中人物,还是跌宕文史,啸傲烟霞,还我本来面目的好,就浩然有南行之志。"也借指达官显宦。明·陈汝元《金莲记·外谪》:"吾想金马玉堂,虽然清贵,竹篱茅舍,亦自逍遥。"

【金迷纸醉】jīn mí zhǐ zuì　见"纸醉金迷"。

【金瓯无缺】jīn ōu wú quē　金瓯：金属盆盂之类。《梁书·侯景传》："我家国犹若金瓯，无一伤缺。"后用"金瓯无缺"比喻国土完整。宋·黄震《跋宗忠简行实录》："使黄潜善、汪伯彦不从中沮其谋，则中原固金瓯无缺之天下。"郭沫若《反正前言》："它(指资本主义——编者)到东方来，把东方固守了几千年的金瓯无缺的封建社会弄得七零八碎。"

【金声玉振】jīn shēng yù zhèn　金：指钟。玉：指磬。《孟子·万章下》："孔子之谓集大成，集大成也者，金声而玉振之也。"本是孟轲赞扬孔子的话，认为孔丘才德兼备，譬如奏乐，敲钟发出先声，击磬收尾，集众音之大成。后用"金声玉振"比喻人有学问，或声誉广为传播。汉·荀悦《汉纪·武帝纪五》："唯天子建中和之极，兼总条贯，金声玉振。"北齐·邢子才《广平王碑文》："我有徽猷，金声玉振，志犹学海，业比登山。"

【金石良言】jīn shí liáng yán　见"金石之言"。

【金石为开】jīn shí wéi kāi　金：金属。汉·刘向《新序·杂事四》："昔者楚熊渠子夜行见寝石以为伏虎，关弓射之，灭矢饮羽，下视知石也，却复射之，矢摧无迹。熊渠子见其诚心而金石为开，况人心乎?"后用"金石为开"形容心诚志坚，力量无穷，可以动物感人。《初刻拍案惊奇》卷四〇："精诚所至，金石为开。果然勇猛，自有神来。"

【金石之言】jīn shí zhī yán　金：黄金。石：玉石。指宝贵的进言或劝告。《三国演义》八一回："愿陛下纳秦宓金石之言，以养士卒之力，别作良图，则社稷幸甚!"周而复《上海的早晨》二部四六："杨部长每一句话都是金石之言，我无论如何也不会忘记的。"也作"金石良言"。《封神榜》一四五回："金石良言你不听，如今某家去交令，张将军，少时后悔不能行。"

【金童玉女】jīn tóng yù nǚ　道家指侍奉仙人的童男童女。后泛指天真活泼的少年男女。唐·徐彦伯《幸白鹿观应制》诗："金童擎紫药，玉女献青莲。"《封神榜》二〇一回："姜太公不久的金台拜将，东进万关，征伐无道，功成圆满之日，自有金童玉女迎接公主复返天宫。"《红楼梦》八五回："出场自然是一两出吉庆戏文，乃至第三出，只见金童玉女，旗幡宝幢，引着一个霓裳羽衣的小旦，头上披着一条黑帕，唱了一回儿进去了。"茅盾《子夜》一："刚一到上海这'魔窟'，吴老太爷的'金童玉女'就变了!"

【金屋藏娇】jīn wū cáng jiāo　汉·班固《汉武故事》载：汉武帝幼时曾云："若得阿娇作妇，当作金屋贮之。"阿娇，即公主刘嫖女。后用"金屋藏娇"泛指对娇妻美妾特别宠爱。也指男人有外宠或纳妾。元·张可久《折桂令·王一山席上题壁》曲："锦树围香，花灯夺昼，金屋藏娇。"邓友梅《烟壶》八："他花钱为一个名妓赎身，在前门外西河沿买了套宅院作外宅，像是金屋藏娇，不务正业。"刘绍棠《二度梅》六："梅雨的母亲是女秘书出身，比她父亲小二十岁，被她父亲金屋藏娇。"

【金吾不禁】jīn wú bù jìn　金吾：古代掌管京城戒备保卫的官。禁：禁止。唐·韦述《西都杂记》载：京城街道，早晚时间，由金吾传дра宵禁，禁止夜行。惟有正月十五日元宵佳节，可以不禁。后用"金吾不禁"指没有宵禁，不禁止夜行。多指国家太平，社会治安好。《西游记》九一回："此时正是金吾不禁。乱烘烘的，无数人烟。"

【金相玉质】jīn xiàng yù zhì　相：外形，外貌。质：本质，品质。形容人或物外在形貌和内在品质都很美。汉·王逸《离骚序》:"所谓金相玉质,百世无匹,名垂罔极,永不刊灭者矣。"蔡东藩、许廑父《民国通俗演义》三七回:"两旁分列楹联,左首八字,是天上神仙,金相玉质;右首八字,是女中豪杰,德礼明诗。"

【金玉良言】 jīn yù liáng yán 见"金玉之言"。

【金玉满堂】 jīn yù mǎn táng 形容财富多,也用来比喻人知识学问多。《老子·九章》:"金玉满堂,莫之能守。"《世说新语·赏誉》:"王长史谓林公:'真长可谓金玉满堂。'"

【金玉其外】 jīn yù qí wài 见"金玉其外,败絮其中"。

【金玉其外,败絮其中】 jīn yù qí wài, bài xù qí zhōng 指虚有其表,而内里败坏。多用于比喻人或物外表好而本质劣。明·刘基《卖柑者言》:"观其坐高堂,骑大马,醉醇醴而饫肥鲜者,孰不巍巍乎可畏,赫赫乎可象也? 又何往而不金玉其外,败絮其中也哉?"欧阳山《三家巷》一:"想不到他长的那么俊俏,却配上这么一副资质! 难怪人说长皮不长肉,中看不中吃! 这才真是金玉其外,败絮其中呢!"也单作"金玉其外"。梁实秋《雅舍小品·送礼》:"我就收到过不止一只金玉其外的火腿,纸包得又俊又俏,绳子捆得紧紧的,露在外面的爪尖干干净净,红包门票上还有金字。有一天打开一看,嘿!……"

【金玉之言】 jīn yù zhī yán 比喻宝贵的教诲或劝告。《醒世恒言》卷二:"众人道:'适才长文公所谕金玉之言,老汉辈拱听已久,愿得示下。'"《官场现形记》五三回:"我说的乃是金玉之言,外交秘诀。老哥,你千万不要当做耳旁风!"也作"金玉良言"。王火《战争和人》(二)卷八:"杜月笙'啪'的一拍大腿,翘起大拇指,说:'啊呀,啸天兄! 你这番话确实是金

玉良言! 说得有道理!'"

【金针度人】 jīn zhēn dù rén 唐·冯翊《桂苑丛谈·史遗》载:郑侃的女儿采娘,在七夕夜祈于织女。晚上,梦织女赠给她一根金针。从此,她刺绣技术就非常出色。金·元好问《论诗》诗之三:"鸳鸯绣了从教看,莫把金针度与人。"后用"金针度人"指把某种技艺的诀窍授予别人。李劼人《死水微澜》五部三:"罗歪嘴因为感激他,觉得他在夫妇间,也委实老实得可怜,遂不惜金针度人,给了他许多教诲。"

【金枝玉叶】 jīn zhī yù yè 晋·崔豹《古今注·舆服》:"与蚩尤战于涿鹿之野,常有五色云气,金枝玉叶止于帝上。"原指珍奇的树枝树叶。后用以指皇族子孙。元·纪君祥《赵氏孤儿》二折:"我拘刷尽晋国婴孩,料孤儿没处藏埋,一任他金枝玉叶,难逃我剑下之灾。"《警世通言》卷三○:"忽一日,有两个朋友来望,却是金枝玉叶,凤子龙孙,是宗室赵八节使之子。"姚雪垠《李自成》二卷三三章:"你是龙子龙孙,金枝玉叶,今日已为长哥,日后就是天下之主,怎么能同奴婢们摔起交来? 皇家体统何在?"也作"玉叶金枝"。《西游记》九三回:"贫僧是出家异教之人,怎敢与玉叶金枝为偶!"也指出身高贵的人。《二十年目睹之怪现状》九一回:"你是个金枝玉叶的贵小姐,嫁了我们这么个人家,自然是委屈你了!"杨沫《青春之歌》一部二章:"狗娘养的贱货! 你还自以为是金枝玉叶的小姐吗?"

【金字招牌】 jīn zì zhāo pái 商店用金箔贴字或用金粉涂字的招牌,多指信誉好、年代久的老字号品牌。也比喻可以炫耀于人的名誉或称号。《孽海花》二五回:"珏斋部只出使了一次朝鲜,……总算一帆风顺,文武全才的金字招牌,还高高挂着。"鲁迅《华盖集·导师》:"青年又何须寻那挂着金字招牌的导师呢? 不如

寻朋友，联合起来，同向着似乎可以生存的方向走。"

【津津乐道】jīn jīn lè dào　津津：兴趣浓厚的样子。对某事兴趣浓厚，乐于谈论。清·钱泳《履园丛话·整精》："世传盲词中有白蛇传，虽妇人女子皆知之，能津津乐道者，而不知此种事，世间竟有之。"韬奋《萍踪忆语·劳工侦探》："民主政治的国家最重视的是法律，这是我们常听见有人津津乐道的。这话诚然不是完全不对，但是有个要点，那便是在不侵犯资产者利益的范围内。"欧阳山《三家巷》一三一："以上种种，都还是办事处的人们津津乐道的话题。"

【津津有味】jīn jīn yǒu wèi　津津：兴趣浓厚的样子。特别有兴味。《二刻拍案惊奇》卷一八："甄监生听得津津有味，道：'学生于此事究心已久，行之颇得其法……'"《野叟曝言》四〇回："两人讲得津津有味，把忆忆素臣之念竟是搁过一边了。"《官场现形记》五五回："教习听他引经据典，说得津津有味，心上着实可笑，也不同他计较。"鲁迅《花边文学·中秋二愿》："古时候，女人的确去和过番；在演剧里，也有男人招为番邦的附马，占了便宜，做得津津有味。"钱钟书《围城》二："鸿渐一下午看得津津有味，识见大长。"也指特别有滋味。茹志鹃《三走严庄》："大个子眯缝着眼，津津有味地咬着白面包子。"王安忆《流逝》四："咪咪把油条放在一边，光吃酱瓜，津津有味，很是馋人。"

【矜才使气】jīn cái shǐ qì　矜：自大，自夸。自恃有才，意气用事。《野叟曝言》一五回："似作者有意矜才使气。"叶圣陶《乡里善人》："一个个字都像幽静的处女，没有一点儿矜才使气的意味。"

【矜持作态】jīn chí zuò tài　拘谨而故作姿态。形容故意做作的样子。王火《战争和人》(一)卷七："听谢元嵩提起叶

秋萍，童霜威眼前就浮现出了叶秋萍那两只蛇一样的眼睛、瘦长清癯的面孔和矜持作态的举动。"

【矜功自伐】jīn gōng zì fá　矜：自夸。伐：夸耀。自恃有功而自我夸耀。《晋书·陆机传》："冏既矜功自伐，受documentation不让，机恶之，作《豪士赋》以刺焉。"《红楼梦》五四回："这两个女人倒和气，会说话，他们天天乏了，倒说你们连日辛苦，倒不是那矜功自伐的。"

【筋疲力竭】jīn pí lì jié　见"筋疲力尽"。

【筋疲力尽】jīn pí lì jìn　筋：筋骨。形容非常疲劳，一点力气也没有了。《醒世恒言》卷二二："我已筋疲力尽，不能行动。"《野叟曝言》九回："小人勉强支持，已是筋疲力尽，文相公若迟一会出来，小人定要受伤了。"《官场现形记》一回："赵家一门大小，日夜忙碌，早已弄得筋疲力尽，人仰马翻。"老舍《四世同堂》五八："他本当床上躺一会儿，可是他不肯，他不能教外婆看出他已筋疲力尽，而招她伤心。"也作"筋疲力竭"。鲁迅《故事新编·奔月》三："马只能认着白色的田塍走，而且早已筋疲力竭，自然走得更慢了。"也作"力尽筋疲"。唐·韩愈《论淮西事宜状》："虽时侵略，小有所得，力尽筋疲，不偿其费。"鲁迅《两地书》七〇："我们对于这学校，大家都已弄得力尽筋疲，然而总是办不好，学生们处处故意使人为难。"

【襟怀坦白】jīn huái tǎn bái　心地纯洁，坦荡，光明正大。王火《战争和人》(二)卷二："他爽朗而窘迫地笑了，却襟怀坦白，虽然脸上有红晕。"

【仅此而已】jǐn cǐ ér yǐ　只有这一点。王火《战争和人》(二)卷六："银娣这更加简单的回答，使家霆明白她旁边可能有人，不便多说。又似告诉家霆，她知道的仅此而已。"

【紧锣密鼓】 jǐn luó mì gǔ　锣鼓点敲得很紧很密。中国传统戏曲中，常敲击锣鼓为人物或剧情配乐。也比喻事情出台前的紧张准备。贾平凹《腊月·正月》一○："在紧锣密鼓声中，两厢忽上忽下，互绞互缠、翻、旋、腾、套。最是那摇龙尾的后生，技艺高超，无论龙头如何摆动，终是不能将他甩掉。"王火《战争和人》（三）卷三："他今天还没有来，学校里表面还平静，实际却像一场紧锣密鼓的戏快开场了，空气使人压抑。"也作"密锣紧鼓"。郭沫若《天地玄黄·关于非正式五人小组》："在政府未还都以前，也曾密锣紧鼓地酝酿过一番改组的声浪，然而不幸的是就在国府委员的名额分配上，便碰上了暗礁。"

【锦簇花团】 jǐn cù huā tuán　见"花团锦簇"。

【锦囊妙计】 jǐn náng miào jì　锦囊：用丝锦做成的袋子。原指预先写好的装在囊袋中以便在危急时刻解决问题的好计谋。《三国演义》五四回："汝保主公入吴，当领此三个锦囊。囊中有三条妙计，依次而行。"后泛指解决困难问题的好计策、好办法。《儿女英雄传》二六回："他的那点聪明本不在何玉凤姑娘以下，况又受了公婆的许多锦囊妙计，此时转比何玉凤来得气壮胆粗。"姚雪垠《李自成》三卷四〇章："闯王心中高兴，对李岩笑着说：'走，我们去听听他到底有什么锦囊妙计。'"周而复《上海的早晨》二部一五："冯永祥端起酒杯来，冲着唐仲笙那张桌子，说：'来，我敬我们军师一杯酒，请山人想一条锦囊妙计。'"

【锦上添花】 jǐn shàng tiān huā　锦：有彩色花纹的丝织品。在织锦上再绣上花。比喻使美好的事物更美好。宋·黄庭坚《了了庵颂》："又要涪翁作颂，且图锦上添花。"《水浒传》一九回："今日山寨天幸得众多豪杰到此相扶相助，似锦上添花，如旱苗得雨。"《醒世恒言》卷二〇："兄弟同榜，锦上添花；母子相逢，雪中送炭。"《官场现形记》四回："因为护院相信他，甚么牙厘局的老总、保甲局的老总、洋务局的老总，统通都委了他，真正是锦上添花，通省再找不出第二个。"鲁迅《准风月谈·序的解放》："因为自序难于吹牛，而别人来做，也不见得定规拍马，那自然只好解放解放，即自己替别人来给自己的东西作序，术语曰'摘录来信'，真说得好像锦上添花。"萧红《呼兰河传》一章："晚饭时节，吃了小葱沾大酱就已经很可口了，若外加上一块豆腐，那真是锦上添花。"

【锦心绣口】 jǐn xīn xiù kǒu　唐·李白《冬日于龙门送从弟京兆参军令问之淮南觐省序》："尝醉目吾曰：'尔心肝五脏皆锦绣耶？不然，何开口成文，挥翰雾散？'"后用"锦心绣口"比喻满腹文章，文思横溢。唐·柳宗元《乞巧文》："骈四俪六、锦心绣口。"《警世通言》卷九："十岁时，便精通书史，出口成章，人人都夸他锦心绣口。"《花月痕》一七回："又冠冕，又风流，实在是锦心绣口，愧煞我辈。"柯灵《论做文章》："纵然锦心绣口，写得天花乱坠，恐怕终于是文不对题。"也作"绣口锦心"。明·陈汝元《金莲记·郊遇》："长公绣口锦心，不日连枝奋北。"

【锦绣河山】 jǐn xiù hé shān　见"锦绣山河"。

【锦绣江山】 jǐn xiù jiāng shān　见"锦绣山河"。

【锦绣前程】 jǐn xiù qián chéng　形容前途十分美好。叶君健《火花》一九："免得引起亲家对儿子的经济支援在功亏一篑的时刻变卦，而使儿子的锦绣前程毁于一旦。"

【锦绣山河】 jǐn xiù shān hé　形容美好的国土。宋·杨万里《寄贺建康留守范参政端明》诗："春生锦绣山河早，秋到江淮草木迟。《孽海花》一回:"忽然到一个所在,抬头一看,好一片平阳大地!山作黄金色,水流乳白香……锦绣山河,好不动人歆羡呀!"也作"锦绣河山"。王火《战争和人》(三)卷六:"拿中国来说,这场抗战,锦绣河山半成焦土,日本在南京的大屠杀,比投原子弹还厉害,在重庆大轰炸,也差不多等于投了个原子弹。"金中和《更续马可·波罗缘》:"整个电视片的四分之三将在中国拍摄,它将使世界观众能够饱览中国的锦绣河山。"也作"锦绣江山"。《三国演义》一二〇回:"华歆出朝叹曰:'可惜锦绣江山,不久属于他人矣!'"

【锦衣玉食】jǐn yī yù shí　华美的衣服,珍馐美味的饭食。形容奢侈豪华的生活。《魏书·常景传》:"故绮阁金门,可安其宅;锦衣玉食,可颐其形。"《红楼梦》一一五回:"世兄是锦衣玉食,无不遂心的,必是文章经济高出人上,所以老伯钟爱,将为席上之珍。"姚雪垠《李自成》二卷二九章:"他首先说江南多年来没有兵燹之祸,大户兼并土地,经营商业,只知锦衣玉食,竞相奢侈,全不以国家的困难为念。"也作"玉食锦衣"。《官场现形记》一三回:"可怜兰仙虽然落在船上,做了这卖笑生涯,一样的玉食锦衣,那里受过这样的苦楚。"

【谨慎小心】jǐn shèn xiǎo xīn　见"小心谨慎"。

【谨小慎微】jǐn xiǎo shèn wēi　对于细小的事情也十分小心谨慎。形容待人处世态度审慎,怕生是非。《官场现形记》五六回:"可巧抚台是个守旧的人,有点胡里胡涂的,而且一闻谨小慎微。"柳青《创业史》一部一七章:"他谨小慎微的庄稼人狭窄心境,怎能和生宝叱咤风云的气魄联系起来呢? 他心中绞痛。"魏巍《火凤凰》一一六:"一个党弄得死气沉沉,大家都谨小慎微,不敢讲话,那是很

难有所作为的。"

【谨言慎行】jǐn yán shèn xíng　《礼记·缁衣》:"故言必虑其所终,而行必稽其所敝,则民谨于言,而慎于行。"后用"谨言慎行"指说话小心,行动谨慎。王蒙《蹦蹦的季节》:"他谨言慎行,十分小心,生怕暴露了自己迟迟不革命、处处跟不上革命者的弱点。"

【尽力而为】jìn lì ér wéi　《孟子·梁惠王上》:"以若所为求若所欲,尽心力而为之,后必有灾。"后用"尽力而为"指竭尽全力去做。清·张集馨《道咸宦海见闻录》:"一万米,须四万脚价,只好尽力而为耳。"老舍《四世同堂》九五:"我试试,尽力而为吧!"杜鹏程《在和平的日子里》三章:"我是尽力而为。而且我祖父不断地指点我,小韦也多方面给我帮忙。"

【尽美尽善】jìn měi jìn shàn　见"尽善尽美"。

【尽人皆知】jìn rén jiē zhī　所有的人都知道。强调人所共知,不必多说。刘绍棠《村妇》卷二:"仲连元的精明,人所共知,尽人皆知。但牛蒡的书生之见却比中将副司令员的眼力入木三分。"王火《战争和人》(二)卷六:"现在,家霆坐在江边,不禁想起了上海这段几乎尽人皆知的历史。"

【尽如人意】jìn rú rén yì　尽:全,都。如:依照,符合。完全符合人的意愿。多用否定形式。梁斌《红旗谱》五〇:"严知孝说:'天下事难尽如人意呀,知道吗?'"陈国凯《下里巴人》二:"她这才知道工厂里有那么多不尽如人意之事,吃国家粮的人也有这么多苦恼。"刘玉民《骚动之秋》二五章:"尽管如此,作品仍难尽如人意。"

【尽善尽美】jìn shàn jìn měi　尽:达到极点。《论语·八佾》:"子谓《韶》尽美矣,又尽善也;谓《武》尽美矣,未尽善也。"后

用"尽善尽美"形容事物达到完美无缺的地步。《大戴礼记·哀公问五义》："所谓士者，虽不能尽道术，必有所由焉；虽不能尽善尽美，必有所处焉。"梁实秋《雅舍小品·厨房》："美式厨房也非尽善尽美。至少寓居美国而坚持不忘唐餐的人就觉得不大方便。"周而复《上海的早晨》四部五九："这些特点，王桂英都有，你唱的辰光，站在台上，再注意这些特点，那就尽善尽美了。"也作"尽美尽善"。老舍《四世同堂》四四："将在大家的面前，表演一回尽美尽善的老泰山！"

【尽心竭力】jìn xīn jié lì 见"尽心尽力"。

【尽心尽力】jìn xīn jìn lì 用尽全部心思和力气。《晋书·王坦之传》："且受遇先帝，绸缪缱绻，并志竭忠贞，尽心尽力，归诚陛下，以报先帝。"《野叟曝言》一〇一回："大小姐这话是真，郡主是个女人，有甚事要求老爷？定是要嫁与老爷，故尽心尽力的伏侍。"刘玉民《骚动之秋》一〇章："那年风调雨顺没虫没灾，加之各家各户尽心尽力，秋天，满坡苹果来了个破天荒的大丰收。"也作"尽心竭力"。周立波《暴风骤雨》二部二六："为了报答大伙的好意，他要尽心竭力给大伙干活，努力把工作做好。"

【尽信书不如无书】jìn xìn shū bù rú wú shū 书：本指《尚书》，后泛指书本。《孟子·尽心下》："尽信《书》，则不如无《书》。"意思是完全相信《尚书》，还不如没有《尚书》。后用来规劝、告诫人们不要盲目相信或拘泥于书本。宋·陆九渊《政之宽猛孰先论》："呜呼，尽信书不如无书。"

【尽职尽责】jìn zhí jìn zé 尽力做好本职工作，负起应负的责任。张洁《爱，是不能忘记的》："大约我们的细胞中主管'贼风入耳'这种遗传性状的是一个特别尽职尽责的基因。"

【尽忠报国】jìn zhōng bào guó 竭尽忠诚，报效国家。《北史·颜之推传》："公等备受朝恩，当尽忠报国，奈何一旦欲以神器假人！"《喻世明言》卷三一："韩信，你尽忠报国，替汉家夺下大半江山，可惜衔冤而死。"《孽海花》一九回："你别小看了这个，我们老人家一点尽忠报国的意思全靠它哩！"姚雪垠《李自成》一卷三章："第二天上午，卢象升把大小将领召集到行辕来听他讲话。他丁宁大家尽忠报国，不要因为兵少势孤而气馁。"

【进退两难】jìn tuì liǎng nán 进也不好，退也不好。形容处境困难。元·郑德辉《周公摄政》三折："微臣当辞位，宜弃职，乞放残骸归田里；娘娘道不放微臣出宫闱，进退两难为。"《醒世恒言》卷三六："我如今独个又行不得这船，住在此，又非长策，到是进退两难。"《官场现形记》二八回："若论上代交情，以及小侄知遇，极应勉力图报，聊尽寸心；无如小侄此时实系进退两难，一筹莫展。"周而复《上海的早晨》三部二九："她努力保持镇静，不好意思站在那里，又不好意思走开，真是进退两难啊！"

【进退失据】jìn tuì shī jù 前进后退都无所凭依。形容陷入困难境地。《资治通鉴·后唐明宗天成二年》："乱兵进退失据，遂溃。"茅盾《腐蚀·后记》："《腐蚀》既是在当时的历史条件下写成的，那么，如果我再按照今天的要求来修改，恐怕不但是大可不必，而且反会弄成进退失据罢？"魏巍《火凤凰》三七："这一切都使人想到，敌人的最高指挥官已经陷入进退失据、彷徨无主的窘境中。"

【进退首鼠】jìn tuì shǒu shǔ 首鼠：踌躇不定。进退不定，犹豫不决。宋·陈亮《与应仲实书》："又思此别相见定何时，进退首鼠，卒其所欲求正于仲实而寓之书。"

【进退维谷】jìn tuì wéi gǔ 谷：困窘。

指前进或后退都处于困难境地。形容进退两难。《诗经·大雅·桑柔》:“人亦有言,进退维谷。”《聊斋志异·刘夫人》:“进退维谷之际,适逢公子,宁非数乎!”鲁迅《集外集拾遗补编·我的种痘》:“老实说罢,即使原是我的爱人,这时也实在使我有些‘进退维谷’,因为柏拉图式的恋爱论,我是能看,能言,而不能行的。”周而复《上海的早晨》四部三九:“工作的责任心叫他不忍马上离开,组长的意见又使他不好留下,他正在进退维谷,童进走进了X光器械部。”

【进退无路】 jìn tuì wú lù 前进或后退,都无路可走。形容处境困难。《陈书·萧摩诃传》:“今求战不得,进退无路,若潜军突围,未足为耻。”《水浒传》五八回:“我等正在这里进退无路,无计可施,端的是苦!”《三国演义》二四回:“某有一计,使此人进退无路,然后用文远说之,彼必归丞相矣。”也作“进退无门”。《西游记》六五回:“唐僧错认灵山进拜,原来是妖魔假设,困陷他师徒,将大圣合在一副金铙之内,进退无门,看看至死,特来启奏。”《野叟曝言》一二回:“赶进京,才知太师已死,又找不着相公寓处,进退无门,流落在琉璃厂里,替匠头挑砖瓦过日,闲着就出来寻访,总没寻处,不料今日也被小人寻着了。”

【进退无门】 jìn tuì wú mén 见“进退无路”。

【进贤任能】 jìn xián rèn néng 见“举贤使能”。

【近水楼台】 jìn shuǐ lóu tái 见“近水楼台先得月”。

【近水楼台先得月】 jìn shuǐ lóu tái xiān dé yuè 宋·俞文豹《清夜录》:“范文正公镇钱塘,兵官皆被荐,独巡检苏麟不被录,乃献诗云:‘近水楼台先得月,向阳花木易为春。’”后用“近水楼台先得月”比喻由于地处近便而获得优先的机会。刘绍棠《绿杨堤》五:“靠山吃山,近水楼台先得月;黄毛丫头回北京,大筐的白玉兰香瓜,满载而归,跟厂子里的哥儿们有福同享。”王火《战争和人》(二)卷一:“重庆对不起您,直到今天也没倚重您,您要是肯同任先生一起,一定能被他借重。既在上海,为什么不‘近水楼台先得月’?”也单作“近水楼台”。茅盾《腐蚀·一月十五日》:“哦——毕竟舜英他们是个中人,是一条线上的,参预密勿,得风气之先,近水楼台。”

【近在咫尺】 jìn zài zhǐ chǐ 咫:古代长度单位,周制八寸。形容距离很近。宋·苏轼《杭州谢上表》:“而臣猥以末技,日奉讲帷,凛然威光,近在咫尺。”《镜花缘》五三回:“现在我虽系孑然一身,若论本族,尚有可投之人,此时近在咫尺。”茅盾《蚀·追求》一:“而仲昭呢,也在沉思,不大理会那近在咫尺间的喧闹。”

【近朱者赤,近墨者黑】 jìn zhū zhě chì, jìn mò zhě hēi 朱:朱砂。靠近朱砂容易变成红色,靠近墨容易变黑。比喻客观环境对人的成长变化有很大的影响。晋·傅玄《太子少傅箴》:“夫金木无常,方圆应形,亦有隐括,习以性成,故近朱者赤,近墨者黑;声和则响清,形正则影直。”《醒世恒言》卷一一:“自古道:近朱者赤,近墨者黑。况且小妹资性过人十倍,何事不晓。”《野叟曝言》六二回:“一夫善射,百夫决拾。近朱者赤,近墨者黑。君子修身,齐家治国。其机如此,影响最捷。”

【噤若寒蝉】 jìn ruò hán chán 噤:闭口不做声。宋·张守《题锁树谏图后》:“尝怪士处明时,事贤主,履高位,噤如寒蝉,或至导谀以误国。”后多作“噤若寒蝉”,指像深秋的蝉,因寒冷而不再鸣叫。比喻不敢说话。杨沫《青春之歌》一部四章:“她那傲慢的、仇视的眼光,像袭来的一阵疾雨,公子们突然被淋得噤若寒蝉了。"王安忆《叔叔的故事》:"他在家的时候,家里的气氛就分外紧张,大人孩子噤若寒蝉。"

【泾渭分明】 jīng wèi fēn míng 泾、渭:甘肃、陕西境内的两条河。古人认为泾水清,渭水浊。泾水流入渭水时,清浊不混。比喻界限清楚,是非分明。《喻世明言》卷一〇:"守得一十四岁时,他胸中渐渐泾渭分明,瞒他不得了。"《花月痕》一回:"古人力辨'情''淫'二字,如泾渭分明,先生将情田踏破,情种情根一齐除个干净,先生要行什么乐呢? 小子不敢说,求先生指教罢。"姚雪垠《李自成》三卷二〇章:"自从我刘国能归顺朝廷,已经成为王臣,跟他们行军行车路,马行各路,各行其是,泾渭分明,情谊早已断绝,他们对我姓刘的还会讲什么义气!"

【经国之才】 jīng guó zhī cái 经:管理,治理。治理国家的才干。晋·葛洪《抱朴子·外篇自叙》:"洪祖父学无不涉,究测精微,文艺之高,一时莫伦。有经国之才,仕吴历宰海盐、临安、山阴三县。"《晋书·刘琨传》:"祖迈,有经国之才,为相国参军、散骑常侍。"

【经久不息】 jīng jiǔ bù xī 息:停止。长时间不停止。多用于形容掌声、情感等。魏巍《火凤凰》一九:"讲话结束了。整个会场沉浸在一片经久不息的掌声里。"刘心武《钟鼓楼》二章:"当她长大并且当了翻译以后,她仍然保持着那样一种看法,并且对自己经久不息的鉴赏激情上升到了理性。"

【经纶济世】 jīng lún jì shì 经纶:整理丝绪叫经,编丝成绳叫纶。指筹划治理国家大事。济:帮助,救济。谓处理国事,拯救社会。《水浒传》二四回:"吴某村中学究,胸次又无经纶济世之才,虽只读些孙吴兵法,未曾有半点微功,怎敢占……"《三国演义》三五回:"水镜曰:'关、张、赵云,皆万人敌,惜无善用之人。若

孙乾、糜竺辈,乃白面书生,非经纶济世之才也。'"

【经年累月】 jīng nián lěi yuè 一年又一年,一月又一月,经历很多年月。形容时间很长。隋·薛道衡《豫章行》诗:"丰城双剑昔曾离,经年累月复相随。"《野叟曝言》一一一回:"困龙岛之形势,文爷所深知,何得先救皇上出险? 不要说十日半月,即经年累月也是烦难。"魏巍《火凤凰》二一:"延河的水并不深。它由北而南,在嘉陵山下打了一个转弯向东去了。由于经年累月的冲击,在嘉陵山下便汇成了深潭,成了一个天然的游泳场。"

【经天纬地】 jīng tiān wěi dì 经、纬:治理。比喻治理国家。北周·庾信《拟连珠》:"盖闻经天纬地之才,拔山超海之力。战阵勇于风飚,谋谟出于胸臆。"《喻世明言》卷三一:"司马貌有经天纬地之才,今生屈抑不遇,来生宜赐王侯之位。"《说岳全传》七三回:"苟非经天纬地之才,曷敢受调鼎持衡之任?"周大新《第二十幕》(上)二部一:"生为男人,当做经天纬地事业,若沉湎欲之中,轻则损精费神,未老而衰;重则元阳丧失,业废嗣绝!"也作"纬地经天"。唐·李翰《凤阁王侍郎传论赞·序》:"开物成务,纬地经天,则齐中书监尚书令太尉南昌文献公。"

【经文纬武】 jīng wén wěi wǔ 经、纬:治理。以文德、武功治理国家。唐·许敬宗《定宗庙乐议》:"虽复圣迹神功,不可得而窥测,经文纬武,敢有寄于名言。"《东周列国志》二〇回:"谷於菟既长,有安民治国之才,经文纬武之略。"《野叟曝言》八八回:"又先生经文纬武,丰功伟绩,如郭汾阳,而理学湛深,技术兼精过之。"也作"纬武经文"。《晋书·文六王传赞》:"彼美齐献,卓尔不群,自家刑国,纬武经文。"

【经一事,长一智】 jīng yī shì, zhǎng yī zhì 经历一件事情,就可以增长一分

智慧。多指对办过的事吸取经验教训。宋·赵长卿《贺新郎》词:"不是我多疑你。被傍人、赚后归圆圆。经一事,长一智。"柳青《创业史》一部二七章:"[郭振山]原谅地笑说:'承认错误,就是好同志。甭难受哩,念起你是预备党员,不追你的思想儿。往后注意!''对! 经一事,长一智……'生宝如释重负,轻松地感激说。"

【荆钗布裙】jīng chāi bù qún　钗:旧时妇女别在发髻上的首饰。荆枝为钗,粗布为裙。指妇女简朴寒素的服饰。《太平御览》卷七一八引汉·刘向《列女传》:"梁鸿妻孟光,荆钗布裙。"《红楼梦》九二回:"孟光的荆钗布裙,鲍宣妻的提瓮出汲,陶侃母的截发留宾,还有画荻教子,这是不厌贫的。"也作"钗荆裙布"。《红楼梦》五七回:"因薛姨妈看见邢岫烟生得端雅稳重,且家道贫寒,是个钗荆裙布的女儿,便欲说与薛蟠为妻。"

【荆棘满途】jīng jí mǎn tú　见"荆棘塞途"。

【荆棘塞途】jīng jí sè tú　荆棘:山野中丛生的带刺小灌木。荆棘塞满了道路。比喻前进路上困难重重,障碍多。鲁迅《华盖集·导师》:"问什么荆棘塞途的老路,寻什么乌烟瘴气的鸟导师!"也作"荆棘满途"。郭沫若《卓文君》:"红箫妹妹哟,你与我同向生的路上走去吧,不怕那儿就是荆棘满途!"

【荆棘铜驼】jīng jí tóng tuó　荆棘:山野中丛生的带刺小灌木。《晋书·索靖传》载:靖有先识远量,知天下将乱,指洛阳宫门铜驼叹曰:"会见汝在荆棘中耳!"后用"荆棘铜驼"形容战乱后的残破凄凉景象。宋·陆游《醉题》诗:"只愁又蹈关河路,荆棘铜驼使我悲!"王火《战争和人》(二)卷三:"当年如织的游客,也很少见了,成了一个有点破落的寺庙,一副败颓荒芜景象。荒烟衰草,使人有荆棘铜驼之感。"

【荆天棘地】jīng tiān jí dì　荆、棘:山野中丛生的带刺小灌木。天地之间到处布满荆棘。比喻环境艰险,处境困难。《扫迷帚》一回:"一事不能做,寸步不能行,荆天棘地,生气索然。"鲁迅《且介亭杂文末编·三月的租界》:"今年一月,田军发表了一篇小品,题目是《大连丸上》,记着一年多以前,他们夫妇俩怎样幸而走出了对于他们是荆天棘地的大连——"

【旌旗蔽日】jīng qí bì rì　旌帜如海,遮住了太阳。形容队伍壮观盛大。《战国策·楚策一》:"于是楚王游于云梦,结驷千乘,旌旗蔽日。"《西游记》八九回:"他父子并唐僧在城楼上点札,旌旗蔽日,炮火连天。"

【惊采绝艳】jīng cǎi jué yàn　采:文采。绝:极。艳:艳丽,华美。文采惊人,辞藻华美。南朝梁·刘勰《文心雕龙·辨骚》:"故能气往轹古,辞来切今,惊采绝艳,难与并能矣。"《老残游记》一一回:"南革诸君的议论也有惊采绝艳的处所。"

【惊诧莫名】jīng chà mò míng　惊讶诧异,无法形容。形容十分惊讶奇怪。刘心武《钟鼓楼》五章:"单记得葛尊志脸上那惊诧莫名的表情,那表情犹如一面雪亮的镜子,照出了她非破釜沉舟不可的处境。"

【惊风骇浪】jīng fēng hài làng　使人惊惧的大风浪。宋·欧阳修《归田录序》:"当其惊风骇浪卒然起于不测之渊,而蛟鳄鼋鼍之怪方骈首而闯伺。"比喻斗争激烈或动荡的环境。《儿女英雄传》一一回:"把一桩惊风骇浪的大案,办得来云过天空。"李英儒《野火春风斗古城》二〇章:"在惊风骇浪的斗争中,生活又这样安排了她和他的命运。"

【惊弓之鸟】jīng gōng zhī niǎo　指受

过箭伤,闻弓弦声而惊堕的鸟。《战国策•楚策四》:"更羸与魏王处京台之下,仰见飞鸟。更羸谓魏王曰:'臣为王引弓虚发而下鸟。'……有间,雁从东方来,更羸以虚发而下之。魏王曰:'然则射可至此乎!'更羸曰:'此孽也。'王曰:'先生何以知之?'对曰:'其飞徐而悲鸣。飞徐者,故疮痛也;悲鸣者,久失群也。故疮未息,而惊心未去也,闻弦音引而高飞,故疮陨也。'"后用"惊弓之鸟"比喻受过惊吓遇有事情就害怕惊慌的人。《晋书•王鉴传》:"黩武之众易动,惊弓之鸟难安。"《野叟曝言》一〇三回:"岑浚、黄骥都是惊弓之鸟,兼防后有追兵,不敢恋战,挥兵齐上,夺路而走。"《二十年目睹之怪现状》一二回:"却从这一回之后,一连几天,都有棺材出口,我们是个惊弓之鸟,那里还敢过问。"钱钟书《围城》五:"我们新吃过女人的亏,都是惊弓之鸟,看见女人影子就怕了。"

【惊鸿游龙】 jīng hóng yóu lóng 鸿:大雁。惊飞的鸿雁,游动的神龙。三国魏•曹植《洛神赋》:"翩若惊鸿,婉若游龙。"后用"惊鸿游龙"形容体态轻盈,姿态婀娜,动作迅捷优美。《野叟曝言》一〇三回:"翠莲、碧莲四把宝剑俱如惊鸿游龙,矢矫不测,迎着的溅出红血,如雨点一般落。"

【惊慌失措】 jīng huāng shī cuò 见"惊惶失措"。

【惊慌失色】 jīng huāng shī sè 失色:脸色失去常态。害怕慌张,脸色失常。形容人恐惧的样子。《封神榜》一一一回:"只见跟随夫人的四个丫鬟打External面慌慌忙忙跑上了银安殿来,一个个惊慌失色。"《镜花缘》九九回:"次日,燕紫琼、宰玉蟾闻得丈夫又因在阵内,吓得惊慌失色,坐立不宁。"也作"惊惶失色"。丰子恺《缘缘堂随笔•从孩子得到的启示》:"忽然上海方面枪炮声起了。大家惊惶失色,立刻约了邻人,扶老携幼地逃到附近的妇孺救济会里去躲避。"

【惊惶不安】 jīng huáng bù ān 惊惶:惊慌。由于担惊受怕而心绪不安宁。巴金《家》九:"接着又过了几天恐怖的日子,差不多每天都发生兵士跟学生的小冲突,闹得全城居民惊惶不安,好像又要发生兵祸一样。"

【惊惶失措】 jīng huáng shī cuò 因害怕慌张而举止失常,不知所措。《北齐书•元晖业传》:"孝友临刑,惊惶失措,晖业神色自若。"《孽海花》二二回:"话说阳伯正在龚府,忽听那进来的俊仆几句附耳之谈,顿时惊惶失措,匆匆告辞出来。"欧阳山《三家巷》七九:"敌人阻挡这一阵子,已经有些伤亡,更想不到农场工人这么勇敢,一下子插进他们的核心,登时惊惶失措起来。"也作"惊慌失措"。《三侠五义》二九回:"且说丫鬟奉命温酒,刚然下楼,忽听'嗳哟'一声,转身就跑上楼来,只唬得他张口结舌,惊慌失措。"茹志鹃《三走严庄》:"砰的一声,老马留下的那支枪响了。敌人不知哪里来的枪响,顿时惊慌失措。"

【惊惶失色】 jīng huáng shī sè 见"惊慌失色"。

【惊魂不定】 jīng hún bù dìng 见"惊魂未定"。

【惊魂夺魄】 jīng hún duó pò 惊人心灵,夺人魂魄。形容对人的精神心理刺激强烈,震动很大。老舍《四世同堂》二六:"当一个文化熟到了稀烂的时候,人们会麻木不仁的把惊魂夺魄的事情与刺激放在一旁,而专注意到吃喝拉撒中的小节目上去。"

【惊魂未定】 jīng hún wèi dìng 形容受惊后心情尚未平静下来。宋•朱熹《与陈同甫书》:"新论奇伟不常,真所创见,惊魂未定,未敢遽下语。"《老残游记二集》二回："德夫人等惊魂未定,并未听见。"姚雪垠《李自成》一卷一二章："他惊魂未定,贺金龙已到面前,一刀砍伤了他的左颊。"也作"惊魂不定"。李劼人《大波》二部二章："每个人脸上都一副惊魂不定的样子,连站在两边铺门外看热闹的男女老少都一样。"

【惊恐不安】jīng kǒng bù ān 因惊慌恐惧而心里不安宁。形容担惊受怕的样子。张炜《古船》二章："他一个人蹲在角落里吸烟,看着一张张惊恐不安的脸色。"

【惊恐万状】jīng kǒng wàn zhuàng 万状:很多种样子。因为惊慌害怕而显现出各种情态。形容惊慌恐惧到了极点。邓一光《我是太阳》四部三:"那些灰褐色的家伙大脑迟钝,它们只知道沿着灯光照亮的地方惊恐万状地奔跑,直到跑得气绝为止。"陈忠实《白鹿原》一五章："窑里传出小娥睡意朦胧惊恐万状的问话声。"

【惊人之笔】jīng rén zhī bǐ 笔:笔法。惊人的笔法。比喻使人吃惊、感到意外的举动和做法。姚雪垠《李自成》二卷二二章："杨昌嗣接到密旨已经两天,故意不发,要等到今天在各地文武大员齐集襄阳时来一个惊人之笔。"

【惊世骇俗】jīng shì hài sú 骇:震惊。俗:世俗。言行举动异于寻常,使世俗为之惊骇震动。宋·王柏《朋友服议》:"子创此服,岂不惊世骇俗,人将指为怪民矣。"明·刘基《贾性之市德斋记》:"是皆为惊世骇俗,而有害于道。"邓一光《我是太阳》二部一:"靳忠人这么一急,反倒把一个木讷口笨的人急出了一句惊世骇俗的话来。"

【惊涛骇浪】jīng tāo hài làng 使人惊惧的波涛巨浪。形容波涛汹涌浪大。宋·陆游《长风沙》诗:"江水六月无津涯,惊涛骇浪高吹花。"《孽海花》二八回:"就为他们是海边人,在惊涛骇浪里生长的,都是胆大而不怕死。"魏巍《地球的红飘带》四四:"宴席设在一座小楼上,摆设雅致,宽敞明亮,窗外下面就是大渡河的惊涛骇浪。"也比喻激烈的斗争或险恶的环境。欧阳山《三家巷》一四八:"周炳忽然想起,这回自己到重庆去,将要从事一番豪迈奔放的事业,经过一番惊涛骇浪的生活,感情也顿时豪迈奔放起来了。"李英儒《野火春风斗古城》二二章:"在这舒适宁静的时刻,经过惊涛骇浪腥风血雨的杨晓冬和银环,心头上有说不尽道不出的快感。"也作"骇浪惊涛"。《镜花缘》六回:"闻仙姑谪在岭南,年未及笄,遍历海外,走蛮烟瘴雨之乡,受骇浪惊涛之险,以应前誓,以赎前愆,即日就要下凡。"

【惊天动地】jīng tiān dòng dì ❶形容声音巨大。《警世通言》卷四〇:"那群孽,闻得这个法雷,惊天动地之声,倒海翻山之怒,唬得魂不附体。"《红楼梦》一〇六回:"满屋中哭声惊天动地,将外头上夜婆子吓慌,急报于贾政知道。"姚雪垠《李自成》一卷二五章:"爆发刚过,农民军发出一片惊天动地的呐喊。"❷形容声势浩大。宋·周密《齐东野语》卷一七:"鼙鼓惊天动地来,九州赤子哭哀哀。"《喻世明言》卷三九:"要拿一个县尉,何须惊天动地;只消数人突然而入,缚了他来就是。"❸形容事情或人影响大,了不起。唐·白居易《李白墓》诗:"可怜荒垅穷泉骨,曾有惊天动地文。"《水浒传》二七回:"则恁地,也争些儿坏了一个惊天动地的人。"鲁迅《集外集拾遗·通信(复章达生)》:"其实这也算不了什么惊天动地的事,校长看了《语丝》,'唯唯'与否,将来无论怎样详细的世界史上,也决不会留一点痕迹的。"

【惊喜若狂】jīng xǐ ruò kuáng 又惊又喜,像发了狂似的。形容惊喜到了极点。清·和邦额《夜谭随录·护军女》:"少年得其应答，惊喜若狂。"杨沫《青春之歌》一部二二章："在这面墙壁的另一边，传过来使他惊喜若狂的敲击声。"也作"惊喜欲狂"。欧阳山《三家巷》五四："胡柳看见这班青年男子个个惊喜欲狂的样子，不觉眼圈发红，心儿乱跳，眼泪也簌簌地流将出来。"

【惊喜欲狂】jīng xǐ yù kuáng　见"惊喜若狂"。

【惊心动魄】jīng xīn dòng pò　事物的惊险、壮观或巨大刺激使人内心受到极大震撼。南朝梁·钟嵘《诗品·古诗》："文温以丽，意悲而远，惊心动魄，可谓几乎一字千金。"《红楼梦》八四回："这里赵姨娘正说着，只听贾环在外间屋子里要说出些惊心动魄的话来。"鲁迅《且介亭杂文·病后杂谈之余》："现在不说别的，单看雍正乾隆两朝的对于中国人著作的手段，就足够令人惊心动魄。"叶圣陶《倪焕之》二二："然而一阵阵猛烈的呼噜噜像巨浪迭起，一个比一个高，真有惊心动魄的力量。"

【惊疑不定】jīng yí bù dìng　惊讶疑惑，内心不安。《说岳全传》七〇回："秦桧与王氏二人听了，心中惊疑不定。"《官场现形记》五四回："去的人回来说了，大众更觉惊疑不定。只得自宽自慰说：'今天来不及了，大约明天一早一定总放出来的。'"欧阳山《三家巷》三一："过了三天，二哥周榕也从香港回到三家巷来了，这更加使得所有的人们诸多揣测，惊疑不定。"

【惊猿脱兔】jīng yuán tuō tù　像惊走的猿猴、逃跑的兔子。形容动作敏捷、速度极快。《儒林外史》四三回："苗酋拼命的领着苗兵投石柱桥来，却不防一声炮响，桥下伏兵齐出，几处凑拢，赶杀前来。还亏得苗子的脚底板厚，不怕峣岩荆棘，就像惊猿脱兔，漫山越岭的逃散了。"

【兢兢业业】jīng jīng yè yè　《诗经·大雅·云汉》："旱既大甚，则不可推。兢兢业业，如霆如雷。"原形容危惧的样子。后多用来形容小心谨慎、不敢懈怠的样子。《东周列国志》八〇回："句践泣谓群臣曰：'孤承先人余绪，兢兢业业，不敢怠荒。'"《红楼梦》二九回："那张道士兢兢业业的用蟒袱子垫着，捧了出去。"姚雪垠《李自成》二卷一五章："卧薪尝胆、兢兢业业，能创业，也能守成；一旦松了劲，什么事都要弄坏。"

【精兵简政】jīng bīng jiǎn zhèng　精简人员，紧缩机构。毛泽东《为人民服务》："'精兵简政'这一条意见，就是党外人士李鼎铭先生提出来的；他提得好，对人民有好处，我们就采用了。"刘绍棠《村妇》卷二："县委书记仲连元一双铁腕，雷厉风行，大力精兵简政，裁汰冗员。"也比喻精简不必要的东西。魏巍《东方》五部一〇章："趁大家休息，我就跑到僻静处，想偷偷弄个精兵简政，把不必要的东西扔掉一些。"

【精诚团结】jīng chéng tuán jié　精诚：真诚。真心诚意搞好团结。王火《战争和人》（二）卷三："今天抽空谈话，是希望本党忠实的同志本着既往合作的精神，能破除成见，相与聚首，精诚团结，共商国是，一同还都！"

【精打细算】jīng dǎ xì suàn　在使用人力物力时仔细计算，不使浪费。刘绍棠《小荷才露尖尖角》三："杜秋葵真会精打细算，小瓜棚不足一席之地，有坐的地方，没站的地方，要想躺一躺，只能虾米大弯腰。"刘心武《钟鼓楼》三章："薛师傅和薛大娘对潘秀娅这份精打细算倒是看在眼里，喜在心里。"

【精雕细刻】jīng diāo xì kè　精心细致地雕刻。也比喻做事细致认真。刘白羽《第二个太阳》一〇章："秦震进来一看，房屋高大，十分气派，窗棂精雕细刻，玲珑剔透，更是不凡。"刘绍棠《黄花闺女池塘》二:"村人大惧,求神问卜,又重金礼聘能工巧匠,精雕细刻青砖,在北岸砌起一座高二尺、宽尺半的小庙。"也作"精雕细琢"。巴金《随想录·后记》:"但他们一倒,读者们又把我找了回来。那么写什么呢?难道冥思苦想、精雕细琢、为逝去的旧时代唱挽歌吗?"

【精雕细琢】jīng diāo xì zhuó　见"精雕细刻"。

【精妙绝伦】jīng miào jué lún　绝:断绝,完全没有。伦:类比。精致巧妙,无与伦比。宋·周密《武林旧事·灯品》:"灯只至多,苏、福为冠,新安晚出,精妙绝伦。"李劼人《大波》三部七章:"约他的人只是告诉他,刘申叔带来端陶斋收藏的几本宋拓,不特精妙绝伦,还是海内孤本,不可不一饱眼福。"

【精明强干】jīng míng qiáng gàn　形容人精细明察,办事能力很强。《二十年目睹之怪现状》一〇六回:"承辉这个人,甚是精明强干,而且一心为顾亲戚,每每龙光要变化些冤枉钱,都是被他止住。"姚雪垠《李自成》一卷一章:"杨昌嗣是个将近五十岁的人,中等身材,两鬓和胡须依然乌黑,双眼炯炯有光,给人一种精明强干的印象。"陈忠实《白鹿原》二六章:"我爸那人,看去精明强干,实际上胆子小得很,屁大一点事就吓得天要塌下来一样。"

【精疲力竭】jīng pí lì jié　精:精神。力:力气。形容非常疲劳,一点力气也没有了。巴金《秋》一四:"他精疲力竭地倒在沙发靠背上,一口一口地喘着气。"刘绍棠《瓜棚柳巷》四:"吴钧精疲力竭,头一挨枕头就睡到了天麻麻亮。"也作"精疲力尽"。叶圣陶《倪焕之》二四:"我只希望他能在我跑到精疲力尽的时候,跳过来接了我手里的旗,就头也不回地往前飞跑!"

【精疲力尽】jīng pí lì jìn　见"精疲力竭"。

竭"。

【精神抖擞】jīng shén dǒu sǒu　抖擞:振作。形容精神十分振作。元·尚仲贤《单鞭夺槊》二折:"你道是精神抖擞,又道是机谋通透。……这般夸口,又何况那区区洛阳草寇?"《封神榜》二一一回:"好一位,未成正果瘟元帅,精神抖擞有威风。"王蒙《青春万岁》二七:"同学们整齐地迈着步,唱着歌。一个个喜气洋洋,精神抖擞。"

【精神焕发】jīng shén huàn fā　焕发:光彩四射的样子。形容精神振作,神采奕奕。《二十年目睹之怪现状》四一回:"侣笙出落得精神焕发,洗绝了从前那落拓模样,眉宇间还带几分威严气象。"韬奋《萍踪忆语·南游》:"他们都是精神焕发,对社会工作具有极浓兴趣的可爱的青年。"周而复《上海的早晨》一部一五:"听完了梅佐贤的报告,徐总经理精神焕发地站了起来,圆圆的脸上闪出红光。"

【精神恍惚】jīng shén huǎng hū　神志不清、注意力不集中的样子。《二刻拍案惊奇》卷二九:"今仁兄面黄肌瘦,精神恍惚,语言错乱。及听兄晚间房中,每每与人切切私语,此必有作怪跷蹊的事。"《红楼梦》一一三回:"宝钗初时不知何故,也用话箴规。怎奈宝玉抑郁不解,又觉精神恍惚。宝钗想不出道理,再三打听,方知妙玉被劫不知去向,也是伤感。"茅盾《子夜》一四:"他猜想来吴荪甫这几天来太累了,有点精神恍惚。他看着吴荪甫的脸,也觉得气色不正。"

【精卫填海】jīng wèi tián hǎi　精卫:神话传说中的鸟名。《山海经·北山经》载:炎帝女儿淹死在东海,灵魂化为精卫鸟,日衔西山石木来填东海。后用"精卫填海"比喻人意志坚强,不怕困难。晋·陶潜《读山海经》诗:"精卫衔微木,将以填沧海。"宋·张耒《山海》诗:"愚公移山宁不智,精卫填海未必痴。"

【精益求精】jīng yì qiú jīng 益：更加。《论语·学而》宋·朱熹集注："言治骨角者，既切之而复磋之；治玉石者，既琢之而复磨之，治之已精，而益求其精也。"后用"精益求精"指对学问、技艺的追求好了还要更好。《野叟曝言》四七回："继老之言原是精益求精之意，他山之石可以攻玉，虞兄何必如此硁硁。"姚雪垠《长夜·致读者的一封信》："一个有成就的好作家……必须在写作上不断提高，精益求精，到死方休。"周大新《第二十幕》（下）二部一〇："为了在全厂形成一个在操作技术上精益求精的风气，她还在各个车间搞了技术比赛。"

【精忠报国】jīng zhōng bào guó 竭尽忠诚，报效国家。《喻世明言》卷三二："岳飞精忠报国，父子就戮。"《说岳全传》八〇回："咨尔故少保岳飞精忠报国，节义传家；正当功业垂成，忽堕权奸毒手；幽魂久滞，忠节应膺。"刘白羽《第二个太阳》二章："他在学校里读书，他热爱哲学，更喜欢地理、历史，因为从那里面他多少次为丧权辱国之耻而悲痛欲绝，为精忠报国之志而愤然拍案。"

【井底之蛙】jīng dǐ zhī wā 《庄子·秋水》："井蛙不可以语于海者，拘于虚也。"后用"井底之蛙"比喻见识浅陋的人。《后汉书·马援传》："子阳井底蛙耳，而妄自尊大。"《三国演义》一一三回："汝乃井底之蛙，安知玄奥乎！"刘绍棠《村妇》卷二："秀子是井底之蛙，只见过巴掌大的一块天，到县城的潞河中学看丈夫，爱吃通州大顺斋的糖火烧。"

【井井有条】jīng jīng yǒu tiáo 井井：有条理。形容整齐不乱，有条有理。宋·楼钥《周伯范墓志铭》："经理家务，井井有条。"《二刻拍案惊奇》卷一五："到了京中，不料夫人病重不起，一应家事，尽属爱娘掌管。爱娘处得井井有条，胜过夫人在日，内外大小无不喜欢。"《儒林外史》一三回："鲁小姐上侍婆姑，下理家政，井井有条，亲戚无不称羡。"张恨水《啼笑因缘》三回："北京的大学，实在是不少，你若是专看他们的章程，没有哪个不是说得井井有条的。"欧阳山《三家巷》一五六："这回，咱们撤退得井井有条，一点损失也没有。"

【井然有序】jīng rán yǒu xù 有条理、有秩序的样子。魏巍《火凤凰》一八："慢说鞋子、毛巾等要摆得井然有序，即使小小的牙刷也要摆得像小猴探首缸外冲着一个方向。"邓一光《我是太阳》一部五："一夜之间，十几万民主联军的战士撤出已被打得支离破碎的四平城，井然有序地消失在夜幕之中。"

【井水不犯河水】jīng shuǐ bù fàn hé shuǐ 比喻各有界域，两不相犯。《红楼梦》六九回："我和他'井水不犯河水'，怎么就冲了他！"姚雪垠《李自成》一卷二四章："本来是井水不犯河水，他倒找上门来了。既然如此，我要他再不敢骚扰宝寨！"

【井蛙之见】jīng wā zhī jiàn 井蛙：井底之蛙。见：见识。比喻浅陋的见识。《镜花缘》一八回："若论优劣，以上各家，莫非先儒注疏，婢子虽闻既寡，何敢以井蛙之见，妄发议论。"郭沫若《屈原》二幕："唉，那是客臣的井蛙之见喽，所谓'情人眼里出西施'啦。"

【径情直遂】jìng qíng zhí suì 见"径行直遂"。

【径行直遂】jìng xíng zhí suì 径行：径直去做。直：直接。遂：成功。指随着自己心愿行事，顺利达到目的。清·程麟《此中人语·守节》："观此可见守节之难，所以朝廷不设再谯之禁，与其慕虚名而贻中菁羞，不若径行直遂之为愈也。"也作"径情直遂"。毛泽东《论持久战》一〇九："事物是往返曲折的，不是径情直遂的，战争也是一样，只有形式主义者想不"

通这个道理。"

【敬而远之】jìng ér yuǎn zhī 《论语·雍也》："子曰:'敬鬼神而远之。'"后用"敬而远之"指表示尊敬,但不愿接近或亲近。北周·庾信《拟连珠》之一:"是以敬而远之,豺有五子;吁可畏也,鬼有一车。"《老残游记》一一回:"若遇此等人,敬而远之,以免杀身之祸,要紧,要紧!"周而复《上海的早晨》三部四六:"她一见到守仁那股流里流气的样子,就想呕,只好对他敬而远之。"

【敬恭桑梓】jìng gōng sāng zǐ　桑梓:桑树和梓树,指代故乡。《诗经·小雅·小弁》:"维桑与梓,必恭敬业。"后用"敬恭桑梓"表示敬重故乡,热爱家乡父老。《孽海花》七回:"富贵还乡,格外要敬恭桑梓,也是雯青一点厚道。"

【敬老慈少】jìng lǎo cí shào　见"敬老慈幼"。

【敬老慈幼】jìng lǎo cí yòu　尊敬老人,爱护儿童。《孟子·告子下》:"敬老慈幼,无忘宾旅。"《艺文类聚》卷一二引《帝王世纪》:"敬老慈幼,晏朝不食,以延四方之士。"也作"敬老慈少"。宋·陈亮《蔡元德墓碣铭》:"举漕台,不中,始相父经纪其家,以镇其闾里,敬老慈少,使诡猾暴横者不得自肆,平民安之。"

【敬老怜贫】jìng lǎo lián pín　怜:同情,怜悯。尊敬年长的人,同情贫困的人。元·无名氏《刘弘嫁婢》:"吾神又将小女桂花,配与奇童为妻,则为你恤孤念寡,敬老怜贫,因此感动天地也。"《初刻拍案惊奇》卷三五:"小人但有些小富贵,也为斋僧布施,盖寺建塔,修桥补路,惜孤念寡,敬老怜贫。"《野叟曝言》四七回:"他说咱为人慈善,恤孤爱寡,敬老怜贫。"也作"敬老恤贫"。《东周列国志》八○回:"于是以文种治国政,以范蠡治军旅,尊贤礼士,敬老恤贫,百姓大悦。"

【敬老恤贫】jìng lǎo xù pín　见"敬老怜贫"。

【敬老尊贤】jìng lǎo zūn xián　尊敬老人和社会贤士。汉·刘向《说苑·修文》:"入其境,土地辟除,敬老尊贤,则有庆,益其地。"《东周列国志》四九回:"又敬老尊贤,凡国中年七十以上,月致粟帛,加以饮食珍味,使人慰问安否。"

【敬若神明】jìng ruò shén míng　像敬重神那样敬重对方。形容对人十分尊重。《左传·襄公十四年》:"民奉其君,爱之如父母,仰之如日月,敬之若神明,畏之如雷霆。"杨沫《青春之歌》二部二七章:"当年,他对之敬若神明,如今他痛恨他的实验主义,痛恨他的读书救国⋯⋯"

【敬贤礼士】jìng xián lǐ shì　尊重贤人,礼遇有知识的人士。《三国演义》三回:"[李]肃曰:'某遍观群臣,皆不如董卓。董卓为人敬贤礼士,赏罚分明,终成大业。'"也作"尊贤礼士"。《东周列国志》八○回:"于是以文种治国政,以范蠡治军旅,尊贤礼士,敬老恤贫,百姓大悦。"

【敬谢不敏】jìng xiè bù mǐn　谢:辞谢,拒绝。不敏:不聪明,没有才能。《左传·襄公三十一年》:"使士文伯谢不敏焉。"后用"敬谢不敏"表示对某事不愿接受或能力不够,只好谢绝。多用自谦之词。鲁迅《二心集·做古人和做好人的秘诀》:"于满肚气闷中的滑稽之余,仍只好诚惶诚恐,特别脱帽鞠躬,敬谢不敏之至了。"郭沫若《洪波曲》二章:"假设我们要拿'一个主义'的尺度来衡量人才,那我就敬谢不敏,实在连一打也找不到。"

【敬业乐群】jìng yè lè qún　专心学业,乐与同学朋友一起讨论切磋。《礼记·学记》:"一年视离经辨志,三年视敬业乐群。"《歧路灯》一○二回:"一日之劳,片刻之泽,敬业乐群,好不快心。"

【镜花水月】jìng huā shuǐ yuè　镜中

的花,水里的月。宋·黄庭坚《沁园春》词:"镜里拈花,水中捉月,觑着无由得近伊。"后用"镜花水月"指虚幻、不现实的景象。《说岳全传》六一回:"众僧道:'阿弥陀佛! 为人在世,原是镜花水月。……'"李劼人《大波》四部二章:"你们那些什么回旋余地的打算,完全是镜花水月。不然,也等于痴人说梦。"

【迥然不同】jiǒng rán bù tóng　迥然:明显、显然。形容差别很大,完全不同。宋·朱熹《答吕允夫》:"知吾儒之所谓道者,与释氏迥然不同。"《东周列国志》一二回:"那公子朔虽与寿一母所生,贤愚迥然不同;年齿尚幼,天生狡猾,恃其母之得宠,阴蓄死士,心怀非望。"《镜花缘》一四回:"那身长数丈的长人国,并非大人国。将来唐兄至彼,才知'大人'、'长人'迥然不同了。"王火《战争和人》(三)卷一:"两个长相迥然不同,尹二高大壮实,老钱瘦小猥琐。但两个人对他都亲切,两个人说话都幽默有趣。"

【炯炯有神】jiǒng jiǒng yǒu shén　炯炯:明亮的样子。形容目光明亮有神采。明·李开先《泾野吕亚卿传》:"先生头颅圆阔,体貌丰隆,海口童颜,轮耳方面,两目炯炯有神。"《三侠五义》六二回:"庄致和见那道人骨瘦如柴,仿佛才病起来的模样,却又目光如电,炯炯有神。"杨沫《青春之歌》一部一五章:"他站在一张凳子上,在警笛越来越近的狂叫中,用炯炯有神的眼睛扫射了一下全体站着的人群,开始用低沉的有节奏的声音讲起话来。"姚雪垠《李自成》一卷四章:"如今骑在它身上的是一位三十一二岁的战士,高个儿,宽肩膀,颧骨隆起,天庭饱满,高鼻梁,深眼窝,浓眉毛,一双炯炯有神的、正在向前边凝视和深思的大眼睛。"

【鸠夺鹊巢】jiū duó què cháo　见"鸠占鹊巢"。

【鸠形鹄面】jiū xíng hú miàn　鸠、鹄:两种鸟名。鸠形:指腹部低陷,胸骨突起。鹄面:指脸形像黄鹄。形容人身体消瘦,面容憔悴。《野叟曝言》一二回:"刘兄,我们一路来,看那些树皮都剥尽了,村庄上一堆柴草没着,居民鸠形鹄面,逃荒的沿路不绝。"钱钟书《围城》五:"安南人鸠形鹄面,皮焦齿黑,天生的鸦片鬼相,手里的警棍,更像一支鸦片枪。"

【鸠占鹊巢】jiū zhàn què cháo　鸠:斑鸠。鹊:喜鹊。《诗经·召南·鹊巢》:"维鹊有巢,维鸠居之。"鸠不善为巢,逐鹊而居其巢。后用"鸠占鹊巢"比喻强占他人的居处或占据别人的位置。清·纪昀《阅微草堂笔记·如是我闻四》:"景南河之曰:'我自出钱租宅,汝何得鸠占鹊巢?'"刘绍棠《村妇》卷二:"'你的戏份儿,我怎能据为己有?'牛荞摇头不止,'你的绣房,我更不该鸠占鹊巢。'"爱新觉罗·溥仪《我的前半生》三章:"袁世凯失败,在于动了鸠占鹊巢之念。"也作"鸠夺鹊巢"。《三国演义》三三回:"袁绍在日,常有吞辽东之心;今袁熙、袁尚兵败将亡,无处依栖,来此相投,是鸠夺鹊巢之意也。"

【赳赳武夫】jiū jiū wǔ fū　赳赳:健壮威武的样子。指勇武的军人。《诗经·周南·兔罝》:"赳赳武夫,公侯好仇。"《花月痕》二六回:"岂特桓桓夫子,赳赳武夫,学万人之敌,作万里之城云尔哉!"《二十年目睹之怪现状》八三回:"看不出这么一个赳赳武夫,倒是一个旖旎多情的男子!"王火《战争和人》(一)卷三:"啸天兄,我感到你为人宽厚,对我也好。我倒霉的时候,你对我情意很深。我虽是赳赳武夫,却永不能忘。"

【九九归一】jiǔ jiǔ guī yī　归:珠算的一位除法。九除九,商数是一。比喻事情归根到底,回到了本源。秦兆阳《回答》:"我这个槽老头子捡点破烂,虽说有点霸道,九九归一,也是生活逼的。"

【九牛二虎之力】jiǔ niú èr hǔ zhī lì

形容很大的力气。元·郑德辉《三战吕布》三折楔子:"兄弟,你不知他靴尖点地,有九牛二虎之力,休要放他小歇。"《官场现形记》二一回:"后来又费九牛二虎之力,把个戒烟会保住,依旧做他的买卖。"茅盾《子夜》七:"我们用了九牛二虎之力,想把朱吟秋的茧挤出来;现在眼见得茧子就要到手,怎么又放弃了呢?"也作"九牛之力"。《花月痕》四四回:"子善叹道:'缘法一尽,就是九牛之力,也难挽回!'"

【九牛一毛】jiǔ niú yī máo　汉·司马迁《报任少卿书》:"假令仆伏法受诛,若九牛亡一毛,与蝼蚁何以异?"意为九头牛身上失掉一根毛,微不足道。后用"九牛一毛"比喻众多数量中的一点点,指极少,很轻微。唐·王维《与魏居士书》:"然才不出众,德在人下,存亡去就,如九牛一毛耳。"《二刻拍案惊奇》卷四:"张廪生自道算无遗策,只费得五百金,巨万家事一人独享,岂不是九牛去得一毛,老大的便宜了?喜之不胜。"《二十年目睹之怪现状》六三回:"好在古雨山当日有财神之目,去了他七千两,也不过是九牛一毛,太仓一粟。若是别人,还了得么?"王火《战争和人》(一)卷四:"现在看了收租的情景,才知道财源茂盛,根本不在乎九牛一毛那点开支!"

【九牛之力】jiǔ niú zhī lì　见"九牛二虎之力"。

【九泉之下】jiǔ quán zhī xià　九泉:地下深处,常指人死后埋葬的地方。迷信指阴间。《魏书·阳平王传》:"若为死鬼,永旷天颜,九泉之下,实深重恨。"《喻世明言》卷二:"母亲若念孩儿,替爹爹说声,周全此事,俺绝了一脉姻亲。孩儿在九泉之下,亦无所恨矣。"《官场现形记》四四回:"趁这档口,好叫兄弟多弄两文,以为将来丁忧盘缠,便是两兄莫大之恩!就是先严在九泉之下,亦是感激你二位的!"莫应丰《将军吟》二八章:"打仗岂有

不死人的!大团圆哪里会有呢!除非全部死光了,才可以在九泉之下团圆。"

【九死一生】jiǔ sǐ yī shēng　九死:指多次面临死亡的危险。形容经历多次死亡危险而最后死里逃生。元·王仲文《救孝子》一折:"您哥判剑洞枪林快斯杀,九死一生不当个要。"《镜花缘》六〇回:"自从先父遇难,虽得脱离虎口,已是九死一生。"姚雪垠《李自成》三卷八章:"自从辽阳战败,子政幸得九死一生,杀出重围,然复辽之念,耿耿难忘。"也形容情况或环境极端危险。《喻世明言》卷一九:"蛮烟瘴疫,九死一生,欲待不去,奈日暮途穷,去时必陷死地,烦乞赐教。"《野叟曝言》四一回:"我们回家也是九死一生,亏得迷中一悟,想文兄虽曾被虏遐方,赐环有日,我等若先填沟壑,报德何时?"魏巍《火凤凰》一〇五:"他明知道那样的地方是九死一生,却要争着去,也许这就是古人说的'视死如归'吧!"

【九五之尊】jiǔ wǔ zhī zūn　《周易·乾》:"九五,飞龙在天,利见大人。"术数家认为《乾卦》九五是人君的象征。后用"九五之尊"指帝王的尊位。《封神演义》六三回:"接成汤之胤,位九五之尊,承帝王之统。"《孽海花》二七回:"你想清帝以九五之尊,受此家庭惨变,如何能低头默受呢?这便是两宫失和的原因。"

【九霄云外】jiǔ xiāo yún wài　九霄:天空的最高处。形容极高极远的地方。元·马致远《黄粱梦》二折:"恰便似九霄云外,滴溜溜飞下一纸赦书来。"《水浒传》七四回:"任原此时,有心恨不得把燕青丢去九霄云外,跌死了他。"《西游记》一六回:"风随火势,焰飞有千丈余高;火趁风威,灰进上九霄云外。"也比喻事情无影无踪了。《儒林外史》一一回:"两公子自从岁内为蓬公孙毕姻之事,忙了月余,又乱着度岁,把那怀执中的话已丢在九霄云外。"萧红《呼兰河传》六章:"到了

如今，吃得饱，穿得暖，前因后果连想也不想，早就忘到九霄云外去了。"

【久别重逢】 jiǔ bié chóng féng 长时间地分别后再次相遇。茅盾《腐蚀·十一月十二日晚》："再回到外边那小屋里，陈胖还在，见面时第一句就是：'哈，你们久别重逢，怎么？不多说几句话？'"钱钟书《围城》八："两人第一次坐飞机，很不舒服，吐得像害病的猫。到香港降落，辛楣在机场迎接，鸿渐俩的精力都吐完了，表示不出久别重逢的欢喜。"梁斌《红旗谱》五："朱老忠把带回来的关东烟叶、日本香皂送给他们，做为久别重逢的礼物。"

【久病成医】 jiǔ bìng chéng yī 生病时间长了，熟悉病情，了解用药的道理，可以成为这方面的医生。比喻对某方面的事情经历多了，有实践经验，时间久了可以成为内行。黄谷柳《虾球传》一部一六章："虾球道：'不叫医生来看？'六姑道：'何必请医生？我自己久病成名医了。'"

【久而久之】 jiǔ ér jiǔ zhī 经历了很长的时间。《二十年目睹之怪现状》七〇回："你此刻还是热烘烘的，自然这样说；久而久之，中馈乏人，你便知道鳏居的难处了。"巴金《家》一五："他因为穿得褴褛不敢走进公馆，只好躲在大门外，等着一个从前同事的仆人出来，便央告他进去禀告一声。他的要求并不大，不过是几角钱，而且是在主人们高兴的时候，所以他总是达到了他的目的。久而久之，这便成为旧例了。"邓友梅《烟壶》一二："久而久之，两种艺术交流的结果，就出现了一些既能唱戏又能养鸟的全才人物。"

【久负盛名】 jiǔ fù shèng míng 负：享有。长久以来享有很好的名声。郭沫若《自传》二："我们第一次所找的便是在成都久负盛名的分设中学了。"

【久旱逢甘雨】 jiǔ hàn féng gān yǔ 干旱很久，忽然遇到了一场好雨。形容盼望很久的事情，突然实现后的喜悦心情。宋·洪迈《容斋四笔·得意失意诗》："旧传有诗四句，夸世人得意者云：'久旱逢甘雨，他乡见故知，洞房花烛夜，金榜挂名时。'"《平妖传》一六回："闻得有个女道姑，在博平县揭榜建坛，刻期祷雨。张鸾心下思想道：'这一定是圣姑姑了，我且去看个动静！'拽开脚步，径投博平而来。正是久旱管教逢甘雨，慢云他乡遇故知。"郭沫若《郑成功》三章："'哎呀，久旱逢甘雨！'他把带着羊脂玉斑的右手拇指挺起来，喊着……"马烽、西戎《吕梁英雄传》八回："真是久旱逢甘雨。咱们中国总是有好心肠的人啦！"

【久假不归】 jiǔ jiǎ bù guī 假：借。长期借去，不归还。《孟子·尽心上》："久假而不归，恶知其非有也。"宋·朱翌《方提干有端石砚……》诗："认为己有已大谬，久假不归非爽约。"《二刻拍案惊奇》卷二〇："商公父正气的人，不是要存私，都只趁着兴头，自做自主，像心像意，那里分别是你的我的，久假不归。"

【久经风霜】 jiǔ jīng fēng shuāng 风霜：比喻工作或生活中的艰难困苦。形容长期经历过艰难困苦的磨炼。李国文《冬天里的春天》五章："渔村妇女成年到辈子搓绳织网，腌鱼卤虾，张帆使橹，打草劈柴，那双久经风霜的手，是相当结实的。"

【久经沙场】 jiǔ jīng shā chǎng 沙场：指战场。长期经历过战争的锻炼。刘白羽《第二个太阳》六章："不过，久经沙场，久历风霜的人，不会用一种简单方式来表示喜悦的，他有适合于他的身分的神态、风度。"刘玉民《骚动之秋》一章："这显然是一位久经沙场的空中老将。它早已发现了山岰谷地上那只鲜美灵秀的猎物，却不肯轻易下手，只是警觉地在半天空中做着盘旋。"

【久居人下】jiǔ jū rén xià 居:在某种位置。长久在别人之下,指不能施展才华。《三侠五义》六九回:"老僧方才看他骨格清奇,更非久居人下之客。"

【久历风尘】jiǔ lì fēng chén 风尘:指纷乱的世俗社会。指长期经历了纷乱的社会生活。钱钟书《围城》五:"这辆车久历风尘,该庆古稀高寿,可是抗战时期,未便退休。"

【久历戎行】jiǔ lì róng háng 戎行:军旅,行伍。长时间在军旅中生活。姚雪垠《李自成》一卷一一章:"白谷兄久历戎行,果然料敌不差。有兄在此,学生何忧!"〔注意〕行,不读 xíng。

【久梦乍回】jiǔ mèng zhà huí 乍回:指刚刚从梦中清醒过来。比喻从不明的事理中刚刚明白过来。《东周列国志》五四回:"楚兵人人耀武,个个扬威,分明似海啸山崩,天摧地塌。晋兵如久梦乍回,大醉方醒,还不知东西南北。"

【酒包饭袋】jiǔ bāo fàn dài 见"酒囊饭袋"。

【酒池肉林】jiǔ chí ròu lín 《史记·殷本纪》载:殷纣王"大聚乐戏于沙丘,以酒为池,悬肉为林,使男女倮相逐其间,为长夜之饮"。后用"酒池肉林"形容生活豪华奢侈。《汉书·张骞传》:"行赏赐,酒池肉林,令外国客遍观各仓库府臧之积,欲以见汉广大,倾骇之。"《封神榜》一〇七回:"叫设极刑算得情,酒池肉林两边设,一池好酒在其中,糟丘为山酒为海,山头却用大树桯,将那些,肉皮挂在树枝上,好把宫患一扫清。"郭沫若《星空·孤竹君之二子》:"他们何尝是酒池肉林凉台玉食的专擅魔王?"

【酒逢知己】jiǔ féng zhī jǐ 指喝酒如遇上好朋友或志趣相投的人,会是心情愉快,越喝酒兴越浓。常用来形容朋友投合,说话投机。元·杨景贤《西游记》五本一九出:"当日个酒逢知己千钟少,话不投机一句多,死也待如何。"《野叟曝言》三二回:"石氏见璇姑一席之谈,竟化得邪淫妖孽满心欢畅,真个是酒逢知己,话到投机,不觉月进齿楄,方才罢席。"

【酒酣耳热】jiǔ hān ěr rè 酒酣:喝酒喝得很畅快。耳热:耳根发热。形容酒兴正浓。三国魏·曹丕《与吴质书》:"每至觞酌流行,丝竹并奏,酒酣耳热,仰而赋诗,当此之时,忽然不自知乐也。"《花月痕》七回:"尝于酒酣耳热笑语杂沓之际,听梧仙一奏,令人悄然。"夏衍《〈新华日报〉及其他》:"这是一次重庆很难得的盛会,许多民主人士都发了言……酒酣耳热,心情振奋,直到深夜才散。"欧阳山《三家巷》一〇三:"大家你一杯,我一杯,喝得酒酣耳热,痛快淋漓。"

【酒后失言】jiǔ hòu shī yán 喝酒喝多了,会使人控制不住自己,无意中说出不该说的话。《三侠五义》七回:"惟有赵四爷粗俗,却酒量颇豪。王朝恐怕他酒后失言,叫外人听之不雅,只得速速要饭。"

【酒囊饭袋】jiǔ náng fàn dài 囊:口袋。比喻只知吃喝,不会做事的人。宋·曾慥《类说》卷二二引《荆湖近事》:"马氏奢僭,诸院王子,仆从烜赫,文武之道,未尝留意,时谓之酒囊饭袋。"《镜花缘》一五回:"除吃喝之外,一无所能,因此海外把他又叫'酒囊饭袋'。"周而复《上海的早晨》四部六四:"人活着,不单纯为了吃饭睡觉,那成了酒囊饭袋。"王火《战争和人》(三)卷五:"既赞扬了坚决抗战的前方将士,也谴责了偷生怕死扰民害民的酒囊饭袋。"也作"酒包饭袋"。《醒世恒言》卷二〇:"放着恁般目知眼见的到不嫁,难道到在那些酒包饭袋里去搜觅?"

【酒肉朋友】jiǔ ròu péng yǒu 只在吃喝方面交往的朋友。元·关汉卿《单刀会》二折:"你要索取荆州,不来问我。关云长是我酒肉朋友,我交他两只手送与你荆州来。"《二刻拍案惊奇》卷二四:"终日只是三街两市,和着酒肉朋友串哄,非赌即嫖,整个月不回家来。"《官场现形记》八回:"说完之后,又替他张罗刘瞻光、仇五科一班人。这班酒肉朋友天天在堂子里混惯的,岂有不来之理。"鲁迅《呐喊·明天》:"深更半夜没有睡的只有两家:一家是咸亨酒店,几个酒肉朋友围着柜台,吃喝得正高兴;一家便是间壁的单四嫂子……"

【酒色财气】jiǔ sè cái qì 嗜酒、好色、贪财、逞气。视为人生四戒,常用来警人。金·王喆《西江月·四害》词:"堪叹酒色财气,尘寰被此长迷。"元·马致远《任风子》一折:"诚恐此人恋着酒色财气,人我是非,迷着仙道。"《封神榜》一〇九回:"世界上,酒色财气四个字,多少迷人在里边。酒要不喝必不会,会喝不喝是没钱。"杨沫《青春之歌》二部一六章:"但是他们要是高了兴,要是酒色财气顺了心,你只要向他们谦卑地鞠个躬,或者给小姐太太脱脱大衣、献朵鲜花,那么,立刻十块、八块大洋赏给你。"

【酒色之徒】jiǔ sè zhī tú 沉迷于吃喝和女色的人。含贬义。《水浒传》二一回:"那张三亦是个酒色之徒,这事如何不晓得。因见这婆娘眉来眼去,十分有情,记在心里。"《东周列国志》九回:"世子诸儿,原是个酒色之徒,与文姜虽为兄妹,各自一母。"

【酒有别肠】jiǔ yǒu bié cháng 指豪饮者,像有别肠贮酒。故酒量大小,不以身材为准。《资治通鉴·后晋高祖天福七年》:"[闽主]曦荒淫无度,尝窃宴……他日,又宴,侍臣皆以醉去,独[周]维岳在。曦曰:'维岳身甚小,何饮酒之多?'左右或曰:'酒有别肠,不必长大。'"清·纪昀《阅微草堂笔记·滦阳续录六》:"酒有别肠,信然。八九十年来,余所闻者,顾侠君前辈称第一,缪子文前辈次之。"

【酒足饭饱】jiǔ zú fàn bǎo 喝足了酒,吃饱了饭。形容吃喝尽兴。老舍《四世同堂》三八:"等大家都吃得酒足饭饱,她已经累得什么也不想吃了。"姚雪垠《李自成》二卷二章:"酒足饭饱,刘赞画连夜坐轿子回城复命。"孙犁《白洋淀纪事·新安游记》:"八月十五日,老汉奸酒足饭饱,坐在客厅里赏月,一把盒子枪放在他手边的乌漆八仙桌上。"

【旧病复发】jiù bìng fù fā 旧有的疾病又发作了。《三侠五义》二〇回:"由此便想起当初经了多少颠险,受了多少奔波,好容易熬到如此地步,不想旧病复发,竟自不能医治。"也比喻老毛病、旧缺点又犯了。《红楼梦》四八回:"宝钗笑道:'哥哥果然要经历正事,倒也罢了;只是他在家里说着好听,到了外头,旧病复发,难拘束他了。'"

【旧愁新恨】jiù chóu xīn hèn 旧时的忧愁和新添的怨恨。形容忧愁、怨恨积累了很多。南唐·冯延巳《采桑子》词:"旧愁新恨知多少,目断遥天。"也作"旧愁新怨"。王火《战争和人》(三)卷三:"刚才对卢婉秋说了那么多,其实自己心里有的旧愁新怨,也是意兴阑珊,也是意马心猿,也是伤怀消极,何尝没有出世之想?"

【旧愁新怨】jiù chóu xīn yuàn 见"旧愁新恨"。

【旧地重游】jiù dì chóng yóu 再次到曾经去过或工作过的地方。浩然《乐土》四六章:"到了四十多年以后,也就是我五十多岁生日的前几天,忽然对它萌发起好感和强烈的怀念。我做了一次专程的'旧地重游'。"王火《战争和人》(三)卷八:"舅舅忙于找房子,我则从采访的目的出发,兼带满足旧地重游的心愿。"

【旧调重弹】jiù diào chóng tán 见

"老调重弹"。

【旧瓶装新酒】 jiù píng zhuāng xīn jiǔ 《新约全书·马太福音》载：耶稣说没有人把新酒装在旧皮袋里，若是这样，皮袋就裂开了，酒漏出来，皮袋也坏了。惟独把新酒装在新皮袋里，两样就都保全了。意为新原理与旧形式格格不入，应用新形式表现新原理。"五四"以来，反其意而用之。用"旧瓶装新酒"比喻用旧形式表现新内容。鲁迅《准风月谈·重三感旧》："近来有一句常谈，是'旧瓶不能装新酒'。这其实是不确的。旧瓶可以装新酒，新瓶也可以装旧酒。"朱自清《笑的历史·民众文学谈》："印刷格式都照现行下等小说——所谓旧瓶装新酒，使人看了不疑。"

【旧雨重逢】 jiù yǔ chóng féng 旧雨：老朋友的代称。老朋友相遇了。清·尹会一《健余尺牍·与王罕皆太史》："比想旧雨重逢，促膝谈心，亦大兄闲居之一快也。"王火《战争和人》（一）卷八："所以，南京潇湘路的邻居在香港客地相逢，童霜威确有一种旧雨重逢渴思畅叙的心情涌塞心头了。"

【旧雨今雨】 jiù yǔ jīn yǔ 唐·杜甫《秋述》："常时车马之客，旧雨来今雨不来。"意为旧时宾客遇雨来，现在宾客遇雨就不来了。后用"旧雨今雨"为老友新知的代称。宋·范成大《题清息斋六言十首》诗之八："冷暖旧雨今雨，是非一波万波。"也作"旧雨新知"。清·张集馨《道咸宦海见闻录》："十年不踏软红尘土，旧新知，履舄交错，宴会几无虚夕。"

【旧雨新知】 jiù yǔ xīn zhī 见"旧雨今雨"。

【咎由自取】 jiù yóu zì qǔ 咎：灾祸，罪过。罪过或灾祸是自己招来、自己造成的。《官场现形记》四七回："虽然是咎由自取，然大家读起来，总说这卜知府办的太煞认真了。"老舍《四世同堂》五四：

"但是，她不愿意责备、教诲老二，在老二正在背运的时候。同时，她也不愿意安慰他，她晓得他是咎由自取。"

【咎有应得】 jiù yǒu yīng dé 咎：过错，罪过。由于自身的过错或罪过而招致祸害或应有的惩罚。鲁迅《朝花夕拾·后记》："原来我的识见，就正和唐朝的'不知其源者'相同，贻讥于千载之前，真是咎有应得。"

【救苦救难】 jiù kǔ jiù nàn 拯救在苦难中的人。《水浒传》三四回："刘高在马上答应不得，只口里念道：'救苦救难天尊！便许下十万卷经，三百座寺，救一救！'"《西游记》五七回："我菩萨是个大慈大悲，大愿大乘，救苦救难，无边无量的圣善菩萨，有甚不是处，你要告他？"钱钟书《围城》三："唐小姐，你今天简直是救苦救难，不但赏面子，我做主人的感恩不尽，以后要好好的多请几次。"

【救困扶危】 jiù kùn fú wēi 救助处于困境、扶持遇有危难的人。元·无名氏《来生债》四折："则为我救困扶危，疏财仗义，都做了注福消愆。"《三国演义》一回："念刘备、关羽、张飞，虽然异姓，既结为兄弟，则同心协力，救困扶危，上报国家，下安黎庶。"周而复《上海的早晨》三部四九："这是徐义德的老办法：名义上是救困扶危，实际上是准备把别人的厂'吃'过来。"

【救民水火】 jiù mín shuǐ huǒ 《孟子·梁惠王下》："今燕虐其民，王往而征之，民以为将拯己于水火之中也。"后用"救民水火"指把百姓从深重的灾难中拯救出来。《警世通言》卷一二："蛇无头而不行，就有个草头天子出来，此人姓范名汝为，仗义执言，救民水火。群盗从之如流，啸聚至十余万。"《花月痕》四七回："谡如此来，是要救民水火，不想无民可救，只有贼可杀呢。"姚雪垠《李自成》一卷一七章："为实现这一远大的政治目的而在生活上竭力做到艰苦朴素，对军纪要求甚严，时时不忘记'救民水火'。"

【救死扶伤】 jiù sǐ fú shāng　死：指将要死的人。扶：帮助。救护将死的，帮助受伤的。《汉书·李陵传》："且陵提步卒不满五千，深践戎马之地，抑数万之师，虏救死扶伤不暇。"姚雪垠《李自成》三卷二五章："虽然炮战还在继续，却是稀稀落落，最后连稀稀落落的炮战也停止了。双方各自救死扶伤，整顿兵将。"

【救亡图存】 jiù wáng tú cún　拯救国家的危亡，谋求民族的生存。李劼人《大波》三部五章："然而学界中人便不同啦。他们无官守、无言责，和朝廷没有密切关系。他们为了爱国主义，为了救亡图存，不能不提倡革命，以应潮流。"杨沫《青春之歌》二部二四章："继东北沦亡之后，华北也一步步走上了危亡的道路。全国人民忍无可忍，救亡图存的呼声正响遍了全国每一个偏僻的角落……"

【就地取材】 jiù dì qǔ cái　就在当地选取所需要的人或材料。清·李渔《笠翁偶集·手足》："噫，岂其娶妻必齐之姜，就地取材，但不失立言之大意而已矣。"李劼人《暴风雨前》三部六："就地取材，当然强于千里转运，何况四川的路途真是困难，最方便的水道，从宜昌以上还是要依靠木船，又费时，又危险！"

【就坡下驴】 jiù pō xià lǘ　比喻利用别人提供的某种机会，办自己要做的事。李英儒《野火春风斗古城》一四章："梁队长听出这是句台阶，立刻就坡下驴地说：'对哟！对哟！'"刘绍棠《黄花闺女池塘》六："女房东嘴馋而又好酒贪杯，金褥子开口挽留她，她正ращ就坡下驴。"

【就事论事】 jiù shì lùn shì　根据事情本身的情况来判定事情的是非得失，不涉及其他。宋·杨时《语录·荆州所闻》："孟子与人君言，皆所以扩其善心而革其非，不止就事论事。"《老残游记》一八回：

"兄弟资质甚鲁，只好就事论事，细意推求，不敢说无过，但能寡过，已经是万幸了。"李劼人《大波》一部三章："但我得讲一句公道话，郑方伯的借款救国论，虽然有可訾议之处，却也有一些道理；我们就事论事，倒不可一概抹杀。"

【居安思危】 jū ān sī wēi　处在安定的环境时而能想到可能会出现的危难。《左传·襄公十一年》："《书》曰：'居安思危。思则有备，有备无患。"《明史·郑本公传》："陛下居安思危，当远群小，节燕游，以防一朝之患。"周大新《第二十幕》(中)一部一一："但如今的栗温保对官场已有了了解，并不让自己喜形于色，而是居安思危，为牢牢控制兵权采取三项新的措施。"

【居大不易】 jū dà bù yì　居住在大城市，生活不容易。五代·王定保《唐摭言·知己》："白乐天初举，名未振，以歌诗谒顾况。况谑之曰：'长安百物贵，居大不易。'"姚雪垠《李自成》一卷二六章："不回去有何办法？一则弟不能使周拔贡为弟享累，二则长安米珠薪桂，居大不易。回去，我看他们也不能把我怎样！"

【居高临下】 jū gāo lín xià　临：面对。处在高处，俯视下面。形容处于有利或优越的地位。《续资治通鉴·宋高宗绍兴十一年》："敌居高临下，我战地不利，宜少就平旷以致其师，宜可胜。"《孽海花》二〇回："据说回疆边外有地名帕米尔，山势回环，发脉葱岭，虽土多硗薄，无著名部落，然高原绵亘，有居高临下之势。"茅盾《虹》一〇："想到站在那茶楼的洋台上，站在梁刚夫旁边，居高临下吆几句，该是多么快意，她的两条白嫩的臂膊便陡然充满了气力。"也比喻高水平或身处高位。路遥《早晨从中午开始》二五："他的修养和学识使他有可能居高临下地选拔人才和人物，并用平等的心灵和晚辈交流思想感情。"刘绍棠《村妇》卷二："'仲连元怎不给我打电话呀?'关一品说起县委书记仍然直呼其名,还是过去那居高临下的盛气凌人口气,'是不是给我关某小鞋穿?'"

【居功自傲】jū gōng zì ào　自认为有功劳而骄傲自满。欧阳山《三家巷》一六一:"张纪文不但自己没有居功自傲,反而用非常深沉的感情做了自我批评。"

【居心不良】jū xīn bù liáng　存心不善。含贬义。茅盾《腐蚀·十月二日》:"凭什么我可以断定他居心不良? 然而凭什么我又敢相信他真真坦白? 怎么能够保证他那诚恳无他的态度不是一种伪装? 在这圈子里即便是血性而正直的人,也会销磨成了自私而狡猾。"杨沫《青春之歌》一部五章:"'余敬唐既然居心不良,我只有走!''哪儿去?'余永泽急急追问一句。"

【居心叵测】jū xīn pǒ cè　叵:不可。存心险恶,不可推测。清·林则徐《会奏英国趸船及应逐烟贩现已驱逐并饬取切结情形折》:"且其居心叵测,反覆靡常。"李劼人《大波》三卷三章:"但是老赵那么居心叵测,也只有把蒲先生、罗先生本人逮了去,并未连累到他们的家属。"

【驹齿未落】jū chǐ wèi luò　小马驹乳牙未换。形容年幼。《北齐书·杨愔传》:"此儿驹齿未落,已是我家龙文。更十岁后,当求之千里外。"

【鞠躬尽瘁】jū gōng jìn cuì　鞠躬:弯腰,表示恭敬、谨慎。瘁:劳累。《三国志·蜀书·诸葛亮传》南朝宋·裴松之注引《汉晋春秋》:"臣鞠躬尽力,死而后已。"《三国演义》九七回引作"鞠躬尽瘁"。表示小心谨慎,竭尽全力效劳。常和"死而后已"连用。《聊斋志异·续黄粱》:"闻作宰相时忻然中者,必引喜其鞠躬尽瘁可知矣。"巴金《随想录》五○:"今天在各条战线上干工作,起作用,在艰苦条件下任劳任怨、鞠躬尽瘁的人多数是解放后

培养出来的一代知识分子。"李劼人《大波》四部一章:"既是四川人,他就有为桑梓尽力的义务,断没有眼看着大家都在鞠躬尽瘁,而他独袖手旁观之理。"李英儒《野火春风斗古城》九章:"顾问只要看的起我,我是鞠躬尽瘁,死而后已。"

【鞠躬如仪】jū gōng rú yí　弯腰鞠躬,恭敬有礼的样子。王火《战争和人》(一)卷一:"那温文尔雅的白净脸,又殷勤万分地九十度鞠躬,送童霜威下楼出门。开车门,鞠躬如仪,满面笑容地恭敬送别。"

【局促不安】jú cù bù ān　局促:拘谨不自然。形容不自然、不安宁的样子。《官场现形记》一五回:"两个秀才胀红了面,一句回答不出,坐在那里着实局促不安。"鲁迅《彷徨·离婚》:"当工人搬出年糕汤来时,爱姑不由得越加局促不安起来了,连自己也不明白为什么?"巴金《家》七:"觉新算好了账,忽然注意到剑云有一点局促不安的样子,便关心地问道。"张恨水《啼笑因缘续集》二回:"家树坐在这里,究竟有些局促不安,便答道:'我就过去。'说着向何廉告辞。"

【局蹐不安】jú jí bù ān　见"蹐蹐不安"。

【蹐蹐不安】jú jí bù ān　蹐蹐:小心而惶恐的样子。形容惶恐不安的样子。《京本通俗小说·冯玉梅团圆》:"徐信留言,甚蹐蹐不安,将自己虞城失妻,到睢阳村店遇见此妇始末,细细述了。"《东周列国志》一二回:"祭足亦觉蹐蹐不安,每每称疾不朝。"《三侠五义》四七回:"正在蹐蹐不安之时,忽见差役带进一人,包公虽然认得,一时想不起来。"姚雪垠《李自成》二卷二七章:"现在被献忠这样一看,感到蹐蹐不安,犹如芒刺在背,笑着问道:'大帅,难道我说得不对?'"也作"局蹐不安"。《野叟曝言》五九回:"璇姑局蹐不安道:'多蒙相公如此垂恩,两位姐

姐如此尚义，只是愈令奴消受不起。'"

【踞踖无地】 jú jí wú dì **踞踖**：小心而惶恐的样子。形容惶恐不安，无地容身的样子。《东周列国志》九九回："异人踞踖无地，即下跪曰：'某以客中孤苦，妄想要先生割爱，实乃醉后狂言，幸勿见罪！'"

【踖天踖地】 jú tiān jí dì **踖**：弯腰曲背。**踖**：两脚靠拢小步行走。《诗·小雅·正月》："谓天盖高，不敢不局；谓地盖厚，不敢不踖。"局：同"踖"。后用"踖天踖地"形容处于困窘环境下惶惧不安的样子。《三国志·吴书·步骘传》："无罪无辜，横受大刑，是以民踖天踖地，谁不战栗？"鲁迅《书信集·致杨霁云》："然而新近已有国民服役条例，倘提我去修公路，那就未免比作文更费力了，这真叫作踖天踖地。"

【举案齐眉】 jǔ àn qí méi **案**：盛食物的有脚木托盘。《后汉书·梁鸿传》载：东汉梁鸿给人做雇工，每次回家，妻子孟光给丈夫做好饭，送饭时"不敢于鸿前仰视"，把端饭的案盘举得高高的，举案齐眉。后用"举案齐眉"形容夫妻相互敬爱。《醒世恒言》卷三："看来看去，只有你是个志诚君子，况闻你尚未娶亲。若不嫌我烟花贱质，情愿举案齐眉，白头奉侍。"《儒林外史》一〇回："次日，蘧公孙上厅谢亲，设席饮酒。席终，归到新房里，重新摆酒，夫妻举案齐眉。"刘绍棠《黄花闺女池塘》六："当着高留住的面，谷秸又说：'你们两口子，要举案齐眉，相敬如宾。'"也作"梁孟齐眉"。梁实秋《雅舍小品·算命》："这一对男女结婚之后，梁孟齐眉，白头偕老。"也作"孟光举案"。《聊斋志异·邵九娘》："妻不肯行，女曰：'妾已言：夫之于妻，犹嫡之于庶。'孟光举案，而人不以为诮，何哉？分在则然耳。'"

【举不胜举】 jǔ bù shèng jǔ **胜**（旧读

shēng）：尽。列举不尽，形容数量很多。巴金《随想录》三八："例子太多了，举不胜举。"邓友梅《烟壶》一："按原料来分，有金属壶、石器壶、玉器壶、料器壶、陶器壶、瓷器壶、竹器壶、木器壶、云母壶、瓠器壶、象牙壶、虬角壶、椰壳壶、葫芦壶，此外还有珍珠、腰子、鲨鱼皮、鹤顶红……按其大类只是举不胜举了。"

【举步艰难】 jǔ bù jiān nán 见"举步维艰"。

【举步维艰】 jǔ bù wéi jiān 迈起脚步行走很艰难。形容行动困难或生活艰难。魏巍《火凤凰》一二〇："那些穿着豪华奢靡的女人，留着绵羊尾巴式的头发，抹着猩红的嘴唇，穿着皮毛冲外的大衣，将腿高高地跷在人力车上飞跑；而另外则是数不胜数的乞丐，使人举步维艰。"也作"举步艰难"。巴金《随想录》一二："可能是过去那一段时期的生活像一个包袱重甸甸地压在他的肩上，他感到举步艰难。"

【举措失当】 jǔ cuò shī dàng 举动或措施不正确，不恰当。《管子·禁藏》："行法不道，众民不能顺；举措不当，众民不能成。"毛泽东《中国革命战争的战略问题》："敌军调动忙乱，举措失当，两军优劣之势，也就不同于前了。"

【举鼎拔山】 jǔ dǐng bá shān **鼎**：古代烹煮食物的器物，多用青铜铸成，形体大而重。《史记·项羽本纪》载：项羽"力能扛鼎，才气过人"。又有"力拔山兮气盖世"之语。后即用"举鼎拔山"形容人力气极大。明·无名氏《衣锦还乡》一折："执锐披坚领大兵，排兵布阵任非轻，身怀举鼎拔山力，独占东吴数百城。"《野叟曝言》九〇回："大人有举鼎拔山之力，毒蟒大王非大人不能除，毒蟒一除，逆佞不足平矣。"

【举国若狂】 jǔ guó ruò kuáng **举**：全。《礼记·杂记下》："一国之人皆若狂，赐未知其乐也。"后用"举国若狂"形容全国的人都兴奋激动得像发狂一样。《东周列国志》二二回:"却说国人素服季友,闻鲁侯被杀,相国出奔,举国若狂,皆怨卜齮而恨庆父。"《老残游记》二回:"白妞是何许人? 说的是何等样书? 为甚一纸招贴,便举国若狂如此?"

【举国上下】jǔ guó shàng xià 举:全。全国从上到下,指全国的人民。王火《战争和人》(二)卷一:"芦沟变起,海内震动。淞沪抗战,坚持三月。举国上下,敌忾同仇。"

【举例发凡】jǔ lì fā fán 发凡:揭示全书要旨和通例。晋·杜预作《〈春秋〉序》,谓古人修史,"其发凡以言例,皆经国之常制,周公之垂法,史书之旧章"。后用"举例发凡"指阐述编书体例,概述全书旨要。南朝梁·刘勰《文心雕龙·史传》:"按《春秋》经传,举例发凡,自《史》《汉》以下,莫有准的,至邓璨《晋书》,始立条例。"

【举目无亲】jǔ mù wú qīn 抬眼望,没有一个亲人。形容人地生疏,孤单无依无靠。《醒世恒言》卷五:"韦德与浑家单氏商议,如今举目无亲,不若扶柩还乡。"《红楼梦》一一九回:"今日各自去,孤孤凄凄,举目无亲,须要自己保重。"钱钟书《围城》五:"女孩子千里辞家,半途生病,举目无亲,自然要哭。"

【举棋不定】jǔ qí bù dìng 棋:指棋子。《左传·襄公二十五年》:"弈者举棋不定,不胜其耦。"意为下棋的人,拿起棋子不知走哪一步好,那是胜不了对方的。后比喻做事犹豫不决。《新唐书·郁林王恪传》:"晋王仁厚,守文之良主,且举棋不定则败,况储位乎?"欧阳山《三家巷》九一:"经理陈文婕觉得心里面非常疑惑,行动上又举棋不定,不知道怎么办好,干脆不回厂里来。"姚雪垠《李自成》一卷二章:"阁老大人,大敌当前,难道还可以举棋不定?"

【举善荐贤】jǔ shàn jiàn xián 举:推荐。善:指优秀的人才。贤:贤人。举拔优秀人才,推荐贤德之人。《三国演义》一二〇回:"举善荐贤,乃美事也;卿何荐人于朝,即自焚奏稿,不令人知耶?"

【举善任能】jǔ shàn rèn néng 举:推荐。善:优秀人材。能:指能人。荐举贤才,任用能人。《东周列国志》三七回:"文公既定君臣之赏,大修国政,举善任能,省刑薄敛,通商礼宾,拯寡救乏,国中大治。"

【举世闻名】jǔ shì wén míng 举:全。全国或全世界都知道他的名字。形容名声很大。魏巍《东方》六部一四章:"郭祥虽是伟大的平津战役的参加者,但是对这座举世闻名的古城,只是匆匆而过,从来没有细细参观过。"从维熙《澳洲的神话》:"参观举世闻名的悉尼歌剧院的当天,适逢悉尼大铁桥过五十岁的生日,汽车一律不许从铁桥上通过。"

【举世无双】jǔ shì wú shuāng 举:全。世上没有第二个。形容少有,独一无二。《英烈传》七〇回:"历年既久何曾老,举世无双莫漫夸。"邓友梅《烟壶》一七:"九爷,聂小轩要是从今后再不能烧'古月轩',您那套十八拍的壶可就举世无双了!"

【举世瞩目】jǔ shì zhǔ mù 举:全。瞩目:注目。全世界的人都注视着。徐孝鱼《古墓》:"一个意想不到的发现,常常会使一些不为人知的地区变成举世瞩目的地方。"王火《战争和人》(三)卷六:"二十年前也只见过一面。后来他成了举世瞩目的人,我才记得他。"也作"举世注目"。萧乾《人生采访·纽伦堡访狱》:"纽伦堡今日是举世注目的中心,因为它关锁着二十三名就网的纳粹党魁,德海陆空总司令,外交财政部长。"

【举世注目】jǔ shì zhù mù 见"举世瞩

目”。

【举手加额】 jǔ shǒu jiā é 用手拍额头，表示喜悦庆幸。宋·陈亮《与韩子师侍郎书》：“百姓闻贤使君之来，举手加额，以为天眼开矣。”《醒世恒言》卷三六：“瑞虹见了书中之事，已知蔡氏有后，诸盗尽已受刑，沥血奠祭，举手加额，感谢天地不尽。”《野叟曝言》八八回：“写到新生四子，东宫举手加额道：‘先生止一妻三妾，而一旬之中连举丈夫子者四，此旷世麟祥也。先生神于岐黄，必有种子奇方，不识可赐教否？’”

【举手可得】 jǔ shǒu kě dé 一伸手即可得到。形容极易取得，不费力气。《初刻拍案惊奇》卷四○：“李君痛父沦丧，门户萧条，意欲中第才归，重整门阀。家中多带盘缠，拚住京师，不中不休。自恃才高，道是举手可得，如拾芥之易。”

【举手劳劳】 jǔ shǒu láo láo 劳劳：忧伤的样子。古诗《为焦仲卿妻作》：“举手长劳劳，二情同依依。”后用“举手劳劳”形容友人分手告别时依依不舍的情景。王火《战争和人》(三)卷一：“古人送客至此，无不举手劳劳，折柳相赠。”

【举手投足】 jǔ shǒu tóu zú 唐·韩愈《应科目时与人书》：“如有力者，哀其穷而运转之，盖一举手一投足之劳也。”后用“举手投足”泛指手脚的动作。汪曾祺《落魄》：“他抓紧机会，稳扎稳打，他知道钱是好的，活下来多不容易，举手投足都要代价。”陈忠实《白鹿原》三○章：“黑娃言谈中开始出现雅致，举手投足也显出一种儒雅气度。”

【举手之劳】 jǔ shǒu zhī láo 一动手就能办到的一点劳动。形容事情容易办到，不费力。林雪《双枪老太婆》一九章：“看你得意的样子，其实也算不得什么，都是撞上的，你不过顺水推舟、举手之劳罢了。”

【举贤任能】 jǔ xián rèn néng 见“举贤使能”。

【举贤使能】 jǔ xián shǐ néng 举：推荐。使：使用。《礼记·大传》：“三日举贤，四日使能。”后用“举贤使能”指举荐贤材，任用能人。也作“举贤任能”。《三国演义》二九回：“若举江东之众，决机于两阵之间，与天下争衡，卿不如我；举贤任能，使各尽力以保江东，我不如卿。”也作“进贤任能”。《东周列国志》二○回：“治兵训武，进贤任能，以公族屈完为贤，使为大夫。”

【举一反三】 jǔ yī fǎn sān 反：类推，推论。《论语·述而》：“举一隅不以三隅反，则不复也。”后用“举一反三”指举出一件事，就可以触类旁通，类推出许多同类事理出来。唐·刘知几《史通·断限》：“举一反三，岂宜若是，胶柱调瑟，不亦谬欤！”《野叟曝言》八三回：“文爷昨日不讲那举一反三之义吗，咱们若不推广文爷之说，便白听了那一章书。”巴金《随想录》一四八：“为了这个，就需要用‘开导’、‘启发’的方法教会孩子们经常开动脑筋独立思考，顺着思路自己解决问题，逐渐做到举一反三、一通百通。”王安忆《香港的情和爱》五：“他什么都是清楚的，能够举一反三，推出规律和结论。”

【举直措枉】 jǔ zhí cuò wǎng 举：提拔。直：正直的人。措：废弃。枉：不直，指邪恶的人。《论语·为政》：“孔子对曰：‘举直错诸枉，则民服；举枉错诸直，则民不服。’”错：通“措”。后用“举直措枉”指提拔任用正直的人，罢黜邪恶的人。唐·权德舆《陆宣公〈翰苑集〉序》：“其在相位也，推贤与能，举直措枉。”

【举止不凡】 jǔ zhǐ bù fán 凡：平凡。举动和风度不一般。形容人姿态高雅，举动脱俗。《红楼梦》七回：“秦钟自见了宝玉形象出众，举止不凡，更兼金冠绣服，骄婢侈童，秦钟心中亦自思道：‘果然这宝玉怨不得人溺爱他……’”

【举止大方】 jǔ zhǐ dà fāng 形容人的举动做派大大方方,堂堂正正,不拘束的样子。《红楼梦》六四回:"在路叔侄闲话。贾琏有心,便提到尤二姐,因夸说如何标致,如何做人好,举止大方,言语温柔,无一处不令人可敬可爱。"巴金《随想录》七六:"姑娘相貌端正,举止大方,讲话不多,却常带笑容,她就是七年后的《生人妻》的作者罗淑。"

【举止失措】 jǔ zhǐ shī cuò 指举动失常,不知如何办才好。形容慌张的样子。宋·庄绰《鸡肋编·李诫〈营造法式〉摘抄条》:"材上加契者,谓之足材,其规矩制度,皆以章契为祖。今人以举止失措者,谓之失章失契,盖谓此也。"《三国演义》五五回:"正赶之间,一声鼓响,山崦内一彪刀手拥出,为首一员大将,乃关云长也。周瑜举止失措,急拨马便走;云长赶来,周瑜纵马逃命。"《三侠五义》三回:"酒至三巡,菜上五味,只见员外愁容满面,举止失措,连酒他也不吃。"

【举重若轻】 jǔ zhòng ruò qīng 举起重的东西好像很轻的样子。比喻能力强,本事大,能担当重任。或处理重要繁难的事情很轻松。茅盾《虹》九:"梅女士抿着嘴笑。她看见李无忌那种兴高采烈,举重若轻的神气,忍不住要笑。"茅盾《子夜》一三:"'用群众的力量严重监视她就好了!'蔡真举重若轻地说,冷冷地微笑。"

【举足轻重】 jǔ zú qīng zhòng 《后汉书·窦融传》:"今益州有公孙子阳,天水有隗将军,方蜀汉相攻,权在将军,举足左右,便有轻重。"意为只要举足移步,就会影响两边轻重。后用"举足轻重"形容有实力,地位重要,能左右局势的发展。茅盾《子夜》一九:"然而现在风景不殊,人物已非了!现在他和赵伯韬立在敌对的地位了!而且举足轻重的杜竹斋态度莫测!"姚雪垠《李自成》三卷二三章:"如

今天下未定,曹操举足轻重;如果逼他太紧,他或则投降朝廷,或则离我们而去,重新与敬轩合伙,都于我们大大不利。"

【踽踽独行】 jǔ jǔ dú xíng 踽踽:孤独的样子。《诗经·唐风·杕杜》:"有杕之杜,其叶湑湑,独行踽踽。"后用"踽踽独行"形容一个人孤单地独自走路。宋·张栻《祭程伊川文》:"先生踽踽独行于世,众乃以为迂也。"刘心武《栖凤楼》二六:"于是,拖着疲惫的身体,尤其是被乱七八糟的思绪折磨得疲惫不堪的心灵,他往往处踽踽独行。"

【踽踽凉凉】 jǔ jǔ liáng liáng 踽踽:孤独的样子。凉凉:冷冷清清的样子。形容孤独寡合的样子。《孟子·尽心下》:"行何为踽踽凉凉?"《三侠五义》八八回:"蒋爷在悦来店救了自己,蒙他一番好意带我上卧虎沟,不想竟自落水,如今弄得我一人踽踽凉凉。"

【拒谏饰非】 jù jiàn shì fēi 谏:规劝君主、尊长或朋友,使改正错误。饰:掩饰。非:错误,过失。指拒绝规劝,掩饰错误或过失。《荀子·成相》:"拒谏饰非,愚而上同国必祸。"《清史稿·洪亮吉传》:"今特宣示亮吉原书,使内外诸臣,知朕非拒谏饰非之主。"

【拒人千里之外】 jù rén qiān lǐ zhī wài 《孟子·告子下》:"訑訑之声音颜色,距人于千里之外。"距:同"拒"。原指自以为是,不愿听别人意见。后形容人态度傲慢,不愿同别人接近或同别人合作。张天翼《速写三篇·新生》:"街上的店家早已把排门关得紧紧的,好像要拒人于千里之外的样子。"周而复《上海的早晨》一部一八:"对于她拒人千里之外的傲慢态度,他懂得只有比她更傲慢才能杀她的不可一世的凛凛威风。"

【具体而微】 jù tǐ ér wēi 具体:具备事物各个组成部分。微:小。《孟子·公孙丑上》:"子夏、子游、子张皆有圣人之一体,

冉牛、闵子、颜渊则具体而微。"意为子夏等三人各有孔子的一部分长处,冉牛等三人大体近似孔子,却不如他博大精深。后形容事物的内容大体具备,而规模形状较小。唐·白居易《醉吟先生传》:"所居……具体而微,先生安焉。"《二刻拍案惊奇》卷一六:"比岱宗具体而微,虽行馆有呼必应。"茅盾《成都——"民族形式"的大都会》:"所谓五千年文物之精美,这里多少还具体而微保存着一些。"

【据理力争】 jù lǐ lì zhēng　根据事理,努力争辩,尽力争取。《文明小史》三八回:"老兄既管了一县的事,自己也应该有点主意。外国人呢,固然得罪不得,实在下不去的地方,也该据理力争。"欧阳山《三家巷》一〇四:"何守礼据理力争道:'怎么不可怕?怀疑当然可怕,疏远是更加可怕。你要知道,你坐监的时候,我是多么着急呀。"周而复《上海的早晨》四部五六:"但别人,特别是其他省市的人,如果说上海工商界落后,简直等于说马慕韩落后一样的难受,他一定要站起来据理力争的。"

【据为己有】 jù wéi jǐ yǒu　据:占据。把本来不属于自己的东西,占据下来作为自己所有。《官场维新记》六回:"话说袁伯珍见王德黼的矿山苗旺,有利可图,便想夺他的利权,据为己有。"张恨水《啼笑因缘》一〇回:"可惜这话已和刘将军说过,不然这个美人,是不能据为己有的了。"邓友梅《烟壶》一三:"他危难之中不得已托付于我,我可不能趁人之危就据为己有、安然受之。"

【聚精会神】 jù jīng huì shén　聚:聚集。会:会合,集中。汉·王褒《圣主得贤臣颂》:"明明在朝,穆穆列布。聚精会神,相得益彰。"本指君明臣贤,集中众人智慧,可相得益彰。后用来指精神专注,高度集中。唐·独孤及《洪州大云寺铜钟铭》:"聚精会神,鸠工于其间;弘誓既达,昏疑皆破。"明·唐顺之《答俞教谕书》:"古人于艺,以为聚精会神、极深研几之实。"鲁迅《呐喊·白光》:"他又聚精会神的挖出那东西来,谨慎的撮着,就灯光下仔细的看时,那东西斑斑的像是烂骨头,上面还带着一排零落不全的牙齿。"巴金《春》二一:"他们聚精会神一字一字地读着。"姚雪垠《李自成》一卷二五章:"他面带微笑,聚精会神地听一个老头子在读刘伯温的诗。"

【聚沙成塔】 jù shā chéng tǎ　《妙法莲花经·方便品》:"乃至童子戏,聚沙为佛塔。"意为把细沙堆成佛塔。后用"聚沙成塔"比喻积少成多。王安忆《香港的情和爱》一:"香港的机缘是那种聚沙成塔的机缘,很多很多相遇积累起来,最后成就一宗。"

【聚讼纷纭】 jù sòng fēn yún　许多人争论,认识不一。欧阳山《三家巷》五:"他的漂亮是大家公认的了,可是他的灵魂就聚讼纷纭。如果灵肉是互相一致的,他就应当是个好人;如果是互相反对的,他就应该是个坏人。"

【聚蚊成雷】 jù wén chéng léi　许多蚊子聚在一起,数量多了,其声音也会像打雷一样响。比喻毁谤的人多了,也会造成极大危害。《汉书·中山靖王传》:"夫众煦漂山,聚蚊成雷,朋党执虎,十夫桡椎,是以文王拘于牖里,孔子阨于陈蔡,此乃烝庶之成风,增积之生害也。"梁启超《变法通议》:"语曰:众口铄金,聚蚊成雷。不有以安顿之,则其为变法之阻力,未有艾也。"

【捐躯报国】 juān qū bào guó　捐:舍弃。躯:身体。牺牲生命,报效国家。《元史·王檝传》:"臣以布衣受恩,誓捐躯报国。"《西游记》一一回:"小人情愿舍家弃子,捐躯报国,特与我王进贡瓜果,谢众大王厚恩。"

【涓埃之功】 juān āi zhī gōng　涓埃:

细小水流和尘埃,比喻微小。极小的功劳。《三国演义》三回:"布曰:'恨无涓埃之功,以为进见之礼。'"

【涓滴归公】 juān dī guī gōng　涓滴:极少量的水,比喻极少量的钱或物。属于公家的东西,一点一滴全部都要缴给公家。《官场现形记》三三回:"小侄自己一个钱的薪水不支;以及天天到局里办公事,什么马车钱,包车夫,还有吃的香烟,茶叶,都是小侄自己贴的。真正是涓滴归公,一丝一毫不敢乱用。"

【卷土重来】 juǎn tǔ chóng lái　卷土:卷起尘土。形容人马奔跑之状。比喻失败以后又重新恢复势力;也比喻消失了的人或事物重新出现。唐·杜牧《题乌江亭》诗:"胜败兵家事不期,包羞忍耻是男儿;江东子弟多才俊,卷土重来未可知。"老舍《四世同堂》五三:"丢了'天下'呢,他至多不过仍旧赤手空拳,并没有损失了自己什么,所以准备卷土重来。"巴金《随想录》一四六:"我要睁大两只眼睛,看你怎样卷土重来。"

【眷眷之心】 juàn juàn zhī xīn　依恋不舍的心情。汉·荀悦《汉纪·文帝纪下》:"既定汉室,建立明主,眷眷之心,岂有异哉!"

【决断如流】 jué duàn rú liú　决策断事,迅速顺畅。形容人处理事情的能力强,有才干。《南史·刘穆之传》:"穆之内总朝政,外供军旅,决断如流,事无壅滞。"

【决胜千里】 jué shèng qiān lǐ　指在后方谋划指挥,决定千里之外前方战场的胜负。多用来颂扬决策者、指挥者的英明,善于谋划。《史记·留侯世家》:"运筹策帷帐中,决胜千里外,子房功也。"《后汉书·邓禹传》:"与朕谋谟帷幄,决胜千里。"周而复《上海的早晨》四部二:"真是统帅风度,运筹帷幄之中,决胜千里之外,赛过吴用,气死孔明。"

【决一雌雄】 jué yī cí xióng　《史记·项羽本纪》:"愿与汉王挑战决雌雄,毋徒苦天下之民父子为也。"后用"决一雌雄"指比高低,决定胜负。《三国演义》一〇〇回:"吾与汝决一雌雄!汝若能胜,吾誓不为大将!"《说岳全传》三一回:"若能战,则亲自下山,决一雌雄;若不能战,速将杨虎献出,率众归降。"邓一光《我是太阳》二部二:"他用一种近似于平淡的口气指示袁正芳:下令部队咬住敌人不放,在青树坪与敌军决一雌雄!"也作"决一胜负"。《东周列国志》四八回:"两国战士,皆未有缺,请以来日决一胜负!"

【决一胜负】 jué yī shèng fù　见"决一雌雄"。

【决一死战】 jué yī sǐ zhàn　决心不惜牺牲,同敌人作一次殊死的战斗。《东周列国志》三九回:"如遇晋师,请决一死战;若不能取胜,甘伏军法。"《说岳全传》四五回:"兀术道:'小蛮子,自古赶人不要赶上。某家与你决一死战罢。'举起金雀斧劈面砍来。"魏巍《东方》六部四章:"这时我军的兵力空前雄厚,打大仗、打恶仗的思想准备非常充分,连在国内休养的伤病员,也提前回到了前方,准备与敌决一死战。"

【抉瑕掩瑜】 jué xiá yǎn yú　瑕:玉上的斑点。瑜:玉的光彩。挑剔玉上小毛病,掩盖美玉的光彩。比喻议论苛刻,抹煞别人优点。唐·严郢《驳议吕諲》:"今太常议荆南之政详矣……乃抉瑕掩瑜之论,非中适之言也。"

【绝长补短】 jué cháng bǔ duǎn　见"截长补短"。

【绝处逢生】 jué chù féng shēng　在走投无路、身处绝境的情况下,又有了新的生路。《二刻拍案惊奇》卷三二:"合家惊喜道:'若得如此,绝处逢生,祖宗之大庆也!'"《镜花缘》二八回:"今遇列位,虽是他绝处逢生,那要害此女的岂止亿万,日后何能逃脱!"老舍《四世同堂》七一:"他得意,越细咂摸,他越相信自己以前的所作所为都完全顺情合理,所以老天有眼,才使他绝处逢生,生生不已!"杨沫《青春之歌》一部五章:"林道静的心里渐渐充满了一种青春的喜悦,一种绝处逢生的欣幸。"

【绝代佳人】 jué dài jiā rén　绝代:在当代独一无二。《汉书·孝武李夫人传》:"北方有佳人,绝世而独立,一顾倾人城,再顾倾人国。"后用"绝代佳人"指姿容出众的女子。宋·辛弃疾《满江红·送徐抚幹衡仲之官三山》词:"绝代佳人曾一笑,倾城倾国。"《二刻拍案惊奇》卷九:"你姐姐固是绝代佳人,小生也不愧今时才子,就相见一面,也不辱没了你姐姐。"《红楼梦》五四回:"这小姐必是通文知礼,无所不晓,竟是绝代佳人。"也作"绝世佳人"。《东周列国志》九回:"单说次女文姜,生得秋水为神,芙蓉如面,比花解语,比玉生香,真乃绝世佳人,古今国色。"钱钟书《围城》二:"以后飞机接连光顾,大有绝世佳人一顾倾城、再顾倾国的风度。"

【绝顶聪明】 jué dǐng cōng míng　绝顶:非常,极端。极端聪明。《花月痕》二〇回:"曼云和丹翠,都是个绝顶聪明的人,见荷生、痴珠不忍以教坊相待,便十分感激。"《二十年目睹之怪现状》七〇回:"他自己是一个绝顶聪明的人,笔底下又好。"鲁迅《花边文学·小童挡驾》:"一个绝顶聪明的孩子说:她们怎不回过身子儿来呢?"阿来《尘埃落定》一:"如果不信,你去当个家奴,或者百姓的绝顶聪明的儿子试试,看看有没有人会知道你。"

【绝甘分少】 jué gān fēn shǎo　绝甘:不享用甘美食物。分少:把少量好东西分给大家。形容生活刻苦,礼让爱下,厚待他人。《汉书·司马迁传》:"以为李陵与士大夫绝甘分少,能得人之死力,虽古名将不过也。"清·钱谦益《李长蘅墓志》:"敬其长兄,抚其弟妹友侄,绝甘分少,皆人所难能者。"

【绝后光前】 jué hòu guāng qián　前人没有,后人也不会有。指古今所无。南朝梁·沈约《齐故安陆昭王碑文》:"膺期诞德,绝后光前。"也作"光前绝后"。宋·洪迈《容斋四笔·蓝田丞壁记》:"而韩文雄拔超峻,光前绝后。"

【绝口不提】 jué kǒu bù tí　绝口:闭口。闭口不言及某人某事。指有意回避。《野叟曝言》七七回:"学生有一世妹,从水中救出,抱持摩运,且背负在身,黑夜同居,其嫌疑更甚于昨日之事,彼亦因此欲求为小星,被学生一番侃侃正论,立时感悟,认为兄妹,把婚姻之事绝口不提。"钱钟书《围城》三:"苏小姐初到家,开口闭口都是方鸿渐,第五天后忽然绝口不提,缘故是她发现了那张沪报。"贾平凹《腊月·正月》二:"当然,一张嘴对人只是叙说当临时工的'过五关斩六将',至于折本之事,则绝口不提。"

【绝妙好辞】 jué miào hǎo cí　《世说新语·捷悟》:"魏武尝过曹娥碑下,杨修从。碑背上见题作'黄绢幼妇,外孙齑臼'八字……修曰:'黄绢,色丝也,于字为'绝';幼妇,少女也,于字为'妙';外孙,女子也,于字为'好';齑臼,受辛也,于字为'辞',所谓'绝妙好辞'也。"后用"绝妙好辞"指写得极好的文辞。辞,也作"词"。唐·苏颋《刑部尚书韦抗神道碑》:"衔凄固托,抚疾有成,愧不得绝妙好辞,披文而相质耳。"元·张雨《满江红·玉簪》词:"待使君绝妙好词成,须弹压。"欧阳山《三家巷》一三八:"一直到最后一窝伊府面端上来了,他才豁然开朗,想出一句十分有力量的绝妙好词来。"

【绝情寡义】 jué qíng guǎ yì　不讲人情,缺少情谊。李劼人《暴风雨前》一部一四:"这并不是我绝情寡义,实在是为了你的好,爱惜你,望你多活几年!"

【绝世佳人】 jué shì jiā rén　见"绝代佳人"。

【绝世蔑俗】 jué shì miè sú　蔑视世俗,与社会格格不入。茅盾《虹》四:"这样奇伟的山水,竟产生不出绝世蔑俗的反抗性的青年!"

【绝世无双】 jué shì wú shuāng　绝世:在当代独一无二。冠绝当代,举世无双。《醒世恒言》卷一一:"两个儿子未为希罕,又生个女儿,名曰小妹,其聪明绝世无双,真个闻一知二,问一答十。"《初刻拍案惊奇》卷五:"众人抬头一看,果然丰姿冶丽,绝世无双。"钱钟书《围城》三:"抱歉得很,对绝世无双的你,我只能用几千年经人滥用的话来表示我的感情。"

【绝无仅有】 jué wú jǐn yǒu　极其少有。宋·文天祥《吉州古院狱空记》:"夫以百余年两见之事,可谓稀阔,而其可疑又如此,然则虽谓之绝无仅有可也。"周而复《上海的早晨》三部二六:"一位是佳人,一位是才子,真叫做天生一对,地生一双,世人绝无仅有的佳偶!"邓一光《我是太阳》四部二:"那是一个愉快的夜晚,烛光和俄罗斯音乐使这个夜晚充满了一种浪漫的气氛,这种感受在乌云的生活中是绝无仅有的。"

【倔头倔脑】 juè tóu juè nǎo　倔:态度生硬。形容人说话做事生硬、固执的样子。茅盾《霜叶红似二月花》五:"当时我就觉得其中两个,一男一女,倔头倔脑,大不顺眼。"

【军法从事】 jūn fǎ cóng shì　从事:处理。按照军法惩处。《晋书·齐王冏传》:"有不顺命,军法从事。"《三国演义》一〇七回:"敢有稽留,便以军法从事。"《野叟曝言》八八回:"如兵马缺额,盔甲军器不全,轻则捆打参,重则军法从事。"王火《战争和人》(三)卷一:"想逃跑的马上杀鸡吓猴,军法从事,当众枪毙。"

【军令如山】 jūn lìng rú shān　指军事命令像山一样重,不可动摇,必须坚决迅速贯彻执行。姚雪垠《李自成》一卷一一章:"孙传庭的脸色一变,大喝道:'本抚院军令如山,你敢抗命不前去么?'"也作"军令如山倒"。邓一光《我是太阳》一部九:"毕竟是支纪律严明的部队,懂得军令如山倒这条戒令,说动就立刻动起来了。"也作"号令如山"。《宋史·岳飞传》:"岳节使号令如山,若与之敌,万无生理,不如往降。节使诚信,必善遇我。"清·洪昇《长生殿·侦报》:"见刀枪似雪,密匝铁骑连营列。端的是号令如山把神鬼慑。"

【军令如山倒】 jūn lìng rú shān dǎo　见"军令如山"。

【君子固穷】 jūn zǐ gù qióng　固:坚持。君子虽然有穷困时,但能坚持,守志不渝。《论语·卫灵公》:"君子固穷,小人穷斯滥矣。"鲁迅《呐喊·孔乙己》:"接连便是难懂的话,什么'君子固穷',什么'者乎'之类,引得众人都哄笑起来:店内外充满了快活的空气。"李劼人《大波》一部二章:"我是一介穷儒,君子固穷,但家里一个拙荆,一个弱女,却要饥而食,寒而衣哟。"

【君子之交淡如水】 jūn zǐ zhī jiāo dàn rú shuǐ　君子交往,平淡如水,不为名利,不尚虚华。如,也作"若"。《庄子·山木》:"且君子之交淡若水,小人之交甘若醴;君子淡以亲,小人甘以绝。"《花月痕》三四回:"一面说,一面拉着心印,进来客厅坐下。心印道:'君子之交淡如水。淡则迹疏而久,浓则情纵而难长……'"刘绍棠《村妇》卷二:"不过,他们觉得,作为官场中人,仲连元不但是人才难得,而且人品难得。君子之交淡如水,虽不必交往密切,打得火热,却也不可故作清高,冷落人家。于是,他起身出门,到门外迎客。"

K

【开诚布公】 kāi chéng bù gōng 开诚:敞开胸怀,表露诚意。布公:公正无私地相告。《三国志·蜀书·诸葛亮传论》:"诸葛亮之为相国也……开诚心,布公道。"后用"开诚布公"指以诚相待,坦白无私。宋·魏了翁《画一榜喻将士》:"今与将士,开诚布公,共图协济。"《官场现形记》五四回:"上头的公事是叫地方官时时接见商人,与商人开诚布公,联络一气。"刘心武《栖风楼》八:"他和杨那时恰巧由同一所美国大学接待,相处了一个多月,有过几次开诚布公的长谈。"

【开诚相见】 kāi chéng xiāng jiàn 开诚:敞开胸怀,表露诚意。指真诚坦率地与人接触。孙中山《革命最后一定成功》:"诸君在革命政府之地,彼此应该诚相见。"

【开怀畅饮】 kāi huái chàng yǐn 开怀:敞开胸怀。指畅快淋漓地尽情喝酒。比喻心情愉快,无拘无束。《喻世明言》卷一七:"今日之会,并无他客,勿拘礼法,当开怀畅饮,务取尽欢。"《二十年目睹之怪现状》八九回:"宪太太此时乐得开怀畅饮,以待新欢。"欧阳山《三家巷》一九八:"这一天,他们四个人开怀畅饮,喝得都有一点儿陶陶然。"

【开卷有益】 kāi juàn yǒu yì 开卷:打开书本,指读书。只要读书就会有所收益。宋·王辟之《渑水燕谈录·文儒》:"太宗日阅《御览》三卷,因事有阙,暇日追补之,尝曰:'开卷有益,朕不以为劳也。'"鲁迅《集外集拾遗·聊答》:"我自读书以来,就很信'开卷有益'这句是实在话,因为不论什么书,都有它的道理,有它的事实,看它总可以增益广些智识。"

【开路先锋】 kāi lù xiān fēng 原指行军打仗时在前开辟道路的将领。后也比喻集体活动中的先遣人员,某项事业的开创者或带头人。《何典》一〇回:"[阎王]便即点起阴兵,教活死人挂了骑缝印做了大元帅,冒失鬼为开路先锋。"叶圣陶《友谊》三:"在征服自然的工作里头,钻探队是披荆斩棘的开路先锋。"

【开门见山】 kāi mén jiàn shān 比喻说话或写文章一开头就直截了当地进入正题。宋·严羽《沧浪诗话·诗评》二六:"太白发句,谓之开门见山。"《歧路灯》二回:"说话要开门见山,谭兄之意,欲以世兄读书之事,烦潜老照管理。"老舍《四世同堂》四二:"瑞宣有心眼,不敢开门见山的问长顺什么,怕长顺难堪。"路遥《平凡的世界》(下)二二章:"俊武不绕圈子,开门见山说明了他侄儿和卫红的事,希望玉亭夫妇能支持两个娃娃的婚事。"

【开门揖盗】 kāi mén yī dào 揖:拱手行礼。打开门请强盗进来。比喻引进坏人,招致祸患。《三国志·吴书·吴主传》:"况今奸宄竞逐,豺狼满道,乃欲哀亲戚,顾礼制,是犹开门而揖盗,未可以为仁也。"《晋书·周处传论》:"而[周]札受委捍城,乃开门揖盗,去顺效逆,彼实有之。"《东周列国志》三回:"犬戎豺狼之性,不当引入卧阃。申公借兵失策,开门揖盗,使其焚烧宫阙,戕及先王,此不共之仇也。"《三侠五义》三六回:"就是姑爷知道,也是开门揖盗,却也不能奈何于我。"巴金《随想录》九:"经历、环境、教育等等都是读者身上、心上的积累,它们能抵抗作品的影响,也能充当开门揖'盗'的内应。"

【开山之祖】kāi shān zhī zǔ　见"开山祖师"。

【开山祖师】kāi shān zǔ shī　佛教用语,指最初在某座山创建寺院并自成宗派的人。后常用来指某一事业或某一流派(学术、技艺等)的创始人。宋·刘克庄《后村诗话前集》二:"本朝诗,惟宛陵为开山祖师。"明·李昌祺《剪灯余话·听经猿记》:"迨今龙济奉为重开山祖师。"亦作"开山之祖"。《孽海花》二回:"文贞为西法开山之祖,而开埠以来,不能保其佳城石室。"

【开天辟地】kāi tiān pì dì　古代神话传说中,天地本混沌一片,盘古氏开辟天地,创造了世界。《封神榜》一九〇回:"这位是,开天辟地盘古氏,太昊天皇老圣人。"后用"开天辟地"指有史以来。多用于指前所未有的,有史以来第一次发生的。《红楼梦》三一回:"翠缕道:'这么说起来,从古至今,开天辟地,都是阴阳了?'"李劼人《死水微澜》二部六:"乡间诚然不比城市拘泥,务农人家诚然不比仕宦人家讲礼,但在说亲之际,要姑娘本身出来有所主张,这似乎也是开天辟地以来所没有的。"

【开物成务】kāi wù chéng wù　开:揭示。物:事物。务:事情。揭示事物的道理,据以办好事情。《周易·系辞上》:"夫《易》,何为者也? 夫《易》,开物成务,冒天下之道,如斯而已者也。"宋·龚明之《中吴纪闻·著作王先生》:"先生为人,清纯简易,达于从政,有忧时爱君之心,有开物成务之学。"清·黄宗羲《艮斋学案》:"永嘉之学,教人就事上理会,步步着实,言之必使可行,足以开物成务。"

【开柙出虎】kāi xiá chū hǔ　柙:关野兽的笼子。《论语·季氏》:"孔子曰:'……虎兕出于柙,龟玉毁于椟中,是谁之过欤?'"打开笼子,放出老虎。后用"开柙出虎"比喻放纵坏人。《初刻拍案惊奇》卷二二:"开柙出虎,孔宣父不责他人;当路斩蛇,孙叔敖盖非利己。"

【开心见诚】kāi xīn jiàn chéng　开心:将心事公开。见诚:以诚相见。敞开心怀,真诚相待。《东观汉记·光武帝记》:"开心见诚,与人语,好丑无所隐讳。"欧阳山《柳暗花明》八三:"难得你开心见诚,把话说得这么清楚。"

【开源节流】kāi yuán jié liú　开:开辟。源:源头。节:节制。流:水流。《荀子·富国》:"百姓时和,事业得叙者,货之源也;等赋府库者,货之流也。故明主必谨养其和,节其流,开其源,而时斟酌焉。"后用"开源节流"比喻在财政上增加收入,节省开支。清·袁枚《小仓山房尺牍·答鱼门》:"开源节流,量入为出,经纪之道,不过如此。"韬奋《事业管理与职业修养》:"我们最近已有了相当的开源节流办法,以后在造货及营业方面可能比较地上轨道。"

【开宗明义】kāi zōng míng yì　开:阐发。宗:宗旨。明:说明。义:意思。原为《孝经》第一章的篇名,揭示全书的宗旨和意义。后用来指一开头就点明主旨。也指最重要之点。《五灯会元·慧林常悟禅师》:"僧问:'若不传法度众生,举世无由报恩者。未审传筒甚么法?'师曰:'开宗明义章第一。'"鲁迅《准风月谈·各种捐班》:"到得民国,官总算说是没有了捐班,然而捐班之途,实际上倒是开展了起来,连'学士文人'也可以由此弄得到顶戴。开宗明义第一章,自然是要有钱。"阿城《棋王》一:"他一开说,把我吓了一跳。原来开宗明义,是讲男女的事儿，我说这是'四旧'。"

【欬唾成珠】 kài tuò chéng zhū　欬：咳嗽。《庄子·秋水》："子不见夫唾者乎？喷则大者如珠，小者如雾。"后用"欬唾成珠"比喻文辞珍贵优美。也比喻言语精当。欬，也作"咳"。《后汉书·赵壹传》："势家多所宜，欬唾自成珠。"宋·陆佃《适南亭记》："公，苏人也。自其少时，已有诗名，咳唾成珠，人以传玩。"

【侃侃而谈】 kǎn kǎn ér tán　侃侃：说话理直气壮、从容不迫的样子。理直气壮、从容不迫地谈话。《野叟曝言》一二七回："凡于乔所知浙省时事无一不在他肚里，他就攘其所有，侃侃而谈，将浙江全省的形势时务剀切指陈出来。"鲁迅《华盖集·并非闲话》："这也算人情之常，不足深怪；但当侃侃而谈之际，那自然也许流露出来。"杨沫《青春之歌》二部三九章："他的精神越来越不正常，萎靡、颓丧，说话时侃侃而谈头头是道，似乎叫人非服从不可；但时而又吞吞吐吐自相矛盾。"

【看风使舵】 kàn fēng shǐ duò　比喻随机应变，根据形势的变化而改变方向或态度。多含贬义。《野叟曝言》五九回："休说奴隶之辈得势则聚若蝇蚊，失势则散若鸟兽，甚至卖主求荣者颇多，即衣冠名教中，讲说道学、夸谈经济者，少什么看风使舵、临危下石之人？"茅盾《腐蚀·十月一日》："落井下石，看风使舵，以别人的痛苦为笑乐，——是他们这班人的全部主义。"也作"见风使舵"。老舍《四世同堂》九六："日本人以外，最着忙的是汉奸。他们最会见风使舵。德国一投降，他们就乱了营。"

【看破红尘】 kàn pò hóng chén　红尘：佛教称人世间。指看穿了世间一切，不再留恋。《镜花缘》九四回："设或父亲看破红尘竟自不归，抑或寻不着父亲，妹子自然在彼另寻一个修炼之计，归期甚觉

渺茫。"巴金《随想录》一二八："孩子不会因为功课重就'看破红尘'，也不会因为挨骂多就起来'造反'。"

【看人眉睫】 kàn rén méi jié　眉睫：眉毛和睫毛。指人的相貌、脸色。指看人脸色行事。《魏书·崔亮传》："亮曰：'弟妹饥寒，岂可独饱？自可观书于市，安能看人眉睫乎！'"《宋史·李垂传》："今已老大，见大臣不公，常欲面折之，焉能趋炎附热，看人眉睫，以冀推挽乎？"

【看人行事】 kàn rén xíng shì　根据对方的身份处理事情。老舍《离婚》："大概他也看人行事，咱平日不招惹他，他怎好意思赶尽杀绝。"

【看朱成碧】 kàn zhū chéng bì　朱：红色。碧：绿色。把红的看成绿的。形容眼睛昏花，不辨五色。梁·王僧孺《夜愁示诸宾》诗："谁知心眼乱，看朱忽成碧。"唐·李白《前有樽酒行二首》诗之二："催弦拂柱与君饮，看朱成碧颜始红。"宋·方岳《满江红·壬子生日》词："人间世，胶中漆。功名事，刀头蜜。放乾坤醉眼，看朱成碧。"

【康庄大道】 kāng zhuāng dà dào　康庄：四通八达的道路。指宽阔平坦的大路。《官场现形记》六〇回："我梦里所到的地方，竟是一片康庄大道，马来车往，络绎不绝，竟同上海大马路一个样子。"也比喻正确、光明的途径。老舍《四世同堂》二："心路窄的人往往把死看作康庄大道，天佑便是这样。"孙犁《白洋淀纪事·妇女的路》："中国农村妇女在走过了长远的崎岖不平甚至是独木难行的道路以后，已经带着充分的觉悟和信心，踏上了空前幸福的康庄大道。"

【慷慨悲歌】 kāng kǎi bēi gē　慷慨：意气风发，情绪激昂。晋·陶潜《怨诗楚调示庞主簿邓治中》："慷慨独悲歌，钟期信为贤。"后用"慷慨悲歌"形容激昂悲壮地放歌。宋·张耒《项羽》诗："慷慨悲歌

君勿恨，拔山盖世故应亡。"欧阳山《三家巷》一三五："一个军人应该有什么气质？我想，应该有慷慨悲歌的气质，有狂歌当哭的气质。"

【慷慨陈词】 kāng kǎi chén cí　慷慨：意气风发，情绪激昂。情绪激昂地发表意见。李劼人《大波》二部六章："朱云石就是朱山，五月二十一日在同志会上慷慨陈词，把指头划破流血的那个人。"陈忠实《白鹿原》三二章："川山依旧，而世事已经陌生，既不像他慷慨陈词、扫荡满川满原罂粟的世态，也不似他铁心柔肠赈济饥荒的年月了。"

【慷慨激昂】 kāng kǎi jī áng　形容情绪激动、精神振奋的样子。唐·柳宗元《上权德舆补阙温卷决进退启》："今将慷慨激昂，奋攘布衣，纵谈作者之筵，曳裾名卿之门。"鲁迅《而已集·魏晋风度及文章与药及酒之关系》："阮籍作文章和诗都很好，他的诗文虽然也慷慨激昂，但许多意思都是隐而不显的。"李劼人《暴风雨前》一部六："他说得异常慷慨激昂，挺着胸脯，直着项脖，仿佛自己竟长高了一头，而诸人皆小了好些。"也作"激昂慷慨"。鲁迅《且介亭杂文末编·这也是生活》："在我卧病期中，全是精华的刊物已经出得不少了，有些东西，后面虽然仍旧是'美容妙法'，'古木发光'，或者'尼姑之秘密'，但第一面却总有激昂慷慨的文章。"姚雪垠《李自成》一卷二二章："奏疏中许多句子写得激昂慷慨，充满忠君爱国的激情，使王承恩深深感动，不由得声音打颤，热血沸腾。"

【慷慨解囊】 kāng kǎi jiě náng　慷慨：不吝惜。囊：口袋，指钱袋。指豪爽大方地在经济上帮助他人。茅盾《蚀·追求》三："这几句章秋柳的悲痛的忏悔，正和她慷慨解囊料理史循的事件一样，很使曼青感动。"蒋子龙《分分钟》："大厅里一阵骚动，看台上的目光对准这位屡屡对

大陆文体活动慷慨解囊的大老板。"

【苛捐杂税】 kē juān zá shuì　苛：苛刻，繁重。指苛细繁重的捐税。丁玲《太阳照在桑乾河上》三一："想当兵，受压迫，汉奸地主好欺诈。苛捐杂税不得完，田赋交了交附加。"魏巍《地球的红飘带》六："现在吃上顿没下顿，苛捐杂税，弄得人活不下去。"

【科头跣足】 kē tóu xiǎn zú　科头：不戴帽子。跣足：赤脚。形容生活困苦。宋·田昼《筑长堤》诗："科头跣足不得稽，要与官长修长堤。"也指散漫，无拘无束。《醒世恒言》卷二九："卢柟科头跣足，斜据石榻。面前放一帙古书，手中执着酒杯。"《海上花列传》三八回："[朴斋]从厢房廊下穿去，隐约玻璃窗内有许多人，科头跣足，阔论高谈。"

【可乘之机】 kě chéng zhī jī　乘：利用。可以利用的机会。《晋书·吕纂传》："宜缮甲养锐，劝课农殖，待可乘之机，然后一举荡灭。"宋·袁燮《论重镇》："敌有将亡之形，而犹敢以虚声加我；我有可乘之机，而未能以重兵压之。"姚雪垠《李自成》一卷一五章："你眼下人数很少，一路上打尖吃饭，一定要给老百姓钱，不可骚扰百姓，给官军和乡勇可乘之机。"

【可乘之隙】 kě chéng zhī xì　乘：利用。隙：漏洞，机会。可以利用的漏洞、空子。宋·晁补之《上皇帝论北事书》："当是时，皆有可乘之隙，而中国不取。"《三国演义》一四回："小沛原非久居之地。今徐州既有可乘之隙，失此不取，悔之晚矣。"

【可歌可泣】 kě gē kě qì　可：值得。泣：流泪。值得歌颂，值得感动流泪。形容悲壮感人。明·海瑞《方孝孺临麻姑仙坛记跋》："国初方正学先生忠事建文，殉身靖难，其激烈之概，无异平原复生。追念之，可歌可泣。"茅盾《蚀·追求》一："我们时时处处看见可羞可鄙的人，时时

处处听得可歌可泣的事,我们的热血是时时刻刻在沸腾,然而我们无事可作。"老舍《四世同堂》二七:"每听到这样一件可歌可泣的故事,他便兴奋得不能安睡。"

【可望而不可即】 kě wàng ér bù kě jí 即:靠近,接触。可以望到但无法接近。形容看似可以达到而实际上很难达到。唐·张说《游洞庭湖湘》诗:"缅邈洞庭岫,葱蒙水雾色。宛在太湖中,可望不可即。"梁实秋《雅舍小品·书房》:"所以对于寒苦的读书人,书房是可望而不可即的豪华神仙世界。"

【可想而知】 kě xiǎng ér zhī 可以从推想中得知。宋·王楙《野客丛书·汉唐俸禄》:"然考唐九品,月得五十七石,使果得此,亦足用度。而郊以吟诗废务,上官差官以摄其职,分其半禄,酸寒之状,可想而知。"《镜花缘》九一回:"即如桃红一种,就有深浅三四等之分,其余可想而知。"鲁迅《呐喊·自序》:"这样说来,我的小说和艺术的距离之远,也就可想而知了。"巴金《随想录》二一:"连远在武汉的'哲学家'也感到'事出意外',我的高兴是可想而知的。"

【可心如意】 kě xīn rú yì 见"称心如意"。

【可有可无】 kě yǒu kě wú 可以有也可以没有。形容无关紧要。《红楼梦》二〇回:"因有这个呆念在心,把一切男子都看成混沌浊物,可有可无。"老舍《四世同堂》八二:"他的知识,文雅清洁,倒好像是些可有可无的装饰。"沙汀《公道》:"其中主要的是猪牙子张傲,没有他来,理信是无论如何讲不成的。其余的人倒都可有可无,来不来了无关系。"

【渴骥奔泉】 kě jì bēn quán 骥:骏马。口渴的骏马飞奔向泉水。常用于比喻书法遒劲奔放。《新唐书·徐浩传》:"[浩]尝书四十二幅屏,八体皆备,草隶尤工,

世状其法曰'怒猊抉石,渴骥奔泉'云。"也比喻迫切地渴望获得某种事物。明·袁宏道《潇碧堂集·陶孝若》:"诸兄能于三游洞前,施我一袭袈裟,弟不啻如渴骥之奔泉。"〔注意〕奔,不读 bēn。

【克敌制胜】 kè dí zhì shèng 克:战胜。打败敌人,取得胜利。《水浒传》二〇回:"今番克敌制胜,谁人及得先生良法。"姚雪垠《李自成》二卷二二章:"数年来官军剿贼无功,多因军纪废弛,诸将常以国法为儿戏。如不振作,何能克敌制胜!"

【克己奉公】 kè jǐ fèng gōng 克己:约束自己。奉公:奉行公事,不循私情。指严格要求自己,一心为公。《后汉书·祭遵传》:"遵为人廉约小心,克己奉公,赏赐辄尽与士卒。"《魏书·高祖纪上》:"自今牧守温仁清俭,克己奉公者,可久于其任。"从维熙《落红》二:"当时他衣着简朴、克己奉公,除了人事干部之外,竟没有一个人知道他是我的儿子。"

【克俭克勤】 kè jiǎn kè qín 见"克勤克俭"。

【克勤克俭】 kè qín kè jiǎn 克:能够。《尚书·大禹谟》:"克勤于邦,克俭于家。"后用"克勤克俭"指既能勤劳,又能节俭。《乐府诗集·撤豆》:"克勤克俭,无怠无荒。"《说岳全传》二一回:"一路上克勤克俭,到了金陵,吩咐众人,将粮车在空地上停住。"鲁迅《准风月谈·爬和撞》:"虽然爬得上的很少,然而个个以为这正是他自己。这样自然都安分的去耕田,种地,……克勤克俭,背着苦恼的命运,和自然奋斗着,拼命的爬,爬,爬。"也作"克俭克勤"。《醒世恒言》卷一七:"适来这杯酒,乃劝大舅,自今以后,兢兢业业,克俭克勤,以副岳父泉台之望。"

【克绍箕裘】 kè shào jī qiú 克:能够。绍:继承。箕:簸箕。裘:毛皮衣服。《礼记·学记》:"良冶之子,必学为裘,良弓之

子,必学为箕。"后用"克绍箕裘"比喻子孙能够继承祖业。明·陈汝元《金莲记·首引》:"怨将德报,喜双儿克绍箕裘。"钱钟书《围城》一:"然令尊大人乃前清孝廉公,贤婿似宜举洋进士,庶几克绍箕裘,后来居上,愚亦与有荣焉。"

【刻不容缓】 kè bù róng huǎn 刻:片刻,指极短的时间。缓:延缓,推迟。片刻也不能拖延。形容情势紧迫。《野叟曝言》一○一回:"玉佳受恩深重,君命在身,边警甚急,民命所关,刻不容缓,大小姐所言皆私情也,以私废公,断乎不可。"方志敏《可爱的中国》:"朋友,从崩溃毁灭中,救出中国来,从帝国主义恶魔生吞活剥下,救出我们垂死的母亲来,这是刻不容缓的了。"贾平凹《油月亮》:"汉江岸上两派拉锯攻占,形势紧张,刻不容缓,车行驶得疾速如风,长长的土路上尘土飞扬,像点燃了巨大的导火索。"

【刻骨镂心】 kè gǔ lòu xīn 见"刻骨铭心"。

【刻骨铭心】 kè gǔ míng xīn 铭:在石头或器物上刻字。唐·李白《上安州李长史书》:"深荷王公之德,铭刻心骨。"后用"刻骨铭心"形容感受极深,牢记于心,不能忘怀。《水浒传》八二回:"山野狂夫,有劳恩相降临,感蒙天恩,皆出乎太尉之赐也。众弟兄刻骨铭心,难以补报。"《野叟曝言》四二回:"君子之心,真如青天白日;贱妾之感,不啻刻骨铭心矣。"郭沫若《屈原》三幕:"是好呵。我清早听见的时候,委实是刻骨铭心的。"也作"刻骨镂心"。《西游记》八七回:"虽刻骨镂心,难报万一,怎么就说走路的话。"张贤亮《河的子孙》九章:"这样一段本来应该是刻骨镂心的回忆,由于以后的巨大冲击,反而像被磨损的影片一样模糊不清了。"也作"铭心刻骨"。《野叟曝言》三六回:"你只送我到北新关便可,回去替我多多致谢太人,说我洪文感激救命之恩,铭心

刻骨便了。"鲁迅《集外集拾遗补编·"生降死不降"》:"他们说:非革命不可! 你看,汉族怎样的不愿做奴隶,怎样的日夜想光复,这志愿,便到现在也铭心刻骨的。"

【刻肌刻骨】 kè jī kè gǔ 形容感受极深。三国魏·曹植《上责躬应诏诗表》:"臣自抱衅归藩,刻肌刻骨,追思罪戾,昼分而食,夜分而寝。"《宋书·范晔传》:"祸败已成,犹不觉悟,退加寻省,方知自招,刻肌刻骨,何所复补。"

【刻舟求剑】 kè zhōu qiú jiàn 求:寻找。《吕氏春秋·察今》:"楚人有涉江者,其剑自舟中坠于水。遽契其舟,曰:'是吾剑之所从坠。'舟止,从其所契者入水求之。舟已行矣,而剑不行。求剑若此,不亦惑乎!"后用"刻舟求剑"比喻拘泥、不变通,不懂得根据实际情况处理问题。宋·陆游《谢梁右相启》:"刻舟求剑,固匪通才。"《二十年目睹之怪现状》六六回:"猜谜不能这等老实,总要从旁面着想,其中虚虚实实,各具神妙;若要刻舟求剑,只能用朱注去打四书的了。"也比喻徒劳无功,达不到目的。元·姬翼《鹧鸪天》词:"画饼充餐必也虚,刻舟求剑决然无。"

【恪守不渝】 kè shǒu bù yú 恪守:严格遵守。渝:改变。指对某种规定严格遵守,决不改变。

【客囊羞涩】 kè náng xiū sè 客:在外作客。囊:口袋。指钱袋。羞涩:指贫穷匮乏。旅途中缺钱。清·孔尚任《桃花扇·访翠》:"只是一件,客囊羞涩,恐难备礼。"

【肯构肯堂】 kěn gòu kěn táng 见"肯堂肯构"。

【肯堂肯构】 kěn táng kěn gòu 肯:愿意。堂:建立堂基。构:架屋。《尚书·大诰》:"若考作室,既厎法,厥子乃弗肯堂,

刿肯构?"意为父亲要盖房子，已经定了计划，而儿子连堂基都不肯立，何况是盖起房子呢？后反其义用"肯堂肯构"比喻子孙后代能够继承父祖的事业。清·查慎行《传经堂歌卓次厚属赋》："祖父遗书读未成，肯堂肯构夫何有?"也作"肯构肯堂"。《醉醒石》七回："家有严君，斯多贤子，肯构肯堂，流誉奕世。"

【空洞无物】kōng dòng wú wù　空空的，什么都没有。《世说新语·排调》："王丞相枕周伯仁膝，指其腹曰:'卿此中何所有?'答曰:'此中空洞无物，然容卿辈数百人。'"也形容文章、讲话等没有内容。鲁迅《南腔北调集·听说梦》："他不知从那里拾来了一种学说，将一百多个梦分为两大类，说那些梦想好社会的都是'载道'之梦，是'异端'，正宗的梦应该是'言志'的，硬把'志'弄成一个空洞无物的东西。"欧阳山《三家巷》五八:"她相信周炳不是虚情假意地安慰她，不是随随便便地应付她，也不是空洞无物地哄骗她。"

【空古绝今】kōng gǔ jué jīn　古今都不曾有过。形容极不寻常、独一无二。《儒林外史》一一回："这人真有经天纬地之才、空古绝今之学。"

【空谷足音】kōng gǔ zú yīn　在空旷的山谷中听到人的脚步声。《庄子·徐无鬼》："夫逃空谷者，……闻人足音，跫然而喜矣。"后用"空谷足音"比喻极为难得的音信、言论或事物等。宋·黄榦《复李随甫书》："朋友凌凋，每兴索居之叹，反覆来求，真所谓空谷足音也。"清·纪昀《阅微草堂笔记·姑妄听之三》："幸空谷足音，得见君子，机缘难再，千载一时，故忍耻相投。"茅盾《虹》六:"梅女士快快地又跑回去，却在张逸芳的房外听得里面有声音，这使她想起了'空谷足音'似的欢喜。"

【空空如也】kōng kōng rú yě　如:形容词词尾，相当于"……的样子"。《论语·子罕》:"吾有知乎哉? 无知也。有鄙夫问于我，空空如也。我叩其两端而竭焉。"指一无所知。后用来形容空空的什么都没有。明·海瑞《赠吴颐庵贰尹向容序》:"乡人一接颐庵而归日，衙中空空如也;柴马俸钱外，无从有毫厘之入。"鲁迅《彷徨·在酒楼上》:"楼上'空空如也'，任我拣得最好的坐位，可以眺望楼下的废园。"莫应丰《人去两三天》:"红薯窖里的空气比外面阴凉得多，里面空空如也，只有一些草屑。"

【空口无凭】kōng kǒu wú píng　凭:根据。只是用嘴说说，没有根据和凭证。《官场现形记》二七回:"空口无凭的话，门生也不敢朝着老师来说。"杜鹏程《延安人》三:"大个子工区主任好像抓住了宝贝，连忙说:'三百公斤就三百公斤。空口无凭，你签字。'"

【空前绝后】kōng qián jué hòu　以前没有过，以后也不会有。形容非常难得、独一无二。宋·朱象贤《闻见偶录·男服从军》:"古之木兰，以女为男，代父从军，十二年而归，同行者莫知其为女子，歌诗美之，典籍传之，以其事空前绝后也。"清·陈廷机《〈聊斋志异〉序》:"亦以空前绝后之作，使唐人见之，自当把臂入林，后来作者，宜其搁笔耳。"鲁迅《故事新编·铸剑》三:"人问他。他说善于玩把戏，空前绝后，举世无双，人们从来就没有看见过。"

【空头支票】kōng tóu zhī piào　因存款余额不足或透支限额不够而无法生效的支票。比喻不能实现的许诺。巴金《随想录》三一:"倘使支票到期兑不了现，那就叫做空头支票，这种支票还是少开的好，开多了会吃官司，名誉扫地，我二十多年前写文章喜欢引用'豪言壮语'，我觉得没有什么不好，但今天再引用同样的'豪言壮语'，别人就会说我在

'吹牛'了。"茹志鹃《在果树园里》:"我知道会上根本没有研究她的什么事,心里有些怪黎凤乱开空头支票。"〔注意〕空,不读 kòng。

【空穴来风】kōng xué lái fēng　穴:洞。有孔洞便会进风。战国楚·宋玉《风赋》:"臣闻于师,枳句来巢,空穴来风。其所托者然,则风气殊焉。"后用来比喻自身存在弱点,流言蜚语等得以乘隙而入。宋·孙光宪《北梦琐言》卷七:"槕摇船掉桨,风动竹捶胸。虽好事托以成立,亦空穴来风之义也。"茅盾《蚀·追求》四:"自然外边人是言之过甚。但是,空穴来风,仲翁,你也是太登多了。以后总得注意。"也比喻传言没有根据。

【空中楼阁】kōng zhōng lóu gé　悬在空中的楼阁。比喻崇高通达。宋·朱熹《朱子语类·邵子之书》:"问:'程子谓康节空中楼阁。'曰:'是看得四通八达,庄子比康节亦仿佛相似。……'"后多用来比喻虚构的事物或脱离实际的空想。清·李渔《闲情偶寄·结构·审虚实》:"实者,就事敷陈,不假造作,有根有据之谓也;虚者,空中楼阁,随意构成,无影无形之谓也。"茅盾《虹》八:"她立刻筑起了许多空中楼阁,又随即一一推翻。对于这项新事业,她实在没有头绪。"陈忠实《白鹿原》一二章:"我跟你说话不拐弯,你这些打算全都是空中楼阁痴心妄想。"

【孔席墨突】kōng xí mò tū　孔:孔子。席:坐席。墨:墨子。突:烟囱。汉·班固《答宾戏》:"是以圣哲之治,栖栖遑遑。孔席不暖,墨突不黔。"意为孔子、墨子忙于四处奔走推行其道,每到一处,坐位还未坐热,烟囱还未发黑,就又赶到别处去了。后用"孔席墨突"形容忙于世务,四处奔走,无暇休息。

【口不应心】kǒu bù yìng xīn　应:符合。嘴上说的和心里想的不一致。《醒世恒言》卷八:"官人,你昨夜恁般说了,

却又口不应心,做下那事!"《野叟曝言》八回:"相公原来是口不应心的人。"〔注意〕应,不读 yīng。

【口出不逊】kǒu chū bù xùn　逊:谦虚,谦恭。指说出的话很不恭敬。《封神榜》一二五回:"老元帅黄滚坐在尘埃思前想后,恼恨周纪口出不逊。"李文国《变异》:"当然,他也不会口出不逊,只是听他讲话的人都抱怨,很难抓住他报告的主旨。"

【口耳之学】kǒu ěr zhī xué　《荀子·劝学》:"小人之学也,入乎耳,出乎口。"意为小人的学习只是把耳朵听来的挂在嘴上说说。后用"口耳之学"形容道听途说得来的肤浅的学问。宋·陆游《跋柳书苏夫人墓志》:"盖欲注杜诗,须去少陵地位不大远乃可下语。不然,则勿注可也。今诸家徒欲以口耳之学揣摩得之,可乎?"清·赵翼《廿二史札记·六朝清谈之习》:"是当时虽从事于经义,亦皆口耳之学。"

【口干舌焦】kǒu gān shé jiāo　见"口干舌燥"。

【口干舌燥】kǒu gān shé zào　指口舌干渴。《野叟曝言》四回:"素臣自觉口干舌燥,看看天尚未明,因向弯吹道:'……我要进去烧茶,实在渴得要死了。'"多形容说话太多。老舍《四世同堂》七〇:"他们的肚子没有好的吃食,说到口干舌燥的时候又只好喝口凉茶或冷水,所以着说着,他们的脸上往往发绿,头上出了盗汗,甚至于一阵恶心,吐出些酸水来。"贾平凹《腊月·正月》九:"我口干舌燥了这一通,你倒是睡着了?!"也作"口干舌焦"。刘绍棠《村妇》卷一:"骂了三天口干舌焦,蒲团大娘还觉得没有出净这口怨气,匆匆忙忙招了个倒插门女婿,一气刘家父子。"

【口惠而实不至】kǒu huì ér shí bù zhì　惠:给以好处。只在口头上许给别

人好处，实际上却不兑现。《礼记·表记》:"口惠而实不至，怨菑及其身。"清·纪昀《阅微草堂笔记·滦阳消夏录三》:"河间冯树柟粗通笔札，落拓京师十余年，每遇机缘，辄无成就；干祈于人，率口惠而实不至。"

【口口声声】kǒu kǒu shēng shēng　形容将某些话挂在口头，一次又一次地说。《京本通俗小说·西山一窟鬼》:"只是吃他执拗的苦，口口声声只要嫁个读书官人。"《二刻拍案惊奇》卷一○:"只见是一个小厮，身上打扮与孝子无二，且是哭得悲切，口口声声叫着'亲爹'。"《儒林外史》五回:"话说众回子因汤知县枷死了老师夫，闹将起来，将县衙门围得水泄不通，口口声声只要揪出张静斋来打死。"鲁迅《华盖集·"公理"的把戏》:"然而现在的公理什么会上的言论和发表的文章上，却口口声声，侧重多数了。"张恨水《啼笑因缘》五回:"她怎么口口声声都叫樊大爷，这樊大爷是谁呢？"

【口蜜腹剑】kǒu mì fù jiàn　《资治通鉴·唐玄宗天宝元年》:"李林甫为相，……尤忌文学之士，或阳与之善，啖以甘言而阴陷之。世谓李林甫口有蜜，腹有剑。"后用"口蜜腹剑"比喻嘴甜心狠，为人阴险。明·王世贞《鸣凤记·南北分别》:"这厮口蜜腹剑，正所谓匿怨而友者也。"姚雪垠《李自成》二卷四二章:"他奔走官府，深通世故，明知照他的主意办会将你置于死地，却偏要下书劝诱，这就是口蜜腹剑，佛面兽心。"

【口如悬河】kǒu rú xuán hé　见"口若悬河"。

【口若悬河】kǒu ruò xuán hé　悬河:瀑布。《世说新语·赏誉》:"王太尉云:'郭子玄语议如悬河泻水，注而不竭。'"唐·韩愈《石鼓歌》:"安能以此上论列，愿借辩口如悬河。"后用"口若悬河"形容人能言善辩，说起话来像瀑布倾泻一般滔滔不绝。《金瓶梅》三四回:"但遇着人，或坐或立，口若悬河，滔滔不绝。"杨沫《青春之歌》一部一○章:"这位罗大方口若悬河，一说就是一套。"也作"口如悬河"。《东周列国志》四二回:"元咺口如悬河，将卫侯自出奔襄牛起首，如何嘱咐太叔守国，以后如何先杀元角，次杀太叔，备细铺叙出来。"也作"口似悬河"。《三国演义》四五回:"假使苏秦、张仪、陆贾、郦生复生，口似悬河，舌如利刃，安能动我心哉!"

【口尚乳臭】kǒu shàng rǔ xiù　尚:还。嘴里还有奶腥味。指人年幼。常用来嘲讽人年幼无知。《汉书·高帝纪上》:"汉王问:'魏大将谁也？'对曰:'柏直。'王曰:'是口尚乳臭，不能当韩信。'"《晋书·桓玄传》:"长史卞范之说玄曰:'公英略威名振于天下，元显口尚乳臭，刘牢之大失物情，若兵临近畿，示以威赏，则土崩之势可翘足而待，何有延敌入境，自取蹙弱者乎!'"梁启超《论中国人种之将来》:"吾尚在湖南，见其少年子弟，口尚乳臭，目不识蟹文，未尝读一西欧之书，而其言论思想，新异卓拔，洞深透辟，与西人学理暗合者，往往而有。"〔注意〕臭，不读chòu。

【口是心非】kǒu shì xīn fēi　嘴上说的是一套，心里想的是另外一套。指心口不一。晋·葛洪《抱朴子·微旨》:"若乃憎善好杀，口是心非，背向异辞……凡有一事，辄是一罪。"《封神榜》八三回:"姬昌外生忠诚，内隐奸诈，以利口而惑主，口是心非，终非良善之辈。"《野叟曝言》一二二回:"我当奏闻圣上，你们俱是见证。若有一丝疑心，不妨指出，勿口是心非也。"鲁迅《两地书·序言》:"常听得有人说，书信是最不掩饰，最显真面的文章，但我也不，我无论给谁写信，最初，总是敷敷衍衍，口是心非的。"从维熙《阴阳界》九:"他不想和胡栓再说下去，又不敢流露出心中的怒意,口是心非地支应了胡栓几句。"

【口说无凭】kǒu shuō wú píng　单凭嘴说不足为据。元·乔孟符《扬州梦》四折:"咱两个口说无凭。"《西游记》七一回:"行者道:'口说无凭,做出便见。'且让你先摇。"《二十年目睹之怪现状》五回:"他又说交易太大,恐怕口说无凭,要立个凭据。"

【口似悬河】kǒu sì xuán hé　见"口若悬河"。

【口血未干】kǒu xuè wèi gān　古人结盟时有歃血仪式,将牲血涂于唇上以示诚信。口血未干指立盟未久。多含随即失信毁约的意思。《左传·襄公九年》:"与大国盟,口血未干而背之,可乎?"《东周列国志》一一回:"口血未干,宋人背盟,寡人伐之。"李劼人《大波》四部二章:"若要乘势去掉朱庆澜,本如吹灰之易,无如既失信于赵尔丰,使人议论我们口血未干,即便背盟。"

【口中雌黄】kǒu zhōng cí huáng　雌黄:矿物名,即鸡冠石,古时用来涂改文字。指随意更改言语不妥之处。后用来形容说话轻率,随便议论。南朝梁·刘峻《广绝交论》:"雌黄出其唇吻"唐·李善注引《晋阳秋》:"王衍字夷甫,能言,于意有不安者,辄更易之,时号口中雌黄。"

【口诛笔伐】kǒu zhū bǐ fá　诛:谴责。伐:讨伐,声讨。用言语或文字进行谴责和声讨。明·张岱《与李砚翁》引宋·吕祖谦曰:"君子所以口诛笔伐于莘门圭窦之间,而老奸巨猾心丧胆落。"鲁迅《南腔北调集·给文学社信》:"这回的招待休士,我并未接到通知,时间地址,全不知道,怎么能到? 即使邀而不到,也许有别种的原因,当口诛笔伐之前,似乎也须略加考察。"巴金《随想录·后记》:"是真是假,是正是错,文章俱在,无法逃罪,只好让后世的读者口诛笔伐了。"

【扣人心弦】kòu rén xīn xián　心弦:指受到感动而引起共鸣的心。形容文、表演等感染力强,牵动人心。魏巍《东方》二部八章:"据说这人最不爱讲话,但那天的几句话,却是那样扣人心弦,感动得自己当时流下了眼泪。"

【枯木逢春】kū mù féng chūn　枯树遇到了春天又有了生命力。《景德传灯录·唐州大乘山和尚》:"僧问:'枯木逢春时如何?'师曰:'世间稀有。'"后比喻重新获得生命。元·刘时中《端正好·上高监司》套曲:"众饥民共仰,似枯木逢春,萌芽再长。"魏巍《东方》一部五章:"这新的生活,新的斗争,竟使他们的爱情枯木逢春。"

【枯木生花】kū mù shēng huā　枯树又重新生叶开花。比喻重获生机。三国魏·曹植《转封东阿王谢表》:"若陛下念臣入从五年之勤,少见佐助,此枯木生花,白骨更肉,非臣之敢望也。"明·沈受先《三元记·完璧》:"我一命如同草头露滴,今日得了这银子呵,一似枯木生花,阳春布泽。"

【枯木死灰】kū mù sǐ huī　《庄子·齐物论》:"形固可使如槁木,而心固可使如死灰乎?"后用"枯木死灰"比喻不为外物所动。也比喻了无生气。《宣和画谱·道释二》:"大抵释氏貌像多作慈悲相,趺坐即结跏,垂臂则袒肉,目不高视,首不轩举,淡然如同枯木死灰。"《儿女英雄传》九回:"若说他既看得入眼,这心就同枯木死灰,丝毫不动,这心地也就太冷了,更不是情理。"

【枯木朽株】kū mù xiǔ zhū　木:树木。株:露出地面的树桩。枯萎的树干,朽烂的树桩。比喻老朽无能或没有生气的人。《史记·鲁仲连邹阳列传》:"故无因至前,虽有随侯之珠,明月之璧,犹结怨而不见德。故有人先谈,则以枯木朽株树功而不忘。"宋·陈亮《与吕伯恭正字书》二："亮已如枯木朽株，不应与论此事，亦习气未易顿除也。"也作"枯株朽木"。《红楼梦》七回："我虽比他富贵，但绫锦纱罗，也不过裹了我这枯株朽木。羊羔美酒，也不过填了我这粪窟泥沟，富贵二字，真真把人荼毒了！"

【枯燥无味】 kū zào wú wèi 形容单调、没有趣味。老舍《四世同堂》九〇："批改作文原是件枯燥无味的事，现在倒成了他的欢乐。"钱钟书《围城》六："更可恨论理学开头最枯燥无味，要讲到三段论法，才可以穿插点缀些笑话，暂时还无法迎合心理。"

【枯株朽木】 kū zhū xiǔ mù 见"枯木朽木"。

【哭天抹泪】 kū tiān mǒ lèi 形容哭哭啼啼、泪流满面的样子。《红楼梦》三二回："前日不知为什么撵出去，在家里哭天抹泪的，也都不理会他。"蒋子龙《一件离婚案》："平时她有一点不高兴，我心里也就没了主意，更不用说像这样哭天抹泪了。"

【哭笑不得】 kū xiào bù dé 哭也不是，笑也不是。形容处境尴尬。丁玲《太阳照在桑乾河上》九："炕对面柜子上正供得有一个红绸神龛，在朦胧的灯底下，静静的垂着帘帷，好像摆出了一副哭笑不得的神气。"周而复《上海的早晨》三部一二："等到她板起面孔生他的气呢，他却嘻皮笑脸，叫她哭笑不得，抹不下这个脸来。"

【苦不堪言】 kǔ bù kān yán 形容极其痛苦，到了无法用言语表达的地步。《镜花缘》一二回："或以苦役致使劳顿，或以疾病故令缠绵，或任听饥寒，或时常打骂。种种磨折，苦不堪言。"陈忠实《白鹿原》六章："先生为关中大儒，既已困拮如此，百姓更是苦不堪言。"也作"苦不可言"。宋·李昌龄《乐善录·刘贡父》："晚年得恶疾，须眉堕落，鼻梁断坏，苦不可

言。"《东周列国志》八八回："向在宋国为人耕牧，汝叔一病即世，异乡零落，苦不可言。"

【苦不可言】 kǔ bù kě yán 见"苦不堪言"。

【苦尽甘来】 kǔ jìn gān lái 甘：甜，美好。艰辛困苦的日子已过去，美好幸福的生活到来了。元·关汉卿《蝴蝶梦》四折："受彻了牢狱灾，今日个苦尽甘来。"《二刻拍案惊奇》卷六："时移事往，苦尽甘来。"《野叟曝言》二七回："前定夫妻共小星，当年足下系红绳。劝君莫作等闲看，苦尽甘来是贵人。"钱钟书《围城》三："方鸿渐自觉本日运气转好，苦尽甘来，低低问唐小姐道：'你方才什么都不吃，好像身子不舒服，现在好了没有？'"也作"苦尽甜来"。《初刻拍案惊奇》卷二二："专为贫贱之人，一朝变泰，得了富贵，苦尽甜来，滋味深长。"周而复《上海的早晨》三部二一："你别伤心，孩子，我们不会倒霉一辈子，苦尽甜来，总有一天，我们也要翻身的。"

【苦尽甜来】 kǔ jìn tián lái 见"苦尽甘来"。

【苦口婆心】 kǔ kǒu pó xīn 苦口：指诚恳耐心地反复劝说。婆心：像老婆婆一样仁慈善良的心肠。形容出于善意而进行的恳切的反复的劝导。《儿女英雄传》一六回："这种人若不得个贤父兄、良师友，苦口婆心的成全他，唤醒他，可惜那至性奇才，终归名堕身败。"梁实秋《雅舍小品·偏方》："又有一位熟识的朋友，……听说我患糖尿，便苦口婆心的劝我煎玉蜀黍须，代茶饮，七七四十九天，就会霍然而愈。"周而复《上海的早晨》一部五〇："杨部长这样苦口婆心劝你，你不坦白，还有啥顾虑吗？"

【苦思冥想】 kǔ sī míng xiǎng 见"冥思苦想"。

【苦心孤诣】 kǔ xīn gū yì 苦心：用尽

心思。诣:(学业、技能等)所达到的程度。孤诣:别人达不到的程度。指尽心竭力钻研,达到了别人所达不到的地步。也指为了达到目的而费尽心思。清·李重华《贞一斋诗说》八五:"孟东野、贾浪仙卓荦偏才,俱以苦心孤诣得之。"鲁迅《华盖集·牺牲谟》:"正如'禹入裸国亦裸而游'一样,要改良社会,不得不然,别人那里会懂得我们的苦心孤诣。"郭沫若《屈原》二幕:"有好些回等你苦心孤诣地把什么都准备周到了,他会突然中止。"

【苦心经营】kǔ xīn jīng yíng 经营:筹划,料理。指费尽心思地筹划安排。茅盾《蚀·追求》五:"他接着便称赞仲昭的新闻眼光是合于他们社会心理学家的理论的,他很恭维仲昭苦心经营的第四版新闻。"丰子恺《缘缘堂随笔·自然》:"然而真的女性的美,全不在乎她们所苦心经营的装饰上。"

【苦中作乐】kǔ zhōng zuò lè 在困苦中强寻欢乐。宋·陈造《同陈宰黄簿游灵山八首》自注:"吾辈可谓忙里偷闲,苦中作乐。"《花月痕》二七回:"秋痕叹口气道:'这叫做黄连模尾弹琵琶,苦中作乐。'"周作人《雨天的书·喝茶》:"茶道的意思,用平凡的话来说,可以称作'忙里偷闲,苦中作乐'。"巴金《随想录》一三二:"不要知识,不要科学,大家只好在苦中作乐,以穷为光荣。"

【夸大其词】kuā dà qí cí 说话或写文章措词夸张、超过事实。词,也作"辞"。《宋史·王祖道传》:"蔡京开边,祖道欲乘时徼富贵,诱王江酋、杨晟免等使纳土,夸大其辞。"清·吴雷发《说诗管蒯》三二:"在卓越者固有定见,卑陋者不得其解,遂谓题目大则诗亦大……而务夸大其词。"叶文玲《心香》:"可不是我夸大其词,在我和老岩合住的房间中,用壶烧水,简直像'赤日炎炎水成冰,冷饭抽芽两三寸'一样不可思议。"也作"张大其

词"。《官场现形记》五六回:"傅二棒锤索性张大其词,说得天花乱坠,不但身到其处,并且一一都考较过,谁家的机器,谁家的章程,滔滔汩汩,说个不了。"

【夸父逐日】kuā fù zhú rì 夸父:古代神话故事中的人物。逐:追赶。《山海经·海外北经》:"夸父与日逐走,入日。渴欲得饮,饮于河、渭;河、渭不足,北饮大泽。未至,道渴而死。弃其杖,化为邓林。"后用"夸父逐日"形容战胜自然的决心。也比喻不自量力。南朝宋·僧愍《戎华论折顾道士夷夏论》:"真谓夸父逐日,必渴死者也。"唐·柳宗元《行路难》诗:"君不见夸父逐日窥虞渊,跳踉北海超昆仑。"清·贺裳《载酒园诗话·欧阳修》:"此(指《琵琶引》)以追踪乐天《妇人苦》《李夫人》诸篇,尚犹河汉,以较李、杜,岂非夸父逐日乎?"

【夸夸其谈】kuā kuā qí tán 说话或写文章浮夸、不切实际。夏衍《〈新华日报〉及其他》:"我们这些人在'大后方'工作久了,夸夸其谈,自以为是,几乎已经成了习惯。"王安忆《香港的情和爱》九:"爱说话的大都是年轻的,对人没什么防备,心中也没什么隐情,加上狂妄,便都夸夸其谈,天下都是他们的似的,别人无插不进嘴去。"

【快刀斩乱麻】kuài dāo zhǎn luàn má 比喻坚决果断地采取措施,迅速解决错综复杂的问题。欧阳山《三家巷》七八:"何守仁虽然也认为时局多变,不宜轻举妄动,但他又认为趁这时候用快刀斩乱麻的手段把事情做了,倒也一劳永逸。"梁斌《红旗谱》五二:"陈贯群说:'地方上,校长们都主张快刀斩乱麻,以迅雷不及掩耳的手段逮捕起来。知孝就反对。'"

【快马加鞭】kuài mǎ jiā biān 鞭打已经跑得很快的马使之更快。比喻快上加快。明·徐畈《杀狗记·看书苦谏》:"何不

快马加鞭,径赶至苍山,救取伯伯。"邓一光《我是太阳》一部一:"关山林老大不愿意地去了……回来时却是快马加鞭,把随行的警卫员邵越累得直吐白沫子。"

【快人快语】 kuài rén kuài yǔ　快:爽快。形容人性格直率,说话爽快。李劼人《天魔舞》一章:"你先生快人快语,我也常是这样怀疑。"邓一光《我是太阳》五部一:"她当她的班长的时候热情待人,快人快语,但她现在明显有了很多压抑。"

【脍炙人口】 kuài zhì rén kǒu　脍:切得很细的肉。炙:烤熟的肉。美味的食品人人爱吃。比喻好的诗文或事物为众人所喜爱和传诵。五代·王定保《唐摭言》载应不捷声价日振·李涛,长沙人也,篇咏甚著,如"水声长在耳,山色不离门"……皆脍炙人口。"宋·洪迈《容斋随笔·连昌宫词》:"其赋咏天宝时事,《连昌宫词》《长恨歌》皆脍炙人口。"《花月痕》一回:"幸而为比翼之鹣,诏于朝,荣于室,盘根错节,脍炙人口。"姚雪垠《李自成》三卷三六章:"牛金星和宋献策都熟知这个两千年来脍炙人口的故事,李自成也是熟知的。"

【宽大为怀】 kuān dà wéi huái　宽大:宽容大度。怀:心怀,胸怀。指以宽大的胸怀待人。方志敏《狱中纪实》七:"在这长期的囚禁中,不怕你不会病死,同是一死,却博得了'宽大为怀'的美名,计诚两得。"

【宽宏大度】 kuān hóng dà dù　见"宽宏大量"。

【宽宏大量】 kuān hóng dà liàng　宽宏:指度量大。量:度量。形容人度量大。宏,也作"洪"。元·无名氏《渔樵记》三折:"我则道相公不知打我多少,元来那相公宽洪大量。"《封神榜》四〇回:"宽宏大量多忠厚,天下的诸侯把他尊。"《官场现形记》一八回:"哭骂的话,胡统领也

并非一无所闻,幸亏他宽宏大量,装作不知。"老舍《四世同堂》五四:"他是宽宏大量的人,只要她放弃了东阳,以往的一切都能原谅。"也作"宽宏大度"。宏,也作"洪"。元·戴善夫《风光好》三折:"学士宽洪大度,何所不容。"《三国演义》六五回:"遂同人见刘璋,具说玄德宽洪大度,并无相害之意。"《野叟曝言》五三回:"姐姐你且宽心,文爷是宽宏大度的人,苦我不着,替你求恩,便得保全性命。"钱钟书《围城》四:"饭后谈起苏小姐和曹元朗订婚之事,辛楣宽宏大度地说:'这样好。他们志同道合,都是研究诗的。'"

【宽猛相济】 kuān měng xiāng jì　宽:宽大。猛:严厉。《左传·昭公二十年》:"善哉,政宽则民慢,慢则纠之以猛;猛则民残,残则施之以宽。宽以济猛,猛以济宽,政是以和。"后用"宽猛相济"指宽松和严厉两种手段相互配合使用。汉·王粲《儒吏论》:"吏服练训,儒通文法,故能宽猛相济,刚柔自克也。"《文明小史》九回:"为政之道,须在宽猛相济。"

【狂风暴雨】 kuáng fēng bào yǔ　急速猛烈的风雨。宋·梅尧臣《惜春三首》诗之二:"前日看花心未足,狂风暴雨忽无凭。"也比喻剧烈的动荡。茅盾《子夜》一:"我需要的是另一种,是狂风暴雨,是火山爆裂,是大地震,是宇宙混沌那样的大刺激,大变动!"张恨水《啼笑因缘》一九回:"他的心潮起落,如狂风暴雨一般,一阵一阵紧张,一阵一阵衰落,只是他躺在沙发上,却一分一厘不曾挪动。"杨沫《青春之歌》一部一二章:"小林,在这个狂风暴雨的时代,你应该赶快从个人的小圈子走出来。"

【狂奴故态】 kuáng nú gù tài　狂:任性。奴:本指奴仆,也用为昵称。故态:老样子,老脾气。指放荡不羁的人的老脾气。《后汉书·严光传》载:光与光武帝刘秀曾是同学,在刘秀即位后隐居。司

徒侯霸与严光有旧，差人请严光相见，严光投一札给来人，口授道："君房（侯霸字）足下：位至鼎足，甚善。怀仁辅义天下悦，阿谀顺旨要领绝。"侯霸把信交给刘秀，刘秀笑道："狂奴故态也。"唐·陆龟蒙《严光钓台》诗："不是狂奴为故态，仲华争得黑头公？"清·袁枚《随园诗话》卷九："仆老矣，三生杜牧，万念俱空；只花月因缘，犹有狂奴故态。"

【狂犬吠日】kuáng quǎn fèi rì　吠：狗叫。疯狗对着太阳乱叫。比喻恶人不自量力的叫嚣和攻击。莫应丰《将军吟》八章："你这条老狗，竟敢狂犬吠日。"

【旷古未闻】kuàng gǔ wèi wén　旷古：从古以来都没有。自古以来都没有听说过。《警世通言》卷三四："吴江阙夫尹接得南阳卫文书，拆开看时，深以为奇。此事旷古未闻。"

【旷日持久】kuàng rì chí jiǔ　旷：荒废、耽搁。指耗费时日，拖延得很久。《战国策·赵策三》："今取古之为万国者，分以为战国七，能具数十万之兵，旷日持久。"《三国演义》九二回："丞相兵从大路进发，彼必尽起关中之兵，于路迎敌；则旷日持久，何时而得中原？"《野叟曝言》三三回："众人之论，非劳师动众，即旷日持久。"魏巍《东方》六部一二章："人们称这场谈判为旷日持久的谈判，一点不差，一谈就谈了两年！"

【旷世奇才】kuàng shì qí cái　旷世：当代没有与之相比的。指当世少有的杰出人才。明·屠隆《彩毫记·祖饯都门》："李公旷世奇才，正宜匡扶社稷。"也作"旷世逸才"。《三国演义》九回："伯喈旷世逸才，若使续成汉史，诚为盛事。"

【旷世逸才】kuàng shì yì cái　见"旷世奇才"。

【岿然不动】kuī rán bù dòng　岿然：高大屹立的样子。像高山一样屹立着一动不动。形容稳固不动摇。《西游记》五九回："他见事不妙，即取扇子，望行者扇了一扇，行者岿然不动。"魏巍《地球的红飘带》一："他的嘴角下垂着，灼灼的目光凝视着屋角，就像大山一样岿然不动。"

【揆情度理】kuí qíng duó lǐ　揆、度：推测，估计。指按照一般情理来推测、估计。清·张集馨《道咸宦海见闻录》卷一二〇："我不是叫汝天天同巡抚打架拌嘴，汝总要揆情度理，巡抚言是则遵之，言不是则不遵。"《儿女英雄传》三三回："揆情度理想了去，此中也小小的有些天理人情。"〔注意〕度，不读 dù。

【跬步不离】kuǐ bù bù lí　跬步：半步。半步也不离开。形容关系密切。清·纪昀《阅微草堂笔记·姑妄听之一》："三宝四宝又甚相爱，稍长即跬步不离，小家不知别嫌疑。"

【跬步千里】kuǐ bù qiān lǐ　跬步：半步，即迈一次腿的距离。《荀子·劝学》："故不积跬步，无以至千里。"《淮南子·说林训》："故跬步不休，跛鳖千里。"后用"跬步千里"比喻只要逐步积累、坚持不懈，总会取得成功。

【溃不成军】kuì bù chéng jūn　溃：溃败、溃散。土兵被打得四处逃散，不成队伍。形容败得很惨。姚雪垠《李自成》一卷一二章："敌将刘仁达原以为李自成已经溃不成军，老营中乱作一团，没料到竟如此军容整肃，威严难犯，不禁心中怦怦乱跳。"阿来《尘埃落定》三〇："北方边界上形势很好。有我的支持，女土司把拉雪巴土司打得溃不成军。"

【昆弟之好】kūn dì zhī hǎo　昆弟：兄弟。兄弟般的情谊。《东周列国志》九二回："今秦楚嫁女娶妇，结昆弟之好，三晋莫不悚惧，争献地以事秦。"

【昆山片玉】kūn shān piàn yù　昆山：昆仑山。《晋书·郤诜传》："〔武帝〕问诜曰:'卿自以为何如?'诜对曰:'臣举贤良对策,为天下第一,犹桂林之一枝,昆山之片玉。'"本为谦语,意为自己不过是昆仑山众多玉石中的一块。后用来比喻难得的人才或事物。《玉娇梨》二回:"令公子先生这尊造八字清奇,五行相配,真如桂林一枝,昆山片玉。"

【困兽犹斗】kùn shòu yóu dòu 困兽:被围困的野兽。犹:还,尚且。被围困的野兽,还要挣扎、搏斗。比喻身处绝境仍要拼命抵抗。《左传·宣公十二年》:"困兽犹斗,况国相乎?"《旧唐书·张孝忠传》:"然恒州宿将尚多,追之则困兽犹斗,缓之必翻然改图。"《东周列国志》七九回:"况困兽犹斗,背城一战,尚有不可测之事乎?"茅盾《蚀·动摇》一一:"你们逼得人家走投无路,不得不下死劲来反抗你们,你忘记了困兽犹斗么?"

【阔步高谈】kuò bù gāo tán 迈着大步,高声交谈。形容言行自由,气度潇洒。三国魏·曹丕《汉文帝论》:"能弘三章之教,恺悌之化,欲使曩时累息之民,得阔步高谈,无危惧之心。"

L

【拉帮结伙】lā bāng jié huǒ　组织帮派,搞小集团活动。王火《战争和人》(三)卷三:"他们都靠拉帮结伙、逢迎拍马在贪赃枉法,他们都没有司法方面的专门新著出版,政治小丑而已!"

【拉大旗作虎皮】lā dà qí zuò hǔ pí　比喻打着权威人物的旗号去吓唬和蒙骗人。鲁迅《且介亭杂文末编·答徐懋庸关于抗日统一战线问题》:"首先应该扫荡的,倒是拉大旗作为虎皮,包着自己,去吓唬别人。"

【拉家带口】lā jiā dài kǒu　带着一家大小。指受家属拖累,生活艰难。刘心武《小墩子》:"谁让你做事不公! 凭什么头一回给钱,我们三户就只得一千,大锑儿他们俩就干得两千? 我们都拉家带口的,倒是他们少上一半!"

【拉拉扯扯】lā lā chě chě　用手牵拽对方,表示亲热的劝让动作。《红楼梦》三一回:"怪热的,拉拉扯扯的做什么! 叫人来看见像什么!"茅盾《子夜》四:"他和这李四原是不拘形迹的密友,但此时在众目昭彰的大街上,这李四竟拉拉扯扯呼曰'你',简直好像已经和曾沧海平等了。"也指搞私人拉拢等不正当行为。张洁《沉重的翅膀》八:"这两个人,一天到晚和什么教授、文人、新闻记者拉拉扯扯,到处座谈、讲话、写文章。"

【拉三扯四】lā sān chě sì　指谈话或议论时杂乱扯进与话题无关的人或事情。《红楼梦》四六回:"他嫂子脸上下不来,因说道:'愿意不愿意,你也说呀,犯不着拉三扯四的。'"

【来来往往】lái lái wǎng wǎng　形容来往的人多或交往的次数多。《喻世明言》卷三七:"长老与小儿取个法名,叫做黄复仁。送出一件小法衣,僧帽,与复仁穿戴,吃些素斋,黄员外仍与小儿自家回去。来来往往,复仁不觉又是六岁。"《说岳全传》六四回:"却说岳夫人见银瓶小姐投井身亡,痛哭不止。梁夫人亦甚悲伤,阖家无不哀苦。就是那些来来往往行路之人,那一个不赞叹小姐孝烈!"鲁迅《故事新编·采薇》六:"这消息一传到村子里,又哄动了一大批来看的人,来来往往,一直闹到夜。"梁斌《红旗谱》三:"朱老忠进了城,大街上人来来往往,车马也多。"

【来历不明】lái lì bù míng　人或事物的由来、经历、背景等不清楚。《初刻拍案惊奇》卷三六:"黄胖哥带了家去,被他妻子看见了,道:'你那里来这样东西? 不要来历不明,做出事来。'"《二刻拍案惊奇》卷三八:"李三元不曾生有儿子。抱来时节,实是有些来历不明。却不知是押司的。"《儿女英雄传》五回:"一时错把他认作了一个来历不明之人,加上一番防范。"也作"来路不明"。《二刻拍案惊奇》卷一六:"你尊翁还说另有一十三家文券,也多是来路不明的田产。"

【来龙去脉】lái lóng qù mài　指山地势像龙的血脉一样连贯。为旧时迷信人讲风水的话。明·吾丘瑞《运甓记·牛眠指穴》:"此间前岗有块好地,来龙去脉,靠岭朝山,种种合格,乃大富贵之地。"沈从文《长河·橘子园主人和一个老水手》:"因为老水手前一刻曾提起过当地'风水',长顺是的确懂那个的,并不关心金鲤鱼下洞庭湖,总觉得地方不平凡,来龙去脉都有气势。"后也比喻人的来历或事情原委经过。老舍《四世同堂》五四:"他不敢细想此中的来龙去脉,因为那么一来,他就得恨恶日本人。"魏巍《火凤凰》四二:"当他们见面时,问起事情的来龙去脉,这个钢铁的汉子,竟止不住滚下两大滴眼泪。"

【来路不明】 lái lù bù míng 见"来历不明"。

【来日方长】 lái rì fāng cháng 来日:未来的日子。未来的日子还很长。表示事情还大有可为或劝人先不必急于去做成某事。清·汪由敦《瓯北初集序》:"君以数年,即足胜人数十年功力,英年苦发,来日方长,勿辍其勤,勿满其志。"韦君宜《我对年轻人说》:"早曾想过要把我从少年投笔从戎到后来遇到许多不平凡的生平经历,写一部长篇小说出来。又想来日方长,先干别的吧。"邓友梅《记忆中的老舍先生》:"他沉默半天,说道:'好好干吧,你还年轻呢不是? 来日方长嘛。'"

【来者不拒】 lái zhě bù jù 《孟子·尽心下》:"夫子之设科也,往者不追,来者不拒。"意谓孟子对学生的态度是去的不追问,来的不拒绝。后指对有事求者或送礼者一概不拒绝。唐·柳宗元《与太学诸生喜诣阙留阳城司业书》:"於戏,阳公有博厚恢弘之德,能并容善伪,来者不拒。"《东周列国志》八七回:"弟子就学者不知多少,先生来者不拒。"邓一光《我是太阳》三部三:"拉汽油车的马挤的奶他喝,小米粥他也喝,来者不拒。"

【来者不善】 lái zhě bù shàn 善:善意。来的人不怀有善意。《说岳全传》七回:"自古道:'来者不善。'你敢来破我的阵么?"王火《战争和人》(三)卷二:"施永桂不知什么时候早已走在家霆身边了,说:'来者不善!'家霆点头'嗯'了一声,说:'你看他会怎么办?'"陈登科《赤龙与丹凤》三:"纪颖川听说潘一豹来请他,心想:来者不善,善者不来。他连眼皮也没有抬。"

【来之不易】 lái zhī bù yì 成果得来很不容易。姚雪垠《李自成》三卷一五章:"正因为军粮来之不易,所以皇上才急着要解锦州之围,免得劳师糜饷。"孙犁《报纸的故事》:"其实,我知道她还是有些钱的,作个最保守的估计,她可能有十五元钱。当然她这十五元钱,也是来之不易的。"

【来踪去迹】 lái zōng qù jì 指来往行踪,活动踪迹。《二刻拍案惊奇》卷二三:"幸得女子来踪去迹,甚是秘密,又且身子轻捷,朝隐而入,暮隐而出,只在门侧书房私自往来快乐,并无一个人知觉。"《三侠五义》八四回:"又叫几个老民,大家席地而坐,细细问了水怪的来踪去迹,可有什么声息没有。"王火《战争和人》(三)卷三:"中统曾会同重庆国民党市党部一再干涉过渝光书店的业务,审查过账目,特别注意经济上的来踪去迹,看看是否共产党给了资助。"

【兰艾同焚】 lán ài tóng fén 兰:香草。艾:臭草。比喻好人、坏人同归于尽。《晋书·孔坦传》:"兰艾同焚,贤愚所叹,哀矜勿喜,我后之仁。"

【兰摧玉折】 lán cuī yù zhé 《世说新语·言语》:"毛伯成既负其才气,常称:'宁为兰摧玉折,不作萧敷艾荣。'"意为像兰草摧折,美玉被毁,比喻保守节操而死。后常用来悼念贤才早逝。明·张岱《祭伯凝八弟文》:"余虽昆季,义犹友朋。兰摧玉折,实难为情。"

【兰桂齐芳】 lán guì qí fāng 比喻子

孙兴旺发达。《红楼梦》一二〇回:"现今荣宁两府,善者修缘,恶者悔祸,将来兰桂齐芳,家道复初,也是自然的道理。"

【兰因絮果】lán yīn xù guǒ　兰因:《左传·宣公三年》载,郑文公贱妾燕姞,梦见天使给自己兰花。不久就生了穆公,名之曰兰。后用"兰因"比喻美好的因缘。絮果:用飞絮飘泊比喻离散的结局。后常用"兰因絮果"比喻男女始合终离,结局不好。清·龚自珍《丑奴儿令》词:"兰因絮果从头问,吟也凄迷,掐也凄迷,梦向楼心灯火归。"

【烂熟于心】làn shú yú xīn　烂:程度很深。心中有数,十分熟悉。古华《话说〈芙蓉镇〉》:"居民们的升迁沉浮、悲欢遭际、红白喜庆、鸡鸣犬吠,也都历历在目、烂熟于心。"叶文玲《藤椅》:"杨健虽然是个化学老师,但数理化一脉相通,对数学里的'空间'计算,他也是烂熟于心的。"

【烂醉如泥】làn zuì rú ní　烂:程度很深。人喝醉酒后瘫软如泥。形容大醉的样子。《醒世恒言》卷一五:"当下更番劝酬,直饮至三鼓,把赫大卿灌得烂醉如泥,不省人事。"《三侠五义》八六回:"蒋爷侧身来至屋内,剪了灯花仔细看时,吓了一跳,原来是小侠艾虎。见他烂醉如泥,呼声震耳。"欧阳山《三家巷》六八:"胡茂走投无路,也不回家,就上村西街市发记饭馆,赊了一碟猪肠粉,又赊了一斤双蒸,喝得烂醉如泥,歪歪倒倒地跑到东沙江边,投江自尽。"

【滥竽充数】làn yú chōng shù　滥:失实,不真实。竽:一种簧管乐器。《韩非子·内储说上》:"齐宣王使人吹竽,必三百人。南郭处士请为王吹竽,宣王说之,廪食以数百人。宣王死,湣王立,好一一听之,处士逃。"后用"滥竽充数"比喻没有真实本领的人,混在行家队伍里充数。也比喻以次充好。《儿女英雄传》三五回:"若止靠着才气,摭些陈言,便不好滥

竽充数了。"周而复《上海的早晨》四部三八:"民建分会倒是有成绩,可不是我潘某人的,我不过滥竽充数,挂个空名罢了。"

【郎才女貌】láng cái nǚ mào　男子有才,女子美貌。形容男女相配,婚姻美满。元·关汉卿《望江亭》一折:"您两口儿正是郎才女貌,天然配合。"《醒世恒言》卷七:"这般一对夫妻,真个郎才女貌!"《说岳全传》四一回:"从来好事岂人谋,郎才女貌自相投;红丝千里今朝合,勇士佳人志愿酬。"张恨水《啼笑因缘》一二回:"双璧仁本来只有十七八岁,这西装少年,也不过二十边,正是一对儿。她心里不由得想着,郎才女貌,好一个黄金时代啊!"刘绍棠《村妇》卷一:"荷包看多了野台子戏,只觉得金榜就是那落难风尘的文墨书生,自己便是多情重义的俏佳人,郎才女貌正该合演一出戏。"

【狼狈不堪】láng bèi bù kān　狼狈:困苦或受窘的样子。形容处境十分困难、窘迫得难以忍受。宋·朱熹《与政府札子》:"风痰大作……今已累日,精神愈见昏慢,委是狼狈不堪。"《封神榜》一三七回:"且说太公在坐上往下观睄,但见下面却是晁田、晁雷弟兄两个身受大绑,真是狼狈不堪,令人有些难看。"《二十年目睹之怪现状》四七回:"那提调狼狈不堪,到了岸上,见了钦差,回完了公事话,正要诉苦……被钦差拍着桌子,狗血喷头的一顿大骂。"欧阳山《三家巷》六八:"两个人一前一后,走进村子,不觉来到了螺冲桥上。谁知冤家路窄,一碰碰上郭标,正狼狈不堪地迎面走来。"

【狼狈为奸】láng bèi wéi jiān　据说,狼和狈两种野兽常合伙伤害牲畜。因用"狼狈为奸"比喻相互勾结,一起干坏事。《野叟曝言》一二回:"自从安太师药死了时太师,与靳太监、赵吏部,连兵部一班人狼狈为奸。"巴金《秋》四二:"四婶同陈

姨太近来又专门跟我们作对。我真讨厌她们那种狼狈为奸的样子。"刘绍棠《蒲柳人家》一〇:"麻雷子跟花鞋杜四臭味相投,狼狈为奸。"

【狼奔豕突】 láng bēn shǐ tū 豕:猪。像狼和猪一样奔跑乱窜。形容坏人乱冲乱撞或仓皇奔逃的情景。清·林则徐《致姚椿王柏心书》:"逆夷以舟为窟宅,本不能离水,所以狼奔豕突,频陷郡邑城垣者,以水中无剿御之人、战争之具,故无所用其却顾耳。"魏巍《地球的红飘带》一〇:"等韩洞庭、黄苏赶到,二百多名俘虏房已经集合起来,只剩下敌人的营长带了十几个兵在村里狼奔豕突,最后在一个小院里被打死了。"

【狼吞虎咽】 láng tūn hǔ yàn 像虎狼那样吞咽食物。《二刻拍案惊奇》卷二二:"果然拿出热腾腾的狗肉来,与公子一同狼飧虎咽,吃得尽兴。"后多作"狼吞虎咽",形容吃东西急猛的样子。《歧路灯》四六回:"绍闻只得陪差人吃饭,只呷了几口汤儿,看那差人狼吞虎咽的吃。"鲁迅《南腔北调集·谈金圣叹》:"但如果肯放任他们自啮野草,苟延残喘,挤出乳来将这些'坐寇'喂得饱饱的,后来能够比较的不复狼吞虎咽,则他们就以为如天之福。"欧阳山《三家巷》九三:"这样子,大家便狼吞虎咽地吃了起来。"魏巍《火凤凰》二九:"当然饭一端来,就被他狼吞虎咽,顷刻间吃了个精光。"也作"虎咽狼吞"。《西游记》六二回:"你看八戒放开食嗓,真个是虎咽狼吞,将一席果菜之类,吃得罄尽。"

【狼心狗肺】 láng xīn gǒu fèi 比喻人没有良心或心肠凶恶狠毒。《醒世恒言》卷三〇:"适来房德假捏虚情,反说公诬陷,谋他性命,求咱来行刺;那知这贼子恁般狼心狗肺,负义忘恩!"萧红《呼兰河传》六章:"狼心狗肺,介个年头的人狼心狗肺的,吃香的喝辣的。好人在介个年

头,是个王八蛋、兔羔子⋯⋯"马烽、西戎《吕梁英雄传》四四回:"谁知你们却是狼心狗肺,当了汉奸特务,害死了这么多人!"也作"狗肺狼心"。《封神榜》五六回:"谁知道,狗贼有些心肠歹,狗肺狼心争几分。"方志敏《可爱的中国》:"我们几百个小学生,都怀着一肚子的愤恨,一方面痛恨日本帝国主义无餍的侵略,另一方面更痛恨曹、章等卖国贼的狗肺狼心!"

【狼烟四起】 láng yān sì qǐ 狼烟:狼粪燃烧放出的烟,古代边防用来报警。指四处报警。比喻战争或社会动荡不安。明·沈采《千金记·宵征》:"如今狼烟四起,虎斗龙争,我到街坊上打听楚国招兵文榜消息。"《说岳全传》七〇回:"这火筒节节生枝,能吹得狼烟四起,实是放他不得。"蒋子龙《净火》:"球场上狼烟四起,红绿翻滚。至于红队是谁,绿队是谁,她就不知道了。"

【狼子野心】 láng zǐ yě xīn 豺狼之子不驯服,其凶恶本性依旧。比喻凶暴的人必然怀有险恶的野心。《左传·宣公四年》:"初,楚司马子良生子越椒。子文曰:'必杀之。是子也,熊虎之状,而豺狼之声,弗杀,必灭若敖氏矣。谚曰:狼子野心。是乃狼也,其可畜乎?'"《醒世恒言》卷一九:"这贼狼子野心!老爹恁般待他,他却一心恋着南边。"《孽海花》三二回:"如今景崧忽然把银荷赏配了文魁,文魁狼子野心,未必能知恩敛迹。"王火《战争和人》(一)卷二:"正因为你们怕打仗,怕抗日,才使得日本侵华毫无顾忌,狼子野心,得寸进尺。"

【琅琅上口】 láng láng shàng kǒu 琅琅:清脆响亮的声音。指诵读熟练,顺口而出。清·王韬《淞隐漫录·凌波女使》:"自幼即喜识字,授以唐诗,琅琅上口。"梁实秋《雅舍小品·雅舍》:"女孩子从小就往往口齿伶俐,就是学外国语也容易

琅琅上口,不像嘴里含着一个大舌头。"刘心武《钟鼓楼》五章:"儿童文学工作者,以及老师和家长,是应当抓住儿童们的这个特点,因势利导,编出内容优美生动而又琅琅上口的歌谣,以满足孩子们的这种快感的。"

【银铛入狱】 láng dāng rù yù 银铛:古代刑具,锁犯人的铁锁链。被带上刑具,关入牢房。姚雪垠《李自成》二卷三八章:"大公子要是在半月前听从我的劝告,树起大旗起义,何至于银铛入狱,险些儿丢了性命。"

【浪迹江湖】 làng jì jiāng hú 到处流浪,行踪不定,足迹遍及四方。《云笈七签》卷一一三:"某不能甘于寒苦,且浪迹江湖。"《二刻拍案惊奇》卷一一:"想着自己是好人家子弟,胸藏学问,视功名如拾芥耳;一时未际,浪迹江湖,今受此穷途之苦,谁人晓得我是不遇时的公卿?"刘玉民《骚动之秋》四章:"据说舜尧年间的某月某日,一位浪迹江湖的高士从这里经过。"

【浪迹萍踪】 làng jì píng zōng 见"萍踪浪迹"。

【浪迹天涯】 làng jì tiān yá 形容到处漂泊,行踪不定,足迹遍及天涯海角。《花月痕》二五回:"我辈浪迹天涯,无家寥落,偶得一解人,每为此事心酸肠断。"王安忆《艺术的道路(代序)》:"我想,在傅聪一个人无家可归地浪迹天涯的日子里,他唯一的财富就是这一件事情了。"刘玉民《骚动之秋》一一章:"一个女人即使浪迹天涯,终了也需得一个归宿。"

【浪子回头】 làng zǐ huí tóu 浪子:不务正业的游荡子弟。指不务正业的败家子改邪归正,悔过自新。欧阳山《三家巷》六七:"正像俗语说的:浪子回头金不换!我就要割五斤肉,打十斤酒,贺他一贺!"刘绍棠《烟村四五家》五:"是苗小荞子浪子回头,还是玉藕又把耍儿送到大

杂院?"

【劳而无功】 láo ér wú gōng 功:功效。指费力气而无成效。《庄子·天运》:"是犹推舟于陆也,劳而无功。"《西游记》二七回:"若饶了这个和尚,诚然是劳而无功也。"《三侠五义》八四回:"偏偏的洪泽湖水灾连年为患,屡接奏摺,不是这里淹了百姓,就是那里伤了禾苗,尽为河工消耗国课无数,枉自劳而无功。"老舍《四世同堂》一六:"假如他立在她身边,给她指点指点呢,她会一定把输钱的罪过都归到他身上,不但劳而无功,而且罪在不赦。"

【劳苦功高】 láo kǔ gōng gāo 《史记·项羽本纪》:"劳苦而功高如此,未有封侯之赏。"后用"劳苦功高"指勤劳辛苦,功劳很大。《东周列国志》一○八回:"将军一出而平燕及代,奔驰二千余里,方之乃父,劳苦功高,不相上下。"茅盾《子夜》一五:"这是决战的最后五分钟了!这一班劳苦功高的'英雄',手颤颤地举着'胜利之杯',心头还不免有些怔忡不定。"张恨水《啼笑因缘续集》八回:"今天晚上,她母亲和她细细一谈,也许她就知道我对于她劳苦功高,会有所感动了。"

【劳民伤财】 láo mín shāng cái 即使人民劳苦,又耗费钱财。宋·郑兴裔《请罢建康行宫疏》:"《春秋》书新作南门于告朔之后,盖言劳民伤财,时绌举赢也。"《东周列国志》三回:"今宫阙焚毁,营建不易,劳民伤财,百姓嗟怨。"《说岳全传》二二回:"只因朝廷不明,信任奸邪,劳民伤财,万民离散。"郑重《当他远行的时候》:"如果此行一去不回来了,也不要开追悼会,那是劳民伤财。"

【劳师动众】 láo shī dòng zhòng 师:军队。原指出动大批军队去打仗,后也指调动大量人力去做某件事,含有小题大作的意思。《醒世恒言》卷三○:"小人到有一计在此,不消劳师动众,教他一个

也逃不脱。"艾芜《百炼成钢》八章:"我看还没有什么大不了的事情,用不着劳师动众。"

【劳燕分飞】láo yàn fēn fēi　劳:指伯劳鸟。《乐府诗集·东飞伯劳歌》:"东飞伯劳西飞燕,黄姑织女时相见。"后用"劳燕分飞"比喻别离。清·王韬《淞隐漫录·尹瑶仙》:"其谓他日劳燕分飞,各自西东,在天之涯地之角耶?"魏巍《火凤凰》八:"今朝一旦分手,真是劳燕分飞,你东我西。"

【牢不可破】láo bù kě pò　非常牢固,不可摧毁,不可动摇。多用来形容人的意志、态度或相互的关系。唐·韩愈《平淮西碑》:"大官臆决唱声,万口和附,并为一谈,牢不可破。"《镜花缘》五一回:"我只当多打几板,自然把旧性改了,那知他至死不变。据此看来:原来世间强盗这股骄傲习气,竟是牢不可破的。"茅盾《子夜》一〇:"杜竹斋的主意牢不可破。"韬奋《萍踪忆语·由塞尔马回到柏明汉》:"这个汽车夫很客气,很殷勤,但是一说起黑人,他的牢不可破的成见却好像是丝毫不肯让步的。"杨步胜、朱克川《上甘岭上话友谊》:"经过血与火的考验的友谊是牢不可破的。"

【牢骚满腹】láo sāo mǎn fù　烦闷不满的情绪装满肚子。形容人情绪不安,对现状不满。钱钟书《围城》八:"自己这一年来,牢骚满腹,一触即发;因为一向不爱听人家发牢骚,料想人家也未必爱自己的牢骚,留心管制,像戴了嘴罩,谈话都不痛快。"王安忆《本次列车终点》三:"他等了十分钟,汽车连影儿都不见,大家牢骚满腹,议论纷纷,估计是出了交通事故。"

【老成持重】lǎo chéng chí zhòng　老成:办事有经验,老练成熟。持重:稳重。形容人老练成熟,办事谨慎稳重。《宋史·种师中传》:"师中老成持重,为时名

将,诸军自是气夺。"《孽海花》三五回:"在帝党一面的人物,又都是些老成持重的守旧大臣,不敢造作非常。"鲁迅《南腔北调集·谣言世家》:"我们只要看举了老成持重的汤蛰仙先生做都督,就可以知道是不会流血的了。"茅盾《蚀·动摇》八:"不但孙舞阳,以老成持重著名的县党部妇女部长张小姐的演说,也痛论婢妾制度之不人道,为党人所不许。"

【老成练达】lǎo chéng liàn dá　老成:办事有经验,老练成熟。练达:阅历多而通情达理。经历多,做事稳重,通晓事理。《三国演义》一二〇回:"杜预为人,老成练达,好学不倦。"《官场现形记》五六回:"如此就辞托同年,可否就在贵衙门里书办当中检老成练达的赏查一位,以便兄弟朝夕领教?"姚雪垠《李自成》一卷一一章:"倘若传庭在某些问题上虚心向他请示,他就拿出来老成练达的真面目,对传庭所疑虑的问题分析入微,独具卓见。"

【老当益壮】lǎo dāng yì zhuàng　当:应该。益:更加。年纪虽老,志向更加豪壮。《后汉书·马援传》:"丈夫为志,穷当益坚,老当益壮。"巴金《随想录》一三:"拿我来说,我考虑了几个月,我得到一个结论:我不是'焕发了青春',也不是'老当益壮'。"谢晋《时代在向我们招手》:"他们现在都已七十多岁高龄,不但没有灰心、泄气,还是老当益壮,百折不挠。"

【老调重弹】lǎo diào chóng tán　把说过的旧话或理论、主张又重新提出来。指言论没有新意。含贬义。王火《战争和人》(二)卷一:"童霜威听他老调重弹,心想:你自己反正已经同盛老三与日本人勾结在一起,办'宏济善堂'做毒品生意了!你比汉奸还要汉奸!"也作"旧调重弹"。朱自清《回来杂记》:"北平早被称为'大学城'和'文化城',这原是旧调

重弹，不过似乎弹得更响了。"

【老骥伏枥】 lǎo jì fú lì 骥：良马。枥：马槽。比喻年纪虽老而仍有雄心壮志。汉·曹操《步出夏门行》："老骥伏枥，志在千里，烈士暮年，壮心不已。"宋·陆游《与何蜀州启》："老骥伏枥，虽未歇于壮心；逆风撑船，终不离于旧处。"梁实秋《雅舍小品·退休》："真正老骥伏枥志在千里的人是少而又少的，大部分还不是舍不得放弃那五斗米，千钟禄，万石食？"曾华《探索"变态反应"之谜》："张庆松教授年逾古稀，但老骥伏枥，壮心不已。"

【老奸巨猾】 lǎo jiān jù huá 奸：奸诈。猾：狡猾。指老于世故、极其奸诈狡猾的人。也形容人老于世故，极其奸诈狡猾。《资治通鉴·唐玄宗开元二十四年》："林甫城府深密，人莫窥其际……凡为上所厚者，始则亲结之，及位势稍逼，辄以计去之。虽老奸巨猾，无能逃其术者。"《花月痕》二一回："可不是准呢，先前偏要说许多话，可见采姊姊是个老奸巨猾。"《官场现形记》三一回："羊统领尚未答言，毕竟孙大胡子老奸巨猾，忙替羊统领出主意道：'人已经被外国人打了，你有什么法子想，你去替他伸冤？'"鲁迅《花边文学·清明时节》："阿瞒虽是老奸巨猾，我想、疑冢之流倒未必安排的。"欧阳山《三家巷》八〇："陈文雄老奸巨猾地哈哈大笑道：'凭咱们的财力，如果咱们需要的话，三天就可以装备起整整一个军！'"

【老老少少】 lǎo lǎo shào shào 指年老的和年少的一群人。《警世通言》卷四〇："不想那孽龙知道，杀了他的党类，一呼百集，老老少少，大大小小，都打做一团儿。"王火《战争和人》(二)卷七："打架声引得银楼店后面老板的家眷老老少少都跑到前边来了。"

【老泪纵横】 lǎo lèi zòng héng 形容年纪大的人伤心哭泣，泪流满面的样子。巴金《随想录》五五："将近三十年过去

了，老泪纵横的受尽侮辱的老乞丐的面影还鲜明地出现在我的眼前，我觉得他的演技到了家。"姚雪垠《李自成》三卷一九章："说到这里，他忽又想起皇恩浩荡，而自己尚未报答万一，不觉老泪纵横，泣不成声。"张贤亮《土牢情话》六章："晚上，李大夫吃不下饭，躺在炕上老泪纵横：'怎么办？老秦，不幸而言中呀！……'"

【老马识途】 lǎo mǎ shí tú 《韩非子·说林上》："管仲、隰朋从桓公伐孤竹，春往冬反，迷惑失道。管仲曰：'老马之智可用也。'乃放老马而随之，遂得道。"意指老马认识走过的路。后用"老马识途"比喻阅历多、经验丰富的人能看清方向，办事熟悉。《东周列国志》二一回："臣闻老马识途，无终与山戎连界，其马多从漠北而来，可使虎儿斑择老马数头，观其所往而随之，宜可得路也。"清·钱谦益《高念祖〈怀寓堂诗〉序》："念祖以余老马识途，出其行卷，以求一言。"刘绍棠《敬柳亭说书》："这条航线，过去我已经往返两趟，虽然算不得老马识途，可也并不感到激动和新鲜了。"

【老迈龙钟】 lǎo mài lóng zhōng 见"老态龙钟"。

【老迈年高】 lǎo mài nián gāo 形容年老体衰。刘绍棠《蒲柳人家》二："自己已经老迈年高，砸碎了骨头也榨不出几两油来。"

【老谋深算】 lǎo móu shēn suàn 周密的谋划，深远的打算。形容人深谋远虑，办事情精明老练。《孽海花》二九回："一仙道：'沉毅哉！老谋深算，革命军之军事家！'"《围城》七："鸿渐老谋深算似的说：'孙小姐，我替你出个主意。他前前后后给你的信，你没有掷掉罢？……你一股脑儿包起来，叫用人送还他。一个字儿不要写。'"姚雪垠《李自成》一卷三章："而对嗣昌则一向认为是他的股肱之

臣,深具谋国忠心,且事理通达,老谋深算,更非一般臣僚可及。"

【老牛破车】lǎo niú pò chē 老牛拉着破车,行走缓慢。形容办事慢慢腾腾,效率低下。老舍《我怎样写〈老张的哲学〉》:"七月七刚过去,老牛破车的故事不知又被说过多少次。"梁斌《红旗谱》一二:"老套子一听,当家的要改换做派,他心里一急,说:'常说老牛破车现当伙哩!'"

【老牛舐犊】lǎo niú shì dú 舐:舔。犊:小牛。老牛爱小牛犊,常舐其身。比喻父母爱子的深情。《后汉书·杨彪传》:"后子修为曹操所杀,操见彪问曰:'公何瘦之甚?'对曰:'愧无日磾先见之明,犹怀老牛舐犊之爱。'操为之改容。"《野叟曝言》四○回:"若谏而得祸,是意中事也。特以老牛舐犊之私,虑其蹈不测之罪,身婴斧钺,未免有情,能无慨然乎?"

【老气横秋】lǎo qì héng qiū 老年志气,横贯秋空。形容气概雄浑、豪迈。宋·楼钥《题杨子元琪所藏东坡古本》诗:"东坡笔端游戏,槎牙老气横秋。"后多用来形容没有朝气或自负摆老资格的样子。《二十年目睹之怪现状》七○回:"众人取笑了一回,见新人老气横秋的那个样子,便纷纷散去。"鲁迅《伪自由书·大观园的人才》:"早些年,大观园里的压轴戏是刘老老骂山门。那是要老旦出场的,老气横秋地大'放'一通,直到裤子后穿而后止。"茅盾《虹》一:"她回过头去,看见她的同伴正眯细了一对眼睛瞅着她,这才记起刚才似乎听得这位老气横秋的太太说了几句什么话。"丁玲《在黑暗中·暑假中》二:"志清是老气横秋的望了她一眼,说是快到二年级的学生了,应该变得大方些才对。"

【老弱残兵】lǎo ruò cán bīng 指军队中年老体弱、伤残的士兵。《三国演义》三二回:"城中无粮,可发老弱残兵并妇人出降;彼必不为备,我即以兵继百姓之后出攻之。"《官场现形记》五五回:"倘或是另有别的意思,他们船上的大炮何等利害,断非我们营里这几个老弱残兵可以抵挡得住的。"后也泛指年老体弱、能力不强的人。田汉《洪水》:"年轻的一个一个往外跑,剩下我们这些老弱残兵,再碰上这样的大水可怎么办哪。"

【老僧入定】lǎo sēng rù dìng 入定:僧人打坐,屏除杂念,静思佛理。指老和尚闭目静坐修炼。《孽海花》二○回:"看时,却是个黑瘦老者,危然端坐,仿佛老僧入定一样。"王火《战争和人》(二)卷三:"他虽然说总是不言不语,总是除了披览佛经、诗书之外,常常像老僧入定似地打坐,可是心头浪花千叠、惊涛拍打,极不平静。"

【老生常谈】lǎo shēng cháng tán 老生:老书生。《世说新语·规箴》:"何晏、邓飏令管辂作卦云:'不知位至三公不?'卦成,辂称引古义,深以戒之。飏曰:'此老生之常谈。'"原指老书生的平常议论。后泛指说过的老话。宋·朱熹《答汪叔耕》之二:"幸试详之,勿以为老生常谈而忽之也。"《醒世恒言》卷四○:"阎公道:'此乃老生常谈,谁人不会!'"《野叟曝言》八七回:"无忌惮之小人及素隐行怪之徒,则视庸德庸行或以为刍狗,或以为金屑,或以为老生常谈,而弃之荡然矣。"鲁迅《而已集·略谈香港》:"然而我的讲演,真是'老生常谈',而且还是七八年前的'常谈'。"王安忆《香港的情和爱》五:"她一边忙进忙出,一边嘴里唠唠叨叨,说着俭省的老生常谈。"

【老实巴交】lǎo shí bā jiāo 形容人非常老实、本分。梁斌《红旗谱》四七:"咱们见的面不多,跟你的老人们可都熟悉,都是老实巴交的好庄稼人。"浩然《笑话》七:"老实巴交的庄稼人,只求平平安安过个不挨饿不受冻的日子,很不情愿沾官派。"

【老鼠过街，人人喊打】 lǎo shǔ guò jiē, rén rén hǎn dǎ　比喻害人的东西人人痛恨。李六如《六十年的变迁》一章："现在不同了，满鞑子已经摇摇欲坠。尤其从铁路风潮发生，就像老鼠过街，人人喊打。"

【老死不相往来】 lǎo sǐ bù xiāng wǎng lái　《老子·八十章》："邻国相望，鸡犬之声相闻，民至老死不相往来。"原形容自给自足的封闭式的生活。后泛指相互之间彼此隔绝，不相往来。钱钟书《围城》六："鸿渐闷闷回回房。难得一团高兴，找朋友扫尽了兴。天生人是教他们孤独的，一个个该自归各，老死不相往来。"

【老态龙钟】 lǎo tài lóng zhōng　龙钟：身体衰老而不灵便的样子。形容年老体衰、行动不便。宋·陆游《听雨》诗："老态龙钟疾未平，更堪俗事敗幽情。"梁实秋《雅舍小品·聋》："为什么血肉之躯几十年风吹雨打之后，刚刚有一点老态龙钟，就要大惊小怪?"巴金《随想录》三四："就这样过了好几年，乞丐已经老态龙钟，连走路都十分困难了。"也作"老迈龙钟"。《镜花缘》九九回："当日来时是何等样精力强壮，那知如今老迈龙钟，如同一场春梦。"

【老王卖瓜】 lǎo wáng mài guā　"老王卖瓜，自卖自夸"的省略语。指自己夸耀自己。老舍《红大院》三幕："得啦，别老王卖瓜了! 头回出铁的时候，你是头一个吓得往家里跑!"王火《战争和人》(二)卷一："童霜威如坐针毡，对这番老王卖瓜的吹嘘只好不置可否，勉强微笑。"

【老羞成怒】 lǎo xiū chéng nù　见"恼羞成怒"。

【老眼昏花】 lǎo yǎn hūn huā　指年纪大了，视力模糊，看不清东西。老舍《四世同堂》九三："一旦发现认错了人，他就揉揉眼睛，埋怨自己老眼昏花，看不真切。"姚雪垠《李自成》二卷三三章："他每口授一段便停下，叫儿子念一遍让他听听，然后接着口授。幸亏他的老眼昏花，看不见儿子的手在微微打战。"刘绍棠《草莽》三："大奸似忠，圣人明主都难免上当，何况白秀才一介腐儒，更兼老眼昏花?"

【老幼无欺】 lǎo yòu wú qī　对老人和年幼者都能公平交易，不欺骗他们。《封神榜》七四回："买卖人等多和气，老幼无欺本利分。"

【老于世故】 lǎo yú shì gù　唐·韩愈《石鼓歌》："中朝大官老于事。"后以"老于世故"形容处事老练，富有经验。含贬义。宋·楼钥《杨惠懿公俣覆谥议》："然因所职而建言，类为老于世故者。"王火《战争和人》(一)卷七："谢元嵩是个老于世故的狐狸，他在香港对有些人抱谨慎态度，看来是真实的。"孟伟哉《黎明潮》："她似乎有几分天真、单纯，然而倒更像老于世故。"

【乐不可言】 lè bù kě yán　乐：快乐。言：说。快乐得难以描述。形容极快乐的样子。《楚辞·大招》："魂乎归徕! 乐不可言只。"《二刻拍案惊奇》卷一七："孟沂和罢，美人甚喜。真是才子佳人，情相投，乐不可言。"《三侠五义》一一三回："钟雄得意洋洋，以为得了帮手，乐不可言。"

【乐不可支】 lè bù kě zhī　乐：快乐。支：支撑，支持。快乐得支持不住了。形容快乐到了极点。《后汉书·张堪传》："乃于狐奴开稻田八千余顷，劝民耕种，以致殷富。百姓歌曰：'桑无附枝，麦穗两岐。张君为政，乐不可支。'"《镜花缘》五四回："话说林之洋见船只揎进山口，乐不可支，即至舱中把这话告知众人，莫不欢喜。"张恨水《啼笑因缘》五回:"家树见她真情流露,一派天真,也是乐不可支。"魏巍《火凤凰》九○:"小久保看到这种场面,顿时乐不可支,放声哈哈大笑。"

【乐不思蜀】lè bù sī shǔ 蜀:三国时蜀汉。在今四川东部、云南、贵州北部及陕西汉中一带。《三国志·蜀书·后主传》南朝宋·裴松之注引《汉晋春秋》:"司马文王与禅宴,为之作故蜀技,旁人皆为之感怆,而禅喜笑自若……他日,王问禅曰:'颇思蜀否?'禅曰:'此间乐,不思蜀。'"后用"乐不思蜀"比喻乐而忘返或乐而忘本。《扫迷帚》六回:"去年八月,因赴金陵乡试,往钓鱼港猎艳,与妓女玉兰有啮臂盟,从此数月不归,大有此间乐不思蜀之意。"伍修权《我的历程》:"那时候,常有中国同志在苏联找爱人,苏方对此还十分支持。有的同志在那里结了婚,果然乐不思蜀,安心不下了。"刘绍棠《村妇》卷一:"有一年,三贝子下乡巡视田庄,夜晚读书要有红袖添香,黄马褂儿赶忙献上三姨太太服侍左右。三贝子乐不思蜀,留连忘返。"

【乐此不疲】lè cǐ bù pí 《后汉书·光武帝纪下》:"皇太子见帝勤劳不怠,承间谏曰:'陛下有禹、汤之明,而失黄、老养性之福,愿颐爱精神,优游自宁。'帝曰:'我自乐此,不为疲也。'"后用"乐此不疲"指专心爱好某事,做起来不知疲倦。《野叟曝言》五二回:"众妇女中也有出于无奈,巴不得插翅飞回的;也有乐此不疲,舍不得罗汉神通的。"梁实秋《雅舍小品·鞋》:"赤足穿草鞋,据说颇为舒适,穿几天成为敝屣,弃之无足惜。高人雅士也乐此不疲,苏东坡有句:'芒鞋青竹杖,自挂百钱游。'多么潇洒。"韬奋《萍踪忆语·南游》:"他们吃了许多苦头,对于工作却丝毫不放松,丝毫没有消极的意思,仍是那样兴会淋漓,乐此不疲地向前干着。"

【乐道安贫】lè dào ān pín 见"安贫乐道"。

【乐而忘返】lè ér wàng fǎn 快乐得忘记返回。《晋书·苻坚载记》:"坚尝如邺,狩于西山,旬余,乐而忘返。"《初刻拍案惊奇》卷一八:"空身出来,游资所需,只在炉火,所以乐而忘返。"《儒林外史》三一回:"慎卿在南京,乐而忘返了。"李劼人《大波》一部六章:"我与汝母汝姐,汝妹汝弟,天天望汝回来,家庭聚首,吾儿然何留恋锦城,乐而忘返?"

【乐极悲生】lè jí bēi shēng 见"乐极生悲"。

【乐极生悲】lè jí shēng bēi 《史记·滑稽列传》:"酒极则乱,乐极则悲,万事尽然。"后用"乐极生悲"指欢乐到极点,转而会产生悲伤之事。元·无名氏《鹊踏枝·赠妓》曲:"叹光阴白驹过隙,我则怕下场头乐极生悲。"《西游记》九一回:"行者叫道:'兄弟!不须在此叫唤。师父乐极生悲,已被妖精摄去了!'"《三侠五义》一回:"谁知乐极生悲,过了六年,刘后所生之子,竟至得病,一命呜呼。"梁实秋《雅舍小品·钱》:"至于豪富之家,挥金如土,未必是福,穷奢极欲,乐极生悲。"也作"乐极悲生"。《官场现形记》四○回:"那知乐极悲生,刚才开征之后,未及十天,家乡来了电报,说是老太爷没了。"

【乐善好施】lè shàn hào shī 乐于行善,喜好施舍。《史记·乐书二》:"闻微音,使人乐善而好施;闻羽音,使人整齐而好礼。"后用"乐善好施"形容人慷慨解囊、乐于助人的行为。《云笈七签》卷一四:"夫处心处九宫惊门主智,使人乐善好施,恭孝以修仁,则心和而形全也。"《三侠五义》三一回:"当初有卢太公在日,乐善好施,家中巨富。"欧阳山《三家巷》一七:"陈君既然乐善好施,我自然也当仁不让。我捐一百块大洋。"也作"好善乐施"。《初刻拍案惊奇》卷三三:"夫妻两口,为人疏财仗义,好善乐施,广有田庄地宅。"也作"好施乐善"。《警世通言》卷二五:"再说施家,自从施济存日,好施乐善,囊中已空虚了。"

【乐天知命】lè tiān zhī mìng　顺应天道,安于命运的安排。《周易·系辞上》:"旁行而不流,乐天知命,故不忧。"后用以指顺其自然,安于现状。《野叟曝言》一三回:"母亲乐天知命,以为定数如此,不甚介意。"鲁迅《准风月谈·智识过剩》:"然而单是铲除还是不够的。必须予以适合实用之教育,第一,是命理学——要乐天知命,命虽然苦,但还是应当乐。第二,是识相学——讲'识相点',知道点近代武器的利害。"邓友梅《双猫图》:"他本本分分,勤勤恳恳地干。乐天知命,从没有过分外的奢望。"

【乐业安居】lè yè ān jū　见"安居乐业"。

【乐以忘忧】lè yǐ wàng yōu　因快乐而忘掉了忧愁。《论语·述而》:"其为人也,发愤忘食,乐以忘忧,不知老之将至云尔。"《西游记》三二回:"长老闻言,只得乐以忘忧。放辔催银骢,兜缰趱玉龙。"

【乐在其中】lè zài qí zhōng　《论语·述而》:"饭疏食,饮水,曲肱而枕之,乐亦在其中矣。"后用"乐在其中"指乐趣在自己所做的事情中。形容自得其乐。晋·皇甫谧《高士传·陈仲子》:"夫子左琴右书,乐在其中矣。"朱自清《论吃饭》:"孔子说,'君子固穷',说吃粗饭,喝冷水,乐在其中。"

【雷打不动】léi dǎ bù dòng　形容稳固坚定,不可动摇。刘绍棠《村妇》卷二:"根子硬,路子广,关一品坐在老庄户的头把交椅上,不但雷打不动,而且人抬大轿也抬不走。"也形容严守规矩、制度,决不随意改变。刘白羽《第二个太阳》三章:"老头素来信守时间,凡是约定了的,那就雷打不动。"

【雷厉风行】léi lì fēng xíng　厉:猛烈。像打雷那样猛烈,像刮风那样迅疾。形容做事情声势猛烈,行动迅速。宋·曾巩《亳州谢到任表》:"运独断之明,则天清水止;昭不杀之武,则雷厉风行。"《二刻拍案惊奇》卷二六:"且说李御史到了福建,巡历地方,祛蠹除奸,雷厉风行,且是做得利害。"《官场现形记》三三回:"不料藩台自从奉到委札的那一天起,却是凡有客来,一概挡驾。今天调ححك来,明天提人,颇觉雷厉风行。"姚雪垠《李自成》二卷三章:"崇祯点点头,又说:'既然做,就要雷厉风行,不可虎头蛇尾。'"

【雷声大,雨点小】léi shēng dà, yǔ diǎn xiǎo　比喻声势大,行动少;说得好听,做得很差。《金瓶梅》二○回:"头里那等雷声大,雨点小,打哩乱哩,及到其间,也不怎么的。"鲁迅《且介亭杂文末编·因太炎先生而想起的二三事》:"写完题目,就有些踌蹰,怕空话多于本文,就是俗语之所谓'雷声大,雨点小'。"

【雷霆万钧】léi tíng wàn jūn　雷霆:霹雳。万钧:古代三十斤为一钧,万钧极言其重。《汉书·贾山传》:"雷霆之所击,无不摧折者;万钧之所压,无不糜灭者。"后用"雷霆万钧"比喻威力极大。宋·杨万里《范公亭记》:"当公伏阁以死争天下大事,雷霆万钧,不栗不折,视大吏能回天却月者,蔑如也。"欧阳山《三家巷》八一:"县长夫人以雷霆万钧的势子说:'记住!不要管你管不着的事儿!'"姚雪垠《李自成》二卷八章:"虽然李自成并没有使用多大的声音,但站在坐山虎左右前后的党羽却觉得他的话就像有雷霆万钧之力,使他们心惊胆寒,面面相觑。"

【雷霆之怒】léi tíng zhī nù　雷霆:霹雳。形容极大的愤怒。《三国志·吴书·陆逊传》:"今不忍小忿,而发雷霆之怒,违垂堂之戒,轻万乘之重,此臣之所惑也。"《水浒传》七五回:"万望太尉暂息雷霆之怒,只要与国家成全好事,恕免则个。"《说岳全传》二九回:"主公暂息雷霆之怒。这牛皋是一员勇将,乃是岳飞的结义弟兄。那岳飞是个最重义气的人,不如将他监禁在此,使岳飞心持两端……"

【累牍连篇】lěi dú lián piān 见"连篇累牍"。

【累卵之危】lěi luǎn zhī wēi 累:堆叠。叠加起来放置在一起的鸡蛋是很危险的,容易打碎。形容形势非常危险。汉•刘向《极谏用外戚封事》:"王氏与刘氏亦且不立,如下有泰山之安,则上有累卵之危。"《三国演义》六〇回:"今听臣言,则西蜀有泰山之安;不听臣言,则主公有累卵之危矣。"姚雪垠《李自成》二卷三三章:"他深知大明江山有累卵之危,而他宁死也不愿坐视局势日非而缄口不言。"

【磊落光明】lěi luò guāng míng 见"光明磊落"。

【泪如泉涌】lèi rú quán yǒng 眼泪像泉水一样涌出。形容泪水流得多,很悲伤。《二刻拍案惊奇》卷三五:"贾闰娘欲待辨来,往常心里本是有他的,虚心病说不出强话。欲待不辨来,其实不曾与他有勾当,委是冤屈。思量一转,泪如泉涌。"《说岳全传》五四回:"岳韦帅欲待回言,喉中语塞,泪如泉涌,目不忍视。"张恨水《啼笑因缘续集》五回:"自己的姑娘,现在是病在疯人院里,难道她就这样的疯上一辈子吗?想到这里,便是泪如泉涌的流将下来。"王蒙《青春万岁》三八:"到这时候,呼玛丽再也忍不住,她伏在袁新枝肩上泪如泉涌。"

【泪如雨下】lèi rú yǔ xià 泪水像下雨一样地流下。形容极其悲伤的样子。《喻世明言》卷六:"弄珠儿听罢,大惊,不觉泪如雨下,跪禀道:'贱妾自侍巾栉,累

年以来,未曾得罪。今一旦弃之他人,贱妾有死而已,决难从命。'"《红楼梦》三三回:"贾政听了此话,不觉长叹一声,向椅上坐了,泪如雨下。"张恨水《啼笑因缘续集》一〇回:"这日晚上,何丽娜向家树提起这事,家树也是禁不住泪如雨下。"莫应丰《将军吟》三九章:"邹燕接过孩子,望着丈夫,丈夫也望着妻子,泪如雨下,心如刀绞,谁也没有做声。"

【冷嘲热讽】lěng cháo rè fěng 尖刻的嘲笑和讽刺。老舍《四世同堂》九六:"他能用隐语和冷嘲热讽,引起听众的共鸣。"蒋子龙《赤橙黄绿青蓝紫》八:"他拼命抵抗着解净的吸引力,甚至有意对解净装腔作势,说些冷嘲热讽的话,以掩饰自己内心的慌乱。"

【冷暖自知】lěng nuǎn zì zhī 《五灯会元•袁州明山道明禅师》:"今蒙指授入处,如人饮水,冷暖自知。"意为对禅理的把握认识,要通过亲身证悟。后泛指对事理的认识、体会,须经亲自实践。宋•苏轼《与滕达道》:"某闻见不广,何足以质?然冷暖自知,殆未可以前人之有无为证耳。"《二刻拍案惊奇》卷一九:"对人说梦,说听皆痴。如鱼饮水,冷暖自知。"

【冷若冰霜】lěng ruò bīng shuāng 形容待人态度极为冷淡。也形容态度严肃,不易接近。《老残游记续集》二回:"见他肤如凝脂,领如蝤蛴,笑起来一双眼又秀又媚,却是不笑起来又冷若冰霜。"梁实秋《雅舍小品•商店礼貌》:"这种商店后来是否也沾染了时代潮流,是否伙计也是直眉竖眼,冷若冰霜,拒人千里之外,就不得而知了。"丁玲《我所认识的瞿秋白同志》:"她是坚强的、热烈的。她非常需要感情,但外表却总是冷若冰霜。"

【冷言冷语】lěng yán lěng yǔ 指说讥笑讽刺的话。《醒世恒言》卷三七:"只这冷言冷语,带讥带讪的,教人怎么当得!

险些把子春一气一个死。"茅盾《腐蚀·九月十五日》:"知道一点我的过去历史的人们,也许还要冷言冷语,说我自作自受呢!我不能做一个女人似的女人,让人家当作谈话的资料。"也指讥笑讽刺的话。周而复《上海的早晨》四部二一:"要在平时,郭彩娣听见管秀芬的冷言冷语,一定要跳得八丈高。"

【冷眼旁观】lěng yǎn páng guān　用冷静或冷淡的态度从旁观察、观看。宋·朱熹《答黄直卿》:"荐举之说,乃是首尾专为王地,冷眼旁观,手足俱露,甚可笑也。"《水浒传》九回:"欺人意气总难堪,冷眼旁观也不甘。"《封神榜》一二四回:"天下的,诸侯俱不来朝贺,各守封疆建雄兵。俱各的,不来朝中进贡礼,冷眼旁观睄看清。"鲁迅《集外集拾遗补编·〈某报剪注〉按语》:"天南遯叟式的迂腐的'之乎者也'之外,又加了吴趼人李伯元式的冷眼旁观调,而又加了些新添的东西。"钱钟书《围城》五:"我发现拍马屁跟恋爱一样,不容许有第三者冷眼旁观。"

【冷语冰人】lěng yǔ bīng rén　用冷淡、不友好的语言使人难堪。宋·张唐英《外史梼杌》:"权势之家,未皆仗其为援,但不欲其冷语冰人耳。"《聊斋志异·侠女》:"[女]日频来,时相遇,并不假以词色。少游戏之,则冷语冰人。"

【离合悲欢】lí hé bēi huān　见"悲欢离合"。

【离经叛道】lí jīng pàn dào　经:指儒家经典。道:指儒家的思想传统。指背离儒家的经典和传统。元·费唐臣《贬黄州》一折:"且本官志大言浮,离经畔道。"畔:通"叛"。明·袁无涯《忠义水浒全书发凡》:"今世小说家杂出,多离经叛道,不可为训。"后泛指背离正统的思想和传统。茅盾《子夜》一:"他早就说过,与其目击儿子那样的'离经叛道'的生活,倒不如死了好!"刘绍棠《村妇》卷二:"牛蒡

常发惊人之语,仲连元也有不少奇思妙想。奇思妙想转化为奇谈怪论,常令牛蒡目瞪口呆,感到离经叛道。"

【离鸾别凤】lí luán bié fèng　鸾:传说中凤凰一类的鸟。比喻夫妻离散。唐·李贺《湘妃》诗:"离鸾别凤烟梧中,巫云蜀雨遥相通。"

【离情别绪】lí qíng bié xù　绪:情绪。指离别时惆怅、不安、伤感的心情。宋·柳永《昼夜乐》词:"何期小会幽欢,变作离情别绪。"欧阳山《三家巷》一一三:"就这样子,大家都是一番离情别绪,依依不舍地分了手。"

【离群索居】lí qún suǒ jū　群:指同伴。索:离散,孤独。《礼记·檀弓上》:"吾离群而索居,亦已久矣。"后用"离群索居"指离开同伴一个人孤独生活。《隋书·经籍志一》:"自孔子没而微言绝,七十子丧而大义乖,学者离群索居,各为异说。"丁玲《我所认识的瞿秋白同志》:"这不是我的理想,我不能长此离群索居,我想并且要求到江西苏区去。"丰子恺《缘缘堂随笔·大账簿》:"一旦不见了老师,而离群索居的时候,我的故态依然复萌。"

【离题万里】lí tí wàn lǐ　指说话或写文章离开主题很远很远。毛泽东《反对党八股》:"其结果,往往是'下笔千言,离题万里',仿佛像个才子,实则到处害人。"

【离乡背井】lí xiāng bèi jǐng　见"背井离乡"。

【离心离德】lí xīn lí dé　心:思想。德:心意,心中的想法。指人心离散,行动不一。《尚书·泰誓中》:"受有亿兆夷人,离心离德;今有乱臣十人,同心同德。"《封神演义》一七回:"黎民离心离德,祸生不测。"李劼人《大波》一部九章:"许多在京京官早已趋炎附势拆了台,连

宜昌重镇李稷勋也离心离德,只图私便起来。"欧阳山《三家巷》七五:"要投红军,就全队一起去。一个人单独行动,就是离心离德!"

【梨园弟子】lí yuán dì zǐ 梨园:唐玄宗教乐工、宫女演习音乐舞蹈的地方,后成为戏院或戏剧界的代称。旧称戏曲演员。唐·刘禹锡《酬杨司业巨源见寄》诗:"渤海归人将集去,梨园弟子请词来。"元·商衜《月照庭·问花》套曲:"铅华满树添妆次,远胜梨园弟子。"也作"梨园子弟"。《儒林外史》三〇回:"通省梨园子弟各班愿与者,书名画知,届时齐集湖亭,各演杂剧。"

【梨园子弟】lí yuán zǐ dì 见"梨园弟子"。

【礼多人不怪】lǐ duō rén bù guài 多讲求礼貌,不会受人责怪。《官场现形记》三一回:"他们做京官的是不好得罪的。横竖礼多人不怪,多作两个揖算得甚么!"老舍《文博士》一一:"礼多人不怪,不管她们是干什么的,反正多鞠上一躬总不至有多大错儿。"

【礼轻人意重】lǐ qīng rén yì zhòng 礼物虽轻,但人的心意很重。《喻世明言》卷一:"就是这个冤家,虽然不值甚钱,是一个北京客人送我的,却不道礼轻人意重。"《镜花缘》五〇回:"他这礼物虽觉微末,俗语说的:千里送鹅毛,礼轻人意重。只好备个领谢帖儿,权且收了。"

【礼让为国】lǐ ràng wéi guó 礼让:守礼而又谦让。为:治理。用守礼谦让的精神来治理国家。《论语·里仁》:"子曰:'能以礼让为国乎？何有？不能以礼让为国,如礼何？'"鲁迅《准风月谈·礼》:"中国又原是'礼让为国'的,既有礼,就必能让,而愈能让,礼也就愈繁了。"

【礼尚往来】lǐ shàng wǎng lái 尚:注重,重视。指礼节上重视互相往来。《礼记·曲礼上》:"太上贵德,其次务施报,礼尚往来,往而不来,非礼也;来而不往,亦非礼也。"《东周列国志》九六回:"相如亦请于秦王曰:'礼尚往来,赵既进十五城于秦,秦不可不报。亦愿以秦之咸阳为赵王寿!'"《孽海花》六回:"达抚台见雯青是个文章班首、翰苑名流,倒着实拉拢。雯青顾全同僚的面子,也只好礼尚往来,勉强敷衍。"鲁迅《且介亭杂文·拿来主义》:"但我们没有人根据了'礼尚往来'的仪节,说道:拿来!"刘玉民《骚动之秋》一六章:"同样是请客送礼,有人说是不正之风,我说是礼尚往来。"

【礼贤下士】lǐ xián xià shì 下:降低身份与人交往。礼遇贤人,降低身份结交有识之士。《宋书·刘义恭传》:"礼贤下士,圣人垂训。"《水浒传》三二回:"仁兄礼贤下士,结纳豪强,名闻寰海,谁不钦敬!"《三国演义》六五回:"刘皇叔礼贤下士,吾知其必成,故舍刘璋而归之。"《孽海花》一三回:"尚书礼贤下士,个个接见,只有会元公来了十多次,总以闭门羹相待。"钱钟书《围城》七:"汪处厚对他的事十分关心,这是他唯一的安慰。他知道老汪要做文学院长,所以礼贤下士。"

【礼义廉耻】lǐ yì lián chǐ 指崇礼、行义、廉洁、知耻四种道德规范,古人认为是治国的四纲,也称四维。汉·贾谊《上疏陈政事》:"礼义廉耻,是谓四维。四维不张,国乃灭亡。"《儒林外史》四七回:"我们县里,礼义廉耻,一总都灭绝了!"老舍《四世同堂》三五:"他不认识多少字,他可是晓得由孔子传下来的礼义廉耻。他吃的是糠,而道出来的是仁义。"

【李代桃僵】lǐ dài táo jiāng 李:李树。桃:桃树。僵:枯死。《乐府诗集·鸡鸣》:"桃在露井上,李树在桃旁,虫来啮桃根,李树代桃僵。树木身相代,兄弟还相忘。"李树代桃树而死。比喻兄弟相爱相助,患难与共。也比喻以此代彼或代人受过。《二刻拍案惊奇》卷三八:"诗云:李代桃僵,羊易牛死。世上冤情,最不易理。"清·黄遵宪《感事》诗:"芝焚蕙叹嗟僚友,李代桃僵泣弟兄。"张恨水《啼笑因缘续集》四回:"这张相片,不知道与何家有什么关系,何太太却李代桃僵的把这张相片来抵数,这可有些奇怪了。"刘绍棠《村妇》卷二:"更令黄叶地想像不到的却是白碧云竟一口答应,还感激不尽,说:'有劳妹妹李代桃僵了。'"

【李下瓜田】 lǐ xià guā tián 见"瓜田李下"。

【里通外国】 lǐ tōng wài guó 暗中与外国勾结,进行背叛国家的活动。鲁迅《呐喊·阿Q正传》:"然而阿Q不肯信,偏称他'假洋鬼子',也叫作'里通外国的人'。"巴金《随想录》三六:"后来他回来了,大概是给人揪回来的,说他'里通外国',是个反革命,批他,斗他。"

【里外夹攻】 lǐ wài jiā gōng 从里面、从外面同时向目标发动攻击。《三侠五义》九八回:"里外夹攻,喽啰如何抵挡得住,往左右一分,让开一条大路。"也用于比喻义,指同时受到里外两方面的反对。

【里应外合】 lǐ yìng wài hé 里面接应,外面进攻,内外行动,互相配合。也泛指内外勾结,一起行动。《水浒传》四九回:"我们今日只做登州对调来郓州守把经过,来此相望,他必然出来迎接。我们进身入去,里应外合,必成大事。"《初刻拍案惊奇》卷三一:"贵卫有一班女乐小俏儿,不若送去与赛儿做谢礼,就做我们里应外合的眼目。"《野叟曝言》一〇二回:"孤家要收兵回峒,怪是你们再三阻我,原来里应外合谋害孤家。"姚雪垠《李自成》二卷三九章:"我同二公子一合计,决定不用硬攻,先暗中联络城中饥民,里应外合。"欧阳山《三家巷》一七五:"外面有人破坏,里面人拆台,这样子里应外合,工作有什么办法不垮呢!"也作"外合里应"。元·无名氏《陈州粜米》一折:"则这官吏知情,外合里应,将穷民并。"〔注意〕应,不读 yīng。

【理屈词穷】 lǐ qū cí qióng 屈:亏缺,不足。穷:尽。由于理由亏缺而无话可说。《论语·先进》宋·朱熹集注:"子路之言,非其本意,但理屈词穷,而取辩于口以御人耳。"《红楼梦》一一八回:"你既理屈词穷,我劝你从此把心收一收,好好的用用功。"欧阳山《三家巷》四五:"陈文英误会了他,以为理屈词穷,光说些搪塞的话。"刘绍棠《蒲柳人家》三:"豆叶黄理屈词穷,只得应许望日莲白天给她家干活,晚上与一丈青大娘那里去睡。"也作"词穷理屈"。宋·苏轼《论河北京东盗贼状》:"切详按问,自言皆是;词穷理屈,势必不免。"周而复《上海的早晨》四部五六:"冯永祥给马慕韩这么一追问,有点词穷理屈,尴尬地瞪着两只眼睛。"

【理所当然】 lǐ suǒ dāng rán 《文中子·魏相》:"非辩也,理当然尔。"后用"理所当然"指从道理上讲,应该如此。宋·朱熹《朱子语类·孟子十》:"性,不是有一个物事在里面唤做性,只是理所当然者便是性。"《醒世恒言》卷一六:"这兜肚,你是地下捡的,料非已物。就把来结识了这位大哥,也是理所当然。"《说岳全传》五二回:"此乃各为其主,理所当然,何罪之有!"巴金《随想录》一二九:"有些同学在谈到将来时,往往把单位好、工资高、奖金多作为自己最好的想往。一句话,为金钱工作,为金钱学习,已经成为理所当然的事。"

【理直气壮】 lǐ zhí qì zhuàng 理由正当充分,胆子就壮,说话就有气势。《警世通言》卷三六:"大尹先自信了,反将赵再理喝骂。几番便要拷打。赵再理理直气壮,不免将峰头驿安歇事情,高声声辩。"叶圣陶《倪焕之》一二:"他无端兴风作浪，要打官司，想好处，我们就同他打"，我们理直气壮，难道让他欺侮不成!"巴金《家》三四："他的面容异常严肃，眼光十分骄傲。他觉得自己理直气壮，完全不把他们放在眼里。"

【力不从心】lì bù cóng xīn 从:顺从。想做某事而力量达不到或无力去做。《后汉书·西域传》："今使者大兵未能得出，如诸国力不从心，东西南北自在也。"《醒世恒言》卷三："只是小娘子千金声价，小可家贫力薄，如何摆布，也是力不从心了。"《官场现形记》五二回："那知凭空出了这们一个岔子，叫我力不从心，真正把我恨死!"鲁迅《集外集拾遗补编·〈文艺研究〉例言》："《文艺研究》甚愿于中国新出之关于文艺及社会科学书籍，有简明的绍介和批评，以便利读者。但同人见识有限，力不从心，倘蒙专家惠寄相助，极所欣幸。"张贤亮《土牢情话》一〇章："现在，我想重新搞科研，干点事业，可是已经力不从心了。"

【力不能支】lì bù néng zhī 力量不足，不能支撑。《封神演义》二八回："话说南宫适大战黄元济，未及三十回合，元济非南宫适敌手，力不能支。"

【力不胜任】lì bù shèng rèn 胜(旧读shēng):能够承受。胜任:担当起或经受得住。力量不足于胜任;能力担负不了。茅盾《回忆秋白烈士》："我搞政治，好比使犬耕田，力不胜任的。"刘绍棠《村妇》卷一："他已二十挂零儿，自幼四体不勤，回家撸锄杆子于心不甘，也力不胜任。"张洁《方舟》四："荆华不忍冷眼旁观，明知力不胜任，也只好帮她搬上楼去。"

【力竭声嘶】lì jié shēng sī 见"声嘶力竭"。

【力尽筋疲】lì jìn jīn pí 见"筋疲力尽"。

【力排众议】lì pái zhòng yì 宋·苏辙《上皇帝书》："臣以不识忌讳，得罪于有司，仁宗哀其狂愚，力排群议，使臣得不遂弃于世也。"后多作"力排众议"，指竭力排除众人的各种议论，维护自己的意见主张。《三国演义》四三回回目："诸葛亮舌战群儒，鲁子敬力排众议。"欧阳山《三家巷》一三五："我一面顶着上司的命令，一面力排众议，坚决把你放行。你难道一点都猜不出来么?"

【力穷势孤】lì qióng shì gū 力量耗尽，势力孤单。形容受挫后孤立无援的困难处境。《三国演义》八四回："丁奉大叫曰:'川兵死者无数，降者极多，汝主刘备已被擒获。今汝力穷势孤，何不早降?'"

【力所能及】lì suǒ néng jí 及:达到，做得到。自己的力量所能做到的。清·刘坤一《复程从周》："至加拨二万金一节，力所能及，不敢不勉。"邓友梅《兰英》："这位领导干部，虽然说话时也是满嘴政治口号，但对处境困难的人却很有些同情心，并力所能及地为他们做点好事。"刘绍棠《村妇》卷二："老师将远走边荒，牛荦无力动天，只得力所能及尽到孝心。"

【力透纸背】lì tòu zhǐ bèi 唐·颜真卿《张长史十二意笔法意记》："当其用锋，常欲使其透过纸背，此功成之极矣。"后用"力透纸背"形容书法、绘画笔力遒劲有力。清·黄景仁《题赤桥庵上人画梅》诗："惨惨著花二三萼，力透纸背非人功。"梁实秋《雅舍小品·写字》："写字如站桩，挺起腰板，咬紧牙关，正襟危坐，道貌岸然，在这种姿态中写出来的字，据说是能力透纸背。"李国文《驳壳枪》："尽管卷着，我也能从反面看出他那妩媚遒劲、力透纸背的颜体——已经形成一体了的带有古风的书法。"也形容诗文作品深刻有力。清·赵翼《瓯北诗话·陆放翁诗》："意在笔先，力透纸背。"谭兴国《论艾芜的独创性》："他写旧时苦难，愤然不平之情,力透纸背;写人民的反抗,讴歌赞美之辞,溢于言表。"

【力挽狂澜】 lì wǎn kuáng lán 澜:波浪。狂澜:巨大的波浪。唐·韩愈《进学解》:"障百川而东之,迴狂澜于既倒。"原意是阻止异端邪学泛滥。后用"力挽狂澜"比喻尽力挽回危险的局势。柯岩《岚山情思》:"他多么希望自己能像年青时代一样:横刀跃马,驰骋沙场,力挽狂澜,虽万死而不辞呵!"霍达《穆斯林的葬礼》:"东山再起,力挽狂澜,转败为胜,致强敌于死命。"

【力争上游】 lì zhēng shàng yóu 上游:河的上流。比喻先进。努力争取先进。清·翁方纲《石洲诗话·元遗山论诗》:"读至此首之论苏诗,乃知遗山之力争上游,非语言笔墨所能尽快者矣。"茅盾《白杨礼赞》:"那是力争上游的一种树,笔直的干,笔直的枝。"

【历尽沧桑】 lì jìn cāng sāng 沧桑:沧海桑田,指沧海变桑田、桑田变沧海。比喻世事变化很大。经历了世事的各种巨大变化。邓一光《我是太阳》五部一:"十八年了,她已经从一个单纯的少女变成了一个历尽沧桑的中年妇女,她差不多已经忘记了过去岁月的那一段生活。"王火《战争和人》(二)卷五:"我已走过漫漫长路,历尽沧桑!"

【历历可数】 lì lì kě shǔ 历历:一个一个清清楚楚。清清楚楚,可以数得出来。《旧五代史·唐明宗纪十》:"濮州进重修河堤图,沿河地名,历历可数。"《醒世恒言》卷三八:"元来离着青州城南十里,有一座山叫做云门山,山顶上分做两个,俨如斧劈开的。青州城里人家,但是向南的,无不看见这山飞云度鸟,窳儿内经过,皆历历可数。"《聊斋志异·黑龙》:"下有群龙,五色,如盆如瓮,条条尽伏。有蜿蜒者,鳞鬣牙牙,历历可数。"

【历历在目】 lì lì zài mù 历历:一个一

个清清楚楚。指远处的物体或某种景象清清楚楚出现在眼前。《云笈七签》卷五八:"如能全心,三七日中,可以内视五脏,历历在目。"宋·楼钥《西汉会要序》:"开卷一阅,而二百余年之事,历历在目。"《醒世恒言》卷三八:"举目仔细一观,有恁般作怪的事:一座青州城正临在北窗之下,见州里人家,历历在目。"《聊斋志异·安期岛》:"刘将归,王赠一物,纸帛重裹,嘱近海勿开视。既离海,急取拆视,去尽数百重,始见一镜;审之,则鲛宫龙族,历历在目。"巴金《随想录》一二〇:"她最后一次离家的情景还历历在目:她穿得整整齐齐,有些急躁,有点伤感,又似乎充满希望,走到门口还回头张望。"周而复《上海的早晨》四部三〇:"工商第一小组地点靠近外滩那边,窗外正好是黄浊浊的黄浦江,江对面浦东工厂的烟囱和田野历历在目。"

【厉兵秣马】 lì bīng mò mǎ 厉:磨。兵:兵器。秣:喂。磨利兵器,喂饱马匹。指做好战斗准备。《左传·僖公三十三年》:"郑穆公使视客馆,则束载厉兵秣马矣。"《晋书·姚苌载记》:"愿布德行仁,招贤纳士,厉兵秣马,以候天机。"《东周列国志》四二回:"征会讨贰,伯主之职。臣请厉兵秣马,以待君命。"鲁迅《集外集遗补编·新的世故》:"就是去年的和章士钊闹,我何尝说是自己放出批评的眼光,环顾中国,比量是非,断定他是阻碍新文化的罪魁祸首,于是啸聚义师,厉兵秣马,夭戈直指,将以澄清天下也哉?"李国文《冬天里的春天》五章:"对猎人来讲,也是该厉兵秣马,准备逐鹿的时节来到了。"也作"秣马厉兵"。《东周列国志》五八回:"苗贲皇曰:'搜阅车乘,补益士卒,秣马厉兵,修阵固列,鸡鸣饱食,决一死战,何畏乎楚?'"刘白羽《第二个太阳》三章:"你们要打仗,尽可秣马厉兵,决一死战。"

【厉行节约】 lì xíng jié yuē 严格地实

行节约。毛泽东《关于正确处理人民内部矛盾的问题》："在去年十一月中共二中全会更着重地提出了厉行节约反对浪费的方针以后，几个月来已经开始发生效果。"

【立地成佛】lì dì chéng fó 佛教认为，人皆有佛性，作恶之人弃恶从善，即可成佛。后为劝人行善之语。《五灯会元·东山觉禅师》："广额正是个杀人不眨眼底汉，飏下屠刀，立地成佛。"《聊斋志异·罗祖》："请遍告之：若要立地成佛，须放下刀子去。"姚雪垠《李自成》二卷二三章："你一心随俺老张打江山，并不想'立地成佛'，平日俺也没听说你多么信佛。"王火《战争和人》（三）卷三："在战场上为抗日而牺牲了的先夫，我觉得他与众多英烈，也是应该立地成佛的。"

【立地书厨】lì dì shū chú 比喻读书多、学识渊博的人。《宋史·吴时传》："时敏于为文，未尝属稿，落笔已就，两学目之曰'立地书厨'。"也作"两脚书厨"。明·焦竑《玉堂丛语》卷一："毘陵陈济先生善记书……遂朗诵终篇，不误一字，当时文庙尝谓济两脚书厨云。"

【立竿见影】lì gān jiàn yǐng 在阳光下竖起竹竿，立刻就能看到它的影子。比喻效果显著迅速。汉·魏伯阳《参同契》下："立竿见影，呼谷传响，岂不灵哉！"《红楼梦》八〇回："王一贴又忙道：'贴妒的膏药倒没经过，倒有一种汤药或者可医，只是慢些儿，不能立竿见影的效验。'"老舍《四世同堂》六七："你看，你妈妈刚刚出了事，立竿见影，人家马上不搭理咱们了！"梁实秋《雅舍小品·偏方》："他说需要常吃才行，偶吃一次不能立竿见影。"

【立功赎罪】lì gōng shú zuì 建立功劳，抵消所犯的罪过。《旧唐书·王孝杰传》："使未至幽州，而宏晖已立功赎罪，竟免诛。"《东周列国志》四〇回："文公又问赵衰曰：'魏犨与颠颉同行，不能谏阻，合当何罪？'赵衰应曰：'当革职，使立功赎罪。'"《野叟曝言》一〇〇回："我当连夜草奏，保尔等三人赴广立功赎罪，其概行放散归农可也。"张贤亮《土牢情话》四章："你立了功，就能早点出去呀！……不是说立功赎罪吗？这个功给你记上，你的罪就赎了一大截子了。"

【立身处世】lì shēn chǔ shì 世：人间，社会。立身于社会、与人相处的各种活动。晋·无名氏《沙弥十戒法并威仪序》："夫乾坤覆载，以人为贵，立身处世，以礼仪为本。"老舍《赵子曰》二一："赵子曰受过教育，可是没听过怎样立身处世，怎样对付一切。"

【立身扬名】lì shēn yáng míng 事业有成，立身于世，名声远扬。三国魏·应璩《与从弟君苗君胄书》："潜精坟籍，立身扬名。"元·乔梦符《两世姻缘》一折："男子汉也有个立身扬名时节，既是黄榜招贤，我索走一遭去。"《红楼梦》一一五回："做了一个男人原该立身扬名的，谁像你一味的柔情私意。"

【立于不败之地】lì yú bù bài zhī dì 处于不败的境地。《孙子·形篇》："故善战者，立于不败之地，而不失敌之败也。"周而复《上海的早晨》四部二："我们要立于不败之地，将来有啥风险也不怕了。"

【立锥之地】lì zhuī zhī dì 《庄子·盗跖》："尧、舜有天下，子孙无置锥之地；汤、武立为天子，后世绝灭。"后用"立锥之地"指插下锥子的一小块地方。形容极小的地方。《史记·留侯世家》："今秦失德弃义，侵伐诸侯社稷，灭六国之后，使无立锥之地。"《喻世明言》卷二二："如今大户田连阡陌，小民无立锥之地，有田者不耕，欲耕者无田。"杨沫《青春之歌》一部四章："天地如此之大，难道竟连一个十八岁的女孩子的立锥之地都没有？"姚雪垠《李自成》二卷三二章："国家土田,确实兼并成风,富者田连阡陌,贫者无立锥之地。"

【立足之地】lì zú zhī dì　站脚的地方。也比喻容身的地方。《红楼梦》三三回:"贾政听说,忙叩头说道:'母亲如此说,儿子无立足之地了。'"钱钟书《围城》五:"总算三人都到得车上,有个立足之地,透了口气,彼此会心苦笑,才有工夫出汗。"柳青《创业史》一部二九章:"他们准备傍晚时,向北原上的小麦吸浆虫发动总攻。不让害虫有立足之地,就得这样围攻。"

【励精图治】lì jīng tú zhì　励:激励。励精:振奋精神。努力振奋精神,力求治理好国家。宋·邵博《闻见后录》卷二三:"熙宁中,王介甫初参大政,神考方厉精图治。"厉,同"励"。《警世通言》卷四:"神宗天子励精图治,闻王安石之贤,特召为翰林学士。"《野叟曝言》一三五回:"且礼言毁不灭性,皇上尤当思宗社之重,天下之大,勉节哀思,励精图治。"姚雪垠《李自成》三卷七章:"这些年,我宵衣旰食,励精图治,不敢懈怠,为的是想做一个中兴之主,重振国运。"

【利害得失】lì hài dé shī　好处、坏处、得益、损失各个方面。《东欧女豪杰》四回:"我虽然素有是志,可恨自己学问太浅,不能够把利害得失,详详密密说将出来,感动大众。"刘绍棠《村妇》卷一:"权儿淫乱恶毒,却又缺少心肺,听风就是雨,想一出唱一出,全不顾利害得失。"

【利口便舌】lì kǒu biàn shé　能言善辩,花言巧语。《二刻拍案惊奇》二二回:"只有一班捷给滑稽之人,利口便舌,胁肩诌笑,一日也少不得。"

【利令智昏】lì lìng zhì hūn　因贪图私利,使头脑发昏,忘掉了一切。《史记·平原君虞卿列传》:"鄙语曰:'利令智昏。'平原君贪冯亭邪说,使赵陷长平兵四十余万众,邯郸几亡。"《三侠五义》一〇八回:"可见利令智昏,只顾贪财,却忘了正事。"王火《战争和人》(二)卷二:"他想:我是不能利令智昏落千秋骂名的!"

【利欲熏心】lì yù xūn xīn　熏:熏染,比喻迷惑。指贪图财利的欲望,迷住了心窍。宋·黄庭坚《赠别李次翁》诗:"利欲熏心,随人翕张,国好骏马,尽为王良。"《红楼梦》五六回:"你才办了两天时事,就利欲熏心,把朱子都看虚浮了。"老舍《四世同堂》五二:"在今天,凭牛教授的相貌与为人,又绝对不像个利欲熏心的人。"

【例行公事】lì xíng gōng shì　按照惯例处理的公事。后多指只讲形式、不讲实效的工作。《冷眼观》一四回:"回来等我把那些例行公事办毕了,还有几句要紧的话同你商量呢。"刘玉民《骚动之秋》九章:"抹着红嘴唇、描着蓝眼圈的服务员,例行公事地交待几句,便离去了。"

【连绵不断】lián mián bù duàn　谓连续不间断。《三侠五义》一一三回:"蒋爷以为深秋没有什么大雨,因此冒雨前行。谁知细雨濛濛,连绵不断,刮来金风瑟瑟,遍体清凉。"鲁迅《坟·说胡须》:"我一面剪,一面却忽而记起长安,记起我青年时代,发出连绵不断的感慨来。"姚雪垠《李自成》三卷二一章:"在卧龙岗北边五六里处,是连绵不断的岗岭。"也作"连绵不绝"。《三国演义》八六回:"南徐沿江一带,直至石头城,一连数百里,城郭车,连绵不绝,一夜成就。"

【连绵不绝】lián mián bù jué　见"连绵不断"。

【连篇累牍】lián piān lěi dú　牍:古代写字用的木简。形容篇幅多,文词冗长。《隋书·李谔传》:"连篇累牍,不出月露之形,积案盈箱,唯是风云之状。"《二十年目睹之怪现状》八回："再看那署的款，却都是连篇累牍，犹如徽号一般的别号，而且还要连表字、姓名一齐写上去，竟有二十多个字一个名字的。"杜鹏程《彭大将军接见记略》："各报刊连篇累牍的批判文章，揭发会议上的大呼小叫。人们都感到政治空气紧张，特别是文艺界的人更是胆颤心惊。"也作"累牍连篇"。《野叟曝言》五一回："某省报有嘉禾瑞麦，某省奏有甘露庆云，诹词诏说，累牍连篇。"

【怜香惜玉】lián xiāng xī yù　怜：疼爱。惜：爱惜。香、玉：喻指美女。比喻男子对女人温存疼爱。《西游记》七二回："呆子一味粗夯，显手段，那有怜香惜玉之心，举着钯，不分好歹，赶上前乱筑。"《红楼梦》七五回："老舅是久惯怜香惜玉的，如何今日反这样起来?"张恨水《啼笑因缘》八回："今天这片子，正是一张言情的。大概是一个贵族女子，很醉心一个艺术家，那艺术家嫌那女子太奢华了，却是没有一点怜香惜玉之意。"刘绍棠《黄花闺女池塘》一："南方富商还算怜香惜玉，给这个外室买下这座四合小院。"也作"惜玉怜香"。《孽海花》一六回："虽说血风肉雨的精神，断无惜玉怜香的心绪，然雄姿慧质，目与神交，也非一日了。"

【怜新弃旧】lián xīn qì jiù　怜：疼爱。疼爱新人，厌弃旧好。也指喜新厌旧，爱情不专一。《东周列国志》三七回："妾虽贵，然叔隗先配，且有子矣，岂可怜新而弃旧乎?"《红楼梦》七九回："薛蟠本是个怜新弃旧的人，且是有酒胆无饭力的，如今得了这样一个妻子，正在新鲜兴头上，凡事未免尽让他些。"

【联翩而至】lián piān ér zhì　联翩：连续不断的样子。连续不断的到来。形容来的人多而不间断。鲁迅《华盖集·忽然想到》："现在，外国的考古学者们便联翩而至了。"

【廉洁奉公】lián jié fèng gōng　廉正清洁，奉行公事。指为官不贪污，不受贿，秉公办事。从维熙《远去的白帆》九："我默默地望着这位生活上廉洁奉公的罗锅队长的身影，心想如果能再配上一个善于思考的清醒大脑，该有多好!"魏巍《火凤凰》一一二："特别重要的，党员、干部还要事事先人后己，廉洁奉公。"

【恋恋不舍】liàn liàn bù shě　恋恋：留恋。舍：舍弃。形容很留恋，舍不得离开。《东周列国志》二一回："燕伯送桓公出境，恋恋不舍，不觉送入齐界，去燕界五十余里。"《镜花缘》六七回："众才女天天聚会，唤姐呼妹，彼此叙谈，不但个个熟识，并且极其亲热，每到席散分手，甚觉恋恋不舍。"鲁迅《花边文学·未来的光荣》："如果我们也还爱看，那就可见无论怎样衰落，也还是有些恋恋不舍的了。"张恨水《啼笑因缘》一回："家树本以为这老人是风尘中不可多得的人物，现在忽然隐去，尤其是可怪，心里倒恋恋不舍。"

【良辰吉日】liáng chén jí rì　见"吉日良辰"。

【良辰美景】liáng chén měi jǐng　美好的时光，优美的风景。南朝宋·谢灵运《拟魏太子邺中集诗序》："天下良辰、美景、赏心、乐事，四者难并。"《喻世明言》卷三〇："时当清明，正是良辰美景，西湖北山，游人如蚁。"《野叟曝言》三〇回："那妹子生定是有福之人，就与那公子相好了，两个年纪相当，才貌斯称，你贪我爱，夜去明来，无比恩情……那一种的风流富贵不同着受用? 那一节的良辰美景不同着庆赏?"梁实秋《雅舍小品·快乐》："这个世界，这个人生，有其丑恶的一面，也有其光明的一面。良辰美景，赏心乐事，随处皆是。"也作"美景良辰"。《北齐书·段荣传》："孝言虽黩货无厌，恣情酒色，然举止风流，招致名士，美景良辰，未尝虚弃。"宋·辛弃疾《满江红》词："美景良辰,算只是可人风月。"

【良家妇女】 liáng jiā fù nǚ　清白、好人家的妇女。《二刻拍案惊奇》卷三八:"且说齐化门外有一个倬峭的子弟,姓郁名盛。生性淫荡,立心刁钻,专一不守本分,勾搭良家妇女。"《三侠五义》一〇四回:"你等回去上复你家大王,问他这洞庭之内可有无故劫掠良家妇女的规矩么?"从维熙《阴阳界》四:"她的神色,就像一个从歪门斜道回归到正路上的良家妇女,半低着头,眼神里滴落出一缕黯然神伤之光。"

【良师益友】 liáng shī yì yǒu　给人以教益和帮助的好老师、好朋友。《黑籍冤魂》二〇回:"虽然有那良师益友,苦口婆心的规劝,却总是耳边风,纵有时听得入耳,自己要想发愤为雄,都是一般虎头蛇尾。"鲁迅《集外集拾遗补编·补救世道文件四种》:"若夫家庭之内,有贤父兄,复能广延良师益友,以为子弟他山之助,韦长孺颜之推诸贤,犹未能或之先也。"老舍《四世同堂》五〇:"钱先生是他的老邻居与良师益友,又是爱国的志士。"

【良药苦口】 liáng yào kǔ kǒu　好药吃起来苦,但能治病。《孔子家语·六本》:"孔子曰:'良药苦于口,利于病;忠言逆于耳,利于行。'"后用"良药苦口"比喻尖锐的批评听起来不舒服,但对人有帮助。《三国志·吴书·孙奋传》:"夫良药苦口,唯疾者能甘之;忠言逆耳,唯达者能受之。"《三国演义》六〇回:"窃闻良药苦口利于病,忠言逆耳利于行。"

【良莠不齐】 liáng yǒu bù qí　莠:狗尾草,比喻坏人。指好人、坏人混在一起。《镜花缘》六八回:"第此时臣国西宫之患虽除,无如族人甚众,良莠不齐,每每心怀异志,祸起萧墙。"李劼人《大波》一部六章:"学堂里是良莠不齐的,有好人,就有坏人,有正人君子,就有下流痞子,甚至还有谋反叛逆的革命党人。"也作"良莠不一"。《清史稿·觉罗满保传》:"闽、浙两省棚民,以种麻靛、造纸、烧灰为业,良莠不一。"姚雪垠《李自成》一卷六章:"人上一百,形形色色,难免良莠不一,何况是上千上万!"〔注意〕莠,不能读作 xiù。

【良莠不一】 liáng yǒu bù yī　见"良莠不齐"。

【梁孟齐眉】 liáng mèng qí méi　见"举案齐眉"。

【梁上君子】 liáng shàng jūn zǐ　《后汉书·陈寔传》:"有盗夜入其室,止于梁上,寔阴见,乃起自整拂,呼命子孙,正色训之曰:'夫人不可不自勉。不善之人,未必本恶,习以性成,遂至于此。梁上君子者是矣!'盗大惊,自投于地。"后"梁上君子"成为窃贼的代称。宋·苏轼《东坡志林·梁上君子》:"近日颇多贼,两夜皆来入吾室。吾近护魏王葬,得数千缣,略已散去,此梁上君子当是不知耳。"《聊斋志异·申氏》:"无何,一男子来,躯甚壮伟,亦投不中。申惧,不敢少动。幸男子斜行去。微窥之,入于垣中。默忆垣内为富室亢氏第,此必梁上君子也。"周作人《雨天的书·苦雨》:"这回受惊的可不是我了,乃是川岛君'伲们'俩,因为'梁上君子'如再见光顾,一定是去躲在'伲们'的窗下窃听的了。"也指问题没得到解决,被挂起来没有着落的人。李国文《冬天里的春天》一章:"老朋友,你操的哪门子心呢? 连你自己,至今还是个梁上君子,没着没落,结论也做不出,倒有闲情逸致,去过问完全不用你过问的事。"

【两败俱伤】 liǎng bài jù shāng　《新五代史·宦者传论》:"虽有圣智不能与谋,谋之而不可为,为之而不可成,至其甚,则俱伤而两败。"后用"两败俱伤"指争斗双方都受到伤害、损失。明·沈德符《万历野获编·灵岩山》:"因山人争撺怂见,两败俱伤。"《官场现形记》四八回:"倘若大人再要回护他三人,将来一定两败俱伤,于大人反为无益。"李劼人《大波》三部七章:"派人去向赵季和疏解,晓以合则两利俱存,争则两败俱伤的道理。"

【两次三番】liǎng cì sān fān 见"三番五次"。

【两虎相斗】liǎng hǔ xiāng dòu 《战国策·秦策二》:"今两虎诤人而斗者,小者必死,大者必伤。诤:同"争"。后用"两虎相斗"比喻两强相争。《三国演义》六二回:"今两虎相斗,必有一伤。须误了我大事。吾与你二人劝解,休得争论。"也作"两虎相争"。明·徐元《八义记·张维诉话》:"我相公官至下大夫,不知为何,近日只要与上大夫赵正卿争朝,我想两虎相争,必有一伤。"

【两虎相争】liǎng hǔ xiāng zhēng 见"两虎相斗"。

【两脚书厨】liǎng jiǎo shū chú 见"立地书厨"。

【两肋插刀】liǎng lèi chā dāo 肋:胸部的两侧。比喻做出重大牺牲。姚雪垠《李自成》三卷一三章:"我,为朋友两肋插刀,你们放心睡觉吧,明早晚点起来。"梁斌《红旗谱》二一:"你们里的事,就是我门里的事。我朱老忠还是为朋友两肋插刀!"

【两面夹攻】liǎng miàn jiā gōng 指从两个方面同时进攻。也比喻同时受到两个方面的批评或压力。钱钟书《围城》一:"方鸿渐受到两面夹攻,才知道留学文凭的重要。"

【两面三刀】liǎng miàn sān dāo 指耍两面手法,当面一套,背后一套。元·李行道《灰阑记》二折:"我是这郑州城里第一个贤慧的,倒说我两面三刀,我搬调你甚的来?"《红楼梦》六二回:"这两面三刀的东西!我不稀罕。你不和宝玉好,他如何昔昔你应。"欧阳山《三家巷》一七

七:"怪不得人家都说你两面三刀,我看确实有那么一点儿。"魏巍《地球的红飘带》四○:"那是一个典型的投机专家,两面三刀,反复无常。"

【两全其美】liǎng quán qí měi 做一件事情,照顾到两个方面,使两方面都得到好处,感到满意。元·无名氏《连环计》三折:"司徒,你若肯与了我呵,堪可两全其美也。"《警世通言》卷二一:"妹子经了许多风波,又有谁来聘他。不如招赘那汉子在门,两全其美,省得傍人议论。"《红楼梦》七二回:"昨儿正说,要作一件什么事,恰少一二百银子使,不如借了来,奶奶拿一二百银子,岂不两全其美。"周而复《上海的早晨》四部三七:"送给区里,没有影响;送给市里,区里会有意见,他想了一个两全其美的办法。"姚雪垠《李自成》三卷六○章:"今日打仗,一边是闯王和夫人,另一边是我的丈夫,使我没法儿两全其美,也不能撒手不管。"

【两手空空】liǎng shǒu kōng kōng 两只手里什么都没有。多指没有钱财。《官场现形记》二八回:"所以他进款虽多,出款亦足相抵。等到革职交卸,依然是两手空空。"巴金《随想录》一二九:"但是理想从未在我的眼前隐去,它有时离我很远,有时仿佛近在身边;有时我以为自己抓住了它,有时又觉得两手空空。"浩然《乐土》四章:"最后再没有谁肯雇用他这'残废人',甚至连白吃饭都不用,怕他死在锅灶上,挨坑!他只得两手空空地回到老家。"

【两相情愿】liǎng xiāng qíng yuàn 双方都愿意。《水浒传》五回:"太公,你也是个痴汉,既然不两相情愿,如何招赘做个女婿?"《初刻拍案惊奇》卷三四:"其余尽是两相情愿,指望永远取乐,不想被爷爷检出,甘死无辞。"《野叟曝言》一四回:"敬民,买卖交易须要两相情愿,老翁既不愿买,何可相强?"梁实秋《雅舍小

品·结婚典礼》："结婚这件事，只要成年的一男一女两相情愿就成，并不需要而且不可以有第三者的参加。丁玲《太阳照在桑乾河上》七："李之祥图娶她不花钱，她看见他是一个老实人，两相情愿的潦潦草草地结了婚。"

【两小无猜】liǎng xiǎo wú cāi　猜：猜忌。唐·李白《长干行》："郎骑竹马来，绕床弄青梅。同居长干里，两小无嫌猜。"后用"两小无猜"指男女儿时在一起玩耍，天真无邪，互不猜疑。《聊斋志异·江城》："翁有女，小字江城，与生同甲，时皆八九岁，两小无猜，日共嬉戏。"刘心武《钟鼓楼》五章："你既饰那邓杏花，我便饰一穷书生，两人自然青梅竹马，两小无猜，早定姻缘，只待花烛……"

【两袖清风】liǎng xiù qīng fēng　指除两袖清风之外，别无所有。形容为官清廉。元·魏初《送杨季海》诗："交亲零落鬓如丝，两袖清风一束诗。"《说岳全传》七回："这位县主老爷，在这里历任九载，为官清正，真个'两袖清风，爱民如子'。"梁实秋《雅舍小品·廉》："汉末有一位郁林太守陆绩，罢官之后泛海归姑苏家乡，两袖清风，别无长物，惟一空舟，恐有覆舟之虞，乃载一巨石镇之。"陈国凯《两情若是久长时》一："几十年来他都在付出，付出了青春、血汗、劳苦、艰辛，换来了两鬓白发，一身风尘，两袖清风。"

【量才录用】liàng cái lù yòng　根据才能，录取任用。《旧五代史·周世宗纪》："应行营将士殁于王事者，各与赠官，亲的子孙，并量才录用。"宋·苏轼《上神宗皇帝万言书》："凡所擘画利害，不问何人，小则随事酬劳，大则量才录用。"马雨农《知音曲》："他要求大家服从命令，各安职守，办好移交，协助接管，并宣布，共产党是不会埋没人才的，对旧政府的人员，也将量才录用。"

【量力而行】liàng lì ér xíng　指根据自己的力量、情况而行事。《左传·隐公十一年》："度德而处之，量力而行之，相时而动，无累后人，可谓知礼矣。"《旧五代史·唐书·张承业传》："举事量力而行，不可信于游谭也。"《东周列国志》一四回："兵戎大事，量力而行。王室不振，已非一日。"巴金《随想录》九二："我们只打算慢慢地来，从无到有，从小到大，量力而行，逐步发展。"

【量入为出】liàng rù wéi chū　入：收入。根据收入的情况来安排支出。汉·桓宽《盐铁论·贫富》："车马衣服之用，妻子仆养之费，量入为出，俭节以居之。"《明史·孙原贞传》："宜量入为出，汰冗食浮费。俟食储既裕，渐减岁漕数，而民困可苏也。"梁实秋《雅舍小品·穷》："也有人量入为出，温饱无虞，可是又担心他的孩子将来自费留学的经费没有着落，于是于自我麻醉中陷入于穷的心理状态。"周而复《上海的早晨》四部一五："'你不能减少一点开销吗？'叶积善点醒他，'要量入为出啊！'"

【量体裁衣】liàng tǐ cái yī　按身材裁剪衣服。也比喻按实际情况办事。清·王筠《箓友肊说》："量体裁衣，部则不宜，而若惟此衣为宜，即若他人之衣皆不宜也。"毛泽东《反对党八股》："'看菜吃饭，量体裁衣'。我们无论做什么事都要看情形办理，文章和演说也是这样。"

【踉踉跄跄】liàng liàng qiàng qiàng　形容人走路不稳、跌跌撞撞的样子。《三侠五义》二四回："众人见他披发带血，情景可怕，也就一哄而散。他便踉踉跄跄，信步来至万全山，恰与白雄相遇。"茅盾《子夜》八："当下冯云卿怀着一颗怔忡不安定的心，转身踉踉跄跄跑上楼去，打算做照例的和事老。"

【聊报涓埃】liáo bào juān āi　涓埃：细流和尘土，比喻细小之物。指暂作轻微、细小的回报。《二十年目睹之怪现状》七八回："后来正室死了,在那督办的意思,是不再娶的了,只把这一位受恩深重的姨太太扶正了,作为聊报涓埃。"

【聊表寸心】 liáo biǎo cùn xīn 聊:略微。寸心:指微小的心意。略微表达一下自己的心意。多用于对别人表达谢意或情意。《二刻拍案惊奇》卷三八:"郁盛道:'难得大姐在此经过,一杯淡酒,聊表寸心而已。'"也作"略表寸心"。《说岳全传》四八回:"岳爷说道:'多蒙见招,只是不当之至!'王佐道:'无物可敬,略表寸心。'"

【聊复尔尔】 liáo fù ěr ěr 见"聊复尔耳"。

【聊复尔耳】 liáo fù ěr ěr 聊:姑且。尔:如此。耳:而已,罢了。姑且如此而已。《世说新语·任诞》:"阮仲容步兵居道南,诸阮居道北,北阮皆富,南阮贫。七月七日,北阮盛晒衣,皆纱罗锦绮。仲容以竿挂大布犊鼻裈于中庭。人或怪之,答曰:'未能免俗,聊复尔耳。'"也作"聊复尔尔"。《儿女英雄传》三九回:"老爷觉得只要有了他那寿酒寿文二色,其余也不过未能免俗,聊复尔尔而已。"

【聊胜于无】 liáo shèng yú wú 聊:略微。晋·陶潜《和刘柴桑》诗:"弱女虽非男,慰情聊胜无。"后用"聊胜于无"指比没有稍好一点。《官场现形记》四五回:"王二瞎子一听仍是衙门里的人,就是声光比账房差些,尚属慰情聊胜于无。"鲁迅《集外集·通讯》:"原来的意思,实在不过是聊胜于无,且给读书界知道一点所谓文学家,世界上并不止几个受奖的泰戈尔和漂亮的曼殊斐儿之类。"钱钟书《围城》三:"写信的时候总觉得这是慰情聊胜于无,比不上见面,到见了面,许多倒讲不出来,想还不如写信。"

【聊以塞责】 liáo yǐ sè zé 聊:姑且。塞:抵销,弥补。姑且敷衍,以完成自己的责任。宋·袁枢《通鉴纪事本末》:"韩

侂胄当国,言官不敢言事,但泛论君德时事,或问之,则愧谢曰:'聊以塞责。'"《红楼梦》七九回:"宝玉却从未会过这孙绍祖一面的,次日只得过去聊以塞责。"茅盾《子夜》四:"那位宝贝外甥吴荪甫也不把老舅父放在眼里了,只来了这么一通聊以塞责的电报,却并没专派一条小火轮来请他去。"

【聊以自慰】 liáo yǐ zì wèi 聊:姑且。慰:安慰。姑且用来自我安慰。宋·王谠《唐语林·补遗(德宗至文宗)》:"在中厅行事,地衣皆锦绣,诸公多撤去,而文昌每令伤,方践履。同列或劝之,文昌曰:'吾非不知,常恨少贫太甚,聊以自慰尔。'"鲁迅《华盖集·忽然想到》:"讳言这'一无所有',自然可以聊以自慰;倘更铺排得好听一点,还可以寒天烘火炉一样,使人舒服得要打盹儿。"杨绛《记钱钟书与〈围城〉》:"可是他究竟没有娶到意中人,他那些话也就可释为聊以自慰的话。"

【聊以卒岁】 liáo yǐ zú suì 《左传·襄公二十一年》:"人谓叔向曰:'子离于罪,其为不知乎?'叔向曰:'与其死亡若何?《诗》曰:优哉游哉,聊以卒岁。知也。'"意为逍遥自在地过日子。后用来指生活艰难,勉强度日。毛泽东《中国社会各阶级的分析》:"此种农民……于艰难竭蹶之中,存聊以卒岁之想。"

【寥寥无几】 liáo liáo wú jǐ 寥寥:很少。很少,没有几个。形容数量极少。明·胡应麟《诗薮·内编卷三》:"建安以后,五言日盛,晋宋齐间,七言歌行寥寥无几。"鲁迅《南腔北调集·论语一年》:"况且作者姓氏一大篇,动手者寥寥无几,乃是中国的古礼。"萧红《呼兰河传》一章:"所以那牙医生,挂了两三年招牌,到那里去,拔牙的却是寥寥无几。"

【寥若晨星】 liáo ruò chén xīng 寥:稀少。像早晨天空的星星那样稀少。

唐·韩愈《华山女》诗:"黄衣道士亦讲说,座下寥落如明星。"后用"寥若晨星"形容数量少。王火《战争和人》(二)卷三:"公园里人寥若晨星,雨丝飘拂,风瑟瑟吹动着路边地上潮湿的落叶……"

【撩云拨雨】 liáo yún bō yǔ 云雨:指男女情欢。挑逗、播动对方的情怀。常用来指男女调情、欢爱。《警世通言》卷三四:"满身窃玉偷香胆,一片撩云拨雨心。"《孽海花》一四回:"雯青自去下层书室里,做他的《元史补正》,凭着彩云在楼上翻江倒海、撩云拨雨,都不见不闻了。"

【燎原之势】 liáo yuán zhī shì 燎:燃烧。原:原野。《尚书·盘庚上》:"若火之燎于原,不可向迩。"后用"燎原之势"形容形势发展迅速猛烈,不可阻挡。邓一光《我是太阳》五部五:"不能把军队搞乱了!军队搞乱,天下大乱!但火势已蔓延,儿星唾沫无济于燎原之势。"

【了然于心】 liǎo rán yú xīn 了然:清楚明白的样子。唐·白居易《睡起晏坐》诗:"了然此时心,无物可譬喻。"后用"了然于心"指心里十分清楚明白。《官场现形记》四八回:"等到钦差到了安庆住下,叫他们造报销,他早已派人在南京抄到人家报销的底子,怎样钦差就赏识、怎样钦差就批驳,他都了然于心,预备停当。"

【了如指掌】 liǎo rú zhǐ zhǎng 了:明了,明白。指掌:指着手掌。《论语·八佾》:"或问禘之说。子曰:'不知也。知其说者之于天下也,其如示诸斯乎?'指其掌。"后用"了如指掌"指对事物的了解非常清楚,像把东西放在手里让人看一样。宋·张商英《护法论》:"唐张燕公所记梁朝四公者,能知天地鬼神变化之事,了如指掌。"《野叟曝言》一三〇回:"天子询问三省情形,蛟吟奏对详明,了如指掌,天子大喜。"梁实秋《雅舍小品·职业》:"按教书而能成匠,亦非易事。必须对其所学了如指掌,然后才能运用匠心

教人以规矩,否则直是庪家,焉能问世?我不认为教书匠是轻蔑语。"也作"了若指掌"。《宋史·道学传序》:"命于天而性于人者,了若指掌。"姚雪垠《李自成》三卷四四章:"李自成一边听一边不断点头,深佩宋献策熟悉前代战争往事,对古用兵方略了若指掌。"

【了若指掌】 liǎo ruò zhǐ zhǎng 见"了如指掌"。

【料敌制胜】 liào dí zhì shèng 料:估量,预测。制胜:取胜,战胜。准确估量敌情,并采取措施战胜敌人。《孙子·地形篇》:"料敌制胜,计险厄远近,上将之道也。"《晋书·王濬传》:"历职内外,任兼文武,料敌制胜,明勇独断,义存社稷之利,不顾专辄之罪。"《喻世明言》卷三七:"亦且长于谈兵,料敌制胜,谋无遗策。"

【料事如神】 liào shì rú shén 料:估量,预测。形容人预测事情十分准确。宋·杨万里《提刑徽猷检正王公墓志铭》:"公识宏深,襟度宽博,议论设施加人数等,料事如神,物无遁情。"《三侠五义》九八回:"登时把个卧虎庄主张的井井有条,可见他料事如神,机谋严密。"老舍《四世同堂》三:"他不便隔着街门告诉四爷:'我已经都预备好了!'可是心中十分满意自己的未雨绸缪,料事如神。"邓友梅《烟壶》一一:"刘铁嘴这小子还真料事如神,说我今年有黑爷拱门之喜!"

【列鼎而食】 liè dǐng ér shí 列:陈列,排列。鼎:古代烹煮用的器物,多为铜制,三足两耳,圆形或方形。排列着鼎器烹煮食物进餐。形容生活豪华奢侈。《孔子家语·致思》:"从车百乘,积粟万钟,累裀而坐,列鼎而食。"《水浒传》一回:"我是朝廷贵官公子,在京师时重茵而卧,列鼎而食。"

【劣迹昭昭】 liè jì zhāo zhāo 昭昭:明显的样子。恶劣的行迹已十分明显。形容劣迹多,恶行显著。王火《战争和人》

(一)卷八:"《港声报》的总经理区先觉是番禺人,他弟弟是番禺县长,劣迹昭昭。"

【林林总总】 lín lín zǒng zǒng 唐·柳宗元《贞符》:"惟人之初,总总而生,林林而群。"后用"林林总总"形容众多纷繁。明·朱之瑜《忠孝辩》:"举天下林林总总,夫非尽人之子乎?然何以孝如晨星,不可多得也?"王安忆《香港的情和爱》五:"无论世事怎样多姿多色,林林总总,这个核却是千篇一律,万变不离其宗,带有起源和归宿的性质的。"刘心武《话说赵姨娘》:"《红楼梦》中人物林林总总,生旦净末丑色色俱全,赵姨娘不消说属丑角类。"

【林下风范】 lín xià fēng fàn 见"林下风气"。

【林下风气】 lín xià fēng qì 魏晋间,嵇康、阮籍等人,常集于竹林之下,人称竹林七贤。指仙林贤士那样闲雅超脱的风度气质。《世说新语·贤媛》:"王夫人神情散朗,故有林下风气。"《醒世恒言》卷四:"玄微趋出相见,举目看十八姨,体态飘逸,言词泠泠,有林下风气。"也作"林下风范"。《老残游记》八回:"这女子何以如此大方?岂古人所谓有林下风范的,就是这样吗?"

【临机应变】 lín jī yìng biàn 见"随机应变"。

【临渴掘井】 lín kě jué jǐng 临:接近。《内经·素问·四季调神大论》:"夫病已成而后药之,乱已成而后治之,譬犹渴而穿井,斗而铸锥,不亦晚乎?"感到口渴才挖井。后用"临渴掘井"比喻平时没有准备,事到临头才想办法。《喻世明言》卷三九:"天子览奏,下枢密院会议。这枢密院官都是怕事的,只晓得临渴掘井,那会得未焚徙薪?"《封神演义》三五回:"一着空虚百着空,临渴掘井,悔之何及!"

【临难不苟】 lín nàn bù gǒu 临:面对。

难:灾祸。苟:苟且。此指苟免。《礼记·曲礼上》:"临财毋苟得,临难毋苟免。"后用"临难不苟"指遇到灾祸不苟且偷生、幸免于难。《旧唐书·忠义传序》:"此所谓杀身成仁,临难不苟者也。"

【临难不屈】 lín nàn bù qū 临:面对。难:灾祸。屈:屈服。面对危难,毫不屈服。《旧唐书·刘弘基传》:"高祖嘉其临难不屈,赐其家粟帛甚厚。"孙犁《白洋淀纪事·三烈士事略》:"盖三烈士生前,与群众、战友结合为一,而其临难不屈,为共产党员之光荣称号,奋斗至死,感人动人之深所致也。"

【临难苟免】 lín nàn gǒu miǎn 临:面对。难:灾祸。苟:苟且。《礼记·曲礼上》:"临财毋苟得,临难毋苟免。"后用"临难苟免"指遇到危难时,保全性命,苟且偷生。《周书·李远传》:"丈夫岂可临难苟免,当在死中求生耳。"《三国演义》九回:"若蒙社稷之灵,得安国家,吾之愿也;若不获已,则先奉身以死。临难苟免,吾不为也。"王火《战争和人》(二)卷三:"但中国自古以来,为国家民族殉难死节的志士多矣,我又何必临难苟免?"

【临深履薄】 lín shēn lǚ bó 临:面临。履:踩,踏。《诗经·小雅·小旻》:"战战兢兢,如临深渊,如履薄冰。"谓面临深渊,脚踏薄冰。后用"临深履薄"比喻做事小心谨慎,提心吊胆。《后汉书·杨终传》:"今君位地尊重,海内所望,岂可不临深履薄,以为至戒!"《野叟曝言》一四一回:"倘复加我数年,则临深履薄之念当无日不凛凛也。"也作"履薄临深"。唐·王勃《孝行第一》:"履薄临深,惟王之则。"

【临时抱佛脚】 lín shí bào fó jiǎo 指平时不行善事,有急难时才向佛求救。比喻平时不做准备,事到临头才急忙应付。《镜花缘》一六回:"前者小女同敝门生赴学臣考试,幸而都取三等之末,明岁得与观风盛典,尚有几希之望,所以此时都在此赶紧用功。不瞒二位大贤说，这叫作'临时抱佛脚'。"周而复《上海的早晨》一部四三："以后到期的支票，早一个礼拜告诉我，别叫我临时抱佛脚，措手不及。"也作"急来抱佛脚"。《喻世明言》卷一〇："这伙三党之亲，自从倪太守亡后，从不曾见善继一盘一盒，岁时也不曾酒杯相及，今日大块银子送来，正是闲时不烧香，急来抱佛脚。"《孽海花》五回："可怜那一班老翰林手是生了，眼是花了，得了这个消息，个个急得屁滚尿流，琉璃墨浆都涨了价了，正是应着句俗语叫'急来抱佛脚'了。"

【临食废箸】lín shí fèi zhù　箸：筷子。临到吃饭却放下筷子吃不下。形容人心神不安。《东周列国志》一〇六回："今韩王尽已纳地为郡县矣。王翦大兵复破赵，虏其王。赵亡，次必及燕。此丹之所以卧不安席，临食而废箸者也。"

【临事不苟】lín shì bù gǒu　临：面对。苟：苟且，不严肃。遇到事情不苟且，不随随便便。指做事情能够严肃认真。《三国演义》五七回："鲁肃忠烈，临事不苟，可以代瑜之任。"

【临事而惧】lín shì ér jù　临：面对。指遇事戒惧谨慎。《论语·述而》："必也临事而惧，好谋而成者也。"《三国志·蜀书·诸葛亮传》："臣以弱才，叨窃非据，亲秉旄钺以厉三军，不能训章明法，临事而惧，至有街亭违命之阙，箕谷不戒之失。"《三侠五义》六〇回："就是昨夕酒楼所谈，及庙内说的那些话，以后劝贤弟再不可如此。所谓'临事而惧，好谋而成'，方于事有裨益。"

【临危不惧】lín wēi bù jù　临：面对。北齐·刘昼《刘子·兵术》："临难而不惧，履冰火而如归，非轻死而乐伤，仁恩驱之也。"后用"临危不惧"指面临危险毫不畏惧。形容人的勇敢精神。唐·陆贽《李澄赠司空制》："天授将材，勇而多智，

临危不惧，见义必为。"刘白羽《第二个太阳》三章："陈文洪，临危不惧，头脑清晰，他知道他不能横断洪流，直截向岸。于是，他趁着水势，一任洪水急速漂流，把他们冲激而下。"高云览《小城春秋》四二章："这一下，他立刻相信，这一个临危不惧的年轻小伙子有着比他强的腕力和瞄准能力，于是他毫不迟疑地把这唯一的炸弹交给剑平。"

【临危受命】lín wēi shòu mìng　临：接近。《三国志·蜀书·诸葛亮传》："后值倾覆，受任于败军之际，奉命于危难之间，尔来二十有一年矣。"后用"临危受命"指在危难之际接受任命。夏衍《心防》三幕："临危受命于先，哪儿能临阵脱逃于后？"

【临危授命】lín wēi shòu mìng　临：面对。授：付与。授命：献出生命。《论语·宪问》："见利思义，见危授命，久要不忘平生之言，亦可以为成人矣。"后用"临危授命"指遇到危难，勇于献出自己的生命。欧阳山《三家巷》三六："我想古往今来那些忠勇的烈士，在他们临危授命的时候，一定是心胸开朗，了无牵挂的。"姚雪垠《李自成》三卷二七章："好一个邱巡抚，临危授命，视死如归，果然不辱朝廷，不负君国！"

【临崖勒马】lín yá lè mǎ　见"悬崖勒马"。

【临渊羡鱼】lín yuān xiàn yú　临：面对。渊：深水潭。羡：希望得到。面对着深渊，希望得到鱼。比喻有欲望想得到某种东西，但却没有实际行动。《汉书·董仲舒传》："古人有言曰：'临渊羡鱼，不如退而结网。'"王蒙《比怀念更重要的》："与其临渊羡鱼，不如退而结网，每个人从自己做起，加上教育行政部门……社会各界的关怀帮助，八十年代的青年人理应比五十年代生活得更富裕、更文明、更高尚、更丰富多彩。"

【临阵磨枪】 lín zhèn mó qiāng 临：接近。临到快要上阵打仗了，才去磨刀枪。比喻事到临头，才匆忙做准备。《红楼梦》七〇回："临阵磨枪，也不中用。有这会子着急，天天写写念念，有多少完不了的。"

【临阵脱逃】 lín zhèn tuō táo 临：接近。临到上阵打仗，却脱身逃跑。明·徐光启《疏辩》："临阵脱逃，初次即斩矣。"王火《战争和人》（一）卷四："童霜威心里明白，江怀南是临阵脱逃回来的。战线西移，苏州和吴江不保是肯定无疑的了！"也比喻事到临头，退缩逃避。茅盾《虹》三："她承认，透骨的爱早已把他们俩胶结成一体，但现在，韦玉好像临阵脱逃了！"张洁《方舟》四："但她觉得，那样做，似乎有临阵脱逃的意味，因此便留了下来。"

【淋漓尽致】 lín lí jìn zhì 淋漓：畅快的样子。尽致：达到极点。形容文章或讲话等表达得详尽细致、充分彻底。《二十年目睹之怪现状》九三回："他心中把苟才恨як彻骨，没有事时，便把苟才送少奶奶给制台的话，加点材料，对同事各人淋漓尽致的说起来，大家传作新闻。"鲁迅《三闲集·太平歌诀》："这三首中的无论那一首，虽只寥寥二十字，但将市民的见解；对于革命政府的关系，对于革命者的感情，都已经写得淋漓尽致。"杨沫《青春之歌》二部二七章："他擦擦汗还想说下去，王鸿宾赶快接着说道：'好！老吴算把咱们教授的生活形容得淋漓尽致了！'"

【琳琅满目】 lín láng mǎn mù 琳琅：美玉。所见皆美玉。《世说新语·容止》："今日之行，触目见琳琅珠玉。"后用"琳琅满目"比喻杰出人才、好文章或精美物品很多。清·陆陇其《与陈蔼公书》："承赐尊集，展卷一读，琳琅满目。"梁实秋《雅舍小品·不亦快哉》："逛书肆，看书展，琳琅满目，真是到了琅嬛福地。"杨沫《青春之歌》二部三五章："富丽堂皇的大厅，五颜十色的灯光，贵重的地毯，布满屋中的琳琅满目的罕见的古玩玉器……而其中最最特别的还是人。"

【鳞次栉比】 lín cì zhì bǐ 栉：梳子、篦子等梳头用具。《续资治通鉴长编·宋真宗咸平四年》："布为方阵，四面皆然，东西鳞次，前后栉比。"意为像鱼鳞和梳子齿那样一个接一个地排列着。后用"鳞次栉比"形容密集、整齐排列的样子。明·蒋一葵《长安客话·古榆关》："墩台守望，虽鳞次栉比，而柳栅沙沟，冲突道侧，行旅患之。"清·俞樾《右台仙馆笔记·江南龙舟》："每日东舫西舫，鳞次栉比，笙歌如沸，粉黛如云。"路遥《平凡的世界》（下）一章："那商店铺面，楼房街舍，就沿着这条蜿蜒曲折的街道，……鳞次栉比、层层叠叠，密集如蜂房蚁巢。"叶文玲《屏幕》："大概多年未曾回家，故乡小镇这一座座鳞次栉比的新楼房和一切变化，很叫她惊异而新鲜了。"也作"栉比鳞次"。王火《战争和人》（二）卷八："江水迴旋，对岸朦朦胧胧，看到的都是密集的栉比鳞次、肮脏破旧的房舍和麇集在江边的船只。"〔注意〕栉，不能读作 jié。

【麟肝凤脯】 lín gān fèng fǔ 见"麟肝凤髓"。

【麟肝凤髓】 lín gān fèng suǐ 麒麟肝，凤凰髓。比喻极为珍贵稀有的食物。五代·王定保《唐摭言·载应不捷声价益振》："麟肝凤髓，不登子俎者，其唯蒋君乎？"也作"麟肝凤脯"。周作人《雨天的书·死之默想》："住在冷冰冰的金门玉阶的屋里，吃着五香牛肉一类的麟肝凤脯，天天游手好闲，不在松树下著棋，便同金童玉女厮混，也不见得有什么趣味。"

【凛然正气】 lǐn rán zhèng qì 凛然：令人敬畏的样子。令人敬畏的刚正气节。古华《芙蓉镇》四章："他身上陡涨了一股凛然正气,决定把拯救这母子性命的担子挑起来,义不容辞."

【伶仃孤苦】 líng dīng gū kǔ　见"孤苦伶仃".

【伶牙利齿】 líng yá lì chǐ　见"伶牙俐齿".

【伶牙俐齿】 líng yá lì chǐ　形容人口齿伶俐,能说会道.元·吴昌龄《张天师》三折:"你休那里便伶牙俐齿,调三斡四,说人好歹,讦人暖昧,损人行止."《红楼梦》七三回:"我们的姑娘老实仁德,那里像他们三姑娘伶牙俐齿,要会姊妹们的强."欧阳山《三家巷》一〇三:"张纪文一向结结巴巴,说话也说不清楚,张纪贞倒是伶牙俐齿."也作"伶牙利齿".《封神榜》三九回:"所仗伶牙利齿云,要想说转昏君意,只怕有些万不能."刘心武《钟鼓楼》二章:"刚才的伶牙利齿,顿时变成了张口结舌."

【灵丹妙药】 líng dān miào yào　灵验有效的丹药,据说可以治百病.比喻能解决一切问题的办法.元·无名氏《瓠江亭》二折:"灵丹妙药都不用,吃的是生姜辣蒜大憨葱."陈忠实《白鹿原》二章:"那么你是要我做你的一只手或一只脚,还是要我为你去求那一剂灵丹妙药呢?"刘绍棠《京门脸子》:"解决退社问题……你有什么灵丹妙药?"

【灵机一动】 líng jī yī dòng　灵机:灵巧的心思.形容迅速想出了办法.《儿女英雄传》四回:"俄延了半晌,忽然灵机一动,心中悟将过来."钱钟书《围城》六:"辛楣为孙小姐的关系,不好斩钉截铁地拒绝,灵机一动,推荐方鸿渐."周而复《上海的早晨》一部四九:"幸亏冯永祥灵机一动,借口国家机密,挽回了难堪的局面."

【玲珑剔透】 líng lóng tī tòu　玲珑:精巧细致.剔透:通澈透亮.❶形容器物

精致通透,结构奇巧.《西游记》六〇回:"忽见一座玲珑剔透的牌楼,楼下拴着那个辟水金睛兽."《红楼梦》四一回:"刘姥姥掀帘进去,抬头一看,只见四面墙壁玲珑剔透,琴剑瓶炉皆贴在墙上."鲁迅《南腔北调集·小品文的危机》:"但如果他出身旧家,……就也许还能在尘封的废物之中,寻出一个小小的镜屏,玲珑剔透的石块,竹根刻成的人像,古玉雕出的动物,锈得发绿的铜铸的三脚癞虾蟆:这就是'小摆设'."周而复《上海的早晨》四部五九:"当她一跨进大门,走进圆厅,看见当中悬挂着一盏丈把长的大琉璃灯,玲珑剔透,灯光璀灿."❷形容诗文作品精巧优美.《野叟曝言》二七回:"大爷提起笔来,诗词歌赋顷刻而成,做得玲珑剔透,变化出奇.怎到这些事情上,便呆笨起来?"李国文《冬天里的春天》五章:"是她,是柳娟,她那曼曼起舞的美姿,像一首玲珑剔透的诗."❸形容人聪明伶俐.刘绍棠《蒲柳人家》一二:"他是个玲珑剔透的人,便想打破这尴尬的气氛,猛一拍手说:'您们看,有一桩天大的喜事,我竟忘了禀告.'"张洁《祖母绿》一:"玲珑剔透,天份很高,但功课只在中等水平以上."

【凌乱不堪】 líng luàn bù kān　形容没有秩序、十分不整齐的样子.魏巍《火凤凰》七〇:"徐偏看见屋子里凌乱不堪,炕对面那个红漆躺柜也不见了;再看看他们身穿的重孝,哀戚的面容,就知道家里发生了变故."也作"零乱不堪".王火《战争和人》(三)卷五:"他掏出了证件,大步走进去,才发现机关正要撤退,桌椅柜子均已零乱不堪,满地废纸垃圾,有人正在烧毁大批文件纸张."

【凌弱暴寡】 líng ruò bào guǎ　凌:侵犯,欺侮.暴:欺凌,轻慢.指欺负弱小者和势单人少者.宋·朱熹《黄商伯》:"但区区每见凌弱暴寡之徒,心诚疾之."

《醒世恒言》卷一:"君当传与世人,广行方便,切不可凌弱暴寡,利己损人。"也作"陵弱暴寡"。古应芬《民国十二年大元帅东征日记》:"粤之骄兵悍将,凡可以据户霸财、陵弱暴寡者,无一不至。"

【陵弱暴寡】líng ruò bào guǎ 见"凌弱暴寡"。

【羚羊挂角】líng yáng guà jiǎo 《埤雅·释兽》载:传说羚羊夜宿时,将角挂在树上,脚不着地,猎狗无迹可寻。后用来比喻诗文意境超脱,不着形迹。宋·严羽《沧浪诗话·诗辨五》:"诗者,吟咏情性也。盛唐诸人,唯在兴趣,羚羊挂角,无迹可求。故其妙处,透彻玲珑,不可凑泊。"李劼人《大波》三部七章:"更有人下了一个批语说:'此之谓羚羊挂角,无迹可寻。不过总觉得案牍气重了点。'"也喻指悬梁自尽。《二刻拍案惊奇》卷三五:"哭了半夜,趁着方妈妈炒骂兴阑,精神疲倦,昏昏熟睡,轻轻床上起来,将束腰的汗巾悬梁高吊。正是:未得野鸳交颈,且做羚羊挂角。"

【零乱不堪】líng luàn bù kān 见"凌乱不堪"。

【零七八碎】líng qī bā suì 零碎、不成系统。老舍《四世同堂》七四:"在这些零七八碎的杂感而外,他还有更痛心的事呢。"张贤亮《绿化树》一八:"她的窗户和所有农工家的窗户没有两样,也是用零七八碎的玻璃拼镶上的。"

【零敲碎打】líng qiāo suì dǎ 以零零碎碎、断断续续的方式进行工作或处理事情。明·贾凫西《木皮词·引子》:"这些话都不过是零敲碎打,信口诌成。"刘绍棠《花街》一:"后来,姓花的老地主撒手归西,几个儿子吃、喝、嫖、赌、抽,不上二年就败了家,把这大片河滩地零敲碎打,一条子一块典了出去。"

【另当别论】lìng dāng bié lùn 另外看待或处置。李国文《冬天里的春天》三章:"假如她真是绿蒂的话,那又另当别论了。"路遥《早晨从中午开始》四:"当然,有的人天性如此或对人生没有反省的能力或根本不具有这种悟性,那就另当别论了。"

【另开生面】lìng kāi shēng miàn 见"别开生面"。

【另立门户】lìng lì mén hù 门户:家庭。独立出去,另外建立家庭。邓友梅《那五》二:"福大爷并不小气。把原来马号一个小院分给紫云,叫她另立门户,声明从此断绝来往。"也比喻另外建立一个新的派别。王火《战争和人》(二)卷八:"从长远看,我要劝您在看看情况后,经过深思熟虑,为中华民族和人民着想,考虑在政治上离开国民党另立门户,另找出路。"

【另辟蹊径】lìng pì xī jìng 辟:开辟。蹊径:路径,途径。指另外开辟一条路。比喻另创一种新风格或另找一个新途径、新方法。《孽海花》三五回:"那也是承了乾嘉极盛之后,不得不另辟蹊径,一唱百和,自然的成了一时风气了。"叶圣陶《倪焕之》一四:"说农场不应该兴办么?那万不能承认;对于这样另辟蹊径的教育宗旨与方法,自己确有坚强的信念。"刘心武《公共汽车咏叹调》:"失去了糊纸盒的财路,韩冬生、秦淑惠便另辟蹊径。"

【另起炉灶】lìng qǐ lú zào 比喻重新做起或另立门户,另搞一套。《镜花缘》一四回:"他以腐臭之物,如教仆婢尽量饱餐,倒也罢了;不但忍饥不能吃饱,并且三次、四次之粪,还令吃而再吃,必至闹到'出而哇之',饭粪莫辨,这才'另起炉灶'。"叶圣陶《城中·病夫》:"心想如要另起炉灶,那是很费事的,况且编辑部所希望的就是这样一本书。"欧阳山《三家巷》一六八:"你主张咱们土改队另起炉灶。你把咱们土改队全体同志半个多月来的成绩一锤砸个粉碎。你好狠心哪。"梁斌《红旗谱》五〇:"第二师范解散,要另起炉灶重新招生,重新招聘教职员。"

【另请高明】lìng qǐng gāo míng　另外聘请高明的人。茅盾《子夜》一六:"赵伯韬这混蛋! 我不理他! 你要钻他的门路,另请高明罢!"

【另生枝节】lìng shēng zhī jié　比喻在解决一个问题的过程中另外产生的麻烦。钱钟书《围城》九:"报馆管理方面准备到这一着,夹袋里有的是人;并且知道这次辞职有政治性,希望他们快走,免得另生枝节,反正这个月的薪金早发了它。"

【另眼看待】lìng yǎn kàn dài　见"另眼相看"。

【另眼相看】lìng yǎn xiāng kàn　用另一种眼光看待。即对人用不同于一般的眼光看待。指特别看重或重视。《初刻拍案惊奇》卷三三:"今日多蒙大恩人另眼相看,谁知命蹇时乖,果然做了他乡之鬼。"《镜花缘》五六回:"此等读书人,若不另眼相看,何以鼓励人才。"鲁迅《而已集·谈所谓"大内档案"》:"更何况现在的时候,皇帝也还尊贵,只要在'大内'里放几天,或者带一个'宫'字,就容易使人另眼相看的,这真是说也不信,虽然在民国。"也作"另眼看待"。《二刻拍案惊奇》卷一五:"侍郎与夫人看见人物标致,更加礼仪齐备,心下喜欢,另眼看待。"

【令出必行】lìng chū bì xíng　《尚书·周官》:"慎乃出令,令出惟行,弗惟反。"后用"令出必行"指命令一发出,就必须贯彻执行。《东周列国志》八七回:"市人互相传说,皆言左庶长令出必行,预相诫谕。"

【令人齿冷】lìng rén chǐ lěng　齿冷:耻笑,讥笑。指不光彩、不正当的行为使人鄙视耻笑。明·沈德符《万历野获编·颁行女训》:"观莩此疏,欲谀悦取宠而迂诞不经,令人齿冷。"王火《战争和人》(一)卷八:"我何尝不是这样呢? 好多活人在中央都是行尸走肉,皮是活的心是死的,干不了好事! 令人齿冷!"

【令人发指】lìng rén fà zhǐ　发:头发。指:直立,竖起。发指:指头发竖起。《史记·项羽本纪》:"瞋目视项王,头发上指,目眦尽裂。"后用"令人发指"形容使人愤怒到极点。明·蒋一葵《长安客话·土木》:"为国立君成往事,令人发指触邪冠。"方志敏《狱中纪实》八:"钱某对于'下人们'的凶恶,自己生活的豪侈,狂嫖烂赌,无所不为的行动,闻之令人发指。"周而复《上海的早晨》三部三七:"朱老虎竟然做出这样令人发指的事,就凭这一点,他便要举起双手,完全拥护土地改革了。"

【令人喷饭】lìng rén pēn fàn　喷饭:吃饭时,因忍不住笑而将饭喷出。宋·苏轼《文与可画筼筜谷偃竹记》:"与可是日与其妻游谷中,烧笋晚食,发函得诗,失笑喷饭满案。"后用"令人喷饭"形容十分可笑。《镜花缘》二回:"最令人喷饭的,那小耗子又要舞,又怕猫,躲躲藏藏,贼头贼脑,任他装出斯文样子,终失不了偷油的身分。"

【令人捧腹】lìng rén pěng fù　捧腹:捧着肚子,形容大笑。指事情滑稽,使人发笑。《歧路灯》一〇一回:"又照烛看墙角一首,令人捧腹。"叶文玲《猴城记趣》:"据说那些猴子在宴会上都有一些令人捧腹的表演;至于食物的品类和猴宴的程序,自然也都是十分有趣的。"

【令人神往】lìng rén shén wǎng　神往:心里向往。指使人一心向往。明·胡应麟《少室山房笔丛》卷二七:"今著述浸没,怅望当时蹈海之风,令人神往不已。"杨寿新《斯蒂芬逊的远见》:"至于未来的火车更为惊人,正在研制的气垫列车,时速可达 500 公里,在真空管里行驶的列车,时速达 600 公里,而真空磁垫列车的最高时速更令人神往。"

【令人瞩目】 lìng rén zhǔ mù　瞩目:注目,视线集中在一点上。指引起别人的重视或关注。路遥《平凡的世界》(中)六章:"惟一令人瞩目的是,一九七七年秋冬之间经过那场风波在哭咽河上修起的大坝,已被山洪从中央豁开一个大缺口,完全垮掉了。"也作"令人注目"。巴金《家》一〇:"这一枝离地颇高,花也不少,不过大部分都是含苞未放,枝子弯曲而有力,令人注目。"

【令人注目】 lìng rén zhù mù　见"令人瞩目"。

【令人作呕】 lìng rén zuò ǒu　作呕:恶心,要呕吐。指使人感到恶心讨厌。多用于对可憎的人或事情,表示厌恶。方志敏《狱中纪实》四:"这看守所地势很低,阴沟不泄,一下大雨,就水满一尺,囚人们若要出栅门一步,都要打赤脚过水,水退后所蒸发的秽气,同样令人作呕!"梁实秋《雅舍小品·音乐》:"书家画家并不强迫人家瞻仰他的作品,而所谓音乐也者,则对于凡是在音波所及的范围以内的人,一律强迫接受,也不管其效果是沁人肺腑,抑是令人作呕。"

【令行禁止】 lìng xíng jìn zhǐ　有令必行,有禁必止。形容法纪严明,严格执行。《韩非子·八经》:"君执柄以处势,故令行禁止。"《淮南子·泰族训》:"故汤处亳七十里,文王处鄷百里,皆令行禁止于天下。"姚雪垠《李自成》二卷四七章:"他的军纪严明,令行禁止,上下齐一。"

【溜之大吉】 liū zhī dà jí　偷偷走开或一走了事。含诙谐义。《孽海花》二四回:"稚燕趁着他们扰乱的时候,也就溜之大吉。"沈从文《阿金》:"所谓阿金者,这时似乎有点听厌烦了,站起身来,正想拔脚走去,来个溜之大吉。"刘绍棠《村

妇》卷一:"路坦见势不妙,混乱中溜之大吉,躲开是非之地。"

【溜之乎也】 liū zhī hū yě　乎也:文言虚词,在这里没有实在意义。偷偷地走开。含诙谐义。《三侠五义》一〇四回:"刘立保眼尖,见那边来了几个猎户,各持兵刃,知道不好,他便从小路儿溜之乎也。"《二十年目睹之怪现状》二一回:"北京口音的一撒手,那四川口音的就'溜之乎也'的去了。"

【流波送盼】 liú bō sòng pàn　流波:指眼睛。盼:顾盼,看。形容女子含情地看别人。《东周列国志》五二回:"饮酒中间,灵公目不转睛,夏姬亦流波送盼。"

【流芳百世】 liú fāng bǎi shì　流:流传。芳:香,比喻美好名声。百世:三十年为一世,百世言时间久远。指好的名声永远流传后世。《资治通鉴·晋简文帝咸安元年》:"大司马温,恃其材略位望,阴蓄不臣之志,尝抚枕叹曰:'男子不能流芳百世,亦当遗臭万年!'"《三国演义》九回:"将军若扶汉室,乃忠臣也,青史传名,流芳百世。"《镜花缘》九〇回:"只要主意拿得稳,生死看得明,那遗臭万年,流芳百世,登时就有分别了。"姚雪垠《李自成》一卷二九章:"幸而如今回过头来,成了王臣,应该矢忠朝廷,带兵立功,求得个名垂竹帛,流芳百世。"

【流芳千古】 liú fāng qiān gǔ　流:流传。芳:香,比喻美好名声。千古:长远的年代。好名声千百年流传。《三国演义》三七回:"贤哉徐母,流芳千古。"姚雪垠《李自成》三卷三章:"我自己亲率练勇剿贼,早已将生死置之度外。剿贼得胜,功在桑梓;不幸被杀,流芳千古。"

【流风遗韵】 liú fēng yí yùn　见"流风余韵"。

【流风余韵】 liú fēng yú yùn　风:指社会风气、风尚。韵:韵事,风雅之事。指

前代流传下来的好的风尚和风雅的事。宋·朱熹《跋刘元城言行录》:"岁月如流,前辈既不可见,而其流风余韵日远日忘。"周作人《雨天的书·生活之艺术》:"日本虽然也很受到宋学的影响,生活上却可以说是承受平安朝的系统,还有许多唐代的流风余韵。"也作"流风遗韵"。郭沫若《伟大的爱国诗人——屈原》:"屈原正是在吴起、商鞅等实行变法的流风遗韵中长大的。"

【流光溢彩】 liú guāng yì cǎi　溢:充满而流出。形容形象美好,光彩照人。沈耀庭《细腻流畅,饶有兴味》:"他们第二次在人工湖畔相遇,双方疾奔如飞,竟把衣服、鞋子都扔到了空中。这组流光溢彩的镜头,充满着青春的活力。"

【流金铄石】 liú jīn shuò shí　流、铄:熔化。金:金属。金石皆被熔化。形容天气极为炎热。战国楚·屈原《招魂》:"十日代出,流金铄石些。"《文明小史》楔子:"虽然赤日当空,流金铄石,全不觉半点歊热。陈梦雷《行路难》诗:"行人五月涉炎乡,流金铄石汗浃裳。"也作"铄石流金"。《水浒传》二七回:"正是六月前后,炎炎日当天,铄石流金之际,只得赶早凉而行。"

【流离颠沛】 liú lí diān pèi　见"颠沛流离"。

【流离失所】 liú lí shī suǒ　流离:因灾荒、战乱等流散分离。失所:失去安身之处。形容到处流浪,没有安身的地方。《金史·完颜匡传》:"边民连岁流离失所,扶携道路,即望复业,过此农时,遂失一岁之望。"《清史稿·杜尔伯特传》:"其各加意抚绥,令守分谋生,勿至流离失所。"鲁迅《伪自由书·王化》:"蒙古的王公流离失所了,于是特别组织'蒙古王公救济委员会'。"丰子恺《缘缘堂随笔·附录》:"谁知你的年龄还不满六岁,忽被暴敌所摧残,使我流离失所,从此不得与你再见!"

【流离转徙】 liú lí zhuǎn xǐ　流离:因灾荒、战乱等流散分离。徙:迁移。形容到处流浪,辗转迁移。田汉《田汉选集·前记》:"在我长期流离转徙的生活中许多存稿存书都散佚了。"

【流连难舍】 liú lián nán shě　流连:留恋不止。留恋不止,不忍舍去。形容因喜欢某种景物或事物而不愿离去。方志敏《可爱的中国》:"其实中国是无地不美,到处皆景,自城市以至乡村,一山一水,一丘一壑,只要稍加修饰和培植,都可以成流连难舍的胜景。"

【流连忘返】 liú lián wàng fǎn　流连:留恋不止。形容留恋景物或某种事物而不愿离去。宋·吕公《进十事·无逸》:"人君初务纵逸,小人必怨慕,而大臣必谏,至于淫刑乱罚,以杜言者之口,然流连忘反,不闻其过,而终至于灭亡。"反:同"返"。《东周列国志》八一回:"夫差自得西施,以姑苏台为家,四时随意出游,弦管相逐,流连忘返。"《聊斋志异·葛巾》:"未几,花渐含苞,而资斧将匮;寻典春衣,流连忘返。"丰子恺《缘缘堂随笔·晨梦》:"这便是为了人生的饱暖的愉快,恋爱的甘美,结婚的幸福,爵禄富厚的荣耀,把我们骗住,致使我们无暇回想,流连忘返。"姚雪垠《李自成》二卷二一章:"除非军情十分紧急,会后总要逗留一些日子,有家在此地的就留在家中快活,无家的也留在客馆中每日与同僚们招妓饮酒,看戏听曲,流连忘返。"

【流年不利】 liú nián bù lì　流年:一年的运气。指人长年里处于不吉利的状态。《醒世恒言》卷三七:"多蒙老翁送我三万银子,我只说是用不尽的;不知略撒漫一撒漫,便没有了。想是我流年不利,故此没福消受,以至如此。"姚雪垠《李自成》二卷二七章:"虽说我的人马较多,可是今年春天我的流年不利,在玛瑙山也吃了亏,人马损失了一两千,军需甲仗也失去不少。"刘绍棠《蒲柳人家》一〇:"他的名声恶臭,谁沾上他就像招了鬼祟,轻则晦气十天半个月,重则便会流年不利。"

【流年似水】 liú nián sì shuǐ　流年:光阴,年华。比喻人的年华像流水一样逝去。多形容时间过得快。刘绍棠《二度梅》六:"洛文这才发觉,虽然流年似水,风狂雨虐,然而当年梅雨的风姿,仍旧镂刻和保存在他的心上,没有褪色,没有残缺。"

【流水不腐】 liú shuǐ bù fǔ　《吕氏春秋·尽数》:"流水不腐,户枢不蝼,动也。"意为流动的水不会腐臭,经常转动的门轴不会被虫蛀蚀。比喻经常运动的事物不易被外物侵蚀。常与"户枢不蠹"连用。毛泽东《论联合政府》五:"'流水不腐,户枢不蠹',是说它们在不停的运动中抵抗了微生物或其他生物的侵蚀。"

【流星赶月】 liú xīng gǎn yuè　天上的流星飞速向月亮滑去,像追赶月亮一样。形容速度快。《西游记》四四回:"那一顿如流星赶月,风卷残云,吃得馨尽。"《说岳全传》四二回:"岳云看得亲切,将左手烂银锤当的一架,锤碰锤,真似流星赶月;右手一锤,正中粘罕的左臂。"刘绍棠《花街》二:"饭篮里有吃剩的饼子半碗饭,又从大肚瓮里舀出一瓢面,流星赶月送到河边来。"

【流言蜚语】 liú yán fēi yǔ　蜚:同"飞"。没有根据的话。多指背后议论、诬蔑或挑拨的话。《明史·马孟桢传》:"臣子分流别户,入主出奴,爱憎由心,雌黄信口,流言蜚语,腾入禁庭,此士习可虑也。"巴金《随想录》一三〇:"可是想到将来会出现的评论、批判、研究、考察以及各种流言蜚语,我再也不能沉默。"欧阳山《三家巷》一:"对于这种不负责任的流言蜚语,陈万利并不放在心上。"

【柳暗花明】 liú àn huā míng　形容绿柳成荫、繁花似锦的景象。唐·武元衡《摩诃池送李侍御之凤翔》诗:"柳暗花明池上山,高楼歌酒换离颜。"王火《战争和人》(三)卷七:"天忽漆黑,对面不见人,似山岳崩坍,但并未崩坍,情急间,忽然置身柳暗花明之乡间,风景极美。"也比喻经过一番曲折后,出现新的局面。多指由逆境转变为充满希望、前途光明的顺境。周而复《上海的早晨》三部一一:"'五反'结束后,像是风平浪静,舍舟登岸,柳暗花明,找到了方向,才了解斗争的意义。"王安忆《流逝》一:"文耀高兴了,刚才还山穷水尽,这会却柳暗花明,他以为可以一往无前。"

【柳绿花红】 liú lǜ huā hóng　见"花红柳绿"。

【柳绿桃红】 liú lǜ táo hóng　见"桃红柳绿"。

【柳陌花街】 liú mò huā jiē　陌:街道。旧指妓院聚集的地方。也特指妓院。元·关汉卿《鲁斋郎》一折:"经旬间不来家,破工夫在柳陌花街串。"《初刻拍案惊奇》卷二:"偶然在浙江衢州做买卖,闲游柳陌花街,只见一个娼妇站在门首献笑,好生面染。"也作"柳巷花街"。《镜花缘》九八回:"行未数步,两旁俱是柳巷花街,其中美女无数,莫不俊俏风流。"

【柳巷花街】 liú xiàng huā jiē　见"柳陌花街"。

【六尺之孤】 liù chǐ zhī gū　指未成年的孤儿。《论语·泰伯》:"可以托六尺之孤,可以寄百里之命。"《后汉书·李固传》:"今委君以六尺之孤,李氏存灭,其在君矣。"《东周列国志》七回:"百里曰:'臣止为君亡国破,求保全六尺之孤耳!土地已属君掌握,岂敢复望!'"

【六畜不安】 liù chù bù ān　六畜:指马、牛、羊、鸡、犬、豕。形容被搅得鸡犬也不得安宁。《老残游记续集》四回:"人家结发夫妻过的太太平平和和气气的日子,要我去搅得人家六畜不安,未后连我也把小命儿送掉了,图着什么呢?"鲁迅《彷徨·离婚》:"那在家里是,简直闹得六畜不安。"

【六根清净】liù gēn qīng jìng　六根:佛教指人眼、耳、鼻、舌、身、意。佛教认为,根除各种欲念,可以无烦恼。《法华经·法师功德品》:"第一先总明闻经得六根清静果报。"《水浒传》四回:"寸草不留,六根清净。与汝剃了,免得争竞。"《西游记》一七回:"万事不思全寡欲,六根清净体坚牢。返老还童容易得,超凡入圣路非遥。"

【六街三市】liù jiē sān shì　六街:唐代都城长安有六条大街。三市:古指朝市、大市、夕市。后用"六街三市"泛指都市中大小街道,繁华街区。《水浒传》三回:"史进便入城来看时,依然有六街三市,只见一个小小茶坊,正在路口。"《西游记》三回:"果然那厢有座城池,六街三市,万户千门,来来往往,人都在光天化日之下。"《二十年目睹之怪现状》三七回:"这种地名好叫名胜,那六街三市,没有一处不是名胜了。"

【六亲不认】liù qīn bù rèn　六亲:指父、母、兄、弟、妻、子,泛指所有的亲属。形容人没有情义或不讲情面。萧红《呼兰河传》二章:"另外的一个说:'哟哟,我没见过,看起戏来,都六亲不认了,说个话儿也不让……'"周大新《第二十幕》(中)三部一九:"我真后悔当初为啥不把你塞到尿罐里淹死,倒让你长成这样一个六亲不认的东西!"魏巍《火凤凰》一一八:"自从高红当了中共雄县县委书记,领导土地改革,对自己的家庭,毫无情面可言,可谓六亲不认。"

【六亲无靠】liù qīn wú kào　六亲:指父、母、兄、弟、妻、子,泛指所有的亲属。

指没有直系的亲属可以依靠。形容孤立无助。《镜花缘》二一回:"我家现在六亲无靠,故乡举目无亲,除叔叔外,别无可托之人。"

【六神不安】liù shén bù ān　六神:古人指主宰心、肺、肝、肾、脾、胆六脏的神,泛指心神。形容人心绪慌乱或心神不安宁。《云笈七签》卷三二:"凡人卧,头边勿安放火炉,令人六神不安。"《官场现形记》二回:"他爷爷,他爸爸,忙了一天,到得晚上,这一夜更不曾睡觉,替他弄这样,弄那样,忙了个六神不安。"刘绍棠《村妇》卷二:"想到这两只令人一想就头疼欲裂的母老虎,他又心惊肉跳、七上八下、六神不安。"

【六神无主】liù shén wú zhǔ　六神:古人指主宰心、肺、肝、肾、脾、胆六脏的神,泛指心神。形容人心慌意乱,拿不定主意。《醒世恒言》卷二九:"吓得知县已是六神无主,还有甚心肠去吃酒,只得又差人辞了卢柟。"《野叟曝言》六六回:"众说纷纭,弄得抚院搓手跌脚,六神无主。"梁实秋《雅舍小品·吸烟》:"'冷火鸡'的戒烟法不大好受,一时间手足失措,六神无主,但是工作实在太忙,要发烟瘾没得工夫,实在熬不过就吃一块巧克力。"欧阳山《三家巷》七五:"那贯英虽是个审问的人,却急躁暴戾,六神无主。"

【六韬三略】liù tāo sān lüè　六韬:传说周姜太公撰《六韬》,分文韬、武韬、龙韬、虎韬、豹韬、犬韬六部分。三略:传说秦黄石公撰兵书《三略》。后用"六韬三略"泛指兵书兵法。唐·黄滔《祭南海南平王》:"天生大贤,浚六韬三略之才谋。"元·无名氏《黄鹤楼》一折:"六韬三略不曾习,南征北讨要相持。"《东周列国志》八七回:"二曰兵学,六韬三略,变化无穷,布阵行兵,鬼神不测。"《野叟曝言》八三回:"靳仁军师单谋,夸说得六韬三略无不精通,怎遇着文爷便一筹莫展?"

【龙飞凤舞】lóng fēi fèng wǔ 形容山势蜿蜒起伏,气势磅礴。宋·苏轼《表忠观碑》:"天目之山,苕水出焉,龙飞凤舞,萃于临安。"《喻世明言》卷二一:"天目山垂两乳长,龙飞凤舞到钱塘。海门一点巽峰起,五百年间出帝王。"也形容书法笔势生动活泼。《老残游记》九回:"抬头看见此墙上挂着四幅大屏,草书写得龙飞凤舞,出色惊人。"梁实秋《雅舍小品·签字》:"不料有一位考生在报名表上的签字如龙飞凤舞,又如春蚓秋蛇,又似鬼画符……"王火《战争和人》(二)卷一:"说着,叹了一口气,又提笔龙飞凤舞地写将起来,将写在宣纸上的一首诗写完了。"

【龙肝凤胆】lóng gān fèng dǎn 见"龙肝凤髓"。

【龙肝凤髓】lóng gān fèng suǐ 龙的肝,凤凰的骨髓。比喻珍稀佳肴。宋·苏轼《江瑶柱传》:"方其为席上之珍,风味蔼然。虽龙肝凤髓,有不及者。"《三国演义》三六回:"玄德曰:'备闻公将去,如失左右手,虽龙肝凤髓,亦不甘味。'"杨绛《记钱钟书与〈围城〉》:"他手里没多少钱,只能买些便宜的熟食如酱猪舌之类下酒,哄钟书那是'龙肝凤髓',钟书觉得其味无穷。"也作"龙肝凤胆"。邓一光《我是太阳》四部五:"乌云说,要知道害得你犯纪律,龙肝凤胆我也不吃。"

【龙驹凤雏】lóng jū fèng chú 驹:小马。龙驹:幼小的龙。雏:幼鸟。凤雏:幼小的凤。《晋书·陆云传》:"此儿若非龙驹,当是凤雏。"后用"龙驹凤雏"比喻英俊而有才气的少年。《红楼梦》二回:"令郎真乃龙驹凤雏,非小王在世翁前唐突,将来'雏凤清于老凤声',未可量也。"

【龙马精神】lóng mǎ jīng shén 龙马:古代传说中的骏马。像龙马那样的精神。比喻旺盛的奋发向前的精神。唐·李郢《上裴晋公》诗:"四朝忧国鬓如丝,龙马精神海鹤姿。"欧阳山《三家巷》一六二:"他们远远望见那无边无际的华北大平原,就像一群猛虎,从高山上奔跑下来一样,全队人个个龙马精神,昂首阔步地高声叫嚷:'咱们下山了! 咱们下山了!'"

【龙眉凤目】lóng méi fèng mù 形容人相貌不凡,有贵人之相。《水浒传》九回:"马上那人生得龙眉凤目,皓齿朱唇,三牙掩口髭须,三十四五年纪。"

【龙盘虎踞】lóng pán hǔ jù 盘:盘曲。踞:蹲或坐。《太平御览》卷一五六引晋·张勃《吴录》:"钟山龙盘,石头虎踞,此帝王之宅。"后用"龙盘虎踞"形容地势雄伟险要,特指南京。《警世通言》卷四〇:"江西四百年后,有地名曰西山,龙盘虎踞,水绕山环,当出异人。"姚雪垠《李自成》三卷一三章:"万一北京不能固守,尚有南京龙盘虎踞,江南财富充盈,必能延续北壁河山。"也比喻为英雄豪杰所占据。《三国演义》一〇八回:"紫髯碧眼号英雄,能使臣僚肯尽忠。二十四年兴大业,龙盘虎踞在江东。"也作"虎踞龙盘"。北周·庾信《哀江南赋》:"昔之虎踞龙盘,加以黄旗紫气,莫不随狡兔而窟穴,与风尘而殄瘁。"也作"虎踞龙蟠"。王火《战争和人》(二)卷五:"那天,凄风苦雨,虎踞龙蟠的石头城,春光烟水气中的后湖,苍茫萧瑟。"

【龙蛇飞动】lóng shé fēi dòng 像龙蛇一样飞腾游动。形容书法笔势劲健有力,生动活泼。宋·苏轼《西江月·平山堂》词:"十年不见老仙翁,壁上龙蛇飞动。"也作"龙蛇飞舞"。《野叟曝言》七一回:"你们都看这诗,不是明说着吗! 这字写得龙蛇飞舞,不是仙人也写不出来。"

【龙蛇飞舞】lóng shé fēi wǔ 见"龙蛇飞动"。

【龙蛇混杂】 lóng shé hùn zá 比喻好人和坏人混杂在一起。《敦煌变文集·伍子胥变文》："皂帛难分，龙蛇混杂。"《红楼梦》九回："俗语说的好：'一龙生九种，种种各别。'未免人多了，就有龙蛇混杂，下流人物在内。"古华《芙蓉镇》一章："李国香和王秋赦向公安员反映，莫看芙蓉镇地方小，人口不多，但圩场集市，水路旱路，过往人等鱼目混珠，龙蛇混杂。"

【龙潭虎穴】 lóng tán hǔ xué 潭：深水池。藏龙的深潭，虎居的巢穴。比喻凶险之处。《水浒传》四七回："你便有文韬武略，怎逃出地网天罗？直饶班马才能，难脱龙潭虎穴。"《封神榜》一三二回："两个人，因此奋勇两相争，恶战龙潭虎穴中。"《三侠五义》五一回："蒋平道：'展兄，你去了恐有些不妥，五弟他不是好惹的。'展爷听了不悦道：'难道陷空岛是龙潭虎穴不成？'"姚雪垠《李自成》二卷二四章："末将来到平利，好比是闯一闯龙潭虎穴，本来就将生死置之度外。"李英儒《野火春风斗古城》一章："只身闯入龙潭虎穴的豪迈感情，浪涛般地撞击着他的胸膛。"也作"虎穴龙潭"。《水浒传》四一回："感谢众位豪杰，不避凶险，来虎穴龙潭，力救残生。"

【龙腾虎跃】 lóng téng hǔ yuè 像龙飞腾，如虎跳跃。形容动作矫健有力，场面热烈而有生气。魏巍《东方》四部二五章："腰鼓队一面龙腾虎跃地击着腰鼓，一面用鼓棰指着他们，高声喊道……"路遥《优胜红旗》："两组龙腾虎跃地展开了一场热火朝天的竞赛。"刘玉民《骚动之秋》一五章："那时岛上住着一个连队，每日里热火朝天，龙腾虎跃。"也比喻奋起行动，有所作为。姚雪垠《李自成》二部二七章："他的心情十分敞朗，坚信只要度过这段困难日子，局势就会好转，任自己龙腾虎跃。"

【龙骧虎步】 lóng xiāng hǔ bù 骧：马昂首。像龙马高昂着头，像老虎迈着雄健的步伐。形容昂首阔步、威武雄壮的样子。《三国志·魏书·陈琳传》："今将军总皇威，握兵要，龙骧虎步，高下在心。以此行事，无异于鼓洪炉以燎毛发。"

【龙吟虎啸】 lóng yín hǔ xiào 汉·张衡《归田赋》："尔乃龙吟方泽，虎啸山丘。"后用"龙吟虎啸"形容声音宏大或叱咤风云的气势。宋·陈与义《衡岳道中四首》诗之二："客子山行不觉风，龙吟虎啸满山松。"《封神榜》五回："霎时立刻天地变，只听得，怪风刮的吼叫声，龙吟虎啸一般样，大地乾坤黑咕咚。"

【龙章凤姿】 lóng zhāng fèng zī 章：文采。姿：姿容。形容人仪表出众，神采非凡。《世说新语·容止》南朝梁·刘孝注引《嵇康别传》："康长七尺八寸，伟容色，土木形骸，不自饰厉，而龙章凤姿，天质自然。"《清史稿·世祖本纪》："上生有异禀，顶发耸起，龙章凤姿，神智天授。"也用来指出身高贵。《旧唐书·李揆传》："龙章凤姿之士不见用，麞头鼠目之子乃求官。"

【龙争虎斗】 lóng zhēng hǔ dòu 比喻诸雄相争，或争斗、竞赛十分激烈。元·马致远《汉宫秋》二折："当日未央宫里，女主垂旒，文武每我不信你敢差排吕太后，枉以后龙争虎斗，都是俺鸾交凤友。"《三国演义》三四回："暗想咸阳火德衰，龙争虎斗交相持。"《东周列国志》九八回："安排地网天罗计，待捉龙争虎斗人。"端木蕻良《科尔沁旗草原》一六："慨当年龙争虎斗，半生事业有何多！"也作"虎斗龙争"。元·宫大用《七里滩》三折："投至得帝业兴，家业成，四边平静，经了几千场虎斗龙争。"《说岳全传》七七回："天翻地覆何时定，虎斗龙争怎日休？"

【笼络人心】 lǒng luò rén xīn 用手段拉拢人，使人信服。《孽海花》一四回："唐卿笑道：'非也。这便是英雄笼络人心的作用，别给威毅伯瞒了。'"姚雪垠《李自成》一卷四章："都说李自成很能笼络人心，果然不假。在这上，大天王可不如他！"

【陋巷蓬门】lòu xiàng péng mén　陋巷：狭窄简陋的小巷。蓬门：蓬草编成的门。形容住地简陋，家中贫寒。《喻世明言》卷二七："家贫未遇，夫妻二口，住于陋巷蓬门。"

【镂冰雕朽】lòu bīng diāo xiǔ　镂：雕刻。朽：指朽木。雕刻冰块和朽木。比喻徒劳无功。晋·葛洪《抱朴子·论仙》："夫苦心约己，以行无益之事，镂冰雕朽，终无必成之功。"

【镂骨铭心】lòu gǔ míng xīn　镂：雕刻。铭：铭刻。形容永记不忘。常用于表示感激之语。明·陆采《怀香记·夕阳亭议》："真是镂骨铭心，没齿难泯。"张洁《爱是不能忘记的》："我们曾淡淡地、心不在焉地微笑着，像两个没有什么深交的人，为的是尽力地掩饰我们心里那镂骨铭心的爱情。"陈忠实《白鹿原》三○章："中国古代先圣先贤们的镂骨铭心的哲理，一层一层自外至里陶冶着这个桀骜不驯的土匪胚子。"也作"镂心刻骨"。《封神演义》九六回："妾等蒙陛下眷爱，镂心刻骨，没世难忘。"孙犁《文学和生活的路》："这些东西，我体验很深，可以说是镂心刻骨的。"也作"铭心镂骨"。唐·柳宗元《谢除柳州刺史表》："铭心镂骨，无报上天。"

【镂心刻骨】lòu xīn kè gǔ　见"镂骨铭心"。

【镂月裁云】lòu yuè cái yún　镂：雕刻。唐·李义府《堂堂词》："镂月为歌扇，裁云作舞衣。"后用"镂月裁云"比喻技艺高超精巧。宋·李觏《和慎使君出城见梅花》诗："化工呈巧异寻常，镂月裁云费刃芒。"

【漏洞百出】lòu dòng bǎi chū　形容说话、做事不周密，破绽很多。鲁迅《且介亭杂文·病后杂谈之余》三："做也真做得巧妙，只要别人不留心，是很可以不出岔子的，但如果人知道你原是留学生，留心研究起来，那就漏洞百出了。"欧阳山《三家巷》一三五："由于你们自己的过失，护照上漏洞百出，引起了种种麻烦。"王火《战争和人》（一）卷五："他怕人骂他是亲日派卖国贼，就只能心里一套、嘴上一套，心里想的和口里说的不同，就只能前后矛盾漏洞百出了。"

【漏网之鱼】lòu wǎng zhī yú　比喻侥幸逃脱的人。《水浒传》三回："这鲁提辖忙忙似丧家之犬，急急如漏网之鱼，行过了几处州府。"《东周列国志》一五回："鲁庄公等脱离虎口，如漏网之鱼，急急奔走。"《野叟曝言》一五二回："素臣赶出去送，已如漏网之鱼，七跌八撞跑出辕门去了。"从维熙《落红》二："因为我清廉如水，无懈可击，最初，我还活得相当潇洒，成为大潮中的漏网之鱼。"

【漏泄春光】lòu xiè chūn guāng　透露春天来临的消息。后用来比喻秘密或男女私情外泄。唐·杜甫《腊日》诗："侵陵雪色还萱草，漏泄春光有柳条。"元·王实甫《西厢记》一本二折："本待要安排心事传幽客，我则怕漏泄春光与乃堂。"

【庐山真面目】lú shān zhēn miàn mù　庐山：山名，在今江西九江南。宋·苏轼《题西林壁》诗："横看成岭侧成峰，远近高低各不同。不识庐山真面目，只缘身在此山中。"后用"庐山真面目"比喻事物的真相或一个人的本来面目。《野叟曝言》七五回："玉麟忙赶出来，定睛一看，掀髯大喜道：'今日才见庐山真面目也。'"刘绍棠《二度梅》七："他一定要一睹这位歌人的庐山真面目。"

【炉火纯青】lú huǒ chún qīng　据说道家炼丹，炉中之火达到纯粹蓝色时，丹即炼成功了。后用来比喻学问、技艺、品德修养、办事手段等达到纯熟完美的地步。《孽海花》二五回："到了现在，可以到了炉火纯青的气候，正是弟兄们各显身手的时期。"李劼人《大波》三部一章："然而他能背面议论人，总算不错，证明他那涵养工夫还未达到炉火纯青，也证明他的胆子还大。"

【卤莽灭裂】lǔ mǎng miè liè　卤莽：粗鲁。灭裂：草率。《庄子·则阳》："长梧封人问子牢曰：'君为政焉勿卤莽，治民焉勿灭裂。昔予为禾，耕而卤莽之，则其实亦卤莽而报予；芸而灭裂之，其实亦灭裂而报予。'"后用"卤莽灭裂"形容做事草率粗鲁。宋·朱熹《延和奏札》三："其有卤莽灭裂徒为烦扰去处，将来本司觉察得知，具名闻奏。"《三侠五义》九八回："此一段北侠擒蓝骁，迥与别书不同。交手别致，迎逢各异，至于擒法更觉新奇。虽则是失了征战的规矩，却正是侠客的行藏，一味的巧妙灵活，绝不是卤莽灭裂、好勇斗狠那一番的行为。"

【鲁鱼帝虎】lǔ yú dì hǔ　把"鲁"错成"鱼"，把"帝"错成"虎"。《意林》卷四引晋·葛洪《抱朴子》："谚云：书三写，鱼成鲁，帝成虎。"后用"鲁鱼帝虎"指书籍在传写、刊刻过程中的错误。清·阮葵生《茶馀客话》卷一四："（其翻译诸经）较之西域元文，已经三易。其中舛讹，不但鲁鱼帝虎而已。"

【鲁鱼亥豕】lǔ yú hài shǐ　把"鲁"错成"鱼"，把"亥"错成"豕"。晋·葛洪《抱朴子·遐览》："书三写，鲁成鱼，虚成虎。"《吕氏春秋·察传》："有读史记者曰：'晋师三豕涉河。'子夏曰：'非也，是己亥也。夫'己'与'三'相似，'豕'与'亥'相似。"后用"鲁鱼亥豕"指书籍在传写、刊刻过程中出现的文字错误。《红楼梦》一二〇回："既是假语村言，但无鲁鱼亥豕以及背谬矛盾之处，乐得与二三同志，酒馀饭饱，雨夕灯窗之下，同消寂寞。"

【鹿死谁手】lù sǐ shuí shǒu　鹿：猎人猎取的对象，比喻政权。谁能取得政权或谁能获得最后的胜利。《晋书·石勒载记下》："朕若逢高皇，当北面而事之，与韩、彭竞鞭而争先耳。脱遇光武，当并驱于中原，未知鹿死谁手。"《野叟曝言》二〇回："愚兄天生膂力，得有真传，与之并驱中原，就未知鹿死谁手耳！"姚雪垠《李自成》一卷二六章："牛金星用右手中指蘸酒，在桌上写了'大明必亡'四个字，随即望望医生，悄声说：'但不知鹿死谁手耳。'"陈国凯《摩登阿Q》："如果她要角逐文联主席，还不知鹿死谁手。"

【绿林好汉】lù lín hǎo hàn　绿林：古代山名，在今湖北省。西汉末年，王匡、王凤等聚众起义，反对王莽政权，以此为据点，号称"绿林军"。后用"绿林好汉"指聚集山林以抗统治者的武装。旧时也指江湖盗匪。《儿女英雄传》二一回："收了无数的绿林好汉，查拿海寇。"〔注意〕绿，不读lǜ。

【碌碌无为】lù lù wú wéi　碌碌：平庸的样子。平庸无能，无所作为。王蒙《青春万岁》二："当他回首往事时，不因虚度年华而悔恨，也不因碌碌无为而羞耻。"杨沫《青春之歌》二部四四章："一个人如果碌碌无为，只为自己渺小的生存而虚度一生，那么，即使他高寿活到一百岁，又有什么价值和意义呢？"陈国凯《我应该怎么办》六："这几年，我们很多时间都在碌碌无为中过去了，以后我们建立起家庭学习制度，你当我的老师，教我数理化。"

【路不拾遗】lù bù shí yí　遗：指遗失的东西。东西掉在路上，没有人捡走据为己有。形容社会风气好。汉·贾谊《新书·先醒》："百姓富，民恒一，路不拾遗，国无狱讼。"《水浒传》引首："那时天下太平，五谷丰登，万民乐业，路不拾遗，户不夜闭。"《警世通言》卷三六："赵知县自从烧了皂角林大王庙,更有些个事。在任治得路不拾遗,犬不夜吠,丰稔年熟。《老残游记》三回:"因为他办强盗办的好,不到一年竟有路不拾遗的景象,宫保赏识非凡。"也作"道不拾遗"。《野叟曝言》七八回:"吏不容奸,人怀自厉,道不拾遗,强不侵弱。"

【路见不平,拔刀相助】 lù jiàn bù píng, bá dāo xiāng zhù　指遇见不平之事,挺身而出,为受欺压或弱者一方打抱不平。常用来形容见义勇为行为。《水浒传》四四回:"戴宗、杨林看了,暗暗喝采道:'端的是好汉!此乃路见不平,拔刀相助,真壮士也!'"《初刻拍案惊奇》卷三:"唐时有一个举子,不记姓名地方。他生得膂力过人,武艺出众,一生豪侠好义,真正路见不平,拔刀相助。"《儒林外史》一二回:"只是一生性气不好,惯会路见不平,拔刀相助,最喜打天下有本事的好汉。"李劼人《大波》一部一一章:"好久不闻二妹高论,还是当年路见不平,拔刀相助的脾气!"

【路人皆知】 lù rén jiē zhī　《三国志·魏书·高贵乡公髦传》南朝宋·裴松之注引《汉晋春秋》:"帝见威权日去,不胜其忿。乃召侍中王沈、尚书王经、散骑常侍王业,谓曰:'司马昭之心,路人所知也。吾不能坐受废辱,今日当与卿等自出讨之。'"后用"路人皆知"指一些人的罪恶、不良用心、隐秘之事等为人所共知。《野叟曝言》七五回:"但秦桧之恶,路人皆知,至安石,则以诗书文其奸,无人识之。"

【路遥知马力,日久见人心】 lù yáo zhī mǎ lì, rì jiǔ jiàn rén xīn　路途遥远,才可以知道马的耐力大小;时间久了才可以看出人心的好坏。元·无名氏《争报恩》一折:"则愿得姐姐长命富贵,若有些好歹,我少不得报答姐姐之恩,可不道路遥知马力,日久见人心。"姚雪垠《李自

成》三卷五章:"我初见杨嗣昌的时候实想拿话骗他,并非怕死,只不过想与大帅留此微命,再供大帅驱使耳。俗话说:路遥知马力,日久见人心……"浩然《一担水》:"路遥知马力,日久见人心。你们到底怎么样,我和大伙得在实践里看看……"

【戮力同心】 lù lì tóng xīn　戮力:合力。指齐心合力。《左传·成公十三年》:"昔逮我献公及穆公相好,戮力同心,申之以同盟,重之以昏姻。"宋·苏轼《拟进士廷试策》:"盖以为其人可与戮力同心,共致太平。"《说岳全传》五九回:"众兄弟们务要戮力同心,为国家报仇雪耻,迎得二圣还朝,则岳飞死亦无恨也!"

【露宿风餐】 lù sù fēng cān　见"风餐露宿"。

【驴年马月】 lǘ nián mǎ yuè　属相记年是子鼠、丑牛、寅虎、卯兔、辰龙、巳蛇、午马、未羊、申猴、酉鸡、戌狗、亥猪,并没有"驴年",生肖也不能用来称月,故"马月"也不存在。故用"驴年马月"指遥遥无期的、不可知的年月。梁斌《红旗谱》二九:"严志和听涛她娘说得也有理,就说:'吞了这口气吧!过个庄稼日子,什么也别扑忙了。即便有点希望,又在哪个驴年马月呢?'"刘绍棠《草莽》二:"红杏急得要哭,喊嚷道:'月圆姐姐要等到驴年马月才能熬出头呀?'"

【旅进旅退】 lǚ jìn lǚ tuì　旅:俱,一起。一起进退。形容行动一致。《国语·越语上》:"吾不欲匹夫之勇也,欲其旅进旅退。"也形容随人进退,没有主见。宋·王禹偁《待漏院记》:"复有无毁无誉,旅进旅退,窃位而苟禄,备员而全身者,亦无所取焉。"《花月痕》四六回:"而内阁大臣犹循常袭故,旅进旅退于唯唯诺诺之间,清夜扪心,其能自慰乎?"

【屡次三番】 lǚ cì sān fān　形容次数很多,行为反复多次。《官场现形记》二

二回:"这时候傅抚院正在厅上会客,老妈们屡次三番要出来报信,因为会的是些正经客,恐怕不便,所以没有敢回。"

【屡见不鲜】lǚ jiàn bù xiān　鲜:新鲜。经常见到,并不新鲜。鲁迅《而已集·略谈香港》:"第二条是'搜身'的纠葛,在香港屡见不鲜。"陈忠实《白鹿原》一三章:"白鹿镇的游街景观随后便屡见不鲜见多不奇了,很多也就失去了观众。"也作"数见不鲜"。《孽海花》三五回:"凡是一个团体,这些叛党卖友的把戏,历史上数见不鲜。"鲁迅《集外集拾遗·启事》:"有的还硬说实在真有事,有的还说也许是别校的女生被辱了。咳,这种谣言,在各处所发生的真数见不鲜了。"

【屡教不改】lǚ jiào bù gǎi　多次教育,仍不改正。毛泽东《论十大关系》:"犯了错误的人,除了极少数坚持错误、屡教不改的以外,大多数是可以改正的。"

【屡试不爽】lǚ shì bù shuǎng　爽:差错。屡次试验,都没有差错。王火《战争和人》(一)卷七:"区琴心平日专给达官显宦富商巨贾看相算命,十分灵验,屡试不爽。"邓一光《我是太阳》六部一:"关山林没有理论,他只有几十年屡试不爽的经验,那就是革命靠自觉。"

【履薄临深】lǚ bó lín shēn　见"临深履薄"。

【履霜坚冰】lǚ shuāng jiān bīng　履:踏,踩。《周易·坤卦》:"初六,履霜,坚冰至。"意为脚踩着霜了,就可以知道严寒冰冻即将到来。后用"履霜坚冰"比喻事情露出苗头阶段,就预示着可能会发展壮大,并带来严重后果。《魏书·崔浩传》:"立子以长,礼之大经。若须并待成人而择,倒错天伦,则生履霜坚冰之祸。"

【履舄交错】lǚ xì jiāo cuò　履、舄:指鞋子。古人席地而坐,入室要脱鞋。交

错:交叉错杂。人的鞋子交叉错杂地放在一起。形容宾客众多。多指席间男女杂坐,不拘礼节的情景。《史记·淳于髡列传》:"日暮酒阑,合尊促坐,男女同席,履舄交错,杯盘狼藉。"《聊斋志异·凤仙》:"于是履舄交错,兰麝熏人,饮酒乐甚。"《二十年目睹之怪现状》三三回:"一时履舄交错,铡动钗飞。"

【履险如夷】lǚ xiǎn rú yí　履:行走。夷:平坦。指在危险的路上行走,就像在平坦的路上走一样。形容勇往直前,不畏惧困难和危险。如,也作"若"。《晋书·姚苌载记》:"董率大众,履险若夷,上下咸令,人尽死力。"郑观应《盛世危言·狱囚》:"而从此周道坦坦,履险如夷矣。"王火《战争和人》(一)卷八:"但是,向着既定目标行驶的船只,可以履险如夷,到达目的地。"

【绿草如茵】lǜ cǎo rú yīn　茵:褥子。绿油油的草坪,就像地上铺的褥子。形容草绿可爱。巴金《随想录》四四:"是一个明媚的春天的下午,公园里绿草如茵,樱花盛开,孩子们在草地上游戏,不停地发出欢笑。"杨沫《青春之歌》二部二三章:"在那美丽的绿草如茵的花园里,你对着我微笑,默默的告诉我:你那勇敢的、艰苦的战斗事迹。"

【绿肥红瘦】lǜ féi hóng shòu　绿:指草木。肥:指繁茂。红:指花朵。瘦:指稀疏。春深时节,草木茂盛,而花朵逐渐稀疏、凋零。形容暮春景象。宋·李清照《如梦令》词:"昨夜雨疏风骤,浓睡不消残酒。试问卷帘人,却道海棠依旧。知否,知否,应是绿肥红瘦。"

【绿水青山】lǜ shuǐ qīng shān　见"青山绿水"。

【绿叶成阴】lǜ yè chéng yīn　宋·计有功《唐诗纪事》卷五六载:唐代诗人杜牧游湖州时,遇一少女,喜之,与其母相约,十年后来娶。十四年后,杜牧为湖州刺

史，其时女已嫁人，并生有二子。杜牧感叹，因作《叹花》诗云："自恨寻芳到已迟，往年曾见未开时。如今风摆花狼藉，绿叶成阴子满枝。"后用"绿叶成阴"比喻年轻女子已出嫁并生有子女。

【鸾俦凤侣】 luán chóu fèng lǚ　见"燕侣鸾俦"。

【鸾凤和鸣】 luán fèng hé míng　鸾：凤类鸟名。鸾凤比喻夫妻。和鸣：和谐鸣叫。《左传·庄公二十二年》："初，懿氏卜妻敬仲。其妻占之，曰：'吉。是谓凤凰于飞，和鸣锵锵。'"后用"鸾凤和鸣"比喻夫妻和谐。元·白仁甫《梧桐雨》一折："夜同寝，昼同行，恰似鸾凤和鸣。"

【鸾翔凤集】 luán xiáng fèng jí　鸾：凤类鸟名。鸾鸟、凤鸟都飞来了。比喻人才荟聚。晋·傅咸《申怀赋》："穆穆清禁，济济群英。鸾翔凤集，羽仪上京。"

【乱臣贼子】 luàn chén zéi zǐ　乱臣：犯上作乱的人。贼子：不孝子孙，儒家指不忠不孝的人。后泛指造反作乱、破坏统治秩序的人。《孟子·滕文公下》："孔子成《春秋》，而乱臣贼子惧。"《汉书·天文志》："自周室衰，乱臣贼子师旅数起。"《东周列国志》六回："二逆不诛，乱臣贼子，行将接踵于天下矣！"《说岳全传》一二回："古言'乱臣贼子，人人得而诛之'。"

【乱点鸳鸯】 luàn diǎn yuān yāng　鸳鸯：一种水鸟，雌雄多成对生活在一起。常用来比喻夫妻。指错配姻缘。《醒世恒言》卷八有《乔太守乱点鸳鸯谱》的故事。《隋唐演义》六三回："唐帝乱点鸳鸯的，把几个女子赐与众臣配偶。"姚雪垠《李自成》三卷三二章："宋军师和牛先生不顾小张萧和慧梅二人自幼以来的生死恩情，硬作月老，乱点鸳鸯，使慧梅终身有恨。"现也指领导者不尊重实际情况，强行令人配对组合的做法。邓一光《我是太阳》一部六："说什么上馆子呀，逛公园呀，说得挺邪乎的，弄得大家都信了，害得自己差点没做个乱点鸳鸯谱的乔太守。"

【乱箭攒心】 luàn jiàn cuán xīn　攒：指攒射，集中射箭。乱箭一齐射在心上。比喻内心十分痛苦。《醒世恒言》卷二〇："二子一见，犹如乱箭攒心，放声号哭，奔向前来，叫声：'爹爹'，孩儿在此！把他扶将起来。"《野叟曝言》五五回："既访不出水夫人消息，又有苏州亲戚闹出事来之说，进门又看了湘灵哀词，真如乱箭攒心，摩挲不得。"

【乱乱哄哄】 luàn luàn hōng hōng　形容声音嘈杂，秩序混乱的样子。《说岳全传》二二回："只见对阵许多喽罗，手中拿的那里是什么枪刀，都是些锄头、铁搭、木棍、面刀，乱乱哄哄，不成模样。"

【乱七八糟】 luàn qī bā zāo　形容没有条理和秩序，极端混乱的样子。《儿女英雄传》三八回："把山东的土产，拣用得着的，乱七八糟都给带了来了。"《孽海花》二八回："六之介心里乱七八糟的想了一阵，到底也没有理个头绪来。"鲁迅《而已集·再谈香港》："我仔细一看，已经打开的是八箱，两箱丝毫未动。而这两个硬果，却全是伏园的书籍，由我替他带回上海来的。至于我自己的东西，是全部乱七八糟。"老舍《四世同堂》五八："慢慢的，她把屋子整理得干干净净，不再像小崔活着的时候那么乱七八糟了。"张天翼《速写三篇·包氏父子》："三个抽屉都是这么乱七八糟，什么也找不着！"

【乱琼碎玉】 luàn qióng suì yù　琼：美玉。形容洁白而零乱的雪。《水浒传》二四回："其日武松正在雪里踏着那乱琼碎玉归来，那妇人推出帘子，陪着笑脸迎接道：'叔叔寒冷。'"王火《战争和人》（二）卷三："两人站起来，看看外边，雪花又在飘飞了，乱琼碎玉铺得满地都是。"

【乱世之秋】 luàn shì zhī qiū　秋：时

候。指社会混乱的时候。王火《战争和人》(一)卷五:"何况,乱世之秋,似乎各人都在自顾自,谁也不想将自己的行踪或动态告诉人家。"

【乱作一团】luàn zuò yī tuán　形容人们的行为无秩序,很混乱。茅盾《腐蚀·二月二日深夜》:"你刚走了,我也就脱身!只看见人们乱作一团。"王火《战争和人》(三)卷五:"日寇未到。但百姓对军队信心不足,拼命要快逃,互相影响,使尚远离战火的地方乱作一团。"

【掠人之美】lüè rén zhī měi　掠:掠夺。掠取别人的功劳和美名。宋·王楙《野客丛书·龚张对上无隐》:"汤见上,曰:'前奏非俗吏所及,谁为之者?'汤以宽对,不掠人之美以自耀。"张贤亮《绿化树》二七:"在论述每一个问题时,他也一条条地举出资产阶级经济学家对这一问题的看法,有的地方指出继承和发展的关系,表现了他绝不掠人之美的大师风度。"

【略表寸心】lüè biǎo cùn xīn　见"聊表寸心"。

【略见一斑】lüè jiàn yī bān　斑:杂色花纹或斑点。《世说新语·方正》:"此郎亦管中窥豹,时见一斑。"意为用竹管看豹子,经常是只看到一个花斑。后用"略见一斑"比喻从看到的事物的一部分,可以推想事物的全部或整体。《野叟曝言》二三回:"即如鹓鶵,果系钟情,便当毁容示节,捐躯明志,才见他真心向你;如今飘然而去,亦可略见一斑了。"《老残游记续集》二回:"他又好修饰,慏瞧他这屋子,就可略见一斑了。"

【略胜一筹】lüè shèng yī chóu　筹:筹码。略微高过一筹码。《聊斋志异·辛十四娘》:"小生所以忝出君上者,以起处数语,略高一筹耳。"后多作"略胜一筹",指两相比较,稍微强一点。梁实秋《雅舍小品·下棋》:"自古博弈并称,全是属于赌

的一类,而且只是比'饱食终日无所用心'略胜一筹而已。"也作"稍胜一筹"。方志敏《狱中纪实》八:"现在绥靖公署军法处,调来了曹某任处长,他也是一只老官僚(清拔贡出身),表面上满口的仁义道德,肚子里也是男盗女娼的,与陈某比较起来,算是'稍胜一筹'。"

【略识之无】lüè shí zhī wú　之、无:指简单易识的字。唐·白居易《与元九书》:"仆始生六七月时,乳母抱弄于书屏下。有指'无'字'之'字示仆者,仆虽口未能言,心已默识。后有问此二字者,虽百十其试,而指之不差。"后用"略识之无"指略识几个字,读书不多。《二十年目睹之怪现状》九回:"最可笑的,还有一班市侩,不过略识之无,因为艳羡那些斗方名士,要跟着他学,出钱叫人代作了来,也送去登报。"

【略无参商】lüè wú shēn shāng　参、商:参星和商星。参星在西,商星在东,此出彼没,永不相见,比喻彼此对立不和谐。没有一点不和谐的地方。指彼此和谐,没有矛盾。《红楼梦》五回:"便是宝玉和黛玉二人之亲密友爱处,亦自较别个不同,日则同行同坐,夜则同息同止,真是言和意顺,略无参商。"

【略知一二】lüè zhī yī èr　一二:一两个,少的数量。稍微知道一些。多为自谦之语,意为所知不多。《西游记》八一回:"妖精不在此小神山上,不伏我小神管辖。但只夜间风响处,小神略知一二。"《野叟曝言》一三回:"海面上事,小人还略知一二。倘得寻着妹子,竟送到吴江便了。"姚雪垠《李自成》一卷三章:"不知己,不知彼,何能取胜?廷麟一年来对此稍能留心,故敢说略知一二。"

【沦肌浃髓】lún jī jiā suǐ　沦:渗人。浃:透,深入。浸透肌肉,深入骨髓。《淮南子·原道训》:"不浸于肌肤,不浃于骨髓。"后用"沦肌浃髓"比喻程度或受影响

很深。宋·朱熹《与芮国器书》："苏氏之学,以雄深敏妙之文,煽其倾危变幻之习,以故被其毒者,沦肌浃髓而不自知。"鲁迅《华盖集续编·我还不能"带住"》:"我正因为生在东方,而且生在中国,所以'中庸''稳妥'的余毒,还沦肌浃髓。"也作"沦浃肌髓"。茅盾《蚀·幻灭》一三:"云气已经遮没了对面的峭壁,裹住了他们俩;钻进他们的头发,侵入他们的衬衣里。静觉得凉意沦浃肌髓,异常的舒适。"

【沦浃肌髓】lún jiā jī suǐ　见"沦肌浃髓"。

【轮流做庄】lún liú zuò zhuāng　庄:庄家,打牌或赌博时每一局的主持人。打牌或赌博时轮流做庄家。《官场现形记》二一回:"这天从早晨八点钟入局,轮流做庄,一直到晚未曾住手。黄三溜子连躺下过瘾的工夫都没有。"也比喻轮流执政。

【论长论短】lùn cháng lùn duǎn　讨论长处和短处,议论是非得失。《三侠五义》五七回:"如今我也不合你论长论短,俟到了开封府,叫你看看白某是见过大世面还是没有见过大世面,那时再与你算账便了。"

【论短道长】lùn duǎn dào cháng　议论别人优劣好坏。欧阳山《三家巷》四二:"后来就忘了身分,当着众人也对她评头品足,论短道长起来。"

【论功行赏】lùn gōng xíng shǎng　论:衡量。《管子·地图》:"论功劳,行赏罚,不敢蔽贤。"后用"论功行赏"指衡量功劳大小,分别给予奖赏。《三国志·魏书·武帝纪》南朝宋·裴松之注引《九州春秋》:"愚以为可且按甲寝兵,息军养士,分土定封,论功行赏。"《东周列国志》四二回:"晋文公临朝受赏,论功行赏以狐偃为首功,先轸次之。"清·洪昇《长生殿·献饭》:"这春绿,臣等断不敢受。请留待

他时论功行赏。若有违心,皇天鉴,决不爽。"姚雪垠《李自成》一卷五章:"一俟将他来擒或斩,大军告捷,论功行赏,自然有你的份儿。"

【论古比今】lùn gǔ bǐ jīn　论说古代的人事,比况今天的现实。姚雪垠《李自成》三卷一四章:"李自成拉着李岩的手笑着说:'林泉,你真是善于读书!经你这么论古比今,我的棋路看得更清楚了。'"

【论古商今】lùn gǔ shāng jīn　见"论古谈今"。

【论古谈今】lùn gǔ tán jīn　古今人事无不谈论评说。形容话题广泛。《孽海花》六回:"明月初上,叩舷中流,雯青正与几个幕友飞觥把盏,论古谈今,甚是高兴。"也作"论古商今"。《野叟曝言》八八回:"是日,东宫回宫,除餐食过宫外,每日与长卿、怀恩听素相谈天说地,论古商今。"

【罗雀掘鼠】luó què jué shǔ　指粮食断绝时,张网捉雀、掘洞捕鼠用来充饥的困窘情况。《新唐书·张巡传》:"至是食尽……至罗雀掘鼠,煮铠弩以食。"后也比喻用尽一切办法筹措财物。梁启超《论直隶湖北安徽之地方公债》:"何一非穷空极腹,罗雀掘鼠而无所为计者。"

【锣鼓喧天】luó gǔ xuān tiān　喧:声音很大。敲锣、打鼓的声音响彻天空。形容激烈搏斗或热烈喜庆的景象。元·关汉卿《单鞭夺槊》四折:"早来到北邙前面,猛听的锣鼓喧天,那军不到三千,拥出个将一员。"《二十年目睹之怪现状》四四回:"苟才的公馆与继之处相去不过五六家,今日开通了隔壁,又近了一家,这边锣鼓喧天,鞭炮齐鸣,那边都听得见。"李劼人《大波》一部一〇章:"戏园子里还不是锣鼓喧天地在唱戏?茶坊酒肆的生意还不是一天比一天好?"魏巍《东方》三部一三章:"那天,太原城里锣鼓喧天,大

街上的老百姓扭着秧歌欢庆解放。"

【裸臂揎拳】 luǒ bì xuān quán 裸:赤裸。揎:捋袖子露出手臂。形容要打架或争斗的样子。《二刻拍案惊奇》卷一六:"其时郡中有个刘八郎,名元,人叫他做刘元八郎,平时最有直气。见了此事,大为不平,在人前裸臂揎拳嚷道:'吾乡有这样冤枉事!主簿被林家欠了钱,告状反致坐监,要那州县何用?'"

【荦荦大者】 luò luò dà zhě 荦荦:明显。指明显的大的方面、主要的方面。《史记·天官书》:"此其荦荦大者,若至委曲小变,不可胜道。"茅盾《蚀·幻灭》一〇:"这是荦荦大者,若毛举细故,更不知有多少。"〔注意〕荦,不能读作 yíng。

【洛阳纸贵】 luò yáng zhǐ guì 《晋书·左思传》载:左思构思十年,作《三都赋》成,大得当代名流赞赏。司空张华见而叹曰:"班、张之流也。使读之者尽而有余,久而更新。"于是豪贵之家,竞相传写,洛阳为之纸贵。后用"洛阳纸贵"形容好的著作,风行一时,广为流传。《镜花缘》七七回:"人说洛阳纸贵,谁知今日闹到长安扇贵。"

【络绎不绝】 luò yì bù jué 络绎:前后相接、连续不断的样子。形容车船人马等前后相接,往来不断。《后汉书·南匈奴传》:"逢侯部众饥穷,又为鲜卑所击,无所归,窜逃入塞者,络驿不绝。"络驿:同"络绎"。《隋书·高颎传》:"其夫人贺拔氏寝疾,中使顾问,络绎不绝。"《醒世恒言》卷二〇:"且说王员外次女玉姐,年已一十五岁,未曾许定,做媒的络绎不绝。"《野叟曝言》一三六回:"自此各省奏报络绎不绝,善后之事照章处分,并无梗化。"萧红《呼兰河传》二章:"一到了黄昏,天还没有完全黑下来,奔着去看河灯的人就络绎不绝了。"巴金《随想录》八五:"大殿内,岳坟前瞻仰的人络绎不绝,如同到了闹市。"

【落笔千言】 luò bǐ qiān yán 一动笔就能写成大文章。形容人文思敏捷。王火《战争和人》(三)卷一:"此时此刻,如果摊开纸张,拈起笔墨,一定能洋洋洒洒落笔千言。"

【落草为寇】 luò cǎo wéi kòu 落草:逃往山林。寇:强盗。指被迫逃往山林去做强盗。沈从文《湘行散记·五个军官与一个煤矿工人》:"多数人虽明白这战争不出一个月必可结束,落草为寇的仍然逃入深山,驻防的仍然收复了原有防地。"

【落地有声】 luò dì yǒu shēng 东西落在地上有响亮的声音。形容人说话做事坚强有力。王安忆《香港的情和爱》:"老魏看着她情不自禁地微笑了,她是那样落地有声的一种女人,她走到哪里,都带有强夺豪取的意思。"

【落花流水】 luò huā liú shuǐ 凋谢的花朵随着流水漂去,形容残春景象。唐·李群玉《奉和张舍人送秦炼师归岑公山》诗:"兰浦苍苍春欲暮,落花流水怨离琴。"也形容惨败、零落的样子。《西游记》六三回:"这厮锐气挫了!被我那一路钯,打进去时,打得落花流水,魂散魄飞!"《野叟曝言》五二回:"众盗被金面客人一阵乱锤打得落花流水,被萎臣宝刀挥斫十几个,有名剧盗,大半杀死,其余纷纷逃命。"李劼人《大波》二部三章:"这些乌合之众,不管他们多少人,若是遇上周鸿勋,不打他们一个落花流水,那才怪哩!"姚雪垠《李自成》二卷二六章:"郝摇旗随即从后边杀出,把官军杀得落花流水,四散奔逃。"

【落花有意,流水无情】 luò huā yǒu yì, liú shuǐ wú qíng 《续传灯录·温州det翔竹庵士珪禅师》:"落花有意随流水,流水无情恋落花。"后用"落花有意,流水无情"比喻一方有意,一方无情。《醒世恒言》卷三:"谁知朱重是个老实人,又且兰花醒醍丑陋，朱重也看不上眼。以此，落花有意，流水无情。"

【落荒而逃】 luò huāng ér táo 离开战场或大道，向荒野逃去。形容大败而逃。《说岳全传》七五回："那锤来得狠，把牛皋两手虎口多震开了。叫声'不好'，回转马头就走。只因在岳雷面前说了大话，不好意思在本营败走，只得落荒而逃。"李劼人《大波》三部二章："我只用了两营人，就把他们打得弱弱大败，落荒而逃。"姚雪垠《李自成》三卷二一章："猛营官兵不知闯兵有多少，害怕被四面包围杀光，因此有一半人也随着刘营的溃兵落荒而逃。"也作"落荒而走"。《东周列国志》九五回："骑劫乘车落荒而走，正遇田单，一戟刺死，燕军大败。"《野叟曝言》一二回："众盗正在乱窜，素臣忽然着慌，一面招架，一面捞着夹在腋下，杀开一条血路，落荒而走。"

【落荒而走】 luò huāng ér zǒu 见"落荒而逃"。

【落脚之地】 luò jiǎo zhī dì 指临时停留或暂住的地方。阿城《孩子王》一："大家都说，谁要去看你，只是去了不要忘了大家，将来开会、看电影路过学校，也有个落脚之地。"

【落井下石】 luò jǐng xià shí 唐·韩愈《柳子厚墓志铭》："一旦临小利害，仅如毛发比，反眼若不相识，落陷阱，不一引手救，反挤之，又下石焉者，皆是也。"意为见人落在井里，不但不搭救，反而向井里扔石头。后用"落井下石"比喻乘人之危，加以打击陷害。明·李贽《续焚书·答来书》："若说叔台从而落井下石害我，则不可。"周而复《上海的早晨》三部一九："为啥要在别人危急的时刻，落井下石，一点不顾及亲戚关系，无情无义，太不讲做人的道德了。"姚雪垠《李自成》一卷八章："自成心中吃惊，坐下去笑着说：'如果我有丝毫害怕你落井下石，我就不会来

谷城。'"也作"投井下石"。李劼人《大波》三部三章："部里员司都知堂官和这巡抚有宿怨，怕他投井下石。"也作"下井投石"。巴金《随想录》一四七："我写过这类不负责任的表态文章，说是'划清界限'，难道不就是'下井投石'?!"

【落落大方】 luò luò dà fāng 落落：潇洒，开朗。形容举止仪态潇洒自然，毫不拘谨。《野叟曝言》四○回："二娘娘落落大方，妹子前日在他跟前便自觉踟蹰不安。"张恨水《啼笑因缘》四回："人也没有什么精神，胆怯怯的，不像从前那样落落大方；眼睛红红的，倒像哭了一般。"丰子恺《缘缘堂随笔·附录》："中央同内，就用以上这几种壁饰，此外毫无别的流俗的琐碎的挂物，堂堂庄严，落落大方，与你的性格很是调和。"魏巍《火凤凰》一二○："妇女们厌弃了浓妆艳抹，追求朴素的新风，显得更加美丽妩媚，落落大方。"

【落落寡合】 luò luò guǎ hé 落落：形容与人合不来。形容性情孤傲，与人合不来。宋·章甫《曾仲恭侍郎惠酒》诗："穷居少人事，落落仍寡合。"《三侠五义》六九回："原来此人姓杜名雍，是个饱学儒流，一生怀气刚直，又是个落落寡合之人。"杨沫《青春之歌》二部三○章："你过去是一个多愁善感、落落寡合的人对不对？怎么现在我看你完全不是这样的人了！"刘绍棠《二度梅》三："梅雨的父亲年老多病，又背着历史包袱，所以落落寡合，一副潦倒没落的模样。"

【落落寡欢】 luò luò guǎ huān 落落：形容与人合不来。孤独，与人合不来，少欢乐。李国文《孤独》："你长得并不丑么！你好像也没有什么隐衷，你身体也看不出有什么病，你的精神状态也无异常表现，你为什么落落寡欢？"王火《战争和人》(二)卷五："他落落寡欢地走上大坡，越过铁道下坡走到安仁街去。"

【落魄不偶】 luò pò bù ǒu 落魄：潦倒

的样子。不偶:命运不好。古人以偶数为好,奇数为不好。形容人潦倒失意,命运不佳。《三国演义》三五回:"因问玄德曰:'吾久闻明公大名,何故至今犹落魄不偶耶?'玄德曰:'命途多蹇,所以至此。'"

【落入俗套】luò rù sú tào　俗套:陈旧的格调,老的做法。指文学作品的内容、形式、手法等陷入老一套,没有创新。王火《〈战争和人〉后记》:"我不拘一格地写这部小说,不想走人家的老路落入俗套,也不给自己定什么样的框框。"

【落拓不羁】luò tuò bù jī　落拓:性格豪迈,放浪。羁:束缚,拘束。形容人性格豪迈放浪,不受拘束。《醒世恒言》卷一五:"有个监生,姓赫名应祥,字大卿,为人风流俊美,落拓不羁。"《孽海花》三一回:"可是骠东官职虽是武夫,性情却完全文士,恃才傲物,落拓不羁。"沈从文《生》:"来了一个年青人,正在打量投水

似的神气,把花条子衬衣下角长长的拖着,作为北京城某一种大学生特有的落拓不羁的样子。"蒋子龙《赤橙黄绿青蓝紫》一:"她的眼睛里有一种落拓不羁的神采,身上飘出一股刺鼻的奇香。"

【落雁沉鱼】luò yàn chén yú　见"沉鱼落雁"。

【落叶归根】luò yè guī gēn　见"叶落归根"。

【落叶知秋】luò yè zhī qiū　见"一叶知秋"。

【落英缤纷】luò yīng bīn fēn　落英:落花。缤纷:繁多凌乱的样子。鲜花盛开,花瓣纷纷飘落。形容春天美好的景色。晋·陶潜《桃花源记》:"芳草鲜美,落英缤纷。"也指花儿凋谢的暮春天气。梁实秋《雅舍小品·树》:"落英缤纷的时候可能有一点伤感,结实累累的时候又会有一点迟暮之思。"

M

【麻痹大意】 má bì dà yì 比喻失去警惕性,疏忽大意。王火《战争和人》(一)卷一:"监察院本来不会提付弹劾,只因我内兄麻痹大意了。他去调查时,我未能事先上下打点,形势迫使他不能不移付惩戒。"

【麻木不仁】 má mù bù rén 仁:感觉灵敏。肢体失去知觉或感觉迟钝、反应不灵敏。比喻对外界事物反应迟钝或漠不关心。《儿女英雄传》二七回:"天下作女孩儿的,除了那班天日不懂、麻木不仁的姑娘外,是个女儿,便有女儿情态。"老舍《四世同堂》三六:"他并不是因看惯了日本人和他们的横行霸道而变成麻木不仁,而是看到了光明的那一面。"王安忆《叔叔的故事》:"叔叔已变得麻木不仁,并且得过且过。"

【马不停蹄】 mǎ bù tíng tí 马不停止跑动。比喻连续不断地活动,一刻不停地进行。元·无名氏《小尉迟》三折:"今日个将遇敌头,直杀的他马不停蹄。"《西游记》四八回:"这一直到天晚,吃了些干粮,却又不敢久停,对着星月光华,映的冰冻上亮灼灼、白茫茫,只情奔走,果然是马不停蹄。"老舍《四世同堂》五八:"他的鞋袜是那么容易穿坏,仿佛脚上有几个钢齿似的。一眨眼就会钻几个洞。她须马不停蹄的给他缝补,给他制做。"魏巍《东方》一部三章:"你在外头这么多年,风里雨里,马不停蹄,不知道吃了多少苦呵!"

【马齿徒增】 mǎ chǐ tú zēng 齿:年岁。徒:徒然,白白的。《穀梁传·僖公二年》:"荀息牵马操璧而前曰:'璧则犹是也,而马齿加长矣。'"后用"马齿徒增"谦称自己虚度年华,没有成就,或学问没有长进。清·王韬《淞隐漫录·阿怜阿爱》:"自妾识君,已四五年矣。娥眉易老,马齿徒增,尚未能择人而事,自拔于火坑。"柳亚子《赠少屏》诗:"鹏飞未遂冲霄志,马齿徒增歧路悲。"梁实秋《雅舍小品·年龄》:"人年纪大了常自谦为马齿徒增,也没有人掰开他的嘴巴去看他的牙齿。"

【马到成功】 mǎ dào chéng gōng 形容事情顺利,一做就办成了或取得了胜利。元·张国宾《薛仁贵》楔子:"凭着您孩儿学成武艺,智勇双全,若在两阵之间,怕不马到成功。"《封神榜》一五七回:"西岐无非弹丸地,马到成功谈笑间。"《孽海花》二一回:"谁知庄稚燕在路上说得这也是门,那也是户,好像可以马到成功,弄得阳伯心痒难搔。"钱钟书《围城》五:"有劳你们两位,咱们这些随员只能叨光了。真是能者多劳!希望两位马到成功。"周而复《上海的早晨》一部二八:"布置一个会场,主持一个大会,交涉一件事体,只要菊霞小姐一出面,没有一个不是马到成功,办得漂漂亮亮。"

【马耳东风】 mǎ ěr dōng fēng 见"东风射马耳"。

【马放南山】 mǎ fàng nán shān 马:指战马。《尚书·武成》:"乃偃武修文,归马于华山之阳,放牛于桃林之野,示天下弗服。"后用"马放南山"比喻天下太平,不再打仗。《说岳全传》一回:"其时天下太平已久,真个是马放南山,刀枪入库;五谷丰登,万民乐业。"

【马革裹尸】mǎ gé guǒ shī　马革:马皮。用马皮将尸体包裹起来。指英勇杀敌,战死疆场。《后汉书·马援传》:"男儿要当死于边野,以马革裹尸还葬耳,何能卧床上在儿女子手中邪?"《三国演义》五一回:"瑜听罢,于床上奋然跃起曰:'大丈夫既食君禄,当死于战场,以马革裹尸还,幸也!岂可为我一人,而废国家大事乎?'"《说岳全传》五四回:"武将当场,马革裹尸。"王火《战争和人》(一)卷三:"只要战争在南方一起,我做军人的只有奔赴沙场马革裹尸。"

【马龙车水】mǎ lóng chē shuǐ　见"车水马龙"。

【马马虎虎】mǎ mǎ hǔ hǔ　形容做事草率不认真,疏忽大意。郭沫若《屈原》五幕:"是的,我也明白。我的吃亏处,便是大家都醉而我偏不醉,马马虎虎的事我做不来。"萧红《呼兰河传》三章:"祖父虽然教我,我看了也并不细看,也不过马马虎虎承认下来就是了。"也形容勉强,凑合。茅盾《子夜》八:"几样小东西。一百块也就马马虎虎够了。"沈从文《黔小景》:"我这丁豆豆本来留给自己吃的,你们是我这店里今年第一个客人。对不起你们,马马虎虎凑合吃一顿吧。"马烽、西戎《吕梁英雄传》五七回:"因此生意马马虎虎还能维持下来。"

【马前泼水】mǎ qián pō shuǐ　元杂剧《渔樵记》载:汉代朱买臣家贫,卖薪自给,奋发苦读,妻不能忍而离去。后买臣当了官,授太守之职,妻又要求复婚。买臣泼水于马前,令妻收回,示夫妻不能再合好。后用"马前泼水"比喻夫妻关系破裂,不能挽回。钱钟书《围城》三:"董斜川道:'好,好,虽然"马前泼水",居然"破镜重圆",慎明兄将来的婚姻一定离合悲

欢,大有可观。'"

【马失前蹄】mǎ shī qián tí　马前脚站不稳而突然摔倒。比喻偶然发生差错而受挫。刘绍棠《花街》六:"她恶心连阴天,恨不得连阴天出门一个马失前蹄。"

【马首是瞻】mǎ shǒu shì zhān　瞻:往上或往前看。《左传·襄公十四年》:"荀偃令曰:'鸡鸣而驾,塞井夷灶,唯余马首是瞻。'"意为古代作战时,士兵要看主将的马头决定进退。后比喻服从指挥或乐于追随。《魏书·广阳王传》:"今者相与还次云中,马首是瞻,未便西迈,将士之情,莫不解体。"清·龚自珍《与吴虹生书》六:"此游作何期会,作何章程,愿惟命是听,惟马首是瞻,胜于在家穷愁也。"姚雪垠《李自成》三卷三○章:"八大王奉闯王为盟主,大别山一带的革、左五营也是唯闯王之马首是瞻。"

【马仰人翻】mǎ yǎng rén fān　见"人仰马翻"。

【马壮人强】mǎ zhuàng rén qiáng　见"人强马壮"。

【骂不绝口】mà bù jué kǒu　绝口:住口,不住口地骂。形容人极其愤怒。《三国演义》五七回:"马腾骂不绝口,与其子马休、及黄奎,一同遇害。"《三侠五义》五○回:"江樊到了此时,便把当时的泼皮施展出来,骂不绝口。"

【埋名隐姓】mái míng yǐn xìng　见"隐姓埋名"。

【埋头苦干】mái tóu kǔ gàn　埋头:头也不抬,指专心。形容专心致志,尽力地工作。鲁迅《且介亭杂文·看图识字》:"现在我们只要看《看图识字》里所画的生活状态——洗脸,吃饭,读书——就知道这是作者意中的读者,也是作者自己的生活状态,是在租界上租一层屋,装了全家,既不阔绰,也非穷敝的,埋头苦干一日,才维持生活一日的人。"茅盾《腐

蚀·一月五日》："我仿佛还认得出那个鼻子上涂着白粉的丑角就是早上开纪念会时站在台上痛哭流涕,好像只有他是埋头苦干,只手擎起了抗战建国的大事业似的!"茹志鹃《同志之间》:"老朱呢,却长得瘦瘦精精的,工作埋头苦干,十分顶真。"

【买椟还珠】 mǎi dú huán zhū 椟:木匣子。还:退还。《韩非子·外储说左上》:"楚人有卖其珠于郑者,为木兰之柜,薰以桂椒,缀以珠玉,饰以玫瑰,辑以翡翠,郑人买其椟而还其珠。此可谓善卖椟矣,未可谓善鬻珠也。"后用"买椟还珠"比喻没有眼光,不识货,取舍失当。宋·程颐《与方元寀手帖》:"今之治经者亦众矣,然而买椟还珠之蔽,人人皆是。"

【买空卖空】 mǎi kōng mài kōng 一种商业投机活动。交易者根据货物或证券的行情涨落,买进或卖出,买卖双方均无货物或现款过手,只是到期按进出差价结算盈亏,从中获利。茅盾《子夜》五:"我们不论是办个银行,或是别的什么,总是实事求是,不能干买空卖空的勾当。"周而复《上海的早晨》四部四一:"朱犯延年一贯投机倒把,买空卖空,套取外汇,捣乱市场。"也比喻在学术、政治或社会活动中的招摇撞骗行为。鲁迅《准风月谈·由聋而哑》:"因为多年买空卖空的结果,文界就荒凉了。"张恨水《啼笑因缘》二○回:"当然啰,也许是你表嫂要做这一个媒,有点买空卖空。"

【卖刀买犊】 mài dāo mǎi dú 见"卖剑买犊"。

【卖儿卖女】 mài ér mài nǚ 见"卖儿鬻女"。

【卖儿鬻女】 mài ér yù nǚ 鬻:卖。指因生活所迫出卖自己的儿女。姚雪垠《李自成》二卷三六章:"洛阳饥民卖儿鬻女,大姑娘论斤秤。"也作"卖儿卖女"。王火《战争和人》(二)卷七:"一路上,逃荒的人络绎不绝,卖儿卖女的见到不少。"

【卖官鬻爵】 mài guān yù jué 鬻:卖。爵:爵位,君主国家封的等级。指当权者出卖官职,爵位以聚敛财富。《宋书·邓琬传》:"琬性鄙闇,贪吝过甚,财货酒食,皆身自量较。至是父子并卖官鬻爵,使婢仆出市道贩卖。"《喻世明言》卷三一:"自光和元年,灵帝始开西邸,卖官鬻爵,视官职尊卑,入钱多少,各有定价。"刘扬体《春明外史》笔下的北京》:"他们贿选总统,卖官鬻爵,贪污舞弊。"

【卖国求荣】 mài guó qiú róng 出卖国家利益,求得个人荣华富贵。《说岳全传》三三回:"虽然偷生在世,已经被天下人骂我父子是卖国求荣的奸贼。"郭沫若《屈原》四幕:"你这卖国求荣的无赖,你这巧言令色的小人,有什么值得你笑!"杨沫《青春之歌》一部一五章:"他们荒淫无耻,他们对外奴颜婢膝,甘心卖国求荣。"

【卖剑买牛】 mài jiàn mǎi niú 卖掉刀剑,购买耕牛。《汉书·龚遂传》:"民有带刀剑者,使卖剑买牛,卖刀买犊。"后用"卖剑买牛"指改业归农或弃甲归田。宋·陆游《答吴提官启》:"卖剑买牛,念即归于农亩;乘车戴笠,尚永记于交盟。"也作"卖刀买犊"。《清史稿·迈柱传》:"所奏深得卖刀买犊之意。环刀、标枪,自当收缴,可顺其愿,不宜强迫。"李劼人《大波》四部二章:"宁可解甲归田,卖刀买犊;或者改行干别的事情;免再受那些外省人的肮脏气。"

【卖弄风骚】 mài nòng fēng sāo 风骚:指女子举止轻佻。指女子在别人面前故意显示、炫耀自己的魅力和女性特征。茅盾《腐蚀·十一月十九日》:"所谓小蓉,是不是矮胖胖的,一个撩天鼻子,眼睛却水汪汪地,一举一动都带点卖弄风骚的?"王火《战争和人》(一)卷四:

"'是吗？像谁?'方丽清有点卖弄风骚，明知故问。"

【卖身投靠】mài shēn tóu kào　出卖自己,投靠有权有势的人。多指不讲道德,丧失人格,充当权贵或恶势力的工具或帮凶。鲁迅《准风月谈·后记》:"我见这富家儿的鹰犬,更深知明季的向权门卖身投靠之辈是怎样的阴险了。"王火《战争和人》(一)卷一:"正因如此,到今天,既不愿在派系上卖身投靠,也不愿像邵之冲那样著书立说作违心之论吹捧老蒋。"

【卖主求荣】mài zhǔ qiú róng　出卖自己主人的利益,求得个人荣华富贵。《三国演义》六〇回:"某非卖主求荣,今遇明公,不敢不披沥肝胆。"《野叟曝言》五九回:"休说奴隶之辈得势则聚若蝇蚊,失势则散若鸟兽,甚至卖主求荣者颇多。"

【埋天怨地】mán tiān yuàn dì　指因事情不如意而发泄怨气或愤恨不平。元·无名氏《看钱奴》一折:"兀那贾仁,你为何在我神庙中埋天怨地,怪恨神灵?"《初刻拍案惊奇》卷三五:"今日据着他埋天怨地,正当冻饿。"〔注意〕埋,不读mái。

【蛮不讲理】mán bù jiǎng lǐ　蛮横不讲道理。鲁迅《且介亭杂文末编·半夏小集》:"你们大家来品评一下罢,B竟蛮不讲理的把我的大衫剥去了!"钱钟书《围城》五:"李先生气得只好笑,顾先生胜利地教大家注意这伙计蛮不讲理。"欧阳山《三家巷》一二七:"胡杏觉着她蛮不讲理,就没有答腔。"

【蛮触之争】mán chù zhī zhēng　《庄子·则阳》:"有国于蜗之左角者曰触氏,有国于蜗之右角者曰蛮氏,时相与争地而战,伏尸数万,逐北旬有五日而后反。"后用"蛮触之争"比喻为细小的事情争斗。清·王夫之《姜斋诗话》卷二:"胡之浮艳,又以矫宋为工,蛮触之争,要于兴观群怨丝毫未有当也。"

【蛮横无理】mán hèng wú lǐ　野蛮粗暴,不讲文明。萧乾《人生采访·记坐船犯罪》:"那个对中国客人蛮横无理的茶房用法腔的英语向各桌说:'明天,完事了,九点,全下船。记住!'"

【瞒上不瞒下】mán shàng bù mán xià　对上级隐瞒真情,对下级无所顾忌,公开进行。多指串通一气,欺瞒上级或做坏事。《红楼梦》七七回:"如今且说现在的,倒是把他的东西,作瞒上不瞒下,悄悄的打发人送出去与了他。"《儒林外史》四回:"方才有几个教亲,共备了五十斤牛肉,请一位老师父求我,说要是断尽了,他们就没有饭吃,求我略宽松些,叫做瞒上不瞒下。"

【瞒上欺下】mán shàng qī xià　瞒骗上级,欺压下属或百姓。丁玲《太阳照在桑乾河上》四五:"咱从头到脚也只是个穷,如今还不能替老百姓想,咱简直不是个人啦!"

【瞒神弄鬼】mán shén nòng guǐ　指作假欺骗人。《红楼梦》二〇回:"晴雯笑道:'你又护着。你们那瞒神弄鬼的,我都知道。等我捞回本儿来再说话。'"

【瞒天过海】mán tiān guò hǎi　用欺骗手段暗中做成某事,使别人看不出来。明·阮大铖《燕子笺·购幸》:"我做提控最有名,瞒天过海无人问,今年大比期又临,喋,只要赚几贯铜钱养阿正。"王火《战争和人》(二)卷七:"现在,用了瞒天过海、金蝉脱壳之计,有了逃脱的希望,心里真是轻松愉快。"李国文《冬天里的春天》一章:"不会撒谎的人撒了个谎,为什么总心虚胆怯、漏洞百出呢?而善于撒谎的人,哪怕瞒天过海,也绝不露馅,关键就在于前者怀疑自己是假的,而后者相信自己是真的。"

【瞒心昧己】mán xīn mèi jǐ　指违背自己的良心做坏事。元·关汉卿《五侯宴》

一折:"我堪那无端的豪户,瞒心昧己使心毒,他可便心狡狠,倒换过文书。"《西游记》九八回:"不忠不孝,不义不仁,瞒心昧己,大斗小秤,害命杀牲,造下无边之孽,罪盈恶满,致有地狱之灾。"鲁迅《呐喊·端午节》:"他这样想着的时候,有时也疑心是因为自己没有和恶社会奋斗的勇气,所以瞒心昧己的故意造出来的一条逃路。"也作"昧己瞒心"。元·高文秀《渑池会》二折:"人言为信永无移,昧己瞒心把天欺!"《初刻拍案惊奇》卷三三:"况且骨肉之间,如此昧己瞒心,最伤元气。"

【满不在乎】 mǎn bù zài hū　完全不在意,不放在心上。老舍《四世同堂》九七:"她会故意做出满不在乎的样子说:'没事儿,没事儿,丫头片子,命硬!'"钱钟书《围城》九:"说完,回家就走,下楼时一路哼着英文歌调,表示她满不在乎。"高云览《小城春秋》二〇章:"看见仲谦那张满不在乎的带着书生气的脸,不由得又不放心地叮咛了一句。"

【满城风雨】 mǎn chéng fēng yǔ　宋·惠洪《冷斋夜话》卷四引宋·潘大临诗句有"满城风雨近重阳"。原形容秋天的气候和景色。后多用来比喻事情传遍,到处议论纷纷。《孽海花》二八回:"第二天,日皇派遣医官两员并皇后手制裹伤绷带,降临存问,且把山口县知事和警察长都革了职,也算闹得满城风雨了。"鲁迅《花边文学·零食》:"分量少了,为什么倒弄得闹闹嚷嚷,满城风雨的呢? 我想,这是因为在担子上装起了篆字的和罗马字母合璧的年红电灯的招牌。"张洁《方舟》二:"父亲的那些老战友,大眼瞪小眼地盯着她,别说父亲,就是他们也决不会允许她为离婚的事闹得满城风雨。"

【满腹狐疑】 mǎn fù hú yí　狐疑:怀疑,疑惑。一肚子怀疑。形容疑虑很多,极不相信。《三侠五义》五一回:"包旺听了,心下明白。直等到天有三更,未见张、赵回来,不由满腹狐疑。"茅盾《蚀·动摇》一:"胡国光想不下去了。他满腹狐疑,顺脚走出厅来。"路遥《平凡的世界》(上)一五章:"福堂又一次满腹狐疑地问女儿:'你二爸他怎能知道兰花女婿的事呢?'"

【满腹经纶】 mǎn fù jīng lún　经纶:整理过的蚕丝,比喻规划、治理国家的才能本领。一肚子学问和才干。比喻人有才学,有治理国家的才能。宋·吕南公《君益惠竹杖》诗:"满腹经纶一意间,垦田头绪重新讲。"《三侠五义》三回:"不觉光阴荏苒,早过了五个年头,包公已长成十四岁,学得满腹经纶,诗文之佳已不必说。"欧阳山《三家巷》五七:"她想周炳的胸襟那么广阔,简直像木鱼书中所说的,满腹经纶的大人物一般。"姚雪垠《李自成》一卷二六章:"没想到兄台满腹经纶,抱负不凡,遭遇竟然如此不佳!"

【满腹文章】 mǎn fù wén zhāng　一肚子的学问和文章。比喻人有学问,有写作文章的才能。《京本通俗小说·菩萨蛮》:"郡王本要打杀可常,因他满腹文章,不忍下手。"《二刻拍案惊奇》卷一七:"如此数年,果然学得满腹文章,博通经史。"

【满坑满谷】 mǎn kēng mǎn gǔ　谷:山谷。《庄子·天运》:"变化齐一,不主故常,在谷满谷,在坑满坑。"意为道之流行,无处不在,无所不遍。后用"满坑满谷"形容数量极多,到处都是。《二十年目睹之怪现状》五五回:"劳佛督率各小伙计开箱,开了出来,都是各种的药水,一瓶一瓶的都上了架,登时满坑满谷起来。"茅盾《我走过的道路》:"一百多客人把个华家岭招待所挤得满坑满谷。"

【满口答应】 mǎn kǒu dā yìng　表示十分肯定、毫无保留地应允。《二十年目睹之怪现状》五五回:"苟莺楼满口答应,登时划了过来。”鲁迅《故事新编·出关》：“他知道这是免不掉的，于是满口答应；不过今天太晚了，要明天才开手。”茅盾《子夜》八：“李壮飞满口答应，又说定了约会的时间，便兴冲冲地走了。”

【满面春风】 mǎn miàn chūn fēng　宋·陈与义《寓居刘仓廨中》诗：“纱巾竹杖过荒陂，满面春风二月时。”春风拂面，温暖宜人。原形容春天美好的景色，后用来比喻人脸上呈现出愉悦和蔼的面容。形容人心情愉快，满脸笑容。宋·程节斋《沁园春·贺新冠》词：“满面春风，一团和气，发露胸中书与诗。”《西游记》三回：“悟空满面春风，高登宝座，将铁棒竖在当中。”《镜花缘》一一回：“只见路旁走过两个老者，都是鹤发童颜，满面春风，举止大雅。”老舍《四世同堂》二五：“冠先生，穿着蓝缎子硬夹袍，满面春风的从三号扭了出来。”

【满目疮痍】 mǎn mù chuāng yí　疮痍：疮伤。满视野所看到的全是创伤。比喻到处都是遭受破坏的景象。《清史稿·王骘传》：“且四川祸变相踵，荒烟百里。臣当年运粮行间，满目疮痍。”杨沫《青春之歌》二部二三章：“‘先安内后攘外’的结果是先丢东北，后丧华北，眼看大好河山满目疮痍。”也作“疮痍满目”。清·李渔《风筝误·和鹞》：“征鼙聒耳乡音杳，疮痍满目亲人少。”刘白羽《第二个太阳》二〇章：“我们新的国家诞生了，我们就要肩起重担。可是现在，疮痍满目，饥鸿遍野，几亿人嗷嗷待哺，难道我们能听而不闻，视而不见吗？”

【满目凄凉】 mǎn mù qī liáng　眼睛所看到的是一片凄凉景象。形容景物、环境败落、冷寂。宋·刘辰翁《琐窗寒·和巽吾闻莺》词：“家山何在，想见绿窗啼雾。又何堪满目凄凉，故园梦里能归否？”《红楼梦》一〇八回：“宝玉进得园来，只见满目凄凉，那些花木枯萎，更有几处亭馆，彩色久经剥落，远远望见一丛修竹，倒还茂盛。”王火《战争和人》（二）卷七：“公路上日光强烈，路侧依然同他俩去时一样，经常看到逃荒要饭的难民拖老带小蹒跚地走着，满目凄凉。”

【满腔热忱】 mǎn qiāng rè chén　热忱：热情。心中充满热情。邓一光《我是太阳》三部一：“邵越乐此不疲，满腔热忱，里里外外反反复复地忙来忙去。”

【满载而归】 mǎn zài ér guī　装满了东西回来。形容收获很大。宋·倪思《经钼堂杂志·干谒》：“里有善干谒者，徒有而出，满载而归，里人无不羡之。”《东周列国志》四五回：“再说秦兵于春二月中，灭了滑国，掳其辎重，满载而归。”巴金《随想录》一八：“一九二七年我第一次到巴黎，有一个目的就是追求友谊。五十二年后重访法国，我满载而归。”刘绍棠《黄花闺女池塘》六：“从此他每个星期跑一趟鱼菱村，每趟都满载而归。”

【满招损，谦受益】 mǎn zhāo sǔn, qiān shòu yì　指骄傲自满使人受到损害，谦虚谨慎使人得到益处。《尚书·大禹谟》：“满招损，谦受益，时乃天道。”《警世通言》卷三：“这四句诗，奉劝世人虚己下人，勿得自满。古人说得好，道是：‘满招损，谦受益。’”《聊斋志异·郭生》：“异史氏曰：‘满招损，谦受益，天道也。名小立，遂自以为是，执叶、缪之余习，狃而不变，势不至大败涂地不止也。满之为害如是夫！’”刘绍棠《草莽》三：“你虽然在三千人中独占鳌头，可要记住满招损，谦受益，这些日子是不是在温故知新，增长学问？”

【漫不经心】 màn bù jīng xīn　经心：留心，在意。随随便便，不放在心上。明·朱国祯《涌幢小品·存问》：“近见使者至城外，仅主家周旋，有司漫不经心。”《三侠五义》六九回：“往往有那不读书的人，以为先生的饭食随便俱可，漫不经心的很多。"鲁迅《南腔北调集·〈两地书〉序言》:"直到事实给我教训,我才分明省悟了做今人和做古人一样难。然而我还是漫不经心,随随便便。"沙汀《小城风波》:"'慌什么呵',他漫不经心地回答着她,'等田旺回来再说呀!……'"

【漫不经意】màn bù jīng yì 随随便便,毫不在意的样子。宋·陈亮《与徐彦才大谏》:"独亮自以生长明公之里中,又尝拜伏门下,不可谓无一日之雅,则于明公之举动,乌能漫不经意于其间。"茅盾《腐蚀·十二月十四日晨》:"'姓徐的朋友?没有呀。'舜英漫不经意地说。"杨沫《青春之歌》一部一七章:"走着,走着,他自然地带着漫不经意的神情回顾一下,没有发现跟踪的人,他就加快了脚步。"

【漫山遍野】màn shān biàn yě 漫:遍。布满山野。形容数量多或范围广。《水浒传》三五回:"众人看时,漫山遍野,都是杂彩旗幡,水泊中棹出两只快船来。"《东周列国志》五四回:"荀林父闻鼓声,才欲点视,楚军漫山遍野,已布满营外,真是出其不意了。"《说岳全传》五三回:"看那金邦人马,漫山遍野,滔滔而来,不计其数。"姚雪垠《李自成》一卷九章:"翻过两道土岗,他看见漫山遍野尽是官兵的旗帜和人马。"

【漫天要价】màn tiān yào jià 没有边际地讨要高价,常指所提条件或要求过高。王火《战争和人》(二)卷五:"他想:给点钱消灾化祸我愿意,但狮子大开口漫天要价吃大亏我是不干的!"

【漫无边际】màn wú biān jì 非常广阔,没有边际。形容范围大,程度深。柳青《创业史》一部二三章:"衣服被山里的灌木丛挂稀烂的生宝,这时难受地向着漫无边际的山林叫冤枉:'啊呀呀呀!王瞎子!你就是这么没心肝吗?……'"刘白羽《第二个太阳》六章:"漫无边际的痛苦,一下浸渗了他的灵魂,一时之际心旌

摇荡,几乎陷于不能自拔的地步了。"也指说话、写文章、思考问题没有中心,或离题很远。欧阳山《三家巷》二七:"他又抬起头,呆望着天空,漫无边际地想起那种种不如意的事情来。"王蒙《青春万岁》三三:"同学们三三五五地参观自己的学校,她们在操场散步,谈志愿,谈友情,谈毕业考试,在她们漫无边际的闲扯中总有一种纯洁的和高尚的东西。"

【漫无目的】màn wú mù dì 完全没有目的、没有固定目标地去做某事。周而复《上海的早晨》三部三:"她失望地走了出来,顺着子街,漫无目的地徘徊。"陈忠实《白鹿原》九章:"他漫无目的地朝西走去,天明了仍不停步,走得愈远肯定愈安全。"

【慢藏诲盗】màn cáng huì dào 慢:懈怠,怠慢。诲:教导,教诲。掌管财物不谨慎,等于告诉盗贼,可以来偷东西了。指收藏财物不慎会招致盗贼来。《周易·系辞上》:"慢藏诲盗,冶容诲淫。"《喻世明言》卷二三:"妾乃浙江人也,因随良人之任,前往新丰。却不思慢藏诲盗,梢子因瞰良人囊金,贱妾容貌,辄起不仁之心。良人、婢仆皆被杀害,独留妾一身。"

【慢条斯理】màn tiáo sī lǐ 形容说话或做事缓慢、不慌不忙的样子。《儒林外史》一回:"老爷亲自在这里传你家儿子说话,怎的慢条斯理!快快说在那里,我好去传!"老舍《四世同堂》四二:"他们告诉我,默吟慢条斯理的在展览室绕了一圈,而后很客气的把他们叫出来。"钱钟书《围城》四:"效成平日吃东西极快,今天也慢条斯理地延宕着,要听母亲问鸿渐话。"

【芒刺在背】máng cì zài bèi 芒:草木果实外壳上的小刺。好像芒和刺扎在背上。形容极度不安。《汉书·霍光传》:"宣帝始立,谒见高庙,大将军光从骖乘,

上内严惮之，若有芒刺在背。”《新唐书·崔日用传》：“每一反思，若芒刺在背。”《喻世明言》卷二五：“三个不知文墨礼让，在朝廷横行，视君臣如同草木。景公见三人上殿，如芒刺在背。”茅盾《腐蚀·十一月二十一日》：“等候了十多分钟，还不见G来。我真是若芒刺在背。”姚雪垠《李自成》二卷二七章：“现在被献忠这样一看，感到踢蹐不安，犹如芒刺在背。”

【忙里偷闲】 máng lǐ tōu xián 在繁忙中抽出一点空闲时间。宋·黄庭坚《和答赵令同前韵》诗：“人生正自无闲暇，忙里偷闲得几回。”《封神榜》一四一回：“你须要，紧闭洞门修道业，忙里偷闲啐念经。”《镜花缘》四九回：“原来阿妹去看瀑布，可谓忙里偷闲了。”周作人《雨天的书·喝茶》：“茶道的意思，用平凡的话来说，可以称作‘忙里偷闲，苦中作乐’。”刘绍棠《村妇》卷二：“牛蒡无为而治，无为而无不为，才能忙里偷闲，天天都有写小说的时间。”

【盲人摸象】 máng rén mō xiàng 《大般涅槃经》三二：“尔时大王，即唤众盲各各问言：‘汝见象耶？’众盲各言：‘我已得见。’王言：‘象为何类？’其触牙者即言象形如芦菔根，其触耳者言象如箕，其触头者言象如石，其触鼻者言象如杵，其触脚者言象如木臼，其触脊者言象如床，其触腹者言象如瓮，其触尾者言象如绳。”后用“盲人摸象”比喻以点代面，以偏概全。清·刘献廷《广阳杂记》卷四：“孙愐不知翻经切纬之意，广收杂物，金矢一囊，四呼如盲人摸象，仅得一肢，以为全体，而所得者是真非赝。”鲁迅《且介亭杂文末编·这也是生活》：“于是所见的人或事，就如盲人摸象，摸着了脚，即以为象的样子像柱子。”

【盲人瞎马】 máng rén xiā mǎ 《世说新语·排调》载：桓玄与殷仲堪一起做“危语”联句游戏，殷有一参军在坐云：“盲人骑瞎马，夜半临深池。”后用“盲人瞎马”比喻盲目行动，境况危险；或心中无数，不知所为。鲁迅《华盖集·北京通信》：“然而向青年说话可就难了，如果盲人瞎马，引入危途，我就该得谋杀许多人命的罪孽。”杨沫《青春之歌》一部一四章：“我不能叫你盲人瞎马地去乱闯！静，明天的游行你是绝对不能参加的。”

【茫茫无际】 máng máng wú jì 没有边际看不清楚的样子。《二十年目睹之怪现状》一七回：“我又带上房门，到舱面上去看看，只见天水相连，茫茫无际。”

【茫然不解】 máng rán bù jiě 茫然：完全不知道的样子。什么也不知道，完全不了解。茅盾《腐蚀·十一月二十一日》：“刚听了这两个人的姓名，我茫然不解那到底是谁。”

【茫然若失】 máng rán ruò shī 茫然：失意的样子。心中茫然，像失掉了什么。老舍《四世同堂》六六：“他的土色是黑的，一看见城外的黄土，他便茫然若失。”夏衍《“四一二”之后的上海》：“经先生走了，我茫然若失。”李劼人《大波》四部四章：“‘各位先生！’猛吼了这么一声后，他那苍白的脸上，突然露出一种茫然若失的样子。”

【茫然自失】 máng rán zì shī 茫然：失意的样子。心中茫然，自己感到像失掉了什么。形容迷惘、不知所为的心态。《庄子·说剑》：“文王芒然自失，曰：‘诸侯之剑何如？’”芒：同“茫”。《列子·仲尼》：“出告子贡，子贡茫然自失，归家淫思七日，不食不寝，以至骨立。”鲁迅《坟·文化偏至论》：“全欧人士，为之栗然震惊者有之，茫然自失者有之。”

【茫无头绪】 máng wú tóu xù 茫：全然不知。心中茫然，感到毫无头绪。形容事情纷乱，不知如何下手。《野叟曝言》一二七回：“再有金砚侦访疑难，则断狱之事想亦不至茫无头绪也。”《二十年目睹之怪现状》一三回："我听了，仍是茫无头绪的，敷衍了两句就走了，不觉闷闷不乐。"

【猫鼠同眠】māo shǔ tóng mián 《新唐书·五行志一》："龙朔元年十一月，洛州猫鼠同处。鼠隐伏，象盗窃。猫职捕啮，而反与鼠同，象司盗者废职容奸。"后用"猫鼠同眠"比喻官吏失职，纵下为奸，或上下一气，尊卑不分。《野叟曝言》三六回："装着主仆，又是猫鼠同眠。"《红楼梦》九九回："贾政听到这话，道：'胡说，我就不识时务吗？若是上和下睦，叫我与他们猫鼠同眠吗。'"

【毛骨耸然】máo gǔ sǒng rán　见"毛骨悚然"。

【毛骨悚然】máo gǔ sǒng rán　悚然：害怕的样子。形容十分恐惧、害怕的样子。《警世通言》卷二五："桂见言与梦合，毛骨悚然，方欲再问，气已绝了。"《野叟曝言》八〇回："再听到后来，便痛泪直下，滴落如雨；又听结末一段，觉着毛骨悚然。"鲁迅《呐喊·社戏》："我先是没有爬上去的勇气，接着便联想到私刑拷打的刑具，不由的毛骨悚然的走出了。"刘绍棠《二度梅》五："早晨，温良顺和洛文刚到河边稻田，只见满河漂浮着一具具男人、女人、小孩的尸首，令人毛骨悚然，目不忍睹。"也作"毛骨耸然"。《初刻拍案惊奇》卷二三："行脩听罢，毛骨耸然，惊出一身冷汗。"鲁迅《准风月谈·谈蝙蝠》："想到老虎添翼，便毛骨耸然，然而青蚨飞来，则眉眼莞尔。"也作"毛骨竦然"。《镜花缘》二二回："多九公听了，不觉毛骨竦然，连连摇手。"巴金《随想录》八四："使我感到可怕的是那个时候自己的精神状态和思想情况，没有掉进深渊，确实是万幸，清夜扪心自问，还有点毛骨竦然。"〔注意〕悚，不能读作sù。

【毛骨竦然】máo gǔ sǒng rán　见"毛骨悚然"。

【毛举细故】máo jǔ xì gù　毛：细微，琐碎。举：列举。烦琐地列举细小事情。多指用小事情攻击或责难别人。宋·张孝祥《论治体札子》："治有大体，不当毛举细故。"《明史·叶向高传》："忠贤乃时毛举细故，责向高以困之。"茅盾《蚀·幻灭》一〇："这还是荦荦大者的矛盾，若毛举细故，更不知有多少。"

【毛手毛脚】máo shǒu máo jiǎo　形容做事情粗心大意，不够沉着、稳重。《三侠五义》七六回："大老爷只管放心，就是跟随小人们当差之人，俱是小人们训练出来的。但凡有点毛手毛脚的，小人绝不用他。"沈从文《边城》二："专以介绍水手为事业，吃水码头饭的，在河街的家中，终日大门必敞开着，常有穿青羽缎马褂的船主与毛手毛脚的水手进出。"周而复《上海的早晨》二部三九："老年人做事不能像你们毛手毛脚的，要想好了才行。"也形容行为轻佻，动手动脚。《花月痕》九回："中一席卜长俊、夏蕊、胡耉三个，每人身边坐一个，毛手毛脚的，丑态百出，秽语难闻。"

【毛遂自荐】máo suì zì jiàn　《史记·平原君列传》载：赵孝成王九年，秦军围都城邯郸，赵王使平原君去楚国求救，门客毛遂自荐陪同前往。至楚，平原君与楚王谈判，久而不决。毛遂按剑上阶，直陈利害，终使楚王歃血定盟，楚、赵联合抗秦。后用"毛遂自荐"比喻自告奋勇或自我推荐去做某事。《儿女英雄传》一八回："为此晚生不揣鄙陋，竟学那毛遂自荐。倘大人看我可为公子之师，情愿附骥。"周而复《上海的早晨》四部五六："马慕韩睨视他一眼，没有吭声，觉得冯永祥太不识相，可是他又不好毛遂自荐。"邓友梅《兰英》："这要发生在现在，消息一传出去，老馆住的宾馆房门就得被介绍对象的、毛遂自荐的挤破。"

【茅椽蓬牖】máo chuán péng yǒu

橼:架在屋顶檩木上的木条。牖:窗户。屋顶、窗子都是用茅草、蓬蒿搭盖。形容居住条件简陋,生活贫困。《红楼梦》一回:"虽今日之茅椽蓬牖,瓦灶绳床,其晨夕风露,阶柳庭花,亦未有妨我之襟怀笔墨者。"陈国凯《曹雪芹开会去了》三:"看着这个场面,想起当日写作《红楼梦》时,冷雨寒窗,茅椽蓬牖。"

【茅茨土阶】 máo cí tǔ jiē　茨:茅草屋顶。用茅草盖屋顶,夯泥土为台阶。形容居室简陋。晋·袁宏《后汉纪·光武帝纪》:"礼有损益,质文无常,茅茨土阶,致其肃也。"《东周列国志》三回:"昔尧舜在位,茅茨土阶,禹居卑宫,不以为陋。"

【茅塞顿开】 máo sè dùn kāi　茅塞:被茅草塞住。原来心里像被茅草塞住,现在忽然一下子被打开了。形容忽然理解、明白了。《西游记》六四回:"我身无力,我腹无才,得三公之教,茅塞顿开。"《野叟曝言》四回:"妹子所见单浅,适闻正论,茅塞顿开。"钱钟书《围城》六:"鸿渐茅塞顿开,听说自己比顾尔谦高,气平了些。"陈忠实《白鹿原》三三章:"有一天,他突然茅塞顿开终于想明白了,炉头是怕他得了手艺才不准他扬头看各种炒菜的操作过程。"也作"顿开茅塞"。明·吾丘瑞《运甓记·剪发延宾》:"今幸识荆,顿开茅塞。"杨沫《青春之歌》一部六章:"只不过短短十多分钟的谈话,可是他好像使道静顿开茅塞似的,忽然知道了许多事情。"

【酩酊大醉】 máo táo dà zuì　酩酊:大醉的样子。形容喝酒后醉得很厉害。《东周列国志》六九回:"蔡侯欢饮,不觉酩酊大醉。"

【茂林修竹】 mào lín xiū zhú　修:长。茂密的森林,修长的竹子。形容优美的环境。《世说新语·企羡》南朝梁·刘孝标注引《临河叙》:"此地有崇山峻岭,茂林修竹。又有清流激湍,映带左右。"《水浒传》四二回:"宋江跟入角门来看时,星月满天,香风拂拂,四下里都是茂林修竹。"

【冒名顶替】 mào míng dǐng tì　假冒别人的名义,代替他去做事或窃取别的权益。《西游记》二五回:"你走了便也罢,却怎么绑些柳树在此,冒名顶替?"《儒林外史》二四回:"骗的卜家女儿,到这里又骗了黄家女儿,又冒名顶替,多少混账事。"张天翼《速写三篇·谭九先生的工作》:"在这次抽调壮丁的那件事上,他老先生竟暗中找些人去冒名顶替,从中揩油水哩。"刘绍棠《草莽》七:"姑娘,你本是那桑家班的陶红杏,怎敢冒名顶替要当雨点儿的娘?"

【冒天下之大不韪】 mào tiān xià zhī dà bù wěi　不韪:不对,不是,过失。公然去做天下人认为是最大的错事。王火《战争和人》(三)卷七:"爸爸放心,今天这个会,人数听说很多。谅他们不敢冒天下之大不韪! 而且,我和寅儿年轻,没什么可怕的。"

【貌合神离】 mào hé shén lí　貌:外表,表面。神:精神,意识。表面上相互合拍、关系密切,实际上想法不一、各怀心计。《野叟曝言》一二回:"所以说两贼参商,貌合神离,将来举起事来,祸犹不大。"欧阳山《三家巷》二五:"周炳虽然恢复了学籍,仍然在高中一年级念书,但是跟学校总是貌合神离,对功课根本提不起一点兴趣。"刘心武《栖凤楼》四四:"司马山跟韩艳菊已然从貌合神离,发展到了貌也不合。"

【没精打采】 méi jīng dǎ cǎi　见"无精打采"。

【没轻没重】 méi qīng méi zhòng　形容人言语、动作鲁莽,没有分寸。《红楼梦》七八回:"一则他们都会戏,口里没轻没重,只会混说,女孩儿们听了如何使得? ……"《二十年目睹之怪现状》六九回:"那小孩子没轻没重的便说不好了,石师爷的老太太上了吊了。”

【没头没脑】 méi tóu méi nǎo ❶不加区分地，整个地。《醒世恒言》卷二七：“焦氏怒道：‘赃证现在，还要口硬！’提起棒子，没头没脑乱打。”钱钟书《围城》五：“雨愈下愈大，宛如水点要抢着下地，等不及排行分列，我挤了你，你拼上我，合成整块的冷水，没头没脑浇下来。”王安忆《流逝》一：“端丽把围巾没头没脑地包裹起来，只露出两只眼睛，活像个北方老大嫂。”❷没有头绪。《二刻拍案惊奇》卷三四：“筑玉夫人心欢喜，未免与同伴中笑语之间，有些精神恍惚，说话没头没脑的，露出些马脚来。”《官场现形记》四〇回：“他说的话虽然是没头没脑，瞿太太听了，大致亦有点懂得。”鲁迅《彷徨·肥皂》：“这是什么闷胡卢，没头没脑的？你也先得说说清，教他好用心的查去。”❸没来由，无缘无故。《初刻拍案惊奇》卷三六：“那东廊僧没头没脑，吃了这场敲打，又监里坐了几时，才得出来。”《二十年目睹之怪现状》一〇回：“那守备要开口分辩，被一个外国人过来，没头没脑的打了两个巴掌。”周而复《上海的早晨》四部五三：“汤富海见阿贵没头没脑地叫了一声‘奇怪’，他不知道阿贵指的是啥。”

【眉飞色舞】 méi fēi sè wǔ 色：神色，脸色。形容喜悦或得意的神情和心理。《花月痕》二一回：“痴珠鼓掌道：‘荷生，何如？’荷生眉飞色舞，说道：‘这个真怪！’”鲁迅《南腔北调集·论“赴难”和“逃难”》：“去年十九路军的某某英雄怎样杀敌，大家说得眉飞色舞。”汪曾祺《骑兵列传》：“可是他说起这些事，兴高采烈，眉飞色舞，好像是一场热闹有趣的戏剧。”

【眉高眼低】 méi gāo yǎn dī 指脸上不同的神色、表情。《初刻拍案惊奇》卷二九：“赵琮夫妻两个，不要说看了别人许多眉高眼低，只是父母身边，也受多少两般三样的怠慢。”也指随机应变，根据不同情况处理事情。《三侠五义》三二回：“小人自八岁上，就跟着小人的父亲在外贸易，漫说走路，什么处儿的风俗，遇事眉高眼低，那算瞒不过小人的了。”

【眉花眼笑】 méi huā yǎn xiào 见“眉开眼笑”。

【眉开眼笑】 méi kāi yǎn xiào 形容高兴愉快的样子。《红楼梦》四九回：“宝玉听了，喜的眉开眼笑。”老舍《二马》三：“驶车的眉开眼笑的咚咚一步下三层楼梯，跑出去了。”萧红《呼兰河传》七章：“冯歪嘴子一看见他的孩子拍掌，他就眉开眼笑的。”也作“眉花眼笑”。《西游记》二回：“孙悟空在旁闻讲，喜得他抓耳挠腮，眉花眼笑。”《儒林外史》二一回：“将这两本书拿到灯下一看，不觉眉花眼笑，手舞足蹈的起来。”

【眉来眼去】 méi lái yǎn qù 用眉眼来传递情感。多指男女间相互传情。宋·虞某《江神子》词：“相逢只怕有分离，许多时，暗为期。常是眉来眼去、惹猜疑。”《水浒传》四五回：“海阇黎却在众僧背后，转过头来，看着那妇人嘻嘻的笑，那婆娘也掩着口笑。两个都眉来眼去，以目送情。”《二刻拍案惊奇》卷一四：“眉来眼去，彼此动情，勾搭上了手。”《红楼梦》七二回：“常时司棋回家时，二人眉来眼去，旧情不忘，只不能入手。”萧红《呼兰河传》二章：“有的是两方面都眉来眼去，有的是一方面殷勤，他一方面则表示要拒之千里之外。”

【眉目传情】 méi mù chuán qíng 眉目：眉毛和眼睛。元·王实甫《西厢记》三本一折：“则你那眉眼传情未了时，我中心日夜藏之。”后多作“眉目传情”，指用眉眼传递情意。多用于男女之间。《红楼梦》六四回：“况知与贾珍、贾蓉等素有聚麀之诮，因而乘机百般撩拨，眉目传情。”刘绍棠《黄花闺女池塘》二：“谷秸和金褥子眉目传情了一些日子，便渐渐动手动脚起来."

【眉清目秀】méi qīng mù xiù　形容人容貌清秀。《水浒传》二一回:"这张文远却是宋江的同房押司,那厮唤做小张三,生得眉清目秀,齿白唇红。"《醒世恒言》卷七:"钱青看那学生,生得眉清目秀,十分俊雅。"《官场现形记》三八回:"单说这龙华寺的知客,法号善哉,是镇江人氏。自少在金山寺出家。生的眉清目秀,一表非凡。"巴金《家》三〇:"三个人进了屋,房里并不是没有别人。瑞珏是一个,淑英是一个,倩儿是一个,喜儿是一个,还有三房的丫头翠环,此外就是那个眉清目秀、长长脸的少女婉儿了。"梁实秋《雅舍小品·脸谱》:"一张眉清目秀的脸,如果恹恹无生气,我们也只好当作石膏像来看待了。"也作"目秀眉清"。《东周列国志》二回:"更兼目秀眉清,唇红齿白,发挽乌云,指排削玉,有如花如月之容,倾城倾国之貌。"

【每况愈下】měi kuàng yù xià　原作"每下愈况"。《庄子·知北游》:"庄子曰:'夫子之问也,固不及质。正获之问于监市履狶也,每下愈况。'"获:人名。履:践踏。狶:猪。况:甚。是用脚踏着猪来估量肥瘦,越接近猪的脚胫,越能看出真实的肥瘦情况。后讹作"每况愈下",指情况越来越坏,越来越糟糕。宋·洪迈《容斋续笔·蓍龟卜筮》:"技术标榜,所在如织……人人自以为君平,家家自以为季主,每况愈下。"钱钟书《围城》三:"的确,老辈一天少似一天,人才好像每况愈下。"王火《战争和人》(二)卷三:"我年来血压心脏有病,健康每况愈下。"

【每下愈况】měi xià yù kuàng　见"每况愈下"。

【美不胜收】měi bù shèng shōu　胜(旧读shēng):尽。美好的东西太多了,看不完;接受不尽。《孽海花》九回:"还有一班名士黎石农、李纯客、袁尚秋诸人寄来送行诗词,清词丽句,觉得美不胜收。"鲁迅《三闲集·述香港恭祝圣诞》:"余如各种电影,亦复美不胜收,新戏院则演《济公传》两集,预告者尚有《齐天大圣大闹天宫》,新世界有《武松杀嫂》,全系国粹,足以发扬国光。"魏巍《火凤凰》一三:"一边看一边惊叹,祖国的书法遗产竟是这样丰富,真是名家荟萃,美不胜收,简直是一座无价的艺术宝库。"邓友梅《烟壶》一:"今天我们若涉足到烟壶世界里观光,仍然会目不暇给,美不胜收。"

【美景良辰】měi jǐng liáng chén　见"良辰美景"。

【美轮美奂】měi lún měi huàn　轮:高大。奂:众多。《礼记·檀弓下》:"晋献文子成室,晋大夫发焉。张老曰:'美哉轮焉,美哉奂焉!'"后用"美轮美奂"形容房屋高大华美而众多。邹韬奋《萍踪寄语初集·惊涛骇浪后》:"我们经过一个美轮美奂的宏丽华厦的区域,开车的告诉我们说这是西人和本地富翁的住宅区域。"

【美意延年】měi yì yán nián　美意:美好的心情。心情美好,乐观而无忧患,可以延年益寿。《荀子·致士》:"得众动天,美意延年。"后常用为祝颂之辞。

【美玉无瑕】měi yù wú xiá　瑕:玉上的斑点。像一块美玉,没有一点斑点。比喻完美无缺。元·王实甫《西厢记》三本三折:"他是个娇滴滴美玉无瑕,粉脸生春,云鬓堆鸦。"《红楼梦》五回:"一个是阆苑仙葩,一个是美玉无瑕。"巴金《春》五:"兄爱你品行高温柔秀雅,兄爱你貌端庄美玉无瑕……"

【美中不足】měi zhōng bù zú　事情虽好却总有使人不满意或感到遗憾的地方。《初刻拍案惊奇》卷二七:"却有一件,破镜重圆,离而复合,固是好事,这美中有不足处。"《红楼梦》一回:"那红尘中有却有些乐事,但不能永远依恃;况又有'美中不足,好事多魔'八个字紧相连属。"鲁迅《准风月谈·同意和解释》:"不过,我这种解释还有点美中不足。"老舍《四世同堂》六五:"虽然他一走总算美中不足,可是大家必会在他走后一团和气的吃几杯酒。"

【昧己瞒心】 mèi jǐ mán xīn　见"瞒心昧己"。

【门当户对】 mén dāng hù duì　当:相当。指男女双方的家庭社会地位和经济情况相当,适合结亲。《敦煌变文集·祇园因由记》:"其友保旦:'舍卫长者大臣闻君有女,故来求婚。'长者护勒弥答曰:'此则门当户对。要马百匹,黄金千量(两)。'"《醒世恒言》卷二八:"论来吴衙内好人家子息,才貌兼全,招他为婿,原是门当户对。"《红楼梦》七二回:"我想他两家也就算门当户对的,一说去自然成的。"老舍《四世同堂》四四:"这件婚事实在是门当户对,而双方的势力与地位,都足以教大家并上嘴的。"张恨水《啼笑因缘》二〇回:"据你表嫂说,人也很聪明,门第本是不用谈;就是谈门第的话,也是门当户对。"

【门户之见】 mén hù zhī jiàn　门户:派别。在学术或艺术等领域、部门中因派别不同而产生的偏见。清·钱大昕《十驾斋养新录》卷七:"朱文公意尊洛学,故于苏氏门人,有意贬抑,此门户之见,非是非之公也。"《花月痕》五〇回:"异日有心人,总能发潜德之幽光,底事我们阐扬,转成门户之见。"钱钟书《围城》六:"现在就放着一位韩太太,自己偏来代课,一屁股要两张坐位,人家全明白是门户之见,忙煞也没处表功。"姚雪垠《李自成》三卷四章:"且朝廷上很多人出于门户之见,不顾国家安危利害,惟以攻讦为能事。"

【门禁森严】 mén jìn sēn yán　形容门口的戒备防卫十分严密。王火《战争和人》(三)卷八:"去时,门禁森严,知道这实际是军统的看守所。"

【门可罗雀】 mén kě luó què　罗:张网捕捉。《史记·汲郑列传论》:"下邽翟公有言,始翟公为廷尉,宾客阗门;及废,门外可设雀罗。"意为失势时,门前可以张网捕雀。后用"门可罗雀"形容门前冷落,宾客往来稀少。《梁书·到溉传》:"及卧疾家园,门可罗雀。"魏巍《地球的红飘带》四:"过去是高朋满座,笑语喧哗,现在却是门可罗雀,没人敢上门了。"刘绍棠《村妇》卷一:"张团圆一落千丈,门庭若市变成了门可罗雀。"

【门庭若市】 mén tíng ruò shì　门庭:门口和庭院。若:如,好像。门口和庭院就像集市一样,热闹非凡。形容往来的人很多。《战国策·齐策一》:"令初下,群臣进谏,门庭若市。"老舍《四世同堂》七〇:"粉妆楼有许多朋友,一天到晚门庭若市。招弟便和这些人打成一气,托他们营救大赤包。"梁实秋《雅舍小品·鼾》:"现在此茶店门庭若市,已成为业中之翘楚。"

【扪心无愧】 mén xīn wú kuì　扪:按,摸。摸着胸口自问没有愧疚。表示心怀坦荡、光明磊落,没有什么惭愧的地方。唐·白居易《和梦游春诗一百韵》:"不忍曲作钩,乍能折为玉。扪心无愧畏,腾口有谤蓍。"〔注意〕扪,不能读作 mēn。

【扪心自问】 mén xīn zì wèn　扪:按,摸。摸着胸口自己问自己。表示自我反省的行为。宋·宋祁《学舍昼上》诗:"扪心自问何功德,五管支离治缮人。"巴金《随想录》八四:"使我感到可怕的是那个时候自己的精神状态和思想情况,没有掉进深渊,确实是万幸,清夜扪心自问,还有点毛骨竦然。"莫应丰《山高林密处》一:"扪心自问,他是爱她的,时间越久越离不开她。"〔注意〕扪,不能读作 mēn。

【闷闷不乐】 mèn mèn bù lè　闷闷:心情抑郁不快的样子。因有不如意的事而心中烦闷不快活。《喻世明言》卷二二:

"再说贾涉自从胡氏母子两头分散,终日闷闷不乐。"《红楼梦》三一回:"今日之筵,大家无兴散了,林黛玉倒不觉得,倒是宝玉心中闷闷不乐,回至自己房中长吁短叹。"沈从文《湘行散记·一个多情水手与一个多情妇人》:"我明白他沉默的理由,一定是船上管事的不给他钱,到岸上来赊烟不到手。他那闷闷不乐的神气,可以说是很妩媚。"张恨水《啼笑因缘》一五回:"寿峰道:'怎么回事? 你也是这样闷闷不乐的样子,你也是中了暑了?'"

【蒙头转向】 mēng tóu zhuàn xiàng 头脑发昏,分辨不清方向。魏巍《火凤凰》一一九:"高红的突然牺牲,自然是对周天虹的莫大打击。开始如五雷轰顶,打得他蒙头转向;过后又是剜心般的伤痛,无尽无休。"〔注意〕蒙,不读 méng。

【蒙在鼓里】 mēng zài gǔ lǐ 蒙:遮盖。比喻被欺骗,不明白事情的真相。《瞎编奇闻》二回:"总是他命好,才有这一个好先生给他算了出来,要不是周先生,我们还蒙在鼓里呢。"茅盾《蚀·动摇》九:"我知道,无论什么谣言,外边尽大叫大喊,本人大抵蒙在鼓里。"钱钟书《围城》九:"我是要听听,否则我真蒙在鼓里,不知道人家在背后怎样糟蹋我呢?"

【孟光举案】 mèng guāng jǔ àn 见"举案齐眉"。

【梦笔生花】 mèng bǐ shēng huā 五代·王仁裕《开元天宝遗事·梦笔头生花》:"李太白少时,梦所用之笔头上生花,后天才赡逸,名闻天下。"后用"梦笔生花"比喻才情横溢,文思敏捷。清·得硕亭《草珠一串》:"帝京景物大无边,梦笔生花写不全。"

【梦断魂劳】 mèng duàn hún láo 念念不忘,睡梦中也想着,使神魂不安宁。《警世通言》卷三四:"白日凄凉,黄昏寂寞。灯前有影相亲,帐底无人共语。每

遇春花秋月,不觉梦断魂劳。"

【梦幻泡影】 mèng huàn pào yǐng 佛教认为,世事无常,犹如梦境、幻觉、泡沫、物影一样,一切皆空。《金刚经》:"一切有为法,如梦、幻、泡、影,如露亦如电,应作如是观。"后用来比喻空虚而易破灭的幻想。宋·刘过《登升元阁故基》:"视鸾台凤阁为蓬庐,百万买宅亦梦幻泡影沤。"冰心《往事》九:"九个月来悬在云雾里,眼前飞掠的只是梦幻泡影,一切色、声、香、味、触、法,都很异样,很麻木,很飘浮。"

【梦寐以求】 mèng mèi yǐ qiú 寐:睡。《诗经·周南·关雎》:"窈窕淑女,寤寐求之,求之不得,寤寐思服。"后用"梦寐以求"指睡梦中都在寻找、追求。形容愿望非常迫切。汪曾祺《老鲁》:"他把将来的生活设想这样具体,而且梦寐以求。"杨沫《青春之歌》二部二四章:"难道这是真的吗? 难道几年来梦寐以求的理想真个要实现了吗?"张洁《祖母绿》一:"这个被许多年轻人梦寐以求也得不到的机会,却被他一口拒绝了。"

【梦想不到】 mèng xiǎng bù dào 做梦也没有想到。比喻完全出乎意料之外。叶圣陶《义儿》:"现在母亲忽然端整了被褥一切,叫他住在学校里,实在是梦想不到的。"

【梦中说梦】 mèng zhōng shuō mèng 《大般若波罗蜜多经》:"复次善勇猛,如人梦中说梦所见种种自性。如是所说梦境自性都无所有。何以故? 善勇猛,梦尚非有,况有梦境自性可说。"后用来比喻言论虚妄,所说之事不存在。明·沈德符《万历野获编·丝纶簿》:"然则今所谓丝纶簿者,亦传闻之说,未必有此名也。至谓为冯珰、张相所匿,抑又梦中说梦矣。"

【弥天大谎】 mí tiān dà huǎng 弥天:满天。天大的谎言。韦君宜《露沙的路》五:"反正说一千道一万,我只剩下了次

英，得救出我的次英！撒谎就撒谎，反正你们已经撒遍了弥天大谎！"刘绍棠《村妇》卷一："刘备摔孩子收买人心，乾隆撒下弥天大谎，哄骗了一亿四千万汉人。"

【弥天大罪】mí tiān dà zuì　弥天：满天。形容极大的罪过。《野叟曝言》五回："这和尚们穿吃了十方施主现成衣饭，饱暖思淫，造出这般弥天大罪。"茅盾《虹》四："偏是我犯着就该得那样大的责罚么？犯下弥天大罪，也还许他悔悟，偏是我连悔悟都不许么？"叶文玲《小溪九道弯》二："他不和女人说一句话，连正眼也不瞟一瞟，更不用说给她做一顿饭、烧一碗汤。可怜的女人个个像犯了弥天大罪一样眼泪汪汪。"

【弥天亘地】mí tiān gèn dì　弥天：满天。亘地：绵延大地。形容充满天地间。极言其大。《三国演义》九回："董贼之罪，弥天亘地，不可胜言！"

【迷途知返】mí tú zhī fǎn　迷失了道路而知道返回。比喻犯了错误能够改正。南朝梁·丘迟《与陈伯之书》："夫迷途知反，往哲是与。"反：同"返"。李国文《危楼记事》之三："危楼也许是又破又烂，但终究是大家同舟共济住了这么久的危楼。不论是误入歧途，还是迷途知返，总是危楼的儿女。"肖云星《丹华》："像你这样一位曾经读过专科，又有非凡意志的知识分子，如若迷途知返，奋发图强，势必成为国家民族的栋梁之材！"

【米珠薪桂】mǐ zhū xīn guì　珠：珍珠。薪：柴。桂：肉桂，珍贵药材。米贵如珠，薪贵如桂。《战国策·楚策三》："楚国之食贵于玉，薪贵于桂。"意为楚国粮食比玉贵，薪柴比桂价高。后用"米珠薪桂"比喻物价昂贵。《喻世明言》卷五："但长安乃米珠薪桂之地，先生资斧既空，将何存立？"姚雪垠《李自成》一卷二六章："不回去有何办法？一则弟不能使周拔贡为弟受累，二则长安米珠薪桂，居大不易。"

回去，我看他们也不能把我怎样！"

【靡靡之音】mǐ mǐ zhī yīn　靡靡：柔弱，委靡。《韩非子·十过》："师旷曰：'此师延之所作，与纣为靡靡之乐也。'"意为柔弱、委靡的音乐，被认为是亡国之声。后用"靡靡之音"指颓废、淫荡、低级趣味的音乐。《聊斋志异·罗刹海市》："马即起舞，亦效白锦缠头，作靡靡之音。"王火《战争和人》(二)卷四："家霆肃然起敬，叹了一口气，耳朵里同时听到忸忸怩怩的靡靡之音，心里纷乱。"〔注意〕靡，不读mí。

【觅衣求食】mì yī qiú shí　觅：寻找。寻求吃的和穿的。指找职业谋生。《儿女英雄传》五回："看你既不是官员赴任，又不是买卖经商，更不是觅衣求食，究竟有什么要紧的勾当？"

【秘而不宣】mì ér bù xuān　保守住秘密，不宣布，不泄露。《三国志·吴书·吕蒙传》南朝宋·裴松之注引《江表传》："密为肃陈三策，肃敬之，秘而不宣。"《二十年目睹之怪现状》八一回："回到衙门里，暗想这等本钱利重的生意，怪不得他一向秘而不宣。"梁实秋《雅舍小品·幸灾乐祸》："人在内心上很少不幸灾乐祸的。有人明白的表示了出来，有人把它藏在心里，秘而不宣。"刘绍棠《瓜棚柳巷》三："柳梢青种瓜，是家传的手艺；不但不传外人，就连女儿也秘而不宣。"

【密罗紧鼓】mì luó jǐn gǔ　见"紧锣密鼓"。

【密密麻麻】mì mì má má　形容人或物又多又密的样子。巴金《秋》三六："觉新木然望着克安的黑黑的八字胡和两颊上密密麻麻的须根，一时答不出话来。"马烽、西戎《吕梁英雄传》四四回："人越来越多了，不大一阵工夫，满院子挤满了密密麻麻的人头。"王蒙《青春万岁》二七："大雨透过灯光落下，像一缕缕密麻麻的白线。"

【密云不雨】mì yún bù yǔ 《周易·小畜》:"密云不雨,自我西郊。"意为浓云密布,但未下雨。后比喻事情酝酿已久,但尚未爆发或发作。王火《战争和人》(一)卷二:"时局,使童霜威有一种处在一个密云不雨的阴沉年代里的感觉。"

【蜜语甜言】mì yǔ tián yán 见"甜言蜜语"。

【眠花宿柳】mián huā sù liǔ 见"眠花卧柳"。

【眠花卧柳】mián huā wò liǔ 花、柳:指妓女。指嫖娼宿妓。元·无名氏《玩江亭》三折:"你则待要玩水游山,怎如俺眠花卧柳。"《红楼梦》四七回:"那柳湘莲原是世家子弟,……赌博吃酒,以至眠花卧柳,吹笛弹筝,无所不为。"也作"眠花宿柳"。《红楼梦》七五回:"这个邢德全只知吃酒赌钱、眠花宿柳为乐。"刘绍棠《草莽》四:"白苍狗子见她睁眼闭眼,也就更是为所欲为,常年在外眠花卧柳。"

【绵里藏针】mián lǐ cáng zhēn 比喻表面柔和内里刚硬或外貌和善而内心刻毒。刘醒龙《分享艰难》:"两人绵里藏针地斗了一阵嘴,赵卫东一直不肯让步。"

【绵延不断】mián yán bù duàn 绵延:延续不断。形容事物相连接,延续不断。萧乾《人生采访·从德、奥、意、瑞边境到巴黎》:"这一路我看到人类政治命运之迥然不同,德、瑞的边界是高仅三尺的绵延不断的铁丝网。"邓友梅《大门以里,二门以外》:"被廊子曲折多弯的平面布置一分割,变成了极富变化、大小不同的几个空间,又以它绵延不断的结构把分散的四面房屋连成了一体。"

【绵延起伏】mián yán qǐ fú 绵延:延续不断。形容山势高低起伏,延续不断。朱自清《〈燕知草〉序》:"加上绵延起伏的群山,错落隐现的胜迹,足够教你流连忘反。"

【勉为其难】miǎn wéi qí nán 勉强去做力所不及或感到困难的事情。茅盾《腐蚀·后记》:"当时既无现成的稿子,而仓卒间也找不到适当的人来担负这一工作,于是只好由我承乏,勉为其难。"周而复《上海的早晨》一部四七:"他现在落得谦虚谦虚,等到真的要他出来代表讲话,那时候可以表示遵命,勉为其难。"王火《战争和人》(三)卷六:"既如此,烦请转告唐公,恭敬不如从命,我就勉为其难,答应了!"

【面不改色】miàn bù gǎi sè 脸上神色不改变。形容遇到危险时,镇定自若,神色不变。元·秦简夫《赵礼让肥》二折:"我这虎头寨上,但凡拿住的人呵,见了俺,丧胆亡魂,今朝拿住这厮,面不改色。"《东周列国志》四四回:"叔詹面不改色,拱手谓文公曰:'臣愿得尽言而死。'"《野叟曝言》八二回:"素臣道:'真个不从,须吃我一刀!'将刀向空劈去,不防立娘面不改色,反把颈向刀一迎,素臣失色。"姚雪垠《李自成》一卷六章:"我拿砍头吓唬他,他面不改色,气不发喘。"梁斌《红旗谱》三六:"张嘉庆面不改色,笑嘻嘻把枪插回腰里,说:'来吧,怕什么,天塌了有地接着!'"也形容力量大或功夫好,用力而脸色不变。《野叟曝言》六〇回:"玉奴上来,也不埋步,也不撩衣,两手一撮,那石轻轻便起,离地有二尺上下,直掇到水夫人面前,然后放下,面不改色。"姚雪垠《李自成》二卷一六章:"小孩练完拳法,面不改色,气不发喘。"

【面红耳赤】miàn hóng ěr chì 形容在着急、紧张、羞愧、激动、生气、用力时,头脸充血发红的样子。《初刻拍案惊奇》卷三:"看那少年的弓,约有二十斤重,东山用尽平生之力,面红耳赤,不要说扯满,只求如初八夜头的月,再不能勾。"《红楼梦》七一回:"鸳鸯再一回想,那一个人影恍惚像个小厮,心下便猜疑了八九,自己反羞的面红耳赤，又怕起来。"鲁迅《集外集拾遗补编·新的世故》："至于被利用呢，倒也无妨。有些人看见这字面，就面红耳赤，觉得扫了豪兴了，我却并不以为有这样坏。"钱钟书《围城》六："他打开抽屉，拣出一叠纸给鸿渐看。……从头到底说鸿渐没资格教英文，把他改卷子的笔误和忽略罗列在上面，证明他英文不通。鸿渐看得面红耳赤。"

【面黄肌瘦】 miàn huáng jī shòu 面色发黄，肌肤消瘦。形容饥饿或有病的样子。《水浒传》三七回："这汉端的似有病的。不见他面黄肌瘦，有些病症?"《西游记》六八回："长老听说，偷睛观看，见那皇帝面黄肌瘦，形脱神衰。"《镜花缘》九八回："再看那些吃糕之人，个个面黄肌瘦，都带病容。"老舍《四世同堂》四九："棺材走得很快，前边是那个面黄肌瘦的和尚，后边是李四爷与孙七。"

【面面俱到】 miàn miàn jù dào 俱：都。指说话、做事或写文章时各方面都照顾得很周到，没有遗漏。《官场现形记》五七回："俗语说得好：'一法通，百法通。'他八股做得精通，自然办起事来就面面俱到了。"叶圣陶《倪焕之》一二："'好得很，'徐佑甫咽住了一个呵欠说，'好得很，面面俱到，又十分具体。'"刘绍棠《烟村四家》一一："二一位姑娘，模样儿虽然平常，却是个搞对象的老手，身价不算太高，附加条件却面面俱到。"

【面面厮觑】 miàn miàn sī qù 见"面面相觑"。

【面面相觑】 miàn miàn xiāng qù 觑：窥视，看。指互相对着看。《续传灯录·怀安军云顶海鹏禅师》："僧问：'如何是大疑底人?'师曰：'毕钵岩中面面相觑。'"后形容惊惧、紧张、尴尬或束手无策的样子。《水浒传》二六回："只见武松左手拿住嫂嫂，右手指定王婆，四家邻舍惊得目睁口呆，罔知所措，都面面相觑，

不敢做声。"《三国演义》二三回："王子服等四人面面相觑，如坐针毡。"《儒林外史》四九回："那官员一言不发，也就出去了。众人吓的面面相觑。"茅盾《蚀·动摇》一一："第二天上午，会是开了，李克的意见也提出来了；大家面面相觑，没有说话。"欧阳山《三家巷》一九一："四个人在炕几两边坐着，面面相觑，一筹莫展。"也作"面面厮觑"。《警世通言》卷八："崔宁听得说浑家是鬼，到家中问丈人丈母。两个面面厮觑，走出门，看看清湖河里，扑通地都跳下水去了。"《野叟曝言》一二三回："自此以后，天子皆称凤儿为'卿'，不敢以'尔'、'汝'称之。各女官、内监见天子如此致恭，都面面厮觑，惊异失色。"

【面命耳提】 miàn mìng ěr tí 见"耳提面命"。

【面目可憎】 miàn mù kě zēng 形容人的容貌或事物的样子令人厌恶。唐·韩愈《送穷文》："凡所以使吾面目可憎、语言无味者，皆子之志也。"梁实秋《雅舍小品·书》："人不读书，则尘俗生其间，照镜则面目可憎，对人则语言无味。"张贤亮《河的子孙》二章："他以为这个被打得丢盔弃甲的强盗一定是个獐头鼠目、面目可憎的家伙。"贾平凹《龙卷风》五："村人看着老二，觉得他不但疯了，且面目可憎。"

【面目全非】 miàn mù quán fēi 面貌已经完全不是原来的样子了。《聊斋志异·陆判》："举首则面目全非，又骇极。夫人引镜自照，错愕不能自解。"后形容事物变化大。鲁迅《而已集·谈所谓"大内档案"》："它的厄运，是在好书被有权者用相似的本子来掉换，年深月久，弄得面目全非，但我不想在这里多说了。"茅盾《腐蚀·十月十日》："她说我也和从前在学校时完全不同了，要是在路上遇见，决不认识。唔，原来我竟'面目全非'了么? 我当时就苦笑了一下。"欧阳山《三

家巷》一〇一："就拿广州来说吧，从前它多么宁静、优美、和善、逗人喜欢，可是现在也都面目全非了，往昔的风华全都消褪了。"

【面目一新】 miàn mù yī xīn 事物的样子完全改变，呈现新貌。含褒义。魏巍《东方》四部二七章："整个领导班子面目一新，朝气蓬勃，大大增强了党的战斗力。"张洁《红蘑菇》："只要一来客人，吉尔冬就和平时不一样了，特别来了女客人，那就更是面目一新。"

【面墙而立】 miàn qiáng ér lì 《论语·阳货》："人而不为《周南》《召南》，其犹正墙面而立也与？"意为人如果不学习，就像面正对着墙壁而站着，什么也见不着。后用"面墙而立"比喻人不学习，不研究，无所成就。《晋书·李玄盛传》："古今成败，不可不知，退朝之暇，念观典籍，面墙而立，不成人也。"

【面如土色】 miàn rú tǔ sè 脸色跟土一样灰暗，没有血色。形容极端惊恐或气急的样子。《敦煌变文集·捉季布传文》："归到壁前看季布，面如土色结眉频。"《三国演义》二一回："玄德只得随二人入府见操。操笑曰：'在家做得好大事！'吓得玄德面如土色。"《醒世恒言》卷八："刘婆方把那事细说，将刘璞气得面如土色。"《红楼梦》一〇五回："那些亲友听见，就一溜烟如飞的出去了。独有贾赦贾政一干人吓得面如土色。"鲁迅《朝花夕拾·阿长与〈山海经〉》："煮饭老妈子从此就骇破了胆，后来一提起，还是立刻面如土色。"

【面是背非】 miàn shì bèi fēi 是：认为正确。当面赞成，背后反对。《警世通言》卷二五："每见吴下风俗恶薄，见朋友患难，虚言抚慰，曾无一毫实惠之加；甚则面是背非，幸灾乐祸，此吾平时所深恨者。"《东周列国志》七八回："卯面是背非，阴阳其说，见三家则称颂其佐君匡国之功，见阳虎等又托为强公室抑私家之说。"

【面授机宜】 miàn shòu jī yí 授：传授。机宜：依据情况处理事务的方针、办法。当面传授针对具体情况处理事务的方针办法。《官场现形记》一八回："钦差会意，等到晚上无人的时候，请了拉达过来，面授机宜。"茅盾《蚀·动摇》六："至于意见，他们都说特派员自然带了省里的'面授机宜'来的。"梁实秋《雅舍小品·讲演》："想创业的年轻人向他请益需挂号排队，面授机宜的时间每分钟一万圆。"

【面无人色】 miàn wú rén sè 脸上没有人的血色。《史记·李将军列传》："会日暮，吏士皆无人色，而广意气自如。"后用"面无人色"形容极端恐惧或气急的样子。宋·苏辙《龙川别志》卷上："丁谓夜乘妇人车与曹利用谋之，诛怀政，黜准，召亿至中书。亿惧，便液俱下，面无人色。"《野叟曝言》三四回："党、冯二人浑身抖战，靳直站在御前冷汗直淋，面无人色。"夏衍《走险记》一："像待宰的牲口，面无人色的人们一个个地走出舱面来了。"姚雪垠《李自成》二卷一五章："宋文富兄弟面无人色，不敢抬头，浑身打战。"也形容因饥饿、疾病而虚弱的样子。宋·朱熹《奏救荒事宜状》："百万生齿，饥困支离，朝不谋夕，其尤甚者，衣不盖形，面无人色。"《野叟曝言》三六回："自用过晚饭后，忽然腹中作痛，发狠的泄泻起来，到定更时，已泻有一二十次，登时面无人色，神气虚惫。"

【面有菜色】 miàn yǒu cài sè 菜色：靠吃菜充饥而营养不良的脸色。《韩诗外传》卷二："闵子骞始见于夫子，有菜色。"后用"面有菜色"指脸上现出因无粮食吃而营养不良的青黄色。韬奋《萍踪忆语·从柏明汉到塞尔马》："他们的孩子因营养不足，大抵都面有菜色，骨瘦如柴。"王火《战争和人》(一)卷二："河沟清水因脏污泛起浓绿，市民面有菜色，衣冠不整的太多。"

【面有难色】 miàn yǒu nán sè　脸上显出为难的表情。王火《战争和人》(一)卷二："金娣面有难色，战战兢兢:'太太，我……我不敢!'"

【苗而不秀】 miáo ér bù xiù　秀:植物抽穗开花。《论语·子罕》:"子曰:'苗而不秀者有矣夫，秀而不实者有矣夫。'"原用禾苗不吐穗结实，伤悼人早逝。后比喻人资质虽好，但终无成就。北周·庾信《伤心赋序》:"羁旅关河，倏然白首，苗而不秀，频有所悲。"也比喻虚有其表。元·关汉卿《陈母教子》二折:"打这斯父母教训不秋，做的个苗而不秀。"

【渺无人烟】 miǎo wú rén yān　人烟:人家，住户。迷茫一片，没有人家。形容十分荒凉。《花月痕》四七回:"不上一月，将淮北千里，扫荡个渺无人烟。"杜鹏程《历史的脚步声》三:"抬头远望，前后左右都是埋在阴云和迷雾里的冰山雪峰:眼前是不见飞鸟、渺无人烟的荒漠世界。"

【渺无音讯】 miǎo wú yīn xùn　渺:渺茫。音讯:音信。毫无一点消息。萧乾《人生采访·仆仆风尘到慕尼黑》:"天色已近黄昏，一个刚由俘虏营中释放出的下士正在讲着笑话。他的家小可还在苏联占领区里，渺无音讯。"王火《战争和人》(二)卷三:"郑金山按照约定的时间、地点从沪西兆丰公园送衣物给童霜威后，童霜威一直渺无音讯。"

【妙不可言】 miào bù kě yán　晋·郭璞《江赋》:"妙不可尽之于言，事不可穷之于笔。"后用"妙不可言"形容妙到极点，无法用言语表达出来。《云笈七签》卷五八:"穷神极理，妙不可言。"《东周列国志》五九回:"公子侧会其意，一吸而尽，觉甘香快嗓，妙不可言!"《三侠五义》一一五回:"很好，我这厅上正缺两个领班头目，就叫他二人充当此差，妙不可言。"老舍《四世同堂》三:"我们把西王母请下来了，还给她照了个像。玄妙，妙不可言!"贾平凹《美穴地》:"这景象在柳子庙的感觉中妙不可言，想到了荷塘里的出水芙蓉，兀自地发呆了。"

【妙趣横生】 miào qù héng shēng　横生:接连不断地表现。美妙的意趣接连不断地表露出来。多用于对文章、艺术作品、讲话的赞美。欧阳山《三家巷》五七:"他知道许多愚蠢的地主和脓包的军官的故事，一说起来又是嬉笑怒骂，妙趣横生。"刘绍棠《瓜棚柳巷》三:"这个想拜师习武的人碰了壁，一不气恼，二不灰心，反倒每晚都来瓜园串门，陪伴柳家父女讲古论今，妙趣横生。"王火《战争和人》(三)卷七:"灯谜涉及的知识面广，包罗万象，囊括巨细，应当构思巧妙、简洁明快、妙趣横生。"

【妙手丹青】 miào shǒu dān qīng　丹青:红色和青色颜料，借指绘画。指绘画技艺高超或绘画技艺高超的人。《三侠五义》六回:"丞相遵旨，回府又叫妙手丹青照样画了几张，吩咐虞侯、伴当、执事人员各处留神，细细访查。"

【妙手回春】 miào shǒu huí chūn　妙手:技艺高超的人。回春:比喻医术高明、药物灵验，能把重病治好。形容医术高明，能把危重病人治好。含褒义。《荡寇志》一一四回:"天彪、希真齐声道:'全仗先生妙手回春。'"姚雪垠《李自成》三卷一四章:"我原先只知道你是金疮圣手，没想到对各种杂病，无名肿毒，也可以妙手回春!"王火《战争和人》(二)卷三:"从元末综合各家名医之长而成名的戴思恭开始，出了不少妙手回春的医生。"

【妙手空空】 miào shǒu kōng kōng　妙手空空本是唐人传奇中的剑客名字。唐·裴铏《聂隐娘》载:妙手空空剑术神妙，行为侠义，"人莫能窥其用，鬼莫能蹑其踪，能从空虚之入冥，善无形而灭影"。后因用"妙手空空"称高明的剑侠刺客或窃贼。《野叟曝言》八三回："飞霞道：'大姆神通，今日方知。奴在船上，虽隔一舱，上船下船毫没声息，岂非妙手空空！'"也指两手空空，一无所有。清·王韬《淞滨琐话·金玉蟾》："君得无惩妙手空空乎？且试探之，果能允诺，再做商量。"周立波《桐花没有开》："作了几年湖田，妙手空空回到了本地，还是做长工。"

【妙言要道】 miào yán yào dào　见"要言妙道"。

【妙语解颐】 miào yǔ jiě yí　颐：面颊。《汉书·匡衡传》："说《诗》，解人颐。"意为匡衡讲说《诗经》，能使人开颜而笑。后用"妙语解颐"形容人说话风趣动听，使人愉悦发笑。

【妙语惊人】 miào yǔ jīng rén　富有意味或深刻动听的言语使人吃惊，给人启示。刘玉民《骚动之秋》三章："'有人说，城市改革必然冲击和淹没农村的经济改革，我不同意这个说法。'妙语惊人。会议室一下子被抓到手里。"

【妙语连珠】 miào yǔ lián zhū　连珠：连接成串的珠子，比喻连续不断的声音。富有意味或深刻动听的话语像连接成串的珠子，一个接一个，连续不断地涌出。赞美人讲话精彩，妙语很多。刘绍棠《村妇》卷二："打牙逗口，满嘴跑舌头，妙语连珠，妙趣横生。"周大新《第二十幕》(中)二部二："有人妙语连珠地阐明中国和平建设的机会已经到来，中国就要重新崛起。"

【灭此朝食】 miè cǐ zhāo shí　《左传·成公二年》："齐侯曰：'余姑剪灭此而朝食。'不介马而驰之。"意为等消灭了敌人再吃早饭。后用"灭此朝食"形容决心取胜。宋·文天祥《对策·御试策一道》："陛下近者命发岭兼宪合兵财而一其权，是将为灭此朝食之图矣。"明·孙传庭《报三水捷功疏》："鼓锐出奇，擒渠扫党，灭此朝食。"

【灭顶之灾】 miè dǐng zhī zāi　灭顶：水漫过头顶。大水淹没头顶的灾祸。比喻毁灭性的灾难。魏巍《火凤凰》四五："如果时机掌握不当，跳得早了，就有被敌人发觉的可能；如果跳得晚了，就要陷入灭顶之灾。"刘绍棠《村妇》卷一："言者无心，听者有意，便会给玉人儿招来灭顶之灾，给汉根带来飞灾横祸。"

【灭绝人性】 miè jué rén xìng　灭绝：完全丧失。完全丧失了人的理性。形容凶恶残暴，没有人性，像野兽一样。王火《战争和人》(三)卷五："这火虽是在日本侵略军来到前燃起的，但不是日本帝国主义的侵略，桂林怎么会遭到这场浩劫？想到这些，家霆更仇恨灭绝人性的日本侵略者了。"

【民安物阜】 mín ān wù fù　阜：多，丰富。人民安乐，物资丰富。形容社会安定、太平。《水浒传》九九回："所有这新克复睦州、歙州，清溪、帮源二处城郭镇市，民安物阜，乡村溪岛山林，俱各民安复业。"

【民不堪命】 mín bù kān mìng　堪：经得起，忍受。人民负担沉重，不能活命。《左传·桓公二年》："宋殇公立，十年十一战，民不堪命。"《史记·周本纪》："王行暴虐侈傲，国人谤王。召公谏曰：'民不堪命矣。'"宋·苏轼《论河北京东盗贼状》："而近年以来，公私匮乏，民不堪命。"

【民不聊生】 mín bù liáo shēng　聊：依靠，依赖。百姓没有办法生活下去。形容生活极端困苦。《史记·张耳陈馀列传》："北有长城之役，南有五岭之戍，外内骚动，百姓罢敝，头会箕敛，以供军费，财匮力尽，民不聊生。"《水浒传》一回："目今京师瘟疫盛行，民不聊生，伤损军民多矣。"《花月痕》二回："后来倭寇勾结西域回民作乱,四方刀兵蠢动,民不聊生。鲁迅《集外集拾遗补编·娘儿们也不行》:"明朝的魏忠贤是太监——半个女人,他治天下的时候,弄得民不聊生……"姚雪垠《李自成》一卷九章:"朝廷无道,民不聊生,人们不造反有什么路走?"

【民富国强】 mín fù guó qiáng　人民富裕,国家强盛。汉·赵晔《吴越春秋》卷八:"越王内实府库,垦其田畴,民富国强,众安道泰。"

【民和年丰】 mín hé nián fēng　年:年景。人民和乐,农业丰收。《左传·桓公六年》:"奉盛以告曰:'洁粢丰盛',谓其三时不害而民和年丰也。"

【民穷财尽】 mín qióng cái jìn　人民生活穷困,国家财力耗尽。《水浒传》九一回:"又值水旱频仍,民穷财尽,人心思乱。"《二刻拍案惊奇》卷一:"又兼民穷财尽,饿莩盈途,盗贼充斥,募化无路。"清·孔尚任《桃花扇·逃难》:"你是奸臣马士英,弄的民穷财尽。"姚雪垠《李自成》一卷五章:"国家三百年来从未如今日民穷财尽,势如累卵。"

【民生凋敝】 mín shēng diāo bì　民生:人民生计。凋敝:困苦。人民生活困苦,凋,也作"雕"。《清史稿·穆宗纪一》:"江南新复,民生雕敝,有司招徕抚恤之。"鲁迅《而已集·革命时代的文学》:"还有一层,是那时民生凋敝,一心寻面包吃尚且来不及,那里有心思谈文学呢?"王火《战争和人》(三)卷八:"民生凋敝,人心失望。现在长江冬令水枯,舟车缺乏,滞留在重庆的公教人员及眷属四十多万都欲归不得,望断云山。"

【民以食为天】 mín yǐ shí wéi tiān　天:依靠。指百姓以粮食为生存的根本。《汉书·郦食其传》:"王者以民为天,而民以食为天。"《东周列国志》八一回:"臣闻国以民为本,民以食为天。"古华《芙蓉镇》一章:"国以民为本,民以食为天。"

【民殷财阜】 mín yīn cái fù　见"殷民阜财"。

【民殷国富】 mín yīn guó fù　殷:富足。百姓殷实,国家富有。形容经济状况良好。《三国演义》三八回:"今刘璋暗弱,民殷国富,而不知存恤,智能之士,思得明君。"

【民怨沸腾】 mín yuàn fèi téng　沸腾:开水翻腾。百姓对统治者的愤怒和怨恨已经达到了极点。《官场现形记》五回:"上半年在那里办过几个月厘局,不该应要钱的心太狠了,直弄得民怨沸腾,有无数商人来省上控。"姚雪垠《李自成》二卷一八章:"国家本来已民怨沸腾,救死不暇,最近朝廷偏又加征练饷七百三十万两,这不是饮鸩止渴么?"

【民脂民膏】 mín zhī mín gāo　脂:油脂。膏:脂肪。比喻人民用血汗换来的财富。《水浒传》九四回:"库内粮饷,都是民脂民膏,你只顾侵去肥己,买笑追欢,败坏了国家许多大事!"《官场现形记》一九回:"其尤甚者,方倚官为孤注,俨有道以生财;民脂民膏,任情剥削。"萧乾《人生采访·瑞士之行》:"多数纳粹党人以刮来的民脂民膏存在瑞士银行里。"刘绍棠《村妇》卷二:"日伪燕京道尹郜毓桂,搜刮民脂民膏,为其爱妾乔簪秋购置了其中一座花园楼房。"

【名不符实】 míng bù fú shí　见"名不副实"。

【名不副实】 míng bù fù shí　名:名声。副:符合。名声与实际不相符合。多指有名无实。三国魏·刘劭《人物志·效难》:"中情之人,名不副实,用之有效。"《野叟曝言》四回:"是愚兄与贤妹,论分则疏,论情则亲。若泛泛通家兄妹称呼,未免名不副实。"刘心武《钟鼓楼》六章:"虽已名不副实,但老年人叫惯了,仍叫

'京酒店'。"也作"名不符实"。鲁迅《集外集拾遗补编·通信（复魏猛克）》："自然，我不是木石，倘有人给我一拳，我有时也会还他一脚，但我的不'再来开口'，却并非因为你的文章，我想撕掉别人给我贴起来的名不符实的'百科全书'的假招帖。"周而复《上海的早晨》四部一一："他这个工程师不过是挂挂空名，写写条子，开开门票，派派工作，做些名不符实的事务工作。"

【名不见经传】 míng bù jiàn jīng zhuàn 名：名字。经传：指经典和古人解释经文的传，泛指重要的古书。名字在经传中没有记载。指人或事物没有什么名气。欧阳山《三家巷》七七："邀约来的客人几乎全部是国民党省、市党棍，只有一些不常来的、名不见经传的人物。"魏巍《火凤凰》三六："至此，残余的日军全被压进雁宿崖这个名不见经传的山村，黄昏时被全部歼灭。"周大新《第二十幕》(上)三部一〇："不过几年时间，名不见经传的别廷芳，依靠手中掌握的内乡民团力量，搞地方自治，已成了内乡的土霸王。"

【名不虚传】 míng bù xū chuán 名：名声。传扬的名声一点不虚假。指人或事物确实很好，不是空有虚名。宋·华岳《翠微南征录·白面渡》："系船白面问溪翁，名不虚传说未通。"《水浒传》三八回："难得宋江哥哥，又不曾和我深交，便借我十两银子，果然仗义疏财，名不虚传。"《封神榜》一八二回："果然好一个姜子牙，名不虚传，怪不的屡次征讨，不能取胜。"《红楼梦》二八回："宝玉听说，不觉欣然跌足笑道：'有幸，有幸！果然名不虚传。今儿初会，便怎么样呢？'"欧阳山《三家巷》一三五："西凤酒果然名不虚传，三杯喝下去以后，张子豪已经开始醉了，话开始慢慢地多起来了。"

【名不正，言不顺】 míng bù zhèng, yán bù shùn 名：名分，名义。《论语·子路》："名不正，则言不顺；言不顺，则事不成。"意为用词不当，言语就不能顺理成章。后用来指名分不正或名与实不相符合，说话或做事就缺乏依据，不合理。清·刘献廷《广阳杂记》卷二："今天下之书院祠祀，十之八九皆守之以僧，名不正，言不顺，莫此为甚。"周而复《上海的早晨》四部二："我也可以找，就是我的身份不合，诸公诸婆知道，我在棉纺织同业工会并无一官半职，名不正，言不顺，师出无名。"刘绍棠《村妇》卷二："牛荸虽愿当唪儿的继任丈夫，但是并无官书认可，也就名不正言不顺。"

【名成功就】 míng chéng gōng jiù 见"功成名就"。

【名垂千古】 míng chuí qiān gǔ 名：名声。垂：流传。千古：千年，形容年代久远。好的名声永远流传。《镜花缘》八一回："今日之下，其所以家喻户晓，知他为忠臣烈士，名垂千古者，皆由无心而传。"李劼人《暴风雨前》一部一："比如去年吴樾那颗炸弹，虽未曾把奉旨出洋考察政的五大臣炸着，而炸死了本人，但是名垂千古。"从维熙《方太阳》六："那些堂而皇之进行几十次偷鸡摸狗的大人物，都已名垂千古；我只给了雯雯一丁点人道的温存，就真被送上了道德法庭？！"

【名垂青史】 míng chuí qīng shǐ 名：名声。垂：流传。青史：史书，古代在竹简上记事，故称史书为青史。名字被载入史册。指人的名声事迹在历史上流传下来。《三国演义》六〇回："明公先取西川为基，然后北图汉中，收取中原，匡正王朝，名垂青史，功莫大焉。"《说岳全传》二二回："得你尽忠报国，名垂青史，吾愿足矣。"姚雪垠《李自成》一卷二八章："好，入伙吧！大丈夫当通权达变，建立不世之功，名垂青史！"

【名存实亡】 míng cún shí wáng 名义

上还存在，实际上已经消亡。唐·韩愈《处州孔子庙碑》："虽设博士弟子，或役于有司，名存实亡，失其所业。"杨沫《青春之歌》二部三四章："但是眼前中华民族的出路在哪里呢？东北已经沦陷四年多，华北也早就名存实亡……"刘醒龙《黑蝴蝶·黑蝴蝶》一〇："一到傍晚屋内就空无一人，直到月亮东升或西隐时，才从森林的各个角落里，回到名存实亡的集体户宿舍。"

【名符其实】 míng fú qí shí 见"名副其实"。

【名副其实】 míng fù qí shí 副：符合。名称或名声与实际相符合。宋·范祖禹《唐鉴·玄宗下》："故夫孝子慈孙之欲显其亲，莫若使名副其实而不浮。"《歧路灯》九〇回："就是那礼部门口有名的，也要名副其实。"茅盾《蚀·幻灭》二："我诚然是小姐，是名副其实的小资产阶级！"欧阳山《三家巷》六六："说起咱周、区两家，倒名副其实地配称门当户对。二姐夫打铁，妹夫也打铁，不过不用烧红就是了。"也作"名符其实"。梁实秋《雅舍小品·商店礼貌》："过了一个月，又见标签为南瓜的馅饼，便买问店员是否名符其实的南瓜馅饼，具以过去经验告之。"

【名公巨卿】 míng gōng jù qīng 指地位显要的公卿大臣。《醒世恒言》卷二九："真个名闻天下，才冠当今。与他往来的，俱是名公巨卿。"鲁迅《花边文学·清明时节》："清末掘墓者极多，虽在名公巨卿的墓中，所得也大抵是一块志石和凌乱的陶器。"

【名缰利锁】 míng jiāng lì suǒ 名：名位。缰：缰绳，牵牲口用的绳子。利：利益。锁：锁链。名和利像缰绳和锁链那样把人束缚住，使人不得自主。宋·柳永《夏云峰》词："向此免名缰利锁，虚费光阴。"元·关汉卿《新水令》："密爱幽欢不能恋，无奈无名缰利锁牵。"《封神演义》一八回："我们原系方外闲人，逍遥散淡，无拘无束，又何名缰利锁之不能解脱耶？"

【名利兼收】 míng lì jiān shōu 见"名利双收"。

【名利双收】 míng lì shuāng shōu 名：名位。利：利益。名和利两方面的东西都得到了。《官场现形记》三四回："吾兄现在做了我们自己一家人了，但愿吾兄从此一帆风顺，升官发财，各式事情都在此中发生，真正是名利双收，再好没有。"鲁迅《准风月谈·爬和撞》："爬得上的机会越少，愿意撞的人就越多，那些早已爬在上面的人们，就天天替你们制造撞的机会，叫你化些小本钱，而豫约着你们名利双收的神仙生活。"钱钟书《围城》七："鸿渐既然格外卖力，不免也起名利双收的妄想。"周而复《上海的早晨》四部二八："我看，他现在打的算盘是名利双收，绝对不会只图名。"也作"名利兼收"。《二十年目睹之怪现状》一〇六回："如此一来，老弟的名气也出去了，书局还可以赚钱，岂不是名利兼收么？"

【名列前茅】 míng liè qián máo 名：名次。前茅：古时行军，用茅作为旌旗，持茅先行，如遇变故，举茅报警，故称前茅。指名次排列在前面。清·吴炽昌《客窗闲话续集·唐ןlink唐门林》："汝初冒北籍，名列前茅，恐招人忌耳。"钱钟书《围城》二："本埠商界闻人金银行总经理周厚卿快婿方鸿渐，由周君资送出洋深造……精研政治、经济、历史、社会等科，莫不成绩优良，名列前茅。"姚雪垠《李自成》二卷一七章："去年弟在京师，听说二公子中了秀才，且名列前茅，颇为学台赏识，实在可贺可贺。"路遥《在困难的日子里》二章："正是因为我的成绩名列前茅，我才被分到了这一级的'尖子班'。"

【名流轶事】 míng liú yì shì 名流：著名的人士。轶事：世人不大知道的关于某人的事迹。指名人的不为世人所知的事迹。鲁迅《集外集拾遗补编·关于许绍棣、叶溯中、黄萍荪》:"黄竟以此起家,为教育厅小官,遂编《越风》,函约'名人'撰稿,谈忠烈遗闻,名流轶事,自忘其本来面目矣。"

【名落孙山】 míng luò sūn shān 名:名字。宋·范公偁《过庭录》:"吴人孙山,滑稽才子也。赴举他郡,乡人托以子偕往。乡人子失意,山缀榜末,先归。乡人问其子得失,山曰:'解名尽处是孙山,贤郎更在孙山外。'"意为榜上最后一名是我孙山,你儿子还在孙山之后。后因用"名落孙山"指考试不中,或选拔未被录取。明·叶宪祖《鸾鎞记·合谮》:"但教名落孙山外,任取诗成宋问前。"《镜花缘》八八回:"太后移置十名后,可见妍媸难逃圣鉴,得能不致名落孙山,乃太后格外姑容。"《官场现形记》五四回:"等到出榜,名落孙山,心上好不懊恼。"梁实秋《雅舍小品·签字》:"最后口试,他应签之后一时兴起,从衣袋里抽出小簿,请考试委员一一签名留念,主考者勃然大怒,予以斥退,遂至名落孙山。"

【名满天下】 míng mǎn tiān xià 名:名声。名声传遍了整个天下。形容名声很大,声望很高。《管子·白心》:"名满于天下也,不若其已也。"宋·苏轼《上梅直讲书》:"执事名满天下,而位不过五品。"《老残游记》一二回:"无奈中国无此条例,所以叫这太谷第一个造灯的人,同那寿州第一个造斗的人,虽能使器物利用,名满天下,而自己的声名埋没。"

【名山事业】 míng shān shì yè 《史记·太史公自序》:"藏之名山,副在京师,俟后世圣人君子。"司马迁著《史记》,说要藏之名山,传之久远。后用"名山事业"指著书立说,写不朽作品。王西彦《乡下朋友》:"庄道耕就一直躲在文化中心大城市,专心于名山事业。"

【名师出高徒】 míng shī chū gāo tú 有名的老师或师傅一定能培养出水平高的学生或弟子。蔡东藩《慈禧太后演义》二〇回:"名师手下出高徒,所以瑾珍二嫔均通文史。"钱钟书《围城》五:"顾先生摇头道:'唉! 名师必出高徒! 名师必出高徒!'"

【名实相符】 míng shí xiāng fú 见"名实相副"。

【名实相副】 míng shí xiāng fù 名:名声。副:符合。名声与实际相符合。汉·曹操《与王修书》:"君澡身浴德,流levels本州,忠能成绩,为世美谈,名实相副,过人甚远。"《魏书·于忠传》:"朕嘉卿忠款,今改卿名忠,既表贞固之诚,亦所以名实相副也。"也作"名实相符"。五代·王定保《唐摭言·慈恩寺题名游赏赋咏杂记》:"斯乃名实相符,亨达自任,得以惟圣作则,为官择人。"

【名士风流】 míng shì fēng liú 名士:著名人士。风流:风度、气韵。《后汉书·方术传论》:"汉世之所谓名士者,其风流可知矣。"后用"名士风流"指文人学士不拘礼法、放荡不羁的风度、作派。《世说新语·品藻》:"理义所得,优劣厅复未辨;然门庭萧寂,居然有名士风流。"《文明小史》三一回:"好! 好! 咱们名士风流,正该洒脱些才是。"曹禺《北京人》一幕:"愫方有三十岁上下的模样,生在江南的世家,父亲也是个名流。名士风流,身后非常萧条。"

【名下无虚】 míng xià wú xū 名下:盛名之下。《陈书·姚察传》:"沛国刘臻,窃于公馆访《汉书》疑事十余条,并为剖析,皆有经据。臻谓其所亲曰:'名下定无虚士。'"意为有盛名的人决不是徒有其名。后用"名下无虚"形容名之不虚传。《野叟曝言》八九回:"弟在人丛中偷看,吾兄武艺出群,阵法娴熟,果然名下无虚。"钱钟书《围城》七:"方鸿渐表示不知道汪太太会画，出于意外；赵辛楣表示久闻汪太太善画，名下无虚。"

【名噪一时】 míng zào yī shí 名：名声。噪：广为传扬。指名声在一个时候广为传扬。明·沈德符《万历野获编·国师阅文偶误》："娄上王辰玉、松江董元宰入都，名噪一时。"清·宣鼎《夜雨秋灯录·科场》："朱半仙，时文中之能手也，名噪一时。"姚雪垠《李自成》二卷二章："当他出惊人的高价买它时，不仅是为着要占有这个名噪一时的斗鹌，也为着都说他今年官星现，买来这个名为常胜将军的鸟儿取个吉利。"刘绍棠《绿杨堤》八："绿杨堤这座名噪一时的奇迹，早已荒废冷落，长满了野花、青草、蓬蒿、柳棵子。"

【名正言顺】 míng zhèng yán shùn 名：名分，名义。《论语·子路》："名不正，则言不顺。"后用"名正言顺"指名分或名义正当，说话做事就理由充足，有依据。宋·苏轼《太常少卿赵瞻可户部侍郎外制》："先王之论理财也，必继之以正辞，名正而言顺，则财可得而理，民可得而正。"《东周列国志》二四回："周惠王本不欲子郑出会，因齐势强大，且名正言顺，难以辞之，只得许诺。"《镜花缘》四回："若'名正言顺'，事在必行，我们一经闻命，自应即去承旨，又何须禀知洄主。"老舍《骆驼祥子》一八："在这种时候，他看女儿是个会挣钱的东西，他是作爸爸的，跟她要钱是名正言顺。"姚雪垠《李自成》一卷二七章："这一次，我是名正言顺，奉着你闯王的命去迎接他，说话就有了分量啦。"

【名重一时】 míng zhòng yī shí 重：敬重，器重。名望极高，在一个时期内为人们所推重和尊敬。《二刻拍案惊奇》卷三三："因此也名重一时，来求见的颇多，王孙公子，车马盈门。"《镜花缘》八八回："当日无故受他讥讽，以为被谪历受劫磨，可消此念；谁知他倒名重一时，优游乐土。"

【明辨是非】 míng biàn shì fēi 把是非分辨清楚。宋·欧阳修《与王懿敏公》："某窃位于此，不能明辨是非，默默苟且，负抱愧耻，何可胜言。"巴金《随想录》五七："大家都能明辨是非，就不会让长官随意点名训斥。"姚雪垠《李自成》一卷四章："八九年的部队生活和她的特殊地位，养成她举止老练、大方，明辨是非，遇事果决而又心细如发。"

【明查暗访】 míng chá àn fǎng 见"明察暗访"。

【明察暗访】 míng chá àn fǎng 察：观察。访：询问。公开调查，仔细察看，暗中询问了解情况。指用各种方法调查了解情况。《儿女英雄传》二七回："丈夫的品行也丢了，她的名声也丢了，她还在那里贼去关门，明察暗访。"从维熙《阴阳界》八："他要真来山旮旯儿明察暗访，首先倒楣的还不是胡栓一家。"也作"明查暗访"。《老残游记》一八回："差你往齐东村明查暗访，这十三条命案是否服毒？有什么别样案情？限一个月报命。"

【明察秋毫】 míng chá qiū háo 明：视力。秋毫：秋天鸟兽新生出的细毛。《孟子·梁惠王上》："明足以察秋毫之末，而不见舆薪。"意为视力好到能察辨秋天鸟兽的细毛。后用"明察秋毫"形容人精明，目光敏锐，能洞察一切。《三侠五义》四二回："不想相爷神目如电，早已明察秋毫，小人再不敢隐瞒。"茅盾《蚀·动摇》二："县党部明察秋毫，如果我是劣绅，也不待今天倪甫庭来告发了。"周而复《上海的早晨》三部一九："你明察秋毫，比我们知道的事体多，了解的清楚……"

【明窗净几】 míng chuāng jìng jī 见"窗明几净"。

【明火执仗】 míng huǒ zhí zhàng 火：灯火，火把。执：持，拿。仗：兵器。点着火把,拿着武器,公开进行某种活动。多指公开抢劫或做坏事。元·无名氏《盆儿鬼》二折:"我在这瓦窑居住,做些本分生涯,何曾明火执仗,无非赤手求财。"《官场现形记》一三回:"有天半夜里,不晓得那里来的强盗,明火执仗,一连抢了两家当铺,一家钱庄。"邓一光《我是太阳》六部一:"老关,你这个样子,你完全像一个明火执仗的强盗!"也作"明火执杖"。《西游记》八四回:"听见行者说有许多银子,他就着几个溜出去,伙了二十多个贼,明火执杖的来打劫马贩子。"

【明火执杖】míng huǒ zhí zhàng　见"明火执仗"。

【明镜高悬】míng jìng gāo xuán　晋·葛洪《西京杂记》载:咸阳宫有方镜,人有疾病,用来照之,能知病之所在。人有邪心,一照也能洞察。秦始皇常以照宫人,杀有异心者。后用"明镜高悬"比喻官吏执法严明,判案公正;或公正无私,明察洞识。元·关汉卿《望江亭》四折:"今日个幸对清官,明镜高悬。"《三侠五义》五回:"不料小人侄儿今日看见此坠,被人告到太爷台前。惟求太爷明镜高悬,伸此冤枉。"姚雪垠《李自成》二卷三八章:"请老父台明镜高悬,洞察是非,不使舍弟受此诬枉之冤!"

【明来暗去】míng lái àn qù　公开或暗中来往。形容来往频繁,关系密切。含贬义。茅盾《蚀·动摇》七:"你又没老婆,无拘无束;你尽管明来暗去,谁管得了你呀!"柳青《创业史》一部一八章:"他一再地警告自己,往后决不可再和翠娥明来暗去,免得因了一时的畅快,给自己惹下大祸。"

【明媒正娶】míng méi zhèng qǔ　媒:媒人。正娶:合乎礼仪规范、正式的婚娶。指有媒人说合,按传统结婚仪式迎娶的婚姻。元·关汉卿《救风尘》四折:"那里是明媒正娶,公然的伤风败俗。"

《喻世明言》卷一:"这平氏到是明媒正娶,又且平氏年长一岁,让平氏为正房。"《说岳全传》六七回:"那女子只挣得一句:'将军若要用强,宁死不从;必待妾身回家禀知父亲,明媒正娶,方得从命。'"老舍《四世同堂》五四:"她是咱们明媒正娶的媳妇,活着是祁家的人,死了是祁家的鬼!"梁斌《红旗谱》一六:"李德才黄着个脸子说:'什么合辈数不合辈数,那又不是什么明媒正娶。'"

【明眸皓齿】míng móu hào chǐ　眸:眼珠,泛指眼睛。皓:洁白。明亮的眼睛,洁白的牙齿。三国魏·曹植《洛神赋》:"丹唇外朗,皓齿内鲜,明眸善睐,靥辅承权。"后用"明眸皓齿"形容人(多指女子)的容貌美丽。也指美女。唐·杜甫《哀江头》诗:"明眸皓齿今何在?血污游魂归不得。"《水浒传》一回:"明眸皓齿,飘飘并不染尘埃;绿鬓朱颜,耿耿全然无俗态。"《喻世明言》卷六:"忽然抬头,见令公身边立个美妾,明眸皓齿,光艳照人。"叶文玲《浪漫的黄昏》四:"外婆和母亲螓首娥眉明眸皓齿的古典美,在这个女孩身上发展成更加逗人的活泼玲珑,拿北京话说,丁丁这小样儿,绝了!"也作"皓齿明眸"。《水浒传》四二回:"朱颜绿发,皓齿明眸。飘飘不染尘埃,耿耿天仙风韵。"贾平凹《弈人》:"一间厅子,青年坐其中,领导分四方,青年皓齿明眸,同时以进攻向四位对手攻击。"

【明目张胆】míng mù zhāng dǎn　明目:睁亮眼睛。张胆:放开胆子。形容人有胆识,敢作敢为。《晋书·王敦传》:"今日之事,明目张胆为六军之首,宁忠臣而死,不无赖而生矣。"后形容公开地、大胆地去做某事(多指不好的或不合法的事)。《宋史·胡宏传》:"臣下僭逆,有明目张胆显为负逆者。"《二十年目睹之怪现状》一〇三回:"近日京师奔竞之风,是明目张胆,冠冕堂皇做的,他既是当今第一红人，何以大有'门庭冷落车马稀'的景象呢？"李劼人《大波》二部四章："他为什么要这样胡闹，并且明目张胆地胡闹呢？"柳青《创业史》一部二〇章："这是明目张胆欺负人，欢喜简直忍不住想哭。"

【明枪暗箭】 míng qiāng àn jiàn 比喻公开的攻击和暗中的伤害。鲁迅《三闲集·通信》："那么，我没有罪戾么？有的，现在正有许多正人君子和革命文学家，用明枪暗箭，在办我革命及不革命之罪，将来我所受的伤的总计，我就划一部分赔偿你的尊'头'。"邓一光《我是太阳》三部三："关山林突然发现他像一头陷入困境中的豹子，他的四下都是陷阱和明枪暗箭，他过去得罪了太多的人。"

【明日黄花】 míng rì huáng huā 明日：指重阳节后的一天。黄花：菊花。宋·苏轼《九日次韵王巩》诗："相逢不用忙归去，明日黄花蝶也愁。"古人多于重阳节赏菊，过了节令再赏菊就没兴味。后多用来比喻过时的事物。鲁迅《两地书》七："拟先呈先生批阅，则恐久稽时日，将成明日黄花，因此急急付邮，觉骨鲠略吐，稍为舒快。"郭沫若《沸羹集·序》："这里有些是应景的文章，不免早已有明日黄花之感。"

【明若观火】 míng ruò guān huǒ 像观火一样明显。形容事物看得十分清楚明白。唐·陆贽《奉天论延访朝臣表》："善恶同类，端如贯珠，成败象行，明若观火。"姚雪垠《李自成》三卷三八章："未来吉凶，明若观火，不走何待？"

【明升暗降】 míng shēng àn jiàng 名义上是升迁，实际上是降职。指用某种名义削去官吏实权的作法。《官场现形记》三六回："就是再添一千个都老爷，也抵不上两个监督、一个织造的好，这叫做明升暗降。"王火《战争和人》（三）卷四："汉中行营实际是个虚设机构，无实际职权，让李宗仁干这差使，目的是把他明升暗降调离有实权的五战区。"

【明效大验】 míng xiào dà yàn 效：效果。验：效验。指明白可见、非常显著的效验。《汉书·贾谊传》："祸几及身，子孙诛绝，此天下所共见也。是非其明效大验邪？"章炳麟《驳康有为论革命书》："事既无何可奈何矣，其明效大验已众著于天下矣。"

【明心见性】 míng xīn jiàn xìng 心：思想感情。性：本性。原为佛教用语。指清除世俗杂念，大彻大悟，尽显人的本性。后泛指彻悟人生，了解人生真谛。《元史·仁宗纪三》："明心见性，佛教为深；修身治国，儒道为切。"《西游记》一一回："陛下明心见性，是必记了，传与阳间人知。"《红楼梦》一一五回："他说了半天，并没个明心见性之谈，不过说些什么文章经济，又说什么为忠为孝，这样人可不是个禄蠹么！"

【明哲保身】 míng zhé bǎo shēn 明哲：聪明有智慧。《诗经·大雅·烝民》："既明且哲，以保其身。"后用"明哲保身"指聪明有智慧之人，善于趋安避危，保全自身。唐·白居易《杜祐致仕制》："尽悴事君，明哲保身，进退始终，不失其道，自非贤达，孰能兼之？"明·梁辰鱼《浣纱记·谈义》："但大仇既报，吾愿已毕，今欲飘然去国，明哲保身，省得落于奸臣之手。"《野叟曝言》三八回："但二弟蹈此危机，恐难完璧，怎得他知几远引、明哲保身才好。"也指为保全个人利益而回避原则问题的处世态度。鲁迅《且介亭杂文·论俗人应避雅人》："大家都知道'贤者避世'，我以为现在的俗人却要避雅，这也是一种'明哲保身'。"梁实秋《雅舍小品·睡》："一个做到首相地位的人，开会不说话，一味假寐，真是懂得明哲保身之道。"

【明争暗斗】 míng zhēng àn dòu 明里暗里都在进行争斗。形容双方斗争激烈，采用了各种形式和手段。鲁迅《南腔北调集·〈守常全集〉题记》:"《新青年》的同人中,虽然也很有喜欢明争暗斗,扶植自己势力的人,但他一直到后来,绝对的不是。"姚雪垠《李自成》一卷二九章:"张大经的心中一惊:'老张要杀人了!'但因为近来他同林铭球明争暗斗,所以也心中暗喜。"

【明正典刑】 míng zhèng diǎn xíng 正:正法,治罪。依照法律,处以极刑。宋·王楙《野客丛书·宣帝待霍氏》:"奈何悖逆之节愈益彰露,而不容掩匿,苟不明正典刑,天下其谓帝何,其势不得不诛耳。"《醒世恒言》卷三六:"诸奸贯满,相次就毙;而且明正典刑,沥血设饷。"《东周列国志》六回:"二逆俾俱不赦,明正典刑,以谢先灵。"《说岳全传》三三回:"求元帅发兵往山东捉拿刘猊,明正典刑,公私两尽。"

【明知故犯】 míng zhī gù fàn 明明知道不对,还故意去做或有意识去违反。明·李贽《与周友山书》:"然弟之改过,实出本心,盖一向以贪佛之故,不自知其陷于左道,非明知故犯者比也。"《孽海花》二八回:"花子没有可杀的罪,在我更没有杀他的理。我为什么要酒醉呢?冲动呢?明知故犯的去冒险呢?"鲁迅《彷徨·在酒楼上》:"你不知道,我可是比先前更怕去访人了。因为我已经深知道自己之讨厌,连自己也讨厌,又何必明知故犯的去使人暗暗地不快呢?"欧阳山《三家巷》一五〇:"你这样做,明知故犯,简直就是一种犯罪!"

【明知故问】 míng zhī gù wèn 明明知道,故意问人。《封神榜》一七六回:"云霄娘娘闻听,心中不悦,叫声:'子牙,这是你明知故问。'"《三侠五义》九五回:"蒋爷晾完了衣服,在床上坐下,见他这番光景,明知故问道:'先生为着何事伤心呢?'"张恨水《啼笑因缘》三回:"家树虽然心虚,但不信伯和会看出什么破绽,

便道:'这岂不是明知故问?我是去拿章程来了,你还不知道呀?'"

【明珠暗投】 míng zhū àn tóu 明珠:明月珠。《史记·鲁仲连邹阳列传》:"臣闻明月之珠,夜光之璧,以闇投人于道路,人无不按剑相眄者,何则?无因而至前也。"后用"明珠暗投"比喻有才能的人得不到重用、赏识或好人误入歧途。《三国演义》五七回:"统曰:'吾欲投曹操去也。'肃曰:'此明珠暗投矣。可往荆州投刘皇叔,必然重用。'"《聊斋志异·鸽异》:"至夜,梦白衣少年至,责之曰:'我以君能爱之,故遂托以子孙。何以明珠暗投,致残鼎镬!今率儿辈去矣。'"也比喻珍贵的东西落错了地方,得不到珍爱。清·沈复《浮生六记·闲情记趣》:"又在扬州商家见有虞山游客携送黄杨翠柏各一盆,惜乎明珠暗投。"也作"明珠投暗"。鲁迅《南腔北调集·为了忘却的记念》:"我很欣幸他的得释,就赶紧付给稿费,使他可以买一件夹衫,但一面又很为我的那两本书痛惜;落在捕房的手里,真是明珠投暗了。"

【明珠弹雀】 míng zhū tán què 明珠:夜明珠。用珍贵的夜明珠当弹丸,去弹射鸟雀。汉·扬雄《太玄·唐》:"明珠弹于飞肉,其得不复。测曰:明珠弹肉,费不当也。"飞肉:指禽鸟。南朝·梁元帝《金楼子·立言下》:"黄金满筒,不以投龟,明珠径寸,岂劳弹雀?"后用"明珠弹雀"比喻所费不当,得不偿失。《东周列国志》九三回:"明珠弹雀,不如泥丸;白璧疗饥,不如壶餐。"《封神演义》一三回:"若道兄隐护,只恐明珠弹雀,反为不美。"

【明珠投暗】 míng zhū tóu àn 见"明珠暗投"。

【明珠薏苡】 míng zhū yì yǐ 见"薏苡明珠"。

【鸣金收兵】 míng jīn shōu bīng 鸣金:敲锣。兵:兵士,军队。古代打仗,以

敲锣为暂时撤出战斗的信号。自己一方锣声响起，就要收兵回营。《水浒传》九七回："卢先锋兵到，见孙安勇猛，卢先锋令鸣金收兵。"《东周列国志》一〇二回："两下混杀一场，燕军比赵损折更多，天晚各鸣金收兵。"《镜花缘》九六回："正要跃马进阵，文芸连忙叫道：'五弟不可造次！今日已晚，明日再同老爹计较。'即令鸣金收兵，一同回营。"后多比喻行动宣告结束，暂时告一段落。老舍《四世同堂》五八："幸而，马老太太与小崔太太，一老一少两位寡妇，出来给他道歉，他才鸣金收兵。"刘绍棠《烟村四五家》六："椿井叔，您鸣金收兵，得胜还朝吧！"也作"鸣金收军"。《东周列国志》九八回："赵括料难取胜，鸣金收军，就便择水草处安营。"

【鸣金收军】 míng jīn shōu jūn 见"鸣金收兵"。

【鸣锣开道】 míng luó kāi dào 鸣锣：敲锣。旧时官吏出行，仪仗前有人敲锣，让行人回避让路。《二十年目睹之怪现状》九一回："说罢，便辞了出来，上了绿呢大轿，鸣锣开道，径回衙门。"欧阳山《三家巷》二一："有朝一日你传下令来，要来荔枝湾游玩的话，那还不是鸣锣开道，把所有的游人赶走，才让你老兄独自欣赏？"后也比喻为某一事物的出现制造舆论，开辟道路。巴金《随想录》一四三："我埋着头不看他，心里想：什么英雄！明明是给'四人帮'鸣锣开道的大骗子！"

【鸣冤叫屈】 míng yuān jiào qū 自己或为别人诉说冤枉委屈。巴金《随想录》九〇："我心中充满悲愤，我不想为自己增添荣耀，我要为受难人鸣冤叫屈。"刘绍棠《二度梅》五："因此，今天工作队长宁廷佐当众宣布洛文的罪状，温良顺恍然大悟，就像万箭钻心，怎能不挺身而出，为洛文鸣冤叫屈？"

【冥思苦索】 míng sī kǔ suǒ 见"冥思苦想"。

【冥思苦想】 míng sī kǔ xiǎng 冥：深沉。苦：尽力地。深沉地思考，苦苦地思索。巴金《随想录·后记》："那么写什么呢？难道冥思苦想、精雕细琢、为逝去的旧时代唱挽歌吗？"刘醒龙《凤凰琴》："吃过饭后，张英才就趴在煤油灯下冥思苦想，如何写上一句话，才能在姚燕的那句话上来个锦上添花。"也作"冥思苦索"。李国文《冬天里的春天》一章："果然，于而龙埋在沙发里不作声了。如今，他喜欢沉默，喜欢枯坐，喜欢冥思苦索。"也作"苦思冥想"。张贤亮《土牢情话》六章："我正躺在铺板上苦思冥想，高音喇叭突然播出了一支我从来没有听过的高亢的乐曲。"

【冥顽不化】 míng wán bù huà 见"冥顽不灵"。

【冥顽不灵】 míng wán bù líng 冥顽：昏庸顽钝。形容愚昧昏庸又顽固不化。唐·韩愈《祭鳄鱼文》："不然，则是鳄鱼冥顽不灵，刺史虽有言，不闻不知也。"鲁迅《三闲集·我的态度气量和年纪》："例如《鲁迅在广东》这一本书，今年战士们忽以为编者和被编者希图不朽，于是看得'烦躁'，也给了一点对于'冥顽不灵'的冷嘲。"欧阳山《三家巷》四三："这时候他不像个受过良好教育的上流社会的人物，却像个无知无识、冥顽不灵的下流粗人。"也作"冥顽不化"。姚雪垠《李自成》三卷四章："既然他冥顽不化，死不肯降，那就稍缓时日，俟剿灭献贼之后，再分兵将他围歼不迟。"

【铭肌镂骨】 míng jī lòu gǔ 铭：在器物上刻字。镂：雕刻。刻在肌肤上，雕在骨头上。形容感受深刻，永记不忘。北齐·颜之推《颜氏家训·序致》："追思平昔之指，铭肌镂骨，非徒古书之诫，经目过耳也。"

【铭心刻骨】 míng xīn kè gǔ 见"刻骨

铭心"。

【铭心镂骨】 míng xīn lòu gǔ　见"镂骨铭心"。

【蝾蛉之子】 míng líng zhī zǐ　《诗经·小雅·小宛》："蝾蛉有子，蜾蠃负之。"蝾蛉是螟蛾的幼虫，蜾蠃是一种寄生蜂，即细腰蜂。蜾蠃捕捉到蝾蛉，存放在自己窝内，在蝾蛉体内产卵，卵孵化后即以蝾蛉为食物。古人误以为蜾蠃不产子，喂养蝾蛉为子，故用"蝾蛉之子"比喻养子。《三国演义》七六回："汉中王遂遣人至荆州问关公，关公乃将军乃蝾蛉之子，不可僭立，劝汉中王远置将军于上庸山城之地，以杜后患。"《初刻拍案惊奇》卷三三："那刘安住年方三岁，张员外见他生得眉清目秀，乖觉聪明，满心欢喜。与浑家商议，要过继他做个蝾蛉之子，郭氏心里也正要如此。"

【酩酊大醉】 míng dǐng dà zuì　酩酊：大醉的样子。北魏·郦道元《水经注·沔水》："山季伦之镇襄阳，每临此池，未尝不大醉而出，恒言此是我高阳池。故时人为之歌曰：'山公出何去，往至高阳池，日暮倒载归，酩酊无所知。'"后因用"酩酊大醉"形容喝酒喝得很多，醉得很厉害。《水浒传》四三回："不两个时辰，把李逵灌得酩酊大醉，立脚不住。"《西游记》三回："杀牛宰马，祭天享地，着众怪跳舞欢歌，俱吃得酩酊大醉。"杨沫《青春之歌》二部四〇章："戴愉从晓燕那里回到了自己的寓所又足足睡了半天，这场酩酊大醉才完全清醒了。"贾平凹《祭父》："父亲在这时候是极其慷慨的，身上有多少钱就掏多少钱，喝就喝个酩酊大醉。"〔注意〕酩酊，不能读作 míng dīng。

【命蹇时乖】 mìng jiǎn shí guāi　蹇：困难，不顺利。乖：反常，不顺。命运不好，遭遇坎坷。《水浒传》一一回："当晚林冲仰天长叹道：'不想我今日被高俅那贼陷害，流落到此，直如此命蹇时乖！'"《初刻拍案惊奇》卷三三："今日多蒙大恩人另眼相看，谁知命蹇时乖，果然做了他乡之鬼。"

【命丧黄泉】 mìng sàng huáng quán　黄泉：地下泉水，指人死后埋葬的地方，迷信的人指阴间。人已丧命，魂入阴间。魏巍《火凤凰》三七："尽管人们当时并不知道这位中将已经命丧黄泉，却从种种迹象上感到敌军士气的低落。"

【命中注定】 mìng zhōng zhù dìng　迷信的人认为，人的生死、贫富和一切遭遇都是生来注定的。《醒世恒言》卷七："这是我的命中注定，该做他家的女婿，岂因见了钱表弟方才肯成！"《官场现形记》五四回："只是他命中注定有个举人，到了下一科，便是他发达的那年。"巴金《春》七："是啊，婚姻的事情全是命中注定的。"

【谬以千里】 miù yǐ qiān lǐ　见"差之毫厘，谬以千里"。

【谬种流传】 miù zhǒng liú chuán　谬：错误。荒谬错误的东西传开来或传下去。《宋史·选举志二》："所取之士既不精，数年之后，复俾之主文，是非颠倒逾甚，时谓之缪种流传。"缪：同"谬"。梁启超《变法通论·论科举》："后人废其学校之阂实，而沿其终义之编制，谬种流传，遗毒遂日甚一日。"毛泽东《改造我们的学习》二："其结果，谬种流传，误人不浅。"

【摸不着头脑】 mō bù zháo tóu nǎo　《西湖二集》卷二八："张漆匠便不敢开口，却似丈二长的和尚摸不着头脑。"意为和尚身高丈二长，摸他的头摸不着。后歇后语部分单说，用"摸不着头脑"形容感到莫名其妙，不知究竟。《红楼梦》八一回："袭人一时摸不着头脑，也只管站在旁边呆呆的看着他。"茅盾《子夜》二："丁医生似乎摸不着头脑，不懂得陈君宜为什么要拉扯到他。"姚雪垠《李自成》三卷七章：“杜勋又叩了一次头，然后站起，垂手恭立，对王德化脸上的冷笑和严重神色感到可怕，但又摸不着头脑。”

【模棱两可】 mó léng liǎng kě　模棱：意见或态度模糊不明确。两可：这样也可以，那样也可以。《旧唐书·苏味道传》：“处事不欲决断明白，若有错误，必贻咎谴，但摸棱以持两端可矣。”摸棱：同“模棱”。后用“模棱两可”指对一件事情没有明确的态度或主张。《明史·余珊传》：“饰六艺以文奸言，假《周官》而夺汉政。坚白异同，模棱两可。”《野叟曝言》三八回：“孩儿因母亲年高，倘遇意外之事，必甚伤恸，故愿二弟危行言逊，以尽人子之心，如何敢教他模棱两可，为名教中罪人呢？”沈从文《王谢子弟》：“这种表示律师求之不得。不过又不愿老婊子疑心他从中捣鬼，所以倒拘拘泥泥，模棱两可。”周而复《上海的早晨》二部九：“分明是原棉问题，你向他做啥？看他那个态度，模棱两可，死也不会说的。”

【摩顶放踵】 mó dǐng fàng zhǒng　摩：磨擦。顶：头顶。放（旧读 fǎng）：到。踵：脚跟。磨伤头顶直至脚跟。形容极度损伤自己，不辞劳苦。《孟子·尽心上》：“墨子兼爱，摩顶放踵，利天下为之。”明·马中锡《中山狼传》：“先生既墨者，摩顶放踵，思一利天下，又何(«一躯啖我！”《野叟曝言》五六回：“孺子入井，可逝也，不可陷也。遑一朝之忿，亡其身以及其亲，欲更为摩顶放踵之事，得乎？”李准《相会在洛杉矶》：“两年来他几乎是用一种摩顶放踵、奔走呼吁的方式来筹备这一次会议。”

【摩肩挨背】 mó jiān āi bèi　摩：磨擦。挨：靠近。肩碰肩，背靠着背。形容人或事物多而密集。鲁迅《热风·随感录五十四》：“中国社会上的状态，简直是将几十世纪缩在一时：自油松片以至电灯，自独轮车以至飞机，自镖枪以至机关炮，自

许‘妄谈法理’以至护法，自‘食肉寝皮’的吃人思想以至人道主义，自迎尸拜蛇以至美育代宗教，都摩肩挨背的存在。”

【摩肩接毂】 mó jiān jiē gǔ　摩：磨擦。毂：车毂，车轮中心可以插轴的部分，泛指车。《战国策·齐策一》：“临淄之途，车毂击，人肩摩。”后用“摩肩接毂”指肩碰肩，车子挨着车子。形容人多车多。明·徐宏祖《徐霞客游记·游嵩山日记》：“伊阙摩肩接毂，为楚、豫大道。”

【摩肩接踵】 mó jiān jiē zhǒng　摩：磨擦。踵：脚后跟。唐·皇甫湜《编年纪传论》：“从汉至今，代以更八，年几历千，其间贤人摩肩，史臣继踵，推古今之得失，论述作之利病。”后用“摩肩接踵”指肩碰肩，脚接脚。形容人多，很拥挤。明·沈德符《万历野获编·雪浪被逐》：“雪浪自此汗漫江湖，曾至吴越间，士女如狂，受戒礼拜者，摩肩接踵，城郭为之罢市。”梁实秋《雅舍小品·观光》：“市场里虽然顾客摩肩接踵，依然可以撑着伞，任由雨水滴到别人的头上。”魏巍《东方》一部一三章：“他们下了车，在车站附近卖饸饹的小摊上胡乱吃了点东西，看见阅报栏下摩肩接踵挤了很多人。”

【摩厉以须】 mó lì yǐ xū　厉：在磨刀石上磨。须：等待。把刀磨快等待着。比喻作好准备，待时行动。《左传·昭公十二年》：“摩厉以须，王出，吾刃将斩矣。”元·刘埙《隐居通议·杂录》：“方今武功既著，文治方兴，吾党之士，其摩厉以须。”也作“磨砺以须”。唐·白居易《因继集重序》：“卷末批云：‘更拣好者寄来。’盖示余勇，磨砺以须我耳。”

【摩拳擦掌】 mó quán cā zhǎng　形容战斗或行动前精神振奋、跃跃欲试的样子。元·关汉卿《单刀会》三折：“但题起斯杀呵，摩拳擦掌。排戈甲，列旗枪，各分战场。”《西游记》七二回：“你看这些虫蛭，一个个摩拳擦掌，出来迎敌。”《野叟

曝言》一八回:"岂知走到大市口,恰好洪儒撞遇东方家中这些子弟亲友,便个个摩拳擦掌,把洪儒打得满面流血。"欧阳山《三家巷》八九:"振华纺织厂的游行队伍回到工厂,走进厂房后面的大院子的时候,大家都摩拳擦掌,斗意正浓。"也作"磨拳擦掌"。《三国演义》四九回:"众兵将得令,一个个磨拳擦掌,准备厮杀。"《花月痕》四回:"兵士们也有坐的,也有立的,都磨拳擦掌,等候打仗。"梁斌《红旗谱》四八:"这是第一次出马,人们都磨拳擦掌,心里突突跳着准备战斗。"

【磨杵成针】mó chǔ chéng zhēn 杵:捣药或洗衣服捶衣的小铁棒。宋·祝穆《方舆胜览》卷五三载:唐代诗人李白少时,读书未成,道逢老妇磨杵不辍,问何为,答曰欲磨作针。白大受感动,由此奋发攻读,终有成就。后用"磨杵成针"比喻做任何事情,只要持之以恒,必能成功。所谓功到自然成。明·杨慎《七星桥记》:"矢磨杵成针之志,徽折梅寄横之灵。"明·无名氏《续西厢》七:"感激着磨杵成针,猛拚着坚心幕道,断不是轻薄桃花逐水漂。"

【磨穿铁砚】mó chuān tiě yàn 《新五代史·晋臣·桑维翰传》:"初举进士,主司恶其姓,以为'桑'、'丧'同音。人有劝其不必举进士,可以从求仕者。维翰慨然,著《日出扶桑赋》以见志。又铸铁砚以示人曰:'砚弊,则改而他仕。'卒以进士及第。"后用"磨穿铁砚"形容立志攻读,坚持不懈;或形容笔墨功夫深。元·范康《竹叶舟》一折:"坐破寒毡,磨穿铁砚,自夸经史如流。"

【磨刀霍霍】mó dāo huò huò 霍霍:磨刀声音。《乐府诗集·木兰诗》:"小弟闻姊来,磨刀霍霍向猪羊。"原指加紧磨刀,准备宰杀猪羊。后用来形容敌人准备杀人或即将发动战争。明·朱国祯《涌幢小品·骂行》:"公知夜来危乎? 所共饭

矿夫,磨刀霍霍者,意在公也。"柯岩《我的爷爷》诗之二:"这哪里是什么学习啊?! 这是磨刀霍霍要杀人。"

【磨砺以须】mó lì yǐ xū 见"摩厉以须"。

【磨拳擦掌】mó quán cā zhǎng 见"摩拳擦掌"。

【末大必折】mò dà bì zhé 末:树梢。折:折断。树冠太大,树干就要受损折断。比喻下属权重势大,会危及上级的安全。《左传·昭公十一年》:"若由是观之,则害于国。末大必折,尾大不掉,君所知也。"汉·贾谊《新书·大都》:"臣闻尾大不掉,末大必折,此岂不施威诸侯之心哉!"

【末路穷途】mò lù qióng tú 见"穷途末路"。

【末路之难】mò lù zhī nán 末路:最后的一段路程。《战国策·秦策五》:"诗云:'行百里者,半于九十。'此言末路之难。"意为最后的一段路程难于坚持下来。比喻做事情越接近成功越困难。也比喻人保持晚节不容易。宋·王子俊《谢加龙图制因任》:"但臣驽材素下,鼠技已穷,深虑末路之难,并使前功之废。"《宋史·赵蕃传》:"蕃年五十,犹问学于朱熹。既耄,犹虑末路之难,命所居曰难斋。"

【末学肤受】mò xué fū shòu 末学:不是根本学问。肤受:所学甚浅,仅及皮毛。治学不求根本,所学必然肤浅,造诣不深。汉·张衡《东京赋》:"若客所谓末学肤受,贵耳而贱目者也。"

【没齿不忘】mò chǐ bù wàng 没齿:终身,终生。一生也不会忘记。《西游记》七〇回:"长老,你是救得我回朝,没齿不忘大恩!"《野叟曝言》二三回:"乃蒙格外垂怜,许助一臂,不特弟与鹅鹚没齿不忘,天下有情之人皆欲买丝绣吾兄之像,朝夕焚香顶礼矣。"邓友梅《无事忙杂

记》二："所以对苏先生的功德没齿不忘。"

【没世不忘】mò shì bù wàng　没世：终身，至死。到死也不会忘记。《礼记·大学》："君子贤其贤而亲其亲，小人乐其乐而利其利，此以没世不忘也。"《隋书·豆毓传》："故大将军正义愍公毓，临节能固，捐生殉国，成为令典，没世不忘。"

【脉脉含情】mò mò hán qíng　脉脉：含情凝视的样子。形容默默地用眼神或行动传达爱的情意。《野叟曝言》一九回："两个女子各各谢赏，四只眼睛都注定了又李，脉脉含情。"《花月痕》一一回："二人说话，脉脉含情。"杨沫《青春之歌》二部二二章："她把他扶到床边让他躺下，给他倒了一杯水，然后坐在他身边的凳子上一声不响，脉脉含情地望着他。"〔注意〕脉，不读 mài。

【莫测高深】mò cè gāo shēn　《汉书·严延年传》："众人所谓当死者，一朝出之；所谓当生者，诡杀之。吏民莫能测其意深浅。"后用"莫测高深"形容无法揣测到底高深到了什么程度。常用于讽刺人故弄玄虚，故作高深。老舍《四世同堂》二："他们的男人虽然也和别家的一样出来进去，可是他们的行动都像极留着神，好使别人莫测高深。"梁实秋《雅舍小品·沉默》："所谓贵，一定要有一副高不可攀的神情，纵然不拒人千里之外，至少也要令人生莫测高深之感。"魏巍《地球的红飘带》五八："他的话拐弯抹角，有时模棱两可，有时含含糊糊，使你莫测高深。"

【莫此为甚】mò cǐ wéi shèn　莫：没有什么。甚：超过。没有什么能超过它的了。宋·洪迈《容斋三笔·枢密称呼》："名不雅古，莫此为甚。"明·朱国祯《涌幢小品·启圣祠》："颜回、曾参、孔伋、子也，配享堂上；颜路、曾点、孔鲤，父也，列祀庑间；张载则二程之表叔也，乃坐其下。颠倒彝伦，莫此为甚。"王火《战争和人》

（三）卷六："抗战尚未结束，面上一套、暗中一套，莫此为甚！"

【莫敢谁何】mò gǎn shuí hé　莫：没有谁。没有谁敢对他怎么样。形容胡作非为，别人不敢干预。《三国演义》一〇回："李催、郭汜自战败西凉兵，诸侯莫敢谁何。"《元史·刘正传》："辛贫窘，时已富实，交结权贵，莫敢谁何。"

【莫可名状】mò kě míng zhuàng　莫可：不能。名：说出。状：形状，状况。指没有办法用语言来描写或形容。明·刘基《松风阁记》："乍大乍小，若远若近，莫可名状。"叶圣陶《被忘却的》："想的什么，她自己也不明白，只觉浑身满腔感到莫可名状的不快。"刘心武《心里难过》："如今每当她听到《让我们荡起双桨》《我们的田野》这两首已经有好几十岁的歌曲那其实是很单纯很规矩的旋律词句响起，她就总还是有一种莫可名状的异样情绪荡漾于心头……"

【莫可奈何】mò kě nài hé　见"无可奈何"。

【莫可指数】mò kě zhǐ shǔ　莫：不。指数：扳着手指头数。扳着指头数也数不过来。形容数量多。〔注意〕数，不读 shù。

【莫名其妙】mò míng qí miào　莫：没有谁。名：说出。指没有人能说出它的奥妙。表示很奇怪，不明白怎么回事。《二十年目睹之怪现状》六八回："我起先只管看看，还莫名其妙，听到了这两句话，方才知道他是母子两个。"鲁迅《故事新编·补天》二："伊被他们闹得心烦，颇后悔这一拉，竟至于惹了莫名其妙的祸。"巴金《春》四："淑贞不知道这件事，所以惊讶地望着琴，有点莫名其妙。"

【莫明其妙】mò míng qí miào　莫：没有谁。明：明白，了解。没有人能明白、了解它的奥妙。表示很奇怪，不理解到底是怎么回事。《官场现形记》二六回："黄胖姑听了,只是拿手摸着下巴颏,一言不发。贾大少爷莫明其妙,忙又问道……鲁迅《故事新编·非攻》四:"楚王和侍臣虽然莫明其妙,但看见公输般首先放下木片,脸上露出扫兴的神色,就知道他攻守两面,全都失败了。"张天翼《速写三篇·新生》:"'我们应当向所有的人宣传。'他很性急地对学生们说,手指莫明其妙地乱动着。"

【莫逆之交】 mò nì zhī jiāo　莫:没有什么。逆:违逆。交:交游,交往;往来的朋友。《庄子·大宗师》:"子祀、子舆、子犁、子来四人相与语曰:'孰能以无为首,以生为脊,以死为尻,孰知死生存亡之一体者,吾与之友矣。'四人相视而笑,莫逆于心,遂相与为友。"后用"莫逆之交"指心意相投、不相违逆的知心朋友。《周书·柳弘传》:"机弟弘,字匡道,少聪颖,亦善草隶,博涉群书,辞彩雅赡。与弘农杨素为莫逆之交。"《醒世恒言》卷一二:"一日应举到京,东坡学士闻其才名,每与谈论,甚相敬爱。屡同诗酒之游,遂为莫逆之交。"《老残游记》七回:"此人当年在河南时,我们是莫逆之交。"姚雪垠《李自成》三卷五二章:"这一位是张秀才,是这院里的房东,也是我的莫逆之交。"

【莫须有】 mò xū yǒu　莫须:恐怕,也许。恐怕有;也许有。《宋史·岳飞传》:"狱之将上也,韩世忠不平,诣桧诘其实。桧曰:'飞子云与张宪书虽不明,其事体莫须有。'世忠曰:'莫须有三字何以服天下?'"后用来指凭空捏造罪名。《聊斋志异·田七郎》:"杀人莫须有!至辱詈搢绅,则生实为之,无与叔事。"郭沫若《屈原》一幕:"周朝的人把殷朝灭了自然要把殷纣王说得很坏,造了些莫须有的罪恶来加在他身上,其实他并不是那么坏的。"巴金《随想录》一四六:"我只知道他是让人以'莫须有'的罪名逼死的,但是

真实的具体情况,……我仍然不很明白。"

【莫与为比】 mò yǔ wéi bǐ　莫:没有什么。没有什么能够与之相比。指己是最好,无可比拟。《初刻拍案惊奇》卷九:"那朝有个宣徽院使叫做孛罗,是个色目人,乃故相齐国公之子。生自相门,穷极富贵,第宅宏丽,莫与为比。"

【莫予毒也】 mò yú dú yě　莫:没有谁。予:我。毒:祸害。《左传·僖公二十八年》载:晋、楚城濮之战,楚败,统帅子玉自杀而死。晋文公听说之后,高兴地说:"莫余毒也已。"意为今后再没有人能加害于我了。后多用"莫予毒也"指可以为所欲为,毫无顾忌。明·叶盛《水东日记·邹奕等诗文》:"西州人咸曰:'疾而遇夫诚庄,莫予毒也已!'"毛泽东《反对投降活动》:"投降派欲反其道而行之,无论他们如何得势,如何兴高采烈,以为天下'莫予毒也',然而他们的命运是最后一定要受到全国人民的制裁的。"

【莫衷一是】 mò zhōng yī shì　莫:不能。衷:折衷,判断。是:对。不能断定哪个对、哪个不对。也指意见纷纭,分歧很大,不能得出一致的结论。《痛史》三回:"诸将或言固守待援,或言决一死战,或言到临安求救。议论纷纷,莫衷一是。"鲁迅《三闲集·怎么写》:"《这样做》却在两星期以前才见面,已经出到七八期合册了。第六期没有,或者说被禁止,或者说未刊,莫衷一是,我便买了一本七八合册和第五期。"姚雪垠《李自成》一卷二章:"东房兵势甚强,外廷诸臣意见纷纷,莫衷一是。"

【秣马厉兵】 mò mǎ lì bīng　见"厉兵秣马"。

【漠不关心】 mò bù guān xīn　漠:冷淡,不经心。形容对人或事物态度冷淡,毫不在意或一点也不关心。明·朱之瑜《与冈崎昌纯书》:"至于一身之荣瘁,禄

食之厚薄,则漠不关心。"《三侠五义》九七回:"众喽啰围裹上来,沙龙毫不介意,孟杰漠不关心,一个东指西杀,一个南击北捌。"茅盾《蚀·幻灭》八:"我看你近来的议论,你对于政治,也不是漠不关心的,你知道救国也有我们的一份责任。"钱钟书《围城》一:"鸿渐还在高中读书,随家里作主订了婚。未婚妻并没见面,只瞻仰过一张半身照相,也漠不关心。"

【漠然置之】　mò rán zhì zhī　漠然:冷淡、不经心的样子。置:放。形容对人或事物态度冷淡,放在一边不予理睬。清·钱泳《履园丛话·会稽郡王墓》:"故国家有祀祭之典,官吏有防护之册,而为之子孙者岂忍听其荒废不治而漠然置之耶?"梁启超《少年中国说》:"彼而漠然置之,犹可言也;我而漠然置之,不可言也。"

【墨守成规】　mò shǒu chéng guī　墨守:墨指墨翟。战国时墨翟善于防守城池,因称善守为墨翟之守,或简称墨守。《战国策·齐策六》:"今又以弊聊之民,距全齐之兵,期年不解,是墨翟之守也。"后用"墨守成规"形容因循守旧,不肯改变。李劼人《大波》二部一章:"即令打听清楚,总之是要走。难道今天还要墨守成规,坐候时候到了才退么么?"刘心武《钟鼓楼·不是结尾》:"他为人古道热肠,艺术见解却绝不墨守成规,他一贯鼓励澹台智珠在继承流派的过程中刻意求新,闯出新的独特的风格。"

【墨突不黔】　mò tū bù qián　墨:指墨翟。突:烟囱。黔:黑色。汉·班固《答宾戏》:"孔席不暖,墨突不黔。"意为墨翟为了宣传自己的思想学说,东奔西走,每到一地,烟囱还未熏黑,又到别处去了。后用"墨突不黔"形容事情繁忙,四处奔波。唐·韩愈《争臣论》:"禹过家门不入,孔席不暇暖,墨突不得黔。"

【默不作声】　mò bù zuò shēng　沉默着,不说话,不出声。作,也作"做"。杨沫《青春之歌》二部一二章:"锣声已经停止了,而墙外也听不见任何声响。站在高房上来回走动的宋家的人呢,也是默不作声。"姚雪垠《李自成》一卷二〇章:"她坐在屋中,对着火盆默不做声,心中像翻江倒海般地激动。"张洁《方舟》七:"她们全都默不作声,黯然神伤。"

【默默无声】　mò mò wú shēng　默默:不说话,不出声。沉默着,不说话、不出声。《聊斋志异·小梅》:"女御下常宽,非笑不语;然婢贱戏狎时,遥见之,则默默无声。"浩然《乐土》六四章:"我和姐姐默默无声地照母亲的话做了。"莫应丰《将军吟》三七章:"战士们目送吉普车走了以后,默默无声地重新睡觉去,不敢对刚才发生的事议论半句。"也比喻不出名,不为人知道。杜鹏程《在和平的日子里》六章:"过去,现在,将来,他们都愿意把一切献出来,愿意默默无声地去做新建筑的基石。"

【默默无闻】　mò mò wú wén　默默:无声无息。汉·蔡邕《释诲》:"连光芒于白日,属类气于云冥,时逝岁暮,默而无闻。"后用"默默无闻"形容不出名,不被人知道。《黄绣球》二五回:"这女学堂……丝毫没有学堂的习气,所以开将近年把,好像还默默无闻。"鲁迅《华盖集·并非闲话二》:"现在不知道他怎样,久没有听到消息了,那默默无闻的原因,或者就因为中国人还没有死完的缘故罢。"巴金《随想录》七〇:"对编辑同志,对那些默默无闻、辛勤工作的人,除了表示极大的敬意外,我没有别的话可说了。"

【默默无言】　mò mò wú yán　默默:不说话。沉默着,不讲话,不声不响。《旧五代史·唐庄宗纪》:"卿等事余已来,富贵急难,无不共之,今兹危蹙,赖尔筹谋,而竟默默无言,坐观成败。"《喻世明言》卷四:"张远与阮二默默无言,呆了半晌。"《官场现形记》五六回:"这位太守公听了,默默无言,只得另打主意。"李英儒《野火春风斗古城》五章:"小高看出她心中有事,也不便直问,赖着脸跟着,双方在不同心情下,都懒得开口,默默无言地走出唐林街。"

【默然不语】 mò rán bù yǔ　默然:沉默无言的样子。指沉默着不讲话。姚雪垠《李自成》一卷一七章:"她向可旺瞟了一眼,泪珠挂在睫毛上,默然不语,轻咬朱唇。"

【谋财害命】 móu cái hài mìng　谋取钱财,杀生害命。《西游记》一〇回:"血池狱、阿鼻狱、秤杆狱,脱皮露骨,折臂断筋,也只为谋财害命,宰畜屠生,堕落千年难解释,沉沦永世不翻身。"后也指图谋钱财,害人性命。《醒世恒言》卷三三:"崔宁不合奸骗人妻,谋财害命,依律处斩。"《老残游记》二〇回:"二人正在说得高兴,只见门帘子一揭,进来一个人,一手抓住了许亮,一手捺住了吴二,说:'好、好!你们商议谋财害命吗?'"周作人《雨天的书·无谓的感慨》:"我从前走路总是逃难似的,……不但船上车上要防备谋财害命,便是旅馆里也没有一刻的安闲。"丁玲《太阳照在桑乾河上》五〇:"你谋财害命不见血,今天是咱们同你算总账的日子。"

【谋事在人,成事在天】 móu shì zài rén, chéng shì zài tiān　谋划事情,要尽人的努力,事情的成败,还要受到客观条件诸因素的影响。《三国演义》一〇三回:"不期天降大雨,火不能着,哨马报说司马懿父子俱逃去了。孔明叹曰:'谋事在人,成事在天。'不可强也。"《野叟曝言》二五回:"那知这念头一动,竟越想越急起来。着急一会,忽然失笑道:'谋事在人,成事在天,我只尽心竭力为之罢了,作此无益之思有何用处?'"茅盾《子夜》一二:"我们那五百万算来还可以赚进十二三万,不过剩下的五百万就没有把握

谋事在人,成事在天!"

【谋无遗策】 móu wú yí cè　见"算无遗策"。

【母以子贵】 mǔ yǐ zǐ guì　《公羊传·隐公元年》:"立嫡以长不以贤,立子以贵不以长。桓何以贵?母贵也。母贵则子何以贵?子以母贵,母以子贵。"立嫡出之子,是因为母亲的地位决定的,故言子以母贵;立庶出之子,其母也因之显贵,故曰母以子贵。后泛指母亲因儿子显贵而显贵。《东周列国志》五〇回:"仲遂又献媚于宣公,引'母以子贵'之文,尊敬嬴为夫人,百官致贺。"《野叟曝言》一〇五回:"娘娘与王爷欢会之时,须奉承得王爷快活,快活时候,便把这事倒断,说母以子贵,娘娘现生着王子,该做王后。"姚雪垠《李自成》一卷一七章:"自古母以子贵。如今大帅虽有八位夫人,却只有夫人生有一子,将来大帅坐了天下,夫人之子必为太子,夫人岂不要位居正宫?"

【木本水源】 mù běn shuǐ yuán　木本:树的根。水源:水流的源头。《左传·昭公九年》:"我在伯父,犹衣服之有冠冕,木水之有本原,民人之有谋主也。"后用"木本水源"比喻事物的根源。《镜花缘》一六回:"前在君子国,那吴氏弟兄曾言他们国中世俗人文,莫非天朝文章教化所致,今黑齿国又是君子国教化所感。以木本水源而论,究竟我们天朝要算万邦根本了。"《活地狱》二九回:"等到大事告成,自然是木本水源,不忘所自,一定是重重的酬劳。"

【木雕泥塑】 mù diāo ní sù　见"泥塑木雕"。

【木已成舟】 mù yǐ chéng zhōu　木头已经做成了船。比喻事情已成定局,不能改变。《野叟曝言》一四九回:"九月内完工,方向文施说知,令同公主等随驾出宫,文施见木已成舟,只得应允。"茅盾《虹》四:"我自己知道配不上你。现在,

木已成舟,我只盼望我们大家都能快快乐乐过去,就算是我的报答。"巴金《春》一五:"'现在木已成舟了',周氏叹息地说,她把一切不公平的事情全交付给命运,好像她自己并没有一点责任似的。"

【目不见睫】mù bù jiàn jié 睫:眼睫毛。眼睛看不见自己的睫毛。《韩非子·喻老》:"臣患智之如目也,能见百步之外而不能自见其睫。"《史记·越王勾践世家》:"吾不贵其用智之如目,见豪毛而不见其睫也。"后用"目不见睫"比喻见远而不能见近。也比喻看不到自己的过失,缺乏自知之明。宋·王安石《再用前韵寄蔡天启》诗:"远求而近遗,如目不见睫。"清·袁枚《随园诗话·地理之难》:"牧斋讥杜,以潼关为唐始立,而竟忘曹操之殂死潼关,则真乃目不见睫耶?"张洁《小说二题·横过马路》:"我的脚下还在不停的出溜,闹得我目无定睛,目不识丁,目不见睫。"

【目不交睫】mù bù jiāo jié 交睫:上下眼毛相合,即合眼。不能合眼入睡。形容有心事而不能安眠。汉·荀悦《汉纪·文帝纪上》:"陛下在代时,太后尝病三年,陛下目不交睫,睡不解衣冠。"宋·洪迈《夷坚乙志·加陵江边寺》:"登床展转,目不交睫,不暇俟其呼,径起出户。"《东周列国志》一二回:"其夜月明如水,急心心念其弟,目不交睫。"《野叟曝言》一四四回:"其爱吾弟也,病则目不交睫,痛则手不停摩。"

【目不窥园】mù bù kuī yuán 窥:看。《汉书·董仲舒传》:"少治《春秋》,孝景时为博士。下帷讲诵,弟子传以久次相授业,或莫见其面。盖三年不窥园,其精如此。"后用"目不窥园"形容专心致志地苦学。《儿女英雄传》三三回:"那公子却也真个足不出户,目不窥园,日就月将,功夫大进。"

【目不忍睹】mù bù rěn dǔ 睹:看。眼睛不忍心看。形容景象十分悲惨。清·薛福成《观巴黎油画记》:"军士之折臂断足,血流殷地,偃仰僵仆者,令人目不忍睹。"张炜《古船》五章:"她死在落满黑炭的土炕上,目不忍睹。"也作"目不忍视"。《说岳全传》五四回:"岳元帅欲待回言,喉中语塞,泪如泉涌,目不忍视。"

【目不忍视】mù bù rěn shì 见"目不忍睹"。

【目不识丁】mù bù shí dīng 《旧唐书·张弘靖传》:"今天下无事,汝辈挽得两石力弓,不如识一丁字。"后用"目不识丁"形容人一字不识。《警世通言》卷一七:"他两个祖上也曾出仕,都是富厚之家,目不识丁,也顶个读书的虚名。"《野叟曝言》五二回:"这武国宪系行伍出身,目不识丁。"巴金《家》二五:"我试问如果你母亲要把你嫁给一个目不识丁的俗商,或者一个中年官僚,或者一个纨袴子弟,你难道也不反抗?"钱钟书《围城》三:"换句话说,像方先生这样聪明,是喜欢目不识丁的笨女人。"

【目不暇给】mù bù xiá jǐ 见"目不暇接"。

【目不暇接】mù bù xiá jiē 暇:空闲。接:接触。眼睛来不及看。形容吸引人的事物很多,看不过来。周而复《上海的早晨》四部五九:"她醒心向车窗外面望去,简直是目不暇接,汽车像是在一条红色的河流中行驶。"韦君宜《阳朔秋游》:"从桂林到阳朔,六十公里公路,坐在汽车里向两旁望去,真可以说是目不暇接,只见姿态各异的群山列队而来。"也作"目不暇给"。梁实秋《雅舍小品·让》:"你会看到形形色色的车辆,有若风驰电掣,目不暇给。"邓友梅《烟壶》一:"今天我们若涉足到烟壶世界里观光,仍然会目不暇给,美不胜收。"

【目不邪视】mù bù xié shì 见"目不斜视"。

【目不斜视】mù bù xié shì　眼睛不斜向旁边看。形容态度严肃,遵守规矩,不左右乱看。杨沫《青春之歌》一部一五章:"卢嘉川不说话了,他好像陷在沉思的状态中,目不斜视,苦苦地思索着什么。"刘绍棠《蒲柳人家》一一:"何大学问正襟危坐,目不斜视,掏出自个儿的大脑壳烟斗和烟荷包,吧嗒吧嗒抽起来。"也作"目不邪视"。《三国演义》二二回:"融每当讲学,必设绛帐,前聚生徒,后陈声妓,侍女列布左右。玄听讲三年,目不邪视,融甚奇之。"茅盾《腐蚀·十一月十二日晚》:"这家伙忽然目不邪视起来,料想这件事当真分量不轻。"

【目不知书】mù bù zhī shū　指不识字,不会读书写文章。《旧唐书·哀帝纪》:"楷目不知书,手仅能执笔,其文罗衮作也。"《二刻拍案惊奇》卷二四:"某乃山东鄙人,布衣贱士,生世四十,目不知书。"

【目不转睛】mù bù zhuǎn jīng　睛:眼珠。眼睛凝神注视,眼珠一动不动。形容注意力集中。《太平御览》卷四九八引《物理论》:"子义燃烛危坐通晓,目不转睛,膝不移处。"《西游记》四六回:"国王闻奏,大惊失色。目不转睛,看那两个道士。"《孽海花》七回:"说也奇怪,那女郎一见雯青,半面着玻璃窗,目不转睛的盯在雯青身上。"鲁迅《且介亭杂文末编·女吊》:"所以后台上一定要扮一个王灵官,一手捏诀,一手执鞭,目不转睛的看着一面照见前台的镜子。"李英儒《野火春风斗古城》一二章:"他这样幻想时,目不转睛地凝视着对方,像第一次看到一个有趣味的陌生人。"

【目瞪口呆】mù dèng kǒu dāi　瞪大眼睛,说不出话来。形容因受惊或生气而愣住的样子。元·无名氏《赚蒯通》一折:"项王见我气概威严,赐我酒一斗、生豚一肩,被俺一啖而尽,吓得项王目瞪口呆,动弹不得。"《警世通言》卷三:"唬得东坡目瞪口呆,半晌无语。"《二十年目睹之怪现状》四四回:"苟才气的目瞪口呆,只连说'罢了罢了'。"茅盾《腐蚀·十月二十三日》:"现在回忆那时房东太太那种目瞪口呆的神情,我猜想我在昏迷之中一定还胡说八道。"钱钟书《围城》九:"凤仪是老实人,吓得目瞪口呆,二奶奶笑道:'三叔,咱们这位大嫂,恐怕是方家媳妇里破记录的人了。'"也作"目睁口呆"。《水浒传》四回:"吓得庄家目睁口呆,罔知所措。"

【目光短浅】mù guāng duǎn qiǎn　眼光不远,见识不深。形容缺乏远见。王火《战争和人》(一)卷一:"随着岁月的推移,他渐渐认识到,自己娶了一个虽有姿色,却目光短浅、庸俗狭隘、心地不好的女人。"

【目光炯炯】mù guāng jiǒng jiǒng　炯炯:明亮的样子。形容眼睛明亮而有神采。宋·陆游《醉题》诗:"目光炯炯射车牛,何至随人作浪愁。"巴金《秋》五〇:"他又对觉新笑了笑,目光炯炯地望着他,等着回答。"梁斌《红旗谱》二九:"他虽然上了几岁年纪,身子骨儿还挺结实,红岗脸儿,三绺小胡子,黑里带黄。小圆眼睛,目光炯炯。"

【目光如豆】mù guāng rú dòu　眼光像豆子那样小。形容见识短浅,缺乏远见。孙中山《行易知难》六章:"不图彼国政府目光如豆,深忌中国之强,尤畏民党得志而碍其蚕食之谋。"

【目光如炬】mù guāng rú jù　炬:火炬。目光像火炬那样明亮。形容眼睛亮而有气势。《周书·齐炀王宪传》:"宪辞色不挠,固自陈说。帝使于智对宪,宪目光如炬,与智对质。"《二刻拍案惊奇》卷五:"中间坐着一位神道,面阔尺余,须髯满颊,目光如炬。"邓一光《我是太阳》四部三:"他的目光如炬,额头发亮,剃得极短的头发间冒着腾腾热气,他那个样子简直把她吓坏了。"也比喻见识远大。李劼人《大波》二部六章:"适才方伯大人所猜测的朝廷之所以出此,实缘有大人物主张一层,真可谓目光如炬了!"

【目光远大】 mù guāng yuǎn dà 眼光远,见识深。形容具有远见卓识。魏巍《地球的红飘带》七一:"祁智林以热烈的口吻,赞扬曾中生有胆有识,目光远大,工作中很讲民主,待同志亲如兄弟,尤其是骨头很硬。"

【目击道存】 mù jī dào cún 目击:指眼光触及。眼光一触及,便知"道"之所在。《庄子·田子方》:"子路曰:'吾子欲见温伯雪子久矣,见之而不言,何邪?'仲尼曰:'若夫人者,目击而道存矣,亦不可以容声矣。'"意为孔子一见到温伯雪子,无须借助语言交谈,双方就各知心意。后用"目击道存"指声气相应,志同道合。《世说新语·栖逸》南朝梁·刘孝标注引《竹林七贤论》:"籍归,遂著《大人先生论》,所言皆胸怀本趣,大意谓先生与己不异也。观其长啸相和,亦近乎目击道存矣。"

【目空一切】 mù kōng yī qiè 什么都不放在眼里。形容骄傲自大,什么都看不起。《镜花缘》二〇回:"他睡在那里,两眼望着天,真是目空一切,旁若无人。"《官场现形记》三三回:"蔡智庵自以为曾经拿过印把子的人,自然目空一切。"鲁迅《呐喊·阿Q正传》八章:"未庄人都惊服,说这是柿油党的顶子,抵得一个翰林,赵太爷因此也骤然大阔,远过于他儿子初隽秀才的时候,所以目空一切,见了阿Q,也就很有些不放在眼里了。"巴金《秋》二〇:"我就看不惯新学生,譬如我第二个外甥,那种目空一切的样子,我看见就讨厌。"

【目迷五色】 mù mí wǔ sè 五色:指各种颜色。《老子·十二章》:"五色令人目盲。"谓色彩纷呈,使人眼花缭乱,看不清楚。后用"目迷五色"比喻事物错综复杂,分辨不清。明·沈德符《万历野获编·国师阅文偶误》:"盖文字至此时,已无凭据,即萧、刘两法眼,亦目迷五色矣。"《二十年目睹之怪现状》七八回:"那衔牌是甚么布政使司布政使,甚么海关道,甚么大臣,甚么侍郎,弄得人目迷五色。"王火《战争和人》(一)卷八:"这都是些印制品,埃及的金字塔和狮身人面像;法国的凯旋门和枫丹白露的景色;美国黄石公园的美景;英国的伦敦塔和剑桥;意大利威尼斯的水都风光;夏威夷火奴鲁鲁的椰林及草裙舞……他目迷五色,用神秘好奇的眼光到处张望。"

【目染耳濡】 mù rǎn ěr rú 见"耳濡目染"。

【目擩耳染】 mù rǔ ěr rǎn 见"耳濡目染"。

【目无法纪】 mù wú fǎ jì 不把国家法律放在眼里。指大胆妄为,无法无天。《红楼梦》一〇四回:"雨村怒道:'这人目无法纪,问他叫什么名字?'"巴金《家》九:"刚才陈姨太告诉我,说有人看见你在街上散什么传单。……本来学生就太嚣张了,太胡闹了,今天要检查日货,明天又捉商人游街,简直目无法纪。"

【目无全牛】 mù wú quán niú 《庄子·养生主》:"始臣之解牛之时,所见无非牛者;三年之后,未尝见全牛也。"意为庖丁开始宰牛的时候,所看见的是牛的整个身体,几年之后,因已熟知牛体结构,宰牛时所见到的是骨骼间隙,不再是整个的牛的身体。后用"目无全牛"比喻技艺高超。也比喻洞察事理,办事精熟。唐·杨承和《梁守谦功德铭》:"操利柄而目无全牛,执其吭如刍豢悦口。"宋·李之仪《次韵东坡和滕希靖雪浪石诗》:"便觉诗源得三昧,目中无复有全牛。"谢觉哉《不惑集·目无全牛》:"我们称赞人会办事,常说他目无全牛。"

【目无下尘】 mù wú xià chén　下尘：比喻地位低下的人。眼睛不朝下看。形容态度高傲，看不起人。《红楼梦》五回："那宝钗却又行为豁达，随分从时，不比黛玉孤高自许，目无下尘，故深得下人之心。"

【目无余子】 mù wú yú zǐ　余子：其余的人。《后汉书·祢衡传》："唯善鲁国孔融及弘农杨修。常称曰：'大儿孔文举，小儿杨德祖。余子碌碌，莫足数也。'"后用"目无余子"指眼里没有旁人。形容高傲自大，目中无人。李劼人《大波》二部六章："以后端大人一人来川，既办路事，又办军事，与老头子和衷共济，岂不比夹杂一位目无余子的岑大人在内，方便得多吗？"韦君宜《忆魏东明》："我和他是一九三四年考入清华大学的同班同学。当时他以才华茂发，知名于同学中。而且恃才傲物，目无余子。"

【目无尊长】 mù wú zūn zhǎng　尊长：指地位、辈分高的人。不把上级和长辈放在眼里。形容傲慢无礼，不知道尊敬上级和长者。巴金《秋》四九："你们口口声声讲礼教，骂别人目无尊长。你们自己就是礼教的罪人。你们气死爷爷，逼死三爸。"钱钟书《围城》四："现在他吃我周家的饭，住周家的房子，赚我周家的钱，瞒了我外面去胡闹，一早出门，也不来请安，目无尊长，成什么规矩！"

【目下十行】 mù xià shí háng　见"一目十行"。

【目秀眉清】 mù xiù méi qīng　见"眉清目秀"。

【目睁口呆】 mù zhēng kǒu dāi　见"目瞪口呆"。

【目指气使】 mù zhǐ qì shǐ　用眼神和鼻口出气示意，指使差遣他人。形容有权势的人骄横傲慢之态。汉·刘向《说苑·君道》："今王将东面，目指气使以求臣，则厮役之材至矣；西面等礼相亢，下之以色，不乘势以求臣，则师傅之材至矣。"《汉书·贡禹传》："行虽犬彘，家富势足，目指气使，是为贤耳。"

【目中无人】 mù zhōng wú rén　眼睛里没有旁人。形容骄傲自大，看不起别人。《东周列国志》九六回："尝与父奢论兵，指天画地，目中无人。"《官场现形记》三四回："他到此更觉扬扬得意，目中无人。"老舍《四世同堂》六四："她骄傲，狂妄，目中无人，到处要摆出架子。"姚雪垠《李自成》一卷一四章："敬轩一向目中无人，何况他现在手中还有两万多人马的本钱，咱们差不多全军覆没了。"

【沐猴而冠】 mù hóu ér guàn　沐猴：猕猴。冠：戴帽子。猴子戴帽子。比喻外表装扮得很像样子，内里本质不好。常用来讽刺依附权势、窃据名位的小人。《史记·项羽本纪》："人言楚人沐猴而冠耳，果然。"《晋书·张载传》："至如轩冕黻班之士，苟不能匡化辅政，佐时益世，而徒俯仰取容，要荣取利，厚自封之资，丰私家之积，此沐猴而冠耳。"韦君宜《洗礼》二："这晚，两个人在一起只是怒骂这些想当官想疯了的'头头'们，那一个个馋样子简直是沐猴而冠。"王火《战争和人》（二）卷五："有一辆坐的是个戴眼镜穿长衫的胖子，估计一定是个沐猴而冠的新贵。"〔注意〕冠，不读 guān。

【沐雨栉风】 mù yǔ zhì fēng　见"栉风沐雨"。

【墓木已拱】 mù mù yǐ gǒng　拱：两手合围，常用来表示树木的粗细。《左传·僖公三十二年》："尔何知？中寿，尔墓之木拱矣。"意为墓地上的树已经很粗大了。后用"墓木已拱"感叹时光流逝，人死已经很久。宋·李清照《〈金石录〉后序》："今手泽如新，而墓木已拱，悲夫！"《东周列国志》一〇二回："今金台草没，无终墓木已拱,苏代邹衍,相继去世。"《孽海花》七回:"山丘依然,老成凋谢,想着从前乡先辈冯景亭先生见面时,勉励的几句好言语,言犹在耳,而墓木已拱。"

【幕天席地】mù tiān xí dì 幕:帐篷。席:坐卧之具。以天为幕,以地为席。形容倜傥旷达,不拘行迹。晋·刘伶《酒德颂》:"行无辙迹,居无室庐,幕天席地,纵意所如。"唐·杨炯《参军事上柱国荣阳郑怀义赞》:"怀义倜傥,诙谐取容。幕天席地,何去何从?"也指不依帐幕房屋,露天活动。元·马致远《陈抟高卧》三折:"贫道呵,爱穿的蒜落衣,爱吃的藜藿食,睡时节幕天席地。"《西游记》六三回:"众兄弟在星月光前,幕天席地,举杯叙旧。"也作"席地幕天"。唐·范传正《唐左拾遗翰林学士李公新墓碑》:"卧必酒瓮,行惟酒船,吟风咏月,席地幕天。"宋·陆游《新辟小园》诗:"席地幕天君勿嘲,随宜野蔌与山肴。"

【暮楚朝秦】mù chǔ zhāo qín 见"朝秦暮楚"。

【暮鼓晨钟】mù gǔ chén zhōng 见"晨钟暮鼓"。

【暮景桑榆】mù jǐng sāng yú 见"桑榆暮景"。

【暮气沉沉】mù qì chén chén 暮气:不振作的精神状态或疲塌不求上进的作风。沉沉:深沉。形容精神萎靡,不振作,缺乏朝气。韬奋《萍踪忆语·德谟克拉西的教育真相》:"美国有一点和我们中国倒也相像,那便是在大学里做了多年的老教授,在社会上有了些地位,便暮气沉沉,最怕改革。"王火《战争和人》(二)卷八:"抗战初爆发时,我曾觉得长期的承平生活似乎容易使人萎靡不振,暮气沉沉,甚至导致腐败。"

N

【拿腔作势】 ná qiāng zuò shì　势：姿态。指装模作样，故作姿态。作，也作"做"。《镜花缘》二回："但仙姑，不过举口之劳，偏执意难为，一味花言巧语，这样拿腔做势，未免太过分了。"李国文《冬天里的春天》二章："王经宇正倒在桌上看些什么，其实，他早发现要抓的人犯押到，还在拿腔作势，过了一会儿，才推开那张石印文告，捏着手指关节发出格格的声响。"

【拿手好戏】 ná shǒu hǎo xì　拿手：擅长。原指演员擅长的表演剧目。后多用来比喻擅长的本领。魏巍《火凤凰》一〇六："这些来自冀中平原的游击健儿，游击战是拿手好戏，而大规模的攻坚战就有些吃力了。"刘绍棠《蒲柳人家》三："何满子一听奶奶的口气，明明是带着心疼的意味，于是便演出了他的拿手好戏，扯着嗓子大哭起来。"

【拿糖作醋】 ná táng zuò cù　指故作姿态，摆架子，借以抬高自己。《红楼梦》一〇一回："不是我说，爷现成儿的也不知吃了多少，这会子替奶奶办了一点子事，况且关会着好几层儿呢，就这么拿糖作醋起来，也不怕人家寒心。"钱钟书《围城》九："柔嘉道：'来去我有自由，给你面子问你一声，倒惹你拿糖作醋。'"

【拿贼见赃】 ná zéi jiàn zāng　捉到贼要见到赃物作凭证。也比喻定人罪名须有证据。元·无名氏《认金梳》三折："如今恼了你些儿，就是我有罪。拿贼见赃，杀人验伤，我有何罪也？"明·汤显祖《牡丹亭·硬拷》："谁是贼？老大人拿贼见赃，不

曾捉奸在床！"

【纳谏如流】 nà jiàn rú liú　纳：接受。指虚心听取规劝，就像流水自高处向下那样顺利和自然。元·金仁杰《追韩信》一折："为我王纳谏如流，因此上丞相奏准。"郭沫若《想起了砟樱桃的故事》："但他虚怀若谷，纳谏如流，立地便有了改进。"

【耐人寻味】 nài rén xún wèi　耐：禁得起。寻味：仔细体会。指意味深长，禁得起仔细思索体会。清·余成教《石园诗话》卷一："愚谓储公田家诗皆佳……趣远情深，尤耐人寻味。"鲁迅《集外集·〈奔流〉编校后记》三："我觉得耐人寻味的，是在'那巴斯图'派因怕主义变质而主严，托罗兹基因文艺不能孤生而主宽的问题。"张炜《古船》二一章："她穿了一条窄窄的粗布裤子，红绸布衣服扎在裤子里。小身体紧紧张张，耐人寻味。"

【男盗女娼】 nán dào nǚ chāng　男的做盗贼，女的做娼妓。形容世风败坏，人人都做坏事。也用来形容思想、言行卑劣龌龊。明·谢谠《四喜记·天佑阴功》："男盗女娼，灭门绝户，日后之报。"《二十年目睹之怪现状》一〇一回："还有一种人，自己做下了多少男盗女娼的事，却责成儿子做仁义道德，那才难过呢！"老舍《四世同堂》五三："正和开妓院的人一样，他要雅，尽管雅的后面是男盗女娼。"杨沫《青春之歌》一部六章："这里，你的堂兄和我父亲是一样的货色——满嘴仁义道德，满肚子男盗女娼！"

【南箕北斗】 nán jī běi dǒu　箕、斗：星

宿名,箕宿和斗宿,箕宿四星,形似簸箕;斗宿六星,形似古代盛酒的斗。当它们一同出现在南方时,箕宿在南,斗宿在北。《诗经·小雅·大东》:"维南有箕,不可以簸扬;维北有斗,不可以挹酒浆。"后用"南箕北斗"比喻有名无实。《陈书·后主纪》:"且举各实难,举长或易,小大之用,明言所施,勿得南箕北斗,名而非实。"清·钱谦益《戊辰七月应召赴阙车中言怀》诗:"白马清流伤往事,南箕北斗愧虚名。"

【南橘北枳】 nán jú běi zhǐ 枳:又称枸橘,落叶灌木或小乔木,果实球形,黄绿色,味酸苦。《晏子春秋·内篇杂下》:"橘生淮南则为橘,生于淮北则为枳,叶徒相似,其实味不同。所以然者何?水土异也。"淮河以南的橘移植到淮河以北就变成枳。后用"南橘北枳"比喻事物会因环境条件的不同而产生变异。《喻世明言》卷二五:"名谓南橘北枳,便分两等,乃风俗之不等也。"

【南柯一梦】 nán kē yī mèng 柯:树枝。唐·李公佐《南柯太守传》载:淳于棼在槐树下睡觉,梦到自己到了大槐安国,娶公主为妻,作了南柯太守,享尽荣华富贵。后遭国王疑忌,被遣还乡。醒后发现大槐安国是槐树下的蚁穴。后用"南柯一梦"比喻得失无常,人生如梦。元·马致远《女冠子》:"得又何欢,失又何愁,恰似南柯一梦。"也泛指一场梦。《水浒传》四二回:"二青衣望下一推,宋江大叫一声,却撞在神厨内,觉来乃是南柯一梦。"《喻世明言》卷三〇:"东坡正没奈何,却得佛印劈手拍开,惊出一身冷汗。醒将转来,乃是南柯一梦,狱中更鼓正打五更。"《花月痕》四三回:"痴珠咳嗽一声,呕了一口鲜血,却是南柯一梦。"

【南来北往】 nán lái běi wǎng 泛指来来往往。元·王实甫《西厢记》一本一折:"南来北往,三教九流,过者无不瞻仰。"刘绍棠《草莽》一:"北运河是上京下卫的水路,南来北往的客运和货运大船,多得像过江之鲫。"

【南腔北调】 nán qiāng běi diào 形容说话口音不纯,掺杂南北方音。《镜花缘》二一回:"俺看他油嘴滑舌,南腔北调,到底算个甚么!"鲁迅《南腔北调集·题记》:"据说,我极喜欢演说,但讲话的时候人口吃的,至于用语,则是南腔北调。"也泛指各地方言。贾平凹《白浪街》:"老荆五十八岁开始过寿日,寿日时女儿、女婿都来,一家人南腔北调语音不同,酸辣咸甜味有别,一家热闹,三省快乐。"

【南辕北辙】 nán yuán běi zhé 辕:车辕,车前驾牲口的直木。辙:车轮经过留下的痕迹。《战国策·魏策四》:"今者臣来,见人于大行,方北面而持其驾,告臣曰:'我欲之楚。'臣曰:'君之楚,将奚为北面?'曰:'吾马良。'臣曰:'马虽良,此非楚路也。'曰:'吾用多。'臣曰:'用虽多,此非楚路也。'曰:'吾御者善。'此数者愈善而离楚愈远矣。"本要往南边去却驾车向北。后用"南辕北辙"比喻行动和目的截然相反。清·魏源《〈书古微〉序》:"南辕北辙,诬圣师心,背理害道,不可胜数。"茅盾《杂谈文艺现象》:"如果一方面盼望有功于'世道人心'的文艺,而同时又不许文艺作品带着强心和清泻的药品,这何异南辕北辙?"梁实秋《雅舍小品·计程车》:"更有一回,司机以为我是人生地不熟的外来客,南辕北辙的大兜圈子。"

【南征北伐】 nán zhēng běi fá 见"南征北战"。

【南征北讨】 nán zhēng běi tǎo 见"南征北战"。

【南征北战】 nán zhēng běi zhàn 形容转战各地,经历了许多战斗。《续资治通鉴长编·太祖开宝元年》:"普曰:'陛下小天下耶?南征北战,今其时也,愿闻成算所向。'"《封神榜》一二五回:"我黄某,本是历代忠良将,南征北战有英名。魏魏

《东方》二部一章:"时间不长,在弥漫着烟火的公路上,这支在中国大地上南征北战的部队,又迎着火光,迎着北撤的人群,在燃烧的土地上前进了。"也作"南征北讨"。《说岳全传》五九回:"我为国家南征北讨,东荡西除,立下多少大功,朝廷自然封赏,焉得有牢狱之灾?"也作"南征北伐"。《东周列国志》二回:"朕赖诸卿之力,在位四十六年,南征北伐,四海安宁。"

【难分难解】 nán fēn nán jiě　见"难解难分"。

【难分难舍】 nán fēn nán shě　见"难舍难分"。

【难乎为继】 nán hū wéi jì　乎:于。继:继续。《礼记·檀弓上》:"弁人有其母死,而孺子泣者。孔子曰:'哀则哀矣,而难为继也。'"后用"难乎为继"指难以持续下去。清·王夫之《读通鉴论·汉元帝三》:"赵充国持重以破羌,功莫盛矣!二十余年而羌人复反,吾故曰:难乎为继也。"毛泽东《井冈山的斗争》:"湖南省委要我们注意士兵的物质生活,至少比普通工农的生活好些。现在则相反,除粮食外,每天每人只有五分大洋的油盐柴菜钱,还是难乎为继。"

【难解难分】 nán jiě nán fēn　❶指争斗、比赛等相持不下,难以分开或难分出胜负。《西游记》二八回:"他三个在半空中,往往来来,战经数十回合,不分胜负。各因性命要紧,其实难解难分。"《镜花缘》七四回:"那对局的杀的难解难分,观局的也指手画脚。"莫应丰《麂山之谜》三:"他们角对角,头顶头,打得难解难分,非要拼一个死活不可。"也作"难分难解"。《封神榜》一八八回:"两个人不容分说,杀在当场,战成了一处,只杀的难分难解。"姚雪垠《李自成》二卷二七章:"李自成已逃出商洛山,他必定趁着咱们同杨嗣昌杀得难分难解,因利乘便,坐收渔人之利。"❷形容关系亲密,难以分离。《红楼梦》五回:

"至次日,便柔情缱绻,软语温存,与可卿难解难分。"

【难能可贵】 nán néng kě guì　难能:不易做到。宋·胥偃《谢欧阳秀才启》:"允矣难能,诚哉可贵。"后用"难能可贵"指难以做到的事情居然做到了,值得珍视。《官场现形记》三四回:"自到太原后,臣屡次接见,见其才识宏通,性情朴实;每至一处放赈,往往恶衣菲食,与厮养同甘苦,奔驰于炎天烈日之中,实属坚忍耐劳,难能可贵。"梁实秋《雅舍小品·谦让》:"小时候读到孔融让梨的故事,觉得实在难能可贵,自愧弗如。"

【难舍难分】 nán shě nán fēn　形容感情深厚,难以分离。多用于离别时。《野叟曝言》九四回:"十四日在云北家叙别,也是难舍难分,不能恝别。"魏巍《东方》六部一四章:"老战友多年在一起,同生共死,感情无比深厚,今日分手,自然难舍难分,一声汽笛不知催落了多少眼泪。"也作"难分难舍"。《红楼梦》二一回:"一时事毕,两个又海誓山盟,难分难舍,此后遂成相契。"

【难兄难弟】 nán xiōng nán dì　《世说新语·德行》:"陈元方子长文,有英才,与季方子孝先各论其父功德,争之不能决。咨之太丘。太丘曰:'元方难为兄,季方难为弟。'"后用"难兄难弟"指兄弟同样优秀,难分高下。《旧唐书·穆宁等传赞》:"二李英英,四崔济济,薛氏三门,难兄难弟。"今多反用,讥讽两者同样低劣。清·李渔《蜃中楼·阃闹》:"一个不通文理,一个不达时务,是难兄难弟。"郭沫若《李白与杜甫·杜甫的门阀观念》:"但这种东西,在今天看来,和南北朝时代的四六骈文,明清时代的八股文,其实是难兄难弟。"〔注意〕难,不读nàn。

【难言之隐】 nán yán zhī yǐn　难以说出口的隐情。《二十年目睹之怪现状》七七回:"我近来阅历又多了几年,见事也多了几件,总觉得无论何等人家,他那家庭之中,总有许多难言之隐的。"张恨水《啼笑因缘》一五回:"家树叹了一口长气,不曾答复她的话。何丽娜以为他有难言之隐,又不便问了。"

【难以置信】 nán yǐ zhì xìn　置信:相信。很难让人相信。杜鹏程《在和平的日子里》四章:"到处都是嬉笑声和歌唱声。铁路职工们把被大雨搅乱的生产组织,用令人难以置信的速度恢复起来了。"

【喃喃自语】 nán nán zì yǔ　喃喃:不断地小声说话的声音。形容小声地自己跟自己说话。艾芜《南行记·洋官与鸡》:"洋官的唇上,露着讽刺的神气,喃喃自语,一面转身带着人到吴家马店去检视。"欧阳山《三家巷》一五八:"何守礼没有再说话,只在嘴巴里喃喃自语地嘀咕着什么,谁也听不清楚。"

【难兄难弟】 nàn xiōng nàn dì　指彼此共过患难或同处于困境的人。元·张可久《折桂令·湖上饮别》曲:"难兄难弟俱白发相逢异乡,无风无雨未黄花不似重阳。"郭沫若《革命春秋·创造十年续编》:"(日本)其以半殖民地的风貌出现于世界也,和我们实在是难兄难弟。"〔注意〕难,不读nán。

【囊空如洗】 náng kōng rú xǐ　囊:口袋,指钱袋。口袋空空,像水洗过一样。形容一个钱也没有。《警世通言》卷三二:"十娘与公子在枕边,议及终身之事。公子道:'我非无此心。但教坊落籍,其费甚多,非千金不可。我囊空如洗,如之奈何!'"《野叟曝言》六回:"未公道:'我自被难,囊空如洗,今日去辞抚军,如有盘缠送出,当分半为老伯归途之费。'"夏衍《四一二之后的上海》:"现在已经囊空如洗,不能住旅馆了。"

【囊空羞涩】 náng kōng xiū sè　见"囊中羞涩"。

【囊萤积雪】 náng yíng jī xuě　见"囊萤映雪"。

【囊萤映雪】 náng yíng yìng xuě　囊萤:南朝宋·檀道鸾《续晋阳秋》:"车胤字武子,学而不倦,家贫,不常得油,夏日用练囊,盛数十萤火,以夜继日焉。映雪:《孙氏世录》:"孙康家贫,常映雪读书。"后用"囊萤映雪"形容在极端困难的条件下刻苦读书。宋·刘克庄《雷母宜人王氏墓志铭》:"[宜人]皆服其劳,无陨获,故夫子得囊萤映雪,不以家衡忘;贤郎得担簦负笈,不以贫辍学。"也作"囊萤积雪"。元·乔孟符《金钱记》三折:"便好道君子不重则不威,枉了你穷九经三史诸子百家,不学上古贤人囊萤积雪,凿壁偷光,则学乱作胡为。"

【囊中羞涩】 náng zhōng xiū sè　囊:口袋,指钱袋。羞涩:难为情。宋·阴时夫《韵府群玉·一钱囊》:"阮孚持一皂囊,游会稽。客问:'囊中何物?'曰:'但有一钱看囊,恐其羞涩。'"后用"囊中羞涩"形容经济困难,手中没钱。梁实秋《雅舍小品·穷》:"别看我囊中羞涩,我有所不取;别看我落魄无聊,我有所不为,这样一想,一股浩然之气火辣辣的从丹田升起,腰板自然挺直……无往不宜。"王火《战争和人》(一)卷七:"张洪池脸色松弛下来,呵呵一笑说:'童秘书长别见笑,我现在是囊中羞涩。秘书长如果方便,请借五百元给我。'"也作"囊空羞涩"。《说岳全传》一五回:"小弟等欲待回家,怎奈囊空羞涩,思量又无家小,不如投奔大哥。"

【恼羞成怒】 nǎo xiū chéng nù　因气恼和羞愧而发怒。《官场现形记》三一回:"乌额拉布见田小辫子说出这样的话来,便也恼羞成怒。"沈从文《长河·巧而不巧》:"感觉到这种轻视或忽视,有一星一米还是上次买橘子留下的强横霸道印象所起反感,因此不免有点恼羞成怒。"梁斌《红旗谱》四〇:"老家伙恼羞成怒,又告了咱们一状。"也作"老羞成怒"。《野叟曝言》五三回："此事原不能做翻景王,莫如少为圆融,勿使老羞成怒,则王法尚不至尽废也。"钱钟书《围城》八:"高松年神色不动,准是成算在胸,自己冒头寻衅,万一下不来台,反给他笑,闹了出去,人家总说姓方的饭碗打破,老羞成怒。"

【脑满肠肥】 nǎo mǎn cháng féi 肥头大耳,大腹便便。常用来形容养尊处优,无所用心的庸人。《野叟曝言》五一回:"素臣趁闹,往大殿各房四处蹓看,门户重重,房楹叠叠,头陀和尚人人脑满肠肥,侍者沙弥个个头光面滑。"梁实秋《雅舍小品·高尔夫》:"脑满肠肥的人,四体不勤的人,出去活动活动筋骨,总比在灯红酒绿的俱乐部里鬼混,或是在一掷万金的赌窟里消磨时光,要好得多。"也作"肠肥脑满"。《北齐书·琅玡王俨传》:"琅玡王年少,肠肥脑满,轻为举措,长大自不复然,愿宽其罪。"欧阳山《三家巷》一〇五:"像这样地喝酒,真是没有味道。简直可以说,对他们这些肠肥脑满,又踌躇满志的有钱人家说起来,真是少有的一种意态萧条。"

【讷言敏行】 nè yán mǐn xíng 讷言:讲话迟钝,不善言词,这里指说话谨慎。《论语·里仁》:"君子欲讷于言而敏于行。"后用"讷言敏行"指说话谨慎,行动敏捷。宋·朱熹《答王近思书》:"不可不深自警省,讷言敏行,以改故习之谬也。"

【内顾之忧】 nèi gù zhī yōu 内顾:在外顾念家里或国内。指来自内部的忧患。《周书·文帝纪上》:"吾便速驾,直赴京邑。使其进有内顾之忧,退有被蹑之势。"《说岳全传》三〇回:"我二人在此保守山寨,以免大王内顾之忧。"茅盾《子夜》七:"厂里的工潮已经解决,吴荪甫胜利了;他没有内顾之忧了!"

【内视反听】 nèi shì fǎn tīng 内视:内心自我省察。反听:反身向外听取意见。《史记·商君列传》:"反听之谓聪,内视之

谓明,自胜之谓强。"后用"内视反听"指自我省察,听取别人的意见。《后汉书·王允传》:"夫内视反听,则忠臣竭诚;宽贤矜能,则义士厉节。"

【内外交困】 nèi wài jiāo kùn 交:一齐,共同。指内部和外部同时陷入困境。姚雪垠《李自成》二卷三二章:"朕因流贼猖獗,东事日急,内外交困,不得不百计筹饷。"

【内忧外患】 nèi yōu wài huàn 《国语·晋语六》:"且唯圣人能无外患又无内忧,讵非圣人,不有外患,必有内忧。"后用"内忧外患"指国家内有变乱,外遭侵扰。《孽海花》二五回:"当此内忧外患接踵而来,老夫子系天下人望,我倒可惜他多此一段闲情逸致。"杨沫《青春之歌》二部二四章:"内忧外患,国难重重,我是有精神准备的。"也泛指来自内部的矛盾纠纷和来自外部的威胁压力。鲁迅《且介亭杂文·忆韦素园君》:"我不禁长长的叹了一口气,想到他只是一个文人,又生着病,却这么拼命的对付着内忧外患,又怎么能够持久呢。"

【能屈能伸】 néng qū néng shēn 能弯曲也能伸展。形容人能够适应各种境遇,在失意时能忍耐,在得志时能施展抱负。汉·袁康《越绝书·外传纪策考》:"始有灾变,蠡专其明,可谓贤焉,能屈能伸。"宋·邵雍《代书寄前洛阳簿陆刚叔秘校》:"知行知止唯贤者,能屈能伸是丈夫。"《野叟曝言》一二〇回:"大丈夫能屈能伸,况且是心窝里敬服的人,该依着二叔的说话才无后悔。"柳青《创业史》一部二九章:"那些为了事业能屈能伸、能忍能让的人,才是最坚强的人。"

【能说会道】 néng shuō huì dào 形容人口才好,很会说话。《孽海花》八回:"我看匡老,只有你一张嘴能说会道。我就包在你身上,叫金大人今晚到我家里来,不来时便问你!"老舍《四世同堂》四五:"野

求本来能说会道,乘机会夸赞了金三爷几句,金三爷的红脸上发了光。"

【能言快语】 néng yán kuài yǔ　快:爽快。指人很会说话,言辞爽快。元•无名氏《诨范叔》楔子:"欲遣一文武全备能言快语之士,往聘齐国。"《醒世恒言》卷三:"忽然想起,有个结义妹子,叫做刘四妈,时常往来。他能言快语,与美娘甚说得着。何不接取他来,下个说词。"《东周列国志》二〇回:"又有优人名施者,少年美姿,伶俐多智,能言快语,献公尤嬖之,出入宫禁,不知防范。"

【能言善辩】 néng yán shàn biàn　很会说话,善于辩论。《镜花缘》九九回:"且又能言善辩,凭着三寸不烂之舌,能令客人不得进门。"柳青《创业史》一部九章:"能言善辩的郭振山肚里的词汇,又用光了。"

【能者多劳】 néng zhě duō láo　《庄子•列御寇》:"巧者劳而智者忧,无能者无所求。"后用"能者多劳"指能力强的人多做事多劳累。常含称誉或勉励的意思。《红楼梦》一五回:"俗语说的'能者多劳',太太见奶奶这样才情,越发都推给奶奶了。"《官场现形记》二五回:"这里黄胖姑果然替人家办了若干事……写回信,打电报;大小事情,足足办了十几件。真正是'能者多劳'。"

【泥牛入海】 ní niú rù hǎi　泥塑的牛掉进了大海。《景德传灯录•潭州龙山和尚》:"洞山又问和尚:'见个什么道理,便住此山?'师云:'我见两个泥牛斗入海,直至如今无消息。'"后用"泥牛入海"比喻一去不返、杳无消息。《二十年目睹之怪现状》七回:"此时那两个钱庄干事的人,等了好久,只等得一个泥牛入海,永无消息,只得写信到上海去通知。"朱自清《"海阔天空"与"古今中外"》:"次日写信去'特烦',却如泥牛入海,至今引为憾事!"

【泥沙俱下】 ní shā jù xià　俱:都。泥

土和沙子一同随水冲了下来。比喻人或事物好坏混杂在一起。清•袁枚《随园诗话》卷一:"人称才大者,如万里黄河,与泥沙俱下。余以为,此粗才,非大才也。"

【泥塑木雕】 ní sù mù diāo　用泥土塑造或木头雕刻的偶像。比喻人的神情、动作呆板。《初刻拍案惊奇》卷三〇:"李参军平日枉自许多风流俏倬,谈笑科分,竟不知撇在爪哇国那里去了。比那泥塑木雕的,多得一味抖。"《老残游记二集》七回:"最奇者,这们多的男男女女立站后面,都泥塑木雕的相仿,没有一人言笑,也无一人左右顾盼。"也比喻人木然不动的样子。魏巍《地球的红飘带》五:"这时会场鸦雀无声,坐在蒲团上的高级干部们,一个个瞪大了眼睛,竟像泥塑木雕的神像一般都愣住了。"也作"木雕泥塑"。《东周列国志》三四回:"公顿口无言,似木雕泥塑一般,只多着两行珠泪。"李英儒《野火春风斗古城》一章:"眼看儿子的影子消失在黑夜中,她兀自站在冷风里,像木雕泥塑般的一动也不动。"

【你死我活】 nǐ sǐ wǒ huó　不是你死,就是我活。《五灯会元•国清行机禅师》:"穷厮煎,饿厮炒,大海只将折箸搅。你死我活,猛火燃铛煮佛。"后形容敌对双方势不两立。《水浒传》一四回:"刘唐道:'他不还我银子,直和他拼个你死我活便罢。'"《醒世恒言》卷九:"世局千腾万变,转盼皆空,政如下棋的较胜争强,眼红喉急,分明似孙庞斗智,赌个你死我活,又如刘项争天下,不到乌江不尽头。"老舍《二马》五:"他没想到工人为提走的两人报仇,要和马老先生拼个你死我活。"也形容斗争或争论十分激烈。杨沫《青春之歌》二部三〇章:"结果会是开了,但争了个你死我活,还,还是只有一小部分同学同意去参加。"

【逆耳利行】 nì ěr lì xíng　逆耳:听起来不舒服。《孔子家语•六本》:"孔子曰:

'良药苦于口而利于病,忠言逆于耳而利于行。'"后用"逆耳利行"指诚恳忠直的话虽不顺耳,却有利于行动。《旧唐书·王晙传》:"臣蒙天泽,叨居重镇,逆耳利行,敢不尽言。"宋·朱熹《答汪尚书书》:"诸公果能协成元履之论,使圣德日新,谗佞屏远,逆耳利行之言,日至于前,而无所怍焉。"

【逆来顺受】 nì lái shùn shòu　逆:不顺。对外界的压迫或不公正的待遇顺从地忍受。宋·无名氏《张协状元》一二出:"逆来顺受,须有通时。"《二十年目睹之怪现状》九三回:"从前受了主人的骂,无非逆来顺受;此时受骂,未免就有点退有后言了。"老舍《四世同堂》六四:"从表面上看他好像是抱定逆来顺受的道理,不声不响的度着苦难的日子。在他心里,他却没有一刻的宁静。"柳青《创业史》一部一七章:"他一辈子老实、无能,对环境的压迫逆来顺受,人生的目的十分微小。"

【逆水行舟】 nì shuǐ xíng zhōu　逆着水流的方向行船。比喻学习或做事,不努力向前就要后退。《野叟曝言》一一四回:"因连日逆风,小道有逆水行舟之法,便讨了这差,要去与家兄商议,向深山中隐姓埋名,逃生避难。"鲁迅《且介亭杂文·门外文谈》:"即使目下还有点逆水行舟,也只好拉纤;顺水固然好得很,然而还是少不得把舵的。"姚雪垠《李自成》一卷二七章:"要将形形色色的人们建成一支纪律森严、秋毫无犯的仁义之师,时刻要用心用力,好像逆水行舟,不进则退。"

【匿迹销声】 nì jì xiāo shēng　见"销声匿迹"。

【匿影藏形】 nì yǐng cáng xíng　见"藏形匿影"。

【拈轻怕重】 niān qīng pà zhòng　指做事挑拣容易的,害怕繁重的。形容对工作缺乏责任感。毛泽东《纪念白求恩》:"不少的人对工作不负责任,拈轻怕重,把重担子推给人家,自己挑轻的……这种人

其实不是共产党员,至少不能算一个纯粹的共产党员。"

【年富力强】 nián fù lì qiáng　年富:未来的年岁还有很多。形容年纪轻,精力旺盛。《论语·子罕》"后生可畏"宋·朱熹集注:"孔子言后生年富力强,足以积学而有待,其势可畏。"《醒世恒言》卷二:"二弟年富力强,方司民社,宜资产产,以终廉节。"沈从文《长河·人与地》:"但年龄既已过去,精力也快衰竭了,再想和年富力强的汉子竞争,从水面上重打天下,已不可能了。"姚雪垠《李自成》二卷二一章:"将军年富力强,应该趁此时努力功业,博取名垂青史。"

【年高德劭】 nián gāo dé shào　劭:美好。年纪大,德行好。劭,也作"邵"。汉·扬雄《法言·孝至》:"吾闻诸传,老则戒之在得,年弥高而德弥邵者,是孔子之徒欤!"宋·秦观《代贺吕司空启》:"年高德邵而臣节益峻,功成名遂而帝眷愈隆。"明·张四维《双烈记·访道》:"终南山有一隐士,年高德邵,时望所尊,人皆称为陈公。"李劼人《死水微澜》五部二:"这些都非顾天成所长,已经使他难堪了。而最不幸的,是在安席之后,恰又陪着一位年高德邵,极爱管闲事的老姻长。"

【年深日久】 nián shēn rì jiǔ　指时间长久。《西游记》五六回:"贫僧是东土唐王差往西天取经者,自别了长安,年深日久,就有些盘缠也使尽了。"《镜花缘》八回:"那知此鸟年深日久,竟有匹偶,日渐滋生,如今竟成一类了。"陈忠实《白鹿原》一章:"那种记忆非但不因年深日久而暗淡而磨灭,反倒像一块铜镜因不断地擦拭而愈加明光可鉴。"也作"年深月久"。《二刻拍案惊奇》卷二四:"那阁年深月久,没有钱粮修葺,日渐坍塌了些。"鲁迅《而已集·谈所谓"大内档案"》:"它的厄运,是在好书被有权者用相似的本子来掉换,年深月久,弄得面目全非,但我不想在这里多

说了。"

【年深月久】 nián shēn yuè jiǔ　见"年深日久"。

【念念不忘】 niàn niàn bù wàng　念念：时刻想着。指时时刻刻惦记着，不能忘怀。宋·苏轼《东坡志林·论修养帖寄子由》："故凡学者，观妄除爱，自粗及细，念念不忘，会作一日，得无所住。弟所教我者，是如此否？"《红楼梦》四七回："赖大家内也请了几个现任的官长并几个世家子弟作陪。因其中有柳湘莲，薛蟠自上次会过一次，已念念不忘。"鲁迅《且介亭杂文·病后杂谈》二："那时的一言一笑，就都是灵机天成的一言一笑，如果念念不忘世间的利害，那就成为'杭育杭育派'了。"钱钟书《围城》二："方老太太非常懊丧，念念不忘许家二小姐，鸿渐倒若无其事。"

【念念有词】 niàn niàn yǒu cí　指僧、道、方士等作法时默念经咒。《初刻拍案惊奇》卷三一："不上一月，其术已成。变化百物，役召鬼魅，遇着草木土石，念念有词，便多是步骤甲兵。"《说岳全传》七八回："普风口中念念有词，把旗连摇几摇，忽然平地里刮起一阵恶风，吹得尘土迷天，黄沙扑面。"现多用来形容自言自语地说个不停。鲁迅《彷徨·孤独者》一："其次是拜；其次是哭，凡女人们都念念有词。其次入棺，其次又是拜；又是哭，直到钉好了棺盖。"巴金《随想录》一五〇："他虽'寄情诗文'，嘴里却总是念念有词，……因此他常在醉乡中找寻解脱。"

【念兹在兹】 niàn zī zài zī　兹：这个。《尚书·大禹谟》："帝念哉，念兹在兹，释兹在兹。"汉·孔安国传："念此人在此，功废此人在此，罪言不可忘。"后指对某事时时惦念着。晋·陶潜《命子》诗："名汝曰俨，字汝求思，温恭朝夕，念兹在兹。"鲁迅《而已集·谈所谓"大内档案"》："他们和Ｆ总长，都'念兹在兹'，在尘埃中间和破纸旁边离不开。"

【鸟尽弓藏】 niǎo jìn gōng cáng　《史记·越王勾践世家》："蜚鸟尽，良弓藏；狡兔死，走狗烹。"飞鸟猎尽了，就把弓收起来。后用"鸟尽弓藏"比喻事情成功以后，出过力的人就被抛弃了。《西游记》二六回："今日昧着惺惺使糊涂，只教我回去：这才是'鸟尽弓藏，兔死狗烹'。"《野叟曝言》四二回："长卿扼腕道：'古人每叹鸟尽弓藏，今并不俟鸟尽而先藏其弓，边将解体矣。'"鲁迅《且介亭杂文末编·立此存照》四："其实他们在当时昧了良心努力讨好清廷，结果还是'鸟尽弓藏，兔死狗烹'，真是愚不可及。"

【鸟枪换炮】 niǎo qiāng huàn pào　比喻情况有很大好转或物质条件有很大改善。《儿女英雄传》三六回："听得他那位萧史卿这半日倒像推翻了个核桃车子一般，总不曾住话，说着说着，那个气好比烟袋换吹筒，吹筒换鸟枪，鸟枪换炮，越吹越壮了。"《沙家浜》四场："[刘副官]：'人也多了，枪也多了！跟上回大不相同，阔多了，今非昔比，鸟枪换炮喽。'"

【鸟语花香】 niǎo yǔ huā xiāng　鸟鸣叫，花飘香。形容大自然的美好景象。多指春季美景。宋·吕本中《庵居》诗："鸟语花香变夕阴，稍闲复恐病相寻。"梁实秋《雅舍小品·书房》："这书房并不与其寓邸相连，是单独的一栋。环境清幽，只有鸟语花香，没有尘嚣市扰。"也作"花香鸟语"。欧阳山《三家巷》一六一："一路上，花香鸟语，风景清幽，人在山谷当中行走，大有脱尘出世之感。"

【袅袅婷婷】 niǎo niǎo tíng tíng　袅袅：柔美的样子。婷婷：美好的样子。形容女子体态轻盈柔美。《二刻拍案惊奇》卷三〇："大郎抬眼看时，见一个年老妇人，珠冠绯袍，拥一女子，袅袅婷婷，走出厅来。"《红楼梦》三〇回："再留神细看，只见这女孩子眉蹙春山，眼颦秋水，面薄腰纤，袅袅婷婷，大有林黛玉之态。"茅盾《腐蚀·十月九日》：“我入幻似的见这位三夫人袅袅婷婷走上那十多步石级，那乔其绒的旗袍下摆，轻轻飘拂。”

【涅而不缁】 niè ér bù zī 涅：可作黑色染料的矾石。缁：黑色。用涅染也染不黑。比喻在恶劣环境中，仍能保持高尚的品格。《论语·阳货》：“不曰坚乎，磨而不磷；不曰白乎，涅而不缁。”《晋书·刘曜载记》：“义孙可谓岁寒而不凋，涅而不缁者矣。”《警世通言》卷一二：“后人评论范鳅儿在逆党中，涅而不淄，好行方便，救了许多人性命。淄；通“缁”。

【蹑脚蹑手】 niè jiǎo niè shǒu 见“蹑手蹑脚”。

【蹑手蹑脚】 niè shǒu niè jiǎo 形容走路时轻手轻脚、小心翼翼不让出声的样子。《红楼梦》五一回：“仗着素日比别人气壮，不畏寒冷，也不披衣，只穿着小袄，便蹑手蹑脚的下了熏笼，随后出来。”《官场现形记》二九回：“老婆子捱了一顿骂，便蹑手蹑脚的出去，自去睡觉了。”杨沫《青春之歌》二部二章：“她开头蹑手蹑脚地怕吵醒了他，可是隔着门缝一望：江华已经起来了，正在低着头看书。”也作“蹑脚蹑手”。李劼人《暴风雨前》四部一〇：“得亏她这一骂，以后就再没有人敢蹑脚蹑手，去到门帘边偷看他们，到窗根底下偷听他们，他们竟自在多了。”

【宁缺勿滥】 nìng quē wù làn 滥：过多，没有限制。勿：不要。宁可缺少，也不能为求多而凑数。勿，也作“毋”。《歧路灯》五回：“喜诏上保举贤良一事，是咱学校中事。即令宁缺勿滥，这开封是一省首府，祥符是开封首县，却是断缺不得的。”茅盾《子夜》五：“前天晚上，我们不是决定了‘宁缺毋滥’的宗旨么？如果捏定这个宗旨，那么，朱吟秋、陈君宜，周仲伟一班人，只好不去招呼他们了。”〔注意〕宁，不读 níng。

【宁死不屈】 nìng sǐ bù qū 宁可牺牲生命，也不屈服。明·赵弼《效颦·宋进士袁镛忠义传》：“以大义拒敌，宁死不屈，竟燎身于烈焰中。”杨沫《〈青春之歌〉初版后记》：“在残酷的白区地下斗争中，我直接接触的和间接听到的共产党员和革命青年的英勇斗争、宁死不屈的事迹，是怎样的使人感动呵。”〔注意〕宁，不读 níng。

【宁为鸡口，无为牛后】 nìng wéi jī kǒu, wú wéi niú hòu 牛后：牛的肛门。比喻宁可在局面小的地方为首，不愿在局面大的地方任人支配。无，也作“毋”。《战国策·韩策一》：“臣闻鄙语曰：‘宁为鸡口，无为牛后。’今大王西面交臂而臣事秦，何以异于牛后乎？”明·张凤翼《红拂记·俊杰知时》：“大丈夫宁为鸡口，毋为牛后。”

【宁为玉碎，不为瓦全】 nìng wéi yù suì, bù wéi wǎ quán 宁可做玉被打碎，也不做瓦而得以保全。比喻宁为正义而牺牲生命，也不苟且偷生。《北齐书·元景安传》：“大丈夫宁可玉碎，不能瓦全。”姚雪垠《李自成》二卷四〇章：“常言道：宁为玉碎，不为瓦全。受朝廷招安，连瓦全也说不上，是忘了先人累世的仇，忘了普天下小民的苦，反而做无道朝廷的鹰犬。”刘绍棠《花街》四：“宁为玉碎，不为瓦全，无耻苟活，生不如死。”〔注意〕宁，不读 níng。

【牛刀小试】 niú dāo xiǎo shì 牛刀：用来宰牛的刀。比喻有大的才干，先在小事情上显一下身手。金·路铎《题邹公所藏渊明归去来图》诗：“牛刀小试义熙前，一日怀归岂偶然。”明·范受益《寻亲记·柱招》：“两袖天香下九重，牛刀小试宰华风。”

【牛鬼蛇神】 niú guǐ shé shén 长有牛头的鬼，身体像蛇的神。泛指各种虚幻诞现象。唐·杜牧《〈李贺集〉序》：“鲸呿鳌掷，牛鬼蛇神，不足为其虚荒诞幻也。”《聊斋志异·聊斋自志》：“披萝带荔，三闾氏感而为骚，牛鬼蛇神，长爪郎吟而成癖。"也比喻形形色色的坏人。《老残游记二集》二回："近来风气可大不然了，到是做买卖的生意人，还顾点体面，若官幕两途，牛鬼蛇神，无所不有。"巴金《随想录》五："她也给关进'牛棚'，挂上'牛鬼蛇神'的小纸牌，还扫过马路。"

【牛溲马勃】niú sōu mǎ bó　牛溲：中药名，车前草的别名。马勃：中药名，菌类植物，俗称马屁菌。唐·韩愈《进学解》："玉札丹砂，赤箭青芝，牛溲马勃，败鼓之皮，俱收并蓄，待用无遗者，医师之良也。"后用来比喻微贱的、不值钱的东西。《宋史·吴潜传》："使臣辈得以效牛溲马勃之助，以不辱陛下知人之明。"《歧路灯》六三回："把一个累什家有藏书、门无杂宾之家，弄成魑魅魍魉，塞门填户，牛溲马勃，兼收并蓄了。"

【扭扭捏捏】niǔ niǔ niē niē　身体摇摆扭动。形容害羞、不大方或故作姿态。《儒林外史》三一回："少刻，请了一个大眼睛黄胡子的人来，头戴瓦楞帽，身穿大阔布衣服，扭扭捏捏，做些假斯文像，进来作揖坐下，问了韦四太爷姓名。"《红楼梦》二七回："好孩子，难为你说的齐全。别像他们扭扭捏捏的蚊子似的。"

【浓墨重彩】nóng mò zhòng cǎi　用浓重的墨汁和色彩描绘。形容着力描写。也形容醒目、突出、分量很重。刘绍棠《村妇》卷二："牛蒡这个治安对象，四清运动虽没被戴上帽子，档案上却又浓墨重彩抹了一笔黑，这一笔是'成分可疑待定'。"

【浓妆艳抹】nóng zhuāng yàn mǒ　形容妆扮艳丽浓重。妆，也作"装"。《水浒传》二五回："又见他浓妆艳抹了出去，归来时便面颜红色。"《孽海花》二七回："大姑娘卸浓妆艳抹，体态轻盈的靠在寝宫门口，仿佛在那里偷听什么似的。"巴金《家》九："祖父还有一个姨太太。这个女人虽然常常浓妆艳抹，一身香气，可是并没有

一点爱娇。"邓友梅《那五》九："幛幅下边沿着半月形放了十来把椅子，椅子上坐着各种打扮、浓装艳抹的女人。"

【弄假成真】nòng jiǎ chéng zhēn　弄：耍弄。本来是假装的，结果成了真的。元·无名氏《隔江斗智》二折："那一个掌亲的怎知道弄假成真，那一个说亲的早做了藏头露尾。"《醒世恒言》卷一二："只为佛印弄假成真，非出本心，一时勉强出家，有好几时气闷不过。"老舍《骆驼祥子》一九："武的既拿不出来，只好给自己个台阶：她是逗着小福子玩呢，谁想弄假成真，小福子的心眼太死。"

【弄巧成拙】nòng qiǎo chéng zhuō　巧：聪明。拙：愚蠢。本想取巧，结果却做了蠢事。《五灯会元·净名法因禅师》："祖师妙诀，别无实说。直饶钉嘴铁舌，未免弄巧成拙。"《封神演义》五六回："孩儿系深闺幼女，此事俱是父亲失言，弄巧成拙。"钱钟书《围城》九："从结婚那一回事起，你总喜欢自作聪明，结果无不弄巧成拙。"巴金《随想录》一五○："写第三篇文章，我本来以为可以聪明地给自己找个出路，结果却是弄巧成拙，反而背上一个沉重的精神包袱。"

【弄神弄鬼】nòng shén nòng guǐ　弄：耍弄。假装神鬼恐吓人。比喻暗中耍手段捣鬼。《红楼梦》一一二回："我跟了一辈子老太太，大老爷还不依，弄神弄鬼的来算计我。"《醒世姻缘传》六一回："果然依了他，部里递了援例呈子，弄神弄鬼，做了个附学名色。"

【弄虚作假】nòng xū zuò jiǎ　指用虚假的东西来蒙骗他人。巴金《随想录》一八："我不是弄虚作假，装腔作势，在我的内心正在进行一次长期的斗争。两股力量在拉我，我这样经过了五十年，始终没有能离开艺术。"周而复《上海的早晨》一部三八："梅厂长毕竟是老于世故的弄虚作假的能手，他把责任往花纱布公司身上

一推,正好给总经理一个现成的台阶。"

【奴颜婢膝】 nú yán bì xī　奴:奴才。婢:婢女。旧时男称奴,女称婢。形容低三下四,卑躬屈膝的样子。唐·陆龟蒙《江湖散人歌》:"奴颜婢膝真乞丐,反以正直为狂痴。"《三国演义》九三回:"狼心狗行之辈,滚滚当道,奴颜婢膝之徒,纷纷秉政。"《二十年目睹之怪现状》四七回:"我不像一班奴颜婢膝的,只知道巴结上司,自以为规矩的了不得。"杨沫《青春之歌》二部四二章:"这奴颜婢膝的讲话刚完,接着秘书长又换了腔调骂起街来。"

【奴颜媚骨】 nú yán mèi gǔ　形容卑躬屈膝、谄媚讨好的奴才相。毛泽东《新民主主义论》:"鲁迅的骨头是最硬的,他没有丝毫的奴颜和媚骨,这是殖民地半殖民地人民最可宝贵的性格。"

【驽马恋栈豆】 nú mǎ liàn zhàn dòu　驽马:劣马。栈:养牲畜的竹木栅栏。比喻庸人目光短浅,贪恋家室或禄位。《三国志·魏书·曹爽传》南朝宋·裴松之注引晋·干宝《魏书》:"桓范出赴爽,宣王谓蒋济曰:'智囊往矣。'济曰:'范则智矣,驽马恋栈豆,爽必不能用也。'"宋·黄庭坚《次韵寄李六弟济南郡城桥亭之诗》:"驽马恋栈豆,岂能辞鞿縻。"

【驽马十驾】 nú mǎ shí jià　驽马:跑不快的马,劣马。十驾:马拉车行走一天为一驾,十驾指十天的路程。比喻能力差的人只要坚持不懈地努力,也能达到目的。《荀子·劝学》:"骐骥一跃,不能十步;驽马十驾,功在不舍。"《荀子·修身》:"夫骥一日而千里,驽马十驾,则亦及之矣。"

【怒不可遏】 nù bù kě è　遏:止住。愤怒到不可抑制的地步。形容极为愤怒。《资治通鉴·后唐明宗天成二年》:"严惶怖求哀,知祥曰:'众怒不可遏。'遂揖下,斩之。"《官场现形记》二七回:"却说贾大少爷正在自己动手掀王师爷的铺盖,被王师爷回来从门缝里瞧见了,顿时气愤填膺,

怒不可遏。"周而复《上海的早晨》四部九:"朱瑞芳见江菊霞笃笃地走去找冯永祥,更加怒不可遏了,忍不住骂开了。"

【怒发冲冠】 nù fà chōng guān　愤怒得头发竖起,顶到帽子。《庄子·盗跖》:"谒者入通,盗跖闻之大怒,目如明星,发上指冠。"后用"怒发冲冠"形容极其愤怒。《史记·廉颇蔺相如列传》:"相如因持璧却立,倚柱,怒发上冲冠。"宋·岳飞《满江红·写怀》词:"怒发冲冠,凭栏处,潇潇雨歇。"《封神榜》二五回:"纣王思想已毕,由不得怒发冲冠,咬牙切齿。"《儒林外史》九回:"穷乡僻壤,有这样读书君子,却被守钱奴如此凌虐,足令人怒发冲冠!"姚雪垠《李自成》一卷一〇章:"我李自成听到这消息不由得怒发冲冠,恨不能率领手下将士与决一死战。"〔注意〕冠,不读 guàn。

【怒火冲天】 nù huǒ chōng tiān　见"怒气冲天"。

【怒火中烧】 nù huǒ zhōng shāo　中:心中。愤怒的火焰在心中燃烧。形容心中怀有极大的愤怒。刘心武《钟鼓楼》五章:"偏这时候姚纷向东父亲从里屋走了出来,一听,一看,不禁怒火中烧。"蒋子龙《阴错阳差》一〇:"马弟元一个人在家的时候,怒火中烧,越想越气,一旦要见到沈瑶了,既说不出,又骂不出,反而感到紧张,替自己难堪。"

【怒目而视】 nù mù ér shì　瞪着两眼怒视对方。《三国演义》三九回:"权与众官再三劝之,凌统只是怒目而视甘宁。"《醒世恒言》卷二九:"临行时,还把王屠怒目而视,巴不能等他问一声,就要与他厮闹。"鲁迅《呐喊·阿Q正传》四章:"为了惩治他们起见,所以他往往怒目而视,或者大声说几句'诛心'话。"欧阳山《三家巷》八二:"林开泰正待发作,忽然看见周炳对着他怒目而视,那深恶痛绝,那重重仇恨,就像火焰一般地,从眼睛里喷射出来。"

【怒气冲天】nù qì chōng tiān 怒气直冲天际。形容极其愤怒。元·杨显之《潇湘雨》四折:"只落得嗔嗔忿忿,伤心切齿,怒气冲天。"《醒世恒言》卷三四:"田牛儿怒气冲天,便要赶去厮闹。"《说岳全传》二七回:"那兀术怒气冲天,睁开二目,看着阮良,大吼一声。"古华《芙蓉镇》三章:"谷燕山酒力攻心,怒气冲天,站起身子晃了几晃,一边叫骂,一边拳头重重地擂着桌子。"也作"怒火冲天"。茅盾《子夜》一八:"吴少奶奶意外地松了一口气,婉转地回答。却不料吴荪甫立即又是怒火冲天。"柳青《创业史》一部二九章:"几句说得服服帖帖的梁生宝,一下子怒火冲天了。"

【怒形于色】nù xíng yú sè 形:显露。色:脸色。内心的愤怒显露在脸上。宋·洪迈《夷坚志·子夏蹴酒》:"陈炎梦登大成殿,夫子赐之酒五尊。子夏怒形于色,举足蹴其二。"《初刻拍案惊奇》卷一〇:"太守见他言词反覆,已自怒形于色。"《镜花缘》八八回:"白衣女子见这赋上处处嘲著风月,登时怒形于色。"姚雪垠《李自成》二卷一九章:"阁臣们见崇祯怒形于色,一个个十分惶恐,不敢抬头。"

O

【呕心沥血】 ǒu xīn lì xuè 呕：吐。沥：滴。唐·李商隐《李贺小传》："及暮归，太夫人使婢受囊出之。见所书多，辄曰：'是儿要当呕出心始已耳！'"南朝梁·萧绎《与诸藩令》："沥血叩心，枕戈尝胆，其何故哉？"后用"呕心沥血"形容费尽心思。《野叟曝言》七八回："而欲如寿之呕心沥血，出鬼入神，以成此千古无偶，万世不磨之大文，断不能矣。"叶圣陶《抗争》："我的舞台，几年来在这里演呕心沥血的戏，现在被撵下来了。"陈国凯《儒士衣冠》："我把这些呕心沥血的诗作送给他并郑重地写上题签请他拜读。"〔注意〕血，不读 xiě。

【偶一为之】 ǒu yī wéi zhī 为：做。偶尔做一次。宋·欧阳修《纵囚论》："若夫纵而来归而赦之，可偶一为之耳。"《花月痕》四八回："采秋道：'妇人在军中，兵气恐不扬。你想这样取乐，是个大将军举动么？'荷生笑道：'偶一为之。'"鲁迅《书信集·致赖少麒》："但我以为这些方法，也只能随时随地，偶一为之，难以多作。"

【藕断丝连】 ǒu duàn sī lián 唐·孟郊《去妇》诗："妾心藕中丝，虽断犹牵连。"为藕已断了，但藕丝却仍相连。后用"藕断丝连"比喻表面上断了关系，实际上仍有牵连。《野叟曝言》四八回："弟初时亦疑其有婚姻之意，到馆以后方知彼意属于山东外家。弟即欲辞去，而藕断丝连，未能决绝，故欲与兄商之。"

P

【拍案而起】 pāi àn ér qǐ 案：几案，桌子。拍着桌子猛然站起。形容极为愤激。《东周列国志》四六回："芈氏大怒，拍案而起。"毛泽东《别了，司徒雷登》："闻一多拍案而起，横眉怒对国民党的手枪，宁可倒下去，不愿屈服。"张贤亮《河的子孙》一三章："平心而论，他虽然没有像尤小舟那样拍案而起，秉公直言，但作为一个党员，一个农村基层干部，在那不正常的历史时期也尽了自己的努力。"

【拍案叫绝】 pāi àn jiào jué 案：几案，桌子。拍着桌子叫好。形容赞赏之极。《野叟曝言》一三二回："得诗者络绎呈献御前，天子看一首赞一首，拍案叫绝，连赞奇才。"《红楼梦》七○回："众人拍案叫绝，都说：'果然翻得好气力，自然是这首为尊。'"鲁迅《准风月谈·诗和豫言》："这怎么叫人不'拍案叫绝'呢？这里'封狼从瘈狗'，自己明明是畜生，却偏偏把人当做畜生看待：畜生打猎，而人反而被猎！万人的愤怒的确是不可挽回的了。"

【拍手称快】 pāi shǒu chēng kuài 拍着手喊痛快。多用来形容因事情有称心如意的结局而高兴的样子。《二刻拍案惊奇》卷三五："说起他死得可怜，无不垂涕；又见恶贼奸夫俱死，又无不拍手称快。"《二十年目睹之怪现状》六五回："这里人看着他败下来，没有一个不拍手称快呢。"巴金《随想录》一三七："到十九日，这三名犯人真的给送到刑场枪决了。于是大家拍手称快，说是'大得人心，大快民心'。"赵树理《小二黑结婚》一二："三个民兵回到刘家峧，一说区上把兴旺金旺二人押起来，又派助理员来调查他们的罪恶，真是人人拍手称快。"

【排斥异己】 pái chì yì jǐ 打击、排挤与自己立场、观点不同的人。《资治通鉴·后晋齐王天福八年》："吴越王弘佐初立，上统军使阚璠强戾，排斥异己，弘佐不能制。"明·杨士聪《玉堂荟记》卷下："至当路者借以排斥异己，遇有反唇则以优升杜其口。"鲁迅《集外集拾遗补编·新的世故》："中国现在道路少，虽有，也很狭，'生存竞争，天演公例'，须在同界中排斥异己，无论其为老人，或同是青年，'取而代之'，本也无足怪的，是时代和环境所给与的运命。"

【排患解纷】 pái huàn jiě fēn 见"排难解纷"。

【排难解纷】 pái nàn jiě fēn 难：危难。纷：纠纷。《战国策·越策三》："所贵于天下之士者，为人排患释难解纷乱而无所取也。"后用"排难解纷"指排除危难、解决纷争。《旧唐书·张濬传》："若能此际排难解纷，陈师鞠旅，共诛盗贼，迎奉銮舆，则富贵功名，指掌可取。"《水浒传》一八回："且好做方便，每每排难解纷，只是周全人性命。"《二十年目睹之怪现状》七六回："这排难解纷最是一件难事，遇了要人排解的事，总是自己办不下来的了，所以尤易感激。"也作"排患解纷"。《东周列国志》四四回："此人虽则商贾之流，倒也有些忠君爱国之心，排患解纷之略，只为无人荐引，屈于市井之中。"〔注意〕难，不读

nán。

【排沙简金】 pái shā jiǎn jīn　简：挑选。拨开沙砾，挑选金子。比喻从大量事物中选取精华。《世说新语·文学》："潘文烂若披锦，无处不善；陆文若排沙简金，往往见宝。"也作"披沙拣金"。唐·刘知几《史通·直书》："然则历考前史，征诸直词，虽古人糟粕，其伪相乱，而披沙拣金，时有获宝。"钱钟书《围城》二："方鸿渐失魂落魄，一天看十几种报纸，听十几次无线电报告，疲乏垂绝的希望披沙拣金似的要在消息罅缝里找个苏息处。"

【排山倒海】 pái shān dǎo hǎi　排：推开。倒：翻动。推开大山，翻动大海。形容气势猛烈，力量强大，不可阻挡。宋·陈师道《刘原画像赞》："虽一时贵权气焰势力排山倒海，不屈也。"《东周列国志》五六回："晋军只道本阵已得胜，争先驰逐，势如排山倒海，齐军不能当，大败而奔。"《花月痕》四七回："恰恰是三更三点，各营贼正在睡梦中，忽觉得火焰飘起，呼声震天，就如千军万马，排山倒海而来。"梁实秋《雅舍小品·天气》："我初来台湾，耳台风之名，相见恨晚，不过等到台风真个来袭，那排山倒海之势，着实令人心惊。"杨沫《青春之歌》二部四五章："排山倒海的人群，远远的枪声，涌流着的鲜血，激昂的高歌……一齐出现在她的面前，像海涛样汹涌着。"

【攀龙附凤】 pān lóng fù fèng　攀：抓住别的东西往上爬。附：依附。汉·扬雄《法言·渊骞》："攀龙鳞，附凤翼，异以扬之，勃勃尔其不可及也。"后用"攀龙附凤"比喻巴结或投靠有权势的人。《汉书·叙传下》："舞阳鼓刀，滕公厩驺，颍阴商贩，曲周庸夫，攀龙附凤，并乘天衢。"《警世通言》卷二四："后来咱爹爹在此读书，官到尚书。我今在此读书，亦要攀龙附凤，以继前人之志。"姚雪垠《李自成》二卷四三章："同时他也看见他们并不了解他的起义宗旨，不明白他的对富贵视若浮云的胸怀，倒把他误看成了热衷于建立功名、攀龙附凤的人。"

【盘根错节】 pán gēn cuò jié　树根盘曲，枝节交错。比喻事情繁难复杂，难以处理。《后汉书·虞诩传》："不遇槃根错节，何以别利器乎？"槃：同"盘"。宋·陆九渊《与刘深父书》："向以为盘根错节未า遽解者将涣然冰释，怡然理顺，有不加思而得之者矣。"《野叟曝言》九回："手如锯树，到盘根错节，两人都扯拽不来。"也比喻某种势力根深蒂固，难以铲除。莫应丰《将军吟》三章："因为他们那个司令部里已经搞了多少年，党里、政府里、军队里到处都有他们的人，盘根错节，复杂得很呢！"

【盘根究底】 pán gēn jiū dǐ　见"盘根问底"。

【盘根问底】 pán gēn wèn dǐ　盘：盘问。盘问追究事情的根源、底细。《镜花缘》四四回："无如林之洋虽在海外走过几次，诸事并不留心，究竟见闻不广，被小山盘根问底，今日也谈，明日也谈，腹中所有若干故典，久已告竣。"张洁《盯梢》："回到家里，二姨自然盘根问底。我也没说出个子丑寅卯。"也作"盘根究底"。郭沫若《牧羊哀话》："我失悔我不应该盘根究底，这样地苦了她。"

【盘马弯弓】 pán mǎ wān gōng　骑着马绕圈子，拉开弓做出要射箭的姿势。唐·韩愈《雉带箭》诗："将军欲以巧伏人，盘马弯弓惜不发。"后多比喻故作声势而不立即行动。梁启超《论各国干涉中国财政之动机》："各相猜而莫敢执其咎，此所以盘马弯弓而久不发也。"

【盘石之安】 pán shí zhī ān　盘石：大石。《荀子·富国》："为名者否，为利者否，为忿者否，则国安于盘石，寿于旗翼。"像大石那样稳固。后用"盘石之安"形容极其安定稳固。《东周列国志》二〇回："若使太子主曲沃，重耳夷吾，分主蒲屈君居中制驭,此盘石之安矣。"

【判若两人】 pàn ruò liǎng rén　判:明显不同。指同一个人前后表现截然不同。《文明小史》五回:"须晓得柳府上这交涉上头,本是何等通融,何等迁就,何以至今判若两人?"郭沫若《屈原》四幕:"屈原由左首登场,冠切云之高冠,佩陆离之长剑,玄服披发,颜色憔悴,与清晨在橘园时风度,判若两人。"周而复《上海的早晨》三部五一:"余静猛的回头一想,才发现汤阿英巨大的发展,和她刚入厂那几年一比,简直判若两人了。"

【判若天渊】 pàn ruò tiān yuān　判:明显不同。像天空和深渊那样的区别。比喻相差悬殊。清·朱庭珍《筱园诗话》卷三:"不过用心于一字一句间,斟酌而出,即判若天渊。个中分寸所争,毫厘千里。"鲁迅《且介亭杂文二集·弄堂生意古今谈》:"弄堂里的叫卖声,说也奇怪,竟也和古代判若天渊,卖零食的当然还有,但不过是橄榄或馄饨,却很少遇见那些'香艳肉感'的'艺术'的玩意了。"

【尨眉皓发】 páng méi hào fà　尨:杂色。皓:白。花白的眉毛,雪白的头发。形容年老的样子。汉·张衡《思玄赋》唐·李善注引《汉武故事》:"颜驷,不知何许人,汉文帝时为郎。至武帝尝辇过郎署,见驷尨眉皓发。"也作"庞眉皓发"。《二刻拍案惊奇》卷一八:"正疑惑间,道人同一伙道者走来,多是些庞眉皓发之辈,共有三四个。"也作"庞眉皓首"。宋·刘克庄《直宝章阁罗公墓志铭》:"虽庞眉皓首,然齿牙无摇落者,饮啖如少壮。"

【庞眉皓发】 páng méi hào fà　见"尨眉皓发"。

【庞眉皓首】 páng méi hào shǒu　见"尨眉皓发"。

【庞然大物】 páng rán dà wù　庞然:庞大的样子。指高大的东西。也用来形

容外表强大实际却很脆弱的东西。唐·柳宗元《三戒·黔之驴》:"虎见之,庞然大物也,以为神。"欧阳山《三家巷》四一:"她喝的时候,拿眼睛悄悄地瞅了他一下,觉着他如今是一只浑浑噩噩的庞然大物。"

【旁观者清】 páng guān zhě qīng　局外人比当局者看得更清楚,更全面。常与"当局者迷"连用。《三侠五义》八三回:"此时颜大人旁观者清,见艾虎沉吟后方才答应认得,就知艾虎有些恍惚,暗暗着急担惊,惟恐年幼,一时认错了那还了得。"《老残游记》一三回:"谁怪着你呢,实在是不错,倒是没有人说过的话!可见'当局者迷,旁观者清'。"老舍《四世同堂》七六:"老人好像已不是瑞丰的祖父,而是个旁观者清的外人。"

【旁门左道】 páng mén zuǒ dào　旁、左:邪,不正。指不正派的学术派别和宗教派别。泛指不正派的方法、途径等。也作"左道旁门"。《封神演义》七三回:"他骂吾教是左道旁门,不分披毛带角之人,湿生卵化之辈,皆可同群共处。"欧阳山《三家巷》八:"可是讲到从哪一点着手的话,我还斗胆,有个左道旁门的意见说一说。依我看,当今最要紧的事情是办好工会。"

【旁敲侧击】 páng qiāo cè jī　比喻不直接表达本意,而从侧面转弯抹角地暗示。《二十年目睹之怪现状》二〇回:"云岫这东西,不给他两句,他当人家一辈子都是糊涂虫呢。只不过不应该这样旁敲侧击,应该要明亮亮的叫破了他。"鲁迅《朝花夕拾·无常》:"鬼神能前知,他怕儿女一多,爱说闲话的就要旁敲侧击地锻成他拿卢布,所以不但研究,还早实行了'节育'了。"周而复《上海的早晨》三部六:"这五句诗里阿毛一再暗示她,又旁敲侧击地鼓励她编的。"

【旁若无人】 páng ruò wú rén　好像身旁没有其他人一样。❶形容自行其事,不

为他人左右。《史记·刺客列传》："高渐离击筑,荆轲和而歌于市中,相乐也,已而相泣,旁若无人者。"《东周列国志》一七回:"长万乃拾起画戟,缓步登车,旁若无人。"杨沫《青春之歌》二部二章:"道静旁若无人的倔强劲,江华微笑不语的沉稳劲,和伍雨田那个探头探脑煞有介事的滑稽劲,引起了全屋子人更大的笑声。"❷形容态度傲慢,目中无人。《北齐书·平秦王归彦传》:"归彦既地居将相,志意盈满,发言陵侮,旁若无人。"《喻世明言》卷二五:"晏子进前施礼,三士亦不回顾,傲忽之气,旁若无人。"《镜花缘》一八回:"谁知腹中虽渊博尚远,那目空一切,旁若无人光景,却处处摆在脸上。"李劼人《大波》三部四章:"宋ծ亚、贾雄和另外几个军官佐,对于尤大爷大模大样、旁若无人的态度,早不舒服。"❸形容态度自然,无拘无束。《东周列国志》八一回:"恒知子贡乃孔门高弟,此来必有游说之语,乃预作色以待之。子贡坦然而入,旁若无人。"《孽海花》三四回:"孙汶在一家绅士家赴宴,忽见他的身旁有好几个兵勇轮流来往,情知不妙,反装得没事人一般。笑对座人道:'这些人是来逮捕我的吗?'依然高谈阔论,旁若无人。"张恨水《啼笑因缘续集》六回:"沈国英见关秀姑说话那样旁若无人的样子,心里不由得受了很大的冲动。"

【旁搜博采】páng sōu bó cǎi　旁、博:广泛、普遍。指广泛地搜集、采取。宋·魏了翁《苏和父墓志铭》:"其始也,淹贯诸子百家,旁及老释二氏,旁搜博采,晚而敛博归约,落华就实。"《文明小史》六〇回:"他也有三四百通,还不住的旁搜博采,十年之后,差不多要汗牛充栋了。"鲁迅《三闲集·匪笔三篇》:"来件想托北新书局代收,当择尤发表,——但这是我倘不忙于'以俟开审'或下了牢监的话。否则,自己的文章也就是材料,不必旁搜博采了。"

【旁征博引】páng zhēng bó yǐn　旁:广泛,普遍。征:验证,证明。博:广博。引:引用。指讲话或写文章时广泛、大量地引用材料作为依据或佐证。梁实秋《雅舍小品·讲演》:"他凭他平时的素养,旁征博引,由'齐一变至于鲁,鲁一变至于道'讲到山东一般的对于学术思想的种种贡献,好像是中国文化的起源与发扬尽在于是。"李劼人《死水微澜》五部一〇:"顾天成仍不开腔。幺伯娘还旁征博引,举出许多奉教不好的例来。"

【抛戈弃甲】pāo gē qì jiǎ　见"抛戈卸甲"。

【抛戈卸甲】pāo gē xiè jiǎ　戈:古代兵器。甲:古代军人穿的护身戎服。丢下武器,脱下军衣。形容在战场上惨败、狼狈逃跑的样子。元·无名氏《开诏救忠》一折:"则要你输,不要你赢,可抛戈卸甲,详输乍败。"《花月痕》四回:"怎当得二将的兵骁勇?雯时已经死了一半,一半抛戈卸甲,沿河逃生。"也作"抛戈弃甲"。《野叟曝言》一〇三回:"岑兵魂飞魄散,屁出尿标,齐掣转身,抛戈弃甲,忘命而逃。"

【抛头露面】pāo tóu lù miàn　抛:暴露。原指妇女出现在大庭广众之中。《金瓶梅》七〇回:"几次欲待要往公门诉状,诚恐抛头露面,有失先夫名节。"《二十年目睹之怪现状》二一回:"他是个年轻的寡妇,出去抛头露面的作甚么呢!"鲁迅《花边文学·奇怪》:"以此类推,防止男女同吸空气就可以用防毒面具,各背一个箱,将养气由管子通到自己的鼻孔里,既免抛头露面,又兼防空演习。"巴金《家》一七:"一年里只有这一刻她们才在街上抛头露面的机会,所以大家带着好奇的眼光,把朦胧中的静僻的街道饱看了一会。"后也泛指在公开场合露面。柳青《创业史》一部一八章:"他觉得这样倒好,把郭世富推在前头,他在暗里给他拿点子,鼓劲儿,倒比自己抛头露面强得多。"阿来《尘埃落定》四一:"土司们像冬眠的熊,躲在各自的官寨里，再也不出来抛头露面了。"

【抛砖引玉】 pāo zhuān yǐn yù　谦辞。比喻用自己没有价值的东西（多指意见、文章等）引出好的、珍贵的东西。《景德传灯录·赵州东院从谂禅师》："大师晚参，师云：'今夜答话去也，有解问者出来。'时有一僧便出，礼拜，师曰：'比来抛砖引玉，却引得个墼子。'"《镜花缘》八二回："妹子今日叨在主人之列，意欲抛砖引玉，出个酒令。"鲁迅《集外集拾遗·〈引玉集〉后记》："我对于木刻的绍介，……这是第三本，因为都是用白纸换来的，所以取'抛砖引玉'之意，谓之《引玉集》。"杨沫《青春之歌》二部三四章："现在，我先把大人先生们要走的路给诸位分析一下，以做抛砖引玉的尝试吧。"

【刨根问底】 páo gēn wèn dǐ　指盘问、追究事情的根由、底细。老舍《四世同堂》四四："他刨根问底的向小崔与孙七探问，他们都不能满足他。"刘绍棠《花街》二："这在运河边上，屡见不鲜，叶三车也就不想刨根问底。"

【庖丁解牛】 páo dīng jiě niú　解：分开，剖开。《庄子·养生主》："庖丁为文惠君解牛。手之所触，肩之所倚，足之所履，膝之所踦，砉然响然，奏刀騞然，莫不中音。"后用"庖丁解牛"比喻技艺高超熟练，发挥起来得心应手。《说郛》卷八○引《竹林诗评》："何逊之作，不费力气，如庖丁解牛，风成于騞然。"宋·文天祥《金匮歌序》："辨证察脉，造神入妙，如庖丁解牛。"

【袍笏登场】 páo hù dēng chǎng　袍：指官服。笏：古代官员上朝时所执的手板，用于记事。身穿官服，手执笏板，登台演戏。比喻出任做官。多含讽刺意。清·赵翼《数月内频送南雷、述庵、淑斋诸人赴京补官，戏作三首》诗之二："袍笏登场也等闲，惹他动色到柴关。"陶菊隐《北洋军阀统治时期史话》二七章："关于组织临时政府的问题，段祺瑞已通电北方各省征求

意见，只等回电一到，就要袍笏登场。"

【炮火连天】 pào huǒ lián tiān　炮火充满天空。形容激烈的战争场面。《西游记》八九回："他父子并唐僧在城楼上点札，旌旗蔽日，炮火连天。"《二十年目睹之怪现状》一六回："这不过演放两三响已经这样了，何况炮火连天，亲临大敌呢，自然也要逃走了。"

【赔了夫人又折兵】 péi le fū rén yòu zhé bīng　三国时，东吴孙权听从都督周瑜的计策，谎称将妹妹许配给刘备，欲将刘备骗至东吴、扣作人质，以便向蜀汉索回荆州。刘备到东吴成婚后同夫人逃出东吴，周瑜率兵追赶，被诸葛亮设下的伏兵杀得大败。此故事见于元曲《隔江斗智》及《三国演义》。后世因以"赔了夫人又折兵"比喻不但没占到便宜，反而遭受了双重损失。《初刻拍案惊奇》卷一○："又害那赵孝打了屈棒，免不得与金朝奉共出些遮羞钱与他。尚自嗫嚅呐呐怨恨。这叫做'赔了夫人又折兵'。"邓一光《我是太阳》五部二："老葛嘲笑我，说我是一只孤飞的大雁，在他身边养不住，迟早有一天会归群的，弄得他赔了夫人又折兵。"

【喷薄欲出】 pēn bó yù chū　喷薄：有力地向上涌的样子。形容水涌起或太阳初升时涌上地平线的景象。毛泽东《星星之火，可以燎原》："它是立于高山之巅远看东方已见光芒四射喷薄欲出的一轮朝日。"

【烹龙庖凤】 pēng lóng páo fèng　见"烹龙炮凤"。

【烹龙炮凤】 pēng lóng páo fèng　烹：煮。炮：烧烤。比喻烹调珍奇名贵的菜肴。唐·李贺《将进酒》诗："烹龙炮凤玉脂泣，罗帏绣幕围春风。"金·元好问《食榆荚》："一杯香美荐新味，何必烹龙炮凤夸肥鲜。"也比喻珍奇名贵的菜肴。《金瓶梅》五九回："桌上无非是鹅鸭鸡蹄，烹龙炮凤，珍果人间少有，佳肴天上无双。"也

作"烹龙庖凤"。宋·杨万里《西溪先生和陶诗序》："东坡以烹龙庖凤之手,而饮木兰之坠露,餐秋菊之落英也。"〔注意〕炮,不读 pào。

【朋比为奸】 péng bǐ wéi jiān 朋比:互相勾结在一起。为:做。指互相勾结在一起做坏事。宋·高登《上渊圣皇帝书》:"此曹当尽伏诛,今日偃然自恣,尚欲朋比为奸,蒙蔽天日。"《三国演义》一回:"后张让、赵忠、封谞、段珪……郭胜十人朋比为奸,号为'十常侍'。"姚雪垠《李自成》一卷三二章:"崇祯大怒,说他们朋比为奸,派锦衣旗校将他们一起逮捕进京,下到狱中。"〔注意〕为,不读 wèi。

【蓬荜生光】 péng bì shēng guāng 见"蓬荜生辉"。

【蓬荜生辉】 péng bì shēng huī 蓬荜:蓬门荜户的略语,指用蓬草、荆条、树枝等编成门户的房屋,形容住的房屋简陋。简陋的房屋也发出了光辉。谦辞。多用于对他人来访或题赠诗文字画等表示感谢。《醒世恒言》卷一五:"尼姑谢道:'小尼僻居荒野,无德无能,谬承枉顾,蓬荜生辉。'"李劼人《大波》三部七章:"求大人法书,使卑职蓬荜生辉,卑职实实感激无尽。"也作"蓬荜生光"。元·秦简夫《剪发待宾》三折:"学士大人,贵脚踏于贱地,蓬荜生光。"

【蓬户瓮牖】 péng hù wèng yǒu 瓮:一种陶制容器。牖:窗子。用蓬草编门,用破瓮作窗。形容贫苦人家简陋的住房。《礼记·儒行》:"筚门圭窬,蓬户瓮牖。"《韩诗外传》卷一:"蓬户瓮牖,桷桑而无枢。"宋·苏辙《黄州快哉亭记》:"窃会计之余功而自放山水之间,此其中宜有以过人者,将蓬户瓮牖无所不快。"梁实秋《雅舍小品·对联》:"晚近只有蓬户瓮牖之家,才热衷于贴春联。给颓垣坚笔增添一些春色,也未尝不可。"

【蓬生麻中】 péng shēng má zhōng 《荀子·劝学》:"蓬生麻中,不扶而直;白沙在涅,与之俱黑。"后用"蓬生麻中"比喻好的环境对人有积极的影响。北齐·颜之推《颜氏家训·风操》:"昔在江南,目能视而见之,耳能听而闻之,蓬生麻中,不劳翰墨。"

【蓬首垢面】 péng shǒu gòu miàn 见"蓬头垢面"。

【蓬头垢面】 péng tóu gòu miàn 蓬:蓬乱。垢:肮脏。头发蓬乱,面孔肮脏。形容人外表不整洁。《魏书·封轨传》:"君子整其衣冠,尊其瞻视,何必蓬头垢面,然后为贤。"《初刻拍案惊奇》卷一一:"却说王生自从到狱之后,虽则牢头禁子受了财钱,不受鞭笞之苦,却是相与的都是那些蓬头垢面的囚徒,心中有何快活?"《花月痕》二四回:"我原想拼个蓬头垢面,与鬼为邻,如今你要乐,你替我揽过镜台来。"老舍《四世同堂》一六:"看着她蓬头垢面的样子,他愣了好大半天,说不出话来。"也作"蓬首垢面"。《警世通言》卷四:"见吾儿王雱荷巨枷约重百斤,力殊不胜,蓬首垢面,流血满体,立于门外,对我哭诉其苦。"钱钟书《围城》四:"自己是个男人,平日又不蓬首垢面,除了照例的梳头剃脸以外,没法用非常的妆饰来表示自己照常。"

【鹏程万里】 péng chéng wàn lǐ 鹏:传说中的大鸟。《庄子·逍遥游》:"鹏之徙于南冥也,水击三千里,抟扶摇而上者九万里。"后用"鹏程万里"比喻前程远大。宋·楼钥《送袁恭安赴江州节推》:"鹏程万里兹权舆,平时义方师有余。"杨沫《青春之歌》一部二二章:"戴先生,他很聪明。鹏程万里,好自为之吧!"

【披肝沥胆】 pī gān lì dǎn 披:剖露,表露。沥:往下滴。《史记·淮阴侯列传》:"臣愿披腹心,输肝胆,效愚计,恐足下不能用也。"后用"披肝沥胆"比喻真心相见,极尽忠诚。《隋书·李德林传》:"百辟庶尹,四方岳牧,稽图谶之文,顺亿兆之请,披肝沥胆，昼夜歌吟。"《三国演义》二六回："羽但怀异心，神人共戮。披肝沥胆，笔楮难穷。"《三侠五义》七八回："大家畅谈，彼此以义气相关，真是披肝沥胆，各明心志。"李劼人《大波》一部一一章："这却得亏罢市罢课，官绅两方利害相同，连天大会、小会、公会、私会，彼此披肝沥胆，无话不说，因而才把畛域化去。"也作"剖肝沥胆"。宋·司马光《与范景仁书》："是以剖肝沥胆，手书缄封而进之。"《三国演义》二一回："公乃汉朝皇叔，故剖肝沥胆以相告，公何诈也？"

【披枷带锁】pī jiā dài suǒ 指罪犯身上套着枷锁等刑具。带，也作"戴"。元·关汉卿《窦娥冤》三折："俺婆婆若见我披枷带锁赴法场餐刀去呵，枉将他气杀也么哥。"《水浒传》四三回："当初他打杀了人，教我披枷带锁，受了万千的苦。"《西游记》六二回："行者依言，即问：'那和尚，你是那寺里的？为甚事披枷戴锁？'"《说岳全传》七四回："举眼一看，却见牛头马面，引着一班鬼卒，赤发獠牙，各执锤棍，将秦桧牵着，披枷带锁，走近前来。"

【披坚执锐】pī jiān zhí ruì 披：穿着。坚：指铠甲。执：拿着。锐：指武器。穿着坚固的铠甲，拿着锋利的武器。形容全副武装投入战斗。披，也作"被(pī)"。《墨子·鲁问》："翟虑被坚执锐，救诸侯之患，盛，然后当一夫之战；一夫之战，其不御三军，既可睹矣。"唐·刘禹锡《请赴行营表》："臣再授兵符，凤参军幕。披坚执锐，虽未经于戎行；制胜伐谋，亦常习于事业。"《水浒传》八三回："折箴擒俘俱虎将，披坚执锐尽健儿。"《三国演义》七二回："操问：'为将何如？'彰曰：'披坚执锐，临难不顾，身先士卒；赏必行，罚必信。'"

【披荆斩棘】pī jīng zhǎn jí 披：劈开。荆：一种灌木。棘：带刺的草木。比喻在前进道路上扫除障碍、克服困难。清·吕留良《贾谊论》："文帝之时，其左右朝廷、决天下之大计者，皆与高祖披荆斩棘，共起山泽者也。"梁实秋《雅舍小品·丛书前言》："对于那些在中国文学的密林里寻幽探胜的读者，百优书目就像在为他们披荆斩棘、指路导航，自然也节省了他们宝贵的光阴。"刘白羽《第二个太阳》一九章："我现在应该清醒地跨过这个门槛。跨过之后，我还是栉风沐雨、披荆斩棘。"也作"斩荆披棘"。王蒙《青春万岁》一九："生斯天地间，为学为业，若不斩荆披棘，成前人之所未就，岂不痛哉？"

【披麻带孝】pī má dài xiào 麻：指粗麻布孝服和麻绳。旧俗子孙为直系尊亲或臣子为君主服重孝，要穿粗麻布服、腰系麻绳等。带，也作"戴"。元·无名氏《冤家债主》二折："你也提着一家儿披麻带孝为何由，故来这灵堂寻斗殴！"《东周列国志》三二回："国懿仲与高虎闻内侍将命，知齐侯已死，且具朝服，即时披麻带孝，入朝奔丧。"《儒林外史》二五回："到十八岁上，倪老爹去世了，鲍文卿又拿出几十两银子来替他料理后事，自己去一连哭了几场，依旧叫儿子去披麻带孝，送倪老爹入土。"张炜《古船》二一章："李知常披麻戴孝，几次哭得弯下身子，然后倒在尘土里。"

【披麻救火】pī má jiù huǒ 披着易燃的麻去救火。比喻不仅达不到目的，反而招惹灾祸、危害自身。《水浒传》二一回："古人云：祸福无门，惟人自招；披麻救火，惹焰烧身。"《三国演义》一二回："陛下宜修德以安吴民，乃为上计。若强动兵甲，正犹披麻救火，必致自焚也。"

【披沙拣金】pī shā jiǎn jīn 见"排沙简金"。

【披头散发】pī tóu sàn fà 披散着头发。形容仪容不整。《水浒传》二二回："那张三又挑唆阎婆去厅上披头散发来告道：'宋江实是宋清隐藏在家，不令出官。'"《红楼梦》一〇五回："珍大爷蓉哥儿都叫什么王爷拿了去了，里头女主儿们都被什么府里衙役抢得披头散发揪在一处空房里。"梁实秋《雅舍小品·头发》:"据考古学家想像,周口店的北京人都是披头散发的,脑袋上像是顶着一个拖把。"孙犁《白洋淀纪事·懒马的故事》:"懒老婆每日里是披头散发,手脸不洗,头也不刮。"

【披星戴月】pī xīng dài yuè 指在夜间赶路或早出晚归。多形容辛苦劳碌。戴,也作"带"。唐·吕岩《七言》诗:"击剑夜深归甚处,披星带月折麒麟。"《喻世明言》卷一八:"人生最苦为行商,抛妻弃子离家乡;餐风宿水多劳役,披星戴月时奔忙。"叶文玲《银朵》二:"自个儿这么早起上路,银朵并不怯,她是惯了的。农家的地头活,有多少不是披星戴月做出来的呵!"

【被发左衽】pī fà zuǒ rèn 被:通"披"。衽:衣襟。头发不束,披散着;衣襟向左开。我国古代一些少数民族的装束。含落后、不开化意。《论语·宪问》:"微管仲,吾其被发左衽矣。"《旧唐书·高祖纪》:"今上天垂祐,时和岁阜,被发左衽,并为臣妾。"〔注意〕被,不读 bèi。

【被褐怀玉】pī hè huái yù 被:通"披"。褐:泛指粗布衣服。身穿粗布衣服,怀中却藏着美玉。比喻有才华而不显露于外。也比喻出身贫贱而有真才实学。《老子·七十章》:"知我者希,则我者贵,是以圣人被褐怀玉。"汉·曹操《求贤令》:"若必廉士而后可用,则齐桓其何以霸世!今天下得无有被褐怀玉而钓于渭滨者乎?……唯才是举,吾得而用之。"清·钱谦益《〈孙子长诗〉序》:"子长被褐怀玉,不自矜重。"〔注意〕被,不读 bèi。

【劈头盖脸】pī tóu gài liǎn 劈头:正对着头。盖脸:加在脸上。指冲着头和脸施加动作。多用以形容来势迅急凶猛。魏巍《东方》四部一一章:"霍然,一个炮弹落在近处,激起的水柱像瀑布一般劈头盖脸地下来,灌到人们的脖子里。"杨沫《青春之歌》二部一一章:"猛地,宋贵堂又从道静手中夺过自己的手杖,又劈头盖脸朝王老增打去。"

【皮肤之见】pí fū zhī jiàn 肤浅的见解。宋·阮逸《〈文中子〉序》:"或有执文昧理以模范论语为病,此皮肤之见,非心解也。"也作"皮相之见"。郭沫若《〈少年维特之烦恼〉序引》:"这种皮相之见,不识何以竟能深入人心而牢不可拔。"

【皮开肉绽】pí kāi ròu zhàn 绽:裂开。皮肉都裂开了。形容伤势严重。多指遭到毒打。《水浒传》三三回:"一连打了两料。打得宋江皮开肉绽,鲜血迸流。"《醒世恒言》卷二六:"裴五衙便教当直的把赵干拖翻,着实打了五十下皮鞭,打得皮开肉绽,鲜血迸流。"《二十年目睹之怪现状》九六回:"喝叫先把他每人先打五十大枚,锁起来;打得他两个皮开肉绽,锁了下去。"姚雪垠《李自成》二卷一五章:"行刑弟兄一腔仇恨,用力狠打。只打到几鞭子,已经打得宋文富皮开肉绽,鲜血染红皮鞭。"

【皮里春秋】pí lǐ chūn qiū 见"皮里阳秋"。

【皮里阳秋】pí lǐ yáng qiū 皮里:指内心。阳秋:即《春秋》,相传为孔子所编之鲁史。晋简文帝母名春,避其讳而改为"阳秋"。《春秋》对历史人物或事件隐含褒贬而不直言。后用"皮里阳秋"指心里有看法但不直说出来。《晋书·褚裒传》:"裒少有简贵之风……谯国桓彝见而目之曰:'季野有皮里阳秋。'言其外无臧否,而内有所褒贬也。"也作"皮里春秋"。《红楼梦》三八回:"眼前道路无经纬,皮里春秋空黑黄。"

【皮相之见】pí xiàng zhī jiàn 见"皮肤之见"。

【皮笑肉不笑】pí xiào ròu bù xiào 形容虚伪做作、表里不一的假笑。李劼人

《大波》一部八章："蒲伯英留神一看,连官员座中也有人在笑;是捂着嘴的微笑,是皮笑肉不笑的很勉强的笑。"周而复《上海的早晨》一部四九:"大太太板着面孔,不自然的敷衍她们;朱瑞芳虽然笑脸相迎,可是皮笑肉不笑。"

【蚍蜉撼树】pí fú hàn shù　蚍蜉:蚂蚁。撼:摇动。蚂蚁想撼动大树。比喻不自量力。唐·韩愈《调张籍》诗:"李杜文章在,光焰万丈长。不知群儿愚,那用故谤伤。蚍蜉撼大树,可笑不自量。"元·无名氏《射柳捶丸》一折:"某想房寇乃是蚍蜉撼大树,可笑不自量。"《花月痕》一回回目:"蚍蜉撼树学究高谈,花月留痕稗官献技。"

【疲于奔命】pí yú bēn mìng　命:命令。原指①奉命奔走而疲惫不堪。后泛指事务繁多,忙于奔走应付,弄得精疲力竭。《左传·成公七年》:"余必使尔罢于奔命以死。"罢:通"疲"。《后汉书·袁绍传》:"分为奇兵,乘虚迭出,……使敌疲于奔命,人不得安业。"《三国演义》一六回:"且彼或来借粮,或来借兵;公若应之,是疲于奔命,而又结怨于人;若其不允,是弃亲而启兵端也。"陈忠实《白鹿原》四章:"此值初夏,日头则冒出原顶,田野一片柔媚。骡马高扬着脖颈,吆犁人扶着犁把儿疲于奔命。"〔注意〕奔,不读bèn。

【琵琶别抱】pí pá bié bào　琵琶:一种乐器名。唐·白居易《琵琶行》:"千呼万唤始出来,犹抱琵琶半遮面。"后用"琵琶别抱"指妇女改嫁。清·欧阳兆熊《水窗春呓·挽妓长联》:"不图二三月欢聚,竟抛侬去! 问鱼尝渺,问雁书空,料不定,琵琶别抱。"清·纪昀《阅微草堂笔记·槐西杂志一》:"虽琵琶别抱,已负旧恩,然身去而心留,不犹愈于同床各梦哉。"

【匹夫有责】pí fū yǒu zé　匹夫:泛指平常百姓。清·顾炎武《日知录》:"保天下者,匹夫之贱,与有责焉耳矣。"后用"匹夫有责"指每个普通人都有责任。常与"天下兴亡"连用。章炳麟《革命之道德》:"匹夫有责之说,今人以为常谈,不悟其所重者,乃在保持道德,而非政治经济之云云。"杨沫《青春之歌》一部六章:"平日少讲话的林道静这时打断李芝庭的话,含着眼泪说:'我想,中国怎么也不会亡国的! 国家兴亡匹夫有责,我们能叫它亡吗? ……'"

【匹夫之勇】pí fū zhī yǒng　匹夫:普通人。指毫无智谋,单凭一己之力蛮干的勇气。《国语·越语上》:"吾不欲匹夫之勇也,欲其旅进旅退。"《史记·淮阴侯列传》:"项王暗噁叱咤,千人皆废,然不能任属贤将,此特匹夫之勇耳。"《三国演义》二九回:"郭嘉曾对曹操言主公不足惧也:轻而无备,性急少谋,乃匹夫之勇耳。"《东周列国志》一〇四回:"樊於期恃匹夫之勇,不顾成败,欲以君行侥幸之事。"

【匹马单枪】pí mǎ dān qiāng　见"单枪匹马"。

【否极泰来】pǐ jí tài lái　否、泰:《周易》六十四卦中的两个卦名。否为凶,泰为吉。《吴越春秋·勾践入臣外传》:"天道祐之,时过于期,否终则泰。"后用"否极泰来"指恶运到了尽头,好运就来了。《警世通言》卷一八:"自谓万无中式之理,谁知删公到不要整齐文字,以此竟占了个高魁。也是命里否极泰来,颠之倒之,自然凑巧。"《野叟曝言》一四一回:"臣于内阁,同诸臣夜祷于天,见帝星显而复起,黯而复朗,……卜易同人之五皆主否极泰来之象。"魏巍《地球的红飘带》四:"他相信一切对立物都要在一定条件下转化为自己的反面,否极泰来几乎是生活的定理。"〔注意〕否,不读fǒu。

【屁滚尿流】pì gǔn niào liú　形容人因极度惊恐或兴奋而撩乱不堪的狼狈样子。《水浒传》二六回:"那西门庆正和那婆娘在楼上取乐,听得武松叫一声,惊得屁滚尿流,一直奔出门,从王婆家走了。"《红楼梦》二回:"封肃喜的屁滚尿流,巴不得去奉承,便在女儿前一力撺掇成了,乘夜只用一乘小轿,便把娇杏送进去了。"鲁迅《三闲集·通信》:"别的革命文学家,因为我描写黑暗,便吓得屁滚尿流,以为没出路了,所以他们一定要讲最后的胜利,付多少钱终得多少利,像人寿保险公司一般。"夏衍《劳勃生路》:"内外工友齐声响应,厂内日本人吓得屁滚尿流。"

【偏听偏信】piān tīng piān xìn 《史记·鲁仲连邹阳列传》:"故偏听生奸,独任成乱。"汉·王符《潜夫论·明暗》:"君之所以明者,兼听也;其所以暗者,偏信也。"后用"偏听偏信"指只片面听信某一方面的意见。

【胼手胝足】pián shǒu zhī zú 胼、胝:手掌、脚掌上生的茧子。指手脚因长期磨擦而长出老茧。《庄子·让王》:"曾子居卫……手足胼胝。"后用"胼手胝足"形容长期辛苦劳作。宋·朱熹《九江彭蠡辨》:"凡禹之所为,过门不入,胼手胝足,而不以为病者,为欲大济天下昏垫之民,以衣且食而遂其生耶!"韬奋《萍踪忆语·从柏明汉到塞尔苏马》:"不但他自己要终身胼手胝足替地主做苦工,他的全家,上自老祖母,下至小子女,都同样地要替地主做苦工。"姚雪垠《李自成》二卷三二章:"臣多年躬耕田垅,胼手胝足,衣布衣,食粗食,清贫自守。"

【片甲不存】piàn jiǎ bù cún 见"片甲不留"。

【片甲不留】piàn jiǎ bù liú 甲:古代将士作战时所穿的铠甲,代指将士。一个战士也没有留下。形容全军覆灭。《说岳全传》二三回:"为兄的在此扎营,意欲等候番兵到来,杀他一个片甲不留。"姚雪垠《李自成》一卷三一章:"李哥,你把这一仗交给我吧。我一定把来的官兵杀得片甲不留!"也作"片甲不存"。《封神榜》六四

回:"今日末将不才,却有一条妙计,保管杀他个片甲不存,只用一阵奋勇,何愁不能杀退了东鲁的兵将!"

【片瓦不存】piàn wǎ bù cún 一块整瓦也没有了。形容房屋全部被毁坏。《宋史·钱若水传》:"况城邑焚毁,片瓦不存,所过山林,材木匮乏。"巴金《随想录》三八:"我的祖父不但消失得无踪无影,连他修建的公馆,他经常在那里'徘徊'的园林也片瓦不存。"也作"片瓦无存"。《明史·五行志一》:"贵州暴雪,形如土砖,民居片瓦无存者。"《野叟曝言》四六回:"素臣蹿上旗竿,四面一望,自后面大场直烧至天王殿,片瓦无存。"

【片瓦无存】piàn wǎ wú cún 见"片瓦不存"。

【片言只语】piàn yán zhī yǔ 见"片言只字"。

【片言只字】piàn yán zhī zì 指极少的几句话或几个字。晋·陆机《谢平原内史表》:"片言只字,不关其间,事踪笔迹,皆可推校。"巴金《光明集·一封信》:"我寄了那么多的画片和信函给你,总不曾接到你片言只字的回答。"也作"片言只语"。明·袁宗道《李卓吾》:"读君片言只语,辄精神百倍。"〔注意〕只,不读 zhǐ。

【飘飘欲仙】piāo piāo yù xiān 轻飘飘的,好像要超脱尘世而成仙。多形容诗文、书法风格飘逸或人精神爽快轻松。《花月痕》二回:"此诗飘飘欲仙,然抑郁之意,见于言表。才人不遇,千古如斯!"老舍《四世同堂》七七:"瑞丰扬着小干脸,走几步便伸开胳膊,使凉风吹吹他的夹肢窝,有点飘飘欲仙的样子。"

【贫病交攻】pín bìng jiāo gōng 见"贫病交迫"。

【贫病交加】pín bìng jiāo jiā 见"贫病交迫"。

【贫病交迫】pín bìng jiāo pò 交:一

齐,共同。迫:逼迫。贫穷和疾病一齐压在身上。宋·叶适《辞免提举凤翔府上清太平宫状》:"某颓龄暮景,贫病交迫,伏蒙至仁,曲加怜念,特畀祠官。"郭沫若《洪波曲》三章:"热诚爱国的文化人不仅被逼得贫病交迫,更甚而家破人亡,这到底是谁的罪呢?"也作"贫病交攻"。宋·陈亮《与王季海丞相书》:"入春以来,贫病交攻,更无一日好况。"《红楼梦》一回:"暮年之人,贫病交攻,竟渐渐的露出那下世的光景来。"也作"贫病交加"。巴金《随想录》二三:"祖国的确是母亲,但是过去这位老母亲贫病交加,朝不保夕,哪里管得了自己儿女的死活!"

【贫贱骄人】pín jiàn jiāo rén　《史记·魏世家》:"子击逢文侯之师田子方于朝歌,引车避,下谒。田子方不为礼。子击因问曰:'富贵者骄人乎? 且贫贱者骄人乎?'子方曰:'亦贫贱者骄人耳。夫诸侯而骄人则失其国,大夫而骄人则失其家。贫贱者,行不合,言不用,则去之楚越,若脱躧然,奈何其同之哉!'"后用"贫贱骄人"指蔑视权贵。《东周列国志》八五回:"自古以来,只有贫贱骄人,那有富贵骄人之理?"《聊斋志异·狂生》:"异史氏曰:'士君子奉法守礼,不敢劫人于市,南面者奈我何哉! ……噫嘻! 此所谓'贫贱骄人'者耶! ……'"

【贫嘴薄舌】pín zuǐ bó shé　见"贫嘴恶舌"。

【贫嘴恶舌】pín zuǐ è shé　指说话尖酸恶毒。《红楼梦》四五回:"若是生在贫寒小户人家,作个小子,还不知怎么下作贫嘴恶舌的呢。"老舍《骆驼祥子》一○:"从前,他以为大家是贫嘴恶舌,凭他们一天到晚胡说,就发不了财。"也作"贫嘴薄舌"。鲁迅《花边文学·奇怪》:"远处,或是将来的人,恐怕大抵要以为这是作者贫嘴薄舌,随意捏造,以挖苦他所不满的人们的罢。"也作"贫嘴贱舌"。《红楼梦》二五

回:"什么诙谐,不过是贫嘴贱舌讨人厌恶罢了。"

【贫嘴贱舌】pín zuǐ jiàn shé　见"贫嘴恶舌"。

【品头论足】pǐn tóu lùn zú　见"评头品足"。

【品学兼优】pǐn xué jiān yōu　人品和学业都十分优秀。冯玉祥《我的生活》一一章:"当王协统在位时,治军极为认真,任用多量品学兼优的人才。"

【牝鸡司晨】pìn jī sī chén　牝:雌性的。司:掌管。母鸡报晓。旧时比喻妇女掌权当政。含贬义。《尚书·牧誓》:"牝鸡之晨,惟家之索。"《旧唐书·长孙皇后传》:"太宗弥加礼待,常与论议及赏罚之事,对曰:'牝鸡司晨,惟家之索。妾以妇人,岂敢预闻政事。'"

【平白无故】píng bái wú gù　平白:凭空。指无缘无故。《封神榜》二一六回:"你还不,快些改过修仁政,竟还是,平白无故害生灵!"老舍《四世同堂》九一:"自从他当了里长,不知道挨了他们多少骂。那是贫困逼得他们平白无故的骂人。"叶文玲《插曲》:"荣誉不会平白无故降临人的头上,成功者的每步足迹,都深嵌着难以言喻的沉重和辛劳,陆昆当然也不例外。"

【平步青云】píng bù qīng yún　平:平地。步:迈步。青云:指高空。比喻一下子升到了很高的地位。宋·袁文《瓮牖闲评》卷三:"廉宣仲才高,幼年及第,宰相张邦昌纳为婿。当徽宗时,自谓平步青云。"梁实秋《雅舍小品·职业》:"有一回应邀参加一次宴会,举座几乎尽是权门显要,已经有'衣敝缊袍与衣狐貉者立'的感觉,万没想到其中有一位却是学优而仕平步青云的旧相识。"邓友梅《烟壶》一一:"从打庚子以后,徐焕章平步青云,成了肃王府的常客。"

【平淡无奇】 píng dàn wú qí 形容平平常常，没有什么特别的地方。清·百一居士《壶天录》卷下："既诊视，留一方而去，药极平淡无奇。"茅盾《蚀·幻灭》七："'希望'时时刺激它向前，但当'希望'转成了'事实'而且过去以后，也就觉得平淡无奇。"沈从文《边城》五："这两年来两个中秋节，恰好皆无月亮可看，凡在这边城地方，因看月而起整夜男女唱歌的故事，皆不能如期举行。故两个中秋留给翠翠的印象，极其平淡无奇。"

【平地风波】 píng dì fēng bō 平地：平坦的土地。比喻突然发生的纠纷或变故。唐·杜荀鹤《将过湖南经马当山庙因书三绝》诗之二："只怕马当山下水，不知平地有风波。"宋·苏辙《思归》诗："儿言世情恶，平地风波起。"《封神榜》三九回："忽然前日生异变，那晓得，平地风波大祸生。"

【平地青云】 píng dì qīng yún 平地：平坦的土地。青云：指高空。唐·曹邺《杏园宴呈同年》诗："一旦公道开，青云在平地。"后用"平地青云"比喻一下子升到了很高的地位。金·元好问《送端甫西行》诗："渭城朝雨三年别，平地青云万里程。"梁启超《论中国与欧洲国体异同》二："自唐以降，设科取士，平地青云，更无论矣。"

【平地一声雷】 píng dì yī shēng léi 比喻突然发生重大事情。五代·韦庄《喜迁莺》词："凤衔金榜出云来，平地一声雷。"清·李渔《奈何天·变形》："这桩喜事，若还是读书读出来，赴考赴出来的，就不奇了。妙在平地一声雷，方才诧异。"梁斌《红旗谱》一："平地一声雷，震动锁井镇一带四十八村；'狠心的恶霸冯兰池，他要砸掉古钟了！'"

【平分秋色】 píng fēn qiū sè 原指昼和夜平均分占秋天景色。宋·李朴《中秋》诗："平分秋色一轮满，长伴云衢千里明。"后比喻双方各得一半。老舍《四世同堂》五八："卖旧棉花的利钱，他和长顺三七分账；他七成，长顺三成。这不大公平，但是他以为长顺既是个孩子，当然不能和一个成人，况且是世袭基督徒，平分秋色。"也比喻两方平手，不分上下。

【平铺直叙】 píng pū zhí xù 铺：铺陈。叙：叙述。指说话或写文章不加修饰，没有波澜起伏，直截了当地把意思叙述出来。清·李渔《风筝误·糊鹞》："不像那诗书庸腐文章板，平铺直叙没波澜。"李劼人《大波》二部书后："铺叙也应该看情形而定，有时宜兔起鹘落，起迄屹然；有时也宜故用拙笔，平铺直叙。"

【平起平坐】 píng qǐ píng zuò 平等地起来或坐下。比喻双方处于同等的地位。《儒林外史》三回："你若同他拱手作揖，这就坏了学校规矩。"老舍《四世同堂》六四："她本是大赤包的'门徒'，现在她可是和大赤包能平起平坐了，所以感到自傲。"周立波《暴风骤雨》一部一五："他看到早先威势势的韩老六，现在他平起平坐了，觉得这也就够了。"

【平心而论】 píng xīn ér lùn 平心：心气平和，态度冷静。以冷静、客观的心态来考虑或评说。元·刘埙《隐居通议·文章六》："昨见浙东有唐诗选数十篇，率多平常，而佳者反弃去，殆不可晓。平心而论，则惟《天地长留集》所取为当。"《官场现形记》二八回："平心而论：我们军门倘若不把钱送给人用，那里能够叫你享用到十几年，如今才出你的手呢。"巴金《春》一八："平心而论，我们家里如果有一个真正明白事理的人，大嫂或者不会落得那样的结果。"周作人《雨天的书·读〈欲海回狂〉》："平心而论，周安士居士的这部书总可以算是戒淫书中之'白眉'，因为他能够说的彻底。"

【平心静气】 píng xīn jìng qì 心平气和，态度冷静。《红楼梦》七四回："太太别生气，若被众人觉察了，保不定老太太不知道！且平心静气，暗暗访察，才能得这个实在。"鲁迅《彷徨·幸福的家庭》："他想要定一定神，便又回转头来，闭了眼睛，息了杂念，平心静气的坐着。"姚雪垠《长夜》一九："二驾和营长虽然被这斯杀声所激动，但为要显示他们是老资格，表面上都装做平心静气的样子，好像他们的部下在刘胡庄周围的斯杀不过是一件无关紧要的小事罢了。"

【平易近人】píng yì jìn rén ❶指态度谦逊和蔼，使人容易亲近。夏衍《"四一二"之后的上海》："在这个时期，通过钱杏邨我认识了许多文艺界朋友。首先是蒋光慈，……当时他已经是一个著名的小说家，他平易近人，讲话随便。"巴金《随想录》二九："我呢，我认为他是个平易近人的好党员。"❷比喻文字浅显，通俗易懂。清·赵翼《瓯北诗话·陆放翁诗》四："此古体之工力，更深于近体也。或者以其平易近人，疑其少炼。"郭沫若《洪波曲》一二章："他的杂文则是对反人民者的投枪。对象不同，因而文体有别，小说平易近人，杂文则陵劲淬砺。"

【评头品足】píng tóu pǐn zú 品：品评。原指评论妇女的容貌体态。现泛指对人对事等多方议论、挑剔。《扫迷帚》一五回："轻薄少年，多于庙前庙后，评头品足。"莫应丰《黑洞》一〇回："看来新屋很快就要竣工，不是起屋的人也来看热闹，指指点点，评头品足。"也作"品头论足"。梁实秋《雅舍小品·结婚典礼》："客人对于新娘的种种行为，由品头论足以至大闹新房，其实在刑法上都可以构成诽谤、侮辱、伤害、侵入私宅和有伤风化等等罪名的，但是在隆重的结婚典礼里，这些丑态是属于'撑场面'一类，应该容许！"姚雪垠《李自成》三卷二章："赶他们不走，越发放肆，指着有的女兵品头论足，说下流话。"

【凭空捏造】píng kōng niē zào 指毫无根据地虚构。明·沈德符《万历野获编补遗·土官承袭》："近世作伪者多凭空捏造，苟得金钱，兵部武选司吏胥概为准行。"

【萍水相逢】píng shuǐ xiāng féng 萍：浮萍。随水漂泊的浮萍偶然聚集到一起。比喻素不相识的人偶然相遇。唐·王勃《秋日登洪府滕王阁饯别序》："关山难越，谁悲失路之人；萍水相逢，尽是他乡之客。"《初刻拍案惊奇》卷三四："非小尼之淫贱也，愿相公勿认做萍水相逢，须为我图个终身便好。"《二十年目睹之怪现状》二回："我初次单人匹马的出门，就遇到了这等事，以后见了萍水相逢的人，倒要留心呢。"杨沫《青春之歌》一部五章："我们虽然萍水相逢，可是我觉得你是个了不起的有意志的姑娘。"

【萍踪浪迹】píng zōng làng jì 萍：浮萍。像浮萍和水波的踪迹那样。比喻到处飘泊，行踪不定。《水浒传》六回："萍踪浪迹入东京，行尽山林数十程。"《二刻拍案惊奇》卷三："只有一件，你须不是这里人。今人赘我家，不知到底萍踪浪迹，归于何处。"《红楼梦》六六回："你乃是萍踪浪迹，倘然淹滞不归，岂不误了人家。须得留一定礼。"也作"浪迹萍踪"。明·吾邱瑞《运甓记·嗔鲊封还》："远途劳顿，浪迹萍踪，何年音信相闻。"《三侠五义》二〇回："他乃行义之人，浪迹萍踪，原无定向。"

【婆婆妈妈】pó pó mā mā ❶形容人言语啰嗦或办事琐碎、不爽快。《孽海花》二二回："你别这么婆婆妈妈的绕弯儿说话。这会儿只要你有法子，你要什么就什么！"老舍《四世同堂》一〇："你老这么婆婆妈妈的，大哥！这根本是冒险的事，没法子想得周到！"钱钟书《围城》二："方鸿渐为这事整天惶恐不安，向苏小姐谢了又谢，反给她说'婆婆妈妈'。"❷形容人心肠慈善或感情脆弱。《红楼梦》一一一回："宝兄弟，你忒婆婆妈妈的了。他病人不过是这么说，那里就到得这个田地了？"叶圣陶

《倪焕之》九："一套不要紧的话，一副婆婆妈妈的脸色，反而比我来得灵验，这是什么道理？"

【迫不得已】pò bù dé yǐ　为情势所迫，出于无奈，不得不如此。《汉书·王莽传上》："将为皇帝定立妃后，有司上名，公女为首，公深辞让，迫不得已，然后受诏。"巴金《春》二一："他比较觉慧稳重许多。他做一件事情除非是迫不得已，总要想前顾后地思索一番才肯动手。"柳青《创业史》一部二九章："他对郭振山毫无畏惧！迫不得已的时候，他准备着和他正面冲突。"

【迫不及待】pò bù jí dài　急迫得无法再等待。《孽海花》二七回："战局日危，迟留一日即多一日损失，中堂也迫不及待，已定明日请训后，即便启行。"艾芜《南行记·我们的友人》："当他讲着奇遇时，我们——尤其是我，总是迫不及待地爱插嘴。"杨沫《青春之歌》一部二四章："刚让客人坐下，她就迫不及待地问他：'没想到你来。……卢嘉川他真的——被捕了？现在，情况怎么样？'"

【迫在眉睫】pò zài méi jié　迫：近。眉睫：眉毛和睫毛，比喻眼前。比喻事情已临近眼前，非常紧迫。刘白羽《第二个太阳》一章："一场不可避免的大流血，大搏战，已经无可避免，迫在眉睫。"莫应丰《将军吟》三二章："他想了半天，觉得迫在眉睫的是要尽快在陈镜泉身边安一个钉子。"

【破釜沉舟】pò fǔ chén zhōu　釜：古代用来煮饭的大锅。《史记·项羽本纪》："项羽乃悉引兵渡河，皆沉船，破釜甑，烧庐舍，持三日粮，以示士卒必死，无一还心。"后用"破釜沉舟"形容不顾一切，下定决心一拼到底。明·史可法《请出师讨贼疏》："合方州之物力，破釜沉舟，尚恐无救于事。"茅盾《腐蚀·十一月十六日》："小昭，你干么老往歪路上想？未必就非破釜

沉舟不可，也还有个办法。"杨沫《青春之歌》二部一三章："她想了想，觉得现在只有破釜沉舟背水一战了。"

【破罐破摔】pò guàn pò shuāi　把已经破了的罐子再往破里摔。比喻犯了错误或遇到挫折以后自暴自弃。及容《饥饿荒原》一七："孟晓丽见哥哥摆出副破罐破摔的架势，又恼恨又心疼。"蒋子龙《阴错阳差》一一："她自己破罐破摔，怎么能要求别人也跟她一样。"

【破镜重圆】pò jìng chóng yuán　唐·孟棨《本事诗·情感》载：南朝陈将亡，陈太子舍人徐德言与妻乐昌公主知国破后不能相保，于是破一铜镜，各执半面，约于正月十五卖镜于市，以期再见。陈亡后，乐昌公主没入越公杨素家。德言至京，见有苍头高价卖半面镜，便拿出自己珍藏的半面合之，并题诗曰："镜与人俱去，镜归人不归。无复嫦娥影，空照明月辉。"乐昌公主得诗，涕泣不食。杨素知道后，即召德言，使其与妻团聚。后用"破镜重圆"比喻夫妻离散后重又团圆。宋·苏轼《蝶恋花·佳人》词："破镜重圆人在否？章台折尽青青柳。"《初刻拍案惊奇》卷二七："破镜重圆，离而复合，固是好事，这美中不足处：那王夫人虽是所遭不幸，却与人为妾，已失了身；又不曾查得奸人跟脚，报得冤仇。"张恨水《啼笑因缘》一六回："若是她真还有心在樊先生身上，我若把她二人弄得破镜重圆，她二人应当如何感激我哩。"

【破旧立新】pò jiù lì xīn　破除旧的，树立新的。

【破口大骂】pò kǒu dà mà　破口：口出恶语。形容用恶语大声怒骂。《三侠五义》九三回："沙龙破口大骂，所有一十家猎户是他一人承当。"欧阳山《三家巷》七○："何五爷好容易找到了这个挨骂骨朵，登时以雷霆万钧之势，破口大骂起来。"浩然《乐土》三二章："庄德义气急败坏地跺着脚，破口大骂，把手里的切菜刀像石头

子儿那样，朝飞翔的大黑狗砸过去。"

【破涕为笑】pò tì wéi xiào 破涕:止住流泪。停止哭泣，露出笑容。指转悲为喜。晋·刘琨《答卢谌书》:"时复相与举觞对膝，破涕为笑，排终身之积惨，求数刻之暂欢。"唐·李白《秋于敬亭送从侄耑游庐山序》:"吾és久矣，见尔慰心，申悲道旧，破涕为笑。"《儒林外史》一〇回:"适才会见令表叔，才知尊大人已谢宾客，使我不胜伤感。今幸见世兄如此英英玉立，可称嗣续有人，又要破涕为笑。"梁斌《红旗谱》一八:"涛他娘也破涕为笑说:'好没出息，怎么哭起来了?'"魏巍《地球的红飘带》四八:"小鬼像过年时得到花炮一般，立刻破涕为笑，连忙跑到十六个人的后屋去了。"〔注意〕为，不读 wèi。

【破天荒】pò tiān huāng 天荒:从未开垦过的土地。五代·王定保《唐摭言·海述解送》:"荆南解比号天荒。大中四年，刘蜕舍人以是府解及第。时崔魏公作镇，以破天荒钱七十万资蜕。"宋·孙光宪《北梦琐言》卷四:"唐荆州衣冠数泽，每岁解送举人，多不成名，号曰'天荒解'。刘蜕舍人以荆解及第，号为'破天荒'。"后用"破天荒"指发生了从未发生过的事。宋·楼钥《朱季公寄诗有怀真率之集次韵》:"诗境几成破天荒，徐为续貂未须忙。"《二十年目睹之怪现状》六四回:"这员子向来的总办都是道班，这一位是破天荒的。"茅盾《虹》七:"汹汹然的先生们到底不过是些借酒装脸的么魔！破天荒的事到底不是他们所敢！"张恨水《啼笑因缘续集》一回:"我今天在卧室里见你，那算是破天荒的行动呢！"

【破绽百出】pò zhàn bǎi chū 绽:开裂。衣服的破损开裂到处都是。宋·朱熹《朱子语类·自论为学工夫》:"且将圣人书来读，读来读去，一日复一日，觉得圣贤言语渐渐有味，却回头看释氏之说，渐渐破绽罅漏百出。"后用"破绽百出"比喻漏洞非常多。钱钟书《围城》八:"高松年的工夫还没到家，他的笑容和客气仿佛劣手仿造的古董，破绽百出，一望而知是假的。"

【破竹建瓴】pò zhú jiàn líng 破竹:势如破竹，比喻毫无阻碍。建瓴:把瓶中水从高处向下倾倒。比喻所向无敌，不可阻挡。清·魏源《圣武记》卷七:"一面乘间夺碉，一面各携两旬干粮，由昔岭中峰直抵噶尔厓，实有破竹建瓴之势。"

【魄散魂飞】pò sàn hún fēi 见"魂飞魄散"。

【剖腹藏珠】pōu fù cáng zhū 剖开肚皮藏起珍珠。《资治通鉴·唐太宗贞观元年》:"上谓侍臣曰:'吾闻西域贾胡得美珠，剖身以藏之，有诸?'侍臣曰:'有之。'上曰:'人皆知彼之爱珠而不爱其身也。'"后用"剖腹藏珠"比喻为物伤身、轻重倒置。《红楼梦》四五回:"跌了灯值钱呢，是跌了人值钱?⋯⋯就失了手也有限的，怎么忽然又变出这'剖腹藏珠'的脾气来！"

【剖肝沥胆】pōu gān lì dǎn 见"披肝沥胆"。

【哀多益寡】póu duō yì guǎ 哀:减少。益:增补。削减多余，用来增补不足。《周易·谦》:"君子以哀多益寡，称物平施。"《文子·上德》:"天之道，哀多益寡;地之道，损高益下。"《三国演义》一〇六回:"愿君侯哀多益寡，非礼勿履。"

【扑朔迷离】pū shuò mí lí 扑朔:乱动。迷离:眼睛半闭。《乐府诗集·木兰诗之一》:"雄兔脚扑朔，雌兔眼迷离。两兔傍地走，安能辨我是雄雌。"意为把兔子捏住耳朵提起来的时候，雄兔的脚乱踢，雌兔的眼睛半闭，可是它们在地上跑时就辨不出雌雄了。后用"扑朔迷离"形容事情错综复杂，不易看清真相。清·梁绍壬《两般秋雨盦随笔·无题诗》:"钩辀格磔浑难语，扑朔迷离两不真。"周而复《上海的早晨》

一部九："张学海听秦妈妈摆事实讲道理，像是把一团没头没尾的乱麻，暂时理出个头绪来，分析得头头是道，令人信服，使他的眼睛扑朔迷离的现象看得清清楚楚了。"

【铺天盖地】pū tiān gài dì　形容声势极大，到处都是。周而复《上海的早晨》三部三七："铺天盖地的狂飙掠过原野，发出不平的怒吼，吹得车间的玻璃窗发出哗啷哗啷的响声。"李佩甫《田园》八："一霎时烟柱消失了，西天像罩上了一块暗灰色的大幕，铺天盖地裹过来。"

【铺张浪费】pū zhāng làng fèi　指为讲排场而过多耗费财物或人力。毛泽东《在中国共产党第八届中央委员会第二次全体会议上的讲话》一："要勤俭建国，反对铺张浪费，提倡艰苦朴素、同甘共苦。"

【铺张扬厉】pū zhāng yáng lì　铺张：渲染、夸张。扬厉：宣扬。唐·韩愈《潮州刺史谢上表》："铺张对天之闳休，扬厉无前之伟迹。"后用"铺张扬厉"指张大其事，极力宣扬。宋·王明清《挥麈前录·自跋》："先人于是辑《国朝史述》焉，直欲追仿迁、固，铺张扬厉，为无穷之观。"《野叟曝言》八○回："正借这行礼结亲，铺张扬厉，卖个破绽与他。"鲁迅《〈伪自由书〉后记》："惟恐人间没有逆伦的故事，偏要用笔铺张扬厉起来，以耸动低级趣味读者的眼目。"也形容过分讲究排场。《二十年目睹之怪现状》七九回："这一回要拜阴寿，不免又去请伯明来主持一切。伯明便代他铺张扬厉起来，甚么白云观七天道士忏，寿圣庵七天和尚忏，家里头却铺设起寿堂来，一样的供如意，点寿烛。"

【璞玉浑金】pú yù hún jīn　见"浑金璞玉"。

【朴实无华】pǔ shí wú huá　质朴诚实而不浮华。欧阳山《三家巷》七四："这样说的时候，她的外表朴实无华，她的眼神诚实无欺，表示她不是随意应酬，而是真正的不信。"

【普天同庆】pǔ tiān tóng qìng　全天下的人共同庆祝。《世说新语·排调》："皇子诞育，普天同庆。"《封神榜》一二四回："普天同庆沾王化，四海的，五谷丰登享太平。"《孽海花》二回："斯时正是大清朝同治五年，大乱敉平，普天同庆，共道大清国万年有道之长。"梁实秋《雅舍小品·北平年景》："新年狂欢拖到十五。但是我记得有一年提前结束了几天，那便是'民国元年'，阴历正月十二日，在普天同庆声中，袁世凯嗾使北军第三镇曹锟驻禄米仓部队哗变掠劫平津商民两天。这开国后第一个惊人的年景使我到如今不能忘怀。"

Q

【七步成章】qī bù chéng zhāng 《世说新语•文学》:"文帝尝令东阿王七步中作诗,不成者行大法;应声便为诗曰:'煮豆持作羹,漉菽以为汁;萁在釜下燃,豆在釜中泣;本自同根生,相煎何太急!'帝深有惭色。"后用"七步成章"形容人文思敏捷。《三国演义》七九回:"又又曰:'七步成章,吾犹以为迟。能应声而作诗一首否?'"明•高明《琵琶记•杏园春宴》:"休道是七步成章。"

【七长八短】qī cháng bā duǎn 形容长短、高低不齐。《水浒传》六三回:"左有顾大嫂,右有孙二娘,引一千余军马,都是七长八短汉,四山五岳人。"《儒林外史》二回:"直到开馆那日,申祥甫同着众人领了学生来,七长八短几个孩子,拜见先生。"梁实秋《雅舍小品•信》:"早起最快意的一件事,莫过于在案上发现一大堆信——平、快、挂,七长八短的一大堆。"阿城《傻子》:"一个人骨架再好,衣裳七长八短,终是不顺眼。"也形容东拉西扯,说长道短。《歧路灯》五八回:"你这忘八蛋子,嘴里七长八短,好厌恶人。"《三侠五义》一二回:"倒是妇人留住,叫他坐下,便七长八短的说。"

【七颠八倒】qī diān bā dǎo 形容纷扰混乱。宋•朱熹《朱子语类•孟子一》:"只当商之季,七颠八倒,上下崩颓。"《水浒传》二四回:"如今不幸,他没了已得三年,家里的事都七颠八倒,也不敢在贾母处提

起。"也形容晕头转向,神魂颠倒。《二刻拍案惊奇》卷一四:"丁惜惜再四问问他:'你心上有何人,以致七颠八倒如此。'"钱钟书《围城》四:"这妞儿的本领真大,咱们俩都给她玩弄得七颠八倒。"

【七高八低】qī gāo bā dī 形容高低不平的样子。《西游记》三六回:"真个生得丑陋:七高八低孤拐脸,两只黄眼睛,一个磕额头。"鲁迅《南腔北调集•由中国女人的脚,推定中国人之非中庸,又由此推定孔夫子有胃病》:"胃里袋着沉重的面食,坐在车子里走着七高八低的道路,一颠一顿,一掀一坠,胃就被坠得大起来,消化力随之减少,时时作痛,每餐非吃'生姜'不可了。"

【七拉八扯】qī lā bā chě 形容说话东一句、西一句、杂乱而不着边际。《二十年目睹之怪现状》八二回:"我便和他七拉八扯地先谈起来,喜得他谈锋极好,和他谈谈,倒大可以解闷。"

【七零八落】qī líng bā luò ❶形容零散、凌乱的样子。《五灯会元•渤潭澄禅师法嗣•有文禅师》:"无味之谈,七零八落。"《东周列国志》三三回:"当下混战了一夜,四家人众,被宋兵杀得七零八落。"《说岳全传》五八回:"那三人在后追赶,反把那'金龙阵'冲得七零八落。"钱钟书《围城》六:"各大学的书籍七零八落,未必找得着那期杂志,不过里面有韩学愈的文章看来是无可疑的。"❷形容破败的样子。《二刻拍案惊奇》卷一八:"把一个好好的家事,弄得七零八落,田产多卖

尽。"❸形容稀少的样子。赵树理《地板》:"咱村二百多家人,死的死了,跑的跑了,七零八落丢下了三四十家。"

【七拼八凑】qī pīn bā còu 指把零碎的东西勉强凑合在一起。《二十年目睹之怪现状》一〇八回:"侣笙闹了个典尽卖绝,连他夫人的首饰都变了,连我历年积蓄的都借了去,我几件衣服也当了,七拼八凑,还欠着八千多银子。"老舍《四世同堂》三五:"七拼八凑,弄到了十块钱。谁去买呢? 当然是常二爷。"

【七窍生烟】qī qiào shēng yān 七窍:指双眼、两耳、两鼻孔和口。好像七窍都要冒出火来。形容极其焦急或愤怒。《说唐》三〇回:"邱瑞闻言,急得七窍生烟,一些主意全无。"梁实秋《雅舍小品·电话》:"可是如果你好梦正酣,突被电话惊醒,大有可能是对方拨错了号码,这时候你能不气得七窍生烟吗?"刘心武《栖凤楼》一六:"一早赶到韩艳菊他们单位的电视剧的制片主任,原以为签约不成问题,闻变,不消说气得七窍生烟。"

【七情六欲】qī qíng liù yù 七情:指喜、怒、哀、乐、爱、恶、欲七种情感。六欲:指生、死及眼、耳、鼻、口所产生的欲念。泛指人的各种情感和欲望。《封神榜》一三一回:"但凡得道的神仙他的那七情六欲俱都消灭,心如铁石,巍然不动。"蒋子龙《拜年》一:"他一进工厂的门,除去生产,别的全不认识,六亲不认,男女不分,老中青不辨,似乎连七情六欲也没有,老是板着一副冰冷的铁面孔。"

【七上八落】qī shàng bā luò 见"七上八下"。

【七上八下】qī shàng bā xià 宋·朱熹《朱子语类·朱子十八》:"圣贤真可到,言语不误人。今被引得七上八下,殊可笑。"意为无所适从。后形容心神不定。《红楼梦》九七回:"这紫鹃因王奶奶有些年纪,可以仗个胆儿,谁知竟是个没主意

的人,反倒把紫鹃弄得心里七上八下。"鲁迅《故事新编·采薇》四:"无奈这'归马于华山之阳',竟踏坏了他们的梦境,使两个人的心里,从此都有些七上八下起来。"也形容杂乱不齐或纷乱不堪。老舍《四世同堂》六一:"它的马路上的石子都七上八下的露着尖儿,一疙瘩一块儿的好像长了冻疮。"也作"七上八落"。《初刻拍案惊奇》卷一六:"灿若听了'紧急家信'四字,一个冲心,忽思量着梦中言语,却似十五个吊桶打水,七上八落。"《野叟曝言》八回:"累我一个人又要烧火又要炒菜。七上八落的,好不吃力。"

【七手八脚】qī shǒu bā jiǎo 形容很多人一起动手的样子。《封神榜》一〇五回:"登时之间预备妥,干柴捆了数担零,七手八脚往里运。"《红楼梦》六一回:"小丫头子们巴不得一声,七手八脚抢上去,一顿乱翻乱掷的。"赵树理《小二黑结婚》八:"小二黑挣扎了一会,无奈没有他们人多,终于被他们七手八脚打了一顿捆起来了。"也形容人多手杂,非常忙乱的样子。《官场现形记》一八回:"大众这一惊非同小可,一时七手八脚,异常忙乱:有些人取水泼救,有些人想拿竹杆子去挑。"阿城《孩子王》二:"我说:'一个一个来。'学生们就在黑板前,七手八脚划了一大片字。"

【七死八活】qī sǐ bā huó 形容痛苦不堪,半死不活的样子。元·王实甫《西厢记》三本二折:"你哄着谁哩,你把这个饿鬼弄得他七死八活,却要怎么?"《水浒传》九回:"若不得人情时,这一百棒打得七死八活。"

【七言八语】qī yán bā yǔ 你一句我一句。形容人多嘴杂。《三侠五义》七六回:"众贼见了,乱嚷道:'了不得,祭起飞刀来了。……'七言八语只顾乱嚷,谁肯上前。"姚雪垠《李自成》三卷一九章:"他们又说了一遍,同时别的亲将也七言八

语,劝他率军逃往陈州,不可耽误。"

【七折八扣】 qī zhé bā kòu 一再打折扣除。指用各种方法从总数中扣除或减少,使折扣很大。《三侠五义》九六回:"再加上这些店用房钱、草料麸子,七折八扣,除了两钱银子之外,倒该下了五六两的账。"《二十年目睹之怪现状》一〇八回:"这里的客店钱,就拿两块洋钱出来,由得他七折八扣的勉强用了。"

【七嘴八舌】 qī zuǐ bā shé 你一句我一句纷纷插言。形容人多语杂不停口。明·张凤翼《灌园记·淖齿被擒》:"将军虽不说,只怕军人们七嘴八舌要讲开去,怎生是好?"《官场现形记》一五回:"众人退下,七嘴八舌,议了半天,毕竟未曾说出一个人来。"鲁迅《伪自由书·从讽刺到幽默》:"最先是说他冷嘲,渐渐的又七嘴八舌的说他漫骂。"老舍《四世同堂》九六:"大家一窝蜂把方六围上,七嘴八舌地给他压惊。"也作"七嘴八张"。《东周列国志》三二回:"恰好巫刁二人兵转,众官员一拥而前,七嘴八张的,都问道:'世子何在?'"

【七嘴八张】 qī zuǐ bā zhāng 见"七嘴八舌"。

【妻离子散】 qī lí zǐ sàn 《孟子·梁惠王上》:"彼夺其民时,使不得耕耨以养其父母。父母冻饿,兄弟妻子离散。"后用"妻离子散"形容妻子儿女被迫四散分离。宋·辛弃疾《美芹十论·致勇》:"不幸而死,妻离子散,香火萧然,万事瓦解。"姚雪垠《李自成》二卷三六章:"确实在太平年头也常常有失业的,男不能耕,女不能织,稍遇灾荒便妻离子散,饿死道路。"魏巍《东方》二部一章:"在每一处火光里,将有多少户人家世世代代的劳动毁于一旦;将有多少人妻离子散,无家可归!"

【凄风苦雨】 qī fēng kǔ yǔ 凄:寒凉。苦:多,过度。《左传·昭公四年》:"春无凄风,秋无苦雨。"后用"凄风苦雨"形容恶劣的天气。宋·范成大《惜分飞》词:"重别西楼肠断否?多少凄风苦雨。休梦江南路,路长梦短无寻处。"杨沫《青春之歌》一部一一章:"夜里,凄风苦雨,我们睡在冰冷的地上,周围真像坟墓一样的静寂。"也比喻悲苦凄凉的境遇。《野叟曝言》一四六回:"若立志不嫁,岂免孤身一人独卧荒山,肤痒骨疼,无人摩抚,凄风苦雨,独自伤心之慨耶?"周立波《暴风骤雨》:"母子二人半饥半饱,在凄风苦雨里,流浪了好些年。"也作"凄风冷雨"。元·杨显之《潇湘雨》三折:"时遇秋天,怎当那凄风冷雨,过雁吟虫,眼前景物,无一件不是牵愁触闷的。"鲁迅《呐喊·端午节》:"待到凄风冷雨这一天,教员们因为向政府去索欠薪,在新华门前烂泥里被国军打得头破血出之后,倒居然也发了一点薪水。"

【凄风冷雨】 qī fēng lěng yǔ 见"凄风苦雨"。

【期期艾艾】 qī qī ài ài 期期:《史记·张丞相列传》:"帝欲废太子……而周昌廷争之强,上问其说,昌为人口吃,又盛怒,曰:'臣口不能言,然臣期期知其不可;陛下虽欲废太子,臣期期不奉诏。'"艾艾:《世说新语·言语》:"邓艾口吃,语称艾艾。"后用"期期艾艾"形容人口吃,说话不利索。《品花宝鉴》二回:"[孙嗣元]又犯了口吃的毛病,有时议论起来,期期艾艾,愈着急愈说不清楚。"丁玲《在黑暗中·梦珂》二:"表哥连耳根都红了,蹲在椅上的那只脚竟不会放下来,口中期期艾艾的不知在说什么。"杨沫《青春之歌》二部二三章:"半天,她只能期期艾艾地说:'郑君才? 祝贺你。你们怎么认识的呢?'"

【欺人太甚】 qī rén tài shèn 甚:过分。指太欺负人了。元·郑廷玉《楚昭公》四折:"主公着他做了盟府,又与他一口宝剑，筵前举鼎，欺人太甚。"梁斌《红旗谱》一三："朱老忠觉得这些人未免欺人太甚，一时气愤，心上急痒难耐，仇恨敲击着他的胸膛。"邓友梅《兰英》："背后放箭者又藏头露尾，叫她连辩理都找不到对手，岂不欺人太甚了?"

【欺人之谈】qī rén zhī tán　欺骗人的话。《官场现形记》二二回："你可晓得老爷是讲理学的人，凡事有则有，无则无，从不作欺人之谈的。"鲁迅《书信集·致姚克》："其实，在古书里找活字，是欺人之谈。"

【欺软怕硬】qī ruǎn pà yìng　欺侮软弱的，害怕强硬的。明·高明《琵琶记·义仓赈济》："点催首放富差贫，保解户欺软怕硬。"《红楼梦》七回："那焦大……因趁着酒兴，先骂大总管赖二，说他不公道，欺软怕硬。"老舍《四世同堂》七六："这种欺软怕硬，为虎作伥的作风，居然被无聊的人们称为'东洋派'，在汉奸中自成一家。"梁斌《红旗谱》二四："他们这'革命'呀，可不如这好汉子刚强，他们欺软怕硬。"

【欺世盗名】qī shì dào míng　欺：欺骗。盗：窃取。欺骗世人，窃取名誉。宋·陆九渊《续书何始于汉》："彼固出于识量之卑，闻见之陋……非固中怀谲诈，而昭然有欺世盗名之心而为之。"姚雪垠《李自成》三卷一二章："根据他同吉珪的看法，那'十八子主神器'的图谶大概是宋矮子弄的玄虚，替自成欺世盗名。"也作"盗名欺世"。陈忠实《白鹿原》三二章："不修身不正己而去正人正世者，无一不是盗名欺世；你把念过的书能用上十之一二，就是很了不得的人了。"

【漆黑一团】qī hēi yī tuán　形容一片黑暗，没有一点光明。瞿秋白《文艺杂著·猪八戒》："叫众生愈加的沉沦在苦海。不如反到漆黑一团，虽说不到真善美，也就看不见伪丑恶。"鲁迅《书信集·致李霁野》："教育界正如文学界，漆黑一团，无赖当路，但上海怕比平津更甚。"比喻对事情一无所知。毛泽东《改造我们的学习》三："在这种态度下，就是割裂历史，只懂得希腊，不懂得中国，对于中国昨天和前天的面目漆黑一团。"

【齐东野语】qí dōng yě yǔ　齐东：古齐国(今山东北部)东部。野语：乡下人的话。《孟子·万章上》："此非君子之言，齐东野人之语也。"后用"齐东野语"比喻道听途说而来的无稽之言。宋·方信孺《南海百咏·王登洲》："四溟初分有物尸，天开地辟共为期。齐东野语真堪笑，请诵昌黎十丈碑。"鲁迅《两地书》二六："听说明的方孝孺，就被永乐皇帝灭十族，其一是'师'，但也许是齐东野语，我没考查过这事的真伪。"

【齐头并进】qí tóu bìng jìn　指几方面同时前进。周恩来《在上海科学技术工作会议上的讲话》："实现科学技术现代化的主要要求是：实事求是，循序前进，齐头并进，迎头赶上。"

【齐心合力】qí xīn hé lì　见"齐心协力"。

【齐心协力】qí xīn xié lì　协：合。《三国志·魏书·臧洪传》："凡我同盟，齐心戮力，以致臣节，殒首丧元，必无二志。"后用"齐心协力"指思想一致，共同努力。《初刻拍案惊奇》卷二四："过不多时，众人齐心协力，山岭庙也自成了。"《二十年目睹之怪现状》二二回："只要上下齐心协力的认真办起事来，节省了那些不相干的虚糜，认真办起海防、边防来就是了。"柳青《创业史》一部二六章："希望大伙齐心协力，把生宝互助组弄好。"也作"齐心合力"。《野叟曝言》一一〇回："如今幸得文爷梦中指示，正该齐心合力，了他心事。"李国文《冬天里的春天》五章："回来吧！廖总，在王爷坟齐心合力，从头开始吧！把失去的一切，重新捡起来。”

【其乐无穷】 qí lè wú qióng　其中的乐趣没有穷尽。宋·邵雍《君子饮酒吟》：“家给人足，时和岁丰；筋骸康健，里闾闲从；君子饮酒，其乐无穷。”鲁迅《花边文学·安贫乐道法》：“说是大热天气，阔人还忙于应酬，汗流浃背，穷人却挟了一条破席，铺在路上，脱衣服，浴凉风，其乐无穷，这叫作‘席卷天下’。”

【其貌不扬】 qí mào bù yáng　扬：指长得漂亮。《左传·昭公二十八年》：“夫今子少不飏，子若无言，吾几失子矣。”晋·杜预注：“颜貌不扬显。”后用“其貌不扬”形容人相貌平常或丑陋。宋·孙光宪《北梦琐言》卷二：“榜末及第，礼部侍郎郑愚以其貌不扬，戏之曰：‘子之才学甚富，如一目何？’”沈从文《扇陀》：“火光照耀到这人的全身，有一种狗熊竖立时节的神气。一个生长城市读了几本书籍自以为善于‘幽默’的小子，就乘机取笑其貌不扬的商人。”汪曾祺《塞下人物记》：“此人可以说是其貌不扬。长脸，很长，鼻子下面的人中也特别的长。”

【其势汹汹】 qí shì xiōng xiōng　汹汹：声势盛大的样子。形容声势盛大，来势凶猛。张恨水《啼笑因缘》二一回：“家树正在疑惑，树丛子里已经跑出四个人，由土坡上向沟里一跳，赶驴子的驴夫，见他们其势汹汹，吆喝一声，便将驴子站住了。”

【其味无穷】 qí wèi wú qióng　指食物味美，让人回味。形容其中的含意深刻，令人回味不尽。《礼记·中庸》宋·朱熹集注：“放之则弥六合，卷之则退藏于密；其味无穷，皆实学也。”杨绛《记钱钟书与〈围城〉》二：“他手里没多少钱，只能买些便宜的熟食如酱猪舌之类下酒。哄钟书那是‘龙肝凤髓’，钟书觉得其味无穷。”

【奇耻大辱】 qí chǐ dà rǔ　奇：罕见的，少有的。形容极大的耻辱。巴金《秋》一

九：“他觉得好像有什么人在打他的嘴巴，又好像他站在镜子面前看见他自己的丑态，他的脸在阴暗中突然发红，而且发热，仿佛他自己受到了奇耻大辱。”杨沫《青春之歌》一部六章：“听说吉林已经被占领，咱们这边秦皇岛也完了。……可是国民政府解决这奇耻大辱的办法只是给驻在日内瓦的施肇基打了个电报，要求‘国联’替中国主持公道。”

【奇光异彩】 qí guāng yì cǎi　奇：奇妙。奇特美妙的光亮和色彩。《孽海花》一一回：“向里一望，只见是个窈窕洞房，满室奇光异彩，也不辨是金是玉、是花是绣，但觉眼光缭乱而已。”王安忆《香港的情和爱》六：“她好像是被罩在了水晶玻璃里面，一切看出去都是奇光异彩，天不是原来的天，海不是原来的海，人也不是原来的人。”

【奇花异草】 qí huā yì cǎo　珍奇的少见的花草。北魏·杨衒之《洛阳伽蓝记·白马寺》：“庭列修竹，檐拂高松，奇花异草，骈阗堦砌。”《水浒传》四二回：“岸上栽种奇花异草，苍松茂竹，翠柳夭桃；桥下翻银滚雪般的水，流从石洞里去。”《初刻拍案惊奇》卷三一：“一路奇花异草，修竹乔松；又有碧槛朱门，重楼复榭。”《三侠五义》一一回：“他说，里面阆苑琼楼，奇花异草，奥妙非常。”老舍《四世同堂》二八：“这所房与其说是宅院，还不如说是别墅或花园——虽然里面并没有精心培养着的奇花异草。”

【奇货可居】 qí huò kě jū　奇货：稀少的货物。居：储存。指把稀有的货物储存起来，等待高价卖出去。常比喻凭借某种独特的技能或事物谋利。《史记·吕不韦列传》：“子楚，秦诸庶孽孙，质于诸侯，车乘进用不饶，居处困，不得意。吕不韦贾邯郸，见而怜之，曰：‘此奇货可居。’”《老残游记》一四回：“此种人不宜过于爽快，你过爽快，他就觉得奇货可居

了。"茅盾《蚀·追求》二:"宁可官样文章罢。投稿而加上特约两个字,那些投稿家又要奇货可居了。究竟也不过是平平常常的东西。"

【奇技淫巧】qí jì yín qiǎo　淫:过度、过分。指过于奇巧的技艺或器物。《尚书·泰誓下》:"郊社不修,宗庙不享,作奇技淫巧,以悦妇人。"清·黄宗羲《明夷待访录·财计三》:"今夫通都之市肆,十室而九,有为佛而货者……有为奇技淫巧而货者,皆不切于民用。"李劼人《死水微澜》五部一一:"辞气之间,只管不满意这些奇技淫巧,以为非大道所关,徒以使人心习于小巧,安于怠惰,却又觉得洋人到底也有令人佩服之处。"

【奇谈怪论】qí tán guài lùn　指离奇荒诞的言论。清·钱泳《履园丛话·仲子教授》:"乾隆戊申岁,余往汴梁,遇〔凌仲子〕于毕秋帆中丞幕中,两眼若漆,奇谈怪论,咸视为异物,无一人与言者。"巴金《随想录》五七:"但是他们散布的极左思潮和奇谈怪论是不会在特别法庭受到批判的。"欧阳山《三家巷》一三七:"对于陈文雄这样一种不可思议的奇谈怪论,不单是周泉觉着听不下去,就是他妹妹陈文婕跟他妹夫李民天也觉得没有法子理解。"

【奇文共赏】qí wén gòng shǎng　奇妙的文章大家一起欣赏。晋·陶潜《移居》诗:"奇文共欣赏,疑义相与析。"

【奇形怪状】qí xíng guài zhuàng　奇怪的不同寻常的形状。唐·吴融《太湖石歌》:"铁索千寻取得来,奇形怪状谁能识?"《镜花缘》三八回:"只见主位坐著轩辕国王:头戴金冠,身穿黄袍,后面一条蛇尾,高高盘在金冠上。殿上许多国王,都是奇形怪状。"鲁迅《南腔北调集·捣鬼心传》:"中国人又很有些喜欢奇形怪状、鬼鬼祟祟的脾气,爱看古树发光比大麦开花的多,其实大麦开花他向来也没有

看见过。"周克芹《果园的主人》:"良玉正在相隔两棵树的地方,端详着一顶奇怪状的树冠,盘算着该怎样动手修剪。"也作"奇形异状"。《初刻拍案惊奇》卷三七:"牛头又领了好些奇形异状的鬼赶来,口里嚷道:'不要放走了他!'"老舍《四世同堂》七六:"四壁上挂着日本的彩印版画,桌上摆着日本人所喜爱的奇形异状的盆景。"

【奇形异状】qí xíng yì zhuàng　见"奇形怪状"。

【奇珍异宝】qí zhēn yì bǎo　指奇异罕见的宝物。宋·胡仔《苕溪渔隐丛话后集·东坡四》:"嗟呼,世不乏奇珍异宝,乏识者耳。"《西游记》九八回:"二尊者即奉佛旨,将他四众,领至楼下。看不尽那奇珍异宝,摆列无穷。"《镜花缘》一回:"各人都捧奇珍异宝,也向昆仑进发。"韬奋《萍踪忆语·公敌第一号》:"巍峨的房屋有十几座,尤其是这位'大王'的'正宫',里面有由六大洲弄到的奇珍异宝,古玩图画。"

【奇装异服】qí zhuāng yì fú　指式样奇特、与众不同的服饰。现多含贬义。郭沫若《屈原》二幕:"南后与屈原对话中,子兰引舞者十人由右翼侧道登场。舞者均奇装异服,头戴面具,与青海人跳神情景相仿佛。"李英儒《野火春风斗古城》八章:"商场里灯红酒绿,光怪陆离,男女摩肩擦背,奇装异服,到处泛滥着一种淫声妖气。"

【歧路亡羊】qí lù wáng yáng　《列子·说符》载:杨子的邻人丢了羊,带领很多人去找也没有找到。杨子问他,为什么没找到。邻人说,岔路很多,岔路中又有岔路,不知道羊往哪儿去了。后用"歧路亡羊"比喻情况复杂多变,易迷失方向而误入歧途。清·王夫之《读四书大全说》卷三:"而诸儒之言,故为纷纠,徒俾歧路亡羊。总以此等区处,一字不审,则入迷

津。"清·魏源《客怀八首柬龚定庵舍人》诗之四:"束发慕仙真,倒景凌扶桑,幸遇广成子,牖我先天方。中道牵小术,歧路多亡羊。"

【骑虎难下】 qí hǔ nán xià　骑在虎背上难以下来。《太平御览》卷四六二引南朝宋·何法盛《晋中兴书》:"今之事势,义无旋踵,骑虎之势,可得下乎!"后用"骑虎难下"比喻事情遇到困难,迫于形势不能中止,陷入进退两难的境地。《野叟曝言》一〇〇回:"韦杰非敢作乱,实因一时愤激,骑虎难下,日望招安。"姚雪垠《李自成》二卷三八章:"目前由于李侔和红娘子一起破城劫狱,已经使他处于骑虎难下的局面,非反不可。"

【骑马找马】 qí mǎ zhǎo mǎ　《景德传灯录·志公和尚大乘赞》:"不解即心即佛,真似骑驴觅驴。"后多用"骑马找马"比喻东西就在身边,还到处去找。也比喻一面占据着已有的,一面还去寻找更称心的。老舍《骆驼祥子》一:"他得一边儿找事,还得一边儿拉散座,骑马找马,他不能闲起来。"

【棋逢敌手】 qí féng dí shǒu　逢:遇到。比喻对立双方本领相当,不相上下。唐·释尚颜《怀陆龟蒙处士》诗:"事厄伤心否,棋逢敌手无?"《水浒传》三四回:"两个就清风山下厮杀,真乃是棋逢敌手难藏幸,将遇良才好用功。"《说岳全传》二七回:"枪来斧挡,斧去枪迎,真个是:棋逢敌手,各逞英雄。"也作"棋逢对手"。元·无名氏《百花亭》二折:"高君也,咱两个棋逢对手。"《西游记》三四回:"他两个在半空中,这场好杀:棋逢对手,将遇良才。"姚雪垠《李自成》一卷九章:"有时我逼你后退一步,有时你逼我后退几步。两方面真是棋逢对手,都不能马上取胜。"

【棋逢对手】 qí féng duì shǒu　见"棋逢敌手"。

【旗鼓相当】 qí gǔ xiāng dāng　指两军对敌。古代军队交战时用军旗、战鼓进行指挥。后用来比喻对立双方势均力敌,不相上下。《三国志·魏书·管辂传》南朝宋·裴松之注引《辂别传》:"[辂]问子春曰:'今欲与辂为对者,若府君四坐之士邪?'子春曰:'吾欲自与卿旗鼓相当。'"《花月痕》九回:"又是一枝好手笔,足与韩荷生旗鼓相当。只是这人福泽不及荷生哩。"梁实秋《雅舍小品·运动》:"看两个人打球,是很有趣味的,如果旗鼓相当,砰一声打过来,砰一声打过去,那趣味是不下于看斗鸡、斗鹌鹑、斗蟋蟀。"

【旗开得胜】 qí kāi dé shèng　军旗一展开,战斗就取得了胜利。比喻事情刚开始做就取得成功。常和"马到成功"连用。元·关汉卿《五侯宴》楔子:"俺父亲手下兵多将广,有五百义儿家将,人人奋勇,个个英雄,端的是旗开得胜,马到成功。"《封神榜》五七回:"全仗着先生调用众将,方能到处旗开得胜,大报冤仇。"《说岳全传》七五回:"我想你父亲当日出征,阵阵当先,真个是旗开得胜,马到成功,从不曾打过一阵败仗。"老舍《四世同堂》六九:"她特别盼望招弟能来。招弟漂亮,有人缘儿,到处一奔走,必能旗开得胜。"

【旗帜鲜明】 qí zhì xiān míng　旗子色彩明亮醒目。《初刻拍案惊奇》卷三一:"傅总兵同杨巡抚领一班将官到阵前来,扒上云梯,看赛儿营里布置整齐,兵将猛勇,旗帜鲜明,戈戟光耀。"后比喻人态度明确,立场坚定。蒋子龙《拜年》一:"他心里虽说不痛快,可自己也分了一份,并且也没有旗帜鲜明地把自己那一份退回去,真是打断了胳膊往袄袖里藏!"

【乞哀告怜】 qǐ āi gào lián　乞:乞讨。告:请求。乞求别人的怜悯。毛泽东《中国社会各阶级的分析》:"荒年暴月,向亲友乞哀告怜，借得几斗几升，敷衍三日五日，债务丛集，如牛负重。"

【乞浆得酒】 qǐ jiāng dé jiǔ　浆：米汤。想讨一点米汤喝，却得到了酒。比喻所得超过所求。晋·袁准《正书》："太岁在酉，乞浆得酒；太岁在巳，贩妻鬻子。则知灾祥有自然之理。"金·元好问《戏题新居二十韵》诗："乞浆得酒过初望，曲突徙薪忘后虑。"

【岂有此理】 qǐ yǒu cǐ lǐ　哪有这样的道理。多用于对自认为荒谬、不合理的事情表示气愤。《南齐书·虞悰传》："郁林废，悰窃叹曰：'王、徐遂缚袴废天子，天下岂有此理邪?'"《初刻拍案惊奇》卷二三："你可走到崔家郎船上去看看，与同来的是什么人，却认做我家庆娘子。岂有此理!"《二十年目睹之怪现状》二一回："古语还有一句说得岂有此理的，说甚么'女子无才便是德'，这句话，我最不佩服。"巴金《家》一六："人家好心问你，你倒说这种话! 真正岂有此理!"杨沫《青春之歌》二部三七章："我用尽所有心血来帮助你，爱护你，你反而怀疑我——这真是岂有此理!"

【企踵可待】 qǐ zhǒng kě dài　企踵：踮着脚后跟。形容很快就可以等到。《后汉书·王符传》："则萧、曹、周、韩之伦，何足不致，吴、邓、梁、窦之属，企踵可待。"宋·司马光《上皇帝疏》："治平之期，企踵可待。"

【企足矫首】 qǐ zú jiǎo shǒu　企：抬着。矫：举起。踮起脚，抬着头。形容殷切地盼望、等待。宋·吕祖谦《东莱博议》四："巍然被衮，号称天子，顾乃企足矫首待晋之予夺以为轻重，何其衰也。"

【杞人忧天】 qǐ rén yōu tiān　杞：周朝国名，在今河南杞县。《列子·天瑞》："杞国有人忧天地崩坠，身亡所寄，废寝食者。"后用"杞人忧天"比喻不必要的或荒谬的忧虑。唐·储光羲《奉别长史庾公太

守徐公应召》诗："烈风起江汉，白浪忽如山。方伯骤勤王，杞人亦忧天。"《孽海花》六回："在雯青却一面庆幸着同学少年，各膺重寄，正盼他们互建奇勋，为书生吐气；一面又免不了杞人忧天，代为着急，只怕他们纸上谈兵，终无实际，使国家吃亏。"姚雪垠《李自成》二卷三八章："我猜不出，也不想操这号闲心。反正与我无干，用不着我杞人忧天。"也作"杞人之忧"。《野叟曝言》四一回："原来东宫幼年，如此仁明。国本既定，杞人之忧可免矣。"也作"杞天之虑"。鲁迅《华盖集·这回是"多数"的把戏》："但幸而连陈源教授所据为典要的《女大学生二次宣言》也还说有二十人，所以我也正不必有什么'杞天之虑'。"

【杞人之忧】 qǐ rén zhī yōu　见"杞人忧天"。

【杞天之虑】 qǐ tiān zhī lǜ　见"杞人忧天"。

【起承转合】 qǐ chéng zhuǎn hé　旧时诗文写作结构章法方面常用的格式。起：指开端。承：指承接上文加以申诉。转：指转折。合：指结束全文。泛指文章的作法。元·杨载《诗法家数·律诗要法》："七言律有起承转合。"《红楼梦》四八回："黛玉道：'什么难事，也值得去学? 不过是起、承、转、合。'"也比喻一定的程式。鲁迅《而已集·通信》："命题作文，我最不擅长，否则，我在清朝不早进了秀才了么? 然而不得已，也只好起承转合，上台去说几句。"也比喻说话、作文时的过渡。老舍《骆驼祥子》七："高妈的话很像留声机片，是转着圆圈说的，把大家所说在里面，而没有起承转合的痕迹。"

【起死回生】 qǐ sǐ huí shēng　把已死或快死的人救活。形容医术高明。《太平广记·太玄女》引《女仙传》："行三十六术甚效，起死回生，救人无数。"《初刻拍案惊奇》卷一六："尊闻既已夭逝，料无起

死回生之理,兄枉自灰其志,竟亦何益?”《说岳全传》五二回:“这颗仙丹,果然有起死回生之妙,顷刻之间,岳元帅一翻身坐起。”鲁迅《集外集拾遗补编·拳术与拳匪》:“技击术的‘起死回生’和‘至尊无上’,我也不能相信。”也形容手段高明,挽救了已陷入绝境的事物。老舍《四世同堂》九七:“胜利是战争的结束,然而却无法起死回生。”周克芹《果园的主人》:“而他心里非常清楚,这片濒临衰亡的果园,到了他的手上,肯定会起死回生,发达兴旺起来。”

【起早摸黑】qǐ zǎo mō hēi　见“起早贪黑”。

【起早贪黑】qǐ zǎo tān hēi　起得早,睡得晚。形容辛苦劳碌。欧阳山《三家巷》一七七:“张纪文自从上任以后,就起早贪黑,把全副精力放在工作上,拼命地干。”魏巍《东方》一部二章:“虽然一年起早贪黑,辛劳到头,粮食落不下多少,可是要失去这几亩租地,就更没有一点活路。”也作“起早摸黑”。浩然《乐土》二章:“庄稼人起早摸黑地忙着磨镰刀,做场院,修碌碡,盖仓房,兴高采烈地等着收获。”

【气冲斗牛】qì chōng dǒu niú　见“气冲牛斗”。

【气冲牛斗】qì chōng niú dǒu　牛、斗:二十八宿中的牛宿和斗宿。泛指天空。原指宝剑的剑气直冲星际。唐·杨炯《杜袁州墓志铭》:“宝剑之沉,夜气冲于牛斗。”后用“气冲牛斗”形容豪气或怒气极盛。《警世通言》卷一八:“论他的志气,便像冯京商辂连中三元,也只算他便袋里东西,真个是足蹑风云,气冲牛斗。”《三侠五义》四四回:“这严奇一听,便气冲牛斗。以为今日若不显显本领,以后别人怎肯甘心佩服呢!”鲁迅《两地书》五一:“从前是气冲牛斗的害马,现在变成童养媳一般。”也作“气冲斗牛”。宋·陆游《客谈荆渚武昌,慨然有作》诗:“岂知一官自桎梏,簿书期会无时休;丰城宝剑已化久,我自吐气冲斗牛。”《三侠五义》二〇回:“南侠闻听,气冲斗牛。赶出篱门,一伸手把那人揪住。”

【气冲霄汉】qì chōng xiāo hàn　霄汉:云霄和天河,指天空极高处。形容气势极盛,直冲天际。元·陈以仁《存孝打虎》二折:“便有那吐虹霓志气冲霄汉,命不济枉长叹。”也形容怒气极盛。《三侠五义》六九回:“仔细一看,却是安人之物,不由的气冲霄汉,直奔卧室去了。”

【气喘吁吁】qì chuǎn xū xū　吁吁:象声词,出气的声音。形容呼吸急促的样子。《封神榜》三四回:“来至驾前齐跪倒,但见他等,面目更色白又青,张口舌齐忙乱,气喘吁吁面似金。”《野叟曝言》一八回:“众人正在哄哄,只见一个人气喘吁吁的赶进店来。”鲁迅《故事新编·采薇》一:“‘大哥,时局好像不大好!’叔齐一面并排坐下去,一面气喘吁吁的说,声音有些发抖。”

【气贯长虹】qì guàn cháng hóng　豪气直冲天际,贯穿长虹。形容气势极盛。路遥《平凡的世界》(下)一章:“正因为这里有煤,气贯长虹的大动脉陇海铁路才不得不岔出一支脉拐过本省的中部平原。”

【气急败坏】qì jí bài huài　上气不接下气,狼狈不堪的样子。形容十分慌张、焦躁或是极为愤怒。《水浒传》五回:“只见数个小喽啰,气急败坏,走到山寨里叫道:‘苦也,苦也!’”《说岳全传》七一回:“正在盼望,忽见那些逃回军士,气急败坏,跑回营来报道:‘不好了! 四公子被一个苗王生擒去了。’”沈从文《湘行散记·辰河小船上的水手》:“看到他们那么气急败坏大声吵骂无个了结,我就不再走过去了。”路遥《平凡的世界》(中)二章:“气急败坏的交通局长只好跑到车后记牌号去了。"

【气势磅礴】qì shì páng bó 磅礴：盛大。形容气势雄伟盛大的样子。清·归庄《自订时文序》：" 《破浪》者，戊寅以后，一变其格，大抵议论激昂，气势磅礴，纵横驰骤，不拘绳墨之作也。"周而复《上海的早晨》三部一〇："模仿一个大画家的长江万里图制作的，气势磅礴，风景壮丽，是水石盆景中的精品。"路遥《平凡的世界》(下)三章："从低矮的砖墙上平视出去，东边是气势磅礴的矿区，西边就是干部家属楼。"

【气势汹汹】qì shì xiōng xiōng 汹汹：声势盛大的样子。形容声势凶猛、嚣张。含贬义。沙汀《三斗小麦》："所以虽然很想心平气和，她也终于气势汹汹的盯向她的弟弟。"孙犁《白洋淀纪事·杀楼》一："鬼子獭尾巴上来，气势汹汹地把两个浑身上下搜了一遍。"

【气吞山河】qì tūn shān hé 气势可以吞没高山大河。形容气势极其雄伟豪迈。元·金仁杰《追韩信》二折："背楚投汉，气吞山河，知音未遇，弹琴空歌。"姚雪垠《李自成》二卷二八章："真正英雄，越在困难中越显出是真金炼就的好汉。这号人，在困难中不是低头叹气，而是奋发图强，壮志凌云，气吞山河。"

【气味相投】qì wèi xiāng tóu 气味：指脾气、志趣等。投：合。双方的性格、意趣等合得来。宋·葛长庚《水调歌头》词："天下云游客，气味偶相投。暂时聚，忽然云散水空流。"《孽海花》三〇回："雯青是翰院名流，向来瞧不起官庆的，只是彩云和五妞儿气味相投，往来很密，这日官家如此热闹的场面，不用说老早的鱼轩莅止了。"李国文《冬天里的春天》二章："既然是于而龙张嘴去求的人家，大概也是些气味相投，可以直言无讳的同志或是战友。"

【气息奄奄】qì xī yǎn yǎn 奄奄：气息

微弱的样子。形容呼吸微弱，快要断气的样子。也比喻临近没落或灭亡。晋·李密《陈情表》："但以刘氏日薄西山，气息奄奄，人命危浅，朝不虑夕。"《二刻拍案惊奇》卷一二："严蕊吃了无限的磨折，放得出来，气息奄奄，几番欲死。"刘绍棠《村妇》卷一："却见蒲团儿已被紧闭二目，身子僵直，一拳下去就得断了命。"

【气象万千】qì xiàng wàn qiān 形容景象、事物等丰富多彩、千变万化，非常壮观。宋·范仲淹《岳阳楼记》："衔远山，吞长江，浩浩汤汤，横无际涯，朝晖夕阳，气象万千，此则岳阳楼之大观也。"《孽海花》三五回："其余便是王子度的《人境庐》，纵然气象万千，然辞语太没范围，不免鱼龙曼衍。"

【气宇轩昂】qì yǔ xuān áng 气宇：气度，气概。轩昂：气度不凡的样子。形容精神饱满昂扬，气度不凡。宋·蔡絛《铁围山丛谈》卷三："林中书彦振摅气宇轩昂，有王陵之少戆。"《初刻拍案惊奇》卷一〇："花烛之后，朝霞见韩生气宇轩昂，丰神俊朗，才貌甚是相当。"《二十年目睹之怪现状》一回："正走到瓮城时，忽见一个汉子，衣衫褴褛，气宇轩昂，站在那里。"丁玲《太阳照在桑乾河上》一一："那个最惹人注意的，生得身材适度，气宇轩昂的一个，做出一副很爽适的态度和他旁边的一个小孩开着玩笑。"

【气壮山河】qì zhuàng shān hé 形容气概如同高山大河般雄伟豪迈。明·王世贞《鸣凤记·易生避难》："生离死别何足虑，但愿得早旋旌旆，气壮山河金戈落晖。"古华《话说《芙蓉镇》》："这些形象大都是从战争年代的叱咤风云的指挥员们身上脱颖出来的，具有气壮山河的英雄气概和高屋建瓴的雄才大略。"

【弃暗投明】qì àn tóu míng 离开黑暗，投奔光明。比喻脱离非正义的、黑暗的势力,选择光明正确的道路。《封神榜》一五七回:"你若是,知我的厉害快投顺,弃暗投明秉赤胆。"《说岳全传》二九回:"你何不弃暗投明,归降宋朝?"李劼人《大波》二部七章:"你能弃暗投明,加入我们同志军打赵尔丰,当然欢迎。"

【弃甲曳兵】 qì jiǎ yè bīng 甲:铠甲。曳:拖。兵:兵器。丢掉铠甲,拖着兵器。形容战败逃跑的狼狈相。《孟子·梁惠王上》:"兵刃既接,弃甲曳兵而走。"《东周列国志》六回:"只一阵,杀得宋兵弃甲曳兵,逃命不迭,被俘者二百五十余人。"《孽海花》三二回:"等到依唐阿一逃、营口一失,想不到纶巾羽扇的风流,脱不了弃甲曳兵的故事,狂奔了一夜,败退石家站。"

【弃旧图新】 qì jiù tú xīn 图:图谋。唐·韩愈《上宰相书》:"忽将弃其旧而新是图,求老农老圃而为师。"后用"弃旧图新"指抛弃旧的(多指腐朽的、错误的)事物,谋求新的、正确的道路。宋·陆九渊《与邓文范书》之一:"昨晚得仓台书,谓别后稍弃旧而图新,了然未有所得。"毛泽东《中国共产党在民族战争中的地位》:"共产党员对于在工作中犯过错误的人们,除了不可救药者外,不是采取排斥态度,而是采取规劝态度,使之翻然改进,弃旧图新。"

【弃如敝屣】 qì rú bì xǐ 敝:破旧。屣:鞋子。像扔掉破鞋子一样。《孟子·尽心上》:"舜视弃天下犹弃敝蹝也。"蹝:同"屣"。后用"弃如敝屣"比喻毫不可惜地抛弃掉。明·宋之瑜《批〈资治通鉴〉三十六条》:"德宗弃宣公如敝屣,其用心可知矣。"韦君宜《当代人的悲剧》:"到了十年'文化大革命',索性一概打倒,随便歪着嘴、批一句话,就把这些人弃之如敝屣,不以为意。"

【泣不成声】 qì bù chéng shēng 泣:哭泣。哭得发不出声音来。形容非常悲

伤或激动。清·黄钧宰《金壶七墨·鸳鸯印传奇始末》:"弥留之际,日饮白汤升许,欲以洗涤肺腑,及食不下咽,泣不成声。"刘白羽《第二个太阳》七章:"梁天柱一头栽在梁珊光怀里,两人就在台上紧紧抱在一起,泪流满面,泣不成声。"

【泣血捶膺】 qì xuè chuí yīng 泣血:哭得泪尽继之以血。膺:胸。形容极为悲痛。《官场现形记》一一回:"索性躺在楼板上,泣血捶膺的,一直哭到半夜。"

【契若金兰】 qì ruò jīn lán 契:合,投合。金:金属。兰:兰草,一种香草。《周易·系辞上》:"二人同心,其利断金;同心之言,其臭如兰。"后用"契若金兰"指朋友间意气相投,感情深厚。《世说新语·贤媛》:"山公与嵇、阮一面,契若金兰。"

【器小易盈】 qì xiǎo yì yíng 见"小器易盈"。

【掐头去尾】 qiā tóu qù wěi 去掉头尾两部分。常用来比喻略去事情的来龙去脉。老舍《骆驼祥子》二二:"他的记忆是血汗与苦痛砌成的,不能随便说着玩,一说起来也不愿掐头去尾。"

【恰到好处】 qià dào hǎo chù 指正好达到最恰当的地步。清·王士禛《带经堂诗话·自述类下》:"元倡如初写黄庭,恰到好处;诸名士和作皆不触及。"巴金《家》七:"琴穿了一件淡青湖绉绵袄,下面系着一条青裙。发鬓垂在两只耳边,把她的鹅蛋形的面庞,显得恰到好处。"周克芹《秋之惑》一章:"仿佛是大自然的神工妙笔,神秘地、恰到好处地绘制出这座丰盈秀丽的果园。"

【恰如其分】 qià rú qí fèn 分:合适的界限,分寸。指说话办事十分恰当合适。《歧路灯》一〇八回:"赏分轻重,俱是阎仲端酌度,多寡恰如其分,无不欣喜。"李英儒《野火春风斗古城》一五章:"他觉着这是正确的回话,也恰如其分地说出他的

真实处境。"

【千变万化】qiān biàn wàn huà　形容变化极多。汉·贾谊《鹏鸟赋》:"合散消息兮,安有常则;千变万化兮,未始有极。"《警世通言》卷四〇:"那畜生走上岸来,即能千变万化,于是呼风作雨,握雾撩云。"《野叟曝言》八七回:"老氏之言千变万化,其旨皆归于清净,其念皆起于贪生。"阿城《棋王》一:"可这下棋,千变万化,怎么才能准赢呢?"

【千差万别】qiān chā wàn bié　形容差别很大或有各种各样的差别。《五灯会元·报慈文遂导师》:"僧再问,师曰:'止!止!不须说,且会取千差万别。'"宋·朱熹《答套机仲剳幅》:"自见得许多条理,千差万别,各有归着,岂不快哉!"朱自清《"海阔天空"与"古今中外"》:"而身心所从来,又有遗传、时代、周围、教育等等,尤其五花八门,千差万别。"

【千疮百孔】qiān chuāng bǎi kǒng　见"百孔千疮"。

【千锤百炼】qiān chuí bǎi liàn　唐·皮日休《刘枣强碑》:"自李太白百岁有是业者,雕金篆玉,牢奇笼怪。百锻为字,千炼成句,虽不追蹑太白,亦后来之佳作也。"后用"千锤百炼"比喻对文艺作品反复修改加工。清·赵翼《瓯北诗话·李青莲诗》四:"诗家好作奇句警语,必千锤百炼而后能成。"也比喻经历了许多磨炼和考验。清·纪昀《阅微草堂笔记·滦阳续录五》:"三间东倒西歪屋,一个千锤百炼人。"杨沫《青春之歌》二部一四章:"一个真正的革命者是千锤百炼才炼出来的。"

【千刀万剐】qiān dāo wàn guǎ　剐:古代一种酷刑,割肉离骨,又叫凌迟。本指古代凌迟酷刑。后多用为咒骂人的话。《醒世恒言》卷二〇:"你这些千刀万剐的强盗,得了那个钱财,却来害我!"《封神榜》一〇四回:"那时节,一定杀进朝纲,拿住昏君,千刀万剐!"巴金《随想

录》五:"我甚至愿意为我那十四卷'邪书'受到千刀万剐,只求她能安静地活下去。"

【千叮万嘱】qiān dīng wàn zhǔ　反复地叮咛、嘱咐。表示对所嘱托之事非常重视,放心不下。《水浒传》三六回:"临行之时,又千叮万嘱,教我休为快乐,苦害家中,免累老父怆惶惊恐。"《喻世明言》卷二:"夫人又说起女儿阿秀负魂一事,便千叮万嘱,休绝了鲁家一脉姻亲。"《野叟曝言》二八回:"你和人家商议得甜甜的,还要拜他做军师,千叮万嘱,只要瞒着我一个。"

【千恩万谢】qiān ēn wàn xiè　极为感恩,再三言谢。《醒世恒言》卷二〇:"张权夫妻见王员外恁般慷慨,千恩万谢,感激不尽。"《官场现形记》四八回:"荐头见刁迈彭执意要他收,他亦乐得享用;于是千恩万谢,揣了银子而去。"马烽、西戎《吕梁英雄传》八回:"张老汉全家听了,真是千恩万谢,非留老武吃饭不行。"

【千方百计】qiān fāng bǎi jì　指想尽或用尽各种各样的办法。宋·朱熹《朱子语类·论语一七》:"譬如捉贼相似,须是著起气力精神,千方百计去赶捉他。"《初刻拍案惊奇》卷一五:"别个有了银子,自然千方百计要寻出便益来。"《二十年目睹之怪现状》四九回:"这回看见采卿这般狼狈,便千方百计,代采卿凑借了一千元。"鲁迅《呐喊·白光》:"隽了秀才,上省去乡试,一径联捷上去,……绅士们既然千方百计来攀亲,人们又都像看见神明似的敬畏。"钱钟书《围城》八:"睡眠这东西脾气怪得很,不要它,它偏会来,请它,哄它,千方百计勾引它,它拿身分躲得影子都不见。"也作"百计千方"。《西游记》五二回:"即着大力开刀斩,刀砍头皮火焰光。百计千方弄不死,将君押赴老君堂。"

【千夫所指】qiān fū suǒ zhǐ　见"千人

所指”。

【千呼万唤】 qiān hū wàn huàn 形容一再呼唤、催促。唐·白居易《琵琶行》：“移船相近邀相见，添酒回灯重开宴；千呼万唤始出来，犹抱琵琶半遮面。”宋·范成大《戏题赵从善两画轴三首》诗：“情知别有真真在，试与千呼万唤看。”《孽海花》四回：“到底被里的是不是他呢？就忍不住低低的询问了几次。谁知凭你千呼万唤，只是不应。”刘绍棠《瓜棚柳巷》七：“任凭他千呼万唤，沉寂的瓜棚里再没有回声。”

【千娇百媚】 qiān jiāo bǎi mèi 形容女子姿容极为娇媚可爱，风情万种。唐·张文成《游仙窟》：“千娇百媚，造次无可比方；弱体轻身，谈之不能备尽。”《醒世恒言》卷三六：“瑞虹还在床上啼哭，虽则泪痕满面，愈觉千娇百媚。”《花月痕》四五回：“那公子见得碧桃千娇百媚，就也十分怜爱。”阿来《尘埃落定》三九：“塔娜还以为自己永远是母亲的掌上明珠，永远是茸贡土司千娇百媚的女儿。”

【千金买骨】 qiān jīn mǎi gǔ 见“千金市骨”。

【千金买笑】 qiān jīn mǎi xiào 花千金买一笑。指不惜重金博取美人欢心。元·张可久《春思》：“苏小小，张好好，千金买笑，今何在玉容花貌？”《东周列国志》二回：“褒妃在楼上，凭栏望见诸侯忙去忙回，并无一事，不觉抚掌大笑。幽王曰：‘爱卿一笑，百媚俱生，此虢石父之力也！’遂以千金赏之。至今俗语相传‘千金买笑’，盖本于此。”《儿女英雄传》二七回：“自己本生得一副月貌花容，一团灵心慧性，那怕丈夫千金买笑，自料断不及我一顾倾城。”

【千金市骨】 qiān jīn shì gǔ 市：购买。《战国策·燕策一》载：燕昭王想招纳贤士，郭隗以马为喻，说古代有个君主以千金求千里马，三年不能得。后来有个涓人用三个月时间就帮他买到了一匹千里马，但马已死，涓人“买其首五百金，反以报君”。后不到一年，得到了三匹千里马。汉·刘向《新序·杂事》“买其首五百金”的“首”作“骨”。后用“千金市骨”比喻诚心而迫切地招揽人才。宋·黄庭坚《咏李伯时摹韩幹三马，次苏子由韵，简伯时，兼寄李德素》诗：“千金市骨今何有，士或不价五羖皮。”也作“千金买骨”。唐·刘希夷《死马赋》：“八骏驰名终已矣，千金买骨复何时？”

【千金一诺】 qiān jīn yī nuò 诺：承诺。《史记·季布栾布列传》：“得黄金百斤，不如得季布一诺。”后用“千金一诺”指极为重视承诺。《金瓶梅》五六回：“酒后一言，就果然相赠，又不惮千里送来，你员外真可谓千金一诺矣。”《野叟曝言》五〇回：“多谢岳父千金一诺，岳父请便，小婿无不尽心。”

【千金一掷】 qiān jīn yī zhì 见“一掷千金”。

【千军万马】 qiān jūn wàn mǎ 《梁书·陈庆之传》：“先是洛阳童谣曰：‘名师大将莫自牢，千兵万马避白袍。’”后多作“千军万马”，形容兵马众多。也形容声势浩大。《水浒传》七回：“休说你这三二十个人直什么，便是千军万马队中，俺敢直杀的入去出来！”《东周列国志》四五回：“孟明看这条路径，只有尺许之阔，……虽有千军万马，无处展施。”《镜花缘》二一回：“正在难解难分，忽听东边山上，犹如千军万马之声，尘土飞空，山摇地动，密密层层，不知一群甚么，狂奔而来。”巴金《家》二〇：“声音突然变得更急了，好像千军万马狂奔一般。”刘白羽《第二个太阳》二章：“他觉得他应该回到战场上去，指挥千军万马，与武装到牙齿的敌人决一雌雄。”

【千钧一发】 qiān jūn yī fà 钧：古代重量单位，三十斤为一钧。发：头发。千钧的重量系在一根头发上。《汉书·枚乘传》:"夫以一缕之任系千钧之重,上悬无极之高,下垂不测之渊,虽甚愚之人犹知哀其将绝也。"后用"千钧一发"比喻情况万分危急。宋·李曾伯《水龙吟·和幕府贺策应》词:"中流孤艇,千钧一发,老夫何有?"鲁迅《集外集拾遗补编·补救世道文件四种》:"夫天下事果自因生,应由响召,观于此间近时之风尚,可知中原文化,实具千钧一发之力。"高云览《小城春秋》二八章:"这正是千钧一发的时候,偏偏老姚还不来!难道老姚不知道生死关头,一分钟就能决定成败?"也作"一发千钧"。《孽海花》二九回:"现在和议的事一发千钧,在他国内私行捕禁,虽说好得有治外法权,万一漏了消息,连累和议,不是玩的。"

【千里迢迢】 qiān lǐ tiáo tiáo 迢迢:遥远的样子。形容路途遥远。《禅宗颂古联珠通集·吉州清源行思禅师》:"千里迢迢信不通,归来何事太匆匆。"钱钟书《围城》六:"这是纪念周上对学生说的话,自己在教职员席旁听得腻了,用不到千里迢迢去招来。"张炜《古船》一三章:"一个老头子千里迢迢到外面闯荡,多半要把骨头埋在外面。"

【千里之堤,溃于蚁穴】 qiān lǐ zhī dī, kuì yú yǐ xué 千里长的大堤,因为蚂蚁的洞穴而崩溃。比喻大的灾难或损失往往是由微小的隐患逐渐酿成的。《韩非子·喻老》:"千里之堤,以蝼蚁之穴溃。"刘绍棠《村妇》卷二:"针鼻儿的窟窿斗大的风,千里之堤溃于蚁穴,万分小心也保不住一时大意,只有自我封闭才能洁身自好。"

【千里之行,始于足下】 qiān lǐ zhī xíng, shǐ yú zú xià 足下:脚所站的地方。行一千里远的路程,须从脚下第一步开始。比喻要实现远大的目标,须从小事逐步做起。《老子·六十四章》:"合

抱之木,生于毫末;九层之台,起于累土;千里之行,始于足下。"唐·白居易《温尧卿等授官赐绯充沧景江陵判官制》:"夫千里之行,始于足下。苟自强不息,亦何远而不届哉?"夏衍《〈学人谈治学〉代序》:"千里之行,始于足下,要建筑百丈高楼,不先打好地基是不行的。"

【千虑一得】 qiān lǜ yī dé 《晏子春秋·内篇杂下》:"愚人千虑,必有一得。"后用"千虑一得"指愚笨的人的考虑也会有可取的地方。常用于自谦。《陈书·虞季传》:"寄虽疾侵耄及,言无足采,千虑一得,请陈愚算。"清·龚自珍《对策》:"顾对扬伊始,敢不勉述平日所研诸经,讨诸史,揆诸时务者,效其千虑之一得乎!"

【千虑一失】 qiān lǜ yī shī 《晏子春秋·内篇杂下》:"圣人千虑,必有一失。"后用"千虑一失"指聪明人的考虑也会有错误或不周全之处。《宋史·杨业等传论》:"常胜之家,千虑一失。"《野叟曝言》七八回:"温公之千虑一失在于议孟一书,此朱子所有善人不入室之论,而不在于《通鉴》,故并删之。"

【千难万难】 qiān nán wàn nán 形容非常不容易,困难极多。《水浒传》一六回:"你须是城市里人,生长在相府里,那里知道途路上千难万难。"《二刻拍案惊奇》卷九:"那到底不成的自不必说,尽有到底成的,起初时千难万难挫过了多少机会,费过了多少心机,方得了结。"梁斌《红旗谱》一三:"不管千难万难吧,总算回家乡了。"

【千难万险】 qiān nán wàn xiǎn 形容困难危险极多。元·杨景贤《西游记》五本一八出:"火焰山千难万险,早求法力到西天。"高云览《小城春秋》三二章:"他觉得,他活着还能跟同志们一起过着集体奋斗的日子,这日子即使摆着千难万险,甚至最后必须拿出生命来交换,也总比单独一个人白白活着强。"

【千年万载】 qiān nián wàn zǎi 载：年。形容年代极其久远。元·狄君厚《介子推》一折："史官每骂轻贤重色，传千年万载。"《封神榜》一一七回："惟有这，心内感恩这件事，千年万载记在心。"《孽海花》二○回："做石老虎还好，就不要做石龟，千年万载驮着石老虎，压得不得翻身哩!"

【千篇一律】 qiān piān yī lǜ 南朝梁·钟嵘《诗品·晋司空张华》："张公虽复千篇，犹一体耳。"指诗文的体裁、格式相同。后用"千篇一律"比喻事物形式呆板雷同，没有新意。明·王世贞《艺苑卮言》卷四："晚更作知足语，千篇一律。"《孽海花》一八回："如今我国的小说戏曲太不讲究了，佳人才子，千篇一律。"鲁迅《集外集拾遗·老调已经唱完》："宋朝的读书人讲道学，讲理学，尊孔子，千篇一律。"蒋子龙《精卫的震撼》："我们没有精神的建筑太多，低劣的死眉塌眼的千篇一律的灰不溜秋不死不活的，缺少灵气和神韵。"

【千奇百怪】 qiān qí bǎi guài 形容事物或现象多种多样。也形容事物或现象希奇古怪。《五灯会元·华严道隆禅师》："如人在州县住，或闻或见，千奇百怪。"《镜花缘》五九回："古来女剑侠如聂隐娘、红线之类，所行所为，莫不千奇百怪。"鲁迅《朝花夕拾·〈二十四孝图〉》："'文'和'人'当然是相关的，虽然人世间本来千奇百怪，教授们中也有'不尊敬'作者的人格而不能'不说他的小说好'的特别种族。"

【千千万万】 qiān qiān wàn wàn 形容数量极多。唐·杜牧《晚晴赋》："千千万万之状纷兮，不可得而状也。"《初刻拍案惊奇》卷三七："你年命未尽，想为对事而来。却是在世为恶无比，所杀害生命千千万万，冤家多在。"《说岳全传》一二回："那校场中来考的、看的，有千千万万。"王安忆《流逝》四："妹妹也是太娇气，我不信外地是地狱，那里不也有千千

万万人在生活。"

【千秋万代】 qiān qiū wàn dài 秋：年。指世世代代。叶文玲《银朵》五："种棉和种粮一样，是祖祖辈辈传下来的，是她们这儿千秋万代赖以生息的基业，也尤其是维系着她们万千妇女劳动生命的一条'根'。"

【千人所指】 qiān rén suǒ zhǐ 指：指斥。为众人所指斥。形容触犯众怒。《汉书·王嘉传》："里谚曰：'千人所指，无病而死。'"《聊斋志异·云翠仙》："千人所指，无疾将死，穷败之念无时不萦于心。"也作"千夫所指"。梁启超《无枪阶级对有枪阶级》："他们的罪恶，已经是千夫所指，更无庸我再添一句半句话。"

【千山万水】 qiān shān wàn shuǐ 见"万水千山"。

【千丝万缕】 qiān sī wàn lǚ 千根丝，万根线。比喻感情或思绪细密纷繁。也比喻彼此之间的联系十分复杂，难以割断。宋·袁去华《宴清都》词："人言雁足传书，待尽写、相思寄与。又怎生、说得愁肠，千丝万缕。"巴金《随想录》六一："六、七十年来我就想想摆脱封建家庭的种种束缚和虚伪的礼节，但一直到今天我还无法断除千丝万缕的家庭联系。"韦君宜《飞灰》三："柴米夫妻、中国式的结发情，并没有罗曼谛克的婚姻，也能够拴住人。因为这是一天一天的生活积累起来的，生活本身如网络，千丝万缕，解也解不开。"李国文《冬天里的春天》四章："世界上许多事物是千丝万缕、互相牵系制约着的，明明是错的，偏偏不肯认错，本来是对的，可又不敢坚持。"也作"万缕千丝"。《红楼梦》七○回："万缕千丝终不改，任他随聚随分。"

【千头万绪】 qiān tóu wàn xù 形容事物纷繁复杂，头绪很多。宋·朱熹《答胡宽夫》："若不如此，方寸之间，顷刻之际，千头万绪，卒然便要主一，如何按伏得

下?"《野叟曝言》一五四回:"只见何如、敬京两人从殿中直迎出来,欢然握手,叙述别后之事,千头万绪诉说不尽。"高云览《小城春秋》一九章:"这边事情千头万绪,我走不开。"

【千辛万苦】qiān xīn wàn kǔ　形容极多的艰辛劳苦。《敦煌变文集·父母恩重经讲经文》:"前来经文说父母种种养育,千辛万苦。"《醒世恒言》卷二七:"我受了千辛万苦,方到此间。若是害怕,怎能够寻得爹爹骸骨?须索拼命前去。"《镜花缘》三八回:"当日苏武出使匈奴,吃尽千辛万苦,数年之久,方能逃回,也算受尽苦楚了。"赵树理《孟祥英翻身》六:"婆婆听这话越觉着胆寒,费了千辛万苦,才算想了个对付孟祥英的妙法。"

【千言万语】qiān yán wàn yǔ　指非常多的话。唐·吕岩《七言》诗之一:"此道非从它外得,千言万语漫评论。"《封神榜》九回:"总然我等有千言万语,不能见着圣驾之面,也是枉然!"《三侠五义》九〇回:"牡丹此时心绪如麻,纵有千言万语,一字却也道不出来。"鲁迅《集外集拾遗·报〈奇哉所谓……〉》:"他如若没积极的精神,他决不会作千言万语的书,决不会立万古不磨的说。"梁实秋《雅舍小品·沉默》:"世尊在灵山会上,拈华示众,众皆寂然,惟迦叶破颜微笑,这会心微笑胜似千言万语。"

【千载难逢】qiān zǎi nán féng　载:年。一千年也难遇到一回。形容极为难得。《南齐书·庾杲之传》:"臣以凡庸,谬徼昌运,奖擢之厚,千载难逢。"《红楼梦》一〇七回:"如今的圣人在位,赦过宥罪,还赏给二老爷袭了,这是千载难逢的,怎么不给喜钱。"周而复《上海的早晨》四部六:"今天是千载难逢的机会,绝不能错过。"

【千载一时】qiān zǎi yī shí　载:年。一千年才遇到一次的时机。形容机会极

为难得。《晋书·王羲之传》:"古人耻其君不为尧舜,北面之道,岂不愿尊其亲,比隆往代,况遇千载一时之运?顾智力屈于当年,何得不权轻重而处之也。"唐·张九龄《上姚令公书》:"今君侯秉天下之钧,为圣朝之佐,大见信用,渴日太平,千载一时,胡可遇也。"《野叟曝言》一三〇回:"君明臣良,千载一时,机会不可失也。"

【千真万确】qiān zhēn wàn què　形容情况非常确实,不容置疑。《野叟曝言》七八回:"天河白气俱是小星,此载于历书,测于仪器,是千真万确的。"老舍《四世同堂》三七:"他又不能不承认事实,太太作官是千真万确的,而凡是官就必有官的气派,太太也非例外。"郭沫若《屈原》四幕:"那张仪真是一个奸猾的小人!从前他在我们楚国做过小偷,偷过丞相家里的璧玉,我看是千真万确的。"

【千姿百态】qiān zī bǎi tài　形容姿态多种多样,丰富多彩。张贤亮《河的子孙》一〇章:"漩涡一圈连着一圈,一串串漩涡千姿百态,展现出一派既婀娜有致,又粗犷豪放的生动景象。"

【牵肠挂肚】qiān cháng guà dù　形容非常挂念,放心不下。《醒世恒言》卷一六:"他姓张名荩,家中有百万家私,做人极是温存多情。为了你,日夜牵肠挂肚,废寝忘餐。"《红楼梦》三七回:"告诉他,他要来又由不得他;不来他又牵肠挂肚的,没的叫他不受用。"李劼人《大波》二部八章:"现在只愿爹爹能够来省,认不认,早点决定,免得人这样牵肠挂肚,真是难过。"也作"挂肚牵肠"。《封神榜》四回:"岂忍的叫你死在朝歌之内,叫父母心中难割难舍,挂肚牵肠。"

【牵强附会】qiān qiǎng fù huì　牵强:勉强。附会:把无关系的事情说成有关系。勉强把本不相关或关联不大的事物硬扯到一起。《孽海花》一一回:"六经里

头，所以制度礼乐，有互相违背、决然不同处。后儒牵强附会，费尽心思，不知都是古今学不分明的缘故。"李劼人《大波》三部九章："犹之这个地方尽管发生过这多多的变迁，贡院也有了二百多年历史，而人民还是念念不忘，始终呼之为皇城，还牵强附会，硬说它是三国时候的遗址。"

【牵一发而动全身】qiān yī fà ér dòng quán shēn 比喻动极小的部分就会影响全局。清·龚自珍《上大学士书》："故事何足拘泥？但天下事，有牵一发而全身为之动者，不得不引申触类及之也。"叶文玲《藤椅》："因为在这间屋子里，移动一下点东西，都会'牵一发而动全身'，引起'全场大乱'。"

【铅刀一割】qiān dāo yī gē 铅刀：铅制的刀子，刃较钝。钝刀子也能一用。比喻驽钝平庸之人有时也能尽一点微薄的力量。常用作谦辞。《东观汉记·班超传》："[班]超曰：'臣乘圣汉威神，出万死之志，冀效铅刀一割之用。'"章炳麟《革命之道德》："幸而时济，庶几比于铅刀一割。"

【谦谦君子】qiān qiān jūn zǐ 指谦逊有礼，品格端方的人。《周易·谦》："谦谦君子，卑以自牧也。"《醒世恒言》卷七："叙礼已毕，高赞看椅上坐。钱青自谦幼辈，再三不肯。只得东西昭穆坐下。高赞肚里暗暗喜欢：'果然是个谦谦君子。'"

【谦虚谨慎】qiān xū jǐn shèn 指虚心且小心慎重。夏衍《〈新华日报〉及其他》："我们现在还没有胜利，困难还很多，敌人的力量还很强大，必须谦虚谨慎，戒骄戒躁。"蒋子龙《阴阳交接》："他是老好人，不干事，就写成平易近人，待人真诚，谦虚谨慎，择善以从。这种现成的好话不是多得很吗？"

【前车之鉴】qián chē zhī jiàn 前车：前面的车子。鉴：镜子，引申为可作为警戒的事。《荀子·成相》："前车已覆，后未知更何觉时？"《汉书·贾谊传》："前车覆，后车诫。"前面的车子翻了，后面的可引以为戒。后用"前车之鉴"比喻以前人的失败作为鉴戒。《三国志·蜀书·后主传》南朝宋·裴松之注引《蜀记》："隗嚣凭陇而亡，公孙述据而灭，此皆前世覆车之鉴也。"《镜花缘》二二回："我们若非黑齿前车之鉴，今日稍不留神，又要吃亏了。"鲁迅《南腔北调集·作文秘诀》："而这位新拳师来教徒弟时，却以他的先生和自己为前车之鉴，就一定留一手，甚而至于三四手。"姚雪垠《李自成》三卷四四章："每一州、县，只派官，不派兵，则不惟政令不行，官也不保。郧县之事，可为前车之鉴。"

【前程万里】qián chéng wàn lǐ ❶指路途遥远。《水浒传》三二回："兄弟，你只顾自己前程万里，早早的到了彼处。入伙之后，少戒酒性。"《醒世恒言》卷三一："仙子道：'丈夫，但从此出去，便是大路。前程万里，保重！保重！'"❷比喻前途远大，不可限量。唐·尉迟枢《南楚新闻·崔铉》："万里碧霄终一去，不知谁是解绦人，滉益奇之。叹曰：'此儿可谓前程万里也。'"《喻世明言》卷二一："若斩了汉宏，便是你进身之阶。小弟在董刺史前一边保荐，前程万里，不可有误。"《说岳全传》一回："我看令郎相貌魁梧，长大来必然前程万里。"汪曾祺《寂寞和温暖》："'沈三元'也罢，'沈三员'也罢，含意都差不多：少年得志，前程万里。"

【前赴后继】qián fù hòu jì 赴：前往，奔赴。前面的赴过去，后面的紧跟上。比喻连续不断，勇往直前。刘绍棠《村妇》卷一："给汉根说媒的三姑六婆，摩肩接踵，前赴后继，你方唱罢我登场。"王安忆《香港的情和爱》三："他们是边缘的一群人，他们必须手拉手，才不至于滑落下去，然后前赴后继地向中心接近。"

【前功尽弃】 qián gōng jìn qì 以前的功劳或成绩完全废弃。《史记·周本纪》："今又将兵出塞，过两周，倍韩，攻梁，一举不得，前功尽弃。"《醒世恒言》卷三五："我一个孤身老儿，带着许多财物，不是耍处！倘有差跌，前功尽弃。"《三侠五义》八一回："你若到了东京，口齿中稍有含糊，不但前功尽弃，只怕忠臣义士的性命也就难保了。"茅盾《腐蚀·十一月二十五日》："人家工作得有点头绪了，她去一顿乱说，就前功尽弃！"高云览《小城春秋》四○："他们都是乌合之众，十个人有十条心，嘴头子又松，要是事情给他们泄了密，那可不是前功尽弃？"

【前呼后拥】 qián hū hòu yōng 前面的吆喝着开道，后面的簇拥着保护。旧时常用以形容达官贵人出行时随从多，排场大。《续资治通鉴长编·太宗至道三年》："士之学古人官，遭时得位，纡金拖紫，跃马食肉，前呼后拥，延赏宗族，此足以为荣矣。"《喻世明言》卷二七："见太守前呼后拥而来，从旁窥之，乃故夫朱买臣也。"《官场现形记》八回："有时在路上走着，碰着那些现任老爷们坐轿拜客，前呼后拥，好不威武。"姚雪垠《李自成》二卷五三章："即令是小小的洛阳知县上街，也要坐四人轿，有一群衙役前呼后拥。"也形容跟随者众多。巴金《春》一九："外面锣声、唢呐声大作，一群人前呼后拥地把花轿抬出了大门。"

【前倨后恭】 qián jù hòu gōng 倨：傲慢。先前傲慢，后来恭敬。前后态度不一样。常指人势利。《史记·苏秦列传》："苏秦笑谓其嫂曰：'何前倨而后恭也？'"宋·孙光宪《北梦琐言》卷一八："帝以媪前倨后恭，诘之，曰：'公贵不可言也。'"《西游记》五一回："旁有葛仙翁笑道：'猴子是何前倨后恭？'"

【前门拒虎，后门进狼】 qián mén jù hǔ, hòu mén jìn láng 比喻刚清除掉一个祸患，另一祸患又紧跟而至或乘隙而入。明·李贽《史纲评要·周纪·显王》："前门拒虎，后门进狼，未知是祸是福。"孙中山《解决时局问题之演讲》："诸君已将自己固有之权抛弃，反以缔约废约之权力付与北方篡窃之人，此其失计，诸君尚未之知耶！前门拒虎，后门进狼，未见其益，先受其害矣。"

【前怕狼，后怕虎】 qián pà láng, hòu pà hǔ 比喻办事胆小畏缩，顾虑重重。明·冯惟敏《清江引·风情省悟》曲："明知烟花路儿上苦，有去路无来路。恶狼狼虎爬心，饿刺刺狼掏肚。俺如今前怕狼后怕虎。"老舍《四世同堂》三六："同时，他也想到，有知识的人，像他自己，反倒前怕狼后怕虎的不敢冒往直前；知识好像是情感的障碍。"莫应丰《将军吟》一五章："依得你什么也做不成，前怕狼后怕虎，抬脚怕踩了蚂蚁，不能跟你商量。"

【前仆后继】 qián pū hòu jì 仆：倒下。前面的倒下了，后面的紧跟上。宋·王楙《野客丛书·后宫嫔御》："情欲之不可制如此，故士大夫以粉白黛绿丧身殒命何可胜数，前仆后继，曾不知悟。"形容不怕牺牲，勇往直前。《清史稿·曾国荃传》："贼环攻六昼夜，彭敏橘等乘其乏出击，破贼营四。贼悉向东路，填壕而进，前仆后继。"鲁迅《热风·随感录四十一》："所以现在的中国，社会上毫无改革，学术上没有发明，美术上也没有创作；至于多人继续的研究，前仆后继的探索，那更不必提了。"方志敏《可爱的中国》："接着这一不幸事件而起的，却来了全国汹涌的抗日救国运动，东北四省前仆后继的义勇军的抗战，以及'一二八'有名的上海战争。"

【前人栽树，后人乘凉】 qián rén zāi shù, hòu rén chéng liáng 比喻前人造福泽及于后世。《黄绣球》一回："俗语说得好：'前人栽树，后人乘凉。'我们守着祖宗的遗产，过了一生，后来儿孙，自有儿孙之福。"

【前事不忘，后事之师】 qián shì bù wàng, hòu shì zhī shī　师：榜样。不忘记过去的经验教训，作为以后行事的借鉴。《战国策·赵策一》："前事之不忘，后事之师。"《后汉书·张衡传》："故恭俭畏忌，必蒙祉祚，奢淫谄谩，鲜不夷戮，前事不忘，后事之师也。"巴金《随想录》一九："我们的古人也懂得'前事不忘，后事之师'，今天却有人反复地在我们耳边说：'忘记，忘记！'"

【前思后想】 qián sī hòu xiǎng　形容反复考虑。《封神榜》一二一回："前思后想好没趣，忽听谯楼打二更。"《官场现形记》三六回："正在前思后想，一筹莫展的时候，忽见九姨太的一个贴身大丫头进房有事。"李英儒《野火春风斗古城》二二章："关敬陶送走银环，前思后想，整夜没得合眼。"

【前所未闻】 qián suǒ wèi wén　以前从来没有听说过。宋·周密《齐东野语·黄婆》："此事前所未闻，是知穷荒绝徼，天奇地怪，亦何所不有，未可以见闻所未及，遂以为诞也。"欧阳山《三家巷》一四一："胡杏听着这些自己前所未闻的情况，只是静悄悄地不做声，精神显得非常集中。"

【前所未有】 qián suǒ wèi yǒu　以前从来没有过。宋·徐度《却扫编》卷下："国朝不历真相而为相者凡七人……而邓枢密洵武以少保领院事而不兼节钺，前所未有也。"清·王士禛《古诗笺·凡例·七言诗》："[杜甫]七言大篇，尤为前所未有，后莫及之。"路遥《早晨从中午开始》三一："我国文学正到了一个花样翻新的高潮时刻。其变化之日新月异前所未有。"

【前无古人】 qián wú gǔ rén　唐·陈子昂《登幽州台歌》："前不见古人，后不见来者，念天地之悠悠，独怆然而涕下。"后用"前无古人"指前所未有的、有独创性的。宋·邵博《闻见后录》卷二七："国初，营丘李成画山水，前无古人。"毛泽东《〈中国农村的社会主义高潮〉按语》四〇："这就证明，现在的社会主义确实是前无古人的。"

【前仰后合】 qián yǎng hòu hé　身体前后摇晃。多形容因困倦、酒醉或大笑等引起的难以自持的情态。《红楼梦》七三回："袭人麝月晴雯等几个大的是不用说，在旁剪烛斟茶；那些小的，都困眼朦胧，前仰后合起来。"《镜花缘》五〇回："那里禁得四人手不停壶，只饮的前仰后合，身子乱幌。"《三侠五义》九四回："沿路上蒋爷说说笑笑，把个李先生乐的前仰后合，赞扬不绝。"梁实秋《雅舍小品·女人》："女人最像小孩，她能为了一个滑稽的姿态而笑得前仰后合，肚皮痛，淌眼泪，以至于翻筋斗！"杨沫《青春之歌》二部三〇章："李槐英笑得前仰后合地拍着道静的肩膀。"

【前因后果】 qián yīn hòu guǒ　因、果：佛教用语，指事物的因缘与果报。《南齐书·高逸传论》："今树以前因，报以后果，业行交酬，连琐相袭。"后泛指事情的起因和结果。《儿女英雄传》缘起首回："这班儿发落他阎浮人世去，须得先叫他明白了前因后果，才免得怨天尤人。"马烽、西戎《吕梁英雄传》二六回："这时门外进来左邻右舍的好些人，都是听到消息来探望雷石柱的。也都想了解一下事情的前因后果。"

【钳口结舌】 qián kǒu jié shé　钳口：闭口。结舌：舌头打了结。形容紧闭嘴巴不敢说话。汉·王符《潜夫论·贤难》："此智士所以钳口结舌，括囊共默而已者也。"唐·权德舆《答独孤秀才书》："今夫滔滔者或辩之不至，而苟善待之，乃扬声延誉,则钳口结舌,大凡举世之病也!"鲁迅《书信集·致李秉中》:"国内颇纷纭多事,简直无从说起,生人钳口结舌,尚虞祸及。"

【潜移默化】 qián yí mò huà　潜:暗中。默:毫无声息。指受到外来影响而在不知不觉中发生变化(多指人的思想、习性等)。《孽海花》二七回:"无事时固可借以潜移默化,一遇紧要,便可锄奸摘伏。"梁实秋《雅舍小品·教育你的父母》:"'代沟'之说,有相当的道理。不过这条沟如何沟通,只好潜移默化,子女对父母未便耳提面命。"巴金《随想录》七二:"我对先生的敬爱越深。我的思想、我的态度也在逐渐变化。我感觉到所谓潜移默化的力量了。"

【黔驴技穷】 qián lǘ jì qióng　唐·柳宗元《三戒·黔之驴》:"黔无驴,有好事者船载以入,至则无可用,放之山下。虎见之,庞然大物也,以为神,蔽林间窥之。……他日,驴一鸣,虎大骇,远遁,以为且噬己也,甚恐。然往来视之,觉无异能者。……稍近益狎,荡倚冲冒。驴不胜怒,蹄之。虎因喜,计之曰:'技止此耳。'因跳踉大嗷,断其喉,尽其肉,乃去。"后用"黔驴技穷"比喻仅有的一点本领也用完了。魏巍《地球的红飘带》三二:"大军阀技艺高超,分化收买令人叹为观止;小军阀拼命挣扎,走投无路,真可谓黔驴技穷。"

【黔驴之技】 qián lǘ zhī jì　比喻有限且拙劣的一点本事。宋·欧阳修《亳州乞致仕第三表》:"昔而少健,黔驴之伎已殚;今也病衰,驽马之疲难强。"伎:同"技"。李劼人《大波》一部五章:"任凭他在成都方面怎么骂他是汉奸,怎样威吓说要撤他的职……终于还是把人家没奈何,反而表明了成都方面黔驴之技,除了乱叫乱踢一阵,还有什么能耐?"

【浅尝辄止】 qián cháng zhé zhǐ　辄:立即,就。只略微尝试一下就停止。比喻做事不求深入。《黑籍冤魂》二四回:"此物非不可尝,苟文人墨客,浅尝辄止,用以悦性陶情,有何不可。"王蒙《蹒跚的季节》:"你不学无术,自以为是……浅尝辄止,自我陶醉。"

【枪林弹雨】 qiāng lín dàn yǔ　枪如林,弹如雨。形容战争激烈,炮火密集。清·百一居士《壶天录》卷下:"营兵往捕,不知虎穴所在,后乃得知某姓空舍中,相聚燃击,枪林弹雨中,虎乃毙。"孙犁《白洋淀纪事·某村旧事》:"当然,这里没有冰天雪地,没有烈日当空,没有跋涉,没有饥饿,没有枪林弹雨,更没有人死出生。但是,它在消磨且已经消磨尽了一位青年人的斗志。"

【强将手下无弱兵】 qiáng jiàng shǒu xià wú ruò bīng　比喻能干人的手下不会有弱者。《三侠五义》一七回:"包兴也深知此事重大,漫说范宗华,就是公孙先生、王、马、张、赵诸人,也被他瞒个结实。真是有其主必有其奴,所谓强将手下无弱兵也。"

【强弩之末】 qiáng nǔ zhī mò　弩:古代一种利用机械射箭的弓。末:尽头,指最后阶段。《汉书·韩安国传》:"且臣闻之,冲风之衰,不能起毛羽;强弩之末,力不能入鲁缟。"意为强弩射出的箭,到了末程,连鲁绢都穿不过。比喻原本强大的力量已衰微,起不了作用。《周书·杨宽传》:"吴人轻跳,非王之敌。况悬军深入,师老兵疲,强弩之末,何能为也。"《东周列国志》三九回:"臣之才力,比于强弩之末矣。必欲立威,非子玉不可。"《二十年目睹之怪现状》五〇回:"自从前两年开了这个山西赈捐,到了此刻,已成了强弩之末,我看不到几时,就要停止的了。"周大新《第二十幕》(中)一部三:"这场灾害不断东移,抵达南阳城西一带乡村时虽已是强弩之末,但蝗虫的数量仍多得惊人。"

【墙倒众人推】 qiáng dǎo zhòng rén tuī　比喻人一旦失势或遇到挫折，周围的人就乘机攻击他。《红梦楼》五五回："'墙倒众人推'，那赵姨奶奶原有些颠倒，着三不着两，有了事就都赖他。"路遥《人生》二三章："好姐姐哩！他现在也够可怜了，要是墙倒众人推，他往后可怎样活下去呀。"

【强词夺理】 qiǎng cí duó lǐ　强：勉强。夺：争夺。勉强辩解，硬把没理说成有理。《三国演义》四三回："孔明所言，皆强词夺理，均非正论，不必再言。"《镜花缘》六一回："此千古不易之论，指破迷团不小。无如那些喜茶好酒之人，一闻此言，无不强词夺理，百般批评，并且哑然失笑。"李劼人《大波》二部三章："我只觉得他一味强词夺理。黄澜生已经说过，他并未奉行什么上谕，他偏咬着牙巴说奉有密旨。"邓友梅《在悬崖上》："我竭力强词夺理地分辩，可是连我自己也感到了笑声和话声中的虚伪调子。"〔注意〕强，不读qiáng。

【强人所难】 qiǎng rén suǒ nán　强：勉强。勉强别人做不愿做或做不了的事。唐·白居易《赠友五首》诗之三："不求土你无，不强人所难；量入以为出，上足下亦安。"《镜花缘》二回："那人王乃四海九州之主，代天宣化，岂肯颠倒阴阳，强人所难。"周而复《上海的早晨》四部四三："人家要门当户对，我冯永祥也不便强人所难。这是终身大事。"〔注意〕强，不读qiáng。

【强颜欢笑】 qiǎng yán huān xiào　强颜：脸上勉强露出。勉强装出高兴的样子。《花月痕》三回："无奈痴珠、红卿各有心事，虽强颜欢笑，总无聊赖。"柳青《创业史》一部二六章："老汉和老婆，由于儿子和女儿都第一次长期离开身边，他们和客人强颜欢笑，实际心中都并不

宽敞。"〔注意〕强，不读qiáng。

【敲冰戛玉】 qiāo bīng jiá yù　戛：敲击。如同敲击冰、玉发出的声音。形容声音清脆悦耳。宋·杨无咎《垂丝钓·邓端友席上赠吕倩倩》词："听敲冰戛玉，恨云怨雨，声声总在愁处。"〔注意〕戛，不读gā。

【敲骨吸髓】 qiāo gǔ xī suǐ　敲开骨头吸取骨髓。《五灯会元·东土祖师》："昔人求道，敲骨取髓，刺血济饥，布发掩泥，投崖饲虎。"原指为求道而不惜残害自己的身体。后用"敲骨吸髓"比喻残酷的剥削、压榨。清·冯桂芬《请减苏松太浮粮疏》："向来暴敛横者之吏，所谓敲骨吸髓者，至此而亦无骨可敲无髓可吸矣。"

【敲门砖】 qiāo mén zhuān　比喻借以谋取名利的工具，达到目的后即丢弃。明·田艺蘅《留青日札摘抄·非文事》："又如《锦囊集》一书……抄录七篇，偶凑便可命中，子孙秘藏以为世宝。其未得第也，则名之曰'撞太岁'，其既得第也，则号之曰'敲门砖'。"《聊斋志异·于去恶》："得志诸公，目不睹坟典，不过少年持敲门砖，猎取功名，门既开，则弃去。"鲁迅《准风月谈·吃教》："清朝人称八股为'敲门砖'，因为得到功名，就如打开了门，砖即无用。"

【乔装打扮】 qiáo zhuāng dǎ bàn　乔：假装。打扮：化装。指改变服饰、妆束，以另一种面貌出现，使别人认不出自己来。装，也作"妆"。《儿女英雄传》一三回："自己却乔装打扮的，雇了一只小船，带了两个家丁，沿路私访而来。"《三侠五义》一○回："他们三位不是笑话你老吗，你老倒要赌赌气，偏去私访，看是如何。然而必须乔妆打扮，叫人认不出来。"也指制造假象，隐瞒事实或真正的身份。多含贬义。巴金《随想录》二三："还有人无中生有地在文章里编造我的谈话，给自己乔装打扮，这只能说明他的处境困

难,他也在变。"

【翘足引领】 qiáo zú yǐn lǐng　引:伸长。领:脖子。形容热切期待的样子。汉·陈琳《檄吴将校部曲文》:"是以立功之士,莫不翘足引领,望风响应。"

【巧夺天工】 qiǎo duó tiān gōng　夺:压倒,胜过。人工的精巧胜过天然。形容技艺精妙高超。元·赵孟頫《赠放烟火者》诗:"人间巧艺夺天工,炼药燃灯清昼同。"《野叟曝言》四七回:"谢道蕴《咏雪》,有'柳絮因风'之句,妙在贫女意中想出,入情入理,而柳絮棉絮是一是二,浑然无迹,可谓巧夺天工。"欧阳山《三家巷》七一:"他伸手拨转灯笼,仔细辨认,竟认不出那是竹子织的,是柳枝绑的,……总之玲珑浮突,巧夺天工,叫人爱得不行。"

【巧妇难为无米之炊】 qiǎo fù nán wéi wú mǐ zhī chuī　比喻缺少必要条件,再能干的人也做不成事。清·袁枚《随园诗话·补遗》卷六:"毛大瀛妻某氏,能诗……后寄毛家信云:出门七年,寄银八两。儿要衣裳,女要首饰。巧妇不能为无米之炊,此之谓也。"李国文《冬天里的春天》二章:"支队长,巧妇难为无米之炊,我现在两手空空,需要你的支援啊!"也单作"无米之炊"。鲁迅《两地书》八三:"无米之炊,是人力做不到的。能别有较好之地,自以从速走开为宜。"

【巧立名目】 qiǎo lì míng mù　想方设法制造种种名目,以达到某种不正当的目的。清·昭梿《啸亭杂录·朱白泉狱中上百朱二公书》:"乃呈使临工,以为巧立名目,不容申辩。"汪曾祺《落魄》:"有人说,开了个扬州馆子,那就怎么也得巧立名目去吃他一顿。"陈国凯《儒士衣冠》:"这年头巧立名目骗钱的玩意多着呢。文界学界都有一些这种人,没什么可奇怪的。"

【巧取豪夺】 qiǎo qǔ háo duó　巧:伪诈。豪:强横。用欺诈的手段骗取,用暴力强夺。指不择手段地掠夺(他人的财物或权利等)。宋·刘克庄《铁庵方阁学墓志铭》:"公儒者,未尝行巧取豪夺之政,亦莫知其何以致此也。"梁实秋《雅舍小品·奖券》:"'人非横财不富,马非青草不肥。'……可是各种形式的巧取豪夺,若是自己没有那种能耐,横财又从哪里来呢?"刘绍棠《村妇》卷二:"她听说许百媚被公社卫生院断了'生路',便又趁虚而入,巧取豪夺。"

【巧言令色】 qiǎo yán lìng sè　巧:虚浮不实。令:美,善。指用花言巧语和谄媚伪善的面目讨别人喜欢。《尚书·皋陶谟》:"何畏乎巧言令色孔壬。"《水浒传》三四回:"秦明道:'你兀自不下马受缚,更待何时? 划地巧言令色,煽惑军心。"郭沫若《屈原》四幕:"你这卖国求荣的无赖,你这巧言令色的小人,有什么值得你笑!"刘白羽《第二个太阳》一八章:"你在用人上,要警惕那些个巧言令色的人……就是有那么一些人,属水萝卜的,红皮白心。"

【巧言如簧】 qiǎo yán rú huáng　簧:乐器中有弹性的用以振动发声的薄片。形容花言巧语美妙动听。《诗经·小雅·巧言》:"蛇蛇硕言,出自口矣,巧言如簧,颜之厚矣。"《后汉书·陈蕃传》:"夫谗人似实,巧言如簧,使听之者惑,视之者昏。"郭沫若《屈原》四幕:"你这无耻的谰言,你这巧言如簧的挑拨离间,亏你还戴着一个人的面孔。"

【切磋琢磨】 qiē cuō zhuó mó　《尔雅·释器》:"骨谓之切,象谓之磋,玉谓之琢,石谓之磨。"切、磋、琢、磨都是对器物(骨头、象牙、玉石、石头等)进行加工的工艺。《诗经·卫风·淇奥》:"如切如磋、如琢如磨。"汉·王充《论衡·量知》:"切磋琢磨,乃成宝器。人之学问知能成就,犹骨象玉石之切磋琢磨也。"后常用来比喻在学问、技艺等方面相互探讨交流,取长补短。南朝梁·刘勰《刘子·贵言》:"知交之于朋友,亦有切磋琢磨相成之义。"老舍《谈诗》:"彼此不相关切,你干你的,我干我的,坐失切磋琢磨之益。"

【切肤之痛】 qiè fū zhī tòng　切肤:与自身关系密切。形容亲身经历的、感受极为深刻的痛苦。明·王守仁《传习录》卷中:"独其切肤之痛,乃有未能恝然者,辄复云云尔。"鲁迅《华盖集·夏三虫》:"但因为只舐一点油汗,只添一点腌臜,在麻木的人们还没有切肤之痛,所以也就将它放过了。"巴金《随想录》六一:"骗子的一再出现说明了我们社会里存在的某些毛病。对封建社会的流毒我有切肤之痛。"

【切中时弊】 qiè zhòng shí bì　切中:正好击中。指言论等正好击中当时的社会弊病。《新五代史·唐明宗纪后序》:"当是时,大理少卿康澄上疏言时事……识者皆多澄言切中时病。"明·周晖《金陵琐事·原治二篇》:"西冶作《原治》二篇,切中时弊,遂庵大奇之。"

【窃据要津】 qiè jù yào jīn　窃据:用不正当的手段占据。要津:重要的渡口。比喻用不正当的手段占据显要的职位。毛泽东《向国民党的十点要求》:"若夫暗藏之汪精卫,则招摇过市,窃据要津;若影藏形,深入社会。"

【窃窃私议】 qiè qiè sī yì　窃窃:声音细微。私:私下,暗中。指背着人小声议论。古华《芙蓉镇》四章:"新街、老街、街坊邻居们站在当街面对面地讲都不易听见,减少了交头接耳、窃窃私议,有利于治安管理。"姚雪垠《李自成》二卷一三章:"她知道大家对石门谷杆子的哗变和宋家寨的勾结官军都已经有所风闻,心中惊慌,窃窃私议,所以索性对大家谈个明白。"

【窃窃私语】 qiè qiè sī yǔ　窃窃:声音细微。私:私下,暗中。指背着人小声说话。宋·苏舜钦《上范公参政书》:"时窃窃私语,未敢公然言也。"钱钟书《围城》六:"他讲话时喜欢窃窃私语,仿佛句句是军国机密。"古华《芙蓉镇》二章:"街坊们的挤眉弄眼,窃窃私语,无形中给胡玉音夫妇造成一种压力,一种惶恐气氛。"

【窃位素餐】 qiè wèi sù cān　窃:不应占有而占有。素餐:白吃饭。窃据职位,空食俸禄。指徒在其位而无所作为。《后汉书·梁竦传》:"孔子著《春秋》而乱臣贼子惧,梁竦作《七序》而窃位素餐者惭。"宋·司马光《乞免翰林学士札子》:"若取学士之名以自荣,而不供学士之职,窃位素餐,孰甚于此。"

【锲而不舍】 qiè ér bù shě　锲:雕刻。不停地刻镂。比喻坚持不懈。《荀子·劝学》:"锲而舍之,朽木不折;锲而不舍,金石可镂。"鲁迅《两地书》一二:"我记得先前在学校演说时候也曾说过,要治这麻木状态的国度,只有一法,就是'韧',也就是'锲而不舍'。"刘绍棠《二度梅》七:"他锲而不舍,穷追不放,终于把歌声撵到了这片树林最偏僻最幽静的角落。"

【亲密无间】 qīn mì wú jiàn　间:隔阂。形容彼此关系非常亲近密切,毫无隔阂。宋·袁燮《己见札子》:"结以恩信,厉以忠义,如家人父子,亲密无间,时出而用之。"柳青《创业史》一部二二章:"大伙这种亲密无间、乐乐和和的情绪,深深地感动了年轻的领导人。"从维熙《远去的白帆》四:"他和它,竟然如此亲密无间,好像是早已打过无数次交道的老搭档了。"〔注意〕间,不读jiān。

【亲如手足】 qīn rú shǒu zú　手足:比喻兄弟。亲密得如同兄弟一样。姚雪垠《李自成》二卷五〇章:"咱俩八九年来同生死,共患难,亲如手足。"

【亲痛仇快】 qīn tòng chóu kuài　痛:痛心。快:高兴。汉·朱浮《与彭宠书》:

凡举事无为亲厚者所痛,而为见仇者所快。"后用"亲痛仇快"形容做的事使亲人痛心,仇人高兴。吴组缃《山洪》后记:"它一度走错了路,丧失戒心,终导致那次亲痛仇快的事变。"

【秦晋之好】qín jìn zhī hǎo 春秋时,秦晋两国君主数代通婚,后世因以"秦晋之好"指联姻、婚配的关系。元·乔梦符《玉箫女》三折:"末将不才,便求小娘子以成秦晋之好,亦不玷辱了他,他如何便不相容?"《三国演义》一六回:"主公仰慕将军,欲求令爱为儿妇,永结'秦晋之好'。"梁实秋《雅舍小品·婚礼》:"男女相悦,欲结秦晋之好,也没有绝对必要征求家长同意。必须要个证人,表示其非私奔。"张恨水《啼笑因缘续集》三回:"国英对于令爱,他是十分的钦慕,很愿意两家作为秦晋之好。"

【琴棋书画】qín qí shū huà 弹琴、下棋、写字、绘画。泛指各种文艺修养。宋·孙光宪《北梦琐言》卷五:"至于天文历数,琴棋书画,长笛胡琴,率皆精巧,乃梁朝朱异之流。"《水浒传》二回:"这浮浪子弟门风,帮闲之事,无一般不晓、一般不会,更无一般不爱。更兼琴棋书画,儒释道教,无所不能。"《二刻拍案惊奇》卷一二:"一应琴棋书画、歌舞管弦之类,无所不通。"鲁迅《准风月谈·二丑艺术》:"他有点上等人模样,也懂些琴棋书画。"

【勤能补拙】qín néng bǔ zhuō 拙:笨,不灵巧。勤奋可以弥补笨拙。宋·邵雍《弄笔吟》:"弄假像真终是假,要勤补拙总输勤。"梁实秋《雅舍小品·勤》:"勤能补拙,勤能损欲,这还是消极的说法,勤的积极意义是要人进德修业,不但不同于草木,也有异于禽兽,成为名副其实的万物之灵。"

【擒奸摘伏】qín jiān tī fú 摘:揭发。指捉拿奸徒,揭发隐恶。《太平广记》卷一七一引《纪闻·苏无名》:"无名历官所

在,擒奸摘伏有名。每偷,至无名前,无得过者。"〔注意〕摘,不能读作zhāi。

【擒贼擒王】qín zéi qín wáng 捉贼要先捉为首的。比喻作战要先除去敌方的首领。唐·杜甫《前出塞》诗之六:"射人先射马,擒贼先擒王。"《野叟曝言》一一〇回:"素臣令虎臣护卫男人,飞霞护卫女人,手舞宝刀从箭林中跃进,杀条血路,救出白祥,竟奔中军来取王彩,为擒贼擒王之计。"也比喻做事要抓住关键。《孽海花》一九回:"他是个当今老名士,年纪是三朝耆硕,文章为四海宗师。如今要收罗名士,收罗了他,就是擒贼擒王之意。"李劼人《大波》二部三章:"他为了收拾危局,不得不取壮士断腕手段,把伯英他们拘捕,正是擒贼擒王,挽狂澜于既倒的办法。"

【寝不安席】qín bù ān xí 寝:睡觉。席:用苇篾、竹篾等编成的坐卧铺垫用具。睡觉不能安于枕席。形容有心事,睡不安稳。常与"食不甘味"连用。《战国策·齐策五》:"秦王恐之,寝不安席,食不甘味。"《晋书·张轨传》:"先王寝不安席,志平天下,故缀甲兵,积资实。"《东周列国志》七一回:"今敌国侵凌,边境骚动,吾君寝不安席,食不甘味。"李劼人《大波》二部三章:"这番悠悠之论,把林家这房当家老头子害得食不甘味、寝不安席者,足有几个月。"

【寝食不安】qín shí bù ān 寝:睡觉。睡不好觉,吃不好饭。形容心事重重,十分焦虑。《敦煌变文集·叶净能诗》:"皇帝自此之后,日夜思慕,寝食不安。"《水浒传》二八回:"小人是个治下的囚徒,自来未曾拜识尊颜,前日又蒙救了一顿大棒,今又蒙每日好酒好食相待,甚是不当。又没半点差遣,正是无功受禄,寝食不安。"《三国演义》四三回:"且说孙权退入内宅,寝食不安,犹豫不决。"《花月痕》四三回:"南边时事,目下实在不好,这真

令人寝食不安。"姚雪垠《李自成》二卷二九章:"他忽然疑心自己将一个字写错了笔画,日夜害怕崇祯发现这个错字会给他重责,竟致寝食不安,忧疑成疾,不久死去。"

【**沁人心脾**】 qìn rén xīn pí 沁:渗入。心脾:指内心。指吸入了香气、新鲜的空气或喝了清凉的饮料而使人感到非常舒适。鲁迅《准风月谈·夜颂》:"一大排关着的店铺的昏暗助她一臂之力,使她放缓开足的马力,吐一口气,这时才觉得沁人心脾的夜里的拂拂的凉风。"欧阳山《三家巷》一七三:"再往前走,周炳忽然嗅到一阵浓郁的玉米香味儿,沁人心脾。"也形容优美的诗文或乐曲打动人心,给人美好、舒畅的感觉。王国维《人间词话》:"大家之作,其言情也必沁人心脾。"刘心武《栖凤楼》六二:"餐厅里一个有竖琴的小乐队开始演奏,那水帘垂泄式的乐句沁人心脾,未饮先醉……"

【**青出于蓝**】 qīng chū yú lán 蓝:蓼蓝,可以提取蓝色染料的植物。《荀子·劝学》:"青,取之于蓝而青于蓝;冰,水为之而寒于水。"意为青是从蓝中提取出来,而颜色比蓝更深。后用"青出于蓝"比喻学生胜过老师,或后人胜过前人。唐·白居易《赋赋》:"赋者,古诗之流也。始草创于荀、宋,渐恢张于贾、马。冰生乎水,初变本于《典》《坟》;青出于蓝,复增华于《风》《雅》。"《镜花缘》八四回:"姐姐主见之老,才情之高,妹子虽不能及,但果蒙不弃,收录门墙之下,不消耳提面命,不过微微跟着历练历练,只怕还要'青出于蓝'哩。"巴金《随想录》一四八:"学生要肯动脑筋,会动脑筋,才有希望做到青出于蓝。"

【**青灯黄卷**】 qīng dēng huáng juàn 见"黄卷青灯"。

【**青红皂白**】 qīng hóng zào bái 皂:黑色。比喻事情的底细、缘由或是非曲直。《封神榜》二七回:"这件事情虽无理,细想朝中有文武,秉正无私从公论,自然青红皂白分。"《三侠五义》九九回:"是我一时着了气恼,不辨青红皂白,竟把他二人委屈了。"张恨水《啼笑因缘》一七回:"将军,你怎么啦? 她有什么不对,尽管慢慢的问她。动手就打,你把她打死了,也是分不出青红皂白的!"

【**青黄不接**】 qīng huáng bù jiē 青:青苗。黄:成熟后呈黄色的庄稼。庄稼还未长熟,陈粮已经吃完。宋·彭龟年《乞权住湖北和籴疏》:"臣已令本府将现籴未足米数,且权住籴,以待回降,庶使青黄不接之交,留得此米,接济百性。"梁斌《红旗谱》一:"冬天,严家给几件破烂衣裳。青黄不接的季节,给点糠糠菜菜,给一个一升半碗的粮食。"也比喻新旧不能衔接或后继的人力、物力、财力等短缺,接替不上。鲁迅《且介亭杂文末编·〈译文〉复刊词》:"《译文》就在一九三四年九月中,在这样的状态之下出世的。那时候,鸿篇巨制如《世界文学》和《世界文库》之类,还没有诞生,所以在这青黄不接之际,大约可以说是仿佛戈壁中的绿洲。"周而复《上海的早晨》三部四九:"目前是青黄不接的时期,旧的要批判掉,新的还没有吸收来,大部分工商界朋友彷徨等待,对生产经营产生消极情绪。"

【**青梅竹马**】 qīng méi zhú mǎ 青梅:青色的梅子。竹马:小孩放在胯下当马骑着玩的竹竿。唐·李白《长干行》之一:"郎骑竹马来,绕床弄青梅。同居长干里,两小无嫌猜。"后用"青梅竹马"形容小儿女天真无邪地在一起玩耍。多指男女间幼时的亲密感情。路遥《平凡的世界》(上)二〇章:"尽管他和她从小可以说是青梅竹马,但他长这么大,从来没敢想过让润叶做他的媳妇。"魏巍《东方》一部九章:"那少年时的青梅竹马,在他的心灵里留下了多少难忘的记忆呵!"

【青山绿水】qīng shān lǜ shuǐ　青翠的山，碧绿的水。形容风景秀丽怡人。唐·李嘉祐《晚登江楼有怀》诗："独坐南楼佳兴新，青山绿水共为邻。"《封神榜》九二回："只见那，青山绿水行人如蚁，树木阴浓荟西东。"张贤亮《灵与肉》三："这里，不仅有风吹草低见牛羊的苍茫，而且有青山绿水的纤丽。"也作"绿水青山"。宋·葛长庚《永遇乐》词："绿水青山，清风明月，自有人间仙岛。"《二刻拍案惊奇》卷八："少年心性，好的是那歌楼舞榭，倚翠偎红，绿水青山，闲茶浪酒。"毛泽东《送瘟神》诗："绿水青山枉自多，华佗无奈小虫何！"

【青史传名】qīng shǐ chuán míng　见"青史留名"。

【青史留名】qīng shǐ liú míng　青史：史书。古代用竹简记载历史，故名。在历史上留下好名声。《水浒传》七一回："同心报国青史留名，有何不美！"也作"青史传名"。《三国演义》九回："将军若扶汉室，乃忠臣也，青史传名，流芳百世。"

【青天白日】qīng tiān bái rì　❶指晴朗的天空，明亮的阳光。唐·韩愈《忆昨行和张十一》诗："青天白日花草丽，玉斝屡举倾金罍。"《水浒传》八七回："当时公孙胜在中军作法，见摄捉了小将军，便收了法术，阵中仍复如旧，青天白日。"❷指大白天的；光天化日。《二刻拍案惊奇》卷三五："教我青天白日不要来觅，敢是要我夜晚些来？"《三侠五义》五回："青天白日竟敢拦路打抢，这后生实实可恶。"李劼人《大波》二部八章："青天白日之下，公然在武侯祠不远地方，抢走了他的两尊炮。"巴金《春》一一："我不怕。你把陈姨太请来我也不怕！青天白日你凭哪点敢打人？"

【青云直上】qīng yún zhí shàng　比喻官职、地位等上升得又高又快；飞黄腾达。唐·刘禹锡《寄毗陵杨给事三首》诗之二："曾主鱼书轻刺史，今朝自请左鱼来。青云直上无多地，却要斜飞取势回。"巴金《随想录》七〇："我常常静夜深思，难道我当初拿笔写作，就是为了大写'苦学自学'的经验谈，引导青年如何青云直上，充当各种活动、各种场面的装饰品？"也作"直上青云"。周而复《上海的早晨》三部三一："跟在史步云左右，他在工商界的地位便可以步步高升，直上青云了。"

【轻财好义】qīng cái hào yì　见"轻财重义"。

【轻财重义】qīng cái zhòng yì　轻视财物，看重道义。《汉书·公孙弘传》："汉兴以来，股肱在位，身行俭约，轻财重义，未有若公孙弘者。"《野叟曝言》一三回："即你相与诸人而论，那一个不是轻财重义的？却都是穷人。"也作"轻财好义"。《喻世明言》卷三九："原来汪革素性轻财好义，枢密府里的人，一个个和他相好。"

【轻车简从】qīng chē jiǎn cóng　轻车：车上负载轻。指行装简单，随从不多。《老残游记》八回："他就向县里要了车，轻车简从的向平阴进发。"李劼人《大波》三部一〇章："如其不然，他也不会iddle着要与赵尔丰和解，要想急于把前此认为是他'干城'的湖北陆军摆脱，轻车简从，逃离他自行布下的罗网——资州城了。"

【轻车熟路】qīng chē shú lù　轻车：负载轻的车子。驾着负载很轻的车子，走熟悉的道路。唐·韩愈《送石处士序》："若驷马驾轻车，就熟路。"后用"轻车熟路"比喻事情又轻松又熟悉，办起来很容易。宋·辛弃疾《贺新郎》词："逸今轩眉宇，似王良轻车熟路，骅骝欲舞。"浩然《乐土》四四章："姐姐的花裤褂是母亲的'轻车熟路'、'拿手戏'，很快做成了。"

【轻而易举】qīng ér yì jǔ　汉·王充《论

衡·状留篇》："草木之生者湿、湿者重,死者枯,枯而轻者易举,湿而重者难移也。"后用"轻而易举"形容事情做起来很容易,毫不费力。宋·文天祥《己未上皇帝书》："惟于二十家取其一,则众轻而易举。"《二十年目睹之怪现状》七〇回:"不如我和你想个法子罢,是轻而易举,绝不费事的,不知你可肯做?"茅盾《蚀·追求》二:"我也知道请他们写一点来,是轻而易举,却就怕他们写来的尽是些板板的官样文章,没有兴趣、没有价值。"

【轻歌曼舞】 qīng gē màn wǔ 曼:柔和美丽。轻快的歌声,柔美的舞蹈。鲁迅《花边文学·法会和歌剧》:"梵呗圆音,竟将为轻歌曼舞所'加被',岂不出于意表也哉!"

【轻脚轻手】 qīng jiǎo qīng shǒu 见"轻手轻脚"。

【轻举妄动】 qīng jǔ wàng dòng 轻:轻率,不慎重。妄:胡乱,随便。指未经慎重考虑,轻率、盲目地采取行动。宋·秦观《盗贼》中:"或故吏善家子失计循流,轻举妄动,若此之类,特盗贼之大情耳。"《警世通言》卷三:"读书人不可轻举妄动,须是细心察理。"《镜花缘》一〇回:"吾儿宾王不听贤侄之言,轻举妄动,以致合家离散。"鲁迅《华盖集·忽然想到》:"长辈的训诲对我是这样的有力,所以我也很遵从读书人家的家教。屏息低头,毫不敢轻举妄动。"

【轻描淡写】 qīng miáo dàn xiě 原指绘画时用浅颜色轻轻描绘。后形容叙述或处理事情时着力不多、轻轻带过或不加重视。《二十年目睹之怪现状》二五回:"我并非要十分为难他,不过看见新衙门判得太轻描淡写了,有意和他作难。"茅盾《虹》一〇:"在第三张上找到纪事了,也只有短短的一段,轻描淡写的几笔。"

【轻诺寡信】 qīng nuò guǎ xìn 诺:答应,许诺。轻易答应别人的要求而很少守信用。《老子·六十三章》:"夫轻诺必寡信,多易必多难。"《旧唐书·张仲方传》:"大权在己,沈谋罕成,好恶循情,轻诺寡信,侠不如贞耳。"《二刻拍案惊奇》卷九:"但恐遇非其人,轻诺寡信,侠不如贞耳。"

【轻裘缓带】 qīng qiú huǎn dài 缓:松弛,宽松。穿着轻暖的皮裘,系着宽松的衣带。常用来形容从容闲适的样子。《晋书·羊祜传》:"[祜]在军常轻裘缓带,身不被甲。"宋·刘克庄《得江西报六言十首》诗之七:"典午无蜀可也,孙氏画江守之:轻裘缓带自若,拔刀斫案不疑。"《花月痕》四回:"那荷生每日仍是轻裘缓带,饮酒赋诗,并传知蒲关城内居民,照旧安业,开放花灯。"

【轻如鸿毛】 qīng rú hóng máo 见"轻于鸿毛"。

【轻世傲物】 qīng shì ào wù 轻:轻视。世:世俗之人。物:人。指鄙视世人,什么都不放在眼里。明·屠隆《彩毫记·宫禁生谗》:"此人自恃文才,轻世傲物,纵酒猖狂。"《警世通言》卷二六:"唐寅为人放浪不羁,有轻世傲物之志。"

【轻手蹑脚】 qīng shǒu niè jiǎo 见"轻手轻脚"。

【轻手轻脚】 qīng shǒu qīng jiǎo 手和脚动作很轻,小心不发声音。《西游记》七七回:"你看他轻手轻脚,走到金銮殿下。"李国文《冬天里的春天》一章:"幽会的人嘛,像偷嘴的猫一样,轻手轻脚,简直半点响动都没有。"也作"轻脚轻手"。巴金《春》一五:"她想起自己还要去看淑贞,也不便久留,嘱咐翠环好好地伺候淑英,就轻脚轻手地走出去了。"也作"轻手蹑脚"。老舍《骆驼祥子》二三:"走到积水滩,他四下看了看。没有人,他慢慢的,轻手蹑脚的往湖边上去。"

【轻于鸿毛】 qīng yú hóng máo 鸿:

大雁。比大雁的毛还轻。形容价值极轻或毫无价值。汉·司马迁《报任少卿书》："人固有一死，或重于太山，或轻于鸿毛，用之所趋异也。"宋·苏轼《御试制科策》："臣闻天下无事，则公卿之言轻于鸿毛；天下有事，则匹夫之言重于泰山。"也作"轻如鸿毛"。巴金《寒夜》一六："其实我们这种人无钱无势，也用不着逃难，就是遇到不幸也不过轻如鸿毛。"

【轻重倒置】 qīng zhòng dào zhì 指轻重、主次的位置颠倒了。宋·刘安世《论韩玠差除不当》："轻重倒置，有害政体。"《明史·孙磐传》："夫女诬母仅拟仗，哲等无罪反加以徒，轻重倒置如此，皆东厂威劫所致也。"〔注意〕倒，不读 dǎo。

【轻重缓急】 qīng zhòng huǎn jí 指事情有主要和次要、缓办和急办的分别。宋·朱熹《答何叔京》："圣人顾事有不能必得如其志者，则轻重缓急之间，于是乎有权矣。"《野叟曝言》一一二回："文爷的难及处，就在这等轻重缓急上分别的清。"姚雪垠《李自成》二卷三六章："故衡量轻重缓急，目前只能先筹划破洛阳，而破南阳非当务之急。"

【轻装上阵】 qīng zhuāng shàng zhèn 原指古代战士不披铁甲轻装作战。现多用来比喻放下思想包袱从事工作。

【轻嘴薄舌】 qīng zuǐ bó shé 轻：轻易，随便。薄：不厚道。指说话随便，言辞刻薄。《红楼梦》三五回："袭人听了话内有因，素知宝钗不是轻嘴薄舌奚落人的，自己方想起日王夫人的意思来，便不再提。"《二十年目睹之怪现状》九一回："你大舅爷是何等身分！你却轻嘴薄舌，拿婊子和大舅爷打起比较来。"

【倾巢而出】 qīng cháo ér chū 倾：尽。比喻全部出动。含贬义。《水浒传》一〇八回："贼兵倾巢而来，必是抵死厮并。我等何策胜之？"清·刘坤一《复李少荃制军》："各处谍报亦谓贼数倍于从前，将来倾巢而出，其锋殆不可当。"姚雪垠《李自成》二卷七章："龙驹寨官军偷袭得手之后，必然倾巢而出，云集智亭山下。"

【倾城倾国】 qīng chéng qīng guó 《汉书·孝武李夫人传》："延年侍上起舞，歌曰：'北方有佳人，绝世而独立，一顾倾人城，再顾倾人国。宁不知倾城与倾国，佳人难再得！'"意为因爱悦佳人之深而使得城与国倾覆。后用"倾城倾国"形容女子容貌极美。汉·袁康《越绝书·外传计倪》："祸晋之骊姬，亡周之褒姒，尽妖妍于图画，极凶悖于人理；倾城倾国，思昭示于后王；丽质冶容，宜求鉴于前史。"也作"倾国倾城"。南朝陈·徐陵《玉台新咏序》："虽非图画，入甘泉而不分；言异神仙，戏阳台而无别，真可谓倾国倾城，无对无双者也。"《喻世明言》卷三四："须臾，众侍女簇拥一美女至前，元乃偷眼视之，雾鬓云鬟，柳眉星眼，有倾国倾城之貌，沉鱼落雁之容。"茅盾《清明前后》三幕："相貌其实平常，然而顾影弄姿，自以为倾国倾城。"

【倾盖如故】 qīng gài rú gù 倾盖：指在路上停车，两车车盖相接，车内人亲切交谈。指新结识的朋友，一经交谈就像老朋友一样。《史记·鲁仲连邹阳列传》："有白头如新，倾盖如故。"

【倾国倾城】 qīng guó qīng chéng 见"倾城倾国"。

【倾家荡产】 qīng jiā dàng chǎn 全部家产都丧失殆尽。宋·胡太初《昼帘绪论·差役篇》："纵则箠楚禁锢，连年莫脱，其势不至于倾家荡产、鬻妻卖子，不止也。"《初刻拍案惊奇》卷二五："又且转眼无情，回头是计。所以弄得人倾家荡产，败名失德，丧躯殒命。"梁实秋《雅舍小品·奖券》："从来没听说过什么人因买奖券而倾家荡产，也从来没听说过什么人因买了奖券就不务正业。"张恨水《啼笑因缘续集》七回："老实说，我倾家荡产帮助你们,我自己不去看看,也是不放心的。"

【倾盆大雨】 qīng pén dà yǔ　雨下得像是从盆中倾倒出来的一样。唐·杜甫《白帝》诗:"白帝城中云出门,白帝城下雨翻盆。"后用"倾盆大雨"指又大又急的雨。宋·苏轼《雨意》诗:"烟拥层峦云拥腰,倾盆大雨定明朝。"《二十年目睹之怪现状》一三回:"谁知这一夜就下起了倾盆大雨来,一连三四天,不曾住点。"钱钟书《围城》五:"顾尔谦的兴致像水里浮的软木塞,倾盆大雨都打它不下。"

【倾箱倒箧】 qīng xiāng dào qiè　箧:小箱子。比喻尽其所有或彻底倒出来。《野叟曝言》一〇回:"素臣遂倾箱倒箧,把那古人之法,不传之秘,一齐揭出,喜得法雨满以奇痒。"〔注意〕倒,不读 dǎo。

【倾心吐胆】 qīng xīn tǔ dǎn　把心里话吐露出来。形容以诚相待,毫无隐瞒。元·杨显之《酷寒亭》一折:"怕不待倾心吐胆商量嫁,都是些瞒鬼谎神求食话"《水浒传》六〇回:"三个见了宋江没半点相疑之意,彼各倾心吐胆,诉说平生之事。"《醒世恒言》卷一九:"万里是个把细的人,仓卒之间,岂肯倾心吐胆。"也用"吐胆倾心"。《京本通俗小说·冯玉梅团圆》:"承信求冯公屏去左右,即忙下跪,口称'死罪',冯公用手搀扶道:'不须如此。'承信方敢吐胆倾心。"

【卿卿我我】 qīng qīng wǒ wǒ　卿:旧时朋友、夫妻间用来表示亲爱的称呼。《世说新语·惑溺》:"王安丰妇常卿安丰,安丰曰:'妇人卿婿,于礼为不敬,后勿复尔。'妇曰:'亲卿爱卿,是以卿卿。我不卿卿,谁当卿卿?'遂恒听之。"后用"卿卿我我"形容男女间情意缠绵。鲁迅《准风月谈·男人的进化》:"它们在春情发动期,雌的和雄的碰在一起,难免'卿卿我我'的来一阵。"

【清茶淡饭】 qīng chá dàn fàn　清茶:指未配有糖果、点心的茶水。指饮食简朴、粗陋。《警世通言》卷二四:"三叔,你今到寒家,清茶淡饭,暂住几日。等你老爷使人来接你。"周作人《雨天的书·喝茶》:"中国人未尝不这样吃,唯其原因,非由穷困即为节省,殆少有故意往清茶淡饭中寻其固有之味者,此所以为可惜也。"

【清规戒律】 qīng guī jiè lǜ　佛教用语。指佛教徒所必须遵守的寺规、戒律。后泛指一般的规章制度或成规惯例等(多为苛刻、陈腐或不合理、不必要的)。巴金《随想录》四二:"我对一位日本作家说,我不是文学家,所以我不用管文学上的什么清规戒律。只要读者接受我的作品就能活下去。"王火《〈战争和人〉后记》:"自然事物无穷无尽,当情感世界汹涌澎湃时,我就觉得自己不受什么框框套套或清规戒律的拘束了。"

【清平世界】 qīng píng shì jiè　指清明、太平的世道。元·李文蔚《燕青博鱼》一折:"好呵!清平世界,浪荡乾坤,你怎么当街打人?"《水浒传》七回:"林冲娘子红了脸道:'清平世界,是何道理,把良人调戏!'"

【清水衙门】 qīng shuǐ yá mén　比喻没什么油水的机构或职位。贾平凹《腊月·正月》九:"可咱的人当了站长,清水衙门!不但不进,反要往外掏!"

【清心寡欲】 qīng xīn guǎ yù　指保持内心清静,少有欲念。宋·刘安世《论不御讲筵及求乳母事再奏》:"惟冀陛下爱身进德,留意问学,清心寡欲,增厚福基。"《东周列国志》三二回:"他做了多年的侯伯,志足意满,且是耽于酒色之人,不是个清心寡欲的。"《镜花缘》七回:"处士所说清心寡欲,不过略延岁算,身无疾病而已。"端木蕻良《科尔沁旗草原》五:"好好养养,几天就好了,一要清心寡欲,二要敛性收心哪。"

【清源正本】qīng yuán zhèng běn 见"正本清源"。

【蜻蜓点水】qīng tíng diǎn shuǐ 唐·杜甫《曲江》诗:"穿花蛱蝶深深见,点水蜻蜓款款飞。"指蜻蜓在水上飞行时,用尾端轻触水面一掠而过。宋·晏殊《渔家傲》词:"嫩绿堪裁红欲绽,蜻蜓点水鱼游畔。"比喻进行某些动作时只轻轻接触表面。《镜花缘》七三回:"每日调了弦,你且莫弹整套,只将蜻蜓点水四字记定,轻轻按弦。"也比喻肤浅不深入。巴金《随想录》九:"但是努力不够,经常浮在面上,也谈不到熟悉,就像蜻蜓点水一样,不能深入,因此也写不出多少作品,更谈不上好作品了。"

【情不自禁】qíng bù zì jīn 指感情自然流露而无法控制自己。南朝梁·刘遵《七夕穿针》诗:"步月如有意,情来不自禁。"宋·罗大经《鹤林玉露》卷一二:"项王有吞岳渎意气……然当垓下诀别之际,宝泣血庙,了不经意,惟眷眷一妇人,悲歌长饮,情不自禁。"《警世通言》卷二九:"浩此时情不自禁,遂整巾正衣,向前而揖。"《红楼梦》八七回:"惜春尚未答言,宝玉在旁情不自禁,哈哈一笑,把两个人都唬了一大跳。"叶圣陶《倪焕之》一四:"这是女儿看见了久别的母亲,情不自禁,简直要把整个自己投入母亲怀里的神态。"〔注意〕禁,不读 jìn。

【情窦初开】qíng dòu chū kāi 窦:洞,孔穴。指少年男女刚开始懂得爱情。清·余治《得一录·翼化堂条约》:"试思少年子弟,情窦初开,一经寓目,魂销魄夺,因之堕入狭邪。"周克芹《邱家桥首户》三:"爱情对于这个情窦初开的姑娘,一开始就缺少欢乐。犹像和痛苦伴随她度过了妙龄青春。"

【情急智生】qíng jí zhì shēng 在情况紧急时突然想出应变的好办法。《官场现形记》二二回:"汤升情急智生,忽然想

出一条主意。"梁实秋《雅舍小品·信》:"因误会而恋爱的情人们,见面时眼睛都要迸出火星,一旦隔离,焉能不情急智生,烦邮差来传书递简?"莫应丰《竹叶子》四:"千钧一发,情急智生,张树基把排头一摆,对着河岸冲去。"

【情理难容】qíng lǐ nán róng 无论从感情还是道理上都不能容忍。《水浒传》四三回:"叵耐这厮! 我倒与了他一个银子,又饶了性命,他倒又要害我。这个正是情理难容!"《三国演义》六六回:"孙权既以妹嫁我,却乘我不在荆州,竟将妹子潜地取去,情理难容!"

【情深义重】qíng shēn yì zhòng 情义深厚。晋·温峤《重与陶侃书》:"且自顷之顾,绸缪往来,情深义重,著于人士之口。"《红楼梦》一一三回:"那糊涂的也就不理会了,那情深义重的也不过临风对月,洒泪悲啼。"《镜花缘》六八回:"况闺臣妹妹情深义重,尤令人片刻难忘,何忍一旦舍之而去?"

【情随事迁】qíng suí shì qiān 思想感情随着世事的变迁而改变。王羲之《兰亭集序》:"当其欣于所遇,暂得于己,快然自足,不知老之将至。及其所之既倦,情随事迁,感慨系之矣!"鲁迅《集外集·序言》:"或者因为不过对于一人、一时的事,和大局无关,情随事迁,无须再录。"

【情同手足】qíng tóng shǒu zú 手足:比喻兄弟。形容彼此之间感情深厚,如同兄弟。杜鹏程《战争日记·四月四日》:"以后他每到一个地方,都流着眼泪先祭奠他的情同手足的战友。"刘绍棠《绿杨堤》四:"他跟叫天子从小学一年级就是同桌,两人情同手足。"

【情投意合】qíng tóu yì hé 投:相合。形容彼此间感情融洽,心意相投。《警世通言》卷三二:"那公子俊俏庞儿,温存性儿,又是撒漫的手儿,帮衬的勤儿,与十娘一双两好,情投意合。"《红楼梦》六

四回:"只因他虽说和黛玉一处长大,情投意合,又愿同生死,却只是心中领会,从来未曾当面说出。"路遥《平凡的世界》(下)五二章:"她懂得幸福不在于自己的丈夫从事什么样的职业,而在于两个人是否情投意合。"

【情有可原】qíng yǒu kě yuán　原:宽恕,原谅。在情理上有可以被原谅的地方。唐·陆贽《授王武俊李抱真官封并招谕朱滔诏》:"朕以罪不相及,情有可原,待以初之诚,广其自新之路。"《说岳全传》四三回:"他二人因见番兵扎营山下,不敢上山缴令,虽系偷盗军粮,理当处斩;但实系日久,情有可原。"邓友梅《烟壶》一四:"丘八大爷过分劳苦,抓个人换换肩本来情有可原,只是这么一来城里人就把这东南一角视作了危途。"

【情至意尽】qíng zhì yì jìn　指对人尽心尽意,情意已经达到顶点。《诗经·大雅·板》:"天之方虐,无然谑谑,老夫灌灌,小子跷跷。"唐·孔颖达疏:"我老夫教诲汝,其意乃款款然,情至意尽,何为汝等而未知?"

【晴天霹雳】qíng tiān pī lì　霹雳:又急又响的雷。比喻突然发生的令人震惊的事情。多指灾祸。《续传灯录·洪州法昌倚遇禅师》:"忽地晴天霹雳声,禹门三级浪峥嵘。"《孽海花》一七回:"其时鲁翠诸人还在会商援救各法,猝闻这信息,真是晴天霹雳,人人裂目,个个椎心。"巴金《家》三六:"这些话对觉新虽然是一个晴天霹雳,但是他和平地接受了。他没有说一句反抗的话。"

【请君入瓮】qǐng jūn rù wèng　《太平广记》卷一二一引唐·张𬷷《朝野金载·周兴》:"唐秋官侍郎周兴与来俊臣对推事。俊臣别奉进止鞫兴,兴之知也。及同食,谓兴曰:'囚多不肯承,若为作法?'兴曰:'甚易也。取大瓮,以炭四面炙之,令囚人处其中,何事不吐!'即索大瓮,以

火围之,起谓兴曰:'有内状勘老兄,请兄入此瓮。'兴惶恐叩头,咸即款伏。"后用"请君入瓮"指以其人之道还治其人之身。《聊斋志异·席方平》:"当挪西江之水,为尔涤肠;即烧东壁之床,请君入瓮。"鲁迅《而已集·通信》:"这回我看《闲话》出版的广告,道:'想认识这位文艺批评界的权威的,——尤其不可不读《闲话》!'这真使我觉得飘飘然,原来你不必'请君入瓮',自己也会爬进来!"茅盾《子夜》八:"他向来是惯叫农民来钻他的圈套的,真不料这回是演了一套'请君入瓮'的把戏。"

【庆父不死,鲁难未已】qìng fù bù sǐ, lǔ nàn wèi yǐ　庆父:春秋时鲁庄公的弟弟。已:完结。《左传·闵公元年》载:庄公死后,庆父为篡权先后杀死两位继嗣国君,使鲁国动乱不宁。当时齐国大夫仲孙湫说:"不去庆父,鲁难未已。"后用来比喻首恶不除,祸乱不止,国家永无宁日。《晋书·李密传》:"[密]出为温令,而憎疾从事。尝与人书曰:'庆父不死,鲁乱未已。'"

【罄竹难书】qìng zhú nán shū　罄:用尽;用完。竹:竹子。古人用竹制成竹简用来写字。《吕氏春秋·明理》:"此皆乱国之所生也,不能胜数,尽荆、越之竹犹不能书。"《旧唐书·李密传》:"罄南山之竹,书罪无穷;决东海之波,流恶难尽。"后用"罄竹难书"形容事实极多,难以写尽(多指罪恶)。《明史·邹维琏传》:"维琏抗疏曰:'[魏]忠贤大奸大恶,罄竹难书。'"梁实秋《雅舍小品·旧》:"旧的东西大抵可爱,惟旧病不可复发。诸如夜郎自大的脾气,奴隶制度的残余……以及罄竹难书的诸般病症,皆以早去为宜。"

【穷兵黩武】qióng bīng dú wǔ　穷兵:用尽所有兵力。黩武:滥用武力。用尽全部兵力,任意发动战争。形容极端好战。三国魏·曹丕《诏王朗等三公》:"穷

兵黩武,古有成戒.

【穷而后工】 qióng ér hòu gōng　穷:不得志,困乏.工:精巧.旧时指文人生活愈困窘、不得志,写出的诗文愈好.宋·欧阳修《〈梅圣俞诗集〉序》:"世谓诗人少达而多穷,夫岂然哉! 盖世所传诗者,多出于古穷人之辞也……盖愈穷则愈工.然则非诗之能穷人,殆穷者而后工也."清·钱谦益《〈冯定远诗〉序》:"诗穷而后工.诗之必穷,而穷之必工,其理然也."

【穷极无聊】 qióng jí wú liáo　聊:依靠.形容极端困窘,无所依托.南朝梁·费昶《思公子》诗:"公子才气饶,凌云自飘飘……虞卿亦何命,穷极苦无聊."鲁迅《花边文学·运命》:"运命说之毫不足以治国平天下,是有明明白白的履历的.倘若还要用它来做工具,那中国的运命可真要穷极无聊了."后也形容精神空虚,无所事事.《孽海花》二九回:"你们大伯伯又在那里瞎担心了! 这种都是穷极无聊的文丐没把鼻的炒蛋,怕他们做什么."

【穷家富路】 qióng jiā fù lù　指在家时手头拮据些无妨,出门时应该多备盘缠,以应付不时之需.《三侠五义》二三回:"银子虽多,贤弟只管拿去.俗语说得好,'穷家富路'."高云览《小城春秋》四四章:"穷家富路,万一路上碰见搜查,使点钱也好过关呀."

【穷寇莫追】 qióng kòu mò zhuī　见"穷寇勿追".

【穷寇勿追】 qióng kòu wù pò　穷寇:陷入绝境的寇贼,泛指残败的敌人.不要过于逼迫已陷入绝境、走投无路的敌人,以防其拼死反扑,造成己方不必要的损失.《孙子·军争》:"归师勿遏,围师必阙,穷寇勿迫,此用兵之法也."也作"穷寇莫追".《三国演义》九五回:"兵法云:'归师勿掩,穷寇莫追.'汝可从小路抄箕

谷退兵."《野叟曝言》一二回:"素臣捉了一个盗首,并押去的两个,说道:'穷寇莫追,我们快些回去罢.'"也作"穷寇勿追".宋·苏轼《大臣论下》:"古之为兵者,围师勿遏,穷寇勿追,诚恐其知死而致死力."《西游记》八九回:"行者道:'且让他去.自古道:"穷寇勿追".且只断他归路.'"

【穷寇勿追】 qióng kòu wù zhuī　见"穷寇勿追".

【穷困潦倒】 qióng kùn liáo dǎo　潦倒:衰颓,失意.形容生活贫困、颓丧失意.周而复《上海的早晨》一部二一:"朱延年回到家里的态度和在福佑药房时完全两样,垂头丧气地坐在卧房的单人沙发里,摆着一副长马脸,没有一丝笑容,像是穷困潦倒得再也扶持不起来的样子."周大新《第二十幕》(上)一部一三:"有的人有美妻娇子,自己却百病缠身;有的人家无片瓦穷困潦倒,却来去自由身强体壮."

【穷年累月】 qióng nián lěi yuè　年复一年,月复一月.形容时间很长.明·徐光启《泰西水法序》:"退而思之,穷年累月,愈见其说之必然而不可易也."鲁迅《花边文学·考场三丑》:"那都是坐在自己的书斋里,查群籍,翻类书,穷年累月,这才脱稿的."

【穷山恶水】 qióng shān è shuǐ　贫瘠的荒山,湍急的河水.形容自然条件非常恶劣的地方.李英儒《野火春风斗古城》一一章:"她想抗日,又骂根据地是穷山恶水,后来她硬要求到平原去了."刘白羽《第二个太阳》三章:"你站在高山之巅,四处瞭望,你会觉得这儿穷山恶水,寂寞荒凉."

【穷奢极欲】 qióng shē jí yù　穷:极,尽.奢:奢侈.欲:欲望.形容极度奢侈,尽情享受.《汉书·谷永传》:"穷奢极欲,湛湎荒淫."《喻世明言》卷二二:"其

时有个佞臣伯嚭，逢君之恶，劝他穷奢极欲，诛戮忠臣。以致越兵来袭，国破身亡。"梁实秋《雅舍小品·钱》："至于豪富之家，挥金如土，未必是福，穷奢极欲，乐极生悲。"

【穷酸饿醋】 qióng suān è cù　形容寒酸迂腐的读书人。元·王实甫《西厢记》五本三折："与了一个富家，也不枉了；却与了这个穷酸饿醋。"《水浒传》三三回："近日除将这个穷酸饿醋来做个正知寨，这厮又是个文官，又没本事。"

【穷途末路】 qióng tú mò lù　穷途：阻塞不通的路，绝路。末路：路的尽头。形容陷入绝境，走投无路。《儿女英雄传》五回："你如今是穷途末路，举目无依。"陈忠实《白鹿原》三章："他声音沉重凄楚地向冷先生述说家父暴亡妻子短命家道不济这些人人皆知的祸事，哀叹自己几乎是穷途末路了。"也作"末路穷途"。欧阳山《三家巷》一四四："现在，我觉得我们两个人走进了末路穷途，前面毫无光明，毫无出路。"

【穷乡僻壤】 qióng xiāng pì rǎng　僻：偏僻。壤：指地区。指贫穷、偏远的地方。宋·曾巩《叙盗》："城郭之内，巢官莫以赈民，而犹有不得食者；穷乡僻壤、大川长谷之间，自中家以上，日昼待钱，无告籴之所。"《儒林外史》九回："穷乡僻壤，有这样读书君子，却被穷钱奴如此凌虐，足令人怒发冲冠！"鲁迅《且介亭杂文·门外文谈》："为今之计，只要酌量增减一点，使它合于各该地方所特有的音，也就可以用到无论什么穷乡僻壤去了。"

【穷形尽相】 qióng xíng jìn xiàng　穷：尽。形容刻画得极其细致逼真。晋·左思《文赋》："虽离方而遁员，期穷形而尽相。"韬奋《萍踪忆语·美国的新闻事业》："赫斯特的报，往往迎合低级趣味的社会心理，把男女的秘闻，强盗的行径，穷形尽相的描述与夸大，同时便在这种引人

注意的技术里散布他的反动的毒素。"

【穷凶极恶】 qióng xiōng jí è　穷：极端。极：达到顶点。形容极端凶狠残暴。《汉书·王莽传赞》："[莽]乃始恣睢，奋其威诈，滔天虐民，穷凶极恶，毒流诸夏。"《东周列国志》四九回："论者谓懿公弑幼主，囚国母，拘天使，虐邻国，穷凶极恶，天理岂能容乎？"《花月痕》四七回："说起四眼狗穷凶极恶，谖如道：'这绰号很熟，我好像先前见过这人。'"李劼人《大波》二部八章："你别以为现在的旗人，还是从前那么穷凶极恶的样子。"杨沫《青春之歌》二部一九章："他的嘴巴很会讲，随时随地都在做宣传。有时还唱着非常好听的男高音。狱里有点良心的看守都被他感动得改变了穷凶极恶的态度。"

【穷源竟委】 qióng yuán jìng wěi　穷：彻底追寻。源：源头。竟：穷究，追究。委：末尾。《礼记·学记》："三王之祭川也，皆先河而后海，或源也，或委也，此之谓务本。"唐·孔颖达疏："言三五祭百川之时，皆先祭河而后祭海也。或先祭其源，或后祭其委。河为海本，源为委本。"后用"穷源竟委"比喻深入探求事物的源流始末。清·章学诚《文史通义·永清县志舆地图序例》："马、班以来，二千年矣，曾无创其例者，此则穷源竟委，深为百三十篇惜矣。"

【穷源溯流】 qióng yuán sù liú　溯：寻求，探求。指深究事物的根源，探求发展的过程。老舍《文学概论讲义》五讲："为诗要穷源溯流，先辨诸家之派，如何者为曹刘，何者为沈宋，何者为陶谢……析入毫芒，学焉而得其所近。"

【穷则思变】 qióng zé sī biàn　《周易·系辞下》："穷则变，变则通，通则久。"后用"穷则思变"指事物发展到极点时就会产生变化。后多指人处于困境就会设法寻求改变。《资治通鉴·唐德宗贞元十年》："凡人之情，穷则思变，含楼贪乱，或起于

兹。"毛泽东《介绍一个合作社》:"除了别的特点之外,中国六亿人口的显著特点是一穷二白。这些看来是坏事,其实是好事,穷则思变,要干,要革命。"

【茕茕孤立】 qióng qióng gū lì　见"茕茕孑立"。

【茕茕孑立】 qióng qióng jié lì　茕茕:孤单,无依靠。孑立:孤立。形容一个人孤苦伶仃,无依无靠。晋·李密《陈情表》:"茕茕孑立,形影相吊。"也作"茕茕孤立"。唐·柳宗元《寄许京兆孟容书》:"茕茕孤立,未有子息,荒陬中少士人女子,无与为婚。"

【琼浆玉液】 qióng jiāng yù yè　琼:美玉。指美酒或甘美的饮料。唐·吕岩《赠刘方处士》诗:"瑶琴宝瑟与君弹,琼浆玉液劝我醉。"《孽海花》一○回:"忽然一滴杨枝水,劈头洒将来,正如鲜露明珠,琼浆玉液,那一个不喜欢赞叹。"也作"玉液琼浆"。《西游记》五回:"忽转头,见右壁厢长廊之下,有几个造酒的仙官,盘糟的力士,领几个运水的道人,烧火的童子,在那里洗缸刷瓮,已造成了玉液琼浆,香醪佳酿。"

【琼楼玉宇】 qióng lóu yù yǔ　琼:美玉。宋·苏轼《水调歌头·丙辰中秋作兼怀子由》词:"我欲乘风归去,又恐琼楼玉宇,高处不胜寒。"原指仙界的亭台楼阁。后形容瑰丽华美的楼宇、宫殿。梁启超《新民说》八:"帝王之琼楼玉宇,婪民之箪门圭窦,可以同成一烬。"梁实秋《雅舍小品·雅舍》:"讲到住房,我的经验不算少,……'琼楼玉宇'和'摩天大厦',各式各样,我都尝试过。"也比喻覆雪的楼宇、宫殿。《野叟曝言》一三一回:"初如柳絮因风,继若撒盐满地,落到五更,已琼楼玉宇,瑶草琪花,万里江山一片白矣。"

【秋风过耳】 qiū fēng guò ěr　汉·赵晔《吴越春秋》卷二:"欲授位季札,季札让逃去,曰:'吾不受位明矣……富贵之于

我,如秋风之过耳。'遂逃归延陵。"后用"秋风过耳"比喻对某事漠不关心,毫不在意。元·关汉卿《救风尘》二折:"那一个不指皇天各般说咒,恰似秋风过耳早休休。"《西游记》七七回:"莫说是麻绳捆的,就是碗粗的棕缆,只也当秋风过耳,何足罕哉。"

【秋高气爽】 qiū gāo qì shuǎng　爽:凉爽。形容秋日晴空明净高朗,气候凉爽宜人。宋·葛长庚《酹江月·罗浮赋别》词:"罗浮山下,正秋高气爽,凄凉风物。"《野叟曝言》一三六回:"文麟始于二十四日,由杀虎口出关,六千精兵、四十员将官,秋高气爽,士饱马腾。"鲁迅《华盖集·忽然想到》:"等到秋高气爽时节,青年们又聚集了,但不少是已经新陈代谢。"沈从文《长河·橘子园主人和一个老水手》:"九月重阳登高,必用紫芽姜焖鸭子野餐,秋高气爽,又是一番风味。"

【秋毫不犯】 qiū háo bù fàn　见"秋毫无犯"。

【秋毫无犯】 qiū háo wú fàn　秋毫:鸟兽在秋天新长的细毛,比喻微小的事物。指丝毫不侵犯别人的利益。常用来形容军队纪律严明,不侵犯老百性的利益。《后汉书·岑彭传》:"彭首破荆门,长驱拓阳,持军整齐,秋毫无犯。"《三国演义》二回:"署县事一月,与民秋毫无犯,民皆感化。"《野叟曝言》一○三回:"士豪进城,秋毫无犯,恩思百姓大悦,争出牛酒犒师,登时大定。"姚雪垠《李自成》一卷二六章:"他在城外驻了三天,秋毫不犯,赈济饥寒。"也作"秋毫不犯"。《说岳全传》八○回:"春音已回枯草绿,秋毫不犯鬼神钦。"

【秋毫之末】 qiū háo zhī mò　秋毫:鸟兽在秋天新长的细毛。秋毫的末端。比喻极微小的事物。《孟子·梁惠王上》:"明足以察秋毫之末,而不见舆薪,则王许之乎?"清·东轩主人《述异记·祝玉成

牙画》:"画事人微,渺如秋毫之末。"

【求全责备】 qiú quán zé bèi 责:要求。备:完备。指对人或事要求完美无缺。宋·刘克庄《代谢西山启》:"窃谓天下不能皆绝类离伦之材,君子未尝持求全责备之论。"鲁迅《华盖集·这个与那个》:"我独不解中国人何以于旧状况那么心平气和,于较新的机运就这么疾首蹙额;于已成之局那么委曲求全,于初兴之事就这么求全责备。"高云览《小城春秋》二三章:"他说周森所以会有那样的作风,是因为他应付复杂环境的缘故,不能求全责备。"

【求同存异】 qiú tóng cún yì 求:寻求。存:保存,保留。寻求共同之处,保留不同意见。指不因个别分歧而影响在主要方面求得一致。

【求贤若渴】 qiú xián ruò kě 寻求贤才,如同口渴想喝水一样迫切。形容求贤心切。《隋书·韦team康传》:"朕凤夜庶几,求贤若渴,冀与公共治天下,以致太平。"《三国演义》四七回:"泽曰:'人言曹丞相求贤若渴,今观此问,甚不相合。'"《野叟曝言》九八回:"孤方求贤若渴,你若果有淮阴之谋略,即当筑台拜将,共与大业。"也作"思贤若渴"。姚雪垠《李自成》二卷四八章:"李岩道:'闯王既然如此谦恭下士,思贤若渴,看重读书人,我想读书人慢慢都会来到麾下,助成大业。'"

【曲尽其妙】 qū jìn qí miào 曲:弯曲,指委曲折。尽:充分表达。委婉而细致地将其中的奥妙充分表达出来。形容表达的技巧十分高明。晋·陆机《文赋序》:"故作《文赋》以述先士之盛藻,因论作文之利害所由,他日殆可谓曲尽其妙。"宋·欧阳修《诗话》二六:"退之笔力,无施不可……叙人情,状物态,一寓诗,而曲尽其妙。"周瘦鹃《珠联璧合走钢丝》:"唐代也有绳戏,曾有人咏之以诗,

有'身轻一线中',可谓要言不繁,曲尽其妙。"

【曲径通幽】 qū jìng tōng yōu 曲:弯曲。径:小路。幽:指幽深僻静之处。弯曲的小路通向幽深僻静的地方。多形容景致僻静、幽雅。唐·常建《题破山寺后禅院》诗:"曲径通幽处,禅房花木深。"《野叟曝言》四六回:"曲径通幽,忽塑出西方教主;肉身现相,乍行来南海观音。"

【曲突徙薪】 qū tū xǐ xīn 曲:使弯曲。突:烟囱。徙:移开。薪:木柴。把烟囱改成弯曲的,移开灶旁的柴,以免发生火灾。《艺文类聚》卷八○引汉·桓谭《新论·见徵》:"淳于髡至邻家,见其灶突之直而积薪在旁,谓曰:'此且有火。'使为曲突而徙薪。邻家不听,后果焚其屋,邻家救火,乃灭。烹羊具酒谢救火者,不肯呼髡。智士讥之曰:'曲突徙薪无恩泽,焦头烂额为上客。'盖伤其贱本而贵末也。"后用"曲突徙薪"比喻预先采取措施,防止祸患发生。唐·杜牧《李给事二首》诗之一:"曲突徙薪人不会,海边今作钓鱼翁。"《野叟曝言》六四回:"意欲庆过母亲大寿,即潜游各省,熟识山川险要,察探逆窟寇穴,遇便物色未遇英雄,解散奸人党羽,以为曲突徙薪之计。"柳亚子《辛亥革命外史》:"曲突徙薪,吾谋弗用;焦头烂额,彼何人哉!"

【曲意逢迎】 qū yì féng yíng 曲意:违背本意。违背自己的本心,千方百计迎合讨好别人。宋·叶绍翁《给事缴驳论疏》:"如用兵之谋,不惟不能沮止,乃从而附合,曲意逢迎,贻害生民,恬不知恤。"《三国演义》八回:"卓偶染小疾,貂蝉衣不解带,曲意逢迎,卓心愈喜。"周而复《上海的早晨》四部四○:"他也不要看经理的脸色办事,更不需要曲意逢迎经理的欢心。"

【屈打成招】 qū dǎ chéng zhāo 屈打:冤枉被拷打。招:招供。指无罪的人在

严刑拷打之下被迫认罪。元·无名氏《神奴儿》四折:"拖到宫中,三推六问,吊拷绷扒,屈打成招。"《封神榜》三一回:"谁知妖妇妲己心怀不正,所仗君父得宠,无般的苦动非刑,心想要屈打成招。"《三侠五义》三八回:"此事非是官府屈打成招的,乃是兄自行承认的,又何必向包公那里分辩去呢?"

【屈高就下】 qū gāo jiù xià　屈高:委曲高贵身份。就:接近,指交往。指降低身份屈就地位低下的人。元·无名氏《谇范叔》二折:"须贾有何德能,敢劳老相国屈高就下。"元·武汉臣《玉壶春》一折:"秀才若肯屈高就下,妾身愿与秀才做一程伴。"

【屈指可数】 qū zhǐ kě shǔ　屈指:弯着手指头计算数目。弯着手指就可以数出来。形容数目很少。宋·欧阳修《唐安公美政颂》:"今文儒之盛,其书屈指可数者,无三四人,非皆不能,盖忽不为尔。"周而复《上海的早晨》三部二七:"别说在上海,就是在全国,你也是屈指可数的专家。"周大新《第二十幕》(中)三部二四:"每天上门的顾客变得寥寥无几屈指可数,在柜前收银的女主人阿倩不得不将那依然耐看的双眉拧成了一条细缝。"

【趋利避害】 qū lì bì hài　趋向有利的,避开有害的。汉·霍谞《奏记大将军梁商》:"至于趋利避害,畏死乐生,亦复均也。"《明史·徐学诗传》:"而精悍警敏,揣摩巧中,足以趋利避害。"

【趋炎附势】 qū yán fù shì　趋:追逐,投靠。炎:指有权势者。附:依附。指投靠、依附有权势的人。含贬义。宋·萧注《与李泰伯书》:"心铭足下之道,故发此书以闻;非今之趋炎附势辈,闻足下有大名而沾相知之幸。"《官场现形记》二八回:"他生平最是趋炎附势的,如何肯销声匿迹。"鲁迅《华盖集·通讯》:"现在常有人骂议员,说他们收贿,无特操,趋炎

附势,自私自利。"刘玉民《骚动之秋》七章:"他恨岳鹏程变本加厉,更恨上边那些呼风唤雨的官僚和趋炎附势的家伙们。"

【趋之若鹜】 qū zhī ruò wù　鹜:鸭子。像鸭子一样成群地跑过去。比喻很多人争相追逐、趋附。含贬义。《孽海花》二七回:"白云观就是他纳贿的机关,高道士就是他作恶的心腹,京外的官员那个不趋之若鹜呢。"路遥《早晨从中午开始》三一:"一般的刊物和出版社都对新潮作品趋之若鹜,不会对这类作品感兴趣。"

【曲高和寡】 qǔ gāo hè guǎ　曲:音乐曲调。高:高深。和:跟着唱。战国·宋玉《对楚王问》:"客有歌于郢中者,其始曰《下里巴人》,国中属而和者数千人。……其为《阳春白雪》,国中属而和者不过数十人。引商刻羽,杂以流徵,国中属而和者不过数人而已。是其曲弥高,其和弥寡。"意为曲调越高深,能跟着唱的人越少。后用"曲高和寡"比喻思想、言行、文艺作品等高深,不能为多数人所理解接受。三国魏·阮瑀《筝赋》:"曲高和寡,妙伎难工。"《老残游记二集》五回:"我在省城只听人称赞靓云,从没有人说起逸云,可知道曲高和寡呢。"周而复《上海的早晨》四部三六:"曲高和寡,可以不可以调调胃口,谈点大家容易懂的?"〔注意〕和,不读 hé。

【取长补短】 qǔ cháng bǔ duǎn　吸取别人的长处,弥补自己的不足。周而复《上海的早晨》四部七:"老年和青年团结合作,取长补短,各得其所,岂不妙乎哉?"姚雪垠《李自成》二卷五二章:"文武们要一心一德,取长补短。"

【取而代之】 qǔ ér dài zhī　夺取别人的地位、权利而代替他。《史记·项羽本纪》:"秦始皇帝游会稽,渡浙江,梁与籍俱观。籍曰:'彼可取而代也。'"宋·俞德邻《佩韦斋辑闻》卷一:"始皇南巡会稽,

高帝时年二十有七,项籍才十二三耳,已有取而代之之意."刘玉民《骚动之秋》一〇章:"岳鹏程当上支部书记后,那几个头面人物,一直明里暗里与岳鹏程斗法,试图取而代之."后也泛指一种事物代替另一种事物.老舍《四世同堂》四一:"当杏子还没断绝,小桃子已经歪着红嘴想取而代之."

【取精用弘】 qǔ jīng yòng hóng 精:精华.弘:大.指从所占有的大量材料中提取精华.朱自清《经典常谈·〈史记〉〈汉书〉第九》:"兰台是皇家藏书之处,他取精用弘,比家中自然更好."

【取之不尽,用之不竭】 qǔ zhī bù jìn, yòng zhī bù jié 拿不尽,用不完.形容非常丰富.宋·朱熹《朱子语类·孟子七》:"他那源头只管来得不绝,取之不尽,用之不竭,来供自家用."刘心武《钟鼓楼》三章:"在兵团的几年生活对他们来说是一种宝贵的体验,他们从而有了取之不尽、用之不竭的精神资本."

【去粗取精】 qù cū qǔ jīng 去掉粗陋的部分,保留精华.毛泽东《中国革命战争的战略问题》一章四:"指挥员使用一切可能的和必要的侦察手段,将侦察得来的敌方情况的各种材料加以去粗取精、去伪存真,由此及彼、由表及里的思索."

【去伪存真】 qù wěi cún zhēn 排除虚假的,保留真实的.《续传灯录·和州褒禅溥禅师》:"权衡在手,明镜当台,可以摧邪辅正,可以去伪存真."孙犁《与友人论传记》:"就是凭作者的识见,在庞杂丛芜的材料中,做大量的去伪存真的工作."

【权衡轻重】 quán héng qīng zhòng 权:秤锤.衡:秤杆.衡量、比较主要的和次要的.《鬼谷子·捭阖》:"捭之者,料其情也;阖之者,结其诚也.皆见其权衡轻重,乃为之度数."老舍《老张的哲学》

四〇:"所不幸的是他的立脚点不十分雄厚稳健,所以他的进退之际不能不权衡轻重,看着有时候像不英武似的."

【权倾天下】 quán qīng tiān xià 倾:压倒.形容权势极大.五代·王仁裕《开元天宝遗事·依冰山》:"杨国忠权倾天下,四方之士争诣其门."宋·魏泰《东轩笔录》卷七:"熙宁八年,吕惠卿为参知政事,权倾天下."

【权宜之计】 quán yí zhī jì 权宜:加以变通而使之暂时适合.为了应付某种情况而暂时采取的变通办法.《后汉书·王允传》:"卓既歼灭,自谓无复患难,及在际会,每乏温润之色,杖正持重,不循权宜之计,是以群下不甚附之."《二刻拍案惊奇》卷九:"他也着意,恐怕我来回话姐姐不信,疑是一时权宜之计,哄上轿的说话,故此拿出这戒指来为信."《二十年目睹之怪现状》二三回:"这不叫做伪,这是权宜之计;倘使你一定不答应,一时闹起来,又是个笑话."周而复《上海的早晨》二部一八:"这是不得已的权宜之计,渡过了目前的难关,让我喘口气,我还是要想办法赎回来的."

【全军覆灭】 quán jūn fù miè 见"全军覆没".

【全军覆没】 quán jūn fù mò 覆:翻.没:沉.指军队全部被消灭.《旧唐书·李希烈传》:"官军皆为其所败,荆南节度张伯仪全军覆没."《喻世明言》卷八:"臣谓深入非宜,尚当持重;主帅不听,全军覆没."《镜花缘》五八回:"昨因武后回光反照,气运已衰,正好一举成功;不料起兵未久,竟致全军覆没."李劼人《大波》二部七章:"同志军好不利害!只一伙火,就叫一队新军全军覆没,杀得他们一个不留."周大新《第二十幕》(中)二部一三:"倘是万一失利,在这座没有多少回旋余地的城池里很可能就会全军覆没."也作"全军覆灭".萧乾《人生采访·进军莱茵》："一年前一团加拿大兵夜袭以试探法国西岸的德军防御,竟几乎弄得全军覆灭。"

【全力以赴】 quán lì yǐ fù　赴:往;前往。指将全部力量都投入到某事中。刘白羽《第二个太阳》一章:"他的全部生涯似乎就在不断承受重担中度过,而且担子愈重,愈唤出他那一往无前,全力以赴的英雄气概。"刘玉民《骚动之秋》二五章:"第二天一早安天生便回电表示,愿意全力以赴,为创建龙山水泥厂和进一步开发李龙山区效力。"

【全神贯注】 quán shén guàn zhù　贯注:(精力、精神)集中。形容精神高度集中。张天翼《速写三篇·包氏父子》:"打了个呵欠,那位先生又全神贯注在那张纸上。"钱钟书《围城》五:"人事太忙了,不许我们全神贯注,无间断地怀念一个人。"

【全心全意】 quán xīn quán yì　指投入全部心思和精力,毫无杂念。杨沫《青春之歌》二部三八章:"谁是全心全意为着民族国家而日夜奔波? 谁又是享着高官厚禄、鱼肉人民,而在一块块拍卖自己祖宗世世代代居住的国土? 这个不用我多讲。同学们可以从最近几年的历史中得到非常明显的证实。"柳青《创业史》一部二六章:"她对不顾一切要搞好互助合作的儿子全心全意地支持。"

【拳打脚踢】 quán dǎ jiǎo tī　用拳头打,用脚踢。形容凶狠地殴打。《儒林外史》九回:"还说什么! 为你这两个人,连累我一顿拳打脚踢。"李国文《冬天里的春天》三章:"人们扑上来,拳打脚踢,要打掉他的'嚣张气焰'。"

【犬马之劳】 quǎn mǎ zhī láo　犬马:旧时臣子对君主、仆人对主人的自喻。表示愿意像狗和马一样听凭驱使、奔走效力。《晋书·段灼传》:"愿陛下思子方之仁,念犬马之劳,思惟盖之报,发仁惠

之诏,广开养老之制。"《醒世恒言》卷二七:"我蒙老爷识拔之恩,少效犬马之劳,何足挂齿!"《镜花缘》六八回:"倘蒙格外垂慈,许留宇下,策其犬马之劳,万死不悔!"周而复《上海的早晨》四部五:"听候慕韩兄的吩咐,小弟愿效犬马之劳。"

【犬牙交错】 quǎn yá jiāo cuò　狗的牙齿上下参差不齐。形容地形交界处交叉错杂。也泛指形势错综复杂。《汉书·景十三王传》:"先帝所以广封连城,犬牙相错者,为盘石宗也。"清·魏源《圣武记》卷一二:"且三省犬牙交错,有今日川,明日楚,后日陕者。"茅盾《报施》:"他迟疑了相当时间,终于向师长请准了长假,离开那服务了三年多的师部,离开那敌我犬牙交错、随时会发生激战的第 X 战区。"

【劝善惩恶】 quàn shàn chéng è　见"惩恶劝善"。

【却病延年】 què bìng yán nián　却:除去,消除。指消除病痛,延长寿命。《东周列国志》八七回:"修真养性,服食导引,却病延年,冲举可俟。"鲁迅《且介亭杂文·病后杂谈》:"第一种的名称不大好听,第二种却也是却病延年的要诀,古之儒者也不讳言的。"

【却之不恭】 què zhī bù gōng　却:推辞,拒绝。拒绝别人的馈赠或邀请是对人不恭敬。后用作接受馈赠或邀请时的客套话。《孟子·万章下》:"'却之却之为不恭',何哉?"《水浒传》七二回:"李师师接着,拜谢道:'员外识荆之初,何故以厚礼见赐? 却之不恭,受之太过。'"《二十年目睹之怪现状》七六回:"你车老爷那么赏脸,实在是却之不恭,咱们就同去。"姚雪垠《李自成》三卷一四章:"虽然我还不缺少银子使用,但既是闯王所赐,却之不恭,我只好收下吧。"

【鹊巢鸠居】 què cháo jiū jū　鹊:喜鹊。鸠:斑鸠。《诗经·召南·鹊巢》:"维

鹊有巢，维鸠居之。"原比喻女子出嫁，住在夫家。后用"鹊巢鸠居"比喻夺取、占据别人的房屋、土地、位置等。清·魏源《海国图志叙》："教阅三更，地割五竺，鹊巢鸠居，为震旦毒。"也作"鹊巢鸠占"。清·朱雝《翡翠园·谋房》："鹊巢鸠占计偏迁，虎威狐假情难恕。"邓一光《我是太阳》五部五："他的办公室已经有人占据了，鹊巢鸠占，已经不属于他了，它已经属于那个叫庞若飞的人了了。"

【鹊巢鸠占】 què cháo jiū zhàn　见"鹊巢鸠居"。

【群策群力】 qún cè qún lì　汉·扬雄《法言·重黎》："或问：'楚败垓下方死，曰天也，谅乎？'曰：'汉屈群策，群策屈群力；楚憝群策，而自屈其力。屈人者克，自屈者负，天曷故哉！'"后用"群策群力"指大家一起出谋出力，发挥集体的力量。宋·陈元晋《见郑参政启》："寔赖同心同德之臣，咸合群策群力之助。"《野叟曝言》一〇一回："如必需群策群力，即把数年来结识这些武勇尽数招集，并力奏功。"魏巍《东方》五部三章："当时，尽管作战任务繁重，炸药不足，工具缺乏，但是经过全军上下群策群力，自制了许多工具，创造了各种方法，在敌机敌炮的威胁下，一面作战，一面向顽石进军。"

【群龙无首】 qún lóng wú shǒu　首：首领，领头的人。《周易·乾》："见群龙，无首，吉。"后用"群龙无首"比喻一群人中没有领导者。明·沈德符《万历野获编·阁试》："至丙辰而群龙无首，文坛丧气。"

梁启超《论民气》："凡团体，必有指挥者，有受指挥者。苟无此德，则人人欲为指挥者，不愿为受指挥者；群龙无首，顷刻而溃也。"刘醒龙《分享艰难》："到了第三天，几乎所有人来后都要说养殖场不能就这么群龙无首，否则全镇干部职工就没有钱买过年肉了。"

【群魔乱舞】 qún mó luàn wǔ　比喻众多坏人肆无忌惮的为非作歹。也比喻一群人丑态百出。蒋子龙《大周天》："场地上如群魔乱舞：打滚儿的，翻跟头的，撒欢的，睡觉的。有的闭着眼似是真发功。也有不少坏小子，成心起哄凑热闹，借机狂欢。"

【群起而攻之】 qún qǐ ér gōng zhī　大家一齐起来攻击、反对他。宋·杨万里《李侍郎传》："自古官官之盛衰，系有国之兴亡。其盛也，始则人畏之，甚则人恶之，极则群起而攻之。"《糊涂世界》一一回："务要探听明白，群起攻之，方是正办，万万不可忍气受亏。"

【群贤毕至】 qún xián bì zhì　指贤能之士聚集在一起，济济一堂。晋·王羲之《兰亭集序》："永和九年，……会于会稽山阴之兰亭，修禊事也。群贤毕至，少长咸集，此地有崇山峻岭，茂林修竹。"端木蕻良《曹雪芹》一八："好了！好了！群贤毕至，少长咸集，快来接着玩咱们的吧。"

【群蚁附膻】 qún yǐ fù shān　《庄子·徐无鬼》："羊肉不慕蚁，蚁慕羊肉。羊肉，膻也。"后用"群蚁附膻"比喻众人争相附有利可图或所热衷的事物。唐·卢仝《与李渤书》："大凡今之人，奔分寸之禄，走丝毫之利，如群蚁之附膻膻，聚蛾之投燔火。取不为丑，贪不避死。"

R

【燃眉之急】 rán méi zhī jí　像火烧眉毛那样紧急。比喻情况非常紧迫。明·李开先《亡妹卢氏妇墓志铭》:"一日,偶见枕顶绣鞋……妹言:'吾所手制,将鬻之以救燃眉之急。'"萧乾《人生采访·德奥沿义[意]瑞边境到巴黎》:"多少主妇致函报馆要德、奥女来英充佣工,但英当局深恐为了救济燃眉之急,增加了后日的失业。"刘醒龙《暮时课诵》七:"说穿了,慧明不是那种趋炎附势的人,他是为了解燃眉之急,才这样做的。"

【让枣推梨】 ràng zǎo tuī lí　让枣:《梁书·王泰传》:"年数岁时,祖母集诸孙侄,散枣栗于床上,群儿皆竞之,泰独不取。问其故,对曰:'不取,自当得赐。'由是中表异之。"推梨:《后汉书·孔融传》唐·李贤注引《孔融家传》:"年四岁时,每与诸兄共食梨,融辄引小者。大人问其故,答曰:'我小儿,法当取小者。'"后多用"让枣推梨"比喻兄弟友爱谦让。《梁书·武陵王纪传》:"兄肥弟瘦,无复相代之期;让枣推梨,长罢欢愉之日。"

【饶有兴味】 ráo yǒu xìng wèi　饶:多,丰富。兴味:兴趣,趣味。指很有兴趣。张贤亮《绿化树》二三:"这时她正背向着人群,朝那条干沟走去。我的组员们还站在肥堆旁边,用中立的姿态饶有兴味地观望。"叶文玲《浪漫的黄昏》四:"我饶有兴味地一页页翻看着,只觉得耳鼓里又隐隐奏起城隍庙小戏台的流云之响和绕梁之声……"

【惹火烧身】 rě huǒ shāo shēn　惹:招引。比喻招惹灾祸,害了自己。《封神榜》一五回:"我劝老贤弟不必进宫见驾,只恐昏君不听你我之言,反倒龙心一怒,岂不是惹火烧身,身受其害!"周而复《上海的早晨》三部一:"她再也忍不住了,不能看着徐义德惹火烧身。"

【惹事生非】 rě shì shēng fēi　见"惹是生非"。

【惹是生非】 rě shì shēng fēi　《京本通俗小说·志诚张主管》:"孩儿,你许多不行这条路,如今去端门看灯,从张员外门前过,又去惹是招非。"后多用"惹是生非"指招惹是非,制造麻烦。《喻世明言》卷三六:"如今再说一个富家,安分守己,并不惹是生非。"巴金《春》一〇:"剑云胆怯地望了望,连忙阻止觉民道:'轻声点。给别人听见又会惹是生非的。'"周而复《上海的早晨》一部三〇:"勇复基是一位怕惹是生非的守本分的会计师,与自己无关的事他绝不过问。"也作"惹事生非"。李劼人《大波》三部一章:"又如你不在这时节正大光明地同官兵打仗,你怎么舍得拿出白花花的大捧银子,来买这些惹事生非的凶器呢?"蒋子龙《赤橙黄绿青蓝紫》八:"他在她的眼里原来是和何顺差不多的,是个浅薄的、喜欢惹事生非的小青年。"

【热锅上蚂蚁】 rè guō shàng mǎ yǐ　比喻处于困境而焦躁不安、惶恐失措的人。《红楼梦》三九回:"那茗烟去后,宝玉左等也不来,右等也不来,急的热锅上的蚂蚁一般。"丁玲《太阳照在桑乾河上》

四一：“刘满找人生事有什么不对呢，他天天饭也不吃，活也不做，像热锅上蚂蚁，谁也清楚是为桩什么事。”

【热火朝天】 rè huǒ cháo tiān　热火：熊熊燃烧的火焰。形容气氛热烈、情绪高涨。梁斌《红旗谱》二〇：“心里想着，北伐战争，革命的洪流，激烈的人群，热火朝天的场景，就像在眼前。”浩然《车轮飞转》上：“秋收开始不久，各小车队之间竞赛搞得热火朝天。”

【热泪盈眶】 rè lèi yíng kuàng　盈：充满。激动的泪水充满眼眶。形容心情非常激动。巴金《春》二六：“她那悲痛的声音响彻了每个观众的心。楼座的观众跟着那个刚毅的女子湘沄，淑英频频地揩眼睛，琴也是热泪盈眶了。”杨沫《青春之歌》二部四四章：“他望着这些青年学生纯真的热烈的眼睛，忍不住热泪盈眶、喉头哽咽。”

【热血沸腾】 rè xuè fèi téng　形容情绪十分热烈激昂。茅盾《子夜》九：“她是怎样地受感动，怎样地热血沸腾。”从维熙《远去的白帆》三：“在震耳欲聋的‘笛声’中，我感到热血沸腾，不知是什么力量促使我竟然朝他挥动了拳头。”

【人不知鬼不觉】 rén bù zhī guǐ bù jué　形容行事十分隐蔽，不被察觉。《初刻拍案惊奇》卷一一：“乘此暮夜无人，就烦你船载到那里，悄悄地埋了，人不知鬼不觉。”《红楼梦》六四回：“择了日子，人不知鬼不觉娶了过去，嘱咐家人不许走漏风声。”老舍《四世同堂》七二：“凡是瑞丰所供出的特务，都人不知鬼不觉的丧了命。”杨沫《青春之歌》一部一一章：“热河战争刚开战的第一天，敌人还离着不知有多远，这位宋老官也没上天，也没下海，却人不知鬼不觉地悄悄飞回了南京。”

【人才辈出】 rén cái bèi chū　辈出：一批一批地不断出现。指有才能的人不断地大量涌现。宋·张栻《西汉儒者名节何以不竞》：“而中世以后，人才辈出。”鲁迅《伪自由书·大观园的人才》：“于是人才辈出，各有巧妙不同，出场的不是老旦，却是花旦了，而且这不是平常的花旦，而是海派戏广告上所说的‘玩笑旦’。”

【人才出众】 rén cái chū zhòng　指人的才德仪表超出众人之上。才，也作“材”。《醒世恒言》卷三六：“瑞虹也见朱源人材出众，举止闲雅，暗道：‘这官人到好个仪表，果是个斯文人物。’”魏巍《东方》四部五章：“我一看这闺女，思想进步，作风朴实，聪明伶俐，人才出众，还外加敢想敢干，别说三里五乡，就是全县也难找。”

【人才济济】 rén cái jǐ jǐ　济济：众多的样子。形容有才能的人很多。《老残游记》三回：“幕府人才济济，凡有所闻的，无不罗致于此了。”姚雪垠《李自成》二卷一七章：“他在心中赞叹说：‘可见李自成手下人才济济！’”〔注意〕济，不读 jì。

【人才难得】 rén cái nán dé　有才能的人不容易得到。《艺文类聚》卷四八引晋·袁准《袁子》：“使治乱制在一人之手，权重而人才难得，居此职，称此才者，有一也。”元·费唐臣《贬黄州》一折：“主上震怒，送廷尉治罪，要处之死地，我想来，人才难得，又使主上有杀近臣之名，只索救他一遭去。”《儿女英雄传》一八回：“从古人才难得，我看你虎头燕颔，封侯万里。”

【人稠物穰】 rén chóu wù ráng　稠：多，密。穰：繁盛，众多。人口稠密，物产丰盛。形容十分兴盛繁荣。元·王实甫《破窑记》一折：“你看那官员士庶，经商客谈，做买做卖的，端的是人稠物穰也。”《喻世明言》卷二四：“走到大街上，人稠物穰，正是热闹。”

【人地生疏】 rén dì shēng shū　对人事和周围的环境都不熟悉。多就初到一地而言。《情变》六回："这里人地生疏,样样不惯。"鲁迅《三闲集·我和〈语丝〉的始终》:"到得厦门,我投稿就很少了。一者因为相离已远,不受催促,责任便觉得轻;二者因为人地生疏,学校里所遇到的又大抵是些念佛老妪式口角,不值得费纸墨。"钱钟书《围城》五:"这把五人吓坏了,跟办事员讲了许多好话,说人地生疏,铺保无从找起,可否通融一下。"王火《战争和人》(二)卷七:"童霜威沉吟着说:'我看,还是冒险过封锁线的好。我们三个人目标不小,在此人地生疏,不是土生土长,既有战事,逗留无益。'"

【人定胜天】 rén dìng shèng tiān　人定:人谋。指人的主观能动作用。天:自然。指人力可以战胜自然。宋·刘过《襄阳歌》:"歌曰人定兮胜天,半璧久无胡日月。"《喻世明言》卷九:"假如上等贵相之人,也有做下亏心事,损了阴德,反不得好结果。又有犯着恶相的,却因心地端正,肯积阴功,反祸为福。此是人定胜天,非相法之不灵也。"《花月痕》二四回:"蕴空说得好:人定胜天,要看本领。"阿城《树王》七:"人定胜天。老天爷开过田吗? 没有,人开出来了,养活自己。"

【人多口杂】 rén duō kǒu zá　见"人多嘴杂"。

【人多势众】 rén duō shì zhòng　人多势力大。《红楼梦》一〇回:"话说金荣因人多势众,又被贾瑞勒令,赔了不是,给秦钟磕了头,宝玉方才不吵闹了。"老舍《四世同堂》四六:"这个办法不一定能避免灾患,可是在心理上有很大的作用,它能使两个院子的人都感到人多势众,减少了恐慌。"周立波《暴风骤雨》二部六:"杜善人的秃头冒出汗珠子,人多势众,他害怕了。"

【人多手杂】 rén duō shǒu zá　指动手的人多而杂乱。《红楼梦》三七回:"老太太屋里还罢了,太太屋里人多手杂。"茅盾《子夜》一五:"那是你们自己先叫了许多人,又不同我打招呼;人多手杂,吃几记是有的。"梁斌《红旗谱》二四:"到了大地方,人多手杂,要多个心眼儿。"

【人多嘴杂】 rén duō zuǐ zá　指谈论的人多,七嘴八舌,各种说法都有。《镜花缘》五九回:"闺臣恐人多嘴杂,说话不便,即同良箴、红蕖、紫绡另在一房居住,暗托若花、兰音陪伴众人。"也作"人多口杂"。《官场现形记》四回:"戏房里人口杂,得罪了少爷不是玩的。"

【人浮于事】 rén fú yú shì　浮:多余,超过。指人员的数量多于工作所需,人多事少。《儿女英雄传》二四回:"他从前就在邳州衙门,如今在兄弟这里,人浮于事,实在用不开。"茅盾《虹》四:"你托我找的事,毫无希望。十四元一月的小学教员也是人浮于事!"韦君宜《她这一辈子》:"这时我再到她家去,发现他们夫妇都变得唠叨起来。还是谈政治,谈的是机关怎样人浮于事,一个人的工作分十个人做。"

【人高马大】 rén gāo mǎ dà　形容人身材十分高大魁梧。《封神榜》二一四回:"一个个,狰狞相貌天神样,人高马大有威风。"邓一光《我是太阳》五部一:"他和他的父亲一样长得人高马大,宽肩窄臀,浓眉大眼。"李佩甫《红蚂蚱绿蚂蚱·狗娃舅》:"矮归矮,却是割草的一把好手。靠了那割不完的草,他一天挣去十二分,气得那些人高马大的舅们骂街!"

【人各有志】 rén gè yǒu zhì　人有各不同的志向。多指志向不一,不能勉为其难。《三国志·魏书·胡昭传》:"昭往应命,既至,自陈一介野生,无军国之用,归诚求去。太祖曰:'人各有志,出处异趣,勉卒雅尚,义不相屈。'"唐·孟云卿《今别离》诗:"严风吹积雪,晨起鼻何酸;人生各有志,岂不怀所安。"《说岳全传》二一回:"安人道:'人各有志,且自由他们罢了。'"巴金《随想录》四〇:"人各有志。即使大家都在探索,目标也不尽相同。"

【人欢马叫】rén huān mǎ jiào 形容热闹欢腾、生气勃勃的景象。魏巍《东方》三部二章:"可耿长锁断了社,早晨钟一响,人欢马叫,花轱辘大马车开始摆出大半道街,干起活来,你说是小伙老头儿,你说是闺女媳妇,都是唱着歌往前冲。"

【人荒马乱】rén huāng mǎ luàn 形容局势动荡、混乱。鲁迅《故事新编·理水》一:"现在又是这么的人荒马乱,交通不方便。"邓友梅《烟壶》七:"国家要给洋人拿庚子赔款,咱们旗人的钱粮打对折。人荒马乱的也没人办堂会请票友,我这买卖也拉不成了。"

【人迹罕至】rén jì hǎn zhì 罕:少。指荒凉偏僻、少有人到的地方。汉·荀悦《汉纪·孝武纪二》:"而夷狄殊俗之国,辽绝异党之地,舟车不通,人迹罕至。"《野叟曝言》九五回:"峒后一山,名天阙,人迹罕至。"鲁迅《朝花夕拾·从百草园到三味书屋》:"拍雪人和塑雪罗汉需要人们鉴赏,这是荒园,人迹罕至,所以不相宜,只好来捕鸟。"杜鹏程《我的第二故乡》:"这必定是敌机轰炸和撤退中的人群,把这些善良的小生物赶到这人迹罕至的地方了。"

【人杰地灵】rén jié dì líng 杰出的人出生或到过的地方就会成为名胜。后也指灵秀之地出杰出人物。唐·王勃《秋日登洪府滕王阁饯别序》:"物华天宝,龙光射牛斗之墟;人杰地灵,徐孺下陈蕃之榻。"明·张岱《西湖佳话·葛岭仙迹》:"此岭在晋时,曾有一异人葛洪,在此岭上修炼成仙,一时人杰地灵,故人之姓,即冒而为岭之姓也。"《镜花缘》七一回:"古人云:'人杰地灵。'人不杰,地安得灵?地不灵,树又安得而生?"也作"地灵人杰"。唐·王勃《彭州九陇县龙怀寺碑》:"地灵人杰,自朝野而重光。"《东周列国志》六

回:"晏子观看郳都城郭坚固,市井稠密,真乃地灵人杰,江南胜选也。"

【人尽其才】rén jìn qí cái 尽:穷尽,全部表现出来。指人能够充分发挥自己的才能。《淮南子·兵略训》:"若乃人尽其才,悉用其力,以少胜众者,自古及今未尝闻也。"贾平凹《腊月·正月》九:"现在就是人尽其才的时候,咱能挡住社会吗?咱不让王才发家,人家难道就不发了?"

【人困马乏】rén kùn mǎ fá 人马都很疲倦困乏。形容疲劳不堪。《水浒传》三四回:"看看天色晚了,又走得人困马乏,巴得到那山下时,正欲下寨造饭,只见山上火把乱起,锣鼓乱鸣。"《三国演义》一一回:"此时人困马乏,大家面面相觑,各欲逃生。"《说岳全传》三〇回:"可怜杨虎杀了一日,走了一夜,肚中又饥,人困马乏,那里战得过四将?"姚雪垠《李自成》二卷二二章:"从后半夜到现在已经赶了九十里,人困马乏,又饥又渴。"

【人来人往】rén lái rén wǎng 指人来来往往忙于应酬,也形容十分热闹。《红楼梦》一一〇回:"这两三天人来人往,我瞧着那些人都照应不到,想必你没有份吶,——还得你替我们操点心儿才好!"鲁迅《彷徨·孤独者》五:"他交运之后,人来人往,我把正屋让给他住了,自己便搬在这厢房里。"丁玲《太阳照在桑乾河上》四七:"街上像赶集一样的人来人往,黑板报前挤满了人,前边的人念着,后边的人听着,念着听着的人都笑了。"

【人老珠黄】rén lǎo zhū huáng 比喻人年纪大了,如同珍珠年久变黄不值钱了。多指女子年老色衰,被人嫌弃。《缀白裘·醉菩提·醒妓》:"你掉转头来,人老珠黄,栖栖惶惶,掩上门儿,愁听别院笙歌!"王火《战争和人》(三)卷七:"我本来会说书,已经出了点名,但大了八岁年纪,荒疏了八年,搭班子人老珠黄也没人

要了!"张炜《古船》二一章:"隋不召当场吃掉三块,感叹野糖的滋味再也不如记忆中的好了。张王氏立刻不快,说她那时如花似玉,野糖自然没人敢贬;如今人老珠黄,野糖也不甜了。"

【人满为患】rén mǎn wéi huàn　人太多了造成麻烦。李劼人《大波》一部六章:"听说成都府属十六州县的局子,早已人满为患。"李佩甫《无边无际的早晨》一○:"乡下人也不考虑村子以外的事体,他们在极狭小的范围里劳作,不晓得什么叫人满为患。"

【人面兽心】rén miàn shòu xīn　外貌是人,内心却如野兽一般。原用来讽刺外族野蛮、不开化。《汉书·匈奴传赞》:"被发左衽,人面兽心。"后形容人心肠狠毒,卑鄙残忍。《西游记》七六回:"我不出去,是失信与他;若出去,这妖精人面兽心:先时说送我师父,哄我出来咬我,今又调兵在此。"《三侠五义》七四回:"世间竟有这样得鱼忘筌,人面兽心之人,实实可恶。"张恨水《啼笑因缘》四回:"你这人面兽心的人,我只说你和我交朋友,是一番好意,原来你是来骗我的闺女,我非和你打官司不可!"高云览《小城春秋》三四章:"陈晓最后所能使的一个武器是他那张嘴,他逢人咒骂赵雄'人面兽心'。"

【人命关天】rén mìng guān tiān　事关人的生命,关系重大。元·关汉卿《拜月亭》四折:"可须因缘数定,则这人命关天。"《初刻拍案惊奇》卷一五:"人命关天,怎便将我家人杀害了? 不去府里出首,更待何时!"《官场现形记》五七回:"首县一听,人命关天,这一惊非同小可!"周而复《上海的早晨》三部二八:"不要血口喷人,这不是儿戏,人命关天呀!"

【人命危浅】rén mìng wēi qiǎn　危:危急。浅:时间短。指寿命已不长久,即将死亡或覆灭。晋·李密《陈情表》:"但以刘日薄西山,气息奄奄,人命危浅,朝

不虑夕。"宋·魏了翁《哭杜威州文》:"忧患摧心,精力遐漂,靡所济集,益觉岁月遒卒,人命危浅。"

【人莫予毒】rén mò yú dú　莫:没有谁。予:我。毒:伤害。没有什么人能伤害我。《左传·宣公十二年》:"及楚杀子玉,公喜而后可知也。曰:'莫余毒也已。'"后用"人莫予毒"形容狂妄自大,目空一切。章炳麟《致张继于右任书》:"长此不悟,纵令势力弥满,人莫予毒,亦乃与满洲亲贵等夷。"毛泽东《新民主主义论》七:"那种'一人独吞'、'人莫予毒'的派头,不过是封建主的老戏法,拿到二十世纪四十年代来,到底是行不通的。"

【人怕出名猪怕壮】rén pà chū míng zhū pà zhuàng　猪长肥了就会被宰杀,人出了名就会惹人注意,招来麻烦。多用来指遇事不愿出头露面。《红楼梦》八三回:"咱们一日难似一日,外面还是这么讲究。俗语儿说的,'人怕出名猪怕壮',况且又是个虚名儿,终久还不知怎么样呢。"鲁迅《花边文学·趋时和复古》:"但是,'人怕出名猪怕壮',他这时也要成为包起来作为医治新的'趋时'病 的药料了。"

【人弃我取】rén qì wǒ qǔ　别人不要的,我去取来。《史记·货殖列传》:"白圭,周人也。当魏文侯时,李克务尽地力,而白圭乐观时变,故人弃我取,人取我与。"意为白圭低价收购别人不要的滞销物品,囤积起来待机高价出售。后指自己有与众不同的志趣或见解等。元·袁桷《戆庵记》:"古之君子,事至而able随,人弃我取,自谦之道也。"茅盾《某镇》:"但不知此种玉米是用手工剥掉的呢,还是用牙齿去咬的? ——想到我们中国人最善于人弃我取,那么大概齿咬是更近于实际罢。"

【人强马壮】rén qiáng mǎ zhuàng　形容军队兵力强、军容盛。《敦煌变文集·

佛说阿弥陀经讲经文》："睹我圣天可汗大回鹘国，莫不地宽万里，境广千山，国大兵多，人强马壮。"元·关汉卿《单刀会》三折："那鲁子敬是个足智多谋的人，他又兵多将广，人强马壮。"《东周列国志》三四回："楚兵阵势已成，人强马壮，漫山遍野，宋兵皆有惧色。"《野叟曝言》一〇一回："到了这日，上城一看，平添了无数兵将，把城子围得铁桶，人强马壮，非常威武。"姚雪垠《李自成》一卷九章："左光先所率领的是甘肃、宁夏骑兵，人强马壮。"也作"马壮人强"。《二刻拍案惊奇》卷四〇："王都本上邦。须胜似军州，马壮人强。此去私游，要行踪敛藏。"

【人情世故】 rén qíng shì gù 人情：人之常情。世故：处世的经验。指为人处世的方法、道理和经验。宋·文天祥《送僧了敬序》："姑与之委曲于人情世故之内。"《醒世恒言》卷二二："我看你堂堂容貌，表表姿材，受此大难，故此把你仔细观看。可惜你满腹文章，看不出人情世故。"《二十年目睹之怪现状》一四回："我说你到底没有经练，所以这些人情世故一点也不懂。"李劼人《大波》一部二章："他祖父游幕到四川，他父亲是大幕，由幕而宦，人情世故通达得很。"

【人人自危】 rén rén zì wēi 每个人都感到自身处境危险。指局势或气氛十分紧张。《史记·李斯列传》："法令诛罚日益刻深，群臣人人自危，欲畔者众。"《野叟曝言》一三八回："除佛之事，去年中国办完，西番早已风闻，彼教人人自危。"老舍《四世同堂》四五："这样一来，租房住的不免人人自危，而有房子的也并不安定。"

【人山人海】 rén shān rén hǎi 形容聚集的人非常多。《水浒传》五一回："每日有那一般打散，或有戏舞，或有吹弹，或有歌唱，赚得那人山人海价看。"《醒世恒言》卷三七："到次日，没一个不来。到得

城南，只见人山人海，填街塞巷，合城男女，都来随喜。"《镜花缘》三五回："说话间，那围着看的人，密密层层，就如人山人海一般。"鲁迅《三闲集·铲共大观》："全城男女往观者，终日人山人海，拥挤不通。"夏衍《劳勃生路》："大自鸣钟四周，挤得人山人海，十六路电车完全停驶。"

【人声鼎沸】 rén shēng dǐng fèi 鼎：古代炊具，三足两耳，多为青铜制成。沸：沸腾。形容人声喧闹嘈杂，如同鼎中的水煮沸了一样。《醒世恒言》卷二九："卢楠娘子正伺着丫头们，在房中围炉向火，忽闻得外面人声鼎沸，只道是漏了火，急叫丫鬟们观看。"《二十年目睹之怪现状》二〇回："睡到天将亮时，平白地从梦中惊醒，只听得人声鼎沸，房门外面脚步乱响。"梁实秋《雅舍小品·谦让》："一群客人挤在客厅里，谁也不肯先坐，谁也不肯坐首座，好像'常常登上座，渐渐入祠堂'的道理是人人所不能忘的。于是你推我让，人声鼎沸。"杨沫《青春之歌》二部三八章："她仿佛不是在人声鼎沸、充满激烈斗争的场所，却像在一个孤零零的地方，一个人深深沉湎在自己的忧伤中。"

【人寿年丰】 rén shòu nián fēng 寿：活得长久。年：收成。指人健康长寿，农作物丰收。形容社会安定兴旺，人民生活富足美满。巴金《家》一："门墙上挂着一副木对联，红漆底子上现出八个隶书黑字：'国恩家庆，人寿年丰。'"

【人亡物在】 rén wáng wù zài 人去世了，遗物还在。指看见遗物而引发对死者的怀念或感叹。三国魏·曹植《慰子赋》："人空室而独倚，对床帷而切叹；痛人亡而物在，心何忍而复观。"《红楼梦》八九回："人亡物在公子填词，蛇影杯弓颦卿绝粒。"

【人微言轻】 rén wēi yán qīng 微：地

位卑下。轻:不被看重。指人地位低微、言论或主张不被重视。宋·苏轼《上文侍中论强盗赏钱书》:"若又纵盗而不捕,则郡县之忧,非不肖所能任也。欲具以闻上,而人微言轻,恐不见省。"《野叟曝言》一二一回:"皇上恐学生等人微言轻,故特命安太师并合朝卿长共劝公相勉就此姻,断勿推却。"姚雪垠《李自成》三卷一章:"虽然红娘子曾有意率义军去重占洛阳,但是她想着自己在闯王大军中人微言轻,只敢在高夫人面前试着提了一句,未便多作主张。"

【人无远虑,必有近忧】rén wú yuǎn lǜ, bì yǒu jìn yōu　做事没有长远的考虑,就会有马上到来的忧患。《论语·卫灵公》:"子曰:'人无远虑,必有近忧。'"《东周列国志》三二回:"那五位公子,各使其母求为太子,桓公一味含糊答应,全没个处分的道理。正所谓:'人无远虑,必有近忧。'"鲁迅《准风月谈·新秋杂识》:"救人也一样,兵灾,旱灾,蝗灾,水灾……灾民们不计其数,幸而暂免于灾殃的小民,又怎么能有一个救法? 那自然远不如救魂灵,事省功多,和大人先生的打醮造塔同其功德。这就是所谓'人无远虑,必有近忧',而'君子务其大者远者',亦此之谓也。"

【人心不古】rén xīn bù gǔ　今人的心地不如古人淳厚。多用于感叹世风不正。元·刘时中《端正好·上高监司》曲:"争奈何人心不古,出落着马牛襟裾。"《二十年目睹之怪现状》一二回:"真是人心不古,诡变百出,令人意料不到的事,尽多着呢。"鲁迅《华盖集·十四年的"读经"》:"阔人决不是笨牛,否则,他早已伏处牖下,老死田间了。现在岂不是正值'人心不古'的时候么? 则其所以得阔之道,居然可知。"欧阳山《三家巷》二六:"真没见过这样的吝啬鬼! 收买三个朋友的性命,才使一百块钱! 说人心不古,

就是人心不古。"

【人心大快】rén xīn dà kuài　见"大快人心"。

【人心惶惶】rén xīn huáng huáng　惶惶:惊恐不安。指人们都提心吊胆、惶恐不安。宋·楼钥《雷雪应诏条具封事》:"乃者水旱连年,人心惶惶。"《花月痕》三七回:"先是雁门郡人心惶惶,讹言四起,闹到初三下午,得着韩荷生带兵出来信息,才稍安靖。"欧阳山《三家巷》一六六:"群众已经拖得很不耐烦,再加上如今又出了有人失踪的岔子,更加人心惶惶了。"杨沫《青春之歌》一部一七章:"现在人心惶惶,外围组织也几乎都被破坏;剩下的,情绪不安,也很难发展。"

【人心叵测】rén xīn pǒ cè　叵:不可。指人心险恶,不可揣测。《京本通俗小说·错斩崔宁》:"只因世路窄狭,人心叵测,大道既远,人情万端,熙熙攘攘,都为利来,蚩蚩蠢蠢,皆纳福去。"《官场现形记》五九回:"一句话须要记好,'人心叵测',虽是至亲,也都是靠不住的。"茅盾《子夜》一九:"又是部下倒戈! 这比任何打击都厉害些呀! 过一会儿,吴荪甫咬牙切齿地挣扎出一句话来道:'真是人心叵测!'"

【人心如面】rén xīn rú miàn　指人的思想如同人的外貌,各不相同。《左传·襄公三十一年》:"子产曰:'人心之不同,如其面焉。吾岂敢谓子面如吾面乎?'"清·章学诚《文史通义·答问》:"若论于文辞,则无关大义,皆可置而不论。即人心不同如面,不必强齐之意也。"

【人心所向】rén xīn suǒ xiàng　人心:民众的愿望。民众所归向所拥护的。《旧唐书·李建成传》:"而秦王勋业克隆,威震四海,人心所向,殿下何以自安?"周而复《上海的早晨》四部五八:"大势所趋,人心所向,大家都要走这一条路,我们怎么能够不走呢?"

【人心惟危】rén xīn wéi wēi　惟:语气词。《尚书·大禹谟》:"人心惟危,道心惟微。"意为人心常被私欲所惑而不安分。后指人心地险恶,难以揣测。鲁迅《南腔北调集·为了忘却的记念》:"后来他对于我那'人心惟危'说的怀疑减少了,有时也叹息道,'真会这样的么?……'"

【人心向背】rén xīn xiàng bèi　人心:民众的愿望。向:归向。背:背离。指民众所拥护和反对的。宋·叶适《君德》一:"人心之向背,是岂可不留意而详择也。"清·王夫之《读通鉴论·东晋元帝一》:"即此而人心向背之几可知矣。"王火《战争和人》(三)卷七:"在进攻的军队中,有万余人的起义,有八九万人放下了武器,占进攻解放区兵力的二十分之一,足以看出人心之向背。"

【人仰马翻】rén yǎng mǎ fān　人马都仰翻在地。形容在战斗中惨败。也形容极为忙乱或混乱。《孽海花》二三回:"远远望去,那失去的骑马官儿,早被风刮得帽飞靴落人仰马翻。万树桃花也吹得七零八落。"李英儒《野火春风斗古城》一六章:"一阵机枪扫射,把向市沟奔跑的伪军打的人仰马翻滚滚爬爬。"欧阳山《三家巷》一一八:"大家一听,都笑得人仰马翻,捧着肚子叫疼。"也作"马仰人翻"。《红楼梦》一六回:"我是再四推辞,太太断不依,只得从命。依旧被我闹了个马仰人翻,更不成个体统,至今珍大哥哥还报怨后悔呢。"

【人云亦云】rén yún yì yún　云:说。人家怎么说,自己也跟着怎么说。指没有主见或创见。金·蔡松年《槽声同彦高赋》:"槽床过竹春泉句,他日人云吾亦云。"《花月痕》七回:"今番取了第一,这富川居士也算嗜好与俗殊咸酸,不肯人云亦云哩。"鲁迅《准风月谈·后记》:"此第一章之第一节,第一节之第一项其纲目为'顺水行舟',即人云亦云,亦即人之

喜者喜之,人之恶者恶之是也。"老舍《四世同堂》四四:"说真的,他并不以为招弟的举动完全合理,可是为表示他是属于英国府的,他不能随便的人云亦云的乱说。"

【人之常情】rén zhī cháng qíng　指人们在通常情况下都会有的情感或想法。《尉缭子·守权》:"若彼城坚而救不诚,则愚夫蠢妇,无不守陴而泣下,此人之常情也。"《醒世恒言》卷二七:"这篇言语,大抵说人家继母心肠狠毒,将亲生子女胜过一颗九曲明珠,乃希世之宝,何等珍重。这也是人之常情,不足为怪。"周而复《上海的早晨》三部二四:"可是亲戚究竟是亲戚,政府也没有规定不准和地主家属往来,瑞芳想念筱堂也是人之常情。"

【仁人志士】rén rén zhì shì　见"志士仁人"。

【仁者见仁,智者见智】rén zhě jiàn rén, zhì zhě jiàn zhì　《周易·系辞上》:"仁者见之谓之仁,知者见之谓之知。"后用"仁者见仁,智者见智"指不同的人对同一事物的理解往往有所不同。张恨水《啼笑因缘·是否要做续集》:"由《新闻报》转来的消息,我知道有许多读者先生打听《啼笑因缘》主人翁的下落。其实,这是仁者见仁,智者见智,用不着打听的。"

【忍俊不禁】rěn jùn bù jīn　忍俊:克制自己不外露。禁:忍住。原指热中于某事,不能克制自己。唐·崔致远《答徐州时溥书》:"足下去年,忍俊不禁,求荣颇切。"后指忍不住发笑。《五灯会元·大宁道宽禅师》:"僧问:'饮光正见,为什么见枯花却微笑?'师曰:'忍俊不禁。'"欧阳山《三家巷》一六七:"贾宜民装出正经的样子,说道:'一个蛮子姑娘,又是姓胡的,不是黑狐狸是什么?'说完了,自己也忍俊不禁,笑了起来。"张贤亮《绿化树》

二七:"那最后一段话,要使我在这荒村的小土房里一个人忍俊不禁。"〔注意〕禁,不读 jìn。

【忍气吞声】 rěn qì tūn shēng 忍气:受了气强迫自己忍耐。吞声:把话吞下去,即不说话。指强自忍耐怒气,不敢发作或反抗。《水浒传》四回:"那汉子方才疼止,又怕寺里长老得知,坏了衣饭,忍气吞声,那里敢讨钱。"《初刻拍案惊奇》卷一○:"程朝奉只得忍气吞声,不敢回答一句。"《二十年目睹之怪现状》八九回:"苟太太听了,也自觉得无味;要待发作他两句,无奈此时功名性命都靠在他身上,只得忍气吞声,咽了一口气下去。"老舍《四世同堂》五四:"教儿子去打架吧,不好;教他忍气吞声,答应离婚,又不大合理。"

【忍辱负重】 rěn rǔ fù zhòng 忍受屈辱,承担重任。《三国志·吴书·陆逊传》:"国家所以屈君使相承望者,以仆有尺寸可称,能忍辱负重故也。"《孽海花》三二回:"在威毅伯的鞠躬尽瘁、忍辱负重,不论从前交涉上的功罪如何,我们就事论事,这一副不要性命并不顾名誉的牺牲精神,真叫人不能不钦服。"鲁迅《准风月谈·踢》:"我们也真是善于'忍辱负重'的人民,只要不'落浦',就大抵用一句滑稽化的话道:'吃了一只外国火腿',一笑了之。"刘醒龙《凤凰琴》:"余校长这时叹了一口气说:'只能这样了,就说是给学校砍的,学校要修理校舍,又拿不出钱,只好代学生忍辱负重,作此下策之事。'"

【忍辱含垢】 rěn rǔ hán gòu 见"含垢忍辱"。

【忍无可忍】 rěn wú kě rěn 忍受到不能再忍受下去了。鲁迅《集外集拾遗·启事》:"可是这位校长先生系武昌高等师范毕业,受过高等国民之师表的教育,竟能做出这种教人忍无可忍的压迫手段!"老舍《四世同堂》二三:"她有时也忍无可

忍的和他吵几句嘴,不过,在事后一想,越吵嘴便相隔越远。"

【任劳任怨】 rèn láo rèn yuàn 任:承受,担当。汉·桓宽《盐铁论·刺权》:"夫食万人之力者,蒙其忧,任其劳,一人失职,一官不治,皆公卿之累也。"《汉书·石显传》:"愚臣微贱,诚不能以一躯称快万众,任天下之怨。"后用"任劳任怨"指做事不辞劳苦、不怕别人埋怨。《明史·王应熊传》:"陛下焦劳求治,何一不倚信群臣,乃群臣不肯任劳任怨,致陛下万不获已,权遣近侍监理。"《三侠五义》一○一回:"有的,没的,几个好去处都被众位哥哥弟弟们占了,就剩下个襄阳王,说不得小弟任劳任怨罢了。"沈从文《长河·秋》:"你们县长人好,能任劳任怨,父母官难得。"老舍《骆驼祥子》一三:"这两天了,大家都觉得祥子是刘家的走狗,死命的巴结,任劳任怨的当碎催。"

【任人唯亲】 rèn rén wéi qīn 指任用人不论才德,只选择与自己关系密切的。黄大荣、汪剑光《国宝》:"转念又一想,杨汝璋也不至于这样不顾影响,任人唯亲做得这样露骨吧!"

【任人唯贤】 rèn rén wéi xián 指任用人不论亲疏,只选择有才德的。《尚书·咸有一德》:"任官惟贤才。"凌力《星星草》:"文状元、武状元、农状元、工状元、医状元,都要选,以才取人,任人唯贤。"

【任贤使能】 rèn xián shǐ néng 指任用有德行有才能的人。《吴子·料敌》:"有不占而避之者六……陈功居列,任贤使能。"《三国演义》八二回:"吴主浮江万艘,带甲百万,任贤使能,志存经略。"

【任重道远】 rèn zhòng dào yuǎn 担子重,路途遥远。比喻肩负的责任重大且要经过长期艰苦的努力。《论语·泰伯》:"士不可以不弘毅,任重而道远。"唐·韩愈《省试颜子不贰论》:"知高坚之可尚,忘钻仰之为劳,任重道远,竟莫之

效。"刘白羽《第二个太阳》九章:"一个人肉体的伤口愈合了,还不等于精神上的伤口就愈合了。建立一个理想的社会对我们来说,还是任重而道远呢!"

【日薄西山】rì bó xī shān 薄:迫近,接近。太阳快要落山。比喻人到老年或事物衰微接近灭亡。《汉书·扬雄传上》:"临汨罗而自陨兮,恐日薄于西山。"《宋史·赵普传》:"盖臣已日薄西山,余光无几,酬恩报国,正在斯时。"明·瞿佑等《剪灯新话·爱卿传》:"君须听取:怕日薄西山,易生愁阻。"

【日不暇给】rì bù xiá jǐ 暇:空闲,空暇。给:充足。每天都没有空闲,时间仍不够用。《史记·封禅书》:"洽矣而日有不暇给,是以即事用希。"后多用来形容事务繁忙,时间不够用。《汉书·礼乐志》:"汉兴,拨乱反正,日不暇给。"《警世通言》卷五:"因有这四愿,只恨,心常不足。积财聚谷,日不暇给。真是数米而炊,称柴而爨。"《老残游记》三回:"谁知一传十,十个传百,官幕两途拿轿子来接的渐渐有日不暇给之势。"〔注意〕给,不读 gěi。

【日复一日】rì fù yī rì 一天又一天。形容时光流逝。也形容时间长,日子久。《后汉书·光武帝纪》:"天下重器,常恐不任,日复一日,安敢远期十岁乎?"《二刻拍案惊奇》卷二二:"钱财入手甚难,君家虽然富厚,不宜如此枉费。日复一日,须有尽时。"《孽海花》一七回:"瓦德西徘徊旅馆,静待好音。谁知日复一日,消息杳然。"邓一光《我是太阳》五部九:"他们依然是痛苦的,他们正在日复一日地经受着这种痛苦。"

【日积月累】rì jī yuè lěi 指一天天长久地积累起来。宋·朱熹《答周南仲书》:"随时体究,随时讨论,但使一日之间整顿得三五次,理会得三五事,则日积月累,自然纯熟,自然光明矣。"《醒世恒言》

卷三:"凑得几钱,又打做大块包。日积月累,有了一大包银子,零星凑集,连自己也不识多少。"《镜花缘》九六回:"这些狂士,满脸酸气,总是书在肚内不能熔化,日积月累酿出来的。"钱钟书《围城》三:"她跟辛楣的长期认识并不会日积月累地成为恋爱,好比冬季每天的气候罢,你没法把今天的温度加在昨天的上面,好等明天积成个和暖的春日。"巴金《随想录》九:"只有日积月累,不断接触,才能在不知不觉间受到影响,发生变化。"

【日久见人心】rì jiǔ jiàn rén xīn 指日子久了,经历的事情多了,就可以看出人心的好坏真假。元·无名氏《争报恩》一折:"我少不得报答姐姐之恩,可不道路遥知马力,日久见人心。"《醒世恒言》卷三:"深悔当日,不合为邪只所惑,逐了朱重。如今日久见人心,闻知朱重,赁居众安桥下,挑担卖油,不如仍旧收拾他回来,老死有靠。"姚雪垠《李自成》二卷四四章:"俗话说,日久见人心。你在这里久了,就会知道上自闯王,下至偏裨小将,都同样实心待你。"

【日久天长】rì jiǔ tiān cháng 见"天长日久"。

【日就月将】rì jiù yuè jiāng 就:成就。将:进步。每天都有所得,每月都有长进。指不断进步。《诗经·周颂·敬之》:"日就月将,学有缉熙于光明。"《儿女英雄传》三三回:"那公子却也真个足不出户,目不窥园,日就月将,功夫大进,转眼已是八月初旬,场期近矣。"〔注意〕将,不读 jiàng。

【日理万机】rì lǐ wàn jī 机:事务,特指政事。每天要处理成千上万的事情。形容领导者政务繁忙。《汉书·百官公卿表上》:"相国、丞相,皆秦官,金印紫绶,掌丞天子助理万机。"梁实秋《雅舍小品·快乐》:"御宇五十年,仅得十四天真正幸福的日子。我相信他的话。宸谟睿略,日理万机，很可能不如闲云野鹤之怡然自得。"刘白羽《第二个太阳》一五章："他日理万机，日夜难眠，疲倦神色已无法掩饰。"

【日丽风和】rì lì fēng hé　见"风和日丽"。

【日暮途穷】rì mù tú qióng　天色已晚，路已走到了尽头。比喻已到了走投无路或灭亡的境地。唐·杜甫《投赠歌舒开府翰二十韵》诗："几年春草歇，今日暮途穷。"《喻世明言》卷一九："蛮烟瘴疫，九死一生，欲待不去，奈日暮途穷，去时必陷死地，烦乞赐教。"韬奋《萍踪忆语·物质文明与大众享用》："大众在需要上要求尽量利用机器的大量生产，而日暮途穷的社会制度却在竭力妨碍尽量利用机器的大量生产!"

【日上三竿】rì shàng sān gān　太阳升到了距离地面三根竹竿的高度。指时间已不早了。唐·韩鄂《岁华纪丽·春》"日上三竿"注引《古诗》："日上三竿风露消。"《东周列国志》一三回："两下迷恋不舍，遂留宿宫中，日上三竿，尚相抱未起，撇却鲁桓公在外，冷冷清清。"梁实秋《雅舍小品·过年》："日上三竿，骡子轿车已经套好，跟班的捧着拜匣，奉命到几家最亲近的人家拜年去也。"魏巍《东方》四部六章："你说小契日上三竿不起炕，他为了全村不出事儿，一年到头夜里不敢合眼，别人不知道，你也不知道吗?"

【日甚一日】rì shèn yī rì　一天比一天厉害。指事物的发展越来越严重或程度越来越深。宋·王安石《乞解机务札子》："徒以今年以来，病疾浸加，不任劳剧，比尝粗陈恳款，未蒙陛下矜从，故复黾勉至今，而所苦日甚一日。"《孽海花》二五回："外有枢臣把持，内有权珰拨弄，威毅伯又刚愎骄纵如此，而且宫闱内讧日甚一日。"

【日新月异】rì xīn yuè yì　《礼记·大学》："苟日新，日日新，又日新。"汉·贾谊《陈政事疏》："今世以侈靡相竞，而上亡制度，弃礼谊，捐廉耻，日甚，可谓月异而岁不同矣。"后用"日新月异"形容发展变化很快，新事物、新气象不断出现。宋·林景熙《永嘉县重建法空院记》："而浮屠之宫被四海、金碧嵯峨，日新月异，则亦不独师能之也。"《花月痕》二一回："至钗始自夏，手钏、指环始自殷，你们那些穿戴的金玉珠宝，日新月异，考不胜考了。"梁实秋《雅舍小品·照相》："照相机日新月异，看样子永远赶不上潮流，新器材的发明永无终止。"邓一光《我是太阳》一一："关山林眼瞅着部队的装备日新月异，心里一高兴，就说，要照这个样子，抗战再打一个八年也不亏。"

【日以继夜】rì yǐ jì yè　见"夜以继日"。

【日月如梭】rì yuè rú suō　梭：织布时牵引纬线的工具。日月像穿梭一样飞快地来来往往。形容时间过得很快。宋·高登《朱黄双砚》："日月如梭，文籍如海，探讨不及，朱黄敢怠。"《西游记》附录："光阴似箭，日月如梭。不觉江流年长一十八岁。"《官场现形记》二回："正是光阴似箭，日月如梭，转眼间已过新年，赵温一家门便忙着料理上京会试的事情。"

【戎马倥偬】róng mǎ kǒng zǒng　戎马：战马，借指从军、作战。倥偬：急迫匆忙。形容军务紧迫繁忙。明·卢象昇《与豫抚某书》："戎马倥偬之场，屡荷足下训海指쐈。"刘玉民《骚动之秋》一三章："但后来戎马倥偬，军务政务繁忙，加之他在南方扎根，一干许多年，与肖云嫂的联系中断了。"

【荣华富贵】róng huá fù guì　旧时形容有钱有势、兴旺显达。《北齐书·崔暹传》："今荣华富贵，直是中尉自取，高欢父子，无以相报。"《红楼梦》一一五回："姑娘这样人品，这样人家，将来配个好姑爷,享一辈子的荣华富贵。"梁实秋《雅舍小品·钱》:"纪元前五世纪雅典的泰蒙,享尽了人间的荣华富贵,也吃尽了世态炎凉的苦头,他最了解金钱的性质。"张洁《方舟》二:"世人都以为当官的人有享不尽的荣华富贵,谁能知道父亲的苦处呢?"

【容光焕发】róng guāng huàn fā　脸上光彩四射。形容人身体健康或精神振奋。《聊斋志异·阿绣》:"入门则老母无恙,大喜。系马入,俱道所以。母亦喜,为女盥濯,竟妆,容光焕发。"梁斌《红旗谱》五九:"张嘉庆在女人眼里,是一只雄狮,他有坚强的体魄,容光焕发的脸颊。"路遥《人生》一三章:"他尽量想保持一种含蓄的态度,但掩饰不住的兴奋仍然使他容光焕发,动作也显得比平时零碎了。"

【融会贯通】róng huì guàn tōng　融会:融合。贯通:全面透彻地了解。指把各方面的知识、道理融合贯穿,从而获得对事物全面、透彻的理解和领悟。宋·朱熹《答姜叔权》之一:"举一而三反,闻一而知十,乃学者用功之深,穷理之熟,然后能融会贯通,以至于此。"梁实秋《雅舍小品·由一位厨师自杀谈起》:"鱼羹何处无之,若能赢得米舍兰的两颗星,事情就不简单,……刀法上有考究,然后火力的强弱、时间的久暂、佐料的配搭,咸淡的酌量,都会融会贯通,得心应手。"

【柔肠寸断】róu cháng cùn duàn　形容极度伤心。《镜花缘》三三回:"无论日夜,俱有宫娥轮流坐守,从无片刻离人,竟是丝毫不能放松。林之洋到了这个地位,只觉得湖海豪情,变作柔肠寸断了。"周克芹《邱家桥首户》三:"对马新如的爱和恨,已使她柔肠寸断。"

【柔情蜜意】róu qíng mì yì　温柔亲密的情意。多指男女间缠绵绵绵的恋情。《红楼梦》一一一回:"如今空悬在宝玉屋

内,虽说宝玉仍是柔情蜜意,究竟算不得什么,于是更哭得哀切。"《孽海花》二六回:"老爷在的时候,我尽管不好,我一颗心总给老爷的柔情蜜意管束住了不少。"路遥《人生》二二章:"他洗了一把脸,把那双三接头皮鞋脱掉,扔在床底下,拿出了巧珍给他做的那双布鞋。布鞋啊,一针针,一线线,那里面缝着多少柔情蜜意!"

【肉眼凡夫】ròu yǎn fán fū　指凡人,普通人。常用来指目光短浅的平庸之人。唐·王维《能禅师碑》:"肉眼凡夫,愿开慧眼。"《二刻拍案惊奇》卷一八:"朱举人肉眼凡夫,那里晓得就里。"也作"肉眼凡胎"。《西游记》八回:"木叉道:'我把你个肉眼凡胎的泼物! 我是南海菩萨的徒弟。这是我师父抛来的莲花,你也不认得哩!'"《野叟曝言》七一回:"徒弟肉眼凡胎,不知恩师仙爷是大罗天仙,一切看待不周,死罪、死罪!"李英儒《野火春风斗古城》七章:"咱是肉眼凡胎草木之人,享不了那份清福。只要吃的饱,睡的倒,不闹病就行。"

【肉眼凡胎】ròu yǎn fán tāi　见"肉眼凡夫"。

【如臂使指】rú bì shǐ zhǐ　《管子·轻重乙》:"若此,则如胸之使臂,臂之使指也。"像胳膊指挥手指那样容易。后用"如臂使指"比喻指挥调动得心应手。唐·独孤及《故江陵尹兼御史大夫吕諲谥议》:"諲当此时,能以慈惠易其疾苦,且训其三军,如臂使指,阖境无拔葵啖枣之盗。"

【如操左券】rú cāo zuǒ quàn　左券:古代契约分左右两联,双方各执一联以为凭证;左券,即左联,常用为索偿的凭证。好像手里握有左券。比喻有把握成功。操,也作"持"。清·方苞《颂铭》:"帝命遏乱,决胜万里,如持左券。"姚雪垠《李自成》三卷一〇章:"石砫兵多是乌合

之众,且人人怨恨土司鱼肉残害,只是强迫征集而来,不像我们西营和曹营万众一心,士气甚高,深得人和。故从天时、地利、人和三方面看,我军战胜石硅兵,如操左券。"〔注意〕券,不能读作 juàn;不能写作"卷"。

【如痴如醉】 rú chī rú zuì 见"如醉如痴"。

【如出一辙】 rú chū yī zhé 辙:车辙。好像出自同一车辙。比喻两种事物非常相似。宋·洪迈《容斋三笔·奸鬼为人祸》:"二奸鬼之害人,如出一辙。"邓一光《我是太阳》四部七:"这位女军官和她的丈夫如出一辙,是她而不是他使有关部门深受感动。"

【如堕五里雾中】 rú duò wǔ lǐ wù zhōng 《后汉书·张楷传》:"性好道术,能作五里雾。"后用"如堕五里雾中"比喻遇事抓不住主要领,摸不着头绪或辨不清方向。《孽海花》三二回:"台事传闻异辞,我们如堕五里雾中。骥兄既经参预大计,必明真相,愿闻其详。"〔注意〕堕,不能写作"坠"。

【如堕烟海】 rú duò yān hǎi 见"如堕烟雾"。

【如堕烟雾】 rú duò yān wù 堕:落,掉。比喻摸不着头绪,迷惑而不得要领。唐·李白《江夏赠韦南陵冰》诗:"西忆故人不可见,东风吹梦到长安。宁期此地忽相遇,惊喜茫如堕烟雾。"梁启超《读日本县志书后》:"茫茫如堕烟雾,瞪目拆舌不能语。"也作"如堕烟海"。毛泽东《矛盾论》四:"万千的学问家和实行家,不懂得这种方法,结果如堕烟海,找不到中心,也就找不到解决矛盾的方法。"

【如法炮制】 rú fǎ páo zhì 炮制:通过炮、炒等方法用中草药原料制成药物。依照成法,炮制中药。比喻按照现成的方法办事。炮,也作"泡"。《花月痕》四

九回:"当下饥民嗷嗷,员逆方将伪王府所蒸的芒根草根,将蔗浆蜂蜜调匀,炼成药丸一般,名为甘露疗饥丸,颁给伪官,令民间如法炮制。"茅盾《腐蚀·十月二十四日》:"可是最近这几天,大大小小各项物品的囤户陆续查到了七八个,一律如法炮制,瞒上不瞒下,交易而退,各得其所。"〔注意〕炮,不读 pào。

【如虎生翼】 rú hǔ shēng yì 见"如虎添翼"。

【如虎添翼】 rú hǔ tiān yì 好像老虎加上了翅膀一样。比喻强者得到了有力的帮助而更加强大。《醒世姻缘传》六三回:"教得个女儿如虎添翼一般,那里听薛夫人的解劝。"张贤亮《河的子孙》四章:"他有浑身的本事,要有个《吕蒙正赶斋》里那样的'贤内助',就如虎添翼了。"也作"如虎生翼"。《三国演义》七五回:"某素知云长智勇盖世,今据荆襄,如虎生翼。"《三侠五义》二一回:"自谈月到了庙中,我师父如虎生翼。"

【如花似锦】 rú huā sì jǐn 锦:锦缎,有彩色花纹的丝织品。像鲜花、锦缎一样多。形容衣饰、风景、前程等十分美好。《廿载繁华梦》三回:"那香屏自从嫁了周庸祐,早卸了孝服,换得浑身如花似锦。"张恨水《啼笑因缘》一一回:"十年之内,我能养他多少钱!我一辈子都是财神了。想到这里,洋楼、汽车、珠宝,如花似锦的陈设,成群结队的佣人,都一幕一幕在眼前过去。"刘绍棠《村妇》卷一:"'罐儿姐,你可也不能死心窟窿钻牛角尖呀!'牛莠劝道,'养好了伤,如花似锦的日子还在后头。"

【如花似玉】 rú huā sì yù 像鲜花和美玉。形容女子容貌非常美丽。《京本通俗小说·错斩崔宁》:"我朝元丰年间,有一个少年举子,姓魏名鹏举,字冲霄,年方一十八岁,娶得一个如花似玉的浑家。"《醒世恒言》卷三一:"若是生得不好

时，把来一剑杀了，却见他如花似玉，不觉心动。"《花月痕》三六回："这一个月，柔肠百转，情泪双垂，把个如花似玉的容颜，就变得十分憔悴了。"王安忆《小鲍庄》六："她娘家是鲍山那边十里铺的人家，做姑娘时如花似玉。"

【如火如荼】 rú huǒ rú tú　荼：茅草、芦苇之类植物的白花。《国语·吴语》："万人以为方阵，皆白裳、白旗、素甲、白羽之赠，望之如荼……左军亦如之，皆赤裳、赤旃、丹甲、朱羽之赠，望之如火。"原形容军容盛大。后用"如火如荼"形容气势盛大或气氛、情感热烈。清·宜鼎《夜雨秋灯录·一度风流千贯钱》："观剧者，如火如荼，几几乎万人空巷斗新妆也。"梁实秋《雅舍小品·厨房》："在妇女运动如火如荼的美国，妇女依然不能完全从厨房里'解放'出来。"沈从文《八骏图》："教授庚与女人的沉默，证明两人正爱着，而且贴骨贴肉如火如荼的爱着。"〔注意〕荼，不能写作"茶"。

【如获至宝】 rú huò zhì bǎo　好像得到了最珍贵的宝物。形容非常珍视所得到的东西。宋·李光《与胡邦衡书》："忽蜀僧行密至，袖出'寂照庵'三字，如获至宝。"《东周列国志》二九回："屠岸夷得书，如获至宝，一径投郤芮家，呈上芮看。"《官场现形记》三四回："王慕善钱既到手，如获至宝，便也不肯久坐，随意敷衍了几句，一溜烟辞了出来。"马烽、西戎《吕梁英雄传》一一回："康家败哪里知道其中的奥妙。一看这张通行证，如获至宝，喜得连那颗干萝卜脑袋都好像舒展了。"

【如饥似渴】 rú jī sì kě　三国魏·嵇康《与秀才公穆入军赠诗》之一四："思我良朋，如渴如饥，愿言不获，怆矣其悲。"后用"如饥似渴"形容要求或愿望非常强烈、迫切。《喻世明言》卷一五："吾儿一去，音信不闻，令我悬望，如饥似渴。"巴金《随想录》一○七："我和无数的青年一样，如饥似渴地从新文学作品中汲取养料，一篇接一篇，一本接一本，它们像一盏长明灯照亮了我的心，让我不断地看到理想的光辉。"魏巍《地球的红飘带》三四："他用种种手段，如饥似渴地搜取敌占区的报纸。"

【如胶似漆】 rú jiāo sì qī　像胶和漆一样黏着在一起。《古诗十九首·孟冬寒气至》："以胶投漆中，谁能别离此。"后用"如胶似膝"形容关系非常密切、难舍难分。《水浒传》二一回："那张三和这阎婆惜，如胶似漆，夜去明来，街坊上人也都知了。"《醒世恒言》卷二五："昔有夫妻二人，各在芳年，新婚燕尔，如胶似膝，如鱼似水。"《说岳全传》四回："这是一篇古风，名为《结交行》，乃是嗟叹今世之人，当先如胶似漆，后来反面无情，那里学得古人如金似石，要像陈雷管鲍，生死不移的，千古无二。"路遥《人生》七章："在高加林和巧珍如胶似漆地热恋的时候，给巧珍说媒的人还在刘立本家里源源不断地出现。"

【如狼似虎】 rú láng sì hǔ　如同虎狼一般。原形容军队威猛强盛、战斗力强。《尉缭子·武议》："一人之兵，如狼如虎，如风如雨，如雷如霆，震震冥冥，天下皆惊。"后用"如狼似虎"形容像虎狼一样凶狠、残忍。《警世通言》卷二五："宦家索债，如狼似虎，利上盘利，将田房家私尽数估计。"老舍《四世同堂》五九："车上跳下来一个日本人，三个中国人，如狼似虎的，他们闯进铺子来。"杨沫《青春之歌》一部二章："孩子在徐凤英手里张着小手，哭着要妈。秀妮却被几个如狼似虎的听差推搡着架上了停在大门外的汽车。"

【如雷贯耳】 rú léi guàn ěr　贯：通过，贯穿。比喻人名声很大。元·无名氏《冻苏秦》一折："久闻先生大名，如雷贯耳。"

《二刻拍案惊奇》卷三："久仰先辈大名，如雷贯耳，小人有幸相遇。"《野叟曝言》六五回："原来恩爷就是文忠臣老爷，小人闻名，如雷贯耳，不想今日得见尊颜。"刘玉民《骚动之秋》三章："农民企业家、改革家，大名鼎鼎，如雷贯耳啊。"也形容声音很大。陈国凯《曹雪芹开会去了》四："曹雪芹只觉得耳朵里一片嗡嗡营营之声，如雷贯耳的叫喊声弄得他有点昏眩。"也作"如雷灌耳"。《水浒传》二八回："小弟久闻兄长大名，如雷灌耳，只恨云程阻隔，不能勾相见。"《儒林外史》一〇回："久仰大名，如雷灌耳，只是无缘，不曾拜识。"

【如雷灌耳】rú léi guàn ěr　见"如雷贯耳"。

【如临大敌】rú lín dà dí　临：靠近，面对。好像面对着强大的敌人。形容戒备森严。《旧唐书·郑畋传》："畋还镇，搜乘补卒，缮修戎仗，溶饰城垒。尽出家财以散士卒，昼夜如临大敌。"《二十年目睹之怪现状》五八回："到了抚院，又碰了止辕，衙门里札了许多兵，如临大敌。"杨沫《青春之歌》二部四一章："他们如临大敌般布置了大批荷枪实弹的武装军警，再度拦阻了学生们的去路。"也形容把事情看得十分严重。鲁迅《南腔北调集·上海的少女》："这神气也传染了未成年的少女，我们有时会看见她们在店铺里购买东西，侧着头，佯嗔薄怒，如临大敌。"茅盾《蚀·动摇》六："但是纠察大队、童子团、农军，汹汹然如临大敌，临视店铺，监视店东，不准货物出店门等等举动，也是使得人心恐慌的。"

【如临深渊】rú lín shēn yuān　临：靠近。形容战战兢兢，小心谨慎的样子。《诗经·小雅·小旻》："战战兢兢，如临深渊，如履薄冰。"李劼人《大波》三部二章："朱大人、纽大人只好'如临深渊'般坐在宽舒大轿内，被几个雄纠纠大班抬了下去。"

【如履薄冰】rú lǚ bó bīng　履：踩，走过。形容战战兢兢、小心谨慎的样子。《诗经·大雅·小旻》："战战兢兢，如临深渊，如履薄冰。"陈忠实《白鹿原》一章："他和母亲给病人喂了一匙糖水，提心吊胆如履薄冰似的希望度过那个可怕的间隔期而不再发作。"

【如履平地】rú lǚ píng dì　履：踩，走过。像走在平地上一样。形容非常容易，没有阻碍。宋·魏了翁《论州郡削弱之弊》："虏闯梁洋三泉，如履平地，虏闯蕲黄天关，如升虚邑。"《警世通言》卷二三："有那一班弄潮的子弟们，踏着潮头，如履平地，贪着利物，应声而往。"《野叟曝言》一四六回："那武士背负素臣出场，从墙跳屋，从屋跳墙，如履平地。"梁实秋《雅舍小品·电话》："那一天，我们小孩子都很兴奋，看电话局的工人们蹲房越脊牵着电线走如履平地，像是特技表演。"李国文《天问》："他年轻那阵，对这不高的山压根不当回事，脚步矫健，如履平地，走起来飒飒生风的。"

【如芒在背】rú máng zài bèi　芒：某些植物茎叶、果实外表长的刺。好像有芒刺扎在背上。形容心神不宁、忐忑不安。《二十年目睹之怪现状》八二回："我听了这两句话，又是如芒在背，坐立不安。"

【如梦初醒】rú mèng chū xǐng　好像刚从梦中醒来一样。比喻刚刚从迷惑或错误当中醒悟过来，发觉事物的真相。《东周列国志》一一回："厉公大喜曰：'寡人闻仲之言，如梦初醒。'"《三侠五义》二回："这妇人一套话，说得包海如梦初醒，连忙立身，来到书房。"钱钟书《围城》二："张太太如梦初醒道：'咱们真糊涂了！还没跟方先生清账呢。'"也作"如梦方醒"。《初刻拍案惊奇》卷二七："王氏如梦方醒，不胜感激。"《儒林外史》一三回：

"宦成听了他这一席话,如梦方醒。"老舍《四世同堂》一七:"钱太太如梦方醒的看了大家一眼,点了点头。"

【如梦方醒】 rú mèng fāng xǐng 见"如梦初醒"。

【如鸟兽散】 rú niǎo shòu sàn 散:逃散。像受惊的鸟、兽一样四处逃散。形容溃散败逃。《汉书·李陵传》:"今无兵复战,天明坐受缚矣!各鸟兽散,犹有得脱归报天子者。"《花月痕》二三回:"而人心叵测,其钝者惊疑狂顾,望风如鸟兽散。"陈登之《慈禧西幸记》:"董提督霍地掏出了怀里的洋枪,对准门口当头的两个拳民,放了两下,随即倒下去两个,吓得其余的夺门而逃,如鸟兽散。"

【如牛负重】 rú niú fù zhòng 比喻压在身上的负担十分沉重。毛泽东《中国社会各阶级的分析》:"荒时暴月,向亲友乞哀告怜,借得几斗几升,敷衍三日五日,债务丛集,如牛负重。"

【如泣如诉】 rú qì rú sù 像在哭泣,又像在诉说。形容声音(多指乐曲)哀怨悲凉。宋·苏轼《前赤壁赋》:"客有吹洞箫者,倚歌而和之,其声呜呜然,如怨如慕、如泣如诉。"《花月痕》三四回:"忽听得隔墙叮当弹起琵琶,先是一声两声,继而嘈嘈杂杂,终而如泣如诉,十分幽咽。"巴金《春》一:"箫的如泣如诉的低鸣,被悠扬的笛声盖住了。"刘绍棠《村妇》卷二九:"程派的行腔吐字,幽咽婉转,一唱三叹,如泣如诉。"

【如日方升】 rú rì fāng shēng 《诗经·小雅·天保》:"如月之恒,如日之升。"后用"如日方升"比喻事物有远大的发展前途和强大的生命力。

【如日中天】 rú rì zhōng tiān 像太阳正运行到正午。比喻正发展到最兴盛的阶段。清·丘逢甲《为潮人士衍说孔教于鮀浦,伯瑶见访有诗,次韵答之》:"重提

孔子尊王义,如日中天万象看。"孙中山《自传》:"力辟当时保皇党劝告开明专制要求立宪之谬说,使革命主义,如日中天。"

【如入无人之境】 rú rù wú rén zhī jìng 好像进入了没有人的地方。比喻勇猛无敌,通行无阻。宋·欧阳修《再论置兵御贼札子》:"杀人放火,肆意横行,入州入县,如入无人之境。"《喻世明言》卷六:"谁知申徒泰拼命而来,这把刀神出鬼没,遇着他的,就如砍瓜切菜一般,往来阵中,如入无人之境。"《说岳全传》四三回:"韩公子复身向前拍马冲进,逢人便挑,如入无人之境。"鲁迅《华盖集·这个与那个》:"战具比我们精利的欧美人,战具未必比我们精利的匈奴蒙古满洲人,都如入无人之境。"邓一光《我是太阳》二部一:"在二十九个小时的激战中,浑身注满了新的活力的关山林像一只出林的猎豹,带着九师猛冲猛打,如入无人之境。"

【如丧考妣】 rú sàng kǎo bǐ 考妣:父母。好像死了父母那样悲痛。《尚书·舜典》:"二十有八载,帝乃殂落,百姓如丧考妣。"《东周列国志》八九回:"及其自奉,暑不张盖,劳不坐乘,死之日,百姓悲哭,如丧考妣。"《说岳全传》六三回:"朱仙镇上众百姓闻知岳元帅被害,哭声震野,如丧考妣一般。"今多为贬义。欧阳山《三家巷》一〇三:"他们垂头丧气地在街上走着,彼此见了面,也不说一句话,甚至连招呼也不打,真是好像古语所说的'如丧考妣'一样。"

【如释重负】 rú shì zhòng fù 释:放下。负:负担。好像放下了沉重的担子那样轻松。形容因解除负担或摆脱困扰而感到轻松。《穀梁传·昭公二十九年》:"昭公出奔,民如释重负。"《东周列国志》八九回:"自商鞅之死,百姓歌舞于道,如释重负。"《野叟曝言》一二三回:"朕因童

谣所惑，心胆俱慑，闻素父一席话，如释重负矣。"张恨水《啼笑因缘》一二回："凤喜听了这话，如释重负，倒高兴起来。"李劼人《大波》四部四章："但凡知道尹昌衡这个人的先生，如徐炯，如罗纶等，都不由如释重负地冲口喊了声：'有他，我们就不怕了！'"

【如数家珍】 rú shǔ jiā zhēn　家珍：家中收藏的珍宝。如同数自己家藏的珍宝那样清楚。形容对所讲述的东西非常熟悉。清·江藩《汉学师承记·凌廷堪》："君读书破万卷……有诘之者，从容应答，如数家珍焉。"韬奋《萍踪忆语·由塞尔马回到柏明汉》："他说时精神焕发，如数家珍，越说越有劲儿。"蒋子龙《阴差阳错》九："我只好告别布总，跟着老工程师来到七二七所成果展览室，他如数家珍，讲得很详细。"

【如汤泼雪】 rú tāng pō xuě　见"如汤沃雪"。

【如汤沃雪】 rú tāng wò xuě　汤：热水。沃：浇。像热水浇在雪上。比喻事情非常容易解决。汉·枚乘《七发》："小饭大歠，如汤沃雪。"宋·刘克庄《汪守元春祭文》："汪公澹乎无欲，吏牍如山，才一经目，如汤沃雪，如刃破竹。"《糊涂世界》九回："这是一帮饥民出来滋事，并不是真正强盗，大兵一到，自然就如汤沃雪了。"也作"如汤泼雪"。《水浒传》五八回："如今青州只凭呼延灼一个。若是拿得此人，觑此城子，如汤泼雪。"《初刻拍案惊奇》卷三七："仲任纵情好色，荒饮博戏，如汤泼雪，不数年间，把家产变卖已尽。"

【如蚁附膻】 rú yǐ fù shān　膻：羊肉的气味或像羊肉的气味。《庄子·徐无鬼》："蚁慕羊肉，羊肉膻也。"后用"如蚁附膻"比喻竞相趋附权势或追逐所热中的事物。含贬义。唐·卢坦《与李渤拾遗书》："大凡今之人奔分寸之禄，走丝毫之利，

如群蚁之附腥膻，聚蛾之投燔火。"梁启超《灭国新法论》："夫使外国借债于我，而非有大欲在其后也，则何必互争此权，如蚁附膻，如狗夺骨。"

【如意算盘】 rú yì suàn pán　比喻脱离客观实际、只从好的方面着想的打算。《官场现形记》四四回："好便宜！你倒会打如意算盘！十三个半月工钱，只付三个月！"魏巍《东方》四部二四章："我们走这条道儿是铁了心的，是粉身碎骨不回头的！你们的如意算盘是要落空的。"

【如影随形】 rú yǐng suí xíng　影：影子。形：形体。《管子·明法解》："如此，则下之从上也，如响之应声；臣之法主也，如景之随形。"故上令而下应，主行而臣从，以令则行，以禁则止。"景："影"的本字。后用"如影随形"比喻两个人或两种事物关系密切，不能分离。《水浒传》四五回："话说这一篇言语，古人留下，单说善恶报应，如影随形。"《二刻拍案惊奇》卷二四："乃知一念之恶，凶鬼便至，一念之善，福神便临，如影随形，一毫不爽。暗室之内，造次之间，万不可萌一毫恶念，遭罪损德的。"

【如鱼得水】 rú yú dé shuǐ　比喻得到与自己相投合的人或适合自己发展的环境。宋·王禹偁《杜伏威传赞》："初据江东，为英为雄，如虎啸风。终归帝里，为臣为子，如鱼得水。"《红楼梦》六六回："次日又来见宝玉，二人相会，如鱼得水。"《说岳全传》一三回："倘若奸臣败露，老夫必当申奏朝廷，力保贤契们重用。那时如鱼得水，自然日近天颜。"老舍《四世同堂》二八："也只有那在什么有用的事都可以不作，而什么白费时间的事都必须作的文化里，像在北平的文化里，无聊的天才才能如鱼得水的找到一切应用的工具。"

【如愿以偿】 rú yuàn yǐ cháng　如：按照，适合。愿：愿望。偿：满足。指愿望

得到实现。《官场现形记》四六回:"因此一个搬指对了他的胃口,却很替巴祥甫出力,在抚台面前替他说了许多好话,后来巴祥甫竟其如愿以偿,补授临清州缺。"沈从文《劫余残稿·传奇不奇》:"有羞羞怯怯来告贷的,数目不多,照例必能如愿以偿。"张恨水《啼笑因缘》二一回:"以刘大帅为背景的内阁,当然是解散,在旧阁员里找了一个非刘系的人代理总揆。何廉如愿以偿,升了财政总长。"

【如醉如痴】 rú zuì rú chī　痴:因极度动情而沉迷。指对人或事物过于沉迷或陶醉而不能自拔,神志恍惚。宋·无名氏《沁园春》词:"叹此生业缘,两餐淡薄,无时无泪,如醉如痴。"《二刻拍案惊奇》卷一九:"莫继要寻前番梦境,再不能勾,心里鹊突如醉如痴,生出病来。"《镜花缘》九四回:"婉如、小春一面哭着,把亭亭、闺臣搀起,亭亭哭的如醉如痴,晕过几次。"阿城《树桩》:"高手极为荣耀,各寨请去,围了柴火唱,通宵达旦,如醉如痴。"也作"如痴如醉"。《警世通言》卷二:"田氏穿了一身素缟,真个朝朝忧闷,夜夜悲啼。每想着庄生生前恩爱,如痴如醉,寝食俱废。"刘心武《钟鼓楼》五章:"她欢欣地捕捉着他言谈话语中那些闪光的哲理……她已经如痴如醉地爱上了他。"

【如坐针毡】 rú zuò zhēn zhān　《晋书·杜锡传》:"屡谏愍怀太子,言辞恳切,太子患之。后置针著锡常所坐处毡中,刺之流血。"后用"如坐针毡"形容心神不定,坐立不安。《水浒传》一一回:"且说林冲在柴大官人东庄上,听得这话,如坐针毡。"《东周列国志》一〇四回:"燕太子丹在秦,闻秦之背燕而之赵,如坐针毡,欲逃归,又恐不得出关,乃求与甘罗为友,欲资其谋,为归燕之计。"《二十年目睹之怪现状》八七回:"这回碰了这件事

情,犹如当头打了个闷雷一般,吓得他魂不附体!幸而不在看管之列,躲在公馆里,如坐针毡一般,没了主意。"张恨水《啼笑因缘》二二回:"家树到了这里,前尘影事,一一兜上心来,待着是如坐针毡,走了又觉有些不忍。"

【茹苦含辛】 rú kǔ hán xīn　见"含辛茹苦"。

【茹毛饮血】 rú máo yǐn xuè　茹:吃。连毛带血生吃禽兽。指原始人或野蛮未开化之人不知用火。《礼记·礼运》:"未有火化,食草木之实,鸟兽之肉,饮其血,茹其毛。"南朝梁·萧统《〈文选〉序》:"冬穴夏巢之时,茹毛饮血之世。"巴金《随想录》三八:"为什么我们今天不'穴居野处、茹毛饮血'呢?为什么我们不让人褪掉裤子打了小板子还向'大老爷'叩头谢恩呢?……梁实秋《雅舍小品·偏方》:"我们老早就脱离了茹毛饮血的阶段而知道熟食,奈何隔了数千年仍不能忘情于吃生鱼、生虾、生蟹、生螺?"

【乳臭未干】 rǔ xiù wèi gān　乳臭:奶腥味。《汉书·高帝纪》:"汉王问:'魏大将谁也?'对曰:'柏直。'王曰:'是口尚乳臭,不能当韩信。'"后用"乳臭未干"形容人年幼无知。多含讥讽意。干,也作"除"。《二刻拍案惊奇》卷二〇:"商功父赋性慷慨,将着贾家之物作为己财,一律挥霍,虽有两个外甥,不是姐姐亲生,亦且乳臭未除,谁人来稽查得他?"周而复《上海的早晨》三部二五:"那你在苏州乡下好了,为啥还要到上海来考大学?乳臭未干,就不听大人的话了。"〔注意〕臭,不读 chòu。

【入不敷出】 rù bù fū chū　入:收入。敷:够,足。出:支出。收入不够支出。《红楼梦》一〇七回:"回家以后,循分供职,但是家计萧条,入不敷出。"巴金《随想录》一〇二:"我们那一房正走着下坡路,入不敷出,家里人又不能改变生活方

式。"贾平凹《黑氏》四:"可穷家深坑,那钱入不敷出,比较左邻右舍,没个出人头地可能。"

【入境问俗】rù jìng wèn sú　指初到一个地方,要先问明当地的习俗,以免触犯忌讳。《礼记·曲礼上》:"入竟而问禁,入国而问俗,入门而问讳。"竟:同"境"。宋·苏轼《密州谢表》:"入境问俗,又复过于所期。"沈从文《湘行散记·一个爱惜鼻子的朋友》:"你以为我戒了烟吗?家中老婆不许我戒烟。你真是……从京里来的人,简直是个京派。什么都不明白。入境问俗,你真是……"

【入木三分】rù mù sān fēn　《说郛》卷八七引唐·张怀瓘《书断·王羲之》:"王羲之书祝版,工人削之,笔入木三分。"形容书法笔力强劲。后也比喻看问题精辟、深刻。梁实秋《雅舍小品·暴发户》:"旧戏里有一个小丑曾说过这样的一句话:'树小墙新画不古,此人必是内务府。'挖苦暴发户,入木三分。"周而复《上海的早晨》二部二七:"汤阿英真是个了不起的人物,常常从表面现象里发现重大的问题,眼光十分尖锐,看问题真是入木三分。"

【入情入理】rù qíng rù lǐ　入:合于。合乎情理。多指言论。《野叟曝言》一四六回:"入情入理之言,不由人不痛心酸鼻。"姚雪垠《李自成》三卷三五章:"慧梅听了,觉得吕二婶说的确实入情入理。"刘白羽《第二个太阳》一七章:"严素这人口齿伶俐,话又入情入理,这一问就问得牟春光哑口无言了。"

【入乡随俗】rù xiāng suí sú　到哪个地方去,就顺从哪个地方的习俗。《五灯会元·大宁道宽禅师》:"虽然如是,且道入乡随俗一句作么生道?"梁实秋《雅舍小品·饭前祈祷》:"我起初对这种祈祷不大习惯……后来我想想,入乡随俗,好在祈祷很短,嘟嘟囔囔地说几句话,也听不清楚说的是什么。"古华《芙蓉镇》一章:"就是他的一口北方腔,如今也入乡随俗,改成镇上人人听得懂的本地'官话'了。"

【入主出奴】rù zhǔ chū nú　唐·韩愈《原道》:"其言道德仁义者,不入于杨,则入于墨;不入于老,则入于佛。入于彼,必出于此。入者主之,出者奴之。"意为尊崇一种说法,必然排斥另一种说法,以自己所尊崇的为主,所排斥的为奴。后用"入主出奴"指学术上的门户之见。清·章学诚《文史通义·知难》:"凡受成形者,不能无殊致也。凡禀血气者,不能无争心也。有殊致,则入主出奴,党同伐异之弊出矣;有争心,则挟恐见破,嫉忌诋毁之端开矣。"

【阮囊羞涩】ruǎn náng xiū sè　囊:口袋。宋·吕祖谦《诗律武库后集·一钱看囊》:"[阮孚]日挑一皂囊游会稽。客问:'囊中何物?'孚曰:'俱无物,但一钱看囊,庶免羞涩尔。'"后用"阮囊羞涩"指经济困难,手头拮据。清·王韬《淞滨琐话·金玉蟾》:"自此[邹生]无日不往,两月余,阮囊羞涩,垂橐兴嗟。"清·百一居士《壶天录》卷上:"阮囊羞涩,行止两难。"

【软硬兼施】ruǎn yìng jiān shī　施:施展,使用。和缓的手段与强硬的手段同时使用。梁实秋《雅舍小品·求雨》:"我记得从前有人求雨,久而无效,乡人就把城隍爷的神像搬出来,褫其衣冠,抬着他在骄阳之下游街,让他自己也尝尝久旱不雨的滋味。据说若是仍然无效,辄鞭其股以为惩。软硬兼施之后,很可能就有雨。"

【枘圆凿方】ruì yuán záo fāng　枘:榫子;榫头。凿(旧读 zuò):卯眼。圆榫头,方卯眼。比喻两不相合,格格不入。战国楚·宋玉《九辩》:"圆凿而方枘兮,固其鉏铻而难入。"《好逑传》一五回:"不过冥冥中若无作合,则日东月西,何缘相会,柄圆凿方,入于参差。"

【锐不可当】 ruì bù kě dāng　锐:锐利。当:抵挡。《史记·淮阴侯列传》:"此乘胜而去国远斗,其锋不可当。"后用"锐不可当"指气势旺盛威猛、勇往直前,不可抵挡。《东周列国志》三八回:"颓叔桃子各引精骑,乘势杀入,锐不可当。"周而复《上海的早晨》一部五三:"尤其是职工参加五反运动以后,其势更加凶猛,有一种雷霆万钧锐不可当的气概。"

【若即若离】 ruò jí ruò lí　好像接近,又好像离开。形容关系或态度不亲不疏,令人捉摸不定。《儿女英雄传》二八回:"这边两个新人在新房里乍来乍去,如蛱蝶穿花,若即若离,似蜻蜓点水。"鲁迅《彷徨·高老夫子》:"他的书虽然和《了凡纲鉴》也有些相合,但大段又很不相同,若即若离,令人不知道讲来应该怎样拉在一处。"茅盾《腐蚀·十月二十四日》:"我懒得开口,只用若即若离的一盼,去安慰他。"

【若无其事】 ruò wú qí shì　好像没有那回事似的。形容不把事情放在心上或态度镇静、不动声色。《野叟曝言》三一回:"两人本属三贞九烈,性定不摇,石氏虽差一间,却被璜姑提醒,便觉若无其事,不多时俱已睡熟。"老舍《四世同堂》五一:"小文搭着手,嘴唇上搭拉着半根烟卷,若无其事的在六号门立着。"钱钟书《围城》二:"方老太太非常懊丧,念念不忘许家二小姐,鸿渐倒若无其事。"

【若隐若现】 ruò yǐn ruò xiàn　隐:隐藏。现:显现。形容隐隐约约、模糊不清。《醒世恒言》卷五:"舒着头往外张望,见两盏红灯,若隐若现。"茅盾《腐蚀·一月十一日》:"昨天到'城里'走了一趟,觉得空气中若隐若现有股特别的味儿。"从维熙《阴阳界》七:"迷迷离离的水气,把阴阳谷遮盖得若隐若现,这更增加了索泓一的几分愁楚心情。"

【若有所失】 ruò yǒu suǒ shī　好像失去了什么似的。形容神情或心态怅惘、失落。《世说新语·德行》南朝梁·刘孝标注引《典略》:"戴良少所服下,见宪则自降薄,怅然若有所失。"《红楼梦》六回:"彼时宝玉迷迷惑惑,若有所失。"鲁迅《朝花夕拾·狗·猫·鼠》:"有一天,我忽然感到寂寞了,真所谓若有所失。"巴金《秋》一:"我自海儿死后,心中若有所失,胃疾愈而复发,时时扰人,近来更甚,深以为苦。"

【若有所思】 ruò yǒu suǒ sī　好像在思考着什么。《太平广记》卷四八六引用唐·陈鸿《长恨歌传》:"玉妃茫然退立,若有所思。"巴金《春》四:"'我真愿意这一刻就能够延长到永久!'淑英若有所思地叹息一声,自语道。"郭沫若《屈原》二幕:"南后一人由阼阶下堂,在中霤中来回踯躅,若有所思。"杨沫《青春之歌》一部九章:"他坐在书桌旁却看不下书,扶着额头若有所思。"

【弱不禁风】 ruò bù jīn fēng　禁:承受。弱得连风吹都禁不住。唐·杜甫《江雨有怀郑典设》诗:"乱波纷披已打岸,弱云狼藉不禁风。"后用"弱不禁风"形容体质娇弱。宋·陆游《六月二十四日夜分梦范致能、李知几、尤延之同集江亭》诗:"白菡萏香初过雨,红蜻蜓弱不禁风。"鲁迅《而已集·卢梭和胃口》:"所谓正当的教育者,也应该是使'弱不禁风'者,成为完全的'弱不禁风','蠢笨如牛'者,成为完全的'蠢笨如牛',这才免于侮辱各人——此字在未经从字典里永远注销,政府下令永禁行使之前,暂且使用——的人格了。"张恨水《啼笑因缘》二回:"你这些时候,正在讲究武术,像密斯何这样弱不禁风的人,就是真打你几下,你也不在乎。"〔注意〕禁,不读 jìn。

【弱不胜衣】 ruò bù shèng yī　胜(旧读 shēng):能够承受。弱到连衣服都承受不了。形容人身体娇弱单薄。《荀子·非相》："叶公子高，微小短瘠，行若将不胜其衣然。"元·萨都剌《凤凰台吊进士郑复初录事》诗："鬓翘如插戟，体弱不胜衣。"《野叟曝言》三四回："瘦生生弱不胜衣，只恐风吹欲堕；碧油油长发委地，真令我见犹怜。"茅盾《健美》："多愁多病，弱不胜衣的女子，白面书生的男子，在'健美'的标准下，不用说是落伍者了。"

【弱肉强食】ruò ròu qiáng shí 弱者的肉是强者的食物。比喻弱者被强者所欺凌、吞并等。唐·韩愈《送浮屠文畅师序》："夫兽深居而简出，惧物之为己害也，犹且不能脱焉。弱之肉，强之食。"元·胡天游《闻李帅逐寇复州治》诗："惜哉士卒多苦暴，弱肉强食鸥鸧同。"《野叟曝言》一二一回："人皆逍遥，则君臣废而背叛生，弱肉强食，群盗满山，更安所得逍遥也？"老舍《四世同堂》七九："假若被侵略的不去抵抗、不去打死侵略者，岂不就证明弱肉强食的道理是可以畅通无阻，而世界上再没有什么正义可言了么？"蒋子龙《收审记》一："这里确实是一片荒漠，文明人类的法则在这里不适用，弱肉强食，人性荡然无存！"

S

【飒爽英姿】sà shuǎng yīng zī 见"英姿飒爽"。

【塞翁失马】sài wēng shī mǎ 塞:边塞。翁:老头儿。《淮南子·人间训》:"近塞上之人,有善术者,马无故亡而入胡,人皆吊之。其父曰:'此何遽不为福乎?'居数月,其马将胡骏马而归,人皆贺之。"后用"塞翁失马"比喻虽然暂时受到损失,却可能因此而得到好处,坏事变成好事。常与"安(或焉)知非福"连用。宋·孔平仲《和经父寄张绩》诗:"倚伏万端宁有定,塞翁失马尚归来。"《镜花缘》七回:"处士有志未遂,甚为可惜! 然塞翁失马,安知非福? 此后如弃浮幻,另结良缘,四海之大,岂无际遇?"巴金《随想录》九三:"我国有句古话:'塞翁失马,焉知非福。'任何事情都有两面。"刘玉民《骚动之秋》一章:"这才叫作'塞翁失马,安知非福?''运贸'倒台,倒让咱们捞了便宜!"

【三长两短】sān cháng liǎng duǎn 指意外的灾祸或事故。《醒世恒言》卷八:"倘有三长两短,你取出道袍穿了,竟自走回,那个扯得住你!"《说岳全传》六一回:"小官久已看破世情,若是帅爷安然出狱便罢;倘有什么三长两短,小官也不恋这一点微俸,带了家眷回乡去做个安逸人。"周而复《上海的早晨》二部一一:"她和徐义德是结发夫妻,当年徐义德没有现在这样发达,她和他就很好了。即使沪江纱厂有个三长两短,她也不在乎。"也特指人的死亡。《野叟曝言》一○九回:"只要王爷好了,万事全休,若有三长两短,你须嘴硬不得。"邓一光《我是太阳》六部三:"朱妈一拍大腿说,嘻! 你当我是什么,当我是孩子哄你不成? 就算京阳有个三长两短,我也能挺住!"

【三朝元老】sān cháo yuán lǎo 元老:对年老而有声望的大臣的尊称。《后汉书·章帝纪》:"行太尉事节乡侯憙,三世在位,为国元老。"后用"三朝元老"指历事三个朝代的重臣。宋·陆游《入蜀记·十月五日》:"三朝元老心方壮,四海苍生耳已倾。"《喻世明言》卷二二:"天子念他是三朝元老,不忍加刑,谪为高州团练副使,仍命于循州安置。"后泛指先后为几个不同政权服务的人。

【三从四德】sān cóng sì dé 三从:女子未嫁从父,既嫁从夫,夫死从子。四德:妇德、妇言、妇容、妇功。泛指封建社会奴役妇女的礼教。元·武汉臣《老生儿》一折:"不学些三从四德,俺一家儿簇捧着为甚么来。"《封神榜》二一回:"三从四德全没有,枉在昭阳掌正宫。"《野叟曝言》七○回:"专心去尽那三从四德的道理,帮夫做活,勤俭操家。"曹禺《日出》二幕:"我的顾八奶奶,要讲'三从四德',你总得再坐一次花轿,跟胡四龙啊凤啊再配配才成呀!"姚雪垠《李自成》一卷一七章:"丁氏在娘家时只懂得描龙绣凤,读一读《女四书》和《列女传》,听长辈讲一些三纲五常和三从四德的大道理。"

【三番两次】sān fān liǎng cì 见"三番五次"。

【三番四复】 sān fān sì fù　番:回、遍、次。形容反复多次。《警世通言》卷二四:"你当先在北京三番四复规谏我,乃是正理,我今与老老爷说将你做老管家。"鲁迅《集外集拾遗·老调子已经唱完》:"凡是老旧的调子,一到有一个时候,是都应该唱完的,……但是,一般以自己为中心的人们,却决不肯以民众为主体,而专图自己的便利,总是三番四复的唱不完。"钱钟书《围城》六:"'我要结婚呢,早结婚了。'仿佛开留声机时,针在唱片上碰到障碍,三番四复地说一句话。"

【三番五次】 sān fān wǔ cì　番:回、遍、次。形容多次、屡次。《红楼梦》九四回:"我们家的那一位越发痴心起来了,看他的那个神情儿,是一定在宝玉身上的了。三番五次的病,可不是为着这个是什么!"老舍《四世同堂》五二:"他们三番五次的派了日本的学者来'劝驾',牛教授没有答应,也没有拒绝。"赵树理《李有才板话》九:"安顿停当,老杨同志便回到区公所去。他到区上把在阎家山发现的问题大致一谈,区救联会、武委会主任、区长,大家都莫名其妙,章工作员三番五次说不是事实。"也作"三番两次"。《西游记》二六回:"我等当夜走脱,又被他赶上,依然笼了。三番两次,其实难逃,已允了与他医树。"《镜花缘》五九回:"文艺正在三番两次差人打听,今见他们回来,这才放心。"孙犁《白洋淀纪事·杀楼》一:"炮楼上的鬼子伪军看得眼红,馋得流涎,不敢下来抢,城里又没接济,实在苦恼。就三番两次托人捎信给'维持村长'柳老新,说无论如何,八月十五这天,给送东西上来。"也作"两次三番"。《二刻拍案惊奇》卷一四:"若说是无情,如何两次三番许我会面,又留酒,又肯相陪?"

【三分鼎足】 sān fēn dǐng zú　鼎:古代青铜制的炊具,一般为三条腿。《史记·淮阴侯列传》:"莫若两利而俱存之,参分天下,鼎足而居。"后用"三分鼎足"形容三方并立对峙。《后汉书·窦融传》:"欲三分鼎足,连衡合众,亦宜以时定。"《三国演义》三四回:"三分鼎足浑是梦,踪迹空留在人间。"也作"三足鼎立"。柳青《创业史》一部一〇章:"他平生的理想,是和下堡村的杨大剥皮、吕二细鬼,三足鼎立,平起平坐,而不满足于仅仅做蛤蟆滩的'稻地王'。"

【三纲五常】 sān gāng wǔ cháng　三纲:君为臣纲,父为子纲,夫为妻纲。五常:指仁、义、礼、智、信。泛指封建礼教所提倡的一套伦理道德标准。《论语·为政》"殷因于夏礼,所损益可知也"何晏集解引汉·马融曰:"所因,谓三纲五常。"《封神榜》二八回:"要你留神仔细听,哀家虽是女流辈,君臣礼,三纲五常尽皆明。"巴金《随想录》一四九:"我憎恨那一切落后的事物,三纲五常、'三寸金莲',男尊女卑,包办婚姻,家长专制,年轻人看长辈的脸色过日子……在我的眼里祖父是一个专制暴君。"姚雪垠《李自成》一卷二九章:"你得了吧!你们讲的是三纲五常,做的是男盗女娼。"

【三更半夜】 sān gēng bàn yè　三更:旧时将一夜分为五更,每更约两小时,三更约为深夜十二时左右。泛指深夜。元·武汉臣《生金阁》三折:"三更半夜,只是娄青一个自去,怕人设设的。"《三侠五义》五四回:"倘有紧急之事,无论三更半夜,只管通报,绝不嗔怪。"

【三顾茅庐】 sān gù máo lú　顾:拜访。茅庐:草房。东汉末年,刘备曾三次访诸葛亮,请他出来帮助自己打天下。世称"三顾茅庐"。《三国志·蜀书·诸葛亮传》:"先帝不以臣卑鄙,猥自枉曲,三顾臣于草庐之中。"后用"三顾茅庐"比喻诚心实意地一再邀请。元·马致远《荐福碑》一折:"我住着半间儿草舍,再谁承望三顾茅庐。"姚雪垠《李自成》一卷二八章:"咱们目今正是惨败之余,人家牛先生肯屈驾前来,不用咱们三顾茅庐,难道我还不中途相迎,以表诚意!"王安忆《舞台小世界》四:"想来想去,新团长只好亲自去请福奎,动员他再站一班岗。他作好了三顾茅庐的思想准备。"

【三缄其口】sān jiān qí kǒu　缄:封,闭。汉·刘向《说苑·敬慎》:"孔子之周,观于太庙,右阶之前有金人焉,三缄其口,而铭其背曰:'古之慎言人也,戒之哉!戒之哉!无多言,多言多败。'"后形容说话极为谨慎,不肯轻易开口。宋·尤袤《全唐诗话·姚崇》:"钦之伊何?三命而走;谨之伊何?三缄其口。"清·李渔《与梁石渠》:"足下能三缄其口,不为一作不平鸣乎?"梁实秋《雅舍小品·废话》:"能慎言,当然于慎言之外不会多说废话。三缄其口只是象征,若是真的三缄其口,怎么吃饭?"韬奋《萍踪忆语·金圆王国的劳动妇女》:"有的工厂贿赂视察员,叫他三缄其口,不要揭穿。"〔注意〕缄,不能读作 jiǎn。

【三教九流】sān jiào jiǔ liú　三教:指儒教、佛教、道教。九流:指儒家、道家、阴阳家、法家、名家、墨家、纵横家、杂家、农家。后泛指宗教、学术中各种流派。宋·赵彦卫《云麓漫钞》卷六:"帝问三教九流及汉朝旧事,了如目前。"《醒世恒言》卷三五:"唐玄宗时,有一官人姓萧,名颖士,字茂挺,陵陵人氏。自幼聪明好学,该博三教九流,贯串诸子百家。"鲁迅《呐喊·阿Q正传》一章:"总而言之,这一篇也便是'本传',但从我的文章着想,因为文体卑下,是'引车卖浆者流'所用的话,所以不敢僭称,便从不入三教九流的小说家所谓'闲话休题言归正传'这一句套话里,取出'正传'两个字来,作为名目。"也泛指社会上各种人物或各种行

业。《水浒传》七一回:"其人则有帝子神孙,富豪将吏,并三教九流,乃至猎户渔人,屠儿刽子,都一般儿哥弟称呼,不分贵贱。"《三国演义》八六回:"上至天文,下至地理,三教九流,诸子百家,无所不通。"姚雪垠《李自成》二卷三七章:"只要他还有点真本事,对你有帮助,就拜他为军师吧。这也是对三教九流中有本事人物的一个号召嘛!"

【三令五申】sān lìng wǔ shēn　令:命令。申:申明,说明。三、五:表示次数多。指再三命令,多次告诫。《史记·孙子吴起列传》:"约束既布,乃设斧钺,即三令五申之。"《三国演义》八三回:"次日,陆逊升帐唤诸将上:'吾钦承王命,总督诸军,昨已三令五申,令汝等各处坚守;俱不遵吾令,何也?'"姚雪垠《李自成》一卷二五章:"是的呀!临出发时我还三令五申,不许妄杀无辜,不许奸淫哩!"刘玉民《骚动之秋》二一章:"这些专业户最注意上边的动向,中央三令五申不准乱摊派的精神,他们从电视广播中是早就知道的。"

【三年五载】sān nián wǔ zǎi　载:年。指三五年。《红楼梦》四七回:"眼前我还要出门去走走,外头逛个三年五载再回来。"马烽、西戎《吕梁英雄传·起头的话》:"像围困蒲阁寨、围困娄烦、围困三交、围困岔口等史无前例的模范战斗,要一一介绍出来,恐怕三年五载也说不完。"

【三亲六故】sān qīn liù gù　亲:亲戚。故:故旧,朋友。泛指众亲友。萧红《呼兰河传》二章:"每个回娘家看戏的姑娘,都零零碎碎的带来一大批东西。送父母的,送兄嫂的,送侄女的,送三亲六故的。"梁斌《红旗谱》一二:"咱穷人们,没有三亲六故,就是朋友为重。"

【三亲六眷】sān qīn liù juàn　亲:亲戚。眷:亲属。泛指众亲戚。元·关汉卿

《鲁斋郎》一折:"只待置下庄房买下田,家私积有数千,那里管三亲六眷尽埋冤。"也作"三亲四眷"。《警世通言》卷三一:"次日真个到三亲四眷家去了一巡:也有闭门不纳的,也有回说不在的,就是相见时,说及借贷求官之事,也有冷笑不答的,也有推辞没有的,又有念他开口一场,少将钱米相助的。"

【三亲四眷】sān qīn sì juàn 见"三亲六眷"。

【三人成虎】sān rén chéng hǔ 《韩非子·内储说上》:"庞恭与太子质于邯郸,谓魏王曰:'今一人言市有虎,王信之乎?'曰:'不信。''二人言市有虎,王信之乎?'曰:'不信。''三人言市有虎,王信之乎?'王曰:'寡人信之。'庞恭曰:'夫市之无虎也明矣,然而三人言而成虎。……'"城市里本来无虎,但只要有三个人谎传市里有虎,听者就会以为真有虎了。后用"三人成虎"比喻流言惑众,蛊惑人心。《邓析子·转辞》:"古人有言,众口铄金,三人成虎,不可不察也。"《隋唐演义》二回:"正是积毁成山,三人成虎。到开皇二十年十月,隋主御武德殿,宣诏废勇为庶人。"

【三三两两】sān sān liǎng liǎng 三个两个地在一起。形容零零散散。《乐府诗集·娇女诗》:"鱼行不独自,三三两两俱。"《东周列国志》八回:"军士人人恐惧,三三两两,俱往太宰门上诉苦,求其进言于君,休动干戈。"《花月痕》三二回:"三人说说笑笑,沿着路走向搴云楼。只见三三两两的人从里面出来。"鲁迅《呐喊·药》:"仰起头两面一望,只见许多古怪的人,三三两两,鬼似的在那里徘徊。"茅盾《子夜》——:"现在交易所的早市已经结束。市场内就只剩十来个人,经纪人和顾客都有,三三两两地在那里闲谈。"

【三生有幸】sān shēng yǒu xìng 三生:佛教用语,指前生、今生、来生。幸:幸运。三生都很幸运。形容运气机遇极好。元·王实甫《西厢记》一本二折:"小生久闻老和尚清誉,欲来座下听讲,何期昨日不得相遇。今能一见,是小生三生有幸矣。"《二刻拍案惊奇》卷三:"翰林抚着桂娘道:'我和你千里姻缘,今朝美满,可谓三生有幸。'"《镜花缘》四一回:"侄女生逢其时,得睹如此奇文,可谓三生有幸。"姚雪垠《李自成》二卷四九章:"如今得同夫人住在一起,又有慧英这一班姑娘相陪,真是三生有幸,何其快哉!"刘绍棠《村妇》卷二:"我给你聘来这位老师,不要一分束脩,算你三生有幸。"

【三十而立】sān shí ér lì 人到三十岁,能独立于社会生活。指开始有所成就。《论语·为政》:"吾十有五而志于学,三十而立,四十而不惑,五十而知天命,六十而耳顺,七十而纵心所欲。"元·关汉卿《谢天香》一折:"耆卿,比及你在花街里留意,且去你那功名上用心,可不道三十而立!"周作人《雨天的书·元旦试笔》:"古人云,'四十而不惑',这是古人学道有得的地方,我们不能如此。就我个人说来,乃是三十而立(这是说立起什么主张来)四十而惑,五十而志于学吧。"刘醒龙《黑蝴蝶·黑蝴蝶》三:"开国以来,能够获得绘画和小说两项全国奖的人还有谁呢? 三十而立,她到底如愿以偿了。"

【三十六计,走为上计】sān shí liù jì, zǒu wéi shàng jì 指事态难以挽回,别无妙计,只有一走了事。《南齐书·王敬则传》:"檀公三十六策,走是上计,汝父子唯应急走耳!"《老残游记》四回:"本想再来盘桓两天,看这光景,恐无谓的纠缠要越逼越紧了。三十六计,走为上计。"李劼人《大波》二部二章:"自然三十六计,走为上计。难道还回铁道学堂来自投罗网吗?"

【三思而行】sān sī ér xíng 思:考虑。

行：做。《论语•公冶长》："季文子三思而后行。子闻之，曰：'再，斯可矣。'"原指经过三次考虑，然后去做。后泛指经过反复考虑，然后去做。《警世通言》卷二一："景清道：'此去蒲州千里之遥，路上盗贼生发，独马单身，尚且难走，况有小娘子牵绊？凡事宜三思而行！'"《三侠五义》五七回："展爷在旁插言道：'五弟不要如此，凡事必须三思而行，还是大哥所言不差。'"刘绍棠《村妇》卷二："'杜梨儿，三思而行！'牛荦一个箭步抢上去，像揪着牛尾巴，把杜梨儿拽回来。"

【三天打鱼，两天晒网】sān tiān dǎ yú, liǎng tiān shài wǎng 比喻做事断断续续，没有耐心，不能坚持。天，也作"日"。《红楼梦》九回："因此也假说来上学，不过是三日打鱼，两日晒网，白送些束脩礼物与贾代儒，却不曾有一点儿进益。"老舍《四世同堂》七六："别的饭馆，因为粮米与猪羊的统制，都已三天打鱼，两天晒网，不能天天升火。"梁斌《红旗谱》四四："咱这个学堂，三天打鱼两天晒网。灶筒上多少日子不冒烟了，今日又冒起来了。"

【三头六臂】sān tóu liù bì 佛经上说佛的法相有三个头、六条臂。《景德传灯录•善昭禅师》："三头六臂擎天地，忿怒那吒扑帝钟。"后用来比喻神通广大，本领出众。《东周列国志》一〇二回："王齕虽是个惯战之将，到此没有三头六臂，如何支持得来？"《镜花缘》六〇回："女子把二人上下看一看，道：'俺只当三头六臂，原来不过如此！'"姚雪垠《李自成》二卷二八章："闯王用鼻孔冷笑一声：'哼，我李闯王并没有三头六臂！是因为老百姓恨官军奸掳烧杀，咱们硬是剿兵安民，保护商洛山中百姓不受官兵之灾。'"

【三位一体】sān wèi yī tǐ 基督教把圣父（耶和华）、圣子（耶稣）、圣灵（圣父、圣子共有的神的性质）称为三位一体。后用来泛指三个人、三件事或三个方面联成一个整体。老舍《诗与快板》："在远古的时候，诗、舞蹈和音乐原是三位一体，分不开的。"

【三五成群】sān wǔ chéng qún 三个一群，五个一伙地聚在一起。《喻世明言》卷二七："一般也有轻薄少年及儿童之辈，见他又挑柴，又读书，三五成群，把他嘲笑戏侮。"《镜花缘》一九回："行路时，恐为大鸟所害，无论老少，都是三五成群，手执器械防身。"老舍《四世同堂》九二："她们三五成群，跑到菜市场，把菜摊子或水果摊子围上。你拿白菜，我拿黄瓜，抓起来就往篮子里头塞。"魏巍《东方》二部一章："迎面而来的朝鲜人三五成群，十个八个一伙，愈来愈多。"

【三心二意】sān xīn èr yì 又想这样，又想那样。形容拿不定主意或意志不专一。元•关汉卿《救风尘》一折："待妆个老实，学三从四德，争奈是匪妓，都是三心二意。"《镜花缘》六五回："口报时辰，惟恐三心二意。"沈从文《边城》七："我们应当说一是一，不许三心二意。"张恨水《啼笑因缘》七回："他们哪一天不念你几声儿好！再要说他们三心二意，除非叫他们供你的长生禄位牌子了。"也作"三心两意"。《醒世恒言》卷三："九阿姐，你休得三心两意。"茅盾《腐蚀•十月二日》："你一定干得很好。反正有希强在那里，你还怕没有人提携么？哎，你不用三心两意了！"

【三心两意】sān xīn liǎng yì 见"三心二意"。

【三言两语】sān yán liǎng yǔ 言语不多。形容话很少。宋•吴潜《望江南•家山好》词："六字五湖生口面，三言两语费颜情，赢得鬓星星。"《醒世恒言》卷九："那女儿虽然不读诗书，却也天生志气。多时听得母亲三言两语，絮絮聒聒，已自心慵意懒。"《红楼梦》六七回："怪不的前日我们在店里仿仿佛佛也听见人吵嚷说,有一个道士三言两语把一个人度了去了。"梁实秋《雅舍小品·婚礼》:"在铁匠面前,三言两语把终身大事解决了,岂非简单之至?"李英儒《野火春风斗古城》一五章:"我躲开,你会见她,三言两语,把她支出去算啦,可别给我惹是非。"也作"三言五语"。老舍《四世同堂》六八:"他以为凭这点体面与客气,只需三言五语便能把日本人说服,而拿回他的一切东西来。"柳青《创业史》一部一八章:"姚士杰到王瞎子草棚屋门前的敞院里,三言五语,就议定了拴拴媳妇素芳给她姑伺候月子的事儿。"

【三言五语】sān yán wǔ yǔ　见"三言两语"。

【三纸无驴】sān zhǐ wú lǘ　见"博士买驴"。

【三足鼎立】sān zú dǐng lì　见"三分鼎足"。

【散兵游勇】sǎn bīng yóu yǒng　散:分散的。游:游荡。勇:清代指地方临时招募的兵士,泛指兵士。没有人统领的逃散兵士。刘醒龙《赤壁》:"眼下这群乌合之众,是一路上收编的散兵游勇。"也比喻没有组织而独自行动的人。杨沫《青春之歌》二部三四章:"路芳,我已经想出办法来了! 把那些散兵游勇,把那些自发的积极群众都吸引到我们的周围,都分配给他们具体的工作。"

【桑枢瓮牖】sāng shū wèng yǒu　枢:门上的转轴。牖:窗户。用桑木做门轴,用破瓮做窗口。《庄子·让王》:"蓬户不完,桑以为枢而瓮牖。"后用"桑枢瓮牖"形容家境贫寒。元·武汉臣《玉壶春》三折:"我便是桑枢瓮牖,他也情愿的布袄荆钗。"

【桑榆暮景】sāng yú mù jǐng　桑榆:桑树和榆树。暮景:黄昏的景象。日落时,夕阳的余辉照在桑榆上,一派黄昏景象。比喻人到晚年。宋·胡宿《乞杨安国改官》:"安国授经老臣,年近八十,桑榆暮景,光阴几何?"元·尚仲贤《柳毅传书》一折:"教子攻书志未酬,桑榆暮景且淹留。"《三侠五义》一一回:"老母心内觉得不爽,展爷赶紧延医调治,衣不解带,昼夜侍奉,不想桑榆暮景,竟自一病不起。"也作"暮景桑榆"。元·宫大用《范张鸡黍》四折:"人都道我暮景桑榆,合有些峥嵘气象。"

【丧魂落魄】sàng hún luò pò　形容心神不定、行动失常、十分惊慌的样子。李英儒《野火春风斗古城》一六章:"从被俘者那种丧魂落魄的表情上,关敬陶看出不是他所担心的人,松心地出了口气。"陈忠实《白鹿原》八章:"那两个烟鬼丧魂落魄的丑态已无法掩饰,张着口流着涎水,溜肩歪胯站在人背后。"

【丧家之狗】sàng jiā zhī gǒu　原指有丧(sāng)事人家的狗,因主人守孝而无暇喂养。比喻落魄不得志的人。《史记·孔子世家》:"孔子独立郭东门。郑人或谓子贡曰:'东门有人……累累若丧家之狗。'"后转指失去主人,无人豢养的狗。比喻无处投奔,到处乱窜的人。《晋书·夏侯湛传》:"当此之时,若失水之鱼,丧家之狗,行不胜衣,言不出口,安能干当世之务,触人主之威?"《三国演义》一四回:"催、汜望西逃命,忙忙似丧家之狗;自知无处容身,只得往山中落草去了。"《野叟曝言》一〇一回:"素臣挥兵急赶,贼人如丧家之狗、漏网之鱼,抛戈弃甲,力屈狂奔。"也作"丧家之犬"。《水浒传》三回:"鲁提辖忙忙似丧家之犬,急急如漏网之鱼,行过了几处州府。"老舍《四世同堂》六八:"没有这些,你便是丧家之犬,大家不单不招呼你,高了兴还许踢你两脚呢!"

【丧家之犬】sàng jiā zhī quǎn　见"丧

家之狗"。

【丧尽天良】sàng jìn tiān liáng　天良：良心。宋·周必大《跋汪圣锡家藏……三帖》："颠倒是非者，岂尽丧其天良哉！"后用"丧尽天良"形容恶毒到了极点。《镜花缘》一二回："其初莫不苦乐恶想，掉弄笔头，不独妄造虚言，并以毫无影响之事，硬行牵入，惟期耸听，不管丧尽天良。"杨沫《青春之歌》一部二章："你这丧尽天良、狼心狗肺的人，该千刀万剐的人呀，还我孩子！"欧阳山《三家巷》五九："大家都发誓有朝一日攻下省城，一定要将这班丧尽天良的家伙交给人民公审。"

【丧权辱国】sàng quán rǔ guó　丧失主权，使国家蒙受耻辱。姚雪垠《李自成》一卷三章："倘和议一旦得逞，丧权辱国，使东房得寸进尺，祸有不堪言者。"杨沫《青春之歌》一部一九章："一九三三年五月，在国民党与日寇订立了丧权辱国的'塘沽协定'之后，全国人民更加激愤地联合起来，英勇的人们也更加积极地行动起来了。"

【丧天害理】sàng tiān hài lǐ　见"伤天害理"。

【丧心病狂】sàng xīn bìng kuáng　丧失理智，像发了疯一样。形容言行荒谬、可恶到了极点。《宋史·范如圭传》："公不丧心病狂，奈何为此？必遗臭万世矣。"《野叟曝言》七五回："况班处君臣之宫，淫毒尤极，伤害天理，灭绝人伦，真可谓丧心病狂，神人共愤者矣。"鲁迅《花边文学·汉字和拉丁化》："为汉字而牺牲我们，还是为我们而牺牲汉字呢？这是只要还没有丧心病狂的人，都能够马上回答的。"李英儒《野火春风斗古城》一九章："这种背叛祖国、出卖祖宗、丧心病狂的'勇气'，是历史上任何朝代的乱臣贼子都没干过的。"

【搔首踟蹰】sāo shǒu chí chú　搔首：用手挠头。踟蹰：徘徊，来回走动。形容心情焦急、惶惑不安的样子。《诗经·邶风·静女》："爱而不见，搔首踟蹰。"明·无名氏《四贤记·分歧》："心旌摇，泪雨飘，顷刻分歧两寂寥，搔首踟蹰不忍抛。"

【搔头抓耳】sāo tóu zhuā ěr　抓抓脑袋，抓抓耳朵。形容焦急而无法可想的神态。《官场现形记》四一回："瞿耐庵这面发禀帖，王柏臣那面也晓得了，急得搔头抓耳，坐立不安。"

【骚人墨客】sāo rén mò kè　骚人：屈原作《离骚》，因称"楚辞"的作者屈原等人为骚人。墨客：文人。泛指风雅之士。《宣和画谱·宋迪》："性嗜画，好作山水，或因览物得意，或因写物创意，而运思高妙，如骚人墨客登高临赋。"《二刻拍案惊奇》卷一："凡吴中贤士大夫，骚人墨客，曾经赏鉴过者，皆有题跋在上，不消说得。"鲁迅《准风月谈·喝茶》："所谓'秋思'，其实也是这样的，骚人墨客，会觉得什么'悲哉秋之为气也'，风雨阴晴，都给他一种刺戟，一方面也就是一种'清福'，但在老农，却只知道每年的此际，就要割稻而已。"高云览《小城春秋》三三章："他又加入本地的啼鹃诗社，闲空时就跟那些骚人墨客联句步韵，当做消遣。"

【扫地出门】sǎo dì chū mén　原指清扫杂物，把一切东西处理无余。后指对某项工作承担全部责任。《儿女英雄传》一六回："老弟，不必犹疑，就是这样定了这事……从明日起，扫地出门，愚兄一人包办了！"现多指没收全部财产，并把人赶出家门。韦君宜《露沙的路》一〇："黄元禄已经扫地出门了，院子空了，就由工作团占了。"

【色厉内荏】sè lì nèi rěn　色：神色。厉：凶猛。荏：怯弱。《论语·阳货》："色厉而内荏，譬诸小人，其犹穿窬之盗也与?"后用"色厉内荏"形容外表逞强而内心怯弱。汉·王充《论衡·非韩篇》："奸人外善内恶，色厉内荏。《二十年目睹之怪现状》六一回："我想起继之说他在福建的情形，此刻见了他的相貌，大约是色厉内荏的一流人了。"吴强《红日》一六章："我，软弱无能，你呢？一个色厉内荏的蠢将！"〔注意〕荏，不能读作 rèn。

【森罗万象】sēn luó wàn xiàng　森：众多。罗：罗列。指宇宙间纷然罗列的各种事物或现象。《景德传灯录·慧海和尚》："迷时人逐法，悟时法由人，如森罗万象，至空而极，百川众流，至海而极。"鲁迅《华盖集续编·马上日记》："在宇宙的森罗万象中，我的胃痛当然不过是小事。"也作"万象森罗"。《续高僧传·名僧传序》："夫深求寂灭者，在于视听之表；考乎心行者，谅须丹青之功，是万象森罗立言之不可已也。"

【森严壁垒】sēn yán bì lěi　森严：整齐严肃。壁垒：古代军营四周起防护作用的建筑物，泛指防御工事。形容戒备十分严密。也比喻界限划得很分明。邓一光《我是太阳》三部二："抗美援朝开始的时候，关山林要求入朝作战，这个要求没有被批准，此后关山林就开始不厌其烦地找理由离开总参那栋土红色森严壁垒的办公大楼。"也作"壁垒森严"。梁实秋《雅舍小品·电话》："他的话不是无理，可是我狠不下心这样做。如果人人都这样的壁垒森严，电话就根本失效，你打电话出去怕也没有人接。"

【僧多粥少】sēng duō zhōu shǎo　和尚多，而供和尚喝的粥少。比喻物少人多，不够分配。刘绍棠《草莽》三："前年父母双亡，十兄弟分家，僧多粥少，叶雨只分到一亩蛤蟆坑地，半间泥糊茅舍，依傍长兄长嫂过日子，挣扎着把小学念完。"也作"粥少僧多"。邓一光《我是太阳》一部一："张如屏说，就算这样，也是粥少僧多，锅里几粒米，数都数得清，不够和尚们分的。"

【杀敌致果】shā dí zhì guǒ　致：做到。果：果敢。《左传·宣公二年》："杀敌为果，致果为毅。"后用"杀敌致果"指勇敢杀敌，取得战绩。郭沫若《洪波曲》七章："这位老先生很积极，曾经倡议组织'老子军'，以图杀敌致果。"

【杀风景】shā fēng jǐng　杀：败坏。唐·李商隐《义山杂纂·杀风景》载："花间喝道"、"看花泪下"、"苔上铺席"、"斫却垂杨"、"花下晒裈"、"游春重载"、"石笋系马"、"月下把火"、"妓筵说俗事"、"果园种菜"、"背山起楼"、"花架下养鸡鸭"等为"杀风景之事"。意为破坏美好的景色。后比喻败人兴致。宋·苏轼《次韵林子中春日新堤书事见寄》诗："为报年来杀风景，连江梦雨不知春。"清·纪昀《阅微草堂笔记·如是我闻二》："赏花韵事步月雅人，奈何与小人较量，致杀风景？"也作"大杀风景"。刘绍棠《草莽》三："大脚李二那两间窝棚屋的巴掌大小院，跟白秀才比邻而居，白秀才感到大杀风景，虽不是他的眼中钉，却也像长了个针眼。"

【杀鸡取卵】shā jī qǔ luǎn　卵：蛋。为了要得到蛋，不惜把鸡杀了。比喻贪图眼前微小的好处而损害长远的利益。姚雪垠《李自成》二卷三二章："请皇上勿再竭泽而渔，杀鸡取卵，为小民留一线生机。"刘绍棠《村妇》卷一："一年两年还能挥金如土，三年五年就只有杀鸡取卵。财路越来越窄，黄小鳝子不送钱也不照面。"

【杀鸡吓猴】shā jī xià hóu　比喻严惩一人用来警戒众人。吓，也作"骇"。《官场现形记》五三回："拿这人杀在贵衙署旁边，好教他们同党瞧着或者有些惧怕。俗语说得好，叫做'杀鸡骇猴'，拿鸡子宰了，那猴儿自然害怕。"姚雪垠《李自成》二卷二一章："杨嗣昌对这事不仅顿生兔死狐悲之感，而且也猜到皇上有杀鸡吓猴之意，心中七上八下，半天没有做声。"

王火《战争和人》(二)卷五："还不明显吗？软禁在此，既可继续盗用我的名义，又可杀鸡吓猴。"

【杀气腾腾】 shā qì téng téng 杀气：凶狠的气势。腾腾：气直往上冒的样子，引申为气势很盛。形容充满凶狠气势。《醒世恒言》卷三〇："床底下忽地钻出一个大汉，浑身结束，手持匕首，威风凛凛，杀气腾腾。吓得李勉主仆魂不附体，一齐跪倒。"《说岳全传》二七回："马前站的是张保，手执浑铁棍；马后跟的是王横，拿着熟铜棍。威风凛凛，杀气腾腾。"杨沫《青春之歌》一部七章："监狱内杀气腾腾，突然充满了火药气味。"王火《战争和人》(二)卷七："他虎着脸，杀气腾腾，瞪着人，彪悍非凡。"

【杀人不见血】 shā rén bù jiàn xiě 形容害人的手段阴险毒辣，不露痕迹。宋·罗大经《鹤林玉露》卷六："世传《听谗诗》云：'谗言谨莫听，听之祸殃结，……堂堂八尺躯，莫听三寸舌。舌上有龙泉，杀人不见血。'"《醒世恒言》卷三五："那李林甫混名叫做李猫儿，平昔不知坏了多少大臣，乃是杀人不见血的刽子手。"周而复《上海的早晨》二部四八："徐义德，你这个杀人不见血的坏家伙，你有良心吗？"

【杀人不眨眼】 shā rén bù zhǎ yǎn 形容极其凶狠残忍。眨，也作"展"。《五灯会元·圆通缘德禅师》："宋大将军曹翰入庐山寺，缘德禅师不起不揖。翰怒呵曰：'长老不闻杀人不眨眼将军乎？'师熟视曰：'汝安知有不惧生死和尚邪！'"《水浒传》五回："他是个杀人不眨眼魔君，我如何能勾得他回心转意？"《初刻拍案惊奇》卷三〇："其才士真，就受武俊之节，官拜副大使。少年骄纵，倚着父亲威势，也是个杀人不眨眼的魔君。"《三侠五义》一一九回："武伯南笑道：'恩公还不知道呢，这老婆子也是个杀人不展眼的母老

虎。当初有他男人在世，这店内不知杀害了多少呢。'"魏巍《火凤凰》九〇："这个家伙，是个典型的法西斯分子，在那一带妇孺皆知，都说他是个杀人不眨眼的活阎王。"

【杀人如麻】 shā rén rú má 杀死的人多得像乱麻。形容杀的人多得数不清。唐·李白《蜀道难》诗："朝避猛虎，夕避长蛇，磨牙吮血，杀人如麻。"《三国演义》二九回："儿自幼随父出征，杀人如麻，何曾有为祸之理？"《野叟曝言》二一回："似你这种胆量，若到战阵之上，听到轰雷也似的炮声，看着刀枪剑戟纷纷击撞，杀人如麻，流血成河，岂不真要吓死。"李国文《冬天里的春天》五章："那枝杀人如麻的枪，在支队传得神乎其神，因为击毙的敌人太多了。"

【杀人越货】 shā rén yuè huò 越：抢劫。货：财物。《尚书·康诰》："杀越人于货，暋不畏死，罔弗憝。"意为杀了人，抢走了财物，这种人无人不恨。后用"杀人越货"指杀人并抢夺财物的盗匪行径。《清史稿·沈荃传》："禹州盗倚竹园为巢，杀人越货。"李国文《冬天里的春天》四章："可怕的饥饿，恐怖的瘟疫和残酷的杀人越货的江洋大盗，像无情的鞭子，抽打着差不多已经奄奄一息的农民。"

【杀身成仁】 shā shēn chéng rén 成：成全。仁：儒家的道德规范。《论语·卫灵公》："志士仁人，无求生以害仁，有杀身以成仁。"后用"杀身成仁"泛指为正义或理想而献出生命。唐·李德裕《三良论》："自周汉迄于巨唐，杀身成仁，代有髦杰，莫不显一身之义烈，未有系一国之存亡。"《野叟曝言》一一二回："假传文爷的死信，他当时就识破，说从古只有短命的圣贤，杀身成仁的圣贤，从没有故横死的圣贤。"鲁迅《而已集·革命文学》："而又有人说，这不敢开口，又何其怯也？对手无'杀身成仁'之勇，是第二条罪状

斯愈足以显革命文学家之英雄。"老舍《四世同堂》四〇:"钱先生是地道的中国人,而地道的中国人,带着他的诗歌,礼义,图画,道德,是会为一个信念而杀身成仁的。"

【杀一儆百】 shā yī jǐng bǎi　儆:使人警觉,警戒。杀一个人,借以警戒许多人。清·龚自珍《送钦差大臣侯官林公序》:"粤省僚吏中有之,幕客中有之,游客中有之,商估中有之,恐绅士中未必无之,宜杀一儆百。"姚雪垠《李自成》一卷二七章:"愈想他愈觉得这一次非杀一儆百不可,即令是新入伙的某一个杆子头领犯了军纪,他也决不姑息。"鄢国培《巴山月》:"他所以派人暗杀余平畏,也是想杀一儆百。"也泛指惩处或批评一人以警戒众人。路遥《平凡的世界》(中)二章:"为了杀一儆百,他准备将这件事在晚报上公开报道。"〔注意〕儆,不能读作 jìng。

【沙里淘金】 shā lǐ táo jīn　从沙子里淘取黄金。比喻从大量材料中选取精华。茅盾《〈诗论〉管窥》:"人人都承认应该这样做,但是未必人人真下功夫去'沙里淘金'。"也用以比喻费力大而收效甚微。元·杨景贤《刘行首》三折:"我度你呵,恰便是沙里淘金,石中取火,水中捞月。"

【傻头傻脑】 shǎ tóu shǎ nǎo　形容人思想糊涂,显得呆愣。《红楼梦》九九回:"我爱宝丫头就在这尊重上头。只是我愁着宝玉还是那么傻头傻脑的,这么说起来,比头里竟明白多了。"也比喻死心眼,不灵活。鲁迅《彷徨·长明灯》:"让我来开导你罢,你也许能够明白。就是吹熄了灯,那些东西不是还在么? 不要这么傻头傻脑了,还是回去! 睡觉去!"

【歃血为盟】 shà xuè wéi méng　歃:用嘴吸。古代盟会时,参加者吸一点牲畜的血或蘸血涂在嘴唇上,表示诚信。唐·苏安恒《请则天皇后复位于皇子》:

"歃血为盟,指河以誓,非李氏不王,非功臣不封。"《三国演义》三三回:"幽州刺史乌桓触,聚幽州众官,歃血为盟,共议背袁向曹之事。"郭沫若《屈原》二幕:"说不定国王还要歃血为盟呢,珠槃玉敦的准备也是不可少的。"

【煞费苦心】 shà fèi kǔ xīn　煞:很。指费尽心思。丰子恺《缘缘堂随笔·自然》:"女性们煞费苦心于自己的身体的装饰。"钱钟书《围城》八:"辛楣说柔嘉'煞费苦心',也承地瞧得起自己,当更怜惜她。"李国文《危楼记事》:"求名者并不反对利,兼而有之,当然更好。阿芳开始和未婚夫盘算,怎样来消化这十万元,真可算一道煞费苦心的难题啊!"

【煞有介事】 shà yǒu jiè shì　见"像煞有介事。"

【山崩地裂】 shān bēng dì liè　山崩塌,地裂陷。形容自然界的巨大变化或声响巨大。《汉书·元帝纪》:"二月戊午,地震于陇西郡……山崩地裂,水泉涌出。"《醒世恒言》卷一八:"说时迟,那时快,才下铺,走不上三四步,只听得一时响亮,如山崩地裂,不知甚东西打在铺上,把施复吓得半步也走不动。"《说岳全传》三七回:"原来这钱塘江中的潮汛,非同小可。霎时间,巨浪滔天,犹如山崩地裂的一声响,吓得兀术魂飞魄散。"老舍《四世同堂》四八:"忽然的山崩地裂,把小崔太太活埋在黑暗中。"张天翼《速写三篇·谭九先生的工作》:"他预言这回敌国又得来一个山崩地裂,大火三月不息。"也作"山崩地陷"。《红楼梦》一回:"士隐意欲也跟了过去,方举步时,忽听一声霹雳,有若山崩地陷。"也作"地裂山崩"。《封神榜》六五回:"登时间这三队人马一齐呐喊,尽都闯进了东鲁的空营之内,犹如地裂山崩。"

【山崩地陷】 shān bēng dì xiàn　见"山崩地裂"。

【山长水阔】 shān cháng shuǐ kuò 见
"山长水远"。

【山长水远】 shān cháng shuǐ yuǎn
形容路途遥远艰险。唐·许浑《寄宋邡》
诗:"山长水远无消息,瑶瑟一弹秋月
高。"元·关汉卿《谢天香》楔子:"最苦偏
高离恨天,双泪落尊前,山长水远,愁见
理行轩。"也作"山长水阔"。宋·晏殊《鹊
踏枝》词:"欲寄彩笺兼尺素,山长水阔知
何处?"

【山重水复】 shān chóng shuǐ fù 重:
重叠。复:回旋曲折。山峦重叠,河流盘
曲。形容重重山河阻隔。宋·陆游《游山
西村》诗:"山重水复疑无路,柳暗花明又
一村。"

【山高路险】 shān gāo lù xiǎn 比喻路
途充满艰难险阻。《西游记》二○回:"上
西天拜佛走遭,怕甚么山高路险,水阔波
狂。"《东周列国志》二一回:"此去黄台山
不过十五里,便可以直捣其国。若要寻
别径,须从西南打大宽转,由芝麻岭抄出
青山口,复转东数里,方是令支巢穴。但
山高路险,车马不便转动耳。"

【山高水长】 shān gāo shuǐ cháng 像
山一样高耸,像水一样长流。唐·刘禹锡
《望赋》:"龙门不见兮,云雾苍苍;乔木何
许兮,山高水长。"后比喻人节操高尚,影
响深远。宋·范仲淹《桐庐郡严先生祠堂
记》:"云山苍苍,江水泱泱。先生之风,
山高水长。"也用来比喻情谊深厚。沈从
文《旅店》:"只要中了意,把家中撇开,来
做一点只有夫妻可以有的亲密,不拘形
迹的事体,那原无妨于事的。山高水长
两人分手又是一个月,正因为难于在一
处或者也就更有意思。"

【山高水低】 shān gāo shuǐ dī 比喻意
外的不幸。《水浒传》五二回:"今日得大
官人来家做个主张,便有些山高水低,也
更不忧。"《醒世恒言》卷二七:"他年纪幼

小,路途跋涉,未曾经惯。万一有些山高
水低,可不枉送一死?"《说岳全传》九回:
"岳大爷又道:'我进去,倘有机缘,连兄
弟们都有好处;若有山高水低,贤弟们只
好在外嗫声安待,切不可发恼鼓噪。'"刘
绍棠《村妇》卷一:"你跟金童可不能有个
山高水低,三长两短,留着青山不愁没
柴。"

【山光水色】 shān guāng shuǐ sè 光:
风光,风景。山水的景色。形容山水秀
丽。唐·李白《鲁郡尧祠送窦明府薄华还
西京》诗:"笑夸故人指绝境,山光水色青
于蓝。"元·范康《竹叶舟》三折:"一叶逡
巡送客归,山光水色自相依。"《儒林外
史》一四回:"倒是先生得闲来西湖上走
走,那西湖山光水色,颇可以添文思。"姚
雪垠《李自成》二卷三三章:"绍兴北乡蕺
山一带秀丽的山光水色,那些古老的寺
院建筑和王羲之的遗迹,从前师徒朋友
们读书论道的生活,历历地浮现在他的
眼前。"

【山河易改,本性难移】 shān hé yì
gǎi, běn xìng nán yí 见"江山易改,本性
难移"。

【山呼海啸】 shān hū hǎi xiào 山风呼
号,海水咆哮。形容自然环境恶劣。也
用来形容声势浩大。

【山盟海誓】 shān méng hǎi shì 盟:
盟约。誓:誓言。指着山和海盟誓,表示
盟约和誓言像山海那样永恒不变。多指
男女发誓真诚相爱,永不变心。也指男
女表示永远相爱的誓言。宋·赵长卿《贺
新郎》词:"终待说山盟海誓,这恩情到此
非容易。"《警世通言》卷三二:"自遇郎
君,山盟海誓,白首不渝。"《野叟曝言》二
三回:"青楼为古今一大陷坑,不知破坏
许多人的身家性命。山盟海誓是他的口
头言语,剪肉焚香是他的家传伎俩,无非
哄着痴人浪费钱钞,那里是当得真的?"
王火《战争和人》(三)卷四:"她曾和你山

盟海誓，但现在掉入陷阱，一切都完了！"也作"海誓山盟"。《红楼梦》七二回："虽未成双，却也海誓山盟，私传表记，已有无限风情。"王安忆《小城之恋》："他们没有地方单独地谈话，可是灵魂却已经一千遍一万遍地立下了海誓山盟。"

【山明水秀】shān míng shuǐ xiù 明：明媚。秀：秀丽。形容风景优美。宋·黄庭坚《蓦山溪》词之四："山明水秀，尽属诗人道。"《醒世恒言》卷三一："山明水秀，风软云闲。一岩风景如屏，满目松筠似画。"《野叟曝言》一三四回："刚进内港，即有许多倭人撑出小船，前来挽引坐舰，一路山明水秀，煞好风景。"周而复《上海的早晨》三部一〇："刚才不是给你约好了，到那些山明水秀的地方去住住，你忘了吗?"杨沫《青春之歌》二部八章："在一个山明水秀的村庄里，她认识了一个佃户的女儿名叫黑妮，接着她们成了好朋友。"也作"山清水秀"。《镜花缘》四七回："祥云缭绕，紫雾缤纷，从那山清水秀之中，透出一座红亭。"巴金《随想录》六五："离开杭州前夕，一位菲律宾诗人问我为什么在这山清水秀、风景如画的地方看不到诗人和作家? 我吞吞吐吐，答不出来。"

【山南海北】shān nán hǎi běi 形容距离遥远。《红楼梦》五七回："薛姨妈道：'比如你姐妹两个的婚姻，此刻也不知在眼前，也不知在山南海北呢。'"杨沫《青春之歌》一部一〇章："还有五福的妹子玉来——她，她叫我狠心卖给人家，也不知山南海北的哪儿去啦!"也泛指全国各地、四面八方。《镜花缘》五八回："素日我在山南海北，见的强盗最多，你要问他面目以及名色，我都深知。"梁斌《红旗谱》三："严志和并没有看出朱老忠心气不舒，心里想：'这人儿，倒是山南海北闯荡惯了，变得一点没有火性。'"也形容谈话无中心，漫无边际地乱扯。李英儒《野

火春风斗古城》一二章："正谈这个问题，为了一点小事，能扯到山南海北，经过很多插话才集中到一个问题上。"

【山清水秀】shān qīng shuǐ xiù 见"山明水秀"。

【山穷水尽】shān qióng shuǐ jìn 穷：尽，完。山和水都到了尽头，再没路可走。比喻陷入绝境。《警世通言》卷四〇："却说那符使引真君再转一弯抹一角，正是行到山穷水尽处，看看在长沙府贾玉井中而出。真君曰：'今得其巢穴矣。'"《聊斋志异·李八缸》："汝尚有二十余年坎壈未历，即令千金，亦立尽耳。苟不至山穷水尽时，勿望给与也!"梁实秋《雅舍小品·乞丐》："话虽如此，谁不到山穷水尽谁也不肯做这样的自由人。"欧阳山《三家巷》六八："好像他在山穷水尽之中，遇着了神仙搭救似的。"

【山肴野蔬】shān yáo yě shū 见"山肴野蔌"。

【山肴野蔌】shān yáo yě sù 肴：鱼肉类的荤菜。蔌：蔬菜的总称。指野味和蔬菜。宋·欧阳修《醉翁亭记》："山肴野蔌，杂然而前陈者，太守宴也。"也作"山肴野蔬"。《说岳全传》三五回："今日难得二位将军到此，山肴野蔬，且权当接风。"

【山雨欲来风满楼】shān yǔ yù lái fēng mǎn lóu 欲：将要。山雨将要来临，满楼都是呼啸的风声。唐·许浑《咸阳城东楼》诗："溪云初起日沉阁，山雨欲来风满楼。"后用来比喻重大事件即将发生时的迹象和情势。王火《战争和人》（三）卷二："为什么突然发生这样严重的事呢? 发生了这件事邵化会怎样? 越想越苦闷烦躁，有一种'山雨欲来风满楼'的感觉笼罩心上。"

【山珍海错】shān zhēn hǎi cuò 海错：指海中产的珍贵食物，因其错杂繁

多,故名。指山野和海里出产的各种珍异味美的食品。唐·韦应物《长安道》诗:“山珍海错弃藩篱,烹犊炮羔如折葵。”《初刻拍案惊奇》卷八:“大王便叫摆酒与陈大郎压惊,须臾齐备,摆上厅来。那酒肴内:山珍海错也有。”茅盾《脱险杂记》一二:“这餐晚饭,真吃得痛快。虽然只有一荤一素,但我觉得比什么八大八小的山珍海错更好,永远忘记不了。”也作“山珍海味”。《封神榜》一三四回:“只见酒桌上干鲜果品、山珍海味样样俱全,真是肉山酒海。”《红楼梦》三九回:“姑娘们天天山珍海味的也吃腻了,这个吃个野菜儿,也算是我们的穷心。”姚雪垠《李自成》三卷三七章:“曹营的酒席果然丰盛,山珍海味齐全。”

【山珍海味】 shān zhēn hǎi wèi 见“山珍海错”。

【删繁就简】 shān fán jiù jiǎn 删:除去。就:趋向。南朝梁·裴子野《宋略总论》:“因宋之新史,为《宋略》二十卷,剪截繁文,删撮事要,即其简寡,志以为名。”后用“删繁就简”指去掉繁杂的部分,力求简明、精炼。《续资治通鉴长编·太宗至道二年》:“三司掌邦计,故多创司分以谨关防,果能删繁就简,深合古道也。”明·王守仁《传习录》:“如孔子退修六籍,删繁就简,开示来学。”刘玉民《骚动之秋》二五章:“这的确是嬴官讲过的,只是经过了程越删繁就简的提炼和归纳。”

【姗姗来迟】 shān shān lái chí 姗姗:走路缓慢从容的样子。形容慢腾腾地来晚了。《汉书·孝武李夫人传》:“立而望之,偏何姗姗其来迟!”《孽海花》五回:“霞芬进进出出,招呼得十二分殷勤。那时唐卿、珏斋也都来,只有荸如姗姗来迟,大家只好先坐了。”姚雪垠《李自成》二卷一八章:“快坐下作诗!什么事竟使你姗姗来迟?”刘心武《钟鼓楼》六章:“薛大娘和薛师傅出于面子也并不当众盘问薛纪徽为何姗姗来迟。”〔注意〕姗,不能写作“跚”。

【煽风点火】 shān fēng diǎn huǒ 比喻煽动或唆使别人干坏事。刘玉民《骚动之秋》七章:“岳鹏程!你再煽风点火拆台呀!有人听你的才怪!你喝醉酒骂娘去吧!”刘绍棠《京门脸子》:“谷北大煽风点火,推波助澜。”〔注意〕煽,不能写作“搧”。

【潸然泪下】 shān rán lèi xià 潸然:流泪的样子。形容因有所触动而流泪。唐·李贺《金铜仙人辞汉歌序》:“宫官既拆盘,仙人临载,乃潸然泪下。”《二刻拍案惊奇》卷三八:“莫大姐见说‘张家湾’三字,不觉潸然泪下。”《野叟曝言》五三回:“素臣亦把遇着尹雄之事说知。奚囊潸然泪下道:‘小的受他许多恩惠,又教小的武艺,不知何时才报答他。’”魏巍《火凤凰》八:“不知不觉一气写了六七页,写到动情处,不禁潸然泪下,几乎把字迹都模糊了。”

【闪烁其词】 shǎn shuò qí cí 形容说话躲躲闪闪,吞吞吐吐,不肯说出真相或回避要害问题。《痛史》二五回:“何况这等事,本来是缜密的,或者定伯故意闪烁其词,更未可定。”茅盾《蚀·幻灭》五:“大概李克是实在不知道慧的身世,却故意含胡闪烁其词作弄人的。”魏巍《火凤凰》一一三:“他们一听来的是高老万的女儿——县委书记高红,眼睛里立刻流露出一种狐疑不定的神色。说话也闪烁其词。”

【善罢甘休】 shàn bà gān xiū 善:好好地,引申为轻易。甘:甘心。甘心情愿地罢休。指了结纠纷,停止争斗。甘,也作“干”。《封神榜》五六回:“只故你信宠着妖妇,屈害了国母,我姜桓楚岂肯善罢甘休。”《三侠五义》一〇五回:“我想今日这套文书回去,奸王见了必是惊疑诧异,他如何肯善罢干休呢?"老舍《骆驼祥子》一〇:"这两个主意虽然不同,可是结果一样:不去呢,她必不会善罢甘休;去呢,她也不会饶了他。"刘绍棠《蒲柳人家》三:"花鞋杜四岂能善罢甘休,他在官面上有路子,搬来了河防局的一个巡长,要把何大学问抓去坐牢。"

【善男信女】 shàn nán xìn nǚ　佛教用语,指信奉佛教的男女。《六祖大师法宝坛经·疑问品第三》:"善男信女,各得开悟。"《初刻拍案惊奇》卷二八:"一灵真性,自去拣那善男信女、有德有福的人家,好处投生不题。"《野叟曝言》五二回:"只将善男信女,现在布施各物,按着寺僧登记簿内,照数给还。"鲁迅《准风月谈·新秋杂识》:"到了盂兰盆节了,饿鬼和非饿鬼,都从阴间跑出,来看上海这大世面,善男信女们就在这时尽地主之谊,托和尚'唵呀吽'的弹出几粒白米去,请它们都饱饱的吃一通。"姚雪垠《李自成》二卷三一章:"大殿前本来有一个一人多高的铁铸香炉,如今又在前院正中地上用青砖筑一池子,让成千成万来看和尚自焚的善男信女不进二门就可以焚化香、表。"

【善始善终】 shàn shǐ shàn zhōng　有好的开始,也有好的结尾。指处理事情从开始到结束都很圆满。《庄子·大宗师》:"圣人将游于物之所不得遁而皆存,善夭善老,善始善终。"《警世通言》卷二五:"不如早达时务,善始善终,全了恩人生前一段美意。"柳青《创业史》一部二三章:"他希望:他这回把敬爱的共产党员梁生宝委托的事务办好,善始善终,不要出什么大差错。"

【善为说辞】 shàn wéi shuō cí　说辞:讲话。形容很会说话。《孟子·公孙丑上》:"宰我、子贡善为说辞;冉牛、闵子、颜渊善言德行。"也指替别人说好话。《官场现形记》一一回:"见了五科哥,好

歹替我善为说辞。"

【善自为谋】 shàn zì wéi móu　善:妥善地。谋:谋划,安排。善于为自己谋划。《左传·桓公六年》:"君子曰:'善自为谋。'"《旧唐书·孔纬传》:"丈夫岂以妻子之故,忘君父之急乎?公辈善自为谋,吾行决矣。"

【缮甲厉兵】 shàn jiǎ lì bīng　见"缮甲治兵"。

【缮甲治兵】 shàn jiǎ zhì bīng　缮甲:整治铠甲。兵:武器。指作军事准备。《诗经·郑风·叔于田序》:"叔处于京,缮甲治兵,以出于田。"宋·苏轼《代张方平谏用兵书》:"今陛下天赐勇智,意在富强,即位以来,缮甲治兵,伺候邻国。"也作"缮甲厉兵"。厉:磨。《史记·张仪列传》:"敝邑恐惧慑伏,缮甲厉兵,饰车骑,习驰射。"《东周列国志》七一回:"彼以秦女之故,久怀怨望。今在城父缮甲厉兵有日矣。"

【擅离职守】 shàn lí zhí shǒu　擅:擅自。不遵守纪律,随随便便就离开自己的工作岗位。《三国演义》四〇回:"公子奉父命镇守江夏,其任至重;今擅离职守,倘东吴兵至,如之奈何?"刘心武《钟鼓楼》五章:"年轻人,你这种不跟单位请假就擅离职守的行为,我们不能支持。"

【伤风败俗】 shāng fēng bài sú　伤:损伤。败:败坏。指败坏良好的社会习俗风气。唐·韩愈《论佛骨表》:"若不即加禁遏,更历诸寺,必有断臂脔身以为供养者,伤风败俗,传笑四方,非细事也。"《封神榜》一一回:"话说老将苏护在大厅上,气恼攻心,手指禁城大骂:'妲己贱人,一点廉耻不顾,伤风败俗。'"张洁《方舟》三:"到了柳泉真提出离婚的时候,他又觉得家门不幸,出了一个伤风败俗的女儿。"也作"败俗伤风"。《西游记》七一回:"菩萨,虽是这般故事,奈何他玷污了皇后,败俗伤风,坏伦乱法,却是该他死

罪。'"

【伤筋动骨】 shāng jīn dòng gǔ　指身体受到严重损伤。元·关汉卿《蝴蝶梦》二折:"打的来伤筋动骨,更疼似悬头刺股。"《镜花缘》二九回:"每见跌打损伤而至丧命者,皆因伤筋动骨,痛入肺腑,瘀血凝结,医治稍迟,往往无救。"刘绍棠《村妇》卷一:"我只不过皮肉吃了点苦,并没有伤筋动骨。"也用来比喻事物受到重大损害或作大的变动。姚雪垠《李自成》二卷三六章:"倘若如今破南阳,杀唐王,所获粮饷不多,也不会使崇祯伤筋动骨,惊慌失措,反而促使崇祯赶快调兵遣将去防守洛阳。"刘心武《秦可卿出身未必寒微》一二:"由于对'淫丧天香楼'的情节做了伤筋动骨的删除,已写成的书稿必须再加整理,以求补上由于重大删除形成的'窟窿',这对于曹雪芹这样的天才,也洵非易事。"

【伤天害理】 shāng tiān hài lǐ　天:天良。理:道理,准则。指做事凶恶残忍,伤害天良和做人的准则。《封神榜》一一〇回:"似你君妻不仁不义,所行之事伤天害理,十分令人可恨!"《官场现形记》一五回:"庄大老爷不等他开口,依旧做出他那副老手段来,咬牙切齿,骂这些兵丁伤天害理,又咳声叹气,替百姓呼冤。"梁斌《红旗谱》一六:"春兰说:'咱没做那伤天害理的事,咱什么也不怕。放下我,你快跑吧!'"刘绍棠《绿杨堤》四:"人家这是走投无路,磨扇子压手,咱们怎能在这个节骨眼儿上伤天害理,占人家便宜呢?"也作"丧天害理"。《老残游记》七回:"话说老残与申东造论以玉贤正为有才,急于做官,所以丧天害理,至于如此,彼此叹息一回。"

【伤心惨目】 shāng xīn cǎn mù　形容情景悲惨,使人不忍心看。唐·李华《吊古战场文》:"日光寒兮草短,月色苦兮霜白,伤心惨目,有如是耶?"《儒林外史》四

八回:"母亲看着,伤心惨目,痛入心脾,也就病倒了,抬了回来,在家睡着。"

【赏罚分明】 shǎng fá fēn míng　分明:清楚。赏罚得当,公正清楚。《汉书·张敞传》:"敞为人敏疾,赏罚分明。"《三国演义》三回:"肃曰:'某遍观群臣,皆不如董卓。董卓为人敬贤礼士,赏罚分明,终成大业。'"姚雪垠《李自成》二卷一一章:"树威也不是光靠杀人。你们自己行事正正派派,处处以身作则,平日赏罚分明,毫不徇私,就能树起威来。"也作"赏罚严明"。汉·王符《潜夫论·实贡》:"好善嫉恶,赏罚严明,治之材也。"

【赏罚严明】 shǎng fá yán míng　见"赏罚分明"。

【赏功罚罪】 shǎng gōng fá zuì　奖赏有功的人,惩罚犯罪的人。宋·司马光《上体要疏》:"是故王者之职,在于量材任人,赏功罚罪而已。"《三国演义》一四回:"封董承等十三人为列侯。赏功罚罪,并听曹操处置。"

【赏心乐事】 shǎng xīn lè shì　赏心:使心情欢畅。乐事:快乐的事情。指心情欢畅和快乐如意的事情。南朝宋·谢灵运《拟魏太子邺中集诗八首序》:"天下良辰、美景、赏心、乐事,四者难并。"宋·王安石《季春上旬苑中即事》:"赏心乐事须年少,老去应无日再中。"《醒世恒言》卷二五:"对此好花明月,美酒清歌,真乃赏心乐事,有何不美?"

【赏心悦目】 shǎng xīn yuè mù　赏心:使心情欢畅。悦目:看了舒服。指看到美好的景色而心情舒畅。明·无名氏《人中画·风流配》:"长篇短章,不为不多,然半属套语,半属陈言,求一首清新俊逸、赏心悦目者,迥不可得。"鲁迅《故事新编·补天》二:"伊从此日日夜夜堆芦柴,柴堆高多少,伊也瘦多少,因为情形不比先前,——仰面是歪斜开裂的天,低头是艨艟破烂的地,毫没有一些可以赏心

悦目的东西了。"姚雪垠《李自成》三卷七章:"我们这个家里虽然不似几十年前富裕强盛,困难得多,可是宫中可供皇上赏心悦目的地方不少。"刘玉民《骚动之秋》四章:"室内陈设并无奢华之嫌,却给人以舒适、赏心悦目之感。"也作"爽心悦目"。沈从文《湘行散记·一个戴水獭皮帽子的朋友》:"从汽车跳望岸堤远处,薄雾里错落有致的平田、房子、树木,全如敷了一层蓝灰,一切极爽心悦目。"

【上蹿下跳】shàng cuān xià tiào　形容上下奔走,多方串连,为达到某种目的而活动。多含贬义。蒋子龙《一个工厂秘书的日记》:"当厂长心里有想办的事,自己又不好出头的时候,秘书就应该把事情揽过来。上蹿下跳,根据需要打出各种不同的旗号,把厂长的事情办成。"

【上方宝剑】shàng fāng bǎo jiàn　上方:也作"尚方",掌管制造供应御用器物的官署。皇帝御用的宝剑。持有皇帝所赐上方宝剑的大臣,具有先斩后奏的权力。后用来比喻来自上级的指示。王火《战争和人》(三)卷一:"李参谋长笑笑:'他们都是太上皇,都有上方宝剑。拿我李永安来说吧,我是军校毕业黄埔系的,可是也不放过,对他们也得敷衍,不然就不知什么时候会有麻烦。'"

【上梁不正下梁歪】shàng liáng bù zhèng xià liáng wāi　梁:房梁。比喻居上位的人行为不正,不能以身作则,下面的人也就跟着学坏。明·贾凫西《木皮词·正传》:"前脚不正后脚趄,上梁不正下梁歪。"茅盾《锻炼》二三:"上梁不正下梁歪,伤兵们果然做得过分一点,做官的可也不该把人家的犒赏也落了荷包。"姚雪垠《李自成》三卷一二章:"宗敏说:'真是上梁不正下梁歪!'曹操为人很狡诈,如今他虽然奉你为主,我们还得多加提防。'"

【上勤下顺】shàng qín xià shùn　勤:勤劳。顺:顺从。领导者勤奋努力,下属就会服从领导。唐·韩愈《郓州谿堂诗序》:"惟所令之不亦顺乎,上勤下顺,遂济登兹。"

【上闻下达】shàng wén xià dá　闻:听见。达:通晓,明白。使上级知道,使下边的人明白。唐·韩愈《与李翱书》:"布衣韦带之士,谈道义者多乎?以仆遑遑于其中,能上闻而下达乎?"

【上无片瓦,下无立锥之地】shàng wú piàn wǎ, xià wú lì zhuī zhī dì　形容一无所有,贫困到了极点。《何典》九回:"原来刘打鬼收成结果了雌鬼,把活鬼的古老宅基也卖来喂了头头,弄得上无片瓦遮身,下无立锥之地,只得仍缩在娘身边。"

【上下交困】shàng xià jiāo kùn　交:一齐,共同。上面和下面共同处于困境。《清史稿·食货志一》:"天府太仓之蓄,一旦荡然,赔偿兵费至四百余兆,以中国所有财产抵借外债,积数十年不能清偿。摊派加捐,上下交困。"

【上下其手】shàng xià qí shǒu　手向上指或向下指。《左传·襄公二十六年》载:楚国进攻郑国,穿封戌俘房了郑将皇颉,公子围与争功,请伯州犁裁处。伯州犁有意偏袒公子围,曰:"请问于囚。"命皇颉作证时,伯州犁故意上其手曰:"夫子为王子围,寡君之贵介弟也。"下其手曰:"此子为穿封戌,方城外之县尹也。谁获子?"皇颉曰:"颉遇王子,弱焉。"后用"上下其手"比喻玩弄手法,串通作弊。唐·周矩《为索元礼首按制狱疏》:"陛下试取所告状,酌其虚实者,付令推之,微讽动以探其情,所推者必上下其手,希其旨也。"《东周列国志》六六回:"伯州犁逆上,劝解而还。言于康王,两分其功,复自置酒,与围戌二人讲和。今人论徇私曲庇之事,辄云:'上下其手'。——盖本伯州犁之事也。"《聊斋志异·阎罗薨》:

"但阴曹之法，非若阳世偻偻，可以上下其手，即恐不能为力。"姚雪垠《李自成》二卷三二章："然历朝田赋积弊甚深，有财有势者上下其手，多方欺隐，逃避征赋，土田多而纳粮反少。"

【上行下效】 shàng xíng xià xiào 行：做。效：效法。汉·班固《白虎通·三教》："教者，效也，上为之，下效之。"后用"上行下效"指上面的人怎么做，下面的人就跟着怎么干。多含贬义。《旧唐书·贾曾传》："上行下效，淫俗成风，败国乱人，实由兹起。"《官场现形记》二〇回："现在几个月下来，居然上行下效，草偃风行，兄弟心上甚是高兴。"袁静《不可战胜的力量》："有老首长传、帮、带，他一言一行，一举一动，都起到榜样和模范作用，上行下效，身教胜过言教。"姚雪垠《李自成》三卷三三章："她知道官宦富豪，一个人都有几个小老婆，义军中像张献忠和罗汝才也都是女人成群。上行下效，西营和曹营每个将领也都有几个小老婆。"

【稍胜一筹】 shāo shèng yī chóu 见"略胜一筹"。

【稍纵即逝】 shāo zòng jí shì 纵：放松。逝：消失。稍微一放松就消失了。宋·苏轼《文与可画筼筜谷偃竹记》："执笔熟视，乃见其所欲画者，急起从之，振笔直遂，以追其所见，如兔起鹘落，少纵则逝矣。少：同"稍"。后用"稍纵即逝"形容时间或机会很容易失掉。《中国现在记》一回："要是不要紧的事，也不敢惊动。现在是稍纵即逝，所以不得不请总办出来商议省办。"姚雪垠《李自成》三卷四四章："此是天赐良机，稍纵即逝。大元帅英明过人，只要军师同我一起说话，想来有采纳刍荛之望。"刘白羽《第二个太阳》一六章："军情如火，稍纵即逝，陈文洪眼看敌人撤退情势，已迫在眼前。"

【少安毋躁】 shāo ān wú zào 少：(旧读shāo)稍微，略微。毋：不要。躁：急躁。稍微安定一会儿，不要急躁。毋，也作"无"或"勿"。唐·韩愈《答吕医山人书》："方将坐足下三浴而三熏之，听仆之所为，少安无躁。"《官场现形记》五七回："总望大人传谕众绅民，叫他们少安毋躁，将来这事官场上一定替他们作主，决不叫死者含冤。"李劼人《大波》一部八章："周孝怀连忙挥着两手说道：'老先生！老先生！众位股东先生！少安勿躁，听我一言奉告，好不好？……'"杨沫《青春之歌》一部八章："像林道静这样的年轻女孩子，找职业是很不容易的。因此他劝她还是'少安毋躁'。可是道静并不相信。"〔注意〕躁，不能写作"燥"。

【少见多怪】 shǎo jiàn duō guài 见识少，遇到不常见的事物就觉得奇怪。汉·牟融《理惑论》："谚云：'少所见，多所怪，睹眊驼，言马肿背'。"后用"少见多怪"嘲讽人见闻浅陋。《二十年目睹之怪现状》五三回："你上下江走了这两年，见识应该增长得多了，怎么还是这样少见多怪的？"张恨水《啼笑因缘》六回："你这是少见多怪了，这年头儿，男女还要是什么人才能够在一处走吗？"巴金《随想录》六一："有人想把他一笔勾销，有人想一手遮盖，有人想若无睹，反而怪别人无事自扰，少见多怪。"

【少不更事】 shào bù gēng shì 少：年轻。更：经历。《晋书·周颤传》："君少年未更事。"后用"少不更事"指年纪轻，阅历浅，经历的事情不多。宋·罗大经《鹤林玉露》卷一："言少不更事之人，无所涵养，而骤膺拔擢，以当重任。"明·张凤翼《窃符记》四折："赵奢之子赵括，志大才庸，少不更事。"茅盾《虹》四："说她是少不更事，全凭感情冲动么？她又那样的老练谙达，似乎很有城府，很多经验。"周而复《上海的早晨》三部四九："冯永祥又跃跃欲试，这位少不更事的青年，目中无人，像一匹脱缰的野马，在上海工商界驰骋,谁也奈何他不得。"

【少年老成】 shào nián lǎo chéng 老成:老练成熟。年纪虽轻,但为人处事却老练稳重。明·柯丹邱《荆钗记·团圆》:"我这公祖少年老成,居民无不瞻仰,老夫感激深恩。"《醒世恒言》卷一〇:"你少年老成,定有好人相遇。"《野叟曝言》一回:"余相公少年老成,可敬可敬。"鲁迅《集外集拾遗·诗歌之敌》:"听说前辈老先生,还有后辈而少年老成的小先生,近来尤厌恶恋爱诗;可是说也奇怪,咏叹恋爱的诗歌果然少见了。"李劼人《大波》三部五章:"每每与楚用谈到他的同学,总叫楚用要多亲近王文炳,要以王文炳为模范,学他少年老成的样子。"

【少壮不努力,老大徒伤悲】 shào zhuàng bù nǔ lì, lǎo dà tú shāng bēi 徒:空,白白地。年轻力壮的时候不努力,到了老年,白白地悲伤后悔也没有用了。《乐府诗集·长歌行》:"百川东到海,何时复西归?少壮不努力,老大徒伤悲。"明·张岱《课儿读谎》:"少壮不努力,老大徒伤悲,平日弗用功,自到临期悔。"

【舌敝唇焦】 shé bì chún jiāo 见"唇焦舌敝"。

【蛇蝎心肠】 shé xiē xīn cháng 蝎:节肢动物类毒虫。形容人心肠凶狠毒辣。元·无名氏《抱妆盒》二折:"便是蛇蝎心肠,不似恁般毒害。"

【舍本逐末】 shě běn zhú mò 舍:放弃。本:根本。逐:追求。末:枝节。《吕氏春秋·上农》:"民舍本而事末则不令,不令则不可以守,不可以战。"我国古代以农为本,手工业、商业为末。原指弃农耕,重工商。后用"舍本逐末"比喻放弃根本,追求末节,轻重主次倒置。北魏·贾思勰《齐民要术·序》:"舍本逐末,贤哲所非。"秦牧《艺海拾贝》:"如果艺术表现的事物没有若干程度的普遍性、代表性,搜集那样的事物来描写,只是舍本逐末

罢了。"

【舍己救人】 shě jǐ jiù rén 牺牲自己去拯救别人。老舍《老张的哲学》二九:"舍己救人也要凑好了机会,不然,你把肉割下来给别人吃,人们还许说你的肉中含有传染病的细菌。"

【舍己为公】 shě jǐ wèi gōng 为了集体的利益而牺牲自己的利益。方志敏《清贫》:"这在国方的伟人们看来,颇似奇迹,或认为夸张;而矜持不苟,舍己为公,却是每个共产党员具备的美德。"

【舍己为人】 shě jǐ wèi rén 舍:舍弃。为:帮助。《论语·先进》"吾与点也"宋·朱熹注:"曾点之学……初无舍己为人之意,而其胸次悠然,直与天地万物上下同流。"意为放弃自己的观点,去附和他人。后指为了他人而牺牲自己的利益。知侠《沂蒙山的故事》:"王二伯的心情感染着我,他的舍己为人的品德多么崇高啊。"

【舍近求远】 shě jìn qiú yuǎn 舍:舍弃。舍弃近的去追求远的。形容做事走弯路或不切实际。《孔丛子·论势》:"齐、楚远而难恃,秦、魏呼吸而至,舍近而求远,是以虚名自累而不免近敌之困者也。"《续资治通鉴长编·太宗雍熙元年》:"臣又见陛下有舍近求远之事。"《三侠五义》七二回:"你何必舍近而求远呢?新升太守极其清廉,你何不到那里去告呢?"柳青《创业史》一部一四章:"她怕人背后议论,她甚至不情愿和任何一个邻居过于亲密。这就是她不向邻居们借牲口,而舍近求远,从她的两个女婿家牵牲口做碾磨活儿的原因。"

【舍生取义】 shě shēng qǔ yì 生:生命。义:正义。《孟子·告子上》:"生,亦我所欲也;义,亦我所欲也。二者不可得兼,舍生而取义者也。"原指生命和道义二者不能兼得时,就选择道义而舍弃生命。后用"舍生取义"指为正义而牺牲生命。《晋书·梁王肜传》:"肜位为宰相,

……当危事，不能舍生取义。"明•余继登《典故纪闻》卷一："君子舍生取义，小人则舍生为利。"《说岳全传》六一回："王如在也，必能保全社稷；王今没矣，伊谁力挽颓阳？"鲩生才谞，事类参商。方徙薪乎曲突，忽祸起于萧墙。立身迥异于禽兽，含污忍入于犬羊。舍生取义，扶植纲常。"袁鹰《信念》："古往今来，多少为人民事业杀身成仁、舍生取义的先驱者身上，都闪耀着这种崇高的精神的光辉。"

【舍生忘死】shě shēng wàng sǐ　指不把个人的安危、生死放在心上。元•关汉卿《哭存孝》二折："说与俺争好斗的番官，舍生忘死家将，一个个顶盔擐甲，一个个押箭弯弓。"丁玲《我读〈东方〉》："我们看到郭祥在多次不同的战役中表现出来的机智勇敢，舍生忘死，实在激励人心。"也作"舍死忘生"。元•周文质《斗鹌鹑•自悟》套曲："想爵禄高，性命危，一个个舍死忘生，争宜竞救。"《封神榜》六三回："这一场合兵灯仗，真是舍死忘生，仇敌恶战。只听一阵兵刃交加，不亚如明炉打铁一般。"《镜花缘》九九回："宋素道：'众弟兄既在此舍死忘生，不辞劳苦，原是为著我家之事。'"

【舍死忘生】shě sǐ wàng shēng　见"舍生忘死"。

【设身处地】shè shēn chǔ dì　设：设想。身：自身。设想自身处在别人的地位或环境中。指替别人的处境着想。明•张岱《明末五王世家•附唐王聿镇传论》："若以成败利钝，责备观生，是犹责文天祥以燕馆徒生，责张世杰以厓山空死也，设身处地，亦复奈何？"《三侠五义》一一二回："能够如此设身处地的做去，断无不像之理。"鲁迅《南腔北调集•题记》："《语丝》早经停刊，没有了任意说话的地方，打杂的笔墨，是也得给各个编辑者设身处地地想一想，于是文章也就不能划一不二，可说之处一点，不能说

之处便罢休。"巴金《春》一四："二弟，你哪儿晓得我在家里过的是什么样的日子！你会讲道理，但是我叫你设身处地做做我试试看。我整天就没有快乐过。"〔注意〕处，不读 chù。

【涉笔成趣】shè bǐ chéng qù　涉笔：指动笔写作或绘画。趣：趣味。指一动笔就趣味盎然。形容有很高的写作功力。《镜花缘》一〇〇回："读了些四库奇书，享了些半生清福。心有余闲，涉笔成趣，每于长夏余冬，灯前月夕，以文为戏，年复一年，编出这《镜花缘》一百回。"鲁迅《南腔北调集•答杨邨人先生公开信的公开信》："我确曾用这笔碰着了先生，不过也只如运用古典一样，信手拈来，涉笔成趣而已。"

【身败名裂】shēn bài míng liè　败：毁坏。裂：破裂。地位丧失，名誉扫地。指做坏事的人终将遭到彻底失败。《野叟曝言》一三八回："向使皇上见志不定，见几不决，同列挤排，奸人挠阻，玉佳身败名裂久矣。"鲁迅《南腔北调集•捣鬼心传》："'狂飙文豪'高长虹攻击我时，说道劣迹多端，倘一发表，便即身败名裂，而终于并不发表，是深得捣鬼正脉的。"周而复《上海的早晨》三部一："他自己弄得身败名裂不算，还要扯到别人身上，叫他在徐家抬不起头来。"

【身不由己】shēn bù yóu jǐ　身体不能由自己做主。指行动不受自身支配。宋•无名氏《张协状元•张协贫女团圆》："张协本意无心娶你，在穷途身自不由己。况天寒举目又无亲，乱与伊家相娶。"《二刻拍案惊奇》卷一一："少卿此时也是身不由己的，走来对朱氏道：'昔年所言凤翔焦氏之女，间隔了多年，只道他嫁人去了。不想他父亲死了，带了个丫鬟，直寻到这里。'"《镜花缘》五六回："到晚，林氏再三挽留，并劝他同去赴试，慢慢打听骆公子下落。宋良箴那里肯应。

无知众姊妹早把行李命人搬来，良箴身不由己，只得勉强住下。"鲁迅《呐喊·阿Q正传》九章："阿Q虽然似乎懂得，但总觉得站不住，身不由己的蹲了下去，而且终于趁势改为跪下了。"刘绍棠《瓜棚柳巷》六："她慌里慌张一进河滩，就眼花缭乱迷了路，三弯两转，七拐八绕，身不由己地走上了岔道儿。"

【身家性命】 shēn jiā xìng mìng　身：自身。家：家庭。自身和全家人的性命。《水浒传》一〇八回："倘举事一有不当，那些全躯保妻子的，随而媒孽其短，身家性命，都在权奸掌握之中。"《官场现形记》四八回："兄弟的身家性命，一齐在老哥身上。千万要心！一切拜托！"李劼人《大波》一部一二章："及此不图，我们的身家性命都不能保了。他们要练兵练团来整治我们，我们也就应该先下手为强！"

【身价百倍】 shēn jià bǎi bèi　身价：人的社会地位。指名誉、地位一下子大大提高了。梁实秋《雅舍小品·由一位厨师自杀谈起》："被这刊物一加品题，辄能身价百倍，反之，一加贬抑，便觉脸上无光。"刘玉民《骚动之秋》七章："尤其从伊春回来，他在众人眼里身价百倍。他提出要办的事，支委会总是一致通过。"

【身经百战】 shēn jīng bǎi zhàn　百：指很多。亲身经历过多次战斗，富有经验。唐·郎士元《塞下曲》："宝刀塞下儿，身经百战曾百胜。"姚雪垠《李自成》一卷二三章："我带兵多年，身经百战，还没有遇到过这样局面。"杜鹏程《警戒线上》："前边走着的是张团长，身经百战，才智过人，赫赫有名，王震将军很喜欢他。"

【身历其境】 shēn lì qí jìng　见"身临其境"。

【身临其境】 shēn lín qí jìng　临：到。境：地方，境地。亲身到了那个境地。《三侠五义》一一二回："凡事到了身临其境，就得搜索枯肠，费些心思。稍一疏神，马脚毕露。"鲁迅《华盖集续编·记"发薪"》："这不过是一个大意，此外的事，倘非身临其境，实在有些说不清。"刘绍棠《草莽》七："身临其境，往事如昨，引起她的回忆。"也作"身历其境"。《镜花缘》八九回："这是才女身历其境，所以明白。"巴金《随想录》四三："它们的确让我受到深刻的教育。只有身历其境，才懂得是甘是苦。"

【身强力壮】 shēn qiáng lì zhuàng　身体强壮，力气很大。《水浒传》一四回："[晁盖]最爱刺枪使棒，亦自身强力壮，不娶妻室，终日只是打熬筋骨。"老舍《四世同堂》九三："他不怕给抓起来，他身强力壮，挨几下子也没什么，然而要是日本人没收了他的产业，那可就真要了命了。"王蒙《青春万岁》二六："她用手按着周小玲的肩膀，使周小玲这个身强力壮的人呻吟了一声。"

【身轻言微】 shēn qīng yán wēi　指人的地位低，言论或主张不被重视。《后汉书·孟尝传》："同郡杨乔上书荐尝曰：'臣前后七表言故合浦太守孟尝，而身轻言微，终不蒙察。'"

【身体力行】 shēn tǐ lì xíng　身：亲身。体：体验。《淮南子·汜训》："圣人以身体之。"《礼记·中庸》："好学近乎知，力行近乎仁，知耻近乎勇。"后用"身体力行"指亲身体验，努力实践。宋·张洪、齐熙《朱子读书法·虚心涵泳》："但愿更于所闻，身体而力行之。"明·章懋《答东阳徐子仁书》："但不能身体力行，则虽有所见，亦无所用。"《儿女英雄传》三五回："门生父亲平日却是认定一片性情，一团忠恕，身体力行，便是教训门生也。"梁实秋《雅舍小品·洋罪》："不过若把异国情调生吞活剥地搬到自己家里来，身体力行，则新奇往往变成为桎梏，有趣往往变成为肉麻。"姚雪垠《李自成》二卷三二章："数十年来身体力行,不敢有负所学。"

【身外之物】 shēn wài zhī wù 身体以外的东西。多指名誉、财物等。唐·吴兢《贞观政要·贪鄙》："太守谓侍臣曰:'……明珠是身外之物,尚不可弹雀,何况性命之重,乃以博财物耶?'"《儒林外史》一回:"不过说人生富贵功名,是身外之物。"鲁迅《热风·智识即罪恶》:"大约钱是身外之物,带不到阴间的,所以一死便成为清白鬼了。"张洁《红蘑菇》:"实在找不到将来再买一个就是了,这些都是身外之物,不必为这种事情生气。"

【身无长物】 shēn wú cháng wù 长(旧读 zhàng)物:多余的东西。《世说新语·德行》:"王恭从会稽还,王大看之。见其坐六尺簟,因语恭:'卿东来,故应有此物,可以一领及我。'恭无言,大去后,即举所坐者送之。既无余席,便坐荐上。后大闻之,甚惊,曰:'吾本谓卿多,故求耳。'对曰:'丈人不悉恭,恭作人无长物。'"原指生活俭朴。后用"身无长物"指除自身外再没有多余的东西。形容贫穷。清·华伟生《开国奇冤·媵义》:"好在我身无长物,就带了那管秃笔,跑到了上海地方,东涂西抹,藉资糊口。"茅盾《韩江船》:"这些逃难人虽则身无长物,因为一到惠阳就逢到数十年来从未有过的冷,不能不临时买了棉被,这一下,舱里的地位便不经济了。"

【身先士卒】 shēn xiān shì zú 作战时将领冲在士兵的前面。《三国志·吴书·孙辅传》:"策西袭庐江太守刘勋,辅随从,身先士卒,有功。"《三国演义》七二回:"彰曰:'披坚执锐,临难不顾,身先士卒;赏必行,罚必信。'"《说岳全传》九回:"身先士卒常施爱,计重生灵不为名。"姚雪垠《李自成》二卷四九章:"他为人耿直爽快,打起仗来总是身先士卒,做起事来处处顾大局。"李英儒《野火春风斗古城》一六章:"高大成这时更加得意,怀抱机枪沿边跑边打,身先士卒跃马冲上堤坡。"后多用来比喻领导带头。

【身心交瘁】 shēn xīn jiāo cuì 交:一起,同时。瘁:劳累。身体精神都过度劳累。魏巍《地球的红飘带》二五:"他经常要写那种以黑作白,以无作有的文章,真是弄得呕心沥血,身心交瘁。"

【深闭固拒】 shēn bì gù jù 固:坚决。拒:拒绝。紧紧闭关,坚决抵制。宋·王安石《与赵卨书》:"我深闭固距,使彼不得安息。"距:通"拒"。清·薛福成《代李伯相复部观察书》:"方今中国疆圉辽阔,防不胜防,而泰西诸国航海东来,实为数千年未有之创局,其势断不能深闭固拒。"后多指固执地不接受新事物和他人的建议。

【深不可测】 shēn bù kě cè 水深得难以测量。形容很深。《楚辞·大招》:"代水不可涉,深不可测只。"《聊斋志异·丐仙》:"大雾障天,茫茫然不辨径路。蹑荒急奔,忽失足,堕云窟中,觉深不可测;而身幸不损。"魏巍《东方》四部一三章:"桥东是深不可测的水库,桥西是一米多深的江水。"也用来比喻难以捉摸或揣测。《文子·道原》:"夫道者,高不可极,深不可测。"及容《饥饿荒原》七:"她觉得他严肃的面孔后面有一种深不可测的东西。"

【深藏若虚】 shēn cáng ruò xū 把宝贵的东西深深地收藏起来,好像没有一样。《史记·老子韩非列传》:"良贾深藏若虚,君子盛德,容貌若愚。"意为精于卖货的人隐藏宝货,不轻易让人看。后比喻有真才实学的人不外露。《五色石》卷六:"少年有才的往往浮露,今宗生深藏若虚,恂恂如不能语,却也难得。"

【深仇大恨】 shēn chóu dà hèn 形容极深极大的仇恨。清·和邦额《夜谭随录·铁公鸡》:"沽酒市肉,日与宾客饮宴,一似与银钱二物有深仇大恨者,必欲尽力消耗之而后已。"梁斌《红旗谱》卷一："冯老兰在父亲艰难困苦里,在磨扇压住手的时期,夺去了他们的'宝地',这是一辈子的深仇大恨。"姚雪垠《李自成》三卷一〇章:"自从谷城起义以来,我们两营将士又有不少伤亡,真是痛心!啥时候想起这些阵亡将士,我就想斩杨嗣昌的狗头,以报深仇大恨。"

【深更半夜】shēn gēng bàn yè 泛指深夜。元·李文蔚《燕青博鱼》三折:"兄弟,深更半夜,你唤我做什么?"鲁迅《呐喊·明天》:"深更半夜没有睡的只有两家:一家是咸亨酒店,几个酒肉朋友围着柜台,吃喝得正高兴;一家便是间壁的单四嫂子。"周而复《上海的早晨》四部一七:"姑妈日夜提心吊胆,每天守到深更半夜,不等姑爹回到家里,姑妈就闭不上眼睛,睡不了觉。"

【深沟高垒】shēn gōu gāo lěi 沟:壕沟。垒:营垒。深挖壕沟,高筑壁垒。指加强防御工事。《韩非子·说林下》:"将军怒,将深沟高垒;将军不怒,将懈怠。"《史记·淮阴侯列传》:"足下深沟高垒,坚营勿与战。"《喻世明言》卷三七:"淮南芦苇丛曲,更兼地湿泥泞,不易驰骋,足下深沟高垒,不与接战,坐毙其锐。"姚雪垠《李自成》三卷一六章:"他不向我们立即猛攻,只是深沟高垒,与我们长期相持,拖到冬天,对我们就……就很不利了。"

【深居简出】shēn jū jiǎn chū 指藏身在隐密的地方,很少出现。后也指居家不常出门。唐·韩愈《送浮屠文畅师序》:"夫兽深居而简出,惧物之为己害也,犹且不脱焉。"宋·秦观《谢王学士书》:"自摈弃以来,尤自刻励,深居简出,几不与世人相通。"《醒世恒言》卷一五:"那少年的,如闺女一般,深居简出,非细相熟的主顾,或是亲戚,方才得见。"孙犁《白洋淀纪事·她从天津来》:"在那里,我们是深居简出,所以知道的事情很少。"

【深明大义】shēn míng dà yì 深切地了解为人处事的大道理。指人能识大体,顾大局。《孽海花》三二回:"这个你倒不要怪陈大人,都是我和金逊卿,古冥鸿几个朋友替陈大人彻底打算,只好硬劝玛德吃些亏,解救这一个结。难得玛德深明大义,竟毫不为为难的答应了。"路遥《平凡的世界》(上)二二章:"他为孙玉亭的女儿如此深明大义而感动不已。"

【深谋远虑】shēn móu yuǎn lǜ 计谋深远,考虑周密。《史记·秦始皇本纪》:"太史公曰:'[贾生]曰:……深谋远虑,行军用兵之道,非及乡时之士也。'"晋·刘琨《劝进表》:"深谋远虑,出自胸怀。"《野叟曝言》一一六回:"尹雄错闻公相凶信,痛不欲生,后闻成功,大拜狂喜欲死……熟知公相固有如此深谋远虑乎?"周而复《上海的早晨》四部二:"老兄深谋远虑,办事周密细致,给我们工商界造福不浅,大家一定要好好感谢你才是。"

【深情厚谊】shēn qíng hòu yì 谊:交情。深厚的感情与友谊。巴金《随想录》一七:"我每看完一章抬起头来,好像这位老人就在旁边偏着头对我微笑,甚至在凉风吹进窗来的深夜,我也感觉到他的微笑带给我的暖意。我感谢他的深情厚谊。"姚雪垠《李自成》二卷四三章:"红娘子把那副七宝镂金雕鞍看了又看,确实从未见过。她无限感激高夫人对她的深情厚谊。"

【深入浅出】shēn rù qiǎn chū 道理深刻而表达得浅显易懂。清·袁枚《随园诗话》卷七:"今读其诗,从容和雅,如天衣之无缝;深入浅出,方臻此境。"莫应丰《将军吟》一五章:"他的话虽然包含着很深的理论,却又能深入浅出,使人一听就懂。"陈忠实《白鹿原》二二章:"姜政委深入浅出的讲演特富魅力和鼓动力量。"

【深入人心】shēn rù rén xīn 指思想、理论等广泛地得到人们的理解和接受。

《东周列国志》二〇回："且君新得诸侯,非有存亡兴灭之德,深入人心,恐诸侯之兵,不为我用。"巴金《随想录》附录:"通过潜移默化,文学塑造人们的灵魂。水滴石穿,作品的长期传播也会深入人心。"

【深思熟虑】shēn sī shú lǜ　熟:指程度深。深入反复地思考。宋·苏轼《策别第九》:"而其人亦得深思熟虑,周旋于其间,不过十年,将必有卓然可观者也。"周而复《上海的早晨》二部四:"他的态度之所以这样坚决,不是没有经过深思熟虑的。"刘白羽《第二个太阳》七章:"他经过深思熟虑,他觉得只有把他那一段不平凡的经历告诉他们,才能是对他们精神上的支持与援助。"

【深思远虑】shēn sī yuǎn lǜ　想得深,考虑得长远。《后汉书·孝和孝殇帝纪》:"先帝即位,务休力役,然犹深思远虑,安不忘危,探观旧典,复收盐铁,欲以防备不虞,宁安边境。"《歧路灯》四回:"像令兄这样深思远虑,就是有经济的学问。"

【深文周纳】shēn wén zhōu nà　深文:使法律条文尽量苛刻。周纳:想方设法使人陷入其中。《史记·酷吏列传》:"[张汤]与赵禹共定诸律令,务在深文,拘守职之吏。"《汉书·路温舒传》:"上奏畏却,则锻炼而周内之。"内:同"纳"。后用"深文周纳"指苛刻地援引法律条文,给人罗织罪状;也指不根据事实,给人强加罪名。鲁迅《集外集拾遗补编·〈译文〉创刊号前记》:"倘使有些深文周纳的惯家以为又是什么人想法挽救'没落'的法门,那我们只有一笑道:'领教!领教!诸公的心事,我们倒是雪亮的。'"

【深恶痛绝】shēn wù tòng jué　深恶:非常厌恶。痛绝:极其痛恨。指对某人或对某事物厌恶、痛恨到极点。《野叟曝言》一三八回:"而天之深恶痛绝而仍听其并生并育于其间者,亦好生之旨则然,

故至于今日。"韦君宜《洗礼》四:"反正她对王辉凡仍然深恶痛绝、划清界限,这是明白的。"严文井《悼沈从文先生》:"最近几年,重读他一些作品,发现他对市侩习气有一种深恶痛绝的情绪。"〔注意〕恶,不读ě。

【深信不疑】shēn xìn bù yí　非常相信,一点儿都不怀疑。周作人《雨天的书·科学小说》:"深信不疑的小孩一听威奴先生这样说,便真相信人能够装在一个炮弹内放到月亮上面去,及一个物体能够轻易地反抗重力的定则。"杨沫《青春之歌》二部二二章:"晓燕舒畅地长出了一口气,用她真诚的深信不疑的眼睛对戴愉亲疏地笑笑。"陈忠实《白鹿原》二章:"回到家里,母亲和鹿三都问他怎么又回来了,他一概回答说路上雪太厚太滑爬不上那道慢坡去,他们都深信不疑。"

【深知灼见】shēn zhī zhuó jiàn　灼:明白透彻。深切的了解,透彻的见解。《野叟曝言》一〇五回:"幼闻义方,长读经传,崇正辟邪之志,愈坚愈定,时以灭除老佛为念,深知灼见,确然无疑。"

【深中肯綮】shēn zhòng kěn qìng　肯綮:筋骨结合的地方,比喻最重要的关键。比喻分析问题深刻,能阐述到点子上。〔注意〕綮,不读qǐ。

【神不守舍】shén bù shǒu shè　舍:房舍,这里指人的躯体。形容心神极度不安定。《红楼梦》八七回:"怎奈神不守舍,一时如万马奔驰,觉得禅床便恍荡起来,身子已不在庵中。"李国文《危楼记事》:"范大妈显然注意到他神不守舍的状态,便问:'你怎么啦? 阿宝!'"〔注意〕舍,不读shě。

【神不知鬼不觉】shén bù zhī guǐ bù jué　形容作事诡秘,丝毫不让人察觉。元·无名氏《冤家债主》二折:"这烦恼神不知鬼不觉,天来高地来厚;本指望一家

儿相守共白头,到如今夫妻情,父子恩,都做了一笔勾。"《初刻拍案惊奇》卷九:"今身边有财物,不如瞒着远去,只央寺僧买些漆来,把棺木仍旧漆好,不说出来。神不知鬼不觉,此为上策。"《二十年目睹之怪现状》一〇六回:"他们办了这件事之后,自以为神不知鬼不觉的了;谁知他打发出来的几个姨娘,与及开除的男女仆人,不免在外头说起。"柳青《创业史》一部一四章:"他在神不知鬼不觉中,就把这个危险事实露出的破绽,用泥巴糊了。"魏巍《东方》二部二章:"我们的二十几万大军,神不知鬼不觉地过了江,直到今天敌人一点也没有发觉,这在军事上也称得上是一个奇迹。"

【神采飞扬】 shén cǎi fēi yáng　神采:指人的神情风采。飞扬:兴奋的样子。脸上的神态焕发有神。《孽海花》二九回:"还有常议员、稽查员、干事员、侦探员、司机员,个个精神焕发,神采飞扬,气吞全球,目无此房。"魏巍《火凤凰》一:"从今日起自己也将是这船上的一名水手了。想到此处,天虹不禁神采飞扬,万分激动。"

【神采奕奕】 shén cǎi yì yì　神采:人的神情风采。奕奕:精神焕发的样子。形容人精神旺盛,容光焕发,风采动人。明·朱国祯《资德大夫正治上卿高先生墓志铭》:"自幼神采奕奕,善读书,言动如成人。"《二十年目睹之怪现状》四五回:"旁边一个人,举起了手,五指舒舒,又张开了口,双眼看着盘内,真是神采奕奕。"周而复《上海的早晨》四部五三:"汤富海想起汤阿英的变化和发展,心中十分高兴,黧黑的面孔顿时显得神采奕奕。"也指艺术作品生动感人。明·王世贞《褚临右军曲水序》:"唐相褚河南临禊帖,……笔法飞舞,神采奕奕。"鲁迅《集外集拾遗补编·〈引玉集〉广告》:"今为答作者之盛情,供中国青年之参考起见,特选

出五十九幅,嘱制版名手,用玻璃版精印,神采奕奕,殆可乱真。"

【神差鬼使】 shén chāi guǐ shǐ　见"鬼使神差"。

【神出鬼没】 shén chū guǐ mò 《淮南子·兵略训》:"善者之动也,神出而鬼行。"后用"神出鬼没"比喻行动迅速,变化多端,不可捉摸。《水浒传》四七回:"这里东村庄上,却是杜兴的主人,姓李名应,能使一条浑点钢枪,背藏飞刀五口,百步取人,神出鬼没。"《东周列国志》三回:"郑伯困在垓心,全无惧怯,这根矛神出鬼没,但当先者无不著手。"《说岳全传》二九回:"还有张显,身长力大,使得好钩连枪,真个神出鬼没。"姚雪垠《李自成》一卷三〇章:"农民军十年来在同官军斗智斗勇上积累了丰富经验,往往神出鬼没,使官军防不胜防。"也用来形容说话的内容难以捉摸。鲁迅《两地书》六八:"今天又另派探子,到我这里来探听伏园消息。我不禁好笑,答得极其神出鬼没,似乎不来,似乎并非不来,而且立刻要来,于是乎终于莫名其妙而去。"

【神工鬼斧】 shén gōng guǐ fǔ　见"鬼斧神工"。

【神鬼莫测】 shén guǐ mò cè　神和鬼都无法揣测。形容极其诡秘。《二刻拍案惊奇》卷二:"其中有千变万化,神鬼莫测之机,仙家每每好此,所以有王质烂柯之说。"沙汀《淘金记》二〇:"只要一有响动,就立刻收旗卷伞,熬住发瘾的痛苦,把家具藏向夹墙里、厕所里,以及种种神鬼莫测的处所。"

【神乎其神】 shén hū qí shén　乎:文言虚词。表示强调。其:指示代词,那样。《庄子·天地》:"故深之又深而能物焉,神之又神而能精焉。"后用"神乎其神"形容非常神秘奇妙。《镜花缘》七五回:"向日闻得古人有'袖占一课'之说,真是神乎其神。"张恨水《啼笑因缘》一九回:"凡事

百闻不如一见。无论人家说得怎样神乎其神，总要看见，才能相信。你说有剑侠，你看见过没有?"贾平凹《腊月·正月》七:"他们的嘴比两张报纸的宣传还有力量，走到哪，说到哪，极力将这个加工厂说得神乎其神。"

【神魂颠倒】 shén hún diān dǎo　神:精神。魂:灵魂。形容因动情或入迷而神志恍惚，失去常态。明·无名氏《女真观》三折:"怎禁它风求凤良夜把琴调，咏月嘲风诗句挑，引的人神魂颠倒。"《老残游记》二回:"不过二三年工夫，创出这个调儿，竟至无论南北高下的人，听了他唱书，无不神魂颠倒。"梁实秋《雅舍小品·奖券》:"我没买过奖券，不是不想发财，是买了奖券之后，念兹在兹，神魂颠倒，一心以为大奖之将至，这一段悬宕焦急的时间不好过。"李劼人《大波》二部八章:"一连两夜，总是神魂颠倒，老是梦见从前小时候在家里的事情。"

【神机妙算】 shén jī miào suàn　机:机谋。算:策划。高明奇妙的计谋策略。形容计谋十分高明。元·无名氏《隔江斗智》二折:"俺孔明军师委实有神机妙算，只一阵烧得那曹操往许都一道烟也似的跑了。"《初刻拍案惊奇》卷二:"若不与滴珠些东西，后来吴大郎相处了，怕他说出真情，要倒他们的出来，反为不美。这正是老虔婆神机妙算。"《说岳全传》三三回:"元帅真个神机妙算! 我等如何得知。"周而复《上海的早晨》四部七:"我不是诸葛亮，不会神机妙算。我也不是冯永祥，没有那份聪明智慧的本事。"姚雪垠《李自成》二卷一五章:"牛万千不知闯王有什么神机妙算，不敢问明，但他相信闯王迟早会破东家寨的。"

【神经过敏】 shén jīng guò mǐn　指多疑，好大惊小怪。鲁迅《而已集·略谈香港》:"我现在还有时记起那一位船上的广东朋友，虽然神经过敏，但怕未必是无

病呻吟。他经验多。"洪深《鸡鸣早看天》二幕:"是这样的，也许是我们神经过敏，但愿是神经过敏吧!"

【神来之笔】 shén lái zhī bǐ　神来:受神灵启示而到来。指文学、艺术创作时好像受到神灵的启示而灵感顿生，使作品精彩之极，竟如天授一般。《二十年目睹之怪现状》三七回:"这三张东西，我自己画的也觉得意，真是神来之笔。"夏衍《新华日报》及其他》:"楚生不是画家，但这幅画十分传神，可以说是神来之笔。"

【神气活现】 shén qì huó xiàn　活现:逼真地显现。自以为了不起，得意傲慢的样子。周而复《上海的早晨》一部四九:"你下去就坐在她旁边，摆脸色给她看，叫她下不了台，看她还能神气活现?"刘绍棠《草莽》七:"白苍狗子自从当上会董，虽然只不过管辖小小莲房村的三五十户人家，却也算得上是个小国之君，神气活现，架子十足。"

【神气十足】 shén qì shí zú　形容十分得意骄傲的样子。鲁迅《伪自由书·前记》:"虽然他们之中，后来有的化为隐士，有的化为富翁，有的化为实践的革命者，有的也化为奸细，而在'创造'这一面大纛之下的时候，却总是神气十足，好像连出汗打嚏，也全是'创造'似的。"高云览《小城春秋》二〇章:"'来一瓶啤酒!'胖子神气十足地向柜台叫了一声，和瘦子一起坐在李悦对过的客座上，很官派地瞟了李悦一眼。"

【神清气爽】 shén qīng qì shuǎng　神、气:精神状态。形容人精神爽快，心情舒畅。唐·牛僧孺《玄怪录·裴谌》:"烟翠葱茏，景色妍媚，不可形状。香风飒来，神清气爽，飘飘然有凌云之意。"《镜花缘》九回:"朱草才吃未久，就觉神清气爽，可见仙家之物，果非小可。"刘绍棠《烟村四五家》五:"回到烟村，一进大杂院，便觉

得像鱼儿入水鸟投林，一阵神清气爽，耳目一新。"也形容人长得神态清明，气质爽朗。《醒世恒言》卷四〇："见一老叟，坐于块石之上：碧眼长眉，须鬓皤然，颜如莹玉，神清气爽，貌若神仙。"

【神情恍惚】 shén qíng huǎng hū 指神志迷离，记忆模糊。《魏书·侯莫陈悦传》："悦自杀岳后，神情恍惚，不复如常。"《红楼梦》一一三回："刘老老看着凤姐儿瘦如柴，神情恍惚，心里也就悲惨起来。"邓一光《我是太阳》三部一："关山林要邵越把那份公函送到一个部门，邵越神情恍惚地，竟把公函丢了。"也作"神思恍惚"。元·杨显之《潇湘雨》四折："一者是心中不足，二者是神思恍惚，恰合眼父子相逢，正数说当年间阻，忽然的好梦惊回。"茅盾《蚀·动摇》五："方罗兰今天神思恍惚，显然失了常态。"

【神色自若】 shén sè zì ruò 自若：自然，不变常态。神态自然，遇事镇定，像平常一样。《晋书·王戎传》："年六七岁，于宣武场观戏，猛兽在槛中虓吼震地，众皆奔走，戎独立不动，神色自若。"张恨水《啼笑因缘》二〇回："前次在张老头子家里打牌，八圈之间，输了六七万，我看他还是神色自若，口里衔着雪茄烟，烟灰都不落一点下来，真是镇静极了。"周而复《上海的早晨》四部一："徐义德神色自若，不像有事体的样子。"

【神思恍惚】 shén sī huǎng hū 见"神情恍惚"。

【神通广大】 shén tōng guǎng dà 佛教用语。神通：神秘莫测的能力。《大唐三藏取经诗话·入王母地之处》："师曰：'你神通广大，去必无妨。'"《野叟曝言》一三七回："众僧合十赞佛，说：'佛爷法力高深，神通广大，这几个蛮兵有何难处？'"原指神仙法力无所不能。后形容人的本领高超，办法多。《二刻拍案惊奇》卷三三："多感先生神通广大，救我难

解之祸。"《三侠五义》四回："方才遇见相公的亲随，说相公神通广大，法力无边，望祈搭救我家小姐才好。"鲁迅《花边文学·化名新法》："孙行者神通广大，不单会变鸟兽虫鱼，也会变庙宇。"杜鹏程《在和平的日子里》四章："老实说，你我算不了什么，那些老工人才是神通广大哩。"

【审己度人】 shěn jǐ duó rén 先衡量自己，再去估量别人。三国魏·曹丕《典论·论文》："盖君子审己以度人，故能免于斯累。"〔注意〕度，不读 dù。

【审时度势】 shěn shí duó shì 审、度：分析，考察。时：时机。势：形势。唐·吕温《诸葛武侯庙记》："乃知务开济之业者，未能审时定势，大顺人心，而克观厥成，吾不信也。"后多作"审时度势"，指全面地分析现状，正确地估量形势。《隋唐演义》七八回："大凡士人出处，不可苟且，须审时度势，必可以得行其志，方可一出。"王火《战争和人》（一）卷一："他就有这审时度势的本事……恰到好处，是个能干的秘书人才。"阿来《尘埃落定》三〇："他们回答，拉雪巴土司失去了怜爱之心，也失去了过去的拉雪巴土司具有的审时度势的精明与气度，所以，他的百姓要背弃他了。"〔注意〕度，不读 dù。

【甚嚣尘上】 shèn xiāo chén shàng 甚：很。嚣：喧闹。尘上：尘土飞扬。《左传·成公十六年》："楚子登巢车以望晋军，子重使太宰伯州犁侍于王后。……王曰：'将发命也，甚嚣，且尘上矣。'"意为晋军人声喧闹，尘土飞扬，正在紧张地进行战斗准备。后用"甚嚣尘上"形容对某事议论纷纷。多含贬义。茅盾《杂感二题》："其他所有甚嚣尘上的'主观愿望'的议论……无补于中国人的斗争。"

【慎始慎终】 shèn shǐ shèn zhōng 谨慎地开始，谨慎地结束。

【慎终如始】 shèn zhōng rú shǐ 谨慎地对待结束，如开始一样。形容做事谨

慎不懈。《老子·六十四章》:"慎终如始,则无败事。"晋·陶潜《命子》诗:"肃矣我祖,慎终如始。"《清史稿·黄宗汉传》:"特赐御书'忠勤正直'扁额,勉其慎终如始,以成一代名臣。"

【**升堂入室**】 shēng táng rù shì 见"登堂入室"。

【**生搬硬套**】 shēng bān yìng tào 指不从实际情况出发,机械地搬用别人的经验、方法等。马南邨《燕山夜话·不吃羊肉吃菜羹》:"题目是祝寿的,他居然生搬硬套地把祭文抄上去,弄得牛头不对马嘴。"

【**生不逢时**】 shēng bù féng shí 《诗经·大雅·桑柔》:"我生不辰,逢天僤怒。"意为我生的日子不好,正赶上老天发怒。后多用"生不逢时"指生下来就没遇上好时候,慨叹时运不济。汉·焦赣《易林·随》:"生不逢时,困且多忧。"《新唐书·魏元忠传》:"昔汉文帝不知魏尚贤而因之,知李广才而不用,乃叹其生不逢时。"路遥《平凡的世界》(下)五〇章:"他生不逢时,这辈子大部分时间在村里一直是'人下人';别说当个什么领导人了,当个平顶子老百姓都不得安生。"

【**生财有道**】 shēng cái yǒu dào 《礼记·大学》:"生财有大道,生之者众,食之者寡,为之者疾,用之者舒,则财恒足矣。"原指开发财源有办法。后用"生财有道"指很有发财的方法。元·钱霖《哨遍》套曲:"怕不是堆金积玉连城富,眨眼早野草闲花满地愁。乾生受,生财有道,受用无由。"柳青《创业史》一部二五章:"他决心不学他们的样子,决心'面善'一辈子,做'天公地道'的事情;和气生财,大道生财。他认为只有这样,才能够生财有道,才能够财源茂盛达三江。"

【**生儿育女**】 shēng ér yù nǚ 指生养子女。《儒林外史》三六回:"娘子生儿育女,身子又多病,馆钱不能延医药,每日只吃三顿白粥,后来身子也渐渐好起来。"姚雪垠《李自成》二卷二八章:"你现在才三十多岁,只要你现在想娶老婆,还不容易?娶了老婆,还怕她不替你生儿育女?"路遥《人生》二〇章:"我要和马拴一块劳动,生儿育女,过一辈子光景。"也作"生男育女"。《初刻拍案惊奇》卷三五:"夫妻两个过活,不曾生男育女,家道尽从容过活。"《野叟曝言》一一三回:"文爷劝大姐嫁人,要生男育女,接续父母气脉,你拗着他,做不孝之女,阴司里怎样好去见他?"李劼人《大波》三部一章:"生男育女,传宗接代!我根本就没有这种腐败想头!"

【**生而知之**】 shēng ér zhī zhī 指不用学习,生来就懂。《论语·季氏》:"生而知之者上也,学而知之者次也。"唐·韩愈《师说》:"人非生而知之者,孰能无惑?"老舍《牛天赐传》:"天赐给了我们这个办法,他似乎是生而知之的。"

【**生花妙笔**】 shēng huā miào bǐ 五代·王仁裕《开元天宝遗事·梦笔头生花》:"李太白少时,梦所用之笔头上生花,后天才赡逸,名闻天下。"后用"生花妙笔"比喻杰出的写作才能。王火《战争和人》(三)卷七:"姗姗大姐给《明镜台》写过一篇短稿。稿短分量重,写得巧妙有趣。说明她有灵敏的'新闻鼻',也有一支生花妙笔。"

【**生机勃勃**】 shēng jī bó bó 生机:生命力。勃勃:旺盛的样子。形容充满生命力并富有朝气。陈忠实《白鹿原》一一章:"黑娃在窑洞外的塄坎上栽下了一排树苗,榆树椿树楸树和槐树先后绽出叶子,窑院里鸡叫猪哼生机勃勃了,显示出一股争强好胜的居家过日月的气象。"也作"生气勃勃"。魏巍《火凤凰》七八:"这位新县长扑扑的脸庞和热情的眼睛,愈发显得生气勃勃。"

【**生拉硬拽**】 shēng lā yìng zhuài 拽:

拉，牵引。比喻把没有关系的事物硬拉在一起。也用来形容使人勉强听从。刘心武《栖凤楼》三五："这部《栖凤楼》的剧本一直提不起她真正的创造热情，她找不到凤梅这个角色的生活依据，她只是在闵毅的生拉硬拽下，才接受了这个角色。"

【生老病死】 shēng lǎo bìng sǐ 佛教认为出生、衰老、生病、死亡是人生的四大苦事。唐·赵璘《因话录·一七段》："公不信术数，不好服食，每语人曰：'鸡猪鱼蒜，逢著则吃；生老病死，时至则行。'其器抱弘达，皆此类。"元·无名氏《来生债》二折："我去那生老病死行告一纸儿赦书。"后泛指生育、养老、医疗、殡葬等事。萧红《呼兰河传》一章："一年四季，春暖花开、秋雨、冬雪，也不过是随着季节穿起棉衣来，脱下单衣去的过着。生老病死也都是一声不响地默默地办理。"周而复《上海的早晨》四部一五："一点工资，一个月维持过去，已经不错，哪里还有富裕？就是剩下一些钱，人家不会放到人民银行，防个生老病死？"

【生离死别】 shēng lí sǐ bié 生离：活着分离，很难再见。死别：永久分别，到死不能再见。指很难再见的离别或永久的离别。《陈书·徐陵传》："且天伦之爱，何得忘怀？……况吾生离死别，多历喧寒，媚室婴儿，何可言念！"《喻世明言》卷一九："各人都无话说。李氏与杨公两个抱住，那里肯舍，真个是生离死别。"《花月痕》一回："不幸而为分飞之燕，受谗谤，遭挫折，生离死别，咫尺天涯，赍恨千秋，黄泉相见。"张恨水《啼笑因缘》一五回："别向天上看牛郎织女了，让牛郎看咱们吧。他们在天上，一年倒还有一度相会，看着这地下的人，多少在今天生离死别的。"路遥《平凡的世界》（上）一一章："相见时难别亦难，东风无力百花残。此时此刻，真有一番生离死别的滋味！"

【生灵涂炭】 shēng líng tú tàn 生灵：生民，指百姓。涂：烂泥。炭：炭火。《尚书·仲虺之诰》："有夏昏德，民坠涂炭。"后用"生灵涂炭"指百姓陷入沼泽与炭火中。形容百姓处于极端困苦的境地。《晋书·苻丕载记》："天降丧乱，羌胡猾夏，先帝晏驾贼庭，京师鞠为戎穴，神州萧条，生灵涂炭。"《三国演义》一〇〇回："如省心改过，宜即早回，各守疆界，以成鼎足之势，免致生灵涂炭，汝等皆得全生。"《镜花缘》七回："但小子初意，原想努力上进，恢复唐业，以解生灵涂炭，立功于朝。"姚雪垠《李自成》三卷二〇章："黄昏以后，他正感到束手无策，知县张我翼和一群士绅父老又来见他，请他速作决定，免使一城生灵涂炭。"也作"生民涂炭"。《梁书·武帝纪上》："生民涂炭，天命殛之。"《东周列国志》五八回："因与栾书商议，欲合晋楚之成，免得南北交争，生民涂炭。"《说岳全传》四五回："金兵入寇，连年征战，生民涂炭，将士劳心。"鲁迅《且介亭杂文·病后杂谈》："关于铁氏二女的撒谎，尚其小焉者耳，大至胡元杀掠，满清焚屠之际，也还会有人单单捧出什么烈女绝命，难妇题壁的诗词来，这个艳传，那个步韵，比对于华屋丘墟，生民涂炭之惨的大事还起劲。"

【生龙活虎】 shēng lóng huó hǔ 形容生气勃勃，充满活力。宋·朱熹《朱子语类·程子之书一》："只见得她如生龙活虎相似，更把捉不得。"《花月痕》一二回："采秋是个生龙活虎般的女子，无奈他妈在原家一力担承，明知此事来得诧异，但素来是个孝顺的，没奈何只得屈从。"巴金《随想录》一五〇："胡风逝世已经半年，可是我的脑子里还保留着那生龙活虎的文艺战士的形象。"周而复《上海的早晨》二部二五："老实讲，见到你们生龙活虎般工作，我心里就静不下来。"

【生米做成熟饭】 shēng mǐ zuò

chéng shú fàn 比喻已成事实，无法改变。做，也作"煮"。明·沈受先《三元记·遣妾》："如今生米做成熟饭了，又何必如此推阻。"《红楼梦》六四回："就是婶子，见生米做成熟饭，也只得罢了。"《镜花缘》三五回："多九公摇头道：'今日如果进宫，生米做成熟饭，岂有挽回之理。'"杨沫《青春之歌》二部四〇章："他是这样估计他和晓燕的关系的：她见到了他的那些秘密东西，自然是会失望痛苦的，但是，她已经爱上了他，她已经和他走上了同一条道路，'生米煮成了熟饭'，她痛苦一阵又能怎么样？"

【生民涂炭】 shēng mín tú tàn 见"生灵涂炭"。

【生男育女】 shēng nán yù nǚ 见"生儿育女"。

【生气勃勃】 shēng qì bó bó 见"生机勃勃"。

【生擒活捉】 shēng qín huó zhuō 擒、捉：指把对方活着捉住。唐·吕岩《敲爻歌》："生擒活捉蛟龙首，始知匠手不虚传。"《三国演义》九〇回："旁边闪过一将，拦住去路，乃是马岱。孟获措手不及，被马岱生擒活捉了。"《说岳全传》一三回："命五营大小三军：'速出迎敌！只要生擒活捉，不许伤他性命！'"老舍《二马》一："万一把德皇生擒活捉，他岂不升了元帅，她还不稳稳当当的作元帅太太！"

【生荣死哀】 shēng róng sǐ āi 荣：光荣。哀：哀悼。《论语·子张》："其生也荣，其死也哀。"后用"生荣死哀"指活着受人崇敬，死后令人悼念。多用来称颂生前有卓著贡献的死者。三国魏·曹植《王仲宣诔》："嗟乎夫子，永安幽冥。人谁不没，达士徇名；生荣死哀，亦孔之荣。"《隋唐演义》八五回："况夫人幸得善终于相公之前，生荣死哀，其福过相公十倍矣，何必多求。"

【生杀予夺】 shēng shā yǔ duó 生：让人活。杀：叫人死。予：给予。夺：剥夺。指掌管生死大权。原作"杀生予夺"。《荀子·王制》："贵贱杀生予夺，一也。"《北齐书·穆提婆传》："自外杀生予夺，不可尽言。"《东周列国志》九七回："夫制国之谓王，生杀予夺，他人不敢擅专。"梁斌《红旗谱》五二："像你老兄就不同了，一个卫戍区的司令，比道尹权力还不小，而且是拿枪杆的人，偌大地方的治安，偌多人口的生杀予夺之权，操在你手心里。"

【生生不已】 shēng shēng bù yǐ 生生：世世代代，佛教指轮回。不已：不止，连续不断。形容世世代代没有穷尽。也指生命永不休止。老舍《四世同堂》七一："他得意，越细咂摸，他越相信以前的所作所为都完全顺情合理，所以老天有眼，才使他绝处逢生，生生不已。"〔注意〕已，不能写作"己"或"巳"。

【生生世世】 shēng shēng shì shì 指世世代代。《南史·王敬则传》："顺帝泣而弹指：'愿后身生生世世不复天王作因缘。'宫内皆哭，声彻于外。"《东周列国志》八〇回："句践稽首曰：'大王哀臣孤穷，使得生还故国，当生生世世，竭力报效。'"《二十年目睹之怪现状》八九回："只要媳妇顺变达权，成全了我这件事，我苟氏生生世世，不忘大恩。"

【生死存亡】 shēng sǐ cún wáng 或者生存或者死亡。形容情势已到了重要关头。五代·王仁裕《开元天宝遗事》下："我婿离家不归，数岁蔑有音耗，生死存亡，弗可知也。"元·无名氏《抱妆盒》二折："亲承懿旨到西宫，生死存亡掌握中。"《水浒传》八回："今小人遭这场横事，配去沧州，生死存亡未保。"《封神榜》一七八回："自己作下杀身祸，生死存亡在眼前。"姚雪垠《李自成》二卷五章："目前这个大战是咱们在商洛山生死存亡之战。"

【生死关头】 shēng sǐ guān tóu 指决

定生死的紧要时刻。明·瞿式耜《浩气吟·庚寅年十一月初五日闻警……七首》之二:"已拚薄命付危疆,生死关头岂待商!"《野叟曝言》五五回:"此时任亲翁生死关头,似可从权,以救燃急。"茅盾《子夜》一五:"什么! 要整理么? 现在是总罢工的生死关头,没有时间让你去从容整理!"

【生死相依】shēng sǐ xiāng yī　在生和死的问题上,彼此互相依靠。形容命运,共存亡。刘玉民《骚动之秋》一五章:"因为这意味着必然与淑贞离婚,淑贞多少年里与他生死相依,他下不了那个狠心。"

【生死攸关】shēng sǐ yōu guān　攸:所。关系到人的生存或死亡。形容事关重大。邓友梅《烟壶》一一:"聂小轩不相信这么生死攸关的大难题就这么轻易作罢了,直瞪着眼不知怎么应对。"

【生死与共】shēng sǐ yǔ gòng　生一起生,死一起死。形容感情或友谊极其深厚。刘绍棠《村妇》卷二:"牛荸一病不起,便在许家住下来。涸辙之鲋,相濡以沫,不但有难同当,而且生死与共了。"

【生吞活剥】shēng tūn huó bō　唐·刘肃《大唐新语·谐谑》:"李义府尝赋诗曰:'镂月成歌扇,裁云作舞衣。自怜回雪影,好取洛川归。'有枣强尉张怀庆好偷名士文章,乃为诗曰:'生情镂月成歌扇,出意裁云作舞衣。照镜自怜回雪影,时来好取洛川归。'人谓之谚曰:'活剥王昌龄,生吞郭正一。'"后用"生吞活剥"比喻生硬地抄袭或模仿别人的文辞、经验或方法。明·徐渭《奉师季先生书》:"大约谓先儒若文公者,著释速成,并欲尽窥诸子百氏之奥,是以冰解理顺之妙固多,而生吞活剥之弊亦有。"鲁迅《花边文学·刀"式"辩》:"这恐怕不能说是'英雄所见略同'罢。因为生吞活剥的模样,实在太明显了。"路遥《早晨从中午开始》七:"如果

一味地模仿别人,崇尚别人,轻视甚至藐视自己民族伟大深厚的历史文化,这种生吞活剥的'引进'注定没有前途。"

【生息蕃庶】shēng xī fán shù　蕃:繁殖。庶:多。指生养繁殖后代。《清史稿·食货志一》:"魏光焘分划伊犁各地归旗屯、民屯各六万余亩,使各自力耕。其后土、客生息蕃庶,岁屡有秋,关内汉回挟眷承垦,络绎相属。"

【声东击西】shēng dōng jī xī　声:声张,扬言。表面上作出要攻打东边的态势,实际上却去攻打西边。唐·杜佑《通典·兵典六》:"声言击东,其实击西。"后用"声东击西"指作战时,为了迷惑敌人,造成对方错觉以出奇制胜的一种战术。宋·陈亮《酌古论一·先主》:"彼方支吾未暇,而吾率步兵乘高而进,声东而击西,形此而出彼,乘卒初锐而用之,彼亦疲于奔命矣。"《三国演义》一一一回:"蜀人或声东击西,指南攻北,吾兵必须分头守把。"

【声价十倍】shēng jià shí bèi　《战国策·燕策二》:"人有卖骏马者,比三旦立市,人莫之知。往见伯乐曰:'臣有骏马,欲卖之,比三旦市于市,人莫与言,愿子还而视之,去而顾之,臣请献一朝之贾。'伯乐乃还而视之,去而顾之,一旦而马价十倍。"《后汉书·刘睦传》:"睦性谦恭好士,千里结交,自名儒宿德,莫不造门,由是声价益广。"后用"声价十倍"指名声和地位一下子大大提高。《歧路灯》九五回:"这大人们伯乐一顾,便声价十倍,何愁那州县不极力奉承。"《花月痕》六回:"一径品题,声价十倍。吾兄赏识,自是不凡。"

【声泪俱下】shēng lèi jù xià　边诉说边哭泣。形容极其悲恸。《晋书·王彬传》:"因勃然数敦曰:'兄抗旌犯顺,杀戮忠良,谋图不轨,祸及门户。'音辞慷慨,声泪俱下。"《聊斋志异·凤仙》:"凤仙终

不快,解华妆,以鼓拍授婢,唱'破窑'一折,声泪俱下。巴金《春》一三:"觉新一面跟着她们在天井里闲走,一面声泪俱下地说话。他激动得厉害,差不多失掉常态了。"杨沫《青春之歌》二部三四章:"孩子脸的青年说得声泪俱下,连头发斑白的老教授(他一直听着,自己并没发言)的眼泪也直在眼眶里打转。"

【声名狼藉】 shēng míng láng jí 声名:名声。狼藉:乱七八糟。《史记·蒙恬列传》:"此四君者,皆为大失,而天下非之,以其君为不明,以是藉于诸侯。"唐·司马贞索隐:"言其恶声狼藉,布于诸国。"后作"声名狼藉",形容行为不检点,名声坏到了极点。《廿载繁华梦》三三回:"因汪太史平日声名狼藉,最不见重于官场。"李国文《冬天里的春天》四章:"在她前面三个声名狼藉的姐姐,嫁的嫁了,跑的跑了,私奔的下落都不明了,对她,怎么会有良好的影响呢?"〔注意〕藉,不能写作"籍";也不读 jiè。

【声名鹊起】 shēng míng què qǐ 鹊起:喻指名声大作。形容名声迅速提高。清·李斗《扬州画舫录·新城北录下》:"先在徐班,以年未五十,故无所表现,至洪班则声名鹊起。"刘心武《钟鼓楼》六章:"另一种'京酒店',早期只供应雪酒、冬酒、涞酒、木瓜酒……后来渐渐加添上声名鹊起的汾酒、西凤酒、泸州大曲……虽已名不副实,但老年人叫惯了,仍叫'京酒店'。"

【声气相求】 shēng qì xiāng qiú 声:声音。气:气味。《周易·乾》:"同声相应,同气相求。"意为同样声音可以相互应和,同样的气味可以相互感应。后用"声气相求"指志同道合或情投意合。《警世通言》卷一:"这相知有几样名色:恩德相结者,谓之知己;腹心相照者,谓之知心;声气相求者,谓之知音。"也作"声气相投"。《醒世恒言》卷二九:"倘遇

着个声气相投,知音知己,便兼旬累月,款留在家,不肯轻放出门。"《东周列国志》九七回:"昔我先王,与魏同兵伐宋,声气相投。"

【声气相投】 shēng qì xiāng tóu 见"声气相求"。

【声情并茂】 shēng qíng bìng mào 声:声音。情:情感。茂:美好,盛美。形容演唱时音色优美,感情丰富动人。清·珠泉居士《续板桥杂记·丽品》:"余于王氏水阁观演《寻亲记·跌包》一出,声情并茂,不亚梨园能手。"

【声如洪钟】 shēng rú hóng zhōng 洪钟:大钟。《北齐书·崔㥄传》:"身长八尺,面如刻画,髭颏为洪钟响,胸中贮千卷书,使人那得不畏服!"后用"声如洪钟"形容说话、歌唱底气足,声音洪亮。唐·颜真卿《郭公庙碑铭》:"身长八尺二寸,行中絜矩,声如洪钟。"《东周列国志》四四回:"郤缺生得身长九尺,隆准丰颐,声如洪钟。"姚雪垠《李自成》一卷二章:"一听皇上提出来这个问题,似有游移口气,卢象升突然忘记害怕,也忘记注意礼节,抬起头来,双目炯炯地望着皇上,声如洪钟地说。"

【声色狗马】 shēng sè gǒu mǎ 声色:指歌舞、女色。狗马:指养狗、骑马。形容寻欢作乐、腐朽的生活方式。唐·白居易《悲哉行》:"平封还酒债,堆金选蛾眉。声色狗马外,其余一无知。"《宋史·元偓传》:"元偓性谨让,在藩镇有忧民心,待宾佐以礼。喜读《春秋左氏》,声色狗马,一不介意。"《东周列国志》一○五回:"迁素不好学,郭开又导以声色狗马之事,二人相得甚欢。"鲁迅《集外集拾遗·诗歌之敌》:"豢养文士仿佛是赞助文艺似的,而其实也是敌。宋玉司马相如之流,就受着这样的待遇,和后来的权门的'清客'略同,都是位在声色狗马之间的玩物。"也作"声色犬马"。宋·苏辙《历代论·汉

昭帝》："小人先之，悦之以声色犬马，纵之以驰骋田猎，侈之以宫室器服，志气以乱。"《隋唐演义》九三回："可知那声色犬马，奇技淫物，适足以起大盗觊觎之心。"

【声色俱厉】 shēng sè jù lì 声：声音。色：脸色。俱：都。厉：严厉。说话时声音和脸色都显得非常严厉。《晋书·明帝纪》："[王敦]大会百官而问温峤曰：'皇太子以何德称？'声色俱厉，必欲使有言。"《警世通言》卷二一："公子此时声色俱厉。京娘深深下拜道：'今日方见恩人心事，赛过柳下惠鲁男子。'"《野叟曝言》八回："璇姑见素臣声色俱厉，不觉害怕起来。"茅盾《子夜》七："吴荪甫霍地站起来，声色俱厉下命令，可是屠维岳坐在那里不动。"杨沫《青春之歌》二部二一章："'不行！'孟大环声色俱厉地用力挺着胸脯子，'没空儿跟你泡了，跟我到局子里去！'"

【声色犬马】 shēng sè quǎn mǎ 见"声色狗马"。

【声势浩大】 shēng shì hào dà 声：声威。势：气势。浩：广大。声威和气势非常壮大。《二十年目睹之怪现状》一六回："其实他们空着没有一点事，也不见得怎么为患地方，不过声势浩大罢了。"鲁迅《华盖集·"公理"的把戏》："但使我留心的是，从这饭局里产生了'教育界公理维持会'，……声势浩大，据说是'而于该校附和暴徒，自堕人格之教职员，即不能投畀豺虎，亦宜屏诸席外，勿与为伍'云。"老舍《四世同堂》一五："一进街门，他把米袋放下，先声势浩大的跺了一阵脚，而后用粗硬的手使劲地搓脸，又在身上拍打了一回。"

【声嘶力竭】 shēng sī lì jié 声：声音。嘶：哑。力：力气。竭：尽。嗓子喊哑，力气用尽。形容竭力呼号。老舍《四世同堂》三："瑞全，因为气愤，话虽然说的不很多，可是有点声嘶力竭的样子。心中

也仿佛很乱，没法再说下去。"茅盾《虹》八："我倒很想再请教几句，弄弄明白，但是看见她声嘶力竭的样子，到底不好意思再多嘴。"也作"力竭声嘶"。梁实秋《雅舍小品·电话》："从前的人脑筋简单，觉得和老远老远的人说话一定要提高嗓门，生怕对方听不到，于是彼此对吼，力竭声嘶。"

【声威大震】 shēng wēi dà zhèn 声威：声势和威望。震：使人震惊。形容声势极大。震，也作"振"。《三国演义》一一〇回："将军功绩已成，声威大震，可以止矣。"清·赵翼《瓯北诗钞·纪梦》："行间纪律阵演蛇，马上骁雄手接雁；声威大振刀槊鸣，号令一施旗帜变。"

【笙歌鼎沸】 shēng gē dǐng fèi 笙：管乐器名。鼎沸：像鼎里的水沸腾。形容奏乐唱歌热闹非凡。宋·吴自牧《梦粱录·清明节》："此日又有龙舟可观，画人不论贫富，倾城而出，笙歌鼎沸，鼓吹喧天。"元·高明《琵琶记·新进士宴杏园》："黄旗影里，笙歌鼎沸。"

【绳床瓦灶】 shéng chuáng wǎ zào 用绳编床，用瓦垒灶。形容生活十分艰苦。《红楼梦》一回："蓬牖茅椽，绳床瓦灶，并不足妨我襟怀。"

【绳锯木断】 shéng jù mù duàn 以绳当锯，也能锯断木头。比喻力量虽小，只要持之以恒，也能取得成功。宋·罗大经《鹤林玉露》卷一〇："一日一钱，千日一千，绳锯木断，水滴石穿。"

【绳墨之言】 shéng mò zhī yán 绳墨：木工打直线的工具，比喻规矩或法度。指合乎法度的言论。《庄子·人间世》："未达人心，而强以仁义绳墨之言，术暴人之前者，是以人恶有其美也。"

【绳其祖武】 shéng qí zǔ wǔ 绳：继承。武：脚印。祖武：祖先的足迹。指继承祖先的事业。《诗经·大雅·下武》："昭

兹来许,绳其祖武。"鲁迅《华盖集·忽然想到》:"况且我们是神州华胄,敢不'绳其祖武'么?"

【绳愆纠谬】shéng qiān jiū miù　绳:纠正。愆:过失。纠:举发。谬:错误。举发及纠正错误。谬,也作"缪"。《尚书·冏命》:"惟予一人无良,实赖左右前后有位之士,匡其不及,绳愆纠缪,格其非心,俾克绍先烈。"明·王世贞《鸣凤记·封赠忠臣》:"绳愆纠谬,臣道为先;罚罪赏功,乾纲不替。"

【绳之以法】shéng zhī yǐ fǎ　绳:准绳,引申为制裁。以法律为准绳予以制裁。《淮南子·泰族训》:"若不修其风俗而纵之淫辟,乃随之以刑,绳之以法。"《陈书·始兴王叔陵传》:"高宗素爱叔陵,不绳之以法,但责让而已。"李国文《冬天里的春天》五章:"一切皆绳之以法,作伪证岂不自讨苦吃。"

【省吃俭用】shéng chī jiǎn yòng　省、俭:节约,不浪费。形容日常生活非常节省。宋·龚明之《中吴纪闻》卷六附《传》:"每自谓平日受用,唯一诚字,尝附益黄山谷语以省吃俭用,号五休居士,今俗节俭者有此语。"《二刻拍案惊奇》卷二二:"虽不及得富盛之时,却是省吃俭用,勤心苦胝,衣食尽不缺了。"《野叟曝言》一二七回:"领这八百银子回去,置些产业,省吃俭用,发愤读书,博一发达日子。"老舍《四世同堂》六〇:"丈夫一辈子没有浪费过一个钱,永远省吃俭用的把钱交到家中。"梁实秋《雅舍小品·钱》:"我从前认识一位小学教员,别看她月薪只有区区三十余元,她省吃俭用,省俭到午餐常是一碗清汤挂面洒上几滴香油。二十年下来,她拥有两栋小房。"

【圣经贤传】shéng jīng xián zhuàn　圣、贤:圣人和贤人,旧时指儒家著名代表人物。经:指儒家的经典。传:对经所作的注释文字。泛称儒家的经典及其注释文字为"圣经贤传"。唐·韩愈《答殷侍御书》:"圣经贤传,屏而不省,要妙之义,无自而寻。"鲁迅《呐喊·阿Q正传》四章:"他那思想,其实是样样合于圣经贤传的,只可惜后来有些'不能收其放心'了。"老舍《老张的哲学》三八:"在老张的学堂里,除了圣经贤传乱念一气,无所谓体操和运动。"

【胜败乃兵家常事】shéng bài nǎi bīng jiā cháng shì　兵家:用兵的人。胜利或失败是指挥员常有的事。《说唐》六〇回:"主公不可退兵,胜败乃兵家常事。"魏巍《火凤凰》五二:"难道他就真的比我高明? 即使部队受到了一点小损失,古话说,胜败乃兵家常事,就值得给我那么严厉的处罚吗?"也作"胜负乃兵家常事"。《三国演义》七一回:"不一日,军至南郑。曹洪接着,备言张郃之事。操曰:'非郃之罪,胜负乃兵家常事耳。'"

【胜不骄,败不馁】shéng bù jiāo,bài bù něi　骄:骄傲。馁:气馁,丧气。《商君书·战法》:"王者之兵,胜而不骄,败而不怨。"后用"胜不骄,败不馁"指胜利了不骄傲,失败了不气馁。冯玉祥《我的生活》三八章:"我们当胜不骄,败不馁,只要再接再厉,勇往直前,没有不成功的。"

【胜负乃兵家常事】shéng fù nǎi bīng jiā cháng shì　见"胜败乃兵家常事"。

【胜任愉快】shéng rèn yú kuài　胜(旧读 shēng):能承担。有能力承担并能令人满意地完成任务。《史记·酷吏列传序》:"当是之时,吏治若救火扬沸,非武健严酷,恶能胜其任而愉快乎!"梁启超《中国货币问题》:"四万万人之众,而于此事可以胜任愉快者,竟无一人。"老舍《四世同堂》三七:"从各方面看,他都觉得胜任愉快,而可以大展经纶。"

【盛极一时】shéng jí yī shí　形容一时

特别兴盛或流行。鲁迅《三闲集·述香港恭祝圣诞》：“侨胞亦知崇拜本国至圣，保存东方文明，故能发扬光大，盛极一时也。”浩然《弯弯绕的后代》一：“‘弯弯绕’一死，他那盛极一时的外号也跟着屁股后边烟消云散。”

【盛名之下，其实难副】 shèng míng zhī xià, qí shí nán fù　盛名：很大的名声。实：实际，事实。副：符合。名声很大，实际情况未必与名声相称。指名过其实。《后汉书·黄琼传》：“尝闻语曰：‘峣峣者易缺，皦皦者易污。’阳春之曲，和者必寡；盛名之下，其实难副。”邓颖超《就任人大副委员长讲话》：“党中央分配我的工作和任务……我感到非常光荣，非常激动，同时也感到盛名之下，其实难副。”

【盛气凌人】 shèng qì líng rén　盛气：骄横的气势。凌：欺负。指以骄横的气势欺负人。清·曾国藩《求阙斋语·家书》：“今日我以盛气凌人，预想他日人亦以盛气凌我。”巴金《春》一一：“王氏轻蔑地看了陈姨太一眼，把嘴一扁，盛气凌人地答道：‘没有人跟你说话，哪个要你插嘴？’”老舍《四世同堂》六四：“大赤包有时候确是盛气凌人，使人难堪。”

【盛情难却】 shèng qíng nán què　盛情：深厚的情意。却：推辞，拒绝。深厚的情意难以推辞。姚雪垠《李自成》一卷二八章：“金星也笑了起来，说：‘众位盛情难却，我只得舍命陪君子。虽不醉，亦不远矣。岁月不饶人，到底不能同年轻时的酒量相比。’”蒋子龙《收审记》四：“过去我对他不错，可以说有恩于他，见他的盛情难却就答应了。”

【盛食厉兵】 shèng shí lì bīng　盛：充足。厉：磨。兵：武器。吃饱饭，磨快武器。指整军待敌。《商君书·兵守》：“壮男之军，使盛食厉兵，陈而待敌。”

【盛暑祁寒】 shèng shǔ qí hán　盛：大。祁：盛，大。祁寒：严寒。酷热的夏天，严寒的冬季。指气候不佳的季节。《旧五代史·晋书·崔棁传》：“指命仆役，亦用礼节，盛暑祁寒，不使冒犯。”《清史稿·圣祖本纪》：“军兴以来，将士披坚执锐，盛暑祁寒，备极劳苦。”

【盛衰荣辱】 shèng shuāi róng rǔ　兴盛、衰败、荣耀、耻辱。指人事发展变化的各种情况。明·方孝孺《文会疏》：“虽盛衰荣辱，所遇难齐，而道德文章，俱垂不朽。”

【盛筵难再】 shèng yán nán zài　筵：宴会。盛大的宴会很难再遇到。也用来比喻美好的光景不可多得。唐·王勃《秋日登洪府滕王阁饯别序》：“胜地不常，盛筵难再。”

【尸横遍野】 shī héng biàn yě　尸：尸体。横：纵横杂乱。形容死的人极多。《三国演义》二一回：“玄德暂退，让左右两路军杀出。杀得术军尸横遍野，血流成渠。”《说岳全传》三二回：“牛皋下马，取了首级。复上马招呼众军，冲入番营，杀得尸横遍野，血流成河。”姚雪垠《李自成》二卷二三章：“喊杀声震动山谷，到处旌旗招展，鼓声不绝，把龟儿子们杀得尸横遍野，丢盔弃甲。”魏巍《火凤凰》六八：“机枪一扫一大片，手榴弹一炸一大堆。真是尸横遍野，惨不忍睹啊！”

【尸位素餐】 shī wèi sù cān　尸：古代祭祀时代替死者受祭的人。尸位：只空占职位而不做事。素餐：不做事白吃饭。空占职位而不做事，白吃饭。《汉书·朱云传》：“今朝廷大臣，上不能匡主，下亡以益民，皆尸位素餐。”宋·朱熹《答刘平甫书》：“元履竟不于朝，虽所发未为中节，然比之尸位素餐、口含瓦石者，不可同年语矣。”鲁迅《集外集拾遗补编·为北京女师大学生拟呈教育部文二件》：“窃杨荫榆到校一载，毫无设施，本属尸位素餐，贻害学子。”姚雪垠《李自成》二卷二九章:"尔系股肱大臣,遇事如此糊涂,只说好、好,毫无建白,殊负朕倚畀之重!大臣似此尸位素餐,政事安得不坏!"也用于谦称。邓友梅《双猫图》:"尸位素餐,已过数年,年近古稀,又逢知己,废品一变而身兼二猫,行将就木竟欣逢盛世。"

【失败是成功之母】shī bài shì chéng gōng zhī mǔ　失败往往是成功的先导。指从失败中吸取教训,就能取得胜利。毛泽东《我们党的一些历史经验》:"失败是成功之母。失败如果没有好处,为什么是成功之母?"

【失道寡助】shī dào guǎ zhù　失:违背。道:道义。寡:少。违背道义的人,不得人心,很少得到帮助。《孟子·公孙丑下》:"得道者多助,失道者寡助。"毛泽东《论持久战》:"由于中国战争的进步性、正义性而产生出来的国际广大援助,同日本的失道寡助又恰恰相反。"

【失魂落魄】shī hún luò pò　形容极度惊恐、不安的样子。《初刻拍案惊奇》卷三〇:"太守恨不得身子替了李参军,说着句把话,发个甚么喜欢出来便好。争奈一个似鬼使神差,一个似失魂落魄。"《红楼梦》九五回:"凤姐不时过来,起先道是找不着玉生气,如今看他失魂落魄的样子,只有日日请医调治。"姚雪垠《李自成》一卷一二章:"自成不等大天王把话说完,突然大喝一声:'住口!'大天王浑身一跳,失魂落魄地说:'是、是。我住口、住口。'"也作"丢魂落魄"。马烽、西戎《吕梁英雄传》四二回:"桦林霸全家正在哭闹,猛听见大门擂鼓似的响起来;全家人一个个立时吓得丢魂落魄。"

【失张失志】shī zhāng shī zhì　见"失张失智"。

【失张失智】shī zhāng shī zhì　张、智:样子,模样。形容心神不定,举止失常的样子。《初刻拍案惊奇》卷三〇:"他平日何等一个精细爽利的人,今日为何却失张失智到此地位!"《孽海花》二一回:"尚书正要端茶送客,忽见廊下走进一个十六七岁的俊仆,匆匆忙忙走到阳伯身旁,凑到耳边说了几句话……阳伯疾忙接了,塞入袖中,顿时脸色大变,现出失张失智的样儿,连尚书端茶都没看见。"朱自清《笑的历史》:"那时我这个人六神无主,失张失智的。没有从前唧溜,也没有从前勤快了。"也作"失张失志"。《二刻拍案惊奇》卷三七:"我与你时乖运塞,失张失志,落魄在此,归家无期。"

【失之东隅,收之桑榆】shī zhī dōng yú, shōu zhī sāng yú　隅:靠近边沿的地方。东隅:指日出处,借指早晨。桑、榆:两种树名,指日落时余光映照之处,借指傍晚。早晨丢失了,傍晚得到了。《后汉书·冯异传》载:东汉初,冯异与赤眉军作战,先败后胜。光武帝慰劳之曰:"始虽垂翅回谿,终能奋翼黾池,可谓失之东隅,收之桑榆。"后用来比喻初虽有失,而终得成功。《梁书·何敬容传》:"君侯宜杜门念失,无有所通……所谓'失之东隅,收之桑榆'。如此,令明主闻知,尚有冀也。"《野叟曝言》一五二回:"媚娘失之东隅收之桑榆,刲股为炙,誓死不辱,虽古之烈妇何以加兹?"姚雪垠《李自成》二卷一九章:"谷城之变,朕还是不肯治他的罪,仍望他'失之东隅,收之桑榆'。没想到因循至今,三月有余,军事尚无转机,深负朕望!"

【失之毫厘,差之千里】shī zhī háo lí, chā zhī qiān lǐ　毫、厘:极小的长度单位。开始时稍微差一点儿,结果会导致极大的错误。《大戴礼记·保傅》:"《易》曰:'正其本,万物理;失之毫厘,差之千里。'故君子慎始也。"唐·冯用之《机论上》:"语不相制则殆辱,薛冶谏其君也;默不相时则受谤,子家从其贼也。所以失之毫厘,差之千里。"从维熙《落红》三:

"失之毫厘,差之千里,原来老田想的和我牛耘想的,相距霄壤。"也作"失之毫厘,谬以千里"。茅盾《第一阶段的故事》:"这中间失之毫厘,就要谬以千里,不能不说明白。"

【失之毫厘,谬以千里】 shī zhī háo lí, miù yǐ qiān lǐ 见"失之毫厘,差之千里"。

【失之交臂】 shī zhī jiāo bì 交臂:胳膊碰胳膊,指擦肩而过。《庄子·田子方》:"吾终身与汝交一臂而失之。"后用"失之交臂"形容有了机遇又当面错过。清·魏源《默觚下·治篇一》:"用人者不务取其大而专取小知,则卓荦俊伟之材,失之交臂矣。"刘绍棠《二度梅》六:"再有一年就毕业了,梅雨的父母催促她赶快跟洛文订婚,以免夜长梦多,失之交臂。"路遥《平凡的世界》(中)五〇章:"在我们短促而又漫长的一生中,我们在苦苦地寻找人生的幸福。可幸福往往又与我们失之交臂。"

【师出无名】 shī chū wú míng 师:军队。名:名义。指出兵没有正当理由。也指做某事没有正当的理由。南朝陈·徐陵《武皇帝作相时与北齐广陵城主书》:"辱告承上党殿下及匹娄领军应来江右,师出无名,此是何义?"《初刻拍案惊奇》卷四:"盗亦有道,大曾偷习儒者虚声;师出无名,也会剿窃将家实用。"周而复《上海的早晨》四部二:"我也可以找,就是我的身份不合,诸公诸婆知道,我在棉纺织同业公会并无一官半职,名不正,言不顺,师出无名。"也作"兵出无名"。《汉书·高帝纪上》:"兵出无名,事故不成。"《晋书·石勒载记下》:"昔赤眉、黄巾横逆宇宙,所以一旦败亡者,正以兵出无名,聚而为乱。"

【师出有名】 shī chū yǒu míng 师:军队。名:名义。《礼记·檀弓下》:"师必有名。"后用"师出有名"指出兵必须有正当

理由。也比喻做事要有理。《东周列国志》七回:"鲁郑二君俱看过,一齐拱手曰:'必如此,师出方为有名。'约定来日庚辰,协力攻城,先遣人将讨檄射进城去。"

【师道尊严】 shī dào zūn yán 《礼记·学记》:"凡学之道,严师为难。师严然后道尊,道尊然后民知敬学。"原指老师受到尊敬,他所传授的知识、技能或道理才能得到尊重。后用"师道尊严"指为师之道尊贵而庄严。宋·韩淲《涧泉日记》:"郑康成事马融,三年不得见,乃使高业弟子传授于玄……汉之师道尊严如此。"《元史·刘因传》:"家居教授,师道尊严,弟子造其门者,随材器教之,皆有成就。"

【师老兵疲】 shī lǎo bīng pí 师老:指军队长期在外面非常疲惫。疲:累乏。用兵时间太长,军队劳累不堪。《魏书·许谦传》:"慕容无道,侵我疆场,师老兵疲,灭亡期至。"《北齐书·王琳传》:"琳遣将讨之,不克,又师老兵疲,不能进。"

【师心自是】 shī xīn zì shì 见"师心自用"。

【师心自用】 shī xīn zì yòng 师心:以自己的心意为师,即只相信自己。自用:自以为是。指固执己见,自以为是。唐·陆贽《奉天请数对群臣兼许令论事状》:"又况不及中才,师心自用,肆于人上,以遂非拒谏,孰有不危者乎?"宋·陆九渊《与张辅之书》:"学者大病,在于师心自用。师心自用,则不能克己,不能听言。"李劼人《大波》三部三章:"四川的事情,无论是前一段的路事,后一段的乱事,都是端午帅一人师心自用搞出来的。"也作"师心自是"。北齐·颜之推《颜氏家训·勉学》:"见有闭门读书,师心自是,稠人广座,谬误差失者多矣。"

【师直为壮】 shī zhí wéi zhuàng 师:军队。直:理由正当。壮:壮盛,有力量。用兵有正当的理由,其士气必旺盛,就能

取得胜利。《左传·僖公二十八年》："师直为壮，曲为老，岂在久乎?"宋·陈亮《酌古论一·先主》："权一举而袭破三郡，再举而遂枭关羽。何者? 师直为壮也。"

【诗礼传家】shī lǐ chuán jiā　诗:指《诗经》。礼:指《周礼》、《仪礼》、《礼记》。家族世代读书习礼。明·柯丹邱《荆钗记·会讲》："诗礼传家忝儒裔，先君不幸早倾逝。"茅盾《子夜》八："如果李壮飞的话可靠，那岂不是胜似何慎庵的'钻狗洞'么? 当然双管齐下是最妥当的了，但是——'诗礼传家'，这怎么使得!"

【诗礼人家】shī lǐ rén jiā　见"诗礼之家"。

【诗礼之家】shī lǐ zhī jiā　诗:指《诗经》。礼:指《周礼》、《仪礼》、《礼记》。诗礼:泛指读书习礼。世代读书习礼，有修养的人家。明·郎瑛《七修类稿》卷一六："多为惜财之小而忘大义，奈何诗礼之家亦如是耶!"《二刻拍案惊奇》卷三二："他是诗礼之家出身的，晓得大体，一面打点接取福娘了。"也作"诗礼人家"。《二十年目睹之怪现状》九一回："好个叶太太，到底是诗礼人家出身，知道规矩礼法。"钱钟书《围城》九:"我死了，你们诗礼人家做羹饭祭我，我的鬼也不来的。"

【诗朋酒友】shī péng jiǔ yǒu　在一起作诗饮酒的朋友。元·不忽木《辞朝·村里迓鼓》曲："寻几个诗朋酒友，向尘世消磨白昼。"明·冯惟敏《粉蝶儿·李争冬有犯》套曲："但有个诗朋酒友共开尊，少不得倚玉偎香珠翠拥。"

【诗情画意】shī qíng huà yì　像诗、画那样优美动人，给人以美的意境。也指自然景色幽美，耐人寻味。宋·周密《清平乐·横玉亭秋倚》词："诗情画意，只在阑干外，雨露天低生爽气，一片吴山越水。"清·毛祥麟《遏山图》："诗情画意，尚可言传，惟此一片深情，当于言外领味。"王火《战争和人》(三)卷四："出东门外大约四华里，到了望江楼。翠竹夹道，岸柳石栏，亭阁相映，极有诗情画意。"

【狮子搏兔】shī zǐ bó tù　搏:扑上去抓。比喻做小事情也要拿出全部力量，不可掉以轻心。李劼人《大波》二部八章："用尽狮子搏兔力量，仅仅把城池收复了……这倒实实在在出乎他的意外。"

【狮子大开口】shī zǐ dà kāi kǒu　比喻要价太高或提出很高的物质要求。王火《战争和人》(一)卷七："童霜威心里有点懊丧，想:真倒霉! 碰到个瘟神! 居然狮子大开口，一借就要五百，真是把我当大财主当冤大头儿!"

【施不望报】shī bù wàng bào　施:给予。给别人以恩惠，并不期望报答。《儿女英雄传》一九回："至于施不望报，原是盛德。"

【施恩布德】shī ēn bù dé　见"施仁布德"。

【施谋用计】shī móu yòng jì　见"施谋用智"。

【施谋用智】shī móu yòng zhì　施展计谋或策略。明·无名氏《智降秦叔宝》四折："徐懋功施谋用智，一封书拱手来降。"也作"施谋用计"。明·黄元吉《流星马》一折："凭着您孩儿舌剑唇枪，施谋用计，我稳情取进贡到来。"

【施仁布德】shī rén bù dé　施:给予;实行。布:给予。行仁义，做善事，给人以恩德。元·无名氏《看钱奴》楔子："则俺这家豪富祖先积，他为甚施仁布德也，则要博一个孝子和贤妻。"也作"施恩布德"。明·无名氏《魏徵改招》头折："我言语可便无虚谬，不脱空，元帅你施恩布德可便相知重。"

【施朱傅粉】 shī zhū fù fěn 施：用。朱：指胭脂。傅：通"敷"，搽抹。搽粉抹胭脂。指修饰打扮。宋·柳永《少年游》词："施朱傅粉，丰肌清骨，容态尽天真。"也作"傅粉施朱"。元·贾仲明《对玉梳》三折："拜辞了清歌妙舞，打迭起傅粉施朱。"

【十步芳草】 shí bù fāng cǎo 《隋书·炀帝纪上》："方今宇宙平一，文轨攸同，十步之内，必有芳草，四海之中，岂无奇秀！"《二十年目睹之怪现状》三四回："我不禁暗暗称奇，不料这荜门圭窦中，有这等明理女子，真是'十步之内，必有芳草。'"后省作"十步芳草"。比喻到处都有人才。

【十冬腊月】 shí dōng là yuè 农历十月、十一月，称冬月；十二月称腊月。指天气寒冷的季节。梁斌《红旗谱》九："运涛很会讲故事，不论十冬腊月大雪天，新年正月的暇闲日子，老是有一群姑娘小子，挤在严志和的小北屋里，来听运涛讲故事。"

【十恶不赦】 shí è bù shè 十恶：古代指十种不可赦免的罪行：谋反、谋大逆、谋叛、恶逆、不道、大不敬、不孝、不睦、不义、内乱。后用"十恶不赦"形容罪大恶极，不可饶恕。元·关汉卿《窦娥冤》四折："这药死公公的罪名，犯在十恶不赦。"《封神榜》二八回："你休要听信姜后一面言。他今造下逆天罪，十恶不赦难恕容。"路遥《早晨从中午开始》三四："我们会发现十恶不赦的坏蛋不是很多，但'完人'几乎没有。这就是实际生活中的人。"

【十寒一暴】 shí hán yī pù 见"一暴十寒"。

【十里洋场】 shí lǐ yáng chǎng 十里：形容面积较大。旧时的上海租界区因外国人较多，洋货多，故称十里洋场。后特指旧上海。朱自清《那里走》："上海……所谓'十里洋场'，常为人所艳称。"夏衍《〈新华日报〉及其他》："他假如'安分守己'，本是可以在'十里洋场'过舒舒服服的生活的，可是他就是为热爱话剧，一辈子为'剧运'而含辛茹苦。"欧阳山《三家巷》二五："她做了祈祷之后，才开始吃菜，一面吃，一面给大家讲上海的风光，听得大家津津有味儿，都羡慕那十里洋场，豪华富丽。"

【十目所视，十手所指】 shí mù suǒ shì, shí shǒu suǒ zhǐ 指一个人的言行总是在众人的监督之下，若有过失，就会受到很多人指责。《礼记·大学》："曾子曰：'十目所视，十手所指，其严乎！'"王火《战争和人》(二)卷三："他怎么好好的要做汉奸呢？他不怕被人十目所视，十手所指吗？"

【十拿九稳】 shí ná jiǔ wěn 形容办事很有把握。明·阮大铖《燕子笺·购幸》："今年一定要烦老兄与我着实设个法儿，务必中得十拿九稳方好。"梁实秋《雅舍小品·天气》："近年来天气预报，由于技术进步，虽难十拿九稳，大致总算不错。"周而复《上海的早晨》一部一五："总经理办事总是十拿九稳，只要你想到啥，就一定能办到。"

【十年寒窗】 shí nián hán chuāng 寒窗：苦读书的处所。形容刻苦攻读时间之长。年，也作"载"。元·石子章《竹坞听琴》三折："十载寒窗积雪余，读得人间万卷书。"

【十年树木，百年树人】 shí nián shù mù, bǎi nián shù rén 树：种植，培育。木：树。《管子·权修》："一年之计，莫如树谷；十年之计，莫如树木；终身之计，莫如树人。"后用"十年树木，百年树人"比喻培养人才是长久之计。也喻指培养人才很不容易。清·梁章钜《楹联丛话·廨宇》："实学斋集句云：'刚日读经，柔日读史；十年树木，百年树人。'"毛泽东《做革命的促进派》："中国有句古话，'十年树木，百年树人'。"

【十全十美】shí quán shí měi　形容十分完美,毫无缺欠。《警世通言》卷二一:"自家年纪渐老,止有一女,要求一个贤婿以靠终身,似宋小官一般,则也十全十美。"巴金《随想录》七八:"影片不是十全十美,它甚至使我感到十分难受。然而它又是那么真实,使我看后很难忘记。"周而复《上海的早晨》四部六一:"余妈妈,你好幸福,找了杨部长这样的好女婿,貌相好,人品好,又能干,又有才学,又是领导,真是十全十美。"

【十室九空】shí shì jiǔ kōng　室:人家。十户人家九家没人。形容因灾荒、战乱等使百姓大量死亡或逃亡后的荒凉景象。晋·葛洪《抱朴子·用刑》:"徐福出而重号咷之仇,赵高入而屯豺狼之党,天下欲反,十室九空。"《官场现形记》一四回:"胆小的一见这些人马,早已吓得东跳西走,十室九空。"姚雪垠《李自成》三卷三章:"虽然豫中灾情不如豫西惨重,但是路上所遇到的村庄没有一个不残破的。有许多小村庄人烟稀少,十室九空。"

【十万八千里】shí wàn bā qiān lǐ　形容距离极远。也用来形容差距极大。《西游记》二四回:"沙僧道:'师兄,我们到雷音有多少远?'行者道:'十万八千里。'"冯雪峰《奇绝的都是平常的》:"你说得更离题了,简直差到十万八千里!"

【十万火急】shí wàn huǒ jí　旧时急递文书常用此批语。今多用于军令、公文、电报等。形容事情紧急到了极点。刘绍棠《烟村四五家》二:"你任儿来信,十万火急,叫我赶紧回去。"陈忠实《白鹿原》六章:"我这里有十万火急命令,是张总督的手谕,你问先生他接也不接?"

【十羊九牧】shí yáng jiǔ mù　十只羊,九个人放牧。比喻民少官多。《隋书·杨尚希传》:"当今郡县,倍多于古。或地无百里,数县并置;或户不满千,二郡分领……所谓民少官多,十羊九牧。"也比喻政令不一,使人无所适从。唐·刘知几《史通·忤时》:"杨令公则云'必须直词',宗尚书则云'宜多隐恶'。十羊九牧,其令难行。"清·钱谦益《特进光禄大夫左柱国少师兼太子太师兵部尚书中极殿大学士孙公行状》:"故臣谓南北两部当受中部节制,而中部诸营,南北部大将亦得过而问焉。但不得人自为制,有十羊九牧之患。"

【十指连心】shí zhǐ lián xīn　十个指头碰伤哪一个都感到疼痛钻心。明·汤显祖《南柯记·情尽》:"焚烧十指连心痛,图得三生见面圆。"《镜花缘》三八回:"最教俺难熬的,好好两只大脚,缠的骨断筋折,只剩枯骨包着薄皮,日夜行走,十指连心,疼的要命。"后也用来比喻某人和有关的人或事具有极密切的关系。

【什袭珍藏】shí xí zhēn cáng　什:同"十"。袭:量词,层。把物品层层地包裹起来。宋·张守《跋唐千文帖》:"此书无一字刓缺,当与夏璜赵璧什袭而藏。"后用"什袭珍藏"形容细心地把有价值的物品收藏好。元·方回《题东平张智卿梅轩尝以墨梅一幅自随》诗:"张侯随轩梅一幅,什袭珍藏过宝玉。"《东周列国志》九六回:"此真和氏之璧也……今日无意中落于君手,此乃无价之宝,须什袭珍藏,不可轻示于人也。"

【什一之利】shí yī zhī lì　什一:十分之一。十分之一的利润。泛指商人获得的利润。《汉书·杨恽传》:"恽幸有余禄,方籴贱贩贵,逐什一之利,此贾竖之事,污辱之处,恽亲行之。"《东周列国志》九〇回:"季子不治耕获,力工商,求什一之利……他日生计无聊,岂不悔乎?"

【石沉大海】shí chén dà hǎi　像石头掉进大海里不见踪影。比喻毫无消息。元·杨文奎《儿女团圆》二折:"他可便一去了呵石沉大海。"《镜花缘》九八回:"到晚,派魏武、尹玉、卞璧各带兵马一千进阵;余承志、洛承志带领接应众兵,只等号炮一响,就冲杀过去。那知等之许久,竟似石沉大海。"巴金《春》二九:"蕙回去以后就如石沉大海,没有一点音信传到高家。"梁实秋《雅舍小品·信》:"你写信给他,永远是石沉大海。"

【石枯松老】 shí kū sōng lǎo 石头干裂风化,松树枯朽。形容时间久远。金·丘处机《水龙吟·道运》词:"海移山变,石枯松老。"

【石破天惊】 shí pò tiān jīng 唐·李贺《李凭箜篌引》:"女娲炼石补天处,石破天惊逗秋雨。"形容箜篌(古乐器)的声音高亢激越,惊天动地。后常用来比喻文章议论或事态发展出人意外。清·黄宗羲《轮庵禅师语录序》:"余与宣城沈眉生、芜湖沈昆铜、江右刘孝则牵连而往,入室,讲《论语》《周易》,凿空新义,石破天惊。"姚雪垠《李自成》一卷二六章:"目前十八子正在集合人马,加紧操练,时机一到就会重整旗鼓,石破天惊。"刘绍棠《草莽》一:"他走下泥塘,套上牛枷,运了运气,大喝一声,石破天惊,两只膀子硬是把牛车从泥塘里拽了出来。"

【时不可失】 shí bù kě shī 时:时机,机会。失:错过。指时机难得,不可错过。《战国策·秦策四》:"臣闻敌不可易,时不可失。"《东周列国志》九四回:"大王急遣使,载重币,阴迎孟尝君于薛,时不可失。"

【时不我待】 shí bù wǒ dài 时:时间。待:等待。时间不能等待我们。《论语·阳货》:"日月逝矣,岁不我与。"三国魏·嵇康《幽愤诗》:"实耻讼免,时不我与。"后多作"时不我待",指必须抓紧时间。曹靖华《智慧花开烂如锦》:"忽而念及时不我待,只得像拉起一根'葛条',不顾首尾,匆匆割取眼前一段,以救燃眉之急了。"

【时不再来】 shí bù zài lái 时机错过,就不会再来。指办事要抓紧时机。《国语·越语下》:"得时无怠,时不再来,天予不取,反为之灾。"《新唐书·武平一传》:"恩崇者

议积,位厚者衅速,故月满必亏,日中则移,时不再来,荣难久藉。"刘心武《钟鼓楼》不是结尾:"他望着大街上的车水马龙,心想:时不再来,机不可失,在这人生的战场上,我要抓紧一切机会不放啊!"

【时乖命舛】 shí guāi mìng chuǎn 见"时乖命蹇"。

【时乖命蹇】 shí guāi mìng jiǎn 时:时运。命:命运。乖、蹇:不顺利。时运不顺,命运不佳。指处境不顺利。元·无名氏《云窗梦》一折:"赢得腹中愁,不趁心头愿,大刚来时乖命蹇。"《水浒传》五六回:"自从父亲亡故之后,时乖命蹇,一向流落江湖。"也作"时乖命舛"。魏巍《火凤凰》四:"你祖父家道中落,时乖命舛,你父亲费了许多心血气力,才为你定了这门事,也很不容易。"也作"时乖运蹇"。《醒世恒言》卷三三:"祖上原是有根基的人家。到得君荐手中,却是时乖运蹇。"《三侠五义》五四回:"可惜我展某时乖运蹇,未能遇害于光明磊落之场,竟自葬送在山贼强徒之手,乃展某之大不幸也!"

【时乖运蹇】 shí guāi yùn jiǎn 见"时乖命蹇"。

【时过境迁】 shí guò jìng qiān 境:环境。迁:变迁。时间过去了,环境或情况也随之改变了。刘绍棠《二度梅》六:"二十一年前的痛苦往事,毕竟时过境迁,年深日久,一年比一年遥远,一年比一年淡薄,一年比一年模糊。"路遥《平凡的世界》(中)二五章:"提起原西,世宽脸上显出一些不自在。他或许回想起当年他们两个在那里曾经有过的不愉快。但一般说来,时过境迁,两个人现在一块共事还是不错的。"

【时和年丰】 shí hé nián fēng 见"时和岁丰"。

【时和岁丰】 shí hé suì fēng 时:时世。和:平和。岁:年成。丰:丰收。指时

局稳定，农业丰收。《诗经·小雅·华黍序》："华黍，时和岁丰，宜黍稷也。"宋·苏轼《论赏罚及修河事》："太宗皇帝每见时和岁丰，雨雪应时，辄喜不自胜，举酒以属群臣。"也作"时和年丰"。《晋书·食货志》："近孝武之末，天下无事，时和年丰，百姓乐业。"清·姚莹《噶玛兰台异记》："时和年丰，百宝告成，宇宙熙皞，臻于郅治。"

【时来运转】　shí lái yùn zhuǎn　时：时机。转：改变。时机来临，命运开始好转。指由逆境变为顺境。《隋唐演义》八三回："然后渐渐时来运转，建功立业，加官进爵。"姚雪垠《李自成》三卷四五章："没想到宋矮子在江湖上混了半生，一旦时来运转，突然发迹。"刘绍棠《绿杨堤》七："她不知道，三年之后的叫天子时来运转，成了鱼菱村带头的冒尖户。"

【时移世易】　shí yí shì yì　见"时移俗易"。

【时移俗易】　shí yí sú yì　移：改变。易：更换。时代变了，社会风气也变了。《淮南子·齐俗训》："是故世异则事变，时移则俗易。"《宋史·颜说传》："及时移俗易，则通变适用，是以周、汉俶迁，随世轻重。"鲁迅《彷徨·高老夫子》："但时移俗易，世风也终究觉得好了起来。"也作"时移世易"。《梁书·侯景传》："假使日往月来，时移世易，门无强荫，家有幼孤，犹当璧不遗，分宅相济，无忘先德，以恤后人。"

【时隐时现】　shí yǐn shí xiàn　隐：隐没。现：出现。有时隐没，有时出现。形容忽明忽暗，时有时无的景象。宋·邵博《闻见后录》卷二五："其间林木荟蔚，云烟掩映，高楼曲榭，时隐时见，使画工极思不可图。"见：同"现"。杨沫《青春之歌》一部五章："道静这时才恍然大悟。自从到北戴河海边，她常常看见他好像影子般在自己身边时隐时现。原来他是有意地在关心着自己。"王火《战争和人》（三）卷三："远望在雾气中被吞没了时隐时现的苍翠

的狮子峰，如大海中的岛屿。"

【时运不济】　shí yùn bù jì　济：顺利。命运不好。指身处逆境。唐·王勃《秋日登洪府滕王阁饯别序》："怀帝阍而不见，奉宣室以何年？嗟乎！时运不齐，命途多舛。"齐：通"济"。《二刻拍案惊奇》卷一九："近来时运不济，前日失了两头牛，今蹇驴又生病，寄儿看管不来。"老舍《老张的哲学》二九："医生困眼朦胧的下错了药，而人们全埋怨赵四时运不济至于把有名的医生连累的下错了药！"

【识时务者为俊杰】　shí shí wù zhě wéi jùn jié　时务：当前的形势或时代的潮流。俊杰：聪明能干的人。《三国志·蜀书·诸葛亮传》南朝宋·裴松之引注《襄阳耆旧传》："儒生俗士，岂识时务？识时务者在乎俊杰。"后用"识时务者为俊杰"指能认清当前形势或时代潮流的人，才是杰出的人物。《东周列国志》六九回："夫识时务者为俊杰，通机达变者为英豪。"姚雪垠《李自成》二卷二八章："如其坐等灭亡，何如早日投诚，不失高官厚禄？俗话说，'识时务者为俊杰'，望李哥三思！"梁斌《红旗谱》五三："年轻人儿心眼真是发死，'识时务者为俊杰'，我看你们还是转移阵地吧，何必吊死在这一棵树上？"

【识文断字】　shí wén duàn zì　断字：能判断出是什么字。能识字，有一定的文化。《儿女英雄传》三八回："当着人家识文断字的人儿呢？别抡荤，看人家笑话。"姚雪垠《李自成》三卷三二章："目前别的姑娘都不如慧梅那样能干，不得已只好勉强让红霞来挑起这副担子。可惜红霞不能识文断字，是个缺点。"刘绍棠《蒲柳人家》一："她到底是文墨小康之家出身，虽没上过学，却也熏陶得一身书香，识文断字。"

【实繁有徒】　shí fán yǒu tú　实：实在。繁：多。徒：众人。实在有很多这类人。《尚书·仲虺之诰》："简贤附势，实繁有

徒。"《聊斋志异·周三》:"但此辈实繁有徒,不可善谕。"鲁迅《花边文学·零食》:"上海的居民,原就喜欢吃零食。假使留心一听,则屋外叫卖零食者,总是'实繁有徒'。"

【实话实说】shí huà shí shuō 把真实的话,如实地说出来。老舍《四世同堂》八四:"他决定实话实说,知道瑞全也许可以在他面前,一点不害羞的哭出来。"阿城《孩子王》四:"我吐出一口烟,看它们在油灯前扭来扭去,说:'要什么斯文?实话实说,唱起来好听。'"

【实事求是】shí shì qiú shì 实事:客观存在的事物。求:探求、研究。是:正确。指客观事物内部真实的情况或规律。《汉书·河间献王传》:"修学好古,实事求是。从民得善书,必为好写与之,留其真。"原指根据实证,求得正确的结论。后用来指按照事物的实际情况,客观地对待和处理问题。《官场现形记》三四回:"倘若拿善书送给人家,人家不看,这书岂不白丢?依兄弟愚见:总不如实事求是,做些眼前功德,到底实在些。"夏衍《从〈包身工〉所引起的回忆》:"她们的劳动强度,她们的劳动和生活条件,当时的工资制度,我都尽可能地作了实事求是的调查。"周而复《上海的早晨》三部五一:"我的意思是说,要实事求是,有就有,没有就没有,都是成绩。"

【实心实意】shí xīn shí yì 真诚老实的心意。指说话办事发自内心。《二刻拍案惊奇》卷九:"我如今只得再央龙香姐拿件信物送他,写封实心实意的话,求他定下个佳期。"马烽、西戎《吕梁英雄传》一○回:"为群众服务就要实心实意……群众有实际困难,就要实际解决,不能只说空话!"姚雪垠《李自成》三卷一三章:"今后你同我必须实心实意帮助李哥打江山。对于这事,你得当着大元帅的面说清楚。"

【实与有力】shí yù yǒu lì 与:参与。

《史记·孙子吴起列传》:"西破强楚,入郢,北威齐、晋,显名诸侯,孙子与有力焉。"后作"实与有力",表示确实在其中出了力。毛泽东《关于蒋介石声明的声明》:"蒋氏应当记忆,他之所以能够安然离开西安,除西安事变的领导者张杨二将军之外,共产党的调停,实与有力。"

【实至名归】shí zhì míng guī 实:指实际的成就或成绩。名:声誉。作出了实际的成绩,就会得到应有的声誉。《儒林外史》一五回:"敦伦修行,终受当事之知;实至名归,反作终身之玷。"钱钟书《围城》三:"王主任要电报看了,赞他实至名归,说点金银行是小地方,蛟龙非池中之物。"

【拾金不昧】shí jīn bù mèi 金:原指金钱,后泛指贵重物品。昧:隐藏。指拾到钱财不隐藏起来据为己有。《歧路灯》一○八回:"至于王中赤心保主,自始不二,作者岂可以世仆待之耶?把家人名分扯倒,又表其拾金不昧。"陈国凯《摩登阿Q》:"他走进去把包递给警察,警察一看把他夸奖得不得了。说他拾金不昧风格高。"

【拾人牙慧】shí rén yá huì 拾:捡取。牙慧:指别人说过的话。《世说新语·文学》:"殷中军云:康伯未得我牙后慧。"后用"拾人牙慧"比喻袭用他人的意见或言论。《野叟曝言》一一八回:"明川故事,却暗翻前局,方不是拾人牙慧。"茅盾《我走过的路》:"母亲笑着对我说:'你这篇论文是拾人牙慧的。'"张天翼《速写三篇·新生》:"他不惯于跟人在这类题目上争论。况且这些话并不是他独创的见解,叫别人听了会冷笑——'哼,逸漠先生只会拾人牙慧!'"

【拾遗补阙】shí yí bǔ quē 拾:拾取。指弥补。遗:遗漏。阙:通"缺",缺点,过失。弥补缺失,补充遗漏。汉·司马迁《报任少卿书》:"上之不能纳忠效信,有奇策材力之誉,自结明主。次之又不能拾遗补阙,招贤进能,显岩穴之士。"明·张岱《史阙序》:"每于正史世纪之外,拾遗补阙,得一语焉,则全传为之生动,得一事焉,则全史为之活现。"《孽海花》六回:"在国家方面想,人才该留心培养,不可任意摧残,明明白白是个拾遗补阙的直臣,故意舍其所长,用其所短,弄到两败俱伤。"也作"补阙拾遗"。《晋书·张轨传》:"圣王将举大事,必崇三讯之法,朝置谏官以匡大理,疑承辅弼以补阙拾遗。"

【食不重味】 shí bù chóng wèi 指吃饭不用两种菜肴。形容饮食节俭。《史记·吴太伯世家》:"越王句践食不重味,衣不重采,吊死问疾,且欲有所用其众。"汉·荀悦《汉纪·哀帝纪上》:"博初起为亭长,为人廉洁,不好酒色,食不重味,案上不过三杯。"

【食不甘味】 shí bù gān wèi 甘味:觉得味道美。吃东西吃不出它的美味。形容情绪不好而影响食欲。《战国策·秦策三》:"今也,寡人一城围,食不甘味,卧不便席,今应侯亡地而言不忧,此其情也?"《东周列国志》三一回:"桓公自从前岁委政鲍叔牙,一依管仲遗言,将竖刁、雍巫、开方三人逐去,食不甘味,夜不酣寝,口无谲语,面无笑容。"刘白羽《第二个太阳》九章:"在战争第一枪打响之前这一微妙的阶段,秦震和往常一样,食不甘味,睡不安枕。"

【食不果腹】 shí bù guǒ fù 果:饱。唐·段成式《酉阳杂俎·诺皋记下》:"和州刘录事者,大历中罢官居和州旁县,食兼数人,尤能食鲙,常言鲙味未能果腹。"后用"食不果腹"指吃不饱肚子。形容生活贫困。郭沫若《中国史稿》三编三章:"由于秦朝的残暴统治,西汉初期,到处是一片荒凉残破的景象……人民生活更加贫困,衣不蔽体,食不果腹,连最低的生活条件都得不到。"

【食不求饱】 shí bù qiú bǎo 见"食无求饱"。

【食不下咽】 shí bù xià yàn 食物在口中但咽不下去。唐·韩愈《张中丞传后叙》:"云来时,睢阳之人不食月余日矣!云虽欲独食,义不忍;虽食,且不下咽。"后用"食不下咽"形容因悲愁而不思饮食。《东周列国志》九三回:"肥义闻李兑之言,夜不能寐,食不下咽,展转踌躇,未得良策。"《镜花缘》九八回:"无非因他而起,以至日积月累,弄的食不下咽,无药可医,如今后悔已晚。"欧阳山《三家巷》七三:"这顿饭虽说也有鸡、鸭、鱼、肉,可是当伙计的都提心吊胆,食不下咽。"

【食而不化】 shí ér bù huà 吃了东西没有消化。比喻对所学知识没能融会贯通。朱自清《〈经典常谈〉序》:"经典训练成为教育的唯一的项目,自然偏枯失调,况且从幼童时代就开始,学生食而不化,也徒然摧残了他们的精力和兴趣。"

【食古不化】 shí gǔ bù huà 指学习古代的东西,不善于灵活运用,如同进食后不消化一样。清·恽向《题自作画册》:"可见定欲为古人而食古不化,画虎不成、刻舟求剑之类也。"鲁迅《且介亭杂文·病后杂谈》三:"倘以为这是因为'食古不化'的缘故,那可也并不然。中国的士大夫,该化的时候,就未必决不化。"李劼人《暴风雨前》一部一一:"老弟,你简直成了食古不化的书呆子!方今之世,何世耶? 人方除旧布新之是务,子乃抱残守缺而自封,生存竞争,子其败亡乎?"

【食毛践土】 shí máo jiàn tǔ 毛:指土地上生长的谷物。践:踩。土:指居住之地。《左传·昭公七年》:"古之制也,封略之内,何非君土?食土之毛,谁非君臣?"意为吃住均出于国家。后用"食毛践土"表示对君上感恩戴德。《官场现形记》四七回:"童子良道:'做百姓的食毛践土,连国课都要欠起来不还,这还了得吗!'"陶菊隐《北洋军阀统治时期史话》五六章:

"凡属食毛践土者,皆应与祖国誓同生死,与元恶不共戴天。"

【食前方丈】shí qián fāng zhàng　方丈:一丈见方。吃饭时,面前摆满了一丈见方的食物。形容生活极其奢侈。《孟子·尽心下》:"食前方丈,侍妾数百人。"《金瓶梅》四九回:"汤陈桃浪,酒泛金波,端的歌舞声容,食前方丈。"清·洪昇《长生殿·献饭》:"寻常,进御大官,馔玉炊金,食前方丈,珍羞百味,犹兀自嫌他调和无当。"

【食肉寝皮】shí ròu qǐn pí　寝:睡觉。割他的肉吃,剥他的皮当褥子用。《左传·襄公二十一年》:"然二子者,譬于禽兽,臣食其肉而寝处其皮矣。"后用"食肉寝皮"形容极端的仇恨。宋·李弥逊《杨政换给右武大夫恭州团练副使制》:"食肉寝皮,志每存于去恶;履肠涉血,勇屡见于先登。"《西游记》附录:"却说殷小姐痛恨刘贼,恨不食肉寝皮,只因身怀有孕,未知男女,万不得已,权且勉强相从。"鲁迅《且介亭杂文·忆刘半农君》:"那是十多年前,单是提倡新式标点,就会有一大群人'若丧考妣',恨不得'食肉寝皮'的时候,所以的确是'大仗'。"巴金《随想录》八三:"我更加惊奇的是大家都在豪言壮语和万紫千红中生活过来,怎么那么多的人一夜之间就由人变为兽,抓住自己的同胞'食肉寝皮'。"

【食无求饱】shí wú qiú bǎo　无:通"毋",不要。饮食不要求饱。指生活要求不高。《论语·学而》:"君子食无求饱,居无求安;敏于事而慎于言。"也作"食不求饱"。《汉书·盖宽饶传》:"宽饶居不求安,食不求饱,进有忧国之心,退有死节之义。"

【食言而肥】shí yán ér féi　食言:把话吃下去,比喻说话不算数。肥:肥胖。《左传·哀公二十五年》载:鲁国当时掌权的孟武伯经常说话不算数,鲁哀公很不满。有一次哀公请吃饭,席间孟武伯对哀公的宠臣郭重说:"你怎么长得这样胖?"哀公讽刺地插话说:"是食言多矣,能无肥乎?"后用"食言而肥"指说话不算数,不守信用。明·李开先《水风卧吟楼记》:"不以食言而肥,不因苦吟而瘦,试以数语为记,请览而教正之如何?"茅盾《关于历史和历史剧》五:"荆轲既已成仙,自然不再管尘世闲事,而多诈的秦王既已过关,自然就食言而肥了。"

【食玉炊桂】shí yù chuī guì　桂:肉桂树。食品贵如玉器,燃料贵如桂木。形容物价昂贵。《战国策·楚策三》:"楚国之食贵于玉,薪贵于桂,谒者难得见如鬼,王难得见如天帝。今令臣食玉炊桂,因鬼见帝。"《陈书·后主纪》:"岂以食玉炊桂,无因自达? 将怀宝迷邦,咸思独善?"

【食之无味,弃之可惜】shí zhī wú wèi, qì zhī kě xī　吃着无滋味,丢掉又可惜。《三国志·魏书·武帝纪》南朝宋·裴松之注引《九州春秋》载:曹操领兵攻打汉中,久攻不下。曹操定军中口令为"鸡肋",官属不知所谓。杨修曰:"夫鸡肋,弃之如可惜,食之无所得,以比汉中,知王欲还也。"后用"食之无味,弃之可惜"形容东西无大用处,但又不舍得丢弃。可惜,也作"不甘"。鲁迅《书信集·致章廷谦》:"这一种杂志,大约小峰是食之无味,弃之不甘也。"

【史不绝书】shǐ bù jué shū　书:书写,记载。史书上不断有记载。指同类的事经常发生。《左传·襄公二十九年》:"鲁之于晋也,职贡不乏,玩好时至,公卿大夫,相继于朝,史不绝书。"梁启超《王荆公传》一六章:"自古专制之国,以兄弟争位致乱者,史不绝书。"姚雪垠《李自成》二卷三〇章:"自古忠臣毁家纾难,史不绝书。"

【史无前例】shǐ wú qián lì　前例:以往的事例。历史上从来没有过的事。欧阳山《三家巷》五一:"这些稽查站权力之大,范围之广,勒索之苛,手段之酷,简直史无前例。"刘绍棠《花街》五："伏天儿六岁进学堂，这在花街，可是史无前例，惊天动地。"

【矢口否认】shǐ kǒu fǒu rèn　矢：发誓。一口咬定，坚决不承认。欧阳山《三家巷》一九三："王大善仍然一味狡赖，矢口否认，还对天发誓，说他没有隐瞒任何东西。"李国文《危楼记事》："我一直怀疑是乔老爷干的好事，但他矢口否认，可又并不掩饰脸上流露的得意之色。"

【矢志不移】shǐ zhì bù yí　矢：发誓。移：改变。立下志愿决不改变。路遥《早晨从中午开始》五："沙漠中最后的'誓师'保障了今后六个年头无论多么艰难困苦，我都能矢志不移地坚持工作下去。"刘玉民《骚动之秋》六章："她要让全村的人都知道，她的丈夫是无罪的，她要矢志不移地等待着丈夫归来。"也作"矢志不渝"。渝：变。李国文《涅槃》二："每当она丈夫的老上级、老战友、老部下还能记得起她，为她这多少年矢志不渝的爱情赞叹，她就深信自己选择了一条正确的路。"

【矢志不渝】shǐ zhì bù yú　见"矢志不移"。

【始料不及】shǐ liào bù jí　及：到。指当初没有料想到。刘玉民《骚动之秋》再版后记："《骚动之秋》问世不足一年，在文学艺术界和广大读者中，引起如此热烈的反响是我所始料不及的。"陈忠实《白鹿原》一三章："鹿兆鹏把双手握成喇叭搭在嘴上喊哑了嗓子也不抵事。黑娃和他的弟兄们也不知该怎么办，这场面是始料不及的。"

【始乱终弃】shǐ luàn zhōng qì　乱：搞不正当的男女关系。弃：遗弃。《太平广记》卷四八八引唐·元稹《莺莺传》："始乱之，终弃之，固其宜矣。"后用"始乱终弃"指男子玩弄女性，开始与之淫乱，最终加以遗弃。清·纪昀《阅微草堂笔记·槐西杂志二》："始乱终弃，君子所恶。"张恨水《啼

笑因缘·是否要做续集》："第一是《西厢》曲本，到'草桥惊梦'为止，不但事未完，文也似乎未完。可是他不愿把一个'始乱终弃'的意思表示出来，让大家去想吧。"

【始终不懈】shǐ zhōng bù xiè　懈：松懈，懈怠。自始至终一直不松懈。老舍《离婚》三："张大哥是蚯蚓式的运用生命，软磨，可是始终不懈，没看见他放任或懒过。"

【始终不渝】shǐ zhōng bù yú　渝：变。自始至终一直不变。《晋书·陆纳传》："恪勤贞固，始终不渝。"《明史·年富传》："富廉正强直，始终不渝，与王翱同称名臣。"

【始终如一】shǐ zhōng rú yī　自始至终都一样。《梁书·到洽传》："明公儒学稽古，淳厚笃诚，立身行道，始终如一。"《水浒传》六七回："宋江道：'吾喜关胜义气凛然，始终如一，军师不必见疑。'"《二刻拍案惊奇》卷三七："美人见程宰嘿坐相等，笑道：'郎果有心如此，但须始终如一方好。'"《三侠五义》七二回："恩公一生全仗忠义，我也不用饶舌。全赖恩公始终如一，便是我倪氏门中不幸之大幸了。"鲁迅《华盖集·"公理"的把戏》："然而现在的公理什么会上的言论和发表的文章上，却口口声声，侧重多数了；似乎主张又颇有些参差，只有'吃饭'的一件事始终如一。"

【始作俑者】shǐ zuò yǒng zhě　俑：古代用来殉葬的木制或陶制的偶人。《孟子·梁惠王上》："仲尼曰：'始作俑者，其无后乎！'为其象人而用之也。"意为最早用偶人殉葬的人，应该断子绝孙。后用来比喻某种坏事或恶劣风气的创始者。宋·胡仔《苕溪渔隐丛话·东坡九》："始作俑者，大可畏也。"清·张潮《虞初新志·姜贞毅先生传》："北镇抚司狱廷杖立枷诸制，此秦法所未有，始作俑者，罪可胜道哉！"

【士可杀，不可辱】shì kě shā, bù kě rǔ　《礼记·儒行》："儒有可亲而不可劫也，可近而不可迫也，可杀而不可辱也。"

意为读书人宁可死,也不能接受污辱。形容宁死不屈的节操。《明史·王鏊传》:"士可杀,不可辱。今辱且杀之,吾尚何颜居此。"姚雪垠《李自成》二卷五三章:"老夫不幸今日落在你们手中,早将生死置之度外。士可杀,不可辱,请不要对老夫肆口谩骂。"

【世代书香】 shì dài shū xiāng 世代:好几辈,好几代。书香:读书人家。指世代都是读书人家。《红楼梦》五七回:"林家虽贫到没饭吃,也是世代书香人家,断不肯将他家的人丢给亲戚,落的耻笑。"巴金《秋》二二:"跟你谈起郑家的事,你就满口世代书香,家学渊源。"

【世风日下】 shì fēng rì xià 世:社会。风:风气。下:下降。指社会风气一天不如一天。清·秋瑾《致秋誉章书》之五:"我国世风日下,亲戚尚如此,况友乎?"夏衍《四·一二之后的上海》:"前面我说过人世间的确也会有一些奇事和奇人,指的就是在'世风日下'的当时,竟会有蔡叔厚这样的颇有孟尝君风度的人物,甘冒政治风险,为我们这些流亡者出钱出力。"陈忠实《白鹿原》二章:"当今世风日下,人心不古,吾等责无旁贷,本应著书立论,大声疾呼,以正世风。"

【世上无难事,只怕有心人】 shì shàng wú nán shì, zhǐ pà yǒu xīn rén 世上难办的事情,有心人是一定能办到的。指成事在人,只要专心一致,就没有做不成的事。世上,也作"天下"。《西游记》二回:"悟空道:'这个却难!却难!'祖师道:'世上无难事,只怕有心人。'"《红楼梦》四九回:"可知俗语说:'天下无难事,只怕有心人。'社里一定请你了。"

【世殊事异】 shì shū shì yì 殊、异:不同。指时代不同,事情也不相同。《韩非子·五蠹》:"文王行仁义而王天下,偃王行仁义而丧其国,是仁义用于古而不用于今也。故曰:世异则事异。"晋·王羲之《兰亭集序》:"虽世殊事异,所以兴怀,其致一也。"

【世态炎凉】 shì tài yán liáng 世态:指社会上的人情世故。炎:热,比喻亲热。凉:比喻冷淡。形容一些人在别人得势时就巴结奉承,别人失势时就冷淡疏远。宋·文天祥《杜架阁》:"昔趋魏公子,今事霍将军,世态炎凉甚,交情贵贱分。"元·汪元亨《折桂令·归隐》曲:"望南山归去来兮,怕世态炎凉,人面高低。"《野叟曝言》三八回:"古心道:'真是世态炎凉。今日学台大发雷霆,要将孩儿刑讯,孩儿恐禀先人遗体,宛转求告,全然不听。'"刘白羽《第二个太阳》一八章:"此时此刻,经历过无数人情冷暖、世态炎凉的董天年,这一席发自肺腑的耿耿忠言,感人至深!"也作"炎凉世态"。《初刻拍案惊奇》卷九:"三夫人是个女流之辈,只晓得炎凉世态,那里管甚么大道理?"

【世外桃源】 shì wài táo yuán 晋朝诗人陶渊明在《桃花源记》中描写了一个与世隔绝、没有战乱、人人安居乐业的理想社会。后用"世外桃源"指虚构的超脱现实的安乐美好的地方。清·孔尚任《桃花扇·归山》:"且喜已到松风阁,这是俺的世外桃源。"杨沫《青春之歌》一部三章:"在这儿,在这世外桃源的仙境中,有了人世喧嚣的声音。"刘醒龙《孤独圣心》二:"那个神秘的山里小镇,当然不是世外桃源,但它能帮我回到文学的伊甸园。"

【市不二价】 shì bù èr jià 见"市无二价"。

【市井小人】 shì jǐng xiǎo rén 市井:街市。旧指城市里平庸无大志的商贾、平民。多含贬义。宋·王安石《答钱公辅学士书》:"况一甲科通判,苟粗知为辞赋,虽市井小人,皆可以得之,何足道哉?"

【市井之徒】 shì jǐng zhī tú 市井:街市。旧指城市里平庸无大志的商贾、平民。多含贬义。唐·李密《淮阳感怀》诗

"樊哙市井徒，萧何刀笔史。一朝时运会，千古传名谥。"《东周列国志》三五回："朝中服赤芾乘轩车者，三百余人，皆里巷市井之徒，胁肩谄笑之辈。"姚雪垠《李自成》三卷一章："高夫人和老营将领们全都明白，闯王并无意久占洛阳，委派河南府衙门书办出身的邵时昌带着在洛阳新招募的五百名市井之徒留守，实际用意是引诱李仙风来洛阳，使他不急着回救开封。"

【市无二价】shì wú èr jià 市：交易，做买卖。买卖没有两种价钱。指公道，不欺诈。《汉书·王莽传上》："又奏为市无二价，官无狱讼。"也作"市不二价"。宋·苏轼《御试制科策》："古者天子取诸侯之土以为国均，则市不二价，四民常均。"

【势不可当】shì bù kě dāng 势：气势。当：抵挡。来势迅猛，不可抵挡。《晋书·郗鉴传》："群逆纵逸，其势不可当，可以算屈，难以力竞。"《三国演义》六回："三路军马，势不可当。夏侯惇抵敌吕布不住，飞马回阵。"《说岳全传》五一回："尚未交锋，伍尚志将火牛烧着。那牛疼痛，便望宋营中冲来，势不可当。"张贤亮《河的子孙》四章："又像黄河决了堤：泥浆迸溅，洪水横溢，咆哮翻滚，势不可当。"也作"势不可挡"。姚雪垠《李自成》三卷五二章："刘营将士中炮死伤甚多，争相夺船。义军随即一齐猛攻，势不可挡。"路遥《平凡的世界》(中)一一章："田福军知道，这不是他个人有多少能耐，而是中央的方针和农民的迫切愿望直接汇流才造成了这种势不可挡的局面。"

【势不可挡】shì bù kě dāng 见"势不可当"。

【势不两存】shì bù liǎng cún 见"势不两立"。

【势不两立】shì bù liǎng lì 势：情势。两立：并存。指敌对双方不能并存。也比喻矛盾不可调和。《战国策·楚策一》："楚弱则秦强，此其势不两立。"《三国演义》六

回："玄德大惊曰：'若云长入蜀，与孟起比试，势不两立。'"《三侠五义》五七回："白玉堂听了，气的喊叫如雷，说：'好病大呀，我与你势不两存了！'站起来就奔蒋爷拼命。"李国文《冬天里的春天》五章："他嫉妒，不是一般的感情上的嫉妒，而是一种竞争，是势不两立的竞争。"也作"势不两存"。《韩非子·孤愤》："故资必不胜而势不两存，法术之士焉得不危？"《东周列国志》八八回："秦魏比邻之国，秦之有魏，犹人有腹心之疾，非魏并秦，即秦并魏，其势不两存明矣。"

【势均力敌】shì jūn lì dí 势：势力。均：均衡，相等。力：力量。敌：相等，相当。指双方力量相等，不分高下。晋·袁宏《后汉纪·孝献皇帝纪》："且催、汜小竖，樊稠庸儿，无他远略，又势均力敌，内难必作，吾乘其衅，事可图也。"《东周列国志》八七回："惠王问曰：'吾国东有齐，西有秦，南有楚，北有韩、赵、燕，皆势均力敌。而赵人夺我中山，此仇未报，先生何以策之？'"梁实秋《雅舍小品·谦让》："一伙人在热烈的让座，有一位拉着另一位的袖子，硬往上拉，被拉的人硬往后躲，双方势均力敌。"李英儒《野火春风斗古城》二二章："这不是势均力敌的两军作战，而是兵力十分悬殊的交锋。"

【势利眼】shì lì yǎn 势利：按财产多少、地位高低来分别待人的态度。指作风势利。也指作风势利的人。刘绍棠《京门脸子》："你那个舅妈势利眼，不坐卧车到她的家门口，她也许还要六亲不认。"王火《战争和人》(三)卷一："家霆以前听童霜威说过：'李思钧这个人势利眼！'"

【势倾朝野】shì qīng cháo yě 势：势力。倾：压倒。朝野：旧指朝廷和民间。势力压倒一切人。形容权势极大。《魏书·卢玄传》："时灵太后临朝，黄门侍郎李神轨势倾朝野，求结婚姻。"《南史·谢方明传》："丹阳尹卞范之势倾朝野，欲以女嫁

方明,方明终不回。"

【势如累卵】 shì rú lěi luǎn　累:堆积。情势就像堆积的蛋,马上就要塌下来。形容势态非常危险。陈斌《火!》:"这个支队已被敌人围困,敌强我弱,敌众我寡,势如累卵,危急万分。"姚雪垠《李自成》一卷二六章:"金星笑笑:'朝廷的事,谁都看得清楚,一言以蔽之曰:民穷财尽,势如累卵。'"

【势如破竹】 shì rú pò zhú　势:形势。破竹:劈开竹子。《晋书·杜预传》:"今兵威已振,譬如破竹,数节之后,皆迎刃而解。"形势如同劈竹子一样,劈开头上几节,下面各节就顺着刀口裂开了。后用"势如破竹"形容节节胜利,毫无阻碍。《旧五代史·唐庄宗纪二》:"深入贼境,逢其大敌,期于尽锐,以决雌雄。况贼帅奔亡,众心方恐,今乘高击下,势如破竹矣。"《醒世恒言》卷一九:"未到汉口,传说元将兀良哈歹统领精兵,长驱直入,势如破竹。"《说岳全传》七四回:"适才有张元帅差人来报,说:金邦四太子,又起大兵五十万,杀进中原,势如破竹,十分厉害,将近朱仙镇了。"叶圣陶《潘先生在难中》:"他是著名善于用兵的……也许就此反守为攻,势如破竹,直捣那方面的巢穴呢。"姚雪垠《李自成》三卷三五章:"咱们一路过来都是势如破竹,只有商丘这个地方,是个府城,守城的人多,昨天又来了新的官军,看来要费点劲。"

【势在必行】 shì zài bì xíng　势:形势。客观形势决定必须这样做。李劼人《暴风雨前》一部一四:"禁烟是势在必行的新政,先从官场禁起,自道台以下,都要一一调验。"路遥《平凡的世界》(上)五四章:"我坚信农村不久就会出现一个全新的局面,一切恐怕都势在必行了!"

【事败垂成】 shì bài chuí chéng　见"功败垂成"。

【事半功倍】 shì bàn gōng bèi　事:所要做的事情,指措施。功:功效。《孟子·公孙丑上》:"当今之时,万乘之国行仁政,民之悦之,犹解倒悬也。故事半古之人,功必倍之。"意为措施只有古人的一半,而收到加倍的功效。后用"事半功倍"形容费力小,收效大。《六韬·军势》:"夫必胜者,先见弱于敌而后战者也。故事半而功自倍。"《官场现形记》二四回:"倘若我找着这个姑子,托他经手,一定事半功倍。老人家总不会给我当上的。"冰心《三寄小读者》三:"早晨头脑最清醒,做起作业来,往往事半功倍。"

【事倍功半】 shì bèi gōng bàn　事:所要做的事情,指措施。形容费力大,收效小。唐·白居易《为人上宰相书》:"盖得之,则不啻乎事半而功倍也;失之,则不啻乎事倍而功半也。"《官场现形记》三四回:"我们中国人认得字的有限,要做善事,靠着善书教化人终究事倍功半。"王蒙《组织部新来的年青人》:"现在下边支部里各类问题很多,你如果一一用手工业的方法去解决,那是事倍功半的。"

【事必躬亲】 shì bì gōng qīn　事:事情。躬亲:亲自。凡事一定亲自去做。唐·张九龄《谢赐大麦面状》:"周人之礼,唯有籍田,汉氏之荐,但闻时果,则未有有陛下严祗于宗庙,勤俭于生人,事必躬亲,动合天德。"《官场现形记》五九回:"于舅太爷却勤勤恳恳,事必躬亲,于这位外甥的事格外当心。"姚雪垠《李自成》一卷一章:"到了他继承大统,力矫此弊,事必躬亲。"刘白羽《第二个太阳》一二章:"黄参谋深知秦震事必躬亲的特点,只是笑一笑,没有作声。"

【事不宜迟】 shì bù yí chí　迟:慢。宜:应该。事情要抓紧办,不应太慢。《水浒传》一五回:"事不宜迟,只今夜三更便去,明日晌午可到那里。"《二刻拍案惊奇》卷二三:"女子道:'既然如此,事不宜迟,今夜就走罢!'"《老残游记》一六回:"事不宜迟,笔墨纸张都预备好了,请你老人家就此动笔。"李英儒《野火春风斗古城》二一章:"我看,事不宜迟,我们回避一下,请高司令马上下命令!"

【事出有因】 shì chū yǒu yīn 事情的发生是有原因的。《官场现形记》三三回:"藩台回省查的参案,预先请过制台的示,无非是'事出有因,查无实据',大概的洗刷一个干干净净。"叶圣陶《得失》:"但是一想到事出有因,他就只好假装没有听见。"梁斌《红旗谱》四九:"事出有因,各有社会基础。让他们都显显身手,谁能把这个千疮万孔的中国从热火里救出来,算谁有本领!"

【事过境迁】 shì guò jìng qiān 境:环境,情况。迁:改变。事情已经过去,环境也改变了。《花月痕》三〇回:"文酒风流,事过境迁,下月这时候,你们不都要走么?"周克芹《桔香,桔香》一〇:"事过境迁,就会忘记的,更何况,她并不是那种感情外露的人呢!"

【事实胜于雄辩】 shì shí shèng yú xióng biàn 雄辩:强有力的辩论。客观事实比强有力的辩论更具说服力。柳青《创业史》二部八章:"事实胜于雄辩。一贯火暴性子的乡长,这回不得不认错了。"

【事与愿违】 shì yǔ yuàn wéi 事:事实。愿:心愿,愿望。事实与主观愿望相反。三国魏·嵇康《幽愤》诗:"嗟我愤叹,曾莫能俦。事与愿违,遘兹淹留。"晋·卢谌《赠刘琨书》:"故委身之日,夷险已之;事与愿违,当忝外役。"杜鹏程《在和平的日子里》一章三:"有时候,满腔热情往前跑,跑过火了,事与愿违,出了乱子。"王安忆《香港的情和爱》六:"他深知快乐的不易,常常事与愿违,本是为了快乐,到头来竟是痛苦。"

【事在必行】 shì zài bì xíng 事:事情。行:实行。事情一定要做。宋·苏轼《东坡志林·养生说》:"如孙武令,事在必行。有

犯无恕。"《东周列国志》六六回:"事在必行,何卜之有?"《镜花缘》四回:"若'名正言顺',事在必行,我们一经闻命,自应即去承旨,又何须禀知洞主。"茅盾《子夜》一四:"本厂北减薪,事在必行。"

【事在人为】 shì zài rén wéi 事:事情。在:在于。为:做。事情要靠人去做。指在一定的客观条件下,事情的成功与否决定于人的主观努力。明·朱之瑜《与野博书四十四首》之二五:"答策甚佳,可胜健羡。事事皆人为也,特患不肯用功耳。"《二十年目睹之怪现状》九九回:"现在的世界,随便甚么事,都是事在人为的了。"茅盾《子夜》一二:"也不尽然。还有明天!我们还是照原定办法去做。事在人为!"张天翼《速写三篇·谭先生的工作》:"这里他叹了一口气。不过他又赶紧声明,他并不悲观。他觉得事在人为。"

【视而不见】 shì ér bù jiàn 睁着眼睛看,却什么也没看见。指不注意,不重视。也指不理睬,看见了当作没看见。常与"听而不闻"连用。《礼记·大学》:"心不在焉,视而不见,听而不闻,食而不知其味。"《镜花缘》一七回:"这总是军士忧frequency心不宁,精神恍惚,所以那马明明近在咫尺,却误为丧失视而不见,就如'心不在焉,视而不见'之意。"李英儒《野火春风斗古城》一六章:"会长正在集中全副注意力听电话,对他们进来简直是视而不见,心不在焉地点了点头。"

【视如敝屣】 shì rú bì xǐ 敝:破旧。屣:鞋。当破旧鞋子看待。《孟子·尽心上》:"舜视弃天下,犹弃敝屣也。"后用"视如敝屣"形容极为轻视。章炳麟《驳康有为论革命书》:"其仁如天,至公如地,视天位如敝屣。"

【视如草芥】 shì rú cǎo jiè 草芥:小草。看得像小草一样。《孟子·离娄上》:"天下大悦而将归己,视天下悦而归己,犹草芥也,惟舜为然。"后用"视如草芥"形容

极为轻视。宋·洪迈《容斋三笔·北狄俘虏之苦》："引能乐者使奏技，酒阑客散，各复其初，依旧环坐刺绣。任其生死，视如草芥。"鲁迅《且介亭杂文·病后杂谈之余》："任其生死，视如草芥。"

【视如粪土】shì rú fèn tǔ　粪土：脏土。看着像粪土一样。形容极为蔑视。《镜花缘》三八回："今舅兄把他视如粪土，又是王衍一流人物了。"《野叟曝言》七○回："佳人惜红粉，烈士爱宝剑，岂可视如粪土，为焚琴煮鹤之事乎？"

【视如寇仇】shì rú kòu chóu　寇仇：仇敌。像仇敌一样看待。如，也作"若"。《孟子·离娄下》："君之视臣如土芥，则臣视君如寇仇。"刘玉民《骚动之秋》二五章："他十七岁时领着几个天不怕地不怕的毛头小伙子上山当红胡子时，他的父亲和当时还在世的爷爷简直把他视若寇仇。"

【视若路人】shì ruò lù rén　路人：过路的人。把亲人或熟人看做路上遇到的陌生人。形容关系非常疏远。《初刻拍案惊奇》卷一三："漫然视若路人，甚而等之仇敌，败坏彝伦，灭处天理，真狗彘之不为也。"清·纪昀《阅微草堂笔记·滦阳消夏录六》："又茕茕孩稚，视若路人，至饥饱寒温，无可告语。"

【视若无睹】shì ruò wú dǔ　睹：看见。看见了，好像没看见一样。唐·韩愈《应科目时与人书》："是以有力者遇之，熟视之若无睹也。"后用"视若无睹"形容对眼前事物漠不关心。钱钟书《围城》三："辛楣欣然对苏小姐做个眼色，苏小姐忽然变得很笨，视若无睹。"巴金《随想录》五○："二十年来我对自己周围的一切绝非视若无睹。"叶文玲《插曲》："他对娇好的景致视若无睹，思绪却像飞游的流云飘忽无定。"

【视死如归】shì sǐ rú guī　视：看待。归：回家。把死看得好像回家一样。形容不怕死。多指为了正义事业，不怕牺牲生命。《管子·小匡》："平原广牧，车不结辙，

士不旋踵，鼓之而三军之士视死如归，臣不如王子城父。"《史记·范睢蔡泽列传》："是故君子以义死难，视死如归；生而辱不如死而荣。"《三国演义》二五回："吾今虽处绝地，视死如归。汝当速去，吾即下山迎战。"《说岳全传》六一回："岳爷喝道：'胡说！自古忠臣不怕死。大丈夫视死如归，何足惧哉！且在冥冥之中，看那奸臣受用到几时！'"郭沫若《屈原》二幕："我是问心无愧，我是视死如归，曲直忠邪，自有千秋的判断。"老舍《四世同堂》三六："他们也许写不上来'国家'两个字，可是他们都视死如归的为国家牺牲了性命！"

【视同儿戏】shì tóng ér xì　把事情当成像小孩子玩耍一样对待。比喻不严肃，极不重视。《初刻拍案惊奇》卷一一："所以说为官做吏的人，千万不要草菅人命，视同儿戏。"也作"视为儿戏"。《红楼梦》四回："人命官司一事，他竟视为儿戏，自为花上几个臭钱，没有不了的。"

【视为儿戏】shì wéi ér xì　见"视同儿戏"。

【视为畏途】shì wéi wèi tú　看成可怕的、危险的道路。指看成可怕而不敢做的事。《官场现形记》五八回："如此等他碰过几回钉子，怕见我们的面，以后叫他们把这翰林一道视为畏途，自然没有人再来了。"梁启超《驳某报之土地国有论》："则企业家危险之程度太大，而人将视为畏途莫肯从事也。"

【视为知己】shì wéi zhī jǐ　知己：彼此了解，情谊很深的人。看成好朋友。

【拭面容言】shì miàn róng yán　拭：擦，揩。容：容纳。擦去吐在脸上的唾沫，容纳别人的意见。形容诚心诚意接受批评。《东周列国志》四五回："妇人轻丧武夫功，先轸当时怒气冲，拭面容言无愠意，方知嗣伯属襄公。"

【拭目而待】shì mù ér dài　见"拭目以

待"。

【拭目以待】shì mù yǐ dài 拭：擦。待：等待。擦亮眼睛等待。也指关注某件事情的出现。宋·王十朋《送表叔贾元范赴省试序》："某既著为天理说，且拭目以待，欲验斯言之不妄云。"清·纪昀《阅微草堂笔记·槐西杂志四》："然益以美人之贻，拭目以待佳遇。"李国文《危楼记事》："接着便该是危楼居民拭目以待的婚礼了。因为作为邻居的我们，总担心阿宝这种爱情至上主义，会不会得到阿芳相应的回报？"也作"拭目而待"。《三国演义》四三回："朝廷旧臣，山林隐士，无不拭目而待。"

【是非不分】shì fēi bù fēn 正确与错误分辨不清楚。汉·王褒《四子讲德论》："好恶不形，则是非不分。"

【是非分明】shì fēi fēn míng 正确与错误分辨得很清楚。《汉书·楚元王传》："故贤圣之君，博观终始，穷极事情，而是非分明。"姚雪垠《李自成》二卷一一章："我李自成做事，是非分明。你们只要自己心中没鬼，不要害怕。"刘心武《钟鼓楼》六章："他从小热爱劳动，是非分明……见一个小朋友掉进了冰窟窿，他便毫不犹豫地跑去救出了那小朋友来。"

【是非曲直】shì fēi qū zhí 是：正确。非：错误。曲：无理。直：有理。正确与错误，有理与无理。泛指对事物的评断。汉·王充《论衡·说日》："二论各有所见，故是非曲直未有所定。"元·无名氏《碌砂担》三折："我奉着玉帝天符非轻慢，将是非曲直分明看。"《花月痕》四九回："谡如由黔入滇，驻扎曲靖，先将滇南回汉，分出是非曲直，做个榜文，布示各郡。"巴金《春》二一："这件事情的是非曲直，她弄不清楚，而且她也无法弄清楚。"

【是古非今】shì gǔ fēi jīn 是：认为对。非：认为不对。肯定古代的事情，否定当今的事情。《汉书·元帝纪》："俗儒不

达时宜，好是古非今。"清·李渔《闲情偶寄·变调二》："且时人是古非今，改之徒来讪笑。仍其大体，既慰作者之心，且杜时人之口。"

【适得其反】shì dé qí fǎn 适：恰好。结果与愿望恰好相反。《孽海花》三回："雯青道：'公坊兄，别挖苦我了！我们四友里头，文章学问，当然要推你做龙头，弟是婪尾。不料王前卢后，适得其反：刘贲下第，我辈登科，厚颜者还不止弟一人呢！'"鲁迅《华盖集·这个与那个》："既然十之九不是好东西，则被捧而后，那结果便自然和捧者的希望适得其反了。"欧阳山《三家巷》一七五："从今天晚上的实际看来，结果是适得其反。"

【适逢其会】shì féng qí huì 适：恰好。逢：碰上。会：时机，机会。恰好碰上那个机会。《太平广记》卷八二引唐·薛用弱《集异记·李子牟》："江陵旧俗，孟春望夕，尚列影灯。其时士女骈江，轩阗纵观。子牟客游荆门，适逢其会。"《儿女英雄传》二九回："适逢其会，顺天府开着捐班例，便给他捐了个七缺后的候选未入流。"韬奋《〈抗战以来〉序》："这本书的写出虽似乎是'适逢其会'，但是我要写这样一本书的意思却早已蕴蓄在我的胸中。"

【适可而止】shì kě ér zhǐ 适可：适当。到适当的程度就停下来，不要过头。《论语·乡党》"不多食"宋·朱熹注："适可而止，无贪心也。"《东周列国志》七〇回："所以然者，由我王能恤民力，适可而止，去其醉饱过盈之心故也。"鲁迅《且介亭杂文·病后杂谈》一："但是，'雅'要想到适可而止，再想便不行了。"巴金《随想录》一一三："但是过了十多天又听人说，锻炼要'适可而止'，不能过于劳累。"

【恃才傲物】shì cái ào wù 恃：依仗。物：指自己以外的人，众人。仗着自己有才能而瞧不起别人。《梁书·萧子显传》："及葬，请谥。手诏：'恃才傲物，宜谥曰

骄。'"《醒世恒言》卷三五:"那萧颖士般般皆好,件件俱美,只有两桩毛病。你道是哪两桩? 第一件:乃是恃才傲物,不把人看在眼内……"韦君宜《忆魏东明》:"当时他以才华茂发,知名于同学中。而且恃才傲物,目无余子。"

【恃才矜己】 shì cái jīn jǐ　矜:自尊自大。依仗自己有才而自傲自大。《隋书·炀帝纪下》:"恃才矜己,傲狠明德,内怀险躁,外示凝简。"

【恃强凌弱】 shì qiáng líng ruò　恃:依仗。凌:欺凌。依仗自己强大,欺压弱小。宋·魏了翁《画一榜谕将士》:"所宜互相爱惜,毋得恃强凌弱,恃众凌寡,互相争闹,激出事端。"《东周列国志》三七回:"是时郑文公臣服于楚,不通中国,恃强凌弱,怪滑伯事卫不事郑,乃兴师伐之。"《红楼梦》一〇七回:"贾政即忙跪下。众大人便问道:'你哥哥交通外官,恃强凌弱,纵儿聚赌,强占良民妻女不遂逼死的事,你都知道么?'"梁实秋《雅舍小品·虐待动物》:"可笑的是:枪杀禽兽,电毙鳞鱼,挟科学利器屠害生灵,恃强凌弱,而得意洋洋。"陈忠实《白鹿原》一六章:"他居中裁判力主公道敢于抑恶扬善,决不两面光溜更不会恃强凌弱。"

【室迩人遐】 shì ěr rén xiá　见"室迩人远"。

【室迩人远】 shì ěr rén yuǎn　迩:近。房屋很近,人却很远。《诗经·郑风·东门之墠》:"其室则迩,其人甚远。"宋·朱熹《诗集传》:"室迩人远者,思之而未得见之辞也。"原指男女思慕而不得相见。后用来指思念亲故或悼念死者之辞。也作"室迩人遐"。汉·徐淑《答夫秦嘉书》:"谁谓宋远,企予望之,室迩人遐,我劳如何!"唐·骆宾王《与博昌父老书》:"山川在目,室迩人遐。"

【室怒市色】 shì nù shì sè　室:指在家里。市:指在外面。色:脸色。《左传·昭公十九年》:"彼何罪! 谚所谓室于怒,市于色'者,楚之谓矣。"后用"室怒市色"指在家里受气,发泄于外人。元·郝经《居庸行》:"百年一偾老虎走,室怒市色还猖狂。"

【室如悬磬】 shì rú xuán qìng　磬:古代一种石制的敲击乐器。室内像挂着的磬,空无所有。《国语·鲁语上》:"室如悬磬,野无青草,何恃而不恐?"原指国库空虚。后用来形容家境寒窘。《艺文类聚》卷二三引汉·司马徽《诫子书》:"闻汝充役,室如悬磬,何以自辨?"唐·白居易《策林二·息游堕》:"劳逸既悬,利病相诱;则农夫之心,尽思释耒而倚市;织妇之手,皆欲投杼而刺文。至使田卒污莱,室如悬磬。"《三侠五义》二三回:"范生叹道:'范人可瞒,似老兄跟前,小弟焉敢撒谎。兄看室如悬磬,叫小弟如之奈何?'说罢,不觉惨然。"梁启超《论国家思想》:"譬之一家,虽复室如悬磬,亦未有愿他人入此室处者。"

【舐犊情深】 shì dú qíng shēn　舐:用舌头舔。犊:小牛。用舌舔小牛,以示爱抚。比喻人疼爱子女的深情。《儿女英雄传》三〇回:"安老夫妻暮年守着个独子,未免舐犊情深,加了几分怜爱。"王火《战争和人》(三)卷一:"父子俩既舐犊情深,分开后,童霜威不免感到孤单。"

【舐糠及米】 shì kāng jí mǐ　舐:用舌头舔。舔掉糠皮以后,再舔就是米粒了。比喻由外及里,逐步侵蚀。《史记·吴王濞列传》:"里语有之,'舐糠及米'。吴与胶西,知名诸侯也,一时见察,恐不得安肆矣。"清·严复《救亡决论》:"无人才,则之数事者,虽举亦废故也。舐糠及米,终至危亡而已。"

【舐皮论骨】 shì pí lùn gǔ　舐:用舌舔。舔一下皮肉,就谈论里面的骨头。比喻看问题不深入,妄加评论。鲁迅《华盖集续编的续编·海上通讯》:"至于《野草》,

此后做不做很难说,大约是不见得再做了,省得人来谬托知己,舐皮论骨。"

【誓不两立】 shì bù liǎng lì　两立:双方并存。发誓决不与对方同时存在。形容仇恨极深。《东周列国志》七回:"孔父嘉见郑伯白占了戴城,忿气填胸,将兜鍪掷地曰:'吾今日与郑誓不两立。'"《三侠五义》四六回:"小弟原来寻找南侠,便与他誓不两立。"姚雪垠《李自成》一卷二二章:"乞陛下赫然一怒,明正向者主和之罪,斩佞臣之头悬之国门,以示与东夷誓不两立。"

【誓死不二】 shì sǐ bù èr　立下誓言,到死也不变心。形容意志坚定。鲁迅《华盖集·夏三虫》:"被吃者也无须在被吃之前,先承认自己之理应被吃,心悦诚服,誓死不二。"

【誓同生死】 shì tóng shēng sǐ　发誓同生死,共命运。《三国演义》二五回:"当初刘使君与兄结义之时,誓同生死;今使君方败,而兄即战死,倘使君复出,欲求兄相助,而不可复得,岂不负当年之盟誓乎?"陶菊隐《北洋军阀统治时期史话》五六章:"凡属食毛践土者,皆应与祖国誓同生死,与元恶不共戴天。"

【噬脐何及】 shì qí hé jí　见"噬脐莫及"。

【噬脐莫及】 shì qí mò jí　噬:咬。脐:肚脐。自己咬肚脐,是怎么也做不到的。《左传·庄公六年》:"亡郑国者,必此人也,若不早图,后君噬齐。"齐:通"脐"。后用"噬脐莫及"比喻后悔也来不及。明·陆采《怀香记·鞫询香情》:"差之毫厘,缪以千里,倘有后悔,噬脐莫及。"清·林则徐《晓谕粤省士商军民人等速戒鸦片告示稿》:"若不趁此刻猛省回头,以后虽欲改图,噬脐莫及。"也作"噬脐何及"。《隋书·李密传》:"但今英雄竞起,实恐他人先我,一朝失之,噬脐何及。"

【收回成命】 shōu huí chéng mìng　收回已经发出的命令或决定。宋·郑兴裔《辞知庐州表》:"恭望皇帝陛下察臣之诚,鉴臣之拙,收回成命,遴选英才,庶微臣免尸位之讥。"《野叟曝言》一二一回:"但揣皇上之意,听诸公之言,则又断无收回成命之理,公主又岂肯他适? 是害公主也。"茅盾《子夜》七:"现在还要请三先生允许的,就是姚金凤的开除和薛宝珠的升稽查这两件事情,将来仍旧可以收回成命。"

【收视反听】 shōu shì fǎn tīng　收:收回。反:返还。不看不听。指排除外界事物干扰,集中精力思考问题。晋·陆机《文赋》:"其始也,皆收视反听,耽思傍讯。"唐·白居易《辨水旱之灾,明存救之术》:"古之君人者,逢一灾,偶一异,则收视反听,察其所由。"

【手不释卷】 shǒu bù shì juàn　释:放开。卷:书本。书本不离手。形容勤奋好学。《三国志·吴书·吕蒙传》南朝宋·裴松之引注《江表传》:"孙权谓吕蒙及蒋钦曰:'光武当兵马之务,手不释卷。孟德亦自谓老而好学,卿何独不自勉勖邪?'"《宋史·赵普传》:"晚年手不释卷,每归私第,阖户启箧取书,读之竟日。"《喻世明言》卷二七:"每日买后向山中砍柴,挑至市中,卖钱度日。性好读书,手不释卷。"姚雪垠《李自成》一卷二六章:"平时一回到屋里,他就手不释卷地读书。近几天,他正在读《贞观政要》和《诸葛武侯集》。"

【手到病除】 shǒu dào bìng chú　刚动手治疗,病就好了。形容医术高明。《水浒传》六五回:"因母亲患背疾,百药不能治,后请得建康府安道全,手到病除。"《二刻拍案惊奇》卷二九:"蒋生道:'小生原不业医,曾遇异人,传有仙草,专治癫疾,手到可以病除。'"《三侠五义》八回:"凡有疑难大症,管保手到病除。贫不计利。"也形容工作能力强,解决问题快。《鸳鸯针》二:"我去说这情面,包管你手到病除。"

【手到擒来】shǒu dào qín lái 擒：捉拿。一出手就把人捉住。形容做事毫不费力或很有把握。《醒世恒言》卷二九："没甚计较，就学做夜行人，到也顺溜，手到擒来。"老舍《四世同堂》二一："不忙！那点病，我手到擒来，保管治好！"

【手挥目送】shǒu huī mù sòng 手挥：挥动手指弹琴。目送：目光追视物体移动。三国魏·嵇康《赠兄秀才公穆入军》诗："目送归鸿，手挥五弦，俯仰自得，游心太玄。"原形容手眼并用，自得其乐。后用"手挥目送"形容诗文、书画挥洒自如，得心应手。朱光潜《作文与运思》："苦思是打破难关的努力，经过一番苦思的训练之后……纵遇极难驾御的情境，也可以手挥目送，行所无事。"后也指热情地欢送宾客。

【手急眼快】shǒu jí yǎn kuài 见"手疾眼快"。

【手疾眼快】shǒu jí yǎn kuài 疾：迅速。形容做事机灵，行动敏捷。《西游记》四回："原来悟空手疾眼快，正在那混乱之时，他拔下一根毫毛，叫声'变！'就变做他的本相，手挺着棒，演着哪吒。"梁斌《红旗谱》三六："张嘉庆手疾眼快，从腰里掏出枪，手儿一甩，'砰'的一声，鸽子扑啦啦地掉下来。"刘绍棠《瓜棚柳巷》六："谁知柳叶眉手疾眼快，抓住匕首的把柄又反投过去，端端正正钉在了贾二哈吧的大腿上。"也作"手急眼快"。《封神榜》六三回："那晓好汉并无半点惧色，摆开三尖两刃刀，横冲四面，独挡八方，磕枪迎矛，挡棍遮刀，真是手急眼快，只振的众人两膀发麻，虎口疼痛。"《三侠五义》二三回："樵夫见虎受伤，便跳下树来，手急眼快，拉起扁担，照着虎的后胯就是一下，力量不小，只听吼的一声，那虎撺过岭去。"欧阳山《三家巷》五六："幸亏那大太太房里的使妈阿贵生性机灵，手急眼快，死命把趟栊拉紧，才没出事儿。"

【手脚忙乱】shǒu jiǎo máng luàn 见"手忙脚乱"。

【手忙脚乱】shǒu máng jiǎo luàn 形容动作慌乱，没有条理。宋·朱熹《答吕子约》："今亦何所迫切而手忙脚乱，一至于此耶？"《水浒传》二六回："这何九叔却才起来，听得是武松来寻，吓得手忙脚乱。"《封神榜》六〇回："把个副将只吓了个惊魂失色，面目焦黄。立刻手忙脚乱，难以招架，口内连说：'不好！我今性命休矣！'"《三侠五义》九回："众人不知有何用处，只得按着吩咐的样子荡起。一个个手忙脚乱，整整闹了一夜，方才荡得。"鲁迅《华盖集·"公理"的把戏》："迨教育总长章士钊复出……有手忙脚乱，急挂女子大学招牌以掩天下耳目的事；有胡敦复之趁火打劫，攫取女师大校长饭碗，助章士钊欺罔世人的事。"刘绍棠《碧桃》一〇："碧桃手忙脚乱地沏茶，却捏了一撮烟叶扔在茶壶里。"也作"手脚忙乱"。《说岳全传》一三回："不道那厨司因傍晚了，手脚忙乱，菜蔬内多搁了些盐；这两个吃得嘴焦咸了，只管讨茶吃。"

【手胼足胝】shǒu pián zú zhī 见"手足胼胝"。

【手无寸铁】shǒu wú cùn tiě 寸铁：短小的兵器。形容手里没有任何武器。《封神榜》九六回："单言哪吒自从在白骨洞被石矶娘娘收了法宝，手无寸铁，无奈驾遁光飞奔乾元山而来。"《说岳全传》六回："汤怀道：'哥哥手无寸铁，怎么去会他？'"鲁迅《华盖集·忽然想到》："我还记得第一次五四以后，军警们很客气地只用枪托，乱打那手无寸铁的教员和学生，威武到很像一队铁骑在苗田上驰骋。"魏巍《火凤凰》六〇："请问，他们兴师动众，带了一百多人，抓住一个手无寸铁的妇女，这算得上什么本事呀！"

【手无缚鸡之力】shǒu wú fù jī zhī lì 缚：捆绑。两只手连一只鸡都捆不住。形容人文弱无力。《水浒传》三九回："萧让道：'山寨里要我们何用？我两个手无缚鸡之力，只好吃饭。'"《说岳全传》四九回："小人既是以身许国，岂不欲早投大寨？但小人手无缚鸡之力，又未习行兵之道，于是何益？"梁实秋《雅舍小品·旅行》："要捆得紧，要捆得俏，要四四方方，要见棱见角，与稀松露馅的大包袱要迥异其趣，这已经就不是一个手无缚鸡之力的人所能胜任的了。"刘绍棠《花街》四："他想折断一枝水柳，抽引叶三车放手，可惜他手无缚鸡之力，拼出吃奶的气力也折不断。"

【手舞足蹈】shǒu wǔ zú dǎo 舞：舞动，挥动。蹈：跳动。两手舞动，两只脚也跳了起来。《礼记·乐记》："长言之不足，故嗟叹之；嗟叹之不足，故不知手之舞之足之蹈之也。"后用"手舞足蹈"形容高兴到了极点。《史记·乐书》集解引汉·郑玄注："手舞足蹈，欢之至。"《水浒传》三九回："[宋江]不觉欢喜，自狂荡起来，手舞足蹈，又拿笔来，去那《西江月》后再写下四句诗。"《醒世恒言》卷六："那些奴仆，因家主得了官，一个个手舞足蹈，好不兴头！"《红楼梦》八五回："宝玉进来，听见这些话，越发乐的手舞足蹈了。"鲁迅《呐喊·阿Q正传》一章："那是赵太爷的儿子进了秀才的时候，锣声镗镗的报到村里来，阿Q正喝了两碗黄酒，便手舞足蹈的说，这于他也很光采，因为他和赵太爷原来是本家，细细的排起来他还比秀才长三辈呢！"沙汀《没有演出的戏》："'这一点动人！'耍公爷欣赏着，手舞足蹈的撩起狐皮袍子的大摆。"

【手足胼胝】shǒu zú pián zhī 胼胝：手脚所生的厚茧。手掌和脚底长满了老茧。形容十分劳苦。《荀子·子道》："夙兴夜寐，耕耘树艺，手足胼胝，以养其亲。"《世说新语·言语》："夏禹勤王，手足胼胝。"也作"手胼足胝"。《封神演义》二三回："我等虽肝脑涂地，手足胼胝，亦所甘

心。"

【手足无措】shǒu zú wú cuò 措：安放。手脚不知放到哪里才好。《礼记·仲尼燕居》："若无礼，则手足无所错。"错：通"措"。后用"手足无措"形容举止慌乱，或无法应付。《陈书·后主纪》："自画冠既息，刻吏斯起，法令滋章，手足无措。"《警世通言》卷三二："慌得李孙二人，手足无措，急叫开船，分途遁去。"《二十年目睹之怪现状》二七回："首县见他这般卤莽，更是手足无措，连连喝他，却只喝不住。"鲁迅《故事新编·铸剑》三："上自王后，下至弄臣，看见这情形，都不觉手足无措。"丰子恺《缘缘堂随笔·自然》："因为普通人坐在照相镜头前面被照的时间，往往起一种复杂的心理，以致手足无措，坐立不安，全身紧张得很，故其姿态极不自然。"

【手足之情】shǒu zú zhī qíng 手足：比喻兄弟。指兄弟间的亲密感情。宋·苏辙《为兄轼下狱上书》："臣窃哀其志，不胜手足之情，故为冒死一言。"《醒世恒言》卷二："笃夫妇之爱，而忘手足之情，吾不忍也。"巴金《秋·尾声》："请你念及手足之情，不要因我没有出息，就把我抛弃。其实我的上进之心并未死去。"

【守常不变】shǒu cháng bù biàn 常：常规，常理。守着常规而不肯改变。多形容思想保守。三国魏·嵇康《养生论》："谓商无十倍之价，农无百斛之望，此守常而不变者也。"

【守口如瓶】shǒu kǒu rú píng 守口：闭住嘴不说。形容说话谨慎或严守秘密。《法苑珠林·惩过篇》引《维摩诘经》："防意如城，守口如瓶。"元·无名氏《九世同居》三折："守口如瓶要安分，防意如城主忠信。"夏衍《〈新华日报〉及其他》："报上没有发表过消息，举办者方面甚至守口如瓶地保守秘密。"韬奋《萍踪忆语·由塞尔坑回到柏明汉》："结果他和M女士及D女士商量一番之后，决定让我赴塞尔马一

行,不过再三叮咛我要守口如瓶,十分谨慎。"

【守身如玉】 shǒu shēn rú yù　守身:保持自身节操。指保持自身清白,像无瑕的美玉。《野叟曝言》三七回:"所恨者,女子守身如玉,今忽为人捉持,撕衣露体,将来何以事人?"刘绍棠《烟村四五家》五:"豆青婶却是守身如玉,脚不歪,影儿不斜,年轻轻的没招来一句闲言碎语。"

【守望相助】 shǒu wàng xiāng zhù　守:防守。望:瞭望。指彼此关照,互相帮助。《孟子·滕文公上》:"死徙无出乡,乡田同井,出入相友,守望相助,疾病相扶持,则百姓亲睦。"宋·魏了翁《朝请大夫……虞公墓志铭》:"有警则守望相助,戍房知畏。"马烽、西戎《吕梁英雄传》五回:"邻家邻舍的,总要守望相助,疾病相扶。"

【守正不阿】 shǒu zhèng bù ē　正:正道。阿:迎合,偏袒。坚守正道,不阿谀奉迎。形容公正,不徇私。《后汉书·陈宠传》:"及窦宪为大将军征匈奴,公卿以下及郡国无不遣吏子弟奉献遗者,而宠与中山相汝南张郴、东平相应顺守正不阿。"宋·陈亮《萧曹丙魏房杜姚宋何以独名于汉唐》:"姚崇之遇事立断,宋璟之守正不阿,以共成明皇开元之治。"梁启超《论私德》二:"在上者多行不义,而居下者守正不阿。"〔注意〕阿,不读 ā。

【守株待兔】 shǒu zhū dài tù　株:树桩子。《韩非子·五蠹》载:宋国有一个农夫看见一只兔子撞在树桩上死了,便捡回家去。以后他便每天守在树桩旁等待,希望再捡到兔子。后用"守株待兔"比喻心存侥幸,不劳而获。《喻世明言》卷一八:"李氏道:'妾闻治家以勤俭为本,守株待兔,岂是良图?'"《野叟曝言》三九回:"妹子心事,与二姐姐一般。但二姐已有成言,只须守株待兔,妹子全无巴鼻,何如海底捞针? 空自望梅,终成画饼,是所忧耳。"也

比喻死守狭隘经验,不知变通。《景德传灯录·澧州钦山文邃禅师》:"守株待兔,枉用心神。"李国文《冬天里的春天》四章:"一个守株待兔的笨虫,要不是鄙人,你的女儿能出国?"

【首当其冲】 shǒu dāng qí chōng　首:最先,最早。当:面对。冲:要冲,交通要道。《汉书·五行志下之上》:"郑以小国摄乎晋楚之间,重以强吴,郑当其冲,不能修德,将斗三国,以自危亡。"后用"首当其冲"比喻最先受到攻击或遭到灾难。《清史稿·兵志九》:"欧舰东来,粤东首当其冲。"夏衍《〈新华日报〉及其他》:"《新华日报》和《群众》首当其冲,当然不能缄默,不能不起来应战。"杨沫《青春之歌》二部三一章:"你完全明白,华北形势越来越紧张,第二个东北的命运已经压在华北人民的头上,而北平又首当其冲。所以,我不能离开这里。"

【首屈一指】 shǒu qū yī zhǐ　屈:弯。扳指头计数时,首先弯下大拇指,表示第一。指居第一位。《儿女英雄传》二九回:"千古首屈一指的孔圣人,便是一位有号的。"沈从文《湘行散记·桃源与沅州》:"桃源有一种小划子,轻捷,稳当,干净,在沅水中可称首屈一指。"周而复《上海的早晨》四部二九:"棉纺业在上海是首屈一指的大行业,棉纺业不动,别的行业一定不会先动的。"

【首善之地】 shǒu shàn zhī dì　《汉书·儒林传序》:"建首善自京师始。"后用"首善之地"指京都。《金史·礼志八》:"况京师为首善之地,四方之所观仰。"也作"首善之区"。鲁迅《彷徨·示众》:"首善之区的西城的一条马路上,这时候什么扰攘也没有。"也泛指最好的地方。《续资治通鉴·宋哲宗元祐元年》:"学校为育材首善之地,教化所从出,非行法之所。"

【首善之区】 shǒu shàn zhī qū　见"首善之地"。

【首鼠两端】shǒu shǔ liǎng duān　首鼠：踌躇。两端：两头。形容在两者之间犹豫不决的样子。《史记·魏其武安侯列传》："武安已罢朝，出止车门，召韩御史大夫载，怒曰：'与长孺共一老秃翁，何为首鼠两端？'"郭沫若《甲申三百年祭》："像吴三桂那样首鼠两端的人，在初对于自成本有归顺之心，只是尚在踌躇观望而已。"

【首尾乖互】shǒu wěi guāi hù　乖：违背。指前后矛盾，相互不一致。《宋书·徐谌之传》："赏传之信，无有主名，所征之人，又已死没，首尾乖互，自为矛盾。"

【首尾相应】shǒu wěi xiāng yìng　前后互相接应。《孙子·九地》："故善用兵者，譬如率然。率然者，常山之蛇也。击其首则尾至，击其尾则首至，击其中则首尾俱至。"后用"首尾相应"指作战时军队各部紧密配合，互相支援。明·焦竑《玉堂丛语·筹策》："所领卫兵，以充国兵数斟酌损益，率五百里屯一将，布列沿边之地，远近相望，首尾相应。"也用来形容诗文结构谨严，开头结尾互相呼应。宋·洪迈《容斋五笔·绝句诗不贯穿》："老杜近体律诗，精深妥帖，虽多至百韵，亦首尾相应。"

【寿比南山】shòu bǐ nán shān　南山：山名，即终南山，山脉极长。《诗经·小雅·天保》："如月之恒，如日之升，如南山之寿。"寿命像终南山一样长久。后用"寿比南山"为祝人长寿的习语。《太平广记》卷一七三引宋·庞元英《谈薮》："陛下寿比南山，与日月齐明。"邓一光《我是太阳》六部五："祝辞是幸红事先就反复念过的，无非是福如东海、寿比南山之类的喜庆话。"

【寿陵失步】shòu líng shī bù　寿陵：古地名，战国时燕邑。《庄子·秋水》："且子独不闻寿陵馀子之学行于邯郸与？未得国能，又失其故行矣，直匍匐而归耳。"后用"寿陵失步"比喻模仿别人不成，反而丧失了原来已有的技能。唐·李白《古风五十九首》之三五："丑女来效颦，还家惊四邻。寿陵失本步，笑杀邯郸人。"

【寿享期颐】shòu xiǎng jī yí　颐：百岁。指享有百岁寿命。《镜花缘》六一回："这是吉人天相，兼之伯伯立言垂训，其功甚大，所以获此善报，将来定是寿享期颐。"〔注意〕期，不读 qī。

【寿终正寝】shòu zhōng zhèng qǐn　寿终：年老而自然死亡。正寝：住宅的正房，人死后灵柩一般停在此屋。指年老死在家中。《封神演义》一一回："你道朕不能善终，你自夸寿终正寝，非侮君而何？"梁实秋《雅舍小品·旅行》："我们中国人是最怕旅行的一个民族。闹饥荒的时候都不肯轻易逃荒，宁愿在家乡吃青草啃树皮吞观音土，生怕离乡背井之后，在旅行中流为饿莩，失掉最后的权益——寿终正寝。"路遥《平凡的世界》(下)三六章："如果一个人是按自然法则寿终正寝，就生命而言，死者没有什么遗憾，活着的人也不必过分地伤痛。"也比喻事物的消亡。含讽刺意味。鲁迅《华盖集·忽然想到》："可是他们的话也都有些道理，整理起来，研究起来，一定可以消费许多功夫；但这都听凭学者们去干去，我不想来加入这一类高尚事业了，怕的是毫无结果之前，已经'寿终正寝'。"李国文《冬天里的春天》一章："实验场要这样下去，门口也该挂起招魂幡，等于寿终正寝一样。"

【受宠若惊】shòu chǒng ruò jīng　宠：宠爱，赏识。因受到意外宠爱或赏识而惊喜不安。宋·欧阳修《辞特转吏部侍郎表》："受宠若惊，况被非常之命，事君无隐，敢倾至恳之诚。"《二十年目睹之怪现状》九八回："可文听了这番话，又居然称他老夫子，真是受宠若惊，不知怎样才好。"张恨水《啼笑因缘》二回："白天自己给那唱大鼓书的一块钱，人家就受宠若惊，认为不世的奇遇。"刘绍棠《草莽》三："白六娘子先找叶雨的长嫂，刚一吐露口风，长嫂就受宠若惊，眉开眼笑，满口答应。"

【授人口实】 shòu rén kǒu shí 授：给予。口实：话柄。留给别人攻击、议论自己的话柄。王闿运《致丁亲家书》："比年频致物论，四督失官，授人口实，宠反为辱。"

【授人以柄】 shòu rén yǐ bǐng 柄：剑柄。把剑柄交给别人。比喻将权力交给别人或让人抓住把柄，使自己处于被动地位。《三国志·魏书·王粲传》："所谓倒持干戈，授人以柄，功必不成。"《三国演义》二回："英雄聚会，各怀一心；所谓倒持干戈，授人以柄，功必不成，反生乱矣。"叶文玲《井旁的柚子树》："镇上前一阵刚放映了电影《画中人》，看得兴高采烈的刻薄鬼们最能生发比喻和联想，而痴呆的担水佬正好授人以柄。"

【授受不亲】 shòu shòu bù qīn 授：给予。受：接受。旧指男女之间不能亲手递送物品。《孟子·离娄上》："淳于髡曰：'男女授受不亲，礼与？'孟子曰：'礼也。'"鲁迅《热风·反对"含泪"的批评家》："然而一切青年的心，未必都如此不净；倘竟如此不净，则即使'授受不亲'，后来也就会'瞟'，以至于瞟以上的等等事，那时便是一部《礼记》，也即等于《金瓶梅》了，又何有于《蕙的风》？"巴金《随想录》一四九："什么准则？难道我们还应该搞男女授受不亲，宣传三纲五常，裹小脚，讨小老婆，多子多孙，光宗耀祖？"

【授业解惑】 shòu yè jiě huò 授：传授。业：学业。惑：疑惑。传授学业，解除疑惑。唐·韩愈《师说》："古之学者必有师。师者，所以传道、授业、解惑也。"《明史·张昭传》："及受职泮林，猥琐贪饕，要求百故，而授业解惑，莫措一词。"

【兽聚鸟散】 shòu jù niǎo sàn 像鸟兽一样时聚时散。形容聚散无常。宋·苏舜钦《论西事状》："孰不知羌氏之俗，居不常处，兽聚鸟散，本无聚积。"

【瘦骨嶙嶙】 shòu gǔ lín lín 见"瘦骨嶙峋"。

【瘦骨嶙峋】 shòu gǔ lín xún 嶙峋：消瘦、骨头突出的样子。形容人瘦得好像要露骨头。杨沫《青春之歌》一部二一章："卢嘉川站在门边，静静地看着余永泽那瘦骨嶙峋的背影——他气得连呢帽也没有摘，头部的影子照在墙上，活像一个黑黑的大圆蘑菇。"刘白羽《第二个太阳》五章："就在这时，一个人突然朝他扑了过来，是一个蓬头垢面、瘦骨嶙峋的女人，她跟跟跄跄，眼看就要跌倒。"也作"瘦骨嶙嶙"。王愿坚《征途上》三："他用力睁开眼……一只瘦骨嶙嶙的手握着它，响声就是从这个东西里发出来的。"

【瘦骨伶仃】 shòu gǔ líng dīng 伶仃：瘦弱或细长的样子。形容人极瘦弱的样子。王愿坚《小游击队员》："我眼里仿佛看见这个瘦骨伶仃的孩子，为了救一个他心目中的好人，冒着生命的危险跑到敌人鼻子底下去的情景。"

【书不尽意】 shū bù jìn yì 书：书信。信中写的话，表达不完自己的心意。一般用作书信结束时的套语。《北齐书·祖鸿勋传》："去官归乡里。与阳休之书曰：'阳生大弟：吾比以家贫亲老，时运故郡……去矣阳子，途乖趣别，缅寻此旨，杳若天汉。已矣哉，书不尽意。'"

【书剑飘零】 shū jiàn piāo líng 书和宝剑。飘零：飘泊流落。原指读书做官，仗剑从军，背井离乡。后多用来指见求取功名而四处奔波，久游未归。元·王实甫《西厢记》一本一折："小生书剑飘零，功名未遂，游于四方。"

【书声琅琅】 shū shēng láng láng 见"书声朗朗"。

【书声朗朗】 shū shēng lǎng lǎng 形容读书的声音清晰响亮。《镜花缘》二三回："走过闹市，只听那些居民人家，接二连三,莫不书声朗朗。"也作"书声琅琅"。清·纪昀《阅微草堂笔记·滦阳消夏录三》:"明季有书生独行丛莽间,闻声琅琅,怪旷野那得有是。"

【书通二酉】 shū tōng èr yǒu　二酉:指大酉山和小酉山。《太平御览》卷四九引《荆州记》:"小酉山上石穴中有书千卷,相传秦人于此而学,因留之。"后用"书通二酉"比喻读书多,学识丰富。《喻世明言》卷四:〔陈宗阮〕到一十六岁,果然学富五车,书通二酉。十九岁上,连科及第,中了头甲状元,奉旨归娶。"

【书香门第】 shū xiāng mén dì　指世代都是读书人的家庭。《红楼梦》五四回:"开口都是书香门第,父亲不是尚书就是宰相,生一个小姐必是爱如珍宝。"姚雪垠《李自成》一卷一六章:"生在兵荒马乱年头,文不如武,能够同武将结婚也好,不能讲是不是书香门第。"魏巍《火凤凰》四:"咱周家是本城的望族,自明朝嘉靖以来就是书香门第,一向恪守古训。"

【殊途同归】 shū tú tóng guī　殊:不同的。途:道路,途径。归:趋向。从不同的道路,走到同一个目的地。《周易·系辞下》:"天下同归而殊涂,一致而百虑。"涂:通"途"。后用"殊途同归"比喻采取不同的方法而得到相同的结果。《晋书·刘毅传》:"是以三人殊途而同归,四子异行而均义。"宋·范仲淹《尧舜率天下以仁赋》:"殊途同归,皆得其垂衣而治;上行下效,终闻乎比屋可封。"刘醒龙《暮时课诵》四:"扯了半天皮,还是显光师父友话,说栽树与拜佛是殊途同归,要和尚们别再闹。"

【菽水承欢】 shū shuǐ chéng huān　菽:豆类的总称。承欢:迎合他人,求得欢心。吃豆子、喝白水,也要尽孝道使父母欢心。指子女奉养父母,尽孝道。《儒林外史》八回:"蘧公子道:'老先生!人生贤不肖,倒也不在科名,晚生只愿家君早归田里,得以菽水承欢,这是人生至乐之事。'"

【淑人君子】 shū rén jūn zǐ　淑:美好,善良。指贤淑、有才德的人。《诗经·曹风·鸤鸠》:"淑人君子,其仪一兮。"晋·陆机《汉高祖功颂》:"淑人君子,实邦之基。"

【疏不间亲】 shū bù jiàn qīn　疏:关系远。间:参与。指关系不密切者不参与关系亲近者之间的事。《韩诗外传》卷三:"李克避席而辞曰:'臣闻之卑不谋尊,疏不间亲,臣外居者也,不敢当命。'"《三国演义》一六回:"主公有一子,可令人求亲于布。布若嫁女于主公,必杀刘备:此乃'疏不间亲'之计也。"李劼人《大波》二部六章:"田老兄在隔桌首座上笑说:'苟以疏不间亲而言,理应颠倒过来,叫黄澜翁来敬你才对啊!'"〔注意〕间,不读 jiān。

【疏财仗义】 shū cái zhàng yì　见"仗义疏财"。

【疏影暗香】 shū yǐng àn xiāng　见"暗香疏影"。

【输肝沥胆】 shū gān lì dǎn　见"输肝剖胆"。

【输肝剖胆】 shū gān pōu dǎn　输:交出。剖:剖开。掏出肝胆。比喻待人极为忠诚。唐·李白《行路难》诗:"君不见昔时燕家重郭隗,拥篲折节无嫌猜。剧辛、乐毅感恩分,输肝剖胆效英才。"也作"输肝沥胆"。宋·司马光《辞门下侍郎第二札子》:"臣区区之心,惟望先帝察其何故辞贵就贱……臣得输肝沥胆,极竭以闻,退就鼎镬,死且不朽,饮食寝痹,不忘此志。"

【熟门熟路】 shú mén shú lù　形容十分熟悉了解。《官场现形记》五五回:"萧长贵是船上来过多次了,熟门熟路,人都有点认得。"蒋子龙《分分钟》:"方厚良领着作家们走进夜总会大厅。他熟门熟路,一副如入无人之境的大亨的派头。"

【熟能生巧】 shú néng shēng qiǎo　巧:技艺高超,灵巧。熟练了,就能找到窍门。《镜花缘》三一回:"九公不必谈了。

俗语说的：'熟能生巧。'舅兄昨日读了一夜，不但他已嚼出此中意味，并且连寄女也都听会，所以随问随答，毫不费事。"张恨水《啼笑因缘》六回："这不过常闹这个玩意，玩得多了，自然熟能生巧，并不算什么功夫。"邓友梅《那五》六："再说买来稿子您总得看，不光看还要抄。熟能生巧，没有三天力巴，慢慢自己也就会写了。"

【熟视无睹】 shú shì wú dǔ 熟视：细看，经常看。睹：看见。看惯了就像没看见一样。也指对眼前的事物或现象漠不关心。晋·刘伶《酒德颂》："静听不闻雷霆之声，熟视不睹泰山之形。"韬奋《萍踪忆语·从伦敦到纽约》："在不合理的社会中，女子被人当作商品出卖，这是一般人所可空见惯熟视无睹的现实。"叶文玲《井旁的柚子树》："凌子坤家的第一天就从这条路走过，三天中他在这条路上走街串巷，往返了多少次，不是也对此熟视无睹么？"

【暑往寒来】 shǔ wǎng hán lái 见"寒来暑往"。

【蜀犬吠日】 shǔ quǎn fèi rì 蜀：四川的别称。吠：狗叫。唐·柳宗元《答韦中立论师道书》："屈子赋曰：'邑犬群吠，吠所怪也。'仆往闻庸蜀之南，恒雨少日，日出则犬吠。"后用"蜀犬吠日"比喻少见多怪。《幼学琼林》卷一："蜀犬吠日，比人所见甚稀。"李劼人《天魔舞》二四章："古人说蜀犬吠日。……成都平原上的狗，一看见太阳，便奇怪的吠起来。"

【鼠目寸光】 shǔ mù cùn guāng 形容目光短浅，缺乏远见。清·蒋士铨《临川梦·隐奸》："寻章摘句，别类分门，凑成各样新书，刻版出卖。吓得一班鼠目寸光的时文朋友，拜倒辕门，盲称瞎赞。"姚雪垠《李自成》三卷六章："自从在川、楚交界用兵以来，四川巡抚与川中士绅鼠目寸光，全不以大局为念。"刘绍棠《草莽》四："白六娘子也后悔当初鼠目寸光，操之过急，若是等到眼下再给儿子成家，虽娶不来一棵摇钱树，也能找个肉头户儿，搬来一只钱匣子。"

【鼠目獐头】 shǔ mù zhāng tóu 见"獐头鼠目"。

【鼠窃狗盗】 shǔ qiè gǒu dào 窃：偷。像老鼠和狗那样小量地窃取偷盗。指小偷小摸。《史记·刘敬叔孙通列传》："此特群盗鼠窃狗盗耳，何足置之齿牙间。"《新唐书·陈子昂传》："傥鼠窃狗盗，西入陕郊，东犯虎牢，取敖仓一抔粟，陛下何与遏之？"《三侠五义》一一一回："蒋爷道：'我蒋平原无经济学问，只这鼠窃狗盗，也就令人难测！'"

【鼠窃狗偷】 shǔ qiè gǒu tōu 像老鼠和狗那样小量地窃取偷盗。指小偷小摸。《旧唐书·萧铣杜伏威等传论》："自隋朝继绝，宇县瓜分，小则鼠窃狗偷，大则鲸吞虎据。"《红楼梦》一回："值近年水旱不收，鼠盗蜂起，无非抢田夺地，鼠窃狗偷，民不安生，因此官兵剿捕，难以安身。"也比喻乱搞男女关系。《二刻拍案惊奇》卷三五："方妈妈道：吾家与你家门当户对。你若喜欢着我女儿，只消明对我说，一丝为定，便可成事。何必做那鼠窃狗偷，没道理的勾当？'"

【鼠牙雀角】 shǔ yá què jiǎo 《诗经·召南·行露》："谁谓雀无角，何以穿我屋？……谁谓鼠无牙，何以穿我墉？"原指强暴凌虐，倚势压人。后用"鼠牙雀角"泛指诉讼。宋·刘克庄《莆田仙游两宰》："万口诵龙箐凤髓之判，片言折鼠牙雀角之争。"清·李渔《十二楼·夺锦楼》："以致争论不休，经官动府，把跨凤乘鸾的美事反做了鼠牙雀角的讼端。"

【数不胜数】 shǔ bù shèng shǔ 数：计算。胜（旧读shēng）：尽。形容数量极多，数也数不完。魏巍《地球的红飘带》三九："在中华大地的庙堂宫廷之中，各种姿态的大大小小的龙，真是数不胜数。"

【数典忘祖】 shǔ diǎn wàng zǔ 《左

传·昭公十五年》载：春秋时，晋国大夫籍谈出使周朝，周景王责问晋国为什么没拿宝器贡献王室？谈回答说是因为晋国从来没有受到过周王室的赏赐，所以无器物可献。周王指出从晋的始祖唐叔起就不断受到王室的赏赐。责备谈身为晋国司典(掌典籍的官)的后代，竟不知这些史实，说他是“数典而忘其祖”。后用“数典忘祖”比喻忘本或对祖国历史的无知。清·袁枚《与钱竹初书》：“枚祖籍慈溪，为兄部民，因生长杭州，数典忘祖。”路遥《早晨从中午开始》七：“当代西方许多新的文化思潮，都不同程度地受到中国传统文化的启发和影响，甚至已经渗透到他们社会生活的许多方面，而我们何以要数典忘祖轻薄自己呢?”

【数短论长】 shǔ duǎn lùn cháng 指说三道四，随意评论。明·无名氏《八卦阵》三折：“我当初梁山要强，受不得闲言剩语，数短论长。”

【数黑论黄】 shǔ hēi lùn huáng 说三道四，议论是非。多指不负责任地乱说。元·无名氏《千里独行》四折：“张将军不料量，他那里说短论长，数黑论黄，断不了村沙莽撞，你心中自忖量。”《三国演义》四三回：“岂亦效法书生，区区于笔砚之间，数黑论黄，舞文弄墨而已乎?”

【数米而炊】 shǔ mǐ ér chuī 炊：烧火做饭。数米粒做饭。比喻过分计较琐细小事，成不了大事。《庄子·庚桑楚》：“简发而栉，数米而炊，窃窃乎又何足以济世哉!”后也用来形容为人吝啬或生活困窘。《太平广记》卷一六五引唐·张鷟《朝野佥载》一：“韦庄颇读书，数米而炊，秤薪而爨，炙少一脔而觉之。”《警世通言》卷五：“积财聚谷，日不暇给。真个是数米而炊，称柴而爨。”明·陈汝元《金莲记·焚券》：“老乏立锥之地，空自养儿；饿难数米而炊，愧无积谷。”

【数往知来】 shǔ wǎng zhī lái 数：算。《周易·说卦》：“八卦相错，数往者顺，知来者逆。是故《易》逆数也。”后用“数往知来”指历数往事，就可以预知未来。明·陆容《菽园杂记》卷一：“洪武中，朝廷访求通晓历数，数往知来，试无不验者，必封侯，食禄千五百石。”

【数一数二】 shǔ yī shǔ èr 数：算。不算第一，也算得上第二。形容非常突出。元·戴善夫《风光好》三折：“此乃金陵数一数二的歌者，与学士递一杯。”《二刻拍案惊奇》卷一二：“闻得有一个赵娟，色艺虽在严蕊之下，却也算得是个上等的衎衎，台州数一数二的。”《野叟曝言》一回：“这首律诗乃唐诗人崔颢所作。李太白是唐朝数一数二的才人，亦为之搁笔。”刘心武《曹叔》七：“我叫七舅舅的，是九外婆的长子，也是惟一的儿子，在上海是数一数二的牙医。”也指依次数说。《醒世恒言》卷一三：“冉贵不慌不忙，数一数二，细细分剖出来。”《警世通言》卷三四：“路人争问其故，孙老头数一数二的逢人告诉。”

【束马悬车】 shù mǎ xuán chē 束：捆，绑。悬：挂。包裹好马腿，挂牢固车子，以防跌倒滑脱。形容路险难行。《管子·封禅》：“西伐大夏，涉流沙，束马悬车，上卑耳之山。”《史记·齐太公世家》：“桓公西伐大夏，涉流沙，束马悬车，登太行，至卑耳山而还。”《晋书·羊祜传》：“蜀之为国，非不险也，高山寻云霓，深谷肆无景，束马悬车，然后得济，皆言一夫荷戟，千人莫当。”

【束身自好】 shù shēn zì hào 见“束身自修”。

【束身自修】 shù shēn zì xiū 束：约束。修：修养。约束自身，自我修养。泛指纯洁自身的德行。《后汉书·卓茂传》：“前密令卓茂，束身自修，执节淳固，诚能为人所不能为。”也作“束身自好”。梁启超《新民说》五：“无公德则不能团，虽有无量数束身自好、廉谨良愿之人，仍无以为国也。”

【束手待毙】 shù shǒu dài bì　捆住双手等死。比喻遇到困难不积极想办法，坐等失败。宋·蔡絛《铁围山丛谈》卷二："而握兵柄主国论议者，又多宦人，略不知前朝区处用心，贻厥之谋，但茫然失措，束手待毙，遂终误国家大计。"《三国演义》七回："兵临城下，将至壕边，岂可束手待毙！某虽不才，愿请军出城，以决一战。"《三侠五义》二九回："弄的男人抠耳攒蹄束手待毙，恨不得歃血盟誓。"茅盾《腐蚀·十一月二十八日》："我的'生活的小船'虽然被罡风吹近了一个大漩涡，但是我还不能束手待毙，我得用尽力量，不被那回旋的黑水吞噬。"

【束手就缚】 shù shǒu jiù fù　见"束手就擒"。

【束手就擒】 shù shǒu jiù qín　捆起手来，让人捉拿。形容毫不反抗，甘愿被俘。《宋史·符彦卿传》："彦卿谓张彦泽、皇甫遇曰：'与其束手就擒，曷若死战，然未必死。'"《说岳全传》三七回："却说康王见兀术将次赶上，真个插翅难逃，只待束手就擒。"李国文《冬天里的春天》四章："我望望芦花，不知她该怎么来收拾局面，难道束手就擒了么？"也作"束手就缚"。《东周列国志》七〇回："寡人待成然不薄，安敢叛吾？宁一战而死，不可束手就缚。"《说岳全传》七六回："普风道：'不是僧家夸口，这几个小南蛮，只算得个瓮中之鳖，不消费得僧家大力，管教他一个个束手就缚。'"

【束手无策】 shù shǒu wú cè　策：办法。手被捆住，无法应对。形容遇到问题没有解决的办法。宋·王柏《书先君遗独善汪公帖后》："士大夫念虑不及此，一旦事变之来，莫不束手无策。"《初刻拍案惊奇》卷五："那时夜已昏黑，虽然聚得些人起来，四目相视，束手无策，无非打了火把，四下里照得一照，知他在何路上，可以救得？"《二十年目睹之怪现状》一〇八回：

"我到了此时，除回去之外，也是束手无策，便依了述农的话。"巴金《随想录》七六："弥留之际，因为夜里戒严，连送医院急救都做不到，昏暗的灯光下，只有两个孤儿束手无策地看着父亲咽气。"沙汀《防空——在"堪察加"的一角》："这种奇特姿式一直保存了三天，全城的医生弄得束手无策。随后还是请了剃头匠尤二来，给一边脸打了一个耳光，这才恢复过原状。"

【束之高阁】 shù zhī gāo gé　阁：放东西的架子。把东西捆绑起来，放在高高的架子上。比喻弃置不用。《晋书·庾翼传》："京兆杜乂、陈郡殷浩，并才名冠世，而翼弗之重也，每语人曰：'此辈宜束之高阁，俟天下太平，然后议其任耳。'"《野叟曝言》一一六回："只恨当初瞎眼，认得这半段头豪杰，不说军法从事，便说辅臣之体，把平日本领竟束之高阁了。"路遥《平凡的世界》(中)七章："麦子种完，犁铧一挂，就到了白露；这时节，锄头也就要束之高阁了。"陈国凯《儒士衣冠》："老先生很想发火……只好把满腹心酸化为一声长叹，将多年的心血劳作束之高阁。"

【述而不作】 shù ér bù zuò　只阐述而不创作。指阐述前人的成说，而自己没有新的见解。《论语·述而》："述而不作，信而好古。"刘绍棠《敬柳亭说书》："说到第一百八十场，老乐哥山穷水尽；他又死守老规矩，述而不作，只能到此为止。"

【树碑立传】 shù bēi lì zhuàn　树：建立。原指把某人生平事迹刻在石碑上或写成传记，世代流传下去。后多用来比喻树立个人威望，抬高个人地位。含贬义。刘心武《栖凤楼》二四："不曾想，坐在面前的这个林奇，那语气，那神态，却分明显示出，对于野丁要给自己树碑立传一事，非但不是嗤之以鼻，甚至也不是付之一笑……这真让雍望辉吃了一惊。"

【树大招风】 shù dà zhāo fēng　树长高了，容易招致风的袭击。比喻名声大了,容易惹麻烦,招嫉恨。《西游记》三三回:"这正是树大招风风撼树,人为名高名丧人。"姚雪垠《李自成》二卷二章:"贼人就在射虎口,咱们树大招风,这半年多就像踩着刀尖儿过日子。"王火《战争和人》(二)卷四:"丁啸林也不是死在车子上的!那么多保镖也没保住他的老命!主要因为他是树大招风。"

【树倒猢狲散】 shù dǎo hú sūn sàn 猢狲:即猴子。树倒了,猴子就散去了。宋·庞元英《谈薮·曹咏妻》:"宋曹咏依附秦桧,官至侍郎,显赫一时。依附者甚众,独其妻兄厉德斯不以为然。……及秦桧死,德斯遣人致书于曹咏,启封,乃《树倒猢狲散赋》一篇。"后比喻为首的人一旦垮台,随从的人也就随之离散。含贬义。《二刻拍案惊奇》卷三四:"可见生前已如此了,何况一朝身死,树倒猢狲散,残花嫩蕊,尽多零落于他人之手。"鲁迅《南腔北调集·沙》:"当这时候,古人曾有两句极切贴的比喻,叫做'君子为猿鹤,小人为虫沙'。那些君子们,不是像白鹤的腾空,就如猢狲的上树,'树倒猢狲散',另外还有树,他们决不会吃苦。"

【树欲静而风不止】 shù yù jìng ér fēng bù zhǐ 欲:要。树想要静下来,风却不停地刮得它乱晃。比喻事物的客观形势不以人的意志为转移。《韩诗外传》卷九:"树欲静而风不止,子欲养而亲不待也。"刘绍棠《二度梅》二:"洛文白天在稻田劳动,晚上回家埋头自学。……然而,树欲静而风不止;急风暴雨又从城市追到农村来了。"

【恕己及人】 shù jǐ jí rén 恕:宽恕。把对自己采取宽恕的作法也推及别人。指对别人也要像对自己那样采取宽恕的态度。晋·葛洪《抱朴子·至理》:"慈心于物,恕己及人。"宋·曾巩《节相制》:"束发修身,有恕己及人之志;历官行事,有承流宣化之勤。"

【数以万计】 shù yǐ wàn jì 以万来计数。形容数量极多。《明史·彭韶传》:"监局内臣数以万计,利源兵柄尽以付之,犯法纵奸,一切容贷,此防微之道未终也。"

【率尔操觚】 shuài ěr cāo gū 率尔:随意地。操:拿。觚:古时用来书写的木简。不加思索,拿起木简就写。形容文思敏捷,挥笔成章。晋·陆机《文赋》:"或操觚以率尔,或含毫而邈然。"后也用来形容写作不严肃,下笔草率。清·平步青《霞外捃屑·文称南直北直非称三司尤非》:"望溪文最讲义法,而叙事颇沿俗称,不免率尔操觚,以此为后人弹射。"郭绍虞《〈宋诗话辑佚〉序》:"这恰好说明作者著作的时候本是率尔操觚,初非有意著述,所以根本没有确定名称的需要。"〔注意〕觚,不能读作 guā。

【率尔成章】 shuài ěr chéng zhāng 率尔:随意地。不经构思,随意着笔。形容写作粗疏。宋·王谠《唐语林·文学》:"诗云:'书后欲题三百颗,洞庭须待满林霜。'后人多说率尔成章,不知江左尝有人于纸尾寄洞庭霜三百颗。"

【率土归心】 shuài tǔ guī xīn 率土:四海之内。指普天之下,人心所向。《北齐书·文宣帝纪》:"故百僚师师,朝无秕政,网疏泽洽,率土归心。"《元史·廉希宪传》:"且殿下收召才杰,意从人望,子惠黎庶,率土归心。"

【率土同庆】 shuài tǔ tóng qìng 普天之下,共同欢庆。唐·白居易《贺上尊号后大赦天下表》:"臣某言:伏奉七月十三日制书,大赦天下,跪捧宣布,蹈舞欢呼,自天降休,率土同庆。"

【率由旧章】 shuài yóu jiù zhāng 率由:遵循。按老规章办事。《诗经·大雅·假乐》:"不愆不忘,率由旧章。"《文明小史》一回:"到任之后,他果然听了姚老先生之言,诸事率由旧章,不敢骤行更动。"

【双管齐下】 shuāng guǎn qí xià　管：笔管。唐·朱景玄《唐朝名画录·张藻》："[藻]惟松树特出古今，能用笔法。尝以手握双管，一时齐下，一为生枝，一为枯枝……生枝则润含春泽，枯枝则惨同秋色。"后用"双管齐下"比喻一件事同时采用两种办法或两件事同时进行。《扫迷帚》二四回："小弟愚见，原思双管齐下，一边将迷信关头，重重勘破，一边大兴学堂，归重德育，使人格日益高贵。"李英儒《野火春风斗古城》二二章："这一件大事，我听完啦。你看着处理吧！咱们双管齐下，我给你们订约会去。"王火《战争和人》(一)卷五："自己同老于的交谊是不错的。双管齐下，也许会奏效的，于胡子既在武汉，去看望他听他谈谈也是必要的嘛！"

【双宿双飞】 shuāng sù shuāng fēi　鸟儿成双栖息，成双飞翔。比喻夫妻亲密相处，形影不离。唐·无名氏《杂诗》："眼想心思梦里惊，无人知我此时情；不如池上鸳鸯鸟，双宿双飞过一生。"元·石德玉《紫云庭》楔子："呵，你肯教双宿双飞过一生，便则我子弟每行依平。"《东周列国志》三七回："昔时宫中夜遁，如入土之龟，缩头缩尾；今番河上荣归，如出冈之凤，双宿双飞。正所谓'彼一时，此一时'也。"

【双喜临门】 shuāng xǐ lín mén　指两件喜事同时来到。《三侠五义》九二回："我老葛真是红鸾星照命！张老儿那里有了一个，如今又遇见一个，这是不是双喜临门呢！"钱钟书《围城》三："是不是得了博士回来结婚的？真是金榜挂名，洞房花烛，要算得双喜临门了。"路遥《平凡的世界》(中)五四章："如今，少平和金波都当了工人，兰香和金秀又考上了大学。真是双喜临门呀！"

【爽然若失】 shuǎng rán ruò shī　爽然：茫然。若失：像失去依靠。形容神情茫然，无所适从的样子。《野叟曝言》七四回："戴、刘二人俱爽然若失，愧谢自责，玉麟等亦俱豁然心服。"叶圣陶《倪焕之》一九："几天来国内的空气激荡得厉害，蒋冰如自然也感觉震动；又听焕之这样说，对于他自己专办学校不问其他的信念，不禁爽然若失了。"

【爽心悦目】 shuǎng xīn yuè mù　见"赏心悦目"。

【水到渠成】 shuǐ dào qú chéng　渠：水道。水流到的地方自然成渠。比喻条件成熟，事情自然成功。《景德传灯录·光涌禅师》："问：'如何是妙用一句？'师曰：'水到渠成。'"宋·苏轼《答秦太虚书》："度襄中尚可支一岁有余，至时别作经画，水到渠成，不须预虑，以此胸中都无一事。"《初刻拍案惊奇》卷四〇："那奋发不过的人，终久容易得些，也是常理。故此说'皇天不负苦心人'，毕竟水到渠成，应得的多。"《镜花缘》八六回："正在思忖，只听老翁道：'又是一首。'士子道：'转眼间就是两首，如此诗才，可谓水到渠成，手无难题了。'"张恨水《啼笑因缘》二〇回："她呢，由北京跑到天津来，满心里藏了一个水到渠成，月圆花好之梦，结果，却完全错了。"欧阳山《三家巷》一七四："周炳心中忖度，在这个时候不能够过分勉强，只能够听其自然，让它水到渠成。"

【水滴石穿】 shuǐ dī shí chuān　水不停地滴，能把石头滴穿。比喻只要有恒心，坚持不懈，事情总会成功。宋·罗大经《鹤林玉露》卷一〇："乖崖援笔判曰：'一日一钱，千日一千，绳锯木断，水滴石穿。'"巴金《随想录》一四七："我总是这样想；从事文化建设的工作，要有水滴石穿数十年如一日的决心，单靠'拚搏'是不够的。"

【水火不辞】 shuǐ huǒ bù cí　辞：躲避。指不避任何艰难。《二刻拍案惊奇》卷四："两个承差叩头道：'凭爷分付那厢使用，水火不辞。'"《四游记·东游记》三三回："大仙有命，水火不辞，斧钺不避。"

【水火不相容】 shuǐ huǒ bù xiāng róng 容:容纳。比喻双方根本对立,不能相容。宋·欧阳修《祭丁学士文》:"善恶之殊,如水与火不能相容,其势然尔。"李六如《六十年的变迁》四章:"慈禧同光绪从戊戌政变以来,水火不相容。"李劼人《大波》二部七章:"当然,说起来要怪孙哥。可是设身处地想一想,孙哥要这样下黄手,也有他的道理,那就是冯大爷说过的水火不相容。"

【水火无情】 shuǐ huǒ wú qíng 指水火成灾,无情面可讲,不可轻视。元·杨梓《豫让吞炭》二折:"你外面将堤堰来撅,俺城中把金鼓鸣,正是外合里应,教智伯才知水火无情。"柏叶《金苹果》四场:"水火无情多可怕,为旁人去操心真是傻瓜。"

【水陆毕陈】 shuǐ lù bì chén 水陆:指水中和陆地出产的各种珍贵食物。毕:全。陈:陈列。形容菜肴丰盛,山珍海味俱备。《清平山堂话本·西湖三塔记》:"两个青衣女童,安排酒来,少顷,水陆毕陈。"《三国演义》八回:"允拜谢归家,水陆毕陈,于前厅正中设座,锦绣铺地,内外各设帏幔。"

【水落石出】 shuǐ luò shí chū 水落下去,水底石头显露出来。宋·欧阳修《醉翁亭记》:"野芳发而幽香,佳木秀而繁阴,风霜高洁,水落而石出者,山间之四时也。"宋·苏轼《徐州鹿鸣燕赋诗叙》:"是日也,天高气清,水落石出。"原指一种自然景象。后多用来比喻事情终于真相大白。《封神榜》八二回:"倘然水落石出现,究出了,一往从前作弊情。"《老残游记》一八回:"这砒霜一定是后加进去的。是谁加进去的,我暂时尚不忙着追究呢,因为你家这十三条命,是个大大的疑案,必须查个水落石出。"老舍《骆驼祥子》一五:"他没话可说,只能立在那里,等个水落石出。"张恨水《啼笑因缘》一九回:"现军警机关,正在继续侦缉凶犯,详情未便发表。但据云已有蛛丝马迹

可寻,或者不难水落石出也。"

【水米无交】 shuǐ mǐ wú jiāo 一杯水、一顿饭的交往都没有。形容为官清廉,无所取于民。元·张鼎《勘头巾》二折:"下官一路上来听的人说,这河南府有个能吏张鼎,刀笔上虽则是个狠偻偬,却与百姓每水米无交。"《水浒传》一〇〇回:"臣蒙陛下命守楚州,到任已来,与军民水米无交,天地共知民心。"也指彼此没有任何联系。《儿女英雄传》八回:"我与他也是水米无交,今日才见。"

【水磨工夫】 shuǐ mó gōng fū 形容工作细致、深入。《醒世恒言》卷一五:"今日撞了一日,并不曾遇得个可意人儿。不想这所在到藏着如此妙人。须用些水磨工夫撩拨他,不怕不上我的钩儿。"《文明小史》一回:"第一须用上些水磨工夫,叫他们潜移默化,断不可操切从事,以致打草惊蛇,反为不美。"茅盾《子夜》八:"我不是霸道的,譬如下乡讨租罢,我自然不肯短收半升八合,可是我并没带了打手去呀,我是用水磨工夫的。"

【水木清华】 shuǐ mù qīng huá 池水清澈,花木秀艳。形容园林景色清幽美丽。晋·谢混《游西池》诗:"景昃鸣禽集,水木湛清华。"《花月痕》一五回:"话说荷生别了痴珠,轿子沿堤走来,仰观初月弯环,星河皎洁,俯视流烟澹沱,水木清华。"姚雪垠《李自成》二卷二九章:"近来又在南城外建造一座更大的花园,引玉里河的水流进园中,真是水木清华,入其园如置身江南胜地。"也作"水石清华"。《宋书·隐逸传论》:"且岩壑闲远,水石清华,虽复崇门八袭,高城万雉,莫不蓄壤开泉,仿佛林泽。"

【水能载舟,亦能覆舟】 shuǐ néng zài zhōu, yì néng fù zhōu 载:负荷,承受。覆:翻转。水能承载船,也能使船倾覆。用水喻民,指君主应居安思危。《荀子·王制》:"传曰:'君者,舟也;庶人者,水

也。水则载舟,水则覆舟。'此之谓也。"唐•陆贽《奉天论延访朝臣表》:"故喻君为舟,喻人为水,言水能载舟亦能覆舟也……君得人之情乃固,失则危。"

【水清无鱼】shuǐ qīng wú yú 见"水至清则无鱼"。

【水乳交融】shuǐ rǔ jiāo róng 水和乳汁融合在一起。比喻意气相投,感情融洽。《野叟曝言》一二九回:"莺吹洗面便来捧巾,梳头便来理栉,从前虽是亲热,究有男女之分,此时则更水乳交融矣。"姚雪垠《李自成》一卷二六章:"你完全忠心耿耿帮他做生意,同他那个商号的人们变成了一家人,已经是水乳交融。"魏巍《东方》六部二章:"在她看来,郭祥是一个无比高大坚强的英雄,是一个具有某种神秘品质的难以企及的人物。至于其中掺杂了多少个人爱慕的成分……都已水乳交融又无法分辨了。"

【水深火热】shuǐ shēn huǒ rè 《孟子•梁惠王下》:"以万乘之国伐万乘之国,箪食壶浆以迎王师,岂有他哉? 避水火也。如水益深,如火益热,亦运而已矣。"后用"水深火热"比喻生活处境异常痛苦。《万花楼杨包狄演义》六二回:"况陈州连年灾荒,穷困不堪,即有一二富厚之家设法施救穷民,无奈一连六七岁,颗粒无收,人民已是水深火热。"鲁迅《华盖集•"公理"的把戏》:"但我们国内战争,尚且常有日本浪人从中作祟,使良民愈陷于水深火热之中,更何况一校女生和几个教员之被诬蔑。"欧阳山《三家巷》一〇一:"近五年来,中国的四万万老百姓在水深火热之中,熬过了他们一辈子当中最痛苦的日子。"也作"火热水深"。《花月痕》五〇回:"明相国不动声色,却出斯民于火热水深,措天下于泰山盘石。"

【水石清华】shuǐ shí qīng huá 见"水木清华"。

【水天一色】shuǐ tiān yī sè 水天相接,一片苍茫。形容水域辽阔。唐•卢仝《蜻蜓歌》:"黄河中流日影斜,水天一色无津涯。"《水浒传》九一回:"是夜星月交辉,风恬浪静,水天一色。"《说岳全传》四九回:"岳爷上了马,沿湖这一路探看,那洞庭湖真个波涛万顷,水天一色。"王火《战争和人》(一)卷二:"约摸一个多钟点,远处已经可以看到水天一色的太湖,近处已看到一些大片丰硕、辽阔、青碧如烟的湖田了。"

【水土不伏】shuǐ tǔ bù fú 见"水土不服"。

【水土不服】shuǐ tǔ bù fú 水土:指某一地区的自然环境和气候条件。指人对新的自然环境、饮食等不适应。《水浒传》一〇一回:"说军士水土不服,权且罢兵。"《二刻拍案惊奇》卷三〇:"过了几时,工部在谪所水土不服,全家不保,剩得一两个家人,投托着在川中做官的亲眷,经纪得丧事回乡,殡葬在郊外。"《孽海花》一四回:"可怜祝宝翁自从那年回京之后,珠儿水土不服,一病就死了。"也作"水土不伏"。《醒世恒言》卷二八:"大抵此症,起于饮食失调,兼之水土不伏,食积于小腹之中,凝滞不消,遂至生热,升至胸中,便觉饥饿。"

【水泄不通】shuǐ xiè bù tōng 连水都排不出去。形容拥挤或包围得非常严密。《五灯会元•灵隐延珊禅师》:"若也水泄不通,便教上座无安身立命处。"《东周列国志》六七回:"各姓分守城门,以拒庆封,防守严密,水泄不通。"《说岳全传》一〇回:"梁王接驾进城,尚未坐定,一声炮响,伏兵齐起,将幽州城围得水泄不通。"鲁迅《故事新编•采薇》二:"两人看完之后,都不作声,径向大路走去。只见路边都挤满了民众,站得水泄不通。"周而复《上海的早晨》四部四六:"无数只手伸向余静面前,紧紧和她握着,团团把余静包围在当中,水泄不通。"

【水性杨花】

shuǐ xìng yáng huā　像流水那样易变，像杨花那样随风飘舞。比喻女子作风轻浮，爱情不专一。《封神榜》七回：“贱婢，不晓道理小畜生，水性杨花谁似你，负义忘恩少信行！”《野叟曝言》八一回：“素臣道：‘如此看来，还算不得水性杨花。’飞娘道：‘不是水性杨花，被文爷拿住就该自尽了，倘将来又被人捉获，又从了别人，教二叔及奴有甚嘴脸见人？……’”刘绍棠《黄花闺女池塘》六：“金褥子哭了，说：‘你等着我，我没等着你，骂我水性杨花吧！’”也作“杨花水性”。《官场现形记》四三回：“那爱珠又是堂子里出身，杨花水性。”

【水涨船高】

shuǐ zhǎng chuán gāo　水位上涨，船体也随着上升。《五灯会元·芭蕉继彻禅师》：“眼中无翳，空里无花，水长船高，泥多佛大，莫将问来，我也无答。”后多作“水涨船高”，比喻事物随着它所凭借的基础而增长。《歧路灯》八九回：“这水涨船高，下边水涨一尺，上边船高九寸。”梁斌《红旗谱》二七：“人家贩卖的盐嘛，当然要加价呀，谁不想多赚个钱儿？车船脚价，越来越高，水涨船高呗！”刘绍棠《小荷才露尖尖角》五：“这两年农民富起来，彩礼水涨船高，媒人的鞋底钱也就大调价，花婶子的这项收入十分可观。”〔注意〕涨，不读 zhàng。

【水至清则无鱼】

shuǐ zhì qīng zé wú yú　至：最。水太清了，就没有鱼了。比喻过分苛求他人，就没人与之交往了。常与“人至察则无徒”连用。《大戴礼记·子张问入官》：“水至清则无鱼，人至察则无徒。”《晋书·郭璞传》：“故水至清则无鱼，政至察则众乖，此自然之势也。”也作“水清无鱼”。《太平御览》卷六八六引汉·班固《白虎通义》：“垂旒者示不视邪，纩塞耳〔者〕示不听谗。故水清无鱼，人察无徒。”

【水中捞月】

shuǐ zhōng lāo yuè　到水中去捞月亮。比喻去做根本做不到的事，白费气力，毫无成果。元·杨景贤《刘行首》三折：“恰便似沙里淘金，石中取火，水中捞月。”《西游记》三五回：“泼魔苦苦用心拿我，诚所谓水中捞月；老孙若要擒你，就好似火上弄冰。”《野叟曝言》三七回：“老年伯虽有缔婚之命，尚未达知文兄，则事之成否，正如水中捞月，难免忧疑，此致病之原也。”刘绍棠《二度梅》一：“青凤是温良顺的女儿，刚四岁，这一桩姻缘虽不算水中捞月，可也是镜里看花。”路遥《平凡的世界》(中)三五章：“他自己也知道，没有正式工作，要在黄原找个如意对象，等于水中捞月。”

【睡眼惺忪】

shuì yǎn xīng sōng　惺忪：刚刚醒来的样子。形容刚睡醒，眼神模模糊糊。夏衍《包身工》：“蓬头，赤脚，一边扣着纽扣，几个睡眼惺忪的‘懒虫’从楼上冲下来了。”杨沫《青春之歌》二部四五章：“歌声唤醒了还在沉睡的市民们，街上渐渐涌出了睡眼惺忪的人群。‘什么事？学生们又爱国游行啦？好样的！’”从维熙《阴阳界》七：“门栓响了几下，出来的是熳巴汉子，他睡眼惺忪地问他三更半夜到胡宅来，究竟有啥事情。”

【吮痈舐痔】

shǔn yōng shì zhì　吮：用嘴嘬吸。痈：一种毒疮。舐：舔。为人舐吸疮痔上的脓血。《庄子·列御寇》：“秦王有病召医，破痈溃痤者得车一乘，舐痔者得车五乘。”汉·王符《潜夫论·贤难》：“邓通幸于文帝，尽心而不违，吮痈而无怍色。”后用“吮痈舐痔”比喻谄媚巴结权贵的卑劣行为。《论语·阳货》“苟患失之，无所不至矣”宋·朱熹注：“小则吮痈舐痔，大则弑父与君。”明·王世贞《鸣凤记·严嵩庆寿》：“只是平生贪利贪名，不免患得患失，附势趋权，不辞吮痈舐痔；市恩固宠，那知沥胆披肝。”茅盾《腐蚀·十月四日》：“这小子，别太神气！他不想一想，从前他当马弁的时候，吮痈舐痔，十足的兔儿爷，差不多伙夫头也可以和他来一手的！”

【顺理成章】 shùn lǐ chéng zhāng　理：条理。章：篇章。宋·朱熹《朱子全书·论语》："文者，顺理而成章之谓。"指写文章只要遵循条理，就能写好。后用"顺理成章"多指说话、做事合乎情理。《九命奇冤》九回："我父亲当日虽然说发的是横财，却是顺理成章，自然到手的，并不是悖入之物。"梁实秋《雅舍小品·送礼》："生日礼物，顺理成章的是一块大蛋糕。"陈国凯《下里巴人》一："大家都喝了酒，都有令人陶醉的酒精在血管里循环，都有点醉眼朦胧地说着喜庆、欢乐、恭维、粗俗和带点性感挑逗的话。一切都皆大欢喜、顺理成章。"

【顺手牵羊】 shùn shǒu qiān yáng　顺手把人家的羊牵走。比喻乘机做事，不费力气。元·尚仲贤《单鞭夺槊》二折："是我把右手带住马，左手揪着他眼札毛，顺手牵羊一般牵他回来了。"《西游记》一六回："我待要拿棍打他啊，可怜又不禁打，一顿棍都打死了，师父又怪我行凶。——罢，罢，罢！与他个'顺手牵羊，将计就计'，教他住不成罢！"后多用来比喻乘机拿走别人的东西。梁实秋《雅舍小品·搬家》："如果搬家也可以用货柜制度该有多好，即使有人要在你忙乱之际顺手牵羊，也将无所施其计。"张恨水《啼笑因缘续集》九回："你顺手牵羊，拿了一张似你又不是你的相片去，你是好玩，可惹出一段因缘来了。"

【顺水人情】 shùn shuǐ rén qíng　顺便做的人情。指不费力给人带来好处。《东周列国志》九九回："守将和军卒都受了贿赂，落得做个顺水人情。"《官场现形记》四四回："人家见他说得如此恳切，这种顺水人情自然乐得送的，便亦无话，听其自去。"方志敏《谋事》："那自然的，顺水人情，谁不愿做，何况你是我朋友底学生？"欧阳山《三家巷》八一："周炳这几天正在发愁，怕事情转不了弯儿，想不到李民天

却送上门来，正对了项儿，就卖了个顺水人情，一口答应。"

【顺水推船】 shùn shuǐ tuī chuán　见"顺水推舟"。

【顺水推舟】 shùn shuǐ tuī zhōu　舟：船。顺着水流的方向推船。比喻顺应某个趋势说话办事。元·康进之《李逵负荆》三折："你休得顺水推舟，偏不许我过河拆桥。"《官场现形记》一〇回："最好今天一品香仍旧去叫局，吃完了大菜就翻过去，顺便请请几个朋友。他若留我，乐得顺水推舟；他若不留，我也不走。"赵树理《小二黑结婚》一二："小芹和小二黑各回各家，见老人们的脾气都有些改变，托邻居们趁势和说和说，两位神仙也就顺水推舟同意他们结婚。"也作"顺水推船"。元·关汉卿《窦娥冤》三折："天地也，做得个怕硬欺软，却元来也这般顺水推船。"《二十年目睹之怪现状》四回："那委员听见他这么说，也就顺水推船，薄薄的责了他的底下人几下就算了。"柳青《创业史》一部三章："'那么你先说你的吧！'郭振山顺水推船说。"

【顺藤摸瓜】 shùn téng mō guā　摸：用手探取，寻找。顺着瓜藤去寻找瓜。比喻按着某个线索去追根究底。欧阳山《三家巷》一六三："咱们顺藤摸瓜，我相信一定能摸出令人满意的结果来。到那个时候，也只有到那个时候，那些人就不会再讥笑咱们了。"王火《战争和人》（三）卷六："《明镜台》上提出顺藤摸瓜，很对，也等于提供了线索。"

【顺天应人】 shùn tiān yìng rén　顺：顺从。天：天意。应：顺应。人：民心。《周易·革》："天地革而四时成，汤武革命，顺乎天而应乎人，革之事大矣哉。"后用"顺天应人"指顺应天意，合乎民心。多用于颂扬建立新的朝代。三国魏·阮籍《通易论》："人而说之，说而教之，顺天应人。"《东周列国志》八七回："鞅备陈夏禹画土

定赋,及汤武顺天应人之事。"姚雪垠《李自成》三卷一八章:"如今到了河南,百姓处处响应,焚香欢迎。说明我们闯王真是顺天应人,要不了三年五载,就会攻进北京,重整乾坤,建立新朝江山。"也作"应天顺人"。《三国演义》七三回:"主公仁义著于天下,今已抚有两川之地,可以应天顺人,即皇帝位,名正言顺,以讨国贼。"

【舜日尧年】shùn rì yáo nián 见"尧天舜日"。

【舜日尧天】shùn rì yáo tiān 见"尧天舜日"。

【瞬息万变】shùn xī wàn biàn 瞬:一眨眼。息:一呼吸。在极短时间里就发生很多变化。形容变化很多很快。茅盾《子夜》七:"公债市场瞬息万变,所以希望是并没断绝。"刘白羽《第二个太阳》三章:"四月天气,瞬息万变,这无声的雨啊,令人感到缠绵,感到惆怅。"

【说长道短】shuō cháng dào duǎn 汉·崔瑗《座右铭》:"无道人之短,无说己之长。"后用"说长道短"指议论别人的是非好坏。元·无名氏《神奴儿》一折:"俺倒不言语,他倒说长道短的。"《醒世恒言》卷三○:"房德见老婆也着了急,慌得手足无措,埋怨道:'未见得他怎地! 都是你说长道短,如今到弄出事来了。'"周而复《上海的早晨》一部一八:"她浑身上下打扮得干干净净,衣服平平整整,没有一个皱褶。在她身上找不出一点让人家说长道短的地方。"孙犁《白洋淀纪事·女保管》:"我从家里给它们带来一把饭,沾光了公众的东西,叫群众说长道短,跳在黄河里也洗不清。"也指聊天,闲谈。《儒林外史》五三回:"自从杜先生一番品题之后,这些缙绅士大夫家筵席间,定要几个梨园中人,杂坐衣冠队中,说长道短,这个成何体统!"萧红《呼兰河传》二章:"那在台下的早已忘记了是在看戏,都在那里说长道短,男男女女的谈起家常来。"

【说东道西】shuō dōng dào xī 说这说那,信口议论各种事情。孙犁《白洋淀纪事·张秋间》:"可是小店也就成了村里游手好闲的人们的聚处,整天价人满座满,说东道西,拉拉唱唱。"贾平凹《腊月·正月》一一:"谁也不能出去说东道西,咱要踏踏实实干事,本本分分做人。"从维熙《临街的窗》中:"林枫可能误认为黎非阁记起前嫌,有意疏远他,他总是在列车座椅上,不断地把身子挪动得和老黎更近一些,和他说东道西。"

【说三道四】shuō sān dào sì 指乱发议论。唐·宋若昭《女论语·学礼》:"莫学他人,不知朝暮,走遍乡村,说三道四。"陈忠实《白鹿原》二一章:"二徒弟如果给王家说三道四,王家肯定会有强烈反应,因为王家在这镇子上向来不是平卧的人。"刘玉民《骚动之秋》七章:"问题是要到别的村子去,那里的情况不摸底;而且干起来,自己村里的老少爷们难免要说三道四。"

【说一不二】shuō yī bù èr 形容说话算数,说到做到。《儿女英雄传》四○回:"褚一官平日在他泰山跟前,还有个东闪西挪,到了在他娘子跟前,却是从来说一不二。"《老残游记》二○回:"这陶三爷是历城县里的都头,在本县红的了不得,本官面前说一不二,没人惹得起他。"也指说什么就是什么,没人敢违背。孙犁《白洋淀纪事·走出以后》:"房东只有女儿,今年十八岁。从小娇惯,抗战以来,更当男孩子看待,说一不二。"魏巍《地球的红飘带》四四:"这两个封建霸主,在各自的势力范围内为所欲为,生杀予夺,说一不二。"

【铄石流金】shuò shí liú jīn 见"流金铄石"。

【硕大无朋】shuò dà wú péng 硕:大。朋:伦比。大得没有可以与它相比的。形容极大。《诗经·唐风·椒聊》:"椒聊之实，蕃衍盈升。彼其之子，硕大无朋。”《聊斋志异·莲香》：“数日，遍体瘙痒，皮尽脱。晨起，睡舄遗堕，索着之，则硕大无朋矣。”梁实秋《雅舍小品·送礼》：“送礼讲究四色，其中少不得一篮应时水果，篮子硕大无朋，红绳缎带，五花大绑，一张塑胶纸绷罩在上面。”张洁《祖母绿》一：“黄昏像一块硕大无朋的海绵，将白昼的炎光，慢慢地吮吸渐尽。”

【硕果仅存】 shuò guǒ jǐn cún　硕：大。树上唯一留存下来的大果子。比喻经过世事变迁而幸存下来的仅有的人或物。清·叶廷琯《吹网录·胡心耘辑〈宇文绍奕事实〉》：“惟宇文氏考异，实为硕果仅存。”老舍《茶馆》二幕：“北京城内的大茶馆已先后相继关了门。‘裕泰’是硕果仅存的一家了。”韬奋《抗战以来·第二届国民参政会的前夜》：“一方面却眼巴巴地望着硕果仅存的几个‘生活’分店被暴风雨似的摧残着。”

【撅笔巡街】 shuò bǐ xún jiē　撅：插。插着毛笔在街上走。形容贫困的文人沿街卖诗文。元·郑廷玉《看钱奴》二折：“我则道留下青山怕没柴，拼的个撅笔巡街。”

【数见不鲜】 shuò jiàn bù xiān　见“屡见不鲜”。

【司空见惯】 sī kōng jiàn guàn　司空：古代官名。唐·孟棨《本事诗·情感》载：唐代诗人刘禹锡卸任和州刺史后回京，司空李绅设宴招待，席间命歌妓劝酒。刘即席赋诗：“司空见惯浑闲事，断尽江南刺史肠。”后用“司空见惯”形容某事常见，不足为奇。宋·苏轼《满庭芳六首》词之二：“人间何处有？司空见惯，应谓寻常。”《初刻拍案惊奇》卷二五：“殊丽全颣带韵，多情正在含颦。司空见惯也销魂，何况风流少俊！”《野叟曝言》一二〇回：“文恭、文宽出入禁苑，亦属司空见惯。”鲁迅《三闲集·某笔两篇》：“我辈生当浇漓之世，于‘征求伴侣’等类广告，早已司空见惯，不以为奇。”

张恨水《啼笑因缘》一四回：“家树对于伯和夫妇开玩笑，虽是司空见惯，但是笑话说得这样着痕迹的，今天还是第一回。”莫应丰《黑洞》三：“司空见惯的事不足为怪，偶然的巧合值得注意。”

【司马昭之心，路人皆知】 sī mǎ zhāo zhī xīn，lù rén jiē zhī　《三国志·魏书·高贵乡公纪》南朝宋·裴松之注引《汉晋春秋》载：魏帝曹髦在位时，见司马昭专擅朝政，一心要篡位。有一次曹髦非常气愤，召侍中王沈等说：“司马昭之心，路人所知也。吾不能坐受废辱，今日当与卿自出讨之。”后用“司马昭之心，路人皆知”比喻野心为人所共知，不须解说。姚雪垠《李自成》一卷一七章：“司马昭之心，路人皆知，我身为大帅军师，岂是糊涂之人？”王火《战争和人》(三)卷七：“曾笑着对家霆说：‘你看到了吧？谢元嵩说的话，司马昭之心，路人皆知，他真像《打渔杀家》中的那个教师爷了！’”

【丝恩发怨】 sī ēn fà yuàn　形容极小的恩怨。《资治通鉴·唐文宗太和九年》：“是时李训、郑注连逐三相，威震天下，于是平生丝恩发怨无不报者。”

【丝来线去】 sī lái xiàn qù　形容互相纠缠，牵扯不清。宋·朱熹《朱子语类·论语》：“圣人固不在说，但颜子得圣人说一句，直是倾肠倒肚便都了，更无许多廉纤缠扰，丝来线去。”《碧岩录》卷三：“丝来线去，一放一收。”

【丝丝入扣】 sī sī rù kòu　扣：同“筘”，织布机上的一种梳状机件。织布时经线都从筘齿间穿过。比喻周密细致，有条不紊，一一合拍。多指文章或艺术表演等。清·赵翼《瓯北诗话·韩昌黎诗》：“近时朱竹垞、查初白有《水碓》及《观造竹纸》联句，层次清澈，而体物之工，抒词之雅，丝丝入扣，几无一字虚设。”刘心武《钟鼓楼》一章：“她靠着厚积的修养，在一笑一颦之间，在一歌一吟之际，却丝丝入扣，动人心弦地展现出了角色的内心。"

【私相传授】sī xiāng chuán shòu　私下里教授学问、技艺等。《镜花缘》二八回："他恐邻国再把音韵学去,更难出人头地,因此禁止国人,毋许私相传授。"

【私相授受】sī xiāng shòu shòu　私下里互相给予和接受。《儒林外史》五二回："既承老哥美意,只是这里边也要有一个人做中见,写一张切切实实的借券,交与你执着,才有个凭据,你才放心。那有我两个人私相授受的呢?"张恨水《八十一梦·第十梦》:"他们上自国王,下至穷百姓,都以私相授受为亲爱。"

【私心杂念】sī xīn zá niàn　指为自己着想的念头。巴金《随想录》九六:"我发觉自己是在私心杂念的包围中,无法净化我的心灵。"欧阳山《三家巷》一四八:"在整个运动当中,她都能够任劳任怨,毫无私心杂念。这样的同志,简直应该受到表扬。"

【思前想后】sī qián xiǎng hòu　想想前面,再想想后头。形容反复思虑。《封神榜》一二五回:"老元帅黄滚坐在尘埃思前想后,恼恨周纪口出不逊。"《孽海花》二〇回:"雯青独自躺在床上,思前想后,悔一回,错刻了地图;恨一回,误认了匪人。反来覆去,那里睡得着?"杨沫《青春之歌》一部一六章:"他躺在床上思前想后:和这样的女人怎么生活下去呢?……卢嘉川那微笑的孔在他眼前一闪,他更加怒不可遏。"

【思如泉涌】sī rú quán yǒng　才思像喷涌的泉水。形容才思敏捷。唐·韩休《苏颋文集序》:"若乃天言焕发,王命急宣,则翰动飞,思如泉涌。"

【思贤若渴】sī xián ruò kě　见"求贤若渴"。

【思绪万千】sī xù wàn qiān　思绪:思想的头绪。形容想法很多。魏巍《东方》六部一一章:"郭祥由于精神过度兴奋,思绪万千,难以入睡。"路遥《平凡的世界》(上)二〇章:"在回家的路上,少平心中思绪万千。从春天离家后,一晃就半年了。"

【斯事体大】sī shì tǐ dà　斯:此。这事情关系重大。《史记·司马相如列传》:"然斯事体大,固非观者之所觊也。"《隋书·音乐志中》:"谓奏:'武王克殷,至周公相成王,始制礼乐。斯事体大,不可速成。'高祖意稍解。"也作"兹事体大"。宋·范仲淹《让观察使第二表》:"兹事体大,乞垂圣鉴,特降中旨。"鲁迅《书信集·致台静农》:"我所藏德国版画,有四百余幅,颇欲选取百八十幅,印成三本以介绍于中国,然兹事体大,万一生意清淡,则影响于生计,故尚在彷徨中也。"

【斯文扫地】sī wén sǎo dì　斯文:指文化或文人。扫地:比喻名誉等完全丧失。指文化或文人不受尊重。也指文人自甘堕落。《儿女英雄传》三四回:"那位少爷话也收了,接过卷子来,拾给人家斯文扫地的请了个安。"魏巍《地球的红飘带》四五:"老人长出了口气,说:'我年轻时,也是开过馆的。后来斯文扫地,不值钱了,不怕你笑话,我还挑起盐巴卖。'"刘醒龙《凤凰琴》:"余校长一听急了:'这不是丢学校的脸么!上次先进没评上,这次又来个副校长偷树,真是斯文扫地哟!'"

【死不瞑目】sī bù míng mù　瞑目:闭眼。死了也不闭眼。指心中有放不下的事。多指死不甘心。《三国志·吴书·孙坚传》:"卓逆天无道,荡覆王室,今不夷汝三族,悬示四海,则吾死不瞑目!"《二刻拍案惊奇》卷一五:"饮酒中间,江老又把前话提起,出位拜提控一拜,道:'提控若不受老汉之托,老汉死不瞑目。'"《说岳全传》二六回:"兀术看见他这般光景,说道:'是个醉汉,就砍了他,也是个酒鬼,叫他死不瞑目。'"郭沫若《屈原》五幕:"别人家轻易地残害了忠良，出卖了楚国，白白地把你陷害了。我知道你是死不瞑目的，死不瞑目的呀！"刘白羽《第二个太阳》一〇章："陈文洪、梁曙光昂首挺胸，全身是劲，笔直地站在那里，仿佛说：'不打好南下这一仗，死不瞑目。'"

【死不足惜】 sǐ bù zú xī　足：值得。就是死了，也不值得可惜。指不怕死。《宋史·苏洵传》："无所顾，则知死之不足惜。"《东周列国志》二回："妾一身死不足惜，但自蒙爱幸，身怀六甲，已两月矣。妾之一命，即二命也。求王放妾出宫，保全母子二命。"《野叟曝言》一〇二回："峒元一死不足惜，只可惜大王右剪羽翼，堕其术中而不觉耳。"

【死得其所】 sǐ dé qí suǒ　所：处所，地方。得其所：得到合适的地方。指死得有价值，有意义。《魏书·张普惠传》："人生有死，死得其所，夫复何恨。"《三国演义》三七回："生得其名，死得其所，贤哉徐母，流芳千古。"姚雪垠《李自成》一卷二六章："我也没多说别的，只说卢总督处此时势，实在不得不死，但论其平生，也算死得其所。"

【死而后已】 sǐ ér hòu yǐ　到死才停止。形容献出一切。《论语·泰伯》："士不可以不弘毅，任重而道远。仁以为己任，不亦重乎？死而后已，不亦远乎？"《魏书·李彪传》："推名求义，欲罢不能，荷恩佩泽，死而后已。"《花月痕》五回："生不逢辰，久罹荼苦；死而后已，又降鞠凶。"鲁迅《准风月谈·爬和撞》："这样，爬了来撞，撞不着再爬……鞠躬尽瘁，死而后已。"

【死灰复燃】 sǐ huī fù rán　死灰：冷却了的灰。燃：烧。冷却的灰又重新烧起来。《史记·韩长孺列传》："安国坐法抵罪，蒙狱吏田甲辱安国。安国曰：'死灰独不复燃乎？'田甲曰：'然即溺之。'"然，同"燃"。后用"死灰复燃"比喻失势的人又重新得势。也用来比喻已经消亡的事物又重新活动起来。多含贬义。宋·陈亮《谢曾察院启》："劫火不烬，玉固如斯；死灰复燃，物有待尔。"姚雪垠《李自成》三卷六章："他以屡经败亡之余烬，竟能死灰复燃，突然壮大声势，蹂躏中原，此人必有过人的地方，万万不可轻视。"梁斌《红旗谱》八："当他看到另外一个像朱老巩模样的人，心里说：'也许，那就是未能剪草除根，而又死灰复燃了。'"

【死灰槁木】 sǐ huī gǎo mù　见"槁木死灰"。

【死里逃生】 sǐ lǐ táo shēng　从极其危险的境遇中逃脱，幸免于死。《京本通俗小说·冯玉梅团圆》："今日死里逃生，夫妻再合，乃阴德积善之报也。"《醒世恒言》卷二七："逃到一个山湾中，遇一老僧，收留在庵。亏他服事，调养好了金疮。朝暮劝化我出家。我也想：死里逃生，不如图个清闲自在。因此依了他，削发为僧。"《野叟曝言》三回："你道因何牵连？也是忠义之气感动神明，故能死里逃生的。他主人落水，老仆赶忙跳下，钻入主人身底，要想驮他起来，所以一个在上，一个在下，岂不是义仆哩。"莫应丰《黑洞》六："船老板是个好人，把他送到下汉口的大船上，他这才死里逃生，活着回来了。"

【死皮赖脸】 sǐ pí lài liǎn　形容不顾羞耻地纠缠。《红楼梦》二四回："贾芸笑道：'……还亏是我呢，要是别个，死皮赖脸三日两头儿来缠着舅舅，要三升米二升豆子的，舅舅也就没有法呢。'"周而复《上海的早晨》三部二五："他死皮赖脸地苦苦哀求，她给逼得没有办法，勉强答应他下午再说。"

【死乞白赖】 sǐ qǐ bái lài　形容一味纠缠，不达目的不罢休。《醒世姻缘传》三二回："这可亏了他三个死乞白赖的拉住我，不叫我打他。"梁斌《红旗谱》一三："他又舍不得她，死乞白赖，苦苦央求。贵他娘一时心思绵软，才折变了家产，跟他回乡。"叶文玲《插曲》:"要不是这个从没来过省城从没游过湖的小毛囡死乞白赖地把他拖来……他这个忙得忘了日月星辰的厂长,今天是说什么也不会来的。"

【死气沉沉】sǐ qì chén chén 沉沉:寂静无声的样子。形容气氛沉闷,没有生气。鲁迅《三闲集·柔石作〈二月〉小引》:"冲锋的战士,天真的孤儿,年青的寡妇,热情的女人,各有主义的新式公子们,死气沉沉而交头接耳的旧社会,倒也并非如蜘蛛张网,专一在待飞翔的游人,但在寻求安静的青年的眼中,却化为不安的大苦痛。"周而复《上海的早晨》二部二九:"这座古庙连暮鼓晨钟也听不见,死气沉沉的。"莫应丰《老百姓的节日》一:"王家一搬走,这个屋场猛然变得死气沉沉,空屋子里面只听见老鼠打架,真像是闹鬼了。"

【死去活来】sǐ qù huó lái 晕过去,又醒过来。形容极度疼痛或悲哀。《京本通俗小说·错斩崔宁》:"当下众人将那崔宁与小娘子,死去活来,拷打一顿。"《封神榜》九一回:"放光只疼的死去活来。"《官场现形记》四九回:"正哭着,人报:'刁大人进来了。'张太太此时已经哭的死去活来。"赵树理《小二黑结婚》九:"二诸葛老婆正气得死去活来,一看见来的是三仙姑,正赶上出气,从炕上跳下来拉住她道:'你来了好!省得我去找你!……'"杨沫《青春之歌》一部二二章:"虽然他被打得死去活来,但是,为了争取公开审讯,为了争取改善政治犯的生活,他仍然领导了监狱的绝食斗争。"

【死心塌地】sǐ xīn tā dì 形容主意已定或打消疑虑,完全放心。《水浒传》三九回:"萧让听了,与金大坚两个闭口无言,只得死心塌地,再回山寨入伙。"《初刻拍案惊奇》卷三四:"但凡出家人,必须四大俱空。自己发得意尽,死心塌地做个佛门弟子,早夜修持,凡心一点不动,却才算得有功行。"《官场现形记》四回:"到了第四

天饭后,他老人家已经死心塌地,绝了念头。"鲁迅《花边文学·运命》:"'安贫'诚然是天下太平的要道,但倘使无法指定究竟的运命,总不能令人死心塌地。"张恨水《啼笑因缘》一五回:"秀姑一想,今天这一会,你应该死心塌地,对她不再留恋了吧!"

【死有余辜】sǐ yǒu yú gū 余:剩余,多余。辜:罪恶。形容罪大恶极,即使处以死刑也不能抵偿他的罪恶。《汉书·路温舒传》:"盖奏当之成,虽咎繇听之,犹以为死有余辜。"《水浒传》六三回:"你好人不做,却去落草为贼!我今日拿住你时,碎尸万段,死有余辜!"《二刻拍案惊奇》卷五:"大尹咬牙切齿,拍案大骂道:'这些贼男女,死有余辜!'"《老残游记》五回:"这个玉贤真正是死有余辜的人,怎样省城官声好到那步田地? 煞是怪事! 我若有权,此人在必杀之例。"周而复《上海的早晨》四部六五:"朱暮堂和朱延年血债累累,作恶多端,罪行严重,民愤极大,真是死有余辜。"

【死于非命】sǐ yú fēi mìng 非命:指非正常死亡。指遭受意外的灾祸而死亡。宋·张守《题锁树谏图后》:"一旦应聘而起,知难不言,卒亦死于非命。"《元史·张珪传》:"善良死于非命,国法当为昭雪。"《喻世明言》卷四○:"沈襄此时方知父亲及二弟,俱已死于非命,母亲又远徙极边,放声大哭。"《说岳全传》七八回:"不想吉青等未曾防备,被铁珠打下马来,可怜弟兄四人,俱各死于非命!"杜鹏程《警戒线上》:"不是他们多方关照,恐怕我这没有战斗经验的人,早已死于非命。"

【四大皆空】sì dà jiē kōng 四大:佛教指地、水、火、风,认为此四者广大无边,能产生一切。《四十二章经》二○:"佛言:当念身中四大,各自有名,都无我者。"后用"四大皆空"指世间万事皆虚,并不存在。也用来形容心境超脱豁达。《金瓶

梅》六六回："一心无挂,四大皆空。"《花月痕》一三回："荷生这一夜不特将采秋置之度外,即红卿也置之度外,又晓得痴珠指日可以相见,便像得道的禅师一般,四大皆空,一丝不挂,呼呼的睡着了。"王火《战争和人》(三)卷五："只见卢婉秋敲起木鱼默默诵起经来,塞耳不闻,闭目垂脸,似置身清风明月的境界当中,满心禅悦,丝毫无动于衷,完全处于四大皆空的境地了。"

【四分五裂】sì fēn wǔ liè　形容不完整,不集中,不团结,不统一。《战国策·魏策一》："张仪为秦连横,说魏王曰:'魏南与楚而不与齐,则齐攻其东;东与齐而不与赵,则赵攻其北;不合于韩,则韩攻其西;不亲于楚,则楚攻其南;此所谓四分五裂之道也。'"宋·杨万里《君道上》:"隋文帝取周败陈,以混二百年四分五裂之天下。"《东周列国志》五四回:"一时鱼奔鸟散,被楚兵砍瓜切菜,乱杀一回,杀得四分五裂,七零八碎。"老舍《四世同堂》三二:"老人宁可马上死去,也不愿看家中四分五裂的离散。"

【四海鼎沸】sì hǎi dǐng fèi　四海:指全国。鼎沸:鼎里面的水沸腾了。比喻局势不稳,天下动乱。《晋书·祖逖传》:"若四海鼎沸,豪杰并起,吾与足下当相避于中原耳。"《旧唐书·李袭志传》:"今江都篡逆,四海鼎沸,王号者非止一人,公宜因此时据有岭表,则百越之人皆拱手向化,追踪尉佗,亦千载一遇也。"姚雪垠《李自成》二卷三二章:"臣恐陛下如此一意孤行,必将使人心尽失,四海鼎沸,国事更不可收拾!"

【四海升平】sì hǎi shēng píng　四海:指全国各地。升平:太平。天下太平。唐·张说《大唐封禅颂》:"封禅之义有三,……一、位当五行图箓序;二、时会四海升平之运;三、德具钦明文思之美。"元·无名氏《抱妆盒》三折:"寡人御极以来,幸喜四海升平,八方宁靖。"《三侠五义》一回:"宋朝自陈桥兵变,众将立太祖为君,江山一统,相传至太宗,又至真宗,四海升平,万民乐业,真是风调雨顺,君正臣良。"

【四海为家】sì hǎi wéi jiā　四海:指全国。《史记·高祖本纪》:"且夫天子以四海为家,非壮丽无以重威,且无令后世有以加也。"原指帝王占有全国,天下一统。后多用来指居无定所,到处都可以为家。《初刻拍案惊奇》卷二四:"人世几回伤往事,山形依旧枕清流。而今四海为家日,故垒萧萧芦荻秋。"《隋唐演义》四一回:"但李密身如飘蓬,四海为家,何暇计及家室?"巴金《随想录》七六:"我照常过着我那四海为家的生活,带着一支自来水笔到处跑,跑累了便回到上海休息。"孙犁《白洋淀纪事·访旧》:"十几年的军事性质的生活,四海为家。现在,每当安静下来,许多房东大娘的影子,就像走马灯一样,在我的记忆里转动起来。"

【四海之内皆兄弟】sì hǎi zhī nèi jiē xiōng dì　四海:指全国。指天下的人都像兄弟一样亲。《论语·颜渊》:"君子敬而无失,与人恭而有礼,四海之内皆兄弟也。"《水浒传》四回:"鲁达道:'员外错爱,洒家如何报答。'赵员外便道:'四海之内皆兄弟也。如何言报答之事。'"陈国凯《难得糊涂》二:"我说了声'谢谢!'他笑道:'谢什么,四海之内皆兄弟。丁同志,我真的要感谢你呢。'"

【四马攒蹄】sì mǎ cuán tí　两手两脚被捆在一起。《平妖传》四○回:"李遂上前,叫军士一把麻绳索儿,缚个四马攒蹄。"《西游记》七五回:"三怪把行者扳翻倒,四马攒蹄捆住,揭起衣裳看时,足足是个弼马温。"

【四面八方】sì miàn bā fāng　指各处或各个方面。《五灯会元·镇州普化和尚》:"明头来明头打,暗头来暗头打,四面八方来旋风打,虚空来连架打。"《三国演义》三九回:"言未已,只听背后喊声震起,早望见一派火光烧着，随后两边芦苇亦着。一霎时，四面八方，尽皆是火；又值风大，火势愈猛。"《说岳全传》三九回："兀术大怒，提起金雀斧，大战有十数个回合，那四面八方的番兵，呐喊连天，俱来抢牛头山。"巴金《秋》二一："仿佛有许多尖锐的笑声和细语从四面八方向他围攻，他不敢把眼睛动一下。"老舍《四世同堂》五二："你哥哥，无论作什么事，都四面八方的想到了；你呢，你只顾自己！"

【四面楚歌】 sì miàn chǔ gē 《史记·项羽本纪》："项王军壁垓下，兵少食尽，汉军及诸侯兵围之数重，夜闻四面皆楚歌，项王乃大惊曰：'汉皆已得楚乎？是何楚人之多也！'"后用"四面楚歌"比喻四面受敌、孤立无援的处境。《三国志·吴书·胡综传》："昔武王伐殷，殷民倒戈；高祖诛楚，四面楚歌；方之今日，未足以喻。"叶圣陶《倪焕之》一二："这几年成了'四面楚歌'的局面，开垦的工作不得不暂时中止。为了商量对付方法，冰如召开教职员会议。"

【四平八稳】 sì píng bā wěn 形容举止稳重或说话做事稳妥。《水浒传》四四回："戴宗、杨林看裴宣时，果然外表人物，生得肉白肥胖，四平八稳，心中暗喜。"鲁迅《热风·智识即罪恶》："我本来是一个四平八稳，给小酒馆打杂，混一口安稳饭吃的人，不幸认得几个字，受了新文化运动的影响，想求起智识来了。"巴金《随想录·总序》："但它们却不是四平八稳，无病呻吟，不痛不痒，人云亦云，说了等于不说的话，写了等于不写的文章。"也指做事只求不出差错，不求进取。多含贬义。王火《战争和人》（一）卷八："我向来谨小慎微，只求四平八稳，不求出人头地。"

【四体不勤，五谷不分】 sì tǐ bù qín, wǔ gǔ bù fēn 四体：四肢。不勤：不劳动。五谷：指稻、麦、黍、稷（谷子）、菽（豆）等粮食作物。指不参加生产劳动，分不清五谷。《论语·微子》："四体不勤，五谷不分，孰为夫子？"清·钱泳《履园丛话·种田》："斯人也，真所谓四体不勤，五谷不分，不知稼穑之艰难者也。"邓友梅《那五》一一："家业败了可也甩了那些腐败的门风排场，断了四体不勤五谷不分的命脉，从此洗心革面，咱们还能重新做个有用的人。"

【四通八达】 sì tōng bā dá 达：到达。四面八方都有路可通。《史记·郦生陆贾列传》："夫陈留，天下之冲，四通五达之郊也。"后多作"四通八达"，形容交通便利。宋·苏轼《论纲梢欠折利害状》："今之京师，古所谓陈留，四通八达之地，非如雍洛有山河之险足恃也。"《红楼梦》三回："仪门内大院落，上面五间大正房，两边厢房鹿顶耳房钻山，四通八达，轩昂壮丽，比贾母处不同。"梁实秋《雅舍小品·唐人自何处来》："车过夏安，那是怀俄明州的都会，四通八达，算是一大站。"李佩甫《无边无际的早晨》七："地图上爬满了蚰蜒般的小路，小路弯弯曲曲又四通八达。"也用来形容能贯通各种关系。周而复《上海的早晨》一部一五："你在工商界威望很高，关系又多，真是四通八达……"

【似曾相识】 sì céng xiāng shí 好像认识和曾经见过，依稀记得。宋·晏殊《浣溪沙》词："无可奈何花落去，似曾相识燕归来，小园香径独徘徊。"《花月痕》一五回："人倚栏干，似曾相识，筵开玳瑁，未知之何。输万转之柔情，谁能遣此？洒一腔之热泪，我见犹怜。"茅盾《虹》九："她浮沉在这祈祷中，空间失了存在，时间失了记录。然后是许多似曾相识的面孔围绕她，推挤她。"

【似懂非懂】 sì dǒng fēi dǒng 好像懂，又好像不懂。浩然《误会》五："我听着这些似懂非懂的话，不知道怎么答对他才好。"王火《战争和人》（一）卷一："整首诗的意思说懂也懂，说不懂也不懂。做诗的人好像都喜欢这样，叫人似懂非懂。"

【似是而非】 sì shì ér fēi　好像是对的，实际上不对。汉·王充《论衡·死伪》："世多似是而非，虚伪类真，故杜伯、庄子义之语，往往而存。"《镜花缘》一七回："婢子闻得要读书必先识字，要识字必先知音。若不先辨其音辨明，一概似是而非，其义何能分别？"鲁迅《准风月谈·关于翻译(上)》："可怕的倒在用有限的砒霜，和在食物中间，使青年不知不觉的吞下去，例如似是而非的所谓'革命文学'，故作激烈的所谓'唯物史观的批评'，就是这一类。这倒是应该防备的。"路遥《早晨从中午开始》一一："生活可以故事化，但历史不能编造，不能有半点似是而非的东西。"

【似水流年】 sì shuǐ liú nián　流年：年华。年华如流水。形容青春易逝。明·汤显祖《牡丹亭·惊梦》："则为你如花美眷，似水流年。是答儿闲寻遍，在幽闺自怜。"

【驷不及舌】 sì bù jí shé　驷：四匹马驾的车。话一出口，四匹马拉的车子也追不回来。指说话当慎重。《论语·颜渊》："子贡曰：'惜乎，夫子之说君子也！驷不及舌。'"清·纪昀《阅微草堂笔记·如是我闻四》："昌黎辟佛，尚曰鳏寡孤独废疾者有养。君无策以养，而徒朘其生，岂但非佛意，恐亦非孔孟意也。驷不及舌，君其图之。"鲁迅《且介亭杂文·忆刘半农君》："我那时还以老朋友自居，在序文上说了几句老实话，事后，才知道半农颇不高兴了，'驷不及舌'，也没有法子。"

【驷马难追】 sì mǎ nán zhuī　驷马：同驾一车的四匹马。比喻既成事实，不能挽回。《新五代史·晋高祖皇后李氏传》："不幸先帝厌代，嗣子承祧，不能继好息民，而反豆恩辜义。兵戈屡动，驷马难追，戚实自贻，咎将谁执！"明·徐㖏《杀狗记·谏兄触怒》："今日一语轻交，他时驷马难追。"

【俟河之清】 sì hé zhī qīng　俟：等待。河：指黄河。等待黄河的水变清。比喻期望不可能或难以实现。《左传·襄公八年》："周诗有之曰：'俟河之清，人寿几何？'"宋·欧阳修《感春杂言》："俟河之清不可得，聊自歌此讥愚顽。"清·陈恭尹《广州客舍夜雪歌》："俟河之清尚有时，如粤之雪难再得。"

【肆奸植党】 sì jiān zhí dǎng　肆：放肆。恣意妄为，培植党羽。《明史·冯恩传》："宗铠与同官孙应奎复言，铉肆奸植党，擅主福威，巧庇龙等，上格明诏，下负公论，且纵二子为奸利。铉疏辨乞休，帝不许。"

【肆无忌惮】 sì wú jì dàn　肆：放肆。忌：顾忌。惮：害怕。宋·朱熹《与王龟龄书》："遗君后亲之论交作，肆行无所忌惮。"后用"肆无忌惮"指毫无顾忌，任意妄为。《元史·卢世荣传》："世荣居中书才数月，恃委任之专，肆无忌惮，视丞相犹虚位也。"《东周列国志》四回："我今置之度外，任其所为。彼恃宠得志，肆无忌惮。"《官场现形记》二四回："河台无法，只得又把前头的一个总办调往别处，这里归了他一人独办，更可以肆无忌惮，任所欲为。"姚雪垠《李自成》一卷二四章："近一个多月来，咱们越是宽容大量，他们越是肆无忌惮。"周克芹《果园的主人》："张家的人霸道，常常把被罩、衣服晒在他的门口，在他的墙边堆放柴禾，肆无忌惮地、明显地忽视他的存在。"

【肆行无忌】 sì xíng wú jì　肆：放肆。忌：顾忌。任意胡作非为，没有一点儿顾忌。宋·楼钥《集英殿修撰致仕赠光禄大夫曾公神道碑》："为县者反藉以旁征巧取，肆行无忌。"《明史·石亨传》："因劾亨指权纳贿，肆行无忌，与术士邹叔彝等私讲天文，妄谈休咎，宜置重典。"《野叟曝言》一〇回："他为藩王时尚且如此肆行无忌……若登大位，必且更甚，宫中后妃必强逼奸淫，若不顺从，必无生理，娘娘身且不保，能保弱龄之皇子？"

【松柏之茂】 sōng bǎi zhī mào　松柏四季繁茂常青。比喻经受住考验,永葆本色。《诗经·小雅·天保》:"如松柏之茂,无不尔或承。"《庄子·让王》:"天寒既至,霜雪既降,吾是以知松柏之茂也。"《三国志·魏书·王昶传》:"朝华之草,夕而零落;松柏之茂,隆寒不衰。"

【松筠之节】 sōng yún zhī jié　筠:竹子的青皮,借指竹子。像松树与竹子那样抵御严寒刚强坚毅。比喻坚贞的节操。《隋书·柳庄传》:"孤言以开府从役江陵,深蒙梁主殊眷,中夜自省,实吾惭惧。梁主奕叶重光,委诚朝廷,而今已后,方见松筠之节。"

【耸人听闻】 sǒng rén tīng wén　耸:惊动。指故意夸大或捏造事实,使人听了感到震惊。《花月痕》五○回:"你的才大如海,怎么平了十年巨寇,复了千里名都,竟不草个露布,耸人听闻哩?"王蒙《青春万岁》二六:"她零乱地说着一些耸人听闻的故事(包括从科学幻想小说上看来的),她的脸上兴奋地闪着光,同学们目瞪口呆,迷惑而钦佩。"

【送旧迎新】 sòng jiù yíng xīn　送走旧的,迎来新的。宋·杨万里《宿城外张氏庄早起入城》诗:"眠云跂石十余年,回首抛官一瞬间;送旧迎新也辛苦,一番辛苦两年闲。"原指送旧官迎新官,人事更换。后多用来指送旧岁,迎新年。李大钊《新纪元》:"人生最有趣味的事情,就是送旧迎新。"邓友梅《无事忙杂记》一二:"不知不觉已到年根底下,一元复始,万象更新,笑语欢声,送旧迎新。"

【送往迎来】 sòng wǎng yíng lái　送走离去的人,迎接到来的人。多指人际交往中应酬客人。《礼记·中庸》:"送往迎来,嘉善而矜不能,所以柔远人也。"《喻世明言》卷一七:"枳棘岂堪凤凰所栖? 若恩官可怜,得蒙收录,使得备巾栉之列,丰衣足食,不用送往迎来,固妾所愿也。"

【颂古非今】 sòng gǔ fēi jīn　颂:歌颂,颂扬。非:否定。《史记·秦始皇本纪》:"有敢偶语《诗》《书》者弃市,以古非今者族。"后用"颂古非今"指赞美颂扬古代的,否定当代的。毛泽东《新民主主义论》:"我们必须尊重自己的历史,决不能割断历史。但是这种尊重,是给历史以一定的科学的地位,是尊重历史的辩证法的发展,而不是颂古非今,不是赞扬任何封建的毒素。"

【搜肠刮肚】 sōu cháng guā dù　形容用尽心思,想尽一切办法。明·冯惟敏《不伏老》一折:"一个家搜肠刮肚,不知饥,不知渴,只觉得口内生烟。"刘绍棠《绿杨堤》二:"哑桃更是通情达理,打醋买盐二分钱,她都在手上掭几回;但是只要叫天子买书看,她一件棉袄穿三冬,搜肠刮肚也不能少买一本。"

【搜奇访古】 sōu qí fǎng gǔ　搜:寻找。寻找奇山异水,游览名胜古迹。《宣和画谱·高克明》:"喜游佳山水,搜奇访古,穷幽探绝,终日忘归。"

【搜索枯肠】 sōu suǒ kū cháng　搜索:仔细搜寻。枯肠:肠为之枯。形容苦苦思索。明·邵璨《香囊记·琼林》:"老夫如今年迈,没心绪搜索枯肠,偷今换古,就把年登科作一首。"《三侠五义》一一二回:"凡事到了身临其境,就得搜索枯肠,费些心思。"鲁迅《集外集拾遗补编·庆祝沪宁克复的那一边》:"这'别人出力我高兴'的报应之一,是搜索枯肠,硬做文章的苦差使。"欧阳山《三家巷》一三八:"陈文雄苦苦地思索着,搜索枯肠,竟想不出一句厉害的回话来。"

【搜章摘句】 sōu zhāng zhāi jù　见"寻章摘句"。

【俗不可耐】 sú bù kě nài　俗:庸俗。耐:忍受。庸俗得使人受不了。《镜花缘》二二回:"你们既不晓得文理,又不会作诗，无甚可谈，立在这里，只觉俗不可耐。"张恨水《啼笑因缘》一四回："我这回到杭州去，我觉得在西湖盖别墅的人，实在是笨。放着这样东方之美的屋宇不盖，要盖许多洋楼。尤其是那些洋旅馆，俗不可耐。"钱钟书《围城》三："苏小姐脸色渐转道：'那又何必呢！他们那些俗不可耐的商人，当然只知道付了钱要交货色，不会懂得学问是不靠招牌的。你跟他们计较些什么！'"

【夙心往志】 sù xīn wǎng zhì　夙：平素。平时的心愿，已往的志向。《魏书·列女传》："人生如白驹过隙，死不足恨，但夙心往志，不闻于没世矣。"

【夙兴夜寐】 sù xīng yè mèi　夙：早。兴：起来。寐：睡觉。早起晚睡，形容勤奋辛劳。《诗经·大雅·抑》："夙兴夜寐，洒扫庭内，维民之章。"《史记·孝文本纪》："今朕夙兴夜寐，勤劳天下，忧苦万民。"《三国演义》一〇三回："使者曰：'丞相夙兴夜寐，罚二十以上皆亲览焉。所啖之食，日不过数升。'"《聊斋志异·红玉》："今家道新创，非夙兴夜寐不可。"梁实秋《雅舍小品·嬾》："从前的女人，夙兴夜寐，没有不患睡眠不足的，上上下下都要伺候周到，还要揪着公鸡的尾巴就起来，来照顾她自己的'妇容'。"也作"晨兴夜寐"。《聊斋志异·细柳》："生不忍以家政累之，仍欲自任，女又不肯。晨兴夜寐，经纪弥勤。"

【诉诸武力】 sù zhū wǔ lì　诉：诉讼。诸："之于"的合音。指用军事力量解决问题。王火《战争和人》（二）卷三："但阁下应知，我们日本懂得中国的民族意识是不可征服的，诉诸武力解决不了这场事变。"

【肃然起敬】 sù rán qǐ jìng　肃然：恭敬的样子。起敬：引起尊敬。形容由于受感动而产生的恭敬和钦佩。宋·陆游《记梦》诗："夜梦有客短褐袍，示我文章杂骚诗。……肃然起敬竖发毛，伏读百过声嘈嘈。"《二刻拍案惊奇》卷八："沈将仕见王朝仪

虽是衰老模样，自然是士大夫体段，肃然起敬。"《官场现形记》五六回："傅二棒锤一一说了。他俩晓得是钦差大人的参赞，不觉肃然起敬。"鲁迅《故事新编·理水》："大路两旁的民众，个个肃然起敬，没有人动一下，没有人响一声。"严文井《关于萧乾的点滴》："对那些专心欣赏好音乐的人们，一看见他们那一副专注而感动的神情，我就肃然起敬。"

【肃然危坐】 sù rán wēi zuò　肃然：庄重的样子。危坐：端坐。形容庄重地端坐着。《红楼梦》七六回："趁着这明月清风，天空地静，真令人烦心顿释，万虑齐除，肃然危坐，默然相赏。"

【素不相能】 sù bù xiāng néng　见"积不相能"。

【素不相识】 sù bù xiāng shí　素：一向。指向来不认识。《三国志·吴书·陆瑁传》："及同郡徐原，爱居会稽，素不相识，临死遗书，托以孤弱。"《水浒传》二八回："我自是清河县人氏，他自是孟州人，自来素不相识，如何这般看觑我？"《二刻拍案惊奇》卷三三："我们与你素不相识，你见了我们，只管看了又看，是甚么缘故？"《二十年目睹之怪现状》二回："他是个素不相识的人，你父亲没了，又没有见着面，说着一句半句话儿，知道他靠得住不呢。"鲁迅《南腔北调集·为了忘却的记念》："我也没有这么高慢，对于一位素不相识的投稿者，会轻率的写信去叫他。"姚雪垠《李自成》三卷三二章："本来好端端的一对鸳鸯，偏偏不能相配，要去配一个素不相识、毫不知情的人，自然她心里不愿。"

【素昧平生】 sù mèi píng shēng　素：从来。昧：不了解。平生：平素，往常。指一向不了解，不相识。唐·段成式《剑侠传·郭伦观灯》："素昧平生，忽蒙救护，脱妻子于危难，先生异人乎？"元·王实甫《西厢记》二本三折："真为素昧平生，突如其来，难怪妾之得罪。"《二刻拍案惊奇》卷一

一："满生道:'那个大郎?'只见那个人已走到面前,道:'就是老汉。'满生忙施了礼,道:'与老丈素昧平生,何故如此?'"《野叟曝言》四六回:"小娘子请起,学生素昧平生,缘何错敬?"鲁迅《三闲集·通信》:"不过先生和我素昧平生,想来决不至于诬栽我,所以我再从另一面来想一想。"魏巍《东方》一部六章:"对于邻村这位素昧平生的巧匠,真是说不尽的崇敬和感激,大家宴请了他一番。"

【速战速决】sù zhàn sù jué　速:快,迅速。用快速的战术结束战局。也比喻用最快的办法解决问题。路遥《惊心动魄的一幕》:"侯玉坤走过来,两只瘦手狠狠在空中一抓,捏成两个拳头,为司令补充说:'速战速决! 斩草除根!'"王火《战争和人》(三)卷四:"成都名胜古迹虽然不少,上午速战速决玩了三个地方,似乎已经兴趣索然了。"

【宿将旧卒】sù jiàng jiù zú　指久经战场的将领和士卒。三国魏·曹植《求自试表》:"虽贤不乏世,宿将旧卒,犹习战也。"

【宿学旧儒】sù xué jiù rú　宿学:博学之士。儒:读书人。博学老成的读书人。宋·胡仔《苕溪渔隐丛话前集·西昆体》:"老杜诗既为世所重,宿学旧儒犹不肯深与之。"

【溯本求源】sù běn qiú yuán　溯:追寻。求:探索。追寻根本,探求源头。比喻寻根究底。

【酸甜苦辣】suān tián kǔ là　各种滋味。比喻人生的各种经历和遭遇。张恨水《啼笑因缘》四回:"秀姑也觉得心里头有一种酸甜苦辣,说不出来的感觉。"周而复《上海的早晨》一部二九:"他本人不是办厂起家的,对于办厂的苦心经营不了解,没有尝过这酸甜苦辣,就不知道这个滋味。"也作"甜酸苦辣"。茅盾《霜叶红似二月花》九:"我们,为人一世,尝遍了甜酸苦辣,究竟为了什么来呢?"

【酸文假醋】suān wén jiǎ cù　形容人的迂腐和故作斯文。明·无名氏《东篱赏菊》一折:"则是听不上他那酸文假醋,动不动便是'诗云子曰'儿,那个奈烦那。"《儿女英雄传》三二回:"俩人酸文假醋的满嘴里喷了会子四个字儿的匾。"李国文《冬天里的春天》三章:"那时于二龙胸无点墨,王纬宇的酸文假醋,并不完全听懂,但大致意思是明白的。"

【算无遗策】suàn wú yí cè　指谋划周密,从不失算。三国魏·曹植《王仲宣诔》:"乃署祭酒,与君行止,算无遗策,画无失理。"《南史·梁简文帝纪论》:"自谓安若泰山,算无遗策。"《二刻拍案惊奇》卷四:"张廪生自道算无遗策,只费得五百金,巨万家事一人独享,岂不是九牛去得一毛,老大的便宜了? 喜之不胜。"《水浒后传》三三回:"萨头陀果然十分狡猾,他定下的计策……以为算无遗策。"也作"谋无遗策"。《三国志·魏书·钟会传》:"会所向辄摧,前无强敌……蜀之豪帅,面缚归命,谋无遗策,举无废功。"

【虽死犹生】suī sǐ yóu shēng　虽然死了,也如同活着一样。形容死得有价值、有意义。《魏书·咸阳王禧传》:"今属危难,恨无远计,匡济圣躬,若与殿下同命,虽死犹生。"《喻世明言》卷三九:"不知何人谤臣为反,又不知所指何事。愿得其人与臣面质,使臣心迹明白,虽死犹生矣。"《野叟曝言》一一二回:"景公虽生犹死,夷齐虽死犹生。人尽可生可死,谁能不死只生? 独有素臣一死,顿教万姓难生。"魏巍《东方》五部一四章:"烈士们虽然牺牲了,但是他们活在人们的心里,这就是虽死犹生。"

【随波逐浪】suí bō zhú làng　见"随波逐流"。

【随波逐流】suí bō zhú liú　随:跟着。逐:追赶。随着波浪起伏,跟着流水漂荡。比喻自己没有主见,只是随着别人走。

宋·朱熹《朱子语类·历代三》:"谢安又胜王导。石林说王导只是随波逐流底人,谢安却较有建立,也煞有心于中原。"《镜花缘》一八回:"学问从实地上用功,议论自然确有根据;若浮光掠影,中无成见,自然随波逐流,无所适从。"鲁迅《花边文学·点句的难》:"但这事还是不要多谈好,再谈下去,我怕不久会有更高的议论,说标点是'随波逐流'的玩意,有损'灵性',应该排斥的。"郭沫若《屈原》一幕:"你年纪青青就晓得好学,也还专心,不怕就有好些糊涂的人要引诱你去跟着他们胡混,你也不大随波逐流,这是使我很高兴的事。"也作"随波逐浪"。《醒世姻缘传》五三回:"这样没主意,随波逐浪的人,不打他更打那个?"

【随风倒舵】 suí fēng dǎo duò 见"随风转舵"。

【随风转舵】 suí fēng zhuǎn duò 随:顺着。顺着风向转变舵位。比喻说话、办事,顺着情势而改变态度。多含贬义。《水浒传》九八回:"眼见得城池不济了,各人自思随风转舵。"刘心武《贾元春之死》七:"凤姐叹道:'多年的交往,也不能随风转舵。人也别忒势利了。'"也作"随风倒舵"。《警世通言》卷二一:"赵公是个随风倒舵没主意的老儿,听了儿子说话,便教妈妈唤京娘来问。"

【随高就低】 suí gāo jiù dī 可高可低,任凭怎样都行。《五灯会元·潭州衡岳寺奉能禅师》:"苦乐共住,随高就低。"《西游记》三回:"悟空道:我老孙不去!不去!俗语谓'赊三不敌见二',只望你随高就低的送一副便了。"也作"随高逐低"。清·艾衲居士《豆棚闲话·介之推火封妒妇》:"那些人家,或老或少,或男或女,或拿根凳子,或掇张椅子,或铺条凉席,随高逐低,坐在下面,摇着扇子,乘着风凉。"

【随高逐低】 suí gāo zhú dī 见"随高就低"。

【随行就市】 suí háng jiù shì 行:行情。市:市场。指价格随着市场的行情进行调整。

【随侯之珠】 suí hóu zhī zhū 古代传说中的明珠。比喻珍贵之物。《庄子·让王》:"今且有人于此,以随侯之珠,弹千仞之雀,世必笑之。"《三国志·魏书·王粲传》南朝宋·裴松之注引《文士传》:"随侯之珠,烛众士之好,南垠之金,登窈窕之首。"

【随机应变】 suí jī yìng biàn 机:机会。应变:应付突发的情况。指随着情况的变化而适时采取灵活的措施。《旧唐书·郭孝恪传》:"请固武牢,屯军氾水,随机应变,则易为克殄。"宋·朱熹《朱子全书·知行》:"若要一一理会,则事变无穷,难以逆料,随机应变,不可预定。"《东周列国志》一二回:"宋、鲁、蔡、卫,共是四国合兵伐郑。祭足自引兵至大陵,与傅瑕合力拒敌,随机应变,未尝挫失。四国不能取胜,只得引回。"《官场现形记》三八回:"幸喜这戴世昌人极聪明,随机应变。当时湍制台看了,甚为合意。"巴金《随想录》二三:"我不擅长辞令,又缺乏随机应变的才能。我唯一的武器是'讲老实话',知道什么讲什么。"莫应丰《将军吟》三四章:"赶快溜走?肯定会被范子愚看见背影;迎面走进去?也难免引起怀疑。不容多想,走进去!再根据情况随机应变。"也作"临机应变"。《水浒传》七四回:"燕青道:'不怕他长大身材,只恐他不着圈套。常言道:相扑的有力使力,无力斗智。非是燕青敢说口,临机应变,看景生情,不到的输与那呆汉。"〔注意〕应,不读 yīng。

【随声附和】 suí shēng fù hè 随:跟随。附和:跟着别人说。自己没有主见,别人说什么,就跟着说什么。含贬义。宋·魏了翁《直前奏六未喻及邪正二论》:"人至于忠忱体国,真实任事,则图惟国事之济,言虑所终,事惟其是,而岂肯随声附和,以侥幸万一乎!"明·朱国祯《涌幢小品·宫殿》:"世宗既改大礼,恚群臣力争,遂改郊庙,一切变易从新,并改殿名,大臣随声附和,举朝皆震慑不敢言。"《三侠五义》一〇〇回:"自己先担了从奸助恶之名,而且在奸王面前还要随声附和,迎逢献媚,屈己从人,何以见他的侠义呢?"张恨水《啼笑因缘续集》七回:"沈国英看她虽不是落落寡合,却也不肯对人随声附和,不便多说话,便引了她和李永胜,一路到凤喜养病的屋子里来。"韦君宜《洗礼》八:"那个罗满江就在旁边,这次倒没有按老例随声附和,一声不响走过来,把刘丽文从沟里拉出来,就走开了。"〔注意〕和,不读hé。

【随时随地】 suí shí suí dì 不拘任何时间或地点。也指时时处处。《老残游记》七回:"小盗借随时随地无赖之徒,及失业的顽民,胡乱抢劫……抢过之后,不是酗酒,便是赌博,最容易犯案的。"鲁迅《且介亭杂文·答〈戏〉周刊编者信》:"譬如现在的中国,要编一本随时随地,无可不用的剧本,其实是不可能的,要这样编,结果就是编不成。"钱钟书《围城》六:"我们这种导师责任大得多了,随时随地要调查、矫正、向当局汇报学生的思想。"

【随俗沉浮】 suí sú chén fú 顺随世俗或沉或浮。指人没有定见。《晋书·王沈传》:"少有俊才,出于寒素,不能随俗沉浮,为时豪所抑。"也作"随俗浮沉"。《元史·泰不华》:"泰不华尚气节,不能随俗浮沉。太平为台臣劾去相位,泰不华独线送都门外。"《清史稿·睿忠亲王多尔衮传》:"先生领袖名流,主持至计,必能深惟终始,宁忍随俗浮沉?取舍从违,应早审定。"

【随俗浮沉】 suí sú fú chén 见"随俗沉浮"。

【随乡入俗】 suí xiāng rù sú 随:顺从。俗:风俗。到一个地方就按当地的风土人情办事。明·汤显祖《邯郸记·望幸》:

"则怕珍羞不齐,老皇帝也只得随乡入俗了。"也作"随乡入乡"。《西游记》三〇回:"八戒道:'我虽食肠大,却也随乡入乡是。拿来,拿来,我也吃几个儿尝新。'"《红楼梦》四一回:"'随乡入乡',到了你这里,自然把那金玉珠宝一概贬为俗器了。"

【随乡入乡】 suí xiāng rù xiāng 见"随乡入俗"。

【随心所欲】 suí xīn suǒ yù 欲:想要,希望。《论语·为政》:"七十而从心所欲,不逾矩。"后用"随心所欲"指随着自己的意愿,想要干什么就干什么。《镜花缘》六回:"世上无论何事,若人力未尽,从无坐在家中,那能平空落下随心所欲事来。"梁实秋《雅舍小品·退休》:"礼,应该遵守,不过也有人觉得未尝不可不遵守。……尤其是七十的人,随心所欲不逾矩,好像是大可为所欲为。"王安忆《叔叔的故事》:"众生百态,全由他描写得淋漓尽致且游刃有余。他随心所欲,却点石成金。"

【随遇而安】 suí yù ér ān 随:顺从。遇:境遇。安:安然。处在任何环境中,都能安然自得,感到满足。宋·朱熹《答何叔京》:"安土者,随所遇而安也。"《儿女英雄传》二四回:"计算起来,也是吾生有限,浩劫无涯,倒莫如随遇而安。"萧红《呼兰河传》三章:"我有记忆的第一个冬天,就这样过去了。没有感到十分的寂寞,但总不如在后园里那样玩着好。但孩子是容易忘记的,也就随遇而安了。"邓友梅《烟壶》一三:"他有求精致爱讲求的一面,可也有随遇而安、乐天知命的一面。"

【随踵而至】 suí zhǒng ér zhì 见"接踵而至"。

【随珠弹雀】 suí zhū tán què 随珠:即随侯之珠,古代传说中的明珠。拿明珠当弹丸去射麻雀。《庄子·让王》:"今且有人于此,以随侯之珠,弹千仞之雀,世必笑之。是何也?则其所用者重,而所要者轻也。"后用"随珠弹雀"比喻得不偿失。明·

张居正《与南台长言中不干外政》:"隋珠弹雀,群虎捕羊,殊可笑也。隋:同"随"。《初学记》卷一九引《消青衣赋》:"随珠弹雀,堂溪刘葵。"

【岁丰年稔】suì fēng nián rěn　稔:谷物成熟。指年成好,农业大丰收。唐·陆长源《上宰相书》:"今岁丰年稔,谷贱伤农。诚宜出价以敛籴,实太仓之储。"也作"岁稔年丰"。明·无名氏《十样锦》四折:"今日个君圣臣贤治,化育的岁稔年丰快。"

【岁寒三友】suì hán sān yǒu　指松、竹、梅。松、竹经冬不凋,梅则耐寒开花,故称"岁寒三友"。宋·王质《送郑德初归吴中》诗:"相识虽非昔,相知不似今。岁寒三益友,金断两同心。"明·无名氏《渔樵闲话》四折:"那松柏翠竹,皆比岁寒君子,到深秋之后,百花皆谢,惟有松、竹、梅花,岁寒三友。"《红楼梦》五三回:"又有各色旧窑小瓶中都点缀着'岁寒三友''玉堂富贵'等鲜花草。"也指山水、松竹、琴酒。以"岁寒"比喻乱世,三者为乱世中的清高之物,故称"岁寒三友"。清·赵翼《陔馀丛考·岁寒三友》:"古人乡无君子,则与山水为友;里无君子,则以松竹为友;坐无君子,则以琴酒为友。"

【岁寒松柏】suì hán sōng bǎi　《论语·子罕》:"岁寒,然后知松柏之后凋也。"意为松柏岁寒不凋。后用"岁寒松柏"比喻在逆境中能保持节操的人。唐·刘禹锡《将赴汝州途出浚下留辞李相公》诗:"后来富贵已零落,岁寒松柏犹依然。"宋·苏轼《浣溪沙·寓意》词:"顾我已无当世望,似君须向古人求,岁寒松柏肯惊秋。"

【岁稔年丰】suì rěn nián fēng　见"岁丰年稔"。

【岁月不居】suì yuè bù jū　居:停留。岁月不停留。指时光在不断地流逝。汉·孔融《论盛孝章书》:"岁月不居,时节如流。五十之年,忽焉已至。"

【岁月如流】suì yuè rú liú　流:流水。形容时光像流水一样很快地消逝。《陈书·徐陵传》:"岁月如流,平生何几,晨看旅雁,心赴江淮;昏望牵牛,情驰扬越;朝千悲而掩泣,夜万绪而回肠。"《醒世恒言》卷一九:"时光迅速,岁月如流,不觉又是二十余年。"

【岁月峥嵘】suì yuè zhēng róng　见"峥嵘岁月"。

【损兵折将】sǔn bīng zhé jiàng　损、折:损失。兵士和将领都有伤亡。指作战失利。《水浒传》八二回:"若得太尉早来如此,也不教国家损兵折将,虚耗了钱粮。"《东周列国志》四一回:"陈、蔡、郑、许四国,损兵折将,各自逃生,回本国去了。"姚雪垠《李自成》一卷一一章:"东南为左光先把守,今日损兵折将很多。"魏巍《火凤凰》四〇:"黄土岭一战,日军损兵折将,使华北敌人惶恐且又震怒。"

【损公肥私】sǔn gōng féi sī　损害公家的利益而使私人获得好处。巴金《随想录》一二九:"今天到处在揭发有人贩卖霉烂的食品,推销冒牌的假货,办无聊小报,印盗版书,做各种空头生意,为了带头致富,不惜损公肥私、祸国害人。"刘绍棠《小荷才露尖尖角》八:"损公肥私,不正之风,往后可要罪加一等。"

【损己利人】sǔn jǐ lì rén　损:损害。利:使得到好处。损害自己,使别人得到好处。明·李贽《与庄纯夫书》:"孝友忠信,损己利人,胜似今世称学道者。"鲁迅《南腔北调集·为了忘却的记念》:"无论从旧道德,从新道德,只要是损己利人的,他就挑选上,自己背起来。"

【损人利己】sǔn rén lì jǐ　损:损害。利:使得到好处。损害别人,使自己得到好处。元·高文秀《渑范叔》四折:"则为你损人利己使心机,图着个甚的?"《封神榜》一三三回:"害的我,浑身是口难分解,遍体排牙说不清。损人利己终有报,只恐人容天不容。"《三侠五义》一〇八回:"玉兰道:'妈妈也是多虑。有说有话的,没说没的话。似这样损人利己,断难永享。而且人命关天的,如何使得?'"莫应丰《山高林密处》一三:"现在,竹林虽很茂密,木材却是稀物,总有个别不肯安分守己的人干那种损人利己的事。"

【缩手缩脚】 suō shǒu suō jiǎo 因寒冷而四肢不能舒展的样子。《老残游记》六回:"喊了许久,店家方拿了一盏灯,缩手缩脚的进来,嘴里还嘟哝道:'好冷呀!'"也用来形容胆子小,顾虑多,不敢放手做事。贾平凹《弈人》:"一旦遇着强手,那便'心理压力太大',缩手缩脚,举棋不定,方寸大乱,失了水准。"

【缩头缩脑】 suō tóu suō nǎo 形容畏缩不前或胆小怕事。老舍《四世同堂》七〇:"她露不出自己的威风,而只缩头缩脑的站在那里,像个乡下来的傻丫头。"浩然《乐土》三四章:"看你这个样儿,缩头缩脑的,好像进来个不认识的生人。"

【缩衣节食】 suō yī jié shí 见"节衣缩食"。

【所费不赀】 suǒ fèi bù zī 赀:计算。花费的钱财无法计算。形容耗资极大。明·沈德符《万历野获编·御膳》:"闻茹蔬之中,皆以荤血清汁和剂以进,上始甘之,所费不赀。"《花月痕》四七回:"国王是个女主,先前嗣位,年纪尚轻,听信喜事的人,闹了二十余年,所费不赀,渐渐追悔。"也作"所费不资"。《清史稿·河渠志一》:"虽经大臣会阅,严饬开闸出水,而年深工大,所费不资,兼为傍海奸灶所格,竟不果行。"

【所费不资】 suǒ fèi bù zī 见"所费不赀"。

【所见所闻】 suǒ jiàn suǒ wén 所看到和听到的。宋·王安石《明州慈溪县学记》:"则士朝夕所见所闻,无非所以治天下国家之道。"《红楼梦》三九回:"刘姥姥吃了茶,便把些乡村中所见所闻的事情说与贾母,贾母益发得了趣味。"鲁迅《南腔北调集·林克多〈苏联闻见录〉序》:"作者是平常的人,文章是平常的文章,所见所闻的苏联,是平平常常的地方……并没有什么希奇古怪。"欧阳山《三家巷》一六二:"你应该好好地写一篇长长的文章,把咱们这一路上所见的奇风异俗,风土人情和一切所见所闻都写进去,这可有意思了。"

【所剩无几】 suǒ shèng wú jǐ 无几:没有多少。指剩下的不多。《镜花缘》九一回:"兰芝道:'此后酒令所剩无几,所有酒规,自应仍照前例,似可不必一总结算了。'"《官场现形记》三五回:"一席话说得唐二乱子心痒难抓,跃跃欲试。但是带来的银子,看看所剩无几,办不了这桩正经。"刘绍棠《花街》一:"凡打鱼的都要到河卡子上领腰牌,缴鱼税,七折八扣,所剩无几。"

【所向披靡】 suǒ xiàng pī mǐ 所向:指风吹到的地方。披靡:草木随风倒伏的样子。比喻兵力所到之处,敌人纷纷溃退。《梁书·萧确传》:"钟山之役,确苦战,所向披靡,群贼惮之。"《东周列国志》四六回:"言毕,遂与其友鲜伯等百余人,直犯秦阵,所向披靡,杀死秦兵无算。"《野叟曝言》一〇一回:"男毒蟒自出兵来,所向披靡,战无不胜,遂也放心,直杀至堡。"邓一光《我是太阳》五部六:"由坦克率先攻坚,以壮声威,一般的情况下都是无坚不摧,所向披靡。"

【所向无敌】 suǒ xiàng wú dí 所向:指力量达到的地方。无敌:没有能抵挡的对手。形容力量强大,谁也不是对手。三国蜀·诸葛亮《心书》:"善将者因天之时,就地之势,依人之利,则所向无敌,所击者万全矣。"《老残游记二集》五回:"像曾忠襄,自练一军,救兄于祁门,后来所向无敌,困守雨花台,毕竟克复南京而后已,是个真英雄。"刘白羽《第二个太阳》二章:"凡是熟知秦震的人,都知道他是一个气魄非凡、威风凛凛,指挥千军万马所向无敌的指挥员。"

【所向无前】suǒ xiàng wú qián　指军队将要到达的地方,前面没有能阻挡的。《后汉书·杜林传》:"赤眉兵众百万,所向无前。"《三国演义》七一回:"曹操见云东冲西突,所向无前,莫敢迎敌,救了黄忠,又救了张著——奋然大怒,自领左右将士来赶赵云。"

【所作所为】suǒ zuò suǒ wéi　指人所做的事情。《二刻拍案惊奇》卷一八:"甄希贤自从把玄玄子送在监里了,归家来成了孝服,把父亲所作所为尽更变过来。"《官场现形记》三三回:"一回又想到自己平时所作所为,简直没有一件妥当的,一霎时万虑千愁,坐立不定。"老舍《四世同堂》五三:"近来,她越来越觉得妈妈的所作所为都很聪明妥当。"

【索然寡味】suǒ rán guǎ wèi　见"索然无味"。

【索然无味】suǒ rán wú wèi　索然:没有意味的样子。形容枯燥,没有趣味。《二十年目睹之怪现状》一〇二回:"豹英至此,也自索然无味,只得把几件父亲所用的衣服,及姨娘几件细毛衣服要了,动身回省。"鲁迅《准风月谈·看变戏法》:"事情真是简单得很,想一下,就好像令人索然无味。然而我还是常常看。"魏巍《火凤凰》七四:"那些名字密密麻麻,一时也看不清楚。高凤岗坐在那里等得索然无味,只好站起来去欣赏那些签名。"也作"索然寡味"。韦君宜《当代的悲剧》:"他自己动笔大加删削,亲手把一切带有生活气息的东西……砍得精光,只剩下几条骨架,使人读了简直索然寡味。"

T

【他山攻错】 tā shān gōng cuò　他山：另外的山。攻：磨治。错：磨刀石。《诗经·小雅·鹤鸣》："它山之石，可以为错。"又："它山之石，可以攻玉。"他山的石头可以用来磨治玉器。后用"他山攻错"比喻借用外力来帮助自己改正缺点、错误或提高认识。《孽海花》一八回："借他山攻错之资，集世界交通之益，翘盼旌旄，勿吝金玉。"

【他山之石】 tā shān zhī shí　他山：另外的山。《诗经·小雅·鹤鸣》："它山之石，可以攻玉。"他山的石头可以用来磨治玉器。后用"他山之石"比喻能帮助自己改正缺点、错误或提高认识的外力。唐·杨炯《唐昭武校尉曹君神道碑》："托无愧之铭，跋涉载劳于千仞；访他山之石，东西向逾于万里。"鲁迅《集外集拾遗补编·"中国杰作小说"小引》："外国文学的翻译极其有限，连全集或杰作也没有，所谓可资'他山之石'的东西实在太贫乏。"

【太仓一粟】 tài cāng yī sù　太仓：旧时设在京城里的大粮仓。粟：小米。大粮仓中的一粒小米。《庄子·秋水》："计中国之在海内，不似稊米之在太仓乎？"后用"太仓一粟"比喻数量非常少或极其渺小。《儿女英雄传》三回："我们已写了知单，去知会各同窗的朋友，多少大家集个成数出来，但恐太仓一粟，无济于事。"聂绀弩《阔人礼赞》："纵然也有时会给你几个钱，而你又肯要，那算什么呢？在他不是九牛一毛，太仓一粟么？"

【太阿倒持】 tài ē dào chí　太阿：宝剑名。《汉书·梅福传》："至秦则不然，张诽谤之罔，以为汉驱除，倒持泰阿，授楚其柄。"泰阿：即"太阿"。后用"太阿倒持"比喻将权柄授人，自受其祸。宋·秦观《李训论》："自德宗惩北军之变，以左右神策、天威等军，分委宦官主之，由是太阿倒持，不复可取。"郭沫若《十批判书·韩非子的批判》："权势既设，这是为人主所'独擅'的东西，绝对不能够与臣下相共，与臣下相共便是太阿倒持，结果便会为臣下所劫弑。"

【太公钓鱼，愿者上钩】 tài gōng diào yú, yuàn zhě shàng gōu　太公：姜太公，名尚，字子牙，帮助武王伐纣的功臣。《武王伐纣平话》卷中："姜尚因命守时，直钩钓渭水之鱼，不用香饵之食，离水面三尺，尚自言曰：'负命者上钩来！'"后用"太公钓鱼，愿者上钩"比喻甘心上当或自愿去做某事。明·叶良表《分金记·狂徒夺节》："自古道得好：'姜太公钓鱼，愿者上钩。'不愿，怎强得也。"毛泽东《别了，司徒雷登》："美国人在北平，在天津，在上海，都洒了些救济粉，看一看什么人愿意弯腰拾起来。太公钓鱼，愿者上钩。嗟来之食，吃下去肚子要痛的。"

【太平盛世】 tài píng shèng shì　盛世：兴盛的时代。社会安定、昌盛的时代。明·沈德符《万历野获编·章枫山封事》："余谓太平盛世，元夕张灯，不为过侈。"《儿女英雄传》三〇回："你生在这太平盛世，又正当有为之年，玉食锦衣，高堂大厦，我合妹妹两个，虽道不算美人，且幸不为媒母。"鲁迅《南腔北调集·小品文的危机》："然而就是在所谓'太平盛世'，这'小摆设'原也不是什么重要的物品。"欧阳山《三家巷》一〇六："我总觉得那些烧炮仗的人非常可恶。那太平盛世，有哪点得罪了你们哪？"

【太岁头上动土】 tài suì tóu shàng dòng tǔ　太岁：传说中的神名，古人认为太岁之神在地，与天上的岁星（木星）相应而行，兴建土木工程要避开太岁所在的方位，否则就会遭受祸害。后用"太岁头上动土"比喻触犯有权有势的人。《水浒传》二回："你也须有耳朵，好大胆，直来太岁头上动土！"《初刻拍案惊奇》卷三："官人不要太岁头上动土，我媳妇不是好惹的。"《镜花缘》九六回："那知他要追步徐敬业、骆宾王的后尘，竟来'太岁头上动土'，若不给他一个下马威，他也不知利害！"周而复《上海的早晨》四部四三："哼，真是在太岁头上动土！竟然想到我徐义德的头上来了！"

【泰极生否】 tài jí shēng pǐ　泰：《周易》卦名。《周易·泰》："象曰：天地交，泰。"否：《周易》卦名。《周易·否》："象曰：天地不交，否。"由于"泰"吉"否"凶，后来便使用"泰极生否"指事物在顺利到了极点时，就会产生不顺利情况。比喻乐极生悲。唐·刘禹锡《史公神道碑》："侍中以帐下生变闻，泰极而否，当歌而哭。"《西游记》九一回："所以泰极生否，乐盛成悲，今被妖邪捕获。"〔注意〕否，不读fǒu。

【泰然处之】 tài rán chǔ zhī　泰然：镇定的样子。处：对待。以安心镇定的态度对待。形容心里坦然，毫不在意。《续资治通鉴·元顺帝至正十七年》："凡土木之劳，声色之乐，宴安鸩毒之惑，皆宜痛绝勇改；而陛下乃泰然处之，若承平无事时，此事安逸所以为根本之祸者也。"茅

盾《锻炼》二："自有记忆以来，她从没用过别人的被窝。但一会儿以后，她又泰然处之，而且马上睡着了。"

【泰然自若】 tài rán zì ruò　泰然：镇定的样子。自若：不改变常态，不拘束。形容镇定沉着，神情如常。《金史·颜盏门都传》："有敌忽来，虽矢石至前，泰然自若。"茅盾《蚀·动摇》一："所以当县公署换挂了青天白日旗，而且颇有些'打倒土豪劣绅'的小纸条发见在城隍庙的照壁上时，他还是泰然自若。"欧阳山《三家巷》九一："陈家父子陈万利和陈文雄表面上虽然装得很镇静，很泰然自若，仿佛跟自己没有一点关系的样子，但是心里面也确实有些着慌。"

【泰山北斗】 tài shān běi dǒu　泰山：山名，在山东泰安北。北斗：北斗星。古人以泰山为五岳之首，北斗为众星中最明亮者，故用"泰山北斗"比喻名望很高、为众人所景仰的人。《新唐书·韩愈传赞》："自愈没，其言大行，学者仰之如泰山北斗云。"《官场现形记》二七回："然而杭州人总靠他为泰山北斗，有了事不能不告诉他；其实他除掉要钱之外，其余之事是一概不肯管的。"

【泰山鸿毛】 tài shān hóng máo　鸿毛：大雁的毛。汉·司马迁《报任少卿书》："人固有一死，或重于泰山，或轻于鸿毛，用之所趋异也。"后用"泰山鸿毛"比喻轻重差别非常悬殊。清·陈康祺《郎潜纪闻初笔·金陵士大夫节烈》："迄今中兴二十年，度此辈亦大半槁项死，以视诸君子艰难求济，慷慨殉生，薄禄未沾，大义是荷，其轻重之区，岂直泰山之于鸿毛哉？"

【泰山可倚】 tài shān kě yǐ　倚：靠着。像泰山那样可以倚靠。比喻以强大的后台作为靠山。清·郑志鸿《常语寻源》卷下："天宝遗事：有劲进士张象谒杨右相者，曰富贵可立致。象曰：人以国忠为

山可倚,吾视之如冰山耳,若皎日既升,得无失所恃乎?"

【泰山压顶】 tài shān yā dǐng 顶:头顶。像泰山压在头顶上。比喻压力非常大或沉重的打击突然降临。明·贾凫西《木皮词·正传》:"给了他个泰山压顶没有躲闪,把那助纣为虐的杀个净,直杀的血流漂杵堵了城门。"《儿女英雄传》六回:"一个棍起处似泰山压顶,打下来举手无情。"

【泰山压卵】 tài shān yā luǎn 泰山压在蛋上。《后汉书·广陵思王荆传》:"功易于太山破鸡子,轻于驷马载鸿毛,此汤、武兵也。"后用"泰山压卵"比喻力量悬殊,强者轻而易举地击败对方,毫不费力。《晋书·孙惠传》:"况履顺讨逆,执正伐邪,是乌获摧冰,贲育拉朽,猛兽吞狐、泰山压卵,因风燎原,未足方也。"《镜花缘》五九回:"史家哥哥固志在报仇,……一经领兵到此,岂非泰山压卵?"李劼人《大波》三部四章:"这种太不寻常的打岔,使魏楚藩吃了一惊。……虽然没有泰山压卵之势,但在对比之下,这个年轻排长确确实实显得十分萎琐。"

【泰山之安】 tài shān zhī ān 像泰山那样安稳。形容非常安定、稳固。汉·枚乘《上书谏吴王》:"居泰山之安,而欲乘累卵之危,走上天之难,此愚臣之所大惑也。"《三国演义》六〇回:"今听臣言,则西蜀有泰山之安;不听臣言,则主公有累卵之危矣。"

【贪财好利】 tān cái hào lì 贪:贪图。贪图钱财,喜好私利。《水浒传》二九回:"愚男原在快活林中做些买卖,非为贪财好利,实是壮观孟州,增添豪杰气象。"

【贪财好色】 tān cái hào sè 贪:贪图。色:女色。贪图钱财,喜好女色。《汉书·高帝纪上》:"亚父范增说羽曰:'沛公居山东时,贪财好色,今闻其入关,珍物无所取,妇女无所幸,此其志不小。'"《二刻拍案惊奇》卷一五:"这个提控不是贪财好色之人,乃是个正人君子。"《三侠五义》九〇回:"可恨他三人贪财好色,枉用心机,白白害了奶公并小姐落水,也只得赤手空拳,赴水而去。"王火《战争和人》(一)卷七:"听谢元嵩说'忠厚老实,洁身自好',童霜威暗自好笑。谢元嵩贪财好色,并不检点,这种厚颜自翊的脾气历来是他的一种障眼法。"

【贪得无厌】 tān dé wú yàn 得:指追求名利。厌:满足。贪图名利之心永远没有满足的时候。《东周列国志》一〇五回:"赵王有宠臣郭开者,贪得无厌,臣遣弟子王敖往说魏王,使略郭开而请救于赵王,赵必出兵,吾因以为赵罪,移兵击之。"周而复《上海的早晨》二部四三:"工商界偏偏有些人贪得无厌,好了还要好,利润多了还要多。"高云览《小城春秋》一三章:"他带着贪得无厌的奢望,又搬出一大堆摄影图片来说:'再请看看这些,是不是这里面还可以多选几张?'"

【贪多务得】 tān duō wù dé 贪:贪图。务:谋求,追求。得:得到。贪求更多地获得所需要的东西。唐·韩愈《进学解》:"贪多务得,细大不捐。"清·方宗诚《〈古文简要〉序》:"而泛观古人之文则又博而寡要,且惧夫贪多务得而遂溺于文。"孙犁《读冉冉淮舟近作散文》:"不要急于求成,不要贪多务得。"也指贪心不足。郭沫若《洪波曲》一三章:"敌人是好大喜功,贪多务得的。"

【贪官污吏】 tān guān wū lì 贪赃枉法的官吏。元·无名氏《鸳鸯被》四折:"一应贪官污吏,准许先斩后闻。"《二刻拍案惊奇》卷一六:"我只道阳间贪官污吏受财枉法,卖富差贫,岂知阴间也自如此?"《野叟曝言》四六回:"咱们身虽落草,心在朝廷,所杀者贪官污吏、势恶土豪,所生者孤穷赤子、冤屈平民。"梁斌《红旗谱》三七:"贪官污吏,光管发财致富,不管农民死活!"

【贪贿无艺】tān huì wú yì　贪:贪图。贿:财物。艺:限度。贪图财物,没有限度。毛泽东《向国民党的十点要求》:"彼辈不注意敌人而以对内为能事,杀人如麻,贪贿无艺,实谣言之大本营,奸邪之制造所。"

【贪生怕死】tān shēng pà sǐ　贪:贪恋。贪恋生存,害怕死亡。怕,也作"畏"。《汉书·文三王传》:"今立自知贼杀中郎事将,冬月迫促,贪生畏死,即诈僵仆阳病,侥幸得逾于须臾。"元·李寿卿《伍员吹箫》三折:"元来你这般贪生怕死无仁义。"《三国演义》八三回:"吾非贪生怕死之人,奈何使吾等堕其锐气?"《野叟曝言》一四三回:"实不暇为郡主计,只此一念,贪生怕死,是卑人实犯之罪。"鲁迅《故事新编·起死》:"您是贪生怕死,倒行逆施,成了这样的呢?(囊橐)还是失掉地盘,吃着板刀,成了这样的呢?(囊橐)"萧红《呼兰河传》六章:"老厨子说他贪生怕死,别人也都说死不了。"

【贪天之功】tān tiān zhī gōng　天:上天。把上天的功劳归于自己。《左传·僖公二十年》:"窃人之财,犹谓之盗,况贪天之功,以为己力乎?"《宋史·刘安世传》:"自谓社稷之臣,贪天之功,侥幸异日,天下之人指为'四凶'。"《东周列国志》三七回:"吾宁终身织屦,不敢贪天之功以为己力也!"后泛指把别人的功劳算到自己的账上。《水浒后传》三四回:"小可本是浔阳江上一个渔户,……讨遭罗之难,全是众位之力,岂敢贪天之功,遂尔僭妄!"何藏《乌鸦和喜鹊》:"他们出自篡党夺权的罪恶目的,把缺点尽量掩盖起来,而把成绩无限地加以夸大,贪天之功为己功。"

【贪污腐化】tān wū fǔ huà　利用职权非法窃取财物,过着糜烂堕落的生活。刘玉民《骚动之秋》二三章:"对于岳鹏程

的一些问题,对于蔡黑子等人拉帮结派、贪污腐化的一些问题,登海镇委书记向他作过汇报。"王火《战争和人》(二)卷五:"我们那些熟人,都仍是当官的当官,做老爷的做老爷。贪污腐化更盛,特务气焰更高。"

【贪小失大】tān xiǎo shī dà　贪:贪图。《吕氏春秋·权勋》:"达子又帅其余卒,以军于秦周,无以赏,使人请金于齐王。齐王怒曰:'若残竖子之类,恶能给若金!'与燕人战,大败,达子死。齐王走莒。燕人逐北入国,相与争金于美唐甚多。此贪于小利以失大利者也。"后用"贪小失大"指因贪图小便宜而失去了大的利益。《初刻拍案惊奇》卷一六:"那虔老儿要讨晚婆,他道是'白得的,十分便宜'。谁知道生这婆子,白白里送了两个后生媳妇。这叫做'贪小失大',所以为人切不可做那讨便宜苟且之事!"《荡寇志》八三回:"岂不是贪小失大,正中吴用之计。"

【贪心不足】tān xīn bù zú　贪欲之心永不满足。《三国演义》一五回:"汝贪心不足!既得吴郡,而又强并吾界!今日特与严氏雪仇!"刘心武《钟鼓楼》三章:"不过,潘秀娅——这位一会儿便要坐着出租小轿车来的新娘子,绝不是那种不知天高地厚、贪心不足的人。"

【贪欲无艺】tān yù wú yì　贪:贪图。艺:限度。贪图钱财的欲望没有限度。《国语·晋语八》:"及桓子骄泰奢侈,贪欲无艺。"

【贪赃枉法】tān zāng wǎng fǎ　贪赃:利用职权收受贿赂。枉法:歪曲和破坏法律。贪污受贿,破坏法律。《喻世明言》卷二一:"婆留道:'做官的贪赃枉法得来的钱钞,此乃不义之财,取之无碍。'"欧阳山《三家巷》二七:"官府都是一个样子:贪赃枉法,鱼肉百姓!你斗得了一个,还斗得了一千个、一万个?"

【昙花一现】 tán huā yī xiàn　昙花:佛经中优昙钵华的简称,开花仅数小时即谢。《妙法莲华经·方便品第二》:"佛告舍利弗,如是妙法,诸佛如来,时乃说之,如优昙钵华,时一现耳。"后用"昙花一现"比喻人或事物存在的时间很短,刚一出现就迅速消失了。清·陆诒经《〈小螺庵病榻忆语〉题词》:"昙花一现只匆匆,玉瘗兰凋感谢公。"鲁迅《且介亭杂文末编·"立此存照"三》:"像昙花一现地,这部影片只映了两天,便永远在我国人眼前消灭了。"茅盾《〈蚀·动摇〉法文版序》:"作者的意图是要把李克这个人物,作为这一力量的代表;但李克在书中,只是昙花一现,因而作者的意图没有产生实际的效果。"

【谈辞如云】 tán cí rú yún　谈话时言辞像云彩那样涌而出。形容谈锋甚健。《后汉书·符融传》:"膺风性高简,每见融,辄绝它宾客,听其言论。融幅巾奋褒,谈辞如云。"

【谈古论今】 tán gǔ lùn jīn　从古到今,无所不谈。形容谈话内容十分广泛。《二十年目睹之怪现状》三五回:"姓贾的便道:'你们都不必谈古论今,赶紧分了韵,作"竹汤会"诗罢。'"马烽、西戎《吕梁英雄传》九回:"二先生亲自来陪,抽烟喝茶拉闲话,故意消磨时间。谈古论今,前五百年后五百年,从天上说到地下。"

【谈何容易】 tán hé róng yì　谈:谈话议论,指向君主进言。何容:岂可,怎能。《汉书·东方朔传》:"吴王曰:'可以谈矣,寡人将竦意而览焉。'先生曰:'於戏!可乎哉?可乎哉?谈何容易!'"意为在君主面前谈话议论不能轻易从事。后指事情做起来并不像说的那么容易。《喻世明言》卷一二:"拟把名花比,恐傍人笑我谈何容易。细思算,奇葩艳卉,惟是深红浅白而已。"《官场现形记》二五回:"黄胖姑道:'能够叫他老人家相信,谈何容易!像你厚翁这样的老成练达,爱惜声名,真正难得!'"李劼人《大波》二部八章:"因为有武侯祠的事情在前,也因为四城门还是关闭了大半天,要叫大家莫惊惶,谈何容易!"

【谈虎色变】 tán hǔ sè biàn　色:脸色。《二程遗书》卷二:"真知与常知异。常见一田夫,曾被虎伤,有人说虎伤人,众莫不惊,独田夫色动异于众。若虎能伤人,虽三尺童子莫不知之,然未尝真知。真知须如田夫乃是。"后用"谈虎色变"比喻一提起可怕的事情,脸色就变了。元·王炎午《祭御史萧方厓文》:"谈虎色变,公亦流涕。"《野叟曝言》一四五回:"昔人云谈虎色变,朕此时觉烈火、寒冰、臭秽、刀剑诸怪异,如剥肌肤也。"巴金《随想录》六:"二十年来天天听说'毒草',几乎到了谈虎色变的程度。"李英儒《野火春风斗古城》一五章:"关敬陶觉着自己刚从虎口逃出来,还没松一口气,家里竟发生了这样意外的事情,他真是谈虎色变了。"

【谈今论古】 tán jīn lùn gǔ　从今到古无所不谈。形容谈话内容十分广泛。《西游记》一九回:"却说三藏与那诸老谈今论古,一夜无眠。"

【谈情说爱】 tán qíng shuō ài　指情侣谈恋爱。茅盾《腐蚀·一月十五日》:"当我看了看那颇为隐蔽的座儿,便笑着对N道:'好个谈情说爱的地方,只可惜我们这一对是假的!'"钱钟书《围城》二:"方鸿渐并未向她谈情说爱,除掉上船下船走跳板时扶她一把,也没拉过她的手。"

【谈天说地】 tán tiān shuō dì　从天上到地下无所不谈。形容谈话的内容非常广泛。元·杨梓《豫让吞炭》四折:"此时人物也是个英雄,豪气贯长虹,往常时谈天说地语如钟,我从为咱主公做哑妆聋。"《喻世明言》卷二二:"步兵招讨使孙虎臣,水军招讨使夏贵,都是贾似道门客,平昔谈天说地,似道倚之为重。"《说岳全传》一三回:"见了这些酒肴,也不听他们谈天说地,好似渴龙见水,如狼似虎的吃个精光,方才住手。"巴金《随想录·后记》:"他们说你看报刊评论员经常写文章叫人说真话,讲东论西,谈天说地,仿佛一贯正确,从未记账认账,好像我讲出来就是真话,你只要唯唯诺诺,万事大吉。"李劼人《死水微澜》五部七:"于是谈天说地,讲古论今,连二小姐都不觉得疲倦。"

【谈笑风生】 tán xiào fēng shēng 形容谈话时又说又笑,兴致很高,并且很有风趣。宋·汪藻《鲍吏部集序》:"风度凝远,如晋宋间人,谈笑风生,坐者皆屈。"《野叟曝言》九回:"三人原是好友,日京更喜新得大郎,谈笑风生,欢然畅饮。"巴金《随想录》一二五:"他平日爱喝点白酒,见到熟人总是谈笑风生。"欧阳山《三家巷》六六:"直到这会儿,杨大夫才无拘无束,谈笑风生起来。"

【谈笑封侯】 tán xiào fēng hóu 谈笑之间就封了侯。形容取得功名非常容易。唐·杜甫《复愁》诗之六:"闾阎听小子,谈笑觅封侯。"元·辛文房《唐才子传·张渭》:"自矜奇骨,必谈笑封侯。"

【谈笑自如】 tán xiào zì rú 见"谈笑自若"。

【谈笑自若】 tán xiào zì ruò 自若:不变常态。又说又笑,跟平常一样。多形容在异常情况下不失常态。《后汉书·孔融传》:"建安元年,为袁谭所攻,自春至夏,战士所余裁数百人,流矢雨集,戈矛内接。融隐几读书,谈笑自若。"《三国演义》八回:"卓即命于座前,或断其手足,或凿其眼睛,或割其舌,或以大锅煮之。哀号之声震天,百官战栗失箸,卓饮食谈笑自若。"茅盾《虹》八:"她吸引着多少男子向她攒攻,她谈笑自若地将他们踢开。"杨沫《青春之歌》二部二一章:"江华

吃着、喝着,谈笑自若,可是他心里却在不停地打着算盘。"也作"谈笑自如"。老舍《四世同堂》一六:"只有这样,她才能把心拴住,可是她也知道这样必定失去谈笑自如的劲儿,而使人看出她的心病。"

【谈言微中】 tán yán wēi zhòng 微中:隐微曲折之中切中要害。指言语隐微曲折而能切中问题的要害。《史记·滑稽列传序》:"天道恢恢,岂不大哉;谈言微中,亦可以解纷。"《儒林外史》一〇回:"牛布衣又说起:'范学台幕中查一个童生卷子,尊公说出何景明的一段话,真乃"谈言微中,名士风流。"'因将那一席话又述了一遍,两公子同蘧公孙都笑了。"〔注意〕中,不读 zhōng。

【弹冠相庆】 tán guān xiāng qìng 弹冠:掸掉帽子上的灰尘。《汉书·王吉传》:"吉与贡禹为友,世称'王阳在位,贡公弹冠',言其取舍同也。"意为王吉(王阳)、贡禹为好友,王吉做了官,一定引荐贡禹出来做官。后用"弹冠相庆"指即将做官而互相庆贺。多用于贬义。宋·苏洵《管仲论》:"一日无仲,则三子者,可以弹冠而相庆矣。"明·汪廷讷《种玉记·登隽》:"哥哥既已做官呵,弹冠相庆浑难已,怎得把椿庭消息临岐寄,使两地相思顷刻除。"蒋光慈《乡情》诗:"农民协会封闭了,豪绅们又重新弹冠相庆。"

【弹铗无鱼】 tán jiá wú yú 铗:剑把。《战国策·齐策四》:"齐人有冯谖者,贫乏不能自存,使人属孟尝君,愿寄食门下……居有顷,倚柱弹其剑,歌曰:'长铗归来乎,食无鱼!'"后用"弹铗无鱼"指身处困境。明·张凤翼《红拂记·英豪羁旅》:"寒灯欹枕听夜雨,堪怜弹铗无鱼。"明·杨珽《龙膏记·邂逅》:"料不为弹铗无鱼,只苦是文园消减。"

【痰迷心窍】 tán mí xīn qiào 心窍:指思维能力。比喻为人糊涂,头脑发昏。

《官场现形记》五六回："人家问他何苦如此，他说他是为正学绵一线之留延，所以不得不如此。大家都说他痰迷心窍，也就不再劝他。"王蒙《青春万岁》一八："李春毕竟并不愚笨，她写作的时候，虽然痰迷心窍般地沉在自我陶醉中，等田林一分析，也就恍然大悟自己写得实在不像话。"

【忐忑不安】 tǎn tè bù ān　忐忑：心神不定的样子。心里七上八下不能安定。《封神榜》一七八回："且说云霄娘娘观见棚上的莲灯，就知二位教主临凡，吓的心内忐忑不安。"《孽海花》三〇回："彩云心里有些忐忑不安，恐怕回去得晚，雯青又要噜哝。"杨沫《青春之歌》一部二三章："她忐忑不安地打开了提包，立刻一卷卷红色、绿色、白色的纸片露了出来。"路遥《平凡的世界》(中)二〇章："虽然信上没有具体说家里出了什么事，但少平心里还是有些忐忑不安。"

【坦腹东床】 tǎn fù dōng chuáng　坦：裸露。《晋书·王羲之传》："时太尉郗鉴使门生求女婿于导，导令就东厢遍观子弟，门生归，谓鉴曰：'王氏诸少并佳，然闻信至，咸自矜持，惟一人在东床坦腹食，独若不闻。'鉴曰：'正此佳婿邪！'访之，乃羲之也，遂以女妻之。"后用"坦腹东床"指女婿。明·沈受先《三元记·议亲》："我操国柄佐圣明，我是九棘三槐位里人，要择个坦腹东床，岂无个贵戚王孙。"也指做女婿。明·高明《琵琶记·金闺愁配》："书生愚见，忒不通变，不肯坦腹东床。"也指besting作女婿。《隋唐演义》六一回："弟想姑夫声势赫赫，表弟青年娇娇，怕没有公侯大族坦腹东床？"

【坦然自若】 tǎn rán zì ruò　坦然：内心无顾虑，很平静。自若：无拘束，与平常一样。心里平静，态度从容如常。《红楼梦》二二回："宝钗原不妄言轻动，便此时亦是坦然自若。"陈忠实《白鹿原》一二

章："鹿兆鹏尽量做出坦然自若的神情却总是显得不大自然。"

【叹为观止】 tàn wéi guān zhǐ　叹：赞叹。观止：看到这里就停止，不再看别的了，称赞所看的事物尽善尽美。《左传·襄公二十九年》："[季札]见舞《韶箾》者，曰：'德至矣哉！大矣如天之无不帱也，如地之无不载也，虽甚盛德，其蔑以加于此矣。观止矣！若有他乐，吾不敢请已。'"后用"叹为观止"赞美所看到的事物好到了极点。清·王韬《淞隐漫录·海外壮游》："诸女足蹑素履，舞时离地轻举，浑如千瓣白莲花摇动地面。更佐以乐音灯影，光怪陆离，不可逼视，生抚掌称奇，叹为观止。"刘心武《栖凤楼》八三："那个视听间令他叹为观止。整套最高档的视听器材，光是放音设备就有很多种。"

【探骊得珠】 tàn lí dé zhū　探：把手伸进去拿。骊：骊龙，古代传说中颔下有千金之珠的黑龙。《庄子·列御寇》："河上有家贫恃纬萧而食者，其子没于渊，得千金之珠。其父谓其子：'取石来锻之！夫千金之珠，必在九重之渊而骊龙颔下，子能得珠者，必遭其睡也；使骊龙而寤，子尚奚微之有哉！'"后用"探骊得珠"比喻作诗文能得其旨要，抓住关键。清·陈其元《庸闲斋笔记·蒋振生书法论》："其书法论一篇，聚古人大旨于数百言之中，如探骊得珠，觉前贤纷纷议论，均为饶舌矣。"

【探囊取物】 tàn náng qǔ wù　探：把手伸进去拿。囊：口袋。把手伸进口袋里去取东西。比喻办成某件事情非常容易，毫不费力。《新五代史·南唐世家·李煜传》："中国用吾为相，取江南如探囊中物尔。"《三国演义》三回："功名富贵，如探囊取物，何言无奈而在人之下乎？"《镜花缘》四一回："考期虽尚未定，此信亦确。侄女须赶紧用功，早作准备。据你

学问，要竖才女匾额，只算探囊取物。"刘绍棠《绿杨堤》五："我来当媒人，探囊取物，不费吹灰之力。"

【探头探脑】 tàn tóu tàn nǎo　探：头或身体向前伸出。不断伸头看。形容小心谨慎或鬼鬼祟祟地窥视。宋·朱熹《朱子语类·大学五》："时时去他那下探头脑，心下也须挂它那下有个好处在。"《警世通言》卷二一："公子正坐，与京娘讲话。只见外面一个人入来，到房门口探头探脑。"《官场现形记》二四回："贾大少爷听说，心上一动，把头伸到车子外头往后一瞧，只见刚才替他通报的那个道婆在那里探头探脑的望。"鲁迅《呐喊·狂人日记》一〇："大门外立着一伙人，赵贵翁和他的狗，也在里面，都探头探脑的挨进来。"梁斌《红旗谱》五九："有个穿灰军装的士兵，扛着枪站在门口，探头探脑向屋里窥望。"

【探赜索隐】 tàn zé suǒ yǐn　探：探求。赜：深奥精微。隐：秘密。探求深奥的道理，寻找隐秘的事迹。《周易·系辞上》："探赜索隐，钩深致远，以定天下之吉凶，成天下之亹亹者，莫大乎蓍龟。"三国魏·嵇康《答释难宅无吉凶摄生论》："由此而言，探赜索隐，何为为妄。"刘师培《论中土文字有益于世》："惟群治之进，礼俗之源，探赜索隐，鲜有专家。"

【堂而皇之】 táng ér huáng zhī　堂皇：气势宏大的样子。形容公开，不加掩饰。《二十年目睹之怪现状》四三回："是内帘的，那一个不带着。你去看，有两房还堂而皇之的摆在桌上呢。"茅盾《子夜》八："是呀，我也不懂为什么好好的千金小姐不要堂而皇之出嫁，还不要一万多银子的垫箱钱。"李国文《危楼记事》之三："当她堂而皇之地到医院去做流产归来，楼里有人问她，刮掉的那块肉是否可以认作小双不负责任的结果？"也形容很气派、很体面。茅盾《腐蚀·九月二十二

日》："难为她居然从我所编造的那一句话里做出堂而皇之的文章来了。"

【堂堂一表】 táng táng yī biǎo　堂堂：容貌大方庄严。表：外表，仪表。形容相貌出众、仪表大方。《水浒传》一七回："爹娘生下洒家，堂堂一表，凛凛一躯，自小学成十八般武艺在身，终不成只这般休了！"《三国演义》四三回："孔明致玄德之意毕，偷眼看孙权：碧眼紫髯，堂堂一表。"《说岳全传》五一回："今你堂堂一表，不思报国立功，情愿屈身叛逆；妾身宁死，决不从你骂名万代也！"

【堂堂正正】 táng táng zhèng zhèng　堂堂：盛大的样子。正正：整齐的样子。《孙子·军争》："无要正正之旗，勿击堂堂之陈，此治变者也。"陈：通"阵"。后用"堂堂正正"形容军队军容整齐，军力强大。《封神演义》九四回："真是：堂堂正正之师，吊民伐罪之旅。"也形容正大光明。《说岳全传》五八回："自古大丈夫堂堂正正，既来助阵，不管他什么阵，我们只从正中间杀入去，怕他什么！"老舍《四世同堂》五〇："是的，他须活着；为自己，为家庭，为操守，他须活着，而且是堂堂正正的，有说有笑的，活着。"杨沫《青春之歌》二部四三章："为什么教育部不去声讨那些汉奸卖国贼？不去为他自己的学生伸冤报仇？却反而诬赖我们堂堂正正的爱国行为是越轨行动？"也作"正正堂堂"。《儿女英雄传》三〇回："人家的话正正堂堂，料着一时驳不倒。"

【糖衣炮弹】 táng yī pào dàn　用糖裹在表面的炮弹。比喻腐蚀人、拉人下水的伪装手段。周而复《上海的早晨》二部三四："这也很难讲。我们党早就说过了，要防止中资产阶级的糖衣炮弹。"

【螳臂当车】 táng bì dāng chē　螳：螳螂。当：阻挡。《庄子·人间世》："汝不知夫螳螂乎？怒其臂以当车辙，不知其不胜任也。"后用"螳臂当车"比喻不自量

力。明·无名氏《四贤记·解绶》:"劝恩台妆聋做哑,休得要螳臂当车。"《孽海花》二四回:"他既要来螳臂当车,我何妨去全狮搏兔,给他一个下马威。"也作"螳臂挡车"。王火《战争和人》(一)卷八:"衡诸国力,以中国之积弱与武器之窳败,与世界强国之日本较量,实不啻螳臂挡车。"

【螳臂挡车】 táng bì dǎng chē 见"螳臂当车"。

【螳螂捕蝉,黄雀在后】 táng láng bǔ chán,huáng què zài hòu 《庄子·山木》:"睹一蝉,方得美荫而忘其身,螳螂执翳而搏之,见得而忘其形,异鹊从而利之,见利而忘其真。"汉·刘向《说苑·正谏》:"园中有树,其上有蝉,蝉高居悲鸣饮露,不知螳螂在其后也;螳螂委身曲附欲取蝉,而不知黄雀在其旁也;黄雀延颈欲啄螳螂,而不知弹丸在其下也。此三者皆务欲得其前利而不顾其后之有患也。"后用"螳螂捕蝉,黄雀在后"比喻只图眼前利益,却不知祸害即将来临。《三宝太监西洋记》六二回:"西海蛟杀在好处,那里又顾得傍边有个人算计他来。自古道得好:'螳螂捕蝉,黄雀在后。'"黎汝清《叶秋红》一二:"胡定坤说的并非全是实话,但也并非全是假话,用'螳螂捕蝉,黄雀在后'这句谚语来形容他们的关系,是再确切不过了。"

【倘来之物】 tǎng lái zhī wù 见"傥来之物"。

【傥来之物】 tǎng lái zhī wù 傥来:无意之中忽然得到的。无意中忽然得到的东西。《庄子·缮性》:"轩冕在身,非性命也,物之傥来,寄者也。"《新唐书·纪王慎传》:"况荣宠贵盛,傥来物也,可恃以凌人乎?"也作"倘来之物"。元·秦简夫《东堂老》三折:"这钱财是倘来之物。"

【滔滔不绝】 tāo tāo bù jué 滔滔:连续不断的样子。绝:完结。形容话多,连续不断,没完没了。绝,也作"竭"。五代·王仁裕《开元天宝遗事·走丸善辩》:"张九龄善谈论,每与宾客议论经旨,滔滔不竭,如下阪走丸也。"《镜花缘》四四回:"多九公本是久惯江湖,见多识广,每逢谈到海外风景,竟是滔滔不绝。"老舍《四世同堂》二:"到最后,两个人的谈话必然的移到养花草上来,而二人都可以滔滔不绝的说下去,也都感到难得的愉快。"茅盾《腐蚀·九月二十二日》:"'想不到你也来了,'我剪断了她的滔滔不绝的客套,'几时到的?住在哪里?怎么我一点也不知道呢!'"

【滔天大祸】 tāo tiān dà huò 滔天:漫天,形容极大。极大的灾祸。《三侠五义》四八回:"罪民因白玉堂年幼无知,惹下滔天大祸,全是罪民素日不能规箴忠告善导,致令酿成此事。"李劼人《死水微澜》五部一三:"告诉你一句真话,昨天史先生亲自向我说过,清朝是该灭了,惹下了这种滔天大祸,是不是呢?"

【滔天大罪】 tāo tiān dà zuì 滔天:漫天,形容极大。极大的罪恶。《红楼梦》七七回:"我究竟不知晴雯犯了何等滔天大罪。"李劼人《死水微澜》五部一五:"他心痛已极,眼泪已夺眶而出:'说是犯了啥子滔天大罪,逮去就要短五寸的。叫我们赶快逃跑,迟一点,都不行,信写得太潦草!'"

【韬光养晦】 tāo guāng yǎng huì 韬:隐藏。光:光芒,锋芒。晦:晦迹,即隐藏踪迹。指隐藏自己的才能、锋芒,不使外露。《荡寇志》七六回:"贤侄休怪老父说,似你这般人物,不争就此罢休。你此去,须韬光养晦,再看天时。"王火《战争和人》(三)卷一:"不过,童霜威明白:程涛声这是韬光养晦之计,可以摆脱特务的监视,可以使老蒋放心,求得自己的安全自保。"

【韬晦待时】 tāo huì dài shí 韬晦:把

自己的才能和抱负暂时隐藏起来。暂时隐藏自己的才能、抱负,等待时机而动。茅盾《蚀·动摇》六:"辛亥那年国光就加入革命,后来时事日非,只好韬晦待时。现在如果有机会来尽一份的力,便是赴汤蹈火,也极愿意的。"

【逃之夭夭】 táo zhī yāo yāo 《诗经·周南·桃夭》:"桃之夭夭,灼灼其华。"原形容桃花茂盛鲜艳。后来借"桃"谐"逃"音,用"逃之夭夭"作为逃跑的诙谐说法。《三侠五义》一四回:"众恶奴见事不祥,个个加上一鞭,忽的一声俱各逃之夭夭了。"欧阳山《三家巷》一四四:"张纪文趁势向她提议道:'要不然,咱们两个人相跟着逃走吧!逃之夭夭,离开了边区就什么事儿都没有了。'"刘绍棠《蒲柳人家》一〇:"何满子见闯下大祸,急忙逃之夭夭。"

【桃红柳绿】 táo hóng liǔ lù 桃花红,柳树绿。唐·王维《田园乐七首》诗之六:"桃红复含宿雨,柳绿更带春烟。"后用"桃红柳绿"形容春天的艳丽风光。元·郑德辉《㑇梅香》一折:"看了这桃红柳绿,是好春光也呵!"《二刻拍案惊奇》卷二三:"今日虽是到兴娘新坟上,心中怀着凄惨的,却荒郊野外,桃红柳绿,正是女眷们游耍去处。"欧阳山《三家巷》一九:"出了电梯,只见大厅上张灯结彩,金碧辉煌,贺客们一个个衣服华丽,笑语迎人,好像走进了一个桃红柳绿、鸟语花香的神仙境界似的。"陈忠实《白鹿原》一四章:"农历三月,桃红柳绿,阳光明媚。"也作"柳绿桃红"。魏巍《火凤凰》四一:"当关里柳绿桃红的时候,这里的杏花还刚刚含苞,山头还留着冬季的苍黄。"

【桃李不言,下自成蹊】 táo lǐ bù yán, xià zì chéng xī 蹊:小路。桃树李树不说话,但由于花朵和果实吸引人,人们争着前来赏花摘果,使得树下自然成了一条路。比喻为人真实坦诚,必然会有极大的感召力。不,也作"无"。《史记·李将军列传赞》:"谚曰:'桃李不言,下自成蹊。'此言虽小,可以喻大也。"宋·辛弃疾《一剪梅》词:"多情山鸟不须啼,桃李无言,下自成蹊。"梁实秋《雅舍小品·点名》:"胡先生深知有教无类的道理,来者不拒,点名佳甚?'桃李不言,下自成蹊'。"

【桃李满天下】 táo lǐ mǎn tiān xià 桃李:比喻所培养的人才或所教的学生。《资治通鉴·唐则天后久视元年》:"[狄]仁杰又尝荐夏官侍郎姚元崇、监察御史曲阿桓彦范、太州刺史敬晖等数十人,率为名臣。或谓仁杰曰:'天下桃李,悉在公门矣。'仁杰曰:'荐贤为国,非为私也。'"后用"桃李满天下"比喻推荐的人才或培养的学生极多,各地都有。唐·白居易《春和令公〈绿野堂种花〉》诗:"令公桃李满天下,何用堂前更种花?"贾平凹《腊月·正月》一:"因为他的学生'桃李满天下',有当县委书记的,也有任地委部长的。"

【讨价还价】 tǎo jià huán jià 讨价:要价。买卖双方一方要价,一方还价。《古今小说》卷一:"三巧儿问了他讨价还价,便道:'真个亏你些儿。'"夏衍《旧家的火葬》:"辛亥革命之后,我的哥哥因为穷困,几次要把这屋子卖掉,……从城里带一个人在估看,我只听见他们来讨价还价。"后也比喻谈判或接受任务时提出条件,斤斤计较。高云览《小城春秋》三章:"一边想借浪人的势力压他们,一边又想利用这些自发的地方势力,当做向日本领事馆讨价还价的外交本钱。"伍修权《我的历程》:"那时干部的流动比较频繁,组织性纪律性都很强,调什么工作就干什么工作,不问职务高低,从不讨价还价,说走就走了。"

【特立独行】 tè lì dú xíng 特:独特。立:立身。行:行事。独特地立身行事。

形容行为高洁，不随波逐流。《礼记·儒行》："世治不轻，世乱不沮，同弗与、异弗非也，其特立独行有如此者。"唐·韩愈《伯夷颂》："若伯夷者特立独行，穷天地亘万世而不顾者也。"刘心武《栖凤楼》二四："也许，林奇的特立独行，是他始终保持着一个梦，在这变化巨大的社会现实中，他始终是一个梦游者？"也泛指特殊的、与众不同的。老舍《四世同堂》五八："这些破东西，每一片段都有它特立独行的味道；合在一起，那味道便无可形容，而永远使人恶心要吐。"

【腾蛟起凤】 téng jiāo qǐ fèng 腾：跃。起：起舞。像蛟龙腾跃，像凤凰起舞。比喻文辞优美或才华出众。唐·王勃《滕王阁序》："腾蛟起凤，孟学士之词宗。"明·冯惟敏《桂枝香·赠妓桂香》曲："看今秋步月登云，到来春腾蛟起凤。"

【腾云驾雾】 téng yún jià wù 乘着云雾。❶指在空中飞行。《水浒传》七三回："我是蓟州罗真人的徒弟，会得腾云驾雾，专能捉鬼。"《西游记》一七回："原来是腾云驾雾的神圣下界！怪道火不能伤！"蒋子龙《阴阳交接》："龙性难改，腾云驾雾，呼风唤雨。"❷形容奔驰迅速。《野叟曝言》九九回："那马如腾云驾雾一般，也不由着人做主，忽南忽北，望东而驰。"刘心武《钟鼓楼》五章："家里人和母校的代表把她一直送到了百里以外的火车站，在一种腾云驾雾的感觉里，她抵达了北京前门火车站。"王火《战争和人》（一）卷六："真想有一匹马，骑上去腾云驾雾般地奔驰。"❸形容神志恍惚或头脑晕眩、迷糊。茅盾《腐蚀·十月二十三日》："身体是软绵绵的，口涩舌腻，不过腾云驾雾似的状态已经没有了。"莫应丰《麂山之谜》三："还来不及看清是怎么回事，便听耳边呼一声响，他立即随着响声腾空而起，头脑一阵晕眩，像腾云驾雾一般。"

【剔肤见骨】 tī fū jiàn gǔ 剔：把骨头上的肉刮下来。肤：肌肤。把肉刮下来，一直刮到见到了骨头。比喻分析问题非常深刻、透彻。

【梯山航海】 tī shān háng hǎi 梯山：像爬梯子一样攀登高山。攀登山岭，渡过海洋。形容长途跋涉历尽艰险。《宋书·明帝纪》："日月所照，梯山航海；风雨所均，削衽袭带。所以业固盛汉，声溢隆周。"清·谭嗣同《仁学》二三："况轮船、铁路、电线、德律风之属，几缩千程于咫尺，玩地球若股掌，梯山航海，如履户阈。"

【踢天弄井】 tī tiān nòng jǐng 弄：玩耍。到天上去踢打，下到井里去玩耍。形容有上天入地的本领。《西游记》六三回："愚弟兄若干别事无能，若说擒妖缚怪，拿贼捕亡，伏虎降龙，踢天弄井，以至搅海翻江之类，略通一二。"也形容顽皮、淘气，不管不顾。《红楼梦》八一回："但我想南边先生性情最是和平，咱们城里的孩子，个个踢天弄井，鬼聪明倒是有的，可以搪塞就搪塞过去了。"

【摘奸发伏】 tī jiān fā fú 摘：揭露。奸：邪恶。发：检举。伏：阴私。揭露邪恶，检举阴私。《三国志·魏书·仓慈传》："自太祖迄于咸熙，魏郡太守陈国吴瓘、清河太守乐安任燠，……或哀矜折狱，或推诚惠爱，或治身清白，或摘奸发伏，咸为良二千石。"〔注意〕摘，不能读作zhāi。

【提纲挈领】 tí gāng qiè lǐng 纲：鱼网的总绳。挈：提。领：衣领。抓住网的总绳，提起衣服的领子。《韩非子·外储说右下》："善张网者引其纲，不一一摄万目而后得。"《荀子·劝学》："若挈裘领，诎五指而顿之，顺者不可胜数也。"后用"提纲挈领"比喻抓住关键，把问题简明扼要地提示出来。宋·朱熹《谢上蔡语录后序》："胡氏上篇五十五章，记文定公问答，皆他书所无有，而提纲挈领，指示学者用力处，亦卓然非他书所及。"梁启超《治国学的两条大路》"现在改讲本题,或者较为提纲挈领,于诸君有益吧!"左煜如《关于公文写作问题》"如果每一段落的文字较长,也可采用提纲挈领的方法来写,先提出要领,再叙事说理。"

【提名道姓】tí míng dào xìng 直接提起别人的名和姓,表示对人不太礼貌或不太亲近。《红楼梦》四九回"一时林黛玉又赶着宝琴叫妹妹,并不提名道姓,是亲姊妹一般。"张恨水《啼笑因缘》一〇回"你别这样提名道姓的,咱们背后叫惯了,将来当面也许不留神叫了出来的。人家有钱有势,攀交情还怕攀不上,把人家要得罪了,那可是不大方便。"也指将别人姓名公开出来。周而复《上海的早晨》四部七"这些年青人,我不提名道姓,料想其老也晓得,心太急啦,想出头露面,就不择手段。"

【提心吊胆】tí xīn diào dǎn 心和胆好像悬着。形容担心害怕,情绪不安。《封神榜》二一八回"不言三妖逃了命,再整昏王酒色君。独坐深宫担惊怕,提心吊胆等佳音。"《红楼梦》九五回"袭人等每日提心吊胆,宝玉也好几天不上学,只是怔怔的,不言不语,没心没绪的。"鲁迅《华盖集·并非闲话三》"所以一写完,便完事,管他妈的,书贾怎么偷,文士怎么说,都不再来提心吊胆。"茅盾《子夜》八"这年头儿谁敢下乡去收租米!不然,好好的五进大厅房不住,我倒来上海打公馆,成天提心吊胆怕绑匪?"

【啼饥号寒】tí jī háo hán 啼啼哭。号哭喊。唐·韩愈《进学解》"冬暖而儿号寒,年丰而妻啼饥。"后用"啼饥号寒"指因饥饿寒冷而哭叫。形容生活非常贫困。清·和邦额《夜谭随录·某太医》"少子亦不肖,遂落魄,啼饥号寒,迄今不止云。"姚雪垠《李自成》二卷二九章"即使在丰收年景,小民还不免啼饥号寒。"〔注意〕号,不读 hào。

【啼笑皆非】tí xiào jiē fēi 啼哭啼。皆非都不是。哭也不是,笑也不是。形容由于尴尬的处境,既使人难受,又令人发笑。老舍《四世同堂》七九"老王又敲起梆子,毛着腰走开。剩下瑞宣独自啼笑皆非的立着,向己叨唠:'用几个烧饼纪念"七七"吗?哼!'"茅盾《腐蚀·十一月十六日》"简直叫你灰心软说,他半真半假不理;对他发脾气,他倒对我笑。那一种愆赖的样子,叫人啼笑皆非。"

【醍醐灌顶】tí hú guàn dǐng 醍醐从牛乳中提炼出的纯酥油,佛教比喻最高的佛法。灌浇。顶头顶。比喻给人灌输智慧,使之从迷惑中醒悟或彻底觉悟。《敦煌变文集·维摩诘经讲经文》"又所蒙处分,令问维摩,闻名之如露入心,共语似醍醐灌顶。"《红楼梦》六三回"宝玉听了,如醍醐灌顶,嗳哟了一声方笑道'怪道我们家庙说是铁槛寺呢,原来有这一说!'"也比喻舒适畅快。《西游记》三一回"那沙僧一闻孙悟空三个字,好便似醍醐灌顶,甘露滋心。"刘醒龙《刘醒龙选集·自序》"每一回,当我从草坪上爬起来时,从远处高山大岭奔涌而来的浩然之气,便会像醍醐灌顶一样融遍我的全身。"

【体大思精】tǐ dà sī jīng 体体式,规模。思构思。指文章、规划、设计等规模宏大,构思精密。《宋书·范晔传》"此书行,故应有赏音者。纪传例为举其大略耳,诸细意甚多。自古体大而思精,未有此也。"明·胡应麟《诗薮·近体上》"李才高气逸而调雄,杜体大思精而格浑。"蔡东藩、许廑父《民国通俗演义》五五回"收京津于浩劫之余,返銮舆于故宫之内,遂复高掌远蹠,厉行文明诸新政,无不体大思精,兼营并举,规模式廓,气象万千。"

【体贴入微】tǐ tiē rù wēi 体贴关心照顾。入微很微小的地方都注意到了。

指关心照顾得十分细心周到。《二十年目睹之怪现状》三九回:"这却全在美人心意上着想,倒也体贴入微。"李劼人《大波》二部四章:"顾三奶奶因为自己遭到毒打,带过重伤,……所以服侍起楚用,不但体贴入微,还非常可怜他,说他也同样是遭了兵的毒手。"张恨水《啼笑因缘》七回:"你真聪明,不但唱得好,而且是体贴入微哩。"

【体无完肤】tǐ wú wán fū 体:身体。完肤:完好的皮肤。全身没有一块完好的皮肤。形容浑身上下都是伤。《旧五代史·唐明宗纪一》:"事武皇三十年,排难解纷,栉风沐雨,冒刃血战,体无完肤,何艰险之不历!"《醒世恒言》卷二七:"自此日逐寻头讨脑,动便是一顿皮鞭,打得体无完肤。"《镜花缘》九○回:"小春、婉如、青钿诸人听了,都垂泪道:'这个竟是死于乱箭之下,体无完肤了。'"陈忠实《白鹿原》一九章:"鹿兆麟躲在白鹿院连睡三天,轮番审讯整得他精疲力竭,种种民国新刑法整得他体无完肤。"也作"肌无完肤"。《旧五代史·唐书·李建及传》:"建及少遇祸乱,久从战阵,矢石所中,肌无完肤。"也比喻被责骂或反驳得一无是处。鲁迅《朝花夕拾·〈二十四孝图〉》:"这些话,绅士们自然难免要掩住耳朵的,因为就是所谓'跳到半天空,骂得体无完肤,——还不肯罢休',老舍《四世同堂》三八:"他总有他自己的意见,除非被人驳得体无完肤,他决不轻易的放弃自己的主张与看法。"

【偬傥不羁】tǐ tǎng bù jī 偬傥:潇洒豪放,不拘束。羁:约束。潇洒豪放,不受约束。《晋书·袁耽传》:"耽字彦道,少有才气,偬傥不羁,为士类所称。"偬傥:同"偬傥"。《隋书·刘权传》:"世得偬傥不羁,颇为时人所许。"《醉醒石》一回:"为人偬傥不羁,轻财尚义。"

【偬傥不群】tǐ tǎng bù qún 偬傥:潇洒豪放,不拘束。不群:与众不同。潇洒豪放,与众不同。《晋书·索靖传》:"或若偬傥不群,或若自检于常度。"偬傥:同"偬傥"。《老残游记》一五回:"只有邻村一个吴二浪子,人却生得偬傥不群,像貌也俊,言谈也巧。"

【涕泪交流】tǐ lèi jiāo liú 涕:鼻涕。泪:眼泪。交:同时。鼻涕眼泪同时流下。形容非常悲痛。宋·邵伯温《闻见前录》卷六:"是何微类,误我至尊,乞明验于奸人,愿不容于首恶。兴言及此,涕泪交流。"《喻世明言》卷四○:"说到关心处,有时毛发倒竖,拍案大叫;有时悲歌长叹,涕泪交流。"《红楼梦》一○五回:"贾母没有听见,便吓得涕泪交流,连话也说不出来。"刘绍棠《花街》四:"'您……您一定逼我去死?'那个女子仰起面无血色的脸儿,涕泪交流地问道。"

【涕泗滂沱】tǐ sì pāng tuó 涕:眼泪。泗:鼻涕。滂沱:雨下得很大的样子。眼泪鼻涕像雨下大雨一样往下流。形容哭得非常伤心。《诗经·陈风·泽陂》:"有美一人,伤如之何!痫寐无为,涕泗滂沱。"《南史·梁本纪中》:"月中再设净馔,每至展拜,涕泗滂沱,哀动左右。"《花月痕》二四回:"涕泗滂沱,止乎礼义;信誓旦旦,我哀其志!"

【天崩地坼】tiān bēng dì chè 崩:塌毁。坼:裂开。天塌毁,地裂开。比喻重大变故。《战国策·赵策三》:"天崩地坼,天子下席。"明·李贽《史纲评要·后秦记》:"始皇出世,李斯相之。天崩地坼,掀翻一个世界。"

【天崩地裂】tiān bēng dì liè 崩:崩毁。裂:裂开。天崩毁,地裂开。比喻发生重大灾难或变故。《东周列国志》九六回:"许历驱万人,从山顶上趁势杀下,喊声如雷,前后夹攻,杀得秦军如天崩地裂,没处躲闪,大败而奔。"清·王夫之《仿杜少陵文文山作七歌》:"天崩地裂不汝恤,其生其死如飘烟。"茅盾《子夜》八:"他很情愿此时忽然天崩地裂,毁灭了他自己,他女儿,老赵,公债市场,以及一切。"也形容喊叫、倒塌、爆炸等发生的巨大声响。《初刻拍案惊奇》卷二二:"睡梦之中,忽听得天崩地裂价一声响亮。元来那株櫵树年深月久,根行之处,把这些帮岸都拱得松了。"《官场现形记》六〇回:"正在这个档口,不隄防大吼一声,顿时天崩地裂一般。这时候我早已吓昏了,并不晓得我这个人是生是死。"欧阳山《三家巷》四四:"霎时间,嘭的一声,在这更深人静的时候,十足像天崩地裂似的,一下子把何守义吓呆了。"

【天崩地塌】 tiān bēng dì tā 崩:崩毁。塌:陷下。天崩毁,地陷下。形容巨大的声响。《三国演义》六七回:"一声喊起,天崩地塌,连人和马,跌入陷坑内去。"茅盾《蚀·动摇》一二:"忽然天崩地塌价一声响亮,这古旧的建筑物齐根倒下来了。"

【天差地远】 tiān chā dì yuǎn 一个在天上,一个在地下,相差很远。形容差别非常大。《文明小史》五七回:"余小琴一想他是制台的少爷,有财有势,我的老人家虽说也是个监司职分,然而比起来,已天差地远了。"

【天长地久】 tiān cháng dì jiǔ 天地存在的时间久远。《老子·七章》:"天长地久。天地所以能长且久者,以其不自生,故能长生。"后泛指时间长久。汉·张衡《思玄赋》:"天长地久岁不留,俟河之清祇怀忧。"唐·白居易《长恨歌》:"天长地久有时尽,此恨绵绵无绝期!"《醒世恒言》卷三:"天长地久有时尽,此恨此情无尽期。"《红楼梦》五八回:"这些老婆子都是些铁心石头肠子的,也是件大奇的事。不能照看,反倒折挫,天长地久,如何是好!"张洁《红蘑菇》:"她看出丈夫当着客人无法表达的对她的不肯配合的恼恨,

心里就涌起天长地久的快意。"也作"地久天长"。《红楼梦》五回:"厮配得才貌仙郎,博得个地久天长,准折得幼年时坎坷形状。"

【天长日久】 tiān cháng rì jiǔ 时间长,日子久。《官场现形记》四九回:"这是天长日久之事,倘若今天说和之后,明天又翻腾起来,或是闹得比今天更凶,叫我旁边人也来不及。所以我替他们想,也是分开住的好。"梁实秋《雅舍小品·书》:"所用纸张不外乎毛边连史之类,加上松烟油墨,天长日久密不通风自然生出一股气味。"李英儒《野火春风斗古城》三章:"每次回来,总要带回一些新鲜情况,任何情况邢双林都毫无保留地告诉韩燕来。天长日久,两人心投意合,知心换命。"也作"日久天长"。《红楼梦》六九回:"这日久天长,这些个奴才们跟前,怎么说嘴。"孙犁《白洋淀纪事·芦花荡》:"眼前是几根埋在水里的枯木桩子,日久天长,也许人们忘记这是为什么埋的了。"

【天从人愿】 tiān cóng rén yuàn 上天顺从了人的愿望。指事情恰恰符合人的心愿。元·张国宾《合汗衫》三折:"谁知天从人愿,到的我家不上三日,添了一个满抱儿小厮。"《二刻拍案惊奇》卷一一:"满生与文姬,两个私情,得成正果,天从人愿,喜出望外。"《红楼梦》四回:"我正愁进京去有个嫡亲的母舅管辖着,不能任意挥霍挥霍,偏如今又升出去了,可知天从人愿。"欧阳山《三家巷》一〇五:"如果是这样子,真是天从人愿,是大好事!是大善事!是大喜事!免掉我们倾家荡产。"

【天道好还】 tiān dào hào huán 天道:古人指上天的意志。还:回报。《老子·三十章》:"以道佐人主者,不以兵强天下,其事好还。"后用"天道好还"指上天对人的善恶会有公正的回报,即善有

善报,恶有恶报。宋·辛弃疾《九议·其九》:"方怀王入秦时,楚人之言曰:'楚虽三户,亡秦必楚。'夫彼岂能逆知其事之必至此耶? 盖天道好还,亦以其理而推之也。"《水浒传》六八回:"天道好还非谬语,身亡家破不胜叹。"《三国演义》五四回:"自我高皇帝斩蛇义义,开基立业,传至于今;不幸奸雄并起,各据一方;少不得天道好还,复归正统。"《红楼梦》六九回:"自古'天网恢恢,疏而不漏',天道好还。你虽悔过自新,然已将人父子兄弟致于麀聚之乱,天怎容你安生。"〔注意〕好,不读hǎo。

【天翻地覆】 tiān fān dì fù ❶形容变化非常之大。唐·刘商《胡笳十八拍》诗:"天翻地覆谁得知,如今正南看北斗。"《二刻拍案惊奇》卷一三:"世间人事常改,变怪不一,真个是天翻地覆的事。"《花月痕》四八回:"不要怕,凭他天翻地覆,我同你还是金身不坏。"茅盾《腐蚀·九月十五日》:"天翻地覆一个大变动,把过去的我深深埋葬,一个新生的我在光天化日之下有说有笑,——并且也有适宜于我的工作。"莫应丰《将军吟》七章:"现在是天翻地覆的时候,有用的人材在这斗争中涌现啊!"也作"地覆天翻"。邓一光《我是太阳》二部一:"靳忠人虽说不善言辞,闷闷的,但想着乌云从前那个光彩照人的小葱样,再看看眼见这个地覆天翻的乌云,心里便涌起一股酸楚。"❷形容闹得非常厉害,秩序大乱。巴金《春》一一:"爹死了还不到一年,你们几个就闹得这样天翻地覆,给别人看见了像什么话!"钱钟书《围城》九:"柔嘉想自己把方家种种全跟姑母谈过,幸亏她没漏出来,否则鸿渐更要吵得天翻地覆,他最要面子。"也作"地覆天翻"。欧阳山《三家巷》四八:"这一整天,何家的里里外外,简直闹得地覆天翻。"

【天覆地载】 tiān fù dì zài　覆:覆盖。载:负载。《管子·心术下》:"是故圣人若天然,无私覆也;若地然,无私载也。"后用"天覆地载"比喻恩泽普遍。《汉书·诸葛丰传》:"今陛下天覆地载,物无不容。"《花月痕》四回:"我朝天覆地载,汉民回民,从无歧视。"姚雪垠《李自成》二卷一章:"过去你令供赖驱使,胁从为恶,本辕姑念其既属愚昧无知,亦由势非得已,概不深究,以示皇上天覆地载之恩。"也形容至大至广,无所不包。宋·司马光《示道人》诗:"天覆地载如洪炉,万物死生同一涂。"

【天高地厚】 tiān gāo dì hòu　《诗经·小雅·正月》:"谓天盖高,不敢不局;谓地盖厚,不敢不蹐。"《荀子·劝学》:"故不登高山,不知天之高也;不临深溪,不知地之厚也。"后用"天高地厚"形容天地广阔。汉·蔡邕《释诲》:"天高地厚,跼而踏之,怨岂在明,患生不思。"《西游记》九四回:"老猪先世为人,贪欢爱懒。一生混沌,乱性迷心。未识天高地厚,难明海阔山遥。"也比喻恩情非常深厚。《魏书·陈建传》:"天高地厚,何日忘之。"《儒林外史》三一回:"我在老爷门下,蒙老爷问到这一句话,真乃天高地厚之恩。"李劼人《大波》二部三章:"周鸿勋叛降匪党,辜负大人天高地厚之恩,按照军纪国法,确应大张挞伐,拘捕归案,处以殛刑的。"也比喻事物复杂、艰巨。《红楼梦》一九回:"那原是那时不知天高地厚,信口胡说,如今再不敢说了。"周而复《上海的早晨》一部五四:"徐义德这帮人大概看报没有细心研究,到现在还关起门来说梦话,真是不知天高地厚。"

【天高地迥】 tiān gāo dì jiǒng　迥:远。形容天地广阔深远。唐·王勃《滕王阁序》:"天高地迥,觉宇宙之无穷。"宋·文天祥《指南录后序》:"穷饿无聊,追购又急,天高地迥,号呼靡及。"也作"天高地远"。元·谷子敬《城南柳》三折:"谁着你锁鸳鸯系不紧垂杨线,今可去觅鸾胶续断弦,遮莫你上碧霄下黄泉,赤紧的天高地远。"

【天高地远】tiān gāo dì yuǎn 见"天高地迥"。

【天高听卑】tiān gāo tīng bēi 天:上天。卑:低。天虽然高远,但能洞察人间万事。颂扬神明圣明。《吕氏春秋·制乐》:"天之处高而听卑,君有至德之言三,天必三赏君,今昔(夕)荧惑其徙三舍。"《史记·宋微子世家》:"天高听卑,君有君人之言三,荧惑宜有动。"宋·苏舜钦《江宁府溧阳令苏府君墓志铭》:"臣有隐痛,顾切如之,天高听卑,伏暨垂闵!"

【天各一方】tiān gè yī fāng 汉·苏武《古诗四首》之四:"良友远离别,各在天一方。"后用"天各一方"指各在天底下的一方,相隔十分遥远。《三国演义》一一回:"备自关外得拜君颜,嗣后天各一方,不及趋侍。"《西游记》一〇回:"又承不弃,梦中临示,始知我兄长大人高迁。奈何阴阳两隔,天各一方,不能面觌。"

【天公地道】tiān gōng dì dào 像天地一样公道。形容十分公平。《东欧女豪杰》三回:"如今人人的脑袋里头既都有了一个社会平等,政治自由,是个天公地道的思想。"柳青《创业史》一部一八章:"王二直杠知道有一个普遍的'真理',再调皮的驾辕骡子,多坏几根皮鞭子,自然就老实了,何况比骡子千倍懂话的人呢。他认为这事做得天公地道。"

【天寒地冻】tiān hán dì dòng 形容天气非常寒冷。宋·王十朋《南州春色·清溪曲》词:"莫恨东风吹不到,著意挽春回。一任天寒地冻,南枝花动,花傍一阳开。"《三国演义》三七回:"张飞曰:'天寒地冻,尚不用兵,岂宜远见无益之人乎!不如回新野以避风雪。'"《镜花缘》六四回:"况天寒地冻,那旷野寒冷尤其利害,莫要冻出病来,倒是大事!"杨沫《青春之歌》二部九章:"天寒地冻的日子,她连双棉鞋都不给我穿,袜子也破成大窟窿。"

【天花乱坠】tiān huā luàn zhuì 佛教传说,佛祖讲经说法,感动了天神,香花从天上纷纷落下。《法华经·序品》:"尔时世尊,四众围绕,供养恭敬尊重赞叹,为诸菩萨说大乘经……佛说此经已,结加趺坐,入于无量义处三昧,身心不动。是时天雨曼陀罗华、摩诃曼陀罗华、曼殊沙华、摩诃曼殊沙华,而散佛上及诸大众。"《敦煌变文集·庐山远公话》二:"道公开讲,感得天花乱坠,乐味花香。"后形容说话非常动听,但空洞不切实际。宋·朱熹《朱子语类·论语十七》:"凡他人之言,便做说得天花乱坠,我亦不信,依旧只执已是。"《官场现形记》二九回:"徐大军机一听是舒某人所保,任你说的如何天花乱坠,心上已有三分不愿意。"鲁迅《而已集·谈所谓"大内档案"》:"后来看见外面的议论说得天花乱坠起来,也颇想做几句记事,叙出我所目睹的情节。"叶圣陶《倪焕之》九:"任你说得天花乱坠,要怎样改变才对,无奈我不是耳朵软心气浮的一二十岁的小伙子,我总不能轻易相信。"

【天荒地老】tiān huāng dì lǎo 天荒废,地衰老。指经历的时间极为久远。唐·李贺《致酒行》:"吾闻马周昔作新丰客,天荒地老无人识。"宋·张道洽《咏梅杂诗十五首》之一四:"正是天荒地老时,芙蓉憔悴菊离披。"也作"地老天荒"。《花月痕》四一回:"地老天荒如此恨,海枯石烂可怜生!"

【天昏地暗】tiān hūn dì àn ❶形容天地昏黑。《水浒传》五四回:"那里敲得三下,只见神兵队里,卷起一阵黄砂来,罩的天昏地暗,日色无光。"《喻世明言》卷二八:"英台出嫁马家,行至安乐村路口,忽然狂风四起,天昏地暗,舆人都不能行。"李英儒《野火春风斗古城》五章:"我刚才出去,看到西北方向天昏地暗,兴许下一场大风雪。"❷比喻社会黑暗。魏巍《火凤凰》七一:"现在,敌人已经完成了面的占领,伪政权也普遍地建立起来。群众现在过的就是亡国奴的生活! 真是天昏地暗,日月无光啊!"❸形容程度很深,非常厉害。《封神榜》二一六回:"只见近御官拉着三个孕妇,满门家眷,睄看的军民哭的天昏地暗。"老舍《四世同堂》七九:"他想起父亲的死,孟石的死,小文夫妇与小崔的死。哪一回死亡,大家不是哭得天昏地暗呢?"

【天经地义】 tiān jīng dì yì　经:常规。义:正理。《左传·昭公二十五年》:"夫礼,天之经也,地之义也,民之行也。"后用"天经地义"指绝对正确不容改变的常规正理。晋·潘岳《世祖武皇帝诔》:"永言孝思,天经地义。"《文明小史》三〇回:"又着实恭维黄詹事的话是天经地义、颠扑不破的。"鲁迅《准风月谈·同意和解释》:"上司的行动不必征求下属的同意,这是天经地义。"钱钟书《围城》七:"高松年研究生物学,知道'适者生存'是天经地义。"也指理所当然的、不容怀疑的。巴金《秋》一三:"克定不应该把祖父遗下的田产卖掉;这是天经地义的事。"欧阳山《三家巷》八一:"陈文娣认为应该把周炳圈进来,是天经地义的事。"

【天理不容】 tiān lǐ bù róng　见"天理难容"。

【天理良心】 tiān lǐ liáng xīn　天理:天然的道理,正理。指正确的道理和人应有的善心。《红楼梦》五五回:"按正理,天理良心上论,咱们有他这个人帮着,咱们也省些心,于太太的事也有些益。"欧阳山《三家巷》六五:"老弟,你说得对。是应该这么办! 天理良心,该朝这么走!"

【天理难容】 tiān lǐ nán róng　天理:天道。指为天道所不能容。《水浒传》二六

回:"那西门庆一者冤魂缠定,二乃天理难容,三来怎当武松勇力,只见头在下,脚在上,倒撞落在当街心里去了,跌得个发昏章第十一。"《初刻拍案惊奇》卷二六:"这须是天理难容处,要见这些和尚狠得没道理的。"《说岳全传》三三回:"再若如此行为,只恐天理难容。"也作"天理不容"。《东周列国志》六〇回:"鱼石等背君之贼,天理不容!"刘绍棠《村妇》卷一:"刚才还说灯花儿是我秋风姐姐死而复生,羊羔跪乳马不欺母,把灯花儿许配金榜天理不容。"

【天理昭然】 tiān lǐ zhāo rán　见"天理昭彰"。

【天理昭彰】 tiān lǐ zhāo zhāng　天理:天道。昭彰:明显,显著。指上天能主持公道,惩恶扬善,善恶报应分明。宋·朱熹《朱子语类·论语六》:"伊川所谓'天理昭著',便是圣人所说底道理,颜子便会一一与做。"《醒世恒言》卷二七:"只因在下今日要说一个继母谋害前妻儿女,后来天理昭彰,反受了国法,与天下的后母做个榜样,故先略道其概。"《红楼梦》一〇三回:"我正笑香菱没嘴道儿,那里知道这死鬼奶奶要药香菱,必定趁我不在将砒霜撒上了,也不知道换碗,这可就是天理昭彰,自害其身了。"钱钟书《围城》七:"你记得么? 你在船上不是说借书是男女恋爱的初步么? 现在怎么样? 哈哈,天理昭彰。"也作"天理昭然"。《水浒传》一〇回:"原来天理昭然,佑护善人义士,因这场大雪,救了林冲性命。"《喻世明言》卷四〇:"当初只道灭门绝户,如今依旧有子有孙;昔日冤家,皆恶死见报。天理昭然,可见做恶人的到底吃亏,做好人的到底便宜。"也作"天理昭昭"。《水浒传》一〇回:"天理昭昭不可诬,莫将奸恶作良图。"

【天理昭昭】 tiān lǐ zhāo zhāo　见"天理昭彰"。

【天伦之乐】tiān lún zhī lè　天伦:父子、兄弟、夫妻等亲属关系。指家庭亲人之间团聚的欢乐。唐·李白《春夜宴从弟桃花园序》:"会桃花之芳园,序天伦之乐事。"《红楼梦》一七回:"田舍之家,虽齑盐布帛,终能聚天伦之乐;今虽富贵已极,骨肉各方,然终无意趣!"刘绍棠《蒲柳人家》二:"他每趟赶马回来,一心盼家,最大的盼头就是享受天伦之乐。"路遥《平凡的世界》(中)二五章:"他有时也羡慕一些一般干部和普通工人的家庭;按时上下班,有充分的时间看看电视,听听音乐,和孩子们一起共享天伦之乐。"

【天罗地网】tiān luó dì wǎng　罗:捕鸟的网。❶天上地下、四面八方都布下的网罗。《水浒传》四八回:"空中伸出拿云手,救出天罗地网人。"《西游记》五回:"上下布了十八架天罗地网,先差九曜恶星出战。"《镜花缘》九九回:"武六思忽见两个妇女进阵,惟恐逃遁,忙又作法焚符,密密布了几层天罗地网。"❷比喻严密的包围圈。杜鹏程《保卫延安》八章:"我军在岔口地区的千山万壑里,又摆下天罗地网。"❸也比喻摆脱不掉的困境。老舍《骆驼祥子》二三:"身子好?铁打的人也逃不出去咱们这个天罗地网。"

【天马行空】tiān mǎ xíng kōng　天马:汉武帝对从西域大宛国得到的汗血马的称呼,意为神马。神马在空中奔驰。比喻才华横溢,气势豪放,不受约束。明·刘廷振《萨天赐诗集序》:"其所以神化而超出于众表者,殆犹天马行空而步骤不凡。"王安忆《叔叔的故事》:"这时候,叔叔充分显示出他作为一个作家的才华,他挥洒自如,如天马行空。众生百态,全由他描写得淋漓尽致且游刃有余。"陈国凯《儒士衣冠》:"玲玲是他的独女,在市内一家大学念书,她长得挺俏,一副天马行空的样子,对上门的客人只是点点头浅浅一笑就进房去了。"也比喻

言论空泛,不着边际。叶圣陶《倪焕之》一:"他平时遇见些太不喜欢理想的人,听到他的自以为不很理想的议论,就说他'天马行空'、'远于事实'。"

【天南地北】tiān nán dì běi　❶形容相距很远。《二刻拍案惊奇》卷四〇:"问何处堪容狂啸? 天南地北遥。"周克芹《秋之惑》五章:"金菊曾坚持要将苗苗留城里,可自己又要天南地北出差,只能雇个保姆带孩子,良玉不能接受这个办法,他决定把苗苗带回乡下去。"❷指相隔遥远的不同地区。《镜花缘》六回:"此后一别,不惟天南地北,后会无期;风流云散,绿暗红稀,回首仙山,能毋惨目。"王安忆《流逝》三:"好好一份人家,一下子拆成天南地北的。"❸形容谈话东拉西扯,没有边际。李英儒《野火春风斗古城》六章:"孟小姐倒没丝毫拘束。她初到乡间,一切觉得新鲜,精神十分兴奋,拉开话匣子,天南地北信口开河大吹一阵。"高云览《小城春秋》五章:"他们有时就坐在山沟旁边的岩石上歇腿,一边听着石洞里琅琅响着的水声,一边天南地北的聊天。"

【天南海北】tiān nán hǎi běi　❶形容相距遥远。《金石续编六·唐鸿庆寺碑》:"天南海北,鸟散荆分。"及容《饥饿荒原》五:"你爸爸说,如果你回来,就给唯智拍封电报去,让他也请几天假回来看看,你们几个现在分得天南海北的,咱一家人好几年没团聚过了呢。"❷指相隔很远的不同地区。王安忆《小鲍庄》二五:"现今文艺刊物多起来了,天南海北,总有几十种。"❸形容谈话东扯西拉,不着边际。及容《饥饿荒原》二七:"她倒在父母的床上闭着眼睛,直到王麒麟天南海北地和苏涤尘扯了一通走了之后,才又出来。"

【天怒人怨】tiān nù rén yuàn　上天愤怒,百姓怨恨。形容为害作恶非常严重,引起普遍的不满和愤怒。宋·苏轼《代张

方平谏用兵书》："师徒丧败,财用耗屈,较之宝元、庆历之败,不及十一。然而天怒人怨,边兵背叛,京师骚然。"《官场现形记》四一回:"那知本府亦恨之入骨。一处处弄得天怒人怨,在他自己始终亦莫明其所以然。"姚雪垠《李自成》二卷二四章:"敝军全军上下深恨朝廷无道,政治败坏,弄得天怒人怨,百姓如在水深火热之中。"蒋子龙《望乡台上》:"天上下着小雪,地面溜滑,空气阴冷,这样的坏天气罚大家白跑一趟,可谓天怒人怨。"

【天女散花】 tiān nǚ sàn huā 天女:仙女。原为佛经故事。《维摩诘经·观众生品》:"时维摩诘室有一天女,见诸大人闻所说法,便现其身,即以天华散诸菩萨大弟子上。华至诸菩萨即皆堕落,至大弟子便著不堕。"华:同"花"。《老残游记二集》五回:"维摩诘说法的时候,有天女散花,文殊菩萨以下诸大菩萨不着身,只有须菩提花着其身,是何故耶?"指以花着身或不着身来检验向道之心,如果俗尘未尽,花即着身。后用来形容大雪纷飞或碎物纷纷落下的样子。唐·宋之问《设斋叹佛文》:"龙王献水,喷车马之尘埃;天女散花,掇山林之草树。"古华《芙蓉镇》二章:"新楼屋门口的青石板上,红红绿绿的鞭炮纸屑天女散花似地撒了一层。"

【天壤之别】 tiān rǎng zhī bié 天:天上。壤:地下。形容差别非常之大。《儿女英雄传》三六回:"不走翰林这途,同一科甲,就有天壤之别了。"王安忆《叔叔的故事》:"他们父子两代人的生活真是有天壤之别啊!"路遥《平凡的世界》(下)一九章:"孙少平强迫自己回到眼前的现实中。是的,煤矿和这里虽有天壤之别,但都是生活。"

【天人之际】 tiān rén zhī jì 天:天道。人:人事。指天道与人事之间的关系。汉·司马迁《报任少卿书》:"亦欲以究天人之际,通古今之变,成一家之言。"唐·陈子昂《谏政理书》:"是以臣每察天人之际,观祸乱之由,迹帝王之事,念先师之说,昭然著明,信不欺尔。"

【天生丽质】 tiān shēng lì zhì 丽质:美丽的姿质。天生的美丽姿质。唐·白居易《长恨歌》:"天生丽质难自弃,一朝选在君王侧。"路遥《平凡的世界》(中)四三章:"直到现在,她还没有过一件像样的衣服。好在她那天生丽质大大弥补了穿戴的寒酸,因而仍然在女同学中鹤立鸡群。"

【天随人愿】 tiān suí rén yuàn 上天顺从人的心愿。元·严忠济《天净沙》曲:"有朝一日天随人愿,赛田文养客三千。"《醒世恒言》卷二〇:"有了这般志气,少不得天随人愿,总然有了科举,三场已毕,名标榜上。"

【天塌地陷】 tiān tā dì xiàn 天坍塌,地裂陷。❶比喻重大变化或发生严重情况。杜鹏程《历史的脚步声》三:"大家紧紧地抱在一起;在这相依为命的接触中,心里都激动地闪过一个共同的信念:即使天塌地陷,有忠诚的同志在我身边!"魏巍《东方》六部一章:"当我听到撤退的消息,觉得就像天塌地陷一样,眼也看不见了。"❷形容程度深,非常厉害。刘绍棠《村妇》卷一:"刘二皇叔敢捅金榜一指头,她就跟刘二皇叔闹个天塌地陷,你死我活。"

【天外有天】 tiān wài yǒu tiān 指某一境界之外还另有境界。《敦煌曲·何满子四首》之四:"金河一去路千千,欲到天边更有天。"宋·俞成《萤雪丛说·文章活法》:"伊川先生尝说《中庸》:'鸢飞戾天',须知天上更有天;'鱼跃于渊',须知渊中更有地。"后用"天外有天"表示认识或能力总有局限,总有比自己更强的。《小五义》九四回:"他也并不知道老道那一口什么宝剑,他也不知道天外有天,人外有人；自己就知道个人祖传的那口宝剑，横竖天下少有。"黎汝清《海岛女民兵》一六章："以后你对女民兵可要刮目相看啦，这叫人外有人，天外有天呵。男女民兵各有长处，要互相学习嘛。"

【天网恢恢】 tiān wǎng huī huī　天网：天道之网。恢恢：广大的样子。天道像个广大的网，作恶者逃不出天道的惩罚。《老子·七三章》："天网恢恢，疏而不失。"后多用来形容作恶者终究难逃国法的制裁。宋·钱易《南部新书》："天地不长凶恶，蛇鼠不为龙虎，天网恢恢，去将何适？"《初刻拍案惊奇》卷三六："'天网恢恢，疏而不漏'，少不得到其间逐渐的报应出来。"《野叟曝言》四五回："这伙僧道，死在头上，兀自喜笑，反火烧身，自作自受，这才是天网恢恢哩！"李佩甫《送你一朵苦楝花》一："你自小就很聪明，你有足够的理由嘲弄你那大学毕业后工作多年的哥哥，你甚至不给他解释的机会。可你知道天网恢恢吗？"

【天无绝人之路】 tiān wú jué rén zhī lù　上天不会让人无路可走。指人到极端困难时往往能意外地找到摆脱困境的办法。元·无名氏《货郎旦》四折："果然天无绝人之路，只见那东北上摇下一只船来。"《警世通言》卷一七："幸而天无绝人之路。有个运粮的赵指挥，要请个门馆先生同往北京，一则陪话，二则代笔。偶与承恩寺主持商议。德称闻知，……遂央僧举荐。"茅盾《虹》五："着急也不中用哪。天无绝人之路，世界到底是很广阔的哟！"张恨水《啼笑因缘》六回："你瞧我这孩子，真不像一个练把式人养的，我要不是她，我就不成家了。这也叫天无绝人之路。"

【天下太平】 tiān xià tài píng　指社会安定，平静无事。《礼记·仲尼燕居》："言而履之，礼也；行而乐之，乐也。君子力此二者，以南面而立，夫是以天下太平

也。"《醒世恒言》卷三八："故有得道的皇帝，遇着天下太平，风调雨顺，亲到泰山顶上，祭祀岳神，刻下一篇纪功德的颂，告成天地。"《二十年目睹之怪现状》七回："如今，天下太平了，那些亲兵，叫他保的总兵的总兵，副将的副将，却一般放着官不去做，还跟着他做戈什哈。"鲁迅《而已集·谈所谓"大内档案"》："他是知道中国的一切事万不可'办'的；即如档案罢，任其自然，霉掉，蛀掉，偷掉，甚而至于烧掉，倒是天下太平，倘一加人为，一'办'，那就舆论沸腾，不可开交了。"

【天下乌鸦一般黑】 tiān xià wū yā yī bān hēi　比喻世上同类的人或事物都有大致相同的特点。乌鸦，也作"老鸹"。《红楼梦》五七回："湘云、黛玉二人听了，方笑道：'原来如此。人也太会想钱了！姨妈家的当铺也有这么个么？'众人笑道：'这又呆了，天下老鸹一般黑，岂有两样的？'"现多比喻世上的坏人坏事都是一样的坏。王火《战争和人》(二)卷五："管仲辉笑笑，想说什么又没有说，沉吟了一下，答：'国难！国难！'又说：'"天下乌鸦一般黑"！甚至一蟹不如一蟹了！'"

【天下无敌】 tiān xià wú dí　天下没有敌手。形容力量强大或本领高超。《孟子·离娄上》："夫国君好仁，天下无敌。"《东周列国志》五九回："却说晋厉公胜楚回朝，自以为天下无敌，骄侈愈甚。"

【天香国色】 tiān xiāng guó sè　见"国色天香"。

【天悬地隔】 tiān xuán dì gé　悬：距离远。形容相距极远，差别极大。《红楼梦》五五回："真真一个娘肚子里跑出这个天悬地隔的两个人来，我想到这里就不伏。"《官场现形记》八回："我们的官是拿银子捐来的，又不是卖身，同你们堂子里一个买进，一个卖出，真正天悬地隔，怎么好拿你们堂子里来比？"

【天旋地转】 tiān xuán dì zhuàn　天地

转动。❶比喻局势剧变。唐·元稹《望云骓马歌》:"雄雄猛将李令公,收城杀贼豺狼空。天旋地转日再中,天子却坐明光宫。"❷形容程度深,非常厉害。张恨水《啼笑因缘》一一回:"大家正将戏看得有趣,那尚师长忽然将眉连皱了几皱,因道:'这戏馆子里空气真坏,我头晕得天旋地转了。'"邓友梅《别了,濑户内海》六:"过滤室这时忙得天旋地转。因为一下出了两班车,不能按常规那样生产了。"蒋子龙《收审记》五:"我哭得天旋地转,哭得超越了痛苦,反觉通体虚脱,四肢轻浮,万念俱毁。"❸形容头昏眼花。《初刻拍案惊奇》卷一七:"吴氏又灌了他几杯,达生只觉得天旋地转,支持不得。"老舍《骆驼祥子》四:"走出海甸不远,他眼前起了金星。扶着棵柳树,他定了半天神,天旋地转的闹慌了会儿,他始终没肯坐下。"

【天涯海角】 tiān yá hǎi jiǎo 涯:边际。天的边际,海的角落。形容极遥远偏僻的地方。唐·吕岩《绝句》:"天涯海角人求我,行到天涯不见人。"《西游记》五八回:"人有二心生祸灾,天涯海角致疑猜。"《儒林外史》四六回:"我们俱系天涯海角之人,今幸得贤主人相邀一聚,也是三生之缘。"茅盾《腐蚀·十一月十六日》:"你想出这么几个没甚紧要的人来,或者是早已到了人家权力所不及的天涯海角的人们,虚虚实实来一手,也就成了。不过,题目是我出,文章还得你做。"也作"海角天涯"。《西游记》二四回:"老孙五百年前,因访仙道时,也曾云游海角天涯。"刘绍棠《二度梅》九:"兄弟是一奶同胞,两家只百步之隔;但是,骨肉被一刀两断,相隔像海角天涯。"

【天衣无缝】 tiān yī wú fèng 天衣:天上神仙穿的衣服。《太平广记》卷六八引《灵怪录·郭翰》:"当盛暑,乘月卧庭中,时有清风,稍闻香气渐浓,翰甚怪之。仰视空中,见有人冉冉而下,直至翰前,乃一少女也。……翰整衣巾,下床拜谓曰:'不意尊灵迥降,愿垂德音。'女微笑曰:'吾上天织女也,久无主对,而佳期阻旷,幽态盈怀,上帝怜命游人间。仰慕清风,愿托神契。'……徐视其衣并无缝,翰问之,谓翰曰:'天衣本非针线为也。'"后用"天衣无缝"比喻事物完美自然,没有破绽。宋·周密《浩然斋雅谈》卷中:"对偶之佳者,曰'数点雨声风约住,一枝花影月移来'……数联皆天衣无缝,妙合自然。"钱钟书《围城》四:"自信这一席话委婉得体,最后那一段尤其接得天衣无缝,曲尽文书科王主任所谓'顺水推舟'之妙。"周而复《上海的早晨》二部四八:"徐义德猛的想起那件事,他认为做得天衣无缝,手脚弄的干净,找不出啥漏洞。"

【天有不测风云】 tiān yǒu bù cè fēng yún 测:预测。指天气变化很难预测。比喻人将会遇到什么情况无法预知(多指不好的情况)。元·无名氏《合同文字》四折:"包待制云:'天有不测风云,人有旦夕祸福,那小厮恰才无病,怎生下到牢里便有病? 张千,你再去看来。'"《东周列国志》三六回:"赵衰曰:'主公新立,百事未举,忽有此疾,正是"天有不测风云,人有旦夕祸福"。'"《红楼梦》六七回:"俗话说的好,'天有不测风云,人有旦夕祸福'。这也是他们前生命定。"梁实秋《雅舍小品·图章》:"但是天有不测风云,他突然患了帕金孙症,浑身到处打哆嗦。"

【天与人归】 tiān yǔ rén guī 与:赐与。上天赐与,人心归附。《三国演义》六〇回:"不若乘此天与人归之时,出其不意,早立基业,实为上策。"

【天灾人祸】 tiān zāi rén huò ❶指自然灾害和人为的祸患。欧阳山《三家巷》五:"胡源是何应元大太太何胡氏的远房哥哥,原来祖上也留下几亩薄田,勉强得个温饱。只因后来娶妻生子,天灾人祸,家业都败了。"梁斌《红旗谱》二〇:"可是一年紧扒扯,稍有个天灾人祸,就得使账。"❷用作咒骂语,意为害人精。元·无名氏《冯玉兰》四折:"屠世雄并无此事,敢是另有个天灾人祸,假称屠世雄的么?"

【天造地设】tiān zào dì shè　造:创造。设:设置。指事物自然形成而合乎理想。唐·田颖《问道堂后园记》:"回思向所辟诸境,儿若天造地设。"《野叟曝言》七八回:"俾帝蜀之意,明如日月而不可蒙蔽,峙若山岳而不可动摇,则以鬼斧神工之技,成天造地设之文。"老舍《四世同堂》七五:"李四爷既非官儿,又恰好是正里长,便成了天造地设的'骂档子'。"梁实秋《雅舍小品·脏》:"吃如这般的菜,就有如此这般的厨房,就有如此这般的菜市场,天造地设。"

【天真烂漫】tiān zhēn làn màn　天真:单纯直率,不做作。烂漫:坦率自然。指纯真自然,无虚伪做作。漫,也作"熳"。宋·龚开《高马小儿图》诗:"此儿此马俱可怜,马方三尺儿未冠,天真烂熳好容仪,楚楚衣裳无不宜。"《红楼梦》七四回:"王夫人原是天真烂漫之人,喜怒出于心臆,不比那些饰词掩意之人。"鲁迅《准风月谈·新秋杂识》:"我们只要看外国为儿童而作的书籍、玩具,常常以指教武器为大宗,就知道这正是制造打仗机器的设备,制造是必须从天真烂漫的孩子们入手的。"刘白羽《第二个太阳》一九章:"她们两个都像天真烂熳的孩子,在地毯上打着滚儿玩耍。"

【天之骄子】tiān zhī jiāo zǐ　骄子:宠儿。汉时,匈奴人自称为"天之骄子",意为老天特别宠信的人,即得天独厚的人。《汉书·匈奴传上》:"单于遣使遗汉书曰:'南有大汉,北有强胡。胡者,天之骄子也。'"后也指有才能、有贡献或非常勇敢的人。周而复《上海的早晨》三部一一:"要说我是天之骄子的话,那么德公也是安琪儿。"欧阳山《三家巷》一七:"你听见没有,说他们周家兄弟好话的人,的确不少呢。尤其是这个周炳,他在罢工工人里面,简直成了天之骄子!"

【天诛地灭】tiān zhū dì miè　诛:杀。被天所杀,被地所灭。指为天地所不容。宋·朱晖《绝倒录》:"不使丁香、木香合,则天诛地灭。"《水浒传》四五回:"帐目已自明明白白,并无分文来去,如有毫厘昧心,天诛地灭!"《红楼梦》二九回:"宝玉听了,便向前来直问到脸上:'你这么说,是安心咒我天诛地灭?'"鲁迅《伪自由书·文学上的折扣》:"'文学家'倘不用事实来证明他已经改变了他的夸大、装腔、撒谎……的老脾气,则即使对天立誓,说是从此要十分正经,否则天诛地灭,也还是徒劳的。"

【天姿国色】tiān zī guó sè　天姿:天生的丽姿。国色:冠绝全国的美色。形容女子非常美貌。元·王实甫《西厢记》一本一折:"世间有这等女子,岂非天姿国色乎?"《初刻拍案惊奇》卷三四:"我眼里也从不见这般一个美丽长老,容色绝似女人。若使是女身,岂非天姿国色?"《野叟曝言》七五回:"我家相公可是容易收妾的? 未家大小姐天姿国色,与三姨娘一样的相貌,相公还不肯收。"姚雪垠《李自成》三卷四六章:"当时田妃正躺在榻上休息,头上没有戴花,满身淡装,也不施脂粉,天生的天姿国色。"

【天字第一号】tiān zì dì yī hào　梁朝周兴嗣《千字文》首句"天地玄黄"。旧时常用《千字文》排顺序,"天"字就成了第一号。后用"天字第一号"指最大、最强或最重要的人或事物。《水浒传》二一回:"有那梁山泊晁盖送与你的一百两金子,快把来与我,我便饶你这一场天字第一号官司。"《官场现形记》三回:"现在支应局兼营务处的候补府黄大人，是护院的天字第一号的红人。"茅盾《子夜》一八："这倒不很有味！老六这人也是天字第一号的宝贝，他不行！"

【天作之合】 tiān zuò zhī hé 合：匹配，结合。上天撮合成的姻缘。《诗经·大雅·大明》："文王初载，天作之合。"意为文王当初娶太姒为妻是上天撮合的。后用来称姻缘美满。明·徐复祚《红梨记·诉衷》："才子佳人，实是良偶，两下不期都来，可不是天作之合。"《野叟曝言》四八回："弟彼时自喜天作之合，一口应承，同至于此。"钱钟书《围城》二："据周太太说，张家把他八字要去了，请算命人排过，跟他们小姐的命'天作之合，大吉大利'。"李劼人《大波》三部一章："恰巧姚姑娘自己投了来，真是天作之合！"

【添油加醋】 tiān yóu jiā cù 比喻在转述别人的话或叙述某件事时，故意加进一些情节夸大事实。古华《芙蓉镇》三章："他咬了咬牙，硬着头皮把自己了解的'北方大兵'和前任支书那晚上的有关言论，添油加醋地披露了出来。"蒋子龙《赤橙黄绿青蓝紫》一〇："现在看热闹的行人越聚越多，东猜一句，西问一句，也打听不出个眉目，他正可以站出来，添油加醋，弄点玄虚，大讲一通。"

【添枝加叶】 tiān zhī jiā yè 比喻在转述别人的话或叙述某件事时故意加进一些情节夸大事实。宋·朱熹《答黄子耕书》："今人生出重重障碍，添枝接叶，无有了期。"古华《芙蓉镇》四章："一个小道消息透露出来，一传十，十传百，人们交头接耳，添枝加叶，神色鬼祟慌乱，说是新近山里侦破了一个反动组织，叫笋壳党。"叶文玲《秋爽》："我几次想写下它和它的主人的故事，但却总是犹豫不敢下笔，因为我既不可能把这个真实的故事讲得很完整，又不知道怎样添枝加叶把它演绎成一篇小说。"

【添砖加瓦】 tiān zhuān jiā wǎ 比喻为某事出一份力量。冯亦代《乡思》："那晚的听众是波士顿的侨胞，他们听说国内多处水患，都想竭尽自己力之所及，为祖国建设事业添砖加瓦。"

【田父之获】 tián fù zhī huò 田父：年老的农民。《战国策·齐策三》："韩子卢者，天下之疾犬也。东郭逡者，海内之狡兔也。韩子卢逐东郭逡，环山者三，腾山者五，兔极于前，犬废于后，犬兔俱罢，各死其处。田父见之，无劳倦之苦，而擅其功。"后用"田父之获"指不费力气而得到利益。《三国演义》三三回："若迷而不返，则是韩卢、东郭自困于前，而遗田父之获也。"〔注意〕父，不读 fù。

【田连阡陌】 tián lián qiān mò 阡陌：田间纵横交错的小道。指田地广阔，接连不断。汉·荀悦《汉纪·武帝纪》："富者田连阡陌，贫者无立锥之地。"《二刻拍案惊奇》卷二二："公子田连阡陌，地占半州，足迹不到所在，不知多少。"

【恬不为意】 tián bù wéi yì 恬：安然，满不在乎。满不在乎，毫不放在心上。宋·苏轼《上执政乞度牒赈济及因修廨宇书》："岂有仁圣在上，群贤并用，而肯恬不为意乎？"《东周列国志》四四回："白乙领命而行，心下又惶惑，又凄楚。惟孟明自恃才勇，以为成功可必，恬不为意。"

【恬不知耻】 tián bù zhī chǐ 恬：安然，满不在乎。做了坏事满不在乎，不以为耻。宋·吕祖谦《东莱博议·卫礼至为铭》："卫礼至行险，侥幸戕人而灭取其国，恬不知耻，反勒其功于铭，以章示后世。"《明史·曾同亨传》："此中多暗修，非可概斥，即使阳假名义，视呈身进取，恬不知耻者，孰愈哉？"梁实秋《雅舍小品·包装》："虽然他们的军人穷凶极恶，兽性十足；虽然他们的文官篡改史实，恬不知耻，他们在日常生活用品上所投下的艺术趣味之令人赞赏是无可争辩的。"

【恬淡寡欲】tián dàn guǎ yù　恬淡：淡泊，不追求名利。寡：少。欲：欲望。清静淡泊，没什么欲望。形容人清高。三国魏·曹丕《与吴质书》："而伟长独怀文抱质，恬淡寡欲，有箕山之志，可谓彬彬君子者矣。"

【甜酸苦辣】tián suān kǔ là　见"酸甜苦辣"。

【甜言美语】tián yán měi yǔ　见"甜言蜜语"。

【甜言蜜语】tián yán mì yǔ　为了达到讨好或哄骗人的目的而说的让人爱听的好话。《封神榜》一三三回："立逼贾氏偕连理，甜言蜜语哄夫人。诰命本是贞节妇，岂肯失身顺当今!"《红楼梦》三回："他嘴里一时甜言蜜语，一时有天无日，一时又疯疯傻傻，只休信他。"老舍《四世同堂》五四："不，他先不能一上手就强硬，他须用眼泪与甜言蜜语感动菊子，教她悔过。"梁斌《红旗谱》二五："冯贵堂在他面前，甜言蜜语，不知说了多少次。"也作"甜言美语"。《警世通言》卷二五："一路上尤生带甜言美语哄诱桂生，桂生深信，与之结为兄弟。"

【甜嘴蜜舌】tián zuǐ mì shé　形容嘴甜，会说好话哄人。《红楼梦》三五回："玉钏儿道：'吃罢，吃罢!不用和我甜嘴蜜舌的，我可不信这样话!'"

【挑肥拣瘦】tiāo féi jiǎn shòu　挑、拣：选择。肥：肥肉。瘦：瘦肉。比喻挑选对自己有利的。周而复《上海的早晨》四部二〇："她对调弄堂一向没有意见，生产组长派到啥弄堂就到啥弄堂去，从来不挑肥拣瘦的。"刘绍棠《小荷才露尖尖角》四："她泥里滚草里爬，从不挑肥拣瘦，也不嘴尖舌巧，婶子大娘都喜爱她。"

【挑三拣四】tiāo sān jiǎn sì　挑、拣：选择。比喻挑选对自己有利的。徐特立《让革命的红旗世代相传》："他们一旦了解了过去的痛苦，就会懂得今天我们对工作挑三拣四是多么不对。"周立波《盖满爹》："学堂里买菜，爱挑三拣四，价钱又压得太低。"

【条分缕析】tiáo fēn lǚ xī　缕：线。一条条分析。形容分析得有条理，很细致。《明史·五行志一》："而传说则条分缕析，以某异为某事之应，更旁引曲证，以伸其说。"华然《一部颇具特色的现代作家论》："接着作者形象而生动地从'风华从朴素出来，幽默从忠厚出来，腴厚从平淡出来'这三句话，条分缕析了朱自清的散文艺术，给读者以美的享受。"陈望道《修辞学发凡》："至于分类，更不过是为说明的方便，除非真有必要，是不必条分缕析乱人耳目的。"

【条条框框】tiáo tiáo kuàng kuàng　指固定不变的规定或条例。

【调三窝四】tiáo sān wō sì　调：挑拨。指挑拨离间，搬弄口舌。《红楼梦》六八回："不知天有多高，地有多厚，成日家调三窝四，干出这些没脸面败家破业的营生。"《孽海花》一六回："那些个狼心猪肺狗肚肠，打量咱们照不透么？从前在我爹那里调三窝四、甜言蜜语，难道是真看得起咱们吗？"

【调嘴弄舌】tiáo zuǐ nòng shé　指说三道四，挑拨是非。《清平山堂话本·快嘴李翠莲记》："这早晚，东方才亮了，还不梳妆完，尚兀子调嘴弄舌!"

【挑拨离间】tiǎo bō lí jiàn　离间：隔离，拆散。搬弄口舌，引起争端，使互相猜忌而离散。鲁迅《三闲集·怎么写》："原来是达夫先生在《洪水》上有一篇《在方向转换的途中》，说这一次的革命是阶级斗争的理论的实现，而记者则以为是民族革命的理论的实现。大约还有英雄主义不适宜于今日等类的话罢，所以便被认为'中伤'和'挑拨离间'，非'休矣'"

不可了。"郭沫若《屈原》四幕:"你说我是为了南后而发狂,你这无耻的谰言,你这巧言如簧的挑拨离间,亏你还戴着一个人的面孔!"〔注意〕间,不读 jiān。

【挑拨是非】tiǎo bō shì fēi　搬弄口舌,引起纠纷。老舍《四世同堂》五七:"他们不去考虑冠晓荷是否有意挑拨是非,也不再想李老人过去对他们的好处,而只觉得用三块钱去换一斤铁——也许还买不到——纯粹是李四爷一个人造的孽!"茅盾《昙》:"借着尊重'大小姐'的名目,常常拿一些家庭的琐细麻烦的问题请韵出主意,事后却在丈夫跟前冷冷地批评,挑拨是非。"

【跳梁小丑】tiào liáng xiǎo chǒu　跳梁:蹦蹦跳跳。小丑:卑鄙藐小的人。指行为猖狂、到处捣乱的卑鄙小人。陈白尘《〈大风歌〉首演献辞》:"况且这批跳梁小丑,不正是贼喊捉贼,以批判几部历史剧诬人影射而起家发迹的么?"

【铁案如山】tiě àn rú shān　铁案:做出了最后结论或证据确凿的案件。定案像山一样稳当不能推翻。明·孟称舜《残唐再创》一折:"一任你口澜舌翻,辘辘的似风车样转,道的铁案如山。"《官场现形记》一五回:"乡下人非但不来告状,不求伸冤,而且还要称颂统领的好处,具了甘结,从此冤沉海底,铁案如山,就使包老爷复生,亦翻不过。"欧阳山《三家巷》八〇:"在衙门里,只分官儿大小。官儿大的,拿笔一批,就是铁案如山。"

【铁板钉钉】tiě bǎn dìng dīng　比喻已成定论,不容怀疑。韦君宜《露沙的路》六:"现在人们只知道他是铁板钉钉的老红军,谁还知道他也有这样一段历史?"

【铁板一块】tiě bǎn yī kuài　比喻结合紧密、不可分化瓦解的整体。吴晗《朱元璋》七章:"朱元璋和这个集团的首脑人物,尽管在过去同生死、共患难,但并

不是铁板一块。蒋子龙《一个工厂秘书的日记》:"买个机器人当秘书,它没心没肺,没嘴没耳,脸色永远是铁板一块,感情可能随自然气候变化,而不会随着政治气候变化。"

【铁壁铜墙】tiě bì tóng qiáng　见"铜墙铁壁"。

【铁杵磨成针】tiě chǔ mó chéng zhēn　杵:舂米或捣衣用的圆木棍,一头粗一头细。宋·祝穆《方舆胜览·眉州·磨针溪》:"在象耳山下,世传李太白读书山中,未成弃去,过是溪,逢老媪方磨铁杵,问之,曰:'欲作针。'太白感其意,还,卒业。"后用"铁杵磨成针"比喻只要有毅力,坚持不懈地努力干下去,再难办的事也能办成。《黄绣球》一〇回:"拼着这些坚忍工夫,做到铁杵磨成针的地位,看似发达得迟,实在收效最速。"刘绍棠《小荷才露尖尖角》二:"他虽然没能一拳头砸出一眼井,却偏要铁杵磨成针。"

【铁马金戈】tiě mǎ jīn gē　见"金戈铁马"。

【铁面无私】tiě miàn wú sī　形容不讲情面,不怕权势,公正严明。《官场现形记》四七回:"列位看官,可晓得现在官场,凡是奉派查办事件,无论大小,可有几件是铁面无私的?"王蒙《蝴蝶》:"他背着手,踱来踱去,立场坚定,铁面无私。"

【铁石心肠】tiě shí xīn cháng　像铁石一样坚硬的心肠。形容人刚强,不为感情所动。宋·张邦基《墨庄漫录》卷三:"无咎叹曰:'人疑宋开府铁石心肠,及为《梅花赋》,清艳殆不类其为人。'"《三国演义》六八回:"清河崔琰,天性刚劲,虬髯虎目,铁石心肠。"钱钟书《围城》一:"他自以为这信措词凄婉,打得动铁石心肠。谁知道父亲快信来痛骂一顿。"周而复《上海的早晨》四部六五:"我晓得他是个铁石心肠的人,从来不哭的。"

【铁树开花】tiě shù kāi huā　铁树:苏

铁的通称，常绿树木，不常开花。比喻事情极难实现或事物非常罕见。《五灯会元·焦山师体禅师》："淳熙己亥八月朔示微疾，染翰别群守曾公，逮夜半，书偈辞众曰：'铁树开花，雄鸡生卵，七十二年，摇篮绳断。'掷笔示寂。"《警世通言》卷二八："祖师度我出红尘，铁树开花始见春；化化轮回重化化，生生转变再生生。"

【铁砚磨穿】 tiě yàn mó chuān　砚：砚台，研墨的文具。铁砚台被磨穿。形容刻苦攻读，持久不懈。元·王实甫《西厢记》一本一折："将棘围守暖，把铁砚磨穿。"明·王玉峰《焚香记·看榜》："乌纱白发人争羡，须知铁砚磨穿。"

【铁证如山】 tiě zhèng rú shān　铁证：确凿的证据。形容证据确凿，像山一样不可推翻。姚雪垠《李自成》二卷五五章："你的这些罪恶，铁证如山，老子今日不审问。"张炜《古船》二七章："大家都发觉这份起诉书虽是追根溯源，铁证如山，但因为包容的东西实在太多，写得太长，已经不合规范。……建议只摘有关含章的那一点交给法庭，抱朴同意了。"

【铁中铮铮】 tiě zhōng zhēng zhēng　铮铮：金属碰撞发出的声音。比喻杰出人物或才能出众的人。《后汉书·刘盆子传》："卿所谓铁中铮铮，佣中佼佼者也。"《剪灯新话·华亭逢故人记》："如汉之田横、唐之李密，亦可谓铁中铮铮者也。"

【听谗惑乱】 tīng chán huò luàn　谗：谗言。听信谗言，受到迷惑。指因听信谗言而使自己糊涂、昏乱。《三国演义》一八回："[袁]绍听谗惑乱，公浸润不行，此明胜也。"

【听而不闻】 tīng ér bù wén　闻：听见。用耳朵听了但没有听进去。形容不关心、不重视。《礼记·大学》："心不在焉，视而不见，听而不闻，食而不知其味。"《野叟曝言》二回："澹然掀髯笑道：'真所谓听而不闻也。老侄你如何相识

起这和尚来？'"钱钟书《围城》六："五人同在校门口小馆子吃晚饭的时候，李梅亭听而不闻，食而不知其味。"杨沫《青春之歌》二部三八章："她仿佛不是在人声鼎沸、充满激烈斗争的场所，却像在一个孤零零的地方，一个人深深沉湎在自己的忧伤中。而对这现实的一切，都像是听而不闻，视而不见。"

【听风是雨】 tīng fēng shì yǔ　听见风声就以为是下雨了。比喻听到一点传闻就信以为真。明·朱有墩《新编宣平巷刘金儿复落娼》："他都待将无作有，说短道长，听风是雨，数黑论黄。"姚雪垠《李自成》二卷五二章："如今兵荒马乱，谣言丛生，任何无根之言都容易被人轻信。何况那几百ას官叛兵，正在疑神疑鬼，听风是雨，无事尚且惊慌自扰，一听这个谣言，岂有不信之理？"

【听其自然】 tīng qí zì rán　听：听任。听任人或事自由地发展而不加以干预。宋·范成大《论勤政疏》："推而放之之久，则必有偏而不举，尼而不行，与夫沮抑于下而弗使见功者，一听其自然，不复过而问焉。"《官场现形记》三九回："外国大夫既不请，中国大夫又是如此，现在总得想个法子，找个妥当的人替他看看才好，总不能听其自然。"鲁迅《坟·说胡须》："听其自然之后，胡子的两端就显出毗心现象来，于是就和地面成为九十度的直角。"欧阳山《三家巷》一七四："周炳心中忖度，在这个时候不能够过分勉强，只能听其自然，让它水到渠成。"

【听天任命】 tīng tiān rèn mìng　见"听天由命"。

【听天由命】 tīng tiān yóu mìng　听：听任。天：天意。由：顺从、听从。命：命运。听任天意或命运的安排，让事情自由地发展，不去作主观努力。《封神榜》一二六回："今日余化来要战，难保胜败与输赢。也只好，听天由命凭造化，生死

存亡靠苍穹。"《三侠五义》九四回:"遇此大风,也是无法的,只好听天由命罢了。"鲁迅《而已集·谈所谓"大内档案"》:"但我现在来'折衷',既非不说,而不尽说,而代之以罗马字,——如果这样还不妥,那么,也只好听天由命了。"老舍《四世同堂》六四:"但是,假若艺术家只是听天由命的苟安于乱世,不会反抗,不会自卫,那么惨死便是他们必然的归宿。"也作"听天任命"。鲁迅《华盖集·通讯》:"惰性表现的形式不一,而最普通的,第一就是听天任命,第二就是中庸。"

【听之任之】 tīng zhī rèn zhī　听任事情自由发展,不主动加以干预。姚雪垠《李自成》三卷二九章:"原来他担心明朝的议和使臣会将他投降的消息禀报朝廷,后来将心一横,看淡了是非荣辱之念,抱着听之任之的态度。"路遥《早晨从中午开始》一:"既然已经不能改正,索性也就听之任之。在某些问题上,我是一个放任自流的人。"

【亭亭玉立】 tíng tíng yù lì　亭亭:直立而美好的样子。形容花木挺拔美观或女子身材修长匀称。元·张养浩《中吕·最高歌兼喜春来·咏玉簪》:"想人间是有花开。谁似他幽闲洁白,亭亭玉立幽轩外。"梁实秋《雅舍小品·树》:"树的姿态各个不同。亭亭玉立者有之,矮墩墩的有之,有张牙舞爪者,有佝偻其背者,有戟剑森森者,有摇曳生姿者,各极其致。"王愿坚《虹》五:"身上不知什么时候换上了一件花衣裳。于是,一个亭亭玉立的姑娘映在了明镜般的水里。"

【挺身而出】 tǐng shēn ér chū　指勇敢地站出来面对危难,担当重任。《旧五代史·唐景思传》:"后数日,城陷,景思挺身而出,使人告于邻郡,得援军数百,逐其草寇,复有其城,亳民赖是以济。"《官场现形记》三一回:"朱得贵急了,到处托人替他求情。冒得官便挺身而出,说:'我

去替你求情。'"鲁迅《准风月谈·后记》:"于是不及半年,就得更厉害的压迫了,敷衍到十一月初,只好停笔,证明了我的笔墨,实在敌不过那些带着假面,从指挥刀下挺身而出的英雄。"李劼人《大波》一部一〇章:"要是当年脾气,顾天成哪能不挺身而出,为么伯家争一口气?"

【铤而走险】 tǐng ér zǒu xiǎn　铤:快跑的样子。走:奔向。快跑着奔向危险。指因走投无路而采取冒险行动。《左传·文公十七年》:"小国之事大国也,德,则其人也;不德,则其鹿也。铤而走险,急何能择!"《二十年目睹之怪现状》一五回:"碰了荒年,也少不了这班人,不然,闹出那铤而走险的,更是不得了了。"杨沫《青春之歌》一部二三章:"我劝你还是死了心吧! 像这种铤而走险的人有几个有好结果的!"李国文《冬天里的春天》四章:"人到了无以聊生的地步,铤而走险的也比比皆是。"

【恫瘝在抱】 tōng guān zài bào　恫瘝:病痛,疾苦。像病痛在自己身上一样。比把人民的疾苦放在心上。恫,也作"痌"。清·冯桂芬《与许抚部书》:"执事恫瘝在抱,诚欲继睢州、桂林之业,自非风行雷厉,恐无以溥实惠而挽颓风。"《二十年目睹之怪现状》六〇回:"前回一个大善士,专诚到扬州去劝捐,做得那种痌瘝在抱,愁眉苦目的样子。"〔注意〕恫,不读 dòng。

【通风报信】 tōng fēng bào xìn　暗中传递消息。《黄绣球》二〇回:"那掌柜的说他恶毒,跟手叫送棺材到陈府上去的通风报信,一面地保就在内看守了这掌柜的。"欧阳山《三家巷》七九:"这样,他就走了,把陈文婢、陈文婕替他给炳通风报信的使命忘记得干干净净了。"

【通今博古】 tōng jīn bó gǔ　见"博古通今"。

【通力合作】 tōng lì hé zuò　指全力合

作,共同来做。《论语·颜渊》宋·朱熹集注:"一夫受田百亩,而与同沟共井之人,通力合作,计亩均收。"茅盾《过年》四:"两个孩子的通力合作,已经把父亲的高举着的手臂拉下来了。"

【通情达理】 tōng qíng dá lǐ　指通晓人情事理。《歧路灯》八五回:"只因民间有了不通情达理者,遂尔家有殊俗。"老舍《四世同堂》九四:"我知道,跟他一说,他明白了,一定饶了我。他是个有学问的人,通情达理。"邓一光《我是太阳》一部九:"你这个人怎么这么拧筋呢? 我还从来没见过你这么不通情达理的人!"

【通衢广陌】 tōng qú guǎng mò　通衢:四通八达的大道。陌:田间小路,泛指道路。四通八达的大道,宽广的道路。唐·牛僧孺《玄怪录·崔绍》:"二使者押绍之后,通衢广陌,杳不可知际,行五十许里。"宋·胡仔《苕溪渔隐丛话前集·东坡一》:"譬夫善驭良马者,通衢广陌,纵横驰逐,惟意所之。"

【通天彻地】 tōng tiān chè dì　彻:通,达。上通于天,下通于地。形容本领十分高强,无所不能。《水浒传》五二回:"正是要除起雾兴云法,须通通天彻地人。"《东周列国志》七五回:"观此《兵法》,真通天彻地之才也。"也形容从上到下,范围很大。老舍《四世同堂》一五:"'好噢! 大哥好?'常二爷把粮袋放下,作了个通天彻地的大揖。"

【通同一气】 tōng tóng yī qì　通同:串通。指串通一气,勾结在一起。《红楼梦》一一一回:"偷的时候自然不小了,那些上夜的人管你什么的? 况且打死的贼是周瑞的干儿子,必是他们通同一气的。"《儿女英雄传》七回:"他不过与强盗通同一气。我倒可惜他这等一个好模样儿,作这等无耻不堪行径。"

【通文达理】 tōng wén dá lǐ　指有学识,通晓事理。《十二楼·生我楼》一回:"能诗善赋,通文达理者若此,其他又可知。"叶圣陶《城中》:"通文达理的父兄们便这么说:'就是天下的学堂全都关完了,宁可让子弟们永世不识一个字,总不敢去请教宏毅中学! '"

【通宵达旦】 tōng xiāo dá dàn　通:整个。旦:天亮。整整一夜直到天亮。《醒世恒言》卷二五:"自十三至十七,共是五夜,家家门首扎缚灯栅,张挂新奇好灯,巧样烟火,照耀如同白昼。狮蛮社火,鼓乐笙箫,通宵达旦。"梁实秋《雅舍小品·鼾》:"原来他尚未睡熟,只是小试啼声,预演的性质。我毫无办法,听他演奏通宵达旦。"刘绍棠《村妇》卷二:"鸣翠却是平日不努力,急时抱佛脚。每到中考大考之前,通宵达旦开夜车。"

【同病相怜】 tóng bìng xiāng lián　怜:同情。比喻因有同样的痛苦或遭遇而互相同情、怜惜。汉·赵晔《吴越春秋》卷四:"子不闻河上歌乎? 同病相怜,同忧相救。"《警世通言》卷一二:"我也在乱军中不见了妻子,正是'同病相怜'了。"《野叟曝言》六〇回:"玉奴、赛奴,一母所生,在家时坐卧不离,后来又共处患难,同病相怜,到如今忽然拆散,举目无亲,岂不痛伤?"老舍《四世同堂》八六:"要发牢骚,他必须在这里发,因为他以为他与祁家是同病相怜。"

【同仇敌忾】 tóng chóu dí kài　同仇:共同仇恨。敌忾:对敌人的愤恨。《诗·秦风·无衣》:"与子同仇。"《左传·文公四年》:"诸侯敌王所忾。"后用"同仇敌忾"指大家一致痛恨敌人。欧阳山《三家巷》一〇七:"现在剩下来的问题是:全体中国人民同仇敌忾的决心已经有了,但是要怎么样才能真正地打倒日本帝国主义呢?"陈忠实《白鹿原》六章:"张总督说他的革命军同仇敌忾,士气高昂,完全可以击败方升的乌合之众。"〔注意〕忾,不能读作 qì。

【同床异梦】 tóng chuáng yì mèng 同睡一张床，各做各的梦。宋·陈亮《与朱元晦秘书·乙巳春书之一》："同床各做梦，周公旦不能得谓，何必一一说到孔明哉？"后用"同床异梦"比喻共同生活或一起共事，而感情或心思却不合。清·钱谦益《玉川子歌》："同床异梦各不知，坐起问景终谁是。"周而复《上海的早晨》四部三八："宋其文要他和江菊霞筹划棉纺企业联营的事，两个人同床异梦，各有各的打算。"陈国凯《两情若是久长时》六："结婚十多年，刘振民猜不透李玉珠的感情，夫妻同床异梦。"

【同恶相济】 tóng è xiāng jì 同恶：同为坏人。济：帮助。指坏人互相勾结，共同作恶。潘勖《册魏公九锡文》："马super、成宜，同恶相济，滨据河、潼，求逞所欲。"《三国演义》六九回："耿纪与韦晃密议曰：'操贼奸恶日甚，将来必为篡逆之事。吾等为汉臣，岂可同恶相济？'"

【同甘共苦】 tóng gān gòng kǔ 甘：甜，指欢乐。苦：苦难。《淮南子·兵略训》："故将必与卒同甘苦，俟饥寒。"后用"同甘共苦"指同享受欢乐幸福，共同承担祸患苦难。《新编五代史平话·唐史下》："彦章以步军十万人攻杨刘城，李周尽力拒守，每与士卒同甘共苦，故能得军心，效死勿去。"李劼人《大波》三部一章："漫道这一辈子我们两个分开不开，就是来生来世，也永在一起，同甘共苦，休想分离开得。"李国文《冬天里的春天》一章："特别是一个同甘共苦，历经忧患的妻子，能不怜惜老夫子所剩下的，应该说是不多的岁月么？"

【同归于尽】 tóng guī yú jìn 归：趋向，走向。尽：死亡或灭亡。指一同走向死亡或毁灭。唐·独孤及《祭吏部元郎中文》："夫彭祖、殇子，同归于尽，岂不知前后相哀，达生者不为叹。"《金瓶梅》一回："世上人……打不破酒色财气圈子，到头来同归于尽。"鲁迅《南腔北调集·小品文的危机》："麻醉性的作品，是将与麻醉者和被麻醉者同归于尽的。"老舍《四世同堂》四二："他准知道，年轻人不走，并救不活老人，或者还得与老人们同归于尽。"

【同流合污】 tóng liú hé wū 《孟子·尽心下》："同乎流俗，合乎污世。"后用"同流合污"指没有独立人格，顺从世俗。宋·朱熹《与陈丞相书》："然彼贤者，其明既足以烛事理之微，其守既足以遵圣贤之辙，则其自处必高，而不能同流合污以求誉。"后也指和坏人一起做坏事。沈从文《烟斗》："因为他自觉是一个忠于革命的同志，一个因为不能同流合污被人排挤的人物，因为骨头硬才得到这种不公平的待遇。"

【同生共死】 tóng shēng gòng sǐ 形容情谊深厚，生死与共。《隋书·郑译传》："郑译与朕同生共死，间关危难，兴言念此，何日忘之。"李劼人《大波》三部七章："当兹革命排满潮流汹涌之际，玉将军为了自保，岂止会欢迎这么做；进一步尚会与我们同生共死，相依为命。"刘绍棠《村妇》卷一："咱俩同生共死几十年，难道你还不敢跟我掏心窝子吗？"

【同室操戈】 tóng shì cāo gē 同室：同住在一个房子里，这里指自家人。操：拿。自家人动刀枪。《后汉书·郑玄传》载：何休好《公羊传》而恶《左传》、《穀梁传》，郑玄著论以驳之，何休叹息说："康成(郑玄字)入我室操吾矛以伐我乎？"后用"同室操戈"比喻兄弟自相残杀。也泛指内部争斗。《孽海花》二九回："现在黄族濒危，外忧内患，岂可同室操戈，自相残杀乎？"周恩来《千古奇冤》诗："千古奇冤，江南一叶；同室操戈，相煎何急？"

【同心合力】 tóng xīn hé lì 见"同心协力"。

【同心同德】 tóng xīn tóng dé 心、德：

都指心意、思想。指思想、信念一致。《尚书·泰誓中》："受有亿兆夷人,离心离德;予有乱臣十人,同心同德。"宋·刘安世《弹奏范纯仁、王存事》:"惟是同心同德之人,乃可委以政事。"李劼人《大波》三部五章:"自己人同心同德,无论如何总会听自己人的话,顾盼自己人的。"姚雪垠《李自成》三卷五九章:"只要你跟我同心同德,我决定之前一定同你商量,使你放心。"

【同心协力】 tóng xīn xié lì 心:思想。协:合。思想一致,共同努力。南朝陈·徐陵《为贞阳侯答王太尉书》:"同心协力,克定邦家。"《东周列国志》一〇七回:"魏亡,则祸必及于齐,愿同心协力,互相救援。"《镜花缘》六八回:"将来若花姐姐做了国王,我们同心协力,各矢忠诚。"李劼人《大波》一部八章:"假使四川股东还未心死,还有心肝的话,那吗,我们大家就一定要同心协力地争!"也作"同心合力"。老舍《四世同堂》九四:"瑞宣理解白巡长的心情,劝他不必单枪匹马去杀日本人,最好是跟大家同心合力,做点地下工作。"也作"协力同心"。李劼人《大波》二部一章:"便叫他疾速省悟,不要再与盛杏荪、端午桥立异,要与他们协力同心,将四川的铁路风潮压下去,使国有政策得以贯彻。"

【同舟共济】 tóng zhōu gòng jì 济:渡过。同乘一条船过河。《孙子·九地》:"夫吴人与越人相恶也,当其同舟而济,遇风,其相救也如左右手。"后用"同舟共济"比喻齐心协力渡过困难。《三国志·魏书·毋丘俭传》:"然同舟共济,安危势同,祸福已连,非言饰所解,自公侯所明也。"钱钟书《围城》五:"什么'同舟共济'!事到临头,还不是各人替自己打算?"端木蕻良《科尔沁旗草原》一九:"我辈如有天良,必办同舟共济。"

【彤云密布】 tóng yún mì bù 彤云:下雪前的阴云。雪前的阴云布满天空。《三国演义》九四回:"今彤云密布,朔风紧急,天将降雪,吾计可施矣。"茅盾《虹》九:"外面是北风在虎虎地叫。彤云密布的长空此时洒下些轻轻飘飘的快要变成雪花的冻雨。"

【铜筋铁骨】 tóng jīn tiě gǔ 形容身体十分强健结实。《水浒传》五四回:"铜筋铁骨身躯健,炉冶钳锤每用功。原是延安知寨后,金锁豹子是汤隆。"《封神榜》一二五回:"那怕他,铜筋铁骨英雄汉,那怕他,惯战能杀会交锋!"《野叟曝言》一〇六回:"此仆此马旷古所无,非先生不能致,非先生亦不能胜,仅仅酸痛,真铜筋铁骨也。"鲁迅《彷徨·孤独者》:"仗着逐渐打熬成功的铜筋铁骨,面黄肌瘦地从早办公一直到夜。"

【铜琶铁板】 tóng pá tiě bǎn 琶:琵琶,一种弦乐器名。板:拍板,一种打击乐器名。宋·俞文豹《吹剑录·外集》:"东坡在玉堂日,有幕士善歌,因问:'我词何如柳七?'对曰:'柳郎中词,只合十七八女郎,执红牙板,歌"杨柳岸晓风残月"。学士词,须关西大汉,铜琵琶、铁绰板,唱"大江东去"。'坡为之绝倒。"后用"铜琶铁板"形容激昂豪放的乐曲或文词。《二十年目睹之怪现状》四九回:"铜琶铁板声声恨,剩馥残膏字字哀。"

【铜墙铁壁】 tóng qiáng tiě bì 比喻十分坚固,不可摧毁、突破。《水浒传》四八回:"宋江自引了前部人马,转过独龙冈后面来看祝家庄时,后面都是铜墙铁壁,把得严整。"《野叟曝言》五回:"却又作怪,那火只拣着和尚住的房子便烧,赁住的便多不烧,连火色焦痕也没一点,如有铜墙铁壁挡着的一般。"姚雪垠《李自成》一卷八章:"但转瞬间又看见他们被摆得像铜墙铁壁一般的敌人杀退回来,使他的心头猛然一凉。"也作"铁壁铜墙"。李英儒《野火春风斗古城》一〇章:

"别妄想这个城圈是铁壁铜墙,不！它是人民握在铁掌心里的一个软皮鸡蛋,随时可以拿它捏成稀泥烂浆。"

【童叟无欺】 tóng sǒu wú qī　叟:老年人。无论对小孩还是老人都不欺骗。指待人诚实。多形容买卖公平。《二十年目睹之怪现状》五回:"他这是招徕生意之一道呢。但不知可有'货真价实,童叟无欺'的字样没有?"汪曾祺《大淖记事》:"他许他们赌钱喝酒,嘱咐他们出外做活,要童叟无欺,手脚要干净。"

【童心未泯】 tóng xīn wèi mǐn　泯:消失。指年纪虽大犹存儿童般天真之心。《左传·襄公三十一年》:"于是昭公十九年矣,犹有童心,君子是以知其不能终也。"冰心《给当代青少年的信》:"我羡慕你们,因为你们正拥有着充溢的精力和求知欲,又生在处处向你们敞开知识的大门的时代。充分地利用吧,这是我这个童心未泯的'世纪同龄人'对你们的祝福!"

【童言无忌】 tóng yán wú jì　忌:忌讳。小孩子天真烂漫,说话没有忌讳。郭沫若《屈原》四幕:"童言无忌,你让她说,满好玩儿的!"巴金《家》一七:"老太爷因为觉群在堂屋里说了不吉利的话,便在一张红纸条上写着'童言无忌、大吉大利',拿出来贴在堂屋的门柱上。"

【童颜鹤发】 tóng yán hè fà　儿童般红润的面容,仙鹤羽毛般雪白的头发。形容老年人身体健康,气色好。《三国演义》一五回:"策见其人,童颜鹤发,飘然有出世之姿。"《醒世恒言》卷三七:"杜子春看那老者,生得:童颜鹤发,碧眼庞眉……若非得道仙翁,定是修行长者。"

【统筹兼顾】 tǒng chóu jiān gù　筹:谋划。顾:照顾。通盘筹划,全面顾及。清·刘坤一《复松峻帅》:"同属公家之事,务望统筹兼顾,暂支目前。"欧阳予倩《忠王李秀成》一幕:"不是这样统筹兼顾,天京一定难保。"

【捅马蜂窝】 tǒng mǎ fēng wō　比喻触怒了不好惹的人或招了大麻烦。

【痛不欲生】 tòng bù yù shēng　悲痛得不想再活下去了。宋·吕大钧《吊说》:"其恻怛之心,痛疾之意不欲生。"后用"痛不欲生"形容悲痛到了极点。《野叟曝言》四四回:"孩儿一得此信,痛不欲生,而母亲处之若素,几于太上忘情。"梁实秋《雅舍小品·腌猪肉》:"女方邀集了几位稔识的朋友,诉说她的委屈,一副遇人不淑的样子,涕泗滂沱,痛不欲生。"路遥《早晨从中午开始》一四:"苦思冥想,为无能而痛不欲生。"

【痛定思痛】 tòng dìng sī tòng　定:止息。唐·韩愈《与李翱书》:"今而思之,如痛定之人,思当痛之时,不知何能自处也。"后用"痛定思痛"指悲痛的心情平静以后,回想当时所受的痛苦。宋·文天祥《指南录后序》:"而境界危恶,层见错出,非人世所堪,痛定思痛,痛何如哉!"《警世通言》卷一一:"痛定思痛,夫妻母子,哭做一堆。"《花月痕》四四回:"秋痕此时虽不暇问,只痛定思痛,愈觉伤心。"巴金《随想录》一四〇:"二十年之后痛定思痛,总得严肃地对待这个问题,严肃地对待自己,想想究竟我们自己犯了些什么错误。"

【痛改前非】 tòng gǎi qián fēi　痛:深切,彻底。非:错误。彻底改正过去所犯的错误。《宣和遗事·亨集》:"陛下傥信微臣之言,痛改前非,则如宣王因庭燎之箴而勤政,汉武悔轮台之失而罢兵,宗社之幸也。"《初刻拍案惊奇》卷三七:"多蒙姑夫竭力周全调护,得解此难。今若回生,当自痛改前非,不敢再增恶业。"《野叟曝言》八五回:"老爷分付,句句好话,小的情愿痛改前非。"周而复《上海的早晨》二部五三:"今后我要痛改前非,改造思想,做一个新社会的新人物。"

【痛哭流涕】 tòng kū liú tì 痛哭：尽情哭泣。涕：眼泪。《汉书·贾谊传》："臣窃惟事势，可为痛哭者一，可为流涕者二，可为长太息者六。"后用"痛哭流涕"形容非常悲痛伤心。《宋史·胡铨传》："而此膝一屈不可复伸，国势陵夷不可复振，可为痛哭流涕长太息矣！"《醒世恒言》卷三八："众women生中，也有相从久的，一般痛哭流涕。"《二十年目睹之怪现状》二二回："这个叫做姜白石、李青莲，只怕姜白石、李青莲在九泉之下，要痛哭流涕呢。"高云览《小城春秋》二三章："四敏找周森谈的时候，周森果然又是跟从前一样，捶着胸脯，痛哭流涕地认错。"

【痛快淋漓】 tòng kuài lín lí 淋漓：酣畅。形容极为畅快。《儿女英雄传》二〇回："即如我在能仁寺救安公子、张姑娘的性命，给他二人联姻以至赠金借弓这些事，不过是我那多事的脾气，好胜的性儿，趁着一时高兴要作一个痛快淋漓，要出出我自己心中那口不平之气。"鲁迅《热风·六十一 不满》："这诚然是痛快淋漓的话，但要问：照我们的意见，怎样才算有人道呢？"梁实秋《雅舍小品·讲演》："听讲的人大半是想一瞻风采，可是听他讲得痛快淋漓，无不为之动容。"

【痛入骨髓】 tòng rù gǔ suǐ 痛楚深入到骨髓里。多用来形容悲伤或怨恨到了极点。《战国策·燕策三》："樊将军（於期）仰天太息流涕曰：'吾每念，常痛于骨髓，顾计不知所出耳。'"《史记·淮阴侯列传》："秦父兄怨此三人，痛入骨髓。"元·无名氏《谢金吾》二折："我如今要私下三关看母亲去，争奈不敢擅离信地，此恨痛入骨髓，不可不报。"《花月痕》一八回："以后痴珠又不许他住下，觉得天壤茫茫，秋痕一人，终久无个结局，所以痛入骨髓。"也形容极其疼痛。《野叟曝言》九七回："素臣把裤管卷起，膝骨上下皮面俱已发肿，玉儿要用手去搽，素臣道：'搽

不得，一触着他便痛入骨髓哩！'"杨沫《青春之歌》一部二二章："他想把手插到潮湿的土地里，想挖一把泥土送到嘴里，但是手指头还没动就已经痛入骨髓。"

【痛心疾首】 tòng xīn jí shǒu 疾：痛。首：头。心也痛，头也痛。形容非常痛恨。《左传·成公十三年》："诸侯备闻此言，斯是用痛心疾首，昵就寡人。"《官场现形记》四二回："治下的百姓因他听断糊涂，一个个痛心疾首。"钱钟书《围城》三："褚慎明到了欧洲，用尽心思，写信到柏格森寓处约期拜访，谁知道原信退回，他从此对直觉主义痛心疾首。"刘玉民《骚动之秋》七章："赢官对此痛心疾首，但处在当时的情势下，也只能叹叹气、摇摇头、骂骂娘而已。"也形容非常伤心或悔恨。《后汉书·章帝纪》："朕之不德，上累三光，震栗忉忉，痛心疾首。"张炜《古船》二三章："见素哭着，两手不断击打坑面。抱朴还是第一次见到弟弟如此痛心疾首地哭泣。"

【痛痒相关】 tòng yǎng xiāng guān 比喻利害相关或关系亲近、密切。宋·真德秀《再守泉州劝谕文》："人无兄弟，如无四肢；痛痒相关，实同一体。"明·杨士聪《玉堂荟记》卷下："外而督抚，内而各部，无一刻不痛痒相关。"《花月痕》三八回："想起稷如远别半载，荷生出师关外，客边痛痒相关的人，目前竟无一个。"

【偷工减料】 tōu gōng jiǎn liào 指不顾工程或产品的质量而偷省工序、削减用料。《儿女英雄传》二回："这下游一带的工程都是偷工减料作的，断章不住。"鲁迅《华盖集·忽然想到》："上述的那两样，固然是比牛毛还细小的事，但究竟是时代精神表现之一端，所以也可以类推到别样。例如现在器具之轻薄草率（世间误以为灵便），建筑之偷工减料，……就都是出于同一病源的。"张恨水《作完〈啼笑因缘〉后的说话》："史家作文章，照

说是不许'偷工减料'的了；然而我们看《史记》第一篇《项羽本纪》，写得他成了一个慷慨悲歌的好男子，也不过'鸿门'、'垓下'几大段加倍的出力写，至于他带多少兵，打过多少仗，许许多多起居，都抹煞了。"

【偷合苟容】 tōu hé gǒu róng 偷：苟且。指苟且迎合，以求容身。《荀子·臣道》："不恤君之荣辱，不恤国之臧否，偷合苟容，以持禄养交而已耳，谓之国贼。"也作"偷合取容"。《史记·白起王翦列传论》："王翦为秦将……然不能辅秦建德，固其根本，偷合取容，以至圽身。"

【偷合取容】 tōu hé qǔ róng 见"偷合苟容"。

【偷鸡摸狗】 tōu jī mō gǒu ❶指小偷小摸。摸，也作"盗"。《水浒传》四六回："小人如今在此，只做得偷鸡盗狗的勾当，几时是了。"欧阳山《三家巷》一二一："从前社会上那些杀人放火，奸淫抢掠都不见了，房门不用关，连个偷鸡摸狗也没有。"❷指不正当的男女关系。《红楼梦》四四回："那凤丫头和平儿还不是个美人胎子？你还不足！成日家偷鸡摸狗，脏的臭的，都拉了你屋里去。"贾平凹《火纸》二："老婆死时女儿才两岁，他再不续妻，也不偷鸡摸狗，一心拉扯丑丑长大。"

【偷梁换柱】 tōu liáng huàn zhù 比喻暗中耍手段改变事物内容，以假代真，以劣代优。《红楼梦》九七回："偏偏凤姐想出一条偷梁换柱之计，自己也不好让潇湘馆来，竟未能少尽姊妹之情。"刘醒龙《凤凰琴》："他忍不住，拿起笔给舅舅和县教委负责人写了两封内容大致相同的信，详细地述说了界岭小学和界岭村，在这次检查中偷梁换柱，张冠李戴等等一些见不得阳光的丑恶伎俩。"〔注意〕梁，不能写作"粱"。

【偷天换日】 tōu tiān huàn rì 指暗中做手脚改变事物的真相，欺骗他人。《孽海花》一回："那日走出去，看看人来人往，无非是那班肥头胖耳的洋行买办，偷天换日的新政委员。"王火《战争和人》（三）卷五："确实都用了他文章中的材料和大量现成语句，只是经过小小的修改补充和删削，移花接木，偷天换日，完全不是原来那么一回事了！"

【偷偷摸摸】 tōu tōu mō mō 指背着人暗中行事。《三侠五义》九八回："你来我去，只管频频往来，却不敢上前，止于偷偷摸摸。"赵树理《李有才板话》九："介绍会员不叫他们知道，是怕那些坏家伙混进来；开成立大会可不跟他们偷偷摸摸，到大庙里成立去！"蒋子龙《赤橙黄绿青蓝紫》一："别的职工也有做小买卖的，那都是偷偷摸摸，不敢让厂里知道。"

【偷香窃玉】 tōu xiāng qiè yù 偷香：晋代陈骞的女儿与韩寿私通，把晋武帝赐给她父亲的外国进贡的异香赠给韩寿（见晋·郭澄之《郭子》）。一说为晋代贾充的女儿（见《晋书·贾充传》）。窃玉：一说指杨贵妃窃宁王玉笛之事（见《杨妃外传》）。后用"偷香窃玉"指男女私通。《醒世恒言》卷二八："安排布地瞒天谎，成就偷香窃玉情。"《红楼梦》一回："大半风月之事，不过偷香窃玉，暗约私奔而已，并不曾将儿女之真情发泄一二。"刘绍棠《村妇》卷一："过去他跟野台子戏小旦偷香窃玉，单对子一不吵二不骂，也不寻死觅活，只是阴沉着脸像满天乌云，十天半月不放晴。"

【头昏眼花】 tóu hūn yǎn huā 见"头晕目眩"。

【头角峥嵘】 tóu jiǎo zhēng róng 头角：比喻青少年的气概或才华。峥嵘：卓越，非凡。形容年轻有为，气概不凡。宋·子淳《和无尽居士牧牛颂》诗："头角峥嵘未兆前，乱云深处任安眠。"明·沈受先《三元记·辞亲》："你趁我两人在日，看你头角峥嵘，前呼后拥，显亲扬名，也胜是死后三牲五鼎之祭。"

【头破血流】 tóu pò xuè liú　头打破了,鲜血直流。形容受伤严重。《太平广记》卷一四七引《定命录》:"至徐州界,其婢与夫相打,头破血流。"《野叟曝言》八五回:"那一二十个健役急忙上前救护,怎当得又全的家人、闲汉俱是挑选出来的勇健之辈、亡命之徒,一阵混打,已把健役打得头破血流,五零四散,跌扑奔逃。"巴金《随想录》三六:"他不承认,就痛打,拳打脚踢,棍棒齐下,不但头破血流,一条腿也给打断了。"也比喻遭到严重打击或惨败。《二十年目睹之怪现状》八九回:"但是你公公这一下子交不出人来,这个钉子怕不碰得他头破血流。"杨沫《青春之歌》一部八章:"这个社会别说是你,就是比你能耐大、阅历多的男子,哪个不碰得头破血流?"

【头疼脑热】 tóu téng nǎo rè　指小的病痛。《二刻拍案惊奇》卷一三:"后来晓得鬼来活现了一夜,托与直秀才的,一发打了好些寒噤,略略有些头疼脑热,就生疑惑。"也指人发生了小的病痛。《红楼梦》五一回:"我那里就害瘟病了,只怕过了人! 我离了这里,看你们这一辈子都别头疼脑热的。"梁斌《红旗谱》三八:"自从运涛坐狱的那年,春兰就常过来帮他们缝缝洗洗,头疼脑热的时候,也来服侍汤药。"

【头童齿豁】 tóu tóng chǐ huō　童:原指山无草木,比喻人秃顶。豁:残缺。头秃齿缺。形容衰老的样子。唐·韩愈《进学解》:"冬暖而儿号寒,年丰而妻啼饥,头童齿豁,竟死何裨?"清·刘献廷《广阳杂记》卷三:"屈指计之,二十六年矣,瑞臣、虎文皆作古人,予与小谢亦头童齿豁。"〔注意〕豁,不读 huò。

【头痛医头,脚痛医脚】 tóu tòng yī tóu, jiǎo tòng yī jiǎo　只医治疼痛的部位,不追究病根。比喻处理问题不从全局考虑,不究其根本,什么地方有问题就在什么地方解决,临时应付。医,也作"灸"。宋·朱熹《朱子语类·朱子十一》:"今学者亦多来求病根,某向他说头疼灸头,脚痛灸脚,病在这上,只治这上便了。"清·赵翼《廿二史札记·贾鲁治河》:"舍此不图,而岁岁修防,年年堵筑,正如头痛医头,脚痛医脚,病终不去。"巴金《随想录》六一:"只会'头痛医头,脚痛医脚'的医师并不是高明的大夫。至于我呢,我仍然坚持我的意见:要是人人识货,假货就不会在市面上出现了。"

【头头是道】 tóu tóu shì dào　头头:各方面。道:道理。佛教语。指道是无所不在的。《续传灯录·慧力洞源禅师》:"方知头头皆是道,法法本圆成。"后用来形容说话、做事有条有理,道理充分。宋·严羽《沧浪诗话·诗法》一六:"学诗有三节:其初不识好恶,连篇累牍,肆笔而成;既识羞愧,始生畏缩,成之极难;及其透彻,则七纵八横,信手拈来,头头是道矣。"《野叟曝言》一三七回:"龙、麟二人料理诸事,分派众人各专职司,倒也头头是道。"鲁迅《伪自由书·文章与题目》:"他们那种办法,那时都有人来说得头头是道的。"茅盾《虹》四:"她的聪明机警,她的操纵手段,——一切她想来头头是道的,到那时全都失了作用。"

【头晕目眩】 tóu yūn mù xuàn　头脑发晕,两眼昏花。《红楼梦》一〇九回:"自此贾母两日不进饮食,胸口仍是结闷,觉得头晕目眩,咳嗽。"沈从文《七个野人与最后一个迎春节》:"许多人是喝得头晕目眩伏在儿子肩上回家了。许多人是在醉中痛哭狂歌了。"欧阳山《三家巷》四七:"看见这种光怪陆离的政治局面,上海人不能不头晕目眩,胆战心惊。"也作"头昏眼花"。《官场现形记》三一回:"此时制台正被他弄得头昏眼花,又见他自己离位指点，毫无官体。"周而复《上海的早晨》一部四："刚才给他们两个人往空中一抛，重重地落在石板地上，他头昏眼花，人事不知。"也作"头晕眼花"。《西游记》七二回："也不知跌了多少跟头，把个呆子跌得身麻脚软，头晕眼花，爬也爬不动，只睡在地下呻吟。"老舍《骆驼祥子》一○："她只须伸出个小指，就能把他支使的头晕眼花，不认识了东西南北。"

【头晕眼花】tóu yūn yǎn huā 见"头晕目眩"。

【头重脚轻】tóu zhòng jiǎo qīng 指头晕脑胀、脚下无力，身体失去平衡。《喻世明言》卷四○："不吃也罢，才吃下时，觉得天在下，地在上，墙壁都团团转动，头重脚轻，站立不住。"《野叟曝言》四○回："鸾吹、素娥歇息一会，勉强起来，兀自头重脚轻，不能行走。"周大新《第二十幕》（下）一部一○："昌盛往家走时觉到了有点头重脚轻，他想到家就倒头躺下。"也形容上重下轻，根基不牢。毛泽东《改造我们的学习》："墙上芦苇，头重脚轻根底浅。"也指事物前后或上下不协调。洪深《戏剧导演的初步知识》下篇二："配合诸色时，较重的即较深的颜色应放在较轻的即较浅的颜色之下，否则观者会觉得头重脚轻而感到不稳定不愉快。"

【投笔从戎】tóu bǐ cóng róng 投：扔。戎：军队。《后汉书·班超传》："[班超]家贫，常为官佣书以供养。久劳苦，尝辍业投笔叹曰：'大丈夫无它志略，犹当效傅介子、张骞立功异域，以取封侯，安能久事笔砚间乎？'"后用"投笔从戎"指文人弃文从军。唐·陈子昂《为金吾将军陈令英请免官表》："始年十八，投笔从戎，西逾流沙，东绝沧海，南征北伐，无所不至。"《孽海花》二四回："直辈道：'壮哉，韵高！你竟想投笔从戎吗？'"沈从文《湘行散记·老伴》："十七年前的七月里，我

带了'投笔从戎'的味儿，……浮江而下，来到了这个地方。"

【投畀豺虎】tóu bì chái hǔ 畀：给予。《诗经·小雅·巷伯》："取彼谮人，投畀豺虎。"意为把那些以谗言陷害他人的人喂给豺狼老虎吃掉。后常用来表示对坏人强烈憎恨并予以惩治。《旧唐书·崔日用张嘉贞萧嵩张九龄等传论》："彼林甫者，诚可投畀豺虎也。"鲁迅《而已集·革"首领"》："两三个年头，不算太长久。被'正人君子'指为'学匪'，还要'投畀豺虎'，我是记得的。"

【投鞭断流】tóu biān duàn liú 《晋书·符坚载记》："以吾之众旅，投鞭于江，足断其流。"后用"投鞭断流"比喻人马众多。清·黄宗羲《陕西巡抚都察院右副都御史乞若高公墓志铭》："汉水之限，高公莅止，千里风疆，投鞭断流。"

【投膏止火】tóu gāo zhǐ huǒ 膏：油。用油去灭火。比喻做法不当，不仅达不到目的，反而会适得其反。《新五代史·安重诲传》："然其轻信韩玫之谮，而绝钱镠之臣；徒陷彦温于死，而不能去潞王之患……四方骚动，师旅并兴，如投膏止火，适足速之。"

【投机倒把】tóu jī dǎo bǎ 投机：利用时机营私谋利。倒把：转手买入卖出。指商人以囤积居奇、买空卖空、操纵物价等手段牟取暴利。周而复《上海的早晨》四部四○："利华的宗旨是将本求利，绝不投机倒把。"魏巍《东方》四部六章："你购买卖，投机倒把，放高利贷，倒是很积极。你走的是条剥削的道儿！"

【投机取巧】tóu jī qǔ qiǎo 指利用时机，以巧妙的手段牟取不正当的利益。鲁迅《集外集拾遗补编·做"杂文"也不易》："杂志报章上的缺不了它，'杂文家'的放不掉它，也可见正非'投机取巧'，'客观上'是大有必要的。"茅盾《蚀·动摇》一一："记得本年春初店员风潮时，他

就主张激烈，投机取巧，以此钻入了党部。"

【投井下石】 tóu jǐng xià shí　见"落井下石"。

【投袂而起】 tóu mèi ér qǐ　袂：袖子。甩袖而起。形容振作起来立即行动。《左传·宣公十四年》："楚子闻之，投袂而起。"唐·李德裕《赐石雄及三军敕书》："有事则投袂而起，负甲先登。"《孽海花》二五回："如果日本和我们真的开衅，我只有投袂而起，效死疆场，赎我的前愆了。"李劼人《大波》二部五章："然念及蜀事糜烂，吾父老子弟正在颠连困苦之中，不能不投袂而起。"

【投其所好】 tóu qí suǒ hào　投：迎合。迎合别人所喜好的。宋·张耒《司马迁论》下："盖其尚气好侠，事投其所好，故不知其言之不足信，而忘其事之为不足录也。"《初刻拍案惊奇》卷一八："富翁见说是丹术，一发投其所好。"《二十年目睹之怪现状》八二回："这位侯中丞是北边人，本有北边的嗜好；到了福建，闻说福建恰有此风，那真是投其所好了。"李劼人《大波》三部二章："确确实实是宣德炉。是纽传善特别物色来的两个。因为端方是出了名的古董客，不能不投其所好。"

【投石问路】 tóu shí wèn lù　原指夜间潜入某处时，先扔一块石子，借以探测情况。比喻在行动以前，先进行试探以摸清情况。《三侠五义》一二回："到了墙头，将身趴伏，又在襄中取一块石子，轻轻抛下，侧耳细听。此名投石问路，下面或是有沟，或是有水，就是落在实地，再没有听不出来的。"又五〇回："展爷不胜惊骇道：'相爷中了他拍门投石问路之计了。'包公问道：'何以谓之投石问路呢？'展爷道：'这来人本不知三宝在于何处，故写此字，令人设疑。若不使人看视，他却无法可施；如今已差人看视，这是领了

他去了。此三宝必失无疑了。'"黎汝清《万山红遍》："黄老八让他逃走，不过是拿他当作'投石问路'被扔出去的一块石头。"

【投鼠忌器】 tóu shǔ jì qì　投：掷，扔。忌：怕、顾忌。想扔东西打老鼠，又怕打坏了老鼠旁边的器物。比喻欲除恶人而又有所顾忌，不好下手。汉·贾谊《陈政事疏》："里谚曰：'欲投鼠而忌器。'此善喻也。鼠近于器，尚惮不投，恐伤于器，况于贵臣之近主乎！"《北齐书·樊逊传》："至于投鼠忌器之说，盖是常谈；文德怀远之言，岂识权道。"《野叟曝言》一四〇回："景王既灭，爱剿遗寺；寺挟天子，投鼠忌器。"高云览《小城春秋》三一章："他也知道吴七背后有极复杂的角头势力，也知道公安局对吴七这帮子一向是'投鼠忌器'。"

【投桃报李】 tóu táo bào lǐ　投：赠送。报：回报。《诗经·大雅·抑》："投我以桃，报之以李。"后用"投桃报李"比喻互相赠答，礼尚往来。康有为《大同书》："夫投桃报李，欠债偿钱，此为至公之理。"梁实秋《雅舍小品·喜筵》："喜庆丧事往来，家家都有个礼簿。投桃报李，自有往例可循。"叶文玲《浪漫的黄昏》五："她把这场寿宴看作是尽品甘甜的庆典，她热切地等待这一天，主要还不是为自己庆祝，而是要投桃报李：寄托自己的许多心思。"

【投闲置散】 tóu xián zhì sǎn　投：置放。安置在闲散的位置上。指不被重用。唐·韩愈《进学解》："动而得谤，名亦随之。投闲置散，乃分之宜。"茅盾《虹》四："渐渐地春又到了人间。青春的热力在血管里发酵了！梅女士却仿佛是个不得志的投闲置散的英雄，终日侘傺无聊。"〔注意〕散，不读sàn。

【突飞猛进】 tū fēi měng jìn　形容发展十分迅速。邹韬奋《患难余生记》三："顽固派反动派不自反省其失败之所由

来，而徒怀恨于进步文化的突飞猛进。"老舍《四世同堂》九六："科学突飞猛进，发明了原子弹。"

【突如其来】 tū rú qí lái 如：形容词词尾，相当于"然"。《周易·离》："象曰：'突如其来如，无所容也。'"后用"突如其来"指出乎意料地突然到来或发生。宋·方恬《西汉论》："天下之事变，安有突如其来者哉?"《二十年目睹之怪现状》一〇四回："不提防良夫人突如其来，一直走到身边，伸出手来，左右开弓的，劈劈拍拍，早打了七八个嘴巴。"巴金《秋》二二："陈氏的突如其来的话使周伯涛感到一点窘，他的黑瘦脸上现出了红色。"张恨水《啼笑因缘续集》六回："这一突如其来的行为，是沈国英没有防到的，吓得他倒退一步，连忙将李永胜搀扶起来。"

【突梯滑稽】 tū tī gǔ jī 突梯：圆滑。滑稽：圆转，顺应时俗。形容处世圆滑，顺应时俗。战国楚·屈原《卜居》："将突梯滑稽，如脂如韦，以洁楹乎？"郭沫若《创造十年续编》二："吴稚晖在那儿发表过一些突梯滑稽的论文，把读书界轰动过一下。"〔注意〕滑，不读 huá。

【图谋不轨】 tú móu bù guǐ 图谋：暗中谋划。不轨：超越常轨，违反法纪。指阴谋策划不法之事。《晋书·王彬传》："兄抗旌犯顺，杀戮忠良，谋图不轨，祸及门户。"《初刻拍案惊奇》卷三一："若图谋不轨，祸必丧生。"杨沫《青春之歌》一部七章："你们给我们来的公函，说我们要图谋不轨，对我们要加以制裁，我们特来向司令声明：我们此行纯为爱国而来，绝无越轨行动。"

【图穷匕首见】 tú qióng bǐ shǒu xiàn 《战国策·燕策三》载：战国时，燕太子丹派荆轲去刺杀秦王，荆轲将卷着匕首的燕国督亢的地图献给秦王，"轲既取图奉之，发图，图穷而匕首见"。荆轲以匕首刺秦王，不中被杀。后用"图穷匕首见"

比喻事情发展到了最后，终于露出真相或本意。孙中山《敬告同乡书》："自弟有革命演说之后，彼之诈伪已无地可藏，图穷而匕首见矣。"也作"图穷匕见"。梁启超《与林迪臣太守书》："抉择既熟，图穷匕见，乃幡然知泰西之法，确有可采。"〔注意〕见，不读 jiàn。

【图穷匕见】 tú qióng bǐ xiàn 见"图穷匕首见"。

【荼毒生灵】 tú dú shēng líng 荼毒：残害，毒害。生灵：人民，百姓。指残害百姓。唐·李华《吊古战场文》："秦起长城，竟海为关。荼毒生灵，万里朱殷。"《说岳全传》三一回："既不能扬名显亲，反自玷污清白，是为不孝；荼毒生灵，残害良民，是为不仁。"鲁迅《坟·论雷峰塔的倒掉》："听说，后来玉皇大帝也就怪法海多事，以至荼毒生灵，想要拿办他了。"〔注意〕荼，不能写作"茶"。

【徒陈空文】 tú chén kōng wén 徒：仅仅，只是。陈：叙说，陈述。只讲空话，并不实行。汉·桓宽《盐铁论·非鞅》："言之非难，行之为难，故贤者处实而效功，亦非徒陈空文而已。"

【徒费唇舌】 tú fèi chún shé 徒：白白地。白浪费口舌，说的话都没有用处。《镜花缘》二八回："九公何苦徒费唇舌！你这乡谈暂且留著，等小弟日后学会再说罢。"

【徒劳往返】 tú láo wǎng fǎn 徒：白白地。劳：费力气。白费力气来来去去，没什么收效或好处。明·何良俊《四友斋丛说·史二》："若遣京军远涉边境，道路疲劳，未必可用，而沿途骚扰，害亦不细，倘至彼而虏已退，则徒劳往返耳。"

【徒劳无功】 tú láo wú gōng 徒：白白地。劳：费力气。指白费力气，没有一点成效。《杨家将演义》一五回："孟良、岳胜，英勇难敌，……若与死战，徒劳无功，不如设计胜之。"《镜花缘》五七回:"不惟徒劳无功,更与主上大事有碍。"欧阳山《三家巷》一六九:"不管他对这个人如何推心置腹,也只是徒劳无功,毫无结果,因此觉得十分懊丧。"

【徒劳无益】tú láo wú yì 徒:白白地。劳:费力气。白费力气,没有一点用处。宋·袁燮《代武冈林守进治要札子》:"夫溺于卑者,固不足论;而过于高者,徒劳无益。斟酌二者,而求平至当。"《三侠五义》一一一回:"若不分事之轻重,不知先后,一味的邀虚名儿,毫无实惠,那又是徒劳无益了。"鲁迅《集外集拾遗补编·"中国杰作小说"小引》:"现在我不揣浅陋,选出最近一些作者的短篇小说介绍给日本。——如果不是徒劳无益的话,那真是莫大的幸运了。"阿来《尘埃落定》六:"看吧,想从过去日子里找点回忆有多么徒劳无益。"

【徒乱人意】tú luàn rén yì 徒:仅仅,只是。徒然扰乱人的心情或思绪。指议论、传闻等没什么用处,只使人更加心烦意乱。《晋书·苻坚载记》:"自古大事,定策者一两人而已,群议纷纭,徒乱人意。"茅盾《虹》六:"'竟没有说明,关于你的不告而行?'没有。说起来又是牵连不清,徒乱人意。'"钱钟书《围城》九:"鸿渐因为她们说话像参禅似的,都隐藏着机锋,听着徒乱人意,便溜上楼去见父亲。"

【徒托空言】tú tuō kōng yán 徒:仅仅,只是。托:依靠。《史记·太史公自序》:"我欲载之空言,不如见之于行事之深切著明也。"后用"徒托空言"指只是空话,并不能实行。宋·熊禾《孝经大义序》:"惜也徒托之空言,而仅见于门人记录之书也。"《二十年目睹之怪现状》三一回:"从此以后,我的不信,是有凭据可指的,那一班读书先生,倒成了徒托空言了。"

【徒有虚名】tú yǒu xū míng 徒:仅仅,只是。指空有其名,名实不符。《北齐书·李元忠传》:"元忠以为万石给人,计一家不过升斗而已,徒有虚名,不救其弊,遂出十五万石以赈之。"《三国演义》三五回:"久闻刘景升善善恶恶,特往谒之。及至相见,徒有虚名,善善而不能用,恶恶而不能去者也。"《老残游记》七回:"其人少时——十四五岁——在嵩山少林寺学拳棒。学了些时,觉得徒有虚名,无甚出奇致胜处,于是奔走江湖,将近十年。"姚雪垠《李自成》三卷一〇章:"如今秦良玉和白杆兵徒有虚名,远非昔比。"

【徒子徒孙】tú zǐ tú sūn 徒子:徒弟。徒孙:徒弟的徒弟。指一个师祖传下来的弟子。《警世通言》卷四〇:"长老依言,分付师兄师弟,徒子徒孙等讫。"《红楼梦》二九回:"我拿出盘子来一举两用,却不为化布施,倒要将哥儿的这玉请了下来,托出去给那些远来的道友并徒子徒孙们见识见识。"后也泛指党羽、信徒、一脉相承者。含贬义。瞿秋白《〈鲁迅杂感选集〉序言》:"新的朝代,有了新的'帮忙文人',而且已经像生殖力最强的猪猡、臭虫似的,生出了许许多多各种各式的徒子徒孙。"

【涂脂抹粉】tú zhī mǒ fěn 脂:胭脂。指女子用脂粉扮扮自己。宋·刘斧《青琐高议·王幼玉记》:"惟我傅涂脂抹粉,巧言令色,以取其财,我思之愧赧无限。"《二十年目睹之怪现状》二一回:"须知有一种不自重的女子,专欢喜涂脂抹粉,见了人,故意的扭扭捏捏,躲躲藏藏的。"欧阳山《三家巷》一七七:"妇女们花花绿绿,涂脂抹粉,好像要去赶庙会的一般。"也比喻对丑恶的东西进行美化、粉饰。周而复《上海的早晨》四部四〇:"叶积善见柳惠光给他自己涂脂抹粉,心中暗暗好笑,五反运动中利华药店揭露出来的问题也相当严重。"

【屠门大嚼】 tú mén dà jué　屠门：肉铺。对着肉铺做出大口咀嚼的样子。比喻对欣赏而不可得的事物，在想像中假装得到借以自慰。汉·桓谭《新论》："人闻长安乐，则出门西向而笑，肉味美，对屠门而嚼。"清·钱谦益《戏题徐元叹所藏钟伯敬茶讯诗卷》："还君此卷成一笑，何异屠门大嚼，眼饱胸中饥。"

【土崩瓦解】 tǔ bēng wǎ jiě　像土崩塌，像瓦碎裂。比喻彻底崩溃。《史记·秦始皇本纪》："秦之积衰，天下土崩瓦解。"《三国演义》二二回："若回旆方祖，登高冈而击鼓吹，扬素挥以启降路，必土崩瓦解，不俟血刃。"《野叟曝言》八一回："山上贼人惊慌闪避，……便如土崩瓦解，平倒下山，都被山下兵将乱铳截死，践踏成泥。"鲁迅《华盖集·这个与那个》："多有'不耻最后'的人的民族，无论什么事，怕总不会一下子就'土崩瓦解'的。"

【土豪劣绅】 tǔ háo liè shēn　指旧时在地方上有钱有势横行乡里的豪强恶霸。鲁迅《伪自由书·从盛宣怀说到有理的压迫》："打听起来，说是民国十六年国民革命军初到沪宁的时候，又没收了一次盛氏家产：那次的罪名大概是'土豪劣绅'，绅而至于'劣'，再加上卖国的旧罪，自然又该没收了。"梁斌《红旗谱》一八："去年，革命军北伐了，在南方开始打倒贪官污吏、土豪劣绅。"

【土鸡瓦犬】 tǔ jī wǎ quǎn　泥做的鸡，瓦做的狗。比喻徒有其表，不堪一击。《三国演义》二五回："曹操指山下颜良排的阵势，旗帜鲜明，枪刀森布，严整有威，乃谓关公曰：'河北人马，如此雄壮！'关公曰：'以吾观之，如土鸡瓦犬耳！'"

【土阶茅茨】 tǔ jiē máo cí　见"土阶茅屋"。

【土阶茅屋】 tǔ jiē máo wū　泥土砌的台阶，茅草盖的屋顶。形容居住十分简陋。《周书·武帝纪下》："上栋下宇，土阶茅屋。"也作"土阶茅茨"。《新唐书·薛收传》："峻宇雕墙，殷辛以亡；土阶茅茨，唐尧以昌。"

【土龙刍狗】 tǔ lóng chú gǒu　刍：草。泥捏的龙，草扎的狗。比喻虚有其名而无其实。《三国志·蜀志·杜微传》："曹丕篡弑，自立为帝，是犹土龙刍狗之有名也。"

【土生土长】 tǔ shēng tǔ zhǎng　土：本地的。指在本地生长的。汪曾祺《羊舍一夕》："老九是土生土长，这一带地方，不论是哪个山豁豁，渠坳坳，他都去过。"路遥《在困难的日子里》一三章："当个农民，对于土生土长的农家儿女来说，这样的命运是很平常的。"

【吐哺握发】 tǔ bǔ wò fà　见"握发吐哺"。

【吐胆倾心】 tǔ dǎn qīng xīn　见"倾心吐胆"。

【吐刚茹柔】 tǔ gāng rú róu　茹：吃。柔：软弱的。把硬的吐出来，将软的吃下去。比喻凌弱畏强，欺软怕硬。《汉书·薛宣传》："窃见少府薛宣，材茂行絜，达于从政，前为御史中丞，执宪毂下，不吐刚茹柔，举错时当。"唐·白居易《策林一》："有若慎默畏忌，吐刚茹柔者，推而远之。"

【吐故纳新】 tǔ gù nà xīn　纳：使进入，吸入。道家的养生术。吐出浊气，吸进新鲜空气。《庄子·刻意》："吹呴呼吸，吐故纳新。"《初刻拍案惊奇》卷一七："其次者，修真炼性，吐故纳新，筑坎离以延年，煮铅汞以济物。"《野叟曝言》四八回："其人貌若神仙，胸罗星斗，天文地理、兵营战阵之事，无所不精；吐故纳新、长生久视之术，无所不练。"后多比喻扬弃旧的，吸收新的。鲁迅《集外集·说钘》："最人涅伏，吐故纳新，败果既落，新葩欲吐。"

【吐气扬眉】tǔ qì yáng méi　见"扬眉吐气"。

【吐丝自缚】tǔ sī zì fù　比喻自己的所作所为反而使自己受到了束缚。《景德传灯录·志公和尚》:"声闻执法坐禅,如蚕吐丝自缚。"

【兔起鹘落】tù qǐ hú luò　鹘:隼,一种猛禽。兔子刚开始奔跑,鹘就扑上去。形容动作极为迅捷。《野叟曝言》一三七回:"众僧见势不佳,个个反走,不防四十把飞刀从空而下,兔起鹘落,数十颗光晶晶油滑滑的肥头大半向草地上乱滚。"也比喻作书画、写文章时下笔迅速或笔法跌宕起伏。宋·苏轼《文与可画筼筜谷偃竹记》:"故画竹必先得成竹于胸中,执笔熟视,乃见其所欲画者,急起从之,振笔直遂,以追其所见,如兔起鹘落,少纵则逝矣。"李劼人《大波》二部书后:"铺叙也应该看情形而定,有时宜兔起鹘落,起迄屹然;有时也宜故用拙笔,平铺直叙。"

【兔死狗烹】tù sǐ gǒu pēng　见"狡兔死,走狗烹"。

【兔死狐悲】tù sǐ hú bēi　比喻因同类的不幸而感到悲伤。元·无名氏《赚蒯通》四折:"今日油烹蒯通,正所谓兔死狐悲,芝焚蕙叹。"《三国演义》八九回:"获曰:'兔死狐悲,物伤其类。吾与汝皆是各洞之主,往日无冤,何故害我?'"《镜花缘》二六回:"既是本国船只,同我们却是乡亲,所谓'兔死狐悲'。今既被难,好在我们带有匠人,明日不妨略为耽搁,替他修理。"老舍《四世同堂》六四:"他虽和他们小夫妇不同行,也没有什么来往,可是倒底他们与他都是卖艺的,兔死狐悲,他不能不难受。"

【兔走乌飞】tù zǒu wū fēi　见"乌飞兔走"。

【推波助澜】tuī bō zhù lán　澜:大的波浪。比喻推动、助长事物的声势及发展。隋·王通《中说·问易》:"真君、建德之事,适足推波助澜,纵风止燎尔。"巴金《随想录》六一:"可以说所有的受害者都是自投罗网的,而且他们推波助澜,推动骗子朝前走,使'他们'欲罢不能。"

【推陈出新】tuī chén chū xīn　推去旧的,产生新的。后多指在文化艺术方面去掉旧的糟粕,吸取其精华,创造出新的来。宋·费衮《梁溪漫志·张文潜粥记》:"吴子野劝食白粥,云能推陈致新,利膈养胃。"李国文《危楼记事》之八:"亮相本是戏曲词汇,文革中推陈出新,成了某些人和暴发户沆瀣一气的前奏,从此粉墨登场,旧戏新唱。"

【推诚待物】tuī chéng dài wù　见"推诚接物"。

【推诚接物】tuī chéng jiē wù　诚:真心。物:他人。指以真心对待他人。《晋书·刘元海载记》:"太康末,拜北部都尉。明刑法,禁奸邪,轻财好施,推诚接物,五部俊杰无不至者。"也作"推诚待物"。《明史·邹智传》:"陛下岂不欲推诚待物哉? 由其进身之初,多初私门,先有以致陛下之厌薄。"

【推诚相见】tuī chéng xiāng jiàn　诚:真心。指以真心相待。陶菊隐《北洋军阀统治时期史话》:"于是曹锟又打了一个皓电,力言'双方有推诚相见之必要'。"

【推诚置腹】tuī chéng zhì fù　见"推心置腹"。

【推崇备至】tuī chóng bèi zhì　备至:达到了极高的程度。指极为推重和敬佩。《孽海花》一八回:"所谈西国政治艺术,天惊石破,推崇备至,私心窃以为过当。"

【推己及人】tuī jǐ jí rén　推:推测。以自己的心思去推想别人的心思,设身处地为别人着想。晋・傅玄《傅子・仁论》："夫仁者,盖推己以及人也。"宋・朱熹《与范直阁书》："学者之于忠恕,未免参校彼己,推己及人则宜。"朱自清《经典常谈・诸子第十》："他说为人要有点真性情,要有同情心,能够推己及人。"

【推襟送抱】tuī jīn sòng bào　襟:衣襟。抱:怀抱。指表露真心,以诚相待。《南史・张充传》："所可通梦交魂,推襟送抱者,唯丈人而已。"周瘦鹃《花前琐记》："体贴无殊骨肉亲,推襟送抱见真情。"

【推三阻四】tuī sān zǔ sì　形容以各种借口推托。元・武汉臣《生金阁》一折："我要你浑家与我做个夫人,打甚么不紧? 这等推三阻四的。"《二刻拍案惊奇》卷一三："只为赖家欺小妇人是偷寄的东西,已后去取,推三阻四,不肯拿出来还了。"《官场现形记》二七回："但是这位徐大人胆子最小,从不肯多管闲事,连着他老太爷的事情他还要推三阻四,不要说是同乡了。"赵树理《孟祥英翻身》四："她不愿叫孟祥英干,要说是爱护媳妇,还不如说是怕连坐,所以才推三阻四,一听到工作员叫她自己干,她急了。"

【推贤进善】tuī xián jìn shàn　推、进:推举。指举荐贤德之人。唐・苏鹗《杜阳杂编》卷上："上亲自考试,用绝请托之门,是时文学相高,公道大振,得路者咸以推贤进善为意。"也作"推贤举善"。元・无名氏《伐晋兴齐》四折："喜孜孜推贤举善,永绵绵龙虎风云。"

【推贤举善】tuī xián jǔ shàn　见"推贤进善"。

【推贤让能】tuī xián ràng néng　推:推举。让:让位。推举贤才,让位给有才能的人。《尚书・周官》："推贤让能,庶官乃和。"《晋书・刘寔传》："在朝之士让于上,草庐之人咸皆化之,推贤让能之风从此生矣。"

【推心置腹】tuī xīn zhì fù　《后汉书・

光武帝本纪》："萧王推赤心置人腹中,安得不投死乎?"将自己赤诚的心放进别人的腹中。比喻以真心相待。唐・白居易《七德舞》："功成理定何神速? 速在推心置人腹。"明・焦竑《玉堂丛语》卷七:"李侍郎绍,江西安福人。与人交,必推心置腹,务尽忠告。"杨沫《青春之歌》一部五章:"在艰难险厄的境地中,突然遇见了一个同情自己、而且救了自己生命的人,好像他乡遇故知,年轻的林道静便率直地推心置腹地把自己的身世、遭遇完全告诉了余永泽。"也作"推诚置腹"。《杨家将演义》一三回:"吾推诚置腹,何愁彼不宾服?"

【推燥居湿】tuī zào jū shī　把干燥的地方让给幼儿,自己则睡在幼儿便溺后的湿处。形容抚育子女的辛苦。《后汉书・杨震传》:"阿母王圣出自贱微,得遭千载,奉养圣躬,虽有推燥居湿之勤,前后赏惠,过报劳苦,而无厌之心,不知纪极。"《太平御览》卷七三九引晋・皇甫谧《自序》:"士安每病,母辄推燥居湿,以复易单。"

【退避三舍】tuì bì sān shè　舍:古代行军以三十里为一舍。《左传・僖公二十三年》及《僖公二十八年》载:春秋时,晋公子重耳出亡至楚国,楚成王设宴接待,问:"公子若反晋国,则何以报不穀?"重耳回答:"若以君之灵,得反晋国,晋、楚治兵,遇于中原,其辟君三舍。"后重耳回到晋国当了国君,在晋楚城濮之战中,晋军果"退三舍以辟之"。后用"退避三舍"比喻主动退让,不与之争。明・叶宪祖《鸾鎞记・京晤》:"似你这般诗才,不怕杜羔不退避三舍。"《孽海花》二五回:"这种精义西人偶然也有,决没有多至数百人。便泰西各国交绥,他们也要退避三舍,何况区区日本!"刘玉民《骚动之秋》二三章:"岳鹏程像想得出老爷子会气成什么模样。因此只好退避三舍,想等老爷子气消了或回城里去之后，慢慢再说。"〔注意〕舍，不读 shě。

【吞声饮泣】tūn shēng yǐn qì　见"饮泣吞声"。

【吞吞吐吐】tūn tūn tǔ tǔ　形容因有顾虑而说话支吾含混的样子。《二十年目睹之怪现状》一〇一回："但是已经访得如此确实，方才为甚不和他直说，还是那么吞吞吐吐的？"鲁迅《呐喊·端午节》："他又要看《尝试集》了。方太太怕失了机会，连忙吞吞吐吐的说：'我想，过了节，到了初八，我们……倒不如去买一张彩票……'"茅盾《虹》九："梁刚夫忽而有些吞吞吐吐了，好像是有所顾忌，不便明言似的。"

【吞云吐雾】tūn yún tǔ wù　原指道士修炼养气。《梁书·沈约传》："始餐霞而吐雾，终凌虚而倒影。"后用"吞云吐雾"指吸食鸦片或吸烟。《黑籍冤魂》一回："那富贵的人家，依旧的吞云吐雾。"梁实秋《雅舍小品·吸烟》："我吸纸烟自留学时期，独身在外，无人禁制，而天涯羁旅，心绪如麻，看见别人吞云吐雾，自己也就效颦起来。"邓一光《我是太阳》一部二："十字街头的那栋院子，过去是一家烟馆，整日吞云吐雾、鸳鸯颠倒、凤凰扑跌。"

【囤积居奇】tún jī jū qí　囤：储存。居：储藏。奇：紧缺的货物。指把货物储存起来，等待时机高价卖出以牟取暴利。巴金《随想录》九〇："学生看不起老师，因为他们会跑单帮，做生意，囤积居奇，赚大钱，老师都是些书呆子，不会做这种事。"张天翼《速写三篇·谭九先生的工作》："我看见报上有一篇文章——讲战时粮食统制问题，想在壁报上转载一下。这篇文章顺带谈到粮食统制可以防止囤积居奇，哪个攻击了谭先生呢？"

【拖儿带女】tuō ér dài nǚ　带着儿子女儿。形容拖带的孩子多，生活艰辛。老舍《四世同堂》九一："大家胡里胡涂，推推搡搡，拖儿带女，一齐拥到院子里。"柳青《创业史》一部上卷题叙："一九二九年，就是陕西饥饿史上有名的民国十八年。阴历十月间，下了第一场雪。这时，从渭北高原漫下来拖儿带女的饥民，已经充满了下堡村的街道。"

【拖泥带水】tuō ní dài shuǐ　指在泥水中行走。宋·杨万里《竹枝歌》："知侬笠漏芒鞋破，须遣拖泥带水行。"《初刻拍案惊奇》卷三九："脱下长衣当了伞子遮着雨点，老幼妇女拖泥带水，连路只是叩头赞诵。"《野叟曝言》一六回："祭筵摆设齐全，单等他回来祭献。直到午后，才拖泥带水的在雨里跑来，拜了几拜，并不哭泣，刚化完纸钱就讨饭吃。"也比喻说话办事不干脆利落。宋·严羽《沧浪诗话·诗法》九："语貴洒脱，不可拖泥带水。"《花月痕》一回："说说笑笑，都无妨碍，只不要拖泥带水，纠缠不清才好呢。"茅盾《子夜》八："乡下人的脾气是拖泥带水的，又要借债，又舍不得田。"

【拖人下水】tuō rén xià shuǐ　拉别人下水。比喻引诱人同流合污或陷人于不利的境地。明·李素甫《元宵闹》二五出："这是娘子拖人下水，与我什么相干。"鲁迅《热风·随感录三十八》："不去拖人下水，反以自己的丑恶骄人。"

【拖紫垂青】tuō zǐ chuí qīng　拖：下垂。紫、青：古代高官系印用的绶带颜色。汉制：诸侯为紫色，公卿为青色。指担任高官。《续古文苑·无名氏〈大隋车骑秘书郎张君之铭〉》："昔年慷慨，拖紫垂青。"

【脱缰之马】tuō jiāng zhī mǎ　脱开了缰绳的马。比喻脱离了羁绊的人或事物。茅盾《夜读偶记》："本来不打算写得这么长，但因采取了漫谈的方式，信笔所之，常如脱缰之马。"

【脱口而出】tuō kǒu ér chū　指不假思

索地随口说出。清·袁枚《随园诗话补遗》卷一〇:"诗往往有畸士贱工脱口而出者。"梁实秋《雅舍小品·"啤酒"啤酒》:"我的大女儿文茜远道来探亲,文茜知道乃姊嗜饮,问我预备什么酒好,我不假思索,脱口而出地说:'啤酒'啤酒。"巴金《随想录》一一二:"除了回答采访记者提出的问题外,我讲话有时不加思索,脱口而出。"

【脱胎换骨】 tuō tāi huàn gǔ 原为道教语。指修道者得道以后,脱凡胎为仙胎,换凡骨为仙骨。《初刻拍案惊奇》卷二一:"后日郑舍人也做到游击将军而终,子孙竟得世荫。只因一点善念,脱胎换骨,享此爵禄。"《野叟曝言》六八回:"先生竟是吕祖再生,承赐仙精,使脱胎换骨。"后借指彻底改变。韦君宜《招魂》:"这次打发儿子下乡,为要脱胎换骨,菜里放油也不应该。"陈忠实《白鹿原》三〇章:"黑娃真正开始了自觉的脱胎换骨的修身,几近残忍地摈弃了原来的一些坏习气。"

【脱颖而出】 tuō yǐng ér chū 颖:细长物体的尖端。《史记·平原君虞卿列传》:"平原君曰:'夫贤士之处世也,譬若锥之处囊中,其末立见……'毛遂曰:'臣乃今日请处囊中耳。使遂蚤得处囊中,乃颖脱而出,非特其末见而已。'"后用"脱颖而出"比喻才能完全显露出来。宋·苏轼《与参寥》:"吴子野至,出颖沙弥行草书,潇然有尘外意,知不日脱颖而出,不可复没矣。"老舍《四世同堂》七:"在高第心中呢,仲石必是个能作一切,知道一切的人,而暂时的以开车为好玩,说不定哪一天他就会脱颖而出,变成个英雄。"

【唾手可得】 tuò shǒu kě dé 唾手:往手上吐唾沫。比喻极容易得到。《东周列国志》七回:"此城唾手可得,不意郑兵相助,又费时日。"《镜花缘》一〇〇回:"好在武氏弟兄除摆'自诛阵'之外,一无所能,此阵一破,其关不消费力,唾手可得了。"梁实秋《雅舍小品·钱》:"横财逼人而来,不是人人唾手可得,也不是全然可以泰然接受的。"

W

【挖耳当招】 wā ěr dàng zhāo 把别人抬手挖耳朵的动作，误认为是跟自己打招呼。比喻期待的心情非常迫切。《醒世恒言》卷二九："汪知县正想要去看菊，因屡次失约，难好启齿；今见特地来请，正是挖耳当招，深中其意。"〔注意〕当，不读 dāng。

【挖空心思】 wā kōng xīn sī 形容费尽心机。多用于贬义。《荡寇志》一二六回："今此贼挖空心思，用到如许密计，图我安如泰山之郓城。"巴金《随想录》三九："在旧社会中写作，为了对付审查老爷，我常常挖空心思、转弯抹角，避开老爷们的注意，这是不得已而为之，但这绝不是追求技巧。"周而复《上海的早晨》三部三七："名义上他按月发了工资，又挖空心思，想出这种花样经，再把工资扣回一部分，刮我们工人的皮。"

【挖肉补疮】 wā ròu bǔ chuāng 见"剜肉补疮"。

【瓦釜雷鸣】 wǎ fǔ léi míng 瓦釜：陶制炊具。瓦釜敲得雷一般的响。比喻平庸的人或事物受到重用或重视而显赫一时。战国楚・屈原《卜居》："黄钟毁弃，瓦釜雷鸣；谗人高张，贤士无名。"郭沫若《沸羹集・为革命的民权而呼吁》："人民有话不能言，言者无责可自负。其结果必然成为瓦釜雷鸣、黄钟毁弃的世界。"

【瓦合之卒】 wǎ hé zhī zú 瓦合：碎瓦拼合在一起。卒：士兵。形容胡乱凑合起来并不齐心的军队。《汉书・郦食其传》："足下起瓦合之卒，收散乱之兵，不满万人，欲以径入强秦，此所谓探虎口者也。"

【瓦解冰消】 wǎ jiě bīng xiāo 瓦解：像陶器一样分解碎裂。冰消：像冰一样消融。汉・陈琳《檄吴将校部曲文》："太尉帅师，甫下荣阳，则七国之军瓦解冰泮。"泮：消融。后用"瓦解冰消"比喻事物彻底崩溃消失。消，也作"销"。《魏书・出帝平阳王纪》："世祖太武皇帝，握金镜以照耀，击玉鼓以锉锷，神武之所牢笼，威风之所辐轹，莫不云彻雾卷，瓦解冰消。"《醒世恒言》卷二七："谁道遇着这个继母，受万般凌辱。兄弟被他谋死，妹子为奴为丐，一个家业弄得瓦解冰消。"《花月痕》一六回："我比你马齿加长，更阅历多了酒阵歌场，而今两鬓星星，把曩时意兴，瓦解冰销，不想这会却又给秋痕结出一团热脑。"也作"冰消瓦解"。《封神榜》六五回："今晚率领了人马前去偷营劫寨，管保这要把他杀一个冰消瓦解。"邓友梅《烟壶》三："载漪不仅没当上皇帝的老子，连端王的爵位也丢了，被发配新疆，终身禁锢，虎神营也就冰消瓦解了。"

【歪打正着】 wāi dǎ zhèng zháo 斜着方向打出去，却正好击中了目标。比喻使用的方法或说的话本来不恰当，却出乎意料地得到了满意的结果。《醒世姻缘传》二回："将药煎中，打发晁大舍吃将下去，谁想歪打正着，又是杨太医运好的时节，吃了药就安稳睡了一觉。"阿来《尘埃落定》二八："这些年来，好运气总是跟着麦其家，也跟着我转。我这句话又歪打正着，不知怎么又对了父亲的心思。"

【歪风邪气】 wāi fēng xié qì　不良的风气。姚雪垠《李自成》一卷二七章："军中的大敌是破坏军纪的各种歪风邪气，整顿军纪就是同歪风邪气作战，你稍一松懈，敌人就有机可乘。"

【歪门邪道】 wāi mén xié dào　不正当的门路、手段或不正经的事情。叶文玲《银朵》五："人总得有点性子，总得有。人要都成了可以随便揉搓的面团，那些搞歪门邪道的，不更得法了吗?"也作"邪门歪道"。路遥《人生》二二章："哪怕你的追求是正当的，也不能通过邪门歪道去实现啊!"

【歪七扭八】 wāi qī niǔ bā　形容歪斜不直的样子。老舍《二马》四："他的脸还是煞白，嘴唇还滴滴血，因为保罗把他的牙打活动了一个。硬领儿歪七扭八的，领带上好些个血点。"

【歪七竖八】 wāi qī shù bā　形容杂乱不整的样子。茅盾《上海·我的二房东》："沿马路的电灯柱上，里门口，都有些红纸小方块;烂疮膏药似的，歪七竖八贴着。"

【外合里应】 wài hé lǐ yìng　见"里应外合"。

【外宽内忌】 wài kuān nèi jì　外:外表。宽:宽厚。内:内心。忌:忌恨。表面上宽宏大量，内心却多忌恨。《三国志·蜀书·杨戏传》："戏素心不服[姜]维，酒后言笑，每有傲弄之辞。维外宽内忌，意不能堪。"也指表面上宽宏大量，内心却多猜忌。《三国演义》一八回："[袁]绍外宽内忌，所任多亲戚。"

【外宽内深】 wài kuān nèi shēn　外:外表。宽:宽厚。内:内心。深:深奥。表面上显得宽厚随和，内心却深奥难测。《史记·平津侯主父列传》："弘为人意忌，外宽内深。诸尝与弘有郤者，虽详与善，阴报其祸。"

【外强中干】 wài qiáng zhōng gān　外:表面。中:内里。干:空虚。《左传·僖公十五年》载:晋国与秦国交战前，晋惠王想用郑国出产的马拉战车，庆郑说:"今乘异产以从戎事，及惧而变，……外强中干，进退不可，周旋不能，君必悔之。"原指别国产的马由于人地不熟，作战时一紧张，马的外貌看起来很强壮，内部却已气力枯竭。后泛指人或事物表面很好很强大，内里却很差很空虚。宋·杨万里《谢唐德明惠笋》诗:"贩夫束缚向市卖，外强中干美安在?"《二十年目睹之怪现状》八十回:"他一向手笔大，不解理财之法，今番再干掉了几万，虽不至于像从前吃尽当光光景，然而不免有点外强中干了。"茅盾《我走过的道路》:"揭露敌人的阴谋诡计，戳穿其外强中干，针砭社会的黑暗与丑恶，指出民生疾苦之由来。"〔注意〕干，不读 gàn。

【外巧内嫉】 wài qiǎo nèi jí　巧:乖巧，讨人喜欢。嫉:忌妒。外表乖巧，内心却忌妒。《汉书·翟义传》:"[义]兄宣静言令色，外巧内嫉，所杀乡邑汝南者数十人。"

【外亲内疏】 wài qīn nèi shū　《韩诗外传》卷二:"曾子曰:'内疏而外亲。'"后用"外亲内疏"指表面亲近，内心疏远。《晋书·宣帝纪》:"孙权劝备外亲内疏，[关]羽之得意，权所不愿也。"元·关汉卿《单刀会》一折:"不料人外亲内疏，挟诈而取益州，遂并汉中，有霸业兴隆之志。"

【外柔内刚】 wài róu nèi gāng　外表柔顺，内心刚强。《晋书·甘卓传》:"卓外柔内刚，为政简惠。"邓一光《我是太阳》四部五:"关山林知道乌云的性格是外柔内刚，硬要她把粮食留下是不行的。"

【外顺内悖】 wài shùn nèi bèi　悖:违反。表面顺从，内心悖逆。唐·韩愈《潮州刺史谢上表》:"蠹居棊处,摇毒自防,外顺内悖,父死子代,以祖以孙。"

【外愚内智】wài yú nèi zhì　表面愚笨,内心多智。《三国志·魏书·荀攸传》:"公达外愚内智,外怯内勇,外弱内强。"

【外圆内方】wài yuán nèi fāng　圆:圆通。方:方正,正直。形容人外表随和圆通,内心却正直而有主见。茅盾《蚀·幻灭》一一:"静女士时常想学慧的老练精干,学王女士的外圆内方,又能随和,又有定见。"

【剜肉补疮】wān ròu bǔ chuāng　剜:用刀挖取。疮:外伤。唐·聂夷中《咏田家》诗:"二月卖新丝,五月粜新谷。医得眼前疮,剜却心头肉。"后用"剜肉补疮"比喻只顾眼前,用有害的方法来救急。宋·朱熹《乞蠲减星子县税钱第二状》:"必从其说,则势无从出,不过剜肉补疮,以欺天罔人,不惟无益,而或反以为害。"《二刻拍案惊奇》卷一五:"江老儿是老实人,若我不允女儿之事,他又剜肉补疮,别寻道路谢我,反为不美。"茅盾《林家铺子》四:"为难的是人欠我欠之间尚差六百光景,那只有用剜肉补疮的方法拼命放盘卖贱货,且捞几个钱来渡过了眼前再说。"也作"挖肉补疮"。梁启超《外债平议》:"就财政上以论,外债之宜借者,不过为苟安目前、挖肉补疮之计。"也作"剜肉医疮"。《明史·魏呈润传》:"是犹剜肉医疮,疮未瘳而肉先溃。"

【剜肉医疮】wān ròu yī chuāng　见"剜肉补疮"。

【丸泥封关】wán ní fēng guān　《东观汉记·隗嚣载记》:"嚣将王元说嚣曰:'元请以一丸泥为大王东封函谷关,此万世一时也。'"用一个泥丸封住函谷关。后用"丸泥封关"比喻地势险要,用很少的兵力就能扼守。清·黄遵宪《樱花歌》:"仍愿丸泥封关,再闭一千载,天雨新好花,长是看花时。"

【刓方为圆】wán fāng wéi yuán　刓:削去棱角。战国楚·屈原《九章·怀沙》:"刓方以为圜兮,常度未替。"圜:同"圆"。把方的削成圆的。比喻使正直的个性变得圆通世故。宋·罗大经《鹤林玉露》卷八:"士大夫危言峻节,迁谪凄凉。晚岁收用,衰落惩创,刓方为圆者多矣。"也作"削方为圆"。《晋书·熊远传》:"遂使世人削方为圆,挠直为曲。"《野叟曝言》一一回:"我那堂弟真是鄙夫!说弟妇感兄活命之恩,况又不受钱帛,要为兄图个出身。但怕兄性气不好,若得削方为圆,便引去拜在安相名下,不日就可进身。"

【纨袴子弟】wán kù zǐ dì　纨:细绢。袴:同"裤"。纨袴:细绢做的裤子,泛指华丽的衣着。《汉书·叙传上》:"出与王、许子弟为群,在于绮襦纨袴之间,非其好也。"后用"纨袴子弟"指富贵人家游手好闲、不务正业的子弟。《宋史·鲁宗道传》:"馆阁育天下英才,岂纨袴子弟得以恩泽处耶?"茅盾《蚀·动摇》二:"胡国光原也知道这陆慕游只是一个纨袴子弟,既没手腕,又无资望,请他帮忙,不过是一句话而已。"丰子恺《缘缘堂随笔·渐》:"巨富的纨袴子弟因屡次破产而'渐渐'荡尽其家产,变为贫者。"

【完璧归赵】wán bì guī zhào　完:完整。璧:古代一种扁圆形的、中间有孔的玉器。《史记·廉颇蔺相如列传》载:赵惠文王得楚和氏璧,秦昭王听说后,表示愿以十五城换璧。当时秦强赵弱,赵王不敢拒绝,又怕上当。大臣蔺相如自愿奉璧出使秦国,说:"城入赵而璧留秦;城不入,臣请完璧归赵。"蔺相如到秦国献璧后,见秦王无意给城,就设法取回璧,并派从者送还赵国。后用"完璧归赵"指把原物完好无损地归还原主。明·汪廷讷《种玉记·促晤》:"再休思重会兰房,那房骑如云不可当。便得个完璧归赵也,怕花貌老风霜。"《野叟曝言》三四回:"将来奴家与姐姐倘得邀天之幸,完璧归赵,则亲故往来,奴家亦常得相会。"姚雪垠《李自成》一卷二六章:"请放心,不要多久,这两件东西定会完璧归赵。"

【完好无缺】 wán hǎo wú quē　完整而无缺损。贾平凹《白浪街》:"大家联合给演员家送对联,送的人庄重,被送的人更珍贵,对联就一直保存一年,完好无缺。"也作"完好无损"。陈忠实《白鹿原》一章:"惊醒后他已经跌落在炕下的砖地上,他摸摸胸脯完好无损,并无流火灼烧的痕迹。"

【完好无损】 wán hǎo wú sǔn　见"完好无缺"。

【完美无缺】 wán měi wú quē　完善美好,没有缺点。李佩甫《送你一朵苦楝花》九:"你自己给你自己捏了一个完美无缺的'男人'。然而,当你真正接近这男人的时候,那心中的偶像就碎了。"

【玩忽职守】 wán hū zhí shǒu　玩:轻视。忽:忽略。玩忽:不认真对待。职守:工作岗位。对待本职工作不严肃,不认真。老舍《四世同堂》九四:"他们没把这件小事拿去惊动他们的长官,而是给白巡长的上司写了封信,说他玩忽职守。"姚雪垠《李自成》二卷二一章:"你去传我口谕:值夜官员玩忽职守,着即记大过一次,罚俸三月。"

【玩火自焚】 wán huǒ zì fén　焚:烧。《左传·隐公四年》:"夫兵,犹火也,弗戢,将自焚也。"后用"玩火自焚"比喻干冒险或害人的事,最终受害的还是自己。王火《战争和人》(三)卷四:"'兵凶战危',古有明训,日本的大政方针出发点已错,玩火自焚是理所当然的。"

【玩世不恭】 wán shì bù gōng　玩:轻视。玩世:以轻慢的态度对待世事。不恭:不严肃。对待世事轻慢而不严肃(因不满社会现实所采取的一种消极的生活

态度)。明·李开先《雪蓑道人传》:"醉后高歌起舞,更有风韵,只是玩世不恭,人难亲近耳。"《孽海花》三五回:"我从此认得笑庵不是饭颗山头穷愁潦倒的诗人,倒是瑶台桃树下玩世不恭的奇士了。"梁实秋《雅舍小品·讲演》:"郑板桥的书画润例自订,有话直说,一贯的玩世不恭。"钱钟书《围城》三:"你在大地方已经玩世不恭,倒向小节上认真,矛盾得太可笑了。"

【玩世不羁】 wán shì bù jī　不羁:不受约束。对待世事不认真而行为狂放。明·归有光《梦云沈先生六十寿序》:"淞江之上,有隐君子,曰梦云先生沈氏,其达生适嗜玩世不羁之士乎?"茅盾《清明前后》:"现在是深埋在黄梦英心深处了,被玩世不羁的外衣厚厚地覆盖着了。"

【玩岁愒日】 wán suì kài rì　玩:贪恋。愒:旷废。《左传·昭公元年》:"主民,玩岁而愒日,其与几何?"玩:同"玩"。后用"玩岁愒日"指贪图安逸,荒废光阴。宋·朱熹《壬午应诏封事》:"知陛下之志必于复仇启土,而无玩岁愒日之心。"

【玩物丧志】 wán wù sàng zhì　玩:玩赏。丧:丧失。志:意志,志气。沉迷于玩赏所喜爱的事物,而丧失掉积极进取的志气。《尚书·旅獒》:"玩人丧德,玩物丧志。"宋·朱熹《答王钦之》:"玩物丧志之戒,乃为求多闻而不切己者发。"沈从文《主妇》:"他明白玩物丧志,却想望收集点小东小西,因此增加一点家庭安定幸福。"

【顽固不化】 wán gù bù huà　指思想守旧、不知变通。《文明小史》六回:"卑府从前在那里里,也做过一任知县,地方上的百姓,极其顽固不化。"邓一光《我是太阳》六部一:"朱妈在这个家待了几十年,知道这个家是怎么一回事,知道这个家的实际统治者是谁,知道她不能拿那个顽固不化的统治者怎么样。"也指坚持

错误,不肯改悔。梁信《从奴隶到将军》六章:"说我顽固不化,为游击主义翻案;蔑视中央,扰乱军心等等。"

【顽廉懦立】 wán lián nuò lì 顽:贪婪。懦:怯懦。《孟子·万章下》:"故闻伯夷之风者,顽夫廉,懦夫有立志。"贪婪的人变得廉洁,懦弱的人产生自立之志。后用"顽廉懦立"形容高尚的事物或行为对人感化力量之大。宋·朱熹《与王龟年书》:"诚不自意,充顽廉懦立之效,乃于吾身见之。"清·刘熙载《艺概·文概》:"元次山文,狂狷之言也。至《七不如七篇》,虽若愤世太深,是亦足以使顽廉懦立。"郭沫若《抗战与觉悟》:"这些烈士的壮烈行为同时也使我们顽廉懦立,把我们的士气和民气,愈见鼓舞,兴奋,而增高了。"

【顽石点头】 wán shí diǎn tóu 顽:愚顽无知。晋·无名氏《莲社高贤传·道生法师》:"师被摈,南还,入虎丘山,聚石为徒。讲《涅槃经》,至阐提处,则说有佛性,且曰:'如我所说,契佛心否?'群石皆为点头。"后用"顽石点头"形容道理讲得透彻,感染力强,使思想顽固的人不能不信服。《续传灯录·圆玑禅师》:"双眉本来互横,鼻孔本来自直,直饶说得天花乱坠,顽石点头,算来多虚不如少实。"《野叟曝言》一一二回:"那太夫人不须开口,只见了他,便把矜才恃学、粗浮鄙容之念俱消化尽了;再一开口教训指点,真使顽石点头,满心发亮。"

【挽弩自射】 wǎn nǔ zì shè 弩:一种用机械力发射的弓。拉弓自射。比喻自己做事害自己。《晋书·崔洪传》:"荐雍州刺史郤诜代己为左丞。诜后纠洪,洪谓人曰:'我举郤丞而还奏我,是挽弩自射也。'"

【莞尔而笑】 wǎn ěr ér xiào 莞尔:微笑的样子。微微地笑起来。《论语·阳货》:"夫子莞尔而笑曰:'割鸡焉用牛

刀?'"《野叟曝言》一五四回:"水夫人目视衍儿,莞尔而笑。"鲁迅《花边文学·一思而行》:"只要并不是靠这来解决国政,布置战争,在朋友之间,说几句幽默,彼此莞尔而笑,我看是无关大体的。"杨绛《记钱钟书与〈围城〉》:"钟书的父亲和叔父都读过《围城》。他父亲莞尔而笑;他叔父的表情我们没看见。"

【晚节不终】 wǎn jié bù zhōng 晚节:晚年的节操。终:指保持到最后。晚年丧失以前保持的节操。宋·刘克庄《江西诗派序·三洪》:"驹父后居上坡,晚节不终,不特有愧于舅氏,亦有愧于长君也。"《东周列国志》九一回:"合从离横,佩印者六,晚节不终,燕齐反复。"鲁迅《且介亭杂文末编·关于太炎先生二三事》:"但这也不过白圭之玷,并非晚节不终。"

【万般无奈】 wàn bān wú nài 万般:非常。无奈:无可奈何,没有办法。指迫不得已,实在没有一点办法。《歧路灯》二〇回:"耘轩万般无奈,只得写'林水候叙'帖儿,把娄、程二位请到家中。"路遥《平凡的世界》(中)三四章:"没有其他办法,看来只能去找他的朋友金波。唉,要不是如此万般无奈,他真不愿意去麻烦金波啊!"

【万变不离其宗】 wàn biàn bù lí qí zōng 宗:宗旨,目的。尽管形式上变化多端,其本质或目的不变。清·谭献《明诗》:"持以论诗,求夫辞有体要,万变而不离其宗。"邓友梅《大门以里,二门以外》:"当然这说的是'标准房',一切还要根据具体情况变化。但万变不离其宗,中国传统的伦理道德观念是不变的。"

【万不得已】 wàn bù dé yǐ 万:极,很。得:能够。已:停止。不能不如此,实在没有办法。《醒世恒言》卷一七:"不意大舅飘零于外,又无他子可承,付之于我,此乃万不得已,岂是他之本念。"《花月痕》一回:"万不得已而寄其情于名花,万

不得已而寄其情于时鸟。"老舍《四世同堂》五八:"非至万不得已,她也不到街上去;买块豆腐,或打一两香油什么的,她会恳托儿顺给捎来。"邓友梅《别了,濑户内海》:"你有这份骨气,够条汉子。可不到万不得已不能舍这条命。"

【万不及一】 wàn bù jí yī 不及:赶不上,比不上。指极其优秀、出众。《东周列国志》三五回:"楚王曰:'公子相从诸杰,文武俱备,吾国中万不及一也!'"《红楼梦》二回:"谁知自娶了他令夫人之后,倒上下无一人不称颂他夫人的,琏爷倒退了一舍之地:说模样又极标致,言谈又爽利,心机又极深细,竟是个男人万不及一的。"

【万不失一】 wàn bù shī yī 失:失误。指绝对不会出差错。《史记·淮阴侯列传》:"贵贱在于骨法,忧喜在于容色,成败在于决断,以此参之,万不失一。"清·龚翔麟《珠江奉使记》:"舵工素与海习,虽卒遇飓母浮椒,亦万不失一云。"

【万夫不当】 wàn fū bù dāng 当:阻挡,抵御。一万人都抵挡不住。形容极其勇猛。元·关汉卿《单刀会》一折:"想关云长但上阵处,凭着他坐下马、手中刀,鞍上将,有万夫不当之勇。"《东周列国志》六二回:"二将者,乃殖绰、郭最也,俱有万夫不当之勇。"《说岳全传》三六回:"此人有万夫不当之勇,主公召来,足可保驾。"鲁迅《呐喊·风波》:"张大帅就是燕人张翼德的后代,他一支丈八蛇矛,就有万夫不当之勇,谁能抵得他。"李劼人《大波》三部四章:"宋振亚想是安了心。眼睛里毫无怯意,挺胸凹肚,居然有万夫不当之勇。"

【万感交集】 wàn gǎn jiāo jí 见"百感交集"。

【万古不变】 wàn gǔ bù biàn 万古:千年万代,永远。指永远不变。梁启超《惟心》:"天地间之物一而万,万而一者也,

……万古不变无地不同。"毛泽东《改造我们的学习》:"他们一心向往的,就是从先生那里学来的据说是万古不变的教条。"

【万古长存】 wàn gǔ cháng cún 宋·晁补之《次韵苏门下寄题雪浪石》诗:"公归廊庙谁得挽,此石万古当长存。"后用"万古长存"指某种事物或精神永远存在。《野叟曝言》二回:"且不必论我僧净智妙圆,神通感应,即如天下,自帝王以及乞丐,没有一个不望尘膜拜,顶礼尊信。使我佛稍有欠缺,此教便应久灭,何以万古长存?"

【万古长青】 wàn gǔ cháng qīng 千秋万代都像松柏一样永远青翠。元·无名氏《谢金吾》四折:"也论功增封食邑,共皇家万古长春。"后多作"万古长青",多比喻崇高的精神或深厚的友谊永远不会消失。邓一光《我是太阳》五部八:"她附在乌云的耳边说,我们的战斗友谊万古长青。"

【万古流芳】 wàn gǔ liú fāng 流:流传。芳:香,比喻好名声。好名声永远流传。元·无名氏《延安府》四折:"汉廷汲黯忠,唐室魏征良。见如今千载名扬,万古流芳。"《说岳全传》六一回:"来今往古,人谁不死? 轰轰烈烈,万古流芳。"也作"万世流芳"。《说岳全传》七三回:"岳元帅现居天爵府中,即日再受阴间封赠,千年香火,万世流芳。"欧阳山《三家巷》一一九:"你们不肯开放群众,不肯武装人民,说把一场千古彪炳,万世流芳的神圣抗战,变成一场全民族流离失所的大灾难! 你们还有什么话说?"

【万古千秋】 wàn gǔ qiān qiū 秋:年。指年代极久。唐·沈佺期《邙山》诗:"北邙山上列坟茔,万古千秋对洛城。"《三国演义》三八回:"龙骧虎视安乾坤,万古千秋名不朽!"《封神榜》一二三回:"总然一死没要紧,怕只怕,万古千秋落骂名。"周

立波《暴风骤雨》一部七:"他知道他的仇家不老少。但他以为'满洲国'是万古千秋,铁桶似的,他依附在这铁桶的边沿,决不会掉下。"

【万贯家财】 wàn guàn jiā cái　贯:古代铜钱用绳子穿,一千个为一贯。形容财产多,很富有。《老残游记》一三回:"俗说'万贯家财',一万贯家财就算财主,他有三万贯钱,不算个大财主吗?"贾平凹《腊月·正月》九:"可话说回来,我也不是要儿女把钱都给我,也不是让咱们一家人在外都是铁公鸡一毛不拔,那样了,即便是万贯家财,又能怎样?"也作"万贯家私"。《儒林外史》三回:"你不看见城里张府上那些老爷,都有万贯家私,一个个方面大耳。"

【万贯家私】 wàn guàn jiā sī　见"万贯家财"。

【万壑争流】 wàn hè zhēng liú　壑:山谷。万万千千的山谷里溪水竞相奔流。形容壮美奇妙的景色。《世说新语·言语》:"顾长康从会稽还,人问山川之美,顾云:'千岩竞秀,万壑争流。'"《水浒传》一回:"千峰竞秀,万壑争流。瀑布斜飞,藤萝倒挂。"《西游记》一七回:"万壑争流,千崖竞秀。鸟啼人不见,花落树犹香。"

【万家灯火】 wàn jiā dēng huǒ　唐·白居易《江楼夕望招客》诗:"灯火万家城四畔,星河一道水中央。"后用"万家灯火"形容城镇夜晚灯火通明的景象。宋·王安石《上元戏呈贡父》诗:"车马纷纷白昼同,万家灯火暖春风。"《二十年目睹之怪现状》五五回:"到了晚上,望见香港万家灯火,一层高似一层,竟成了个灯山,倒也是一个奇境。"刘白羽《第二个太阳》一章:"此刻,当即将告别北京投入战争的一刹那,他特别感到北京灯火的温暖,因为在万家灯火中也包含有他的一份幸福。"

【万箭攒心】 wàn jiàn cuán xīn　攒:聚集。像一万枝箭攒射到心头。形容痛苦到极点。唐·李宁《独异志·沈约僻恶》:"梁沈约,家藏书十二万卷,然心僻恶,闻人一善,如万箭攒心。"《喻世明言》卷二:"公子当下如万箭攒心,放声大哭。"《野叟曝言》三一回:"张老实满眼挂出泪来,璇姑也觉两眼酸酸的,汪着眼泪,这石氏如万箭攒心,一阵乱跳,早已晕死在地。"也作"万箭钻心"。路遥《人生》六章:"现在他一屁股坐下来,浑身骨头似乎全掉了,两只手像抓着两把葛针,疼得万箭钻心。"〔注意〕攒,不读 zǎn。

【万箭钻心】 wàn jiàn zuān xīn　见"万箭攒心"。

【万劫不复】 wàn jié bù fù　劫:佛教称世界从生成到毁灭的整个过程。万劫:即万世。指永远不能恢复。晋·僧肇《〈梵网经〉序》:"一为人身,万劫不复。"清·秋瑾《某宫人传》:"致一片锦绣山河,间接而沦于异族,神明圣胄,悉为他家奴隶,万劫不复,迄于今兹。"茅盾《子夜》一六:"惟吾国兵燹连年,商业凋零,已达极点;而政府以值此库款命绌之秋,火柴入口原料,税外加税,厘里添厘,公债库券,负担重重,陷于万劫不复。"李国文《冬天里的春天》一章:"这种力量既可以叫你平地发迹,满身朱紫;也可以叫你身败名裂,万劫不复。"

【万籁俱寂】 wàn lài jù jì　万籁:指自然界万物发出的各种声音。唐·常建《题破山寺后禅院》诗:"万籁此都寂,但余钟磬声。"后用"万籁俱寂"形容周围环境非常安静,一点儿声响都没有。《儒林外史》一二回:"当夜万籁俱寂,月色初上,照着阶下革囊里血淋淋的人头。"梁实秋《雅舍小品·猫的故事》:"我的家在北平的一个深巷里。有一天,冬夜荒寒,卖水萝卜的,卖硬面饽饽的,都过去了,除了值更的梆子遥远的响声可以说是万籁俱寂。"王愿坚《虹》："她举目四望。雾濛濛的草地空旷阴沉,万籁俱寂。"也作"万籁无声"。唐·皎然《戛铜椀为龙吟歌》:"遥闻不断在烟杪,万籁无声天境空。"《醒世恒言》卷四:"众人周围走了一遍,但见静悄悄的万籁无声。"《野叟曝言》四三回:"一更以后,万籁无声,想起母兄妻妾,不觉潸然泪下。"鲁迅《华盖集·忽然想到》:"他会在万籁无声时大呼,也会在金鼓喧阗中沉默。"

【万籁无声】 wàn lài wú shēng 见"万籁俱寂"。

【万里长城】 wàn lǐ cháng chéng ❶比喻国家所依赖的大将。唐·李白《饯李副使藏用移军广陵序》:"我副使李公勇冠三军,……可谓万里长城。"《水浒后传》一二回:"吞珪既丧,坏了万里长城,国中精锐已尽,如何是好?"现也用以比喻人民军队。❷比喻不可逾越的障碍。毛泽东《中国革命战争的战略问题》一章:"从'老百姓'到军人之间有一个距离,但不是万里长城,而是可以迅速地消灭的。"

【万缕千丝】 wàn lǚ qiān sī 见"千丝万缕"。

【万马奔腾】 wàn mǎ bēn téng 形容声势浩大、竞相突进的情状。宋·刘一止《水邨一首示友人》诗:"秋光有尽意无尽,万马奔腾山作阵。"《说岳全传》三六回:"不一时,但见雪白潮头涌高数丈,波涛滚滚,犹如万马奔腾。"叶圣陶《倪焕之》二六:"他懂得外面万马奔腾地冲过来的是什么样的一种势力,他又明白自己是什么样一等人,自己在社会间处什么样一个地位。"韦君宜《洗礼》七:"她简直完全怔了,心里也完全乱了,喜欢、悔恨、盼望、悲伤,互相混混,好似打翻了五味瓶,又甜、又苦、又酸,不知如何才得清胸中万马奔腾的思绪。"

【万马齐喑】 wàn mǎ qí yīn 喑:哑。

宋·苏轼《三马图赞引》:"时西域贡马,首高八尺,……出东华门,入天驷监,振鬣长鸣,万马皆瘖。"瘖:同"喑"。意指众马都哑然而不敢作声。后多用"万马齐喑"形容人们沉默不语,不敢发表意见。清·龚自珍《己亥杂诗》一二五:"九州生气恃风雷,万马齐喑究可哀。"夏衍《〈新华日报〉及其他》:"皖南事变之后,重庆文艺界万马齐喑,……沫若的《屈原》打破了十个多月来的沉闷,连国民党的'要人们'也去看了。"

【万民涂炭】 wàn mín tú tàn 涂炭:烂泥和炭火,比喻极其困苦的境遇。《尚书·仲虺之诰》:"有夏昏德,民坠涂炭。"后用"万民涂炭"形容广大百姓陷入极端困苦的境地。《水浒后传》二四回:"却说金人羁留二帝,并后妃宗室,尽驱归北,因追索金银缎匹未完,屯扎在驼牟冈,其时四野萧条,万民涂炭。"

【万念俱灰】 wàn niàn jù huī 俱:全,都。灰:消沉,沮丧。所有的念头和打算都破灭了。形容极端灰心失望的心情。《中国现在记》三回:"官场上的人情,最是势利不过的。大家见抚台不理,谁还来理我呢,想到这里,万念俱灰。"茅盾《腐蚀·十一月十七日》:"现在我独对这半明不暗的烛光,思前想后,不但伤心,并且万念俱灰。"王安忆《小城之恋》:"他不由得万念俱灰,人生好像刚起步就到了尽头。"

【万全之策】 wàn quán zhī cè 全:完备周到。极其周全妥当的计谋。《三国志·魏书·刘表传》:"故为将军计者,不若举州以附曹公,曹公必重德将军,长享福祚,垂之后嗣,此万全之策也。"《西游记》二二回:"八戒道:'且不说辛苦,只是降了妖精,送俺过河,方是万全之策。'"《三侠五义》五一回:"还是我等回至陷空岛将他稳住,做为内应,大哥再去,方是万全之策。"鲁迅《书信集·致章廷谦》:

"大约第一原因，多在疏忽，因此事尚无万全之策，而况疏忽也哉。"也作"万全之计"。《封神榜》七四回："此事必须爷上问问在朝的文武，有谁能定一个万全之计，退了东兵才好。不然，只恐社稷江山难以保守。"《说岳全传》五二回："各路大兵虽到，但胜败亦未可遽定，当作何万全之计？"

【万全之计】wàn quán zhī jì　见"万全之策"。

【万人空巷】wàn rén kōng xiàng　空巷：巷子里空荡荡没有人。指家家户户的人都从巷子里出来了。多形容庆祝、欢迎等盛况或新奇事物轰动一时的情景。宋·苏轼《八月十七日复登望海楼》诗："赖有明朝看潮在，万人空巷斗新妆。"《二十年目睹之怪现状》七八回："此时路旁看的，几于万人空巷，大马路虽宽，却也几乎有人满之患。"梁斌《红旗谱》三七："江涛按照贾湘农的意图，指挥游行的队伍。做买卖的停止了生意，万人空巷，看着这雄壮的队伍在大街上走过。"

【万世流芳】wàn shì liú fāng　见"万古流芳"。

【万世一时】wàn shì yī shí　万世之中才有这么一个时机。形容机会极为难得。《史记·吴王濞列传》："彗星出，蝗虫数起，此万世一时，而愁劳圣人之所以起也。"《三国演义》九六回："若擒了曹休，便长驱直进，唾手而得寿春，以窥许、洛，此万世一时也。"

【万事大吉】wàn shì dà jí　一切事情都很圆满顺利。《续传灯录·明州大梅祖镜法英禅师》："岁朝把笔，万事大吉，急急如律令。"梁斌《红旗谱》五三："乡村里没有警察，没有宪兵，没有被捕的危险。即便有，在高粱地里一钻，在瓜园里一藏，万事大吉。"刘白羽《第二个太阳》一二章："秦震想到：命令下达了，方案实施

了，但一切并不等于百依百顺，万事大吉，还要做最坏的准备。"

【万事亨通】wàn shì hēng tōng　亨通：顺利通达。一切事情都顺利通达。《歧路灯》六五回："那孔方兄运出万事亨通的本领，先治了关格之症。"老舍《四世同堂》五七："他看见过许多三十多岁、精明有为的人，因为放弃了书本，而慢慢的变得庸俗不堪。……他们也许万事亨通的作了官，发了财，但是变成了行尸走肉。"杨沫《青春之歌》二部一六章："他赶快点燃一支香烟，……贪婪地狂吸了几口。然后眯缝着浮肿的眼皮，点了点头得意地喃喃道：'嘿！时来运转——万事亨通……'"

【万事俱备，只欠东风】wàn shì jù bèi, zhǐ qiàn dōng fēng　《三国演义》四九回："欲破曹公，宜用火攻；万事俱备，只欠东风。"意指周瑜定计火烧曹营，一切都准备好了，只差东风一刮，就可点火。后用来比喻一切都已齐备，只差最后一个重要条件。欧阳山《三家巷》五一："对了，正是万事俱备，只欠东风。什么都有了，可是土地还缺着哪。"

【万事如意】wàn shì rú yì　如意：符合心意。一切事情都顺心。多用作向他人祝颂的话。《水浒传》九〇回："愿今国安民泰，岁稔年和，五谷丰登，三教兴隆，四方宁静，诸事祯祥，万事如意！"《红楼梦》五三回："门下庄头乌进孝叩请爷、奶奶万福金安，并公子小姐金安。新春大喜大福，荣贵平安，加官进禄，万事如意。"王安忆《叔叔的故事》："在叔叔以为万事如意、高枕无忧的时候，却发生了一件事。"

【万寿无疆】wàn shòu wú jiāng　疆：界限。寿命永无止境。祝人长寿之辞。《诗经·豳风·七月》："跻彼公堂，称彼兕觥，万寿无疆。"《二刻拍案惊奇》卷一九："又有小人辈胁肩谄笑，掇臀捧屁，称道：

'分明万寿无疆之兆,不是天下大福人,也不能勾有此异宝。'当下尽欢而散。"姚雪垠《李自成》二卷三一章:"陈顺娟叩头谢恩,祝颂娘娘陛下洪福齐天,万寿无疆。"也用来称颂其他事物永远长存。唐·冯宿《魏府狄梁公祠堂碑》:"立公仪形,荐此馨香。于以祝之,万寿无疆;于以歌之,久久垂芳。"《封神榜》八回:"皇图永固垂万幸,万寿无疆永安宁!"闻一多《红烛·香篆》诗:"我祝你黛发长青!又祝你朱颜长姣! 同我们的爱万寿无疆!"

【万水千山】 wàn shuǐ qiān shān 万道河,千重山。形容路途艰难遥远。唐·贾岛《送耿处士》诗:"万水千山路,孤舟几月程。"《西游记》一五回:"既是他吃了,我如何前进! 可怜啊! 这万水千山,怎生走得!"毛泽东《长征》诗:"红军不怕远征难,万水千山只等闲。"也作"千山万水"。《镜花缘》五三回:"他们千山万水,不辞劳顿,原为的考试;那知忽然遇此扫兴之事。"巴金《随想录》三〇:"这以后我们或者在一个城市里,或者隔了千山万水,从来没有中断联系。"

【万死不辞】 wàn sǐ bù cí 即使死一万次也不推辞。表示决心拼死效力。《三国演义》一〇一回:"吾素怀忠义,欲尽心报国,惜未遇知己;今都督肯委重任,虽万死不辞!"《二刻拍案惊奇》卷六:"于路没了盘缠,只得乞丐度日;没有房钱,只得草眠露宿。真正心坚铁石,万死不辞。"

【万无一失】 wàn wú yī shī 失:失误,差错。指绝对不会出差错。《资治通鉴·后汉高祖天福十二年》:"近者陕、晋二镇,相继款附,引兵从之,万无一失,不出两旬,洛、汴定矣。"《二刻拍案惊奇》卷二四:"但请足下封记停当,安放舍下,只管放心自去,万无一失。"《官场现形记》三五回:"你老哥想出来的法子就不错,保

举的人亦是万无一失的。"钱钟书《围城》七:"工友为万无一失起见,把辛楣桌上六七本中西文书全搬下来了,居然没漏掉那两本话剧。"梁斌《红旗谱》三六:"朱老忠张开带胡子的嘴,呵呵笑着说:'不紧,孩子! 大伯保着你们的镖,万无一失。'"

【万物更新】 wàn wù gēng xīn 见"万象更新"。

【万象更新】 wàn xiàng gēng xīn 象:事物或景象。更:改变,改换。一切事物或景象都变得面貌一新。《野叟曝言》一三五回:"今一元启运,万象更新,臣愚以为元旦颁恩诏时,即以此条列诸第一件。"蒋子龙《拜年》一:"中国人真正的年,是春节。农历正月初一,这才叫新年新岁,万象更新哪!"也作"万物更新"。《红楼梦》七〇回:"如今正是初春时节,万物更新,正该鼓舞另立起来才好。"〔注意〕更,不读gèng。

【万象森罗】 wàn xiàng sēn luó 见"森罗万象"。

【万应灵药】 wàn yìng líng yào 应:适应。各种疾病都能治疗的灵药。比喻任何情况都能适应的好办法。含有讽刺或诙谐意。鲁迅《花边文学·看书琐记二》:"不过我们中国人是聪明的,有些人早已发明了一种万应灵药,就是'今天天气……哈哈哈!'"

【万众睢睢】 wàn zhòng suī suī 睢睢:仰视的样子。形容众人惊讶或共同期待的情景。《汉书·五行志中之下》:"万众睢睢,惊怪连日。"〔注意〕睢,不能写作"睢"。

【万众一心】 wàn zhòng yī xīn 千万人一条心。《后汉书·傅燮传》:"今率不习之人,越大陇之阻,将十举十ների,而贼闻大军将至,必万人一心。"后多用"万众一心"形容人民群众团结一致。《孽海

花》三二回："当割台约定,朝命景崧率军民离台内渡的时候,全台震动,万众一心,誓不屈服。"鲁迅《华盖集·我观北大》:"虽然很中了许多暗箭,背了许多谣言;教授和学生也都逐年地有些改换了,而那向上的精神还是始终一贯,不见得驰懈。自然,偶而也免不了有些很想勒转马头的,可是这也无伤大体,'万众一心',原不过是书本子上的冠冕话。"王安忆《叔叔的故事》:"这样的小镇是不可侵略的,这里万众一心,草木皆兵。"

【万紫千红】 wàn zǐ qiān hóng　形容百花盛开,绚丽多彩的景象。也比喻事物的丰富多彩,繁荣兴盛。宋·邵雍《落花吟》诗:"万紫千红处处飞,满川桃李漫成蹊。"《镜花缘》三回:"倘能于一日之中,使四季名花莫不齐放,普天之下尽是万紫千红,那才称得锦绣乾坤,花团世界。"欧阳山《三家巷》二:"过了旧历年,那万紫千红的春天就到来了。"

【汪洋大海】 wāng yáng dà hǎi　汪洋:深广的样子。广阔无边的海洋。形容水势浩大。《说岳全传》四三回:"轰天炮响,汪洋大海起春雷;震地锣鸣,万仞山前飞霹雳。"王安忆《小鲍庄》二八:"跑到山上,回头往下一看,哪还有个庄子啊,成汪洋大海了。"也比喻浩大的声势。毛泽东《论持久战》:"动员了全国的老百姓,就造成了陷敌于灭顶之灾的汪洋大海。"也用来比喻事物的深广或丰富。巴金《随想录》附录:"人民友谊既深且广,有如汪洋大海,多一次的访问,多一次心和心的接触,朋友间的相互了解也不断加深。"路遥《惊心动魄的一幕》:"现在猛一下置身于这汪洋大海一般的深情里,感情再也控制不住了,泪花子在那双眯缝着的眼睛里扑闪闪地旋转着。"柯灵《香雪海·给人物以生命》:"但这些简单的概念,依然包含着无限丰富的内涵,包含着个性的汪洋大海。"

【汪洋浩博】 wāng yáng hào bó　汪洋:深广的样子。水势浩大无边。形容人的气度宽广,学识渊博,文辞豪放。宋·陆游《答刘主簿书》:"德者前辈之学,积小以成大,以所有易所无,以所能问于不能。故其久也,汪洋浩博,该极百家,而不可涯矣。"《元史·儒学传二》:"绎曾字伯敷,处州人,……文辞汪洋浩博,其气烨如也。"

【汪洋闳肆】 wāng yáng hóng sì　汪洋:深广的样子。闳:宏大。肆:任意,放纵。形容文章、言论、书法等气势宏大、潇洒自如。宋·汪藻《鲍吏部集序》:"钦止少从王氏学,又尝见眉山苏公,故其文汪洋闳肆,粹然一本于经,而笔力豪放。"

【汪洋自恣】 wāng yáng zì zì　见"汪洋恣肆"。

【汪洋恣肆】 wāng yáng zì sì　汪洋:深广的样子。恣肆:豪放无拘束。唐·柳宗元《宣城县开国伯柳公行状》:"凡为文,去藻饰之华靡,汪洋自肆,以适己为用。"后多用"汪洋恣肆"形容文章、言论、书法等气势磅礴、潇洒自如。明·归有光《与潘子实书》:"听其言汪洋恣肆,而实无所折衷,此今世之通患也。"《花月痕》三五回:"其所积者厚,所纳者众,而所发者有其本也。师之学术,汪洋恣肆,其渊源有自,盖如此矣。"也作"汪洋自恣"。《清史稿·余增远传》:"为诗文,机锋电激,汪洋自恣,寓言十九。"

【亡魂丧胆】 wáng hún sàng dǎn　亡、丧:失去。失去了魂魄和胆气。形容惊慌恐惧到了极点。《太平广记》卷一一六《丁零》引《宣验记》:"力士亡魂丧胆,人皆仆地,迷闷宛转,怖不能起。"元·汪元亨《沉醉东风·归田》曲:"薄利虚名再莫贪,赢得来亡魂丧胆。"《三国演义》五○回:"言未毕,一声炮响,两边五百校刀手摆开,为首大将关云长,提青龙刀,跨赤兔马,截住去路。操军见了,亡魂丧胆,面面相觑。"

【亡命之徒】wáng mìng zhī tú　亡命：削除名籍逃亡在外。原指脱离户籍，逃亡在外的人。现多指不顾性命，作恶犯法的人。《周书·郭彦传》："彦劝以耕稼，禁共游猎，民皆务本，家有余粮。亡命之徒，咸从赋役。"《水浒传》六三回："倘若这亡命之徒引兵来到，朝廷救兵不迭，那时悔之晚矣！"《三侠五义》七二回："你老人家白想想，这一群人都不成了亡命之徒吗？"李劼人《大波》三部一〇章："他有一万多人，大多数是憨不畏死的亡命之徒，凭恃这股武力，似乎可以暂住政变。"

【亡羊补牢】wáng yáng bǔ láo　亡：失去。牢：牲口圈。《战国策·楚策四》："亡羊而补牢，未为迟也。"意指羊丢失了再去修补羊圈，还不算晚。后用"亡羊补牢"比喻出了问题以后及时想法补救，以免继续受损失。宋·陆游《秋兴》诗："惩羹吹齑岂非非，亡羊补牢理所宜。"《野叟曝言》九回："我已吩咐他，趁此中止，则亡羊补牢，犹未为晚耳。"钱钟书《围城》六："他心境不好，准责备儿子从前不用功，急时抱佛脚，也许还有一堆'亡羊补牢，教学相长'的教训。"也指出了问题才想法补救，已经太晚了。明·沈德符《万历野获编·徐州》："要之是举必当亟行。若遇有事更张，不免亡羊补牢矣。"刘心武《钟鼓楼》五章："当少年人肩膀渐渐展宽，嗓音渐渐变粗，胆量也渐渐变大，开始公然对着大人们'撒野'时，老师和家长才慌了神儿，可是到那时候再来扭转，分明已属'亡羊补牢'。"

【王公贵戚】wáng gōng guì qī　泛指皇亲国戚。《宣和画谱·李成》："其后王公贵戚皆驰书致币，恳请者不绝于道。"也作"王孙贵戚"。《群音类选〈好事近·游春〉》："觑雕鞍骏马，会王孙贵戚，谩把金尊倒。"

【王侯将相】wáng hóu jiàng xiàng　泛指高官。《史记·陈涉世家》："且壮士不死即已，死即举大名耳，王侯将相宁有种乎？"清·梁绍壬《两般秋雨盦随笔·测字》："闾巷儿童走卒，往往多王侯将相，天下其多事乎？"

【王孙贵戚】wáng sūn guì qī　见"王公贵戚"。

【王佐之才】wáng zuǒ zhī cái　佐：辅助。辅助帝王创业治国的才能。《汉书·董仲舒传赞》："刘向称董仲舒有王佐之材（才），虽伊、吕亡（无）以加。"唐·杨炯《益州温江县令任君神道碑》："当朝一见，许其王佐之才；行路相逢，知其美人之赠。"《三国演义》三一回："诸君皆有王佐之才，不幸跟随刘备。"姚雪垠《李自成》二卷三六章："牛金星大笑起来，说：'献策怀王佐之才，待时而动。江湖寄迹，四海萍踪，实非本愿。'"

【网开一面】wǎng kāi yī miàn　《吕氏春秋·异用》："汤见祝网者置四面，其祝曰：'从天坠者，从地出者，从四方来者，皆离（罹）吾网。'汤曰：'嘻，尽之矣。非桀其孰为此也。'汤收其三面，置其一面。"商汤将捕捉禽兽的网撤去三面，使可逃生。后多用"网开一面"比喻对敌人、罪犯等宽大处理，给以出路。《歧路灯》九三回："老先生意欲网开一面，以存忠厚之意，这却使不得。"沈从文《劫余残稿·传奇不奇》："杨大娘，要你大队长网开一面就好！大家都是家乡人，何必下毒手一网打尽？"姚雪垠《李自成》一卷一二章："总督大人因见你们人马死伤殆尽，已被重重包围，插翅难飞；体上天好生之德，网开一面，谕令尔等速速投降，免遭杀戮。"

【网漏吞舟】wǎng lòu tūn zhōu　网：鱼网；比喻法网。吞舟：指吞舟之鱼，即大鱼；比喻巨奸大恶之人。网眼稀疏得漏掉可以吞舟的大鱼。《史记·酷吏列传》："汉兴，破觚而为圜，斵雕而为朴，网漏于吞舟之鱼,而吏治烝烝,不至于奸,黎民艾安。"后用"网漏吞舟"指法令宽疏,巨奸大恶之人得以逃避。晋·傅玄《傅子·通志篇》:"虽网漏吞舟,而百姓安之者,能通天下之志,得其略也。"《世说新语·规箴》:"明公作辅,宁使网漏吞舟,何缘охват听风闻,以为察察之政?"宋·陆游《贺谢枢密启》:"网漏吞舟,示太平之宽大;云兴肤寸,泽庶物之焦枯。"

【枉尺直寻】wǎng chǐ zhí xún　枉:弯曲。寻:古代长度单位,八尺为一寻。《孟子·滕文公下》:"枉尺而直寻,宜若可为也。"弯曲的只有一尺,伸直的却有八尺。后用"枉尺直寻"比喻在小处做出让步,以求在大的方面获取利益。汉·张衡《应间》:"枉尺直寻,议者讥之;盈欲亏志,孰云非羞?"唐·权德舆《论度支疏》:"思有以效,强所不通,则有枉尺直寻之心,多方自固之计。"清·李渔《答周子》:"弟虽贫甚贱甚,然枉尺直寻之事,断不敢为。"

【枉道事人】wǎng dào shì rén　枉:歪曲,违背。事:侍奉。《论语·微子》:"柳下惠为士师,三黜。人曰:'子未可以去乎?'曰:'直道而事人,焉往而不三黜?枉道而事人,何必去父母之邦?'"后用"枉道事人"指背离正道以侍奉人家。清·顾炎武《日知录·不动心》:"凡人之动心与否,固在其加卿相富道之时。枉道事人,曲学阿世,皆从此而始也。"

【枉费唇舌】wǎng fèi chún shé　枉:徒然,白白地。唇舌:借指言辞。白白地浪费言辞,不起任何作用。《儿女英雄传》二六回:"姐姐既这等说,大料今日这亲事妹子在姐姐跟前断说不进去,我也不必枉费唇舌再求姐姐,磨姐姐、央及姐姐了。"郭沫若《屈原》五幕:"好的好的,算我枉费了唇舌。"

【枉费心机】wǎng fèi xīn jī　枉:徒然,白白地。心机:心思。白白地浪费心思。

宋·刘克庄《诸公载酒贺余休致水村农卿有诗次韵》:"高屋从来有鬼窥,铁门关枉费心机。"周而复《上海的早晨》四部四四:"门当户对也好,自由恋爱也好,都是枉费心机,没啥噱头,倒是清产定股方面,油水不小。"阿来《尘埃落定》三八:"和这些自以为是的人,多谈什么真是枉费心机。"也作"枉费心计"。《红楼梦》一○六回:"虽说事是外头闹的,我若不贪财,如今也没有我的事,不但是枉费心计,挣了一辈子的强,如今落在人后头。"

【枉费心计】wǎng fèi xīn jì　见"枉费心机"。

【枉己正人】wǎng jǐ zhèng rén　枉:弯曲,不正。指自己行为不正,却要去纠正别人。《孟子·万章上》:"吾未闻枉己而正人者也,况辱己以正天下者乎?"

【枉口拔舌】wǎng kǒu bá shé　枉口:歪曲事实,满嘴胡言。拔舌:佛教传说生前犯有口过的人,死后将入拔舌地狱,受到拔去舌头的惩罚。指胡说八道,造谣中伤。《金瓶梅》二五回:"是那个嚼舌根的,没空生有,枉口拔舌,调唆你来欺负老娘。"

【罔上虐下】wǎng shàng nüè xià　罔:蒙蔽,欺骗。指瞒上欺下。《元史·耶律楚材传》:"此贪利之徒,罔上虐下,为害甚大。"

【罔知所措】wǎng zhī suǒ cuò　罔:不。不知怎么办才好。唐·白行简《李娃传》:"生惶惑发狂,罔知所措。"《水浒传》二六回:"只见武松左手拿住嫂嫂,右手指定王婆,四家邻舍惊得目睁口呆,罔知所措,都面面相觑,不敢做声。"《野叟曝言》四三回:"府县官惶得魂出,慌赶至店,向素臣百倍足恭。素臣将本末根由告诉明白,二人目睁口呆,罔知所措。"

【惘然若失】wǎng rán ruò shī　惘然:失意的样子。若:好像。心中怅惘失意,像丢掉了什么东西似的。若,也作"如"。宋·洪迈《夷坚丙志·蔡十九郎》:"第一场出,忆赋中第七韵忘押官韵,顾无术可取。次日,彷徨于案间,惘然如失。"《聊斋志异·鸦头》:"俄,见一少女经门外过,望见王,秋波频顾,眉目含情,仪度娴婉,实神仙也。王素方直,至此惘然若失。"茅盾《虹》三:"这些情形,由第三者以'谈助'的形式陆陆续续传到了梅女士的耳朵时,她便有半天的惘然若失,什么书都看不下。"陈国凯《摩登阿Q》:"'再见,小尼!'阿Q也招招手,惘然若失地目送她远去。"

【妄言轻动】 wàng yán qīng dòng 妄:胡乱,随便。轻:轻率。指言行不稳重。《红楼梦》二二回:"宝钗原不妄言轻动,便此时亦是坦然自若。"

【妄自菲薄】 wàng zì fěi bó 妄:不合理地,无根据地。菲薄:轻视,瞧不起。毫无根据地小看自己。形容自轻自贱。三国蜀·诸葛亮《前出师表》:"诚宜开张圣听,以光先帝遗德,恢弘志士之气,不宜妄自菲薄,引喻失义,以塞忠谏之路也。"《老残游记》六回:"昨儿听先生鄙薄那肥遁鸣高的人,说道:天地生才有限,不宜妄自菲薄。"钱钟书《围城》七:"可是自己是一个无足轻重的人,居然有被他收罗的资格,足见未可妄自菲薄。"姚雪垠《李自成》一卷二八章:"将军爱民如子,思贤若渴,远非他人可比,万不要妄自菲薄。"

【妄自尊大】 wàng zì zūn dà 妄:不合理地,无根据地。尊:高贵。大:认为了不起。毫无根据地高看自己。形容自高自大,自以为了不起。《后汉书·马援传》:"子阳井底蛙耳,而妄自尊大。"《二刻拍案惊奇》卷六:"李将军武夫出身,妄自尊大,走到厅上居中坐下。"《镜花缘》一二回:"如此谦恭和蔼,可谓脱尽仕途习气。若令器小易盈、妄自尊大那些骄傲俗吏看见,真要愧死!"周作人《雨天的书·与友人论性道德书》:"你说要脱离家庭压制,他就抛弃年老无依的母亲。你说要提社会主义共产主义,他就悍然以为大家朋友应该养活他。你说青年要有自尊底精神,他就目空一切妄自尊大不受善言了。"沈从文《烟斗》:"科长妄自尊大的神气,尤给他难堪。"

【忘恩背义】 wàng ēn bèi yì 见"忘恩负义"。

【忘恩负义】 wàng ēn fù yì 负:辜负,违背。义:道义,情义。《汉书·张敞传》:"[絮]舜本臣敞素所厚吏,……背恩忘义,伤化薄俗。"后多用"忘恩负义"指忘记别人对自己的恩德,反做出背信弃义、对不起别人的事。《水浒传》二八回:"我不是忘恩负义的,你只顾吃酒,明日到孟州时,自有相谢。"《二刻拍案惊奇》卷一一:"盖朋友内忘恩负义,拼得绝交了他,便无别话。"《三侠五义》一二〇回:"俺待你弟兄犹如子侄一般,不料武伯北竟如此的忘恩负义!"鲁迅《而已集·新时代的放债法》:"倘不如命地'帮忙',当然,罪大恶极了。先将忘恩负义之罪,布告于天下。"老舍《四世同堂》六四:"你要知道,招弟出头露面的登台,原是为捧你!别忘恩负义!"也作"忘恩背义"。《三国演义》六四回:"刘璋大怒,扯毁其书,大骂:'法正卖主求荣,忘恩背义之贼!'"

【忘乎其形】 wàng hū qí xíng 因兴奋、得意等忘了应有的言行举止。巴金《春》一〇:"现在他的灵柩才下葬,你就忘乎其形天天在外面胡闹。"李劼人《大波》一部九章:"争论到最激烈时,还会忘乎其形地说一些不应该说的话。"

【忘乎所以】 wàng hū suǒ yǐ 所以:所应有的言行举止。《醒世恒言》卷一四:"范二郎忘其所以,就和他云雨起来。"《儿女英雄传》四〇回:"公子此时是乐得忘其所以,听老爷这等吩咐,答应一声,就待要走。"后多用"忘乎所以"指因兴奋、得意等而忘掉一切。古华《芙蓉镇》三章:"他头脑膨胀,忘乎所以,加上文化水平、政治阅历有限,估错了形势。"陈忠实《白鹿原》九章:"黑娃哑口无言,后悔自己忘乎所以说错了话。"

【忘年交】wàng nián jiāo　见"忘年之交"。

【忘年之交】wàng nián zhī jiāo　南朝宋·颜延之《吊张茂度书》:"言面以来,便申忘年之好。"后多用"忘年之交"指忘记年龄的交友,即不拘年岁行辈差异而交的朋友。《梁书·张缵传》:"子野性旷达,自云'年出三十,不复诣人'。初未与缵遇,便虚相推重,因为忘年之交。"《三国演义》一一〇回:"陈泰叹服曰:'公料敌如神,蜀兵何足虑哉!'于是陈泰与邓艾结为忘年之交。"《野叟曝言》六二回:"素臣惶恐谦谢,心服东方之虚己受言。彼此交重,重复就坐,酌酒论心,遂成忘年之交。"阿城《棋王》四:"老朽有幸与你接手,感触不少,中华棋道,毕竟不颓,愿与你做个忘年之交。"也作"忘年交"。茅盾《老乡绅》:"这一天早上,他正在看天空的浮云,正正经经并没想到要撒谎的时候,忽然迎面来了一位忘年交。"

【忘战必危】wàng zhàn bì wēi　忘记战备就一定会产生危机。《汉书·主父偃传》:"国虽大,好战必亡;天下虽平,忘战必危。"《晋书·杜预传》:"预以天下虽安,忘战必危。"

【望尘莫及】wàng chén mò jí　莫:不能。及:到,赶上。《后汉书·赵咨传》:"复拜东海相,之官,道经荥阳,令敦煌曹暠,咨之故孝廉也,迎路谒候,咨不为留。暠送至亭次,望尘不及,谓主簿曰:'赵君名重,今过界不见,必为天下笑!'即弃印绶,追至东海。"指望见前面人马扬起的尘土而追赶不上。后多用"望尘莫及"比喻远远落在后面,相差甚远。鲁迅《集外集拾遗·〈近代木刻选集〉小引》:"中国的刻图,虽是所谓'绣梓',也早已望尘莫及,那精神,惟以铁笔刻石章者,仿佛近之。"鞫奋《萍踪忆语·梅隆怎样成了富豪?》:"所获得的现款红利,为全世界的银行所望尘莫及。"也用以表示自谦。姚雪垠《李自成》二卷一九章:"崇祯笑着说:'朕国事鞅掌,棋艺生疏,勉强赢了田妃一棋,好不容易。'田妃赶快说:'皇上胸富韬略,谋虑深远,步步有法,臣妾望尘莫及。'"

【望穿秋水】wàng chuān qiū shuǐ　秋水:秋天的水明净清亮,常比喻人的眼睛。元·王实甫《西厢记》三本二折:"你若不去呵,望穿他盈盈秋水,蹙损他淡淡春山。"后用"望穿秋水"比喻殷切盼望。《聊斋志异·凤阳士人》:"黄昏卸得残妆罢,窗外西风冷透纱……望穿秋水,不见还家,潸潸泪似麻。"梁实秋《雅舍小品·照相》:"结婚照大概是人人都很珍视的,尤其是新娘子的照相,事前上装、美容、作发,然后经照相师的左摆布右摆布,非把观礼的亲友等得望穿秋水、神黯心焦不能露面。"谌容《人到中年》:"看见了一双双望穿秋水的焦急的眼睛,在等着她。"

【望而却步】wàng ér què bù　却步:不敢前进,往后退。形容遇到危险、困难或力所不及的事就往后退缩。清·陈廷焯《白雨斋词话》卷三:"盖偏至之诣,至于绝后空前,亦令人望而却步。"梁实秋《雅舍小品·脏》:"脏与教育程度有时没有关系,小学的厕所令人望而却步,上库的厕所也一样的不可向迩。"古华《芙蓉镇》四章:"产妇在临盆前,母性的自慰自豪感能叫死神望而却步。孕育着新生命的母体是无所畏惧的。"

【望而生畏】wàng ér shēng wèi　《左传·昭公二十年》:"唯有德者,能以宽服民;其次莫如猛,夫火烈,民望而畏之,故鲜死焉。"后用"望而生畏"指看见了就害怕。《痛史·叙》:"卷帙浩繁,望而生畏。"李劼人《大波》二部一章:"在街上站成队的全是兵,全是那些令人望而生畏的巡防兵。"莫应丰《山高林密处》:"小天府与外界相通的道路,虽不如蜀道艰险,却也是够使人望而生畏的了。"

【望风捕影】 wàng fēng bǔ yǐng 比喻说话做事似是而非,没有根据。《三侠五义》四〇回:"待我明日找个很好的去处隐了身体,那时叫他们望风捕影,也知道姓白的利害!"老舍《四世同堂》五五:"工友的与同事们给他的报告,不论怎么不近情理,他都信以为真,并且望风捕影的把它们扩大,交给日本人。"

【望风而遁】 wàng fēng ér dùn 见"望风而逃"。

【望风而溃】 wàng fēng ér kuì 风:指气势、声势。形容军队毫无战斗力,望见敌人传来的声势就已吓得溃散。宋·孙光宪《北梦琐言》卷五:"西川自唐刘辟构逆后,久无干戈,人不习战。每岁诸道差兵屯戍大渡河,蛮旗才举,望风而溃。"《东周列国志》九五回:"独乐毅自引燕军,长驱深入,所过宣谕威德,齐城皆望风而溃,势如破竹。"

【望风而逃】 wàng fēng ér táo 风:指气势、声势。《资治通鉴·梁武帝天监四年》:"若克涪城,渊藻安肯城中坐而受困,必将望风逃去。"后用"望风而逃"指远远望见对方来势很猛就吓得逃走了。明·梁辰鱼《浣纱记·交战》:"杀得他只轮不返,片甲无存,望风而逃,渡江去了。"《说岳全传》七八回:"元帅自受命出师以来,杀得兀术望风而逃,何惧一和尚,这等迟疑?"刘绍棠《村妇》卷二:"我宁可败在他的拳脚之下,也不能被他吓得望风而逃。"也作"望风而遁"。《花月痕》四五回:"对面忽来一队游骑,车夫望风而遁。"

【望风而降】 wàng fēng ér xiáng 风:气势、声势。望见敌人来势就缴械投降。元·关汉卿《五侯宴》三折:"自起兵之后,所过城池望风而降。"《三国演义》六四回:"蜀中诸将,望风而降,汝何不早降?"邓一光《我是太阳》一部一〇:"市区的守军望风而降,到处是成帮结队的溃兵。"

【望风披靡】 wàng fēng pī mǐ 风:指气势、声势。披靡:指草木随风倒伏。汉·司马相如《上林赋》:"应风披靡,吐芳扬烈。"后多用"望风披靡"比喻军队被对方的强大声锋所压倒,未经交锋即已溃散。《元史·张荣传》:"敌兵整阵至,荣驰之,望风披靡,夺战船五十艘。"毛泽东《中国人民解放军宣言》:"我军所到之处,敌人望风披靡。"〔注意〕靡,不读 mí。

【望风响应】 wàng fēng xiǎng yìng 风:气势、声势。看见对方声势而积极响应,或按照对方的要求去做。三国魏·陈琳《檄吴将校曲部文》:"是以立功之士,莫不翘足引领、望风响应。"《三国志·魏书·袁绍传》南朝宋·裴松之注引《英雄记》:"公孙瓒击青州黄巾贼,大破之,还屯广宗,改易守令,黄州长吏无不望风响应,开门受之。"

【望衡对宇】 wàng héng duì yǔ 衡:用横木作门,借指门户。宇:屋檐。门庭相对,可以互相望见。形容彼此住得很近。北魏·郦道元《水经注·沔水》:"土元居汉之阴……司马德操宅洲之阳,望衡对宇,欢情自接。"清·查慎行《秋怀诗十六首》之一二:"望衡对宇雅相亲,南阮才高不讳贫。"

【望梅解渴】 wàng méi jiě kě 见"望梅止渴"。

【望梅止渴】 wàng méi zhǐ kě 《世说新语·假谲》:"魏武行役,失汲道,军皆渴。乃令曰:'前有大梅林,饶子,甘酸可以解渴。'士卒闻之,口皆出水,乘此得及前源。"后用"望梅止渴"比喻用空想或空话等来安慰自己或别人。《水浒传》五一回:"雷横道:'我赏你三五两银子也不紧,却恨今日忘记带来。'白秀英道:'官人今日见一文也无,提甚三五两银子。正是教俺望梅止渴,画饼充饥。'"《喻世明言》卷一七:"离索之感,人孰无之? 此间歌妓杨玉,颇饶雅致,且作望梅止渴何如?"《镜花缘》九三回:"姐姐说我日后飞升,谈何容易! 这才叫作'望梅止渴'哩!"巴金《随想录》八三:"望梅止渴、画饼充饥的年代早已过去,人们要听的是真话。"姚雪垠《李自成》三卷五七章:"虽然他相信黄河北岸还会继续派船接运开封绅民,但听了黄澍的答话,总觉得像是望梅止渴。"也作"望梅解渴"。杜鹏程《战争日记》:"晚上大家都津津有味地谈着吃,实为望梅解渴。"

【望门投止】 wàng mén tóu zhǐ 投:投奔。止:止宿。看见有人家就去投宿。形容逃难或处境困窘之时暂求栖身的急切情景。《后汉书·张俭传》:"俭得亡命,困迫遁走,望门投止,莫不重其名行,破家相容。"清·薛时雨《漕仓行》:"一年血汗获秋稔,负载出门泪滂沱……望门投止不得入,漕仓咫尺如天河。"姚雪垠《李自成》二卷四〇章:"你兄弟在外,隐名埋姓,或是找一个地方藏身,或是到处飘泊,望门投止。"

【望其项背】 wàng qí xiàng bèi 项:脖子的后部。能够看到别人的颈项和脊背。比喻有能力赶得上。明·周藩宪王《三度小桃红》楔子:"气味浑厚,音调复谐,毕竟是本朝第一能手。近时作者虽多,终难望其项背耳。"鲁迅《且介亭杂文·病后杂谈》一:"这真是天趣盎然,决非现在的'站在云端里呐喊'者们所能望其项背。"梁实秋《雅舍小品·好汉》:"能'成天下之务'的奇才,才算是好汉。这种好汉不但志节高超,远在任侠使气的好汉之上,亦非器量局狭拘于小节的'龌龊'文士所能望其项背。"

【望文生义】 wàng wén shēng yì 不了解某一词句的确切含义,只牵强附会地从字面上去理解,做出错误的或片面的解释。清·王念孙《读书杂志·虎挚》:"鲍、吴皆读'挚'为'前有挚兽'之'挚',望文生义,近于皮傅矣。"周作人《雨天的书·破脚骨》:"这个名词的本意不甚明了,望文生义地看去大约因为时常要被打破脚骨,所以这样称的罢。"

【望眼欲穿】 wàng yǎn yù chuān 唐·白居易《江楼夜吟元九律诗成三十韵》:"白头吟处变,青眼望中穿。"元·王实甫《西厢记》四本一折:"望得人眼欲穿,想得人心越窄,多管是冤家不自在。"后用"望眼欲穿"形容盼望非常殷切。明·西湖居士《明月环》一六出:"小姐望眼欲穿,老身回复小姐去也。"李劼人《大波》二部三章:"莫耽搁了! 再去沂水庙打听一下,你的心上人到底哪天回来? 别说你等得心焦,连我这个不相干的人也望眼欲穿了!"刘绍棠《蒲柳人家》二:"现在只有一个人能搭救何满子;但是,何满子望眼欲穿,这颗救命星却迟迟不从东边闪现出来。"

【望洋而叹】 wàng yáng ér tàn 见"望洋兴叹"。

【望洋兴叹】 wàng yáng xīng tàn 望洋:仰视的样子。《庄子·秋水》载:秋天黄河涨水,河面大得分辨不清对岸的牛马,河伯(河神)就以为天下之美尽在于己。等他顺流行至北海,向东一看,见不着水的边际,"始旋其面目,望洋向若而叹"。若:海神。后因以"望洋兴叹"指在伟大的事物面前感叹自己的渺小。也比喻做事时因力不胜任或没有条件而感到无可奈何。元·刘壎《隐居通议·诗歌五》:"真能笼乾坤万里于一咏之内,千古吟人,望洋兴叹。"鲁迅《而已集·忧"天乳"》:"这时长发发生,即有'望洋兴叹'之忧。倘只一部分人说些理由,想改变一点,那是历来没有成功过。"巴金《随想录》一〇六:"从寝室打开门走出去,面前就是一个水荡,我的病腿无法一步跨过去,只好'望洋兴叹'了。"也作"望洋而叹"。《镜花缘》五二回:"如今天朝虽开女科,无如远隔重洋,何能前去? 看来只好望洋而叹了。"

【望子成龙】 wàng zǐ chéng lóng 龙:比喻俊杰。盼望儿子成为出类拔萃的人物。周而复《上海的早晨》四部二三:"你爹望子成龙,在你身上花了不少心血。"刘绍棠《瓜棚柳巷》四:"大财主一心望子成龙,八抬大轿从北京搭来一位老拔贡教专馆。"

【危机四伏】 wēi jī sì fú 到处隐藏着危险的祸根。李劼人《大波》三部八章:"一方面是端方的咄咄逼人,一方面是陆军的跃跃欲试,确实到了危机四伏,险象环生的境地。"陈忠实《白鹿原》二二章:"我们像一条出了山的狼,天地开阔却危机四伏。"

【危如累卵】 wēi rú lěi luǎn 累:堆叠。卵:蛋。《战国策·赵策一》:"君之立于天下,危于累卵。"《韩非子·十过》:"故曹小国也,而迫于晋、楚之间。其君之危犹累卵也。"后用"危如累卵"形容形势非常危险,如同堆起来的蛋,随时都有塌下打碎的可能。《北齐书·文襄纪》:"复言仆众不足以自强,身危如累卵。"《水浒传》六三回:"大名危如累卵,破在旦夕;倘或失陷,河北县郡如之奈何?"《东周列国志》八九回:"大王同失,危如累卵,而偷目前之安,不顾异日之患。"李劼人《大波》三部七章:"这样,庶几可以把危如累卵的四川,挽救于万一。"姚雪垠《李自成》二卷一八章:"弟纵观时事,国势危如累卵。诚如吾兄所言,目前朝廷走一着错一着,全盘棋越走越坏。"

【危如朝露】 wēi rú zhāo lù 见"危若朝露"。

【危若朝露】 wēi ruò zhāo lù 危险得就好像早晨的露水,太阳一出就要消失。形容面临灭亡,情况危急。《史记·商君列传》:"君之危若朝露,尚将欲延年益寿乎?"《资治通鉴·唐则天后垂拱四年》:"今李氏危若朝露,诸王不舍生取义,尚犹豫不发,欲何须邪?"《东周列国志》八九回:"一旦秦君晏驾,君之危若朝露,尚可贪商於之富贵,而自夸大丈夫乎?"也作"危如朝露"。明·黄宗羲《文渊阁大学士……朱公墓志铭》:"景炎新造,危如朝露,犹以台谏,非论宿素。"

【危言谠论】 wēi yán dǎng lùn 危、谠:正直。正直的言论。宋·王安石《答孙元规大资书》:"伏惟阁下危言谠论,流风善政,简在天子之心,而讽于士大夫之口。"清·钱谦益《兵部右侍郎孙公墓志铭》:"公之父给谏公,以危言谠论,不容于朝。"

【危言高论】 wēi yán gāo lùn 危:正直。正直而不同凡响的言论。《汉书·息夫躬传》:"初,躬待诏,数危言高论,自恐遭害,著绝命辞。"《南史·庾仲容传》:"仲容博学,少有盛名,颇任气使酒,好危言高论,士友以此少之。"

【危言耸听】 wēi yán sǒng tīng 耸:通"悚",恐惧,惊动。故意说些危险的话,使听者感到惊恐。茅盾《蚀·追求》八:"最可恶的医生便是这么一味地危言耸听,却抵死不肯把真相说出来。"欧阳山《三家巷》五六:"何守仁是老练的人,一听就知道那何不周是危言耸听,砌词诬告。"

【危在旦夕】 wēi zài dàn xī 旦夕:早晚之间,指极短的时间。危险就在眼前。《三国志·吴书·太史慈传》:"今管亥暴乱,北海被围,孤穷无援,危在旦夕。"《三国演义》二回："天下危在旦夕，陛下尚自与阉宦共饮耶!"《东周列国志》七七回："既渡汉水，得太子波告急信，言：'夫概造反称王，又结连越兵入寇，吴郡危在旦夕。'"《花月痕》五回："始而传闻逆贼窜入建昌，逼近东越，继而传闻上游失守，会城危在旦夕。"姚雪垠《李自成》三卷五四章："承奉大人，目前开封危在旦夕，无力再守。"刘绍棠《草莽》三："她一连三天水米不进，生命危在旦夕，白秀才只得窝心答应了这门亲事。"

【**威逼利诱**】wēi bī lì yòu　见"威胁利诱"。

【**威德相济**】wēi dé xiāng jì　威：威势。德：恩德。济：补充。威力和恩德交互施用，相辅相成。《三国演义》六六回："干用用武则先威，用文则先德，威德相济，而后王业成。"

【**威而不猛**】wēi ér bù měng　有威仪而不凶猛。《论语·述而》："子温而厉，威而不猛，恭而安。"三国蜀·诸葛亮《便宜十六策·喜怒》："故君子威而不猛，忿而不怒，忧而不惧，悦而不喜。"郭沫若《屈原》三幕："除我妈而外，先生也是使我害怕的一个。不过先生是威而不猛，南后恐怕是猛而不威吧?"

【**威风八面**】wēi fēng bā miàn　见"八面威风"。

【**威风凛凛**】wēi fēng lǐn lǐn　凛凛：严肃而令人敬畏的样子。形容威严的气概、声势令人生畏。元·萨都剌《伤思曲》："将军容，丹砂红，威风凛凛盖世雄。"《喻世明言》卷二二："再说贾似道……精选羽林军二十万，器仗铠甲，任意取办，择日辞朝出师。真个是威风凛凛，杀气腾腾。"《镜花缘》九五回："史述见七个人相貌堂堂，威风凛凛，如同七只猛虎一般，十分欢喜，即请上山。"鲁迅《准风月谈·文床秋梦》："五四时候，曾经在出版界上发现了'文丐'，接着又发现了'文氓'，但这种威风凛凛的人物，却是我今年秋天发现的，无以名之，姑且称之为'文官'罢。"茅盾《子夜》一四："屠维岳威风凛凛地下了最后的命令，对李麻子做一个手势，就先走了。"

【**威风扫地**】wēi fēng sǎo dì　令人畏服的声势、气派完全丧失。刘绍棠《村妇》卷一："从那以后，刘二皇叔威风扫地，不敢捅儿子一指头。"

【**威武不屈**】wēi wǔ bù qū　威武：权势，武力。屈：屈服。《孟子·滕文公下》："富贵不能淫，贫贱不能移，威武不能屈，此之谓大丈夫。"权势武力不能使之屈服。后用"威武不屈"指人有骨气，坚贞顽强。明·李开先《李崆峒传》："夫二张八党，势焰熏天，立能祸福人，朝士无不趋附奉承者，崆峒独能明击之，助攻之，可谓威武不屈，卓立不群者矣。"邓小平《在宋庆龄同志追悼大会上所致的悼词》："她在任何情况下都保持着坚定的政治原则，威武不屈，富贵不淫，高风亮节，永垂千古。"

【**威胁利诱**】wēi xié lì yòu　威：威势，强力。胁：胁迫，逼迫。利：利益。诱：引诱。宋·王灼《李仲高石君堂》："利诱威胁拟夺去，仲高誓死君之侧。"后用"威胁利诱"指软硬兼施，使人顺从。王昆仑《爱国为民，不断前进》："当时冯玉祥正驻防四川，他不顾袁世凯的威胁利诱，毅然参加了讨袁护国的行列。"也作"威逼利诱"。杨之华《忆秋白》："秋白坚决地拒绝了匪徒们一切威逼利诱，他说：'我为了党，为了人民，应把革命坚持到底。'"

【**威信扫地**】wēi xìn sǎo dì　威望和信誉完全丧失。志真《卡斯特桥市长》："亨查尔德过去卖老婆的丑闻被人揭露后，很快传开，闹得满城风雨，并因此威信扫地。"

【**威震天下**】wēi zhèn tiān xià　威名

震动天下。汉·桓宽《盐铁论·非鞅》："蒙恬却胡千里，非无功也，威震天下，非不强也。"《三国演义》三三回："主公虽威震天下，沙漠之人恃其边远，必不设备。"《东周列国志》九一回："齐湣王既胜燕，杀燕王哙与子之，威震天下，秦惠文王患之。"

【威重令行】wēi zhòng lìng xíng　威：权力、权势。因为权势大，所以命令都能得到执行。《红楼梦》一四回："凤姐儿见自己威重令行，心中十分得意。"

【微不足道】wēi bù zú dào　《穀梁传·隐公七年》："其不言逆，何也？逆之道微，无足道焉尔。"后用"微不足道"指意义、价值等小得不值一提。杨沫《青春之歌》二部四五章："在激烈的紧张的斗争中，个人的一切却显得那么渺小和微不足道。"孙犁《白洋淀纪事·妇女的路》："刘桂兰在家庭中的地位是第七房儿妇，她站在这样一个从旧习惯上看来是微不足道的地位上，动员了全家入社。"

【微服私行】wēi fú sī xíng　微：隐蔽。微服：改变常服以隐蔽身份。私：秘密地。帝王或官吏为隐蔽身份穿上平民服装秘密出行、探访民情或疑难重案。明·王世贞《鸣凤记·鄢赵争宠》："只是此行敛些光彩，不可喝道而去，只得微服私行罢。"

【微乎其微】wēi hū qí wēi　《尔雅·释训》："式微式微者，微乎微者也。"后用"微乎其微"形容非常小或非常少。清·杨伦《杜诗镜铨·白丝行》眉批引蒋弱六："写妙技不觉说入自家语，微乎其微。"鲁迅《集外集拾遗补编·我的种痘》："整整的五十年，在地球年龄来计算，真是微乎其微，然而从人类历史上说，却已经是半世纪。"李国文《月食》一："即使是什么实实在在的东西丢失了，能够找回来的可能性也是微乎其微，何况伊汝回到这块老根据地，来寻找纯属精神世界的东西呢？"

【微文深诋】wēi wén shēn dǐ　微：精微、细密。诋：诋毁、毁谤。利用苛细的法律条文，故意陷人于罪。《史记·酷吏列传》："[减宣]官事辨，稍迁至御史及中丞。使治主父偃及治淮南反狱，所以微文深诋，杀者甚众，称为敢决疑。"唐·赵晔《东都留台石柱记》："夫洛阳有明堂辟雍，……有不如法，得举劾之。至若密网峻威，微文深诋，众所严惮，愈于京师。"

【微言大义】wēi yán dà yì　微：精微，精深。汉·刘歆《移书让太常博士》："及夫子没而微言绝，七十子卒而大义乖。"后用"微言大义"指精微的言辞，深刻的道理。多就以精当的言辞阐述儒家经典的要义而言。清·李慈铭《越缦堂读书记·儆居集》："皆小学家微言大义，足以益人神智。"朱自清《经典常谈·尚书第三》："他们解经，只重微言大义；而所谓微言大义，其实只是他们自己的历史哲学和政治哲学。"孙犁《耕堂读书记·〈三国志·关羽传〉》："自《春秋》立法，中国历史著作，要求真实和简练……微言大义的写法，也一直被沿用。"〔注意〕义，不能写作"意"。

【巍然屹立】wēi rán yì lì　巍然：高大雄伟的样子。屹：山势高耸直立的样子。比喻像高山一样直立地上，不可动摇。杨沫《再上雨花台》："这儿到处是绿树，是鲜花，在花树掩映中，有三处埋着烈士遗骨的殉难处，其中牺牲者最多的殉难处，已建起一座高大浑朴、巍然屹立的烈士就义群雕。"

【韦编三绝】wéi biān sān jué　韦：熟牛皮。古人用竹简写书，用皮绳编联，称"韦编"。三绝：多次断绝。编联竹简的皮绳磨断了多次。形容读书勤奋刻苦。《史记·孔子世家》："孔子晚而喜《易》，……读《易》，韦编三绝。"晋·葛洪《抱朴子·自叙》："圣者犹韦编三绝，以勤经业，凡才近人，安得兼修！"元·耶律楚材《过天德和王辅四首》诗之四："韦编三绝耽牺《易》，萧散风神真隐人。"

【为恶不悛】 wéi è bù quān　为：做。悛：悔改。坚持做坏事而不知悔改。晋·干宝《搜神记》卷七："贾后为恶不悛，故钟出涕，犹伤之也。"《魏书·高闾传》："蠕蠕子孙，袭其凶业，频为寇扰，为恶不悛。"〔注意〕悛，不读 jùn。

【为非作歹】 wéi fēi zuò dǎi　非、歹：指坏事。做种种坏事。作，也作"做"。元·无名氏《替杀妻》一折："你待为非作歹，瞒心昧己，终久是不牢坚。"《二刻拍案惊奇》卷四："家事已饶，贪心未足，终日在家设谋运局，为非作歹。"《官场现形记》一四回："据兄弟看来，土匪一定是听见大兵来了，所以一齐逃走，大约总在四面山坳子里；等到大兵一去，依旧要出来为非做歹。"鲁迅《南腔北调集·火》："火神菩萨据说原是保佑小民的，至于火灾，却要怪小民自己不小心，或是为非作歹，纵火抢掠。"老舍《四世同堂》一五："他们都很老实，讲礼貌，即使饿着肚子也不敢去为非做歹。"

【为富不仁】 wéi fù bù rén　为富：追求发财致富。《孟子·滕文公上》："阳虎曰：'为富不仁矣，为仁不富矣。'"意为致富与行仁义难以并存。后用"为富不仁"指富人唯利是图，不讲仁义。宋·王应麟《困学纪闻·评诗》："山谷诗云：'能与贫人共年谷，必有明月生蚌胎。'为富不仁者可以警。"明·邵璨《香囊记·媾媒》："一生做事强梁，只是依官托势；须知为富不仁，自来见利忘义。"《二十年目睹之怪现状》一九回："我的田又未少收过半粒粗米，怎么乘人之急，希图贱买，这不是'为富不仁'么！"姚雪垠《李自成》二卷一章："咱们在商洛山中驻扎了快十个月，打开了许多山寨，狠狠地惩治了那些为富不仁的乡绅土豪、富家大户。"

【为鬼为蜮】 wéi guǐ wéi yù　蜮：传说中一种藏在水里含沙射人的动物。比喻使用阴谋诡计，暗地害人。《诗经·小雅·何人斯》："为鬼为蜮，则不可得。"明·王世贞《鸣凤记·严嵩庆寿》："用几许为鬼为蜮的权谋，陷害忠良。"《二十年目睹之怪现状》四二回："他那里肯依，说什么皇上家抢大典，怎容得你们为鬼为蜮！"

【为裘为箕】 wéi qiú wéi jī　裘：皮衣。箕：簸箕。《礼记·学记》："良冶之子，必学为裘；良弓之子，必学为箕。"好铁匠的儿子定能学会做皮衣，好弓匠的儿子定能学会做簸箕。后用"为裘为箕"比喻子承父业。明·李东阳《董公墓志铭》："亦有良嗣，为裘为箕，公无憾哉！"

【为人师表】 wéi rén shī biǎo　师表：表率，学习的榜样。《太平御览》卷五四二引《荀氏家传》："魏文帝在东宫，武帝谓曰：'荀公为人之师表，汝当尽礼敬之。'"后用"为人师表"指作为人们学习的榜样。明·焦竑《玉堂丛语·方正》："敬宗忝为人师表，而求谒中贵，他日无以见诸生。"杨沫《青春之歌》一部六章："林先生，我可不能不劝劝您，村子里可早有人说了闲话。您明白么？为人师表必得注意风化。"刘绍棠《村妇》卷二："为人师表，一要学问大，二要品格高，我这个下九流的戏子，怎敢辱此清名？"

【为所欲为】 wéi suǒ yù wéi　为：做。欲：想。做想要做的事。指想干什么就干什么。《资治通鉴·周威烈王二十三年》："以子之才，臣事赵孟，必得近幸。子乃为所欲为，顾不易邪？"清·唐甄《潜书·任相》："是以居正得以尽忠竭才，为所欲为，无不如意。"《明史·黄尊素传》："［奸人］于是乎为所欲为，莫有顾忌，而祸即移之国家。"鲁迅《集外集拾遗·女校长的男女的梦》："上海洋场上恶虔婆的逼勒良家妇女，都有一定的程序：冻饿、吊打。那结果，除被虐杀或自杀之外，是没有一个不讨饶从命的;于是乎她就为所欲为,造成黑暗的世界。"魏巍《东方》六部一五章:"他们都是唯武器论的可怜虫,以为凭借他们的优势武器,就可以为所欲为,征服别人的国家。"

【违法乱纪】 wéi fǎ luàn jì
《礼记·礼运》:"故天子适诸侯,必舍其祖庙,而不以礼籍入,是谓天子坏法乱纪。"后用"违法乱纪"指违反法令,扰乱纪律。柳青《创业史》一部九章:"这是违反政策的不负责任的轻率作法,造成农业生产上的损失,会招惹来违法乱纪的罪名。"贾平凹《腊月·正月》八:"该办的,符合政策的,咱乡里乡亲热身子扑着办;不该办的,违法乱纪的,你就是搬了金山银山来,我也没那么个胆!"

【违天悖理】 wéi tiān bèi lǐ
见"违天害理"。

【违天害理】 wéi tiān hài lǐ
违:违背。天:天道,天理。做事残忍,违背天道,伤害伦理。《南齐书·魏虏传》:"武帝之胤,悉被诛戮,永无报效,而反为今主尽节,违天害理。"《金瓶梅》九一回:"当初这厮在日,专一违天害理,贪财好色,奸骗人家妻子。"也作"违天悖理"。《明史·王直传》:"今敌肆猖獗,违天悖理,陛下但宜固封疆,申号令,坚壁清野。"也作"违天逆理"。《周书·文帝纪上》:"侯莫陈悦违天逆理,酷害良臣。"

【违天逆理】 wéi tiān nì lǐ
见"违天害理"。

【违心之论】 wéi xīn zhī lùn
违背本心的言论。《镜花缘》一一回:"若说过多,不独太偏,竟是违心之论了。"鲁迅《野草·死后》:"我生存时说的什么批评不值一笑的话,大概是违心之论罢:才死,就露了破绽了。"巴金《随想录》七九:"他在发言的前夕,在一张宣纸上为自己写下两句座右铭:愿听逆耳之言,不作违心之论。"

【围城打援】 wéi chéng dǎ yuán
援兵。以部分兵力包围守城之敌,诱使别处敌人前来救援,然后以主力部队将援敌歼灭。多用于军事场合。邓一光《我是太阳》一部五:"郑洞国和孙立人此刻最担心的不是救不出陈明仁,解不了四平之围,而是担心林彪最擅长的围城打援战术。"

【围魏救赵】 wéi wèi jiù zhào
《史记·孙子吴起列传》载:战国时魏国围攻赵国都城邯郸。赵国向齐国求救。齐国出师救赵。齐将田忌采用军师孙膑的策略,乘魏重兵在外,国内空虚,引兵围攻魏都大梁,迫使魏军回撤,并乘其疲惫,在中途予以截击,大破魏军,从而解除邯郸之围,救了赵国。后用"围魏救赵"指包抄进攻之敌的后方据点来迫使它撤兵的战术。《三国演义》三〇回:"曹军劫粮,曹操必然亲往;操既自出,寨必空虚,可纵兵先击曹操之寨;操闻之,必速还;此孙膑'围魏救赵'之计也。"《野叟曝言》八〇回:"文爷料他也有围魏救赵之计,也是不错的。前日有军士探报,说胶州各岛都修船练兵籴买粮食,不是这个缘故吗?"

【唯利是图】 wéi lì shì tú
唯:仅,只。是:复指代词,指代前面的"利"。图:贪图。《左传·成公十三年》:"余虽与晋出入,余唯利是视。"后用"唯利是图"指只贪图利益,不顾及其他。唯,也作"惟"。晋·葛洪《抱朴子·勤求》:"内抱贪浊,惟利是图。"茅盾《如何击退颓风》:"年来颇有些议论,既斥责书业中人之唯利是图,复归咎于作家们之制造颓废与麻痹。"钱钟书《围城》八:"从前的风雅不知哪里去了,想不到一年工夫会变得惟利是图,全不像个大家闺秀。"

【唯命是从】 wéi mìng shì cóng
唯:只,只要。是:复指代词,指代前面的"命"。从:听从。只要是命令就听从。表示绝对服从。唯,也作"惟"。《左传·

昭公十二年》："今周与四国，服事君王，将唯命是从，岂其爱鼎？"《东周列国志》七三回："某村野小人，蒙公子拳养之恩，无以为报。倘有差遣，惟命是从。"《三侠五义》六四回："多承仁兄指教，我二人惟命是从。"聂绀弩《论怕老婆》："老公方面，大概也自惭形秽，自知非分，只好俯首帖耳，唯命是从了。"也作"惟命是听"。《左传·宣公十二年》："孤不天，不能事君，使君怀怒，以及敝邑，孤之罪也，敢不唯命是听。"《三国演义》五回："袁绍曰：'绍虽不才，既承公等推为盟主，有功必赏，有罪必罚。国有常刑，军有纪律，各宜遵守，勿得违犯。'众皆曰：'惟命是听。'"刘白羽《第二个太阳》七章："我从来卑视没有骨气的家伙，我不能对汪精卫唯唯诺诺，唯命是听。"

【唯命是听】wéi mìng shì tīng　见"唯命是从"。

【唯唯诺诺】wéi wéi nuò nuò　唯、诺：表示同意的应答声。《韩非子·八奸》："此人主未命而唯唯，未使而诺诺，先意承旨，观貌察色，以先主心者也。"后用"唯唯诺诺"形容自己没有主见，只是一味地顺从。《醒世恒言》卷二："他思念父母面上，一体同气，听其教诲，唯唯诺诺，并不违拗。"《花月痕》四六回："内阁大臣犹循常袭故，旅进旅退于唯唯诺诺之间，清夜扪心，其能自慰乎？"鲁迅《且介亭杂文·从孩子照相说起》："但中国一般的趋势，却只在向驯良之类——'静'的一方面发展，低眉顺眼，唯唯诺诺，才算一个好孩子，名之曰'有趣'。"巴金《随想录》五八："他们坦率、朴素、真诚，毫无等级的观念，也不懂得'唯唯诺诺'。"

【唯我独尊】wéi wǒ dú zūn　唯：只，只有。《敦煌变文集·太子成道经卷一》："是时夫子诞生太子已了，无人扶接。其此太子东西南北，各行七步，莲花捧足。一手指天，一手指地，口云天上天下，唯

我独尊。"本为佛教称颂释迦牟尼的话，后用来指人极端狂妄自大，目空一切。唯，也作"惟"。元·无名氏《连环计》一折："孤家看来，朝里朝外，唯我独尊。"《红楼梦》八七回："不少下人伏侍，诸事可以任意，言语可以不避。香车画舫，红杏青帘，惟我独尊。"韬奋《萍踪忆语·梅隆怎样成了富豪？》："于是他便组织了一个百万元资本的公司，大赚其钱。不但专利了炼取铝的方法，而且用种种威吓利诱的手段霸占铝矿石和营业，造成唯我独尊的局面。"

【惟精惟一】wéi jīng wéi yī　精心一意。《尚书·大禹谟》："人心惟危，道心惟微，惟精惟一，允执厥中。"宋·朱熹《戊申封事》："大舜所以有惟精惟一之戒，孔子所以有克己复礼之云，皆所以正吾此心，而为天下万事之本也。"李劼人《大波》一部七章："朝廷既有图存求治诚意，……我辈臣子便应该仰体圣意，多多做一些福国利民的事情，远之取法欧美，近之取法日本，日新又新，惟精惟一，庶几九年之后，宪政公布，纵然做不到既富且强，但也一定可以屹立东亚，不再招致瓜分之祸了。"

【惟妙惟肖】wéi miào wéi xiào　惟：语气助词。肖：相像。形容描写、模仿得非常逼真。惟，也作"维"。宋·岳珂《英光堂帖赞》："永之法，妍以婉；芾之体，峭以健。马牛其风，神合志通。彼妍我峭，惟妙惟肖。"清·冯镇峦《读聊斋杂说》："聊斋中间用字法，不过一二字，偶露句中，遂已绝妙，形容惟妙惟肖，仿佛《水经注》造语。"钱钟书《围城》五："辛楣逼尖喉咙，自信模仿得维妙维肖——'我才不上她当呢！只有你这傻瓜！'"刘绍棠《村妇》卷二："邰毓桂以演劝生见长，……演得惟妙惟肖，活灵活现。"〔注意〕肖，不读 xiāo。

【尾大不掉】wěi dà bù diào　掉：摇

动,摆动。比喻属下势力强大,不服从指挥调度。《左传·昭公十一年》:"末大必折,尾大不掉,君所知也。"《醒世恒言》卷三五:"待小子慢慢的道来,劝谕那世间为奴仆的,也学这般尽心尽力做家做活,传个美名;莫学那样背恩反噬,尾大不掉的,被人唾骂。"姚雪垠《李自成》三卷四四章:"如有此文武全才,据襄阳形胜之地,经营日久,纵不能效法韩信王齐,安能保其不形成尾大不掉之势?"也比喻事物前轻后重,难以驾驭的现象。明·郎瑛《七修类稿·张友谅始末》:"今乘尾大不掉之舟,损兵弊甲,迟迟与吾相持。"朱自清《〈你我〉自序》:"《你我》原想写一篇短小精悍的东西,变成那样尾大不掉,却非始料所及。"

【纬地经天】wěi dì jīng tiān　见"经天纬地"。

【纬武经文】wěi wǔ jīng wén　见"经文纬武"。

【委决不下】wěi jué bù xià　委决:决定。犹豫不能判定。《东周列国志》六四回:"却说范匄虽遭其子范鞅往近魏舒,未知逆顺如何,心中委决不下。"茅盾《腐蚀·十一月二十四日》:"使我委决不下的,倒是问题中的小昭,找他呢还是不找好?"

【委曲求全】wěi qū qiú quán　曲意迁就,以求事成,或保全大局。《野叟曝言》七五回:"埋儿恐妨母养,岂不是孝,但父子天性,当委曲求全,……何至适埋于土,以绝其万一之生乎?"巴金《随想录》八二:"想委曲求全的不会得到什么报酬,自己种的苦果只好留给自己吃。"李劼人《大波》四部二章:"我这个人却是老粗,不会同人家斗心眼儿,我宁肯干冒失事,不能学你们委曲求全!"

【娓娓不倦】wěi wěi bù juàn　娓娓:说话连续不倦的样子。连续说话,不知疲倦。宋·惠洪《李德茂书城四友序》:"管城子,吾益友也,直谅多闻,每与之语,娓娓不倦。"《警世通言》卷二一:"话说赵宋末年,河东石室山中有个隐士,不言姓名,自称石老人……或与谈论古今兴废之事,娓娓不倦。"徐迟《鱼的神话》:"他们好奇得很,问了又问,鱼专家就娓娓不倦地谈了许多养鱼的事。"

【娓娓动听】wěi wěi dòng tīng　娓娓:说话连续不倦的样子。形容善于讲话,使人爱听。《孽海花》三四回:"梦兰也竭力招呼,知道杨、陆两人都不大会讲上海白,就把英语来对答,倒也说得清脆悠扬,娓娓动听。"方志敏《可爱的中国》:"但是,到底怎样去救呢? 是不是由我们同胞中,选出几个最会做文章的人,写上一篇十分娓娓动听的文告或书信,去劝告那些恶魔停止侵略呢?"浩然《乐土》五四章:"父亲会讲的故事极少,也单调,都是一些忠心保国的事,而且不如母亲讲得那么娓娓动听,总是干巴巴的。"

【娓娓而谈】wěi wěi ér tán　娓娓:说话连续不倦的样子。连续不倦地谈论。茅盾《腐蚀·九月二十二日》:"记得小昭说我最善于曼声低语,娓娓而谈,他说,这种情况简直叫人醉。"杨沫《青春之歌》二部四三章:"在他娓娓而谈的时候,学生群中早有人不断发出了'胡说!''瞎说八道!'的吼声。"

【萎靡不振】wěi mǐ bù zhèn　萎靡:颓丧,消沉。形容精神颓丧,不振作。萎,也作"委"。宋·赵善璙《自警篇·谏诤》:"当今之世,士气委靡不振。"《黄绣球》二四回:"大凡做学生的,原要讲合群,原要有尚武的精神,不可萎靡不振。"沙汀《小城风波》:"那个萎靡不振,全身像脱了关节的校役走来报告,午饭已经摆设停妥,再等校长就太迟了。"王火《战争和人》(二)卷八:"我曾觉得长期的承平生活似乎容易使人萎靡不振,暮气沉沉,甚至导致腐败,而抗战却激发人们去过朝气蓬勃、精神振奋的生活。"

【为丛驱雀】 wèi cóng qū què　见"为渊驱鱼,为丛驱雀"。

【为虎傅翼】 wèi hǔ fù yì　傅:添加。给虎添上翅膀。比喻助长恶人的势力。《韩非子·难势》:"故《周书》曰:'毋为虎傅翼,将飞入邑,择人而食之?'夫乘不肖人于势,是为虎傅翼也。"《淮南子·兵略训》:"所以立君者,以禁暴讨乱也;今乘万民之力,而反为残贼,是为虎傅翼,曷为弗除?"也作"为虎添翼"。李劼人《大波》二部三章:"周鸿勋都能叛变,其他那些开到新津去,难免不被周鸿勋裹胁,这一来,倒是为虎添翼了!"〔注意〕为,不读 wéi。

【为虎添翼】 wèi hǔ tiān yì　见"为虎傅翼"。

【为虎作伥】 wèi hǔ zuò chāng　《太平广记》卷四三〇引唐·裴铏《传奇·马拯》:"此是伥鬼,被虎所食之人也,为虎前呵道耳。"古代迷信,传说被老虎吃掉的人变成伥鬼,专门给虎带路去吃别人。后用"为虎作伥"比喻做恶人的帮凶。清·筱波山人《爱国魂·骂奴》:"为虎作伥,无复生人之气。"老舍《四世同堂》七六:"这种欺软怕硬,为虎作伥的作风,居然被无聊的人们称为'东洋派',在汉奸中自成一家。"陈忠实《白鹿原》一二章:"我为民国政府一介县长,既然无力回天,只好为虎作伥。想来无颜见诸位仁人贤达,更愧对滋水父老啊!"〔注意〕为,不读 wéi。

【为民请命】 wèi mín qǐng mìng　请命:代人请求保全性命。《史记·淮阴侯列传》:"因民之欲,西乡为百姓请命。"后用"为民请命"指替老百姓向上申诉,请求减轻负担或解除痛苦等,以保全生命。宋·郑樵《涤愫十首》诗之九:"金革久不息,遐方徒弹指。谁为民请命,皇天犹未喜。"《初刻拍案惊奇》卷三九:"我想神明在上,有感必通……若堂堂县宰为民请

命,岂有一念至诚,不蒙鉴察之理?"姚雪垠《李自成》一卷三二章:"朕非昏庸之主,只是势不得已,向上天为民请命耳!"

【为人为彻】 wèi rén wèi chè　帮人要帮到底。《西游记》四八回:"行者道:'莫胡说。为人为彻。一定等那大王来吃了,才是个全始全终;不然,又教他降灾贻害,反为不美。'"〔注意〕为,不读 wéi。

【为人作嫁】 wèi rén zuò jià　唐·秦韬玉《贫女》诗:"苦恨年年压金线,为他人作嫁衣裳。"后用"为人作嫁"比喻只为别人忙碌。《红楼梦》九五回:"妙玉叹道:'何必为人作嫁。但是我进京以来,素无人知,今日你来破例,恐将来缠绕不休。'"

【为渊驱鱼】 wèi yuān qū yú　见"为渊驱鱼,为丛驱雀"。

【为渊驱鱼,为丛驱雀】 wèi yuān qū yú, wèi cóng qū què　《孟子·离娄上》:"为渊驱鱼者,獭也;为丛驱爵者,鹯也;为汤武驱民者,桀与纣也。"爵:同"雀"。替深水潭赶来鱼的是水獭(水獭想吃鱼);替丛林赶来鸟雀的是鹯鹰(鹯鹰想吃鸟雀);替汤武赶来人民的是桀纣(桀纣掠夺人民)。后用来比喻统治者施行暴政,使人民投向敌方;也比喻不善团结人,把关系本应亲密的人推向对立面。《文明小史》一三回:"国家平时患无人才,等到有了人才,又被这些不肖官吏任意凌虐,以致为渊驱鱼,为丛驱爵,想起来真正可恨!"姚雪垠《李自成》二卷一八章:"从朝廷官府到乡绅大户,诸般行事都是逼迫小民造反,正如古人所说的,'为渊驱鱼,为丛驱雀'!"也单作"为渊驱鱼"。文公直《广州新军起义》:"张彪日以革除富有新思想之官兵为事,乃愈革愈使军心携贰,愈益趋向革命,不仅不能遏止丝毫,且徒为渊驱鱼。"也单作"为丛驱雀"。《聊斋志异·恒娘》:"朝夕而絮聒之,是为丛驱雀,其离滋甚耳。"〔注意〕

为,不读 wéi。

【未艾方兴】wèi ài fāng xīng　见"方兴未艾"。

【未卜先知】wèi bǔ xiān zhī　卜:占卜,古人用火灼龟甲预测吉凶。没有占卜便能事先知道。形容有预见。元·无名氏《桃花女》三折:"卖弄杀《周易》阴阳谁似你,还有个未卜先知意。"《醒世恒言》卷三八:"我那里真是活神仙,能未卜先知的人……只是平日里,听得童谣,揣度将去,偶然符合。"《镜花缘》七七回:"只要有趣,那里管他前朝后代,若把唐朝以后故典用出来,也算他未卜先知。"茅盾《子夜》一六:"何苦呢,仲翁! 我未卜先知,你这一去,事情不成功,反倒受了一肚子的气!"

【未达一间】wèi dá yī jiàn　间:间隙。仅差一点点而未能通达。表示两者非常接近,只相差一点点。汉·扬雄《法言·问神》:"昔乎仲尼潜心于文王矣,达之;颜渊亦潜心于仲尼矣,未达一间耳。"明·王世贞《鸣凤记·二相争朝》:"我与你同为宰辅,只是未达一间耳,也不要太欺侮人!"梁启超《近世第一大哲学家康德之学说》:"此论精矣尽矣,几于佛矣。其未达一间者,则佛说此真我者实为大我。"〔注意〕间,不读 jiān。

【未定之天】wèi dìng zhī tiān　天:时候。还未决定的时候。《儿女英雄传》一〇回:"莫若此时趁事在成败未定之天,自己先留个地步。"王火《战争和人》(一)卷七:"政界的情况千变万化,这会怎么开,何时开,代表怎么产生,都在未定之天呢!"

【未焚徙薪】wèi fén xǐ xīn　徙:迁移。薪:柴草。在火灾未燃起之前先把柴草移开。比喻防患于未然。《喻世明言》卷三九:"这枢密院官都是怕事的,只晓得临渴掘井,那会得未焚徙薪?"

【未风先雨】wèi fēng xiān yǔ　还没刮风,就先下雨。比喻事情还未进行就对结果妄加评论。《醒世恒言》卷三五:"婆子家晓得什么? 只管胡言乱语! 那见得我不会做生意,弄坏了事,要你未风先雨?"

【未竟之志】wèi jìng zhī zhì　竟:完成。没有实现的志愿。《儿女英雄传》三五回:"只我自己读书一场,不曾给国家出得一分力,不曾给祖宗增得一分光,今日之下,退守山林,却深望这个儿子,完我未竟之志。"姚雪垠《李自成》一卷五章:"他满心希望这次在潼关一战成功,从此解除朝廷的西顾之忧,实现他数年来未竟之志。"

【未可厚非】wèi kě hòu fēi　厚:过分。非:责备。不能过分责备。指说话做事虽有缺点,但还有可取之处,应予谅解。《汉书·王莽传中》:"莽怒,免英官。后颇觉寤,曰:'英亦未可厚非'。"清·王士禛《池北偶谈·林艾轩驳诗本义》:"大抵欧阳《本义》虽未必尽合,然较考亭尽去小序而以臆断,不害胜之,未可厚非。"李劼人《暴风雨前》三部五:"田伯行的话,未可厚非。"

【未老先衰】wèi lǎo xiān shuāi　唐·白居易《叹发落》诗:"多病多愁心自知,行年未老发先衰。"后用"未老先衰"指年纪不大就已显出衰弱之态。欧阳山《三家巷》一六一:"何守礼讥笑他未老先衰,他还强嘴扯臊道:'你懂什么? 这正是叫做少年老成。'"刘绍棠《黄花闺女塘》一:"房东住东厢房,是个未老先衰的女人,一天到晚粘在床上吸鸦片烟。"

【未明求衣】wèi míng qiú yī　明:天亮。天还没亮,就穿衣起床。形容勤于政事。《汉书·邹阳传》:"始孝文皇帝据关入立,寒心销志,不明求衣。"《梁书·顾协传》:"伏惟陛下未明求衣,思贤如渴,爰发明诏,各举所知。"

【未能免俗】wèi néng miǎn sú　俗:习

俗。没能摆脱自己不以为然的习俗或常情。《世说新语·任诞》："北阮皆富，南阮贫。七月七日，北阮盛晒衣，皆纱罗锦绮。仲容以竿挂大布犊鼻裈于中庭。人或怪之，答曰：'未能免俗，聊复尔耳。'"宋·朱熹《答吴斗南》："凡此皆近世沦陷邪说之大病，不谓明者亦未能免俗，而有此言也。"鲁迅《两地书》二五："所以我佛悲苦海之沉沦，先儒惕日月之迅迈，不安于'死'，而急起直追，同是未能免俗。"

【未始不可】wèi shǐ bù kě　始：本，本来。并非本身不可以。茅盾《蚀·追求》二："这——也未始不可。然而总得谨慎，谨慎；免得惹人质问。"王火《战争和人》(二)卷八："我想，秘书长如果到那里，退一万步说，挂牌做大律师也未始不可。"

【未雨绸缪】wèi yǔ chóu móu　绸缪：缠绕，引申指修缮。《诗经·豳风·鸱鸮》："迨天之未阴雨，彻彼桑土，绸缪牖户。"意为天还未下雨，把桑树根的皮剥下来，修补窝巢。后用"未雨绸缪"比喻事先做好防备工作。《隋唐演义》五二回："况我家虽有预备，积储几仓，亦当未雨绸缪，要防自己饥馑。"老舍《四世同堂》三："他不便隔着街门告诉李四爷：'我已经都预备好了！'可是心中十分满意自己的未雨绸缪，料事如神。"

【未置可否】wèi zhì kě fǒu　置：确立，决定。没说行，也没说不行。即未发表任何意见。李劼人《大波》三部四章："王文炳尚在未置可否，又是那个不折不扣的革命党人褚啸天先开了口道：'老王，你忘了我们还要赶几十里路哩！'"王火《战争和人》(二)卷二："于右任慢慢扇着扇子仔细听着，不时'唔唔'点头。对谢元嵩的事却未置可否。"

【位尊权重】wèi zūn quán zhòng　官位越高权势越大。《东周列国志》九〇回："相君虽然倨傲，但位尊权重，礼之当然。

送足下黄金一笏，亦是美情，足下收了此金，也可打发饭钱，剩些作归途之费。何必辞之？"

【味同嚼蜡】wèi tóng jiáo là　像吃蜡一样，没有一点味儿。形容心境、语言或文章等枯燥无味。同，也作"如"。《楞严经》卷八："我无欲心，应汝行事，于横陈时，味如嚼蜡。"《镜花缘》一二回："因燕窝价贵，一看可抵十肴之费，故宴会必以此为首。既不恶其形似粉条，亦不厌其味同嚼蜡。"《花月痕》四五回："只这道人去后，无论旧宠新欢，相对总是味如嚼蜡。"刘心武《钟鼓楼》五章："那篇文章里介绍到'辛勤的淘金者韩一潭'，说韩一潭每天要审阅近千首自发投诗，大都味同嚼蜡，毫无新意。"

【畏敌如虎】wèi dí rú hǔ　害怕敌人就像害怕老虎一样。明·徐光启《谨申一得以保万全疏》："省兵之饷并以厚战士，以精器甲，自然人人贾勇，何至如今畏敌如虎，视营伍如羁阱乎？"姚雪垠《李自成》一卷三章："卢象升拂袖而起，按着刀柄，大声说：'总监畏敌如虎，我只好单独与敌周旋了！'"

【畏强凌弱】wèi qiáng líng ruò　害怕强者，欺凌弱者。《三国演义》四三回："苏秦佩六国相印，张仪两次相秦，皆有匡扶人国之谋，非比畏强凌弱、惧刀避剑之人也。"李劼人《大波》四部二章："背盟失信，已非君子，畏强凌弱，实为小人。"

【畏首畏尾】wèi shǒu wèi wěi　前也怕，后也怕。形容顾虑重重，胆小怕事。《左传·文公十七年》："古人有言曰：'畏首畏尾，身其余几？'"《晋书·慕容廆载记》："孤军轻进，不足使勒畏首畏尾，则怀旧之士欲为内应，无由自发故也。"《野叟曝言》四一回："夭寿不贰，修身以俟之，无畏首畏尾之理。"李劼人《大波》四部二章："明明是你们畏首畏尾，顾虑多端，把大好时机放弃了！现在被人家夹制着,弄得来一事无成!"

【畏缩不前】 wèi suō bù qián　畏惧退缩,不敢前进。宋·魏泰《东轩笔录》卷七:"唐子方始弹张尧佐,与谏官皆上疏。及弹文公,则吴全畏缩不前。"姚雪垠《李自成》一卷三一章:"在这种节骨眼上,咱们畏缩不前,使朝廷全力进攻张敬轩,岂不是卖了朋友?"

【畏天爱民】 wèi tiān ài mín　见"畏天恤民"。

【畏天恤民】 wèi tiān xù mín　恤:体恤,怜悯。敬畏上天,爱怜下民。宋·朱熹《辞免进职奏状》:"既闵然有畏天恤民之诚,而圣训丁宁又无非恻怛焦劳之实。"也作"畏天爱民"。宋·陆游《上殿札子》之三:"祖宗畏天爱民,子孙皆当取法。"

【畏威怀德】 wèi wēi huái dé　《国语·晋语八》:"民畏其威,而怀其德,莫能勿从。"后用"畏威怀德"指畏惧声威,感念恩德。《后汉书·应劭传》:"苟欲中国珍货,非为畏威怀德。"姚雪垠《李自成》二卷二二章:"杨嗣昌明知贺人龙报功不实,但是正要利用他的战功上奏朝廷。贺人龙畏威怀德,所以在兴安州一接檄召,便星夜奔来襄阳。"

【畏影避迹】 wèi yǐng bì jì　《庄子·渔父》:"人有畏影恶迹而去之走者,举足愈数而迹愈多,走愈疾而影不离身,自以为尚迟,疾走不休,绝力而死。不知处阴以休影,处静以息迹,愚亦甚矣!"后用"畏影避迹"比喻庸人自扰。《陈书·萧允传》:"但患难之生,皆生于利,苟不求利,祸从何生? 方今百姓争欲奋臂而论大功,一言可取卿相,亦何事于一书生哉? 庄周所谓畏影避迹,吾弗为也。"也作"畏影而走"。宋·欧阳修《六一居士传》:"子欲逃名者乎,而屡易其号? 此庄生所谓畏影而走乎日中者也。"

【畏影而走】 wèi yǐng ér zǒu　见"畏影避迹"。

【畏之如虎】 wèi zhī rú hǔ　害怕他像害怕老虎一样。形容十分害怕。宋·龚明之《中吴纪闻·朱氏盛衰》:"有在仕途者,稍拂其意,则以违上命文致其罪,浙人畏之如虎。"

【谓予不信】 wèi yú bù xìn　谓:以为,认为。认为我所说的话不实在、不可靠。《诗经·王风·大车》:"穀则异室,死则同穴;谓予不信,有如皦日。"《冷眼观》二回:"若富贵者,则可权自我操,而无所顾忌也。谓予不信,即以目今上海一隅而论,那晚间四马路一带的雏妓……其中实不少旧家显宦的妻女,都是为着一个穷字,弄得沿街叫卖。"

【猬结蚁聚】 wèi jié yǐ jù　猬结:像刺猬的毛丛生那样集结在一起。蚁聚:像蚂蚁聚集。比喻人群纷纷集结。南朝梁·任昉《奏弹曹景宗》:"故使猬结蚁聚,水草有依。"宋·李纲《上道君太上皇帝封事》:"设使犬羊之众,猬结蚁聚,侵边徼而摩封疆,将何以御之?"

【蔚然成风】 wèi rán chéng fēng　蔚然:草木茂盛的样子。形容一种事物逐渐发展流行,形成风气。茅盾《我走过的道路》:"在鲁迅的带动下,当时写杂文蔚然成风。"

【蔚为大观】 wèi wéi dà guān　蔚:草木茂盛。大观:盛大的景象。形容事物丰富多彩,形成盛大壮观的景象。鲁迅《两地书》五一:"乡村风景,甚觉宜人,野外花园,殊有清趣,树木蔚为大观。"

【魏紫姚黄】 wèi zǐ yáo huáng　宋代两种名贵牡丹品种,一出于魏仁溥家,一出于姚氏民家,因以为名。后泛指名贵花卉。宋·曹冠《凤栖梧·牡丹》词:"魏紫姚黄凝晓露,国艳天然。"元·吴昌龄《东坡梦》四折:"你素魄儿十分媚,慧心儿百和香,更压着魏紫姚黄。"

【温故知新】 wēn gù zhī xīn 《论语·为政》:"温故而知新,可以为师矣。"后用"温故知新"指温习学过的知识,得到新的理解和体会。《汉书·史丹传》:"凡所谓材者,敏而好学,温故知新,皇太子是也。"刘绍棠《草莽》三:"学如逆水行舟,不进则退;你虽然在三千人中独占鳌头,可要记住满招损、谦受益,这些日子是不是在温故知新,增长学问?"也指通过温习历史经验,认识到现在的新情况。《汉书·成帝纪》:"儒林之官,四海渊原,宜皆明于古今,温故知新,通达国体,故谓之博士。"老舍《四世同堂》三七:"假若招弟专由电影上取得装饰的模范,大赤包便是温故知新,从古旧的本位的文化中去发掘,而后重新改造。"

【温良恭俭让】 wēn liáng gōng jiǎn ràng 《论语·学而》:"夫子温良恭俭让以得之。夫子之求之也,其诸异乎人之求之与?"温和、善良、恭敬、节制、忍让。这是儒家所提倡的待人接物的准则。后泛指态度谦恭,举止文雅。汉·曹操《悼荀攸下令》:"荀公达真贤人也。所谓温良恭俭让以得之。"明·无名氏《孟母三移》二折:"物有本末,事有始终,以温良恭俭让之德,五者乃圣德光辉,是以君子有絜矩之道也。"李国文《冬天里的春天》四章:"也许这并不是石翁女人的特有性格,在爱情上,要么全有,要么全无,在这个问题上,所有女性,是谈不到温良恭俭让的。"

【温情脉脉】 wēn qíng mò mò 脉脉:默默地用眼神或行动传达情意。宋·辛弃疾《摸鱼儿》词:"千金曾买相如赋,脉脉此情谁诉?"后用"温情脉脉"形容温柔的感情默默流露。魏巍《火凤凰》三:"前两年结识她的时候,如果说她只是一个热情纯真的少女,现在几乎长成一个温情脉脉的美人儿了。"张贤亮《绿化树》二九:"她的手始终温情脉脉的、顺从地让

我把握着,另一只手不停地抚摩着我的肩膀。"〔注意〕脉,不读 mài。

【温柔敦厚】 wēn róu dūn hòu 温和柔顺,诚恳宽厚。《礼记·经解》:"其为人也,温柔敦厚,《诗》教也。"儒家认为"温柔敦厚"是《诗经》的基本精神和教育意义之所在。因指诗文温柔宽厚、委婉含蓄的风格。宋·杨时《龟山集·荆州所闻》:"为文要有温柔敦厚之气。"鲁迅《故事新编·采薇》六:"你瞧,这是什么话?温柔敦厚的才是诗。他们的东西,却不但'怨',简直'骂'了。"闻一多《诗人的横蛮》:"依孔子的见解,诗的灵魂是要'温柔敦厚'的。"也指人温和厚重的气质。清·黄宗羲《万贞一诗序》:"人之喜怒哀乐,必喜乐乃为温柔敦厚。"宗璞《团聚》:"她毕竟是温柔敦厚一流人物,不愿在别人家给自己丈夫难堪。"

【温文尔雅】 wēn wén ěr yǎ 温文:温和有礼。尔雅:正派,文雅。态度温和有礼貌,举止文雅端庄。《花月痕》七回:"此人单名海,字紫沧,现年三十五岁,拳勇无敌,却温文尔雅,是个做秀才的本色。"《官场现形记》五二回:"这人虽是武官,甚是温文尔雅,人很漂亮,公事亦很明白。"鲁迅《华盖集·后记》:"记得革命以前,社会上自然还不如现在似的憎恶学生,学生也没有目下一般驯顺,单是态度,就显得桀傲,在人丛中一望可知。现在却差远了,大抵长袍大袖,温文尔雅,正如一个古之读书人。"杨沫《青春之歌》一部八章:"她温文尔雅,只知道努力用功,希望将来也像父亲一样做个学者。"

【文不对题】 wén bù duì tí 指文章的内容和题目不相关。也指谈话、发言与主题无关。李劼人《大波》四部四章:"他的朋友们晓得他向能说话,不管在什么场合,只要他起立发言,有时虽嫌文不对题,毕竟可以敷衍成篇。"李英儒《野火春风斗古城》一一章:"他感到文不对题,没

有说下去。"

【文不加点】 wén bù jiā diǎn 点：古人写文章在字的右上角涂一点，表示删去。文章不用涂改，一气写成。形容文思敏捷，写作技巧高超。汉·祢衡《鹦鹉赋》："衡因为赋，笔不停缀，文不加点。"《三国演义》七一回："时邯郸淳年方十三岁，文不加点，一挥而就，立石墓侧，时人奇之。"李劼人《大波》四部三章："你，学富五车，才高八斗，出口成章，文不加点的大名公，我以什么来比你？"

【文不尽意】 wén bù jìn yì 文章未能完全表达出心意。《云笈七签》卷四三："圆光如日，有炎如铟，周绕我体，如同金刚，文不尽意，犹待诀言。"

【文采风流】 wén cǎi fēng liú 文采：才华。风流：遗风。唐·杜甫《丹青引·赠曹将军霸》："英雄割据虽已矣，文采风流今尚在。"后多形容人富于才华，风雅潇洒。宋·张孝祥《下定书》："某月中馈偶虚，虽文采风流，难继乘龙之喜。"柳亚子《哭苏曼殊》诗："文采风流我不如，英雄延揽志非疏。"

【文从字顺】 wén cóng zì shùn 从、顺：顺畅，通顺。形容写文章遣词造句妥帖通顺，自然流畅。唐·韩愈《南阳樊绍述墓志铭》："文从字顺各识职，有欲求之此其躅。"《孽海花》四回："乾嘉时毕、阮、孙、洪、钱、王、段、桂诸家，把经史诸子，校正辑补，向来不可解的古籍，都变了文从字顺。"鲁迅《集外集拾遗补编·关于"粗人"》："'写'字却有些不通了。应改作'粗人写'，这才文从字顺。"

【文德武功】 wén dé wǔ gōng 德：功德。指施行政教的功德和从事征战的功劳。《太平广记》卷二四一引《闻见录》："陛下千年膺运，一国称尊，文德武功，经天纬地。"

【文房四宝】 wén fáng sì bǎo 指纸墨笔砚四种文具。宋·梅尧臣《九月六日登舟再和潘歙州纸砚》诗："文房四宝出二郡，迩来赏爱君与予。"《水浒传》七二回："见正面铺着御座，两边几案上，放着文房四宝：象管笔、花笺、龙墨、端溪砚。"《二刻拍案惊奇》卷二："就取出文房四宝来，磨得墨浓，蘸得笔饱，挥出一张牌来，竖在店面门口。"《说岳全传》五四回："岳爷道：'既然如此，贵钦差可写起书来；待本帅着人送往尊府便了。'即叫左右取过文房四宝，将桌子抬到九成面前。"王火《战争和人》(一)卷一："房里右边临窗放着写字台，陈列着文房四宝。"

【文风不动】 wén fēng bù dòng 一点儿也不动。《红楼梦》三六回："宝玉忙至他房内，只见龄官独自倒在枕上，见他进来，文风不动。"李劼人《暴风雨前》四部六："大小姐文风不动，只掉头看了他一眼，淡漠得使他甚么妄想都没有了。"

【文贵天成】 wén guì tiān chéng 天：自然。文章在有灵感时自然写成的最可贵。宋·钱易《南部新书》："李元宾言文贵天成，强不高也。"

【文过饰非】 wén guò shì fēi 文、饰：掩饰。过、非：过错。《论语·子张》："小人之过也必文。"《汉书·杨恽传》："言鄙陋之愚心，若逆指而文过。"《庄子·盗跖》："辩足以饰非。"后用"文过饰非"指以各种理由或借口掩饰过失、错误。唐·刘知几《史通·惑经》："岂与夫庸儒末学，文过饰非，使夫问者缄辞杜口，怀疑不展，若斯而已哉？"钱钟书《围城》三："方鸿渐回家路上，早有了给苏小姐那封信的腹稿，他觉得用文言比较妥当，词意简约含混，是文过饰非轻描淡写的好工具。"魏巍《火凤凰》二八："这种哲学就是决不掩盖自己的缺点，决不文过饰非。"

【文江学海】 wén jiāng xué hǎi 比喻文章、学问像江海一样深广渊博。唐·郑愔《柏梁体联句》："文江学海思济航。"

【文经武略】wén jīng wǔ lüè　经：筹划。略：谋略。文、武两方面的治国才能和谋略。《隋书·高祖纪上》："入掌禁兵，外司藩政，文经武略，久播朝野。"明·李贽《续焚书·读顾冲庵辞疏》诗："文经武略一时雄，万里封侯远未通。"

【文经武纬】wén jīng wǔ wěi　经、纬：织物上的纵线和横线，引申为规划治理。指规划、治理国家的文事武功。唐·颜真卿《郭子仪家庙碑铭》："文经武纬，训徒陟空。"《醒世恒言》卷一一："老苏生下两个孩儿，大苏小苏，……两子都有文经武纬之才，博古通今之学，同科及第，名重朝廷，俱拜翰林学士之职。"

【文情并茂】wén qíng bìng mào　文：文采。情：感情。文采和感情都很丰盛。多用来形容诗文。汪曾祺《寂寞和温暖》："不管给他一个什么题目，他从胡支书屋里抱了一堆报纸，东翻翻，西找找，不到两个小时，就能写出一篇文情并茂的批判发言。"刘绍棠《村妇》卷二："黄叶地是真正的文墨书生，诗词歌赋无所不精，妙笔生花文情并茂，为人少年老成，风雅而不轻佻。"

【文人相轻】wén rén xiāng qīng　文人：指读书人。文人之间互相轻视，谁也看不起谁。三国魏·曹丕《典论·论文》："文人相轻，自古而然。傅毅之于班固，伯仲之间耳，而固小之。"清·章学诚《文史通义·原道下》："顾经师互诋，文人相轻，而性理诸儒，又有朱、陆之同异。"《花月痕》三回："自古文人相轻，实亦相爱。你这般倾倒荷生，怎的见面不扳谈呢？"鲁迅《花边文学·看书琐记》："不过我们的读书界，是爱和平的多，一见笔战，便是什么'文坛的悲观'呀，'文人相轻'呀，甚至于不问是非，统谓之'互骂'，指为'漆黑一团糟'。"

【文如其人】wén rú qí rén　指文章的风格与作者本人相似。宋·苏轼《答张文潜书》："子由之文实胜仆，而世俗不知，乃以为不如；其为人深不愿人知之，其文如其为人。"宋·林景熙《顾近仁诗集序》："盖诗如其文，文如其人也。"郭沫若《革命春秋·创造十年续篇》："古人每爱说'文如其人'，然如像光慈的为人与其文章之相似，在我的经验上，却是很少见的。"

【文山会海】wén shān huì hǎi　文件多得像山，会议多得像海。冰心《致巴金》："听您说您相当疲乏，一定不要多陷入文山会海。"

【文韬武略】wén tāo wǔ lüè　韬、略：古代兵书《六韬》和《三略》。指用兵的谋略。元·李文蔚《蒋神灵应》楔子："威镇家邦四海清，文韬武略显英雄。"《水浒传》四七回："你便有文韬武略，怎逃出地网天罗？直饶班马才能，难脱龙潭虎穴。"

【文恬武嬉】wén tián wǔ xī　恬：安逸。嬉：游戏，玩乐。文武官员都贪图安逸享乐，不把国家大事放在心上。唐·韩愈《平淮西碑》："相臣将臣，文恬武嬉，习熟见闻，以为当然。"清·洪棟园《后南柯·招附》："奴家观槐安国吏治不修，武备不讲，文恬武嬉，自谓太平可久，难道通国之人，没一个有见识的？"王火《战争和人》(二)卷八："是的，国际形势的变化对抗战有利。但政治窳败，贪污盛行，文恬武嬉，特务凶横，派系倾轧，经济不景气……现在哪谈得到'建国必成'？"

【文武双全】wén wǔ shuāng quán　文才与武才两样俱备。元·关汉卿《单鞭夺槊》一折："凭着你文武双全将相才，则要你扫荡尘埃。"《封神榜》一五〇回："官拜西伯职不小，管领诸侯有威权。外加王爵无穷富，与国同休恩最宽。三分天下有其二，这如今，国富兵强文武双全。"《老残游记》二回："世间那里有这样好的一个文武双全的女人？若把他弄来做个帮手,白日料理家务,晚上灯下谈禅;他若肯嫁慧生,我就不要他认嫡庶,姊妹称呼我也是甘心的。"周而复《上海的早晨》四部二九:"你是大演说家,上台能讲,下台能做,文武双全。"

【文武之道】 wén wǔ zhī dào　文、武:周文王和周武王。道:方法。本指周文王和周武王的治国、修身方法,后泛指宽严相济的治国修身之道。《论语·子张》:"文武之道未坠于地,在人,贤者识其大者,不贤者识其小者,莫不有文武之道焉。"《礼记·杂记下》:"张而不弛,文武弗能也;弛而不张,文武弗为也,一张一弛,文武之道也。"唐·刘禹锡《上门下裴相公》:"夫异同之论,我以独见剖之;文武之道,我以全材统之;崇高之位,我以大功居之。"

【文修武备】 wén xiū wǔ bèi　修:设置,置备。备:置备,具备。指文治和武备都已达到了理想的要求。明·无名氏《十样锦》头折:"见如今大开学校,文修武备显英豪。"

【文以载道】 wén yǐ zài dào　载:负载,担负。道:旧时多指儒家思想,后泛指各种道理。文章是用来说明道理、表达思想的。宋·周敦颐《通书·文辞》:"文所以载道也,轮辕饰而人弗庸,徒饰也,况虚车乎?"原注:"此言文以载道,人乃有文而不以道,是犹虚车而不济于用者。"鲁迅《集外集拾遗·帮忙文学与帮闲文学》:"今日文学最巧妙的有所谓为艺术而艺术派。这一派在五四运动时代,确是革命的,因为当时是向'文以载道'说进攻的。"李国文《李国文选集·自序》:"我主张文以载道,但也不必篇篇载道,字字载道。"

【文章盖世】 wén zhāng gài shì　文章盖过世人。形容好得谁都比不上。宋·吴曾《能改斋漫录·苏琼善词》:"韩愈文章盖世,谢安情性风流。"《警世通言》卷

一七:"论起他饱学,就如虞世南五车腹笥。真个文章盖世,名誉过人。"

【文质彬彬】 wén zhì bīn bīn　文:文采。质:质地,底子。彬彬:配合得当的样子。《论语·雍也》:"质胜文则野,文胜质则史。文质彬彬,然后君子。"意为礼乐是文,仁义是质,二者配合得当。后泛指文采和实质兼备。《后汉书·肃宗孝章帝纪》:"敷奏以言,则文章可采;明试以功,则政有异迹。文质彬彬,朕甚嘉之。"章太炎《国故论衡·论式》:"如向者一二耆秀,皆浮华交会之材,哗世取宠之士,嘘枯吹生之文,非所谓文质彬彬者也。"也形容人文雅朴实,举止端庄从容。元·费唐臣《贬黄州》三折:"见如今御史台威风凛凛,怎敢向翰林院文质彬彬。"《镜花缘》一五回:"唐敖看那尹玉生得文质彬彬,极其清秀。"魏巍《火凤凰》三五:"这些带驳壳枪的年轻的干部们,他们在一起会餐也与众不同。一般说文质彬彬、慢条斯理是没有的,吃起来就是风卷残云。"

【文治武功】 wén zhì wǔ gōng　《礼记·祭法》:"汤以宽治民而除其虐。文王以文治,武王以武功,去民之灾,此皆有功烈于民者也。"后用"文治武功"指施行政教和从事征战的功绩。多用来称颂帝王或重臣。章树之《忆往昔》:"对内压迫,对外屈膝,政治腐败,人心丧尽,就是以文治武功著称的文王武王再世怕也无回天之力了。"

【纹丝不动】 wén sī bù dòng　一点儿也不动。《金瓶梅》三八回:"金莲坐在床上,纹丝儿不动,把脸儿沉着。"老舍《二马》五:"李子荣纹丝不动的在那里坐着,好像老和尚参禅那么稳当。"孙犁《白洋淀纪事·纪念》:"天已经黑了,星星还没出全,天空没有一丝云彩,树枝也纹丝不动。"

【闻风而动】 wén fēng ér dòng　听到

风或消息就立刻行动。古华《芙蓉镇》三章:"近些年来,山里人也习惯了闻风而动,不分白日黑夜,召之即来,参加各种紧急、重要的群众大会。"

【闻风而起】 wén fēng ér qǐ 听到风声或消息就立刻奋起响应。宋·彭龟年《论复经筵坐讲疏》:"若此礼一复,天下通经学古之士,必有闻风而起,副陛下之意者矣。"李劼人《大波》二部二章:"同志军这么多,有几个人加入过同盟会? 又有几个人是革命党? 大家还不是闻风而起,说革命就革命。"

【闻风而逃】 wén fēng ér táo 听到风声就立即逃走。《官场现形记》一二回:"却说这班土匪在桐庐一带啸聚,虽是乌合之众,无奈官兵见了,不要说是打仗,只要望见土匪的影子,早已闻风而逃。"刘绍棠《村妇》卷一:"汉根没有闻风而逃,他躲藏在青纱帐里,还想伺机把玉人儿抢救出来,万没料到玉人儿竟投河自尽。"

【闻风而至】 wén fēng ér zhì 一听到消息就立刻赶到。南朝梁·慧皎《高僧传·佛驮跋陀罗》:"四方乐静者,并闻风而至。"《说岳全传》二一回:"主公可发令旨,召取各路兵马,张挂榜文,招集四方豪杰。人心思宋,自然闻风而至。"周克芹《秋之惑》五章:"黄麻如今还放在库里,自买主已经闻风而至,他没有出手的原因是要等到局里给他'平反'。"

【闻风丧胆】 wén fēng sàng dǎn 唐·李德裕《授张仲武东面招抚回鹘使制》:"故能望影揣情,已探致勇之术,岂止闻风破胆,益坚慕义之心。"后用"闻风丧胆"指听到风声,就吓破了胆。形容惧怕之极。魏巍《东方》五部一章:"人民军表现了大无畏的英雄气概,……打得敌人闻风丧胆,弃尸累累。"路遥《平凡的世界》(下)二〇章:"一生所遭受的各种打击,早已使他对家庭面临的任何灾难都闻风丧胆,却想不到儿子如今又闯下这么一场大祸。"

【闻过则喜】 wén guò zé xǐ 过:过错。《孟子·公孙丑上》:"子路,人告之以有过,则喜。"后用"闻过则喜"指听到别人指出自己的过错就感到高兴。形容虚心接受意见。宋·司马光《奏弹王安石表》:"伏遇陛下即位以来,日慎一日,闻过则喜,从谏如流。"刘绍棠《村妇》卷一:"金榜已经捧起小茶壶啜饮,说:'三人行必有吾师焉,闻过则喜,见贤思齐,多谢你的指教。'"

【闻鸡起舞】 wén jī qǐ wǔ 闻鸡:听见鸡叫。《晋书·祖逖传》:"中夜闻荒鸡鸣,蹴琨觉曰:'此非恶声也。'因起舞。"祖逖与刘琨互相勉励,立志为国效力,半夜听到鸡叫就起床舞剑,刻苦练功。后用"闻鸡起舞"形容有志之士及时奋发,刻苦自励。宋·松洲《念奴娇·题钟山楼》词:"击楫誓清,闻鸡起舞,毕竟英雄得。"清·孙雨林《皖江血·兴学》:"闻鸡起舞心还壮,造时势,先鞭不让。"王火《战争和人》(二)卷六:"当时,由北而南的士族官吏,一部分如闻鸡起舞、中流击楫的祖逖是主张抗战恢复中原的,但多数只想偏安江南苟延残喘。"

【闻名不如见面】 wén míng bù rú jiàn miàn 听到他的名声不如见到他本人。指只有亲眼看见了才能真正了解。《北史·房爱亲妻崔氏传》:"贝丘人列子不孝,吏欲案之。景伯为之悲伤,人白其母。母曰:'吾闻闻名不如见面,小人未见礼教,何足责哉!'"《三侠五义》九回:"我们不辞辛苦,奔至京师,指望伸冤报恨。谁知这位老爷也是怕权势的,真是闻名不如见面。我等冤枉再也无处诉了。"王火《战争和人》(一)卷七:"闻名不如见面。改日我宴请,请童秘书长亲自尝一尝,你就知道名不虚传了!"

【闻所未闻】 wén suǒ wèi wén 《史

记·郦生陆贾列传》:"越中无足与语,至生来,令我日闻所不闻。"后用"闻所未闻"指听到从来没有听到过的事。形容事物新奇罕见。隋·薛道衡《隋高祖功德颂序》:"至于振古所未有,图籍册所不载,莫不见所未见,闻所未闻。"《红楼梦》一一八回:"那袭人此时真是闻所未闻,见所未见。"鲁迅《热风·智识即罪恶》:"于是我跑到北京,拜老师,求智识。地球是圆的。元质有七十多种⋯⋯闻所未闻,虽然难,却也以为是人所应该知道的事。"钱钟书《围城》三:"方鸿渐闻所未闻,甚感兴味,只奇怪这样一个英年洋派的人,何以口气活像遗少,也许是学同光体诗的缘故。"

【闻一知十】 wén yī zhī shí　《论语·公冶长》:"赐也何敢望回? 回也闻一以知十,赐也闻一以知二。"后用"闻一知十"指听到一点就能推知很多。形容非常聪明,善于类推。《隶释·童子逢盛碑》:"过庭受诫,退诵诗礼,心开意审,闻一知十。"《二十年目睹之怪现状》九九回:"凡此种种,虽然是他叔祖教导有方,也是他福至心灵,官星透露,才得一变而为闻一知十的聪明人。"

【刎颈之交】 wěn jǐng zhī jiāo　刎颈:用刀割脖子。交:交情,友谊。指可以同生共患难的朋友。《史记·廉颇蔺相如列传》:"廉颇闻之,肉袒负荆,因宾客至蔺相如门谢罪⋯⋯卒相与欢,为刎颈之交。"明·无名氏《闹铜台》五折:"今在一处,结为刎颈之交,同心合意,生死相护。"《野叟曝言》一一三回:"文爷是咱明师益友,开拓咱心胸,增长咱见识,感发咱良心,咱就合他做个刎颈之交,也没背着理来?"李劼人《大波》四部二章:"闹得不好,刎颈之交,也可成为仇雠的。"

【稳操胜券】 wěn cāo shèng quàn　操:持,握。券:凭证。比喻有充分的把握取胜。黎汝清《皖南事变》:"他的闪亮

的皮靴,在木板地上发出橐橐声,大有稳操胜券的信心。"也作"稳操胜算"。姚雪垠《李自成》三卷一〇章:"前去夔、巫,先占地利,必然稳操胜算。"〔注意〕券,不能读作juàn;也不能写作"卷"。

【稳操胜算】 wěn cāo shèng suàn　见"稳操胜券"。

【稳如泰山】 wěn rú tài shān　见"安如泰山"。

【稳扎稳打】 wěn zhā wěn dǎ　扎:扎营。指打仗时步步安营,采取稳妥的办法打击敌人。也比喻做事稳妥而有把握。清·刘坤一《复王雨苍》:"现在郑军既已到齐,仍须稳扎稳打,不可轻进求速。"梁斌《红旗谱》三六:"像你这个,面对人人进行工作,一个一个村地占领。按部就班,稳扎稳打,向外发展,那真是太好啦!"姚雪垠《李自成》三卷一五章:"洪承畴本来打算到了松山附近之后,命各军每前进一步都抢先掘壕立寨,步步为营,不急于向锦州进逼,但是昨天晚上他接到兵部尚书陈新甲的密书,使他没法采取稳扎稳打办法。"

【问长问短】 wèn cháng wèn duǎn　问各方面的情况或事情。多表示关切。《醒世恒言》卷一八:"那老儿因多了几杯酒,一路上问长问短,十分健谈。"《红楼梦》六五回:"尤二姐忙上来陪笑接衣奉茶,问长问短。贾琏喜的心痒难受。"巴金《家》六:"他回到家里,先去见祖父,听了一番训话。然后去见父亲,又是一番训话。最后他回到自己的房里,妻又向他问长问短,到底是从妻那里得到一些安慰。"钱钟书《围城》七:"刘小姐不多说话,鸿渐今天专为吃饭而来,也只泛泛应酬几句。倒是汪太太谈锋甚健,向刘小姐问长问短。"

【问道于盲】 wèn dào yú máng　盲:瞎子。向瞎子问路。唐·韩愈《答陈生书》:"足下求速化之术,不于其人,乃以访愈,

是所谓借听于聋,求道于盲,虽其请之勤勤,教之云云,未有见其得者也。"后用"问道于盲"比喻向什么也不懂的人请教,不解决问题。多用作谦辞。宋·陈亮《戊申再上孝宗皇帝书》:"而书生便以为长淮不易守者,是以问道于盲之类耳。"《镜花缘》五二回:"当日他们因谈反切,曾与'问道于盲'的话,俺自从在歧舌国学会音韵,一心只想同人谈谈,偏不遇见知音。"鲁迅《书信集·致罗清桢》:"侯先生赐示大作,实在是'问道于盲'而已。"

【问心无愧】 wèn xīn wú kuì　扪心自问,没有什么惭愧的。《官场现形记》五一回:"我为了朋友,就是被人家说我什么,我究竟自己问心无愧。"巴金《随想录·后记》:"我只想把自己的全部感情、全部爱憎消耗干净,然后问心无愧地离开人世。"古华《芙蓉镇》四章:"有过的补过,有罪的悔罪。问心无愧的,高枕无忧。作恶多端的,逃不脱历史的惩罚。"

【问一答十】 wèn yī dá shí　形容知道的东西多或口齿伶俐。《清平山堂话本·快嘴李翠莲记》:"姿容出众,女红针指,书史百家,无所不通。只是口嘴快些,凡向人前,说成篇,道成溜,问一答十,问十道百。"《三侠五义》四回:"但不知他学问如何,于是攀话之间,考问多少学业,包公竟是问一答十,就便是宿儒名流也不及他的学问渊博。"魏巍《东方》四部一七章:"周仆发现他是个问一答十的健谈者,怕他扯远了,连忙提醒他。"

【瓮牖绳枢】 wèng yǒu shéng shū　瓮:坛子。牖:窗户。枢:门轴。用坛子口做窗户,用绳做门轴。形容家境贫寒。汉·贾谊《过秦论》:"始皇既没,余威震于殊俗,然而陈涉瓮牖绳枢之子,氓隶之人,而迁徙之徒也。"清·黄宗羲《陈伯美先生七十寿序》:"夫先生以瓮牖绳枢之子,一旦而为天子所知,亦可为荣矣。"

【瓮中之鳖】 wèng zhōng zhī biē　瓮:坛子。比喻已在掌握之中、逃不了的人或动物。《东周列国志》六四回:"须臾,赵武军到,问魏舒曰:'栾孺子已过,何不追之?'魏舒曰:'彼如釜中之鱼,瓮中之鳖,自有庖人动手。'"《说岳全传》七六回:"不是僧家夸口,这几个小南蛮,只算得个瓮中之鳖,不消费得僧家大力,管教他一个个束手就缚。"周而复《上海的早晨》一部四〇:"企图逃走的敌人都成了瓮中之鳖,全部给捉到了!"

【瓮中捉鳖】 wèng zhōng zhuō biē　瓮:坛子。从坛子里捉甲鱼。比喻想要捕捉的对象已在掌握之中。形容手到擒来,轻易而有把握。元·康进之《李逵负荆》四折:"管教他瓮中捉鳖,手到拿来。"《初刻拍案惊奇》卷三:"随你异常狠盗,逢着他便如瓮中捉鳖,手到拿来,因此也积趱得有些家事。"马烽、西戎《吕梁英雄传》一六回:"要打埋伏,我领你们个好地形,瓮中捉鳖,十拿九稳。"

【蜗角虚名】 wō jiǎo xū míng　蜗角:蜗牛的角,比喻微末。指微不足道的虚名。宋·苏轼《满庭芳》词:"蜗角虚名,蝇头微利,算来着甚干忙? 事皆前定,谁弱又谁强?"《初刻拍案惊奇》卷一六:"我多因这蜗角虚名,赚得我连理枝分,同心结解。如今把一个会元撇在地下,我也无心去拾他了。"

【蜗行牛步】 wō xíng niú bù　像蜗牛爬行,像老牛慢步。比喻行动迟缓、速度极慢。

【我见犹怜】 wǒ jiàn yóu lián　犹:尚且。怜:爱。我见了尚且觉得可爱。《世说新语·贤媛》南朝梁·刘孝标注引《妒记》:"[桓]温平蜀,以李势女为妾。郡主(桓温妻)凶妒,不即知之,后知,乃拔刃往李所,因欲斫之。见李在窗梳头,姿貌端丽,徐徐结发,敛手向主,神色闲正,辞甚凄婉。主于是掷刀,前抱之曰:'阿子,我见汝亦怜,何况老奴。'遂善之。"后用

"我见犹怜"形容女子美丽,使人喜爱。《野叟曝言》三二回:"怪是相公百计谋他,春红那双眼儿也自啧啧叹美,原来有如此美貌,真个我见犹怜。"

【我行我素】 wǒ xíng wǒ sù 素:平素;向来。《礼记·中庸》:"君子素其位而行,不愿乎外。素富贵行乎富贵,素贫贱行乎贫贱,素夷狄行乎夷狄,素患难行乎患难。君子无入而不自得焉。"后用"我行我素"指不受外界影响,按自己平素行事方式去做。《官场现形记》五六回:"幸亏钦差不懂得英文的,虽然使馆里逐日亦有洋报送来,他也懒怠叫翻译去翻,所以这件事外头已当着新闻,他夫妇二人还是毫无闻见,依旧是我行我素。"蒋子龙《阴差阳错》六:"三岁的娃娃也知道看大人的脸色,她却看不出别人的眉眼高低。我行我素,哪管别人喜怒哀乐!"

【卧不安席】 wò bù ān xí 不能安稳地睡在席上。形容有所忧虑,心神不宁。《战国策·楚策一》:"寡人卧不安席,食不甘味,心摇摇如悬旌,而无所终薄。"《警世通言》卷一九:"玄宗自离了贵妃三日,食不甘味,卧不安席。"也作"卧不安枕"。《东周列国志》六回:"寡人闻之,卧不安枕。"

【卧不安枕】 wò bù ān zhěn 见"卧不安席"。

【卧榻之侧,岂容他人鼾睡】 wò tà zhī cè, qǐ róng tā rén hān shuì 榻:床。比喻自己的势力范围不许别人侵占。容,也作"许"。《续资治通鉴长编·太祖开宝八年》:"上怒,因按剑谓铉曰:'不须多言,江南亦有何罪,但天下一家,卧榻之侧,岂容他人鼾睡乎!'铉皇恐而退。"《红楼梦》七六回:"你可知宋太祖说得好,'卧榻之侧,岂许他人酣睡。'他们不作,咱们这两个竟联起句来,明日羞他们一羞。"

【卧薪尝胆】 wò xīn cháng dǎn 薪:柴

草。《史记·越王勾践世家》载:春秋时,越国被吴国打败,越王勾践立志报仇。他把苦胆悬挂在坐处,"坐卧即仰胆,饮食亦尝胆"。经过长期准备,终于打败吴国。后用"卧薪尝胆"形容刻苦自励,发奋图强。宋·苏轼《拟孙权答曹操书》:"仆受遗以来,卧薪尝胆;悼日月之逾迈,而叹功名之不立。"《东周列国志》八一回:"击剑弯弓总为吴,卧薪尝胆泪几枯。"《说岳全传》二二回:"日有羽书之报,夜有狼烟之警,正我君臣卧薪尝胆之秋,图复中兴报仇雪耻之日也。"鲁迅《花边文学·读几本书》:"自然,现在是国难时期,那有功夫译这些书,看这些书呢,但我所提议的是向着只在暴躁和牢骚的大人物,并非对于正在赴难或'卧薪尝胆'的英雄。"姚雪垠《李自成》三卷四四章:"自成用鼻孔哼了一下,说:'如今是我们卧薪尝胆的时候,哪能多睡!'"

【卧雪眠霜】 wò xuě mián shuāng 睡在有霜雪的地上。比喻艰苦而不安定的生活。元·马致远《汉宫秋》三折:"假若俺高皇差你个梅香,背井离乡,卧雪眠霜,若是他不恋恁春风画堂,我便官封你一字王。"也作"卧月眠霜"。《西游记》二三回:"出家人餐风宿水,卧月眠霜,随处是家。"

【卧月眠霜】 wò yuè mián shuāng 见"卧雪眠霜"。

【握发吐哺】 wò fà tǔ bǔ 哺:口中所含的食物。《韩诗外传》卷三:"吾文王之子,武王之弟,成王之叔父也,又相天下,吾于天下亦不轻矣,然一沐三握发,一饭三吐哺,犹恐失天下之士。"意为洗头时多次握住头发,吃饭时多次吐出正在咀嚼的食物以迎接来访之士,即使这样,还担心失去天下贤才。后用"握发吐哺"比喻殷勤待士,求贤若渴。《宋书·张畅传》:"周公握发吐哺,二王何独贵远?"唐·陆贽《兴元论解姜公辅状》:"陛下握发吐哺之日，宵衣旰食之辰，士无贤愚，咸宜录用。"《野叟曝言》九八回："以握发吐哺之雅而仇无辜之民，此豪杰所闻风而解体者也。"康有为《大同书》："国家旁求俊乂，握发吐哺以求才。"也作"吐哺握发"。唐·韩愈《后二十九日复上书》："今虽不能如周公吐哺握发，亦宜引而进之，察其所以而去就之，不宜默默而已也。"

【握椠怀铅】 wò qiàn huái qiān　椠：古代供书写用的木板。铅：铅粉，古代用来点校书文或绘画的颜料。随身携带笔简，以备记事。《西京杂记》卷三："扬子云好事，常怀铅提椠，从诸计吏，访殊方绝域四方之语。"后用"握椠怀铅"指勤于写作或校勘。唐·史承节《后汉大司农郑公之碑》："耆旧者惟闻其名，后生者不睹其事，今故寻源讨本，握椠怀铅，兼疏本传之文。"也作"怀铅握椠"。唐·刘知几《史通·内篇·采撰》："自古探穴藏山之士，怀铅握椠之客，何尝不征求异说，采摭群言，然后能成一家，传诸不朽。"

【握蛇骑虎】 wò shé qí hǔ　比喻处在极其险恶的境地。《魏书·彭城王勰传》："兄识高年长，故知有夷险，彦和握蛇骑虎，不觉艰难。"宋·刘克庄《贺新郎·送陈真州子华》词："记得太行山百万，曾入宗爷驾驭。今把作握蛇骑虎。"

【握手言和】 wò shǒu yán hé　形容争斗双方重新和好或比赛双方战成平局。陈国凯《摩登阿Q》："虽然他与阿Q已握手言和，然而心里对阿Q很不屑。"

【握手言欢】 wò shǒu yán huān　握手谈笑，形容亲热友好。《后汉书·李通传》："光武初以通士君子相慕也，故往答之。及相见，共语移日，握手极欢。"宋·欧阳修《苏才翁挽诗二首》之一："握手接欢言，相知二十年。"也形容发生不和之后又重新和好。方志敏《死》三："现在他们不都又在中央做事？打仗时是敌人，仗打完了就握手言欢，互称兄弟了。"邓

友梅《烟壶》一二："钱效仙爱玩活物，不过他的玩法十分特别，总想把天生敌对的动物弄在一起使他们放弃前嫌，握手言欢。"

【握瑜怀瑾】 wò yú huái jǐn　见"怀瑾握瑜"。

【乌飞兔走】 wū fēi tù zǒu　古代传说日中有金乌，月中有玉兔，因以金乌、玉兔作为日、月的代称。唐·韩琮《春愁》诗："金乌长飞玉兔走，青鬓长青古无有。"后用"乌飞兔走"比喻时光迅速流逝。唐·刘轲《庐山黄石岩院记》："乌飞兔走，吾复何齿！"《警世通言》卷二八："不觉乌飞兔走，才过端午，又是六月初间。"也作"兔走乌飞"。唐·庄南杰《伤歌行》："兔走乌飞不相见，人事依稀速如电。"

【乌合之众】 wū hé zhī zhòng　乌合：像乌鸦似的聚在一起。比喻临时杂凑的、毫无组织纪律的一群人。《东观汉记·公孙述传》："今东帝无尺土之柄，驱乌合之众，跨马陷敌，所向辄平。"《三国演义》四三回："曹操收袁绍蚁聚之兵，劫刘表乌合之众，虽数百万不足惧也。"《说岳全传》一三回："王善乌合之众，陛下只消发兵五千与宗泽前去，便可成功。"李劼人《大波》二部七章："笑话！一百多训练有素的新军，还会畏惧那些乌合之众！"

【乌鸟私情】 wū niǎo sī qíng　古时传说乌鸦长成之后衔食反哺其母，因以"乌鸟私情"比喻奉养长辈的孝心。晋·李密《陈情表》："乌鸟私情，愿乞终养。"明·张居正《谢召见疏》："臣一念之乌鸟私情，若非圣慈曲体，何由得遂？"《野叟曝言》一〇〇回："你受东宫厚恩，固属从古未有，即现在皇上施恩，亦属没世难酬，岂可因乌鸟私情，蔑君臣大义。"也作"乌鸟之情"。唐·慧立《大慈恩寺三藏法师传》："既而笙歌遂远，瞻奉无逮，徒思昊天之

报,罔寄乌鸟之情。"

【乌鸟之情】 wū niǎo zhī qíng　见"乌鸟私情"。

【乌七八糟】 wū qī bā zāo　形容十分杂乱。欧阳山《三家巷》一八三:"我只顾得正正经经地干工作,懒得去管别人那些乌七八糟的事情。"杨沫《青春之歌》一部二六章:"道静心里好腻味。这些乌七八糟的都是些什么人呀?"

【乌天黑地】 wū tiān hēi dì　形容一片黑暗。明·陶宗仪《辍耕录·阑阁上书》:"奉使来时惊天动地,奉使去时乌天黑地,官吏都欢天喜地,百姓却哭天哭地。"《初刻拍案惊奇》卷三一:"虽是相公立等的公事,这等乌天黑地,去那里敲门打户惊觉他,他又要遁了去,怎生回相公的话?"《说岳全传》六五回:"一阵阴风,将灯球火把尽皆吹灭。众军人毛骨竦然,乌天黑地,那里去捞救?"

【乌烟瘴气】 wū yān zhàng qì　瘴气:南方山林中的湿热毒气。比喻环境嘈杂、秩序混乱、气氛恶浊或社会黑暗。《儿女英雄传》三二:"如今闹是闹了个乌烟瘴气,骂是骂了个破米糟糠。"鲁迅《三闲集·皇汉医学》:"革命成功之后,'国术''国技''国花''国医'闹得乌烟瘴气之时,日本人汤本求真做的《皇汉医学》译本也将乘时出版了。"梁实秋《雅舍小品·烧饼油条》:"烧饼油条依然是在行人道边乌烟瘴气的环境里苟延残喘。"巴金《随想录》九二:"在乌烟瘴气的旧社会里,年轻人只有在现代文学作品中呼吸到新鲜空气。"

【污泥浊水】 wū ní zhuó shuǐ　肮脏的泥土,浑浊的水。比喻落后、腐朽的东西。毛泽东《在新政治协商会议筹备会上的讲话》:"迅速地荡涤反动政府留下的污泥浊水,治好战争的创伤,建设起一个崭新的强盛的名副其实的人民共和国。"陈登科《破壁记》四章:"她以一种宗教徒似的虔诚,拼命在自己灵魂深处挖'污泥浊水',一点一滴写在思想汇报上。"也比喻污蔑、诽谤、损人清白的言论。巴金《随想录》四三:"但是我怎样从亡友摘去那顶沉重的'反动文人'的帽子,揩去溅在他身上的污泥浊水呢?"

【污言秽语】 wū yán huì yǔ　污秽的言语。指脏话。莫应丰《黑洞》七:"证人话犹未了,一伙人骂着污言秽语蜂拥而上,又把禾来足足地打了一顿。"刘玉民《骚动之秋》一九章:"小时候有一次,因为对欺侮爹的几个赖皮小子表示了不满,秋玲被从几尺高的石台上推下,摔得鼻青面肿,并且招来一阵污言秽语和石块、土坷垃的袭击。"

【巫山云雨】 wū shān yún yǔ　巫山:山名,在今重庆市巫山县东南,即巫峡。战国楚·宋玉《高唐赋》:"昔者先王尝游高唐,怠而昼寝,梦见一妇人,曰:'妾巫山之女也,为高唐之客,闻君游高唐,愿荐枕席。'王因幸之。去而辞曰:'妾在巫山之阳,高丘之阻,旦为朝云,暮为行雨,朝朝暮暮,阳台之下。'"后用"巫山云雨"指男女欢合。《群音类选〈清腔类·莺啼序〉》:"枉了痴心,宁耐等,想巫山云雨梦难成。"清·华广生《白雪遗音·七香车·十二月》:"斜倚着几儿作了一个梦。梦里梦见郎回家,巫山云雨多有兴。"也作"云雨巫山"。唐·李白《清平调》词:"一枝红艳露凝香,云雨巫山枉断肠。"

【呜呼哀哉】 wū hū āi zāi　呜呼:原作"於乎",感叹词。哉:语气词。❶表示悲哀、痛惜。多用于祭文,表示对死者的哀悼。《诗经·大雅·召旻》:"昔先王受命,有如召公,日辟国百里,今也日蹙国百里。於乎哀哉,维今之人,不尚有旧。"《左传·哀公十六年》:"孔丘卒,公诔之曰:'……茕茕余在疚,呜呼哀哉,尼父!无自律。'"唐·刘禹锡《祭柳员外文》:"魂兮来思,知我深旨。呜呼哀哉!尚飨"

鲁迅《而已集·扣丝杂感》："两个月前罢，看报纸上记着某邮局因为扣下的刊物太多，无处存放了，一律焚毁。我那时实在感到心痛，仿佛内中很有几本是我的东西似的。呜呼哀哉！我的《烈火集》呵，我的《西游记传奇》呵。"❷指死亡。含诙谐意。《警世通言》卷二二："那宋金方年六岁，宋敦一病不起，呜呼哀哉了。"《三侠五义》七二回："谁知到了临期，程先生病倒，竟诧呜呼哀哉了。"鲁迅《集外集拾遗补编·我的种痘》："我每看见这一幅图，就诧异我自己，先前怎么会没有染到天然痘，呜呼哀哉。"

【诬良为盗】 wū liáng wéi dào　良：好人。把好人诬陷为盗匪。指捏造事实，陷害好人。清·孔尚任《桃花扇》三出："据尔所供，一无实迹，难道本衙门诬良为盗不成？"

【屋上架屋】 wū shàng jià wū　见"屋下架屋"。

【屋乌推爱】 wū wū tuī ài　见"爱屋及乌"。

【屋下架屋】 wū xià jià wū　比喻无谓的重复而无所创新。《世说新语·文学》："庾仲初作《扬都赋》成，……人人竞写，都下纸为之贵。谢太傅云：'不得尔，此是屋下架屋耳。事事拟学，而不免俭狭。'"北齐·颜之推《颜氏家训·序致》："魏晋已来所著诸子，理重事复，递相模效，犹屋下架屋，床上施床耳。"也作"屋上架屋"。郭沫若《屈原》三幕："就像他这篇《橘颂》，还不是一套老调子！而且有好些话说了又说，岂不是台上筑台，屋上架屋吗？"

【无边风月】 wú biān fēng yuè　风月：清风明月，指美好景色。形容景色无限美好。元·方回《送州府尹三首》诗之一："几许烟云藜杖外，无边风月锦囊间。"也作"风月无边"。宋·朱熹《周敦颐像赞》："风月无边，庭草交翠。"

【无边无际】 wú biān wú jì　没有边

际。《群音类选·〈牧羊记·北海牧羝〉》："只见浪滔滔无边无际。"《野叟曝言》二回："船身荡摇不定，本来傍岸而泊，此时不知孰为苏堤，孰为白堤，一片汪洋，无边无际。"郭沫若《屈原》五幕："那浩浩荡荡的无边无际的伟大的力呀！那是自由，是跳舞，是音乐，是诗！"老舍《四世同堂》六一："他们看到无边无际的黄地，都被日光照亮。"也作"无边无涯"。涯：边际。沈从文《长河·人与地》："孩子……考入省立师范学堂，作父亲的就一面更加克勤克俭过日子，一面却在儿子身上做着无边无涯的荒唐好梦。"

【无边无涯】 wú biān wú yá　见"无边无际"。

【无病呻吟】 wú bìng shēn yín　没病却故意发出痛苦的哼哼声。比喻没有值得忧虑的事情而长吁短叹。宋·辛弃疾《临江仙》词："百年光景百年心，更欢须叹息，无病也呻吟。"也比喻没有真情实感而矫揉造作。清·刘熙载《艺概·赋概》："赋必有关者自己痛痒处，如嵇康《叙琴》，向秀《感笛》，岂可与无病呻吟者同语？"梁实秋《雅舍小品·汽车》："冯谖铗弹而歌，于食有鱼之后，就叹出无车，颇有见地，不是无病呻吟。想冯谖当时，必定饱受无车之苦。"巴金《随想录》三九："我从未有过无病呻吟的时候。我发表文章，也曾想到它会产生什么样的社会效果。"

【无病自灸】 wú bìng zì jiǔ　灸：中医的一种治疗方法，用燃烧的艾绒熏烤一定的穴位。没病却用艾绒熏烤自己的穴位。比喻自寻烦恼。《庄子·盗跖》："柳下季曰：'跖得无逆汝意若前乎？'孔子曰：'然。丘所谓无病而自灸也。'"

【无耻之尤】 wú chǐ zhī yóu　尤：特别突出的。形容无耻到极点。清·王士禛《分甘余话》上："二子可谓失其本心，无耻之尤者也。"《二十年目睹之怪现状》三六回:"这班人可以算得无耻之尤了!"姚雪垠《李自成》二卷一八章:"至于替魏忠贤建立生祠,更被人们认为是'无耻之尤'。"

【无出其右】 wú chū qí yòu 出:超出。右:上,古代以右为上位。《汉书·田叔传》:"上召见,与语,汉廷臣无能出其右者。"后用"无出其右"指在某方面居领先地位,没有能超过他的。唐·薛用弱《集异记·王维》:"公主大奇之。岐王曰:'此生非止音律,至于词学,无出其右。'"金·元好问《恒州刺史马君神道碑》:"独君资禀聪悟,气量宏博,侪辈无出其右。"《二刻拍案惊奇》卷二:"一路行棋,眼见得无出其右,奋然道:'吾闻燕山乃辽国郎主在彼称帝,雄丽过于汴京,此中必有高人国手、天下无敌的在内。'"《镜花缘》九二回:"古人命名之巧,无出其右,这可算得千古绝唱了。"

【无从下手】 wú cóng xià shǒu 没有地方下手。指事物头绪纷繁或防范极其严密,无法着手办理。《儒林外史》一二回:"这仇人已衔恨十年,无从下手。"郭沫若《屈原》一幕:"你说,你苦于无从下手,其实下手的地方就在你自己的身上。"茅盾《子夜》七:"在胜负未决定的时候去悬想胜后如何进攻罢,那就不免太玄空,去筹划败后如何退守,或准备反攻罢,他目前的心情又不许,况且还没知道究竟败到如何程度,则将来的计画也觉无从下手;因此他现在只能姑且喝几口酒。"

【无党无偏】 wú dǎng wú piān 见"无偏无党"。

【无敌天下】 wú dí tiān xià 见"无敌于天下"。

【无敌于天下】 wú dí yú tiān xià 敌:对抗。遍天下没有敌手。《孟子·公孙丑上》:"信能行此五者……则无敌于天下。"《二刻拍案惊奇》卷二:"也是他天缘所到,说来就解,一一领略不忘。道士说:'自此可无敌于天下矣!'笑别而去。"也作"无敌天下"。唐·韩愈《论捕贼行赏表》:"秦人以君言为必信,法令大行,国富兵强,无敌天下。"

【无地自容】 wú dì zì róng 没有地方可以让自己容身。形容非常羞愧窘迫。《敦煌变文集·唐太宗入冥记》:"皇帝闻此语,无地自容。"《二十年目睹之怪现状》七五回:"这一位翰林听讲平空受此奇辱,羞愧得无地自容,回去便服毒自尽了。"张恨水《啼笑因缘》四回:"正在得意,忽然有人喝道:'你这不知廉耻的丫头,怎么跟了人上公园来?'抬头一看,却是自己父亲。急得无地自容,却哭了起来。"钱钟书《围城》九:"鸿渐窘得无地自容,亏得阿丑阿凶两人抢到红毯上去跪拜,险的打架,转移了大家的注意。"

【无的放矢】 wú dì fàng shǐ 的:靶子。矢:箭。没有目标乱放箭。比喻说话做事没有明确目的,或不切合实际。鲁迅《花边文学·玩笑只当它玩笑》上:"然而他在他所反对的欧化文中也寻不出实例来,只好说是'"子曰"终没有能欧化到"曰子"!'那么,这不是'无的放矢'吗?"李国文《冬天里的春天》一章:"现在这种批判,是无的放矢,对我半点用都不起,反而使我抵触得很。"

【无动于衷】 wú dòng yú zhōng 衷:内心。内心毫无触动。指对应受触动的事物毫不在意,不动心。衷,也作"中"。《官场现形记》三三回:"以至顶到如今,偏偏碰着这位制军是不轻易见客的,他见也好,不见也好,便也漠然无动于中了。"老舍《四世同堂》九〇:"不论青年男女在被捕的时候怎么惊惶失措,他们的父母怎么悲恸欲绝,他都无动于衷。"李劼人《大波》一部一一章:"彭家骥昂头坐在骨牌凳上,仍然无动于中的样子。"巴金《随想录》八三:"初听初看时我感到精神振奋,可是多了,久了,我也就无动于衷了。"

【无毒不丈夫】 wú dú bù zhàng fū 毒:凶狠,毒辣。不心狠手辣就成不了大丈夫。元·王实甫《西厢记》五本四折:"他不识亲疏,啜赚良人妇;你不辨贤愚,无毒不丈夫。"《水浒传》一○○回:"这宋江、卢俊义皆是我等仇人,今日倒吃他做了有功大臣,……我等省院官僚如何不惹人耻笑!自古道:恨小非君子,无毒不丈夫。"《二十年目睹之怪现状》九二回:"古人说得好:'无毒不丈夫。'且待我干他一干,等你知道我的手段。"鲁迅《且介亭杂文末编·半夏小集》:"诚然,'无毒不丈夫',形诸笔墨,却还不过是小毒。"

【无独有偶】 wú dú yǒu ǒu 不只一个,还有配对的。清·梁绍壬《两般秋雨盦随笔·禁宰犬猪》:"古今怪事,无独有偶如此。"郭沫若《驴猪鹿马》:"这位东晋皇帝所闹的笑话,和西晋惠帝问虾蟆的叫声是为公还是为私,真真是无独有偶。"

【无恶不作】 wú è bù zuò 恶:坏事。没有哪样坏事不干。指干尽了坏事。宋·法云《翻译名义集·释氏众名篇》:"二无羞僧,破戒身口不净,无恶不作。"《镜花缘》七九回:"刚才我在十里墩遇雨,忽然起一响雷,打死一人,彼处人人念佛。原来是个无恶不作的坏人。"王愿坚《三张纸条》四:"这家伙在红军撤走时,就回乡了,当上了'业主团'团长、保安队长,夺田、倒算、杀害革命群众,无恶不作。"

【无法无天】 wú fǎ wú tiān 法:法纪。天:天理。无视法纪和天理。多形容违法乱纪,不受管束。《封神榜》五四回:"可恼你等这些奸党,惟果欺心胆大,无法无天,目中怎肯轻饶擅放!"《官场现形记》四九回:"太太病了,没有人管他们,就闹得无法无天了。"韬奋《萍踪忆语·劳工侦探》:"所以他们对劳工大众往往不必尊重什么法律,像上面所谈到的压迫

行为,简直是无法无天到了极点。"李劼人《大波》二部四章:"真是无法无天了!当着父母官的面,胆敢口出不逊之言!"

【无风不起浪】 wú fēng bù qǐ làng 比喻事情发生总有个原因。韦君宜《姗娌》:"沈瑞芬却存了个心眼,她料想这事无风不起浪,也不会那么容易平息。"

【无风起浪】 wú fēng qǐ làng 比喻平白无故地生出事端或是非。唐·希运《黄檗断际禅师宛陵录》:"达摩西来,无风起浪;世尊拈花,一场败缺。为甚如此,事怕有心人。"明·韦凤翔《古玉环记·巧舌鼓听》:"若是别人说可信,童儿惯会无风起浪,如何信他?"《二刻拍案惊奇》卷一○:"在城棍徒无风起浪,无洞掘蟹,亏得当时立地就认了。"也作"无风作浪"。鲁迅《集外集拾遗·通讯》:"但是,号为有名的报纸,却不应该这样无风作浪。"

【无风作浪】 wú fēng zuò làng 见"无风起浪"。

【无根无蒂】 wú gēn wú dì 比喻没有根源,无所依凭。鲁迅《书信集·致魏猛克》:"新的艺术,没有一种是无根无蒂,突然发生的。"

【无功受禄】 wú gōng shòu lù 禄:古代官吏的薪俸。《诗经·魏风·伐檀序》:"在位贪鄙,无功而受禄,君子不得进仕尔。"后用"无功受禄"指没有功劳而得到薪俸或优厚的报酬。《旧唐书·李元恺传》:"[崔元鉴]致仕于家,在乡请半禄。元恺消之曰:'无功受禄,灾也。'"《水浒传》二八回:"小人是个治下的囚徒,自来未曾拜识尊颜,前日又蒙救了一顿大棒,今又蒙每日好酒好食相待,甚是不当。又没半点儿差遣,正是无功受禄,寝食不安。"《官场现形记》四八回:"大人赏他的银子,我带了去。这个请大人收了回去,我们怎好无功受禄呢。"丰子恺《缘缘堂随笔·忆儿时》:"我也无功受禄地天天吃多量的枇杷与软糕,这又是乐事。"

【无关大局】 wú guān dà jú 见"无关大体"。

【无关大体】 wú guān dà tǐ 大体:事物的主体。对全局没有关系或影响。指关系不大或不重要。《儿女英雄传》三九回:"这正叫作事属偶然,无关大体。"鲁迅《花边文学·一思而行》:"只要并不是靠这来解决国政,布置战争,在朋友之间,说几句幽默,彼此莞尔而笑,我看是无关大体的。"也作"无关大局"。毛泽东《介绍一个合作社》:"至死不变,愿意带着花岗岩头脑去见上帝的人,肯定是有的,那也无关大局。"

【无关宏旨】 wú guān hóng zhǐ 宏:大。旨:意旨,宗旨。与大的宗旨无关。指意义不大或关系不大。清·纪昀《阅微草堂笔记·滦阳消夏录一》:"宋儒所争,古文今文字句,亦无关宏旨,均姑置弗议。"老舍《四世同堂》四七:"在平日,他爱思索;即使是无关宏旨的一点小事,他也要思前想后的考虑,以便得到个最妥善的办法。"梁实秋《雅舍小品·送礼》:"至于礼之厚薄倒无关宏旨,好歹是进账,细大不蠲,收下再说。"

【无关紧要】 wú guān jǐn yào 紧要:重要之处或重要的事情。与重要事情无关。指不重要,关系不大。《镜花缘》一七回:"可见字音一道,乃读书人不可忽略的。大贤学问渊博,故视为无关紧要,我们后学,却是不可少的。"鲁迅《呐喊·故乡》:"夜间,我们又谈些闲天,都是无关紧要的话;第二天早晨,他就领了水生回去了。"杜鹏程《历史的脚步》三:"在那摇天动地的暴风雪中,谁也认不出谁,谁也说不清谁给你伸出援救的手臂,这都无关紧要,紧要的是我们胜利地冲杀出来了。"

【无关痛痒】 wú guān tòng yǎng 痛痒:比喻切身的、紧要的事。指不涉及重要的事情或利益。《二十年目睹之怪现状》五六回:"你偷了我老婆,我一点不计较,还是酒饭相待,此刻和你借一条无关痛痒的辫子也不肯!"巴金《春》二〇:"他也不得不去陪郝家姑少爷谈一些无关痛痒的闲话。"周而复《上海的早晨》二部四三:"她挖空心思在想,既不能重复别人的话,又不能提无关痛痒的意见,那会减低劳资专家江菊霞的身份的。"也作"不关痛痒"。梁斌《红旗谱》一五:"谈起反对帝国主义,人们不关痛痒。他们不知道帝国主义藏在军阀身子后头,军阀割据,就是变相的帝国主义统治!"

【无官一身轻】 wú guān yī shēn qīng 不做官了,感到一身轻松。旧时官吏去官以后常用这话来自我安慰。后多指因卸去官职或不当官而感到轻松自在。宋·苏轼《贺子由生第四孙》:"无官一身轻,有子万事足。"《二十年目睹之怪现状》六〇回:"从此之后,我无官一身轻,咱们三个痛痛快快的叙他几天。"王火《战争和人》(一)卷八:"既然辞职,就像你以前常爱讲的:无官一身轻,我爱上哪里就可以上哪里。"

【无何有之乡】 wú hé yǒu zhī xiāng 无何有:什么也没有。空无所有的地方。《庄子·逍遥游》:"今子有大树,患其无用,何不树之于无何有之乡,广莫之野。"后多用来指虚无之处或虚幻的境界。宋·苏轼《乐全先生文集叙》:"公今年八十一,杜门却扫,终日危坐,将与造物者游于无何有之乡。"《儿女英雄传》八回:"若不亏姑娘前来搭救,再有十个安骥,只怕此时也到无何有之乡了。"鲁迅《两地书》二三:"我因他们的死去,深感到死了的寂寞,一切一切,俱付之无何有之乡。"

【无稽之谈】 wú jī zhī tán 稽:查考。《尚书·大禹谟》:"无稽之言勿听,弗询之谋勿庸。"后用"无稽之谈"指没有根据、无从查考的说法。宋·孙觌《与范丞相书》："凡迂阔难行之论，谬悠无稽之谈，不得一言入于其间。"《镜花缘》一七回："婢子历考诸书，不得其说。既无其说，是为无稽之谈，只好存疑，以待能者。"茅盾《蚀·动摇》三："外边的话，请方部长仔细考察，就知道全是无稽之谈了。"李国文《涅槃》二："亏她做那么多年政治工作，给你宣传什么属羊的女人命运不佳的理论，纯属无稽之谈。"

【无计可施】wú jì kě shī　没有计策可以施展。指拿不出什么应付的办法。元·无名氏《醉写赤壁赋》楔子："自到此黄州，一载有余，活计艰辛，妻子炊爨，无计可施。"《三国演义》三三回："且说董承自刘玄德去后，日夜与王子服等商议，无计可施。"《官场现形记》二八回："舒军门情知不妙，然又无计可施，只得罢手。"孙犁《白洋淀纪事·她从天津来》："市教育当局无计可施，来了一个'勤劳奉公日'，叫全体学生站在自己家门口上，拿一把笤帚转了半天，弄的全市尘土飞扬，迷人耳目。"

【无济于事】wú jì yú shì　济：救助，帮助。对事情没有帮助。宋·朱熹《答胡季随》之三："当时自不必分别，只益纷拿，无补于事也。"后多作"无济于事"，指解决不了问题。《红楼梦》七八回："大约园中之人不久都要散的了。纵生烦恼，也无济于事。"沈从文《劫余残稿·传奇不奇》："很显然，这一切发明实无济于事，完全近于儿戏。"贾平凹《祭父》："我知道他们所开的药全都是无济于事的，但父亲要服只得让他服，当然是症状不减，且一日不济一日。"

【无家可归】wú jiā kě guī　没有家可回。多形容人孤苦伶仃、流离失所。《旧五代史·唐明宗纪》："辛巳，诏拣年少宫人及西川宫人并还其家，无家可归者，任从所适。"《二刻拍案惊奇》卷二六："老朽拙算，祖居尽废。今无家可归，只得在此

强颜度日。"钱钟书《围城》七："现在我真是无家可归，沿门托钵，同事和学生全瞧不起的。"萧乾《人生采访·由伦敦到法兰克福》："破碎了的城镇，缺肢的树，无家可归的人们，闲荡着的军马和焚毁的飞机坦克都倒在散在旷野。"

【无价之宝】wú jià zhī bǎo　无法估计价值的宝物。比喻极其珍贵的事物。唐·鱼玄机《赠邻女》诗："易求无价宝，难得有心郎。"元·郑廷玉《楚昭公》一折："多闻这湛卢之剑，乃越国欧冶子所制，斩铁截石，断水吹毛，真为无价之宝。"《东周列国志》九六回："此乃无价之宝，须什袭珍藏，不可轻示于人也。"《野叟曝言》九一回："这是返魂香，无价之宝，怎烧这许多，弄着满床都是香烟？"莫应丰《难与人言的故事》："感情是无价之宝啊！任何物质的东西都可以用钱买到，感情却是不认钱的。"

【无坚不摧】wú jiān bù cuī　没有什么坚固的东西不能摧毁。《三国志·魏书·乐进传》："每临攻战，常为督率，奋强突固，无坚不陷。"后用"无坚不摧"形容力量非常强大。《旧唐书·孔巢父传》："[田]悦酒酣，自矜其骑射之艺、拳勇之略，因曰：'若蒙见用，无坚不摧。'"姚雪垠《李自成》二卷二五章："人人听从号令，……这样就能够以少胜多，无坚不摧。"

【无尽无休】wú jìn wú xiū　休：止，停止。指没完没了。老舍《四世同堂》六四："她讨厌东阳的肮脏，吝啬，与无尽无休的性欲要求。但是，她又不肯轻易放弃了'处长太太'。"王火《战争和人》(一)卷五："管磨的是个伛偻着背的老头儿，也总是跟着骡子打转转。人和骡子都一样，默默地打着转转，无尽无休。"

【无精打采】wú jīng dǎ cǎi　打：打消。采：兴致。形容精神不振，提不起劲头。《封神榜》一五三回："且说魔礼红见中军

官出去,自己无精打采,心中纳闷闷。"《孽海花》八回:"雯青无精打采的搭讪着,向仙芝道:'我们好开船了。'"巴金《家》二六:"她无精打采地说一声:'太太,我去睡了。'便慢慢地移动脚步走出了太太的房间。"赵树理《李有才板话》六:"这次派的是小顺跟小福,这两个青年虽然也不敢不去,可是总觉着不大痛快,走到小元地里,无精打采慢慢锄起来。"也作"没精打采"。《老残游记》五回:"那人才没精打采的开了一间房门,嘴里还说:'茶水饭食都没有的,客人没地方睡,在这里将就点罢。'"茅盾《腐蚀·十月十日》:"我没精打采伸个懒腰,正待起身,却又恹恹地合上了眼。"

【无拘无束】wú jū wú shù 拘:限制。束:约束。没有任何限制约束。形容自由自在。《西游记》二回:"这一夜悟空即运神炼法,会了筋斗云。逐日家无拘无束,自在逍遥,此亦长生之美。"《官场现形记》四九回:"一班姨太太见他如此,乐得无拘无束。尽着性儿出去玩耍。"巴金《随想录》六五:"我当时仿佛在冬天早晨晒太阳,心里暖和、无忧无虑、无拘无束,我感到轻松而舒适。"刘心武《班主任》九:"张老师坐在桌边,石红和那几个小姑娘围住他,师生一起无拘无束地谈了起来。"

【无可比拟】wú kě bǐ nǐ 比拟:相比。没有可以相比的。《续传灯录·江陵护国齐月禅师》:"穷外无方,穷内非里,应用万般,无可比拟。"郭沫若《屈原》三幕:"由青而黄,色彩多么美丽! 内容洁白,芬芳无可比拟。"王火《战争和人》(三)卷八:"啊! 这难道真是亲爱的欧阳素心吗? 是的! 是她! 但已经绝对不是当年那个富有生气、妩媚多情、美丽爽朗、无可比拟的欧阳素心了!"

【无可非议】wú kě fēi yì 非议:批评指责。没有什么可以指责的。欧阳山《三家巷》八〇:"你们唱歌跳闹,本来有那种权利,无可非议。可是你们不知道,你们叫一叫,我的心就惊一惊,会有多么难受!"

【无可奉告】wú kě fèng gào 奉告:敬辞,即告诉。没有什么可以告诉的。杨绛《记钱钟书与〈围城〉》:'我经常看到钟书对来信和登门的读者表示歉意;或是诚诚恳恳地奉劝别研究什么《围城》;或客客气气地推说'无可奉告'。"

【无可厚非】wú kě hòu fēi 厚:过分。非:非难,责备。不可以过分责备。王火《战争和人》(一)卷五:"童霜威觉得冯材的话无可厚非,想:是啊,谁不希望抗战能胜利呢?"蒋子龙《创作笔记》二:"可见文人是耐不住寂寞的。这无可厚非,在这个热热闹闹的商品社会里,为什么独要求文人自甘寂寞呢?"

【无可讳言】wú kě huì yán 讳言:有顾忌,不敢或不愿意说。没有什么不可以直说的。指可以坦率地说。郭沫若《洪波曲》一〇章:"我也承认这问题相当严重。后勤工作没有做好是无可讳言的。"韬奋《萍踪忆语·德谟克拉西的教育真相》:"店员当然也是有益社会的职业,不过他们学非所用,却是无可讳言的。"

【无可救药】wú kě jiù yào 见"不可救药"。

【无可名说】wú kě míng shuō 见"无可名状"。

【无可名状】wú kě míng zhuàng 名:说出。状:描述。无法用言语形容。李国文《冬天里的春天》四章:"不论是谁的心里,都横梗着一块东西,是痛苦吗? 不是;是悲伤吗? 不是;他们四个人,只是感到无可名状的压抑。"也作"无可名说"。茅盾《蚀·幻灭》八:"从前的烦闷,只是一种强烈的本能的冲动,是不自觉的,是无可名说的。"

【无可奈何】 wú kě nài hé　奈何:怎么办,指没有办法。指事已如此,想挽回已无能为力。《战国策·燕策三》:"太子闻之,驰往,伏尸大哭,极哀。既已,无可奈何,乃遂收盛樊於期之首,函封之。"唐·白居易《无可奈何歌》:"无可奈何兮,白日走而朱颜颓,少日往兮老日催。"《东周列国志》七一回:"太子到此,方知秦女为父所误,然无可奈何矣。"《官场现形记》三八回:"瞿太史虽然竭力拉拢,无奈手笔不大,总觉上不得台盘;此乃境遇使然,无可奈何之事。"鲁迅《且介亭杂文末编附集·女吊》:"我以为绍兴有两种特色的鬼,一种是表现对于死的无可奈何,而且随随便便的'无常',我已经在《朝花夕拾》里得了介绍给全国读者的光荣了,这回就轮到别一种。"沈从文《劫余残稿·巧秀和冬生》:"其他女的都站得远远的,又怕又难受,无可奈何,只轻轻的喊着'天',却无从作其他抗议。"也作"莫可奈何"。李劼人《大波》三部五章:"李湛阳摊着两手,做了个莫可奈何的样子,慨叹道:'各位先生难道真不晓得我那城防营业已被革命党人运动过去,变成他们的武力了?'"

【无可奈何花落去】 wú kě nài hé huā luò qù　奈何:如何,怎么办。宋·晏殊《浣溪沙》词:"无可奈何花落去,似曾相识燕归来,小园香径独徘徊。"意为对春花的凋落感到没有办法。形容留恋春景而又无法挽留的心情。后泛指无法挽留逝去的事物而感到惆怅。周恩来《在中国共产党第十次全国代表大会上的报告》:"[它们]内外交困,日子越来越不好过,处于'无可奈何花落去'的境地。"

【无可无不可】 wú kě wú bù kě　没有可以,也没有不可以。《论语·微子》:"我则异于是,无可无不可。"意为只要合乎仁义,就不在乎是出仕还是隐退。后泛指对人对事不拘成见,或指没有主见,怎么样都行。《东观汉记·光武纪》:"高帝大度,无可无不可。"《官场现形记》四一回:"这事只要兄弟领个头儿,他们众人倒也无可无不可。"茅盾《子夜》一七:"把赵伯韬的放款办法详细讨论过以后,吴荪甫是倾向于接受,王和甫无可无不可,孙吉人却一力反对。"

【无可争辩】 wú kě zhēng biàn　没有什么可争辩的。表示确实无疑。

【无可置疑】 wú kě zhì yí　置疑:怀疑。事实明显或理由充足,没有什么可以怀疑的。从维熙《临街的窗》中:"老黎对这一信息的反应,和妻子截然相反,他马上认为这个消息有无可置疑的准确性。"

【无可捉摸】 wú kě zhuō mō　见"不可捉摸"。

【无孔不入】 wú kǒng bù rù　没有孔穴不进去的。比喻利用一切机会,见空子就钻。含贬义。《官场现形记》三五回:"何孝先生怕过了几天有人打岔,事情不成功;况且上海办捐的人,钻头觅缝,无孔不入,设或耽搁下来,被人家弄了去,岂不是悔之不及。"韬奋《萍踪忆语·梅隆怎样成了富豪?》:"梅隆的发财,在工业各部门中发挥他的集聚财富的艺术,无孔不入地处处利用发财机会,这是他比其他美国富豪尤其厉害的一点。"周而复《上海的早晨》三部一二:"冯永祥呢,像是水银渗地,无孔不入,总找机会牢牢地盯住她。"

【无理取闹】 wú lǐ qǔ nào　唐·韩愈《答柳柳州食虾蟆》诗:"鸣声相呼和,无理只取闹。"意为蛙声只是一片喧闹,没有道理可言。后用"无理取闹"指毫无理由地跟人吵闹。泛指故意捣乱。《二十年目睹之怪现状》六一回:"那些华佗庙里,每每在配殿上供了神农氏,这不是无理取闹么。"茅盾《蚀·动摇》九:"方罗兰看出太太完全是无理取闹了,他也从没见过她如此的不温柔。"艾芜《南行记·我

的爱人》:"不过平心静气地想想,他们的无理取闹,也不是凭空飞来的。"

【无立锥之地】 wú lì zhuī zhī dì 没有立锥子的地方,比喻连极小的地方都没有。形容十分贫穷。《吕氏春秋·为欲》:"其视有天下也,与无立锥之地同。"明·王世贞《艺苑卮言》卷八:"卢生无立锥之地以死。"《花月痕》四四回:"看官须知:秋痕原拚一死,然必使之焦土无立锥之地,而后华鬘归忉利之天,这也在可解不可解之间!"也作"无置锥之地"。《荀子·儒效》:"虽穷困冻馁,必不以邪道为贪;无置锥之地,而明于持社稷之大义。"

【无论如何】 wú lùn rú hé 不管怎样。表示在任何情况下,结果都会一样。鲁迅《而已集·魏晋风度及文章与药及酒之关系》:"其实,曹操是一个很有本事的人,至少是一个英雄,我虽不是曹操一党,但无论如何,总是非常佩服他。"巴金《家》三二:"这些日子里觉新不断地受到良心的谴责。他觉得无论如何应该给觉民帮忙,否则会造成一件抱恨终身的事。"钱钟书《围城》八:"孙小姐说,无论如何,她要回去看她父亲母亲一次,他也应该见见未来的丈人丈母。"

【无米之炊】 wú mǐ zhī chuī 见"巧妇难为无米之炊"。

【无名小卒】 wú míng xiǎo zú 卒:士兵。指没有名气、不重要的人。《三国演义》四一回:"魏延无名小卒,安敢造乱!"《说岳全传》一六回:"若在番邦有些名目的,本都院放你去;若是无名小卒,留你也无用,不如杀了。"刘心武《钟鼓楼》五章:"有人劝他不要找了,因为来稿者不过是无名小卒,其诗文只有十二行,按编辑部规定是可以不予回音、不予退稿的。"

【无名英雄】 wú míng yīng xióng 姓名不为世人所知的英雄人物。泛指不计较个人得失、勤恳工作的人。夏衍《〈新华日报〉及其他》:"他真可以说是一个'无名英雄',当我后来看到他的夫人带了三个孩子回到重庆的时候,我这个很少流泪的人终于也禁不住流下了眼泪。"

【无能为力】 wú néng wéi lì 为力:使劲。用不上力量。指没有能力去做好某件事或解决某个问题。清·梁绍壬《两般秋雨盦随笔·史阁部书》:"况燕雀处堂,无深谋远虑,使兵饷顿竭,忠臣流涕顿足而叹,无能为力,惟有一死以报国,不亦大可哀乎!"《野叟曝言》一三四回:"单有宋素卿一人,是其腹心,虽居中将之任,实未统兵,此时亦无能为力。"老舍《四世同堂》六:"即使他们有一份爱国的诚心,可是身衰气败,无能为力。"夏衍《"四一二"之后的上海》:"蔡叔厚有一个亲戚在浙江当厅长,得到消息后,立即到杭州去营救,但因'案情严重',无能为力,秋人同志终于在翌年二月牺牲。"

【无偏无党】 wú piān wú dǎng 党:偏袒。办事公正,不偏袒任何一方。《尚书·洪范》:"无偏无党,王道荡荡。"唐·张蕴古《大宝箴》:"无偏无党,一彼此于胸肜(臆),捐好恶于心想。"也作"无党无偏"。明·无名氏《临潼斗宝》三折:"则我这号令分明,不贰不迁,赏罚权柄无党无偏。"

【无奇不有】 wú qí bù yǒu 什么离奇的事物都有。《二十年目睹之怪现状》四五回:"我恰才开发厨房里饭钱,忽然想着一件可笑的事,天下事真是无奇不有。"李劼人《大波》三部九章:"皇城坝在没有开办学堂之前,是一个百戏杂陈、无奇不有的场所。"蒋子龙《收审记》一:"边道上摆满各个体户的货摊儿,高空挂着无奇不有的服装,如同扯着万国旗。"

【无牵无挂】 wú qiān wú guà 牵:牵扯。挂:挂念。指没有拖累和挂念的。《三侠五义》六一回:"北侠原是无牵无挂之人,不能推辞,同上茉花村去了。"茅盾《腐蚀·十一月二十六日》:"那时倒觉得无牵无挂，豁然开悟，就好像……从此我和家庭再没有一条韧带作为联系。"姚雪垠《李自成》二卷一七章："老兄以四海为家，无牵无挂，忽南忽北，真可谓'逍遥游'了。"

【无巧不成书】 wú qiǎo bù chéng shū 没有巧合的情节就写不成书。形容事情非常凑巧。《醒世恒言》卷三："自古道：'无巧不成书。'恰好有一人从墙下而过。"《二十年目睹之怪现状》二一回："说也奇怪，就同那作小说的话一般，叫做'无巧不成书'，这个人不是别人，却是我的一位姻伯，姓王，名显仁，表字伯述。"梁斌《红旗谱》五九："张嘉庆笑得拍着床铺说：'这就是了。看起来，咱也是一家人。'冯大狗说：'当然是！这算无巧不成书。'"

【无亲无故】 wú qīn wú gù 故：故旧，老朋友。没有亲戚和老朋友。形容孤单。欧阳山《三家巷》四八："我刚离开震南村，嫁到省城来的时候，也是跟你一样，人地生疏，无亲无故。"

【无情无绪】 wú qíng wú xù 指没有精神，心情不舒畅。元·王实甫《西厢记》二本一折："姐姐往常不曾如此无情无绪。"《二刻拍案惊奇》卷三："桂娘也日日无情无绪，恹恹欲睡，针线慵拈。"刘玉民《骚动之秋》二二章："岳鹏程完全想像得出淑贞起床时的情态；无情无绪，被一掀，跌上拖鞋，只拢了一把散乱的头发，便快快地出门去了。"

【无情无义】 wú qíng wú yì 没有情义。《东周列国志》九〇回："张仪将怒气重复扬起，将手往店案上一拍，骂道：'这无情无义的贼！再莫提他！'"《红楼梦》六六回："你不知道这柳二郎，那样一个标致人，最是冷面冷心的人，差不多的人，都无情无义。"王火《战争和人》（二）卷五："你那继母，太无情无义了！我在这里，她哪管我的死活？"

【无穷无尽】 wú qióng wú jìn 穷：尽，完了。没有止境，没有限度。形容非常之多。宋·晏殊《踏莎行》词："无穷无尽是离愁，天涯地角寻思遍。"《西游记》四〇回："那西天路无穷无尽，几时能到得！"鲁迅《三闲集·怎样写》："可谈的问题自然多得很，自宇宙以至社会国家，高超的还有文明，文艺。古来许多人谈过了，将来要谈的人也将无穷无尽。但我都不会谈。"巴金《随想录》一六："我好像还有无穷无尽的精力。我比在五十年前更有信心。"

【无人问津】 wú rén wèn jīn 津：渡口。没有人来询问渡口。晋·陶潜《桃花源记》："南阳刘子骥，高尚士也；闻之，欣然规往，未果，寻病终。后遂无问津者。"后用"无人问津"比喻没人过问，受到冷落。清·平步青《霞外攟屑·王弇州文》："易代而后，坛坫门户俱空，遂无人问津矣。"刘白羽《第二个太阳》三章："天苍苍，野茫茫，好像自从我们祖先沿着黄河走向中原以后，这里便空自留下了无人问津的宝库。"

【无人之境】 wú rén zhī jìng 没有人到过的荒野。泛指没人的地方。晋·孙绰《游天台山赋》："始经魑魅之途，卒践无人之境。"《野叟曝言》一〇三回："那知人是天神，马是龙马，挡着的头俱落地，带着的血总飞空，由着素臣在内冲突，如入无人之境。"鲁迅《准风月谈·推》："我们在上海路上走，时常会遇见两种横冲直撞，对于对面或前面的行人，决不稍让的人物。一种是不用两手，却只将直直的长脚，如入无人之境似的踏过来，……"张洁《方舟》一："那样的女人柳泉见过，不论到哪儿，哪怕是到了大会堂，也如入无人之境。"

【无伤大体】 wú shāng dà tǐ 伤：妨害，损害。大体：事物的主体。对事物的主要方面没有什么妨害。《清诗话续编·

静居续言》："后人摘〔陆游〕集中累句讥之,亦是吹毛求疵,无伤大体,自有公论。"鲁迅《华盖集·我观北大》："虽然很中了许多暗箭,背了许多谣言;教授和学生也都逐年地有些改换了,而那向上的精神还是始终一贯,不见得弛懈。自然,偶而也免不了有些很想勒转马头的,可是这也无伤大体。"

【无伤大雅】 wú shāng dà yǎ 伤:妨害,损害。雅:正,正当。虽有影响但对事物的主要方面没有什么妨害。《二十年目睹之怪现状》二五回："像这种当个玩意儿,不必问他真的假的,倒也无伤大雅;至于那一种妄谈祸福的,就要不得。"沈从文《长河·社戏》："顽皮孩子且乘隙爬上戏台,争夺马鞭子玩,或到后台去看下装的旦角,说两句无伤大雅的笑话。"李国文《冬天里的春天》二章："要说于而龙半点私情都不循,铁面包拯,恐怕连他自己都不信。无伤大雅,偶一为之,也算不得失足。"

【无声无息】 wú shēng wú xī 没有声音和消息。形容悄寂,不为人知,或没有发生影响。《孽海花》一七回："先几个月风声很紧,后来慢慢懈怠,竟无声无息起来。"丁玲《在黑暗中·莎菲女士的日记》："开始一人跑到陌生的地方去,还是第一次,假使我竟无声无息的死在那山上,谁是第一个发现我死尸的? 我能担保我不会死在那里吗?"刘绍棠《二度梅》三:"小龙门本来是个鸡鸣犬吠,欢声笑语的村庄,可是自从宁廷佐率领工作队进村以来,一下子变得静悄悄,无声无息了。"

【无声无臭】 wú shēng wú xiù 臭:气味。没有声音,没有气味。《诗经·大雅·文王》："上天之载,无声无臭。"意为天道玄妙,人无法感知。后用来形容默默无闻,或事情沉寂,没有发生影响。茅盾《蚀·动摇》八:"代表妇女协会的孙舞阳的演说里又提到南乡的事,很郑重地称

之为'妇女觉醒的春雷','婢妾解放的先驱',并且又惋惜于城里的妇女运动反而无声无臭,有落后的现象。"〔注意〕臭,不读 chòu。

【无师自通】 wú shī zì tōng 唐·贾岛《送贺兰上人》诗:"无师禅自解,有格句堪夸。"后用"无师自通"指没有老师的传授指导,自己学会、通晓某种知识或技能。鲁迅《呐喊·阿Q正传》九章:"'过了二十年又是一个……'阿Q在百忙中,'无师自通'的说出半句从来不说的话。"沈从文《湘行散记·一个戴水獭皮帽子的朋友》:"生平书读得虽不多,却善于用书,在一种近于奇迹的情形中,这人无师自通,写信办公事时,笔下都很可观。"邓友梅《烟壶》五:"雕虫小技,聊换温饱而已。倒是老爷无师自通,天生异秉,令人羡慕。"

【无时无刻】 wú shí wú kè 即每时每刻。指总是这样。《初刻拍案惊奇》卷六:"滕生快快归来,整整想了一夜,自是行忘止,食忘餐,却像掉下了一件什么东西的,无时无刻不在心上。"巴金《随想录》一○:"我无时无刻不祝愿我的广大读者有着更加美好、更加广阔的前途,我要为这个前途献出我最后的力量。"梁斌《红旗谱》四:"她无时无刻不在想念,惹得她常说:'"老头子",没良心! 没良心!'"

【无事不登三宝殿】 wú shì bù dēng sān bǎo diàn 三宝殿:泛指佛殿。比喻没事不找上门来。《韩湘子全传》二五回:"二哥不要说乖话,你是无事不登三宝殿的人,怎肯今日白白的来看我?"《二十年目睹之怪现状》六六回:"所以你一进门,我就知道你是有为而来的了。这才是无事不登三宝殿呵。"周而复《上海的早晨》三部三八:"余静认为韩云程无事不登三宝殿,这回突然到党支部办公室来,一定有事。"

【无事生非】wú shì shēng fēi 无缘无故找岔子，存心制造纠纷。《封神榜》一二回："何况他平日为人有些儿心怀不正，无事生非，惨害忠良，寻找众人的闲气。"《说唐》六五回："我们气他不过，不如把此事奏闻父王，说他两个无事生非，欺君灭主的罪罢。"王火《战争和人》(二)卷四："你大舅疑心病大，连毁誉从来不可偏信的道理都不懂！粪缸越淘越臭，无事生非，他还得意！"

【无私有弊】wú sī yǒu bì 弊：欺诈行为。没有不轨行为，但因处于有嫌疑的环境之中而使人猜疑。《活地狱》二六回："可是这个风声出去，人家一定说是无私有弊。"

【无所不包】wú suǒ bù bāo 没有什么不被包括。指容纳的事物或包含的内容非常多。汉·王充《论衡·别通篇》："故夫大人之胸怀非一，才高知大，故其于道术，无所不包。"宋·朱熹《答林择之》："大抵圣人之言，虽浑然无所不包，而学者却要见得中间曲折也。"《老残游记》九回："儒、释、道三教，譬如三个铺面挂了三个招牌，其实都是卖的杂货，柴米油盐都是有的。不过儒家的铺子大些，佛、道的铺子小些，皆是无所不包的。"孙犁《白洋淀纪事·妇女的路》："无所不包也无所不孕育的新的农村生活！"

【无所不能】wú suǒ bù néng 没有什么不会做。形容神通广大。《云笈七签》卷七五："服七斤，无所不能，出没自在，在处随形，入道教化。"《封神榜》一四五回："自天之上，由地之下，无所不能。"《儿女英雄传》三八回："除了他那把大锤之外，蹿山入水，无所不能。"路遥《早晨从中午开始》二："亲戚朋友纷纷上门，不是要钱，就是让我说情安排他们子女的工作，似乎我不仅腰缠万贯，而且有权有势，无所不能。"

【无所不通】wú suǒ bù tōng 通：通晓，知道。《文子·精诚》："随时而举事，因资而立功，进退无难，无所不通。"意为无处不通达。后指没有什么不知道的。形容学识广博。《汉书·任敖传》："苍凡好书，无所不观，无所不通，而尤邃律历。"《红楼梦》五四回："这小姐芳名叫作雏鸾，琴棋书画，无所不通。"刘绍棠《村妇》卷一："刘二皇叔出家为僧十一年，从小到大扛长工；放过牛，浇过园，种过地，耕、耩、锄、耪无所不通。"

【无所不为】wú suǒ bù wéi 为：做。没有什么不做。指什么事都干。含贬义。《礼记·乐记》："灭天理而穷人欲者也"汉·郑玄注："穷人欲，言无所不为。"《三国志·吴书·张温传》："揆其奸心，无所不为。"《红楼梦》四七回："那柳湘莲原是世家子弟，读书不成，父母早丧，素性爽侠，不拘细事，酷好耍枪舞剑，赌博吃酒，以至眠花卧柳，吹笛弹筝，无所不为。"巴金《春》六："两位孙少爷跟陈克家的二少爷很要好。听说他们三个在外头吃喝嫖赌，无所不为。"

【无所不晓】wú suǒ bù xiǎo 见"无所不知"。

【无所不用其极】wú suǒ bù yòng qí jí 极：顶点，尽头。无处不用尽心力。《礼记·大学》："《诗》曰：'周虽旧邦，其命惟新。'是故君子无所不用其极。"宋·袁燮《轮对陈人君宜达民隐札子》："凡可以加惠吾民者，无所不用其极。"后指做坏事时任何极端的手段都使出来。王火《战争和人》(二)卷三："敌人手握屠刀，烧杀奸淫，无所不用其极。"

【无所不在】wú suǒ bù zài 无处不存在。指到处都有。《云笈七签》卷四四："当存太一在己身中六合宫，或存太一在兆左右，坐卧背向无所不在也。"老舍《四世同堂》六一："他也想像到常二爷屋中的样子，不单是样子，而且闻到那无所不在的柴烟味道，不十分好闻，可是令人感到温暖。"陈忠实《白鹿原》二六章:"他尚未发现武孝义对鹿三有什么明显的厌弃或不恭,然而轻视的眼色是无所不在的。"

【无所不知】 wú suǒ bù zhī 没有什么不知道的。指什么都懂。晋·葛洪《抱朴子·祛惑》:"凡人见其小验,便呼为神人,谓之必无所不知。"巴金《家》四:"她觉得,世间的一切都是由一个万能的无所不知的神明安排好了的,自己到这个地步,也是命中注定的罢。"也作"无所不晓"。《三国演义》二三回:"天文地理,无一不通;三教九流,无所不晓。"朱自清《海阔天空》与"古今中外"》:"文的必是琴棋书画无所不晓,武的必是十八般武艺件件精通。"

【无所不至】 wú suǒ bù zhì ❶没有什么不去做。指什么事都能干得出来。含贬义。《论语·阳货》:"其未得之也,患得之;既得之,患失之。苟患失之,无所不至矣。"《东周列国志》七九回:"子瑕恃宠弄权,无所不至。"《红楼梦》七二回:"旺儿的那小儿子虽然年轻,在外头吃酒赌钱,无所不至。"冰心《两个家庭》:"孩子们也没有教育,下人们更是无所不至。"❷无处不到。指所到的范围广。《史记·货殖列传》:"周人既纤,而师史尤甚,转毂以百数,贾郡国,无所不至。"唐·陈子昂《为金吾将军陈令英请免官表》:"始年十八,投笔从戎,西逾流沙,东绝沧海,南征北战,无所不至。"❸没有什么没做到。指极其周到、完备。《三国志·魏书·何夔传》:"比及三年,民安其业,然后齐之以法,则无所不至矣。"清·百一居士《壶天录》卷下:"慈母爱子之心,无所不至。"

【无所措手足】 wú suǒ cuò shǒu zú 措:安放。手脚没有地方放。形容不知如何是好。《论语·子路》:"刑罚不中,则民无所措手足。"《后汉书·陈忠传》:"至乃陪仆告其君长,子弟变其父兄,罔密法

峻,大臣无所措手足。"《初刻拍案惊奇》卷三〇:"太守慌得无所措手足,且又不知所谓,只得偷眼来看李参军。"蒋光慈《少年漂泊者》五:"当时我眼睁睁地看着父母的死尸,简直无所措手足。"

【无所顾忌】 wú suǒ gù jì 没有任何顾虑。《晋书·陶侃传》:"称肆纵丑言,无所顾忌,要结诸将,欲阻兵构难。"宋·苏轼《策略》:"使其心无所顾忌,故能尽其才而责其成功。"杨沫《青春之歌》一部一五章:"卢嘉川、罗大方和那些流着鲜血的人,他们是多么勇敢,他们竟把生死置之度外无所顾忌,可是自己呢?"

【无所忌惮】 wú suǒ jì dàn 惮:害怕。什么都不顾忌、不害怕。南朝齐·孔稚圭《奏劾王融》:"威福自己,无所忌惮,诽谤朝政,历毁王公。"《镜花缘》七一回:"况那《论衡》书上,甚至闹到问孔刺孟,无所忌惮,其余又何必谈他。"叶圣陶《倪焕之》九:"一味讲感化,却把学生感化得善于作伪,无所忌惮,起初谁又料得到!"

【无所事事】 wú suǒ shì shì 事事:从事某种事情。没有什么事可做。指闲着什么事也不干。明·归有光《送同年丁聘之之任平湖序》:"然每晨入部升堂,祗揖而退,卒无所事事。"《二十年目睹之怪现状》七八回:"这位督办,那时候正在上海游手好闲,无所事事,正好有工夫做那些不相干的闲事。"茅盾《蚀·追求》三:"在来去的途中,他坐在人力车上,也不是无所事事的;纷繁的思想在他心上往来起伏,似乎比车轮的转动还要快些。"及容《饥饿荒原》一八:"苏晚晴靠在帆布帐篷门口,无所事事地望着门外的风景。"

【无所适从】 wú suǒ shì cóng 适:往。从:跟随。不知听从哪一个好。指不知该怎么办。《北齐书·魏兰根传》:"此县界于强虏,皇威未接,无所适从,故成背叛。"《镜花缘》一八回:"学问从实地上用功,议论自然确有根据;若浮光掠影,中

无成见,自然随波逐流,所无适从。"李劼人《大波》三部五章:"川省军事,自端午遥居重庆,不肯来省会同协商,尔丰每有咨商调遣,辄被掣抑,一军两帅,已觉无所适从。"蒋子龙《赤橙黄绿青蓝紫》一:"钢厂的许多干部,习惯于老老实实地按上头精神办事,……一旦没有了上头精神,便感到六神无主,无所适从了。"

【无所畏惧】wú suǒ wèi jù　没有什么可害怕的。指什么都不怕。《魏书·董绍传》:"此是绍之壮辞,云巴人劲勇,见敌无所畏惧,非实瞎也。"邓一光《我是太阳》一部七:"他矫健、英勇、强悍、无所畏惧,有使不完的热情和力气。"

【无所用心】wú suǒ yòng xīn　用心:动脑筋。指不动脑筋。什么事都不关心。《论语·阳货》:"饱食终日,无所用心,难矣哉!"宋·黄庭坚《书博弈论后》:"涪翁放逐黔中,既无所用心,颇喜弈棋。"鲁迅《花边文学·北人与南人》:"所以某先生曾经指出缺点道:北方人是'饱食终日,无所用心';南方人是'群居终日,言不及义'。就有闲阶级而言,我以为大体是的确的。"

【无所作为】wú suǒ zuò wéi　作为:做出成绩。没有做出什么成绩。指安于现状,缺乏进取精神。宋·朱熹《朱子语类·论语七》:"然黄帝亦尝用兵战斗,亦不是全然无所作为也。"巴金《随想录》五〇:"一些基层干部总喜欢那些'唯唯诺诺'、无所作为的人,而对我们这些'大学生'总有些格格不入。"

【无往不利】wú wǎng bù lì　所到之处,没有不顺利的。指处处都行得通。唐·李虚中《命书》上:"官禄厚,无往不利。"《镜花缘》八二回:"我想五福寿为先,任凭怎样吉利,总莫若多寿最妙,先把这个做了开场,自然无往不利了。"李劼人《大波》一部一章:"他近年以来,官运亨通,无往不利,倒是随时随地都在兴高采烈。"

【无往不胜】wú wǎng bù shèng　所到之处,没有不胜利的。指到处都能成功。周而复《上海的早晨》二部五六:"徐义德在一切人面前都是一个有魄力有手腕办事无往不胜的能手,只有今天晚上败给他平素最看不起的工人手里。"

【无妄之祸】wú wàng zhī huò　见"无妄之灾"。

【无妄之灾】wú wàng zhī zāi　无妄:意想不到。《周易·无妄》:"六三,无妄之灾。或系之牛,行人之得,邑人之灾。"意为有人把牛拴在路边,被行人牵走了,住在附近的乡里人家遭到怀疑而蒙受不白之冤。后用来指平白无故遭受的灾祸。晋·葛洪《抱朴子·微旨》:"盗贼甚多,将何以却朝夕之患,防无妄之灾乎?"《西游记》一二回:"太宗正色喜问道:'你那大乘佛法,在于何处?'菩萨道:'在大西天天竺国大雷音寺我佛如来处,能解百冤之结,能消无妄之灾。'"周作人《雨天的书·大人之危害》及其他》:"现在思想界的趋势是排外与复古,这是我三年前的预料,'不幸而吾言中',竺震旦先生又不幸适来华,以致受'驱象团'的白眼,更真是无妄之灾了。"萧红《呼兰河传》五章:"团圆媳妇的婆婆左思右想,越想越是自己遭了无妄之灾,满心的冤曲,想骂又没有对象,想哭又哭不出来,想打也无处下手了。"也作"无妄之祸"。《战国策·楚策四》:"世有无妄之福,又有无妄之祸。"

【无微不至】wú wēi bù zhì　微:细微。至:到。没有一处细微的地方不考虑到。形容关怀、照顾得非常细心周到。《儿女英雄传》三八回:"看了长姐儿这事情,才知圣人教诲无微不至。"老舍《四世同堂》五八:"金钱而外,她需要安慰与爱护,而马老太太与长顺是无微不至的体贴她,帮助她。"陈忠实《白鹿原》三章:"盘龙镇中药材收购店掌柜吴长贵接待了他,像侍奉驾临的皇帝一样殷勤周到无微不至。"

【无隙可乘】 wú xì kě chéng 隙:空隙。乘:趁,利用机会。《宋书·律历志下》:"臣其历七曜,咸始上元,无隙可乘。"原指周密严谨。后指没有空隙可钻。明·李贽《与周友山》:"正兵法度森严,无隙可乘,谁敢邀堂堂而击正正,以取灭亡之祸欤?"《三侠五义》八九回:"巧娘失了心上之人,他不思己过,反把小姐与佳蕙恨入骨髓,每每要将他二人陷害,又是无隙可乘。"

【无懈可击】 wú xiè kě jī 懈:松懈。指没有一处弱点可以让人攻击。形容十分严密,找不到漏洞。清·吴乔《围炉诗话》卷一:"一篇诗只立一意,起手、中间、收结互相照应,方得无懈可击。"老舍《四世同堂》一九:"他的决定必是无懈可击的完全合理,否则凭老大的精明,决不会这么容易点头吧!"陈国凯《两情若是久长时》五:"何玉倩任何时候都是天衣无缝,八面玲珑,无懈可击的。"

【无休无止】 wú xiū wú zhǐ 休:止。没有止境,没完没了。张贤亮《土牢情话》二章:"尽管无休无止的强度劳动折磨着我,我还是能享受到鲜明的、清新的、纯朴的自然美。"莫应丰《山高林密处》六:"可怜的白妮,在一片无休无止的吵闹声中几乎已失去知觉。"

【无言以对】 wú yán yǐ duì 对:答对,答复。没有话来答复。王安忆《流逝》六:"这一席话说得他们无言以对,端前自己都觉得痛快,而且奇怪自己居然能义正辞严,说出这么多道理。"

【无依无靠】 wú yī wú kào 没有依靠。元·张国宾《荣归故里》三折:"也不知他在楚馆秦楼贪恋着谁,全不想养育的深恩义,可怜见一双父母,年高力弱,无靠无依。"后多作"无依无靠",形容孤苦伶仃,没人照顾。《醒世恒言》卷三五:"只

道与你一竹竿到底白头相守,那里说起半路上就抛撇了,遗下许多儿女,无依无靠!"《红楼梦》二六回:"如今父母双亡,无依无靠,现在他家依栖。"浩然《乐土》四○章:"可惜神佛一直没有降福给他们,没给他们钱财,也没给他们一个儿子,致使到老来无依无靠、孤苦伶仃。"

【无以复加】 wú yǐ fù jiā 复:再。不能再增加。指程度已达到了极点。《汉书·王莽传下》:"德盛者文缛,宜崇其制度,宣视海内,且令万世之后无以复加也。"宋·曾巩《请西北择将东南益兵札子》:"今士之精锐,兵之工巧,无以复加矣。"郭沫若《屈原》四幕:"他当着楚王和南后面前,把南后恭维得无以复加,说她是巫山神女下凡,说她是天下第一、国色无双。"杜鹏程《回忆雪峰同志》:"他心爱的书籍,经过再三处理,还是没有地方放置,只能堆在地上或塞在床下。生活之屈辱和窘困,无以复加。"

【无影无踪】 wú yǐng wú zōng 没有一点影子和踪迹。形容完全消失,不知去向。元·吴昌龄《东坡梦》三折:"你那里挨挨楼楼,闪闪藏藏,无影无踪。"《西游记》三一回:"望妖精头顶一棍,就打得他无影无踪。急收棍子看处,不见了妖精。"《野叟曝言》一六回:"弯吹内外料理,哭泣跪拜,迎送支按,辛苦异常。嗣子洪儒却躲得无影无踪,各处找寻不着。"茅盾《蚀·动摇》一:"半小时前,张铁嘴灌给他的满天希望,一下子消得无影无踪。"也作"无踪无影"。《封神榜》一八六回:"土行孙……一扭身形,无踪无影,先去了西岐城去。"《红楼梦》六六回:"说毕,一阵香风,无踪无影去了。"巴金《秋》四四:"这笑容就像一块石头落在大海里似的,在他的黄黑的瘦脸上无踪无影地消失了。"

【无庸讳言】 wú yōng huì yán 庸:用。讳言:有所顾忌而不直说。指用不着忌

讳，可以坦率地说。无，也作"毋"。茅盾《蚀·动摇》九："方罗兰对于女子的经验，毋庸讳言是很少的，他万料不到天下除了他的太太式的女子，还有孙舞阳那样的人。"

【无庸置辩】wú yōng zhì biàn　庸：用。用不着争辩。无，也作"毋"。郭沫若《抗战以来的文艺思潮》："尊重民族形式并不是复古，那是无庸置辩的。"欧阳山《三家巷》一六六："村子里的群众躲避咱们土改工作队，这已经是毋庸置辩的事实了。"

【无庸赘述】wú yōng zhuì shù　赘：多余的。述：讲述。用不着多说。《花月痕》三〇回："这夜四人喝酒行令，无庸赘述。"

【无忧无虑】wú yōu wú lǜ　没有任何忧虑。形容心情安然舒畅。元·无名氏《渔隐》曲："无忧无虑度朝昏，但得年年生意好。"《封神榜》一〇回："命否敢受皇家俸！福薄难作栋梁臣……倒不如，无忧无虑随时过，似水如云方趁心。"钱钟书《围城》八："结婚以后的几天，天天盼望家里回信，远不及在桂林时的无忧无虑。"巴金《随想录》六五："我们谈得少，我拿着酒杯，感到时间慢慢地在身边过去，我有一种无忧无虑的幸福感觉。"

【无与伦比】wú yǔ lún bǐ　伦比：类比。指事物非常完美，没有能跟它相比的。《旧唐书·郭子仪传论》："自秦汉已还，勋力之盛，无与伦比。"魏巍《地球的红飘带》二八："茅台酒酒香清洌，无与伦比，那是人人都知道的。"古华《芙蓉镇》三章："他就像个千年修炼、一朝得道的圣徒，沉湎在自己的无与伦比的幸福、喜悦里。"

【无缘无故】wú yuán wú gù　缘：因由。故：原因。没有什么原因，平白无故。《封神榜》二九回："无缘无故将人害，眼前一定报应真！"《野叟曝言》六七

回："我与你素不相识，无缘无故怎便打我?"巴金《家》九："我们无缘无故地挨了打，当然不肯随便了结。"钱钟书《围城》九："我这儿好好的有职业，为什么无缘无故扔了它跟你去。"

【无源之水，无本之木】wú yuán zhī shuǐ, wú běn zhī mù　本：树根。没有源头的水，没有根的树。比喻没有基础的事物。本，也作"根"。明·朱舜水《孝说》："于此不著力理会而言学，是远人以为道也。纵是甚明聪明，甚等博洽，甚等精透，却总是无源之水，无根之木，用力虽勤，而推充不去。"毛泽东《实践论》："理性的东西所以靠得住，正是由于它来源于感性，否则理性的东西就成了无源之水，无本之木，而且是主观自生的靠不住的东西了。"

【无置锥之地】wú zhì zhuī zhī dì　见"无立锥之地"。

【无中生有】wú zhōng shēng yǒu　把没有的说成有。指凭空捏造。《水浒传》四一回："你这厮在蔡九知州府后堂，且会说黄道黑，拨置害人，无中生有撺掇他!"《二十年目睹之怪现状》八八回："苟太太无中生有的找些闲话来说两句，一面支使开小鸦头；再说不到几句话，自己也走出房外去了。"叶圣陶《倪焕之》一二："他几乎不相信世间会有那样无中生有寻事胡闹的人。"张天翼《速写三篇·谭九先生的工作》："'没那个事，没那个事!'梅十刨子瞅他一眼，仿佛怪他无中生有似的。"

【无踪无影】wú zōng wú yǐng　见"无影无踪"。

【无足挂齿】wú zú guà chǐ　见"不足挂齿"。

【无足轻重】wú zú qīng zhòng　足：以。宋·欧阳修《答吴充秀才书》："修材不足用于时，仕不足荣于世，其毁誉不足

轻重,气力不足动人。"后用"无足轻重"指不足以影响事物的轻重。形容无关紧要。周而复《上海的早晨》一部五四:"他认为柳惠光根本是一个无足轻重的人。柳惠光讲的话自然也微不足道了。"姚雪垠《李自成》三卷三三章:"汝才知道闯王是利用时中,并非将时中当成心腹。至于时中是闯王的义女婿,在汝才眼中无足轻重。"

【毋庸置疑】 wú yōng zhì yí　毋:无。庸:用。置疑:怀疑。用不着怀疑。路遥《早晨从中午开始》七:"对于中国当代文学来说,这些作品的出现本身意义十分重大,这是毋庸置疑的。"

【吴牛喘月】 wú niú chuǎn yuè　汉·应劭《风俗通·佚文》:"吴牛望月则喘,使(彼)之苦于日,见月怖,亦喘之矣。"意为吴地天气炎热,水牛怕热,见到月亮误认为是太阳,就喘起气来。后用"吴牛喘月"比喻遇见类似事物而胆怯。《世说新语·言语》载:晋满奋畏风,在武帝座;北窗作琉璃屏,奋误认为空隙,有难色。帝笑之,奋答曰:"臣犹吴牛,见日而喘"也形容天气酷热。唐·李白《丁都护歌》:"云阳上征去,两岸饶商贾。吴牛喘月时,拖船一何苦!"

【吴市吹箫】 wú shì chuī xiāo　《史记·范睢蔡泽列传》:"伍子胥橐载而出昭关,夜行昼伏,至于陵水,无以糊其口,膝行蒲伏,稽首肉袒,鼓腹吹篪,乞食于吴市。"篪,一作"箫"。后用"吴市吹箫"指街头行乞。也比喻过艰苦的流亡生活。马君武《去国辞》:"行矣高丘更无女,频年吴市倦吹箫。"

【吴下阿蒙】 wú xià ā méng　《三国志·吴书·吕蒙传》南朝宋·裴松之注引《江表传》:"蒙始就学,笃志不倦,其所览见,旧儒不胜。后鲁肃上代周瑜,过蒙言议,常欲受屈。肃拊蒙背曰:'吾谓大弟但有武略耳,至于今者,学识英博,非复吴下阿蒙。'"后指学识浅薄的人。《晋书·慕容德载记》:"汝器识长进,非复吴下阿蒙也。"清·李渔《闲情偶记·词曲·宾白》:"自今观之,皆吴下阿蒙手笔也。"

【梧鼠技穷】 wú shǔ jì qióng　梧鼠:多作"鼫鼠",本作"鼫鼠"。《荀子·劝学》:"螣蛇无足而飞,梧鼠五技而穷。"传说鼫鼠有五种技能,但都不专精。能飞不能过屋,能缘不能穷木,能游不能渡谷,能穴不能掩身,能走不能先人。后用"梧(鼫)鼠技穷"比喻技能多而不精,无济于事。宋·张扩《代黄侍御除直秘阁谢宰执启》:"如某者天资朴鲁,世事迂疏,鼫鼠之技易穷,犬马之心徒在。"章炳麟《驳康有为论革命书》:"呜呼哀哉!'南海圣人',多方善疗,而梧鼠之技,不过于五,亦有时而穷矣。"

【五彩缤纷】 wǔ cǎi bīn fēn　五彩:各种色彩。缤纷:繁多而缭乱的样子。形容色彩纷繁,非常好看。彩,也作"色"。《二十年目睹之怪现状》四三回:"连日把书房改做了账房,……铺设得五色缤纷,当中挂了姊姊画的那一堂寿屏,两旁点着五六对寿烛。"李劼人《死水微澜》四:"成都并不像天堂似的好,也不像万花筒那样五色缤纷,没钱人家苦得比乡坝里还厉害。"王蒙《青春万岁》一三:"众多的,五彩缤纷的印象纷纷掠过杨蔷云的心头,虽然朦胧,却十分可爱。"路遥《平凡的世界》(下)一一章:"候机楼前面巨大的花坛里,五彩缤纷的鲜花如锦似绣。"

【五大三粗】 wǔ dà sān cū　形容膀阔腰圆,身材魁梧。梁斌《红旗谱》五:"老人说:'一个个五大三粗的,好,好啊!死王八羔子们净想叫咱满门绝后,咱门里人更多了!'"古华《芙蓉镇》二章:"黎满庚的女人五大三粗,外号'五爪辣',在队上出工是个强劳力,在家里养猪打狗、操持家务更是个泼悍妇。"

【五短身材】wǔ duǎn shēn cái　指人的躯干和四肢都生得短小。《水浒传》三二回："这个好汉祖贯两淮人氏，姓王名英。为他五短身材，江湖上叫他做矮脚虎。"茅盾《子夜》一："男的是五短身材，微胖，满面和气的一张白脸。"

【五方杂处】wǔ fāng zá chǔ　五方：指东、西、南、北、中。《汉书·地理志下》："汉兴，立都长安，……是故五方杂厝，风俗不纯。"后用"五方杂处"指各地方的人杂居在一起。形容都市居民复杂。《镜花缘》二七回："此国人为何生一张猪嘴？而且语音不同，倒像五方杂处一般，是何缘故？"《孽海花》二回："上海虽繁华世界，究竟五方杂处，所住的无非江湖名士。"茅盾《虹》八："上海是五方杂处，最容易叫人上当的地方。"也作"五方杂聚"。《初刻拍案惊奇》卷二〇："此间女子只好恁样，除非汴梁帝京，五方杂聚去处，才有出色女子。"〔注意〕处，不读 chù。

【五方杂聚】wǔ fāng zá jù　见"五方杂处"。

【五谷丰登】wǔ gǔ fēng dēng　五谷：一般指稻、黍、稷（高粱）、麦、菽（豆），泛指粮食作物。登：庄稼成熟。形容年成好，粮食丰收。《六韬·立将》："是故风雨时节，五谷丰登，社稷安宁。"元·吴弘道《越调·斗鹌鹑》套曲："托赖着一人有庆，五谷丰登。"《西游记》一五回："每遇春耕、夏耘、秋收、冬藏之日，各办三牲花果，来此祭社，以保四时清吉，六畜茂盛故也。"《镜花缘》三回："古人云：'雪兆丰年。'朕才登极，就得如此佳兆，明岁自然五谷丰登，天下太平了。"

【五光十色】wǔ guāng shí sè　南朝梁·江淹《丽色赋》："夫绝世而独立者，信东邻之佳人，……如彩云出岫，五光徘徊，十色陆丽。"后用"五光十色"形容色彩鲜艳，花样繁多。《孽海花》一〇回："只见会场上人山人海，异常热闹。场上陈列着有锦绣的，有金银的，五光十色，目眩神迷，顿时吓得出神。"钱钟书《围城》二："承那王主任笔下吹嘘，自己也被吹成一个大肥皂泡，未破时五光十色，经不起人一搠就不知去向。"巴金《随想录》一二九："小朋友们，不瞒你们说，对着眼前五光十色的景象，就连我有时也感到迷惑不解了。"

【五行八作】wǔ háng bā zuō　行：行业。作：作坊。泛指各种行业。《续儿女英雄传》一九回："带兵的是魏永福，带一百名兵，于次日起身，不准传扬出去，兵丁陆续而往；扮到五行八作，各项生意，到了寺前。"老舍《龙须沟》一幕："五行八作，就没你这一行。"刘绍棠《花街》三："石、木、瓦、扎、土、油、漆、彩、画、糊，五行八作都会两下子，这全是无师自通的偷艺儿。"〔注意〕行，不读 xíng。作，不读 zuò。

【五行并下】wǔ háng bìng xià　五行文字同时看下去。形容看书的速度极快。《后汉书·应奉传》："奉少聪明，自为童儿及长，凡所经履，莫不暗记，读书五行并下。"也作"五行俱下"。宋·陆游《老学庵笔记》卷二："王性之读书真能五行俱下，往往他人才三四行，性之已尽一纸。"〔注意〕行，不读 xíng。

【五行俱下】wǔ háng jù xià　见"五行并下"。

【五湖四海】wǔ hú sì hǎi　泛指全国各地。《祖堂集·伏牛和尚》："五湖四海随缘去，到处为家一不归。"《西游记》二二回："万国九州任我行，五湖四海从吾撞。皆因学道荡天涯，只为寻师游地旷。"古华《芙蓉镇》三章："人家是全国的红旗，农业的样板。五湖四海、国内国外都去学习。"

【五花八门】wǔ huā bā mén　原指五行阵和八门阵，古代两种战术变化很多的阵势。后用来比喻变化多端或花样繁多。《野叟曝言》八九回:"正斗到深处,尹雄把旗一展,忽变为三才,三才以一攻二,以二攻一,亦如两仪,然后五花八门,次第生变。"《儒林外史》四二回:"那小戏子一个个戴了貂裘,簪了雉羽,穿极新鲜的靠子,跑上场来,串了一个五花八门。"鲁迅《准风月谈·〈吃白相饭〉》:"功绩虽多,归纳起来也不过是三段,只因为未必全用在一件事情上,所以看起来好像五花八门的。"欧阳山《三家巷》一六八:"延安的人朴实、敦厚,说一句,算一句,容易相处。不比这里的人,五花八门,各怀鬼胎。"

【五花大绑】wǔ huā dà bǎng 一种捆绑人的方式。先用绳子套住脖子,再从胸前绕到背后反剪着两臂。是对重罪犯的一种刑法。《封神榜》七一回:"这两个打柴的樵夫,身受五花大绑,衣衫花绿,满面风霜,战战惊惊跪在帐前,一派的害怕之相。"李劼人《大波》一部四章:"果不其然,一个多玲珑,多妖娆的年轻小跟班,五花大绑绑出辕门,青宁绸镶滚云头边的军衣下面还露出水红里衣。"欧阳山《三家巷》七九:"原来这时候胡杏已经在蛇冈的连部,却叫那些丘八拿绳子捆了个五花大绑,扔进一只船里,连夜解到省城里去了。"

【五黄六月】wǔ huáng liù yuè 泛指阴历五、六月间天气炎热的时候。《警世通言》卷二四:"我若南京再娶家小,五黄六月害病死了我。"刘绍棠《花街》九:"狗尾巴花来到金公馆,就好像五黄六月的韭菜排苍蝇,伪自治政府五花八门的官吏挤破金公馆的门框,踢平了金公馆的门槛。"

【五雷轰顶】wǔ léi hōng dǐng 雷电轰击头顶。比喻遭到猝然不防的沉重打击。也用来诅咒人不得好死。路遥《人生》二〇章:"他一提起加林就愤怒了,从灶上溜下来,站在脚地当中破口大骂:

'……他妈的,将来不得好死,五雷轰顶呀!'"王安忆《舞台小世界》四:"福奎却有如五雷轰顶,一下子躺倒了。"

【五里雾中】wǔ lǐ wù zhōng 《后汉书·张楷传》:"性好道术,能作五里雾。"后用"五里雾中"比喻迷离模糊,看不清真相的境地。周而复《上海的早晨》二部三三:"他像坠在五里雾中,一时间啥物事也看不清楚,是非也讲不明白。"

【五内俱焚】wǔ nèi jù fén 见"五内如焚"。

【五内如焚】wǔ nèi rú fén 五内:五脏。五脏像被火烧的一样。形容极度忧愁或焦急。《官场现形记》三回:"此时黄道台早已急得五内如焚,一句话也回答不出。"邓一光《我是太阳》一部一〇:"关山林在指挥所里,早就五内如焚了。……困豹似地在屋里走来走去。"也作"五内俱焚"。魏巍《地球的红飘带》三二:"这个不幸的消息很快为王家烈的夫人所获知,她真是五内俱焚,肝肠寸断。"

【五十步笑百步】wǔ shí bù xiào bǎi bù 《孟子·梁惠王上》:"孟子对曰:'王好战,请以战喻。填然鼓之,兵刃既接,弃甲曳兵而走。或百步而后止,或五十步而后止。以五十步笑百步则何如?'曰:'不可。直不百步耳,是亦走也。'"意为逃跑五十步的士兵讥笑逃跑一百步的,其本质实一样。后用来比喻自己跟别人有同样性质的问题,却自以为优越而嘲笑或反对别人。南朝梁·释僧佑《何承天〈答宗居士书〉》:"昔之所谓道者,于形为无形,于事为无事,恬漠冲淡,养智益神。岂独爱欲未除,宿缘是畏,唯见其有,岂复是过,以此嗤齐侯,犹五十步笑百步耳。"老舍《四世同堂》三八:"他和瑞丰原来差不多,他看不起瑞丰也不过是以五十步笑百步罢了。"

【五体投地】wǔ tǐ tóu dì 指两肘、两膝及额头同时着地。是古代印度九等致敬仪式中最恭敬的礼节,佛教沿用。《无量寿经》卷上:"闻我名字,五体投地,稽首作礼。"后用来比喻佩服到了极点。含诙谐义。《梁书·中天竺国传》:"今以此国群臣民庶,山川珍重,一切归属,五体投地,归诚大王。"《二十年目睹之怪现状》九八回:"少爷的文章进境,真是了不得! 这个叫兄弟从何改起,只有五体投地的了!"鲁迅《华盖集·牺牲谟》:"哦哦!已经九天没有吃饭?! 这真是清高得很哪! 我只好五体投地。"老舍《四世同堂》七一:"二小姐是真有两下子,真有两下子,我佩服,五体投地的佩服!"

【五颜六色】wǔ yán liù sè　形容色彩繁多。也指各色各样。《官场现形记》一四回:"再前头,全是中军队伍,只见五颜六色的旗子,迎风招展,挖云镶边的号褂,映日争辉。"鲁迅《集外集拾遗补编·我的种痘》:"从孔子较小的一端向明一望,那可真是猗妆休哉,里面竟有许多五颜六色,希奇古怪的花朵。"孙犁《白洋淀纪事·慰问》:"十五支会把会员们做的五颜六色的慰问袋,点缀在一个红星形的架子上,陈列在工会的办公室里。"

【五脏六腑】wǔ zàng liù fǔ　五脏:脾、肺、肾、肝、心。六腑:胃、大肠、小肠、三焦、膀胱、胆。人体内脏器官的总称。《吕氏春秋·达郁》:"凡人三百六十节,九窍,五藏六府。藏:同"脏"。府:同"腑"。也比喻事物的内部情况。《云笈七签》卷三三:"每坐常闭目内视,存见五脏六腑。"《平妖传》一二回:"杨巡检五脏六腑,向来已被圣姑姑搅浑。"丛维熙《阴阳界》四:"我和这类人生活境遇差不多,能揣度他们的一言一行一举一动,说得再直接一点,我一眼就能看穿他的五脏六腑。"

【武不善作】wǔ bù shàn zuò　指动起武来不讲斯文。《西游记》六三回:"常言道:'武不善作。'但只怕起手处,不得留情,一时间伤了你的性命。"

【武昌剩竹】wǔ chāng shèng zhú　《晋书·陶侃传》:"任荆州刺史,镇武[昌]时造船,木屑及竹头悉令举掌之,咸不解所以。……及桓温伐蜀,又以侃所贮竹头作丁(钉)装船。其综理微密,皆此类也。"后用"武昌剩竹"比喻尚可备用的材料。《二刻拍案惊奇·小引》:"顾逸事新语可佐谈资者,乃先是所罗而未及付之于墨,其为柏梁余材,武昌剩竹,颇亦不少。"

【舞态生风】wǔ tài shēng fēng　比喻舞姿轻盈飘逸。《东周列国志》七九回:"歌声遏云,舞态生风,一进一退,光华夺目。"

【舞文弄法】wǔ wén nòng fǎ　舞、弄:玩弄,耍弄。玩弄法律条文作弊。《史记·货殖列传》:"吏士舞文弄法,刻章伪书,不避刀锯之诛者,没于赂遗也。"南朝梁·沈约《授蔡法度廷尉制》:"州郡好吏,恣其取舍,舞文弄法,非止一涂。"唐·吴兢《论君臣鉴戒》:"刀笔之吏,顺旨承风,舞文弄法,曲成其罪。"

【舞文弄墨】wǔ wén nòng mò　舞、弄:玩弄,耍弄。形容玩弄文字技巧。《三国演义》四三回:"岂亦效书生,区区于笔砚之间,数黑论黄,舞文弄墨而已乎?"梁实秋《雅舍小品·洋罪》:"舞文弄墨之辈,专作欺人之谈。"巴金《随想录》后记:"我的座右铭便是:'绝不舞文弄墨、盗名欺世。'不管写什么长短文章,我时时记住这句话。"王安忆《小鲍庄》六:"不过鲍仁文的名声还是出去了,知道小鲍庄有了个舞文弄墨的。"

【舞榭歌楼】wǔ xiè gē lóu　见"舞榭歌台"。

【舞榭歌台】wǔ xiè gē tái　榭:楼阁。唱歌跳舞用的亭台楼阁。泛指寻欢作乐的地方。唐·黄滔《馆娃宫赋》:"舞榭歌台,朝为宫而暮为沼。"宋·辛弃疾《永遇乐•京口北固亭怀古》词》"舞榭歌台，风流总被雨打风吹去。"《老残游记二集》七回》"长年作客，未免无聊，舞榭歌台，眠花宿柳，阅人亦多。"也作"舞榭歌楼"。元•关汉卿《金线池》二折》"好姐姐几时得脱离了舞榭歌楼，不是我出乖弄丑，从良弃贱。我命里有终须有，命里无枉生受。"也作"歌楼舞榭"。《花月痕》三回》"西安本系海珠旧游之地，是日同华农走访各处歌楼舞榭，往往抚今追昔，物是人非，不免怅然而返。"

【勿谓言之不预】wù wèi yán zhī bù yù　谓》说。预》预先。不要说没有事先告诉。指把话说在前头。毛泽东《中共发言人关于命令国民党政府逮捕冈村宁次和内战罪犯的谈话》》"此事你们要完全负责任，倘有逃逸情事，必以纵匪论处，决不姑宽，勿谓言之不预。"

【物阜民安】wù fù mín ān　阜》丰富。物产丰富，人民安乐。《东周列国志》一回》"话说周朝，自武王伐纣，即天子位，成康继之，……真个文修武偃，物阜民安。"清•李渔《怜香伴•请封》》"目今物阜民安，时和景丽。"

【物归原主】wù guī yuán zhǔ　东西归还原来的主人。《镜花缘》六三回》"其物是一妇人为他丈夫设措赎罪之资。因被回禄拥挤遗失，亏尔长子细心密访，物归原主，其夫脱罪，夫妇始得团圆。"周而复《上海的早晨》三部二一》"鸠占鹊巢是暂时的，将来一定要物归原主，把鸠统统撵走。"刘绍棠《二度梅》六》"我又不是你从她手里借来的镰刀、锄头、权把、扫帚，用完了要物归原主。"

【物华天宝】wù huá tiān bǎo　物的精华，天的宝物。指极为珍奇宝贵的物品。唐•王勃《滕王阁序》》"物华天宝，龙光射斗牛之墟；人杰地灵，徐孺下陈蕃之榻。"王火《战争和人》(二)卷五》"他来到物华天宝、人杰地灵的苏州，看到的是一番破

落凋零的景象。"

【物换星移】wù huàn xīng yí　景物改变，星辰移动。形容时序世事的变迁。唐•王勃《滕王阁》诗》"闲云潭影日悠悠，物换星移几度秋。"梁启超《论专制政体有百害于君主而无一利》》"岂知曾不旋踵，物换星移，如风卷箨，一扫而空矣。"

【物极必反】wù jí bì fǎn　《鹖冠子•环流》》"美恶相饰，命曰复周；物极则反，命曰环流。"后用"物极必反"指事物发展到极点，必定会向相反的方面转化。宋•李攸《宋朝事实•削平僭伪》》"蜀土之民，近岁日益繁盛，但习俗嚣浮，多事邀赏。物极必反，今小寇惊动，岂天意抑其浮华耶?"《东周列国志》七七回》"子故平王之臣，北面事之，今乃僇辱其尸，虽云报仇，不已甚乎? 物极必反，子宜速归。不然，胥当践'复楚'之约!"李劼人《死水微澜》五部一五》"大概是物极必反罢! 罗歪嘴的语谶，大家的希望，于这一天实现了。"

【物尽其用】wù jìn qí yòng　充分发挥各种东西的功用。梁实秋《雅舍小品•脏》》"现代号称观光的车上也有冷冰冰香喷喷的小方块毛巾敬客，也有人深通物尽其用的道理，抹脸揩头，细吹细打。"刘绍棠《村妇》卷二》"刘家锅伙的库房里，收藏着破四旧时没收的花轿和鼓乐，正可物尽其用。"

【物竞天择】wù jìng tiān zé　竞》竞争。择》选择。指自然界生物竞相生存、优胜劣汰的客观规律。欧阳山《三家巷》四七》"我是说在这个问题上，千万不要忽略那名的物竞天择、适者生存的法则，把那弱肉强食的道理，也该透彻彻底地给孩子们灌输下去。"

【物离乡贵】wù lí xiāng guì　物品离开原产地越远就变得越珍贵。明•沈璟《埋剑记•柔远》》"自古道物离乡贵，人离乡贱，这语话，信非假，到如今转忆家。"

《红楼梦》六七回:"妹妹知道,这就是俗话说的'物离乡贵',其实可算什么呢。"

【物力艰难】 wù lì jiān nán　见"物力维艰"。

【物力维艰】 wù lì wéi jiān　物力:物产。维:助词,无义。指财产来得十分艰苦不容易。清·朱用纯《治家格言》:"一粥一饭,当思来处不易;半丝半缕,恒念物力维艰。"也作"物力艰难"。钱钟书《围城》五:"在李和顾的眼睛里,咱们俩也许是一对无知小子,不识物力艰难,不体谅别人。"

【物美价廉】 wù měi jià lián　东西质量好,价格便宜。梁实秋《雅舍小品·啤酒》啤酒:"无牌名货品在观念上是一项革新,亦可说是一种反动。为要达到物美价廉的目的,不要装潢,不做广告,赤裸裸的以本来面目在货架上与人相见。"刘心武《钟鼓楼》四章:"你看,到了英国,想买物美价廉的电视机,挑来挑去也还是买东洋货!"也作"价廉物美"。鲁迅《呐喊·阿Q正传》六章:"加以赵太太正想买价廉物美的皮背心。于是家族决议,便托邹七嫂即刻去寻阿Q。"

【物伤其类】 wù shāng qí lèi　物:动物。伤:悲伤,感伤。因同类遭受不幸而感到悲伤。《西游记》六二回:"三藏叹曰:'兔死狐悲,物伤其类。'叫:'悟空,你上前去问他一声,为何这等遭罪?'"《红楼梦》七三回:"探春冷笑道:'俗语说的,"物伤其类","齿竭唇亡",我自然有些惊心。'"鲁迅《伪自由书·从盛宣怀说到有理的压迫》:"那是没有什么奇怪的,因为袁世凯是'物伤其类',他自己也是卖国贼。"

【物是人非】 wù shì rén fēi　景物依旧,人已变更。三国魏·曹丕《与吴质书》:"节同时异,物是人非,我劳如何?"宋·李清照《武陵春·春晚》词:"风住尘香花已尽,日晚倦梳头。物是人非事事休,

欲语泪先流。"《花月痕》三回:"西安本系痴珠旧游之地,是日同华农走访各处歌楼舞榭,往往抚今追昔,物是人非,不免怅然而返。"周而复《上海的早晨》三部一七:"徐义德一进厂,看到车间和仓库,感到物是人非,好不伤心。"路遥《早晨从中午开始》二三:"岁月流逝,物是人非,无数美好的过去是再也不能唤回了。"

【物以类聚】 wù yǐ lèi jù　《周易·系辞上》:"方以类聚,物以群分,吉凶生矣。"后用"物以类聚"指事物同类的聚集在一起。多比喻坏人臭味相投,勾结在一起。常和"人以群分"连用。《五灯会元·温州护国钦禅师》:"如藤倚树,物以类聚。"《醒世恒言》卷一七:"自古道:物以类聚,过迁性喜游荡,就有一班浮浪子弟引诱打合。"鲁迅《两地书》一二一:"胡适之的诗载于《礼拜六》,他们的像见于《红玫瑰》,时光老人的力量,真能逐渐的显出'物以类聚'的真实。"巴金《随想录》七〇:"好作品喜欢同好文章排列在一起,这也是所谓'物以类聚'吧。"

【物以稀为贵】 wù yǐ xī wéi guì　东西因稀少而显得珍贵。唐·白居易《小岁日喜谈氏外孙女满月》诗:"物以稀为贵,情因老更慈。"《老残游记》一三回:"俗话说的好,'物以稀为贵',岂不是没才的倒成了宝贝了吗?"韦君宜《姻娌》:"他们生了四个女儿一个老儿子。按新社会规矩他们虽不便再说女儿是赔钱货,究竟物以稀为贵。"

【误国害民】 wù guó hài mín　见"误殃民"。

【误国殃民】 wù guó yāng mín　使国家受害,使人民遭殃。明·杨继盛《请诛贼臣疏》:"臣观大学士严嵩,盗窃权柄,误国殃民,其天下之第一大贼乎。"李劼人《大波》三部二章:"你可知道,王采臣反对国有政策,丑诋盛杏荪误国殃民的奏折,便是此人的手笔么?"也作"误国害

民"。《说岳全传》七四回:"张俊身为大将,不思报效,专权乱政,误国害民。"

【误人子弟】 wù rén zǐ dì　误:耽误。因没有才学、不负责任或方法不当而耽误求学的年轻人。《镜花缘》一九回:"先生犯了这样小错,就要打手心,那终日旷功误人子弟的,岂不都要打杀么?"陈国凯《曹雪芹开会去了》:"评奖这玩意,弄得不好误人子弟。"

【误入歧途】 wù rù qí tú　歧途:邪路。因失误而走上错误的道路。茅盾《子夜》五:"我也很知道这班人也是受人愚弄,误入歧途。"刘绍棠《二度梅》七:"洛文觉得,梅雨应该去当电影明星,念数学系是误入歧途。"

【雾里看花】 wù lǐ kàn huā　唐·杜甫《小寒食舟中作》诗:"春水船如天上坐,老年花似雾中看。"意为年老眼花,看花像隔了一层雾一样。后用"雾里看花"比喻对事物看不真切。王国维《人间词话》卷上:"白石写景之作……虽格韵高绝,然如雾里看花,终隔一层。"冰心《寄小读者》一八:"走马看花,雾里看花,都是看不清的。"殷德厚《〈季羡林选集〉前言》:"前一阶段的作品虽然也有诗情画意,也有感人肺腑之言和扣人心弦之笔,但总像雾里看花,隐隐约约,隔着一层。"

X

【夕惕若厉】 xī tì ruò lì　惕：警惕。厉：不脱衣涉水。一天到晚警惕戒惧，如同涉水过河。形容做事情谨慎小心，不敢怠慢。《周易·乾》："君子终日乾乾，夕惕若厉，无咎。"《旧唐书·代宗纪》："朕主三灵之重，托群后之上，夕惕若厉，不敢荒宁。"《三国演义》七三回："常恐殒越，辜负国恩；寤寐永叹，夕惕若厉。"

【希奇古怪】 xī qí gǔ guài　形容事物很少见，奇异怪诞，与一般不同。《二刻拍案惊奇》卷三七："如此事体，逢看便做，做来便希奇古怪，得利非常。"鲁迅《集外集拾遗补编·我的种痘》："从孔子较小的一端向明一望，那可真是猗欤休哉，里面竟有许多五颜六色，希奇古怪的花朵。"沈从文《萧萧》："总而言之，说来事事都希奇古怪，和庄稼人不同，有的简直还可说岂有此理。"也作"稀奇古怪"。《老残游记》一三回："这也罢了，只是你赶紧说你那稀古怪的案情罢。"老舍《四世同堂》三八："即使他的意见已经被人驳倒，他还要卷土重来找出稀奇古怪的话再辩论几回。"

【希世奇珍】 xī shì qí zhēn　希世：世上少有。珍：珍宝。世上少有的珍宝。《红楼梦》二五回："你家现有希世奇珍，如何还问我们有符水？"

【希世之宝】 xī shì zhī bǎo　世上少有的珍宝。《老残游记》三回："此书世上久不见了，季沧苇、黄丕烈诸人俱未见过，要算希世之宝呢！"

【息事宁人】 xī shì níng rén　息：平息。宁：安定。指调解纠纷，使事情平息下来，使人们平安相处。《后汉书·章帝纪》："其令有司，罪非殊死且勿案验，及吏人条书相告，不得听受，冀以息事宁人，敬奉天气。"鲁迅《集外集拾遗补编·〈关于子见南子〉》："待到教育部训令一下，表面上似乎已经无事，而宋校长偏还强项，提出种种问题，于是只得调厅，另有任用，其实就是'撤差'也矣。这即所谓'息事宁人'之举，也还是'强宗大姓'的完全胜利也。"巴金《秋》四九："他只怕事情会闹大。他到现在还信息事宁人的办法是无上的。"

【息息相关】 xī xī xiāng guān　息：呼吸进出的气息。呼吸时进出的气息相互关连。形容关系或联系非常密切。清·蒋士铨《第二碑·书表》："昭明太子为我撰成墓表，仍求吴姐书丹，恰好上仙亦至，可见三人息息相关。"老舍《四世同堂》五四："在思索这些小问题的时候，他才更感到一个人与国家的关系是何等的息息相关。"孙犁《白洋淀纪事·安新看卖席记》："自然，十年战争，我们有了很多新的社会关系和新的感情。但一个席店老板对席民发生这种种息息相关的感情，在我却是异常新鲜的事。"

【息息相通】 xī xī xiāng tōng　息：呼吸进出的气息。呼吸时进出的气息是相通的。形容相互通连，关系非常密切。《儿女英雄传》二六回："何玉凤本是个性情中人……如今听了张金凤这话，正如水月镜花，心心相印，玉墨金锁，息息相通。"老舍《四世同堂》八六："虽然老人的与他自己的在战争中的经验不同,变化不同,可是他们的由孤立的个人,变为四万万同胞息息相通,是相同的。"王安忆《香港的情和爱》六:"再看对岸香港岛的灯火,忽觉那灯火与自己息息相通,休戚相关,那灯火是有一些温暖,一些照应的了。"

【悉听尊便】 xī tīng zūn biàn　悉:完全。听:听任,任由。完全听任对方行事是否方便。指任由对方想怎么做就怎么做。钱钟书《围城》九:"哼,我才不呢! 我吃自己的饭,从来没叫你养过,我不是你的家累。你这次去了,回来不回来,悉听尊便。"魏巍《东方》一部七章:"院子里的几面墙都没有了,可是唯独那个砖门楼却好端端地立在那儿。仿佛向人表示:'既然我的主人把我留在这儿,我只好听命;至于你们,客人们,你们爱怎么进来,那就一切悉听尊便。'"也作"悉由尊便"。茅盾《蚀·动摇》六:"你们爱高谈阔论,悉由尊便,我可不能奉陪了!"

【悉由尊便】 xī yóu zūn biàn　见"悉听尊便"。

【惜老怜贫】 xī lǎo lián pín　爱护、同情老年人和贫苦人。《红楼梦》三九回:"我们老太太最是惜老怜贫的,比不得那个狂三诈四的那些人。"姚雪垠《李自成》二卷三六章:"如今大家都知道闯王的义军纪律严明,惜老怜贫,只杀富人,不扰平民,果然是仁义之师。"

【惜墨如金】 xī mò rú jīn　爱惜笔墨像爱惜金子一样不轻易虚掷。原指作画不轻易使用浓墨。后指写作不轻易下笔,力求严谨精练。宋·费枢《钓矶立谈》:"李营丘惜墨如金。"明·陶宗仪《辍耕录·写山水诀》:"作画用墨最难,但先用淡墨,积至可观处,然后用焦墨浓墨……李成惜墨如金是也。"清·阎尔梅《叶澹生山人访我黄龙潭上赠之》诗:"传梅得杏铅华谢,惜墨如金笔意闲。"鲁迅《且介亭杂文二集·题未定"草八》:"那些了不得的作家,谨严如

骨,惜墨如金,要把一生的作品,只删存一个或者三四个字,刻之泰山顶上。"孙犁《夜思》:"现在,有些文艺评论家,赞美我在文字上惜墨如金。"

【惜玉怜香】 xī yù lián xiāng　见"怜香惜玉"。

【惜指失掌】 xī zhǐ shī zhǎng　指:手指。掌:手掌。爱惜手指而失去手掌。比喻顾小失大。《南史·阮佃夫传》:"又庐江何恢,有妓张耀华美而有宠,为广州刺史,将发,要佃夫饮,设乐,见张氏,悦之,频求。恢曰:'恢可得,此人不可得也。'佃夫拂衣出户,曰:'惜指失掌耶?'遂讽有司以公事弹恢。"

【稀奇古怪】 xī qí gǔ guài　见"希奇古怪"。

【稀稀拉拉】 xī xī lā lā　形容少而散漫的样子。欧阳山《三家巷》一七〇:"吴生海走进会场一看,见大家这么稀稀拉拉,很不满意,暗中叫何守礼守住大门口,只准人进,不准人出。"从维熙《并不愉快的故事》:"他愣愣地站起来,焦急地搓搓手,只等到里边响起稀稀拉拉的巴掌声的时候,他才推门进去。"也作"稀稀落落"。李劼人《大波》二部一章:"到底人多势众,稀稀落落的一排丘八副爷是阻拦不住的。"

【稀稀落落】 xī xī là là　见"稀稀拉拉"。

【溪壑无厌】 xī hè wú yàn　溪壑:两山之间的河谷,比喻难以填满的欲望。厌:满足。《国语·晋语八》:"叔鱼生,其母视之,曰:'是虎目而豕喙,鸢肩而牛腹,溪壑可盈,是不可餍也,必以贿死。'"餍:同"厌"。后用"溪壑无厌"指贪心极大,永远满足不了。《南齐书·谢朓传》:"自尔升擢,超越伦伍,而溪壑无厌,著於触事。"明·叶盛《水东日记·陆放翁家训》一五:"世之贪夫,溪壑无厌,固不足责。"

【熙来攘往】 xī lái rǎng wǎng　熙:和

乐。攘：纷乱。《史记·货殖列传》："天下熙熙，皆为利来；天下壤壤，皆为利往。"壤：通"攘"。后用"熙来攘往"形容人来人往，非常热闹。《官场现形记》八回："只见这弄堂里面，熙来攘往，毂击肩摩；那出进的轿子，更觉络绎不绝。"韬奋《萍踪忆语·从柏明汉到塞尔马》："你在这样市政修明的街道上，可以看见熙来攘往的男男女女。"周而复《上海的早晨》四部五九："人们在红旗的海洋里，在笑脸迎人的'喜'字的河流里，熙来攘往，共同迎接一个欢乐的节日。"

【熙熙攘攘】xī xī rǎng rǎng　熙熙：和乐的样子。攘攘：乱纷纷的样子。《史记·货殖列传》："天下熙熙，皆为利来；天下壤壤，皆为利往。"壤：通"攘"。后用"熙熙攘攘"形容人来人往，纷杂拥挤。《太平御览》卷四四引《周书》："容容熙熙，皆为利谋；熙熙攘攘，皆为利往。"元·王结《客船晚烟》诗："贾客轻生冒艰险，熙熙攘攘亦堪怜。"《醒世恒言》卷三三："只因世路窄狭，人心叵测。大道既远，人情万端。熙熙攘攘，都为利来。蚩蚩蠢蠢，尽纳祸去。"《孽海花》二九回："却说吾人以肉眼对着社会，好像一个混沌世界，熙熙攘攘，不知为着何事这般忙碌。"周而复《上海的早晨》三部一一："霓虹电管的光芒像燃烧着的火焰，照着熙熙攘攘的人群，潮水一般的涌来涌去。"

【嘻皮笑脸】xī pí xiào liǎn　见"嬉皮笑脸"。

【嘻嘻哈哈】xī xī hā hā　形容开怀说笑的样子。《初刻拍案惊奇》卷二六："杜氏一句话也不来招揽，老大没趣。又见他与智圆交头接耳，嘻嘻哈哈，心怀忿毒。"《红楼梦》二四回："刚说到这句话，只见秋纹、碧痕嘻嘻哈哈的笑着进来了。"巴金《春》一："怎么这样清风雅静？我以为你们一定嘻嘻哈哈地闹得不得开交了。"姚雪垠《李自成》三卷三一章："慧梅在健妇营中俨然是一员女将，可是一回到高夫人的老营，好像立刻又变成了一个没有长大的姑娘，嘻嘻哈哈地同姐妹们说说笑笑。"

【膝痒搔背】xī yǎng sāo bèi　汉·桓宽《盐铁论·利议》："不知趋舍之宜，时世之变，议论无所依，如膝痒而搔背。"后用"膝痒搔背"比喻言论或处事不得当，没有抓住关键。

【嬉皮笑脸】xī pí xiào liǎn　形容嬉笑不严肃的样子。《三侠五义》五七回："睁睛往左右一看，见展爷蹲在身旁，见卢方在那里拭泪，惟独徐庆、蒋平二人，一个是怒目横眉，一个是嬉皮笑脸。"鲁迅《华盖集·并非闲话三》："被挤着，还能嬉皮笑脸，游戏三昧么？倘能，那简直是神仙了。"姚雪垠《李自成》二卷六章："挨过打以后，他们重被带到张萧面前，垂手站立，不敢抬头，更不敢嬉皮笑脸。"也作"嘻皮笑脸"。《官场现形记》二九回："王小四子把眉毛一竖，眼睛一斜，道：'不准走！'糖葫芦只得嘻皮笑脸的仍旧坐下。"梁实秋《雅舍小品·婚礼》："新郎西服笔挺，呆若木鸡。证婚人语言无味，介绍人嘻皮笑脸，主婚人形如木偶。"

【嬉笑怒骂】xī xiào nù mà　指欢喜和愤怒等不同感情的表现。多指嘲笑、斥骂。常用来形容写作不拘题材形式，任意发挥。宋·黄庭坚《东坡先生真赞》："东坡之酒，赤壁之笛，嬉笑怒骂，皆成文章。"《二十年目睹之怪现状》一六回："这军务的事情何等重大！一旦败坏了，我们旁听的，只能生个恐惧心，生个忧愤心，那里还有工夫去嬉笑怒骂呢？"叶文玲《心香》："工地上，许多青年小伙子在丢下舔得光光的饭勺子后，都可以嬉笑怒骂，抒发一下情绪，而我遇上这种场合，却只能默默地走开。"也作"喜笑怒骂"。鲁迅《南腔北调集·辱骂和恐吓决不是战斗》："但必须止于嘲笑，止于热骂，而且要'喜笑怒骂，皆成文章'，使敌人因此受伤或致死，而自己并无卑劣的行为，观者也不以为污秽，这才是战斗的作者的本领。"王火《战争和人》(三)卷三："至于丑角戏，我并不特别爱好，只是听说川戏中的丑角喜笑怒骂、冷嘲热讽俱全，特地来看看试试。"

【习而不察】xí ér bù chá 见"习焉不察"。

【习非成是】xí fēi chéng shì 非：错误。是：正确。汉·扬雄《法言·学行》："习乎习，以习非之胜是，况习是之胜非乎？"宋·赵与时《宾退录》卷五："名实相乱，莫矫其失，习非胜是，终古不悟，可悲矣！"后用"习非成是"指习惯于某种错误的做法或说法，就反以为是正确的了。梁启超《新民说》八："中国数千年来，误此见解，习非成是。"钱玄同《寄陈独秀》："于是习非成是，一若文不用典，即为俭学之征。"

【习惯成自然】xí guàn chéng zì rán《孔子家语·七十二弟子解》："少成则若性也，习惯若自然也。"后用"习惯成自然"指习惯以后就成了自然的事。《红楼梦》八〇回："如今习惯成自然，反使金桂越发长了威风，薛蟠越发软了气骨。"《镜花缘》六一回："我家大小皆是如此，日久吃惯，反以吃茶为苦，竟是习惯成自然了。"鲁迅《书信集·致萧军、萧红》："习惯成自然，南边人总以像自己家乡那样的曲曲折折为合乎道理。"

【习焉不察】xí yān bù chá 焉：相当于"于是"、"于此"。《孟子·尽心上》："行之而不著焉，习矣而不察焉，终身由之而不知其道者，众矣。"后用"习焉不察"指经常接触某种事物，反而觉察不到其中的问题。宋·张淏《云谷杂记·取进止》："当栖楚待罪时，处分未出，其曰进止，是也。而不晓文义者，习焉不察，概谓有旨为进止，如堂底所载，凡宣旨皆云有进止者，相承之误也。"也作"习而不察"。孙中山《民权主义》四讲："这种见解和思想，真是谬误到极点，可谓人云亦云，习而不察。"

【习以成性】xí yǐ chéng xìng 见"习与性成"。

【习以为常】xí yǐ wéi cháng 习：习惯。常：平常。《逸周书·常训》："民生而有习有常，以习为常。"后用"习以为常"指某种事情经常去做，或某种现象经常看到，就成了常规或习惯，觉得很平常了。《魏书·临淮王传》："将相多尚公主，王侯亦娶后族，故无妾媵，习以为常。"《儒林外史》四八回："余大先生在虞府坐馆，早去晚归，习以为常。"《三侠五义》六五回："然而每日走者，时常看着，习以为常，也就不理会了。"巴金《随想录》三二："事实上这样的事自古以来经常发生，人们习以为常，见怪不怪。"路遥《在困难的日子里》三章："渐渐地，我被大家遗忘了——这就是说，同学们已对我的贫困习以为常，不像刚来时，我身上的一切对大家来说都是'新鲜'的。"

【习与性成】xí yǔ xìng chéng 习：习惯。性：性格。长期或经常进行某种行为就会养成某种性格。后多指坏习惯成为本性，难以改变。《尚书·太甲上》："兹乃不义，习与性成。"《梁书·王筠传》："余少好读书，老而弥笃，虽偶见瞥观，皆即疏记，后重省览，欢兴弥深，习与性成，不觉笔倦。"《花月痕》二五回："嗟乎！一介弱女，落在驵侩之手，习与性成，恐已无可救药。"也作"习以成性"。《晋书·王导传》："故László王蒙以养正，少而教之，使化霑肌骨，习以成性，迁善远罪而不自知，行成德立，然后裁之以位。"唐·白居易《策项》："臣闻人无常心，习以成性；国无常俗，教则移风。"

【席不暇暖】xí bù xiá nuǎn 席：坐席，席子。暇：空闲。连席子还没有来得及坐热就起来了。《淮南子·修务训》："孔子无黔突，墨子无暖席。"汉·班固《答宾戏》："是以圣哲之治，栖栖遑遑，孔席不暖，墨突不黔。"后用"席不暇暖"形容很忙，多坐一会儿的时间都没有。晋·葛洪《抱朴子·辨问》:"突无凝烟,席不暇暖,其事则鞅掌无极,穷异无已。"唐·李白《上安州李长史书》:"白孤剑谁托,悲歌自怜,迫于栖惶,席不暇暖。"《水浒传》一〇五回:"却得宋江平定河北班师,复奉诏征讨淮西。真是席不暇暖,马不停蹄。"《野叟曝言》一四〇回:"帝念元功,拜相封公。席不暇暖,北靖胡烽。单于阕氏,系颈双从。"李劼人《大波》三部一章:"一天到晚,要处理公事,要坐堂审案;一天到晚,要伺候上司;应该忙得席不暇暖,食不知味才是。"

【席地而坐】xí dì ér zuò　古人在地上铺席子作为座位。后泛指坐在地上。《旧五代史·李茂贞传》:"但御军整众,都无纪律,当食则造庖厨,往往席地而坐。"《醒世恒言》卷四:"当下依原铺设毡条,席地而坐,放开怀抱痛饮。"《镜花缘》八〇回:"就在芍药花旁,拣个绝静地方,两人席地而坐,谈了许久。"刘白羽《第二个太阳》一五章:"秦震和老人家挽手而行,……走进竹林深处,席地而坐。"

【席地幕天】xí dì mù tiān　见"幕天席地"。

【席丰履厚】xí fēng lǚ hòu　席:坐席,席子。履:鞋子。形容财产丰厚,生活优裕。清·张英《聪训斋语》:"王谢子弟,席丰履厚,田庐仆役,无一不具。"《二十年目睹之怪现状》一四回:"你看他们带上几个兵船,就都一个个的席丰履厚起来,那里还肯去打仗。"

【席卷天下】xí juǎn tiān xià　像卷席一样把天下一切卷进去。形容包括无余。汉·贾谊《过秦论》:"有席卷天下、包举宇内、囊括四海之意,并吞八荒之心。"

【袭故蹈常】xí gù dǎo cháng　因袭旧例,遵循常规。

【洗耳恭听】xǐ ěr gōng tīng　形容专心而恭敬地听。常用作请人讲话的客气话。元·郑廷玉《楚昭公》四折:"请大王试说一遍,容小官洗耳恭听。"《二十年目睹之怪现状》一〇〇回:"总办说话时,他还垂着手,挺着腰,洗耳恭听。"姚雪垠《李自成》一卷一六章:"张献忠装做洗耳恭听的样子。当林铭球把话说完,他微微笑着,没说一个字。"从维熙《落红》四:"'继续说吧,我在洗耳恭听!'我不冷不热地说。"

【洗心涤虑】xǐ xīn dí lǜ　比喻彻底改变过去不好的思想和念头。宋·陈亮《与应仲实》:"困苦之余,百念灰冷,视前事已若隔世,洗心涤虑,谓可以承君之教矣。"《西游记》八回:"他洗心涤虑,再不伤心,专等取经人来。"《野叟曝言》一〇七回:"缘上帝好生,皇上不嗜杀人,我体天心君心,故许尔乞降,以后当洗心涤虑,不可再生异志,致举国灭亡之祸也。"

【洗心革面】xǐ xīn gé miàn　洗心:指清除坏思想。革面:改变旧面貌。《周易·系辞上》:"圣人以此洗心,退藏于密。"《周易·革》:"小人革面,顺以从君也。"后用"洗心革面"比喻彻底悔改。宋·辛弃疾《淳熙己亥论盗贼札子》:"自今以始,洗心革面,皆以惠养元元为意。"姚雪垠《李自成》一卷五章:"只要你从今后洗心革面,着实为朝廷效力,朝廷自然会重用你。"邓友梅《那五》一一:"家业败了可也甩了那些腐败的门风排场,断了四体不勤五谷不分的命脉,从此洗心革面,咱们还能重新做个有用的人。"

【喜不自禁】xǐ bù zì jīn　见"喜不自胜"。

【喜不自胜】xǐ bù zì shèng　胜(旧读shēng):禁受得起。高兴得自己都禁受不起。形容非常高兴。三国魏·钟繇《贺捷表》:"天道祸淫,不终厥命,奉闻嘉熹,喜不自胜。"《三国演义》二八回:"关公望见张飞到来,喜不自胜,付刀与周仓接了,拍马来迎。"《说岳全传》六七回:"黑虎见殿上挂红结彩,十分齐整,喜不自胜。"张恨水《啼笑因缘》一八回:"家树接了电话,喜不自胜,约了马上就来。"也作"喜不自禁"。《红楼梦》二八回:"宝玉听说,喜不自禁,连忙接了,将自己一条松花汗巾解了下来,递与琪官。"

【喜出望外】 xǐ chū wàng wài 望外:希望或意料之外。因遇到出乎意料的好事而高兴。宋·苏轼《与李之仪》:"契阔八年,岂谓复有见日。渐近中原,辱书尤数,喜出望外。"《二刻拍案惊奇》卷一一:"满生与文姬,两个私情,得成正果,天从人愿,喜出望外。"《红楼梦》一七回:"宝玉打开一看,只觉此首比自己所作的三首高过十倍,真是喜出望外,遂忙恭楷写上。"鲁迅《故事新编·补天》二:"伊无法可想的向四处看,便看见一队巨鳌正在海面上游玩,伊不由的喜出望外了,立刻将那些山都搁在他们的脊梁上,嘱咐道:'给我驮到平稳的地方去罢!'"张恨水《啼笑因缘》一回:"那弹三弦子的,见家树这样慷慨,喜出望外,忘其所以的把柳条盘交到左手,蹲了一蹲,垂着右手,就和家树请了一个安。"

【喜从天降】 xǐ cóng tiān jiàng 喜事从天上降下来。形容遇到意想不到的喜事而极度高兴。《水浒传》七九回:"宋江听罢,喜从天降,笑逐颜开,便叫请那报事人上堂来。"《醒世恒言》卷二〇:"徐氏得了这几句话,喜从天降,乃道:'有这等事!'"张恨水《啼笑因缘续集》五回:"沈三玄到了现在,实在是走投无路了;不想却又有了这样一个沈统制和他谈和,真是喜从天降。"魏巍《地球的红飘带》二三:"真是喜从天降,王家烈顿时笑逐颜开,忙向薛司令长官连声道谢。"

【喜眉笑眼】 xǐ méi xiào yǎn 形容满脸喜笑的表情。马烽、西戎《吕梁英雄传》八〇回:"先听到这消息的人,满街奔跑着,大声叫喊着,每个人都是喜眉笑眼的,说不出的喜欢。"浩然《乐土》一三章:"母亲听到我和父亲说话的声音就放下手里的针线活,迎出了屋,喜眉笑眼地围着大黄牛转圈儿观看。"

【喜怒哀乐】 xǐ nù āi lè 欢喜、愤怒、悲哀、快乐。泛指人内心各种不同的感情。《礼记·中庸》:"故君子慎其独也,喜怒哀乐之未发谓之中,发而皆中节谓之和。"《警世通言》卷二六:"平日心中喜怒哀乐,都寓之于丹青。每一画出,争以重价购之。"《红楼梦》一一一回:"喜怒哀乐未发之时便是个性,喜怒哀乐已发便是情了。"鲁迅《且介亭杂文末编·关于太炎先生二三事》:"他的一身,就是大众的一体,喜怒哀乐,无不相通。"巴金《随想录·附录》:"我们写作,只是因为我们有话要说,有感情要倾吐,我们用文字表达我们的喜怒哀乐。"

【喜怒无常】 xǐ nù wú cháng 一会儿高兴,一会儿生气,情绪变化不定。《魏书·杨大眼传》:"然征淮堰之役,喜怒无常,垂挞过度,军士颇憾焉。"《红楼梦》二七回:"宝玉和林黛玉是从小儿一处长大,他兄妹间多有不避嫌疑之处,嘲笑喜怒无常。"姚雪垠《李自成》二卷三二章:"众文武官深知他喜怒无常,都把头低下去,等候着不测风云。"邓一光《我是太阳》四部七:"关山林的脾气变得越来越坏,他的焦灼不安、喜怒无常、暴戾乖张连他的部下都难以忍受。"

【喜气洋洋】 xǐ qì yáng yáng 洋洋:得意的样子。形容流露出来的十分得意或高兴的神色。唐·司空图《障车文》:"满盘罗馅,大楪酒浆,儿郎伟品,担将归去,教你喜气扬扬。"扬扬,也作"洋洋"。《水浒传》一三回:"杨志喜气洋洋,下了马,便向厅前来拜谢恩相,充其职役。"《二刻拍案惊奇》卷二〇:"后来知县朝觐去了,巢大郎已知陈定官问结,放胆大了,喜气洋洋转到家里。"巴金《春》二八:"'不,我已经说定了。今下午算是我真正请客。……'淑华喜气洋洋地说。"也形容洋溢着喜悦的气氛。姚雪垠《李自成》二卷五四章："义军在今天停止操练，各营中杀猪宰羊，一片喜气洋洋。"刘白羽《第二个太阳》八章："水果摊上鹅黄的枇杷，鱼市场上银鳞的鲜鱼，无不色彩一新，喜气洋洋。"

【喜上眉梢】xǐ shàng méi shāo　形容眉宇间流露出喜悦的神情。《儿女英雄传》二三回："[张金凤]思索良久，得了主意，不觉喜上眉梢。"姚雪垠《李自成》三卷四章："跪在地上的魏清慧和吴婉容都叩头轻呼'万岁!'然后起立。其他在左右伺候的太监和宫女也都喜上眉梢，轻呼'万岁!'"

【喜闻乐见】xǐ wén lè jiàn　喜欢听，乐意看。指很欢迎。刘醒龙《农民作家》一五："他要孙仲望还《偷儿记》本来面目，那才是群众所喜闻乐见的。"

【喜笑怒骂】xǐ xiào nù mà　见"嬉笑怒骂"。

【喜笑颜开】xǐ xiào yán kāi　颜：脸色。开：舒展。形容心里高兴，满面笑容。《封神榜》八回："话说冀州侯苏护方才一见女儿并不在金殿龙楼尽节，也不碰死金阶，全他的孝道，竟自喜笑颜开上辇进了内院而去，由不得只气了个磨拳擦掌。"《镜花缘》五回："武后越看越爱，不觉喜笑颜开道：'此时洛如、青囊二花，经朕封为女史，莫不蒂中结蒂，花中套花，真是双双吐艳，两两争妍。'"姚雪垠《李自成》二卷二六章："那些应该撤走的义军，因为困在商洛山中一年多，如今忽然有机会突围出去，一个个精神鼓舞，喜笑颜开。"

【喜新厌旧】xǐ xīn yàn jiù　喜欢新的，厌弃旧的。多指对爱情不专一。宋·叶适《淮西论铁钱五事状》："常人之情，喜新厌旧。"《儿女英雄传》二回："那怕丈夫千金买笑，自料断不及我一顾倾城，不怕你有喜新厌旧的心肠，我自有换斗移星的手

段。"蒋子龙《一件离婚案》："这样的案子不少，或者是男的喜新厌旧，另有所爱；或者是女的别有新欢，有了外遇。"

【喜形于色】xǐ xíng yú sè　形：表露。色：脸色。喜悦流露在脸上。形容控制不住内心的喜悦。《魏书·高允传》："允喜形于色，语人曰：'天恩以我笃老，大有所赍，得以赡客矣。'"《东周列国志》三五回："秦穆公闻重耳来信，喜形于色，郊迎授馆，礼数极丰。"《红楼梦》一一九回："李纨心下喜欢，因王夫人不见了宝玉，不敢喜形于色。"鲁迅《故事新编·铸剑》三："上自王后，下至弄臣，个个喜形于色。"杨沫《青春之歌》二部一章："看过了信，她笑了，不由得喜形于色地说：'你来了可真好! 你不知道，我早就盼着——做梦还想着有人来找我呢……'"

【喜之不胜】xǐ zhī bù shèng　胜(旧读shēng)：能够承受。指高兴得不得了。《东周列国志》三八回："太叔遂人王城，先至冷宫，放出隗后，然后往谒惠太后。太后见了太叔，喜之不胜，一笑而绝。"《说岳全传》七一回："何立回头一望，果然见前面一座高山，喜之不胜，便慌慌的向前走去。"

【细大不捐】xì dà bù juān　细：小。捐：舍弃。小的大的都不舍弃。常指收罗的东西多，毫无遗漏。唐·韩愈《进学解》："记事者必提其要，纂言者必钩其玄，贪多务得，细大不捐。"元·王恽《胙城县庙学记》："本末具备，细大不捐。"《清史稿·悯郡王》："奕劻自简任军机大臣以来，细大不捐，门庭如市。是以其父子起居，饮食，车马，衣服异常挥霍，尚能积蓄巨款。"

【细水长流】xì shuǐ cháng liú　比喻作精细打算，长远安排，使财物、精力等长期持续下去。李劼人《大波》一部五章："敝号生意，二十多年来，细水长流，买主多是老买主。"王安忆《香港的情和爱》七："它是一种绵绵无尽的望断天涯的生计，什么都从长计议，讲的是细水长流。"也比喻一

点一滴不间断地做某件事。刘心武《栖凤楼》一二："这许多年来，姥姥是到邮局……请他们代笔，给姥爷写去了一封又一封的信，内容虽然很简短，也极雷同，却细水长流，在此以前不曾中断……"

【细微末节】xì wēi mò jié　见"细枝末节"。

【细枝末节】xì zhī mò jié　比喻事情或问题的细小而无关紧要的部分。邹韬奋《抗战以来》三三："动员民众必须重视民间团体的力量，只须使其符合于总的抗战国策，而不必作细枝末节的限制，更不可随时解散。"也作"细微末节"。张洁《盯梢》："她从头到尾，又把我审了一番，连细微末节也没有放过。"

【虾兵蟹将】xiā bīng xiè jiàng　指古代神怪小说里海龙王手下的兵将。《西游记》三回："东海龙王敖广即忙起身，与龙子龙孙、虾兵蟹将出宫迎道：'上仙请进，请进。'"也用来蔑称对方的兵将或部下。《孽海花》一九回："你有的是钱，只要你肯拿出来，东海龙王也叫他搬了家，虾兵蟹将怕什么？"王火《战争和人》（一）卷五："她不愿意做一个享福的太太，做一个供摆设的花瓶，甚至做一个随波逐流跟着右翼跑的虾兵蟹将。"

【侠肝义胆】xiá gān yì dǎn　指讲义气、有勇气、肯舍己助人的气概和行为。刘绍棠《小荷才露尖尖角》四："此人侠肝义胆，为朋友甘愿两肋插刀。"蒋子龙《赤橙黄绿青蓝紫》八："这样侠肝义胆的壮举，表扬还来不及哩，谁还敢处理！"

【狭路相逢】xiá lù xiāng féng　《乐府诗集·相逢行》"相逢狭路间，道隘不容车。"后用"狭路相逢"指凑巧相遇，无法回避。常用来形容仇人相见，彼此都不肯轻易放过。《景德传灯录·淄州水陆和尚》："（有僧）问：'狭路相逢时如何？'师便拦胸托一托。"元·无名氏《争报恩》楔子："不如作个计较，放了他去；狭路相逢，安知没有

报恩之处？"《警世通言》卷二一："此去倘然冤家狭路相逢，教他双双受死。"《镜花缘》二八回："今日冤家狭路相逢，我且除了此害，替众报仇！"李英儒《野火春风斗古城》一章："梁队长，今天狭路相逢，可是碰巧的，我们可不是专找你的麻烦，依我说，双方都有公事，咱们两方便好不好？"

【遐迩闻名】xiá ěr wén míng　遐：远。迩：近。唐·玄奘《大唐西域记·尼波罗国》："近代有王，号鸯输伐摩，硕学聪睿，自制《声明论》，重学敬德，遐迩著闻。"后用"遐迩闻名"形容名声很大，远近都知道。魏巍《火凤凰》九八："八路军模范的纪律已是遐迩闻名，许多商户早纷纷开门了。"

【瑕不掩瑜】xiá bù yǎn yú　瑕：玉上的斑点。瑜：玉的光彩。斑点掩盖不住美玉的光彩。比喻小缺点掩盖不了整个事物的价值。《礼记·聘义》："瑕不掩瑜，瑜不掩瑕，忠也。"掩：同"掩"。宋·邵博《闻见后录》卷四："惜哉仲淹，寿不永乎，非不废者，瑕不掩瑜，虽未至于圣，其圣人之徒欤！"明·张岱《又与毅儒八弟》："有钟（惺）谭（元春）之不好处，仍有钟谭之好处，彼盖瑕不掩瑜，更不可尽弃为瓦砾。"朱其铠《〈聊斋志异〉前言》："当然，《聊斋志异》中某些以爱情和婚姻为题材的作品，有的也有严重的局限或糟粕，应该加以辨析和剔除；然而瑕不掩瑜，都遮盖不了上述的积极倾向。"

【瑕瑜互见】xiá yú hù jiàn　瑕：玉上的斑点。瑜：玉的光彩。比喻缺点、优点都有（多指文章）。《明史·王彰等传赞》："综其生平，瑕瑜互见。"《四库全书总目·史记传记类·名臣言行类》："是书瑕瑜互见，朱子原不自讳。"

【下坂走丸】xià bǎn zǒu wán　坂：斜坡。顺着斜坡滚弹丸。汉·荀悦《汉纪·高祖纪一》："君计莫若以黄屋朱轮以迎范阳令，使驰骛乎燕赵之郊，则边城皆喜，相率

而降。此由(犹)以下坂而走丸也。"后用"下坂走丸"比喻迅捷疾速,毫无阻碍。五代·王仁裕《开元天宝遗事·走丸之辩》:"张九龄善谈论,每与宾客议论经旨,滔滔不竭,如下坂走丸也。"

【下笔成篇】 xià bǐ chéng piān　见"下笔成章"。

【下笔成章】 xià bǐ chéng zhāng　一动笔就能写成文章。形容文思敏捷,很有才华。《三国志·魏书·陈思王植传》:"太祖尝视其文,谓植曰:'汝倩人邪?'植跪曰:'言出为论,下笔成章,顾当面试,奈何倩人?'"元·戴善夫《风光好》一折:"少年文史足三冬,下笔成章气似虹。"《金瓶梅》三一回:"自说此人下笔成章,广有学问,乃是个才子。"也作"下笔成篇"。三国魏·曹植《王仲宣诔》:"文若春华,思若泉涌,发言可咏,下笔成篇。"

【下笔千言】 xià bǐ qiān yán　形容文思敏捷,能写文章。宋·曾巩《送丰稷》诗:"读书一见若经诵,下笔千言能立成。"《醒世恒言》卷七:"下笔千言立就,挥毫四座皆惊。"《老残游记二集》五回:"看那报馆里做论的人,下笔千言,天下事没有一件不知道的,真是才子!"

【下笔如神】 xià bǐ rú shén　见"下笔如有神"。

【下笔如有神】 xià bǐ rú yǒu shén　写文章时,文思奔涌,如有神力。形容文思敏捷,善于写文章或文章写得特别好。唐·杜甫《奉赠韦左丞丈二十二韵》诗:"读书破万卷,下笔如有神。"也作"下笔如神"。《旧唐书·陆贽传》:"其于议论应对,明练理体,敷陈剖判,下笔如神,当时名流,无不推挹。"也作"下笔有神"。明·范受益《寻亲记·应试》:"劝君此行赴南宫,文场战敌,下笔有神,顷刻赋日华五色。"

【下笔有神】 xià bǐ yǒu shén　见"下笔如有神"。

【下不为例】 xià bù wéi lì　下次不能以此为例。表示只通融这一次。《品花宝鉴》三六回:"琴言被他缠得无法,只得说道:'请起,请起,我喝一口,下不为例。'"老舍《四世同堂》五二:"假若老二没心没肺的赞同此意呢,她也会去此一遭,下不为例。"姚雪垠《李自成》二卷二三章:"今日虽然打粮不多,有的空手回来,可是既往不咎,下不为例。念弟兄们天冷辛苦,发给他们羊、酒犒劳。"

【下车伊始】 xià chē yī shǐ　下车:指新官到任。伊始:开始。伊,助词。旧指新官刚到任。后比喻带着工作任务刚到一个地方。清·杨潮观《吟风阁杂剧·东莱郡暮夜却金》:"吾今下车伊始,延见诸公,所望集思广益,闻所未闻。"毛泽东《农村调查〉的序言和跋》:"有许多人,'下车伊始',就哇喇哇喇地发议论,提意见,这也批评,那也指责,其实这种人十个有十个要失败。"

【下井投石】 xià jǐng tóu shí　见"落井下石"。

【下里巴人】 xià lǐ bā rén　下里:乡下,乡里。巴:古国名,在今重庆一带。战国楚·宋玉《对楚王问》:"客有歌于郢中者,其始日下里巴人,国中属而和者数千人。……其为阳春白雪,国中属而和者,数十人。"原指战国时代楚国民间流行的一种歌曲。后比喻通俗的文学艺术。常与"阳春白雪"对举。《歧路灯》一〇回:"谭、娄纯正儒者,那得动意于下里巴人。"毛泽东《在延安文艺座谈会上的讲话》:"现在是'阳春白雪'和'下里巴人'统一的问题,是提高和普及统一的问题。"

【下陵上替】 xià líng shàng tì　陵:通"凌",侵犯,欺侮。替:衰落,衰败。在下者侵犯在上者,在上者颓废而无所作为。《左传·昭公十八年》:"于是乎下陵上替,能无乱乎?"《三国演义》二二回:"及臻吕后季年,产、禄专政,内兼二军,外统梁、赵;擅断万机,决事省禁;下陵上替,海内寒心。"

【下愚不移】 xià yú bù yí　移:改变。指人愚笨而又固执不化,不求上进。常用作谦辞。《论语·阳货》:"唯上知与下愚不移。"汉·袁康《越绝书》卷一五:"夫差下愚不移,终不可奈何,言不用,策不从,昭然知吴将亡也。"《红楼梦》一二〇回:"今日幸得相逢,益叹老仙翁道德高深。奈鄙人下愚不移,致有今日。"

【夏虫不可语冰】 xià chóng bù kě yǔ bīng　《庄子·秋水》:"井蛙不可以语于海者,拘于虚也;夏虫不可以语于冰者,笃于时也;曲士不可以语于道者,束于教也。"只活在夏天的虫子不可能跟它谈冰。后用"夏虫不可语冰"比喻见闻少,智识短浅,不懂大道理。《二刻拍案惊奇》卷三七:"郎如此眼光浅,真是夏虫不可语冰。"王火《战争和人》(三)卷四:"童霜威心想:'夏虫不可与语冰',我怎么同你说呢?'道不同不相为谋',我就少说几句算了!"

【夏雨雨人】 xià yǔ yù rén　雨人:雨下在人身上。比喻及时给人教益或帮助。汉·刘向《说苑·贵德》:"管仲上车曰:'嗟兹乎,我穷必矣。吾不能以春风风人,吾不能以夏雨雨人,吾穷必矣。'"

【仙风道骨】 xiān fēng dào gǔ　仙人的风采,得道者的气质。形容人的风度神采超凡脱俗。唐·李白《大鹏赋序》:"余昔于江陵见天台司马子微,谓余有仙风道骨,可与神游八极之表。"《封神榜》一六〇回:"这一个,虎背熊腰生的恶,那一个,仙风道骨神气全。"清·袁枚《随园诗话》卷四:"先生仙风道骨,年已八十,犹替人题陈章侯《莲露图》。"王火《战争和人》(三)卷三:"老板一看,这游方道士过去常来乞讨,不过现在穿得十分体面,仙风道骨,气度不凡了。"也形容书法等飘逸洒脱的气韵。《宣和书谱·萱草等书》:"道士鱼又玄,华阳人,工行书,得王羲之笔意,而清

劲不堕世俗之习,飘然有仙风道骨。"王英琦《蓬莱堂书信》:"中原文化的仙风道骨未得真传,皮相却染得不少。"也作"道骨仙风"。《封神榜》八四回:"道骨仙风多异相,飘然潇洒进房中。"

【先睹为快】 xiān dǔ wéi kuài　睹:看。快:快乐。唐·韩愈《与少室李拾遗书》:"朝廷之士,引颈东望,若景星凤皇之始见也,争先睹之为快。"后用"先睹为快"指以能尽先看到某物(多为诗文字画等)为快乐。元·王恽《表忠观碑始末记》:"观在龙井不十里远,能一到其下豁也先睹为快,何如?"《孽海花》三二回:"就是赤云、美菽这一班客人,因为知道曹梦兰便是傅彩云的化身,人人怀着先睹为快的念头,不到天黑,陆陆续续全来了。"朱自清《子恺漫画集跋》:"子恺将画的稿本寄给我,让我先睹为快,并让我选择一番。"刘绍棠《村妇》卷二:"'快给我看看,行草隶篆,颜柳欧苏,哪一家哪一体?'牛荞迫不及待,先睹为快。"

【先发制人】 xiān fā zhì rén　指争取主动,先动手来制服对方。《汉书·项籍传》:"方今江西皆反秦,此亦天亡秦时也。先发制人,后发制于人。"《东周列国志》二三回:"及闻齐伐山戎,瞋瞋怒曰:'齐兵远伐,必有轻我之心,当先发制人。'"《二十年目睹之怪现状》二八回:"他还怕那通判同他理论,却去先发制人,对那通判说:'本钱没了,要添本;若不添本,就要倒了。'"茅盾《腐蚀·九月二十二日》:"我得先发制人,一刻也不容缓。"马烽、西戎《吕梁英雄传》一八回:"康顺风来这一手,原来是怕众人提出桦林霸,追出他们的老根子,问题更难解决,所以来了个先发制人。"

【先公后私】 xiān gōng hòu sī　先办公家的事,后办私人的事。把把公事放在第一位。《三国志·魏书·杜畿传》:"忧公忘私者必不然,但先公后私即自办也。"《东周列国志》九七回:"卿先公后私,可谓大

忠矣。魏齐之仇，寡人当为卿报之。"

【先见之明】 xiān jiàn zhī míng　明：看清事物的能力。指事先看清问题的能力，即对事物发展的预见性。《后汉书·杨彪传》："后子修为曹操所杀，操见彪问曰：'公何瘦之甚？'对曰：'愧无日䃅先见之明，犹怀老牛舐犊之爱。'"《醒世恒言》卷二〇："如今纵有人笑话，不过是一时。倘后来有些好处，方见我有先见之明。"《三侠五义》二〇回："南侠竟至于此，一想起白日妇人在酒楼之言，却有先见之明，叹息不止。"鲁迅《野草·聪明人和傻子和奴才》："先生，这回因为我有功，主人夸奖了我了。你先前说我总会好起来，实在是有先见之明。"

【先来后到】 xiān lái hòu dào　按到来的先后确定次序。《水浒传》三五回："那汉嗔怪呼他做上下，便焦躁道：'也有个先来后到。甚么官人的伴当，要换座头！老爷不换！'"《三侠五义》六一回："豆老儿在后面说道：'大爷不要如此，凡事有个先来后到，这如何使得！'"周而复《上海的早晨》四部四二："凡事总有个先来后到啊，沪江和大新谈了一年多，永新最近才提起，怎么能够相提并论呢？"

【先礼后兵】 xiān lǐ hòu bīng　礼：礼貌。兵：兵器，引申为动用武力。先按礼貌的方式同对方交涉，行不通，则用武力或其他强硬手段解决。《三国演义》一一回："刘备远来救援，先礼后兵，主公当用好言答之，以慢备心；然后进兵攻城，城可破也。"周大新《第二十幕》(下)三部一五："看来这一面不见不行，见完之后我好使用法律手段，我这也叫先礼后兵吧！"

【先人后己】 xiān rén hòu jǐ　《礼记·坊记》："君子贵人而贱己，先人而后己，则民作让。"后用"先人后己"指遇事先为别人着想，然后考虑自己，即优先考虑他人利益。《三国志·蜀书·许靖传》："自流宕以来，与群士相随，每有患急，常先人后己。"

柳青《创业史》一部七章："我说你先把自家的稻种舀出再分，你说不好，要先人后己。这阵好，看弄得自家不够了吧！"

【先入为主】 xiān rù wéi zhǔ　《汉书·息夫躬传》："唯陛下观览古戒，反复参考，无以先入之语为主。"后用"先入为主"指先听进去的话或先获得的印象往往成为自己的主见，以后遇到不同的意见就不容易接受。宋·刘克庄《再跋陈禹锡〈杜诗补注〉》："学者多以先入为主，童蒙时一字一句在胸臆，有终其身尊信之太过胶执而不变者。"张恨水《啼笑因缘》二〇回："家树从幼就有点怕叔叔，虽然现在分居多年，然而那先入为主的思想，总是去不掉。"邓友梅《无事忙杂记》一〇："因有先入为主，后来看小蘑菇演的陈查礼，虽然他也学着说吐字不清、清浊不分的上海国语，我怎么也觉得不像陈查礼。"

【先入之见】 xiān rù zhī jiàn　事先在头脑中形成的见解。即成见。清·刘廷谏《与缪西溪先生》："从来惟空怀守气，可以一日，可以百年，盖空则无先入之见，平则无据胜之形。"鲁迅《且介亭杂文二集·论讽刺》："我们常不免有一种先入之见，看见讽刺作品，就觉得不是文学上的正路，因为我们先就以为讽刺并不是美德。"

【先声夺人】 xiān shēng duó rén　声：声势。夺人：指动摇人心。《左传·昭公二十一年》："军志有之：先人有夺人之心，后人有待其衰。"后用"先声夺人"指先张扬自己的声势以压倒对方。宋·司马光《涑水记闻》卷一三："今中国欲大举以灭交趾，兵法有先声夺人之心，不若先举兵入寇。"钱钟书《围城》六："她称赞他跟刘东方谈话的先声夺人，他听了欢喜，但一想她也许看见那张呈文，又羞惭了半天。"姚雪垠《李自成》二卷二〇章："他相信自己的做事练达和军事才能都比熊文灿高明得多，加上皇上的宠信，更加上以辅臣之尊，未出师就先声夺人，成功是有指望的。"

【先声后实】 xiān shēng hòu shí 声：声势。实：实力。《史记·淮阴侯列传》："兵固有先声而后实者，此之谓也。"后用"先声后实"指先以声势压倒对方，然后以实力取胜。《三国志·魏书·刘晔传》："故广武君为韩信画策，谓其威名足以先声后实而服邻国也。"宋·苏辙《龙川别志》卷下："兵贵先声后实，今谅祚势方桀骜，使闻陕西骁益二十万兵，岂不震慑？"

【先天不足】 xiān tiān bù zú 指人或动物在出生以前的胚胎时期的体质及营养状况都很差。也比喻事物的基础不好。《镜花缘》二六回："小弟闻得仙人与虚合体，日中无影；又老人之子，先天不足，亦或日中无影。"丁西林《等太太回来的时候》三幕："我说的先天不足……是社会教育、意志养成的先天不足。"

【先下手为强】 xiān xià shǒu wéi qiáng 强：优越，胜过。指先动手行动可以取得优势，胜过后来者。元·关汉卿《单刀会》二折："到来日我壁间暗藏甲士，擒住关公。便插翅也飞不过大江去。我待要先下手为强。"《喻世明言》卷四〇："严世蕃这厮，被我使气，逼他饮酒，他必然记恨来暗算我。一不做，二不休，有心只是一怪，不如先下手为强。"《西游记》八一回："行者暗算道：'不趁此时下手他，还到几时，正是"先下手为强，后下手遭殃"。'"茅盾《子夜》八："后天交易所开市，你如果想干，就得快！卖出或是买进，先下手为强！"

【先意承旨】 xiān yì chéng zhǐ 见"先意承志"。

【先意承志】 xiān yì chéng zhǐ 原指在父母想到之前就替他们想到，并顺承这种心意去做。后泛指揣摩并迎合别人的心意去行事，以博取欢心。含贬义。《礼记·祭义》："君子之所谓孝者，先意承志，谕父母以道。"鲁迅《华盖集续编·海上通讯》："我不是别人，哪知道别人的意思呢？先意承志的妙法，又未曾学过。"也作"先意承旨"。《韩非子·八奸》："此人主未命而唯唯，未使而诺诺，先意承旨，观貌察色以先主心者也。"

【先斩后奏】 xiān zhǎn hòu zòu 斩：杀；古代死刑，斩首或腰斩。奏：古代臣子向皇帝报告或上书。原指古代奉命办案的官吏有时可先处决罪犯再向皇帝奏闻。后比喻对某事先作断然处理，然后再报告。北齐·刘昼《刘子·贵速》："申屠悔不先斩而后奏，故发愤而致死。"元·曾瑞卿《留鞋记》三折："圣人敕赐势剑金牌，着老夫先斩后奏。"《三国演义》八三回："逊曰：'倘文武不服，何如？'权取所佩剑与之曰：'如有不听号令者，先斩后奏。'"《三侠五义》一七回："新近大人为庞昱一事，先斩后奏，更显得赤心为国，不畏权奸。"李英儒《野火春风斗古城》一五章："不要这么文绉绉的，今后遇到这种问题，先斩后奏。"

【先知先觉】 xiān zhī xiān jué 《孟子·万章上》："天之生此民也，使先知觉后知，使先觉觉后觉也。"后用"先知先觉"指认识事理早于一般人的人。宋·陆九渊《与曾宅之书》："今已私未克之人，如在陷阱，……见先知先觉，其言广大高明，与己不类，反疑恐一旦如此，则无所归，不亦鄙哉！"鲁迅《集外集·文艺与政治的歧途》："到了后来，社会终于变动了；文艺家先时讲的话，渐渐大家都记起来了，大家都赞成他，恭维他是先知先觉。"也指认识事理比一般人早。梁实秋《雅舍小品·洋罪》："在这种场合，必定有先知先觉者托故逃席，或临时加添一位，打破这个凶数，又好像只要破了十三，其中人人必然'寿终正寝'的样子。"欧阳山《三家巷》一〇五："这真是到了家了，这真是一种少有的创见。芸芸众生还不知不觉的时候，咱们大舅就先知先觉了。"

【纤尘不染】 xiān chén bù rǎn 纤:细小。指一点灰尘也染不上。清·洪昇《长生殿·闻乐》:"清光独把良宵占,经万古纤尘不染。"阿城《棋王》二:"脚卵是南方大城市的知识青年,个子非常高,又非常瘦。动作起来颇有些文气,衣服总要穿得整整齐齐,有时候走在山间小路上,看到这样一个高个儿纤尘不染,衣冠楚楚,真令人生疑。"

【纤芥无遗】 xiān jiè wú yí 见"纤悉无遗"。

【纤芥之疾】 xiān jiè zhī jí 纤芥:指细微。比喻不必在意的小毛病。

【纤悉无遗】 xiān xī wú yí 纤悉:细微详尽。指一点儿都不遗漏。无,也作"不"。唐·李珏《唐丞相太子少师赠太尉牛公神道碑铭序》:"自婴疾至于捐馆,谈笑语言,宴居自若,口占理命,纤悉无遗。"清·方苞《周官辨伪》二:"余尝病班史于莽之乱政奸言,纤悉不遗,于义为疏,于文为赘。"也作"纤芥无遗"。唐·刘知几《史通·内篇·二体》:"故论其细也,则纤芥无遗;语其粗也,则丘山是弃。"

【掀风作浪】 xiān fēng zuò làng 见"兴风作浪"。

【鲜血淋漓】 xiān xuè lín lí 淋漓:往下滴的样子。指鲜血流淌。《喻世明言》卷二六:"喝令好生打着。直落打了三十下,打得皮开肉绽,鲜血淋漓。再三拷打,不肯招认。"《二十年目睹之怪现状》一〇回:"两个差人来,拖了就走,到得堂上,不由分说的,劈劈拍拍打了一百板,打得鲜血淋漓。"鲁迅《野草·一觉》:"魂灵被风沙打击得粗暴,因为这是人的魂灵,我爱这样的魂灵;我愿意在无形无色的鲜血淋漓的粗暴上接吻。"及容《饥饿荒原》一二:"孟满看见满身鲜血淋漓的白马,眼窝里一下子涌上了许多泪水。"

【鲜艳夺目】 xiān yàn duó mù 形容色彩明丽耀眼。曹禺《日出》二幕:"[顾八奶奶]穿一件花旗袍,镶着灿烂的金边,颜色鲜艳夺目,紧紧地箍在她的身上。"巴金《家》一四:"再走上一道石阶就到了那所新近油漆过的楼房,除了瓦,全是朱红色,看起来倒鲜艳夺目。"李国文《冬天里的春天》五章:"刹那间,那些梦幻似的玫瑰紫,奇妙的孔雀蓝,都黯然失色,不那么鲜艳夺目了。"

【鲜衣美食】 xiān yī měi shí 鲜艳的服饰,精美的食物。形容生活奢华,吃穿都极为讲究。《旧五代史·汉书·苏逢吉传》:"逢吉性侈靡,好鲜衣美食,中书公膳,鄙而不食,私庖供馔,务尽甘珍。"鲁迅《且介亭杂文末编·写于深夜里》:"没有到过外国的人,往往以为白种人都是对人来讲那稣道理或开洋行的,鲜衣美食,一不高兴就用皮鞋向人乱踢。"

【闲情逸致】 xián qíng yì zhì 逸:安闲。致:兴致。指悠闲的心情和安逸的兴致。《孽海花》二五回:"当此内忧外患接踵而来,老夫子系天下人望,我倒可惜他多此一段闲情逸致!"鲁迅《华盖集·"碰壁"之后》:"穷到透顶,愁得要死的人,那里还有这许多闲情逸致来著书?"老舍《四世同堂》四一:"就是小顺儿的妈,虽然在炎热的三伏天,也还得给大家作饭,洗衣服,可也能抽出一点点工夫,享受一点只有夏天才能得到的闲情逸致。"张贤亮《土牢情话》五章:"这幅情景,要让一个有闲情逸致的旅游者发现,肯定会当作世界奇闻报道出去。"

【闲言碎语】 xián yán suì yǔ 在人背后说长道短、搬弄是非的话。明·冯惟敏《正宫端正好·徐我亭归田》曲:"一个道稽迟粮饷赍飞票,一个道紧急军情奉火牌,闲言碎语须耽待。"姚雪垠《李自成》一卷二四章:"弟兄们对于在目前情况下整肃军纪,对于分出粮食来救济饥民,都有一些闲言碎语。"刘绍棠《村妇》卷二:"孤身女人过日子,最怕闲言碎语。她不但严禁青年男子进门,就连皓首老翁也不许到她家走动。"也指说闲话。李国文《危楼记事》之三:"反正这种事大家司空见惯,闲言碎语一阵,本主儿都不在乎,慢慢地,谈论者终于索然无味了。"也作"闲言闲语"。巴金《家》三:"妈爱我,所以肯把责任担在自己的肩上,不顾一般亲戚的闲言闲语。"韦君宜《飞灰》二:"有一次,你约上述那位你并不爱的女友同游,为了怕别人闲言闲语,竟同时约了我。"

【闲言闲语】 xián yán xián yǔ 见"闲言碎语"。

【闲云野鹤】 xián yún yě hè 飘浮的云,野外的鹤。多用来比喻超然尘俗,无所拘束的人。元·范康《竹叶舟》二折:"仙苑优游,物换星移几度秋,将玄关参透,经了些夕阳西下水东流。一生空抱一生愁,千年可有千年寿。则合的蚤回头,和着那闲云野鹤常相守。"《红楼梦》一一二回:"迎春姐姐折磨死了,史姐姐守着病人,三姐姐远去,这都是命里所招,不能自由。独有妙玉如闲云野鹤,无拘无束。"张恨水《啼笑因缘》一九回:"我不是说你,我是说台上那个十三妹何玉凤何小姐有点傻。自己是闲云野鹤,偏偏要给人家做媒;结果,还是把自己也卷入了旋涡,这不是傻吗?"也作"野鹤闲云"。《红楼梦》六三回:"怪道姐姐举止言谈,超然如野鹤闲云,原来有本而来。"

【贤妻良母】 xián qī liáng mǔ 对丈夫是贤惠的妻子,对子女是慈爱的母亲。老舍《四世同堂》二七:"她没受过什么学校教育,但从治家与教养小孩子来说,她比那受过学校教育,反对作贤妻良母,又不幸作了妻与母,而把家与孩子一齐活糟蹋了的妇女,高明得多了。"邓友梅《无事忙杂记》八:"据说杨菊苹是个贤妻良母,不光戏唱得好,还做得一手好菜。"

【贤贤易色】 xián xián yì sè 贤:认为

好,赏识。贤:有德有才的人。易:轻视,看轻。色:姿色,女色。指尊崇贤者,看轻女色。《论语·学而》:"贤贤易色,事父母能竭其力,事君能致其身。"《汉书·李贤传》:"故次帝廷,女官在后。圣人承天,贤贤易色,取法于此。"元·白仁甫《东墙记》三折:"一见了相亲爱,便休道贤贤易色,非是我放史狂乖。"

【弦外之音】 xián wài zhī yīn 弦:乐器上发音的丝线。比喻言外之意。即在话里间接透露、而不是明说出来的意思。清·袁枚《随园诗话》卷八:"如作近体短章,不是半吞半吐,超超元箸,断不能得弦外之音,甘余之味。"茅盾《腐蚀·一月十五日》:"不料F这蠢东西连这点弦外之音也听不出来,倒摆出可怜我的嘴脸。"王安忆《叔叔的故事》:"我们占了年龄上的便宜,有时候对他们态度宽大,说一些崇拜他们经验的好话,弦外之音则是除了经验而外他们并不比我们多出什么。"

【咸与维新】 xián yǔ wéi xīn 咸:都。与:参与。维:语助词。新:革新。《尚书·胤征》:"天吏逸德,猛于烈火,歼厥渠魁,胁从罔治。旧染污俗,咸与惟新。"惟,同"维"。指一切受恶劣习俗影响或犯罪的人都可改过自新。南朝梁·沈约《赦诏》:"隆平之化,庶从兹始,宜播嘉惠,咸与维新,可大赦天下。"也泛指一切都需要改革更新。《旧唐书·昭宗纪》:"俟此雍熙之庆,涤瑕荡垢,咸与维新。"鲁迅《论"费厄泼赖"应该缓行》:"革命党也一派新气,——绅士们先前所深恶痛绝的新气,'文明'得可以,说是'咸与维新'了,我们是不打落水狗的,听凭他们爬上来罢。"

【咸嘴淡舌】 xián zuǐ dàn shé 指说闲话,搬弄是非。《红楼梦》五八回:"这一点子小崽子,也挑幺挑六,咸嘴淡舌,咬群的骡子似的!"

【涎皮赖脸】 xián pí lài liǎn 涎:嬉笑的样子。形容嬉皮笑脸、厚着脸皮跟人纠缠的样子。明·李开先《宝剑记》一四出："你这等涎皮赖脸的，俺这管监的吃风？"《红楼梦》三○回："林黛玉将手一摔道：'谁同你拉拉扯扯的。一天大似一天的，还这么涎皮赖脸的，连个道理也不知道。'"茅盾《腐蚀·十一月二十一日》："我急了，只好奈住了性子，顺着那涎皮赖脸的恶相，装出俏眉眼来：'你也来瞎说了……—你想想，好意思么？'"也作"涎皮涎脸"。茅盾《子夜》一六："八个代表简直气破了肚皮。他们的嗓子也叫哑哑了，他们对于这涎皮涎脸的周仲伟简直没有办法。"

【涎皮涎脸】 xián pí xián liǎn　见"涎皮赖脸"。

【涎言涎语】 xián yán xián yǔ　涎：嬉笑的样子。嬉皮笑脸地胡言乱语。《红楼梦》四四回："那贾琏撒娇撒痴，涎言涎语的还乱说。"

【衔华佩实】 xián huá pèi shí　华：花。指草木开花结果。南朝梁·沈约《愍哀草赋》："昔时兮春日，昔日兮春风，衔花兮佩实，垂绿兮散红。"后多比喻文章的形式与内容都很完美。清·王士禛《带经堂诗话·真诀类》："根柢源于学问，兴会发于性情。于斯二者兼之，……故能衔华佩实，大放厥词，自名一家。"

【衔环结草】 xián huán jié cǎo　见"结草衔环"。

【衔尾相随】 xián wěi xiāng suí　衔：马嚼子。尾：马的尾巴。马嚼子接着马尾巴。形容一个紧接着一个，成单行前进。《汉书·匈奴传》："如遇险阻，衔尾相随。"也作"衔尾相属"。属：连接。宋·钱易《南部新书》："前马已进，后马续来，相似不绝者，古人谓之衔尾相属，即其义也。"

【衔尾相属】 xián wěi xiāng zhǔ　见"衔尾相随"。

【嫌贫爱富】 xián pín ài fù　嫌弃贫穷，爱慕富有。指对人的好恶取舍只以贫富为准。多指女子婚嫁。元·关汉卿《裴度还带》二折："有那等嫌贫爱富的儿曹辈，将俺这贫傲慢，把他那富追陪，那个肯恤孤念寡存仁义。"《三侠五义》三七回："自从赠了颜生银两之后，他便先到祥符县，将柳洪打听明白，已知道此人悭吝，必然嫌贫爱富。"老舍《四世同堂》五四："老人没去想瑞丰为什么丢失了老婆，……只觉这全是胖菊子的过错——她嫌贫爱富，不要脸；她背着丈夫偷人；她要破坏祁家的好名誉，她要拆散四世同堂！"周而复《上海的早晨》四部二四："她觉得崔老夫人多管闲事，嫌贫爱富，答应了的事又要后悔，是一个不讲信义的人，差一点误了女儿的终身大事。"

【显而易见】 xiǎn ér yì jiàn　事情或道理非常明显，极容易看清楚。宋·王安石《洪范传》："在我者，其得失微而难知，莫若诸天物之显而易见，且可以为戒也。"鲁迅《坟·写在〈坟〉后面》："我不知道这和劝读古文说可有相关，但正在复古，也就是新文艺的试行自杀，是显而易见的。"夏衍《〈新华日报〉及其他》："反动派想要发动全面内战，显而易见，这种做法，不仅在国内、而且在党内也引起了强烈的反对。"陈国凯《儒士衣冠》："他毕竟是搞文学的人，神态中还保留着一种显而易见的天真。"

【显亲扬名】 xiǎn qīn yáng míng　显：显耀。亲：父母。《孝经·开宗明义》："立身行道，扬名于后世，以显父母，孝之终也。"后用"显亲扬名"指使双亲显耀，使名声传扬。《魏书·阳尼传》："显亲扬名，德之上兮。"《西游记》附录："倘得一官半职，显亲扬名，封妻荫子，光耀门闾，乃儿之志也。"《儒林外史》一五回："有本事进了学，中了举人、进士，即刻荣宗耀祖。这就是《孝经》上所说的'显亲扬名'，才是大孝，自身也不得受苦。"

【显山露水】 xiǎn shān lù shuǐ　比喻

显露才能,表现自己。一般用于否定式。贾平凹《腊月·正月》二:"爹不了解王才,那是不显山露水的人哩,只是没力气,他要干这些事,保准成功。"陈忠实《白鹿原》二章:"嘉轩每次来都禁不住想,那些字画条幅挂满墙壁的文人学士,其实多数可能都是附庸风雅的草包;像姐夫这样真有学问的人,其实才不显山露水,只是装在自己肚子里,更不必挂到墙上去唬人。"

【险象丛生】 xiǎn xiàng cóng shēng 见"险象环生"。

【险象环生】 xiǎn xiàng huán shēng 环生:像连环串一样一个接一个地发生。形容危险的情况连续不断地出现。李劼人《大波》三部八章:"一方面是端方的咄咄逼人,一方面是陆军的跃跃欲试,确实到了危机四伏、险象环生的境地。"王安忆《叔叔的故事》:"回家的道路总是路远迢迢和险象环生,我们紧紧拉着爸爸妈妈的大手,急急地回家。"也作"险象丛生"。汪曾祺《看水》:"小吕觉得这不祥得很,越看越担心,越想越害怕,觉得险象丛生,到处都有倒塌的可能!"

【鲜为人知】 xiǎn wéi rén zhī 鲜:少。很少被人知道。蒋子龙《创作笔记》五:"人们知道的道理太多了,所谓能'看透'的人也太多了,文学还能说出新鲜的有味道的话吗? 写鲜为人知的生活就自在多了。"刘心武《冰吼》:"尽管我迁离什刹海畔已有十多年之久,我的灵魂中却已渗入了什刹海的风土人情,乃至那鲜为人知的独特的冰吼。"

【现身说法】 xiàn shēn shuō fǎ 《楞严经》卷六:"我于彼前现其身而为说法,令其成就。"《景德传灯录·释迦牟尼佛》:"度诸天众说补处行,亦于十方界中现身说法。"原为佛教用语,指佛力广大,能现出种种身形进行说法。后比喻以亲身经历和体验为例来说明道理,劝导别人。清·孔尚任《桃花扇·听稗》:"敬亭才出阮

家,不肯别投主人,故此现身说法。"周而复《上海的早晨》一部二八:"汤阿英现身说法,生动有力,每一句话都打动人们的心弦。"

【现世现报】 xiàn shì xiàn bào 《法苑珠林》卷九三"妄语":"是人现得,恶口恶色,所言虽实,人不信受,众皆憎恶,不喜见之,是名现世恶业之报。"原为佛教用语,指人做了恶事,在当世就得到报应。后用"现世现报"指人做了坏事,不会有好下场。《初刻拍案惊奇》卷二二:"再没有一个身子上,先前做了贵人,以后流为下贱,现世现报,做人笑柄的。"《红楼梦》一一七回:"看凤姑娘仗着老太太这样的利害,如今焦了尾巴梢子了,只剩了一个姐儿,只怕也要现世现报呢!"杨朔《南望山》:"现世现报,看你们厉害,还是俺们厉害!"

【献可替否】 xiàn kě tì fǒu 替:废弃,废除。《左传·昭公二十年》:"君所谓可,而有否焉,臣献其否,以成其可;君所谓否,而有可焉,臣献其可,以去其否。是以政平而不干,民无争心。"臣下向君主进言,陈述哪些可行,哪些不可行,以成就可行的办法,废弃不可行的办法。后用"献可替否"指臣下向君主进谏,劝善规过,议论兴革。《后汉书·胡广传》:"臣闻君以兼览博照为德,臣以献可替否为忠。"《清史稿·李菡传》:"夫献可替否,宰相之责也;拾遗补阙,谏官之职也。"

【相安无事】 xiāng ān wú shì 安:安定,平安。指彼此相处平安和睦,没有什么争执或冲突。宋·邓牧《伯牙琴·吏道》:"古者君民间相安无事,固不得无吏,而为员不多。"《二十年目睹之怪现状》四七回:"香港有一个外国人,用了一个厨子,也不知用了多少年了,一向相安无事。"茅盾《虹》四:"她那样的性格,和她那样的丈夫,不会相安无事的。"张洁《红蘑菇》:"他们之间这种相安无事,风平浪静的日子,

就要结束了。"

【相差无几】xiāng chā wú jǐ　无几:没有多少。宋·苏轼《乞不给散青苗钱斛状》:"二者皆非良法,相去无几也。"后多作"相差无几",指二者距离不远,或差别不大。鲁迅《故事新编·铸剑》四:"太监们即刻动手研究鼻准骨,有一个确也似乎比较地高,但究竟相差无几。"〔注意〕差,不读chà。

【相持不下】xiāng chí bù xià　下:退让,退败。双方坚持对抗,互不退让,分不出胜负。《史记·淮阴侯列传》:"燕、齐相持而不下,则刘、项之权未有所分也。"《魏书·裴良传》:"时南绛蜀陈双炽等聚众反,自号建始王,与大都督长孙稚、宗正珍孙等相持不下。"茅盾《子夜》一七:"当真那两省的情形不好! 南北大战,相持不下,两省的军队只有调到前线去的,没有调回来。"姚雪垠《李自成》三卷一五章:"吴三桂看他们二人你一言,我一语,相持不下,……再继续争持下去,必然不欢而散。他赶紧笑着起身,请他们到花厅入席。"

【相待而成】xiāng dài ér chéng　待:依靠,依仗。指相互辅助以取得成功。《汉书·魏相丙吉传赞》:"故经谓君为元首,臣为肱股,明其一体,相待而成也。"

【相得甚欢】xiāng dé shèn huān　得:适意。指彼此相处适意融洽,十分欢愉。《旧五代史·唐书·张全义传》:"[李]罕之贪暴不法,军中乏食,每取给于全义。二人初相得甚欢,而至是求取无厌,动加凌轹,全义苦之。"《东周列国志》一〇五回:"迁素不好学,郭开又导以声色狗马之事,二人相得甚欢。"《聊斋志异·江城》:"逾岁,择吉迎女归,夫妻相得甚欢。"

【相得益彰】xiāng dé yì zhāng　相得:互相投合。益:更加。彰:明显。两个人或两件事相互配合,双方的能力和作用更能显示出来。汉·王褒《圣主得贤臣颂》:"明明在朝,穆穆列布,聚精会神,相得益章。"章,同"彰"。清·周亮工《〈袁周合刻稿〉序》:"先生有得贤之誉,弟子获稽古之荣,发声扬烈,相得益彰。"老舍《四世同堂》三七:"她与日本人的关系,她认为,不是主与仆的,而是英雄遇见了好汉,相得益彰。"陈忠实《白鹿原》一二章:"黄昏时分,他们漫步于原坡河川,赏春景咏冬雪;或纳凉于庭院浓荫之下,谈经论道,相得益彰。"

【相反相成】xiāng fǎn xiāng chéng　《汉书·艺文志》:"仁之与义,敬之与和,相反而皆相成也。"后用"相反相成"指两个对立的事物既互相排斥又互相促成。即相反的东西也相互依赖,具有同一性。宋·朱熹《朱子全书》卷二四:"凡事无不相反以相成。"清·魏源《默觚下·治篇六》:"相反相成狷与狂,相嘲相得惠与庄。"朱自清《论严肃》:"一方面攻击'文以载道',一方面自己也在载另一种道,这正是相反相成,所谓矛盾的发展。"钱钟书《围城》七:"方鸿渐表示不知道汪太太会画,赵辛楣表示久闻汪太太善画,名下无虚。这两种表示相反相成,汪先生高兴得摸着胡子说:'我内人的身体可惜不好,她对于画和音乐——'没说完,汪太太出来了。"

【相辅相成】xiāng fǔ xiāng chéng　辅:辅助,帮助。指两种事物互相辅助,互相促成,缺一不可。梁启超《初归国演说辞》:"二派所用手段虽有不同,然何尝不相辅相成。"魏巍《火凤凰》一〇七:"自北洋军阀以来,新旧军阀们最爱的并且视如生命的东西是两个:一个是军队,另一个就是地盘。这两者相辅相成,没有军队就无从夺地盘,没有地盘也无法养活军队。"

【相隔天渊】xiāng gé tiān yuān　见"相去天渊"。

【相煎何急】xiāng jiān hé jí　煎:煮。煮得为什么那样急。《世说新语·文学》:"文帝(曹丕)尝令东阿王(曹植)七步中作诗,不成者行大法。应声便为诗曰:'煮豆持作羹，漉菽以为汁。其在釜下燃，豆在釜中泣。本自同根生，相煎何太急。'"后用"相煎何急"比喻兄弟或内部之间一方对另一方的迫害或残杀。周恩来《千古奇冤》诗："千古奇冤，江南一叶，同室操戈，相煎何急！"

【相见恨晚】 xiāng jiàn hèn wǎn　恨：遗憾。《史记·平津侯主父列传》："天子召见三人，谓曰：'公等皆安在？何相见之晚也。'"后用"相见恨晚"指遗憾没有早相见。形容一见如故，情意相投。宋·方千里《六幺令》词："当时相见恨晚，彼此萦心目。"《九命奇冤》三三回："沛之口似悬河的谈了好一会，只乐得贵兴手舞足蹈，相见恨晚。"周而复《上海的早晨》一部四三："朱经理想起昨天夜里马丽琳和他商议结婚的问题，大家相见恨晚，都希望早一点办喜事。"

【相敬如宾】 xiāng jìng rú bīn　《左传·僖公三十三年》："其妻馌之，敬，相待如宾。"互相敬重，如同对待宾客一样。后用"相敬如宾"形容夫妻之间互相尊敬、平等相待。《后汉书·逸民传》："庞公者，南郡襄阳人也。居岘山之南，未尝入城府。夫妻相敬如宾。"《醒世恒言》卷一〇："刘奇成亲之后，夫妇相敬如宾，挣起大大家事，生下五男二女。"《红楼梦》八五回："你两个那里像天天在一处的，倒像是客一般，有这些套话，可是人说的'相敬如宾'了。"茅盾《霜叶红于二月花》："他和她何尝不'相敬如宾'，然而他们的心各有一个世界。"李国文《幸福》："他们两口子不吵架，外人看来，和和睦睦，两口子自己也觉得没有必要在不幸福之外，再制造些痛苦。客客气气，相敬如宾。"

【相亲相爱】 xiāng qīn xiāng ài　互相亲近爱护。《初刻拍案惊奇》卷二七："芙蓉良有意，芙蓉不可弃。幸得宝月再团圆，相亲相爱莫相捐。"《西游记》七六回："悟空，怪不得悟能咒你死哩！原来你兄弟全无相亲相爱之意，专怀相嫉相妒之心！"萧乾《人生采访·鲁西流民图》："他诵的是'关帝君血泪救劫文'，劝难兄难弟要忍耐，要相亲相爱。"孙犁《白洋淀纪事·第一个洞》："他是一个贫农，有个和他年岁相当、相亲相爱的老婆。"

【相去天渊】 xiāng qù tiān yuān　去：距离、间隔。天渊：高天与深渊。比喻二者相隔极远，相差极大，好像高天与深渊之间的距离一样。《野叟曝言》五九回："一敬一肆，相去天渊；一圣一狂，亦判若黑白矣。"也作"相隔天渊"。清·梁绍壬《两般秋雨盦随笔·没字碑》："谢太傅墓碑无字，伟绩丰功不胜记也；秦太师墓碑无字，秽德丑行不屑书也，同一事而相隔天渊若此。"

【相去咫尺】 xiāng qù zhǐ chǐ　相去：相距。咫尺：很短的距离。指相距很近，或相差很少。宋·洪迈《夷坚丙志·饶氏妇》："有物语于空中，与人酬酢往来，……相去咫尺，而莫见其形貌。"

【相濡以沫】 xiāng rú yǐ mò　濡：沾湿、浸润。沫：唾沫。《庄子·大宗师》："泉涸，鱼相与处于陆，相呴以湿，相濡以沫，不如相忘于江湖。"意为泉水干涸，鱼用唾沫相互湿润。后比喻在困境中用微薄的力量相互帮助。梁启超《外债平议》："或低首下心，求其民之相濡以沫。"王安忆《本次列车终点》六："爹爹很早就死了，妈妈带着他们三个，相依为命，相濡以沫，什么苦都吃过了。"

【相视莫逆】 xiāng shì mò nì　莫逆：无所抵触，无不顺畅。《庄子·大宗师》："子祀、子舆、子犁、子来，四人相与语曰：'孰能以无为首，以生为脊，以死为尻，孰知死生存亡之一体者，吾与之友矣。'四人相视而笑，莫逆于心，遂相与为友。"后用"相视莫逆"形容情投意合，友谊深厚。清·侯方域《南省试策五》："公卿大夫士相视莫逆，如出一辙。"

【相提并论】

xiāng tí bìng lùn　把不同的人或不同的事情放在一起谈论或看待。清·章学诚《文史通义·浙东学术》:"或问事功气节,果可与著述相提并论乎? 曰:史学所以经世,固非空言著述也。"《儿女英雄传》二七回:"如今把他两个相提并论起来,正是艳丽争妍、聪明相等。"鲁迅《二心集·关于翻译的通信》:"仅仅这一点,我就要说,严赵两大师,实有虎狗之差,不能相提并论的。"姚雪垠《李自成》二卷二〇章:"熊文灿之所以把事情弄糟,是因为既无统帅才能,使诸将日益骄横,又一味贪贿,受了张献忠的愚弄。在这些方面,熊文灿实不能同杨嗣昌相提并论。"

【相形见绌】

xiāng xíng jiàn chù　形:对照,比较。绌:不够,不足。跟同类的人或同类事物相比较,显出很不足。《二十年目睹之怪现状》九〇回:"他一个部曹,戴了个水晶顶子去当会办,比着那红蓝色的顶子,未免相形见绌。"鲁迅《准风月谈·新秋杂识》三:"写出来一看,虽然比粗人们所唱的俚歌要文雅一些,而对于新诗人的由'烟士披离纯'而来的诗,还是'相形见绌'。"张恨水《啼笑因缘》是否要做续集》:"他因为应了多数读者的要求,又重来一个续集,而下笔的时候,又苦于事实不够,就胡乱凑合起来,结果是续集相形见绌;甚至有人疑惑前集不是原人作的。"刘心武《栖凤楼》六九:"没想到真正的新潮人物在这儿呢! 卢仙娣、野丁之流真是相形见绌了!"〔注意〕绌,不能读作 zhuō;也不能写作"拙"。

【相依为命】

xiāng yī wéi mìng　晋·李密《陈情表》:"臣无祖母,无以至今日;祖母无臣,无以终余年。母孙二人,更相为命。"后用"相依为命"指互相依靠着过日子。泛指互相依靠,谁也离不开谁。宋·文天祥《齐魏两国夫人行实》:"先公不幸即世……尔后与继祖母刘夫人相依为命,执妇道,至老益恭。"《花月痕》四五回:

"看官,你道人生无论什么人,肯从根本上着点精神,再没有不好呢! 碧桃那般淫贱,终始与他妈相依为命。肇受那般荣华,也是终始与他娘相依为命。"鲁迅《三闲集·〈近代世界短篇小说集〉小引》:"但至今,在巍峨灿烂的巨大纪念碑底的文字之旁,短篇小说也依然有着存在的充足的权利。不但巨细高低,相依为命,也譬如人大伽蓝,但见全体非常宏丽,眩人眼睛,令观者心神飞越。"李劼人《大波》三部七章:"当兹革命排满潮流汹涌之际,玉将军为了自保,岂止会欢迎这么做;进一步尚会与我们同生共死,相依为命。"

【相映成趣】

xiāng yìng chéng qù　映:映衬。趣:意趣。相互衬托着,显得很有情趣,很有意思。钱钟书《围城》三:"方鸿渐这时亏得通的是电话而不是电视,否则他脸上的快乐跟他声音的惶怕相映成趣,准会使苏小姐猜疑。"

【香车宝马】

xiāng chē bǎo mǎ　见"宝马香车"。

【香象渡河】

xiāng xiàng dù hé　《优婆塞戒经》卷一:"如恒河水,三兽俱渡,兔、马、香象。兔不至底,浮水而过;马或至底,或不至底;象则尽底。"原为佛教用语,比喻悟道精深。后用"香象渡河"比喻诗文写得精辟透彻。宋·严羽《沧浪诗话·诗评》:"李、杜数公,如金鸡擘海,香象渡河。下视郊、岛辈,直虫吟草间耳。"清·袁枚《随园诗话》卷八:"严沧浪借禅喻诗,所谓'羚羊挂角,香象渡河,有神韵可味,无迹象可寻。'"

【香消玉减】

xiāng xiāo yù jiǎn　形容美女形貌消瘦。元·王实甫《西厢记》四本四折:"想着你废寝忘餐,香消玉减,花开花谢,犹自觉争些。"《醒世恒言》卷一三:"〔韩夫人〕长吁短叹,看看惹下一场病来。……渐渐香消玉减,柳顿花困,太医院诊脉,吃下药去,如水浇石一般。"也作"玉减香消"。元传奇《李玉梅·正宫过曲·普天乐》："我这里玉减香消，他那里珠围翠绕。姻缘簿上名不到，却把鸾钗轻分了。"

【香消玉碎】 xiāng xiāo yù suì　比喻年轻美女死亡。《群音类选·〈犀珮记·贞节自持〉》："想虞姬忠贞可羡，又何愁香消玉碎别人间。"《封神演义》三〇回："香消玉碎佳人绝，粉骨残躯血染衣！"也作"玉碎香消"。明·范受益《寻亲记·就教》："玉碎香消镜台荒，绿云缭乱懒梳妆。"也作"香消玉殒"。徐迟《牡丹》三："船抵大江中流时，她跃过栏杆，投身昏黑的江水中。尸体已经在下游打捞到了。虽然香消玉殒，依旧面目姣好云云。"

【香消玉殒】 xiāng xiāo yù yǔn　见"香消玉碎"。

【详情度理】 xiáng qíng duó lǐ　详：审察，细察。度：推测，揣度。指根据情况推理论断。《红楼梦》七四回："凤姐详情度理，说：'他们必不敢多说一句话，倒别委屈了他们。'"〔注意〕度，不读 dù。

【降龙伏虎】 xiáng lóng fú hǔ　降：降伏。伏：制伏。道教、佛教典籍中有道士、高僧以法力制服龙、虎的故事。后形容本领高强，能够战胜很强的对手或克服很大的困难。元·马致远《黄粱梦》一折："出家人长生不老，炼药修真，降龙伏虎，到大来悠哉也呵。"《西游记》三回："这猴乃三百年前天产石猴。当时不以为然，不知这几年在何方修炼成仙，降龙伏虎，强销死籍也。"艾芜《鞍钢啊，我回来了》："我们的钢铁工人，善于运用近代的科学技术，拥有降龙伏虎的威力。"也作"降龙缚虎"。《水浒传》九回："来往的，尽是咬钉嚼铁汉；出入的，无非降龙缚虎人。"

【降龙缚虎】 xiáng lóng fù hǔ　见"降龙伏虎"。

【降邪从正】 xiáng xié cóng zhèng　降：降伏。降伏邪恶，归随正道。《西游记》四四回："望爷爷与我们雪恨消灾，早进城降邪从正也。"

【祥云瑞气】 xiáng yún ruì qì　吉祥的云气。古人认为天上的彩色云气是祥瑞的征兆。明·无名氏《紫微宫》四折："您看这祥云瑞气，晓日和风，端的是太平佳兆也呵。"郭小川《厦门风姿》诗："那长街，那小巷，都好像掩映在祥云瑞气之中。"

【响彻云霄】 xiǎng chè yún xiāo　彻：透过。云霄：指高空。形容声音响亮，好像可以穿过云层，直达高空。明·申佳胤《端午日凤楼侍宴》诗："一声天语千官坐，响彻云霄瑞鸟翔。"《隋唐演义》八六回："这一笛儿，真吹得响彻云霄，鸾翔鹤舞，楼下万万千千的人都定睛侧耳，寂然无声。"丁玲《太阳照在桑乾河上》四九："这些孩子们像参加运动会的选手，生龙活虎的，又紧张又活泼，他们用力的唱：'没有共产党就没有新中国……'歌声响彻云霄。"

【响遏行云】 xiǎng è xíng yún　遏：阻止。形容歌声、乐音等嘹亮悠扬，高入云霄，连浮动着的云彩也被止住了。《列子·汤问》："抚节悲歌，声振林木，响遏行云。"唐·赵嘏《闻笛》诗："谁家吹笛画楼中，断续声随断续风。响遏行云横碧落，清和冷月到帘栊。"《花月痕》六回："那教坊子弟打起《十番》，十妓便齐声唱起《采莲歌》来。前后娇声婉转，响遏行云。"李劼人《大波》四部二章："这时节，号音既嘹亮，又威武，接连七八声悠扬的鸣——嘟嘟！鸣——嘟嘟！真个是高则响遏行云，低则声振屋瓦。"

【想方设法】 xiǎng fāng shè fǎ　想尽各种办法。老舍《四世同堂》九六："他们能推就推，能赖就赖，想方设法，就是不去。"欧阳山《三家巷》一八七："这一年来，我正是想方设法，费尽心机，要使咱们工作组的意见统一起来，朝着正确的方向走去。"梁斌《红旗谱》二二："我父亲说过，无论如何，请你给济南的朋友写个信。知道你朋友多,请你想方设法求点情……"

【想入非非】 xiǎng rù fēi fēi 《楞严经》卷九:"如存不存,若尽不尽,如是一类,名为非想非非想处。"佛教原指非一般思维所能达到的境界。后用"想入非非"指意念进入玄妙虚幻的境界。也形容脱离实际,幻想不能实现的事。清·梁廷枏《曲话》卷三:"其至离奇变幻者,莫如《临川梦》,竟使若士先生身入梦境,与四梦中人一一相见,请君入瓮,想入非非:娓娓清言,犹余技也。"《官场现形记》四七回:"施大哥好才情,真要算得想入非非了!"张恨水《啼笑因缘续集》三回:"沈国英坐在她对面,看了她那腥红的嘴唇,雪白的牙齿,未免有些想入非非。"蒋子龙《阴差阳错》五:"明天一投入新的工作,就没有时间想入非非、自寻烦恼了。"

【乡风慕义】 xiàng fēng mù yì 乡:同"向"。风:风化,教化。向往教化,追慕道义。《汉书·司马相如传》:"延颈举踵,喁喁然,皆乡风慕义,欲为臣妾,道里辽远,山川阻深,不能自致。"南朝宋·孝武帝《兴学诏》:"今息警夷嶂,恬波河渚,栈山航海,乡风慕义,化为民俗,兹时笃矣。"〔注意〕乡,不读xiāng。

【向壁虚构】 xiàng bì xū gòu 见"向壁虚造"。

【向壁虚造】 xiàng bì xū zào 对着墙壁凭空捏造。汉·许慎《说文解字·叙》:"壁中书者,鲁恭王坏孔子宅而得……而世人大共非訾,以为好奇者也,故诡更正文,乡壁虚造不可知之书,变乱常行,以耀于世。"乡:同"向"。鲁恭王从孔子旧宅的墙壁中得到许多古文(不同于隶书的古文字)经书,世人纷纷诋毁,认为是好奇之人故意改易正文、对着孔子宅壁凭空捏造出来的不可知的书。后用"向壁虚造"指毫无事实根据地捏造、虚构。清·谭嗣同《致刘松芙》:"彼国作者必考证乎古,然后下笔,非若今之向壁虚造,苟然而已也。"胡

适《建设的文学革命论》:"我这种议论并不是向壁虚造的。"也作"向壁虚构"。茅盾《子夜》再来补充几句》:"至于农村革命势力的发展,则连'第二手'的材料也很缺乏,我又不愿意向壁虚构,结果只好不写。"

【向隅独泣】 xiàng yú dú qì 见"向隅而泣"。

【向隅而泣】 xiàng yú ér qì 隅:墙角。对着墙角哭泣。指因被冷落、抛弃而感到孤独、悲哀。汉·刘向《说苑·贵德》:"今有满堂饮酒者,有一人独索然向隅而泣,则一堂之人皆不乐矣。"毛泽东《新民主主义论》:"在中国从事革命的一切党派,一切人们,谁不懂得这个历史特点,……谁就会被人民抛弃,变为向隅而泣的可怜虫。"也作"向隅独泣"。唐·杜牧《上吏部高尚书状》:"每遇时移节换,家远身孤,吊影自伤,向隅独泣。"〔注意〕隅,不能读作ǒu。

【项背相望】 xiàng bèi xiāng wàng 项:颈项。背:脊背。《后汉书·左雄传》:"监司项背相望。"原指前后相顾。后多用来形容人多,连续不断。《宋史·傅察传》:"主上仁圣,与大国讲好,信使往来,项背相望,未有失德。"梁启超《爱国论》:"不观夫江南自强军乎,每岁糜巨万之饷以训练之,然逃亡者项背相望。"

【项庄舞剑,意在沛公】 xiàng zhuāng wǔ jiàn,yì zài pèi gōng 沛公:刘邦。《史记·项羽本纪》载:刘邦和项羽在鸿门会见,项羽的谋士范增要项庄在酒宴上舞剑,乘机杀死刘邦。刘邦的谋士张良对樊哙说:"今者项庄拔剑舞,其意常在沛公也。"后比喻说话和行动的真实意图别有所指。梁启超《乐利主义泰斗边沁之学说·边沁之政法论》:"要之边氏著书虽数十种,其宗旨无一不归于乐利主义,如项庄舞剑,意在沛公。"

【相风使帆】 xiàng fēng shǐ fān 相:

观察。比喻根据情势的变化而改变态度。宋·陆游《醉歌》诗："相风使帆第一筹，随风倒舵更何忧。"

【相机而动】 xiàng jī ér dòng 见"相时而动"。

【相机而行】 xiàng jī ér xíng 相：观察。机：时机，机会。观察时机，灵活采取行动。《喻世明言》卷三九："郭择早有三分不乐，便道：'文书虽带在此，一时不可说破，还要相机而行。'"《三国演义》三九回："某当与主公同往，相机而行，自有良策。"《野叟曝言》一一〇回："这是时刻缓不得的，我们须如此如此赚进城去，相机而行。"莫应丰《将军吟》三一章："江醉章后悔刚才不该过分放肆，但事已过去，无法收回，只得相机而行，在今后设法补救了。"

【相机观变】 xiàng jī guān biàn 相：观察。观察时机和事态的变化。《东周列国志》六〇回："元帅屯兵于郝山矶，相机观变，可以万全。"

【相机行事】 xiàng jī xíng shì 相：观察。机：时机，机会。观察时机，看具体情况灵活办事。《二刻拍案惊奇》卷一七："这件事须得孩儿自去，前日魏、杜两兄临别时，也教孩儿进京去，可以相机行事。"《老残游记》五回："那有一准的法子呢！只好相机行事，做到那里说那里话罢。"钱钟书《围城》五："李梅亭说自己这种上等人到处有办法，会相机行事，绝处逢生。"姚雪垠《李自成》一卷八章："快去吧，遵照闯王的计策相机行事。你是机灵人，能说会道，成不成就看你的了。"

【相貌堂堂】 xiàng mào táng táng 形容人的仪表端庄魁伟。《三国演义》一回："玄德看其人：身长九尺，髯长二尺；面如重枣，唇若涂脂；丹凤眼，卧蚕眉；相貌堂堂，威风凛凛。"《野叟曝言》二三回："这两人相貌堂堂，像是个大家子弟，听他那样话头，莫非有些来历？"姚雪垠《李自成》三

卷一七章："努尔哈赤因见他身材魁梧，相貌堂堂，谈话颇有见识，又知道他是明朝的大臣之后，遂将他留下。"

【相时而动】 xiàng shí ér dòng 相：观察。观察时机，灵活采取行动。《左传·隐公十一年》："相时而动，无累后人，可谓知礼矣。"《周书·宇文神举传》："显和具陈宜杜门晦迹，相时而动，孝武深纳焉。"《红楼梦》四回："岂不闻古人有云：'大丈夫相时而动。'"也作"相机而动"。《东周列国志》二二回："乃命上卿高傒，率南阳甲士三千人，吩咐高傒，相机而动。"《儒林外史》九回："吉甫，这句话你在镇上且不要说出来，待我们去相机而动。"

【象牙之塔】 xiàng yá zhī tǎ 原为法国十九世纪文艺批评家圣佩韦批评同时代消极浪漫主义诗人维尼的话。后泛指"为艺术而艺术"的文艺家脱离社会现实的个人主观幻想的艺术天地。鲁迅《集外集拾遗补编·关于知识阶级》："现在比较安全一点的，还有一条路，是不做时评而做艺术家，要为艺术而艺术。住在'象牙之塔'里，目下自然要比别处平安。"

【象箸玉杯】 xiàng zhù yù bēi 象箸：象牙筷子。玉杯：玉制酒杯。形容极度奢华的生活。《韩非子·喻老》："昔者纣为象箸，而箕子怖，以为象箸必不加于土铏，必将犀玉之杯；象箸玉杯，必不羹菽藿，则必旄象豹胎。旄象豹胎，必不衣短褐而食于茅屋之下，则锦衣九重，广室高台。"

【像模像样】 xiàng mú xiàng yàng 像个模样。指像正式的、合乎标准或本应有的样子。《儿女英雄传》二回："这番调动，老爷必得像模像样答覆上头的情才使得呢。"叶圣陶《李太太的头发》："婆婆妈妈的一些办法，看待学生像看待自己的女儿或媳妇，唠叨一阵，又温存一阵，哪里像个像模像样的校长！"刘主民《骚动之秋》一二章："为了结婚娶媳妇，把旧房子扒了，按目下时兴的式样重新设计，搞得像模像

样,徐夏子姊并没有异议。"〔注意〕模,不读mó。

【像煞有介事】 xiàng shà yǒu jiè shì 像煞:极像。介事:那样的事。苏州、上海一带的方言。指装模作样,好像真有那么一回事。鲁迅《二心集·再来一条"顺"的翻译》:"我们的'友邦'好友,顶喜欢宣传中国的古怪事情,尤其是'共党'的,四年以前,将'裸体游行'说得像煞有介事,于是中国人也跟着叫了好几个月。"茅盾《子夜》一:"屠维岳的法宝就是说大话,像煞有介事,满嘴的有办法,有把握! 他的本领就是花钱去收买!"周而复《上海的早晨》二部一:"'这个么',朱经理像煞有介事地用右手的食指敲一敲太阳穴,在凝神思考。"也作"煞有介事"。杨沫《青春之歌》二部二章:"只有那个问话的伍雨田,绷着油光的肥脸,拧着像道静说的蚂蚁爬的黑眉毛,煞有介事地立等着道静的回答。"高云觉《小城春秋》二三章:"三个小孩煞有介事地烧香起誓,还拿绣花针刺破指头,按着岁数排行,赵雄老大,陈晓老二,吴坚老三。"

【像心像意】 xiàng xīn xiàng yì 依随自己的心意。《二刻拍案惊奇》卷二〇:"商功父正气的人,不是要存私,却也只趁着兴头,自做自主,像心像意,那里还分别是你的我的? 又假不归,连功父也忘其所以。"

【枭首示众】 xiāo shǒu shì zhòng 枭:斩首并悬挂起来。指砍下人头,悬挂高处,让众人看到,以示惩戒。明·梁辰鱼《浣纱记·治定》:"一面差官江口立庙奉祀子胥,一面将伯嚭枭首示众。"《花月痕》四八回:"荷生略问数语,知道做了无数淫孽,传令磔死,枭首示众。"鲁迅《南腔北调集·〈守常全集〉题记》:"我想,就是报上所记的'人山人海'去看枭首示众的头颅的人们,恐怕也未必觉得更兴奋于看赛花灯的罢。"魏巍《火凤凰》九四:"攻城前夕,地下工作人员从城里传出两个消息:一是毛驴部下一名小队长畏战自杀;一是高凤岗将三名表现动摇的下级军官枭首示众。"

【枵肠辘辘】 xiāo cháng lù lù 枵:空虚,指饥饿。辘辘:指肠鸣声。肚子饿得辘辘叫。形容十分饥饿。《聊斋志异·西湖主》:"忽僮仆肢体微动,喜而扪之。无何,呕水数斗,醒然顿苏。相与曝衣石上,近午始燥可着。而枵肠辘辘,饥不可堪。"

【枵腹从公】 xiāo fù cóng gōng 枵:空虚。空着肚子办理公务。梁启超《驳某报之土地国有论》:"则彼共和政府上自大统领、国会议员,下之未入流之小吏,除枵腹从公外更无他术。"也形容一心为公。《活地狱》楔子:"要想他们毁家纾难,枵腹从公,恐怕走遍天涯,也找不出一个。"

【削方为圆】 xiāo fāng wéi yuán 见"刓方为圆"。

【哓哓不休】 xiāo xiāo bù xiū 哓哓:乱吵乱嚷的样子。形容没完没了的争论。《镜花缘》八八回:"若再参商,哓哓不休,岂非前因未了,又启后世萌芽?"茅盾《虹》三:"他的谈话往往一转就转到了梅女士的短头发;什么男女不分,惹人家笑话一类的话,便夹在他的哓哓不休的教训中。"

【骁勇善战】 xiāo yǒng shàn zhàn 骁勇:勇猛。善:擅长。形容作战勇猛而又擅长用兵。《南齐书·戴僧静传》:"其党辅义将军朱县瓘骁勇善战,每荡一合,辄大杀伤,官军死者百余人。"姚雪垠《李自成》一卷一〇章:"他相信只要他的人马越过大路,李自成的盔甲不全的四五百骑兵决不是他的对手。但是他想着困兽犹斗,何况李自成又是个十分骁勇善战的人。"杜鹏程《战斗生活检验我的心灵》:"据说,贺龙将军很喜欢他,一来因为他骁勇善战,屡建奇功,二来因为他是著名的篮球健将。"

【逍遥法外】 xiāo yáo fǎ wài 逍遥:安闲自在,不受拘束。指犯法的人没有受到法律制裁,仍然自由自在。巴金《随想录》五四:"那些造神召鬼、制造冤案、虚报产量、逼死人命等等、等等的大骗子是不会长期逍遥法外的,大家都在等待罪人判刑的消息,我也不例外。"

【逍遥自得】xiāo yáo zì dé 形容无拘无束、安闲得意的样子。晋·潘岳《闲居赋》:"于是览止足之分,庶浮云之志。筑室种树,逍遥自得。"宋·洪迈《容斋三笔·琵琶亭诗》:"两公犹累乎世,未能如乐天逍遥自得也。"张恨水《啼笑因缘续集》五回:"夏云山看见他那逍遥自得的样子,倒不免望了他发呆,许久,才问道:'国英!我看你对于这件事,倒像办的很得意。'"

【逍遥自在】xiāo yáo zì zài 形容无拘无束、自由自在的样子。唐·白居易《菩提寺上方晚眺》诗:"飞鸟灭时宜极目,远风来处好开襟。谁知不离簪缨内,长得逍遥自在心。"《西游记》九回:"算起来,还不如我们水秀山青,逍遥自在;甘淡薄,随缘而过。"《二十年目睹之怪现状》一〇一回:"我一个人在上海,逍遥自在,何等快活!"鲁迅《伪自由书·保留》:"二十来年,国难不息,而被大众公认为卖国者,一向全是三十以上的人,虽然他们后来依然逍遥自在。"周而复《上海的早晨》三部一七:"这一阵,他一心想富春江,要是林晓芝真心诚意和他一同去,住在严子陵钓台那样风景秀丽的地方,每天无事钓钓鱼,倒也逍遥自在。"也作"自在逍遥"。《西游记》二回:"这一夜,悟空即运神炼法,会了筋斗云。逐日家无拘无束,自在逍遥,此亦长生之美。"

【消魂丧魄】xiāo hún sàng pò 见"销魂夺魄"。

【消声匿迹】xiāo shēng nì jì 见"销声匿迹"。

【宵旰图治】xiāo gàn tú zhì 宵、旰:夜晚、晚。宵旰食食,勤于政事,力图治理好国家。《明史·罗侨传》:"愿陛下慎逸游,屏玩好,放弃小人,召还旧德,与在廷臣工,宵旰图治,并敕法司慎守成律。"

【宵衣旰食】xiāo yī gàn shí 宵衣:天不亮就穿衣起床。旰食:天黑了才吃饭。形容勤于政事。唐·陆贽《论两河及淮西利害状》:"今师兴三年,可谓久矣;税及百物,可谓繁矣;陛下为之宵衣旰食,可谓忧勤矣。"《旧唐书·刘贲传》:"若夫任贤惕厉,宵衣旰食,宜黜左右之纤佞,进股肱之大臣。"《野叟曝言》一〇七回:"昔宋寿皇承高宗之命,庙号孝宗,殿下诚遵奉诏旨,代皇上宵衣旰食之劳,而致皇上玉食锦衣之奉,以天下养孝之大也。"姚雪垠《李自成》三卷七章:"这些年,我宵衣旰食,励精图治,不敢懈怠,为的是想做一个中兴之主,重振国运,所以像陈妃那里也很少前去。"也作"旰食宵衣"。姚雪垠《李自成》二卷三二章:"陛下即位以来,旰食宵衣,为国忧勤,至今已十三年了。"

【萧规曹随】xiāo guī cáo suí 西汉初年,萧何、曹参先后为丞相,萧何制定的一套法规政令,曹参完全继承下来,遵照执行。后用"萧规曹随"比喻后人完全按前人的成规办事。汉·扬雄《解嘲》:"夫萧规曹随,留侯画策,陈平出奇,功若泰山,响若阺隤,唯其人之赡知哉,亦会其时之可为也。"孙中山《自传》:"丙辰之役,以为但使袁世凯取消帝制,则民国依然无恙,其他袁世凯所遗留之制度,不妨萧规而曹随。"

【萧墙祸起】xiāo qiáng huò qǐ 见"祸起萧墙"。

【销魂夺魄】xiāo hún duó pò 销:消散,消失。夺:丧失,失去。形容受外界事物的强烈吸引或刺激而失去常态。《儒林外史》四一回:"盐商富贵奢华,多少士大夫见了就销魂夺魄,你一个弱女子,视如土芥,这就可敬的极了!"刘心武《钟鼓楼·并非开头》:"那焦圈炸得不瘟不火,金红脆薄,……就着喝那热豆汁,对嗜好者来说，真有销魂夺魄之感。"也作"消魂丧魄"。《东周列国志》五二回："那夏姬生得蛾眉凤眼，杏脸桃腮，有骊姬息妫之容貌，兼妲己文姜之妖淫。见者无不消魂丧魄，颠之倒之。"

【销声匿迹】xiāo shēng nì jì　销声：消除声音。匿迹：隐匿踪迹。《艺文类聚》卷三六引北周·庾信《五月披裘负薪画赞》："披裘当夏，俗外为心，虽逢季子，不拾遗金，禽巢欲远，鱼穴惟深，消声灭迹，何必山林！"消：同"销"。后多作"销声匿迹"，指隐藏起来或不公开露面。明·张钺《〈何大复先生遗集〉序》："夫丰城之剑，鲛宫之珠宝而藏者也；而其精光，或上薄星辰、或折流洪涛，销声匿迹中自有不可磨灭者存。"《官场现形记》二九回："从此这时筱仁赛如拨云雾而见青天，在京城里面着实有点声光，不像从前的销声匿迹了。"鲁迅《集外集·附录1928年—1929年〈奔流〉编校后记》："眼前的例，就如张勋在时，盛极一时的'遗老'遗少'气味，现在表面上已经销声匿迹。"姚雪垠《李自成》二卷三五章："从五月初以来，我们偃旗息鼓，销声匿迹，隐藏在这郧阳山中。"也作"消声匿迹"。欧阳山《三家巷》一二六："可是到了边区来了以后，当然，边区是很美丽的，我们自己倒变成消声匿迹，无声无臭了。"也作"匿迹销声"。《官场现形记》二八回："黑八哥一干人也劝他，叫他暂时匿迹销声，等避过风头再作道理。"梁实秋《雅舍小品·鼾》："这种东西没有流行到市面上来，很快就匿迹销声了。"

【霄壤之别】xiāo rǎng zhī bié　霄：天空。壤：土地。宋·胡仔《苕溪渔隐丛话后集·醉吟先生》："善恶智愚，相背绝远，何啻霄壤之殊。"后用"霄壤之别"形容相差极远，像天与地之间的差别一样。鲁迅《两地书》一二一："北平久不下雨，比之南方的梅雨天，真有'霄壤之别'。"叶文玲《寂寞城池》："我们这有着霄壤之别的一

老一少，竟也有一份奇特的因缘。"

【小不忍则乱大谋】xiāo bù rěn zé luàn dà móu　在小事上不能忍耐，就会坏大事。《论语·卫灵公》："子曰：'巧言乱德，小不忍则乱大谋。'"《三国演义》一〇七回："子邓忠劝曰：'小不忍则乱大谋，父亲若与他不睦，必误国家大事。望且容忍之。'"欧阳山《三家巷》一〇："我服从了。那有什么关系呢？自古说：'小不忍则乱大谋'，不过是些小事情，也犯不着因小失大。"魏巍《地球的红飘带》三二："王家烈羞愧难当，待要发作，又恐小不忍则乱大谋，说不定两头都会鸡飞蛋打。"

【小惩大诫】xiāo chéng dà jiè　惩：处罚，惩处。诫：警告，告诫。《周易·系辞下》："小人不耻不仁，不畏不义，不见利不劝，不威不惩；小惩而大诫，此小人之福也。"后用"小惩大诫"指对小的过错给予惩罚，以警诫不犯大的过错。唐·杜牧《张直方授左骁卫将军制》："念其生自戎旅，素不镂琢，既触法网，亦可矜容……小惩大诫，尔宜知思。"蔡东藩、许廑父《民国通俗演义》七一回："悖入非悖出时，临岐知悔已嫌迟。小惩大诫由来说，到底贪官不可为。"

【小打小闹】xiāo dǎ xiāo nào　形容小规模地做某事。浩然《乐土》三四章："我不像二哥你的脑瓜子和心术，没有挣大钱的本事，只好小打小闹地对付事儿呗。"刘玉民《骚动之秋》七章："这还只是小打小闹，小桑园要翻身，得来大的。"

【小肚鸡肠】xiāo dù jī cháng　比喻器量小，心胸狭窄。李国文《冬天里的春天》二章："你给评论评论，这位你的老上级，是不是比过去心胸狭窄，变得小肚鸡肠？"邓一光《我是太阳》六部一："你们这么小肚鸡肠，还能干出什么大事来？"

【小恩小惠】xiāo ēn xiāo huì　为了收买人心而给人以小的好处。《东欧女豪杰》三回："偶有一个狡猾的民贼出来，略

用些小恩小惠来抚弄他,他便欢天喜地感恩戴德。"洪深《申屠氏》七本:"女子们易被小恩小惠买动,亏女不住称赞方六一的好处。"姚雪垠《李自成》二卷二七章:"李自成比刘备厉害得多,终非池中之物,大帅怎能用小恩小惠买住他的心?"

【小国寡民】 xiǎo guó guǎ mín 《老子·八十章》:"小国寡民,使有什佰之器而不用,使民重死而不远徙……邻国相望,鸡犬之音相闻,民至老死不相往来。"国小民少,本为春秋时期老子的政治理想。后常用作谦辞。宋·陆游《静镇堂记》:"如使万物并作,吾与之逝,众事错出,吾为之变,则虽弊精神,劳思虑,而不足以理小国寡民,况任天下之重乎?"

【小家碧玉】 xiǎo jiā bì yù 碧玉:女子名。《乐府诗集·碧玉歌》之二:"碧玉小家女,不敢攀贵德。感郎千金意,惭无倾城色。"后用"小家碧玉"指小户人家年轻美貌的女子。明·范文若《鸳鸯棒》二出:"小家碧玉镜慵施,赵婢停灯臂支采。"《野叟曝言》三九回:"素娥暗忖:我相公貌若天人,非得如此端凝骨格,宫贵丰裁,如何配得上来?自顾娉婷,终是小家碧玉,抱衾与稠,宁得致怨于命之不犹耶!"周立芹《邱家桥首户》五:"月影朦胧中,她看去的确很美,婀娜、娇嗔的神态,细致的打扮,纤巧的身躯,秀丽的面庞,无处不显示出那种小家碧玉的美来。"

【小鸟依人】 xiǎo niǎo yī rén 《旧唐书·长孙无忌传》载:唐太宗评论功臣,说"褚遂良学问稍长,性亦坚正,既写忠诚,甚亲附于朕,譬如飞鸟依人,自加怜爱。"后用"小鸟依人"比喻小孩或年轻女子的娇稚、温顺、可爱。邓一光《我是太阳》一部一○:"她不会认为有什么不对,甚至不会有自己的意见,她只会点头,小鸟依人般温柔地点头。"

【小器易盈】 xiǎo qì yì yíng 三国魏·吴质《在元城与魏太子笺》:"前蒙延纳,侍宴终日,……小器易盈,先取沉顿。醒寤之后,不识所言。"意为小器皿容易装满,比喻酒量小,容易喝醉。后多用来形容量小,心胸狭窄,容易自满。宋·胡仔《苕溪渔隐丛话后集·本朝杂记下》:"以谚语戏公曰:'小器易盈真县尉。'答曰:'穷坑难填满是推官。'"清·赵翼《廿二史札记·南朝多以寒人掌机要》:"盖出身寒贱,则小器易盈,不知大体。"也作"器小易盈"。《镜花缘》一二回:"如此谦恭和蔼,可谓脱尽仕途习气;若令器小易盈、妄自尊大那些骄傲俗吏看见,真要愧死!"

【小巧玲珑】 xiǎo qiǎo líng lóng 玲珑:精巧细致。宋·辛弃疾《临江仙·戏为山园苍壁解嘲》词:"莫笑吾家壁垒小,棱层势欲摩空。相知唯有主人翁。有心雄泰华,无意巧玲珑。"后用"小巧玲珑"形容东西小而精致。《近十年之怪现状》一九回:"那船上敞了两面船窗,放下鲛绡帘子,陈设了小巧玲珑的紫檀小桌椅。"钱钟书《围城》二:"张太太是位四十多岁的胖女人,外国名字是小巧玲珑的 Tessie。"也形容身材不高,灵巧。浩然《乐土》四一章:"屋里边停止了动声好长一阵儿,门扇被打开,闪现出七姊那小巧玲珑的身影。"

【小人得志】 xiǎo rén dé zhì 小人:地位低下、人格卑劣的人。指道德卑劣的人得到重用或受宠。南朝宋·何承天《为谢晦檄京邑》:"若使小人得志,君子道消。"唐·陆贽《请许台省长官举荐属吏状》:"计不定则理道难成,言不实则小人得志,国家所病,恒必由之。"《三侠五义》九四回:"小人得志,立刻改样,就你我相称,把兄弟二字免了。"

【小时了了】 xiǎo shí liǎo liǎo 了了:聪明懂事。小时聪明伶俐。《世说新语·言语》:"孔文举年十岁,随父到洛。……元礼及宾客莫不奇之。太中大夫陈韪后至,人以其语语之,韪曰:'小时了了,大未必佳。'文举曰:'想君小时,必当了了。'韪大踢踏。"《三国志·魏书·崔琰传》南朝宋·裴松之注:"人小时了了者,大亦未必奇也。"《二刻拍案惊奇》卷五:"小时了了大时佳,五岁童孩已足夸。计缚剧徒如反掌,直教天子送还家。"

【小手小脚】xiǎo shǒu xiǎo jiǎo 形容做事放不开手脚。峻青《海啸》四章:"可是,你喝起酒来,却小手小脚的。这未免和你的身份不相称吧。"

【小题大作】xiǎo tí dà zuò 明、清科举考试用"四书"(《大学》《中庸》《论语》《孟子》)文句出的题目叫"小题",用"五经"(《周易》《尚书》《诗经》《礼记》《春秋》)文句出的题目叫"大题"。以"五经"文的章法来写"四书"文的称之为"小题大作"。后比喻把小事情当作大事情来处理。含贬义。作,也作"做"。明·杨聪《玉堂荟记》卷上:"成既被提入京,欲伸前志,每为范本渐所阻,迨范以艰去,而成遂奏揭纷出,小题大作矣。"《红楼梦》七三回:"迎春笑道:'没有说什么,左不过是他们小题大作罢了。何必问他。'"钱钟书《围城》四:"为了一个黄毛丫头,就那么愤世嫉俗,真是小题大做!"周而复《上海的早晨》四部六五:"朱瑞芳认为大太太小题大做,一口楠木棺材没啥了不起,倒是沪江这些企业才是真正的大事体。"

【小巫见大巫】xiǎo wū jiàn dà wū 巫:旧时替人祈祷求神的人。《艺文类聚》卷八二引《庄子》逸文:"小巫见大巫,拔茅而弃,比其所以终身弗如。"意为小巫见到大巫,就觉得自己的法术不如大巫高明,便弃而不为了。后用来比喻相形之下,一个远远比不上另一个。汉·陈琳《答张纮书》:"今景兴在此,足下与子布在彼,所谓小巫见大巫,神气尽灭。"《野叟曝言》一四七回:"小园虽有麟,小于此麟者半,所谓小巫见大巫者矣。"茅盾《子夜》五:"他亦未始没有相当成就,但是仅仅十万人口的双桥镇何足以供回旋,比起目前这计画

来,真是小巫见大巫了!"

【小黠大痴】xiǎo xiá dà chī 黠:机敏,狡猾。小的方面精明狡黠,大的方面却愚笨无知。唐·韩愈《送穷文》:"子知我名,凡我所为,驱我令去,小黠大痴。"《宋史·陈良翰传》:"思退庸狡,小黠大痴,将误国。"

【小小不言】xiǎo xiǎo bù yán 《太平经》卷四五:"其齿齲间虫,小小不足道,食人齿。"后用"小小不言"指细微得不值一说,即微不足道。《官场现形记》四四回:"彼此顾交情,留个脸,小小不言的事情,我也不追究了。"

【小心谨慎】xiǎo xīn jǐn shèn 形容说话、做事非常慎重。《汉书·霍光传》:"出入禁闼二十余年,小心谨慎,未尝有过,甚见亲信。"《警世通言》卷三三:"这小二在家里小心谨慎,烧香扫地,件件当心。"《三侠五义》五七回:"到了开封府,见了相爷,必须小心谨慎,听包相爷的钧谕,才是大丈夫所为。"鲁迅《且介亭杂文·论俗人应避雅人》:"小心谨慎的人,偶然遇见仁人君子或雅人学者时,倘不会帮闲凑趣,就须远远避开,愈远愈妙。"巴金《随想录》六九:"我浪费了多么宝贵的时光啊!但是我更加小心谨慎,因为我害怕。"姚雪垠《李自成》二卷三〇章:"他一向小心谨慎,不问外事,也不多交游。"也作"谨慎小心"。《官场现形记》三七回:"二则像大帅这样的公正廉明,做属员的人,只要自己谨慎小心,安分守己,还愁将来不得差缺吗。"王火《战争和人》(三)卷三:"最近日本浪人到处寻事,谁知这几个日本人想干什么?'君子不立于危墙之下',还是谨慎小心的好。"

【小心翼翼】xiǎo xīn yì yì 翼翼:恭敬慎重的样子。《诗经·大雅·大明》:"维此文王,小心翼翼。昭事上帝,聿怀多福。"原指恭敬谨慎。后形容十分谨慎,一点也不敢疏忽。《二十年目睹之怪现状》九九

回:"看见贾冲伺候老人家,一向小心翼翼,若得他在路上招呼,自己可少烦了多少心,不如向老人家处要了他去,岂不是好。"鲁迅《准风月谈·夜颂》:"一夜已尽,人们又小心翼翼的起来,出来了;便是夫妇们,面目和五六点钟之前也何其两样。"巴金《春》八:"他默默地点了点头,小心翼翼地轻轻抱起孩子,让何嫂接过去。"刘绍棠《村妇》卷二:"他毕恭毕敬,小心翼翼地把领袖像从泥墙上揭下来,才发现泥墙上有个砖洞。"

【晓行夜宿】 xiǎo xíng yè sù　天明起程,入夜歇宿。形容旅途的辛劳。元·郑廷玉《楚昭公》一折:"但愿你晓行夜宿无辞惮。"《说岳全传》八回:"当下岳飞、汤怀、张显、牛皋、王贵共是五骑马,往汴京进发。一路上,免不得晓行夜宿,渴饮饥餐。"鲁迅《故事新编·采薇》五:"〔两位义士〕转身向北,讨着饭,晓行夜宿,终于到了首阳山。"梁斌《红旗谱》二四:"两人晓行夜宿,不知走了多少时日,到了济南,走进一家起火小店里。"

【晓以利害】 xiǎo yǐ lì hài　晓:使明白,告知。让对方知道事情的利害关系。《北齐书·薛修义传》:"修义以双炽是其乡人,遂轻诣全下,晓以利害,炽等遂降。"

【孝子贤孙】 xiào zǐ xián sūn　有孝心、有德行的子孙。元·刘唐卿《降桑椹》五折:"圣人喜的是义夫节妇,爱的是孝子贤孙。"《镜花缘》五一回:"我死后别无遗言,惟愿后世子孙,千万莫把绿林习气改了,那才算得孝子贤孙哩。"老舍《四世同堂》二八:"他是最怕事的人。因为怕事,所以老实;因为老实,所以他自居为孝子贤孙。"也比喻为某种势力甘心效劳的人。蒋子龙《收审记》三:"我只好跟着父母一同被遣送到农村,谁叫我是资产阶级的孝子贤孙呢!"

【笑里藏刀】 xiào lǐ cáng dāo　唐·白居易《新乐府·天可度》:"君不见:李义府

之辈笑欣欣,笑中有刀潜杀人!"后用"笑里藏刀"形容对人外表和气,内心却阴险毒辣。元·关汉卿《单刀会》一折:"那时间相看的是好,他可喜孜孜笑里藏刀。"《红楼梦》五五回:"再要穷追苦克,人恨极了,暗地里笑里藏刀,咱们两个才四个眼睛,两个心,一时不防,倒弄坏了。"茅盾《腐蚀·九月十九日》:"不管怎的,我得警戒。在这个地方,人人是笑里藏刀,撺人上屋拔了梯子,做就圈套诱你自己往里钻。"刘绍棠《村妇》卷一:"那个姓路的笑里藏刀,跟咱们不是一条船上的人。"

【笑容可掬】 xiào róng kě jū　掬:用双手捧起来。形容笑容满面。《警世通言》卷二:"妇人笑容可掬,谢道:'有劳官人用力。'"《红楼梦》一一八回:"贾兰进来,笑容可掬的给宝玉宝钗请了安。"钱钟书《围城》八:"高松年见了面,总是笑容可掬,若无其事。"姚雪垠《李自成》二卷四八章:"高夫人在前,红娘子在后,笑容可掬地走了进来,三四个女亲兵留在门外。"

【笑逐颜开】 xiào zhú yán kāi　逐:追逐,随着。颜:脸面。笑得使面容舒展开来。形容满脸笑容,十分高兴的样子。《水浒传》七九回:"宋江听罢,喜从天降,笑逐颜开,便叫请那厢事人到堂上。"《警世通言》卷三二:"李甲拿了三百两银子,喜从天降,笑逐颜开,欣欣然来见十娘。"《野叟曝言》一三七回:"城内铺户居民没有一人逃避,开门观看,个个笑逐颜开。"萧红《呼兰河传》六章:"一听人家叫他'二掌柜的',他就笑逐颜开。"魏巍《地球的红飘带》二三:"真是喜从天降,王家烈顿时笑逐颜开,忙向薛司令长官连声道谢。"

【效颦学步】 xiàopín xué bù　颦:皱眉。《庄子·天运》:"故西施病心而矉其里,其里之丑人见而美之,归亦捧心而矉其里。其里之富人见之,坚闭门而不出;贫人见之,挈妻子而去之走。"矉:同"颦"。又《秋水》:"且子独不闻夫寿陵余子之学行于邯郸与？未得国能，又失其故行矣，直匍匐而归耳。"后用"效颦学步"指盲目模仿别人，结果适得其反，弄巧成拙。明·李贽《焚书·答耿司寇书》："且克明何如人也，筋骨如铁，而肯效颦学步从人脚底走乎！"

【协力同心】 xié lì tóng xīn　见"同心协力"。

【邪不干正】 xié bù gān zhèng　干：干犯，侵害。汉·王符《潜夫论·巫列》："妖不胜德，邪不伐正，天之经也。"后用"邪不干正"指邪气压不倒正气。唐·韦询《刘宾客嘉话录》："此邪法也。臣闻邪不干正，若使咒臣，必不能行。"清·纪昀《阅微草堂笔记·滦阳消夏录四》："蠡县有凶宅，一耆儒与数客宿其中。夜闻窗外拨剌声，耆儒叱曰：'邪不干正，妖不胜德。'"也作"邪不胜正"。《野叟曝言》九一回："邪不胜正，死生有命，夜间有甚响动，你们俱不必惊慌，也不须起来窥探，恐被邪术所伤。"巴金《随想录》一二九："同他们交谈，我也感到放心，我也是相信邪不胜正的人，我始终乐观。"

【邪不胜正】 xié bù shèng zhèng　见"邪不干正"。

【邪门歪道】 xié mén wāi dào　见"歪门邪道"。

【邪魔外道】 xié mó wài dào　❶佛教用语。指佛法以外的教派和邪说。《药师经》下："又信世间邪魔外道，妖孽之师，妄说祸福，便生恐动，心不自正。"❷指妖魔鬼怪。元·无名氏《神奴儿》四折："你将金钱银纸快安排，邪魔外道当拦住，只把那屈死的冤魂放过来。"❸指异端邪说或不正当的事物。宋·朱熹《答许顺之》："如熹辈今只是见得一大纲如此，不至堕落邪魔外道耳。"《红楼梦》八一回："才刚老爷进来说起宝玉的干妈竟是个混账东西，邪魔外道的。"《儒林外史》一一回："若是八股文章欠讲究，任你做出甚么来，都是野

狐禅、邪魔外道！"老舍《四世同堂》五二："祖父向来不大爱发脾气，可是一发起脾气来就会教全家的人，与一切邪魔外道，都感到警戒与恐惧。"康濯《东方红》五章："偏偏他却娶了个邪魔外道的老婆，对自己软绵绵的，待外人竟是虎辣辣的没边没底！"

【胁肩谄笑】 xié jiān chǎn xiào　胁肩：把两肩收拢起来。谄：奉承人。为了奉承人，缩起肩膀装出笑脸。形容巴结人的丑态。《孟子·滕文公下》："曾子曰：'胁肩谄笑，病于夏畦。'"《警世通言》卷三二："初时李公子撒漫用钱，大差大使，妈妈胁肩谄笑，奉承不暇。"《孽海花》一四回："筱亭碍着文人面皮，凡事总让她几分。谁知习惯成自然，胁肩谄笑，竟好像变了男子对妇人的天职了。"钱钟书《围城》五："李梅亭不用说，顾尔谦胁肩谄笑的丑态，也真叫人吃不消。"

【挟权倚势】 xié quán yǐ shì　挟：仗恃。凭借、倚仗权势。元·无名氏《认金梳》二折："堪恨这挟权倚势的儿曹辈，乱作胡为。"〔注意〕挟，不读 jiā，也不能读作 xiá。

【挟山超海】 xié shān chāo hǎi　挟：挟持，夹着。超：跨越。用胳膊夹住泰山跨越北海。《孟子·梁惠王上》："挟太山以超北海，语人曰：'我不能。'是诚不能也。"后用"挟山超海"比喻做不可能做到的事。唐·刘肃《大唐新语·刚正》："挟山超海之力，望此犹轻；回天转地之感，方斯更烈。"清·李渔《笠翁偶集·富人行乐之法》："劝富人分财，其势同于挟山超海，此必不得之数也。"〔注意〕挟，不读 jiā，也不能读作 xiá。

【挟天子以令诸侯】 xié tiān zǐ yǐ lìng zhū hóu　《战国策·秦策一》："挟天子以令天下，天下莫敢不听。"后用"挟天子以令诸侯"指挟持皇帝，号令诸侯。《三国志·蜀书·诸葛亮传》："今操已拥百万之

众，挟天子以令诸侯，此诚不可与争锋。"鲁迅《华盖集续编·谈皇帝》："其实利用了他的名位，'挟天子以令诸侯'的，和我那老仆妇的意思和方法都相同。"也比喻借用权威的名义发号施令。清·袁枚《续子不语·麒麟喊冤》："朕命白虎驮邱生来，原恶其自矜汉学，凌蔑百家，挟天子以令诸侯，故有投畀豺虎之意。"〔注意〕挟，不读jiā，也不能读作xiá。

【携老扶幼】 xié lǎo fú yòu　见"扶老携幼"。

【携手并肩】 xié shǒu bìng jiān　手牵着手，肩挨着肩。形容关系亲密，行动一致。姚雪垠《李自成》一卷三一章："再说，咱们和敬轩、曹操等携手并肩，同时大举，看似一着险棋，实在倒不十分险的。"王火《战争和人》(三)卷三："我想到适当时候，我们是一定会携手并肩一同有所作为的。"

【携幼扶老】 xié yòu fú lǎo　见"扶老携幼"。

【泄漏天机】 xiè lòu tiān jī　天机：指神秘的天意。《太平广记》卷六五引《神仙感遇传》："〔唐御史姚生〕苦问其故，〔三子〕不言。遂鞭之数十，不胜其痛，具道本末。姚乃幽之别所。姚素馆一硕儒，因召而与语。儒者惊曰：'大异，大异，君何用责三子乎？'向使三子不泄其事，则必为公相，贵极人臣；今泄之，其命也夫！'姚问其故，而云：'吾见织女、婺女、须女星皆无光，是三女星降下人间，将福三子。今泄天机，三子免祸年矣！'"后用"泄漏天机"指透露不让人知道的机密。元·王伯成《贬夜郎》三折："往常恐东风吹与外人知，怎想这里泄漏天机。"《三国演义》六九回："回见管辂，教再休泄漏天机；不然，必致天谴。"《醒世恒言》卷三六："李清便问道：'这个尊师，是甚么名姓？'童子道：'连我们也只听得是这等说，怎么知道？便知道，也不好说得，恐怕泄漏天机，被主人见

罪。'"

【卸磨杀驴】 xiè mò shā lǘ　刚卸了磨，就把拉磨的驴杀掉。比喻达到目的之后，就把曾经出过力的人除掉或抛弃。刘绍棠《狼烟》："只怕归队以后，打下萍水县城，他就得卸磨杀驴。"柳杞《战争奇观》："鬼子兵用完了他，就卸磨杀驴把他宰了。"

【屑榆为粥】 xiè yú wéi zhōu　把榆树皮磨成碎屑，做成粥食。指荒年的艰苦生活。《新唐书·阳城传》："岁饥，屏迹不过邻里，屑榆为粥，讲论不辍。"

【谢天谢地】 xiè tiān xiè dì　古人以为事情顺利是因为天地神灵的保佑，所以要感谢天地。后用来表示感激或庆幸。元·李致远《还牢末》一折："我可便谢天谢地谢神祇。"《醒世恒言》卷九："约摸半个时辰，渐渐魄返魂回，微微转气。柳氏口称谢天谢地，重到房中穿了衣服，烧起热水来，灌下女儿喉中，渐渐苏醒。"《野叟曝言》五回："那家人道：'谢天谢地，小的先进去禀报。'说罢，如飞的跑进头门去了。"周而复《上海的早晨》四部一九："你把记录做好了，不出差误，我就谢天谢地了。"

【邂逅相逢】 xiè hòu xiāng féng　见"邂逅相遇"。

【邂逅相遇】 xiè hòu xiāng yù　没有相约而意外遇见。《诗经·郑风·野有蔓草》："有美一人，清扬婉兮；邂逅相遇，适我愿兮。"刘言道《南潮月》二："在这静静的春夜，唯有月光和稀疏的路灯，陪伴着这一对邂逅相遇的青年男女。"也作"邂逅相逢"。唐·刘商《送王闰归苏州》诗："深山穷谷没人来，邂逅相逢眼渐开。"《三侠五义》七八回："此乃奉旨之事，既然今日邂逅相逢，只好屈尊足下，随着白某赴京便了，何用多言。"姚雪垠《李自成》一卷二六章："久载阔别，常怀云树之思；今日邂逅相逢，快何如之！"

【心安理得】 xīn ān lǐ dé　自以为做的

事情合乎道理,心里很坦然。《瞎编奇闻》二回:"你别瞧着我摆了店面,天天卖钱,那是我自己本事换来的,我用着心安理得。"鲁迅《伪自由书·王道诗话》:"你看孟夫子多么幽默,他教你离得杀猪的地方远远的,嘴里吃着肉,心里还保持着不忍人之心,又有了仁义道德的名目。不但骗人,还骗了自己,真所谓心安理得、实惠无穷。"沈从文《边城》一:"凡事求个心安理得,出气力不受酬谁好意思。"

【心安神泰】 xīn ān shén tài 心神安宁,泰然自如。《醒世姻缘传》一〇〇回:"诵得久了,狄希陈口内常有异香喷出,恶梦不生,心安神泰。"

【心谤腹诽】 xīn bàng fù fěi 见"腹诽心谤"。

【心不应口】 xīn bù yìng kǒu 心里想的跟嘴里说的不相合。指人虚情假意。明·杨德芳《步步娇·闺怨》曲:"恨他心不应口,把欢娱翻成僝僽。情儿泛泛,浑如江水流。"

【心不在焉】 xīn bù zài yān 焉:相当于"于此"。心思不在这里。指思想不集中。《礼记·大学》:"心不在焉,视而不见,听而不闻,食而不知其味。"宋·张载《经学理窟·义理》:"人若志趣不远,心不在焉,虽学无成。"《醒世恒言》卷一六:"娇娇、情倩,真个筛过酒来相劝。张荩被众人鬼浑,勉强酬酢,心不在焉。"《野叟曝言》一四回:"只因素臣一心讲究文法,法雨一心领受,双人一心谛听,两尼一心偷觑双人,大家都是心不在焉。"巴金《秋》一〇:"淑贞的木然的表情和觉新的心不在焉的神情,有时会打破快乐的空气。"杨沫《青春之歌》一部六章:"她拿着一本小说,心不在焉地读着。她人虽在关帝庙里,心却不能不飞到乱糟糟的街上,飞到相离不过二十里、被日本海军占领了的秦皇岛上。"

【心潮澎湃】 xīn cháo péng pài 澎湃:波浪互相撞击。心里像浪潮翻腾。形容心情十分激动,不能平静。巴金《随想录》一九:"看了好的影片,我想得很多,常常心潮澎湃,无法安静下来,于是拿起笔写作,有时甚至写到天明。"刘白羽《第二个太阳》一〇章:"自从兵团司令部那个'前进'的命令下达后,他是多么心潮澎湃,热血沸腾啊!"

【心驰神往】 xīn chí shén wǎng 驰:奔驰。宋·欧阳修《祭杜祁公文》:"自公之丧,道路嗟咨;况于愚鄙,久辱公知;系官在朝,心往神驰;送不临穴,哭不望帷。"后多作"心驰神往",形容一心向往或思慕之极。《红楼后梦》五一回:"我对此画图不禁心驰神往,意欲同你各题一绝,以唁故人。"古华《话说〈芙蓉镇〉》:"无缘亲眼见到……法兰西的水仙、古罗马的竞技场,只好在书的原野上心驰神往。"

【心慈面软】 xīn cí miàn ruǎn 心地慈善,看重情面,拉不下脸。《镜花缘》二三回:"俺本心慈面软,又想起君子国交易光景,俺要学他样子,只好吃些亏卖了。"邓友梅《那五》二:"她看了多少年,没见紫云这么心慈面软的好人。"也作"心慈面善"。老舍《四世同堂》五七:"白巡长,我告诉你,办事不能太心慈面善了!"李劼人《大波》二部八章:"他这个有名赵屠户,原来竟是一个心慈面善的活菩萨!"

【心慈面善】 xīn cí miàn shàn 见"心慈面软"。

【心慈手软】 xīn cí shǒu ruǎn 心地仁慈,不忍下手(给以惩处、打击等)。及容《饥饿荒原》一八:"有问题的人该处理的就处理,……不能心慈手软哟!"

【心粗胆大】 xīn cū dǎn dà 心性粗野,胆量大,无所畏忌。元·石君宝《秋胡戏妻》四折:"这厮便倚强凌弱,心粗胆大,怎敢来俺庄上。"《水浒传》三八回:"这厮本事自有,只是心粗胆大不好。"

【心粗气浮】 xīn cū qì fú 心地粗疏、

性情浮躁。清•延君寿《老生常谈》:"读古人诗,本来不许心粗气浮,我于陶〔潜〕尤觉心气至凝练,方能入得进去。"李劼人《大波》一部九章:"这回风潮,四川人恐怕要失败？为啥呢？因为聪明人都变糊涂了,机警人都变迟钝了,谨小慎微的人都变得心粗气浮了,而且都没有一点远见。"

【心存芥蒂】xīn cún jiè dì 芥蒂:细小的梗塞物。指心中有积怨或不快。蔡东藩、许廑父《民国通俗演义》一二六回:"若在平时,吴佩孚定要反对,此际却心存芥蒂,貌为客气。"

【心胆俱裂】xīn dǎn jù liè 心和胆都碎裂了。形容极度惊恐或悲愤。《喻世明言》卷二二:"此时蒙古攻城甚急,鄂州将破,〔贾〕似道心胆俱裂,那敢上前？"《野叟曝言》五七回:"奴家事后再闻,不觉心胆俱裂,亏着妹子们怎样苦过来的。"姚雪垠《李自成》二卷一二章:"宋文富兄弟率领的乡勇只进来二百多人,一见中计,吓得心胆俱裂,队伍大乱,无心迎战,只知簇拥着两位主人夺路逃命。"也作"心胆俱碎"。《东周列国志》八二回:"军士已知家国被袭,心胆俱碎,又且远归疲敝,皆无斗志。"《续儿女英雄传》七回:"那黄豹一见李如飞被擒,心胆俱碎,回身想跑。"

【心胆俱碎】xīn dǎn jù suì 见"心胆俱裂"。

【心荡神迷】xīn dàng shén mí 见"心荡神摇"。

【心荡神摇】xīn dàng shén yáo 心神摇荡。指神魂颠倒,不能自持。《金瓶梅》一八回:"猛然一见,不觉心荡神摇,精魂已失。"也作"心荡神迷"。《镜花缘》九八回:"阳衍正在心荡神迷,一闻此语,慌忙接过芍药道:'承女郎见爱,何福能消！但未识芳闺何处？'"

【心烦意乱】xīn fán yì luàn 心情烦躁,思绪杂乱。战国楚•屈原《卜居》:"屈原既放三年,不得复见。竭智尽忠,蔽鄣于谗;心烦意乱,不知所从。"《三国演义》三一回:"袁绍回冀州,心烦意乱,不理政事。"《孽海花》七回:"听得后艄男女笑语声、小孩啼哭声、抹骨牌声夹着外面风声水声、嘈嘈杂杂,闹得心烦意乱,不知怎样才好。"欧阳山《三家巷》四七:"那希奇罕见的政治局面叫人心烦意乱,焦躁不安。"

【心服口服】xīn fú kǒu fú 《庄子•寓言》:"利义陈乎前,而好恶是非直服人之口而已矣。使人乃以心服,而不敢蘁立,定天下之定。"后用"心服口服"指心口如一地信服,即衷心信服。李劼人《大波》一部七章:"从前诸葛亮治蜀以严,死后千多年,四川人至今还心服口服。"刘绍棠《村妇》卷一:"石老磨的一番话,说得她心服口服,连连点头。"

【心腹之患】xīn fù zhī huàn 心腹之中的疾患。《左传•哀公十二年》:"越在我,心腹之疾也。"后用"心腹之患"比喻极其严重的隐患。《后汉书•陈蕃传》:"今寇贼在外,四支之疾;内政不理,心腹之患。"《三国演义》八回:"却说董卓在长安,闻孙坚已死,乃曰:'吾除却一心腹之患也！'"李劼人《大波》二部三章:"当前心腹之患,并不在荣、威、犍、乐那般革命党人,也不在温、郫、崇、灌这些哥老土匪,确确实实只在于新津一隅。"

【心腹之交】xīn fù zhī jiāo 指极可信任的知心朋友。《水浒传》三九回:"通判乃是心腹之交,径入来同坐何妨！"

【心甘情愿】xīn gān qíng yuàn 心甘:乐意。心里完全愿意,没有一点勉强。多指自愿作出某种牺牲。鲁迅《准风月谈•男人的进化》:"至于男人会用'最科学'的'学说,使得女人虽无礼数,也能心甘情愿地从一而终……"巴金《随想录》一三二:"我要你替我卖命,就得对你客气点,做个笑脸,说两句好话,让你心甘情愿,鞠躬尽瘁,死而后已。"王愿坚《粮食的故事。":"为了咱红军游击队能够生存,为了打击白鬼子,就是把我的肉割下来我也心甘情愿啊!"

【心高气傲】 xīn gāo qì ào 自以为高人一等,表现出傲慢的神气。《东周列国志》六〇回:"僖公愧项心高气傲,不甚加礼,以此君臣积不相能。"《官场现形记》四二回:"他到任之后,靠着自己内有奥援,总有点心高气傲。"也形容人要强好胜,不肯屈居人下。《三侠五义》五七回:"白玉堂是个心高气傲之人,如何能受得这些激发之言。"艾芜《纺车复活的时候》:"玉荷却是个心高气傲的女孩,只想在年轻同伴中充能干,还不想同母亲一样静下来。"

【心广体胖】 xīn guǎng tǐ pán 广:开阔,坦然。胖:安泰舒适。《礼记·大学》:"富润屋,德润身,心广体胖,故君子必诚其意。"原指心胸开阔坦荡,身体安泰舒适。后多用来形容心情开朗,无所牵挂,因而身体也发胖。宋·陈亮《与应仲实书》:"古之贤者,其自危盖如此,此所以不愧屋漏而心广体胖。"《野叟曝言》四四回:"俗语只道的人逢喜事精神爽,岂知不必喜事,凡心有所得,皆见诸色。传云:心广体胖,洵不诬也。"鲁迅《华盖集续编·记'发薪'》:"大家现在都说'灾官''灾官',殊不知'心广体胖'的还在不少呢。"李国文《危楼记事》之八:"杜老至今健在,心广体胖,只是记忆力欠佳,好多往事都淡忘了。"也作"心宽体胖"。《镜花缘》九一回:"忽遇一个少年道:'在下也只体贴孔子两句,极亲切,自觉心宽体胖。'"柳青《创业史》一部二二章:"生宝很喜欢有万心宽体胖,和谁都能说笑、打闹,撅起屁股拉屎的时候,还唱着那么几句很不内行的秦腔。"〔注意〕胖,不读 pàng。

【心寒胆战】 xīn hán dǎn zhàn 战:发抖。心里害怕打着寒战。形容十分惊恐。宋·罗烨《醉翁谈录·小说开辟》:"讲鬼怪,令羽士心寒胆战;论闺怨,遣佳人绿惨红愁。"《警世通言》卷二八:"许宣听得,心寒胆战,不敢则声。"

【心狠手辣】 xīn hěn shǒu là 心肠凶狠,手段毒辣。《轰天雷》一一回:"唐敬宗之于刘克明,未尝欲诛之也,而克明卒弑之于饮酒烛灭时矣。刑余之人,心狠手辣,自古然也。"姚雪垠《李自成》三卷一三章:"有些不知道你的人都想着你是个阴险狡诈、心狠手辣的人,只有跟你共事日久的朋友们才深知你不是三国曹操那号货。"邓一光《我是太阳》五部四:"乌云早就听说专案组的那些人心狠手辣,他们肯定打了他。"

【心花怒放】 xīn huā nù fàng 怒放:盛开。心里高兴得像花儿盛开一样。形容极其高兴。《二十年目睹之怪现状》九〇回:"只他这一番言语举动,便把个大舅爷骗得心花怒放,说士三日不见,当刮目相待。"鲁迅《故事新编·奔月》二:"再前行了十多步,他即刻心花怒放了,远远地望见一间土屋外面的平地上,的确停着一匹飞禽,一步一啄,像是很大的鸽子。"刘白羽《第二个太阳》九章:"这一路顺风,使他心花怒放,喜上眉梢。"

【心怀鬼胎】 xīn huái guǐ tāi 心里藏着坏主意或不可告人的事情。《二刻拍案惊奇》卷九:"谁知素梅心怀鬼胎,只是长吁短叹,好生愁闷,默默归房去了。"姚雪垠《李自成》二卷九章:"闯王先坐下,疲乏地向后一靠,神气坦然,仿佛压根儿不知道铲平王心怀鬼胎,也不知道这上房里窝藏着良家妇女。"刘心武《钟鼓楼·不是结尾》:"另外一个人在同样的时刻,却心怀鬼胎、忐忑不安地滞留在钟鼓楼前的大街上。"

【心怀叵测】 xīn huái pǒ cè 叵测:不可推测,不可度量。内心险恶,不可推测。《三国演义》五七回:"马腾兄子马岱谏曰:'曹操心怀叵测,叔父若往,恐遭其害。'"鲁迅《华盖集续编·记'发薪'》:"近来有个心怀叵测的名人间接忠告我,说我去年作文,专和几个人闹意见,不再论及文学艺术,天下国家,是可惜的。"张洁《红蘑菇》:"可是后来梦红经常心怀叵测地问她:'怎么样,你丈夫的文雅缩水没缩水,掉秤没掉秤?'"〔注意〕叵,不能写作"巨"。

【心慌意乱】xīn huāng yì luàn 内心惊慌不安,思想纷乱无主。《初刻拍案惊奇》卷六:"元来卜良被咬乱舌头,情知中计,心慌意乱,一时狂走。"《二十年目睹之怪现状》五六回:"一时心慌意乱,不得主意,只含糊辩道:'这条辫子怕不是小人的。'"浩然《误会》一:"我又一次被这场景弄得心慌意乱,束手无策。"

【心灰意懒】xīn huī yì lǎn 灰:消沉,失望。懒:懒散。灰心失望,意志消沉。元·乔吉《南吕玉交枝·闲适二曲》之二:"英雄事业何时办? 空熬煎两鬓斑。陈抟睡足西华山,文王不到磻溪岸。不是我心灰意懒,怎陪伴愚眉肉眼。"《封神榜》一七回:"只故你这一弃职回家,岂不叫众文臣心灰意懒,谁肯尽忠报国?"张恨水《啼笑因缘》七回:"秀姑只掀了帘子伸着半截身子出来,就不再送了。家树也觉得十分的心灰意懒,她淡淡的招待,也就不能怪她。"邓一光《我是太阳》三部二:"连续几次折腾,乌云已经绝望了,她疲惫不堪,心灰意懒。"也作"心灰意冷"。清·吴樾《与妻书》:"吾知其将死之际,未有不心灰意冷。"欧阳山《三家巷》一五五:"在很早很早以前,我也把自己的心思向周炳提过,可提是提,一点下文也没有,真正是杳无音信。此后,我也就心灰意冷了。"

【心灰意冷】xīn huī yì lěng 见"心灰意懒"。

【心急火燎】xīn jí huǒ liǎo 燎:燃烧。心里急得像火烧一样。形容内心十分着急。周克芹《秋之惑》五章:"他当时是怎样心急火燎地盼望着尤金菊的身影出现在车站的人丛中啊!"刘心武《公共汽车咏

叹调》:"终点站上,停着好多辆车。为什么一辆也不发? 淤成一团的乘客个个心急火燎。"

【心急如焚】xīn jí rú fén 焚:烧。心里急得像着了火一样。形容内心焦急万分。《二十年目睹之怪现状》一七回:"我越发觉得心急如焚,然而也是没法的事,成日里犹如坐针毡上一般,只得走到外面去散步消遣。"姚雪垠《李自成》一卷二八章:"为着牛奶奶的思想一时破不开,牛金星心急如焚,却迟迟不能动身。"魏巍《地球的红飘带》七三:"至凌晨三时,还没有看到迂回部队发出的信号。杨成武瞪大眼睛望着北方的天空,真是心急如焚。"也作"心急如火"。《野叟曝言》四回:"素臣急走到了抚院,看那辕门已是关着,只留旁边小门出入,知道传过晚鼓,不能通报,奈心急如火,且去试试看。"

【心急如火】xīn jí rú huǒ 见"心急如焚"。

【心旌摇摇】xīn jīng yáo yáo 旌:竿头饰有牦牛尾的旗子。心旌:如旌旗一样摇曳不定的心情,泛指心情,心意。《战国策·楚策一》:"寡人卧不安席,食不甘味,心摇摇如悬旌,而无所终薄。"后用"心旌摇摇"形容心神不定或情思起伏,不能自持。茅盾《蚀·动摇》九:"听了这样亲昵而又富于暗示性的话语,方罗兰的脸色又变了,而伴随着这番话送来的阵阵的口脂香,又使得方罗兰心旌摇摇。"丁玲《在黑暗中·梦珂》二:"梦珂独自留在特为她收拾出的一间房子里,心旌摇摇的站在窗台前,模模糊糊的回想起适才的一切。"

【心惊胆战】xīn jīng dǎn zhàn 见"胆战心惊"。

【心惊胆颤】xīn jīng dǎn zhàn 见"胆战心惊"。

【心惊肉跳】xīn jīng ròu tiào 形容十分惊恐。多指因担心灾祸临头而恐慌不

安,肌肉抽搐。《野叟曝言》六一回:"素臣此令不说犹可,一说出来,直吓得木四姐心惊肉跳,目定口呆,进退无门,羞惭无地。"《花月痕》四四回:"到了二十八这日,秋痕车中心惊肉跳,坐卧不安。"欧阳山《三家巷》一七五:"每天晚上我走到这个地方,总是心惊肉跳。我觉得这一关真难过。不晓得往后会闹成什么样子!"也作"心惊肉颤"。《初刻拍案惊奇》卷三〇:"昨蒙君侯台旨,召侍王公之宴。初召时就有些心惊肉颤,不知其由。"《儒林外史》二三回:"牛奶奶走到这里,不觉心惊肉颤,那寒毛根根都竖起来。"

【心惊肉颤】 xīn jīng ròu zhàn　见"心惊肉跳"。

【心口不一】 xīn kǒu bù yī　心里想的和嘴里说的不一样。形容为人虚伪、不直爽。《醒世姻缘传》八二回:"我是这们个直性子,希罕就说希罕,不是这们心口不一的。"从维熙《阴阳界》二:"'你……你是去外埠出差?'索泓一分明意识到她是在追踪他而来,还是心口不一地询问着。"

【心口如一】 xīn kǒu rú yī　心里想的和嘴里说的一样。形容为人诚实、直爽。宋·汪应辰《题续洛阳集》:"由是观世之议论,谬于是非邪正之实者,未必心以为是,使士大夫心口如一,岂复有纷纷之患哉!"《镜花缘》六五回:"紫芝妹妹嘴虽利害,好在心口如一,直截了当,倒是一个极爽快的。"茅盾《腐蚀·九月十五日》:"我又有知心的朋友了,又可以心口如一,真心的笑了。"

【心宽体胖】 xīn kuān tǐ pán　见"心广体胖"。

【心旷神怡】 xīn kuàng shén yí　旷:空阔,开朗。怡:愉快。心境开阔,精神愉快。宋·范仲淹《岳阳楼记》:"登斯楼也,则有心旷神怡,宠辱皆忘,把酒临风,其喜洋洋者矣。"《野叟曝言》五九回:"素臣是不求安饱的人,见此名园也就心旷神怡,叹赏不置。"《三侠五义》二八回:"一日来至杭州,离西湖不远,将从者马匹寄在五柳居,他便慢慢步行至断桥亭上。徘徊瞻眺,真令人心旷神怡。"张恨水《啼笑因缘》一二回:"凤喜不料好风在隔壁吹来,却带来这种安慰的话,自然的心旷神怡起来。"张贤亮《土牢情话》二章:"这些可感、可触的美的实体……经常使我心旷神怡,忘却疲劳,沉静在遐想之中。"

【心劳日拙】 xīn láo rì zhuō　拙:笨,不灵巧。指费尽心机,事情反而越来越不顺手,处境一天比一天糟。含贬义。《尚书·周官》:"作德心逸日休,作伪心劳日拙。"明·李贽《续焚书·复李士龙》:"欲名而又徇利,与好财而兼徇名,均为不智,……均为心劳日拙也。"鲁迅《两地书》二六:"私拆函件,本是中国的惯技,我也早预料到的。但是这类技俩,也不过心劳日拙而已。"锸奇《萍踪忆语·德漠克拉西的教育真相》:"但是现实的矛盾,常使统治阶层心劳日拙,反抗的怒潮已一天天的在汹涌着了。"

【心力交瘁】 xīn lì jiāo cuì　交:一齐,同时。瘁:过度劳累。精神和体力都极度劳累。清·百一居士《壶天录》卷上:"由此心力交瘁,患疾遂卒。"姚雪垠《李自成》一卷三章:"弟几年来出生入死,心力交瘁,无奈贼愈剿而愈横,虏愈防而愈强。"魏巍《地球的红飘带》三二:"经过几天的折腾,王家烈已被弄的心力交瘁,疲惫不堪。"

【心灵手巧】 xīn líng shǒu qiǎo　心思灵敏,手艺精巧。清·孔尚任《桃花扇·栖真》:"香姐心灵手巧,一捻针线,就是不同的。"陈忠实《白鹿原》四章:"仙草生来心灵手巧,一学即会,做出的活儿完全不像新试者的那样粗糙。"

【心领神会】 xīn lǐng shén huì　领:领悟,明白。会:理解。指心中领悟明了。唐·田颖《游雁荡山记》:"将午,始到古寺,老僧清高延坐禅房,与之辩论心性切实之学,彼已心领神会。"元·吴海《送傅德谦还临川序》:"读书有得,冥然感于中,心领神会,端坐若失。"《红楼梦》六四回:"贾琏又怕贾珍吃醋,不敢轻动,只好二人心领神会而已。"梁实秋《雅舍小品·读画》:"会心的微笑,只能心领神会,非文章词句所能表达。"

【心乱如麻】 xīn luàn rú má 心里乱得像一团麻。形容心情十分烦乱。《喻世明言》卷二九:"这红莲听得更鼓已是二更,心中想道:'如何事了?'心乱如麻,遂乃轻移莲步,走至长老房边。"《三侠五义》四六回:"又转想包公相待的那一番情义,自己对众人说的话,更觉心中难受。左思右想,心乱如麻。"巴金《家》二一:"她终于忍不住低声哭起来,断续地说了两句话:'大表哥,我此刻心乱如麻。……你叫我从何说起?'"姚雪垠《李自成》一卷一三章:"她一会儿想着那些没有下落的亲人和将士,一会想着今后该怎么办,千头万绪,心乱如麻。"

【心满意足】 xīn mǎn yì zú 意:心愿。心愿得到满足,心里感到十分满意。宋·刘克庄《答欧阳秘书书》之二:"精义多先儒所未讲,陈言无一字之相袭,虽累数千言,而义理一脉,首尾胥属,读之使人心满意足。"《醒世恒言》卷二八:"贺小姐看见吴衙内这表人物,不觉动了私心。想道:'这衙内果然风流俊雅。我若嫁得这等样丈夫,便心满意足了。'"《红楼梦》二三回:"宝玉自进花园以来,心满意足,再无别项可生贪求之心。"鲁迅《呐喊·阿Q正传》二章:"阿Q站了一刻,心里想,'我总算被儿子打了,现在的世界真不像样……'于是也心满意足的得胜的走了。"萧红《呼兰河传》四章:"虽然她的丈夫也打过她,但她说,哪个男人不打女人呢? 于是也心满意足的并不以为那是缺陷了。"

【心明眼亮】 xīn míng yǎn liàng 心里明白,眼睛雪亮。形容看问题敏锐,能辨别是非。老舍《四世同堂》四九:"孙七不愿再去,可是老人以为两个人一同去,才能心明眼亮,一切都有个对证。"李英儒《野火春风斗古城》二章:"'群众是干柴,共产党是烈火,干柴触烈火,就能在敌人心脏中燃烧起来……'想到这里,立刻觉得心明眼亮,胸怀舒畅。"

【心平气和】 xīn píng qì hé 心情平静,态度温和。指不急躁,不生气。宋·程颐《明道先生行状》:"先生每与论事,心平气和,荆公多为之动。"《三侠五义》三二回:"相公不要着急,走道儿有个法子,越不到越急越走不上来,必须心平气和,不紧不慢,仿佛游山玩景的一般。"鲁迅《华盖集·忽然想到》:"自家相杀和为异族所杀当然有些不同。譬如一个人,自己打自己的嘴巴,心平气和,被别人打了,就非常气忿。"老舍《骆驼祥子》二一:"他自己忘掉羞耻,可也不以这为荣,就那么心平气和的忍受着这点病,和受了点凉或中了些暑没有多大分别。"杜鹏程《保卫延安》四章:"周大勇觉着,张培这样谦逊、沉静、诚挚的性情挺好,连最毛躁的人见了他也会心平气和。"

【心如刀割】 xīn rú dāo gē 心里痛苦得像刀割一样。形容十分痛苦。元·秦简夫《赵礼让肥》一折:"眼睁睁俺母子各天涯,想起来我心如刀割,题起来我泪似悬麻。"《醒世恒言》卷二〇:"那玉姐心如刀割,又不敢在爹妈面前明言,只好背地里啼哭。"《镜花缘》四三回:"难道舅舅就听父亲永在海外么? 此时想女心如刀割! 舅舅若不将我父亲好好还出,我这性命也只好送给舅舅了!"姚雪垠《李自成》二卷七章:"刘宗敏被抬出射虎口山寨不远,又大叫一声,昏迷过去。王吉元望着担架在骑兵的保护下匆匆向西去,心如刀割。"也作"心如刀绞"。《封神演义》一七回:"妲己听言,心如刀绞,意似油煎,暗暗叫苦。"杜鹏程《保卫延安》六章:"战斗打罢,想起那些牺牲了的同志,人就会心如刀绞,流下眼泪。"

【心如刀绞】 xīn rú dāo jiǎo 见"心如刀割"。

【心如死灰】 xīn rú sǐ huī 死灰:熄灭的火灰。心像熄灭了的灰烬。《庄子·知北游》:"形若槁骸,心若死灰。"后用"心如死灰"形容心境沉寂而不为外界所动。含有灰心失意的意思。宋·司马光《无为赞贻邢和叔》:"学黄老者以心如死灰、形如槁木为无为,迂叟以为不然。"《镜花缘》三五回:"林之洋此时心如死灰,一时想起妻女,就如万箭攒心。"巴金《春》四:"我心上的伤痕只有我一个人知道。我纵然形如槁木,心如死灰,我也如何能够忘记!"

【心如铁石】 xīn rú tiě shí 心像铁石一样坚硬。形容意志坚定,操守忠贞不渝。汉·曹操《敕王必领长史令》:"领长史王必,是吾披荆甲吏也。忠能勤事,心如铁石,国之良吏也。"《三国演义》四一回:"玄德曰:'子龙从我于患难,心如铁石,非富贵所能动摇也。'"《镜花缘》六六回:"正在谈论,闺臣命人备出饭来。国舅又再再苦劝,无奈若花心如铁石,竟无一字可商。"

【心如止水】 xīn rú zhǐ shuǐ 心像静止不动的水一样平静。多形容坚持信念,不为外界所动。唐·白居易《祭李侍郎文》:"浩浩尘途,是非同轨。齿牙相轧,波澜四起。公独何人,心如止水。风雨如晦,鸡鸣不已。"邓一光《我是太阳》六部二:"关京阳最终还是留在了宣传队,没有调去战旗文工团,很多人为关京阳遗憾,但关京阳自己却心如止水。"

【心神不定】 xīn shén bù dìng 指心神不安定。《平妖传》五回:"这般繁华去处,怕你们心神不定,惹出什么是非也。"《红楼梦》一六回:"那时贾母正心神不定,在大堂廊下伫立。"邓一光《我是太阳》一部七:"乌云,你这两天老是心神不定,你没出什么事吧?"也作"心神不宁"。巴金《秋》二八:"国光也变了脸色,他坐在凳子上身子不住地摇晃,显出心神不宁的样子。"

【心神不宁】 xīn shén bù níng 见"心神不定"。

【心神恍惚】 xīn shén huǎng hū 恍惚:神思不定的样子。指心神不安宁。唐·无名氏《东阳夜怪录》:"自虚心神恍惚,未敢遽前扣摽。"《东周列国志》一回:"王起身自行追赶,忽然惊醒,乃是一梦。自觉心神恍惚,勉强入庙行礼。"《说岳全传》六〇回:"张保听了,好生疑惑,一连几日,觉得心神恍惚,坐卧不宁。"张洁《爱,是不能忘记的》:"因为心神恍惚,她看错了戏票上的时间,错过了多么好的一场话剧。"

【心手相应】 xīn shǒu xiāng yìng 心里怎么想,手里就能怎么做。多用来形容技艺精熟,随心所欲。南朝梁·萧衍《论萧子云书》:"笔力劲骏,心手相应,巧逾杜度,美过崔寔。"明·谢肇淛《五杂俎·人部二》:"惟习之至熟,自可心手相应。"唐弢《晦庵书话》:"新文人中擅写游记的很多,但求心手相应,情文相称的,首推达夫。"

【心术不端】 xīn shù bù duān 见"心术不正"。

【心术不正】 xīn shù bù zhèng 指心计不正派,居心不良。《红楼梦》八四回:"什么时候又躲躲藏藏的,可知也是个心术不正的货。"杜鹏程《彭总的手迹》:"批判正在走向白热化,心术不正的人,正挖空心思找问题,一份材料就可以致人于死地。"也作"心术不端"。《三侠五义》八三回:"不多时,只见带上了个欺心背叛,蓄意谋奸,三角眼含痛泪,一片心术不端的总管马朝贤来。"

【心往神驰】 xīn wǎng shén chí 见"心驰神往"。

【心无二用】xīn wú èr yòng 北齐·刘昼《刘子·专学》:"使左手画方,右手画圆,令一时俱成……而不能者,由心不两用,则手不并运也。"后用"心无二用"指一心不能同时用于两件事上。《喻世明言》卷六:"自古道心无二用,原来申徒泰一心对着那女子身上出神去了,这边呼唤,都不听得,也不知分付的是甚话。"清·梁绍壬《两般秋雨盦随笔·文人诗》:"从来工制艺者未必工诗,以心无二用也。"

【心细如发】xīn xì rú fà 形容心思十分细密,极其小心谨慎。《歧路灯》九回:"这孝移本是个胆小如芥,心细如发之人,不敢多听,却又不能令其少说。"老舍《四世同堂》四六:"在小事情上,他们却心细如发,捉老鼠也用大象的力量与心计。"姚雪垠《李自成》一卷四章:"八九年的部队生活和她的特殊地位,养成她举止老练、大方,明辨是非,遇事果决而又心细如发。"

【心向往之】xīn xiàng wǎng zhī 对某个人或事物心里很向往。《史记·孔子世家》:"《诗》有之:'高山仰止,景行行止。'虽不能至,心乡往之。余读孔氏书,想见其为人。"乡:同"向"。清·叶廷琯《吹网录·史载之方题跋》:"中有《史载之方》二卷,真北宋精椠,余心向往之久矣。"王火《战争和人》(三)卷四:"当李宗仁当面邀约去成都时,童霜威对李宗仁说:'德邻先生厚爱,自当从命。我对芙蓉城也早心向往之了!'"

【心心相印】xīn xīn xiāng yìn 印:合,契合。唐·裴休《圭峰定慧禅师碑》:"超一切理,离一切相,不可以言语智识、有无隐显推求而得,但心心相印,印印相契,使自证知光明受用而已。"原为佛教用语,指不凭借语言,彼此只用心来相互印证。后形容彼此心意非常投合。清·尹会一《答刘古衡》:"数年相交,久已心心相印。"《官场现形记》五九回:"抚台看了,彼此心心相印,断无驳回之理。"茅盾《腐蚀·十一月二十一日》:"也许因为我毕竟太小气,我们这次的会晤,在心心相印之中,还不免有些芥蒂。"

【心血来潮】xīn xuè lái cháo 心里的血像来到的潮水。指心中对某人或某事突然发生感应而有所知晓。《封神榜》一三一回:"只因黄飞虎这股怨气冲空,真人忽然心血来潮,必有事故,此乃是神仙的效验。"《镜花缘》六回:"此后倘在下界有难,如须某人即可解脱,不妨直呼其名,令其速降。我们一时心血来潮,自然即去相救。"也形容心里突然产生某种念头。鲁迅《两地书·序言》:"在我弃家出走之前,忽然心血来潮,将朋友给我的信都毁掉了。"刘绍棠《村妇》卷二:"牛荠一阵心血来潮,从腰里摸出一张钞票,递给杜大活驴,说:'大叔,从今以后,每逢罐儿姐姐周年忌日,买烧纸的钱我掏!'"

【心有灵犀一点通】xīn yǒu líng xī yī diǎn tōng 灵犀:古人说犀牛是一种灵兽,它的角上有条白纹从角尖通向脑中,感应灵敏,故称灵犀。唐·李商隐《无题二首》诗之一:"身无彩凤双飞翼,心有灵犀一点通。"比喻恋爱着的男女双方心心相印。后也比喻双方对彼此的心思都能心领神会。元·于伯渊《点绛唇》套曲:"花月巧梳妆,脂粉娇调弄,没乱杀看花的眼睛,更那堪心有灵犀一点通。"李国文《冬天里的春天》五章:"心有灵犀一点通,他好像看到,芦花的眼光里,在流露着赞同的神采。"也作"一点灵犀"。明·王玉峰《焚香记·盟誓》:"但得皆如意,两情称,始信一点灵犀,诚通海神。"

【心有余而力不足】xīn yǒu yú ér lì bù zú 心里非常想做,可是力量不够。《红楼梦》二五回:"我手里但凡从容些,也时常来上供,只是'心有余而力不足'。"巴金《随想录》一〇:"并非我对读者态度有所改变,只是人衰老,心有余而力不足。"

王火《战争和人》(三)卷三:"他是个老同盟会员,国民参政员,可是老了。时下当局对这些老人嘴上说'尊重'实际是'丢弃',他是心有余而力不足啊!"

【心有余悸】 xīn yǒu yú jì 悸:因害怕而心跳。事情虽然过去,但回想起来,仍感到害怕。巴金《随想录》一四〇:"我至今心有余悸,只能说明我不坚强,或者我很软弱。"王愿坚《虹》三:"想起刚才的情景,她还心有余悸,情不自禁地抓住了小秦的胳膊。"

【心猿意马】 xīn yuán yì mǎ 形容心神不定,心思不专一,像猿跳马奔一样难以控制。《敦煌变文集·维摩诘经讲经文》:"卓定深沉莫测量,心猿意马罢颠狂。"《警世通言》卷二四:"三官说:'儿要读书。'王爷笑曰:'你已放荡了,心猿意马,读甚么书?'"《野叟曝言》二三回:"那时孤眠独宿,受不起单枕寒衾,心猿意马,一时拴缚不定,更要弄出事来。"张恨水《啼笑因缘》三回:"今天也不知道为了什么,老是心猿意马,做事飘飘忽忽的。"陈国凯《两情若是久长时》五:"刘振民觉得她简直是美的化身,半醉中不禁有点儿迷迷茫茫,心猿意马起来。"也指放荡而难以控制的心思。《水浒传》四五回:"那众僧都在法坛上看见了这妇人,自不觉都手之舞之,足之蹈之,一时间愚迷了佛性禅心,拴不定心猿意马。"张贤亮《绿化树》一八:"我感激地看看她,心头突然跳出来李煜的一句词:'斜倚牙床娇无那……'但我赶紧勒住了我的心猿意马。"也作"意马心猿"。宋·刘学箕《沁园春·叹世》词:"百年光景云浮,把意马心猿须早收。"元·王实甫《西厢记》一本一折:"小姐呵,则被你兀的不引了人意马心猿?"

【心悦诚服】 xīn yuè chéng fú 悦:高兴,愉快。《孟子·公孙丑上》:"以德服人者,中心悦而诚服也。"后用"心悦诚服"指愉快地接受某种观点、事实等,诚心诚意地信服或服从。宋·陈亮《与王季海丞相》:"独亮之于门下,心悦诚服而未尝自言,丞相亦不得而知之。"《说岳全传》三六回:"昔日诸葛武侯,七纵孟获,南方永不复反。今本帅不杀何元庆,要他心悦诚服来降耳。"姚雪垠《李自成》三卷一六章:"皇太极去年对他的处罚,他表面上心悦诚服,实际内心中怀着委屈。"

【心照不宣】 xīn zhào bù xuān 照:知道。宣:公开说出来。彼此心里明白,而不公开说出来。《孽海花》三一回:"当下继元过船来请示办法。张夫人吩咐尽管照旧开轮,大家也都心照不宣了。"杨沫《青春之歌》二部七章:"'噢,大娘,您是个苦人啊!'道静的同情代替了憎恶,她看着大娘,大娘也看着她,两个人都心照不宣地互相望着。"张洁《红蘑菇》:"他一进这个家,没用很多时间就看出来,在对付梦白这一点上,梦红和他是心照不宣的。"

【心直口快】 xīn zhí kǒu kuài 性情直爽,有话就说。宋·文天祥《指南录·纪事诗四首序》:"诸酋皆失色动颜,唆都以告伯颜,伯颜吐舌云:'文丞相心直口快,男子心!'"《醒世恒言》卷二:"有个心直口快的,便想要开口,说公道话,与两个小兄弟做乔主张。"《三侠五义》九三回:"秋葵心直口快,转身去见沙龙,将此事说了。"巴金《春》一八:"'要自然还可以来耍,不过以后……'淑华心直口快,不假思索地说了出来。"梁实秋《雅舍小品·萝卜汤的启示》:"这时节,一位心直口快的朋友开腔了,他说:'我来宣布这个烹调的秘诀吧!'"

【心中无数】 xīn zhōng wú shù 数:数目,指掌握的实际情况。指心里没底。王火《战争和人》(一)卷六:"十一月中,在南京召开军事会议讨论应否坚守南京,有人悲观,不敢说话;有人对战守问题心中无数,也不敢说话。"也作"胸中无数"。毛泽东《党委会的工作方法》:"一切都是胸中无'数',结果就不能不犯错误。"

【心中有数】xīn zhōng yǒu shù　指心中有底，了解具体情况。巴金《随想录》一三五："我不声不响，反正心中有数，我不想捞到什么好处，偶尔遇到骗子也不会吃大亏。"王火《战争和人》(一)卷一："这一点，他心中有数：自己既是占了无派系的便宜，也吃了无派系的亏。"也作"胸中有数"。毛泽东《党委会的工作方法》："胸中有'数'。这是说，对情况和问题一定要注意到它们的数量方面，要有基本的数量的分析。"

【心醉魂迷】xīn zuì hún mí　心如酒醉，神情迷乱。形容仰慕或迷恋到极点。北齐·颜之推《颜氏家训·慕贤》："所值名贤，未尝不心醉魂迷，向慕之也。"也作"心醉神迷"。《野叟曝言》八四回："亲朋中少年同送归房，赤瑛酒后面色愈加鲜艳，把拥在新房内许多女眷看得心醉神迷。"刘心武《钟鼓楼》一章："在相视沉默的两秒钟里，她清楚地看出了荀磊眼睛里充满着纯洁、真挚而又善良、聪慧的光芒——这眼光对她来说真是勾魂摄魄，令她心醉神迷。"

【心醉神迷】xīn zuì shén mí　见"心醉魂迷"。

【欣喜雀跃】xīn xǐ què yuè　高兴得像鸟雀那样跳跃。形容非常喜悦。《水浒传》一〇八回："宋江闻报，把那忧国家、哭兄弟的病证，退了九分九厘，欣喜雀跃，同众将拔寨都起。"

【欣喜若狂】xīn xǐ ruò kuáng　欣喜得像发狂了。形容高兴到了极点。老舍《四世同堂》九〇："读了这些传单，瑞宣欣喜若狂，不知不觉地走到了学校。"路遥《早晨从中午开始》二七："写不下去，痛不欲生；写得顺利，欣喜若狂。这两种时候，都需要一种安慰和体贴。"也作"欣喜欲狂"。《野叟曝言》五七回："任公等喜孜孜的陆续出来，诉说所以，没有一个不咋舌惊叹，如

醉如梦，额手称庆，欣喜欲狂。姚雪垠《李自成》二卷四三章："牛、宋二人在信中先说些问候和不胜想念的话，接着说他们听到他同红娘子率领义军西来，如何欣喜欲狂。"

【欣喜欲狂】xīn xǐ yù kuáng　见"欣喜若狂"。

【欣欣向荣】xīn xīn xiàng róng　欣欣：草木生机旺盛的样子。荣：茂盛。晋·陶潜《归去来兮辞》："木欣欣以向荣，泉涓涓而始流。"后用"欣欣向荣"形容草木生长茂盛。多比喻事业蓬勃发展，兴旺昌盛。宋·朱熹《朱子语类·性理一》："尝观一般花树，朝日照耀之时，欣欣向荣。"《孽海花》二回："会试已毕，出了金榜，不第的自然垂头丧气，……中试的进士，却是欣欣向荣，拜老师，会同年，团拜请酒，应酬得发昏。"张恨水《啼笑因缘》二二回："客厅里桌上茶几上，摆了许多晚菊和早梅的盆景，另外还有秋海棠和千样莲之属，正自欣欣向荣。"周克芹《邱家桥首户》三："一个人，一生能从事一项事业，并使它欣欣向荣，是会感到幸福的。"

【新陈代谢】xīn chén dài xiè　陈：旧的。谢：凋谢，衰败。指生物体不断用新物质代替旧物质的过程。也指新事物代替旧的事物。鲁迅《热风·随感录四十九》："进化的途中总须新陈代谢。"阿城《树王》二："植物的生长，新陈代谢，自然规律。"也指新事物不断产生发展，代替旧的事物。沈从文《长河·人与地》："一涉革命，纠纷随来，到处不免流泪流血。最重大的意义，即促进人事上的新陈代谢。"梁斌《漫谈〈红旗谱〉的创作》："社会生活变动，虽然基本词汇不动，但部分词汇却在新陈代谢，它会增加一部分，扬弃一部分。"

【新仇旧恨】xīn chóu jiù hèn　新仇加上旧恨。形容仇恨很多。梁斌《红旗谱》七："他觉得肩头上更加沉重了，祖辈几代的新仇旧恨，压在他一个人身上。"

【新愁旧恨】 xīn chóu jiù hèn　恨：遗憾。现时的烦恼加上往日的遗憾。形容愁怨很多，难以排遣。唐·雍陶《忆山寄僧》诗："新愁旧恨多难说，半在眉间半在胸。"《群音类选·〈清腔类·香罗带〉》："新愁旧恨都莫说，怎捱过今夜这时节也。"郭沫若《炼狱》："头茅峰上的石头已渐渐可以辨别了，新愁旧恨一时涌上心头。"也作"新愁旧怨"。《花月痕》一四回："荷生见秋痕与痴珠形影依依的光景，便念及采秋，又因痴珠今天说起红卿，便觉新愁旧怨，一刹时纷至沓来，无从排解。"

【新愁旧怨】 xīn chóu jiù yuàn　见"新愁旧恨"。

【新官上任三把火】 xīn guān shàng rèn sān bǎ huǒ　三把火：放三把火，比喻做几件有影响的事。指新上任的官员要做几件有影响的事以显示自己的能力和才干。姚雪垠《李自成》二卷二三章："杨嗣昌在朝廷大臣中的确是个人才，精明练达。倘若崇祯不是很怕大帅，决不肯放他出京督师。但是别看他新官上任三把火，到头来也是无能为力。"

【新婚燕尔】 xīn hūn yàn ěr　见"燕尔新婚"。

【新来乍到】 xīn lái zhà dào　乍：刚刚。指人刚刚来到或来到的时间还很短。《红楼梦》一〇七回："奈他是个新来乍到的人，一句话也插不上，他便生气，每天吃了就睡。"魏巍《地球的红飘带》四〇："我们新来乍到，他们怎么能弄清我们是什么样的队伍呢！"

【新硎初试】 xīn xíng chū shì　硎：磨刀石。《庄子·养生主》："今臣之刀十九年矣，所解数千牛矣，而刀刃若新发于硎。"意为刀刃像刚在磨刀石上磨过的一样锋利。后用"新硎初试"指初试锋芒。也比喻初次施展刚刚掌握的本领。《痛史》二五回："这五百和尚，都是使禅亲自教出来

的，操练了几年，今日新硎初试，勇气百倍。"

【薪桂米珠】 xīn guì mǐ zhū　见"米珠薪桂"。

【薪尽火传】 xīn jìn huǒ chuán　《庄子·养生主》："指穷于为薪，火传也，不知其尽也。"意指柴虽然烧完，火种却留传下来了。后用"薪尽火传"比喻通过师生传授，使学问技艺得以一代代承传。《儒林外史》五四回："风流云散，贤豪才色总成空；薪尽火传，工匠市塵都有韵。"

【馨香祷祝】 xīn xiāng dǎo zhù　馨香：烧香的香味，这里指烧香。原指迷信的人虔诚地向神祈祷祝愿。后引申指真诚地期望。章太炎《复蒋智由书》："于此知君果非有异志，则仆所馨香祷祝以求之者也。"毛泽东《国共合作成立后的迫切任务》："现在的任务，是在全国范围内恢复孙中山先生的三民主义的革命精神，……这在中国共产党方面真是日夜馨香祷祝之的。"

【信笔涂鸦】 xìn bǐ tú yā　唐·卢仝《示添丁》诗："忽来案上翻墨汁，涂抹诗书如老鸦。"后用"信笔涂鸦"形容书写拙劣或胡乱写作。常用作自谦之词。清·李渔《意中缘·先订》："僻处蛮乡，无师讲究，不过信笔涂鸦，怎经得大方品鹭？"

【信而有征】 xìn ér yǒu zhēng　征：验证。确凿而有证据。征，也作"证"。《左传·昭公八年》："君子之言，信而有征，故怨远于其身。"汉·许慎《说文解字·序》："今叙篆文，合以古籀，博采通人，至于小大，信而有证，稽撰其说。"清·叶名澧《桥西杂记·元遗山诗注》："引据时事，当必信而有征。"

【信口雌黄】 xìn kǒu cí huáng　信口：随口说话。雌黄：鸡冠石，黄赤色。古时写字用黄纸，写错了就用雌黄涂了重写。《文选·刘孝标〈广绝交论〉》唐·李善注引

《晋阳秋》:"王衍,字夷甫,能言,于意有不安者,辄更易之,时号口中雌黄。"意为随口更正不恰当的话。后用"信口雌黄"指不顾事实,随口乱说或妄作评论。郭沫若《屈原》四幕:"哼,你这信口雌黄的无赖!要你才是到处受贿,专门卖国的奸猾小人!"姚雪垠《李自成》三卷六章:"杨嗣昌冷然微笑,插话说:'他们说我是楚人,不欲有一贼留在楚境,所以尽力将贼赶入四川。……似此信口雌黄,实在无知可笑之至。'"邓一光《我是太阳》五部六:"这是人命关天的大事,我怎么能信口雌黄?"

【信口开河】xìn kǒu kāi hé 元·关汉卿《鲁斋郎》四折:"你休只管信口开合,絮絮聒聒。"后多作"信口开河",指随口乱说一气。《封神榜》二〇回:"话说姜母伸玉腕揪住妲己的青丝,坐在他身上,谁知妖妃在下面连哭带嚷,信口开河往外乱语,只说得姜娘娘越发气恼攻心,大动无明……"鲁迅《故事新编·序言》:"叙事有时也有一点旧书上的根据,有时却不过信口开河。"周而复《上海的早晨》四部六五:"你不要信口开河,冤枉好人!"

【信马由缰】xìn mǎ yóu jiāng 骑在马上,不拉缰绳,由着马走。比喻无目的的闲逛或随意行动。《歧路灯》一四回:"每日信马由缰,如在醉梦中一般。"老舍《四世同堂》五九:"第二天,他一清早就出去了。没有目的,他信马由缰的慢慢的走。"姚雪垠《李自成》一卷三章:"他在东门外的校场里驰马舞刀,直到心中的悲愤和郁悒情绪稍微舒散了一些以后,才信马由缰,缓缓地走回行辕。"孙犁《白洋淀纪事·小胜儿》二:"一路上,大麻子刚开的紫色绒球一样的花,打着小金子的马肚皮,阵阵的露水打湿了他的裤腿。他走的不慌不忙,信马由缰。"

【信赏必罚】xìn shǎng bì fá 信:确实。必:一定。有功劳的一定奖赏,有罪过的一定惩罚。指赏罚严明。《韩非子·外储说右上》:"信赏必罚,其足以战。"章太炎《诸子学略说》:"诸葛治蜀,信赏必罚。"

【信誓旦旦】xìn shì dàn dàn 信誓:真诚的誓言。旦旦:明白确实的样子。指誓言诚恳可信。《诗经·卫风·氓》:"总角之宴,言笑晏晏。信誓旦旦,不思其反。"《花月痕》二四回:"涕泗滂沱,止乎礼义;信誓旦旦,我哀其志!"李劼人《大波》一部五章:"今天才信誓旦旦地颁布一条新令,过一夜,明天就失了效,自己说的话,自己不认账,怎能叫人心服?"魏巍《地球的红飘带》七一:"谁知道他那信誓旦旦的样子包藏着祸心呢!"

【信手拈来】xìn shǒu niān lái 信手:随手。拈:用两个手指头捏东西。随手拿来。多指写文章时能自由纯熟地选用词语或应用典故、素材,用不着怎么思考。宋·陆游《秋风亭拜寇莱公遗像》诗:"巴东诗句澶州策,信手拈来尽可惊。"杨绛《记钱钟书与〈围城〉》:"有两个不甚重要的人物有真人的影子,作者信手拈来,未加融化,因此那两位相识都'对号入座'了。"

【信以为真】xìn yǐ wéi zhēn 相信是真的。多指未加验证,把谎言、假象等当作是真的。《醒世恒言》卷二〇:"王员外平日极是爱惜柔秀,被众人谗言一说,即信以为真。"《红楼梦》四四回:"贾母等听了,都信以为真,说:'这还了得! 快拿那下流种子来。'"周而复《上海的早晨》三部四:"她刚才太紧张,没有看清楚,便信以为真,吓得讲话的声音都有些颤抖了。"

【兴邦立国】xīng bāng lì guó 邦:国家。建立国家,并使之兴旺昌盛。元·无名氏《黄鹤楼》三折:"安排打风牢龙计,准备兴邦立国机。"

【兴邦立事】xīng bāng lì shì 振兴国家,建立事业。《三国演义》四三回:"寻章摘句,世之腐儒也,何能兴邦立事?"

【兴废存亡】xīng fèi cún wáng 兴:兴

盛。废：废弃，衰败。存：存在，生存。亡：灭亡。指世事变迁。明·汤显祖《南柯记·拜郡》："问亲邻兴废存亡，叙风烟悲楚哀伤。"《封神榜》一六三回："候他摆下十绝阵，兴废存亡顷刻中，根基深浅分上下，难定胜败与输赢。"

【兴风作浪】xīng fēng zuò làng　作：兴起。比喻煽动挑拨，制造事端。明·陈与郊《灵宝刀·府主平反》："有一虞侯陆谦，常常与小人来往，惯会兴风作浪，簸是扬非。"《官场现形记》四一回："这贺推礼更有一件本事，是专会见风使船，看眼色行事，头两天见姊夫同前任不对，他便于中兴风作浪，挑剔前任的账房。"鲁迅《故事新编·非攻》一："我们的老乡公输般他，总是倚恃着自己的一点小聪明，兴风作浪的。"钱钟书《围城》四："可笑的是，到现在还不明白为什么周太太忽然在小茶杯里兴风作浪，自忖并没有开罪她什么呀！"也作"掀风作浪"。周而复《上海的早晨》四部二八："冯永祥轻视地伸出右手的小拇指来，说：'能在上海滩上掀风作浪吗？这不是天大的笑话！'"

【兴家立业】xīng jiā lì yè　创立事业，使家庭兴旺发达。《官场现形记》二八回："营盘里的钱比别处赚得容易，他就此兴家立业，手内着实有钱。"巴金《春》二一："三弟不回来革家庭的命就算好了。要望他回来兴家立业，恐怕是不可能的。"姚雪垠《李自成》二卷一五章："我们看一个人，看一个人家，别的不用看，就看有没有兴家立业的气象。"

【兴利除弊】xīng lì chú bì　见"兴利除害"。

【兴利除害】xīng lì chú hài　兴办有利的事业，消除有害的事情。《管子·君臣下》："为民兴利除害，正民之德，而民师之。"《三国演义》四三回："先生……今既从事刘豫州，当为生灵兴利除害，剿灭乱贼。"《东周列国志》二六回："自二相兼政，

立法教民，兴利除害，秦国大治。"也作"兴利除弊"。《野叟曝言》一二七回："举劾必当，请托不行，剪除豪恶，不避权势，兴利除弊，有益民生。"刘心武《钟鼓楼》一章："他要兴利除弊，让饭馆彻底改变面貌。"

【兴灭继绝】xīng miè jì jué　《论语·尧曰》："兴灭国，继绝世，举逸民，天下之民归心焉。"后用"兴灭继绝"指复兴灭亡的国家，延续断绝的世代。也泛指使衰亡的事物重新兴起。《汉书·外戚恩泽侯表序》："自古受命及中兴之君，必兴灭继绝，修废举逸，然后天下归仁，四方之政行焉。"《东周列国志》二三回："周室东迁纲纪摧，桓公纠合振倾颓。兴灭继绝存三国，大义堂堂五霸魁。"《清史稿·睿忠亲王多尔衮传》："庶不负朝廷伸义讨贼，兴灭继绝之初心。"

【兴师动众】xīng shī dòng zhòng　兴：发动。师：军队。原指大规模出兵。后泛指发动很多人做某件事。《吴子·励士》："夫发号布令，而人乐闻；兴师动众，而人乐战；交兵接刃，而人乐死。此三者，人主之所恃也。"《红楼梦》四七回："为这点子小事，弄的人仰马翻，兴师动众的，倚着亲戚之势欺压常人。"鲁迅《故事新编·采薇》四："'您还不知道吗？'那人答道：'我们大王已经恭行天罚，用不着再来兴师动众，所以把马放到华山脚下去的。'"李劼人《大波》一部五章："有道理大家规规矩矩地拿出来讲，为啥要兴师动众，闹得文王不安，武王不宁的？"

【兴师问罪】xīng shī wèn zuì　兴：发动。师：军队。发动军队，声讨对方的罪行。泛指指明过错，加以谴责。唐·樊绰《蛮书·名类》："阿姹又诉于归义，兴师问罪。"《元史·郭侃传》："宋人羁留我使，宜兴师问罪。"莫应丰《将军吟》三二章："江主任气咻咻地坐在椅子上，准备兴师问罪。"

【兴妖作怪】xīng yāo zuò guài　妖魔

鬼怪作乱害人。比喻搞鬼捣乱，进行破坏活动。元·无名氏《碧桃花》三折："你既然还有阳寿，天曹地府不管，你却这等兴妖作怪。"《醒世恒言》卷一三："府尹听得捉了妖人，即便升厅，大怒喝道：'时耐这厮！帝辇之下，辄敢大胆，兴妖作怪，淫污天眷，奸骗宝物，有何理说！'"《野叟曝言》四五回："[素臣]即飞身而上，站伏窗外，窥见靠里一张桌子，杯盘狼藉，上面坐一个道士，东西两个，却就是日间在阵上兴妖作怪的妖僧。"老舍《四世同堂》五三："历代，在政府失去统制的力量，而人民又不会团结起来的时候，都有许多李空山出来兴妖作怪。"刘绍棠《村妇》卷一："喜日一天天临近，权儿便兴妖作怪闹起来。"

【星火燎原】 xīng huǒ liáo yuán 见"星星之火，可以燎原"。

【星罗棋布】 xīng luó qí bù 罗：罗列。布：分布。像天空的星星和棋盘上的棋子那样分布着。形容数量很多，分布很广。北魏·无名氏《中岳嵩阳寺碑》："塔殿宫堂，星罗棋布。"《花月痕》四九回："果斋以所部从广德、祁门一带复金、衢、严，直薄钱塘江口。金陵孤立，淮南北胜兵星罗棋布。"梁实秋《雅舍小品·脏》："地上大小水坑星罗棋布，买菜的人没有不陷入泥淖的。"姚雪垠《李自成》三卷一五章："从高桥到松山大约三十里路，众多军营，倚山傍海，星罗棋布。"刘绍棠《蒲柳人家》四："这片河滩方圆七八里，一条条河汊纵横交错，一片片水洼星罗棋布，一道道沙冈连绵起伏。"

【星星之火，可以燎原】 xīng xīng zhī huǒ, kě yǐ liáo yuán 燎：延烧。一点儿小火星可以把整个原野烧起来。比喻小事可以酿成大变。也比喻新生事物开始虽然弱小，但自有广阔的发展前途。明·张居正《答云南巡抚何莱山论夷情》："究观近年之事，皆起于不才武职、贪黩有司及四方无籍奸徒窜入其中者，激而搆煽

之，星星之火，遂成燎原。"《续孽海花》五七回："你不要轻视了，星星之火，可以燎原，不晓得怎么结局呢！"毛泽东《星星之火，可以燎原》："这里用得着中国的一句老话：星星之火，可以燎原。这就是说，现在虽只有一点小小的力量，但是它的发展是会很快的。"贺敬之《重回延安——母亲的怀抱》："'星星之火，可以燎原'，……井冈山的红旗插到了延安，插遍了全中国。"也作"星火燎原"。明·贺逢圣《致族人书》："天下事皆起于微，成于慎，微之不慎，星火燎原，蚁穴溃堤。吾畏其卒，故怖其始也。"孙犁《白洋淀纪事·烈士陵园》："很多烈士在中学、师范甚至小学就接受了党所传播的革命思想。然后，他们回到家乡，或是在穷乡僻壤的小学校里教书，他们又向贫苦的农民和他们的子弟传播了这种思想。这就是星星之火，可以燎原。"

【星移斗转】 xīng yí dǒu zhuǎn 见"斗转星移"。

【惺惺惜惺惺】 xīng xīng xī xīng xīng 惺惺：聪明的人。聪明人爱惜聪明人。比喻同类的人互相爱惜、同情。《水浒传》二回："惺惺惜惺惺，好汉识好汉。"《红楼梦》八七回："黛玉看了，不胜伤感。又想：'宝姐姐不寄与别人，单寄与我，也是惺惺惜惺惺的意思。'"《孽海花》三〇回："听见雯青柩南归，知照了当地官厅，顾全了一时场面，也是惺惺惜惺惺，略尽友谊的意思。"老舍《离婚》："老李，自从我一和你见面，心里就说，这是个朋友；惺惺惜惺惺，好汉爱好汉。"

【腥风血雨】 xīng fēng xuè yǔ 风里夹着腥味，雨里带着鲜血。形容凶险的气氛或环境。明·王彦泓《龙友尊慈七十寿歌》："忆昔狂童犯顺年，腥风血雨暗蛮天。"邓一光《我是太阳》一部八："他们全都在作战部队，整天与枪林弹雨为伍，和腥风血雨作伴，这不能不使他担心。"也作"血雨腥风"。刘绍棠《村妇》卷二："十年

内乱在血雨腥风中开场,老庄户、苏洼子和刘家锅伙三支造反团,各占一方,互不相让,有如魏、蜀、吴三分天下。"

【行百里者半九十】 xíng bǎi lǐ zhě bàn jiǔ shí

《战国策·秦策五》:"诗云:'行百里者半于九十。'此言末路之难。"意为需要走一百里路的,走了九十里,只能算完成一半。比喻事情越临近成功,做起来越困难。常用来劝勉人做事要善始善终。宋·黄庭坚《赠元发弟》诗:"功亏一篑未成丘山,凿井九阶不次水泽,行百里者半九十,小狐汔济濡其尾。"清·方苞《与陈占咸》:"近来人望日重,可见人心之同。但行百里者半九十,洵有如来札所云耳。"王火《战争和人》(二)卷七:"唉,真是好事多磨!'行百里者半九十'啊!只以为已经'柳暗花明又一村'了,谁料到了这里又是'山穷水尽疑无路'呢?"

【行兵布阵】 xíng bīng bù zhèn

调遣兵力,布置阵势。《说岳全传》四回:"老僧有兵书一册,内有传枪之法,并行兵布阵妙用;今赠与令郎,用心温习。"

【行不由径】 xíng bù yóu jìng

径:小路。走路不抄小道。比喻为人正直,办事遵循正道。《论语·雍也》:"有澹台灭明者,行不由径,非公事,未尝至于偃之室也。"《史记·伯夷传序》:"若至近世,操行不轨,专犯忌讳,而终身逸乐,富厚累世不绝;或择地而蹈之,时然后出言,行不由径,非公正不发愤,而遇灾祸者,不可胜数也。"《西游记》六一回:"但说转路,就是入了傍门,不成个修行之类,古语云:'行不由径',岂可转走?"《儿女英雄传》三三回:"[安公子]听得父亲叫……站起来,就不慌不忙,斯斯文文,行不由径的走到上房来。"

【行成于思】 xíng chéng yú sī

行:做事。思:思考。唐·韩愈《进学解》:"行成于思,毁于随。"意为做事成功是由于多思考,失败是由于不经心。后用来劝勉人做

事要多思考,多分析。

【行将就木】 xíng jiāng jiù mù

行将:快要。就:到……去。木:棺材。《左传·僖公二十三年》:"[重耳]将适齐,谓季隗曰:'待我二十五年,不来而后嫁。'对曰:'我二十五年矣,又如是而嫁,则就木焉。请待子。'"后用"行将就木"指人寿命已经不长、快要死了。宋·朱熹《与留丞相札子》之三:"今年六十有一,衰病侵凌,行将就木,乃欲变心从俗,以为侥幸俸钱禄米之计,不亦可羞之甚乎!"李国文《涅槃》:"'我行将就木,也就无所畏惧了!'先生声音虽低,但清晰可闻。"

【行若狗彘】 xíng ruò gǒu zhì

行:行为。彘:猪。指人无耻,行为和猪狗一样。汉·贾谊《治安策》:"故此一豫让也,反君事仇,行若狗彘。"宋·魏了翁《跋向侍郎子谭拘张邦昌家属檄药》:"士大夫负国卖降者,行若狗彘,固不足深数。"明·李贽《三教归儒说》:"阳为道学,阴为富贵,被服儒雅,行若狗彘然也。"

【行若无事】 xíng ruò wú shì

行:行动。若:好像。指人在紧急关头,态度镇静,毫不慌乱。有时也指对坏人坏事听之任之,满不在乎。梁实秋《雅舍小品·讲价》:"如果偶然发现一项心爱的东西,也不可失声大叫,如获异宝,必要行若无事,淡然处之,于打听许多种物价之后,随意问询及之,否则你打草惊蛇,他便奇货可居了。"

【行色匆匆】 xíng sè cōng cōng

行色:出行的神色或情景。形容出行时急急忙忙的样子。唐·牟融《送客之杭》诗:"西风吹冷透貂裘,行色匆匆不暂留。"《东周列国志》八七回:"欲待不容他去,又见魏王使命郑重,孙膑已自行色匆匆,不好阻当。"钱钟书《围城》八:"信上说,这一月来校务纷繁,没机会与鸿渐细谈,前天刚自省城回来,百端待理,鸿渐又行色匆匆,未能钱送,抱歉之至。"邓一光《我是太阳》一

部五："关山林本想借这个机会去牡丹市看看乌云，可是部队行色匆匆，加上有许多补给方面的事要做，他一时走不开，这个念头也只好埋在心里了。"

【行尸走肉】xíng shī zǒu ròu 行尸：会走动的尸体。走肉：会走动而没有灵魂的肉体。比喻没有精神追求，庸碌无为，毫无生气的人。晋·王嘉《拾遗记·任末》："夫人好学，虽死若存；不学者虽存，谓之行尸走肉耳！"明·张居正《再恳生尸疏》："今日精力已竭，强留于此，不过行尸走肉耳，将焉用之？"茅盾《虹》一〇："你没有看见两大公司门前往来的仍旧是些醉生梦死的行尸走肉么？"杨沫《青春之歌》一部五章："假如为了贪图物质享受，我早就去做姨太太少奶奶，也就不这样颠沛流离了。可是，那叫什么生活！没有灵魂的行尸走肉！"

【行远自迩】xíng yuǎn zì ěr 迩：近。《礼记·中庸》："君子之道，辟如行远必自迩，辟如登高必自卑。"意为走远路必须从最近的一步走起。后用"行远自迩"比喻做事情由浅入深，一步步前进。《北齐书·魏收传》："跬步无已，至于千里；覆一篑进，及于万仞。故公行远自迩，登高自卑，可大可久，与世推移。"《东周列国志》三一回："再说公子重耳一心要往齐邦，却先要经縣卫国，这是'登高必自卑，行远自迩'。重耳离了翟境，一路穷苦之状，自不必说。"清·张伯行《困学录集粹》卷三："学者不可不志于远大，亦不可不骤期乎远大。盖行远自迩，登高自卑也。"

【行云流水】xíng yún liú shuǐ ❶形容诗文、书法等自然流畅，不受拘束，就像飘浮着的云和流动着的水一样。宋·苏轼《答谢民师书》："所示书教及诗赋杂文，观之熟矣，大略如行云流水，初无定质，但常行于所当行，常止于所不可不止，文理自然，姿态横生。"梁实秋《雅舍小品·书法》："在故宫博物院，看到名家书法，例如王羲

之父子的真迹，如行云流水一般的萧散。"刘绍棠《村妇》卷二："他酒后下笔千言，抒情写意如行云流水。"❷形容事物流转不定，易于消逝。《警世通言》卷三一："真个来得易，去得易，日渐日深，换个行云流水，也不曾计个数目是几锭几两。"刘绍棠《烟村四五家》一："寒来暑往，冬去春回，行云流水三十几年，迁出的人多，入户的人少，大杂院里的四姓人丁，缺苗断垄，稀稀落落。"

【行之有效】xíng zhī yǒu xiào 实行起来有成效。指某种方法或措施已经实行过，证明很有效用。晋·张华《博物志·方士》："皇甫隆遇青牛道士，姓封名君达，其论养性法则可施用，……武帝行之有效。"《云笈七签》卷三六："导引秘经，千有余条，以逆却未生之众病，或以攻治已结之笃疾，行之有效，非空言也。"李劼人《暴风雨前》四部六："听起来好像没有甚么精义，但仔细一想，却都是古人体会到家而又行之有效的经验之语。"

【形单影只】xíng dān yǐng zhī 只：指单独。形容孤独，没有伴侣。唐·韩愈《祭十二郎文》："吾上有三兄，皆不幸早逝，承先人后者，在孙惟汝，在子惟吾，两世一身，形单影只。"姚雪垠《李自成》二卷一九章："陛下好像一个绝世佳人，对镜自怜，不免有形单影只之感。"张贤亮《土牢情话》三章："蹉跎至今，形单影只，连女朋友都没有找过，青春，就在刻苦的自我改造和勤勤恳恳的工作中悄然流逝了。"也作"形只影单"。《镜花缘》四〇回："太后因妇人一生衣食莫不倚于其夫，其有夫死而孀居者，既无丈夫衣食可恃，形只影单，饥寒谁恤。"〔注意〕只，不读 zhǐ。

【形格势禁】xíng gé shì jìn 格：阻碍，限制。指受形势的阻碍或限制。《史记·孙子吴起列传》："救斗者不搏撠，批亢捣虚，形格势禁，则自为解耳。"宋·苏辙《唐论》："有周秦之利而无周秦之害，形格势

禁,内之不敢为变,外之不敢为乱,未有如唐制之得者也。"梁启超《箴立法家》:"若法意虽甚善美,而形格势禁,不获举而措之,则无宁暂缓焉。"〔注意〕禁,不读 jīn。

【形迹可疑】 xíng jì kě yí 举动和神色值得怀疑。《聊斋志异·房文淑》:"邓急起,追问之,门未启,而女已杳。骇报,始悟其非人也。邓以形迹可疑,故亦不敢告人,托之归宁而已。"《三侠五义》四九回:"无论是何地方,但有形迹可疑的即便拿来见我。"茅盾《腐蚀·十月二十四日》:"除了少数拿津贴有任务者而外,大多数也都有点形迹可疑。"

【形如槁木】 xíng rú gǎo mù 槁:干枯。《庄子·齐物论》:"形固可使如槁木,心固可使如死灰乎?"后用"形如槁木"形容身体瘦得像干枯的木头。巴金《春》四:"我心上的伤痕只有我一个人知道。我纵然形如槁木,心如死灰,我也如何能够忘记!"王火《战争和人》(二)卷三:"我已经心如死灰,形如槁木,不能纠缠红尘,只愿遁入空门。"

【形同虚设】 xíng tóng xū shè 形式上虽有,却不起作用,如同没有一样。梁实秋《雅舍小品·不亦快哉》:"忽见左右住宅门前都装有电铃,铃虽设而常不响,岂不形同虚设,于是举臂舒腕,伸出食指,在每个钮上按戳一下。"

【形销骨立】 xíng xiāo gǔ lì 销:同"消",消瘦。人瘦得只剩下一副骨架子形容身体极为消瘦。《聊斋志异·叶生》:"生嗒丧而归,愧负知己,形销骨立,痴若木偶。"也作"骨立形销"。《花月痕》三九回:"痴珠顾影雪涕,骨立形销。"

【形形色色】 xíng xíng sè sè 形容事物种类繁多,各式各样。元·戴表元《讲义》:"如造化之于万物,大而大容之,小而小养之,形形色色,无所遗弃。"梁实秋《雅舍小品·脸谱》:"我要谈的脸谱乃是每天都要映入我们眼帘的形形色色的活人的

脸。"闻一多《死水·大鼓师》:"我挂上一面豹皮的大鼓,我敲着它游遍了一个世界,我唱过了形形色色的歌儿,我也听饱了喝不完的彩。"魏巍《火凤凰》一二〇:"我们不仅应当有鲁迅式的硬骨头精神,还要善于识破形形色色的骗子,形形色色的骗局!"

【形影不离】 xíng yǐng bù lí 像形体和它的影子那样分不开。形容彼此关系亲密,经常在一起。清·纪昀《阅微草堂笔记·滦阳消夏录二》:"青县农家少女,性轻佻,随其夫操作,形影不离,恒相对嬉笑,不避러人。"老舍《四世同堂》九七:"妞子总是跟着奶奶,那一老一少向来形影不离。"张贤亮《邢老汉和狗》一:"邢老汉和他的狗是形影不离的伙伴,他赶车出差时也领着它。"

【形影相吊】 xíng yǐng xiāng diào 吊:慰问。只有自己的身体和影子相互慰问。形容无依无靠,非常孤单。三国魏·曹植《上责躬表》:"形影相吊,五情愧赧。"晋·李密《陈情表》:"外无期功强近之亲,内无应门五尺之僮,茕茕孑立,形影相吊。"刘绍棠《花街》九:"只是一人独处,茕茕孑立,形影相吊,未免凄凉寂寞。"

【形影相随】 xíng yǐng xiāng suí 像形体和它的影子一样时刻跟随在一起。形容关系极为密切。《红楼梦》一〇三回:"庙盖久隐,断碣犹存。形影相随,何须修募。"丰子恺《缘缘堂随笔·附录》:"这是你的灵的存在的开始,后来我迁居嘉兴,又迁居上海,你都跟着我走,犹似形影相随,至于八年之久。"周而复《上海的早晨》一部四九:"大太太和朱瑞芳从来没有这样情投意合,两个人似乎穿了一条裤子,形影相随,一步不离。"

【形只影单】 xíng zhī yǐng dān 见"形单影只"。

【兴高采烈】 xìng gāo cǎi liè 兴:兴致。采:精神。烈:强烈,旺盛。南朝梁·

刘勰《文心雕龙·体性》："叔夜俊侠，故兴高而采烈。"意为嵇康(字叔夜)行为高洁，故文章旨趣高尚，言词激烈。后多用来形容兴致高，情绪热烈。《孽海花》一八回："当时味莼园席上的人，你一句，我一句，正在兴高采烈议论天下大势的时候，忽见走进来一个家人，站在雯青身边，低低的回道：'太太打发人来，说京里有紧要电报到来，请老爷即刻回去。'"鲁迅《呐喊·阿Q正传》三章："阿Q看见自己的勋业得了赏识，便愈加高采烈起来：'和尚动得，我动不得？'他扭住伊的面颊。"张恨水《啼笑因缘》七回："跳舞场上沉醉的人，也和抽大烟的人差不多，人家睡得正酣的时候，他们正是兴高采烈，又吃又喝。"周而复《上海的早晨》二部一五："宋其文给风一吹，心里尤其舒畅，他一个人兴高采烈地说个不停。"

【兴会淋漓】xìng huì lín lí　兴会：兴致，情趣。淋漓：酣畅。兴致高昂，情趣抒发得浓烈畅快。《儿女英雄传》三〇回："一个人到了成丁授室，离开父母左右，便是安老夫妻怎般严慈，那里还能时刻照管的到他，有时到了兴会淋漓的时节，就难免有些小德出入。"李劼人《暴风雨前》四部九："老长亲说得兴会淋漓，而他也飞红着脸，听得很专心。"

【兴味盎然】xìng wèi àng rán　盎然：充满、洋溢的样子。形容兴致高，兴趣浓厚。周克芹《秋之惑》三章："哪怕是某天苗苗的一个无意的动作或声音，皆会被他牵强附会地加上新的意义，兴味盎然地向别人描述一番。"也作"兴致盎然"。刘心武《栖凤楼》八："杨致培谈起小说语言问题如此兴致盎然，显示出他人格的另一侧面。"

【兴味索然】xìng wèi suǒ rán　索然：毫无兴趣的样子。指一点兴趣也没有。清·王韬《瀛壖杂志》卷一："卓午来游者，络绎不绝，溽暑蒸郁，看花之兴味索然

矣。"刘心武《栖凤楼》四："没有人拿金殿臣的姓名开刀。把他揪出来的人，也对此兴味索然。"也作"兴致索然"。《镜花缘》八四回："妹子平日但凡遇见吃酒行令，最是高兴，从不畏首畏尾；刚才听了这些不入耳之言，不但兴致索然，连头都要疼了。"邓友梅《双猫图》："金竹轩又陪看康孝纯逛了两个摊儿，见康孝纯兴致索然，就借口有事要办，告辞走了。"

【兴致盎然】xìng zhì àng rán　见"兴味盎然"。

【兴致勃勃】xìng zhì bó bó　勃勃：精神旺盛的样子。形容兴头很足。《镜花缘》三二回："无论贫富，一经讲到妇人穿戴，莫不兴致勃勃，那怕手头拮据，也要设法购求。"鲁迅《呐喊·社戏》："我想，看戏是有味的，而况在北京呢。于是兴致勃勃的跑到什么园，戏文已经开场了，在外面也早听到冬冬地响。"李劼人《大波》一部四章："他转身走进耳门，已经够疲劳了，还兴致勃勃地老远欢唤着他的婉姑儿：'我的噢山雀儿哩！快来给爹爹换鞋子！'"魏巍《火凤凰》二五："中间有一个二十七八岁的军人，正兴致勃勃地向他们讲着什么，人群里不时扬起一阵阵笑声。"

【兴致索然】xìng zhì suǒ rán　见"兴味索然"。

【幸灾乐祸】xìng zāi lè huò　幸：高兴。乐：欢喜。《左传·僖公十四年》："秦饥，使乞籴于晋，晋人弗与。庆郑曰：'背施无亲，幸灾不仁，贪爱不祥，怒邻不义，四德皆失，何以守国？'"又《庄公二十年》："哀乐失时，殃咎必至。今王子颓歌舞不倦，乐祸也。"后用"幸灾乐祸"指人缺乏善意，在别人遇到灾祸时感到高兴。北齐·颜之推《颜氏家训·诫兵》："若居承平之世，睥睨宫阃，幸灾乐祸，首为逆乱，诖误善良，……此皆陷身灭族之本也。"《警世通言》卷二五："每见吴下风俗恶薄，见朋友患难，虚言抚慰，曾无一毫实惠之加；甚

则面是背非,幸灾乐祸,此吾平时所深恨者。"《野叟曝言》三回:"这人虽有救命之恩,但既幸灾乐祸,则非救你之命,实是贪你之色。"鲁迅《且介亭杂文末编·记苏联版画展览会》:"这些介绍者,都并非有所谓可怕政治倾向的人,但决不幸灾乐祸,因此看得邻人的平和的繁荣,也就非常高兴。"老舍《四世同堂》四八:"瑞宣平日对他那样冷淡,使他没法不幸灾乐祸。……他知道,瑞宣若死去,祁家非垮台不可。"

【性命交关】xìng mìng jiāo guān　交关:相关。指关系到人的生命。形容事关重大,非常紧要。《老残游记》一四回:"残哥怎么也这们糊涂! 此时人家正在性命交关,不过一时救急,自然是我们三个人去。那里有几营人来给你带去!"《孽海花》三一回:"骡车夜里总在静安寺,白天多在虹口。法国夫人只道他丈夫沾染中国名士积习,问柳寻花、逢场作戏,不算什么事。别人知道是性命交关的事,又谁敢多嘴?"王安忆《流逝》五:"这不是一瓶牛奶,碎了可以赔,这是性命攸关的事啊!"也作"性命攸关"。邓一光《我是太阳》四部六:"守住这个阵地或失去这个阵地对她们并不是性命攸关的事,充其量换一个阵地去守罢了。"

【性命攸关】xìng mìng yōu guān　见"性命交关"。

【凶多吉少】xiōng duō jí shǎo　凶害多,吉利少。多指根据某种迹象估计到事态的发展趋势极为不妙。《醒世恒言》卷五:"安南离此有万里之遥,音信尚且难通。况他已是官身,此去刀剑无情,凶多吉少。"《老残游记》七回:"现在既是曹州府里来的差人,恐怕不知是谁扳上你老了,我看是凶多吉少,不如趁此逃去罢。"巴金《春》一三:"'我看海儿的事情凶多吉少。请了西医来不晓得有没有把握。'淑英担心地说。"姚雪垠《李自成》三卷二九章:"田妃的病一天天重似一天,眼看是凶多

吉少,大概捱不过秋天。"也作"吉少凶多"。《三侠五义》七六回:"郭氏暗想丈夫体本吉少凶多,须早早禀知叔父马朝贤,商议个主意。便细细写了书信一封,连被抢一节并失单俱各封妥,就派姚成连夜赴京去了。"

【凶年饥岁】xiōng nián jī suì　发生灾荒的年岁。《孟子·公孙丑下》:"凶年饥岁,子之民,老羸转于沟壑,壮者散而之四方者,几千人矣。"《韩诗外传》卷三:"虽遭凶年饥岁,禹汤之水旱,而民无冻饿之色。"金·元好问《续夷坚志》卷二:"凶年饥岁,至父子夫妇相唉。"

【凶神恶煞】xiōng shén è shà　煞:凶神。元·无名氏《桃花女》三折:"遭这般凶神恶煞,必然扳僵身死了也。"《封神榜》三八回:"大众回头一看,但只见那边墙上却有一个人头如巴斗,大眼浓眉,火盆大嘴,红须乱卞,巨齿獠牙,如同从天上掉下一位凶神恶煞,把人吓的亡魂皆冒,谁还敢站在此处!"原指凶恶的神灵。后多指非常凶恶的人或形容人凶恶可怕。《说岳全传》二七回:"一声炮响,这几位凶神恶煞,引着那十万八百长胜军,蜂拥一般,杀入番阵内。"李劼人《大波》二部四章:"几十个壮汉凶神恶煞般扑了过来。"王火《战争和人》(二)卷二:"'七十六号'的警卫总队长吴四宝是个凶神恶煞,原来也是上海青红帮里的人。"

【凶相毕露】xiōng xiàng bì lù　毕:完全。凶恶的面目完全暴露出来了。巴金《随想录》一一四:"我的噩梦并不是从这里开始,然而从这个时候起它就不断地来,而且越来越凶相毕露。"王火《战争和人》(二)卷三:"倘若他们虎着脸,凶相毕露也许比虚伪的笑还叫人好受些。"

【兄弟阋墙】xiōng dì xì qiáng　阋:争吵。《诗经·小雅·棠棣》:"兄弟阋于墙,外御其务。"务:通"侮"。意为兄弟们虽然在家里争吵,但能一致抵御外人的欺侮。后

用"兄弟阋墙"指内部不和，窝里斗。清·王士禛《池北偶谈·施允升》："尝有罗姓者，兄弟阋墙，先生要之家，反复劝譬，声泪俱下，兄弟遂相拖而哭。"郭沫若《棠棣之花》二幕："侠累那家伙，偏偏要兄弟阋墙，引狼入室。"王火《战争和人》(一)卷五："团结起来，动员群众，一致抗日最重要。再像以前那样兄弟阋墙是绝对不行了！"

【汹涌澎湃】 xiōng yǒng péng pài 汹涌：波涛猛烈地向上涌。澎湃：大浪互相碰撞。形容水势浩大。汉·司马相如《上林赋》："沸乎暴怒，汹涌澎湃。"宋·张世南《游宦纪闻》卷六："仰望瀑布，作三级，倾泻于两山之间。飞沫溅雪，汹涌澎湃，浩浩然，声若奔雷。"姚雪垠《李自成》三卷五四章："进入九月以来，秋雨连绵，河水暴涨，不仅原来河心沙洲全然不见，而且滔滔洪水，一望浩渺，奔流冲刷堤岸，汹涌澎湃。"也形容声势浩大。周而复《上海的早晨》三部三七："她跨进沪江纱厂大门的悲惨遭遇，一幕又一幕在她眼前出现，像是汹涌澎湃的怒涛冲击着她的心田。"

【胸无城府】 xiōng wú chéng fǔ 城府：城市和官府，指待人处事的心机。宋·汪藻《朝请大夫直秘阁致仕吴君墓志铭》："君气豪语直……然胸次实洞然无城府关键。"后用"胸无城府"形容待人接物坦率真诚。《近十年之怪现状》一二回："原来陈雨堂是一个胸无城府的人，心口率直，惟有一样脾气，欢喜学人家的谈风。"陈毅《哭叶军长希夷同志》诗："胸无城府，光风霁月，令我忆君之天真有如提孩。"

【胸无点墨】 xiōng wú diǎn mò 肚子里没有一点儿墨水。《续传灯录·天童净全禅师》："师自赞曰：'匙挑不上个村夫，文墨胸中一点无。曾把虚空揞出骨，恶声赢得满江湖。'"后用"胸无点墨"形容人没有文化。《花月痕》七回："这利仁年纪二十余岁，生得顾长白皙，鼻峰高耸，昆腔二

簧，琵琶三弦，都还会些，只是胸无点墨，卑鄙刻薄，无所不为。"李劼人《大波》二部六章："从前，我还以为此人仅只不学无术而已，而今看来，实是胸无点墨了。"刘绍棠《草莽》三："运河滩上不少土财主家的少爷秧子，都慕名想娶云锦姑娘，她却看不起这些胸无点墨的蠢才，不肯屈尊下嫁。"

【胸无宿物】 xiōng wú sù wù 宿物：旧有的东西，这里指成见。《世说新语·赏誉》："庾赤玉胸中无宿物。"后用"胸无宿物"指为人坦诚，没有成见。《聊斋志异·狐梦》："毕为人坦直，胸无宿物，微泄之。"

【胸有成竹】 xiōng yǒu chéng zhú 画竹子之前心中要先有竹子的形象。宋·苏轼《文与可画筼筜谷偃竹记》："今画者乃节节而为之，叶叶而累之，岂复有竹乎！故画竹必先得成竹于胸中，执笔熟视，乃见其所欲画者，急起从之，振笔直遂。"后用"胸有成竹"比喻在做事之前心中要有完整的谋划打算。《二十年目睹之怪现状》一〇四回："此刻十有九成的时候，忽然被这难题目难住，看着就要撒决了。但是看承辉的神情，又好像胸有成竹一般。"巴金《春》三一："'到那时再说罢，现在还早勒！'觉民逃避似地答道。其实他已经胸有成竹，而且连实行的步骤也多少确定了。"周而复《上海的早晨》三部五〇："巧珠奶奶依旧不动声色，胸有成竹地微微一笑。"

【胸中甲兵】 xiōng zhōng jiǎ bīng 甲兵：军队，此指用兵的谋略。《魏书·崔浩传》："世祖指浩以示之，曰：'汝曹视此人，尪纤懦弱，手不能弯弓持矛，其胸中所怀，乃逾于甲兵。'"后用"胸中甲兵"比喻人有用兵的谋略。《三国演义》三三回："天生郭奉孝，豪杰冠群英。腹内藏经史，胸中隐甲兵。运谋如范蠡，决策似陈平。"

【胸中无数】 xiōng zhōng wú shù 见"心中无数"。

【胸中有数】 xiōng zhōng yǒu shù　见"心中有数"。

【雄才大略】 xióng cái dà lüè　非常杰出的才智和谋略。才，也作"材"。《汉书·武帝纪赞》："如武帝之雄才大略，不改文、景之恭俭以济斯民，虽《诗》《书》所称，何有加焉!"《三国演义》八三回："此人名虽儒生，实有雄才大略，以臣论之，不在周郎之下。"鲁迅《且介亭杂文末编·死》："至于小有金钱的人，则虽然也不觉得该受轮回，但此外也别无雄才大略，只豫备安心做鬼。"周而复《上海的早晨》四部一二："究竟是慕韩兄，雄才大略，高瞻远瞩，又有理论，又有实际，理解政府的政策法令，又能站稳工商界的立场，代表大家利益讲话。"也作"宏才大略"。宋·苏洵《上皇帝书》："若其宏才大略，不乐于小官而无闻焉者，使两制得以非常举之。"《老残游记》六回："阁下如此宏材大略，不出来做点事情，实在可惜。"

【雄心勃勃】 xióng xīn bó bó　形容抱负或目标宏伟远大。李劼人《大波》三部七章："前不数日，他端方尚是权势赫赫的一员钦差大臣，尚雄心勃勃想作骆文忠公第二。"姚雪垠《李自成》三卷一二章："愚见以为只要张敬轩和回、革诸人都在，互争雄长，李帅虽然雄心勃勃，也不敢吃掉曹营。"柳青《创业史》一题题叙："雄心勃勃的宝娃果然做好了种庄稼的一切准备——陆陆续续从下堡村破产的农户手里，拾便宜置买下几样必要的农具。"

【雄心壮志】 xióng xīn zhuàng zhì　远大的理想，宏伟的志向。宋·欧阳修《苏才翁挽诗二首》之二："雄心壮志两峥嵘，谁谓中年志不成。"巴金《随想录》一三："我觉得他还有雄心壮志，他是一个一直往前看的人。严文井《我，观察过么》："我是个没有出息的作家，没有雄心壮志，因此也没有对准一个个宏伟的目标，周密制定计划，然后进行多方面的仔细观察。"

【熊经鸟申】 xióng jīng niǎo shēn　经:吊，悬挂。申:即"伸"。古代一种导引养生的方法，模仿熊吊树枝、鸟伸腿的姿势而健身。《庄子·刻意》："吹呴呼吸，吐故纳新，熊经鸟申，为寿而已矣。"汉·崔寔《政论》："夫熊经鸟申，虽延历之术，非伤寒之理。"郭沫若《豕蹄·孟夫子出妻》："那种的工夫，在古时候人是称为熊经鸟申，直译出来是说老熊吊颈，公鸡司晨，意译出来就是深呼吸。"

【熊心豹胆】 xióng xīn bào dǎn　形容人胆量极大。明·无名氏《五马破曹》二折："都是些熊心豹胆能征将，怕甚么虎窟龙潭恶战场。"

【熊腰虎背】 xióng yāo hǔ bèi　见"虎背熊腰"。

【休牛放马】 xiū niú fàng mǎ　把牛马放归山林，停止充作军用。《尚书·武成》："乃偃武修文，归马于华山之阳，放牛于桃林之野，示天下弗服。"后用"休牛放马"比喻战事停止，天下太平。晋·葛洪《抱朴子·释滞》："今散乱即平，休牛放马，烽燧灭影。"

【休戚相关】 xiū qī xiāng guān　休:喜悦，吉利。戚:忧愁，悲哀。欢乐、忧愁彼此相关联。形容关系密切，利害相关。宋·陈亮《送陈给事去国启》："眷此设心，无非体国;然用舍之际，休戚相关。"《醒世恒言》卷二："那荐人的，与所荐之人，休戚相关，不敢胡乱。所以公道大明，朝班清肃。"周立波《暴风骤雨》一部七："在哈尔滨，在佳木斯，在一面坡，都有他的休戚相关的亲友。"王安忆《香港的情和爱》六："再看对岸香港岛的灯火，忽觉那灯火与自己息息相通，休戚相关，那灯火是有一些温暖，一些照应的了。"

【休戚与共】 xiū qī yǔ gòng　休:喜悦，吉利。戚:忧愁，悲哀。忧喜、祸福彼此共同承担。形容关系密切，利害相同。明·

瞿共美《天南逸史·帝幸南宁府》："臣与皇上患难相随，休戚与共，原自不同于诸臣，一切大政自得与闻。"姚雪垠《李自成》二卷二九章："皇亲们家家'受国厚恩'，与国家'休戚与共'。目前国家十分困难，别人不肯出钱，他们应该拿出钱来，做个倡导。"

【休养生息】xiū yǎng shēng xī 休养：休息调养。生息：人口繁殖。指在战争或社会大动荡之后，减轻人民负担，安定生活，恢复元气。唐·韩愈《平淮西碑》："高祖太宗，既除既治；高宗中睿，休养生息，至于玄宗，受报收功，极炽而丰。"姚雪垠《李自成》二卷四八章："他总觉得两三年内还有一些恶战要打，而河南是所谓'四战之地'，明朝决不会让他有时间在几个府中安安稳稳地招集流亡，散发耕牛种子，使百姓休养生息。"周大新《第二十幕》（上）二部一五："眼下南阳城中百事待举，然我认为，最重要的是减轻赋税，让办厂、种地、经商的人有个休养生息继续发展的机会和力气。"

【修旧利废】xiū jiù lì fèi 《史记·太史公自序》："幽、厉之后，王道缺，礼乐衰，孔子修旧起废，论《诗》《书》，作《春秋》，则学者至今则之。"意为修复、起用旧有的、已被废弃的事物。后用"修旧利废"指修复破旧的东西，把废物利用起来。

【修身洁行】xiū shēn jié xíng 加强自身修养，保持高尚的操行。《史记·魏公子列传》："臣修身洁行数十年，终不以监门困故而受公子财。"

【修身齐家】xiū shēn qí jiā 儒家的伦理政治。指加强自身的修养，治理好家政。《礼记·大学》："身修而后家齐，家齐而后国治。"《野叟曝言》七四回："太宗治天下却是贤君，若讲修身齐家，便几于禽兽之行。这逼父内乱，是千真万确，罪无可逭的了。"

【修身养性】xiū shēn yǎng xìng 见"修心养性"。

【修文偃武】xiū wén yǎn wǔ 见"偃武修文"。

【修心养性】xiū xīn yǎng xìng 陶冶心灵，涵养性情。也指精神品德的修养。元·吴昌龄《东坡梦》二折："我如今修心养性在庐山内，怎生瞒过了子瞻，赚上了牡丹，却教谁来替?"王火《战争和人》（二）卷三："倘能允许遁入山门，效法苏曼殊、李叔同，远离繁华世界，清净无为，四大皆空，晨钟暮鼓，修心养性，或尚可安度余生。"也作"修身养性"。元·无名氏《博望烧屯》一折："贫道本是南阳一耕夫，岂管尘世之事，只可修身养性。"

【羞花闭月】xiū huā bì yuè 见"闭月羞花"。

【羞愧难当】xiū kuì nán dāng 当：承受。羞愧得难以承受。形容十分羞愧。《红楼梦》五八回："那婆子羞愧难当，一言不发。"张炜《古船》九章："老头子羞愧难当，一夜一夜在田野上游晃。"

【羞人答答】xiū rén dā dā 答答：害羞的样子。使人感到害羞，不好意思。元·王实甫《西厢记》四本楔子："这小贱人倒会放刁，羞人答答的，怎生去!"《金瓶梅》七八回："一时被你娘们说上几句，羞人答答的，怎好相见?"〔注意〕答，不读dá。

【羞与为伍】xiū yǔ wéi wǔ 伍：同一伙的人。《史记·淮阴侯列传》："[韩]信由此日夜怨望，居常鞅鞅，羞与绛（周勃）、灌（婴）等列。信尝过樊将军哙，哙跪拜送迎，言称臣，曰：'大王乃肯临臣!'信出门，笑曰：'生乃与哙等为伍!'"后用"羞与为伍"指跟自己瞧不起的人在一起而感到羞耻。《后汉书·党锢传序》："主荒政缪，国命委于阉寺，士子羞与为伍。"鲁迅《且介亭杂文二集·逸名》："所谓'前辈作家'也者，有一批是盗名的，因此使别一批羞与为伍，觉得和‘熟人的名字并列得厌倦’，决计逃走了。”王火《战争和人》（三）卷七：“我对他既有了解，也很鄙视，让他自己升官发财去吧！他是魑魅魍魉，我同他既羞与为伍，也话不投机。”

【朽木不雕】 xiǔ mù bù diāo 朽木：腐烂木头。雕：雕刻。《论语·公冶长》：“朽木不可雕也，粪土之墙不可圬也。”意为烂木头不可雕刻，脏土墙不可粉刷。后用“朽木不雕”比喻人不可造就或局势不可救药。《周书·杨乾运传》：“今大贼初平，生民离散，理宜同心戮力，保国宁民。今乃兄弟亲寻，取败之道也。夫朽木不雕，世衰难佐。”杨沫《青春之歌》一部一九章：“我不值一千大洋，也不值得你那些朋友的隆情盛意，更不值得上美国去镀金。‘朽木不可雕也’，你还是送我回监狱吧。”

【朽木粪土】 xiǔ mù fèn tǔ 朽木：烂木头。粪土：脏土臭泥。《论语·公冶长》：“朽木不可雕也，粪土之墙不可圬也。”后用“朽木粪土”比喻不堪造就、对社会没有用处的人。汉·王充《论衡·问孔》：“朽木粪土，败毁不可复成之物，大恶也。”宋·周密《齐东野语·昼寝》：“宰予昼寝，夫子有朽木粪土之语。”

【秀而不实】 xiù ér bù shí 秀：禾类植物开花。实：果实。《论语·子罕》：“苗而不秀者有矣夫！秀而不实者有矣夫！”意为庄稼开花而不结果实。后用来比喻才能出众，但终无成就。《梁书·徐勉传》：“夫植树阶庭，钦柯叶之茂；为山累仞，惜覆篑之功。故秀而不实，尼父为之叹息。”宋·陈抟《心相编》：“何知秀而不实，盖谓自贤且短行。”

【秀色可餐】 xiù sè kě cān 晋·陆机《日出东南隅行》：“鲜肤一何润，秀色若可餐。”后用“秀色可餐”形容女子姿色十分秀丽。明·孙柚《琴心记·赍金买赋》：“小姐，你不惟秀色可餐，这文词益妙，真个女相如也。”李国文《危楼记事》之八：“她噗哧笑了，笑得那样甜美，就好像嵌了红樱桃的奶油小点心，馅儿是带杏仁味的蜜糖可可，真到了秀色可餐的程度。”

【秀外慧中】 xiù wài huì zhōng 慧：也作“惠”，聪慧。唐·韩愈《送李愿归盘谷序》：“曲眉丰颊，清声而便体，秀外而惠中。”后用“秀外慧中”指人外貌秀美，内心聪慧。宋·胡仔《苕溪渔隐丛话后集·丽人杂记》：“广汉营妓，小名僧儿，秀外惠中，善填词。”《聊斋志异·香玉》：“卿秀外惠中，令人爱而忘死。”蔡东藩、许廑父《民国通俗演义》四六回：“是时洪女年方十九，秀外慧中。”

【袖手旁观】 xiù shǒu páng guān 袖手：把手揣在袖子里。唐·韩愈《祭柳子厚文》：“不善为斲，血指汗颜；巧匠旁观，缩手袖间。”意为不会砍木头的人在砍，弄得手指破了流血，紧张得满脸是汗；而会砍木头的人却不让去砍，把手揣在袖子里，在一边看。后用“袖手旁观”比喻置身事外，既不过问，也不协助别人。宋·苏轼《朝辞赴定州论事状》：“奕棋者胜负之形，虽国工有所不尽，而袖手旁观者常尽之，何则？奕者有意于争，而旁观者无心故也。”《三国演义》四六回：“今日公瑾怒责公覆，我等皆是他部下，不敢犯颜苦谏；先生是客，何故袖手旁观，不发一语？”《野叟曝言》五二回：“众人听说妖僧，知道事情大了，便都袖手旁观，不敢多事。”茅盾《子夜》四：“荪老三的事就和我自己的事一样，我不能袖手旁观。”

【绣口锦心】 xiù kǒu jǐn xīn 见“锦心绣口”。

【虚怀若谷】 xū huái ruò gǔ 谷：山谷。胸怀像山谷一样深广。形容十分谦虚。清·陆陇其《答山西范彪西进士书》：“此诚见先生虚怀若谷，望道未见之心。”《野叟曝言》五九回：“况老先生从善如流，虚怀若谷，且待晚生如骨肉，而敢不直陈其愚，则晚生之罪滋大。”姚雪垠《李自成》二卷三七章："自古成大事的英雄，必是如闯王这样有雄才伟略，虚怀若谷，从谏如流。汉高祖和唐太宗都是如此。"魏巍《地球的红飘带》七一："大家觉得这个张主席还不错，真是有点虚怀若谷的样子，把大家的意见全接受了。"

【虚情假意】xū qíng jiǎ yì 虚假的情意。指虚伪做作的热情与亲近。《西游记》三三回："那怪巧语花言，虚情假意道：'师父啊，此山西去，有一座清幽观宇我是那观里的道士。'"《孽海花》三一回："你真疯了，我和他初见面，有什么关系呢？不过你们男人家妒忌心是没有理讲的，在我是虚情假意，你听了一样的难过！"老舍《四世同堂》五三："无论亦陀是怎样的虚情假意，她总不肯放弃了他。"王火《战争和人》(二)卷七："红脸堂还虚情假意客气了一番，终于将钱和戒指都收下，带着他的手下离开。"

【虚声恫喝】xū shēng dòng hè 恫：使恐惧。喝：威胁，恐吓。《史记·苏秦列传》："是故恫疑虚喝，骄矜而不敢进。"后用"虚声恫喝"指虚张声势，威吓对方。清·张集馨《道咸宦海见闻录》卷六七："又谍报该逆有阃厦门兵船来攻海澄之说，城中兵勇不无虞恐；余约英总戎晓谕邢城士民曰：'此虚声恫喝，万勿轻信。'"李劼人《大波》二部一章："一般书生真相信老赵充其量只能虚声恫喝，谁晓得老赵才当了真啊！"

【虚位以待】xū wèi yǐ dài 留出位置等待。宋·欧阳修《乞定两制员数札子》："遇有员阙，则精择贤材以充其选；苟无其人，尚可虚位以待。"《野叟曝言》一三四回："单有国王，访了数日，竟无族人应出，只得虚位以待。"也作"虚席以待"。周克芹《难忘今宵》："他一路赶来，原以为人家正虚席以待，等他来敬完酒辞呢！不料竟如此这般。"

【虚无缥缈】xū wú piāo miǎo 缥缈：

隐隐约约，若有若无的样子。形容虚幻渺茫。唐·白居易《长恨歌》："忽闻海上有仙山，山在虚无缥缈间。"《红楼梦》一一三回："由是一而二，二而三，追思起来，想到《庄子》上的话，虚无缥缈，人生在世，难免风流云散，不禁的大哭起来。"《二十年目睹之怪现状》二五回："这都是虚无缥缈的事，那里有甚么神仙鬼怪！"冰心《繁星》一三七："聪明人！抛弃你手里幻想的花吧！她只是虚无缥缈的，反分却你眼底春光。"张贤亮《绿化树》二四："下一响钟声又带去我另一部分思绪……直到把整个的我带离开这个尘世，进到一个虚无缥缈，无我、无你、无他的境界中去。"

【虚席以待】xū xí yǐ dài 见"虚位以待"。

【虚虚实实】xū xū shí shí 指人说话、做事有虚有实，让人真假难辨。《喻世明言》卷二一："兵家虚虚实实，未可尽信。钱镠托病回兵，必有异谋，故造言以煽惑军心，明公休得自失主张。"钱钟书《围城》七："辛楣没料到毕业考试以后，会有这一次的考试，十几年小考大考训练成一套虚虚实实、模棱两可的回答本领，现在全荒疏了。"刘心武《钟鼓楼》五章："海老太太说话一贯虚虚实实，没准谱儿，这澹台智珠是知道的，她只'嗯'、'哈'地敷衍着。"

【虚应故事】xū yìng gù shì 故事：过去的事例；成例。宋·苏轼《御试制科策》："所为亲策贤良之士者，以应故事而已，岂以臣言为真足以有感于陛下耶！"后用"虚应故事"指按照以前的成例应付，不认真对待，敷衍了事。明·余继登《典故纪闻》卷一四："然发下所司施行者，多因不便己私，托以他故，妄奏不行，或有施行亦虚应故事。"《红楼梦》九回："什么《诗经》、古文，一概不用虚应故事，只是先把《四书》一气讲明背熟，是最要紧的。"茅盾《蚀·幻灭》一〇："各方面的活动都是机械的，几乎使你疑惑是虚应故事，而声嘶力竭之态，又随在暴露，这不是疲倦么？"

【虚有其表】xū yǒu qí biǎo　表：表面，外貌。空有好看的外表，实际上不行。唐·郑处诲《明皇杂录》下："嵩既退，上掷其草(指草拟的诏书)于地曰：'虚有其表耳。'左右失笑。"《聊斋志异·嘉平公子》："妾初以公子世家文人，故蒙羞自荐。不图虚有其表！以貌取人，毋乃为天下笑乎！"邓友梅《无事忙杂记》一五："那酒实在不能与绍兴花雕、加饭相比，淡而不醇，虚有其表。"

【虚与委蛇】xū yǔ wēi yí　虚：不真实，假意。与：跟。委蛇：敷衍。《庄子·应帝王》："吾与之虚而委蛇，不知其谁何。"后用"虚与委蛇"指对人虚情假意，敷衍应酬。清·谭嗣同《致芸康中》："复钱信，虚与委蛇，极得体。大抵贵人好以权势迫人，而应之者惟以拖延二字，绝不与之触迕，彼自无可如何，此官场之秘诀也。"姚雪垠《李自成》二卷二章："老子不得已同你们这班流贼虚与委蛇，其实有狗屁交情！"〔注意〕委，不读wěi。蛇，不读shé。

【虚张声势】xū zhāng shēng shì　张：声张，张扬。故意制造出强大的声威和气势。唐·韩愈《论淮西事宜状》："今闻讨伐元济，人情必有救助之意，或皆暗弱，自保无暇，虚张声势，则必有之。"《三国演义》三一回："操大惊，留曹洪屯兵河上，虚张声势。操自提大兵往汝南来迎刘备。"《红楼梦》四回："老爷明日坐堂，只管虚张声势，动文书发签拿人。"巴金《春》二一："她沉吟半晌，才虚张声势地说了一句：'我说应该打一顿。'"魏巍《火凤凰》三七："情况已可判明，敌人向东打过来的炮火，不过是虚张声势，而真实的意图却是向西北突围。"

【虚左以待】xū zuǒ yǐ dài　《史记·魏公子列传》："公子于是乃置酒大会宾客。坐定，公子从车骑，虚左，自迎夷门侯生。"古礼主人居右，宾客居左，左为尊位。后

用"虚左以待"指空出尊位等候宾客、贵人。也泛指留出位置恭候他人。唐·张籍《赠殷山人》诗："满堂虚左待，众目望乔迁。"《东周列国志》九四回："诸贵客见公子来往迎客，虚左以待，正不知甚处有名的游士，何方大国的使臣，俱办下一片敬心伺候。"《三侠五义》九七回："我如今虽居此位，心实不安，也不过虚左以待之意。"

【嘘寒问暖】xū hán wèn nuǎn　嘘寒：向受冷的人呵热气。问暖：问他暖和不暖和。形容对人的生活十分关切。韦君宜《飞灰》二："他们其实在夫妻关系上都没有什么对不起我们两个之处。也都嘘寒问暖，也都表示同情。但是，那不是那种性命相关、肝胆相照的爱情啊！"刘绍棠《村妇》卷一："汉根夫君见字如面，她还会鱼雁书书，嘘寒问暖。"

【徐娘半老】xú niáng bàn lǎo　《南史·元帝徐妃传》："元帝徐妃讳昭佩，……帝左右暨季江有姿容，又与淫通。季江每叹曰：'……徐娘虽老犹尚多情。'"后用"徐娘半老"指有风韵的女人接近或已过中年。清·赵翼《真州萧娘……六绝句》诗之三："已是徐娘半老时，芳名犹重美人贻。"刘绍棠《烟村四五家》一："那位女朋友徐娘半老，风韵犹存，……人到中年却是妙龄女子打扮。"

【栩栩如生】xǔ xǔ rú shēng　栩栩：生动的样子。《庄子·齐物论》："昔者庄周梦为胡蝶，栩栩然胡蝶也。"后用"栩栩如生"指艺术形象非常逼真，如同活的一样。《发财秘诀》二回："那小人做得才和枣核般大，头便像一颗绿豆，手便像两粒芝麻，却做得须眉欲活，栩栩如生。"姚雪垠《李自成》三卷二六章："还有一位姓曹的清客原是江南画师，自称是曹霸之后，为此马工笔写真，栩栩如生，堪称神，上题《神骏图》。"王火《战争和人》(三)卷四："诸葛亮殿正中为武侯贴金塑像，手

执羽扇,栩栩如生。"

【旭日东升】 xù rì dōng shēng　旭日:早晨刚出来的太阳。早上太阳从东方升起。形容朝气蓬勃的气象。姚雪垠《李自成》三卷三九章:"李自成自从崇祯十三年十月间进入河南以来,事业和威望一直如旭日东升。中州百姓都将他当成救星,编为歌谣,到处传唱。"

【恤孤爱寡】 xù gū ài guǎ　见"恤孤念寡"。

【恤孤念寡】 xù gū niàn guǎ　恤:体恤,怜悯。指关心、照顾孤儿寡妇。元·无名氏《来生债》二折:"据居士恤孤念寡,敬老怜贫,世之少有也。"《西游记》四四回:"他手下有个徒弟,乃齐天大圣,神通广大,专秉忠良之心,与人间报不平之事,济困扶危,恤孤念寡。"也作"恤孤爱寡"。《野叟曝言》四七回:"他说咱为人慈善,恤孤爱寡,敬老怜贫,……那一句话不是着的?"

【轩然大波】 xuān rán dà bō　轩然:高高的样子。唐·韩愈《岳阳楼别窦司直》诗:"南汇群崖水,北注何奔放……轩然大波起,宇宙隘而妨。"意为高高涌起的波涛。比喻大的纠纷或风潮。梁启超《将来百论》九:"此役实最近外交界之轩然大波也。"李劼人《〈大波〉书后》:"革命党人振臂一呼,而于十月十日打出革命第一枪,这才算得'轩然大波',也才是《大波》的主题。"王火《战争和人》(一)卷七:"上次为张洪池的五百元,已经引起过轩然大波,今天要是被方丽清知道了,岂不要闹上加闹?"

【喧宾夺主】 xuān bīn duó zhǔ　喧:吵吵嚷嚷。客人的声音压倒了主人的声音。比喻外来的或次要的事物占据了原有的或主要的事物的位置。清·金安清《川淮两全说》:"川盐占淮已久,早成喧宾夺主之势。"李劼人《大波》二部八章:"因为端方到四川来,毕竟为了铁路问题,如其釜

底抽薪,在端方来省之前,使铁路问题得到解决,……这样,端方纵然留在四川,也就没有喧宾夺主之嫌了。"刘绍棠《村妇》卷一:"刘二皇叔不想喧宾夺主,说:'哥!还是你亲自下手。'"

【煊赫一时】 xuān hè yī shí　煊赫:气势很盛。在一个时期内名声威势很盛。含贬义。周而复《上海的早晨》三部二五:"煊赫一时的朱家,没想到死亡的死亡,坐监牢的坐监牢,活着的又是这副样子,只有她依靠徐义德,总算过得不错。"魏巍《地球的红飘带》三九:"像这位石达开,可以说是洪杨之乱的杰出将领,曾经煊赫一时。他之所以在大渡河边全军覆没,是有原因的。"

【玄之又玄】 xuán zhī yòu xuán　《老子·一章》:"玄之又玄,众妙之门。"原指道的玄虚奥妙。后泛指事理深奥玄妙,难以理解。唐·白居易《求玄珠赋》:"求之者刳其心,俾损之又损;得之者反其性,乃玄之又玄。"清·章学诚《文史通义·书朱陆篇后》:"与钦风慕名,而未能遵受教者,则多慌惚产据,玄之又玄,使人无可捉摸。"郭沫若《泰戈尔来华的我见》:"寄居异乡,同时又蕴含着失意的结婚悲苦的我,把少年人活泼的心机无形中倾向在玄之又玄的探讨上去了。"

【悬车致仕】 xuán chē zhì shì　把车子悬挂起来,把官职辞掉。指官员告老回家闲居。汉·班固《白虎通·致仕》:"臣年七十悬车致仕者,臣以执事趋走为职,七十阳道极,耳目不聪明,跂踦之属,是以退老去,避贤路者,所以长廉远耻也。"《艺文类聚》卷四二四引南朝梁·徐勉《与大息崧山松书》:"中年聊于东田,欲穿池种树,少寄情赏;又以郊际闲旷,终可为宅。傥获悬车致仕,实欲歌笑于斯。"

【悬灯结彩】 xuán dēng jié cǎi　挂起灯笼,结上彩带。多形容喜庆、欢乐的场面。《红楼梦》七一回:"至二十八日,两府

中俱悬灯结彩,屏开鸾凤,褥设芙蓉,笙箫鼓乐之音,通衢越巷。"《官场现形记》三三回:"吉期既到,书局门前悬灯结彩;堂屋正中桌围椅披,铺设一新。"高云览《小城春秋》三三章:"他觉得家乡父老,没有搭牌楼,悬灯结彩欢迎他一番,是大大不应该的。"

【悬而未决】 xuán ér wèi jué　悬:挂起来。决:解决。一直搁置在那里,没有得到解决。

【悬梁刺股】 xuán liáng cì gǔ　《太平御览》卷三六三引《汉书》:"孙敬字文宝,好学,晨夕不休。及至眠睡疲寝,以绳系头悬屋梁。后为当世大儒。"《战国策·秦策一》:"[苏秦]读书欲睡,引锥自刺其股,血流至足。"后用"悬梁刺股"形容读书学习发愤刻苦。明·谢谠《四喜记·诗礼趋庭》:"喜儿曹聪明天赋,莫把青春虚度;潜心静闭孙生户,更须学悬梁刺股。"清·李颙《二曲集·两庠语录》:"如此为学,即终日悬梁刺股,囊萤映雪,忘食忘寝,亦总是孜孜为利。"刘绍棠《小荷才露尖尖角》四:"榆钱儿正悬梁刺股,复习功课准备考大学。"

【悬心吊胆】 xuán xīn diào dǎn　悬着心,吊着胆。形容十分担心或害怕。《封神演义》二三回:"又恐你在深山穷谷被虎狼所伤,使为娘的悬心吊胆,废寝忘食。"李劼人《大波》四部四章:"与其在这里悬心吊胆,倒是守着自己家里人还安稳些。"李国文《危楼记事》:"问题在于这十块砖头,如同十枚地雷埋在屋里,整日里悬心吊胆的折磨,使阿宝受不了。"

【悬崖绝壁】 xuán yá jué bì　见"悬崖峭壁"。

【悬崖勒马】 xuán yá lè mǎ　勒:收住缰绳。在高高的山崖边勒住马。比喻到了危险的边缘及时清醒回头。《花月痕》三一回:"觉岸回头,悬崖勒马,非具有夙根,持以定力,不能跳出此魔障也。"鲁迅

《且介亭杂文末编·"立此存照"一》:"某试官批云:'闻鼓鼙而思将帅之臣,临考试而动爱美之兴,幸该生尚能悬崖勒马,否则应打竹板四十,赶出场外。'"姚雪垠《李自成》二卷三九章:"我们兄弟俩已经被逼至此,只有毁家起义,一反到底,别无他途。她,她却劝我们悬崖勒马,趑路回车!"也作"临崖勒马"。《野叟曝言》五六回:"素臣太息道:'亏得老襟丈临崖勒马,不然以祖父世传之产业而换几根筹马,岂不伤心。'"

【悬崖峭壁】 xuán yá qiào bì　悬崖:又高又陡的山崖。峭壁:陡直的山崖。形容险峻的山势。《水浒传》八六回:"众人打一看时,四面尽是高山,左右是悬崖峭壁,只见山川峻岭,无路可登。"《野叟曝言》六三回:"约莫走有一二十里,已到山脚,却是悬崖峭壁,无路可上。"姚雪垠《李自成》三卷四章:"在悬崖峭壁的半腰间,稀疏的灯笼在暗影中飘摇前行,纤夫的号子声此起彼伏。"也作"悬崖绝壁"。杜鹏程《在和平的日子里》一章:"中下游,有些地段可行木船,而绝大部分地区都是悬崖绝壁,急流险滩。"

【旋乾转坤】 xuán qián zhuàn kūn　乾:八卦之一,代表天。坤:八卦之一,代表地。比喻从根本上改变已成的局面。唐·韩愈《潮州刺史谢上表》:"陛下即位以来,躬亲听断,旋乾转坤,关机阖开,雷厉风飞,日月清照,天戈所麾,莫不宁顺。"《孽海花》二四回:"羞如自以为用了背城借一的力量,必然有旋乾转坤的功劳。"姚雪垠《李自成》二卷三五章:"真正的英雄事业不在于一时热热闹闹,要想着如何才能够旋乾转坤,使山河改色。"

【选贤任能】 xuǎn xián rèn néng　选拔任用贤明能干的人。《旧唐书·食货志上》:"设官分职,选贤任能,得其人则有于国家;非其才则贻患于庶黎,此义不可不知也。"清·王夫之《读通鉴论·汉成帝》:

"以道言之,选贤任能以匡社稷者,天下之公也。"

【**癣疥之疾**】xuǎn jiè zhī jí　癣、疥:两种皮肤病。比喻无关紧要的小问题或小毛病。《三国演义》六〇回:"张鲁犯界,乃癣疥之疾;刘备入川,乃心腹之大患。"李劼人《大波》二部三章:"我说,这些都是癣疥之疾,倒不要过于重视。彦如,你老兄意思如何?"

【**泫然泣下**】xuàn rán qì xià　泫然:流泪的样子。泣:眼泪。伤心地流下眼泪。《野叟曝言》一一六回:"太子泫然泣下,知圣意已定,不敢再言,拭泪而出。"

【**绚丽多彩**】xuàn lì duō cǎi　各种各样的色彩灿烂美丽。浩然《乐土》五〇章:"让人眼花缭乱的是,那些帘儿、围子、罩子和垫子上,除了缎面的鲜艳、线团的绚丽多彩之外,还缀着数不清的大小玻璃珠子和鱼鳞似的化学片片。"魏巍《东方》六部一章:"会上反映出的英雄事迹,真如百花争艳,千红万紫,比漫天遍野的繁花还要绚丽多彩。"

【**削木为吏**】xuē mù wéi lì　用木头刻削成狱吏。汉·司马迁《报任少卿书》:"故士有画地为牢,势不可入;削木为吏,议不可对,定计于鲜也。"意为即使用木头削成的狱吏,也不愿与之见面。形容狱吏严酷狠毒,令人深恶痛绝。削,也作"刻"。《汉书·路温舒传》:"是以狱吏专为深刻,残贼而亡极,谕为一切,不顾国患,此世之大贼也。故俗语曰:'画地为狱,议不入;刻木为吏,期不对。'此皆疾吏之风,悲痛之辞也。"

【**削足适履**】xuē zú shì lǚ　履:鞋。鞋小脚大,把脚削去一块来凑合鞋的大小。《淮南子·说林训》:"骨肉相爱,谗贼间之,而父子相危;夫所以养而害所养,譬犹削足而适履,杀头而便冠。"后用"削足适履"比喻不合理地迁就凑合或不顾具体条件,生搬硬套。鲁迅《三闲集·怎么写》:"倘作者如此牺牲了抒写的自由,即使极小部分,也无异于削足适履的。"毛泽东《中国革命战争的战略问题》:"这些条令仅仅是一般战争的规律,并且全是抄了外国的,如果我们一模一样地照抄来用,丝毫也不变更其形式和内容,一定是削足适履,要打败仗。"

【**穴居野处**】xué jū yě chǔ　穴:洞穴。处:住。居住在洞穴里,生活在荒野中。形容原始人的生活状况。也指野外生活。《周易·系辞下》:"上古穴居而野处,后世圣人易之以宫室。"汉·班固《白虎通·崩薨》:"太古之时,穴居野处。"郭沫若《王昭君》一幕:"我们在穴居野处的时候,房屋本来是没有的东西,聪明的人把树木砍来,把土石运来,筑成了一座高大的房屋。"

【**学而不厌**】xué ér bù yàn　厌:满足。学习总感到不满足。形容好学上进。《论语·述而》:"默而识之,学而不厌,诲人不倦;何有于我哉!"

【**学富五车**】xué fù wǔ chē　富:多。《庄子·天下》:"惠施多方,其书五车。"后用"学富五车"形容学识渊博。《醒世恒言》卷三二:"扬州有一秀士,……生得丰姿韵秀,一表人才。兼之学富五车,才倾八斗,同辈之中,推为才子。"《孽海花》一四回:"不管你学富五车,文倒三峡,总逃不了臭监生的徽号,因此就有轻视丈夫之意。"李劼人《大波》四部三章:"你,学富五车,才高八斗,出口成章,文不加点的大名公,我与什么来比你?"叶文玲《秋爽》:"我奇怪他这么一个学富五车感情纤细的人,怎么一点都不懂得女孩子的心理?"

【**学贯中西**】xué guàn zhōng xī　贯:贯通。通晓中国和西方的学问。形容学问渊博,贯通中外。《孽海花》二回:"那三个是崇明李台霞,名葆丰;丹徒马美菽,名中坚;嘉应王子度,名恭宪;皆是学贯中西。"

【学浅才疏】xué qiǎn cái shū　见"才疏学浅"。

【学无常师】xué wú cháng shī　《论语·子张》:"夫子焉不学? 而亦何常师之有?"后用"学无常师"指求学没有固定不变的老师,要善于向各种有长处的人学习请教。三国魏·卞兰《赞述天子赋》:"学无常师,惟德所在;恩无所私,唯德所亲。"

【学以致用】xué yǐ zhì yòng　致:使达到。学习能应用于实际。李凡民《延河儿女》:"特别看到许多同学学以致用,成长为优秀的科技人才时,羡慕的心情,你们是体会不到的啊!"

【雪泥鸿爪】xué ní hóng zhǎo　宋·苏轼《和子由渑池怀旧》诗:"人生到处知何似? 应似飞鸿踏雪泥。泥上偶然留指爪,鸿飞那复计东西。"鸿雁踏过雪地时留下的爪印。后用"雪泥鸿爪"比喻往事遗留的痕迹。清·钱谦益《崇德令龚渊孟考满序》:"人生出处遇合,如雪泥鸿爪,岂可一迹论哉?"也作"雪中泥爪"。《野叟曝言》四八回:"道是无缘却何以邂逅联吟,道是有缘却似雪中鸿爪,杳然无着。"也作"鸿泥雪爪"。清·吴牧骐《题吴和甫学使纪游图》诗:"使君蒿目意不愉,遣兴忽写卧游图。鸿泥雪爪无处无,一俱请丹青辈。"也作"鸿爪雪泥"。清·袁枚《答何献葵明府书》:"忽忽四五年,鸿爪雪泥,都为陈迹。"

【雪上加霜】xué shàng jiā shuāng　比喻接连遭受灾难,使受害程度加深。《景德传灯录·文偃禅师》:"诸和尚子,饶你有什么事,犹是头上著头,雪上加霜。"《醒世恒言》卷一六:"我这瘦怯怯的身子可是熬得刑的么? 况且新病了数日,刚刚起来,正是雪上加霜一般。"《镜花缘》二九回:"大贤暂停贵手! 世子跌到如此光景,命在垂危,避风还恐避不来,如何反用扇扇? 岂非雪上加霜么?"蒋子龙《收审记》五:"雷彪带着个人的恩怨来办我的案子,我

既然硬顶顶不过他,就要讲出全部实情,尽量感化他。叫他不要雪上加霜,迫害无辜。"

【雪兆丰年】xué zhào fēng nián　兆:预示。瑞雪预示着来年的丰收。《镜花缘》三回:"古人云:'雪兆丰年。'朕才登极,就得如此佳兆,明岁自然五谷丰登,天下太平了。"

【雪中鸿爪】xué zhōng hóng zhǎo　见"雪泥鸿爪"。

【雪中送炭】xué zhōng sòng tàn　下雪天给人送炭取暖。比喻在别人急需时给以物质上或精神上的帮助。宋·高登《觅蠹椽》诗:"雪中送炭从来事,况写羁躬觅蠹椽。"《醒世恒言》卷二〇:"兄弟同榜,锦上添花;母子相逢,雪中送炭。"《野叟曝言》三八回:"正要上床,只见庙祝推进酒来,手提一壶热酒,说:'老爷夜寒,请用一杯。'长卿道:'正有寒意,你这酒是雪中送炭了。'"姚雪垠《李自成》一卷三一章:"我就猜到你迟早会回来,没想到你回来得正是时候。虽然只带回五百多骑兵,可也是雪中送炭。"王火《战争和人》(一)卷一:"逢人失意时雪中送兵,人是不会忘的。"

【血海深仇】xuè hǎi shēn chóu　形容仇恨极大、极深。多指人被杀而引起的仇恨。周立波《暴风骤雨》一部九:"郭全海对小王说道:'韩老六跟我们家是父子两代的血海深仇。'"姚雪垠《李自成》二卷一五章:"既然在家活不成,何如投到你闯王爷大旗下边,轰轰烈烈地干一场,就是死也死于痛快。倘若得到机会,还可以报血海深仇。"

【血口喷人】xuè kǒu pēn rén　比喻用恶毒的话诬蔑或辱骂别人。《封神榜》三〇回:"苍天呀,苍天呀! 我姜后造下什么冤仇冤孽,今日被这条杀刷的囚徒如此血口喷人,害的我受此狠毒的非刑?"巴金《春》一七:"你打老娘的主意,碰到了钉子,你就造谣言血口喷人。好,你会说,我

们就去见四老爷爷去……"马烽、西戎《吕梁英雄传》六七回:"三虎,你不要血口喷人!我们有啥短头私弊被你抓住了?"

【血流成河】 xuè liú chéng hé　鲜血流成河。形容被杀的人极多。隋·祖君彦《檄洛州文》:"尸骸蔽野,血流成河,积怨满于山川,号哭动于天地。"《东周列国志》一一回:"卫无大将,其师大溃。齐侯之师亦败,杀得尸横遍野,血流成河。"《说岳全传》五四回:"再说兀术见众英雄去了,但见尸骸遍地,血流成河,死者莫知其数,带伤者甚众。"刘白羽《第二个太阳》一四章:"经过一场肉搏,将跳进堑壕的人杀得尸骨狼藉,血流成河。"

【血流漂杵】 xuè liú piāo chǔ　杵:春米的短木棒。血流成河,舂米的木棒都漂了起来。形容战争中杀人极多。《尚书·武成》:"受率其旅若林,会于牧野。罔有敌于我师。前徒倒戈,攻于后以北,血流漂杵。"《水浒传》八六回:"堂堂金鼓振天台,知是援兵特地来。莫向阵前干打哄,血流漂杵更堪哀。"李劼人《大波》三部五章:"何况革命排满,乱杀无辜,争城以战,血流漂杵,还是一种最不人道的举动。"

【血流如注】 xuè liú rú zhù　注:灌。血流如水灌注。形容血流得又多又急。唐·段成式《酉阳杂俎续集·支诺皋中》:"其物匣刃而走,血流如注。"《野叟曝言》五回:"顺手一推,不料那和尚腻了油脸,正靠住供桌,直向他脑袋上戳进,霎时血流如注,抱头鼠窜而去。"刘绍棠《蒲柳人家》一○:"他这两块瓦片不偏不倚都打中了独眼龙的后脑勺,登时就开了瓢儿,血流如注。"

【血气方刚】 xuè qì fāng gāng　血气:精力。方:正。刚:强健,旺盛。形容年轻人精力正旺盛。《论语·季氏》:"及其壮也,血气方刚,戒之在斗。"《三国演义》六二回:"吾闻泠苞、邓贤乃蜀中名将,血气方刚,恐老将军近他不得,岂不误了主公

大事?"老舍《四世同堂》二九:"他们失败了,他们羞愧! 他们是血气方刚的孩子!"浩然《车轮飞转·引子》:"论年纪,他只有二十五岁,这个岁数的人,正是青春年少,血气方刚的时候。"

【血肉横飞】 xuè ròu héng fēi　血肉四处飞溅。形容死伤时的惨状。《发财秘诀》六回:"养息了两天,真是贱皮贱肉,打得那般血肉横飞的,不到几天,已经全愈了。"鲁迅《伪自由书·中国人的生命圈》:"只有在这两者之间的,只要炸弹不要误行落下来,倒还有可免'血肉横飞'的希望,所以我名之曰'中国人的生命圈'。"魏巍《火凤凰》八五:"火光一闪,响起一声震天的雷声。两个特务被炸得血肉横飞,晨曦也倒在血泊里。"

【血肉相连】 xuè ròu xiāng lián　像血和肉一样互相联系着。比喻关系非常密切,不可分离。巴金《随想录》一八:"回国的日子越近,我越是想念我的祖国和人民,我深深感觉到我和他们的血肉相连的关系。"姚雪垠《李自成》二卷一八章:"李信毕竟是世家公子,……他和他的家庭以及亲戚、朋友,同朱明皇朝的关系错综复杂,血肉相连。"

【血雨腥风】 xuè yǔ xīng fēng　见"腥风血雨"。

【熏天赫地】 xūn tiān hè dì　气焰熏天,势力震动大地。形容气势极盛。《初刻拍案惊奇》卷二二:"然那等熏天赫地富贵人,除非是遇了朝廷诛戮,或是生下子孙不肖,方是败落散场。"

【薰莸不同器】 xūn yóu bù tóng qì　薰:香草名。莸:一种有恶臭的水草。香草和臭草不能收藏在同一个器物里。比喻好人和坏人不能共处。《孔子家语·致思》:"回闻薰莸不同器而藏,尧桀不共国而治,以其异类也。"《世说新语·方正》:"培塿无松柏,薰莸不同器。玩虽不才,义不为乱伦之始。"《东周列国志》三五回:

"见晋公子带领一班豪杰到来,正是'薰莸不同器'了！惟恐其久留曹国,都阻挡曹共公不要延接他。"

【寻根究底】xún gēn jiū dǐ　追究事情发生的根底缘由。《红楼梦》一二〇回："似你这样寻根究底,便是刻舟求剑,胶柱鼓瑟了。"鲁迅《呐喊·阿Q正传》六章："只有一班闲人们却还要寻根究底的去探阿Q的底细。"刘白羽《第二个太阳》六章："他在仔细倾听,有时打断别人话头,寻根究底,有时满意地连连点头。"也作"寻根问底"。《孽海花》一八回："阿福先见雯青动怒,也怕寻根问底,早就暗暗跟了进来,听了一回,知道没下文,自然放心去了。"张炜《古船》八章："事情需要寻根问底,要寻根问底,你就没法回避这本书。"

【寻根问底】xún gēn wèn dǐ　见"寻根究底"。

【寻花问柳】xún huā wèn liǔ　❶指游玩观赏春日美景。宋·王质《银山寺和宗禅师四季诗·春》诗："寻花问柳山前后,隐隐钟声暮已传。"《儒林外史》一七回："这样好天气,他先生正好到六桥探春光,寻花问柳,做西湖上的诗。"❷花、柳:比喻妓女。指狎妓嫖娼。《金瓶梅》八二回："韩道国与来保两个,且不置货,成日寻花问柳,饮酒宿娼。"刘绍棠《草莽》一："我本想勒紧裤带攒几串子钱,过两年给你明媒正娶一个干净人家的女儿,谁想你不走正道,竟敢寻花问柳。"

【寻欢作乐】xún huān zuò lè　寻找快乐。多指追求享乐,生活放纵。姚雪垠《李自成》三卷七章："妾不是劝皇上像历朝皇帝那样一味在宫中寻欢作乐,是劝陛下不要日夜只为着兵啊饷啊操碎了心。"阿来《尘埃落定》一："现在,他已经是一个出色的管家了。正是有了他出色的打点,父亲和哥哥才会有时间去寻欢作乐。"

【寻事生非】xún shì shēng fēi　故意寻找事端,引起纠纷。巴金《秋》三八："都是我不好,把大少爷拉去料理借儿的事情,给大少爷招麻烦。不然四太太怎么会找大少爷寻事生非。"

【寻死觅活】xún sǐ mì huó　觅:寻求。闹着要死要活。多指用自杀来吓唬人。《京本通俗小说·碾玉观音》："那女儿吃郡王捉进后花园里去,老夫妻见女儿捉去,就当下寻死觅活。"《野叟曝言》五一回："到半夜里,又被吴长史叫女道士劫回家中,铁娘寻死觅活,吴长史叫小合儿子百般样哄劝,他总不依。"鲁迅《呐喊·祝福》："回头人出嫁,哭喊的也有,说要寻死觅活的也有,抬到男家闹得拜不成天地的也有,连花烛都砸了的也有。"刘绍棠《村妇》卷一："过去他跟野台子戏小旦偷秀窃玉,单对子一不吵二不骂,也不寻死觅活,只是阴沉着脸像满天乌云,十天半月不放晴。"

【寻章摘句】xún zhāng zhāi jù　搜寻、摘取文章中的词句。多指读书、写作侧重推敲词句,不深究义理。《三国志·吴书·孙权传》南朝宋·裴松之注引《吴书》："吴王浮江万艘,带甲百万,任贤使能,志存经略,虽有余闲,博览书传历史,借采奇异,不效诸生寻章摘句而已。"唐·李贺《南园》诗之六："寻章摘句老雕虫,晓月当帘挂玉弓。"《三国演义》四三回："寻章摘句,世之腐儒也,何能兴邦立事？"沈从文《滥用名词的商榷》："大意上说得过去,就不会寻章摘句的推求。"也作"搜章摘句"。《新唐书·段秀实传》："举明经,其友易之,秀实曰:'搜章摘句,不足以主功。'乃弃去。"

【寻踪觅迹】xún zōng mì jì　觅:寻找。迹:脚印、踪迹。寻找别人的踪迹、下落。元·李好古《张生煮海》二折："小生张伯腾,恰才遇着的那个女子,人物非凡,因此寻踪觅迹,前来寻他,却不知何处去了。"《镜花缘》四九回："如此仙境,想我父亲必在其内。此时既到了可以寻踪觅迹处,只应朝前追寻,岂可半途而废?"

【循规蹈矩】 xún guī dǎo jǔ 循:依照。规:圆规。蹈:踩。矩:曲尺。规、矩是定方圆的标准规则,借指行为的准则。原指遵守规矩,不敢违反。后指拘守旧准则,不敢稍作变动。宋·朱熹《答方宾生》:"循涂守辙,犹言循规蹈矩云尔。"《西游记》九八回:"这糖僧循规蹈矩,同悟空、悟能、悟净,牵马挑担,径入山门。"《孽海花》三〇回:"你既要守节,就该循规蹈矩,岂可百天未满,整夜在外,成何体统!"李国文《冬天里的春天》二章:"他身上终究有着那种根深蒂固的习性,循规蹈矩,不敢越雷池一步。"

【循环往复】 xún huán wǎng fù 周而复始,反复出现或进行。唐·李华《祭亡友故扬州功曹萧公文》:"古称管鲍,今则萧李,有过必规,无文不讲,知名当世,实赖吾人。循环往复,何日忘此。"毛泽东《实践论》:"实践,认识,再实践,再认识,这种形式,循环往复,以至无穷。"

【循名责实】 xún míng zé shí 循:依着。责:求。按着名称或名义去寻求实际内容,使得名实相符。《韩非子·定法》:"今申不害言术,而公孙鞅为法。术者,因任而授官,循名而责实,操杀生之柄,课群臣之能者,此人主之所执也。"唐·薛登《请选举择贤才疏》:"文则试以效官,武则令其守御,始既察言观行,中亦循名责实,自然侥幸滥吹之伍无所藏其妄庸。"

【循序渐进】 xún xù jiàn jìn 循:顺,按照。序:次序。指事物的发展或学习工作等按照一定的步骤逐渐深入或提高。宋·朱熹《答邵书义》:"读书穷理,积其精诚,循序渐进,然后可得。"路遥《平凡的世界》(中)二四章:"李登云调走以后,按通常循序渐进的惯例,原'二把手'张有智接替了他的职务。"又(上)三五章:"大自然不管人世间的喜怒哀乐,总是按它自己的规律循序渐进地变换着一年四季。"

【循循善诱】 xún xún shàn yòu 循循:有次序的样子。诱:引导。《论语·子罕》:"夫子循循然善诱人,博我以文,约我以礼,欲罢不能。"后用"循循善诱"指善于有步骤地引导别人。多形容教育得法。晋·潘尼《赠司空掾安仁》:"温ılılı恭上,循循善诱。"明·李斗《扬州画舫录·新城北录上》:"范鉴,字赐湖,江宁人,丁酉举人。善诗文,倜傥多能,笃于交谊,循循善诱,生徒乐与之亲。"杜鹏程《保卫延安》二章:"他稳实而从容地踱了几步,像循循善诱的老教师似的,说:'消灭多少万敌人,是从消灭敌人一个哨兵,一个班开始的。'"

【训练有素】 xùn liàn yǒu sù 素:平时,素来。平时一直进行严格的训练。元·姚燧《奉训大夫知龙阳州孝子梁公神道碑》:"汝曹自计甲兵坚利,储馈有继,训练有素,征发日多,孰与官军?"钱钟书《围城》九:"我有时想,家里真跟三闾大学一样是个是非窝,假使我结了婚几年然后到三闾大学去,也许训练有素,感觉灵敏些,不至于给人家暗算了。"魏巍《火凤凰》一一五:"这三名来自四川的解放战士,真是训练有素,又一连几炮,后面的四辆坦克接连中弹起火。"

【迅雷不及掩耳】 xùn léi bù jí yǎn ěr 迅:快,迅速。雷声来得非常快,连捂耳朵都来不及。《六韬·军势》:"是以疾雷不及掩耳,迅雷不及瞑目。"后用"迅雷不及掩耳"比喻来势迅猛或行动迅速,使人来不及防备。《晋书·石勒载记上》:"候贼列守未定,出其不意,直冲末枝帐,敌必震惶,计不及设,所谓迅雷不及掩耳。"《东周列国志》三九回:"我乃从河济出师,出其不意,直捣卫境,所谓迅雷不及掩耳,胜有八九。"《官场现形记》一七回:"依我的意思,单叫人去上控还是便易他,最好弄个人从里头参出来,给他一个迅雷不及掩耳。"鲁迅《而已集·扣丝杂感》:"临印的时候,工人终于将第一行的字移到纸边,用'迅雷不及掩耳的手段',使你无可挽救。"周而复《上海的早晨》四部三八:"马慕韩办事的决心真大,行动也十分迅速,真的是迅雷不及掩耳,等他听到消息,兴盛已经在开公私合营大会了。"

【徇情枉法】xùn qíng wǎng fǎ　徇:无原则地顺从,屈从。枉:歪曲,违背。为屈从私情而歪曲法律或做违法乱纪的事。元·王磐《中书右丞相史公神道碑》:"使官员一心奉公,而不敢为徇情枉法之私。"

《红楼梦》四回:"雨村便徇情枉法,胡乱判断了此案。"

【徇私舞弊】xùn sī wǔ bì　徇:无原则地顺从,屈从。为了私利,弄虚作假,做违法乱纪的事。舞,也作"作"。《水浒传》八三回:"谁想这伙官员,贪滥无厌,徇私作弊,克减酒肉。"王火《战争和人》(一)卷二:"传单上无中生有,说你贪赃枉法,卖案子,徇私舞弊,不能做司法行政部和中惩会的官员!"

Y

【压倒元白】 yā dǎo yuán bái　元、白:唐代著名诗人元稹、白居易。五代·王定保《唐摭言·慈恩寺题名游赏赋咏杂记》:"宝历年中,杨嗣复……大宴于新昌里第……时元、白俱在,皆赋诗于席上。唯刑部杨汝士侍郎诗后成。元、白览之失色……汝士其日大醉,归谓子弟曰:'我今日压倒元、白!'"后用"压倒元白"指诗、文超过同时代的著名作家。宋·刘儿《花发状元红慢》词:"绮筵开,会咏歌才子,压倒元白。"元·钟嗣成《凌波仙·吊宫大用》曲:"辞章压倒元白,凭心地,据手策,是无比英才。"

【压肩叠背】 yā jiān dié bèi　形容人多,十分拥挤。《水浒传》四〇回:"宋江只把脚来跌,戴宗低了头只叹气。江州府看的人,真乃压肩叠背,何止一二千人。"

【鸦没雀静】 yā mò què jìng　见"鸦默雀静"。

【鸦默雀静】 yā mò què jìng　形容没有一点声音,十分寂静。《儿女英雄传》二七回:"方才你们说话这个当儿,我两个同张老大、女婿、大侄儿都在这厢里鸦默雀静儿的把饭吃在肚子里了。"也作"鸦没雀静"。《红楼梦》五〇回:"我因为到了老祖宗那里,鸦没雀静的,问小丫头子们,他又不肯说,叫我找到园里来。"

【鸦雀无声】 yā què wú shēng　连乌鸦和麻雀的声音也没有。宋·苏轼《绝句三首》之三:"天风吹雨入阑干,乌鹊无声夜向阑。"后多用"鸦雀无声"形容十分寂静。《红楼梦》五五回:"只觉里面鸦雀无声,并不闻碗箸之声。一时只见一个丫鬟掀帘帏高揭,又有两个将桌抬出。"周而复《上海的早晨》四部二二:"他端着茶杯,一口一口品着,也不看大家,也不说一句话。客厅里突然鸦雀无声,沉寂起来了。"也作"鸦鹊无声"。《痛史》二回:"此时只觉得静悄悄的鸦鹊无声。"李劼人《大波》三部四章:"龙管带把声音提高到快要嘶哑的程度,叫了声:'立正!'全队立即鸦鹊无声,又恢复了肃静。"

【鸦鹊无声】 yā què wú shēng　见"鸦雀无声"。

【睚眦必报】 yá zì bì bào　睚眦:发怒时向人瞪眼睛。瞪一下眼这样的小怨恨也要报复。《史记·范雎蔡泽列传》:"一饭之德必偿,睚眦之怨必报。"后用"睚眦必报"形容人心胸狭窄,气量小。宋·苏辙《乞诛窜吕惠卿状》:"盖其凶悍猜忍如蝮蝎,万一复用,睚眦必报。"王火《战争和人》(一)卷二:"这人毒辣凶残,奸诈阴险,最会消除异己。上海滩上青红帮流氓的那套手腕他最会应用,对人是睚眦必报。"

【睚眦之怨】 yá zì zhī yuàn　睚眦:发怒时向人瞪眼。指很小的嫌隙或怨恨。《史记·范雎蔡泽列传》:"一饭之德必偿,睚眦之怨必报。"《三国演义》六五回:"法正为蜀郡太守,凡平日一餐之德,睚眦之怨,无不报复。"

【哑口无声】 yǎ kǒu wú shēng　见"哑口无言"。

【哑口无言】yǎ kǒu wú yán　指像哑巴一样说不出话来。《醒世恒言》卷二〇:"起初王员外已有八九分不悦,又被赵昂这班言语一说,凑成一十二分,气得哑口无言。"钱钟书《围城》三:"鸿渐吓得哑口无言。苏小姐家里有事,跟他约晚上馆子里见面。他回到家整天闷闷不乐,觉得不能再延宕了,得赶快表明态度。"也形容理屈词穷的样子。《官场现形记》四四回:"及至被执帖大爷训斥一番,登时哑口无言,不知不觉,气焰矮了大半截,坐在那里,一声不响。"周而复《上海的早晨》一部三八:"秦妈妈支持汤阿英的意见,她钦羡汤阿英分析事物的能力,讲得对方哑口无言。"也作"哑口无声"。《再生缘》三九回:"话说孟夫人听了这些言语,只气的哑口无声。"也作"闭口无言"。《野叟曝言》二八回:"这一席话说得公子闭口无言,只是靠着床栏杆上呆立。"孙犁《白洋淀纪事·纪念》:"前几天开斗争会,俺家小鸭登台讲了话,说的陈宝三闭口无言,全村的老乡亲掉泪。"

【哑然失色】yǎ rán shī sè　哑然:形容寂静。失色:因惊惧而面色苍白。指因害怕而面色苍白、寂静无声。魏巍《火凤凰》四二:"这一掌不要紧,惊得桌上那盏菜油灯灯火也跳了几跳几乎熄灭,整个屋子的人哑然失色,静默了。"

【哑然失笑】yǎ rán shī xiào　哑(旧读è)然:形容笑声。失笑:不自主地发笑。情不自禁地笑出声来。《聊斋志异·王子安》:"王子安方寸之中,顷刻万绪,想鬼狐窃笑已久,故乘其醉而玩弄之,床头人醒,宁不哑然失笑哉?"《镜花缘》六一回:"此千古不易之论,指破迷团不小。无如那些喜茶好酒之人,一闻此言,无不强词夺理,百般批评,并且哑然失笑。"欧阳山《三家巷》五二:"他想起在上海金鑫里三号聚会的那些精神抖擞的女慈善家们,

又不到这胡家来亲自见见世面,真令人哑然失笑。"

【雅人深致】yǎ rén shēn zhì　雅:风雅。致:意趣。指风雅的人意趣深远。《世说新语·文学》:"谢公因子弟集聚,问《毛诗》何句最佳。遏称曰:'昔我往矣,杨柳依依。今我来思,雨雪霏霏。'公曰:'讦谟定命,远猷辰告。'谓此句偏有雅人深致。"清·纪昀《阅微草堂笔记·如是我闻三》:"此怪行踪可云隐秀,即其料理刘生,不动声色,亦有雅人深致也。"

【雅俗共赏】yǎ sú gòng shǎng　文化程度高的人与文化程度低的人都能欣赏,指兼具高雅与通俗的特点。明·孙仁孺《东郭记·绵驹》:"闻得有绵驹善歌,雅俗共赏。"《红楼梦》五四回:"凤姐儿笑道:依我说,谁像老祖宗要什么有什么呢。我们这不会的,岂不没意思。依我说也要雅俗共赏,不如谁输了谁说个笑话罢。"魏巍《火凤凰》一〇四:"婚事极其简朴,公家给做一两床新被子,举行一个雅俗共赏、雅谑混合的仪式,两个新人同时唶一唶一只吊在空中的苹果,就可以成其好事了。"

【烟波钓徒】yān bō diào tú　烟波:烟雾笼罩的江湖。钓徒:钓鱼的人。指在江湖上隐居的人。也指隐居者。《新唐书·张志和传》:"以亲既丧,不复仕,居江湖,自称烟波钓徒。"元·张雨《太常引·题李仲仁画舫》词:"堤上早传呼,是那个烟波钓徒。"

【烟波浩渺】yān bō hào miǎo　烟波:烟雾笼罩的江湖。浩渺:水面辽阔。形容江湖水面十分辽阔。唐·崔致远《将归海东巉山春望》诗:"目极烟波浩渺间,晓乌飞处认乡关。"刘白羽《第二个太阳》一四章:"他看见那个戴斗笠的妇女孤零零一人站在船尾上,两手伸出收拢,收拢伸出,敏捷地扳着舵把,掉转船身,向烟波浩渺的江波上飞驶而去。"李国文《冬天

里的春天》二章："唉！于而龙望着烟波浩渺的石湖，叹息着：我们生活在一个多么纷扰的世界上呵！"

【烟岚云岫】 yān lán yún xiù　岚：山里的雾气。岫：山。形容山峦间云雾缥缈。宋·陆游《万卷楼记》："烟岚云岫，洲渚林薄，更相映发，朝变万态。"

【烟消雾散】 yān xiāo wù sàn　见"烟消云散"。

【烟消云散】 yān xiāo yún sàn　比喻事物全部消失。元·张养浩《天净沙》曲："更着十年试看，烟消云散，一杯谁共歌欢？"柳青《创业史》一部一六章："杨书记和区委王佐民书记，两人笑得嘻嘻的。生宝紧张的心情，被县委副书记这一番笑谈，一下子冲得烟消云散了。"欧阳山《三家巷》一八五："说也奇怪，周炳那满腔不可遏制的愤怒，在一刹那之间，不知不觉地完全烟消云散了。他整个儿都变成心平气和的了。"也作"烟消雾散"。巴金《海的梦》后篇一："我很疲倦，但是我觉得畅快。在流了这么多的眼泪以后，这许多日子来的阴郁的思想都烟消雾散了。"

【湮没无闻】 yān mò wú wén　湮没：埋没。《晋书·羊祜传》："自有宇宙便有此山，由来贤达胜士登此远望如我与卿者多矣！皆湮灭无闻，使人悲伤。"后多用"湮没无闻"指被埋没，不为人所知。清·戴名世《朱铭德传》："自明之亡，江、浙、闽、广间，深山大泽如先生辈者亦不少，而湮没无闻于世者多矣。"《镜花缘》四一回："如今天下之大，人物之广，其深闺绣阁能文之女，固不能如苏蕙超今迈古之妙，但多才多艺如史幽探、哀萃芳之类，自复不少。设俱湮没无闻，岂不可惜？"

【嫣然一笑】 yān rán yī xiào　嫣然：美好的笑容。形容女子妩媚可爱的笑容。战国楚·宋玉《登徒子好色赋》："嫣然一笑，惑阳城，迷下蔡。"《二十年目睹之怪现状》五一回："那位姑娘走到走廊窗户外面，故意对着窗户里面嫣然一笑，俄延了半晌。"张贤亮《河的子孙》四章："韩玉梅是个机灵鬼！看见他眼睛里一瞬间爆发出来的火花，先向他嫣然一笑，随即垂下头，温驯地等他说话。"

【延颈举踵】 yán jǐng jǔ zhǒng　延：伸长。举：踮起。踵：脚后跟。形容急切盼望、十分仰慕。《庄子·胠箧》："今遂至使民延颈举踵，曰'某所有贤者，赢粮而趣之。'"汉·司马相如《喻巴蜀檄》："延颈举踵，喁喁然皆向风慕义。"也作"延颈企踵"。汉·扬雄《剧秦美新》："海外遐方，信延颈企踵，四面内向，喁喁如也。"宋·苏轼《杭州上执政书》："日与吏民延颈企踵，虽大旱望云，执热思濯，未喻其急也。"

【延颈企踵】 yán jǐng qǐ zhǒng　见"延颈举踵"。

【延年益寿】 yán nián yì shòu　延：延长。益：增加。延长寿命。战国楚·宋玉《高唐赋》："九窍通郁，精神察滞，延年益寿千万岁。"《云笈七签》卷一一六："举世之人，皆愿长生不死，延年益寿。"《镜花缘》九回："我们今日如得此核，即不能成仙，也可延年益寿。"王火《战争和人》（一）卷七："吃时，你不要去管猴子的死活，你只要想着自己吃下去可以延年益寿，就愉快了。"

【严惩不贷】 yán chéng bù dài　贷：宽恕。严加惩处，不予宽恕。李劼人《大波》二部六章："赵制台有特别公事发下，凡非官电，一概不准拍发。倘有不遵，决予严惩不贷！"刘白羽《第二个太阳》九章："这是第四野战军发言人重申五月三十日对敌人发出的警告：如敢破坏沙市江堤，定予严惩不贷。"刘绍棠《花街》九："金瓜跟伏天儿偷捕河鱼，理当重罚，本官铁面无私，严惩不贷，扣下你这一船鱼充公。"

【严丝合缝】 yán sī hé fèng　缝隙密

合。也形容衔接得非常紧凑。《儿女英雄传》七回:"外省的地平,又多是用木板铺的,上面严丝合缝盖上,轻易看不出来。"张洁《临街的窗》:"所以我们可以关在严丝合缝的盒子里,而不必像人类那样,在我们住的盒子上挖窟窿——他们管这窟窿叫窗。"王火《战争和人》(一)卷二:"他又摆了个圈套,把我请入了瓮内,加上江怀南确实是个能干人,一环一扣安排得严丝合缝,懂人心理,给人甜头,设置得使人有安全感。"

【严刑峻法】yán xíng jùn fǎ　峻:严厉。极为严厉的刑法。汉·王充《论衡·非韩》:"使法峻,民无奸者;使法不峻,民多为奸。而不言明王之严刑峻法,而云求奸而诛之。"姚雪垠《李自成》二卷三二章:"用严刑峻法和沉重聚敛苦害百姓,所以盗贼一天比一天多。"

【严刑拷打】yán xíng kǎo dǎ　严刑:对犯人极厉害的体罚。拷打:打。指对犯人用酷刑。《醒世恒言》卷二九:"知县又哄卢楠将出钮成佣工文券,尽皆扯碎。严刑拷打,问成死罪。"欧阳山《三家巷》一五九:"这以后主家就更加凶狠,动不动就严刑拷打,打得我遍体鳞伤,死去活来。"张贤亮《土牢情话》六章:"跟她说,我们可以证明宋获死于严刑拷打,可是要保证我们证人的安全。"

【严于律己】yán yú lǜ jǐ　律:约束。指对自己要求严格。韦君宜《纪念冯雪峰同志》:"大家纷纷举出他生前如何正确对待干部,如何严于律己,如何在那种艰难的条件下还努力工作……"王火《战争和人》(三)卷三:"童霜威听到章铭华师长英勇作战身负重伤,居然还自责'误国之罪,死何足惜',实在是严于律己,忠勇少有,肃然起敬。"

【严阵以待】yán zhèn yǐ dài　严阵:严整的阵势。以严整的阵势等待来犯的敌人。《旧五代史·周世宗纪》:"有贼中来者,云:刘崇自将骑三万,并契丹万余骑,严阵以待官军。"《东周列国志》一六回:"鲍叔牙闻鲁侯引兵而来,乃严阵以待。"《二十年目睹之怪现状》六一回:"进了栅门,便望见总办公馆门口,也站了一排兵,严阵以待。"王火《战争和人》(二)卷三:"虽是夜里,在耀眼的灯光下,却看得出那些穿绿军衣的警卫严阵以待的情景。"

【言必信,行必果】yán bì xìn, xíng bì guǒ　信:讲信用。果:果断。说话一定要讲信用,做事一定要果断。《论语·子路》:"言必信,行必果,硁硁然小人哉!"刘绍棠《村妇》卷一:"金榜心中叫苦,一听大走驴阵阵长鸣,便想及早脱身,说:'子曰:"言必信,行必果。"我是圣人门徒,不会食言自肥。'"也作"言信行果"。梁启超《近世第一大哲康德之学说·发端及其略传》:"正直谨严,言信行果。"

【言必有据】yán bì yǒu jù　只要发表言论,必定有所根据。鲁迅《故事新编·序言》:"对于历史小说,则以为博考文献,言必有据者,纵使有人讥为'教授小说',其实是很难组织之作。"

【言必有中】yán bì yǒu zhòng　中:正好对上。指发表言论总能说到点子上。《论语·先进》:"子曰:'夫人不言,言必有中。'"《周书·武帝纪上》:"世宗每叹曰:'夫人不言,言必有中。'"《资治通鉴·魏文帝黄初六年》:"吴王尝叹曰:'顾君不言,言必有中。'"

【言不达意】yán bù dá yì　宋·程颐《与吕大临论中书》:"窃恐辞命不明,言不逮意,至高明或未深喻,辄露所见,求益左右。"后多作"言不达意",指言语或文章表达不清所想要表达的内容、意思。《明史·广西土司传二》:"以译者言不达意,复为书晓之。"邓一光《我是太阳》四部三:"茹科夫同志,不要这样,她有些零乱地说，请你不要这样，这样不好。她语无伦次，言不达意，整个人感到一种头晕目眩的虚脱。"

【言不及义】 yán bù jí yì　义：义理，事理。指谈论的不是正经的事。《论语·卫灵公》："群居终日，言不及义。"《魏书·杨固传》："臣位卑识昧，言不及义，属圣明广访，敢献瞽言。"《二十年目睹之怪现状》一〇四回："两个年轻小子，天天在一起，没有一个老成人在旁边，他两个便无话不谈，真所谓'言不及义'，那里有好事情串出来。"梁实秋《雅舍小品·职业》："至于弈棋，虽曰小道，亦有可观，比饱食终日言不及义要好一些。"刘心武《钟鼓楼·不是结尾》："该讨论要抓紧讨论，不要言不及义、推托扯皮！既然是该办的事就不要等！就不能慢！"

【言不践行】 yán bù jiàn xíng　践：履行，实行。说了的话却不实行。《二十年目睹之怪现状》二〇回："你就是有了别个受主，也应该问我一声，看我这里肯出多少，再卖也不迟呀。此刻害我做了个言不践行的人，我气的就是这一点。"

【言不尽意】 yán bù jìn yì　语言不能把思想内容全部表达出来。《周易·系辞上》："子曰：'书不尽言，言不尽意。'"晋·欧阳建《言尽意论》："有雷同君子问于违众先生曰：'世之论者以为言不尽意。'"后多用于书信结尾，表示想说的话未全部写出来。宋·苏轼《与范元长书》之二："临纸哽塞，言不尽意。"王火《战争和人》（三）卷一："弦月已上，市器盈耳，心情寥落，思念之情犹如潮水，言不尽意，匆匆搁笔。"

【言不由衷】 yán bù yóu zhōng　衷：内心。《宋史·何铸传》："士大夫心术不正，徇虚以掠名，托名以规利，言不由中，而首尾乡背。"后多作"言不由衷"，指说的话不是真心话。清·龚自珍《对策》："进身之始，言不由衷。"巴金《随想录》一一

二："有时敷衍应酬，言不由衷；有时缺乏冷静，言论偏激。"姚雪垠《李自成》二卷三三章："言不由衷，欺骗皇上，即是不诚不敬。"

【言出法随】 yán chū fǎ suí　言：指法令或命令。法：法律。话一出口，法令随即颁布。指法令一经发布，随即实行。清·林则徐《奉旨前往广东查办海口事件传牌稿》："言出法随，各宜懔遵毋违。"毛泽东《陕甘宁边区政府、第八路军后方留守处布告》："倘有不法之徒，胆敢阴谋捣乱，本府本处言出法随，勿谓言之不预。"

【言传身教】 yán chuán shēn jiào　用语言传授，以行动示范。指用言行起模范作用。刘心武《钟鼓楼》一章："路喜纯发现，菜谱上所写的那些，常有含混乃至谬误之处，何师傅的言传身教，比任何精印的菜谱都要有价值。"陈忠实《白鹿原》一三章："言传身教不可偏废，白嘉轩挺着腰杆踩踏轧花机就是最好的身教。"

【言而无信】 yán ér wú xìn　《穀梁传·僖公二十二年》："言之所以为言者，信也。言而不信，何以为言。"后用"言而无信"指说话不讲信用。元·关汉卿《调风月》一折："交人道眼里有珍，你可休言而无信。"《西游记》六一回："老孙若不与你，恐人说我言而无信。你将扇子回山，再休生事。"梁实秋《雅舍小品·洋罪》："一定要仿西人所为，在四月一日这一天把说谎普遍化合理化，而同时在其余的三百六十多天又并不仿西人所为，仍然随时随地地言而无信互相欺诈，我终觉得大可不必。"刘绍棠《村妇》卷一："申二毛子一见驴已成材，便言而无信，翻脸变了卦，三七变二八。"

【言而有信】 yán ér yǒu xìn　说话讲信用。《论语·学而》："与朋友交，言而有信。"元·李好古《张生煮海》一折："只要小娘子言而有信，俺小生是一个志诚老

实的。"李国文《冬天里的春天》三章：
"'我一生不对朋友食言,大丈夫应当言
而有信。''那你不该背着我们搞鬼!'"王
火《战争和人》(二)卷八:"据传他常对人
说:'一个人说话要言而有信,答应了的
事一定要办到,不然不如不答应!'"

【言归于好】yán guī yú hǎo 指闹过
矛盾后,彼此重新和好。《左传·僖公九
年》:"凡我同盟之人,既盟之后,言归于
好。"《东周列国志》五回:"奉教撤兵,言
归于好。"老舍《四世同堂》三○:"他后悔
没早几天下手,把瑞丰送到监牢里去!
现在,他只好和瑞丰言归于好,瑞丰已是
科长!"严文井《风雨·漏》:"书记同太太
不得不言归于好,合力搬出他们所有的
可以容纳一点水的器皿来接漏,每一股
水泉下等着一件盆、罐之类的东西。"

【言归正传】yán guī zhèng zhuàn 把
话说回到正题上来。原为评话、旧小说
中的套语。《儿女英雄传》五回:"如今说
书的把这话交代清楚,不再絮烦,言归正
传。"《官场现形记》一一回:"和尚一看不
对头,赶紧言归正传,预备说完了好告
辞。"张恨水《啼笑因缘续集》四回:"你自
己有一篇文章要做,这个反面的起法,起
得不对,话越说越远了,你还是言归正传
吧。"周而复《上海的早晨》四部五七:
"好! 遵命不讲,闲话少叙,言归正传。
我们谈正经事体吧。"

【言过其实】yán guò qí shí 原指言语
虚夸,与实际才干不符。《三国志·蜀书·
马良传》:"先主临薨,谓亮曰:'马谡言过
其实,不可大用,君其察之。'"后多指言
语与实际不符,过于夸大。《老残游记二
集》二回:"怎么外官这们利害,咱们在京
里看御史们的折子,总觉言过其实,若像
这样,还有天日吗?"钱钟书《围城》三:
"鸿渐忙言过其实地担保,他怎样把友谊
看得重。这样谈着,苏小姐告诉他,她父
亲已随政府入蜀,她哥哥也到香港做事,

上海家里只剩她母亲、嫂子和她,她自己
也想到内地去。"路遥《早晨从中午开始》
三○:"虽然文学圈子并非全都如此,但也
不是言过其实。这些地方虽听不见枪炮
之声,且有许多'看不见的战线'。"

【言和意顺】yán hé yì shùn 言语投
合,心意顺畅。形容相处十分和睦。《红
楼梦》五回:"便是宝玉和黛玉二人之亲
密友爱处,亦自较别个不同,日则同行同
坐,夜则同息同止,真是言和意顺,略无
参商。"

【言简意赅】yán jiǎn yì gāi 赅:完
备。言语或文字不多,而意思却很完备。
形容讲话或写文章简明扼要。清·华伟
生《开国奇冤·被擒》:"言简意赅,洵不愧
为老研轮手。'率领外来死党'一语,尤
为扼要。"刘心武《栖凤楼》三八:"她送走
了那男人,发现了吉虹,迎上来;大约是
从吉虹脸上的表情读出了一个问题,便
笑吟吟地,言简意赅地对吉虹申明:'不
是他!'"陈忠实《白鹿原》六章:"张总督
的信慷慨陈词,婉约动人,言简意赅地阐
释了反正举事的原义。"

【言近旨远】yán jìn zhǐ yuǎn 旨:意
旨。《孟子·尽心下》:"言近而指远者,善
言也。"指:同"旨"。后用"言近旨远"指
话语浅显通俗,而含义却很深刻。《镜花
缘》一八回:"其书阐发孔孟大旨,殚尽心
力,折衷旧解,言近旨远,文简义明,一经
诵习,圣贤之道莫不灿然在目。"

【言来语去】yán lái yǔ qù 指相互交
谈。《水浒传》二一回:"那婆娘留住吃
茶,言来语去,成了此事。"《二刻拍案惊
奇》卷七:"两人饮酒中间,言来语去,眉
目送情。"《官场现形记》一八回:"二人言
来语去,过道台便将刘中丞的话一一转
达。"

【言清行浊】yán qīng xíng zhuó 指人
言论高洁而行为卑鄙。唐·李虚中《命
书》中:"言清行浊,执不通变。"《水浒传》

一九回:"林冲道:'这是笑里藏刀,言清行浊的人!我其实今日放他不过!'"明·李贽《焚书·书答·失言三首》:"余观世人恒无真志,要不过落在委靡浑浊之中,是故口是心非,言清行浊。"

【言人人殊】 yán rén rén shū　每个人的话都不相同。指每个人都有不同的观点。《史记·曹相国世家》:"参尽召长老诸生,问所以安集百姓,如齐故诸儒以百数,言人人殊,参未知所定。"《宋史·李公麟传》:"绍圣末,朝廷得玉玺,下礼官诸儒议,言人人殊。"郁达夫《龙门山路》:"而圣帝的名姓,和在世时的籍贯时代,却言人人殊,终于没有一个定论。"

【言三语四】 yán sān yǔ sì　指乱加评论。元·武汉臣《玉壶春》三折:"欲待要去呵,又惹的人言三语四。"《醒世恒言》卷七:"今后不须言三语四。若果有人才出众的,便与他see见我也。合得我意,一言两决,可不快当!"《官场现形记》五二回:"因为外面很有些不相干的人,言三语四,不说小佺回来想家当,便说小佺这个官是假的,所以小佺今天特地拿出这札子来,彼此明明心迹。"

【言谈举止】 yán tán jǔ zhǐ　言谈:说话。举止:举动、行动。指人的言语和行动。老舍《四世同堂》七二:"结果是:在相貌,言谈举止,嗜好,志愿,心理,各项中,晓荷的平均分数是九十八。"李国文《春游》:"叫他老总,怕和他工作作风、方式方法、言谈举止有些什么关联。"陈国凯《难得糊涂》二:"我心里纳闷:堂堂一个工程师,怎么这么言谈举止呢?也许他跟工人混惯了,没了知识分子的斯文气。"

【言听计从】 yán tīng jì cóng　任何意见都听从照办。形容对某个人十分信任、依从。《魏书·崔浩传论》:"属太宗为政之秋,值世祖经营之日,言听计从,宁廓区夏。"《官场现形记》一一回:"他在刘中丞手里当差,却也非止一日,一向是言听计从,院上这些老爷们,没有一个盖过他的,真正是天字第一号的红人。"钱钟书《围城》七:"鸿渐的猜疑像燕子掠过水,没有停留。孙小姐不但向他求计,并且对他言听计从,这使他够满意了,心里容不下猜疑。"

【言外有音】 yán wài yǒu yīn　言语里有未明确表示,但别人能够体会出来的意思。王火《战争和人》(一)卷八:"张洪池吸着烟,言外有音地说:'谁知道呢?要人们总是带点神秘色彩的,香港又是个神秘的地方。谁知他来干什么?'"

【言外之意】 yán wài zhī yì　宋·欧阳修《六一诗话》:"圣俞常语予曰:'诗家……必能状难写之景,如在目前,含不尽之意,见于言外,然后为至矣。'"后用"言外之意"指没有明确表示,但别人能够体会出来的意思。宋·叶梦得《石林诗话》卷下:"七言难于气象雄浑、句中有力,而纤徐不失言外之意。"钱钟书《围城》三:"那时候不该碰苏小姐的手,应该假装不懂她言外之意的。"姚雪垠《李自成》三卷一九章:"傅宗龙听出他的言外之意,叹口气说:'并非学生不肯持重。'"

【言为心声】 yán wéi xīn shēng　言:言语。心声:内心的声音。汉·扬雄《法言·问神》:"故言,心声也;书,心画也。声画形,君子小人见矣。"后用"言为心声"指言语是内心情感和思想的表达。《官场现形记》五九回:"一面说,一面又拿他做的诗,颠来倒去,看了两三遍,拍案道:"言为心声",这句话是一点不差的。'"王火《战争和人》(三)卷七:"家霆在大会上看爸爸演讲还是第一次,看到爸爸的语气高昂,态度从容,言为心声,句句在理。"

【言笑自如】 yán xiào zì rú　见"言笑自若"。

【言笑自若】 yán xiào zì ruò　自若:与

往常一样。言谈举止与往常一样。形容面临困境时态度仍然十分镇定。《三国志·蜀书·关羽传》:"时羽适请诸将饮食相对,臂血流离,盈于盘器,而羽割炙引酒,言笑自若。"《三国演义》三八回:"祭毕,即除去孝服,沐浴薰香、浓妆艳裹,言笑自若。"也作"言笑自如"。《初刻拍案惊奇》卷四:"试一俯胸,神魂飞荡,毛发森竖,满身生起寒粟子来。十一娘言笑自如。"

【言信行果】 yán xìn xíng guǒ 见"言必信,行必果"。

【言行一致】 yán xíng yī zhì 言语与行动相符,表里如一。宋·文天祥《西涧书院释菜讲义》:"凡所言自相掣肘,矛盾者多矣! 力行七年而后成,然则元城造成一个言行一致,表里相应,盖自五年从游之久,七年持养之熟。"老舍《骆驼祥子》七:"虽然无补于社会,可是至少也愿言行一致,不落个假冒为善。"陈忠实《白鹿原》三二章:"白孝文插言解释说:'姑父从来是言行一致的,没有人这样看。'"

【言扬行举】 yán yáng xíng jǔ 扬:传扬。举:荐举。《礼记·文王世子》:"凡语于郊者,必取贤敛才焉:或以德进,或以事举,或以言扬。"后用"言扬行举"指因言论、品德出众而受推荐做官。《儒林外史》一三回:"就如孔子生在春秋时候,那时用言扬行举做官。"

【言犹在耳】 yán yóu zài ěr 话语还在耳边回响。形容别人的话刚说过不久,或者对别人的话记得很清楚。《左传·文公七年》:"今君虽终,言犹在耳。"《三国志·蜀书·诸葛亮传》:"至今梁、益之民,咨过亮者,言犹在耳。"《野叟曝言》一七回:"言犹在耳,骨尚未寒,而弃先人之命几如土芥,是不孝之罪上通于天矣!"

【言有未尽】 yán yǒu wèi jìn 想说的话未都说出来。周而复《上海的早晨》四部三六:"徐义德不以为然,他说:'大道

理都谈了,恐怕将来接触到实际,具体问题还会很多。'潘信诚见徐义德言有未尽,暗中给他支持:'步老的传达报告,的确震动了工商界。'"王火《战争和人》(一)卷四:"朱大同言有未尽地点头,忙笑着说:'对对对,秘书长是该休息休息了。'"

【言者无罪,闻者足戒】 yán zhě wú zuì, wén zhě zú jiè 《诗经·大序》:"上以风化下,下以风刺上,主文而谲谏,言之者无罪,闻之者足以戒。"后用"言者无罪,闻者足戒"指不论提的意见正确与否,提意见的人都没有过错;不论有没有对方所指出的错误,被批评的人都应该以所听到的意见使自己警惕。唐·白居易《与元九书》:"言者无罪,闻者足戒。言者闻者,莫不两尽其心焉。"魏巍《地球的红飘带》一二:"这时,毛泽东欠欠身子,笑着说:'言者无罪,闻者足戒嘛! 我看还是让同志们把话说完的好。'"

【言之不预】 yán zhī bù yù 预:预先、事先。没有事先通知、提醒。常与"勿谓""莫谓"等词语连用。巴金《寒夜》二八:"否则同人当以非常手段对付,勿谓言之不预。"王火《战争和人》(二)卷四:"如再发现有不规行为,决不再作任何警告与通知,即派员执行死刑,以昭炯戒! 特此警告,莫谓言之不预也!"

【言之成理】 yán zhī chéng lǐ 指言论、文章讲得有道理。《荀子·非十二子》:"然而其持之有故,其言之成理,足以欺惑愚众。是它嚣、魏牟也。"清·方苞《论九卿会议事宜》:"盖凡物之理偏举其一端,皆可以言之成理而不见其罅漏。"李劼人《大波》一部一章:"因为我在日本才住了几个月,连帽辫子都没剪过,当然不懂日本语文。所凭的仅只薄薄一本翻译东西,得亏在日本看了些,凑合起来,居然言之成理。"也作"言之有理"。《说岳全传》一五回:"兀术道:'陆登一人出

马,必有埋伏;况他大炮打来,还赶他做甚?'军师道:'太子言之有理。'"贾平凹《腊月·正月》六:"大贝的道理滴水不漏,韩玄子看过信后,也觉得言之有理。"

【言之过甚】 yán zhī guò shèn　话说得太过分。茅盾《蚀·追求》四:"自然外边人是言之过甚。但是,空穴来风,仲翁,你也是太登多了。以后总得注意。"钱钟书《围城》四:"遯翁怫然曰:'你这态度就不对,我看你愈变愈野蛮无礼了。就算她言之过甚,也是她做长辈的一片好意,你们这些年轻人——'方遯翁话里留下空白,表示世间无字能形容那些可恶无礼的年轻人。"

【言之无物】 yán zhī wú wù　指言论、文章空洞,没有实际内容。梁启超《书籍跋·刘蜕集》:"言之无物,务尖险;晚唐之极敝也。"杜鹏程《回忆雪峰同志》:"文艺评论的任务之一,就是要指出形象显出来而作家本人尚未意识到的东西。那些言之无物的文章,面目可憎,常常引起我的愤慨。"

【言之有理】 yán zhī yǒu lǐ　见"言之成理"。

【言之有物】 yán zhī yǒu wù　物:指实在内容。《周易·家人》:"君子以言有物,而行有恒。"后用"言之有物"指言论、文章不空洞,有实际内容。《孽海花》二〇回:"惟首两句笼罩全篇,末句总结大意,不必言之有物。"王火《战争和人》(三)卷六:"我们从报道、通讯特写到评论,都可以有,形式不拘。反正要办得言之有物,新鲜些,多样化,丰富多彩,有特色,使人爱读。"

【言之凿凿】 yán zhī záo záo　凿凿(旧读 zuòzuò):确实。指话说得很确实。清·纪昀《阅微草堂笔记·滦阳消夏录四》:"宋儒据理谈天,自谓穷造化阴阳之本;于日月五星,言之凿凿,如指诸掌。"李国文《冬天里的春天》三章:"他知道,

只有讲真话,才能挽救自己,而且言之凿凿地向所有在场群众宣布,除了十二箱科技资料,绝无其他。"

【炎凉世态】 yán liáng shì tài　见"世态炎凉"。

【沿波讨源】 yán bō tǎo yuán　波:水流。源:源头。循着水流,寻找水源。比喻根据线索探求事物的根源。南朝梁·刘勰《文心雕龙·知音》:"夫缀文者情动而辞发,观文者披文以入情,沿波讨源,虽幽必显。"也作"沿流讨源"。清·钱泳《履园丛话·谭诗·总论》:"性灵者,即情也。沿流讨源,要归于正,诗之本教也。"

【沿流讨源】 yán liú tǎo yuán　见"沿波讨源"。

【研精苦思】 yán jīng kǔ sī　见"研精覃思"。

【研精覃思】 yán jīng tán sī　覃:深。精心研究,深入思考。汉·孔安国《尚书序》:"承诏为五十九篇作传,于是遂研精覃思,博考经籍,采摭群言,以立训传。"清·戴名世《〈狄向涛稿〉序》:"夫士之研精覃思,从事于场屋之文以应科举,其得之者,往往登高第,为大官,流俗之人相与艳羡之也。"也作"研精致思"。《后汉书·翟酺传》:"愿陛下ում自劳恤,研精致思,勉求忠贞之士,诛远佞谄之党。"也作"研精苦思"。宋·王令《答刘公著微之书》:"研精苦思,扪隙发罅,以窥求门户。"

【研精致思】 yán jīng zhì sī　见"研精覃思"。

【颜骨柳筋】 yán gǔ liǔ jīn　见"颜筋柳骨"。

【颜筋柳骨】 yán jīn liǔ gǔ　颜、柳:指唐代著名书法家颜真卿、柳公权,他们的字体被称为颜体、柳体。比喻颜、柳的字遒劲有力。也用于称赞别人的书法作品。宋·陆游《唐希雅雪鹊》诗:"我评此画如奇书,颜筋柳骨追欧虞。"也作"颜骨

柳筋"。《二刻拍案惊奇》卷二:"此书颜骨柳筋,无一笔不合法。不可再易,就请写完罢了。"

【奄奄一息】yǎn yǎn yī xī 奄奄:形容气息微弱。指生命垂危。《红楼梦》一〇五回:"贾母奄奄一息的,微开双目说:'我的儿,不想还见得着你!'一声未了,便嚎啕的哭起来。"刘绍棠《村妇》卷二:"杜梨儿的男人被抢到刘家锅伙,血肉模糊,奄奄一息。"也比喻事物近于灭亡。鲁迅《集外集拾遗·诗歌之敌》:"但戏曲尚未萌芽,诗歌却已奄奄一息了。"

【掩恶扬善】yǎn è yáng shàn 见"隐恶扬善"。

【掩耳盗铃】yǎn ěr dào líng 掩:掩盖,遮盖。《吕氏春秋·自知》:"范氏之亡也,百姓有得钟者,欲负而走。则钟大不可负,以椎毁之,钟况然有音。恐人闻之而夺己也,遽揜其耳。"后用"掩耳盗铃"比喻自欺欺人。宋·朱熹《答江德功书》:"成书不出姓名,以避近民之讥,此与掩耳盗铃之见何异?"《二十年目睹之怪现状》八四回:"此刻做官的那一个不是自欺欺人,掩耳盗铃的故智?揭穿了底子,那一个是能见人的?"刘绍棠《村妇》卷一:"睡到五更鸡叫,睁开眼睛刘二皇叔又把张团据背回村口,看他沿着篱墙阴影回家。两人掩耳盗铃,还以为神不知鬼不觉。"也作"掩耳偷铃"。《红楼梦》九回:"那怕再念三十本《诗经》,也都是掩耳偷铃,哄人而已。"

【掩耳偷铃】yǎn ěr tōu líng 见"掩耳盗铃"。

【掩目捕雀】yǎn mù bǔ què 掩:掩盖,遮盖。遮住眼睛捉鸟雀。比喻用不可能做到的办法欺骗自己。《三国志·魏书·陈琳传》:"《易》称'即鹿无虞',谚有'掩目捕雀'。夫微物尚不可欺以得志,况国之大事,其可以诈立乎!"《魏书·出帝纪》:"遂立彝貊轻赋,冀收天下之意,

随以箕敛之重,终纳十倍之征,掩目捕雀,何能过此!"

【掩旗息鼓】yǎn qí xī gǔ 见"偃旗息鼓"。

【掩人耳目】yǎn rén ěr mù 掩:掩盖,遮盖。遮盖别人的耳朵和眼睛。比喻用假象欺骗人,以掩盖事情的真相。《宣和遗事·前集》:"虽欲掩人之耳目,不可得也。"《西游记》一六回:"就是山前山后人家看见,只说是他自不小心,走了火,将我禅堂都烧了。那两个和尚,却不都烧死,又好掩人耳目。"《二十年目睹之怪现状》:"这里叫德泉倒派人上来办,才好掩人耳目。你从上江回来,就可以到镇江去。"鲁迅《而已集·再谈香港》:"即使议价,也须在小小乱七八糟之后,这是所以'掩人耳目'的,犹言如此凌乱,可见已经检查过。"也作"遮人耳目"。《官场现形记》三三回:"就叫自己兄弟二人通信给他,叫他暂时搬出衙门,好遮人耳目。"也作"障人耳目"。古华《芙蓉镇》一章:"什么碎米谷头子?还不是为了障人耳目!"

【掩映生姿】yǎn yìng shēng zī 掩映:彼此遮盖而相互映衬。形容景物在映衬下显得更美。《孽海花》二〇回:"两边碧渠如镜,掩映生姿。"

【眼不见,心不烦】yǎn bù jiàn, xīn bù fán 眼睛没有看见,心里也就没有烦恼。《红楼梦》二九回:"几时我闭了眼,断了这口气,任凭你们两个冤家闹上天去,我'眼不见,心不烦',也就罢了。"梁斌《红旗谱》四二:"咳!我想不教这书了,回家当老百姓,眼不见心不烦。"方之《在泉边》:"我想,还是不说算了吧,不要碰一鼻子灰。不如等到了部队上以后再写封信给她。'眼不见,心不烦',有话好说。"

【眼高手低】yǎn gāo shǒu dī 眼高:眼界高。手低:能力低。自己制定的标

准很高,但实际能力却很低。魏巍《火凤凰》二:"所谓不成器者,是眼高手低,志大才疏,写作不少,而发表不多之谓也。"秦牧《画蛋·练功》:"比较成熟的艺术家,如果不是经常练功,欣赏的水平一天天高了,而表现的技术却没有相应提高,时长日久,就很容易形成'眼高手低'。"

【眼观六路,耳听八方】yǎn guān liù lù, ěr tīng bā fāng　六路:指上、下、前、后、左、右。八方:指东、南、西、北、东南、东北、西南、西北。随时关注周围的情况。形容十分机警。《儿女英雄传》六回:"强盗的本领讲得是眼观六路,耳听八方。"《镜花缘》一六回:"眼观六路,耳听八方,无非小心谨慎之意。"刘绍棠《村妇》卷一:"刘二皇叔护送秋灯下河,自己便在岸边河柳下背脸抱膝而坐,眼观六路耳听八方,活像一只忠于职守的蹲门貂、牧羊犬。"也作"眼观四面,耳听八方"。贾平凹《腊月·正月》八:"枣核女人则站在门口的凳子上,眼观四面,耳听八方,惟恐混乱之中,有人行窃偷盗。"

【眼观四面,耳听八方】yǎn guān sì miàn, ěr tīng bā fāng　见"眼观六路,耳听八方"。

【眼花缭乱】yǎn huā liáo luàn　缭乱:纷乱。因看到繁杂的事物而感到迷乱。元·王实甫《西厢记》一本一折:"似这般可喜娘的庞儿罕曾见。则著人眼花撩乱口难言,魂灵儿飞在半天。""撩"同"缭"。《儒林外史》二〇回:"匡大被他这一番话说得眼花缭乱,浑身都酥了,一总都依他说。"王蒙《青春万岁》三五:"招生委员会发下了登记表,要每人填四个志愿,这是决定终身命运的大事情,大家眼花缭乱,不知选择什么好。"路遥《人生》四章:"县城南关的交易市场热闹得简直叫人眼花缭乱。一大片空场地,挤满了各式各样买卖东西的人。"

【眼疾手快】yǎn jí shǒu kuài　形容人很机警,做事敏捷。《水浒传》四三回:"你好大胆! 那榜上明明写着赏一万贯钱捉宋江,五千贯捉戴宗,三千贯捉李逵,你却如何立在那里看榜? 倘或被眼疾手快的拿了送官,如之奈何?"刘绍棠《村妇》卷二:"许百媚眼疾手快,早已趁机从手提包里扯出一条花头巾,把阴阳头包裹得不露破绽。"也作"眼明手快"。《醒世恒言》卷一五:"此时得了这三钱银子,又见要去买酒肉,便觉眼明手快,身子如虎一般健,走跳如飞。"刘醒龙《异香》七:"打猎的老灰感到全身一阵麻刺刺的,电热杯失手滚落时,被站在身边一直没有吭气的指导员眼明手快抢住了。"

【眼明手快】yǎn míng shǒu kuài　见"眼疾手快"。

【眼中钉】yǎn zhōng dīng　见"眼中钉,肉中刺"。

【眼中钉,肉中刺】yǎn zhōng dīng, ròu zhōng cì　比喻极为痛恨、讨厌的人。钉,也作"疔"。元·无名氏《陈州粜米》一折:"我见了那穷汉,似眼中疔,肉中刺。"《官场现形记》三六回:"我吞了生烟,等我自己死,岂不很好! 何必一定要救我回来,做人家的眼中钉,肉中刺!"李劼人《大波》三部五章:"也就因为这些,他才成为屠致平的眼中钉、肉中刺,只管不舒服,却又拔不掉他。"也单作"眼中钉"。刘绍棠《蒲柳人家》一〇:"阿弥陀佛,抓起他来,那更是拔了我的眼中钉!"

【偃兵息甲】yǎn bīng xī jiǎ　偃:放倒。兵:武器。息:停止。甲:铠甲。放下武器,收起铠甲。指停止战斗。后魏·高允《征士颂》:"于是偃兵息甲,修立文学。"也作"偃武息戈"。《后汉书·公孙述传》:"嚣不及此时推危乘胜,以争天命,而退欲为西伯之事,尊事章句,宾友处士,偃武息戈,卑辞事汉,喟然自以文王复出也。"

【偃旗息鼓】yǎn qí xī gǔ　偃:放倒。

息：停息。放倒旗帜，停止击鼓。指军队为不暴露目标而隐蔽行动或停止作战。《三国志·蜀书·赵云传》南朝宋·裴松之注引《赵云别传》："云入营，更大开门，偃旗息鼓，公军疑云有伏兵，引去。"《旧唐书·裴光庭传》："突厥受诏，则诸蕃君长必相率而来。虽偃旗息鼓，高枕有余矣。"后也比喻事情中止。《二十年目睹之怪现状》九五回："苟才便托了这个人，去代他竭力斡旋，足足忙了二十多天，苟才化了六十万两银子，好钦差，就此偃旗息鼓的去了。"刘玉民《骚动之秋》一六章："凭他的情面和几句话，公安局真的偃旗息鼓了。"也作"掩旗息鼓"。《官场现形记》五三回："他一想，上海也存不得身，而且出门已久，亦很动归家之念，不得已，掩旗息鼓，径回本籍。"

【偃武息戈】 yǎn wǔ xī gē　见"偃兵息甲"。

【偃武修文】 yǎn wǔ xiū wén　停止武备，倡导文教。《尚书·武成》："王来自商，至于丰，乃偃武修文，归马于华山之阳，放牛于桃林之野。"《醒世恒言》卷三："话说大宋自太祖开基，太宗嗣位，历传真、仁、英、神、哲，共是七代帝王，都则偃武修文，民安国泰。"鲁迅《二心集·知难行难》："中国向来的老例，做皇帝做牢靠和做倒霉的时候，总要和文人学士扳一下子相好。做牢靠的时候是'偃武修文'，粉饰粉饰。"也作"修文偃武"。《三国演义》九八回："陛下初登宝位，未可动兵。只宜修文偃武，增设学校，以安民心。"

【艳如桃李】 yàn rú táo lǐ　容颜像成熟的桃李一般。形容相貌十分美丽。《聊斋志异·侠女》："女子得非嫌吾贫乎？为人不言亦不笑，艳如桃李，而冷如霜雪，奇人也。"钱钟书《围城》一："苏小姐理想的自已是：'艳如桃李，冷若冰霜'，让方鸿渐卑逊地仰慕而后屈伏地求爱。"王火《战争和人》(一)卷二："她三十岁，老小姐了！年岁大些，脾气也不太好，可是艳如桃李，确实漂亮。"

【宴安鸩毒】 yàn ān zhèn dú　鸩毒：毒酒。贪图安逸如同饮毒酒。《左传·闵公元年》："诸夏亲昵，不可弃也；宴安酖毒，不可怀也。"酖：同"鸩"。也作"燕安鸩毒"。《元史·张桢传》："凡土木之劳，声色之好，燕安鸩毒之戒，皆宜痛撤勇改。"

【宴尔新婚】 yàn ěr xīn hūn　见"燕尔新婚"。

【雁过拔毛】 yàn guò bá máo　原指武艺很高。《儿女英雄传》三一回："他既没那'雁过拔毛'的本事，就该悄悄儿走，怎么好好儿的把人家拆了个稀烂。"后比喻在经办事情时顺便得一些好处。刘绍棠《花街》六："河防局的大小官员出巡，路过连阴天的河卡，乘船的下船，骑马的下马，坐轿的下轿，个个要过狗尾巴花这道关，没有一个不被雁过拔毛。"叶文玲《浪漫的黄昏》三："我笑笑，故意道：'当然，当然出名，江州人雁过拔毛，欺侮外地客出名，江州人把船票一古脑儿捏在手里，然后高价倒卖，害得外地客人……'"

【燕安鸩毒】 yàn ān zhèn dú　见"宴安鸩毒"。

【燕俦莺侣】 yàn chóu yīng lǚ　见"燕侣莺俦"。

【燕尔新婚】 yàn ěr xīn hūn　《诗经·邶风·谷风》："宴尔新昏，如兄如弟。"原诗意为弃妇诉说丈夫喜新厌旧。后反其意形容新婚的欢愉。多用作贺词。元·关汉卿《裴度还带》四折："状元下马就亲，洞房花烛，燕尔新婚。"《封神榜》一八〇回："新娶妻房才两月，燕尔新婚割舍难。"《红楼梦》六九回："真是一对烈火干柴，如胶投漆，燕尔新婚，连日那里拆的开。"也作"宴尔新婚"。《儒林外史》二〇回："自此，珠围翠绕，宴尔新婚，享了几个月的天福。"也作"新婚燕尔"。元·王实甫《西厢记》二本二折:"聘财断不争、婚姻自有成,新婚燕尔安排定。"《儒林外史》一一回:"他因新婚燕尔,正贪欢笑,还理论不到这事上。"

【燕侣莺俦】yàn lǚ yīng chóu　侣、俦:伴侣。形容男女欢爱,感情和谐。元·关汉卿《绯衣梦》二折:"你则为鸾交凤友,燕侣莺俦。"明·陈汝元《金莲记·弹丝》:"我梦巫柳蒲之质,何日成燕侣莺俦。"也作"燕俦莺侣"。元·胡祗遹《点绛唇·赠妓》词:"黄梅雨,燕俦莺侣,那解芳心苦。"也作"莺俦燕侣"。元·关汉卿《鲁斋郎》三折:"你自有莺俦燕侣,我从今万事不关心。"

【燕雀处屋】yàn què chǔ wū　燕雀:家燕。比喻处于危险的境地而自以为安全。《孔丛子·论势》:"燕雀处屋,子母相哺,煦煦焉其相乐也,自以为安矣;灶突炎上,栋宇将焚,燕雀颜色不变,不知祸之将及己也。"

【燕舞莺啼】yàn wǔ yīng tí　见"莺歌燕舞"。

【泱泱大国】yāng yāng dà guó　泱泱:气魄宏大。指气魄宏大的国家。韬奋《萍踪忆语·弁言》:"世界上有三个泱泱大国:一个是美国,一个是苏联,一个是中国。"陈忠实《白鹿原》二九章:"这里宁静安谧的田园景致与整个即将沦陷的中国是如此不协调,他怨愤以至蔑视中国的军人,无法理解如此泱泱大国如此庞大的军队怎么就打不过一个弹丸之地的倭寇?"

【扬镳分路】yáng biāo fēn lù　见"分道扬镳"。

【扬长避短】yáng cháng bì duǎn　发挥自己的优势,避开自己的短处。夏衍《应该重视电视这一传播工具》:"我们应该扬长避短,发扬富于群众性的优点,避掉政治、艺术上还存在的缺点。"

【扬长而去】yáng cháng ér qù　大模大样地离开。《封神榜》一一二回:"飞虎眼望着钦差告辞翻身上马扬长而去,这才回身进了银安大殿,归位坐下。"《官场现形记》三四回:"巡捕喝问何人。阿巧便说是王老爷自己公馆的人。巡捕不便阻拦,任其扬长而去。"鲁迅《而已集·再谈香港》:"他仍然继续工作,挖开封口,将盖着的一片木板摔在地板上,碎为两片,然后取出一个饼,捏了一捏,掷入坛中,这才也扬长而去了。"刘绍棠《绿杨堤》四:"灯光下的水芹手一颤,针扎了手,恨恨地瞪了叫天子一眼,叫天子早已扬长而去。"

【扬眉吐气】yáng méi tǔ qì　形容摆脱压抑心情后的舒畅神情。唐·李白《与韩荆州书》:"君侯何惜阶前盈尺之地,不使白扬眉吐气、激昂青云耶?"《红楼梦》七五回:"想来咱们这样人家,原不比那起寒酸,定要雪窗荧火,一日蟾宫折桂,方得扬眉吐气。"邓友梅《那五》九:"那五感到自己又回到了家族声势赫赫的时代。扬眉吐气,得意之态不由自主,尽形于色。"也作"吐气扬眉"。元·汤式《赠人》:"借尺地寸阶,进一言半策,那时节吐气扬眉拜手来。"

【扬名显亲】yáng míng xiǎn qīn　使自己的名声传播开,为父母增光。唐·白居易《赠王庭凑三代制》:"奋发而励节许国,感激而扬名显亲。"《说岳全传》四八回:"因我玄孙再兴在此落草,特来奉托元帅,恳乞收在部下立功,得以扬名显亲,不胜感激!"巴金《巴金选集·后记》:"自小就跟着私塾先生学一套立身行道,扬名显亲的封建大道理。"

【扬汤止沸】yáng tāng zhǐ fèi　把开水从锅中舀出来、再倒回去,以阻止锅中的水沸腾。汉·枚乘《上书谏吴王》:"欲汤之沧,一人炊之,百人扬之,无益也。"

不如绝薪止火而已。"后用"扬汤止沸"比喻不能解决根本问题的做法。《三国志·魏书·董卓传》南朝宋·裴松之注引《典略》:"臣闻扬汤止沸,不如灭火去薪,溃痈虽痛,胜于养肉,及溺呼船,悔之无及。"宋·陆九渊《与赵然道》:"立言制行之间,抱薪救火,扬汤止沸者多矣。"李国文《冬天里的春天》三章:"有时候,扬汤止沸莫如釜底抽薪,猛乍一看,手段有点粗暴简单,可对神魂颠倒、飘飘然不知所以的人,倒是一帖清凉剂。"

【扬威耀武】 yáng wēi yào wǔ 见"耀武扬威"。

【扬扬得意】 yáng yáng dé yì 形容十分得意的样子。《醒世恒言》卷二〇:"分开众人,上前先看一看,那赵昂在席上扬扬得意,戏子扮演的却是王十朋《荆钗记》。"《二十年目睹之怪现状》八三回:"于是众客一齐站起来,又是一番足恭道喜;一个个嘴里都说道:'这才是双喜临门呢!'总镇也自扬扬得意。"欧阳山《三家巷》四五:"从陈文英的眼里看来,他是满面春风,扬扬得意,正好比圣经里面那回头的浪子。"也作"洋洋得意"。《初刻拍案惊奇》卷三三:"那女婿殡葬丈人已毕,道是家缘尽是他的,夫妻两口,洋洋得意,自不消说。"周而复《上海的早晨》二部二九:"说到这里,他眉飞色舞,洋洋得意,俨然就是上海工商界的领导人物。"

【扬扬自得】 yáng yáng zì dé 见"洋洋自得"。

【羊肠鸟道】 yáng cháng niǎo dào 形容极险的山路。《五灯会元·仗锡修己禅师》:"后至四明山心,独居十余载,虎豹为邻,尝曰:'羊肠鸟道无人道,寂寞云中一个人。'尔后,道俗闻风而至,遂成禅林。"

【羊肠小道】 yáng cháng xiǎo dào 形容狭窄而弯曲的小路。《老残游记》八

回:"这路虽非羊肠小道,然忽而上高,忽而下低,石头路径,冰雪一冻,异常的滑,自饭后一点钟起身,走到四点钟,还没有十里地。"蒋子龙《阴错阳差》三:"大家都抢着通过一条羊肠小道,但没有人争吵,人们都挺和气,脸上笑嘻嘻的。"王安忆《鸠雀一战》:"反正,有了房子,怎么走都有路,哪条路都走得通;没了房子,便只剩了一条越走越窄的羊肠小道。"也作"羊肠小路"。巴金《春》二:"竹林中有一条羊肠小路,月光从上面直射下来。天空现在是一碧无际,那些鱼鳞似的云片也不知消散到何处去了。"

【羊肠小路】 yáng cháng xiǎo lù 见"羊肠小道"。

【羊落虎口】 yáng luò hǔ kǒu 比喻落入险境。元·朱凯《昊天塔》一折:"俺家姓杨,被番兵陷在虎口交牙峪里。这个叫做羊落虎口,正犯了兵家所忌。"也作"羊入虎口"。刘绍棠《村妇》卷一:"这口刀是个忠臣,比得上赵子龙长坂坡保主,不许你害得它的主母羊入虎口。"

【羊入虎口】 yáng rù hǔ kǒu 见"羊落虎口"。

【羊质虎皮】 yáng zhì hǔ pí 质:本质。羊虽然披上虎皮,但仍然懦弱。比喻空有其表。汉·扬雄《法言·吾子》:"羊质而虎皮,见草而悦,见豺而战,忘其皮之虎矣。"《三国演义》三二回:"羊质虎皮功不就,凤毛鸡胆事难成。"也作"虎皮羊质"。宋·徐铉《马谏公年七十六行状》:"貂冠蝉冕,虎皮羊质。"

【阳春白雪】 yáng chūn bái xuě 原为战国时楚国的深奥高雅的歌曲。后泛指高雅、不通俗的文学艺术。战国楚·宋玉《对楚王问》:"其为《阳春》、《白雪》,国中属而和者不过数十人。"《西游记》六四回:"长老听了,赞叹不已道:'真是阳春白雪,浩气冲霄! 弟子不才,敢再起两句。'"毛泽东《在延安文艺座谈会上的讲

话》:"现在是'阳春白雪'和'下里巴人'统一的问题,是提高和普及统一的问题。"

【阳奉阴违】yáng fèng yīn wéi　表面上服从,暗里却不服从。《官场现形记》四七回:"亦曾当面劝过他,无如卜知府阳奉阴违,也就奈何他不得。"茅盾《腐蚀·十二月十日》:"不是派你去侦察一男一女么? 现在你的罪状就是阳奉阴违。"邓一光《我是太阳》五部一:"但这个人阳奉阴违,他当面不抽,躲到背后抽,而且变本加厉。"

【阳关大道】yáng guān dà dào　原指古代经阳关通向西域的大路。后泛指宽阔的大路。也比喻有前途的道路。元·关汉卿《哭存孝》四折:"存孝也,则你这一灵儿休恋了阳关大道。"刘绍棠《二度梅》一:"阳关大道,要是一直走下去有多好呵!"王火《战争和人》(二)卷四:"说实话,我押宝是押在东洋人身上了! 像我们那个宝贝妹夫呀,放着阳关大道他不走,放着升官发财的好机会他不闯!"

【杨花水性】yáng huā shuǐ xìng　见"水性杨花"。

【洋洋大观】yáng yáng dà guān　形容事物丰富多彩。《水浒后传》三九回:"登眺海山,洋洋大观,一望千里。"欧阳山《三家巷》二五:"到的客人之中,有何应元的朋友和同僚,有何守仁的同学和同事,有陈万利和陈文雄的同业,也有陈文娣的同行,再加上何、陈两府的亲戚世交,简直是古语所谓冠盖云集,洋洋大观。"叶文玲《孤独的风筝》:"也许是我孤陋寡闻,反正在当时已是洋洋大观的刊物林中,我没见过比它更辉煌的。"

【洋洋得意】yáng yáng dé yì　见"扬扬得意"。

【洋洋洒洒】yáng yáng sǎ sǎ　洋洋:众多。洒洒:连续不断。《韩非子·难言》:"所以难言者,言顺比滑泽,洋洋纚纚然,则见以为华而不实。纚纚:有次序的样子。后以"洋洋洒洒"形容文章、讲话内容丰富,连续不断。《官场现形记》七回:"他看到这个题目,急忙查出原文来一看,洋洋洒洒,足有五千多字,一起一结,当中现现成成有十二条条陈。"巴金《春》二四:"觉新接过文章,看题目是:《礼不下庶人刑不上大夫论》,不觉皱起眉头来。国光在这个题目下面,洋洋洒洒地写了三四千字。"后也泛指其他事物连续不断。李国文《冬天里的春天》四章:"她已经走出好远,湖面上是洋洋洒洒的冷风斜雨,水鸟的影子都瞅不见,于二龙踌躇了。"叶文玲《嵩山古柏》:"这则传说倍添古柏品性气节的趣话,幸存的'大将军'与'二将军'则穿透历史的风烟,洋洋洒洒地活了一千四百年。"

【洋洋自得】yáng yáng zì dé　洋洋:得意的样子。形容十分得意。韦君宜《八年行脚录》:"余问:'以我们走得快乎?'康曰:'不止为走得快。以少年女子,一开口即找队伍,老汉焉得不惊诧?'当时心境,颇洋洋自得。"陈忠实《白鹿原》九章:"长工头儿李相洋洋自得地笑起来,装得一本正经地说:'不说了不说了,把鹿相教瞎了咋办? 鹿相娃娃还没见过啥哩。'"叶文玲《银朵》三:"'要我看,这农业部长也难当哇!'说着,他洋洋自得地往棉包上一倒,旁若无人地哼唱起来。"也作"扬扬自得"。《官场现形记》五四回:"这教民本来是个不安分的,所以教士并不来保护他。梅飓仁因此扬扬自得,便上了一个禀帖,以显他的能耐。"欧阳山《三家巷》五六:"郭标吹着口哨,扬扬自得地打他们面前走过。"

【仰不愧天】yǎng bù kuì tiān　指为人处事正派,问心无愧。《孟子·尽心上》:"仰不愧于天,俯不怍于人,二乐也。"唐·韩愈《与孟尚书书》:"仰不愧天,俯不愧人。"王火《战争和人》(一)卷二:"只要苦心经营,即使离开宦途,归隐湖滨,也早有了经济基础,不愁无处落脚,更不愁寄人篱下,可以仰不愧于天,俯不怍于人了。"

【仰承鼻息】 yǎng chéng bí xī　见"仰人鼻息"。

【仰人鼻息】 yǎng rén bí xī　鼻息:呼吸的气息。《后汉书·袁绍传》:"袁绍孤客穷军,仰我鼻息,譬如婴儿在股掌之上,绝其哺乳,立可饿杀!"后用"仰人鼻息"比喻依赖别人,看别人的脸色办事。清·吴炽昌《客窗闲话续集·某宫保》:"寒苦,我命也,不能仰人鼻息。"周而复《上海的早晨》三部四八:"他不甘心俯首帖耳地仰人鼻息,可是目前处在这狼狈的境地,又不得不依仗冯永祥的大力。"王火《战争和人》(三)卷四:"战争乱世中,外古今英雄都要善于利用,你我何必做庸人老是要仰人鼻息呢?"也作"仰承鼻息"。《官场现形记》四八回:"回省之后,不特通省印委人员仰承鼻息,就是抚台,因为从前历次承过他的情,不免诸事都请教他,有时还让他三分。"

【仰首伸眉】 yǎng shǒu shēn méi　形容精神振奋的样子。汉·司马迁《报任少卿书》:"乃欲仰首伸眉,论列是非,不亦轻朝廷羞当世之士邪!"《梁书·张瓒传》:"可以仰首伸眉,论列是非者矣。"

【养兵千日,用兵一时】 yǎng bīng qiān rì, yòng bīng yī shí　长期供养军队,为的是一时之间的作战需要。也指长期的准备为的是一时的需要。兵,也作"军";用兵,用军,也作"用在";时,也作"朝"。《水浒传》六一回:"卢俊义听了大怒道:'养兵千日,用在一朝。我要你跟我去走一遭,你便有许多推故。'"《三国演义》一〇〇回:"懿叱之曰:'朝廷养军千日,汝安敢出怨言,以慢军心!'"《西游记》三六回:"老和尚道:'养

军千日,用军一朝。'你怎么不出去?"孙犁《白洋淀纪事·光荣》:"养兵千日,用兵一时;大敌压境,你们不说打仗,反倒逃跑。"李佩甫《豌豆偷树》:"同学们正加紧复习,每天晚上提着油灯来学校夜读。我也搬到学校来住了,一天只能睡四五个钟头,很乏。俗话说,养兵千日,用兵一时,得撑住。"李国文《冬天里的春天》三章:"有的说应该动家伙,养兵千日,用在一时;有的说可千万别开火,你有枪,难保于二龙会空着手?"

【养虺成蛇】 yǎng huǐ chéng shé　虺:小蛇。《国语·吴语》:"为虺弗摧,为蛇将若何?"后用"养虺成蛇"比喻纵容坏人坏事,将产生后患。《北史·高道穆传》:"今若还师,令颢重完守具,可谓养虺成蛇,悔无及矣。"

【养家糊口】 yǎng jiā hú kǒu　勉强维持全家人的生活,使不饥饿。糊,也作"餬"。刘绍棠《黄花闺女池塘》二:"打鼓儿的虽发不了财,但是有眼力而又走时运,碰上几宗万货,也能赚不少钱,养家糊口不犯愁。"张洁《红蘑菇》:"她又觉得养家糊口是她义不容辞的责任。"浩然《乐土》四七章:"他爸爸就是个会摔跤的,还靠它摔跤挣钱,养家糊口。"

【养家活口】 yǎng jiā huó kǒu　维持全家人的生活。《红楼梦》九九回:"那些书吏衙役都是花了钱买着粮道的衙门,那个不想发财? 俱要养家活口。"周而复《上海的早晨》四部四一:"辗转托人,总算在一家中等药厂里找到了一个工作,当总务,虽说事体杂一点,但每月有了收入,可以养家活口了。"汪曾祺《岁寒三友》:"这两种东西,本来是炮仗店附带做做的,靠它赚钱吃饭、养家活口,怎么行呢?"

【养精蓄锐】 yǎng jīng xù ruì　养足精神,积蓄力量。《三国演义》三四回:"大军方北征而回,未可复动。且待半年,养

精蓄锐,刘表、孙权可一鼓而下也。"姚雪垠《李自成》二卷二九章:"蓟辽总督洪承畴出关以后,连来急奏,说满洲方面正在养精蓄锐,准备再次入寇。"张洁《红蘑菇》:"第二天她还要排戏,她必须养精蓄锐,应付每一个她从来就是力不从心的角色。"

【养痈贻患】 yǎng yōng yí huàn 见"养痈遗患"。

【养痈遗患】 yǎng yōng yí huàn 患了毒疮而不治疗,会造成祸患。比喻姑息坏人,会受到祸害。《野叟曝言》一二〇回:"议抚者不特养痈遗患,彼亦必不受;议剿者议发京军三万,云贵川广兵十二万,胜负未可知。"也作"养痈贻患"。《官场现形记》一四回:"斩草不除根,来春又发芽。兄弟此来,决计不能够养痈贻患,定要去绝根株。"王火《战争和人》(二)卷八:"总之,这件事我就拜托你了。我们不能养痈贻患!"

【养尊处优】 yǎng zūn chǔ yōu 指生活环境优裕,地位尊贵。宋·苏洵《上韩枢密书》:"天子者,养尊而处优,树恩而收名,与天下为喜乐者也。"《镜花缘》九九回:"众弟兄在此含死忘生,不辞劳苦,原是为着我家之事。今我反在营中养尊处优,置身局外,不独难以对人,心中又何能安!"《二十年目睹之怪现状》五七回:"从此恽来便住在咸水妹处,一连几个月,居然养尊处优的,养得他又白又胖起来。"姚雪垠《李自成》三卷一九章:"他一辈子养尊处优,何曾有过不穿鞋子走路的时候?现在两只脚都磨出了血,疼痛难忍,走路更加艰难。"

【怏怏不乐】 yàng yàng bù lè 怏怏:形容不满意的神态。宋·司马光《应诏论体要》:"其当职之人,已怏怏不悦,不肯同心以助其谋,协力以成其事。"后多作"怏怏不乐",形容因不满意而不高兴。《水浒传》七回:"且说这高衙内引了一班

儿闲汉,自见了林冲娘子,又被他冲散了,心中好生着迷,怏怏不乐,回到府中纳闷。"《东周列国志》八三回:"文种看罢,欲召送书之人,已不知何往矣。种怏怏不乐,然犹未深信其言,叹曰:'少伯何虑之过乎?'"王愿坚《虹》五:"孩子们散开了。廖文牵着牛怏怏不乐地走开。"周克芹《来来》:"成娃陷入了失恋的怅惘之中,成天无精打采,怏怏不乐。"

【吆五喝六】 yāo wǔ hè liù 吆、喝:大声喊叫,大声喧哗。多指猜拳及狂妄傲慢的样子。《说岳全传》四八回:"那温奇收住了棒道:'你这个将军,好不知事务,只管的吆五喝六,叫我如何使得出这盘头盖顶来?'"魏巍《火凤凰》五八:"大厅里人声嘈杂,不断传出吆五喝六的猜拳声。高红知道那是这伙魔鬼们正在行乐。"蒋子龙《收审记》五:"他成天吆五喝六,说了不算,算的不说,反复无常,脾气像狗脸一样说变就变。"李国文《冬天里的春天》一章:"听他吆五喝六耍威风,纯粹是一种精神示威,缺了他而龙,不信地球就不转。"

【妖魔鬼怪】 yāo mó guǐ guài 魔鬼和妖怪。比喻邪恶势力。元·李好古《张生煮海》一折:"安知他不是个妖魔鬼怪?"《西游记》五〇回:"老孙画的这圈,强似那铜墙铁壁。凭他甚么虎豹狼虫,妖魔鬼怪,俱莫敢近。"《官场现形记》六〇回:"光有这前半部,不像本教科书,倒像个《封神榜》、《西游记》,妖魔鬼怪,一齐都有。"鲁迅《且介亭杂文末编·我的第一个牧师》:"中国有许多妖魔鬼怪,专喜欢杀害有出息的人,尤其是孩子;要下贱,他们才放手,安心。"魏巍《东方》一部二章:"他心里想道:你们这些妖魔鬼怪,当初是多么凶恶,多么猖狂呵!"

【妖言惑众】 yāo yán huò zhòng 用邪说欺骗、迷惑众人。《汉书·眭弘传》:"妄设妖言惑众,大逆不道。"《二刻拍案惊

奇》卷三〇："外边传出去,尽道韩秀才遇了妖邪,以妖言惑众。"《镜花缘》四四回："你这怪物,敢在俺的船上妖言惑众? 还不快走! 且吃俺一拳!"

【腰缠万贯】yāo chán wàn guàn　南朝梁·殷芸《小说》卷六："有客相从,各言所志。或愿为扬州刺史,或愿多赀财,或愿骑鹤上升。其一人曰:'腰缠十万贯,骑鹤上扬州',欲兼三者。"后用"腰缠万贯"形容随身携带资财很多。也指很富有。《儿女英雄传》五回:"你要这块石头何用? 再要讲到夜间严谨门户,不怕你腰缠万贯,落了店都是店家的干系,用不着客人自己费心。"刘绍棠《花街》九:"我刚才提起的那个缉私巡警小队副,腰缠万贯,家小扔在关外,拜托我给他买个如花似玉的小娘子,金屋藏娇……"王火《战争和人》(一)卷七:"如不愿涉足,也不勉强,但可给您在京沪之间安全自由的保证。您如有意经商,季尚铭可以使你坐享其成腰缠万贯。"

【腰金拖紫】yāo jīn tuō zǐ　见"腰金衣紫"。

【腰金衣紫】yāo jīn yī zǐ　金:金印。紫:紫绶。《世说新语·言语》:"吾闻丈夫处世,当带金佩紫。焉有屈洪流之量,而执丝妇之事?"后多作"腰金衣紫",比喻当大官,有显赫地位。《初刻拍案惊奇》卷二二:"博得个腰金衣紫,也是人生一世,草生一秋。"《野叟曝言》一〇回:"我匡无外只图泼墨濡毫,不欲腰金衣紫,正为此也。"也作"腰金拖紫"。《宋书·沈攸之传》:"沈攸之少长庸贱,擢自阎伍,邀百战之运,乘一捷之功,镵山裂地,腰金拖紫。"

【邀功请赏】yāo gōng qǐng shǎng　见"邀功求赏"。

【邀功求赏】yāo gōng qiú shǎng　邀功:把别人的功劳当成自己的功劳。原指以别人的功劳来求取奖赏。后也泛指求取功劳和奖赏。唐·韩愈《黄家贼事宜状》:"本无远虑深谋,意在邀功求赏。"也作"邀功请赏"。杨沫《青春之歌》一部一七章:"从早晨六点,直翻到十点,北大三院的楼上楼下几乎要全部找遍了,宪兵三团和国民党市党部的'剿共'能手们,也没有找到他们可以邀功请赏的卢嘉川。"

【尧年舜日】yáo nián shùn rì　见"尧天舜日"。

【尧天舜日】yáo tiān shùn rì　尧、舜:传说中的上古两位圣明君主。旧时形容政治清明的太平盛世。宋·朱熹《辛丑延和奏札一》:"使一日之间,云消雾散,尧天舜日,廓然清明。"《说岳全传》一回:"尧天舜日庆三多,鼓腹含哺遍地歌。"也作"尧年舜日"。前蜀·毛文锡《甘州遍》:"尧年舜日,乐圣永无忧。"也作"舜日尧年"。明·无名氏《闹钟馗》楔子:"方今圣人在位,八方无事,四海安然,时逢岁稔之年,理当千邦庆贺,正旦之节,万国来朝,端的是胜舜日尧年也。"也作"舜日尧天"。《东周列国志》一八回:"当今天子在上,寡人率诸侯宾服于下,百姓乐业,草木沾春,舜日尧天,不过如此。"

【摇唇鼓舌】yáo chún gǔ shé　摇、鼓:耍弄。指大发议论。也指煽动、挑拨、游说。《庄子·盗跖》:"不耕而食,不织而衣,摇唇鼓舌,擅生是非。"《官场现形记》一四回:"我正在这里指授进兵的方略,胆敢摇唇鼓舌,煽惑军心!"刘绍棠《村妇》卷一:"遇有阻碍和刁难,申二毛子要摇唇鼓舌,化险为夷,大船一路畅通无阻,不能半途抛锚。"也作"摇唇弄舌"。《说岳全传》三六回:"本帅见你是条好汉,不能弃暗投明,反去保助叛逆,故此好言相劝。怎敢在本帅面前,摇唇弄舌?"也作"摇吻鼓舌"。宋·陈亮《辩士传序》:"一时鲜廉寡耻之徒往来乎其间,摇吻鼓舌,劫之以势,诱之以利。"也作"鼓唇摇舌"。《红楼梦》六三回："何必借我们，你鼓唇摇舌的，自己开心作戏，却说是称功颂德呢。"

【摇唇弄舌】 yáo chún nòng shé 见"摇唇鼓舌"。

【摇旗呐喊】 yáo qí nà hǎn 呐喊：大声喊叫。原指古代作战时，观战的人摇动着旗子呐喊助威。后比喻为别人助长声势。多含贬义。元•乔梦符《两世姻缘》三折："你这般摇旗呐喊，簸土扬沙。"《西游记》二九回："那些大小妖精，都在门外摇旗呐喊，摇鼓筛锣。"《二十年目睹之怪现状》八四回："只怕两个开战时，还要他们摇旗呐喊，遥助声威呢！"茅盾《虹》四："这样奇伟的山水，竟产生不出卓特的青年，没有冲锋陷阵的骁将，只有摇旗呐喊的小卒"老舍《二马》四："最可耻的事是光摇旗呐喊，不干真事。只有意志不坚强的人，只有没主张而喜虚荣的人，才去做摇旗呐喊的事。"

【摇身一变】 yáo shēn yī biàn 神怪小说描写人物或妖怪只要一摇动身体，就变成了别的样子。后指人很快地改变了身份、立场、面目等。多含贬义。《西游记》六○回："二郎圆睁凤目观看，见大圣变了麻雀儿，钉在树上，就收了法象，撇了神锋，卸下弹弓，摇身一变，变作个饿鹰儿，抖开翅，飞将去扑打。"《红楼梦》一九回："我只摇身一变，也变成个香芋，滚在香芋堆里，使人看不出，听不见。"刘绍棠《草莽》四："白苍狗子摇身一变而为白家大院的主人，人模狗样儿的也算是个场面上的人物，更觉得娶了这个媳妇，就像吞下一个棒槌，横竖都窝心。"

【摇头摆脑】 yáo tóu bǎi nǎo 见"摇头晃脑"。

【摇头摆尾】 yáo tóu bǎi wěi 指动物摆动头、尾的样子。《五灯会元•洛浦元安禅师》："临济门下有个赤梢鲤鱼，摇头摆尾，向南方去。"《西游记》六一回："哪吒取出火轮儿挂在那老牛的角上，便吹真火，焰焰烘烘，把牛王烧得张狂哮吼，摇头摆尾。"也作"摆尾摇头"。元•无名氏《鱼篮记》一折："这鱼摆尾摇头在水内显，全不知深共浅。"《西游记》二九回："整鱼脱却金钩钓，摆尾摇头逐浪游。"后形容人得意、轻浮的样子。含贬义。《二十年目睹之怪现状》九八回："可文读了一遍，摇头摆尾的，不住赞好。"欧阳山《三家巷》五八："郭标摇头摆尾地说：'一点不错，正是这个事儿！'"

【摇头晃脑】 yáo tóu huàng nǎo 头晃来晃去。《五灯会元•平江府宝华普鉴佛慈禅师》："教渠拽把牵犁，直是摇头摆脑。"后多作"摇头晃脑"，形容十分得意或自以为是的样子。《儿女英雄传》四回："当下二人商定，便站起身来摇头晃脑的走了。"鲁迅《准风月谈•前记》："自从中华民国建国二十有二年五月二十五日《自由谈》的编者刊出了'吁请海内文豪，从兹多谈风月'的启事以来，很使老牌风月文豪摇头晃脑的高兴了一大阵。"蒋子龙《赤橙黄绿青蓝紫》一："一见围上了这么多人，何顺也更长了精神，摇头晃脑叫喊得更热闹了。"周大新《第二十幕》(下)一部五："一个名叫天通的卦师于是摇头晃脑地来到了栗丽的家中。在吃完两碗荷包蛋卜了三卦之后天通断言：一年空，二年平，三年金子装满瓮……"

【摇尾乞怜】 yáo wěi qǐ lián 乞：求。原指狗摇着尾巴以博取主人的欢心。后比喻人用谄媚态度向别人讨好，求取欢心。唐•韩愈《应科目时与人书》："若俯首帖耳，摇尾而乞怜者，非我之志也！"《二十年目睹之怪现状》八三回："他便用八行书，写了两张纸：起头无非是几句恭维话；中间说了几句卑污苟贱、摇尾乞怜的话。"老舍《四世同堂》七○："凡想呼吸一点空气的，得到一点血液的，都必须到日本人那里摇尾乞怜。"

【摇吻鼓舌】 yáo wěn gǔ shé 见"摇唇鼓舌"。

【摇摇欲坠】 yáo yáo yù zhuì 摇摇:动摇的样子。欲:将要。坠:掉下。很快要掉下来。形容十分危险。也比喻将要垮台。《三国演义》一〇四回:"其色昏暗,摇摇欲坠。"李劼人《大波》四部二章:"这一仗,赵尔丰得救了,把摇摇欲坠的局面又延长了将近五十天。"莫应丰《老百姓的节日》四:"他仰头望望那摇摇欲坠的屋顶,好像没有看见人似地自言自语道:'唉!'"

【遥相呼应】 yáo xiāng hū yìng 遥:远。《续资治通鉴·宋宁宗嘉定六年》:"蒙古尽驱其家属来攻,父子兄弟,往往遥呼相应,由是人无固志,故所至郡邑皆下。"后用"遥相呼应"指二者远远地相互配合。周而复《上海的早晨》四部四五:"脚上穿了一双白缎子绣着蓝花的浅口软底便鞋,和头上左边鬓角那儿插了一朵雪白的绒花遥相呼应。"浩然《乐土》五章:"他并不识几个字,却几乎自发地跟京里卫里的一些新派思潮遥相呼应,特别好追'时兴'。"

【遥遥无期】 yáo yáo wú qī 遥遥:形容时间长久。形容距实现目的、愿望的时间极为遥远。《官场现形记》二七回:"一玩玩了两个月,看看前头存在黄胖姑那里的银子渐渐化完,只剩得千把两银子,而放款又遥遥无期。"梁实秋《雅舍小品·画展》:"画展闭幕之后,画家的苦难并未终止。他把画一轴轴地毕恭毕敬地送到顾主府上,而货价的交割是遥遥无期的。"刘绍棠《村妇》卷一:"马黑桃被丈夫典押到黄家大院,以身偿租。虽卖的不是死契,但要从黄家大院放生,也是遥遥无期。"

【遥遥相对】 yáo yáo xiāng duì 遥遥:形容距离远。二者远远地相对。《文明小史》五六回:"大家占着一块地面,作遥遥相对之势。"周而复《上海的早晨》四部五九:"主席台上排列着数面五星红旗,当中挂着一幅毛主席油画画像,和主席台遥遥相对的是一个巨大的霓虹灯制成的'喜'字,闪耀着喜气洋洋的红色的光芒。"也作"遥遥相望"。邓一光《我是太阳》五部一:"天黑尽的时候,山城一片灯火,他们和孩子就或静或动地与那些童话一般的灯火遥遥相望了。"

【遥遥相望】 yáo yáo xiāng wàng 见"遥遥相对"。

【杳如黄鹤】 yǎo rú huáng hè 杳:远得不见踪影。南朝梁·任昉《述异记》卷上:"荀瓌憩江夏黄鹤楼上,望西南有物飘然降自云汉,乃驾鹤之宾也。宾主欢对辞去,跨鹤腾空,眇然烟灭。"后用"杳如黄鹤"比喻没有踪迹,不明下落。鲁迅《华盖集·碎话》:"待到有一天,你发见了一颗新彗星,或者知道了刘歆并非刘向的儿子之后,跳出来救国时,先觉者可是'杳如黄鹤'了。"魏巍《火凤凰》六六:"高红被关在满城时,他精神上且负担沉重,还能经常从老济公处听到一点她的消息;解到保定之后,便杳如黄鹤,一点消息也没有了。"

【杳无人迹】 yǎo wú rén jì 杳:远得不见踪影。没有人的踪迹。唐·常沂《灵鬼志·郑绍》:"至明年春,绍复至此,但见红花翠竹,流水青山,杳无人迹。"《西游记》二回:"又见那洞门紧闭,静悄悄杳无人迹。"《说岳全传》六五回:"岳雷睁开眼一看,却在平地上,杳无人迹。"

【杳无人烟】 yǎo wú rén yān 杳:远得不见踪影。人烟:指人家、住户。没有人家居住。形容十分荒凉。《西游记》六四回:"沙僧道:'似这杳无人烟之处,又无个怪兽妖禽,怕他怎的?'"

【杳无音信】 yǎo wú yīn xìn 杳:远得不见踪影。音信:来往的书信和消息。指没有一点消息。宋·黄孝迈《水龙吟》

词:"警鸿去后,轻抛素袜,杳无音信。"《水浒传》四四回:"小可特为公孙胜先生回蓟州去杳无音信,今奉晁、宋二公将令,差遣来蓟州探听消息,寻取公孙胜还寨。"《三国演义》四五回:"孔明一去东吴,杳无音信。不知事体如何。谁人可去探听虚实回报?"《官场现形记》八回:"又过了几天,数了数日子,电报打去已经二十天了,依旧杳无音信。"欧阳山《三家巷》一五五:"在很早很早以前,我也把自己的心事向周炳提过,可提是提,一点下文也没有,真正是杳无音信。"

【咬紧牙关】yǎo jǐn yá guān　比喻尽最大的努力去做某事。茅盾《腐蚀·十一月三十日》:"人家咬紧牙关接受刑讯,半个字也没哼。"巴金《随想录·后记》:"因此我还是咬紧牙关坚持下去,终于写出一篇接一篇的'随想'。"欧阳山《三家巷》七〇:"二叔公何不周那边每天早晚来催两次,像排了日课的一般。周炳没法儿,只得咬紧牙关,再进城去。"

【咬文嚼字】yǎo wén jiáo zì　形容过分地斟酌字句。多用来讽刺死抠字眼而不注重精神实质。后也指故意卖弄自己的学识。也指十分认真地斟酌的字句。元·秦简夫《剪发待宾》二折:"又则道俺咬文嚼字。"《二刻拍案惊奇》卷四〇:"关情之处,令人泪落,真一时名手!怪不得他咬文嚼字,明日元宵佳节,正须好词,不免赦其罪犯,召他转来,为大晟乐正供应词章。"《儒林外史》九回:"本东自己下店,把账一盘,却亏空了七百多银子。问着,又没处开消,还在东家面前咬文嚼字,指手画脚的不服。东家恼了,一张子送在德清县里。"刘绍棠《蒲柳人家》二:"既然人称大学问,那就要打扮得斯文模样儿,于是穿起了长衫,说话也咬文嚼字。"莫应丰《将军吟》三〇章:"念了几天书,就那样吞吞吐吐,咬文嚼字的,还不如不念的好。"

【咬牙切齿】yǎo yá qiè chǐ　切齿:咬紧牙齿。形容极为仇恨。《水浒传》二五回:"那妇人揭起被来,见了武大咬牙切齿,七窍流血,怕将起来,只得跳下床来敲那壁子。"《二刻拍案惊奇》卷五:"大尹咬牙切齿,拍案大骂道:'这些贼男女,死有余辜!'"《官场现形记》一一回:"想罢,不由咬牙切齿的恨不止:'一定要报复他一番,才显得我的本事!'"鲁迅《且介亭杂文·答〈戏〉周刊编者信》:"彼此都不反省,一班人咬牙切齿,一班人却飘飘然,不但作品的意义和作用完全失掉了,还要由此生出无聊的枝节来。"欧阳山《三家巷》五八:"不料这时候,胡杏的姐姐胡柳睁眉努眼,咬牙切齿地直奔账房而来。"路遥《人生》二〇章:"作父亲的怎能再给娃娃心上捅刀子呢?但他在心里咬牙切齿地恨高玉德的坏小子,害了他的巧珍!"

【窈窕淑女】yǎo tiǎo shū nǚ　窈窕:文静而美好。淑女:温和善良的女子。指美丽而有品行的女子。《诗经·周南·关雎》:"窈窕淑女,君子好逑。"《隋书·后妃传》:"窈窕淑女,靡有求于寤寐,铿锵环珮,鲜克闻于徽音。"刘绍棠《黄花闺女池塘》二:"金褥子粗手大脚,目不识丁,跟窈窕淑女沾不上边。"〔注意〕窈窕,不能读作 yáo tiáo。

【乐山乐水】yào shān yào shuǐ　乐:喜好。《论语·雍也》:"知者乐山,仁者乐水。"后用"乐山乐水"比喻志趣高雅的人,爱好各不相同。《二程外书》卷七:"乐山乐水,气类相合。"〔注意〕乐,不读 lè 或 yuè。

【药笼中物】yào lóng zhōng wù　药笼:盛放药物的器物。比喻储备待用的人才。《新唐书·儒学传下》:"'门下充旨味者多矣,愿以小人备一药石可乎?'仁杰笑曰:'君正吾药笼中物,不可一日无也。'"《孽海花》一三回:"章、闻二公既有异才,终究是老师药笼中物,何必介介呢?"

【要言不烦】 yào yán bù fán　要:简要。指文章、言论等简明扼要。《三国志·魏书·管辂传》南朝宋·裴松之注引《管辂别传》:"时邓飏与晏共坐,飏曰:'君见谓善《易》,而语初不及《易》中辞义,何故也?'辂寻声答之曰:'夫善《易》者,不论《易》也。'晏含笑而赞之:'可谓要言不烦也。'"鲁迅《彷徨·高老夫子》:"阿呀。础翁的大作,是的,那个……是的,那——'中国国粹义务论',真真要言不烦,百读不厌!"

【要言妙道】 yào yán miào dào　中肯而含义深刻的话。汉·枚乘《七发》:"今太子之病,可无药石针刺灸疗而已,可以要言妙道说而去也。"也作"妙言要道"。鲁迅《汉文学史纲要·藩国之文术》:"宜听妙言要道,以疏神导体。"

【耀武扬威】 yào wǔ yáng wēi　炫耀武力,显示自己的威风。元·关汉卿《单鞭夺槊》三折:"他那里耀武扬威,争雄奋勇。"《东周列国志》二三回:"竖貂在城下耀武扬威,喝令攻城,至夜方退。"《说岳全传》二三回:"逢人便挑,遇马便刺,耀武扬威,如入无人之境。"巴金《随想录》一四七:"他们看见帝国主义侵略者在我们国土上耀武扬威,仿佛一块大石头压在背上使他们抬不起头来。"欧阳山《三家巷》六九:"要是让他们耀武扬威,横行霸道,咱赤卫队还叫什么赤卫队?"也作"扬威耀武"。《西游记》八八回:"弟子三个即展神通,都在那半空中,一齐扬威耀武。"《警世通言》卷四〇:"只是那火光中,闪出一员鼋帅,形容古怪,背负团牌,扬威耀武。"

【野鹤闲云】 yě hè xián yún　见"闲云野鹤"。

【野无遗才】 yě wú yí cái　见"野无遗贤"。

【野无遗贤】 yě wú yí xián　民间没有

未被任用的人才。多用于称颂君主圣明。《尚书·大禹谟》:"野无遗贤,万邦咸宁。"也作"野无遗才"。《周书·苏亮等传论》:"野无遗才,朝多君子。"

【野心勃勃】 yě xīn bó bó　勃勃:欲望强烈的样子。形容野心很大。周而复《上海的早晨》三部四七:"最近他观察出马慕韩不甘心只挂一名中国民主建国会上海临时工作委员会常务委员的空头衔,野心勃勃地想把民建抓在自己手里。"魏巍《地球的红飘带》一三:"在红军占领遵义期间,野心勃勃的薛岳已率领部队进入贵阳,成为贵州的太上皇了。"王火《战争和人》(三)卷四:"这诗充分表达了他当时不甘寂寞待时而起的野心。看来,这个谢元嵩,也野心勃勃呢!"

【业精于勤】 yè jīng yú qín　指只有勤奋,学业才能精进。唐·韩愈《进学解》:"业精于勤,荒于嬉;行成于思,毁于随。"

【叶公好龙】 yè gōng hào lóng　叶:旧读 shè。汉·刘向《新序·杂事五》:"叶公子高好龙,钩以写龙,凿以写龙,屋室雕文以写龙。于是天龙闻而下之,窥头于牖,施尾于堂。叶公见之,弃而还走,失其魂魄,五色无主。是叶公非好龙也,好夫似龙而非龙者也。"后用"叶公好龙"指表面上显得喜爱某事物,实际上并不真正喜爱。《后汉书·崔骃传》:"公爱班固而忽崔骃,此叶公之好龙也,试请见之。"《聊斋志异·鸽异》:"物莫不聚于所好,故叶公好龙,则真龙入室。"

【叶落归根】 yè luò guī gēn　树叶生发于树根,落后还回到树根。比喻事物有一定的归宿。唐·慧能《六祖大师法宝坛经·付嘱品》一〇:"叶落归根,来时无口。"《二刻拍案惊奇》卷二六:"同枝本是一家亲,才属他们便路人。直待酒阑人散后,才知落叶必归根。"《说岳全传》四六回:"兀术道:'古人有言:树高千丈,叶落归根。卿家若然思念家乡,某家差人送你回国。'"丁玲《太阳照在桑乾河上》一二：
"咱们都有个家，叶落归根，到底离不了
暖水屯。"刘绍棠《瓜棚柳巷》二："树高千
丈，叶落归根；柳梢青一走三十年，带着
一个十三四岁的女儿柳叶眉，从关外重
返运河滩。"也作"落叶归根"。明·王世
贞《鸣凤记·林遇夏舟》："今年遇赦回来，
正是落叶归根，丰城剑回。"

【叶落知秋】yè luò zhī qiū 见"一叶
知秋"。

【夜不闭户】yè bù bì hù 夜间睡觉不
用闩门。形容社会安定。《封神榜》一二
四回："三分天下有其二，国富民安享太
平。路不拾遗风俗好，夜不闭户睡朦胧。
画地为牢忠厚，行人让路不相征。"《聊
斋志异·王十》："且夫贫难军民，妻子嗷
嗷，上守法而不盗，下知耻而不娼；不得
已，而揭十每而求一子。使邑尽此民，即
'夜不闭户'可也。"刘绍棠《村妇》卷二：
"民风古朴，夜不闭户，比得上孔子治鲁
三月呀!"王火《战争和人》(三)卷六："那
里绝不拉壮丁，志愿从军是光荣的事。
有夜不闭户、路不拾遗的社会风气。"

【夜长梦多】yè cháng mèng duō 比
喻时间拖得太长，可能会产生不利的情
况。《西湖二集》卷一六："得了妹妹口
气，即时约金三老官行聘，恐怕夜长梦
多。"《儿女英雄传》二三回："这事须得如
此如此办法，才免得他夜长梦多，又生枝
叶。"高云览《小城春秋》四〇章："这件事
要干就得争取快，因为局势常变，夜长梦
多，拖延了恐怕不利。"姚雪垠《李自成》
一卷八章："李自成暗自庆幸不虚来谷城
一趟，同时也担心他走后夜长梦多，献忠
会由于嫉妒他，容易受别人挑拨，取消了
明年麦收后大举起事的约定。"欧阳山
《三家巷》一六七："只要每家每户的成分
定了，那么，其他的事儿就好办了。不然
的话，怕夜长梦多，横生枝节。"

【夜静更深】yè jìng gēng shēn 元·吴

昌龄《东坡梦》四折："你从来有些技痒，
正夜静更长，对月貌花庞，饮玉液琼浆。"
后多作"夜静更深"，指夜很深，很安静。
《醒世恒言》卷三〇："少停出衙，止留几个
心腹人答应，其余都打发去了，将他主仆
灌醉，到夜静更深，差人刺死，然后把书
院一把火烧了。"《三侠五义》七九回："到
了夜静更深，裴福悄悄问道：'大爷，今已
来至此地，可有什么主意？'"也作"更深
夜静"。《三侠五义》一一二回："是日三
人饮酒谈心，至更深夜静方散。"

【夜阑人静】yè lán rén jìng 夜阑：夜
将尽。夜将尽而没有人声。指夜间很安
静。元·王实甫《西厢记》一本三折："有
一日柳遮花映，雾障云屏，夜阑人静，海
誓山盟。"鲁迅《彷徨·伤逝》："夜阑人静，
是相对温习的时候了，我常是被质问，被
考验。"

【夜郎自大】yè láng zì dà 夜郎：汉代
时位于我国西南部的一个小国。《史记·
西南夷列传》："滇王与汉使者言曰：'汉
孰与我大？'及夜郎侯亦然。以道不通
故，各自以为一州主，不知汉广大。"后用
"夜郎自大"比喻妄自尊大。清·王韬《中
国自有常尊》："不得藉一时之盛，恃一时
之强而夜郎自大也。"阿城《树王》二："常
说夜郎自大，那夜郎踞在川贵山地，自
大，恐怕有几何上的道理。"

【夜深人静】yè shēn rén jìng 指深夜
十分安静。《醒世恒言》卷三二："时夜深
人静，舟中俱已睡熟。"《二十年目睹之怪
现状》二回："夜深人静的时候，那龙云岫
走来，悄悄问道：'今日张鼎臣同你说些
甚么？'"李英儒《野火春风斗古城》二〇
章："银环把柴门顶紧了，她提议不要惊
动邢家夫妇，趁此夜深人静的机会，两人
在当院把满肚子心腹话好好说一说。"欧
阳山《三家巷》五九："这时夜深人静，万
籁无声，寒风吹着小煤油灯，轻轻闪动。"

【夜以继日】yè yǐ jì rì 日夜不停地做

某事。多形容十分勤奋、勤恳、忙碌。《孟子·离娄下》："其有不合者,仰而思之,夜以继日;幸而得之,坐以待旦。"《东周列国志》八〇回:"句践迫欲复仇,乃苦身劳心,夜以继日。目倦欲合,败攻之以蓼;足寒欲缩,则渍之以水。"《二十年目睹之怪现状》三七回:"本来可以奉陪,因为近来笔底下甚忙,加之夏天的扇子又多,夜以继日的都应酬不下,实在腾不出工夫来。"老舍《四世同堂》四三:"在瑞宣这样沉思的时候,冠家为庆祝武汉撤退,夜以继日的欢呼笑闹。"刘醒龙《凤凰琴》:"只有孙四海无动于衷,继续在那里夜以继日地复习。"也作"夜以接日"。《晏子春秋·内篇谏下一》:"今齐国丈夫耕,女子织,夜以接日,不足以奉上。"也作"日以继夜"。丁玲《韦护》三章:"他们日以继夜,夜以继日,栖在小房子里。"

【夜以接日】yè yǐ jiē rì　见"夜以继日"。

【夜雨对床】yè yǔ duì chuáng　见"对床夜雨"。

【一败涂地】yī bài tú dì　涂地:肝脑涂地。形容彻底失败,不可收拾。《史记·高祖本纪》:"今置将不善,一败涂地。"《红楼梦》九二回:"往后子孙遇见不得意的事,还是点儿底子,不到一败涂地。"《孽海花》三三回:"刘永福虽然现在已一败涂地,听说没岁时,才给德国人营救了出险。但外面议论,还是沸沸扬扬,有赞的,有骂的。"茅盾《蚀·幻灭》八:"吴佩孚兵多,粮足,枪炮好,然而竟一败涂地!"姚雪垠《李自成》三卷四二章:"丁启睿和陈文岳都很着慌,左良玉更是着慌。他知道军心已经很不稳,担心会一败涂地。"刘玉民《骚动之秋》七章:"他等的是饮料厂承包一败涂地的时刻,等的是儿子——一个不肯驯服的、血气方刚的家伙——乖乖地、老老实实地回到自己身边的时刻。"

【一板三眼】yī bǎn sān yǎn　见"一板一眼"。

【一板一眼】yī bǎn yī yǎn　板、眼:民族音乐戏曲的节拍,每一小节的最强的拍子叫板,其余的叫眼。由一板一眼构成的称为一眼板,即二拍子。由一板三眼构成的,称为三眼板,即四拍子。比喻言行合规矩,有条理。也比喻办事死板,不知变通。王蒙《青春万岁》三五:"为什么高二以后她就再没有一板一眼地练下去呢?也许她本来可以成为丝毫不比周小玲逊色的运动员吧?"刘心武《钟鼓楼》五章:"一到星期六下午,她便回家。星期日她准时返校上晚自习。一板一眼,丝毫不乱。贾平凹《腊月·正月》八:"韩玄子却这一板一眼地说给他听,是什么意思呢?"也作"一板三眼"。《糊涂世界》六回:"如今的时势,就是孔圣人活过来,一板三眼的去做,也不过是书呆子罢了。"李劼人《大波》四部三章:"她态度顽固,口气坚定。不过声音已不复像顷间那么急骤,而是一板三眼完全恢复到平日说话的格调。"

【一本万利】yī běn wàn lì　本:本钱。利:利润。形容用很少量的本钱可以赚取很大的利润。《歧路灯》三四回:"那银子得成他的么?只怕一本万利,加息还咱哩。"周而复《上海的早晨》一部一二:"朱延年说西药这一行只要有钱存货,那准是一本万利,而且睡在家里,钱就会往屋子里滚进来。"刘玉民《骚动之秋》一六章:"这是一门玄妙的艺术,一种一本万利的投资。"也比喻花费的力气小,但收获大。刘绍棠《村妇》卷一:"蒲团大娘更想一本万利,身子不重肚子不疼,就能白得个干儿子,比常三褡裢抢先把金榜认到自己名下。"

【一本正经】yī běn zhèng jīng　形容十分规矩、严肃。沙汀《小城风波》:"于是他一本正经的吃起饭来,似乎认为这样的谈话该收场了。"周而复《上海的早晨》四部四一："'我没有开玩笑。'她感到叶积善笑的奇怪,一本正经地对他说。"及容《饥饿荒原》二八："见孟满一本正经地要求自己,吴群反而有点儿不自在了。"

【一笔勾销】 yī bǐ gōu xiāo 勾销:抹掉。把账一笔抹掉。形容全部取消。元·无名氏《延安府》二折:"如有班部监司,不才官吏,一笔勾消,永不叙用。"消:同"销"。《野叟曝言》一四三回:"驸马既如此说,便把前事一笔勾销。"鲁迅《呐喊·阿Q正传》八章:"从此决不能望白盔白甲的人来叫他,他所有的抱负,志向,希望,前程,全被一笔勾销了。"周而复《上海的早晨》四部五:"过去的账一笔勾销,他可以大摇大摆从监狱出来,重整旗鼓,朱延年在汉口路一带飞黄腾达的时代又要到来了。"姚雪垠《李自成》三卷二○章:"过去的事,一笔勾销,我决不记在心上。"

【一笔抹杀】 yī bǐ mǒ shā 抹杀:抹掉。比喻对成绩、优点等等轻率而彻底否定。明·沈德符《万历野获编·嘉靖大狱张本》:"而世宗独靳,直谓议礼新贵所昭雪,即跖跻亦必曾史。遂将前后爰书,一笔抹杀。"鲁迅《热风·随感录五十九》:"几位读者怕要生气说:'中国时常有将性命去殉他主义的人,中华民国以来,也因为主义上死了多少烈士,你何以一笔抹杀?吓!'这话也是真的。"李劼人《暴风雨前》三部五:"我也认为鼓吹革命,鼓吹排满,文章之功,是不可一笔抹杀的!"也作"一笔抹煞"。《老残游记》一一回:"要将历代圣贤一笔抹煞,此也是自然之理,不足为奇的事。"

【一笔抹煞】 yī bǐ mǒ shā 见"一笔抹杀"。

【一碧万顷】 yī bì wàn qǐng 形容青绿的水面或碧蓝的天空辽阔无边。唐·田颖《浩然台诗序》:"北望可见长江一碧万顷,涵虚无涯。"宋·范仲淹《岳阳楼记》:"上下天光,一碧万顷。"

【一臂之力】 yī bì zhī lì 指不大的力量,一部分力量。宋·黄庭坚《代人求知人书》:"不爱斧斤而斲之,期于成器,捐一臂之力,使小人有黄钟大吕之重。"《三国演义》九八回:"都督勿虑。某愿助一臂之力,只不敢受此印也。"《野叟曝言》七九回:"如今只求文爷助一臂之力,这屠龙岛是再无不破的了。"《官场现形记》二三回:"所以如今想到了他,要打电报给他,求他助一臂之力。"梁斌《红旗谱》四七:"他握紧江涛的手说:'你有困难,傻哥哥助你一臂之力!'"李国文《冬天里的春天》五章:"根据我目前一点微不足道的地位和权力,也说不定可以小助他一臂之力。"

【一表非凡】 yī biǎo fēi fán 表:人的外表。指人相貌俊秀,气度不凡。《西游记》五四回:"女王闪凤目,簇蛾眉,仔细观看,果然一表非凡。"《说岳全传》二一回:"康王看那王渊一表非凡,张所年已七十多岁,尚是威风凛凛,好生欢喜。"鲁迅《花边文学·玩笑只当它玩笑》下:"别的三个都是小丑,自装鬼脸,自作怪相,将正生衬得一表非凡。"也作"一表非俗"。《喻世明言》卷四○:"正在徬徨之际,只见一人打个小伞前来,看见路旁行李,又见沈炼一表非俗,立住了脚,相了一回。"

【一表非俗】 yī biǎo fēi sú 见"一表非凡"。

【一表人才】 yī biǎo rén cái 表:外貌。形容人英俊潇洒。《喻世明言》卷二七:"许公见了莫司户,心中想到:'可惜一表人才,干恁般薄幸之事。'"钱钟书《围城》七:"赵辛楣住在租界里,不能变房子的戏法,自信一表人才,不必惆怅从前有多少女人看中他。"古华《芙蓉镇》一章："米豆腐姐子无论从哪个侧面看都是一表人才，笑笑微微的，待人热情和气。"也作"一表人物"。元·关汉卿《望江亭》一折："夫人，放着你这一表人物，怕没有中意的丈夫嫁一个去，只管说那出家做什么？"

【一表人物】yī biǎo rén wù　见"一表人才"。

【一波三折】yī bō sān zhé　波：书法的捺。折：书法上指转变笔锋。晋·王羲之《题卫夫人笔阵图后》："每作一波，常三过折笔。"原指书法中笔法曲折多变，后用"一波三折"比喻文章结构、事态发展的变化很多。《宣和书谱·太上内景神经》："但恨拘窘法度，无飘然自得之态，然其一波三折笔之势，亦自不苟。"清·刘熙载《艺概·文概》："大苏文一泻千里，小苏文一波三折。"蒋士龙《创作笔记》三："诡异谲秘，一波三折，唱念做打俱全。一把鼻涕一把泪。"

【一波未平，一波又起】yī bō wèi píng, yī bō yòu qǐ　宋·姜夔《白石道人诗说》："波澜开阖，如在江湖中，一波未平，一波已作。"原指诗文写得生动，不平淡。后用"一波未平，一波又起"指一个问题还未解决，另一个问题又出现了。比喻波折很多。茅盾《子夜》三："他迎上来慌忙问道：'什么事？——一波未平，一波又起么？'"柳青《创业史》一部二九章："一波未平，一波又起。白占魁才不听姚士杰的煽惑，去找郭锁合伙买牛呢。"王火《战争和人》（二）卷三："家霆想：一波未平，一波又起，真又是一个棘手的问题放在面前了。"

【一不做，二不休】yī bù zuò, èr bù xiū　唐·赵元一《奉天录》卷四载：唐代张光晟跟随朱泚叛乱，后来张光晟杀了朱泚投降，仍被处死。张光晟说："传语后人，第一莫作，第二莫休。"意为要么不做，要么做到底。后指事情既然已经开始了，就索性做到底。做，也作"作"。《水浒传》四〇回："晁盖叫道：'一不做，二不休！众好汉相助着晁某，直杀尽江州军马，方才回梁山泊去。'"《醒世恒言》卷一："一不做，二不休，索性把他两个卖去他方，老亡八回来也只一怪。"《官场现形记》五九回："一不做，二不休，一片也是吃，三片也是吃，索性吃完了它。"茅盾《子夜》七："到这地步，一不做二不休，我是打算拚一拚了！"李英儒《野火春风斗古城》一三章："高自萍镇静着出了口气，作好思想准备，他把欲望难填的小眼睛连眨几眨，最后表现出一不作二不休的神情。"王安忆《香港的情和爱》八："但逢佳是一不做，二不休的，她还是没有回头路可走，背水一战的。"

【一步登天】yī bù dēng tiān　比喻一下达到很高的境界、程度。也比喻人一下子爬上高位。多含贬义。《狮子吼》二回："哪知康有为是好功名的人，想自己一人一步登天，做个维新的元勋。"姚雪垠《李自成》二卷三一章："凡是成了皇后和受宠的妃子，她们的家族便一步登天，十分荣华富贵。"李国文《冬天里的春天》五章："连升三级，过去是相声讽刺的题材，现在撑杆跳一步登天，也是正常的了。"

【一草一木】yī cǎo yī mù　木：树。一棵草，一棵树。多比喻细小的事物。宋·邵雍《和君实端明洛阳看花四首》诗之一："洛阳最得中和气，一草一木皆人看。"《东周列国志》三九回："僖负羁有盘飧之惠，家住北门，环北门一带，传令：不许惊动，如有犯僖氏一草一木者斩首。"《官场现形记》四四回："却说随凤占接印下来，忙叫自己的内弟同了一个心腹跟班，追着前任清算交代，一草一木，不能短少，别的更不消说了。"巴金《春》二八："蕙还是出嫁以前到这里来过。几个月的分别使她对园里一草一木都起了深的怀念。"路遥《人生》一四章:"所有少年时期经历过的一草一木,在任何时候都会非常亲切地保留在一个人的记忆中,并且一想起就叫人甜蜜得鼻子发酸!"

【一差二错】yī chā èr cuò 指可能出现的差错。也指差错。《金瓶梅》八〇回:"你实说便罢,不然,有一差二错,就在你这两个囚根子身上。"《红楼梦》一一七回:"倘或你父亲有个一差二错又耽搁住了,或者有个门当户对的来说亲,还是等你回来,还是你太太作主?"梁斌《红旗谱》五九:"有个一差二错,我负不起责任!"也作"一差二误"。《西游记》五六回:"我被你前七八棍,后七八棍,打得我不疼不痒的,触恼了性子,一差二误,将你打死了。"

【一差二误】yī chā èr wù 见"一差二错"。

【一场春梦】yī chǎng chūn mèng 春梦:春夜良宵好梦,比喻转瞬即逝的美景。比喻人生虚幻,转眼成空。也比喻幻想破灭。唐·卢延让《哭李郢端公》诗:"诗侣酒徒销散尽,一场春梦越王城。"《镜花缘》一六回:"这才晓得从前各事都是枉费心机,不过做了一场春梦。"瞿秋白《饿乡纪程》七:"现在谢军差不多一败涂地,也不过一场春梦罢了。"

【一倡百和】yī chàng bǎi hè 倡:首倡,倡导。一人首倡,百人附和。形容附和的人很多。宋·石介《答欧阳永叔书》:"其众哓哓步口,一倡百和。"清·江藩《汉学师承记·惠周惕》:"郢书燕说,一倡百和。"

【一唱百和】yī chàng bǎi hè 形容跟着唱的人很多。《野叟曝言》一一〇回:"一唱百和,其声震天。魏巍《火凤凰》一一:"又有谁唱起来了,随之而来的依然是一唱百和。"

【一唱三叹】yī chàng sān tàn 叹:跟随着唱。《荀子·礼论》:"清庙之歌,一倡而三叹也。"倡:通"唱"。一个人领唱,三个人跟着唱。后用"一唱三叹"形容音乐、诗文婉转、有韵味。晋·陆机《文赋》:"虽一唱而三叹,固既雅而不艳。"宋·苏轼《答张文潜书》:"其为人深不愿人知之,其文如其为人,故汪洋澹泊,有一唱三叹之声。"刘绍棠《村妇》卷二:"程派的行腔吐字,幽咽婉转,一唱三叹,如泣如诉。"

【一唱一和】yī chàng yī hè 和:跟随别人唱。一人首唱,一人应和。原指彼此间诗文酬答,后也用来比喻相互呼应配合。多含贬义。宋·陈眆《颍川语小》下:"句法有正有奇,有呼有应。呼应者一唱一和,律吕相宣以成文也。"《醒世恒言》卷一一:"只为如今说一个聪明女子,嫁着一个聪明的丈夫,一唱一和,遂变出若干的话文。"巴金《秋》二九:"淑华看见她们两人交换眼光,又听见她们一唱一和,她的怒气马上升了起来。"钱钟书《围城》九:"柔嘉确曾把昨天吃冬至晚饭的事讲给姑母听,两人一唱一和地笑骂,以为全落在鸿渐耳朵里了,有点心慌。"周而复《上海的早晨》四部七:"马慕韩见宋其文和冯永祥一唱一和,丈八和尚,摸不着头脑。"

【一尘不染】yī chén bù rǎn 尘:佛教称外界的色、声、香、味、触、法为六尘。佛教徒修行时不受外界六尘的诱惑影响,叫一尘不染。《西游记》七四回:"须着意,要心坚,一尘不染月当天。行功进步休教错,行满功成大觉仙。"《喻世明言》卷二九:"他从小出家,真个是五戒具足,一尘不染,在皋亭山显孝寺住持。"后比喻人品高洁,没有沾染坏习气。《红楼梦》一一三回:"自从二姐出阁以来,死的死,嫁的嫁,我想他一尘不染是保得住了,岂知风波顿起,比林妹妹死的更奇!"《花月痕》一二回:"你想小岑是个正人,又知道荷生是一尘不染的,如何肯去说这样话,讨这种情?"刘绍棠《村妇》卷二:"张团圆敢说是一尘不染,贞而有德,刘家锅伙尊崇她有如天主教徒的圣母玛丽亚。"也形容环境或物体十分洁净。梁实秋《雅舍小品·书房》:"里面一间是知堂老人读书写作之处,偶然也延客品茗。几净窗明,一尘不染。"魏巍《火凤凰》一八:"虽然都是破旧房舍,但里里外外干干净净,一尘不染,看去十分舒畅。"

【一成不变】yī chéng bù biàn　成:形成。《礼记·王制》:"刑者,侀也。侀者,成也。一成而不可变,故君子尽心焉。"后用"一成不变"指事物一形成就不再改变。唐·白居易《太湖石记》:"然而自一成不变以来,不知几千万年,或委海隅,或沦湖底。"老舍《四世同堂》七三:"他希望看到三个月的存粮——他的一成不变的预防危患的办法。"贾平凹《腊月·正月》九:"国家之所以实行新的经济政策,就是以前的政策使农村越来越穷。谁行,谁不行,也不是一成不变的。"

【一池死水】yī chí sǐ shuǐ　见"一潭死水"。

【一弛一张】yī chí yī zhāng　见"一张一弛"。

【一酬一酢】yī chóu yī zuò　酬:客人给主人祝酒后,主人再次给客人敬酒。酢:客人向主人回敬酒。指相互敬酒。《儿女英雄传》三七回:"说着便用那合欢杯,斟了满满的一钟,他夫妻果然一酬一酢的饮干。"

【一筹莫展】yī chóu mò zhǎn　筹:计策。展:施展。一点计策也施展不出。形容没有一点办法。明·唐顺之《与陈苏山职方》:"盖部中只见其报功而不知其为衰庸阘懦、一筹莫展之人也。"《官场现形记》四八回:"深悔当初自己没有站定脚步,如今又被他们拿住了把柄;自己恼悔的了不得,然而又是一筹莫展。"茅盾

《蚀·动摇》五:"这三个人中,自以方罗兰为最有才干,可惜今天他耳朵里嗡嗡然,也弄得一筹莫展。"沙汀《公道》:"然而那个继他上台的智识分子因为一筹莫展,而且场上随时发生岔子,于是绅士们重新请他出山。"陈忠实《白鹿原》二九章:"朱先生的县志编纂工程已经接近尾期,经费的拮据使他一筹莫展。"

【一触即发】yī chù jí fā　触:接触。原指箭在弦上,准备射出。比喻势态紧张,只要一触动就可能发生严重的事情。李劼人《大波》一部一二章:"立炮台,造营房,泊兵船,制造枪炮弹丸,驻扎在校兵卒,危机四伏,一触即发。"欧阳山《三家巷》九〇:"这时候,院子里的空气非常紧张,好像一场凶恶的战斗一触即发的样子。"也指某种感情、性格一触到就会发生、发作。钱钟书《围城》八:"自己这一年来,牢骚满腹,一触即发。"及容《饥饿荒原》三〇:"他没有想到世界上真有这么一种情感,能够一触即发,一发不可收。"

【一触即溃】yī chù jí kuì　触:接触。溃:溃散。形容不堪一击。毛泽东《学习和时局》二:"胡宗南派到河南的几个师,也是一触即溃。"姚雪垠《李自成》三卷一八章:"万一遇到敌人,官军将一触即溃。"魏巍《火凤凰》三八:"后来我们才知道国民党的正规军不顶事,他们往往是一触即溃。"

【一锤定音】yī chuí dìng yīn　原指制造铜锣时,最后的一锤决定锣的音色。比喻一句话或关键性的一个动作就决定了。锤,也作"槌"。魏巍《火凤凰》七四:"自己毕竟是'司令'了,尽管人数并不算多,也是一呼百诺,一锤定音。"刘白羽《第二个太阳》九章:"他们俩完全不是汉江月夜濯足的密友,而是一锤定音、决定战争命运的将帅关系。"刘心武《贾元春之死》二:"她一槌定音,命贾政速从所任职的工部

行则成败异效。"

【一见倾心】 yī jiàn qīng xīn 倾心:爱慕,一心向往。一见面就产生了真诚仰慕之情。多用于爱情。《资治通鉴·晋孝武帝太元九年》:"主上与将军风殊类别,一见倾心,亲如宗戚。"《花月痕》一五回:"不想秋痕三生凤业,一见倾心。"老舍《四世同堂》七:"她老想有朝一日,她会忽然的遇到一个很漂亮的青年男子,在最静僻的地方一见倾心,直到结婚的时候才教家中看看他是多么体面,使他们都大吃一惊。"刘绍棠《烟村四五家》一一:"黑丫头跟苗小莠子打了个照面,便一见倾心;苗小莠子说一,她不说二,彩礼分文不取。"

【一见如故】 yī jiàn rú gù 故:老朋友。第一次见面就像老朋友那样相投。宋·张洎《贾氏谭录》:"李邺侯为相日,吴人顾况见西游长安,邺侯一见如故。"《水浒传》三一回:"自从与你相别之后,到得牢城营里,得蒙施管营儿子唤做金眼彪施恩,一见如故,每日好酒好肉管顾我。"《儒林外史》三三回:"杜少卿看那先生细瘦,通眉长爪,双眸炯炯,知他不是庸流,便也一见如故。"沈从文《扇陀》:"仙人想想:既一见如故,各不客气,要住也可住下,就无不可的说:'住下也行。'"欧阳山《三家巷》六五:"唉,咱们虽然初次见面,却一见如故,像老朋友一样。"也作"一见如旧"。清·俞樾《春在堂随笔》卷二:"己巳之春,余来诂经精舍开课,适侍郎借寓湖楼,一见如旧。"

【一见如旧】 yī jiàn rú jiù 见"一见如故"。

【一见钟情】 yī jiàn zhōng qíng 钟情:感情专注。多指男女双方一见面就产生了爱情。《西湖佳话·西泠韵迹》:"乃蒙郎君一见钟情,故贱妾有感于心。"刘心武《钟鼓楼》二章:"他们俩真是一见钟情,热恋之中,他们只顾互相欣赏,虽

然说了许许多多的话,却全然没有问及过对方的家庭。"路遥《平凡的世界》(中)三五章:"这个快满二十三岁的小伙子,小时候就很漂亮。现在虽然个头仍然不算很高,但长得又精干又潇洒……已有不少姑娘对他一见钟情。"也指一见到某事物就产生了深厚的感情。徐迟《三峡记·远游》:"祁连山俘虏了我的心,青海湖我一见钟情。"

【一箭双雕】 yī jiàn shuāng diāo 雕:一种凶猛的鸟。《北史·长孙晟传》:"尝有二雕飞而争肉,因以箭两只与晟,请射取之。晟驰往,遇雕相攫,遂一发双贯焉。"后用"一箭双雕"指一箭射中两只雕。形容射箭本领高强。也比喻一举两得。宋·陆游《遣兴》诗:"壮年一箭落双雕,野饷如今撷药苗。"《东周列国志》一二回:"再说众贼连夜奔入卫城,先见公子朔,呈上白旄。然后将二子先后被杀事情,细述一遍,犹恐误杀得罪。谁知一箭双雕,正中了公子朔的隐怀。"《官场现形记》一二回:"胡统领早存了个得陇望蜀的心思,想慢慢施展他一箭双雕的手段。"李国文《冬天里的春天》三章:"一箭双雕的事,何乐不为,横竖历年规矩,也是该给麻皮阿六这支别动队开销两个钱的,趁此又收拾了那个不可小看的于二龙。"

【一举成名】 yī jǔ chéng míng 原指中了科举就名闻天下。后指因某事成功,一下出了名。唐·韩愈《唐故国子司业窦公墓志铭》:"于时公舅袁高为给事中,方有重名,爱且贤公,然实未尝以干有司,公一举成名而东。"《醒世恒言》卷三三:"别后登程到京,果然一举成名,除授一甲第二名榜眼及第。"《说岳全传》七回:"我挣了一分大家私,又没有三男四女,只得这个孩儿,若得他一举成名,祖宗面上也有些光彩。"鲁迅《且介亭杂文·隔膜》:"这何尝有丝毫恶意? 不过着了当

时通行的才子佳人小说的迷,想一举成名,天子做媒,表妹入抱而已。"

【一举两便】 yī jǔ liǎng biàn 见"一举两得"。

【一举两得】 yī jǔ liǎng dé 举:举动。《东观汉记·耿弇传》:"吾得临淄,即西安孤,必覆亡矣。所谓一举而两得者也。"后用"一举两得"指做一件事可以有两方面的收获。《晋书·束皙传》:"一举两得,外实内宽。"《东周列国志》六一回:"秦楚交伐,郑必重用。乘其未入境,当往迎之,因导之使问伐宋国。一则免楚之患,二则激晋之来,岂非一举两得?"《官场现形记》八回:"趁着瞻光还未开船,难得今天朋友齐全,不如此刻就到他家请客,又应酬了兰芬,岂不一举两得?"老舍《四世同堂》一九:"瑞丰觉得他必须过去劝驾,以便一举两得:既能获得冠家的信任,又能增高自己的身分。"周而复《上海的早晨》一部二:"打人工会,正是他目前要进行的中心活动,梅佐贤也要他进去,那不是一举两得吗?"也作"一举两便"。《镜花缘》四二回:"据我主意:好在将来侄女也要上京赴试,莫若明年赴过郡考,早早进京,借赴试之便,就近省亲,岂非一举两便?"

【一举两全】 yī jǔ liǎng quán 举:举动。全:顾全。指做一件事能够顾全两个方面。《西游记》五四回:"这叫做'假亲脱网'之计,岂非一举两全之美也?"

【一举数得】 yī jǔ shù dé 举:举动。做一件事可以有几方面的收获。李劼人《大波》二部六章:"杨运司真个是诸葛复生,吴用再世。而且咱们这里奏报肃清,二伯、他老人家那里,也更易于为力。真是一举数得,妙不可圈!"

【一举一动】 yī jǔ yī dòng 指每一个动作。《宣和遗事·前集》:"此章一出,中外咸知,一举一动,天子不得自由矣。"《二刻拍案惊奇》卷三七:"吾与你身虽隔

远,你一举一动,吾必晓得。"《红楼梦》七九回:"凡女儿一举一动,彼母皆百依百随,因此未免娇养太过,竟酿成个盗跖的性气。"茅盾《蚀·幻灭》六:"她又觉得一举一动,都招人议论,甚至于一声咳嗽,也像有人在背后做鬼脸嘲笑。"刘玉民《骚动之秋》一四章:"那一举一动、一言一语、一颦一笑,甚至包括生气时睒起的秀目和撅起的红唇,都无不洋溢着动人的诗情。"

【一决雌雄】 yī jué cí xióng 雌雄:比喻胜负。《史记·项羽本纪》:"愿与汉王挑战,决雌雄。"后用"一决雌雄"指决定胜负。《三国演义》三一回:"汝等各回本州,誓与曹贼一决雌雄!"刘玉民《骚动之秋》四章:"激怒了他的只有一个人,那就是他的亲生儿子——一个胆敢与他决裂,依靠自己奋斗,试图与他一决雌雄的儿子。"也作"一决胜负"。宋·司马光《与王介甫书》:"介甫之意,必欲力战天下之人,与之一决胜负,不复顾义理之是非,生民之忧乐,国家之安危。"

【一决胜负】 yī jué shèng fù 见"一决雌雄"。

【一蹶不振】 yī jué bù zhèn 蹶:摔倒,比喻失利、失败。跌倒了不能再爬起来。比喻失利后再也不能振作。明·李清《三垣笔记·崇祯》:"故以君子与小人角,犹胜负半,惟君子与君子角,而小人乘其敝,则一蹶不振之道也。"《孽海花》二七回:"前敌各军亦多淮军精锐,何以大东遇敌,一蹶不振,平壤交绥,望风而靡?"李劼人《大波》二部七章:"日前三渡水之役,我甚恐陆军士气受挫之后,殆将一蹶不振矣。"欧阳山《三家巷》六四:"仿佛已经丧魂失魄,一蹶不振的人们,如今也恢复了雄心和勇气,决心在这个世界上重新活下去。"姚雪垠《李自成》二卷一九章:"朕在棋盘上同二妃连战皆捷,在疆场上竟一蹶不振。"

【一刻千金】 yī kè qiān jīn 一刻：片刻，指很短的时间。比喻时间十分宝贵。宋·刘镇《庆春泽·丙子元夕》词："灯火烘春，楼台浸月，良宵一刻千金。"《初刻拍案惊奇》卷二九："晓得会期有数，又是一刻千金之价……尽着心性做事。"茅盾《子夜》一○："他连鼻烟也不嗅了，看一看钟，六点还差十多分，他不能延误一刻千金的光阴。"

【一孔之见】 yī kǒng zhī jiàn 从一个小孔里看到的事物。汉·桓宽《盐铁论·相刺》："持规而非矩，执准而非绳，通一孔，晓一理，而不知权衡。"后用"一孔之见"比喻片面的观点见解。多谦称自己的看法。老舍《四世同堂》九六："他对国际事务的知识很欠缺，然而又自有他的一孔之见。"李劼人《大波》二部六章："这是职司一孔之见，仍候大人钧裁。"

【一匡天下】 yī kuāng tiān xià 匡：纠正。纠正天下的混乱局面。《论语·宪问》："管仲相桓公，霸诸侯，一匡天下。"《南齐书·高帝纪下》："贤能悉心，士民致力，用获拯溺戡暴，一匡天下。"

【一来二去】 yī lái èr qù 指经过一段时间，逐渐产生某种情况。《红楼梦》八三回："林丫头一来二去的大了，他这个身子也要紧。"老舍《二马》二："没事的时候，老马先生常到教会去看儿子，一来二去的，被伊牧师说活了心，居然领了洗入了基督教。"周大新《第二十幕》(中)二部二三："草绒和秉正来卖宣于造纸的破烂时，常是阿倩过来过秤付钱，一来二去，这阿倩就和草绒、秉正母子熟识了。"

【一览无遗】 yī lǎn wú yí 见"一览无余"。

【一览无余】 yī lǎn wú yú 览：看。余：剩余。《世说新语·言语》："江左地促，不如中国，若使阡陌条畅，则一览而尽。"后用"一览无余"形容一下子就可以看清

楚。《金瓶梅》六一回："风虚寒热之症候，一览无余。"李英儒《野火春风斗古城》一三章："他们漫步登上坡顶，一时感到视线非常开阔，鸟瞰西关全景，一览无余。"李佩甫《送你一朵苦楝花》二："他从一览无余的乡村走入城市，有着很宽的马路很高的大楼的城市，海一样深邃的城市。"也作"一览无遗"。《三国演义》六二回："一览无遗世所稀。"也形容诗文、绘画等平淡无味。《歧路灯》九二回："这十行俱下的眼睛，看那一览无余的诗文。"

【一劳永逸】 yī láo yǒng yì 逸：安逸。指辛苦一次把事情办好，以后就永不用费力了。北魏·贾思勰《齐民要术·种苜蓿》："此物长生，种者一劳永逸。"《醒世恒言》卷三○："看你枉做了个男子汉，这些事没有决断，如何做得大官？我有个捷径法儿在此，到也一劳永逸。"老舍《四世同堂》七五："李老人特别希望如此，因为他已经挨了不少冤枉骂，所以切盼把一劳永逸的粮证发给大家，结束了这一桩事，不再多受攻击。"欧阳山《三家巷》七八："何守仁虽然也认为时局多变，不宜轻举妄动，但他又认为趁这时候用快刀斩乱麻的手段把事情做了，倒也一劳永逸。"

【一了百当】 yī liǎo bǎi dàng 了：了结。当：妥当。指一切事情都处理得妥当，得到彻底解决。《醒世恒言》卷一六："不是老身夸口，凭你天大样疑难事体，经着老身，一了百当。大爷有甚事，只管分付来，包在我身上与你完成。"

【一了百了】 yī liǎo bǎi liǎo 了：了结。主要的事情完结了，其余次要的事情也跟着完结了。明·王守仁《传习录》卷下："良知无前后，只知得现在的几，便是一了百了。"《花月痕》二○回："大凡一个人，总是一死为难。当秋痕受饿时，能毂同侯氏一死，岂不是一了百了。"欧阳

山《三家巷》六一："只为有陈家护着他们,连稽查站都不敢认真动他们呢!依我看,咱们不如把农场的土地收回来。那就一了百了,什么都了了了!"高云览《小城春秋》三章："俘虏一放,'总指挥部'从此没有人来,一了百了,巷战不结束也结束了。"

【一鳞半爪】yī lín bàn zhǎo　龙在云中,偶尔露出部分鳞和爪。比喻零星片段的事物。清·叶廷琯《鸥陂渔话·莪洲公诗》："身后著作,年久多散佚,余遍为搜罗,仅得诗三帙,丛残不具首尾,于诸集殆不过一鳞半爪耳。"杨绛《记钱钟书与〈围城〉》："使我放下稿子大笑的,并不是发现了真人实事,却是看到真人实事的一鳞半爪,经过拼凑点化,创出了从未相识的人,捏造了从未想到的事。"王火《战争和人》(一)后记："基于这种论点,我想上面说了一下这部作品的'诞生史',作为了解作者和作品的一鳞半爪,至少还不至于算是多余的话。"

【一落千丈】yī luò qiān zhàng　唐·韩愈《听颖师弹琴》诗："跻攀分寸不可上,失势一落千丈强。"原形容琴声忽然由高音骤然下降为低音。后用以形容状况、地位、声誉等急剧下降。茅盾《子夜》一六："哎!中国工业真是一落千丈!这半年来,天津的面粉业总算势力雄厚,坐中国第一把交椅的了,然而目前天津八个大厂倒有七个停工,剩下的一家也是三天两头歇!"刘绍棠《村妇》卷一："张团圆一落千丈,门庭若市变成了门可罗雀。"浩然《乐土》五一章："听到这话,我的情绪也一落千丈,对回家去不免有些发怵。"

【一马当先】yī mǎ dāng xiān　策马走在最前面。形容率先、领先。《封神榜》一二二回："不多时,黄飞虎的人马来到,只见一将催开坐下的征驹,一马当先。"《镜花缘》九七回："次日,林烈一马当先,前去挑战。"姚雪垠《李自成》三卷四四章："他自己一马当先,率着将士冲向前去,要杀开一条血路逃走。"刘绍棠《花街》一〇："领头的人,大步流星,一马当先,比谁都急如星火。"刘玉民《骚动之秋》一七章："赶山的力量是强大的。胡强带着恺撒和两名武术教练一马当先。"

【一马平川】yī mǎ píng chuān　可以策马飞奔的平地。形容地势平坦。陈忠实《白鹿原》九章："将军寨坐落在一道叫做将军坡下的河川里,一马平川望不到尽头,全是平展展的水浇地。"刘玉民《骚动之秋》四章："这片蛤蜊皮大致可分为二:东、南方向滨海,地势平阔,按当地人的说法可以算是一马平川。"浩然《乐土》三章："就地势来说,那儿比起我的祖籍宝坻,比起北山,不高不洼,属于地道的一马平川。"

【一脉相承】yī mài xiāng chéng　一脉:一个贯通的系统。指从同一个血脉、派别传下来。宋·钱时《两汉笔记》卷一一："是故言必称尧舜,而非尧舜之道则不敢陈于王前,一脉相承,如薪传火火,无他道也。"《歧路灯》九二回："虽分鸿胪、宜宾两派,毕竟一脉相承,所以一个模子。"杨绛《记钱钟书与〈围城〉》："他母亲常抱怨他父亲'憨'。也许钟书的'痴气'和他父亲的憨厚正是一脉相承的。"姚雪垠《为重印〈长夜〉致读者的一封信》："读过《李自成》再读读《长夜》,可以看出来我在运用河南大众语方面一脉相承,也可以看出来在语言的美学追求上一脉相承。"也作"一脉相传"。明·汪廷讷《三祝记·叙别》："这才是一脉相传,何愁皇天不佑。"朱自清《论书生的酸气》："书生吟诵,声酸辞苦,正和悲歌一脉相传。"

【一脉相传】yī mài xiāng chuán　见"一脉相承"。

【一毛不拔】yī máo bù bá　《孟子·尽心上》："杨子取为我,拔一毛而利天下,不为也。"后用"一毛不拔"形容十分自私吝啬。《警世通言》卷二八："许宣日常一毛不拔，今日坏得些钱钞，便要我替他讨老小？"《官场现形记》四四回："有两家老硬的，却板定一定要到年下再送，预先来借，竟其一毛不拔。"刘绍棠《村妇》卷一："你甭打算一毛不拔！我不是傻驴单老双，随你牵着缰绳走。"

【一面之词】 yī miàn zhī cí 面：方面。争执双方中的一方的话。词，也作"辞"。《水浒传》三四回："若听一面之词，误了多少缘故！容秦明回州去对慕容知府说知此事。"《初刻拍案惊奇》卷一一："青天爷爷，不要听这一面之词。家主打人，自是常事，如何怀得许多恨？"《野叟曝言》一二七回："龙儿道：'这须当堂供吐，难听你一面之词。'"茅盾《子夜》一四："吴荪甫皱着眉头不作声，心里是看得雪亮了。他知道吴为成的报告完全是一面之词。"欧阳山《三家巷》一六七："对于村子里的情况，咱们实际上还没有认真摸过，仅仅听了贾宜民、赵国光两个同志一面之词，是很不够的。"杜鹏程《在和平的日子里》六章："我问你，张孔既然来这里检查工作，就只听一面之辞？"

【一面之交】 yī miàn zhī jiāo 交：交情。只见过一面。指交情不深。《文选·袁宏〈三国名臣序赞〉》唐·李善注引汉·崔寔《本论》："且观世人之相论也，徒以一面之交，定臧否之决。"《三国演义》二四回："帐下一人出曰：'某与关公有一面之交，愿往说之。'"《二十年目睹之怪现状》七六回："这个人我也是一面之交，据说是个总兵，姓庄，号叫作人。"老舍《骆驼祥子》一一："咱们总算有一面之交，在兵营里你伺候过我。"也作"一面之识"。《水浒传》八一回："宿太尉旧日在华州降香，曾与宋江有一面之识。"

【一面之识】 yī miàn zhī shí 见"一面之交"。

【一面之缘】 yī miàn zhī yuán 见过一面的缘分。《花月痕》三五回："我和宝书也有一面之缘，见他说得可怜，就到宫里面诘姚主持，洞悉底里。"姚雪垠《李自成》三卷二九章："我同他只有一面之缘，并无别的来往。"

【一鸣惊人】 yī míng jīng rén 《史记·滑稽列传》："此鸟不飞则已，一飞冲天；不鸣则已，一鸣惊人。"比喻平时表现很平常，一旦做起来就有惊人的成就。明·杨慎《李白墓志》："白常欲一鸣惊人，一飞冲天。"李劼人《大波》一部一章："你是老留学，真资格，又有那么多日文书，还怕不一鸣惊人么？"王蒙《青春万岁》一四："这个思想一直盘旋在脑子里，最初使她快乐，使她兴奋，因为她所追求的'一鸣惊人'，现在有了实现的目标。"浩然《一担水》："他发表的这个意见显然没有'一鸣惊人'，人群里暂时停止的嬉笑声浪又响了起来。"

【一命呜呼】 yī mìng wū hū 呜呼：文言虚词，旧时多用于祭文，借指死。指人死亡。含诙谐意。《封神榜》五六回："娇儿难把非刑忍，生生的，一命呜呼丧残生。"《三侠五义》一回："过了六年，刘后所生之子，竟至得病，一命呜呼。"刘绍棠《村妇》卷一："老庄头丢了宝座又丢了脸，气得一命呜呼归了阴。"刘心武《秦可卿出身未必寒微》一："作为'金陵十二钗正册'中压轴的一钗秦可卿，却是在第五回方出场，到十三回便一命呜呼，是曹雪芹笔下'有始有终'的一个重要人物。"

【一模一样】 yī mú yī yàng 相貌相同。也形容样子完全一样。《西游记》四七回："不要说二三百两没处买，就是几千万两，也没处买这般一模一样同年同月的儿女。"《红楼梦》一一四回："我还听得说宝玉也不日要到京了，要来拜望我老爷呢。又人人说和我一模一样的，我只不信。"《官场现形记》五〇回："我们那些底下人都认得，说是这根札腰像你们这边胡贵的东西,常常见他札在腰里的,同一模一样。"周立波《暴风骤雨》一部七:"杜善人站在头里,向萧队长鞠躬,这鞠躬的态度和韩老六一模一样的。"

【一木难支】yī mù nán zhī　见"独木难支"。

【一目了然】yī mù liǎo rán　一目:看一眼。了然:清楚,明白。一眼就可以看清楚。宋·朱熹《朱子语类·战国汉唐诸子》:"从高视下,一目了然。"《野叟曝言》一○四回:"贼所恃者峡中高处,可见数百里,官兵虚实一目了然,得以预备。"茅盾《子夜》三:"眼前这几位实业家的资力和才干,荪甫是一目了然的;单靠这几个人办不出什么大事。"周而复《上海的早晨》二部五二:"第一页是张材料单子,每份材料都有标题,注明来源,还有时间、地点,眉目清楚,一目了然。"

【一目十行】yī mù shí háng　一目:看一眼。《梁书·简文帝纪》:"读书十行俱下。"后用"一目十行"指看书时一下可以看十行字。形容阅读速度很快。宋·刘克庄《杂记六言诗》之二:"五更三点待漏,一目十行读书。"《警世通言》卷二四:"读书一目十行,举笔即便成文,元是个风流才子。"刘醒龙《黑蝴蝶·黑蝴蝶》七:"林桦确实有一目十行的本领,然而,就是她自己也不相信这种效率的质量。"王火《战争和人》(三)卷五:"家霆耳朵顿时红了,心跳加速,说:'什么?我成了他们的特派记者啦?'忙用眼一目十行地将两篇文章浏览了一下。"也作"目下十行"。《警世通言》卷四:"此人目下十行,书穷万卷。名臣文彦博、欧阳修、曾巩、韩维等,无不奇其才而称之。"

【一年半载】yī nián bàn zǎi　载:年。泛指一年左右。《太平广记》卷二○二引《玉堂闲话》:"或一年半载,与妻子相面焉。"《喻世明言》卷一八:"过了一年半载,水土习服,学起倭话来,竟与真倭无异了。"《二十年目睹之怪现状》六四回:"我明年过了年,正月里便到宜昌去看伯父,住他一年半载才回来。"茅盾《蚀·幻灭》八:"社会运动的力量,要到三年五年以后,才显出来,然而革命也不是一年半载打几个胜仗就可以成功的。"

【一念之差】yī niàn zhī chā　念:念头。差:差错。一个念头的差错(引起严重后果)。宋·陆游《丈人观》诗:"我亦诵经五千文,一念之差堕世纷。"《警世通言》卷三五:"当初是我一念之差,堕在这光棍术中,今已悔之无及。"《镜花缘》一九回:"贤不肖往往只在一念之差。"高云览《小城春秋》二五章:"你总不能因为一念之差,就把命都不要了?"刘醒龙《黑蝴蝶·黑蝴蝶》三:"一念之差,使曾经被林桦戏称为'女性的骄傲'的丈夫,变得如同一头发怒的公牛。"

【一诺千金】yī nuò qiān jīn　诺:诺言。《史记·季布栾布列传》:"得黄金百,不如得季布一诺。"后用"一诺千金"形容做人极讲信用,说话算数。宋·杨万里《答隆兴张尚书》:"得玉求剑,敢萌此心,一诺千金,益深谢臆。"《儿女英雄传》二五回:"邓九公年高有德,出来作这个大媒,姑娘纵然不便一诺千金,一定是两心相印。"王火《战争和人》(二)卷二:"他觉得她是一诺千金的,放下电话,欣慰地说:'事情看来是一定成功了!'"

【一拍即合】yī pāi jí hé　拍:打拍子。一打拍子就能与乐曲的节奏相合。比喻很快就和谐一致。《歧路灯》一八回:"君子之交,定而后求;小人之交,一拍即合。"刘玉民《骚动之秋》一六章:"岳鹏程勇于接受挑战的性格,与猴子诗人的挑战,一拍即合。"

【一盘散沙】yī pán sǎn shā　比喻力量分散,缺乏组织。也比喻不团结。《狮子吼》八回:"各国的会党,莫不有个机关报,所以消息灵通;只有中国的会党,一盘散沙，一个机关报没有，又怎么行呢?"鲁迅《三闲集·无声的中国》:"因为我们说着古代的话，说着大家不明白、不听见的话，已经弄得像一盘散沙，痛痒不相关了。"杨沫《青春之歌》二部三八章:"我们像一盘散沙。同学们，这种情况我们再也不能继续下去了。"

【一片冰心】 yī piàn bīng xīn　冰心:比喻心地洁白如冰。唐·王昌龄《芙蓉楼送辛渐》诗:"洛阳亲友如相问，一片冰心在玉壶。"后用"一片冰心"比喻心地纯洁。也比喻性情淡泊。清·杨潮观《吟风阁杂剧·东莱郡暮夜却金》:"大人一片冰心，但行李往来，用犒从者，亦属交际常情。"

【一贫如洗】 yī pín rú xǐ　像用水洗过一样，穷得什么也没有。形容十分贫穷。元·关汉卿《窦娥冤》楔子:"小生一贫如洗，流落在这楚州居住。"《醒世恒言》卷一八:"那裴度未遇时，一贫如洗，功名蹭蹬。"《三侠五义》二三回:"娘子，你看家中一贫如洗，我学生焉能到得京中赴考呢?"莫应丰《黑洞》五:"追溯到上五代，水家是一贫如洗的穷人。"

【一颦一笑】 yī pín yī xiào　颦:皱眉。指人喜怒等的表情变化。《韩非子·内储说上》:"吾闻明主之爱，一嚬一笑，嚬有为嚬，而笑有为笑。"嚬:同"颦"。唐·权德舆《杂兴》诗之一:"一颦一笑千金重，肯似成都夜失身。"李劼人《大波》四部三章:"但是讨了老婆回省，生恐被表姉娘讥刺他爱情不专一，不能不把全部光阴，一丝不留地耗费于表姉的一颦一笑。"刘心武《钟鼓楼》四章:"杏儿在顾盼间的神情，总让你联想到农村那艳红的窗花;而冯婉姝的一颦一笑，却让你联想到贺绿汀的钢琴曲《牧童短笛》的旋律。"刘玉民《骚动之秋》一四章:"那一举一动、一言一语、一颦一笑，甚至包括生气时睃起的秀目和撅起的红唇，都无不洋溢着动人的诗情。"

【一暴十寒】 yī pù shí hán　暴:晒。寒:冻。《孟子·告子上》:"虽有天下易生之物也，一日暴之，十日寒之，未有能生者也。"后用"一暴十寒"比喻做事没有恒心。暴，也作"曝"。明·王守仁《牌行委官陈谂设教灵山》:"其诸生该赴试者，临期是送;不该赴试者，如常朝夕聚会，考德业。毋令一暴十寒，虚应文具。"叶圣陶《英文教授》:"他们跑出英文教室，说的听的依然句句是中国话，这只是'一曝十寒'的办法罢了。"也作"十寒一暴"。金·元好问《戏题新居二十韵》诗:"就中此宅尤费手，官给工材半佣顾。十寒一暴半载强，才得安床置锜釜。"〔注意〕暴，不读 bào。

【一气呵成】 yī qì hē chéng　呵:呼气。一口气做成。形容文章紧凑、连贯。也比喻做事紧凑、不间断。明·姜绍书《无声诗史·赵左》:"合而观之，若一气呵成。"《花月痕》一六回:"竟是一气呵成，不见联缀痕迹。"李英儒《野火春风斗古城》二二章:"一气呵成几百字的回信，当时心里很痛快，用蜡丸封起时，他又念了一遍，感到有些字句不够妥善，再念时感到全信内容都有问题。"陈忠实《白鹿原》七章:"徐先生取了一张黄纸，欣然命笔，似乎早已成竹在胸，一气呵成。"魏巍《东方》三部一七章:"现在，敌人已经面临着全面崩溃的总形势，朝鲜战争完全可以一气呵成。"

【一钱不值】 yī qián bù zhí　见"不值一钱"。

【一钱如命】 yī qián rú mìng　一钱:一文钱。把一文钱看得如同自己的性命那样重要。形容十分吝啬。清·钱泳《履园丛话》卷一七:"其治家也，事事亲裁，不经奴仆。而一钱如命，恐人侵蚀不利于己也。"王火《战争和人》(二)卷五:"钞票多得木佬佬，还是一钱如命，自己找死!"

【一窍不通】 yī qiào bù tōng 《吕氏春秋·过理》汉·高诱注:"故孔子言其一窍通则比干不见杀也。"原指人心窍不通,后比喻一点都不懂。《醒世恒言》卷三五:"这萧颖士又非黑漆灯火,泥塞竹管,是那一窍不通的蠢物。"《官场现形记》五六回:"正逢着抚台考官,这位大人乃是个一窍不通的,只得请了枪手,代为枪替。"钱钟书《围城》三:"斜川兄,我对诗词真的一窍不通,偶尔看看,叫我做呢,一个字都做不出。"

【一清二白】 yī qīng èr bái 指清楚明白。《歧路灯》四六回:"王紫泥、张绳祖他两个,现在二门外看审官司哩。老爷只叫这二个到案,便一清二白。"周而复《上海的早晨》二部一三:"如果在平时,朱瑞芳早跳得三丈高,瞪着眼睛,要和徐义德闹个一清二白。"也指清白无污点。老舍《骆驼祥子》二二:"不错,她不是他心目中所有的那个一清二白的姑娘,可是正因为这个,她才更可怜,更能帮助他。"周立波《暴风骤雨》一部七:"我姓韩的桥是桥,路是路,一清二白的,怕谁来歪我不成。"

【一清二楚】 yī qīng èr chǔ 形容十分清楚。周而复《上海的早晨》四部五二:"汤阿英虽说在上海滩上做厂,对梅村镇的事却了如指掌,一清二楚。"马烽、西戎《吕梁英雄传》一回:"穷人们减了租,抽了受剥削的欠债契约,陈皮烂账打扫得一清二楚,家家光景慢慢过好起来了。"浩然《乐土》四九章:"进了大门,到了里面,才可以把块块铁板看得一清二楚。"

【一清如水】 yī qīng rú shuǐ 像水那样清澈。形容十分廉洁。《初刻拍案惊奇》卷二〇:"只为平素心性刚直,不肯趋奉权贵,况且一清如水,俸资之外毫不苟取,哪有钱财夤缘势要?"《官场现形记》五回:"本官一清如水。倘有幕友、官亲,以及门稿、书役,有不安本分,招摇撞骗,私自向人需索者,一经查实,立即按例从重惩办,决不宽贷。"韦君宜《令亦可行,禁亦可行》:"这并不是我自吹一清如水。吃请,我也有过,亲友请我,吃他理所当然。"

【一穷二白】 yī qióng èr bái 穷:指工农业不发达。白:指科技文化落后。形容国家经济基础差,科技文化发展落后。也形容人十分贫困。沙汀《青杠坡》二:"就从这一天起,为了认真改变一穷二白的面貌,青杠坡掀起了一个群众性的挖塘运动。"李国文《危楼记事》之八:"也许人就是这样,越拥有一切,越想多多益善,也就越吝啬。反过来,越一穷二白,越想得开,越慷慨。"

【一丘之貉】 yī qiū zhī hé 貉:一种像狐狸的动物。一个山丘上的貉。原指同为一类。后比喻都是坏人,相互没有差别。《汉书·杨恽传》:"古与今,如一丘之貉。"巴金《春》六:"陈克家,冯乐山……这都是一丘之貉!三爸不会不知道。"王火《战争和人》(二)卷七:"他本来想提汤恩伯的名字,这是厉筱侯所希望的,但又一想:你们都是一丘之貉!就未提名了。"〔注意〕貉,不能读作 gé。

【一仍旧贯】 yī réng jiù guàn 仍:依照。旧贯:旧例。《论语·先进》:"仍旧贯,如之何?何必改作。"后用"一仍旧贯"指依照旧例办事。《晋书·殷仲堪传》:"谓今正可更加梁州文武五百,合前为一千五百。自此以外,一仍旧贯。"

【一日不见,如隔三秋】 yī rì bù jiàn, rú gé sān qiū 秋:年。《诗经·王风·采葛》:"一日不见,如三秋兮。"一天不见,就如同过了三年。后用"一日不见,如隔三秋"形容十分思念。王火《战争和人》(二)卷三:"秘书长!贵体康泰否?一日不见,如隔三秋!怀南在此给您拜年了!"也作"一日三秋"。南朝梁·何逊《为衡山侯与妇书》:"路迩人遐,音尘寂绝，一日三秋，不足为喻。"《红楼梦》八二回："好容易熬了一天，这会子瞧见你们，竟如死而复生的一样，真真古人说'一日三秋'，这话再不错的。"

【一日千里】yī rì qiān lǐ 一天跑一千里。《史记·秦本纪》："造父为缪王御，长驱归国，一日千里以救乱。"《后汉书·马援传》："昔为骐骥，一日千里。"也比喻进步、发展很快。宋·楼钥《华文阁直学士……陈公行状》："勉之学，益自刻苦，有一日千里之敏。"邹韬奋《抗战以来》三："尤其是特别热情英勇的青年，他们的组织和工作更是一日千里，蒸蒸日上。"

【一日三秋】yī rì sān qiū 见"一日不见，如隔三秋"。

【一日之雅】yī rì zhī yǎ 雅：交情。只有一天的交情。指交情不深。《汉书·谷永传》："永斗筲之才，质薄学朽，无一日之雅，左右之介。"

【一如既往】yī rú jì wǎng 一如：全部相同。既往：过去。与过去完全相同。刘醒龙《凤凰琴》："学校一如既往，不安排张英才的课。哪怕是请了学生家长来帮忙挖茯苓，孙四海不时要跑去张罗，也不让张英才替一下。"陈忠实《白鹿原》二八章："他在等饭的间隙里，就着红艳艳的油泼辣子和醋水拌的蒜泥，吃完了一个软馍，又埋着头一如既往地把碗里的米粥喝光刮净。"及容《饥饿荒原》一六："刘香云情绪一如既往地平静，她自己没反应，也没有谁再愿意多事。"

【一扫而光】yī sǎo ér guāng 唐·吕从庆《观野烧》诗："烈烈西风里，蓬芜一扫空。"明·沈德符《万历野获编·紫柏评梅庵》："最后李卓吾出，又独创僻解，一扫而空之。"后多作"一扫而光"，比喻全部清除干净或消失。李英儒《野火春风斗古城》一六章："关团长知道执行了高大成的命令，这里老百姓的所有财产就一扫而光了。"刘绍棠《绿杨堤》五："忽然

一股冷风从上面吹来，村村庄庄的瓜田一扫而光，只有鱼菱村残存二亩。"刘玉民《骚动之秋》七章："五天后，突然冒出的十几个饮料厂偃旗息鼓了，那些五花八门的新品种、新花样一扫而光了。"

【一扫而空】yī sǎo ér kōng 见"一扫而光"。

【一身二任】yī shēn èr rèn 《汉书·王吉传》："大王亲属则子也，于位则臣也，一身而二任之责加焉。"后用"一身二任"指一个人同时担负两项任务。宋·司马光《辞知制诰第一状》："窃以二职，文士之高选，儒林之极致。古之英俊，尚或难兼，况于微臣愚陋无比，一身二任，力所不堪。"

【一身是胆】yī shēn shì dǎn 形容胆量很大。《三国志·蜀书·赵云传》南朝宋·裴松之注引《赵云别传》："先主明旦自来，至云营围视昨战处，曰：'子龙一身都是胆也。'"也作"浑身是胆"。《元史·赵璧传》："宪宗即位，召璧问曰：'天下何而治？'对曰：'请先诛近侍之尤不善者。'宪宗不悦。璧退，世祖曰：'秀才，汝浑身是胆耶！'"

【一声不响】yī shēng bù xiǎng 一句话也不说。《孽海花》三一回："朦胧间，仿佛菊笑一声不响的闪了进来，像猫儿戏蝶一样，擒擒纵纵的把自己搏弄。"茅盾《子夜》六："她一声不响，只看了吴芝生一眼，就跟着他走。"王蒙《青春万岁》二七："郑波一声不响，她洗完脚，穿上袜子，她的脚像针扎似的一阵阵地作痛。"

【一石二鸟】yī shí èr niǎo 一个石子打中两只鸟。比喻做一件事达到两个目的。刘绍棠《黄花闺女池塘》六："金褥子，真有你的！你不但放长线钓大鱼，而且一箭双雕，一石二鸟，一条线拴俩蚂蚱。"叶文玲《藤椅》："不料，一石二鸟，连锁反应，小帆朝妈妈鼻子底下伸过去刚完成的'造句'。"

【一时半刻】yī shí bàn kè　形容时间很短。元·王实甫《西厢记》四本三折："虽然是厮守得一时半刻,也合着咱夫妻每共桌而食。"《红楼梦》六三回:"宝玉笑道:'妈妈说的是,我原不过是一时半刻的。'"也作"一时半晌"。《红楼梦》七三回:"我只说他悄悄的拿了出去,不过一时半晌,仍旧悄悄的送来就完了,谁知他就忘了。"

【一时半晌】yī shí bàn shǎng　见"一时半刻"。

【一事无成】yī shì wú chéng　一件事也没有做成。形容没有一点成绩。唐·白居易《除夜寄微之》诗:"鬓毛不觉白毵毵,一事无成百不堪。"《喻世明言》卷九:"我直恁时乖运蹇,一事无成!"《红楼梦》一回:"今风尘碌碌,一事无成,忽念及当日所有之女子,一一细考较去,觉其行止见识,皆出于我之上。"茅盾《腐蚀·十二月三日》:"三面碰壁,一事无成!这感觉,近数日内一天一天加深。"

【一视同仁】yī shì tóng rén　一:同样。仁:仁爱。唐·韩愈《原人》:"是故圣人一视而同仁,笃近而举远。"原指对百姓同等看待。后泛指不分厚薄、平等对待。《警世通言》卷一八:"只是有件毛病,爱少贱老,不肯一视同仁。"《野叟曝言》六〇回:"大姐、二姐俱咏絮之才,太夫人独许儿学诗赋,或未悉其底蕴耳,乞太夫人一视同仁,不识可否?"姚雪垠《李自成》二卷八章:"凡是随我起义的,不管新人旧人,我一视同仁,不分远近。"蒋子龙《女儿的琴声》四:"从心里对儿女不能一视同仁,甚至有意歧视自己某个孩子的父母,我想是没有的。"

【一是一,二是二】yī shì yī, èr shì èr　根据事情的实际情况,应该怎样做就怎样做。形容办事认真,一丝不苟。《荡寇志》八〇回:"小人等不依他,又恐怕被他连累,一是一、二是二的都说了。"曹禺《原野》序幕:"一是一,二是二,我问出口,你就得说,别犹豫。"姚雪垠《李自成》三卷一章:"你别看她年纪小,今年只有十六岁,虚岁十七,可是做事倒很认真,一是一,二是二。"

【一手遮天】yī shǒu zhē tiān　用一只手就能遮住天。比喻倚仗权势,欺蒙世人。明·张岱《石匮书·马士英阮大铖传》:"弘光好酒喜内,日导以荒淫,毫不省外事,而士英一手遮天,靡所不为矣。"周而复《上海的早晨》四部四七:"既而一想,他又觉得不像有规格,纵然马慕韩一手遮天,纺管局会不问起吗?"赵树理《传家宝》:"人家一手遮天了,里里外外都由人家管。"

【一丝不苟】yī sī bù gǒu　苟:马虎。一点也不马虎。形容做事认真。《儒林外史》四回:"上司访知,见世叔一丝不苟,升迁就在指日。"刘白羽《第二个太阳》一二章:"这人毕恭毕敬,一丝不苟,信守着一个老兵的规范。"邓友梅《话说陶然亭》:"我看出来了,你是个学风严谨、一丝不苟的人。"

【一丝一毫】yī sī yī háo　丝:长度单位,十丝为毫。毫:长度单位,十毫为一厘。形容极少的一点。《二刻拍案惊奇》卷二四:"向者所借银两,今不敢求还;任凭尊意,应济多少,一丝一毫,尽算是尊赐罢了。"《官场现形记》三三回:"小侄自己一个钱的薪水不支;以及天天到局里办公事,什么车马钱,包车夫,还有吃的香烟、茶叶,都是小侄自己贴的。真正是涓滴归公,一丝一毫不敢乱用。"茅盾《蚀·幻灭》六:"但是这可怪的情绪已经占领了她,不给她一丝一毫的自由了。"邓一光《我是太阳》一部九:"关山林深深地吸了一口气,把先前的那些儿女情长的念头全部都从脑海里赶走,赶得一毫也不剩。"

【一塌糊涂】yī tā hú tú　形容事情很

糟，很乱。也泛指程度深。《孽海花》三○回："与其顾惜场面、硬充好汉，到临了弄的一塌糊涂，还不如一老一实，揭破真情，自寻生路。"茅盾《子夜》八："老九，你知道我做公债亏得一塌糊涂，差不多两手空空了，还短五六千。"高云览《小城春秋》四七章："吴七到一个亲戚家去吃喜酒，醉得一塌糊涂。"欧阳山《三家巷》一七九："他们老在想混水摸鱼。不然怎能把事情搞得一塌糊涂？"

【一潭死水】 yī tán sǐ shuǐ　潭：深水池。死水：不流动的水。比喻长期没有变化的沉闷局面。张贤亮《灵与肉》四："他们所在的这个偏僻的农场，是像一潭死水似的地方。"蒲韧《二千年间》八："假如把中国封建社会比喻做一潭死水的话，那么异族的侵入就像突然投入一块大石头。"也作"一池死水"。巴金《春》二五："好像一池死水被人投了一块石子进去，于是水花四溅，动荡了一阵，后来波纹逐渐消散，依旧剩下一池死水。"

【一统天下】 yī tǒng tiān xià　一统：统一。统一整个国家。比喻为某个人、某个团体控制的局面。《尚书大传》卷四："改正朔，立宗庙，序祭祀，易牺牲，制礼乐，一统天下。"《三国演义》一回："汉朝自高祖斩白蛇而起义，一统天下。"鲁迅《准风月谈·前记》："自然，车夫做的文章可以说是不通，是胡说，但这不通或胡说，就打破了遗少们的一统天下。"王火《战争和人》（二）卷三："冷面人谈得兴起：'七十六号'现在是李士群的一统天下。"

【一团和气】 yī tuán hé qì　原指待人和气，后多指态度温和而不讲原则。含贬义。《二程外书》卷一二："明道先生坐如泥塑人，接人则浑是一团和气。"《水浒传》八一回："他是在下同窗朋友，如今和圣上寸步不离。此人极是仁慈宽厚，待人接物，一团和气。"《说岳全传》二回：

"那安人做人一团和气，上下众人，无不尊敬。"茅盾《腐蚀·十一月六日》："在客厅门口，就看见了松生；他比从前苍老了些，一团和气跟我打招呼。"毛泽东《反对自由主义》："或者轻描淡写地说一顿，不作彻底解决，保持一团和气。"刘绍棠《瓜棚柳巷》八："瓜园主人满脸堆笑，一团和气，打躬作揖把他迎到瓜棚下。"

【一网打尽】 yī wǎng dǎ jìn　比喻全部抓住或肃清。宋·魏泰《东轩笔录》卷四："刘待制元瑜既弹苏舜钦，而连坐者甚众，同时俊彦，为之一空。刘见宰相曰：'聊为相公一网打尽。'"《封神榜》一五一回："魔家四将只知安晚定计，所仗着先天法宝，打算要把岐山关城内的军民人等，连那些文武君臣一网打尽。"《官场现形记》一七回："咱们辛苦了一趟，所为何事，他竟要一网打尽，我们还要吃甚么呢。"马烽、西戎《吕梁英雄传》三五回："原来康顺风和桦林霸，想把康家寨的民兵引到这老虎山上，一网打尽。"

【一往情深】 yī wǎng qíng shēn　一往：一直。《世说新语·任诞》："桓子野每闻清歌，辄唤'奈何！'谢公闻之曰：'子野可谓一往有深情。'"后用"一往情深"指一直有很深厚的感情。清·孔尚任《桃花扇·侦戏》："看到此处，令我一往情深。"路遥《人生》一三章："只有一往情深的刘巧珍伴着他出了村，一直把他送到河湾里的分路口上。"邓一光《我是太阳》四部二："她被他的叙述迷住了，在他一往情深的蓝眼睛里，她看到的是对故乡的忠诚和思念。"

【一往无前】 yī wǎng wú qián　一往：一直向前。无前：前面没有任何东西可以阻挡。多形容勇猛前进。明·孙传庭《官兵苦战斩获疏》："臣之步兵莫不一往无前。"魏巍《地球的红飘带》二七："他在自己领导的部队中经常倡导'三猛战术——猛打，猛冲，猛追'，养成部队一种勇敢善战、一往无前的作风。"刘白羽《第二个太阳》一章:"他的全部生涯似乎就在不断承受重担中度过,而且担子愈重,愈唤出他那一往无前,全力以赴的英雄气概。"

【一望而知】 yī wàng ér zhī　一看就知道。《东周列国志》九六回:"即命许历引军万人,屯据北岭上,凡character兵行动,一望而知。"《二十年目睹之怪现状》一〇〇回:"他虽然不认得字,但是何处该用朱笔,何处该用墨笔,咨、移、呈、札,各种款式,他都能一望而知的了。"钱钟书《围城》八:"辛楣很喜欢那个女孩子,这一望而知的,但是好像并非热烈的爱。"

【一望无际】 yī wàng wú jì　际:边缘。一眼看不到边。形容空间十分广阔。《西游记》六四回:"行者道:'不须商量,等我去看看。'将身一纵,跳在半空看时,一望无际。"《儒林外史》三一回:"王胡子出去,领着鲍廷玺,捏手捏脚,一路走进来。看见花园宽阔,一望无际。"巴金《春》一二:"她又把头抬得更高。上面是一望无际的蓝天,清澄得没有一片云。"刘白羽《第二个太阳》六章:"整个大武汉一望无际,影影绰绰罩在一层阳光雾霭中,像一面大海。"

【一文不名】 yī wén bù míng　一文:一枚铜钱。名:占有。连一文钱也没有。形容极为穷困。杨沫《青春之歌》二部二七章:"其实呢,皮包里除了几张旧讲义,一文不名。"刘心武《钟鼓楼》五章:"如果兜里有张'钢铁'或'团结'该有多好。但他现在已经几乎一文不名。"刘绍棠《村妇》卷一:"腰里一文不名,借钱四处碰壁,便兔子也吃窝边草,到亲友熟人那里坑骗。"

【一文不值】 yī wén bù zhí　见"不值一钱"。

【一问三不知】 yī wèn sān bù zhī　《左传·哀公二十七年》:"君子之谋也,

始、衷、终皆举之,而后入焉。今我三不知而入之,不亦难乎?"后用"一问三不知"指对什么都不知道。老舍《骆驼祥子》一三:"自己顶好学拉磨的驴,一问三不知,只会拉着磨走。"叶文玲《小溪九道弯》二:"葛老司一没'参派',二没'观点',稀里糊涂的一问三不知,酒倒吓醒了一半。"王火《战争和人》(二)卷三:"有一天,谈到叶秋萍,当童霜威表示一问三不知时,他大声吼叫,牙咬得咯咯响。"

【一无可取】 yī wú kě qǔ　没有一点值得肯定的地方。《醒世恒言》卷二九:"原来这俗物,一无可取,都只管来缠账,几乎错认了。"鲁迅《而已集·反"漫谈"》:"莫非这许多条陈一无可取,还是他没有工夫看呢?"姚雪垠《李自成》二卷二九章:"显然,他……不同意他们说李CHARACTER的建议一无可取。"

【一无是处】 yī wú shì chù　一无:全无,丝毫没有。是:对,正确。没有一点正确的地方。周而复《上海的早晨》四部三七:"这简直是把私私合营讲得一无是处了。"邓一光《我是太阳》五部一:"老大路阳是自己的儿子,实在也是个优秀的孩子,但总不能因为老大优秀其他的孩子就全一无是处吧?"

【一无所长】 yī wú suǒ cháng　没有一点专长。《东周列国志》九九回:"今先生处胜门下三年,胜未有所闻,是先生于文武一无所长也。"《二十年目睹之怪现状》九〇回:"他年轻而纨袴习气太重,除应酬外,乃一无所长。"

【一无所得】 yī wú suǒ dé　见"一无所获"。

【一无所获】 yī wú suǒ huò　没有任何收获。《太平广记》卷二三一引《原化记》:"下网取鱼,一无所获。"欧阳山《三家巷》一六九:"跟他一面劳动,一面拉话,一直谈了整个前晌,仍然一无所获。"魏巍《火凤凰》九四:"尽管他在中国大地上留下了罄竹难书的累累血债,但却一无所获。"张炜《古船》二二章:"有人当天就跑到老隋家大院去观望,回来时却一无所获。"也作"一无所得"。《醒世恒言》卷三八:"我自幼好道,今经五十余年,一无所得。"茅盾《腐蚀·十月一日》:"他虽然一无所得而去,而我也一无所得白白放了他去!"

【一无所有】yī wú suǒ yǒu　什么也没有。《敦煌变文集·庐山远公话》:"如水中之月,空里之风,万法皆无,一无所有,此即名为无形。"《二刻拍案惊奇》卷二二:"看看家人多四散逃去,剩得子然身,一无所有了。"《儒林外史》一一回:"我自从去年在县里出来,家下一无所有,常日只好吃一餐粥。"鲁迅《呐喊·药》一:"街上黑沉沉的一无所有,只有一条灰白的路,看得分明。"李佩甫《送你一朵苦楝花》四:"他一无所有,获得了这么多,也就很难丢弃它。"

【一无所知】yī wú suǒ zhī　什么都不知道。《警世通言》卷一五:"小学生望后便倒,扶起,良久方醒。问之,一无所知。"鲁迅《花边文学·玩笑只当它玩笑》上:"不料刘半农先生竟忽然病故了,学术界上又短少了一个人。这是应该惋惜的。但我于音韵学一无所知,毁誉两面,都不配说一句话。"欧阳山《三家巷》一六七:"至于村子里的各种人、各种事,其中有些什么内部的联系,它们的本质的真相是一种什么模样,咱们就更加一无所知了。"陈忠实《白鹿原》一二章:"他昨晚睡在小学校里一无所知,所以一时拿不出具体方案。"

【一五一十】yī wǔ yī shí　计算数目时往往以五为单位往下数。《红楼梦》二六回:"把钱倒出来,交给小红,小红就替他一五一十的数了收起。"鲁迅《三闲集·新月社批评家的任务》:"但大老爷要打斗殴犯人的屁股时,皂隶来一五一十的

打,难道也算犯罪么?"后比喻原原本本如实地叙述出来。《初刻拍案惊奇》卷一二:"蒋震卿就走去,把这事始末根由一五一十对阮太始说了。"《官场现形记》三六回:"等到吃完了饭,同他同车到他家里,叫他把银子一五一十统通交代了家兄,点过数目不错,然后家兄又到衙门里找到兄弟,叫兄弟先过来送个信。"巴金《春》三三:"淑英坐下,把方才的事情一五一十地对众人叙述了。"周立波《暴风骤雨》一部四:"赵玉林把他昨下晚拐弯抹角,晃晃荡荡的心思,一五一十的,都告诉小王。"

【一物克一物】yī wù kè yī wù　见"一物降一物"。

【一物降一物】yī wù xiáng yī wù　降:降服。指有一种事物,就会有另一种事物降服它。《西游记》五一回:"常言道:'一物降一物'哩。你好违了旨意?"也作"一物克一物"。茅盾《霜叶红似二月花》五:"然而赵守翁竟无奈她何,此之谓人生万物,一物克一物!"

【一息尚存】yī xī shàng cún　一息:一口气。还有一口气。表示直到生命的最后阶段。《论语·泰伯》宋·朱熹集注:"一息尚存,此志不容少懈,可谓远矣。"邓友梅《和老索相处的日子》:"工作、拼搏就是他的生存方式,这个人只要一息尚存,就在奋斗不已。"也作"一息尚在"。《聊斋志异·小梅》:"老夫一息尚在,无不为区处。"

【一息尚在】yī xī shàng zài　见"一息尚存"。

【一席之地】yī xí zhī dì　一张席子的地方。比喻很小的地方。也指一个位置。《旧唐书·后妃传上》:"贵妃久承恩顾,何惜宫中一席之地。"《野叟曝言》一五一回:"只得每间房里多开床铺,男与男同房,女与女同房,每人预交五钱银子,便得占这一席之地,一宵之宿,因此

小老发了数万金事业。"邓友梅《烟壶》六:"大道两旁,千门万户,找不出留自己投宿的一席之地。"古华《芙蓉镇》三章:"王秋赦这时舌头不打结了,喝酒夹菜的举止,也不再那样战战兢兢、奴颜婢膝了。仿佛已经在女主任面前占了一席之地。"王火《战争和人》(三)卷三:"他对司法界本已厌倦而且感到被排挤,早不想去占一席之地了,现在却又有了不甘心就此完全退出的想法。"

【一相情愿】yī xiāng qíng yuàn 一相:一边,指单方面。指仅是单方面意愿,而不考虑对方的意见及客观条件如何。《儿女英雄传》一○回:"自己先留个地步:一则保了这没过门女婿的性命,二则全了这一相情愿媒人的脸面。"莫应丰《麂山之谜》五:"道路既已被他挡住,也只好哄一哄他,以使他让出路来。反正一相情愿的爱情在麂族是不会成功的。"也作"一厢情愿"。清·张集馨《道咸宦海见闻录》:"讷中堂也做过总督,何以一厢情愿?"欧阳山《三家巷》一○三:"至于什么救国会议,那根本是一厢情愿,一厢情愿,呒啥话头。"邓一光《我是太阳》一部六:"从头到尾,关山林只是一厢情愿,人家姑娘还蒙在鼓里呢。"

【一厢情愿】yī xiāng qíng yuàn 见"一相情愿"。

【一笑置之】yī xiào zhì zhī 置:放。宋·杨万里《观水叹》诗:"出处未可必,一笑姑置之。"后用"一笑置之"指笑笑之后就把它放在一边,不把它当作一回事。《官场现形记》四六回:"漕台见他如此说法,晓得他牛性发作,也只好一笑置之。"茅盾《虹》一:"做省长的家庭教师是有的。什么秘书,都是人家嘲笑我。更有些胡言乱语,只好一笑置之了。"欧阳山《三家巷》一:"对于这种不负责任的流言蜚语,陈万利并不放在心上。他想谁也没赃证,说说不妨事,也就一笑置之

了。"

【一泻千里】yī xiè qiān lǐ 形容江河水流迅猛。宋·陈亮《与辛幼安殿撰书》:"长江大河,一泻千里,不足多怪也。"《警世通言》卷三:"回时乘着水势,一泻千里,好不顺溜。"李劼人《大波》一部一章:"轮船具备了这种非凡力量,才能够同那一泻千里,连屋大石头都能冲走的激流争个进退。"也形容诗文、言语、唱腔等气势奔放。明·焦竑《玉堂丛语·文学》:"其文如源泉奔放,一泻千里。"邓友梅《寻访画儿韩》:"'纷纷议论'四个字吐字行腔不同一般。'纷纷'二字回肠九转,跌宕有致,'议论'二字坦坦荡荡,一泻千里。"王火《战争和人》(三)卷三:"她说话常常一泻千里,看得出才思的敏捷与思维的丰富。"

【一心二用】yī xīn èr yòng 指做事不专心。邓一光《我是太阳》四部一:"她热爱自己的工作,全身心地热爱它们,她不可能一心二用。"

【一心一德】yī xīn yī dé 一德:信念一致。《尚书·泰誓中》:"乃一德一心,立定厥功,惟克永世。"后用"一心一德"指同心合力做某事。李劼人《大波》一部一章:"从前大家还一心一德,负责人在上面一号召,大家便群起响应,真有点决诸东方则东流,决诸西方则西流的架势。"

【一心一计】yī xīn yī jì 见"一心一意"。

【一心一意】yī xīn yī yì 心思、意念专一。唐·骆宾王《代女道士王灵妃赠道士李荣》诗:"一心一意无穷已,投漆投胶非足拟。"《初刻拍案惊奇》卷二九:"既有此话,有烦妈妈上覆他,叫他早自挣挫,我自一心一意守着他这日罢了。"《儒林外史》五二回:"陈正公见他如此至诚,一心一意要把银子借与他。"郭沫若《屈原》一幕:"我的志向就是一心一意要学先生,

先生的文章学问我要学,先生的为人处世我也要学。"欧阳山《三家巷》一六四:"我一心一意只盼望他们不要无中生有,胡说八道,乱诌一些生安白造,对谁都没有用处的废话,那就好了。"也作"一心一计"。《红楼梦》七九回:"你不说收了心安分守己,一心一计和和气气的过日子,还是这样胡闹。"柳青《创业史》一部九章:"他们只肯和穷邻居们,组织季节性的临时互助组,不肯像梁生宝那样,和大伙一心一计干!"

【一言蔽之】 yī yán bì zhī 见"一言以蔽之"。

【一言不发】 yī yán bù fā 一句话也不说。《醒世恒言》卷二〇:"徐氏总不应他。竟归楼上说与女儿。玉姐一言不发,腮边珠泪相落。"《官场现形记》一八回:"两位钦差只同将军,台台寒暄了两句,见了其余各官,只是脸仰着天,一言不发。"茅盾《子夜》九:"然而赵伯韬只管吸烟,一言不发,眼光也不大往李玉亭脸上溜。"刘绍棠《村妇》卷二:"进营以后便一言不发,装聋作哑,莫测高深,牛蒡管他叫天师,曹三却嗤之以鼻,蔑称为老杂。"

【一言既出,驷马难追】 yī yán jì chū, sì mǎ nán zhuī 既:已经。驷马:套四匹马的车。宋·欧阳修《笔说·驷不及舌说》:"俗云:一言出口,驷马难追。《论语》所谓'驷不及舌'也。"后用"一言既出,驷马难追"形容话说出来,就不能再收回。《西游记》四八回:"妖邪道:'贤妹何出此言!一言既出,驷马难追。原说听从汝计,捉了唐僧,与你拜为兄妹。今日果成妙计,捉了唐僧,就好昧了前言?'"巴金《秋》四:"你记住:'大丈夫一言既出,驷马难追。'不要反悔啊!"莫应丰《将军吟》一五章:"一言既出,驷马难追,讲了就讲了,我就是这个样子。"

【一言九鼎】 yī yán jiǔ dǐng 九鼎:古

代传说夏禹所铸的九个鼎,象征九州。《史记·平原君虞卿列传》:"毛先生一至楚而使赵重于九鼎大吕。"后用"一言九鼎"形容说的话很有分量、很有作用。清·冯桂芬《至曾侯相书》:"执事一言九鼎,或有以息其议,甚善。"周而复《上海的早晨》三部四八:"那是啊,阿永一句话的份量和老梅的简直不能比。如古人所说的,阿永讲话,一言九鼎!"姚雪垠《李自成》二卷四〇章:"贤妹是他的救命恩人,一言九鼎。"

【一言难尽】 yī yán nán jìn 一言:一句话。一句话难以说清楚。指事情十分复杂。《水浒传》一一回:"柴进道:'教头为何到此,被村夫耻辱?'林冲道:'一言难尽。'"《喻世明言》卷一:"两下里怨离惜别,分外恩情,一言难尽。"《红楼梦》八〇回:"哥儿若问我的膏药,说来话长,其中细理,一言难尽。"莫应丰《将军吟》三〇章:"他估计这里面有一言难尽的许多原因,便不再插嘴,留待以后慢慢了解去。"

【一言丧邦】 yī yán sàng bāng 一言:一句话。一句话可以使国家灭亡。《论语·子路》:"一言而丧邦,有诸?"宋·朱熹《朱子语类·论语一》:"圣人说话,磨棱合缝,盛水不漏,如言一言丧邦,以直报怨,自是细密。"《三侠五义》八九回:"坏事在此一句,所谓一言丧邦。"李英儒《野火春风斗古城》一四章:"金环洞悉关敬陶的全部底细,可以说她操持了关敬陶的命运,在一言兴邦一言丧邦的关头,关敬陶听到'我认识他'的回答。"

【一言堂】 yī yán táng 旧时商店挂的"一言堂"的匾额,表示不二价。后指领导缺乏民主作风,不能听取各方面的意见。唐弢《"齐放"与"争鸣"》:"特别在他们当权的时候,必然要以'一草独放'替代百花齐放,以'一言堂'替代百家争鸣。"艾芜《漫谈科学和文学》:"要设法制止'一言堂','个人说了算'的不民主现象。"

【一言为定】yī yán wéi dìng　一言:一句话。指一句话就确定下来。《醒世恒言》卷九:"今日一言为定,出自二位本心。老汉只图吃几杯见成喜酒,不用谢媒。"《二十年目睹之怪现状》八四回:"洪太守道:'这亲事当日席上一言为定的,怎么能够不受聘。'"刘绍棠《烟村四五家》一一:"苗小莠子带她拜见豆青婶,黑丫头一声比一声高地连叫婶娘,苗小莠子当场一言为定。"

【一言兴邦】yī yán xīng bāng　一言:一句话。一句话可以使国家兴旺发达。《论语·子路》:"一言而可以兴邦,有诸?"宋·许顗《许彦周诗话》:"元礼首议太真、国忠辈,近乎一言兴邦,宜得此语。"李英儒《野火春风斗古城》一四章:"金环洞悉关敬陶的全部底细,可以说她操持了关敬陶的命运,在一言兴邦、一言丧邦的关头,关敬陶听到'我认识他'的回答。"

【一言以蔽之】yī yán yǐ bì zhī　一言:一句话。蔽:概括。用一句话来概括。《论语·为政》:"《诗》三百,一言以蔽之,曰'思无邪。'"张恨水《啼笑因缘续集》一回:"小说吗,一言以蔽之,不是女不爱男,就是男不爱女,或者男女都爱,男女都不爱。"曹禺《王昭君》一幕:"你们要目不斜视,耳不旁听,口不乱问,心不乱想,一言以蔽之,女人就得像个女人的样子。"也作"一言蔽之"。李劼人《大波》一部八章:"一言蔽之,我对四川总有点小补罢? 那吗,看在人情上,你们就不能答应我稍缓两三天吗?"

【一叶障目】yī yè zhàng mù　见"一叶障目,不见泰山"。

【一叶障目,不见泰山】yī yè zhàng mù,bù jiàn tài shān　障:遮住。被一片叶子遮住眼睛,连泰山也看不见。《鹖冠子·天则》:"夫耳之主听,目之主明。一

叶蔽目,不见太山;两豆塞耳,不闻雷霆。"太山,即泰山。后用"一叶障目,不见泰山"比喻被暂时的、局部的现象迷惑,认不清根本的、全局的问题。毛泽东《论持久战》二七:"或则拿一时一地的强弱现象代替了全体中的强弱现象,一叶障目,不见泰山,而自以为是。"姚雪垠《李自成》一卷二六章:"他正像一般读书人一样,看事半明半暗;有时一叶障目,不见泰山。"也单作"一叶障目"。刘绍棠《草莽》三:"这个孩子,胸怀大志,你们一叶障目,慢待了他。"

【一叶知秋】yī yè zhī qiū　从一片落叶可以知道秋天的到来。《淮南子·说山训》:"以小明大,见一叶落而知岁之将暮。"宋·赵长卿《品令·秋日感怀》词:"情难托。离愁重、悄愁没处安著。那堪更、一叶知秋后,天色儿,渐冷落。"后用"一叶知秋"比喻从一点征兆可以预料事物发展的动向。清·俞樾《茶香室丛钞·梧叶报秋》:"一叶知秋,虽古有此说,然安能应声飞落?"也作"叶落知秋"。《五灯会元·天童华禅师法嗣》:"动弦别曲,叶落知秋,举一明三。"也作"落叶知秋"。明·汤显祖《南柯记·侠概》:"恨天涯摇落三杯酒,似飘零落叶知秋。"

【一衣带水】yī yī dài shuǐ　水面像一条衣带那样窄。形容两岸虽然为水面所隔,但相距很近,往来方便。《南史·陈后主纪》:"我为百姓父母,岂可限一衣带水不拯之乎?"郭沫若《革命春秋·跨着东海》:"那市川虽然属于千叶县,但和东京仅一衣带水之隔。"王火《战争和人》(二)卷三:"两人虽在两个国家,一衣带水,相隔几千里,但不断的钟声,使两人心心相通,情谊永存。"

【一意孤行】yī yì gū xíng　孤行:独自行事。指固执地依照己见行事而不听劝告。宋·吴泳《祭陈司业文》:"亶一意以孤行,羌众兆之所弃。"清·赵翼《廿二史

札记·东汉尚名节》："自战国豫让、聂政、荆轲、侯嬴之徒,以意气相尚,一意孤行,能为人所不敢为,世竞慕之。"李劼人《大波》一部八章："私而忘公,无中生有,一意孤行,不察舆情,蒙蔽圣聪,败坏法纪。"姚雪垠《李自成》二卷三一章："丁夫人的心中凉了,知道皇上要一意孤行到底,难以挽回。"

【一应俱全】 yī yīng jù quán 一应:全部,所有一切。指该有的都有了。《儿女英雄传》九回："笸屉里又盖着一屉馒头,那案子上调和作料一应俱全。"钱钟书《围城》六："离开学校不到半里的镇上,一天繁荣似一天,照相铺、饭店、浴室、地方戏院、警察局、中小学校,一应俱全。"叶文玲《屏幕》:"小镇照相馆的摄影师,一点不吝他手下的颜料,就像这房间中的各色家具一样,赤橙黄绿青蓝紫,一应俱全地用上了。"

【一语道破】 yī yǔ dào·pò 一语:一句话。一句话就把真相说穿了。明·陈确《与张考夫书》："自唐虞至战国二千余年,圣人相传心法,一语道破。"《儿女英雄传》二二回："这位姑娘可不是一句话了事的人,此刻要一语道破,必弄到满盘皆空。"周而复《上海的早晨》三部一七:"徐义德赞赏梅佐贤的才干,一语道破了他内心的秘密。"刘白羽《第二个太阳》八章："他,一个深谋远虑的老指挥员的心境,竟被一个青年女医生一语道破,这不是很好笑吗?"

【一语破的】 yī yǔ pò dì 一语:一句话。的:箭靶。比喻一句话就说到问题的实质。朱自清《论雅俗共赏》:"胡适之先生说宋诗的好处就在'做诗如说话',一语破的指出了这条路。"

【一张一弛】 yī zhāng yī chí 张:拉开弓,比喻严,紧张。弛:放松弓弦,比喻宽,松弛。《礼记·杂记下》："张而不弛,文武弗能也;弛而不张,文武弗为也。一

张一弛,文武之道也。"原指宽严结合,是文王、武王治理国家的法则。后多比喻要劳逸相结合。也指一下紧张,一下松弛。明·李贤《赐游西苑记》:"夫一张一弛,文武之道。赐游西苑,有弛之意焉。"《野叟曝言》一二九回:"文武之道,一张一弛。这几日内你两人可寻些顽耍之事,引我喜笑喜笑。"王安忆《小城之恋》:"她无休止地踢腿,韧带一张一弛,又轻松又快乐,不由要回过脸去瞅他。"也作"一弛一张"。汉·王充《论衡·儒增篇》:"张而不弛,文王不为;弛而不张,文王时事不行。一弛一张,文王以为当。"

【一着不慎,满盘皆输】 yī zhāo bù shèn, mǎn pán jiē shū 一着:下棋时走一步棋。指下棋时一步棋走错,一局棋就会输。比喻关键的一个问题未办好,导致全局的失败。李丰祝《解放石家庄》二章:"要关照全局。因为一着不慎,满盘皆输哩!"

【一朝一夕】 yī zhāo yī xī 朝:早晨。夕:晚上。形容极短的时间。《周易·坤》:"臣弑其君,子弑其父,非一朝一夕之故,其所由来者渐矣。"《后汉书·孔融传》:"袁术僭逆,非一朝一夕,日磾随从,周旋历岁。"《喻世明言》卷二二:"养成痝患,非一朝一夕之故也。"周而复《上海的早晨》四部一:"他认为自己在工商界应该坐第一把交椅,现在屈居在那些老老之下,不过因为自己年纪轻,阅历不深,资格也浅,要一步步来,在工商界里大显身手也不是一朝一夕之功。"王安忆《香港的情和爱》三:"老魏说,逢佳,去美国的事不是一朝一夕的事,要慢慢来。"

【一针见血】 yī zhēn jiàn xiě 比喻话语、文章简洁而能说中问题的实质。周而复《上海的早晨》二部一九:"杨健见郭彩娣一针见血地指出徐义德的心思,便鼓励她,说:'我们让他破坏吗?'"莫应丰《山高林密处》一二:"她一针见血地说:

'你已经对一个农村妇女的爱情与生活没有兴趣了。你在关心自己。'"王安忆《香港的情和爱》三:"他们追求真相,喜欢一针见血,务虚和掩饰一概不要。"

【一针一线】yī zhēn yī xiàn 比喻细小的东西。《红楼梦》七四回:"我原比众人歹毒,凡丫头所有的东西我都知道,就在我这里间收着,一针一线他们也没的收藏,要搜所以只来搜我。"欧阳山《三家巷》六:"咱们没坑人,没害人,没占人一针一线的便宜,可那又怎么样?"

【一知半解】yī zhī bàn jiě 知道、理解得不够全面透彻。宋·张栻《寄周子充尚书》之一:"若学者以想象臆度,或一知半解为知道,而日知之则无不行,是妄而已。"老舍《四世同堂》二四:"敢在专家面前拿出自己的一知半解的人不是皇帝,便是比皇帝也许更胡涂的傻蛋。"周而复《上海的早晨》二部三:"我是学技术的,虽然中途辍学,只是一知半解,不过懂得一点技术上的皮毛。"

【一纸空文】yī zhǐ kōng wén 指写在纸上却没有兑现或不能兑现的条约、规定等文书。《官场现形记》四六回:"近来又有了什么外销名目,说是筹了款项,只能办理本省之事;将来不过一纸空文咨部塞责。"瞿秋白《萍踪忆语·金圆王国的劳动妇女》:"就是有了这样的法律以后,还要靠工人们自己有力量督察着执行,否则还是一纸空文。"范文澜等《中国通史》三编一章二节:"隋炀帝诏天下均田,史籍不载均田情况,大概诏书只是一纸空文。"

【一掷千金】yī zhì qiān jīn 掷:扔,此指下赌注。千金:指很多钱。形容任意挥霍。唐·吴象之《少年行》:"一掷千金浑是胆,家无四壁不知贫。"老舍《四世同堂》三〇:"甘心作奴隶的人是不会豪放的,敢一掷千金的人必不肯由敌人手下乞求一块昭和糖吃。"秦牧《神速的剪影》:"仅仅这么几句话,那种奢侈豪华,觥筹交错,山珍海味,一掷千金的情景就给描绘出来了。"也作"千金一掷"。唐·李白《自汉阳病酒归寄王明府》诗:"莫惜连船沽美酒,千金一掷买春芳。"

【一字褒贬】yī zì bāo biǎn 晋·杜预《春秋序》:"《春秋》虽以一字为褒贬,然皆须数句以成言。"原指《春秋》微言大义,一字之中即寓褒贬。后形容用词严谨而有分寸。南朝陈·周弘正《谢梁元帝赍春秋糊屏风启》:"岂若三体五例,对玩前史,一字褒贬,坐卧箴规。"

【一字千金】yī zì qiān jīn 《史记·吕不韦传》:"吕不韦乃使其客人人著所闻,集论以为八览、六论、十二纪,二十余万言。以为备天地万物古今之事,号曰《吕氏春秋》。布咸阳市门,悬千金其上,延诸侯游士宾客有能增损一字者予千金。"后用"一字千金"称赞诗文、书法作品精妙,有很高价值。南朝梁·钟嵘《诗品·古诗》:"文温以丽,意悲而远,惊心动魄,可谓几乎一字千金。"唐·权德舆《马秀才草书歌》:"变化纵横出新意,眼看一字千金贵。"梁实秋《雅舍小品·信》:"有一种人把自己的文字润格订得很高,颇有一字千金之概,轻易是不肯写信的。"

【一字之师】yī zì zhī shī 宋·陶岳《五代史补》载:"郑谷在袁州府,齐己携诗诣之。有《早梅》诗云:'前村深雪里,昨夜数枝开。'谷曰:'数枝非早也,未若一枝。'齐己不觉投拜。自是士林以谷为一字师。"后用"一字之师"指能够改正一个字的老师。宋·罗大经《鹤林玉露》卷一三:"杨诚斋与同舍谈及于宝。一吏进曰:'乃干宝,非于也。'问何以知之,吏取韵书以呈,'干'字下注云:'晋有干宝。'诚斋大喜曰:'汝乃吾一字之师。'"

【伊于胡底】yī yú hú dǐ 伊:古汉语助词,无实义。于:到。胡:何。底:止。到什么地步为止。用于对不良现象表示感慨。《诗经·小雅·小旻》："我视谋犹,伊于胡厎。"厎:底。《儿女英雄传》三五回:"近科的文章本也华靡过甚,我们既奉命来此,若不趁此着实洗伐一番,伊于胡厎?"

【衣不蔽体】yī bù bì tǐ　蔽:遮蔽。衣服遮盖不住身体。形容生活十分穷困。宋·洪迈《夷坚丁志·奢侈报》:"妻子衣不蔽体,每日求丐得百钱,仅能菜粥度日。"方志敏《〈赣东北苏维埃创立的历史〉序言》:"我们织就了绸缎呢绒,自己却衣不蔽体,受寒受冷。"周而复《上海的早晨》四部三八:"弄得企业倒闭,身败名裂,子孙流落街头,食不饱腹,衣不蔽体。"

【衣不重采】yī bù chóng cǎi　采:彩。形容衣着十分俭朴。采,也作"彩"。《史记·越王勾践世家》:"身自耕作,夫人自织,食不加肉,衣不重采。"《陈书·高帝纪下》:"其充闱房者,衣不重彩,饰无金翠。"《东周列国志》八〇回:"食不加肉,衣不重采。惟问候之使,无一月不至于吴。"〔注意〕重,不读zhòng。

【衣不解带】yī bù jiě dài　带:束腰的带子。睡觉时不脱衣服。多形容十分辛苦、勤劳。《晋书·殷仲堪传》:"父病积年,仲堪衣不解带,躬学医术。"《三国演义》八回:"卓偶染小疾,貂蝉衣不解带,曲意逢迎,卓心愈喜。"《喻世明言》卷二八:"日则同食,夜则同卧,如此三年,英台衣不解带,山伯屡次疑惑盘问,都被英台将言语支吾过了。"《野叟曝言》九九回:"我们不过五日一班轮流承值,算什么辛苦,只有那主公不解带,目不交睫有一年多些,才是辛苦哩!"

【衣冠楚楚】yī guān chǔ chǔ　冠:帽子。楚楚:鲜明整洁的样子。《诗经·曹风·蜉蝣》:"蜉蝣之羽,衣裳楚楚。"后多用来形容人衣着整洁、漂亮。元·无名氏《冻苏秦》四折:"想当初风尘落落谁怜

悯,到今日衣冠楚楚争亲近。"《聊斋志异·王六郎》:"夜梦少年来,衣冠楚楚,大异平时。"《二十年目睹之怪现状》六一回:"我听了这一席话,方才明白吃尽当光的人,还能够衣冠楚楚的缘故。"王安忆《叔叔的故事》:"她雍容华贵,总是衣冠楚楚,弹了一手好钢琴,态度高傲。"李佩甫《无边无际的早晨》一一:"人们衣冠楚楚,面带微笑,连婚礼仪式中的逗趣儿也是温文尔雅的。"也作"衣冠齐楚"。《孽海花》三一回:"抬头一望,只见满屋里电灯和保险灯相间着开得雪亮,客厅上坐满了衣冠齐楚的宾客,大餐间里摆满了鲜花。"李劼人《大波》三部七章:"蒲殿俊、罗纶、颜楷、邓孝可这四个首要,果在九月二十四日的正午,衣冠齐楚地由来喜抬被邀请到五福堂。"

【衣冠齐楚】yī guān qí chǔ　见"衣冠楚楚"。

【衣冠禽兽】yī guān qín shòu　穿戴衣帽的禽兽。比喻像禽兽那样没有道德的人。《二刻拍案惊奇》卷四:"缙绅中有此,不但衣冠中禽兽,乃禽兽中豺狼也。"《野叟曝言》七四回:"其性与人殊,可谓衣冠禽兽,况有附逆之罪,若不加戮诛,是为失刑。"欧阳山《三家巷》二三:"我指那些只图自己快意,不管别人死活的混账东西!我指那些仗势欺人的衣冠禽兽!"

【衣锦还乡】yī jǐn huán xiāng　衣(旧读yì):穿。穿着锦绣衣服返回故乡。指富贵后向家乡人炫耀。《周书·史宁传》:"观卿风表,终至富贵,我当使卿衣锦还乡。"《水浒传》九九回:"今日功成名显,朝廷知道,必当重用,封官赐爵,光显门闾,衣锦还乡,谁不称美!"《醒世恒言》卷二:"天子览奏,准给假暂归,命乘传衣锦还乡,复赐黄金二十斤为婚礼之费。"莫应丰《山高林密处》八:"能给家乡带来的影响,就是昂首阔步,衣锦还乡,引起大家羡慕。"陈忠实《白鹿原》一〇章:"她相

信丈夫是干大事的人，更相信他是忙得抽不出时间回乡，将来衣锦还乡才更荣耀。"

【衣锦夜行】yī jǐn yè xíng　见"衣绣夜行"。

【衣衫蓝缕】yī shān lán lǚ　见"衣衫褴褛"。

【衣衫褴褛】yī shān lán lǚ　褴褛：（衣服）破烂。衣着破烂不堪。《封神榜》七一回："身受五花倒剪绑，衣衫褴褛乡民样。"《三侠五义》一三回："只说项福正与玉堂叙话，见有个老者上得楼来，衣衫褴褛，形容枯瘦。"杨沫《青春之歌》一部一〇章："道静赶快把门打开。只见一个衣衫褴褛的衰弱的老头站在屋门外。"也作"衣衫蓝缕"。《西游记》四四回："虽是天色和暖，那些人却也衣衫蓝缕。"

【衣食父母】yī shí fù mǔ　提供衣食的父母。比喻赖以生活的人。《水浒传》三七回："趁船的三个都是我家亲眷，衣食父母，请他归去吃碗板刀面了来。"巴金《随想录》八八："作家和读者都是我的衣食父母。"古华《芙蓉镇》一章："'买主买主，衣食父母。'这是胡玉音从父母那里得来的'家训'。"王火《战争和人》（二）卷一："反正，谁给我方某人赚钞票，谁就是我的衣食父母。"

【衣食住行】yī shí zhù xíng　穿衣、吃饭、住宿、出行。泛指生活的基本需要。邓友梅《印象中的金受申》："经寄水介绍，我找了当时的立言画刊等旧杂志来看，才发现他写北京风俗的文章，衣食住行，婚丧嫁娶，茶馆酒肆，花鸟鱼虫的文章足有几百篇，少说也有几十万字，其知识之丰富，文字之老道，绝非一般小报文章可比。"

【衣绣夜行】yī xiù yè xíng　衣（旧读yì）：穿。绣：指华丽衣服。晚上穿着锦绣衣服走着。多形容有了显耀的地位却不为人所知。《史记·项羽本纪》："富贵不归故乡，如衣绣夜行，谁知之者。"也作"衣锦夜行"。钱钟书《围城》五："辛楣换了衣履下来，李先生叹惜他衣锦夜行，顾先生啧啧称羡。"

【依然故我】yī rán gù wǒ　故：旧。依然是从前的样子。指没有变化或进步。宋·陈著《贺新郎·次韵戴时芳》词："谁料腥埃妨阔步，孤瘦依然故我。"刘心武《钟鼓楼》一章："那许多丑恶的封建景象，在民国以后居然长时间'依然故我'。"邓一光《我是太阳》四部四："关山林很早就了解到军委扩大会的主要精神，但他执迷不悟，依然故我。"刘飞民《骚动之秋》六章："岳鹏程嘴上认了错，回来后却依然故我，并且撤换了去找肖云嫂的两名支部委员。"

【依然如故】yī rán rú gù　故：旧。仍旧像以前那样。唐·薛调《无双传》："舅甥之分，依然如故。"邓友梅《好您哪，宗江大哥》三："宗江却依然如故，亲切地问我身体如何工作怎样，既不提我当右派的事也不问我剧本的下文。"杨绛《记钱钟书与〈围城〉》二："他有些混沌表现，至今依然如故。"

【依违两可】yī wéi liǎng kě　依违：依从或违背。指模棱、犹豫或没有明确的意见。《资治通鉴·后晋齐王开运元年》："太尉、侍中冯道虽为首相，依违两可，无所操决。"《明史·方从哲传》："举朝力争，从哲依违两可。"《清史稿·倭仁传》："依违两可，工于趋避者，小人也。"

【依样葫芦】yī yàng hú lú　见"依样画葫芦"。

【依样画葫芦】yī yàng huà hú lú　比喻单纯模仿而没有新意。宋·魏泰《东轩笔录》卷一："颇闻翰林草制，皆检前人旧本，改换词语，此乃俗所谓依样画葫芦耳，何宣力之有？"方志敏《私塾》："接着那些学生改字，也依样画葫芦，箍眼睛皮，搓手背，打手掌。”刘绍棠《小荷才露尖尖角》六：“平畦、施肥、撒籽、浇水，她都是偷眼看人家，依样儿画葫芦。”也作“依样葫芦”。清·郑燮《范县署中寄舍弟墨第三书》：“总是读书要有特识，依样葫芦，无有是处。”《镜花缘》八回：“侄女既不认得，又不知从何下笔，只好依样葫芦，细细临写。”

【依依不舍】 yī yī bù shě 依依：不忍分别的样子。形容舍不得分开。《东周列国志》七三回：“母曰：‘诸何悲之甚也？岂公子欲用汝耶？……汝能成人之事，垂名后世，我死亦不朽矣。’专诸犹依依不舍。”《野叟曝言》一三四回：“登了座船，诸将挨次告辞，三岛、村溪转觉依依不舍。”钱钟书《围城》七：“鸿渐唤醒校工来挑行李，送辛楣到了旅馆，依依不舍。”欧阳山《三家巷》七一：“临分手的时候，两人依依不舍，看来真像一双亲姐弟。”

【仪表堂堂】 yí biǎo táng táng 仪表：人的外表。堂堂：容貌庄严大方。形容相貌端庄大方。从维熙《大墙下的红玉兰》六：“那时候他是戴着大檐礼帽，拄着龙头拐杖的马家阔少，风度翩翩，仪表堂堂。”张洁《红蘑菇》：“吉尔冬人高马大，仪表堂堂，如果不想其他的方面，说到哪儿也是一个体面的丈夫。”蒋子龙《收审记》三：“至于我呢，虽然称不上是美男子，至少算相貌端正，即便说句仪表堂堂也不算过分。”

【仪态万方】 yí tài wàn fāng 仪态：人的外表。万方：多种多样。形容姿态多种多样，美丽多姿。汉·张衡《同声歌》：“素女为我师，仪态盈万方。”清·纪昀《阅微草堂笔记·如是我闻四》：“脂香粉泽，彩服明珰，仪态万方，宛然娇女。”刘心武《钟鼓楼》六章：“没想到这天龙点睛却出乎意料地飘然而至……仪态万方地坐在沙发上，就仿佛他昨天来过一样，轻松自如，谈笑自若。”也作“仪态万千”。冰心《再寄小读者》五：“眼前一片无边的海水，更永远是反映着空阔的天光，变幻无极，仪态万千。”

【仪态万千】 yí tài wàn qiān 见“仪态万方”。

【诒厥之谋】 yí jué zhī móu 见“贻厥孙谋”。

【怡然自得】 yí rán zì dé 怡然：喜悦的样子。自得：舒适。形容高兴而满足的样子。《列子·黄帝》：“黄帝既寤，怡然自得。”唐·骆宾王《与博昌父老书》：“今西成有岁，东户无为。野老清谈，怡然自得。”《红楼梦》四四回：“不想落后闹出这件事来，竟得在平儿前稍尽片心，亦今生意中不想之乐也。因歪在床上，心内怡然自得。”欧阳山《三家巷》一一八：“可惜，天色太暗，大家都没有看见周炳脸上那种怡然自得的表情。”刘心武《钟鼓楼》二章：“因为剧团里缺小生，他便又转了小生，虽说一直是给二流旦角配戏，他倒也怡然自得。”

【贻害无穷】 yí hài wú qióng 贻：遗留。穷：尽。遗留无穷尽的祸患。宋·蔡抗《玉堂对策》：“取舍不审，则贻害无穷。”《文明小史》一七回：“弄到今日国穷民困，贻害无穷，思想起来，实实令人可恨。”王火《战争和人》(三)卷七：“军事当局发出给军队的密令中，说：‘奸匪如不速予剿除，不仅八年抗战前功尽失，且必贻害无穷。’”

【贻厥孙谋】 yí jué sūn móu 指为子孙的未来做好安排。《尚书·五子之歌》：“明明我祖，万邦之君，有典有则，贻厥子孙。”《诗经·大雅·文王有声》：“诒厥孙谋，以燕翼子。”诒：同“贻”。也作“诒厥之谋”。《晋书·愍怀太子传》：“武皇钟爱，既深诒厥之谋；天下归心，颇有后来之望。”

【贻人口实】 yí rén kǒu shí 贻：给。

口实：话柄。《尚书•仲虺之诰》："予恐来世以台为口实。"台：贻。后用"贻人口实"指因为言语、行动不慎，给人留下话柄。清•唐才常《上欧阳中鹄书》四："即统筹全局，非数十万金不能藏事，安得有此巨款？如此事果成，必贻人口实？"王火《战争和人》（一）卷四："以秘书长的地位来说，去到武汉，共赴国难，如鱼龙入海，必然会鹏程万里，大展抱负，困守在此，得不偿失，贻人口实。"

【贻笑大方】yí xiào dà fāng　贻笑：见笑。大方：指内行人、专家。《庄子•秋水》："今我睹子之难穷也，吾非至于子之门，则殆矣。吾长见笑于大方之家。"后用"贻笑大方"指被内行人笑话。《说岳全传》一〇回："小生意下却疑是此剑，但说来又恐不是，岂不贻笑大方？"鲁迅《三闲集•无声的中国》："他们说年青人作品幼稚，贻笑大方。"陈国凯《摩登阿Q》："先生一向自标立论严密，如此漏洞百出，狗屁不通，岂不贻笑大方，误人子弟，望先生深长思之。"

【移风易俗】yí fēng yì sú　移：改变。易：改换。改变旧的风气、习俗。秦•李斯《上书秦始皇》："孝公用商鞅之法，移风易俗，民以殷盛，国以富强。"李劼人《大波》二部六章："这时，堂屋里面，董修武正大讲其移风易俗，必自家庭革命开端的大道理。"姚雪垠《李自成》一卷二八章："劝农桑、兴学校，通商惠工，移风易俗。"

【移宫换羽】yí gōng huàn yǔ　宫、羽：古代五音的音调名。指乐曲改换音调。也比喻事物产生变化。宋•周邦彦《意难忘•美人》词："知音见说无双，解移宫换羽，未怕周郎。"明•柯丹邱《荆钗记•团圆》："移宫换羽虽非巧，仿古依今教尔曹，奉劝诸君行孝道。"也作"移宫易羽"。宋•杨无咎《倒垂柳》词："馀香应未泯，凭君重唱《金缕》。移宫易羽，纵有离愁休怨诉。"

【移宫易羽】yí gōng yì yǔ　见"移宫换羽"。

【移花接木】yí huā jiē mù　把枝条、嫩芽从一种花木嫁接到另一种花木上。比喻暗中更换。《初刻拍案惊奇》卷三五："岂知暗地移花接木，已自双手把人家交还他。"《红楼梦》一〇九回："一则宝玉负愧，欲安慰宝钗之心；二则宝钗恐宝玉思郁成疾，不如假以词色，使得觉亲近，以为移花接木之计。"鲁迅《且介亭杂文•病后杂谈》四："不过中国的有一些士大夫，总爱无中生有，移花接木的造出故事来，他们不但歌颂升平，还粉饰黑暗。"

【移山倒海】yí shān dǎo hǎi　原形容法术高妙。《封神演义》三六回："善能移山倒海，惯能撒豆成兵。"后多形容人类改造自然的伟大力量和气魄。欧阳山《三家巷》一〇〇："有组织的斗争跟那种仅仅凭着个人的力量进行的斗争是不同的，它要强大得无可比拟，它要有威力得无可比拟，它可以干出移山倒海的伟大事业来。"杜鹏程《在和平的日子里》："韦珍，头一回看见这移山倒海似的劳动场面！韦珍，头一回和这么多创造世界的人一道激烈地战斗！"

【移樽就教】yí zūn jiù jiào　樽：古代的盛酒器皿。就：接近，靠近。端着酒杯坐到对方面前，以便请教。指主动向对方请教。《镜花缘》三七回："是舅母岳母移樽就教，给他父母贺喜。"王火《战争和人》（一）卷三："门庭虽然冷落，自己还不是毫无身价，管仲辉就仍来亲近并且移樽就教。"

【遗臭万年】yí chòu wàn nián　遗：留下。臭：指不好的名声。《世说新语•尤悔》："既不能流芳后世，亦不足复遗臭万载耶！"载：年。后用"遗臭万年"指坏名声一直流传，为人唾骂。《宋史•林勋程珌等传赞》："若乃程珌之窃取富贵，梁成大、李知孝甘为史弥远鹰犬，遗臭万年者也。"《三国演义》九回："将军若助董卓，乃反臣也，载之史笔，遗臭万年。"李英儒《野火春风斗古城》九章："曹操还主张，不能流芳百世，宁可遗臭万年哩！"高云览《小城春秋》三三章："赵雄只好照着'遗臭万年'又说了一遍，这一下把观众的眼泪都笑出来了。"

【遗风遗泽】 yí fēng yí zé 先人遗留的教化、恩惠。宋•苏轼《母聂氏温国太夫人外制》："慈和严翼以成其子，使朕得名世之士；以济艰难，其遗风遗泽盖有存者。"

【遗世独立】 yí shì dú lì 指超脱世俗。宋•苏轼《赤壁赋》："飘飘乎如遗世独立，羽化而登仙。"丰子恺《缘缘堂随笔•车厢社会》："那时我在形式上乘火车，而在精神上仿佛遗世独立，依旧笆闭在自己的书斋中。"

【颐指气使】 yí zhǐ qì shǐ 颐：腮帮。指：指挥。气：神情。使：指使。用面部表情和出气发声做出示意来指使别人。形容有势力的人的傲慢神情。唐•元稹《追封李逊母崔氏博陵郡太君》："今逊等有地千里，有禄万钟，颐指气使，无不顺随。"《旧五代史•李振传》："唐自昭宗迁都之后，王室微弱，朝廷班行，备员而已。振皆颐指气使，旁若无人。"茅盾《子夜》一："他大概有四十岁了，身材魁梧，举止威严，一望而知是颐指气使惯了的'大亨'。"刘玉民《骚动之秋》一章："那是全县乃至全市第一辆小红旗，小谢开到哪里，哪里总要围上惊讶羡慕的人群，连颐指气使的交通民警也从不敢放出红灯。"

【疑鬼疑神】 yí guǐ yí shén 见"疑神疑鬼"。

【疑神疑鬼】 yí shén yí guǐ 形容人多疑。明•徐光启《钦奉明旨条画屯田疏》："盖妄信流传谓庚气所化，是以疑神疑鬼，甘受戕害。"《二十年目睹之怪现状》五八回："正是：如火如荼，军容何盛；疑

神疑鬼，草木皆兵。"周而复《上海的早晨》四部一二："我喜欢有啥讲啥，谁像你那样咬文嚼字，叫人疑神疑鬼。"张贤亮《土牢情话》八章："我时而震颤不已，时而心灰意懒，时而疑神疑鬼，时而胸襟坦然。"也作"疑鬼疑神"。《儿女英雄传》五回："如今安公子正在个疑鬼疑神的时候，遇见了这等一个神出鬼没的脚色。"

【以暴易暴】 yǐ bào yì bào 易：改换。用残暴的统治替代残暴的统治。《史记•伯夷列传》："登彼西山兮，采其薇矣。以暴易暴兮，不知其非矣！"梁启超《论近世国民竞争之大势及中国前途》一节："一家失势，他家代之。以暴易暴，无有已时。"何其芳《吴玉章同志革命故事》："我们革命的宗旨是推翻清朝专制政府，实行民主政治，解除人民痛苦，并不是以暴易暴。"

【以德报怨】 yǐ dé bào yuàn 报：报答，回报。不记别人的仇，反而以恩惠回报。《论语•宪问》："或曰：'以德报怨，何如？'子曰：'何以报德？以直报怨，以德报德。'"宋•崔鶠《杨嗣复论》："君子不念旧恶，以德报怨。"邓友梅《兰英》："正当大家为兰英不平时，这个从来用笑脸面对世界，以德报怨的人，突然带着四个孩子全回到中国来了。"

【以毒攻毒】 yǐ dú gōng dú 中医指用有毒性的药物来治疗毒疮等病。比喻利用坏人、坏事来对付坏人、坏事。宋•罗泌《路史•有巢氏》："以毒攻毒，有至仁焉。"《红楼梦》四二回："这个正好，就叫做是巧姐儿好。这叫作'以毒攻毒，以火攻火'的法子。"茅盾《腐蚀•一月十五日》："我比你早了几年，所以我所经验的痛苦，也比你多的多。我曾经也使自己变坏，变得跟他们一样坏，以毒攻毒！"

【以讹传讹】 yǐ é chuán é 讹：错误。把本来就是不符合实际情况的话又错误地传出去，越传越错。明•陆采《怀香记•

讹传凶信》:"以讹传讹,纷然流谤。"《红楼梦》五一回:"这两件事虽无考,古往今来,以讹传讹,好事者竟故意的弄出这古迹来以愚人。"《官场现形记》四〇回:"果然耐庵讨了小,要瞒你嫂子,我岂肯再叫人同了你来。一定是我们口口亦是听了谣言,以讹传讹。"张洁《方舟》七:"有些人就是这样,听风就是雨,又不敢去找领导落实,然后就以讹传讹地做决定,下命令,对同志没有多少认真负责的态度!"

【以耳代目】yǐ ěr dài mù 用听到的来代替看到的。《儿女英雄传》一七回:"据我那小东人说来,十三妹姑娘怎的个孝义,怎的个英雄;我那老东人以耳为目,便轻信了这话。"后多作"以耳代目",指不亲自调查,轻信传言。臧克家《以耳代目之类》:"这种以耳代目的情况是令人吃惊的,但这种情况却并不是罕见的。"

【以攻为守】yǐ gōng wéi shǒu 以主动进攻达到防守的目的。《宋史·安丙传》:"时方议和,丙独戒饬将士,恫疑虚喝,以攻为守,威声甚著。"茅盾《腐蚀·九月二十二日》:"哦,他一开头,就'以攻为守',那我要用'奇袭',才有希望。"王安忆《香港的情和爱》八:"逢佳对老魏的好,是层层叠叠,绵绵密密,是以多胜少,又以少胜多,以攻为守,又以守为攻。"

【以观后效】yǐ guān hòu xiào 指从宽处理,观察以后有无悔改的表现。《后汉书·安帝纪》:"秋节既立,鸷鸟将用,且复重申,以观后效。"《官场现形记》四八回:"毕竟蒋中丞人尚忠厚,因见两司代为求情,亦就答应暂时留差,以观后效。"

【以管窥天】yǐ guǎn kuī tiān 通过竹管看天。《庄子·秋水》:"子乃规规然而求之以察,索之以辩,是直用管闚天,用锥指地也,不亦小乎!"后用"以管窥天"比喻观察、认识问题片面。《史记·扁鹊仓公列传》:"夫子之为方也,若以管窥天,以郄视文。"《喻世明言》卷三二:"子但据目前,譬如以管窥天,多见其不知量矣。"

【以己度人】yǐ jǐ duó rén 度:猜测。以自己的心思来猜测别人的心思。多含贬义。《三国志·魏书·钟毓传》:"毓以为'夫论事料敌,当以己度人。'"清·王夫之《读通鉴论·汉高帝二》:"积忮害者,以己度人,而疑人之忮己。"〔注意〕度,不读dù。

【以儆效尤】yǐ jǐng xiào yóu 儆:告诫。效:仿效。尤:过错。通过处理某一坏人坏事,来警告学做坏事的人。《歧路灯》九三回:"自宜按律究办,以儆效尤。"王火《战争和人》(三)卷二:"为了严肃校纪,不处分不足以平众愤。学校决定给予你大过处分,以儆效尤。"

【以老卖老】yǐ lǎo mài lǎo 见"倚老卖老"。

【以类相从】yǐ lèi xiāng cóng 指按照类别分别归在一起。《荀子·正论》:"凡爵列、官职、赏庆、刑罚皆报也,以类相从者也。"鲁迅《汉文学史纲要》八篇:"又分造词赋,以类相从。"

【以狸饵鼠】yǐ lí ěr shǔ 狸:猫。饵:用东西引诱。用猫来诱捕老鼠。比喻方法不对,不可能成功。《商君书·农战》:"我不以货事上而求迁者,则如以狸饵鼠耳,必不冀矣。"

【以蠡测海】yǐ lí cè hǎi 蠡:瓢。用瓢量海。比喻见识肤浅薄。汉·东方朔《答客难》:"以管窥天,以蠡测海,以莛撞钟,岂能通其条贯,考其文理,发其声音哉。"清·王韬《变法自强》下:"彼言者,直坐井窥天,以蠡测海耳!"

【以礼相待】yǐ lǐ xiāng dài 用相应的礼节对待。《水浒传》八九回:"赵枢密留褚坚,以礼相待。"姚雪垠《李自成》三卷九章:"纵然是一名普通小校,我们也要以礼相待。"刘心武《栖凤楼》七五:"纪保安基本上不去父亲那个家,过春节时去一下,也仅是相互以礼相待,全然没有亲情的温馨。"

【以理服人】 yǐ lǐ fú rén 理:道理。服:使人心服。用道理来说服人。赖传珠《古田会议前后》:"毛党代表完全采用说服教育,以理服人的态度,而且还要我参加会议一起讨论。"

【以力服人】 yǐ lì fú rén 力:强制的力量。服:使人服从。用强制的方法使人服从。《孟子·公孙丑上》:"以力服人者,非心服也,力不赡也。"毛泽东《在中国共产党全国宣传工作会议上的讲话》:"以力服人是不行的。对付敌人可以这样,对付同志,对付朋友,绝不能用这个方法。"

【以邻为壑】 yǐ lín wéi hè 壑:深沟。《孟子·告子下》:"禹之治水,水之道也,是故禹以四海为壑。今吾子以邻国为壑。"意为把邻国当成排洪水的沟壑。后用"以邻为壑"比喻把困难、灾祸推给别人。宋·文天祥《知潮州寺丞东岩洪公行状》:"公智虑深达,如宿将持重而规画绵络,不以邻为壑也。"清·黄遵宪《乙丑十一月避乱大埔三河虚》:"诸公竟以邻为壑,一夜喧呼贼渡河。"

【以卵击石】 yǐ luǎn jī shí 卵:蛋。用鸡蛋碰石头。《墨子·贵义》:"以其言非吾者,是犹以卵投石也,尽天下之卵,其石犹是也,不可毁也。"后多作"以卵击石",比喻不估量自己的实力,自取灭亡。《封神演义》五三回:"今将军兵不过十员,兵不足二十万,真如群羊斗虎,以卵击石,未有不败者也。"李劼人《大波》二部八章:"也是你们这般年轻学生,才有这种莽劲!明明晓得军队是久练之师,又有利器在手,仍然要去拼命。古人说的以卵击石,莫非没有想到么?"马烽、西戎《吕梁英雄传》五六回:"二先生一听说敌人'扫荡'兴县被消灭了七百多,高兴

地摸着胡子说:'灯蛾扑火,以卵击石,能不自毁乎!'"

【以貌取人】 yǐ mào qǔ rén 貌:容貌。指以容貌判断人的品质、才能。《史记·仲尼弟子列传》:"吾以言取人,失之宰予;以貌取人,失之子羽。"《镜花缘》一八回:"若以寻常老秀才看待,又是以貌取人了。"蒋业龙《一个工厂秘书的日记》:"我心里暗骂自己,当秘书最忌势利眼,我为什么今天竟以貌取人呢!"周大新《第二十幕》(中)三部二:"栗丽早已过了以貌取人的年纪,她在心里说服自己压下对那张脸的厌恶。"

【以其昏昏,使人昭昭】 yǐ qí hūn hūn, shǐ rén zhāo zhāo 用自己糊涂的认识,却想让别人明白。《孟子·尽心下》:"贤者以其昭昭,使人昭昭;今以其昏昏,使人昭昭。"

【以强凌弱】 yǐ qiáng líng ruò 见"倚强凌弱"。

【以人废言】 yǐ rén fèi yán 指因为人的地位等原因而否定、废弃他的言论。《论语·卫灵公》:"君子不以言举人,不以人废言。"《三国志·吴书·吴主传》:"若小臣之中,有可纳用者,宁得以人废言而不采择乎?"

【以身试法】 yǐ shēn shì fǎ 身:自身。指明知违法,还要去犯法。《汉书·王尊传》:"明慎所职,毋以身试法。"《后汉书·冯勤传》:"崇山、幽都何可偶,黄钺一下无处所,欲以身试法邪?"《文明小史》六〇回:"哼哼,他倒敢以身试法吗?"

【以身殉职】 yǐ shēn xùn zhí 指因忠于本职工作而牺牲。毛泽东《纪念白求恩》:"去年春上到延安,后来到五台山工作,不幸以身殉职。"

【以身作则】 yǐ shēn zuò zé 身:自身。则:榜样。自己以行动给大家做出榜样。

李劼人《大波》三部九章:"两位都督在就职时,最好以身作则,都穿军服佩刀,也使人民耳目一新。"姚雪垠《李自成》一卷二八章:"什么事交给他办,他总是以身作则,比弟兄们还要吃苦。"

【以手加额】 yǐ shǒu jiā é 古人习俗,把手放在额头上,表示庆幸、高兴。宋·陈亮《与张定叟侍郎》:"近者晦庵人奏事,侍郎还递从班,行都父老莫不以手加额,不敢以意分先后。"《醒世恒言》卷二五:"白氏问了详细,知得丈夫中了头名状元,以手加额,对天拜谢。"《野叟曝言》一二三回:"天子大喜,出位揖谢,以手加额道:'此天以素父赐朕也。'"

【以守为攻】 yǐ shǒu wéi gōng 以防守达到进攻的目的。宋·秦观《边防》上:"古之知军守者不然,坚壁不战,自养其锋,则虽大敌可擒;直前逆击,折其盛势,则虽危城而可保。是之谓以守为攻,以攻为守。"王安忆《香港的情和爱》八:"逢佳对老魏的好,是层层叠叠,绵绵密密,是以多胜少,又以少胜多,以攻为守,又以守为攻。"

【以售其奸】 yǐ shòu qí jiān 售:推销。用来推行他的奸计。刘心武《班主任》:"'白骨精'们正是拼命利用一些人的轻信与盲从以售其奸!"

【以汤沃雪】 yǐ tāng wò xuě 汤:开水。沃:浇。用开水浇雪。比喻十分容易。《淮南子·兵略训》:"若以水灭火,若以汤沃雪,何往而不遂,何之而不用。"《晋书·列女传》:"何,邓执权,必为玄害,亦由排山压卵,以汤沃雪耳,奈何与之为亲?"

【以汤止沸】 yǐ tāng zhǐ fèi 汤:开水。沸:沸腾。用倒进开水的方法使水不再沸腾。比喻错误的处理方法会助长错误。《吕氏春秋·尽数》:"夫以汤止沸,沸愈不止,去其火则止矣。"《汉书·董仲舒传》:"法出而奸生,令下而诈起,如以汤止沸,抱薪救火,愈甚亡益也。"

【以往鉴来】 yǐ wǎng jiàn lái 往:过去。鉴:借鉴。来:将来。用过去的经验、教训作为以后办事的借鉴。《三国志·魏书·杨阜传》:"愿陛下动则三思,虑而后行,重慎出入,以往鉴来。"

【以文会友】 yǐ wén huì yǒu 指通过文章交朋友。《论语·颜渊》:"君子以文会友,以友辅仁。"宋·柳永《女冠子》词:"以文会友,沉李浮瓜忍轻诺。"巴金《随想录·附录》:"我们举行一年一次的大会,'以文会友',盛会加强我们的团结,增进我们的友谊。"

【以小人之心,度君子之腹】 yǐ xiǎo rén zhī xīn, duó jūn zǐ zhī fù 小人:指道德品质不好的人。度:猜测。君子:指品德高尚的人。《世说新语·雅量》:"可谓以小人之虑,度君子之心。"后用"以小人之心,度君子之腹"指用卑劣的心意去猜测品德高尚的人的心意。《醒世恒言》卷七:"谁知颜俊以小人之心,度君子之腹,此际便是仇人相见,分外眼睁。"《野叟曝言》二〇回:"我以小人之心度君子之腹,罪案无穷,渐感靡尽。"刘绍棠《村妇》卷二:"仲书记打算把你安排在民政局当局级调研员,人家不忘老交情,你反倒以小人之心度君子之腹。"〔注意〕度,不读 dù。

【以一当十】 yǐ yī dāng shí 当:抵挡。一个人抵挡十个人。《战国策·齐策一》:"必一以当十,十而当百,百而当千。"后用"以一当十"形容军队队伍武艺高强、斗志旺盛。《三国志·蜀书·诸葛亮传》南朝宋·裴松之注:"临战之日,莫不拔刃争先,以一当十。"毛泽东《中国革命战争的战略问题》五章六:"我们的战略是'以一当十',我们的战术是'以十当一'。"

【以一儆百】 yǐ yī jǐng bǎi 见"以一警百"。

【以一警百】 yǐ yī jǐng bǎi 警:告诫。

惩罚一个人，告诫、提醒众人。《汉书·尹翁归传》："时其有所取也，以一警百，吏民皆服。"也作"以一儆百"。肖复兴《贴深蓝色海绵的球拍》："连队的指导员是个复员军人，本想以一儆百，好好批评她一通。"

【以逸待劳】yǐ yì dài láo　逸：安逸。劳：疲劳。指在作战时做好充分准备，养精蓄锐，等疲劳的敌人进犯时给予还击。《孙子·军争》："以近待远，以佚待劳，以饱待饥，此治力者也。"佚：同"逸"。《汉书·赵充国传》："烽火幸通，势及并力，以逸待劳，兵之利者也。"《三国演义》七三回："此书生之言耳。岂不闻'水来土掩，将至兵迎'？我军以逸待劳，自可取胜。"《儒林外史》四三回："他踞了碉楼，以逸待劳，我们难以刻期取胜。"茅盾《腐蚀·十二月十日》："我也笑了笑，不作答；我料定陈胖忽然对我这么关切，其中必有原故，我且以逸待劳，看他怎样。"杜鹏程《保卫延安》一章："党中央指挥我们向东，指挥敌人向西，不仅是让敌人再次扑空挫我锐气，而且为了使敌人发生过失。我军以逸待劳，利用他的过失……"

【以怨报德】yǐ yuàn bào dé　报：回报。用怨恨来回报别人的恩德。《国语·周语中》："以怨报德，不仁。"唐·李德裕《小人论》："世所谓小人者，便辟巧佞，翻覆难信，此小人常态，不足惧也。以怨报德，此其甚者也。"《镜花缘》一九回："他在那里，何等有趣，你却把他救出，岂非'以怨报德'么？"茅盾《子夜》一九："他是向来公道，从没待亏了谁，可是人家'以怨报德'！"

【以子之矛，攻子之盾】yǐ zǐ zhī máo，gōng zǐ zhī dùn　《韩非子·难一》："楚人有鬻楯与矛者，誉之曰：'吾楯之坚，物莫能陷也。'又誉其矛曰：'吾矛之利，于物无不陷也。'或曰：'以子之矛，陷子之楯，何如？'其人弗能应也。"后用"以子之矛，攻子之盾"比喻用对方的观点来驳斥对方。鲁迅《准风月谈·反刍》："他们是在嘲笑那些反对《文选》的人们自己却曾做古文，看古书。这真利害。大约就是所谓'以子之矛，攻子之盾'罢。"

【迤逦不绝】yǐ lǐ bù jué　迤逦：曲折连绵。形容连绵不断。《云笈七签》卷一一三："行十余里，忽见幢节幡盖，迤逦不绝。"

【倚财仗势】yǐ cái zhàng shì　倚、仗：依靠。指凭借着自己的财产和权势做坏事。《红楼梦》四回："无奈薛家原系金陵一霸，倚财仗势，众豪奴将我小主人竟打死了。"

【倚老卖老】yǐ lǎo mài lǎo　倚：依仗。凭着年纪大而摆老资格。元·无名氏《谢金吾》一折："我尽让你说几句便罢，则管里倚老卖老，口里唠唠叨叨的说个不了。"欧阳山《三家巷》一八三："不管怎么说吧。我看你有一点倚老卖老，摆老资格了。哈哈，哈哈！"刘绍棠《村妇》卷二："关一品同志倚老卖老，不接受县委调动，您出面跟他竞选，正是替我逼宫。"也作"以老卖老"。《红楼梦》五九回："那婆子本是愚顽之辈，兼之年近昏眊，惟利是命，一概情面不管，正心疼肝断，无计可施，听莺儿如此说，便以老卖老，拿起拄杖来向春燕身上击上几下。"

【倚马可待】yǐ mǎ kě dài　《世说新语·文学》："桓宣武北征，袁虎时从，被责免官。会须露布文，唤袁倚马前令作。手不辍笔，俄得七纸，殊可观。"后用"倚马可待"比喻文思敏捷，文章写得又快又好。唐·李白《与韩荆州朝宗书》："必若接之以高宴，纵之以清谈，请日试万言，倚马可待。"《醒世恒言》卷二九："八岁即能属文，十岁便娴诗律，下笔数千言，倚马可待。"

【倚门傍户】yǐ mén bàng hù　比喻依赖别人，不能自立。《五灯会元·涿州纸衣和尚》："僧问：'如何是宾中宾?'师曰：'倚门傍户犹如醉，出言吐气不惭惶。'"也比喻没有主见。清·黄宗羲《明儒学案·发凡》："学问之道，以各人自用得著者为真。凡倚门傍户，依样葫芦者，非流俗之士，则经生之业也。"

【倚强凌弱】 yǐ qiáng líng ruò 《庄子·盗跖》："自是之后，以强陵弱，以众暴寡。"陵：通"凌"。后多作"倚强凌弱"，指凭借强大的实力，欺凌弱小者。元·无名氏《浑范叔》楔子："今天下并为七国，是秦、齐、燕、赵、韩、楚和俺魏国，各据疆土，倚强凌弱，不肯相下。"

【义不容辞】 yì bù róng cí 义：道义。辞：推辞。道义上不容许推辞。指理应接受。唐·岑文本《唐故特进尚书右仆射上柱国虞恭公温公碑》："夫显微阐幽，义不容辞。"《三国演义》五八回："子敬有恩于玄德，其言必从；且玄德既为东吴之婿，亦义不容辞。"李劼人《大波》三部四章："敝县刻下已经宣布反正！邑人为县中绅士推举，义不容辞担任了敝县的司令！"欧阳山《三家巷》一七四："他觉着自己应该义不容辞地说几句话来安慰他，又想不起到底应该说些什么。"

【义愤填膺】 yì fèn tián yīng 义愤：对违反正义的事所产生的愤怒。膺：胸。指内心充满义愤。《孽海花》二五回："珏斋不禁义愤填膺，自己办了个长电奏，力请宣战。"茅盾《腐蚀·十一月六日》："但何参议之类倘在什么周上作报告，还不是咬牙切齿，义愤填膺，像煞只有他是爱国、负责，埋头苦干，正经人！"欧阳山《三家巷》六六："你们从她那义愤填膺的神态，就看得出一副五四时代的面影。"刘白羽《第二个太阳》七章："总工会里里外外挤满人，一个个义愤填膺，摩拳擦掌，声言，要来缴，就自卫反抗。"

【义气相投】 yì qì xiāng tóu 指彼此的禀性、情谊合得来。《水浒传》五七回：

"韩滔也是七十二煞之数，自然义气相投，就梁山泊做了头领。"《封神榜》九○回："敖光从与我结拜，义气相投作弟兄。"《三侠五义》五七回："小弟与兄本无仇隙，原是义气相投的。"

【义无反顾】 yì wú fǎn gù 义：道义。反顾：回头看。《史记·司马相如列传》："触白刃，冒流矢，义不反顾，计不旋踵。"后多作"义无反顾"，指为了正义而勇往直前，毫不犹豫。宋·张孝祥《代揔得居士与叶参政》："王、戚、李三将忠勇自力，义无反顾。"欧阳山《三家巷》五二："他自己也是感情比火热，志向比天高，一往无前，义无反顾。"路遥《早晨从中午开始》三八："你一无所有走到今天，为了生活慷慨的馈赠，即使在努力中随时倒下也义无反顾。"

【义形于色】 yì xíng yú sè 指脸上显露出正义的神情。《公羊传·桓公二年》："孔父正色而立于朝，则人莫敢过而致于其君者。孔父可谓义形于色矣。"《官场现形记》四八回："及至见了盖道运，又是义形于色的说了一大泡。"欧阳山《三家巷》八四："陈文婕义形于色地说：'好，难得你有这个志气！'"

【义正辞严】 yì zhèng cí yán 义：正当的理由。辞：措词。理由正当充足，措词严正有力。辞，也作"词"。明·胡应麟《少室山房笔丛·丹铅新录四》："子玄之论，义正词严。"《官场现形记》一六回："魏竹冈拆开看时，不料上面写的甚是义正词严，还说甚么：'百姓果有冤枉，何以敝县屡次出示招告，他们并不来告？'"沈从文《绅士的太太·一年以后》："绅士听到这教训，一面是心中先就并不缺少对于那辛家母子的一切憧憬，把太太这义正辞严的言语，嵌到肥心上去后，就不免感到了一点羞惭。"欧阳山《三家巷》一○一："可是，四月十五日，中华苏维埃临时中央政府就义正辞严地发表文告：对日宣战。"也作"辞严义正"。欧阳山《三家巷》一七:"她那买办父亲还想用威逼利诱的办法来分化工人,周炳对那买办发出了词严义正的斥骂。"

【议论纷纷】yì lùn fēn fēn 形容意见、观点不一,多而杂乱。《三国演义》四三回:"时武将或有要战的,文官都是要降的,议论纷纷不一。"茅盾《虹》六:"譬如我们的小学部,今年收了年纪大一些的女孩子,外边就议论纷纷了。"欧阳山《三家巷》一〇三:"这些道理,大家听完以后,都能懂得,也觉着很对,但是,仍然议论纷纷,争持不下。"

【亦步亦趋】yì bù yì qū 步:走。趋:快走。《庄子·田子方》:"夫子步亦步,夫子趋亦趋,夫子驰亦驰;夫子奔逸绝尘,而回瞠若乎后矣!"孔子的弟子颜回对孔子说,您慢走我也慢走,您快走我也快走。后用"亦步亦趋"比喻因缺乏主见,任何事都模仿、追随他人。明·朱之瑜《元旦贺源光国书八首》之六:"今乃怡怡然亦步亦趋,恐非计满保泰之道也。"刘绍棠《村妇》卷一:"在他身后,紧跟着一个头戴柳圈光着膀子的女人,亦步亦趋,形影不离。"

【异端邪说】yì duān xié shuō 异端:不同于正统思想的观点、教义。邪说:有害的学说。指错误的、不是正统的观点、言论。宋·苏轼《拟进士廷试策》:"臣不意异端邪说惑误陛下至于如此。"《野叟曝言》一二六回:"素父论'庸'字独得乎思子心,传为圣道长城,使一切异端邪说无所置喙。"欧阳予倩《桃花扇》一幕:"谁要是不跟着他,不附和着他,他就说你是毁圣叛君,说你是异端邪说。"

【异乎寻常】yì hū xún cháng 异:不同。寻常:平常。与平常的情况不一样。《二十年目睹之怪现状》七〇回:"耽误了点年纪,还没有甚么要紧,还把他的脾气惯得异乎寻常的出奇。"鲁迅《伪自由书·文人无文》:"只是通电宣言之类,却大做其骈体,'文'得异乎寻常。"魏巍《东方》五部二章:"师长望望他那天真而又异乎寻常的严肃的神态,不由得微笑起来。"张洁《方舟》七:"柳泉非同小可的神气,使这件事显得异乎寻常的严重。"

【异军突起】yì jūn tū qǐ 异军:另一支军队。《史记·项羽本纪》:"少年欲立婴,便为王,异军苍头特起。"《清史稿·傅弘烈传论》:"弘烈异军特起,又与莽依图相失,势孤,遂困于承荫。"后用"异军突起"比喻一支新生力量突然崛起。邓拓《从石涛的一幅山水画说起》:"作为这支异军突起的新画派的重要代表作之一,石涛的艺术思想和风格久已受到人们的重视。"

【异口同声】yì kǒu tóng shēng 大家说的都相同。形容意见一致。晋·葛洪《抱朴子·道意》:"左右小人,并云不可,阻之者众,本无至心,而谏怖者,异口同声。"《西游记》九一回:"三个妖精,异口同声道:'你是那方来的和尚?怎么见佛像不躲,却冲撞我的云路?'"巴金《家》一三:"众人异口同声地叫着:'罚!罚!'淑英只得认错,叫仆人换了一杯热酒,举起杯子呷了一口。"欧阳山《三家巷》一九一:"在贫农团里,众人都异口同声地说,想不到他竟然会这样顽固。"刘绍棠《村妇》卷二:"这些根红苗壮的贫下中农子女,竟像冷手抓个热馒头异口同声拥立牛莠为群龙之首。"

【异曲同工】yì qǔ tóng gōng 曲:曲调。工:工巧,精致。唐·韩愈《进学解》:"子云、相如,同工异曲。"原指汉代文学家扬雄和司马相如的作品像乐曲一样,曲调虽不同,但却一样精致。后多作"异曲同工",比喻不同人的文艺作品同样精彩。也比喻不同的做法有同样的效果。明·胡应麟《诗薮·古体下》:"汉唐短歌,名为绝唱,所谓异曲同工。"孙犁《白洋淀纪事·织席记》:"到端村,集日那天,我先到了席市上。这和高、蠡一带的线子市,真是异曲同工。"王火《战争和人》(三)卷一:"画布上已涂抹了月下的山景、江水与山城的灯火,构图新颖。但迷迷茫茫的缥缈虚无,却与在上海她家中见到过的那幅《山在虚无缥缈间》的油画异曲同工,气氛神秘离奇。"

【异想天开】 yì xiǎng tiān kāi　异:奇异。天开:天门打开。形容想法奇异,不切合实际。《二十年目睹之怪现状》八六回:"他揣摩到了这一层,却异想天开,夸说他的药膏,可以在枪上戒烟。"萧红《呼兰河传》三章:"好不容易摘了一大堆,摘完了可又不知道做什么了。忽然异想天开,这花要给祖父戴起来该多好看。"及容《饥饿荒原》一五:"唯智说过那家伙属于真正的艺术气质,整天闷着头神神道道地异想天开。"刘醒龙《孤独圣心》二:"就在这种时刻我突然异想天开地意识到,人对历史的关注,更甚于对未来的仰望。"

【抑暴扶弱】 yì bào fú ruò　见"抑强扶弱"。

【抑恶扬善】 yì è yáng shàn　压制坏人坏事,褒扬好人好事。《后汉书·陈宠传》唐·李贤注引《新序》:"独不闻子产之相郑乎? 推贤举能,抑恶扬善,有大略者不同其短,有厚德者不非小疵。"陈忠实《白鹿原》一六章:"他居中裁判力主公道敢于抑恶扬善,决不两面光溜更不会恃强凌弱。"

【抑强扶弱】 yì qiáng fú ruò　压制强暴的势力,扶助弱小的势力。《汉书·王尊传》:"令长丞尉奉法守城,为民父母,抑强扶弱,宣恩广泽,甚劳苦矣。"《二十年目睹之怪现状》四二回:"路见不平,拔刀相助,本来是抑强扶弱,互相维持之意。"也作"抑暴扶弱"。《汉书·刑法志》:"夫法令者,所以抑暴扶弱,欲其难犯而易避也。"

【抑扬顿挫】 yì yáng dùn cuò　抑:降低。扬:提高。顿:停顿。挫:转折。指声音的高低起伏和停顿转折。晋·陆机《遂志赋序》:"衍抑扬顿挫,怨之徒也。"《花月痕》六回:"词本好的,秋痕又能体会出作者的意思,抑扬顿挫,更令人魂销。"茅盾《腐蚀·二月三日》:"远处有一个声音,抑扬顿挫,可又不是唱歌,好像是劳作的人们在'邪许'。"周而复《上海的早晨》四部五五:"我十分欣赏这篇大作,给智多星抑扬顿挫一念,更加美妙了。"也作"顿挫抑扬"。鲁迅《集外集·序言》:"但这是当时的风气,要激昂慷慨,顿挫抑扬,才能被称为好文章。"

【易地而处】 yì dì ér chǔ　易地:交换位置。《孟子·离娄下》:"禹、稷、颜回同道。禹思天下有溺者,由己溺之也;稷思天下有饥者,由己饥之也,是以如是其急也。禹、稷、颜子易地则皆然。"后用"易地而处"指交换所处的位置。三国魏·曹髦《少康、汉高祖论》:"若与少康易地而处,或未能复大禹之绩也。"

【易如翻掌】 yì rú fān zhǎng　见"易如反掌"。

【易如反掌】 yì rú fān zhǎng　反掌:把手翻过来。《孟子·公孙丑上》:"以齐王,由反手也。"让齐国称王天下,犹如翻一下手掌那么容易。后用"易如反掌"形容事情很容易办到。《北史·裴佗传》:"以国家威德,将士骁雄,泛蒙汜而扬旌,越昆仑而跃马,易如反掌,何往不至?"《三国演义》二二回:"抚河朔之强盛,兴兵讨曹贼,易如反掌,何必迟延日月?"《官场现形记》一九回:"藩台又叫首府、首县写信出去,向外府、县替他张罗,大约一二千金,易如反掌。"刘心武《钟鼓楼》五章:"你去了,只要开课,把课时上满,评个副教授还不是易如反掌?"也作"易如翻掌"。《醒世恒言》卷二〇:"倘得侥幸连科及第,那时救父报仇,岂不易如翻掌!"

【易如拾芥】 yì rú shí jiè 芥:芥子。比喻事情很容易办到。《儿女英雄传》一八回:"要学万人敌,却也易如拾芥。"

【恺恺不乐】 yì yì bù lè 恺恺:忧愁不安的样子。忧愁不快乐。汉·班固《汉武帝内传》:"庸主对坐,恺恺不乐。"茅盾《蚀·动摇》九:"张小姐忍不住又说:'她近来的恺恺不乐,也是为此。'"也作"恺恺寡欢"。王火《战争和人》(一)卷二:"端茶又喝了几口,心里平静些了,恺恺寡欢的感情并未消失。"

【恺恺寡欢】 yì yì guǎ huān 见"恺恺不乐"。

【逸闻轶事】 yì wén yì shì 指一般不为人知的传闻和事情。宋·周密《武林旧事·叙录》:"此十卷之本,乃从毛氏汲古阁元版传抄,首尾完具,其间逸闻轶事,皆可以备考稽。"

【意马心猿】 yì mǎ xīn yuán 见"心猿意马"。

【意气风发】 yì qì fēng fā 意气:意志和气概。风发:像刮风一样。形容精神振奋,气概豪迈。毛泽东《介绍一个合作社》:"从来也没有看见人民群众像现在这样精神振奋,斗志昂扬,意气风发。"姚雪垠《李自成》一卷二一章:"他连喝几大杯酒,意气风发,与送行的众官绅拱手相别,飞身上马,挥鞭追赶大队。"

【意气相合】 yì qì xiāng hé 见"意气相投"。

【意气相投】 yì qì xiāng tóu 意气:志趣和性格。指志趣、性格相投合。元·宫大用《范张鸡黍》三折:"咱意气相投,你知我心忧。"《喻世明言》卷一七:"司理姓郑名安,荣阳旧族,也是个少年才子,一见单司户,便意气相投。"刘白羽《第二个太阳》二章:"于是,这个指挥千军万马的老军人,和这群朝气蓬勃的青年人,便意气相投,亲密无间了。"也作"意气相合"。《隋唐演义》三七回:"两人意气相合,抵掌而谈三日。"

【意气用事】 yì qì yòng shì 意气:由主观和偏激而产生的情绪。指办事缺乏理智,只凭一时的感情冲动。清·赵翼《廿二史札记·韩世忠》:"世忠固一代名将,然少年时意气用事,亦多有可议者。"《孽海花》二一回:"但高中堂意气用事,见理不明;龚尚书世故太深,遇事寡断。"李劼人《大波》一部八章:"若果是这样想法,那简直是意气用事了!"刘玉民《骚动之秋》一二章:"我的主要错误是意气用事,没有处理好和孙站长的关系。"

【意味深长】 yì wèi shēn cháng 指意思含蓄深刻,令人回味。宋·朱熹《〈论语〉序说》:"读之愈久,但觉意味深长。"鲁迅《且介亭杂文·门外文谈》七:"方言土语里,很有些意味深长的话,我们那里叫'炼话',用起来是很有意思的,恰如文言的用古典,听者也觉得趣味津津。"周而复《上海的早晨》四部三九:"他当时没有注意,现在仔细想想,这句话意味深长。"张贤亮《绿化树》三一:"我注意看了一下,她脸上并没有什么意味深长的表情,仍是带着她那特有的、开朗的、佯怒的微笑。"

【意想不到】 yì xiǎng bù dào 意想:料想。没有料想到。《镜花缘》二回:"今日这般寒冷,满天雪花飘扬,仙姑忽然下顾,真是意想不到。"叶圣陶《小妹妹》:"我走进房间,看见意想不到的景象。"张天翼《速写三篇·谭九先生的工作》:"我简直没听见讲起。真是意想不到!……唔,到底筹备一些什么工作呢?"

【意在笔前】 yì zài bǐ qián 指在写字、绘画、写作之前,先考虑成熟,在有明确的设想后才动笔。晋·王羲之《题卫夫人〈笔阵图〉后》:"夫欲书者,先干研墨,凝神静思,预想字形大小、偃仰、平直、振动,令筋脉相连。意在笔前,然后作字。"《宣和画谱·毕宏》:"一切变通,意在笔前,非绳墨所能制。"也作"意在笔先"。清·赵翼《瓯北诗话·陆放翁诗》:"意在笔先,力透纸背,有丽语而无险语,有艳词而无淫词。"

【意在笔先】 yì zài bǐ xiān　见"意在笔前"。

【意在言外】 yì zài yán wài　指意思表达得含蓄,需要在言辞之外仔细体会。宋·胡仔《苕溪渔隐丛话后集·杜牧之》:"此绝句极佳,意在言外,而幽怨之情自见,不待明言也。"《镜花缘》一〇回:"无奈红蕖意在言外,总要侍奉祖父百年后方肯远离。"老舍《四世同堂》二一:"这句话说得很不好听,仿佛是意在言外的说:'你不讲交情,我也犯不上再客气!'"王火《战争和人》(一)卷四:"他叹口气,意在言外地说:'汉亭,只要有民族气节,留在桑梓之地也可为国家百姓出力!'"

【溢于言表】 yì yú yán biǎo　指感情、意愿在言谈中流露出来。清·朱彝尊《〈忆雪楼诗集〉序》:"怀旧之感,溢于言表。"梁实秋《雅舍小品·怒》:"是一篇好文章,而其戒谨恐惧之情溢于言表,不失读书人的本色。"刘心武《班主任》:"倘是一个局外人,听了他那些愤激之情溢于言表的话,一定会以为他是个惯于摆挑子、甩袖子的人。"刘玉民《骚动之秋》二二章:"'哦,怪不得呢! 这八成又是哪个背后嚼舌头根子啦!'淑贞激愤之情溢于言表。"也作"溢于言外"。叶圣陶《倪焕之》六:"郑重叮咛的意思,溢于言外。"

【溢于言外】 yì yú yán wài　见"溢于言表"。

【毅然决然】 yì rán jué rán　毅然:毫不犹豫地。形容意志坚决,毫不犹豫。《官场现形记》五八回:"窦世豪得了这封信,所以毅然决然,借点原由同洋人反对,彼此分手,以免旁人议论,以保自己功名。"茅盾《蚀·追求》四:"因此即使是

很秽亵的新闻,向来只有小报肯刊载的,王仲昭也毅然决然地尽量刊布了。"叶文玲《心香》:"我毅然决然地推开了小元的手,慌乱地把帐沿叠起来放回他的书包,又好说歹说地劝他不要再送我。"

【薏苡明珠】 yì yǐ míng zhū　薏苡:一种多年生草本植物,果实卵形,灰白色,形似珍珠。《后汉书·马援传》:"南方薏苡实大,援欲以为种。军还,载之一车。时人以为南土珍怪,权贵皆望之。援时方有宠,故莫以闻。及卒后,有上书谮之者,以为前所载还,皆明珠文犀。"意为把薏苡的果实当成了明珠。后用"薏苡明珠"比喻受到不白之冤。宋·刘克庄《湘中口占四首》诗之四:"书生行李堪抽点,薏苡明珠一例无。"清·朱彝尊《酬洪昇》诗:"梧桐夜雨词凄绝,薏苡明珠谤偶然。"也作"薏苡之谤"。五代·王定保《唐摭言·好及第恶登科》:"是知瓜李之嫌,薏苡之谤,斯不可忘。"也作"明珠薏苡"。金·密璹《马伏波》诗:"明珠薏苡犹难辨,万里争教论杜龙。"

【薏苡之谤】 yì yǐ zhī bàng　见"薏苡明珠"。

【因材施教】 yīn cái shī jiào　宋·朱熹《论语·雍也》注引张敬夫曰:"圣人之道,精粗虽无二致,但其施教,则必因其材而笃焉。"后用"因材施教"指针对学习者学习兴趣、能力等方面的具体情况而进行有针对性的教育。郑观应《盛世危言·女教》:"将中国诸经、列传,训诫女子之书,别类分门,因材施教。"

【因地制宜】 yīn dì zhì yí　根据不同地方的基本情况,制定相应的办法。汉·赵晔《吴越春秋·阖闾内传》:"夫筑城郭,立仓库,因地制宜,岂有天气之数以威邻国者乎?"周而复《上海的早晨》四部四九:"清估工作企业有统一的原则,基层还可以因地制宜,方法简单易行,我们筹委会一同民主协商,清估组还及时了解检查

联系汇报,使得整个清估工作没有出现一点偏差。刘玉民《骚动之秋》三章:"发展农村商品经济必须因地制宜,多种办法,多种路子。"

【因祸得福】 yīn huò dé fú 由于某种原因,灾祸反而使人得到了好处。指坏事变成了好事。《醒世恒言》卷九:"此乃是个义夫节妇一片心肠,感动天地,所以毒而不毒,死而不死,因祸得福,破泣为笑。"《野叟曝言》一三回:"你若不失去这帕子,便不须进京;刘兄臂膊受伤,我独木难支,便有可虑,这又是因祸得福了。"杜鹏程《在和平的日子里》二章:"梁建冷冰冰地说:'因祸得福,你现在有休息的资格了。'"

【因陋就简】 yīn lòu jiù jiǎn 因:依靠。就:凑合。原指沿袭简陋的状况而不求改进。后多指凭借原来的简陋条件办事。宋·叶适《贺龚参政》:"岂徒因陋就简,袭故度于汉唐之余。"《野叟曝言》八七回:"乃徒师老氏清净之意,因陋就简,谦让未遑,遂使阡陌之制,绵蕝之规,百世守之。"叶圣陶《倪焕之》一八:"镇上的店铺往往因陋就简,不中她的意,便托人到城里去带。"张洁《红蘑菇》:"吃糠咽菜、因陋就简,只要能在一起厮着就好。"

【因人成事】 yīn rén chéng shì 因:依靠。指依靠别人的力量把事情办成。《史记·平原君虞卿列传》:"公等录录,所谓因人成事者也。"《东周列国志》九九回:"公等宜共歃于堂下! 公等所谓'因人成事'者也。"老舍《四世同堂》六八:"晓荷想不出主意。因人成事的人禁不住狂风暴雨。"

【因人而异】 yīn rén ér yì 因:根据,按照。指针对不同的对象而采取不同的方法。鲁迅《准风月谈·难得糊涂》:"然而风格和情绪、倾向之类,不但因人而异,而且因事而异,因时而异。"周而复《上海的早晨》四部三七:"这些问题是存在的,但也因厂因人而异。"

【因时制宜】 yīn shí zhì yí 因:根据,按照。指针对不同时间的基本情况而制定相应的办法。《晋书·刘颂传》:"所遇不同,故当因时制宜,以尽事适令。"明·朱国祯《涌幢小品·选法》:"用人图治,亦当因时制宜,岂能一一拘定常格。"鲁迅《热风·随感录四十八》:"前几年谓之'中学为体,西学为用',这几年谓之'因时制宜,折衷至当。'"

【因势利导】 yīn shì lì dǎo 因:顺着。势:趋势。利导:引导。指顺着事物的发展趋势而加以引导。《史记·孙子吴起列传》:"彼三晋之兵素悍勇而轻齐,齐号为怯,善战者因其势而利导之。"《孽海花》二回:"话说大清朝应天承运,奄有万方,一直照着中国向来的旧制,因势利导,然风调雨顺,国泰民安。"姚雪垠《李自成》三卷九章:"纵然曹操尚无此意,我们也不妨因势利导,在他同张帅之间略施离间。"

【因小失大】 yīn xiǎo shī dà 因:为了。指为了小的利益造成大的损失。《儿女英雄传》二三回:"看那姑娘的见识心胸大概也未必肯吃这注,倘然因小失大,转为不妙。"欧阳山《三家巷》一○:"自古说:'小不忍则乱大谋',不过是些小事情,也犯不着因小失大。"蒋子龙《一个工厂秘书的日记》:"哪头重、哪头轻,他不会不知道,他不会因小失大。"

【因循守旧】 yīn xún shǒu jiù 因:沿用旧办法。指一直沿用旧办法而不加改变。康有为《上清帝第五书》:"若徘徊迟疑,因循守旧,一切不行,则幅员日割。"李国文《冬天里的春天》四章:"大概中华民族的性格习惯,比较倾向于因循守旧,因此,每一次改革转变,都像蝉蜕壳似的要经历一阵痛苦。"

【因循贻误】 yīn xún yí wù 见"因循坐误"。

【因循坐误】 yīn xún zuò wù 因循：沿用旧办法不改。坐误：致使事情被耽误。指情况发生了变化，还是沿用旧办法，致使耽误了事情。《孽海花》二四回："照这样因循坐误，无怪有名的御使韩以高约会了全台，在宣武门外松筠庵开会，提议参劾哩！"也作"因循贻误"。清·林则徐《筹议新漕事宜折》："臣等分饬河道次第妥办，以期渐复旧规，断不敢稍任因循贻误。"

【因噎废食】 yīn yē fèi shí 废：停止。《吕氏春秋·荡兵》："有以饐死者，欲禁天下之食，悖。"饐：通"噎"。后用"因噎废食"比喻因为碰到挫折，连该做的事情也不做了。唐·陆贽《奉天请数对群臣兼许令论事状》："昔人有因噎而废食者，又有惧溺而自沉者，其为矫枉防患之虑，岂不过哉！"《二十年目睹之怪现状》二一回："若是后人不问来由，一律的奉以为法，岂不是因噎废食了么？"老舍《四世同堂》六九："在另一方面，他又不肯因噎废食，大睁白眼的看着别人把'所长'搬了去。"

【阴差阳错】 yīn chā yáng cuò 见"阴错阳差"。

【阴错阳差】 yīn cuò yáng chā 比喻由于诸多偶然的因素而造成差错。明·汤显祖《牡丹亭·圆驾》："这底是前亡后化，抵多少阴错阳差。"蒋子龙《赤橙黄绿青蓝紫》六："他有时对自己也非常瞧不起，由于阴错阳差，上不了大学，干不了电工。"也作"阴差阳错"。《孽海花》三四回："这回革命的事，几乎成功。真是谈督的官运亨通，阴差阳错里倒被他糊里糊涂的扑灭了。"梁实秋《雅舍小品·幸灾乐祸》："有时候听说舟车飞机发生意外，多人殉亡，而自己阴差阳错偏偏临时因故改变行程，没有参加那一班要命的行旅，不免私下庆幸。"刘玉民《骚动之秋》四章："然而世事阴差阳错，从五十年代末期开始，为着他自己也讲不明白的原

因，他竟成了机会主义的代表人物，在宦海沉浮中飘零。"〔注意〕差，不读 chà。

【阴谋诡计】 yīn móu guǐ jì 诡计：狡诈的计谋。指暗中策划的阴险计谋。《孽海花》三五回："大家如能个个像我，坦白地公开了自己的坏处，政治上，用不着阴谋诡计。"巴金《随想录》二三："只要不是搞阴谋诡计，别有用心的人，我们就用不着害怕，索性摆出自己的观点，看谁能说服别人。"李劼人《大波》二部书后："更何能写到四川统一前后，那些错综复杂，阴谋诡计，十足表现资产阶级旧民主主义革命之难于彻底的真象？"李英儒《野火春风斗古城》一一章："你们都得提高警惕，防备敌人的阴谋诡计。"

【阴阳怪气】 yīn yáng guài qì 形容人的性格、言行等乖僻，跟一般人不同。《海上花列传》五六回："为啥故歇几个人才有点阴阳怪气！"茅盾《腐蚀·十二月二十二日》："几天来的阴阳怪气，老实说，我受不了！"沈从文《绅士的太太·一年以后》："这绅士记起另外一种荒唐消息，就咕咕的阴阳怪气的笑个不止。"杨沫《青春之歌》二部一七章："随后，他又掉头把那个女人拉到跟前，阴阳怪气地向我介绍那个女人。"

【音容宛在】 yīn róng wǎn zài 宛：仿佛。指人的声音和容貌好像还在眼前。多用于怀念死者。唐·李翱《祭吏部韩侍郎文》："音容宛在，曷日而忘？"

【音容笑貌】 yīn róng xiào mào 指人的声音、容貌和神情。多用于对亲友或死者的怀念。鲁迅《且介亭杂文末编·关于太炎先生二三事》："所以直到现在，先生的音容笑貌，还在目前。"路遥《惊心动魄的一幕》二："当他思念那些弯腰驼背的农民朋友时，他就在这张小小的纸片上看见了他们的音容笑貌。"

【殷鉴不远】 yīn jiàn bù yuǎn 殷：商代在迁都到殷后改用的称号。鉴：镜子，

指教训。《诗经·大雅·荡》:"殷鉴不远,在夏后之世。"意为殷代可以作为教训的例子并不遥远,就在夏代。后指前人的失败教训就在眼前,应该借鉴。《晋书·刘聪传》:"昔齐桓公任易牙而乱,孝怀委黄皓而灭,此皆覆车于前,殷鉴不远。"梁启超《与上海某某等报馆主笔书》:"殷鉴不远,吾辈岂宜尤而效之。"姚雪垠《李自成》二卷三二章:"宋与金的历史,对崇祯说来,殷鉴不远,而他绝不愿在臣民心目和后代史书中被看成是懦弱无能的君主。"

【殷民阜财】 yīn mín fù cái 殷:丰盛。阜:(财物)多。指让百姓生活富足。汉·扬雄《法言·孝至》:"君人者,务在殷民阜财,明道信义。"也作"民殷财阜"。《后汉书·刘陶传》:"夫欲民殷财阜,要在止役禁夺,则百姓不劳而足。"

【吟风弄月】 yín fēng nòng yuè 见"吟风咏月"。

【吟风咏月】 yín fēng yǒng yuè 原指文人写作、朗诵以风月等自然景色为题材。后多指作品空泛无聊或逃避现实。唐·范传正《李翰林白墓志铭》:"吟风咏月,席天幕地。"也作"吟风弄月"。宋·朱熹《抄二南寄平父因题此诗》:"析句分章功自少,吟风弄月兴何长。"元·张养浩《普天乐》曲:"游山玩水,吟风弄月,其乐无涯!"《二刻拍案惊奇》卷一一:"终日吟风弄月,放浪江湖,把些家事多弄掉了,连妻子多不曾娶得。"姚雪垠《李自成》三卷一五章:"此联虽比吟风弄月之作高了一筹,但可惜文而不武,雅而不雄。"

【银样镴枪头】 yín yàng là qiāng tóu 镴:焊锡,银色,质地很软。外表像银,但实际是焊锡做的枪头。比喻徒有其表,实际不中用。元·王实甫《西厢记》四本二折:"你元来苗而不秀,呸!你是个银样镴枪头。"欧阳山《三家巷》五五:"大家看见何福荫堂的账房和东沙乡的乡公

所,一直都没有什么动静,便都笑那些老爷们、大佬们平日作威作福,横行霸道,如今也不过虎头蛇尾,银样镴枪头,奈他们何。"姚雪垠《李自成》二卷二章:"亏你还是男子汉大丈夫,才见一点风险就吓破了胆!我原说你是银样镴枪头,果然不差;没上阵,先软了。"

【寅吃卯粮】 yín chī mǎo liáng 寅、卯:古代用于纪年等的十二地支中的两个,寅在卯之前。寅年吃了卯年的粮食。比喻经济困难,入不敷出。《官场现形记》一五回:"就是我们总爷,也是寅吃卯粮,先缺后空。"蒋子龙《拜年》一:"年前,厂长硬掐着他的脖子,逼他寅吃卯粮,东挪西凑,虚虚实实提前报产,多报产值,把应该在第一季度里分三个月下发的奖金,全部提出来,春节前一次发给了职工。"王火《战争和人》(二)卷七:"物价现在涨得这样,金价跳到三千五百块一两了!样样都有黑市,你叫我坐吃山空寅吃卯粮怎么办?"也作"寅支卯粮"。《二十年目睹之怪现状》八八回:"我有差使的时候,已是寅支卯粮的了。"梁斌《红旗谱》二八:"这个朋友走,借点路费。那个朋友走,借点路费。寅支卯粮,哪里还有薪金呢!"

【寅忧夕惕】 yín yōu xī tì 寅:寅时,指早晨。惕:谨慎小心。形容一天到晚都谨慎小心。多用于执掌政权的人。《南齐书·明帝纪》:"仰系鸿丕,顾临兆民,永怀先构,若履春冰,寅忧夕惕,罔识攸济。"

【寅支卯粮】 yín zhī mǎo liáng 见"寅吃卯粮"。

【引而不发】 yǐn ér bù fā 引:拉弓。发:射箭。《孟子·尽心上》:"君子引而不发。"比喻善于启发引导。也比喻做好准备,等待时机。清·薛福成《论俄罗斯立国之势》:"沉机观变,引而不发。"清·杨述曾《题陆乾日隶书千文》:"当其捉腕

时,引而不发有如劲弩县千斤。"

【引吭高歌】 yǐn háng gāo gē 引:拉。吭:嗓子。放开嗓子大声歌唱。梁实秋《雅舍小品·音乐》:"引吭高歌,配合着胡琴他唱'我好比……'在这时节我便去捺不住,颇想走到窗前去大声地告诉他,他好比是什么。"茹志娟《黎明前的故事》:"这些祖国优秀的儿女,在这黎明即将到来那一刻,或引吭高歌,或默默地走完这条人生最艰苦最光荣的最后路程。"李国文《冬天里的春天》三章:"一阵热烈的手风琴拉完前奏,天爷,那两个义务兵又引吭高歌了。"〔注意〕吭,不读 kēng 或 kàng。

【引虎自卫】 yǐn hǔ zì wèi 比喻靠坏人保护,反而会惹麻烦。《三国演义》六二回:"此所谓独坐穷山,引虎自卫者也。"

【引火烧身】 yǐn huǒ shāo shēn 比喻自讨苦吃,自找麻烦。巴金《随想录》一四七:"因此我几次执笔想为他雪冤总感到踌躇,我害怕引火烧身。"郭澄清《大刀记》一五章:"他只要捉不着梁永生,也是不敢轻易引火烧身的。"

【引经据典】 yǐn jīng jù diǎn 据:依据。指引用经典书籍作为依据。《官场现形记》三六回:"终究唐二乱子秉性忠厚,被他三蛋引经据典一驳,便已无话可说。"老舍《骆驼祥子》四:"人和厂成了洋车界的权威,刘家父女的办法常常在车夫与车主的口上,如读书人的引经据典。"沈从文《泥涂》:"他在这件事上还不忘记加一个雅谑,引经据典,证明'娘子军'到任何地方都不少。"李国文《冬天里的春天》一章:"王纬宇引经据典,起义军是带着家小的;于而龙那时文化很低,不辨真伪,但至少他懂得石湖支队是行不通的。"

【引咎自责】 yǐn jiù zì zé 把过错归到自己身上,责备自己。《晋书·庾亮传》:

"亮甚惧,及见侃,引咎自责,风止可观。"魏巍《火凤凰》三七:"他不仅没有深刻反省引咎自责,反而认为必须立刻讨回失去的面子。"韦君宜《洗礼》八:"我们这次来外调,他口口声声引咎自责,说下面搞老宋搞得完全不对,他自己当领导负重要责任。"陈国凯《两情若是久长时》六:"发生了错误,为什么不更严厉地引咎自责,为什么宽于责己,严于责人呢!"

【引狼入室】 yǐn láng rù shì 比喻把敌人、坏人引到内部。《聊斋志异·黎氏》:"士则无行,报亦惨矣。再娶者,皆引狼入室耳。"刘绍棠《村妇》卷二:"袁乃曼的喧宾夺主,她并不觉得是引狼入室。"王火《战争和人》(二)卷五:"我自己要去与虎谋皮、引狼入室,我自己要将恶鬼请进门来,能怨谁?"

【引人入胜】 yǐn rén rù shèng 引:吸引。胜:胜地。带人进入风景优美的地方。《世说新语·任诞》:"王卫军云,酒正自引人着胜地。"后用"引人入胜"形容风景、作品很吸引人。清·厉鹗《东城杂记》卷下:"林光岩翠,袭人襟带间,而鸟语花香,固自引人入胜。"茅盾《蚀·追求》五:"加以文字尤其精采,引人入胜,兄弟自从见了大作后,也对于这个问题写了一点。"周而复《上海的早晨》三部二三:"你有说有笑,引人入胜,真是一位好老师。"蒋子龙《创作笔记》五:"你写的典雅优美,娓娓动听,远离政治和一切是非,却有引人入胜的消遣性和娱乐性。"

【引人注目】 yǐn rén zhù mù 注目:注视。指吸引人们的注意。柳青《创业史》一部二一章:"现在,怕露富引人注目,不敢磨牛了,那粉磨仅仅是在磨面时,放放罗面的家具罢了。"路遥《人生》一九章:"他们的确太引人注目了。全城都在议论他们,许多人骂他们是'业余华侨'。"刘心武《曹叔》七:"皇族因为有厘定的制式,院门格局便等于是地位的标签,引人注目。"刘玉民《骚动之秋》三章:"从进入会场,他便坐在那个不引人注目的边角,不动声色地听着、观察着。游乐场引起的喧哗,也没有能够感染他。"

【引以为戒】 yǐn yǐ wéi jiè 戒:警戒。把过去的教训作为警戒,避免重犯。《官场现形记》一八回:"近来七八年,历任巡抚都引以为戒,不敢委他事情。"刘绍棠《村妇》卷二:"我的前车之鉴,你应引以为戒。"王火《战争和人》(三)卷二:"学生方面应将此次罢课引以为戒,今后应维护校长威信,恪守校规及军训纪律。"

【饮冰茹檗】 yǐn bīng rú bò 见"饮冰食檗"。

【饮冰食檗】 yǐn bīng shí bò 檗:黄檗,一种乔木。喝冷水,吃苦檗。形容生活清贫。唐·白居易《三年为刺史二首》诗之二:"三年为刺史,饮冰复食檗。"唐·黄滔《南海韦尚书启》:"膺岳峻河清之数,切饮冰食檗之诚。"也作"饮冰茹檗"。元·戴表元《送程敬叔谕赴建平》诗:"饮冰茹檗善自爱,岁晚相期钓沧洲。"

【饮泣吞声】 yǐn qì tūn shēng 形容内心悲痛又不能表露出来。宋·王明清《玉照新志》卷二:"怅然惨,娇魂怨,饮泣吞声。"韬奋《萍踪忆语·黑色问题》:"这里面很显然地反映着被压迫民族的女性所遭受的无可伸诉的种种饮泣吞声的事实。"杨沫《青春之歌》二部四二章:"为了求学,为了学校'赐给'的两餐粗茶淡饭,他们饮泣吞声忍受了四年的奴隶生活。"也作"吞声饮泣"。《醒世恒言》卷二七:"可怜女子家无处伸诉,只好向背后吞声饮泣。"

【饮水思源】 yǐn shuǐ sī yuán 喝水时想到水的来源。比喻不忘本。《官场现形记》二八回:"小侄这个官儿还是军门所保,小侄饮水思源,岂有坐视之理?老伯母尽管放心!"《二十年目睹之怪现状》七八回:"那一位虽然醋心重,然而见了

金姨太太,倒也让他三分,这也是他饮水思源的意思。"李国文《穷表姐》:"但是这位表姐能把唯一的五分钱给他,为的是让他把书念下去,终于现在成为一个作家,饮水思源,还是不能把她忘怀的。"

【饮鸩止渴】 yǐn zhèn zhǐ kě 鸩:毒酒。《后汉书·霍谞传》:"譬犹疗饥于附子,止渴于鸩毒,未入肠胃,已绝咽喉。"指用附子解饿,用毒酒止渴,还未到肠胃,咽喉就先烂了。后用"饮鸩止渴"比喻用有害的方法解决面临的困难,而不顾后果。姚雪垠《李自成》二卷三二章:"杨嗣昌的加征练饷办法是使朝廷饮鸩止渴。"刘绍棠《村妇》卷一:"只要孙子能够安睡,刘二皇叔不惜饮鸩止渴,马上交换龙凤帖,写下大红婚书。"陈忠实《白鹿原》二六章:"朱先生踽踽在田间小路上独自悲叹:饮鸩止渴!"

【隐恶扬善】 yǐn è yáng shàn 隐:隐藏。扬:宣扬。不谈别人的缺点,只宣传别人的优点。《礼记·中庸》:"舜好问而好察迩言,隐恶而扬善,执其两端,用其中于民。"《醒世恒言》卷一六:"奴家也要隐恶扬善,情愿住在下边。"李国文《冬天里的春天》三章:"他那隐恶扬善的汉子精神,认为既往之事,留给历史去评价吧!"也作"掩恶扬善"。宋·苏轼《赵康靖公神道碑铭》:"专务掩恶扬善,以德报怨,出于至诚,并非勉强者,天下称之。"

【隐姓埋名】 yǐn xìng mái míng 指隐瞒自己的真实姓名。元·王子一《误入桃源》一折:"不求闻达,隐姓埋名,做庄家学耕稼。"《西游记》九一回:"你既传报,怎么隐姓埋名,赶着三个羊儿,吆吆喝喝作甚?"张恨水《啼笑因缘》一二回:"以后隐姓埋名,他也没法子找咱们了。"刘绍棠《草莽》六:"你犯了什么罪,吓得在乡亲面前也隐姓埋名?"也作"埋名隐姓"。《封神榜》一一一回:"离了朝歌三禅殿,再也不进是非门。回家不管国兴废,埋

名隐姓住庄村。任他四海烟尘抖，稳在家中不动身。"《老残游记》七回："我方才说这个刘仁甫，江湖上都是大有名的。京城里镖局上请过他几次，他都不肯去，情愿埋名隐姓，做个农夫。"

【隐约其辞】yǐn yuē qí cí　指说话绕弯子，不肯说出实际情况。辞，也作"词"。清·平步青《霞外攟屑·倪文正公与弟斌汝二书》："无功为亲者讳，故隐约其辞不尽也。"清·赵翼《瓯北诗话·韩昌黎诗》："是犹隐约其词，而不忍斥言。"鲁迅《南腔北调集·为了忘却的记念》："当时上海的报章都不敢载这件事，或者也许是不愿，或不屑载这件事，只在《文艺新闻》上有一点隐约其辞的文章。"

【应有尽有】yīng yǒu jìn yǒu　应该有的都有了。形容很齐全。《宋书·江智渊传》："人所应有尽有，人所应无尽无者，其江智渊乎！"《官场现形记》四八回："拜把子，送东西，应有尽有，所以弄得异常连络。"老舍《二马》四："西门太太今天晚上在家里请客，吃饭、喝酒、跳舞、音乐，应有尽有。"李佩甫《无边无际的早晨》一一："场面是很热烈的，一切应有尽有了。"

【英雄气短】yīng xióng qì duǎn　气短：志气沮丧。指有才识的人因遇到困难或沉湎于爱情中而不思上进。明·陈汝元《金莲记·量移》："吹笛谁家，惹得双眉斗，英雄气短偏憔瘦。"《说岳全传》二三回："倘若有冒功等事，岂不使英雄气短，谁肯替国家出力！"张恨水《啼笑因缘》二一回："这一晚，把个沈国英旅长，闹得未免有些儿女情长，英雄气短。"

【英雄所见略同】yīng xióng suǒ jiàn lüè tóng　《三国志·蜀书·庞统传》南朝宋·裴松之注引《江表传》："天下智谋之士所见略同耳。"后用"英雄所见略同"指有见识的人对某一事情的看法基本相同。《儿女英雄传》一六回："自来说'英雄所见略同'，小弟虽不敢自命英雄，这桩事却和老兄台的见识，微微有些不同之处。"钱钟书《围城》五："两人参考生平关于女人的全部学问，来解释她为什么哭。结果英雄所见略同，说她的哭大半由于心理的痛苦。"

【英雄无用武之地】yīng xióng wú yòng wǔ zhī dì　《三国志·蜀书·诸葛亮传》："今操芟夷大难，略已平矣，遂破荆州，威震四海。英雄无所用武，故豫州遁逃至此。"后用"英雄无用武之地"比喻有才能的人却无法施展自己的才能。《资治通鉴·汉献帝建安十三年》："英雄无用武之地，故豫州遁逃至此。"《喻世明言》卷八："李都督虽然骁勇，奈英雄无用武之地。"欧阳山《三家巷》四五："他精神振奋，胆壮气豪。他叹惜上海这个地方，竟使他英雄无用武之地。"姚雪垠《李自成》三卷二三章："我也说很重要，可是他想带兵打仗，认为打仗容易立功，照料粮草使英雄无用武之地。"

【英姿焕发】yīng zī huàn fā　英姿：英俊威武的风姿。焕发：光彩四射。形容人英俊威武。欧阳山《三家巷》一六二："只见她英姿焕发，喜气逼人，嘴巴不停地说着话，两只手、两只脚也不停地活动着。"

【英姿飒爽】yīng zī sà shuǎng　英姿：英俊威武的风姿。飒爽：矫健豪迈。形容意气风发、威武豪迈的风姿。唐·杜甫《丹青引·赠曹将军霸》诗："褒公鄂公毛发动，英姿飒爽来酣战。"王火《战争和人》(一)卷七："骑马的女子，约摸二十多岁，披肩长发，穿的紧身骑装，手执一根马鞭，骑一匹白马，英姿飒爽，秀丽的脸上洋溢着向往的神色。"也作"飒爽英姿"。清·黄遵宪《题黄佐廷赠尉遗像》诗："不将褒鄂画凌烟，飒爽英姿尚凛然。"韦君宜《露沙的路》一："这相片照得真是一点儿飒爽英姿的模样也没有，全身穿得臃肿,外加一副绑得不紧的裹腿和一双大毡袜子,简直是个可笑的肋肤兵。"

【莺俦燕侣】yīng chóu yàn lǚ　见"燕侣莺俦"。

【莺歌燕舞】yīng gē yàn wǔ　黄莺鸣叫如唱歌,燕子在飞舞。宋·卢炳《满江红·贺赵县丞》词:"日丽风和薰协气,莺吟燕舞皆欢意。"后多作"莺歌燕舞",形容春天充满了生机活力。也比喻形势大好。明·冯惟敏《正宫端正好·邑斋初度自述》曲:"空孤负,莺歌燕舞,檀板绣氍毹。"毛泽东《水调歌头·重上井冈山》词:"到处莺歌燕舞,更有潺潺流水,高路入云端。"也作"燕舞莺啼"。宋·苏轼《锦被亭》词:"烟红露绿晓风香,燕舞莺啼春日长。"

【鹦鹉学舌】yīng wǔ xué shé　《景德传灯录·越州大珠慧海和尚》:"有行者问:'有人问佛答佛,问法答法,唤作一字法门,不知是否?'师曰:'如鹦鹉学人语,话自语不得,为无智慧故。'"后用"鹦鹉学舌"指人家怎么说,就跟着怎么说。比喻没有主见。含贬义。李国文《冬天里的春天》五章:"'钱和路呀——'她鹦鹉学舌地重复着她的话:'人在矮檐下,不得不低头。'"

【鹰扬虎视】yīng yáng hǔ shì　像鹰那样飞,像虎那样雄视。形容十分威武。三国魏·应璩《与侍郎曹长思书》:"王肃以宿德显授,何曾以后进见拔,皆鹰扬虎视,有万里之望。"也作"虎视鹰扬"。清·施闰章《重刻〈何大复集〉序》:"明正德间,李空同虎视鹰扬,望之森森武库,学者风靡,固其雄也。大复起而分路抗旌,如唐之李杜,各成一家。"

【迎风招展】yíng fēng zhāo zhǎn　招展:飘动。指旗帜随风飘动。《官场现形记》一八回:"大小炮船,一律旌旆鲜明,迎风招展。"孙犁《白洋淀纪事·人民的狂欢》:"现在,光彩夺目,漫长的红旗,在天

津迎风招展。"

【迎刃而解】yíng rèn ér jiě　刃:刀刃。解:分开。《晋书·杜预传》:"譬如破竹,数节之后,皆迎刃而解。"意为把竹子劈开口,下面的一段竹子就迎着刀刃裂开了。比喻主要问题解决了,其他的问题就很容易解决。《三国演义》一二〇回:"今兵威大振,如破竹之势,数节之后,皆迎刃而解,无复有着手处也。"《官场现形记》五四回:"只要这位教士到场,任你事情如何棘手,亦无不迎刃而解的。"周而复《上海的早晨》四部三〇:"这些问题思想弄通,合营问题便迎刃而解了。"

【迎头赶上】yíng tóu gǎn shàng　指加紧追上去超过最前面的。鲁迅《伪自由书·迎头经》:"不错吧,'日军所至,抵抗随之',这不是迎头赶上是什么!"邓一光《我是太阳》三部三:"政委老觉得学校里的政治思想工作不如业务工作做得好,有心借这个机会抓一把,迎头赶上去,就做动员工作。"

【迎头痛击】yíng tóu tòng jī　迎上前去给以狠狠的打击。《发财秘诀》一〇回:"倘使此辈都是识时务熟兵机之员,外人扰我海疆时,迎头痛击,杀他个片甲不回。"钱钟书《围城》六:"今天欢迎会是汪处厚安排好的,兵法上有名的'敌人喘息未定,即予以迎头痛击'。"姚雪垠《李自成》二卷二六章:"这一天,有一支官军开始从武关北犯。谷英和可成赶快率领人马开到桃花铺南面,设下埋伏,准备好迎头痛击。"

【盈盈秋水】yíng yíng qiū shuǐ　盈盈:清澈的样子。秋水:比喻人的眼睛(多指女子的)。形容眼睛清澈明亮。多形容女性。《三侠五义》一六回:"那知道云翳早退,瞳子重生,已然黑白分明,依旧的盈盈秋水了。"

【营私舞弊】yíng sī wǔ bì　营:谋求。私:私利。舞弊:用欺骗的方式做违法乱

纪的事。指为谋取私利,用欺骗方式做犯法的事。《二十年目睹之怪现状》一一四回:"南洋兵船虽不少,叵奈管带的一味知道营私舞弊,那里还有公事在他心上。"茅盾《蚀·动摇》一一:"李克接着又说:'都是戴了革命的面具,实做其营私舞弊的劣绅的老把戏。'"欧阳山《三家巷》五二:"你只管营私舞弊,中饱贪污,我不管你;可是我干什么,也随我的便,你也不要来管我。"

【蝇头小利】 yíng tóu xiǎo lì 元·石君宝《曲江池》三折:"只为些蝇头微利,蹬脱了我锦片前程。"后多作"蝇头小利",比喻很小的利益。叶文玲《亨得利大座钟》:"就为了这点蝇头小利,她甚至不惜在散会后留下来,与那个勤杂工老王一块打扫会议室!"

【蝇营狗苟】 yíng yíng gǒu gǒu 营:钻营。苟:苟且。像苍蝇那样追逐脏东西,像狗那样苟且偷生。比喻为了追求名利,不知羞耻,到处钻营。唐·韩愈《送穷文》:"蝇营狗苟,驱去复还。"李国文《冬天里的春天》三章:"它教人们蝇营狗苟,追名逐利,巴结上司,讨好领导,吹吹拍拍。"王火《战争和人》(一)卷一:"童霜威虽然心里厌恶他平时的刚愎跋扈,也看不起他的贪污腐化,认为他是蝇营狗苟之流,脸上却不能不敷衍他。"也作"狗苟蝇营"。《孽海花》二一回:"这东边道一出缺,忽然放了他,原是很诧异的。到底狗苟蝇营,依然逃不了圣明烛照。"

【郢书燕说】 yǐng shū yān shuō 郢:古地名,春秋战国时楚国的都城,这里指楚国。燕:春秋战国时的国名。《韩非子·外储说左上》:"郢人有遗燕相国书者,夜书,火不明,因谓持烛者曰'举烛'云,而过书'举烛'。'举烛'非书意也。燕相受书而说之,曰:'举烛者,尚明也。尚明也者,举贤而任之。'燕相白王,王大悦。国以治。治则治矣,非书意也。今世举学者,多似此类。"后用"郢书燕说"指误解原意,牵强地解说。宋·朱熹《答胡伯逢》其三:"设使义理可通,已涉私意穿凿,而不免于郢书燕说之诮。"清·纪昀《阅微草堂笔记·滦阳消夏录四》:"持论弥高,弥不免郢书燕说。"〔注意〕燕,不读 yàn。

【景从云集】 yǐng cóng yún jí 景从:像影子那样随从。景,同"影"。云集:像云那样聚集。形容众人纷纷追随、响应。《封神演义》九八回:"天下诸侯景从云集,随大王以伐无道,其爱戴之心,盖有自也。"〔注意〕景,不能读作 jǐng。

【影影绰绰】 yǐng yǐng chuò chuò 形容模糊,不真切。《封神榜》九三回:"这丫鬟,隔着门缝往里看,影影绰绰睄不清。"《红楼梦》一一一回:"刚到门口,见门儿掩着,从门缝里望里看时,只见灯光半明不灭的,影影绰绰。"梁斌《红旗谱》三三:"朱老星离开大贵,走到栅栏门口,影影绰绰,觉得身子后头有个人影儿。"王安忆《小城之恋》:"前边的说笑声,歌声接近了,影影绰绰地看见了人群。"

【应答如流】 yìng dá rú liú 见"对答如流"。

【应对如流】 yìng duì rú liú 见"对答如流"。

【应付自如】 yìng fù zì rú 形容事情处理得从容、轻松。邓友梅《记忆中的老舍先生》:"人们站起来抢着握手,端木没戴帽子赵树理不摘帽子,两手都应付自如。"邓一光《我是太阳》四部二:"她真的很可爱,很活泼,她在一群男性将校军官中举止从容应付自如。"

【应接不暇】 yìng jiē bù xiá 暇:空闲。《世说新语·言语》:"从山阴道上行,山川自相映发,使人应接不暇。"原指景物很多,顾不上观赏。后形容太繁忙,应付不过来。《警世通言》卷三八:"奈何往来之人,应接不暇,取便约在灯宵相会。"刘绍棠《花街》九:"伏天儿的嘴刚张开,一颗红枣投下来,他刚想咬一口,一颗一颗下枣雨,他应接不暇,只能囫囵吞枣。"

【应天顺人】 yìng tiān shùn rén 见"顺天应人"。

【应运而生】 yìng yùn ér shēng 应运:应天命。指顺应天命而降生。后泛指顺应时机而产生。唐·王勃《益州夫子庙碑》:"大哉神圣,与时回簿,应运而生,继天而作。"《红楼梦》二回:"若大仁者,则应运而生。"刘白羽《第二个太阳》九章:"二则,无所事事,一些个人杂念就像野草一样应运而生了。"

【庸夫俗子】 yōng fū sú zǐ 见"凡夫俗子"。

【庸人自扰】 yōng rén zì rǎo 庸:平庸。扰:打扰,惹麻烦。《新唐书·陆象先传》:"天下本无事,庸人扰之为烦耳。"后用"庸人自扰"指本来没事,平庸的人自己惹事找麻烦。茅盾《虹》五:"她天性中的伉爽,果敢,和自信,立刻挥去了这些非徒无益的庸人自扰。"欧阳山《三家巷》一一四:"可你们都着慌了,都变得如醉如狂了。这就证明你们没有见识,庸人自扰。"

【庸医杀人】 yōng yī shā rén 庸医:医术很低的医生。指医术很低的医生由于错误的诊治而致人死命。《西游记》六八回:"就是医杀了,也只问得个庸医杀人罪名,也不该死。"《官场现形记》二三回:"庸医杀人亦是有的,怎么他们咬定是你毒死的呢?"

【庸庸碌碌】 yōng yōng lù lù 指才学平庸,做不出成绩。明·余继登《典故纪闻》卷三:"卿等居持衡秉鉴之任,宜在公平以辨别贤否,毋但庸庸碌碌充位而已。"《镜花缘》六八回:"我同他们三位,或居天朝,或回本国,无非庸庸碌碌,虚度一生。"《官场现形记》五六回:"无奈他的意思,就这样出去做官,庸庸碌碌,跟着人家到省候补,总觉不愿。"邓友梅《双猫图》:"每逢开科务会,使唤了他的人又批他庸庸碌碌,胸无大志,是没落阶级的思想情绪。"

【雍容尔雅】 yōng róng ěr yǎ 雍容:文雅大方,从容不迫。形容神态从容文雅。《儒林外史》一二回:"当下牛布衣吟诗,张铁臂击剑,陈和甫打哄说笑,伴着两公子的雍容尔雅,蘧公孙的俊俏风流,杨执中古貌古心,权勿用怪模怪样,真乃一时胜会。"

【雍容华贵】 yōng róng huá guì 雍容:形容文雅大方,从容不迫。华贵:豪华富贵。形容人举止文雅,衣着华丽。《花月痕》二〇回:"抢前数步,见是小岑、剑秋带一个雍容华贵的少年,便合十相见。"欧阳山《三家巷》四一:"安顿好,她就另有约会,打扮得雍容华贵地出门去了。"王安忆《叔叔的故事》:"她雍容华贵,总是衣冠楚楚,弹了一手好钢琴。"

【饔飧不济】 yōng sūn bù jì 见"饔飧不继"。

【饔飧不继】 yōng sūn bù jì 饔:早饭。飧:晚饭。形容生活穷困。明·朱用纯《治家格言》:"虽饔飧不继,犹有馀欢。"也作"饔飧不济"。《三侠五义》一一回:"今既饔飧不济,我这里有白银十两,暂且拿去使用。"

【永垂不朽】 yǒng chuí bù xiǔ 垂:流传后世。朽:腐烂,磨灭。指业绩、精神等永远流传而不磨灭。《魏书·高祖纪下》:"虽不足纲范万度,永垂不朽,且可释滞目前,厘整时务。"《三侠五义》一九回:"就叫范宗华为庙官,春秋两祭,永垂不朽。"

【永无止境】 yǒng wú zhǐ jìng 永远没有尽头。孙犁《白洋淀纪事·王香菊》:"可是从她劳动的精神上看,那充实的精力就像这永无止境的水泉,永无止境的热汗,永无止境的希望。"邓一光《我是太阳》三部二:"在这方面,他始终是一名勇敢得近似于莽撞的士兵,他的永无止境的力量让她迷惑不解,但她更醉心于他的执著。"

【永志不忘】yǒng zhì bù wàng　志:记。永远记住而不忘记。李国文《驳壳枪》:"也许儿时的记忆总是最鲜明的事物,才会永志不忘。"王火《战争和人》(二)卷一:"'您过去对我的恩德,我是永志不忘的。'他额上淌汗,说得非常诚恳。"

【勇而无谋】yǒng ér wú móu　只有勇气而缺少谋略。《三国志·魏书·荀攸传》:"吕布勇而无谋,今三战皆北,其锐气衰矣。"《东周列国志》七三回:"胡沈之君,幼不习战。陈夏啮勇而无谋。"鲁迅《两地书》五:"我看见的子路是勇而无谋,不能待三鼓而进的一方面。"

【勇夫悍卒】yǒng fū hàn zú　指徒有勇力的人。《新五代史·周书·王进传》:"五代之君,皆武人崛起,其所与俱勇夫悍卒。"

【勇冠三军】yǒng guàn sān jūn　冠:位居第一。三军:古代军队的上军、中军、下军,借指全体将士。勇敢居全军之首。形容英勇无敌。汉·李陵《答苏武书》:"陵先将军功略盖天地,义勇冠三军。"《三国志·魏书·刘晔传》:"若小缓之,诸葛亮明于治而为相,关羽、张飞勇冠三军而为将,蜀民既定,据险守要,则不可犯矣。"《封神榜》一二六回:"就是那,勇冠三军谁不怕!"清·王韬《淞滨琐话·徐麟士》:"闻君义高千古,勇冠三军。"

【勇往直前】yǒng wǎng zhí qián　往:去。勇敢地一直向前进。宋·陆九渊《与朱元晦》之二:"不顾旁人是非,不计自己得失,勇往直前,说出人不敢说底道理。"《孽海花》二五回:"你们看本帅在湘出发时候,勇往直前,性急如火。一比从天津到这里,这三个多月的从容不迫,迟迟我行,我想一定有许多人要怀疑不解。"老舍《四世同堂》三六:"同时,他也想到,有知识的人,像他自己,反倒前怕狼后怕虎的不敢勇往直前。"欧阳山《三家巷》一〇七:"他是那样的乐观,那样的兴奋,那样的坚信不疑,使得他自己又变成了一个勇往直前、义无反顾的年轻人,充满朝气和勇气。"

【用兵如神】yòng bīng rú shén　用兵:使用军队作战。形容很擅长指挥军队打仗。《三国志·吴书·虞翻传》南朝宋·裴松之注引《吴书》:"讨逆将军智略超世,用兵如神。"《三国演义》六四回:"张任看见孔明军伍不齐,在马上冷笑曰:'人说诸葛亮用兵如神,原来有名无实。'"《东周列国志》九九回:"武安君用兵如神……虽伊尹吕望之功,不加于此。"

【用非所学】yòng fēi suǒ xué　实际工作需要的与所学到的知识不一致。《文明小史》一四回:"无奈兄弟三个,因为所用非所学,就有点瞧先生不起。"

【用舍行藏】yòng shě xíng cáng　见"用行舍藏"。

【用武之地】yòng wǔ zhī dì　适宜作战的地方。后多比喻可以施展才华的地方。《晋书·姚襄载记》:"洛阳虽小,山河四塞之固,亦是用武之地。"《三国演义》九六回:"中斜谷道为五百里石穴,非用武之地。"王安忆《鸠雀一战》:"这人家日子过得马虎,小妹阿姨的精细没了用武之地。"张洁《红蘑菇》:"有勇无谋如梦白,饭来张口衣来伸手如梦兰,全都无了用武之地。"

【用心良苦】yòng xīn liáng kǔ　用心:居心,存心。良:很。指很费了一番考虑。张恨水《啼笑因缘》五回:"这未免隔靴搔痒,然而也用心良苦。"古华《芙蓉镇》一章:"真是用心良苦,兴师动众。结果还是没有查到什么蛛丝马迹。"王火《战争和人》(三)卷三:"大作看来是在论史,是专门性学术著作,其实用心良苦,颇多对当今权贵逆耳之言。"

【用行舍藏】yòng xíng shě cáng　用:任用。舍:不被任用。《论语·述而》:"用之则行,舍之则藏,唯我与尔有是夫。"后用"用行舍藏"指受到任用就出仕,不被任用就退隐。汉·蔡邕《陈太丘碑文序》:"其为道也,用行舍藏,进退可度。"《晋书·刘乔传》:"至人之道,用行舍藏。"也作"用舍行藏"。宋·苏轼《贺欧阳少师致仕启》:"用舍行藏,仲尼独许于颜子。"元·王恽《屈原卜居图》诗:"用舍行藏圣有余,却从詹尹卜攸居。"

【优孟衣冠】yōu mèng yī guān　《史记·滑稽列传》载:春秋时,已故楚相孙叔敖的儿子很穷,楚国的艺人优孟便穿戴孙叔敖的衣帽,去见楚庄王,并把孙叔敖的动作神态摹仿得维妙维肖,使庄王感悟而封孙叔敖之子。后用"优孟衣冠"指演戏。也比喻假装古人或一味摹仿。《儿女英雄传》四〇回:"难道诺大的官场,真个便同优孟衣冠,傀儡儿戏一样?"清·赵翼《瓯北诗话·高青邱诗》:"后来学唐者,李、何辈袭其面貌,仿其声调,而神理索然,则优孟衣冠矣。"

【优柔寡断】yōu róu guǎ duàn　优柔:犹豫不决。寡:少。断:决断。指办事犹豫不决,不能决断。《官场现形记》一二回:"这位胡统领最是小胆,凡百事情,优柔寡断。"茅盾《虹》八:"这是到上海以后新生出来的第二个自己:丧失了自信力,优柔寡断,而且更女性的自己。"李劼人《大波》四部二章:"但是遇到真正大事,他又优柔寡断起来。"李佩甫《送你一朵苦楝花》六:"他的优柔寡断正是他灵魂自私的体现。"

【优胜劣败】yōu shèng liè bài　指有

竞争力的就能够取胜,没有竞争力的就被淘汰。《痛史》一回:"优胜劣败,取乱侮亡,自不必说。"

【优哉游哉】yōu zāi yóu zāi　优、游:悠闲无事。哉:古汉语感叹词。形容悠闲自得的样子。《诗经·小雅·采菽》:"优哉游哉,亦是戾矣。"王火《战争和人》(一)卷一:"得意则遨游于苏州吴江之间,失意则泛舟于浩瀚太湖之上,优哉游哉!"

【忧国忧民】yōu guó yōu mín　指为国家、百姓而操劳、担忧。宋·范仲淹《谢转礼部侍郎表》:"进则尽忧国忧民之诚,退则处乐天乐道之分。"《官场现形记》三三回:"申义甫立刻摆出一副忧国忧民的面孔,道:'利津口子还没合龙,齐河的大堤又冲开了。'"韦君宜《洗礼》二:"忧国忧民,无门可诉。茫茫人海,谁是知心?"

【忧患余生】yōu huàn yú shēng　指历经艰难坎坷后保全下来的生命。宋·陆佃《海州谢上表》:"窃念臣忧患余生,孤寒末族。"沈砺《感怀》诗之八:"光阴潦草歇繁华,忧患余生辄自嗟。"

【忧深思远】yōu shēn sī yuǎn　指分析、思考得得深远。《诗经·唐风·蟋蟀序》:"忧深思远,俭而用礼,乃有尧之遗风焉。"《后汉书·卢植传》:"忧深思远,君子之情。"

【忧心忡忡】yōu xīn chōng chōng　忡忡:忧愁不安的样子。形容十分忧愁。《诗经·召南·草虫》:"未见君子,忧心忡忡。"周大新《第二十幕》(下)二部一五:"可他又是那样忧心忡忡,他经商多年,他的担忧不会毫无道理。"刘心武《栖凤楼》五六:"你究竟是喜欢市场经济带来的新局面,还是对它忧心忡忡?"

【忧心如焚】yōu xīn rú fén　焚:火烧。心里愁得如火烧一样。形容十分焦虑忧愁。三国魏·曹植《释愁文》:"形容枯悴,忧心如焚。"《三国演义》八〇回:"孔明答曰:'忧心如焚,命不久矣!'"姚雪垠《李自成》三卷四九章:"今晚高名衡忧心如焚,连晚饭都吃得很少,虽然上午斩了孙铁匠和霍卖婆,但究竟解决不了守城的重大困难。"刘玉民《骚动之秋》五章:"她几次惊醒,几次忧心如焚地抹着眼泪。"

【悠然自得】yōu rán zì dé　悠然:闲适自在。自得:自己感到舒适。形容闲适从容。《晋书·杨轲传》:"常食粗饮水,衣褐缊袍,人不堪其忧,而轲悠然自得。"周而复《上海的早晨》一部三三:"正在他悠然自得地品味祁门红茶那股浓涩的滋味,夜空中传来了董素娟在医务所外边的叫唤声。"蒋子龙《赤橙黄绿青蓝紫》六:"他做这一切非常熟练,悠然自得,可见他是经常干这一手活。"也作"悠闲自得"。魏巍《火凤凰》三八:"他仍旧披着黄呢斗篷,笑眯眯地骑在马上,显出一派悠闲自得的神气。"

【悠闲自得】yōu xián zì dé　见"悠然自得"。

【悠闲自在】yōu xián zì zài　悠闲:闲适。自在:自由,不受拘束。形容闲适从容。李国文《冬天里的春天》一章:"它毫不在乎地,像春游一样悠闲自在,根本不把于而龙放在心上。"王火《战争和人》(一)卷四:"方丽清带金娣对号坐定以后,马上叫金娣给她捶背、捶腿,她自己含着'采芝村'的粽子糖倒也悠闲自在。"

【由此及彼】yóu cǐ jí bǐ　从某一问题、事物联想到另一问题、事物。《野叟曝言》六六回:"遇着通晓之人,就虚心请问,由此及彼,铢积寸累,自然日有进益。"

【由衷之言】yóu zhōng zhī yán　由衷:出于本心。指发自内心的话。巴金《家》二五:"这是你底由衷之言吗?"

【犹豫不决】yóu yù bù jué　《战国策·赵策三》:"平原君犹豫未有所决。"后用"犹豫不决"指拿不定主意。《晋书·赵诱传》:"隆犹豫不决,遂为其下所害。"《三国演义》四三回:"孙权退入内宅,寝食不安,犹豫不决。"姚雪垠《长夜》五:"看见王成山犹豫不决,刘老义把菊生拉过来向门口一推,说:'还怕他跑掉不成?'"浩然《误会》六:"我停住车,在一片废墟前边犹豫不决。"也作"犹豫未决"。《三国演义》一六回:"陈珪又说吕布,使解韩胤赴许都。布犹豫未决。"

【犹豫未决】yóu yù wèi jué　见"犹豫不决"。

【油煎火燎】yóu jiān huǒ liǎo　形容内心焦急、痛苦。马烽《太阳刚刚出山》:"当时我心里急得油煎火燎,只怕他说个不成。"

【油腔滑调】yóu qiāng huá diào　形容说话轻浮,不诚恳。《二十年目睹之怪现状》七二回:"这京城里做买卖的人,未免太油腔滑调了。"鲁迅《伪自由书·大观园的人》:"这是一种特殊的人物,他(她)要会媚笑,又要会撒泼,会打情骂俏,又要会油腔滑调。"茅盾《腐蚀·十一月四日》:"好像我在你眼里还不是什么油腔滑调的人。"蒋子龙《赤橙黄绿青蓝紫》二:"他是个严肃而正派的人,不习惯于油腔滑调。"

【油然而生】yóu rán ér shēng　油然:自然而然。《礼记·乐记》:"礼乐不可斯须去身,致乐以治心,则易直子谅之心油然生矣。"后用"油然而生"形容思想感情自然而然地产生。宋·苏洵《族谱引》:"观吾之谱者,孝弟之心可以油然而生矣。"刘白羽《第二个太阳》三章:"也许由于那乐声的陶醉吧!他对她立刻产生了一种油然而生的好感。"古华《芙蓉镇》四章:"一种母性的慈爱感情,在她身上油然而生。"

【油头粉面】yóu tóu fěn miàn　形容

人的外表打扮得妖艳轻浮。含贬义。《西游记》八〇回："旁有一个女子，倒是个油头粉面。"《儒林外史》一四回："马二先生正走着，见茶铺子里一个油头粉面的女人招呼他吃茶，马二先生别转头来就走。"张恨水《啼笑因缘》九回："右边摆了一个小鼓架，一个十几岁的女孩子，油头粉面，穿着一身绸衣，站在那里打着鼓板唱书。"欧阳山《三家巷》五六："不大一会儿，那油头粉面的年轻人就大甩着手走进来了。"李英儒《野火春风斗古城》九章："高大成走出厕所，瞥见西休息室——他的临时公馆里，闪动着不少油头粉面的人影。"

【油头滑脑】 yóu tóu huá nǎo 形容人轻浮、狡黠。周而复《上海的早晨》三部二八："我看见他那副油头滑脑的腔调就生气……"王火《战争和人》(一) 卷三："尹二正在说书似地坐在一张小板凳上油头滑脑地聊天，瘸腿的刘三保坐在另一张竹躺椅上喝茶听着他聊，笑得哈哈的。"

【油嘴滑舌】 yóu zuǐ huá shé 形容说话轻浮油滑。《金瓶梅》八八回："这贱小淫妇儿，学的油嘴滑舌！"《镜花缘》二一回："俺看他油嘴滑舌，南腔北调，到底算个甚么！"鲁迅《花边文学·北人与南人》："北京的报纸上，油嘴滑舌，吞吞吐吐，顾影自怜的文字不是比六七年前多了吗？"欧阳山《三家巷》五七："马有还是油嘴滑舌地说道：'华佗大哥，这就难了。你只是要我去找冯斗，也没说要找多久呀！'"刘绍棠《绿杨堤》三："老家伙油嘴滑舌，花言巧语，牛脖子大叔和二踢脚大婶年年上他的当。"

【游刃有余】 yóu rèn yǒu yú 游：移动。刃：刀刃。余：余地。《庄子·养生主》："今臣之刀十九年矣，所解数千牛矣，而刀刃若新发于硎。彼节者有间，而刀刃者无厚；以无厚入有间，恢恢乎其于游刃必有余地矣。"意为厨师宰牛时刀子在牛骨缝里灵活移动，骨缝显得很宽，刀刃在里面有很大的活动余地。后用"游刃有余"比喻技术熟练、经验丰富，解决问题毫不费力。明·冯梦龙《智囊补·总叙》："人动而愈纷，我静而自正，人束手无策，我游刃有余。"《野叟曝言》一二七回："朕可立一券与素父，包管游刃有余。"邓一光《我是太阳》一部一："张如屏毕竟是老政治工作者，有经验，办这种事，也是游刃有余的。"王安忆《叔叔的故事》："众生百态，全由他描写得淋漓尽致且游刃有余。"

【游山玩水】 yóu shān wán shuǐ 游览山水风景。《景德传灯录·文偃禅师》："问：'如何是学人自己？'师曰：'游山玩水去。'"《醒世恒言》卷六："当下王臣舍舟登陆，雇倩脚力，打扮做官军模样，一路游山玩水，夜宿晓行。"《红楼梦》四回："虽也上过学，不过略识几字，终日惟有斗鸡走马，游山玩水而已。"巴金《随想录》一四二："以后又去南北一些地方旅行，我不是为了游山玩水，只是去寻求友谊。"李劼人《大波》三部四章："权当游山玩水，多走里把两里路倒不在乎，只要找得到烟抽！"

【游手好闲】 yóu shǒu hào xián 游手：指手闲着不做事。好闲：喜欢安逸。指人游荡懒散，不愿劳动、工作。元·高文秀《遇上皇》一折："打骂你孩儿，有甚勾当，又不曾游手好闲，惹下祸殃。"《二刻拍案惊奇》卷三九："就有那地方游手好闲几个揽事的光棍来出尖，伸拳搂手道：'果是贼道无理！我们打他一顿，拿来送官。'"《红楼梦》六五回："便有那游手好闲专打听小事的人，也都去奉承贾琏，乘机讨些便宜。"《二十年目睹之怪现状》七八回："这位督办，那时候正在上海游手好闲，无所事事，正好有工夫做那些不相干的闲事。"鲁迅《朝花夕拾·五猖会》：“只有游手好闲的闲人，这才跑到庙前或衙门前去看热闹；我关于赛会的知识，多半是从他们的叙述上得来的，并非考据家所贵重的‘眼学’。”欧阳山《三家巷》二：“别人看见他游手好闲，不务正业，都替他担忧，他自己却满不在乎。”

【有板有眼】yǒu bǎn yǒu yǎn　板、眼：戏曲音乐的节拍。指表演的腔调合乎节拍。多形容说话、办事有条理。邓友梅《烟壶》一五：“寿明听柳娘讲话有板有眼，大方有趣，猜想她在手艺上也是有才有艺的。”周大新《第二十幕》（上）一部三：“云纬娘见过世面，所以说起场面上的话也还是有板有眼。”刘玉民《骚动之秋》三章：“赢官有板有眼、不紧不慢的一席话、一本账，使会议室里变得一片空旷。”

【有备无患】yǒu bèi wú huàn　指事先有准备，才可以避免祸患。《尚书·说命》：“惟事事乃其有备，有备无患。”《东周列国志》七八回：“汶水泛滥，鲁民有备无患。其事传布齐邦，景公益以孔子为神。”《野叟曝言》八三回：“我虽明知其必至婚时始发，尚为此有备无患之计，况此等利害关头，敢于逆料单谋之不发一信耶？”老舍《四世同堂》二五：“他不知道今天是否由他喊口令，可是有备无患，他须喊一喊试试。”姚雪垠《李自成》二卷二三章：“打仗的事儿，总要有备无患，免得临时措手不及。”

【有的放矢】yǒu dì fàng shǐ　的：箭靶。矢：箭。对着靶子射箭。比喻目的性强，有针对性。毛泽东《整顿党的作风》：“马克思列宁主义理论和中国革命实际，怎样互相联系呢？拿一句通俗的话来讲，就是‘有的放矢’。”巴金《随想录·新记》二：“八年中，‘随想’终于找到箭垛而有的放矢了。”

【有过之，无不及】yǒu guò zhī, wú bù jí　过：超过。不及：不如。指相比较，只有超过而不会不如。宋·杨万里《静庵记》：“景伯十年风池，名位视其父有过之无不及者。”《野叟曝言》八八回：“汾阳八子七婿，世所艳称，文先生年未三十，已举四子，且一旬而得四宁馨，尤为旷见。将来绕膝之祥，但有过之无不及也。”从维熙《落红》四：“我甚至知道我在下滑，但我看看周围，都比我有过之而不及。”

【有机可乘】yǒu jī kě chéng　机：机会。乘：趁。有机会可以利用，指有空子可钻。《宋史·岳飞传》：“其或襄、邓、陈、蔡有机可乘，从长措置。”《聊斋志异·胭脂》：“宿久知女美，闻之窃喜其有机可乘。”巴金《春》二一：“正苦没有机会发泄，这时看见有机可乘，便故意说这种话来窘王氏。”

【有加无已】yǒu jiā wú yǐ　已：停止。指不停地增加或事态的发展越来越厉害。含贬义。宋·陈亮《复杜伯高书》：“然而左右独以为不然，时以书相劳问，意有加而无已。”李劼人《大波》一部八章：“但是我们试问哟，朝廷于租股之外，取于四川百姓的，比如常年捐输，比如肉厘酒捐，比如油捐糖捐，还有许许多多的捐，年年都有加无已，何以又不恤民艰呢？”

【有教无类】yǒu jiào wú lèi　无类：不分类别。《论语·卫灵公》：“子曰：‘有教无类。’”指不论什么人都可以受到教育。《宋史·陈彭年传》：“有教无类，自诚而明。”《儿女英雄传》三六回：“安老爷是有教无类的，竟薰陶得他另变了个气味了。”梁实秋《雅舍小品·点名》：“胡先生深知有教无类的道理，来者不拒，点名作甚？”

【有口皆碑】yǒu kǒu jiē bēi　皆：都。碑：刻记着功业的石碑。人人的嘴都是记颂功业的碑。比喻人人称颂。《老残游记》三回：“宫保的政声，有口皆碑，那是没有得说的了。"古华《芙蓉镇》三章：
"王秋赦一跃而成为全县妇孺皆知、有口
皆碑的人物。"陈忠实《白鹿原》二三章：
"单是这次赈灾，先生所作所为无论朝野
有口皆碑。"

【有口难辩】 yǒu kǒu nán biàn　见"有
口难分"。

【有口难分】 yǒu kǒu nán fēn　分：分
辩。有嘴却难以分辩。形容蒙受冤屈而
无法说清。元·李行道《灰阑记》一折：
"谁想到员外跟前，又说我与了奸夫，着
我有口难分。"《初刻拍案惊奇》卷三一：
"不然，他日一败，玉石俱焚。你是同衾
共枕之人，一发有口难分了。"《红楼梦》
三四回："那薛蟠都因素日有这个名声，
其实这一次却不是他干的，被人生生的
一口咬死是他，有口难分。"也作"有口难
辩"。巴金《春》六："别人看起来，冯家待
我多好，我真是有口难辩。"

【有口难言】 yǒu kǒu nán yán　指有话
不便说或不敢说。宋·苏轼《醉睡者》：
"有道难行不如醉，有口难言不如睡。"
元·关汉卿《窦娥冤》三折："这都是官吏
每无心正法，使百姓有口难言。"《醒世恒
言》卷三九："收送福堂，波罗蜜自做甘
受；陷入色界，磨兜坚有口难言。"

【有口无心】 yǒu kǒu wú xīn　指说话
漫不经心，心里不存什么想法。《野叟曝
言》四七回："他说咱们有口无心，欺软怕
硬。"李英儒《野火春风斗古城》四章："伯
母呵！我是个有口无心的人，别生我的
气。"杜鹏程《保卫延安》三章："周大勇有
口无心地说：'是嘛！'其实鸟叫也好花香
也好，将来到这里搞建设也好，他都无心
去注意。"刘醒龙《赤壁》："小弟有口无
心，说了瞎话，大可切切不要计较。"

【有名无实】 yǒu míng wú shí　《国语·
晋语八》："吾之卿之名，而无其实，无以
从二三子，吾是以忧，子贺我何故？"后用
"有名无实"指徒有虚名而无实际内容。

晋·陆机《五等诸侯论》："逮至中叶，忌其
失节，割削宗子，有名无实，天下旷然，复
袭亡秦之轨矣。"宋·范仲淹《答手诏条陈
十事》："劝课之方，有名无实。"《醒世恒
言》卷三九："我们同辈人多，不蹂一人作
主，这百金四散分开，所得几何，岂不是
有名无实。"清·宣鼎《夜雨秋灯录·骗
子》："如果真正佳人，何妨重价，第恐有
名无实耳。"周而复《上海的早晨》四部
二："你想的真妙，给其老一个有名无实，
真是统帅风度。"姚雪垠《李自成》三卷七
章："傅宗龙明知各镇练兵多是有名无
实，数额也都不足，但看见皇上大有不耐
烦神色，只好跪地上低着头不再说话。"

【有目共睹】 yǒu mù gòng dǔ　睹：看
见。元·李翀《日闻录》："日月东出而西
没，有目者所共睹。"后用"有目共睹"指
大家都能看得见。形容十分明显。鲁迅
《集外集拾遗补编·关于〈小说世界〉》：
"但小说却也写在纸上，有目共睹的，所
以《小说世界》是怎样的东西，委实已由
他自身来证明，连我们再去批评他们的
必要也没有了。"茅盾《蚀·动摇》九："方
先生，你的品行，素来有目共睹，谣言到
你身上，不会有人相信。"欧阳山《三家
巷》一九一："这些事情是有目共睹的，住
在王庄的人们没有一个不晓得。"周克芹
《难忘今宵》："今年全县经济情况相当不
错，上上下下有目共睹。"

【有目共赏】 yǒu mù gòng shǎng　大
家看见了都赞赏。形容事物很完美。
《老残游记》一二回："这人负一时盛名，
而《湘军志》一书做的委实是好，有目共
赏。"鲁迅《华盖集续编·马上日记》："要
塞进行纸篓里时，觉得有几条总还是爱
不忍释，现在钞几条在这里，马上印出，
以便'有目共赏'罢。"

【有气无力】 yǒu qì wú lì　形容身体虚
弱，没有力气。也形容精神不振作。《醒
世恒言》卷二八："正不知舱中，另有个替

吃饭的，还饿得有气无力哩。"《初刻拍案惊奇》卷二九："罗妈妈见她日间做事有气无力，长打呵欠，又有时早晨起来，眼睛红肿的，心里疑惑起来。"巴金《随想录》五："母亲躺在病床上，只能有气无力地说几句短短的话。"欧阳山《三家巷》一二〇："区卓已经疲乏到了极点，一拐一拐地、有气无力地走着。"从维熙《落红》四："我像在拳击台上，被对手逼进了网拦似的，有气无力地坐倒在沙发上。"

【有求必应】yǒu qiú bì yìng　只要有人请求帮助，就一定答应。《野叟曝言》一二一回："楚王曾有微劳于兄，许以有求必应，吾兄岂可食言？"《官场现形记》五回："又有个兄弟做了帮手，竭意招徕。只要不惜重赏，便尔有求必应。"刘绍棠《烟村四五家》二："为什么豆青婶有求必应？你吃足了她那红点白馒头的贡品！"刘醒龙《暮时课诵》一："和尚师父，都说灵山寺的菩萨灵，有求必应，你说句实话，到底真灵还是假灵？"

【有声有色】yǒu shēng yǒu sè　形容声势规模大。宋·汪藻《翠微堂记》："其意以谓世之有声有色者，未有不争而得，亦未有不终磨灭者。"《老残游记》七回："若求在上官面上讨好，做得烈烈轰轰，有声有色，则只有依玉公办法，所谓逼民为盗也。"欧阳山《三家巷》五一："最近，他们正在忙着领导仙汾市附近震北村的农民抗租运动，干得有声有色。"也形容表现得十分鲜明生动。茅盾《虹》一〇："这几句说得有声有色，似乎梅女士也受了感动。"李劼人《大波》一部九章："似乎因了股东会开得有声有色，它也水涨船高地更为发皇起来。"

【有识之士】yǒu shí zhī shì　有才能和远见的人。汉·刘向《说苑·善说》："天下有识之士，无不为足下寒心酸鼻者，千秋万岁之后，庙堂必不血食矣。"《后汉书·何皇后纪》："时有识之士心独怪之。"王

火《战争和人》(三)卷一："我仰慕你是有识之士，饱学而爱国，我们是能推心置腹的。"

【有始无终】yǒu shǐ wú zhōng　有开始没有结尾。指做事不能坚持到底。《诗经·秦风·权舆序》："忘先君之旧臣与贤者，有始而无终也。"《醒世恒言》卷二〇："王员外若是个有主意的，还该往别处访问个的实，也不做了有始无终薄幸之人。"鲁迅《华盖集续编·记念刘和珍君》："凡我所编辑的期刊，大概是因为往往有始无终之故罢，销行一向就甚为寥落。"老舍《四世同堂》二一："无论怎么说，刚才有冠家的那一幕总是光荣的；那么，他就不能跳出是非场去，教人家笑他有始无终！"

【有始有终】yǒu shǐ yǒu zhōng　有开始也有结尾。指做事能够坚持到底。唐·魏征《十渐不克终疏》："昔陶唐、成汤之时非无灾患，而称其圣德者，以其有始有终，无为无欲，遇灾则极其忧勤，时安则不骄不逸故也。"《水浒传》二二回："却才说不了，他便是真大丈夫，有头有尾，有始有终。"《孽海花》五回："我们同去同来，倒也有始有终。只是丢了霞郎，如何是好？"茅盾《腐蚀·十月十日》："任何人都有一二知心的朋友，不过要说到有始有终，那就难言了。"梁斌《红旗谱》五八："我知道你爱江涛。既然有此一来，就要有始有终。只要他在人间，你就该为了他努力！"

【有恃无恐】yǒu shì wú kǒng　恃：依靠。因为有依靠而不害怕，没有顾忌。多含贬义。宋·魏了翁《陛辞奏定国论别人才以回天怒图民怨》："持之以坚，断之以果，毋为人言所怵，嗜欲所移，则臣秉钺于外，庶乎有恃无恐。"《官场现形记》一七回："现在县里有了凭据，所以他们有恃无恐。"老舍《四世同堂》四五："去给英国人作事并不足以使他有恃无恐，他也

不愿那么狗仗人势的有恃无恐。"刘绍棠《瓜棚柳巷》四:"小少爷见有人替他挨打,更加有恃无恐,不把念书放在心上。"刘心武《钟鼓楼》五章:"姚向东觉得母亲是在护着自己,有恃无恐地坐到饭桌前。"

【有损无益】yǒu sǔn wú yì 指有害而没有好处。《新唐书·张廷珪传》:"南北异宜,至必生疾,此有损无益也。"《水浒传》三五回:"贤弟你留在身边,久后有损无益。"李劼人《暴风雨前》二部七:"真正做起事来,新学只好做面子,实际还是离不得旧法门的。离开了,不但事情做不动,并且还有损无益。"

【有条不紊】yǒu tiáo bù wěn 条:条理。紊:乱。《尚书·盘庚上》:"若网在纲,有条而不紊。"意为像拴在大绳上的网一样有条理而不乱。形容办事很有条理。唐·王勃《梓州玄武县福会寺碑》:"有条不紊,施缓政于繁绳。"《官场现形记》四八回:"虽然不多几句话,然而简洁老当,有条不紊,的确是个老公事。"周而复《上海的早晨》一部四六:"赵得宝见余静办事,胸有成竹,考虑的仔细周到,做起来有条不紊,分工明确,负责有人,心中十分佩服。"陈忠实《白鹿原》二六章:"他精明而又洒脱,把整个婚礼指挥得有条不紊秩序井然。"

【有头无尾】yǒu tóu wú wěi 有开头而没有结尾。指做事不能坚持到底。宋·无名氏《踏青游》词:"蓦然被人惊觉,梦也有头无尾。"瞿秋白《饿乡纪程》九:"政府不给我以全权,我的事情也是办得有头无尾。"

【有头有脸】yǒu tóu yǒu liǎn 比喻有身分、有地位。《糊涂世界》一○回:"小弟没法,走到他客堂里去看了一看,也还都是些有头有脸的人。"

【有闻必录】yǒu wén bì lù 闻:听到的。录:记录。只要听到,就都记录下

来。《宦海》一一回:"不过照看有闻必录的例儿,姑且的留资谈助。"钱钟书《围城》三:"也许你上课的时候没留神,没有我那样有闻必录。"王火《战争和人》(三)卷五:"两人回来,又合写了一条新闻,只是这次用了笔名。消息写得很客观,符合有闻必录的原则。"

【有血有肉】yǒu xuè yǒu ròu 比喻文艺作品描写生动,内容充实丰富。巴金《春》二六:"她觉得桦西里和安娥是一对有血有肉的男女,并不是张惠如和陈迟所扮演的两个角色。"

【有言在先】yǒu yán zài xiān 指事先打过招呼。《醒世恒言》卷二二:"他有言在先,你今日不须惊怕。"李劼人《大波》三部七章:"让我来念。但是有言在先,请诸公不要打岔我。"刘玉民《骚动之秋》七章:"我是有言在先,李龙爷没让你们肚子痛就算是没报应。"

【有眼不识泰山】yǒu yǎn bù shí tài shān 泰山:五岳之一,中国名山。比喻见闻太少,认不出有地位或有本领的人。《水浒传》一一回:"林冲听了便拜道:'有眼不识泰山,愿求大名。'"《二十年目睹之怪现状》二○回:"我在家时,只知道他会做诗词小品,却原来有这等大学问,真是'有眼不识泰山'了。"马烽、西戎《吕梁英雄传》一○回:"好恩人哩!呃,真是有眼不识泰山呀!"姚雪垠《李自成》二卷二一章:"我笑你有眼不识泰山,怠慢了要紧客官。"

【有眼如盲】yǒu yǎn rú máng 见"有眼无珠"。

【有眼无珠】yǒu yǎn wú zhū 珠:眼珠。没长眼珠。比喻没有分辨能力,认识不到某人、某事物的重要。《西游记》六回:"你这厮有眼无珠,认不得我么?吾乃玉帝外甥,敕封昭惠灵显王二郎是也。"《醒世恒言》卷二六:"方才牧童,分明是太上老君指引我重还仙籍,如何有

眼无珠,当面错过?"鲁迅《呐喊·白光》:"他忽而举起一只手来,屈指计数着想,十一,十三回,连今年是十六回,竟没有一个考官懂得文章,有眼无珠,也是可怜的事,便不由嘻嘻的失了笑。"李英儒《野火春风斗古城》一章:"沉住气,伪军不比特务,他们多半是有眼无珠的。"叶文玲《银朵》二:"那女的真是有眼无珠,乐弘这样的人哪点不好?"也作"有眼如盲"。《三国演义》三六回:"何期大贤只在目前! 非先生言,备有眼如盲也!"

【有勇无谋】yǒu yǒng wú móu 只有勇气,没有智谋。《三国志·魏书·董卓传》南朝宋·裴松之注引《汉献帝起居注》:"吕布受恩而反图之,斯须之间,头县竿端,此有勇无谋也。"《新唐书·陆贽传》:"王武俊有勇无谋,朱滔多疑少决。"《三国演义》七四回:"故主马超,有勇无谋,兵败地亡,孤身入川,今与德各事其主,旧义已绝。"老舍《四世同堂》三:"他已经快在大学毕业,不能在大家面前显出有勇无谋。"姚雪垠《李自成》三卷一一章:"深怕张令有勇无谋,轻敌致败,所以不顾将士连日行军疲劳,催促赶路。"

【有约在先】yǒu yuē zài xiān 指事先有约定。元·无名氏《举案齐眉》一折:"老夫人,这事本已有约在先。"钱钟书《围城》六:"他知道高松年跟李梅亭有约在先,自己迹近乘虚篡窃。"

【有则改之,无则加勉】yǒu zé gǎi zhī,wú zé jiā miǎn 之:指缺点。勉:勉励。指对于别人提出的缺点错误,如果有就改正;如果没有,就用来勉励自己。宋·朱熹《四书集注·论语·学而》:"曾子以此三者日省其身,有则改之,无则加勉,其自治诚且如此,可谓得为学之本矣。"明·王守仁《传习录》卷中:"诸童子务要各以实对,有则改之,无则加勉。"

【有朝一日】yǒu zhāo yī rì 指将来有那么一天。唐·坎曼尔《诉豺狼》诗:"有朝一日天崩地裂豺狼死,吾却云开复见天。"元·严忠济《越调·天净沙》曲:"有朝一日天随人愿,赛田文养客三千。"刘绍棠《瓜棚柳巷》四:"国家兴亡,匹夫有责;我想学一点武艺,再教给学生们,有朝一日提笔从戎。"韦君宜《洗礼》六:"有朝一日环境变了,当了官,还会是老样子!"

【有志不在年高】yǒu zhì bù zài nián gāo 指有志向的人不一定年纪大。《三侠五义》八一回:"他人儿虽小,胆子极大,而且机变谋略俱有,这正是'有志不在年高,无志空活百岁。'"《官场现形记》三八回:"姑奶奶说那里话来! 常言说得好:'有志不在年高。'"

【有志竟成】yǒu zhì jìng chéng 见"有志者事竟成"。

【有志者事竟成】yǒu zhì zhě shì jìng chéng 指只要意志坚定,事情一定能够办成。《后汉书·耿弇传》:"将军前在南阳建此大策,常以为落落难合,有志者事竟成也。"《醒世恒言》卷三:"自古道:有志者事竟成。被他千思万想,想出一个计策来。"《儒林外史》二〇回:"立心做名士,有志者事竟成;无意整家园,创业者成难守。"巴金《家》三:"你只管放心,我平日相信'有志者,事竟成'的话。"也作"有志竟成"。《野叟曝言》一四六回:"改日须酿公分,畅谈一日,以贺素兄有志竟成也。"

【牖中窥日】yǒu zhōng kuī rì 牖:窗户。窥:看。从窗内看太阳,较为显著。比喻学识浅的人成见少,易于接受新的知识。《世说新语·文学》:"北人看书,如显处视月;南人学问,如牖中窥日。"

【诱敌深入】yòu dí shēn rù 诱:引诱。指把敌人引诱进来,使其处于孤立的不利地位。毛泽东《论持久战》九四:"我们历来主张'诱敌深入',就是因为这是战略防御中弱军对强军作战的最有效的军事政策。"魏巍《东方》三部四章:"噢! 原来是利用敌人的错觉,诱敌深入呵!"

【迁回曲折】yū huí qū zhé　迁回:回旋。指路途、方式等弯曲。毛泽东《中国革命战争的战略问题》五章:"打破'围剿'的过程往往是迁回曲折的,不是径情直遂的。"张洁《红蘑菇》:"他终于找到这么一个机会,迁回曲折地表示了对她不把财权交给他的不满。"

【于今为烈】yú jīn wéi liè　指以往已有的事情到现在更为严重了。鲁迅《华盖集·论辩的魂灵》:"党同伐异之风,于今为烈。"

【于事无补】yú shì wú bǔ　指某种言行对于解决问题没有帮助。周而复《上海的早晨》一部一八:"工会改选以后,他当上了委员,越发不能性急,否则让汤阿英的入木三分的锐利眼光发觉,于事无补,甚至会坏事的。"蒋子龙《女儿的琴声》三:"事后冷静下来,自己也觉得太过分了,埋怨自己脾气太坏,于事无补。"王火《战争和人》(二)卷三:"但这样的话,他此时不愿说,说了徒然刺激欧阳素心,于事无补。"

【予取予求】yú qǔ yú qiú　予:我。《左传·僖公七年》:"唯我知女,女专利而不厌,予取予求,不女疵瑕也。"原指从我这里求取财物。后指任意求取。宋·范仲淹《淡交若水赋》:"甘言者不可不畏,澡行者予取予求。"清·夏燮《中西纪事·后序》:"方其索香港之赇,要白门之抚,逼天津之溃,怙海淀之骄,予取予求,输银输地。"

【余音袅袅】yú yīn niǎo niǎo　形容声音绵延不断。宋·苏轼《前赤壁赋》:"其声呜呜然,如怨如慕,如泣如诉,余音袅袅,不绝如缕。"周而复《上海的早晨》三部四一:"歌声越来越近,歌唱完了,余音袅袅。"刘绍棠《瓜棚柳巷》三:"笑声像一串银铃叮咚响,半入河风半入云,香雾中余音袅袅,不绝如缕。"

【余音绕梁】yú yīn rào liáng　余音:在音乐演奏之后耳边好像还有声音。梁:屋梁。《列子·汤问》:"昔韩娥东之齐,匮粮,过雍门,鬻歌假食。既去,而余音绕梁欐,三日不绝。"形容歌声优美,令人难忘。《老残游记》二回:"当年读书,见古人形容歌声的好处,有那'余音绕梁,三日不绝'的话,我总不懂。"刘绍棠《村妇》卷二:"多亏高士名师指教传授,创立了一唱三叹、余音绕梁的程腔。"

【余勇可贾】yú yǒng kě gǔ　余:多余的。贾:卖。《左传·成公二年》:"齐高固入晋师,桀石以投人,禽之而乘其车,系桑本焉。以徇齐垒,曰:'欲勇者贾余馀勇。'"后用"余勇可贾"指还有剩余的勇力。唐·成伯玙《毛诗指说·文体》:"后来英彦,各擅文章,致远直尚于轻浮,钩深曲归于美丽。盖余勇可贾,逸气难收。"毛泽东《第二次世界大战的转折点》:"这是因为一则德国及其欧洲伙伴尚有余勇可贾,二则英美拖延开辟第二条战线的缘故。"〔注意〕贾,不读 jiǎ。

【鱼贯而出】yú guàn ér chū　贯:连贯。像游鱼那样一个跟着一个地出去。《隋书·炀帝纪上》:"经大斗拔谷,山路险隘,鱼贯而出。"《聊斋志异·晚霞》:"童男女皆双舞,身长短、年大小、服色黄白,皆取诸同。诸部按已,鱼贯而出。"梁实秋《雅舍小品·送礼》:"客人各自提着像帽盒似的一个纸匣子,鱼贯而出,煞是好看。"阿来《尘埃落定》三八:"他挥挥手,说:'大家散了吧。'大家就从大少爷的屋子里鱼贯而出。"

【鱼贯而入】yú guàn ér rù　贯:连贯。像游鱼那样一个跟着一个地进入。《官场现形记》四四回:"依着齿序,鱼贯而入,不得搀前落后。"老舍《四世同堂》四○:"她挤进来,其余的人也就鱼贯而入。"周大新《第二十幕》(上)一部一五:"鱼贯而入的夫人、小姐和仆人们不停地向晋金存鞠躬。"

【鱼贯而行】 yú guàn ér xíng 贯：连贯。像游鱼那样一个跟着一个地行进。《南齐书·蛮传》："二百里中，水陆迂狭，鱼贯而行，有数处不通骑。"巴金《随想录》六五："白堤是我熟悉的，但这样看白堤在我还是第一次。那么多的人鱼贯而行，脚步不停，我仿佛在看皮影戏。"魏巍《火凤凰》九七："周天虹和徐偏的船走在最前面。后面的船分为左、中、右三个纵队，鱼贯而行。"

【鱼龙混杂】 yú lóng hùn zá 比喻坏人和好人混在一起。唐·无名氏《和渔父词》之一三："风搅长空浪搅风，鱼龙混杂一川中。"《红楼梦》九四回："现在人多手乱，鱼龙混杂，倒是这么一来，你们也洗洗清。"《官场现形记》五六回："且说彼时捐例大开，各省候补人员十分拥挤，其中鱼龙混杂，良莠不齐。"陈国凯《两情若是久长时》六："这些年政策开放，搞活经济，是件好事。但也免不了鱼龙混杂、泥沙俱下。"

【鱼米之乡】 yú mǐ zhī xiāng 指盛产鱼、大米的富庶地方。《旧唐书·王晙传》："说其鱼米之乡，陈其畜牧之地。"《水浒传》三八回："此间正是鱼米之乡，如何没有鲜鱼！"王火《战争和人》（一）卷四："南陵虽系皖南小县，鱼米之乡，物产颇丰。"

【鱼目混珠】 yú mù hùn zhū 用鱼眼睛假冒珍珠。比喻以假乱真。宋·张商英《宗禅辩》："今则鱼目混珠，薰莸共囿，羊质虎皮者多矣。"《花月痕》一七回："他道你是鱼目混珠，你该罚他一钟酒。"杨沫《青春之歌》二部三八章："可是这些卖国的老爷们不是也在鱼目混珠，也在冒为爱国忧民的志士吗？"古华《芙蓉镇》一章："莫看芙蓉镇地方小，人口不多，但圩场集市，水路旱路，过往人等鱼目混珠，龙蛇混杂。"

【鱼游釜中】 yú yóu fǔ zhōng 釜：古代的一种锅。鱼在锅中游。比喻身处险境。《后汉书·张纲传》："若鱼游釜中，喘息须臾间耳。"《封神演义》九一回："姜尚进山，似鱼游釜中，肉在几上。"

【瑜不掩瑕】 yú bù yǎn xiá 瑜：玉的光彩。瑕：玉上的斑点。比喻优点掩盖不了缺点。《礼记·聘义》："瑕不掩瑜，瑜不掩瑕。"樊增祥《〈东溪草堂词选〉自序》："柳七、黄九，并负盛名。然《乐章》九卷，瑜不掩瑕。"

【愚不可及】 yú bù kě jí 《论语·公冶长》："子曰：'宁武子邦有道则知，邦无道则愚。其知可及也，其愚不可及也。'"后用"愚不可及"指有智慧而外表看上去愚笨，不是一般人所能做到的。宋·范仲淹《蒙以养正赋》："知我者谓我愚不可及，不知我者谓我智不足称。"也指很愚蠢。鲁迅《朝花夕拾·范爱农》："我们醉后常谈些愚不可及的疯话，连母亲偶然听到了也发笑。"欧阳山《三家巷》一三一："哼，照我看，真是愚不可及！"

【愚公移山】 yú gōng yí shān 《列子·汤问》载：一位叫北山愚公的老人要铲平屋前的两座山，他的邻居智叟认为不可能。愚公说，我死了还有儿子，儿子死了还有孙子，子子孙孙没有穷尽，但山却不会增高，为什么铲不平呢？后用"愚公移山"比喻有毅力，不怕困难。宋·张耒《山海》诗："愚公移山宁不智，精卫填海未必痴。"贾平凹《龙卷风》五："这帐就给儿子。儿子可以再给孙子。愚公移山，那就是世代挖山不止。"

【愚昧无知】 yú mèi wú zhī 愚：不聪明。昧：不明白。形容又笨又没有知识。唐·玄奘《大唐西域记·羯若鞠阇国》："自顾寡德，国人推戴，令袭大位，光父之业。愚昧无知，敢稀圣旨！"钱钟书《围城》七："假使丈夫这样愚昧无知，岂不活活气死人！"巴金《随想录》三八："只有愚昧无知的人才会随便读到一部作品就全盘接受，因为他头脑空空，装得下许多东西。"李国文《冬天里的春天》三章："闭关自守，是怯懦的表现，害怕外来事物，是愚昧无知的结果。"

【与虎谋皮】yǔ hǔ móu pí 和老虎商量要它的皮。《太平御览》卷二〇八引《符子》："欲为千金之裘而与狐谋其皮，欲具少牢之珍而与羊谋其羞。言未卒，狐相率逃于重丘之下，羊相呼藏于深林之中。"后多作"与虎谋皮"，比喻商讨的事情与对方（一般指坏人）利益产生冲突，不可能办到。王火《战争和人》（二）卷五："我自己要去与虎谋皮，引狼入室，我自己要将恶鬼请进门来，能怨谁？"

【与民同乐】yǔ mín tóng lè 和老百姓一起同享快乐。《孟子·梁惠王上》："吾王庶几无疾病与？何以能田猎也，此无他，与民同乐也。今王与百姓同乐，则王矣。"《水浒传》六六回："年例北京大张灯火，庆赏元宵，与民同乐，全似东京体例。"《喻世明言》卷三九："那时金邦和好，四郊安静，偃武修文，与民同乐。"《官场现形记》一四回："今日是与民同乐。兄弟头一个破例，叫龙珠上来弹两套给诸位大人、师爷下酒。"

【与人为善】yǔ rén wéi shàn 与：偕同。跟别人一同做好事。后多指善意助人。《孟子·公孙丑上》："取诸人以为善，是与人为善者也，故君子莫大乎与人为善。"李英儒《野火春风斗古城》七章："银环本是怀着与人为善的心情跟他出来的，方才瞧见小燕，使她改变了初衷。"莫应丰《将军吟》一四章："我这个不是反动路线，这叫作与人为善。"

【与日俱增】yǔ rì jù zēng 与：跟着。日：时间。俱：一起。形容随着时间的推移不断增长。宋·吕祖谦《为梁参政作乞解罢政事表》二："疾疹交作，眊然瞻视……涉冬浸剧，与日俱增。"周而复《上

海的早晨》二部五六："汤阿英在工人群众中的威信与日俱增，越来越高。"姚雪垠《李自成》一卷一九章："从崇祯七年荥阳大会后，李自成的声望与日俱增。"周大新《第二十幕》（中）三部一七："通过香港这个出口通道，尚吉利织丝厂的绸缎外销也在与日俱增。"

【与时浮沉】yǔ shí fú chén 见"与世沉浮"。

【与时俱进】yǔ shí jù jìn 时：时间。俱：一起，一同。进：前进。与时间一起前进。指不断进取，永不停滞。濯缨《新新外史》一回："这变之一字总是与时俱进，没有停止的，时间就是进化的轨道，不过有迟速之不同。"

【与世沉浮】yǔ shì chén fú 随波逐流，和世俗社会一起发展变化。《史记·游侠列传》："岂若俾伦侪俗，与世沉浮，而取荣名哉？"也作"与时浮沉"。《晋书·王戎传》："未尝进寒素，退虚名，但与时浮沉，户调门选而已。"

【与世无争】yǔ shì wú zhēng 不和社会上的人发生争执。形容超然达观的处世态度。《官场现形记》五三回："这番赚来的钱也尽够我下半世过活。既然人家同我不对，我亦乐得与世无争，回家享用。"老舍《四世同堂》五二："牛教授的脸颇足以代表他的为人，他的生活也永远是那么平平的，与世无争，与世无忤。"周而复《上海的早晨》四部四七："这位总经理平常不大吭气，好像与世无争，关于企业利益的事，他都躲在后面，从来不出头，一接触到他自己利益的事体，就伸出头来了。"蒋子龙《拜年》五："他给人的印象是一个老实本分的人，与世无争，从不谈论权力、职务、地位。"

【与众不同】yǔ zhòng bù tóng 和大家不一样。唐·白居易《为宰相谢官表》："臣今所献，与众不同。"《封神榜》六六回："生就面如月，五绺长髯，虽说有些年

老，那一派的雄威猛烈，相貌非凡，与众不同。"《红楼梦》七一回："贾母趁见喜鸾和四姐儿生得又好，说话行事与众不同，心中喜欢。"鲁迅《彷徨·孤独者》五："他也真是一走红运，就与众不同，我们就常常这样说笑。"周而复《上海的早晨》四部五五："唐仲笙也认为这篇文章写得好，有见地，与众不同。"蒋子龙《赤橙黄绿青蓝紫》三："她好像天生就该穿时髦的衣服，就该打扮得与众不同。"

【羽毛未丰】yǔ máo wèi fēng　丰：丰满。《战国策·秦策一》："寡人闻之，毛羽不丰满者，不可以高飞。"后用"羽毛未丰"比喻年纪轻，经历少，不成熟，力量不够强大。鲁迅《二心集·"硬译"与"文学的阶级性"》："但这好像'中日亲善'同存共荣'之说，从羽毛未丰的无产者看来，是一种欺骗。"

【雨后春笋】yǔ hòu chūn sǔn　春天下雨后，竹笋长得多而快。比喻新事物大量迅速地涌现出来。锴奋《萍踪忆语·金圆王国的前途》："自有这规定后，工会组织竟如雨后春笋，蓬蓬勃勃起来。"叶文玲《屏幕》："这两年来，长塘镇许多人家的光景，有如春雨滋润，平头百姓们的新屋，也如雨后春笋。"王安忆《流逝》八："如今文学刊物如雨后春笋，层出不穷。"王火《战争和人》（一）卷一："南京城里花园洋房如雨后春笋，不断出现，此为人所共睹者。"

【语无伦次】yǔ wú lún cì　伦、次：条理。指人说话毫无条理。宋·苏轼《僧惠诚游吴中代书十二》："信笔书纸，语无伦次。"《官场现形记》五四回："不但精神委顿，举止张皇，就是说话也渐渐的语无伦次了。"鲁迅《准风月谈·扑空》："这一段话，有些语无伦次了，好像是说：我之反对推荐《庄子》与《文选》，是因为恨他没有推荐我的书，然而我又并无书，然而恨他不推荐，可笑之至矣。"杨沫《青春之歌》一部一三章："道静兴奋地站在屋地上，东一句西一句简直语无伦次。"

【语焉不详】yǔ yān bù xiáng　语：说话。焉：文言虚词。虽然谈到了，但说得不详细。唐·韩愈《原道》："荀与扬也，择焉而不精，语焉而不详。"清·梁章钜《归田琐记·循吏》："吾乡省府志，所论列亦寥寥，未免语焉不详。"周作人《雨天的书·神话的辩护》："上边的话固然'语焉不详'，但大约可以知道神话发生的情形，其非出于邪教之宣传作用也可明白了。"

【语重心长】yǔ zhòng xīn cháng　话语深刻有力，情意深长。清·浴日生《海国英雄记·回唐》："叹别离苦况，转忘了母亲的语重心长。"欧阳山《三家巷》一四四："杨科长说了这么一大番话，真是语重心长。你怎么能够一点感想也没有呢？"李国文《冬天里的春天》四章："王经宇还很少如此语重心长地，和他剀切地谈过。"

【玉成其美】yù chéng qí měi　见"玉成其事"。

【玉成其事】yù chéng qí shì　玉成：成全。指成全某件好事。多用于男婚女嫁。《醒世恒言》卷七："被表兄再四央求不过，勉强应承。只道一时权宜，玉成其事。"《三侠五义》三五回："若是员外不在跟前，他便合他姑妈讪皮讪脸，百般的央告，甚至于屈膝，只要求冯氏早晚在员外跟前玉成其事。"钱钟书《围城》九："渐儿香港来书，云将在港与孙柔嘉女士完姻，盖轸念时艰家毁，所以节用省事也。其意可嘉，当寄款玉成其事。"也作"玉成其美"。《警世通言》卷二五："施济又题起亲事，李梅轩自请为媒，众人都玉成其美。"

【玉减香消】yù jiǎn xiāng xiāo　见"香消玉减"。

【玉洁冰清】yù jié bīng qīng　见"冰

清玉洁"。

【玉石不分】 yù shí bù fēn　比喻分辨不出好坏。五代·王定保《唐摭言·进士归礼部》:"洎乎近代,厥道寖微,玉石不分,熏莸错杂。"《说岳全传》三一回:"若待踏平山寨,玉石不分。早宜自裁,勿遗后悔。"《野叟曝言》一三回:"你们章程虽好,这强盗的名头总要担承,到那玉石不分之际,如何辨得明白呢?"

【玉石俱焚】 yù shí jù fén　俱:一起。焚:烧。比喻好坏不分,一同毁坏。《尚书·胤征》:"火炎昆冈,玉石俱焚。"《旧唐书·李密传》:"如暗于成事,守迷不反,昆山纵火,玉石俱焚,尔等噬脐,悔将何及!"《三国演义》一一六回:"如早早出降,各依品级升用;如执迷不降,打破关隘,玉石俱焚!"茅盾《蚀·动摇》一一:"中间还有较大的方纸,满写着'尔等……及早……玉石俱焚,悔之晚矣'一类的话。"姚雪垠《李自成》二卷三六章:"南阳城内百姓不怕我的人马杀进城去,玉石俱焚么?"

【玉食锦衣】 yù shí jǐn yī　见"锦衣玉食"。

【玉碎香消】 yù suì xiāng xiāo　见"香消玉碎"。

【玉叶金枝】 yù yè jīn zhī　见"金枝玉叶"。

【玉液琼浆】 yù yè qióng jiāng　见"琼浆玉液"。

【郁郁不乐】 yù yù bù lè　郁郁:苦闷的样子。形容心绪不好,闷闷不乐。唐·蒋防《霍小玉传》:"伤情感物,郁郁不乐。"《水浒传》七回:"林冲领了娘子并锦儿取路回家,心中只是郁郁不乐。"《喻世明言》卷三八:"当时任珪心下郁郁不乐,与决不下。"《说岳全传》六四回:"且说诸葛英自长江分散回家,朝夕思念岳爷,郁郁不乐,染成一病而死。"张恨水《啼笑

因缘》一五回:"坐久一点,陶太太也感到他们有些郁郁不乐了,就提议回家。"

【郁郁葱葱】 yù yù cōng cōng　形容草木苍翠茂盛的样子。汉·王充《论衡·吉验》:"王莽时,谒者苏伯阿能望气,使过春陵,城郭郁郁葱葱。"宋·陈亮《祝英台近·九月一日寿俞德载》词:"好招致,对此郁郁葱葱,新簧未成醉。"鲁迅《呐喊·阿Q正传》:"里面真是郁郁葱葱,但似乎并没有黄酒馒头,以及此外可吃的之类。"张贤亮《绿化树》三七:"那树皮虽然粗糙、枝叶却郁郁葱葱的'绿化树',才把祖国点缀得更加美丽!"王安忆《小城之恋》:"轮船顺着水下来,早早地就看见一片郁郁葱葱的小洲。"

【郁郁寡欢】 yù yù guǎ huān　郁郁:苦闷的样子。寡:少。指心情苦闷、不高兴。姚雪垠《李自成》二卷三四章:"自从田妃谪居启祥宫后,她看出来皇上越发每日郁郁寡欢。"古华《芙蓉镇》四章:"好几年,他都郁郁寡欢,自怨自愧。"张贤亮《绿化树》三六:"这个组长就是头一天领我们出工的那个面目阴沉、总像是郁郁寡欢的农工。"王火《战争和人》(二)卷四:"欧阳素心变得沉默了,老是像在思索什么,又老是好像郁郁寡欢。"

【浴血奋战】 yù xuè fèn zhàn　浴血:指浑身是血。形容顽强地拼死战斗。古华《芙蓉镇》四章:"二十多年前,他站在华北平原的雪地里,是在以浴血奋战来迎接一个新国家、新社会的诞生。"

【欲罢不能】 yù bà bù néng　罢:停止。想停止却做不到。《论语·子罕》:"夫子循循然善诱人,博我以文,约我以礼,欲罢不能。"《镜花缘》一二回:"设或命运坎坷,从中别生枝节,拖延日久,虽要将就了事,欲罢不能。"巴金《随想录》八九:"有一回我开车回城里,车子比现在更多。我已经十分疲劳,但是欲罢不能。

我像一个机器人，在滚滚车流中向前飞奔。"刘心武《钟鼓楼·不是结尾》："詹丽颖毫不思索地'还击'，对方欲罢不能，便继续同她争吵。"

【欲盖弥彰】 yù gài mí zhāng　盖：遮掩。弥：更加。彰：明显。《左传·昭公三十一年》："或求名而不得，或欲盖而名章，惩不义也。"章：同"彰"。后用"欲盖弥彰"指想掩盖坏事的真相，反而让坏事更明显地暴露了。《资治通鉴·唐太宗贞观十六年》："或畏人知，横加威怒，欲盖弥彰，竟有何益！"巴金《关于〈家〉》（十版代序）："但是声明是没有用的。在别人看来，我屡次声明倒是'欲盖弥彰'了。"李国文《冬天里的春天》二章："弄得这个不算太屈服的老百姓，想说又不敢说，不敢说又忍不住要说，吞吞吐吐，欲盖弥彰。"

【欲壑难填】 yù hè nán tián　欲：欲望。壑：深谷。《国语·晋语八》："叔鱼生，其母视之，曰：'是虎目而豕喙，鸢肩而牛腹，溪壑可盈，是不可餍也，必以贿死。'"后以"欲壑难填"形容太贪心，很难满足欲望。《文明小史》一二回："我们的钱有限，他们的欲壑难填。"鲁迅《南腔北调集·谈金圣叹》："他们虽然至今不知道'欲壑难填'的古训，却很明白'成则为王，败则为贼'的成语。"

【欲加之罪，何患无辞】 yù jiā zhī zuì，hé huàn wú cí　患：担心，忧虑。辞：指借口。《左传·僖公十年》："欲加之罪，其无辞乎？"意为要加罪于人，不用担心找不到借口。后用"欲加之罪，何患无辞"指找借口陷害别人。辞，也作"词"。《东周列国志》二九回："里克曰：'不有所废，君何以兴？欲加之罪，何患无辞？臣闻命矣！'"《二十年目睹之怪现状》六〇回："至于他一定要怎样我，那出参的考语，正是'欲加之罪，何患无词'。"姚雪垠《李自成》二卷三八章："方今世界，直道

湮没；欲加之罪，何患无辞！"王安忆《叔叔的故事》："后来所揭露出的所谓的真相，其实都是当事人被逼不过做的假供，以及旁人欲加之罪何患无辞的杜撰。"

【欲擒故纵】 yù qín gù zòng　擒：捕捉。纵：放走。比喻为了更好地控制，先有意放松一下。《二十年目睹之怪现状》七〇回："大人这里还不要就答应他，放出一个欲擒故纵的手段，然后许其成事，方不失了大人这边的门面。"茅盾《腐蚀·十月一日》："所以'访问'的用意不在试探我怎样应付，而在开一条路逗引我投到他的怀抱里，而要达此目的，他是取了欲擒故纵的手段的。"邓一光《我是太阳》五部六："关山林也笑，说，你这是声东击西，是围点打援，是欲擒故纵，是以矛攻盾，你是个狡猾的敌人。"

【欲速则不达】 yù sù zé bù dá　达：到。指一心求快，反而达不到目的。《论语·子路》："无欲速，无见小利，欲速则不达，见小利则大事不成。"《野叟曝言》二一回："到黄梅县地方，天色已晚，各家都上火了，因想：欲速则不达，如此走法怕乏了反不妙。"高云览《小城春秋》四〇："应当让李悦有充分的时间准备，宁可慢而稳，不可急躁冒进。——欲速则不达……"

【遇事生风】 yù shì shēng fēng　宋·楼钥《送周君可宰会稽》："遇事勿生风，三思庶能安。"后用"遇事生风"指找到借口就生事端。《野叟曝言》六回："你们这班光棍，专一遇事生风，恐吓索诈。"

【愈演愈烈】 yù yǎn yù liè　指坏的事情越发展越厉害。巴金《随想录》附录："愈演愈烈的核军备竞赛，就像悬在世界人民头上的达摩克里斯的利剑。"王火《战争和人》（二）卷七："消息虽未必完全可靠，但他感觉到国共摩擦确实存在而且愈演愈烈，这使他极为担忧。"

【鹬蚌相争，渔人得利】 yù bàng

xiāng zhēng, yú rén dé lì　鹬：一种水鸟。蚌：一种软体动物，有两个椭圆形的硬壳。《战国策·燕策二》："蚌方出曝，而鹬啄其肉，蚌合而钳其喙。鹬曰：'今日不雨，明日不雨，即有死蚌。'蚌亦谓鹬曰：'今日不出，明日不出，即有死鹬。'两者不肯相舍，渔者得而并禽之。"后用"鹬蚌相争，渔人得利"比喻双方相持不下，让第三方乘机占了便宜。争，也作"持"。《喻世明言》卷一〇："众人都认道真个倪太守许下酬谢他的，反以为理之当然，那个敢道个不字？这正叫做'鹬蚌相持，渔人得利'。"刘绍棠《花街》六："驻扎通州的官军出了面，鹬蚌相争，渔人得利，通州东关码头收归河防局所有。"

【冤家路窄】 yuān jiā lù zhǎi　冤家：仇人。指仇人或关系不睦的人，虽不愿相见，却偏偏遇见。《西游记》四五回："今日还在此间，正所谓冤家路儿窄也！"《官场现形记》三回："冤家路窄，偏偏又碰在他手里，他心中好不自在起来。"蒋子龙《赤橙黄绿青蓝紫》五："解净打开司机的花名册，查找家离钢厂最近的司机。冤家路窄，又是何顺。"

【冤冤相报】 yuān yuān xiāng bào　指仇人之间互相报复。宋·洪迈《夷坚丙志·安氏冤》："汝既有冤，吾不汝治，但囊事岁月已久，冤冤相报，宁有穷期。"《初刻拍案惊奇》卷三七："至于佛家果报说六道众生，尽是眷属，冤冤相报，杀杀相寻，就说他几年也说不了。"《红楼梦》五回："冤冤相报实非轻，分离聚合皆前定。"王火《战争和人》(三)卷八："中国现在不采取冤冤相报的办法。但军国主义的法西斯细菌如果不消灭，将来容忍它滋生蔓延，对中国，对亚洲，对世界还是一种不可轻视的危险。"

【元方季方】 yuán fāng jì fāng　《世说新语·德行》载：东汉陈寔的两个儿子，陈纪(字元方)、陈谌(字季方)都有才德。

陈寔对他们的评价是，"元方难为兄，季方难为弟。"意为兄弟二人的才德不分上下。后用"元方季方"指兄弟的才德一样好。宋·刘克庄《祭林寒斋文》："退而就馆，接君雁行，有礼有法，元方季方。"

【原封不动】 yuán fēng bù dòng　原：原来。封：封口。原来的封口没有动过。比喻照原样一点也没有改变。《醒世恒言》卷三〇："再说房德的老婆，见丈夫回来，大事已就，礼物原封不动，喜得满脸都是笑靥。"茅盾《虹》七："他就是这个方法。原封不动收下来藏着。"李英儒《野火春风斗古城》一六章："高拧子辛苦了一天抢来的粮食衣物家具，原封不动地给留下了。"陈忠实《白鹿原》三〇章："我说这事事关重大，我一定把话原封不动捎回来。"

【原始要终】 yuán shǐ yāo zhōng　原：探究，追究。要：求。探求事物发展的始末。《周易·系辞下》："《易》之为书也，原始要终以为质也。"《三国志·魏书·明帝纪》："所以原始要终，以示百世也。"《红楼梦》一二〇回："一番阅册，原始要终之道，历历生平，如何不悟？"〔注意〕要，不读 yāo。

【原形毕露】 yuán xíng bì lù　毕：完全。指原本的面目完全暴露了。含贬义。杨沫《青春之歌》二部三六章："凭着这张小纸条，就可以叫王忠这伙反动家伙原形毕露。"刘绍棠《瓜棚柳巷》五："花三春原形毕露，不敢放刁，可怜巴巴地问道：'小姑奶奶，您打算把侄女儿我怎么发落？'"

【原原本本】 yuán yuán běn běn　推求事物的源头与根本。《东周列国志》六四回："绰曩与州邢二将有些心病，原原本本，未免迁怒到栾盈身上。"后指从头到尾按原来的样子，指叙述事情的经过十分详细。《野叟曝言》一五二回："文甲原原本本逐节敷陈，真如心真所云'无一不明，无一或漏。'"《二十年目睹之怪现状》七九回："我只知得一个大略，德泉他可以说得原原本本。"王蒙《青春万岁》九："郑波把那次分支会的经过，原原本本地说了一遍。"浩然《乐土》三八章："别急，等我把这件事情的头尾，原原本本地告诉你以后，你再吃吧。"

【圆颅方趾】 yuán lú fāng zhǐ　颅：头。趾：脚。《淮南子·精神训》："故头之圆也象天，足之方也象地。"后以"圆颅方趾"指人类。清·查慎行《朝会乐器歌》："圆颅方趾悉受吏，丹墀白雉争来王。"也作"圆首方足"。《北史·越王侗传》："圆首方足，禀气食毛，莫不尽人提封，皆为臣妾。"

【圆首方足】 yuán shǒu fāng zú　见"圆颅方趾"。

【援笔而就】 yuán bǐ ér jiù　见"援笔立成"。

【援笔立成】 yuán bǐ lì chéng　援：拿，执。拿起笔很快就写好诗文等。形容文思敏捷。宋·罗大经《鹤林玉露》卷一六："李太白一斗百篇，援笔立成。"也作"援笔而就"。清·李渔《意中缘·名逋》："索画一事，最难应酬。须要逐笔图写出来，不是可以倚马而成，援笔而就的。"

【缘木求鱼】 yuán mù qiú yú　缘木：爬树。《孟子·梁惠王上》："以若所为，求若所欲，犹缘木而求鱼也。"意为按照你的做法而要得到你所希望的，就像爬到树上捉鱼一样不可能。后比喻方向、方法不对，就不可能达到目的。《后汉书·刘玄传》："今以所重加非其人，望其毗益万分，兴化致理，譬犹缘木求鱼，升山采珠。"《镜花缘》七回："今处士既未立功，又未立言，而又无善可立；一无根基，忽要求仙，岂非缘木求鱼，枉自费力么?"韦君宜《露沙的路》八："不打，跟国民党讲和平，想握手言欢，那叫缘木求鱼。"

【源源不断】 yuán yuán bù duàn　源源：连续不断的样子。明·沈德符《万历野获编·种羊》："待其大而食之，次年如前法又种，源源不绝。"后多作"源源不断"，形容接连不断绝。姚雪垠《李自成》二卷一三章："夜间，官军打通了由智亭山通往龙驹寨的大道，所以从天亮起就有军粮源源不断地从龙驹寨向西运送。"张洁《红蘑菇》："要是他的钱也像她那么源源不断，不用他说，她就会主动提出伙着管理的主意了。"王安忆《叔叔的故事》："这小镇上从来没有来过县级以上的干部，这小镇的邮政事业也因此繁荣起来，来自北京的信件源源不断飞来。"

【源远流长】 yuán yuǎn liú cháng　源头远，水流长。也比喻历史悠久。唐·白居易《海州刺史裴君夫人李氏墓志铭》："夫源远者流长，根深者枝茂。"《明史·徐贞明传》："卢沟发源于桑乾，滹沱发源于泰戏，源远流长。"王火《战争和人》(二)卷三："中日两国民众的友好交往源远流长，中日两国确实也应睦邻友好。"

【远见卓识】 yuǎn jiàn zhuó shí　卓：卓越。远大的眼光和高明的见解。明·焦竑《玉堂丛话·调护》："解缙之才，有类东方朔，然远见卓识，朔不及也。"蒋子龙《一个工厂秘书的日记》："金厂长既有远见卓识，又敢做敢为。"

【远交近攻】 yuǎn jiāo jìn gōng　战国时期秦国采取的一种外交策略，联络与自己相距远的国家，进攻邻近的国家。后也指为人处世的一种手段。《战国策·秦策三》："王不如远交而近攻，得寸则王之寸，得尺亦王之尺也。"《东周列国志》九七回："秦王又曰：'远交近攻之道何如?'"鲁迅《且介亭杂文·门外文谈》一："其中有的是原是文言余孽，借此先来打击当面的白话和翻译的，就是祖传的'远交近攻'的老法术'。"

【远举高飞】 yuǎn jǔ gāo fēi　见"高飞远举"。

【远亲不如近邻】yuǎn qīn bù rú jìn lín　远亲:血统关系疏远的亲戚。指近的邻居比远的亲戚更能给自己以照顾。《水浒传》二四回:"常言道:远亲不如近邻,休要失了人情。他若是不肯要你还礼时,你便只是拿了家来做去还他。"魏巍《火凤凰》九二:"好兄弟,咱们乡里乡亲,常说远亲不如近邻,咱哥儿俩平素也挺不错,你就把那套子也给我一些吧!"从维熙《并不愉快的故事》四:"齐大爷! 我帮助您放树吧? 俗话说远亲不如近邻,有什么红白大事都该帮一把!"

【远水不解近渴】yuǎn shuǐ bù jiě jìn kě　明·张四维《双烈记·代役》:"你说千金报我,远水救不得近渴。"后多作"远水不解近渴",比喻慢的方法不能应急。姚雪垠《李自成》二卷二九章:"他认为别的办法纵然可行,也是远水不解近渴。"李英儒《野火春风斗古城》七章:"高家叔侄的工作,远水不解近渴,我想利用春节的机会,向敌人开展'政治攻势',你看行吗?"

【远水救不得近渴】yuǎn shuǐ jiù bù dé jìn kě　见"远水不解近渴"。

【远走高飞】yuǎn zǒu gāo fēi　走:跑。指像野兽那样远远跑开,像鸟那样高高飞走。比喻人去远方(多指摆脱困境)。《西游记》六五回:"孙行者! 好男子不可远走高飞!"《镜花缘》一二回:"引人上路,却于暗中分肥;没有败露,他即远走高飞。"《老残游记》一七回:"今儿不让我在这儿,早晚要逼我回去,明天就远走高飞了。"茅盾《蚀·动摇》八:"钱老伯的意思,危邦不居,劝我们远走高飞。"路遥《人生》一一章:"从内心上讲,她不愿意让加林离开高家村,离开她,她怕失去他——加林哥有文化,可以远走高飞;她不识字,这一辈子就是土地上的人了。"也作"高飞远走"。《水浒传》二七回:"善恶到头终有报,高飞远走也难藏。"茅盾

《虹》四:"如果柳遇春能够赞成她的高飞远走,不阻挠她去追求生活的憧憬,那么,他所需要的目前的快乐,她亦决不吝惜,并且也心愿。"

【怨气冲天】yuàn qì chōng tiān　怨怨之气冲到天上。形容极为怨恨愤怒。《初刻拍案惊奇》卷一一:"若不是前世缘故,杀人竟不偿命,不杀人倒要偿命,死者生者,怨气冲天。"《文明小史》九回:"其时百姓为贪官所逼,怨气冲天,早已大众齐心,一呼百应。"王火《战争和人》(一)卷二:"他一口咬定:不讲交情,过河拆桥! 我再三解释,他总是怨气冲天。"

【怨声满道】yuàn shēng mǎn dào　见"怨声载道"。

【怨声载道】yuàn shēng zài dào　载:充满。道:道路。怨恨的声音充满道路。《后汉书·李固传》:"开门受赂,署用非次,天下纷然,怨声满道。"后多作"怨声载道",形容百姓普遍怨恨不满。《喻世明言》卷二二:"浙中大扰,无不破家者,其时怨声载道。"《红楼梦》五六回:"凡有些余利的,一概入了官中,那时里外怨声载道,岂不失了你们这样人家的大体?"《二十年目睹之怪现状》九三回:"偏偏连日大雨不止,闹得招商局码头,泥深没踝。只这一下子,便闹得怨声载道,以后招商船也不肯装运了,方才罢休。"老舍《四世同堂》九一:"白巡长就各户去通知防空的事。所到之处,怨声载道。"陈忠实《白鹿原》一二章:"粮秣已不是征而是硬逼,现在已经开始抢了。百姓从怨声载道到闭口缄言,怕挨枪把子啊!"

【怨天尤人】yuàn tiān yóu rén　怨:怨恨。天:指命运。尤:责怪。《论语·宪问》:"不怨天,不尤人,下学而上达,知我者其天乎!"后用"怨天尤人"指遇到挫折、麻烦时一味抱怨命运和别人,而不寻找自身的原因。晋·张华《博物志·药论》:"违其药,失其应,则怨天尤人,设鬼

神矣。"《喻世明言》卷三二:"迪乃后进之流,早习先圣先贤之道,安贫守分,循理修身,并无怨天尤人之事。"《红楼梦》一二〇回:"那宝钗却是极明理,思前想后:'宝玉原是一种奇异的人。想前生因,自有一定,原无可怨天尤人。'更将大道理的话告诉母亲了。"周而复《上海的早晨》三部一:"半晌,他回过头来怨天尤人地说,'一天忙到晚,连回到家里来都不能清静一会。'"欧阳山《三家巷》一三三:"对,我自己吃苦,我这一辈子都是自讨苦吃,从来不怨天尤人。"

【约定俗成】 yuē dìng sú chéng　指事物的命名和社会习惯往往是群众经过长期社会实践而确定、形成的。《荀子·正名》:"名无固宜,约之以命,约定俗成谓之宜,异于约则谓之不宜。"王安忆《小城之恋》:"可是到了下一天,互相见了面,不约而同的都做了那约定俗成的手势和眼神,暗暗约了会面的时间。"刘心武《高雅的话题》:"汉语中的'文化'这个词,按以往约定俗成的理解,一般只有两层意思。"

【约法三章】 yuē fǎ sān zhāng　《史记·高祖本纪》:"与父老约,法三章耳:杀人者死,伤人及盗抵罪。"指订立三条法律条款。后用"约法三章"指简单的协议约定。宋·刘克庄《沁园春·寄竹溪》词:"老子衰颓,晚与亲朋,约法三章。"《二十年目睹之怪现状》五一回:"这位继室夫人生得十分精明强干,成亲的第三天,便和督办约法三章,约定从此之后,不许再娶姨太太。"蒋子龙《收审记》七:"我跟那八个人曾约法三章,谁事先透露了风声,大家就把罪过全往他一个人身上推!"

【月白风清】 yuè bái fēng qīng　月色皎洁,微风清凉。形容月夜明亮清幽。宋·苏轼《后赤壁赋》:"有客无酒,有酒无肴;月白风清,如此良夜何?"《三国演义》五回:"是夜月白风清。到坚寨时,已是半夜,鼓噪直进。"古华《芙蓉镇》一章:"有人曾在一个月白风清的后半夜,见一群天姿国色的女子在河里洗澡,忽而朵朵莲花浮玉液,忽而个个仙姑戏清波。"王火《战争和人》(二)卷六:"他侧耳听到,是舒伯特的《小夜曲》,美得醉人,似是月白风清之夜,在吐露爱情、倾诉衷肠。"也作"月淡风清"。《水浒传》四一回:"惊涛滚滚烟波杳,月淡风清九江晓。"也作"风清月白"。《隋唐演义》八四回:"自此每当风清月白之夜,即闻楼上隐隐有许多女人歌唱笑语之声。"

【月淡风清】 yuè dàn fēng qīng　见"月白风清"。

【月满则亏】 yuè mǎn zé kuī　见"月盈则食"。

【月貌花容】 yuè mào huā róng　见"花容月貌"。

【月下花前】 yuè xià huā qián　见"花前月下"。

【月下老人】 yuè xià lǎo rén　唐·李复言《续玄怪录》载:有人月夜见一老人,在翻检书本。一问才知是天下婚姻簿册。老人携带的布囊中还有红绳,专门用来拴夫妻的脚。后称传说中掌管婚姻的神为月下老人。也指媒人。《水浒后传》一二回:"虽在海外,也是一国驸马,富贵无穷,况天缘是月下老人赤绳系定的,不必多疑。"《儿女英雄传》九回:"先说定了我的事,然后好借重爹妈给他作个月下老人。"

【月盈则食】 yuè yíng zé shí　月盈:指满月。食:指月亏。月圆之后,则开始月亏了。比喻事物发展到极点,就开始走下坡路。《周易·丰》:"日中则昃,月盈则食。"也作"月满则亏"。《三国演义》六五回:"日中则昃,月满则亏,此天下之常理也。"

【月晕础润】 yuè yùn chǔ rùn　见"月

晕而风,础润而雨"。

【月晕而风,础润而雨】yuè yùn ér fēng, chǔ rùn ér yǔ　晕:月亮周围出现的光环。础:垫在房屋柱子下的石头。润:湿润。比喻事物出现前的征兆。宋·苏洵《辨奸论》:"事有必至,理有固然,惟天下之静者,乃能见微而知著,月晕而风,础润而雨,人人知之。"也作"月晕础润"。梁启超《新民说》一八:"今日中国之现象,其月晕础润之几既动矣。"

【跃然纸上】yuè rán zhǐ shàng　跃然:活跃的样子。活跃地呈现在纸上。形容叙述描写真实生动。清·薛雪《一瓢诗话》三三:"如此体会,则诗神诗旨,跃然纸上。"丁玲《我读〈东方〉》:"其余的人物,如周仆、花正芳、乔大个、调皮骡子王大发……等人,都一个一个跃然纸上。"梁实秋《雅舍小品·读画》:"即使是小幅的花卉,像李复堂、徐青藤的作品,也有一股豪迈潇洒之气跃然纸上。"张贤亮《绿化树》二七:"他还把莎士比亚的梭福可士的戏剧与诗来作商品向货币转化的旁证,于是,这一抽象的命题即刻从一种戏剧性的具体过程跃然纸上。"

【跃跃欲试】yuè yuè yù shì　跃跃:迫切想要行动。欲:要。形容迫切地想试试。《官场现形记》三五回:"一席话说得唐二乱子心痒难抓,跃跃欲试。"李劼人《大波》二部六章:"几天当中,省外民匪越是猖獗,省内劣绅也有跃跃欲试之势,你们看,这怎么好!"王蒙《青春万岁》二〇:"当李春被推选参加讲演比赛的时候,她努力抑制着内心的快乐。她跃跃欲试,而且幻想着自己的成功。"

【越俎代庖】yuè zǔ dài páo　越:超过。俎:古代盛牛羊等祭品的器具。庖:厨师。《庄子·逍遥游》:"庖人虽不治庖,尸祝不越樽俎而代之矣。"后用"越俎代庖"比喻处理超过自己职权范围的事情。宋·秦观《代谢中书舍人启》:"一时承乏,

方惭越俎以代庖;数月为真,更愧操刀而制锦。"刘绍棠《村妇》卷二:"袁乃曼不但越俎代庖,而且进一步充当了家务大总管。"韦君宜《月夜清歌》:"对于我越俎代庖出来说的话,他们却都没有表示态度。"

【粤犬吠雪】yuè quǎn fèi xuě　粤:广东。吠:狗叫。比喻因为见识少,遇见不常见的事便感到奇怪。宋·杨万里《荔枝歌》:"粤犬吠雪非差事,粤人语冰夏虫似。"

【晕头转向】yūn tóu zhuàn xiàng　头脑发晕,辨不出方向。巴金《随想录》六六:"风不仅把我吹得晕头转向,有时还使我发高烧,躺在床上起不来。"周而复《上海的早晨》四部五七:"这几天的上海,像是面包发酵一样,每时每刻都向上增涨,把我闹得晕头转向,一刻也不得空闲。"浩然《新婚》:"酒味儿,肉味儿,大说大笑,把人弄得晕头转向。"

【云程发轫】yún chéng fā rèn　云程:比喻远大的前程。发轫:拿开支住车轮的木头,让车前进。多指某种事物刚刚兴起。也比喻远大的前程刚刚开始。《幼学琼林·人事》:"贺人学,曰云程发轫。"

【云程万里】yún chéng wàn lǐ　比喻前程远大。明·胡文焕《南西厢记·莺莺探病》:"料云程万里终奋,姻缘必谐连理。"

【云谲波诡】yún jué bō guǐ　谲、诡:怪异。波浪和云彩奇形怪状、千变万化。汉·扬雄《甘泉赋》:"于是大厦云谲波诡,摧唯而成观。"原形容房屋建筑形状各异、千姿百态。后比喻事物千变万化,难以捉摸,或文章变化曲折、错落有致。也作"波谲云诡"。《镜花缘》一八回:"当日孔子既没,儒分为八;其他纵横捭阖,波谲云诡。"茅盾《关于长篇小说〈李自成〉的通讯》:"整个单元十五章,大起大

落,波澜壮阔,有波谲云诡之妙。"

【云泥之别】 yún ní zhī bié　云泥:天上的云和地上的泥。《后汉书·逸民传》:"仲彦足下,勤处隐约,虽乘云行泥,栖宿不同,每有西风,何尝不叹!"后用"云泥之别"比喻相差十分悬殊。钱钟书《围城》八:"现在呢,她高高在上,跟自己的地位简直是云泥之别。"

【云山雾罩】 yún shān wù zhào　山被云雾笼罩,形容云雾弥漫。比喻糊里糊涂,让人不明所以。王火《战争和人》(三)卷二:"这坏蛋,看到他那种令人云山雾罩的表演,总觉得此人不简单。"刘玉民《骚动之秋》五章:"当晚岳鹏程喝得云山雾罩,在炕上翻着个儿骂了一宿。"也指说话不着边际,让人困惑不解。刘绍棠《烟村四五家》一〇:"小莠子沾染上一身江湖习气,满嘴云山雾罩嚼舌根子。"李国文《危楼记事》:"这个笔会接着那个笔会,已经有日子不回危楼,要不是朱大姐打电话找他回来吃面抱黄鱼,还在他们那个文艺沙龙里云山雾罩地神聊呢!"

【云兴霞蔚】 yún xīng xiá wèi　云雾彩霞升腾聚集。形容景象灿烂绚丽。《世说新语·言语》:"千岩竞秀,万壑争流,草木蒙笼其上,若云兴霞蔚。"也作"云蒸霞蔚"。清·侯方域《新迁颜鲁公碑记》:"独斯碑者,云蒸霞蔚,笔既断而不连。"刘白羽《长江三日》:"上面阳光垂照下来,下面浓雾滚涌上去,云蒸霞蔚,颇为壮观。"

【云行雨洽】 yún xíng yǔ qià　见"云行雨施"。

【云行雨施】 yún xíng yǔ shī　形容恩泽广布。《周易·乾》:"时乘六龙以御天也,云行雨施,天下平也。"《三侠五义》七七回:"相公不要固执,这也是天缘凑合,难得今日'油然作云,沛然下雨'。上天尚有云行雨施,难道相公倒忘了云情雨意么?"也作"云行雨洽"。《乐府诗集·北

齐文武舞歌》:"云行雨洽,天临地持。"

【云雨巫山】 yún yǔ wū shān　见"巫山云雨"。

【云蒸霞蔚】 yún zhēng xiá wèi　见"云兴霞蔚"。

【芸芸众生】 yún yún zhòng shēng　芸芸:众多的样子。众生:佛教指一切有生命的东西。泛指一切生物(多指普通人)。清·秋瑾《光复军起义檄稿》:"芸芸众生,孰不爱生?"欧阳山《三家巷》一九:"这些芸芸众生当中,也有几个不尽如意的人物。"刘心武《钟鼓楼》五章:"慕樱觉得这些芸芸众生何足道哉,只是坐着冷笑。"王火《战争和人》(一)卷七:"在热热闹闹的芸芸众生中,他也还是没有摆脱内心里的这种带着苦味的感情。"

【允文允武】 yǔn wén yǔn wǔ　指文武兼备。《诗经·鲁颂·泮水》:"允文允武,昭假烈祖。"宋·苏轼《表忠观碑》:"允文允武,子孙千亿。"

【运筹帷幄】 yùn chóu wéi wò　筹:谋划。帷幄:古代军队中的帐幕。指在帐幕中谋划计策。后指在后方指挥、筹划。《汉书·高帝纪下》:"上曰:'夫运筹帷幄之中,决胜于千里之外,吾不如子房。'"《三国演义》三九回:"玄德曰:'岂不闻运筹帷幄之中,决胜千里之外?二弟不可违令。'"姚雪垠《李自成》一卷二二章:"目前军情紧急,需才孔殷。如能使他去帮卢象升运筹帷幄,佐理军事,较之他供职翰林院,更可发挥长才,为国效力。"周而复《上海的早晨》三部二七:"军事方面神机妙算,你不如吴用,可是你给工商界运筹帷幄,吴用比你差多了。"张贤亮《绿化树》三三:"他像运筹帷幄的将军似的调兵遣将。"

【运乖时蹇】 yùn guāi shí jiǎn　指时运不好。《封神演义》一三回:"这是弟子运乖时蹇,异事非常。"也作"运蹇时乖"。

《水浒传》五一回:"运蹇时乖遭迭配,如龙失水困泥冈。"

【运蹇时乖】 yùn jiǎn shí guāi 见"运乖时蹇"。

【运斤成风】 yùn jīn chéng fēng 斤:斧。《庄子·徐无鬼》:"郢人垩漫其鼻端,若蝇翼,使匠石斫之。匠石运斤成风,听而斫之,尽垩而鼻不伤。"后用"运斤成风"形容技法纯熟。金·元好问《王黄华墨竹》:"岂知辽江一派最后出,运斤成风刃发硎。"

【运用自如】 yùn yòng zì rú 形容使用得十分熟练。莫应丰《将军吟》一五章:"他能够写出那样高水平的文章,通过文章对全国的运动起着一定作用,原来并不是偶然的,也不单纯是他的笔头子硬,主要还是因为他对毛泽东思想有透彻了解,能运用自如。"

Z

【咂嘴弄舌】 zā zuǐ nòng shé　咂嘴：吧嗒嘴唇。弄舌：摆动舌头。形容贪吃的样子。《儒林外史》一〇回："他一时慌了，弯下腰去抓那粉汤，又被两个狗争着，咂嘴弄舌的，来抢那地下的粉汤吃。"也形容自言自语、说个不停的样子。《官场现形记》一回："他看了又看，念了又念，正在那里咂嘴弄舌，不提防肩膀上有人拍了他一下。"

【杂乱无章】 zá luàn wú zhāng　章：条理。形容很乱，没有条理。唐·韩愈《送孟东野序》："其为言也，乱杂而无章。"鲁迅《集外集拾遗补编·庆祝沪宁克服的那一边》："当盛大的庆典的这一天，我敢以这些杂乱无章的话献给在广州的革命民众，我深望不至于因这几句出轨的话而扫兴，因为将来可以补救的日子还很多。"欧阳山《三家巷》五八："一会儿之后，几面铜锣一起，杂乱无章地急敲着。"

【杂七杂八】 zá qī zá bā　形容杂乱零碎的样子。《镜花缘》七三回："惟恐别人看出，不免又添些自己意思，杂七杂八，强为贯串，以为掩人耳目。"巴金《随想录》四三："以后想起来翻看过一次，也有较深的印象，但还是无法解决杂七杂八的事情干扰，过两天印象减淡，很快就给挤进'遗忘'里去了。"钱钟书《围城》九："她还托我替他办件事，我忙得没工夫替她办，我一天杂七杂八的事真多！"

【再接再厉】 zài jiē zài lì　唐·韩愈、孟郊《斗鸡联句》："一喷一醒然，再接再砺乃。"接：交战。砺：磨快。原指公鸡相斗时，在每次交锋之前，先磨一下嘴。后多作"再接再厉"，比喻继续努力。清·刘坤一《禀两省部院》："贼却而复前，我勇再接再厉，贼遂披靡。"钱钟书《围城》三："他以为方鸿渐又给自己说倒，想今天得再接再厉，决不先退。"邓一光《我是太阳》五部九："你不要辜负组织上的信任，你要再接再厉。"

【再三再四】 zài sān zài sì　指一再地做某事。元·范康《竹叶舟》二折："今日我这道友再三再四的度脱你出家，你则不省悟。"《红楼梦》一六回："珍大哥又再三再四的在太太跟前跪着讨情，只要请我帮他几日。"鲁迅《集外集拾遗补编·〈俄罗斯的童话〉》："他所做的童话里，再三再四的教人不要忘记这是童话，然而又偏偏不大像童话。"欧阳山《三家巷》一四七："何守礼经过再三再四地反复盘算，终于向杨承荣提出了一个她认为必须澄清的问题。"

【再生父母】 zài shēng fù mǔ　再生：再次获得生命。指对自己有大恩的人。多指救命恩人。宋·曾晞颜《贺新郎·贺耐轩周府尹》词："夹路香花迎拜了，见说家家举酒，道公是再生父母。"也作"重生父母"。《水浒传》三回："若是能勾回乡去时，便是重生父母。"《喻世明言》卷四〇："老年伯便是重生父母。"《儿女英雄传》六回："你真真是我的重生父母。"

【再衰三竭】 zài shuāi sān jié　衰：衰退。竭：尽。《左传·庄公十年》："夫战，勇气也。一鼓作气，再而衰，三而竭。"指力量一再消耗，已经用尽了。后多用"再衰三竭"指士气越来越低落。宋·刘克庄《江东宪谢郑小保启》："群嘲众骂之身，不无惩创；再衰三竭之气，未易激昂。"毛泽东《第二次世界大战的转折点》："希特勒已到再衰三竭之时，他对斯大林格勒、高加索两处的进攻已经失败。"

【再作冯妇】zài zuò féng fù 《孟子·尽心下》："晋人有冯妇者，善搏虎，卒为善士。则之野，有众逐虎。虎负隅，莫之敢撄。望见冯妇，趋而迎之。冯妇攘臂下车，众皆悦之。"后用"再作冯妇"比喻重操旧业。鲁迅《而已集·反"漫谈"》："他的出来就职，是因为某公司要来立案，表决时可以多一个赞成者，所以再作冯妇的。"姚雪垠《李自成》三卷八章："今子政之所以不欲再作冯妇者，只是对朝政早已看穿。"

【在此一举】zài cǐ yī jǔ 举：一次行动。指成功与否就在这一次行动上。《史记·项羽本纪》："国家安危，在此一举。"《东周列国志》五四回："先谷曰：'败楚服郑，在此一举矣。'"莫应丰《将军吟》三九章："他决定，是死是活就在此一举了。"姚雪垠《李自成》三卷一九章："立大功，报皇恩，在此一举。两位将军，机不可失！"

【在官言官】zài guān yán guān 《礼记·曲礼下》："君命，大夫与士肄，在官言官，在府言府，在库言库，在朝言朝。"原指对于君命，大夫和士应根据各自职位的不同而加以计议。后多指处在什么地位就说什么话。《近十年之怪现状》一八回："在官言官。我们既是私宅相见，何妨脱略些，何必客气！"

【在劫难逃】zài jié nán táo 劫：佛教指大灾难。旧指命里注定的灾祸，无法逃脱。巴金《随想录》七一："我从小熟习一句俗话'在劫难逃'，却始终不相信。"梁实秋《雅舍小品·幸灾乐祸》："对于那些在劫难逃的人，纵不恸伤，至少总有一些同情。"姚雪垠《李自成》三卷五七章："周王想回护黄澍，叹口气说：'这是天数啊！不然何以开封不陷于贼手，而陷于黄水呢？天数，天数，在劫难逃啊！'"

【在所不辞】zài suǒ bù cí 辞：推辞。指决不推辞。姚雪垠《李自成》一卷三章："愿闻明教！只要有利于国，虽肝脑涂地，在所不辞。"古华《芙蓉镇》三章："他就像个千年修炼、一朝得道的圣徒，沉湎在自己的无与伦比的幸福、喜悦里。这时刻，你就是叫他过刀山，下火海，抛头颅，洒热血，他都会在所不辞……"

【在所不惜】zài suǒ bù xī 指决不可惜。高云览《小城春秋》三七章："必要时，就是用一点手段也在所不惜。"柳青《创业史》一部二五章："为了这个理想，不要说五十几岁苍头发吧，五十几岁白了头发，他也在所不惜！"叶文玲《清凉碧云山》："只要盖出八十年代的水平，哪怕钞票花得涮山泉一般，也在所不惜！"

【在所难免】zài suǒ nán miǎn 指不易避免。《活地狱》九回："或者阳示和好，暗施奸刁的，亦在所难免。"巴金《随想录》七九："不过以后参加的许多大会小会中整人被整的事就在所难免了。"也作"自所难免"。李劼人《大波》一部三章："大概我所知的，就止这些，挂一漏万，自所难免。"

【载歌载舞】zài gē zài wǔ 载：且，又。又唱歌，又跳舞。形容尽情欢乐。浩然《乐土》五〇章："喧嚣的声浪平息了，楼上和池子里走动的人停步了，一双双眼睛被吸引住，全都如醉如痴地注视那个载歌载舞的少女。"古华《芙蓉镇》一章："一群天仙般的演员环绕着她，时聚时散，载歌载舞。"

【载笑载言】zài xiào zài yán 载：且，又。又说又笑。《诗经·卫风·氓》："乘彼垝垣，以望复关。不见复关，泣涕涟涟。

既见复关，载笑载言。"汉·杨修《节游赋》："于是迴旋详观，目周意倦，御于方舟，载笑载言。"

【载舟覆舟】 zài zhōu fù zhōu　载：承载。覆：倾覆。《荀子·王制》："水则载舟，水则覆舟。"意为水可以承载船，也可以使船倾覆。后用"载舟覆舟"比喻百姓是决定政权兴衰的根本力量。《旧唐书·魏征传》："怨不在大，可畏惟人。载舟覆舟，所宜深慎。"清·魏源《观往吟》之九："载舟覆舟两未形，逆风顺风均不利。"

【赞不绝口】 zàn bù jué kǒu　赞：称赞。绝：停。不停地称赞。《警世通言》卷二七："洞宾不假思索，信笔赋诗四首……字势飞舞，魏生赞不绝口。"《镜花缘》四三回："当日俺妹夫来到海外，凡遇名山大川，一经他眼，处处都是美景，总是赞不绝口。"鲁迅《集外集拾遗补编·拳术与拳匪》："陈先生因拳术医好了老病，所以赞不绝口；照这样说，拳术亦只是医病之术，仍无普及的必要。"巴金《春》二四："姐夫把作文送来，大伯伯看了非常得意，赞不绝口。"

【臧否人物】 zāng pǐ rén wù　臧否：褒贬，评论。指评议别人。《世说新语·德行》："晋文王称阮嗣宗至慎，每与之言，未尝臧否人物。"《晋书·阮籍传》："籍虽不拘礼教，然发言玄远，口不臧否人物。"〔注意〕否，不读 fǒu。

【凿壁偷光】 záo bì tōu guāng　晋·葛洪《西京杂记》卷二："匡衡，字稚圭，勤学而无烛。邻舍有烛而不逮，衡乃穿壁引其光，以光映书而读之。"后用"凿壁偷光"指勤奋学习。《敦煌曲子词·菩萨蛮》："数年学剑工书苦，也曾凿壁偷光路。"鲁迅《且介亭杂文·难行和不信》："古时候曾有'囊萤照读''凿壁偷光'的志士。"

【早出晚归】 zǎo chū wǎn guī　《战国

策·齐策六》："女朝出而晚来，则吾倚门而望。"指清晨外出，到天晚才回来。《喻世明言》卷三八："我的老公早出晚归，你若不负我心，时常只说相访。"鲁迅《呐喊·社戏》："平桥村只有一只早出晚归的航船是大船，决没有留用的道理。"老舍《骆驼祥子》五："祥子的拼命，早出晚归，当然是不利于他的车的。"

【造谣惑众】 zào yáo huò zhòng　惑：迷惑。制造谣言，迷惑众人。欧阳山《三家巷》一七二："她只是一味子拨弄是非，造谣惑众。"

【造谣生事】 zào yáo shēng shì　《孟子·万章上》宋·朱熹注："好事，谓喜造言生事之人也。"后多作"造谣生事"，指制造谣言，挑起事端。鲁迅《热风·随感录三十三》："也不问什么叫道德，怎样是科学，只是信口开河，造谣生事。"赵树理《李有才板话》五："广聚打发人把李有才叫到村公所，歪着个头，拍着桌子大大发了一顿脾气，说他'造谣生事'。"

【造谣中伤】 zào yáo zhòng shāng　中伤：诬蔑人使之受到损害。制造谣言陷害人。陈国凯《陈国凯选集·自序》："步入文场，阅历渐多，抱定一个宗旨：不管有何冷风暗箭造谣中伤迎面或侧面而来，均漠然置之。"〔注意〕中，不读 zhōng。

【责无旁贷】 zé wú páng dài　责：责任。贷：推卸。指自己应尽的责任，不能推给别人。清·林则徐《覆奏稽查防范回空粮船折》："其漕船经过地方，各督抚亦属责无旁贷，着不分畛域，一体通饬所属，于漕船回空，加意稽查。"钱钟书《围城》五："这时候，他深恐济危扶困做'叔叔'的责无旁贷，这侠骨柔肠的好差使让给鸿渐罢。"姚雪垠《李自成》三卷二二章："各位或世受国恩，或为现任官吏，或为本城绅衿，或出身名门望族，守城之事，责无旁贷。"

【责有攸归】 zé yǒu yōu guī　责：责

任。攸：所。宋·司马光《体要疏》："责有所归，故不敢大为欺罔"后多作"责有攸归"，指是谁的责任就由谁来承担，不能推卸。毛泽东《为动员一切力量争取抗战胜利而斗争》："因循坐误，责有攸归。"郭沫若《洪波曲》五章："部内各级都有负专责的人，责有攸归，为什么还要组织一个审查委员会？"

【择木而栖】zé mù ér qī　鸟选择合适的树做巢。旧时比喻士人选择明君而效力。汉·崔瑗《东观箴》："是以明哲先识，择木而处。"后多作"择木而栖"。《三国演义》三回："良禽择木而栖，贤臣择主而事。"《野叟曝言》九八回："良禽择木而栖，正应于此时即定主臣之分。"刘绍棠《村妇》卷一："他惹不起刘二皇叔的拳脚，反倒赔上一桌酒肉，客客气气劝刘二皇叔良禽择木而栖。"

【择善而从】zé shàn ér cóng　从：跟从。《论语·述而》："三人行，必有我师焉。择其善者而从之。"后用"择善而从"指选择好的依从或采取。晋·范宁《春秋穀梁传序》："大至当无二，而三传殊说，庸得不弃其所滞，择善而从乎？"姚雪垠《李自成》二卷三七章："他虚怀听而听，择善而从。别人如有好的主意，纵然出自马夫小卒，他也听从。"

【啧有烦言】zé yǒu fán yán　啧：争论。烦言：气愤、不满的话。指很多人都不满意。《左传·定公四年》："会同难，啧有烦言，莫之治也。"《东周列国志》一五回："小白果入谏襄公曰：'鲁侯之死，啧有烦言。男女嫌疑，不可不避。'"鲁迅《书信集·致许寿裳》："我辈之与遗老，本不能志同道合，其啧有烦言，正是应有之事。"

【昃食宵衣】zè shí xiāo yī　昃：太阳偏西，指傍晚到入夜时分。宵：夜晚。天晚才吃饭，天不亮就穿衣起床。形容对政务很勤恳。南朝陈·徐陵《陈文皇帝哀册文》："勤民听政，昃食宵衣。"

【贼喊捉贼】zéi hǎn zhuō zéi　比喻坏人为了自己逃脱，故意制造混乱，把别人说成坏人。王火《战争和人》(三)卷七："两人跑到较远的地方时，回头来看，只见会场上剩下的几百特务打手正在那里继续'开会'哩……贼喊捉贼，真叫人又气又好笑。"陈登科《赤龙与丹凤》一部一九："贼喊捉贼，明明自己是匪，还扛着剿匪的旗号，到处剿匪。"

【贼眉鼠眼】zéi méi shǔ yǎn　形容神情鬼鬼祟祟。《三侠五义》一一二回："船家无奈何，战战哆嗦撑起篙来，贼眉鼠眼过了桥，更觉的害怕怕来。"老舍《四世同堂》四六："也别说，那小子长得贼眉鼠眼的，看着就像奸细！"刘绍棠《蒲柳人家》三："望日莲人大心大，又见豆叶黄行为不正，花鞋杜四贼眉鼠眼，每晚临睡之前，都关严窗户，顶住房门。"也作"贼眉贼眼"。巴金《春》一二："堂倌样子真讨厌，为什么这样贼眉贼眼地看人？"

【贼眉贼眼】zéi méi zéi yǎn　见"贼眉鼠眼"。

【贼去关门】zéi qù guān mén　比喻发生问题后才采取防范措施。《五灯会元·倾心法瑶宗一禅师》："师曰：'汝适来问甚么？'曰：'若不遇于师，几成走作？'师曰：'贼去后关门。'"《儿女英雄传》二七回："丈夫的品行也去了，她的声名也丢了，她还在那里贼去关门，明察暗访。"

【贼人胆虚】zéi rén dǎn xū　见"贼人心虚"。

【贼人心虚】zéi rén xīn xū　指坏人做了坏事而心虚。《醒世恒言》卷一六："俗语道：贼人心虚。寿儿被太守句句道着心事，不觉面上一回红，一回白。"《官场现形记》一六回："忽见建德县差人拿片子来请他进城，说是有话面谈，究竟贼人心虚，不觉吓了一跳。"也作"贼人胆虚"。

《三侠五义》一一九回："怀宝是贼人胆虚，也就惊醒了。"《官场现形记》四○回："回家之后，虽说有马老爷教他的一派胡言可以抵制，毕竟是贼人胆虚，见了太太总有点扭扭捏捏说不出话来。"

【贼头鼠脑】zéi tóu shǔ nǎo　见"贼头贼脑"。

【贼头贼脑】zéi tóu zéi nǎo　形容举止鬼鬼祟祟。《三侠五义》三七回："毛手毛脚，贼头贼脑，他却认得路径，一直竟奔敞厅而来。"茅盾《腐蚀·十一月十四日》："说是来伺候你我的呢；贼头贼脑，一瞧就不是好东西。"刘白羽《第二个太阳》七章："谁料因为她向内张望了一眼，已被埋伏在路边的便衣特务发现，几个人贼头贼脑，紧紧盯牢她。"也作"贼头鼠脑"。《西游记》三一回："你贼头鼠脑的，一定又变作个甚么东西儿，跟着我听的。"

【曾参杀人】zēng shēn shā rén　《战国策·秦策二》："费人有与曾子同名族者而杀人。人告曾子母曰：'曾参杀人。'曾子之母曰：'吾子不杀人。'织自若。有顷焉，人又曰：'曾参杀人。'其母尚织自若也。顷之，一人又告之曰：'曾参杀人。'其母惧，投杼逾墙而走。夫以曾参之贤与母之信也，而三人疑之，则慈母不能信也。"后用"曾参杀人"比喻流言传播得广，也会让人相信。南朝宋·鲍照《谢随恩被原疏》："䍐奙悴贱，可悔可诬，曾参杀人，臣岂无过。"清·孔尚任《桃花扇·辞院》："这冤怎伸，硬叠成曾参杀人。"

【债台高筑】zhài tái gāo zhù　形容欠债很多。韬奋《谋生与屈辱》："在目前我这位朋友的一家生活已极难维持，债台高筑了，借也无处去借，恳助也无处去恳助。"王火《战争和人》(一)卷一："实在输光了，也只能自己排遣：输了就只好输了，好在我尚未赤身裸体，也还未曾债台高筑，以后不赌就是。"

【沾亲带故】zhān qīn dài gù　故：老朋友。指有亲戚、故友的关系。元·无名氏《合同文字》三折："这文书上写作见人，也只为沾亲带故。"《野叟曝言》一一回："将来便与他沾亲带故，你往我来，同为一殿之臣。"陈忠实《白鹿原》二九章："在乡间保存着祖籍的或是沾亲带故的城里人，扶老携幼仓皇逃往乡间。"陈国凯《儒士衣冠》："他还是我表舅的表哥，有点儿沾亲带故。"

【沾沾自喜】zhān zhān zì xǐ　沾沾：自得的样子。形容自以为很好而得意的样子。《史记·魏其武安侯列传》："魏其者，沾沾自喜耳，多易。"宋·周密《齐东野语·文臣带左右》："以鹖冠登壬辰科，沾沾自喜。"杨沫《青春之歌》一部一八章："'嗯。'道静咬着嘴唇望着他那沾沾自喜的神色，'那么，你真正成了胡博士的大弟子了！'"路遥《早晨从中午开始》三："如果为微小的收获而沾沾自喜，本身是一种无价值的表现。"

【瞻前顾后】zhān qián gù hòu　瞻：向前看。顾：向后看。❶形容做事谨慎。战国楚·屈原《离骚》："瞻前而顾后兮，相视民之计极。"汉·荀悦《汉纪序》："是以圣上穆然，惟文之恤，瞻前顾后，是绍是维。"周而复《上海的早晨》一部一八："他感到自己有点性急，接触汤阿英这样的人要瞻前顾后，想的周到，做的自然，不能有丝毫的鲁莽，更不能性急，要慢慢进行。"❷形容顾虑太多，处理事情犹豫不决。宋·朱熹《朱子语类·学二》："且如项羽救赵，既渡，沉船破釜，持三日粮，示必死无还心，故能破秦。若瞻前顾后，便做不成。"姚雪垠《李自成》一卷二八章："欲做大事，何能瞻前顾后，如市井商人！"陈忠实《白鹿原》三一章："她的主意既坚定又单纯，丝毫也不瞻前顾后左顾右盼。"

【斩草除根】zhǎn cǎo chú gēn　比喻

铲除祸根一定要彻底，不留祸患。《水浒传》八九回："俺连日攻城，不愁打你这个城池不破，一发斩草除根，免了萌芽再发。"《喻世明言》卷四〇："沈炼是严家紧对头，今止诛其身，不曾波及其子。斩草不除根，萌芽复发。"《野叟曝言》一〇五回："骑虎之势，彼岂不知？此番复来，必为斩草除根之计。"欧阳山《三家巷》六九："大家都说要斩草除根，就四处浇上煤油，一把火将稽查站点燃了。"也作"剪草除根"。《红楼梦》六九回："或暗中使人算计，务将张华治死，方剪草除根，保住自己的名誉。"

【斩钉截铁】zhǎn dīng jié tiě　斩：砍断。截：切断。形容言行果断、坚决。《景德传灯录·道膺禅师》："学佛法底人，如斩钉截铁始得。"《红楼梦》六六回："他小妹子果是个斩钉截铁之人，每日侍奉母姊之余，只安分守己，随分过活。"鲁迅《且介亭杂文·病后杂谈》："我就没有第三次再去买，因为回复的斩钉截铁。"钱钟书《围城》六："辛楣为孙小姐的关系，不好斩钉截铁地拒绝，灵机一动，推荐方鸿渐。"

【斩将搴旗】zhǎn jiàng qiān qí　搴：拔。杀死敌方将领，夺取敌方的旗帜。形容作战勇猛。《史记·刘敬叔孙通列传》："汉王方蒙矢石争天下，诸生宁能斗乎？故先言斩将搴旗之士。"《三国演义》五三回："即使斩将搴旗，威振疆场，亦偏将之任，非主公所宜也。"《野叟曝言》五四回："众兄弟斩将搴旗，许多功绩都冒在他名下。"

【斩尽杀绝】zhǎn jìn shā jué　指全部消灭，一个不留。元·高文秀《渑池会》四折："大夫，小官今日将秦国二将活挟将来了，将众兵斩尽杀绝也。"《说岳全传》五四回："少不得俺哥哥岳大元帅前来……将你等番奴斩尽杀绝，那时方出俺心中之气也！"姚雪垠《李自成》二卷五

章："老营中群情激愤，谈论着石门谷的杆子哗变，咬牙切齿，恨不得将他们斩尽杀绝，以示严惩。"

【斩荆披棘】zhǎn jīng pī jí　见"披荆斩棘"。

【展眼舒眉】zhǎn yǎn shū méi　展：舒展。形容高兴的样子。元·张可久《点绛唇·翻归来辞》套曲："谁待要劳神费力，不能够展眼舒眉。"

【崭露头角】zhǎn lù tóu jiǎo　崭：高出。唐·韩愈《柳子厚墓志铭》："虽少年，已自成人，能取进士第，崭然见头角。"后用"崭露头角"比喻突出地显露出才能。欧阳山《三家巷》一八〇："她现在不是妒忌张纪文么？不是妒忌他崭露头角么？"魏巍《东方》二部二章："第一副司令员秦鹏，十年内战时期就已崭露头角。"

【辗转反侧】zhǎn zhuǎn fǎn cè　辗转：翻来覆去。反侧：反覆。形容有心事，躺在床上不能入睡。《诗经·周南·关雎》："悠哉悠哉，辗转反侧。"《歧路灯》七三回："辗转反侧，真正是明知鸳燕均堪爱，争乃熊鱼不可兼。"梁实秋《雅舍小品·睡》："心有恐惧，心有挂碍，心有忮求，倒下去只好辗转反侧。"李劼人《大波》三部七章："其实他辗转反侧两夜，并未想到这条妙计。"也作"转辗反侧"。明·陆采《怀香记·相思露意》："日则憔悴昏沈，夜则辗转反侧。"

【战不旋踵】zhàn bù xuán zhǒng　踵：脚后跟。旋踵：脚跟向后转。形容作战勇敢，一直向前冲。《史记·孙子吴起列传》："其父战不旋踵，遂死于敌。"

【战火纷飞】zhàn huǒ fēn fēi　形容战斗十分激烈。贾芝《延河儿女·序》："那是一个极不平常的时代，一个战火纷飞的时代，也是每个人都受到考验的时代。"李国文《月食》："这种友谊来自战火纷飞的年代。"

【战天斗地】zhàn tiān dòu dì 形容征服大自然的豪迈气势。

【战无不胜】zhàn wú bù shèng 打仗没有不取得胜利的。形容力量十分强大，百战百胜。《战国策·齐策二》："战无不胜而知止。"《隋书·杨素传》："由是战无不胜，称为名将。"《三国演义》八八回："吾自出茅庐，战无不胜，攻无不取。汝蛮邦之人，何为不服？"《野叟曝言》一〇一回："男毒蟒自出兵以来，所向披靡，战无不胜。"姚雪垠《李自成》三卷二九章："我国国势日强，如日东升，战无不胜，攻无不克。"

【战战兢兢】zhàn zhàn jīng jīng 战战：恐惧发抖的样子。兢兢：小心谨慎的样子。形容小心谨慎的样子。《诗经·小雅·小旻》："战战兢兢，如临深渊，如履薄冰。"《初刻拍案惊奇》卷三〇："太守也不敢轻问，战战兢兢陪他酒散，早已天晓了。"《镜花缘》二一回："林之洋战战兢兢，又放一枪，好像水上浇油，众兽更都如飞而至。"鲁迅《而已集·略论中国人的脸》："于是天下纷纷，从此多事，许多人就都战战兢兢地研究自己的脸。"李英儒《野火春风斗古城》一八章："他战战兢兢地拉开两扇后门，发现是被雨淋湿的银环，他不禁一怔。"也形容因恐惧而发抖的样子。《二刻拍案惊奇》卷三三："各官道是此番曹县丞必不得活了，曹县丞也道性命只在霎时，战战兢兢，随着解人，膝行到庭下，叩头请死。"《镜花缘》二八回："薛蘅香吓的战战兢兢，带著兄弟薛选，出来见礼。"鲁迅《呐喊·白光》："'开城门来……'含着大希望的恐怖的悲声，游丝似的在西关门前的黎明中，战战兢兢的叫喊。"

【张大其词】zhāng dà qí cí 见"夸大其辞"。

【张灯结彩】zhāng dēng jié cǎi 张：陈设。结：结扎，系。彩：彩绸。形容节日或喜庆的繁华景象。《三国演义》六九回："告谕城内居民，尽张灯结彩，庆赏佳节。"《儒林外史》一〇回："到十二月初八，娄府张灯结彩，先请两位月老吃了一日。"巴金《家》三〇："公馆里添了许多盏电灯，到处张灯结彩，装饰得十分富丽堂皇。"欧阳山《三家巷》一九："出了电梯，只见大厅上张灯结彩，金碧辉煌。"

【张冠李戴】zhāng guān lǐ dài 冠：帽子。比喻弄错了事实或对象。宋·钱希言《戏瑕》卷三："张公帽儿李公戴。"沈从文《边城》一四："但老船夫却作错了一件事情，把昨晚唱歌人'张冠李戴'了。"张恨水《啼笑因缘》二〇回："何丽娜点点头道：'原来如此，那完全是我误会。大概你老太太寄到天津来的那张相片，又是张冠李戴了。'"

【张皇失措】zhāng huáng shī cuò 张皇：惊慌。失措：举止失去常态。惊慌得不知如何是好。巴金《随想录》五："她张皇失措，坐立不安，替我担心，又为儿女的前途忧虑。"周而复《上海的早晨》一部三七："又有一个很棘手的问题摆在他面前，他张皇失措了。"李佩甫《无边无际的早晨》一三："在他的喝斥下，被叫到姓名的村干部一个个张皇失措，溜溜地退去了。"

【张口结舌】zhāng kǒu jié shé 结舌：舌头被钳制住，动不了。张着嘴说不出话。形容理屈、害怕、生气、惊讶。《三侠五义》一一回："一席话，说的白女张口结舌，面目变色。"萧乾《人生采访·瑞士之行》："一个商人说：'我们在香港有百年的投资。凭你们那一年几遭内战，你能保障我们的财产吗？'问得我张口结舌。"姚雪垠《李自成》二卷六章："不仅老神仙骇得张口结舌，说不出话来，所有站在他周围的人们都骇了一跳。"路遥《平凡的世界》(中)二章："市委书记气得张口结舌，一时竟不知该说什么。"浩然《响午》：

"小伙子被问得张口结舌，脸涨得通红。"

【张牙舞爪】zhāng yá wǔ zhǎo　张：显露，张开。形容猛兽凶猛的样子。《水浒传》四三回："这小大虫被搠倒慌，也张牙舞爪，钻向前来。"《野叟曝言》一〇一回："忽地阵门一开，拥出虎豹犀象，张牙舞爪飞扑过来。"也形容人凶狠猖狂的样子。《初刻拍案惊奇》卷八："有一等做公子的，倚靠着父兄势力，张牙舞爪，诈害乡民。"《官场现形记》五五回："见了州官，州判老爷胆子也壮了，张牙舞爪，有句没句，跟着教习说了一大泡。"马烽、西戎《吕梁英雄传》一三回："那人跟跄倒退几步，脸色一变，也张牙舞爪地要打孟二愣。"〔注意〕爪，不读 zhuǎ。

【獐头鼠目】zhāng tóu shǔ mù　像獐子一样的头，老鼠一样的眼睛。形容人相貌丑陋庸俗。多用于坏人。《旧唐书·李揆传》："龙章凤姿之士不见用，獐头鼠目之子乃求官。"《花月痕》二二回："只见一个道人打扮，獐头鼠目，头上几茎秃发烧得焦焦的蓬起，骑一匹连钱骢。"鲁迅《故事新编·补天》一："待到落在地上，就成了许多伊先前做过了一般的小东西，只是大半头呆脑，獐头鼠目的有些讨厌。"也作"鼠目獐头"。《水浒传》八九回："好赂贪财，前后悉鼠目獐头之辈。"

【彰明较著】zhāng míng jiào zhù　彰、较：明显。指非常明显，容易看清。《史记·伯夷列传》："是遵何德哉？此其尤大彰明较著者也。"《三侠五义》八六回："若要发兵，彰明较著，惟恐将他激起，反为不美。"李劼人《大波》三部二章："为什么这般人既然怨毒赵尔丰至于极点，却又不彰明较著地请求揭参他？"也作"彰明昭著"。《二十年目睹之怪现状》六〇回："这个名目，叫做'卖疯'，却是背着人在外面暗做的，没有彰明昭著在自己家里做的。"

【彰明昭著】zhāng míng zhāo zhù　见"彰明较著"。

【彰善瘅恶】zhāng shàn dàn è　彰：表扬。瘅：憎恨。表扬好的，憎恶坏的。《尚书·毕命》："彰善瘅恶，树之风声。"唐·元稹《唐穆宗文惠皇帝戒励风俗德音文》："自非责实循名，不能彰善瘅恶。"清·戴名世《论说·史论》："用以彰善瘅恶，而为法戒于万世。"

【掌上明珠】zhāng shàng míng zhū　比喻十分受钟爱的人。多比喻受父母宠爱的子女。宋·辛弃疾《永遇乐·送陈仁和自便东归……》词："落魄东归，风流赢得，掌上明珠去。"《说岳全传》二回："员外年将半百，方得此子，乃是掌上明珠。"刘绍棠《村妇》卷二："鸣翠本是爹娘的掌上明珠，自幼娇生惯养长大。"莫应丰《将军吟》一八章："人家是掌上明珠，千金小姐，那娇贵的脾气儿你消受不了。"

【仗势欺人】zhàng shì qī rén　仗：依靠。依靠权势欺压人。元·王实甫《西厢记》五本三折："你凭师友君子为本，你倚父兄仗势欺人。"沈从文《劫余残稿·传奇不奇》："满家人仗势欺人要县长来红岩口清乡，把一村子里鸡鸭鸭清掉。"欧阳山《三家巷》七二："听了父亲说何家不该仗势欺人，心中极为愤懑。"

【仗义疏财】zhàng yì shū cái　仗义：讲义气。疏：分出。讲义气，不看重钱财。指用自己的钱财帮助别人，很讲义气。《水浒传》九回："仗义疏财欺卓茂，招贤纳士胜田文。"《初刻拍案惊奇》卷八："虽然只是歹人多，其间仗义疏财的，到也尽有。"《镜花缘》六四回："凡琴棋书画，医卜星相，如有一技之长者，前来投谒，莫不优礼以待。而且仗义疏财，有求必应，人又称为'赛孟尝'。"李劼人《大波》二部三章："周鸿勋这人，是个仗义疏财的汉子。"也作"疏财仗义"。《初刻拍案惊奇》卷三三："夫妻两口，为人疏财仗义，好善乐施，广有田庄地宅。"梅兰芳

《舞台生活四十年》："我能够有这一点成就，还是靠了先祖一生疏财仗义，忠厚待人。"

【仗义执言】 zhàng yì zhí yán　仗义：主持正义。指主持正义说公道话。《东周列国志》一四回："若以文、武、宣、平之灵仗义执言，四国悔罪，王室之福。"鲁迅《野草·失掉的好地狱》："人类便应声而起，仗义执言，与魔鬼战斗。"李劼人《大波》一部七章："他对于诸公仗义执言，奋起力争，因为合乎他的忠君爱国宗旨，他因此一开头就不计利害地替诸公行了多少方便。"欧阳山《三家巷》七六："陈文雄见大家都望着他，等他发话，就做出挺身而出的姿态，仗义执言道：'野蛮！封建！'"〔注意〕执，不能写作"直"。

【障人耳目】 zhàng rén ěr mù　见"掩人耳目"。

【嶂叠峦层】 zhàng dié luán céng　见"层峦叠嶂"。

【招兵买马】 zhāo bīng mǎi mǎ　指组织、扩充武装力量。也比喻组织、扩充人力。宋·朱熹《丞相李公奏议后序》："招兵买马，经理财赋。"《封神榜》一一一回："聚草屯粮修武事，招兵买马掌权衡。"《野叟曝言》一〇〇回："如今须得韦大呷为主，打开仓库，招兵买马，放出狱囚，先杀进省，斫了裴小官的头，次杀进京，砍了靳太监的脑袋，替朝廷除了大害。"李劼人《大波》三部四章："招兵买马，屯粮积草，重庆地方有的是钱，有的是人。"高云览《小城春秋》三章："双方招兵买马，准备大打。"

【招权纳贿】 zhāo quán nà huì　招：招揽。纳：接受。指把持着权力，收受贿赂。《喻世明言》卷四〇："他父子济恶，招权纳贿，卖官鬻爵。"《官场现形记》三七回："此时十二姨太太正在招权纳贿的时候，小二爷替他出力。"姚雪垠《李自成》一卷三章："他平日深恨一班监军太监们

都惯于招权纳贿，克扣军饷，不干好事。"也作"招权纳赂"。《元史·朴不花传》："不花骄恣无上，招权纳赂。"

【招权纳赂】 zhāo quán nà lù　见"招权纳贿"。

【招贤纳士】 zhāo xián nà shì　招：延请。纳：接受。士：指贤德的人。指招引接纳有德才的人。《五灯会元·灵隐云知禅师》："招贤纳士为德标，闲居趣寂为道标。"《水浒传》一九回："小子久闻大山招贤纳士，一径地特来投托入伙。"《三侠五义》一二回："仆欧阳春闻得寨主招贤纳士，特来竭诚奉谒。"王火《战争和人》（二）卷八："现在，既有组党的打算，自然会招贤纳士。"

【招降纳叛】 zhāo xiáng nà pàn　招：招收。纳：接受。原指收罗敌方投降叛变的人，以壮大自己的势力。《隋唐演义》六〇回："殿下招降纳叛，如小将辈俱自异国，得侍左右，今日杀雄信，谁复有来降者?"后指收罗坏人，合伙做坏事。郭沫若《洪波曲》一六章："招降纳叛，明目张胆。"

【招摇过市】 zhāo yáo guò shì　招摇：故意制造声势，引人注意。市：街。指在公开场合故意制造声势，引人注意。含贬义。《史记·孔子世家》："灵公与夫人同车，宦者雍渠参乘，出，使孔子为次乘，招摇市过之。"明·许自昌《水浒记·邂逅》："你不惜目挑心招，无俟招摇过市。"《野叟曝言》六七回："招摇过市，大圣人尚且不免于辱，我岂可守沟渎之小节而忘忠孝之大经乎?"巴金《随想录》一三五："名字多，人多，到处都有，我也无法一一地举出来，而且也不必列举，因为他们招摇过市，有目共睹。"周而复《上海的早晨》三部四五："来了，又要守仁陪他出去白相，招摇过市，人家会不知道吗?"

【招摇撞骗】 zhāo yáo zhuàng piàn　招摇：张扬，炫耀。撞骗：寻找机会进行

欺骗。假借名义到处进行欺骗活动。《红楼梦》一〇二回:"那些家人在外招摇撞骗,欺凌属员,已经把好名声都弄坏了。"《官场现形记》五〇回:"像你们仗着在教,招摇撞骗,也决计不是个正道理。"欧阳山《三家巷》二六:"现在那些招摇撞骗,假公济私的玩艺儿太多了。"

【昭然若揭】zhāo rán ruò jiē 昭然:很明显的样子。揭:举。《庄子·达生》:"昭昭乎若揭日月而行也。"像举着太阳、月亮走路那样明显。后用"昭然若揭"指真相或含义非常明白、显而易见。《野叟曝言》七八回:"疏中复言前后上书者八百余人。其诛丕之篡汉,而许先生以人心天命之归,昭然若揭,日月有行矣。"聂绀弩《探春论》:"王夫人之歧视庶出之女,昭然若揭。"

【朝不保夕】zhāo bù bǎo xī 早上保不住晚上会发生变化。形容形势危急。《南齐书·萧昭胄传》:"建武以来,高、武王侯居常震怖,朝不保夕。"《东周列国志》九四回:"由是百姓惶恐,朝不保夕。"巴金《随想录》二三:"祖国的确是母亲,但是过去这位老母亲贫病交加,朝不保夕,哪里管得了自己儿女的死活?"李劼人《大波》一部三章:"这一下,这个朝不保夕的汉阳铁厂,岂不就生意兴隆起来?"

【朝发暮至】zhāo fā mù zhì 见"朝发夕至"。

【朝发夕至】zhāo fā xī zhì 发:出发。至:到达。早上出发,晚上就到达。宋·王谠《唐语林·言语》:"今所幸宫,去京三百余里,銮舆动轫,俄经旬日,非可朝发暮至。"后多作"朝发夕至",形容交通便利。也形容路途近。《明史·公鼐传》:"三才猷略素优,家近辇毂,可朝发夕至也。"李劼人《大波》二部八章:"现在京汉铁路又已通车,荫大臣的北洋练军更可朝发夕至,这已于革党不利了。"

【朝令夕改】zhāo lìng xī gǎi 早上颁布的政令,晚上就改了。形容政令无常。也形容主张、办法等经常改变。《汉书·食货志上》:"急政暴赋,赋敛不时,朝令而夕改。"宋·范祖禹《唐鉴·穆宗》:"凡用兵举动,皆自禁中授以方略,朝令夕改,不知所从。"《明史·刘健传》:"朝令夕改,迄无宁日。"王火《战争和人》(一)卷六:"前线已引起混乱。朝令夕改,原阵地怎么站得住脚?"

【朝气蓬勃】zhāo qì péng bó 朝气:早晨的空气,比喻进取、振作的精神状态。蓬勃:旺盛的样子。形容充满活力。王火《战争和人》(二)卷一:"他那张朝气蓬勃的脸上,好像老是有阳光在上面跳跃。"邓一光《我是太阳》三部二:"他们年轻,英俊,有知识、朝气蓬勃,对人彬彬有礼。"魏巍《东方》六部一三章:"他们一个个面带欢笑、朝气蓬勃地走着。"

【朝乾夕惕】zhāo qián xī tì 乾:勉力。惕:谨慎。《周易·乾》:"君子终日乾乾,夕惕若厉。"后用"朝乾夕惕"指终日勤奋谨慎。《红楼梦》一七回:"惟朝乾夕惕,忠于厥职外,愿我君万寿千秋。"姚雪垠《李自成》二卷二九章:"皇上朝乾夕惕,敬天法祖,人神共鉴。"〔注意〕乾,不能写作"干";也不读 gān。

【朝秦暮楚】zhāo qín mù chǔ 战国时,秦、楚两大国经常互相征战,与其邻近的小国时而事秦,时而事楚。宋·晁补之《海陵集序》:"战国异甚士,一切趋利邀合,朝秦而暮楚不耻,无春秋时诸大夫事业矣。"后用"朝秦暮楚"比喻人反复无常。明·毕魏《竹叶舟·党聚》:"因见贵成王恺,富堪敌国,比太仆(石崇)更觉奢华,为此我心未免朝秦暮楚。"《说岳全传》三一回:"杨虎朝秦暮楚,是个反复小人。"姚雪垠《李自成》三卷五八章:"只要将军确实出自诚意,太太自然会写这封书子。如果将军依然三心二意,朝秦暮楚，太太就不会写。"王火《战争和人》（二）卷三："此人无情无义，朝秦暮楚，不讲交情。"也作"暮楚朝秦"。《花月痕》八回："兼之内顾无忧，傥来常有，以此轻裘肥马，暮楚朝秦，名宿倾心，美人解佩。"

【朝三暮四】zhāo sān mù sì 《庄子·齐物论》："狙公赋芧，曰：'朝三而暮四。'众狙皆怒。曰：'然则朝四而暮三。'众狙皆悦。"狙：猕猴。芧：橡子。原指用名义上改变而实际上不改变的手法欺骗人。后比喻反复无常。《旧唐书·皇甫镈传》："直以性惟狡诈，言不诚实，朝三暮四，天下共知。"《醒世恒言》卷一六："是从那日为始，朝三暮四，约了无数日子。"方志敏《死》三："朝三暮四，没有气节的人，我是不能做的。"欧阳山《三家巷》三一："为了什么来由？为了那么一个朝三暮四，喜怒无常的女子？"也作"朝四暮三"。梁启超《余之币制金融政策》："吾见其朝四暮三，无关宏旨。"

【朝思暮想】zhāo sī mù xiǎng 形容时刻都在想着。宋·柳永《大石调·倾杯乐》词："朝思暮想，自家空恁添清瘦。"《喻世明言》卷四〇："学生为此事朝思暮想，废寝忘餐，恨无良策。"魏巍《地球的红飘带》四六："这样，传说中的'穷党'就成了他朝思暮想的对象。"王火《战争和人》(三)卷四："他看到在面前的正是朝思暮想的欧阳素心！"

【朝四暮三】zhāo sì mù sān 见"朝三暮四"。

【照本宣科】zhào běn xuān kē 科：条文。照着本子念条文。比喻不能灵活运用。刘醒龙《凤凰琴》："山里的孩子老实，很少提问，张英才照本宣科，觉得讲课当老师并不艰难，全凭嘴皮子，一动口就会。"

【照猫画虎】zhào māo huà hǔ 比喻照着样子模仿。路遥《早晨从中午开始》七："当然可以在借鉴的基础上创造，但

不是照猫画虎式的临摹。"

【遮人耳目】zhē rén ěr mù 见"掩人耳目"。

【遮天蔽日】zhē tiān bì rì 遮盖了天空和太阳。形容数量、气势、权势等很大。《红楼梦》一七回："池边两行垂柳，杂着桃杏，遮天蔽日，真无一些尘土。"王蒙《青春万岁》二七："在东北方，厚厚的黑云遮天蔽日而来。"及容《饥饿荒原》一〇："密匝匝的原始树木的枝叶塔架在一起，遮天蔽日。"也作"遮天盖日"。《红楼梦》七三回："琏二爷凤奶奶，两口子遮天盖日，百事周到。"

【遮天盖地】zhē tiān gài dì 见"铺天盖地"。

【遮天盖日】zhē tiān gài rì 见"遮天蔽日"。

【折冲樽俎】zhé chōng zūn zǔ 折冲：使敌人的战车后退。樽俎：古代盛酒肉的器物，借指宴席。《战国策·齐策五》："拔城于尊俎之间，折冲席上者也。"尊：同"樽"。后用"折冲樽俎"指在宴席中运用策略取得战争胜利。后也泛指外交谈判。晋·张协《杂诗》之七："折冲樽俎间，制胜在两楹。"《孽海花》六回："总算没有另外赔款割地，已经是他折冲樽俎的大功。"鲁迅《准风月谈·外国也有》："我希望他们在外国买有地皮，在外国银行里另有存款，那么，我们和外人折冲樽俎的时候，就更加振振有辞了。"

【折戟沉沙】zhé jǐ chén shā 戟：古代的一种兵器。断的戟埋在沙里。形容惨败。唐·杜牧《赤壁》诗："折戟沉沙铁未消，自将磨洗认前朝。"清·查慎行《公安道中》诗："折戟沉沙极望中，勿论猿鹤与沙虫。"

【折节下士】zhé jié xià shì 折节：降低身份，委屈自己。指降低身份，谦恭地对待地位不如自己的人。《三国志·魏

书•袁绍传》:"绍有姿貌威容,能折节下士。"《东周列国志》八六回:"慕君折节下士,豪杰归心,愿执鞭马前。"《三侠五义》一一三回:"既要招募贤豪,理应折节下士。"

【折节向学】zhé jié xiàng xué　折节:自我克制,改变平素的志向、行为。向学:立志学习。指改变平素志向、行为,刻苦学习。《三国演义》三六回:"乃更姓名而逃,折节向学,遍访名师,尝与司马徽谈论。"

【辙乱旗靡】zhé luàn qí mǐ　辙:车轮压出来的痕迹。靡:倒。《左传•庄公十年》:"吾视其辙乱,望其旗靡,故逐之。"后用"辙乱旗靡"形容军队溃败。唐•李筌《神机制敌太白阴经•露布篇》:"弩矢所及,辙乱旗靡。"《蟫海花》二五回:"言、鲁、马、左四路人马,在平壤和日军第一次正式开战,被日军杀得辙乱旗靡。"

【针锋相对】zhēn fēng xiāng duì　针锋:针尖。比喻双方的观点、行动等尖锐对立。《野叟曝言》七八回:"管、萧之匹,犹言霸王之佐,与先主评内,高祖之风,针锋相对。"钱钟书《围城》九:"柔嘉怕她们回去搬嘴,不敢太针锋相对。"高云览《小城春秋》三六章:"'我们先不谈这个。'赵雄避免和吴坚针锋相对。"

【针尖对麦芒】zhēn jiān duì mài máng　麦芒:麦穗上的尖。比喻双方在言行等方面尖锐对立,互不相让。周立波《暴风骤雨》一部九:"媳妇总跟他干仗,两口子真是针尖对麦芒。"周而复《上海的早晨》一部九:"他们两个人,像是针尖对麦芒,你来我往,刀对刀来枪对枪,谁也不让。"

【针头线脑】zhēn tóu xiàn nǎo　指缝纫用的针线等物。比喻细微的事物。老舍《四世同堂》一五:"不卖吧,又怎么买些针头线脑的呢?"萧红《呼兰河传》五章:"她这有多少年没养鸡了,自从订了

这团圆媳妇,把积存下的那点针头线脑的钱都花上了。"也指做针线活。老舍《四世同堂》八一:"刘太太一向时常到祁家来,帮助韵梅作些针头线脑什么的。"

【珍禽奇兽】zhēn qín qí shòu　指十分珍贵的鸟类和兽类。《尚书•旅獒》:"犬马非其土性不畜,珍禽奇兽不育于国。"《野叟曝言》五一回:"又见某省督抚进奉珍禽奇兽,……谀词谄说,累读连篇,愈增浩叹。"

【真才实学】zhēn cái shí xué　指真正的才能和学识。宋•曹彦约《辞免兵部侍郎兼修史恩命申省状》:"两史院同修之官,亦必自编修检讨而后序进,更须真才实学,乃入兹选。"《水浒传》二九回:"这一扑有名,唤做'玉环步,鸳鸯脚'。这是武松平生的真才实学,非同小可!"《红楼梦》一一五回:"若论到文章经济,实在从历练中出来的,方为真才实学。"钱钟书《围城》六:"当然,我决不计较学位,我只讲真才实学。"

【真假难辨】zhēn jiǎ nán biàn　见"真伪莫辨"。

【真金不怕火炼】zhēn jīn bù pà huǒ liàn　比喻意志坚定的人、正确的事物,经得起任何考验。浩然《艳阳天》一一五章:"乌云遮不住太阳,真金不怕火炼。"

【真凭实据】zhēn píng shí jù　确凿的凭据。《二十年目睹之怪现状》四六回:"没有真凭实据,卑职岂敢放恣!"张恨水《啼笑因缘》七回:"你们有了真凭实据,我也赖不了。其实不是何小姐送我的,是我在照相馆看见,出钱买了来的。"周而复《上海的早晨》三部三七:"好容易查出原因,拿出真凭实据,这才堵住她的嘴。"

【真情实感】zhēn qíng shí gǎn　见"真情实意"。

【真情实意】zhēn qíng shí yì　真实的

情意。明·李东阳《求退录·诗话》："彼小夫贱隶妇人女子真情实意，暗合而偶中，固不待于教。"李国文《冬天里的春天》二章："他摇着脑袋……不相信一块被征服的土地上，人们会这样真情实意地为他庆贺。"刘玉民《骚动之秋》二四章："秋玲对你是不是真情实意，你就真的品不出来？"也作"真情实感"。王火《战争和人》（三）卷一："心中有真情实感，想借文章抒发，才能下笔若有神。"

【真伪莫辨】zhēn wěi mò biàn　莫：不。指分不出真假。《隋书·经籍志一》："战国纵横，真伪莫辨，诸子之言，纷然淆乱。"也作"真假难辨"。《西游记》五八回："大圣道：'……我与他争辩到菩萨处，其实相貌言语等俱一般，菩萨也真假难辨。'"

【真相大白】zhēn xiàng dà bái　真相：真实情况。大白：完全清楚。事情的真实情况全部弄清楚了。周而复《上海的早晨》四部三九："他们很可能从福源钱庄那边得到了真实的材料，只要拿点药出来一化验，马上真相大白。"刘绍棠《烟村四五家》二："豆芽儿下班回来了，不打自招，苹果是他偷吃的，这一桩冤案真相大白。"

【真心诚意】zhēn xīn chéng yì　见"真心实意"。

【真心实意】zhēn xīn shí yì　实：真实。心意真实诚恳。宋·曾觌《柳梢青·山林堂席上以主人之言解嘲》词："据怎当初，真心实意，如何亏得？"《西游记》二三回："我倒是个真心实意，要把家缘招赘汝等，你倒反将言语伤我。"杨沫《青春之歌》一部一八章："道静感到不能再开玩笑了，白莉苹是在真心实意地和她谈话。"也作"真心诚意"。茅盾《腐蚀·一月五日》："我是真心诚意感谢着F的，他给我开了一次眼界。"刘玉民《骚动之秋》二二章："只要人家现如今真心诚意跟他贺

工过日子，那也是他的福分！"

【真知灼见】zhēn zhī zhuó jiàn　真：真实。灼：明白。指正确、透彻的见解。《警世通言》卷三："真知灼见者，尚且有误，何况生手！"《野叟曝言》六二回："事事真知灼见，不同禅语支离恍惚。"梁实秋《雅舍小品·讲演》："一个人能有多少学问上的心得、处理事务的真知灼见，或是独特的经验，值得兴师动众，令大家屏息静坐以听？"周而复《上海的早晨》四部一二："随便应付过去吧，一定贻笑大方，真知灼见一时又想不起来。"

【枕戈待旦】zhěn gē dài dàn　枕：头枕着。戈：一种古代兵器。旦：天亮。头枕着戈等待天亮。形容时刻准备投入战斗。《晋书·刘琨传》："吾枕戈待旦，志枭逆虏。"《说岳全传》四七回："正国家多事之秋，宜臣子枕戈待旦之日也。"鲁迅《准风月谈·冲》："我先前只知道武将大抵通文，当'枕戈待旦'的时候，就会做骈体电报，这回才明白虽是文官，也有深谙韬略的了。"李劼人《大波》二部四章："是同志军要来攻城吗？是过路队伍故意示威呢？当然弄不明白。驻扎在城内的官兵只好枕戈待旦了。"

【枕戈寝甲】zhěn gē qǐn jiǎ　枕：头枕着。戈：一种古代兵器。头枕着戈，穿着甲胄睡觉。形容时刻准备战斗。《晋书·赫连勃勃载记》："朕无拨乱之才，不能弘济兆庶，自枕戈寝甲，十有二年，而四海未同，遗寇尚炽。"

【枕石漱流】zhěn shí shù liú　枕：头枕着。头枕着石头，用流水漱口。指隐居山林。汉·曹操《秋胡行》："名山历观，邀游北极，枕石漱流饮泉。"明·陆采《明珠记·访侠》："争如老夫枕石漱流，快活在山中度日。"

【振臂一呼】zhèn bì yī hū　振：摇动。挥动手臂发出号召。汉·李陵《答苏武书》："陵振臂一呼，创病皆起。"鲁迅《呐

喊·自序》："然而我虽然自有无端的悲哀，却也并不愤懑，因为这经验使我反省，看见自己了：就是我决不是一个振臂一呼应者云集的英雄。"李劼人《大波》三部五章："侯重庆空虚无备，而后振臂一呼，庶几费力小而成功大。"

【振奋人心】zhèn fèn rén xīn　指让人精神振作奋发。巴金《随想录》三一："我当初的确认为'歌德'可以鼓舞人们前进，多讲成绩可以振奋人心。"姚雪垠《李自成》二卷三七章："这一振奋人心的新闻也在民间迅速流传。"

【振聋发聩】zhèn lóng fā kuì　见"发聋振聩"。

【振振有词】zhèn zhèn yǒu cí　振振：理直气壮的样子。形容自认为有理，说个不停。词：也作"辞"。鲁迅《华盖集·忽然想到》："你如果还在北京，何妨远远地——愈远愈好——去望一望呢，倘使真有两架，那么，我就'振振有辞'了。"钱钟书《围城》六："他们知道自己程度不好，所以，他们振振有词地说，必须一个好教授来教好他们。"李英儒《野火春风斗古城》五章："虽然不断给他提些意见，对方总是振振有词地巧言争辩。"蒋子龙《赤橙黄绿青蓝紫》一："'厂里不发奖金了，就得靠自己捞点外快。'何顺振振有词。"刘心武《钟鼓楼》五章："傅善读起劲地掀动着嘴唇，振振有辞地说：'那洛玑山不过是借住，我并没有给他住房证，算不上违反了什么原则。'"

【赈贫贷乏】zhèn pín dài fá　赈：救济。贷：给予。乏：缺少。救济贫困的人。《新唐书·刘仁轨传》："赈贫贷乏，劝课耕种。"

【震耳欲聋】zhèn ěr yù lóng　欲：将要。形容声音很大。姚雪垠《李自成》一卷三〇章："涧水傍着右边悬崖奔腾，冲激着大小石头，飞溅着水花和雨星，发出震耳欲聋的巨声。"刘绍棠《村妇》卷一："河

东岸的鞭炮响彻云霄，河西岸的鞭炮也震耳欲聋，两下争强斗胜，互不相让。"浩然《乐土》五〇章："锣鼓声骤然而起，响声越来越大。真是震耳欲聋。"

【震撼人心】zhèn hàn rén xīn　撼：摇动。指对人的内心震动很大。陈国凯《今晚有盛大演出》一："最能震撼人心的是歌星那双眼睛。"王火《战争和人》（三）卷八："画上蕴含着美……一种震撼人心引起人思索的美！"

【震天动地】zhèn tiān dòng dì　形容声音很大。北魏·郦道元《水经注·河水三》："涛涌波襄，雷济电泄，震天动地。"《醒世恒言》卷三四："朱常同那六七个妇人，在岸边接应。一齐喊叫，其声震天动地。"《花月痕》四六回："此时火声，水声，人马喧腾声，震天动地。"王愿坚《征途》上："小赖举起了军号。冲锋号声震天动地地响了。"《李自成》二卷一二章："随即一声令下，号角齐鸣，鼓声和呐喊声震天动地。"也形容气势很大。曲波《山呼海啸》："大风的性格：细则细到无孔不入，猛则猛到能震天动地，搅混了苍穹。"

【争长竞短】zhēng cháng jìng duǎn　在利害得失方面互相竞争。宋·柳开《穆夫人墓志铭序》："因娶妊入门，异姓相聚，争长竞短，渐渍日闻。"元·无名氏《冻苏秦》二折："但凡人家不和，皆起于妯娌争长竞短。"

【争长论短】zhēng cháng lùn duǎn　指争论是非。多指为了小事而争斗。《初刻拍案惊奇》卷二〇："当下一边是落难之际，一边是富厚之家，并不消争长论短，已自一说一中。"韬奋《萍踪忆语·美国的新闻事业》："彻底说起来，这两报同是华尔街的代言人，不过在同一主子下争长论短罢了！"周而复《上海的早晨》四部三："她在徐公馆的地位忽然降了一级，好像比林宛芝矮一个头，自己也没有

心思跟她争长论短。"

【争分夺秒】 zhēng fēn duó miǎo　分分秒秒都要争取。形容时间抓得很紧。叶文玲《小溪九道弯》六:"她不知道表姑一家从前怎么过的,但自从她来了后,每天从清早四点半忙到夜里十点半,每个钟头都像在争分夺秒地打仗。"

【争风吃醋】 zhēng fēng chī cù　因争宠或相互嫉妒而争斗。多用于男女关系方面。《醒世恒言》卷一:"那月香好副嘴脸,年已长成。倘或有意留他,也不见得。那时我争风吃醋便迟了。"杨沫《青春之歌》二部一六章:"茶房们对于阔绰的老爷太太们的脾气早就摸透了:当他们升官发财不如意,或者争风吃醋不高兴的时候,他们就要拍桌子大骂你这下人混蛋、该死。"梁斌《红旗谱》四三:"可是一想到这场官司,打来打去,不过是两家地主争风吃醋,不由得暗笑。"

【争名夺利】 zhēng míng duó lì　指争夺名誉和利益。元·马致远《黄粱梦》一折:"想世人争名夺利,何苦如此!"《西游记》一回:"争名夺利几时休?早起迟眠不自由!"《醒世恒言》卷三一:"宝马频嘶,催行客争名夺利。"柳青《狼迭铁》八:"把忠实于人民的事业说成争名夺利真令人寒心!"

【争奇斗艳】 zhēng qí dòu yàn　指相互间争着以奇异、美丽取胜。李劼人《死水微澜》二部四:"尤其令邓幺姑神往的,就是讲到成都一般大户人家的生活,以及妇女们争奇斗艳的打扮。"王火《战争和人》(一)卷七:"楼下一百多盆各色鲜花……争奇斗艳,开得色彩缤纷。"刘绍棠《烟村四五家》六:"有的瓜个大,有的瓜皮薄……琳琅满目,争奇斗艳,好像举行西瓜博览会。"

【争强赌胜】 zhēng qiáng dǔ shèng　见"争强好胜"。

【争强好胜】 zhēng qiáng hào shèng　强:优越,优胜。好:喜欢。指处处喜欢胜过他人。《儿女英雄传》三五回:"任是争强好胜的,偏逢时违所长。"《三侠五义》一○二回:"奸王这里虽然防备,谁知早有一人暗暗探听了一番。你道是谁?就是那争强好胜不服气的白玉堂。"浩然《乐土》二○章:"她争强好胜,不甘下风,更不认为自己卑贱。"蒋子龙《女儿的琴声》六:"女儿争强好胜,脸皮薄,自尊心强。"也作"争强赌胜"。《镜花缘》三二回:"彼此争强赌胜,用尽心机,苦思恶想,愈出愈奇。"

【争权夺利】 zhēng quán duó lì　指争夺权力和利益。王火《战争和人》(一)卷一:"看看这中枢所在地的南京吧!派系倾轧,争权夺利,恶狗抢夺肉骨头。"

【争先恐后】 zhēng xiān kǒng hòu　抢着向前,唯恐落后。《二十年目睹之怪现状》五二回:"一听了这话,便都争先恐后的去了,督办要阻止也来不及。"鲁迅《故事新编·理水》二:"大家都争先恐后的来看他头上的疙瘩,几乎把木排踏沉。"刘白羽《第二个太阳》二○章:"这时所有政治犯都呐喊着,争先恐后,向前奔跑。"

【峥嵘岁月】 zhēng róng suì yuè　峥嵘:山势高峻奇特的样子。形容不平凡的年月。宋·廖行之《沁园春·和苏宣教韵》词:"算如今蹉过,峥嵘岁月,分阴可惜,一日三秋。"王蒙《湖光》:"愈是年老和身体不好,愈是沉浸在过往的峥嵘岁月的回顾之中。"也作"岁月峥嵘"。宋·王珪《谢赐生日礼物表》:"岁月峥嵘,而屡更精力勤劳。"

【峥嵘轩峻】 zhēng róng xuān jùn　峥嵘:山势高峻奇特的样子,指特出。轩:高。峻:高大。形容很高而有气势的样子。《红楼梦》二回:"大门前虽冷落无人,隔着围墙一望,里面厅殿楼阁,也还都峥嵘轩峻。"

【蒸食哀梨】 zhēng shí āi lí　见"哀梨

蒸食"。

【蒸蒸日上】 zhēng zhēng rì shàng

蒸蒸:热气上升的样子。形容事业一天天地向上发展。《官场现形记》五二回:"你世兄又是樗栎大才,调度有方,还怕不蒸蒸日上吗?"周而复《上海的早晨》三部一八:"本来福佑的业务蛮好,真够得上说'蒸蒸日上'这四个字。"姚雪垠《李自成》一卷一四章:"近几年因见自成的声望蒸蒸日上,心中不免嫉妒。"

【整旧如新】 zhěng jiù rú xīn

整:修理。整修旧的东西,使它变得像新的一样。《西游记》六三回:"这才是整旧如新,霞光万道,瑞气千条。"刘心武《钟鼓楼》二章:"荀师傅拿过活就做,和颜悦色地对他们说:'过一个钟头来拿吧,我尽可能给你整旧如新。'"

【整军经武】 zhěng jūn jīng wǔ

整:整顿。经:整治。整顿兵力,治理武备。《左传·宣公十二年》:"子姑整军而经武乎?"《晋书·文帝纪》:"潜谋独断,整军经武。"

【整装待发】 zhěng zhuāng dài fā

整:整理。装:行装。整理行装,等待出发。姚雪垠《李自成》二卷一一章:"开远等看见大庙中的人马整装待发,不禁暗暗诧异。"魏巍《东方》六部二章:"它们仿佛整装待发的战士,正准备一鼓作气,占领春天的阵地。"

【正本清源】 zhèng běn qīng yuán

正:整治,治理。正本:从根本上整顿。清源:从源头上清理。比喻从根本上清理整顿。《晋书·武帝纪》:"思与天下式明王度,正本清源。"鲁迅《集外集拾遗补编·关于废止〈教育纲要〉的签注》:"故窃谓此种《纲要》,应以明文废止,使无论何人均不能有依附之见,始于学制与政上无所妨害。至于法令随政局而屡更,虽易失遵守之信仰,然为正本清源计,此次不得不尔。"李劼人《大波》二部

六章:"我乘机劝他正本清源,解铃系铃,不如把拘捕诸人放了,或许可以早得解纷。"也作"清源正本"。《汉书·刑法志》:"岂宜惟思所以清原正本之论,删定律令。"原:同"源"。

【正大光明】 zhèng dà guāng míng

见"光明正大"。

【正冠李下】 zhèng guān lǐ xià

正:整理使不歪斜。冠:帽子。在李子树下整帽子。指做事容易引起嫌疑的事。《梁书·王僧孺传》:"下官不能避湍山隅,而正冠李下,既贻疵辱,方玷徽绳。"

【正襟危坐】 zhèng jīn wēi zuò

正襟:把衣襟整理齐。危坐:端正地坐着。形容严肃的样子。也形容拘谨的样子。《史记·日者列传》:"宋忠、贾谊瞿然而悟,猎缨正襟危坐。"《花月痕》一八回:"痴珠正襟危坐,朗吟东坡的《水调歌头》。"钱钟书《围城》三:"坐下来,我不要你这样正襟危坐,又不是礼拜堂听说教。"杨沫《青春之歌》二部三五章:"她旁边那个正襟危坐、威严而稳重的日本军官,在开始时是连李槐英看也不看的。但是酒过数巡,这个人却渐渐活跃起来。"

【正气凛然】 zhèng qì lǐn rán

凛然:可敬畏的样子。形容言行光明正大而令人敬畏。姚雪垠《李自成》二卷九章:"全院寂静,没有人不感到李闯王果然是正气凛然,说得极是。"王火《战争和人》(一)卷七:"张洪池竖起大拇指正气凛然地说:'好! 你不抽鸦片、不捧坤角,在香港连舞厅妓院也不跑! 了不起!'"

【正人君子】 zhèng rén jūn zǐ

正人:正直的人。旧指品德高尚、行为端正的人。《新唐书·张宿传》:"宿怨执政不与己,乃日肆谗慝,与皇甫镈相附离,多中伤正人君子。"《喻世明言》卷二二:"史弥远在相位二十六年,谋害了济王竑,专任恺壬以居台谏,一时正人君子,贬斥殆

尽。"《镜花缘》一三回:"素知此处庶民,都是正人君子,所为不肯攻其不备,暗下毒手取鱼。"王火《战争和人》(二)卷一:"'你是正人君子!'谢元嵩咧着嘴,'我是不愿做伪君子的。'"后多指道貌岸然,假装正经的人。鲁迅《而已集·辞"大义"》:"我早已说过:公理和正义,都被正人君子夺去了,所以我已经一无所有了。"叶圣陶《倪焕之》一三:"蒋冰如那样像煞有介事,一副正人君子的模样,他看不惯。"

【正言不讳】zhèng yán bù huì　讳:忌讳。指用正直的话不加掩饰地说出自己的观点。战国楚·屈原《卜居》:"宁正言不讳以危身乎? 将从俗富贵以偷生乎?"宋·苏轼《<凫绎先生文集>叙》:"微言高论,既已鄙陋汉、唐,而其反复论难,正言不讳如先生之文者,世英之贵矣。"

【正言厉色】zhèng yán lì sè　厉:严厉。色:脸色。言辞郑重,态度严厉。《红楼梦》一九回:"黛玉见他说的郑重,且又正言厉色,只当是真事。"《官场现形记》二八回:"胖姑听了哈哈一笑,顿时又收住了笑,做出一副正言厉色的样子。"巴金《春》三二:"克明忽然正言厉色地斥责淑英道:'我说过不准你读英文。'"

【正言直谏】zhèng yán zhí jiàn　指用正直的话向帝王进谏。唐·陈子昂《申宗人冤狱书》:"臣幸逢陛下至圣大明,好忠爱直,每正言直谏,特见优容。"

【正颜厉色】zhèng yán lì sè　颜:颜面。色:脸色。形容神情非常严厉。《二十年目睹之怪现状》五二回:"夫人却正颜厉色的对舅老爷说道:'叫他们叫总理来!'"萧红《呼兰河传》六章:"有二伯正颜厉色地说:'你有什么看不透的?'"叶文玲《藤椅》:"也怪,当小学教师的李蕾,对孩子从不正颜厉色,可威望却总比当爸爸的高。"

【正正堂堂】zhèng zhèng táng táng　见"堂堂正正"。

【正中下怀】zhèng zhòng xià huái　正:恰好。中:符合。下怀:谦称自己的心意。指正符合自己的心意。《水浒传》六三回:"蔡福听了,心中暗喜,如此发放,正中下怀。"《红楼梦》七八回:"宝玉听见,正中下怀,便让他两个去了。"欧阳山《三家巷》九九:"何守仁听见杨承荣和何守礼来找他谈这个事情,他是正中下怀。"〔注意〕中,不读zhōng。

【郑人买履】zhèng rén mǎi lǚ　履:鞋。《韩非子·外储说左上》:"郑人有欲买履者,先自度其足,而置之其坐。至之市而忘操之,已得履,乃曰:'吾忘持度。'反归取之,及反,市罢,遂不得履。人曰:'何不试之以足?'曰:'宁信度,无自信也。'"后用"郑人买履"指只知生搬条文而不考虑实际情况的教条做法。

【郑卫之音】zhèng wèi zhī yīn　郑、卫:春秋时的两个诸侯国。儒家认为这两个诸侯国的音乐不是正统的雅乐。后指靡靡之音。《礼记·乐记》:"郑卫之音,乱世之音也。"明·刘元卿《贤奕编·家闲》:"市巷之语,郑卫之音,未尝一经于耳。"

【郑重其事】zhèng zhòng qí shì　郑重:严肃认真。指对某事的态度严肃认真。明·沈宠绥《度曲须知·收音问答》:"尝思今之曲谱,即古之乐章,故填词一事,胜国以之制科取士,……何等郑重其事,今人乃卑之不肯习也。"《官场现形记》一六回:"鲁总爷听了他言,心上虽非常之喜,然而总不免毕卜毕卜的乱跳。把两件东西郑重其事的交代了高升。"鲁迅《南腔北调集·为了忘却的记念》:"那两本书,原是极平常的,一本散文,一本诗集,这回便决计送给这也如我的那时一样,热爱彼德斐的诗的青年,算是给它寻得了一个好着落。所以还郑重其事,托柔石亲自送去的。"钱钟书《围城》

一:"鸿渐本想骂阿刘,但看见他郑重其事地拿出这么一件法宝,忍不住大笑。"

【政出多门】 zhèng chū duō mén 政:政令。《左传·襄公三十年》:"其君弱植,公子侈,大(太)子卑,大夫敖(傲),政多门,以介于大国,能无亡乎!"后用"政出多门"指中央政权软弱,国家权力分散,不能集中。宋·苏轼《拟孙权答曹操书》:"汉自威灵以来,上失其道,政出多门。"《东周列国志》七九回:"鞍问董安于,安于曰:'晋惟政出多门,故祸乱不息。若立婴,是乃又置一荀寅也!'"

【政令不一】 zhèng lìng bù yī 指发布的法令不一致。《左传·昭公二十三年》:"帅贱多宠,政令不壹。"壹:同"一"。《晋书·应詹传》:"时政令不一,诸蛮怨望,并谋背叛。"

【政通人和】 zhèng tōng rén hé 通:通达。和:和睦,融洽。指政事畅达,百姓和睦安乐。宋·范仲淹《岳阳楼记》:"越明年,政通人和,百废具兴。"清·黄宗羲《念椿许公霍丘宦录序》:"许西山先生治海昌之五年,政通人和,举循吏第一。"

【之乎者也】 zhī hū zhě yě 之、乎、者、也:均为文言语助词。多形容半文不白的话或文章。《封神榜》一一六回:"我倒念与你父有八拜之交,不忍伤害,良言相劝,你倒之乎者也。"鲁迅《呐喊·孔乙己》:"他对人说话,总是满口之乎者也。"刘绍棠《蒲柳人家》二:"老秀才又酸气冲天,开口诗云子曰,闭口之乎者也,何满子只觉得枯燥乏味。"

【支离破碎】 zhī lí pò suì 支离:分散。形容零碎、不完整。明·何良俊《四友斋丛说》卷四:"此解支离破碎,全失立言之意。"李国文《冬天里的春天》五章:"现在,留在他记忆里的,只是一些支离破碎的断片,像舢板前的浪花,一浪一浪地涌在眼前……"路遥《早晨从中午开始》三八:"一种深远的动力来自对往事的回忆

与检讨。时不时想起青少年时期那些支离破碎的生活。"

【支吾其词】 zhī wú qí cí 支吾:说话含混搪塞。指用含混的话应付,试图掩饰实情。《官场现形记》三二回:"余荩臣见王小五子揭出他的短处,只得支吾其词道:'他的差使本来要委的了。'"茅盾《腐蚀·十月二日》:"她也支吾其词了:'那——那倒也不一定需要。'"钱钟书《围城》六:"我当时质问他,结了婚而太太没带来的人做得做不得女学生的导师,他支吾其词,请我不要误会。"

【支支吾吾】 zhī zhī wú wú 指说话吞吞吐吐,含混搪塞。《儿女英雄传》五回:"怎么问了半日,你一味的吞吞吐吐,支支吾吾,你把我作何等人看待?"茅盾《蚀·动摇》六:"他支支吾吾地敷衍着,始终没有确实的答复。"巴金《随想录》一二八:"要是成绩在八十分以下,她便支支吾吾,设法拖延一两天,终于给妈妈知道,还是挨一顿痛骂。"

【只轮不返】 zhī lún bù fǎn 只:量词,一只。轮:指战车的车轮。《公羊传·僖公三十三年》:"晋人与姜戎要之殽而击之,匹马只轮无反者。"反:同"返"。意为一匹马一只战车的车轮都未返回。后用"只轮不返"比喻军队全部被消灭。《宋书·袁淑传》:"必剪元雄,悬首麾下,乃将只轮不反,战辂无旋矣。"《东周列国志》八六回:"若用某为将,必使齐兵只轮不返。"

【只言片语】 zhī yán piàn yǔ 只:单独的,个别的。片:零星的。指个别词句、零星片段的话。浩然《乐土》六四章:"过了一些日子,老爹从蓟县乡下来,跟母亲坐在一块嘁嘁喳喳,我才从他们的只言片语中听出一点眉目。"张洁《爱,是不能忘记的》:"渐渐地,那些只言片语与我那支离破碎的回忆交织成了一个形状模糊的东西。"

【只字不提】 zhǐ zì bù tí　只字：一个字。一个字也不提起。叶文玲《插曲》："他实在不明白：为何对这事,柳婴又只字不提?"刘白羽《第二个太阳》一二章："原来那次会后,白天明就写了个报告,抄写了张凯揭发的言词,对全连无声的反抗却只字不提。"

【芝艾俱焚】 zhī ài jù fén　芝：灵芝,古人视为瑞草。艾：一种草,古人视为贱草。比喻好坏一同被毁坏。《三国志·魏书·公孙度传》南朝宋·裴松之注引《魏略》："若苗秽害田,随风烈火,芝艾俱焚,安能自别乎?"

【芝兰玉树】 zhī lán yù shù　芝兰：香草名。玉树：传说中的仙树。《晋书·谢安传》："安尝戒约子侄,因曰：'子弟亦何豫人事,而正欲使其佳?'诸人莫有言者。玄答曰：'譬如芝兰玉树,欲使其生于庭阶耳。'"后指才德出众的优秀子弟。明·陈继儒《太平清话》四："其仲季皆清爽,真芝兰玉树,不下晋之王谢家也。"《再生缘》一回："人间富贵荣华尽,膝下芝兰玉树齐。"柳亚子《誓墓行》："痛哭深山誓墓来,芝兰玉树钟灵秀。"

【枝附影从】 zhī fù yǐng cóng　指树枝附着在树干上,树枝的影子也跟着附着在树干上。比喻摹仿。南朝梁·刘勰《文心雕龙·杂文》："自桓麟七说以下,左思七讽以上,枝附影从,十有余家。"

【知彼知己】 zhī bǐ zhī jǐ　指对敌方(或对方)以及己方的情况都很了解。《孙子·谋攻》："知彼知己,百战不殆。"《隋唐演义》一八回："若凭着一勇到底,制服他不来,反惹出祸患,也不是英雄知彼知己的伎俩。"《孽海花》八回："'知彼知己,百战百胜。'我国交涉吃亏,正不知彼耳。"姚雪垠《李自成》一卷一二章："我同你们洪总督打了几年仗,原以为他知彼知己,谁晓得他竟然不认识我李闯王是什么样人!"也作"知己知彼"。元·高

文秀《渑池会》三折："但上阵要知己知彼,若相持千战千赢。"钱钟书《围城》九："哦,原来是这个道理! 只有你懂他的意思了。毕竟是好朋友,知己知彼!"

【知法犯法】 zhī fǎ fàn fǎ　知：懂得。法：法律。懂得某项法律条文或有关规定而故意违犯。指明知故犯。《野叟曝言》九回："乃敢明托知恩报恩之名,阴行知法犯法之事,下既亏你一生行止,上复玷你祖父家风。"王火《战争和人》(三)卷五："你一定会笑我知法犯法,做过多年法官的人竟贩过鸦片!"

【知根知底】 zhī gēn zhī dǐ　根、底：指底细或内情。指十分了解内情、底细。《三侠五义》七九回："必须知根知底之人前去出首。不但出首,还要单上开封府出首去。"刘心武《钟鼓楼》二章："大儿子薛纪徽是并不避讳父亲这段历史的,孟昭英更难免在妯娌闲话中提及,又何况还有知根知底的邻居。"

【知己知彼】 zhī jǐ zhī bǐ　见"知彼知己"。

【知难而进】 zhī nán ér jìn　明知有困难而仍然做某事。刘心武《钟鼓楼》四章："今天庞其杉决定同自己的病态心理搏斗。他知难而进。他终于走到了张奇林家的院门前。"

【知难而退】 zhī nán ér tuì　《左传·宣公十二年》："见可而进,知难而退,军之善政也。"原指作战时相机行事,遇到不利情况应及时退避。后指碰到困难就退缩。茅盾《腐蚀》："难道真是我的'反攻'奏了效,他们竟知难而退?"李劼人《大波》四部二章："你责备我们委曲求全,你莫非要知难而退了不成?"

【知难行易】 zhī nán xíng yì　指弄明白道理难,按道理去做容易。孙中山《民族主义第五讲》："诸君要知道知难行易的道理,可以参考我的学说。"

【知情达理】zhī qíng dá lǐ 指说话、做事讲情理。《野叟曝言》四〇回："二小姐知情达理,自有同心。"

【知人论世】zhī rén lùn shì 《孟子·万章下》:"颂其诗,读其书,不知其人可乎?是以论其世也。"意为只有了解作者所处的时代,才能理解作者。后用"知人论世"指了解人物、评论世事。清·袁枚《小仓山房尺牍·再答稚存》:"足下引仗马不鸣相消,于知人论世之道,尤为疏谬。"鲁迅《且介亭杂文·序言》:"倘要知人论世,是非看编年的文集不可的。"刘心武《钟鼓楼》五章:"他深感世界上的事物之间是一个复杂的网络结构,只盯住一个'网结'是不足以知人论世的。"

【知人善任】zhī rén shàn rèn 任:任用。指了解手下的德才,并善于合理地任用他们。《晋书·郑冲传》:"昔汉祖以知人善任,克平宇宙,推述勋劳,归美三俊。"《东周列国志》六一回:"问曰:'晋君何如人?'对曰:'贤君也,知人而善任。'"茅盾《腐蚀·一月五日》:"现在派了我这件只要对付白纸上黑字的工作,我真真十分感谢咱们公正贤明的长官,知人善任!"梁实秋《雅舍小品·好汉》:"武则天虽然有些地方不理于人口,但是她知人善任,她想求一好汉任使,使为将相,而且她肯听狄仁杰的话。"

【知人之明】zhī rén zhī míng 明:眼力。指认识了解别人品德、才能的眼力。《后汉书·吴祐传》:"功曹以祐倨,请黜之。太守曰:'吴季英有知人之明,卿且勿言。'"

【知书达礼】zhī shū dá lǐ 知:知晓。达:通达,懂得。礼:礼仪。指人有文化,懂礼仪。元·无名氏《冯玉兰》一折:"只我这知书达礼当恭谨,怎肯害出乖露丑遭谈论。"《二刻拍案惊奇》卷六:"今幸得舅舅到此,既然知书达礼,就在我门下做个记室,我也便当了好些。"《红楼梦》五

七回:"幸他是个知书达礼的,虽有女儿身份,还不是那种佯羞诈愧一味轻薄造作之辈。"也作"知书识礼"。《红楼梦》八六回:"一个人知书达礼,就该往上巴结才是。"也作"知书识礼"。《二十年目睹之怪现状》九一回:"媳妇虽不敢说知书识礼,然而'嫁鸡随鸡,嫁狗随狗'这句俗话,是从小儿听来的,那里有甚么叫做委屈!"周克芹《果园的主人》:"她喜欢这个知书识礼、眉清目秀的青年。"

【知书达理】zhī shū dá lǐ 见"知书达礼"。

【知书识礼】zhī shū shí lǐ 见"知书达礼"。

【知疼着热】zhī téng zháo rè 着:感受。关心人痛痒冷热。形容对人体贴入微。《喻世明言》卷一八:"你千乡万里,出外为客,若没有切己的亲戚,那个知疼着热?"《红楼梦》五七回:"我倒是一片真心为姑娘。替你愁了这几年了,无父母无兄弟,谁是知疼着热的人?"孔厥、袁静《新儿女英雄传》一回:"能找这么个知疼着热的庄稼人,我这一辈子也就称心如意啦。"

【知往鉴今】zhī wǎng jiàn jīn 知道过去的经验教训,可以作为现在的借鉴。明·无名氏《太平宴》一折:"知往鉴今,驱曹荡吴,非同小可也。"

【知无不言】zhī wú bù yán 见"知无不言,言无不尽"。

【知无不言,言无不尽】zhī wú bù yán, yán wú bù jìn 只要知道,就没有不说的;只要说,就没有不说完的。指毫无保留地说出自己的看法。《近十年之怪现状》一五回:"方老办是个直爽人,凡是张佐君所请教的,知无不言,言无不尽。"也单作"知无不言"。《官场现形记》一二回:"知无不言,方合了我们做朋友的道理。"姚雪垠《李自成》二卷二三章:"咱们

既然要齐心打江山，我就应该做到从谏如流，你们就应该做到知无不言。"

【知音识趣】zhī yīn shí qù　指互相之间非常了解，意气相投。《初刻拍案惊奇》卷一五："你平时那一班同欢同赏、知音识趣的朋友，怎没一个来瞅睬你一瞅睬?"

【知遇之恩】zhī yù zhī ēn　指受赏识、重用的恩惠。《三国演义》八五回："臣等尽施犬马之劳，以报陛下知遇之恩也。"《三侠五义》四六回："劣兄受包相知遇之恩，应许寻找五弟。"老舍《四世同堂》三七："大赤包约他帮忙，他不能不感激知遇之恩。"王火《战争和人》（三）卷七："三年来怀南仍常到仁安里看望师母及雨荪先生，盖难忘我师昔日知遇之恩。"

【知足不辱】zhī zú bù rǔ　指知道满足，就不会因为过分追求而受辱。《老子·四十四章》："知足不辱，知止不殆，可以长久。"《晋书·凉武昭王李玄盛后尹氏传》："知足不辱，道家明诫也。"《警世通言》卷三一："常言：'知足不辱。'官人宜急流勇退，为山林娱老之计。"

【执鞭随镫】zhí biān suí dèng　鞭：马鞭。镫：马鞍两边供脚登踩的东西。手执马鞭，跟随在马镫旁。比喻跟随在身边侍奉。《三国演义》二八回："愿将军不弃，收为步卒，早晚执鞭随镫。"《说岳全传》二五回："小人久欲相投，有眼不识，今日多多冒犯! 望爷爷收录，小人情愿执鞭随镫。"

【执法如山】zhí fǎ rú shān　比喻严格执行法令，不徇私情。《歧路灯》八八回："本道言出如箭，执法如山。"巴金《随想录》五："可是那个头头'执法如山'，还说：他不是医生，留在家里，有什么用!"姚雪垠《李自成》二卷四九回："只要立下营规，向大家讲明利害，你我肯替红娘子认真做主，她就能够执法如山。"

【执两用中】zhí liǎng yòng zhōng　执：掌握。两：指两端，即"过分"与"不及"。用中：采用中间。《礼记·中庸》："执其两端，用其中于民，其斯以为舜乎?"后用"执两用中"指实行中庸之道。

【执迷不悟】zhí mí bù wù　执：坚持。迷：迷惑。坚持错误而不觉悟。《梁书·武帝纪上》："若执迷不悟，距逆王师，大众一临，刑兹罔赦。"《二刻拍案惊奇》卷八："倘贪了小便宜，执迷不悟，不弄得功名没分了?"《官场现形记》五九回："那朋友见他执迷不悟，也只好随他。"巴金《春》二九："她因为蕙的事情早就不满意周伯涛，这时听见他还执迷不悟地为郑家辩护，她气青了脸。"

【执牛耳】zhí niú ěr　古代诸侯歃血为盟，割牛耳取血，盛牛耳于珠盘，由主盟者执盘，因称主盟者为"执牛耳"。《左传·哀公十七年》："诸侯盟，谁执牛耳?"后泛指在某一方面居领导地位。清·黄宗羲《姜山启彭山诗稿序》："太仓之执牛耳，海内无不受其牢笼。"《东周列国志》三三回："至期，共登鹿上之坛，襄公毅然以主盟自居，先执牛耳，并不谦让。"

【直截了当】zhí jié liǎo dàng　直截：不拐弯子。了当：爽快。指言行简单爽快。《镜花缘》八二回："小春道：'凡说话全要直截了当，霜霜快快，今诸位姐姐所说之话，只图讲究古音，总是转弯磨禄，今人茫然费解，何妨霜霜快快的说哩。'"郭沫若《屈原》二幕："哼，你讲，你究竟有什么把握? 你讲! 你直截了当地讲!"巴金《随想录》九："现在我直截了当地谈点有关文学的事情。我讲的只是我个人的看法。"赵树理《李有才板话》一〇："武委会主任也不说闲话，直截了当批评起小元来。"〔注意〕截，不能写作"接"。

【直来直去】zhí lái zhí qù　形容直率，不拐弯抹角。王火《战争和人》（一）卷二："那位未来的小舅子方立苏，也直来直去问过童霜威：'你银行里存了多少钞票？每月除薪水外，能有多少外快？'"

【直眉瞪眼】zhí méi dèng yǎn　形容吃惊、愤怒、发呆等神态。《红楼梦》六二回："连司棋都气了个直眉瞪眼。"孙犁《白洋淀纪事·藏》："女人是那么横，直眉瞪眼脸发青，丈夫也有些恼了。"从维熙《阴阳界》三："那些驮夫扭着脖子，直眉瞪眼地观看煺巴汉子和'小白鞋'之间将要发生的戏剧。"

【直情径行】zhí qíng jìng xíng　直情：直接凭感情。径：径直。行：行动，做。指凭着自己的感情径直行事。《礼记·檀弓下》："礼有微情者，有以故兴物者，有直情而径行者。"宋·陈亮《谢罗尚书启》："伏念某暗于涉世，拙于谋身，直情径行，视毁誉如风而不恤；跋前疐后，方进退维谷以堪惊。"

【直上青云】zhí shàng qīng yún　见"青云直上"。

【直抒己见】zhí shū jǐ jiàn　抒：发表。坦率地发表自己的观点。清·方苞《与李刚主书》："取平生秘述訾謷朱子之语，一切薙芟，而直抒己见，以共明孔子之道。"

【直言不讳】zhí yán bù huì　讳：忌讳。《晏子春秋·外篇》："行己而无私，直言而无讳。"《晋书·刘波传》："臣鉴先徵，窃惟今事，是以敢肆狂瞽，直言无讳。"后多作"直言不讳"，指说话直率，没有顾忌。《儿女英雄传》三二回："你既专诚问我，我便直言不讳。"梁斌《红旗谱》五二："这倒不必多心，我是个无党无派的人，才敢这样直言不讳。"李国文《冬天里的春天》四章："他们俩习惯了直言不讳的谈话方式，从来不拐弯抹角。"

【直言贾祸】zhí yán gǔ huò　贾：招致。指坦率发表意见招致祸害。《野叟曝言》四一回："文太夫人早知文郎必以直言贾祸，潜避于此。"〔注意〕贾，不读jiǎ。

【只见树木，不见森林】zhǐ jiàn shù mù, bù jiàn sēn lín　比喻只见到局部现象，看不到全局。王朝闻《论凤姐》："一种是认识停止在现象的表面，只见树木，不见森林，不善于区别本质与现象，主流与支流。"

【只可意会，不可言传】zhǐ kě yì huì, bù kě yán chuán　只能用心体会，无法用言语具体表达。指道理奥妙，难以说明。也指情况微妙，不能说说。清·刘大櫆《论文偶记》："凡行文多寡短长，抑扬高下，无一定之律，而有一定之妙，只可意会，不可言传。"王火《战争和人》(二)卷六："也许是一种只可意会不可言传的对祖先、对祖国、对诞生地和山河的向往和依恋？"又(一)卷六："他早察觉在这一男一女间，有着一种特殊的只可意会不可言传的感情。"

【只许州官放火，不许百姓点灯】zhǐ xǔ zhōu guān fàng huǒ, bù xǔ bǎi xìng diǎn dēng　宋·陆游《老学庵笔记》卷五："田登作郡，自讳其名，触者必怒，吏卒多被榜笞。于是举州皆谓灯为火。上元放灯，许人入州治游观，吏人遂书榜揭于市曰：'本州依例放火三日。'"后用"只许州官放火，不许百姓点灯"比喻许自己任意而为，不许他人有正当的权利。不许，也作"不准"。《红楼梦》七七回："可是你'只许州官放火，不许百姓点灯'，我们偶然说一句略妨碍些的话，就说是不利之谈，你如今好好的咒他，是该的了！"鲁迅《华盖集·碎话》："况且文坛上本来就'只许州官放火不准百姓点灯'，既不幸而为庸人，则给天才做一点牺牲，也正是应尽的义务。"方志敏《狱中纪实》一："国民党政府因征收'烟捐'，奖励和胁迫人民种烟；因收'特税'举行'鸦片公卖'，保护和奖励人民吸烟，现在对于无钱购买'烟民执照'的烟民，又要处以枪毙和监禁，这真是'只许州官放火，不许百姓点灯'了。"

【只争朝夕】zhǐ zhēng zhāo xī　朝:早上。夕:晚上。比喻抓紧时间,力争在最短的时间内完成任务。毛泽东《满江红·和郭沫若同志》词:"多少事,从来急;天地转,光阴迫。一万年太久,只争朝夕。"

【纸上谈兵】zhǐ shàng tán bīng　兵:用兵之道。《史记·廉颇蔺相如列传》载:战国时,赵国的名将赵奢之子赵括,从小学习兵法,熟知兵书,却没有实际经验。秦赵长平之战,赵括率领的军队全部被歼。后用"纸上谈兵"比喻空谈理论,不能解决实际问题。《野叟曝言》六〇回:"到得阁下,素臣备述前事,水夫人道:'四姐每常议论,辄及军营战阵之事,我还认是纸上谈兵,原来竟娴武事,今日定要请教。'"老舍《四世同堂》三四:"书生都喜欢纸上谈兵,只说而不去实行。"

【纸醉金迷】zhǐ zuì jīn mí　宋·陶穀《清异录·居室》载:唐末有个人叫孟斧,"有一小室,窗牖焕明,器皆金饰,纸光莹白,金彩夺目,所亲见之,归语人曰:'此室暂憩,令人金迷纸醉。'"后用"纸醉金迷"形容使人着迷的富丽堂皇景象。也形容生活奢侈豪华。《孽海花》七回:"见船上扎着无数五色的彩球,夹着各色的鲜花,陆离光怪,纸醉金迷。"杨沫《青春之歌》二部一六章:"你对那种灯红酒绿、纸醉金迷的生活很有兴趣吗?"刘绍棠《村妇》卷二:"他自己故态复萌,仍旧纸醉金迷,寻花问柳,出入舞场。"也作"金迷纸醉"。《官场现形记》七回:"一霎时局已到齐,真正是翠绕珠围,金迷纸醉,说不尽温柔景象,旖旎风光。"

【指不胜屈】zhǐ bù shèng qū　指:手指。胜(旧读 shēng):胜任,能够。屈:弯曲。形容数量多,弯曲手指数都数不过来。《野叟曝言》五五回:"古来豪杰,剔须剃眉,以全身远害者,更指不胜屈。"

【指东话西】zhǐ dōng huà xī　指说话

东拉西扯不着边际,文不对题。《初刻拍案惊奇》卷三四:"一张花嘴,数黄道白,指东话西,专一在官宦家打趸。"《官场现形记》七回:"三荷包再问问他,他便指东话西,一味支吾。又说:'临时我自来照料。'"也作"指东说西"。《儿女英雄传》二五回:"又和他皮松肉紧的谈了一会子道学,又指东说西的打了会子闷葫芦。"

【指东说西】zhǐ dōng shuō xī　见"指东话西"。

【指腹为婚】zhǐ fù wéi hūn　旧俗,孩子还未出世,即由双方家长约定婚姻关系。《魏书·王宝兴传》:"尚书卢遐妻,崔浩女也。初,宝兴母与遐妻俱孕,浩谓曰:'汝等将来所生,皆我之自出,可指腹为亲。'"后多作"指腹为婚"。宋·刘克庄《弟妇方宜人墓志铭》:"初,余先君与府君少同笔砚,指腹为婚,故孺人甫笄,归于仲氏。"《二刻拍案惊奇》卷三〇:"万户与工部偶在朋友家里同席,一时说起,就两下指腹为婚。"《红楼梦》六四回:"我老娘在那一家时,就把我二姨儿许给皇粮庄头张家,指腹为婚。"刘心武《钟鼓楼》四章:"冯婉姝并不知道荀磊和杏儿'指腹为婚'的事,荀磊打算杏儿走了以后再把这个'秘密'告诉她。"

【指挥若定】zhǐ huī ruò dìng　定:规定。指挥起来就像一切都事先规定好了似的。形容指挥者胸有成竹,镇定从容。唐·杜甫《咏怀古迹》诗之五:"伯仲之间见伊吕,指挥若定失萧曹。"李劼人《大波》三部三章:"当其发号施令,指挥若定之际,说不出威风凛凛。"周而复《上海的早晨》三部二七:"他对我们工商界的情况,当然是了如指掌,因此指挥若定。"

【指鹿为马】zhǐ lù wéi mǎ　《史记·秦始皇本纪》:"赵高欲为乱,恐群臣不听,乃先设验,持鹿献于二世,曰:'马也。'二世笑曰:'丞相误耶?谓鹿为马。'问左右,左右或默,或言马以阿顺赵高,或言鹿。高因阴中诸言鹿者以法。后群臣皆畏高。"比喻颠倒黑白，混淆是非。《周书·文帝纪上》："缉构南箕，指鹿为马，包藏凶逆，伺我神器。"《醒世恒言》卷七："东床已招佳选，何知以羊易牛；西邻纵有责言，终难指鹿为马。"巴金《随想录》一三一："我确实见过一些人大言不惭地颠倒是非，指鹿为马。"王火《战争和人》(三)卷五："现在再来粉饰太平，说假话，指黑为白，指鹿为马，怎么行？"

【指日成功】zhǐ rì chéng gōng 指日：指定日期。指不久就可以成功。元·杨梓《豫让吞炭》二折："与我谨守堤岸，不可渗泄，指日成功，共享其利。"《水浒传》七八回："须得圣旨任便起军，并随造船只，或是拘刷原用官船、民船，或备官价收买木料，打造战船，水陆并进，船骑并行，方可指日成功。"

【指日可待】zhǐ rì kě dài 指日：指定日期。待：等待。指目的、希望等不久就可以实现。宋·司马光《乞开言路状》："以为言路将开，下情得以上通，太平之期，指日可待也。"《说岳全传》三一回："今人不忘故主，天意不肯绝宋；是以我主上神佑，泥马渡江，正位金陵，用贤任能，中兴指日可待。"姚雪垠《李自成》三卷五六章："他想着事过之后，朝廷对'壬癸之计'必将重赏，今后飞黄腾达，已是指日可待。"陈忠实《白鹿原》一三章："没有什么人能阻挡北伐军的前进，胜利指日可待。"

【指桑骂槐】zhǐ sāng mà huái 比喻表面上骂这个人，实际上骂那个人。《红楼梦》五九回："莺儿忙道：'那是我们编的，你老别指桑骂槐。'"《官场现形记》一三回："听了隔壁闲话，知道统领是指桑骂槐，已经受了一肚皮的气。"刘心武《班主任》三："他们一贯推心置腹，就是吵嘴，也从不含沙射影、指桑骂槐。"也作"指桑说槐"。《红楼梦》一六回："错一点

儿他们就笑话打趣，偏一点儿他们就指桑说槐的抱怨。"

【指桑说槐】zhǐ sāng shuō huái 见"指桑骂槐"。

【指手划脚】zhǐ shǒu huà jiǎo 见"指手画脚"。

【指手画脚】zhǐ shǒu huà jiǎo 指说话时做出各种动作。形容放肆或得意忘形的神态。《二刻拍案惊奇》卷二："或时看到闹处，不觉心痒，口里漏出着把来，指手画脚教人，定是寻常想不到的妙着。"《儒林外史》九回："问着，又没处开消，还在东家面前咬文嚼字，指手画脚的不服。"鲁迅《故事新编·采薇》五："有的当他们名人，有的当他们怪物，有的当他们古董。甚至于跟着看怎样采，围着看怎样吃，指手画脚，问长问短，令人头昏。"也作"指手划脚"。《封神榜》一六〇回："众仙长，俱都坐在山坡上，指手划脚把话言。"《说岳全传》六九回："那店主人指手划脚，正说得高兴，只听得小二来叫，说：'有客人来安寓，快去招接。'店主人听得，忙忙的去了。"周而复《上海的早晨》一部四七："潘信诚的眼睛望着冯永祥指手划脚的样子，心中有点不满。"也作"比手划脚"。李英儒《野火春风斗古城》九章："他像个大总管，率领所有人员从前庭到后院，比手划脚地指点了半个钟头，直到他认为可讨主子欢心的程度为止。"

【指天发誓】zhǐ tiān fā shì 见"指天誓日"。

【指天誓日】zhǐ tiān shì rì 指着天，对着太阳发誓。唐·韩愈《柳子厚墓志铭》："指天日涕泣，誓生死不相背负，真若可信。"后用"指天誓日"表示赌咒发誓。宋·罗大经《鹤林玉露》卷二："友人指天誓日，曰：'某以暴疾儿死，不能就试，何敢漏泄于他人！'"也作"指天发誓"。邓一光《我是太阳》一部九："邵越急得指天

发誓:你要不信你可以检查。"

【指一说十】 zhǐ yī shuō shí　指着一说是十。形容夸大其词。《歧路灯》三〇回:"如今把他的锁扭开,明日未必不指一说十,讲那'走了鱼儿是大的'话。"

【咫尺天涯】 zhǐ chǐ tiān yá　咫尺:比喻距离很近。天涯:天边。比喻距离虽近,却像在天边那样难以相见。也比喻感情上的隔膜。元·关汉卿《新水令》套曲:"阻鸾风,分鸳燕,马头咫尺天涯远,易去难相见。"《喻世明言》卷二二:"贾涉道:'左右如今也不容相近,咫尺天涯一般,有甚舍不得处?'"《二十年目睹之怪现状》八七回:"可怜一对小夫妻,成婚不及数月,从此便咫尺天涯了。"陈国凯《两情若是久长时》五:"那作化肥事件发生之后,他们之间已经是咫尺天涯了。"

【趾高气扬】 zhǐ gāo qì yáng　趾:脚趾,这里指脚。走路时脚抬得很高,十分神气。《战国策·齐策三》:"子教文无受象床,甚善。今何举足之高,志之扬也?"后用"趾高气扬"形容骄傲自满,得意忘形。《野叟曝言》七四回:"满场军役个个掩鼻厌恶,他却趾高气扬,洋洋得意。"周而复《上海的早晨》一部二四:"现在快土改了,村里有人撑他的腰,自然趾高气扬,目中无人了。"容《饥饿荒原》二七:"她隐忍着,直视着王麒麟。她一时想不出该怎样反击面前这个趾高气扬的人。"

【至高无上】 zhì gāo wú shàng　至高:最高。指再也没有比这更高的了。《淮南子·缪称训》:"道,至高无上,至深无下。"叶圣陶《倪焕之》四:"一旦尝到了这人世间至高无上的真味,那就硬教他们淡漠或决不肯了。"梁实秋《雅舍小品·快乐》:"在工作之过程中,有苦恼也有快乐,等到大功告成,那一份'如愿以偿'的快乐便是至高无上的幸福了。"

【至理名言】 zhì lǐ míng yán　至:最。指包含最正确的道理的话。《歧路灯》四

○回:"这两句话虽不是圣经贤传,却是至理名言。"丰子恺《缘缘堂随笔·楼板》:"后来我在上海租住房子,才晓得这句古典语的确是至理名言。"周而复《上海的早晨》四部三五:"我个人觉得这两句是至理名言,希望你们要好好学习。"

【至亲骨肉】 zhì qīn gǔ ròu　至亲:关系最近的亲戚。骨肉:父母兄弟子女等亲人。指血缘最近的亲人。《初刻拍案惊奇》卷二:"举止外像,一些不差,就是神色里边有些微两样处,除是至亲骨肉终日在面前的,用意体察,才看得出来。"《红楼梦》六四回:"咱们都是至亲骨肉,说那里的话。"

【至善至美】 zhì shàn zhì měi　至:最。善:好。指最好最美的。茅盾《蚀·追求》七:"我不先立标准,我不是生活在至善至美的理想世界的野心者,我不是那样的空想家;我只追求着我的理性上看来是美妙的东西。"

【志大才疏】 zhì dà cái shū　疏:空虚。指志向远大却缺少才干。宋·苏轼《扬州谢表》:"志大才疏,信天命而自遂;人微地重,恃圣眷以少安。"《东周列国志》二五回:"颓志大而才疏,其所与皆谗谄之人,必有觊觎非望之事,吾立见其败也。"杜鹏程《保卫延安》二章:"和我同行的同志们说,胡宗南是个志大才疏的饭桶。"姚雪垠《长夜·致读者的一封信》四:"我是一个富于空想、志大才疏的人,这弱点使我一生吃了大亏。"

【志得意满】 zhì dé yì mǎn　指志向、愿望都得到满足。宋·罗大经《鹤林玉露》卷九:"安于荣华,志得意满,无复驱攘之志。"《喻世明言》卷二一:"此时钱镠志得意满,在杭州起造王府宫殿,极其壮丽。"《孽海花》二六回:"话说珏斋在田庄台大营操场上演习打靶,自己连中五枪,正在唱凯歌、留图画、志得意满的当儿,忽然接到一个廷寄。"姚雪垠《李自成》一

卷五章》："洪承畴看见孙传庭志得意满，骄气露于辞色，也不计较。"邓友梅《和老索相处的日子》："按年纪按成就按家产，他已算志得意满的人了。"

【志士仁人】 zhì shì rén rén 指有高尚的志向、道德的人。《论语·卫灵公》："志士仁人，无求生以害仁。"《韩诗外传》卷二："勇士不忘丧其元，志士仁人不忘志在沟壑。"王火《战争和人》(三)卷八："翻开一部中外历史，英雄豪杰志士仁人无数。"也作"仁人志士"。郭沫若《屈原》一幕："植根深固，不怕冰雪雾霾。赋性坚贞，类似仁人志士。"

【志同道合】 zhì tóng dào hé 志：志向。道：方向。志趣相投、观点一致。宋·陈亮《与吕伯恭正字又书》："天下事常出于人意料之外，志同道合，便能引其类。"《醒世恒言》卷三："两下志同道合，收绳卷索，白头到老。"鲁迅《集外集·烽话五则》："父子们冲突着。但倘用神通将他们的年纪变成约略相同，便立刻可以像一对志同道合的好朋友。"巴金《随想录》三三："他们想在创作上多下功夫，约几个志同道合的业余作者共同'探求'。"

【志在四方】 zhì zài sì fāng 四方：指天下。指有远大志向。《东周列国志》三一回："男子志在四方，非妾敢留。然妾今二十五岁矣，再过二十五年，妾当老死，尚嫁人乎？"清·顾炎武《与三侄书》："若志在四方，则一出关门，亦有建瓴之便。"

【炙冰使燥】 zhì bīng shǐ zào 炙：烤。烤冰块使之干燥。比喻方法不对，只能达到相反的目的。晋·葛洪《抱朴子·刺骄》："欲望肃雍济济，后生有式，是犹炙冰使燥，积灰令炽矣。"

【炙手可热】 zhì shǒu kě rè 炙：烤。手一靠近就感觉很烫。比喻气焰盛、权势大。唐·杜甫《丽人行》："炙手可热势

绝伦，慎莫近前丞相嗔。"明·高明《琵琶记·宦邸忧思》："我夫人虽则贤慧，争奈老相公之势，炙手可热。"鲁迅《华盖集·"公理"的把戏》："都是北大教授，又大抵原住在东吉祥胡同，又大抵是先前反对北大对章士钊独立的人物，所以当章士钊炙手可热之际，《大同晚报》曾称他们为'东吉祥派的正人君子'。"梁实秋《雅舍小品·好汉》："俗话说：'好汉不肯出身低。'这句话有多方面的暗示，其中之一是挑筐卖菜者流……如果他长袖善舞，广为结纳，也可成为翻云覆雨炙手可热的好汉。"蒋子龙《阴错阳差》八："见沈瑶年富力强，炙手可热，眼看要一统七二七所的大权，便攀附他。"

【治病救人】 zhì bìng jiù rén 治疗疾病，挽救人生命。王火《战争和人》(三)卷四："我学了医，只是想治病救人。"也比喻帮助别人改正缺点、错误。毛泽东《"七大"工作方针》："这个历史决议案，在将来看来，还可能有错误，但治病救人的方针是不会错的。"

【治国安民】 zhì guó ān mín 治理国家，安定百姓。《汉书·食货志上》："财者，帝王所以聚人守位，养成群生，奉顺天德，治国安民之本也。"明·无名氏《闹钟馗》二折："钟馗，你有何治国安民之法。"

【治丝而棼】 zhì sī ér fén 治：整理。棼：乱。理丝却不找头绪，越理越乱。比喻在解决问题时，因为方法不对，反倒使问题更为复杂。《左传·隐公四年》："臣闻以德和民，不闻以乱；以乱，犹治丝棼之也。"宋·朱熹《答严居厚》："今以迫切之心求之，正犹治丝而棼之。"

【栉比鳞次】 zhì bǐ lín cì 见"鳞次栉比"。

【栉风沐雨】 zhì fēng mù yǔ 栉：梳头。沐：洗头。用风梳头发，用雨水洗头。形容人辛苦地四处奔波。《三国志·

魏书·鲍勋传》:"移风易俗,莫善于乐。况猎,暴华盖于原野,伤生育之至理,柝风沐雨,不以时隙哉?"《三国演义》六一回:"柝风沐雨,三十余年,扫荡群凶,与百姓除害,使汉室复存。"《说岳全传》三六回:"可怜那柝风沐雨新基业,而今做了鬼哭神号古战场!"刘白羽《第二个太阳》一九章:"我现在应该清醒地跨过这个门槛,跨过之后,我还是柝风沐雨,披荆斩棘……"也作"沐雨柝风"。三国魏·曹丕《黎阳作诗三首》之一:"载驰载驱,沐雨柝风。"姚雪垠《李自成》二卷三二章:"今嗣昌代朕在外督师,沐雨柝风,颇著辛劳。"〔注意〕柝,不能读作 jié。

【掷地有声】zhì dì yǒu shēng 掷:扔,投。《世说新语·文学》:"孙兴公作《天台赋》成,以示范荣期云:'卿试掷地,要作金石声!'"原形容文学作品文辞优美、声韵铿锵。后用"掷地有声"形容人的文章或话语气势豪迈,坚定有力。《镜花缘》八一回:"不但独出心裁,脱了旧套;并且斩钉截铁,字字雪亮:此等灯谜,可谓掷地有声了。"周而复《上海的早晨》四部五五:"德公究竟是大手笔,出手不凡,这篇发言稿真是字字玑珠,掷地有声。"张洁《红蘑菇》:"那起诉书拟得气壮山河,简直就是第二个'独立宣言',字字句句,铿锵作响,掷地有声。"

【智尽能索】zhì jìn néng suǒ 索:尽。指智慧和能力都用尽了。《史记·货殖列传》:"此有知尽能索耳,终不余力而让财矣。"知:同"智"。明·沈德符《万历野获编·科道俸满外转》:"智尽能索而后得者,指姚也。"蔡东藩、许廑父《民国通俗演义》一〇三回:"中国专使陆征祥等,智尽能索,不得已再向和会中提出抗议,申明意见。"

【智勇双全】zhì yǒng shuāng quán 形容人既有智谋,又勇敢。元·关汉卿《五侯宴》三折:"某文通三略,武解六韬,智勇双全。"《三国演义》七四回:"关某智勇双全,切不可轻敌。"刘绍棠《村妇》卷一:"汉根不但武艺高强,而且心计过人,称得起文武兼备,算得上智勇双全。"

【智圆行方】zhì yuán xíng fāng 《文子·微明》:"凡人之道,心欲小,志欲大;智欲圆,行欲方。"后用"智圆行方"指思考问题要变通灵活,行为则要端正不苟。明·张居正《襄毅杨公墓志铭》:"维公之德,智圆行方,忠不近名,言不泥常。"

【智者千虑,必有一失】zhì zhě qiān lǜ,bì yǒu yī shī 指聪明的人虽然经过多次考虑,也会出现个别失误。《史记·淮阴侯列传》:"广武君曰:'臣闻智者千虑,必有一失;愚者千虑,必有一得。'"《东周列国志》一二回:"自古道:'智者千虑,必有一失。'祭足但知防备厉公,却不知高渠弥毒谋已就,只虑祭足多智,不敢动手。"欧阳山《三家巷》一〇九:"不管怎么样,你是个智者。但是,智者千虑,必有一失嘛,你这就算第一次的失算了。"姚雪垠《李自成》三卷一三章:"汝才微微一笑,说:'彰甫,这就是俗话说的:智者千虑,必有一失!'"

【置若罔闻】zhì ruò wǎng wén 置:放。指放在一边。若:好像。罔:没有。放在一边,好像没有听到。指不加理睬。明·周顺昌《福州高珰纪事》:"复严谕速出迎诏,竟置罔闻,其悖逆至是,他奚论耶!"《三侠五义》五九回:"丁大爷只管盘诘,北侠却毫不介意,置若罔闻。"邓一光《我是太阳》一部一〇:"周福成投降之后,曾下令二〇七师放下武器,二〇七师对周福成的命令却置若罔闻。"

【置身事外】zhì shēn shì wài 置:安放。把自己放在事情之外。形容毫不关心。《镜花缘》四回:"且吾辈倘竟违旨,俱获重罪,洞主身为领袖,又安能置身事外?"李劼人《大波》三部二章:"这般人且须严究不贷,则为之上者,怎能置身事外呢?"王火《战争和人》(三)卷二:"除了极少数还想置身事外的人,大家都在揣测明天邵化怎么答复。"

【置之不顾】zhì zhī bù gù　见"置之不理"。

【置之不理】zhì zhī bù lǐ　置:放置。理:理睬。指放在一边而不予理睬。《官场现形记》五一回:"后来等我养了下来,很写过几封信给老人家,老人家一直置之不理。鲁迅《华盖集·我观北大》:"据一位教授的名论,则'教一两点钟的讲师'是不配与闻校事的,而我正是教一点钟的讲师。但这些名论,只好请恕我置之不理。"巴金《随想录》八七:"那么对那些无头无根的'人言',即使它们来势很猛,也可以采取蔑视的态度,置之不理吧。"钱钟书《围城》三:"他正换下衣服,电话铃响,置之不理。"也作"置之不顾"。《红楼梦》八○回:"那薛蟠得了宝蟾,如获珍宝,一概都置之不顾。"鲁迅《热风·题记》:"现在拟态的制服早已破碎,显出自身的本来了,真所谓'事实胜于雄辩',又何待于纸笔喉舌的批评。所以我的应时的浅薄的文字,也应该置之不顾,一任其消灭的。"

【置之度外】zhì zhī dù wài　置:放置。度:考虑。放在考虑之外。指毫不放在心上。《南齐书·竟陵文宣王传》:"自青德启运,款关受职,置之度外,不足述言。"《警世通言》卷三:"初时心中不服,连这取水一节,真之度外。"《镜花缘》九回:"惨莫惨于剖腹剜心,难道当日比干也造甚么孽?这总是秉著天地间一股忠贞之气,不因不由就把生死置之度外。"鲁迅《呐喊·药》:"他的精神,现在只在一个包上,仿佛抱着一个十世单传的婴儿,别的事情,都已置之度外了。"萧红《呼兰河传》四章:"这些人的过度的自信,不知从哪里来的,也许住在那房子里边的人都是用铁铸的,而不是肉长的。再不然

就是他们都是敢死队,生命置之度外了。"

【中流砥柱】zhōng liú dǐ zhù　中流:水流的正中。砥柱:砥柱山,在河南三门峡东的黄河中。比喻坚强的、起支柱作用的人或集体。宋·刘仙伦《贺新郎·寿王侍郎简卿》词:"缓急朝廷须公出,更作中流砥柱。"鲁迅《华盖集·牺牲谟》:"像你这样清高,真是浊世中独一无二的中流砥柱。"欧阳山《三家巷》一八:"目前他固然还有些轻狂的言论,但是一旦到了成熟期,他一定会成为一个中流砥柱。"也作"砥柱中流"。明·王世贞《鸣凤记·忠良会边》:"砥柱中流,不避延陵剑。"

【中流击楫】zhōng liú jī jí　中流:水流的正中。楫:桨。《晋书·祖逖传》:"[祖逖]中流击楫而誓曰:'祖逖不能清中原而复济者,有如大江!'"后比喻收复失地、振兴事业的决心。宋·张榘《安庆模·和孙霁》词:"中流击楫酬初志,此去君王高枕,应暗者,使万里尘清,谁逊周公瑾。"王火《战争和人》(二)卷六:"当时,由北而南的士族官史,一部分如闻鸡起舞、中流击楫的祖逖等是主张抗战恢复中原的。"也作"击楫中流"。宋·李好古《江城子》词:"鍼名王,扫沙场,击楫中流,曾记泪沾裳。"清·孔尚任《桃花扇·争位》:"长江不限天南北,击楫中流看誓师。"

【中途而废】zhōng tú ér fèi　见"半途而废"。

【中西合璧】zhōng xī hé bì　璧:扁平而圆、中心有孔的玉器。合璧:半圆形的叫半璧,两个半璧合成一个圆形的璧叫合璧。比喻由中国和西洋的精华组合成的美好事物。《孽海花》二二回:"那馆房屋的建筑法,是一座中西合璧的五幢两层楼。……东西两间连着厢房,与中间只隔一层软壁。"陈国凯《难得糊涂》三:"一个漂亮的书柜里放着许多新出版的古籍……古今结合,中西合璧,华而不

俗。"

【中庸之道】zhōng yōng zhī dào　中庸：儒家指待人接物不过分也无不及。道：道理，指处世哲学。《论语·雍也》："中庸之为德也，其至矣乎!"后用"中庸之道"指不偏不倚的处世态度。宋·苏舜钦《启事上奉宁军陈侍郎》："舜钦性不及中庸之道，居常慕烈士之行，幼趋世训，苦心为文，十年余矣。"《醒世恒言》卷二："吾等适才办处，甚得中庸之道。"李劼人《大波》一部九章："黄澜生笑道：'那何用说! 介乎两派之间，中道而行，不偏不倚，便是第三派的特色。'周宏道穿了件花格子洋薄绸衬衫，挥着巴掌大的东洋折扇，说道：'那吗，也算是孔夫子的中庸之道了。'"王火《战争和人》(三)卷六："为什么自己总是这样前怕狼后怕虎犹豫、彷徨、志忑和模棱两可、中庸之道呢?"

【中原逐鹿】zhōng yuán zhú lù　见"逐鹿中原"。

【忠君报国】zhōng jūn bào guó　忠于君主，报效国家。元·郑德辉《伊尹耕莘》二折："济世安民，忠君报国，乃是男儿所为。"

【忠心赤胆】zhōng xīn chì dǎn　见"赤胆忠心"。

【忠心耿耿】zhōng xīn gěng gěng　耿耿：忠诚的样子。形容很忠诚。《封神榜》四五回："你也是名门之后，将门之根，……辈辈尽是忠烈之臣，赤胆无二，忠心耿耿。"郭沫若《屈原》五幕："她近来简直是愈闹愈不成个体统，她把你这样忠心耿耿的人都陷害成这个样子了。"老舍《四世同堂》五五："大家不肯出卖朋友，又不敢替别人担保忠心耿耿，于是只好含糊其词。"周而复《上海的早晨》四部二一："他那样忠心耿耿地对她，使她不好意思断然拒绝。"

【忠言逆耳】zhōng yán nì ěr　忠言：诚

恳劝告的话。逆耳：听起来不舒服。指规劝的言语听起来不舒服，不容易被接受。《孔子家语·六本》："孔子曰：'良药苦于口而利于病，忠言逆于耳而利于行。'"《三国演义》三○回："许攸出，仰天叹曰：'忠言逆耳，竖子不足与谋!'"王火《战争和人》(二)卷八："当然是要听真话，逆耳怕啥? '忠言逆耳利于行'嘛!"

【忠贞不渝】zhōng zhēn bù yú　忠贞：忠诚而坚定不移。不渝：不改变。忠诚坚定而不改变。邓一光《我是太阳》五部七："乌云尽量克制自己不去想胡祥年和他那个美丽而又忠贞不渝的妻子。"

【终南捷径】zhōng nán jié jìng　终南：终南山，在今陕西西安西南。唐·刘肃《大唐新语·隐逸》载：唐代人卢藏用曾隐居在当时国都长安附近的终南山，由此赢得很大声誉，受到皇帝重用。后用"终南捷径"比喻求取官职或名利的最佳途径。宋·刘克庄《水龙吟·己亥自寿》词之二："叹终南捷径，太行盘谷，用卿法，从吾好。"元·王恽《归志来图》："先生践迹高千古，不似终南捷径多。"孙中山《党员不可存心做官发财》："但是大多数党员，都是以加入本党为做官的终南捷径。"

【终身大事】zhōng shēn dà shì　关系到一生的重要事情。多指婚姻之事。《初刻拍案惊奇》卷一六："岂可为无益之悲，误了终身大事?"《红楼梦》八回："为儿子的终身大事，说不得东拼西凑的恭恭敬敬封了二十四两赘见礼，亲自带了秦钟，来代儒家拜见了。"《说岳全传》三二回："这边戚夫人见牛皋跑了去，便道：'相公，他今跑了去，岂不误了我妹子终身大事!'"李英儒《野火春风斗古城》一四章："自己快三十岁的人啦，对个人的终身大事，一点也不在心。"邓一光《我是太阳》一部七："妹妹结婚是终身大事，巴托尔不来不好，他来了，但他坚决反对把自己的父母接来。"

【终天之恨】zhōng tiān zhī hèn　终天:终身。恨:遗憾。形容遗恨一生。明·归有光《请敕命事略》:"曾不得一日之禄养,所以为终天之恨也。"

【钟灵毓秀】zhōng líng yù xiù　钟:聚集。灵:灵气。毓:孕育。秀:优秀的人物。指美好的山川孕育出优秀人才。《红楼梦》三六回:"琼闺秀阁中亦染此风,真真有负天地钟灵毓秀之德!"叶文玲《乌篷摇梦到春江》:"奇山异水的富春江,钟灵毓秀,风物独绝。"

【钟鸣鼎食】zhōng míng dǐng shí　鼎食:将鼎排列起来进食。古时贵族吃饭,击钟、列鼎而食。形容生活极为奢侈豪华。唐·王勃《秋日登洪府滕王阁饯别序》:"闾阎扑地,钟鸣鼎食之家。"《红楼梦》二回:"谁知这样钟鸣鼎食之家,翰墨诗书之族,如今的儿孙,竟一代不如一代了!"

【钟鸣漏尽】zhōng míng lòu jìn　漏:古代的计时器。暮钟已鸣,漏已尽。指到了夜晚。汉·崔寔《政论》:"钟鸣漏尽,洛阳城中,不得有行者。"也比喻人生的晚年。《隋书·柳彧传》:"其人年垂八十,钟鸣漏尽。"

【踵事增华】zhǒng shì zēng huá　踵:继承。华:光彩。南朝梁·萧统《〈文选〉序》:"踵其事而增华,变其本而加厉,物既有之,文亦宜然。"后用"踵事增华"指继续以前的事业,并使之进一步完善。《明史·舆服志一》:"踵事增华,日新代异。"

【众口难调】zhòng kǒu nán tiáo　口:口味。调:调配。指不容易做出一种让大家都满意的饭菜。比喻做事很难让所有人满意。《五灯会元·开先善暹禅师》:"问:'一雨所润,为什么万木不同?'师曰:'羊羹虽美,众口难调。'"《封神演义》三三回:"臣非纵子不忠,奈众口难调。"

及容《饥饿荒原》一四:"这大锅饭可是众口难调呢,就怕弄得大伙儿也有意见。"

【众口铄金】zhòng kǒu shuò jīn　铄:熔化。金:金属。形容舆论力量大,连金属都可以熔化。后比喻众口同声可以混淆是非。《国语·周语下》:"众心成城,众口铄金。"明·姜南《投瓮随笔·逐日表语》:"昔日位居黄阁,众口铄金;此时身谢朱崖,蔓草萦骨。"鲁迅《书信集·致李小峰》:"众口铄金,危邦可惧,所以我现在也不住在旧寓里了。"

【众口一词】zhòng kǒu yī cí　形容大家观点一致。词,也作"辞"。宋·欧阳修《濮议》卷四:"众口一辞,纷然不止。"《醒世恒言》卷二〇:"待拷问到后边,众口一词招出,方像真的。"《野叟曝言》四回:"后来茶店里人众口一词,都是海奉和尚的,竟不由分说,把乡下人赶走,逼着奴到了这里。"欧阳山《三家巷》一六一:"大家众口一词,都说张沿文自从整风运动以后,在政治上有了很大的进步。"姚雪垠《李自成》二卷九章:"事情就是这样,众口一词,并无二话。"

【众毛攒裘】zhòng máo cuán qiú　攒:积聚。裘:毛皮衣服。聚集许多小块皮毛,可以缝制成一件毛皮衣服。比喻积少成多。《西游记》六九回:"常言道:'众毛攒裘。'要与本国之王治病哩。医得好时,大家光辉。"

【众目睽睽】zhòng mù kuí kuí　睽睽:睁大眼睛注视着。唐·韩愈《郓州溪堂诗序》:"公私扫地赤立,新旧不相保持,万目睽睽。"后多作"众目睽睽",指在众人注视、监督之下。梁实秋《雅舍小品·结婚典礼》:"新娘走出来要像蜗牛,要像日移花影,……随着一派乐声,在众目睽睽之下,由大家尽量端详。"叶文玲《享得利大座钟》:"韩德莉摇摇摆摆地端着她那碗饭和一勺汤,在众目睽睽下走回我们的办公室。"李国文《冬天里的春天》五章:"总算上帝慈悲,在众目睽睽之下,找到了那个纸团。"

【众目昭彰】 zhòng mù zhāo zhāng 昭彰:明显。大家都看得很清楚。《初刻拍案惊奇》卷一五:"在你家里搜出人腿来,众目昭彰,一传出去,不到得轻放过了你。"茅盾《子夜》四:"此时在众目昭彰的大街上,这李四竟拉拉扯扯直呼曰'你',简直好像已经和曾沧海平等了。"丰子恺《缘缘堂随笔·晨梦》:"因为这是众目昭彰的一件事。"

【众怒难犯】 zhòng nù nán fàn 犯:触犯。众人的愤怒不可触犯。《左传·襄公十年》:"众怒难犯,专欲难成。"《老残游记》一回:"你们来意甚善,只是众怒难犯,赶快去罢!"

【众叛亲离】 zhòng pàn qīn lí 亲:亲戚。离:离开。众人背叛,亲戚离开。形容完全孤立。《左传·隐公四年》:"众叛亲离,难以济矣。"茅盾《子夜》一九:"咳!众叛亲离!我,吴荪甫,有什么地方对不起了人的!"李国文《临街的窗》:"早也曾估计到有众叛亲离的一天。水至清则无鱼,人至察则无徒。"

【众擎易举】 zhòng qíng yì jǔ 擎:向上托。比喻齐心协力就容易成功。明·张岱《募修岳穆鄂王祠墓疏》:"盖众擎易举,独力难支。"《儿女英雄传》一三回:"现在我们大家替他打算,众擎易举,已有个成数了。"

【众矢之的】 zhòng shǐ zhī dì 矢:箭。的:箭靶。比喻大家攻击的对象。李劼人《大波》三部八章:"为赵尔丰计,与其宝此破甑,而为众矢之的,曷若弃兹敝屣,而获福履之绥。"姚雪垠《李自成》三卷五章:"崇祯岂能轻饶他?即令崇祯有意活他,朝廷中门户之争一向很凶,平时他就是众矢之的,岂不乘机群起攻击,将他置于死地而后快?"

【众所周知】 zhòng suǒ zhōu zhī 周:全面,普遍。宋·司马光《言张方平札子》:"方平文章之处,更无所长,奸邪贪狠,众所共知。"后多作"众所周知",指大家都知道的。梁实秋《雅舍小品·同乡》:"闽音之与古音通,是众所周知的。"李劼人《大波》二部七章:"只在你那《成都日报》上登载,似乎还不普遍,我这面再刊布几张告示,那便众所周知了!"魏巍《东方》三部一七章:"由于他在个人防空壕那种众所周知的不在乎的态度,早有人向军委反映。"

【众望所归】 zhòng wàng suǒ guī 望:希望。归:归向。指得到大家的信任。《隋书·高祖纪上》:"以高祖皇后之父,众望所归,遂矫诏引高祖入总朝政,都督内外诸军事。"陈忠实《白鹿原》八章:"白先生在原上深孚众望,通达开明,品德高洁,出任参议员属众望所归。"

【众星拱辰】 zhòng xīng gǒng chén 拱:环绕在周围。辰:北极星。《论语·为政》:"为德以政,譬如北辰,居其所,而众星共(拱)之。"后用"众星拱辰"比喻众人拥护、围绕着一个他们所敬仰的人。唐·李德裕《仁圣文武至神大孝皇帝真容赞》:"四渎宗海,众星拱辰,亿万斯年,藻朗日新。"

【众星捧月】 zhòng xīng pěng yuè 众多星星围绕着月亮。比喻许多人拥护、围绕在一个他们所敬仰的或喜爱的人周围。《封神榜》一回:"保护圣驾往前走,犹如那,众星捧月争几分。"刘绍棠《烟村四五家》八:"酒宴上,那几个人众星捧月,团团包围苗小芳子。"叶文玲《银朵》一:"全家人喜笑颜开地围着,就像众星捧月!"

【众志成城】 zhòng zhì chéng chéng 城:城墙。众人团结一致,力量有如坚固的城墙。《国语·周语下》:"众心成城,众口铄金。"后多作"众志成城",比喻大家精诚团结,就能形成强大力量,取得成功。五代·何光远《鉴诫录·陪臣谏》:"四海归仁,众志成城。"清·赵翼《拟老杜诸将五首》诗之五:"众志成城百战场,直同疏勒守危疆。"李大钊《告全国父老书》:"智者竭其智,勇者奋其勇,富者输其财,举国一致,众志成城。"

【种瓜得瓜,种豆得豆】 zhòng guā dé guā, zhòng dòu dé dòu　比喻种下什么因,就有什么果。《东周列国志》三〇回:"种瓜得瓜,种豆得豆。施薄报薄,施厚报厚。有施无报,何异禽兽!"王安忆《香港的情和爱》一〇:"这是一条稳妥的中国人的谋生之路,虽然是辛苦,可却总归种瓜得瓜,种豆得豆。"

【重于泰山】 zhòng yú tài shān　泰山:五岳之一,在山东省。比喻意义很大,非常贵重。汉·司马迁《报任少卿书》:"人固有一死,或重于太山,或轻于鸿毛。"太:同"泰"。李劼人《暴风雨前》四部一:"大丈夫流血牺牲,本无所谓,甚么重于泰山、轻于鸿毛的道理,倒不在他心上,他只认为死哩,要死得轰轰烈烈,死得痛痛快快。"

【舟中敌国】 zhōu zhōng dí guó　《史记·孙子吴起列传》:"若君不修德,舟中之人尽为敌国也。"意为同船的人都成了敌人。比喻众叛亲离。唐·陆贽《论关中事宜状》:"势苟安则异类同心,势苟危则舟中敌国也。"

【周而不比】 zhōu ér bù bǐ　周:亲密。比:勾结。指关系亲密、团结,但不互相勾结。《论语·为政》:"君子周而不比,小人比而不周。"元·马致远《陈抟高卧》三折:"陛下道君子周而不比,贫道呵小人穷斯滥矣。"

【周而复始】 zhōu ér fù shǐ　周:转一圈。复始:重新开始。《管子·弟子职》:"先生既息,各就其友,相切相磋,各长其仪,周则复始,是谓弟子之记。"后多作"周而复始",指不断地循环往复。《文子·自然》:"十二月运行,周而复始。"《封神榜》一〇三回:"明日我叫家丁去,邀请各处众亲朋,贤弟你,就与他等见一见,各店轮流作经营,今日这里明天那店,周而复始在各店中。"《镜花缘》八四回:"假如'敬天地'顺数第三位即架一等,周而复始。念完之后,以前面酒筹多寡,照数饮酒。"梁实秋《雅舍小品·馋》:"过年前后,食物的丰盛就更不必细说。一年四季的馋,周而复始的吃。"张洁《方舟》一:"也许宇宙里一切事物的发展,不过都是周而复始的运动。"

【粥少僧多】 zhōu shǎo sēng duō　见"僧多粥少"。

【肘腋之患】 zhǒu yè zhī huàn　见"肘腋之忧"。

【肘腋之忧】 zhǒu yè zhī yōu　肘:胳膊肘。腋:夹肢窝。肘腋:比喻极近的地方。比喻来自身边的危害。明·沈德符《万历野获编·内臣兼掌印厂》:"倘此例他日踵行,亦肘腋之忧也。"也作"肘腋之患"。《野叟曝言》八〇回:"那飘风一岛,俺们都知道是肘腋之患,几次去剿。"李劼人《大波》二部八章:"目前只有端方这个人是个肘腋之患。不过对付他,也不太难。"

【昼夜兼程】 zhòu yè jiān chéng　见"昼夜兼行"。

【昼夜兼行】 zhòu yè jiān xíng　指日夜不停地行进。《三国志·魏书·毌丘俭传》南朝宋·裴松之注引仆谷、钦等表曰:"若师负势恃众不自退者,臣等率将所领,昼夜兼行,惟命是授。"《旧五代史·唐末帝纪上》:"帝率劲骑以从,昼夜兼行。"《三侠五义》一〇〇回:"图安逸的,必是夜宿晓行。我不管他,我给他个昼夜兼行,难道还赶不上他么?"也作"昼夜兼程"。《红楼梦》一六回:"本该出月到家,因闻得元春喜信,遂昼夜兼程而进,一路俱各平安。"

【朱唇皓齿】zhū chún hào chǐ 皓:白。鲜红的嘴唇,洁白的牙齿。形容女子美丽。《楚辞·大招》:"朱唇皓齿,嫭以姱只。"宋·刘过《沁园春·美人指甲》词:"每到相思,沈吟静处,斜倚朱唇皓齿间。"

【朱紫难别】zhū zǐ nán bié 朱紫:古以朱为正色,紫为间色,故以朱紫喻正邪、好坏。比喻好坏善恶不易区分。《三国志·蜀书·董允传》:"虑后主富于春秋,朱紫难别,以允秉心公亮,欲任以宫省之事。"

【诛不避贵】zhū bù bì guì 诛:惩罚。惩办罪行不避开高官权贵。指法令面前贵贱平等。《晏子春秋·内篇问上》:"诛不避贵,赏不遗贱。"

【诛求无已】zhū qiú wú yǐ 诛求:苛求,榨取。已:停止。指不停地榨取。汉·董仲舒《春秋繁露·王道》:"诛求无已,天下空虚,群臣畏惧,莫敢尽忠。"毛泽东《抗日时期的经济问题和财政问题》:"另外的错误观点,就是不顾人民困难,只顾政府和军队的需要,竭泽而渔,诛求无已。"

【诛心之论】zhū xīn zhī lùn 诛心:推究其内心活动加以谴责。指揭露别人动机的批评或议论。《镜花缘》九〇回:"他虽满嘴只说未将剪子带来,其实只想以手代剪。这个'撕'字乃诛心之论,如何不切!"巴金《随想录》八六:"诛心之论,痛快淋漓,使高宗读之,亦当汗下。"

【珠光宝气】zhū guāng bǎo qì 珠:珍珠。宝:宝石。珍珠宝石闪烁光芒。形容妇女衣着华丽,佩戴的首饰光彩夺目。《九尾龟》五回:"簪饰虽是不多几件,而珠光宝气,晔晔照人。"陈国凯《儒士衣冠》:"大街上是商人的天下,满街珠光宝气。"王火《战争和人》(二)卷三:"许多打扮得涂脂抹粉珠光宝气的女人都在买花。"

【珠还合浦】zhū huán hé pǔ 见"合浦珠还"。

【珠辉玉映】zhū huī yù yìng 珠:珍珠。玉:玉石。像珍珠、美玉那样光彩照人。形容人容貌俊秀,光彩照人。《儒林外史》二九回:"小弟虽年少,浪游江湖,阅人多矣,从不曾见先生珠辉玉映,真乃天上仙班。"

【珠联璧合】zhū lián bì hé 珠联:像珍珠一样串在一起。璧合:像璧玉一样合在一起。联,也作"连"。《汉书·律历志上》:"日月如合璧,五星如连珠。"原用"珠联璧合"指一种日月重合、五星相联的天相。宋·秦观《代谢历日表》:"斗建龙躔,于焉有序,珠连璧合,由是可窥。"后多比喻美好的人及事物凑在一起。北周·庾信《周兖州刺史广饶公宇文公神道碑》:"开国承家,珠联璧合。"夏衍《《新华日报》及其他》:"这一天晚上,郭老在国泰电影院订了一整排座位,请朋友们看《屈原》的最后一场演出。剧本好,演出也可以说是'明星大会串',金山的屈原、白杨的南后、张瑞芳的婵娟,真是珠联璧合。"周而复《上海的早晨》三部三一:"史步老和阿永两人给我介绍,那就是珠联璧合,再妙不过了!"

【珠围翠绕】zhū wéi cuì rào 珠:珍珠。翠:翡翠。形容妇女妆饰华贵。金·元好问《书贴第三女珍》诗:"珠围翠绕三花树,李白桃红一捻春。"《三侠五义》九八回:"虽是布裙荆钗,胜过珠围翠绕。"也形容姬妾或侍女随侍周围。明·施惠《幽闺记·太平家宴》:"依旧珠围翠绕,依旧雕鞍绣辔,列侍妾丫鬟使女,送金杯听歌观舞也。"《西游记》九六回:"这一场富贵,真赛过珠围翠绕,诚不亚锦帐藏春!"《红楼梦》三九回:"只见满屋里珠围翠绕,花枝招展,并不知都系何人。"

【珠玉在侧】zhū yù zài cè 珠玉:比喻仪表、才德出众的人。指在仪表、才德出众的人身旁,令人自叹不如。《晋书·卫玠传》:"玠风神秀异,骠骑将军王济,玠之舅也,每见玠辄叹曰:'珠玉在侧,觉我形秽。'"

【珠圆玉润】zhū yuán yù rùn　像珍珠那样圆,像美玉那样滑润。比喻歌声婉转或文字流畅。清·周济《词辨》:"北宋词多就景叙情,故珠圆玉润,四照玲珑。"《花月痕》二六回:"见书法珠圆玉润之中,另有一种飘飘欲仙丰致。"也比喻人肌肤润泽。张恨水《啼笑因缘》二回:"那肉色的丝袜子,紧裹着珠圆玉润的肌肤。"

【诸如此类】zhū rú cǐ lèi　与这相似的种种事物。晋·葛洪《抱朴子·辨问》:"诸如此类,不可具举。"《红楼梦》一一〇回:"只是这回的事上头过于累赘……诸如此类,那得齐全。"老舍《四世同堂》五〇:"所谓便利,就是别人买不到粮食,你能买得到,和诸如此类的事。"

【铢积寸累】zhū jī cùn lěi　铢:一两的二十四分之一。指一点一点地积累。多形容事物完成的艰难。宋·苏轼《裙靴铭》:"寒女之丝,铢积寸累。"《野叟曝言》六六回:"如有不识之字,不解之义,钉一小簿,用笔记出,遇着通晓之人就虚心请问,由此及彼,铢积寸累,自然日有进益。"也作"积铢累寸"。何刚德《客座偶谈》卷四:"寒士就馆,馆谷所入,书院膏伙所入,今之学堂薪水收入,如有盈余,积铢累寸,今年买半亩,明年买半亩。"

【铢两悉称】zhū liǎng xī chèn　铢:一两的二十四分之一。称:相当。形容优劣、轻重相当。明·周晖《金陵琐事·尚书异命》:"梁同考业吏书之左,去官三百余员,铢两悉称,士林服之,士林荣之,此皆破格之异命也。"清·陈炽《〈盛世危言〉序》:"如良医之治疾,大匠之程材,所以条理井然,铢两悉称。"鲁迅《伪自由书·不通两种》:"倘要保存上文,则将末两句

改为……,这才铢两悉称,和军警都毫无关系。"〔注意〕称,不读 chēng。

【蛛丝马迹】zhū sī mǎ jì　蛛丝:蜘蛛吐的细丝。马迹:马蹄印。比喻不很明显但隐约可寻的痕迹和线索。清·王家贲《〈别雅〉序》:"大开通同转假之门,泛滥浩博,几疑天下无字不可通用,而实则蛛丝马迹,原原本本,具在古书。"茅盾《腐蚀·十月二十四日》:"你说,这中间蛛丝马迹,难道不够显明?"张恨水《啼笑因缘》一九回:"观乎此,则关氏父女之暗杀刘氏,实预有布置者。现军警机关,正在继续侦捕凶犯,详情未便发表。但据云已有蛛丝马迹可寻,或者不难水落石出也。"从维熙《大墙下的红玉兰》六:"他暗暗庆幸自己,事情办得没留下一点蛛丝马迹。"

【竹苞松茂】zhú bāo sōng mào　苞:茂盛。《诗经·小雅·斯干》:"如竹苞矣,如松茂矣。"意为松竹茂盛。后用"竹苞松茂"比喻身体健康。多用于祝寿。唐·李商隐《为河东公上方镇武臣贺冬启》:"以竹苞松茂之姿,奉周宸汉帷之化。"明·范世彦《磨忠记·杨涟家庆》:"亲寿享,愿竹苞松茂,日月悠长。"

【竹报平安】zhú bào píng ān　唐·段成式《酉阳杂俎续集·支植下》:"卫公言北都惟童子寺有竹一窠,才长数尺,相传其寺纲维(管理事务的和尚),每日报竹平安。"后用"竹报平安"指平安家书。宋·韩元吉《水调歌头》词:"无客问生死,有竹报平安。"

【逐鹿中原】zhú lù zhōng yuán　逐:追赶。鹿:比喻帝位。中原:指黄河中下游地区。《史记·淮阴侯列传》:"秦失其鹿,天下共逐之。"后用"逐鹿中原"比喻群雄争夺政权。清·丘逢甲《满江红·越王台》词:"逐鹿中原,问何故,闭关自域。"姚雪垠《李自成》二卷四一章:"我们与其不能够独树一帜,与群雄逐鹿中原,

真不如去投闯王!"也作"中原逐鹿"。李劼人《大波》三部六章:"试试看,中原逐鹿,还不知鹿死谁手哩!"

【舳舻千里】 zhú lú qiān lǐ 舳:船尾。舻:船头。船只首尾相连长达千里。形容船很多。《汉书·武帝纪》:"舳舻千里,薄枞阳而出,作《盛唐枞阳之歌》。"唐·杨炯《唐右将军魏哲神道碑》:"艅艎之船,舳舻千里。"〔注意〕舳,不能读作zhóu。

【煮豆燃萁】 zhǔ dòu rán qí 萁:豆秸。《世说新语·文学》载:魏文帝曹丕令他弟弟曹植作诗,限他在走完七步之内完成。曹植即应声为诗曰:"煮豆持作羹,漉菽以为汁,萁在釜下燃,豆在釜中泣。本是同根生,相煎何太急。"后用"煮豆燃萁"比喻兄弟互相残杀或内部互相迫害。宋·晁补之《阎子常携琴入村》:"四体虽勤口饷众,煮豆然萁穷奈何!"然:"燃"的古字。清·浴日生《海国英雄记·投诚》:"因此上蔑王章,残百姓,煮豆燃萁,惹廷劳兵转饷。"陈毅《过临洮》诗:"煮豆燃萁伤往昔,而今团结乐陶陶。"

【助桀为虐】 zhù jié wéi nüè 桀:夏朝末代君主,相传是一个暴君。虐:暴行。比喻帮助坏人干坏事。《史记·留侯世家》:"今始入秦,即安其乐,此所谓助桀为虐。"郁达夫《弄弄文笔并不是职业》:"现在的那些卖国求荣,助桀为虐的大人先生,就是这一类的禽兽。"也作"助纣为虐"。纣:商朝末代君主,相传是一个暴君。隋·祖君彦《为李密檄洛州文》:"达等助纣为虐,婴城自固。"《警世通言》卷四〇:"辅助蚩龙就如那崇侯助纣为虐,容不得他。"《聊斋志异·梦狼》:"司故甲之腹心,助纣为虐者。家人共指之,贼亦杀之。"郑振铎《"封锁线"内外》:"那'助纣为虐'的东西,实在比敌人还要可恶可恨十倍!"

【助人为乐】 zhù rén wéi lè 以帮助别人为乐事。巴金《随想录》九二:"这精神

文明中包含的当然不止是:种树木,扫马路,文明服务,待人有礼,大公无私,助人为乐等等等等。"容及《饥饿荒原》一九:"助人为乐的热情,充当救世主的热情,为一个女孩子改变地位摆脱劳苦的热情。这热情是为谁呀?"

【助纣为虐】 zhù zhòu wéi nüè 见"助桀为虐"。

【著书立说】 zhù shū lì shuō 著:写作。立:建立。说:学说。指从事著述,以建立学说。《红楼梦》一一五回:"那些大人先生尽都是显亲扬名的人,便是著书立说,无非言忠言孝,自有一番立德立言的事业,方不枉生在圣明之时。"陈国凯《两情若是久长时》二:"这位'老总'退休之后,忙于著书立说,听说他快写成一本厚书了。"

【著作等身】 zhù zuò děng shēn 等身:和身体一样高。形容著述很多。黄侃《训诂笔记》:"凡轻改古籍者,非愚则妄,即令著作等身,亦不足贵也。"

【铸成大错】 zhù chéng dà cuò 《资治通鉴·唐昭宣帝天祐三年》载:唐末朱全忠自以为有恩于罗绍威,不断向罗索取财物,使罗的实力大大削弱。罗绍威后悔地说:"合六州四十三县铁,不能为此错也。"后用"铸成大错"指造成很大的错误。姚雪垠《李自成》一卷一五章:"倘若我晚回一步,岂不铸成大错。"

【筑室道谋】 zhù shì dào móu 筑:建造。室:房屋。道:路。谋:商议。《诗经·小雅·小旻》:"如彼筑室于道谋,是用不溃于成。"指盖房子而征求过路人的意见,房子则盖不起来。后用"筑室道谋"比喻自己没有主见、计划,一味听取别人的意见,则办不成事。《歧路灯》五回:"这宗事,若教门生们议将来,只成筑室道谋。"李劼人《大波》三部一〇章:"'哦!一定还在商议。'端方勉强笑了笑。'真所谓筑室道谋了!'"

【抓耳挠腮】 zhuā ěr náo sāi 形容着急而又没有办法。《封神榜》一〇九回："贾氏不肯前来同坐饮酒，急的他抓耳挠腮，心头乱跳。"《镜花缘》三五回："唐敖听了，只急的抓耳挠腮。"欧阳山《三家巷》九四："接着就在原地站着不动，抓耳挠腮地抠抠这里，抠抠那里，终究是一筹莫展。"也形容高兴的样子。《封神榜》一八五回："只见武王端然正坐，与众嫔妃奏乐饮宴，把一个土行孙只喜的抓耳挠腮。"《红楼梦》一二回："贾瑞听了，喜的抓耳挠腮。"

【专横跋扈】 zhuān hèng bá hù 专横：专断蛮横。跋扈：霸道。《后汉书·梁冀传》："帝少而聪慧，知冀骄横，尝朝群臣，目冀曰：'此跋扈将军也。'"后用"专横跋扈"指任意妄为、不讲理。欧阳山《三家巷》一八九："你居然敢撵我！好，你专横跋扈，要把我踩在脚下。"邓一光《我是太阳》五部一："云彩公主喜欢太阳王子的威武有力，但是不喜欢太阳王子的专横跋扈。"〔注意〕横，不读 héng。

【专心致志】 zhuān xīn zhì zhì 致：尽。志：志向，志趣。把心思全部放在上面。形容一心一意，精神集中。《孟子·告子上》："今夫弈之为数，小数也；不专心致志，则不得也。"宋·陆游《答王樵秀才书》："官以考试名，当日夜专心致志以去取士，不可兼莅他事。"《野叟曝言》八回："只要专心致志，一虑凝神，自有妙处。"刘心武《班主任》九："石红读得专心致志，没有发觉张老师的到来。"

【转败为胜】 zhuǎn bài wéi shèng 见"反败为胜"。

【转祸为福】 zhuǎn huò wéi fú 指灾祸转变为幸福。《战国策·燕策一》："所谓转祸为福，因败成功者也。"《史记·张耳陈馀列传》："君急遣臣见武信君，可转祸为福。"《东周列国志》八回："不若并行大事，迎立先君之子，转祸为福，岂不美哉？"

【转弯抹角】 zhuǎn wān mò jiǎo 抹角：紧挨着角儿走。指沿着弯曲的道路走。弯，也作"湾"。元·秦简夫《东堂老》一折："转湾抹角，可早来到李家门首。"《初刻拍案惊奇》卷三四："随着石砌阶路，转弯抹角，渐走渐深，悄不见一个人。"《说岳全传》六三回："带了庄丁出了庙门转弯抹角，到了韩家庄。"孙犁《白洋淀纪事·芦花荡》："老头子站起来，拾起篙，撑了一下。那船转弯抹角钻入了苇塘的深处。"后也用来比喻说话、办事不直截了当。巴金《随想录》三九："在旧社会中写作，为了对付审查老爷，我常常挖空心思，转弯抹角，避开老爷们的注意，这是不得已而为之，但这绝不是追求技巧。"姚雪垠《李自成》一卷二九章："我这个人是个大老粗，一向喜欢痛快，不喜欢说话转弯抹角，如今咱就跟你说老实话吧！"

【转危为安】 zhuǎn wēi wéi ān 由危险转化为平安。汉·刘向《〈战国策〉叙》："度时君之所能行，出奇策异智，转危为安，运亡为存，亦可喜，皆可观。"宋·杨万里《寿皇论宫禁参决书》："古人所谓转败为攻，转危为安于此在矣。"姚雪垠《李自成》一卷一一章："大军一到，京畿一带就马上转危为安了。"周大新《第二十幕》（下）三部二七："对于刘家来说，那是一块吉祥之地，先王刘秀就是在此岗前转危为安的。"

【转眼之间】 zhuǎn yǎn zhī jiān 形容很快的工夫。《群音类选·〈葛衣记·荐之知信〉》："无端平地起波涛，转眼之间忘久要。"

【转辗反侧】 zhuǎn zhǎn fǎn cè 见"辗转反侧"。

【转战千里】 zhuǎn zhàn qiān lǐ 转战：连续在不同地方辗转作战。指连续地在不同地区作战，行程很长。《后汉书·吴汉传》:"吾共诸君逾越险阻,转战千里,所在斩获,遂深入敌地,至其城下。"《晋书·马隆传》:"转战千里,杀伤以千数。"

【装疯卖傻】zhuāng fēng mài shǎ 卖:卖弄。故意装出疯颠、呆傻的样子。王愿坚《三张纸条》一:"那是国民党白鬼子的天下嘛,我就给他个装疯卖傻,一问三不知。"

【装聋作哑】zhuāng lóng zuò yǎ 假装聋哑。指装成没听见的样子,不说话。作,也作"桩"。作,也作"做"。元·马致远《青衫泪》四折:"则这白侍郎正是我生死的冤家,从头认都不差,可怎生桩聋作哑?"《二刻拍案惊奇》卷一〇:"连莫翁家里儿子媳妇们,也多晓得老儿有这外养之子,私下在那里盘缠他家的,却大家聋做哑,只做不知。"《野叟曝言》二六回:"你休装聋做哑,肯依则依,如不肯依,立刻押你去捱板子,撵你出门了。"巴金《随想录》三七:"我祖父要我安于现状,我父亲……要我安于现状,我大哥也要我安于现状,我就只好装聋作哑地混日子。"孙犁《白洋淀纪事·随感》一:"我听见他和一个孩子说话,有情有理,有说有笑,可是我跳过篱笆,和他谈话,他又害怕起来,装聋做哑,叫人难以忍受。"

【装模作样】zhuāng mú zuò yàng 指故意装出某种姿态给人看。装,也作"桩"。明·柯丹邱《荆钗记·参相》:"桩模作样,恼得我气满胸膛。"《二十年目睹之怪现状》九五回:"外面虽是雷厉风行,装模作样,其实说到他的内情,只要有钱送给他,便万事全休的了。"鲁迅《南腔北调集·〈萧伯纳在上海〉序》:"这真是一面大镜子,真是令人们觉得好像一面大镜子的大镜子,从去照或不愿去照里,都装模作样的显出了藏着的原形。"赵树理《小二黑结婚》三:"金旺撇撇嘴说:'咦!装什么假正经? 小二黑一来管保你就软

了! ……'说着就拉住小芹的胳膊悄悄说:'不用装模作样了!'"〔注意〕模,不读mó。

【装腔作势】zhuāng qiāng zuò shì 腔:腔调。势:姿势。指拿腔拿调,做作。作,也作"做"。《野叟曝言》六六回:"然后一对一对的,俱是搽脂抹粉、描眉画眼、装腔做势、扭捏袅娜而来。"鲁迅《伪自由书·现代史》:"其次是向大家要钱。要了钱之后,一个人嫌少,装腔作势的不肯变了,一个人来劝他,对大家说再五个。果然有人抛钱了,于是再四个,三个……"巴金《随想录》三九:"但是对装腔作势、信口开河、把死的说成活的、把黑的说成红的这样一种文章我却十分讨厌。"

【装神弄鬼】zhuāng shén nòng guǐ 装扮成鬼神。宋·无名氏《宦门子弟错立身》十二出:"我舞得,弹得,唱得。折莫大搊鼓吹笛,折莫大装神弄鬼,折莫特调当扑旂。"赵树理《小二黑结婚》一二:"把自己的打扮从顶到底换了一遍,弄得像个当长辈人的样子,把三十年来装神弄鬼的那张香案也悄悄拆去。"刘绍棠《绿杨堤》一:"他一边装神弄鬼,捉妖拿邪,一边偷眼看水芹的动静。"也指故弄玄虚。《红楼梦》三七回:"你们别和我装神弄鬼的,什么事我不知道。"

【壮志凌云】zhuàng zhì líng yún 壮志:宏大的志向。凌云:直上云霄。形容志向远大。宋·京镗《定风波·次韵》词:"莫道玉关人老矣,壮志凌云,依旧不惊秋。"姚雪垠《李自成》二卷二八章:"这号人,在困难中不是低头叹气,而是奋发图强,壮志凌云,气吞山河。"

【壮志未酬】zhuàng zhì wèi chóu 壮志:宏大的志向。酬:实现。指远大志向没有实现。唐·李频《春日思归》诗:"壮志未酬三尺剑,故乡空隔万重山。"明·尹耕《白杨口》诗:"壮志未酬人欲老,寒林

落雾心茫然。"现代京剧《智取威虎山·打虎上山》:"今日痛饮庆功酒,壮志未酬誓不休。"

【追悔莫及】 zhuī huǐ mò jí　追悔:追忆过去,感到悔恨。《太平广记·齐推女》:"父母伤痛女冤横,追悔不及。"后多作"追悔莫及",指虽然后悔,也无法补救。《镜花缘》六回:"小仙自知身获重罪,追悔莫及。"李国文《冬天里的春天》五章:"急待一晤,有要事相告,对你来说,是天赐的好机会,否则追悔莫及。"

【追亡逐北】 zhuī wáng zhú běi　亡:逃亡。北:败北。指追逐打败仗逃亡的敌人。《史记·田单传》:"燕军扰乱奔走,齐人追亡逐北。"《三国志·吴书·陆逊传》:"三道俱进,果冲休伏兵,因驱走之,追亡逐北。"

【锥处囊中】 zhuī chǔ náng zhōng　处:放置。囊:口袋。《史记·平原君虞卿列传》:"夫贤士之处世也,譬若锥之处囊中,其末立见。"比喻有才能的人很快会显露出来。清·李伯元《南亭笔记》卷四:"此吾锥处囊中,脱颖而出之时也。"

【坠茵落溷】 zhuì yīn luò hùn　茵:垫褥。溷:厕所。《梁书·范缜传》:"人之生譬如一树花,同发一枝,俱开一蒂,随风而堕,自有拂帘幌坠于茵席之上,自有关篱墙落于粪溷之侧。"后用"坠茵落溷"比喻人生境遇的不同,取决于偶然的机遇。

【惴惴不安】 zhuì zhuì bù ān　惴惴:忧愁恐惧的样子。形容因害怕、担忧而不安。《隋唐演义》七二回:"中宗在均州闻之,心中惴惴不安。"刘白羽《第二个太阳》七章:"她不知为什么想到这里,有些惴惴不安。"欧阳山《三家巷》五八:"他兄弟俩对于当红军,出发到省城去打仗,怀着惴惴不安的心思。"〔注意〕惴,不能读作 chuān。

【谆谆告诫】 zhūn zhūn gào jiè　谆谆:

教诲时耐心恳切的样子。告诫:劝告。宋·费衮《梁溪漫志·闲乐异事》:"命诸子子妇皆坐,置酒,谆谆告戒,家人见公无疾而遽若是,愕眙不知所答。"后多作"谆谆告诫",指恳切耐心地劝告。毛泽东《整顿党的作风》:"他们总是谆谆告诫我们,要密切联系群众,而不要脱离群众。"〔注意〕谆,不能读作 chún。

【拙口钝腮】 zhuō kǒu dùn sāi　见"笨嘴笨腮"。

【捉襟见肘】 zhuō jīn jiàn zhǒu　捉襟:整理衣襟。肘:胳膊肘儿。形容衣裳破旧。《庄子·让王》:"曾子居卫,十年不制衣,正冠而缨绝,捉衿而肘见。"衿同"襟"。《二十年目睹之怪现状》三四回:"生得眉清目秀,年纪约有四十上下,穿了一件捉襟见肘的夏布长衫。"也比喻困难很多,应付不过来。唐·李商隐《上尚书范阳公启》之二:"捉襟见肘,免类于前哲;裂裳裹踵,无取于昔人。"蒋self子龙《重返工业题材》杂议:"当代作家愧对当代。享受当代可以,表现当代则显得捉襟见肘,力不从心。"

【捉摸不定】 zhuō mō bù dìng　捉摸:猜测。定:决定,确定。指猜测而不能决定。《水浒传》二回:"却说朱武、杨春两个,正在寨里疑猜,捉摸不定,且教小喽啰再去探听消息。"《镜花缘》三九回:"不比两面王兄对著人是一张脸,背著人又是一张脸,变幻无常,捉摸不定,不知藏著是何吉凶,令人不由不怕。"钱钟书《围城》八:"虽然厌恶这地方,临走时偏有以后不能再来的怅恋,人心就是这样捉摸不定的。"姚雪垠《李自成》一卷三一章:"敬轩这个人,有时极其直爽,肝胆照人,有时诡诈多端,叫人捉摸不定。"

【捉影捕风】 zhuō yǐng bǔ fēng　见"捕风捉影"。

【卓尔不凡】 zhuó ěr bù fán　见"卓尔不群"。

【卓尔不群】 zhuó ěr bù qún 卓尔：特出的样子。不群：与众不同。指才德超过众人。《汉书·景十三王传赞》："夫唯大雅，卓尔不群，河间献王近之矣。"《周书·武帝纪下》："若奇才异术，卓尔不群者，弗拘多少。"也作"卓尔不凡"。欧阳山《三家巷》一一九："平常在广州市里，在省党部里，他的神气、派头都是卓尔不凡的。"

【卓有成效】 zhuó yǒu chéng xiào 卓：特出，卓越。指很有成绩、效果。蒋子龙《拜年》五："他相信自己那套办法是卓有成效的，过去曾被无数事实证明过。"张洁《小说二题》："一个人在如此卓有成效地活到与本人的愿望如此分毫不差的地步之后，便可配伍炎凉冷暖，应用苦辣酸甜。"

【斫轮老手】 zhuó lún lǎo shǒu 斫轮：砍木头做车轮。《庄子·天道》："行年七十而老斫轮。"后用"斫轮老手"指对某方面很有经验的人。蔡东藩、许廑父《民国通俗演义》六七回："两人不来多嘴，全凭那斫轮老手徐世昌，及倚马长才王式通，悉心研究。"

【着手成春】 zhuó shǒu chéng chūn 着手：动手。一动手就呈现春意。形容技艺精湛。唐·司空图《二十四诗品·自然》："俱道适往，着手成春。"后常用来称赞医术高明。清·丘逢甲《病中赠王桂山四首》诗之二："千金妙有神方在，着手先成海上春。"

【擿发难数】 zhuó fà nán shǔ 擿：拔。发：头发。拔下头发来数也难以数清。《史记·范雎蔡泽列传》："擿贾之发以续贾之罪，尚未足。"后用"擿发难数"形容罪过多得数不过来。《唐大诏令集·平潞州德音》："胁从百姓，残忍一方，积恶成殃，擿发难数。"《野叟曝言》七五回："秦桧之罪，擿发难数。"《老残游记二集》七回："老残道：'若照佛家戒经科罪某某，某

之罪恐怕擿发难数了。'"萧乾《人生采访·由伦敦到法兰克福》："所以站在纯司法的立场，这些倒行逆施的恶徒实未犯罪，而明明白白他们犯的罪擿发难数。"

【孜孜不倦】 zī zī bù juàn 孜孜：勤奋的样子。形容勤奋、不知疲倦。《三国志·蜀书·向朗传》："自去长史，优游无事垂三十年。乃更潜心典籍，孜孜不倦。"莫应丰《将军吟》二八章："也许那孜孜不倦忙于伐桂的吴刚，也像小崔、小刘、小郭一样是月宫的一把锁？"

【兹事体大】 zī shì tǐ dà 见"斯事体大"。

【越趄不前】 zī jū bù qián 越趄：想向前走又不敢走的样子。形容畏缩不前。唐·韩愈《送李愿归盘谷序》："足将进而越趄，口将言而嗫嚅。"《近十年之怪现状》七回："不由自主地便上了包车，仍回到鸿仁里，望着自己门口，倒有点越趄不前之态。"

【锱铢必较】 zī zhū bì jiào 锱：一两的四分之一。铢：一两的二十四分之一。锱铢：泛指很小的数量。较：计较。指办事认真，一丝不苟。宋·陈文蔚《朱先生叙述》："先生造理精微，见于处事，权衡轻重，锱铢必较。"也指很少的钱、很小的事情也要计较。形容小气、气量小。《二刻拍案惊奇》卷三一："就是族中支派，不论亲疏，但与他财利交关，锱铢必较，一些面情也没有的。"《明史·汤开远传》："事急则钜万可捐，事平则锱铢必较。"沈从文《菜园》："他不能同人锱铢必较的算账，不过单是这缺点，也就使这人变成更可爱的人了。"

【龇牙咧嘴】 zī yá liě zuǐ 龇：露牙。咧：嘴向两边伸展。露出牙齿，张开嘴。形容凶猛、疼痛等样子。龇，也作"呲"。《封神榜》九四回："秋菊，腊梅正看得热闹处，听见说老爷来咧，吓的两腿发酸软，'咕噜'一声掉在地下，只摔的龇牙咧

嘴。"《三侠五义》九二回："丑女子微微冷笑,抬了抬手,一个个东倒西歪;动了动脚,一个个呲牙咧嘴。"杜鹏程《保卫延安》一章："那个敌人呲牙咧嘴地骂：'你装什么糊涂?'"刘心武《钟鼓楼》五章："那些气势汹汹的斗人者在他眼中也并无尊严可言。——龇牙咧嘴,声嘶力竭。"刘绍棠《绿杨堤》一："扎得他龇牙咧嘴皱眉头,两眼含泪还不敢哭出声。"

【子虚乌有】 zǐ xū wū yǒu 汉代司马相如撰《子虚赋》,文章假托了子虚先生、乌有先生、无是公三人的对话。后用"子虚乌有"指假设的、不存在的事情。《汉书·叙传下》："文艳用寡,子虚乌有。"《野叟曝言》一回："此诗之意是言神仙之事,子虚乌有,全不可信也。"杨绛《记钱钟书与〈围城〉》："尽管某几个角色稍有真人的影子,事情都子虚乌有。"

【子曰诗云】 zǐ yuē shī yún 子:孔子。诗:《诗经》。指引经据典。元·汤式《湘妃引·和陆进之韵》词："儒冠多误身,漫夸谈子曰诗云。"鲁迅《热风·随感录四十八》："外国的新事理,却愈来愈多,愈优胜,'子曰诗云'也愈挤愈苦,愈看愈无用。"方志敏《私塾》："平日子曰诗云,胡谈乱说,所以人替他起了一个绰号,叫作假斯文。"

【紫气东来】 zǐ qì dōng lái 《史记·老子韩非列传》唐·司马贞索隐引《列仙传》："老子西游,关令尹喜望见有紫气浮关,而老子果乘青牛而过也。"后用"紫气东来"指祥瑞来临。清·洪昇《长生殿·舞盘》："紫气东来,瑶池西望,翩翩青鸟庭前降。"

【自拔来归】 zì bá lái guī 自拔:主动从罪恶中解脱出来。归:归顺。指脱离敌对一方来归顺我方。《新唐书·李勣传》："三年,自拔来归,从秦王伐东都,战有功。"毛泽东《井冈山的斗争》："自拔来归的将日益增多。"

【自暴自弃】 zì bào zì qì 暴:损害。弃:抛弃。《孟子·离娄上》："自暴者,不可与有言也;自弃者,不可与有为也。"后用"自暴自弃"指自己糟蹋自己,自己看不起自己,甘心于落后。宋·朱熹《朱子语类·朱子十五》："即此可见其无志,甘于自暴自弃,过孰大焉!"《二十年目睹之怪现状》九〇回："我们世受国恩的,若不及早出来报效国家,便是自暴自弃。"鲁迅《华盖集·补白》："但不以实力为根本的民气,结果也只能以固有而不假外求的天灵盖自豪,也就是以自暴自弃当作得胜。"梁实秋《雅舍小品·教育你的父母》："这时候做子女的就要因材施教,教他的父母不可自暴自弃,应该'当一天和尚撞一天钟','人生七十才开始'。"

【自惭形秽】 zì cán xíng huì 惭:惭愧。形:形象,模样。秽:邪恶,丑陋。因为自己模样丑陋而感到惭愧。也泛指自己觉得不如别人而感到惭愧。《镜花缘》二〇回："山鸡初也还勉强起舞,后来因见孔雀这条长尾变出五颜六色,华彩夺目,金碧辉煌,未免自惭形秽;鸣了两声,朝着云母石一头撞去,竟自身亡。"《二十年目睹之怪现状》一〇四回："也不知他是生性不妒呢,还是自惭形秽,或是别有会心,那就不得而知了。"张恨水《啼笑因缘》二〇回："而且我听到说,何家是穷极奢华的,我去了有点自惭形秽。我就只到他家里去了两三回,他又从何而知我的文才品行呢?"周而复《上海的早晨》三部二七："她坐在林宛芝旁边,有点自惭形秽,可是又没有机会走开。"

【自成一家】 zì chéng yī jiā 汉·司马迁《报任少卿书》："亦欲以究天人之际,通古今之变,成一家之言。"后用"自成一家"指在学术、技能上有独特见解、做法,可以自成体系。唐·刘知几《史通·载言》："又诗人之什,自成一家;故风雅比兴,非三传所取。"宋·李清臣《欧阳文忠公谥议》:"其文卓然,自成一家。"王火《战争和人》(三)卷三:"一幅字笔走龙蛇,刚健流丽,自成一家,写的是李清照的《渔家傲》词。"也比喻很独特,与众不同。老舍《四世同堂》七六:"这种欺软怕硬,为虎作伥的作风,居然被无聊的人们称为'东洋派',在汉奸中自成一家。"

【自出机轴】zì chū jī zhóu 见"自出机杼"。

【自出机杼】zì chū jī zhù 机杼:织布机,比喻诗文的构思和布局。指诗文构思新颖独特。《魏书·祖莹传》:"文章须自出机杼,成一家风骨。"也作"自出机轴"。明·胡应麟《诗薮·近体下》:"右丞辋川诸作,却是自出机轴。"

【自吹自擂】zì chuī zì léi 吹:吹喇叭。擂:打鼓。比喻自我吹嘘。李劼人《大波》三部三章:"别的不说,光是这点自吹自擂的胆量,就不寻常。"严文井《浓烟和烟囱》:"他从来不声不响,更不为这件事自吹自擂。"

【自得其乐】zì dé qí lè 自己可以从中得到乐趣。明·陶宗仪《辍耕录·白翎雀》:"白翎雀生于乌桓朔漠之地,雌雄和鸣,自得其乐。"《野叟曝言》一二四回:"独有秋香一人嘻开着嘴,自得其乐,不挂一丝泪痕。"梁实秋《雅舍小品·钱》:"小康之家用钱大有伸缩余地,最高明的是不求生活水准之全面提高,而在几点上稍稍突破,自得其乐。"刘绍棠《村妇》卷二:"他虽然身处逆境,却仍自得其乐,最爱侈谈相术。"

【自高自大】zì gāo zì dà 自以为了不起。元·无名氏《点绛唇》曲:"有一等明师,自高自大,狂言诈语,道听涂说,又把他元神昧。"欧阳山《三家巷》一七一:"他多么自高自大,一心跟我闹对立,你说叫我咋办?"周而复《上海的早晨》四部九:"我没啥本事,现在有了一点进步,全靠党支部的培养,我怎么能够自高自大

呢?"

【自告奋勇】zì gào fèn yǒng 告:表白。奋勇:鼓起勇气。指主动要求承担某项艰难的工作。《孽海花》二五回:"海军必要个有胆识、不怕死的人,何太真既然自告奋勇,何妨利用他的朝气。"鲁迅《呐喊·明天》:"蓝皮阿五也伸出手来,很愿意自告奋勇。"巴金《随想录》一〇九:"我猜想,这是他自告奋勇向出版社推荐我的童话,出版社拒绝接受,他碰了钉子就把责任放在自己肩上。"袁静、孔厥《新儿女英雄传》一八回:"大热天,杨小梅自告奋勇,到城关去开辟工作。"

【自顾不暇】zì gù bù xiá 不暇:没有空闲。自己没空闲时间顾及自己。指无法再顾及别人。《东周列国志》五回:"吾闻卫大夫石碏,大有忠心,不久卫将有内变。州吁自顾不暇,安能害我乎?"《二十年目睹之怪现状》六六回:"我此刻自顾不暇,焉能再和你做主呢。"老舍《四世同堂》一七:"我还自顾不暇,怎能再多养两口人呢?"梁实秋《雅舍小品·教育你的父母》:"俗话说:'一个人可以养活十个儿子,十个儿子养不活一个爸爸。'那就是因为儿子本身也要养活儿子,自顾不暇,既要承上,又要启下,忙不过来。十个儿子互相推诿,爸爸就没人管了。"

【自给自足】zì jǐ zì zú 给:供给。指依靠自己的生产,满足自己的需要。刘心武《钟鼓楼》五章:"姚向东的姐姐刚从幼师师范毕业,分到幼儿园工作,还没转正,仅能自给自足。"〔注意〕给,不读 gěi。

【自掘坟墓】zì jué fén mù 自己为自己挖掘坟墓。比喻自寻死路。郭沫若《北伐途次》:"他们要出城来夜袭,那是他们自掘坟墓。"王统照《假英雄主义与牛角尖》:"难道以文化自诩的人群,就永无声响地随着这些'假英雄'主义的符咒,向牛角尖中自掘坟墓?"

【自郐以下】zì kuài yǐ xià 郐:西周分

封的诸侯国。《左传·襄公二十九年》载：吴国的季札在鲁国观看周朝各国的乐舞，并且加以评论，但是说"自郐以下无讥焉"。后用"自郐以下"指从某一事物以后就不值一谈了。唐·高仲武《大唐中兴间气集序》："今之所收，殆革斯弊，……则朝野通取，格律兼收，自郐以下，非所附隶。"宋·杨万里《答万安赵宰》："其余作者，皆自郐以下者也。"

【自力更生】zì lì gēng shēng　自力：靠自己的力量。更生：重新获得生命，比喻重新兴旺起来。指依靠自己的力量把事情办好。茅盾《腐蚀·十一月十八日》："趁现在这时机，自力更生是第一要着。"夏衍《〈新华日报〉及其他》："大生产运动发扬了自力更生艰苦奋斗的传统，克服了日、伪对解放区的进攻和封锁，以及蒋介石的'消极抗日，积极反共'所造成的困难，为争取抗日战争的胜利奠定了基础。"浩然《车轮飞转》中："自力更生并不是容易做到的，眼下这个难关该怎么过去呢？"

【自卖自夸】zì mài zì kuā　自己卖什么夸什么好。比喻自我吹嘘。老舍《又是一年芳草绿》："真的，我是泄气，我看高尔基的胡子可笑。他老人家那股子自卖自夸的劲儿，打死我也学不来。"

【自鸣得意】zì míng dé yì　鸣：表示。自己表示称心如意。明·沈德符《万历野获编·昙花记》："一日遇屠于武林，命其家僮演此曲，挥策四顾，如辛幼安之歌'千古江山'，自鸣得意。"《孽海花》一九回："那里知道几个有名的，如素云是袁尚秋替他招呼，怡云是成伯怡代为道地，老先生还自鸣得意，说是风尘知己哩。"鲁迅《且介亭杂文末编·关于太炎先生二三事》："近有文侩，勾结小报，竟也作文奚落先生以自鸣得意。"周而复《上海的早晨》三部二七："他把头摇摇，自鸣得意，语调也随之变了，谦虚里流露出自满。"

【自命不凡】zì mìng bù fán　自命：自己认为。自以为不平凡。《聊斋志异·杨大洪》："大洪杨先生涟，微时为楚名儒，自命不凡。"鲁迅《南腔北调集·我怎么做起小说来》："倘将这些放在眼里，就要自命不凡，或觉得非自杀不足以谢天下的。"丰子恺《缘缘堂随笔·姓》："然而不拘我一向何等自命不凡地做着，总做不出一点姓丰的特色来。"魏巍《地球的红飘带》七："她的举止，无论步态和眼神，都流露出一种自命不凡的神气。"

【自欺欺人】zì qī qī rén　欺骗自己，也欺骗别人。宋·朱熹《朱子语类·大学五》："因说自欺欺人，曰：欺人亦是自欺，此又是自欺之甚者。"《老残游记》九回："宋儒要说中德不好色，非自欺而何？自欺欺人，不诚极矣！"鲁迅《华盖集·补白》："我们仔细查察自己，不再说谎的时候应该来了，一到不再自欺欺人的时候，也就是到了看见希望的萌芽的时候。"杨沫《青春之歌》二部三四章："他这种自欺欺人的论调虽然彻底被事实粉碎了，但是他那种'抵抗只有失败，不抵抗嘛，也许幸而生存'的理论还在廉价拍卖着。"

【自强不息】zì qiáng bù xī　自强：自己努力。息：停止。自己努力向上，不松懈。《周易·乾》："天行健，君子以自强不息。"宋·徐铉《巫马大夫碑铭》："夙兴夜寐，自强不息。"闻一多《园内》："啊！'自强不息'的少年啊！谁是你的严师？若非这新生的太阳？"

【自取灭亡】zì qǔ miè wáng　指自己的所作所为导致自己的灭亡。《阴符经》卷下："沉水入火，自取灭亡。"《说岳全传》一六回："那兀术有五十余万人马，你有何本领，擅敢以少敌众，自取灭亡乎？"老舍《四世同堂》八六："日本的袭击美国是早在他意料之中，这是日本自取灭亡．"郭沫若《屈原》三幕："'嫫母有所美，西施有所丑'，不知道满足的人，实在是自取灭亡呀．"

【自然而然】zì rán ér rán　指某种情况是不经人力干预而形成的。唐·无名氏《无能子·真修》："夫鸟飞于空，鱼游于渊，非术也，自然而然也。"《西游记》三二回："若功成之后，万缘都罢，诸法皆空。那时节，自然而然，却不是身闲也？"鲁迅《呐喊·阿Q正传》四章："他又翻身便走，自然而然的走出后门，不多工夫，已在土谷祠内了。"艾芜《南行记·我诅咒你那么一笑》："幸福的旅人哟，我们这两个闯入者，要来踏碎你们的好梦了。这样欣然地想着，足步便自然而然地轻了起来。"

【自生自灭】zì shēng zì miè　自己生长，自己趋于灭亡。形容自然发展，无人过问。唐·白居易《山中五绝句·岭上云》："自生自灭成何事，能逐东风作雨无？"李劼人《大波》三部一〇章："断没有端大人独自走了，而将鄂军留在四川，听其自生自灭之理。"陈忠实《白鹿原》三〇章："种种猜测自生自灭，哪种说法都得不到确凿的证实。"

【自食其果】zì shí qí guǒ　果：后果。指自己做了坏事，反而害了自己。老舍《四世同堂》九八："她早就知道，肆意侵略的人到头来准自食其果。"

【自食其力】zì shí qí lì　依靠自己的劳动养活自己。《东周列国志》八六回："又公族五世以上者，令自食其力，比于编氓。"《聊斋志异·黄英》："自食其力不为贪，贩花为业不为俗。"鲁迅《南腔北调集·由中国女人的脚，推定中国人之非中庸，又由此推定孔夫子有胃病》："穷教员养不活老婆了，于是觉到女子自食其力说之合理，并且附带地向男女平权论点头。"巴金《随想录》六五："她既困难又坚决地冲出了旧家庭的樊笼，抛弃了富家少奶奶的豪华生活，追求知识，自食其力．"

【自食其言】zì shí qí yán　自己吃掉自己说的话。指说话不算数，不守信用。《醒世恒言》卷二："我若今日复出应诏，是自食其言了。"《野叟曝言》一一七回："朕于青宫已言之矣，先生肯令朕自食其言乎？"刘绍棠《蒲柳人家》一一："等花鞋杜四一走，麻雷子便自食其言，大块吃肉，大口喝酒。"

【自始至终】zì shǐ zhì zhōng　从开始到末了。指一贯如此。《宋书·谢灵运传》："以晋氏一代，自始至终，竟无一家之史。"《东周列国志》七五回："左右进退，回旋往来，皆中绳墨，毫发不差，自始至终，寂然无声。"《官场现形记》一五回："捕快问他，不敢不说实话，先把怎样输钱，怎么偷钱，自始至终说了一遍。"鲁迅《彷徨·伤逝》："我看见我是一个卑怯者，应该被摈于强有力的人们，无论是真实者、虚伪者。然而她却自始至终，还希望我维持较久的生活……"

【自私自利】zì sī zì lì　指私心很重，只为个人的利益打算。宋·朱熹《朱子语类·孟子五》："墨氏见世间人自私自利，不能及人，故欲兼天下之人人而尽爱之。"《野叟曝言》八七回："自私自利之见蟠结于中，岂有育万物之理乎？"鲁迅《华盖集·通讯》："现在常有人骂议员，说他们收贿，无特操，趋炎附势，自私自利。"茅盾《虹》二："真爱一个人是要从她的幸福上打算，不应该从自私自利上着想。"

【自所难免】zì suǒ nán miǎn　见"在所难免"。

【自讨苦吃】zì tǎo kǔ chī　讨：招惹。指本来没事，自己却偏去惹麻烦。《镜花缘》二七回："老夫原知传方是件好事，但一经通行，家中缺了养赡，岂非自讨苦吃么？"鲁迅《华盖集·这个与那个》："中国人的自讨苦吃的根苗在于捧，'自求多福'之道却在于挖。其实，劳力之量是差不多的,但从惰性太多的人们看来,却以为还是捧省力。"钱钟书《围城》五:"要不得!新鲜空气是开胃健脾的,你真是自讨苦吃。"

【自讨没趣】zì tǎo méi qù 讨:招惹。指做事不妥当,反而让自己受窘。姚雪垠《李自成》三卷三三章:"自古圣人制礼,嫡庶分明。何况她还是李闯王的义女,闯王拿她同千金小姐一样嫁出来。她如果不给面子,你不是自讨没趣?"严文井《春节忆父亲》:"我不过年,不想给人家拜年,也不愿意人家给我拜年。希望来拜年的人不必进屋自讨没趣。"

【自投罗网】zì tóu luó wǎng 罗:捕鸟的网。三国魏·曹植《野田黄雀行》:"不见篱间雀,见鹞自投罗。"后用"自投罗网"比喻自己进入对方设下的陷井。《镜花缘》一〇回:"老夫为痴儿宾王所累,万不能复回故土,自投罗网。"李劼人《大波》二部五章:"我也是这么想的,与其去了自投罗网,不如不去的好。"姚雪垠《李自成》一卷一五章:"刚才闯王对大家说的话也是提防万一他的妙计漏出一点马脚,被奸细报给郝摇旗,郝就不会来自投罗网了。"

【自我陶醉】zì wǒ táo zuì 陶醉:满意地沉醉于某种思想或境界中。指不客观地过于自我欣赏。郭沫若《批评与梦》:"稿初成时,一时高兴陷入自我陶醉的境地。"巴金《随想录》二七:"我们应当鼓足干劲,充满信心,但是绝不能够自我陶醉,忘记昨天。"

【自我作古】zì wǒ zuò gǔ 作古:创始。由我创始。指不沿袭古人。唐·卢照邻《乐府杂诗序》:"其有发挥新题,孤飞百代之前;开凿古人,独步九流之上。自我作古,粤在兹乎!"也作"自我作故"。唐·刘知几《史通·世家》:"夫史之篇目,皆迁所创,岂以自我作故,而名实无准。"

【自我作故】zì wǒ zuò gù 见"自我作古"。

【自相残害】zì xiāng cán hài 指自己内部互相残杀。《三国演义》一三回:"臣有一计:先令二贼自相残害,然后诏曹操引兵杀之,扫清贼党,以安朝廷。"《说岳全传》三三回:"刘豫父子投顺金邦,那兀术甚不喜他。本帅已定计令他自相残害。"也作"自相残杀"。《孽海花》二九回:"现在黄族濒危,外忧内患,岂可同室操戈,自相残杀乎!"郭沫若《屈原》四幕:"张仪就是那样的一位连横家,他专门挑拨我们关东诸侯自相残杀,好让秦国来个别击破,并吞六国。"欧阳山《三家巷》一七六:"如今大敌当前,切不可自相残杀。"

【自相残杀】zì xiāng cán shā 见"自相残害"。

【自相矛盾】zì xiāng máo dùn 矛:长矛,一种用以刺杀的武器。盾:盾牌,一种用以抵挡刺杀、保护自己的武器。《韩非子·难一》:"楚人有鬻楯与矛者,誉之曰:'吾楯之坚,物莫能陷也。'又誉其矛曰:'吾矛之利,于物无不陷也。'或曰:'以子之矛,陷子之楯,何如?'其人弗能应也。夫不可陷之楯与无不陷之矛,不可同世而立。"楯:同"盾"。后用"自相矛盾"比喻言行前后抵触。《魏书·明亮传》:"辞勇及武,自相矛盾。"《红楼梦》一回:"逐一看去,悉皆自相矛盾、大不近情理之话。"鲁迅《热风·估〈学衡〉》:"总之,诸公掊击新文化而张皇旧学问,倘不自相矛盾,倒也不失为其一种主张。"茅盾《蚀·动摇》五:"他们的一切的话,投射在她心上,起了各式各样的反应,但都是些模模胡胡的,自相矛盾的,随起随落的感想。"

【自相鱼肉】zì xiāng yú ròu 鱼肉:像宰割鱼肉那样残害别人。指自己内部互相残杀。《资治通鉴·晋孝武帝太元十年》:"君所见殊误,当今岂可自相鱼肉。"

《东周列国志》七九回:"是时,晋顷公失政,六卿树党争权,自相鱼肉。"

【自行其是】zì xíng qí shì　是:正确。自己实行认为正确的。形容固执己见。李英儒《野火春风斗古城》一章:"他清楚地知道,大女儿'刁',小女儿'娇'。娇的他舍不得管,刁的他不敢管,只好冷眼看着她们自行其是了。"

【自言自语】zì yán zì yǔ　自己对自己说话。《京本通俗小说·碾玉观音》:"一个妇女摇摇摆摆从府堂里出来,自言自语,与崔宁打个胸厮撞。"《警世通言》卷三九:"女子上轿来,见赵安抚引入花园。见小衙内在亭子上,自言自语,口里酒香喷鼻。"《红楼梦》五七回:"紫鹃停了半晌,自言自语的说道:'一动不如一静。我们这里就算好人家,别的都容易,最难得的是从小儿一处长大,脾气情性都彼此知道的了。'"鲁迅《呐喊·风波》:"七斤嫂站起身,自言自语的说,'这怎么好呢?这样的一班老小,都靠他养活的人,……'"巴金《家》二六:"接着她又听见他放下笔,用惊讶的声音自言自语:'怎么就两点钟了?……明早晨八点钟还有课。……'"张天翼《速写三篇·"新生"》:"'我恐怕是在做梦……'他糊里糊涂地自言自语着。"

【自以为得计】zì yǐ wéi dé jì　以为:认为。得计:计谋得逞。唐·韩愈《柳子厚墓志铭》:"此宜禽兽夷狄所不忍为,而其人自视以为得计。"后用"自以为得计"指自己认为自己的计谋得逞。含贬义。宋·汪藻《奏论吕源除两浙转运使、姜仲谦除转运副使不当状》:"倚托权势,傲睨视人,施施然自以为得计。"《警世通言》卷一八:"鲜于同又得了这个利息,自以为得计。"王火《战争和人》(一)卷八:"但是,目前的处境,政治、经济上的严重压力一起迫来,大局的阢陧,管仲辉那番谈话的冲击,都使他选择了回上海的道路,而且自以为得计。"

【自以为是】zì yǐ wéi shì　以为:认为。是:正确。认为自己是对的。形容主观、不虚心。《孟子·尽心下》:"自以为是,而不可以入尧舜之道。"《警世通言》卷四:"荆公自以为是,复倡为三不足之说。"《孽海花》一回:"而且那岛从古不与别国交通,所以别国也不晓得他的名字。从古没有呼吸自由的空气,那国民却自以为是。"鲁迅《华盖集·并非闲话二》:"然而人是总是自以为是的,这也许正是逃避被淘汰的一条出路。"杨沫《青春之歌》二部五章:"情况这样紧,你为什么还这样自以为是?"

【自由自在】zì yóu zì zài　形容没有任何拘束和限制。唐·慧能《六祖大师法宝坛经·顿渐品》:"自由自在,纵横尽得,有何可立?"《西游记》一回:"我等日日欢会,在仙山福地,古洞神洲,不伏麒麟辖,不伏凤凰管,又不伏人间王位所拘束,自由自在,乃无量之福。"鲁迅《准风月谈·同意和解释》:"总之,要自由自在的吃牛肉、骑马等等,就必须宣布自己是上司,别人是下属;或是把人比做动物,或是把自己作为天使。"张恨水《啼笑因缘》一回:"樊家树平常出去游览,都是这里的主人翁表兄陶伯和相伴,到底有些拘束,今天自己能自由自在的去游玩一番,比较的痛快,也就不嫌寂寞,坐着车子直向天桥而去。"

【自圆其说】zì yuán qí shuō　圆:周全。指让自己的话没有一点漏洞。《官场现形记》五五回:"踌躇了好半天,只得仰承宪意,自圆其说道:'职道的话原是一时愚昧之谈,作不得准的。'"鲁迅《南腔北调集·答杨邨人先生公开信的公开信》:"恐怕先生是自以为永久诚实的罢,不过因为急促的变化、苦心的躲闪,弄得左支右绌,不能自圆其说,终于变成废话了。"周而复《上海的早晨》二部五一:"那些检举数字怎么得出来的呢? 他不能自圆其说。"

【自怨自艾】 zì yuàn zì yì 自怨:悔恨自己的错误。自艾:改正自己的错误。原指悔恨并且改正自己的错误,后多指悔恨。《孟子·万章上》:"三年,太甲悔过,自怨自艾。"《封神榜》二一六回:"效学那,先君太甲悔罪过,自怨自艾在深宫。"《野叟曝言》八四回:"素臣正在自怨自艾,只听耳中一片喧嚷,说:'娘娘钧令:小心救护文相公!'"鲁迅《集外集·"音乐"?》:"但倘有不知道自怨自艾的人,想将这位先生'送进疯人院'去,我可要拼命反对,尽力呼冤的。"沈从文《牛》:"他在叙述这故事中,不缺少自怨自艾的神气。"〔注意〕艾,不读 ài。

【自在逍遥】 zì zài xiāo yáo 见"逍遥自在"。

【自知之明】 zì zhī zhī míng 《老子·二十三章》:"知人者智,自知者明。"后用"自知之明"指了解自己,对自己有正确的估计。宋·苏轼《与叶进叔书》:"仆闻有自知之明者,乃所以知人。"《二十年目睹之怪现状》一○一回:"我们年纪大的人,最要有自知之明。"鲁迅《呐喊·端午节》:"只是每到这些时,他又常常喜欢拉上中国将来的命运之类的问题,一不小心,便连自己也以为是一个忧国的志士;人们是每苦于没有'自知之明'的。"周而复《上海的早晨》四部五六:"别的我不行,但是我还有点自知之明。"

【自作聪明】 zì zuò cōng míng 《尚书·蔡仲之命》:"康济小民,率自中,无作聪敏,乱旧章。"后用"自作聪明"指过高地估计自己,乱作主张。明·余继登《典故纪闻》卷四:"苟自作聪明,而不取众长,欲治道之成,不可得也。"《三侠五义》一一一回:"我五弟已然自作聪明,轻身丧命。"钱钟书《围城》九:"你总喜欢自作聪明,结果无不弄巧成拙。"陈忠实《白鹿

原》三〇章:"你不要自作聪明,也甭要无赖,说实话为好。"

【自作多情】 zì zuò duō qíng 指自以为重感情。沈从文《八骏图》:"得到那个短信时,达士先生看了看,以为这一定又是一个什么自作多情的女孩子写来的。"欧阳山《三家巷》一二一:"杨承荣这家伙傻头傻脑的,自作多情,你看怎么办?"李国文《冬天里的春天》二章:"她看他那副神魂颠倒的样子,便推开那束鲜花,告诉他:'不要自作多情吧!'"

【自作自受】 zì zuò zì shòu 指自己做了错事,自己承担后果。《五灯会元·投子山大同禅师》:"总是汝自生见解,担带将来,自作自受。我这里无可与汝,也无表无里,说似诸人,有疑便问。"《水浒传》二回:"若是打折了手脚,也是他自作自受。"《红楼梦》八一回:"事情又大,闹出来,外面也不雅,等他自作自受,少不得要自己败露的。"鲁迅《三闲集·在上海的鲁迅启事》:"因为这样在混饭吃,于是忽被推为'前驱',忽被挤为'落伍',那还可以说是自作自受,管他娘的去。"巴金《秋》一六:"这叫做自作自受,你气气他也好。"

【字里行间】 zì lǐ háng jiān 梁·简文帝《答新渝侯和诗书》:"风云吐于行间,珠玉生于字里。"后用"字里行间"指字句中间。《官场维新记》二回:"字里行间,略带些古文气息,方能中肯。"鲁迅《华盖集·这个与那个》:"据说,字里行间是也含着什么褒贬的,但谁有这么多的心眼儿来猜闷葫芦卢。"李劼人《大波》三部七章:"我们商量了一下,恐怕有什么暗号藏在字里行间,不易查出。"

【字斟句酌】 zì zhēn jù zhuó 斟、酌:指考虑、估计。一字一句地考虑、琢磨。《儿女英雄传》三八回:"安老爷说话,只管是这等字斟句酌,再不想一个跑堂儿的,他可晓得甚么叫作名胜!"周而复《上

海的早晨》三部四九："他字斟句酌地说，生怕说错了一个字。"

【恣睢暴戾】zì suī bào lì 见"暴戾恣睢"。

【恣意妄为】zì yì wàng wéi 恣：放肆。妄：乱。《汉书·杜周传》："曲阳侯根前为三公辅政，知赵昭仪杀皇子，不辄白奏，反与赵氏比周，恣意妄行。"后多作"恣意妄为"，指任意做坏事。《三国演义》一二〇回："恣意妄为，穷凶屯戍，上下无不嗟怨。"毛泽东《陕甘宁边区政府第八路军后方留守处布告》："察其原因，不外有少数顽固分子，不顾民族国家利益，恣意妄为。"

【综核名实】zōng hé míng shí 综：总括在一起。名：名称。实：内容。指全面考核事物的名称和内容。《汉书·宣帝纪赞》："孝宣之治，信赏必罚，综核名实。"也作"综名核实"。明·海瑞《政序》："今上爱民之心，宵旰勤恤，综核名实。"

【综名核实】zōng míng hé shí 见"综核名实"。

【总而言之】zǒng ér yán zhī 总：总括。把各方面的情况合在一起说。晋·仲长敖《覈性赋》："总而言之，少尧多桀。"《旧唐书·李百药传》："总而言之，爵非世及，用贤之路斯广。"《红楼梦》七一回："总而言之，为人是难作的。"鲁迅《而已集·答有恒先生》："总而言之，现在倘再发那些四平八稳的'救救孩子'似的议论，连我自己听去，也觉得空空洞洞了。"张天翼《速写三篇·包氏父子》："这是学校里的规矩，规矩，懂吧。总而言之，统而言之——各种费用都要一次缴齐，缴到市民银行里。"李劼人《大波》三部一章："总而言之，他近来好些举措，都难以常理测之。"

【纵横捭阖】zòng héng bǎi hé 纵：合纵，指战国时为抵抗秦国的进攻，其余六

国联合起来的策略。横：连横，指秦国为分化其余六国，使它们服从秦国，与秦国联合的策略。捭阖：开合。后指运用手段进行分化、联合。宋·朱熹《答汪尚书》之四："其徒如秦观、李廌之流，皆浮诞佻轻，士类不齿，相与扇纵横捭阖之辨，以持其说，而漠然不知礼义廉耻之为何物。"清·曹寅《读洪昉思思稗畦行卷感赠一首，兼寄赵秋谷宫赞》诗："纵横捭阖人间世，只此能消万古情。"姚雪垠《李自成》三卷九章："其实一部战国史，除写诸国不断战争之事外，就是写国与国之间的纵横捭阖。"王火《战争和人》（一）卷八："我向来谨小慎微，只求四平八稳，不求出人头地。可以著书立说，不能纵横捭阖。"

【纵横驰骋】zòng héng chí chěng 驰骋：（骑马）奔驰。❶形容作战英勇，所向无敌。姚雪垠《李自成》一卷一〇章："李自成已经杀败了马科和几员大将，在战场上纵横驰骋，所向无敌。"魏巍《东方》五部三章："但是它们刚才纵横驰骋时留下的一道道白色的烟带，仍然像一个孩子天真烂漫的画幅一样印在海蓝色的天上。"❷比喻文学创作能尽情发挥、无拘无束或思想感情奔放自如。宋·谢尧仁《张于湖先生集序》："以至唐末诸诗人，雕肝琢肺，求工于一言一字间，在于人力固可有恨，而概之前数公纵横驰骋之才，则又有间矣。"柯灵《题材问题一解》："作家应当有自在翱翔、纵横驰骋的广阔天地。"

【纵横交错】zòng héng jiāo cuò 形容交叉、错杂的样子。宋·吕祖谦《东莱博议》卷一："陪洙泗之席者入耳皆德音，纵横交错。"周而复《上海的早晨》三部二一："田野上纵横交错的大小河流，如同无数又长又大的玻璃组成，在下午炎人的阳光下反射着闪闪的亮光。"李英儒《野火春风斗古城》一四章："他们根本不

按队形走,纵横交错,唧唧喳喳,毫无秩序。"

【纵虎归山】 zòng hǔ guī shān 见"放虎归山"。

【走马观花】 zǒu mǎ guān huā 走马:骑马快跑。唐·孟郊《登科后》诗:"春风得意马蹄疾,一日看尽长安花。"后用"走马观花"比喻观察事物或了解情况不深入细致。《儿女英雄传》二三回:"列公听这部书,也不过逢场作戏,看这部书,也不过走马观花。"刘心武《栖凤楼》一八:"接待他的人带他在厂里走马观花,走着走着,忽然有一种似曾相识的气味,袭进了他的鼻腔。"也作"走马看花"。《野叟曝言》四七回:"走马看花未能领略,望勿介意。"巴金《随想录》一六:"在巴黎我遇见不少人,他们要我谈印象,谈观感。时间太短了,走马看花,匆匆一瞥,实在谈不出什么。"高云览《小城春秋》一三章:"可惜客人们缺乏欣赏家的兴致,只走马看花地过一下眼,就走出来了。"

【走马换将】 zǒu mǎ huàn jiàng 指临时改换管理人员。蒋子龙《一个工厂秘书的日记》:"改选调动,走马换将,是解决问题最简便的办法。大概古今中外都是如此。"

【走马看花】 zǒu mǎ kàn huā 见"走马观花"。

【走马上任】 zǒu mǎ shàng rèn 走马:骑马快跑。宋·孙光宪《北梦琐言》卷四:"青城县弥勒会妖人窥此声势,乃伪作陈仆射行李,云山东盗起,车驾必谋幸蜀,先以陈公走马赴任。"后多作"走马上任",指官吏就职。也泛指就任某一职位。《喻世明言》卷二〇:"陈巡检唤入,参拜毕。过了一夜,次日同夕兵吏卒走马上任。"《野叟曝言》八七回:"不意东宫欲令金相走马上任,小婿一时匆迫,说出二女,东宫立时传旨赐婚。"巴金《随想录》一〇二:"他在燕京大学学习了两个科目:

英语和英语教学,因此教英语他很有兴趣。他借了债,做了两套西装,准备'走马上任'。"刘玉民《骚动之秋》二一章:"帅府坐不住了,赢官拉上即将到水泥厂走马上任的吴海江,坐上小上海进山去。"

【走南闯北】 zǒu nán chuǎng běi 形容到过很多地方,阅历丰富。老舍《四世同堂》八四:"他走南闯北的去找战场,原来战场就在他的家里。"梁斌《红旗谱》三二:"春兰说'你去找忠大叔,那人走南闯北,心明眼亮,办事干脆,能说能行。'"莫应丰《鹿山之谜》引子:"三十年走南闯北,目睹了千千万万种变迁。"

【走投无路】 zǒu tóu wú lù 投:投奔。无路可走。比喻处境非常困难。《水浒传》五六回:"徐宁妻子并两个丫鬟如热整子上蚂蚁,走投无路。"《野叟曝言》一三〇回:"每日忧煎,容颜只顾消瘦,饮食只顾减少,吓得古心、素臣及合家眷属俱如热石上蚂蚁,走投无路。"鲁迅《呐喊·自序》:"因为那时读书应试是正路,所谓学洋务,社会上便以为是一种走投无路的人,只得将灵魂卖给鬼子,要加倍的奚落而且排斥的。"茅盾《蚀·动摇》一一:"你们逼得人家走投无路,不得不下死劲来反抗你们。"

【足不出户】 zú bù chū hù 指不出门。《二刻拍案惊奇》卷二九:"小生自此足不出户,口不轻言。"《花月痕》二三回:"古之君子,学足于己,足不出户,中外重之。"刘绍棠《瓜棚柳巷》三:"武大师姐一辈子不喜欢围着锅台转,只爱风来雨去下地耕、耩、锄、耪,也只得足不出户,养家、做饭、哄孩子,而且心甘情愿。"路遥《平凡的世界》(上)一章:"在这样雨雪交加的日子里,如果没有什么紧要事,人们宁愿一整天足不出户。"

【足智多谋】 zú zhì duō móu 足:充足,多。很有智谋,善于谋划。元·关汉卿《单刀会》三折:"那鲁子敬是个足智多谋的人。"《三国演义》一九回:"操曰:'公自谓足智多谋,今竟何如?'"《二十年目睹之怪现状》九七回:"亏得他足智多谋,见景生情,便想出一个法子来。"孙犁《白洋淀纪事·某村旧事》:"他父亲多病,娶了一房年轻的继母,这位继母足智多谋,一定要儿子回家,这也许是为了儿子的安全着想,也许是为家庭的生产生活着想。"沙汀《在其香居茶馆里》:"这个脸面浮肿,常以足智多谋自负的没落者的建议正投了主任的机,他是已经在考虑着这个必要的办法了。"

【钻冰求火】zuān bīng qiú huǒ　比喻做事方法、方向不对,不可能有成果。《云笈七签》卷一〇二:"钻冰求火,探巢捕鱼,不足言其无也。"也作"钻冰取火"。《西游记》二八回:"我这一去,钻冰求火寻斋至,压雪求油化饭来。"

【钻冰取火】zuān bīng qǔ huǒ　见"钻冰求火"。

【钻牛角尖】zuān niú jiǎo jiān　比喻死抠不值得研究的,以及无法解决的问题。也比喻思想固执、认死理儿。张洁《爱,是不能忘记的》:"可也许到了那时,便有了解脱这悲哀的办法!我为什么要钻牛角尖呢?"王火《战争和人》(三)卷五:"别在这种小地方纠缠、钻牛角尖!去过同没去过当然不同。"

【罪不容诛】zuì bù róng zhū　诛:处死。《孟子·离娄上》:"杀人盈城,此所谓率土地而食人肉,罪不容于死。"后用"罪不容诛"指杀了也抵不了其所犯罪行。形容罪大恶极。《汉书·王莽传上》:"兴兵动众,欲危宗庙,恶不忍闻,罪不容诛。"《三国演义》一四回:"吾奉天子诏,以讨不臣。汝今敢来相拒,罪不容诛。"姚雪垠《李自成》二卷一九章:"臣当时无知人之明,贸然推荐,实亦罪不容诛。"

【罪大恶极】zuì dà è jí　极:尽,达到

极点。指罪恶极大。宋·罗大经《鹤林玉露补遗》:"胁君误国,罪大恶极。"《野叟曝言》一〇三回:"岑浚匿黄骥、韦祖铉,筑石城于丹良,截江掠虏太守正妻,劫府县诸印,罪大恶极。"鲁迅《华盖集·"碰壁"之余》:"例如女师大——对不起,又是女师大——风潮,从有些眼睛看来,原是不值得提起的,但因为竟占去了许多可贵的东西,如'报纸的篇幅'青年的时间'之类,所以连《现代评论》的'篇幅'和西滢先生的时间也被拖累着占去一点了,而尤其罪大恶极的是触犯了什么'重男轻女'重女轻男这些大秘密。"马烽、西戎《吕梁英雄传》四三回:"像康顺风这样罪大恶极的汉奸,当时就应当让群众严格的审判。"

【罪恶滔天】zuì è tāo tiān　滔天:充满天空,比喻罪很大。指罪恶极大。宋·周密《齐东野语·景定彗星》:"今开庆误国之人,罪恶滔天。"《西游记》八回:"那厮乃花果山产的一妖猴,罪恶滔天,不可名状。"李国文《冬天里的春天》四章:"他敢对这些杀气腾腾的人们讲'三十年代'四个字吗?罪恶滔天,那还了得?"

【罪该万死】zuì gāi wàn sǐ　《汉书·东方朔传》:"粪土愚臣,忘生触死,逆盛意,犯隆指,罪当万死。"后多作"罪该万死",指按其罪恶应该死多次。形容罪恶极大。《水浒传》九七回:"宋江看孙安轩昂魁伟,一表非俗,下阶迎接。孙安纳头便拜道:'孙某抗拒大兵,罪该万死!'"《醒世恒言》卷一二:"常言道,王言如天语,违背圣旨,罪该万死。"《说岳全传》一三回:"公子道:'家父卧病在床,不能接旨,罪该万死!'"姚雪垠《李自成》一卷一章:"微臣身为本兵,不能克期荡平流贼,外征逆虏,实在罪该万死。"刘绍棠《村妇》卷二:"'知罪,知罪!'大昌哈腰低头,像一只红烧大虾,'罪该万死,罪该万死。'"

【罪加一等】zuì jiā yī děng　指加重惩

处。《三侠五义》八二回："这倒为了难了。不报罢，又怕罪加一等。"刘玉民《骚动之秋》一〇章："匿名告状，罪加一等，这是上了宪法大纲的！"

【罪魁祸首】zuì kuí huò shǒu 魁、首：头目。指作恶的首要分子。《野叟曝言》一三六回："镇海寺僧源一与己立异，势促且孤，况源一有勇无谋，卒然一发，徒呈意气之私，其亡可待，将来罪魁祸首反在自己身上，老大着急。"鲁迅《伪自由书·后记》："当时也许有和编辑者往复驳难的文章，但我没有留心，因此就没有收集。现在手头的只有《社会新闻》，第三卷十三期（五月九日出）里有一篇文章，据说是罪魁祸首又是我。"李劼人《大波》二部四章："我们设若追究起四川这次争路风潮，王采帅确乎是个罪魁祸首。"莫应丰《将军吟》一八章："是你首先把消息带回文工团，并且告诉大家，罪魁祸首就是彭其。"

【罪孽深重】zuì niè shēn zhòng 罪孽：迷信指应受到报应的罪恶。宋·欧阳修《与十四弟书》："某罪逆深重，不自死灭。"后作"罪孽深重"，指罪恶很大。清·洪昇《长生殿·埋玉》："念杨玉环呵，罪孽深重，罪孽深重，望我佛度脱咱。"鲁迅《且介亭杂文二集·陀思妥夫斯基的事》："到后来，他竟作为罪孽深重的罪人，同时也是残酷的拷问官而出现了。"

【罪上加罪】zuì shàng jiā zuì 罪恶上又加上罪恶。指罪恶更加深重。《东周列国志》六四回："小人有老母，今年七十八岁，又有幼子娇妻，岂肯罪上加罪，作此不忠不孝之事？"《官场现形记》一六回："家里还有八十三岁的老娘，晓得我做了贼，丢掉官是小事，他老人家一定要气死的，岂不是罪上加罪？"

【罪有应得】zuì yǒu yīng dé 指所受的惩罚是应该的，没有被冤枉。《官场现形记》二〇回："今日卑职故违大人禁令，自知罪有应得。"鲁迅《且介亭杂文·隔膜》："进言者方自以为在尽忠，而其实却犯了罪，因为另有准其讲这样的话的人在，不是谁都可说的。一乱说，便是'越俎代谋'，当然'罪有应得'。"叶文玲《心香》："这种精神上的酷刑真是无法言喻，看来，我是罪有应得！"

【罪有攸归】zuì yǒu yōu guī 攸：所。指罪责应有人承担。《封神演义》二回："往惩其忤，毋得宽纵，罪有攸归。"

【醉生梦死】zuì shēng mèng sǐ 指糊里糊涂地生活，像在酒醉和睡梦之中。宋·程颐《明道先生行状》："虽高才明智，胶于见闻，醉生梦死，不自觉也。"《孽海花》一回："谁知那一般国民，还是醉生梦死，天天歌舞快乐。"鲁迅《集外集拾遗补编·季廉来信按语》："近来声说这里有'革命文学家'因为'语丝派'中人，在北京醉生梦死，不出来'革命'，恨不用大炮打掉北京。那么，这里大约是好得很罢？要不然，他们为什么这样威武呢？"茅盾《虹》一〇："你没有看见两大公司门前往来的仍旧是些醉生梦死的行尸走肉么？"

【醉翁之意不在酒】zuì wēng zhī yì bù zài jiǔ 宋·欧阳修《醉翁亭记》："醉翁之意不在酒，在乎山水之间也。"后指本意不在这一方面，而在其他方面。元·刘因《饮仲诚椰瓢》："醉翁之意不在酒，宛如琴意非丝桐。"《孽海花》三四回："这台花酒，本是皓东替云衢解闷而设，如今陈千秋的行踪已在无意中探得，又接到了党中要电，醉翁之意不在酒，但既已到来，也只好招呼摆起台面，照例的欢呼畅饮，征歌召花，热闹了一场。"周而复《上海的早晨》三部二七："我看工商界代表这次去北京，醉翁之意不在酒，工商联的组织已经定局了，这方面大家并不重视。"魏巍《东方》二部一〇章："就是一个排483行，只要歼灭得彻底。反正我们这一次是醉翁之意不在酒呵！"

【尊贤礼士】 zūn xián lǐ shì 见"敬贤礼士"。

【尊贤使能】 zūn xián shǐ néng 指尊重、任用品行好、有才能的人。《吕氏春秋·先己》:"尊贤使能,期年而有扈氏服。"《东周列国志》四七回:"臣曾佐子余之军,与其子盾相善,极知盾贤而且能。夫尊贤使能,国之令典。君有择帅,无如盾者。"

【遵时养晦】 zūn shí yǎng huì 见"遵养时晦"。

【遵养时晦】 zūn yǎng shí huì 遵:遵循。养:保养。时:时势。晦:韬晦。指顺应时势变化,暂时退隐以等待时机。《诗经·周颂·酌》:"于铄王师,遵养时晦。"《旧五代史·唐书·李日传》:"琪虽博学多才,拙于遵养时晦,知时不可为,然犹多岐取进。"《花月痕》一四回:"雨槛弄花,风窗展卷,遵养时晦,与古为徒,这也省却多少事。"也作"遵时养晦"。明·汤显祖《答王宇泰太史》:"门下且宜遵时养晦,以存其真。"

【左道旁门】 zuǒ dào páng mén 见"旁门左道"。

【左辅右弼】 zuǒ fǔ yòu bì 辅、弼:古代辅助君王的重臣。泛指起重要辅助作用的人物。《晋书·潘尼传》:"左辅右弼,前疑后丞,一日万机,业业兢兢。"《孽海花》二七回:"两公左辅右弼,折冲御侮,是此次中堂一行,实中国四万万人所托命。"姚雪垠《李自成》二卷四一章:"他们将来会是李闯王的左辅右弼。"

【左顾右盼】 zuǒ gù yòu pàn 顾:回头看。盼:看。向左右两边看。形容得意、犹豫、仔细观察等神态。唐·李白《走笔赠独孤驸马》诗:"银鞍紫鞚照云日,左顾右盼生光辉。"《警世通言》卷四〇:"却说郭璞先生,行到山麓之下,前后观察,左顾右盼。"《野叟曝言》五七回:"鸾吹、素文握手殷勤,缠绵不已,任夫人左顾右盼,心花俱放。"周而复《上海的早晨》四部三八:"一提到人事安排,马慕韩左顾右盼,洋洋得意。"欧阳山《三家巷》一六六:"她从对面的方向缓缓地向他走来,走路的时候左顾右盼,心神不定。"

【左邻右舍】 zuǒ lín yòu shè 指周围的邻居。《京本通俗小说·错斩崔宁》:"可怜崔宁和小娘子受刑不过,只得屈招了……左邻右舍都指画了个十字。"《西游记》一八回:"他如今又会弄风,云来雾去,走石飞砂,唬得我一家并左邻右舍,俱不得安生。"《花月痕》二八回:"你老爷是不便出头替他说话,我们左邻右舍都帮得他去见官理论呢。"浩然《响午》:"我很注意听别人对你的反映,我还专门跟左邻右舍的人问过。"莫应丰《老百姓的节日》二:"我当了这个干部,左邻右舍也只好公事公办。"

【左右逢源】 zuǒ yòu féng yuán 源:水源。也作"原"。《孟子·离娄下》:"资之深,则取之左右逢其原。"原指做学问如果有丰富的知识积累,那么在需要的时候就能取之不尽。后用"左右逢源"比喻做事很顺利。宋·卫宗武《张石山戏笔序》:"方其好之也,则其为物所戏,久之而心与手应,手与物忘,出奇入神,左右逢原,而物反为我所戏矣。"《野叟曝言》五七回:"东方侨文章经济俱有根底,当不得素臣是胸罗星斗、学究天人的本领,议论起来,真如灌溜抉笨,左右逢源。"茅盾《虹》九:"因为是目前的环境人物都和从前的不同,因而不能左右逢源的顺应。"梁实秋《雅舍小品·厨房》:"在厨做饭的人真有左右逢源进退自如之感。"也比喻办事圆滑。王火《战争和人》(一)卷七:"别看他如今是银行家,他可是一个能左右逢源、通天通地的人物呢!"

【左右为难】 zuǒ yòu wéi nán 指无论怎样都有难处。《野叟曝言》一一八回:

"始升进来复苦切劝谏,也说是天子左右为难。"钱钟书《围城》九:"鸿渐柔嘉两人左右为难,受足了气,只好在彼此身上出气。"杜鹏程《保卫延安》五章:"他脑子飞转,前思后想,左右为难。"

【左支右绌】zuǒ zhī yòu chù 支:支撑。绌:不足。应付了这边,那边又有了问题。指力量不足。明·陈子龙《议财用》:"饷不为少矣,而左支右绌,以至今日。"《野叟曝言》一〇五回:"贼心一乱,义兵一起,逆藩左支右诎(绌),不能专力于内,便可迁延时日。"鲁迅《南腔北调集·答杨邨人先生公开信的公开信》:"恐怕先生是自以为永久诚实的罢,不过因为急促的变化、苦心的躲闪,弄得左支右绌,不能自圆其说,终于变成废话了。"

【作壁上观】zuò bì shàng guān 壁:营垒的围墙,这里指营垒。《史记·项羽本纪》:"当是时,楚兵冠诸侯。诸侯军救钜鹿下者十余壁,莫敢纵兵。及楚击秦,诸将皆从壁上观。"后用"作壁上观"比喻坐观成败,不肯出力帮助争斗者中的一方。《花月痕》五〇回:"可笑当事的人,尚复唯唯诺诺,粉饰升平,袖手作壁上观。"梁实秋《雅舍小品·狗》:"骂的是狗,用的是让我所能听懂的语言。那弦外之音是:'我已尽了管束之责了,你如果被狗吃掉莫要怪我。'然后他就像是在罗马剧场里看基督徒被猛兽扑食似地作壁上观。"姚雪垠《李自成》二卷二章:"官军与李自成一旦交战,文富无路效力,只好作壁上观了。"

【作法自毙】zuò fǎ zì bì 法:法律。毙:死,指受害。《史记·商君列传》:"商君亡至关下,欲舍客舍。客人不知其是商君也,曰:'商君之法,舍人无验者坐之。'商君喟然叹曰:'嗟乎,为法之敝一至此哉!'"后用"作法自毙"指自己立法,自己受害。宋·庄绰《鸡肋编》卷中:"章谊宜叟侍郎,有田在明州。绍兴二年出租,预买绢三匹,三年增九匹,叹其赋重。从兄彦武在旁曰:'此作法自毙之过也。'"《二十年目睹之怪现状》一三回:"怎奈此时官场中人,十居其九是吃烟的,那一个肯建这个政策作法自毙呢?"欧阳山《三家巷》一〇五:"想不到这回到底是作法自毙了,自己也掉到陷坑里面去了。"

【作奸犯科】zuò jiān fàn kē 作奸:做坏事。犯科:触犯法律条文。指为非作歹,违法乱纪。三国蜀·诸葛亮《前出师表》:"若有作奸犯科及为忠善者,宜付有司,论其刑赏。"梁实秋《雅舍小品·头发》:"令人难解的是一身渍泥儿的各行各业的工人也蓄起长发了。尤其是所谓不良少年和作奸犯科的道上人物也几乎没有一个不是长毛儿。"李劼人《死水微澜》二部八:"至于近年,教民二字,竟成了护身之符,官吏不能治,王法不能加,作奸犯科,无所不用其极。"

【作茧自缚】zuò jiǎn zì fù 缚:束缚。蚕吐丝作茧,把自己包在里面。比喻自己使自己受困。宋·陆游《书叹》诗:"人生如春蚕,作茧自缠裹。"茅盾《腐蚀·九月十九日》:"我不怕我自己'应付'的手段不高妙,我却怕我这空虚的心会被幻象所填满,——我竟自感到'作茧自缚'的危险了。"从维熙《落红》四:"我何必作茧自缚,这么不识时务呢?"

【作威作福】zuò wēi zuò fú 《尚书·洪范》:"惟辟作福,惟辟作威。"原指只有国君才能行赏罚,揽权威。后用"作威作福"指妄自尊大,滥用权势。《汉书·王商传》:"窃见丞相商作威作福,从外制中,取必于上,性残贼不仁。"《梁书·武帝论》:"然朱异之徒,作威作福,挟朋树党,政以贿成。"《官场现形记》二四回:"下游原有一个总办,见他如此作威作福,心上老大不高兴。"李英儒《野火春风斗古城》九章:"这些家伙,平素蹲在炮楼里,作威作福，称王称霸。"魏巍《东方》六部九章："你们这些人，就是做梦，也没有忘记作威作福的生活。"

【坐吃山空】zuò chī shān kōng　指光是消耗而不生产，即使有堆积如山的财物，也会用尽。《京本通俗小说·错斩崔宁》："姐夫，你须不是这等算计。'坐吃山空，立吃地陷'，……你须计较一个常便。"《儒林外史》二七回："只得这二十两银子，要团弄这班子弄行头，是弄不起；要想做个别的小生意，又不在行；只好坐吃山空。"巴金《家》三三："像你这样花钱如水，坐吃山空，我问你，还有几年好花？"王火《战争和人》（二）卷五："上海物价大涨，我们缺少财源，只出不进，总将坐吃山空。"

【坐地分赃】zuò dì fēn zāng　坐地：固定在某个地方。赃：赃物，指窃来的财物。原指盗贼固定在某处瓜分赃物。后多指匪首等在家里分取同伙盗窃的赃物。《品花宝鉴》二三回："挤他不相好的，荐他相好的，荐得一两个出去，他便坐地分赃。"姚雪垠《长夜》四〇："老子当蹚将固然是杀人放火，可是也有时替天行道。你们披着军队皮，光会祸国殃民，坐地分赃！"

【坐而论道】zuò ér lùn dào　《周礼·考工记序》："国有六职，百工与居一焉。或坐而论道，或作而行之。"原指陪君王谈论政事。后指空谈大道理而不见行动。《三国演义》一〇三回："是故古人称：坐而论道，谓之三公。"李劼人《暴风雨前》三部四："他们……只是做做文章，坐而论道的角色。并且又迂腐，又拘束。"王蒙《青春万岁》一："我们出去玩吧，不在这里'坐而论道'了。"

【坐观成败】zuò guān chéng bài　指冷眼旁观别人的成功、失败而不相助。《史记·田叔列传》："是乃吏也，见兵事起，欲坐观成败，见胜者欲合从之，有两心。"《三国演义》九八回："陆逊亦知其意，故假作兴兵之势以应之，实是坐观成败耳。"《说岳全传》六〇回："你官居显爵，不思发兵扫北，以报国恩，反按兵不动，坐观成败。"

【坐怀不乱】zuò huái bù luàn　《荀子·大略》载：传说春秋时鲁国柳下惠夜宿城门，有一女子因赶不上进城，就来求与柳下惠同宿。柳下惠怕冻坏了她，就用自己的衣服она裹在怀里，过了一夜，却未发生任何越轨行为。后用"坐怀不乱"形容男子作风正派，不为女色所动。《金瓶梅》五七回："其实水秀才原是坐怀不乱的，若哥请他来家，凭你许多丫头小厮，来来去去，你看水秀才见么？再不乱的。"《野叟曝言》二五回："妾等俱沐相公救命之恩，素知相公是坐怀不乱的正人，连日辛苦已极，正该歇息，容妾等炕边守，也是无碍。"

【坐井观天】zuò jǐng guān tiān　唐·韩愈《原道》："坐井而观天，曰天小者，非天小也。"后用"坐井观天"比喻眼界不开阔，见识不广。《西游记》八〇回："师父这话，也不像个走长路的，却似个公子王孙，坐井观天之辈。"姚雪垠《李自成》一卷一九章："咱们应该多知道一些朝廷的虚实情形。坐井观天，闷在鼓里，怎么行？"古华《话说〈芙蓉镇〉》："甚至还坐井观天地自信自己经历的这点生活、认识的这点社会和人生，是前人——即便是古代的哲人们所未见、所未闻的，不写出来未免可惜。"

【坐冷板凳】zuò lěng bǎn dèng　比喻受到冷落，不被重用。王火《战争和人》（二）卷一："你要是胆量大，像立苏那样，早就升大官发大财了，也不会老是坐冷板凳。"

【坐立不安】zuò lì bù ān　坐也不是，站也不是。形容心情紧张或烦躁。《水浒传》四〇回："自从哥哥吃官司，兄弟坐立不安，又无路可救。"《二刻拍案惊奇》卷一〇："走来回覆众人，大家疑惑，就像热盘子蚁子，坐立不安。"《儒林外史》二一回："却是有劳的紧了，使我多汉坐立不安。"丰子恺《缘缘堂随笔·自然》："因为普通人坐在照相镜头前面被照的时间，往往起一种复杂的心理，以致手足无措，坐立不安，全身紧张得很，故其姿态极不自然。"钱钟书《围城》七："鸿渐急得坐立不安，满屋子的转。"

【坐山观虎斗】zuò shān guān hǔ dòu 《战国策·秦策二》："有两虎诤人而斗者，管庄子将刺之，管与止之曰：'虎者，戾虫，人者，甘饵也，今两虎诤人而斗，小者必死，大者必伤。子待伤虎而刺之，则是一举而兼两虎也，无刺一虎之劳，而有刺两虎之名。'"诤：通"争"。后用"坐山观虎斗"比喻坐看别人争斗，待两败俱伤时再从中取利。《红楼梦》六九回："凤姐虽恨秋桐，且素借他先可发脱二姐，自己且抽头，用'借剑杀人'之法，'坐山观虎斗'。"高云览《小城春秋》三章："现在一看双方都大打出面，也就乐得暂时来个坐山观虎斗了。"姚雪垠《李自成》二卷一章："虽说宋文富兄弟坐山观虎斗，可是咱们已经断定他们是在等时机，观风向。"

【坐失良机】zuò shī liáng jī 指不主动采取行动而失掉好机会。李国文《冬天里的春天》三章："应该飞起一脚，踢他下水，或者顺势牵羊，先下了麻皮阿六的枪，但是他坐失良机，竟在舱顶上给匪首留下立脚之地。"

【坐视不救】zuò shì bù jiù 坐着旁观别人受难，而不救助。宋·洪迈《夷坚志补·褚大震死》："[褚大]凶愎不孝，乡里恶之。母尝堕水中，坐视不救，有他人援之，反加诟骂而殴之。"元·郑德辉《㑇梅香》二折："小生现在颠沛之间，小娘子争忍坐视不救？"《东周列国志》三四回："吾

等与宋，俱有同盟之谊，若坐视不救，惟知奉楚，恐天下豪杰耻笑。"《野叟曝言》五五回："十日之后，二女即锁解入京，拙夫将身重辟，贤婿至戚，何忍坐视不救？"巴金《春》一四："现在她们真的跟着他的脚迹走了。他能够坐视不救么？"高云览《小城春秋》三八章："无论如何，他是我们的老朋友，我不能坐视不救。"

【坐收渔利】zuò shōu yú lì 见"坐收渔人之利"。

【坐收渔人之利】zuò shōu yú rén zhī lì 《战国策·燕策二》："蚌方出曝，而鹬啄其肉，蚌合而拑其喙。……两者不肯相舍，渔者得而并禽之。"后用"坐收渔人之利"比喻利用他人之间的矛盾获得利益。邓友梅《那五》六："大凡有人骂的，相应就会有人捧，他们斗气儿，您坐收渔人之利，岂不大喜？"张洁《红蘑菇》："往坏说就是挑动群众斗群众，以便坐收渔人之利。"也作"坐收渔利"。艾纳《新事旧编》："骑虎难下，正好，让我慢慢来个坐收渔利。"

【坐卧不安】zuò wò bù ān 坐也不是，卧也不是。形容十分难受、忧虑、心烦的样子。《周书·姚僧垣传》："大将军、襄乐公贺兰隆先有气疾，加以水肿，喘息奔急，坐卧不安。"《喻世明言》卷三："听闻贵恙忽火疼痛，使妾坐卧不安。"《花月痕》四四回："到了二十八这日，秋痕车中心惊肉跳，坐卧不安。"浩然《行人》："白秀云又是恐慌又是高兴，好几天她都坐卧不安。"邓一光《我是太阳》四部四："听不见前线调兵遣将的消息，关山林坐卧不安，整天心不在焉的。"

【坐享其成】zuò xiǎng qí chéng 成：成果。指不出力却享受他人的劳动成果。明·王守仁《与顾惟贤书》："闽广之役，偶幸了事，皆诸君之功，区区盖坐享其成者。"夏衍《〈新华日报〉及其他》："他们都以为这个计划很精明，可以坐享其

成。"陈国凯《两情若是久长时》五:"你无需发什么愁,一切我都给你计划好了。老爷,坐享其成吧!"

【坐以待毙】 zuò yǐ dài bì 待:等。毙:死。比喻面临险境,不积极采取措施,听任事态发展。以,也作"而"。《资治通鉴·后汉隐帝乾祐二年》:"若以此时翻然改图,朝廷必喜,自可不失富贵,孰与坐而待毙乎?"《水浒传》一〇八回:"杨志、孙安、卞祥与一千军士,马罢人困,都于树林下坐以待毙。"《镜花缘》四〇回:"既无六亲之靠,又乏薪水之资;每逢饥寒,坐以待毙,情实堪伤。"沈从文《大小阮》:"与其坐以待毙,倒还是找机会冒险跑路。"李国文《冬天里的春天》四章:"提心吊胆的日子,并不比鹊山上坐以待毙的苦人儿好受些。"

【坐以待旦】 zuò yǐ dài dàn 旦:天亮。坐着等天亮。多形容勤恳。以,也作"而"。《尚书·太甲上》:"先王昧爽丕显,坐以待旦。"《三国演义》一〇五回:"后主……遂惊觉,坐而待旦,聚集文武,入朝圆梦。"《红楼梦》九七回:"贾母等才得略

放心,只好坐以待旦,叫凤姐去请宝钗安歇。"

【座无虚席】 zuò wú xū xí 席:座位。《晋书·王浑传》:"浑抚循羁旅,虚怀绥纳,座无空席,门不停宾,于是江东之士莫不悦附。"后多作"座无虚席",形容听众、观众出席的人很多。刘心武《栖凤楼》二七:"主席台设在楼下院落中,一些折叠椅面对着主席台,很快便座无虚席。"叶文玲《浪漫的黄昏》五:"我往屏风后一张望,果然已座无虚席,可她母亲意中的客人,依然一个未见。"

【做贼心虚】 zuò zéi xīn xū 《五灯会元·明州雪窦重显禅师》:"却顾谓侍者曰:'适来有人看方丈么?'侍者曰:'有。'师曰:'作贼人心虚。'"后用"做贼心虚"指做了坏事,因为怕人发觉而内心不安。《二十年目睹之怪现状》一〇四回:"偏偏那天又在公馆里被端甫遇见,做贼心虚,从此就不敢再到端甫处捣鬼了。"钱钟书《围城》六:"鸿渐倒做贼心虚似的,脚步都鬼鬼祟祟。"欧阳山《三家巷》七〇:"罗吉做贼心虚,听见吆喝,不敢动弹。"

词目笔画索引

图书在版编目(CIP)数据

新华成语词典/商务印书馆辞书研究中心编. —北京：
商务印书馆, 2002
ISBN 7 - 100 - 03413 - 2

Ⅰ. 新… Ⅱ. 商… Ⅲ. 汉语—成语词典
Ⅳ. H163.3

中国版本图书馆 CIP 数据核字(2001)第 082065 号

XĪNHUÁ CHÉNGYǓ CÍDIǍN
新华成语词典
商务印书馆辞书研究中心编

商 务 印 书 馆 出 版
(北京王府井大街 36 号　邮政编码 100710)
商 务 印 书 馆 发 行
中 国 科 学 院 印 刷 厂 印 刷
ISBN 7 - 100 - 03413 - 2 / H·867

2002 年 1 月第 1 版　　　开本 787×1092　1/32
2002 年 12 月北京第 8 次印刷　印张 33 1/2
印数 50 000 册
定价：39.00 元